네비드의
심리학개론

Jeffrey S. Nevid 저 | 신성만 · 박권생 · 김주은 · 김병일 공역

PSYCHOLOGY

CONCEPTS AND APPLICATIONS

4TH EDITION

학지사

Cengage

Australia • Brazil • Canada • Mexico • Singapore • United Kingdom • United States

CENGAGE

Psychology: Concepts and Applications,
4th Edition

Jeffrey S. Nevid

Original edition © 2013 Wadsworth, a part of Cengage Learning.
Psychology: Concepts and Applications, 4th Edition by Jeffrey S. Nevid
ISBN: 9781111835491

ISBN-13: 978-89-997-1744-4

Cengage Learning Korea Ltd.
14F YTN Newsquare 76 Sangamsan-ro
Mapo-gu Seoul 03926 Korea
Tel: (82) 2 330 7000
Fax: (82) 2 330 7001

Cengage Learning is a leading provider of customized learning solutions with office locations around the globe, including Singapore, the United Kingdom, Australia, Mexico, Brazil, and Japan. Locate your local office at: **www.cengage.com**

Cengage Learning products are represented in Canada by Nelson Education, Ltd.

To learn more about Cengage Learning Solutions, visit **www.cengageasia.com**

Printed in Korea
Print Number: 01 Print Year: 2019

역자 서문

현재 우리나라의 심리학회 회원 수는 7만 명을 넘어선 지 오래이다. 심리학개론은 대학의 수많은 기본 교과목들 중에서도 단연 으뜸이 되는 인기 과목이 되었고, 심리학을 핵심으로 하는 다양한 전공들이 대학에 개설되어 수많은 전공자들을 배출하고 있다. 이러한 현상은 OECD와 같은 선진국들에서 나타나는 보편적인 모습인데 1인당 국민소득이 3만 불을 넘어서면 심리학에 대한 수요가 폭발적으로 증가한다는 통설이 우리나라에서도 확인되는 듯하다. 이전까지는 일상생활의 위생 요인(hygiene factors)들에 속하는 물리적 환경이나 돈과 같은 기본적인 측면에 사람들의 관심과 욕구가 집중되었다면 이제는 동기 요인(motivator factors)들에 속하는 보다 내면적이고 심리적이며 관계적인 측면들이 삶의 만족도와 일의 성공 및 실패를 좌우하고 있는 듯 보인다. 오늘날의 젊은 세대들은 기본적인 것들이 어느 정도 채워지면 아주 빠르게 그들의 관심사를 자신에게로 집중시킨다. 자신을 더 알아가려 하고 자신에게 무엇이 중요한지 그리고 앞으로 자신이 어떻게 성장해 갈 것인지를 궁금해한다. 이러한 관심의 이동은 인간 행동을 기술하고 설명하며 예측하고 통제하고자 하는 학문, 심리학과 조화롭게 맞물리면서 심리학적 지식의 수요를 점차 높이게 만든다. 어떤 이는 이러한 현상을 두고 보다 자유롭고 상하 위계의 구조가 약해진 사회 속에서 모든 선택에 대한 책임을 개인이 져야 하기 때문에 더욱 불안해하는 것이다. 기존 세대가 확실히 믿고 따랐던 관습이나 신분제와 같이 선택의 근거가 되었던 것들이 이제는 타파되거나 상대적인 것들로 받아들여지면서 자기 스스로에 대해 더 잘 알고 이해해야 후회 없는 선택을 할 수 있다고 생각하기 때문이라고 설명하기도 한다. 다른 심리학자들은 개인의 가치가 증가하면서 기본 심리 욕구 중에 자기 결정성이 더욱 강해져서 소속감과 자율감 그리고 유능감의 강화를 통해 목표를 명확히 찾고 지속 가능하게 하려 하기 때문이라고 설명하며 또 다른 심리학자들은 인터넷이 상용화된 이후 태어난 I세대의 관계적 의사소통적 특징으로 이를 설명하기도 한다. 긍정적 관점이든 부정적 관점이든 공통적인 것은 앞으로의 세대가 심리학에 더욱 관심을 갖고 필요로 하며 이를 수요하면서 그와 관련된 다양한 서비스들을 창출해 낼 것이라는 점이다. 사용자 중심의 심리학을 적용한 인공지능 기기의 인터페이스에서부터 심리학을 모르면 경영을 할 수 없다고 설파하는 기업, 그리고 게임에 과도하게 의존하고 있는 사람에 대한 심리사회적 개입에 이르기까지 심리학이 기여하는 분야와 방법은 무한하게 확장되고 동시에 전문화되어 갈 것이다. 이러한 시대적 변화와 그에 따라 생겨나는 요구는 대학과 일반 사회에도 반영되어 심리학을 보다 진지하게 연구하고 배우게 만드는 핵심 요인이 될 것이다. 인간에 대한 이해의 폭과 깊이가 증가할수록 우리는 우리가 '알고 있다'고 가정했던 사실들이 얼마나 전체적인 진실과 거리가 먼, 그저 부분에 지나지 않은 것들이었는지를 깨달아 가게 된다. 내가 그동안 알고 있었던 것이 전체의 일부분이었고 내가 지금 알고 있는 것도 더 큰 전체의 일부분일 수 있다는, 심리학에서 흔히 메타인지라고 부르는 이러한 자각은 사람을 성숙하고 진중하게 만든다. 무엇을 모르는지 모르면 안다고 생각하고, 무엇을 아는지 모르면 모른다고 생각한다고 했다. 무엇을 모르는지 알게 해 주어 나의 무지를 일깨워 주는 심리학은 인간으로 하여금 쉼 없이 자기를 돌아보게 하고 성찰하게 하여 종국에는 겸손하게 나아가야 할 방향을 찾게 해 주는 메타인지적 힘이 있어 좋은 학문이다.

흔히들 인생을 여행에 빗대어 말하기도 한다. 누군가 여행의 덕목이란 과거를 과거로 두고 미래를 미래에 기다리게 하며 오늘 지금 여기에 충실히 힘을 쏟아 집중하며 살 수 있게 해 주는 것이라고 했다. 이렇듯 오늘을 가득 채워 실존적으로 사는 것이 우리가 추구하는 삶의 덕목이라면 우리가 갈고 닦는 심리학은 배우는 사람들로 하여금 더할 나위 없이 오늘 여기의 삶에 유용하게 사용하도록 학습자 각자의 손에 알맞게 잡혀 들어가는 요긴한 도구가 될 것이다. 오늘 배운 한 가지를 오늘 하루의 삶 속에 그대로 적용할 수 있는 배움, 그래서 소중한 힘과 에너지를 허투루 낭비하지 않고 선택과 집중을 잘 할 수 있도록 조절하게 해 주는 학문은 그리 많지 않을 테니 말이다. 그리고 그 배움이 삶의 마지막까지 사라지지 않고 가까운 동반자가 되어 여정을 끝까지 도와주는, 심리학과 같이 힘이 되어 주는 학문 또한 그리 많지 않을 것이다.

이제 과학은 전 세계인이 함께 사용하는 언어가 되었다. 같은 현상을 다르게 해석하다가도 과학적 방법에 의한 설명을 접하게 되면 다양한 관점과 입장을 조율하는 공통적 기반으로 받아들이는 데 큰 이견을 보이지 않는다. 남녀노소 다양한 문화 · 사회적 그리고 경제적 배경의 사람들이 이렇듯 하나의 방법에 잘 수렴될 수 있다는 것은 놀라울 뿐만 아니라 과학적 지식을 배경으로 하는 인간 이해가 얼마나 유용하고 큰 힘을 발휘할 수 있게 하는지 가늠해 볼 수 있게 한다. 과학으로서의 심리학은 현대인의 공통 언어일 뿐만 아니라 다른 사람에게 영향을 미치고 함께 변화해 가는 데 필수적인 내용을 담고 있어서 반드시 섭렵해야 한다. 외국어는 Google이 해석해 주고 번역해 주고 말해 준다 하더라도 인간에 대한 과학적 이해는 심리학을 통하지 않고서는 습득할 수 없다.

이렇듯 심리학은 방향을 잡게 해 주고 힘이 되어 주며 서로를 연결해 주는 중요하고도 유용한, 매력적인 학문인데 이것을 제대로 다루지 않으면 위대한 도구가 항상 그러하듯 사용자에게 위험을 주는 양날의 검이 될 수 있다. 너무 많은 심리학적 지식이 기하급수적으로 쌓여 가다 보니 지난 20여 년 동안 이 과목을 대학에서 가르치면서 학문의 길을 묻는 후학들에게 어떻게 가장 잘 답할 수 있을지 또한 무엇이 핵심이며 기본적 구조인지 그리고 어떻게 거짓된 지식을 분간해 낼 것인지 알기 쉽게 풀어 전하기가 해를 더 할수록 더 어려워졌다. 너무 흥미롭게만 알려 줄 수도 없고 그렇다고 맛있는 기름을 뺀 빡빡한 살코기만 먹이게 할 수도 없었다. 분량과 깊이, 기본적 내용과 응용적 내용, 이론과 실제, 이 모두를 균형 있게 다룬, 역자의 까다로운 입맛에 맞는 그런 교과서가 더욱 절실해져 가던 시점에 만난 책이 바로『네비드의 심리학개론』이었다.

이 책의 저자 Nevid는 심리학 교과서를 이해하기 쉽도록 간명하게 쓰면서도 대단히 흥미롭게 구성하는 데 정평이 나 있는 사람으로, 임상심리학을 전공하고 뉴욕의 세인트존스 대학교에서 심리학을 가르치는 교수이다. 그가 쓴 이상심리학 교과서도 그 분야의 베스트셀러로 인정받아 왔고, 매년 학생들을 인솔하고 참석하는 미국심리학회(American Psychological Association)의 학술대회에서도 새롭게 쏟아지는 전공 관련 교과서들 가운데 단연 두드러지는 독보적인 위치를 점하고 있음을 수년 동안 목격할 수 있었다. 번역하여 학생들에게 소개하고자 하는 욕심이 많이 생겼지만 책 번역이라는 지난한 과정, 결과에 매번 아쉬움이 따르는 작업을 시작할 엄두가 나지 않아 몇 년을 그렇게 흘려보내던 중 그 한계에 도달하면서 오랫동안 미루어 왔던『네비드의 심리학개론』을 번역하기로 하는 위험한 용기를 내 볼 수 있는 시점에 다다랐다.

심리학 관련 교과서를 이미 수십 권 번역하여 국내에 소개하였지만 이 책만큼 그 과정이 어려웠고 오래 걸렸던 책이 없었다. 심리학의 다양한 분야를 전공하고 연구했던 역자분들이 끝없는 교정 작업을 묵묵히 진행해 주셨고, 특별히 한동대학교 상담센터의 송용수 전임연구원과 한동대학교 대학원 심리학과 학생들이 큰 역할을 잘 감당해 주었다.

항상 좋은 책들을 세상에 나오게 힘을 써 주셔서 우리 사회를 더욱 살기 좋은 곳으로 만들어 가 주시는 학지사의 김진환 사장님께 감사드리며 학지사의 최고의 전문가들이 모인 편집부 그리고 특별히 이세희 에디

터님에게 깊은 감사의 말씀을 드린다. 이 책은 이분들의 전문가적 역량에 힘입은 바가 너무 크다.

변역 내용 중에 부족한 부분은 한량없는 이해와 사랑으로 품어 주시기를 바라며 언제나 보다 나음을 위해 질책해 주시기를 바란다. 아무쪼록 마음이 힘든 이 시대 우리나라에서 심리학을 업으로 살아가는 심리학자로서 이 책 『네비드의 심리학개론』을 통해 사회와 후학들에게 한 뼘의 도움으로 다가갈 수 있게 되었기를 기도하는 마음이다.

2019년 가을
미국 위스콘신주 매디슨에서
신성만

저자 서문

『심리학: 개념과 응용(Psychology: Concepts and Applications)』 제4판에 오신 것을 환영한다. 교육자로서, 우리는 오늘날의 학습 환경에서 학생들이 성공하도록 도와야 한다는 도전에 직면해 있다. 나는 이러한 근본적인 도전을 생각하며 이 책을 썼다. 이 책의 교육적인 틀은 학습과 기억에 대한 기본적인 연구를 바탕으로 하고 있으며, 내가 학생들과 함께 시행한 교육학 연구들로 보충하고 있다.[1)]

1) Nevid, J. S., & Carmony, T. M (2002). Traditional versus modular format in presenting textual material in introductory psychology. *Teaching of Psychology*, *29*, 237–238.
Nevid, J. S., & Lampmann, J. L. (2003). Effects on content acquisition of signaling key concepts in text material *Teaching of Psychology*, *30*, 227–229.
Nevid, J. S., & Forlenza, N. (2005). Graphing psychology: An analysis of the most commonly used graphs in introductory psychology textbooks. *Teaching of Psychology*, *32*, 253–256.
Nevid, J. S. (2006, February). In pursuit of the "perfect lecture." *American Psychological Society Observer*, *19*(2), 35–36, 42.
Nevid, J. S., & Mahon, K. (2009). Mastery quizzing as a signaling device to cue attention to lecture material. *Teaching of Psychology*, *36*, 29–32.
Nevid, J. S. (2009/2010, Winter). Reaching and teaching millennial students. *Psychology Teacher Network*, *19*(4), pp. 1, 3, 4.
Nevid, J. S. (2011, March). *A new IDEA in course assessment: Using active learning verbs to measure learning outcomes*. Invited presentation at the 18th Midwest Institute for Students and Teachers of Psychology (MISTOP), Glen Ellyn, IL.
Nevid, J. S. (2011, May/June). Teaching the millennials. *APS Observer*, *24*(5), 53–56.
Nevid, J. S., McClelland, N., & Pastva, A. (2011, August). *Using action verbs as learning outcomes in introductory psychology*. Poster presentation at the meeting of the American Psychological Association, Washington, DC.

개요

이 책은 심리학의 역사, 연구 방법, 주요 이론, 연구 관련 지식에 대한 넓은 관점을 제공할 뿐만 아니라 오늘날 우리가 직면하고 있는 문제와 도전에 대해 현대 연구로부터 얻은 지식의 응용을 제공한다. 심리학은 활기차고 역동적인 학문이며, 나는 심리학자들이 매일 그들의 연구, 가르침, 일에 불어넣는 만큼의 열정과 활력을 이 글에 쏟았다.

효과적인 책은 단순한 정보의 종합 그 이상이 되어야 할 필요가 있다. 이 책은 학생들이 복잡한 개념과 원칙을 숙달하도록 돕는 효과적인 학습 도구가 되어야 한다. 나는 이 원고를 쓰는 데 있어 다음과 같은 세 가지 주요 목표를 성취할 것이다.

1. 심리학을 배우기 시작한 학생들에게 심리학에 대한 연구가 접근하기 쉽고 매력적이게 하기 위해서
2. 학생들에게 심리학 지식의 확고한 기반을 제공하기 위해서
3. 심리학을 배우는 학생들의 성공을 돕기 위해서

이러한 목표를 달성하기 위해 나는 학생들이 심리학의 주요 개념을 부호화하고 유지하는 것을 돕기 위해 고안된 학습 중심적 접근법을 채택했다. 이 접근법의 핵심에는 다음과 같은 교육적 도구가 포함된다.

■ 개념 표시

개념 신호는 핵심 개념에 적용된다. 주요 용어뿐만 아니라, 주요 개념들은 학생들이 핵심 개념을 부호화하고 유지하는 것을 돕기 위해 여백에 나와 있다. 학생들은 자신이 책을 읽으면서 주요 개념을 이해하고 있다고 판단할 수 있다. 일부 학생들은 원고 자료에서 핵

심 개념을 쉽게 추출하지만, 다른 학생들은 중요한 정보를 부호화하는 데 어려움을 겪는다. 또한 몇몇 학생들은 부분적인 몇 가지 지식들은 알지라도, 학문에서 지식의 기본 구성 요소를 형성하는 주요 개념들은 놓치는 경우도 있다. 또는 그들은 한 챕터의 중간쯤 '잃어버렸다'는 감정을 느낄 수도 있고 좌절할 수도 있다.

우리의 연구는 개념 표시가 학생들이 핵심 개념을 이해하는 데 도움을 주지만, 이것이 전체 챕터를 읽는 것을 대신하는 것은 아니라는 것을 보여 준다(Nevid & Lampmann, 2003). 우리의 연구는 교육자들이 수년간 알고 있는 것—학생들은 책 전체를 읽기 위한 대체물로 교육학적 지원(과제 요약, 학습 휴식, 중간 질문, 핵심 개념)에 의존해서는 안 된다—을 강화한다.

■ 개념 기반 단원

이 원고는 단원이라 불리는 개별화된 연구 단위로 구성된다. 각 단원은 특정 주제에 관련된 일련의 핵심 개념들을 중심으로 구성된 응집력 있는 연구 단위이다. 많은 학생들이 아르바이트, 가정생활, 사회생활 등을 병행한다. 시간은 한정적이기 때문에, 그들은 공부와 다른 삶 사이의 균형을 맞출 필요가 있다. 이 단원식 접근법은 바쁜 학생들이 한 번에 전체 챕터를 공부하는 것이 아니라 한 번에 한 단원에만 집중하도록 함으로써 효과적으로 공부하는 데 도움을 준다.

우리의 연구에서 우리는 대다수의 학생들이 전통적인 형식보다 단원 형식을 선호한다는 것을 발견했다. 또한 단원형 형식을 선호하는 학생들은 기존의 형식보다 이 형식으로 자료를 제시했을 때 훨씬 더 나은 성과를 보였다(Nevid & Carmony, 2002). 학생들이 단원 형식을 선호하면, 학생들은 그 형식에 따라 책 읽는 것에 더 열중하게 되고 결과적으로 수업에서의 효율도 향상될 수 있다.

■ 개념 차트

내장된 개념 차트는 새로운 지식을 강화하는 핵심 개념의 '한눈에 보이는 요약'을 제공한다.

■ 개념 링크

이 기능은 여러 장에 걸친 주요 개념 사이의 연결을 강조한다. 개념 링크는 여백에 있는 핵심 개념들과 통합되어 있어서 학생들은 어떻게 기본적인 개념이 심리학의 다른 분야에 적용되는지를 볼 수 있다.

■ 심리학을 위한 개념 지도

이 독특한 시각 학습 도구는 학생들이 원고의 핵심 개념들 사이의 연결을 시각화 하는 데 도움을 준다. 이 지도들은 상자 모양으로 주요 개념들을 표현하는 '노드(nodes)'로 구성된 개념도로, 일반적으로 동사나 접속사를 통해 연결되어 있다. 다른 연구 도표들과 달리, 개념도는 논리 정연한 사고 구조를 표현하기 위해 페이지를 가로질러 읽히거나 아래로 읽힐 수 있다. 능동적인 학습을 장려하기 위해, 개념 지도들은 학생들이 이러한 지식 구조를 완성하는 과정에 참여하도록 상호적인 방식(빈칸 채워 넣기)식으로 제시된다. 같은 과목을 수강하는 동료와 개념 지도, 빈칸 채워 넣기 답변들을 활용할 수 있다.

효과적인 학습의 네 가지 방법: 학생들이 더 효과적인 학습자가 되도록 돕는 것

이 원고에 채택된 학습 시스템은 '효과적인 학습의 네 가지 E'라고 불리는 광범위한 교육학적 틀을 기반으로 한다.

- 흥미 유발하기
- 정보 부호화하기
- 의미 정교화하기
- 과정 평가하기

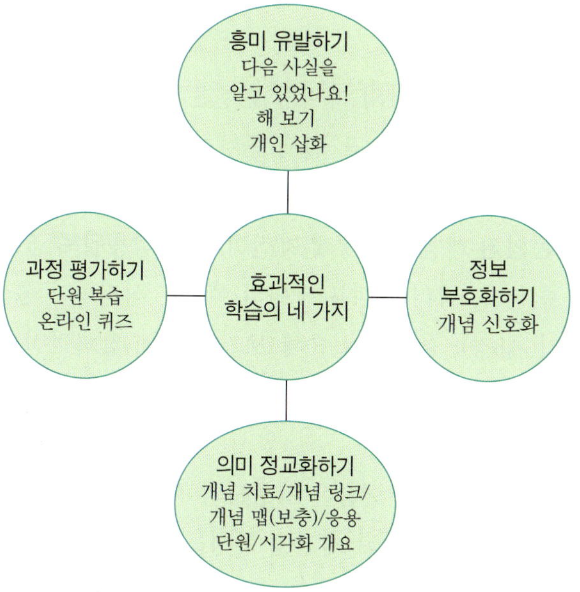

효과적인 학습의 4E와 연계된 교과서 특징

흥미 유발하기

의미 있는 학습은 주의집중으로부터 시작된다. 교과서가 학생들의 흥미를 끌고 유지하는 데 성공한다면 효과적인 학습 도구가 될 수 있다. 개인적 예시와 삶의 예시를 사용하는 것은 독자들을 끌어들이고, 심리학적 개념이 개인적 경험과 어떠한 관련이 있는지를 보여 준다. 또한 두 가지 독특한 교육학적 특징이 학생들의 흥미를 사로잡는다.

■ 다음 사실을 알고 있었나요!

챕터 시작에 있는 이러한 질문들은 이 챕터에서 다룬 자료에 대한 학생들에 의문을 제기하며 학생들이 더 많은 책을 읽도록 장려한다. 어떤 질문들은 일반적인 신화와 오해가 틀렸음을 드러내는 반면, 다른 질문들은 흥미로운 역사적 일화를 강조하거나 최근의 연구 개발을 더 이해하기 쉽게 만든다. 함께 제공되는 페이지 번호는 정보가 논의되는 페이지를 쉽게 참조할 수 있게 해 준다. 다음과 같은 예

다음 사실을 알고 있었나요!

- 심리학의 주요 학파 중 하나는 기차에서 내다본 풍경으로부터 영감을 받았는가? (제1장)
- Albert Einstein이 상대성 이론을 개발하는 데 심상을 활용했는가? (제7장)
- '5요인(Big Five)'은 새로운 NCAA 농구 콘퍼런스의 이름이 아니라 오늘날 성격의 주요 특질 이론을 설명하는 데 사용되는 명칭인가? (제13장)
- 우리 사회에서 키가 큰 것을 보상이라고 볼 수 있는가? (제14장)
- 각성제가 과잉행동 아동들에게 도움이 되는가? (제16장)

■ 해 보기

이러한 '직접 해 보는' 연습문제는 학생들이 자신의 경험에 심리적인 개념을 적용하도록 장려한다. 이러한 연습문제들은 잡지를 비스듬히 읽는 것이나 '매직 넘버 7'과 같은 기억장벽의 한계를 극복하려 하는 것이나 얼굴의 표정에서 정서를 읽으려고 하는 것이나 자각몽에 대하여 개인적인 실험을 수행하는 것과 같은 다양한 주제들을 포함하고 있다. 학생들은 문제를 풀고 해결책을 만들고, 개념과 원칙을 시험해 본다. 그들은 단순히 그것들을 읽는 것이 아니라, 책의 개념을 실제 상황에 직접 적용함으로써 능동적인 학습 활동에 참여할 수 있다.

해 보기: 활동들은 또한 연구와 봉사경험 참여를 통한 서비스 학습을 강조한다. 또한 이 기능은 학생들에게 자신의 행동과 태도를 스스로 평가해 볼 수 있는 기회를 제공하는 자기평가 설문지를 포함한다(예: 당신은 낙관주의자인가, 비관주의자인가?)

정보 부호화하기

책들은 학생들이 기술적인 어휘를 습득하도록 돕기 위해 핵심 용어를 강조하는 신호 장치를 오랫동안 사용해 왔다. 이 책은 학생들이 주요 용어뿐만 아니라 핵심 개념을 배우는 데 도움이 되는 이러한 신호 기술의 사용을 확장한다.

개념 표시: 개념 표시는 핵심 개념을 책의 여백에서

발췌하여 강조함으로써 학생들이 부호화하고 유지하는 데 도움이 된다. 핵심 개념이란 학생들이 책을 읽으면서 주요 요점을 이해하고 있다는 것을 측정하기 위해 사용할 수 있는 이정표이다. 핵심 개념의 몇 가지 예는 다음과 같다.

개념 3-2
감각 수용기는 빛이나 소리 같은 감각 자극의 근원을 뇌에서 이용할 수 있는 신경반응으로 전환하는 작업을 한다. 뇌는 이 신경반응을 이용하여 감각 경험을 만들어 낸다.

개념 6-1
기억을 가능하게 하는 기본 작업/과정 세 가지는 부호화, 저장, 인출이다.

개념 9-7
영유아들은 먹고 자는 것 이외에는 하는 것이 거의 없어 보이지만, 그들을 자세히 보면 영유아들은 적극적인 학습자들이며 환경을 능동적으로 인지하고 있는 것을 알게 된다.

의미 정교화하기

정보는 학습하기 위해 먼저 부호화되어야 하지만, 장기 기억을 위해서는 새로운 학습을 강화해야 한다. 삶의 경험에 개념을 적용하는 것과 같은 정교한 리허설 형태의 강렬한 처리과정은 새로운 기억을 더 오래 가도록 하는 데 도움이 된다. 이 원고는 정교한 리허설을 용이하게 하기 위해 고안된 몇 가지 교육학적 특징을 제공한다.

개념 차트: 이러한 연구 차트는 주요 개념에 대한 지식을 강화하고 학생들이 개념들을 연관 지을 수 있도록 돕기 위해 핵심 개념을 표 형식으로 요약한다.

개념 링크: 이 기능은 개념들이 심리학의 다른 분야들에 어떻게 연결되어 있는지를 설명해 준다.

눈으로 복습하기: 챕터의 끝에는 핵심 개념들의 연관성에 대한 새로운 학습과 이해를 강화하기 위해 챕터에서 논의된 핵심 개념들의 시각적 요약을 제공한다.

주석이 달린 도표: 복잡한 그림에는 학생들이 도표를 해독하는 데 도움이 되는 번호화된 주석이 포함되어 있는데, 특히 그들을 주눅 들게 하는 해부학적 도표에는 더욱 그렇다.

적용 단원: 각 장의 마지막 단원은 심리학자들이 연구로부터 얻은 지식을 실제 문제에 어떻게 적용하는지를 설명하는 적용 단원이다. 또한 학생들은 이 장에서 논의된 개념이 어떻게 자신의 삶에 적용될 수 있는지를 본다. 이러한 적용 단원의 예로는 심리학과 통증관리(제3장), 강화를 실습해 보기(제5장), 창의적인 문제해결자(제7장), 스트레스에서 디스트레스를 제거하기(제12장) 등이 있다.

해 보기: 이러한 연습은 학생들의 흥미를 끌 뿐만 아니라, 책에서 논의된 개념을 학생들이 자신의 경험에 적용하도록 장려한다.

비판적 사고 기능: 각 단원 복습의 '생각해 봅시다' 섹션은 학생들이 이 장에서 논의된 개념에 대해 더 깊이 생각하도록 하는 비판적인 사고 질문을 제기한다. 각 장의 끝에 있는 '심리학에 대해 비판적으로 생각하기'는 학생들이 비판적 사고 능력을 강화하는 데 도움이 된다. 여기서 우리는 학생들이 문제를 분석하고 이 장에서 논의된 주장을 평가하도록 하는 도전적인 질문을 제기한다. 그러면 학생들은 자신의 답을 부록 A에 제시된 모범 답안과 비교할 수 있다.

두뇌는 퍼즐을 좋아합니다: 두뇌는 퍼즐을 좋아합니다는 학생들의 흥미를 유발하고 비판적 사고를 더 부추기는 독특한 비판적 사고 기능이다. 생각을 자극하는 이러한 문제는 학생들이 원고에 나오는 정보에 대해 더 깊이 생각하고, 그것들을 해결하는 데 필요한 관련 내용을 장에서 찾도록 도전 의식을 북돋운다. 예를 들면,

- 왜 자기 자신을 간지럽히는 일은 불가능할까? 한 번 시도해 보자. 왜 자신을 간지럽혔을 때는 다른 사람이 자신을 간지럽혔을 때 일어나는 그런 반응이 일어나지 않는 것일까? (제2장)
- 통증 같은 불쾌한 느낌이 어떻게 우리에게 이로울 수 있을까? (제3장)

- 젊은 물리학자 한 명이 세계의 모든 컴퓨터를 연결시키려 하고 있었다. 몇 번의 실패를 겪은 후 뇌의 기억 방식을 기초로 컴퓨터 연결망 모형을 만들어 냈다. 세상을 바꿔 놓은 이 방법은 무엇인가? 어떻게 뇌의 작동 방식이 이 발명의 기초로 작용했는가? (제6장)
- 공황 발작으로 고통받는 한 남성이 정신과 의사를 찾아왔다. 여러 평가 끝에, 정신과 의사는 그 환자에게 항우울제를 처방했다. 그 남성은 혼란스러워하며 "뭔가 혼동이 있으신 것 같은데, 저는 우울하지 않아요."라고 말했다. 정신과의사는 과연 실수를 한 것일까? (제16장)

과정 평가하기

각 단원의 끝에 있는 단원 복습은 학생들이 챕터를 읽으면서 자신의 진행 상황을 평가하는 데 도움이 된다. 각 단원 복습의 '되새겨 봅시다' 섹션은 능동적인 학습을 촉진하기 위해 질의응답(Q & A) 형식으로 구성된다. 질문은 각 단원을 소개하는 일련의 설문조사 질문과 일치한다. 이러한 요약 방식은 전통적인 서술적 요약 방식보다 SQ3R 모형(살펴보고 질문하고 되새기는 것을 장려하는)에 더 적합하다. 학생들은 질문에 대한 답을 설명한 다음 그것들을 책에 제시된 답안과 비교해 볼 수 있다. '점검해 봅시다' 섹션은 학생들이 단원의 주요 개념에 대한 짧은 퀴즈를 통해 지식을 테스트하도록 장려한다. 답변들은 부록에 나와 있다. 또한 학생들은 사실적 · 개념적 질문을 포함하는 객관적 형식의 온라인 자기 평가 퀴즈를 실시할 수 있다.

범위 확장 및 업데이트

심리학 분야는 계속해서 변화하고 있으며, 교육자들과 책 저자들은 그에 맞추어 변화해야 하는 도전을 받고 있다. 당신이 이 판의 페이지를 훑어볼 때, 당신은 지난 2~3년 동안 과학 문헌에 나타난 수백 개의 연구 결과들과 이론적인 발전을 발견할 것이다. 다음은 이 판에 포함된 새로운 연구의 작은 샘플들이 있다.

- 신체적인 온감과 다정함을 판단하는 데 어떤 영향을 미치며 어떻게 촉진시키는지를 보여 주는 연구의 연구 결과 (제1장)
- 연구 참가자들이 위약을 받고 있다는 것을 알면서도 불활성 위약 효과가 있다는 것을 보여 주는 최근의 연구 결과 (제1장)
- 강화 기술을 이용하여 특정 표적 모양을 맞추도록 물고기를 훈련시키는 새로운 연구 (제1장)
- 성별에 따라 주로 쓰는 손의 차이 (제2장)
- 사랑에 빠지는 것과 관련된 즐거운 흥분은 뇌의 도파민 방출과 관련이 있다는 최근의 증거 (제2장)
- 신경 교세포의 기능에 대한 새로운 연구 (제2장)
- 유아와의 산모 유대관계와 타인에 대한 신뢰의 발달에서 옥시토신의 역할 대한 새로운 연구 (제2장)
- 빨간색 옷을 입고 있을 때 남성들이 더 활동적인 것으로 평가된다는 새로운 조사 결과 (제3장)
- 발생 가능한 인간 페로몬에 대한 새로운 연구 (제3장)
- 상향식 및 하향식 소리 처리에 대한 새로운 연구 (제3장)
- 주의 산만 운전자에 대한 새로운 연구 결과 (제4장)
- 감기 바이러스의 노출 위험과 수면시간의 관계에 대한 새로운 연구 결과 (제4장)
- 방황하는 마음이 행복한 마음이 아니라는 것을 아이폰 앱을 통해 보여 주는 새로운 연구 (제4장)
- 어린 앨버트의 정체성에 대한 새로운 조사 (제5장)
- 루이스 파스퇴르의 유명한 인용구를 사용하는 통찰력 학습에 대한 새로운 논의 (제5장)
- 작업 기억에 대한 새로운 연구 (제6장)
- 기억 형성에 있어서 해마의 역할에 대한 새로운 연구 (제6장)
- 지능에 대한 유전적 기여에 대한 새로운 연구 (제7장)
- 인간의 사전언어 형태로서의 제스처 연구 (제7장)
- 배고픔을 조절하는 뇌화학물질 역할에 대한 새로운 연구 (제8장)

- 젊은 소년들의 자아상에서 과근육 모델에 대한 미디어 노출의 역할에 관한 새로운 연구 (제8장)
- 표정이 시각적 경험의 결과로 배운 것이 아니라 뇌에 강하게 연결되어 있음을 시사하는 새로운 연구 (제8장)
- 레즈비언 및 게이인 부모를 둔 자녀의 적응에 대한 새로운 연구 (제9장)
- 사회에서 일하는 엄마들의 비율에 대한 새로운 데이터 (제9장)
- 어린이들의 TV 시청 시간에 대한 새로운 데이터 (제9장)
- 늦게 성숙해지는 소년과 소녀의 적응에 대한 새로운 연구 (제10장)
- 미국의 결혼율 추세에 대한 새로운 연구 결과 (제10장)
- 미국의 기대수명에 대한 새로운 데이터 (제10장)
- 성별에 따른 수학능력 차이에 대한 최신 연구 결과 (제11장)
- 미국 성인들의 성행위에 대한 전국적인 조사 결과의 주요 발견 사항 (제11장)
- 에이즈 및 기타 전염성 성병의 최신화 (제11장)
- 2010년 전국 대학교 1학년 학생들의 정서적 건강 조사 결과 (제12장)
- 2010년 미국 APA 스트레스 설문 조사 결과 (제12장)
- 문화적응 스트레스에 대한 새로운 연구 조사 결과 (제12장)
- 지각된 차별이 심리적 · 신체적 건강에 미치는 영향에 대한 새로운 연구 결과들 (제13장)
- 5요인 성격 특성과 관련된 페이스북 기능 사용의 새로운 연구 결과 (제13장)
- 5요인 성격 요소와 관련된 결과에 대한 새로운 연구 결과 (제13장)
- 수명에 따른 성격 변화에 대한 새로운 발견 (제13장)
- '여자들은 수학을 못한다'는 고정관념에 대한 새로운 발견 (제14장)
- 파워 포즈를 사용하면 남성과 여성의 위험 감수 및 테스토스테론 수치가 증가한다는 새로운 연구 결과 (제14장)
- Milgram의 유명한 실험과 부분적으로 유사한 실험에서의 새로운 연구 결과 (제14장)
- 정신질환의 발생에 대한 새로운 연구 결과 (제15장)
- 불안장애에서 편도체의 역할에 대한 새로운 연구 결과 (제15장)
- 조현병에서 뇌 기형에 대한 새로운 연구 결과 (제15장)
- 정신질환과 조현병의 유전적 기초에 대한 새로운 연구 (제15장)
- 심리치료의 효과성에 대한 새로운 연구 (제16장)
- 심리적 장애를 가진 사람들의 증상과 행동을 관찰하기 위해 '트윗(tweets)'과 같은 신기술 사용 (제16장)
- 경미한 우울증 치료에 있어서 위약과 비교했을 때 항우울제의 상대적인 효과에 관한 새로운 연구 (제16장)

책의 부수적인 기능

내장된 학습 방법: SQ3R+(Built-In Study Method: SQ3R+)

개관(survey), 질문(question), 읽기(read), 되새기기(recite), 복습(review) (SQ3R) 학습 방법은 학생들이 학습 과정에서 보다 적극적인 역할을 하도록 하기 위해 널리 사용되는 기법이다. 이 책은 각 단원의 끝에 '생각해 봅시다(Think About It)'에서 추가 기능의 형태를 '+'로 추가함으로써 기존 단원을 확장한다.

- 개관 및 질문: 조사 방법은 장과 단원형 구조에 통합된다. 학습 목표는 각 장의 시작 부분에 명시되어 있다. 각 장은 해당 장의 내용과 구성을 보여주는 미리 보기 섹션(그 장에 제시된 단원 번호 목록 포함)과 함께 시작된다. 그 챕터에서 다루는 자료는 또한 첫 번째 단원의 도입부에 설명되어 있다. 또한, 각 단원의 시작 부분에 설문지를 사용하는

것은 학생들이 본문 자료를 공부하기 위한 사전 기획자로서 질문을 사용하도록 권장한다.

- 읽기: 글쓰기 스타일은 읽기 수준, 내용, 문체를 위해 세심하게 개발되었다. 학생들은 종종 직접 그 내용을 다루고 그 정보가 자신의 경험과 어떻게 관련되는지 검토하도록 권장한다.
- 되새기기와 복습: 각 단원은 '되새겨 봅시다(Recite It)' 기능이 포함된 복습 섹션으로 끝난다. 이 기능은 학생들이 단원에 소개되는 설문조사의 질문에 대한 답을 이야기하도록 권장하는 기능과 다양한 유형의 질문(예: 객관식, 빈칸 넣기, 연결 짓기, 단답)으로 구성된 간단한 문제를 완료하여 배운 것을 테스트하는 기능이 있다. 각 단원의 '개념 차트(Concept Charts)'는 학생들이 습득한 지식을 검토할 수 있는 기회를 제공한다.
- 생각해 봅시다: 본문은 복습과 이야기하기뿐 아니라 각 단원 복습에서 사고를 유발하는 질문을 한다. 이 기능은 본문의 자료가 개인의 경험과 어떻게 관련되어 있는지에 대해 비판적으로 생각해 보고 반영해 볼 수 있도록 권장한다.

다양성 통합하기

이 책의 주된 목적은 심리학에서 다양성과 관련된 이슈의 중요성에 대해 학생들의 인식을 높이는 것이다. 문화 및 성 문제에 대한 논의는 상자 모양의 기능으로 따로 떨어져 있기보다는 본문 안에 통합되어 있다.

신경과학에 초점 맞추기

신경과학자들은 뇌와 행동의 관계에 대한 우리의 이해에 중요한 기여를 하고 있다. 이 책에서 학생들은 조현병과 다른 심리 질환에서 뇌의 이상, 마약이 뇌에서 어떻게 작용하는지, 심지어 왜 사람들이 스스로를 간지럼 태울 수 없는지에 대한 수수께끼를 포함한 행동의 생물학적 기초에 대한 우리의 이해를 도와주는 신경과학의 현재 연구 개발에 대해 배운다.

긍정심리학에 초점 맞추기

긍정심리학은 현재 계속 성장하는 심리학 내의 주된 움직임이다. 이 책은 학생들에게 낙관주의, 사랑, 자부심, 행동과 개인적인 행복에 대한 연구 등 긍정적인 심리에 대한 많은 관심 분야들을 소개한다.

감사

첫째, 나는 이 책의 초판과 이 판에 정보를 제공한 수천 명의 심리학자들과 다른 과학자들에게 감사하다. 그들의 노력 덕분에, 심리학 분야는 우리 자신에 대한 이해를 넓히고 삶의 질을 향상시키는 데 엄청난 영향을 끼쳤다. 좀 더 개인적인 차원에서, 나는 이 원고를 현재의 형태로 만드는 데 도움을 준 많은 동료와 출판 전문가들에게 감사를 표한다. 먼저 이 판을 검토한 내 전공 동료들에게 감사하다.

Annette Towler, DePaul University
Sue Frantz, Highline Community College
Jack Shilkret, Anne Arundel Community College
Diane Urban, Manhatt an College
Ruth Hannon, Bridgewater State University
Kristina Schaefer, Moorpark College
Pete Peterson, Johnson County Community College
Ken Koenigshofer, University of Maryland

이 판에 사용된 '삶의 한 단면' 기능에 공헌한 동료들에게 감사하다.

Jeffrey Stowell, Eastern Illinois University
Fred L. Nesbit, Sauk Valley Community College
Diane Urban, Manhatt an College

나는 또한 이전 판의 『심리학: 개념과 응용(Psychology: Concepts and Applications)』을 검토한 동료와 전문가들에게 감사하며, 몇 가지 개발 단계를 통해 그것을 다듬는 데 도움을 주었다.

Patricia Abbott, D'Youville College
Denise M. Arehart, University of Colorado, Denver
James E. Arruda, Mercer University
David R. Barkmeier, Northeastern University
Howard Berthold, Lycoming College
Kathleen Bey, Palm Beach Community College
Cheryl Bluestone, Queensborough Community College/CUNY
Reba M. Bowman, Tennessee Temple University
John W. Bouseman, Hillsborough Community College
Deborah S. Briihl, Valdosta State University
Charles Brodie, Georgia Perimeter College
John P. Broida, University of Southern Maine
Winfield Brown, Florence Darlington Technical College
Lawrence R. Burns, Grand Valley State University
Adam Butler, University of Northern Iowa
Bernard J. Carducci, Indiana University Southeast
Elaine Cassel, Marymount University, Lord Fairfax Community College
Hank Cetula, Adrian College
Matt hew G. Chin, University of Central Florida
Sharon Church, Highland Community College
Saundra K. Ciccarelli, Gulf Coast Community College
Russell D. Clark, University of North Texas
Wanda Clark, South Plains College
Susan Clayton, The College of Wooster
Sandra Cole, New Hampshire Community Technical College
Larry J. Cology, Owens Community College
Robert S. Coombs, Southern Adventist University
Mary Webber Coplen, Hutchinson Community College
Richard S. Coyle, California State University, Chico
George J. Demakis, Elmhurst College
Robin DesJardin, John Tyler Community College
Victor Duarte, North Idaho College
Mary H. Dudley, Howard College
Vera Dunwoody, Chaffey College
Gianna Durso-Finley, New England Institute of Technology
Steven I. Dworkin, University of North Carolina, Wilmington
Rebecca F. Eaton, The University of Alabama, Huntsville
Tami Eggleston, McKendree College
Julie Felender, Fullerton College
Oney D. Fitzpatrick, Lamar University
William F. Ford, Bucks County Community College
Lenore Frigo, College of Southern Idaho
Grace Galliano, Kennesaw State University
David Griese, State University of New York, Farmingdale
Frank Hager, Allegany College of Maryland
Lynn Haller, Morehead State University
Amanda M. Maynard, State University of New York at New Paltz
Janet R. Pascal, DeVry Institute of Technology, Kansas City
Christine M. Paynard, University of Detroit Mercy
Lillian M. Range, University of Southern Mississippi
Darren R. Ritzer, George Mason University
Benjamin Wallace, Cleveland State University
Nancy White, Coastal Carolina Community College
David Yells, Utah Valley State College
Jeanette Youngblood, Arkansas State University, Newport

Michael J. Zeller, Minnesota State University
Otto Zinser, East Tennessee State University

두 번째로, 책 집필 초기 단계에 시행된 대규모의 시장 조사에 참여한 많은 교육자들과 학생들—심리학 과정의 서두에 대해 큰 통찰력을 준 발렌시아 커뮤니티 칼리지와 센트럴 플로리다 대학교의 교육자들과 학생들; 화상회의 세션에 참여하고 심리학 과정에서의 일상적인 도전들에 영향을 미치는 중요한 이슈를 제기한 교육자들; 심리학 서두와 이 책의 개발에 대한 전국 조사에 참여한 700명 이상의 응답자들—에게 감사를 표한다.

세 번째로, 나는 유익하고 재미있는 표현수단으로 심리적 개념을 전달하는 몇몇 만화들을 제안해 준 먼로 커뮤니티 대학교의 셀리아 리브스 박사에게 특별히 감사를 드리고 싶다.

이 책은 신간 출판사 '센게이지 러닝'에서 개발된 교재의 초판이다. 센게이지에 있는 사람들은 능숙한 출판 전문가들이다. 나는 그들이 나에게 보여 준 환대와 이 책이 심리학을 공부하는 학생을 사로잡고 그들의 과정을 도와주는 효과적인 학습 플랫폼이 되도록 나와 긴밀히 일해 준 그들의 지원에 매우 감사하다. 특히, 나는 나의 편집장인 티머시 매트레이의 지도와 지원, 나의 개발 편집자인 탕켈리크 윌리엄스의 책 전반에 걸쳐 (셀 수 없이) 많은 의견과 제안, 나의 마케팅 매니저인 엘리자베스 로든의 강한 헌신과 교육자와 학생들에게 책의 메시지를 전달하기 위한 그녀만의 창의적인 아이디어들에 대해 감사를 표하고 싶다.

Jeff Nevid
New York, New York

의견과 제안이 있다면 jeffnevid@gmail.com으로 언제든지 연락 주기 바란다.

학습 내용을 최대한 활용하기 위한 공부 팁

학생들은 종종 많은 시간을 투자해서 책을 읽고 수업에 참여했는데 성적은 잘 나오지 않는다는 이야기를 종종 하곤 한다. 나도 이에 동의한다. 성공은 당신이 시간을 얼마나 투자했는지가 아니라 시간을 어떻게 잘 활용했는지에 달려 있다. 더 효과적인 공부 기술을 익히는 것은 당신이 더 효과적으로 학습할 수 있도록 도와줄 수 있다. 효과적으로 학습할 수 있게 도와주는 네 가지의 중요 단계에 대해 알아보자. 난 이 것들을 '네 가지의 E'라고 부른다. '네 가지의 E'는 다음과 같다. ① 흥미 유발하기(engaging interest), ② 정보 부호화하기(encoding information), ③ 의미 정교화하기(elaborating meaning), ④ 과정 평가하기(evaluating progress).

네 가지의 E를 통한 효과적인 학습

1. 흥미 유발하기

깊게 주의를 기울이는 것은 효과적인 학습을 위한 첫걸음이다. 우리의 뇌는 스펀지처럼 능동적으로 정보를 흡수하지 않는다. 주의가 분산되어 있으면, 대학교 수준의 과목에서 요구하는 복잡한 내용을 이해하는 데 필요한 주의 수준에서 새로운 정보를 처리하기 힘들고 새로 습득한 지식을 유지하기 힘들다. 수업 중이나 공부하는 중에 정신이 산만해진다면 강의나 책으로 주의를 다시 되돌려야 한다. 수업 중이나 책을 읽는 동안 적극적으로 필기를 하는 것은 당신으로 하여금 집중을 유지하고 산만해지지 않도록 도와준다. 책을 읽으면서 요점을 적을 수 있도록 책을 읽는 동안 근처에 메모지를 놓도록 하라.

2. 정보 부호화하기

부호화는 정보를 기억으로 가지고 오는 과정이다. 수업이나 독서로부터 중요한 정보를 부호화하기 위해서는, 잠시 멈춘 후 다음과 같은 질문을 스스로 물어보는 습관이 필요하다. '주제가 무엇인가?', '무엇을 듣거나 읽고 있는가?', '무엇을 알기 원하는가?' 주요 개념이나 생각들을 적어 두고 나중에 검토하라. 학습하는 것이 필요한 주제를 식별하기 위해 여백에 강조 표시된 핵심 용어 및 개념, 각 장의 끝부분에 있는 단원 복습과 같은 책에 포함된 학습 도구를 사용하라.

3. 의미 정교화하기

새로 학습한 내용들은 오래 가지 않는다. 기계적인 암기의 형태로 정보를 스스로 시연하거나 반복하는 것은 새로 습득한 지식들을 강화하도록 도와줄 수 있다. 그러나 새로운 학습을 기억에 더 오래 저장할 수 있도록 강화하는 더 효과적인 방법은 새로운 개념들과 생각들을 사용하여 문제를 풀거나 실제 생활에 적용하는 것과 같이 새로운 개념들과 생각들의 의미를 정교화시키는 것이다. 초등학교 시절에 당신의 선생님이나 부모는 당신이 이해한 단어를 사용해서 문장을 만들 수 있도록 당신을 격려했을 것이다. 또한 당신이 수업에서 수학 공식과 개념들을 배웠다면 선생님들은 학습한 공식과 개념을 사용해서 책에 있는 수학 문제를 풀도록 했을 것이다. 이 같은 원리를 심리학에 적용해 보자. 책에서 읽거나 수업에서 배운 모든 개념들을 실제 생활의 예시나 삶의 경험과 연결시키라. 책의 저자나 교사들이 가르치는 개념에 대해 다양한 예시가 제공되긴 하지만 학습한 개념을 자신의 인생 경험에 스스로 연결해 보는 것은 당신을 한 발 더 나아갈 수 있게 만들 것이다.

4. 과정 평가하기

수업에서의 당신의 진행과정을 평가해 보라. 본 책을 포함한 대부분의 책에는 퀴즈가 있어서 이를 통해 당신은 당신이 읽은 내용에 대해 스스로 시험 쳐 볼 수 있다. 또한 이 시험은 개념적인 문제와 실제적인 문제가 모두 포함된 온라인 퀴즈를 제공한다. 퀴즈를 푸는 것은 자신이 어느 정도 수준인지를 아는 데 도움을 주고 수행을 증가시키기 위해 어떤 영역에서 검토가 필요한지를 아는 데 도움을 준다. 자신의 진행과정을 평가하는 데 도움을 주는 책에 포함된 또 다른 학습도구로는 각 장 마무리에 있는 단원 복습이 있다. 단원 복습에는 각 장을 시작하면서 던진 질문에 대한 모범 답안이 나와 있다. 단원 복습의 '되새겨 봅시다' 섹션에 있는 질문들을 모범 답안을 보기 전에 스스로 답해 보라. 질문에 스스로 대답해 보는 것은 단순히 모범 답안을 읽는 것보다 책의 내용에 대해 당신이 가지고 있는 이해도를 평가할 수 있는 기회를 준다. 그런 다음 단원 복습의 '점검해 봅시다' 섹션에서 간단한 퀴즈를 풀면서 알고 있는 지식을 더욱 검토해 보라.

수업에서 성공할 수 있는 팁

1. 강의 요강을 읽으라

강의 요강을 수업에서 성공하기 위한 지침으로 생각하라. 수업의 과제, 평가 기준 그리고 기타 수업에서 요구하는 사항들에 대해 주목하라. 수업 요강을 당신의 학기를 계획하는 데 있어 길잡이로 삼고, 달력에 시험 날짜와 보고서 제출 날짜 그리고 과제 제출 날짜들을 기입하라.

2. 예습을 통해 수업을 준비하라

학생들이 수업에 오기 전에 예습하는 것을 교수들이 원하는 데에는 이유가 있다. 교수들은 학생들이 수업에서 다루는 주제에 익숙할 때 수업을 더 잘 학습할 준비가 되었다고 생각한다. 학생들이 수업에 오기 전에 책을 읽어 온다면, 교수들은 수업시간을 좀 더 자유롭게 활용할 수 있게 되어 기본적인 개념보다 더 깊이 해당 주제에 대해 다룰 수 있게 된다. 그러나 예습을 하지 않아 해당 주제에 대해 기본 지식이 부족한 학생들에게는 깊은 수준의 강의가 맞지 않을 수 있다.

3. 수업에 참석하라

대학에서 성공하기 위해 가장 중요한 것 중 하나는 정기적으로 수업에 참석하는 것이다. 수업을 빠지면 빠르게 뒤쳐진다. 수업에 빠져야 하는 일이 생길 경우, 교수에게 미리 알리고 수업을 빠짐으로써 놓칠 수 있는 과제들을 받을 수 있도록 하라. 그러고 나서 수업을 같이 듣는 친구에게 빠졌던 수업 내용에 대한 필기를 보여 달라고 부탁하라. 단 수업 내용을 잘 정리하는 친구에게 부탁하는 것이 필요하다.

4. 지각하지 말라

지각은 수업에 지각한 학생 본인보다 오히려 수업에 참여하는 학생이나 교수에게 더 방해가 될 수 있다. 비록 교수가 직접적으로 말하지는 않더라도, 지각하는 것은 교수에게 좋지 않은 인상을 심어 준다. 또한 지각은 수업을 따라잡기 어렵도록 만든다. 당신은 보통 영화의 중간 부분에서 영화관에 도착해 영화의 흐름을 파악할 것이라고 생각하지 않을 것이다. 그렇다면 왜 당신은 수업에 지각했을 때 수업을 따라갈 수 있을 것이라고 기대하는가? 교통이나 다른 문제로 인해 수업에 지각하는 경우, 상황을 설명하는 사과문을 남기라. 교수를 포함해서 우리 모두는 때로는 비슷한 상황에 처할 수도 있다. 하지만 당신이 정시에 도착하는 것에 어려움이 있는 경우, 교수나 다른 조언자에게 더 잘 맞는 일정을 잡아달라고 요청하거나 정기적인 수업 참석을 요구하지 않는 온라인 강좌를 듣는 것을 고려하라.

5. 질문하라

수업시간에 질문하는 것을 주저하지 말라. 질문을 통해 교수에게 당신이 이해하지 못하는 특정 부분을 명확히 하지 않으면 당신은 수업 중에 혼란을 경험할 것이다. 또한 시험 범위에 포함되는 내용과 시험의 형식(예를 들어, 객관식, 단답형 또는 논술형)에 관해 교수에게 물어보라.

6. 능동적으로 필기하라

교수가 말하는 모든 것이나 파워포인트 슬라이드에 적힌 모든 단어를 그대로 적으려고 하지 말라. 아주 극소수의 사람들만이 그렇게 빨리 필기하는 것이 가능하다. 게다가 모든 내용을 그대로 복사하려고 하는 것은 당신을 오히려 뒤떨어지게끔 한다. 모든 것을 그대로 필기하는 것은 당신이 수업에서 다룬 내용을 더 깊게 탐색하는 것을 방해한다. 더 좋은 방안은 강의 내용을 주의 깊게 듣고 핵심 포인트를 명확하고 간결하게 적어 두는 것뿐만 아니라 교수나 이러한 요점을 설명하기 위해 사용하는 예시를 적는 것이다. 아무도 완벽하게 회상할 수는 없다. 따라서 수업시간에 다룬 중요한 포인트와 개념을 모두 기억할 것을 기대하지 말라. 필요한 부분을 적어서 나중에 그 부분을 검토할 수 있도록 하라. 몇몇 교수들은 수업에서 다루는 내용을 정리하기 위해 파워포인트를 사용하기도 한다. 파워포인트 슬라이드를 수업 내용에 대한 목차로 생각하라. 슬라이드 부분은 교수가 다룰 내용의 출발점일 뿐이고 이를 토대로 교수는 내용을 확장할 것이다. 당신이 단순히 슬라이드의 내용만을 필기한다면, 당신은 교수가 각 부분에서 중요하게 다루었던 부분들을 놓칠 것이다. 능동적인 필기를 하기 위해서는 복사기가 되어서는 안 된다. 강의 내용을 주의 깊게 듣고 핵심 개념들과 생각들 그리고 교수가 사용한 예시들을 적으라.

7. 자신의 말로 바꾸어 말하고 필기 내용을 검토하라

새로운 학습 내용을 강화하는 효과적인 방법은 수업에서 필기한 내용을 재검토 하면서 컴퓨터 파일로 옮겨 적는 것이다. 그러나 그대로 옮겨 적는 것보다는 자기 자신의 말로 바꾸어 적으라. 이러한 방식으로 필기 내용을 재정리하는 것은 수업 내용을 자세하게 처리하는 것을 돕고 새로 학습한 내용에 대한 기억을 보강하는 중요한 요인이 된다. 수업 내용에 대해 당신이 더 깊이 생각할수록, 다가오는 시험에서 당신은 수업 내용을 더 기억하기 쉬울 것이다.

효과적인 학습 기술 기르기

1. 어디서 공부해야 하는가

깨끗하고 편하고 가능한 방해가 없는 조용한 장소를 선택하라.

2. 언제 공부해야 하는가

미루지 말라: 규칙적인 공부 계획을 세우고 그 계획을 유지하라.

하루 중 가장 많이 집중하고 집중할 수 있는 시간대에 공부할 계획을 세우라: 공부시간을 당신이 피곤하거나 졸리는 하루가 끝나는 시간대에 잡지 말라. 식사를 한 후에 바로 공부하는 것을 피하라. 몸이 음식을 소화할 시간을 줘라. 마찬가지로, 당신이 배고파서 산만해질 시간에 공부하는 것도 피하라.

몰아치기를 피하라: 몰아치기는 정신적인 피로를 야기하여 학습과 기억을 방해할 수 있다. 시험을 잘 준비할 수 있도록 주간 학습 계획을 세우라. 또한 시험 전에 필요한 내용을 검토하고 복습하라.

3. 어떻게 공부해야 하는가

45~50분의 학습계획을 세우라: 매우 소수의 사람들만이 45분보다 길게 집중력을 유지할 수 있다. 학습시간 사이에 5~10분의 휴식시간을 가지라. 일어나서 다리를 쭉 펴고 몸을 움직여 마음과 몸을 쉬게 하라.

각 학습시간마다 명확한 학습목표를 세우라: 목표에는 다루고자 하는 주제, 읽거나 검토하려는 책의 페이지, 대답해야 할 질문, 해결해야 할 문제 등이 포함될 수 있다.

집중력을 유지하기 위해 제대로 앉으라: 비스듬히 기대지 말고 똑바로 앉아서 깜박 졸거나 집중이 흐트러지는 것을 방지하라. 만약 당신의 마음이 산만해지기 시작한다면, 당신의 사고를 다시 당신의 일로 돌릴 수 있도록 하라. 또는 자리에서 일어나 스트레칭하고 방 안을 빠르게 걷는 것을 통해 산만해지려는 것을 막고 다시 공부하라.

4. 얼마나 공부해야 하는가

적절한 공부 시간은 어림잡아 일주일에 수업 1시간마다 2시간의 공부 시간을 갖는 것이다. 물론 필요한 학습의 양에 따라 이러한 공부시간은 조정할 수 있다.

5. 이해하면서 읽으라

읽는 속도를 늦추면서 학습하려는 내용을 집중해서 읽으라.

문단을 읽고 난 후에 잠시 멈추고 자신이 무엇을 읽고 있는지에 대해 질문을 던져라(내가 무슨 내용을 읽고 있지? 요점이 무엇이지?). 질문에 대한 답을 하면서 새로 학습하는 내용을 강화하라. 책의 각 섹션을 읽은 후, 다음 섹션이나 챕터로 넘어가기 전에 당신이 요점을 파악하는 데 있어 완벽하게 이해하지 못한 개념이 있는지를 휴식을 가지면서 검토하라. 능동적인 읽기는 단순히 훑어보는 것보다 더 많은 시간과 노력이 필요하지만, 읽기에 소비하는 시간을 더 생산적으로 만들 것이다.

6. 도움을 요청하라

만약 당신이 이해하기 힘든 내용이 있다면, 좌절하며 포기하지 말라. 교수에게 도움을 요청하라.

7. 스터디 그룹 형성하기

스터디 그룹을 형성하기 위해 다른 학생들과 접촉하라. 스터디 그룹의 일원으로 공부하는 것을 통해 당신은 더 깊게 책 내용을 공부할 수 있다.

이 책을 학습 도구로 사용하기

당신은 곧 심리학이라는 학문의 영역에 여정을 떠날 것이다. 여행과 마찬가지로, 심리학에 대한 여정에 있어서도 마커를 사용하여 길을 찾는 것은 도움이 된다. 이 책은 당신이 어디 있었는지 그리고 어디로 향하고 있는지를 알 수 있도록 하는 편리한 마커를 제공한다. 당신의 여정에서 접하게 될 심리학이라는 새로운 분야에 친숙해질 시간을 가지라. 이 책은 고유한 조직적인 형식을 바탕으로 한다—바로 개념 기반 단원 형식(concept-based modular format)이다.

1. 개념 기반 단원 형식을 사용하여 공부 시간을 조직화하라

이 책은 학습 시간을 보다 효율적으로 구성하는 데 도움이 되는 단원이라는 교육 단위로 구성되어 있다. 한 번에 하나의 챕터 전체를 이해하려고 노력하기보다는 하나의 단원을 이해하도록 하라. 각 단원은 일련의 핵심 개념으로 구성된다. 당신은 단원을 통해 일련의 기본 개념들을 배우게 될 것이고 그것들이 어떻게 심리학 분야의 이론 및 연구의 토대와 관련되는지를 배우게 될 것이다.

2. 개념 표시를 핵심 개념 학습을 위한 도구로서 사용하라

각 단원의 핵심 개념들은 책의 여백에서 강조 표시되는데, 이를 통해 책에서 말하는 핵심 포인트와 아이디어를 학습할 수 있다. 여백에 있는 개념 상자에서 강조 표시된 자료뿐만 아니라 책의 주변에 있는 모든 자료를 읽는 것이 중요하다. 시험은 책에 수록된 모든 자료에 대한 당신의 지식을 시험할 것이기 때문이다.

3. 읽으면서 노트 필기를 하라

자기 자신의 말로 노트 필기를 하면 더 깊게 학습하고 더 오래 유지할 수 있다. 책의 한 섹션 전체를 밑줄 치거나 강조 표시하지 말라. 당신의 손가락이 아니라 당신의 뇌가 일을 하도록 해야 한다. 당신이 나중에 복습하기를 원하는 책의 중요한 부분에만 강조 표시를 하라.

4. 주요 용어를 학습하기 위해 용어 정리를 사용하라

주요 용어들은 책에서 쉽게 참조할 수 있도록 여백에 정리되어 있다. 해당 맥락에서 주요 용어의 의미를 이해하기 위해 인접 단락에서 주요 용어가 어떻게 사용되는지를 살피라.

5. 학습의 진행 상황을 검토하라

각 단원은 일련의 학습 질문으로 시작된다. 노트나 컴퓨터 파일에 이러한 질문들을 적어 두고 이 질문들에 대해 읽으면서 대답해 보라. 각 단원의 끝부분에 있는 단원 복습의 '되새겨 봅시다' 섹션에 있는 모범 답안과 당신의 답변을 비교하며 확인하라. 그런 후에 단원 복습의 '점검해 봅시다' 섹션에서 간단한 문제를 풀면서 자신을 시험해 보라. 만약 당신이 문제를 풀면서 어려움을 겪는다면, 책의 해당 섹션을 검토하여 지식을 강화한 후 다시 문제를 풀라.

6. SQ3R+학습 방법을 활용해서 학습하라

이 책에는 학생들이 보다 효과적인 학습 습관을 개발할 수 있도록 고안된 SQ3R+학습 방법이라는 학습 시스템이 포함되어 있다. SQ3R은 다음과 같은 다섯 가지 핵심 학습 기술의 첫 글자를 딴 약어이다. 개관(survey), 질문(question), 읽기(read), 되새기기(recite), 복습(review). 또한 '생각해 봅시다' 섹션에는 '단원 복습'이라는 추가적인 섹션이 포함되어 있어 기존의 SQ3R+학습 방법을 보충해 준다. SQ3R+연구 방법에 대한 자세한 설명은 다음과 같다.

1. 개관(Survey): 각 챕터를 읽기 전에 이를 미리 보는 단계이다. 챕터가 어떻게 구성되어 있는지, 포함되어 있는 내용이 무엇이고 다루는 범위가 어느 정도인지를 이해할 수 있다.
2. 질문(Question): 각 단원은 단원에서 다루는 핵심 쟁점들을 강조하는 일련의 학습 질문으로 시작된다. 능동적인 학습자가 되기 위해, 이러한 질문들을 노트나 컴퓨터 파일에 적고 이러한 질문들에 대해 읽으면서 대답해 보라. 그리고 스스로 대답할 수 있는 추가적인 질문들을 만들어 보라.
3. 읽기(Read): 본문을 신중하게 읽고, 각 단락을 읽을 때마다 잠시 멈추고 당신이 무엇을 읽었는지를 검토하는 시간을 가지라. 주요 개념과 이와 관련된 정보를 파악할 수 있도록 스스로 질문에 답해 보라. 책의 내용에 대한 이해를 높이기 위해, 시험 전에 각 단원을 2~3번 읽는 것이 도움이 될 수 있다.
4. 되새기기(Recite): 단원을 끝까지 읽은 후에는 단원 검토 섹션을 사용하여 당신의 학습 진행 상황을 평가하여 학습 내용을 얼마나 잘 이해하고 있는지를 측정하라. 책에 있는 모범 답안을 보기 전에 질문에 대한 대답을 해야 한다는 것을 잊지 말라. 자신이 대답하는 것을 듣는 것은 새로 학습한 정보를 더 오래 유지할 수 있도록 만든다.
5. 복습(Review): 정기적으로 책의 내용을 검토하기 위한 학습 일정을 세우라. 학습 내용의 장기적인 유지를 위해 내용을 검토하거나 다시 읽을 때마다 스스로 점검해 보라. 단원 복습의 '점검해 봅시다' 섹션에 있는 간단한 문제를 사용하여 자신의 지식을 시험해 보라.
6. 생각해 봅시다(Think About It): 단원 검토의 '생각해 봅시다'는 비판적인 사고를 적용하고 책의 내용을 자신의 경험에 연관시켜 반영하는 것을 돕기 위해 생각을 가다듬게 하는 질문을 제기한다. 주요 개념들을 더 깊이 생각하고 주요 개념들을 삶의 경험과 관련시키는 것은 새로운 내용의 학습을 강화한다.

저자는 이러한 성공적인 수업을 위한 도움말을 통해 본 과목만이 아닌 다른 과목에서도 당신이 성공할 수 있기를 바란다. 또한 당신이 심리학을 통해 자신의 여정을 즐기기를 바란다. 저자는 대학교 1학년 때 심리학을 통해 자신의 여정을 시작했으며 그 이후로 계속해서 이 길을 따라가며 놀라움과 기쁨을 느껴 왔다.

저자에게 질문이나 제안 또는 하고 싶은 말이 있다면 jeffnevid@gmail.com으로 연락 주길 바란다.

Jeff Nevid

New York, NY

차례

제3장
감각과 지각 133

제4장
의식 191

제5장
학습 241

제6장
기억 285

제7장
사고와 언어와 지능 327

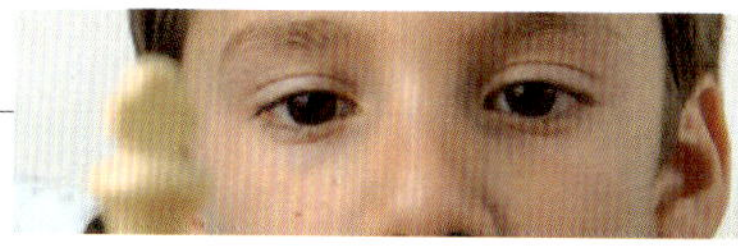

제8장
동기와 감정 373

제9장
아동 발달 421

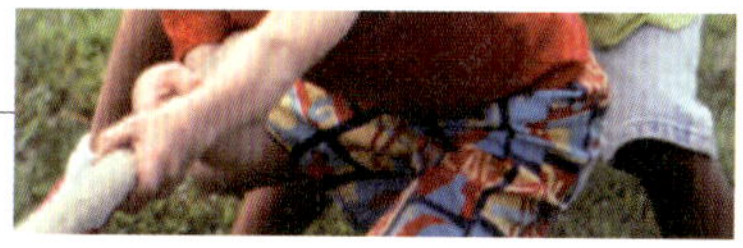

제10장
청소년기와 성인기의 발달 477

제15장

심리적 장애 703

제16장

심리치료 747

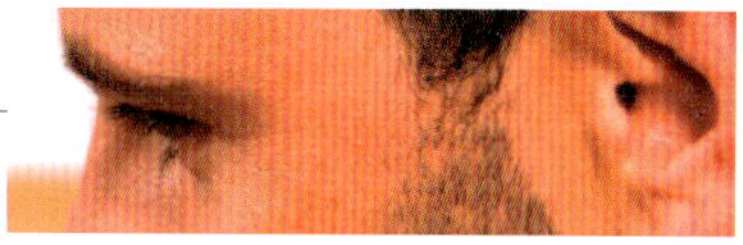

제 1 장 심리학이라는 과학

너와 나, 그리고 우리 여러분에게는 이것이 처음 수강해 보는 심리학 과목일 수 있지만 심리학자가 연구하는 많은 주제를 접하는 것은 이번이 처음이 아닐 것이다. 여러분은 아마 수년 전에 이미 심리학과 관련된 주제를 접했을 것이다. 그 첫 만남은 사람들은 왜 자기들이 하는 일을 하는지 또는 왜 사람들은 성격이 서로 다른지를 두고 궁금해했을 때였을 수 있다. 3학년 때 같은 반 친구가 왜 가만히 앉아 있지 못하고, 수업을 방해하는지를 두고 궁금해했을 때였을 수도 있고, 사람들이 서로를 어떻게 이해하고 어떻게 서로의 행동에 영향을 미치는지에 대한 호기심이 작동했을 때였을 수도 있다. 그것도 아니면 자기 자신에 대한 궁금증, 즉 '나는 누구인가?', '나는 왜 이러한 행동을 하는가?'라는 궁금증을 가졌을 수도 있다. 이 과목을 수강하는 이유 중 하나도 아마 자신에 대해 더 많은 것을 알고 싶었기 때문일 것이다.

심리학자는 모든 형태의 행동을 연구한다. 심리학은 너와 나의 행동은 물론 우리의 행동도 이해하려 한다는 뜻이다. 심리학자는 인간이 아닌 다른 종의 행동에 대해서도 연구한다. 종 연구는 행동의 기본적인 원리를 설명하는 데 도움이 될 수 있고, 인간 행동에 대한 이해를 도울 수도 있다.

여러분은 이 과목을 통해 자신과 다른 사람에 대해 품었던 많은 질문에 대한 답을 찾을 수 있을 것이다. 하지만 모든 질문에 답을 찾을 수는 없을 것이다. 우리가 이해하지 못하는 것도, 다시 탐구되어야 할 것도 많기 때문이다. 심리학 자체가 그렇듯, 이 책도 행동과 정신 작용을 탐구하는 과정에 대한 것이다.

다음 사실을 알고 있었나요!

- 현대 심리학의 창시자 중 한 명은 열등생이었고, 실제로 유급을 당하기도 했다. (p. 34)
- 한때 심리학을 지배했던 사람들 중에는 심리학자들은 마음을 연구하지 말아야 한다고 믿는 집단도 있었다. (p. 36)
- 심리학의 주요 학파 중 하나는 기차에서 내다본 풍경으로부터 영감을 받았다. (p. 37)
- 프로이트 학파는 일반적으로 사람들이 실제 동기를 인식하지 못하고 있다고 주장한다. (p. 38)
- 미국에서 가장 빠르게 성장하는 인구 집단은 혼혈인 집단이다. (p. 42)
- 여성의 경우 이름의 인기도가 그 사람의 신체적 매력을 판단하는 데 영향을 미치기도 한다. (p. 65)
- 우리도 인터넷을 이용하여 주요 심리학 학술지의 논문 제목과 초록을 접할 수 있다(대부분은 무료이다). (p. 75)

© Tyler Olson/Shutterstock.com

학습 목표

이 장을 제대로 공부한 학생은

1. 심리학에 대해서, 그리고 왜 심리학이 과학인지 설명할 수 있다.
2. 심리학의 초기 학파와 각 학파의 주요 공헌자에 대해 알 수 있다.
3. 심리학의 각 초기 학파에서 쓰이는 주요 개념을 설명할 수 있다.
4. 심리학의 주요 현대적 관점에 대해 알고 설명할 수 있다.
5. 심리학의 전문 분야와 하위 분야에 대해 알고, 심리학자들이 하는 여러 분야의 일에 배운 지식을 적용할 수 있다.
6. 심리학 분야에서의 여성과 아프리카계 미국인 선구자에 대해 알고, 그들이 기여한 바를 설명할 수 있다.
7. 오늘날 심리학자의 민족적 · 성별의 특징과 시대적 흐름에 따른 변화에 대해 설명할 수 있다.
8. 과학적 방법의 단계에 대해 알고 설명할 수 있다.
9. 심리학 연구 방법에 대해 알고 설명할 수 있으며, 이를 심리학자가 사랑에 대해 연구하기 위해 사용하는 방법에 적용시킬 수 있다.
10. 심리학 연구 방법의 강점과 약점을 평가할 수 있다.
11. 심리학 연구를 지배하는 윤리적 기준에 대해 설명할 수 있다.
12. 비판적 사고 능력을 사용하여 온라인상의 정보뿐만 아니라 다른 사람이 주장하는 바를 평가할 수 있다.

미리 보기

1 단원 현대 심리학의 기초
2 단원 심리학자: 그들은 누구이며, 어떤 일을 하는가
3 단원 심리학 연구 방법
4 단원 비판적으로 생각하기

심리학은 과학적인 학문이다. 그런데 '과학적'이라는 것은 어떤 의미인가? 그 여러 의미 중 한 가지는 의견이나 전통보다 증거를 가치 있게 여긴다는 의미이다. 유서 깊은 전통 혹은 존경받는 학자나 사상가의 의견보다 증거를 중시한다. 심리학자는 의견, 전통, 심지어는 민속전통까지도 가벼이 여기지 않는다. 하지만 과학자로서의 그들은 의견, 가정, 신념, 이론들이 증거를 가지고 검증되고 면밀히 조사될 것을 요구한다. 심리학자는 과학적인 연구 방법을 사용하여 그들 자신과 다른 사람이 제기하는 인간의 본성에 관한 질문의 답을 찾기 위해 애쓴다. 다른 과학자들처럼 심리학자는 전문적인 회의론자(professional skeptics)이다. 그들은 관찰 가능한 증거로 증명할 수 있는 이론에 대해서만 자신감을 가진다. 과학의 모든 분야에서와 같이, 심리학 분야의 탐구자는 그들의 이론, 신념, 가정을 검증하기 위해 증거를 수집한다.

심리학에 대한 탐구를 시작하기 전에, '심리학'이라는 용어를 정의해 보자. 심리학에 대한 많은 정의가 제안되어 왔지만, 오늘날 가장 널리 쓰이는 정의는 '행동과 정신 과정에 대한 과학'이다. 그렇다면 '행동'과 '정신 과정'의 의미는 무엇인가? 대략적으로 말해서, 유기체가 하는 모든 것이 행동의 형태에 속한다. 의자에 앉아 있는 것부터 독서하는 것, 공부하는 것, 텔레비전을 보는 것 모두 행동의 형태라고 볼 수 있다. 마찬가지로 샌드위치를 만드는 것, 통화하는 것, 미소 짓는 것, 춤을 추는 것, 팔을 드는 것도 모두 행동의 형태이다. 생각하는 것과 꿈꾸는 것조차도 행동의 형태라고 볼 수 있다.

정신 과정은 우리의 내적 세계를 구성하는 사적인 경험이다. 이러한 사적인 경험은 다른 사람이 직접적으로 관찰하거나 경험할 수 없는 생각, 감정, 꿈, 몽상, 감각, 지각, 신념을 포함한다. 심리학자가 마주하는 어려움 중 하나는 이러한 내적 경험을 과학적 연구에 이용 가능하도록 만드는 것이다.

심리학자가 어떻게 행동과 정신 과정을 연구하는지에 대한 탐구를 시작하기 전에, 심리학이 처음 시작되었을 때로 돌아가서 심리학이 어떻게 과학적 학문으로 발전되었고, 오늘날 심리학의 위치는 어디인지부터 살펴보자.

1 단원

현대 심리학의 기초

- 심리학이란?
- 심리학의 근원은?
- 심리학의 주요 초기 학파는?
- 심리학의 주요 현대 관점은?

이 책의 첫 단원은 심리학 공부의 기초를 마련해 주는 역할을 한다. 이 단원에서는 과학적 분야로서 심리학의 발전 과정을 설명한다. 어떻게 심리학이 발전했는가? 과학적 분야로 발전하게 한 주요 영향에는 어떤 것이 있는가? 우리는 심리학의 간략한 역사에 대한 설명으로 이러한 질문에 답을 할 것이다. 먼저, 심리학은 여전히 신생 과학에 속하지만 그 시작은 고대로 거슬러 올라갈 수 있다는 점을 언급하며 시작하려 한다.

1. 심리학의 기원

개념 1-1

심리학은 행동과 정신 과정을 과학적으로 연구하는 학문이다.

개념 1-2

심리학은 비교적 신생 과학이지만, 마음과 행동의 본질에 대한 관심은 오래 전에 시작되었다.

심리학은 분명한 시작점이 없다. 그래서 우리는 달력상에 심리학이 시작된 특정한 날을 표기할 수 없다. 다만 초기 인류가 인간 본성에 대해 생각하는 능력을 발달시키기 시작했을 때부터 심리학이 시작되었을 가능성이 높다고 추측한다. 오늘날의 우리가 그러하듯, 그들도 왜 사람들이 특정 방식으로 행동하는지에 대해 궁금해 했을 것이다. 그러나 그들의 사색에 관한 기록이 존재하지 않는 탓에 그들이 인간 본성에 대해 생각하거나 말했던 것은 알려지지 않은 채로 남아 있다.

'심리학'이라는 단어는 그리스어에 어원을 두고 있다. 마음을 의미하는 'psyche'와, 학문 혹은 지식을 의미하는 'logos'가 그것이다. 따라서 기원전 500~300년 고대 그리스 시대의 고전 철학자를 살펴보는 것이 적절할 것이다. 고대 그리스 철학자 가운데 심리학적 사고에 가장 큰 영향을 미친 사람은 소크라테스(Socrates, 기원전 469~399), 플라톤(Plato, 기원전 428~348), 아리스토텔레스(Aristoteles, 기원전 384~332)이다.

우리는 소크라테스의 제자 플라톤의 글을 통하여 소크라테스에 대해 알고 있다. "너 자신을 알라."라는 유명한 말을 남긴 소크라테스는 자기탐구와 개인적인 성찰을 강조했다. 그는 반성하지 않는 삶은 가치가 없다고 믿었다. 그의 자기탐구에 관한 주제는 현대 심리학에서 가장 오래 지속되는 것 중 하나이다. 플라톤은 소크라테스로부터 감각에 의존하여 세계에 대한 지식을 얻으려 해서는 안 된다는 것을 배웠다. 왜냐하면 감각에 의해 주어진 세계는 실제의 불완전한 복제본이기 때문이다. 감각이 진실에 대한 창이 될 수 없다는 생각은 감각이 착시의 형태로 우리를 속이는 방식을 연구하는 현대 심리학자들의 생각과 상통한다. 소크라테스와 같이, 플라톤

심리학: 행동과 정신 과정의 과학

또한 참 지식을 얻기 위해서는 우리의 불완전한 감각을 통해 들어오는 정보에 의지할 것이 아니라, 사고와 추론에 근거해야 한다고 믿었다.

플라톤의 제자 아리스토텔레스는 이와 다르게 생각했다. 그는 자연주의자로 교육받았고, 그 결과 지식은 철저하고 주의 깊은 관찰로부터 얻어진다고 믿었다. 아리스토텔레스는 지식의 추구는 순수한 사고 혹은 추론이 아닌 우리 주변의 세계에 대한 경험에 기반을 두어야 한다고 주장했다. 현대 과학이 지식을 얻기 위한 방법으로 실험과 주의 깊은 관찰을 강조하는 것에서 볼 수 있듯, 아리스토텔레스적 사고는 현대 과학의 발전에 영향을 미치게 되었다.

고대 그리스인의 대부분은 신이 인간의 일상에 개입한다고 믿었던 반면, 아리스토텔레스는 사람은 자신이 보고 만지는 것을 믿어야 한다고 주장했다. 그는 인간 행동을 설명함에 있어서 초자연적인 이유를 들지 않고 자연적인 요인에 대한 글을 처음으로 쓴 사람이었다. 아리스토텔레스는 또한 한 생각이 다른 생각으로 이어지는 방법에 대해서도 설명했는데, 사고의 연상작용에 관한 그의 설명은 학습과 사고에 관한 현대적 관점에서도 발견된다. 아리스토텔레스는 또한 인간과 하등 동물은 주로 쾌락을 추구하고 고통을 피하는 데에서 동기를 얻는다고 설명했는데, 이러한 관점은 현대 동기 이론의 중심이 되었다.

고대 그리스 철학자의 공헌을 기억하는 한편, 비슷한 시기에 다른 곳에서도 인간 본성에 대한 사상 체계가 뿌리를 내리고 있었다는 사실을 잊어서는 안 된다. 아프리카, 중동, 극동에서는 철학자이자 수필가였던 공자(기원전 551~479년)가 중국 역사상 가장 영향력 있고 존경받는 사상가로 자리하고 있었다. 공자는 사람은 선천적으로 선을 행하는 능력을 가지고 태어난다고 믿었으며, 악은 본성이 아닌 나쁜 환경 혹은 교육의 부족으로 인한 결과물이라고 주장했다. 나중에 살펴보겠지만, 환경이 행동을 결정하는 데 핵심 역할을 한다는 믿음은 오늘날 심리학 학파에서도 나타나고 있다. 공자는 또한 사람은 이윤 추구 동기보다는 도덕적 원칙에 의해 지배를 받아야 한다고 믿었으며, 자신의 마음을 최선을 다하여 경작해야 한다고 주장했다. 오늘날의 심리학자들도 도덕적 추론과 도덕적 발달과 관련된 이슈에 관심을 돌리고 있는데, 이에 관하여서는 제10장에서 더 자세히 살펴볼 것이다.

심리학자는 우리가 행동하는 것과 생각하고, 느끼고, 꿈꾸고, 감각하고, 인지하는 것을 연구한다. 그들은 행동과 정신 과정에 대한 연구를 함에 있어 과학적 방법을 사용한다.

심리학은 수천 년 동안 철학자, 신학자, 작가의 관심 대상으로 남아 있었고, 19세기가 될 때까지 과학 분야로 등장하지 않았다. 정신 과정을 연구한 첫 과학자는 독일 생리학자 '구스타프 페히너(Gustav Theodor Fechner, 1801~1887)'였다.

페히너는 정신물리학을 연구했는데, 정신물리학은 빛

정신물리학: 물리적 자극의 특징(예: 강도)과 자극에 대한 반응으로 경험되는 감각 간의 관계를 연구하는 학문

내성법(introspection): 감각 혹은 감정과 같은 정신 내적 경험에 초점을 두는 것

이나 소리 같은 자극의 강도 및 기타 물리적 특징과 그에 대한 반응으로 유발된 감각경험 간의 관계를 연구하는 심리학의 한 분야이다. 페히너는 1860년에 그가 발견한 내용을 그의 저서 『정신물리학의 요소(Elements of Psychophysics)』에 담아 출판했다. 1850년대에 다른 독일 생리학자 '헤르만 폰 헬름홀츠(Hermann von Helmholtz, 1821~1894)'는 사람이 색을 지각하는 방식에 관한 이론을 개발했다. 페히너와 폰 헬름홀츠가 기여한 바에 대해서는 제3장 감각과 지각에서 다시 살펴보도록 하겠다.

독립적인 과학으로서 심리학의 기초를 다진 사람으로는 주로 독일 과학자 빌헬름 분트(Wilhelm Wundt, 1832~1920)를 이야기한다. 그 이유는 분트가 심리학을 과학적으로 연구하기 위한 최초의 실험실을 설립했기 때문이다(Stout, 2008). 1879년 독일 라이프치히에 분트의 실험실이 설립되면서, 심리학은 철학에서 과학으로 변화되었다.

생활의 한 단면 어떤 측면에서 분트는 새로운 과학을 만들 거라고는 상상하기 어려운 사람이었다. 그는 학생 시절 공부를 잘 못해 유급을 하기도 했다. 소년 분트의 문제는 그가 수업 시간에 공상에 잠기곤 했다는 것이었는데, 그는 자주 손에 책을 편 채로 앉아서 허공을 응시하곤 했다. 하지만 그는 그 학교를 끝까지 다녔고 결국 의과 대학을 졸업한 후, 성공적으로 생리학자로서의 연구 경력을 쌓기 시작했다. 후에 그는 자신이 받았던 과학적 훈련을 그가 진정으로 열정을 가졌던 의식 경험의 이해에 적용했던 것 같다. 자신만의 생각에 빠져들어 학교에서 한때는 뒤처졌던 사람이 최초의 심리학 실험실을 설립함으로써, 정신을 연구하는 첫 과학자가 되었다.

여느 과학 영역과 마찬가지로 심리학 분야도 탐험과 발견으로 전개되는 이야기이다. 이 책을 통해 여러분은 심리학이라는 이야기를 만들어 간 많은 탐험가와 발견자를 만나게 될 것이다. 고대의 사상과 현대를 연결 짓는 다리 역할은 분트에서 시작된다. 그의 제자 에드워드 티치너(Edward Titchener, 1867~1927)와 분트는 구조주의와 연관되어 있다(〈표 1-1〉 초기 심리학: 연대표 참조).

첫 심리학 실험실에 있는 빌헬름 분트(앉아 있는 사람)와 동료들

1) 빌헬름 분트와 구조주의

빌헬름 분트는 정신 경험을 연구하는 데 관심이 있었다. 그는 내성법(introspection)이라는 방법을 사용했는데, 이 방법은 주의 깊은 자기 분석과 자신의 의식 경험을 보고하는 것이다. 예를 들어, 그는 피험자(subjects)에게 과일 조각과 같은 물체(objects)를 제시한 후, 그것의 모양, 색깔, 질감에 대한 인상이나 감각기관과 접촉되었을 때의 느낌에 대해 이야기하라고 했다. 혹은 냄새를 맡고 그 냄새가 그들에게 일으키는 감각이나 감정을 이야기하라고 요구했다.

이러한 방식으로 분트와 그의 학생들은 정신 경험을 여러 구성 요소(감각, 인지, 감정)로 나누고, 이러한 요소가 모여 전체 의식 경험을 만들어 내는 규칙을 찾기 위해 애를 썼다.

개념 1-3

분트와 티치너와 관련된 심리학 초기 학파인 구조주의는 감각, 지각, 감정의 형태 등 정신 경험의 근본적인 구조를 밝혀내는 방법으로 내성법을 사용하였다.

분트의 영국인 제자 에드워드 티치너는 분트의 가르침과 내성법을 미국과 다른 영어권 국가로 전파했다. 분트와 티치너를 대표적인 인물로 하는 구조주의(structuralism) 심리학 학파는 정신 경험을 구성 요소로 쪼갬으로써 정신의 구조를 정의하려 한 접근법이다.

분트의 실험 실습실에서 처음 일한 미국인 심리학자는 그랜빌 스탠리 홀(G. Stanley Hall, 1844~1924)이었다(Johnson, 2000). 1892년에 홀은 미국 심리학회(American Psychological Association: APA)를 설립하였는데, 이 조직은 현재 미국에서 가장 규모가 큰 심리학자들의 모임이다. 홀은 미국 심리학회의 초대 회장으로 선출되었다(Pate, 2000). 그보다 9년 전인 1883년, 그는 미국 존스홉킨스 대학교에 첫 심리학 실험실을 설립하였다(Benjamin, 2000). 이와 같이 미국 초기 심리학에 중심이 되는 역할을 한 인물은 홀이었다. 하지만 일반적으로 하버드 심리학자 윌리엄 제임스가 미국 심리학의 아버지로 알려져 있다.

2) 윌리엄 제임스와 기능주의

윌리엄 제임스(William James, 1842~1910)는 의사로 훈련을 받았지만 심리학과 철학에 중요한 공헌을 했다(Pate, 2000). 그는 내성법을 사용하긴 했지만, 연구의 초점을 행동의 기능으로 옮겼다. 구조주의 심리학자들과는 달리, 그는 의식 경험이 별개의 요소로 분해될 수 없다고 믿었다. 오히려 그는 정신 경험을 가장 잘 이해하기 위해서는 기능과 목적의 관점에서 살펴보아야 한다고 믿었다.

〈표 1-1〉 초기 심리학: 연대표

1860년	• 구스타프 페히너가 『정신물리학의 요소(Elements of Psychophysics)』를 출판했다.
1875년	• 하버드에서 윌리엄 제임스가 첫 심리학 강의를 했다.
1878년	• 그랜빌 스탠리 홀이 미국에서 첫 심리학 박사를 취득했다.
1879년	• 빌헬름 분트가 첫 심리학 실험실을 설립했다.
1883년	• 그랜빌 스탠리 홀에 의해 존스홉킨스 대학교에 첫 미국 심리학 실험실이 설립되었다.
1887년	• 그랜빌 스탠리 홀이 「미국 심리학회지(American Journal of Psychology)」를 창간했다.
1889년	• 제임스 볼드윈(James Mark Baldwin)이 토론토 대학교에서 첫 캐나다 심리학 실험실을 설립했다.
1890년	• 제임스가 첫 심리학 교재 『심리학의 원리(Principles of Psychology)』를 출간했다.
1892년	• 미국 심리학회(American Psychological Association: APA)가 설립되었고, 그랜빌 스탠리 홀이 초대 회장으로 선출되었다.
1894년	• 마거릿 플로이 워시번(Margaret Floy Washburn)이 여성으로서는 처음으로 심리학 박사 학위를 취득했다.
1895년	• 지크문트 프로이트(Sigmund Freud)가 심리학에 관한 첫 작업을 출판했다.
1896년	• 라이트너 위트머(Lightner Witmer)가 미국에서 첫 심리진료소를 설립했다.
1900년	• 프로이트가 『꿈의 해석(The Interpretation of Dreams)』을 출판했다.
1905년	• 두 프랑스 심리학자 알프레드 비네(Alfred Binet)와 테오도르 시몽(Théodore Simon)이 '지능 측정 도구'라고 일컫는 첫 지능검사 개발을 발표했다. • 메리 휘튼 칼킨스(Mary Whiton Calkins)가 APA의 첫 여성 회장이 되었다.
1907년	• 조건화에 대한 이반 페트로비치 파블로프(Ivan Petrovich Pavlov)의 작업이 처음으로 미국 과학 잡지에 소개되었다.
1910년	• 막스 베르트하이머(Max Wertheimer)와 동료들은 게슈탈트 심리학에 대한 연구를 시작했다.
1913년	• 왓슨은 행동주의자 선언문 「행동주의자의 관점에서 본 심리학(Psychology as the Behaviorist Views It)」을 발표했다.
1920년	• 프랜시스 섬너(Francis Sumner)는 미국에서 심리학 박사 학위를 취득한 첫 아프리카계 미국인이다. • 헨리 앨스턴(Henry Alston)은 미국 주요 심리 학회지에 자신의 연구 결과를 출판한 첫 아프리카계 미국인이다.

개념 1-4

기능주의의 창시자인 윌리엄 제임스는 심리학의 초점은 어떻게 우리의 행동과 정신 과정이 세상 속에서 마주하는 요구에 적응하는 것을 돕는지에 있어야 한다고 믿었다.

개념 1-5

행동주의는 심리학이 정신 과정을 연구하는 것에서 벗어나, 기록과 측정을 할 수 있는 관찰 가능한 행동을 연구할 때에만 과학으로서 진보할 수 있다는 믿음에 기초한다.

구조주의(structuralism): 정신의 구조를 구성 요소로 나눔으로써 이해하고자 하는 심리학의 학파

기능주의(functionalism): 행동의 적응적 기능에 초점을 맞추는 심리학의 학파

행동주의(behaviorism): 심리학은 눈에 보이고 관찰 가능한 행동에만 그 연구의 범위를 제한해야 한다고 주장하는 심리학의 학파

제임스는 사람들이 환경에 적응해 갈 때 행동이 어떻게 도움이 되는지에 초점을 맞춘 심리학 학파인 기능주의(functionalism)를 창립했다. 구조주의자는 인간 정신의 구조를 이해하는 데에 관심을 가졌던 반면, 기능주의자는 정신 과정의 기능에 관심을 가졌다(Willingham, 2007). 기능주의자는 정신 과정의 역할 혹은 기능을 연구했다. 왜 우리가 행동하는지, 무엇을 하는지에 관심을 가졌다는 뜻이다. 예를 들어, 제임스는 우리가 포크나 숟가락을 사용할 때 특유의 습관을 형성하는 이유로 그 습관이 우리가 일상에서 마주하는 많은 요구를 효과적으로 수행할 수 있도록 돕기 때문이라고 믿었다.

3) 존 왓슨과 행동주의

1900년대 초반에 심리학에서 새로운 세력이 일어나기 시작했다. 그것은 행동주의(behaviorism)라고 불렸고 심리학은 관찰자가 기록하고 측정할 수 있는 눈에 보이는 행동에만 연구의 범위를 제한해야 한다는 것을 신조로 삼았다. 행동주의 심리학자들은 내성법으로 다른 사람의 생각, 감정, 감각을 직접적으로 관찰할 수 없다는 사실을 지적했다. 행동주의의 창시자인 미국인 심리학자 존 왓슨(John Broadus Watson, 1878~1958)은 심리학이 연구 방법으로 내성주의를 그만두고 정신, 의식, 사고, 감정과 같은 심리주의적인 개념을 없애지 않으면 절대로 과학으로서 발전할 수 없을 것이라고 주장했다. 왓슨과 행동주의로 인해 심리학은 정신 과정이 아닌 '행동'의 과학이 되었다(Tweney & Budzynski, 2000). 이러한 점에서 왓슨과 행동주의 심리학자들은 과학은 관찰 가능한 사건에 의존해야 한다는 고대 그리스 철학자 아리스토텔레스와 의견을 같이한다고 볼 수 있다.

왓슨은 환경이 인간과 다른 동물의 행동을 조형한다고 믿었다. 심지어 그는 자신에게 유아의 삶에 대한 통제권이 주어진다면 원하는 모습의 성인이 되도록 할 수 있다고 주장했다.

> 나에게 열댓 명의 건강하고 잘생긴 유아와 그들을 기를 나만의 세상을 달라. 그러면 나는 그 아이들 중 한 명을 임의로 선택하여 훈련시켜 의사, 변호사, 상인의 우두머리, 심지어는 거지와 도둑이 되게 할 수 있다. 그가 가진 재능, 기호, 성향, 능력, 소명, 조상의 인종과는 상관없이 말이다(Watson, 1924, p. 82).

물론 아무도 왓슨의 도전에 응하지 않았기 때문에 우리는 어떻게 '열댓 명의 건강한 유아'가 그의 지도하에 살아갔을지는 절대 알 수 없다. 하지만 오늘날의 심리학자는 인간 발달은 왓슨이 생각했던 것보다 훨씬 더 복잡하다고 믿는다. 왓슨이 그가 제기한 도전에 성공했을 것이라고 믿는 사람은 거의 없다.

1920년대에는 이미 행동주의가 미국에서 심리학의 주요 학파로 자리 잡고 있었고, 수 세대에 걸쳐 미국 심리학을 지배하는 세력으로 남아 있었다. 하버드 대학교

의 심리학자인 B. F. 스키너(B. F. Skinner, 1904~1990)의 작업이 행동주의의 명성에 큰 영향을 끼쳤다. 스키너는 어떻게 행동이 보상과 처벌에 의해 조형되는지, 즉 특정 반응에 따르는 환경적 결과에 대해 연구했다. 스키너는 특정 반응에 보상을 줌으로써 동물이 간단한 행동을 수행하도록 훈련시킬 수 있음을 보여 주었다. 쥐가 지렛대를 누르거나 비둘기가 버튼을 쪼는 반응에 대해 모이 알갱이로 보상함으로써 그 행동을 학습하게 할 수 있었다. 또한 스키너는 강화물(reinforcers)이라는 보상을 이용하면 복잡한 행동도 학습되고 유지될 수 있음을 보여 주었다. 그는 다양한 강화물을 사용하여 비둘기가 장난감 피아노를 연주하게 하거나 한 쌍의 비둘기가 공을 앞뒤로 굴리는 일종의 탁구를 치는 훈련을 시키기도 했다. 이러한 방법을 통해 너구리가 농구공을 던지게 하거나 물고기로 하여금 특정한 표적에 입을 대게 할 수도 있다(Carroll, 2009).

© JP Laffont Sygma/Corbis

© Courtesy of Ulrike Siebeck

특정한 반응을 강화함으로써 우리는 너구리가 농구공을 던지게 하거나 물고기가 특정한 목표물을 치게 할 수 있다. 하지만 3점 슛은 여전히 너구리의 능력 밖이다.

출처: Courtesy of Ulrike Siebeck, reproduced with permission of *The Journal of Experimental Biology*. U. E. Siebeck, L. Litherland and G. M. Wallis, JEB 212, 2113-2119 (2009). http://jeb.biologists.org/cgi/content/full/212/13/2113.

주로 비둘기와 쥐를 연구했던 그는 실험실 동물에게서 관찰되었던 학습의 원칙이 인간에게도 적용될 수 있다고 믿었다. 그는 인간의 행동은 동물의 행동과 같이 환경적 영향의 산물이라고 주장했다. 재채기를 할 때 "실례합니다"라고 말하는 것부터 수업에 참석하는 것, 샌드위치를 만드는 것 등 우리가 하는 모든 것은 비록 우리가 그러한 행동을 습득하고 유지하는 데에 수반된 강화 과정을 기억해 내지 못한다 하더라도 강화를 통해 학습한 반응이라고 주장했다.

4) 막스 베르트하이머와 게슈탈트 심리학

생활의 한 단면 1910년, 왓슨이 심리학자들에게 정신에 대한 연구를 그만둘 것을 주장했던 때에 젊은 심리학자인 막스 베르트하이머(Max Wertheimer, 1880~1943)는 독일 중부 지방에서 기차를 타고 라인 지방으로 휴가를 가던 중이었다. 그때 그가 기차에서 보았던 것이 새로운 심리학파의 기반으로 작용했다. 이 새로운 학파가 게슈탈트 심리학(Gestalt psychology)인데, 뇌가 세계에 대한 우리의 지각을 체계화하고 구조화하는 방식을 연구하는 심리학의 학파로 알려졌다.

© Archives of the History of American Psychology, The Center for the History of Psychology—The University of Akron

막스 베르트하이머

기차에서 베르트하이머의 관심을 사로잡은 것은 먼 거리에 있는 물체에서 발견된 착시였다. 전봇대, 집, 언덕배기 등은 분명히 멈춰 서 있음에도 불구하고 기차와 함께 움직이고 있는 것처럼 보인다. 수많은 사람이 이 현상을 관찰했지만 누구도 관심을 기울이지 않았던 반면 베르트하이머는 왜 그 현상이 일어나는지에 흥미를 느꼈다. 그는 착각이 눈의 속임수가 아니라 움직임을 지각하게 하는 뇌의 고차원적 작용 방식을 반영한다고 생각했다. 그는 즉시 휴가를 취소하고 그 현상에 대한 실

개념 1-6

게슈탈트 심리학은 인간의 뇌가 세계에 대한 우리의 지각을 체계화하는 원리에 근거하며, 우리는 각각 감각 경험의 조각이 합쳐진 것이 아닌 체계화된 패턴 혹은 전체를 인지한다고 주장한다.

➔ 개념 링크 게슈탈트 심리학의 영향이 심리학의 많은 영역으로 확장되었지만, 지각에 관한 연구에의 공헌으로 가장 잘 알려져 있다. 제3장 5단원을 참고하라.

게슈탈트 심리학(Gestalt psychology): 뇌가 세계에 대한 우리의 지각을 의미 있는 패턴과 전체의 관점에서 구조화한다고 주장하는 심리학의 학파

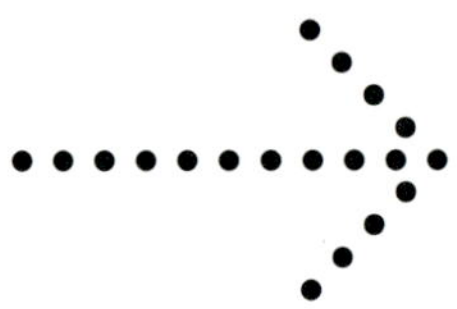

[그림 1-1]
이것이 무엇인가? 체계적이지 못한 점들의 나열인가? 혹은 조직화된 형태, 즉 화살표인가? 게슈탈트 심리학자는 우리의 눈이 보는 것이 반드시 우리의 뇌가 인식하는 것과 같지 않다고 가르쳤다.

게슈탈트(gestalt): '단일한 형태' 혹은 '패턴'을 의미하는 독일 단어

무의식(unconscious): 프로이트의 이론에서, 일상적인 의식을 넘어서 존재하며, 원시적인 추동과 본능을 담고 있는 정신의 한 부분

정신역동적 관점(psychodynamic perspective): 행동이 무의식적인 성적 혹은 공격적 충동과 그러한 위협적인 내용을 의식에서 배제시키려는 반대 힘 간의 갈등에 의해 영향을 받는다는 관점

험적 연구를 시작했다. 그는 두 명의 조수 볼프강 쾰러(Wolfgang Köhler, 1887~1967)와 쿠르트 코프카(Kurt Koffka, 1886~1943)와 함께 실험을 수행했고, 지각의 본질에 대한 중요한 사실을 발견했다. 지각은 우리의 감각 인상을 조직화하고 우리를 둘러싼 세계에 대한 의미 있는 표상을 형성하는 과정이다.

게슈탈트 심리학자들은 정신 경험을 구성 요소로 나눔으로써 이해할 수 있다는 구조주의 신념을 거부했다. 독일어인 게슈탈트(gestalt)는 대략 '단일한 형태' 혹은 '패턴'으로 번역된다. 게슈탈트 심리학자들은 우리의 뇌는 감각 경험을 하나하나의 조각으로 지각하는 게 아니라 여러 요소를 구조화된 전체로 통합함으로써 세상에 대한 우리의 지각을 조직한다고 믿었다(Sayim, Westheimer, & Herzog, 2010). "전체는 부분의 합보다 크다."로 잘 알려진 게슈탈트의 격언은 이러한 핵심 신념을 반영한다. 한 가지 예로, 사람들은 [그림 1-1]을 형체 없는 여러 개의 점으로 보기보다는 화살표로 볼 가능성이 높다. 만약 많은 수의 검은 물체가 머리 위로 날아가고 있는 것을 본다면 우리는 즉각적으로 대형을 이루어 날아가는 새 떼로 인식할 것이다. 다시 말해, 우리의 뇌는 우리의 눈이 보는 것을 구조화된 패턴 혹은 전체로 해석한다.

5) 지크문트 프로이트와 정신분석

행동주의와 게슈탈트 심리학이 조직화된 심리학으로 기반을 잡아가고 있을 즈음, 매우 색다른 심리학 모델이 부상하기 시작했다. 지크문트 프로이트(Sigmund Freud, 1856~1939)라는 오스트리아 의사의 저서에 기반을 둔 것이었다. 프로이트 심리학은 정신뿐만 아니라 무의식(unconscious), 즉 일상적인 의식을 넘어서 존재하는 정신 영역에도 초점을 맞추었다. 프로이트는 무의식을 원시적인 성적 및 공격적 추동(혹은 본능)의 저장소로, 그리고 그러한 추동과 본능에서 발생하는 소망, 충동, 욕구의 저장소로 보았다. 그는 우리의 행동 기저에 있는 동기에는 성적 충동과 공격적 충동이 포함되어 있고, 그러한 충동이 무의식의 깊숙한 곳에 숨어 있어 우리가 자각하지 못한다고 믿었다. 다시 말해, 우리는 어떤 행동을 하거나 어떤 말을 하면서도 그런 말이나 행동을 하게 된 실제 동기를 알지 못할 수도 있다.

또한 프로이트는 아동기 경험이 우리의 성격과 행동(과도한 두려움 혹은 공포증과 같이 비정상적인 행동을 포함하여)을 형성하는 데에 결정적인 역할을 수행한다고 믿었다. 그는 비정상적인 행동 패턴은 아동기에서 기인하는 무의식적 갈등에 뿌리를 두고 있다고 주장했다. 이러한 갈등을 구성하는 무의식적 투쟁은 의식의 세계로 나오려는, 하지만 받아들일 수 없는 성적 또는 공격적 충동과 이러한 위협적인 충동을 의식의 세계에서 배척하고자 하는 정신적 힘 간의 역동적인 갈등에서 비롯된다. 따라서 심리학에 대한 프로이트와 그의 추종자들의 관점은 종종 정신역동적 관점(psychodynamic perspective)이라고 불린다.

지크문트 프로이트

분트, 제임스, 왓슨과 달리 프로이트는 치료사였고, 그의 주요 목적은 사람들이

심리적 문제를 극복하도록 돕는 것이었다. 그는 심리치료의 한 형태, 즉 그가 정신분석(psychoanalysis)이라고 불렀던 '이야기 치료'를 개발했다(제16장에서 다룰 것이다.). 정신분석은 일종의 정신적 탐정 작업이다. 이 작업에는 꿈이나 '말실수(slips of the tongue)'에 대한 분석 방법이 이용되는데, 프로이트는 이러한 방법을 통해 환자들이 알지 못하는 잠재적인 동기나 갈등의 본질에 대한 통찰을 얻을 수 있다고 믿었다. 프로이트는 이러한 무의식적 갈등이 일단 의식적인 자각에 이르게 되면, 그러한 갈등은 치료 과정 중에 성공적으로 해결될 수 있다고 주장하였다.

개념 1-7

프로이트에 따르면, 우리 행동의 많은 부분은 일상적인 자각을 넘어서는 무의식적인 힘과 동기에 의해 결정된다.

➔ 개념 링크 정신분석이라 불리는 프로이트의 치료 모델은 성격에 내재해 있는 무의식적 갈등을 발견하고 해결하는 것을 통해 치료적 변화가 가능하다는 신념에 근거한다. 제16장 2단원을 참고하라.

정신분석(psychoanalysis): 프로이트의 심리치료 방법. 이는 프로이트가 심리적 문제의 근원에 있다고 믿었던 무의식적 갈등을 발견하고 해결하는 데에 초점을 맞추는 것

6) 심리학의 현대적 관점

오늘날의 심리학 분야를 살펴보면 어떤 점을 발견할 수 있을까? 우선적으로 심리학은 각 창시자가 중요한 역할을 하긴 했지만, 새로운 도전을 마주하며 끊임없이 개혁되어 왔다. 하지만 모든 학파가 세월의 흐름을 견디고 남아 있지는 않다. 한 예로, 구조주의는 본질적으로 심리학 분야에서 사라졌고, 소수의 충실한 추종자만이 남아 있다. 이에 비해, 기능주의, 행동주의, 게슈탈트 심리학, 정신분석과 같은 초기 심리학 학파는 계속해서 발전해 오고 있으며, 더 넓은 관점에서 강화되고 있다. 오늘날, 심리학 분야는 여섯 개의 주요 관점으로 나뉜다(행동주의적, 정신역동적, 인본주의적, 생리학적, 인지적, 사회문화적).

개념 1-8

초기 심리학 학파의 일부는 사라졌지만, 행동주의적, 정신역동적, 인본주의적, 생리학적, 인지적, 사회문화적 관점과 같은 현대의 관점은 계속해서 발전하고 행동에 대한 우리의 이해를 형성하도록 돕는다.

7) 행동주의적 관점

행동주의에 기반을 둔 행동주의적 관점(behavioral perspective)은 관찰 가능한 행동 그리고 행동 변화에서 학습의 중요성을 강조한다. 하지만 많은 심리학자는 전통적 행동주의는 지나치게 단순하여 복잡한 인간 행동을 설명하는 데는 한계가 있다고 믿는다. 전통적 행동주의가 계속해서 현대 심리학에 영향을 미치고 있기는 하지만, 그 영향력은 1900년대 초 · 중반 전성기 시절만큼 크지 않다.

개념 1-9

오늘날 많은 심리학자는 확장된 학습 기반 관점을 지지한다. 이는 사회-인지 이론이라고 불리며, 행동에 영향을 미치는 환경적 및 인지적 요인을 강조한다.

➔ 개념 링크 사회-인지 이론가는 학습된 행동뿐만 아니라 개인이 자신과 자신을 둘러싼 세상에 대해 생각하는 방식이 성격을 구성한다고 믿었다. 제13장 3단원을 참고하라.

오늘날의 많은 심리학자는 사회-인지 이론(social-cognitive theory)이라 불리는 더 넓고, 학습에 기반을 둔 관점을 채택한다[이전에 이는 사회-학습 이론(social-learning theory)이라고 불렸다.]. 이 관점은 1960년대 전통적 행동주의에서 벗어나고자 했던 학습 이론가에 의해 시작되었다(제13장 참조). 그들은 행동이 보상이나 처벌과 같은 환경적 요인에 의해서도 조형되지만 어떤 대상이나 목표(예: 좋은 성적을 얻는 것)에 부여된 가치, 혹은 행동의 결과에 대한 기대(만약 내가 X를 하면, Y가 따를 것이다.)와 같은 인지적 요인에 의해서도 조형된다고 믿었다. 사회-인지 이론가들은 전통적 행동주의자들과는 달리, 정신 과정을 비과학적이라고 버려두지 말고, 그것을 연구할 방법을 찾아야 한다고 주장했다. 전통적 행동주의자들은 정신 과정은 과학적 연구의 범위 밖에 있다고 믿었다.

행동주의적 관점(behavioral perspective): 관찰 가능한 행동을 설명하는 데에 있어 학습의 역할에 초점을 맞추는 심리학 연구의 한 접근법

사회-인지 이론(social-cognitive theory): 행동을 결정하는 데에 있어 인지와 환경적 요인의 역할을 강조한 현대의 학습-기반 모델

행동주의적 관점은 행동 치료(behavior therapy)라는 임상 분야의 주요 학파로 이어졌다. 행동 치료는 왓슨과 스키너의 전통에 기초한 학습 원리를 체계적으로 적

행동 치료(behavior therapy): 학습 원리의 체계적 적용을 포함하는 치료의 한 형태

용하고 있다. 정신분석가는 무의식적 정신작업에 초점을 두는 반면, 행동 치료자는 사람들로 하여금 공포증이나 사회적 억제와 같은 심리적 문제를 극복하는 데 도움이 되는 적응 행동을 습득하도록 돕는다. 오늘날, 많은 행동 치료자는 인지-행동 치료(cognitive-behavioral therapy)라는 더 넓은 치료적 접근법을 지지하는데, 이 접근법에서는 겉으로 드러나는 행동뿐만 아니라 비적응적인 사고를 바꾸는 기술까지 활용한다(제16장 참조).

8) 정신역동적 관점

정신역동적 관점은 지금도 심리학에 강렬한 영향력을 미치고 있다. 다른 심리학 관점과 같이, 이 관점 또한 계속해서 발전하고 있다. 제13장에서 살펴보겠지만, '신프로이트 학파(프로이트의 전통을 따르는 정신역동 이론가)'는 프로이트와는 달리 성욕과 공격성 같은 기본적 추동을 덜 강조하고, 자기인식, 자기지시, 의식적인 선택의 과정을 더 강조한다.

정신역동 이론의 영향은 심리학 분야를 훨씬 넘어선다. 판타지, 소망, 꿈, 숨겨진 동기 등 우리의 내면세계를 들여다보는 일은 문학, 예술, 문화에 상당한 영향을 끼쳤다. 심리적 문제가 아동기에 뿌리를 두고 있다는 생각 그리고 사람들이 자신의 더 깊은 동기와 소망을 의식적으로 알지 못할 수 있다는 신념은 프로이트 심리학 교육을 받지 않은 사람에 의해서도 지지받고 있다.

개념 1-10

정신역동적 관점은 무의식적인 동기(우리가 알지 못하는 내면의 소망과 충동)의 역할과 성격 형성에 있어 아동기 경험의 중요성에 초점을 맞춘다.

9) 인본주의적 관점: 심리학의 '제3세력'

1950년대에는 또 다른 세력이 심리학에서 유명해지기 시작했다. 인본주의 심리학(humanistic psychology)으로 알려진 이 세력은 당시 심리학의 지배적인 관점이었던 행동주의와 프로이트 심리학에 대한 반발로 발생했다. 그러한 이유로, 인본주의 심리학은 심리학에서 '제3세력'으로 불렸다. 미국의 에이브러햄 매슬로(Abraham Maslow, 1908~1970)와 칼 로저스(Carl Rogers, 1902~1987)를 포함한 인본주의 심리학자들은 인간의 행동은 환경에 의해 결정된다(행동주의)거나 무의식적 힘과 동기의 상호작용에 의해 결정된다(프로이트 심리학)는 결정론적인 관점을 거부했다. 인본주의 심리학자들은 자유의지와 의식적 선택이 인간 경험의 필수적인 측면이라고 믿는다. 인본주의적 관점(humanistic perspective)을 취하는 심리학자들은 설령 그것이 주관적이고 직접적으로 관찰되거나 과학적으로 측정되지 않는다 하더라도 의식적인 경험에 초점을 맞추어야 한다고 주장한다. 인본주의 심리학자들은 우리 각자를 저마다 독특한 특징과 능력을 지닌 개인으로, 또한 삶에 대해 저마다 고유한 기준 혹은 관점을 지닌 개인으로 본다. 그들은 자기인식과 자신에 대해 진실해짐으로써 진정한 사람이 되어 가는 과정의 가치를 강조한다. 또한 창의적 잠재력과 자신의 삶을 의미와 목적으로 채우도록 선택하는 능력을 강조한다.

인본주의 심리학(humanistic psychology): 자유의지와 의식적인 선택이 인간 경험의 필수적인 측면이라고 믿는 심리학의 한 학파

인본주의적 관점(humanistic perspective): 인본주의 심리학의 원리를 심리학 연구에 적용하는 접근

생리적 관점(physiological perspective): 심리학 연구에 있어 생물학적 과정과 행동 간 관계에 초점을 맞추는 접근

10) 생리적 관점

생리적 관점(physiological perspective)은 생물학적 과정과 행동 간의 관계를 살핀다. 생리적 관점은 한 명의 공헌자가 따로 존재하기보다는 행동과 정신 과정의 생물적 기반에 초점을 맞춘 많은 심리학자, 신경과학자와 관계가 있다.

우리 신체의 꼭대기에는 경이로운 조직 덩어리가 자리하고 있다. 바로 우리의 뇌이다. 뇌는 사실상 우리가 하는 모든 일을 관장한다. 뇌는 신경계의 핵심이고, 우리가 주변 세계를 감지하고, 사고하며, 느끼고, 공간을 거닐며, 심장박동 및 다른 생체 기능을 조절하고, 우리가 보고 듣는 것과 행동하는 것을 서로 조화시키는, 믿을 수 없을 만큼 복잡한 컴퓨터이다. 우리의 신경계는 또한 우리로 하여금 세계를 시각화하고, 우리가 겪어 보지 못한 세계를 상상할 수 있게 한다. 이 책을 통해 앞으로 살펴보겠지만, 생리심리학은 유전, 호르몬, 신경계의 역할을 포함하여 행동과 정신 과정의 생물학적 기반을 이해하도록 돕는다.

진화심리학(evolutionary psychology)은 찰스 다윈(Charles Darwin, 1809~1882)의 진화론을 구성하는 원리를 인간과 다른 동물의 행동에 적용한 현대 심리학파에 속한다(Buss, 2008; Confer et al., 2010; Durrant, 2011; Gallup & Frederick, 2010). 다윈은 인간을 포함한 모든 생물 형태가 자연환경의 요구에 적응하면서 시간이 흐름에 따라 초기의 생물 형태에서 진화했다고 믿었다.

진화 심리학자들은 공격성 같은 행동 경향(tendencies) 혹은 성향(predispositions)이 우리 선조 때부터 세대를 거쳐 전해 내려와 결국 우리의 유전자에 뿌리를 내리고 있는 것이라고 믿는다. 이들은 공격성 같은 특질도 현대 사회에서는 적응적이지 않지만 과거 조상의 생존에는 도움이 되었을 것이라고 믿는다. 진화 심리학자들은 공격성, 짝짓기, 이타주의 행동(즉, 무리를 영속시키기 위한 개인의 자기희생) 등 진화 과정의 영향을 받았을 것으로 추정되는 다른 종의 행동도 관찰한다. 하지만 그들은 행동 성향 혹은 경향이 실제 행동으로 이어지게 될지는 문화 및 가정 같은 환경적 요인에 의해 결정된다는 것을 깨달았다(예: 어떤 사람이 공격적으로 행동할지 말지).

개념 1-11

인본주의 심리학은 개인적 자유, 행동에 대한 책임, 자기인식의 가치, 참 자신의 수용을 강조한다.

개념 1-12

생리적 관점은 생물학적 과정과 행동 간 관계를 살핀다.

개념 1-13

진화심리학은 우리의 행동이 초기 조상들의 생존 가능성을 높인 유전된 성향 혹은 경향을 반영한다는 관점을 지지한다.

진화 심리학자는 과거 조상의 삶에 생존적 가치가 있었을 공격성과 같은 행동적 성향이 유전적으로 오늘날 인간에게까지 계승되어 왔다고 믿는다. 우리가 공격적인 스포츠를 좋아하는 것은 이러한 유전적 저류(under currents)를 반영하는 것이라고 본다.

11) 인지적 관점

인지 심리학자들은 사람들이 자신과 자신을 둘러싼 세계에 대한 지식을 어떻게 얻는지를 이해하기 위해 사람들의 정신 과정을 연구한다. 'cognitive(인지적)'이라는 단어는 라틴어로 지식(knowledge)을 의미하는 'cognitio'에서 왔다. 인지적 관점(cognitive perspective)을 채택하는 심리학자들은 우리가 지식을 습득하는 정신 과정을 연구한다. 즉, 우리가 어떻게 배우고, 개념을 형성하고, 문제를 해결하고, 결정을 내리고, 언어를 사용하는지를 연구한다. 어떤 인지 심리학자는 컴퓨터 정보처리 과

"나는 알코올 중독을 일으키는 유전자야."

진화심리학(evolutionary psychology): 행동을 형성하는 데 있어 진화적 과정의 역할에 초점을 맞추는 심리학의 한 갈래

인지적 관점(cognitive perspective): 심리학을 연구함에 있어 우리가 지식을 습득하는 과정에 초점을 맞추는 접근법

사회문화적 관점(sociocultural perspective): 심리학 연구를 함에 있어서 행동의 사회적 및 문화적 영향을 강조하는 접근법

정(컴퓨터가 문제를 해결하기 위해 정보를 처리하는 방법)의 원리를 적용하여 인간이 정보를 처리 · 저장 · 인출 · 조작하는 방법을 설명한다.

인지 심리학자들은 정신적 경험을 연구하는 것에 대해 변명할 생각이 없다고 말한다. 그들은 자신이 인지를 연구하기 위해 사용하는 방법도 충분히 과학적이라고 믿는다. 아무도 양성자와 중성자 같은 아원자 입자를 직접 관찰한 적이 없다. 그렇다고 해서 물리학자가 그 각각의 속성을 조사하는 연구 방법을 과학적 방법이 아니라고 말하지 않는다. 제7장에서는 인지 심리학자들이 보고한 아주 흥미로운 연구 결과를 살펴볼 것이다.

12) 사회문화적 관점

개념 1-14

인지적 관점은 사람들이 자신과 자신을 둘러싼 세계에 대한 지식을 얻는 정신 과정을 이해하는 데에 초점을 맞춘다.

개념 1-15

사회문화적 관점은 민족성, 성별, 생활 습관, 사회경제적 지위, 문화를 살핌으로써 행동을 넓은 사회적 맥락 속에 둔다.

사회문화적 관점(sociocultural perspective)을 채택하는 심리학자들은 사람들의 행동과 태도가 그들이 노출된 사회 및 문화적 영향에 의해 조형되는 방식을 살핀다. 구체적으로, 그들은 나이, 민족성, 성별, 성적 지향, 생활 습관, 소득 수준, 장애 상태, 문화 등이 행동과 정신 과정에 미치는 영향에 초점을 맞춘다.

사회문화적 관점은 우리로 하여금 많은 질문을 던지게 하는데, 이는 이 책의 후반부에서 다루게 될 것이다. 던질 수 있는 질문은 다음과 같다. 문화마다 착시에 빠지기 쉬운 정도가 다른가? 성별에 따라 수학이나 언어적 능력의 차이가 있는가? 약물 사용 패턴에 민족적 차이가 있는가? 있다면 그 차이를 어떻게 설명할 수 있는가? 인종별로 지능에 차이가 있는가? 있다면 그것을 어떻게 이해할 것인가? 이민자 집단의 심리적 적응에서 문화적 적응이 하는 역할은 무엇인가?

이와 같은 행동에서의 사회문화적 요인은 미국 사회에서 다양성이 증가하고 있는 오늘날 특히 의의가 있다. 소수 민족 집단도 이제 미국 인구의 약 1/3을 차지하고 있고, 21세기 중반에 전체 인구의 절반 정도가 될 것으로 예상된다(U.S. Minority Population, 2007). 게다가 다민족 미국인은 미국에서 가장 빠르게 성장하는 집단으로, 대통령 버락 오바마, 골프선수 타이거 우즈, 가수 머라이어 케리, 야구선수 데릭 지터와 같이 세간의 이목을 끄는 사람을 포함하여 그 수는 약 520만 명에 이른다(Multiracial America, 2009; Saulny, 2011). 또한 점점 더 많은 사람이 비전통적 범주에 속하면서, 전통적으로 알려진 '인종' 정체성이 점점 더 흐려지고 있다. 예를 들어, 많은 라틴아메리카계 사람들은 자신을 모레노(moreno), 트리구에노(trigueno), 인디오(indio)라고 말하는데, 이 용어는 피부색의 혈통과 변이를 지칭한다.

인종적 · 민족적 차이를 고려하는 것이 왜 중요한가? 한 가지 이유는 민족적 또는 문화적 집단에 따라 그들의 행동에 영향을 미치는 가치, 관습, 전통이 다르기 때문이다. 결과적으로, 민족성과 문화의 차이를 고려하는 것은 인간의 다양성을 더 잘 이해하도록 돕는다. 심리학에서의 다양성은 민족성 및 문화적 배경의 차이에 제한되지 않는다. 심리학에서의 다양성은 나이, 성별, 성적 지향, 장애 상태의 차이와도 관련 있다.

심리학자들은 연구에 개입된 표본이 그 연구 결과를 일반화하고자 하는 모집단을 폭넓게 대표할 수 있어야 한다는 것을 알고 있다. 초기 심리학 연구에서는 주로 백인 중산층 남자 대학생에 초점을 맞추었다. 우리는 제한된 범위 내에서 정의된 집단에 도출된 연구의 결과가 반드시 다른 삶의 경험을 가진 다른 집단에 일반화되는 것은 아니라는 사실을 기억해야 한다.

13) 현대적 관점: 요약

반드시 특정 관점만 옳고, 그 외 다른 관점은 틀린 것이 아니라는 것을 깨닫는 것이 중요하다. 현대 심리학에서 각각의 주요 접근법은 행동 혹은 심리적 기능의 각기 다른 측면을 중점적으로 연구한다. 각 접근은 저마다 우리가 인간 행동을 이해하는 데에 독특한 관점을 제공하지만, 그 어떤 접근법도 완전한 관점을 제공해 주지는 않는다. 인간 행동과 경험의 복잡성을 고려할 때, 심리학이 그 주제에 접근하는 다양한 경로를 만들어 냈다는 사실은 놀랍지 않다. 또한 오늘날 많은 심리학자가 인간 행동을 이해함에 있어 절충적인 접근법을 취한다는 사실도 놀랍지 않다. 절충적인 접근법은 서로 다른 관점을 대표하는 이론과 원리를 끌어오는 접근법이다. 우리는 또한 초기와는 달리 오늘날의 심리학이 서로 다른 학파로 분명하게 나누어지지 않는다는 사실을 알아야 한다. 서로 다른 관점 간에도 겹칠 만한 충분한 여지가 있다.

현대 심리학 분야의 점을 찍는 여섯 개 주요 관점에 더하여, 긍정심리학(positive psychology)이라고 불리는 움직임이 커지고 있는데, 이는 사랑, 행복, 이타주의, 희망과 같은 인간 경험의 긍정적인 측면을 연구하는 데 초점을 맞춘다(Seligman et al., 2005; Snyder & Lopez, 2007; Vallea, Huebner, & Suldo, 2006).

긍정심리학(positive psychology): 약함과 결핍보다는 인간의 미덕과 자산에 대한 연구를 강조하는 심리학의 움직임

심리학자들은 정서적 문제, 외상 스트레스의 영향, 폭력 및 약물 중독과 같은 문제 행동을 포함한 인간의 약점과 결함을 이해하는 데에 전념해 왔다. 심리학자 마틴 셀리그먼(Martin Seligman)에 의해 생겨난 긍정심리학은 우리의 결함이 아니라 미덕과 강점에 초점을 맞춤으로써 이를 조정했다. 이 책을 통해 우리는 사랑, 남을 돕는 행위, 낙관주의, 성공적인 노화, 행복, 자아존중감, 자기실현, 창의성과 같은 긍정심리학의 여러 측면들을 살펴볼 것이다.

〈개념 차트 1-1〉은 주요 현대적 관점의 심리학자들이 질문할 만한 일반적인 질문과 특정한 주제에 대해 던지는 질문들을 제시하고 있다. 표에 소개된 주제를 살펴보면, 현대 심리학의 다양한 관점을 구분할 수 있을 것이다. 더 자세한 사항은 책의 후반부에서 다룰 것이다.

© vadim kozlovsky/Shutterstock.com

〈개념 차트 1-1〉 오늘날 심리학의 관점들: 서로 어떻게 다른가

관점	일반적인 질문	구체적 주제에 대한 질문		
		공격성	우울증	비만
행동주의적	초기 학습 경험이 어떻게 성인이 된 우리의 행동을 조형하는가?	공격적 행동은 어떻게 학습되었는가? 그것이 어떻게 보상되고 강화되는가? 미디어 혹은 또래 간 폭력에 대한 노출도 영향을 미치는가?	우울증과 강화 패턴 변화는 어떤 관계인가? 강화물로 작용할 수 있는 사회적 관계를 형성·유지하는 데는 어떤 사회적 기술이 필요할까?	어떻게 건강하지 않은 식습관이 비만으로 이어질까? 그런 습관을 어떻게 바꿀 수 있을까?
정신역동적	어떻게 해결되지 않은 아동기 갈등이 성인 행동에 영향을 미칠까? 이러한 갈등에 대처하려면 어떤 도움이 필요할까?	공격성과 무의식적 충동은 어떤 관계인가? 이러한 충동은 실제로 누구를 향해 있는가?	우울증은 어떻게 미해결된 상실과 관련되어 있을까? 또는 자신 내부로 향한 분노를 나타내는 것은 아닐까?	비만이 사랑과 지지에 대한 해결되지 않은 욕구를 둘러싼 갈등과 연관되어 있는 것은 아닐까? 음식이 사랑의 대체물로 변한 것은 아닐까?
인본주의적	사람들은 어떻게 목표의식이 분명한 의미 있는 삶을 추구하게 되는 것일까?	목표 추구를 저지당했을 때 발생하는 좌절감과 폭력성이 연관된 것은 아닐까? 어떻게 하면 이런 폭력을 예방할 수 있을까?	우울증이 자존감 결핍 혹은 자기상에 대한 위협과 연관되어 있는 것은 아닐까? 또는 목적상실감 혹은 삶의 의미 결핍에서 기인한 것은 아닐까?	비만을 일으키는 것은 무엇인가? 비만인 사람들에게 음식은 특별한 의미를 갖는가? 그들이 다른 데서 만족을 얻도록 도울 수는 없을까?
생리학적	어떻게 생물학적 구조와 과정이 행동을 가능하게 만드는가? 선천(유전)과 양육(환경)이 지능, 언어 발달, 공격성과 같은 영역에서 하는 역할은 무엇인가?	뇌의 어떤 작용이 공격 행동을 제어하는가? 뇌의 비정으로 일부 사람들의 폭력 행동을 설명할 수 있을까?	우울증은 뇌의 화학물질 변화와 어떤 관계에 있는가? 어떤 유전적 연관성이 있는 것은 아닐까?	비만은 유전된 것인가? 어떤 유전자가 관여하는가? 유전적 기반에 대한 지식이 어떻게 치료와 예방에 관한 새로운 접근으로 이어질 것인가?
인지적	사람들은 어떻게 문제를 해결하고, 결정을 내리고, 언어를 발달시키는가?	어떤 생각이 공격적인 반응을 일으키는가? 공격적인 사람들에게는 그들의 공격 가능성을 높이는 어떤 신념이 있는 것일까?	어떤 사고 패턴이 우울증과 연관되어 있는가? 어떻게 하면 그 사고 패턴을 변화시켜 우울증을 극복할 수 있을까?	비만은 사람들의 자기개념에 어떤 영향을 미치는가? 어떤 생각이 폭식으로 이어지는가? 그 생각은 어떻게 바뀔 수 있는가?
사회문화적	자기개념은 문화마다 어떻게 다른가? 사회적·문화적 영향은 어떻게 행동을 조형하는가?	어떤 사회적 환경이 약물 사용과 공격 행동을 일으키는가? 우리 사회는 여성에 대한 성적 공격성이나 배우자 학대 같은 특정 형태의 공격성을 용인하거나 보상하는 것은 아닐까?	우울증은 가난이나 실직 같은 사회적 스트레스와 무관할까? 왜 우울증은 특히 여성과 같은 특정 집단에서 더 흔할까? 그들에게 기대되는 사회적 역할과 관련이 있는 것일까?	집단에 따라 비만의 위험이 다를까? 문화에 따른 식단 및 관습의 차이도 영향을 미칠까?

1 단원 복습 현대 심리학의 기초

되새겨 봅시다

심리학이란?

➤ 심리학은 행동과 정신 과정의 과학이다.

심리학의 기원은?

➤ 인간 행동을 설명하려는 체계적인 시도는 고대 시대의 철학자로 거슬러 올라가지만, 심리학이 과학적 분야로 나타난 것은 19세기 Wundt의 첫 심리학 실험실 설립 때였다(1879년 독일 라이프치히).

주요 초기 심리학 학파에는 어떤 것이 있는가?

➤ 구조주의: 가장 초기의 심리학 학파로 Wilhelm Wundt와 Edward Titchener로 대표되며, 정신 경험을 감각, 인지, 감정과 같은 구성 요소로 나눈다.

➤ 기능주의: William James에 의해 설립된 심리학 학파로, 행동을 설명할 때 그것이 우리로 하여금 환경에 적응하도록 돕는 기능을 이용한다.

➤ 행동주의: John Broadus Watson에 의해 시작된 학파로, 심리학은 관찰 가능한 현상(행동)에만 제한되어야 한다고 주장한다.

➤ 게슈탈트 심리학: Max Wertheimer에 의해 설립되었고, 뇌는 체계화된 패턴 혹은 전체 관점에서 세계에 대한 우리의 인지를 구조화한다는 믿음에 근거한다.

➤ 정신분석: Sigmund Freud에 의해 시작된 학파로, 인간 행동을 결정하는 데 있어 무의식적 동기와 갈등의 역할을 강조한다.

현대 심리학의 주요 관점에는 어떤 것이 있는가?

➤ 행동주의적 관점: 관찰 가능한 행동과 행동에 미치는 학습 과정의 영향에 초점을 둔다.

➤ 정신역동적 관점: Freud와 추종자에 의해 개발된 심리학 모델이며, 우리의 행동과 성격은 일상적인 의식 밖에 있는 무의식적 동기와 갈등에 의해 형성된다고 주장한다.

➤ 인본주의적 관점: Carl Rogers와 Abraham Maslow와 같은 인본주의 심리학자의 관점을 반영하며, 주관적인 의식 경험과 개인적인 자유, 책임을 강조한다.

➤ 생리적 관점: 행동과 정신 경험이 유전, 호르몬, 뇌와 다른 신경계의 작용과 같은 생물학적 과정에 영향을 받는 방법을 연구한다.

➤ 인지적 관점: 우리 자신과 세계에 대한 지식을 얻는 정신 과정에 초점을 둔다.

➤ 사회문화적 관점: 어떻게 우리의 행동과 태도가 사회적 및 문화적 영향에 의해 형성되는지 연구한다.

점검해 봅시다

1. 독립적인 과학으로서 심리학의 기초를 세웠다고 일반적으로 인정받는 과학자는 ______________이다.
2. 구조주의라고 불리는 심리학의 초기 학파는
   ① 연구 방법으로 내성법을 사용하는 것을 거부했다.
   ② 눈에 보이는 행동에 초점을 맞추었다.
   ③ 정신의 구조를 연구했다.
   ④ 행동의 기능에 관심을 가졌다.
3. 심리학은 관찰 가능한 행동만을 연구해야 한다고 주장하는 심리학 학파는 ______________이다.
4. 게슈탈트 심리학은 다음에 초점을 맞춘다.
   ① 정신의 체계
   ② 뇌가 세계에 대한 우리의 지각을 체계화하고 구조화하는 방법
   ③ 행동의 기능
   ④ 행동을 동기화하는 데 있어서 자기실현의 역할
5. 인본주의 심리학자는 무의식적 과정과 환경적 영향이 우리의 행동을 결정한다는 주장을 거부했다. 오히려 그들은 행동을 이해하는 데 있어서 ______________의 중요성을 강조했다.
   ① 의식적인 선택
   ② 유전과 생리학적 과정
   ③ 고전적 및 조작적 조건화
   ④ 정신의 기본 구조
6. Sigmund Freud로부터 시작된 심리학적 관점은 무엇인가?

질문에 대한 답은 책의 부록 B에 있다.

생각해 봅시다

➤ 당신은 '사람들의 습관이 그들이 마주하는 환경적 요구에 적응하는 것을 돕는가'라는 관점에서 행동을 설명하고자 한다. 초기 심리학 학파 가운데 어떤 접근을 택할 것인가?

➤ 당신은 비록 그것을 인지하지 못한다 할지라도 행동에 영

향을 미치는 성격에 내재된 힘의 관점에서 행동을 이해하고자 한다. 초기 심리학 학파 가운데 어떤 접근을 택할 것인가?

➤ 인본주의 심리학자는 삶의 목적과 의미를 발견하는 것의 중요성을 강조한다. 당신의 삶의 목적은 무엇인가? 어떻게 당신의 삶을 더 의미 있게 만들 수 있겠는가?

2 단원 심리학자: 그들은 누구이며, 어떤 일을 하는가

- 심리학 세부 전공에는 무엇이 있는가?
- 시간이 흐름에 따라 심리학자의 인종 및 성별에는 어떤 변화가 일어났는가?

심리학자를 생각할 때, 병원 혹은 클리닉에서 심리적 문제를 가진 사람을 대하는 이미지가 먼저 떠오르는가? 이러한 이미지는 '임상 심리학자'라는 특정 분야에서 일하는 심리학 전공자의 모습이며, 사실 심리학 전공 분야는 매우 많다. 또한 심리학자는 서로 다른 많은 역할을 수행하기 때문에, 심리학을 공부하는 사람들은 다양한 직업을 가진다. 어떤 심리학자는 교육을 시키거나 연구를 수행할 수도 있고, 개인 혹은 단체(학교 혹은 기업)에 심리적 서비스를 제공할 수도 있다. 심리학자는 보통 심리학 내에서 실험, 임상, 발달, 교육, 사회심리학과 같은 특정한 전문 하위 분야와 연을 맺고 있다.

기초 연구(basic research): 지식 습득에 초점을 맞춘 연구. 그러한 지식은 실용적인 적용으로 곧바로 이어지지 않을 수도 있음

응용 연구(applied research): 특정한 문제에 대한 해결책을 찾고자 하는 연구

어떤 심리학자는 기초 연구(basic research)를 수행한다. 기초 연구는 심리적 현상에 대한 이해를 확장시키기 위한 것으로, 그러한 지식은 실용적인 혜택으로 직접 이어지지 않을 수도 있다. 이러한 심리학자는 주로 대학 혹은 정부 기관을 위해 일한다. 어떤 심리학자는 응용 연구(applied research)를 수행한다. 응용 연구는 특정 문제에 대한 해결책을 찾기 위한 연구로, 학습과 기억에 관한 연구 결과를 지적 장애 아동의 교육을 강화시키기 위한 방법을 강구하는 데 적용시키는 연구가 그런 연구에 속한다. 그리고 응용 분야에서 일하는 심리학자는 개인 혹은 단체에 서비스를 제공하기도 하는데, 임상, 상담, 학교, 산업 및 조직 심리학자가 여기에 해당한다. 많은 응용 심리학자는 그들이 실천하는 영역에서 연구를 수행하기도 한다. 이번 단원에서는 다양한 전공의 심리학자에 대해 더 살펴볼 것이다.

1. 심리학의 전문 분야

모든 심리학자는 행동과 정신 과정을 연구하지만 서로 다른 방식, 환경, 관점을 가지고 이러한 지식을 추구한다. 이 절에서는 기존의 심리학 및 새로 생겨난 심리

학 분야 내에서 몇 가지 주요 전문 분야에 대한 간략한 설명을 제공할 것이다.

대부분의 심리학자는 실험심리학, 임상심리학, 사회심리학 등 자신의 전문 분야의 박사 학위를 취득한다. 일반적으로 가장 널리 취득하는 박사 학위인 철학 박사(Ph.D.)는 대학원 과정과 논문을 완료한 후에 수여되며, 여기에는 자신만의 연구 작업이 포함된다. 실무 경력을 쌓고자 하는 심리학자는 심리학 박사 학위(Psy.D.)를 취득할 수 있는데, 이는 연구 기술보다는 실천가로서의 기술에 더 초점을 맞추는 박사 학위이다. 또한 교육학에서 대학원 과정을 계속하여 교육학 박사 학위(Ed.D.)를 취득할 수도 있다. 학교심리학이나 산업 및 조직심리학과 같은 전문 분야에서는 석사 학위가 현장에서 전문가로 활동할 수 있는 기본적인 수준의 학위로 인정된다.

두뇌는 퍼즐을 좋아합니다

앞서 읽은 내용을 바탕으로 다음 문제를 풀어 보자.
한 학생이 존스홉킨스 대학교에서 모든 Ph.D. 자격요건을 성공적으로 완수하였으나 대학에서는 박사 학위를 수여하지 않았다. 이에 굴하지 않고 그 학생은 성공적인 연구 경력을 쌓았으며, 색각(color vision)에 대한 새로운 이론도 만들어 냈다. 왜 대학은 박사 학위를 수여하지 않았는가?

1) 주요 전문 분야

〈개념 차트 1-2〉는 이 절에서 논의되는 심리학의 주요 전문 분야에 대한 개관을 제시하고 있다. [그림 1-2]는 각각의 주요 전문 분야에서 활동하는 심리학자의 비율을 제시하고 있으며, [그림 1-3]은 심리학자가 어디서 일하는지를 요약해서 제시하고 있다.

개념 1-16
심리학을 구성하는 전문 분야가 점점 더 많아지고 있다.

실험 심리학자(experimental psychologists)는 실험적 방법을 이용하여 학습, 감각, 지각, 인지와 같은 행동 및 정신 과정을 연구한다. 실험 심리학자 가운데 비교 심리학자(comparative psychologists)라고 불리는 이들은 동물의 행동 그 자체를 이해하고, 그것이 인간 행동에 대해 우리에게 무엇을 가르쳐 주는지 발견하고자 한다. 마찬가지로 실험 심리학자에 속하는 생리 심리학자(physiological psychologists)는 생물 심리학자(biological psychologists)라고도 불리며, 행동의 생물학적 기반을 연구한다.

임상 심리학자(clinical psychologists)는 기분장애, 불안장애와 같은 심리적 장애를 가진 사람을 평가하고 치료한다. 이들은 심리치료를 통해 사람들이 심리적 문제를 극복하거나, 삶에서 마주하는 스트레스에 더 잘 대처할 수 있도록 돕는다. 그들은 사람들의 문제를 더 잘 이해하고, 지적 능력 혹은 성격을 평가하기 위해 심리검사를 실시한다.

실험 심리학자(experimental psychologists): 실험적 방법을 사용하여 행동과 정신 과정을 연구하는 심리학자

비교 심리학자(comparative psychologists): 행동의 측면에서 동물 종(species) 간 공통점과 차이점을 연구하는 심리학자

생리 심리학자(physiological psychologists): 행동의 생물학적 기반에 초점을 맞추는 심리학자

임상 심리학자(clinical psychologists): 심리학적 기술을 사용하여 정신적 혹은 심리적 장애를 가진 사람을 평가 및 치료하는 심리학자

많은 심리학자가 현장에서 연구를 수행하거나 미래의 심리학자를 양성하고 있다. 어떤 심리학자는 병원이나 치료소에서 일하기도 하고, 어떤 학자는 개인 영업을 하기도 하며, 대학에서 일하기도 한다. [그림 1-2]에서 나타나듯, 심리학 전문 분야 가운데 임상심리학이 가장 큰 범위를 차지하고 있다.

심리장애를 평가하고 치료하는 데 있어서 임상 심리학자의 전문가적 역할은 정신과 의사(psychiatrist)의 역할과 겹친다. 하지만 정신과 의사와는 달리 심리학자는 약을 처방할 수 없다. 그러나 최근에는 이러한 구분마저도 흐려지고 있는데, 왜냐하면 어떤 심리학자는 심리장애를 치료할 목적으로 약물을 처방할 수 있는 전문 과정에서 교육을 받기도 하기 때문이다(Bradshaw, 2008; Meyers, 2005).

정신과 의사(psychiatrists): 정신적 · 심리적 장애를 진단하고 치료하는 것을 전문으로 하는 의학 박사

〈개념 차트 1-2〉 심리학의 전문 분야

심리학자 유형	주요 초점	주요 연구 문제
실험 심리학자	- 학습, 인지, 감각, 지각 과정 - 행동의 생물학적 기반 - 동물 행동	- 다양한 각성 상태가 어떻게 학습에 영향을 미치는가? - 뇌의 어떤 부분이 기억을 담당하는가?
임상 심리학자	심리적 문제와 장애를 평가하고 치료	- 기분장애(mood disorders)를 어떻게 진단할 것인가? - 우울증에는 심리치료와 약물치료 중 어떤 것이 더 효과적인가?
상담 심리학자	적응 문제를 가진 사람을 도움	- 이 학생은 어떤 직업을 가졌을 때 성취감을 느낄 것인가? - 이 사람은 왜 친구를 만드는 것을 어렵다고 느끼는가?
학교 심리학자	학업상의 문제 또는 특수한 필요를 가진 학교에서의 학생 돕기	- 이 아동에게 특수 교육이 좋을 것인가? 아니면 정규 교육이 좋을 것인가?
교육 심리학자	- 심리검사 및 교육 검사(예: SAT) 개발 - 교과 과정 및 교수법 개선	- 이 시험은 대학에서의 성공을 예측하는 타당한 요소인가? - 대수학을 어떻게 더 효율적으로 가르칠 수 있는가?
발달 심리학자	일생에 걸친 신체적·인지적·사회적·성격적 발달을 연구	- 아동은 몇 세 때부터 걷거나 말하기를 시작하는가? - 사람들은 성인기 중반 또는 후반에 어떤 유형의 위기를 맞이하는가?
성격 심리학자	각 개인을 고유한 사람으로 만드는 성격적 특성을 연구	- 성격의 구조는 무엇인가? - 성격을 어떻게 측정할 것인가?
사회 심리학자	사회적 환경이 행동에 미치는 영향을 연구	- 편견의 근원은 무엇인가? 혼자서 하지 않는 행동을 집단 속에서는 왜 하는가?
환경 심리학자	물리적 환경이 인간의 행동에 미치는 영향을 연구	- 도시 생활이 사람에게 미치는 영향은 무엇인가? 과밀(over crowding)이 사람의 건강과 행동에 어떻게 영향을 미치는가?
산업 및 조직 심리학자	근무 환경의 심리적 측면을 연구	- 누가 해당 직위의 직무를 더 잘 수행할 것인지 어떻게 알 수 있는가? - 어떻게 고용과 승진 절차를 더 공정하게 할 수 있는가? - 근로자의 동기를 어떻게 강화할 수 있는가?
건강 심리학자	- 신체적 질병과 심리적 요인의 관계에 대해 연구 - 신체적 질병의 예방과 치료 연구	- 사람들이 위험한 성적 행동을 하는 것을 어떻게 막을 수 있는가? - 어떻게 사람들로 하여금 담배를 끊고 운동을 시작하도록 도울 수 있는가?
소비자 심리학자	소비자의 선호 및 구매 행동과 심리적 요인과의 관계 연구	- 왜 사람들은 특정한 브랜드를 선호하는가? - 어떤 유형의 사람이 특정한 종류의 제품을 선호하는가?

상담 심리학자(counseling psychologists)는 임상 심리학자가 다루는 종류의 문제만큼 심각한 문제는 아니지만 적응 문제를 가진 사람을 돕는다. 대학에서 어떤 전공을 선택할지 고민되거나, 대학에 적응하는 데 어려움을 겪는다면 그 문제에 대해 상담 심리학자와 이야기하게 될 것이다. 상담 심리학자는 사람들의 진로 결정을 돕거나 결혼 문제의 해결을 돕는다. 대다수의 상담 심리학자는 대학 내 상담센터, 지역사회 상담센터 혹은 정신보건센터에서 일한다.

학교 심리학자(school psychologists)는 학교 및 유관 기관에서 일하며 학업적 · 정서적 · 행동적 문제를 가진 아동을 돕고 특별교육 프로그램에 배치하기 위한 평가를 한다. 이들은 교사 및 다른 전문가와 협력적으로 일하는 팀 플레이어(team player)이며, 아동을 위해 다양한 서비스를 제공한다.

교육 심리학자(educational psychologists)는 학생의 지적 능력 및 학업 잠재력을 평가하는 검사를 개발하며, 학생의 학습 유형에 맞추어 교수법을 조정하도록 돕는다. 또한 이들은 학생이 자신의 학업 잠재력을 최대한으로 발휘할 수 있도록 돕는 방법을 개발한다. 많은 교육 심리학자는 연구를 수행하는데, 이들이 주로 연구하는 주제에는 지능의 본질, 학습 과정을 촉진하는 방법, 특정 아이가 다른 아이에 비해 학교에서 공부를 더 열심히 하게 되는 이유와 같은 것이 있다.

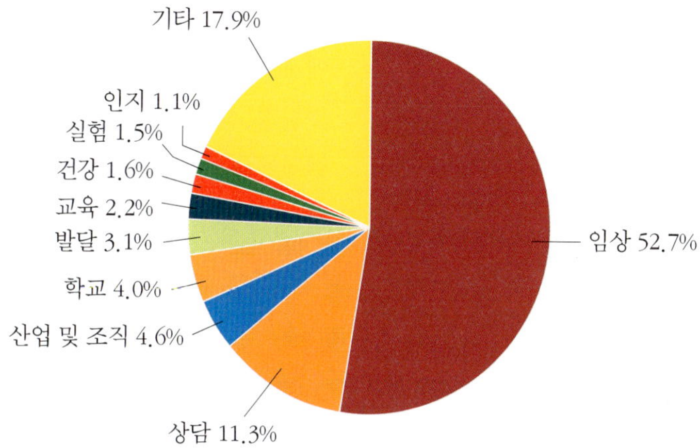

[그림 1-2] 심리학자들의 전문 영역

전체 심리학자 가운데 임상 심리학자가 수적으로 가장 높은 비율을 차지하고 있고, 그다음으로는 상담 심리학자, 이후로 산업 및 조직 심리학자가 높은 비율을 차지한다.

출처: 미국 심리학회(2004).

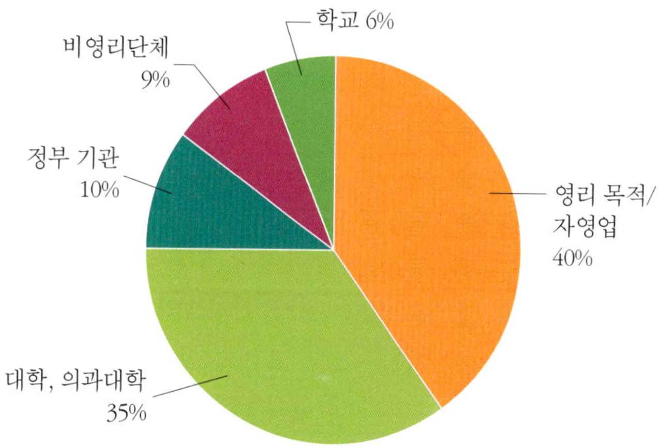

[그림 1-3] 심리학자들이 일하는 곳

가장 큰 심리학자 집단은 심리적 서비스를 제공하는 곳에서 일하는 사람이다. 많은 심리학자가 대학에서 교사, 연구자, 관리자, 혹은 심리학자의 슈퍼바이저로 일한다. 어떤 심리학자는 학교 혹은 정부 기관에서 일하기도 한다.

출처: 미국 심리학회(2003).

발달 심리학자(developmental psychologists)는 일생에 걸친 인간의 신체적 · 정서적 · 사회적, 성격적 발달을 연구한다. 아동 심리학자(child psychologists)는 그중에서도 아동 발달에 초점을 맞추는 발달 심리학자이다.

성격 심리학자(personality psychologists)는 성격의 본질을 연구한다. 성격은 한 개인을 고유하게 특징짓는 심리적 특성과 행동의 군집으로, 한 개인이 일관된 행동을 하게 한다. 성격 심리학자들은 어떻게 성격이 구조화되는지, 그리고 어떻게 발전하고 변화하는지를 연구한다.

사회 심리학자(social psychologists)는 집단 혹은 사회적 영향이 어떻게 사람의 행동과 태도에 영향을 미치는지를 연구한다. 성격 심리학자가 개인의 행동을 설명하

상담 심리학자(counseling psychologists) : 사람들로 하여금 자신의 목표를 명확하게 하고, 삶에 있어서 중대한 결정을 내리거나 삶의 다양한 영역에서 문제를 극복하는 방법을 찾도록 돕는 심리학자

학교 심리학자(school psychologists): 학습장애 혹은 다른 특별한 요구가 필요한 아동을 평가하고 돕는 심리학자

교육 심리학자(educational psychologists): 지능의 측정, 교육 및 학업적 성취의 과정과 관련된 주제를 연구하는 심리학자

발달 심리학자(developmental psychologists): 신체적·인지적·사회적, 성격적 발달의 과정에 집중하여 연구하는 심리학자

성격 심리학자(personality psychologists): 한 개인을 고유하게 특징짓고, 일관된 행동을 하게 하는 심리적 특성과 행동에 대해 연구하는 심리학자

사회 심리학자(social psychologists): 행동과 태도에 영향을 미치는 집단 혹은 사회적 영향에 대해 연구하는 심리학자

환경 심리학자(environmental psychologists): 물리적 환경과 행동 간의 관계를 연구하는 심리학자

산업 및 조직 심리학자(industrial/organizational psychologists): 직장에서 사람들의 행동에 대해 연구하는 심리학자

건강 심리학자(health psychologists): 심리적 요인과 신체 건강의 관계를 연구하는 심리학자

소비자 심리학자(consumer psychologists): 왜 사람들이 특정 제품과 브랜드를 구입하는지 연구하는 심리학자

기 위해 개인의 심리적 기질을 살펴보는 반면, 사회 심리학자는 어떻게 집단이 개인에게, 혹은 개인이 집단에게 영향을 미치는지에 초점을 맞춘다.

환경 심리학자(environmental psychologists)는 물리적 환경과 행동 간의 관계를 연구한다. 예를 들어, 그들은 실외 온도가 공격성에 미치는 영향을 연구하고, 또한 대기 오염, 인구 과밀, 소음과 같은 환경적 요인의 심리적 영향에 대해 연구한다(Stansfeld et al., 2009). 사람의 기분이 계절 및 날씨 패턴에 따라 변한다는 것을 알고 있는가? 최근 연구에서, 환경 심리학자는 쾌적한 봄 날씨에 사람들의 기분이 더 좋고, 더운 여름 날씨에는 기분이 더 좋지 않은 경향이 있다는 사실을 발견했다(Keller et al., 2005).

산업 및 조직 심리학자(Industrial/organizational psychologists)는 직장에서의 인간 행동 및 마음에 대해 연구한다. 이들은 직업 만족도, 신입사원 선발과 훈련, 리더십 자질, 조직 구조가 생산성과 근무 실적에 미치는 영향, 직장의 변화로 인한 어려움 등과 같은 주제를 다룬다. 산업 및 조직 심리학자는 지원자의 능력, 관심과 조직 혹은 회사 내의 직무가 서로 잘 맞는지 확인하는 심리검사를 사용한다(Chan, 2005). 어떤 산업 및 조직 심리학자는 인간 요인 연구를 실시하여 장비(예: 비행기 계기판과 컴퓨터 시스템)를 더 효율적이고 쉽게 사용할 수 있는 방법을 찾는다(Benson, 2006).

건강 심리학자(health psychologists)는 스트레스, 생활양식, 태도와 같은 심리적 요인이 어떻게 신체 건강에 영향을 미치는지를 연구한다. 이들은 이 지식을 적용하여 질병 예방 프로그램을 개발하거나, 심장병, 암, 에이즈와 같은 만성적인 질병을 가진 환자들의 삶의 질을 개선하기 위한 개입을 개발한다.

소비자 심리학자(consumer psychologists)는 소비자의 행동을 이해하는 데에 관심을 둔다. 이들이 연구하는 주제는 '왜 사람들은 특정 제품과 특정 브랜드를 구입하는가?'와 같은 것이다 (Hawkins, Mothersbaugh, & Best, 2007). 소비자 심리학자는 서로 다른 제품에 대한 소비자의 태도, 상품을 홍보하고 포장하는 방법, 소비자가 물건을 사고 싶게 만드는 상점의 배경 음악 선택과 같은 주제를 연구한다.

2) 새로 등장하는 전문 분야

그랜빌 스탠리 홀(G. Stanley Hall)이 1892년에 미국 심리학회를 설립했을 때, 31명의 창립위원이 있었고(Benjamin, 1997), 지금은 회원 수가 15만 명을 넘는다. 현재 심리학의 관심과 전문 영역은 신경심리학, 노인심리학, 법정심리학, 스포츠심리학 등 새로 등장하는 영역을 포함하여 넓게 퍼져 있다(예: Canter, 2011; Fernández-Ballesterosa, 2006; Holt & Tamminen, 2010).

신경 심리학자(neuropsychologists): 뇌와 행동의 관계를 연구하는 심리학자

노인 심리학자(geropsychologists): 노화와 관련된 심리적 과정에 대해 연구하는 심리학자

신경 심리학자(neuropsychologists)는 뇌와 행동과의 관계를 연구한다. 어떤 신경 심리학자는 연구에 전념하는 반면, 임상 신경 심리학자(clinical neuropsychologists)는 뇌 부상과 뇌졸중의 인지적 영향을 평가하는 전문 검사를 사용한다. 이러한 검사를 통해 부상 혹은 질병으로 인해 영향을 받은 뇌의 특정 부분을 집어낼 수 있다.

임상 신경 심리학자는 재활전문가와 함께 다양한 형태의 뇌 손상을 입은 환자들이 자신의 기능을 가능한 한 많이 회복하도록 돕는 프로그램을 개발한다.

노인 심리학자(geropsychologists)는 노화와 연관된 심리적 과정에 초점을 맞춘다. 이들은 사랑하는 사람의 죽음, 쇠약해지는 신체 건강과 같이 노인이 노년에 겪을 수 있는 스트레스에 대처하도록 돕는다.

법정 심리학자(forensic psychologists)는 법률 제도 내에서 일한다. 이들은 자녀 양육권 관련 사건에서 심리적 평가를 실시하거나, 피고가 재판을 받을 만큼의 기능 수준이 되는지를 증명하고, 범죄 유형에 따른 심리적 프로파일을 작성하기도 하며, 심리적 문제에 관해 법정에서 전문가 증언을 제시하거나, 변호사를 도와 배심원을 선정하기도 한다.

법정 심리학자: 심리학을 법률 제도에 적용하는 심리학자

스포츠 심리학자: 심리학을 운동선수의 수행능력 향상에 적용하는 심리학자

스포츠 심리학자(sport psychologists)는 심리학을 스포츠와 운동경기에 적용한다. 이들은 운동선수의 이완 및 정신집중 기술을 개발하여 수행불안을 극복하고 운동수행능력을 향상시킬 수 있도록 돕는다. 어떤 이는 운동수행능력과 연관된 성격 특성을 연구하는데, 예를 들어 '왜 어떤 선수는 어려운 상황에 처하면 숨을 못 쉬는가?'와 같은 주제를 연구한다. 또 어떤 이는 운동선수로 하여금 경쟁 압박을 다루도록 돕거나, 팀의 역동뿐만 아니라 여행, 가족, 삶의 요구들의 균형을 맞추도록 돕는다. 또한 스포츠 심리학자는 격렬한 경쟁 환경에 적응하는 데 심리적 어려움을 겪는 선수를 상담한다.

© Photo by Sam Greenwood/Getty Images

스포츠 심리학자들은 운동선수들이 운동경기에서 마주치는 어려움을 처리하고 자신의 운동능력을 향상시킬 수 있도록 돕는 데 있어 매우 중요한 역할을 수행하고 있다.

2. 전문적인 심리학에서의 다양성

초기 심리학자들은 단순히 행동을 이해하고자 하는 갈망 이상을 공유하고 있었다. 거의 모든 심리학자는 유럽계 백인 남성이었다. 심리학 초기에 여성의 수는 적었고, 인종 및 민족적 소수 집단은 더 적었다. 그 당시 여성 및 소수 민족은 다른 직업에서와 마찬가지로 심리학계로 나아가는 데 있어 많은 장애물에 부딪혔다. 최초의 여성 심리학자는 크리스틴 래드 프랭클린(Christine Ladd-Franklin, 1847~1930)이었다. 그녀는 1882년에 존스홉킨스 대학교에서 박사 학위에 필요한 모든 요건을 충족시켰지만, 당시 여성에게는 박사 학위를 수여하지 않았기 때문에 학위를 취득하지 못했다. 그럼에도 불구하고 그녀는 계속해서 심리학에서의 연구 경력을 쌓아갔으며, 색채 시각에 관한 새로운 이론을 개발하기도 했다. 마침내 그녀는 1926년에 박사 학위를 수여받았다.

생활의 한 단면 또 다른 여성 개척자는 메리 휘튼 칼킨스(Mary Whiton Calkins, 1863~1930)이다. 그녀는 윌리엄 제임스(William James)의 학생이었고, 하버드 대학교에서 박사 학위에 필요한 요건을 충족시켰으나 학위를 수여 받지 못했다. 존스홉

킨스 대학교와 마찬가지로, 하버드 대학교에서도 여성에게는 박사 학위를 수여하지 않았기 때문이다. 하버드 대학교와 제휴한 여성 학교인 래드클리프 대학교에서 그녀에게 박사 학위를 수여하겠다고 제안하였으나 그녀는 그 제안을 거절했다. 칼킨스는 굴하지 않고 다른 이를 교육하거나 학습, 단기기억에 관한 중요한 연구를 수행하며 심리학의 길을 계속 걸었다. 1905년, 그녀는 APA의 첫 여성 회장이 되었다.

마거릿 플로이 워시번

메리 휘튼 칼킨스

마거릿 플로이 워시번(Margaret Floy Washburn, 1871~1939) 또한 컬럼비아 대학교에서 심리학 연구를 하는 과정에서 비슷한 차별 대우를 받았다. 그녀는 1894년 여성에 대해 더 수용적이었던 코넬 대학교에서 미국 최초로 심리학 박사 학위를 받은 여성이 되었다. 그녀는 『동물의 마음(The Animal Mind)』이라는 영향력 있는 저서를 썼으며, 1921년에 APA의 두 번째 여성 회장이 되었다.

1909년, 아프리카계 미국인인 길버트 헤이븐 존스(Gilbert Haven Jones, 1883~1966)가 독일의 한 대학교에서 심리학 박사 학위를 받았다. 하지만 미국에서는 1920년이 되어서야 처음으로 아프리카계 미국인이었던 프랜시스 섬너(Francis Sumner, 1895~1954)가 매사추세츠 우스터의 클라크 대학교에서 심리학 박사 학위를 받았다. 섬너는 계속해서 교육과 연구에서 경력을 쌓았다. 그는 하워드 대학교에 심리학과를 설립하는 데 공헌하였으며, 그곳에서 1954년에 숨을 거두기까지 회장으로 활동하였다.

섬너가 박사 학위를 받았던 1920년에 헨리 앨스턴(J. Henry Alston)이 아프리카계 미국인으로서는 처음으로 미국의 주요 심리학 저널에 자신의 연구 결과를 발표하였다(그의 연구는 따뜻함과 차가움의 인식에 관한 것이었다.). 50년 후인 1971년에는 심리학자 케네스 클라크(Kenneth Clark, 1914~2005)가 APA의 첫 아프리카계 미국인 회장으로 선출되었다. 1999년에는 리처드 수인(Richard Suinn)이 APA의 첫 아시아계 미국인 회장으로 선출되었다.

길버트 헤이븐 존스

아프리카계 미국인 아동의 성격 발달에 관한 클라크의 연구는 심리학을 넘어서까지 영향력을 미쳤다. 그의 저술은 1954년 미국 대법원에서 작성된 기념비적 판결문 'Brown v. Board of Education of Topeka'에도 인용되었다. 그 판결문은 인종이 다르다는 이유로 서로 다른 학교에 다녀야 하는 것은 근본적인 불평등이라고 주장했다. 1939년 그의 아내 메이미 핍스 클라크(Mamie Phipps-Clark, 1917~1983)와 수행했던 연구에서는 아프리카계 미국인 유치원 아동들이 검은 피부의 인형보다 하얀 피부의 인형을 가지고 노는 것을 선호하며, 하얀 피부의 인형에 더 긍정적인 특징을 부여한다는 사실을 발견하였다(Clark & Clark, 1939). 클라크 부부는 아프리카계 미국인 아동이 백인 아동과 같은 학교에 다니는 것이 금지되어 있기 때문에 아프리카계 미국인 아동이 백인 아동에 비해 열등하다고 믿게 된 것이라 주장하였다.

다양한 사람들이 심리학에 진출했지만, 특히 박사 수준에서는 유색인종의 수가 여전히 많지 않다(Vasquez & Jones, 2006). 심리학 박사 수준에서 소수 집단이 차지하는 비율은 일반 사회에서의 절반 수준이다. [그림 1-4]는 심리학 박사 학위를 보유한 사람의 인종 구성을 보여 주는데, 특정 소수 집단은 수가 더 제한적이다. 예를 들어, 북미 원주민의 경우 3만 명당 오직 한 명만 심리학자이다(Rabasca, 2000a).

심리학 전문 분야에서의 남녀 구성비율의 변화를 살펴보면 이야기는 크게 달라진다. 1970년에는 심리학 박사 학위를 받은 여성이 다섯 명 중 한 명이었던 반면, 지금은 전체 박사 학위 수여자 가운데 여성의 비율이 2/3가 넘는다(Cynkar, 2007; Gill, 2006). ([그림 1-5] 참조). 이러한 성별 구성비의 변화는 의학이나 법학과 같이 전통적으로 남성이 대부분이었던 직업에서 여성의 수가 증가하고 있다는 사실을 반영한다. 게다가 다른 직업에서보다 특히 심리학에서 성별 구성의 변화가 빠르게 일어나고 있다.

©Parks, Gordon, 1912-2006, photographer/Library of Congress

심리학자 케네스 클라크가 한 아프리카계 미국인 아동이 검은 피부의 인형이 아닌 하얀 피부의 인형을 선택하는 것을 지켜보고 있다.

개념 1-18

심리학 분야는 더욱 다양해졌지만, 전문적인 심리학에서 유색인종은 여전히 그 수가 적다.

개념 1-19

심리학 관련 전문 직업은 최근 엄청난 성별 구성 변화를 겪고 있다.

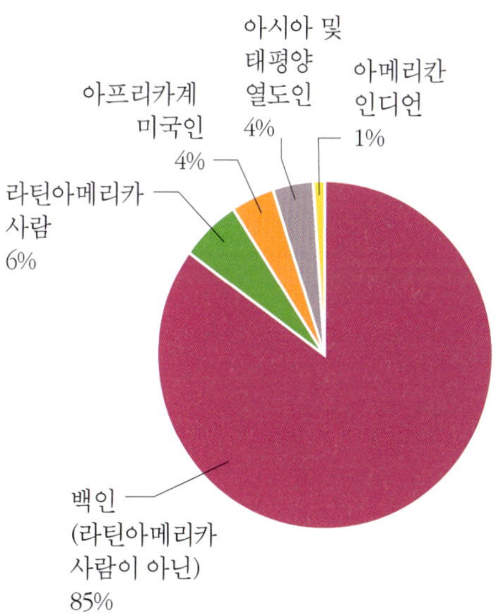

[그림 1-4] 심리학 박사 학위 수여자의 민족성

심리학 분야에서 소수 집단의 비율은 증가해 왔지만, 유럽계 배경을 가진 백인 미국인 수가 여전히 심리학 박사 학위 수여자의 많은 부분을 차지하고 있다.

출처: 미국 국립과학재단(National Science Foundation) (2004).

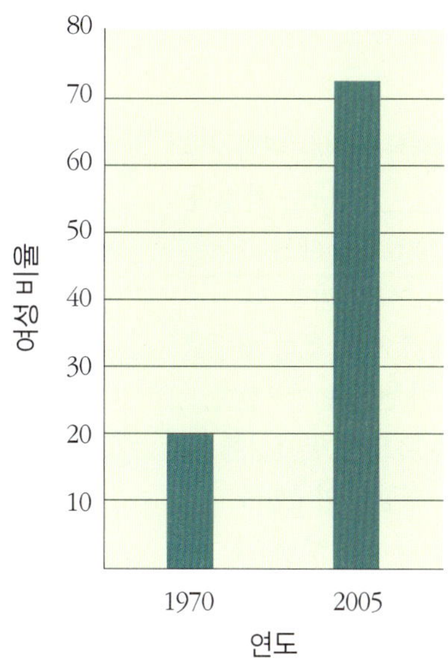

[그림 1-5] 심리학 박사 학위 여성 수여자

1970년에는 심리학에서 박사 학위를 받는 여성의 비율이 1/5이었던 반면, 현재는 2/3 이상을 차지하고 있다.

출처: Cynkar (2007).

2 단원 복습 심리학자: 그들은 누구이며, 어떤 일을 하는가

되새겨 봅시다

심리학의 다양한 전문 분야에는 어떤 것이 있는가?

➤ 주요 하위 분야로는 임상심리학, 상담심리학, 학교심리학, 실험심리학이 있고, 새로 등장하는 분야로는 노인심리학, 법정심리학, 스포츠심리학 등이 있다.

시간의 흐름에 따라 심리학자의 인종 및 성별 특징이 어떻게 변화되었는가?

➤ 현재 심리학은 과거에 비해 다양한 사람이 하는 학문이 되었지만, 아프리카계 미국인이나 다른 소수 집단은 여전히 그 수가 적다.

➤ 초기 심리학 분야에서 여성은 전문 경력을 쌓는 것이 어려웠지만, 현재는 여성이 심리학 박사 학위 수여자의 2/3 이상을 구성하고 있다.

점검해 봅시다

1. ______________ 연구는 우리의 이해와 지식을 확장시키는 데 중점을 두는 반면, ______________ 연구는 특정 문제에 대한 답이나 해결책을 찾는 데 중점을 둔다.
2. 각 심리학자 유형을 그들이 하는 일과 연결시켜라.

① 상담 심리학자	가. 생애 주기에 걸친 행동과 태도의 변화를 연구한다.
② 발달 심리학자	나. 외부 온도가 공격성에 미치는 영향을 연구한다.
③ 환경 심리학자	다. 특정 제품을 구매하는 사람들의 심리적 특성을 연구한다.
④ 소비자 심리학자	라. 학생이 대학 생활에 적응하도록 돕는다.

3. 법률 제도 내에서 일하는 심리학자는 다음 중 무엇인가?
   ① 사회 심리학자
   ② 신경 심리학자
   ③ 법정 심리학자
   ④ 상담 심리학자
4. 미국에서 처음으로 심리학 박사 학위를 받은 아프리카계 미국인은 누구인가?
   ① Mary Whilton Calkins
   ② Francis Sumner
   ③ Glbert Haven Jones
   ④ Kenneth Clark

생각해 봅시다

➤ 진로가 불확실한 상태에서 자기에게 가장 잘 어울리는 직업을 선택하는 데 필요한 도움을 원한다면, 어떤 심리학자와 상의해야 할까? 그 이유는 무엇인가?

➤ 군중 속에 있을 때 사람의 행동이 어떻게 변하는지를 연구하는 심리학자는 어떤 심리학자인가?

심리학 연구 방법

3 단원

- 과학의 기본적인 목적은?
- 과학적인 방법은 무엇이며, 그것의 네 단계는?
- 심리학자가 사용하는 주요 연구 방법은?
- 심리학자가 연구할 때 따라야 할 윤리 지침은?

심리학자는 증거에 기반을 두지 않은 주장에 대해 회의적인 입장을 취하도록 훈련받는다. 그들은 특히 여론이나 속설에 대해 회의적이다. 심리학, 철학, 신학, 문학은 모두 인간 본성에 대한 질문을 던지지만, 심리학이 다른 나머지와 구분되는 것은 그 문제의 답을 얻기 위해 과학적 방법을 사용한다는 데 있다. 심리학자는 경험적 접근법(empirical approach)을 채택한다. 즉, 그들은 실험과 관찰을 통해 얻어진 증거에 신념의 근거를 둔다.

경험적 접근법(empirical approach): 실험과 세심한 관찰을 통해 얻은 증거를 평가하는 것에 근거하여 지식을 개발시키는 방법

1. 과학의 목적: 기술하고, 설명하고, 예측하고, 통제하는 것

과학의 기본적인 목적은 사건을 기술하고, 설명하고, 예측하고, 통제하는 것이다. 행동과 정신 과정을 이해하려 애쓰며, 얻은 지식을 통해 더 나은 인간의 삶을 살도록 돕는 데 전념하는 과학자로서, 심리학자는 다음 주요 목적을 공유한다.

1) 기술

명확하고 정확한 기술(description)은 과학의 초석이다. 심리학자는 주의 깊은 관찰을 통해 편견 없고 정확한 기술을 하려 한다. 하지만 때로 우리는 실수로 기술 대신 추론을 하기도 하는데, 다음이 그 예이다.

> 실험심리학 수업 첫째 날 50세 정도 되는 기품 있는 여자 교수가 들어왔고, 그녀의 손에는 흰쥐가 들어 있는 철장이 들려 있었다. 그녀는 미소를 짓더니 쥐를 책상 위에 풀어놓았다. 그러고 나서 그녀는 학생들에게 생쥐의 행동을 기술해 보라고 하였다.
>
> 학생들은 진지한 자세로 주의 깊게 집중하였다. 그 쥐는 책상 가장자리로 가더니 잠시 멈추었고, 가장자리 너머를 내려다보았으며 교실 바닥을 향해 수염을 흔드는 듯하였다. 그 쥐는 책상 가장자리 둘레를 따라 돌기 시작하였다. 쥐는 이따금씩 잠시 멈춰 서서 자신의 수염을 교실 바닥을 향해 흔들었다. 교수는 쥐를 다시 철장 안에 넣었고, 학생들에게 쥐의 행동을 기술하라고 하였다.
>
> 한 학생이 대답하였다. "쥐는 탈출할 방법을 찾고 있는 것 같아 보여요."

또 다른 학생이 대답하였다. "쥐는 주변 환경을 조사하며 정찰하고 있어요."

"정찰하고 있다고?" 학생들은 아마 저 학생이 전쟁 영화를 너무 많이 본 것 같다고 생각할지도 모른다.

교수는 학생들의 답변을 칠판에 적었다. 또 다른 학생이 손을 들고는 "쥐는 주변 환경을 시각적으로 탐색하고 있습니다."라고 대답하였다. "아마 음식을 찾고 있는 것이겠지요."

교수는 다른 학생에게도 기술을 해 보라고 이야기하였다.

"쥐는 주위를 둘러보고 있어요." 한 학생이 대답했다.

"탈출하려고 시도하고 있어요." 또 다른 학생이 말하였다.

그리고 이제 내 차례가 왔다. 과학적으로 보이려고 애쓰며 나는 "우리는 쥐의 동기가 무엇인지는 말할 수 없습니다. 우리가 아는 것은 쥐가 주변 환경을 탐색하고 있다는 것뿐입니다."라고 말하였다.

"어떻게 말이니?" 교수가 질문하였다.

"시각으로요." 나는 자신 있게 대답하였다.

교수는 칠판에 학생들의 답변을 적은 후, 다시 학생들 쪽을 바라보고는 머리를 저었다. "여러분 모두가 쥐를 관찰했습니다. 그러나 어느 누구도 쥐의 행동을 기술하지 않았습니다. 여러분 모두는 추론을 한 것입니다. 예를 들어, 쥐가 '아래로 내려갈 길을 찾고 있다'든가, '주변 환경을 탐색하고 있다' '음식을 찾고 있다'든가 하는 것처럼 말입니다. 비합리적인 추론은 아닙니다. 그러나 추론이지, 기술이 아닙니다. 그리고 이 추론은 모두 틀린 것입니다. 이 쥐는 태어날 때부터 앞을 볼 수 없기 때문입니다. 이 쥐는 적어도 시각을 가지고 주위를 둘러볼 수는 없습니다"(Nevid, Rathus, & Greene, 2008, pp. 19–20).

추론(inference): 관찰을 통해 내린 결론

학생들은 쥐가 주위 환경을 '둘러보고 있다'고 추론하였다. 그러나 그것은 추론(inference)이지, 관찰이 아니다. 심리학자는 관찰과 추론을 구분하도록 훈련받는다. 결론은 관찰을 통해 내려야 한다.

추론은 과학에서 중요한 역할을 한다. 특정한 것에서부터 일반적인 것까지 이야기할 수 있게 해 주고, 개인의 행동을 관찰한 것을 통해 그 행동의 의미 혹은 그 행동이 나타내는 바가 무엇인지에 대한 일반적인 진술을 하게 해 준다. 하지만 우리는 관찰하는 것을 기술하는 것과 관찰한 것을 바탕으로 추론하는 것을 구분할 필요가 있다. 누군가 당신에게 '비정상적인 행동을 관찰한 적이 있습니까?'라는 질문을 던졌다고 생각해 보자. 과학적으로 이에 대한 답변은 '아니요'이다. 당신은 그저 행동을 관찰할 수 있을 뿐이다. 그 행동을 '비정상적(혹은 정상적)'이라고 명명하는 것은 추론이지, 관찰이 아니다.

그렇다면 어떻게 쥐의 행동을 정확하고 객관적으로 기술할 수 있을까? 이는 쥐의 움직임에 대한 구체적인 설명을 통해 할 수 있는데, 예를 들어 각 방향으로 움직인

거리, 쥐가 돌기 전에 멈추어 있었던 시간, 쥐가 좌우로 머리를 흔든 횟수 등이 그것이다. 행동에 대한 주의 깊은 관찰과 기술을 통해 얻은 데이터로 우리는 연구하는 현상을 더 잘 이해하도록 돕는 이론을 개발하고, 또 미래의 일을 예측할 수 있다.

2) 설명

하지만 기술에는 한계가 있다. 만약 우리가 기술만 한다면 우리가 관찰한 것은 서로 관련이 없는 내용으로 남아 혼란을 주게 될 것이다. 다른 과학자와 마찬가지로 심리학자는 현상을 이해하는 데 도움을 줄 이론을 개발한다. 이론(theory)은 관찰한 내용을 의미 있는 패턴으로 조직하는 설명(explanation)으로, 관찰한 사건들 간의 관계를 기본적 메커니즘으로 설명한다. 예를 들어, 사회인지 이론에서는 보상과 처벌 같은 상황적 요소와 개인적 가치와 기대 같은 인지적 요소가 행동에 미치는 영향의 관점에서 행동을 설명하고자 한다.

이론(theory): 관찰된 사건 혹은 실험 결과 간 관계를 더 이해하기 쉽고 예측 가능한 방법으로 설명하는 것

이론은 그것이 관찰한 내용 혹은 실험 결과를 얼마나 잘 설명하는지에 따라 그 유용성이 평가된다. 과학자는 최고의 이론이라 할지라도 그것이 결국 궁극적인 진실에 대한 대략적인 근사치일 뿐이라는 사실을 인정한다. 주의 깊은 관찰로 얻은 근거를 가지고 더 나은 설명을 제공하는 대안적인 이론이 나중에 나타날 수 있다는 뜻이다.

개념 1-20

심리학자는 이론을 개발함으로써 사건을 설명하며, 이는 후에 연구와 관찰을 통해 검증될 예측을 가능하게 한다.

한 가지 이론보다 여러 가지 이론이 사실을 더 잘 설명할 수 있다. 예를 들어, 제3장에도 등장하겠지만 현재 색채 시각에 대한 가장 좋은 설명은 두 개의 대립되는 이론을 결합한 것이다.

3) 예측

과학자는 현재 사건에 대한 이론적 이해에 기반을 두고 미래의 사건을 예측(prediction)한다. 이론은 사건을 더욱 이해하기 쉽게 만들어 준다. 또한 우리는 이론을 가지고 미래의 사건을 예측할 수 있으며, 그것을 통제하는 방법을 제안할 수 있다. 예를 들어, 우리는 사회인지 이론에 근거하여, 알코올이나 약물 사용에 대해 긍정적인 기대를 가지고 있는 젊은이(예: 약물이 자신을 더욱 인기 있게 만들어 줄 것이다, 약물 사용은 긍정적인 결과를 가져올 것이다.)가 약물을 사용할 가능성이 더욱 높을 것이라고 기대할 수 있다. 그 기대를 바꿈으로써(예: 약물 사용으로 인한 부정적인 결과를 볼 수 있도록 돕는다.) 우리는 그들이 약물을 사용하는 행동을 하지 않도록 도울 수 있을 것이다.

스트레스와 우울 간의 관련성을 설명하는 이론을 통해 우리는 부부 갈등, 장기적인 실직 상태와 같은 스트레스 경험이 우울증의 위험을 높일 것이라고 예측할 수 있다. 증거를 통해 이러한 관련성이 입증되면(실제로 이는 입증되었다. 제15장 참조), 우리는 스트레스를 받고 있는 사람에게 상담을 제공함으로써 우울증을 예방할 수 있을 것이다.

미래의 사건에 대한 과학적 예측이 모두 증거를 통해 옳다고 입증되는 것은 아니다. 그러나 서로 상반되는 결과가 나타난다 해도 그 결과를 통해 과학자는 자신의 이론을 새로 만들거나 개선시킬 수 있으며, 이는 더 정확한 예측으로 이어질 것이다.

4) 통제

과학의 네 번째 목적은 사건을 통제(control)하는 것이다. 물리학은 사람으로 하여금 원자력을 사용할 수 있게 하고, 인터넷이라는 초고속 전자통신망을 만들어 내게 했다. 생물학과 의학은 사회로 하여금 백신 프로그램과 공중보건 계획을 통해 많은 전염병을 통제할 수 있도록 했고, 천연두와 같은 과거의 질병도 근절할 수 있게 되었다.

심리학자는 사람들을 자기의 명령에 따르도록 통제하거나 조종하려 하지 않는다. 그들은 심리학적 지식을 사용하여 사람들이 자신의 삶에 대한 주도권과 통제권을 가질 수 있도록 도울 방법을 찾는다. 예를 들어, 심리치료는 사람들이 불안이나 우울과 같은 부정적인 감정 상태에 대해 더 많은 통제권을 얻도록 돕고, 타인과의 관계를 개선하도록 도우며, 자신의 고유한 잠재력을 개발할 수 있도록 돕는다. 심리학에 대해 많은 속설과 오해가 존재하는데, 〈표 1-2〉에 몇 가지 예가 제시되어 있다.

변인(variables): 실험 내에서 혹은 개인마다 달라지는 요인 혹은 척도

심리학자는 또 다른 종류의 통제를 추구한다. 이는 그들이 연구하는 변인(variables)에 대한 통제로, 실험에서 변인이란 실험자가 조작하거나 변화를 주는 요소이다. 그 예로는 실험 참가자의 실험용 약물 복용량을 들 수 있다. 기억력 연구에서 최근에 얻은 정보를 기억하는 능력에 영향을 미치는 것을 연구하는 심리학자는 '실험 참가자가 그 내용을 처음 습득하는 데 필요한 시간'과 같은 변인을 조작할 수 있다.

개념 1-21

심리학 연구에서 '통제'는 두 가지 의미로 사용된다.
첫 번째는 연구에서 변수를 통제한다고 할 때 사용되는 의미이고, 두 번째는 연구를 통해 얻은 지식을 사용하여 사람들이 자신의 삶에 더 많은 통제력을 지니도록 한다고 할 때 사용된다.

이 장의 후반부에서 살펴보겠지만, 심리학자는 그들의 내담자와 실험 참가자의 존엄과 복지를 존중하는 윤리 강령을 따른다. 이 강령에서는 심리 실험에 참가할지 여부를 결정하는 것을 포함하여 모든 사람이 스스로 결정을 내릴 권리와 선택권을 행사할 권리를 가지고 있음을 인정한다.

2. 과학적 방법: 우리는 우리가 아는 것을 어떻게 아는가

과학적 방법(scientific method): 주의 깊은 관찰과 실험적 방법을 사용하는 연구 방법

다른 과학적 학문 분야와 같이, 심리학도 지식을 추구하려는 목적으로 과학적 방법(scientific method)을 사용한다. 과학적 방법은 주의 깊은 관찰과 실험적 방법에 근거하여 지식을 얻기 위한 틀이다. 이는 일반적으로 네 단계로 개념화될 수 있는데, 과학자는 이 단계를 통해 자신의 지식을 검증하고, 확장하며, 개선시킨다(첫째, 연구 질문을 정한다. 둘째, 연구 질문을 가설의 형태로 만든다. 셋째, 가설을 검증할 증거를 모은다. 넷째, 가설에 대한 결론을 내린다.). [그림 1-6]에서 이 단계를 요약하고 있다.

〈표 1-2〉 심리학에 관한 오해

오해	진실
심리학자는 사람의 마음을 읽을 수 있다.	그렇지 않다. 심리학자는 사람의 마음을 읽을 수 없다. 한 유명한 심리학자는 다음과 같이 말했다. "만약 사람들이 어떻게 생각하는지 알고 싶다면, 그들에게 직접 질문하라. 아마 그들이 이야기해 줄 것이다."
심리학은 진정한 과학이 아니다.	심리학은 과학적 방법에 근거한 진정한 과학이다.
심리학자는 사람을 꼭두각시처럼 조종한다.	심리학자는 사람들이 행동을 바꾸어 자신의 목표를 성취하도록 돕는 것이지, 사람들을 조종하거나 통제하는 것이 아니다.
오직 한 가지 참된 심리 이론이 있을 뿐이다. 나머지 이론은 모두 거짓이다.	한 이론이 인간의 모든 행동을 설명할 수는 없다. 이론은 주어진 증거를 설명하고, 미래의 행동을 정확하게 예측하는 만큼 유용하다. 어떤 이론은 다른 이론에 비해 특정 유형의 행동을 더 잘 설명하기도 하지만, 많은 이론이 특정한 형태의 행동을 설명하는 데에 가치가 있다.
심리치료는 소용이 없다.	많은 증거를 통해 심리치료가 실제로 효과가 있음이 입증되고 있다(제16장 참조).
사람은 바뀌지 않는다.	사람들이 자신의 행동과 다른 사람과 관계하는 방식을 바꿀 수 있음이 증거를 통해 입증되고 있다.

첫째, 연구 문제 정하기. 심리학자는 이론, 주의 깊은 관찰, 과거의 경험, 일반적으로 통용되는 신념과 같은 많은 출처로부터 연구 문제를 생성해 낸다. 예를 들어, 연구자는 다음과 같은 문제에 관심을 가질 수 있다. "스트레스에 노출되는 것이 감기에 걸릴 위험을 증가시키는가?"

둘째, 연구 문제를 가설의 형태로 만들기. 연구자는 연구 문제를 가설(hypothesis)의 형태로 만든다. 가설은 연구를 통해 검증할 수 있는 정확한 예측을 의미한다. 가설은 종종 이론으로부터 도출된다. 예를 들어, 스트레스는 질병에 대한 몸의 방어 체계인 면역계를 약화시켜 사람들을 감기와 같은 각종 병에 취약한 상태로 만든다는 가설을 세울 수 있다. 이 이론적 모델을 바탕으로 연구자는 연구 문제를 검증 가능한 가설의 형태로 제시할 수 있다. '감기 바이러스에 노출되었을 때 삶에서 받는 스트레스 수준이 높은 사람들은 그 수준이 낮은 사람보다 감기에 걸릴 확률이 더 높다.'

개념 1-22

과학적 방법은 주의 깊은 관찰과 실험을 통해 지식을 습득하는 틀이다.

개념 1-23

과학자는 과학적 방법을 사용하여 이론, 관찰, 경험, 일반적 신념을 통해 도출한 예측을 검증한다.

개념 1-24

심리학자는 연구 질문을 가설이나 그들이 기대하는 결과에 대한 특정한 예측의 형태로 만든다.

가설(hypothesis): 실험의 결과에 대한 정확한 예측

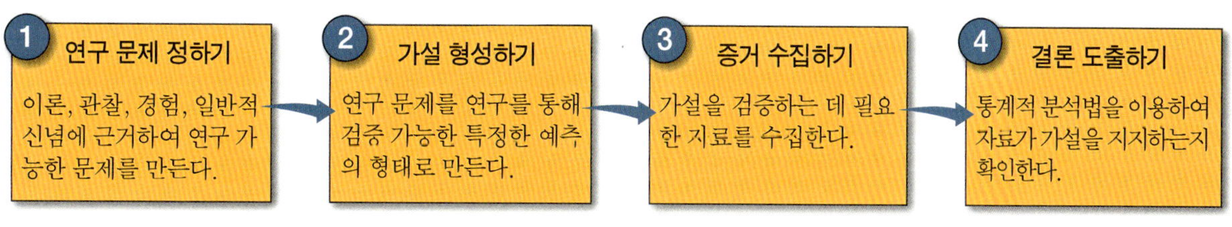

[그림 1-6] 과학적 방법의 일반적인 단계

개념 1-25

심리학자는 자신의 가설을 검증하기 위해 증거를 수집한다.

개념 1-26

심리학자는 변인 간 관계 혹은 집단 간 차이가 우연에 의해 일어날 확률이 낮은지를 확인하는 통계적 검사를 사용하여 과학적 연구의 결과를 평가한다.

연구자는 또한 행동에 대해 흔하게 통용되는 신념 혹은 가정에 근거하여 가설을 설정하기도 한다. '반대에게 끌린다'라는 신념을 생각해 보자. 그와 반대되는 신념은 사람들은 자신과 비슷한 사람에게 매력을 느낀다는 것이며, '유유상종'이 그 예이다. 후자로부터 도출된 가설은 다음과 같을 것이다. '대부분의 사람은 자신과 비슷한 교육 수준의 사람과 연애를 할 것이다.'

셋째, 가설을 검증할 증거 수집하기. 연구자는 가설을 과학적으로 검증할 증거를 수집하기 위한 연구를 계획하고 전략을 세운다. 사용되는 연구 방법은 문제의 특성에 따라 달라진다. 스트레스와 감기 예시에서 연구자는 사람들을 높은 스트레스 집단과 낮은 스트레스 집단으로 나누어 그들을 감기 바이러스에 노출시켜(물론 이는 참가자의 동의하에 이루어져야 한다.) 높은 스트레스 집단이 감기에 걸릴 확률이 더 높은지 볼 수 있다. 이 방법을 통해 연구자는 높은 수준의 만성적인 스트레스를 받고 있는 사람이 낮은 스트레스 집단의 사람보다 감기 바이러스에 노출되었을 때 감기에 걸릴 확률이 더 높다는 것을 발견하였다(Cohen et al., 1998).

넷째, 가설에 대한 결론 도출하기. 연구자는 연구를 통해 얻은 증거에 기반을 두고 그들의 가설에 대한 결론을 도출한다. 가설을 검증하기 위해 연구자는 수치 자료를 표로 만들고 분석하는 방법을 사용하는 통계(statistics)에 의존한다. 연구자는 통계적 방법을 사용하여 변인 간 관계(예: 스트레스와 감기에 대한 취약성) 혹은 집단 간 차이(예: 치료를 받는 실험집단과 치료를 받지 않는 통제집단의 차이)가 통계적으로 유의한지(우연으로 나타난 결과일 확률이 상대적으로 적을 경우)를 검증한다. 변인은 실험에서 변화하는 요인으로, 실험 약물의 복용량 혹은 연구에서 사용하고 있는 척도에서 참가자가 받는 점수가 그 예이다.

통계(statistics): 수치 데이터를 가지고 도표 작성, 분석, 해석을 하는 수학의 한 분야

반복(replication): 같은 연구 결과를 복제하려는 시도

연구 결과가 가설을 지지하지 않을 경우 과학자는 가설을 도출한 이론을 수정한다. 연구 결과는 연구의 새로운 진입로를 열 수도 있고, 기존 이론을 수정할 수도 있다.

결론을 도출함에 있어서 또 다른 중요한 요인은 반복(replication)이다. 반복은 같은 실험을 다른 사람이 반복해도 동일한 연구 결과가 발생하는지를 확인하는 것이다. 과학자는 다른 사람이 실험해도 같은 결과가 반복될 때 자신의 연구 결과에 대해 더 확신을 가질 수 있다.

심리학자는 그들의 연구를 이끌 검증 가능한 가설을 제시한다. 예를 들어, 심리학자는 비슷한 관심 분야와 태도를 가진 연인이 그렇지 않은 연인보다 관계가 더 오래 지속될 것이다라는 가설을 세울 수 있다. 하지만 각자의 스웨터 취향은 관계가 오래 지속되는 것과 관련이 없을 수 있다.

3. 연구 방법: 우리는 우리가 아는 것을 어떻게 배우는가

과학적 방법은 심리학자가 자신의 생각을 검증하기 위해 사용하는 틀이다. 심리학자가 행동과 정신 과정에 대한 지식을 얻기 위해 사용하는 몇 가지 방법에 대해 생각해 보자(사례연구, 설문조사, 자연관찰, 상관연구, 실험연구).

1) 사례연구법

사례연구법(case study method)은 한 명 이상의 개인을 깊이 있게 연구하는 방법이다. 심리학자는 면접, 관찰, 기록을 통해 정보를 얻는다. 예를 들어, 프로이트의 성격과 비정상적 행동에 대한 이론 대부분은 그가 임상 현장에서 치료했던 환자에 대한 연구와 관찰을 통해 얻은 데이터에 기반하고 있다. 스위스 심리학자 장 피아제(Jean Piaget, 1896~1980)는 적은 수의 아동을 면밀히 관찰하고 인터뷰하는 것을 통해 인지 발달에 대한 이론을 정립하였다.

뇌의 기능에 관한 많은 초기 연구는 뇌 손상 환자를 대상으로 그들이 입은 부상의 종류와 특정 기억 혹은 운동기능의 손상 간 관계에 대해 실시한 연구였다.

사례연구의 문제는 연구자가 사람들의 과거 기억에 의존하여 연구를 수행할 때 발생하는데, 왜냐하면 기억은 왜곡될 수 있고 사람들이 기억하지 못하는 부분이 있을 수 있기 때문이다. 또한 사람들은 당황스러운 감정이나 수치심으로 인해 중요한 정보를 연구자에게 말하지 않을 수 있으며, 어떤 사람은 더 좋은 인상을 주기 위해 의도적으로 연구자를 속일 수도 있다. 인터뷰를 진행하는 사람이 자신이 듣기를 기대하거나 원하는 것만 들으려 하고, 관찰자가 자신이 보기를 기대하거나 원하는 것만 볼 수 있다는 점도 문제가 된다. 요약하자면, 사례연구를 통해 검증 가능한 가설을 얻을 수 있지만, 사례연구법 자체에는 엄격한 통제가 결여되어 있다는 한계가 있다.

사례연구법(case study method): 한 명 이상의 개인에 대한 깊이 있는 연구

2) 설문조사법

설문조사법(survey method)은 구조화된 면접 혹은 질문지를 사용하여 표적 집단에게서 정보를 얻는 방법이다. 구조화 면접(structured interview)은 미리 정해 놓은 질문을 순서에 따라 질문하는 기술이다. 질문지(questionnaire)는 응답자가 답안지에 자신의 답을 표시하여 응답할 수 있도록 질문 혹은 서술문을 써 놓은 것이다.

심리학자 및 다른 분야의 연구자는 특정 모집단의 특성, 신념, 태도, 행동에 대해 알기 위해 설문조사를 실시한다. 설문조사에서 모집단(population)은 관심의 대상이 되는 사람의 전체 집단을 의미한다. 예를 들어, 어떤 연구에서 모집단은 미국에서 18세 이상의 모든 사람을 포함할 수도 있고, 모든 고등학교 3학년 학생을 포함하는 것일 수도 있다. 일반적으로, 전체 모집단을 연구하는 것은 실용적이지 않다. 특정 기숙사에 거주하는 학생과 같이 모집단의 수가 적을 경우를 제외하고는 사실상 거의 모든 경우, 설문조사는 모집단의 일부인 표본(samples)을 대상으로 수행된다.

표본에서 도출한 결과에 근거하여 모집단에 대한 결론을 내리기 위해서는 표본이 반드시 표적 모집단을 대표할 수 있어야 한다. 표본이 모집단을 대표할 때, 연구자는 표본에서 도출된 결과를 그것이 대표하는 모집단으로 일반화할 수 있다. 모집단을 대표하는 표본을 구성하기 위해 연구자는 무선표집(random sampling)을 사용하는데, 이는 주어진 모집단에서 표본으로 참여할 사람을 무작위로 선정하는 기술을 의미한다. 무선표집을 위해 컴퓨터 프로그램을 사용하기도 한다. 대표적인 예로

설문조사법(survey method): 집단에 대한 정보를 얻기 위해 구조화 면접 혹은 질문지를 사용하는 연구 방법

구조화 면접(structured interview): 특정 질문을 순서에 따라 질문하는 면접

질문지(questionnaire): 사람들이 자신의 응답을 답안지에 표시함으로써 응답하도록 질문 혹은 진술문을 써 놓은 것

모집단(population): 특정 집단을 구성하는 모든 개인 혹은 유기체

표본(samples): 모집단의 하위 집단

무선표집(random sampling): 모집단의 각 사람들이 동일하게 선택될 확률을 가지는 표본 추출 방법

사회적 바람직성에 의한 편향(social desirability bias): 사회적으로 바람직한 방법으로 응답하려는 경향

자발적 참여자 편향(volunteer bias): 설문조사 혹은 연구에 자발적으로 참여하겠다고 하는 사람들이 모집단을 대표하지 않을 때 발생하는 편향

개념 1-27

심리학자들은 행동과 정신 과정을 연구하는 데 다양한 방법을 사용한다. 여기에는 사례연구, 설문조사, 자연관찰, 상관연구, 실험연구가 포함된다.

개념 1-28

사례연구는 풍부한 정보를 제공하고 검증 가능한 가설을 제시해 줄 수 있지만, 과학적 실험에서의 통제가 결여되어 있다는 한계가 있다.

개념 1-29

설문조사 연구를 통해 심리학자는 많은 사람의 태도와 행동에 대한 정보를 얻을 수 있지만, 그들이 얻는 정보는 기억의 간격과 편향에 의해 영향을 받을 수 있다.

자연관찰법(naturalistic observation method): 자연스러운 환경에서 행동을 주의 깊게 관찰하는 연구 방법

유권자 표본을 무선표집하여 선거 결과를 예측하는 경우가 있다.

사례연구와 마찬가지로 설문조사도 사람의 기억력의 한계로 인해 제한을 받을 수 있다. 또한 설문조사에 참가하는 사람들이 자신의 실제 감정이나 신념을 응답에 반영하기보다는 자신이 사회적으로 바람직하다고 믿는 대로 응답할 수 있다. 이러한 응답은 사회적 바람직성에 의한 편향(social desirability bias)의 결과라 할 수 있다. 예를 들어, 많은 사람은 자신이 교회에 출석하는 횟수를 과장하여 응답한다(Espenshade, 1993). 사회적 바람직성은 특히 타인이 자신에 대해 어떻게 생각하는지가 이해관계에 상당한 영향을 미칠 때 강해진다(McGovern & Nevid, 1986). 설문조사에서 나타나는 또 다른 편향은 자발적 참여자 편향(volunteer bias)이다. 이는 설문조사나 다른 연구에 자발적으로 참여하겠다고 하는 사람이 그 모집단을 대표할 수 없을 때 발생한다.

3) 자연관찰법

자연관찰법(naturalistic observation method)은 실험실을 현장으로 가져와서 사람 혹은 다른 동물의 행동을 그들의 원래 서식지 혹은 환경 속에서 직접 관찰하는 것이다.

연구에 참여하는 사람 혹은 동물은 실험실에서보다 그들의 자연스러운 원래 환경 속에서 더 '자연스럽게' 행동할 것이다. 심리학자는 부모와 아동 간 상호작용에 대해 연구하기 위해 가정에서의 아동과 부모의 행동을 관찰하며, 아동이 서로 관계하는 모습을 보기 위해 학교 운동장과 교실에서 아동의 상호작용을 관찰한다. 사람들은 자신들이 관찰되고 있다는 사실을 알면 다르게 행동할 수 있기 때문에, 관찰자는 관찰 행동을 들키지 않도록 조심해야 한다. 이러한 잠재적인 편향을 줄이기 위해 관찰자는 측정을 실행하기 전에 관찰 대상자가 충분히 자기에게 익숙해질 수 있는 시간을 제공한다. 또한 관찰자는 관찰 대상자들이 자신을 볼 수 없는 곳에서 관찰하기도 한다.

이 방법의 문제는 관찰자가 편견을 가지고 있을 때 발생한다. 예를 들어, 관찰자가 부모-자녀 간 상호작용이 아동의 행동에 어떻게 영향을 미치는지에 대한 선입견을 가지고 있다면, 그들은 자신이 보고자 기대하는 것을 보려 할 것이다. 이를 방지하기 위해, 관찰자들은 짝을 이루어 관찰 대상을 개별적으로 관찰한 후, 서로가 관찰한 내용이 일치하는 정도를 확인한다. 혹은 실험자들이 무작위 추출 검사를 실시해서 관찰자들이 정확하게 측정하여 기록하고 있는지 확인할 수 있다.

실험실이나 동물원 같은 환경에서는 동물도 그들의 자연 서식지에 있을 때와는 다르게 행동할 수 있다. 자연주의자 제인 구달(Jane Goodall)은 침팬지의 행동을 연구하기 위해 침팬지 서식지에서 수년간 생활했다. 그녀는 점차 침팬지 무리에 받아들여지기 시작했고, 그녀의 관찰 결과는 '오직 인간만이 도구를 사용한다'는 오랜 신념을 반박하였다. 그녀는 침팬지가 나무 막대기를 흰개미 집에 집어넣어 흰개

미를 집에서 꺼낸 후에 그것을 잡아먹는 것을 관찰하였다. 도구를 사용하는 것뿐만 아니라 침팬지는 인사할 때 키스를 나누는 것 같은 인간과 비슷한 행동을 보였다.

자연관찰법에서의 통제는 실험에서의 통제만큼 엄격할 수 없지만, 그것은 자연적인 조건에서 발생하는 만큼 행동에 대한 중요한 통찰을 제공한다.

4) 상관연구법

상관연구법(correlational method)은 변인 간 관계를 조사하는 방법이다. 제12장에서는 암 환자 가운데 낙관주의와 더 나은 심리적 적응 간의 상관관계(correlation), 혹은 연관성(link)을 살펴볼 것이다. 제9장에서는 임신 기간 중 산모의 흡연이 영아돌연사 증후군(Sudden Infant Death Syndrome: SIDS)의 발생 위험성과 높은 상관이 있다는 것을 알게 될 것이다.

상관연구법(correlational method): 변인 간 관계를 연구하는 방법으로, 변인 간 관계는 '상관계수'라고 불리는 통계적 측정치의 형태로 나타내는 것

상관계수(correlation coefficient): 변수 간 관련성을 측정하는 통계적 측정치로, -1.00과 +1.00 사이의 값을 가짐

상관계수(correlation coefficient)는 두 변인 간 관련성의 통계적 측정치이다. 상관계수의 값은 -1.00에서 +1.00의 범위 내에 있다. 양의 값을 가지는 상관계수는 두 변인 간 정적 상관관계를 뜻하며, 이 경우 한 변인의 높은 값은 다른 변인의 높은 값과 연관되어 있다(예: 높은 교육 수준의 사람일수록 수입이 높은 경향이 있다). ([그림 1-7] 참조). 음의 값을 가지는 상관계수는 두 변인 간 부적 상관관계를 뜻하며, 정적 상관관계와는 반대의 의미를 가진다. 이 경우, 한 변인의 높은 값은 다른 변인의 낮은 값과 연관되어 있다. 예를 들면, 잠을 못 자는 시간이 길어질수록 각성도가 떨어지게 된다. 상관계수의 크기는 두 변인 간 관계의 강도, 크기를 나타낸다. 관계가 강할수록 상관계수의 값은 +1.00(정적 상관의 경우), 혹은 -1.00(부적 상관의 경우)에 가까워진다.

개념 1-30

자연관찰법을 통해 연구자는 현장에서 행동이 발생하는 그대로 관찰할 수 있지만, 그들이 관찰하고 있는 행동에 영향을 미칠 수 있다는 위험이 따른다.

상관계수는 한 변인에 근거하여 다른 변인을 예측할 수 있게 해 준다는 점에서 유용하다. 상관계수의 값이 +1.00 혹은 -1.00일 때, 즉 완전한 상관관계(perfect correlation)일 때 우리는 확신을 가지고 예측할 수 있다. 예를 들어, 우리가 어떤 유전 형질과 특정 질병에 걸릴 가능성 간의 완전한 상관관계를 발견했다고 가정해 보자. 만약 당신이 그 유전 형질을 가졌다면, 우리는 당신이 그 병에 걸릴지 여부를 확신을 가지고 예측할 수 있을 것이다. 그러나 실제로 심리학자가 관심을 가지는 관계는 완전하지 않다(즉, 상관계수의 크기가 0.00에서 +1.00, 혹은 0.00에서 -1.00 사이에 존재한다.). 예를 들어, 지능이 학업성취와 상관이 있지만, 지능검사에서 높은 점수를 받은 모든 사람이 학교 시험에서 높은 점수를 받지는 않는다. 영 상관(zero correlation)은 두 변인 간 관계가 없다는 의미로, 한 변인이 다른 변인을 예측하는 데 가치가 없음을 의미한다.

© AP Photo/Jean-Marc Bouju

자연주의자 제인 구달이 침팬지들의 자연환경 속에서 그들의 행동을 관찰하고 있다.

[그림 1-7] 상관관계

이 그래프는 정적 상관관계와 음의 상관관계를 보여 주고 있다. 양의 상관관계에서, 한 변인(교육 수준)에서의 증가는 다른 변인(소득 수준)에서의 증가와 연관되어 있다. 부적 상관관계에서, 한 변인(수면 박탈)에서의 증가는 다른 변인(각성도)에서의 감소와 연관되어 있다. 그래프의 각 점은 각각의 두 변인에서 한 사람의 점수의 교차점을 나타낸다.

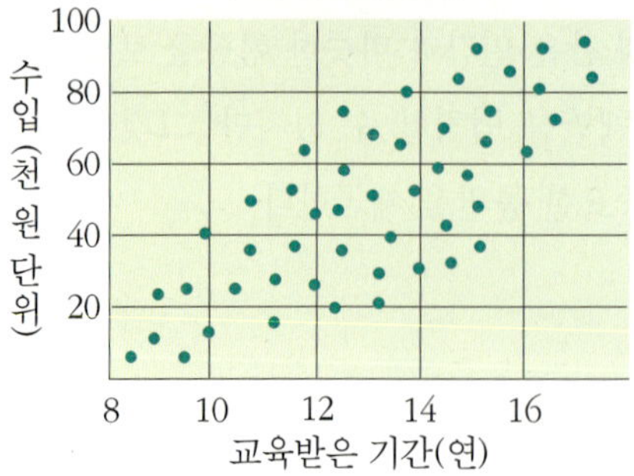

일반적으로, 높은 교육 수준의 사람일수록 수입이 높은 경향이 있다.

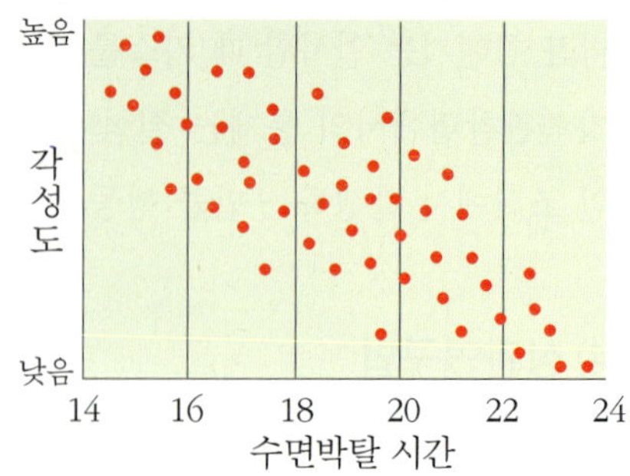

일반적으로, 잠을 못 자는 시간이 길어질수록 각성도가 낮은 경향이 있다.

개념 1-31

상관연구법을 통해 우리는 변수가 어떻게 서로 연관되어 있는지는 볼 수 있지만, 인과관계를 설명할 수는 없다.

"상관관계는 인과관계가 아니다."라는 말을 들어 본 적이 있을 것이다. 두 변인이 서로 큰 관련이 있다 할지라도, 이는 한 변인이 다른 변인의 원인이 된다는 의미는 아니다. 예를 들어, 아동의 신발 사이즈는 단어 실력과 큰 관련이 있다. 발 크기가 자라는 것이 단어 실력을 확장시킨다고 주장할 사람은 아무도 없을 것이다. 그보다는 나이가 많은 아이들이 나이가 적은 아이들에 비해 발이 크고, 단어를 더 많이 아는 경향이 있기 때문에, 신발 사이즈와 단어 수준은 서로 연관되어 있다고 볼 수 있다. 또 다른 예로는 아이스크림 판매량과 살인율 간의 높은 상관을 들 수 있다. 단순하게 아이스크림을 먹는 것이 사람으로 하여금 살인을 저지르게 한다고 추론하기 전에, 다른 대안적인 설명을 생각해 보자(힌트: 더운 날 아이스크림 판매량이 증가하고, 마찬가지로 더운 날 사람들은 밖에서 시간을 더 많이 보낸다.).

© David Young-Wolff/Photo Edit

아동의 신발 사이즈는 단어 실력과 상관이 있지만, 아동의 발 크기가 그들의 단어 실력을 결정한다고 추론해서는 안 된다.

이와 같이 상관연구법은 근본적인 원인을 찾는 데에 있어서는 제한되어 있지만, 몇 가지 중요한 이점을 가진다.

- 상관연구는 근본적인 원인에 대한 단서를 제공한다. 상관관계가 인과관계를 보증해 주진 못하지만, 가능한 원인이 되는 요인을 암시할 수 있으며, 이는 추후 실험 연구를 통해 증명할 수 있다. 예를 들어, 흡연과 폐암 간의 관계에 대한 증거를 바탕으로 동물을 대상으로 실험 연구를 실시하여 담배 연기가 폐암을 유발한다는 것을 증명할 수 있다.
- 상관연구는 심각한 신체적 · 행동적 문제를 가진 사람을 식별할 수 있게 한다. 청소년의 알코올 사용에 대한 긍정적인 기대와 이후 문제적 음주 습관 발달 간의 관계를 안다면, 청소년에게 음주 문제가 발생하기 전에 그들의 태도를 바꾸려는 예방책을 개발할 수 있다.

• 변인 간 혹은 사건 간의 관계에 대한 이해를 높인다. 이러한 이해가 과학의 주요 목적 중 하나이다. 이 책에서도 때로는 그러한 관계를 이해하고자 시도한다. 예를 들어, 제11장에서 우리는 성별과 수학 및 언어 능력 간 통계적 관계를 살펴볼 것이고, 제12장과 제15장에서는 스트레스가 어떻게 신체 및 심리적 건강과 연관되어 있는지를 살펴볼 것이다.

4. 실험연구법

실험연구법(experimental method)에서 연구자는 독립변인(independent variables)이라 불리는 특정한 변인을 조작하여 그것이 종속변인(dependent variables)이라 불리는 특정 결과에 미치는 영향을 관찰함으로써 인과관계를 직접적으로 살펴보고자 한다. 독립변인을 조작하고, 그것이 종속변인에 미치는 영향을 측정하는 것이다. '종속변인'이라는 이름은 이 변인의 수준이 독립(조작)변인에 달려 있기 때문에 붙여진 이름이다. 연구자는 오직 독립변인이 종속변인에 영향을 미치는 원인임을 확실하게 하기 위해서 다른 모든 요인이나 조건을 일정하게 유지하고자 한다.

다음의 예시를 생각해 보자. 한 연구에서 연구자는 여성 이름에 대한 선호도가 그 이름을 가진 여성의 신체적 매력을 판단하는 데에 영향을 미치는지를 알아보고자 하였다. 연구자는 현재 인기 있는 이름[예: 제시카(Jessica), 제니퍼(Jennifer), 크리스틴(Christine)]과 이제는 인기가 없어진 이름[예: 해리엇(Harriet), 거트루드(Gertrude), 에셀(Ethel)]을 각 여성의 사진과 짝을 지었다(Garwood et al., 1980). 연구 결과, 대학생 참가자는 인기 있는 이름을 가진 사진 속 여성을 그렇지 않은 여성보다 더 매력적이라고 평가하였다. 실험자는 여성의 사진에 인기 있는 이름과 인기 없는 이름을 임의로 부여함으로써 독립변인(여성 이름의 선호도)을 통제하였다. 그들은 독립변인이 종속변인(매력도 평가)에 미치는 영향을 측정하였다.

심리학자는 어떤 변인을 측정할 때 사용하는 조작 혹은 절차에 근거하여 그 변인을 정의하는 조작적 정의(operational definitions)를 사용한다. 조작적 정의는 연구에서 관심을 두는 변인의 의미가 무엇인지에 대한 객관적인 근거를 확립한다. 여성의 이름에 관한 연구에서, 연구자는 '이름의 선호도'라는 독립변인을 현재 인기가 있는지 없는지 여부에 따라 분류함으로써 조작적으로 정의하였다. 또한 그들은 '신체적 매력'이라는 종속변인을 매력 척도상의 점수에 따라 조작적으로 정의하였다.

실험자는 주로 통제집단(control groups)을 이용하여 독립변인의 효과가 시간의 흐름과 같은 다른 요인으로 유발된 것이 아니라는 사실을 확실하게 한다. 예를 들어 알코올 섭취가 공격적 행동에 미치는 영향에 관한 연구에서, 실험집단은 일정량의 알코올을 섭취하지만 통제집단은 섭취하지 않는다. 그런 다음 연구자는 실험실에서 과제를 수행할 때 알코올을 섭취한 집단이 통제집단에 비해 더 공격적인 행동을 보이는지를 관찰한다.

개념 1-32

실험연구법에서 연구자는 특정 변인들을 직접적으로 조작하고 그것이 통제된 조건 아래에서 다른 변인들에 미치는 효과를 관찰함으로써 인과관계를 연구할 수 있다.

실험연구법(experimental method): 독립변수의 조작과 통제된 조건하에서 그것이 종속변수에 미치는 영향을 측정하는 것을 포함하는 과학적 연구 방법

독립변인(independent variables): 실험에서 조작되는 요인

종속변인(dependent variables): 독립변인의 값에 따라 달라지는 실험의 효과 혹은 결과

조작적 정의(operational definition): 한 변인을 측정하기 위해 사용되는 절차 혹은 조작에 근거한 변인의 정의

통제집단(control groups): 실험 연구에서 실험적 처치 혹은 개입을 받지 않는 참가자 집단

무선 할당(random assignment): 참가자를 실험집단 혹은 통제집단에 임의로 배치하는 방법

잘 설계된 연구에서 연구자는 무선 할당(random assignment)을 사용하여 참가자를 실험집단 혹은 통제집단에 임의로 배치한다. 무선 할당은 참가자의 배경 및 성격적 측면에서 그들이 실험집단 및 통제집단에 한쪽으로 치우치지 않도록 균형을 맞춘다.

무선 할당은 집단 간 수행의 차이가 그 집단을 구성하는 사람의 특성 때문이 아니라, 독립변인 때문이라는 확신을 준다. 그러나 무선 할당은 항상 실행 가능한 것도 아니며 윤리적으로 문제가 없는 것도 아니다. 예를 들어, 양심적인 실험자는 방임 혹은 학대 경험이 아동 발달에 미치는 영향을 보기 위해 아동을 임의로 할당하여 방임 혹은 학대에 노출시키는 일은 절대로 하지 않을 것이다. 아마 상관연구법을 이용하여 두 변인의 관계를 살펴보려 할 것이다.

플라세보(placebo): 실제 처치와 비슷한 비활성 약물 혹은 실험적 조건

플라세보 효과(placebo effects): 처치 자체보다는 처치에 대한 참가자의 기대로 인해 발생하는 긍정적인 실험 결과

연구자는 참가자도 자신도 어떤 집단이 처치를 받는 집단인지를 모른 채로 실험을 진행해야 할 수 있다. 약물 연구 참가자는 주로 활성 약물이나 플라세보(placebo)를 받도록 할당된다. 플라세보는 비활성 약물로, '설탕 약'이라고도 불리며 활성 약물과 비슷한 생김새로 만들어진다. 이는 약물의 화학적 특성 때문이 아니라, 참가자의 희망적인 기대를 반영하여 나타나는 긍정적인 결과를 의미하는 플라세보 효과(placebo effects)를 통제하기 위함이다. 항생제를 먹고 그것이 즉각적인 효과를 보일 것이라 믿고 있는 사람이 있다고 가정해 보자. 아마 그 사람은 플라세보 효과로 인해 몇 분 안에 상태가 더 좋아지는 것을 느낄 수 있겠지만 의학적으로 그 약물은 아무런 효과가 없는 약물일 수 있다.

플라세보 효과는 마음의 힘이 드러나는 한 예이다(Raz, Zigman, & de Jong, 2009). 고통을 겪고 있는 환자가 플라세보를 받은 후 실제로 뇌가 고통스러운 자극에 반응하는 방식이 달라졌다는 연구 결과를 통해 우리는 이러한 힘이 실제로 작용하고 있음을 확인할 수 있다. 하지만 플라세보는 고혈압과 같이 객관적으로 측정된 의학적 상태보다는 고통을 느끼는 정도와 같은 주관적인 상태에 더 강한 효과를 갖는 경향이 있다(Bailar, 2001). 최근 한 연구에서는 연구 참가자가 자신이 플라세보를 받고 있다는 것을 알고 있을 때에도 플라세보가 효과가 있음을 발견했다(Boutron et al., 2010).

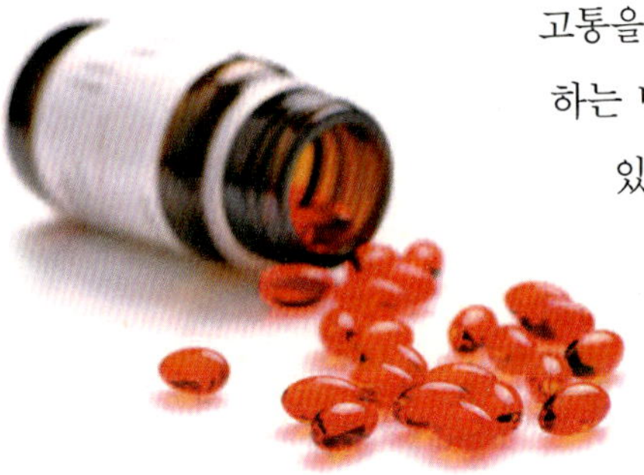
© Denis Larkin/Shutterstock.com

단순맹 연구(single-blind studies): 약물 연구에서, 실험 참가자들이 자신이 실험 약물을 받고 있는지 플라세보를 받고 있는지 모른 채로 진행되는 연구

이중맹 연구(double-blind studies): 약물 연구에서, 실험 참가자와 실험자 모두 어떤 참가자가 어떤 약물을 받고 있는지 모른 채로 진행되는 연구

약물 연구에서 실험자는 참가자가 자신이 실제 약물을 받고 있는지, 플라세보를 받고 있는지 모르게 함으로써 기대 효과를 통제하려고 했다. 단순맹 연구(single-blind studies)에서는 실험 참가자만 이러한 사실을 모른다. 이중맹 연구(double-blind studies)에서는 참가자와 실험자(의사 및 다른 연구자) 모두 어떤 참가자가 실제 약물을 받는지에 관해 '보지 못한' 채로(즉, 정보를 제공받지 않은 채로) 연구가 진행된다. 실험자들이 '보지 못한' 채로 있는 것은 그들의 기대가 결과에 영향을 미치는 것을 방지해 준다.

불행하게도, 이중맹 연구의 많은 경우 실험 참가자와 실험자는 누가 가짜 약물을 받고 누가 실제 약물을 받았는지를 안다(Perlis et al., 2010; Schulz et al., 2010). 실제

약물은 종종 숨길 수 없는 부작용을 가지기도 한다. 하지만 여전히 적절하게 시행할 경우, 이중맹검이고 무작위로 수행된 연구는 가장 강력한 연구방법이며 새로운 약물을 평가할 때 '황금 기준'으로 여겨진다(Perlis et al., 2010). 연구방법에 대해 더 자세히 알고 싶다면 '해 보기' 부분을 참고하라.

© Goodshoot/Jupiter Images

따뜻한 손이 따뜻한 심장을 만드는가?
예일 대학교의 심리학자들은 따뜻한 물체를 드는 것이 대상 인물의 따뜻함 혹은 차가움에 대한 판단에 영향을 미치는지를 검증하였다. 결과가 어떨 것이라 예상하는가?

5. 연구의 구조: 따뜻한 손이 따뜻한 심장을 만드는가

심리학자는 우리가 그런 일을 완전히 인식하지 못한다 할지라도 환경 내의 작은 단서가 우리의 행동에 영향을 미친다는 사실을 발견했다. 예를 들어, 우리는 훅 스치는 냄새를 맡거나 빛이 천장에서 반사되는 모양 등 과거의 기분 좋은 경험과 연관되는 환경적 단서에 노출되면 갑자기 따뜻한 감정을 느낄 수 있다.

따뜻한 손은 따뜻한 마음에 대한 단서를 제공하는가? 예일 대학교의 연구자 로런스 윌리엄스(Lawrence Williams)와 존 바그(John Bargh)는 따뜻함을 신체적으로 경험하는 것이 타인을 '따뜻하게' 혹은 '차갑게' 판단하는 데 영향을 미치는지(자신이 그 영향을 인지하지 못하고 있다 할지라도)를 검증하였다. 즉, 따뜻한 물체를 잡고 있는 것이 다른 사람이 따뜻한 정도를 인식하는 데 영향을 미치는가? 자, 이제부터 이 실험의 내막을 알아보자.

1) 연구 가설(어떤 일이 발생할 것이라 예측하는가?)

과학적인 가설은 예측한 결과이고, 이는 어림짐작과는 다르다. 가설은 이론 및 사전 연구의 주의 깊은 검토를 통해 결정된다. 심리학자들은 생애 초기에 부모 혹은 양육자로부터 따뜻한 포옹을 받고 자란 사람은 신체적 따뜻함과 심리적 따뜻함을 결부시킨다는 사실을 알고 있었다. 예일 대학교 심리학자들은 신체적으로 따뜻한 촉감을 경험하게 되면 그와 연관된 대인관계의 온정감이 감정을 활성화되고, 이는 상대가 따뜻한 사람인가에 대한 판단에 영향을 미친다는 가설을 세웠다.

2) 절차(무엇을 어떻게 하는가?)

연구 표본은 평균 18.5세인 41명의 대학생으로 이루어졌다. 연구자는 참가자가 신체적(촉각적) 따뜻함이 독립(실험)변인이라는 사실을 알아채지 못하도록 책략을 세워야 했는데, 그 책략은 참가자로 하여금 뜨거운 커피잔을 들게 하거나 차가운 커피잔을 들게 하는 것이었다. 이를 위해 연구 조교가 각 참가자를 건물 로비에서 만났다. 그 조교는 (뜨겁거나 차가운) 커피잔과 클립보드와 두 권의 책을 들고 있었고

해 보기
참여하기

학생들은 심리학 연구에 직접 연구 대상자 혹은 연구 조교로 자원함으로써 심리 연구에 대해 배울 수 있다. 대부분의 심리학과에서는 학생들에게 교수의 연구에 연구 대상자로, 혹은 연구 조교로, 혹은 둘 다로 참여할 수 있는 기회를 제공한다. 교수 혹은 학과장에게 어떻게 참여할 수 있는지를 질문해 보자. 연구 조교로 일한다면 당신은 심리 분야의 최신 발전에 관한 관점과 더불어 값진 연구 경험을 얻을 수 있을 것이며, 이는 나중에 취업 혹은 대학원 진학 시에 도움이 될 것이다.

각 참가자와 함께 엘리베이터를 탔다. 4층의 실험실까지 함께 엘리베이터를 타고 가는 동안 조교는 아무렇지 않게 참가자에게 이름과 참여 시간을 기록해야 하니 잔을 잠시 들어달라고 요청했다. 그 후 조교는 커피잔을 다시 받았다.

실험실에 도착한 후 각 참가자는 가상의 인물에 대한 인상을 묻는 질문지를 작성하도록 요청받았는데, 그 인물은 똑똑하고 능숙하며, 부지런하고, 단호하면서 실용적이고 조심성 있는 사람이라고 기술되어 있었다. 그런 다음 참가자는 그 가상의 인물을 두고 심리적 온정감과 연관된 성격 특질 다섯 가지와 심리적 온정감과 관련 없는 또 다른 성격 특질 다섯 가지를 평가하였다. 그들은 7점 척도를 사용하여 각각의 성격 특질을 평가하였다. 모든 참가자는 동일한 질문지에 반응했으며, 유일한 차이는 어떤 사람은 따뜻한 물체(뜨거운 커피잔)를 잡았다는 것이고, 어떤 사람은 차가운 물체(차가운 커피잔)를 잡았다는 것이었다.

3) 결과와 논의(무엇을 발견하였고 그것의 의미는 무엇인가?)

종속변인은 성격의 따뜻함-차가움 정도를 측정하는 다섯 가지 척도의 종합(평균을 낸) 점수였고, 독립변인은 뜨거운 커피잔을 드는지 혹은 차가운 커피잔을 드는지에 대한 조작이었다.

통계적 분석은 가설과 일치하는 결과를 보였다. 뜨거운 커피잔을 들었던 참가자는 차가운 커피잔을 들었던 참가자보다 대상 인물을 유의하게 더 따뜻한 사람으로 평가하였다. 여기에서 쓰인 '유의하게'라는 말의 의미는 통계적 관점에서 뜨거운 커피와 차가운 커피라는 서로 다른 조건 속 참가자의 평가 간 차이가 우연에 의해 일어났을 확률이 상대적으로 낮다는 의미이다. 뜨거운 커피잔을 들었던 참가자의 따뜻함 평가 종합 평균 점수는 7점 만점에 4.71점이었고, 차가운 커피를 들었던 참가자는 4.25점이었다([그림 1-8] 참조).

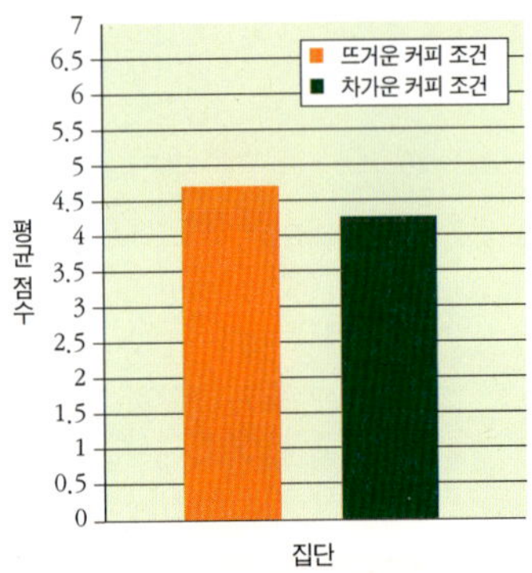

[그림 1-8] 따뜻함 종합 점수
점수는 7점 척도에 의해 측정되었고, 높은 점수는 다섯 가지의 따뜻함 차원에서 대상 인물의 인지된 따뜻함이 높다는 것을 의미한다.

독립변인은 따뜻함-차가움과는 무관한 성격 특질 평가에는 영향을 미치지 않았고, 이는 신체적 따뜻함이 단순히 성격 전반에 대해 긍정적인 평가를 하게 하는 것이 아니라 그 사람의 따뜻함에 관한 평가에 제한적으로 긍정적인 영향을 끼친다는 것을 의미한다. 요약하면, 예일 대학교의 연구자들은 이 연구를 통해 따뜻한 촉감이 당사자도 모르는 사이에 성격의 온정감 판단에 영향을 미친다는 사실을 발견했다.

4) 참고문헌 인용하기

심리학자는 미국 심리학회(American Psychological Association: APA)에서 개발한 참고문헌 인용 스타일을 사용한다. [그림 1-9]에서는 예일 대학교 연구를 예로 들어 학술지 논문을 인용하는 방법을 보여 준다.

다음 단원으로 넘어가기 전에 지금까지 논의한 연구 방법을 요약해 놓은 〈개념 차트 1-3〉을 읽어 보기 바란다.

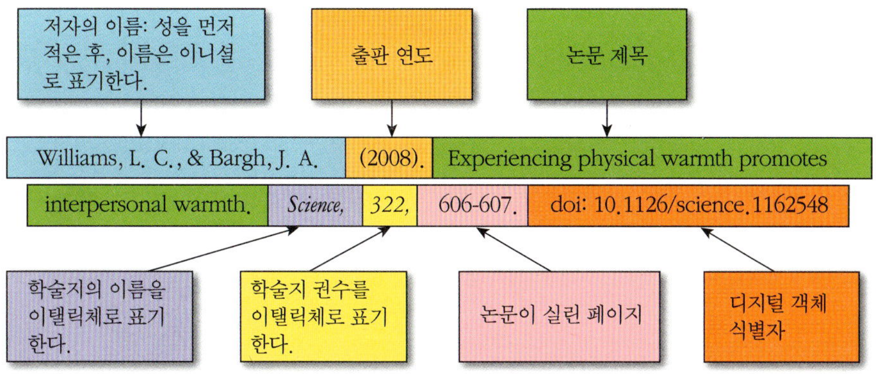

[그림 1-9] APA 인용 방식

6. 심리학 연구에서의 윤리적 원칙

심리학자는 내담자와 연구 참여자의 존엄과 복지를 존중하는 윤리 규정을 따른다. 이 규정에서는 사람은 모두 심리 연구에 참여할지 말지를 결정하는 것을 포함하여 그들 스스로 결정을 내리고 선택할 기본적인 권리가 있다는 사실을 인정한다. 또한 윤리 지침에서는 심리학자가 그들의 연구 참여자 혹은 내담자에게 해를 입힐 수 있는 방법을 사용하는 것을 금지한다(APA, 2002).

실험에 참여하는 사람은 부작용이 있는 실험용 약물 같은 물리적 개입에 의해서뿐만 아니라, 공격적 행동을 하게 하여 죄책감 혹은 수치심을 느끼게 하는 것 같은 심리적 개입에 의해서도 해를 당할 수 있다. 사생활 침해 또한 발생할 수 있는 문제이다.

오늘날 병원, 대학, 연구기관 등 생체의학적 및 행동적 연구를 수행하는 거의 모든 기관에는 윤리검토위원회가 있다. 이는 일반적으로 생명윤리위원회(Institutional Review Boards: IRB)라고 불리며 보통 전문가 및 비전문가로 구성되어 있다. 각 기관에서 연구자는 연구를 수행하기 전에 연구 계획서에 위원회의 승인 도장을 받아야 한다. 위원회는 계획서를 검토하여, 연구가 윤리적 지침을 따르고 있는지 확인하며 연구자에게 그들의 연구 방법이 지닐 수 있는 잠재적인 위험에 대해 조언한다. 개인이 해를 입거나 불편을 겪을 수 있는 경우, 위원회에서는 연구의 잠재적 위험과 이익을 비교 검토해야 한다.

윤리검토위원회(ethics review committees): 제안된 연구가 윤리적 지침을 따르는지 평가하는 위원회

만약 제안된 연구가 수용 불가능할 정도로 유해하다고 판단되면 위원회는 승인을 하지 않을 것이다.

가장 중요한 윤리 요건 중 하나는 연구자가 연구 시작 전에 연구 참여자의 사전동의(informed consent)를 얻어야 한다는 것이다. 이는 연구 참여자가 연구의 방법이나 목적에 대한 충분한 정보를 제공받은 후에 연구에 참여할지 여부를 결정해야 한다는 것을 뜻한다. 또한 연구 참여자는 원한다면 언제든 연구를 그만둘 수 있다.

사전동의(informed consent): 연구의 목적 및 본질, 가능한 위험과 이익에 관한 정보를 제공받은 후 연구에 참여하겠다는 동의

〈개념 차트 1-3〉 **심리학자가 연구하는 방법**

연구자가 하는 일	주요 특징/한계	예: 연구 방법을 '사랑에 관한 연구'에 적용하기
사례연구법: 연구자는 개인(혹은 소수의 집단)을 인터뷰 혹은 관찰하거나 특정 인물의 삶의 역사적 기록을 검토한다.	연구 대상의 기억 간격 혹은 오류, 연구자에게 좋은 인상을 남기려는 시도에 의해 정확도가 위협받을 수 있다.	심리학자는 결혼한 부부와의 심층면접을 통해 사람들이 자신의 배우자를 선택하는 이유에 대해 연구할 수 있다.
설문조사법: 연구자는 특정 집단에 대한 정보를 얻기 위해 설문지 혹은 인터뷰를 사용한다.	설문조사의 결과는 사회적 바람직성 혹은 자원자 편견에 의해 왜곡될 수 있다.	심리학자는 설문지를 사용하여 수천 명의 사람에게 그들의 배우자 선택에 영향을 미친 요인에 대해 조사할 수 있다.
자연관찰법: 연구자는 현장, 즉 행동이 자연적으로 발생하는 곳에서 행동을 관찰한다.	연구자가 관찰하는 행동을 방해하지 않도록 특별한 주의가 요구된다. 연구자는 관찰을 시작하기 전에 참여자가 연구자의 존재에 익숙해질 시간을 허용할 필요가 있다.	심리학자는 조금 떨어져서 어떻게 연인이 함께 걷고 서로를 바라보는지를 관찰할 수 있다.
상관연구법: 연구자는 통계적 방법을 사용하여 변인 간 긍정적 혹은 부정적 관계(상관)를 설명한다.	상관연구는 인과적 요인을 암시할 가능성이 있지만, 인과관계를 설명하지는 않는다.	심리학자는 사랑에 관한 느낌, 자존감, 성적 만족도 간 관계를 연구할 수 있다.
실험연구법: 연구자는 하나 이상의 독립 변인 혹은 요인을 조작하여 그것이 하나 이상의 종속변수에 미치는 영향을 관찰한다.	독립변인과 종속변인 간 인과관계를 입증하기 위해 사용되는 방법이다. 실험집단은 실험 처치를 받으며, 통제집단은 처치를 받지 않는다. 다른 모든 조건은 일정하게 유지된다. 무선할당은 결과에 영향을 미칠 수 있는 다른 특징에 있어서 집단이 서로 다르지 않다는 것을 확실하게 해 준다.	심리학자는 연인을 강한 정서적 반응을 유발하는 영화를 보는 것과 같은 각성 경험(실험 처치)에 노출시킨 후, 그 경험이 서로에 대한 감정에 미치는 영향을 측정할 수 있다. 이때 통제집단은 정서적 반응을 유발하지 않는 중립적인 영화를 보게 된다.

© AISPIX/Shutterstock.com

심리학자는 어떻게 사랑을 연구할까? 다음의 방법을 생각해 보자.

복종에 관한 유명한 밀그램의 연구(Milgram studies, 제14장 참조)를 포함해 역사적으로 중요한 많은 심리학 연구 중에는 참여자가 연구의 실제 목적을 알지 못하도록 참여자를 속일 수밖에 없었던 연구도 많았다. APA의 심리학자의 윤리 및 행동 강령(ethical principles of psychologists and code of conduct; 미국 심리학회, 2002)에서는 심리학자가 연구에서 참여자를 속일 수밖에 없을 경우에 반드시 따라야 할 조건을 설명하고 있으며, 그 조건은 다음과 같다. 첫째, 연구는 그것의 과학적 · 교육적 · 실용적 가치로 타당화되어야 한다. 둘째, 참여자는 속이지 않는 다른 가능한 대안 전략이 존재하지 않는 경우이어야 한다. 셋째, 연구 참여자는 신체적 손상 혹은 심각한 정신적 고통을 일으킬 수 있는 연구에 대해 오해하지 않는다. 넷째, 참여자는 있을 수 있는 속임수에 대한 설명을 연구 초반에 들어야 한다.

또한 심리학자는 연구 참여자 혹은 내담자의 기록에 대해 비밀을 보장해야 한다. 즉, 사생활권을 존중해야 한다. 그러나 연구 참여자 혹은 내담자가 타인에게 신체적 위협을 가하는 경우 등 법에서 기밀 정보를 폭로할 것을 요구하는 상황도 있다.

윤리 강령은 심리연구에서 동물을 사용하는 것에까지 확장된다. 연구 프로젝트 설계에서 인간 참여자를 사용할 수 없을 경우가 있는데, 그런 경우 연구자는 동물을 연구 대상으로 사용한다. 예를 들어, 본능적인 행동과 그렇지 않은 행동을 구분하기 위해 과학자는 새나 물고기를 무리로부터 분리시켜 키우는데, 만약 이러한 연구가 인간을 대상으로 수행될 경우 유아가 가족으로부터 분리되는 일로 해가 발생할 수 있기 때문에 이 연구에서는 인간 참여자를 사용할 수가 없다. 과학자는 종종 실험 약물의 해로운 영향을 알아보기 위해 인간에게 시험하기 전에 동물에게 먼저 시험한다. 뇌를 연구하는 사람은 쥐나 원숭이 같은 실험실 동물의 뇌 일부를 손상시켜 뇌 각 부분이 어떻게 행동과 연관되어 있는지를 연구하기도 한다(제8장에서는 뇌 특정 부분의 손상이 어떻게 실험실 동물로 하여금 과식하게 하거나 단식하게 하는지를 볼 것이다.).

최근 연구에서 동물을 윤리적으로 다루는 이슈가 대두되었다. 이에 관한 논의에서 한쪽에서는 의학과 심리학의 중요한 진보가 그러한 연구 없이는 없었을 거라고 주장하는 사람이 있는 반면, 그러한 연구가 인간에게 가져다주는 이익과 관계없이 동물을 죽이거나 고통에 노출시키는 것은 비윤리적이라고 주장하는 사람도 있다. APA 윤리 강령에 따르면 연구의 다른 대안적인 방법이 존재하지 않고, 연구 목적이 과학적 · 교육적 · 실용적으로 타당화될 때를 제외하고는 동물에게 해를 가하거나 스트레스를 받게 해서는 안 된다(APA, 2002). 연구자는 생명윤리위원회의 승인을 받아 윤리 강령이 지켜지고 있음을 확실하게 해야 한다.

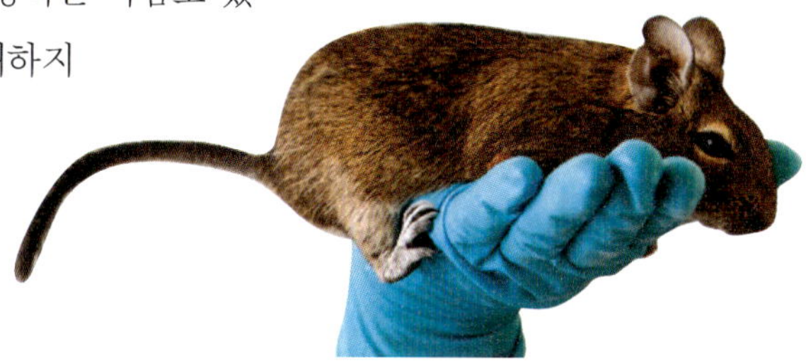

개념 1-33

연구에 참여하는 심리학자들은 연구 참여자의 복지를 보호하도록 고안된 윤리 강령을 따라야 한다.

3 단원 복습 심리학 연구 방법

되새겨 봅시다

과학의 기본적인 목적은?

➤ 기본적인 목적은 사건 혹은 변인을 기술, 설명, 예측, 통제하는 것이다.

과학적 방법은 무엇이며, 그것의 일반적인 네 단계는 무엇인가?

➤ 과학적 방법은 과학적 과정을 지시하는 지도 원리이다.

➤ 과학적 방법은 네 가지 일반적인 단계로 이루어진다.

① 연구 문제 정하기 ② 가설 설정하기
③ 증거 수집하기 ④ 결론 도출하기

심리학자가 사용하는 주요 연구 방법은 무엇인가?

➤ 사례연구법, 설문조사법, 자연관찰법, 상관연구법, 실험연구법 등이 있다.

심리학자가 연구할 때 따라야 할 윤리적 지침은 무엇이 있는가?

➤ 심리학자는 개인, 인간 복지, 과학적 진실성을 증진하는 윤리적 지침을 따라야 한다.

➤ 심리학자들은 연구 참여자 혹은 내담자에게 해를 입힐 수 있는 방법을 사용해서는 안 되며, 인간 혹은 동물을 대상으로 연구를 수행하기 전 기관의 연구윤리위원회로부터 연구 계획에 대한 승인을 받아야 한다.

점검해 봅시다

1. 다음 중 과학적 방법의 네 가지 일반적 단계에 속하지 않는 것은 무엇인가?
   ① 연구 문제 정하기
   ② 가설 검증하기
   ③ 연구의 시작점으로 사례연구법 실시하기
   ④ 결론 도출하기
2. 올바르게 사용되었을 때, 자연관찰법만의 이점은 무엇인가?
   ① 인과관계를 수립할 수 있게 한다.
   ② 연구자는 연구의 형태에 관한 윤리적 지침을 따르지 않아도 된다.
   ③ 한 사람의 생애 경험에 대한 집중적인 연구를 기반으로 가설을 세울 수 있다.
   ④ 자연스러운 환경에서 발생하는 행동에 대한 관점을 제공한다.
3. 인과관계에 대한 증거를 제공하기에 가장 적절한 연구 방법은 무엇인가?
4. Williams와 Bargh의 연구에서, 대상 인물의 따뜻함에 대한 판단에 영향을 준 것은 무엇인가?
   ① 차가움의 인식
   ② 따뜻함을 평가하는 데 사용된 방법
   ③ 커피잔을 드는 것
   ④ 따뜻함에 대한 촉각
5. 심리 연구에서 윤리적 지침은 무엇인가?
   ① 윤리검토위원회로부터 승인 받는 일 때문에 프로젝트가 심각하게 지연될 때 연구를 가능하게 하는 규칙을 제공한다.
   ② 신체적 혹은 심리적 손상으로부터 연구 참여자를 보호하도록 고안되었다.
   ③ 실험이 윤리 강령에 따라 수행될 수 없을 경우에는 사전 동의 원칙을 위반하는 것을 허용한다.
   ④ 인간 연구에는 적용되지만 동물 연구에는 적용되지 않는 기준이다.

생각해 봅시다

➤ 당신은 문신을 한 청소년이 그렇지 않은 청소년보다 위험한 행동을 할 확률이 더 높다는 연구 결과에 대해 그다지 놀라지 않을 것이다(Roberts & Ryan, 2002). 문신을 한 청소년은 담배를 피거나, 과음하거나, 마리화나를 사용하거나, 불량 서클에 가입할 확률이 더 높다. 하지만 문신을 하는 것이 이러한 위험 행동을 일으키는가? 당신은 문신을 하는 것과 고위험 행동 간 관계의 다른 가능한 설명을 생각할 수 있는가?

➤ 두 변인이 서로 상관은 있지만 인과적으로 관계되어 있지 않은 다른 예시를 생각해 볼 수 있는가?

➤ 당신은 대학생의 알코올 사용과 성적 간의 관계에 대해 연구하고 있다고 가정해 보자. 그러나 당신은 학생의 알코올 사용 여부 혹은 얼마나 마시는지에 대해서는 실험적으로 통제할 수 없다. 어떻게 상관연구법을 사용하여 이 관계를 연구할 것인가? 이러한 유형의 연구 가치는 무엇인가? 당신은 알코올 사용이 성적에 영향을 미친다고 결론 내릴 수 있을 것인가? 그 이유는 무엇인가?

비판적으로 생각하기

4 단원

비판적 사고(critical thinking)는 질문하는 태도를 내포하는 개념으로 다른 사람의 주장을 검토함에 있어서 증거를 주의 깊게 검토하고 사려 깊은 분석을 적용하는 정신활동이다. 이는 듣고 읽는 것에 대해(심지어는 이 책에서 읽고 있는 것조차도) 회의적인 입장을 유지함으로써 정보를 평가하는 방법이기도 하다.

비판적 사고는 많은 사람이 당연하게 여기는 관습적인 지혜나 상식에 대해 기꺼이 도전하는 태도를 필요로 한다. 비판적으로 사고하는 것은, 특정한 주장 혹은 진술을 지지하거나 반박하는 증거를 얻고 평가할 때까지 열린 마음을 유지하며 믿음을 연기하는 것이다. 비판적으로 생각하는 사람은 단순한 인상이나 직감에 의존하기보다는 신념을 지지할 이유를 찾는다. 이 책에서 여러분은 각 장의 마지막에 나와 있는 '심리학에 대해 비판적으로 생각하기'에 제기된 질문에 답을 함으로써 비판적 사고 기술을 연마할 수 있을 것이다.

개념 1-34

비판적 사고는 널리 믿어지는 신념, 가정에 대해 회의적이고 질문하는 자세를 가지며, 증거를 기반으로 주장을 평가하는 것을 포함한다.

비판적 사고(critical thinking): 주장 혹은 진술에 대해 회의적이고 질문하는 태도를 지니고, 주의 깊게 검토하는 정신활동

1. 비판적 사고의 특징

비판적으로 생각하는 사람은 건전한 회의적인 태도를 유지한다. 그들은 다른 사람의 가정과 주장에 의문을 제기하고, 결론에 대한 근거를 요구한다. 다음은 심리학에 대해 비판적으로 생각해 보는 일을 돕기 위한 몇 가지 제안이다.

첫 번째, 모든 것에 대해 질문을 던지라. 비판적으로 사고하는 사람은 비록 그 대상이 정치 혹은 종교지도자, 과학자, 책의 저자와 같은 권위 있는 인물이라 할지라도 그 사람의 주장을 맹목적으로 타당하다고 여기지 않는다. 그들은 열린 마음을 유지하며 주장에 대한 근거를 평가한다.

© -vector-illustration-/Shutterstock.com

두 번째, 의미하는 바를 명확히 하라. 주장이 옳고 그른지는 용어를 어떻게 정의하느냐에 달려 있다. '스트레스는 나쁘다.'라는 주장을 생각해 보자. 만약 우리가 스트레스를 '일상의 압박과 귀찮은 일'이라는 관점에서 정의한다면, 그 주장이 일부 맞을 수도 있다. 그러나 스트레스를 아이의 출산, 직장에서의 승진과 같은 긍정적인 사건 또는, 우리로 하여금 적응하도록 압력을 가하는 모든 사건을 의미하는 포괄적인 개념으로 정의한다면 특정 유형의 스트레스는 사실상 바람직하다(제12장 참조). 심지어 우리는 활동적이거나 경계를 유지하기 위해 일정량의 스트레스를 필요로 할 수도 있다.

세 번째, 지나친 단순화를 피하라. '알코올 중독은 유전된다'라는 주장을 생각해 보

자. 제4장에서 우리는 유전적 요인이 알코올중독에 기여할 수 있음을 암시하는 증거를 살펴볼 것이다. 그러나 다른 많은 심리적 및 신체적 장애와 같이 알코올중독의 시작은 그보다 훨씬 더 복잡하다. 유전학이 모든 것을 설명해 주지 않는다는 뜻이다. 많은 장애가 생물학적 · 심리적 · 환경적 요인의 상호작용에 의해 초래되며, 이에 대해서는 아직 밝혀진 바가 많지 않다.

네 번째, 과잉 일반화를 피하라. 중국, 일본 및 다른 동아시아 문화권에서 온 사람은 미국인 혹은 유럽인에 비해 낯선 사람에게 자신에 관한 정보를 폭로하는 것에 있어서 더 소극적인 경향이 있다. 하지만 그렇다고 해서 모든 동아시아 문화권의 사람이 자신의 정보를 잘 알리지 않고, 모든 미국인 혹은 유럽인은 자신의 정보를 더 잘 알린다고 말할 수는 없다.

다섯 번째, 상관과 인과를 혼동하지 말라. 제10장에서 살펴보겠지만, 또래 친구보다 사춘기의 징후를 더 일찍 보이는 소녀(예: 이른 가슴 발달)는 자존감이 더 낮고, 더 부정적인 신체상을 가지며, 더 많은 정서적 문제를 가지는 경향이 있다. 하지만 사춘기 초기에 일어나는 신체적 변화가 이러한 부정적인 심리적 결과를 야기하는가, 아니면 이 관계를 설명하는 다른 설명은 없는가?

여섯 번째, 주장이 근거하고 있는 가정을 고려하라. 동성애가 심리장애라는 주장을 생각해 보자. 이 주장의 일부는 심리장애의 특성에 대한 기본 가정에 의존하고 있다. 심리장애란 무엇인가? 어떤 사람이 심리장애가 있는지를 판단할 때 사용되는 기준은 무엇인가? 게이, 레즈비언, 양성애자는 이러한 기준을 충족하는가? 이 주장을 지지하는 증거가 있는가? 제15장에서 여러분은 정신건강 전문가가 더 이상 동성애를 심리장애로 분류하지 않는다는 것을 알게 될 것이다.

일곱 번째, 주장의 출처를 검토하라. 과학자는 연구를 출판할 때 자신이 제안한 주장의 근거가 있을 때 그 근거의 출처를 인용한다(이 책의 참고문헌 참조. 여기에는 이 책을 준비하는 데 사용된 출처가 인용되어 있다.). 출처 인용을 검토할 때, 출판일(출처가 오래된 것인지 최신 정보인지 보기 위해)과 그 출처가 실린 학술지 혹은 정기간행지(그것이 높이 평가되는 과학 학술지인지 의심스러운 출처인지 판단하기 위해)를 주목하라. 출처 인용은 독자로 하여금 스스로 원래 출처를 확인하여 제공된 정보가 정확한지 판단할 수 있게 해 준다.

여덟 번째, 주장이 근거하고 있는 증거에 의문을 제기하라. 주장은 믿을 만한 과학적 증거에 기반하고 있는가, 혹은 독립적으로 정당화할 수 없는 개인적인 일화나 증언에 기반하고 있는가? 제6장에 우리는 회복된 기억이라 불리는 것에 대한 논쟁을 살펴볼 것이다. 이는 주로 성인이 된 후 갑작스럽게 심리치료 혹은 최면 과정에서 떠오르는 어린 시절 성폭행에 대한 기억이다. 그러한 기억이 정확한가? 혹은 가상적인 맥락에서 꾸며낸 이야기인가?

아홉 번째, 주장에 대한 대안적 설명을 고려하라. 당신은 초감각적 지각(Extra Sensory Perception: ESP)의 존재를 믿는가? 어떤 사람은 자신의 마음을 이용하여 다른 사람의 마음을 읽거나, 자신의 생각을 다른 사람에게 전달하고 물체를 옮기거나 모양을 바꾸는 초감각 기술을 가지고 있다고 주장한다. 이러한 주장은 믿을 만한가? 혹은 우연의 일치, 고의적 속임수, 요술과 같이 더 실제적인 설명이 있는가? 제3장에서 우리는 실종된 사람을 찾는 데 자신의 초감각적 능력을 사용했다고 주장하는 초능력자의 사례를 볼 것이다. 그녀는 정말 초감각적 지각을 사용한 것인가? 아니면 다른 설명이 있는가?

2. 온라인 정보에 대해 비판적으로 생각하기

인터넷의 한 가지 특징은 모든 사용자가 정보를 게시할 수 있으며, 또 그 정보를 다른 사람이 볼 수 있다는 것이다. 하지만 이러한 자유는 게시된 정보가 부정확할 수 있다는 위험을 동반한다. 예를 들어, 대부분의 건강 관련 웹 사이트의 건강 정보는 대개 정확하지만, 종종 불완전하고 이해하기 어려운 정보가 게시되기도 한다(Berland et al., 2001; Benotsch, Kalichman, & Weinhardt, 2004).

비판적으로 생각하는 사람은 온라인 정보를 탐색할 때도 회의적인 태도를 갖는다. 그들은 다음과 같은 질문을 던짐으로써 출처의 신뢰성을 확인한다. 누가 이 정보를 게시했는가? 출처는 높이 평가되는 기관인가? 혹은 분명한 증거 없이 다른 속셈을 가진 개인 혹은 집단이 게시한 글인가?

가장 신뢰할 수 있는 온라인 정보는 선구적인 과학기술잡지, 국립보건원, 미국심리학회(APA)나 심리학협회(Association for Psychological Science: APS) 등의 주요 전문가협회와 같은 잘 알려진 과학적 출처에서 제공하는 정보이다. 과학잡지의 기사가 믿을 만한 이유는 정보를 공개하기 전에 몇몇 과학자가 면밀하게 검토하는 동료 심사 과정을 거치기 때문이다. 많은 선구적인 과학 기관에서는 최근 작업의 요약(간략한 설명)으로 연결되는 링크를 제공한다. 대부분 무료로 이용 가능하다.

안타깝게도 많은 사람이 출력된 정보나 온라인상의 정보에 대해 의문을 제기하지 않는다. 하지만 비판적 사고가로서, 여러분은 스스로 주장을 평가할 수 있어야 한다. 각 장의 심리학에 대해 비판적으로 생각하기에서는 여러분의 비판적 사고 능력을 갈고 닦을 수 있는 기회를 제공한다.

온라인 정보에 대해 비판적으로 생각하라. 정보 출처의 신뢰성을 확인하고, 회사 혹은 마케팅 부서에서 특정 제품 혹은 서비스를 홍보 및 판매할 목적으로 게시한 정보에 주의하라.

심리학에 대해 비판적으로 생각하기

이 절은 여러분이 이 책에서 처음으로 만나게 될 비판적으로 생각하기 활동이다. 이 장의 내용을 바탕으로, 다음 질문에 대답해 보자. 그런 다음, 여러분의 비판적 사고 능력이 얼마나 향상되었는지를 평가하기 위해 부록 A의 모범 답안과 여러분의 답안을 비교해 보자.

어떤 실험자는 자면서 교수의 강의를 듣는 것이 성적을 향상시키는 데 도움이 된다고 주장한다. 실험자는 다음의 데이터에 기반하여 이러한 결론을 내렸다.

실험자는 대형 심리학개론 강의에 학생을 모아 놓고, 교수의 강의가 녹음된 테이프를 주어 학생에게 자면서 그 테이프를 들으라고 지시했다. 실험에 참여한 36명의 학생은 각각 특수 장비가 설치된 오디오 테이프 플레이어를 제공받았다. 쉽게 조작할 수 있는 밀봉된 테이프에는 기말고사 2주 전에 제공되었던 강의 녹음 파일이 들어 있었다. 테이프는 학생이 잠에 들고 2시간 후에 자동으로 재생되었다. 다른 때에는 재생 버튼이 비활성화되어 있어 테이프를 재생할 수 없었다.

기말고사를 친 후, 실험자는 실험에 참여했던 학생의 성적과 같은 반 내에서 실험에 참여하지 않은 학생의 성적을 비교하였다. 결과는 참여했던 학생이 더 높은 시험 성적을 받았다는 사실을 보여 주었다.

1. 당신은 실험자의 주장이 타당하다고 믿는가? 그 이유는 무엇인가?
2. 두 집단 간 시험 성적의 차이를 설명하는 다른 요인은 무엇이 있는가?
3. 실험자의 결론을 강화하기 위해 어떻게 다른 연구를 설계할 수 있는가?

눈으로 복습하기 제1장 심리학이라는 과학

1 단원 현대 심리학의 기초

Wilhelm Wundt

© sandy young / Alamy

심리학의 초기 학파

- Wilhelm Wundt와 구조주의: 정신 경험을 그것의 구성 요소로 나눔
- William James와 기능주의: 기능과 연관된 행동
- John Watson과 행동주의: 관찰 가능한 행동 과학으로서 심리학
- Max Wertheimer와 게슈탈트 심리학: "전체는 부분의 합보다 크다."
- Sigmund Freud와 정신분석: 무의식의 탐험

심리학의 현대적 관점

- 행동주의적: 관찰 가능한 행동을 설명하는 데 있어 학습의 역할에 초점을 맞춘다.
- 정신역동적: 행동에 있어 무의식적 갈등의 무의식적 영향을 탐색한다.
- 인본주의적: 의식적 경험과 자기인식에 초점을 맞춘다.
- 생리적: 행동의 생물학적 기반에 초점을 맞춘다.
- 인지적: 세계에 대한 지식을 얻는 데 관여하는 정신 과정을 탐색한다.
- 사회문화적: 행동이 어떻게 사회문화적 요소에 의해 영향을 받는지를 탐색한다.

2 단원 심리학자: 그들은 누구이며, 어떤 일을 하는가

심리학의 전문 분야

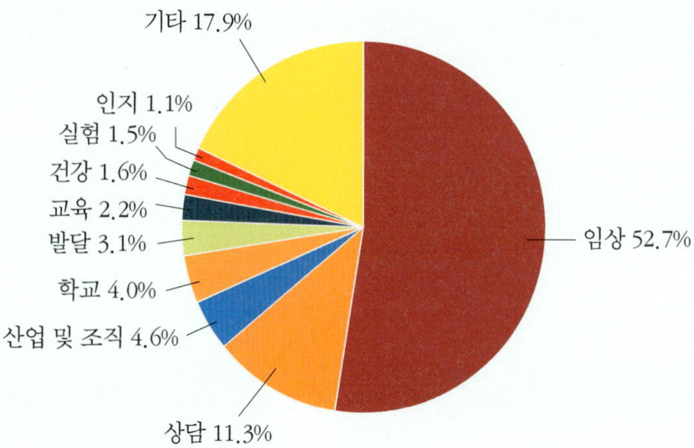

새로 생겨나는 전문 분야

- 신경심리학
- 노인심리학
- 법정심리학
- 스포츠심리학

심리학 박사 학위 수여자의 인종:

심리학 분야는 더욱 다양해지고 있지만, 여전히 백인 유럽 혈통의 사람이 대다수를 차지하고 있다.

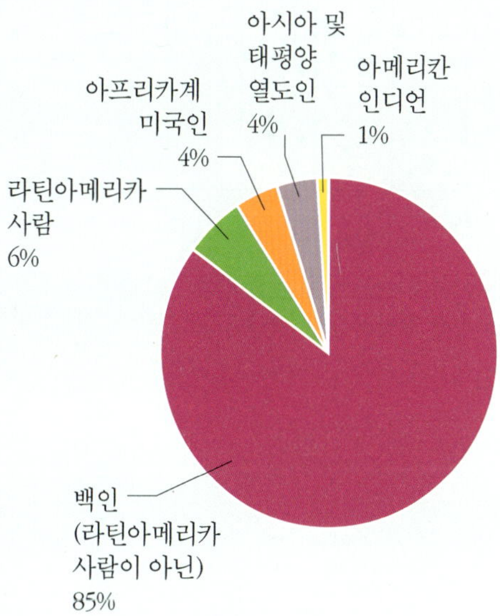

3 단원 심리학 연구 방법

과학적 방법

주의 깊은 관찰과 실험을 통해 지식을 얻는 틀은 다음의 네 가지 일반적 단계로 이루어져 있다.

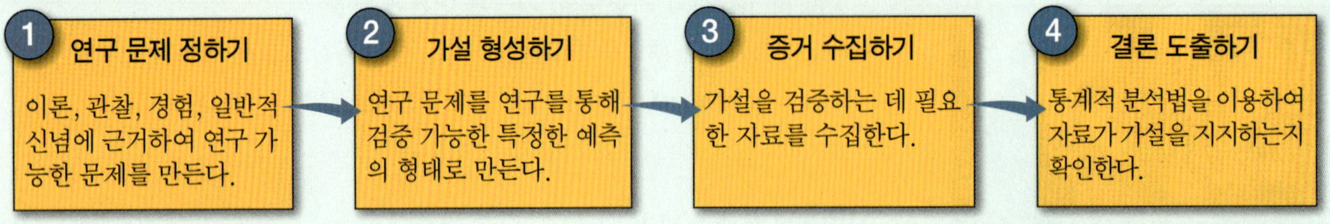

과학적 방법의 일반적인 네 단계

증거 수집하기: 연구 방법의 유형

- 사례연구법: 개인에 대한 집중적인 연구
- 설문조사법: 의견과 태도를 측정
- 자연관찰법: 현장에서 연구 실시
- 상관연구법: 변인 간 관계를 탐색
- 실험연구법: 독립변인을 조작하고 그것이 종속변인에 미치는 영향을 측정함으로써 인과관계를 탐색

상관관계

정적 상관관계

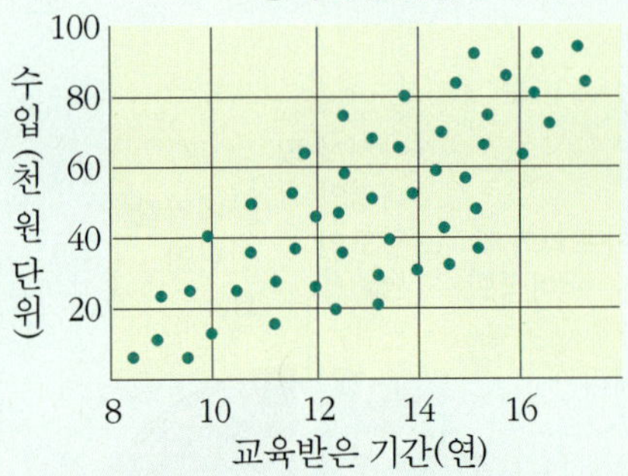

일반적으로, 높은 교육 수준의 사람일수록 수입이 높은 경향이 있다.

부적 상관관계

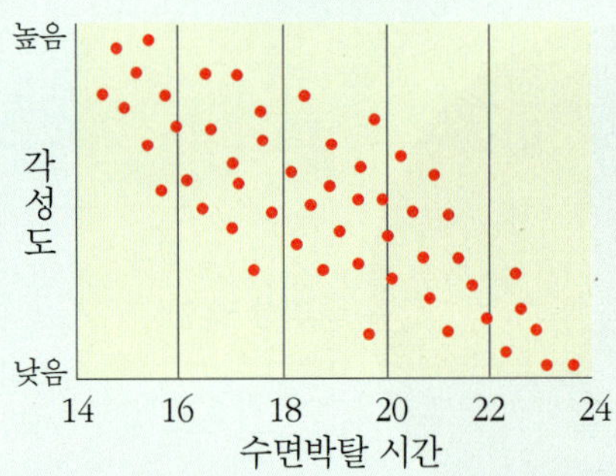

일반적으로, 잠을 못 자는 시간이 길어질수록 각성도가 낮은 경향이 있다.

제2장 행동의 생물적 기반

상품 구매 시 벌어지는 머릿속 활동?

MRI 스캐너와 쇼핑몰과는 전혀 관계가 없어 보인다. 그런데 최근의 한 연구에서 쇼핑 행동 연구에 MRI가 이용되었다(Knutson et al., 2007). 참여자가 가격표에 붙은 상품 사진을 들여다보는 동안 MRI를 이용하여 그들의 뇌를 스캔하였다. 가격표의 가격은 소비자 가격의 75% 이하였다. 참여자는 실험자가 준 10만 원짜리 상품권을 가지고 있었다. 실험자는 참여자에게 그 상품권으로 전시된 상품을 구입할 의향이 있는지 물었다.

연구자는 참여자가 상품 구입 결정을 내리는 순간, 그 사람의 머릿속에서 어떤 일이 벌어지는지 보고 싶었다. 구입 결정을 내리기 직전 머릿속에서 특정 신경세포가 활성화되었다. 이들 신경세포는 머릿속에 있는 보상회로의 일부로 드러났다. 보상회로란 신경세포가 조밀하게 연결되어 형성된 뇌 속 구조물로 생활 속의 즐거운 활동(예: 맛있는 음식을 먹는 일, 단체 놀이, 재미있는 영화 관람, 성관계 등)에서 느끼는 즐거움을 생성하는 장치이다. 원하는 상품을 구입하겠다는 결심이 여러 가지 즐거운 상태를 생성하는 일에 관여하는 뇌 속 경로를 활성화시킨 것이다. 사람들이 물건을 구입할 때 즐거움을 느끼곤 하는 이유도 바로 이 때문일 것이다.

오랫동안 뇌 스캔은 뇌에 영향을 미치는 병리학적 조건을 평가하는 데 이용되어 왔다. 그러나 지금의 연구자들은 최첨단 방법을 이용하여 작동 중인 뇌를 들여다봄으로써 쇼핑과 같은 일상적 행동의 생물학적 기반을 이해하고자 한다. 가까운 장래에는 과학자가 이런 보상 연결망을 틀어막는 방

다음 사실을 알고 있었나요!

- 뇌는 전기를 이용한다. (p. 86)
- 신경반응은 한 신경세포에서 다른 신경세포로 뛰어넘는 게 아니라 화학물질에 의해 운송된다. (p. 82)
- 우리의 몸에서는 모르핀 및 기타 마약류와 화학적으로 유사한 천연 진통제를 만들어 낸다. (p. 89)
- 어떤 반응은 뇌를 이용하지 않는 게 더 나을 때도 있다. (p. 93)
- 우리의 뇌는 우리가 스스로를 간지럽게 하지 못하도록 작용한다. (p. 107)
- 자신의 머리카락이 회전하는 방향은 그 사람이 왼손잡이냐 오른손잡이냐에 따라 달라질 가능이 크다. (p. 113)
- 커다란 막대가 자신의 두개골을 뚫고 지나가는 사고를 당하고도 살아남은 사람이 있는데, 성격이 너무 변해 버려 아무도 그를 예전의 그 사람으로 생각하지 않았다. (p. 114)

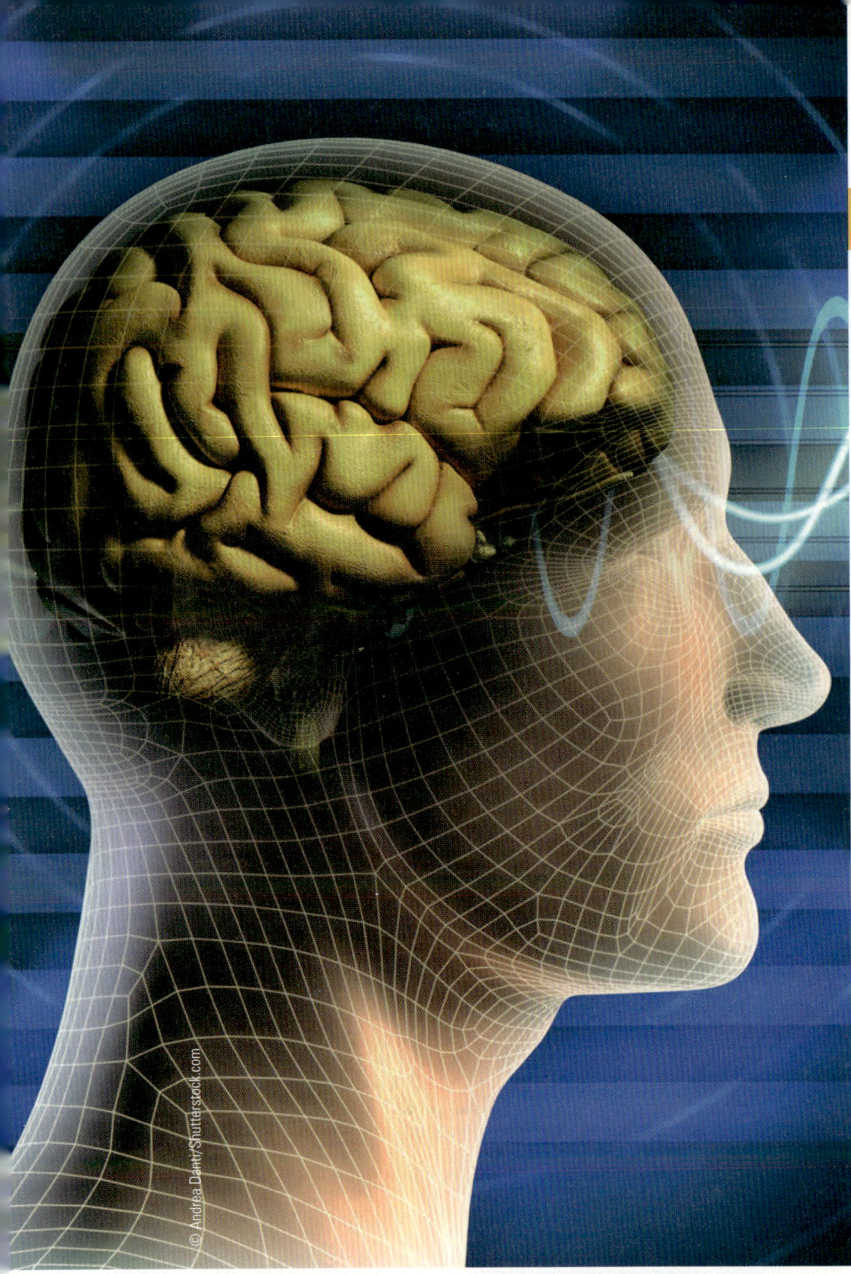
© Andrea Danti/Shutterstock.com

학습 목표

이 장을 제대로 공부한 학생은

1. 신경세포 부분 부분의 정체를 알아내고, 기능을 묘사하며, 신경세포 간 신호전달이 어떻게 이루어지는지 설명할 수 있다.
2. 주요 신경전달물질의 정체를 알고 그 기능을 묘사할 수 있다.
3. 활동전위가 생성되는 방식을 설명할 수 있다.
4. 작용제와 대항제의 차이를 설명하고 이 두 유형의 약물이 특정 신경전달물질에 어떤 효과를 유발하는지 묘사할 수 있다.
5. 신경계가 조직된 방식과 신경계의 여러 부분이 맡은 기능을 묘사할 수 있다.
6. 뇌의 주요 구조물의 정체를 찾아내고 뇌가 어떻게 조직되어 있는지 알 수 있으며, 뇌를 구성하는 구조물이 행동에서 수행하는 역할을 묘사할 수 있다.
7. 뇌의 작동 방식을 연구하기 위해 과학자들이 사용하는 방법의 정체를 알고 묘사할 수 있다.
8. 뇌를 구성하는 두 반구가 그 기능에서 어떻게 다른지 설명할 수 있다.
9. 내분비계에 관한 지식을 행동과 관련된 호르몬의 역할에 적용할 수 있다.
10. 유전자와 환경이 행동에 미치는 영향을 연구하기 위해 과학자들이 이용하는 방법을 묘사할 수 있다.
11. 유전이 성격과 행동에 미치는 영향력을 평가할 수 있다.
12. 뇌 스캔 기법에 관한 지식을 기억 회로 탐지, 성격 특성 측정, 신입사원 선별, 쇼핑, 문제해결에 적용할 수 있다.

미리 보기

1 단원 신경세포
2 단원 신경계: 우리 몸속의 초고속 통신망
3 단원 뇌: 우리 몸속 최고의 작품
4 단원 뇌를 연구하는 방법
5 단원 분리된 뇌: 기능의 특화
6 단원 내분비계: 체내의 다른 의사소통 시스템
7 단원 유전자와 행동: 선천과 양육의 사례
8 단원 인간의 뇌를 스캔하기

법을 개발하여 신용불량자가 카드로 물건을 구매하려는 충동을 줄일 수 있을 것이라는 예상도 해 볼 수 있다(Tierney, 2007).

이 장에서 우리는 행동의 생물학적 기초를 탐구하기 위해 내부 세계로의 여정을 감행할 것이다. 우리는 공학의 가장 경이로운 위업으로 간주되는 인간의 뇌가 조직된 방식과 작동하는 방식을 공부할 것이다. 인간의 뇌는 두 손 안에 들어갈 수 있을 만큼 작고 그 무게도 1.5kg에 불과하다. 그럼에도 뇌는 사람이 만들어 낸 그 어느 것보다 훨씬 정교하고, 컴퓨터보다도 뛰어나다. 가장 뛰어난 컴퓨터도 인간의 뇌가 수행하는 기본적인 통찰력과 창의력은 갖추지 못하고 있다. 그럴싸한 작곡을 하고 아름다운 시를 짓는 컴퓨터가 있는가? 어떤 컴퓨터가 자신을 인식하고 심지어 자신이 존재한다는 것을 아는가? 이런 이야기는 아직까지 과학 공상소설에서나 발견될 뿐이다. 내부 세계로 향한 우리의 여행은 먼저 신경계를 구성하는 기본 단위인 신경세포의 구조와 작동 방식을 공부하는 데서 시작된다.

뇌는 맡은 바 임무를 다하기 위해 체내 감각기관 및 다른 부분과 신호를 주고받아야 한다. 이 작업은 수백만 년에 걸쳐 구축되어 온 정보고속통로를 통해 전개된다. 사람들은 뇌를 포함하고 있는 이 복잡한 연결망을 신경계라 한다.

1 단원

신경세포

- 신경세포란?
- 신경세포를 구성하는 요소는?
- 신경세포의 유형과 신경계에서 발견되는 세포의 유형은?
- 신경반응은 어떻게 생성되며 신경세포 간 신호전달은 어떻게 이루어지는가?
- 신경전달물질이 심리적 작용에서 맡은 역할은?

신경세포(neuron)는 여러 가지 일을 한다. 빛이 눈을 자극했다는 사실을 뇌에 알려 주는가 하면, 뇌에서 내리는 명령을 근육에 전달하여 팔을 들어 올리게도 하고, 심장에다 피를 뿜어내라는 명령을 전달하기도 한다. 우리가 생각을 하고 계획을 세우고 꿈을 꾸는 것도 신경세포 덕분이며, 이 글을 읽으면서 다음 문단에 소개될 내용을 궁금해하는 것도 신경세포 덕분이다.

이 단원에서는 개별 신경세포의 구조에 대해 관찰한 후, 신경계 내부에서 벌어지는 정보전달에서 신경세포 간 신호전달이 어떻게 이루어질지를 살펴볼 것이다.

뇌: 두개골 속에 있는 신경조직 덩어리로 사실상 우리가 하는 모든 일을 통제함

1. 신경세포의 구조

개념 2-1

신경세포는 신경계의 기본 단위로, 신경계 내 신호는 이 신경세포를 따라 이동한다.

세포체: 신경세포의 몸통으로 그 세포의 핵을 지니고 있으며 신진대사 기능을 수행함

축삭: 신경세포 속의 관 같은 부분으로 신경반응을 세포체에서 다른 신경세포 쪽으로 운반하는 일을 수행함

종말단추: 축삭의 끄트머리에 있는 부푼 부분으로 신경전달물질을 시냅스로 내보내는 곳

신경전달물질: 신경반응을 한 세포에서 다른 세포로 수송하는 화학적 전령

신경세포는 신경계를 구성하는 기본 단위로, 정보전달을 위해 특화된 세포이다. 신경세포는 우리 몸속에 있는 뇌와 신경 통로를 통해 전기적 신호를 전달한다. 이 전기적 신호는 감각기관에서 수집된 정보를 뇌로 전달하며 또 뇌에서 내린 명령을 체내에 퍼져 있는 근육과 호르몬샘 및 다양한 기관으로 전달한다.

각 신경세포는 하나의 세포로 세포체, 축삭, 가지돌기로 구성되어 있다. [그림 2-1]에서는 이들 구성 요소가 조직되어 있는 모습을 볼 수 있고, 〈개념 차트 2-1〉에서는 각 구성 요소의 기능을 읽을 수 있다. 세포체(soma)는 신경세포의 몸통에 해당한다. 세포체 속에는 그 세포의 유전물질을 품고 있는 세포핵과 그 세포가 해야 할 일을 할 수 있게 해 주는 여러 가지 장치가 들어 있다. 각각의 신경세포에는 축삭도 있다. 세포체에서 뻗어 나가는 전깃줄 같은 축삭은 다른 신경세포로 나가는 전기적 신호가 전도되는 경로로 작용한다.

뇌 내 신경세포의 축삭은 수천 분의 1cm밖에 되지 않는 것도 있지만, 척추를 따라 발끝까지 가는 1m를 넘는 것도 있다. 나뭇가지처럼 축삭도 가지를 쳐서 여러 방향으로 퍼져 나가는 것도 있다. 이 가지의 끝에 마디처럼 약간 부풀어 있는 종말단추(terminal button)라는 곳이 있다. 이곳은 신경전달물질(neurotransmitter)이라고 하는 화학물질이 저장되었다가 방출되는 곳이기도 하다. 세포체에서 합성되는 신경전달물질은 이곳으로 이송되어 시냅스 낭에 저장되어 있다가 방출된다. 여기서 방출된 신경전달물질은 시냅스를 건너 이웃 신경세포로 가는 신호를 운반한다. 시냅

[그림 2-1] 신경세포

❶ 신경세포는 세포체와 축삭과 가지돌기로 구성된다. 세포체는 세포핵이 들어 있는 곳이고 축삭은 신경신호를 전달하며, 가지돌기는 인접 신경세포로부터 신호를 받아들인다. ❷ 종말단추는 축삭 끄트머리에 있는 부푼 곳으로, 다른 신경세포로 신호를 이송할 화학물질, 즉 신경전달물질을 방출한다. ❸ 많은 신경세포의 축삭은 수초로 덮여 있다. 수초는 신경반응의 전달 속도를 높여 준다.

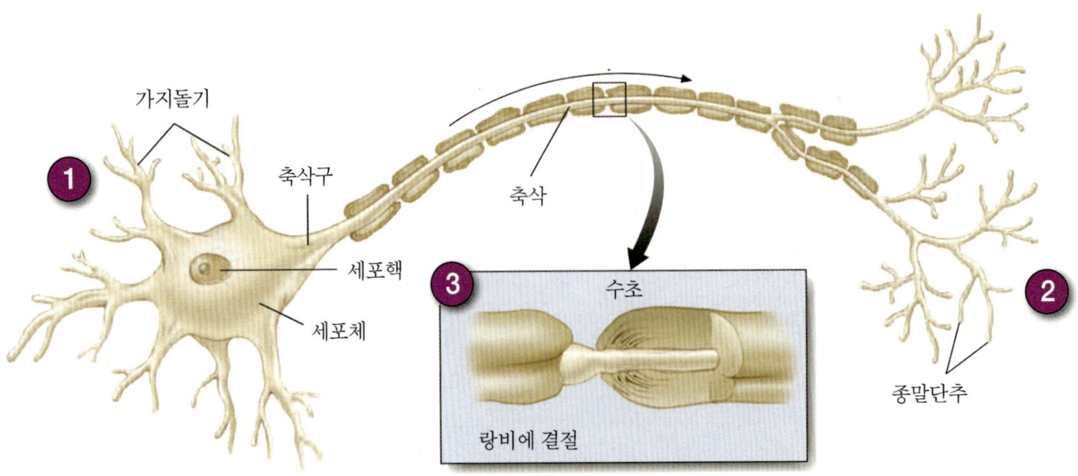

〈개념 차트 2-1〉 신경세포의 구성 요소

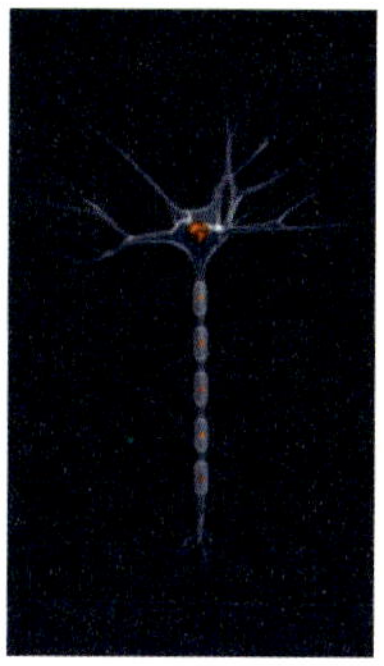

© sgame/Shutterstock.com

구성 요소(부분)	설명	기능
세포체	세포핵을 지니고 있는 몸통	세포의 대사(생명 보존) 기능을 수행
축삭	세포체에서 길게 뻗어 나가는 케이블	신경반응을 종말단추로 이송
종말단추	축삭 끄트머리에서 부푼 부분	신경신호를 이웃 신경세포로 이송하는 신경전달물질이라는 화학물질 방출
가지돌기	세포체에서 뻗어 나온 가지 모양 섬유	이웃 신경세포에서 전해 온 신호를 받아들임

스(synapse)란 한 세포의 종말단추와 이웃 세포의 수용 부위(이웃 세포의 세포막에 있음)를 분리해 주는 아주 작은 틈을 일컫는다.

시냅스: 신경반응을 수송하는 신경세포들 간 작은 틈새

가지돌기(dendrite)는 세포체에서 뻗어 나온 나뭇가지 모양의 구조물을 일컫는다. 가지돌기는 수용 부위, 즉 이웃 신경세포의 종말단추에서 방출된 신경전달물질을 받아들이는 장치가 있는 곳이다. 하나의 신경세포가 가지돌기를 통해 신호를 받아들일 수 있는 이웃 신경세포의 개수는 수천 개에 이른다(Priebe & Ferster, 2010).

가지돌기: 세포체에서 뻗어 나온 나뭇가지 모양의 구조물로 이웃 신경세포로부터 신경반응을 받아들이는 곳

신경계에는 세 가지 유형의 신경세포가 있다. 감각신경, 운동신경, 간신경으로, 신경계 내에서 각기 다른 역할을 수행한다. 감각신경(sensory neuron) 또는 구심신경(afferent neuron)은 바깥세상에 관한 정보를 척수를 통해 뇌로 전달한다. 바깥세상에 관한 정보는 먼저 감각기관에 등록된다. 누군가가 우리의 손을 만지면 이 자극은 피부에 있는 감각 수용기에 등록되고, 이렇게 등록된 신호는 감각신경을 따라 척수를 거쳐 뇌로 전달되어 촉감을 유발한다. 또한 감각신경은 신체 근육 및 내부 기관으로부터의 정보를 뇌로 전달하기도 한다.

감각신경: 감각기관, 근육, 신체 내부 기관에서 들어오는 정보를 척수와 뇌로 전달하는 신경세포

원심신경(efferent neuron)이라고도 하는 운동신경(motor neuron)은 뇌와 척수로부터의 신호를 신체 움직임을 통제하는 근육으로 내보낸다. 또한 샘으로도 신호를 보내 호르몬—신체 작용을 돕는 화학물질—을 방출하게 한다.

운동신경: 신경반응을 중추신경계로부터 근육과 분비샘으로 전달하는 신경세포

샘: 호르몬이라는 화학물질을 분비하는 신체 기관 또는 구조

결합신경(associative neuron)이라고도 하는 간신경(interneuron)은 신경계에서 가장 흔한 신경세포로 신경세포와 신경세포를 연결하는 역할을 맡고 있다. 척수에서는 감각신경을 운동신경과 연결시킨다. 뇌에서는 감각 정보를 처리하여 기획이나 사고 같은 고차적인 정신작용을 통제하는 신경세포의 무리를 형성한다.

간신경: 중추신경계 내부에서 정보처리를 수행하는 신경세포

신경세포와 신경(nerve)은 다르다. 신경은 여러 개의 신경세포에서 뻗어 나온 축삭들이 모여 형성된 다발을 일컫는 말이다. 눈에서 생성된 신호를 뇌로 전달하는 시신경(optic nerve) 같은 신경은 100만 개 이상의 축삭으로 구성되어 있다. 따라서 개별 신경세포는 육안으로 보기 힘들지만 신경은 육안으로 볼 수 있는 것도 있다. 축삭의 뿌리가 되는 신경세포의 세포체는 신경에 포함되지 않는다.

신경: 여러 개의 신경세포에서 뻗어 나오는 축삭 다발로 신경반응을 전달함

교세포: 신경계 내부에서 신경세포를 지지하며 축삭을 감고 있는 수초를 형성하는 작은 세포

수초: 일부 신경세포의 축삭을 감고 있는 지방질 층으로, 축삭을 보호하며 신경반응의 전도 속도를 높여 줌

랑비에 결절: 축삭을 감고 있는 이웃 수초 간 간격

다발성 경화증: 축삭을 감고 있는 수초가 훼손 또는 파손되어 발생하는 중추신경계의 질환

개념 2-2

신경계는 감각신경, 운동신경, 간-신경이라고 하는 세 가지 신경세포로 구성되어 있다.

개념 2-3

중추신경계에는 신경세포와 교세포라고 하는 두 가지 세포가 있다.

개념 2-4

많은 축삭이 신경반응의 전도 속도를 높여 주는 수초라고 하는 보호막으로 덮여 있다.

개념 2-5

신경계는 우리 몸통 전반에 펴져 있는 신경세포 천억 개가 연결되어 형성된 거대한 통신망이다.

개념 2-6

신경세포의 발화는 특정 자극이 그 신경세포의 세포막을 따라 전기화학적 변화를 촉발하고 그에 따른 연쇄반응이 일어날 때 이루어진다.

이온: 화학 분자가 지닌 전기적 부하(+ 또는 -)

신경계 내에는 신경세포만 있는 게 아니다. 교세포(glial cell)라는 작은 세포도 있다. 신경계 내에 있는 교세포의 수는 신경세포의 수보다 훨씬 많다. 교세포는 신경세포가 원래의 모습을 유지할 수 있도록 잡아 주는 일종의 신경아교로 작용한다. 또한 교세포는 신경세포에 영양분을 공급하고 폐기물을 제거한다. 또한 신경세포 간 신호전달을 돕는 일을 할 가능성도 있다(Kriegstein & Alvarez-Buylla, 2009; Smith, 2010). 교세포가 제공하는 또 하나의 중요한 기능은 수초 형성 기능이다. 수초(myelin sheath)란 신경세포의 축삭을 감고 있는 지방질 층으로, 축삭을 보호하는 역할도 한다. 수초가 제공하는 절연 덕분에 신경반응의 전도 속도가 빨라져 근육이 보다 효율적으로, 보다 매끄럽게 움직일 수 있게 되었다(Newbern et al., 2011).

[그림 2-1]에서 볼 수 있듯이, 수초로 둘러싸인 축삭은 소시지를 이어 놓은 것 같다. 인접 수초 간 간격을 랑비에 결절(Ranvier node)이라 한다. 신경반응이 축삭을 따라 이동할 때 앞 결절에서 뒤 결절로 점프하듯 이동하기 때문에 속도가 빨라진다. 수초는 지방질이라서 백색을 띠기 때문에 신경계 내부에서 수초화된 축삭이 모인 부분을 '백질(white matter)'이라고 부른다.

다발성 경화증(multiple sclerosis)은 성인 1,000명 중 한 명 꼴로 중추신경계에서 발생하는 만성 질환인데, 결국에는 수초의 파괴로 이어지는 치명적인 질환이다(Ransohoff, 2007). 일반적으로 20~40세 사이의 젊은 성인을 공격하는 이 질환은 유전의 영향을 받는 것으로 알려져 있다(Baranzini et al., 2010; Renoux et al., 2007). 수초를 잃게 되면 신경반응이 느려지고, 그 결과 다양한 증상이 나타나는데, 심한 경우에는 말하기, 걷기, 쓰기, 또는 숨쉬기 능력까지 잃게 된다.

2. 신경세포 간 신호전달

인간의 뇌는 1,000억 개 이상의 신경세포로 차 있다. 태어나 주변 세상에 관해 알게 되면서 우리의 뇌는 점점 더 복잡한 신경망을 형성하게 된다. 신경세포의 집단이 뇌 속에서 복잡한 회로를 구축함으로써 우리는 주변 세상을 해석할 수 있게 되고 자극에 반응할 수 있게 될 뿐 아니라 우리의 행동 및 생각과 느낌을 조직하고 계획을 세우며 언어를 사용할 수 있게 된다.

신경세포가 이러한 과제를 수행하는 일은 서로 간의 신호전달을 통해서 이루어진다. 신경세포 간 신호전달 방식을 이해하기 위해 이전 과정을 보다 작은 단계로 나누어 보기로 하자.

신경세포막의 안쪽과 바깥쪽에는 원자 또는 분자에 전하가 붙어 있는 이온이 널려 있다. 이온에는 양이온(+)과 음이온(-)이 있다. 이들 이온이 세포막을 드나들면서 신경세포에 전기화학적 변화를 유발한다. 이 전기화학적 변화는 전기적 신호를 생성시키고 이렇게 생성된 전기적 신호(신경반응)는 축삭을 따라 종말단추 쪽으로 전도된다. 이 과정에서 가장 중요한 두 가지 이온은 나트륨 이온(Na+)과 칼륨 이온

(K+)이다. 이 두 이온이 세포막 안팎으로 드나드는 일은 세포막에 있는 이온 통로에 의해 통제된다. 이온 통로의 개폐는 그 주변의 이온 배치 상태에 의해 결정된다.

신경세포가 자극을 받지 않아 휴식 상태에 있을 때는 Na+ 이온이 드나드는 통로가 닫혀 있다. 이때는 세포막 바깥쪽의 Na+ 농도가 안쪽보다 약간 높다. 이는 세포막의 안과 밖에 각각 미세전극을 꽂고 전위를 측정하면 약 -70mV로 기록된다는 뜻이다. 이 전위는 세포가 일을 하지 않는 휴식 상태의 전위이기 때문에 이를 휴지전위(resting potential)라 한다. 흔히 휴지전위를 −70mV라 하는데, 이는 이때 세포 안쪽에 음(−) 전하가 더 높기 때문이다. 휴지 상태에 있는 신경세포는 주어진 자극에 대한 신경반응 생성에 필요한 에너지를 간직한 채 자극이 주어지길 기다리고 있는 셈이다. 이때 자극을 가하면 세포 내의 음전하가 일시적으로 양전하로 바뀌는 일이 벌어진다. 즉, 신경반응(발화)이 일어난다.

휴지전위: 신경세포가 반응을 하지 않고 있을 때 그 신경세포의 세포막에서 측정되는 전기적 전위

신경세포가 자극을 받으면(이 일은 대개 인접한 신경세포에서 방출되는 신경전달물질에 의해 벌어진다.), 그 세포에서 뻗어 나가는 축삭의 뿌리 부근에 있는 Na+ 통로가 열린다. 그러면 그곳에 있던 Na+ 이온이 세포막 내부로 들어가 그 부근에 있던 음전하의 상대적 양은 줄어든다. 세포막을 둘러싼 전위가 휴지전위인 −70mV에서 0mV 쪽으로 상승하는 이 과정을 탈분극화(depolarization)라 한다.

탈분극화: 신경세포의 휴지전위 상태에서 전기적 부하가 양(+)의 방향으로 변하는 과정

자극이 충분히 강하면, 즉 신경전달물질의 양이 충분히 방출되었을 경우에는 탈분극화가 세포막을 따라 퍼져 나간다(Calderon de Anda et al., 2005). 탈분극화의 물결이 결정적 식역을 넘어서면 자극을 받았던 그 부분의 전하가 음전하(−70 mV)에서 약 +40mV의 양전하로 바뀌는 일이 신속하게 벌어진다. 이 같은 전하의 갑작스러운 역전을 활동전위(action potential) 또는 신경반응(neural impulse)이라 한다. 이러한 활동전위는 대개 세포체에서 축삭이 뻗어 나가는 지점인 축삭구(axon hillock)에서 시작된다. 축삭구에서 시작된 활동전위는 전하가 바뀌는 파의 모양으로 축삭 끝까지 전도된다. 우리는 이러한 활동을 신경세포의 '발화(fire)'라 한다([그림 2-2] 참조).

활동전위: 신경세포의 세포막 전위가 음(−)의 상태에서 갑자기 양(+)의 상태로 바뀌었다 다시 원래 상태(− 상태)로 되돌아오는 일로 신경반응이라고도 함

일단 활동전위가 축삭 끝에 도달하면, 종말단추에 들어 있는 신경전달물질의 방출을 유발한다. 이 신경전달물질은 다음 신경세포로 보내는 신호를 운반한다. 활동

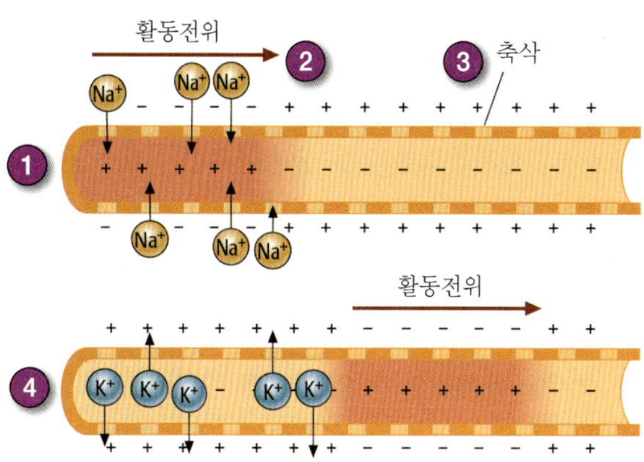

[그림 2-2] 활동전위

신경반응 또는 활동전위가 생성되는 방식을 보여 준다.

❶ 휴식 상태에 있는 신경세포가 자극을 받았을 때, 세포막 위에 있는 Na+ 통로가 열려 양전하를 띤 Na+이 세포막 안으로 유입된다.

❷ 자극이 충분히 강하면, 세포막 안쪽이 음전하에서 양전하로 갑자기 변한다.

❸ 전하의 이 같은 반전을 활동전위 또는 신경반응이라 한다. 이렇게 생성된 신경반응은 축삭을 따라 이동하면서 세포막 안팎의 전하를 순간적으로 뒤바꿔 놓는다. 활동전위가 지나가고 나면 Na+ 통로가 닫혀서 Na+ 이온 유입이 차단된다.

❹ 이제 양이온을 세포막 밖으로 퍼낸다. 그 결과, 세포막 안쪽의 음이온이 상대적으로 많아지면서 다음 자극에 반응할 채비를 갖추게 된다.

실무율: 신경세포는 흥분 상태로의 변화가 활동전위를 생성하기에 충분할 때에만 반응한다는 원리

전위는 실무율(all-or-none principle)에 따라 생성된다. 즉, 충분히 강한 자극을 받은 신경세포는 완전히 발화되고 주어진 자극이 충분히 강하지 못하면 아예 발화되지 않는다. 회색지대 같은 중간 지점이 없다는 뜻이다. 또한 일단 발화된 활동전위는 축삭 끝까지, 그것도 같은 강도로 전도된다. 중간에서 사그라지는 활동전위는 없다는 뜻이다. 생성된 활동전위가 전도되는 속도는 주로 축삭의 굵기와 수초화 여부에 따라 달라진다. 일반적으로 굵은 축삭일수록, 수초화된 축삭일수록 전도 속도는 빨라진다. 활동전위의 속도는 초당 약 1m에서 100m까지 다양하다. 가장 빠른 신경반응도 총알보다는 느리다는 뜻이다. 그렇지만 불에 닿은 손가락을 금방 빼낼 수 있을 만큼은 빠르다. 그렇다고 화상을 피할 수 있을 만큼은 빠르지 못하다(Aamodt & Wang, 2008).

개념 2-7

활동전위의 생성은 실무율에 따른다. 즉, 활동전위는 신경반응/흥분의 강도가 정해진 수준을 넘어설 때만 생성된다.

개념 2-8

신경반응이 축삭의 종말단추에 도달하면 이웃 세포의 발화 가능성을 높이거나 낮추는 화학물질이 방출되는 작업을 촉발한다.

불응기: 신경세포가 연이어 제시되는 자극에 대한 반응인 발화를 할 수 없는 일시적인 상태

신경세포는 발화 후 약 1/1,000초 동안은 다음 발화를 위해 바쁘게 활동한다. 세포막에 널려 있는 Na+ 통로를 닫아 그 이상의 Na+ 이온이 세포막 안으로 유입되는 일을 막아야 한다. 그리고 세포막 내부의 양이온(대부분은 K+ 이온)을 세포막 밖으로 퍼내야 한다. 양이온이 밖으로 나가면서 신경세포는 다시 음전하의 휴지 상태인 -70mV 상태로 되돌아간다. 그런 후 벌어지는 서행 과정에서는 Na+ 이온은 밖으로 퍼내고 일부 K+ 이온을 안으로 끌어들여 세포막 안팎의 전기화학적 균형 상태가 회복된다. 그리하여 또 하나의 활동전위 발생에 필요한 준비 상태가 완료된다. 신경 발화 후 벌어지는 이때까지의 기간을 불응기(refractory period)라 한다. 총알을 재장전하는 기간처럼, 불응기 동안에는 신경세포도 반응을 할 수 없다. 그러나 이 불응기는 매우 짧다. 그렇기에 신경세포는 1초에도 수백 번 발화할 수 있다.

3. 신경전달물질: 신경계의 화학적 전달자

신호를 주고받는 신경세포끼리는 붙어 있지 않다. 앞서도 언급했지만, 이들 신경세포는 시냅스라는 작은 간극을 두고 서로 분리되어 있다. 이 간극은 수백만 분의 1cm밖에 되지 않는데도 신경반응은 이 사이를 뛰어넘지 못한다. 신경전달물질을 통해 이송해야만 한다. 신경전달물질(neurotransmitter)이란 신경반응이 시냅스를 건너는 일을 돕는 화학물질을 일컫는다(Ottersen, 2005). 신경세포의 전기적 반응이 종말단추에 도달하면 종말단추 속 작은 주머니(낭)에 들어 있던 신경전달물질이 시냅스 간극으로 방출된다([그림 2-3] 참조). 신경전달물질이 실어 나르는 신호는 몸을 움직이게 하는 근육 수축 활동에서부터 호르몬을 분비하는 샘을 자극하는 일 그리고 사고와 정서 같은 심리적 상태 등 다양한 상태와 활동을 통제한다.

수용기 부위: 신경반응을 받아들이는 신경세포의 세포막 위 부위 중 신경반응을 수송하는 신경전달물질을 받아들이는 수용기가 위치하는 부분

각각의 신경전달물질은 특이한 화학적 구조(입방체의 모양)를 갖추고 있다. 그 구조 때문에 신경전달물질에 따라 그것을 받아들일 수 있는 수용기 부위도 모두 다르다. 하나의 열쇠로는 자물쇠 하나밖에 열 수 없는 것과 같다. 신경전달물질이 수용기 부위에 닿으면 정해진 곳으로 스며들어 신경세포 내의 화학적 변화를 유발한다.

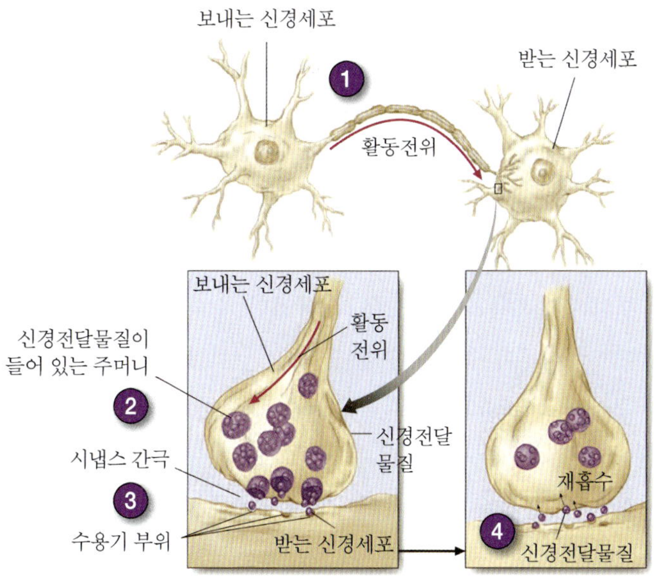

[그림 2-3] 신경세포 간 신호전달 방식

신경반응 또는 활동전위가 전달되는 방식을 보여 준다.

❶ 신경반응(또는 활동전위)은 신호를 보내는 신경세포의 축삭을 따라 신호를 받는 신경세포 쪽으로 이동한다.

❷ 보내는 신경세포의 종말단추 속 주머니에서 신경전달물질이 방출된다.

❸ 방출된 신경전달물질(즉, 화학적 전달자)이 시냅스 간극을 건너면 받는 신경세포의 가지돌기에 있는 수용기 부위에서 받아들인다.

❹ 수용기 부위에서 받아들이지 못한 신경전달물질은 시냅스 간극에서 분해되어 보내는 신경세포에 의해 흡수되어 버린다. 이 작용을 재흡수(reuptake)라 한다.

이 변화의 효과는 흥분성 또는 억제성으로 나타난다. 흥분성 효과는 시냅스후 세포에서 활동전위가 생성될 가능성을 높이고 억제성 효과는 그곳에서 활동전위가 생성될 가능성을 낮춘다. 신경전달물질에 따라 흥분성 효과만 유발하는 물질도 있고 억제성 효과만 유발하는 물질도 있으며, 흥분성과 억제성 효과 둘 다를 유발하는 신경전달물질도 있다. 신경계가 순조롭게, 효율적으로 작용하기 위해서는 흥분성과 억제성(신경세포의 발화와 소화) 간 균형이 잡혀야 한다(Haider et al., 2006).

흥분성 신경전달물질이 시냅스후 세포를 자극한 후, 그 일을 마무리하는 방법은 여러 가지이다. 그중 하나인 재흡수는 자연의 재활용법이라 할 것이다. 시냅스후 세포로 건너간 신경전달물질이 맡은 바 임무를 완수하고 나면, 시냅스전 세포에서는 그 물질을 회수하여 다음에 다시 방출되도록 한다. 시냅스에 있는 효소가 신경전달물질을 분해하는 방법도 있다. 여기서 분해된 신경전달물질은 오줌으로 배출된다. 또 다른 방법은 종말단추에서 신경조절물질이라는 화학물질을 방출하여 신경전달물질에 대한 시냅스후 신경세포의 민감성을 높이거나 낮추는 방법이다.

재흡수: 신경전달물질이 그것을 방출한 신경세포로 다시 흡수되는 작용

효소: 유기 물질 중에서 촉매작용을 통해 다른 유기물질의 화학적 변화를 유발하는 유기물질

신경조절물질: 신경계에서 방출되는 화학물질 중 신경반응을 전달 받는 신경세포의 신경전달물질에 대한 민감도에 영향을 미치는 화학물질

심리적 작용이 정상적으로 전개되기 위해서는 뇌 속 신경세포 간 신호전달이 매끄럽게 진행되어야만 한다. 생각을 분명하게 하고, 손발을 자유자재로 움직이며 아픔, 기쁨이나 두려움을 느낄 수 있는 우리의 능력—우리가 행하고 느끼며 생각하는 모든 능력—은 신경전달물질에 의해 결정된다. 체내에서 생산되는 신경전달물질의 양이 너무 많거나 적으면 문제가 발생한다. 수용기 부위에 너무 많은 신경전달물질이 달라붙거나 올바로 달라붙지 못할 때도 문제가 발생한다. 특정 신경전달물질이 뇌 속에 너무 많거나 적어도, 또는 하는 일이 정상적으로 전개되지 않아도 장애가 발생한다. 신경전달물질 작용의 변칙은 불안장애, 기분장애, 섭식장애, 조현병 등 다양한 심리적 장애와 결부되어 있다(제8장 및 제15장 참조).

개념 2-9

정상적인 심리적 활동은 뇌 속에서 벌어지는 신경전달물질의 활동에 섬세한 균형이 유지될 때 전개된다.

➔ 개념 링크 섭식장애, 우울증, 조현병 등 심리적 장애 중 많은 부분이 신경전달물질 기능이 이례적인 데서 발생한다. 섭식장애는 제8장 2단원, 우울증은 제15장 4단원, 조현병은 제15장 5단원에서 논의된다.

4. 작용제와 대항제

몸속의 화학물질은 신경전달물질의 작용에 영향을 미친다. 어떤 약물은 수용기 부위에 달라붙어 특정 신경전달물질의 접근을 방해한다. 예컨대, 아세틸콜린(acetylcholine, 이하 ACh)이라는 신경전달물질은 골격근을 수축시키는 작용을 한다. 따라서 ACh를 수용기 부위에 접촉하지 못하도록 해 버리면, 수의적 몸놀림(예: 팔을 들어 올리는 일)을 통제하는 골격근이 수축할 수 없게 된다. 남아메리카 인디언 중 일부는 식물에서 추출한 쿠라레(curare)라는 독극물을 화살촉에 묻혀 둔다. 이 화살이 동물의 피부를 뚫고 들어가면 화살촉에 묻었던 쿠라레가 그 동물의 몸에 퍼져 ACh 수용기 부위를 막아 버린다. 그 동물은 몸이 마비되고 호흡을 통제하는 근육을 이용할 수 없어 질식사하고 만다. ACh은 몸속 다른 기능(예: 기억 형성, 심박 통제)에도 관여한다. 알츠하이머병(Alzheimer's disease)으로 고생하는 사람들은 뇌 속 ACh 수준이 낮다. 이 병은 ACh 생성 세포의 죽음과 관련된 것으로 알려져 있다(제10장 참조).

쿠라레와 같이 신경전달물질의 수용기 부위를 점령하여 그 신경전달물질의 활동을 방해하는 화학물질을 대항제(antagonist)라 한다. 대항제가 특정 신경전달물질의 수용기 부위를 차지해 버리면, 그 신경전달물질에 의한 신호전달이 차단된다. 예를 들어 보자. 도파민(dopamine)이라는 신경전달물질은 근육 수축 및 학습과 기억, 쾌감 제어에 관여한다. 심리학자가 도파민의 역할에 특별한 관심을 가지는 이유는 도파민 활동의 불규칙성과 조현병 발달이 연관되어 있기 때문이다(제15장에서 논의할 것임). 조현병 환자는 환각(실제로 부근에 존재하지 않는 소리나 사물을 '듣거나 보는' 현상)과 망상(자신의 몸은 예수의 영혼을 간직하고 있다는 확고한 믿음 같은 엉뚱한 생각)을 자주 경험한다. 도파민이라는 신경전달물질의 수용기 부위를 점령해 버리는 약, 그래서 도파민 대항제로 작용하는 약이 있는데, 이 약은 조현병 환자의 환각과 망상을 통제하는 데 도움이 되는 것으로 알려져 있다(제16장 참조).

대항제: 신경전달물질이 들어갈 수용기 부위를 선점해 버림으로써 신경전달물질의 작용을 방해하는 약물

조현병: 심하고 만성적인 심리장애로 사고, 지각, 정서 및 행동에서 나타나는 혼란스러움이 그 특징이다.

환각: 외적 자극이 실재하지 않는데도 겪게 되는 지각경험

망상: 귀신에 쫓기고 있다는 믿음 같은 명백히 잘못된 믿음

파킨슨병: 도파민을 생성하는 뇌 세포를 파괴하는 퇴행성 뇌 장애로 근육 떨림, 비틀거림, 경직성, 그리고 보행 및 세심한 몸놀림 통제가 어렵게 되는 것이 특징임

파킨슨병(Parkinson's disease)은 퇴행성 뇌 질환이다. 이 병에 걸리면 운동 기능 또는 몸을 움직이는 능력이 점차적으로 상실된다(Dagher & Robbins, 2009; Lees et al., 2009). 파킨슨병으로 고생하는 사람은 몸이 떨리고 근육이 굳어지며 걷기가 어려워지고 손과 손가락을 마음대로 움직일 수 없게 된다. 이런 증상은 뇌에서 몸놀림을 관장하는 영역에 있는 도파민 생성 세포가 죽기 때문에 생기는 현상이다. 전문가에 의하면, "도파민은 자동차의 엔진에 있는 기름과 같아서…… 기름이 있으면 차는 순조롭게 주행하지만, 없으면 작동을 멈추어 버린다"(Carroll, 2004 재인용).

파킨슨병으로 고생하는 사람의 수는 미국에만 해도 1,500만 명으로 추정된다. 우리는 아직도 도파민 생성 세포가 죽어 나가는 원인을 알지 못한다. 다만 유전적 요인이 개입되었을 것이라고 추측하고 있다(Grayson, 2010; Hampton, 2010; Yang et al., 2009).

동일한 수용기 부위를 두고 신경전달물질과 경합을 벌이는 대항제와는 달리, 작용제(agonist)라고 하는 다른 약물은 신경전달물질의 활동을 촉진시킨다. 작용제는 신경전달물질의 가용성이나 효과성을 높이거나 신경전달물질의 수용기 부위에 달라붙어 그 신경전달물질처럼 활동한다. 예를 들면, 카페인이라는 자극제는 글루탐산이라는 신경전달물질의 가용성을 높여 놓는다. 글루탐산은 흥분성 신경전달물질로 중추신경계의 각성 상태를 유지해 주며, 청각신호를 속귀에서 뇌로 전달하는 데 핵심적인 역할을 수행한다(Weisz, Glowatzki, & Fuchs, 2009).

작용제: 신경전달물질의 가용성 및 효과성을 증가시키거나 그 활동을 흉내 내는 약물

자극제: 암페타민이나 코카인처럼 중추신경계를 활성화시키는 약물

코카인이나 암페타민 같은 보다 강한 자극제는 도파민 작용제로 작용한다. 이들 약물은 시냅스전 세포의 재흡수 활동을 방해함으로써 뇌 속에 있는 도파민의 가용성을 높인다. 도파민이 수행하는 많은 역할 중에는 쾌감 생성 신호를 뇌 속 신경 통로를 따라 운반하는 역할도 포함된다(Burgdorf & Panksepp, 2006). 과학자들은 코카인이나 암페타민은 물론 아편과 알코올도 도파민 가용성을 증가시켜 쾌감을 생성하는 작용을 한다고 생각한다(Gallistel, 2006; Pierce & Kumaresan, 2006; 이 주제에 대한 논의는 제4장에서 재론할 것임). 과학자들은 우리가 사랑에 빠졌을 때 느끼는 즐거운 흥분 역시 뇌 속에서 (다른 화학물질과 함께) 도파민이 방출되기 때문이라고 간주한다(Ortigue et al., 2010).

암페타민: 일종의 자극제로 메탐페타민 같은 합성 약물

복싱계의 전설인 무하마드 알리는 파킨슨병, 즉 몸을 굳게 하고 떨리게 하며 몸놀림 통제력에 영향을 미치는 퇴행성 뇌 질환을 앓았다.

알코올과 바륨(Valium) 같은 항불안제는 작용제로 작용하여 GABA(gamma-aminobutric acid)라는 신경전달물질(제4장에서 논의할 것임)의 수용기 부위를 더욱 민감하게 만든다. GABA는 성인의 뇌에 있는 주요 억제성 신경전달물질로, 신경세포가 이웃 신경세포를 지나치게 흥분시키는 일을 예방한다(Gel et al., 2006). GABA의 활동을 부추기는 약물은 신경계를 진정시키는 효과를 유발한다. 뇌 속 GABA 수준이 낮으면, 공황장애와 같이 불안을 핵심 속성으로 하는 정서장애가 나타날 수도 있다.

신경전달물질의 기능은 우울증에도 개입한다(Carver, Johnson, & Joormann, 2009). 우울증을 완화시키는 약물, 즉 항우울제는 시냅스에 있는 신경전달물질인 노르에피네프린과 세로토닌의 가용성을 높여 주는 작용제이다. 에피네프린(아드레날린이라고도 함)의 화학적 사촌에 해당하는 노르에피네프린(노르아드레날린이라고도 함)은 두 가지(신경전달물질과 호르몬) 임무를 수행한다(이 장의 6단원 참조). 뇌에서 주로 억제성 신경전달물질로 작용하는 세로토닌은 식후 포만감과 기분 및 수면 조절에 개입한다. 세로토닌은 충동적 행동을 억제하는 역할도 한다(Crocket, 2009; Seo, Patrick, & Kennealy, 2008).

항우울제: 신경전달물질의 활동 또는 활동 수준에 영향을 미쳐 우울증을 줄여 주는 약물

인간의 뇌는 모르핀과 헤로인 같은 마약의 화학적 사촌 격인 신경전달물질을 만들어 내기도 한다. 엔도르핀이라고 하는 이 천연 화학물질은 억제성 신경전달물질로써 뇌 속에서 모르핀을 받아들이는 수용기를 파고든다(마약과 기타 향정신적 약물에 대한 자세한 논의는 제4장 참조).

엔도르핀: 뇌에서 분비되는 천연 화학물질로 통증을 억제하고 쾌감을 유발하는 효과를 냄

엔도르핀은 우리 체내에서 생산되는 천연 진통제인 셈이다. 모르핀과 헤로인 및 기타 마약처럼, 엔도르핀도 통증 신호를 전달하는 화학물질이 달라붙는 수용기 부

위를 선점해 버린다. 그 결과, 통증 신호가 접근하지 못하게 되어 통증이 줄어든다. 엔도르핀은 만족감이나 쾌감도 생산한다. 아마 이런 기능 덕분에 많은 장거리 선수가 달리기를 끝낸 후 고도의 쾌감을 경험하는지도 모른다(Boecker et al., 2008). 모르핀과 헤로인 및 기타 마약은 작용제에 해당한다. 그들 모두가 체내에서 자연적으로 생성되는 엔도르핀의 효과를 흉내 내기 때문이다(Veter et al., 2006).

© Juice Images/PhotoLibrary

"아이스 아메리카노(대항제) 주세요." 커피의 카페인은 흥분성 신경전달물질인 글루탐산의 작용을 향상시키는 작용제이다. 작용제로서 작용하는 약물과 대항제로서 작용하는 약물의 차이는 무엇인가?

그것이 중요한 이유

어떤 약물이 작용제로 작용하는지 또는 대항제로 작용하는지는 왜 중요할까? 특정 심리장애와 특정 신경전달물질의 활동 수준 증가가 결부되어 있음을 알았다고 해 보자. 그리고 어떤 제약회사에서 이 장애를 치료하기 위한 약물을 개발하고 싶어 한다고 해 보자. 이때 제약회사는 그 신경전달물질의 작용제를 개발해야 할까, 아니면 대항제를 개발해야 할까?

이 질문에 대한 답은 '대항제를 개발해야 한다'일 것이다. 그 신경전달물질의 활동을 방해하는 약물을 개발해야 할 것이라는 말이다. 조현병 치료에 도파민 활동을 못하게 하는 대항제가 사용되듯, 그 신경전달물질의 활동을 둔화시킴으로써 문제의 증상을 통제할 수 있을 것이다.

1 단원 복습 신경세포

되새겨 봅시다

신경세포란?

➤ 신경세포란 신경계를 구성하는 가장 작은 단위세포 중 하나로 이를 통해 정보가 신경반응의 모습으로 전달된다.

신경세포를 구성하는 부분은?

➤ 다른 세포와 마찬가지로 신경세포도 세포핵을 지니며 대사활동을 수행하는 세포체가 있다. 그리고 신경세포에는 축삭과 가지돌기가 있다. 축삭은 다른 신경세포로 나가는 전갈(신경반응)을 전달하는 기다란 케이블이고 가지돌기는 다른 신경세포로부터 전갈을 받아들이는 섬유이다. 축삭의 끄트머리에서 부푼 모양을 하고 있는 종말단추는 신경전달물질을 방출한다. 신경전달물질은 전갈을 이웃 신경세포로 이송하는 화학적 배달원이다.

신경세포에는 어떤 유형이 있고 신경계에서 발견되는 세포에는 어떤 유형이 있는가?

➤ 신경계에는 세 가지 유형의 신경세포가 있다. 감각신경은 감각기관과 신체 내부에 있는 기관 및 조직에서 탐지해 낸 정보를 척수와 뇌로 전달한다. 운동신경은 중추신경계에서 근육과 내부 기관으로 가는 전갈을 운송한다. 간신경은 신경세포와 다른 신경세포를 연결시켜 준다.

➤ 신경계에는 두 가지 세포가 있다. 그중 하나인 신경세포는 신경반응을 관장하며 다른 하나인 교세포는 신경세포를 부양하며 영양분을 공급한다. 신경세포의 축삭을 둘러싸 신경반응의 전도 속도를 높여 주는 수초를 형성하는 것도 교세포이다.

신경반응은 어떻게 생성되고 한 세포에서 다른 세포로 어떻게 전달되나?

➤ 신경반응은 전기적 사건이다. 식역치 이상의 자극이 신경세포를 건드리면 신경세포 막의 전위가 순식간에 음극에서 양극으로 바뀌었다가 원상태로 되돌아가는 일이 벌어진다. 활동전위 또는 신경반응으로 알려진 이 사건은 일단

발발하고 나면 축삭을 따라 종말단추까지 번져 나간다.

➤ 신경반응이 종말단추에 도달하면, 신경전달물질이라고 하는 화학적 전달자가 방출된다. 이렇게 방출된 신경전달물질은 시냅스를 건너 이웃 신경세포로 전갈을 운송한다. 신경전달물질은 접촉하는 곳에서 흥분성 효과를 발휘할 수도 있고 억제성 효과를 발휘할 수도 있다.

마음의 심리적 활동에서 신경전달물질이 수행하는 역할은?

➤ 신경전달물질은 기억과 학습, 정서 반응 같은 심리적 작용에 관여한다. 특정 신경전달물질의 비정상적 기능은 조현병과 우울증을 비롯한 다양한 심리장애와 결부되어 있다.

점검해 봅시다

1. 신경세포가 활동을 하지 않는 휴식 상태에 있을 때 알맞은 설명은 무엇인가?
   ① 주변의 액체에 비해 양전하가 약간 높다.
   ② 세포의 안쪽보다 바깥쪽 Na+ 이온의 농도가 더 높다.
   ③ 그 상태를 활동전위라고 부른다.
   ④ 세포는 탈분극 상태에 있다.
2. 신경세포에서 세포핵을 간직하고 있는 부분을 _______ (이)라 한다.
3. 인간의 체내에 있는 세 가지 유형의 신경세포는 무엇인가?
4. 서로 붙어 있지 않은 신경세포가 신호를 주고받는 방식은 무엇인가?
   ① 전기적 신호가 가지돌기에서부터 인접 세포의 수용기 부위까지 이동한다.
   ② 신경반응을 전달하는 신경전달물질이 시냅스 간극을 건너간다.
   ③ 이웃 신경세포 사이에서 중계소 역할을 하는 간신경을 통해 이루어진다.
   ④ 신경세포는 독립적으로 작용하기 때문에 서로 간 신호를 주고받을 필요가 없다.

생각해 봅시다

➤ 휴식 상태에 있는 신경세포와 서랍 속의 건전지는 어떤 면에서 서로 비슷한가?

➤ 활동전위란 무엇이고, 어떻게 생성되며, 축삭 끝에 도달하면 어떤 일이 벌어지는가?

➤ 코카인의 수용기 부위에 들러붙어 코카인의 활동을 방해하는 약물을 개발하려는 과학자가 있다. 그 약물을 섭취하는 한, 코카인 때문에 기분이 좋아지는 일은 벌어지지 않게 하고 싶다. 이 약물은 코카인의 작용제일까 혹은 대항제일까? 그 이유는 무엇인가?

신경계: 우리 몸속의 초고속 통신망

2 단원

- 신경계는 어떻게 조직되어 있나?
- 척수반사란?
- 체성신경계는 무엇이고 자율신경계는 무엇인가?
- 자율신경계에서 교감신경계와 부교감 신경계는 어떤 관계에 있는가?

뇌는 감각기관과 근육, 신체의 다른 부위와 신호를 주고받아야 다양한 기능을 수행할 수 있다. 그 일은 신경계(nervous system)라고 하는 복잡한 신경망을 통해 전개된다. 뇌를 포함하는 신경계는 신경세포가 복잡하게 연결된 망(즉, 신경망)으로써, 정보(신경반응)를 전달하는 통신망으로 작용한다. 초고속 통신망에 해당하는 신경계는 중추신경계와 말초신경계로 대분된다. 전자는 뇌와 척수로 구성되고 후자는 중추신경계와 신체의 다른 부위를 연결해 주는 신경세포로 구성된다([그림 2-4] 참

신경계: 신경세포와 지지 세포로 구성된 연결망으로 신체 내외부에서 입력된 정보를 처리하고 주고받음

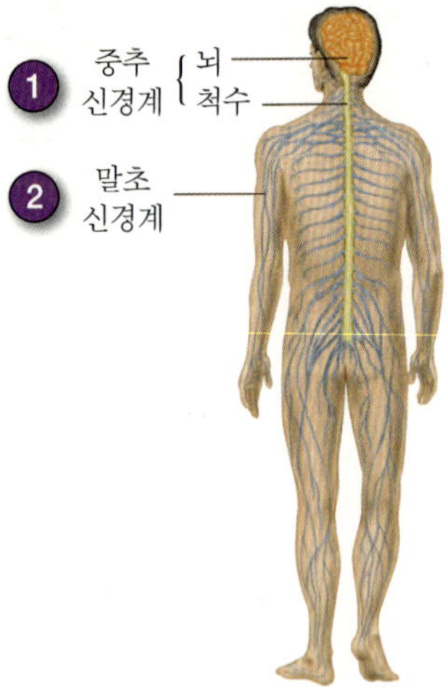

[그림 2-4] 신경계의 부분
신경계는 크게 두 부분, 즉 중추신경계와 말초신경계로 나뉜다.

개념 2-10
중추신경계는 크게 두 부분으로 구성되어 있다. 중추신경계는 뇌와 척수로 구성되고 말초신경계는 중추신경계를 감각기관과 근육과 분비샘에 연결시켜 주는 신경으로 구성된다.

중추신경계: 신경계에서 뇌와 척수로 구성된 부분

척수: 뇌와 말초신경계 사이에서 정보를 전달하는 신경세포의 다발

척추(등뼈): 등에서 그 속에 들어 있는 척수를 보호하는 기둥 모양의 뼈

반사(행동): 학습 없이 특정 자극에만 자동적으로 일어나는 반응

척수반사: 척수 내에 있는 신경세포 최소한 두 개가 개입되어 일어나는 반사 행동

조). 〈개념 차트 2-2〉(p. 93)는 신경계의 조직을 보여 준다.

1. 중추신경계: 몸을 통제하는 주인

중추신경계는 컴퓨터의 중앙처리장치에 비유된다. 컴퓨터의 '뇌'에 해당하는 중앙처리장치는 컴퓨터의 핵심 기능을 통제하는 칩에 들어 있다. 중추신경계는 우리 몸에서 벌어지는 모든 일(예: 심장 박동, 책을 읽을 때 벌어지는 안구 움직임, 생각하고 판단하기와 같은 고차적인 정신 활동 등)을 통제하는 주 제어 시스템이다. 우리가 주변 세상을 감지할 수 있는 것과 다섯 가지의 감각 경험을 할 수 있는 것은 중추신경계 덕분이다(제3장 참조).

삶의 전 과정을 통제하며 우리로 하여금 생각하고 기획하고 창조할 수 있게 해 주는 이 놀라운 기관인 중추신경계가 바로 우리의 뇌이다. 연두부 같은 이 조직은 딱딱한 두개골의 보호를 받고 있다. 이 장의 3단원에서 알게 되겠지만, 뇌를 공부하는 좋은 방법 중 하나는 뇌를 주요 부분—후뇌, 중뇌, 전뇌—으로 나누어 탐구하는 방법이다. 후뇌(hindbrain)는 뇌의 '지하실'에 해당하고 전뇌(forebrain)는 가장 위쪽에 있는 영역으로 사고와 자기개념이 '살고 있는' 곳이다. 중뇌(midbrain)는 후뇌와 전뇌 사이에 위치한다. 여기서는 중추신경계의 또 하나 주요 부분인 척수—뇌와 말초신경계를 연결시켜 주는 부분—부터 살펴보기로 한다.

1) 척수

우리 엄지손가락 굵기의 신경 다발인 척수는 뇌의 일부분에 해당한다. 척수(spinal cord)는 뇌의 맨 아랫부분에서 시작하여 등의 중앙을 따라 내려가다 허리 바로 밑에서 끝난다. 척수는 뇌와 말초신경 사이의 정보를 전달하는 신경 통로로 작용한다. 감각기관 및 신체의 말초 부분에서 들어오는 정보를 받아들이고, 뇌에서 근육과 샘과 몸통에 퍼져 있는 기관으로 내려 보내는 명령을 전달한다.

척수는 척추라는 뼈의 보호를 받고 있다. 그런데도 척수에는 부상이 생길 수 있다. 척수에 입은 부상이 심각하면, 뇌와 말초기관 사이의 신호전달이 끊어져 사지가 마비되거나 도움 없이는 숨을 쉬지 못할 수도 있다.

척수는 뇌와 말초신경계 간 신호전달에 이용되는 단순한 경로가 아니다. 척수는 척수반사도 통제한다. 우리가 특정 자극에 신속하게 반응할 수 있는 것은 척수반사 덕분이다. 반사 또는 반사 행동은 특정 자극에 대한 자동적 반응으로 학습되지 않은 반응이다. 척수반사는 뇌를 거치지 않고 척수 차원에서 통제된다. 의사가 작은 망치로 환자의 무릎을 살짝 때렸을 때 아랫다리가 앞으로 튀어나가는 반응인 무릎반사도 척수반사에 해당한다. 무릎반사를 포함한 일부 척수반사는 신경세포 두 개(감각신경 하나와 운동신경 하나)의 개입으로 일어난다([그림 2-5] 참조). 불에 닿은 손을 반사적으로 빼내는 것 같은 반응에는 척수에 있는 간신경이 감각신경에서 들어

〈개념차트 2-2〉 신경계의 조직

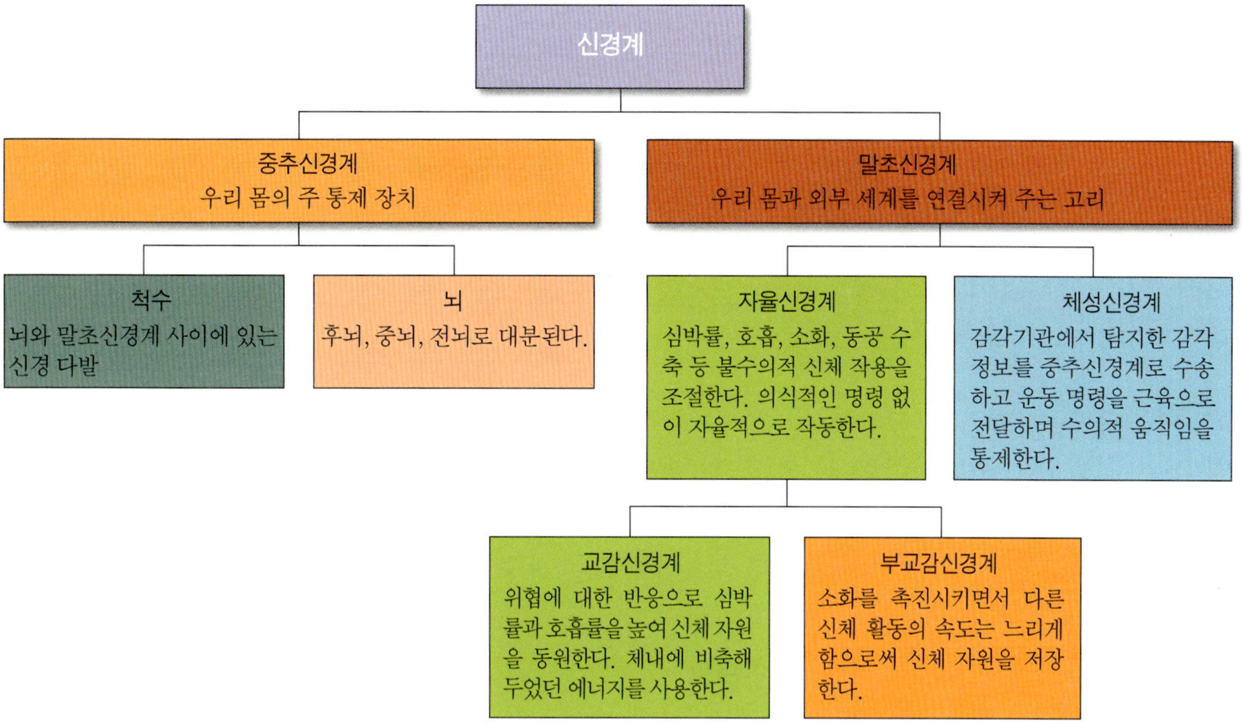

오는 정보를 운동신경으로 전달해 주는 일을 한다.

특정 자극에 대한 우리의 반응이 즉각적이고도 효율적으로 벌어지는 것은 모두 척수반사 덕분이다. 무릎반사의 경우, 망치가 무릎에 닿는 순간부터 아랫다리가 튀어 오르기까지 걸리는 시간은 50ms(1ms = 1/1,000초)밖에 되지 않는다. (다리를 수의적으로 밀어 올리는 데는 수백 ms 걸린다.) 척수반사의 중요성을 체험해 보는 한 가지 방법은 뜨거운 주전자에 닿은 손을 빼냈던 경험 또는 갑작스러운 돌풍으로 먼지가 눈으로 들어가려는 찰나 눈이 감겼던 경험을 회상해 보는 것이다. 뇌로 신호를 보내서 그 신호가 해석되기를 기다렸다가, 그 결과를 척수를 따라 내려가는 운동신경으로 내보내는 데 걸리는 시간 중 일부를 절약함으로써 중상을 경상으로 바꾸어 놓는 게 척수반사인 것이다.

2. 말초신경계: 우리 몸과 주변 세상을 연결해 주는 고리

중추신경계가 제대로 작동하기 위해서는 근육과 분비샘으로 정보를 전달할 수 있어야 할 뿐 아니라 신체 내부 기관 및 감각 수용기로부터 정보가 끊임없이 흘러들어와야 한다. 그런데 감각 정보를 받아들이고 운동 정보를 내보내는 기능은 말초신경계—신경계 중 중추신경계와 신체의 다른 부분을 연결해 주는 부분—가 수행한다.

따라서 말초신경계가 없으면, 우리의 뇌는 컴퓨터 하드웨어에서 분리된 컴퓨터 칩과 같아진다. 놀라운 재주를 가졌으면서도 그 재주를 부릴 수 없게 된다는 말이

개념 2-11

척수는 뇌와 말초신경계 간 정보를 전달하는 정보 고속도로이다.

개념 2-12

척수반사는 척수 수준에서 통제되는 선천적이고 자동적인 반응으로 특정 자극에만 신속한 반응을 하게 해 준다.

개념 2-13

체성신경계는 말초신경계의 일부로 근육의 수의적 움직임을 통제하며, 중추신경계와 감각기관 간 정보를 중계한다.

말초신경계: 신경계 중에서 뇌와 척수를 감각기관과 근육과 분비샘에 연결시켜주는 부분

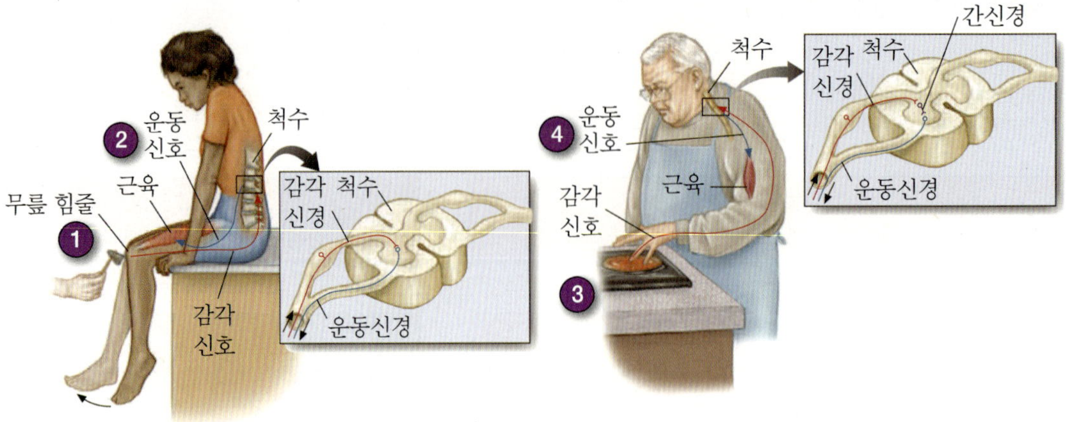

[그림 2-5] 척수반사의 구조

무릎반사

❶ 무릎을 두드리면 그 신호가 감각신경을 통해 척수로 전달되고, 거기서 정보가 운동신경으로 전달된다.

❷ 정보를 받은 운동신경은 신호를 허벅지에 있는 근육으로 내보내, 아랫다리를 앞으로 들어 올린다.

철회반사

❸ 뜨거운 주전자에 닿은 손에서 생성된 신호가 감각신경을 통해 척수로 전달된다.

❹ 그 정보는 간-신경을 거쳐 운동신경으로 전달되고, 이 정보가 근육으로 전달되어 손을 움츠리게 함으로써 그 뜨거운 주전자에서 손이 철회되는 일이 벌어진다.

다. 눈, 귀, 코, 입, 피부 등 감각기관에서 들어오는 정보가 없으면 세상을 지각할 수 없게 되고, 근육으로 내려보내는 명령(정보)이 없으면 세상사에 필요한 활동을 할 수 없게 된다. 말초신경계는 다시 두 부분, 즉 체성신경계와 자율신경계로 나뉜다.

체성신경계: 말초신경계의 일부로 중추신경계와 감각기관 근육 간 정보전달을 담당하며 수의적 움직임을 통제하는 부분

1) 체성신경계

체성신경계는 중추신경계와 감각기관 및 근육 사이의 정보전달을 담당한다. 우리로 하여금 세상을 지각할 수 있게 해 주는 것도 체성신경계이며, 의도적 명령에 대한 반응으로 근육을 수축시킬 수 있게 해 주는 것도 체성신경계이다. 또한 반사 행동을 촉발하는 자극에 대한 반응으로 근육을 수축시킬 수 있게 해 주는 것 역시 체성신경계이며 자세와 균형 유지에 필요한 몸놀림도 통제하는 것도 체성신경계이다.

체성신경계는 감각신경과 운동신경으로 구성된다. 감각신경은 감각기관에서 척수와 뇌로 신호를 보낸다(이 장의 1단원 참조). 이것이 우리의 감각기관에 탐지된 자극(빛, 소리, 냄새, 맛, 피부에 가해진 압력 등)에 관한 정보가 중추신경계로 전달되는 방식이다. 이렇게 전달된 정보를 뇌가 해석하는 덕분에 우리는 아름다운 일몰 또는 야수의 위협을 지각하고, 휘파람과 바람소리를 구별하며, 앉은 자세가 똑바른지 혹은 기울어졌는지를 판단할 수 있고, 온감과 냉감 그리고 통증을 경험하게 된다.

중추신경계는 받아들인 정보를 처리하여 그 결과를 운동신경을 통해 돌려보냄으로써 걷기와 달리기, 뜨거운 물체에 닿은 손을 반사적으로 빼내기, 마음대로 팔을 들었다 놓기 같은 몸놀림은 물론 몸의 균형과 자세 유지에 필요한 눈에 띌까 말까 한 미동까지 통제한다.

개념 2-14

말초신경계의 일부인 자율신경계는 호흡, 심박률, 소화 같은 불수의적 체내 작용을 자동적으로 제어한다.

개념 2-15

자율신경계는 교감신경계와 부교감신경계로 나뉘는데, 이 두 시스템은 거의 상반되는 효과를 유발한다.

2) 자율신경계

자율신경계: 말초신경계 중에서 숨쉬기 심장박동률, 소화 같은 불수의적 움직임을 자동적으로 조절하는 부분

말초신경계의 다른 일부인 자율신경계는 심장박동, 호흡, 소화, 동공 확장 같은 신체 내적 작용을 통제한다. 자율신경계는 생명과 직결된 이들 과제를 아무런 생각도 하지 않고 자율적으로 처리한다. 그러나 이들 기능 중 일부에 대해서는 수의적 통제가 어느 정도 가능하다. 호흡 속도를 조절하는 경우가 그런 통제의 보기에 속한다.

자율신경계 역시 거의 반대되는 효과를 유발하는 두 가지, 즉 교감신경계와 부교감신경계로 나뉜다. 교감신경계는 신체작용을 촉진시키기 위해 저장해 두었던 에너지를 끌어다 쓴다. 또 각성 수준을 높여 주고, 스트레스를 받거나 육체적 노력을 해야 할 때와 위협을 퇴치하기 위한 방어 행동이 필요할 때는 신체 자원을 동원하기도 한다. 교감신경계는 심장박동률과 호흡률을 높이고 간에서 당분(글루코스)을 방출시켜 체내에서 사용될 연료 또는 에너지를 공급하기도 한다. 교감신경계의 활동은 종종 불안, 공포, 분노 같은 강한 정서적 반응을 수반하곤 한다. 바로 이런 이유 때문에 불안할 때나 화가 날 때는 심장이 빨리 뛰는 것이다.

교감신경계: 자율신경계를 구성하는 두 시스템 중 높아진 신체적 요구를 충족시키는 데 필요한 에너지가 방출되게 하는 시스템

부교감신경계는 소화 같은 에너지 보충 활동을 강화한다. 소화를 통해 음식물이 포도당(혈당)으로 바뀌어 몸에 필요한 연료가 제공되면, 우리 몸속 세포는 이 연료를 에너지원으로 사용한다. 또한 부교감신경계는 신체작용의 속도를 줄임으로써 에너지 소비를 줄인다. 교감신경계는 심장박동률을 높이는 쪽으로 작용하는 데 반해 부교감신경계는 그것을 낮추는 쪽으로 작용한다. 또한 교감신경계는 소화 활동을 억제하는 데 반해 부교감신경계는 소화 활동을 촉진한다. 우리 몸이 휴식을 취하거나 음식을 소화할 때는 부교감신경계의 지휘를 받고 있는 셈이다.

부교감신경계: 자율신경계를 구성하는 두 시스템 중 신체작용의 속도를 느리게 하는 반면 소화활동은 촉진시켜 소비되는 에너지를 줄임과 동시에 보충하는 쪽으로 작용하는 시스템

2 단원 복습 신경계: 우리 몸속의 초고속 통신망

되새겨 봅시다

신경계는 어떻게 조직되어 있는가?

▶ 신경계는 중추신경계와 말초신경계로 나뉜다. 전자는 뇌와 척수로 구성되고, 후자는 체성신경계와 자율신경계로 구성된다. 중추신경계와 몸의 나머지 부분을 연결시켜 주는 것이 말초신경계이다.

척수반사란?

▶ 척수반사란 척수에서 통제되는 반응으로 학습하지 않아도 자동적으로 벌어지며, 이 반사 행동에 개입하는 신경세포는 단 두 개뿐일 수도 있다.

체성신경계란 무엇이고 자율신경계란 무엇인가?

▶ 체성신경계와 자율신경계는 중추신경계와 신체의 다른 부분을 연결시켜 주는 역할을 맡고 있는 말초신경계를 구성한다. 체성신경계는 중추신경계와 감각기관 및 근육 사이의 신호전달을 담당하고, 자율신경계는 심장박동, 호흡, 소화, 동공 확장 등 생명에 결정적인 역할을 하는 신체작용을 관장한다. 자율신경계는 다시 교감신경계와 부교감신경계로 나뉜다.

자율신경계 내에 있는 교감신경계와 부교감신경계는 서로 어떤 관계인가?

▶ 이 두 시스템은 거의 반대의 효과를 유발한다. 교감신경계는 에너지를 소모하는 신체작용을 촉진시키는데, 부교감신경계는 일부 신체작용의 속도를 낮추고 에너지를 보충하는 소화 같은 작용의 활동은 촉진한다.

점검해 봅시다

1. 인간의 신경계는 크게 ________신경계과 ________신경계로 나뉜다.
2. 뇌와 척수는 __________신경계를 구성한다.
3. 신경계에서 우리 몸의 변화를 촉발하여 스트레스에 대처할 수 있도록 돕는 부분은?
4. 다음 중 부교감신경계에 대한 설명으로 옳은 것은?
   ① 신체 활동 중 일부의 속도를 줄여서 에너지가 보충되도

록 한다.

② 중추신경계의 일부이다.

③ '투쟁-도피' 반응으로도 알려져 있다.

④ 몸이 받는 스트레스성 요구 조건을 충족시키기 위해 에너지를 끌어낸다.

생각해 봅시다

➤ 버스를 잡으려고 달려갈 때면, 호흡이 가빠지고 심장이 쿵쿵거리기 시작한다. 이러한 경우에 개입하는 부분은 말초신경계의 어느 부분인가?

➤ 살아오면서 척수반사 덕분에 심각한 부상을 피할 수 있었던 경우는 없는가?

3 단원 뇌: 우리 몸속 최고의 작품

- 뇌는 어떻게 조직되고 뇌의 다양한 기능은 무엇인가?
- 대뇌피질은 어떻게 조직되어 있는가?
- 대뇌피질을 구성하는 네 개의 엽은 각각 어떤 기능과 연관되어 있는가?

개념 2-16

뇌는 후뇌 중뇌 전뇌라고 하는 세 부분으로 대분된다.

이제, 뇌를 살펴보기로 하자. 가장 낮은 곳인 후뇌—척수가 두개골로 들어와 퍼지는 곳—에서 시작해 보자. 그런 다음에는 후뇌 바로 위에 위치한 중뇌를 거쳐, 뇌에서 가장 높은 곳에 있는 전뇌를 살펴보기로 하자. 〈개념 차트 2-3〉은 뇌를 구성하는 주요 구조물을 보여 준다.

후뇌: 가장 아래쪽에 있으면서 진화론적 관점에서 가장 오래된 부분으로 연수, 교뇌, 소뇌를 품고 있음

1. 후뇌

뇌에서 가장 낮은 곳에 있는 후뇌는 진화의 관점에서 봤을 때는 가장 오래된 구조물이다. 후뇌에는 연수와 교뇌, 소뇌가 포함된다. 후뇌를 구성하는 이들 구조물은 호흡 및 심장박동률 같은 기본적인 생명보존 기능을 통제한다.

개념 2-17

뇌의 가장 아래쪽 부분인 후뇌에는 숨쉬기와 심박률 같은 기본적 신체기능을 통제하는 구조물이 들어 있다.

연수(medulla)와 교뇌(pons) 속에는 척수에서 오는 정보를 전뇌로 전달하는 감각신경이 들어 있다. 후뇌에서 척수와 가장 가까운 곳에 있는 부분이 연수이다. 연수는 뇌간(brain-stem)의 핵심을 구성하고, 뇌간은 척수와 뇌 속의 상부를 연결시켜 준다([그림 2-6] 참조). '숨뇌'라고도 하는 연수는 심박률 및 호흡 같은 생명 보존에 중요한 신체 활동, 삼키기, 기침, 재채기 같은 반사 행동을 통제한다. '다리뇌'로 불리기도 하는 교뇌는 연수 바로 위에 위치하며, 그 속에 들어 있는 신경섬유는 척수 및 뇌 아랫부분에서 중뇌를 거쳐 전뇌로 가는 정보를 전달한다. 또한 교뇌는 수면과 각성 상태를 조절하는 일을 돕기도 한다.

연수: 후뇌에 들어 있는 구조물로 심장박동과 호흡 같은 기본적인 생존 기능 조절에 관여함

교뇌: 후뇌에 들어 있는 구조물로 각성 상태와 수면의 조절에 관여함

뇌간: 아래쪽에 있으면서 척수를 뇌의 위쪽에 있는 영역에다 연결시켜 주는 '줄기'에 해당하는 부분

소뇌: 후뇌 속 구조물로 협응과 균형 통제에 관여하는 부분

교뇌 뒤쪽에 위치한 소뇌(cerebellum, 작은 골)는 균형 잡기와 몸놀림을 조정하는 일에 개입한다(Glickstein, Strata, & Voogd, 2009; Strata, Thach, & Ottersen, 2009). 소뇌에 부상을 입으면, 균형 유지와 몸놀림 조정에도 문제가 발생하지만 팔다리를 들어

〈개념 차트 2-3〉 인간 뇌를 구성하는 주요 구조물

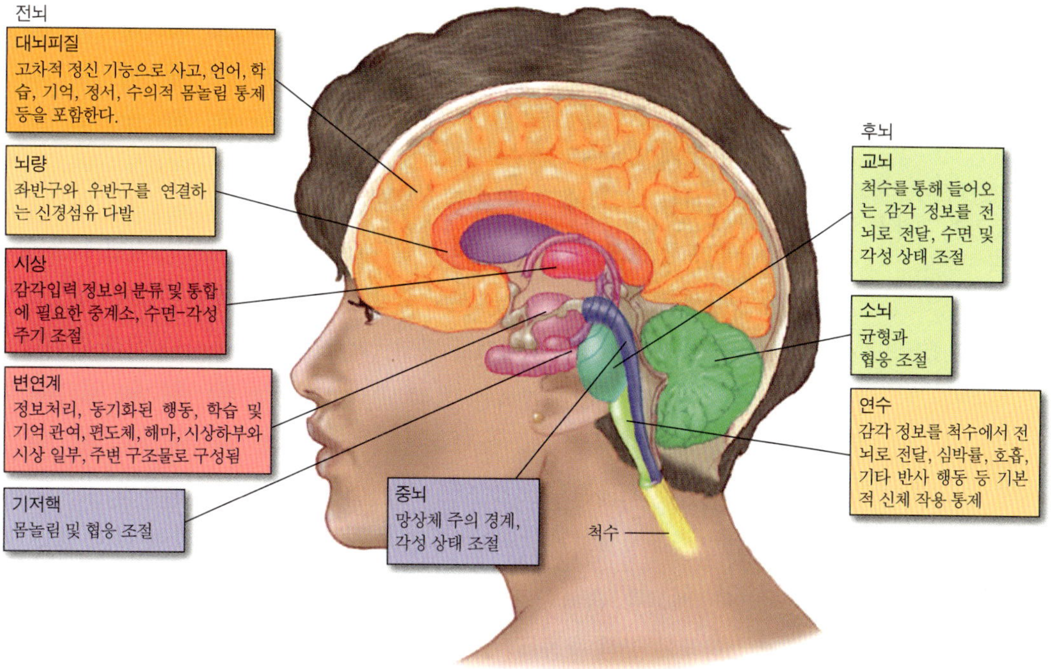

올리는 행동 같은 수의적 몸놀림을 시작하는 데도 어려움을 겪을 수 있다.

뇌를 둘러보는 우리의 여행은 이제 중뇌로 들어간다. 중뇌는 뇌 아랫부분과 전뇌 사이를 오가는 정보의 중계소 역할을 담당한다.

개념 2-18

중뇌는 후뇌와 전뇌 간에 오가는 전갈을 중계하는 신경통로와 자율적인 움직임을 통제하는 구조물을 담고 있다.

2. 중뇌

후뇌 바로 위에 자리 잡은 중뇌(midbrain)에는 후뇌와 전뇌를 이어 주는 신경경로가 들어 있다. 중뇌 속 구조물은 안근의 움직임을 통제하는 등 중요한 역할을 수행한다. 이 기능 덕분에, 특정 물체를 향해 있던 우리의 머리가 약간 좌우로 돌아가도 우리의 시선은 그 물체에서 떨어지지 않는 것이다.

그물체라고 불리기도 하는 망상체(reticular formation)는 거미줄 같은 신경망으로 후뇌에서 시작하여 중뇌를 거쳐 전뇌에 있는 시상까지 이어진다. 망상체의 주된 기능은 주의와 각성 수준, 흥분 수준을 통제하는 일이다. 이 역할 덕분에 우리가 잠을 잘 때도 청각 정보에 대한 선별 작업이 전개되어 중요하지 않은 정보는 걸러지고 중요한 정보만 뇌의 상부까지 전달된다.

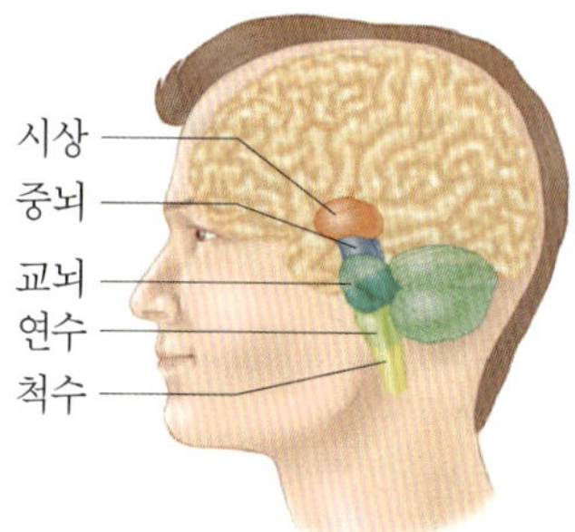

[그림 2-6] 뇌간
뇌간은 척수의 꼭대기에서 중뇌의 끝까지 이어진다. 척수와 뇌의 상부를 연결하는 셈이다.

중뇌: 뇌 속에서 후뇌의 위쪽을 전뇌의 아래쪽과 이어 주는 부분

망상체: 주의, 경계, 각성 등의 상태 조절에 개입되어 있는 영역으로 수많은 신경세포가 고치 모습의 망을 이루고 있음

3. 전뇌

머리의 맨 위에서 앞쪽으로 위치한 전뇌(forebrain)는 뇌에서 가장 큰 부분이다. 전뇌를 구성하는 주요 구조물에는 시상과 시상하부, 변연계, 대뇌피질이 있다. 시

전뇌: 뇌에서 가장 크고 가장 위쪽에 위치한 부분으로 시상, 시상하부, 변연계, 기저핵, 그리고 대뇌피질이 들어 있는 곳

시상: 전뇌의 구조물 중 하나로 감각 정보를 대뇌피질로 배분하는 중계소 역할 그리고 각성 및 수면 상태 조절에 핵심적인 역할을 함

개념 2-19

뇌에서 가장 큰 부분인 전뇌는 사고, 문제해결, 언어구사, 기획, 기억 등 고차적인 정신기능을 통제한다.

기저핵: 전뇌 속에 들어 있는 신경세포의 조직으로 몸놀림과 협응 제어에 중요한 역할을 수행하는 부분

시상하부: 전뇌에 있는 완두콩 크기의 구조물로 체온과 번식, 정서 상태와 공격성, 그리고 스트레스에 대한 반응 같은 생존에 중요한 여러 가지 신체 기능 조절에 관여함

변연계: 전뇌에 있는 해마, 편도체, 시상의 일부 그리고 시상하부 등 여러 가지 구조물로 구성된 시스템

편도체: 변연계를 구성하는 한 세트의 아몬드 모양 구조물로 공격, 분노, 두려움 같은 정서 반응에 중요한 역할을 하는 것으로 알려져 있음

해마: 변연계를 구성하는 구조물로 기억 생성에 관여함

대뇌피질: 대뇌 반구를 덮고 있는 회색 물질로 구성되어 있으면서 주름이 심한 바깥층으로 언어와 사고 같은 고차적인 정신 기능을 통제함

상(thalamus)은 뇌 속 중간쯤에 있고 그 기능은 중계 작용이다. 한 쌍의 달걀 모양 구조물로 구성된 시상은 촉각, 시각, 청각, 미각(후각은 제외) 등 여러 수용기에서 탐지해 낸 정보를 대뇌피질에 있는 정보처리센터로 전달한다. 이때 시상은 일단 감각 정보를 분류한 후, 그 결과에 따라 특정 영역으로 정보를 전달한다. 예컨대, 시각 정보는 눈에서 수집한 정보를 처리하는 영역으로 보내고 청각 정보는 귀를 통해 수집한 정보를 처리하는 영역으로 보낸다는 말이다. 시상에서 벌어지는 이러한 중계 작용을 통해 정보는 대뇌피질의 적절한 영역에 전달되어 처리된다. 시상은 수면 및 각성 상태를 조절하는 작용에서도 중요한 역할을 수행하며(Jan et al., 2009), 기저핵으로부터 정보를 받아들이기도 한다. 기저핵(basal ganglia)이란 걷기나 수작업 같은 수의적 몸놀림을 조정하는 데 핵심 역할을 수행하는 신경세포 다발을 일컫는다(Chetrit et al., 2009).

시상 바로 아래에는 시상하부(hypothalamus)가 있다. 완두콩 크기의 시상하부는 무게가 4g에 불과하다. 크기는 작아도 생명 보존과 관련된 여러 가지 기능조절을 돕는다. 배고픔, 목마름, 수면주기, 체온, 스트레스에 대한 신체반응, 번식작용에서 정서 상태와 공격 행동에 이르기까지 많은 기능의 조절이 시상하부의 도움을 받아 전개된다. 이 장의 6단원에서 알게 되겠지만, 시상하부는 내분비계의 일부로, 체내 모든 곳의 호르몬 분비를 촉발한다. 생쥐 같은 포유동물의 경우, 시상하부의 특정 부위에 전기 자극을 가하면, 다양한 정형화된 행동, 예컨대 섭식 행동에서부터 경쟁 상대를 공격하는 행동까지, 배우자를 꼬드기는 행동, 뒤에 올라타는 성행동, 새끼를 돌보는 행동 등을 감행하기도 한다(Bandler, 2006).

변연계(limbic system)는 일군의 구조물이 서로 연결되어 형성된 구조물이다. 편도체, 해마, 시상 및 시상하부의 일부와 그 인근에 있는 여러 구조물로 구성되어 있다(〈개념 차트 2-3〉 참조). 변연계는 하등동물보다 포유동물에서 훨씬 더 발달되어 있다. 또한 기억 및 정서 작용에서 중요한 역할을 수행한다.

〈개념 차트 2-3〉을 들여다보면, 변연계 속에 있는 편도체(아몬드 모양의 구조물 한 쌍)가 보인다. 편도체(amygdala)의 기능 중 하나는 위협적인 자극물이나 상황에 마주쳤을 때 두려움이라는 정서반응을 촉발하는 일이다(Roy et al., 2009; Vuilleumier & Huang, 2009; 제8장 참조).

해마는 말 그대로 해마(sea horse)의 모습을 닮았다. 편도체 바로 뒤쪽에 위치한 해마는 새로운 기억 흔적을 생성하는 일에 중요한 역할을 한다(Leutgeb, 2008; Reitz et al., 2009; 제6장 참조).

이제, 전뇌의 가장 윗부분을 차지하고 있는 대뇌피질을 살펴볼 차례가 된 것 같다. 우리가 생각하거나 말할 수 있는 것, 계산하는 것, 조직하는 것, 창출할 수 있는 것 등은 모두 대뇌피질 덕분이기 때문에 이 부분을 살피는 데 다음 절 모두를 할애할 것이다.

4. 대뇌피질: 뇌의 사고, 계산, 조직, 창의 중추

대뇌피질(cerebral cortex)은 전뇌에서 가장 큰 부분에 해당하는 대뇌(cerebrum)를 덮고 있는 엷은 막이다. 대뇌는 좌반구와 우반구로 구성된다. 대뇌 반구를 연결시키는 것은 뇌량(corpus callosum)이라는 굵직한 신경섬유 다발이다. 뇌량을 통해 좌반구와 우반구는 정보를 주고받아 공유하게 된다. 대뇌피질 아래쪽에 놓여 있는 구조물을 통칭하여, 피질하 구조물(subcortical structure)이라 한다. 비록 그 두께는 2~3mm밖에 되지 않지만, 대뇌피질은 뇌를 구성하는 질량의 80% 이상을 차지한다. 피질에 이랑과 고랑이 생긴 것은 그 쭈글쭈글한 모양 때문이다. 또한 이러한 모양 덕분에 표면적이 큰데도 작은 두개골 속에 들어갈 수 있게 되었다(〈개념 차트 2-3〉 참조). 뇌의 다른 부분에 비해 질량(덩어리)이 훨씬 크다는 사실은 뇌에서 그만큼 큰 부분을 사고, 언어 사용, 문제해결 같은 고차원적인 정신 활동에 할애하고 있다는 뜻이다. 대뇌피질의 상대적 크기가 이렇게 큰 것은 인간의 뇌에서만 발견되는 특이한 점이기도 하다([그림 2-7] 참조). 피질은 수의적 움직임, 동기, 정서적 흥분, 감각 정보 처리를 통제하기도 한다.

대뇌: 전뇌에서 부피가 가장 큰 부분으로 좌우 두 개의 대뇌 반구로 구성되어 있음

대뇌 반구: 대뇌의 좌측과 우측에 하나씩 있는 덩어리인데 뇌량으로 연결되어 있음

뇌량: 좌우 반구를 연결시켜 주고 있는 두툼한 신경섬유 다발

개념 2-20

변연계는 기억 및 정서 조절에 중요한 역할을 수행한다.

[그림 2-7] 대뇌피질의 크기에서 나는 인간과 다른 동물의 차이

대뇌피질의 상대적 크기를 보면, 다른 동물에 비해 인간이 훨씬 크다.

좌–우 반구는 각각 네 부분(흔히 '엽'이라고 함)으로 나뉜다([그림 2-8] 참조). 그러므로 각 반구에 네 개의 엽이 있는 셈이다. 각 엽의 주된 기능은 〈표 2-1〉에 요약되어 있다. 일반적으로, 대뇌의 각 반구는 각각 신체의 반대쪽에서 벌어지는 느낌 및 움직임을 통제한다.

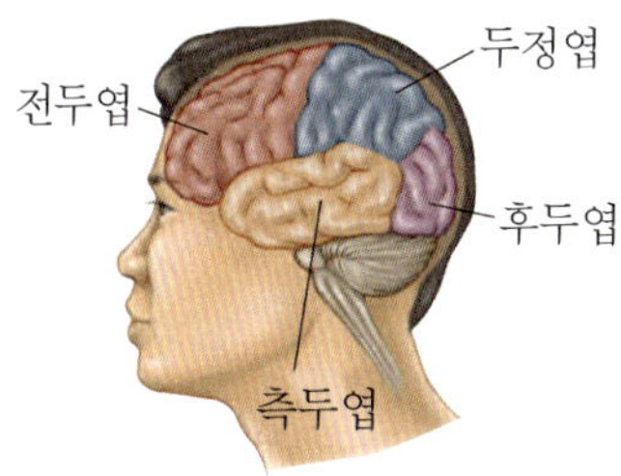

[그림 2-8] 대뇌피질의 엽

대뇌피질은 네 부분 또는 엽—후두엽, 두정엽, 전두엽, 측두엽—으로 나뉜다.

개념 2-21

대뇌는 두 개의 반구로 나뉘어 있고 고차원적 정신작용을 책임지고 있는 대뇌피질이라고 하는 엷은 겉막으로 덮여 있다.

〈표 2-1〉 대뇌피질의 엽

구조	기능
후두엽	시각 정보 처리, 시각 경험 유발
두정엽	촉감, 압감, 온감/냉감, 통증, 몸놀림과 관련된 감각 정보 처리
전두엽	운동반응 및 고차적 정신 활동(예: 사고, 기획, 문제해결, 의사결정, 기억 속 정보 인출 및 활용) 통제
측두엽	청각 정보 처리, 소리와 관련된 경험 유발

후두엽: 대뇌피질의 한 부분으로 대뇌반구의 뒤쪽에 위치하여 시각 자극을 처리하는 영역

뇌의 뒤쪽에 위치한 후두엽(occipital lobe)은 시각 정보(예: 얼굴 인식에 필요한 시각 단서)를 처리한다(Connor, 2010). 눈으로 들어온 빛이 망막에 있는 수용기 세포를 자극하여 생성되는 신경반응이 후두엽까지 전달되어, 그곳에 있는 신경세포가 반응하면 우리는 시각 경험을 하게 된다(자세한 내용은 제3장에서 논의할 것임). 손으로 뒤통수를 때렸을 때도 시각피질이 반응하기 때문에 우리의 눈에는 '별이 보이는' 것 같은 시각 경험(착각)이 일어나는 것이다.

두정엽: 대뇌피질의 한 부분으로 후두엽과 측두엽의 위쪽 그리고 전두엽의 뒤쪽과 접하고 있는 영역으로 신체 감각을 처리함

체성감각피질: 두정엽 내의 일정 영역으로 피부를 자극하는 촉감과 압감 그리고 몸놀림에 따라 시시각각 변하는 신체 각 부분의 위치에 관한 정보를 처리하는 부분

두정엽(parietal lobe)은 후두엽 바로 위의 앞쪽에 위치한다. 두정엽의 피질 중 앞쪽에 위치한 좁고 기다란 부분을 체성감각피질(somatosensory cortex)이라 한다. 체성감각피질은 우리 몸의 피부에 있는 수용기 세포에서 받아들인 감각 정보를 처리하여, 촉감과 압감, 냉감/온감 그리고 통증을 유발한다. 귀나 눈과 같이 피부도 하나의 감각기관으로서 세상사에 관한 정보를 수집한다. 체성감각피질은 근육과 관절에 있는 수용기 세포에 포착된 정보도 받아들여, 우리가 몸을 움직일 때 신체 부분 부분의 위치를 의식할 수 있게 해 준다.

[그림 2-9]는 체성감각피질의 각 부분과 신체의 곳곳에서 탐지해 낸 감각 정보(촉감, 압감, 통증, 온감/냉감)가 결부된 모습을 보여 준다. 체성감각피질의 특정 부분에 전기 자극을 가하면, 그 부분과 결부된 신체의 곳곳(예: 어깨나 다리)에서 발생하는 것 같은 촉감이나 압감을 느끼게 된다.

[그림 2-10]에 그려진 이상한 모습의 존재는 무엇일까? 신체의 어느 곳에서 전달된 감각 정보인지에 따라 그 정보를 처리하는 체성감각피질 내 영역의 크기가 다르다. 이는 뇌에서 신체 곳곳에 할당하는 역량이 그곳에서 처리하는 일의 민감도에 따라 다르기 때문이다. 또한 신체 곳곳이 체성감각피질에 표상된 모습도 신체 내에 실제로 배치된 모습과 다르다. 예컨대, 생식기에서 들어온 감각 정보는 발가락에서 들어오는 정보를 받아들이는 영역의 아래쪽으로 전달되며, 혀에 가해진 자극에 반응하는 영역은 위-아래 입술을 자극했을 때 반응하는 두 영역의 중간에 있지 않다. 그 이유는 아무도 모른다. 그러나 우리는 몸에 어떤 자극물이 와 닿으면 그 부분을 정확하게 알아낸다. 예를 들어, 우리는 가시에 찔린 곳이 혀끝이 아닌 아랫입술 중간 또는 그 반대라는 사실을 정확하게 알아차린다.

전두엽(frontal lobe)은 뇌의 앞부분 이마 바로 뒤에 위치한다. 과학자들은 전두엽을 뇌의 '관리센터'라고도 한다. 전뇌 속에 각자의 '자기'—자신의 기억에 접속하여 머리를 짜내고 자신을 의식하며 빨간색 체크무늬 셔츠는 너무 촌스럽다는 판단을 내리게 하는 부분—가 들어 있다고 믿기 때문이다. 컴퓨터의 중앙처리장치처럼 전두엽의 일부에서는 기억 속 정보를 인출하여 작업기억에 가져다 놓고 조작을 하며 또 그 정보를 기초로 결정을 내리기도 한다(Gazzaniga, 1999). 예컨대, 전두엽은 시각 단서, 소리, 냄새, 맛에 관한 감각 정보까지도 기억 속에서 끌어낸다. 그 덕분에 우리는 플라스틱으로 만들어 놓은 장난감 복숭아를 깨물어 보는 실수를 두 번은 범하지 않는다. 우리가 문제를 풀고 결정을 내리며 계획을 세우고 증거를 따지며 적절한 행동을 수행할 수 있는 것도 모두 전두엽 덕분이다.

전두엽: 대뇌피질에서 대뇌 반구의 앞쪽에 위치한 부분으로, 이 부분이 고차적 정신작용에서 맡은 역할 때문에 뇌를 관리하는 센터로 간주됨

전두엽은 행복이나 슬픔 같은 정서 상태 유발에도 개입한다(Davidson et al., 2002). 우리가 충동을 억제할 수 있는 것도 전두엽 덕분이다. 윗사람이나 교수에게 속마음을 털어놓지 못하고 참고 있을 때는 전두엽이 개입하고 있다고 생각하면 된다.

전두엽은 운동피질(motor cortex)을 포함하고 있다. 운동피질은 전두엽과 후두엽을 갈라놓는 경계선을 따라가며 형성된 좁고 긴 띠에 해당한다([그림 2-9] 참조). 운동피질은 신체 곳곳에서 벌어지는 수의적 움직임을 통제한다. 예컨대, 운동피질에

운동피질: 전두엽 내에서 신체 움직임에 관여하는 영역

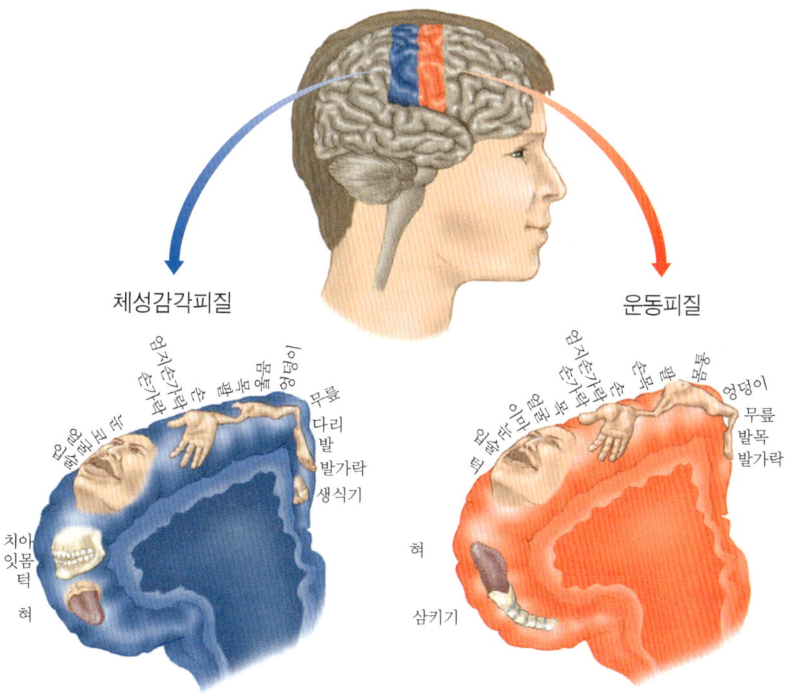

[그림 2-9] 체성감각피질과 운동피질
여기서 우리는 신체 곳곳과 체성간가피질 및 운동피질의 여러 곳이 결부된 모습을 볼 수 있다. 신체 곳곳이 이들 두 피질의 각 영역과 결부된 모습이 마치 거울상과 같아 보인다. 그러나 신체의 부위가 배열된 모습과 이들과 결부된 피질이 배열된 모습은 사뭇 다르다는 점도 눈에 띈다. 신체 곳곳과 결부된 피질 속 부분의 크기는 신체 곳곳의 민감도와 일치한다.

[그림 2-10] 이건 어떤 생명체의 모습?
이 물체는 어떤 조각가의 작품이다. 우리 몸 신체 부위의 크기가 각 부분에서 수집된 감각 정보를 처리하는 체성감각피질의 영역과 정비례한다면, 그 모습이 어떠할 것 같은지를 보여 준다. 피질에서는 팔꿈치나 허벅지보다 손과 손가락에서 수집된 정보를 처리하는 영역이 훨씬 크기 때문에 우리는 손가락의 촉감이 다른 부분의 촉감보다 훨씬 민감하다.

개념 2-22

뇌의 좌반구와 우반구는 이 둘을 연결해 주는 신경섬유 다발인 뇌량 덕분에 정보를 서로 공유할 수 있다.

개념 2-23

대뇌 반구 각각은 후두엽, 두정엽, 측두엽, 전두엽이라고 하는 네 부분으로 나뉜다.

거울세포: 특정 활동을 수행할 때, 그리고 그 활동을 관찰만 할 때도 발화하는 신경세포

개념 2-24

대뇌피질의 대부분은 고차적 정신작용을 책임지는 결합영역에 해당한다.

측두엽: 대뇌피질의 일부로 전두엽의 약간 뒤쪽에서 아래쪽으로 위치한 영역으로 주로 청각 및 시각 자극 처리에 관여함

결합영역: 대뇌피질 내에서 감각 정보를 한데 모아 세상사에 관한 지각 경험을 만들어 내며 고차적 정신작용을 수행하는 영역

있는 일부 신경세포는 손놀림을 제어한다. 운동피질의 특정 부위에다 전기 자극을 가하면(뇌수술을 받는 환자에게 가해지는 무통 자극법), 신체의 반대쪽에 있는 근육이 이완/수축한다. 전류를 흘려보내는 전극의 위치에 따라 환자의 손가락이 움직일 수도 있고 다리 근육이 팽팽해질 수도 있다. 몸통이 운동피질에 표상된 방식은 몸통이 체성감각피질에 표상된 방식과 비슷하다([그림 2-9] 참조).

혹시, 극장에서 영화를 관람하던 중 비행기가 착륙하는 장면 속 승객들이 충돌에 대비하여 좌석의 손잡이를 거머쥐는 것을 보고, 자신도 모르게 자기가 앉은 극장 좌석의 손잡이를 더 힘껏 거머쥐는 일을 겪어 본 적이 있는가? 영화 속 등장인물이 머리를 강타당하는 걸 보고 자신의 머리를 움츠려 본 적은 없는가? 과학자들은 이러한 거울상 경험에 대한 설명이 가능하다고 생각한다. 원숭이를 이용한 실험에서 원숭이의 운동피질에서 특화된 신경세포가 발견되었다. 거울세포(mirror neuron)라는 이 신경세포는 원숭이가 땅콩을 거머쥐는 특정 행동을 할 때도 반응하고 또 같은 물체(여기서는 땅콩)를 거머쥐는 다른 원숭이의 행동을 보기만 할 때도 반응했다(Decety & Cacioppo, 2010; Jafe, 2007). 이들 신경세포 활동은, 관찰자가 그 행동을 실제로 감행하는 것과 똑같이 관찰된 행동을 '거울처럼' 반영한다. 인간의 경우, 체성감각피질에 있는 신경세포는 우리 몸의 특정 부위가 가볍게 데였을 뿐만 아니라 다른 사람 몸의 같은 부위가 가볍게 데이는 것을 보고 있을 때도 반응을 한다(Keysers et al., 2004). 과학자 중에는 거울세포가 모방 행동이나 공감 같은 사회적 행동의 신경 기반으로 작용한다고 생각한다. 그러나 아직 이러한 견해를 지지하는 증거가 충분하지는 않다(Decety & Cacioppo, 2010; Distein et al., 2008 참조).

측두엽(temporal lobe)은 전두엽 아래 약간 뒤쪽으로(귀 바로 위에) 자리 잡고 있다. 측두엽은 귀에서 들어오는 정보를 받아들여 처리하고 청각 경험을 유발한다(제3장에서 논의함).

피질의 거의 대부분이 결합영역(association area)에 속한다. 결합영역은 네 개의 엽 모두에서 발견되며, 다른 유기체에 비해 사람이 가장 잘 발달되어 있다. 결합영역은 고차적 정신 활동을 관장한다. 감각입력을 한데 모아 세상사에 대한 지각을 형성하는 일, 생각하는 일, 배우는 일, 말하는 일과 이해하는 일, 수학 문제를 푸는 일, 활동 계획을 세우는 일, 초고층 건물을 짓는 일, 불후의 명곡을 작곡하는 일 등 모든 고차적인 정신 활동을 책임지는 곳이 결합영역이라는 뜻이다.

이들 고차적인 정신 활동이 벌어지는 정확한 위치까지는 아직 모른다. 결합영역이 뇌의 여러 부분을 연결하는 아주 복잡한 신경망의 일부라는 것만 알고 있고, 이제 막 그 구조를 파악하기 시작했을 뿐이다.

3 단원 복습 뇌: 우리 몸속 최고의 작품

되새겨 봅시다

뇌가 조직된 방식과 뇌를 구성하는 다양한 구조물의 기능은 무엇인가?

➤ 인간의 뇌는 후뇌, 중뇌, 전뇌로 나뉜다. 연수와 교뇌와 소뇌로 구성된 후뇌는 아주 기본적인 신체 기능을 통제한다. 중뇌 속에는 후뇌와 전뇌 간 신호전달 경로로 작용하는 신경다발이 들어 있다. 중뇌에는 자동적 움직임의 제어를 돕는 구조물도 들어 있다. 뇌에서 가장 큰 부분에 해당하는 부분이 전뇌이다. 전뇌를 구성하는 주요 구조물로는 시상과 시상하부, 변연계, 대뇌피질이 꼽힌다.

➤ 시상은 감각 정보를 대뇌피질로 전달하며 수면과 각성 상태를 제어하는 일을 돕는다.

➤ 시상하부는 생명 보존에 결정적인 여러 신체 활동 통제에 중요한 역할을 수행한다.

➤ 변연계는 편도체, 해마, 시상 및 시상하부의 일부로 구성되며 기억과 정서에 개입한다.

➤ 대뇌피질은 감각 정보 처리는 물론 사고, 문제해결, 언어구사 같은 고차적인 정신 활동을 책임지고 있으며 수의적인 몸놀림도 관장한다.

대뇌피질이 조직된 방식은 무엇인가?

➤ 대뇌피질의 각 반구는 네 개의 엽—전두엽, 두정엽, 측두엽, 후두엽—으로 구성된다. 뇌량이라는 신경다발은 양 반구를 연결시켜 주는 다리 역할을 한다.

대뇌피질을 구성하는 네 엽과 연관된 주요 기능은 무엇인가?

➤ 후두엽은 주로 시각 정보 처리에 개입하고, 두정엽은 체성감각 정보 처리, 측두엽은 청각 정보 처리에 개입한다. 그리고 전두엽은 운동 통제 및 고차적인 정신 활동을 관장한다. 그런 고차적인 정신 활동으로는 기억 속 정보를 인출하여 그에 따라 활동하는 일, 문제해결, 의사결정 그리고 조화로운 활동 수행을 꼽을 수 있다.

점검해 봅시다

1. 변연계를 구성하며 기억에 중요하게 작용하는 것으로 알려진 '바닷속의 말' 모양의 구조물은 무엇인가?
   ① 전전두 피질
   ② 시상
   ③ 편도체
   ④ 해마
2. 다음 뇌의 각 부분을 각각이 통제하는 기능과 연결해 보자.

① 연수	가. 균형 및 조정
② 소뇌	나. 사고 및 조직
③ 시상	다. 감각 정보를 대뇌피질과 연결 짓기
④ 대뇌피질	라. 심장박동률과 호흡

3. 대뇌피질에 관한 다음 진술 중 옳지 않은 것은 무엇인가?
   ① 뇌에서 추리, 언어 사용, 문제해결을 직접 책임지는 부분이다.
   ② 네 개의 엽으로 나뉜다.
   ③ 대뇌 반구의 가장 바깥층을 형성한다.
   ④ 전체 질량 중 뇌가 차지하는 상대적 분량이 다른 동물보다 사람이 훨씬 작다.
4. 대뇌피질 중 청각 정보를 처리하는 부분은 어느 곳인가?

생각해 봅시다

➤ 높은 곳에서 떨어지는 바람에 머리 뒤통수에 심각한 부상을 입은 사람이 있다. 이 부상으로 가장 큰 영향을 받게 될 감각 정보 처리는 무엇인가?

4 단원 뇌를 연구하는 방법

- 뇌의 기능을 연구하는 데 이용된 기록법과 영상법에는 어떤 것이 있는가?
- 뇌의 기능을 연구하는 데는 어떤 실험법이 이용되는가?

두뇌는 퍼즐을 좋아합니다

책을 읽어 나가면서 책 속에서 얻은 정보를 사용하여 다음 문제를 풀어 보자.

왜 자기 자신을 간지럽히는 일은 불가능할까? 한번 시도해 보자. 왜 자신을 간지럽혔을 때는 다른 사람이 자신을 간지럽혔을 때 일어나는 그런 반응이 일어나지 않는 것일까?

뇌의 구조와 기능을 연구하기 위해 다양한 방법이 이용되고 있다. 그중 하나는 뇌에 생긴 질병이나 부상의 효과를 관찰하는 방법이다. 약 200년 전에 알려진 사실 중 하나, 즉 왼쪽 뇌의 손상은 신체 오른쪽의 감각 및 운동 능력 상실과 결부되며 오른쪽 뇌의 손상은 신체 왼쪽의 감각 및 운동 능력 상실과 결부된다는 사실도 바로 이러한 유형의 관찰 결과를 통해 알게 된 것이다.

시간이 지나면서 활동 중인 뇌를 연구하기 위해 수술 같은 보다 적극적인 침투성 실험법이 이용되기 시작했다. 오늘날에는 과학기술의 발달 덕분에 침투성이 덜한 기록기법 및 영상기법이 이용되고 있다. 〈개념 차트 2-4〉에는 이 방법이 요약되어 있다.

1. 기록기법과 영상기법

오늘날에는 수술을 하지 않고도 작동 중인 뇌와 신체의 다양한 부분을 들여다볼 수 있는 기법이 여러 가지 개발되어 있다. 물론 이 기법은 뇌 질환 진단 및 뇌 손상

〈개념 차트 2-4〉 **뇌를 연구하는 방법**

기록기법과 영상기법	설명
EEG	전극을 이용하여 뇌파의 변화를 기록하는 장치
CT 스캔	컴퓨터를 이용한 X선 촬영기법, 뇌 내부 구조물의 영상 제공
PET 스캔(컴퓨터를 이용한 뇌의 이미지 생성 기법)	뇌의 상이한 부위에서 서로 다른 유형의 활동에 소모된 포도당의 양을 추적하여 이미지를 그림
MRI(컴퓨터를 이용한 뇌를 포함한 신체 곳곳의 이미지 생성 기법)	이 기법은 표적 부위가 강한 자기장에 노출되었을 때 방출하는 신호를 측정
실험기법	**설명**
손상법	뇌의 특정 조직을 파괴하고 그것이 행동에 미치는 효과를 관찰
전기적 활동 기록법	뇌 내 특정 조직에 전극을 꽂아 특정 자극을 제시하고 그곳에서 일어나는 전기적 활동 변화를 기록
전기 자극법	뇌의 다양한 부위에 약한 전류를 흘려보낸 후 각 부위를 자극한 것이 어떤 행동과 효과를 유발하는지 관찰

검사에 이용되지만, 뇌의 기능을 이해하기 위한 연구에도 이용된다. 이제 신경과학자는 이 기법을 이용해 온전한 상태에서 일을 하고 있는 실험 참여자의 뇌도 검사할 수 있다.

뇌파검사(electroencephalograph, 이하 EEG)는 머릿속에서 발생하는 전기적 활동의 변화를 기록하는 장치이다([그림 2-11] 참조). 실험 참여자의 두피에 부착된 전극을 이용해 전극이 붙은 두피의 안쪽에서 일어나는 전류 또는 뇌파(brain wave)를 측정한다. EEG는 주로 신체장애나 심리장애를 가진 사람의 뇌에서 벌어지는 전기적 활동을 연구하거나 수면의 각 단계에서 기록되는 뇌파의 양상을 탐구하기 위해 이용된다.

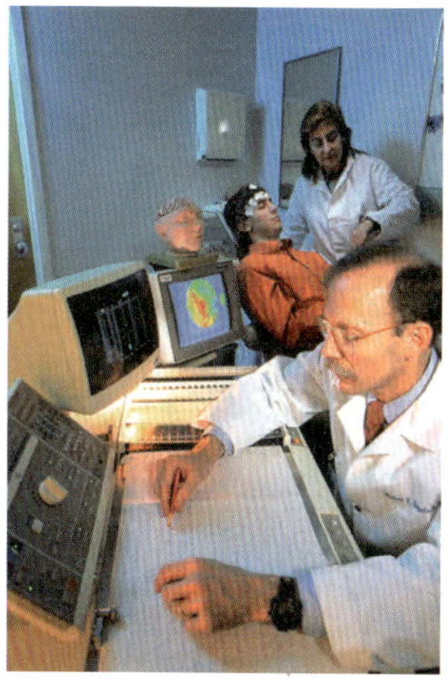

[그림 2-11] 뇌파검사(electroencephalograph: EEG)

EEG는 뇌 속에서 벌어지는 전기적 활동을 뇌파의 모양으로 기록하는 장치이다. 주로 신체장애나 심리장애를 가진 사람의 뇌에서 벌어지는 전기적 활동을 연구하거나 수면의 각 단계에서 기록되는 뇌파의 양상을 탐구하는 데 이용된다.

CT(computed tomography) 또는 CAT 스캔이라는 영상기법은 컴퓨터를 이용하여 뇌나 다른 신체 구조물을 둘러싼 호(arc)를 따라 여러 각도에서 X선을 투사하면서 그 X선이 반사되는 정도를 측정한 후, 그 결과를 이용하여 이미지를 만들어 낸다. 따라서 신체 내부의 3D 이미지도 만들어 낼 수 있다([그림 2-12] 참조). CT 스캔을 이용하면 혈전, 종기, 뇌 부상 등과 결합된 뇌의 구조적 문제를 찾아낼 수 있다. 또한 CT 스캔은 조현병 및 기타 심각한 심리장애로 고생하는 사람의 구조적 기형을 탐구하는 데도 이용된다.

CT 스캔은 뇌 속 구조의 모양 및 크기에 관한 정보를 제공하는 데 반해, PET(positron emission tomography, 이하 PET) 스캔은 작업 중인 뇌와 기타 기관의 이미지를 제공한다. PET 스캔에서는 실험 참여자에게 극소량의 방사성 동위원소를 주입한다. 주입된 동위원소는 혈류를 따라가는 추적 물질로 작용한다. 뇌 속 어느 부

[그림 2-12] CT

컴퓨터 단층촬영은 신체 구조에 대한 3D X선 이미지를 제공한다. 이 기법을 이용하면, 혈전, 종기, 뇌의 부상, 또는 조현병 같은 심리장애와 결합된 뇌 속 구조의 기형을 찾아낼 수 있다.

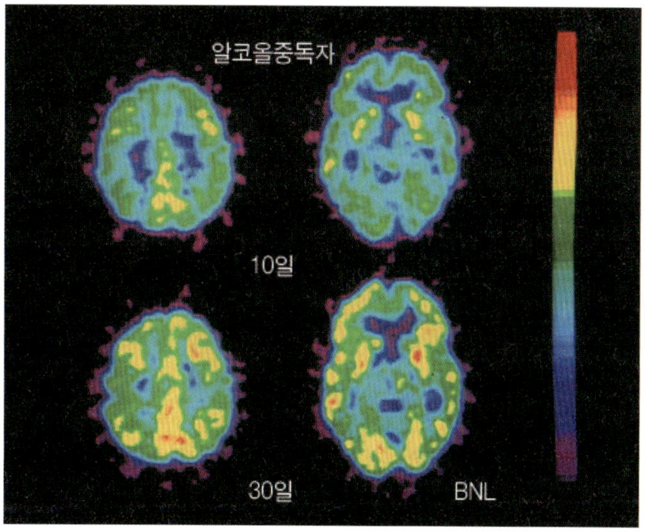

[그림 2-13] PET 스캔

PET 스캔은 뇌 속에서 벌어지는 대사 활동을 측정한다. 이미지에서 활동이 심한 부분은 황색이나 석색으로 나타나고 활동이 덜한 곳은 청색이나 녹색으로 나타난다. 이 이미지는 금주를 하고 있는 알코올중독자의 뇌를 PET 스캔한 것이다. 금주 10일 후의 상대적 활동 수준(위 이미지)과 30일 후의 상대적 활동 수준(아래 이미지)을 비교하면, 금주 기간이 길어지면서 뇌가 더욱 활동적으로 변하고 있음을 알 수 있다.

개념 2-25

현대의 기술은 침투적 기법을 이용하지 않고도 뇌의 구조와 기능에 관해 연구할 수 있는 방법을 제공한다.

➔ 개념 링크 뇌 스캔을 이용하면 조현병과 다른 심리적 장애의 생물적 기반을 이해하는 데 많은 도움이 된다. 제15장 5단원을 참고하라.

뇌파검사: 뇌에서 벌어지는 전기적 활동이 시간에 따라 변하는 모습을 기록해 놓은 것

CT 스캔: 컴퓨터를 이용하는 영상기법 중 하나로 몸통을 통과하는 X-선을 다양한 각도에서 투사하여 신체 구조의 3D 이미지를 만들어 내는 기법(CAT 스캔이라고도 함)

분의 신경세포에서 이 물질이 에너지로 변형되는지를 추적하면, 주어진 과제를 수행할 때 뇌의 어느 부위가 상대적으로 더 활발하게 활동했는지를 찾아낼 수 있게 된다. 일/활동을 많이 한 곳일수록 추적 물질이 더 많이 소모되었을 것이기 때문이다([그림 2-13] 참조). PET 스캔을 이용하면, 우리가 글을 읽을 때나 쓸 때, 음악을 들을 때, 특정 감정을 느낄 때 각각 뇌의 어느 부분이 가장 활발하게 활동했는지를 찾아낼 수 있다.

자기공명영상(magnetic resonance imaging, 이하 MRI)은 뇌나 다른 신체 부위에 대한 자세한 이미지를 제공한다. MRI를 이용해 뇌의 이미지를 만들어 내기 위해서는 참여자의 머리를 튜브 모양의 장치 안에 고정시킨다. 그러면 이 장치에서 방출되는 강한 자기장에 의해 참여자의 머릿속에서 회전하는 원자가 일직선으로 정렬된다. 이때 참여자를 향해 불쑥 라디오파를 뿜어내면 정렬되었던 원자가 흩어졌다 다시 정렬되면서 신호를 내보낸다. 그러면 컴퓨터가 이들 신호를 통합하여 뇌의 이미지를 만들어 낸다.

기능성 MRI(또는 functional MRI: fMRI)라 하는 새로운 모양의 MRI는 활동 중인 뇌를 대상으로 스냅 사진을 찍는다([그림 2-14] 참조). 종래의 MRI로는 구조를 영상화하는 작업밖에 할 수 없는데, 기능성 MRI는 뇌의 구조는 물론 기능을 연구하는 데도 이용된다. [그림 2-14]는 상이한 과제에 대해 반응하는 뇌의 모습을 fMRI 이미지로 변형시켜 놓은 것이다.

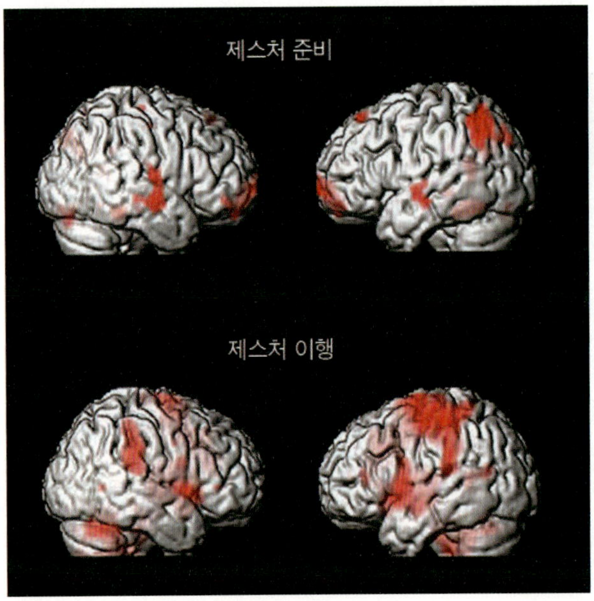

[그림 2-14] 기능성 MRI(fMRI)

이 fMRI 영상 중 위의 것은 자기가 감행할 제스처(예: 망치로 못을 박는 행동 또는 펜으로 글을 쓰는 행동)에 관한 생각을 할 때, 아래 것은 실제로 그런 행동을 감행할 때, 그 사람의 뇌에서 일어나는 변화를 포착한 것이다. 오른쪽이 좌반구의 영상이고 왼쪽이 우반구의 영상이다. 붉은색은 활동이 더욱 활발했던 부분을 나타낸다.

연구자들은 우리가 보기, 듣기, 회상하기, 말하기, 협력하기 등의 일을 할 때, 사랑할 때의 느낌 같은 정서적인 경험을 할 때, 뇌의 어떤 부위가 활발하게 작용하는지를 밝혀내기 위해 fMRI를 사용한다. 그러나 기억이나 지각 같은 심리적 작용을 보다 상세하게 설명하기 위해서는 그런 일에 개입하는 뇌 속 구조물의 정체가 아니라 뇌 속 여러 신경망의 작용 방식을 먼저 이해해야 한다(Gonsalves & Cohen, 2010; Poldrack, 2010). PET 스캔도 뇌의 구조물이 개입하는 기능을 잡아낸다. 그러나 fMRI는 방사선 동위원소 주입을 요구하지 않는다는 점에서 PET 스캔보다 덜 침습적이다.

fMRI를 이용하면, '왜 우리는 스스로를 간지럽힐 수 없는 것일까?'라는 궁금증도 해결할 수 있을 것 같다(Provine, 2004). 영국 연구자들은 이 방법을 이용하여 사람들이 자신을 간지럽히고 있을 때와 기계적 장치에 의해 간지럽힘을 당할 때 그들의 머릿속을 들여다보았다. 자신을 간지럽힐 때보다는 간지럽힘을 당할 때 촉감을 처리하는 체성감각피질이 더 활발하게 활동하는 것으로 드러났다. 자신을 간지럽히기 위해 손가락을 움직일 때는 손가락 놀림의

조절을 담당하는 소뇌에서 체성감각피질로 신호를 보내어 그곳의 활동을 방해하는 것으로 밝혀졌다. 그러나 외부 자극에 의한 간지럽힘은 놀라운 일로 간주되어 소뇌에서 체성감각피질로 그런 방해 신호를 보내지 않았다. 뇌에서 벌어지는 활동의 이러한 차이 때문에 자신이 생성한 자극과 예상치 못한 외부 자극—피질에서 그 위험성을 따져 보아야 하는 그런 자극—이 구분된다는 게 과학자들의 믿음이다(Aamodt & Wang, 2008).

PET 스캔: 뇌 영상 기법 중 하나로 방사능 추적기가 부착된 글루코스를 주입하여 뇌의 특정 부위가 활성화되는 정도를 측정하는 기법

MRI: 자기장을 이용하여 신체 내부 구조물의 이미지를 만들어 내는 기법

2. 실험법

과학자는 뇌의 기능을 연구하기 위해 다소 침습적인 방법을 동원할 때도 있다. 그런 방법 중 하나인 손상법을 이용할 때는 실험동물의 뇌 속 특정 부분을 파괴한 후 그 효과를 관찰한다. 예컨대, 붉은털 원숭이(rhesus monkey)의 변연계 속 일부를 파괴하면 그 원숭이는 조금만 자극을 가해도 버럭 화를 낸다. 그러나 변연계의 다른 부분이 파괴되면 어떠한 자극을 가해도 차분하게 반응한다. 쥐의 시상하부에서 일부를 파괴해 버리면 그 쥐는 극도로 뚱뚱해질 때까지 과식을 한다. 그런데 다른 부분이 파괴되면 아예 먹지를 않는다. 이런 실험을 통해 우리는 뇌의 곳곳이 이들 및 다양한 행동에 개입하고 있음을 알게 된다.

전기 기록법 및 전기 자극법도 뇌의 기능을 연구하는 데 이용되는 실험법이다. 전기 기록법에서는 전극을 뇌의 특정 부위에 있는 특정 신경세포나 일군의 신경세포 또는 신경섬유에 꽂는다. 그런 후, 특정 자극에 대한 반응으로 전극이 꽂힌 곳에서 일어나는 전기적 변화를 기록한다. 어떤 실험법은 매우 정밀하여 신경세포 하나에서 벌어지는 전류의 변화도 잡아낸다. 이러한 방법 덕분에 과학자들은 시각피질에 있는 단일 신경세포가 특정 유형의 시각 자극에 반응하는 모습을 그려 낼 수 있었다(제3장 참조).

전기 자극법을 이용할 때는 약한 전류를 뇌의 특정 부위에 흘려보낸 후 그 효과를 관찰한다. 이 방법을 이용하면, 뇌의 어떤 부위가 어떤 행동을 통제하는지를 찾아낼 수가 있다. 예컨대, 앞서도 언급했듯이 쥐 및 다른 동물의 시상하부에서 특정 부위가 자극을 받게 되면 그 종에서 정형화된 행동 양상이 나타나기 시작한다.

손상법: 뇌 기능을 연구하기 위해, 뇌 조직을 의도적으로 파괴하고는 그것이 행동에 미치는 영향을 관찰하는 기법

전기 기록법: 뇌 기능을 검토하는 방법 중 하나로, 특정 행동이나 활동과 관련된 전기적 변화가 뇌 속 어느 위치의 신경세포 또는 신경세포 집단에서 일어나는지를 기록하는 기법

전기 자극법: 뇌 기능을 검토하는 방법 중 하나로, 뇌의 특정 부분에다 전기적 자극을 가하고 그것이 행동에 미치는 효과를 관찰하는 기법

개념 2-26

뇌 기능을 연구하기 위해 이용되는 실험법으로는 손상법, 전기 기록법, 전기 자극법 등을 꼽을 수 있다.

이 질문에 답해 보자. 왜 우리는 스스로를 간지럽힐 수 없을까?

4단원 복습 뇌를 연구하는 방법

되새겨 봅시다

뇌의 기능을 연구하는 데 이용되는 기록 및 영상기법에는 어떤 것이 있는가?

➤ 그런 기법에는 EEG, CT 스캔, PET 스캔, MRI 등이 있다.

뇌의 기능을 연구하는 데 이용되는 실험법에는 어떤 것이 있는가?

➤ 손상법은 실험용 동물의 뇌 속 특정 부위를 파괴한 후 그 효과를 관찰하는 방법이다.

➤ 전기 기록법은 전극을 뇌에 심어 특정 행동과 결합된 뇌 활동 변화를 기록하는 방법이다.

➤ 전기 자극법은 약한 전류를 뇌 속으로 흘려보내고 그것이 뇌의 특정 부위에 미치는 효과를 관찰하는 방법이다.

점검해 봅시다

1. 다음 중, 뇌의 구조적 기형을 연구하기 위해 컴퓨터를 이용해 X선 기법을 향상시켜 놓은 영상기법은 무엇인가?
   ① fMRI ② PET 스캔
   ③ CT 스캔 ④ MRI
2. 뇌의 기능을 연구하기 위해 전기 기록법이라는 실험법을 사용하는 과학자에 대한 설명으로 옳은 것은 무엇인가?
   ① 혈류 속에서 탐지할 수 있는 방사선 동위원소도 사용한다.
   ② 뇌의 특정 부위에 있는 특정 신경세포나 일군의 신경세포 또는 신경에다 전극을 심는다.
   ③ 머리를 관통하는 X선을 투사한다.
   ④ 뇌 속에 있는 단일 세포의 변화에 대한 정밀한 측정치를 수집할 수 없다.
3. 기능성 MRI(fMRI)에 관한 설명으로 맞는 것은 무엇인가?
   ① 뇌의 구조를 연구하거나 기능을 연구하는 데 이용된다.
   ② 손상이라고 하는 침습적 행동이 일어난다.
   ③ 윤리적 문제를 둘러싼 논쟁이 그치지 않는 기법이다.
   ④ X선 기법을 개발하여 더욱 세련되게 만들어 놓은 기법이다.
4. 뇌 연구에 이용되는 실험법 중 손상법으로 알려진 방법은 다음 중 무엇인가?
   ① 살아 있는 유기체의 뇌 속 일부를 파괴한다.
   ② 수술을 통해 전극을 뇌 속에 삽입한다.
   ③ 뇌의 곳곳을 전기적으로 자극한 후, 그것이 행동에 미치는 효과를 관찰한다.
   ④ 뇌와 척수 간 연결을 절단한다.

생각해 봅시다

➤ 뇌의 기능을 연구할 때 주로 이용되는 뇌 영상기법은 무엇이고 뇌의 구조를 연구할 때 주로 이용되는 뇌 영상기법은 무엇인가?

➤ 실험법을 이용한 뇌 연구에 동물이 이용되는 사실에 대해 어떻게 생각하는가? 이런 연구에서는 어떤 안전수칙이 준수되어야 한다고 생각하는가?

분리된 뇌: 기능의 특화

5 단원

- 좌반구와 우반구의 주된 차이는?
- 손잡이를 결정하는 요인은?
- '분리-뇌' 환자에 관한 연구에서 우리는 뇌의 편재화에 관해 무엇을 배웠는가?

왼쪽 발가락이 밟히면 밟힌 사람의 우측 두정엽에 있는 신경세포가 반응하여 통증을 유발한다. 반대로 오른쪽 발가락이 차이면 그 사실이 좌측 두정엽에 등록된다. 그 이유는 각 반구의 감각피질이 신체의 반대쪽에 있는 감각 수용기와 연결되어 있기 때문이다. 같은 이치로, 우반구 전두엽에 위치한 운동피질은 몸통의 왼쪽 움직임을 통제하고 좌반구 전두엽에 위치한 운동피질은 몸통의 오른쪽 움직임을 통제한다. 따라서 어떤 사람의 왼편 운동피질 속 특정 지점에 자극을 가하면 그 사람의 오른손 손가락이 자신도 모르게 오그라들게 될 것이다. 곧 알게 되겠지만, 좌반구와 우반구는 특화된 기능에서도 서로 다르다.

개념 2-27
대부분의 경우, 좌반구는 언어 구사와 논리적 분석에 특화되어 있는 데 반해 우반구는 공간 처리와 기타 비언어적 과제를 처리하는 데 특화되어 있다.

1. 작업 중인 뇌: 편재화와 통합

편재화(lateralization)란 용어는 좌우 반구의 기능 분화를 일컫는다(〈개념 차트 2-5〉 참조). 일반적으로 거의 모든 사람의 언어능력—말하고 읽고 쓰는 능력—은 좌반구의 지배를 받는 것으로 보인다. 또한 좌반구는 문제해결 및 수학적 계산 같은 논리적 분석을 요구하는 과제에 주로 개입하는 것 같다. 대부분의 사람에게 있

편재화: 좌우 반구가 각각 상이한 기능에 특화되어 있는 조건

〈개념 차트 2-5〉 **뇌 기능의 편재화**

좌반구가 지배적인 분야

© Yuri Arcurs/Shutterstock.com

거의 모든 사람의 말하기, 읽기 같은 언어 기능 그리고 문제해결, 수학 계산 같은 논리적 분석 기능

우반구가 지배적인 분야

© Sergiy Zavgorondny/Shutterstock.com

공간관계 이해(예: 퍼즐 조각 맞추기, 지도 읽기 등), 얼굴 및 제스처 인식, 정서 지각 및 표출, 음악 및 그림 감상

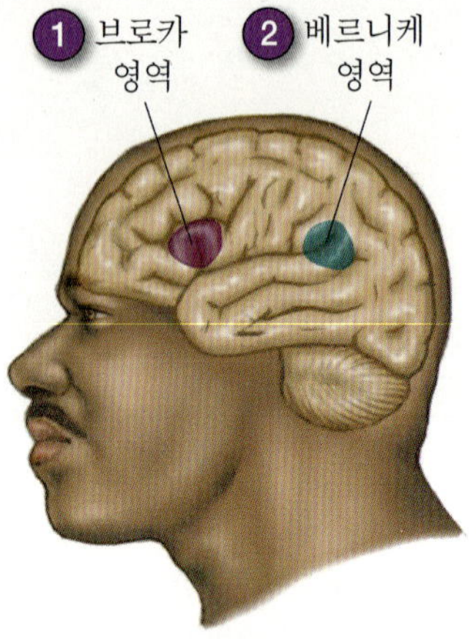

[그림 2-15] 브로카 영역과 베르니케 영역
전두엽에서 달걀 모양을 한 부분인 브로카 영역(❶)은 말을 하는 데 핵심 역할을 수행한다. 측두엽에 위치한 베르니케 영역(❷)은 글이나 말 이해에 중요한 역할을 수행한다.

어 우반구는 공간관계 이해(예: 퍼즐 조각 맞추기, 지도 읽기, 설계에 맞추어 블록 정렬하기), 얼굴 재인, 제스처 및 얼굴 표정 해석, 감정 표현 및 지각, 음악 및 그림 감상 같은 언어 외 과제 처리를 주로 담당하는 것 같다.

이러한 차이는 있지만, 어떤 사람을 '좌뇌인' 또는 '우뇌인'으로 구분하는 일은 해서는 안 될 일이다. 뇌는 전체가 하나로 작동하기 때문이다. 좌반구와 우반구의 기능은 거의 모두 겹치고, 신호는 뇌량을 통해 재빠르게 좌우 반구로 전달된다.

특정 과제를 수행할 때 한쪽 반구가 우세할 수는 있지만, 대부분의 과제 수행에는 좌우 반구 모두가 개입한다. 언어 처리의 지배성은 손잡이와도 관련되어 있다(Hopkins & Cantalupo, 2008). 오른손잡이의 약 95%, 왼손잡이의 약 70%는 언어처리에 좌반구가 지배적으로 작용한다(Pinker, 1994; Springer & Deutsch, 1993). 왼손잡이 중 약 15%는 언어처리에 우반구가 지배적으로 작용하고 나머지 15% 정도에서는 지배성이 분명하게 나타나지 않는다.

뇌 속의 언어처리 영역 발견의 선구자 중 한 명은 프랑스인 외과 의사 폴 브로카(Paul Broca, 1824~1880)였다. 그의 가장 중요한 발견은 다리에 생긴 괴저병으로 입원한 51세 남성 환자였다. 이 환자는 말도 제대로 하지 못했다. 들은 말은 분명하게 이해했다. 그런데도 그가 제대로 할 수 있는 말은 무의미 음절 'tan'뿐이었다.

그는 입원한 지 며칠 만에 죽고 말았다. 폴 브로카는 부검을 하던 중 그 환자 뇌의 좌측 전두엽에서 달걀 모양의 부분이 퇴화된 것을 발견했다. 브로카는 뇌의 이 영역이 말을 하는 데 핵심 역할을 담당한다고 결론지었다. 오늘날에는 이 영역을 그의 이름을 기리기 위해 브로카 영역(Broca's area)이라 한다([그림 2-15] 참조). (Sahin et al., 2009).

브로카 영역: 말과 관련된 왼쪽 전두엽 영역

베르니케 영역: 글로 쓰고 말한 언어를 이해하는 왼쪽 측두엽 영역

브로카 영역은 뇌 속에 있는 언어처리 영역 두 군데 중 하나에 해당한다. 다른 하나는 베르니케 영역으로 좌반구 측두엽에 위치한다([그림 2-15] 참조). 이 영역의 이름은 독일인 연구자 칼 베르니케(Karl Wernicke, 1848~1905)에서 따온 것이다. 베르니케 영역은 글이나 말을 이해하는 작업에 중요한 역할을 맡고 있다(Plaza, Gatignol, & Duffau, 2009). 베르니케 영역과 브로카 영역은 신경섬유로 연결되어 있기 때문에 언어 이해와 언어 표현 간에는 상호작용이 계속된다. 브로카 영역이나 베르니케 영역 또는 이들 둘을 연결하는 신경섬유가 심하게 훼손되면 상이한 실어증—언어 이해 능력 또는 표현 능력의 훼손—이 발생한다.

실어증: 언어를 이해하거나 표현하는 능력의 훼손

2. 주로 쓰는 손: 왜 양손잡이가 더 많지 않을까

'좌뇌 인간' 또는 '우뇌 인간'은 없어도 대부분의 사람은 주로 오른손잡이 아니면 왼손잡이이다. 사람들 중 90%가 오른손잡이이고 나머지는 왼손잡이이거나 어느 정도 양손잡이이다(Price, 2009a). 과학적 증거는 주로 쓰는 손이 주로 유전에 의해 결정된다고 말한다(Klass, 2011; Scerri et al., 2010). (〈표 2-2〉 참조). 그러나 일란성 쌍둥

이 다섯 쌍 중 한 쌍 정도는 왼손잡이와 오른손잡이로 구성되기 때문에, 유전 이외의 다른 요인도 작용하는 것이 틀림없다. 예컨대, 밥을 먹을 때와 글을 쓸 때는 오른손을 사용해야 한다는 부모의 압력 같은 사회적 영향력도 손잡이를 결정하는 요인으로 작용할 수 있다.

여성보다는 남성이 왼손잡이일 가능성이 더 높다(Papadatou-Pastou et al., 2008). 왜 이런 차이가 관찰되는지는 밝혀지지 않았다. 다만, 성과 관련된 유전적 요인이나 남성 성 호르몬(테스토스테론)에 대한 태아기 노출 때문일 가능성이 거론되고 있을 뿐이다(Price, 2009b). 분명한 것은 주로 쓰는 손이 태어나기 전부터 형성되기 시작한다는 점이다. 태아 200명 이상을 대상으로 실시한 초음파 기반 연구에서 95% 이상의 아이가 오른손 엄지를 빠는 데 반해 왼손 엄지를 빠는 아동은 5%도 안 된다는 사실이 발견되었다(Hepper, Shahidullah, & White, 1990). 이러한 백분율은 모집단에서 발견되는 백분율과 거의 일치한다.

주로 쓰는 손의 기원이 무엇이든, 오른손 사용을 강력하게 강요하면 '몰래' 왼손을 사용하는 바람직하지 못한 행동을 하게 되며, 정서적인 문제를 겪게 되기도 한다.

〈표 2-2〉 부모가 주로 쓰는 손과 자녀가 왼손잡이일 확률

왼손잡이 부모	자녀가 왼손잡이일 확률
둘 다 아님	1/50
한 분만	1/6
두 분 모두	1/2

출처: Springer & Deutsch (1993).

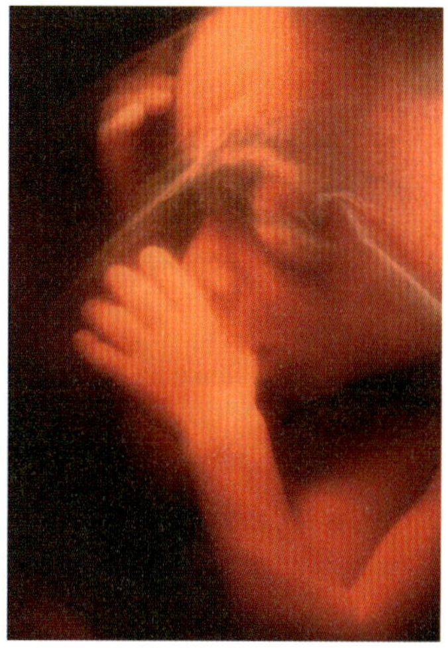

© Neil Bromhall, Photo Researchers, Inc.

오른쪽 또는 왼쪽 엄지손가락을 빠는 태아의 비율은 인구의 오른손잡이 사람들의 비율과 유사하여 출생 전에 주로 쓰는 손에 대한 선호가 증가하기 시작함을 시사한다.

3. 분리-뇌 연구: 각 반구는 홀로 설 수도 있을까

뇌전증(epilepsy)은 뇌에서 갑자기 아주 난폭한 전기적 반응이 발발하여 발작을 유발하는 신경장애이다. 많은 경우, 이러한 방전은 한쪽 반구에서 발생하여 다른 쪽 반구로 갔다가 되돌아오는 식의 왕래가 반복된다. 이런 왕래가 반복됨에 따라 뇌에서는 거센 전기적 폭풍이 일어난다. 다행히도, 대부분의 환자는 약물을 통해 발작을 피하거나 통제할 수 있다.

뇌전증: 갑작스럽고 난폭한 전기적 반응의 발발로 인해 발작을 유발하는 신경장애

이 장애가 전통적 치료법에 반응하지 않을 경우, 수술을 받기도 한다. 1960년대에는 뇌전증이 심한 환자를 치료하기 위해 뇌량을 절단하는 수술이 벌어지기도 했다. 이 수술의 목적은 한쪽 반구에서 발발한 전기적 활동이 다른 쪽 반구로 넘어가는 일을 막는 데 있었다. 그러나 이 수술을 통해 양 반구 간 신호전달까지 차단되는 일이 벌어져 버렸다.

분리-뇌 환자: 뇌량 절개 수술을 받은 환자

뇌량 절단 수술을 받은 환자를 우리는 분리-뇌(split-brain) 환자라 하는데, 이 환자한테서 발견된 놀라운 사실은 이 환자의 지적 능력 및 성격은 수술받기 전과 다르지 않다는 점이다. 하지만 어떤 것을 두고는 두 반구에 서로 다른 마음이 있는 것처럼 보였다(Gazzaniga, 1999). 우리는 왼손이 하는 일을 오른손이 모르고 있는 것 같다는 농담을 하기도 하는데, 이 말이 바로 분리-뇌 환자를 두고 하는 말인 것 같다. 이에 대한 예시는 노벨상 수상자 로저 스페리(Roger Sperry)와 그의 제자 마이클 가자니가(Michael Gazzaniga)의 연구에서 발견된다.

이들이 수행한 실험 중 하나에서는 분리-뇌 환자들의 왼손에 열쇠 같은 평범한

개념 2-28

주로 사용하는 손이 왼/오른손인지는 주로 유전에 의해 결정된다는 게 과학자들의 믿음이다.

개념 2-29

분리-뇌 수술의 결과에서 알게 된 것은 어떤 조건에서는 왼손이 하는 일을 오른손이 모르기도 한다는 사실이다.

물체를 쥐여 주었다(Gazzaniga, 1992). 눈을 가린 상태에서는 그 열쇠를 이용해 자물쇠를 열면서도 손에 쥔 그 물건의 이름(열쇠)은 대지 못했다. 신기하지 않은가? 어떻게 이런 일이 벌어지는 것일까?

우반구의 체성감각피질에서는 몸통의 왼쪽에서 입력되는 감각 정보를 처리한다는 사실을 기억할 것이다. 앞의 실험에서처럼, 열쇠를 왼손에 쥔 경우에는 열쇠에 관한 촉각 정보는 우반구에서 처리된다. 대부분의 사람은 언어처리 중추가 좌반구에 위치하기 때문에, 우반구에서 처리된 촉각 정보가 좌반구로 전달되어야만 왼손에 든 것이 무엇인지를 인식하고 그 이름을 댈 수가 있다. 뇌량이 절단되지 않은 보통 사람은 우반구에서 벌어지는 일이 뇌량을 통해 좌반구로 전달되기 때문에, 이런 과제를 아무런 문제 없이 수행할 수 있는 것이다.

그러나 앞의 실험에 참여한 분리-뇌 환자의 경우에는, 우반구에서 처리된 열쇠에 관한 정보가 좌반구로 전달될 수 없기 때문에 왼손에 쥔 물건의 이름을 댈 수가 없는 것이다. 우반구에서는 왼손에 든 것이 무엇인지를 '말할' 수 없다는 뜻이다(Gazzaniga, 1995). 이처럼 우반구는 물건의 이름은 댈 수가 없었지만, 촉각을 통해 그 물체가 무엇인지를 인식했기 때문에 그것이 어떻게 이용되는지를 보여 줄 수 있었던 것이다.

분리-뇌 환자를 대상으로 실시하는 지각 연구에서는 화면에 물체의 사진을 잠깐 제시하고는 환자에게 보여 준 사진 속 물체의 이름을 대보라고 하거나 가리개 뒤에 놓아둔 여러 개의 물체 중 사진 속에 나타난 물체를 골라 보라고 한다([그림 2-16] 참조). 이 실험에서 실험자가 조작하는 것은 화면에 제시된 사진 속 물체의 위치이다. [그림 2-16]에서 알 수 있지만, 환자의 시선이 화면 중앙에 있는 고정점을 응시하고 있을 때, 사진 속 물체가 화면(고정점)의 왼쪽에 제시되면 그 물체는 환자의 우반구 후두엽 속 시각피질을 자극하게 되고 화면(고정점)의 오른쪽에 제시되면 그 물체는 환자의 좌반구 후두엽 속 시각피질을 자극하게 된다. 그러니까 사진 속 물체가 화면의 어느 쪽에 제시되느냐에 따라 그 물체에 관한 정보는 우반구 또는 좌반구에서만 처리된다. 이런 조건에서도 뇌량만 온전하면, 사진 속 물체에 관한 정보는 금방 좌우 반구 모두에서 공유하게 된다. 그러나 뇌량이 절단된 분리-뇌 환자의 경우에는 그런 정보 공유가 일어나지 않는다.

사진을 환자의 오른쪽 시야에 제시하면 그 사진 속 물체에 관한 시각 정보는 좌반구에서 처리되기 때문에 환자는 그 물체의 이름을 댈 수 있게 된다. 대부분의 경우 언어는 좌반구에서 통제된다는 사실을 감안하면, 이는 놀라운 일이 못 된다. 그러나 사진 속 물체가 화면의 왼쪽에 제시되었을 때는 어떤 일이 벌어질까? 이때는 이 물체의 시각 정보가 언어구사 능력이 없는 우반구로 전달되기 때문에, 환자는 사진 속 물체를 보았다고 하더라도 그 사실을 말로는 표현할 수 없게 된다. 따라서 거의 모든 환자는 "아무것도 못 봤다!"라는 반응을 한다. 그러나 우반구도 촉각으로는 물체를 인식할 수 있기 때문에 왼손을 이용하게 하면, 환자들도 가리개 뒤에 놓여

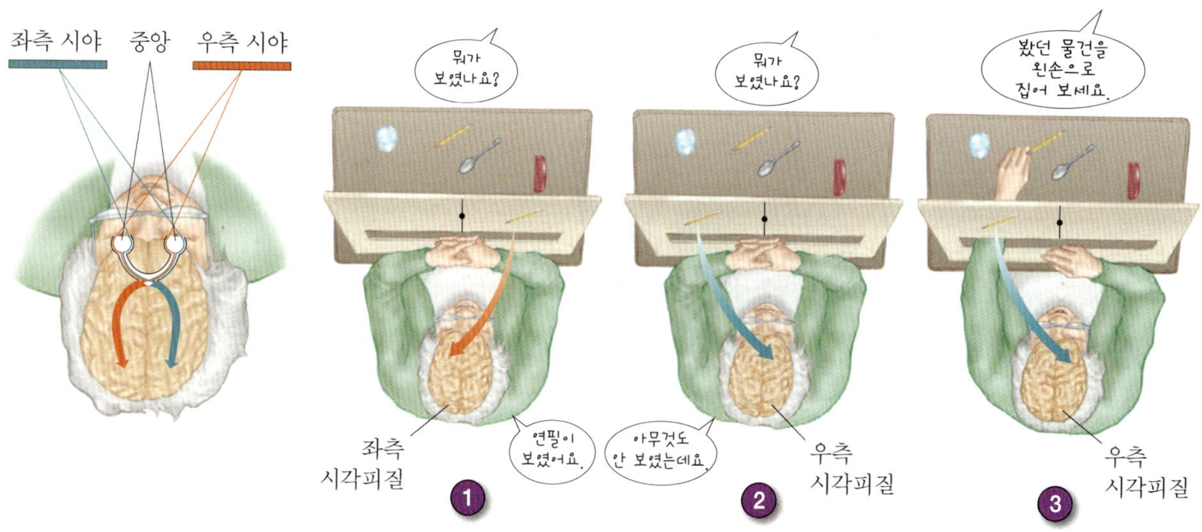

[그림 2-16] 분리-뇌 연구

이 그림은 시야의 오른쪽 절반에서 제공되는 정보는 좌반구의 후두엽으로 가고, 왼쪽 절반에서 제공되는 정보는 우반구 후두엽으로 간다는 원리를 묘사한다. 분리-뇌 환자의 경우, 한쪽 반구에서 처리된 정보는 다른 쪽 반구로 전달되지 않는다. 분리-뇌 환자를 대상으로 실시되는 전형적인 연구에서는 시각 자극이 각 반구에 따로따로 제시된다.

❶ 연필 같은 물체가 오른쪽 시야에 번쩍 제시되면, 그 연필에 관한 시각 정보는 환자의 좌반구로 전달된다. 언어는 좌반구에서 통제되기 때문에 이때는 환자도 그 물체의 이름을 댈 수가 있다.

❷ 시각 정보가 언어 통제력이 없는 우반구로 전달되면, 그 물체의 이름을 댈 수가 없다.

❸ 시각 정보가 우반구로 전달되었을 때라도 왼손을 이용하면 환자도 촉각을 이용해 여러 개의 물건 중에서 사진 속 물건을 골라낼 수 있다. 이것이 가능한 이유는 왼손의 촉각 정보가 사진 속 물체에 관한 시각 정보를 지니고 있는 우반구로 전달되기 때문이다.

있는 여러 가지 물건 중에서 사진 속 물건을 골라낼 수가 있다.

분리-뇌 환자를 대상으로 확보된 이러한 발견은 언어 구사에서 좌반구가 중요한 역할을 담당한다는 또 다른 증거가 된다. 하지만 더욱 신비로운 점은 분리-뇌 환자를 대상으로 초기에 실시된 연구의 결과, 즉 겉으로 드러나는 행동만 보아서는 보통 사람과 달라 보이지 않는다는 사실이다(Sperry, 1982). 환자의 뇌는 양 반구가 정보를 공유하지 않고도 새로운 정보를 처리하고 처음 보는 문제까지 해결하는 새로운 전략을 터득할 수 있는 것 같다. 나중에 알게 되겠지만, 이 현상도 인간의 뇌가 가진 적응능력, 즉 어떤 새로운 요구 조건에 적응할 수 있는 놀라운 능력이 발휘된 결과로 간주할 수 있다.

해 보기

여러분의 머리카락은 어느 쪽으로 돌았는가?

미국 국립암연구소(National Cancer Institute)에서 일하는 아마르 클라(Amar Klar)는 사람들의 머리카락이 회전하는 방향을 조사하였다. 공항이나 쇼핑몰 같은 곳에서 사람들을 관찰하는 동안 사람들의 머리카락이 회전하는 방향에 일정한 양상이 있다는 것을 발견했다(Klar, 2003). 오른손잡이의 경우 시계 방향으로 회전한 사례가 95% 이상이었는데, 왼손잡이와 양손잡이의 경우에는 머리카락의 회전 방향에서 차이가 나지 않았다. 손잡이와 머리카락의 회전 방향이 동일한 유전인자에 의해 결정되었을 수도 있다는 뜻이다.

4. 뇌 손상과 심리적 기능

생활의 한 단면 많은 사람은 뇌졸중이나 두부 외상으로 입은 뇌 손상에서 놀라운 회복력을 보인다. 하지만 당시 의사들을 경악시킨 피니어스 게이지(Phineas Gage)의 사례보다 더 놀라운 경우는 없을 것이다. 게이지는 19세기 미국 철로 건

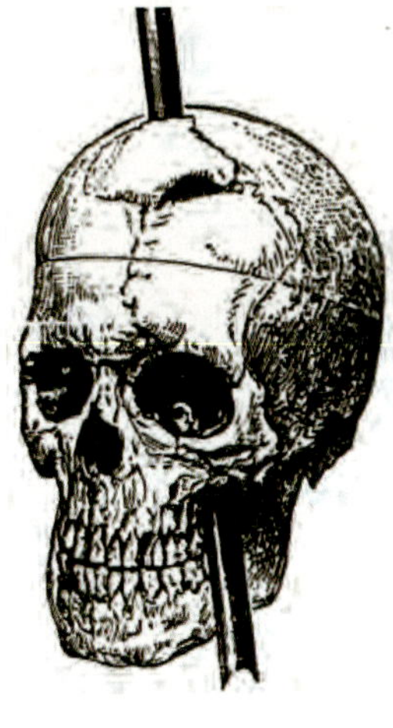

[그림 2-17] 그래도 그는 살아남았다
쇠막대가 게이지의 두개골을 관통한 모습을 보여 주는 이 그림을 보면 그가 살아남았다는 게 얼마나 놀라운 일인지를 짐작할 수 있다.

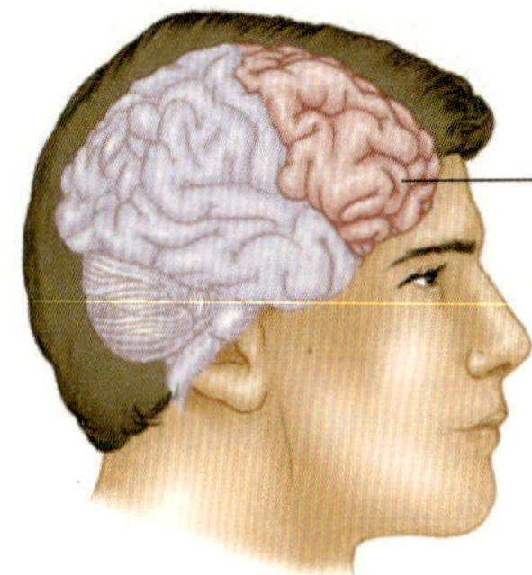

[그림 2-18] 전전두 피질: 뇌의 통제 중추
전두엽에 있는 전전두 피질은 고차원적인 정신 작용(추리, 기획, 의사결정, 창의적 사고, 충동적 행동 억제 등)에 개입하는 뇌 속 영역이다.

애리조나주 의회 의원 Gabrielle Giffords의 이야기는 최근에 벌어진 일이지만 그 놀라움 정도는 게이지 사건에 못지않다. 범인이 근거리에서 쏜 총알이 개브리얼 기퍼즈의 좌측 뇌를 관통해 버렸다. 생존에 필수적인 부위는 다치지 않았지만 말을 하고 몸을 놀리는 데 필요한 부위가 훼손되어 버렸다.

설장에서 일하던 노동자였다. 1848년 어느 날 게이지는 다이너마이트 설치용 폭약을 다루다가 실수를 저질러 폭약이 터져 버리는 사고를 당했다. 이 폭발로 지름이 2.5cm에 달하는 쇠막대가 튀어 올라 게이지의 뺨을 뚫고 머리로 들어가 두상을 뚫고 지나가 버렸다(Ratiu & Talos, 2004). 게이지는 땅에 쓰러졌다. 그러나 놀랍게도 곧 일어서서는 먼지를 털어낸 후, 동료들에게 말까지 걸었다. 동료들의 도움으로 집에 도착한 게이지는 그때서야 상처를 붕대로 감았다. 그가 입은 부상은 두 달 만에 치유되었고 일도 할 수 있게 되었다. 그러나 곧 변해버린 그의 성격이 모습을 드러내기 시작했다. 전에는 겸손하고 양심적이던 일꾼이 짜증도 잘 내고 무례하며 책임감도 없는 사람으로 변해 버린 것이다(Holden, 2009). 떠버리로 변한 게이지는 술도 많이 마시기 시작했다. 사고가 나기 전에 그를 알았던 사람들은 그를 두고 "게이지가 옛날의 게이지가 아니야!"라고 말했다.

게이지의 두개골은 현재 하버드 대학교에 전시되어 있다. 쇠막대의 궤적이 분명해 보인다([그림 2-17] 참조). 마치 정밀한 수술을 받은 것처럼, 그 쇠막대는 뇌에서 몸놀림 통제에 결정적인 역할을 하는 부분은 망가뜨리지 않았다. 그러나 전전두 피

해 보기 장애에 관한 의식 제고

장애인들이 필요로 하는 것에 관한 의식을 제고하는 좋은 방법 중 하나는 재활센터 같은 곳에서 봉사활동을 해 보는 것이다. 그러나 혼자서도 감각 및 운동 장애를 가진 사람들의 고생을 이해하는 데 도움이 되는 일을 해 볼 수 있다. 다음은 오스위고 소재 뉴욕 주립대학교에 재직하는 교수 스티븐 워스트(Stephen Wurst)와 캐런 월퍼드(Karen Wolford)가 내놓은 몇 가지 제안이다.

① 손에 생긴 장애가 주는 어려움을 겪어 보기 위해, 자주 쓰는 손의 손가락 두 개를 한데 묶은 상태에서 일상생활을 해 본다(위험할 수 있는 운전 같은 활동은 피한다.).
② 언어장애인이 겪는 어려움을 겪어 보기 위해, 일정한 기간 말을 하지 말아 본다.
③ 청각장애인이 겪는 어려움을 겪어 보기 위해, 일정한 기간 귀마개를 착용해 본다(듣지 못해 위험이 발생할 수 있는 활동은 피한다.).

질(prefrontal cortex), 즉 전두엽에서 운동피질 바로 앞쪽에 위치한 영역을 훼손해 버렸다([그림 2-18] 참조).

인간의 뇌에서 전전두 피질은 대뇌피질의 약 1/3을 차지한다. 인간을 인간답게 만드는 수많은 행동에 핵심적인 역할을 수행한다는 뜻일 것이다(Huey, Krueger, & Grafman, 2006). 전전두 피질은 인간의 '지능이 있는 곳' 또는 뇌의 '통제 중추'로 간주되기도 한다. 그곳이 수많은 고차원적 정신작용(예: 추리, 의사결정, 활동 결과 따져 보기, 창의적 사고, 기획, 문제해결, 충동적 행동 제어 등)에 개입하고 있기 때문이다(Reyna & Farley, 2006). 피니어스 게이지처럼 전전두 피질이 손상되면 도덕적 · 사회적 행동 규범 준수 능력이 훼손될 수도 있다. 최근의 연구에서는 게이지가 입은 것 같은 전전두 피질 손상은 사람들의 윤리적 결정 방식의 변화에도 연루된 것으로 보고되고 있다(Koenigs et al., 2007).

개념 2-30

뇌가 손상되면 신체 및 심리적 기능에서 미묘하면서도 심오한 결과가 발생할 수도 있다.

전전두 피질: 전두엽에서 운동피질 바로 앞쪽에 위치해 사고, 기획, 충동 통제, 행동 결과 고려 등 고차원적인 정신작용에 개입하는 부분

열상: 뇌에 가해진 외상으로 총알이나 파편 같은 외부 물체가 두개골을 뚫고 들어가 뇌에 부상을 남기는 조건

뇌진탕: 머리에 가해진 타격으로 뇌가 혼란에 빠지는 조건

가소성: 뇌에 가해진 외상이나 수술 후에 생긴 변화에 뇌 스스로가 적응해 가는 능력

1) 두부 외상

두부 외상은 외부 물체의 두개골 침투나 두부에 가해진 타격/충돌 때문에 뇌가 입은 부상을 일컫는 말이다. 게이지가 겪었던 부상은 열상, 즉 외부 물체(쇠막대)가 두개골을 뚫고 들어와 뇌를 손상시켜 발생한 두부 외상에 해당한다. 열상의 효과는 부상의 위치와 정도에 따라 가벼운 손상에서부터 즉사에 이르기까지 다양하게 나타난다. 전두엽이 손상되었을 경우에는 게이지가 그랬던 것처럼, 기분이나 성격 변화 등 여러 가지 심리적 효과도 발생한다.

두부 외상의 다른 하나는 뇌진탕이다. 뇌진탕은 머리에 가격을 받아 발생한 뇌 속 부상 때문에 잠깐 동안 의식을 잃는 경우에 해당한다. 축구 시합 중 발생하는 가벼운 뇌진탕의 효과가 오래갈 가능성은 매우 낮다. 심한 뇌진탕 또는 반복되는 뇌진탕은 뇌에 영구적인 손상을 유발할 수 있고, 그 결과는 기억 및 주의 결함, 정서적 불안정 및 말더듬 등으로 나타날 수 있다.

개념 2-31

뇌는 심지어 그 절반이 수술로 제거된 후에도 새로운 기능에 적응하기 위해 일정한 정도로 자체를 재조직하는 능력을 가지고 있다.

2) 뇌의 가소성

간질이나 다른 신경장애의 경우, 한쪽 반구에 입은 손상이 지나쳐 수술로 도려내야만 하는 사례도 더러 있다. 놀랍게도 이런 과격한 수술을 받은 환자 대부분은 그 수술을 13세 이전에 받았을 경우 정상적으로 생활할 수 있는 것으로 드러났다. 그 나이가 될 때까지는 좌우 반구의 기능이 굳어지지 않아 바뀔 수 있는 것 같다. 언어중추가 있는 좌반구를 도려낸 어린아이의 경우에는 우반구가 스스로를 재조직하여 언어처리 기능을 개발하는 것 같다(Hertz-Pannier et al., 2002). 적응력이 놀라울 정도임을 보여 주는 사례로, 도마뱀이 잘린 꼬리를 재생해 내는 능력보다 더 놀라운 경우에 속한다.

외상이나 수술 후 스스로를 재조직하여 적응해 나가는 뇌의 이러한 능력을 가소성(plasticity)이라 한다. 뇌의 한쪽 부분이 부상이나 질환으로 손상되면, 뇌의 다른

해 보기
자원봉사를 통한 학습

뇌졸중이나 뇌에 입은 부상의 효과에 관해 직접 배우고 싶으면, 가까운 곳에 있는 재활센터에 가서 주당 몇 시간씩 봉사활동을 해 보기 바란다. 직업치료사, 물리치료사, 재활상담사, 또는 다른 전문가 옆에서 그들이 하는 일을 돕는 기회가 생길 것이다. 또는 환자들과 함께 시간을 보내면서 그들의 동료 또는 이야기를 들어주는 사람의 역할을 해 볼 수도 있을 것이다. 개인적으로 사적인 보상을 받을 수도 있겠지만, 재활 관련 직업이 자신의 적성에 맞는지를 가늠하는 기회가 될 것이다.

쪽 부분에서 손상된 부분의 기능을 어느 정도는 떠맡는다. 스스로를 치유하는 뇌의 능력을 활용하기 위해 의사들은 뇌졸중 환자의 뇌에 있는 건강한 신경세포를 자극하는 일을 벌이기도 한다. 이러한 시도는 뇌졸중으로 손상된 신경세포의 잃어버린 기능을 이들 신경세포가 떠맡을 가능성을 검토하기 위함이다(Carmichael, 2004).

뇌의 가소성은 뇌가 완전히 편재화되지 않은 어린아이에서 가장 크게 나타난다. 뇌에서 벌어지는 이러한 재조직이 성취되는 방식(예컨대, 새로운 회로를 구축하는지, 아니면 기존의 회로를 바꾸는지)은 아직 오리무중이다. 하지만 다른 많은 뇌 부상에서처럼, 손상된 뇌 속 조직을 보충해 내는 뇌의 능력에도 한계는 있다.

5 단원 복습 | 분리된 뇌: 기능의 특화

되새겨 봅시다

좌우 반구 간 주요 차이점은 무엇인가?

➤ 대다수 사람의 경우, 좌반구는 언어 및 논리를 사용해야 하는 어문적 과제 수행에 더 중요한 역할을 하는 것 같은데, 우반구는 공간관계 이해, 얼굴 재인, 그리고 음악 및 그림 감상 등 비언어적 처리가 요구되는 과제에 특화된 것 같다.

주로 쓰는 손을 결정하는 것은 무엇인가?

➤ 호르몬이나 사회문화적 요인도 영향을 미치지만, 주로 쓰는 손을 결정하는 강력한 요인은 유전인 것 같다.

분리-뇌 환자에 관한 연구를 통해 뇌 편재화에 관해 알게 된 것은 무엇인가?

➤ 분리-뇌 환자, 즉 수술을 통해 좌반구와 우반구를 분리한 환자에 대한 연구 결과를 통해 우리는 각 반구에 특화된 기능을 더 잘 이해할 수 있게 되었다.

점검해 봅시다

1. 다음 중 뇌에 관해 알려진 오래된 사실 중 하나는 무엇인가?
   ① 기능이 완전히 편재화되어 있다.
   ② 언어는 좌반구에서 통제되지만, 이는 오른손잡이일 경우에만 그렇다.
   ③ 뇌의 왼쪽은 몸통의 오른쪽, 뇌의 오른쪽은 몸통의 왼쪽 기능을 통제한다.
   ④ 좌반구와 우반구의 기능이 겹치지 않는다.
2. 대다수 사람의 경우, ____반구는 언어 구사에 지배적인 역할을 하는 데 반해, ____반구는 주로 비언어적 기능을 수행하는 것 같다.
3. 뇌에서 말하기에 직접적으로 개입하는 부분은 ____이다.
   ① 뇌량　② 베르니케 영역
   ③ 브로카 영역　④ 앞쪽 틈
4. 뇌에서 글이나 말을 이해하는 일에 직접 개입하는 부분은 ____이다.
   ① 전전두 피질　② 브로카 영역
   ③ 뇌량　④ 베르니케 영역
5. 다음 중 사실이 아닌 것은 무엇인가?
   ① 주로 쓰는 손은 집안 내력이다.
   ② 주로 쓰는 손은 전적으로 유전적 요인에 의해 결정된다.
   ③ 연구 결과 대다수 태아는 오른쪽 엄지손가락을 빠는 것으로 밝혀졌다.
   ④ 왼손잡이 아이에게 오른손잡이가 될 것을 강요하면 정서적 문제가 발생하기도 한다.

생각해 봅시다

➤ 어떤 사람을 두고 좌뇌 인간 또는 우뇌 인간으로 명명하는 일이 옳지 못한 이유는 무엇인가?

➤ 왼손잡이로 태어난 아이에게 오른손잡이로 클 것을 강요했을 때 떠맡게 될 위험은 무엇인가?

내분비계: 체내의 다른 의사소통 시스템

6 단원

■ 주요 내분비 샘은 무엇무엇인가?
■ 행동에서 호르몬이 수행하는 역할은?

신체 곳곳이 서로서로 정보를 주고받는 수단에는 신경계만 있는 것이 아니다. 신경계에 비해 속도가 많이 느리지만, 내분비계 역시 정보를 주고받는 중요한 시스템이다. 내분비계를 통해 전달되는 메시지는 신경망이 아닌 혈관을 통해 이동한다. 이때 이용되는 전령/전달자가 호르몬이다. 제2장 1단원에서도 소개했지만, 호르몬은 체내 활동을 제어하는 일에 도움을 주는 화학물질이다. 여기서는 내분비계와 그것이 행동에 관여하는 역할을 탐색해 보기로 하자.

1. 내분비 샘: 우리 몸속 펌프실

내분비계(endocrine system)는 체내 곳곳에 위치하여 혈류로 직접 호르몬을 방출하는 일군의 샘으로 구성된다. [그림 2-19]는 몸속에 있는 주요 내분비 샘의 위치를 보여 준다. 〈개념 차트 2-6〉은 이들 샘에서 분비되는 호르몬의 기능을 요약하고 있다.

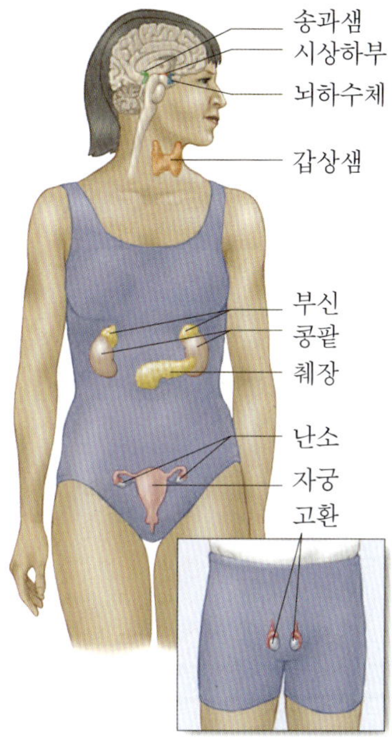

[그림 2-19] 내분비계를 구성하는 주요 샘
내분비계는 호르몬이라는 화학물질을 혈류에서 직접 방출하는 샘으로 구성된다.

내분비 시스템은 성장, 번식, 신진대사 같은 중요한 신체작용을 조절한다. 이 기능은 호르몬을 혈류에 방출하여 표적 기관 및 신체 조직에 메시지를 전달함으로써 수행된다. 신경전달물질이 그러하듯, 호르몬도 표적 세포의 수용기 부위로 스며들어 이들 세포에 변화를 유발한다. 예컨대, 췌장에서 분비되는 호르몬인 인슐린은 피 속의 포도당 농도를 조절한다. 열쇠가 자물쇠에 들어가듯, 인슐린은 세포에 있는 포도당 수용기를 열어 포도당이 혈류에서 세포 속으로 들어가게 만든다. 그렇게 유입된 포도당은 에너지 생산에 필요한 연료로 이용된다. 그러나 신경계에서만 발견되는 신경전달물질과는 달리, 호르몬은 목적지까지 혈류를 따라 흘러간다.

내분비계의 중요한 기능 중 하나는 항상성(homeostasis) 유지를 돕는 일이다. 즉, 신체 내부의 균형 상태가 깨지지 않도록 돕는 일이다. 피 속의 당도가 일정 수준 또는 설정치를 넘어서면(설탕과 녹말 같은 탄수화물이 풍부한 음식물을 섭취했을 때 벌어질 수 있는 일), 췌장에서는 더 많은 인슐린을 혈류로 내보낸다. 그러면 인슐린은 몸 전체 세포를 자극하여 혈액에서 더 많은 포도당을 끌어들인다. 그 결과로 체내의 포도당 수준, 즉 혈당량이 낮아진다. 혈당량이 설정치까지 내려가면 췌장에서는 인슐린 분비량을 줄인다.

내분비계: 분비샘으로 조직된 체내 시스템으로 호르몬이라는 분비물을 혈류로 직접 방출함

췌장: 위 가까이 위치하여 인슐린이라는 호르몬을 생산하는 내분비 샘

항상성: 내적으로 균형 잡힌 상태를 꾸준히 유지하려는 우리 몸의 경향성

〈개념 차트 2-6〉 내분비계

샘/호르몬	기능
뇌하수체	
성장 호르몬	성장, 특히 뼈의 성장을 자극한다.
ACTH(부신피질자극호르몬)	부신피질 스테로이드 분비를 자극한다.
옥시토신	출산 시에는 자궁 수축을, 출산 후에는 젖 분비를 자극한다.
시상하부	
방출 요인	뇌하수체를 자극하여 성장 호르몬을 포함한 다른 호르몬을 분비하게 한다.
송과샘	
멜라토닌	수면 주기 조절을 돕는다.
췌장	
인슐린	핏속 포도당의 세포 내 유입을 촉진한다. 혈당 수준 조절에 관여한다.
갑상샘	
갑상샘 호르몬	신진대사율, 성장, 성숙 조절에 개입한다.
부신	
피질스테로이드	신체의 스트레스 대처를 돕고 근육 발달을 촉진한다.
ACTH	간을 자극하여 저장된 당을 방출케 한다(아드레날린).
노르에피네프린	심장박동 및 호흡 같은 신체 작용을 가속한다(노르아드레날린).
난소	
에스트로겐	여성의 성적 성숙 조성, 월경 주기 조절을 돕는다.
프로게스테론	임신 유지 도움, 월경 주기 조절을 돕는다.
고환	
테스토스테론	정자 생산 촉진, 출생 전 발달에서 남성 성적 분화 조성, 사춘기 남성의 성적 성숙을 자극한다.

뇌하수체: 뇌 속에 있는 내분비 샘으로 성장, 월경주기 조절, 출산 등에 작용하는 다양한 호르몬을 생산함

우리 몸에서 가장 중요한 두 가지 내분비 샘은 뇌 속에 위치한 시상하부와 뇌하수체이다. 뇌하수체를 '주샘'이라고도 하는데, 그것이 수많은 신체작용에 영향을 미치기 때문이다. 그러나 이 주샘도 시상하부의 통제를 받는다.

시상하부는 호르몬 방출 인자라고 하는 호르몬을 분비한다. 시상하부에서 분비된 호르몬 방출 인자는 이웃에 있는 뇌하수체를 자극하여 다른 호르몬을 방출하게 한다. 예를 들어, 시상하부에서 성장 호르몬 방출 인자(hGRF)를 분비하면, 이 호르몬(hGRF)은 뇌하수체를 자극하여 성장 호르몬(GH)을 방출하게 한다. 이렇게 방출된 성장 호르몬(GH)은 신체적 성장을 촉진한다. 뇌하수체에서 분비되는 호르몬에 따라 자극을 받는 내분비 샘이 달라지고, 그에 따라 실제로 혈류로 방출되는 호르몬도 달라진다.

송과샘: 뇌 속에 있는 작은 내분비 샘으로 수면주기 조절에 개입하는 호르몬인 멜라토닌을 생산함

부신샘: 콩팥 바로 위에 위치한 한 쌍의 내분비 샘으로 스트레스 관련 호르몬 여러 가지를 생산함

뇌 속에는 시상하부와 뇌하수체 이외에 또 하나의 내분비 샘이 있다. 송과샘(pineal gland)이 그것인데, 송과샘은 수면주기를 조절하는 작업을 돕는 호르몬인 멜라토닌(melatonin)을 분비한다(제4장 참조). 부신샘(adrenal gland)은 신장(콩팥) 바로 위에 자리 잡은 한 쌍의 샘을 일컫는다. 부신은 부신피질이라는 겉겹과 부신수질이

라는 핵으로 구성된다. 뇌하수체 호르몬인 ACTH는 부신피질을 자극하여 부신피질 스테로이드를 분비하게 하며, 분비된 스테로이드는 근육 발달을 촉진하고, 스트레스를 받고 있을 때는 간을 자극하여 거기에 저장된 당을 방출하게 한다. 그렇기 때문에 유기체가 포식자의 공격 같은 일촉즉발의 응급 상황에서는 스트레스를 받고 있는 그 상황에 대한 반응으로 더 많은 에너지를 쓸 수 있다. 에피네프린이나 노르에피네프린 같은 다른 스트레스 호르몬은 부신수질에서 분비된다. 이들 호르몬은 심장박동률이나 호흡률 같은 신체 활동의 속도를 높임으로써 우리 몸으로 하여금 스트레스에 대처할 수 있도록 한다.

앞서도 지적했듯이, 노르에피네프린 같은 화학물질은 두 가지 일을 한다. 이들은 신경계에서는 신경전달물질로 작용하고 혈류에서는 호르몬으로 작용한다. 뇌에서는 신경전달물질로 작용하는 노르에피네프린(에피네프린도 그렇지만 정도는 노르에피네프린만 못함) 기분, 각성 수준, 식욕을 조절하는 역할을 수행한다.

여성의 난소와 남성의 고환은 생식샘으로, 난소에서는 난자를 고환에서는 정자를 생산한다. 난소는 에스트로겐과 프로게스테론도 생산하는데, 이 두 가지 여성성 호르몬은 월경 주기 조절을 돕는다. 프로게스테론은 여성의 생식기 성장을 자극하기도 하고 또 자궁에서 임신이 유지되는 일을 돕기도 한다.

고환은 남성 호르몬인 테스토스테론을 생산하여 남성 태아의 성기 발달을 유도한다. 남성의 사춘기가 지나면서 고환에서 테스토스테론이 분비되면, 남성 생식기의 성장, 수염의 발달, 성대의 변화가 촉진된다.

신경계와 내분비계는 별개의 시스템이지만 서로 밀접한 관계에 있다. 뇌가 내분비계의 활동을 조절하기 때문에 우리 몸은 여러 개의 시스템이 아닌 하나의 통합된 시스템으로 반응한다. 뇌는 자율신경계를 통해 내분비계를 통제한다. 예컨대, 스트레스가 심해지면, 교감신경계가 뇌에서 내리는 명령을 부신수질에 전달하여 에피네프린과 노르에피네프린 같은 스트레스 호르몬을 방출하게 하고, 이들 호르몬은 우리 몸이 스트레스를 대처할 수 있게 도와준다(더 자세한 논의는 제12장 참조).

개념 2-32

체내 곳곳에 분포된 내분비 샘은 많은 신체 기능의 조정을 돕는다.

개념 2-33

호르몬은 내분비 샘에서 혈류로 직접 방출되어 혈류를 따라 표적 기관 및 조직에 있는 수용기 부위까지 이동한다.

개념 2-34

내분비계는 신경계와 제휴하여 우리 몸이 균형 상태 또는 항등성을 유지할 수 있게 돕는다.

개념 2-35

뇌하수체를 주샘(master gland)이라고도 하는데, 그 이유는 다른 많은 내분비 샘의 활동이 뇌하수체의 영향력 하에 있기 때문이다.

생식샘: 성 호르몬과 생식세포(남성의 정자와 여성의 난자)를 생산하는 내분비 샘으로 남성의 고환과 여성의 난소

난소: 여성 성 호르몬인 에스트로겐과 프로게스테론을 분비하고 난자를 생산하는 여성의 생식샘

고환: 정자를 생산하고 남성 성 호르몬인 테스토스테론을 분비하는 남성 생식샘

2. 호르몬과 행동

인간의 행동은 호르몬보다는 학습과 경험에 더 큰 영향을 받지만, 호르몬도 행동에 한몫을 한다. 예컨대, 남성 성 호르몬인 테스토스테론은 높은 지배력과 경쟁심 그리고 강한 모험심과 관계가 깊다(Miller & Maner, 2010). 테스토스테론은 남녀를 불문하고 신체적 공격성과도 관계가 높다(Archer, 2006). 테스토스테론은 남성은 물론 여성의 몸에서도 생산된다. 그러나 여성의 경우 그 양이 남성보다 적다.

테스토스테론 합성물질인 근육 증강제(아나볼릭 스테로이드)를 섭취하면 공격적이고 적대적인 행동을 감행할 가능성이 높아진다. 하지만 테스토스테론은 인간의 공격성 유발에 복합적으로 작용하는 여러 요인 중 하나일 뿐이다. 테스토스테론 결

함은 남성과 여성 모두에서 성욕 상실을 유발할 수 있다.

뇌하수체에서 분비되는 옥시토신(oxytocin)은 출산 시에는 자궁 수축 작용에 개입하고 출산 후 수유 시에는 젖을 분비하는 일에 개입한다. 또한 옥시토신은 아이에 대한 어머니의 애착 그리고 타인에 대한 신뢰도 발달 등의 사회 행동에 관여하는 심리적 요소에도 영향을 미치는 것으로 밝혀지고 있다(Mikolajczak et al., 2010; Rimmele et al., 2009; Seltzer, Ziegler, & Pollak, 2010; Wade, 2011).

갑상샘: 목에 있는 내분비 샘으로, 대사 기능 및 신체 발달을 조정하는 티록신을 분비함

월경전증후군: 월경 시작 며칠 전에 나타나는 한 다발의 신체적 증상과 심리적 증상

여러 가지 신체장애 및 심리장애는 호르몬의 과다/결핍과 관련되어 있다. 갑상샘에서 분비되는 갑상샘 호르몬은 체내 신진대사(우리의 몸이 음식물을 에너지로 바꾸는 속도) 조절에 개입한다. 갑상샘 호르몬 과다 상태는 불안 및 과민 상태와 결합되어 있다. 갑상샘 호르몬이 부족하면 게으름과 과체중을 초래할 수 있으며 아이들의 지적 발달을 지체시키기도 한다.

월경 주기에는 여성의 테스토스테론 수준이 비교적 안정적인 데 반해 에스트로겐과 프로게스테론 수준은 크게 변한다. 여성 네 명 중 세 명가량은 월경전증후군(premenstrual syndrome)을 경험한다. 월경전증후군이란 매달 월경 전 며칠 동안 겪는 일군의 신체적-심리적 증상을 일컫는다. 이런 증상에는 불안, 우울, 과민성(잦은 짜증), 체내 액체 보유에 따른 체중 증가, 복부 불편함 등이 포함된다(Yonkers, O'Brien, & Eriksson, 2008). 여성 다섯 명 중 한 명 정도가 겪는 월경전증후군은 그 증상이 너무 심해 일상생활의 어려움이나 정신적 고통까지 유발할 정도이다(Halbreich et al., 2006). 월경전증후군이 심한 경우에는 업무 수행 수준이 떨어지거나 결근이 많아진다(Heinemann et al., 2010).

월경전증후군을 초래하는 원인은 아직 밝혀지지 않았다. 호르몬의 불균형—순환하는 에스트로겐이나 프로게스테론이 너무 많거나 적은 경우—이 원인이라는 확고한 증거도 없다. 이들 호르몬 수준 자체보다는 그들에 대한 민감도에서 나는 차이 때문에 여성 중 일부만 월경전증후군에 시달릴 가능성이 고려되고 있다(Kiesner, 2009).

개념 2-36

호르몬은 여러 가지 행동 및 기분 상태와 관련되어 있다.

개념 2-37

여성 네 명 중 약 세 명이 겪게 되는 월경전증후군을 설명하는 데는 호르몬적 요인이 필요한 것 같다.

월경전증후군은 뇌 속에 있는 세로토닌이라는 신경전달물질의 기능이 불규칙적인 것과 연관되었을 수도 있다(Bäckström et al., 2003). 에스트로겐도 세로토닌의 활동에 영향을 미쳐 기분을 바꾸어 놓을 수 있다. 월경 관련 증상을 대처하는 방식, 월경에 관한 문화적 교육, 여성의 일반적 기분 같은 다른 요인도 월경전증후군으로 고생할 가능성에 영향을 미칠 수 있다.

6단원 복습 내분비계: 체내의 다른 의사소통 시스템

되새겨 봅시다

주요 내분비 샘에는 어떤 것이 있는가?

➤ 주요 내분비 샘으로는 뇌하수체, 시상하부, 송과샘, 갑상샘, 부신, 췌장, 생식샘(남성의 고환과 여성의 난소) 등이 꼽힌다.

호르몬이 행동에서 수행하는 역할은 무엇인가?

➤ 갑상샘 호르몬이 지나치면 불안하거나 과민해질 수 있는데, 부족하면 나태해져서 몸이 붓고 아이들의 경우에는 지적 발달이 지체될 수 있다.

➤ 테스토스테론은 공격성과 관련이 있는 것으로 알려져 왔다.

➤ 월경전증후군에는 여성의 성 호르몬이 한몫하는 것 같다.

점검해 봅시다

1. 신경계보다는 턱없이 느리지만, _______계도 체내에서 작용하는 또 하나의 신호전달 시스템이다.
2. 다음 중 내분비 샘에서 몸속 혈류에 직접 방출하는 것을 무엇인가?
   ① 신경전달물질
   ② 호르몬
   ③ 신경조절물질
   ④ 교세포
3. 몸속의 내적 균형 상태를 묘사하기 위해 이용되는 용어는 무엇인가?
4. 내분비 샘 중에서 다른 여러 샘의 활동을 조절하는 역할을 수행하기 때문에 '주샘'으로 알려진 내분비 샘을 _______ (이)라 한다.

생각해 봅시다

➤ 사람들의 행동이 호르몬의 영향을 받는다고 믿는가? 그 이유는 무엇인가?

➤ 이 단원에서는 왜 내분비계를 체내에 있는 또 하나의 의사소통 시스템이라고 소개했는가?

유전자와 행동: 선천과 양육의 사례 7 단원

- 유전적 요인은 행동에 어떤 역할을 담당하는가?
- 행동에 유전적 요인이 미치는 영향을 연구하는 데는 어떤 방법이 이용되는가?

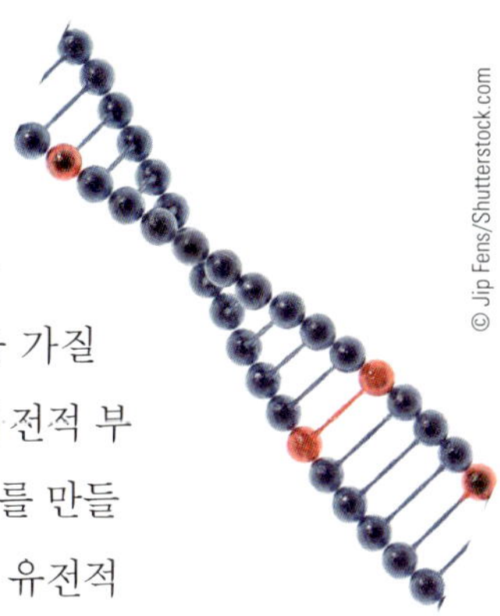
© Jip Fens/Shutterstock.com

살아 있는 유기체는 모두 한 세트의 지시사항을 가지고 태어난다. 그 지시사항에는 그것을 가지고 태어난 유기체가 허파를 가질 것인지 혹은 지느러미를 가질 것인지, 음경을 가질 것인지 혹은 질을 가질 것인지, 파란 눈을 가질 것인지 혹은 갈색 눈을 가질 것인지가 명시되어 있다. 유전자형(genotype) 또는 유전적 부호라고도 하는 이 지시사항이 바로 살아 있는 유기체를 만들어 내고 유지하는 데 필요한 종합 계획에 해당한다. 유전적

유전자형: 개별 유기체가 지닌 유전 부호

유전자: 각 개인의 유전 부호를 지니고 있는 유전의 기본 단위

DNA: 염색체 안에 있는 화학 물질로 각 개인의 유전 부호를 담고 있음

염색체: 각 개인의 유전인자를 지니고 있는 막대기 모양의 구조물로 세포 핵 속에 있음

으로 결정되는 이 지시사항은 유기체의 유전자, 즉 부모로부터 자손에게 전달되는 유전의 기본 단위로 부호화되어 있다.

유전자(gene)는 DNA(deoxyribonucleic acid)라는 나선형 분자가 이중 가닥으로 꼬여 있는 복잡한 구조물이다. 이 구조물은 세포 핵 속에 있는 염색체(chromosome)라는 기다란 가닥에 함께 연결되어 있다. 인간 게놈(또는 인간의 유전 부호)을 구성하는 유전자는 약 20,000~30,000개라는 것이 과학자들의 생각이다(Dermitzakis, 2011; Lupski, 2007). 생식세포(난자와 정자)를 제외한 모든 체세포 각각에는 유전자의 모든 부품이 들어 있다. 생식세포에는 각자가 갖추어야 할 유전자의 절반만 들어 있다. 아이들 각자가 가진 염색체와 그 염색체 속에 들어 있는 유전자 절반은 어머니로부터, 그리고 나머지 절반은 아버지로부터 물려받은 것이다. 수정이 이루어지는 과정에서 어머니의 난자에 있던 염색체 23개와 아버지의 정자에 있던 염색체 23개가 통합되어, 정상적인 세포핵 속에 들어 있는 23쌍의 염색체가 형성된다. 일란성 쌍생아를 제외하고는 동일한 유전자를 공유하는 사례는 있을 수 없다.

인간 게놈 해독 작업을 완수한 과학자들은 이제 특정인의 유전적 각본을 모두 읽을 수 있게 되었다. 과학자들은 그 각본 속에 묻혀 있는 DNA 염기서열에 따라 특정인이 신체 및 정신장애로 고생할 확률이 결정된다고 생각한다(Kendler, 2005a, 2005b). 과학자들은 유전자가 작동하는 방식을 이해하는 데 심혈을 기울이며 특정 신체장애나 정신장애를 유발하는 유전자를 발견하려고 노력하고 있다. 그들은 인간 게놈에 대한 연구를 통해 질병의 유전적 원인을 더욱 정밀하게 파악하여, 악성 유전자의 활동은 차단하고 유익한 유전자의 활동은 활용하는 방법을 개발하고자 한다.

눈 색깔이나 머리칼 색깔 같은 신체적 특징은 유전적 요인에 의해 결정된다는 것이 명백하다. 그러나 사람들의 행동은 어떨까? 유전에 의해 결정되는 것일까, 환경에 의해 결정되는 것일까, 아니면 유전과 환경 두 가지 모두에 의해 조형되는 것일까?

1. 행동에 미치는 유전의 영향

개념 2-38

오늘날의 과학자들은 대부분 사람들의 성격 및 지능이 유전과 환경의 복합적인 상호작용에 의해 조형된다고 믿는다.

개념 2-39

유전적 요인은 특정 행동이나 능력이나 성격 특질이 부상할 가능성을 증가시킬 뿐이다. 그런 행동이나 능력이나 성격 특질이 실제로 나타나고 나타나지 않고는 환경의 영향력과 각자의 경험에 의해 결정된다.

➔ 개념 링크 사람들의 소심성에서부터 모험성에 이르기까지 다양한 성격 특질이 유전의 영향을 받는다는 것이 심리학자들의 믿음이다. 제13장 2단원을 참고하라.

유전자는 행동의 여러 양상에 영향을 미친다(Plomin et al., 2003). 어떤 개는 그 기질이 얌전한데 어떤 개는 대담하고 또 어떤 개는 사납다. 고양이가 아닌 개라는 점에서 이들은 모두 많은 유전자를 공유한다. 그런데도 행동과 신체적 특징에서 많이 다르다. 사람들이 선별적으로 교배시켜 특정 행동 양상과 신체적 특징을 부각시킨 것이다. 그렇다면 인간 행동의 경우는 어떠할까?

심리학에서 가장 오래된 논쟁 중 하나가 선천-양육 문제를 둘러싼 논쟁이다. 행동 양상은 유전(선천)과 환경(양육) 중 어느 것에 의해 조형될까? 아직도 논쟁은 계속되고 있지만, 대부분의 심리학자는 인간의 행동이 유전과 환경 둘 다의 영향을 받는다고 믿는다. 선천-양육 문제를 둘러싼 최근의 논쟁에서는 유전 아니면 환경이라는 생각보다는 특정 행동에 미치는 유전과 환경의 상대적 영향력이 주된 쟁점으로 간주된다는 뜻이다.

사실상 인간의 행동 특질은 모두 유전적 요인의 영향을 어느 정도 받는다(Johnson et al., 2009). 지능, 부끄럼 타는 정도, 충동성, 공격성, 사교성은 물론 음악이나 미술에 대한 적성, 기질이 낙천적인지 비관적인지, 우리가 선택하는 직업, 타인을 도우려는 경향성 등 수많은 인간 특질이 유전의 영향하에 있다(예: Bouchard, 2004; Ellis & Bonin, 2003; Kelsoe, 2010; King & Suzman, 2008; Malouff, Rooke, & Schutte, 2008; Reuter et al., 2010).

유전적 요인은 불안장애, 기분장애, 반사회적 행동장애, 알코올 및 약물 의존성, 조현병 등 많은 심리적 문제에도 개입되어 있다(예: Edvardsen et al., 2009; Malouff, Rooke, & Schutte, 2008; Treutlein et al., 2009). 그러나 우리의 삶과 성격이 어떠할 것인지도 유전자에 의해 결정되는 것은 아니다. 우리가 누구이고 어떻게 행동하며 다른 사람들과 어떻게 어울리는지는 여러 가지 환경 요인과 유전 요인은 물론 이들 두 가지 요인 간 상호작용 등 많은 요인에 의해 결정된다(Champagne & Mashoodh, 2009; Larsen et al., 2010; Yang et al., 2009).

유전자형 또는 유전적 부호는 일종의 '요리법'으로 특정 유기체의 속성 또는 특질을 결정한다. 유전자형이 그 유기체에서 관찰 가능한 특질 또는 표현형(phenotype)으로 표현되는 정도는 유전자와 환경 간의 복잡한 상호작용에 의해 결정된다. 수줍음, 지능 또는 조현병이나 알코올중독에 빠질 소인 같은 심리적 특질은 다유전자적 특질인 것 같다. 이들 특질은 여러 가지 유전자 요인과 환경과의 상호작용에 의해 결정되는 것 같다는 뜻이다.

표현형: 유기체한테서 관찰 가능한 행동 및 신체적 특징 중 유전자형과 환경의 영향을 대변하는 부분

다유전자적 특질: 유기체가 지닌 특질 중에서 여러 가지 유전인자의 복합적 상호작용에 의해 결정되는 특질

우리는 유전적 요인을 특정 행동, 능력, 성격 특질, 또는 심리장애로 진행될 소인 또는 가능성을 창출하는 요인으로 간주해야 한다. 유전인자가 관찰 가능한 행동이나 심리적 특질로 표현되는 방식을 결정하는 데에는 가족관계, 스트레스, 학습경험 같은 환경 요인도 중요한 역할을 담당한다(Confer et al., 2010; Diamond, 2009). 유전자와 환경 간 상호작용에 대한 이해에서 우리가 배울 수 있는 한 가지 교훈은 부모의 훌륭한 양육이 악성 유전자(예: 물질 남용 문제아로 자랄 가능성을 증가시키는 유전자)의 영향력을 고정시켜 버릴 수도 있다는 점이다(Brody et al., 2009). 역으로, 어떤 사람은 다른 사람에 비해 해로운 환경의 영향력(예: 스트레스성 삶이나 좋지 못한 양육)

에 더욱 민감한 유전적 변형을 가지고 있을 수도 있다(Caspi et al., 2010; Reiss, 2010).

데이비드 라이스와 동료들(Reiss et al., 2000)이 수행한 연구를 하나 고려해 보자. 이 연구에서는 부끄러움을 많이 타는 성격 특질에 미치는 유전의 영향력이 아이들의 외적 행동으로 나타나는 정도는 그 아이와 부모를 포함한 주요 주변 인물과의 상호작용에 따라 달라지는 것으로 드러났다. 부끄럼이 많은 아이를 과잉 보호하는 부모는 부끄럼을 많이 타는 유전적 경향성을 강화시키는 반면, 보다 외향적 행동을 장려하는 부모는 그 경향성을 극복하도록 도왔기 때문에 발견한 결과일 수 있다.

그럼 어떻게 해야 환경의 효과를 유전의 효과에서 분리해 낼 수 있을까? 이 질문에 답하기 위해 이용된 몇 가지 방법을 고려해 보기로 하자.

2. 친족 연구: 유전과 환경의 역할에 대한 이해

개념 2-40

유전이 행동에 미치는 영향력을 분석하기 위해 이용하는 친족 연구에는 가족 간 상관연구, 쌍생아 연구, 입양아 연구 등 세 가지가 있다.

➔ 개념 링크 유사성에 있어 이란성 쌍둥이보다 일란성 쌍둥이가 더 큰 정도는 유전자가 지능에 영향을 미친다는 증거로 이용된다. 제7장 3단원을 참고하라.

유전이 행동에 미치는 영향을 연구하는 데는 가족 간 상관 연구, 쌍생아 연구, 입양아 연구 등 다양한 방법이 이용되고 있다. 〈개념 차트 2-7〉에는 친족 연구의 세 가지 유형이 요약되어 있다.

1) 가족 구성원 간 상관 연구

촌수가 가까운 사람일수록 서로 간 유전자가 비슷하다. 부모가 자식과 공유하는 유전자와 형제가 공유하는 유전자는 전체 유전자의 50%에 달한다. 3촌, 4촌, 5촌 등 촌수가 멀어질수록 서로 공유하는 유전자 수는 적어진다. 그러므로 유전자가 특정 특징이나 장애 발달에 개입한다면, 촌수가 가까운 사람끼리일수록 문제의 특징이나 장애를 공유할 확률이 높아질 것이다.

가족 구성원 간 관련성 연구: 특정 장애나 특징이 가족 구성원 사이에 공유되는 정도를 분석하는 연구

가족 구성원 간 관련성 연구는 조현병 같은 심리장애에서 발견되는 가족 구성원 간 관련성을 연구하는 데 이용됐다. 촌수가 가까울수록 조현병을 함께 앓을 위험성이 높아진다는 연구 결과는 이 질환의 발발에 유전이 한몫한다는 증거이다. 그 위험성이 3촌과 4촌 간의 2%대에서 일란성 쌍생아 간에는 48%까지 증가한다. 그러나 이러한 연구의 주요 단점은 혈연관계가 가까울수록 성장 환경이 비슷할 가능성도 높아진다는 점이다. 이 때문에 연구자들은 쌍생아 연구 및 입양아 연구를 통해, 행동에 미치는 유전과 환경의 상대적 영향을 분리하고자 하였다.

2) 쌍생아 연구

일란성 쌍생아: 단일 접합자에서 성장했기 때문에 유전자가 동일한 쌍둥이

접합자: 수정된 난자

이란성 쌍생아: 서로 다른 접합자에서 성장했기 때문에 유전자의 절반(50%)만 동일한 쌍둥이

일란성 쌍생아의 경우 수정된 난자(또는 접합자) 하나가 두 개의 세포로 분열되어 각각 별개의 사람으로 성장한다. 두 개의 세포로 분열되기 전에는 유전 부호가 하나의 세포 속에 들어 있었기 때문에 일란성 쌍생아의 유전자는 동일하다. 이란성 쌍생아는 모의 난소에서 두 개의 난자가 생겨나, 다른 정자에 의해 수정되어, 각각이 별개의 인물로 성장한 경우에 해당한다. 따라서 이란성 쌍생아는 다른 형제들과

마찬가지로 서로 공유하는 유전자가 50%밖에 되지 않는다.

쌍생아 연구에서는 어떤 특질이나 장애가 두 사람 모두에게서 발견되는 비율(즉, 일치율, concordance rate)을 비교한다. 이란성 쌍생아보다 일란성 쌍생아에서 일치율(즉, 쌍생아 둘 다가 동일한 특질이나 장애를 가지는 비율)이 높을수록 그 장애 또는 특질에 미치는 유전의 영향력은 더 큰 것으로 간주된다(Price & Jaffee, 2008). 여러 가지 심리장애, 심지어는 조현병 같은 장애에서도 이란성 쌍생아보다 일란성 쌍생아의 일치율이 높게 나타나고 있다(Hamilton, 2008; Kendler, 2005a).

쌍생아 연구: 특정 장애나 특질을 두고 쌍둥이 간 일치율이 일란성 쌍생아나냐 이란성 쌍생아냐에 따라 변하는 정도를 분석하는 연구

일치율: 쌍생아 연구에서 자주 이용되는 수치로, 어떤 특질이나 장애가 두 사람 모두에게서 발견되는 비율

그러나 쌍생아 연구에는 심각한 단점이 있다. 이란성보다 일란성 쌍생아가 동일하게 취급되었을 가능성이 더 크다는 점이다. 따라서 일란성 쌍생아의 높은 일치성에는 유전뿐 아니라 환경도 영향을 미쳤을 것이다. 예를 들어, 일란성 쌍생아가 같거나 비슷한 옷을 입고 자랐을 가능성이나 같은 악기를 배웠을 가능성 등이 높았을 것이다. 이러한 제한점에도 불구하고 쌍생아 연구는 성격 및 지적 발달에 작용한 유전의 영향에 관한 유용한 정보를 제공해 왔다.

© Andi Berger/Shutterstock.com

〈개념 차트 2-7〉 **친족 연구의 유형**

연구 유형	분석 방법	평가
가족 구성원 간 상관관계 연구  © Andresr/Shutterstock.com	가족 구성원이 공유하는 특질 및 장애를 촌수를 기준으로 분석	가족관계(촌수)가 가까울수록 일치율이 높으면 유전이 행동에 더 큰 영향을 미친다는 증거로 간주 관계가 밀접한 사람끼리는 성장 배경도 비슷할 가능성이 높다는 한계점
쌍생아 연구  © Kenneth Sponsler/Shutterstock.com	일정한 특징이나 장애를 두고 일란성 쌍생아 간 일치율과 이란성 쌍생아 간 일치율을 비교 분석	일란성 쌍생아 간 일치율이 이란성 쌍생아 간 일치율보다 높다는 것은 유전이 행동에 미치는 영향이 강하다는 것으로 간주 이란성 쌍생아보다 일란성 쌍생아가 자란 환경이 더 유사할 수 있다는 점이 단점으로 작용
입양아 연구  © Yurchyks/Shutterstock.com	신체/심리장애와 특정 특징을 두고 입양아-양부모 간 유사성과 친자식-친부모 간 유사성 또는 함께 자란 일란성 쌍생아 간 유사성과 떨어져 자란 일란성 쌍생아 간 유사성을 비교 분석	유전의 역할과 환경의 역할을 구분하는 가장 분명한 방법 그러나 떨어져 자란 쌍생아의 태내 및 출생 직후의 환경이 유사했다는 점이 간과될 수도 있음

입양아 연구: 사람들이 지닌 심리적 특질 또는 그들이 겪는 질환에 있어 입양아와 양부모와의 관계 그리고 입양아와 생부모와의 관계를 비교하는 연구

3) 입양아 연구

환경과 유전의 역할을 구분하는 가장 분명한 방법은 입양아를 이용한 연구를 수행하는 것이다. 입양아 연구에서는 입양아와 양부모의 관계 그리고 입양아와 생부모의 관계를 비교한다. 심리장애나 특질에서 양부모와 더 닮았다면, 이런 장애나 특질 발달에는 환경이 더 중요하게 작용했다는 주장이 가능해진다. 반대로 입양아가 생부모와 더 많이 닮았다면, 이는 유전의 영향력이 더 강력했다는 증거가 된다.

일란성 쌍생아가 어릴 적에 헤어져 서로 다른 양부모 밑에서 자랐다면, 이 둘 간의 차이는 모두 환경 때문에 발생한 차이로 간주될 수 있다. 아주 어릴 적에 일란성 쌍생아가 서로 다른 가정에 입양되어 자라는 일 같은 자연적 실험은 자주 일어나지 않는다. 하지만 일단 일어났다 하면 유전과 환경의 역할을 분석하는 데 특별한 기회를 제공한다. 한 획기적인 연구 결과에 의하면, 서로 다른 가정에 입양된 일란성 쌍생아는 함께 양육된 쌍생아와 다양한 성격 특질에서 유사성이 매우 높았다 (Tellegen et al., 1988). 이 발견은 유전이 성격 발달에 중요한 역할을 담당함을 암시한다. 하지만 이들 연구에서는 떨어져 양육된 쌍생아가 처했던 환경에 공통점이 많았을 가능성이 간과되었을 수 있다. 쌍생아가 태어나자마자 입양되는 경우는 드물기 때문에 유아 시절에는 같은 환경에서 자랐을 수 있다. 또 많은 경우에 살아가면서 주기적인 만남을 계속한다. 따라서 떨어져 양육된 쌍생아들은 유전과는 전혀 관계없이 같은 환경 속에서 다른 사람의 영향을 받았을 수 있고 또 서로 간에 영향을 주고받았을 수도 있다.

7단원 복습 유전자와 행동: 선천과 양육의 사례

되새겨 봅시다

유전적 요인은 행동에 어떤 영향을 미치는가?

- 유전적 요인은 동물의 행동 및 기질에 중대한 영향을 미친다.
- 인간의 성격과 지적 발달은 유전 요인과 환경 요인의 복잡한 상호작용에 의해 결정된다.

행동에 미치는 유전의 영향을 연구하는 데 이용하는 주요 연구 방법은 무엇인가?

- 인간 행동에서 유전의 역할을 연구하는 데는 친족 연구 세 가지—가족 구성원 간 상관 연구, 쌍생아 연구, 입양아 연구—가 주로 이용되어 왔다.

점검해 봅시다

1. 과학자들이 추정하는 인간 게놈 속 유전자 개수는 얼마나 되는가?
   ① 5,000개 이하 ② 10,000개
   ③ 20,000~30,000개 ④ 100,000개 이상
2. 선천-양육 문제를 둘러싼 오랜 논쟁의 핵심 질문은 무엇인가?
   ① 우리가 가진 유전 부호 중 다른 사람과 공유하는 정도는 얼마나 되는가?
   ② 인간의 행동에 더 강력한 영향을 미치는 것은 유전자형인가 혹은 표현형인가?
   ③ 인간의 행동을 지배하는 것은 유전인가 혹은 환경인가?

④ 양육이 유전자형에 영향을 미치는 정도는 얼마나 되는가?

3. 다유전자적 특질이란 무엇인가?
   ① 여러 가지 유전자의 영향을 받는 특질이다.
   ② 다유전자적 유전자의 영향을 받는 특질이다.
   ③ 유전자의 결합에 의해 결정된 특질이다.
   ④ 여러 유전자의 조합으로 완전히 결정되는 특질이다.
4. 유전이 행동에 미치는 영향을 검토하기 위해 주로 이용되는 연구 방법은 무엇인가?
5. 이란성 쌍생아가 생겨나는 조건은 무엇인가?
   ① 하나의 접합자가 형성된 후 두 개의 세포로 분해할 때
   ② 다른 정자에 의해 두 개의 난자가 수정될 때
   ③ 두 개의 정자가 하나의 난자를 수정시킨 후, 절반으로 분해될 때
   ④ 동일 난자가 수정을 통해 두 개의 접합자로 형성할 때

생각해 봅시다

➤ 자신의 성격 특질 중 어떤 측면이 유전에 의해 선천적으로 결정된 것 같은가?

➤ 행동에 미치는 유전의 영향과 환경의 영향을 분리하기 위해 이용되는 연구 방법에는 어떤 것이 있고, 이들 방법의 제한점은 무엇인가?

인간의 뇌를 스캔하기 8 단원

세련된 뇌 영상기법 개발에서 시작된 인지신경과학의 발달로 뇌가 작동하는 방식에 대한 우리의 이해도 한층 더 확대되고 있다. 여기서는 살아 있는 뇌를 직접 들여다보게 함으로써 뇌의 작동 방식에 대한 이해를 가능하게 한 뇌 스캔 기술을 검토해 보기로 하자.

1. 뇌 속의 기억 회로 찾아내기

영상기법을 이용한 연구에서는 실험실 동물의 머릿속에서 그 동물의 과거 경험에 상응하는 신경회로를 찾아냈다(Bartho et al., 2004; Csicsvari et al., 2003). 이러한 방식의 연구는 아직 그 초창기에 있지만 인간의 머릿속에서도 과거 경험을 보관하고 있는 기억 회로를 꼬집어낼 수 있을 것이라고 암시한다. 언젠가는 사람의 뇌 활동을 분석하여 그 사람의 생각과 기억의 흐름을, 마치 컴퓨터 화면에서 떠다니는 생각을 관찰하는 것처럼 실시간으로 탐지해 낼 수도 있을 것이다(Haynes & Rees, 2006). ([그림 2-20] 참조).

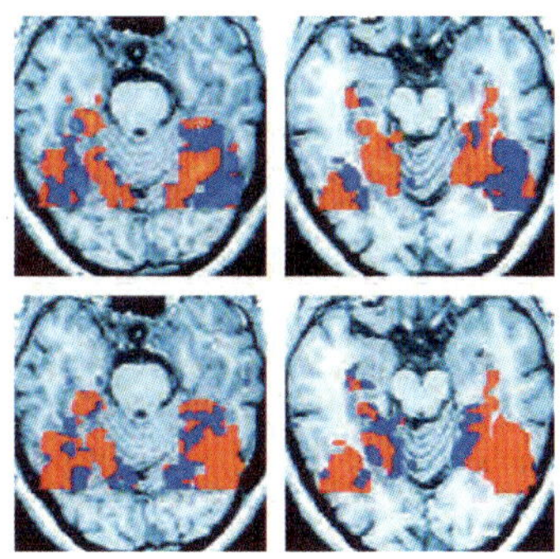

[그림 2-20] 지금 무슨 생각을 하고 있는가?

fMRI 반응을 분석하여, 사람들이 바라보는 자극에 따라 뇌에서 발생하는 상이한 신호를 탐지해 냈다. 적색 부분은 얼굴 사진이 자극으로 제시되었을 때 신호가 강해지는 영역이다. 청색 부분은 건물 사진이 자극으로 제시되었을 때 신호가 활발해지는 영역을 나타낸다. 이런 식으로 뇌의 활동을 반영하는 이미지를 분석해 내면 결국에는 무슨 생각을 하고 있는지 밝혀낼 수 있을지도 모른다.

출처: Haynes & Rees (2006).

2. 성격 특질 밝혀내기

뇌 영상을 통해 성격 특질을 밝혀낼 수도 있을 것이다. 최근의 한 연구에서, [그림 2-21]에 있는 것처럼, 긍정적 이미지를 담은 사진과 부정적 이미지를 담은 사진을

참여자에게 보여 주고 그들의 뇌에서 벌어지는 신경 활동을 최신 영상 기술을 이용해 추적하였다. 그 결과, 참여자의 성격 특질에 따라 뇌의 활동 양상이 달라진다는 사실이 발견되었다. 성격 특질이 외향적(사교적이고, 인간 중심적인)이냐 신경증적(불안하고 걱정이 많은)이냐에 따라 긍정적 이미지와 부정적 이미지에 대한 반응 양상이 다르게 나타난 것이다. 이 연구의 책임자 터한 캔리(Turhan Canli)는 이렇게 말했다. "내가 바라보고 있는 이 [특정] 활동 양상이 어떤 조건에서 생성된 것인지만 안다면, 그 사람의 성격 특질을 상당히 정확하게 예측할 수 있을 것이다"(Pepper, 2005 재인용).

3. 취업 지원자 선별

뇌 영상기법은 취업 지원자 선별법으로도 이용될 수 있다. 학력, 관심 분야, 경력 같은 전통적 이력서 속 내용 말고도 미래의 면접관은 취업 지원자의 머릿속을 들여다볼 수도 있을 것이다(Pepper, 2005). 캔리는 긍정적 이미지가 담긴 사진과 부정적 이미지가 담긴 사진에 대한 뇌 속 신경반응을 분석하여 특정 과제 수행에 어떤 사람이 더 적격인지를 검토하기 시작했다.

뉴로마케팅: 광고 및 기타 상품-관련 자극에 대한 뇌의 반응을 탐사하는 새롭게 부상하는 마케팅의 한 분야

4. 뉴로마케팅

뇌 영상은 사람이 특정 물건을 구입하고 싶어 할 때 그 사람의 머릿속에서 어떤 일이 벌어지는지만 보여 주는 게 아니라 특정 상품을 구입하거나 이용할 가능성은

검사
실험 참여자가 여기에 있는 사진과 같은 '긍정적' 이미지와 '부정적' 이미지를 바라보는 동안, 뇌-스캔 장치는 뇌 속 이곳저곳에 있는 신경세포의 반응 양상에서 나는 차이를 추적하였다.

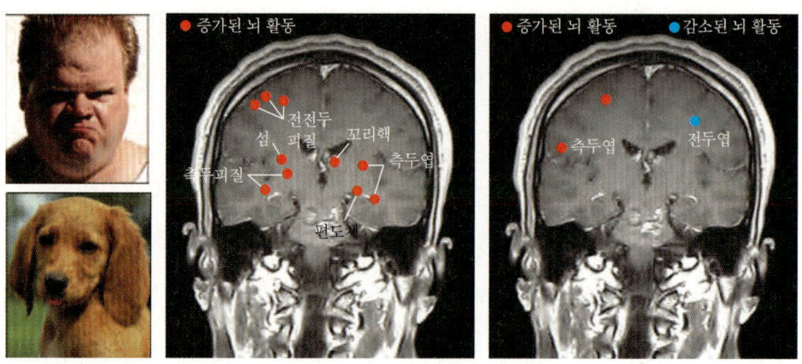

1. 외향성: '긍정적' 이미지가 사교적이고 정서적으로 긍정적인 사람의 뇌에서 자극한 영역
2. 신경증: '부정적' 이미지가 불안에 민감하고 정서적으로 부정적인 사람의 뇌에서 유발한 반응

[그림 2-21] 드러나는 성격

성격 특질이 서로 다른 사람(외향성 vs. 신경증적)의 뇌에서는 긍정적 이미지와 부정적 이미지에 대해 서로 다르게 반응한다. 이러한 연구 방법을 통해 우리는 뇌의 기능과 성격 유형 간의 관계에 대해 더 많은 것을 배우게 될 것이다.

출처: *Newsweek* (2005. 2. 21), p. E.26.

물론 광고에 반응하는 방식까지도 예측하게 해 준다. 뉴로마케팅(neuromarketing)이라는 새로 부상하는 분야에서는 뇌파의 양상을 탐사하여 광고 및 기타 상품 관련 자극에 대한 뇌의 반응을 측정한다(Nevid, 2010). 물론 마케터는 EEG와 기타 생체 측정 도구를 이용해 탐지해 낼 수 있는 이런 '머릿속 속삭임'을 찾아내고 싶어 한다. 그렇게 하면 가장 큰 관심과 정서 반응을 유발하는 광고가 어떤 광고인지를 판단할 수 있기 때문이다(Singer, 2010).

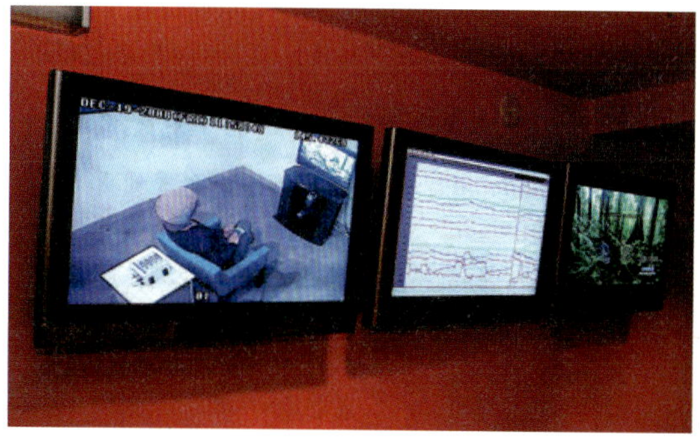

Courtesy of Neurofocus

[그림 2-22] 뇌가 TV 광고에 반응하는 방식
마케팅 연구자들은 생물측정학을 이용하여 광고에 대한 소비자 반응을 탐사하려 하고 있다. 위 사진은 뇌파측정용 모자와 안구 움직임 측정장치를 착용하고 있는 참여자가 TV 화면에 뜬 광고 영상을 보고 있는 모습이다.

최근 UCLA의 한 실험실에서는 자외선 차단제 사용의 중요성을 강조하는 공무원의 강연을 보고 듣는 대학생들의 머릿속을 스캔해 보았다(Falk et al., 2010). 실험에 참여한 학생들은 다음 주에 자기가 자외선 차단제를 얼마나 많이 사용할 것 같은지를 지적해야 했다. 일주일 후에 그 학생들에게 연락을 취해 지난 일주일 동안 자외선 차단제를 얼마나 자주 사용했는지 물어보았다. 그 결과, 전전두 피질의 특정 영역에서 기록된 활성화 정도가 학생들이 예측한 것보다 훨씬 더 정확하게 예측할 수 있는 것으로 드러났다.

광고인은 다음과 같이 지적했다. 심리학자들이 신경반응과 소비자 행동 간 관계를 더 많이 알게 될수록 마케터들은 이런 지식을 이용하여 뇌의 반응을 직접 유발하는 보다 효과적인 광고를 개발할 수도 있을 것이다. 하지만 뉴로마케팅 분야에서는 뇌파의 양상으로 소비자의 구매 행동을 예측할 수 있다는 사실부터 입증해야 한다.

5. 심리장애 진단하기

뇌 영상 기법은 심리장애나 정신장애를 진단하는 데도 이용할 수 있다. 양극성장애, 조현병, 주의력결핍 과잉행동장애(ADHD) 같은 이상 행동의 신호를 탐지해 내는 데 뇌 스캔 기법을 활용할 방법을 탐구하는 연구가 활발하게 진행되고 있다. 연구자들은 뇌 스캔 기법이 종양 및 기타 신체장애를 찾아내는 데 이용되고 있는 것과 똑같이, 뇌 스캔 기법을 이용해 심리장애의 신호를 찾아내고자 한다(Cyranoski, 2011; Raeburn, 2005). 이들 기법도 현재로서는 실험용으로만 이용되고 있다. 그러나 보통 사람들이 생각보다는 더 일찍, 머지않아 이들 기법도 흉부 X선이나 치과용 X선처럼 흔히 이용되는 방법이 될지도 모른다.

심리학에 대해 비판적으로 생각하기

이 장에서 배운 내용을 기초로 다음 질문에 답을 만들어 보자. 그런 후, 부록 A에 제시된 모범 답안과 비교하여 자신의 비판적 사고력이 향상된 정도를 평가해 보자.

피니어스 게이지의 사례는 심리학 연대기에서 가장 잘 알려진 사례연구에 속한다. 이미 알고 있겠지만, 1848년 게이지가 겪은 사고에서는 쇠막대가 그의 뺨을 뚫고 들어가 뇌를 통해 두개골 정상을 뚫고 나와 버렸다. 그런데도 그는 살아남았고 스스로 일어나 자기를 돕기 위해 달려온 일꾼들에게 말까지 걸었다. 큰 부상을 입고도 살아났지만, 그의 성격은 변해 버렸다. 변해도 너무 변해 사람들은 그가 '예전의 게이지가 아니다!'라고 말할 정도였다.

1. 게이지가 입은 부상으로 뇌에서 통제하는 호흡이나 심장박동 같은 기본적인 생존 기능이 아닌 성격이 바뀐 이유는 무엇일까?
2. 어떻게 하면 게이지가 입은 부상의 특징으로 점잖고 양심적이던 사람이 공격적이고 무례한 사람으로 변해 버린 이유를 설명할 수 있을까?

눈으로 복습하기 제2장 행동의 생물적 기반

1 단원 신경세포

신경세포의 부분

- 세포체
- 축삭: 다른 신경세포로 나아가는 신호 또는 활동전위를 전도하는 '케이블'
- 가지돌기: 세포체에 붙어 있는 나뭇가지 모양의 구조물. 이웃 신경세포에서 메시지를 받아들인다.
- 종말단추: 축삭의 끄트머리에 달린 단추 모양의 구조물. 신호전달에 이용될 신경전달물질을 담고 있다.
- 수초: 축삭을 덮고 있는 지질

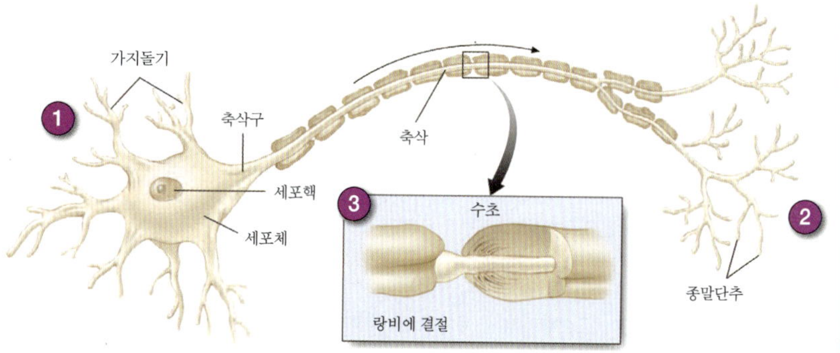

신경세포

신경반응의 전달

- 활동전위: 실무율에 따라 생성된 신경반응
- 신경전달물질: 이웃 신경세포로 전갈을 운반하는 화학적 전달자

2 단원 신경계

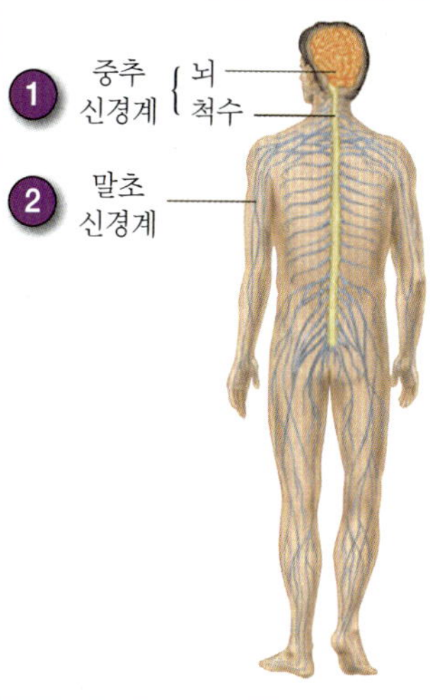

- 중추신경계: 뇌와 척수
- 말초신경계: 몸체를 외부와 연결해 주는 장치
- 체성신경계: 말초신경계의 일부로 감각기관에서 수집된 감각 정보를 중추신경계로 전달해 주고 중추신경계에서 내린 명령을 근육으로 보내는 일을 하는 시스템
- 자율신경계: 자율적 신체 기능 및 작용을 통제한다.
- 교감 및 부교감신경계: 신체 작용에 거의 상반된 효과를 유발한다.

3~5 단원 뇌

- 후뇌: 연수/수뇌, 교뇌, 소뇌로 구성되어 있다. 생존 기능에 관여한다.
- 중뇌: 후뇌와 전뇌를 이어 주는 신경경로, 망상체도 포함된다.
- 전뇌: 시상, 시상하부, 변연계, 뇌를 덮고 있는 바깥 부분, 즉 고차적 정신 활동 및 수의적 움직임을 책임지는 네 개의 엽으로 나뉘는 대뇌피질로 구성된다.
- 뇌 연구 방법: 영상기법(EEG, CT 스캔, PET 스캔, MRI)과 실험기법(손상법, 전기 기록법, 전기 자극법)
- 뇌의 편재화: 좌우 반구의 기능적 특화

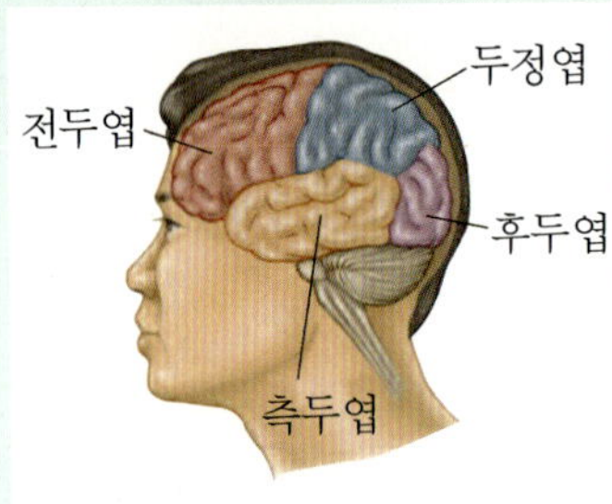

대내피질의 엽

6 단원 내분비계

주요 내분비 샘과 호르몬

- 뇌하수체: 성장 호르몬, ACTH, 옥시토신
- 시상하부: 방출요인
- 송과샘: 멜라토닌
- 췌장: 인슐린
- 갑상샘: 갑상샘 호르몬
- 부신: 피질성 스테로이드, 에피네프린, 노르에피네프린
- 난소: 에스트로겐, 프로게스테론
- 고환: 테스토스테론

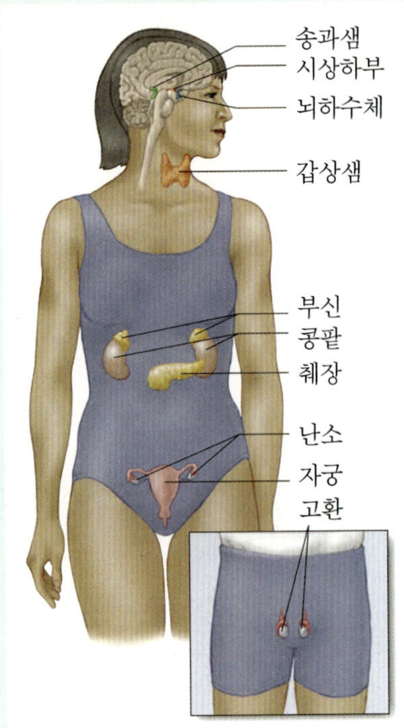

7 단원 유전자와 행동

- 유전자형 대 표현형: 유전적 부호화 대 관찰 가능한 특질
- 친족 연구의 유형: 가족 구성원 간 상관 연구, 쌍생아 연구, 입양아 연구

제3장 감각과 지각

나의 딸, 거인

생활의 한 단면 어느 날 젖먹이 딸 다니엘라가 거인으로 돌변했다. 아니, 적어도 그렇게 보였다. 나는 태어나서 처음으로 기어 보려는 다니엘라의 시도를 비디오테이프에 담고 있었다. 아이가 카메라를 알아차리기 전까지는 모든 게 순조로웠다. 카메라를 보자마자 그걸 들고 있는 나에게 기어 오기 시작했다. 아이가 가까이 다가오자 카메라의 뷰파인더에 비친 다니엘라의 모습이 점점 커지더니, 결국에는 내 시야의 모든 물건을 가릴 만큼 커져 버렸다. 내 눈에 비친 우리 딸의 거대한 이미지는 계속 커지고 있었다. 그러나 나는 두렵지 않았다. 눈에서 뇌로 전달되는 그러한 정보에도 불구하고 나는 우리 딸이 거인으로 변하지 않는다는 사실을 알고 있었기 때문이다. 우리는 눈앞의 물체가 우리 쪽으로 다가옴에 따라 눈에 비친 그 물체의 상은 커지는데도 불구하고 실제 크기는 변하지 않는 것으로 지각한다. 하지만 바로 눈앞에서 거인으로 변해 가는 아이를 바라보는 느낌은, 특히 그 거인이 카메라를 집어삼키려 할 때라면 더 놀라운 경험이 될 것이다.

우리의 감각기관은 바깥세상으로부터 자극이라는 폭탄세례를 끊임없이 받고 있다. 우리가 살고 있는 세상에는 수많은 빛과 소리와 화학물질이 뒤섞여 있다. 빛은 눈을 자극하고 소리는 귀를 자극하며, 공기 속 화학물질은 코를 자극한다. 음식을 먹고 음료수를 마실 때면 우리의 코와 혀는 또 다른 화학물질의 자극을 받는다. 이 장에서는 우리의 감각기관이 외부 자극에 반응하는 방식과 그 자극을 뇌에서 사용할 수 있는 감각신호로 바꾸는

다음 사실을 알고 있었나요!

- 인간의 후각은 개의 후각만큼 민감하지 못하다. 그러나 인간도 작은 집 안에 향수 한 방울이 퍼져 있는 것까지 냄새로 탐지할 수 있다. (p. 136)
- 속귀에 있는 모세포가 구부러지기 때문에 우리는 들을 수 있다. 그러나 이들 세포는 실제로 모(hair)가 아니다. (p. 151)
- 앞으로 몇십 년 안에 청력을 상실하게 되는 사람 수가 천문학적으로 증가할 것 같다. 그 주범은 우리가 살고 있는 주변이 너무 시끄럽기 때문이다. (p. 153)
- 이성의 몸에서 분비되는 체액에 노출되면, 우리 행동에 미묘한 변화가 생긴다. 그러나 우리는 그 사실을 의식하지 못한다. (p. 158)
- 어떤 사람들은 브로콜리의 맛을 싫어하도록 태어난다. (p. 160)
- 영화를 가능하게 만드는 기제는 영사기가 아닌 관객에게 있다. (p. 177)

학습 목표

이 장을 제대로 공부한 학생은

1. 감각과 지각의 차이를 설명할 수 있다.
2. 절대 식역, 차이 식역, 신호탐지 이론, 감각 적응에 대한 정의 및 서술, 이들이 감각 과정에 미치는 영향에 대해 설명할 수 있다.
3. 정신물리학을 정의할 수 있다.
4. 눈과 귀의 구성 요소를 알아보고 시각, 청각, 기타 감각기관의 작업 방식을 설명할 수 있다.
5. 신체-감각기관의 감각 수용기를 알아보고 그들이 하는 일을 서술할 수 있다.
6. 지각이 주의, 지각 경향, 시각 처리 양식 등에 영향을 받는 방식을 설명할 수 있다.
7. 형태주의 심리학자들이 주장하는 지각적 조직의 원리를 알고 이를 서술할 수 있다.
8. 지각 항등성이란 개념을 서술하고 이 지식을 모양, 크기, 색채, 밝기 지각에 적용할 수 있다.
9. 거리 판단 및 움직임 지각에 이용되는 단서를 서술할 수 있다.
10. 흔한 착시를 서술하고 깊이 지각에 이용되는 단서를 이용해 그 착시를 설명할 수 있다.
11. 역하 지각 및 초감각적 지각의 존재에 관련된 증거를 평가할 수 있다.
12. 통증 지각에 개입된 생물적 요인과 심리적 요인에 대한 지식을 통증 관리 방법 개발에 적용할 수 있다.

미리 보기

방식이 소개된다. 뇌에서는 이렇게 생성된 감각신호를 이용해 시각, 청각, 촉각, 후각, 미각 경험을 생성한다. 여러분은 우리의 뇌가 여러 가지 감각 정보를 조립하여 지각이라고 하는 의미 있는 인상을 만들어 내는 방식을 배우게 될 것이다. 뇌가 우리 몸의 위치 변화를 감지하는 방식도 배우게 될 것이다. 우리 뇌의 이러한 능력 덕분에 우리는 넘어지지 않고 주변을 활보할 수 있다. 우리 감각기관의 작용 속도는 엄청나게 빠르다. 그러나 진짜 경이로운 것은 뇌가 여러 감각기관에서 받아들인 모든 정보를 어떻게 처리하기에 우리가 세상을 감지하고 또 그 안에서 어떤 일이 어떻게 벌어지는지를 알게 되는 것일까라는 점이다. 사례 나의 '거인' 딸에서 소개했듯, 감각과 지각은 상이한 과정이다. 우리가 감지하는 것과 우리가 지각하는 것이 반드시 일치하지는 않는다.

감각과 지각에 대한 연구는 심리학에서 결정적인 역할을 한다. 행동과 정신 활동에 대한 연구는 우리 주변에서 받아들이는 입력 정보 그리고 감각기관과 뇌가 그 정보를 해석하는 방식에 시작되기 때문이다. 먼저 감각기관이 작동하는 방식을 살펴본 후, 뇌에서는 받아들인 감각 정보를 어떻게 조립하는지를 탐구할 것이다. 우리의 뇌는 이 조립 작업을 통해 주변 세상의 다채로운 색상과 소리를 이해하게 해 주는 지각 경험을 만들어 낸다.

세상을 감지하기: 감각의 기본 개념

1 단원

- 감각이란?
- 절대 식역과 차이 식역의 차이점은?
- 신호 탐지에 개입하는 요인은?
- 감각 적응이란?

감각(과정, sensation)이란 감각기관이 받아들인 자극을 신경반응으로 변형시키는 과정이다. 우리의 뇌는 이 과정의 산물을 이용하여 시각, 청각, 미각, 후각, 촉각 등의 경험을 창출한다.

우리가 가진 감각기관 각각은 감각 수용기(sensory receptor)라는 특화된 세포를 지니고 있다. 감각 수용기는 빛, 소리, 냄새 등 바깥세상의 자극을 탐지하여 신경반응으로 변형시키고, 뇌는 이들 신경반응을 이용하여 시각이나 청각 등의 감각 경험을 만들어 낸다(DeWeese & Zador, 2006; Sharpee et al., 2006). 감각 수용기는 신체의 전 영역에서 발견된다. 눈, 코, 귀, 입 등의 감각기관에서는 물론 관절이나 근육 같은 곳과 피부의 모든 곳에서 발견된다. 이 단원에서는 감각 수용기가 외부 자극에 반응하는 방식과 이들 자극이 뇌에서 감각 경험을 창출할 때 사용되는 신호로 변형

감각/감각과정: 바깥세상의 자극을 받아들여 변형하고 처리하여 시각, 촉각, 청각, 미각, 후각 등의 경험을 창출하는 과정

감각 수용기: 감각 자극을 탐지하여 신경반응으로 전환하는 작업을 하도록 특화된 세포

정신물리학: 물리적 자극의 속성(예: 빛이나 소리의 강도)과 그 자극에 대한 반응으로 우리가 경험하게 되는 감각 경험 간 관계를 연구하는 학문

개념 3-1

감각(또는 감각과정)은 감각기관에 가해진 물리적 자극이 신경반응으로 변하는 과정을 일컫는다. 우리의 뇌는 이렇게 생성된 신경반응을 이용하여 시각, 촉각, 청각, 미각, 후각 등의 경험을 창출한다.

되는 방식을 검토할 것이다.

감각과정에 대한 탐구는 정신물리학에서 시작되었다. 정신물리학(psychophysics)에서는 빛, 소리, 냄새 같은 물리적 자극의 변화와 이들 자극의 변화에 대한 우리의 경험이 어떤 관계에 있는지를 연구한다. 정신물리학은 19세기 독일 과학자 구스타프 페히너(Gustav T. Fechner)의 연구에서 시작되었다. 1879년 최초의 심리학 실험실을 세운 사람은 빌헬름 분트(Wilhelm Wundt)로 칭송되고 있지만, 일부 사가들은 페히너가 1860년 발행한 『정신물리학의 요소(Elements of Psychophysics)』를 과학적 심리학의 시작이라고 믿고 있다.

감각과정에 대한 우리의 공부는 모든 감각기관의 작용에서 발견되는 공통적 특징인 식역, 신호 탐지, 감각 적응을 검토하는 데서 시작하기로 하자.

절대 식역: 우리 각자가 탐지해 낼 수 있는 자극의 최소 강도

1. 절대 식역과 차이 식역: 무언가가 있나, 어떤 다른 게 있나

개념 3-2

감각 수용기는 빛이나 소리 같은 감각 자극의 근원을 뇌에서 이용할 수 있는 신경반응으로 전환하는 작업을 한다. 뇌는 이 신경반응을 이용하여 감각 경험을 만들어 낸다.

개념 3-3

정신 물리학자들의 연구를 통해 우리는 외적 자극과 감각 경험 간 관계의 본질을 알게 되었다.

개념 3-4

우리의 감각기관이 특정 자극의 존재를 탐지하고, 두 자극 간 차이를 탐지해 내는 데 필요한 자극의 강도는 다양하게 변한다.

우리의 감각 수용기는 특정 유형의 자극에는 놀라울 정도로 민감하다. 맑은 밤에는 거의 50km 가까이 떨어진 촛불까지 탐지할 수 있다. 또한 향수 한 방울의 냄새가 작은 집 안에 퍼져 있는 것까지도 탐지해 낼 수 있다. 절대 식역이란 어떤 사람이 확실하게 탐지해 낼 수 있는 특정 자극의 최소량을 일컫는다. 〈표 3-1〉에는 갖가지 감각기관의 절대 식역이 나열되어 있다.

절대 식역은 사람마다 다르다. 감각 자극에 대한 민감도 역시 사람에 따라, 또 자극(예: 소리, 냄새)에 따라 다르다. 페히너는 각 감각기관의 절대 식역치를 찾아내고 싶었다. 그는 사람들에게 상이한 강도/크기의 자극(예: 밝은 불빛과 어두운 불빛)을 제시하고 그 자극이 보이냐고 물었다. 이 방법은 어떤 자극의 절대 식역치를 그 자극이 탐지할 확률이 50%일 때의 강도 또는 크기로 정의하였다. 탐지되는 확률이 50% 이하인 자극은 식역치 이하의 자극으로 간주되고, 그 확률이 50% 이상이면 식역치 이상의 자극으로 간주되었다.

19세기 독일 과학자 에른스트 베버(Ernst Weber, 1795~1878)는 사람들이 탐지해

〈표 3-1〉 감각기관별 절대 식역

감각	자극	수용기	식역
시각	빛	간상체, 추상체	맑은 어두운 밤에 약 48km 떨어진 촛불 하나
청각	소리	속귀의 모세포	조용한 실내에서 약 5m 거리에서 나는 초침 소리
미각	화학물질	미뢰	약 8ℓ의 물에 용해된 티스푼 하나 분량의 설탕
후각	화학물질	수용기 세포	향수 한 방울이 작은 집 안에 퍼져 있는 냄새
촉각	피부의 움직임	피부 속	약 1cm 위에서 뺨에 떨어뜨린 벌의 날개

출처: Galanter (1962)에서 수정.

낼 수 있는 자극 간 최소 차이를 연구하였다. 사람들이 확실하게 탐지해 낼 수 있는 두 자극 간 최소 차이를 차이 식역(difference threshold) 또는 가까스로 탐지할 수 있는 차이(가탐차)라 한다. 가탐차(just-noticeable difference)는 우리의 감각기관 모두에 적용된다.

자극의 강도/크기가 달라지면 차이 식역은 어떻게 변할까? 베버는 이 질문에 대한 답을 베버의 법칙(Weber's law)으로 요약하였다. 이 법칙에 따르면, 차이 식역의 크기는 기준 자극 값의 일정한 분량에 해당한다. 베버의 상수로 알려진 이 일정 분량은 자극의 종류에 따라 달라진다. 예를 들어 보자. 차이 식역 실험에 이용된 두 개의 자극 중 기준 자극의 무게가 10kg이었다고 하자. 또한 비교 자극으로 제공된 여러 개(예: 10.5kg, 11kg, 11.5kg, 12kg, 12.5kg 등)의 자극 중 열 번 들어서 다섯 번 이상을 그 무게가 기준 자극의 무게(즉, 10kg)보다 무겁다고 판단된 자극이 12kg 이었다면, 가탐차는 2kg(비교 자극 12kg−기준 자극 10kg)이 되고, 베버의 상수는 20%(2kg/10kg×100%)가 된다. 이제 기준 자극의 무게를 50kg으로 설정하면, 비교 자극의 무게가 몇 kg 이상이어야 이 두 자극(기준 자극과 비교 자극)의 무게가 다르다고 판단하게 될까? 베버의 법칙에 따르면, 차이 식역치의 크기는 베버의 상수(즉, 기준 자극의 일정 분량)에 의해 결정되는데, 무게의 경우 베버의 상수는 20%였다. 이는 차이 식역치가 기준 자극 50kg의 20%인 10kg이란 뜻이기 때문에, 이 질문에 대한 답은 60kg[50kg(기준 자극)+10kg(차이 식역)]이다.

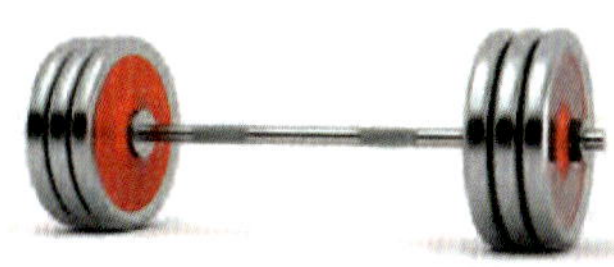

베버는 갖가지 감각 경험에 따라 차이 식역이 달라진다는 사실을 발견했다. 사람들은 소리의 크기(볼륨)보다 고저에 훨씬 민감하다. 음고 변화 탐지에 필요한 베버의 상수는 1/333인데, 볼륨에서 나는 차이를 탐지하는 데 필요한 베버의 상수는 1/10이다. 〈표 3-2〉는 여러 가지 감각 경험별 베버의 상수를 정리한 것이다.

베버 상수의 실용적 가치를 고려해 보자. 노래를 할 때는 음 높이가 맞아야 한다. 그렇지 않으면 음치라는 소리를 들을 것이다. 또 다른 예로 TV의 볼륨은 조금 높여도 된다. 옆집 사람들이 쉽게 알아차리지 못할 것이기 때문이다. 하지만 좀 조용히 살자는 이웃의 요청을 들어줄 때는 볼륨을 과감하게 낮추어야 한다. 조금 낮추어서는 소리가 작아졌다는 사실을 알아차리지 못하기 때문이다.

2. 신호 탐지: 에너지 이상의 요인

정신 물리학자들은 소리와 빛 그리고 그 밖의 여러 자극을 신호라고 일컫는다. 신호탐지 이론에 의하면, 특정 신호를 탐지하는 데 필요한 식역은 자극 자체의 속성(예: 소리의 크기와 같은 자극의 강도)뿐 아니라 배경의 소음과 관찰자의 생물적·심리적 특징에 따라서도 달라진다. 관찰자의 감각기관이 지닌 민감도(예: 사람들의 시력

차이 식역: 두 자극이 서로 다르다는 것을 탐지해 내는 데 필요한 두 자극 에너지 간 최소 차이

베버의 법칙: 특정 자극이 달라졌음을 알아차리는 데 필요한 증가/감소의 최소 강도는 원래 자극의 강도에 따라 변하지만 그 비율(=증가량·감소량/원래 자극의 강도)은 일정하다로 진술되는 원리

개념 3-5

특정 자극을 탐지해 내는 능력은 자극의 강도뿐 아니라 관찰자와 배경 자극의 강도에 따라서도 달라진다.

〈표 3-2〉 베버의 상수-예시

감각 경험	베버의 상수 (근사치)
음식의 짠맛	1/5
피부에 가해진 압력	1/7
소리의 크기	1/10
냄새	1/20
물건의 무게	1/50
빛의 밝기	1/60
소리의 고저	1/333

신호탐지 이론: 특정 자극 탐지 가능성은 그 자극의 강도와 배경 자극(즉, 소음)의 강도, 그리고 관찰자의 심리적 특징 등 여러 요인에 의해 결정된다는 믿음

또는 청력)에 따라 특정 신호의 탐지 여부가 어느 정도 결정된다. 신호 탐지에는 관찰자의 신체 컨디션도 한몫을 한다. 예컨대, 감기에 걸려 코가 막혔을 때는 냄새에 대한 민감도가 떨어진다. 피로도 또는 각성 수준 역시 신호 탐지에 영향을 미친다.

주의는 물론 배고픔과 같은 동기 상태도 심리적 요인으로써 신호 탐지에 중요하게 작용한다. 밤늦게 혼자서 어두운 골목길을 걸어갈 때면 아주 작은 소리에도 민감하게 반응할 것이다. 그것이 위험을 알리는 신호일 가능성이 높기 때문이다. 그러나 같은 골목길을 대낮에 걸어갈 때는 그보다 더 큰 소리도 알아차리지 못할 수 있다. 가까운 음식점에서 나는 맛있는 냄새도 좋아하는 음식을 배불리 먹은 직후보다는 몇 끼를 굶은 후에 훨씬 더 강하게 느껴질 것이다.

감각 적응: 변하지 않는 일정한 자극에 대해 감각 수용기가 적응함으로써 그 자극에 대한 민감도가 감소하는 과정

1) 감각 적응: 볼륨 낮추기

우리의 감각기관은 감각 적응이라는 과정을 통해 변하지 않는 자극에 대한 민감도가 낮아진다. 새로 산 손목시계나 반지를 끼면 처음에는 피부에 와 닿는 압박감을 느끼게 된다. 하지만 며칠이 지난 후에는 그 느낌이 의식에서 사라져 버린다. 얼음물에 처음 들어갈 때보다 물속에서 잠시 머문 후에 차가운 감각이 훨씬 줄어드는 일도, 또 탈의실에서 나는 냄새가 오래지 않아 없어지는 것도 모두 감각 적응 덕분이다. 그러나 자동차의 경적 소리 같은 어떤 강한 자극에 반복적으로 노출될 때는 감각 적응이 일어나지 않는다. 그런 경우에는 자극에 대한 감각기관의 민감도가 변하지 않는다는 뜻이다. 〈개념 차트 3-1〉을 통해 감각의 기본 개념을 다시 한번 살펴보기 바란다.

개념 3-6

동일 자극에 반복해서 노출되면, 우리의 감각 기관은 감각 적응이라는 과정을 통해 그 자극에 대한 민감도를 낮추어 버린다.

〈개념 차트 3-1〉 감각의 기본 개념

감각과정	감각기관을 자극하는 물리적 에너지를 신경신호로 변형시키는 과정으로, 우리의 뇌에서는 이렇게 생성된 신경신호를 처리하여 시각, 촉각, 청각, 미각, 후각 등의 감각 경험을 만들어 낸다.
절대 식역	특정인이 확실하게 탐지해 낼 수 있는 최소량의 자극
차이 식역	특정인이 확실하게 탐지해 낼 수 있는 두 자극 간 최소 차이로, 가까스로 탐지할 수 있는 차(가탐차)라고도 한다.
베버의 법칙	특정 자극이 다른 자극으로 탐지되기 위해 변해야 하는 자극의 최소량으로, 원래 자극(또는 기준 자극)의 일정한 분량으로 나타낼 수 있다.
신호탐지 이론	특정 신호를 탐지하는 능력은 관찰자의 특징과 관찰 장면의 배경 그리고 자극 자체의 속성에 의해 결정된다는 믿음
감각 적응	변화가 없는 항상적인 자극에 대한 감각기관의 민감도가 낮아지는 과정

1 단원 복습 세상을 감지하기: 감각의 기본 개념

되새겨 봅시다

감각(과정)이란?

➤ 감각과정은 바깥세상에서 정보를 수집하여 신경반응으로 변형시키고, 그 신호를 뇌로 전달하는 과정이다. 뇌에서는 그 신호를 처리하여 시각, 청각, 후각 미각, 촉각 등의 경험을 창출한다.

절대 식역과 차이 식역의 다른 점은?

➤ 절대 식역은 특정인이 감지할 수 있는 최소량의 자극을 일컫고, 차이 식역 또는 가탐차는 두 자극이 서로 다른 자극으로 감지되는 데 필요한 자극 에너지의 최소 차이를 일컫는다.

신호 탐지에는 어떤 요인이 개입하는가?

➤ 신호 탐지에 개입하는 요인에는 자극의 강도와 배경 자극(소음)의 수준, 관찰자의 심리적 특징(예: 주의와 동기 상태) 그리고 생물적 특징(예: 피로도와 각성 수준)이 포함된다.

감각 적응이란?

➤ 감각 적응이란 변하지 않는 자극에 대한 감각 시스템의 민감도가 낮아지는 과정이다.

점검해 봅니다

1. 다음 중 감각기관의 세포로 외부 환경 속 자극을 탐지하도록 특화된 세포는 무엇인가?
   ① 속성 탐지기 ② 식역 탐지기
   ③ 감각 수용기 ④ 신호 탐지기
2. 특정인이 확실하게 탐지해 낼 수 있는 자극의 최소량을 _____(이)라 한다.
   ① 최소 감각장 ② 절대 식역
   ③ 가까스로 탐지할 수 있는 차이 ④ 상수의 벡터
3. 정수가 교실에 갓 들어왔을 때는 냉동기의 소음을 시끄럽다고 느꼈는데, 몇 분이 지나자 그 소음이 들리는지도 모르게 되었다. 이 현상은 어떤 감각과정을 반영하는가?

생각해 봅시다

➤ 욕탕물의 뜨거운 정도는 처음 들어갔을 때가 들어가서 1~2분 지난 후보다 더 뜨겁게 느껴진다. 1단원에서 읽은 내용을 기초로 이 현상을 설명해 보자.

➤ 요리책에 따라 요리를 하고 있는데 소금을 15g 넣으라고 한다. 짠맛에 대한 베버의 상수는 1/5이다. 이 상수에 따르면, 이 요리책을 따라 만든 같은 음식이 더 짠 음식으로 인식되게 하려면 소금을 얼마나 더 넣어야 하는가?

시각: 빛을 보다

2 단원

- 우리 눈은 빛을 어떻게 처리하는가?
- 속성탐지기란 무엇이며 그것이 시각 처리에서 수행하는 역할은?
- 주요 색채 지각 이론 두 가지는?
- 주요 색맹 두 가지는?

시각은 빛 에너지를 뇌에서 이용할 신경반응으로 변형시키는 과정을 일컫는다. 뇌에서는 시각 과정에서 변형된 신경반응을 이용하여 시각 경험을 만들어 낸다. 우리는 시각기관을 이용해 바로 눈앞에 있는 시각 정보에서부터 말로 표현할 수 없을 만큼 먼 거리에 있는 시각 정보(예: 밤하늘의 별빛)까지 수집한다. 먼저, 시각을 가능

개념 3-7

시각(vision)은 빛이라는 에너지가 뇌의 통찰력으로 변환된 것이다. 그리고 뇌에서는 이 신경 반응을 이용해 시각 경험을 창출한다.

하게 하는 물리적 에너지원인 빛에 대한 고려에서부터 시각에 관한 논의를 시작하기로 하자.

1. 빛: 시각 에너지

개념 3-8

물리적 에너지의 일종인 빛은 눈에 있는 수용기를 자극하여 우리의 시각 경험을 유발한다.

개념 3-9

빛이라는 물리적 에너지가 망막에 있는 광수용기에 도달하면 신경신호로 전환되고, 그렇게 전환된 신경반응은 뇌로 전달된다.

빛은 전자기 방사선이라는 물리적 에너지이다. X선, 자외선, 라디오파 등도 전자기 에너지에 속한다. 가시광선이라고도 하는 빛은 다양한 파장의 전자기 방사선 중 우리 시각기관의 반응을 유발하는 부분을 일컫는다. [그림 3-1]에서 볼 수 있듯이, 가시광선, 즉 빛은 광범한 전자기 방사선 중 아주 작은 일부일 뿐이다. 파장을 기준으로 약 300에서 750nm(나노미터는 10^{-9}미터) 사이의 전자기 방사선이 빛에 속한다.

가시 스펙트럼 내에서도 파장이 다르면 그 광선에 의해 유발되는 색상에 대한 경험이 달라진다([그림 3-2] 참조). 보라색은 파장이 짧은(약 400nm) 빛에서, 붉은색은 파장이 긴(약 700nm) 빛에서 유발되는 색상 경험이다. 무지개를 구성하는 일곱 가지 색깔 '빨주노초파남보'도 파장의 길이를 반영한다.

2. 눈: 환상의 감각기관

각막: 눈 앞쪽 표면을 덮고 있는 투명한 막. 빛이 이 막을 통해 안구 속으로 들어감

홍채: 색소가 스며 있고 각막 바로 뒤쪽에 위치한 원형의 근육. 눈으로 들어가는 빛의 양을 통제하기 위해 동공의 크기를 조절함

동공: 홍채 중앙에 동그랗게 뚫려 있는 곳. 빛이 이곳을 통해 눈으로 들어감

눈은 빛에 반응하는 수용기 세포를 지니고 있는 감각기관이다. 빛은 안구의 앞쪽 표면을 덮고 있는 투명한 부분인 각막(cornea)을 통해 눈으로 들어온다([그림 3-3] 참조). 홍채(iris)라고 하는 근육이 수축/확장되면서 눈으로 들어오는 빛의 양이 결정된다. 갈색 또는 청색 같은 눈 색깔은 이 홍채의 색깔을 일컫는 말이다. 동공(pupil)은 홍채의 중앙에 뚫려 있는 검은 부분이다. 동공이 커지고 작아지는 일은 홍채가 눈으로 들어오는 빛의 양을 조절하는 반사반응에 의해 전개된다. 화창한 대낮에는 눈으로 들어오는 빛이 너무 많아 눈이 부셔 잘 볼 수 없기 때문에 동공의 크기가 작아

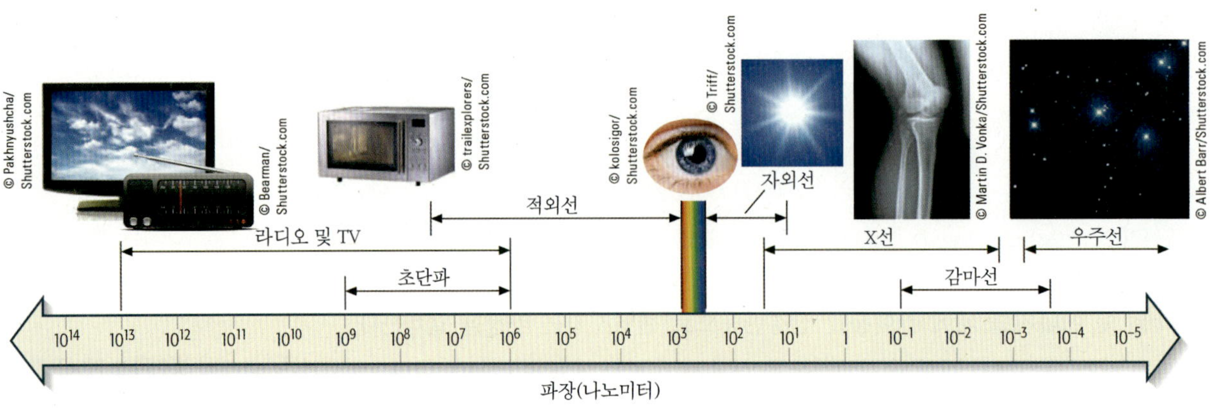

[그림 3-1] 전자기 스펙트럼

가시광선(무지개 색으로 표시된 부분)은 전자기 스펙트럼이라고 하는 전자기 방사선의 전 범위 중 아주 작은 일부에 속한다.

진다. 반면에 어두컴컴할 때는 눈으로 들어오는 빛이 너무 적어 자세히 볼 수 없기 때문에 동공이 커진다. 그래야 더욱 분명하게 볼 수 있기 때문이다. 이러한 활동은 반사 활동이기 때문에 저절로 벌어진다.

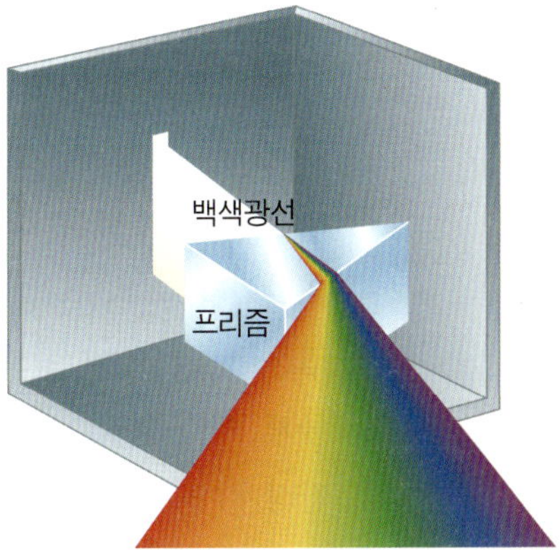

[그림 3-2] 색상 스펙트럼
프리즘은 백색광선을 전자기 스펙트럼 중 인간의 눈을 자극하는 가시 스펙트럼에 속하는 다양한 색상으로 분석해 낸다.

각막을 통해 들어온 빛은 동공과 렌즈를 차례로 통과한다. 렌즈는 조절(accommodation)이라는 작용을 통해 그 두께를 바꾸어 렌즈를 통과하는 빛의 초점이 망막 위에 맺히도록 한다. 망막(retina)은 안구 뒤쪽의 내부를 덮고 있는 엷은 막을 일컫는다. 카메라의 필름처럼 빛이 망막에 와 닿으면 망막 위에는 이미지가 형성된다. 그러나 망막은 사진기 필름보다 훨씬 더 정교하다. 망막을 구성하는 다섯 가지 신경세포 중 하나는 광수용기(photoreceptor)이다. 망막에 있는 광수용기는 두 가지인데, 둘 모두 빛에 민감하게 반응하도록 특화된 수용기 세포이다.

눈으로 들어온 빛이 망막에 다다르면 이들 광수용기를 자극한다. 두 가지 광수용기 중 하나는 간상체이고 다른 하나는 추상체이다. 말 그대로 모양에 따라 붙여진 이름이다([그림 3-4] 참조). 정상인 눈에는 보통 약 1억 2천만 개의 간상체와 약 6백만 개의 추상체가 있다. 빛이라는 물리적 에너지를 신경반응으로 변형시켜 뇌가 시각 경험을 창출하는 데 사용할 수 있도록 돕는 작업을 하는 것이 이들 수용기 세포이다.

렌즈/수정체: 눈으로 들어오는 광선의 초점이 망막 위에 맺히도록 돕는 구조물

조절: 물체의 상이 망막 위에 선명하게 맺히게 하기 위해 렌즈의 모양이 바뀌는 과정

망막: 안구의 내부 뒤쪽을 덮고 있는 얇은 막으로 그 속에는 광수용기가 들어 있다.

광수용기: 눈으로 들어온 빛에 반응하는 감광세포(간상체와 추상체)

간상체: 광수용기 중에서 빛의 강도(명암)에만 민감한 수용기 세포

추상체: 광수용기 중에서 빛의 파장(색상)에도 민감한 수용기 세포

개념 3-10

추상체보다 빛에 더 민감한 간상체는 주변 시각 및 저녁 때처럼 빛이 약한 조건에서의 시각을 책임지는데 추상체는 낮처럼 빛이 밝은 조건에서 세밀한 것을 구분하고 색깔을 탐지해 내는 일을 책임진다.

개념 3-11

대상은 그 상의 초점이 중심와(망막에서 원추체만 들어 있는 부분)에 맺힐 때 가장 선명하게 보인다.

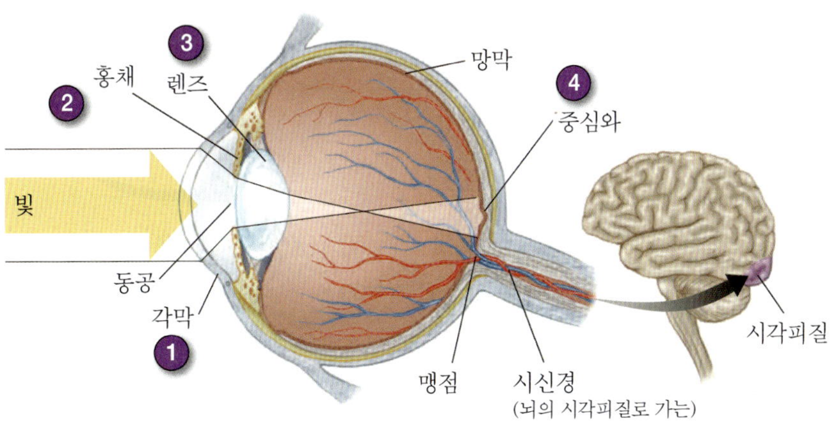

[그림 3-3] 눈을 구성하는 여러 요소
❶ 빛이 각막을 통과해 눈으로 들어온다. ❷ 눈으로 들어오는 빛의 양을 조절하기 위한 홍채가 수축/확장하여 동공의 크기가 변한다. ❸ 렌즈(수정체)의 작용에 의해 빛의 초점이 망막, 특히 ❹ 중심와, 즉 망막에서 시각을 가장 선명하게 만들어 내는 지점에 맺힌다.

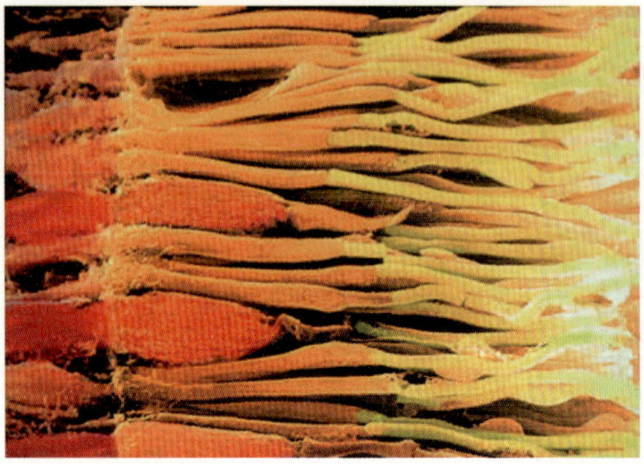

[그림 3-4] 간상체와 추상체

망막의 일부를 확대해 놓은 이 이미지에서 우리는 추상체(사진의 왼쪽에 있는 크고 붉은색을 띤 원뿔 모양 물체)와 간상체(그 개수가 훨씬 많은 막대기 모양의 물체)를 볼 수 있다.

어둑어둑할 때는 물건의 대략적인 모양은 알아차릴 수 있지만 그 색깔은 식별하기가 쉽지 않다. 그 이유는 색채 시각은 추상체가 담당하는데, 추상체의 민감도는 간상체에 비해 떨어지기 때문이다. 조명이 낮은 조건에서 벌어지는 물체 탐지 작업은 간상체의 역할이다. 그러나 간상체는 빛의 강도/밝기에만 민감하다. 시선이 집중된 곳(중심와)에서 멀리 떨어진, 시야의 주변 가장자리에 있는 물체, 특히 움직이는 물체를 탐지해 내는 일을 책임지고 있는 것도 간상체이다. 추상체는 빛이 강한 밝은 조건에서 물체의 세밀한 특징을 찾아내고 색상을 탐지해 내는 일을 한다. 몇 종의 새를 포함한 동물 중 일부는 추상체만 지니고 있다. 이들 동물은 추상체가 활발하게 활동할 수 있는 낮에만 볼 수 있다. 밤이 되면 아무것도 볼 수 없게 되기 때문에 저녁이 다가오면 자기들의 둥지로 돌아와야만 한다.

양극세포: 망막의 광수용기 층과 신경절세포 층 사이에서 이 두 층을 구성하는 세포를 서로 연결시켜 주는 기능을 맡은 세포

신경절세포: 망막의 맨 뒤쪽의 얇은 벽을 구성하는 신경세포로 광수용기에서 생성된 신경반응을 뇌로 전달하는 일을 함. 이 세포의 축삭이 모여 형성된 섬유 다발을 시신경이라 함

시신경: 빛 자극에 대한 반응으로 생성된 신경반응을 눈에서 뇌로 전달하는 신경

추상체와 간상체에 의해 생성된 신경신호는 그 뒤에 있는 양극세포(bipolar cells)로 구성된 층을 통해 신경절세포(ganglion cell)로 구성된 세 번째 층으로 전달된다([그림 3-5] 참조). 각각의 신경절세포에서 뻗어 나온 축삭이 모여서 형성된 다발이 시신경(optic nerve)이다. 신경절세포 축삭 약 100만 개로 구성된 시신경은 시각 정보를 시상으로 전달하고, 시상에서는 다시 후두엽에 있는 시각피질로 전달한다. 시각피질에서는 이렇게 입력된 시각 정보를 처리하여 시각 경험을 만들어 낸다.

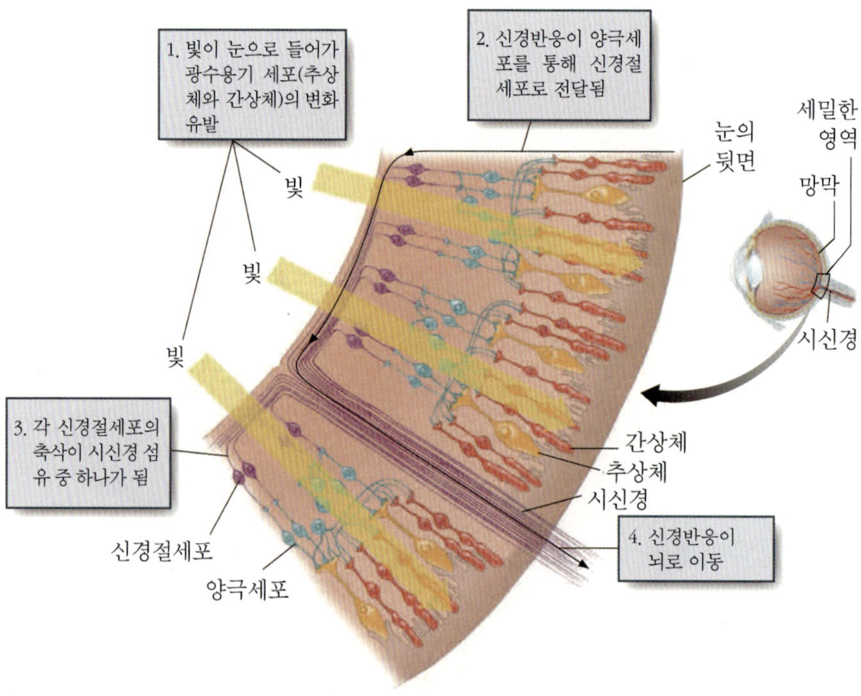

[그림 3-5] 빛이 신경반응으로 전환되는 과정

빛은 신경반응으로 전환되어 뇌가 시각 경험을 만들어 내는 작업에 이용된다.

[그림 3-6] 맹점

맹점에는 수용기 세포가 없기 때문에 맹점에 형성된 상은 보일 수가 없다. 이 사실을 확인해 보고 싶으면, 왼쪽 눈을 감고 오른쪽 눈으로는 왼쪽 점을 응시한 채 책을 서서히 밀어내 보자. 책이 특정 지점에 다다르면 오른쪽 돈뭉치가 사라질 것이다. 일반적으로 우리가 맹점을 알아차리지 못하는 이유는 우리 눈이 계속해서 움직이고 또 특정 물체의 이미지가 두 눈의 맹점에 동시에 형성되는 경우는 거의 없기 때문이다.

망막에서 시신경이 빠져나가는 곳을 맹점(blind spot)이라 한다([그림 3-6] 참조). 그 곳에는 광수용기(추상체 또는 간상체)가 없기 때문에 그곳에 형성된 이미지는 보이지 않는다. 이와는 대조적으로, 중심와(fovea)는 망막에서 시선의 중앙에 해당하는 곳으로 사물을 선명하게 볼 수 있게 해 주는 곳이다([그림 3-3] 참조). 중심와에는 추상체만 있다. 눈앞의 특정 물체를 응시하면 그 물체의 상(image)은 중심와에 맺힌다.

맹점: 망막 위의 한 지점인데 이곳을 통해 시신경이 눈에서 빠져나가기 때문에 이곳에는 광수용기가 존재하지 않음

중심와: 망막의 중앙 근처에 위치한 곳으로 이곳에는 추상체만 분포되어 있어 이곳에 그 상을 투사하는 물체가 가장 선명하게 보임

망막에 흩어져 있는 광수용기의 경우, 중심와에서 멀어지면서 추상체의 개수는 줄어들고 간상체의 개수가 증가한다. 중심와 가까이에 있는 간상체는 개수도 적고 듬성듬성 떨어져 있으나 중심와에서 먼 곳일수록 개수도 많고 빽빽하게 밀집해 있다. 망막의 가장자리에는 간상체만 존재한다.

시력 또는 시각 예민성은 세밀한 것을 분간해 내는 능력이다. 많은 사람들은 시력이 손상되어 있다. 물체에 지나치게 가까이 다가가야만 그 물체의 세밀한 특징을 찾아낼 수 있는 사람을 근시라 하고, 어떤 물체를 선명하게 보기 위해 그 물체로부터 지나칠 정도로 멀리 떨어져야 하는 사람을 원시라 한다. 근시와 원시의 주된 원인은 안구의 모양이 정상이 아니라는 데 있다. 근시는 동글어야 하는 안구가 럭비공처럼 길게 생겼을 경우나 각막이 지나치게 굽었을 때 발생한다. 이 두 가지 경우 모두 먼(코앞에서 6m 이상 떨어진) 거리에 위치한 물체에서 투사된 상의 초점이 망막 앞에 형성된다. 원시는 안구가 너무 짧아 가까이 있는 물체에서 투사된 상의 초점이 망막 뒤에서 형성될 때 발생한다.

3. 속성탐지기: 시각의 기초 활동

데이비드 휴블(David Hubel)과 토르스텐 비셀(Torsten Wiesel)은 1981년 노벨상 수상자가 되었다. 감각 정보가 어떻게 변형되길래 주변 세상에 대한 풍성한 시각 경험이 가능해지는 것일까라는 문제의 실마리를 풀었다는 공로를 인정받았던 것이다.

그들은 고양이의 시각피질에 있는 신경세포 중에는 눈앞에 제시된 자극선분이 수평, 수직, 대각선 등 특정 방위(orientation)를 취하고 있을 때만 반응하는 세포가 있다는 사실을 발견했다(Hubel, 1988; Hubel & Wiesel, 1979). 이들 신경세포 중 일부는 두 개의 선분이 직각을 이루고 있을 때만 반응했고 다른 일부는 점-빛이 시야의 오른쪽에서 왼쪽으로 움직일 때만 반응했으며, 또 다른 일부는 점-빛이 왼쪽에서 오른쪽으로 움직일 때만 반응했다. 이 연구에서 휴블과 비셀은 작은 전극을 고양이의 시각피질에 있는 개별 신경세포에 꽂았다. 그런 후, 고양이의 시야에 있는 화면에 상이한 시각 자극을 제시하고는 갖가지 자극별로 어떤 세포가 반응하는지를 기록했다. 시각 자극의 특정 속성에만 반응하는 신경세포를 속성탐지기(feature detector)라 했다.

속성탐지기: 시각피질에 있는 신경세포 중 시각 자극의 특정 속성(예: 수평 선분, 수직 선분)에만 반응하도록 특화된 신경세포

우리가 보는 세상은 여기저기 흩어진 조각조각의 감각 자료로 구성된 세상도 아니고 선분과 모서리 및 움직이는 점-빛으로 구성된 세상도 아니다. 우리가 보는 세상은 우리의 시각피질이 갖가지 세포를 통해 수집된 정보를 조합하여 의미 있는 형태로 만들어 낸 세상이다. 자극의 구체적 속성—자극의 모서리, 선분, 가장자리 등—을 재인하는 일에서 문자나 숫자나 단어 혹은 사람의 얼굴 같은 의미 있는 모양을 알아보는 일이 어떻게 벌어지는 것일까? 과학자들은 머릿속에 있는 신경세포의 다발이 함께 작용하여 물체의 속성들 간 관계를 분석한다고 믿고 있다. 휴블과 비셀은 이 과정의 시작 단계—속성탐지기가 작용하는 단계—에 대한 이해의 문을 열어 놓은 셈이다. 하지만 뇌가 감각 자극을 기초로 어떻게 풍성한 시각 경험을 만들어 내는지를 이해하기까지는 아직도 갈 길이 멀다.

개념 3-12

뇌의 시각피질에는 특정 방위의 선분이나 특정한 각을 이루고 있는 선분 또는 특정 방향으로 움직이는 선분이나 점에만 반응하도록 특화된 세포가 존재한다.

4. 색채 시각: 다채로운 세상을 감지하기

상이한 색깔을 지각하기 위해서는 망막에 있는 색채 수용기를 자극하는 빛의 파장이 달라지고 그에 따라 그들 수용기에서 뇌로 전달하는 신호가 달라져야 한다. 어떻게 이런 일이 벌어지는 것일까? 19세기 독일 과학자 헤르만 폰 헬름홀츠(Hermann von Helmholtz, 1821~1894)와 에발트 헤링(Ewald Hering, 1834~1918)은 이 질문에 대해 서로 다른 답을 내놓았다.

헬름홀츠는 과학의 다양한 분야에서 공적을 남겼다. 하지만 심리학도에게는 그의 색채지각 이론이 가장 잘 알려져 있을 것이다. 그는 영국의 과학자 토머스 영(Thomas Young, 1773~1829)이 수행한 색채 시각에 관한 연구에 큰 감명을 받았다. 영은 프리즘을 통과한 빛이 그 빛을 구성하는 색상으로 나뉘는 과정을 뒤집어 보았다. 즉, 영은 적색, 녹색, 청자색 빛을 겹치게 하여 화면에 비춘 후, 이들 각 빛의 밝기를 조절하면 모든 색상이 창출된다는 사실을 밝혀냈다([그림 3-7] 참조). 세 가지 빛 모두가 겹친 곳은 흰색—햇빛의 색깔—으로 보였다.

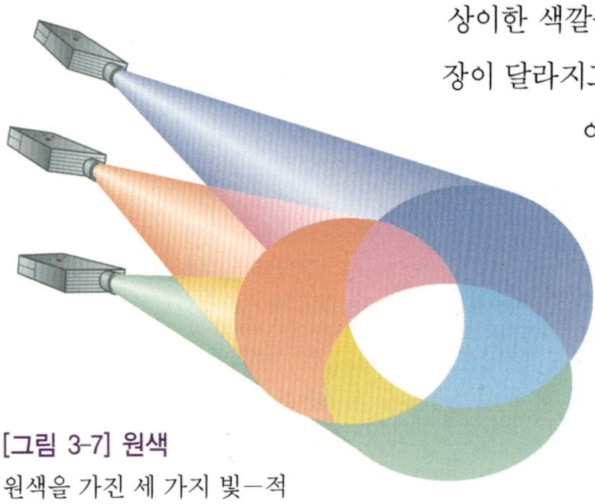

[그림 3-7] 원색
원색을 가진 세 가지 빛—적색, 녹색, 청자색—이 조합되면 흰색이 된다. 토머스 영은 이들 세 가지 빛을 섞고 그 밝기를 조절하면 우리가 볼 수 있는 모든 색깔을 만들어 낼 수 있다는 사실을 보여 주었다. 예컨대, 적색 빛과 녹색 빛은 조합하면 황색 빛이 만들어진다.

삼원색 이론(trichromatic theory)은 영의 업적을 바탕으로 제안되었다. 헬름홀츠가 삼원색 이론을 영-헬름홀츠 이론이라고도 하는 이유도 거기에 있다. 헬름홀츠는 영의 실험 결과를 두고 우리 눈에 세 가지(적색, 녹색, 청자색) 색채수용기가 있다는 증거라고 생각했다. 오늘날 우리는 이들 색채수용기를 추상체라 부른다. 이들 세 가지 추상체는 빛의 파장에 따라 반응하는 정도가 서로 다르다. 청자색 추상체는 파장이 짧은 빛에 가장 민감하고 녹색 추상체는 파장이 중간 정도인 빛에, 적색 추상체는 파장이 긴 빛에 가장 민감하게 반응한다. 삼원색 이론에 따르면, 이들 세 가지 추상체의 반응 양상에 따라 우리의 색상 경험이 달라진다. 녹색 추상체가 가장 활발하게 반응할 때는 우리 눈에는 초록색이 보이고, 적색 추상체가 가장 활발하게 반응할 때는 우리 눈에는 빨간색이 보인다는 뜻이다. 그러나 상이한 유형의 추상체가 함께 반응할 때는, 마치 서로 다른 색상의 페인트를 섞으면 이들 두 색상과는 다른 색깔의 페인트가 만들어지듯 다른 색깔이 보인다. 예컨대, 적색 수용기와 녹색 수용기가 동시에 자극을 받았을 때 우리 눈에 보이는 색상은 노란색이다.

삼원색 이론: 색채 시각 이론으로, 우리가 경험하는 다양한 색상은 우리 눈에 있는 세 가지 수용기(적색, 녹색, 청자색)의 상대적 활성도에 의해 결정된다고 주장하는 이론

헤링은 잔상에 대한 자신의 연구 결과를 기초로 새로운 색상지각 이론을 개발하였다. 잔상(after-image)이란 특정 시각 자극을 한참 동안 응시한 후 색이 없는 표면(예: 하얀 벽면)을 바라보았을 때 유발되는 경험을 일컫는다.

실제로 잔상을 경험해 보자. [그림 3-8]을 1분 동안 응시한 후, 신속히 시선을 돌려 백지를 응시해 보자. 전에 보았을 수도 있는 미국 국기가 보일 것이다. 반복되는 녹색-검은색 줄무늬가 적색-백색 줄무늬가 반복되는 것으로 보이고 하얀 별이 청색 바탕 위에 보일 것이라는 말이다. 그 이유는 청색의 잔상은 적색이고 검은색의 잔상은 흰색이며 황색의 잔상은 청색이기 때문이다.

잔상: 자극이 눈앞에서 사라진 후에도 우리의 시각 기관에 남아 있는 그 자극의 이미지

반대-과정 이론: 우리의 색상 경험이 두 가지 수용체에서 벌어지는 반대 작용의 결과라고 주장하는 이론으로 적-록 수용체는 적색 수용기와 녹색 수용기로 구성되고 청-황 수용체 청색 수용기와 황색 수용기로 구성되어 있다고 가정함. 그리고 흑색 수용기와 백색 수용기로 구성된 흑-백 수용체는 명암의 차이를 탐지한다고 가정함

헤링은 잔상을 이용한 연구 결과를 토대로 색채 지각의 반대-과정 이론을 개발하기에 이르렀다. 삼원색 이론처럼, 반대-과정 이론(opponent-process theory)도 우리 눈에 세 가지 수용체가 있다고 주장한다. 그러나 삼원색 이론과는 달리, 이 이론에서는 각 수용체가 한 쌍(두 짝)의 수용기로 구성된다고 간주한다. 세 가지 수용체 중 적색 수용기와 녹색 수용기로 구성된 적-록 수용체는 적색 또는 녹색에 민감하고, 청색 수용기와 황색 수용기로 구성된 청-황 수용체는 청색 또는 황색에 민감하며, 흑색 수용기와 백색 수용기로 구성된 흑-백 수용체는 흑색 또는 백색에 민감하다고 주장한다. 이들 세 가지 중 흑-백 수용체는 빛의 밝기나 회색의 차이를 탐지하고 적-록 수용체와 청-황 수용체는 색상의 차이를 탐지한다.

헤링은 색상 지각이 각 수용체를 구성하는 수용기 두 짝의 반대(정확하게는 배타적) 작용에서 일어난다고 믿었다. 그의 이론에 따르면, 적-록 수용체는 적색 신호 아니면 녹

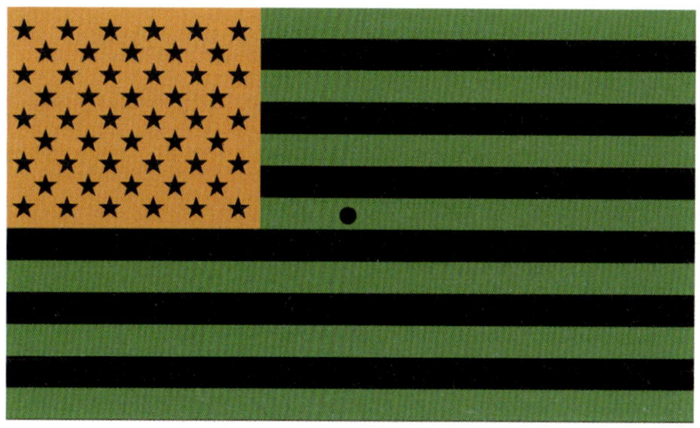

[그림 3-8] 잔상

여기에 보이는 미국 국기의 색깔을 바로잡으려면 간단한 실험을 해 보면 된다. 국기의 중앙에 있는 점을 약 60초 동안 응시한 후, 잽싸게 시선을 돌려 흰 종이나 벽을 바라보자. 그러면 미국 국기의 실제 색깔을 볼 수 있을 것이다.

색 신호만 전달하고 청-황 수용체는 청색 아니면 황색 신호만 전달한다. 적-록 수용체의 경우, 녹색 수용기가 작용할 때는 적색 수용기는 억제되고, 그 때문에 우리 눈에는 초록색이 보인다는 뜻이다. 그런데 적-록 수용체가 녹색 신호만 오랫동안 전달하다 보면([그림 3-8] 속 국기를 응시할 때처럼), 적-록 수용체 속 녹색 수용기의 빛에 대한 민감도가 적색 수용기에 비해 크게 떨어진다. [그림 3-8] 속 국기를 1분 동안 응시한 후와 같은 이런 상태에서 눈을 돌려 흰 벽을 바라본다고 해 보자. 흰색의 벽에서는 모든 색상의 빛이 균등하게 반사되기 때문에 적-록 수용체 속 적색 수용기와 녹색 수용기를 자극하는 빛은 강도는 동일하다. 하지만 앞서 지적했듯이 바로 이때 녹색 수용기보다 적색 수용기가 더 민감하기 때문에 이번에는 적색 수용기가 활성화되고 녹색 수용기는 억제되어 버리는 반대 과정이 벌어지고, 우리의 눈은 흰색 벽에서 빨간색을 보게 된다는 게 헤링의 설명이다. 헤링의 이러한 논리를 따르면, [그림 3-8]의 깃발을 1분 동안 응시한 후, 흰 벽을 바라보았을 때 생성되는 잔상 속 색상이 실물 자극의 색상과 보색 관계임을 설명할 수 있을 것이다.

개념 3-13

삼원색 이론과 반대-과정 이론 각각은 우리의 색상 경험 과정의 일부밖에 설명하지 못한다.

개념 3-14

색맹/색약 중 가장 흔한 모양은 초록색과 빨간색을 구별하지 못하는 적-록 색맹이다.

그러면 삼원색 이론과 반대-과정 이론 중 어느 이론이 더 정확할까? 두 가지 이론 모두가 있어야 우리가 즐기는 다양한 색채 경험을 설명할 수 있는 것으로 드러나고 있다(Hergenhahn, 1997; Jacobs & Nathans, 2009). 수용기 차원에서 벌어지는 일은 삼원색 이론이 더 정확하게 묘사한다. 추상체의 광화학 반응이 삼원색 이론의 묘사와 일치한다. 즉, 추상체 중 일부는 붉은 빛에 민감하게 반응하고 다른 일부는 녹색 빛에 민감하며 또 다른 일부는 청자색 빛에 민감하게 반응한다. 그러나 추상체와 후두엽의 시각피질 사이에 있는 신경세포(양극세포와 신경절세포까지 포함)가 반응하는 방식은 반대-과정 이론이 더 정확하게 묘사한다. 이들 신경세포는 반대-과정 이론에서 설명하는 식으로 반응한다. 즉, 이들 세포 중 일부는 적색 빛에는 활발하게 반응하면서 녹색 빛에는 반응을 억제한다. 다른 세포들은 녹색 빛에는 열렬히 반응하면서 적색 빛에는 반응하지 않는다. 오늘날 전문가들은 거의 모두 색채 시각에는 삼원색 이론에서 주장하는 요소와 반대-과정 이론에서 주장하는 요소가 모두 포함된다고 믿는다.

이제 심리학자들은 색깔이 우리에게 어떤 영향을 미치는지에도 관심을 가지기 시작했다. 최근의 한 연구에서는 빨간색 옷을 입은 남성들이 더 매력적인 것으로 평정된다는 결과가 확보되었다(Elliot et al., 2010). 여성은 빨간 셔츠를 입고 찍은 사진 속 남성들을 그 남성들이 다른 색 옷을 입고 사진을 찍었을 때보다 더 매력적이고 섹시하다고 지각하였다. 빨간색 옷을 입은 남성이 더 매력적으로 지각되는 배후에서는 진화의 원리가 작용하고 있을지도 모른다. 많은 종의 동물에서 수컷의 빨간색은 높은 지위와 힘을 나타낸다. 수컷의 높은 지위와 힘은 배우자의 매력적인 속성에 해당한다.

삼색시: 시각 스펙트럼상 모든 색깔을 분별할 수 있는 정상적인 색상지각 능력을 가진 사람

삼색시(trichromat), 즉 색채 시각이 정상인 사람들은 가시광선에서 창출되는 모든 색깔—빨강에서 청자색까지—은 물론 이들 색상이 혼합되어서 만들어지는 수많

은 색깔을 식별해 낼 수 있다. 그러나 4만 명 중 한 명 정도는 색맹이다. 이런 사람들을 단색시(monochromat)라 하는데, 세상을 흑백으로밖에 보지 못하기 때문이다. 흑백 영화나 흑백 TV를 관람한다고 생각해 보자. 유전적 결함 때문에 이들이 지닌 추상체는 한 가지밖에 없다. 눈으로 받아들이는 빛의 파장은 달라도 그 빛에 반응하는 추상체 수용기는 한 가지뿐이라는 뜻이다. 이는 곧 시신경을 따라 뇌로 전달되는 신경신호만으로는 빛의 파장 차이를 구분할 수 없다는 말이 된다. 따라서 이들의 머릿속에서는 파장의 차이에서 창출되는 색깔이 존재할 수 없는 것이다. 하지만 빛의 강약에 따라 결정되는 밝기는 탐지되기 때문에 세상이 흑백으로만 보인다. 우리가 흔히 말하는 색맹은 대부분 이색시(dichromat), 즉 추상체 세 가지 중 한 가지가 없는 사람에 해당한다. 남성의 약 8%와 여성의 약 1%에 해당하는 이들은 여러 가지 색 중 일부를 식별하지 못한다(Bennet, 2009). 가장 흔한 사례가 적-록 색맹인데, 이들은 유전적 결함으로 적색과 녹색을 잘 구분하지 못한다. 청색과 황색을 잘 구분하지 못하는 청-황 색맹의 수는 훨씬 적다. [그림 3-9]에는 색맹검사에 자주 이용되는 색판 중 하나가 들어 있다.

단색시: 색깔은 구별하지 못하고 명암(흑/백)만 구별할 수 있는 사람

이색시: 천연색 중 일부만 변별할 수 있는 사람

적-록 색맹인 사람은 한쪽에는 녹색 양말을, 다른 쪽에는 적색 양말을 신을 수도 있다. 물론 이들 두 짝의 밝기(brightness)가 비슷해야 하겠지만 말이다. 그러나 녹색과 청색을 혼동하는 일은 벌어지지 않는다. 적-록 색맹은 성과 결부된 유전 결함인 것으로 추정된다. X형 성염색체에 붙어 다니는 유전자 결함이라는 뜻이다. 성 염색체 두 개 모두가 X인 여성과는 달리 남성은 성 염색체 두 개 중 하나만 X형이기 때문에 적-록 색맹은 여성보다는 남성한테서 표현될 확률이 더 높다(Jacobs & Nathans, 2009). 〈개념 차트 3-2〉는 시각을 개관하고 있다.

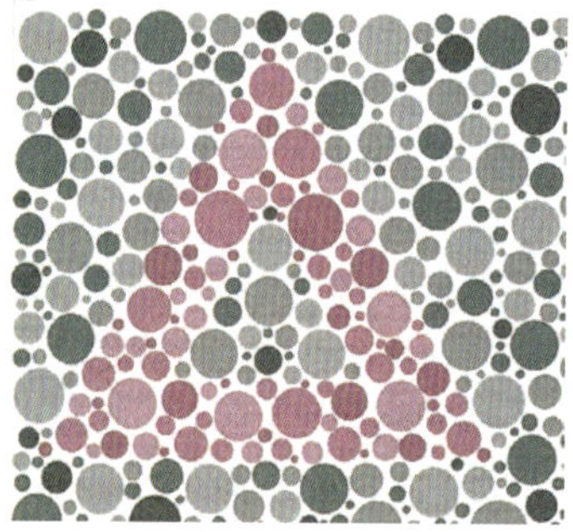

[그림 3-9] 색맹
이 그림에서 무엇이 보이는가? 색채 시각이 정상인 사람들에게는 삼각형이 보일 것이다. 그러나 적-록 색맹인 사람은 그 삼각형이 보이지 않을 것이다.

〈개념 차트 3-2〉 시각

감각 정보 출처	빛, 가시광선
수용기관	눈(각막과 동공)을 통해 들어온 빛의 초점이 망막 위에 형성된다.
수용기 세포	망막에는 두 가지 광수용기가 있다. 빛의 강도에 민감한 간상체는 우리가 경험하는 밝거나 어두움의 기반이다. 빛의 파장 차에 민감한 추상체는 색채 시각의 기반이다. 시각 정보는 시신경을 따라 뇌로 전달된다.
색채 시각	색채 시각을 설명하기 위해 제안된 주요 이론 두 가지는 삼원색 이론과 반대-과정 이론이다. 각각의 이론은 색채 시각의 일부만 설명한다.

2단원 복습 시각: 빛을 보다

되새겨 봅시다

우리의 눈은 빛을 어떻게 처리하는가?

- 각막을 통해 눈으로 들어간 빛은 동공을 통과한 후 렌즈를 통과하면서 그때 벌어지는 굴절 작용에 의해 그 초점이 망막 위에 맺힌다.
- 망막에 도달한 빛은 광수용기 세포인 추상체와 간상체를 자극한다. 추상체와 간상체는 자극하는 빛 에너지를 신경반응으로 바꾸어 놓는다. 광수용기에서 생성된 신경반응은 양극세포와 신경절세포를 차례로 통과하여 시신경으로 전달된다.
- 우리가 특정 물체에 시선을 집중하면 그 물체의 상/이미지는 망막의 중심와에 맺힌다. 중심와는 거의 추상체로 이루어진 부분이기 때문에 그 물체가 선명하게 보이는 것이다.
- 추상체 덕분에 우리는 색깔을 볼 수 있지만, 추상체는 간상체보다 빛에 덜 민감하다.
- 조명이 어두운 조건에서 물체가 흑백으로 보이는 이유는 이런 조건에서 시각을 담당하는 것은 간상체이기 때문이다. 시야의 주변 시각을 담당하는 것도 간상체이다.

속성탐지기란 무엇이며, 시각 처리에서 맡은 역할은?

- 속성탐지기란 시각피질에 있는 특화된 세포로 시각 자극의 특정 속성(예: 수평 또는 수직 선분)에만 반응한다.

색채 시각의 주요 이론 두 가지는?

- 삼원색 이론 또는 영-헬름홀츠 이론은 우리 눈에는 색채 수용기 세 가지(적색, 녹색, 청자색)가 있고 우리가 경험할 수 있는 모든 색깔은 이들 세 가지 수용기가 동시에 받는 자극에 의해 결정된다고 주장한다.
- 헤링이 제안한 반대-과정 이론에서는 우리 눈에는 세 쌍의 수용기(적-록, 청-황, 흑-백 수용기)가 있고 우리가 경험하게 되는 색깔은 각 쌍의 수용기에서 벌어지는 반대 작용에 의해 결정된다고 주장한다.

주요 색맹 두 가지는?

- 주요 색맹 두 가지 중 하나는 완전 색맹이고 다른 하나는 부분 색맹이다. 전자는 색깔을 전혀 구분할 수 없는 데 반해, 후자에 속하는 적-록 색맹은 적색과 녹색을 구분하는 작업에 그리고 청-황 색맹을 청색과 황색을 구분하는 작업에 어려움을 겪는다.

점검해 봅시다

1. 간상체에 관한 다음 진술 중 옳은 것은?
   ① 중심와 부근에 집중적으로 분포되어 있다.
   ② 색채 시각을 담당한다.
   ③ 조명이 밝은 곳에서 세밀한 것을 알아볼 수 있도록 한다.
   ④ 추상체보다 빛에 더 민감하다.
2. 주변 시각 그리고 빛의 어두운 조건에서의 시각을 담당하는 광수용기는 ________(이)라 하고 빛이 밝은 조건에서 세밀한 것을 찾아내는 일을 담당하는 광수용기는 ________(이)라 한다.
3. 시각피질은 ________엽에 있다.
4. 눈의 각 부분이다. 각각의 기능과 짝지어 보자.

① 홍채	가. 눈의 일부로 시각 상의 초점이 망막 위에 맺히도록 돕는다.
② 동공	나. 안구의 뒤쪽 내부을 덮고 있는 막으로 광수용기를 담고 있다.
③ 렌즈/수정체	다. 망막의 일부로 시신경이 눈을 빠져나가는 곳
④ 망막	라. 동공의 크기를 통제하는 근육
⑤ 중심와	마. 망막의 한 부위로 선명한 시각을 책임지는 곳
⑥ 맹점	바. 빛이 눈으로 들어갈 수 있도록 뚫려 있는 구멍

생각해 봅시다

- Hering의 반대-과정 이론을 이용하여 잔상을 설명해 보자.
- 아는 사람 중에 색맹이 있는가? 색맹 때문에 겪은 삶의 변화가 있었다면 어떤 것인가?

청각: 소리의 음악

3 단원

- 귀가 어떻게 작동하기에 우리는 소리를 들을 수 있는가?
- 음고 지각을 결정하는 요인은?
- 청각장애에는 어떤 종류가 있고 각각의 원인은?

짹짹거리는 새소리, 아이들의 웃음소리, 애간장을 태우는 대금 소리. 우리는 이러한 모든 소리를 청각을 통해 감지한다. 듣는 일은 음파 감지를 통해 이루어진다. 음파는 공기나 물의 압력이 변할 때 생성된다. 이렇게 생성된 음파는 귀의 부분부분을 진동시킨다. 이 진동이 전기적 신호로 전환되어 뇌로 전달된다.

청각: 소리를 통한 지각 방식

음고: 주로 음파의 주파수에 따라 달라지는 소리의 고저

1. 소리: 진동파 감지

가시광선처럼, 소리도 일종의 에너지로 파동 모양으로 이동한다. 빛은 공기가 없는 외계까지 이동할 수 있지만 소리는 공기나 액체, 기체, 고체 같은 매체를 통해서만 이동한다. 특정 물체의 진동은 공기나 물 같은 물질의 분자를 진동하게 한다. 예컨대, 사람의 목소리는 성대가 진동할 때 생성된다. 그렇게 유발된 공기분자의 진동은 그 근원으로부터 음파의 모양으로 퍼져 나간다. 음파의 특징은 진폭(amplitude)과 주파수(frequency)라는 물리적 속성으로 묘사된다. 진폭은 음파의 높이로 측정되고 에너지의 강약을 나타낸다. 그리고 음파의 주기(또는 진동)가 초당 반복되는 횟수로 측정되는 주파수는 공기분자가 진동하는 속도를 나타낸다([그림 3-10] 참조).

개념 3-15

속귀에 있는 수용기에 의해 다른 모양의 신호로 바뀌는 것은 소리의 진동이고, 뇌에서는 이 신호를 이용해 우리로 하여금 주변에서 나는 소리를 경험하게 해 준다.

소리의 크고 작음을 결정하는 음파의 진폭은 데시벨(decibels: dB) 단위로 측정된다. 진폭이 10dB 증가할 때마다 그 소리는 열 배 더 크게 들린다. 진폭이 30dB인 소리(음파)는 진폭이 10dB인 소리보다 세 배가 아닌 30배 더 큰 소리로 들린다는 뜻이다.

빛은 초당 29만 7,600km를 이동하지만 소리는 공기 속에서 초당 340m밖에 이동하지 못한다. 그러므로 약 2km 떨어진 곳에서 떨어진 벼락 소리가 우리 귀에 들리기까지는 6초 가까이 걸린다. 그러나 우리에게 중요한 소리는 대부분(예: 연인의 목소리, 음악 소리, 자동차의 경적 소리 등) 가까이서 나기 때문에 소리가 나는 즉시 들리는 것처럼 느껴진다.

빛에 비하면 소리는 턱없이 느리지만, 그런 소리를 내는 진동의 초당 횟수는 상당히 많을 수 있다. 음파가 진동하는 초당 횟수(Hz)에 해당하는 주파수는 우리의 뇌가 음고

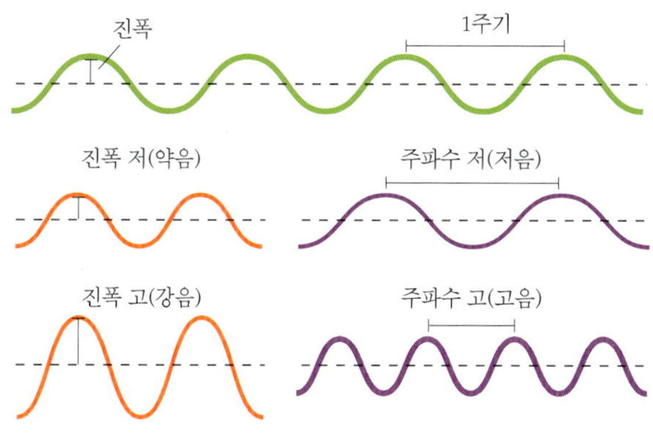

[그림 3-10] 음파

음파는 진폭(또는 파의 높이)과 주파수(또는 음파의 초당 진동 횟수) 같은 물리적 속성에서 서로 다르다. 진폭의 차이는 소리의 강약 차이를 유발하고 주파수의 차이는 소리의 고저 차이를 유발한다.

개념 3-16

우리가 소리라고 하는 음파는 고막을 진동시킨다. 이 기계적 진동은 속귀에 있는 수용기 세포(즉, 섬모세포)를 자극하여 청각 신호가 뇌로 전달되게 만든다.

(pitch)를 지각하는 데 필요한 정보를 제공한다. 인간의 귀가 감지할 수 있는 소리의 주파수는 약 20Hz(초당 20회 진동한다는 뜻)에서 2만 Hz까지로 알려져 있다. 주파수가 높은 소리일수록 더 높은 음으로 들린다. 일반적으로 여성 목소리가 남성 목소리보다 높게 들리는 것은 여성의 성대가 남성의 성대보다 짧아 더 빠르게 진동하기 때문이다. 피아노 같은 현악기에서 현이 짧을수록 고음을 내는 것도 현이 짧을수록 진동이 빨라지기 때문이다.

2. 귀: 소리 기계

고막: 바깥귀와 중간 귀 사이에 위치한 얇은 조직으로 청각 자극(즉, 소리)에 대한 반응으로 일어나는 이 막의 진동을 통해 음파가 중간귀로 전달됨

작은 뼈: 중간 귀에 있는 세 개의 작은 뼈(추골, 침골, 등골)로 고막의 진동을 속귀로 전달함

난원창: 중간 귀와 속귀를 분리시키는 계란 모양의 구멍으로 이 구멍은 얇은 막으로 덮여 있음

귀의 구조는 음파를 포착하여 음파에 맞추어 진동하며 음파의 변화를 전기적 신호로 전환할 수 있도록 고안되어 있다([그림 3-11] 참조). 음파가 신경반응으로 바뀌어 대뇌피질까지 가는 과정은 바깥귀가 음파를 모아 고막으로 보내는 데서 시작된다. 고막(eardrum)은 귀 속에 있는 팽팽한 막으로 음파에 반응하여 진동한다. 이 진동은 중간 귀에 있는 세 개의 작은 뼈(ossicle)를 통해 속귀로 전달된다. 고막에 붙어 있는 망치뼈(malleus)가 맨 먼저 진동한다. 이 진동은 모루뼈(incus)로 전달되고, 거기서 다시 등자뼈(stapes)로 전달된다. 등자뼈의 진동은 속귀의 난원창(oval window)을 두드린다. 난원창은 등자뼈가 붙어 있는 막으로, 이 막에서 속귀가 시작된다. 달팽이처

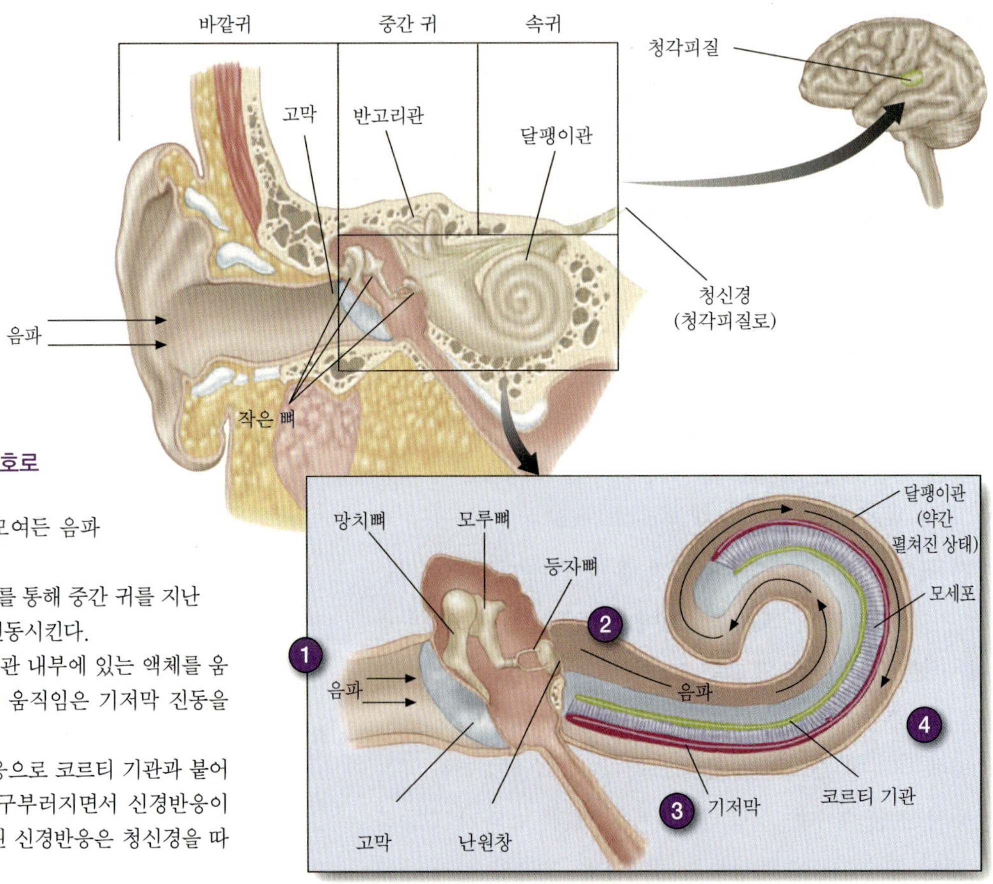

[그림 3-11] 음파가 신경신호로 바뀌는 과정

❶ 바깥귀에서 고막으로 모여든 음파가 고막을 진동시킨다.
❷ 이 진동은 작은 뼈 세 개를 통해 중간 귀를 지난 다음 속귀의 난원창을 진동시킨다.
❸ 난원창의 진동은 달팽이관 내부에 있는 액체를 움직이게 하고, 이 액체의 움직임은 기저막 진동을 유발한다.
❹ 기저막 진동에 대한 반응으로 코르티 기관과 붙어 있는 모세포 수용기가 구부러지면서 신경반응이 생성되고, 그렇게 생성된 신경반응은 청신경을 따라 뇌로 전달된다.

럼 생겼다 하여 달팽이관(cochlea)이라고도 하는 속귀를 중간 귀의 작은 뼈와 연결시켜 주는 구조물이 난원창인 셈이다. 난원창의 진동은 달팽이관 속의 액체에 작용하여 파도 같은 움직임을 유발한다. 액체의 그러한 움직임은 달팽이관 내부의 구조물인 기저막(basilar membrane)을 진동시킨다. 기저막은 코르티 기관(organ of Corti)이라고 하는 젤리 같은 구조물에 붙어 있다. 기저막 위에 줄지어 서 있는 약 1만 5,000개의 모세포(hair cell)가 청각 수용기로 작용한다. 이들 모세포는 실제로는 모가 아니고 모처럼 생겼다고 붙여진 이름일 뿐이다. 모세포는 기저막 표면에서 솟아나온 100여 개의 머리카락 같은 구조물로, 기저막의 진동에 대한 반응으로 구부러진다(Kros, 2005). 모세포가 구부러질 때 주변의 화학물질이 모세포 안팎으로 드나들어 신경반응이 형성된다. 청각 정보를 담은 이 신경반응은 청신경(auditory nerve)을 통해 머릿속 청각피질로 전달된다(Gubbels et al., 2008). 대뇌피질의 측두엽에 위치한 청각피질에서는 이렇게 입력된 청각 자극을 처리하여 소리라는 경험을 창출한다.

달팽이관: 속귀에 자리 잡고 있는 달팽이 모양의 기관. 청각 수용기 세포는 그 속에 있음

기저막: 달팽이관을 따라 관의 상부와 하부를 구분시켜 주는 엷은 막. 그 위를 따라 코르티 기관이 펼쳐져 있음

코르티 기관: 달팽이관 속 기저막 위에 위치한 젤라틴성 구조물. 그 속에는 청각 수용기에 해당하는 모세포가 깔려 있음

모세포: 음파의 진동을 신경반응으로 변형시키는 청각 수용기. 모세포에 의해 생성된 신경반응은 청신경을 따라 뇌로 전달됨

청신경: 신경반응을 귀에서 뇌로 전달하는 신경섬유. 청각 경험은 이렇게 전달된 신경반응에서 야기됨

소리의 발생지에서 두 귀까지의 거리가 동일하지 않은 한 소리가 각 귀에 도달하는 시간은 같을 수 없다. 물론 이러한 시간차는 매우 작아 우리는 그 차이를 의식하지 못한다. 하지만 우리의 뇌는 1/1,000초밖에 되지 않는 작은 차이도 탐지할 수 있어, 이 차이를 이용해 소리의 발생지를 계산해 낸다. 멀리 있는 물체일수록 작아 보이는 것과 같이 멀리서 발생한 소리일수록 가늘게(softer) 들리기 때문에, 이 역시 소리의 발생지 판단에 이용되는 또 하나의 단서로 작용한다.

3. 음고 지각: 소리의 높낮이 지각

사람들은 두 가지 소리의 고저 차이를 어떻게 구분하는 것일까? 색채 시각에서와 마찬가지로 사람들이 소리의 고저(pitch)를 식별하는 방식을 설명하는 데는 한 가지 이상의 이론이 필요하다. 사람들이 고음과 저음을 탐지해 내는 능력을 설명하기 위해서는 장소 이론과 주파수 이론 둘 모두가 필요하다. 또한 이 둘을 조합해서 만들어진 연사원리는 고음과 저음 중간에 속하는 중음을 탐지해 내는 능력을 설명하는 데 도움이 된다.

헤르만 폰 헬름홀츠의 장소 이론(place theory)에 따르면 특정 소리(음파)의 고저 지각은 그 소리가 고막을 진동시켰을 때 달팽이관 속 기저막의 어느 곳이 가장 강하게 진동하는가에 따라 결정된다. 피아노 건반 위에 키가 나열되어 있는 것처럼 기저막을 쭉 따라가며 신경세포가 내열되어 있고 건반 위의 어느 키가 눌리는가에 따라 피아노의 음고가 달라지듯, 기저막 위의 어느 곳(장소)에 있는 신경세포가 가장 열렬하게 반응하는가에 따라 고막을 친 그 소리의 고저가 결정된다는 생각이다(Azar, 1996a). 또한 기저막 위의 어느 곳이 가장 활발하게 진동하는가는 고막을 치는 소리의 주파수에 의해 결정된다고 본다.

장소 이론: 음고의 변화가 특정 소리에 대한 반응으로 일어나는 기저막의 진동이 기저막 상 어느 곳(장소)에서 가장 활발한가에 따라 결정된다는 믿음

개념 3-17

음고 지각을 제대로 설명하기 위해서는 장소 이론과 주파수 이론 그리고 연사원리가 모두 이용되어야 한다.

게오르크 폰 베케시(Georg von Békésy, 1957)는 귀를 자극하는 소리의 주파수에 따라 기저막 위의 어느 곳이 가장 크게 진동할 것인지가 결정된다는 헬름홀츠의 생각이 옳았음을 입증한 연구로 노벨상 수상자가 되었다. 그는 주파수가 높은 음은 기저막에서 난원창 가까운 곳을 가장 크게 진동시키는 데 반해 주파수가 낮은 음은 그 반대쪽 끝을 가장 크게 진동시킨다는 사실을 밝혀냈다. 기저막에서 진동이 가장 큰 곳에 있는 모세포는 특정 신경세포를 자극하고 그 신경세포는 그 모세포가 있는 기저막상 위치에 관한 정보를 뇌로 전달한다. 뇌에서 이 위치(장소) 정보를 이용하여 음고를 계산해 낸다. 그러나 주파수가 낮은 소리(주파수가 약 4,000Hz 이하인 소리)는 기저막상 특정 위치를 가장 강하게 진동시키는 일을 하지 못한다. 그런데도 보통 사람들은 주파수가 20Hz 정도로 낮은 소리까지 탐지해 내는 능력을 가지고 있다.

주파수 이론: 음고의 변화가 기저막의 진동 주파수와 청신경을 따라 뇌로 전달되는 신경발화율에 의해 결정된다는 믿음

주파수 이론(frequency theory)을 이용하면, 주파수가 약 20Hz에서 1,000Hz 사이에 있는 소리의 음고 지각은 설명이 된다. 주파수 이론에 의하면, 기저막의 초당 진동 횟수가 음파의 초당 진동 횟수(즉, 주파수)와 같다. 다시 말해, 그 주파수가 200Hz, 즉 초당 진동 횟수가 200회인 소리에 의해 유발되는 기저막의 초당 진동 횟수는 200회이며, 뇌에 전달되는 신경발화율, 즉 신경세포의 초당 반응 횟수도 200회라는 게 주파수 이론의 주장이다. 주파수 이론의 이러한 주장이 안고 있는 가장 심각한 문제점은 신경세포의 최대 발화율이 초당 1,000회를 넘지 못한다는 데 있다.

연사 원리: 음고 지각을 기저막 위에 깔려 있는 여러 무리의 신경세포가 번갈아 가며 반응한다는 점에서 찾으려는 생각

그러면 주파수가 1,000Hz에서 4,000Hz 사이인 소리/음파의 음고는 어떻게 지각되는 것일까? 여기서 필요한 게 연사 원리(volley principle)이다. 기저막 위를 따라가며 자리 잡고 있는 신경세포들이 작은 무리를 지어 집중적으로 반응하는 전략을 구사하는 것 같다. 예를 들어 보자. 활을 이용한 전투에서 100명의 궁수가 모두 동시에 활을 쏜 후 다시 화살을 장전하여 그다음 화살을 쏘기까지 걸리는 시간이 5초라면, 공격이 5초당 한 번씩 이루어진다. 그러나 궁수를 20명씩 5조로 나누어 1조가 발사한 1초 후에 2조가 쏘고 2조가 발사한 1초 후에 3조가 쏘는 식의 연사 원리를 구사하면 공격이 1초당 한 번씩 이루어진다. 이처럼 신경세포의 무리가 돌아가면서 반응을 하면 4,000Hz의 소리에도 무난하게 반응할 수 있다.

요약하면, 주파수 이론을 이용하면 주파수가 낮은 소리의 음고 지각을 쉽게 설명할 수 있고, 장소 이론으로는 주파수가 높은 소리의 음고 지각이 쉽게 설명된다. 주파수가 높지도 낮지도 않은 중간 정도인 소리의 음고 지각을 설명하는 데에는 이들 두 가지 이론을 조합해 만들어진 연사 원리가 필요하다.

4. 청력 상실: 청력 보호, 해야 하는 것 아닌가

미국인 중 2백만 명이 청각장애인이고 청력 상실로 고생하는 사람이 3천만 명에 이른다. 청각장애와 청력 상실을 초래하는 원인에는 선천적 결함, 질병, 고령화, 부상, 큰 소리에 노출되는 일 등 여러 가지가 있다. 미국의 경우, 청력 손상으로 고생

하게 될 사람의 숫자가 눈덩이처럼 불어나 2030년에는 7,800만 명에 이를 것으로 예상되며, 그 주된 요인으로는 휴대용 음악장치를 통해 들어오는 고막이 터질 것 같은 음악 소리가 꼽히고 있다(Noonan, 2006).

안타깝게도, 많은 아이와 그들의 부모는 귀로 직접 들어오는 음악 소리의 크기에 관한 경고를 무시하고 있다(〈표 3-3〉 참조). 10대의 경우 다섯 명 중 거의 한 명 꼴로 청력이 상실되고 있다는 증거(예: T 또는 K 음을 식별하지 못해 'talk'이란 단어를 'aw'로 듣기도 한다.)가 나타나고 있다(Heffernan, 2011; Johnson, 2010). 음악회에서 큰 음악 소리에 노출되는 것도 청력 상실로 이어질 수 있다. 이는 나이 든 록 음악가들과 콘서트를 즐겨 찾는 사람한테서 자주 나타나는 문제이다(Kujawa & Liberman, 2006).

개념 3-18

큰 소음 때문에 청력을 상실하여 학습능력이 훼손될 수도 있다.

〈표 3-3〉 들어보세요: 10대 청소년과 청력 상실

28%는 TV나 라디오의 볼륨을 올려야 잘 들을 수 있다고 보고됨
29%는 보통 대화 중에 "뭐라고" 또는 "어!"라는 말을 한다고 보고됨
17%는 귀 울림(이명)을 경험한다고 보고됨

출처: Teens not heeding headphone warning. (2006. 3. 14.). http://www.cnn.com/2006/HEALTH/conditions/03/14/ipod.hearingrisk/index.html에서 2006년 3월 18일 인출.

전도성 장애: 귀머거리의 일종으로 대개는 중간 귀의 손상 때문에 소리의 진동이 속귀로 전도될 수 없을 때 나타남

크기가 85dB 이상인 소음에 장시간 노출되는 것도, 120dB 이상의 소리에 잠깐 노출되었을 때처럼 청력 상실의 원인이 될 수 있다. [그림 3-12]는 여러 친숙한 소리의 크기를 dB 수준으로 보여 주고 있다. 술집이나 클럽에서 왁자지껄하게 떠드는 소리도 110~120dB에 이른다. 심지어는 헤드폰 소리도 100dB 또는 그 이상까지 높아질 수 있다.

주요 청각장애(농아 또는 귀머거리)는 전도성 장애와 신경성 장애로 대분된다. 전도성 장애(conduction deafness)는 보통 중간 귀의 손상에서 초래된다. 고막이 터질 수도 있고 음파의 진동을 확장하여 속귀로 전달하는 일을 하는 세 개의 작은 뼈가 적절한 진동능력을 상실했을 수도 있다. 전도성 농으로 고생하는 사람들은 음파를 확장시켜 주는 보청기의 혜택을 받을 수 있다.

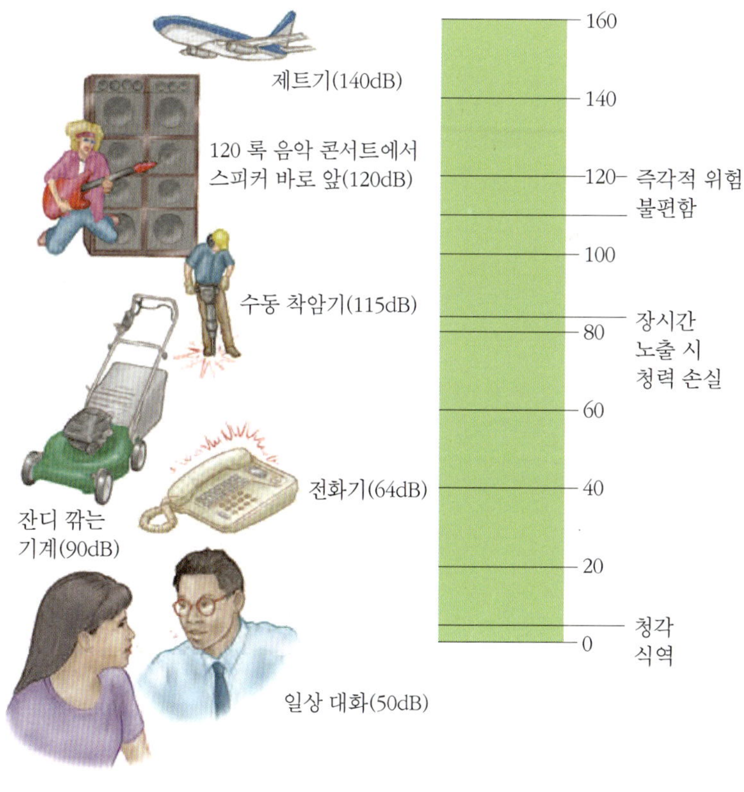

[그림 3-12] 소리와 데시벨(dB)

85dB 이상의 소리에 장기간 노출되면 영구적인 청력 상실이 발생할 수 있다. 120dB보다 높은 소리에 노출되는 일은 청력 손실의 즉각적 요소에 해당한다. 대부분의 사람은 0dB보다 조금 더 높은 아주 가는 소리까지 탐지할 수 있다.

신경성 장애: 주로 모세포나 청신경에 손상이 생겼을 때 나타나는 신경 관련 귀머거리

신경성 장애(nerve deafness)는 일반적으로 속귀에 있는 모세포 또는 청신경의 손상 때문에 발생한다. 큰 소리에 노출되는 일과 질병과 노화가 신경성 장애의 원인일 수 있다. 큰 소음에 노출된 후 귀울림이 들리면 모세포가 손상되었다는 의미일 수 있다. 달팽이관 또는 '인공 귀'를 이식하면, 모세포를 건너뛰어 소리를 청신경으로 전달하는 일이 벌어지기도 한다. 인공 귀는 음파를 바로 전기적 반응으로 바꾸어 버린다. 따라서 달팽이관 이식도 청신경이 손상되었을 때는 도움이 되지 않는다. 청신경이 손상되고 나면, 기저막 위의 모세포를 아무리 크게 자극해도 뇌의 청각피질에서는 그 자극을 감지할 수 없다.

나이가 들고 나면 청력 상실은 피할 수 없다. 노후의 청력 상실은 대부분 귀를 오랜 세월 큰 소리에 노출시켰기 때문에 발생한다. 다음 팁을 이용하여 지나친 소음에 귀를 노출시키지 않으면 소음 때문에 생기는 노년기의 청력 상실을 예방하는 데 도움이 될 것이다.

- 지나친 소음을 피할 수 없다면, 귀마개를 최대한 활용한다.
- 특히 이어폰을 사용할 때 음악의 볼륨을 낮추고, 굉음을 내는 콘서트에는 가지 않는다.
- 사는 동네가 시끄러운 곳이면, 이웃 주민들과 힘을 모아 정부기관에 압력을 가해 적절한 조치를 취하도록 한다.

책장을 넘기기 전에 〈개념 차트 3-3〉에 정리된 청각의 기본 개념을 다시 한번 살펴보기 바란다.

〈개념 차트 3-3〉 **청각**

감각 정보의 근원	음파
수용기 기관 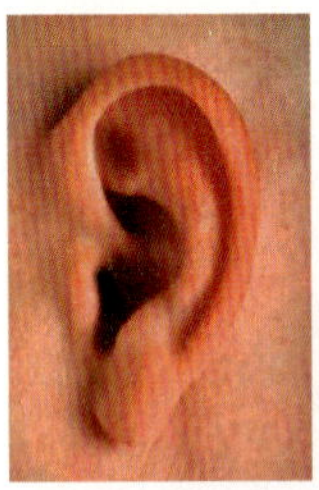 © Wolfgang Amri/Shutterstock.com	귀: 바깥귀에 귀 구멍으로 모인 음파가 고막을 통해 중간 귀로 전달되면, 거기서 세 개의 작은 뼈에 의해 확대된 음파는 난원창을 통해 속귀로 전달된다.
수용기 세포	속귀의 달팽이관 내부에 있는 기저막 위의 모세포
음고 지각 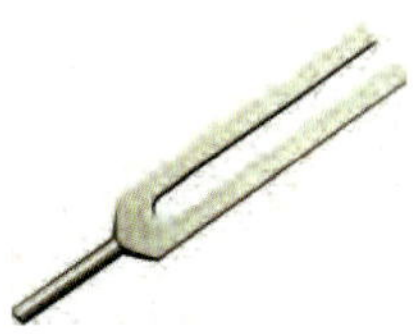 © Jason Nemeth/Shutterstock.com	음고 지각 이해에는 세 가지 이론이 필요하다. 주파수가 낮은 소리의 음고 지각은 주파수 이론, 주파수가 높은 소리의 음고 지각은 장소 이론, 주파수가 중간 정도인 소리의 음고 지각은 연사 원리를 이용해야 이해가 잘된다.

3 단원 복습 청각: 소리의 음악

되새겨 봅시다

귀에서 어떤 일이 벌어지기에 우리는 소리를 들을 수 있는가?

➤ 바깥귀로 들어온 음파는 귓구멍을 따라 이동하다 고막에 다다르면 고막을 진동시킨다. 이렇게 생성된 기계적 진동 에너지는 중간 귀를 구성하는 세 개의 작은 뼈(망치뼈, 모루뼈, 등자뼈)를 통해 속귀의 달팽이관에 있는 난원창을 진동시킨다. 난원창의 진동은 달팽이관 속 액체를 움직여 파도 같은 움직임을 생성하고 그 움직임은 다시 기저막을 진동시킨다. 기저막 진동에 대한 반응으로 모세포가 구부러져 신경반응을 야기하고 그 신경반응은 청신경을 따라 뇌의 청각피질로 전달된다. 그렇게 생성되고 전달된 신호를 청각피질에서 해석할 때 우리는 소리를 듣게 된다.

우리의 음고 지각은 무엇에 의해 결정되는가?

➤ 음고 지각은 기저막 위에서 진동이 가장 큰 곳(장소 이론), 신경세포의 발화율(주파수 이론), 기저막 위에 있는 여러 묶음의 신경세포가 연달아 발화하는 속도(연사 원리) 등 여러 요인의 복합적 조합에 의해 결정된다.

청각장애의 주요 유형과 각 유형의 원인은?

➤ 두 가지 주요 청각장애 중 하나는 전도성 청각장애이고 다른 하나는 신경성 청각장애이다. 전자는 일반적으로 중간 귀의 손상으로 초래되고 후자는 속귀에 있는 모세포 또는 청신경의 손상으로 발생한다.

점검해 봅시다

1. 음파의 특징/속성 중 큰/작은 소리의 지각을 유발하는 것과 고저 지각을 유발하는 것은 각각 무엇인가?
2. 음고 지각의 주파수 이론에 따르면, 음의 고저를 식별할 수 있는 능력은 ________막의 진동률에서 나는 차이 때문에 생긴 능력이다.
3. 다음은 귀를 구성하는 요소들이다. 각각을 그 옆에 제시된 진술과 짝지어 보자.

① 고막	가. 바깥귀와 중간 귀를 구분시켜 주는 막
② 작은 뼈	나. 청각 수용기
③ 달팽이관	다. 기저막에 붙어 있는 젤리 같은 구조물로 감각 수용기와 나란히 펴져 있다.
④ 기저막	라. 달팽이관 안에 있는 막으로 공기 분자의 진동에 따라 움직인다.
⑤ 코르티 기관	마. 중간 귀에서 소리의 진동을 전도하는 세 개의 연골
⑥ 모세포	바. 속귀에 있는 달팽이 모양의 관으로, 난원창의 진동에 따라 움직이는 액체가 담고 있다.

생각해 봅시다

➤ 소리의 강약 지각(큰 소리–작은 소리) 및 음고 지각(고음–저음)을 가능하게 하는 음파의 특징은 무엇인가?

➤ 소음 때문에 발생하는 청각 손상을 예방하기 위해 어떤 수단을 이용하고 있는가? 청력 상실을 충분히 예방하고 있다고 생각하는가?

4 단원

기타 감각기관: 화학물질, 피부, 그리고 신체 감각

- 우리는 냄새를 어떻게 감지할까?
- 우리는 맛을 어떻게 감지할까?
- 피부 감각이란?
- 근동 감각이란? 전정 감각이란?

두뇌는 퍼즐을 좋아합니다

책을 읽어 습득한 정보를 이용하여 다음 문제의 답을 만들어 보자.
통증 같은 불쾌한 느낌이 어떻게 우리에게 이로울 수 있을까?

우리는 감각기관 하면 보통 시각, 청각, 후각, 미각, 촉각을 생각한다. 그러나 실제로는 훨씬 더 많다. 여기서는 화학물질에 반응하는 감각기관과 몸놀림을 감지하는 감각기관, 피부라고 하는 감각기관을 살펴보기로 한다. 이들 감각기관 덕분에 우리는 냄새를 맡고 맛을 볼 수 있고 촉감을 느끼며 우리의 몸이 어떤 상태에서 어떻게 움직이고 있는지를 알 수 있다.

개념 3-19

냄새를 맡는 감각은 코 속에 있는 후각 수용기에서 시작된다. 후각 수용기는 코 속으로 들어오는 화학물질을 탐지하여 그에 관한 정보를 뇌로 전달하는 일을 한다.

코와 혀는 우리 각자의 화학실험실과 같다. 후각과 미각을 화학물질 감각기관이라고 하는 것은 이들 감각기관은 코로 스며드는 물질, 혀에 와 닿는 물질의 분자를 각각 화학적으로 분석하기 때문이다. 이 두 화학물질 감각기관은 즉석에서 물질의 화학적 성분을 분석해 낸다.

1. 후각: 코로 알 수 있는 것

후각: 냄새를 맡는 감각

냄새를 맡는 감각, 즉 후각(olfaction)은 화학물질의 분자 모양을 탐지해 낸다. 분자의 모양을 탐지하는 일은 코 속에 있는 약 500만 개의 수용기가 수행한다. 우리의 후각기관은 개나 고양이의 후각기관만큼 예민하지는 못하지만, 분자만을 기초로 변별할 수 있는 물질의 수가 약 10,000가지에 이를 정도로 매우 민감하다.

화학물질을 구성하는 여러 가지 분자는, 열쇠와 자물쇠가 그렇듯, 그 분자에 꼭 들어맞는 냄새 수용기를 자극하여 그에 해당하는 후각신호를 방출하게 한다. 이렇게 생성된 후각신호는 후각신경(olfactory nerve)을 따라 뇌로 전달된다. 이렇게 입력된 후각 정보가 뇌에서 처리되고 나면 우리는 그 특정 화학물질에서만 나는 냄새를 경험하게 된다(Miyamichi et al., 2010). ([그림 3-13] 참조). 그 냄새의 강약은 코 속으로 들어온 화학물질에 의해 동시에 자극을 받는 후각 수용기의 개수에 따라 결정되는 것으로 보인다.

후각신경: 코에 있는 후각 수용기에서 생성된 신경반응을 뇌로 전달하는 신경 섬유

감각 정보 중에서 대뇌피질로 전달될 때 시상을 거치지 않는 것은 냄새와 관련된 정보뿐이다. 후각 정보는 후각신경을 따라 후각 구(olfactory bulb)로 직통한다. 후각 구는 콧구멍 바로 위와 뇌의 앞쪽에 위치한 구조물이다. 후각 구에 도달한 정보는 측두엽에 있는 후각 피질과 변연계 내부의 여러 구조물로 전달된다. 제2장에서 소개한 변연계는 뇌 속에 있는 일군의 구조물로 정서 경험 및 기억 과정에 중요한 역

후각 구: 콧구멍 위쪽에 있는 뇌의 앞부분에 위치한 영역으로 코 속에 있는 후각 수용기에서 보내온 감각 신호를 받아들이는 곳

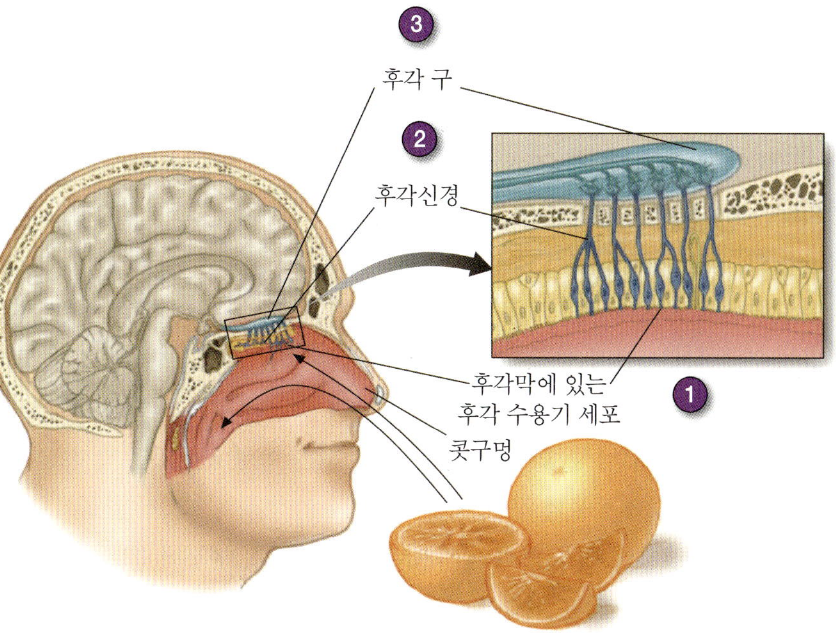

[그림 3-13] 후각의 작용 방식

❶ 코의 상부에 있는 수용기 세포(냄새 수용기)가 코로 들어오는 화학물질에 반응한다. 어느 수용기가 반응할 것인지는 그 화학물질의 분자 모양에 따라 달라진다.
❷ 각 수용기는 그에 꼭 들어맞는 분자에만 반응하고 그 반응의 결과는 신경반응의 발화로 나타난다.
❸ 그렇게 생성된 신경반응은 후각신경을 따라 뇌 속에 있는 후각 구로 전달된다.

할을 맡고 있다. 후각기관과 변연계의 이러한 연결에서 우리는 냄새와 정서, 기억 사이에 밀접한 관계가 있음을 알게 된다. 부엌에서 나는 된장국 냄새 또는 지나가는 사람에게서 나는 향수가 어린 시절의 경험 또는 특정인과 결합된 강렬한 감정을 불러일으키기도 한다.

후각은 음식물의 맛/풍미를 결정하는 데도 핵심 역할을 수행한다('해 보기' 참조). 후각이 없다면, 맛있는 스테이크도 마분지 씹는 맛과 별로 다르지 않을 것이다. 사과 맛과 감자 맛을 구분하기도 어려울 것이다. 노년기에는 후각 기능도 떨어지는데, 음식 맛이 예전 같지가 않다고 투덜대는 노인들의 불평도 그 주된 원인은 바로 후각 기능 감퇴에 있다.

우리의 감각기관은 수백만 년에 걸쳐 환경에 적응해 가는 동안 조형된 작품이다. 여러 가지 감각기관 중 후각은 특히 생존에 결정적인 역할을 수행한다. 후각 덕분에 우리는 썩은 음식과 해로운 음식을 입에 넣기 전에 피할 수 있다. 다른 종의 경우, 후각은 다른 기능도 수행한다. 물개를 비롯한 많은 동물이 어린 물개 떼 속에서 자기 새끼를 찾아낼 때도 냄새를 이용한다. 드넓은 바다를 오랫동안 돌아다니던 연어가 산란기가 되어 자신이 출생했던 계곡으로 되돌아올 때도 그 계곡에서 흘러나오는 물 분자 몇 개를 이용해 찾아낸 냄새가 이용된다.

페로몬(pheromone)이라는 화학물질을 분비하는 동물도 많다. 페로몬은 여러 가지 과제 수행에 중요한 역할을 수행한다. 그런 과제에는 배우자를 유혹하는 일, 영역을 표시하는 일, 위계의 우위를 점하는 일, 공격적으로 행동하는 일, 음식물을 모으는 일, 새끼와 유대를 형성하는 일 등이 포함된다(Chamero et al., 2006; Nakagawa et al., 2005). 페로몬은 오줌이나 질 분비물과 같이 몸에서 배출되는 분비물에서 발

해 보기
음식물의 냄새

코가 막혔을 때는 음식물의 맛이 덤덤해진다. 후각이 맛에 미치는 영향을 입증해 보기 위해 손가락으로 코를 막은 상태에서 음식물을 먹어 보기 바란다. 맛을 느끼는 데 어떤 효과를 미치던가? 음식물을 먹고 싶은 욕구에는 어떤 영향을 미치던가?

페로몬: 여러 종의 동물에서 방출되는 화학물질로 성적 유혹을 포함한 다양한 기능을 함

견된다. 페로몬은 동종의 다른 구성원이 가진 후각과 미각을 통해 탐지된다.

우리는 페로몬이 여러 종의 동물과 곤충에서 성적 매력에 영향을 미친다는 사실을 알고 있다. 페로몬은 인간의 매력에도 영향을 미칠까? 인간의 코에도 페로몬의 존재를 감지하는 데 필요한 수용기가 있다(Liberles & Buck, 2006). 그러나 페로몬이라는 화학물질이 인간의 행동에도 영향을 미치는지는 여전히 알려지지 않았다(Shepherd, 2006).

사실 우리는 우리의 코에 대해 아는 것이 별로 없다. 그러나 2010년에 발표된 재미있는 연구에서는 여성 향기에 노출된 남성의 남성 호르몬이 변한다고 보고하였다. 이 연구에서는 참여한 남성에게 특정 여성이 입었던 티셔츠의 냄새를 맡아 보라고 주문했다. 이들 남성 중 일부는 배란기에 있는 여성이 입었던 티셔츠의 냄새를 맡았다. 다른 많은 동물의 경우, 수컷이 암컷과의 짝짓기에 가장 관심이 많을 때는 암컷의 번식력이 가장 높을 때인 것으로 알려져 있다. 연구에 참여했던 다른 남성들은 배란기에 있지 않은 여성이 입었던 티셔츠의 냄새를 맡았다. 그 결과, 배란기 여성의 냄새를 맡은 참여자들이 다른 참여자들에 비해 테스토스테론 수준이 더 높았던 것으로 드러났다(Miller & Maner, 2010). 이러한 발견은 여성의 생식 가능성과 관련된 후각 단서가 남성의 호르몬 반응을 유발했음을 암시한다. 이러한 영향력이 실제로 남성의 성 관련 행동 또는 여성에 대한 관심도에 영향을 미칠 것인지는 해결되어야 할 과제로 남아 있다.

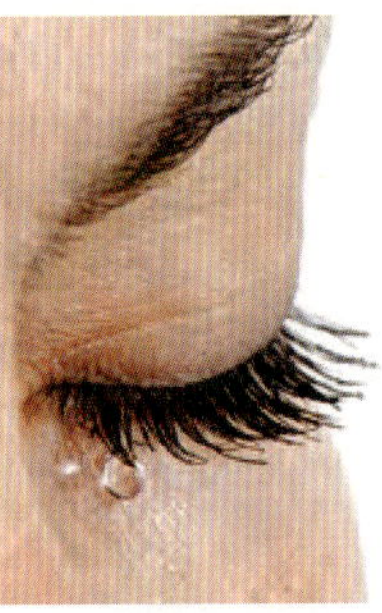
© Nagy-Bagoly Arpad/Shutterstock.com

눈물을 흘리는 여성이 곁에 없어도 그 여인의 눈물 냄새를 맡게 되면 남성의 성욕이 사라지는 것 같다. 여성의 눈물 속에는 "지금은 별로야!"라고 말하는 화학물질이 들어 있는 것 같다.

2011년에 보고된 또 하나의 연구에서는 남성 참여자들에게 컴퓨터 화면에 제시된 여성의 사진을 보고 그 여성의 성적 매력을 판단해 보라고 주문했다. 그 판단을 내리는 동안 실험 조건 참여자들은 특정 여성의 눈물에 들어 있는 화학물질에 노출되고 통제 조건 참여자들은 식염수에 노출되었다(Gelstein et al., 2011; 'Emotional Signals,' 2011). 눈물에는 냄새가 없는데도 여성의 눈물 냄새를 맡아 본 남성들은 사진 속 여성의 성적 매력을 더 낮게 평가했다. 감정을 자극하는 영화를 관람하는 동안 여성의 눈물 냄새를 맡은 남성들은 식염수 냄새를 맡은 통제집단의 남성들에 비해 자신의 성적 홍분을 더 낮게 평정했고, 성적 흥분을 반영하는 생리적 측정치도 더 낮았으며, 심지어는 테스토스테론 수준도 더 낮았던 것으로 밝혀졌다. 이들 결과는 여성의 눈물에는 남성의 성적 관심을 누그러뜨리는 화학적 신호가 들어 있다는 암시로 해석된다. 이런 일은 사람들이 알지 못하는 사이에 그것도 실제로 우는 여성이 보이지 않는데도 벌어진다.

개념 3-20

페로몬이라는 화학물질은 동물의 행동에서 여러 가지 역할을 수행하는 것으로 알려져 있지만 인간 행동의 경우에는 그 기능이 분명하게 밝혀지지 않고 있다.

향기가 인간의 성적 흥분에 어떤 역할을 하든, 성적 흥분에 관한 한 우리는 시각적 동물임을 알아야 한다. 저명한 생물인류학자 헬렌 피셔(Helen Fisher)는 이 문제를 이렇게 표현했다. "인간에 있어서 사랑은 대개 첫눈에 반하는 것이지 첫 냄새에 반하는 게 아니다. 성적 매력 및 로맨스는 여러 가지 요인에 의해 결정되는데 그중에 향기도 들어간다. 그러나 뇌에 대한 연구 결과에 기초한 나의 주장은 우리의 뇌는 주로 시각적 자극을 위해 만들어졌다는 것이다"(Sweeney, 2009 재인용).

2. 미각: 맛을 보는 감각

다른 감각과 마찬가지로 미각 역시 적응과 생존에 결정적인 역할을 맡고 있다. 우리는 건강하고 영양가가 풍부한 음식물과 상해서 못 먹을 음식을 구분하는 데 미각과 후각을 이용한다. (그러나 독극물이 들어 있는 물질 중 일부는 탐지해 내지 못한다는 점에서 미각도 완벽하다고는 할 수 없다.)

음식물의 종류도 수천 가지에 이르고 풍미 역시 수천 가지에 이른다. 그러나 맛의 기본은 네 가지, 즉 단맛, 쓴맛, 신맛, 짠맛밖에 없다. 그러니까 수천 가지의 풍미는 이들 네 가지 맛과 음식물의 향기, 질감, 온감의 조합으로 결정된다고 할 것이다.

맛은 미각세포(taste cell)라고 하는 수용기에 의해 감지된다. 이들 수용기는 일종의 신경세포로 미뢰(맛봉오리, taste bud)라고 하는 혓바닥 위의 구멍 안에 들어 있다. 대부분 미뢰는 혀의 가장자리와 뒤쪽에서 발견된다. 혀가 없는 사람들도 맛을 볼 수 있는데, 입천장에도, 볼 안에도, 또 목 안에도 맛 수용기가 있기 때문이다. 사람들이 가진 미뢰의 개수는 약 5,000개에서 10,000개에 이른다. 어떤 맛 수용기는 특정 맛, 예컨대 쓴맛이나 단맛에 더 민감하고 어떤 것은 여러 가지 맛에 반응한다. 우리 뇌는 기본 맛을 찾아내는 맛 수용기가 있는 곳이면 혀의 어떤 부분이든 그 부분의 자극을 받아들여 그 자극의 맛을 풀어낸다(Sugita & Shiba, 2005). 맛 수용기가 다른 신경세포와 다른 점 중 하나는 아주 빨리 일주일에서 10일 이내에 재생된다는 점이다. 이런 일의 장점은 사람들이 아주 뜨거운 음식을 먹을 때면 미각 수용기가 거의 살아남지 못한다는 사실에서 발견된다. 그러나 우리는 나이를 먹을 때도 미각세포를 잃는 것으로 밝혀졌다. 그리하여 우리는 20대가 되면 약 절반의 미각세포를 잃어버린다. 그런데도 음식물의 맛이 여전히 좋은 것은 아이들과는 달리 어른들은 일부 맛에 그다지 민감하게 반응하지 않기 때문인 것 같다.

그럼 왜 어떤 사람은 매운 음식을 좋아하는데 어떤 사람은 그런 음식을 좋아하지 않는 것일까? 맛 선호도에는 문화적 배경도 중요하게 작용한다. 예컨대, 일부 문화권 사람들은 매운 음식을 좋아하는 쪽으로 발달한다. 그럼 왜 사람들은 매운 음식을 먹을 때 땀을 흘리는 것일까? 음식을 맵게 만드는 화학물질은 온감을 탐지하는 수용기까지 반응하게 하는 것으로 드러났다(Aamodt & Wang, 2008). 온감 수용기는 혀에만 있는 것이 아니라 몸통 전체에 퍼져 있다. 그렇기 때문에 매운 청양고추를 씹으면 뇌에서는 온감을 감지하여 자연스럽게 발한반응을 일으키는 것이다. 이 때문에 영어에서는 매운 맛을 'hot'이라고 표현하는지도 모른다.

맛에 대한 민감도는 유전적 요인에 의해서도 달라진다(Reed, 2008; Sandell & Breslin, 2006). 고기에 소금을 많이 치는 사람은 유전적 특질 덕분에 소금 맛을 거의 못 보는 사람일 수 있다. 어떤 사람들은 소금, 후추, 다른 양념에 극도로 민감한 상태로 태어나는 사람도 있다. 어떤 사람은 쓴맛에 대한 민감도를 물려받아 방울다다

© iStockphoto.com/Bob Thomas

남성이든 여성이든 성적 매력을 유발하는 냄새가 있는지는 과학자들도, 향수 회사에서도 탐구 중인 문제이다.

미각세포: 맛에 민감하게 반응하는 신경세포

미뢰: 혓바닥에 깔려 있는 구멍으로 그 속에는 미각 세포가 들어 있음

개념 3-21

후각에서처럼 미각에서도 화학물질을 탐지하여 그에 관한 정보를 뇌로 보내는 수용기가 결정적인 역할을 한다.

기양배추(Brussels sprouts)의 강한 맛을 아예 싫어한다(Pearson, 2006). 단것을 좋아하는 것 역시 유전적 요인의 영향이다(Eny et al., 2008).

맛에 대한 민감도는 종에 따라서도 달라진다. 고양이는 단맛을 모르는 것 같다. 그러나 돼지는 단맛을 안다(사람은 돼지처럼 먹고 돼지는 사람처럼 먹는다는 표현이 더 정확할 것 같다.). 네 명 중 한 명 정도는, 남성보다 여성이 더 많지만, '미각 초민감자(supertasters)'에 속한다. 이들이 가지고 태어나는 미뢰의 개수는 평균 개수보다 많아 다른 사람들보다 특정 맛에 더 민감하게 반응한다(Bartoshuk, 2007). 이들은 브로콜리 같은 채소나 과일의 강한 맛이나 쓴맛에 흠칫 놀라기도 하며 설탕이 든 음식은 구역질을 느낄 정도로 달다고 느끼기도 한다. 다른 집단보다 아시아 여성 중에서 미각 초민감자가 더 많이 발견된다. 그러나 백인 남성이 미각 초민감자일 가능성은 매우 낮다(Carpenter, 2000).

〈개념 차트 3-4〉는 화학물질 감각기관인 후각과 미각에 대한 복습 기회를 제공한다.

〈개념 차트 3-4〉 화학물질, 피부 그리고 신체 감각

화학물질 감각	후각	감각 정보의 근원 수용기 기관 수용기 세포	감지되는 물질의 분자 코 콧구멍 속에 있는 수용기로 약 1만 가지 물질을 그 물질을 구성하는 분자의 모양을 기초로 감지해 낸다.
	미각	감각 정보의 근원 수용기 기관 수용기 세포	감지되는 물질의 분자 주로 혓바닥에 있는 미뢰/맛봉오리, 입과 목의 다른 부위에도 있다. 미뢰/맛봉오리 속에 위치한 미각세포로 다양한 맛에 민감한 신경세포
피부 감각	피부 감각	감각 정보의 근원 수용기 기관 수용기 세포	촉감, 압감, 온감, 냉감, 통감 피부(통증은 신체의 많은 다른 부분에서도 생겨난다.) 촉감, 압감, 온감, 냉감, 통감을 부호화하는 수용기
신체 감각	근동 감각	감각 정보의 근원 수용기 세포	신체 부위의 움직임과 상대적 위치 주로 관절, 인대, 근육에 위치한 수용기 세포
	전정 감각	감각 정보의 근원 수용기 기관 수용기 세포	몸의 움직임과 공간 내 정위(orientation) 속귀에 있는 반고리관과 전정-보자기(낭) 반고리관 내부에 있는 액체의 움직임 그리고 전정낭 속 돌의 위치 변화에 반응하는 모세포

피부 감각: 피부에 흩어져 있는 감각 수용기가 자극을 받아 생성되는 촉감, 압감, 온감, 냉감, 그리고 통증

3. 피부 감각: 가장 큰 감각기관

보통 사람들은 그렇게 생각하지 않겠지만, 실제로 피부는 우리 몸에서 가장 큰 감각기관이다. 피부에는 촉감, 압감, 온감, 냉감, 그리고 아픔을 부호화하는 데 필요한 수용기가 있다. 이들 수용기 중에는 압감이나 온감 같은 한 가지 자극에만 반응

하는 것도 있고 또 두 가지 이상의 자극에 반응하는 수용기도 있다.

우리 몸에는 압감과 촉감을 부호화하기 위한 수용기 약 50만 개가 흩어져 있다. 이들 수용기가 감각 정보를 척수로 보내면, 거기서 그 정보를 대뇌피질의 일부인 체성감각피질로 전달한다. 체성감각피질에서는 피부 수용기에서 들어온 정보를 처리하여 우리 몸의 어디에서 그런 촉감이 어떻게 생성되었는지를 알게 해 준다. 많은 촉각 수용기가 피부 표면 가까이 자리 잡고 있다가([그림 3-14] 참조), 피부가 외적 자극(예: 애무, 타격, 토닥거림)에 닿으면 반응을 한다. 피부 속 깊은 곳에 자리 잡은 다른 수용기는 피부에 가해지는 압력에 반응한다.

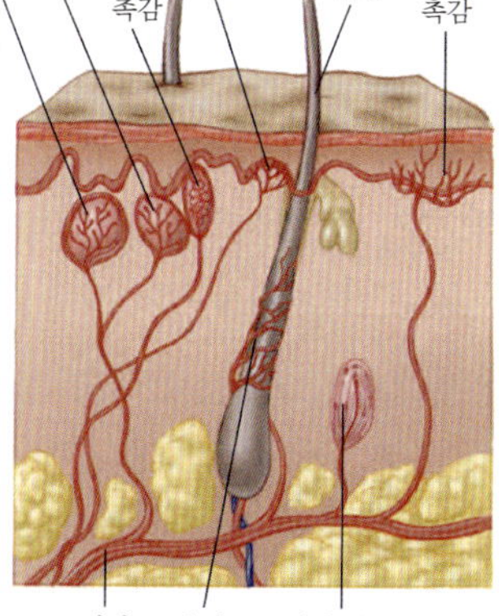

[그림 3-14] 우리 몸에서 가장 큰 감각기관 – 피부
피부에는 촉감, 압감, 온감, 냉감, 통감에 민감하게 반응하는 수용기 세포가 있다.

온/냉감 수용기도 피부 속에서 발견된다. 온감에 반응하는 수용기와 냉감에 반응하는 수용기가 별개로 존재한다는 게 학자들의 일반적인 생각이다. 놀라운 점은 뜨겁다는 느낌이 온감 수용기와 냉감 수용기가 동시에 자극을 받았을 때 생성된다는 점이다. 찬물이 흐르는 파이프 하나와 따뜻한 물이 흐르는 파이프 하나가 새끼처럼 꼬여 있는 것을 손으로 거머쥐면 손이 타는 것 같은 느낌이 든다. 그런데 그 둘을 분리하여 하나씩 들어 보면 둘 모두 뜨겁다는 느낌을 주지 않는다.

통감을 느끼지 못한다면, 그것이 우리의 삶에 어떤 영향을 미칠 것 같은가? 그보다 좋은 일은 없을 것이라는 생각이 들 수도 있다. 느끼지 않아도 된다면, 굳이 두통이나 치통으로 고생할 필요가 없지 않은가? 그러나 통감을 느끼지 못하는 생명은 오래가지 못한다.

통감은 무언가가 잘못 되었다는 신호이다. 통감을 느끼지 못하면, 못이나 가시에 찔린 것도 칼에 베인 것도 불에 덴 것도 알아차리지 못할 것이고, 금방 치료하지 않으면 생명까지 위협하게 될 수많은 부상, 염증, 감염도 알아채지 못할 것이다. 우리는 통감 덕분에 그 원인을 찾아내어 필요한 조치를 취하고 또 통감을 초래하는 활동을 피할 수 있다는 점에서 통감은 적응 기제로 작용한다.

통감 수용기는 피부에만 있는 것이 아니고 근육, 관절, 인대(pulp of the teeth) 같은 몸의 다른 부분에도 깔려 있다. 우리는 몸통의 거의 모든 부분에서 통감을 느낄 수 있다는 뜻이다. 얼굴과 손가락처럼 신경종말의 밀도가 높은 곳일수록 통감은 더욱 격렬해진다.

사람들은 아픈 곳을 문지르거나 긁어서 또는 얼음을 가져다 댐으로써 통감을 통제하고 싶어 한다. 왜 이런 방법이 도움이 되는지는 심리학자 로널드 멜잭과 생물학자 패트릭 월(Ronald Melzack & Patrick Wall, 1965, 1983)이 개발한 이론을 적용하면 이해가 된다. 이들이 제안한 관문-통제 이론(gate-control theory)에 의하면, 척수에 있는 관문이 열렸다 닫혔다 하며 뇌로 올라가는 통감 신호를 통과시키거나 차단시키는 일을 한다. 그 '관문'이 실제로 척수에 존재하는 건 아니고, 특정 신경계의 활동 양상에 따라 통감 신호가 척수에서 뇌로 들어갈 수도 있고 들어가지 못할 수도 있다. [그림 3-15]는 부상 지점에서 뇌로 가는 신경신호의 경로를 보여 준다.

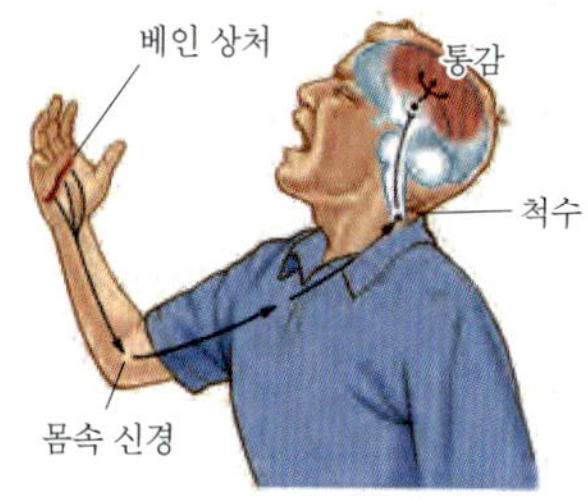

[그림 3-15] 통감의 신경 경로
부상 지점에서 생성된 통감 신호는 척수를 따라 뇌로 전달되어 그곳에서 처리된다.
출처: Society for Neuroscience (2005)에서 수정.

개념 3-22

피부에 있는 감각 수용기는 접촉, 압력, 온도, 통감에 민감하고 이들 자극에 관한 정보를 뇌로 전달한다.

'관문'에 병목이 발생하면 통감 신호가 뇌로 올라갈 수 없게 된다. 둔통이나 따끔거리는 통감과 결합된 신호는 온감, 냉감, 촉감 신호를 운반하는 신경섬유보다 가늘고 느린 신경섬유를 따라 신경관문을 통과한다. 굵고 빠른 신경섬유를 따라 전달되는 신호는 신경관문에서 병목을 유발하여 다른 신호의 통과를 막아 버린다. 통감 시발점을 문지르거나 긁으면 그 신호는 굵고 빠른 신경섬유를 따라 척수로 올라간다. 이렇게 생성된 신호는 신경관문에서 가늘고 느린 신경섬유를 통해 올라오는 통증 신호와의 경합에 이겨, 둔통이나 따끔거리는 통감 신호가 뇌로 올라가는 길을 얼마 동안 막아 버린다. 그러나 발가락이 눌렸을 때나 손가락이 베였을 때 처음 경험하는 강한 통감 신호는 굵고 빠른 신경섬유를 통해 전달되기 때문에 관문에서도 막을 수 없다. 이런 일이 좋은 일인 것은 뇌에 통감 신호를 빠르고 확실하게 전달하여, 부상당한 신체 부위에 즉각적으로 주의를 집중시킬 수 있게 해 주기 때문이다.

아픈 곳에 얼음 봉지를 갖다 대면 통감이 줄어드는 이유는 여러 가지이다. 염증과 부기를 줄여 주는 일 말고도 얼음 때문에 생기는 냉감이 척수에서 뇌로 가는 관문에 병목을 유발하기 때문이다. 이렇게 형성된 병목 때문에 통감 신호가 뇌에 전달되지 못하는 것이다.

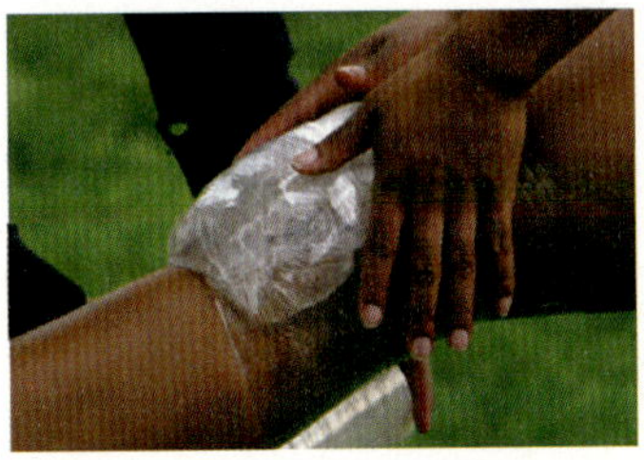

부상당한 곳에 얼음을 갖다 대면 통감이 줄어들기도 한다. 읽은 내용을 기초로 이 현상을 설명해 보자.

통감 통제에 결정적인 역할을 하는 것은 뇌이다. 통감에 대한 반응으로 뇌는 엔도르핀을 방출한다. 제2장에서도 소개되었지만, 엔도르핀이라는 신경전달물질은 화학적 성분이 헤로인 같은 마약과 비슷하다. 헤로인처럼 엔도르핀도 통감을 없애주는 효과가 있다. 엔도르핀은 척수에서 통감 신호를 전달하는 수용기 부위를 점령해 버린다. 그 결과, '통감 관문'이 닫혀 버려 통감 신호가 뇌로 가는 일이 일어나지 못한다.

개념 3-23

통감의 관문-통제 이론은 뇌로 올라가는 통감 관련 신호를 통제하는 관문 기제가 척수에 있다고 주장한다.

침술: 가는 침을 몸의 여러 곳에 꽂고 회전시킴으로써 우리 몸에 들어 있는 자연적인 치유 에너지를 방출시키려는 치유 행위

엔도르핀 방출을 이용하면 침술(acupuncture)의 효능도 설명이 가능해진다. 한의사들은 몸통의 특정 지점에 침을 꽂고 침봉을 회전시킨다. 원래는 그렇게 하면 몸에서 자연적인 치유 에너지가 방출된다고 생각했다. 연구에서는 침술로 만성 요통이 줄어드는 것으로 나타났다. 하지만 그 효과는 가짜 침술—침을 정해진 지점이 아닌 곳에 살짝 꽂은 시행—의 효과와 다르지 않았다(Brinkhaus et al., 2006; Haake et al., 2007). 최근에는 두통 제거에서도 진짜 침술과 가짜 침술의 효과가 다르지 않은 결과(예: Suarez-Almazor et al., 2010)까지 확보되자, 연구자들은 침술의 효과가 위약효과에 불과할지도 모른다는 의구심을 갖기 시작했다(Cloud, 2011; Linde et al., 2009a; 2009b). 〈개념 차트 3-4〉에는 피부 감각에서 소개된 내용도 요약되어 있다.

개념 3-24

관절과 인대와 근육에 있는 감각 수용기는 우리가 우리 몸속 부분 부분의 위치와 움직임을 알게 하는 데 필요한 정보를 뇌로 전달한다.

4. 근동 감각 및 전정 감각: 우아함과 균형

근동 감각(kinesthesia)도 일종의 신체 감각이다. 근동 감각 덕분에 우리는 다리가 움직이는 것을 바라보지 않고 자전거를 탈 수 있으며, 자판을 주시하지 않고도 단어를 입력할 수 있고, 거울을 들여다보지 않고도 모자를 쓸 수 있다. 또한 눈을 감은 상태에서 코와 귀를 만질 수 있는 것도, 깜깜한 밤에 손등을 무는 모기를 때려잡을 수 있는 것도 근동 감각 덕분이다('Part of the Brain', 2010). 우리는 근동 감각 덕분에 언제나 우리 몸통 부분부분의 움직임, 그들 서로 간의 상대적 위치를 알고 있다(Gandevia et al., 2006). 이러한 일을 가능케 하는 감각 정보는 관절, 인대, 건, 피부, 근육에 있는 수용기 세포에서 제공되고, 그 처리는 뇌에서 이루어진다(Azañón et al., 2010).

근동 감각: 우리 몸의 부분부분에서 벌어지는 움직임 그리고 그들 부분의 상대적 위치를 알고 있게 해 주는 감각기관

전정 감각: 우리 몸의 균형과 공간 내 위치를 알고 있게 해 주는 감각기관

반고리관: 속귀에 있는 고리모양의 관 세 개로 머리의 움직임과 머리가 움직이는 방향의 변화를 탐지하는 일에 관여하는 구조물

전정낭: 속귀 안에서 반 고리관을 연결시켜 주는 기관

우리는 이따금씩 우리가 하고 있는 일을 바라보거나 무엇을 하고 있는지를 생각해 보기도 한다. 그러나 대부분의 경우, 근동 정보를 기초로 전개되는 우리의 움직임은 자동적으로 벌어진다.

우리의 속귀에는 우리의 움직임을 감지해 내는 기제가 들어 있다. 전정 감각은 우리 몸의 공간 내 위치 및 위치 이동(움직임)을 감시하여 몸의 균형을 유지할 수 있도록 해 준다. 전정 감각은 우리가 움직이는 속도를 알게 해 주며, 우리가 머리를 전후좌우로 기울이거나 돌릴 때 우리의 머리가 어떤 위치에서 어떻게 회전하고 있는지도 느끼게 해 준다(Day & Fitzpatrick, 2005). 우리가 타고 있는 차가 속도를 높이거나 줄일 때, 정차를 할 때, 방향을 바꿀 때 이 모든 것을 알게 해 주는 것도 전정 감각이다. 머리를 돌리거나 전후좌우로 꺾을 때처럼 우리의 머리 위치가 바뀔 때는 속귀의 반고리관 내부에 있는 액체가 움직이고 또 전정낭에 들어 있는 돌의 위치가 바뀌어 그들의 움직임을 탐지하는 감각 수용기인 모세포에 자극을 가하게 된다([그림 3-16] 참조). 이 자극에 대한 반응으로 생성된 신경신호가 뇌로 전달되고 그곳에서 처리되면, 우리는 우리 머리가 주변 세상 속 어떤 위치에서 어떻게 움직이고 있는지를 깨닫게 된다(Day & Fitzpatrick, 2005).

개념 3-25

우리 속귀 안에 있는 감각기관은 우리 머리의 움직임에 반응하며, 이 반응을 통해 뇌로 전달되는 감각 정보는 우리 몸의 균형을 유지하고 공간 내에서 벌어지는 몸의 움직임과 위치를 파악하는 데 이용된다.

코끼리 코 잡고 돌기를 한 후 어지러워 넘어지는 이유는 돌기를 멈춘 후에도 얼마 동안은 속귀에 있는 반고리관 내부의 액체가 계속해서 소용돌이치고, 그로 인해 세상은 계속해서 돌아가는 것 같은 느낌이 생성되기 때문이다. 전정기관을 통해 입력되는 움직임 관련 감각 정보가 시각기관을 통해 입력되는 움직임 감각 정보와 상치될 때, 그러니까 우리가 타고 있는 차가 진행하는 방향과 우리가 창밖으로 바라보는 기차가 진행하는 방향이 서로 다를 때, 우리는 멀미로 고생을 하기도 한다. 근동 감각과 전정 감각에서 소개한 내용도 〈개념 차트 3-4〉에 요약되어 있다.

© Andersen Ross/Blend Images/Getty Images

눈으로 보지 않고도 손의 위치를 알 수 있는 건 근동 감각 덕분이다. 우리의 근동 감각기관은 우리 신체의 각 부위가 처한 위치와 여러 부위 간 관계를 알게 해 준다.

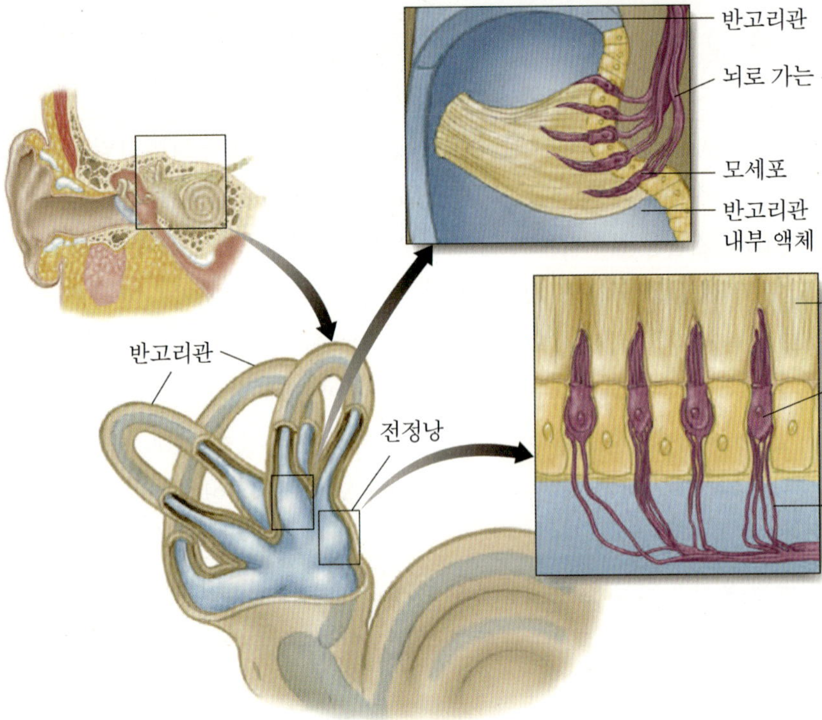

[그림 3-16] 전정 감각

우리가 머리를 기울일 때 중력에 대한 반응으로 그리고 우리의 머리가 수평/수직으로 움직일 때는 그 움직임에 대한 반응으로 속귀 속에 있는 수용기인 모세포가 구부러진다. 뇌에서는 모세포의 이런 반응으로 생성되어 전달된 신경반응을 이용하여 우리 몸의 균형 상태를 유지할 수 있게 해 주고 또 우리 머리의 기울어짐과 움직임을 알려 준다.

4단원 복습 기타 감각기관: 화학물질, 피부, 그리고 신체 감각

되새겨 봅시다

우리는 어떻게 냄새를 맡는가?

➤ 후각은 콧구멍 속에 있는 수용기에 의해 결정된다. 이들 수용기는 여러 가지 화학물질을 그 각각을 구성하는 분자의 모양을 기초로 감지해 내어 그 정보를 뇌로 전달한다. 이렇게 입력된 정보를 뇌에서 처리한 결과는 특정 냄새에 대한 경험으로 나타난다.

우리는 어떻게 맛을 볼 수 있는가?

➤ 혀의 미뢰/맛봉오리 속에 자리 잡고 있는 맛 수용기가 자극을 받아야 우리는 맛을 경험하게 된다. 맛 수용기 중 일부는 단맛, 신맛, 쓴맛, 짠맛 중 한 가지에만 민감하게 반응하고 나머지는 여러 가지 맛에 반응한다.

피부 감각이란?

➤ 피부 감각 덕분에 우리는 촉감, 압감, 온감/냉감, 통감을 느낄 수 있다. 피부에 있는 여러 가지 감각 수용기는 이들 자극에 대한 반응으로 신경신호를 생성해 내고, 그렇게 생성된 신호는 뇌로 전달되어 처리된다.

➤ 통증을 설명하기 위한 관문-통제 이론에서는 척수에서 뇌로 올라가는 길목에 관문이 있고, 그 관문의 개폐에 의해 신체의 특정 부위에 문제가 생겼음을 알리는 통증 신호가 뇌로 전달되기도 하고 전달되지 않기도 한다고 주장한다.

근동 감각과 전정 감각이란?

➤ 근동 감각은 우리 몸의 부분부분에서 일어나는 움직임과 그들 부분의 상대적 위치를 감지할 수 있게 해 준다. 관절,

인대, 근육, 건에 있는 근동 감각 수용기가 신체 부분 부분의 움직임과 위치에 관한 정보를 뇌로 전달하면, 뇌에서는 그 정보를 처리한다.

➤ 전정 감각이라는 감각기관은 몸통의 정위를 탐지하게 균형을 유지할 수 있게 해 준다. 머리의 위치/정위에 일어나는 변화가 속귀의 반고리관과 전정낭에 있는 수용기에 의해 탐지되어 뇌로 전달되면, 뇌에서는 우리 몸통의 공간 내 정위에 관한 이 정보를 해석한다.

점검해 봅시다

1. 코 속의 후각 수용기는 갖가지 화학물질을 구성하는 ________(을)를 기초로 각 화학물질의 정체를 감지한다.
   ① 향기 ② 분자의 모양
   ③ 밀도 ④ 진동
2. 우리의 후각 수용기로 감지해 낼 수 있는 화학물질은 대략 몇 가지나 되는가?
3. 성욕을 자극하는 화학물질을 우리는 ________(이)라 한다.
4. 우리의 피부에서 발견되는 감각 수용기는 어떤 것이 있는가?
5. 우리의 균형 유지에 필요한 감각 정보를 제공하는 감각 수용기가 위치한 곳은 어디인가?
   ① 관절과 인대 ② 안구의 뒷면
   ③ 근육 ④ 속귀
6. 종호는 야구방망이를 휘두르는 스윙 연습을 하고 있다. 종호의 뒤통수에 눈이 없는데도 방망이가 어깨 뒤로 어느 정도 넘어갔는지를 알고 있다. 어떤 감각기관 덕분에 이런 일이 가능한 것인가?

생각해 봅시다

➤ 이제는 자동차 판매도 승차감, 모양, 안전도, 연비 따위만으로 결정되지 않는다. 고객을 끌기 위해 냄새를 풍기는 차도 등장했다. 당신의 생각은 어떤가? 자동차 구매 행동이 그 차에서 풍기는 향기에 영향을 받을 것 같은가?

➤ 자신이 냄새를 따라 끌려다닌다는 생각을 해 본 적은 없는가? 사람들의 행동은 냄새에 어떤 영향을 받는 것 같은가?

세상을 지각하기: 지각의 원리

5 단원

- 주의는 지각에 어떤 영향을 미치는가?
- 지각 경향은 지각에 어떤 영향을 미치는가?
- 시각 자극이 처리되는 두 가지 일반적 양식은?
- 지각적 조직에 있어 형태주의 원리는?
- 지각 항등성이란?
- 깊이 지각에는 어떤 단서가 이용되는가?
- 움직임 지각에 이용되는 단서는 어떤 단서인가?
- 착시란?
- 역하 지각도 존재하는가?
- 초능력의 존재를 지지하는 증거는?

지각은 감각 정보가 뇌에서 해석되어 바깥세상에 상응하는 표상으로 바뀌는 과정을 일컫는다. 우리의 뇌는 지각 과정을 통해 감각기관을 자극하는 물리-화학적 변화를 이해하려 한다. 지각 과정이 없었다면, 우리에게 보이는 세상은 시각, 청각, 촉각 등 갖가지 감각 경험이 제멋대로 섞여 끊임없이 변하는 것 같았을 것이다. 우리 뇌는 동시에 제공되는 갖가지 감각 경험을 정리하고 정돈하여 주변 세상을 반영하는 유용한 그림으로 만들어 낸다. 셰익스피어의 표현을 빌리면, 지각 과정 없는 감각 경험은 "와자지껄할 뿐 아무런 쓸모도 없을 것이다."

지각: 우리의 뇌가 세상에 대한 표상을 창출하기 위해 감각 정보를 통합하고 조직하여 해석하는 과정

개념 3-26

우리의 뇌는 지각 과정을 통해, 감각 정보를 조합하여 세상사에 관한 의미 있는 인상을 만들어 낸다.

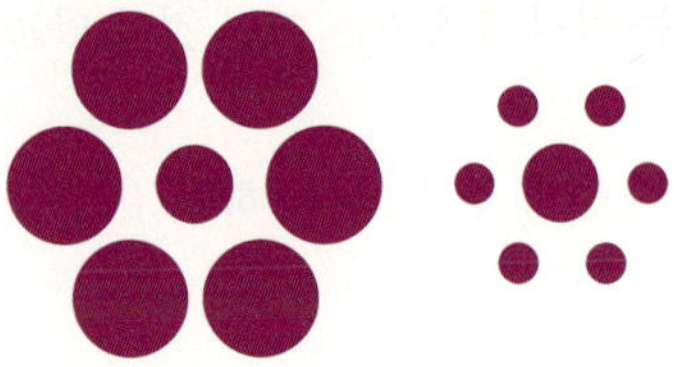

[그림 3-17] 지각 대 실재?
좌우에 있는 두 개의 도형 속 동그라미 중 어느 쪽 것이 더 커 보이는가?

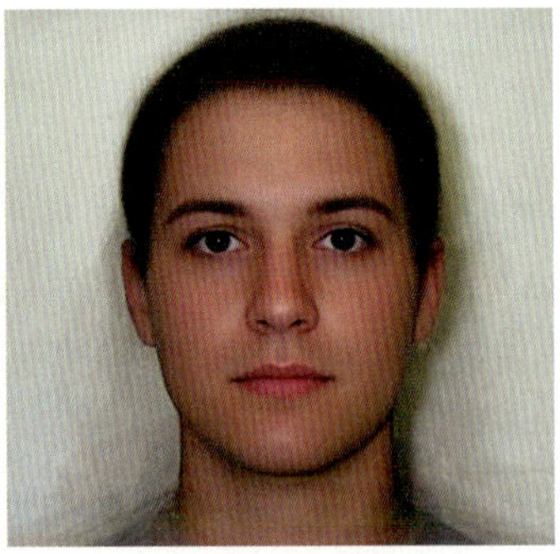

© Alexandra Hamer

이 사진 속 인물은 여성일까, 남성일까? 사람들의 답은 이 사진이 시야의 어느 쪽에 있는지에 따라 달라진다.

지각 과정을 통해 우리는 세상을 이해한다. 그러나 우리가 이해하는 세상은 실상과 다를 수도 있다. [그림 3-17]의 좌측과 우측에 있는 도형의 가운데 있는 동그라미를 살펴보자. 어느 쪽 동그라미가 더 커 보이는가? 이제 자를 하나 찾아 그 동그라미의 지름을 재어 보자. 이 두 동그라미의 물리적 크기는 동일한데도 우리에게는 오른쪽 동그라미가 더 커 보인다. 그 이유는 간단하다. 그 동그라미를 둘러싸고 있는 동그라미의 크기가 서로 다르기 때문이다. 우리 의도와는 달리 우리 뇌는 표적 물체를 고려할 때 주변에 있는 물체와의 관계까지 고려한다.

지각의 경우, 우리가 보는 것이 반드시 실재와 같은 건 아니다. 옆에 있는 사진 속 인물은 남성일까 여성일까? 그 사진이 여성의 얼굴인지 혹은 남성의 얼굴인지를 묻는 질문이다. 이 질문에 대한 답은 그 사진이 우리 시야의 어느 쪽에 있느냐에 따라 달라지는 것 같다. 최근의 한 연구에서는 이 사진과 같은 성이 불명확한 사진 여러 장을 관찰자 시야의 특정 영역(예: 우측 상단)에 제시해 보았다. 관찰자들 중 일부는 모든 사진 속 얼굴을 남성으로 지각하는데 나머지 관찰자들은 모두 여성의 얼굴로 지각한다는 사실이 발견되었다(Afraz, Pashkam, & Cavanagh, 2010). 아직까지는 왜 모호한 사진에 대한 사람들의 반응이 이렇게 다른지를 설명할 수 없다. 그러나 이 발견에서 분명한 것은 동일한 자극에 대한 지각 경험이 사람마다 다를 수 있다는 사실이다.

이 단원은 지각과 관련된 기본 개념을 다룬다. 우리의 관심은 지각에 관한 연구에서 가장 많은 관심을 앗아간 분야인 시지각에 집중될 것이다.

1. 주의: 그것을 알아차렸다고?

선별적 주의: 의미 있는 자극에만 주의를 기울이고 그와 무관한 여타의 자극은 걸러 내버리는 과정

지각의 첫 단계는 주의(attention)이다. 선별적 주의를 통해 우리는 우리의 감각기관을 자극하는 수많은 자극 중 특정 자극에만 주의를 기울인다(Phelps, Ling, & Carrasco, 2006). 선별적 주의 덕분에 우리는 정보의 홍수에서 벗어날 수 있다. 시야에 널려 있는 수많은 자극 중 모두가 아닌 일부만 지각하게 되는 것도 주의의 선별성 덕분이다. 도서관 한쪽에서 속닥거리는 소리를 무시한 채 그리고 새로 산 신발이 발가락에 가하는 불편한 촉감도 잊은 채 읽고 있는 글에만 집중할 수 있는 것도 주의의 선별성 덕분이다. 우리는 의미 있고 정서적으로 중요한 자극에 더 많은 주의를 쏟는다. 예컨대, 깊은 잠에 빠진 엄마들은 옆방에서 나는 아이의 작은 울음소리에는 잠을 깨면서 집 앞을 지나가는 구급차의 사이렌 소리에는 꿈쩍도 하지 않는다.

개념 3-27

특정 자극에 집중되는 우리의 주의는 동기 및 반복되는 노출 등 여러 요인에 의해 결정된다.

➔ 개념 링크 주의를 분할할 수 있는 능력 덕분에 우리는 여러 과제를 동시에 수행할 수 있다. 그러나 이러한 시도는 운전을 하면서 동시에 통화를 하는 것 같이 위험을 감수해야 한다. 제4장 1단원을 참고하라.

우리의 동기 상태(motivational states, 예: 배가 고프거나 목이 마른 상태)도 주의 집중에 중요한 역할을 한다. 사람들은 배가 부를 때보다 배가 고플 때 음식점에서 새어 나오는 냄새에 더 신경을 쓴다. 배가 고플 때는 음식점 부근에 붙어 있는 광고가 눈에 띌 가능성이 더 높다. 수업 시간에 조는 학생이 많아지면 '시험 문제'라는 말을 흘리는 버릇을 가진 교수도 있다.

반복되는 노출도 특정 자극에 대한 주의 집중도를 높일 수 있다. 귀가 빠진 후 3일밖에 안 된 아이도 다른 여인의 목소리보다 자기 엄마의 목소리를 선호하는(그 정도는 얼굴 돌리는 행동으로 측정됨) 이유는 배 속에서 엄마의 목소리를 반복해서 들었기 때문인 것으로 풀이된다(Freeman, Spence, & Oliphant, 1993).

그러나 일정한 자극에 반복해서 노출되면 우리는 그 자극에 습관화된다. 에어컨이나 선풍기를 처음 켰을 때는 그 소리를 귀찮게 느끼기도 한다. 그러나 시간이 지나면서 우리는 그 소리를 의식하지 못하기 시작한다. 에어컨이나 선풍기 소리가 계속해서 우리의 청각 수용기를 자극하고 있는데도 말이다. 우리 뇌가 일정한 자극에 적응하여 그 자극을 무시해 버리는 것 같다. 진화의 관점에서 보면, 이러한 습관화(habituation)도 적응 기제에 해당한다. 유기체의 생존에 중요한 정보는 변하지 않는 자극보다 변하는 자극 속에 더 많이 있기 때문이다.

개념 3-28

자극에 대해 우리가 내리는 해석의 상당 부분은 특정 상황에서 벌어질 일에 대한 우리의 예상에 따라서도 달라진다.

2. 지각 경향: 기대하는 것을 보는 일

지각 경향: 지각 경험이 자신의 예상이나 선입견에 의해 달라지는 경향성

지각 경향(perceptual set)은 지각 과정이 선입견이나 예상의 영향을 받는 경향성을 일컫는다. [그림 3-18]에서 보이는 것이 숫자 13인가, 아니면 문자 B인가? 이제 고전이 된 연구에서 브루너와 민턴(Bruner & Minturn, 1955)은 실험 참여자들에게 일련의 숫자 또는 일련의 문자를 보여 준 후에 이 도형을 자극으로 보여 주었다. 앞서 숫자를 본 참여자 중 83%는 그 자극이 숫자 13이라고 대답했는데, 문자를 본 참여자 중에서는 93%가 그 자극이 문자 B로 보인다고 대답했다. 이러한 결과에는 모호한 자극을 만났을 때의 지각 과정은 사람들의 선입견이나 예상을 기초로 전개된다는 뜻이 담겨 있다. 이를 기초로 우리는 공상과학 소설에 푹 빠져 있는 사람들은 다른 사람들에 비해 밤하늘에서 UFO를 볼 가능성이 높을 것이라는 생각을 해 보게 된다.

[그림 3-18] 여기서는 무엇이 보이는가, 문자 B, 아님 숫자 13? 여러분의 대답은 여러분의 지각 경향에 따라 달라질 수 있다.

3. 시각적 처리의 방식: 상향처리 대 하향처리

기억하고 있겠지만, 속성탐지기에 대한 휴블과 비셀(1979)의 연구 결과, 시각피질에 있는 특화된 수용기는 특정 시각 속성(예: 수직 선분, 모서리, 특정 방향으로 움직이는 선분)에만 반응하는 것으로 밝혀졌다. 시각 정보가 처리되는 일반적 방식 두 가지를 일컫는 상향처리와 하향처리라는 개념을 이용하면, 우리의 뇌가 시각 자극을 의미 있는 모양으로 변형시키는 방식을 설명하는 데 도움이 된다.

상향처리(bottom-up processing)는 특정 물체의 모양을 구성하는 구체적인 속성(예: 선분과 모서리)을 조합하여 특정 모양을 만들어 낸다. 뇌에서는 이렇게 만들어진 모양을 기억 속에 있는 수많은 물체의 모양과 비교할 수 있게 된다. 여기서 말하는 기억 속의 모양은 우리가 지금까지 보아 왔던 물체의 모양에 대한 기억을 일컫는다.

상향처리: 지각 처리 양식 중 하나로, 이 양식에서는 처리가 여러 조각의 감각 정보를 한데 모아 의미 있는 형태를 만들어 내는 쪽으로 전개됨

예를 들어, 우리의 뇌에서 속성탐지기에 포착된 여러 개의 선분과 모서리를 조합하여 '4'라는 모양을 만들어 냈다고 하면, 이 모양은 기억 속에 있는 수많은 모양과 비교되고, 그중 하나인 숫자 '4'의 모양과 일치한다고 판단되기 때문에 우리는 눈앞에 있는 자극을 숫자 4로 지각하게 되는 것이다. 이처럼 상향처리는 자극을 구성하는 요소요소를 조합하여 기억 속의 모양과 비교될 수 있는 모양(또는 형태)을 만들어 내는 작업에 해당한다. 자극이 손으로 쓴 단어였다고 해 보자. 단어의 모양은 같은 사람이 써도 쓸 때마다 달라진다. 같은 단어를 두고 상향처리를 통해 형성된 모양이 그때마다 달라진다는 뜻이다. 그런데도 우리는 그 단어를 같은 단어로 지각한다. 어떻게 이런 일이 벌어지는 것일까? 하향처리(top-down processing)는 모양/형태의 구성 요소를 조각조각 조립하지 않고 그 형태를 의미 있는 전체로 지각하는(예: 알고 있는 사람의 얼굴로 지각하는) 일에 개입한다. 우리는 청각 자극을 처리할 때도 상향처리와 하향처리 모두를 이용한다(Tervaniemi et al., 2009). 예를 들어, 오케스트라에서 상이한 악기의 소리를 변별하려고 할 때는 상향처리가 이용되고 여러 악기의 소리가 함께 어우러져 나는 멜로디/선율을 듣고 싶어 할 때는 하향처리가 이용된다.

하향처리: 지각 처리 양식 중 하나로, 이 양식에서는 처리가 완전한 형태에 대한 지식을 기초로 그 형태를 구성하는 감각 정보 조각을 찾아가는 쪽으로 전개됨

© Francis Roberts/Alamy

위의 로고 속 화살표가 보이는가? 우리는 대개 문자는 전경으로 흰 공간은 배경으로 지각한다. 전경과 배경을 바꾸어 보면 화살표를 쉽게 볼 수 있다.

하향처리는 그 바탕을 형태/모양에 관한 지식 및 경험에 두고 있지만 완벽하지는 않다. 멀리서 다가오는 사람을 보고 '아! 저 사람 내가 아는 사람인데!'라고 생각했는데, 가까이 오자 '아! 아니네?'라는 경험을 한 적이 있을 것이다. 이때의 실수는 얼굴 지각이 구체적인 속성의 조합보다는 얼굴 전체의 모양을 기초로 이루어지는 경향이 강하기 때문에 생긴 것이다([그림 3-19] 참조). 이따금씩 실수를 범하기도 하지만, 얼굴 지각은 아직까지 사람의 머리가 컴퓨터보다 더 잘하는 재능 중 하나에 속한다(Wagstaff, 2006).

사람의 머리가 할 수 있는 일 중 컴퓨터보다 더 잘할 수 있는 일로 다른 무엇을 꼽을 수 있을까? 이제 시각을 통한 우리의 지각 경험이 뇌에서 조직되는 방식을 이해하는 데 도움을 제공한 형태주의 심리학자들의 업적을 살펴보기로 하자.

4. 지각적 조직의 형태주의 법칙

지각적 조직의 법칙: 형태주의 심리학자들이 찾아낸 원리로 우리의 뇌가 조각조각의 감각 정보를 집단으로 묶어 의미 있는 전체(또는 형태)를 만들어 내는 방식을 묘사하는 법칙

베르트하이머와 초기의 형태주의 심리학자들이 수행한 연구에서는 조각조각의 감각 자극이 의미 있는 하나/전체로 조립되는 방식을 관찰하였다. 그 결과를 기초로 그들은 지각적 조직의 법칙(laws of perceptual organization)을 만들었다. 여기서는 전경-배경의 법칙과 묶음의 법칙만 살펴보기로 한다.

1) 전경과 배경

개념 3-29

우리의 뇌는 상향처리와 하향처리라는 두 가지 상이한 정보처리 양식을 이용하여 의미 있는 시각적 형태를 만들어 낸다.

길을 가면서 주위를 둘러보면, 서성거리는 사람도 보이고 하늘에는 구름도 보인다. 형태주의 심리학자들은 길가의 사람들과 하늘의 구름과 그 밖의 물체들이 전경과 이 전경을 떠받쳐 주는 배경(서성거리는 사람들이 전경인 경우에는 거리, 구름이 전

경인 경우에는 하늘)으로 나뉘어 지각된다는 사실을 밝혀냈다. 전경은 명백한 모양이 있는데 배경은 모양이 없다(Kimchi & Peterson, 2008). 우리는 구체적인 모양을 가지거나 독특한 특징(예: 색깔)을 가진 물체를 전경으로, 그 주변을 배경으로 지각한다(Peterson & Skow, 2008).

그러나 윤곽만 보일 때처럼 전경과 배경을 분명하게 구분하기 어려운 경우도 종종 있다. [그림 3-19] 속 도형은 꽃병인가, 얼굴의 옆모습인가? 어느 것이 전경이고 어느 것이 배경인가? 윤곽만으로는 분명하게 구분할 수 없다. 동일한 윤곽이 꽃병도 그리고 얼굴의 옆모습도 그리고 있기 때문이다. 이런 경우, 사람들은 어떤 단서를 이용하여 전경과 배경을 구분하는 것일까?

[그림 3-19] 가역성 도형
이 도형은 마주 보고 있는 두 개의 얼굴로 보이기도 하고 화병으로 보이기도 한다. 무엇으로 보이는가는 관찰자가 무엇을 전경으로 무엇을 배경으로 구분하느냐에 달려 있다. 전경과 배경을 의도적으로 바꾸어 가며 그에 따라 보이는 것도 바뀌는지를 검토해 보자.

[그림 3-20]을 고려해 보자. 이 모호한 도형은 특정 부분을 무엇으로 지각하느냐에 따라 전체가 다르게 지각된다. 여러분의 눈에는 이 도형이 무엇으로 보이는가? 읽기를 멈추고 우선 이 질문의 대답부터 찾아보자.

노인이 보였는가, 젊은 여인이 보였는가? 노인과 젊은 여인이 번갈아 가며 보였는가? 두 여인을 번갈아 가며 보는 일이 쉽지 않다면, 이 힌트를 이용해 보자. 노인은 정면의 아래쪽을 보고 있으며 젊은 여인은 얼굴을 오른쪽으로 돌리고 있다. 노인의 코는 젊은 여인의 왼쪽 뺨이고 노인의 왼쪽 눈은 젊은 여인의 왼쪽 귀라고 생각하고 도형을 바라보자. 이 도형에서 노인이 보이느냐 혹은 젊은 여인이 보이느냐는 도형의 어느 부분을 전경으로 보고 어느 부분을 배경으로 보느냐에 달려 있다. 다시 말해, 우리의 뇌가 부분부분에 대한 지각 경험을 어떻게 조직하느냐에 달려 있다. [그림 3-21]은 전경과 배경 간 모호성이 훨씬 덜한 보기에 해당한다.

[그림 3-20] 모호한 도형
젊은 여인이 보이는가, 늙은 여인이 보이는가? 두 여인을 번갈아 가며 볼 수 없으면, 전경과 배경이 덜 모호한 [그림 3-21]을 한번 보자.

[그림 3-21] 늙은 여인 아님 젊은 여인
왼쪽 도형은 정면의 아래쪽을 바라보는 '늙은 여인'이 전경으로, 왼쪽 도형은 얼굴을 오른쪽으로 돌려버려 왼쪽 뺨만 보이는 '젊은 여인'이 전경으로 부각되었다. 이제, [그림 3-20]을 다시 보고, 두 사람을 번갈아 볼 수 있게 되었는지를 점검해 보자.

5. 형태주의식 묶음 법칙

개념 3-30

형태주의 심리학자들은 우리의 뇌가 감각 경험을 재인 가능한 형태로 조직함으로써 의미 있는 형태를 구축해 가는 과정을 묘사했다.

➔ 개념 링크 심리치료법 중 하나인 형태주의 치료법은 각자의 성격에서 서로 상치되는 부분을 통합하여 완전한 전체 또는 'gestalt'가 이루어지도록 돕는다. 제16장 2단원을 참고하라.

인접성: 서로 인접해 있는 물체는 동일한 세트에 속하는 것으로 지각될 것이라는 원리

유사성: 서로 비슷한 물체는 동일 집단에 속하는 것으로 지각될 것이라는 원리

연속성: 일련의 자극은 하나의 모양을 나타내는 것으로 지각될 것이라는 원리

완전성: 사람들은 서로 떨어져 있는 여러 조각의 정보를 하나로 묶어 완전한 모양을 지각하려는 경향을 지녔다는 지각 원리

연결성: 위치를 함께 하거나 함께 움직이는 물체는 동일 집단에 속하는 것으로 지각될 것이라는 원리

우리의 뇌는 갖가지 감각 정보를 한데 모아 하나로 묶어 버리는 경향이 매우 강하다('해 보기' 참조). 형태주의 심리학자들은 우리 뇌가 조각조각의 정보를 한데 모아 하나로 묶을 때 다양한 원리가 적용된다고 믿었다.

다음에 소개하는 인접성, 유사성, 연속성, 완전성, 연결성 원리는 그들이 생각해 낸 묶음 법칙 중 일부이다.

[그림 3-22a]는 인접성 법칙이 적용된 경우에 해당한다. 이 도형을 바라보는 사람들 중 대다수는 여섯 개의 선분보다는 세 쌍의 선분을 지각한다. 여기서는 인접성이 두 개씩의 선분을 하나의 묶음(한 쌍의 선분)으로 조직하는 데 필요한 지각 단서로 이용되었다.

[그림 3-22b]는 어떻게 보이는가? 아홉 개의 기하학적 도형으로 보이는가, 세 개의 X로 구성된 두 개의 기둥과 세 개의 ●로 구성된 기둥 하나로 보이는가? 세 개의 기둥으로 보인다면, 유사성의 원리가 적용된 경우에 해당한다. 다시 말해, 모양이 비슷한 도형을 하나로 묶는 일이 벌어졌다는 뜻이다.

[그림 3-22c]는 연속성의 원리에 따라 자극이 묶이는 방식을 보여 준다. 대다수의 사람은 이 도형을 볼 때 직선에서 갑자기 곡선으로 바뀌는 도형 하나와 곡선에서 갑자기 직선으로 바뀌는 도형 하나가 붙어 있는 도형으로 지각하지 않고, 하나의 직선과 하나의 곡선이 교차하고 있는 도형으로 지각한다. 우리의 뇌는 도중에 갑자기 변하는 것보다 끝까지 변하지 않고 계속 이어지는 형상을 선호한다는 뜻이다.

그림 [그림 3-22d]는 어떤가? 여러 개의 짧은 선분이 정렬되어 있다는 것도 안다. 그러나 거의 모든 사람은 이 도형을 삼각형으로 지각한다. 이 도형이 삼각형으로 보인다는 것을 두고 형태주의 심리학자들은 사람들의 뇌가 완전성의 원리를 따랐기 때문이라고 주장한다. 우리의 뇌가 불완전한 조각조각을 한데 모아 하나의 완전한 도형을 만드는 경향성을 따랐다는 말이다. 삼각형이 되려면 세 개의 선분과 세 개의 각이 있어야 하는데, [그림 3-22d]는 이들 필수 요소를 하나도 충족시키지 못하고 있다. 그런데도 우리의 뇌는 완전성의 원리를 준수하여 이들 각각의 부족함을 채워 완전한 선분과 완전한 각으로 만들어 냄으로써 삼각형을 만들어 낸 것이다. 이 보기는 형태주의 심리학에서 가장 유명한 원리에 해당하는 '전체는 부분의 합 이상이다.'를 여실히 입증하고 있다.

[그림 3-22e]는 연결성 원리가 적용된 예를 보여 준다. 연결성 원리란 한곳에 같이 있거나 함께 움직이는 물체를 하나로 묶어 지각하는 경향성을 일컫는다. 따라서 이 원리를 거역하지 못하는 사람들은 이 그림에서 여섯 개의 삼각형과 이들을 사이사이에 놓여 있는 세 개의 선분을 지각하는 것이 아니라 두 개씩 묶여 있는 세 쌍의 삼각형을 지각한다. 길에서 함께 움직이는 남녀를 보면, 우리는 그 둘을 연인 사이로 지각하는 경우가 있는데, 이것도 우리의 머릿속에서 연결성의 원리가 작용하기

[그림 3-22] 형태주의 심리학자들이 발견한 묶음의 법칙
형태주의 심리학자들은 사람들이 주변의 물체를 지각할 때 일정한 조직/묶음 법칙이 작용한다는 사실을 발견했다. 여기서는 그 법칙 중 인접성, 유사성, 연속성, 완전성, 연결성의 법칙이 적용되는 경우를 보여 주고 있다.

때문이다.

6. 지각 항등성

지각 항등성(perceptual constancy)이란 특정 물체에 의해 망막에 투사된 상은 변하는데도 그 물체의 크기, 모양, 색깔, 밝기는 일정한 것으로 지각하는 경향성을 일컫는다. 지각 항등성이 없었다면 우리는 세상사에 맞추어 행동할 수가 없었을 것이다. 망막 위에 형성된 이미지/망막 상만을 고려한다면, 우리 눈앞의 세상은 끊임없이 변하기 때문이다. 눈앞에 있는 물체에서 투사된 망막 상(retinal image)은 우리가 고개만 돌려도 변한다. 우리가 이동함에 따라 그 물체까지의 거리와 그 물체를 보는 각도가 시시각각 달라지고, 이 변화는 그 물체에서 투사된 망막 상의 변화로 이어진다. 그런데도 우리는 그 물체가 변하는 것으로 지각하지 않는다. 이 모든 경우, 바뀐 건 망막 상이지 실제 물체가 아니니까 그렇게 지각하는 것도 당연한 일 아니냐고 반문할 수도 있다. 그러나 머릿속에서 벌어지는 지각 과정에 이용되는 일차적 정보는 눈앞의 실물이 아니라 그 실물에서 투사된 망막 상이라는 사실을 생각해 보자.

개념 3-31
특정 물체에서 투사되어 우리의 망막에 맺힌 상은 변하는데도 우리는 그 물체의 크기도 모양도 색상도 또 밝기도 일정하다고 지각하는 경향성을 가지고 있다.

특정 물체를 바라보는 관점이 달라지는데도 그 물체의 모양은 일정하게 지각되는 경향성을 모양 항등성(shape constancy)이라 한다. 여러분이 읽고 있는 이 책에서 투사된 망막 상의 모습은 이 책을 바라보는 각도에 따라 직사각형, 이등변 사각형 등등으로 달라진다. 그런데도 여러분은 이 책의 모양을 직사각형으로 지각할 것이다. 방문이 열리고 닫힐 때도 그 문을 바라보는 사람의 망막에 맺힌 망막 상의 모습은 변하는데도 그 문의 모양은 변하지 않는 것으로 지각된다([그림 3-23] 참조).

모양 항등성: 특정 물체에서 투사되어 망막에 맺힌 상의 모양은 그 물체를 바라보는 시각에 따라 끊임없이 변하는데도 그 물체의 모양은 일정하게 지각되는 현상

앞서 언급되었던 책을 다시 고려해 보자. 그 책과 책을 읽는 사람의 눈 사이 간격이 커지면 그 책에서 그 독자의 눈에 투사된 망막 상의 크기는 작아진다. 그러나 책과 눈 사이 간격이 작아지면 그 책의 망막 상은 커진다. 그런데도 그 독자는 책의 크기가 달라진다고 지각하지 않는다. 이처럼 특정 물체에서 투사된 망막 상의 크기는 달라지는데도 그 물체의 실제 크기는 일정한 것으로 지각되는 경향성을 크기 항등성(size constancy)이라 한다(Combe & Wexler, 2010).

크기 항등성: 특정 물체에서 투사되어 망막에 맺힌 상의 크기는 그 물체까지의 거리에 따라 끊임없이 변하는데도 그 물체의 크기가 일정하게 지각되는 현상

색깔 항등성: 특정 물체에서 투사되어 망막에 맺힌 상의 파장은 그 물체를 비추는 조명에 따라 끊임없이 변하는데도 그 물체의 색상은 일정하게 지각되는 현상

[그림 3-23] 모양 항등성
특정 물체를 바라보는 각도에 따라 그 물체에서 투사된 망막 상의 모양은 변한다. 그런데도 그 물체의 모양은 일정한 것으로 지각된다. 그림 속에 있는 문에서 여러분의 눈에 투사된 망막 상 세 개의 모습은 서로 다른데도 그 문을 그냥 직사각형으로 지각한다.

사람들은 조명이 달라져도 그 조명 아래에 있는 물체의 색깔은 일정하게 지각한다. 이 경향성을 색깔 항등성(color constancy)이라 한다. 예를 들어, 대낮에 눈앞에 있는 차의 색깔이 빨간색이라 해도 해가 지면서 그 차의 색깔은 회색을 띤다. 그런데도 우리는 그 착의 색깔을 여전히 빨간색으로 지각한다. 조명이 바뀌는데도 물체의 밝기(brightness)는 변하지 않는 것으로 지각되는 경향성을 밝기 항등성(brightness/lightness constancy)이라 한다(Wilcox & Duke, 2003). 예컨대, 밝은 대낮에 그늘진 곳에 놓인 백지에서 반사되는 빛의 양은 햇볕 아래 놓인 먹지에서 반사되는 빛의 양보다 적다. 그런데도 우리는 그늘진 곳에 있는 백지가 햇볕 아래 먹지보다 더 밝다고 지각한다.

밝기 항등성: 특정 물체에서 투사되어 망막에 맺힌 상에서 반사되는 빛의 양은 그 물체를 비추는 조도에 따라 끊임없이 변하는데도 그 물체의 밝기는 일정하게 지각되는 현상

7. 깊이 지각 단서

개념 3-32

우리의 깊이 지각은 거리 판단에 이용되는 단안 단서와 양안 단서 모두에 의해 좌우된다.

어떤 물체가 다른 물체보다 가까이 있다는 사실을 우리는 어떻게 알아차리는 것일까? 거리 지각 또는 깊이 지각은 두 가지 단서를 기초로 이루어진다. 그중 하나인 양안 단서(binocular cue)는 두 눈이 함께 작용해야 가용한 단서이고, 다른 하나인 단안 단서(monocular cue)는 한쪽 눈만 있어도 가용한 단서이다(Proffitt, 2006).

1) 양안 단서

눈이 두 개인 것도 거리 지각에 도움이 된다. 깊이 단서 중 양안 단서(binocular cue)는 두 눈이 모두 있어야 형성된다. 우리의 두 눈은 약 6.5cm 간격을 두고 좌우로 떨어져 있다. 때문에 각 눈에 투사된 세상의 상(image)이 서로 조금씩 다르다(Farell, 2006). 두 눈의 망막 위에 투사된 상, 즉 망막 상에서 나는 이러한 차이를 망막부등(retinal disparity)이라 한다. 우리의 뇌는 시야에 있는 물체들 간 상대적 거리를 지각/계산할 때 여러 가지 단서를 사용하는데, 그중 하나가 망막부등이다.

양안 단서: 망막 부등이나 수렴처럼 두 눈이 동시에 작동해야 가용해지는 깊이 단서

망막부등: 양안 깊이 단서 중 하나로 한 물체에서 투사되어 두 눈에 형성된 물체의 상이 서로 약간 다른 데서 생겨나는 단서

망막부등이 거리 지각의 단서로 이용될 수 있는 원리를 알고 싶다면, 먼저 손가락을 하나 펴고 눈앞 5cm 전방에 세워 보자. 그 손가락에 시선을 집중한 상태에서 왼쪽 눈과 오른쪽 눈을 번갈아 가며 감았다 떴다를 반복해 보자. 손가락의 위치가 좌우로 이동하는 것처럼 보일 것이다. 손가락이 이동하는 것처럼 보이는 좌우 간격이 망막부등을 나타낸다. 이번에는 팔을 쭉 뻗은 상태에서 그 손가락에 눈을 고정시킨 채 두 눈을 번갈아 가며 떴다 감는 일을 반복해 보자. 이번에도 손가락의 위치가 좌우로 이동하는 것처럼 보일 것이다. 그러나 이동하는 것처럼 보이는 그 간격은 앞서보다 훨씬 짧을 것이다. 그 거리가 망막부등을 타나낸다고 했으니까 손가락이 멀리 있을 때보다는 가까이 있을 때의 망막부등이 더 크다는 사실을 알게 된다.

수렴: 양안 깊이 단서 중 하나로 눈앞의 특정 물체에 시선을 집중할 때는 눈에서 그 물체까지의 거리에 따라 안근에 가해지는 장력이 체계적으로 달라지는 데서 제공되는 단서

이 사실을 기초로 우리의 뇌는 각 물체에서 생성된 망막부등이 작을수록 그 물체까지의 거리는 멀어진다고 판단한다.

이번에는 간단한 실험을 통해 수렴이라는 양안 단서를 예시해 보자. 수렴(convergence)은 두 눈의 시선을 눈앞의 물체에 집중할 때 그 물체까지의 거리에 따라 안근에 가해지는 장력이 달라지기 때문에 형성된다. 앞에서처럼 팔을 쭉 뻗은 상태에서 손가락을 하나 세우고 그 손가락을 두 눈으로 응시해 보자. 이제 그 손가락에서 눈을 떼지 말고 서서히 손가락을 코앞으로 옮겨 보자. 손가락이 코앞으로 다가오면서 안근에 가해지는 장력(tension)이 커짐을 느낄 수 있을 것이다. 이는 시선을 손가락에 집중하기 위해 두 눈의 안구가 코 쪽으로 회전하기 때문에 생기는 현상이다. [그림 3-24]에서처럼 주시하는 물체(여기서는 손가락)가 관찰자와 가까울수록 그 장력은 커진다. 우리 뇌는 이 장력을 깊이 지각의 단서로 이용한다.

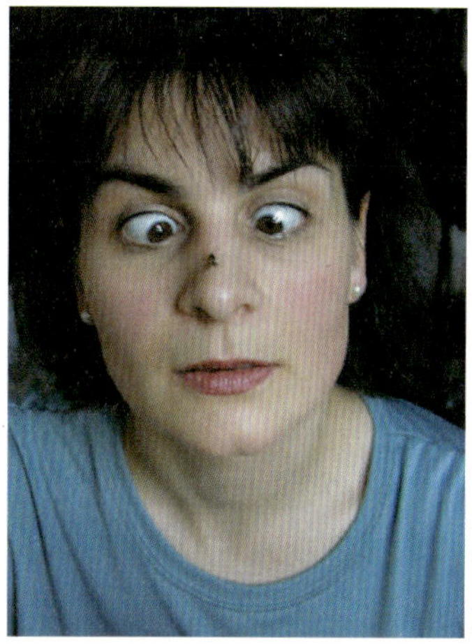
© Susan Van Etten/Photo Edit

[그림 3-24] 깊이 지각에 이용되는 양안 단서

가까이 있는 물체를 응시하기 위해 두 눈이 그 물체를 향해 수렴하다 보니 이 사진처럼 이상한 모습이 생성되기도 한다. 이때 수렴의 정도가 그 물체까지의 거리에 따라 체계적으로 변하기 때문에 수렴이 물체까지의 거리를 계산하는 데 단서로 이용될 수도 있다.

2) 단안 단서

단안 단서(monocular cue)는 한 눈만 있어도 가용한 단서이다. 우리가 운전을 하면서 주변의 다양한 물체까지의 거리와 앞뒤 차까지의 거리를 판단할 때는 양안 단서와 단안 단서 두 가지 모두를 이용한다. 양안 단서를 이용하는 장점도 있지만, 대부분의 사람은 단안 단서만으로도 운전을 잘할 수 있다. 이때 이용되는 단안 단서에는 상대적 크기, 겹침/중첩, 상대적 선명도, 결 변화도, 선형 원근, 명암이 포함된다.

단안 단서: 상대적 크기나 겹침처럼, 두 눈 중 한 눈만 뜨고 있어도 가용해지는 깊이 단서

- 상대적 크기. 크기가 같은 것으로 알고 있는 물체의 경우, 더 커 보이는 것이 가까이 있는 것으로 지각된다([그림 3-25a] 참조).
- 겹침/중첩. 어떤 물체가 다른 물체의 일부를 가리고 있을 때는 가려진 물체보다 가리고 있는 물체가 더 가까이 있는 것으로 지각된다([그림 3-25b] 참조).
- 상대적 선명도. 대기 속의 연무, 먼지, 연기, 물방울 등은 모든 물체를 흐려 보이게 한다. 그러나 멀리 있는 물체가 가까이 있는 물체보다 더 흐려 보인다([그림 3-25c] 참조). 평상시에는 멀리 있는 것처럼 보이던 산이 비가 갠 직후에는 한층 가까워 보이는 것도 상대적 선명도 덕분이다.
- 결 변화도. 특정 물체의 표면 결이 거친 또는 매끄러운 정도도 거리 지각의 단서로 이용된다. 동일 물체의 경우, 가까이 있을 때는 그 표면 결이 거칠어 보여도 거리가 멀어질수록 그 결이 점점 더 매끈하게 보인다. 눈앞에 펼쳐진 들판 표면의 결(여기서는 해바라기 꽃봉오리의 크기)도 먼 곳이 가까운 곳의 결보다 점점 덜 거칠어지고 있다([그림 3-25d] 참조).
- 선형 원근. 두 개의 평행 선분도 눈앞에서 멀어질수록 그들 간 간격이 점점 좁아지는/수렴하는 현상을 일컫는다. 정면을 바라보는 우리의 눈앞에 널려 있는 여러 물체와 그들 간 간격은 우리로부터의 거리가 멀수록 줄어든다([그림 3-25e] 참조).
- 명암. 밝은 부분과 어두운 부분을 적절하게 조합하면, 적어도 외견상으로는 3D

[그림 3-25] 깊이 지각에 이용되는 단안 단서
다음은 깊이 지각에 이용되는 여러 가지 단안 단서이다.
A: 상대적 크기, B: 겹침/중첩, C: 상대적 선명도, D: 결 변화도, E: 선형 원근, F: 명암

입방체로 보이거나 울퉁불퉁해 보이는 표면을 만들어 낼 수 있다. 평면도 명암을 적절하게 배열하면 오목하게 또는 볼록하게 보인다는 뜻이다([그림 3-25f] 참조). 윗부분은 밝고 아랫부분은 어두운 물체를 보면 우리의 뇌는 그 물체를 볼록 튀어나온 물체로 해석하고, 반대로 위쪽이 어둡고 아래쪽이 밝은 물체를 보면 움푹 들어간 물체로 해석한다(Gaulin & McBurney, 2001).

3) 움직임 지각

개념 3-33

우리는 두 가지 단서를 이용하여 물체의 움직임을 지각한다. 하나는 물체의 상이 망막 위를 지나가는 경로이고 다른 하나는 그 상의 크기 변화이다.

우리는 움직임을 지각할 때도 여러 가지 단서를 이용한다. 그중 하나는 물체의 실제 움직임이다. 시야의 특정 지점에 있던 물체가 다른 지점으로 위치를 옮길 때 우리 눈이 따라 움직이지 않고 가만히 있으면, 그 물체에서 투사된 망막 상은 우리의 망막 위 특정 지점에서 다른 지점으로 이동하게 된다. 따라서 우리의 뇌는 망막 상의 움직임을 단서로 눈앞의 특정 물체가 움직이고 있다는 지각/판단을 할 수 있게 된다. 우리의 뇌는 물체에서 투사된 망막 상이 망막 위에서 움직이는 것을 그 물체가 움직인다는 신호로 해석한다(Derrington, 2004). 특정 물체의 크기 변화도 단서로 이용된다. 어떤 물체든 멀리 있을 때보다 가까이 있을 때에 더 커 보인다. 따라서 운전 중에 앞서 가던 차가 갑자기 커 보이면, 과속 운전을 하고 있다는 뜻이다.

8. 착시: 내 눈이 나를 속이는 것일까

우리 눈은 착시(visual illusion)라는 형태로 우리를 속이기도 하는 것 같다. [그림 3-26]은 뮐러리어(Müller-Lyer) 착시(a)와 폰조(Ponzo) 착시(b)를 예시하고 있다. 이 두 경우 모두 우리에게 보이는 것과 실상은 일치하지 않는다. 뮐러리어 착시에서 좌우에 있는 도형을 구성하는 수직선분의 길이는 똑같다. (c)와 (d)의 중앙에 위치한 모서리의 길이도 또 폰조 착시에서 아래 위에 놓인 두 수평선분의 길이도 똑같다. 그런데도 (a)에서는 우측 도형의 수직선분이 좌측 도형의 수직선분보다 길어 보이고, (d)에 있는 중앙 모서리가 (c)에 있는 중앙 모서리보다 더 길어 보인다. 뮐러리어 착시에서 날개가 바깥쪽으로 펼쳐져 있는 도형은 건물의 움푹 들어간 모서리(d)를 암시하고, 이 때문에 중앙의 수직선분이 더 멀리 있는 것처럼 보인다.

착시: 시각 자극을 잘못 지각하는 일

개념 3-34

착시는 마치 우리의 눈이 우리를 속이는 것처럼 시각 자극에 대한 잘못된 지각 경험이 우리도 모르는 사이에 일어나는 현상이다.

뮐러리어 착시를 두고 모든 사람을 만족시킬 만한 한 가지 설명은 없는 것 같다. 하지만 뮐러리어 착시를 설명하는 데는 우리의 뇌가 크기 및 거리 지각 단서를 어떻게 해석하는지를 고려할 필요가 있다. 크기 항등성에 대한 논의에서 알았겠지만, 특정 물체에서 망막 위에 투사된 망막 상의 크기는 그 물체와 관찰자 간 거리에 따라 달라진다. 망막 상의 크기는 변하는데도 사람들은 그 물체의 크기는 변하지 않고 일정하다고 지각하는 경향을 지니고 있다. 그러나 동일한 크기의 물체 두 개가 관찰자로부터 상이한 거리에 있는 것으로 보이면, 더 멀리 있는 것으로 보이는 물체가 더 커 보인다. 앞서도 언급했듯이 뮐러리어 착시에서 날개가 바깥쪽으로 펼쳐진 도형은 건물에서 움푹 들어간 모서리를 암시하기 때문에 더 멀리 있는 것처럼 보인다. 이에 반해 날개를 아래로 접고 있는 도형은 건물에서 불쑥 튀어나온 모서리라는 인상을 창출하여 관찰자와 더 가까이 있는 것처럼 보인다. 그런데 날개의 모습과는 관계없이 중앙의 수직선분 두 개는 실제 길이가 똑같기 때문에 이들에서 투사된 망막 상의 크기도 동일하다. 앞서도 언급했듯이 이런 조건에 처한 우리의 뇌는

(a) 뮐러리어 착시 (b) 폰조 착시 (c) (d)

[그림 3-26] 뮐러리어 착시와 폰조 착시

시각적 착각, 즉 착시는 우리의 눈이 우리를 속이는 것 같은 잘못된 지각에 해당한다.

멀리 있는 것처럼 보이는 선분을 더 긴 선분으로 판단한다.

이제 폰조 착시를 고려해 보자. [그림 3-26b]에서 어느 수평선분이 더 길어 보이는가? 대부분의 사람은 위 선분이 더 길어 보인다고 말한다. 왜 위의 선분이 더 길어 보이는 것일까? 양 옆에서 수렴하고 있는 두 선분 때문에 선형원근이 창출되고, 그렇게 창출된 단서 때문에 우리의 뇌는 위의 선분이 더 멀리 있다고 판단한 것이다. 뮐러리어 착시에서와 마찬가지로, 동일한 길이의 선분에서는 동일한 크기의 망막 상이 투사되므로 더 멀리 있는 것으로 지각된 선분이 더 길어 보이는 것이다.

[그림 3-27]은 또 한 가지 착시인 불가능한 도형을 예시하고 있다. 이 도형은 보는 관점에 따라 완전한 도형이라는 인상을 남기기도 한다. 우리 뇌가 속고 있는 것이다. 불가능한 도형의 경우, 그 부분 부분만 보면 전혀 문제가 없어 보인다. 그러나 전체 도형의 특징을 고려하다 보면 문제가 부상하기 시작한다.

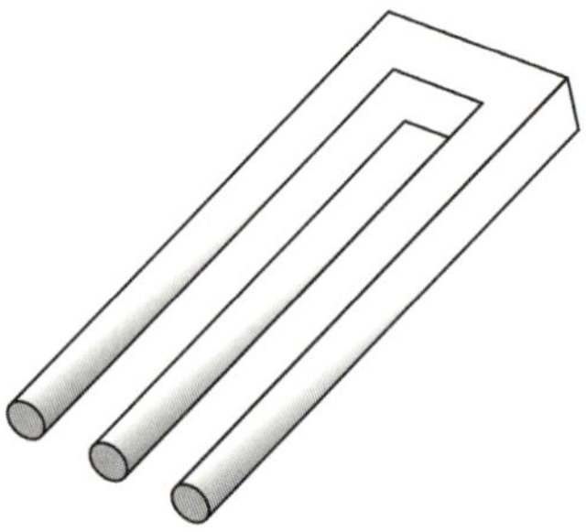

[그림 3-27] 불가능한 도형
앞의 도형은 그것을 구성하는 여러 속성을 하나씩 바라보면 전혀 문제가 없어 보인다. 그러나 이들 모든 속성을 한데 모아 보면 있을 수 없는 물체를 그리고 있음을 알게 된다.

유명한 달 착시도 오랫동안 많은 사람을 괴롭혀 왔다([그림 3-28] 참조). 중천에 떠 있는 보름달보다 수평선/지평선 위에 떠 있는 보름달이 훨씬 더 커 보인다. 달에서 우리 망막에 투사된 망막 상의 크기는 그 달이 수평선 위에 있을 때나 중천에 있을 때나 달라지지 않는다. 달 착시에 대해서도 아직까지 완전히 만족할 만한 설명이 없다. 한 가지 가능성으로 상대적 크기 가설(relative size hypothesis)을 고려해 보기로 하자. 상대적 크기 가설에서는 달 착시를 표적 물체를 둘러싼 공간의 크기와 관련시키려 한다(Baird, Wagner, & Fuld, 1990). 달이 수평선 위에 떠 있을 때는 큰 나무나 산과 같이 멀리 떨어져 있는 물체들과 비교되기 때문에 커 보인다. 그런데 달이 중천에 떠 있을 때는 아무것도 없는 드넓은 공간밖에는 비교할 대상이 없기 때문에 작아 보인다는 설명이다.

혼자서도 이 가설을 검증해 볼 수 있다. 수평선 위의 보름달을 바라보고 그 크기를 가늠해 둔다. 이번에는 신문지 같은 검은 종이를 말아서 만든 원통을 통해 그 달을 바라봄으로써 거리 단서를 모두 없앤 후 그 크기를 다시 한번 가늠해 보자. 달의 크기가 줄어든 것으로 보일 것이다. 상대적 크기 가설의 한 가지 문제점은 달 착시가 관찰되는 모든 조건에 적용되지 않는다는 것이다. 예를 들어, 천문관에서는 실제 수평선/지평선 위에서 가용한 단서가 하나도 없는 조건인데도 달 착시는 일어난다(Suzuki, 1991).

[그림 3-28] 달 착시
달 착시는 중천에 떠 있는 보름달보다 수평선/지평선 위에 떠 있는 보름달이 훨씬 더 커 보이는 현상을 일컫는다.

실제 움직임이 지각되는 방식에 대해서는 앞서 논의한 바 있다. 그러나 재미나는 외견상 움직임([그림 3-29] 참조)도 다양한 조건에서 발견된다. 사실 외견상 움직임 덕분에 영화가 가능했던 것이다. 영화 필름을 구성하는 수많은 틀(frame) 하나하나에 들어 있는 이미지는 모두 정

[그림 3-29] 외견상 움직임
영화에서의 움직임 지각은 영사기나 필름에 있는 속성이 아닌 관객의 머릿속 속성이다.

물 이미지이다. 화면에는 각각의 틀 속에 담긴 정물 이미지가 초당 20여 개라는 빠른 속도록 하나씩 투영될 뿐이다. 그것을 본 우리의 뇌가 창출해 낸 '움직이는 사진'이 바로 영화이다. 각각의 틀 속에 담긴 이미지는 직전에 투영된 이미지와 조금씩 다르다. 실제로 눈앞에서 벌어지는 일은 빠르게 전개되는 슬라이드 쇼에 불과하다. 영화에서 우리가 보는 움직임은 화면이 아닌 우리 머릿속에서 벌어지는 일이다.

외견상 움직임: 여러 가지 외견상 움직임 중 활동 사진에서처럼 정물 이미지가 신속하게 연이어 제시될 때 일어나는 움직임 착시

1) 착시에서 나는 문화적 차이

우리가 살고 있는 문화권 내 건축물에는 모서리와 각진 부분이 없다고 해 보자. 그런데도 뮐러리어 착시를 경험하게 될까? 그렇다면 서울 같은 대도시에서 성장한 사람들이 그 착시를 경험할 가능성은 얼마나 될까? 이 질문의 답을 만들기 위해 피더슨과 휠러(Pedersen & Wheeler, 1983)는 두 집단의 나바호 인디언을 대상으로 그들이 경험하는 뮐러리어 착시를 분석해 보았다. 한 집단은 사각형의 집에 살고 있어 모서리와 각진 부분에 매일같이 노출되는 사람들로 구성되었다. 다른 집단은 이러한 단서가 거의 없는 둥근 오두막에 살고 있었다. 피더슨과 휠러는 둥근 오두막에 살고 있는 인디언이 뮐러리어 착시를 경험할 가능성이 낮다는 사실을 발견했다. 이 결과는 뮐러리어 착시에 대한 민감성이 경험에 따라 달리진다고 암시한다. 다른 연구에서도 비슷한 결과가 관찰되었다. 예컨대, 남아프리카에서 둥근 구조물에 거주하는 줄루 사람들 중에는 뮐러리어 착시를 경험하는 사람의 수가 훨씬 적었다(Segall, 1994).

개념 3-35
착시에 빠질 가능성은 특정 문화권 내 사람들이 오랫동안 경험한 구조물의 유형 같은 문화적 요인에 따라서도 달라진다.

조각세상 가설(carpentered-world hypothesis)은 뮐러리어 착시에 대한 민감성에서 나는 문화 간 차이를 설명하기 위해 제안된 가설이다(Segall, Campbell, & Herskovits, 1966). 조각세상은 직선과 직선이 만나 직각을 이루는 구조물(건물, 방, 가구)로 가득 찬 세상을 일컫는다. 대개가 둥근 구조물로 구성된 비조각세상에 사는 사람이 이 착시에 덜 민감한 이유는 각진 구조

조각세상 가설에 따르면 이 사진 속처럼 모난 구조물이 드문 문화권에 사는 사람들은 뮐러리어 착시에 둔감해야 한다.

조각세상 가설: 뮐러리어 착시에 대한 문화적 설명으로 이 착시의 적어도 일부는 오늘날의 주거환경 같은 직각으로 각진 인조물 속에서 살아온 경험에서 시작되었다는 믿음

물에 대한 경험 부족 때문이라는 게 이 가설의 설명이다. 인종보다는 문화적 경험을 더 중요한 요인으로 생각한 것이다. 줄루 사람 중에도 도시로 이주한 사람들은 각진 구조물에 익숙해지면서 뮐러리어 착시를 경험하게 될 가능성도 커지는 것으로 드러났다(Segall, Campbell, & Herskovits, 1963).

폰조 착시에 대한 연구에서도 문화 차이가 발견되었다. 선형 원근을 경험할 고속도로나 철로는 없고 그냥 언덕지대로 구성된 괌에 사는 사람들의 경우 이 착시에 대한 경험이 훨씬 약한 것으로 드러났다(Leibowitz, 1971).

생활의 한 단면 여기서 배운 교훈은 착시에서 나는 문화적 차이만으로 끝나지 않는다. 지각 경험은 감각 시스템에 의해서만 달라지는 게 아니고 특정 문화권에서 겪은 경험에 따라서도 변한다. 서로 다른 문화권에서 살아온 사람들은 물리적 세계도 서로 다르게 지각한다. 인류학자 콜린 턴불(Colin Turnbull, 1961)이 제공한 신기한 사례를 고려해 보자. 턴불이 아프리카 피그미족 안내원 켄지를 데리고 우거진 밀림에서 광활한 초원으로 나왔을 때는 켄지가 밀림 밖의 세상을 난생 처음 경험하는 순간이었다. 저 멀리 10여리 밖에 있는 물소 떼를 본 켄지는 그들을 곤충이라고 생각했다. 가까이 다가가 그들이 물소임을 알고는 동물이 그렇게 빨리 자랄 수 있다는 사실에 경악을 금치 못했다. 왜 켄지는 물소 떼를 곤충으로 착각했던 것일까? 켄지의 문화권 내 사람들은 울창한 밀림 속 외딴 마을에서 살고 있었다. 때문에 켄지는 시야를 가리는 방해물이 전혀 없는 상태에서 그렇게 멀리 떨어져 있는 물체를 그때까지 한 번도 본 적이 없었다. 다시 말해, 켄지는 멀리 있는 물체에 대한 크기 항등성 습득에 필요한 경험을 할 기회가 없었던 것이다.

최근의 연구에서는 동일한 장면을 두고도 미국인과 동아시아인은 서로 다르게 지각한다는 사실이 발견되었다. 눈앞에 펼쳐진 장면 속에서 전경에 있는 물체에 대해서는 동아시아인들보다 미국인이 더 많은 주의를 쏟는 데 반해, 배경 또는 맥락의 특징에 대해서는 미국인보다 동아시아 사람이 더 많은 주의를 기울이는 것으로 드러났다(Chua, Boland, & Nisbett, 2005; Masuda & Nisbett, 2001). 정보처리 방식에도 서양식과 동양식이라는 근본적으로 다른 두 가지 방식이 있는 것 같다는 게 니스벳(Nisbett)과 동료들의 주장이다. 서양식 처리 방식에서는 구체적인 물체를 범주화하는 데 집중하는 데 반해, 동양식 방식에서는 전반적인 장면 정보에도 주의를 기울이며, 장면 속 물체 하나하나를 분류하는 데 그치지 않고 그들 간 관계까지 판단한다고 그들은 주장한다(Chua, Boland, & Nisbett, 2005).

다음에서는 과학자 집단은 물론 일반인 사이에서도 지속적인 논쟁거리로 회자되고 있는 지각의 문제를 살펴보기로 한다.

동아시아인에 비해 미국인들은 관심을 끄는 물체(위 그림에서 밝은색의 큰 물고기)에만 집중하는 경향이 강한데 동아시아인들은 그 주변 물체까지 함께 고려하는 경향이 강하다.

9. 역하 지각 및 초감각적 지각

오래전인 2000년 미국 대통령 선거전에서 상당한 물의를 일으켰던 일이 있다. 공화당 후보 조지 W. 부시(George W. Bush)가 민주당 후보였던 당시 부통령 앨 고어(Al Gore)의 공약을 공격하는 광고를 내보낼 때 RATS라는 단어가 깜박거렸다. 광고 제작자 측에서는 그 광고에 고어를 비방할 의도가 전혀 없었고, 그냥 bureaucrats(rats는 이 단어의 마지막 네 문자만 따서 만든 단어임)라는 단어를 떠올리게 하고 싶었을 뿐이라고 주장했다. 광고 제작자의 이런 주장과는 별개로 이 광고는 역하 지각(subliminal perception)이 실제로 사람들의 태도 및 행동에 영향을 미칠 것인가를 둘러싼 많은 의구심을 자아냈다.

역하 지각: 그 존재를 의식할 수 없을 만큼 약하게 제시된 자극을 지각하는 일

초감각적 지각(ESP): 감각 기관의 도움 없이 일어나는 지각 경험

그보다 더 논쟁의 여지가 많은 주제가 초감각적 지각(extrasensory perception)이다. 초감각적 지각이란 감각기관의 도움 없이 일어나는 지각을 말한다. 사람들의 마음을 읽는 일이나 봉투를 뜯지 않고도 그 내용을 알아내는 일 등이 실제로 가능할까? 과학적 증거를 바탕으로 이러한 해묵은 논쟁을 고려해 보기로 하자.

1) 역하 지각: 방금 지나간 그거 봤어요?

역하 지각이 정말로 존재할까? 미국인의 2/3는 존재한다고 믿는다(Onion, 2000). 그러면 그러한 믿음을 지지하는 과학적 증거는 있는 것일까? 이 질문에 대한 답은 '조건에 따라 있는 것도 있고 없는 것도 있다.'가 될 것이다.

개념 3-36

우리는 지각한다는 사실을 의식하지 못하는 상태에서 사물을 지각하기도 한다. 하지만 역하 단서가 우리의 행동이나 태도를 바꾸어 놓을 수 있다는 증거는 아직 없다.

실험실 연구에서 수집된 증거에 의하면, 사람들은 다양한 역하 자극(시각 이미지, 소리, 심지어는 일부 냄새까지)을 의식적으로는 알지 못하면서도 탐지해 낼 수 있다(Bahrami, Lavie, & Rees, 2007; Ferguson & Zayas, 2009; W. Li et al., 2007; Pallier, Kouider, & De Gardelle, 2008). 특정 상표명에 자신도 모르는 사이에 노출된 사실 때문에 사람들의 행동이 미묘하게 달라지기도 하고, 또 보다 창의적인 생각을 하게 되기도 한다. 애플 로고와 IBM 로고를 실험 참여자들에게 슬쩍 보여 주었다. 보여 준 시간이 너무 짧아 의식적으로는 탐지해 낼 수 없는 역하 자극이었다. 연구자들은 애플 브랜드가 창의성과 더 강하게 결부되어 있다는 사실을 이미 알고 있었다. 이들의 실험에서 애플 로고에 노출된 사람들은 IBM 로고에 노출된 사람들 또는 아무것에도 노출되지 않는 사람들보다 후속 과제에서 더 창의적인 반응을 보여 주었다(Fitzsimons, Chartrand, & Fitzsimons, 2008; R. Walker, 2008). 최근에 수행된 또 하나의 연구에서는 역하 자극으로 제시된 즉석요리(fast food) 이미지에 노출된 사람들은 나중에 주어진 읽기 과제에서 읽기 속도가 더 빨라진 것으로 기록되었다(Zhong, 2010). 요컨대, 의식조차 하지 못할 정도로 순식간에 우리 곁을 지나친 자극도 우리의 행동에 영향을 미치기도 한다.

관찰자의 동기 상태도 역하 지각에 영향을 미칠 수 있다. 특정 음료수의 상표명(예: 립톤 아이스)이 포함된 역하 자극을 참여자들에게 제시한 후, 양자택일 과제

© imagebroker/Alamy

© Bernd Pfeifer/Photo Library

역하 단서의 효과를 검증한 한 연구에서 자신도 모르는 사이에 IBM 로고에 노출된 참여자들보다 애플 로고에 노출된 참여자들이 더 창의적인 반응을 한 것으로 밝혀졌다.

개념 3-37

여러 가지 초능력 중 엄격한 과학적 검증을 통해 입증된 능력은 아직 없다.

를 수행하게 했다. 그 결과, 역하 자극 속 상표명을 선택할 확률이 높아지는 것으로 나타났다. 그러나 그 효과는 오직 그때 목이 말랐던 참여자한테서만 기록되었다(Karremans, Stroebe, & Claus, 2005).

역하 자극의 효과를 어떻게 설명해야 할까? 한 가지 가능성은 역하 자극에 노출된 사람들은 그 자극이 무엇이었는지를 말로는 표현할 수 없어도 그 자극의 속성 중 일부를 탐지해 낼 수 있었기 때문이라는 생각이다. 자극에 대한 부분 지각으로 실험실 연구에서 발견된 역하 자극의 효과는 설명할 수도 있다. 그러나 광고용이나 동기유발용 녹음테이프에 들어 있는 역하 메시지가 사람들의 구매 행동에 영향을 미친다거나 삶을 보다 성공적으로 만든다거나 생활에 중요한 영향을 미친다는 확고한 증거는 아직 없다.

2) 초감각적 지각: 실제로 있는 일일까?

마음만으로 숟가락을 구부릴 수 있다고 주장하는 남자가 있다. 범죄 피해자의 시신을 그 사람이 입었던 옷 조각만 있으면 찾아낼 수 있다고 주장하는 여인도 있다. 또 한 여인은 미래사를 예언할 수 있다고 주장한다. 과학적으로 설명할 수 없는 이러한 비상식적 현상(paranormal phenomena)에 대한 연구를 초심리학(parapsychology)이라 한다. 초심리학의 초점은 초감각적 지각(extrasensory perception)에 맞춰져 있다. 초감각적 지각이란 '육감(sixth sense)'을 통한 지각, 즉 우리가 알고 있는 감각기관을 사용하지 않고도 물체나 사건을 지각하는 일을 일컫는다. 여러 가지 비상식적 현상 중 흔히 초감각적 지각으로 간주되는 것으로는 텔레파시, 천리안/투시력, 예지력 그리고 염력이 있다.

초심리학: 정상적으로는 설명할 수 없는 심리적 현상에 대한 연구

텔레파시(telepathy)는 자신의 생각을 다른 사람의 마음속에 투사할 수 있는 능력 또는 다른 사람의 마음속에 있는 것을 읽어 낼 수 있는 능력(즉, 우리가 알고 있는 감각기관의 도움 없이 다른 사람들의 생각이나 느낌을 지각할 수 있는 능력)을 일컫는다. 천리안/투시력(clairvoyance)은 보통 사람의 감각기관으로는 탐지해 낼 수 없는 사건을 지각하는 능력을 일컫는다. 투시력을 지닌 사람은 강 건너 사는 어떤 사람이 지금 이 순간에 무엇을 하고 있는지를 알 수 있다거나 뜯지 않은 편지의 내용을 알아

텔레파시: 흔히 말하는 감각-운동기관을 이용하지 않고 서로의 생각을 주고받는 일

천리안/투시력: 흔히 말하는 감각기관을 이용하지 않고 사물을 지각하는 능력

낼 수 있다고 주장하기도 한다. 예지력(precognition)은 미래를 예언하는 능력을 이르는 말이고, 염력(psychokinesis)은 신체적 접촉 없이 물건을 움직이는 능력을 일컫는다. 엄격하게 말해, 염력은 지각과는 무관한 일이기 때문에 초감각적 지각에 해당하지 않지만, 편의상 그렇게 분류한다.

예지력: 미래에 벌어질 일을 미리 예언하는 능력

염력: 마음만으로 물체를 움직이는 능력

비판적으로 생각하는 사람들은 자연법칙을 무시하는 것 같은 초감각적 지각이나 비상식적 현상과 관련된 주장에 대해 회의적 태도를 취한다. 속임수로 밝혀진 주장도 많고 우연히 벌어진 일로 설명되는 주장도 있고, 또 어떤 주장은 통계적 실수로 드러나기도 했다(Hyman, 2010; Wagenmakers et al., 2011; Wiseman & Watt, 2006). 수십 년에 걸친 과학적 연구에도 초감각적 지각이 존재한다는 명백하고 확실한 증거는 없다. 거의 모든 증거가 과학적 검증을 통과하지 못했다는 뜻이다. 비판적으로 생각하는 심리학도는 초감각적 능력에 대한 회의적인 태도를 견지하며, 초감각적 능력을 지녔다는 주장이 수용되기 바란다면, 엄격하게 통제된 조건에서 그 능력을 객관적으로 입증할 수 있어야 한다고 주장해야 한다.

〈개념 차트 3-5〉는 이 단원에서 논의된 지각의 핵심 개념을 개괄적으로 정리하고 있다.

〈개념 차트 3-5〉 지각에 대한 개관

<table>
<tr><td colspan="2" rowspan="3">지각의 기본 개념</td><td>선별적 주의</td><td>우리에게 중요한 감각 정보에만 주의를 집중하는 경향, 특정 자극에 주의를 쏟고 쏟지 않고는 동기 상태나 반복적 노출 같은 요인의 영향을 받는다.</td></tr>
<tr><td>지각 경향</td><td>우리의 지각이 우리의 예상이나 선입견에 따라 달라지는 경향성</td></tr>
<tr><td>지각 항등성</td><td>특정 물체를 바라보는 관점, 거리, 조명 등이 바뀌면 그 물체에서 투사된 망막 상도 따라 바뀌는데 그 물체의 크기, 모양, 색깔, 밝기 등은 변하지 않고 일정한 것으로 지각되는 경향성</td></tr>
<tr><td colspan="2" rowspan="2">지각적 처리의 양식</td><td>상향처리</td><td>조각조각의 감각 정보를 한데 모아 의미 있는 모양을 만들어 내는 지각의 과정</td></tr>
<tr><td>하향처리</td><td>구성 요소를 한데 모으는 과정을 거치지 않고 완전한 모양을 인식하는 지각의 과정</td></tr>
<tr><td colspan="2">지각적 조직의 형태주의 원리</td><td>전경-배경</td><td>시각적 환경을 지각할 때 주변 배경과 그 배경으로부터 두드러진 전경을 구분시켜 주는 경향성</td></tr>
<tr><td rowspan="5">깊이 지각용 단서</td><td rowspan="5">묶음의 원리</td><td>인접성</td><td>서로 가까이 있는 여러 물체를 같은 종류로 묶어서 지각하는 경향성</td></tr>
<tr><td>유사성</td><td>비슷한 특징을 가진 물체끼리 함께 묶어 지각하는 경향성</td></tr>
<tr><td>연속성</td><td>연속되는 형태를 나타내는 것으로 보이는 일련의 자극이 통합된 하나의 모양으로 보이는 경향성</td></tr>
<tr><td>완전성</td><td>서로 떨어진 정보 조각을 묶어 의미 있는 하나로 지각하는 경향성</td></tr>
<tr><td>연결(관)성</td><td>한곳에 모여 있거나 함께 움직이는 여러 물체를 하나의 세트로 지각하는 경향성</td></tr>
</table>

깊이 지각용 단서	양안 단서	망막부등	특정 물체에서 두 눈의 망막에 투사된 망막 상이 서로 다른 정도, 그 물체까지의 거리가 가까울수록 두 상이 다른 정도(망막부등)는 커진다. 따라서 우리의 뇌는 망막부등을 단서로 이용하여 물체들 간 상대적 거리를 계산해 낼 수 있다.
		수렴	코앞 가까이 있는 물체를 응시하기 위해 안구를 코 쪽으로 돌리면(즉, 안구가 수렴하면) 안근에는 장력이 증가하는데 뇌는 이 장력의 변화를 깊이 지각의 단서로 사용한다. 물체까지의 거리가 가까울수록 그 물체를 응시하기 위한 수렴은 커져야 한다.
	단안 단서	상대적 크기	실제 크기가 같다고 알고 있는 두 물체 중 하나가 더 커 보이면 커 보이는 물체가 더 가까이 있는 것으로 지각된다.
		겹침/중첩	다른 물체에 의해 그 일부가 가려진 물체가 더 멀리 있는 것으로 지각된다.
		상대적 선명도	멀리 있는 물체보다 가까이 있는 물체가 더 선명하게 보인다.
		결 변화도	가까이 있는 물체의 표면 결이 멀리 있는 물체의 표면 결보다 더 거칠어 보인다.
		선형 원근	여러 물체 및 그들 사이의 공간은 관찰자로부터의 거리가 멀어짐에 따라 작아 보인다. 따라서 평행하는 두 선분 간 간격도 그 두 선분이 눈앞에서 멀어지면서 점점 좁아진다.
		명암	명암을 적절하게 이용하면 표면이 굽어 보이기도 하고 입방체로 보이기도 한다.
지각에서의 쟁점		역하 지각	의식의 역치보다 낮은 자극을 지각하는 일
		초감각적 지각	우리가 알고 있는 감각기관의 도움 없이 일어나는 지각

5단원 복습 세상을 지각하기: 지각의 원리

되새겨 봅시다

주의는 지각에 어떤 영향을 미치는가?

➤ 주의의 선별 작용을 통해 우리는 특정 시간에 우리를 자극하는 많은 자극물 중 가장 중요한 것만을 골라서 지각한다.

➤ 주의는 동기 상태나 반복되는 노출 같은 요인에 의해 달라지기도 한다.

지각 경향은 지각에 어떤 영향을 미치는가?

➤ 지각이 예상이나 선입견에 따라 달라지는 경향을 지각 경향이라 한다.

시각 자극이 처리되는 두 가지 일반적 양식은?

➤ 두 가지 중 하나인 상향처리는 시각 자극의 개개 속성을 한데 모아 의미 있는 형태를 만들어 내는 작업이고 다른 하나인 하향처리는 자극의 구성 요소를 한데 모으는 작업을 하지 않고 그 자극 전체를 의미 있는 하나로 지각하는 작업이다.

지각의 조직을 지배하는 형태주의 원리는?

➤ 지각의 조직을 지배하는 형태주의 원리에는 전경-배경의 원리와 묶음의 원리(인접성, 유사성, 연속성, 완전성, 연결성)가 포함된다.

지각 항등성이란?

➤ 지각 항등성이란 특정 물체에서 관찰자의 망막에 투사된 망막 상의 모양, 크기, 색깔, 밝기 등이 그 물체를 보는 관점과 거리와 조명에 따라 끊임없이 변하는데도 그 물체의 실제 모양과 크기와 색상 및 밝기는 변하지 않고 일정한 것으로 지각하는 경향성을 일컫는다.

깊이 지각에 이용되는 단서에는 어떤 것이 있나?

➤ 깊이 지각에 이용되는 양안 단서에는 망막부등과 수렴이 있고, 단안 단서에는 상대적 크기, 겹침/중첩, 상대적 선명도, 결 변화도, 선형 원근 그리고 명암이 포함된다.

움직임을 지각할 때 이용되는 단서에는 어떤 것이 있나?

➤ 특정 물체가 시야의 한 지점에서 다른 지점으로 옮아가면, 망막 위의 여러 지점이 그 물체에서 투사된 망막 상에 의해 차례차례로 자극을 받게 된다. 우리의 뇌는 망막 위 일련의 지점이 차례차례로 받는 이러한 자극을 물체의 움직임 때문에 생긴 것으로 해석한다. 물체의 크기 변화 역시 움직임 지각 단서로 작용한다.

시각적 착각, 즉 착시란 무엇인가?

➤ 우리 눈을 자극하는 물체의 실상과 그 물체에 대한 우리의 지각 경험이 일치하지 않을 때 우리는 착시를 경험한다고 말한다. 뮐러리어 착시, 폰조 착시, 달 착시 등이 그런 시각적 착각에 해당한다.

➤ 영화처럼 우리의 눈은 움직이지 않는 실상을 보고도 움직이는 것으로 지각하는 우를 범하기도 한다. 이러한 움직임 착시를 외견상 움직임이라 한다.

역하 지각도 존재한다고 할 수 있는가?

➤ 제한적 형태의 역하 지각은 일부 존재하는 것 같다. 그러나 일상생활 속에 제시된 역하 지각이 사람들의 태도나 행동에 영향을 미친다는 증거는 없다.

초감각적 지각을 지지하는 증거는?

➤ 텔레파시, 천리안, 예지력, 염력 등 다양한 초감각적 지각 능력의 존재를 입증하는 명백한 증거는 없다.

점검해 봅시다

1. 우리의 뇌에서 감각 경험이 바깥세상에 대한 유의미한 인상으로 바뀌는 과정을 ________(이)라 한다.
2. 갓 태어난 아이들이 자기 엄마 목소리를 선호하는 현상은 ________에 그 원인이 있는 것 같다.
   ① 감각 촉진
   ② 태내에서 청각 경험
   ③ 타고난 반사작용
   ④ 최대 집착 효과
3. 기대와 선입견 때문에 사람들의 사건 지각 방식이 달라지는 경향성을 일컫기 위해 ________(이)라는 용어가 이용된다.
4. 지각적 조직의 형태주의 원리 중 ______________원리는 함께 모여 있거나 함께 움직이는 물체를 같은 종류로 지각하는 경향성을 진술한 것이다.
5. 물체까지의 거리 지각에 이용되는 단안 단서 중, 그 일부가 다른 물체에 가려져 있어서 더 멀리 있는 것으로 지각하는 일에 이용되는 단서를 ________(이)라 한다.
6. 다음 중 깊이 지각에 이용되는 단안 단서가 아닌 것은 무엇인가?
   ① 수렴
   ② 상대적 선명도
   ③ 겹침/중첩
   ④ 명암
7. 다음 중 역하 지각에 대한 가장 적절한 정의는 무엇인가?
   ① 감각기관을 사용하지 않고 지식이나 통찰력을 습득하는 일
   ② 의식하지 못할 정도로 약하게 제시된 정보를 지각하는 일
   ③ 물속 환경의 자극을 지각하는 일
   ④ 특정 자극의 모든 속성을 전달할 수 있는 감각 시스템

생각해 봅시다

➤ 지각적 조직의 형태주의 원리에 대한 이해를 기초로 지각과 사진이 어떻게 다른지를 설명해 보자.

➤ 초감각 지각으로 판단되는 이상한 경험을 해 본 적 있는가? 비판적으로 생각했을 때, 어떻게 하면 그런 경험을 다른 방식으로 설명할 수 있는가?

6 단원 심리학과 통증 관리

개념 3-38

심리적 개입은 통증 관리에도 도움이 될 수 있다.

➜ 개념 링크 명상은 스트레스를 퇴치하고 통증을 줄이며 혈압을 낮추는 데도 이용된다. 제4장 3단원을 참고하라.

뇌는 공학의 극치나 다름없다. 우리에게 심한 통증을 겪게 함으로써 위험에 미리 대비할 수 있게 해 준다. 그런 경고 장치가 없었다면, 우리는 뜨거운 물건에서 제때 손을 떼지 못해 데일 수밖에 없는 일을 여러 번 겪었을 것이다. 그러나 피치 못해 손이 데인 경우에는 엔도르핀을 방출하여 통증으로 가는 문을 닫아 준다.

우리 모두는 부상을 입으면 심한 통증을 겪게 되는데, 미국인 중 약 8,000만 명은 요통과 두통, 관절염이나 그 밖의 여러 질병과 관련된 통증 등 고질적인 만성 통증으로 고생하고 있다(Edwards et al., 2009; Park, 2011). 다행히 만성 통증 관리법도 빠른 속도로 증가하고 있다. 통증을 관리하기 위한 새로운 기술과 새로운 접근법이 해마다 임상 장면에 도입되고 있다. 통증의 기반에는 생물적 요인이 작용하고 있지만, 통증 환자의 고통을 덜어 주고 만성 통증에 대처할 수 있도록 돕는 데는 심리적 방법이 이용될 수 있다(예: Cloud, 2011; Morley, Williams, & Hussain, 2008; Park, 2011). 이 단원의 관심은 통증 관리에 작용하는 심리적 요인에 있다. 그러나 스스로 통증을 관리하려 하기 전에 건강 전문가의 도움을 받아 통증의 근원을 알아내고 적절한 치료법을 선택하는 게 바른 순서일 것이다.

1. 주의 이동

주의 이동(distraction)은 주의를 통증에서 떼어 내는 데 도움이 된다. 예를 들어, 고통스러운 치료를 받을 때는 벽에 붙은 그림이나 다른 자극에 주의를 기울이거나 마음을 즐거운 상상에 빼앗김으로써 통증으로부터 마음을 떼어 놓을 수 있다. 만성 통증으로 고생하는 사람들은 스스로 운동을 하거나 재미나는 책 또는 비디오에 빠져들어 고통을 견뎌 내기도 한다.

2. '관문' 좁히기

앞서도 지적했듯이, 통증의 관문통제 이론에서는 다른 감각 자극을 이용하면 통증 신호가 척수에서 뇌로 들어가는 신경 관문을 차단할 수 있다고 주장한다. 통증 발생 지점을 가볍게 어루만져 그 관문에 '병목'을 유발해 볼 수도 있을 것이다. 그 부분에 냉감와 열기 둘 다를 동시에 적용하면 그런 병목이 발생할 수 있다. 냉감와 열기 각각의 신호가 척수를 통해 뇌로 전달되기 때문이다. 얼음팩은 염증을 감소시키는 또 다른 효과도 있다.

3. 생각 및 태도 바꾸기

자기가 겪고 있는 통증에 관해 스스로에게 무슨 말을 하느냐에 따라 그 통증을 얼마나 느끼고 얼마나 잘 대처할 것인지도 달라진다. 비관적 사고('이 상태는 절대 호전되지 않을 거야.')와 파멸적 사고('더 이상을 못 견디겠어. 곧 무너질 거 같아.')는 통증을 더욱 악화시킨다(Sullivan et al., 2006). 최악의 경우를 생각하는 것은 통증에 대처하는 가장 좋지 못한 반응으로 간주된다(Edwards et al., 2009). 뇌 영상기법을 이용한 연구 결과, 최악의 상황을 상상하는 정도가 심할수록 통증 관련 뇌 활동도 격해지는 것으로 나타났다(Edwards et al., 2009).

부정적인 생각은 통제력이 없다는 인식으로 이어지고, 이는 다시 무력감과 절망감을 유발할 수 있다. 심리학자들은 통증으로 고생하는 사람들에게 자신의 생각을 검토하여 자신에 대한 비관적이고 부정적인 평가를 버리고 합리적인 생각('절망하지 말자. 이 고통에 대처하기 위해 꼭 해야 할 일이 무엇인지만 생각하자.')만 하라고 부추긴다. 통증 환자들도 자신의 파멸적인 생각을 바꾸고 나면 통증은 약해지고 일상생활은 호전되는 것으로 드러났다(Turner, Mancl, & Aaron, 2006). 생각과 태도를 바꾼다고 통증이 완전히 없어지는 것은 아니지만, 생각과 태도가 바뀌면 통증을 보다 효과적으로 관리할 수 있게 된다.

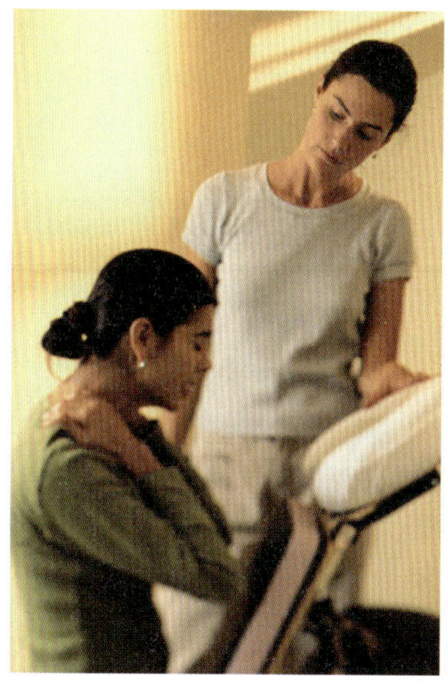

통증을 보다 효과적으로 관리하기 위해 우리는 어떤 기술/능력을 사용할 수 있을까?

4. 정확한 정보 확보

통증을 관리하는 가장 효과적인 방법 중 하나는 통증의 근원과 가용한 치료법에 관한 모든 사실적 정보를 확보하는 것이다. 많은 사람은 통증과 그 뒤에 숨은 의미에 대해 생각하는 일을 피하려 한다. 정보를 확보하면 그런 수동적인 대처 행동에서 벗어나 자신이 겪고 있는 어려움을 적극적으로 통제하려는 태도를 취할 수 있게 된다.

5. 명상과 바이오피드백

명상도 만성 통증을 줄이는 데 도움을 준다(예: Grossman, 2008; Oz, 2003; Roemer & Orsillo, 2003). 제4장에서 논의하겠지만, 사람들은 명상을 통해 주의를 한곳에 집중함으로써 편안한 관조의 상태로 빠져든다. 명상을 하는 방법은 다양하다. 그러나 대부분은 한 가지 단어나 생각이나 어구를 반복해서 말하거나 꽃병 디자인이나 촛불 같은 한 가지 대상만 응시함으로써 주의를 한곳에 집중하려는 노력을 하게 한다.

바이오피드백 훈련: 신체에서 나오는 신호를 생리적 변화 감시 장치를 통해 훈련생에게 계속 보여 줌으로써 특정 신체 반응을 통제할 수 있게 하는 훈련 방법

사람들에게 자기 신체의 내적 기능에 관한 피드백, 즉 '바이오피드백'을 제공하면, 자신에 대한 의식이 넓어지고 자신의 신체 내적 작용에 대한 의도적 통제도 어느 정도는 가능해진다. 바이오피드백 훈련에서는 참여자들의 몸에 생리적 변화를 감시하는 장치를 부착시켜 몸의 내적 상태에 관한 정보를 계속해서 제공한다. 소리가 올라가면 심장박동률 또는 근육의 장력이 증가함을 뜻하고 소리가 낮아지면 그 반대의 일이 벌어지고 있다는 뜻이다. 바이오피드백 훈련에 참여한 사람은 이러한 신호를 단서로 이용하여 자신의 심박률, 혈압, 근육의 긴장감, 체온, 뇌파 모양, 그 밖의 생리적 작용을 스스로 수정하는 법을 터득하게 된다(예: Dalen et al., 2009; Moser, Franklin, & Handler, 2007; Nestoriuc & Martin, 2007).

근전도 바이오피드백: 바이오피드백의 일종으로 체내 이마나 다른 곳의 근육이 긴장된 정도가 변하는 것에 관한 피드백을 제공한다.

편두통: 뇌혈관 속 혈류의 변화 때문에 발생하는 강한 두통으로 장시간 지속된다.

여러 가지 바이오피드백 훈련 중 긴장성 두통을 줄이기 위해 이용되는 훈련은 근전도 바이오피드백이다(Nestoriuc, Rief, & Martin, 2008). 이 훈련에서는 전극을 참여자의 이마 또는 신체의 다른 부위에 부착시키고 근육의 장력 변화를 감시한다. 근육 장력의 변화를 알리는 데는 소리가 이용된다. 참여자는 그 소리를 낮추는 법을 터득함으로써 자신의 이마 근육을 스스로 풀 수 있게 되고, 그 결과는 긴장성 두통과 관련된 통증 감소로 나타난다.

편두통으로 고생하는 사람들도 바이오피드백 훈련의 혜택을 받을 수 있다. 이 훈련에서는 참여자들에게 손끝과 발끝으로 가는 혈류를 조절하는 법을 터득하게 한다. 편두통 환자는 아주 강한 두근거리는 통증을 머리의 한쪽에서만 느끼는데, 이 통증은 머리로 가는 혈류의 변화와 결부되어 있다(Durham, 2004; Linde et al., 2005). 편두통 환자에게 적용되는 체온 바이오피드백 훈련에서는 체온감지 장치를 손가락에 부착시킨다. 이 장치는 손가락의 온도가 올라가면 삐삐거리는 소리의 속도를 높이거나 줄인다. 어떤 사람들은 그냥 손가락이 따뜻해진다는 상상만으로 자신의 손가락 온도를 올리는 방법을 터득한다. 사지로 가는 혈류가 증가하면서 머리로 가는 혈류는 줄어들고, 그 결과는 편두통 감소로 나타난다.

바이오피드백 훈련을 통해 우리는 체내에서 벌어지는 일부 작용(예: 심박률, 혈압, 근육장력, 체온, 특정 유형의 뇌파)을 바꾸는 일을 배울 수 있다.

체온 바이오피드백: 편두통 치료에 이용되는 바이오피드백의 일종으로 체내의 특정 부분을 선정하여 그곳에서 일어나는 온도 및 혈류 변화에 대한 피드백을 제공함

그러나 바이오피드백을 통해 얻는 통증 및 혈압 감소 중 적어도 일부는 보다 간단한 이완 훈련을 통해서도 얻을 수 있다는 점을 지적해야 할 것 같다. 근육 이완 기법이나 심호흡 훈련 같은 이완 훈련에는 고가의 장비가 필요 없다. 제4장에서는 통증 관리에 도움이 되는 또 하나의 심리적 기법인 최면이 소개될 것이다.

심리학에 대해 비판적으로 생각하기

이 장에서 학습한 내용을 기초로 다음 질문에 답해 보자. 그런 후 자신의 비판적 사고력이 향상되고 있는 정도를 평가해 보고 싶으면, 그 답을 부록 A에 있는 모범 답안과 비교해 보자.

생활의 한 단면 몇 년 전 일이다. 경찰서에서 초능력을 지녔다는 한 여인에게 마을 부근 숲속에서 사라진 한 노인의 위치를 찾아달라고 부탁하는 일이 있었다. 그 지역을 샅샅이 검색했지만 경찰에서는 그 노인이 있는 곳을 찾아내지 못했다. 그 여인은 노인의 사진과 그 지역의 지도만을 살펴본 후, 지도 위에다 동그라미를 그리며 그곳에 그 노인이 있다는 느낌을 받았다고 말했다. 놀랍게도 경찰은 그 여인이 지적한 곳에서 그 노인의 시체를 발견했다. 자연사한 것으로 판명된 노인의 시체는 덤불 속 깊숙이 숨어 있었다.

비판적으로 생각하는 사람들은 초감각적 지각 능력을 지녔다고 주장하는 사람들의 주장을 회의적으로 대한다. 증거를 따져 보고 난 후 보다 그럴듯한 다른 설명을 내놓으려 한다. 다음 질문을 고려해 보자.

1. 앞서 소개한 사례로 초감각적 지각의 존재가 입증되었다고 믿는가? 믿거나 믿지 않는 이유는 무엇인가?
2. 그 여인의 주장을 평가하는 데 또는 다른 설명을 내놓는 데 추가로 더 필요한 다른 정보가 있는가? 있다면, 어떤 정보가 더 필요한가?

눈으로 복습하기 제3장 감각과 지각

1단원 감각의 기본 개념

- 절대 식역: 무언가가 있나?
- 차이 식역: 다른 무언가가 있나?
- 감각 적응: 시간이 지나면서 무뎌지는 일
- 신호 탐지: 신호를 잡아내는 일

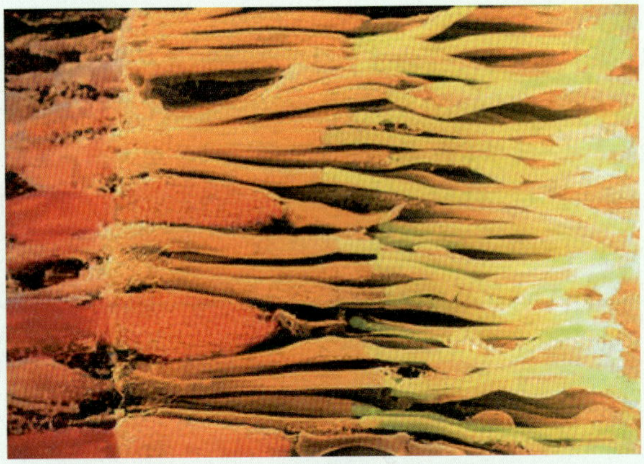

추상체와 간상체

감각 수용기

- 시각에서는 간상체와 추상체
- 청각에서는 모세포
- 미각에서는 맛 수용기
- 후각에서는 냄새 수용기
- 피부 감각에서는 피부 수용기
- 관절, 인대, 건에 있는 몸놀림 수용기
- 속귀에 있는 전정 수용기

2~4단원 감각기관

- 시각: 빛 에너지 → 망막에 있는 수용기 세포 → 신경반응 → 시각 경험
- 청각: 소리의 진동 → 속귀에 있는 수용기 세포 → 신경반응 → 청각 경험
- 화학물질 감각: 화학물질 → 코, 입의 수용기 → 신경반응 → 냄새와 맛

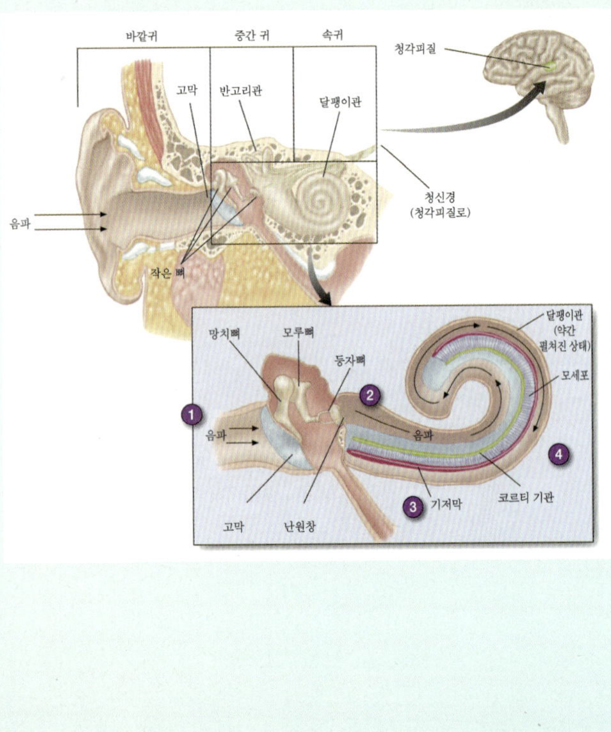

- 피부 감각: 촉각 자극 → 피부에 있는 수용기 → 신경반응 → 촉감, 압감, 냉온감, 통감
- 근동 감각: 관절, 인대, 근육에 있는 몸놀림 수용기 → 뇌로 가는 신경반응 → 신체 부분 부분의 위치와 움직임 감지
- 전정 감각: 중력 → 속귀의 전정기관에 있는 수용기를 자극 → 뇌로 가는 신경반응 → 공간 내에서 몸의 자세 감지 및 균형 유지

5 단원 세상을 지각하기

심리적 과정

• 선별적 주의: 중요한 자극에만 주의를 기울이는 일
• 지각 경향: 예상이 지각에 영향을 미치는 현상
• 상향처리 대 하향처리: 부분 부분에 대한 지각 결과를 통합하여 전체를 파악하려는 처리 방식과 전체에 대한 예상에 맞는 부분 부분을 찾아내려는 처리 방식
• 지각 조직의 형태주의 원리: 뇌는 감각 경험을 인식 가능한 모양으로 조직한다.
• 지각 항등성: 눈앞의 물체에서 투사된 망막 상의 모양은 변하는데도 그 물체의 모양, 크기, 색깔 등의 속성은 변하지 않는 것으로 지각된다.

지각 단서

• 깊이 지각 단서: 한쪽 눈만으로도 사용 가능한 단안 단서(상대적 크기, 결 변화도, 선형 원근, 등)와 두 눈이 함께 작동해야 사용 가능한 양안 단서(망막부등과 수렴 및 확산)가 있다.
• 움직임 지각 단서: 망막 위에서 벌어지는 물체 상의 위치 이동과 그 상의 크기 변화가 주요 움직임 단서로 간주된다.

착시

• 눈이 아닌 뇌가 우리를 속이는 현상: 뮐러리어 착시, 폰조 착시, 달 착시, 외견상 움직임 등이 착시를 대표하는 보기로 꼽힌다.

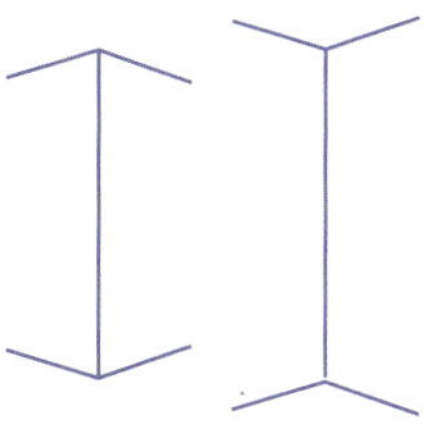

(a) 뮐러리어 착시

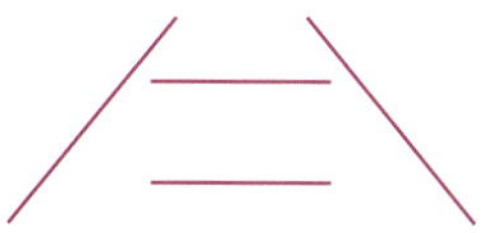

(b) 폰조 착시

(c)

(d)

뮐러리어 착시

폰조 착시

(a) 인접성

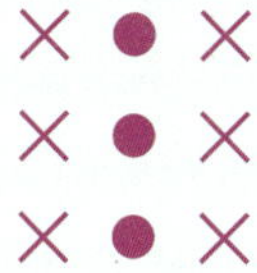

(b) 유사성

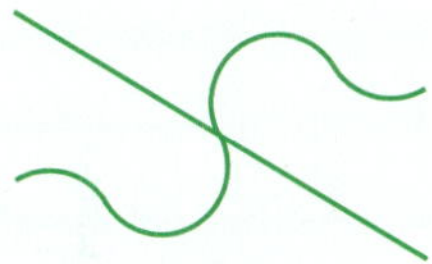

(c) 연속성

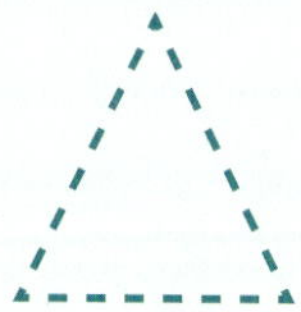

(d) 완전성

(e) 연결성

지각 조직의 형태주의 원리

제4장 의식

당신은 멀티태스커(다중업무자)인가? 지금 하고 있는 일에 대해 생각해 보자. 이 장을 완벽히 집중하여 읽고 이해하고 있는가? 또는 두 개 이상의 작업을 하면서 읽고 있는가? 당신은 읽는 동안 음악을 듣고 있는가, 아니면 주말 계획에 대해 생각하고 있는가? 우리는 한 가지 일에 주의를 기울이면서 동시에 다른 것들도 하고 있는 멀티태스킹(다중작업)의 세계에 살고 있다. 멀티태스킹이라는 단어는 사용자가 문서 작업 및 이메일 전송과 같은 동시에 두 가지 이상의 작업들을 수행할 수 있는 컴퓨터 시스템의 도입과 함께 널리 퍼지기 시작했다. 그리고 기술의 발전과 함께 멀티태스킹은 일상생활의 일부가 되었다. 우리는 쇼핑하면서 휴대전화로 이야기하고 방금 다운로드한 최신 히트 곡을 들으면서 친구에게 이메일이나 문자 메시지를 보낸다.

컴퓨터는 점점 정교해지고 여러 작업을 처리할 수 있게 되었지만 인간의 뇌는 어떤 것 같은가? 한 번에 두 개 이상의 작업들에 주의를 분리하는 데 있어서 두뇌는 얼마나 잘 처리할 수 있는가?

멀티태스킹이 시간 절약일지도 모르지만 과학적 연구 결과는 동시에 두 가지 일을 잘 수행하는 것이 어렵다는 의견을 공통적으로 지지하고 있다. 휴대전화와 아이팟이 도입되기 2천 년 전, 로마의 현자인 퍼블릴리어스 사이러스(Publilius Syrus)는 오늘 우리가 멀티태스킹이라고 부르는 것에 대해 이렇게 말했다. "두 가지 일을 동시에 수행하는 것은 아무것도 하지 않는 것이다."

문제는 동시에 두 작업을 수행하면 작업을 잘 수행하는 데 필요한 정신적 자원이 감소된다는 것이다(Lien, Ruthruff, & Johnston, 2006). 멀티태스킹은 운전 중 휴대전화로 통화할 때와 같은 일부 상

다음 사실을 알고 있었나요!

- 체온이 하루 동안 37도에서 안정적으로 유지되지 않는 이유는 무엇인가? (p. 199)
- 당신은 뇌에 수면-각성 주기를 조절하는 생체 시계가 있는가? (p. 200)
- 고대 이집트에서 사람들은 알라딘 램프의 이야기에 영감을 줄 법한 석유가 연소되는 램프를 쳐다보는 일종의 명상을 관습처럼 행했다. (p. 212)
- 코카인, 헤로인 또는 마리화나가 아닌 알코올이 교정에서 가장 큰 약물인 BDOC로 남아 있는가? (p. 221)
- 코카콜라에는 코카인이 있는가? (p. 226)
- 매일 아침 식사할 때 마약에 중독될 수 있는가? (p. 228)

© Blend Images/Alamy

학습 목표

이 장을 제대로 공부한 학생은

1. 의식을 정의할 수 있다.
2. 의식의 각기 다른 상태를 설명하고 이러한 상태에 대한 지식을 우리의 일상 경험에 적용할 수 있다.
3. 수면-각성 주기가 어떻게 조절되는지 설명할 수 있다.
4. 수면의 각 단계의 특징을 설명하고 각 단계와 관련된 뇌파 패턴을 확인할 수 있다.
5. 수면의 기능을 설명할 수 있다.
6. 꿈의 주요 이론들을 설명할 수 있다.
7. 수면 박탈의 영향을 평가할 수 있다.
8. 수면 장애의 유형을 확인하고 사람들이 경험할 수 있는 수면 문제를 이해하도록 지식을 적용할 수 있다.
9. 명상과 최면의 효과를 설명할 수 있다.
10. 최면술의 주요 이론을 설명할 수 있다.
11. 생리적 및 심리적 의존성과 약물 남용과 약물 의존성의 차이점을 설명할 수 있다.
12. 다양한 종류의 향정신성 약물을 확인하고 그 효과를 설명할 수 있다.
13. 심리적, 생물학적, 사회문화적 측면에서 알코올 및 약물 남용 문제의 발달을 설명할 수 있다.
14. 건강한 수면을 유지하기 위한 행동 기술을 적용할 수 있다.

미리 보기

1단원 의식의 상태
2단원 수면과 꿈
3단원 명상과 최면을 통해 의식 바꾸기
4단원 약물을 통해 의식 바꾸기
5단원 충분한 숙면 취하기

황에서는 위험할 수도 있다.

공부하는 동안 멀티태스킹을 하는가? 교과서와 TV, iPod 또는 휴대전화를 사용하면서 주의를 집중할 수 있는가? 강의를 이해하거나 시험을 치르거나 미적분이나 학습 이론의 기본 원리를 이해하는 등 대학에서 성공하기 위해 필요한 여러 가지 어려운 작업을 수행할 때 멀티태스킹은 실제로 수행을 저하시켜 학점에 부정적인 영향을 끼칠 수 있다. 그러나 우리가 멀티태스킹이 가능하다는 사실은 다른 활동들 사이에 우리의 의식이나 정신적 인식을 나눌 수 있다는 것을 의미한다. 우리는 의식의 일부분을 다른 무언가에 사용하면서도 한 가지 일에 집중할 수 있다. 그러나 의식이란 무엇이며 의식의 상태는 하루 동안 어떻게 변화하는가?

이 장에서 우리는 인간의 의식에 대한 내적 탐구를 시작한다. 우리는 여러 가지 다른 의식 상태를 탐색하고 명상을 연습하거나, 최면을 경험하거나, 정신을 바꾸는 약물을 사용하여 사람들이 일상적으로 깨어 있는 의식의 상태를 바꾸려고 노력하는 방식을 알아볼 것이다. 우리는 또한 이들 약물의 심리적, 생리학적 영향과 그들이 제기하는 위험성을 살펴볼 것이다.

의식의 상태

1 단원

■ 의식의 다른 상태는?

윌리엄 제임스(William James)는 미국 심리학의 아버지로 널리 알려져 있다. 그가 실제로 참석한 최초의 심리학 강의는 스스로가 개설한 심리학 강의였다(Hothersall, 1995). 당시(1875)에는 심리학 교과서가 없었다. 심리학에 관한 첫 번째 교과서가 제임스 자신에 의해 쓰이기까지는 15년이 더 걸렸다(James, 1890/1970).

제임스는 의식의 본질에 관심이 있었으며, 그는 의식을 생각의 흐름으로 묘사했다. 제임스에게 있어서 의식은 단절된 생각이나 끊어진 생각의 고정된 상태가 아니었다. 오히려 그것은 물이 강을 따라 계속 흐르는 것처럼 한 생각이 다른 생각으로 이어지는 연속적인 사고 과정이었다(James, 1890/1970). 오늘날 우리는 제임스가 자신과 주변 세계에 대한 인식의 상태로 의식했던 것과 같은 방식으로 의식을 바라본다.

윌리엄 제임스
제임스에게 의식은 끊임없이 흐르는 생각과 정신의 강물과 같다.

당신의 의식은 당신이 어떤 순간에 당신의 생각, 감정, 감각, 외부 세계에 대한 인식을 인식하고 있는지에 관계없이 이루어진다. 이 순간의 당신의 인식은 아마도 이 단어들을 읽는 것에 집중되어 있을 것이다. 그러나 예를 들어, 의자에 앉아서 뒤쪽

개념 4-1

의식이 깨어 있는 상태는 집중된 의식에서부터 분열된 의식에 이르기까지 하루 동안 다양하다.

의식: 우리 자신과 주위 세계의 인식 상태

의식의 상태: 의식이 깨어 있는 각성 상태부터 깊은 수면에 이르기까지의 의식 수준

집중된 인식(focused awareness): 집중하고 있는 각성 상태로, 당면 과제에서 완전히 몰두하고 있는 상태

으로 압력을 가하는 것에 집중하거나 주변의 희미한 소리를 주의 깊게 듣는 경우 의식이 빨리 바뀔 수 있다.

하루 중 우리는 서로 다른 의식 상태 또는 인식 수준을 경험한다. 하루 중 특정 시간대에 우리는 집중적인 인식의 상태를 경험한다. 다른 때, 우리의 의식은 백일몽과 환상의 풍경을 구불구불하게 가로지르며 방황한다. 하루의 3분의 1은 외계 세계에 대한 우리의 인식이 희미해지면 잠이 든다. 이 단원에서는 하루 종일 경험할 수 있는 세 가지 의식 상태, 집중된 의식, 표류하는 의식, 분열된 의식을 조사한다. 다음 단원에서는 수면과 꿈의 영역으로 들어간다.

1. 집중된 의식

개념 4-2

의식의 선택성은 우리가 의미 있는 자극, 사건 또는 경험에 주의를 집중시키면서 다른 자극을 걸러 낼 수 있게 해 준다.

➔ 개념 링크 부정적 사고방식은 우리의 의식에서 정신적인 필터처럼 행동하여 우리가 삶의 사건에 어떻게 반응하는지에 대해 주의를 기울이게 한다. 실망스러운 삶의 경험에 직면하면 우울증 단계가 될 수 있다. 제15장 4단원을 참고하라.

의식은 선택적인 것이다. 우리는 외적 자극을 걸러 내면서 특정 사물, 사건 또는 경험에 주의를 기울일 수 있다. 의식의 선택성은 집중된 인식이라고 불리는 경고 각성 상태를 더 높일 수 있게 해 준다. 집중된 인식의 상태에서, 우리는 깨어 있고, 완전히 각성하며, 당면 과제에 몰두하고 있다. 우리는 혼란스러운 외부 자극(교통 소음, 덜컹거리는 에어컨)이나 심지어는 내부에서 교란하는 자극(배고픔의 고통과 잔소리가 심한 통증)에 주의를 기울이지 않는다. 새로운 기술을 배우거나 시험을 치르는 것과 같이 고정된 주의가 필요한 작업을 수행하려면 집중력이 필요할 수 있다 (p. 196 '해 보기' 참조).

2. 표류하는 의식

개념 4-3

표류하는 의식의 상태는 백일몽이라고 불리는 정신의 두서없는 흐름과 관련이 있다.

오랜 기간 동안 집중된 인식 상태를 유지하는 것은 어렵다. 오래 지나지 않아서 당신의 마음에는 다양한 생각들이 떠오를 수 있다. 표류하는 의식의 상태는 당신의 마음에서 꿈꾸는 생각이나 환상이 떠돌아다니며 움직이는 상태에서 의식의 한 형태인 공상으로 이어질 수 있다(Mason et al., 2007). 일반적으로, 백일몽은 일상생활의 평범한 면을 포함하며 상대적으로 성적 또는 낭만적인 내용은 거의 포함되지 않는다.

우리는 버스를 기다리는 것과 같이 구조화되지 않은 활동에 종사하고 있을 때 지루함을 느끼거나 더 많은 것을 꿈꾼다. 그러나 수업 시간에 공상을 하면 최근의 기억이 방해받을 수 있으므로 그날의 강의를 기억하려면 집중력을 유지하는 것이 가장 좋다(Delaney et al., 2010). 우리의 마음은 표류할 때 눈을 더 많이 깜박이는 경향이 있다. 이것은 뇌에 들어가는 정보의 양을 줄여서 뇌가 정보를 처리하는 것을 더 어렵게 만든다('Out of Sight', 2010, Smile, Carriere & Cheyne, 2010).

의식을 표류하거나 공상을 하는 데 얼마나 많은 시간을 보내고 있는가? 최근 하버드 대학교(Harvard University)의 한 연구에서는 참가자들에게 한순간에 무엇을 하

고, 생각하며, 느끼고 있는지를 하루에 몇 번씩 작성하게 하는 iPhone 어플을 제공했다(Killingsworth & Gilbert, 2010). 2,000명 이상의 성인 데이터는 평균적으로 사람들이 거의 절반의 시간(47%)을 표류하고 있는 것으로 나타났다. 참가자들은 성관계를 가질 때 마음이 표류하는 시간이 가장 짧았다(놀랄 일이 아니다!). 표류하는 마음은 행복한 마음이 아닌 것처럼 보인다. 사람들은 자신의 마음이 활동에 집중할 때보다 표류했을 때 불행한 기분을 보고하는 경향이 있었다(Schenkman, 2010). 하버드 대학교의 연구 결과에 따르면 우리는 정신적 환상으로 도망치는 것보다 현재 우리가 하고 있는 것에 집중함으로써 더 큰 행복을 누릴 수 있다. 즐거운 활동에 대한 생각으로 표류하는 사람들조차도 현재의 활동에 대해 생각하고 있는 사람들보다 더 행복하지 않았다.

표류하는 의식의 상태(drilling consciousness): 생각이나 정신적 이미지를 표류하는 인식 상태

공상: 깨어 있는 상태에서 나타나는 의식의 한 형태로 자신의 마음이 꿈꾸는 생각이나 환상으로 떠돌아다님

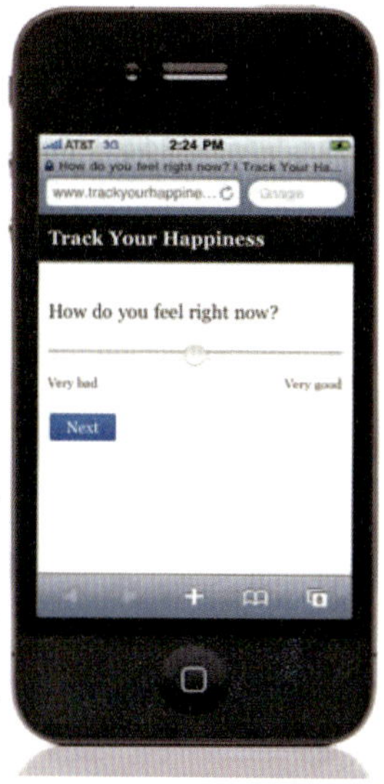

© iStockphoto.com/Tomasz Pietryszek

3. 분열된 의식

새로운 기술을 습득하려면 일반적으로 집중적인 인식이 필요하다. 예를 들어, 운전을 배우는 경우, 곡선 거리를 운전할 때 핸들을 돌리는 거리, 정지 시 브레이크에 얼마나 많은 압력을 가하는지 등을 세심하게 알아야 한다. 하지만 시간이 지나면 운전이 너무 일상적이어서 운전과 다른 생각(예: 노래의 단어를 기억하거나 휴가에 대한 환상을 생각하는 것) 사이에 주의집중을 나누는 분열된 의식 상태를 경험할 수 있다.

분열된 의식 상태는 음악을 듣거나, 요리를 하고 주말 계획을 생각하는 것과 같이 동시에 두 가지 작업을 수행할 때 발생한다. 설거지와 같은 일상적인 작업의 경우, 우리 마음의 일부는 '자동적인 조종사'로 작동하는 반면, 다른 부분에서는 다른 것을 자유롭게 생각할 수 있다.

분열된 의식: 동시에 수행되는 둘 이상의 작업 또는 활동에 대한 분리된 주의집중을 특징으로 하는 인식 상태

도로에서의 주의가 분산되는 것은 위험할 수 있다. 휴대전화를 사용하는 운전자는 법적으로 술에 취한 운전자와 같이 위험한 상황에 있지 않은 사람들보다 사고 발생 확률이 네 배 높다(Parker-Pope, 2009). 문제는 단순히 휴대전화를 만지작거리면서 사용하는 것에만 있는 것은 아니다. 핸즈프리 휴대전화를 사용해도 위험한 것은 마찬가지이다(Richtel, 2009). 손을 쓰지 않고 이용할 수 있는 핸즈프리(hands-free) 또는 핸즈헬드(hands-held) 전화를 사용하면 주의를 분산시키고 '부주의 맹시'라고 불리는 심각한 집중력을 손실을 야기한다는 증거가 있다(Strayer & Drews, 2007).

현장의 수석 연구원인 데이비드 스트레이어(David Strayer)는 "당신의 손이 핸들에 없다는 것은 아니다. 단지 그것은 당신의 마음에 길이 없다는 것이다."라고 말한다(Parker-Pope, 2009 인용). 탑승객과의 일상적인 대화는 휴대전화로 이야기하는 것만큼이나 산만하지 않다(Drews, Pasupathi, & Strayer, 2008; Strayer & Drews, 2007).

휴대전화 사용이 왜 그렇게 위험한가? 기본적인 이유는 인간의 두뇌가 동시에 두

해 보기 당신의 음식을 음미해 보자

정신 집중은 식사 경험에 어떤 영향을 주는가? 이것을 시험해 보자.

1. 당신의 식사에 집중하십시오. 음식을 먹고 이야기하거나, TV를 보거나, 독서하는 것을 피하십시오.
2. 음식의 모양, 색상 및 질감에 유의하십시오.
3. 씹기 전에 음식의 향기를 깊게 마셔 보십시오.
4. 한 입을 천천히 씹어서 씹을 때마다 특유의 풍미를 맛보십시오.
5. 독특한 음식을 입안에서 함께 섞어서 독특한 맛을 느끼게 하고 어떻게 맛의 혼합물에서 함께 섞이는지 경험해 보십시오.

이 경험과 평상시의 식사 경험 사이에 어떤 차이가 있는가?

개 이상의 과제를 높은 수준으로 수행할 수 있는 역량이 제한되어 있다는 것이다(Novotney, 2009). TV 프로그램을 보며 러닝머신에서 운동을 할 수도 있지만 운전과 같이 더 복잡한 작업을 수행하려면 휴대전화 사용과 같이 다른 까다로운 작업과 효과적으로 분리할 수 없는 주의 자원이 필요하다. 휴대전화로 말하는 것은 평범한 대화보다 더 많은 주의가 필요하다. 왜냐하면 상대방이 시각적으로 존재하지 않기 때문에 대화에서 우리가 주고받는 것을 조절하기 위해 의존하는 대화 상대와 함께 사용할 수 있는 시각적 단서가 부족하기 때문이다.

개념 4-4

의식을 분열시키는 우리의 능력은 우리가 한 번에 하나 이상의 활동을 수행하도록 한다.

운전 중 문자 메시지는 휴대전화로 말하는 것보다 치명적일 수 있다. 장거리 트럭 운전자에 대한 연구에 따르면 문자 메시지는 운전자의 반응 시간을 평균 30% 늘렸고 사고 위험은 23배 더 높았다(Drews et al., 2008; Richtel, 2009a). 연구자들은 운전 시뮬레이터(모의실험 장치)를 사용하여 문자를 보내고 있던 운전자가 앞 차가 제동 등에 반응하는 속도가 느리고 차선에 머물기가 더 어려웠으며 휴대전화를 사용하는 운전자와 문자를 쓰지 않는 운전자보다 충돌이 더 많음을 발견했다(Drews et al., 2009).

길 위에서 항상 눈과 마음의 주의를 유지하면 삶을 지킬 수 있다. 운전 시 의식의 분열을 야기하는 요인은 휴대전화의 사용뿐만이 아니다(Conkle & West, 2008). 뒷좌석에 있는 어린이와의 대화, 화장을 하는 것이나 식사를 하거나 마시는 것은 모두 위험할 정도로 의식의 혼란을 줄 수 있다(〈표 4-1〉 참조).

© Radius Images/Jupiter Images

멀티태스킹은 접시 닦기나 익숙한 경로를 따라 조깅하는 것과 같이 일상적이거나 잘 수행된 작업을 수행할 때 주의 자원을 효율적으로 사용할 수 있도록 도와준다. 그러나 멀티태스킹과 학습의 관계에 대해 단정 지을 수는 없다.

다른 한편으로, 일상적으로 수행하는 많은 작업이 의식적으로 생각하지 않고 작업을 수행할 때 더 잘 수행된다는 사실을 알면 놀랄 수도 있다. 계단을 오르거나 타자를 치는 것과 같은 의식적인 지시 없이 우리가 수행하는 일상적인 일들에 대해 생각해 보자(Bargh & Morsella, 2008). 이러한 기술은 우리가 의식적으로 주의를 기울이지 않고 수행할 수 있도록 매우 뿌리 깊게 되어 보다 중요한 행동에 필요한 정신적인 자원을 확보하게 된다. 따라서 올바른 키를 치는 메커니즘에 초점을 맞추기보다는 타이핑할 때 쓰는 것을 생각할 수 있다.

깨어 있는 상태에서 평상시 인지 수준을 변화시키는 것을 의식이 변경된 상태라고 한다. 우리가 백일몽, 묵상 또는 최면을 경험하거나 알코올 및 마리화나와 같은 마음을 변화시키는 약물을 사용할 때 의식이 변경된 상태가 발생할 수 있다.

장거리 달리기나 수영과 같은 신체 활동을 반복하면 의식이 바뀐다. 바깥 세상이 의식에서 사라지는 것처럼 보인다. 일부 변경된 의식 상태에서는 사람의 시간 감각

〈표 4-1〉 산만하게 운전하기

캐나다의 한 설문조사는 운전자에게 운전 중에 다음 행동을 했는지 여부와, 같은 행동을 하는 다른 운전자를 관찰했는지 여부를 물었다.

행동	본인	다른 운전자
음료수(예: 커피, 청량 음료)	65	74
먹기	53	66
휴대전화 사용	35	79
승객과 대화	27	41
아동을 훈계하기	18	33
독서	8	26
메이크업, 면도 또는 머리 빗기	8	43
PDA, 노트북 또는 기타 첨단 기기 사용	5	21

출처: *2003 Nerves of Steel* survey, commissioned by the Steel Alliance and the Canada Safety Council. Retrieved from http://www.safety-council.org/info/traffic/distract.html에서 검색한 내용.

의식을 분열시키는 능력은 우리가 한 번에 두 가지 일을 수행하게 한다. 그러나 운전과 휴대전화의 조합은 자동차 사고의 위험이 네 배 증가하는 것과 관련이 있다.

(시간이 멈추거나 속도가 빨라지는 것처럼 보일 수 있음)과 감각적인 경험에 변화가 있을 수 있다(색이 더 선명하게 보일 수 있거나 술에 취한 사람처럼 환청을 듣거나 환상을 볼 수 있음). 제14장 2단원, 제14장 4단원에서 우리는 수면과 각성 상태에서 의식 상태의 변화에 이르기까지 인간 의식의 범위를 탐구한다. 〈개념 차트 4-1〉에서는 이러한 다양한 수준 또는 의식 상태에 대한 개요를 제공한다.

개념 4-5

변경된 의식 상태는 명상을 연습하거나 최면을 경험하거나 마음을 바꾸는 약물을 사용하는 등 다양한 방법으로 유도할 수 있다.

의식 상태의 변화: 보통의 깨어 있는 상태와 다른 깨어 있는 상태 동안의 의식 상태

해 보기 시험에서 멀티태스킹하기

공부하는 동안 멀티태스킹이 얼마나 혼란스러운가? 시험해 보자. 독서에 전적으로 집중하면서 199쪽을 읽어 보자. 그런 다음 다시 글을 보지 않고 개념, 정의, 요점, 연구 결과–학습한 모든 내용을 종이의 쪽지에 적거나 컴퓨터에 입력해 보자. 그런 다음 읽고 있는 동안 좋아하는 음악 그룹 중 하나를 듣고 글의 다음 장을 읽어 보자. 그 장을 읽은 후에 배운 모든 것을 적어 두자. 그런 다음 두 문서를 비교해 보자. 첫 번째는 글 재료에 대해 보다 완전하고 정확한 설명을 제공하는가? 멀티태스킹이 어느 정도까지 당신이 읽고 있던 것을 배우고 기억할 수 있는 능력을 방해했는가?

〈개념 차트 4-1〉 의식의 상태

의식의 상태		민첩함/주의의 수준	예시나 특징
 © wrangler/ Shutter stock.com	집중된 의식	높음, 완전히 인식 및 각성	새로운 기술 배우기, 흥미진진한 영화 보기
 © Yuri Arcurs/Shutterstock.com	표류하는 의식	가변적임 또는 이동	공상, 또는 자신의 머릿속에 떠도는 것
 © Bochkarev Photo graphy/ Shutter stock.com	분열된 의식	중간: 두 가지 이상의 활동으로 주의가 분할됨	차를 운전하거나 운전하면서 다른 일을 생각하기
 © Gravicapa/ Shutterstock.com	수면과 꿈	낮음	수면 중에는 일반적으로 외부 환경을 알지 못하지만 특정 자극에 반응할 수 있음
 © iStockphoto.com/ nicolas hansen	변경된 의식	가변적임	최면, 명상 및 약물 사용과 관련된 의식의 변화

1 단원 복습 의식의 상태

되새겨 봅시다

의식의 다른 상태는 무엇인가?

➤ 의식 상태는 알람 불면 상태에서부터 깊은 잠에 이르기까지 하루의 과정에서 다양한 인식 수준이다.

➤ 변경된 의식 상태는 보통의 깨어 있는 인식 상태와 다른 깨어 있는 상태이다.

점검해 봅시다

1. 19세기 심리학자인 William James는 의식을 무엇이라 하였는가?
   ① 강을 따라 계속 흐르는 물 ② 떠도는 구름
   ③ 소용돌이치는 바다 ④ 평온의 상태

2. 의식의 ____은 의미 있는 자극, 사건 및 경험에 집중할 수 있게 한다.

3. 우리가 완전히 경계하고 일에 몰두하는 인식의 상태는?
   ① 공상 ② 분열된 의식
   ③ 변경된 의식 ④ 집중된 인식

생각해 봅시다

➤ 산만한 채 운전하는 위험을 줄이기 위해 어떤 단계를 취할 수 있는가? 학습 단원 토론이 문제에 대한 당신의 의견을 바꾸었는가? 그렇거나 그렇지 않다면 그 이유는 무엇인가?

수면과 꿈

- 우리의 수면-주기는 어떻게 조절되는가?
- 수면의 단계는?
- 수면은 어떤 기능을 하는가?
- 우리는 왜 꿈을 꾸는가?
- 수면 장애란?

2 단원

개념 4-6
연속적인 인식의 하단에는 수면과 꿈의 상태가 있다.

우리는 삶의 3분의 1을 자면서 보낸다. 잠자는 동안 우리는 마음속에 있는 우리 자신의 개인 극장에 들어가는 것과 같다. 꿈의 영역은 평범하고 일상적인 것에서 환상적이고 기괴한 것까지의 이야기를 만들어 내는 것이다. 우리가 꿈을 꿀 때 실제 세계에서의 법칙은 적용되지 않는다. 사물은 모양이 바뀌고 한 사람이 다른 사람으로 변형될 수 있으며 시간과 장소의 물리적 한계에 상관없이 장면이 갑자기 움직인다. 우리는 수면과 꿈에 대해 많은 것을 배웠지만, 많은 신비한 부분이 남아 있다. 우리는 '왜 우리는 잠을 자는 것인가?'와 '왜 우리는 꿈을 꾸는가?' 같은 기본적인 질문에 대한 인식이 부족하다. 이 단원에서 우리는 수면과 꿈의 신비한 영역을 탐험한다. 우리는 수면-각성 주기를 담당하는 신체 구조를 조사함으로써 시작한다.

수면 중에 우리는 우리의 외부 환경을 비교적 잘 알지 못한다. 우리의 잠을 방해하지 않는 자극은 우리의 의식에 나타나지 않는다. 우리가 잠자는 동안 세상에 대한 우리의 인식이 희미해진다는 사실에도 불구하고, 우리는 개인적으로 의미 있거나 관련이 있는 특정 유형의 자극에 여전히 반응할 수 있다. 제3장에서 언급했듯이, 사람들은 지나가는 구급차의 소리를 듣고도 문제없이 잠을 잘 수 있지만, 아이의 부드러운 울음소리에는 즉시 잠에서 깰 수 있다.

1. 수면과 각성: 일주기의 리듬

체온, 호르몬 분비물, 혈압 및 심박수와 같은 많은 신체적 과정-수면-각성 주기는 생체 리듬이라고 하는 방식으로 매일 변동한다. 'circadian(일주기)'이라는 단어는 circa['about(대략)']와 die['day(날)']라는 라틴어에서 파생된 단어이다. 일주기성 또는 일일 리듬은 단일 세포 파라메시아, 초파리, 인간, 나무 등 다양한 생물을 포함하여 거의 모든 종에서 발견된다(Gallego et al., 2006; Meyer, Saez, & Young, 2006). 이 리듬은 밤낮으로 24시간 주기로 동기화된다. 사람의 경우 수면-각성 주기는 약 24시간 길이의 24시간 리듬에 맞추어 작동한다.

생체 리듬(circadian rhythm): 매일 규칙적으로 발생하는 신체적 과정의 변동 패턴

인체가 대략 37도의 일정한 온도를 유지하지 못한다는 사실을 알면 놀랄 수도 있다. 체온은 일주기 리듬을 따르고 한밤중에 몇 도 떨어지며 이른 아침 시간에 상승하고 정오경 정점에 도달한다.

개념 4-7

시상하부의 시계 같은 메커니즘은 우리의 수면 주기를 조절하는 역할을 한다.

시차(jet lag): 장거리 항공 여행에 수반되는 시간대의 변화로 인한 수면-각성 주기의 혼란

개념 4-8

내부 신체 시계는 시간대 변경이나 근무 시간 변경과 관련된 시간 변동에 쉽게 적응하지 못한다.

시교차 상핵(SCN)이라고 불리는 시상하부의 작은 영역은 우리의 수면-각성 주기를 조절한다(Borgs et al., 2009). 이 내부 신체 시계는 망막에 충돌하는 빛에 반응한다. 빛이 눈에 들어오면 그 에너지는 SCN으로 이동하는 신경 자극으로 변환된다. SCN은 송과선을 조절하며 제2장에서 언급했듯이 멜라토닌 호르몬을 방출하는 두뇌의 동맥이다. 멜라토닌은 날이 저물어 밤이 되는 것처럼 우리에게 졸린 기분을 느끼게 함으로써 신체의 수면-각성 주기(sleep-wake cycle)를 동기화시켜 준다(Buscemi et al., 2006; Van der Heijden et al., 2007). 저녁 시간 동안 어둠에 노출되면 뇌의 멜라토닌 생산이 촉진된다.

밝은 빛에 노출되는 동안 멜라토닌 생산이 감소하여 우리는 낮 시간 동안 깨어 있고 주의를 유지할 수 있다(이것은 흐린 날에 우리가 종종 졸린 느낌을 받는 이유를 설명할 수도 있다.).

빈번한 시간 변동은 신체의 일주기 리듬에 혼란을 일으킬 수 있다(Sadeghniiat Haghighi et al., 2008). 여러 시간대에 걸쳐 비행기로 여행한 적이 있다면 아마도 시차로 인한 피로를 경험했을 것이다. 동쪽으로 이동하면서 시간이 늦어지거나 서쪽으로 이동하면서 시간이 빨라지는 것에 따른 현지 시간의 변화가 내부 신체 시계와 충돌하여 시차가 발생하는데, 이로 인해 평상시보다 일찍 잠들기가 어려워지거나 평소보다 늦게 깨어나게 된다. 시차로 인한 피로는 수면-각성 주기의 방해뿐 아니라 짜증, 피로 및 집중의 어려움과 관련이 있다.

2. 수면 단계

개념 4-9

수면 중에 몸은 4단계로 순환하고, 그 다음에 대부분의 꿈이 일어나는 REM 수면이 온다.

뇌전도(electroencephalograph: EEG)는 우리가 잠잘 때 우리 몸이 어떻게 반응 하는지를 결정하기 위해 연구자가 사용하는 몇 가지 장치 중 하나이다. EEG는 세기 또는 진폭(파도의 높이)과 속도 또는 주파수(초당 파도주기)가 다른 뇌파를 추적한다. 당신이 깨어 있고 각성되었을 때, 당신의 뇌파 패턴은 빠르고 진폭이 낮은 베타파들에 의해 지배된다. 눈을 감고 침대에서 휴식을 취하면 편안한 깨어 있는 상태가 된다. 이 상태에서 뇌파 패턴은 알파파라고 하는 더 느리고 리듬이 많은 주기에 의해 지배된다. 사람들이 잠을 자면 뇌파 패턴은 몇 가지의 다른 수면 단계를 거치면서 변화해 간다([그림 4-1] 참조).

1) 1~4단계: 얕은 수면에서부터 깊은 수면

1단계 수면에서 뇌파는 작고 불규칙하고 주파수가 변한다. 잠든 사람은 이 단계에서 쉽게 일어날 수 있으며 심지어 스스로 자고 있었다는 것을 깨닫지 못할 수도 있다.

2단계 수면은 1단계 수면 약 2분 후에 시작되며 수면 방추(sleep spindle)라고 하는 축 모양의 파동으로 나타나는 뇌파 활동의 파열이 특징이다. 사람들은 2단계에

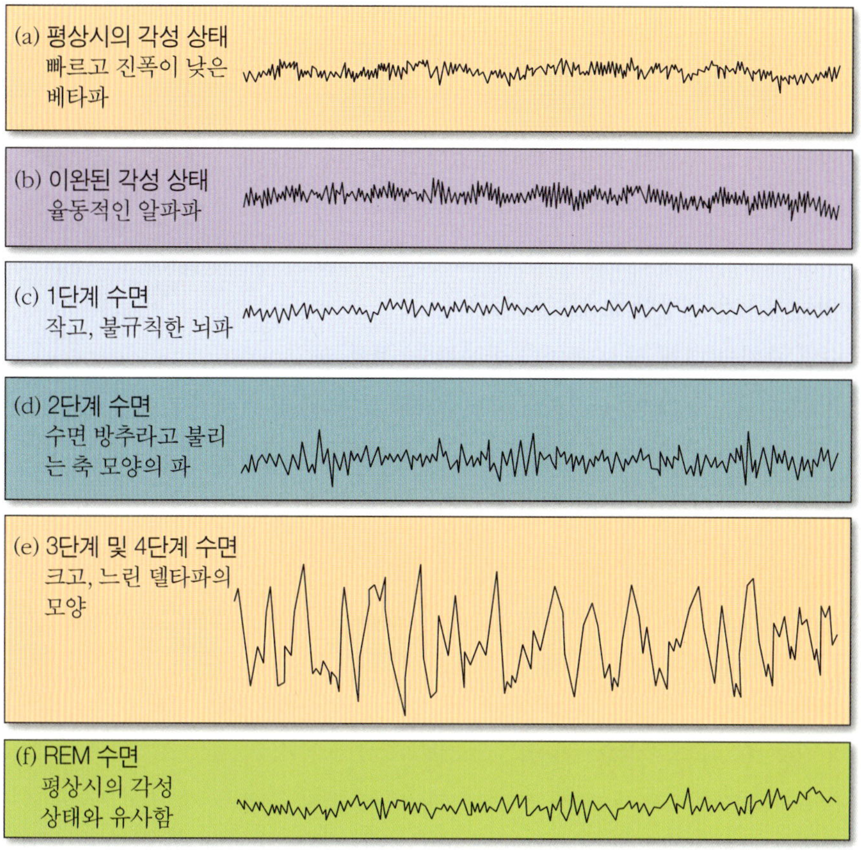

[그림 4-1] 각성 및 수면 동안의 뇌파 패턴

여기서 우리는 수면의 각 단계와 관련된 특징적인 뇌파 패턴을 본다. (a) 평상시의 각성: 빠르고 진폭이 낮은 베타파. (b) 이완된 각성 상태: 율동적인 알파파. (c) 1단계 수면: 주파수가 다른 작고 불규칙한 뇌파. (d) 2단계 수면: 수면 방추들. (e) 3단계 및 4단계 수면: 크고, 느린 델타파. (f) REM 수면: 평상시의 각성 상태와 유사한 빠르고 활동적인 패턴

서 수면 시간의 절반 이상을 보낸다. 이것은 더 깊은 단계의 수면이지만, 그 사람은 여전히 쉽게 깨어날 수 있다. 델타 수면 또는 낮은 파동 수면(slow wave sleep)이라고 불리는 수면의 3단계와 4단계는 델타파라고 하는 크고 느린 뇌파의 출현을 특징으로 한다. 이것은 사람을 깨우기가 어려운 깊은 잠의 기간이다. 3단계와 4단계 사이의 구분은 델타파의 비율에 기반을 둔다. 3단계에서 델타파는 뇌파 패턴의 50% 이하를 구성한다. 4단계에서는 50% 이상을 차지한다.

2) REM 수면: 꿈을 만드는 것

급속 안구 운동(REM) 수면: 빠른 안구 운동을 수반하며 꿈의 시기와 가장 밀접하게 관련된 수면 단계

급속 안구 운동(REM) 수면은 닫힌 눈꺼풀 아래에서 눈이 쏜살같이 움직이는 수면 단계이다. 4단계 수면 후, 잠자는 사람은 3단계와 2단계를 간간히 반복하고 그다음에 REM 수면 상태로 들어간다. REM은 꿈과 가장 밀접한 수면 단계이다. 꿈은 또한 비REM(NREM) 수면이라고 불리는 1~4단계 동안 발생하지만 일반적으로 REM 수면 중에 경험했던 것보다 간략하고 빈도수가 덜하다.

뇌는 REM 수면 중에 보다 적극적으로 활동하며, 이것을 활성 수면이라고도 한다. 수면 연구자인 로버트 스틱골드(Robert Stickgold)는 "수면 중에 우리의 뇌는 매우 활동적이며 많은 활동은 두뇌가 배우고 기억하고 연결하는 데 도움이 된다."(Stickgold & Wehrwein, 2009에서 인용)라고 했다.

REM 수면 중 뇌파 패턴은 각성 상태의 뇌파 패턴과 유사하다. REM 수면은 또한 역설적 수면이라고도 한다. 역설적인 것은 뇌 활동이 많더라도 근육 활동이 차단되어 그 사람이 실제로 마비되었다는 것이다. 이는 꿈을 꾸고 있는 사람이 갑자기 침대에서 튀어나와 자신의 꿈처럼 행동하게 되는 것으로 인해 발생할 수 있는 부상을 예방할 수 있도록 돕는다.

수면 주기는 대개 약 90분마다 반복된다. 보통 사람은 밤에 자는 동안 약 4~5회의 수면주기를 갖는다. 첫 번째 주기에서 4단계 수면에 도달하는 데 약 1시간이 소요될 수 있으며 REM에 도달하는 데 30~40분 정도 걸릴 수 있다. 밤이 되면 REM 수면에 걸리는 시간이 증가한다([그림 4-2] 참조). 또한, 4단계 수면은 밤중에 사라지며, 이는 밤이 지날수록 REM 수면이 더 빨리 진행된다는 것을 의미한다. 〈개념 차트 4-2〉는 각성 상태와 수면 단계의 여러 상태를 요약한다.

3. 왜 우리는 잠을 잘까

인간과 거의 다른 모든 동물들은 종마다 수면의 평균 길이가 다양하지만 잠을 잔다([그림 4-3] 참조). 동물들의 세계를 통해서도 나타나는 수면의 보편성은 수면이 생존을 위한 투쟁에서 중요한 역할을 한다는 것을 암시한다. 그러나 과학자들은 여전히 수면의 기능에 대해 논쟁한다(Walker & Stickgold, 2006). 한 수면 연구자인 앨런 레흐샤펜(Alan Rechtschaffen)은 "수면이 절대적으로 중요한 기능을 제공하지 않는다면 진화가 일으킨 가장 큰 실수"라고 지적한다(Azar, 2006, p. 55에서 인용). 여기서 우리는 몇 가지 주요 수면 이론을 고려하려고 한다.

하나의 선도적인 이론은 수면이 유기체에게 해를 끼치지 않게 보호하는 역할을 한다고 가정한다. 잠자는 동물은 야간에 돌아다니는 포식자들에게 덜 눈에 띌 수 있으며 암흑 속에서 움직일 때 발생할 수 있는 위험한 낙상이나 사고를 덜 당할 수 있다(Gaulin & McBurney, 2001).

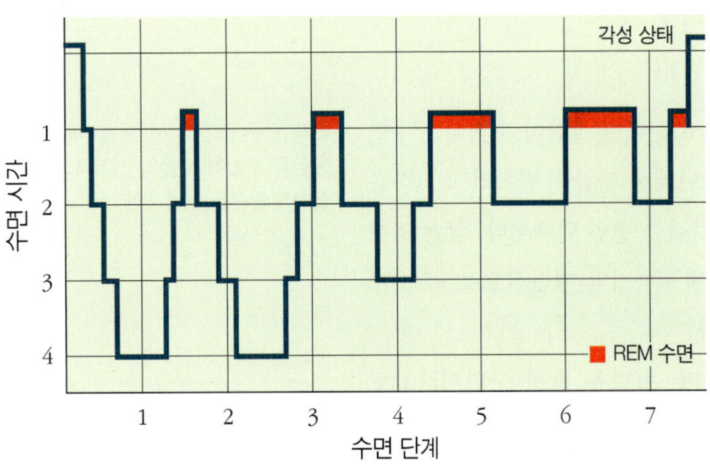

[그림 4-2] 밤에서의 REM 수면

밤에 수면 단계에 따라 REM 수면의 길이가 길어질 수 있다는 것을 인지하자.

수면은 또한 유기체가 신체 에너지를 보존하는 것을 도울 수 있다(Gilestro, Tononi, & Cirelli, 2009, Miller, 2009). 수면 중 체온을 낮추면 인간이나 다른 포유동물과 같은 온혈 동물에게 깨어 있는 상태에서 필요한 높은 체온을 유지할

〈개념 차트 4-2〉 각성과 수면

각성 상태/수면 단계	뇌파 패턴의 특징	주요 특징
활발한 각성 상태	빠르고 진폭이 낮은 베타파	집중된 관심 또는 적극적인 생각의 상태
이완된 각성 상태	느리고 율동적인 알파파	조용히 눈을 감고 휴식을 취하는 상태
1단계 수면 단계	빈번하게 변동하는 작고, 불규칙한 뇌파	사람이 쉽게 깨어날 수 있는 가벼운 수면
2단계 수면 단계	수면 방추	더 깊은 잠을 자지만 잠자는 사람은 쉽게 깨어날 수 있음
3단계 수면 단계	크고, 느린 델타파	잠자는 사람을 깨우기가 어려운 깊은 수면(델타 수면 또는 낮은 파동 수면이라고 함)
4단계 수면 단계	델타파의 우세	가장 깊은 수면 수준
REM 수면	빠르고 활동적인 패턴 활발한 각성 상태와 유사함	뇌 활동이 활발해지지만 근육 활동이 차단되는 수면(활성 수면 또는 역설적 수면이라고도 함), 꿈과 관련된 단계

수 있는 더 많은 에너지를 줄 수 있다.

수면은 또한 하루 중 바쁜 활동 중에 신체가 사용하는 필수 단백질을 보충하여 매일의 소모를 회복하는 기능을 제공한다(Winerman, 2006). 수면의 회복 기능은 푹 자고 난 뒤에 느끼는 휴식과 개운함의 주관적 경험을 설명할 수도 있다.

수면은 새롭게 형성된 일상 경험의 기억을 보다 오래가는 경험으로 통합하는 데 중요한 역할을 할 수 있다(Arnold, 2011; Stickgold & Wehrwein, 2009). 최근의 조사에 따르면 수면 중 두뇌는 새로운 기억을 처리하고 통합하기 위해 하루 동안 수집한 정보를 작업한다고 한다(Wamsley et al., 2010; Wilhelm et al., 2011). 새로 학습한 자료를 기억하는 능력을 향상시키고 싶은가? 최

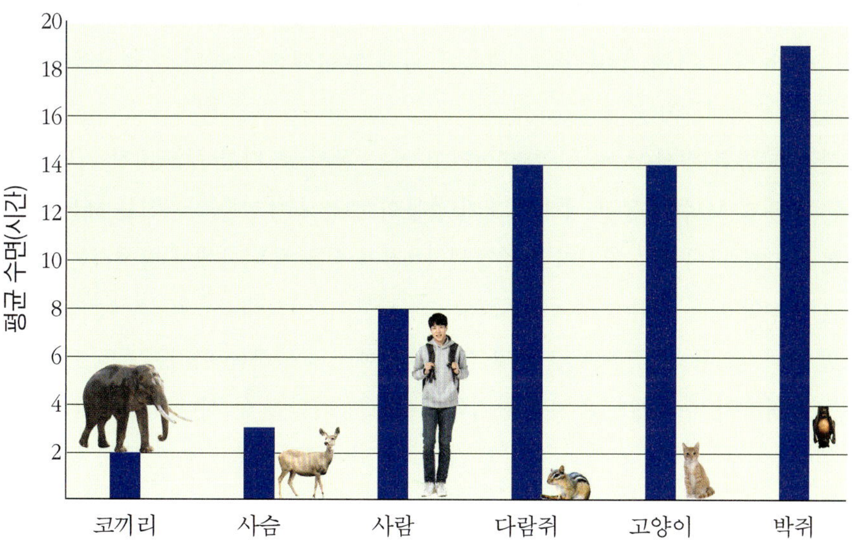

[그림 4-3] 다른 포유류의 평균 수면 시간
수면의 평균 양은 동물 종에 따라 다르다.

개념 4-10

수면은 보호 기능, 에너지 보존 기능, 회복 기능 및 기억 통합 기능을 비롯한 많은 기능을 수행할 수 있다.

개념 링크 새로 습득한 내용은 잠을 자면 더 잘 유지될 수도 있다. 제6장 2단원을 참고하라.

근 연구에 의하면, 저녁에 단어 목록을 학습한 후 다음날 아침 시험을 보기 전까지 잠을 자던 참가자들은 아침에 자료들을 학습했지만 나중에 잠을 자기 전 그날 저녁에 테스트를 거친 사람들보다 더 좋은 점수를 얻었다(Ellenbogen et al., 2006).

감기에 걸릴 확률을 낮추고 싶은가? 그렇다면 더 많은 잠을 자야 한다. 연구 결과에 의하면 수면은 병을 일으키는 균으로부터 자신을 방어할 수 있는 신체의 능력을 강화한다는 것을 말해 준다. 최근의 한 연구에서 연구자들은 밤에 일곱 시간 미만으로 자는 연구 참가자가 여덟 시간 이상 잤던 사람들보다 감기 바이러스에 노출된 후에 감기를 일으킬 가능성이 세 배 더 높다는 것을 발견했다(Cohen et al., 2009). 이 연구의 수석 연구원인 심리학자 셸던 코헨(Sheldon Cohen)은 "일반적인 수면 습관이 면역계의 전염병 퇴치 능력에 중요한 역할을 할 것"이라고 지적했다(Reinberg, 2009). 당신의 수면량이 충분하지 않을 때 당신이 감기나 다른 질병에 더 쉽게 걸릴 수 있다는 것은 놀라운 일이 아니다.

4. 꿈과 꿈꾸는 것

개념 4-11

잠자는 동안 우리 모두는 꿈을 꾸지만, 우리가 꿈꾸는 이유에 대해서는 의문점이 있다.

왜 우리는 꿈을 꾸는가? 간단한 대답은 아무도 모른다는 것이다. 아마도 꿈은 수면과 같은 여러 기능을 가진다. 이러한 기능 중 하나는 기억 통합과 관련될 수도 있다. 증거에 따르면 갓 형성된 기억이 지속적인 것으로 바뀌는 과정인 기억 통합에서 REM 수면의 역할을 말한다(Huber et al., 2004; Ribeiro & Nicolelis, 2004). 과학자들은 새로운 기억을 강화하기 위해 뇌가 꿈의 상태에서 깨어 있는 경험을 재생할 수 있다고 예상한다(Ji & Wilson, 2007; Miller, 2007).

또한 꿈은 다른 기능들을 가질 수도 있다. 꿈을 연구하는 선구자인 에르네스트 하르트만(Ernest Hartmann)은 꿈은 일상적인 문제와 관심사에 가능한 해결책을 제시하고 정서적 위기나 외상을 통해 일할 수 있다고 믿는다(Hartmann, 1998). 이 견해와 일치하여, 많은 꿈의 내용은 과제를 수행하는 동안 어려움을 겪는다(Maggiolini et al, 2010).

활성화-통합 가설: 꿈을 꾸는 명제는 REM 수면 중에 일어나는 전기 활동의 무작위 방전을 이해하기 위한 뇌의 시도를 나타냄

활성화-통합 가설(Hobson, 1999)이라고 하는 꿈의 또 다른 두드러진 기법 중 하나는 꿈을 REM 수면 동안 뇌에서 전기 활동의 무작위 방전을 감지하는 대뇌피질에 의한 시도를 나타내는 것이라고 주장했다. 전기 활동은 뇌간에서 발생하는데 호흡과 심박수와 같은 기본 기능을 담당하는 뇌 부분이다([그림 4-4] 참조). 이 가설에 따르면 대뇌피질은 뇌 구조와 감정 및 감각 경험에서 발생하는 이러한 무작위적인 신호를 설명하기 위해 개인의 지식과 기억의 창고에 기반을 둔 시나리오를 만든다.

흥미롭게도 논리적 사고와 관련된 대뇌피질의 일부는 REM 수면 중에 활동이 감소한다.

이것은 왜 많은 꿈이 일반적인 의식적 사고에 따른 논리적인 순서가 부족한 것인지를 설명할 수 있다. 또 왜 그 꿈들이 혼란스러운 일련의 사건에서 펼쳐지는 정서

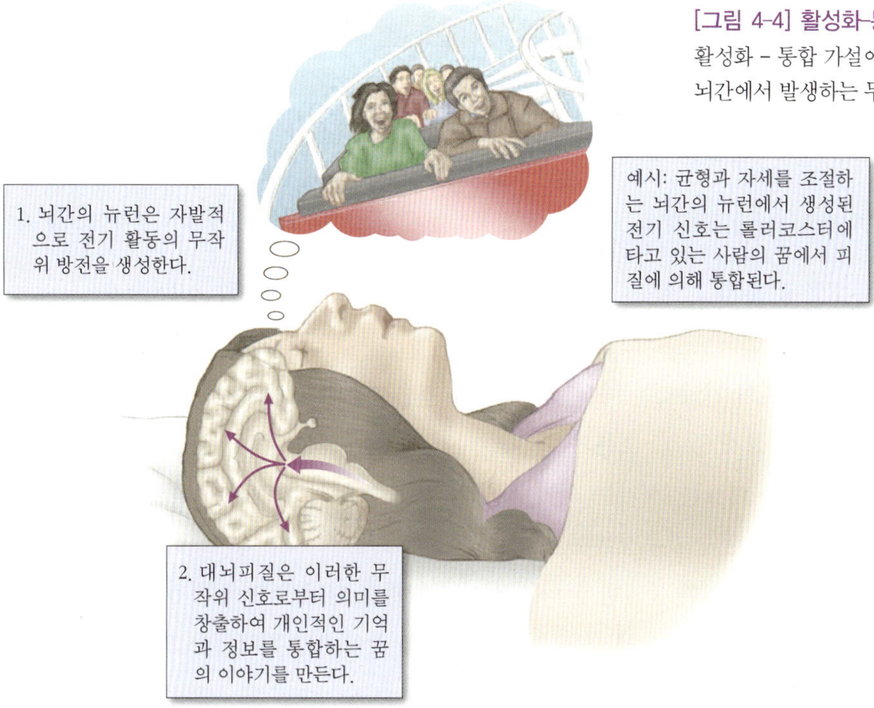

[그림 4-4] 활성화-통합 가설

활성화 – 통합 가설에 따르면, 꿈은 REM 수면 중에 대뇌피질이 뇌간에서 발생하는 무작위 방전을 감지하려고 할 때 발생한다.

적으로 기억된 기억과 생생한 이미지로 구성될 수 있는지를 설명할 수 있다.

꿈이 뇌 깊숙한 곳에서 발생하는 전기 방전으로 인해 발생하더라도 개인적인 기억과 연결을 기반으로 하기 때문에 개인적인 의미로 채워질 수 있다. 그러나 그것들은 무엇을 의미하는가?

지크문트 프로이트(1900)는 꿈이 소원 성취의 한 형태라고 주장하면서 이 질문에 대한 해답을 얻었다. 프로이트에 따르면, 꿈에는 보통 성적인 또는 공격적인 본능으로 잠자는 사람의 내재된 소원을 나타내는 상징이 들어 있다. 그는 꿈을 의식이 없는 마음에 대한 '왕도'라고 불렀지만, 꿈의 상징이 진정한 의미를 가려내기 때문에 당신이 그들을 해석할 수 있는 일종의 심리적 길잡이가 필요하다고 생각했다. 프로이트는 두 종류의 꿈의 내용을 구분했다.

왜 우리는 꿈을 꾸는가? 꿈에 대한 추측이 많지만 그 의미는 수수께끼로 남아 있다.

첫 번째, 명백한 내용. 명백한 내용은 꿈에서 발생하는 사건을 말한다. 예를 들어, 과속을 하게 되고 경찰관에게 과속 딱지를 발급하는 등의 꿈을 꿀 수 있다.

두 번째, 잠재 내용. 이것은 꿈이라는 상징의 형태로 위장한 꿈의 내용에 대한 진정한 의미이다. 위장은 꿈의 진정한 의미를 숨기는 것을 통해 감정적 위협 물질이 당신을 깨우는 것을 막아서 수면을 유지하도록 도와준다. 예시로 나온 꿈의 내용 중 과속 운전은 용납될 수 없는 성적인 소원을 상징한다. 남성 권위의 상징인 경찰관은 당신의 아버지를 성적인 소원을 가졌다는 이유로 아버지가 당신을 처벌할 수도 있다는 불안을 의미할 수 있으며, 이를 종합하면 용납될 수 없는 꿈의 잠재 내용으로 해석될 수 있다.

해 보기 나를 위해 작은 꿈꾸기

당신이 꿈꾸는 것을 결정할 수 있는가? 이 실험을 시도해 보자.

1. 밤에 잠자리 들기 전에 꿈을 꾸는 주제를 선택해 보자. 예를 들어, 유명한 사람을 만나거나 좋아하는 스포츠를 즐기고 침대에서 손이 닿는 곳에 펜과 노트를 놓아 보자.
2. 잠자기 전에 10분 또는 15분 동안 주제에 관해 상상을 표현함으로써 머릿속으로 예행연습을 해 보자.
3. 잠자리에서 "나는 내가 이것에 대해 좀 더 꿈꿀 것"이라고 스스로에게 말해 보자.
4. 당신이 더 졸릴 때 상상으로 돌아가지만, 당신의 마음이 떠돌아다니는 것을 저항하지 말자.
5. 당신이 깨어났을 때, 한밤중이든 다음날 아침이든, 꿈꾸던 것을 기억하는 동안 누워 있고, 그리고 난 다음 즉시 펜과 노트를 찾아 꿈의 내용을 적어 두자.
6. 꿈의 결과를 평가하자. 꿈을 미리 설정할 수 있었는가?

프로이트의 견해로는 나무, 고층 건물, 뱀, 총과 같은 육체 개체는 남성 생식기의 상징이며, 상자, 옷장, 오븐과 같은 밀폐된 개체는 여성 생식기를 상징한다. 그러나 프로이트는 때로는 '시가는 단지 시가'라고 하며 꿈의 상징을 해석할 때 판단을 서둘러서는 안 된다고 주장했다.

프로이트는 또한 동일한 꿈의 사건이 사람마다 다른 의미를 가질 수 있다는 것을 인식하였고, 자신의 꿈에 대한 특별한 의미를 찾아내기 위해서는 개인 분석이 필요하다고 말하였다(Pesant & Zadra, 2004).

꿈 해석이 재미있는 활동이긴 하지만 꿈에 대한 우리의 해석이 정확하다는 것은 어떻게 알 수 있는가? 불행히도, 꿈의 의미는 프로이트의 초기 연구 이후 1세기 이상 동안 연구되고 논의되어 왔지만 꿈 해석의 정확성을 검증하는 객관적인 수단은 여전히 부족하다. 프로이트가 제안한 것처럼 꿈이 수면을 유지하는 기능을 수행한다는 증거도 없다. 적어도 우리는 꿈이 심리적인 의미를 가질 수 있고 내재적인 정서적 문제를 표현할 수 있다는 점에 대한 우리의 인식이 높아진 것이 프로이트 덕분임을 인정해야 한다.

자각몽: 꿈꾸는 사람이 자신이 꿈꾸고 있다는 것을 알고 있는 꿈

꿈의 내재적인 의미가 무엇이든 연구자는 사람이 꿈을 인식하고 있는 자각몽을 보고하는 사람들이 있음을 발견한다(Erlacher & Schredl, 2008; Holzinger, LaBerge & Levitan, 2006). 그러나 상대적으로 소수의 사람들이 자각몽을 정기적으로 경험한다고 보고한다. 또한 사전에 꿈꾸는 것을 결정할 수도 있고, 꿈의 행동을 의식적으로 지시할 수도 있다는 자각몽을 꾸는 사람들의 주장을 뒷받침할 만한 근거도 부족하다('해 보기' 참조).

다른 한편으로, 심리학자들은 잠자기 직전에 무언가를 생각하거나 무언가에 대해 생각하지 않으려고 노력할 때 꿈꾸는 기회가 증가한다는 것을 발견했다(A. O'Connor, 2004b; Wegner, Wenzlaff, & Kozak, 2004). 그러니 마음을 정하지 않으려고 하면 꿈속에 나타나기 쉽다는 의도하지 않은 결과를 초래할 수 있다. 특정 생각을 억누르는 데 소비되는 모든 정신 에너지는 오히려 당신의 두뇌가 특정 생각을 당신의 꿈에 포함시킬 만큼 의미 있는 것으로 인식하게끔 만들 수 있다. 〈표 4-2〉는 종종 사람들이 꿈에 관해 자주 묻는 질문에 대한 답을 제공한다.

〈표 4-2〉 꿈에 대한 질문과 대답

질문	대답
꿈은 미래를 예측하는가?	그들이 예언적 꿈을 꾸었다고 믿는 사람들은 하나 또는 두 개의 '명중'(꿈 사건과 실제 사건 사이의 일치)을 지적할 수 있다. 그러나 그들은 발생하지 않은 사건을 꿈꾼 것을 여러 번 간과하고 있다. 꿈이 미래를 예측한다는 믿을 만한 과학적 증거는 없다. 꿈의 사건과 실제 삶에서의 동일한 사건 사이의 어떤 일치도 단지 우연의 일치일 뿐이다.
우리는 색깔로 꿈을 꾸는가?	우리는 직접적인 꿈의 경험보다는 꿈의 보고서(깨어나서 꿈을 떠올리는 사람들)에 의존해야 하기 때문에 확실한 답을 줄 수는 없다. 그러나 실험 연구 기반의 수면 연구에서 대다수의 사람들은 그들이 색으로 꿈꾸었다고 보고한다.
동물들은 꿈을 꾸는가?	동물은 그들이 꿈을 꿀 수 있다고 말할 수 없으므로 의문의 여지가 있다. 그러나 우리는 실험 연구에서 다른 포유류가 인간이 잠을 자면 비슷한 뇌 활성화 패턴을 보임을 알 수 있다. 이 뇌 반응은 다른 포유동물이 잠잘 때 말은 없지만 꿈꾸는 상태임을 나타낸다.
꿈은 순식간에 발생하는가?	사실 거의 실시간으로 꿈의 사건이 펼쳐진다. 꿈은 일반적으로 약 5분에서 45분 정도 지속된다.
시각 장애인은 꿈을 꾸는가?	출생 이후 시각 장애를 얻은 사람도 꿈을 꾼다. 그러나 꿈속에 시각적 이미지가 없다. 그들의 꿈에는 촉각, 청각, 신체 감각과 같은 다른 감각 경험이 포함된다. 실제로 그들은 꿈을 보지 않고 느끼거나 만진다. 7세 무렵에 시력을 잃은 사람은 시력을 상실한 후 적어도 20~30년 동안 꿈을 꾼다.
높은 곳에서 떨어지는 꿈을 꾼다면, 그리고 바로 잠에서 깰 수 없다면 당신은 놀라서 죽게 되는가?	확실히 많은 사람은 땅에 쓰러지거나 타격을 받는 꿈을 꾼다. 그러나 실제로 떨어지거나 죽지는 않는다.

© Carlos Caetano/Shutterstock.com

5. 살아가는 데 있어 필요한 수면 시간

사람들마다 수면의 필요성에 대한 차이는 있지만, 대부분은 완전히 기분을 상쾌하게 하고 최선을 다해 기능하기 위해 일곱 시간에서 아홉 시간의 수면을 필요로 한다. 그러나 미국에서 시행된 최근의 전국 조사에 따르면 약 세 명 중 한 명이 여섯 시간 또는 그 이하의 수면 시간을 보고하고 있는 것으로 나타났다(CDC, 2008). ([그림 4-5] 참조). 대학생들은 한밤중에 평균 6.0~6.9 시간의 수면을 취하는 경향이 있다(Markel, 2003). 고등학생 중 약 15%만이 그들이 권장하는 8.5시간 동안 자고 있다고 보고했다(Kantrowitz & Springen, 2003).

새로 태어난 신생아는 하루에 약 16시간 정도 잠을 잔다. 유아는 어린이 및 성인보다 REM 수면에서 더 많은 수면을 취한다. REM 수면의 양은 어린 시절에 점차 감소하고 성인기에 걸쳐 계속 감소한다. 깊은 수면을 취하는 동안의 총 수면과 시간

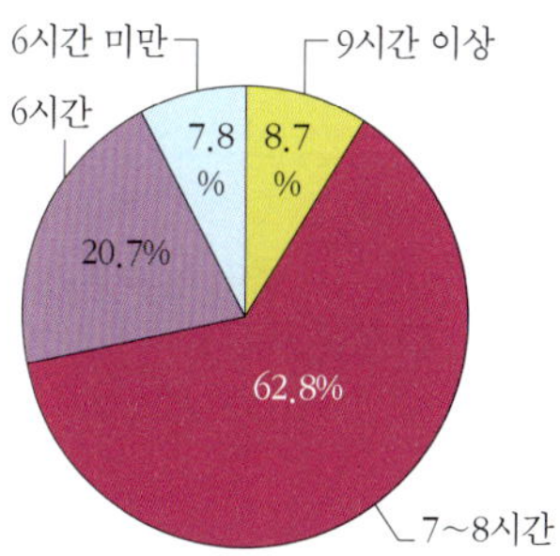

[그림 4-5] 우리는 얼마나 잠을 자는가

약 세 명 중 한 명이 권장하는 일곱 시간에서 아홉 시간의 수면을 취하지 못한다.

출처: CDC, National Health Interview Survey (2008).

개념 4-12

사람들이 얼마나 많은 수면을 필요로 하는지에 차이가 있지만, 대부분의 사람들은 상쾌함을 느끼고 몸이 최적의 기능을 유지하기 위해 일곱 시간에서 아홉 시간의 수면을 필요로 한다.

은 우리가 나이를 먹을수록 줄어들고, 깨어 있는 기간은 늘어난다. 성인이 된 후로 대부분의 사람은 하룻밤당 약 6~7시간만 자고 있다고 보고한다.

당신이 몇 시간밖에 잠을 자지 못하면, 다음날 조금 정신이 혼미할 수 있지만 아마도 그럭저럭 지낼 수 있을 것이다. 그러나 수면 부족은 반응 시간을 지연시키고 주의력, 집중력 및 문제해결 능력을 손상시키며 최근에 습득한 정보를 기억하기 어렵게 만든다(Hampton, 2008; Lim & Dinges, 2010; Stickgold & Wehrwein, 2009). 많은 미국인들이 늦은 시간까지 잠자리에 들지 않는다는 것을 고려하면 많은 미국인들이 수면 부족에 시달린다는 사실은 놀라운 일이 아니다([그림 4-6] 참조). 미국인의 15%는 까다로운 근무 일정 및 간병 책임과 같은 생활 방식 요인으로 인해 필요한 수면을 충분히 취하지 못하는 것으로 나타났다(Minerd & Jasmer, 2006).

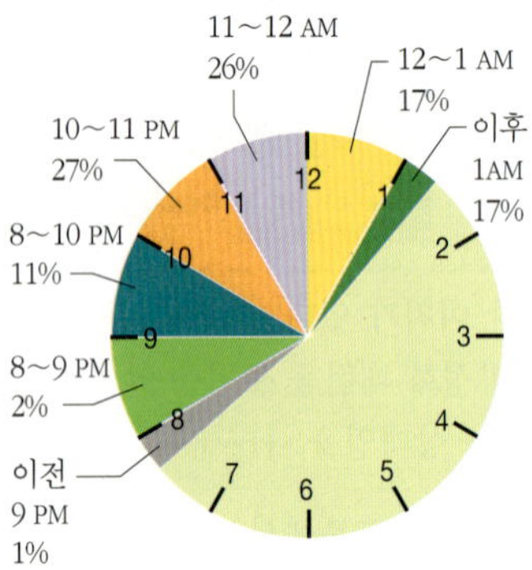

[그림 4-6] 미국인들의 수면 패턴

우리가 밤새도록 영화와 뉴스를 볼 수 있거나 심지어는 새벽 2시에 피자를 주문할 수 있는 '24/7' 세계에서 생활하는 것은 미국의 수면 습관을 앗아갔다. 많은 미국인이 충분한 수면을 취하지 못하는 한 가지 이유는 그들이 너무 늦게 자려고 한다는 것이다.

출처: 2005년 4월 ACNielsen Company가 실시한 설문조사에 따르면 미국의 Sleepless가 http://usacnielsen.com/news/20050404.shtml에서 검색한 내용.

당연히 수면 부족은 자동차 사고의 가장 일반적인 원인 중 하나이다. 이러한 사고는 운전자가 가장 졸린 시간대에 있는 새벽 시간대에 발생할 가능성이 가장 높다. 과로 상태인 의료 인턴 간의 연장된 근무 교대가 없을 때, 근무 교대 동안 주의력 결핍의 빈도가 감소하는 것은 놀라운 일이 아니다(Lockley et al., 2004).

우리의 기능에 영향을 주는 것은 수면의 총량뿐만 아니다. 수면의 유형도 우리의 기능에 영향을 준다. REM 수면 부족은 학습 능력과 기억을 손상시킨다(Greer, 2004b). REM 수면은 창조적인 문제해결 능력을 향상시키는 데 도움을 주는데, 이는 수면을 줄이지 않는 또 다른 이유이다(Mednick et al., 2009).

일시적인 수면 박탈은 건강에 지속적인 악영향을 주지는 않지만 만성적으로 밤늦도록 일하는 것은 잠재적으로 건강에 해로울 수 있다. 장시간의 수면 부족은 고혈압, 심각한 심혈관 질환 및 잠재적인 사망 위험을 증가시킨다(Bakalar, 2006a; Egan, 2006; Motivala & Irwin, 2007). 그러나 몇 시간 동안 잠을 자지 않더라도 경고 상태가 되는 것이 아니라 오히려 다음날 밤에 정상적인 수면 패턴을 회복시켜야 한다.

6. 수면 장애: 우리가 정상적인 수면을 할 수 없을 때

개념 4-13

REM 수면의 양은 몸이 최적의 기능을 유지하는 데 영향을 준다.

수면 장애는 낮 동안의 각성 상태가 유지되어 밤에 질 좋은 수면을 방해받는 증상이 특징인 장애이다. 가장 흔한 수면 장애는 만성 불면증으로, 미국 성인 열 명 중 한 명 꼴로 발생한다(Smith & Perlis, 2006). 불면증을 앓고 있는 사람은 잠에 빠지거나 자는 상태를 유지하거나 밤에 잠에서 깬 후 다시 잠을 자는 데 어려움을 겪는다. 불면증은 수면을 취하는 것을 방해하여 사람들이 아침에 충분히 회복되지 못하게 한다.

불면증: 수면을 취하고 수면을 유지하는 것이 어렵거나 야간에 잠에서 깨고 난 후에 다시 잠들기 어려운 것

불면증은 물질 남용, 신체적 질병 및 우울증과 같은 심리적 장애를 비롯한 여러 요인으로 인해 발생한다. 내재된 문제가 해결되면 수면 패턴이 정상으로 돌아갈 가능성이 있다. 매일 걱정과 근심을 침대로 가져오는 수면 습관 문제로 불면증이 생길 수 있다. 걱정은 신체적 각성을 증가시켜 정상적인 수면을 방해할 수 있다. 수면을 취하는 것이 절대적으로 필요하다고 생각하는 것 또한 사람의 불안 수준을 상승

시킬 수 있다(Sánchez-Ortuño & Edinger, 2010). 사람은 잠들려고 노력할수록 잠들기 힘들어진다. 여기서의 교훈은 수면 상태는 강제로 될 수 없고 수면은 자연스러운 기능이라는 것이다.

개념 4-14

수면 장애는 낮 동안의 각성 상태가 유지되어 밤에 수면을 취하지 못하게 되는 상태이다.

기면증은 약 150,000명의 미국인을 괴롭히는 수면 장애로 주간에 갑자기 발생하는 '수면 공격'(sleep attack)을 특징으로 한다(Siegel, 2004). 기면증을 가진 사람은 대화를 하고 있는 중에도 갑자기 바닥으로 쓰러져 빠르게 잠들 수 있다. REM 수면이 여러 단계의 비REM 수면 후에 발생하는 정상 패턴과는 달리, REM 수면은 보통 기면증 발병 직후부터 시작된다. 수면은 약 15분간 지속된다. 어떤 경우에는 수면 공격 앞에 시각, 청각, 촉각 또는 운동 감각(신체 움직임)과 같은 여러 가지 감각이 포함될 수 있는 두려운 환각이 나타난다.

기면증: 하루 동안 갑자기 설명할 수 없는 '수면 공격'이 발생하는 것이 특징인 질환

수면 공격은 매우 위험할 수 있다. 낙상으로 인한 가정에서의 부상 사고는 흔하다. 더 불안해하는 일부 환자들은 운전 중에 기면증 발작을 보고한다. 유전학은 시상하부의 영역에서 뇌 세포가 소실됨으로써 야뇨증을 일으키는 원인이 되는 것으로 알려져 있는데, 이는 시력 유지를 위해 필요한 화학물질을 생성한다(Dauvilliers, Arnulf, & Mignot, 2007; Goel et al., 2010).

수면 박탈은 단지 정신만 혼미하게 하지 않는다. 이는 더불어 반응 시간이 느려지고 집중력, 기억력 및 문제해결 능력이 저하된다.

가능한 치료법에는 낮잠과 각성 요법을 유지하기 위한 각성제(암페타민) 사용이 있다.

수면 무호흡증을 앓고 있는 사람들은 수면 중에 수백 회라도 일시적으로 호흡을 멈출 수 있다(Friedman, 2008; Kumar et al., 2008). (수면 무호흡이란 '호흡이 없다'를 의미함) 수면 무호흡증은 약 2천만 명의 미국인에게 영향을 미치며 남성, 특히 중년 남성과 비만인에게 더 흔하다.

수면 무호흡증은 지나치게 두꺼운 구개 또는 확대된 편도와 같은 구조적 결함으로 인해 상부기도를 통한 공기의 흐름을 부분적으로 또는 완전히 차단한다. 완전히 막히면 사람들은 15초 또는 90초 동안 호흡을 멈출 수 있다. 그들은 대개 다음날 아침 해당 삽화에 대한 기억이 없다. 그러나 그들의 수면 패턴은 쾌적한 수면을 박탈하여 낮에 졸음을 유발한다. 명확하지 않은 이유로, 수면 무호흡증 환자는 뇌졸중과 고혈압 위험이 증가하다(Yaggi et al., 2005). 그들은 또한 좁은 기도로 인해 매우 큰 소리로 코를 곤다('산업 강도'를 코고는 사람으로 묘사). 이 질환은 수면 중에 상부기도 통로가 열리도록 압력을 가하는 코 마스크 또는 좁은 기도를 여는 수술과 같은 특정 기구로 치료할 수 있다.

악몽 장애를 가진 사람들은 악몽을 자주 겪는다. 아이들은 특히 악몽에 걸리기 쉬운 경향이 있다. 악몽은 꿈꾸는 사람의 삶이나 안전에 위협이 되는 이야기를 꿈으로 꾸는 것이다. 악몽의 내용은 우주를 통과하거나 공격자 또는 거대한 곤충으로부터 도망가는 생생하고 격렬한 행동일 수 있다. 악몽은 일반적으로 REM 수면 중에 발생한다. 사람들은 감정적인 스트레스를 받고 있거나, 열이 많이 나거나, 수면 부족으로 고통받고 있을 때 더 쉽게 악몽을 꿀 수 있다.

수면 무호흡증: 잠자는 동안 일시적인 호흡 정지

악몽 장애: 빈번하고 혼란스러운 악몽의 패틴이 특징인 수면 징애

야경증(sleep terror disorder): 수면 장애로 수면 중 격렬한 두려움이 반복적으로 발생하여 환자가 두려운 상태로 갑자기 깨어나는 것을 말함

야경증이 있는 사람들은 흔히 '야간 공포'를 겪는다. 이는 평범한 악몽보다 긴장된다. REM 수면 중에 주로 발생하는 악몽과는 달리 야경증은 깊은 수면 중 발생한다. 야경증은 주로 어린이에게 영향을 미치며 소녀보다 소년에게 더 자주 나타난다. 야경증은 공포스러운 큰 비명으로 시작된다. 아이는 침대에 앉아서 현기증을 호소하고 두려워하며 악몽 이후에 일반적으로 기억되는 자세한 꿈의 이야기보다는 단편적인 꿈의 이미지만 기억할 수 있다. 대부분의 아동은 사춘기가 지나면서 증상이 완화된다.

몽유병(sleepwalking disorder): 몽유병 삽화가 반복적으로 나타나는 것이 특징인 수면 장애

몽유병은 성인보다 어린이에게서 더 자주 발생하는 또 다른 수면 장애이다. 유년기에서 가끔 나타나는 몽유병 삽화는 정상이지만 지속적인 몽유병은 수면 장애를 나타낸다. 몽유병 삽화에서, 사람은 눈을 뜨고 걷거나, 얼굴에 표정을 거의 표현하지 않고 계속 잠들어 있다. 몽유병자는 일반적으로 사물에 부딪히는 것을 피하려 하지만 사고가 발생할 수도 있다. 다음날 아침, 몽유병자는 일반적으로 밤의 상황을 기억하지 못한다. 몽유병은 일반적으로 깊고 꿈이 없는 수면 중에 발생한다. 통념과는 반대로 몽유병자를(부드럽게) 깨우는 것은 몽유병자에게 악영향을 주지 않는다.

수면 장애는 종종 수면 유도에 도움이 되는 수면제로 치료된다. 그러나 수면제는 생리학적 의존성을 유발할 수 있으며 짧은 기간 동안, 최대로 몇 주 동안 사용해야 한다(Pollack, 2004a). 수면 습관의 변화에 초점을 둔 인지 행동 치료(이 장의 5단원 참조)는 단기간에 불면증을 치료할 때 수면제만큼 효과적이며 장기간에 걸쳐 더 효과적이다(Dolan et al., 2010; Ebben & Spielman, 2009; Morin, 2010; Perlis et al., 2008).

2단원 복습 수면과 꿈

되새겨 봅시다

우리의 수면-각성 주기는 어떻게 조절되는가?

➤ 시상하부의 시계 모양의 메커니즘인 시교차 상핵(suprachiasmatic nucleus: SCN)은 24시간 동안의 대략적인 24시간 리듬에 따라 우리의 수면-각성 주기를 조절한다.

수면의 단계는?

➤ REM 수면 외에도 네 가지 비REM 수면 단계가 있다(1단계에서 4단계까지). 이 단계에서 수면은 점점 더 깊어진다. 뇌는 REM 수면 중에 상대적으로 활동적이며, 이때 대부분의 꿈이 나타난다.

수면은 어떤 기능을 하는가?

➤ 아무도 확신할 수는 없지만 수면 전문가는 수면이 보호 기능, 에너지 보존 기능, 원기를 회복하는 기능 및 기억 통합 기능을 비롯한 여러 기능을 수행할 수 있다고 생각한다.

왜 우리는 꿈을 꾸는가?

➤ 확실히 검증된 것은 아니지만 학자들은 하루 동안 일어나는 기억과 경험을 통합하기 위해 꿈이 필요하다는 믿음을 가지고 있다. 꿈은 사람들이 일상적 문제를 해결하는 데 도움이 된다는 Hartmann의 견해와 활성화-통합 가설이 있다. 그리고 Freud는 꿈이 잠재적으로 위협적인 소망이나 충동을 꿈의 상징의 형태로 위장하여 수면을 유지하는 데 도움을 준다고 주장한다.

수면 장애란?

➤ 수면 장애는 수면의 양 또는 질과 관련한 장애이다. 불면

증, 기면증, 수면 무호흡증, 악몽 장애, 야경증, 몽유병 등이 포함된다. 가장 흔한 수면 장애는 불면증이다.

점검해 봅시다

1. 수면- 각성 주기는 ________ 주기에 따라 작동한다.
2. 델타 뇌파 패턴을 특징으로 하는 깊은 수면은
   ① 수면의 1단계와 2단계
   ② 수면의 2단계와 3단계
   ③ 수면의 3단계와 4단계
   ④ REM 수면
3. 수면은 신체가 깨어 있는 동안 소비된 자원을 보충하는 데 도움이 될 수 있다. 이 수면 기능이란 무엇인가?
4. 왼쪽에 있는 각 수면 장애와 오른쪽에 있는 적절한 설명을 맞추어 보자.

① 기면증	가. REM 수면 중에 보통 발생하는 빈번하고 무서운 꿈
② 야경증	나. 깊은 잠에 생기고 주로 어린이에게 영향을 주는 격렬한 악몽
③ 수면 무호흡증	다. 갑자기 설명할 수 없는 '수면 공격'이 나타남
④ 악몽 장애	라. 수면 중 일시적 호흡 정지

생각해 봅시다

➤ 시차 적응에 경험이 있는가? 어떻게 당신에게 영향을 미쳤는가? 앞으로도 다르게 대응할 수 있는가? 한 가지 제안은 여행하기 전 며칠 동안 하루에 한 시간 정도 자는 시간을 조정하여 점차 신체 시계를 변경하는 것이다. 짧은 시간 동안 떨어져 있을 경우, 여행 도중 가능한 한 많이 신체 시계를 따르는 것이 좋다.

➤ 많은 대학생은 밤에 모든 시간을 보내고 낮잠을 자서 정상적인 수면-각성 주기를 방해하고 있다. 시차로 인한 피로를 계속 겪고 있는 것처럼 느낄 수도 있다. 자신의 수면 주기를 정상적으로 되돌릴 수 있도록 돕기 위해 무엇을 제안할 수 있겠는가?

➤ 수면 습관을 어떻게 평가하겠는가? 개선을 위해 구체적으로 어떤 변화를 줄 수 있는가? (건강한 수면 습관을 개발하기 위한 몇 가지 제안은 이 장의 5단원을 참조)

➤ 꿈이 우리의 일상 속 문제와 관심사에 대한 잠재적인 해결책이라고 주장하는 Hartman의 신념과 활성화-통합 가설, 그리고 Freud의 욕구 충족 이론과 같은 꿈에 대한 이론들을 회상해 보자.

명상과 최면을 통해 의식 바꾸기

3 단원

- 명상이란?
- 최면이란?
- 최면의 주요 이론은?

이번 단원에서는 의식의 각성 상태와 수면 상태에 대한 논의에서 벗어나서 변경된 의식 상태에 대해 살펴볼 것이다. 변경된 의식 상태를 얻기 위해 어떤 사람들은 명상을 연습하거나 최면을 받는 반면 정신 자극 약물을 사용하는 사람들도 있다. 명상과 최면은 공통점이 많다고 생각하지 않을 수도 있지만 둘 다 의식의 변화된 상태를 달성하기 위해 주의 집중이나 집중력을 좁히는 것에 중점을 두는 의식을 포함한다.

1. 명상: 주의 집중을 통한 평화로운 상태 도달하기

명상(meditation): 편안하고 명상적인 상태를 유도하는 주의 집중 과정

생활의 한 단면 한 무리의 미국인들이 인도의 외딴 마을을 여행했다(Ornstein, 1973). 그들은 비밀스러운 초대에 참여하거나 마법의 말씀을 그들에게 나누어 주기를 기대하고 훌륭한 인도 전문가(교사)를 찾아갔다. 인도에 도착하고 목적지에 도착할 때까지 그들은 며칠 동안 거친 언덕길을 걸어서 육로 여행을 했다. 그들은 지도자에게 길고 힘든 여정을 상세하게 말했다. 그들은 전문가에게 내면의 평화와 조화를 이룰 수 있는 지혜를 나누어 주기를 간청했다. 그러자 전문가는 여행자들에게 오직 몇 마디만을 말했다. "앉아서 벽을 마주 보고 숨을 쉬십시오. 이것이 전부입니다."

이것이 여행자들이 궁금해하던 것인가? 이것이 그들이 전 세계 중반을 여행한 끝에 알아낸 위대한 지혜의 비결이었는가? 그들은 집에서 이것을 배울 수 있었다. 그들 중 일부는 이것이 실제로 지도자의 교훈의 요점임을 깨달았다.

개념 4-15

명상은 집중된 주의 기술을 통해 변화된 의식 상태를 유도하는 관행을 포함한다.

➔ 개념 링크 휴식의 한 형태로서, 명상은 스트레스에 대한 신체의 반응을 낮추는 데 도움을 줄 수 있다. 제12장 3단원을 참고하라.

당신의 호흡을 세는 것은 명상의 한 형태이며, 일상생활의 일상적인 요구와 스트레스가 의식에서 사라지도록 의식을 좁히는 관행이다. 명상에는 여러 가지 형태가 있지만, 멀리 떨어진 곳을 순례 여행할 필요가 없다.

명상은 주의를 집중하는 과정을 통해 편안하고 명상적인 상태를 유도한다. 의식에서 다른 모든 생각을 제거하기 위해 명상하는 사람들은 하나의 개체 또는 생각으로 그들의 주의를 집중시킨다. 사용되는 특정한 명상 기술은 문화에 따라 다르다. 고대 이집트에서는 명상을 하기 위해 알라딘의 램프와 같은 이야기에 나올 법한 램프를 응시하기도 하였다. 요가 수도자는 꽃병 디자인이나 그림의 상징에 주의를 집중한다. 또 불타는 촛불에 주의를 집중하기도 한다.

초월 명상(transcendental meditation: TM): 실무가가 특정 만트라를 반복함으로써 주의를 집중시키는 명상의 한 형태

만트라(Mantra): 초월 명상 중에 반복적으로 외쳐지는 소리 또는 문구

마음챙김 명상: 명상의 한 형태로서, 경험의 순간순간에 대해 무비판적 주의의 상태를 순간적으로 채택함

초월 명상(TM)의 실무자는 만트라(mantra)로 알려진 문구나 소리(예: 옴)를 반복하여 주의를 집중시킨다. 이는 명상, 마음챙김 명상의 또 다른 형태로, 펼쳐지는 경험에 순간을 집중하는 것이다(Ludwig & Kabat-Zinn, 2008).

마음챙김은 뒤로 서서 상황을 평가하거나 판단하기보다는 순간에 존재하는 것에 주의를 집중하는 것이다. 불교의 영적 지도자 달라이 라마(Dalai Lama)는 '강가를 바라보는 것'(Gyatso 2003)과 같은 마음가짐을 마음챙김에 비유한다. 이러한 관점은 동양과 서양 모두 존재한다. '여기와 지금'에 초점을 두는 것이 더 큰 행복과 연결될 수 있다고 제안한 하버드 iPhone 앱 연구를 상기하자(Killingsworth & Gilbert, 2010).

명상의 일부 실천가는 명상이 몸과 마음을 진정시키는 것 이상을 한다고 믿는다. 그들은 자신의 의식을 넓히고 더 깊은 의식 상태 또는 내면의 평화 상태를 경험할 수 있다고 믿는다. 아마도 명상은 사람들이 외부 세계를 조정할 수 있도록 도와줌으로써 이러한 효과를 달성해 내부 집중을 위한 더 많은 기회를 제공할 수 있다. 그러나 많은 사람들이 의식을 확장하지 않고 일상생활의 스트레스에서 벗어나기 위해 명상을 연습한다.

몸에 매일 스트레스의 영향을 막고, 혈압을 낮추며, 만성 통증, 불면증, 심지어 불안과 우울증을 완화시키는 것을 포함하여 명상 실습과 관련된 많은 건강상의 이점들이 있다(예: Kuyken et al., 2010; Manicavasgar, Parker, & Perich, 2011; Ong, Shapiro, & Manber, 2008; Segal et al., 2010; Treanor, 2011; Zeidan et al., 2011). 또한 마음챙김 명상은 기억력 향상과 감정 상태 조절과 관련된 뇌 부위의 긍정적인 신체적 변화를 일으킨다(Hölzela et al., 2011).

© Desmond Boylan/Reuters/Corbis

불교의 영적 리더인 달라이 라마(Dalai Lama)는 마음챙김을 '강가를 보는 것'이라고 묘사한다.

2. 최면: 당신은 이제 좀 더 수면을 얻고 있다

최면은 그리스어 hypnos에서 파생된 것으로 '잠'을 의미한다. 최면에 대한 정의는 풍부하지만, 보통 집중된 주의력, 깊은 이완 및 제안에 대한 민감성으로 특징지어진 의식 상태의 변화로 정의된다. 최면을 유도하는 기술은 다양하지만 최면술사의 목소리에 주의를 기울이는 것이 보통이다.

최면에 걸린 사람은 졸음 기운을 느낄 수 있지만 그들은 잠들어 있는 것은 아니다. 최면술 유도 동안 최면술사는 그 사람에게 흔들리는 시계와 같은 물건에 집중하도록 요청하고, 자신의 목소리만 들을 수 있다고 말한다. 최면술사는 또한 대상자의 눈꺼풀이 더 무거워지고 그 사람이 나른해지도록 유도한다.

일단 그 사람이 깊게 이완되면, 최면술사는 사람들에게 특별한 경험으로 이어질 수 있는 최면술 유도를 전달하기 시작한다. 이러한 경험으로는 최면 연령 회귀(과거의 사건을 어린 시절부터 되풀이)와 최면 진통제(신체의 특정 부위의 통증에 대한 감정 또는 반응의 상실)가 포함된다. 다른 최면술적 경험으로는 현실의 왜곡이 있다. 이는 실제로는 존재하지도 않는 것을 보거나, 듣거나 느끼는 것(양성 증상), 실제 존재하는 펜이나 의자 같은 것(음성 증상)을 느끼지 못하는 것이다. 최면술 제안에 대한 또 다른 반응의 최면술 경험은 최면 후 기억 상실, 즉 최면 중에 일어난 일을 떠올리지 못하는 것이다. 또 다른 유형의 최면 경험은 최면술사가 최면술 상태를 나온 후에 사람들이 예를 들어, 코끼리와 같은 단서 단어를 들을 때 특별한 방법으로(예를 들어, 귀를 만지거나 머리를 긁는 것과 같은 것) 반응할 것이라는 생각을 심어 주는 최면술사의 유도이다. 최면 대상은 제시된 방법으로 반응하지만 행동을 수행했다는 인식은 부정한다.

개념 4-16

최면은 수면이 아니라 오히려 사람들이 요청에 보다 민감하게 반응할 수 있는 주의가 집중된 편안한 상태이다.

최면: 집중된 주의, 깊은 이완, 그리고 요청에 대한 민감성의 증가로 특징지어진 의식 상태의 변화

최면 연령 회귀(hypnotic age regression): 최면술로 유발된 경험으로 과거의 사건을 재경험하는 것

최면 진통제(hypnotic analgesia): 최면 중에 발생하는 신체 일부의 통증에 대한 감각 상실 또는 반응의 상실

최면 후 기억 상실: 최면 중에 일어난 일을 기억하지 못함

최면술사의 유도: 최면 대상이 최면술사의 의도대로 최면에 의해 특별한 반응을 보이는 것

1) 최면 이론

100년 이상의 과학적 연구에도 불구하고 최면이 무엇인지, 또는 어떻게 정의되어야 하는지에 대한 의견의 일치가 아직 없다(Vaitl et al., 2005). 최면술사의 모든 제안을 따라 최면술사를 기쁘게 하려고 하는 시도에서 피험자가 수행하는 역할보다 최면에 더 많은 것이 포함되는지 여부에 대한 활발한 논쟁이 진행 중이다(Blakeslee, 2005).

역할 연습 모델이라고 하는 이 견해는 최면술이 최면술사의 지시를 충실히 따르

개념 4-17

최면에 대한 최근 연구를 이끌어 낸 두 이론 모델은 역할 연습 모델과 신 해리 이론이다.

© Michael Newman/Photo Edit

최면의 임상적 사용은 만성 통증이 있는 사람을 치료하는 것부터 사람들이 담배를 끊는 것을 돕는 것까지 다양하다.

는 '좋은' 최면술 대상의 역할을 맡을 의사가 있는 사람과 최면술사 사이의 사회적 상호작용 유형이라고 말한다. 이것은 최면술 피험자가 자신의 대답을 위조하고 있다는 것을 의미하지 않는다. 수업에서 말하기 전에 손 들기 같은 좋은 학생의 역할을 하여 응답을 위장하는 것 이상은 아니다.

최면에 대한 또 다른 견해는 그것이 트랜스 상태, 즉 암시에 의해 각성된 변경된 의식 상태라는 것이다. 요청 가능성은 최면술사와 같은 다른 사람들이 요청한 제안을 따르는 준비 상태이다. 그럼에도 불구하고 많은 심리학자들은 최면은 트랜스 상태이거나 변경된 의식 상태를 구성한다는 견해를 거부한다(Kihlstrom, 2005; Lynn et al., 2008).

일부 연구는 역할 연습 모델을 지지한다. 최면 유도가 일어나기 전 피험자에게 최면에 대한 역할극 설명이 주어지면 최면술 제안에 대한 반응이 감소되거나 제거된다(Wagstaff & Frost, 1996). 한편, 최면술을 받은 사람들의 두뇌 활동 패턴은 최면술을 받은 것처럼 행동하도록 지시한 사람들과 다르다는 것을 발견했다(Kosslyn et al., 2000). 이 분야에 대한 더 많은 연구가 필요하다. 그러나 단순한 역할극으로는 설명되지 않는 것이 최면술에는 존재한다(Bryant & Mallard, 2002).

신 해리 이론: 분리된(분할된) 의식의 상태를 나타낸다고 주장하는 최면에 대한 이론

숨겨진 관찰자: 힐가드는 최면술 경험에서 분리되어 있지만 의식 중에 일어나는 모든 일을 알고 있는 의식의 일부를 숨겨진 관찰자라고 말함

최면술이 특별한 의식 상태라고 믿었던 한 이론가는 심리학자 어니스트 힐가드(Ernest Hilgard, 1977, 1994)였다. 그의 신 해리 이론은 분리되거나 서로 분리될 수 있는 여러 수준의 인식이 있다는 믿음에 달려 있다. 최면은 의식의 분리를 최면술사의 제안을 수행하는 부분과 일어나는 모든 것을 감시하는 숨겨진 관찰자라고 하는 다른 부분으로 나뉜다. 예를 들어, 최면 진통제에서 사람은 통증(숨겨진 관측자)과 그렇지 않은(해리되거나 최면화된) 부분을 의식하는 한 부분으로 의식의 분리 또는 해리, 의식을 경험한다.

최면술사가 최면술을 받은 피험자를 제어할 수 있는 특수 능력을 가지고 있다는 믿음은 최면술의 신비에 속할 수도 있지만 현대의 견해와 일치하지 않는다. 최면은 사람들로 하여금 살인이나 다른 부도덕한 불법 행위를 저지르게 하는 원인이 될 수 있다는 것은 널리 알려진 미신이다. 오히려 최면술은 최면술사가 제안한 다른 현실을 상상할 수 있는 의지에 달려 있다. 예를 들어, 최면 연령 회귀 분석에서 사람들은 실제로 어린 시절 사건이나 경험을 재현하지 않는다. 그들은 단지 자신을 자녀로 상상한다(T. X. Barber, 1999). 최면술 제안의 효과는 최면술사의 역량보다 최면술을 받는 사람의 노력과 기술에 관련이 있다(I. Kirsch & Lynn, 1995).

개념 4-18

최면의 효과는 최면술자의 기술보다 최면 대상의 심리적 특성과 관련이 있다.

대부분의 사람은 어느 정도 최면에 걸릴 수 있지만, 어떤 사람들은 다른 사람들보다 최면에 더 잘 걸릴 수도 있다. 최면화되기 쉬운 사람들은 상상 속의 삶을 잘 발달시키고, 생생한 상상력이 있으며, 잘 잊는 경향이 있고, 최면에 대한 긍정적인 태도를 취하는 경향이 있다(T. X. Barber, 1999). 이러한 특징들은 최면술사가 생각하는 것, 즉 최면술사가 제안하는 것을 상상하고 그것들을 실제로 생생하게 느끼는 데

도움을 준다.

최면의 실천은 돕는 직업에까지 미친다. 최면은 사람들이 고통과 불안에 대처하고, 과체중을 줄이거나 금연을 돕는 데 사용된다(예: Carmody et al., 2008; Hammond, 2007; Jensen, 2008).

최면은 심지어 몸의 면역 체계를 강화시켜 스트레스 상황에서 더 잘 기능하게 돕는다(Kiecolt-Glaser et al., 2001; Patterson & Jensen, 2003). 최면은 치료적 이점을 가질 수 있지만 이를 전통적인 치료법의 대체치료로 사용하기보다는 추가 치료법으로만 사용되어야 한다.

명상과 최면을 통한 의식 바꾸기의 요약이 〈개념 차트 4-3〉에 나와 있다.

〈개념 차트 4-3〉 **명상과 최면을 통한 의식 바꾸기**

기술		유도법	핵심 포인트
 © Simon@naffarts.co.uk/ Shutterstock.com	명상	주의를 한 물체, 단어, 생각으로 좁히거나 반복적인 의식을 수행한다.	명상은 몸과 마음을 편안하게 하고, 스트레스에 맞서는 것을 돕고, 고통을 견딜 수 있게 돕는다. 어떤 사람들은 명상이 내적 평화 혹은 영적 깨달음으로 이끈다고 믿는다.
 © Tatiana Popova/ Shutterstock.com	최면	주의를 최면가의 목소리나 반복적인 자극으로 좁힌다.	최면의 본질에 대한 논쟁은 계속되고 있다. 역할 연습 모델과 신 해리 이론은 최면에 대한 현대의 주요 이론이다. 모든 유형의 최면이 자기최면을 포함한다.

3 단원 복습 명상과 최면을 통해 의식 바꾸기

되새겨 봅시다

명상이란?

➤ 명상은 집중을 한 가지 물체, 단어, 생각으로 좁히거나 반복적인 의식을 수행함으로써 변경된 의식 상태를 유도한다.

➤ 명상은 편안해진 상태를 만들어 스트레스와 고통을 감소시키는 치료적 이점을 갖는다.

최면이란?

➤ 최면의 본질에 대한 합의는 이루어지지 않았지만, 이는 집중된 주의, 깊은 휴식, 제안에 대한 민감성 증가로 특징지어지는 변경된 의식 상태로 정의된다. 최면은 주류 심리학과 의학에서 점점 더 많이 사용되고 있다.

최면에 대한 주요 이론은?

➤ 최면에 대한 두 가지 현대 주요 이론은 첫 번째 '역할 연습 모델'이 있고, 이는 최면이 사회 역할연기의 한 형태라고 주장한다. 두 번째 이론은 '신 해리 이론'으로, 이는 최면이 분열된 의식 상태라고 주장한다.

점검해 봅시다

1. 수행가가 만트라를 반복함으로써 주의를 집중하는 명상 유형은 ________________라고 불린다.
2. 최면의 결과로 고통에 대한 감정과 반응을 상실하는 것은 ________________라고 한다.
3. '숨겨진 관찰자'의 개념은 최면에 관한 어떤 이론의 주요 특징인가?

생각해 봅시다

➤ 명상을 수행해 본 적 있는가? 그것이 당신의 의식 상태에 어떻게 영향을 미쳤는가?

➤ 최면에 걸려 본 적 있는가? 만약 그렇다면 그 경험은 어땠는가? 최면을 경험했든 그렇지 않든, 이 단원을 읽으며 최면에 대한 당신의 견해가 변한 것이 있는가? 그렇다면 어떻게 변했는가?

➤ 당신은 '숨겨진 관찰자' 개념이 의식의 특별한 상태에 대한 예라는 것을 믿는가? 왜 그렇게 생각하는가?

4 단원 약물을 통해 의식 바꾸기

- 약물 사용이 약물 남용과 약물 의존으로 넘어가는 경계는 언제인가?
- 억제제란?
- 각성제란?
- 환각제란?
- 어떤 요인이 알코올 및 약물 남용에 기여하는가?
- 약물 문제를 가진 사람들을 돕는 데 어떤 대체치료가 가능한가?

두뇌는 퍼즐을 좋아합니다

앞서 읽은 대로, 이 책의 정보를 이용하여 다음 문제를 풀어 보자.
술을 마셔도 취하지 않는 것이 어떻게 알코올 문제를 야기하는 유전적인 위험 요소가 될 수 있는가?

대부분의 사람이 자신의 의식 상태를 바꾸기 위해 명상이나 최면에 의지하지는 않는다. 그들은 주로 약을 복용하거나 알코올 음료를 마시거나 마리화나를 피운다.

향정신성 약물(psychoactive drugs): 사람들의 정신 및 정서적 상태에 영향을 미치는 화학 약물

향정신성 약물(psychoactive drugs)은 뇌에 작용하여 정서적 · 정신적 상태에 영향을 미치는 화학물질이다. 향정신성 약물은 기분, 사고 과정, 인지, 행동에 영향을 미친다. 사람들은 많은 이유—각성도를 변화시키기 위해(기운을 차리기 위해 각성제 복용; 편안하고 졸리게 만들어 잠들 수 있기 위해 억제제 복용), 취함으로써 자신의 정신 상태를 변화시키거나, 강렬한 쾌감을 느끼기 위해(급작스러운 큰 기쁨 혹은 흥분), 매일의 삶 속 스트레스에 대한 자각을 흐리게 하기 위해, 내적 진실을 찾기 위해—로 향정신성 약물을 사용한다. 헤로인, 코카인, 마리화나를 포함한 어떤 향정신성 약물은 불법이다. 알코올, (담배 속) 니코틴과 같은 약물은 합법이나 약물의 사용과 판매에는 제한이 가해진다. 또 다른 합법적인 향정신성 약물인 카페인은 이미 많은 사람들이 사용하고 있고 사람들은 카페인이 함유된 음료를 마시거나 초콜릿 바를 먹을 때 자신이 향정신성 약물을 섭취하고 있다는 사실을 깨닫지 못한다(초콜릿에도 카페인이 포함되어 있다.).

개념 4-19

향정신성 약물(억제제, 각성제, 환각제)은 사용자의 정신 상태를 변화시키는 약물이다.

거의 절반 정도의 미국 성인이 불법 약물을 사용한 적이 있다고 보고했고, 그중 마리화나가 가장 널리 사용된 불법 약물로 꼽혔다(SAMHSA, 2010a). ([그림 4-7] 참조). 12세 이상의 미국인 열 명 중 약 한 명(가장 최근의 통계에 따르면 8.6%)이 최근 불법 약물을 사용했음을 보고했다(CDC, 2010a; SAMHSA, 2010b). 청소년들의 마리화나 사용량이 최근 몇 년간 증가하면서 문제가 드러나고 있다(Johnston et al., 2010a;

Keuhn, 2011). 하지만 불법 약물의 사용은 성인이 합법적으로 사용하는 알코올과 담배 사용만큼 큰 문제는 아니다. 알코올성 음료는 억제제인 알코올을 포함하고 있으며 담배 제품에는 각성제인 니코틴이 들어 있다. 모든 주에서 21세 이하의 사람에게 음주를 금지하고 있지만, 고등학교 3학년 학생 네 명 중 세 명(70%), 8학년 학생 세 명 중 한 명 이상(37%)이 알코올을 마셔 봤다고 응답했고(Johnston et al., 2010b) 고등학생의 절반 이상이 적어도 한 번 이상은 술을 마셔 봤다고 응답했다. 또한 고등학생 다섯 명 중 한 명이 담배를 피고, 약 1,000명 정도의 10대가 하루 종일 담배를 피고 있다고 응답하였는데 이는 중독과 부정적인 신체적 결과 그리고 조기 사망에 이를 수 있는 확률을 높인다(SAMHSA, 2010b).

이 단원에서 우리는 약물 사용과 관련된 위험과 약물 사용과 남용으로 이끄는 요소, 약물 남용 문제를 가진 사람들을 돕는 방법에 대해 살펴볼 것이다.

1. 약물 남용: 약물 사용이 해를 일으킬 때

약물 사용이 약물 남용(drug abuse)으로 간주되는 것은 반복된 사용이 개인적 · 직업적 건강 관련 문제를 일으키거나 악화시킬 때이다(American Psychiatric Association, 2000). 약물 남용(drug abuse)은 화학물질의 부적응적이고 위험한 사용이다. 만약 약물 사용이 건강을 악화시키거나 집, 학교, 직장에서 기능에 손상을 입히거나 음주운전과 같은 위험한 행동과 연관되기 시작한다면 그 사람은 약물 사용에서 약물 남용으로 넘어간 것이다. 만약 당신이 술에 취하거나 숙취로 인해 반복적으로 학교나 직장을 빠진다면, 당신은 알코올을 남용하고 있는 것이다. 당신은 스스로 약물 문제를 가지고 있다는 사실을 인정하지 않을지 모르나, 당신은 약물 문제를 가지고 있는 것이다. 한 번에 둘 이상의 약물을 남용하는 사람을 다약물 남용자(polyabusers)라고 부른다.

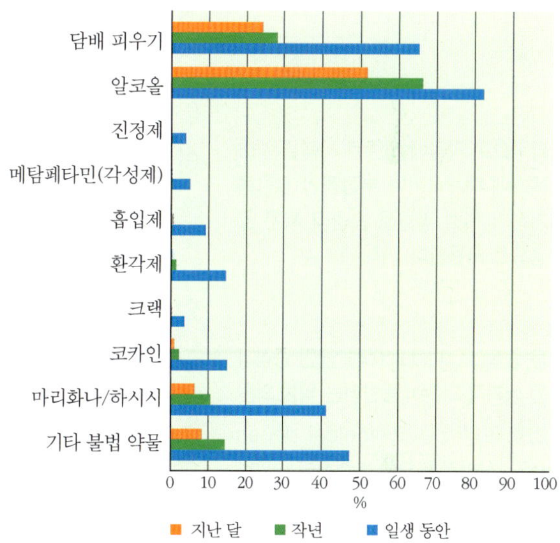

[그림 4-7] 미국 성인의 불법 약물 사용
미국 성인의 거의 절반 정도가 자신의 삶의 어떤 지점에서 불법 약물을 사용했음을 인정했다.

2. 약물 의존: 약물이 당신을 지배할 때

약물 남용은 종종 약물 의존(drug dependence)으로 이어지는데, 이는 약물 사용에 대한 통제력에 문제가 생기는 것을 특징으로 하는 심각한 약물 관련 문제이다. 약물에 의존하게 된 사람은 그 약물이 자신의 삶을 파괴하고 있다는 사실을 알면서도 약물을 사용해야만 할 것 같은 기분이 들거나, 약물 사용을 중단하면 무기력하다고 느낀다. 미국 성인 열 명 중 한 명이 삶의 어느 시점에서 약물 남용 혹은 약물 의존 장애를 겪는다(Compton et al., 2005).

개념 4-20
약물 사용이 남용으로 변하는 때는 그것이 부적응적이거나 개인적, 직업적, 건강 관련 문제를 일으킬 때이다.

약물 남용(drug abuse): 화학물질의 부적응적이거나 위험한 사용

다약물 남용자(polyabusers): 한 번에 두 개 이상의 약물을 남용하는 사람

약물 의존(drug dependence): 약물 사용에 대한 통제력 상실로 특징지어지는 심각한 약물 관련 문제

생리적 의존(physiological dependence): 신체 화학 반응을 변화시키는 약물의 반복된 사용으로 인해 약물에 신체적으로 의존하게 된 상태

금단 현상(withdrawal syndrome): 약물을 갑작스럽게 끊었을 때 나타나는 증상들

내성(tolerance): 같은 효과를 얻기 위해 더 많은 양을 필요로 하게 되는 신체적 습관의 형태

항상 그렇지는 않지만 약물 남용은 대개 생리적 의존[physiological depend ence, 또는 화학적 의존(chemical dependence)이라고도 불림]과 연관된다. 약물의 반복된 사용의 결과인 생리적 의존(physiological dependence)이 되면 사람들의 신체 화학 작용에 변화가 생겨 꾸준한 약물 공급에 의존하게 된다. 약물 의존인 사람들이 갑자기 약물 사용을 중단하면, 높은 수준의 불쾌감을 경험할 수 있고 때로는 금단 현상(withdrawal syndrome, abstinence syndrome)이라 불리는 위험한 증상을 경험할 수 있다. 생리적 의존의 증거로 자주 나타나는 또 다른 표시는 내성(tolerance)으로, 이는 같은 효과를 경험하기 위해 점점 더 많은 양의 약물을 사용해야 하는 것을 의미한다.

전문가들은 약물 사용장애의 유형을 구분하기 위해 약물 남용(drug abuse)과 약물 의존(drug dependence)이라는 용어를 사용한다. 일반 사람들은 약물 중독(drug addiction)이라는 용어를 더 자주 사용하지만, 이는 전문가들에게 서로 다른 의미를 갖는다.

개념 4-21

심리적으로 약물에 의존된 사람들은 스트레스에 대처하거나 부정적인 감정을 제거하기 위해 약물을 습관적 혹은 강박적으로 사용한다.

약물 중독(drug addiction)('화학적 중독'이라고도 불림)을 정의하자면 생리적 의존이 수반되는 약물 의존의 양상이라고 할 수 있다. 이 정의에 따르면, 우리는 사람들이 자신의 약물 사용에 대한 통제력을 상실하고, 생리적 의존의 증상을 보일 때(주로 금단 현상) 중독되었다고 여긴다.

약물 중독(drug addiction): 금단 증상과 같은 생리적 의존이 동반되는 약물 의존

심리적 의존(psychological dependence): 심리적 필요를 충족시키기 위한 강박적이고 습관적인 약물 사용 패턴

그러나 약물에 생리적으로 의존되지 않더라도 심리적으로 의존될 수 있음을 기억하자. 심리적 의존(psychological dependence)은 불안의 감소나 스트레스의 회피 등 심리적 필요를 충족시키기 위해 약물을 강박적·습관적으로 사용하는 양상을 의미한다. 약물에 심리적으로 의존된 사람들은 불쾌한 감정을 없애거나 개인적 문제 혹은 다른 사람과의 갈등에 맞서기 위해 약물에 의존한다. 니코틴, 알코올, 헤로인과 같은 약물은 심리적·생리적 의존 모두로 이어질 수 있다. 마리화나와 같은 약물은 심리적 의존을 일으키지만 생리적 의존을 일으키는지에 대해서는 알려져 있지 않다.

이제 향정신성 약물의 대표적인 종류(억제제, 각성제, 환각제)에 대해 알아보자.

© Micah Hanson/Alamy

© Don Mason/CORBIS

심리학자들은 우리가 행동하는 것과 생각하고, 느끼고, 꿈꾸고, 감각하고, 인지하는 것을 연구한다. 그들은 행동과 정신 과정에 대한 연구를 함에 있어 과학적 방법을 사용한다.

3. 억제제

억제제(depressants)는 중추신경계의 활동을 감소시켜 심박수나 호흡수와 같은 신체 과정을 억제시킨다. 억제제의 주요 유형으로는 알코올, 바르비투르와 트랭퀼라이저(진정제), 오피오이드가 있다. 심리학적으로 억제제는 이완감을 유발하고 불안과 긴장의 상황에서 안도감을 느끼게 한다. 어떤 억제제는 기쁜 충동을 느끼게 하기도 한다. 과다하게 복용할 시 억제제는 호흡과 같은 필수적인 신체기능을 막아 죽음에 이르게 할 수도 있다. 억제제는 매우 중독적이고 위험하며, 과량 복용 시 혹은 다른 약물과 혼합되었을 때에는 치명적이기도 하다. 유명한 연예인 메릴린 먼로와 주디 갈런드의 죽음은 바르비투르와 알코올을 혼합한 치명적인 약물 탓으로 밝혀졌다.

억제제(depressants): 중추신경계 활동을 약화시키는 알코올, 바르비투르과 같은 약물

개념 4-22

억제제는 과다 복용하거나 다른 약물과 혼합되어 사용되면 치명적일 수 있는 중독적인 약물이다.

1) 알코올: 가장 널리 사용되고 남용되는 억제제

알코올은 취하게 하는 화학물질(intoxicant)이다. 더 많이 마실수록 취하게 하는 효과가 강해진다. 〈표 4-3〉은 혈중 알코올 농도가 증가하는 것이 행동에 어떻게 영향을 미치는지를 보여 준다. 한 잔의 술을 마시는 것이 운전 능력을 손상시킬 수도 있다. 더 많이 마실수록 그 약물의 억제 기능이 중추신경계에 영향을 미쳐 인사불성(지각마비), 무의식 상태가 될 수 있고 심지어는 죽음에 이를 수도 있다.

취하게 하는 물질(intoxicant): 취한 상태를 유발하는 화학물질

일반적으로 여성은 남성에 비해 적은 양의 알코올에도 취한다. 한 가지 이유는 보통 여성이 남성보다 체중이 적게 나가는 데 있는데, 보통 체중이 적게 나갈수록 적은 양의 알코올에도 취하기 때문이다. 경험 법칙에 따르면 여성이 한 잔의 술을 마신 것은 남성이 두 잔을 마신 것과 같다(Springen & Kantrowitz, 2004). 남녀 차이의 또 다른 이유는 여성이 배 속에서 알코올을 분해하는 효소를 남성보다 적게 가지고 있기 때문에 순수한 알코올이 혈류까지 전달되기 때문이다. 그러나 여성이 알코올에 대해 더 민감한 것은 그들에게 좋은 점으로 작용할 수 있는데, 이것은 과도한 음주를 막는 생물학적 제약이 될 수 있기 때문이다.

개념 4-23

알코올은 중추신경계 활동을 약화시키고 행동의 결과를 판단하는 능력과 같은 고차 인지 기능에 영향을 미친다.

➔ 개념 링크 임신 중 엄마의 알코올 섭취는 태아 알코올 증후군(fetal alcohol syndrome)을 일으킬 수 있고, 이는 지적 장애의 주요 원인이 된다. 제9장 1단원을 참고하라.

알코올은 뇌에 직접적으로 영향을 미치는데, 행동의 결과를 판단하는 능력뿐 아니라 집중력과 주의를 손상시키고 판단력을 흐리게 한다. 그래서 사람들은 술을 마시지 않았다면 하지 않았을 행동이나 말을 술을 마실 때 하기도 한다. 그들은 자신의 행동의 결과를 고려하지 않은 채 불필요한 위험을 감수하기도 하고, 이것은 때로 비극적인 결과를 가져오기도 한다. 최근의 공중보건 캠페인에서는 다음 문구를 되풀이한다. "먼저 당신은 술에 취한다. 그다음 당신은 멍청해진다. 그다음 당신은 에이즈에 걸린다."

알코올은 탈억제 효과가 있는데, 이는 주로 공격적이거나 충동적인 행동으로 표출된다. 물론 술을 마시는 모든 사람이 공격적이 되거나 멍청하게 혹은 무모하게

개념 4-24

알코올은 억제를 감소시키며, 이는 공격적이고 충동적인 행동으로 이어질 수 있다.

〈표 4-3〉 혈중 알코올 농도가 행동에 미치는 영향

혈중 알코올 농도(%)	행동적 결과
.05	각성도 저하; 주로 고조된 기분; 탈억제; 판단력 손상
.10	반응 속도 저하; 운동기능 저하; 주의력 상실
.15	현저하고 지속적인 반응 속도 저하
.20	감각 및 운동 능력의 심각한 감소; 확실히 취한 상태
.25	심각한 운동 장애; 비틀거림; 감각지각이 심각하게 손상됨
.30	인사불성이지만 의식이 있는 상태; 외부 세계에 대한 이해 상실
.35	수술 시 마취 상태와 같음; 죽음이 발생할 수 있는 최소한의 수준
.40	약 50%의 경우 사망

출처: Ray & Ksir (1990).

행동하는 것은 아니다. 개인차는 큰 역할을 한다. 하지만 알코올 사용은 강간 및 배우자 폭행에서부터 강도, 폭행, 심지어는 자살에 이르기까지 많은 공격적인 행동과 연관되어 있다(Bartholow & Heinz, 2006; Buddie & Testa, 2005). 제14장에서 알코올과 폭력적인 행동 간의 관계에 대해 살펴볼 것이다.

미국에서 약 100,000명의 사람들이 매년 알코올과 연관된 원인으로 사망한다고 추정되는데, 대부분은 자동차 충돌 및 알코올 관련 질병이 그 원인이다(Society for Neuroscience, 2005). 음주 운전이 매우 위험한 한 가지 이유는 알코올이 거리 지각 능력을 손상시켜 자동차 간 거리를 판단하는 것을 어렵게 만들기 때문이다(Nawrot, Nordenstrom, & Olson, 2004).

© Image Source/Getty Images

폭음은 많은 대학 캠퍼스의 주요한 문제이다. 폭음으로 발생할 수 있는 위험은 무엇인가?

알코올과 관련된 사고들은 17~24세 젊은이의 주요 사망 원인이다(Ham & Hope, 2003). 매년 18~24세의 대학생 가운데 50만 명이 넘는 학생이 음주운전을 하다가 부상을 입는다(Dingfelder, 2005).

전반적으로, 미국에서 발생하는 자살 및 사고사의 약 1/3 정도에 알코올이 한 역할을 한다(Dougherty et al., 2004; Sher, 2005). 앞서 언급된 바와 같이 많은 폭력 범죄 또한 알코올 사용과 연관되어 있다.

2) 알코올중독

알코올중독(alcoholism): 알코올 사용에 대한 통제력 손상과 알코올에 생리적 의존으로 특징지어지는 화학적 중독

알코올을 마시는 대부분의 사람은 적당히 마신다. 그러나 통계 결과에 따르면 약 8백만 명의 미국인이 생리적으로 알코올에 의존하게 되고, 알코올 사용을 통제할 수 없게 되는 등의 화학적 의존 상태인 알코올중독(alcoholism)으로 고통받고 있다(Kranzler, 2006). 알코올중독으로 고통받는 사람들 중 약 5%로 추정되는 비교적 적은 수의 사람만이 '사회 밑바닥의 술고래'라는 고정관념에 들어맞는다. 대부분의 알

코올중독자는 가정과 직장을 가지고 있다. 그들은 당신이 일상에서 쉽게 만날 수 있는 종류—이웃, 직장동료, 친구, 심지어 가족 구성원—의 사람이다. 하지만 알코올중독은 기회균등의 파괴자이며, 심각한 건강 문제, 자동차 사고, 직장생활과 가정에 불행을 가져올 수 있다.

개념 4-25

알코올중독에 빠진 사람들 중 적은 수만이 '사회 밑바닥의 술고래' 모습에 들어맞는다.

알코올중독은 주로 20~40세 사이의 초기 성인기에 시작되지만 더 빨리 시작될 수도 있고, 심지어는 아동기에 시작되는 경우도 있다.

정기적으로 과도한 알코올 섭취를 수반하는 알코올 남용은 거의 모든 주요 신체 장기와 시스템을 손상시킬 수 있다. 과도한 음주는 종종 알코올을 주로 대사작용하는(분해시키는) 기관인 간에 심각한 영향을 끼친다. 간경화증(Cirrhosis of the liver)은 주로 알코올 남용으로 인해 간 조직에 돌이킬 수 없는 흉터가 생긴 것으로, 이는 매년 미국에서 발생하는 3만 건의 사망의 원인이 된다(Xiu et al., 2010).

아이러니하게도, 과음과 연관된 건강 문제에도 불구하고 알코올의 적절한 사용(남성은 하루에 1~2잔, 여성은 1잔)은 낮은 심장질환 및 뇌졸중 위험, 그리고 전반적으로 낮은 사망률과 관련이 있다(예: Brien et al., 2011; Di Castelnuovo et al., 2006; Ronksley et al., 2011). 그러나 보건당국에서는 적절한 음주가 과도한 음주로 이어질 수 있기 때문에 적절한 음주를 권장하는 데 한계가 있음을 지적한다.

3) 폭음: 대학생들의 위험한 취미

코카인, 헤로인, 마리화나가 아닌 알코올이 바로 캠퍼스에서 가장 많이 사용되는 약물(Big Drug on Campus: BDOC)이다. 대학생 세 명 중 두 명은 적어도 한 달에 한 번은 알코올을 마시며, 이들 중 대부분은 법적으로 음주가 허용되는 나이가 되지 않았다(〈표 4-4〉 참조). 대학생들은 대학교에 다니지 않는 친구들과 더 자주 술을 마시는 경향이 있다(Slutske, 2005). 집에서 떨어져서 생활하는 것이나 음주하는 친구에게 노출되는 것 등 대학생활과 관련된 요인들이 대학교 신입생 때의 높은 음주량에 기여한다(White et al., 2008).

© Ariel Skelley/Corbis

이들 중 누가 알코올중독으로 고통받고 있는가? 정답은 이들 모두가 알코올중독으로 고통받고 있을 수 있다는 것이다. 알코올중독을 가진 사람은 당신의 이웃일 수도, 친구일 수도, 사랑하는 사람일 수도 있다.

〈표 4-4〉 **대학생들의 음주 비율**

86.6	일생 동안 알코올을 섭취해 본 적이 있는 사람의 비율
83.2	작년에 음주한 적 있는 사람의 비율
67.4	지난 30일간 음주한 적 있는 사람의 비율
3.6	지난 30일간 매일 알코올을 섭취한 사람의 비율
39.3	지난 2주 동안 다섯 번 이상 연달아 음주한 사람의 비율

출처: Johnton, O'Malley, & Bachman (2001).

〈표 4-5〉 캠퍼스 내의 알코올 사용: 1년간 총계

신체적 폭행	600,000건
부상	500,000건
성폭행	70,000건
과다복용과 사고로 인한 사망	1,400건

출처: Hingson et al. (2002).
주: 이 수치는 18~24세의 미국 대학생들의 한 해 동안 알코올과 관련된 신체적 폭행, 부상, 성폭행, 사망의 추정된 건수를 나타낸다.

개념 4-26

폭음은 특히 알코올 의존, 알코올 과다복용, 안전하지 않거나 계획되지 않은 성관계, 음주운전의 위험성을 높인다.

캠퍼스에서의 과도한 음주는 그리스의 남학생 사교클럽 문화와 친목 모임의 문화와도 연관되어 있다(Park, Sher, & Krull, 2008; Park et al., 2009). 그러나 오늘날 많은 조직에서는 조직원들의 알코올중독 행동을 금지하거나 책임 있는 음주를 격려하고 있다. 그러나 여전히 음주는 대학생활에 뿌리 깊게 자리하고 있으며 이는 사실상 댄스 파티에 참여하거나 농구 게임을 하는 것과 같은 대학 경험의 일부로 여긴다(〈표 4-5〉 참조). 알코올은 매년 1,400여 명의 대학생의 목숨을 앗아가며, 이들 사망의 대부분은 음주운전으로 인한 것이다(Sink, 2004).

대학 캠퍼스에서 알코올과 관련된 가장 주요한 문제는 폭음이다. 폭음은 대학생들 사이에서 점점 더 증가하고 있으며, 지난 30일간 폭음한 적이 있다고 대답한 학생들은 40%에 달했다(Hingson et al., 2009; Mitka, 2009). 폭음(binge drinking)은 한 번에 다섯 잔 이상(남성의 경우) 혹은 네 잔 이상(여성의 경우) 술을 마시는 것을 의미한다. 폭음은 학생들의 건강을 손상시킬 뿐 아니라, 폭음으로 수업을 빠지거나 학교 진도를 따라가지 못하고, 낮은 성적을 받는 것과 같이 부정적인 학업 수행과도 연관되어 있다(Wechsler & Nelson, 2008).

많은 대학생이 합법적으로 술을 먹을 수 있는 나이인 21세가 되면 과도하고 잠재적으로 위험해질 수 있는 음주 행사를 치른다(Day-Cameron et al., 2009; Munsey, 2008). 최근 미주리 대학교에서 실시된 설문조사에 따르면 다섯 명 중 네 명의 학생이 21세 생일파티를 기념하기 위해 음주를 한다고 응답했다(Rutledge, Park, & Sher, 2008).

과음은 낮은 GPA와 관련이 있는데, 이는 과음하는 학생이 잠을 적게 자는 경향이 있기 때문이다(Singleton & Wolfson, 2009). 폭음하는 사람은 음주운전을 하거나 계획되지 않은 성관계를 가지는 것(이는 원치 않는 임신 혹은 성병으로 이어질 수 있음) 등 위험을 자처하는 행동을 하게 된다. 학업성취에 전념하는 학생은 다른 학생에 비해 폭음이나 음주 관련 문제 행동을 할 가능성이 낮다(Palfai & weafer, 2006).

폭음 및 이와 관련된 음주 게임(예: 맥주 원샷)은 심각한 문제일 수 있는데, 알코올 과다섭취는 사람들을 코마 상태에 빠지게 하거나 심지어는 죽음에 이르게 할 수 있기 때문이다. 알코올 과다섭취는 기억 상실과 발작 또한 일으킬 수 있다. 구토로 인해 질식하는 경우는 알코올로 유발되는 사망의 잦은 원인이 된다. 과음은 반사적으로 구토를 유발할 수 있지만, 알코올의 억제 효과가 중추신경계에 영향을 미쳐 정상적인 구토 반응을 방해한다. 그 결과, 구토가 기도에 축적되며 이는 질식 및 사망으로 이어질 수 있다.

〈표 4-6〉 알코올 과다복용의 징후

누군가 말하거나 소리치는 것에 반응이 없음
꼬집거나 흔들거나 찌르는 것에 반응이 없음
도움 없이 혼자 설 수 없음
정신을 못 차림
자줏빛의 축축한 피부
맥박수 증가, 불규칙적인 심장박동, 저혈압, 호흡곤란

알코올을 과다섭취할 경우, 즉각적인 의료 개입이 필요하다. 그러나 술을 너무 많이 마셨다는 것을 어떻게 알 수 있는가? 〈표 4-6〉에는 알코올 과다섭취의 징후가 나열되어 있다. 반응이 없거나 무의식 상태에 있는 사람들을 혼자 내버려 두어서는 안 된다. 단순하게 그 사람들이 잠으로 술을 떨쳐 버릴 것이라고 생각하지 말자. 당신은 당신이 그 사람을 방해할 권리가 없다고 생각할 수 있고, 그 사람이 실제로 위

험에 처해 있는지 의심을 품을 수 있다. 그러나 스스로에게 질문해 보자. 만약 당신이 과음의 징후를 보이는 그 사람의 입장에 있다면, 누군가 와서 당신의 목숨을 구해 주기를 바라지 않겠는가? 당신 혹은 다른 사람을 통해 의료적 개입을 얻을 수 있을 때까지 그 사람 곁에 머물러야 한다. 가장 중요한 것은 즉시 의사 혹은 지역 응급센터에 전화하여 조언을 구하는 것이다.

콜로라도 주립 대학교 2학년생 서맨사 스패디는 친구들과 과음한 후 알코올중독으로 사망했다. 사망 당시 그녀의 혈중 알코올 농도는 운전할 수 있는 법적 제한 수준의 다섯 배가 넘는 수치를 보였다.

4) 바르비투르와 트랭퀼라이저

바르비투르(barbiturates)는 일부 의료적 차원에서 합법적으로 사용될 수 있는 진정시키는 약물이다. 바르비투르는 고혈압을 조절하거나 수술 시 마취제로 쓰이기도 하며, 간질 발작을 제어하기 위해 사용되기도 한다. 하지만 이 약물은 매우 중독적이기 때문에 도취감 혹은 이완감을 느끼기 위해 불법적으로 거리의 마약으로 사용되기도 한다. 가장 흔히 사용되는 바르비투르는 아모바비탈(amobarbital), 펜토바르비탈(pentobarbital), 페노바르비탈(phenobarbital), 세코바르비탈(secobarbital)이 있다. 메타콸론(methaqualone, 속칭 'ludes', 'spoors')은 바르비투르와 비슷한 효과, 비슷한 위험을 가지고 있는 진정제이다.

바르비투르는 졸음, 불분명한 발음, 손상된 운동 능력, 손상된 판단력을 유발시킬 수 있다. 과다복용 시 경련, 혼수상태, 죽음에 이를 수 있으며, 바르비투르나 메타콸론을 알코올과 혼합하여 복용할 경우 특히 위험하며, 이는 매우 치명적일 수 있다. 생리적으로 바르비투르 혹은 메타콸론에 의존된 사람은 갑작스럽게 약물 사용을 중단할 시 경련, 심지어는 죽음에 이를 수 있으므로 철저한 의료적 감독하에 사용을 중단해야 한다.

개념 4-27

바르비투르와 트랭퀼라이저는 억제제로서 신경계를 진정시키는 기능이 있지만 이들은 과다복용 시 중독적이고 위험할 수 있으며, 특히 알코올과 같은 다른 약물과 혼합되어 사용되면 더욱 위험하다.

트랭퀼라이저(tranquilizers)는 불안과 불면증을 치료하는 데 널리 쓰이는 억제제의 한 종류이다. 트랭퀼라이저는 바르비투르에 비해 독성이 적지만 이들 또한 과다복용했을 시 위험할 수 있으며, 특히 알코올 혹은 다른 약물과 함께 사용하면 위험하다. 트랭퀼라이저도 마찬가지로 중독될 수 있는 위험이 있기 때문에 장기간 복용해서는 안 된다. 가장 흔하게 사용되는 트랭퀼라이저의 종류에는 바륨(Valium), 자낙스(Xanax), 할시온(Halcion)이 포함되는데, 이들은 벤조디아제핀(benzodiazepine)계 약물이다. 벤조디아제핀은 뇌의 신경전달물질 GABA의 효력을 증진시킨다(제2장 참조). 억제성 신경전달물질인 GABA는 과도한 신경계의 활동을 낮춘다.

5) 오피오이드

오피오이드[opioids, 아편(opiates)이라고도 불림]는 마취제(narcotics)이다. 마취제는 고통을 감소시키고 수면을 유도하는 특징을 가진 중독적인 약물이다. 오피오이드는 모르핀(morphine), 헤로인(heroin), 코데인(codeine) 그리고 양귀비에서 자연적으로 생성되는 약물을 포함한다. 데메롤(Demerol), 퍼코던(Percodan), 다르본(Darvon)과 같은 합성 오피오이드는 아편과 비슷한 효과를 내도록 인공적으로 제조된다. 아

마취제(narcotics): 고통 경감, 수면 유도의 특징을 가진 중독적인 약물

개념 4-28

모르핀, 헤로인과 같은 오피오이드는 황홀경 상태를 유발하는 억제제이다.

편은 격렬한 흥분(기쁨) 상태를 생성하며 개인적 문제를 잊게 하는데 이것이 불법 거리 마약으로 인기 있는 두 가지 주요한 이유이다.

아편은 의학 분야에서 합법적으로 진통제로 사용되기도 한다. 아편은 수술 후 통증이나 다른 고통을 줄이기 위해 일상적으로 사용된다. 그러나 이 약물은 중독될 가능성이 높기 때문에 의학적 사용도 엄격하게 규제된다. 반면 헤로인이나 모르핀과 같은 자연적으로 생성되는 아편이나 옥시콘틴(OcyContin), 비코딘(Vicodin)과 같이 인공적인 아편은 습득하거나 불법적으로 사용될 경우 거리의 약물로 남용된다(Novak et al., 2004).

아편은 엔도르핀과 비슷한 화학적 구조를 가지고 있으며 뇌에서 같은 수용체로 들어간다. 제2장에서 학습한 바와 같이 엔도르핀은 고통을 차단하고 행복감을 조절하는 신경전달물질이다. 아편은 우리의 '천연 아편'인 엔도르핀을 모방하여 기분 좋은 감각을 생성하는 뇌 중추를 자극한다.

약 3백만 명의 미국인이 헤로인을 사용해 왔는데, 헤로인은 가장 널리 사용 및 남용되는 오피오이드이며, 약 1백만 명의 사람이 중독되었다고 볼 수 있다(Krantz & Mehler, 2004). 헤로인은 약 5~15분간 지속되는 도취감(격렬한 기쁨)을 유발한다. 그 감각은 너무나 강렬하고 기분이 좋아서 사용자들은 이를 오르가슴에 비유한다. 도취감이 없어지고 나면 안정되고 졸린 상태로 특징지어지는 단계가 시작된다. 이때 염려와 걱정거리가 증발하는데, 이것이 사람들의 문제에 대한 심리적 도피처로 헤로인이 매력적으로 다가오는 이유이다. 그러나 이러한 달콤한 상태도 이내 사라지고, 습관적인 사용자들은 다시 마약에 취한 상태로 돌아가기 위해 마약을 사용한다. 내성이 증가하고 사용자는 점점 더 많은 양을 필요로 하게 되며, 이는 위험한 과다복용으로 이어질 수 있다. 헤로인 중독자들의 삶은 주로 약물을 얻고 사용하려는 노력을 중심으로 이루어진다. 많은 사람이 이 습관을 유지하기 위해 범죄 혹은 매춘에 의지한다.

개념 4-29

각성제는 중추신경계의 활동을 증가시키고 각성 상태를 고조시키며 ADHD(주의력결핍 과잉행동장애)의 치료에 사용될 수 있다. 제16장 3단원을 참고하라.

4. 각성제

각성제(stimulants): 중추신경계를 활성화시키는 약물

각성제(stimulants)는 중추신경계의 활동을 증가시키는 약물이다. 여기에는 암페타민, 코카인, MDMA(엑스터시), 니코틴, 카페인이 포함된다. 각성제는 생리적 의존과 심리적 의존을 유발한다. 이들 가운데 암페타민과 코카인과 같은 약물은 황홀경을 유발할 수 있다.

1) 암페타민

합성 오피오이드와 같이 암페타민(amphetamines)은 자연적으로 생성되지 않고, 실험실에서 화학적으로 제조된다. 암페타민은 자율신경계의 교감신경계를 활성화시켜 심박수, 호흡수, 혈압을 상승하게 한다. 적은 양으로도 이들은 정신적 각성도

와 집중력을 높이고, 피로를 감소시키며 수면 욕구를 줄여 준다. 많은 양을 복용할 경우, 이들은 강렬한 흥분감(쾌감)을 유발할 수 있다.

암페타민은 뇌에 작용하여 신경전달물질인 노르에피네프린과 도파민의 유효성을 증가시킨다. 이러한 화학물질의 유효성이 증가되면 뉴런은 계속해서 발화하게 되며, 이는 높은 흥분 상태와 높은 각성 상태가 유지되게 한다. 또한 암페타민은 뇌의 보상 경로(쾌감을 담당하는 회로)를 직접적으로 자극하여 쾌감을 생성한다.

가장 널리 사용되는 암페타민으로는 암페타민 황산염(제품 명: 벤제드린, 속칭: 'bennies'), 메타암페타민(제품 명: 메테드린, 속칭: 'speed'), 덱스트로암페타민(제품 명: 덱세드린, 속칭: 'dexies')이 있다. 이들은 알약 형태로 사용되거나, '아이스' 혹은 'crystal meth(메타암페타민 가루)'라고 불리는 비교적 순수한 메타암페타민 형태로 피울 수 있으며, 액체 형태로 주사할 수 있다.

1,200만 명이 넘는 미국인이 'meth(메타암페타민)'를 사용해 왔으며, 이들 가운데 150만 명은 정기적으로 사용하는 사람들이다(Jefferson, 2005). 약물에 대한 내성이 증가하고 사용량을 계속해서 증가시키는 암페타민 과다 복용은 위험하고 치명적인 결과로 이어질 수 있다. 암페타민은 과량 복용할 경우, 높은 초조감, 식욕 상실, 떨림, 심혈관 이상을 일으킬 수 있으며, 이는 혼수상태 혹은 죽음으로 이어질 수 있다. 또한 암페타민 과다복용은 암페타민 정신증(amphetamine psychosis)을 일으킬 수 있는데, 이는 조현병의 급성 삽화와 비슷하게 환각과 망상을 일으키는 정신병적 반응을 의미한다. 뇌영상 연구에서는 'meth'가 뇌를 손상시켜 학습, 기억, 다른 기능에 문제를 일으킬 수 있다는 사실을 밝혔다(P. M. Thompson et al., 2004; Toomey et al., 2003). 장기 사용 또한 뇌졸중, 간 손상 및 다른 심각한 건강 문제로 이어질 수 있다.

2) 코카인

코카인(cocaine)은 코카나무 잎에서 추출된 천연 각성제이다. 약물은 여러 가지 방법으로 투여될 수 있다. 가루 형태를 코로 흡입하거나, 'crack'이라 불리는 고체 형태로 피우거나, 액체 형태로 주입하거나, 코카 잎으로 끓인 차를 마실 수 있다. 여러분은 다음 사실을 알게 되면 놀랄지도 모른다. 1886년 코카콜라가 처음 출시되었을 때, 거기에 소량의 코카인이 함유되어 있었고 코카콜라는 '이상적인 자양강장제'로 광고되었다(20세기 초반부터는 코카콜라에 코카인을 넣지 않지만, 여전히 코카나무에서 추출한 비향정신성 추출물로 맛을 낸다.).

개념 4-30

코카인은 매우 중독적인 각성제로, 뇌의 보상회로를 직접적으로 자극해 황홀경 상태를 유발한다.

도파민은 뇌의 보상회로 혹은 쾌감회로를 직접적으로 자극하는 신경전달물질로 코카인은 주로 도파민에 작용하여 쾌감을 생성한다(Flagel et al., 2011; Pierce & Kumaresan, 2006). 뇌의 보상회로 및 쾌감회로는 우리의 생존에 필수적인 행동들에 강화를 제공하는 역할을 한다. 예를 들어, 우리는 배가 고픈 상태에서 먹을 것을 가지고 있거나, 목이 마른 상태에서 마실 것을 가지고 있다면 뇌의 보상회로는 도파민으로 가득 차게 되어 쾌감과 만족감을 느끼게 한다.

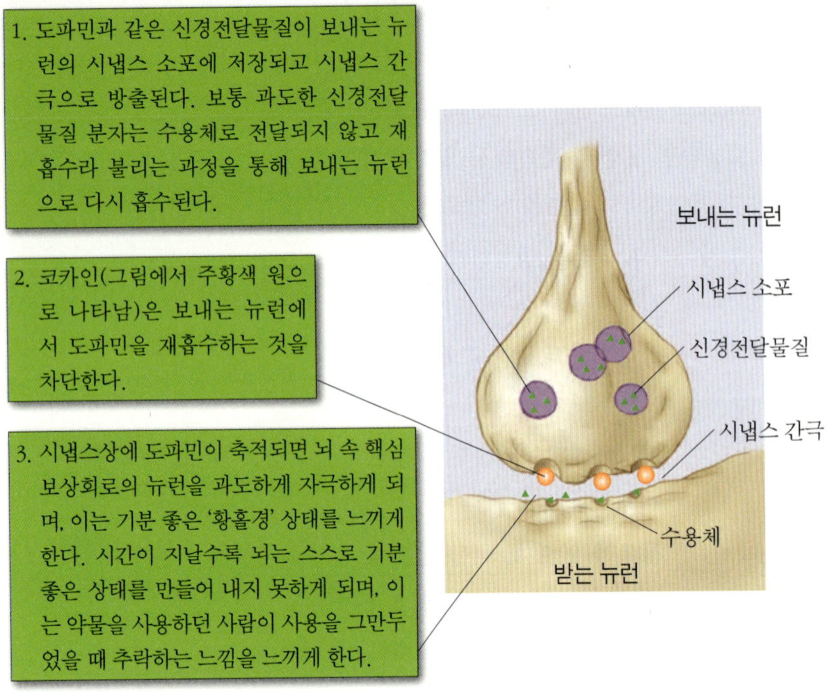

[그림 4-8] 코카인이 뇌에서 작용하는 방식

코카인은 정상적인 도파민(그림 속 원)의 재사용 과정을 차단하며, 이는 시냅스상 신경전달물질의 축적을 유발한다.

출처: National Institute on Drug Abuse, U. S. Department of Health and Human Serviceds, National Institute of Health (2004).

[그림 4-8]에서 볼 수 있듯이, 코카인은 뉴런 사이 시냅스상에서 도파민이 재흡수되는 것을 막는다.

그 결과, 더 많은 도파민 분자가 시냅스상에서 활성화된 상태로 오랫동안 남아 있게 되고, 이는 쾌감을 생성하는 뉴런을 과도하게 자극하게 되어 황홀경 상태를 일으킨다. 최근의 연구 결과 도파민은 초콜릿을 좋아하는 사람에게는 초콜릿과 같이 우리가 원하는 것을 인식하게 하고, 벌레와 같이 우리가 두려워하는 것을 인식하게 한다(Angier, 2009). 따라서 예를 들어, 코카인에 중독된 사람이 크랙 파이프를 보면 도파민이 급증할 수 있으며, 이는 약물 혹은 그와 관련된 용품을 더 무시하기 어렵게 한다.

암페타민과 코카인이 비슷한 효과를 가지고 있지만 코카인으로 유도된 황홀경, 그중에서도 특히 크랙 형태는 효과가 짧다. 피우는 크랙은 거의 피우는 동시에 뇌로 약물을 전달하며 이로 인해 즉각적이고 강렬한 황홀경이 유발된다. 하지만 그 황홀경은 5~10분 이내에 끝나며, 사용자는 더 많은 양을 갈망하게 된다.

코카콜라는 19세기 후반에 첫 출시된 이후로 가격뿐만이 아니라 다른 측면에서도 변화해 왔다. 처음에 코카콜라에는 코카인 추출물이 포함되어 있었고, 피로를 경감시켜 주는 정신적 강장제로 홍보되었다. 이미 100년 전부터 더 이상 음료에 코카인이 포함되지 않지만, 오늘날 코카콜라에는 가벼운 각성제인 카페인이 소량 들어 있다.

코카인을 정기적으로 사용할 경우 심장과 순환계, 다른 신체 기관에 악영향을 끼친다. 과량 복용 시 생명을 위협하는 치명적인 결과가 발생할 수 있으며, 장기 사용은 또한 불안, 과민함, 우울과 같은 심리적 문제를 일으킬 수 있다. 코카인을 과량 복용 시 코카인 정신증(cocaine psychosis)이라고 불리는 정신증을 경험할 수 있는데, 환각과 피해망상(타인 혹은 알 수 없는 힘에 의해 쫓기고 있다는 근거 없는 신념)이 그 특징이다.

코카인은 매우 중독적이며 약물에 대한 강렬한 갈망, 우울감, 일상생활의 활동에서 기쁨을 경험할 수 없는 것과 같은 금단 증상이 나타날 수 있다. 코카인에 중독된 사람은 이러한 불쾌한 금단 증상을 경험하고 난 후 안도감을 얻기 위해 약물을 다시 사용하게 된다. 코카인에 신체적으로 의존되었다는 표시인 내성 또한 빠르게 형성된다. 사용자들은 또한 약물에 심리적으로 의존될 수 있으며, 그렇게 되면 삶의 스트레스를 다루기 위해 약물을 강박적으로 사용하게 된다.

3) MDMA(엑스터시)

엑스터시(Ecstasy)로 더 잘 알려져 있는 MDMA(3, 4-메틸렌디옥시메탐페타민)는 지하 실험실에서 합성되는 암페타민과 비슷한 약물이다. MDMA는 가벼운 쾌감과 환각 효과를 일으킨다. 이것은 특히 고등학생과 대학생 사이에서 인기 있으며, 많은 미국 도시의 댄스클럽에서 널리 이용된다.

MDMA 사용은 우울, 불안, 불면증, 심지어는 편집증이나 정신증적 증상과 같은 부정적인 심리적 효과를 일으킬 수 있다. 이 약물을 과도하게 사용할 경우 기억력, 학습, 주의집중을 포함한 인지적 문제를 일으킬 수 있다(Eisner, 2005). 또한 심박수 및 혈압 증가, 긴장되거나 딱딱거리는 턱, 신체 열감 혹은 한기와 같은 신체적인 영향도 나타날 수 있다. 과량 복용 시 의식 손실, 발작을 일으킬 수 있으며 심각한 경우에는 사망에 이를 수도 있다(SAMHSA, 2005). MDMA 사용자 수는 감소하고 있지만, 1,000만 명 이상의 미국인이 적어도 한 번은 이 약물을 사용한 적이 있다(SAMHSA, 2005).

4) 니코틴

개념 4-31
각성제 중 하나인 니코틴은 식물 담배에서 발견되는 중독 물질이다.

니코틴(nicotine)은 그 정도가 다른 약물에 비해 가볍지만 매우 중독적인 각성제이다. 니코틴은 식물 담배에서 발견되며, 사용자는 주로 피우거나, 코로 흡입하거나, 담배를 씹는 방법을 사용한다. 흡연 후 첫 몇 주 만에 생리적으로 의존될 수 있다. 니코틴 사용은 또한 심리학적 의존으로 이어질 수 있는데, 일상생활의 스트레스에 대처하는 수단으로 습관적으로 담배를 피우는 사람이 그러한 경우이다.

각성제에 속하는 니코틴은 심박수를 증가시키고 식욕을 저하시키며, 가벼운 심리적 쾌감을 생성한다. 이는 또한 각성 상태, 흥분 상태를 일으키며 집중력을 증가시킨다. 하지만 니코틴은 동시에 '모순적인' 효과를 가지고 있는데, 이 약물은 휴식감과 정신적 평온함을 유발하는 기능도 한다. 사실상 니코틴은 뇌의 엔도르핀 분비를 촉진하기 때문에 쾌감 생성과 고통 경감을 동시에 일으킬 수 있다.

당신은 흡연이 위험하다는 사실은 분명히 알고 있을 것이다. 하지만 얼마나 위험한가? 흡연은 미국뿐만 아니라 전 세계의 조기사망의 주요 원인으로, 매년 미국의 약 450,000건의 사망 건수와 전 세계의 4백만 건의 사망 건수를 설명한다(CDC, 2009a; 'Tobacco Use,' 2010). 전반적으로 흡연은 미국 내 사망 원인의 1/5을 담당하고 있다(Benowitz, 2010).

흡연은 미국 내에서 암으로 인한 사망의 약 1/3에 해당되는데, 이들 중 대부분은 폐암으로 인한 것이다. 폐암은 암으로 사망하는 남성과 여성의 주요 사망 원인이다. 실제로 유방암보다 폐암에 의해 매년 더 많은 여성이 사망한다. 담배 속 유독물질은 몸속을 지나며 신체 기관에 손상을 입힌다(U. S. Surgeon General., 2010). 흡연에 관한 가슴 아픈 소식 한 가지는 이것이 또한 심혈관 질환(심장과 동맥의 질병)의 주요 원인이며, 가장 큰 사망 원인이라는 사실이다. 또한 흡연은 폐기종과 백내장과 같은 다른 심각한 건강 문제를 야기할 수 있다. 영국에서 실시된 한 연구에 따르면 흡연자의 경우 중년기(70세 이전) 때 사망 원인이 두 배에 달한다(Doll et al., 2004). 또 다른 연구에서는 중기 성인기 때의 심한 흡연이 알츠하이머병의 발병률을 두 배 이상 높인다는 사실을 발견했다(Rusanen et al., 2010).

좋은 소식은 미국 내 흡연 비율이 50년 이상의 기간 동안 최저치로 감소하고 있다는 사실이다. 그러나 여전히 1/5 이상의 미국 성인과 거의 같은 비율의 12학년 학생이 담배를 피운다('Adolescent Cigarette Smoking', 2010; 'Tobacco Use', 2010). 불행하게도 10대의 흡연 비율은 증가하고 있으며, 이는 앞으로 흡연과 관련된 질병 및 조기사망이 증가할 것이라는 전조라고 볼 수 있다. 흡연자의 구성을 살펴보면 여성보다 남성이 더 많고, 젊은 성인이 많으며, 교육을 덜 받은 사람이 많다(CDC, 2009a).

사람들은 주로 청소년기에 담배를 피기 시작하며, 한 번의 흡연이 규칙적인 패턴이 될 경우 제거하기가 힘들다. 매일 담배를 피우는 젊은 사람 중 약 1/3가량은 담배와 관련된 질병으로 사망한다고 추정된다.

5) 카페인

개념 4-32

커피, 차, 콜라, 초콜릿 등에서 발견되는 가벼운 각성제인 카페인은 가장 널리 사용되는 향정신적 약물이다.

© ImageShop/Corbis

카페인은 가장 널리 사용되는 향정신성 약물이다. 대부분의 정기적 사용자들은 카페인에 생리학적으로 의존되었음에도 약물 사용을 통제할 수 있다.

커피, 차, 콜라, 초콜릿 속 가벼운 각성제인 카페인(caffeine)은 가장 널리 사용되는 향정신성 약물이다. 정기적인 카페인 사용은 심리적 의존으로 이어질 수 있다. 만약 당신이 일상적으로 한두 잔의 커피 혹은 카페인이 함유된 차를 마시고 있다면, 카페인을 섭취하지 않은 날에 불안감과 두통을 느낄 것이며, 이는 당신이 카페인에 생리적으로 의존되었다는 의미이다. 커피 혹은 차 한두 잔, 카페인이 함유된 청량음료 몇 캔만으로도 의존될 수 있다. 좋은 소식은 비록 생리적으로 의존되었다 할지라도 대부분의 카페인 사용자는 자신의 약물 사용에 대한 통제력을 유지할 수 있다는 사실이다. 다른 말로 하면, 그들은 커피 혹은 차의 섭취량을 제한할 수 있으며 일상생활에 지장을 주지 않으면서 약물을 적절하게 사용할 수 있다.

또한 다행스럽게도, 임신 중 카페인 섭취를 제외하고는 카페인을 적절하게 사용할 경우 이와 관련된 건강 문제는 아직 알려진 바가 없다. 그러나 최근 연구에서 유전자에 따라 어떤 사람들의 경우 커피를 과도하게 마실 경우 심장마비에 걸릴 확률이 높은 것으로 나타났다(Cornelis et al., 2006).

카페인은 각성 상태 유지, 주의력 향상과 같은 바람직한 효과를 가지고 있지만 과다 복용할 경우(200~600mg) 초조함, 긴장감과 같은 부정적인 효과를 가져올 수 있다.

5. 환각제

환각제(hallucinogens)는 감각지각을 변형시키는 약물로, 이는 시각, 청각 및 다른 감각에서 왜곡 혹은 환각을 일으킨다. 환각제는 또한 '정신을 드러내는'이라는 의미로 사이키델릭(psychedelics)이라고도 불린다. 환각제는 어떤 사용자들에게 이완감과 평온함을 느끼게 하기도 하지만 또 다른 사용자들에게는 편집증과 공포감을 일으키기도 한다. 환각제가 생리적 의존을 일으킨다고 알려진 바는 없지만 사용자가 생활 속 문제와 스트레스를 대처하기 위해 이들 약물을 사용할 경우 심리적으로 의존될 수 있다. 환각제에는 LSD, 메스칼린, 실로시빈, PCP, 마리화나가 포함되며, 이들 중 가장 널리 사용되는 약물은 LSD와 마리화나이다.

환각제(hallucinogens): 감각 경험을 변형시키고 환각을 일으키는 약물

개념 4-33

환각제는 감각지각을 바꾸거나 왜곡시키고, 어떤 사람들에게는 편안한 느낌을 주는 반면, 어떤 사람에게는 편집증적 느낌이나 극심한 공포감을 준다.

1) LSD

LSD(리세르그산 디에틸아미드, 속칭, 'acid')는 생생한 환각 경험과 다른 감각적 왜곡을 일으킨다. 이 약물의 사용 경험은 'trip'이라고 불리며 효과는 최대 12시간까지 지속될 수 있다. 50만 명 이상의 미국인이 LSD를 사용한다고 보고했다(NIDA Notes, 2004).

LSD는 동공 확장, 심박수 증가, 혈압 증가, 체온 증가와 같이 신체에 다양한 효과를 가져온다. 이는 또한 발한, 떨림, 식욕부진, 불면증을 유발할 수 있다. LSD의 심리적 효과는 사용자마다 다양하며 예측할 수 없다. 사용자들은 종종 시공간의 왜곡을 보고한다. 과다 복용 시 색이 선명하게 보이거나 완전한 환각 상태를 유발할 수 있다. 심리적 효과는 사용량뿐만 아니라 사용자의 성격, 약물에 대한 기대, 약물이 사용되는 환경에 의해서도 영향을 받는다. 어떤 사용자들은 강렬한 불안감 및 공포감, 그리고 피해망상과 같은 정신병적 반응이 나타나는 'bad trips'을 경험하기도 한다. 또한 어떤 사용자는 LSD trip의 지각 왜곡의 형태를 갑작스럽게 재경험하는 회상(플래시백) 경험을 하기도 한다.

© Ann Marie Rousseau/ The Image Works

환각제 LSD는 선명한 지각 왜곡 및 명백한 환각 증상을 일으킬 수 있다. 어떤 사용자들은 'bad trips'라 불리는 공포감, 심지어는 정신증적 상태를 경험하기도 한다.

2) 메스칼린, 실로시빈, PCP

수 세기 동안 미국 원주민은 종교적인 목적으로 메스칼린(mescaline, 선인장에서 추출됨)과 실로시빈(psilocybin, 특정한 버섯에서 추출됨)을 사용해 왔다. PCP(펜시클리딘, phencyclidine) 혹은 'angel dust'라 불리는 물질은 흥분, 방향감각 상실, 집중의 어려움을 특징으로 하는 정신적 혼란 상태를 의미하는 섬망(delirium)을 유발하는 합성 약물이다. PCP는 시공간 지각의 왜곡, 비현실감, 생생하면서 때로는 무서운 환각을 일으킨다. 이는 망상증이나 이유를 알 수 없는 분노를 느끼게 할 수 있고, 특이하고 폭력적인 행동을 유발할 수 있다. 과다 복용 시 혼수상태나 사망으로 이어질 수 있다.

섬망(delirium): 혼란, 방향감각 상실, 집중의 어려움, 흥분으로 인한 행동을 특징으로 하는 정신 상태

3) 마리화나

마리화나(marijuana, 속칭: 'pot', 'weed', 'grass', 'reefer', 'dope')는 식물 대마에서 추출된다. 마리화나에 들어 있는 향정신적 화학물질은 THC(델타나인 테트라하이드로카나비놀)이다.

대마의 잎을 갈아 관으로 피울 수도 있고 가루를 뭉쳐서 'joint(마리화나 담배)'를 만들 수도 있다. 이 약물의 가장 강력한 형태는 하시시(hashish, 속칭 'hash')로, 이는 대마 수지에서 추출되며 가장 높은 농도의 THC가 포함되어 있다. 마리화나와 하시시 사용자는 대부분 이들 약물을 피우는 방법을 사용하지만, 어떤 사용자는 식물의 일부를 먹거나 대마초를 이용하여 만든 음식을 섭취하기도 한다.

마리화나는 특히 과량을 복용했을 때나 취약한 개인이 사용했을 경우 지각을 변형시키고 환각을 일으키기 때문에 일반적으로 환각제로 분류된다. 소량 복용 시, 사용자들은 안정감을 느끼거나 가벼운 황홀경을 느낄 수 있으며, 마치 시간이 더 천천히 가는 것 같은 느낌이 들 수 있다. 신체 감각은 더 확실하게 느껴지는데, 이는 어떤 사용자에게는 불안감이나 극심한 공포감을 느끼게 할 수 있다(예: 심장박동을 더 분명하게 느끼게 되면 어떤 사용자는 심장마비가 올 것을 두려워할 수 있다.). 과량 복용은 메스꺼움이나 구토를 유발할 수 있고, 방향감각의 상실, 공황 발작, 피해망상을 일으킬 수 있다.

마리화나는 미국과 서양 국가에서 가장 많이 사용되는 불법 약물이다(Yücel et al., 2008). 미국 성인의 40% 이상이 마리화나를 사용한 경험이 있고, 약 6%는 지난달을 기준으로 현재 마리화나를 사용하고 있다(SAMHSA, 2006).

마리화나가 생리적 의존으로 이어지는지는 불분명하다. 그러나 최근의 증거에 따르면 장기 과다 사용자가 약물 사용을 갑작스럽게 중단할 경우 정의 가능한 금단 증상을 보이는 것으로 나타났다(Budney et al., 2004). 만약 누군가 스트레스나 개인적 어려움을 다루기 위해 마리화나에 의존한다면 심리적 의존으로 이어질 수 있다는 것은 사실이다. 마리화나 사용은 또한 후에 헤로인, 코카인과 같은 더 강력한 약물의 사용과도 관련이 있다(Kandel, 2003). 하지만 마리화나 사용이 더 강력한 약물 사용의 원인 역할을 하는지는 아직 결론지어지지 않은 질문이다.

개념 4-34

마리화나는 적은 양을 복용할 시 안정감과 가벼운 쾌감을 유발하지만, 많은 양을 복용하거나 취약한 사람이 사용할 시 환각을 일으킬 수 있다.

마리화나 사용 시 생길 수 있는 위험으로는 심박수 상승, 혈압 상승이 있는데 혈압 상승은 심혈관계 질환을 가진 사람에게는 위험한 영향을 끼칠 수 있다. 또한 마리화나 사용은 운동 능력 및 협응 능력을 손상시킬 수 있는데, 이는 지각 왜곡을 일으킬 수 있으며 위험한 운전을 하게 하는 원인이 될 수 있다. 또한 장기적으로 사용할 시 학습과 기억에 문제가 생길 수 있다(Messinis et al., 2006; Puighermanal et al., 2009; Yücel et al., 2008).

마리화나를 피우면 몸속에 발암물질을 주입하게 되고, 호흡기 질환의 위험성을 높인다(Zickler, 2006). 마리화나 사용은 또한 우울증, 불안과 같은 심리적 질환과도 연관되어 있는데, 마리화나가 이러한 질병의 원인이 되는지는 아직 불분명하다

(Patton et al., 2002; Rey & Tennant, 2002).

〈개념 차트 4-4〉에는 주요한 향정신성 약물의 심리적 영향 및 위험을 심리적 및 생리적 의존의 관점에서 설명하고 있다.

〈개념 차트 4-4〉 주요 향정신성 약물

	약물	심리적·생리적 의존 가능성 유무	주요한 심리적 효과	주요한 위험
억제제	알코올	유/유	편안감·가벼운 황홀경·취한 상태 유발, 불안 감소, 정신적 각성과 억제 감소, 집중력·판단력·협응 능력·균형 감각 손상	많은 양을 복용 시 간 질환과 다른 신체적 문제 일으킬 수 있음, 과다 복용 시 혼수상태나 사망에 이를 수 있음
	바르비투르와 트랭퀼라이저	유/유	정신적 각성 감소, 편안감과 진정 상태 유발, 격렬한 쾌감 유발할 수 있음(바르비투르)	매우 중독적임, 과다 복용 시 혹은 알코올과 같은 다른 약물과 혼합하여 사용할 시 위험
	오피오이드	유/유	편안감과 황홀경 유발, 일시적으로 개인적 문제에 대한 인식을 완전히 잊게 함	매우 중독적임, 과다 복용 시 갑작스런 사망에 이를 수 있음
각성제	암페타민	유/유	정신적 각성 증진, 수면 욕구 감소, 쾌감 유발, 식욕 감소	많은 양을 복용 시, 정신증적 증상과 심혈관계 이상을 유발하여 혼수상태나 사망에 이를 수 있음
	코카인	유/유	암페타민과 비슷한 효과, 하지만 지속 시간이 더 짧음	매우 중독적임, 과다 복용으로 갑작스럽게 사망할 수 있음, 많은 양을 복용할 시 정신증적 영향이 있을 수 있음, 코로 흡입하는 과정에서 코에 결함이 생길 위험이 있음
	MDMA ('Ecstasy')	유/유	가벼운 황홀경과 환각 효과	많은 양을 복용 시 치명적임, 우울증 및 다른 심리적 효과를 일으킬 수 있음, 학습·집중·기억을 손상시킬 수 있음
	니코틴	유/유	정신적 각성 증가, 가벼운 쾌감을 생성하면서 동시에 모순적으로 편안하게 하고 진정 효과를 가질 수 있음	매우 중독적임; 담배 사용은 암을 유발할 수 있고 심혈관계 질환 및 다른 건강 문제에 공헌할 수 있음
	카페인	유/유	정신적 각성 증가	많은 양을 복용 시 신경과민과 불면을 유발할 수 있음, 임신 중 유산 위험을 증가시킴
환각제	LSD	유/무	환각과 다른 감각 왜곡을 일으킴	'bad trips'와 관련된 강렬한 불안·공포·정신증적 반응, 플래시백
	마리화나	유/?	편안감과 가벼운 황홀경 유발, 환각 생성	많은 양을 복용 시·메스꺼움·구토·방향감각 상실·공포·피해망상 유발, 정기적 사용 시 건강 문제

6. 약물 사용장애 이해하기

개념 4-35

약물 사용장애는 사회적 · 생물학적 · 심리적 요인들의 상호작용으로 발생하는 복잡한 문제이다.

사람들은 단순히 의식 상태를 변화시키기 위해서가 아니라 다양한 이유로 약물을 사용한다. 약물 사용 및 남용의 문제를 더 잘 이해하기 위해 우리는 사회적 · 생물학적 · 심리적 요인을 살펴볼 필요가 있다. 약물로 인한 쾌감, 동료들의 압력, 담배, 알코올 등과 같은 약물을 사용하는 가족 구성원에의 노출 등은 젊은 사람들이 약물 사용을 시작하게 되는 데 중요한 영향을 끼친다(Hu, Davies, & Kandel, 2006; Read et al., 2003).

주류 문화에서 소외되었다고 느끼는 젊은 사람들은 범죄조직 등 약물 사용이 허락되거나 격려되는 하위 문화 속에서 동질감을 느낄 수 있다. 약물을 처음 사용하는 동기는 동료들과 어울리고 그들의 눈에 쿨하게 보이기 위해서이지만, 일반적으로 사람들은 자신의 쾌감과 강화 효과로 인해 약물을 계속해서 사용하게 된다. 약물을 장기적으로 사용할 경우 몸은 약물의 정기적인 공급에 의존하게 되고, 이는 생리적 의존으로 이어진다. 약물에 화학적으로 의존되면 사람들은 불쾌한 금단 증상과 약물 사용을 그만두었을 때 느껴지는 갈망을 피하기 위해 주로 약물을 계속해서 사용하게 된다.

실직 또한 약물 남용과 연관된 또 다른 사회적 요인이다. 하지만 약물 사용과 실직의 관계에는 양면이 있다. 실직이 약물 남용의 가능성을 증가시키기도 하는 반면 약물 남용이 실직의 가능성을 증가시키기도 한다.

알코올 및 다른 약물의 사용은 문화 규범의 강한 영향을 받는다. 문화적 신념과 관습은 음주를 격려하거나 반대할 수 있다. 예를 들어, 유대인, 그리스인, 이탈리아인, 아시아인과 같은 어떤 인종 집단에는 알코올중독자의 비율이 낮은데, 이는 주로 과음 및 미성년자의 음주에 대해 엄격한 사회적 통제가 가해지기 때문이다. 전통적인 이슬람 문화에서 알코올은 완전히 금지된다.

© image100/Alamy

동료들의 압력은 젊은 사람들 사이에서 알코올 및 다른 약물 사용에 중요한 영향을 미친다.

성별 및 인종 차이 또한 고려되어야 한다. 최근에 실시된 전국적 설문조사에 따르면 남성은 여성에 비해 지난달 알코올 및 불법 약물을 사용할 가능성이 높았다(Maisto, Galizio, & Connors, 2008). 최근 알코올 사용은 백인에게서 가장 높은 빈도로 나타나지만, 지난달 불법 약물을 사용했을 가능성을 고려했을 때 백인과 흑인, 히스패닉 간 차이는 적은 것으로 나타났다.

문화적 적응 또한 약물 사용 및 남용을 설명하는 데 중요한 역할을 한다. 전통적인 히스패닉 문화는 여성의 알코올 사용, 특히 여성의 과음에 심각한 규제를 가한다. 미국 주류 사회의 여성 음주에 대한 느슨한 규제 문화에 노출되어 적응한 히스패닉 미국 여성은 그렇지 않은 히스패닉 미국 여성에 비해 과음할 확률이 훨씬 높았다(Caetano, 1987).

유전적 요인 또한 알코올중독, 헤로인 의존, 니코틴(담배) 의존과 같은 약물 중독의 여러 가지 형태를 이해하는 데 도움이 된다(Blomeyer et al., 2008; Chen et al., 2008; Kendler et al., 2008; Uhl et al., 2008). 유전적 기여에 대한 증거로 일란성 쌍둥이가 이란성 쌍둥이에 비해 함께 알코올중독에 빠질 가능성이 더 높다는 연구가 제시되고 있다(Alterman et al., 2002; Liu et al., 2004).

하나의 유전자가 알코올중독이나 다른 약물 사용장애에 책임이 있는 것은 아니다. 그보다 과학자들은 복합적인 유전자들과 환경적 요인이 함께 작용하여 알코올과 다른 약물의 남용 및 의존으로 이어진다고 믿는다(Kendler et al., 2008; Luczak, Glatt, & Wall, 2006). 어떤 사람들은 유전적으로 알코올과 다른 약물 복용을 통해 더 큰 쾌감을 느끼는 성향을 가지고 있을 수 있는데, 이들은 약물 남용의 가능성이 더 높다. 주변에 과음하는 친구가 있으면 유전적 요인이 과음으로 이어질 수 있다(Larsen et al., 2010). 또한 어떤 사람들은 유전적으로 알코올의 부정적인 영향(메스꺼움 등)에 대해 내성이 많은 사람이 있는데, 이러한 성향은 오히려 그만 마실 때가 언제인지 스스로 정하기 어렵게 만든다(Corbett et al., 2005; Ehlers & Wilhelmsen, 2005; Radel et al., 2005). 아이러니하게도, 잘 취하지 않는 사람이 알코올 관련 문제를 가질 위험이 더 높은 것으로 나타난다(Edenberg et al., 2005). 유전적으로 알코올의 부정적인 영향에 더 민감한 사람은(자신의 몸이 과음에 즉각적으로 브레이크를 거는 사람들) 알코올 남용 및 알코올 의존과 관련된 문제를 가질 확률이 더 낮다. 앞서 언급한 바와 같이 어떤 사람들은 알코올을 통해 더 큰 쾌감을 느낄 수 있는데, 이들은 문제성 음주를 할 위험성이 더 크다.

우리는 또한 신경전달물질의 역할을 이해할 필요가 있다. 코카인, 암페타민, 알코올, 아편과 같은 많은 향정신성 약물은 뇌 속 신경전달물질 도파민(뇌의 보상회로 혹은 쾌감 회로를 활성화시키는 데 관여하는 신경전달물질)의 유효성을 증가시켜 쾌감 혹은 황홀경 상태를 유발한다(Borgland et al., 2006; Conner, 2010; Gallistel, 2006). 알코올 의존에 빠진 사람에게는 단순히 알코올과 관련된 단어[예: keg(맥주 저장용 작은 통) 'binge(흥청망청, 폭음)']의 언급만으로도 뇌의 보상 및 쾌감 회로를 활성화시킬 수 있다.

코카인, 헤로인, 암페타민과 같은 약물은 뇌의 보상회로를 도파민으로 가득하게 만들어서 일시적으로 강렬한 쾌감을 생성한다. 하지만 이러한 약물을 지속적으로 사용할 경우 뇌의 회로를 손상시켜 뇌가 도파민을 스스로 생성하는 능력을 떨어뜨린다. 그 결과, 약물 사용자는 맛있는 식사를 하거나 다른 사람과 어울리는 등의 일상적인 즐거운 활동으로부터 쾌감을 얻기 어렵게 된다. 뇌는 쾌감을 생성하거나 불안과 우울 같은 부정적 감정을 제거하기 위해 이러한 약물에 의존하게 된다. 약물 없는 삶은 재미없고 만족감 없는 것처럼 보일 수 있으며, 심지어 더 이상 살 가치가 없는 것처럼 보일 수 있다.

약물은 또한 엔도르핀과 같은 다른 신경전달물질에도 복합적인 영향을 미친다. 오피오이드는 엔도르핀과 같은 수용체에 반응한다. 시간이 지날수록 뇌는 아편의

많은 문제성 음주자가 자신의 문제나 불쾌한 감정을 없애기 위한 자기치료적 시도로 알코올을 사용한다.

공급에 습관화되고 스스로 엔도르핀을 생성하는 것을 멈추게 된다. 이러한 약물에 의존된 사람은 원래는 엔도르핀에 의해 수행되던 고통 감소와 쾌감 생성의 기능을 이들 약물에 의존하게 된다. 습관적인 사용자가 약물 사용을 그만둘 경우 몸이 다시 정상적으로 엔도르핀을 생성하기 시작할 때까지 작은 아픔과 고통이 확대되어 느껴진다.

절망감, 감각 추구, 불쾌한 감정 피하기와 같은 심리적 요인 또한 약물 사용 및 의존에 크게 기여한다. 어려운 가정환경에서 자란 젊은 사람들은 공허감과 절망감으로 인해 약물을 찾을 수 있다. 감각에 대한 높은 역치를 가진 사람(일상적인 활동에 쉽게 지루함을 느끼는 사람들)은 자신들이 추구하는 자극을 제공하는 약물에 의존하게 될 수 있다. 어떤 사람은 불안과 정서적 고통을 경감시키거나, 부정적인 경험에 대처하거나, 삶의 문제로부터 일시적으로 회피하기 위한 자기 치료의 형태로 알코올 및 다른 약물을 사용한다(Tomlinson et al., 2006). 약물에 대한 긍정적인 태도, 약물의 효과에 대한 긍정적 기대(예: 더 외향적이고 사회적으로 자신감 있어질 것이라는 기대)와 같은 인지적 요인 또한 약물 사용 및 남용에 기여하는데, 특히 젊은 사람들에게 이러한 인지적 요인이 높게 작용한다(Andrews et al., 2008; Gunn & Smith, 2010).

7. 약물 치료

해독(detoxification): 몸에서 약물 혹은 독소를 제거하는 과정

가장 효과적인 약물 치료 프로그램은 약물 남용 문제를 가진 사람들이 경험하는 다양한 문제를 다양한 접근법을 사용하여 다루는 프로그램이다(Grant et al., 2004; Litt et al., 2003). 약물에 화학적으로 의존된 사람은 먼저 해독(detoxification)을 해야 할 수도 있다. 해독은 몸에서 약물을 없애는 과정으로 해독 과정 중에는 의료적 모니터링이 가능해야 하며, 주로 입원이 필요하다. 전문가 상담과 같은 사후관리 서비스는 사람들이 약물 남용에 깔려 있던 우울 및 낮은 자존감과 같은 심리적 문제를 다루어 약물을 사용하지 않도록 도울 수 있다.

개념 4-36

효과적인 약물 치료는 사람들로 하여금 화학적 의존으로부터 벗어나고 자신의 문제에 대해 대처하는 더 적응적인 방법을 발전시키도록 돕기 위한 다면적인 접근이 필요하다.

약물 중독을 해결하기 위해 심리 상담과 더불어 치료적 약물을 사용할 수 있다. 어떤 치료 약물은 오피오이드와 알코올이 쾌감을 생성하는 것을 막는다(Veilleux et al., 2010). 합성 오피오이드인 메타돈(methadone)은 헤로인 사용과 관련된 쾌감이나 인사불성 상태를 일으키지 않는 대신 사용자가 헤로인 복용을 그만두었을 때 나타나는 금단 증상을 억제한다. 헤로인 복용자들이 메타돈을 매일 복용한다면 자신의 삶을 정상 궤도로 되돌리는 것을 도울 수 있다(Marion, 2005). 추가로 알코올 자조모임(Alcoholics Anonymous: AA)의 12단계 프로그램과 같은 자조 프로그램은 특히 단주를 목표로 하는 사람들이 단주를 유지하고 알코올 없는 자신의 삶을 재건축하는 것을 돕는다(Ferri, Amato, & Davoli, 2006).

4 단원 복습 약물을 통해 의식 바꾸기

되새겨 봅시다

약물 사용이 약물 남용 및 의존으로 넘어가는 경계는 언제인가?

- 약물 사용이 부적응적이거나 위험해질 때 약물 남용이 된다(개인적 · 직업적 · 신체적 문제를 일으키거나 악화시킬 때).
- 약물 의존은 약물의 사용에 대한 통제력이 손상된 상태이다. 이는 종종 생리적 의존의 징후가 동반된다. 약물 남용은 주로 약물 의존으로 이어진다.
- 생리적 의존은 몸이 약물의 꾸준한 공급에 의존하게 되었다는 의미이다. 심리적으로 의존되었을 때 사람들은 불안, 스트레스 및 다른 부정적인 감정에 대처하기 위한 방법으로 약물에 의존한다.

억제제란?

- 알코올, 바르비투르, 트랭퀼라이저, 오피오이드와 같은 억제제는 중추신경계의 활동을 감소시키는 중독적인 약물이다. 이들은 신체 각성 감소, 불안 및 긴장 완화, (바르비투르와 오피오이드의 경우) 쾌감 혹은 황홀경 생성과 같은 다양한 효과를 가진다.

각성제란?

- 암페타민, 코카인, MDMA('엑스터시'), 니코틴, 카페인과 같은 각성제는 신경계의 활동을 증가시킨다. 각성제는 황홀감을 유발할 수도 있지만 이들은 또한 생리적 의존으로 이어질 수 있다. 코카인은 뇌의 보상회로를 직접적으로 자극하여 황홀경 상태를 유발하지만 매우 중독적이고 위험한 약물이다. MDMA는 암페타민의 화학적 복제품으로 심각한 심리적 및 신체적 결과를 낳는다. 가벼운 각성제인 니코틴은 담배에서 발견되는 중독 물질이다. 카페인의 정기적인 사용은 심리적 의존으로 이어질수 있지만, 대부분의 사용자들은 카페인 사용에 대한 통제력을 유지한다.

환각제란?

- 환각제는 감각지각을 변경시키거나 환각을 유발하는 약물이다. 여기에는 LSD, 메스칼린, 실로시빈, PCP, 마리화나가 포함된다. PCP('angel dust')는 섬망(환각 및 폭력적 행동이 동반되는 혼란과 방향감각상실 상태)을 유발하는 합성 약물이다. 가장 널리 사용되는 불법 약물인 마리화나는 사용량에 따라 다양한 효과를 가진다.

알코올 및 약물 남용 문제에 기여하는 요인은?

- 약물 자체로 강화 효과를 가지는 것에 더하여 사회적 · 생물학적 · 심리적 요인이 약물 남용에 기여할 수 있다. 사회적 요인으로는 동료 압력과 약물을 사용하는 가족 혹은 친구에의 노출이 있다. 생물학적 요인에는 약물의 부정적인 효과에 대한 높은 내성이 있다. 심리적 요인에는 절망감과 불쾌한 정서를 탈출하고자 약물을 사용하는 것이 있다.

약물 문제를 가진 사람을 돕는 치료 대안은?

- 약물 문제를 가진 사람을 치료하는 접근에는 해독 프로그램, 전문가 상담, 치료적 약물의 사용, 알코올 자조모임(Alcoholics Anonymous)과 같은 자조 프로그램이 있다.

점검해 봅시다

1. 정신 상태를 변화시키는 화학적 물질은 ________ 라고 부른다.
2. 약물의 반복된 사용이 사람의 몸의 화학 반응을 일으켜 몸이 약물의 꾸준한 공급에 의존하게 되는 상태는 무엇인가?
   ① 약물 남용 ② 약물 오용
   ③ 심리적 의존 ④ 생리적 의존
3. 알코올과 헤로인은 어느 약물군에 속하는가?
4. 가장 널리 사용 및 남용되는 억제제의 종류는?
   ① 니코틴 ② 알코올
   ③ 헤로인 ④ 카페인
5. __________는 불안과 불면증을 치료하는 데 널리 사용되는 약물이지만 장기간 사용될 경우 중독될 위험이 있다.
6. 많은 향정신성 약물은 뇌에 신경전달물질 __________을 집중시켜 쾌감을 유발한다.

생각해 봅시다

- 약물 남용 및 의존 문제에서 정적 강화와 부적 강화가 어떤 역할을 하는가?
- 마리화나는 합법화되어야 하는가? 왜 그렇게 생각하는가?

5 단원 충분한 숙면 취하기

개념 4-37

건강한 수면 습관을 발달시키는 것은 신체적 혹은 심리적 문제에서 기인하지 않은 불면증을 극복할 수 있도록 돕는다.

많은 사람들이 잠에 들거나 깼을 때 상쾌함을 느낄 만큼 충분히 숙면을 취하지 못한다. 불면증은 근본적인 의학적 · 심리적 장애에서 기인하기 때문에 불면 증상은 건강 전문가에게 진단받는 것이 최선이다. 하지만 많은 경우 불면증은 건강하지 않은 수면 습관을 반영한다. 다행히도 사람들은 자신의 수면 패턴을 인식하고 수면 행동과 사고방식을 적응적으로 변화시킴으로써 이러한 문제를 해결할 수 있다(Buysse et al., 2011; Dolan et al., 2010; Ebben & Spielman, 2009). 다음에는 건강한 수면 습관을 발달시키기 위한 몇 가지 조언이 제시되어 있다(J. E. Brody, 2006; Nevid & Rathus, 2010 참조).

규칙적인 수면 시간을 가지라. 주말과 휴일을 포함하여 매일 비슷한 시간에 잠들고 깨어 당신의 내부 생체 시계가 맞추어지도록 하자.

억지로 잠에 들려고 하지 말라. 수면은 억지로 될 수 없는 자연스러운 현상이다. 만약 당신의 눈은 아직 초롱초롱하고 에너지가 많다면, 잠에 들기 전에 몸과 마음이 천천히 쉬도록 하자.

잠들기 전 규칙적인 일상을 보내라. 잠자리에 들기 전 규칙적인 일상을 보내자. 독서를 하거나, 텔레비전을 보거나, 휴식을 취하거나, 숙면을 돕는 명상을 실천할 수 있다.

© Simon Potter/Polka Dot/Jupiter Images

다음 그림에서 문제가 무엇인가? 만약 당신이 불면증을 가지고 있다면, 침대에서 무언가를 먹거나, 책을 읽거나, 텔레비전을 보거나, 통화를 하는 것과 같은 다른 활동들을 제한하고 침대가 수면의 강력한 단서가 되게 하자.

적절한 수면 단서를 제공하라. 될 수 있으면 침대에서 무언가를 먹거나, 책을 읽거나, 텔레비전을 보거나, 전화통화를 하지 않는 등 다른 활동을 제한하여 침대가 수면의 단서가 될 수 있게 하자.

뒤척이는 것을 피하라. 만약 20분 안에 잠들지 못한다면, 뒤척이는 것을 멈추자. 침대에서 나와 다른 방으로 가서 독서, 잔잔한 음악 듣기, 명상 등 휴식 상태를 만들자. 편안해졌다고 느껴지면 다시 침대로 가자라. 잠들 수 있을 때까지 이 과정을 반복하자.

잠을 못 잤더라도 낮잠을 피하라. 많은 사람들은 밤에 못 잔 시간을 낮잠으로 보상하려고 한다. 하지만 낮잠은 당신의 자연스러운 생체 시계를 흐트러뜨리고 이는 당신이 그날 밤에 더 잠들기 어렵게 한다.

침대에 누워서 당신의 문제를 떠올리지 말라. 침대에 눕는 것은 수면에 도움이 되는 행동이지, 문제를 다시 곱씹거나 다음날 스케줄을 계획하는 시간이 아니다. 스스로에게 '내일 생각하자, 내일'이라고 말하라. 혹은 잠자리에 들기 전 다음 날 해야 할 일을 메모해 두자.

심상(mental imagery)을 활용하라. 편안한 장면을 마음속에 떠올리자—예를 들어, 열대 해변가에서 햇볕을 쬐거나 울창한 숲속을 거니는 당신을 상상해 보자—이는 당신이 일상의 의식에서 잠의 영역으로 가는 것을 도울 것이다.

규칙적으로 운동하라. 격렬한 운동은 일상생활의 스트레스를 해소하는 데 도움이 되며 몸이 편안한 수면을 취하도록 준비시킨다. 하지만 운동은 몸의 각성 상태를 증가시키기 때문에 잠자리에 들기 몇 시간 전에는 운동하는 것을 피하자.

특히, 오후에 카페인 섭취를 제한하라. 커피, 차 등 다른 약물에 들어 있는 카페인은 몸의 각성 상태를 최대 열 시간까지 지속시킨다. 흡연은 건강에 악영향을 미칠 뿐만 아니라 담배에도 가벼운 각성제인 니코틴이 들어 있기 때문에 흡연을 피하자.

합리적인 '자기대화(self-talk)'를 실시하라. 당신이 스스로에게 속삭이는 불안한 생각들은 불안과 염려 수준을 높여 밤늦도록 깨어 있게 할 수 있다. 그러한 불안한 '자기대화'를 대처 생각으로 바꾸자. 예를 들어, "나는 지금 잠들어야만 해. 그렇지 않으면 내일 하루가 엉망이 되고 말 거야."라고 말하는 대신 "평소만큼 초롱초롱하진 않겠지만 내일 하루가 완전히 망하는 건 아니야. 예전에 잠을 적게 잤을 때에도 그럭저럭 잘 버텼고 내일도 그렇게 할 수 있어."라고 말하자. 작은 일을 크게 부풀리는 함정에 빠지지 말자.

심리학에 대해 비판적으로 생각하기

이것은 당신이 이 책에서 처음으로 만나게 될 비판적으로 사고하기 활동이다. 이 장의 내용을 바탕으로, 다음의 질문에 대답하라. 그런 다음 당신의 비판적 사고 능력이 얼마나 진전되었는지 평가하기 위해 부록 A의 모범 답안과 당신의 답안을 비교해 보자.

통계는 거짓말을 하는가? 통계가 거짓말을 하는 건 아니지만, 그것을 해석할 때 비판적으로 사고하지 않으면 분명 잘못된 결과로 이어질 수 있다. 몇몇 인종 집단 간 불법 약물(예: 코카인, 마리화나) 사용 비율에서 차이가 발견되었다고 가정해 보자. 집단 A가 집단 B보다 불법 약물 사용 비율이 더 높은 것으로 나타났다. 비판적인 사고기술을 사용하여 다음 질문에 답해 보자.

1. 인종이 집단 A와 집단 B의 약물사용 비율 차이의 이유가 된다고 말할 수 있는가? 왜 그렇게 생각하는가?
2. 이러한 차이를 설명하는 다른 이유는 어떤 것이 있는가?

눈으로 복습하기 제4장 의식

1단원 의식의 상태

© Blend Images/Alamy

- 집중된 인식: 완전히 깨어 있고, 당면 과제에 몰두함
- 표류하는 의식: 생각이 떠다님
- 분열된 의식: 두 가지 이상의 작업으로 의식을 나눔
- 수면과 꿈: 수면 중 어두워진 의식 상태
- 변경된 의식을 깨우는 상태: 각성 상태에서 일상적인 인식의 변화

2단원 수면과 꿈

수면의 단계

- 비REM 수면(1~4단계): 뇌파 패턴의 변화는 느린 뇌파의 수면으로 이어진다.
- REM 수면: 꿈과 연관된 활동적인 뇌파 패턴

수면의 기능

- 보호 기능: 위험으로부터 보호

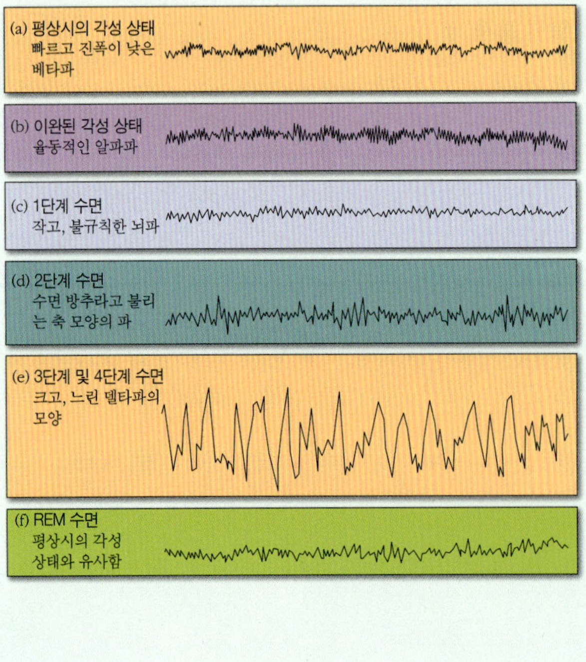

- 에너지 보존 기능: 음식을 찾기 위해 필요한 에너지를 보존
- 회복 기능: 사용된 신체 자원을 보충
- 기억 통합 기능: 새로운 기억을 지속적인 기억으로 변형

꿈과 관련된 이론들

- 문제-해결 가설: 꿈은 일상에서의 문제를 해결하려는 시도이다.
- 활성화-통합 가설: 대뇌피질은 뇌간에서 방출되는 전기신호를 이해한다.
- 욕구 충족 이론: Freud의 관점에서 꿈은 성적, 공격적 소망의 위장된 형태이다.

수면 관련 문제

- 수면 부족: 수면박탈이 패턴이 되면 심각한 문제를 야기할 수 있다.
- 수면 장애: 불면증, 기면증, 수면 무호흡증, 악몽 장애, 야경증, 몽유병이 포함되는 정상적인 수면의 어려움을 의미

3단원 명상과 최면을 통해 의식 바꾸기

명상의 종류

- 초월 명상: 명상 상태를 이끌어 내기 위해 만트라를 반복함
- 마음챙김 명상: 생각의 흐름에 수동적으로 참여함

최면에 관한 이론들

- 역할 연습 모델: 사회적 상호작용으로서의 최면
- 신 해리 이론: 의식의 분리로서의 최면

© Michael Newman/Photo Edit

4단원 약물을 통해 의식 바꾸기

약물의 종류

- 억제제: 알코올, 바르비투르, 트랭퀼라이저, 오피오이드
- 각성제: 암페타민, 코카인, 니코틴, 카페인
- 환각제: LSD, 메스칼린, 실로시빈, PCP, 마리화나

약물 사용 및 남용의 요인(다양한 요인이 포함됨)

- 사회적 요인: 소외, 실직, 문화적 기준, 사회화
- 생물학적 요인: 유전적 영향, 뇌의 신경전달물질에의 영향
- 심리적 요인: 절망감, 감각 추구, 불쾌한 감정에서 탈출하고자 하는 욕망

1. 도파민과 같은 신경전달물질이 보내는 뉴런의 시냅스 소포에 저장되고 시냅스 간극으로 방출된다. 보통 과도한 신경전달물질 분자는 수용체로 전달되지 않고 재흡수라 불리는 과정을 통해 보내는 뉴런으로 다시 흡수된다.

2. 코카인(그림에서 주황색 원으로 나타남)은 보내는 뉴런에서 도파민을 재흡수하는 것을 차단한다.

3. 시냅스상에 도파민이 축적되면 뇌 속 핵심 보상회로의 뉴런을 과도하게 자극하게 되며, 이는 기분 좋은 '황홀경' 상태를 느끼게 한다. 시간이 지날수록 뇌는 스스로 기분 좋은 상태를 만들어 내지 못하게 되며, 이는 약물을 사용하던 사람이 사용을 그만두었을 때 추락하는 느낌을 느끼게 한다.

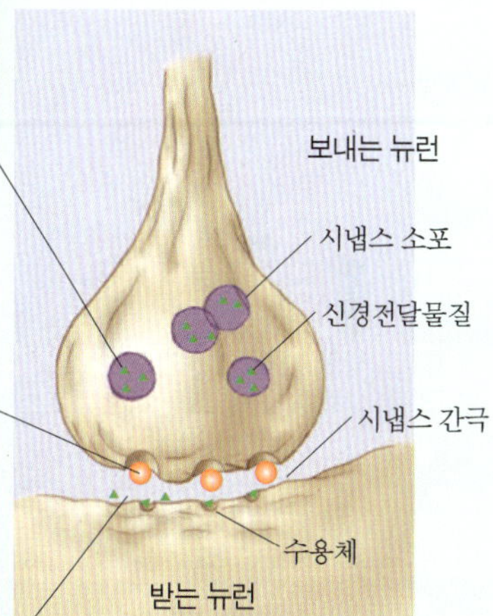

코카인이 뇌에서 작용하는 방식

제5장 학습

계란을 싫어하는 나의 고백

생활의 한 단면 나는 계란이 싫다. 내가 참을 수 없는 것은 계란의 맛만은 아니다. 계란의 맛뿐만 아니라 그 냄새와 그 촉감, 그리고 계란을 보는 것 자체가 싫다. 다른 사람들이 계란을 먹고 있는 것만 보아도 구역질이 난다. 나에게 계란 알레르기가 있는 것은 아니다. 계란이 재료로 쓰인 구운 요리는 무엇이든 좋아한다. 음식 속에 계란이 재료로 들어가서 그 음식에 계란이 들어 있는 것이 눈에 띄지만 않으면 괜찮다. 그러나 계란 그 자체, 특히 흘러내리는 계란은 나를 구역질 나게 한다.

어릴 적부터 계란을 싫어했던 것은 아니다. 물론 계란을 싫어하지 않은 적도 있었다. 부모님은 내가 어렸을 때에는 계란을 꽤 좋아했다고 한다. 그러나 어느 순간부터 나는 계란을 혐오하게 되었다. 아마도 계란에 관련된 안 좋은 경험을 한 이후부터일 것이다. 물론 내가 농장에서 사나운 닭들에게 쫓긴 경험이 있는 것은 아니다. 내 기억으로는 내가 계란을 먹고 나서 크게 아픈 뒤로 이렇게 된 것 같다. 그게 아니라면 내가 먹고 싶지 않을 때 누군가에 의해 계란을 강제로 먹게 된 경험도 그 원인일 수 있다. 언제 어떤 경험 때문인지는 정확히 알 수 없지만, 확실한 것은 내가 아주 오랫동안 계란을 싫어해 왔다는 것이다.

내가 계란을 싫어하는 이야기를 꺼낸 이유는 이 장의 주제인 학습에 대한 이야기를 시작하기 위해서이다. 뜨거운 스토브에서 손을 멀리하는 것은

다음 사실을 알고 있었나요!

- 데자뷰 현상은 학습된 반응인가? (p. 247)
- 초기 연구에서, 실험자들은 어린 소년에게 흰쥐를 보여 줄 때마다 지속적으로 그 소년 머리 뒤에 있는 쇠창살을 두드려서 크게 소리를 냈는데, 이 실험을 통해 그 소년은 흰쥐를 보면 공포감을 느끼도록 학습되었는가? (p. 251)
- Ivan Pavlov는 개들의 소화 연구 결과를 기반으로 해서 학습의 원리를 발견했는데 이 학습의 원리는 인간의 공포증에 대해서도 설명해 줄 수 있다. (p. 251)
- 어떤 음조에 대해 침을 흘리는 반응은 해롭지 않지만 어떤 술병을 보면 침을 흘리게 되는 반응은 알코올중독으로 고생하는 사람들에게 해로운 반응인가? (p. 253)
- 변별 자극 개념은 사람들에게 금전적 부탁을 하거나 호의를 베풀어 주기를 부탁할 때 유용하게 활용할 수 있는 내용인가? (p. 262)
- 학습 원리는 왜 슬롯머신이 사람들에게 '외팔이 강도'가 되는지를 설명할 수 있는가? (p. 265)
- 특정일에 시험 일정이 정해지는 것이 우연치 않게 학생들로 하여금 시험 보기 전에는 벼락치기 공부를 하게 하고 끝난 후에는 게으르도록 강화하는가? (p. 266)

학습 목표

이 장을 제대로 공부한 학생은

1. 학습의 개념을 심리학적으로 정의할 수 있다.
2. 고전적 조건 형성(classical conditioning)과 조건 반응(conditioned response)에 대해서 설명할 수 있다.
3. 고전적 조건 형성의 형성 과정과 그 적용 방법에 대한 핵심 내용을 이해하고 그 결과 나타나는 효과에 대해 설명할 수 있다.
4. 조건 반응이 강화되는 이유에 대해 설명할 수 있다.
5. 고전적 조건 형성을 인지적 관점에서 이해할 수 있다.
6. 고전적 조건 형성 원칙을 실제 생활에 적용할 수 있다.
7. 조작적 조건 형성(operant conditioning)이 진행되는 과정과 그 적용 및 효과를 이해하고 설명할 수 있다.
8. 다양한 형태의 강화(reinforcement)와 다양한 강화 계획의 차이점에 대해 설명할 수 있고, 또 강화와 벌(punishment)의 차이점을 알게 된다.
9. 도피 학습(escape learning)과 회피 학습(avoidance learning)의 차이점을 이해한다.
10. 조작적 조건 형성을 실제 생활에 적용할 수 있다.
11. 인지 학습(cognitive learning)을 정의할 수 있다.
12. 인지 학습의 다양한 형태에 대해 이해하고 구별하여 설명할 수 있다.
13. 인지 학습 원리를 실제 생활에 적용해 볼 수 있다.
14. 강화 원리를 일상생활에 적용할 수 있다.

미리 보기

1단원 고전적 조건 형성: 연합을 통한 학습
2단원 조작적 조건 형성: 결과를 통한 학습
3단원 인지 학습
4단원 강화를 실습해 보기

반사적인 반응이다. 우리는 사실 그런 반사 반응을 배웠기 때문에 그렇게 반응하는 것은 아니다. 우리의 몸은 그런 반사 반응을 자동으로 하도록 설계되었다. 우리의 다른 행동들 중 일부는 성숙의 결과로 자연스럽게 계발된 것도 있다. 어린이의 근육이 성숙하면서 어린이는 점차 더 무거운 것들을 들어올리기도 하고 공을 더 멀리 던질 수 있게 된다. 그러나 이 외에 또 다른 종류의 행동이 있는데, 가령 내가 계란을 싫어하는 반응은 경험을 통해 얻는 종류의 반응이다.

심리학자들은 학습이란 개념에 대해 광범위하게 정의한다. 심리학자들이 말하는 학습은 단순히 책을 보거나 교실에서 수업을 통해 이루어지는 그런 학습을 의미하는 것이 아니다. 심리학자들이 말하는 학습은 어떤 경험으로 말미암아 그 사람의 행동이 거의 반영구적(relatively permanent)으로 변화하게 되는 것을 의미한다. 우리는 인생을 살면서 경험을 통해서 세상을 알게 되고 자전거 타는 법이나 수플레 요리를 하는 법 같은 새로운 기술을 배우게 된다. 내 계란 이야기처럼 어떤 특정 음식에 대한 후천적인 기호 변화는 학습된 행동이라고 볼 수 있다. 반영구적(relative permanent)이라는 표현을 사용하는 것에 유념해야 한다. 경험을 통해서 행동이 변화되고 그 변화된 행동이 오랫동안 지속되어야 학습되었다고 할 수 있다. 그러나 그 변화가 영구적일 필요는 없다. 학습으로 변경된 행동패턴이 다시 다른 행동패턴으로 변화할 수도 있다. 예를 들어, 당신이 왼쪽 차선에서 운전하는 나라로 가게 되면 기존에 오른쪽 차선에서 운전하던 운전 방법을 바꾸게 되는 경우가 이에 해당한다.

학습은 적응을 위한 것이다. 학습을 통해서 우리는 주변 환경에서 맞닥뜨리는 요구사항에 우리 행동을 맞추어 나가게 된다. 학습을 통해서 생물체는 생존 확률을 높여 나갈 수 있다. 어떤 음식을 싫어하는 것도 일종의 학습이다. 학습을 통해서 생물체는 상한 음식이나 독성이 있는 음식을 먹지 않을 수 있다. 그러나 모든 학습 반응이 우리가 환경에 적응하는 것을 돕지는 않는다. 예를 들어, 저자인 내가 달걀을 싫어하기 때문에 내가 즐겨 먹을 수 있는 음식의 선택 폭은 줄어들었다. 하지만 대체로 생물체는 학습을 통해서 환경에 적응하는 데 큰 도움을 받는다. 심리학자들은 다양한 형태의 학습을 연구해 왔는데, 그중 대표적인 세 가지 형태는 고전적 조건 형성, 조작적 조건 형성, 그리고 인지적 학습이다.

1 단원

고전적 조건 형성: 연합을 통한 학습

- 고전적 조건 형성이란?
- 소거와 자발적 회복은 어떤 역할을 하는가?
- 자극 일반화와 변별은 고전적 조건 형성에서 어떤 역할을 하는가?
- 어떤 특징의 자극들이 조건 반응을 강화하는가?
- 고전적 조건 형성에 대한 인지적 관점은?
- 고전적 조건 형성이 인간의 생활에서 나타나는 예를 들어 보자.

두뇌는 퍼즐을 좋아합니다

계속 책을 읽으면서 그 내용을 기초해서 다음 문제를 풀어 보자.

뉴욕에 사는 어느 헤로인 중독자는 다시 예전처럼 건강한 상태로 회복되기를 희망했습니다. 어느 날 그는 새로운 직장으로 출근하려고 지하철을 탔습니다. 어떤 역에서 지하철 문이 열렸을 때 그는 갑자기 헤로인을 투약하고 싶어졌고 중독 증상이 완전히 재발했습니다. 그는 왜 그 역에서 헤로인을 갈망하게 되었을까요? 이런 그의 갈망은 어떤 이론으로 그 원인을 설명할 수 있을까요?

치과에서 드릴 소리만 들어도 근육이 움츠러드는가? 맛있는 빵집 옆을 지나가면 갑자기 군침이 도는가? 당신은 태어나는 순간에는 그러지 않았었는데 후천적인 학습을 통해서 이런 반응을 갖게 되었다. 그렇다면 학습은 어떻게 진행될까?

반응이 학습되는 것을 이해하려면, 이반 파블로프(Ivan Pavlov, 1849~1936)의 연구에 대해 살펴보아야 한다. 파블로프는 고전적 조건 형성이라는 형태의 학습 효과를 발견했다. 그는 실험실로 음식이 카트에 담겨서 배달될 때 나는 금속 소리와 실험실 안에 있던 개들이 군침을 흘리는 것에 연관성이 있다고 보았다.

고전적 조건 형성은 연합을 통한 학습이다. 만일 치과의사가 드릴 소리와 고통을 과거의 경험을 통해서 연합시키면 고통에 위축되도록 설계된 근육의 특성 때문에 당신은 드릴 소리만 들어도 근육이 위축된다. 만일 특정한 빵집을 특정한 맛과 연합시키면, 나중에 그 빵집 옆을 지나칠 때마다 군침이 나오게 된다. 다시 말해서 당신은 치과의사의 드릴 소리와 고통을 연관 지은 것처럼 두 가지 자극을 연결 짓거나 연합시킨다(Chance, 2009). 비록 고전적 조건 형성이 비교적 단순한 형태의 학습이지만, 이 단원에서 여러분은 고전적 조건 형성이 우리 삶에서 중요한 역할을 하는 것을 알게 될 것이다.

© Time Life Pictures/Mansell/Time Life Pictures/Getty Images

그의 실험실에서 이반 파블로프(오른쪽)

1. 고전적 조건 형성 법칙

파블로프는 고전적 조건 형성 법칙과 관련된 많은 실험을 했다. 실험을 위해 그는 개를 [그림 5-1]에서 묘사된 특정 도구에 연결했다. 음식이 개의 입속에 들어가 혀에 닿으면 그 개는 자연스럽게 침을 흘리게 된다. 이런 반사적인 행동을 무조건 반응(unconditional response: UR 혹은 UCR)이라고 한다. 여기서 무조건(unconditional)은 학습되지 않은 상태를 의미한다. 이 실험에서 쓰인 음식처럼 무조건 반응을 유도하는 자극을 무조건 자극(unconditional stimulus: US 혹은 UCS)이라고 한다.

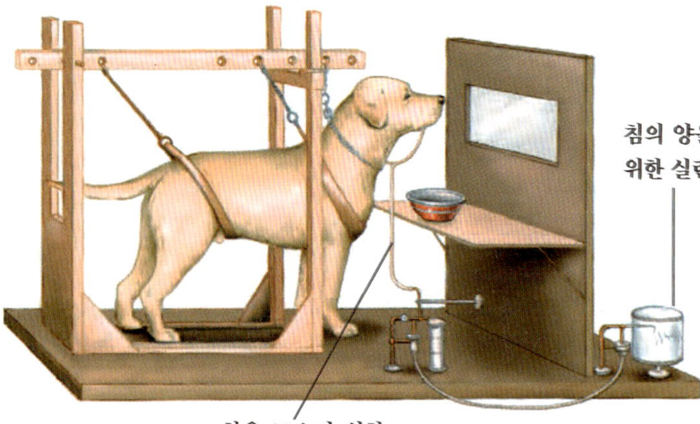

[그림 5-1] 파블로프의 조건화 실험에서 사용된 도구
파블로프의 실험에서 조교는 개의 혀에 음식이 닿을 때마다 거울 뒤에 서서 동일 음성을 들려주었다. 그 음성과 음식의 조합이 몇 번 반복되자 그 개는 조건 반응으로 침을 흘리기 시작했다. 튜브를 통해 개가 흘리는 침을 모아서 측정했는데 이렇게 모인 침의 양으로 조건 반응의 강도를 측정할 수 있었다.

개념 5-1

파블로프는 실험실에서 개가 특정 음성을 여러 번 듣고 침을 흘리게 되는 것을 발견했다. 이 발견을 계기로 고전적 조건 형성 학습의 과정을 밝혀내게 된다.

학습: **경험을 통해 얻어지는 행동의 반영구적 변화**

고전적 조건 형성: **기존에는 반응하지 않게 하던 중성 자극이 두 자극의 연합이나 조합을 통해서 객체로 하여금 반응하도록 유도하는 것**

무조건 반응(UR): **학습되지는 않았지만 자극에 반응하는 것**

무조건 자극(US): **무조건 반응을 유도하는 자극**

중성 자극(NS): **조건화를 하기 전에는 반응을 유도하지 않았던 자극**

조건 반응(CR): **반응하지 않았지만 조건화를 통해서 자극에 반응하게 되는 것**

조건 자극(CS): **원래 중성 자극이었는데 무조건 자극과 조합이 되어 조건화된 후 조건 반응을 유도하게 되는 자극**

[그림 5-2]는 파블로프의 실험에 나타난 현상과 결과를 개괄적으로 보여 준다. [그림 5-2b]에서 볼 수 있듯이 개는 소리굽쇠를 두드리는 소리나 벨 소리 같은 중성 자극(neutral stimulus: NS) 때문에 다른 반응은 보이겠지만 침을 흘리지는 않는다. 개의 귀는 그 소리에 귀 기울이지만 그 소리를 듣고 침을 흘리지는 않는다. 그러나 [그림 5-2c]에서 나타난 것처럼 중성 자극과 무조건 자극을 지속적으로 연합 지어 조합하면 그 개는 학습된 반응을 보이게 되어 그 결과 중성 자극만으로도 침을 흘리게 된다([그림 5-2d]). 중성 자극만으로 개가 침을 흘리는 것은 조건 반응(conditioned response: CR)의 일례이다. 기존에 중성 자극이었던 자극이 반복적인 무조건 반응과 짝지어지고 조건 반응을 유도해 내기 시작하면 조건 자극(conditioned stimulus: CS)이 된다. 개의 침 흘림(CR) 반응이 기존에는 침을 흘리도록 하지 않던 반응에 점차 반응하게 되는 것을 증명함과 더불어 파블로프는 조건 반응 강도(개가 흘리는 침의 양)가 CS와 US를 짝짓는 횟수에 비례하여 증가하는 것을 확인하였다.

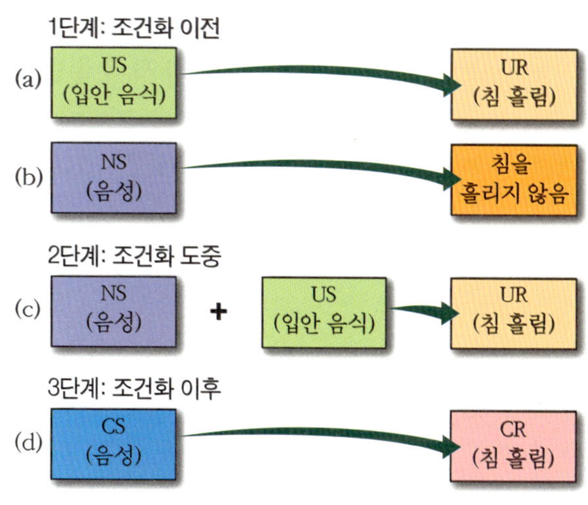

[그림 5-2] 고전적 조건 형성
고전적 조건 형성에서는 중성 자극(음성)이 무조건적 반응(침 흘림)을 유발하는 무조건적 자극(음식)과 조합된다. 지속적으로 중성 자극이 무조건적 자극과 조합되면서 중성 자극은 조건 자극이 되어 개가 침을 흘리며 조건 반응을 하도록 만든다.

조건화된 침 흘림 현상은 개 이외에 고양이, 쥐, 그리고 바퀴벌레 등의 다른 다양한 동물들을 대상으로 한 실험에서도 확인되었다. 일본인 과학자 히데히로 와타나베와 마코토 미즈나미는 설탕물(US) 방울을 바퀴벌레의 입에 떨어뜨리면서 페퍼민트 향(CS)을 사용해서 바퀴벌레의 더듬이를 자극했다 (Watanabe & Mizunami, 2007).

바퀴벌레들은 설탕물에 자연스럽게 반응하며 침을 흘렸

지만(UR), 그들의 더듬이에 적용된 향기에는 반응하여 침을 흘리지 않았다. 그러나 실험이 반복되면서 바퀴벌레들은 향기만 맡아도(CS) 침을 흘리게 되었다. 과학자들은 벌레같이 단순한 생명체를 연구해서 뉴런 수준에서 발생하는 조건화의 원리를 밝혀내고 싶어 한다(Fountain, 2007).

이제는 고전적 조건 형성의 다른 특징에 대해 살펴보자. 그 예로 소거(extinction)와 자발적 회복(spontaneous recovery), 자극 일반화(stimulus generalization)와 변별(discrimination), 그리고 조건 반응을 활성화시키는 자극 특성(stimulus characteristics)이 있다.

1) 소거와 자발적 회복

개념 5-2

소거 과정에서는 조건 자극이 무조건 자극 없이 가해지는 경험이 반복되어서 조건 반응은 조금씩 약해지다가 결국 소거된다.

➔ 개념 링크 점진적 노출(gradual exposure)은 소거의 원리를 이용한 치료법으로 특정 공포증으로 고생하는 환자들의 증상을 완화시키는 데 도움을 준다. 제16장 2단원을 참고하라.

개념 5-3

소거된 반응들은 완전히 망각된 것은 아니고 조건 자극들이 다시 나타나서 객체가 그것들을 경험하면 소거된 반응들이 다시 자발적으로 나타날 수 있다.

파블로프는 개에게 소리를 들려주는 동시에 음식을 주지 않기를 반복해서 경험시키면 개는 벨소리나 소리굽쇠 소리를 들어도 기존에는 침을 흘리며 조건 반응을 보이던 개의 반응이 약해지는 것을 알아냈다. 이 과정을 소거(extinction)라고 한다([그림 5-3] 참조).

소거된 반응은 기억 속에서 잊히거나 없어진 것은 아니다. 동물이 다시 조건 자극에 노출되면 그 동물은 기존에 보여 주던 조건 반응을 다시 보일 것이다. 이런 현상을 자발적 회복이라고 한다. 그런데 만약 US 없이 CS만 일어나면 회복된 반응은 다시 소거될 것이다.

파블로프는 소거 과정 이후에 CS와 US가 조합되면 그 결과로 얻어지는 반응은 처음의 원상태였을 때 학습한 것보다 더 빨리 학습하는 것을 발견했다. 대부분의 경우에 동물은 한두 개 정도의 조합만이 필요하다. 소거 후 조건 반응을 다시 배우는 과정을 재조건화(reconditioning)라고 한다.

2) 자극 일반화와 자극 변별

파블로프는 동물이 일단 소리와 같은 특정 자극에 침을 흘리도록 조건화되면 음

소거: 조건 반응이 약해지다가 결국 없어지는 현상

자발적 회복: 소거되었던 조건 반응이 자발적으로 회복되는 것

재조건화: 소거되었던 조건 반응이 다시 학습되는 과정

자극 일반화: 조건 자극과 비슷한 자극이 조건 반응을 일으키는 경향

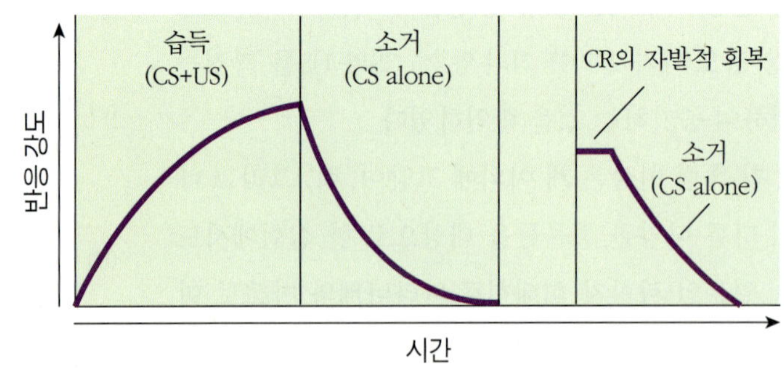

[그림 5-3] 조건 반응의 강도

조건 자극(CS)와 무조건 자극(US)을 반복적으로 조합시키면 조건 반응(CR)의 강도는 세진다. 점차 CS만 반복해서 경험시키면 CR은 조금씩 약해지다가 결국 소거된다. 어느 정도 시간이 흐른 뒤에는 자발적 회복 반응이 생겨날 수도 있다. 그러나 US 없이 CS만 경험시키면 다시 반응은 소거된다.

정 높이가 살짝 다른 비슷한 소리에는 침을 흘리면서 반응을 하지만 다소 약하게 반응한다는 것을 발견했다. 개는 조건화되면서 들었던 소리보다 조금 높거나 낮은 소리를 들으면 약간의 침을 흘렸다. 조건화된 자극과 비슷한 자극이 객체로 하여금 조건 반응을 일으키도록 유도하는 현상을 자극 일반화라고 한다.

© Rich Diesslin and Rick London

일반적으로 최초 자극과 관련 자극의 차이가 크면 클수록 조건 반응은 약해진다. 만일 자극 일반화가 없다면 동물은 아주 흡사한 여러 가지 자극에 각각 다른 조건 반응을 보이도록 독립적으로 학습될 것이다.

자극 일반화는 생존을 위한 가치를 지니고 있다. 자극 일반화 때문에 우리는 기존에 경험한 위협 요소와 비슷한 자극들에 반응할 수 있다. 어렸을 때 당신이 큰 개에게 물렸거나 위협을 받은 적이 있다면, 자극 일반화 덕분에 당신은 큰 개가 다가올 때마다 긴장되는 자신의 모습을 보게 될 것이다. 물론 큰 개가 모두 위험한 것은 아니지만 자극 일반화로 하여금 우리는 혹시 발생할 수 있는 위험한 일을 미리 예방할 수 있다.

개념 5-4

자극 일반화는 생존을 위한 가치를 지니고 있어서 생물체가 기존에 학습한 자극과 비슷한 자극에도 일반화된 반응을 하도록 해 준다.

혹시 어느 방에 들어섰을 때 아무 이유 없이 불편하거나 초조해지는 경험을 한 적이 있는가? 과거에 경험한 불쾌한 경험과 관련된 신호를 연상시키는 환경에 대해서 여러분은 감정적으로 조건 반응을 경험할 수 있다. 아마 여러분은 실제로 그곳에 가 보지 않았지만 마치 그 장소에 간 것처럼 느끼는 데자뷰 현상을 경험한 적이 있을 것이다. 자극 일반화가 그 이유를 설명할 수 있다. 소설 속 등장하는 장소에 익숙함을 느끼는 그 기분은 사실 여러분이 과거에 어떤 환경에서 경험했던 신호나 자극에 의해 발생해서 느끼는 조건 반응일 것이다. 다만 그 환경이 소설에 등장하는 환경과 흡사할 뿐인 것이다. 순간적으로 느껴지는 냄새, 천장을 요란하게 산란하여 비치는 빛, 벽들의 색깔들, 이런 모든 것들이 다른 상황에서도 조건 반응을 일으키게 하는 요소들이 된다.

예를 들어, 어떤 남자는 예전에 친구를 움직이는 것을 도와주려다가 냉장고 뒤에 몸이 끼어서 질식할 뻔했던 적이 있은 이후로는 밀폐된 장소에 있으면 공포를 느끼게 되었다. 자극 일반화를 통해서 그 공포증은 유사한 자극을 일반화시켜서 많은 사람이 타고 있는 작은 엘리베이터에서도 공포 반응을 일으켰다. 그러나 그는 이후에 자극 변별을 통해서 사람이 없는 큰 엘리베이터에서는 공포 반응을 일으키지 않았다.

자극 변별(stimulus discrimination)은 관련된 자극들의 차이점을 분별해 내는 능력으로서 조건 일반화와는 반대되는 개념이다. 자극 변별 때문에 우리는 특정 환경에 반응하는 우리의 반응을 미세하게 제어할 수 있다. 예를 들어, 실험실에서 연구 대상으로 사용되는 동물이 음성 형태의 CS에 노출되자마자 약간의 충격을 받을 수 있다(Domjan, 2005). 음성과 충격을 몇 번 조합시킨 뒤에 그 동물은 그 음성만 들어도 두려워하는 증상을 보였다(예를 들어, 몸을 움츠리거나 소변이 나오거나 했다). 그 음성이 바로 CS이며 충격은 US이고 이 두 가지 조합은 결국 그 동물이 그 음성만 들어도 두려워하는 조건 반응(CR)을 보이도록 만들었다. 계속 그 음성과 그 충격이 조합되

자극 변별: 초기 경험 자극과 유사한 자극 간의 차이를 변별하여 조건 반응이 유도되지 않도록 하는 것

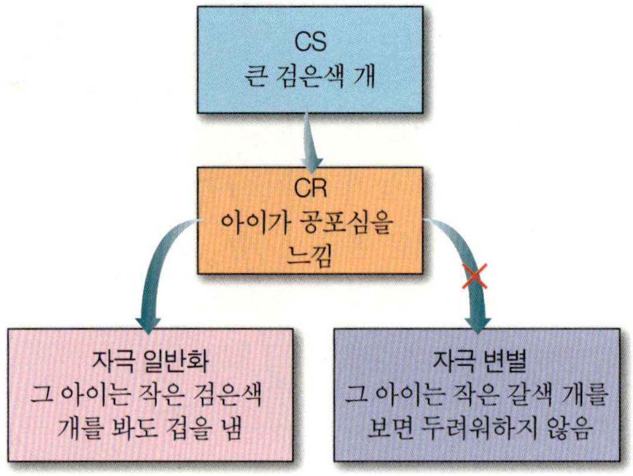

[그림 5-4] 자극 일반화와 변별
자극 일반화에서 조건 반응은 초기 자극과 비슷한 자극들에 대해서 일반화된 반응을 보여 준다. 자극 변별에서는 관련 자극들 간의 차이점을 파악하고 다르게 반응한다.

도록 경험시키되 중간에 충격을 일으키지 않는 조금 높은 음조의 음성을 무작위로 배치하여 섞고 어떻게 되는지 주목하였다. 그 동물은 두 가지 다른 음조의 음성을 변별할 줄 알게 되어 처음에 들었던 음성에는 계속 공포감을 느끼지만 다른 음조의 음성에는 공포감을 느끼지 않게 된다.

개념 5-5
관련 자극들을 변별하는 법을 배움으로써 우리는 그 상황에 정확히 어떻게 반응해야 할지 알게 된다.

일상에서 자극 변별 때문에 우리는 위협적 요소와 비위협적 요소를 변별할 수 있다. 예를 들어, 큰 개를 마주치면 공포감을 느끼면서 반응하지만, 이웃집에 사는 친근한 개와 마주칠 때는 공포감을 느끼지 않는다.

[그림 5-4]는 자극 일반화와 자극 변별의 과정을 보여 준다.

3) 고차 조건 형성

고차 조건 형성: 새로운 조건이 조건 자극과 조합되어서 조건 반응을 일으킬 수 있는 조건이 되는 것

고차 조건 형성 과정을 통해서 새로운 자극이 현재 조건 자극으로서의 역할을 하며 조건 반응을 일으키는 다른 자극과 조합되어 조건 자극이 된다([그림 5-5] 참조). 두 개의 조건 자극 간의 연계(CS-CS 연결)가 학습된다. 예를 들어서, 처음 만났을 때 서로를 향해 긍정적인 기분을 느끼게 해 주고 그 남자와 여자가 사랑에 빠지게 만든

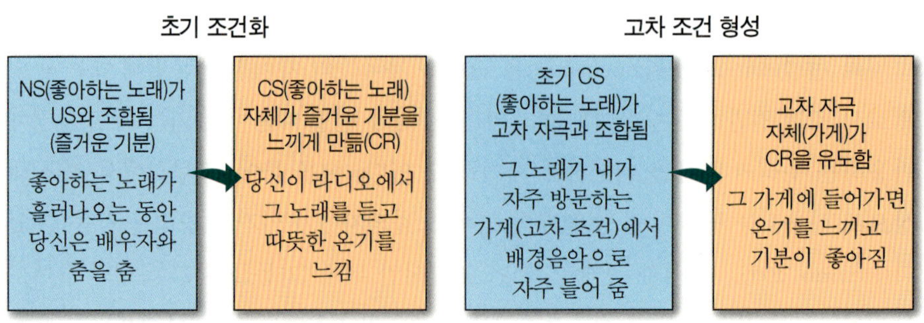

[그림 5-5] 고차 조건 형성
고차 조건 형성 과정에서는 기존에 중성 자극이었던 자극이 현재 조건 자극의 역할을 하는 다른 자극과 조합되면 조건 자극이 된다.

〈개념 차트 5-1〉 고전적 조건 형성의 주요 개념 정리

개념	내용	예시(치과에 대한 공포)
고전적 조건 형성	무조건 자극(US)에 의해 유도되던 반응과 동일하거나 유사한 반응이 반복된 조합을 통해서 조건 자극(CS)을 따라서 나타나게 하는 조건화 과정	치과에서 치료 시 느끼는 통증과 치과의사 사무실의 환경적 자극이 나중에는 그 사무실의 환경 자극만 보아도 공포감이 나타나도록 학습됨
소거	CS가 US 없이 나타날 때 조건 반응(CR)이 조금씩 약해지다가 결국 없어지는 것	마취제와 통증을 줄이는 치과의사의 기술은 환자가 점차 치과에 대해 갖는 공포감을 줄이고 마침내 공포감이 없어지게 해 줌
자발적 회복	소거가 일어난 후 일정 시간이 지나서 CR이 다시 자발적으로 생기는 현상	소거 후 몇 달 혹은 몇 년 후 다시 치과에 대한 공포감이 생김
자극 일반화	초기 CS와 비슷한 자극에도 CR이 유발됨	새로운 치과에 내원해도 공포감이 생김
자극 변별	CS와 비슷하지만 동일하지 않은 자극에 대해서 CR이 발생하지 않음	치과의사의 드릴에 대해서는 공포감을 느끼지만 치아 청소도구에 대해서는 공포감을 느끼지 않음

그 부부가 좋아하는 노래가 있을 수 있다. 이 노래는 즐거운 느낌(CR)을 갖게 만든 조건 자극(CS)의 역할을 했다. 그 노래를 정기적으로 들려 주는 라디오 스테이션의 CM송처럼 이 노래와 연관된 다른 단서들도 비슷한 반응을 이끌어 내는 조건 자극이 될 수 있다. 〈개념 차트 5-1〉은 고전적 조건 형성의 주요 개념들을 개괄하여 보여 준다.

4) 조건 반응을 강화시키는 자극들의 특징

심리학자들은 어떤 요인들이 주로 조건 반응들을 강화시키는 자극의 강도와 시기와 연관되어 있는지 연구해 왔다.

- 조합의 빈도수. 일반적으로 CS가 US와 더 자주 조합될수록, CR은 더 강해지고 정확해진다. 그러나 몇몇 경우에는 CS와 US가 단 한 번만 조합되어도 강력한 CR을 유도할 수 있다. 비행기를 타고 가다가 갑자기 비행기가 하강해서 놀랐던 경험이 있는 사람에게는 비행공포증이 즉시 생기고 또 이 증상이 오래 지속될 수 있다.
- 시기. CS가 일단 나타나고 US가 가해지는 내내 CS가 계속 남아 있을 때 가장 강한 CR들이 나타난다. CS가 일단 나타나서 US가 나타나기 전에 없어지는 경우에는 CR들이 다소 약해진다. CS와 US가 동시에 나타나는 경우에는 CR이 더 약해진다.
- US의 강도. US가 강하면 US가 약한 경우보다 조건화가 빨리 진행된다. 예를 들어, 방귀 냄새(US)는 CS(예를 들어, 소리나 빛 같은 시각 자극)가 나타난 직후에 전달될 수 있다. 기체로 된 방귀는 반사적으로 눈 깜빡임의 반응(UR)을

개념 5-6

고전적 조건 형성을 통해 생기는 반응의 강도는 조합의 빈도와 자극의 시기 그리고 US의 강도에 의해 결정된다.

유발한다. 이런 식으로 조합을 몇 번 하면 조건화된 눈 깜빡임(CR)은 CS(소리나 빛) 자체만 경험해도 발생할 수 있다. 강한 방귀는 약한 방귀에 비해서 조건화가 더 빨리 되도록 한다.

2. 고전적 조건 형성에 대한 인지적 관점

개념 5-7

레스콜라의 입장에서 고전적 조건 형성은 생물체가 조건 자극 같은 단서를 바탕으로 어떤 일이 생길 것을 예상하는 것을 배우는 인지 과정을 내포한다.

심리학자인 로버트 레스콜라(Robert Rescorla, 1967, 1988, 2009)는 고전적 조건 형성을 인지적 관점에서 설명하였다. 그는 당시 행동주의 심리학자들이 흔히 고전적 조건 형성은 단지 중성 자극과 무조건 자극을 반복적으로 조합하여 얻게 되는 결과라고 주장하던 통념에 도전하였다. 그는 조건화란 생물체의 조건 자극은 무조건 반응이 일어날 수 있는 것을 예측할 수 있게 해 주는 믿을 만한 신호임을 배우는 인지 과정이라고 주장했다. 파블로프의 실험에서 사용된 음성이나 벨은 개가 음식이 곧 주어질 것이라는 기대를 갖게 만들었는데, 그런 기대 때문에 개가 침을 흘리고 꼬리를 흔드는 등의 행동을 보인 것이다. 레스콜라에게 인간과 다른 동물은 모두 자신들의 환경에서 발생하는 중요한 사건을 예측하는 데 도움이 되는 정보를 적극적으로 찾는 존재들이다. 조건 자극은 생물체가 이런 예측을 할 수 있도록 도움을 주는 신호와 단서이다. 그 신호가 더욱 믿을 만한 것일수록, 그 조건 반응은 더 강해진다.

레스콜라의 모델은 중요한 생존전략에 대해 암시한다. 개를 비롯한 동물들은 음식이 주변에 있다는 것을 알려 주는 단서에 침을 흘리며 이에 반응하게 되면 그만큼 생존확률이 높아진다. 왜냐하면 그들이 침을 흘리면서 음식을 삼킬 준비를 할 수 있기 때문이다. 동물들은 또한 위협 자극이 있다는 것을 알려 주는 확실한 단서에 대해서 공포감(육체적으로 많이 예민해짐)으로 반응하는 것을 배워도 생존확률이 높아진다. 어떤 동물이 어떤 포식자(US)가 주변에 있는 것을 알려 주는 냄새를 맡거나 그 소리를 들을 수 있다면, 그 동물은 그런 자극에 더욱 신속하게 대응하고 준비해서 그 동물은 실제로 포식자가 자신 앞에 나타나도 보다 여유 있게 방어태세를 취할 수 있다. 따라서 고전적 조건 반응은 동물에게 내재된 조기 경보시스템이라고 볼 수 있다.

레스콜라의 모델은 또한 치과에 가서 아주 가끔 통증을 느끼는 사람보다 치과에 갈 때마다 매번 통증을 느끼는 사람이 치과병원에 대해서 더 빨리 공포감을 갖게 되는지도 설명할 수 있다. 즉, CS(치과)가 US(고통)의 결과를 낳는다는 것이 더욱 확실해질수록, 그 조건 반응은 더욱 강해지는 것이다.

3. 그것이 중요한 이유: 고전적 조건 형성의 예들

만약 고전적 조건 형성이 단지 개가 침 흘리는 반응에만 국한되어 적용되었다면 파블로프의 연구는 심리학의 역사에 각주로만 남아 있었을 것이다. 그러나 고전적 조건 형성을 통해서 우리는 공포증, 약물 중독, 그리고 특정 음식 혐오증 등에 대해 이해할 수 있다. 행동주의의 창시자인 존 왓슨(John B. Watson)은 파블로프의 조건화의 법칙으로 인간의 감정적 반응도 설명할 수 있다고 믿었다.

1919년에 이르러 왓슨은 나중에 아내가 된, 당시에는 학생이던 로살리에 레이너(Rosalie Rayner)와 함께 고전적 조건 형성을 통해서 공포 반응이 형성되는 것을 증명하기 위해 연구를 시작했다. 그들의 실험을 분석해 보면 주변에서 우리가 조건화되는 사례들을 많이 찾아볼 수 있다.

존 왓슨

1) 공포 반응의 고전적 조건 형성

실험 주제를 위해서 왓슨과 레이너는 Albert B.라는 이름을 가진 11개월 된 유아를 실험 대상으로 선택했는데, 그 유아는 심리학의 기록에서 리틀 앨버트로 더욱 유명하다(Watson & Rayner, 1920). 그 유아는 주변에 흰쥐를 보아도 두려워하기는커녕 오히려 그 쥐를 때리려 했다([그림 5-6] 참조). 실험이 시작되면서 흰쥐를 다시 유아 주변에 놓고 유아가 그 쥐를 만지려고 하면 왓슨이 유아의 머리 바로 뒤에서 금속 막대를 망치로 때려서 큰 소리가 나도록 했다. 왓슨은 유아가 금속 막대 소리를 들으면 겁이 나서 움츠러들 것으로 예상했다. 물론 유아는 금속 막대 소리에 울면서 매트리스 안에 얼굴을 묻으며 공포감을 표현했다. 왓슨과 레이너는 이후로도 몇 차례 더 금속 막대의 큰 소리와 흰쥐를 조합시켰는데, 점차 앨버트는 흰쥐만 보아도 공포감을 느끼기 시작했다. 그렇게 형성되는 공포 반응을 조건 감정 반응(conditioned emotional reaction: CER)이라고 한다. 나중에 추가로 진행된 실험을 통해서 앨버트는 털이 많은 개나 토끼, 그리고 심지어 왓슨이 착용한 산타클로스 복장마저 공포 반응을 나타내는 것을 발견했다.

조건 감정 반응(Conditioned Emotional Reaction: CER): 고전적 조건 형성을 통해서 얻어지는 특정 자극에 대한 감정적 반응

우리가 알고 있는 고전적 조건 형성을 적용해서 왓슨과 레이너의 연구를 고찰해 보자. 조건화 전에 앨버트는 흰쥐를 두려워하지 않았다. 흰쥐는 앨버트에게 중성 자극일 뿐이었다. 흔히 어린이에게서 공포 반응(UR)을 불러일으키기도 하는 금속 막대 소리는 무조건 자극(US)이었다. 반복된 흰쥐와 금속 막대 소리(US)의 조합을 통해서 흰쥐 자체(CS)가 공포 반응(CR)을 일으키게 된 것이다.

비록 리틀 앨버트 실험이 심리학 분야에서 유명한 실험일지라도 그 실험은 오늘날 적용되는 윤리 기준에서는 적절하지 않다. 부모가 동의했을지라도 아기를 공포

개념 5-8

고전적 조건 형성은 조건화된 공포 반응 같은 조건화된 감정 반응이 형성되는 원리를 설명하는 데 도움을 준다.

➔ 개념 링크 치료사들은 포비아나 극도의 공포증이 생겨나는 원인을 밝히는 데 있어서 고전적 조건 형성의 원리를 활용한다. 제15장 2단원을 참고하라.

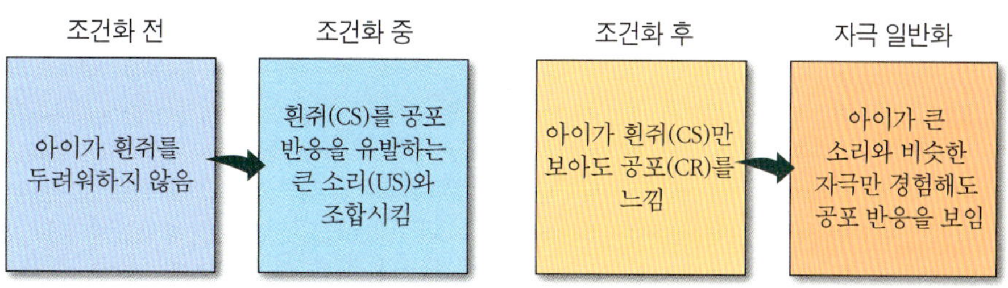

[그림 5-6] 리틀 앨버트의 조건화

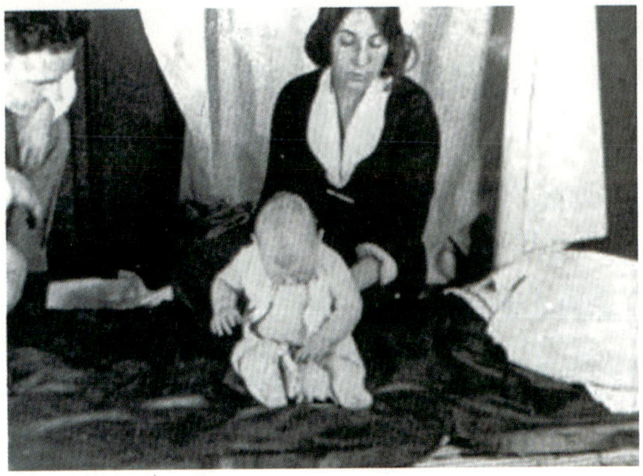
존 왓슨과 로살리에 레이너가 리틀 앨버트와 함께

에 노출시켰기 때문에 이 실험은 실험에 참가한 사람들의 안녕을 지켜 주지 못했다. 게다가 왓슨과 레이너는 요즘 심리 실험 윤리 기준이 요구하는 대로 실험 후에 앨버트의 공포 반응을 다시 원상태로 없애 주려는 시도를 했으나 결국은 하지 않았다.

리틀 앨버트가 나중에 어떻게 되었는지는 정확히 알 수 없지만, 수사관들은 슬프게도 앨버트가 여섯 살이 되었을 무렵 어떤 아동 질환에 걸렸다고 보고했다(H. P. Beck, Levinson, & Irons, 2009).

포비아(Phobia): 특정 사물이나 상황에 대해 갖고 있는 극도의 공포감

앨버트가 흰쥐에 대해서 보였던 공포감이나 우리가 치과에 대해 갖게 되는 포비아와 같은 극도의 공포증은 고전적 조건 형성을 통해서 생길 수 있다(Field, 2006; J. J. Kim & Jung, 2006). 어린 시절에 할머니와 함께한 시간 동안 엘리베이터에 갇히는 경험을 한 뒤로 엘리베이터에 타는 것을 겁내는 34세 여성의 사례도 있다. 그녀는 기존의 중성 자극(엘리베이터에 타는 것과 관련된 신호들)이 트라우마를 일으키는 경험과 조합되어 결국 지속되는 포비아(엘리베이터를 겁내는 것)를 갖게 된 것이다. 종종 초기 조건화 경험이 기억 속에서 잊히거나 언어를 습득하기 전에 발생하는 경우도 있다(앨버트의 경우처럼).

개념 5-9
향수를 느끼는 감정은 과거의 어떤 즐거운 경험과 관련된 자극이 불러일으키는 조건화된 반응이다.

행동 치료: 학습의 원리를 조직적으로 적용하는 방법을 통한 치료법

공포 자극들에 고전 조건 형성이 미치는 영향을 연구하면서 행동 치료(behavior therapy)에 대한 초석이 마련되기도 했다. 행동 치료는 학습의 원리를 조직적으로 활용하는 치료법으로써 사람들이 포비아를 극복하고 중독 행동이나 아동의 행동 문제 같은 행동을 변화시키는 치료법이다. 이 치료법에 대해서는 제16장에서 자세히 다룰 것이다.

2) 고전적 조건 형성을 통한 긍정적 감정 형성

고전적 조건 형성을 통해서 단지 공포심 같은 부정적인 감정만 생기는 것은 아니다. 아마 당신은 라디오에서 흘러나오는 어떤 노래를 듣고 나서 갑자기 미소를 짓고 홍겨워지거나 심지어 성적 욕구가 생기는 경험을 한 적도 있을 것이다. 이것은 아마도 그 노래가 기분 좋은 느낌이나 성적 욕구를 일으키게 하던 과거의 어떤 경험을 떠올리게 해서 생기는 현상일 것이다. 이와 유사하게 과거의 어떤 즐거웠던 경험과 연관된 환경에서 발생하는 미묘한 신호들은 조건화를 통해서 우리가 고향을 향한 향수를 느끼게 만들기도 한다. 어떤 향수 냄새나 봄날에 느껴지는 안개의 냄새가 그런 신호의 예가 된다.

3) 고전적 조건 형성을 통한 약물 갈망

화학 약물류에 중독된 사람들은 종종 약물을 사용하고 싶은 갈망에 사로잡히는데, 특히 금단현상이나 약물 중단을 통한 신체적 불쾌감을 느낄 때 더욱 그런 충동

이 심하게 든다. 물론 약물 사용 충동은 생리적인 이유에 그 기초를 두고 있지만 (그래서 중독되어 있는 약물에 대해 금단현상을 보임), 고전적 조건 형성은 약물 갈망이 강하게 느껴지도록 만들기도 한다. 예전에 약물을 사용하던 상황과 연관된 환경 속 신호들(조건화된 자극)이 그런 갈망을 일으킬 수도 있다. 알코올중독으로 고생하는 사람들은 술병을 볼 때, 그것이 술과 관련된 자극이 되어 술을 마시고 싶어진다. 금단현상이 끝나고 오랜 시간이 지나서도 지하철역에서 어떤 사람이 약물을 사는 것을 보면 그것이 일종의 조건 자극이 되어 다시 약물을 갈망하게 되는 경우도 있다.

© Lou-Foto/Alamy

약물 갈망은 약물을 사용하는 행동과 연관된 신호들(조건화 자극)에 노출될 때 발생하는 조건 반응일 수 있다.

알코올에 중독되지 않은 사람보다 알코올에 중독된 사람이 술 냄새를 맡거나 술을 보기만 해도 침을 더 많이 흘리는 것을 밝힌 실험은 약물 갈망의 조건화 모델을 지지한다(Monti et al., 1987). 어떤 소리에 대해서 침을 흘리는 것은 무해하지만, 어떤 잡지에 나온 스카치 술병 사진을 보고 침을 흘리는 것은 알코올중독 환자에게 위험한 현상이다. 그래서 약물중독 상담사들은 약물중독자들이 예전에 약물을 사용할 때 보고 느낀 신호들과 관련된 환경을 회피할 수 있도록 그들을 격려하며 돕는 방법을 쓰는 것은 당연한 것이다.

© Tom Kitchin/Tom Stack & Associates

© John Garcia

존 가르시아는 실험에서 코요테에게 구토를 일으키는 약물을 주입하고 코요테 무리 주변에 죽은 양의 시체를 두었다. 코요테들이 죽은 양의 고기를 먹고 구역질을 하고 나서는 양고기에 대해서 조건화된 혐오감을 갖게 되었다.

4) 고전적 조건 형성을 통한 음식 혐오

조건화된 음식 혐오: 고전적 조건 형성을 통해서 어떤 특정 음식을 혐오하게 되는 현상

고전적 조건 형성을 통해서 계란 혐오와 같은 조건화된 음식 혐오에 대해서도 설명할 수 있다(Ferreira et al., 2006; Garcia & Koelling, 2009; Limbeer & Parker, 2006). 심리학자였던 존 가르시아(John Garcia)는 고전적 조건 형성을 통해 특정 음식을 혐오하게 되는 현상을 실험을 통해서 최초로 증명하였다. 가르시아와 동료 밥 퀼링은 구토를 유발하는 방사선에 노출된 쥐들이 특이한 행동을 하는 것을 알아챘다(Garcia & Koelling, 1966). 고전적 조건 형성 이론에 따르면 그 방사선이 US에 해당했고, 그 방사선 때문에 발생하는 구역질은 UR이었고, 향이 첨가된 물은 CS 그리고 음식 혐오 증상은 CR에 해당했다.

관련된 실험에서 가르시아는 쥐들이 어떤 음식을 먹고 나서 바로 그 쥐들에게 구토를 유발하는 약물을 투여하면 그 쥐들이 그 음식을 혐오하는 증상이 발현되는 것

개념 5-10

고전적 조건 형성을 통해서 약물 갈망과 특정 음식 혐오 증세가 생길 수 있다.

을 증명했다(Garcia & Koelling, 1971). 게다가 구토 유발 자극인 US가 나타난 후 몇 시간 뒤에 그 음식의 맛(CS)을 느끼게 해 주어도 음식 혐오 증세가 나타나는 것으로 확인되었다(Domjan, 2005). 이 실험은 고전적 조건 형성은 오직 CS가 먼저 경험되고 나서 US가 경험되어야만 고전적 조건 형성이 이루어진다고 믿었던 가르시아의 실험팀을 놀라게 했다. 또한 가르시아와 그의 팀은 조건화된 음식 혐오는 특정 음식과 구토 유발 자극을 한 종류씩만 조합시켜야만 일어날 수 있다는 것을 밝혀냈다.

생활의 한 단면 다른 형태의 고전적 조건 형성 사례에서 나타난 것처럼 조건화된 음식 혐오는 생물체의 생존 전략이 되기도 한다. 우리 조상들은 냉장고나 방부제 없이 생활했다. 그들은 변질된 음식 냄새를 맡고 그런 음식을 혐오하게 됨으로써 나중에는 그런 음식을 보기만 해도 자연스레 알아보고 안 먹을 수 있었다. 고전적 조건 형성의 원리를 그대로 적용하였던 예전 실험에서 존 가르시아와 동료들은 목장 주인들이 그들의 양을 코요테 무리에게서 지켜낼 수 있는 기발한 방법을 발견하게 되었다(Gustavson & Garcia, 1974; Gustavson et al., 1974). 당시 그 실험을 할 무렵에는 코요테들이 수많은 양을 여기저기서 살육하고 다녔기 때문에 목장 주인들은 양들을 보호하려고 코요테를 많이 죽이게 되었고, 나중에는 코요테가 멸종 위기까지 갔었다. 따라서 코요테를 죽이지 않고 그들의 가축을 보호할 수 있는 방법을 찾아야 했다. 그래서 그들은 양의 시체를 먹으면 그 시체를 먹은 코요테가 죽지는 않지만 구토가 나는 약물을 투여해서 그 시체를 여기저기에 흩어 놓았다. 그 결과로 코요테로부터 죽는 양의 숫자는 줄어들었을 뿐만 아니라, 어떤 코요테들은 양에 대한 혐오감을 갖게 되어서 양만 보아도 멀리 달아나기도 하였다.

4. 면역 체계 조건화

면역 체계: 질병으로부터 몸을 지켜내는 방어 체계

1982년 로버트 아들러(Robert Adler)와 니컬러스 코헨(Nicholas Cohen)은 실험을 통해서 고전적 조건 형성이 면역 체계에조차 영향을 준다는 것을 밝혀냈다. 면역 체계는 우리의 몸을 발병인자들로부터 보호한다. 아들러와 코헨은 실험용 쥐들에게 면역 체계 반응(UR)을 약하게 하는 약물(US)을 주는 동시에 그 쥐들이 사카린이 들어간 달콤한 물(CS)을 먹게 했다. CS와 US의 반복적인 조합을 진행시킨 후에, 쥐들이 달콤한 물만 마셔도(CS) 그 쥐들의 면역력이 감소(CR)하는 것이 확인되었다.

조건화된 면역력 억제현상은 이외에도 냄새나 소리 때문에 발생할 수 있으며 쥐가 아닌 사람에게서도 생길 수 있다(Kusnecov, 2001; Pacheco-Lopez et al., 2005). 예를 들어, 건강한 사람들로 구성된 실험 그룹에게 무조건 자극으로서 면역력을 억제시키는 약물을 투여했고, 그런 약물 투여를 할 때마다 조건화된 자극으로서 독특한 맛이 나는 음료수를 그들에게 주었다. 이런 조합된 자극 경험을 주는 실험을 사흘 동안 네 번으로 나누어 반복 진행하였다(Goebel et al., 2002).

개념 5-11

연구자들은 고전적 조건 형성을 통해서 면역 체계도 반응이 달라질 수 있다는 것을 발견했다.

사흘 뒤에는 그 약물을 투여하지 않고 그 음료수만 보여 주어도 그들의 면역 체계의 반응이 억제되는 현상이 생겼는데, 이것은 실험 참가자들이 조건 반응을 얻게 되었음을 증명했다.

고전적 조건 형성을 통해서 면역 반응을 억제할 수 있는 능력을 만들 수 있다는 것은 인간의 건강관리에 대해 중요한 것을 암시한다. 어떤 사람이 장기 이식을 받는 경우에는 그 사람의 면역 체계가 이식된 장기를 외부 물체로 인지해서 공격을 한다. 이런 경우에 면역 체계 반응 억제 기술을 사용해서 별도의 약물 투여를 최소화하면서 면역 체계가 이식된 장기를 공격하지 않도록 할 수 있다. 어쩌면 나중에는 면역 체계의 기능이 고전적 조건 형성 원리를 통해서 강해져서 암세포와 맞서 싸울 수 있는 방법도 고안할 수 있을지 모른다. 그러나 이런 식으로 고전적 조건 형성 원리를 의학 분야에서 적용하기 전에는 그 타당성과 가치를 검증하기 위한 추가 연구가 필요하다.

1 단원 복습 고전적 조건 형성: 연합을 통한 학습

되새겨 봅시다

학습이란?

➤ 심리학자들은 일반적으로 학습을 어떤 경험에서 비롯되는 행동의 반영구적인 변화라고 정의한다.

고전적 조건 형성이란?

➤ 어느 특정 자극에 반응하던 생물체에 그 자극을 다른 자극과 조합시켜서 함께 두 자극을 주어 기존에 그 생물체가 반응하지 않던 다른 자극에도 같은 반응을 보이도록 하는 학습 과정이다.

소거와 자발적 회복이 고전적 조건 형성에서 하는 역할은?

➤ 소거는 무조건 자극(US)의 부재로 조건 자극(CS)이 반복적으로 주어질 때 점차 학습되었던 그 반응이 약해지다가 마침내 없어지는 현상이다.

➤ 자발적 회복은 소거가 진행된 후 어느 정도 시간이 지나서 조건 반응이 다시 생겨나는 현상을 의미한다.

자극 일반화와 변별은 고전적 조건 형성에서 어떤 역할을 하는가?

➤ 자극 일반화란 조건 자극과 유사한 자극들도 조건 자극이 일으키는 반응을 일으키는 경향을 일컫는다.

➤ 자극 변별을 통해서 생물체는 자극들 간의 차이점을 학습하게 되어서 생물체가 조건 자극과 유사한 자극으로 하여금 조건 반응을 하지 않도록 도와준다.

어떤 자극의 특징들이 조건 반응을 강화하는가?

➤ 조건 반응을 강화하는 것과 연관된 인자들로는 조건 자극과 무조건 자극의 조합 횟수, 그 두 자극이 발생하는 시기, 그리고 무조건 자극의 강도가 있다.

인지적 관점에서 고전적 조건 형성을 이해한다면?

➤ Robert Rescorla는 고전적 조건 형성에 대한 인지적 관점을 통해서 조건화는 조건 자극이 무조건 자극 발생을 예측하면서 얻는 정보적 가치에 따라 달라진다고 주장한다. 이 모델에 의하면, 인간과 동물들은 그들의 환경에서 일어날 수 있는 사건을 예측하는 데 도움을 주는 정보를 적극적으로 찾는다. 조건 자극은 그들이 이런 예측을 할 수 있도록 도와주는 신호들이다.

인간의 삶에서 나타나는 고전적 조건 형성의 예는 무엇이 있을까?

➤ 공포 반응이나 특정 음식 혐오가 그 예들이 될 수 있다. 고전적 조건 형성은 또한 긍정적 감정들, 약물 갈망, 그리고 면역 체계 반응을 조절하는 데도 일정 역할을 할 수 있다.

점검해 봅시다

1. 조건 반응이 조건 자극과 유사한 자극에 대해서도 일어나

게 하는 과정은 무엇일까?

2. 다음 중 조건 반응이 강화되는 데 영향을 주지 않는 것은 무엇인가?
   ① CS와 US의 조합 빈도수
   ② CS와 US가 나타나는 시기
   ③ US의 강도
   ④ CR-UR에 대해서 US-CS를 바꾸는 것
3. 고전적 조건 형성 조건 용어로서 Garcia의 음식 혐오에 대한 연구에서 방사선에 해당하는 것은 무엇인가?
   ① UR
   ② CS
   ③ US
   ④ CR
4. Rescorla의 고전적 조건 형성에 대한 인지 모델은 다음 중 무엇의 역할을 강조하는가?
   ① 고전적 조건 형성에서 CS와 US의 지속적 조합이 주요 인자로서 작용하는 것
   ② 신호나 암시로서의 CS의 정보적 가치
   ③ 조건화 강도와 US의 강도 간의 관계
   ④ CS를 예측하게 하는 US의 역할
5. 왓슨과 Rayner의 'Little Albert' 연구에서 그 아기가 흰쥐와 유사 자극에 놀라게 된 이유는?
   ① 아기는 일반적으로 흰쥐를 두려워하므로
   ② Albert 근처에 흰쥐가 있을 때마다 큰 소리가 발생해서
   ③ 흰쥐가 중성 자극과 조합되었기 때문에
   ④ Albert가 흰쥐와 관련된 트라우마를 경험해서

생각해 봅시다

➤ 일상에서 당신이 경험하는 고전적 조건 형성의 예를 들어 볼 수 있는가? 예를 들어서, 어떤 사람은 특정 음악이나 소리를 듣거나 어떤 특정 냄새를 맡으면 감정적 반응이 생기기도 한다. 이런 반응의 원리에 대해서 고전적 조건 형성과 관련된 용어를 사용해서 설명할 수 있는가?

➤ 당신이 무서워하는 것은 무엇인가? 이런 두려움이 당신의 일상생활을 방해하는가? 이 장의 내용을 기초로 하여 생각해 보았을 때, 그 두려움의 이유는 무엇일까? 그런 두려움에 어떻게 대처하는가? 그런 두려움에 대해 다른 사람들과 이야기해 보았는가? 그런 두려움을 극복하고자 할 때 그런 당신을 도와줄 정신건강 담당자가 학교나 지역사회에 있는가?

2 단원 조작적 조건 형성: 결과를 통한 학습

- Thorndike의 효과의 법칙이란?
- 조작적 조건 형성이란?
- 강화 인자에는 어떤 형태들이 있는가?
- 강화가 이루어지는 다른 단계에는 어떤 것이 있으며 그 단계들은 학습과 어떻게 연관되는가?
- 도피 학습과 회피 학습이란?
- 처벌이란 무엇이며 심리학자들은 왜 처벌을 사용하는 것을 우려하는가?
- 조작적 조건 형성이 적용된 예에는 무엇이 있는가?

고전적 조건 형성은 침 흘림 현상이나 눈 깜박임 또는 공포나 역겨움과 관련된 감정적 반응 같은 비교적 단순한 반사 반응을 설명할 수 있다. 그러나 고전적 조건 형성은 우리 일상생활 속에 일어나는 아침 기상, 옷 입기, 출근하기, 등교하기, 식사 준비, 집안일하기, 심부름하기, 숙제하기, 친구들과 어울리기 같은 다양하고 비교적 복잡한 행동을 우리가 어떻게 배우는지 설명할 수 없다. 이런 복잡한 행동을 배우는 원리를 설명하기 위해서 이제 조작적 조건 형성 이론에 주목할 필요가 있다. 고

전적 조건 형성에 따르면 학습은 반응이 일어나기 전에 자극 간의 연관에 의해서 이루어지는 것이다.

그러나 조작적 조건 형성에 의하면 학습은 반응과 그 반응으로 인한 결과의 연합에 의해서 이루어지는 것이다. 조작적 조건 형성에 따르면, 우리는 주변 환경에서 발생되는 어떤 효과에 기초해서 반응이 얻어지기도 하고 강해지기도 한다. 조작적 조건 형성 연구는 두 명의 미국인 심리학자에게 주목한다. 에드워드 손다이크(Edward Thorndike)는 효과의 법칙(Law of Effect)을 통해서 어떤 행동의 결과에 의해 그 행동이 어떻게 영향을 받는지 그 과정을 최초로 조직적으로 설명하고자 시도했고, 스키너(Burrhus Frederic Skinner)는 다양한 조작적 조건 형성 원리의 형태를 실험을 통해서 밝혔다.

개념 5-12

손다이크의 효과의 법칙에 의하면, 우리는 만족스러운 효과를 만들어 내는 반응을 더 자주 반복하게 되며 불만족스러운 효과를 만들어 내는 반응은 반복하지 않게 된다.

1. 손다이크와 효과의 법칙

에드워드 손다이크(Edward Thorndike, 1874~1947)는 사람보다 동물을 대상으로 연구하는 것이 쉽다고 생각해 동물들의 학습에 대해 연구했다. 그는 퍼즐 박스(Puzzle box)라는 장치를 만들었는데, 그 박스 안에는 고양이가 바로 앞에 보이는 음식을 먹기 위해 상자 안에서 나오려면 줄을 당기든지 페달을 밀든지 하는 간단한 행동을 해야만 하도록 설계되었다([그림 5-7] 참조). 고양이는 우연히 상자 문이 열리는 행동을 해서 문이 열리기 전까지는 다양한 행동을 자유롭게 할 것이다. 손다이크는 동물이 추론, 직감, 또는 다른 형태의 고등 지능을 사용해서 탈출하는 방법을 찾지는 않을 것이라고 주장했다. 오히려 시행착오(trial and error)를 거치면서 고양이들은 점차 불필요한 반응을 하지 않게 되며 결국에는 우연한 기회에 문을 여는 데 성공한다. 그러면 성공하게 되는 반응은 기쁜 마음과 함께 각인되고, 나중에 다시 그 반응을 되풀이하게 된다.

[그림 5-7] 손다이크의 퍼즐 박스
손다이크 퍼즐 박스 안에 있는 고양이는 임의적인 시행착오 과정을 통해서 박스에서 탈출하는 방법을 배우게 된다.

이 현상을 관찰한 뒤에 손다이크는 1905년에 어떤 반응이 일어나는 것은 그 반응이 그 환경에서 발생하는 효과에 의존하는 경향이 있다는, 이른바 효과의 법칙(Law of Effect)을 제안하였다(P. L. Brown & Jenkins, 2009). 손다이크의 효과의 법칙은 특별히 만족스러운 효과를 일으키는 반응들은 강해지고 나중에 동일 상황에 처해질 경우 동일한 반응을 하게 될 확률이 높아지며, 마찬가지로 불만족스러운 효과를 일으키게 하는 반응은 점차 약해져서 나중에 다시 발생하게 될 확률이 줄어들 것이라고 주장하였다. 현대 심리학자들은 그 효과의 법칙의 첫 부분을 강화(reinforcement)라고 부르며 두 번째 부분을 처벌(punishment)이라고 부른다(L. T. Benjanmin, 1988).

효과의 법칙(Law of Effect): 만족스러운 효과를 발생시키는 반응들은 나중에 더 자주 반복되게 되며 불쾌한 효과를 일으키는 반응은 재발하지 않게 된다는 손다이크의 원리

손다이크는 동물을 통해서 드러난 학습의 원리가 인간의 행동에, 특히 교육에 어떻게 적용될 수 있는지에 대해 추가로 연구했다. 그는 비록 인간의 행동이 동물의 행동보다 분명히 더욱 복잡하다고 믿었지만, 시행착오 속에서 발생하는 우연한 성공은 긍정적 결과에 의해 각인된다는 점에서 동물과 비슷하다고 보았다.

2. 스키너와 조작적 조건 형성

손다이크는 반응과 그 반응이 유발하는 결과 간의 연합에 의한 학습을 설명하기 위한 기초를 마련했다. 이런 주제에 대한 연구는 다른 미국 심리학자인 스키너(1904~1990)에 의해서도 진행되었는데 그는 이 주제에 대해 조작적 조건 형성(operant conditioning)이라는 더욱 정형화된 학습 이론을 개발했다.

개념 5-13
스키너는 인간의 행동이 환경과 유전적 영향에 의해 완벽하게 결정되며 자유의지 개념은 단지 환상이거나 신화라고 믿었다.

스키너는 당대 가장 유명한 심리학자였을 뿐만 아니라 가장 많은 논란을 불러일으킨 학자이기도 했다. 그는 행동주의자 원칙들을 그의 책과 대중 잡지 속 기사들, 그리고 대중 발표를 통해 대중에게 소개하고 설명함으로써 유명해질 수 있었다. 그는 인간과 동물의 행동이 완벽하게 환경과 유전적 영향에 의해서 결정된다고 주장하는 급진적 행동주의론을 믿었기 때문에 많은 논란을 불러일으켰다. 스키너에게는 인간의 자유의지는 단지 환상이거나 신화일 뿐이다. 그가 확고하게 지지하던 행동주의가 비록 그의 시대부터 지금까지 논란을 불러일으키고 있지만, 그의 조작적 조건 형성 이론 자체는 그가 현대 심리학 분야에서 다른 개척자들과 차별화되도록 해 주고 있는 것은 분명하다. 왓슨처럼 스키너도 심리학자는 관찰 가능한 행동을 연구하는 데 집중해야 한다고 주장한 철저한 행동주의자였다. 생각과 감정 같은 개인적인 부분은 관찰되지 않기 때문에 스키너는 그런 것들을 행동과 관련하여 과학적으로 연구하지 못한다고 믿었다. 스키너에게 마음이란 검은 상자(black box) 속에 있는 내용물인데 그 내용물은 과학에 의해서 비춰질 수 없다고 보았다.

스키너 상자: 스키너가 강화와 행동 간의 관계를 연구하려고 고안한 실험 도구

조작적 조건 형성: 반응에 대한 결과가 그 반응이 나중에 반복될 확률을 결정하게 되는 학습 과정

조작적 반응: 어떤 환경에서 특정한 결과를 만들어 내는 반응

강화 인자: 자극에 의한 반응이 또 일어나도록 하는 확률을 높여 주는 자극이나 사건

미신 행동: 스키너 입장에서 볼 때, 반응과 강화 간에 생겨난 우연한 연관을 통해서 얻어진 행동을 의미함

스키너는 파블로프가 증명한 것처럼 몇몇 반응은 반사적으로 일어날 수 있다고 주장했다. 그러나 고전적 조건 형성은 새로운 자극이 침 흘림 같은 이미 존재하는 행동을 유발하는 원리에만 국한되는 것이다. 고전적 조건 형성은 손다이크의 퍼즐 상자 안에 있는 고양이 실험에서 나타난 새로운 행동을 설명할 수 없다. 스키너는 손다이크의 연구에서 행동은 그 결과에 의해서 다듬어진다는 새로운 원리를 발견했다. 그러나 그는 만족스러운 효과가 행동에 영향을 준다는 손다이크의 유심론적 개념을 부정했다. 스키너는 생물체가 어떤 환경에서 어떤 결과를 이끌어 내도록 작용하는 반응을 학습한다고 가정했고 이 학습을 조작적 조건 형성이라고 불렀다.

스키너는 스키너 상자(Skinner box)라고 불리는 실험도구를 사용해서 동물의 학습을 연구했다. 스키너 상자는 그 안에서 동물이 막대를 내린다든지 버튼을 누르면서 어떤 특정 반응을 할 때만 그 안으로 음식을 제공되는 케이지이다. 조작적 조건 형성에 의해 생물체는 음식이 나오는 환경을 만들기 위해서 막대를 내리는 반응을 배우게 된다. 이런 학습 형태에서는 반응 결과가 그 반응이 다시 발생할 확률을 결정한다. 그 반응 자체를 조작적 반응(operant response) 또는 간단히 조작자(operant)라고 부른다. 보상 효과를 만드는 행동들은 강화된다. 즉, 그런 행동은 다시 반복될 확률이 높다. 실제로 잘 훈련된 조작적 반응은 습관이 된다(Staddon & Cerutti, 2003).

예를 들어, 만일 당신이 먼저 손을 들어야만 선생님이 그 질문에 반응한다면, 당신은 질문을 할 때마다 손을 드는 것이 습관이 될 것이다.

그 특정 행동이 보상하는 결과를 불러일으키는 도구가 되기 때문에 조작적 조건 형성을 도구적 학습(instrumental learning)이라고도 한다. 동일 행동을 반복하게 될 확률을 높여 주는 자극이나 상황을 강화 인자(reinforce)라고 한다. 예를 들어서, 학생이 손을 들면 그 질문에 대답해 주는 것이 강화 인자에 해당한다. 스키너는 강화가 오래 늦춰질수록 그 효과도 약해지는 것을 관찰했다. 스키너 상자에 있는 쥐나 비둘기 혹은 교실에 있는 아이는 자신들의 반응에 강화가 빨리 일어날수록 올바른 반응을 더 빨리 배우게 된다. 일반적으로 반응과 강화 사이에 발생하는 지체가 길어질수록 학습도 늦게 진행된다.

© Nina Leen/Time Life Pictures/Getty Images

스키너 상자 안에 있는 쥐를 바라보는 스키너

스키너는 또한 조작적 조건 형성이 어떻게 미신 행동(superstitious behavior)을 설명할 수 있는지도 증명했다. 어떤 야구선수가 오랜 슬럼프 끝에 홈런을 치고 그때 신고 있던 행운의 양말을 남은 시즌 동안 모든 경기에서 신고 경기에 출전하게 되는 것을 생각해 보자. 미신 행동은 반응(특정한 양말을 그 날 신었음)과 강화(홈런을 침) 사이에 생겼던 우연성을 둘 사이에 어떤 관련이 있는 것으로 착각하는 것으로 이해할 수 있다. 인도에서 깨진 벽돌 부분은 밟고 지나가지 않거나 행운을 위해 상대방의 어깨 위로 소금을 뿌리는 행동같이 흔히 유지되는 미신은 세대를 통해 이어져 온 문화적 유산의 일부이다. 아마도 예전에 이런 행동이 우연히 강화된 일이 있었을 것이다. 그러나 이미 이런 행동이 문화적 전통이 되어서 사람들은 더 이상 그런 행동을 왜 하는지 기억을 하지 못한다. 다음에서는 조작적 조건 형성 원리의 기본 원리에 대해 알아보겠다.

개념 5-14

스키너는 반응과 강화가 우연히 조합되어 미신 행동을 학습하게 되는 과정을 증명했다.

3. 조작적 조건 형성 원리

스키너와 다른 심리학자들의 실험은 조작적 조건 형성의 기본 원리를 발표했다. 그 원리는 정적 강화와 부적 강화, 일차 강화물과 이차 강화물, 변별 자극, 조성, 그리고 소거를 설명할 수 있다.

정적 강화: 반응이 일어난 뒤에 자극의 도입을 통해서 반응이 강화되는 것

부적 강화: 반응이 일어난 뒤에 자극이 없어지면서 반응이 강화되는 것

1) 정적 강화와 부적 강화

스키너는 정적 강화와 부적 강화를 구별했다. 정적 강화에서는 반응이 일어난 뒤에 그 자극에 의해서 반응이 강화된다. 이런 자극을 정적 강화물 혹은 보상이라고 한다. 음식, 돈, 그리고 사회적 인정이 그런 정적 강화물에 해당한다. 직장에서 월급이 더 이상 지급되지 않는 경우보다 꾸준히 월급(정적 강화물)을 받을 때 당신은 계속 그곳에서 일을 할 확률이 크다. 공부를 했는데도 계속 성적이 낮게 나오는 경우보다 열심히 공부해서 좋은 학점(또 다른 정적 강화물)을 받게 될 때 당신은 열심히 공부할 확률이 높아진다([그림 5-8] 참조).

개념 5-15

정적 강화에서 반응이 일어난 뒤에 보상(정적 강화물)을 도입하면 그 반응을 강화시킨다. 부적 강화에서는 반응이 일어난 뒤에 불쾌한 자극(부적 강화물)이 제거되면 그 반응을 강화한다.

➔ 개념 링크 부적 강화는 공포증이나 강박증으로 고생하는 사람이 특정 자극이나 상황을 무서워하거나 피하게 되는 이유를 설명할 수 있다. 제15장 2단원을 참고하라.

➔ 개념 링크 행동 상담사들은 강화의 원리에 기초한 방법을 사용해서 바람직한 행동을 강화시키고 부적절한 행동을 제거한다. 제16장 2단원을 참고하라.

부적 강화란 그 반응을 통해서 불쾌하게 하는 자극이 없어질 때 그 반응이 강화되는 현상이다. 큰 소음, 추운 것, 고통, 잔소리, 그리고 아기 울음소리가 부적 강화물의 예이다. 그런 부적 강화물을 없앨 수 있는 행동을 되풀이하게 된다. 아기가 울면 부모는 그 아기를 달래서 울음을 멈추도록 시도하는데, 실제로 그 아기가 울음을 멈추면 부모는 그 행동을 부정적으로 강화하게 된다. 이 경우 불쾌한 자극이 제거되는 것이다. 많은 사람이 단어에 부정적이라는 단어가 포함되어 있어서 부적 강화의 의미에 대해서 혼란스러워한다(Chance, 2009). 그러나 그것이 긍정적인 것이든 부정적인 것이든지, 강화는 어떤 형태라도 그 행동을 강화시킨다. 그 자극이 나타나도록 하기 위해 그 행동이 강화되는 것은 정적 강화이며 그 자극을 없애기 위해 그 행동이 강화되는 것이 부적 강화이다. 정적 강화물은 일반적으로 음식과 칭찬같이 보상하는 자극이며 부적 강화물은 고통이나 울음같이 불쾌하게 하는 자극이다. 부적 강화는 양면 도로와 같다. 아기들은 배가 고프거나 기저귀가 젖은 경우 울음으로만 우리에게 그것을 알릴 수 있다. 그러나 그 울음소리는 주변에 있는 사람들에게 고통스러운 자극이 될 수 있다. 부모들이 곧 아기의 울음을 그치게 하려고 노력할 것이기 때문에 울음은 부적 강화물이 된다. 그 아기의 울음은 부모의 반응에 의해 긍정적으로 강화된다(스키너의 비둘기처럼 부모는 아기가 무엇을 원하는지 찾기 위해서 비둘기의 '쪼아대기'에 해당하는 행동을 할 것이다. "어디 보자, 아기 기저귀는 안 젖었군. 그렇다면 배가 고픈가 보군".)

부적 강화는 어떤 경우에는 바람직하지 못한 효과를 일으킨다. 어떤 아이가 장난감 가게에서 부모에게 장난감을 사달라고 조르면서 투정을 부리는 경우를 생각해 보라. 그 아이는 아마도 예전에 투정을 부렸기 때문에 생겼던 결과로부터 배운 것이 있을 것이다. 조작적 학습에 의해서 아이의 투정 때문에 부모가 장난감을 사주면 부모의 '항복'으로 말미암아, 그 아이의 투정 부리는 행동은 긍정적으로 강화된

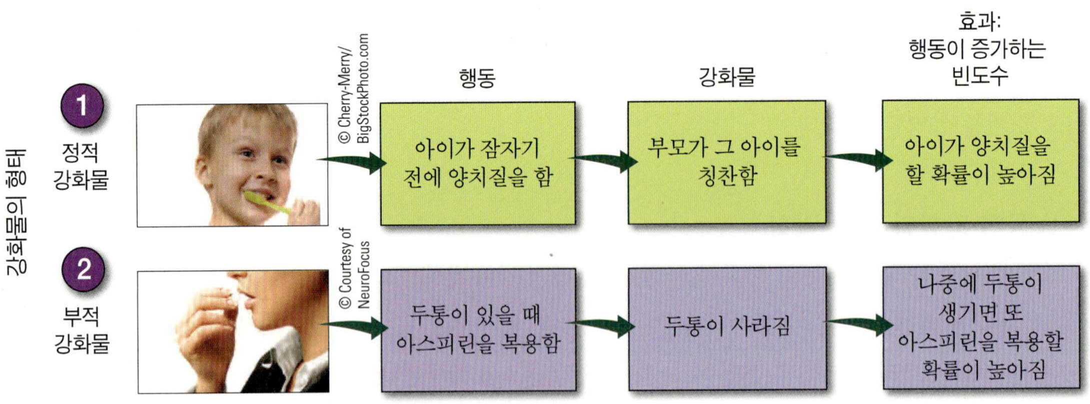

[그림 5-8] 강화물의 형태

정적 강화물과 부적 강화물은 결과로 나타나는 행동을 강화시킨다. 당신의 행동에 영향을 미치는 정적 강화물과 부적 강화물의 예를 들어 볼 수 있는가?

정적 강화물을 도입하면 그 결과 나타나는 행동을 강화시킨다. 부적 강화물을 제거해도 그 전에 나타났던 행동을 강화시킨다.

다. 동시에 부모의 그런 행동은 아이의 투정이 멈추면서 부정적으로 강화된다. 안타깝게도 이런 종류의 강화는 아이의 투정을 더 자주 재발하게 만든다.

2) 일차 강화물과 이차 강화물

생후 16개월 무렵, 내 딸 다니엘라는 내 지갑 안에 들어 있는 내용물에 흥미를 보였다. 그녀의 눈에 들어온 것은 워싱턴과 링컨이 그려진 현금이 아니었다. 그녀는 종이로 된 돈은 무시하고 신용카드에 새겨져 있는 홀로그램에 매혹되었다. 여기서 알 수 있는 것은 일차 강화물(primary reinforcers)이라고 불리는 자극은 우리의 생물학적 요구나 본능을 본질적으로 만족시켜 준다는 것이다. 그 자극이 주는 보상감과 강화의 가치는 학습되어서 생기는 것이 아니다. 일차 강화물의 예로는 음식, 물, 수면, 고통이나 소음이 가라앉는 것, 산소, 성적 자극, 그리고 홀로그램 같이 시각적 자극을 주는 것들이 있다.

다른 강화물로는 이차 강화물(secondary reinforcers)이 있는데, 이차 강화물은 학습 과정을 통해서 일차 강화물과 연관을 맺게 되고 생물체는 그 학습 과정을 통해서 결국 강화 값을 얻는다(Chance, 2009). 돈은 이차 강화물이다(조건 강화물이라고도 함). 우리는 돈이 음식이나 옷 같은 기초 강화물과 교환될 수 있는 것을 배우기 때문에 돈은 강화 값을 얻게 된다. 이차 강화물의 다른 예로는 좋은 성적, 상 타기, 인정받는 것, 미소, 그리고 칭찬이 있다. 우리의 일상 행동은 대부분 다른 사람들의 수락 표시 형태로 표현되는 이차 강화물에 의해 영향을 받고 있다.

© Bubbles/Loisjoy Thurston/Bubbles Photo Library

강화는 일방향으로만 일어나지 않는다. 여기서 누가 누구를 강화하는가? 아이와 부모는 계속 서로를 강화시킨다. 자신의 요구사항이 충족된 후에야 투정 부림을 멈춤으로써 아이는 부모를 부정적으로 강화시킨다. 부지불식간에 그 부모는 그 아이에게 항복함으로써 아이의 투정을 긍정적으로 강화시킨다. 부모는 어떻게 해야 이런 강화 유형을 변화시킬 수 있을까?

개념 5-16

강화물 중에는 우리의 기본적인 생물학적 요구를 만족시키기 때문에 보상감을 느끼게 해 주는 것이 있다. 그러나 다른 강화물은 경험의 결과로서 보상 가치를 얻게 해 준다.

일차 강화물: 음식이나 성적 자극처럼 기본적인 생물학적 요구나 본능을 만족시키면서 보상감을 느끼게 하는 강화물

이차 강화물: 학습된 강화물. 예를 들면 돈이 일차 강화물과의 연관을 맺게 함으로써 강화하는 속성이 나타나게 하는 강화물

변별 자극: 어떤 특정 자극이 있어야 강화가 생길 수 있다고 알려 주는 신호

3) 변별 자극

스키너 상자에 흰쥐를 넣고 박스 안에 있는 전구에 불이 켜져 있는 동안에 그 쥐가 막대기를 누를 때만 음식을 주면서 쥐의 행동을 강화한다고 상상해 보자([그림 5-9] 참조). 그 전구에 불이 꺼지면 쥐가 아무리 막대를 자주 눌러도 쥐의 행동을 강화해 줄 음식은 주어지지 않는다. 그렇다면 쥐가 이런 상황에서 어떻게 반응할까? 분명히 그 쥐는 전구가 꺼져 있을 때보다 켜져 있을 때 더 자주 막대를 누를 것이다. 이 경우의 그 전구가 변별 자극의 예가 되는데, 여기서 전구는 전구 자체가 어떤 특정한 자극을 주는 상황에서만 강화가 생길 수 있다는 것을 알리는 신호가 되는 것이다.

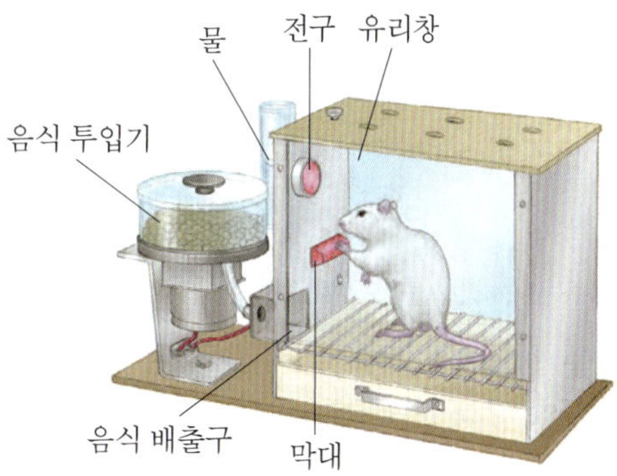

[그림 5-9] 스키너 상자에서의 변별 자극

조작적 조건 형성을 연구하는 데 사용했던 스키너 상자에 쥐를 넣었다. 쥐가 막대를 누르면 음식이나 물을 받게 된다. 전구 빛은 변별 자극으로 강화가 가능한지 알려 주는 신호가 된다. 쥐는 전구에 불이 들어와 있을 때만 막대를 눌러야 한다는 것을 배운다.

개념 5-17

변별 자극은 강화를 위한 단계를 만들 수 있는데, 이 단계를 알고 있으면 당신이 다른 사람에게 도움을 요청할 때 도움이 된다.

녹색 신호등은 교차로에서 안전한 통행을 강화시켜 주는 변별 자극이다. 사람들은 이런 상황에서 강화되는 행동을 하면서 변별 자극에 반응하는 방법을 배운다.

우리의 물리적 환경과 사회적 환경 안에는 수많은 변별 자극이 있다. 다른 사람에게 도움을 요청하기에 좋은 시간은 언제일까? 상대방이 우울하게 침체되어 있는 순간일까, 아니면 활기차게 웃고 있는 순간일까? 당신은 답을 이미 알고 있다. 당신이 답을 알고 있는 이유는 이미 상대방의 얼굴 표정이나 기분이 어떤 상황일 때 당신의 도움 요청에 대한 반응이 긍정적이었는지를 학습을 통해서 알고 있기 때문이다. 또한 당신은 당신이 질문이 있어서 손을 들었을 때 교수가 뒤돌아 서 있는 순간보다 당신을 바라보고 있는 순간일 경우 당신에게 응답하는 경우가 많다는 것도 알고 있다. 녹색 신호등도 일종의 변별 자극인데, 그 자극을 통해서 당신은 교차로에서 안전한 운행을 하면서 녹색 신호등에 따라 운전하는 것이 강화된다.

4) 조성

조성(shaping): 원하는 반응에 더욱 가까워질 수 있는 결과가 나오도록 목표하는 반응에 가까운 행동들을 강화시키는 방법을 사용하는 학습 과정

쥐는 자연스럽게 막대를 누르지 않는다. 만일 당신이 스키너 상자에 쥐를 넣으면 시행착오를 통해서 결국 쥐가 막대를 누르게 될 것이다. 그러나 실험에 임하는 사람은 조성(shaping) 기술을 사용해서 쥐의 학습 과정을 단축할 수 있다. 조성은 점진적 근사법을 사용해서 전체 과정을 세부 단계로 나누어 진행하는 것이다. 여기서 실험자는 목표물의 반응에 더욱 흡사한 연속적인 근사치들을 강화한다(Kreuger & Dayan, 2009). 실험자는 처음에 막대가 있는 케이지로 쥐가 움직이면 그 쥐의 행동을 강화하려고 할 것이다. 일단 쥐가 이런 행동을 하면, 쥐가 그 막대에 더 가까이 갈수록, 그리고 그 막대를 손으로 건드리고, 그리고 실제로 그 막대를 누르면 강화가 일어난다. 당신이 동물 조련사가 일하는 것을 보았다면, 조련사가 어떻게 조성 기술을 활용해서 동물의 복잡한 일련의 행동들을 조련하는지 쉽게 알 수 있다.

개념 5-18

생물체는 조성 과정이나 점진적 근사법적 강화를 통해서 복잡한 행동을 배운다.

우리는 일상생활에서 다른 사람에게 복잡한 일련의 행동들이 요구되는 새로운 기술을 가르쳐 줄 때 점진적 근사법을 활용한다. 아이에게 수영을 가르쳐 줄 때, 강사는 아이가 수영을 배우며 새로운 단계에서 제대로 된 자세와 방법으로 해 낼 때마다 '잘했어'라는 말을 하면서 언어적 방법으로 아이의 수영 방식을 강화시킨다.

5) 소거

개념 5-19

조작적 조건 형성에서 소거는 반응이 약해지다가 결국 없어지며 반응이 더 이상 강화되지 않는 현상을 일컫는다.

제5장 1단원에서 조건 자극이 되풀이되어 주어져도 무조건 자극이 나타나지 않으면 고전적인 조건 반응이 소거되는 것을 배웠다. 조작적 조건화에서도 그것과 유사하게 반응이 되풀이되어도 더는 강화되지 않을 때 반응이 약해지고 없어지는 일종의 소거 현상이 발생한다. 스키너 상자 안에 있는 쥐가 아무리 막대를 눌러도 음식이 주어지지 않는다면 쥐는 결국 막대를 누르지 않아 쥐의 반응이 소거될 것이다. 수업시간에 질문을 하려고 손을 여러 번 들었는데 교수가 반응하지 않는다면 당신은 결국 손을 들지 않게 될 것이다.

6) 강화 계획

스키너 상자에서 동물의 행동은 쪼아댐이나 막대 누름 혹은 이 둘의 조합 같은 반응을 통해서 강화된다. 스키너 실험은 강화가 이루어지는 시기에 대해 미리 계획된 강화 계획(schedules of reinforcement)이 학습에 어떻게 영향을 주는지 보여 주었다.

강화 계획(schedules of reinforcement): 강화가 이루어지는 시기에 대해 이미 결정되어 있는 것

연속 강화 계획(schedule of continuous reinforcement)에서는 각각의 조작적 반응이 일어난 뒤에 강화가 일어난다. 스키너 상자 안에 있는 쥐는 막대를 누를 때마다 음식을 받는다. 유사하게, 당신이 스위치를 손으로 켜면 전깃불이 켜지는 것을 경험하면, 당신은 어두운 방에 들어갈 때마다 스위치를 켜게 될 것이다.

연속 강화 계획(schedule of continuous reinforcement): 반응이 생길 때마다 강화가 조금씩 조절되며 만들어져 가는 체제

조작적 반응은 연속 강화 계획에서 가장 빨리 학습된다. 그러나 연속 강화는 강화가 주어지지 않으면 빠른 소거로 이어지기도 한다. 전구가 고장 나서 교체해야 하는 경우 당신이 스위치를 켰는데도 불이 켜지지 않으면 스위치를 켜는 동작을 반복하다가 멈출 때까지 얼마나 시간이 걸리는가? 아마 한 번이나 두 번 스위치를 켰는데 불이 켜지지 않으면 스위치를 더 이상 켜지 않을 것이다. 그러나 소거는 반응이 잊혔거나 반응을 기억하지 못하는 것이 아니다. 소거는 강화가 이루어진 뒤(예를 들어, 전구를 설치한 뒤)에 재빠르게 회복되는 것이다.

개념 5-20

강화가 조절되며 만들어지는 계획은 학습 속도와 소거 저항 속도에 영향을 준다.

반응은 연속 강화 계획에서보다는 부분 강화 계획(schedule of partial reinforce ment)에서 소거되는 것을 더욱 거부한다. 부분 강화 계획에서는 반응의 일부분만이 강화된다. 이런 현상이 강화가 일어나지 않는 것을 알아차리지 못하게 하는 경향이 크기 때문에 이런 상황에서는 그 반응이 사라지는 데 더 오랜 시간이 걸린다.

부분 강화 계획(schedule of partial reinforcement): 반응의 일부분만 강화되는 강화 체제

일상에서 부분 강화 계획은 연속 강화 계획보다 더욱 빈번하게 발생한다. 연속적으로 강화된다는 것은 무엇을 의미하는지 생각해 보자. 당신이 교실에 들어와서, 교과서를 펼치고, 수업에 늦지 않고 들어와 있으면 그때마다 강화물(보상)을 받게 된다고 생각해 보자. 그러나 이런 식으로 강화되는 속도가 얼마나 바람직하게 보일지는 몰라도 매일 이런 삶을 유지하는 것은 불가능하다. 다행히도, 부분 강화 계획은 대체로 높은 반응률을 나타내고 소거되지 않도록 보다 높은 저항을 보이는 특징이 있다.

부분 강화는 비율 계획(ratio schedule)과 간격 계획(interval schedule)이라는 두 가지의 일반적인 종류의 계획하에서 진행된다. 비율 계획에서는 강화가 반응하는 횟수에 기초해서 이루어진다. 간격 계획에서는 강화가 반응의 시기(timing)에 기초해서 이루어진다. 각각의 형태에서 강화는 고정기저(fixed basis) 또는 변동기저(variable basis)에 따라서 이루어진다.

이를 더욱 자세히 살펴보자. [그림 5-10]은 다양한 부분 강화 계획에서 나타난 반응 속도를 보여 준다. 반응 속도가 간격 계획보다는 비율 계획에서 얼마나 더 빠른지 살펴보자. 이 차이점을 설명하기 위해서는 강화는 간격 계획하에서의 경우와 달리 비율 계획하에서는 마지막 강화 이후에 흘러간 시간의 길이에 의해 달라지는 것이 아니라 반응의 횟수에 따라 달라진다는 것을 기억해야 한다.

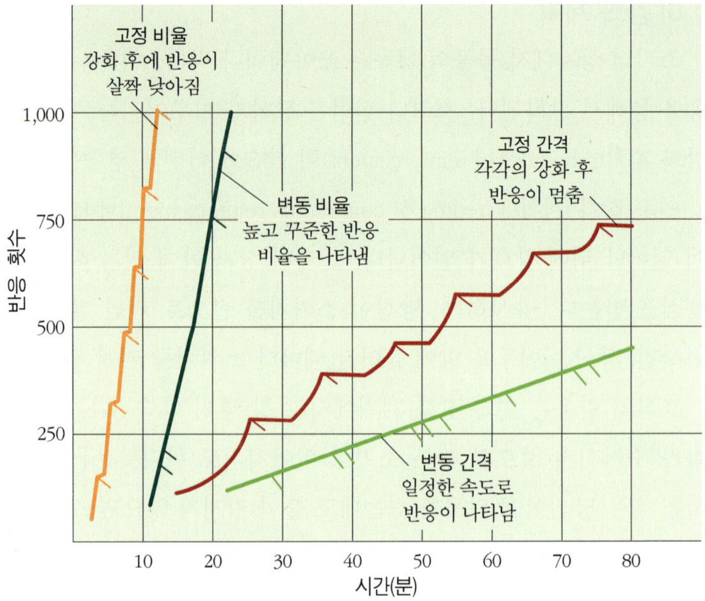

[그림 5-10] 부분 강화의 다른 계획 하에서의 반응 속도 비교

우측 그래프는 반응 속도가 다양한 부분 강화 계획에서 어떻게 나타나는지를 보여 준다. 각각의 반응 곡선을 교차하는 대각선은 강화가 주어진 순간들을 나타낸다. 비율 계획이 간격 계획에 비해서 얼마나 빠르게 반응했는지 주목하라. 그러나 고정 계획에서는 각각의 반응이 강화된 후에 잠시 동안의 멈추는 현상이 포착되었다. 고정 간격 계획은 각 강화 이후에 길게 멈추는 부채꼴 효과가 나타난 데 비해서 변동 간격 계획에서는 느리지만 고정적인 반응 속도를 보였다.
출처: Skinner (1961)에서 수정.

개념 5-21

네 가지의 부분 강화 계획이 있다. 고정 비율 강화 계획, 변동 비율 강화 계획, 고정 간격 강화 계획, 그리고 변동 간격 강화 계획이다.

7) 고정 비율 강화 계획

고정 비율 강화 계획[fixed-ratio(FR) schedule]에서는 제대로 된 반응이 일정 횟수가 나타나면 강화가 이루어진다. 예를 들어, 'FR-6' 계획에서는 반응이 여섯 번 진행된 이후마다 강화가 이루어진다. 고정 비율 강화 계획의 고전적인 예는 노동자들이 몇 개의 제품을 만들었는지에 비례해서 급료를 받던 도급제가 있다. 고정 비율 강화 계획은 [그림 5-10]에서 보듯이 각 강화가 이루어진 이후에 약간 낮아지는 반응과 함께 꾸준하고 높은 수준의 반응을 나타나게 한다. 고정 비율 강화 계획에서는 빨리 일할수록, 노동자들은 많은 제품을 생산하게 되고, 자연히 많은 돈을 수입으로 받게 된다. 그러나 제품 수만이 강화가 이루어지는 방식을 결정하면 품질은 자칫 떨어질 수 있다.

8) 변동 비율 강화 계획

변동 비율 강화 계획[variable-ratio(VR) schedule]에서는 강화가 이루어지기 전에 필요한 올바른 반응의 횟수가 평균값을 중심으로 조금씩 변한다. 예를 들어, 'VR-20' 계획은 반응이 평균 20회 나타난 뒤에 강화가 이루어진다는 것을 의미한다. 어떤 경우에는 반응이 2회, 5회, 10회가 나타난 뒤에 강화가 이루어질 수도 있고, 때로는 반응이 30회나 40회가 나타나야 강화가 이루어지기도 한다.

잠재 고객에게 상품 판매를 위해서 전화하는 영업사원들의 경우 변동 비율 계획 원리에 따라 강화가 이루어진다. 영업사원들은 평균적으로 어떤 상품을 판매하기까지 20명에서 30명 사이의 잠재 고객에게 전화를 해야 할지

모르지만, 어떤 특정일에는 사실 그 제품 하나를 팔기 위해서 정확히 전화를 몇 명에게 해야 할지는 알 수 없다. 도박 또한 몇 번이나 게임을 해야 수익을 얻을 수 있을지 모르기 때문에 변동 비율 계획을 따른다고 볼 수 있다. 예를 들어, 슬롯머신을 이용할 때, 당신은 바로 첫 번째 게임에서 돈을 벌 수도 있지만, 돈을 벌 때까지 2번, 10번, 또는 심지어 50번 이상 게임을 해야 할지도 모른다(그래서 슬롯머신은 외팔이 노상강도라는 별명이 생겼을 것이다.).

변동 비율 강화 계획은 높고 꾸준한 비율의 반응을 나타낸다([그림 5-10] 참조). 주어진 반응이 언제 보상될지 모르기 때문에 변동 비율 계획은 고정 비율 계획에 비해서 소거되지 않는 경향이 있다. 그래서 매우 많은 사람들이 실제로는 가끔 아주 적은 금액에 당첨될 뿐이지만 여전히 매주 고정적으로 복권을 사고 있는 것이다. 어떤 지역에서 사용하고 있는 복권 광고문이 흥미롭다. "이봐, 당첨될지도 모르잖아."

9) 고정 간격 강화 계획

고정 간격 강화 계획[fixed-interval(FI) schedule]에서는 마지막 강화가 이루어진 이후로 정해진 시간이 흐른 뒤에 올바른 반응이 이루어지는 동안에만 강화가 이루어진다. 예를 들어, 'FI-30' 계획에서는 스키너 상자 안에 있는 동물은 마지막으로 음식을 받아먹은 뒤로 30초의 시간 간격이 흐르고 나서 동물이 요구되는 반응을 행하면 그 30초 동안 동물이 보여 준 반응의 횟수에 상관없이 그때서야 음식을 다시 받아먹을 수 있다. 매주 혹은 2주 간격으로 급료를 받는 직장인의 근로 상황이 고정 간격 강화 계획을 따르는 경우이다.

고정 간격 강화 계획은 강화가 이루어진 직후에 반응 속도가 떨어지고 다시 간격이 끝나갈 무렵에 반응 속도가 올라가는 경향이 있어서 부채꼴 효과가 생기게 된다([그림 5-10] 참조). 매월 업무평가를 받는 직장인이 평가일이 끝난 직후보다 또 다른 평가일이 가까워질수록 일을 더 열심히 하는 현상도 이런 부채꼴 효과의 예라고 할 수 있다.

10) 변동 간격 강화 계획

변동 간격 강화 계획[variable-interval(VI) schedule]에서는 올바른 반응이 고정된 시간 동안보다는 변하는 시간 동안에 강화가 이루어지며, 그 강화가 이루어지기 전에 일정 시간이 반드시 지나야 한다. 연구실에서 'VI-60' 계획은 강화가 이루어지기 전에 흘러야만 하는 시간은 60초를 평균으로 해서 그 주변값 내에서 변한다는 것을 의미한다. 이때, 그 간격은 1초 또는 2초처럼 짧을 수도 있고, 또는 120초처럼 길 수도 있다. 그러나 그 평균은 60초로 수렴한다. 시내에서 택시를 부르는 것이 실제 예가 될 수 있다. 택시를 불러서 택시를 타는 데까지는 1분이나 2분 이내의 시간이 걸릴 수도 있지만, 그보다 더 많은 시간이 걸릴 수도 있다.

수업 중에 기습적인 퀴즈시험을 내는 선생님도 학생들이 동기 부여될 수 있도록 일종의 강화를 하는 변동 간격 계획 원리를 따르는 경우에 해당한다. 학생들이 언제 선생님이 갑자기 퀴즈 시험을 볼지 모르기 때문에, 그들은 퀴즈에 대비하기 위해서 규칙적으로 공부하게 되고, 결과적으로 시험에서 좋은 성적을 거둘 수 있다. 퀴즈 시험이 계획되는 경우에는 강화가 고정 간격 계획을 바탕으로 이루어진다. 즉, 시험이 있는 경우에만 학생들은 공부를 하게 된다. 이 경우, 고정 간격 강화를 따르는 전형적인 부채꼴 효과를 예상할 수 있다. 학생들은 시험 직전에 벼락치기로 공부할 것이며 시험이 끝난 직후에는 공부를 시험 전만큼 많이 하지 않을 것이다. 라디오 방송국에서는 변동 계획의 강화를 사용해서 주기적으로 상품을 수여하는 이벤트를 진행할 것이다. 라디오 진행자가 언제 상품 이벤트를 시작하며 "다섯 번째로 전화하는 방청객에게 콘서트 무료 티켓을 드리겠습니다."라고 말할 수 없는 것이다.

변동 간격 계획은 느리지만 지속적인 반응 속도를 만들어 낸다. 강화가 언제 일어날지 모르기 때문에 변동 간격 계획은 고정 간격 계획보다는 소거되지 않는 경향이 있다.

4. 도피 학습과 회피 학습

도피 학습(escape learning): 생명체가 불쾌한 자극으로부터 도피할 수 있게 허락하는 행동을 학습하는 것

회피 학습(avoidance learning): 생명체가 불쾌한 자극을 회피하도록 허락하는 행동을 학습하는 것

도피 학습(escape learning)에 의하면 생물체는 조작적 반응을 수행함으로써 불쾌한 자극으로부터 도피하는 법을 배운다. 불쾌한 자극이나 고통스러운 자극을 제거함으로써 도피 행동은 부적으로 강화된다. 쥐는 전기 충격을 주는 장치를 끄기 위해서 막대를 누르는 법을 배울 수 있을 것이다. 우리는 여름에 선풍기나 에어컨을 켜서 더운 여름의 열풍으로부터 도피하는 법을 배울 수 있다.

회피 학습(avoidace learning)에 의하면 생물체는 불쾌한 자극을 회피하는 법을 배운다. 스키너 상자 안에 있는 쥐는 충격이 전해지는 것을 알리는 신호(예를 들어, 음성)를 받을 수 있다. 그러면 그 쥐는 막대를 누르는 등의 행동을 통해서 올바른 반응을 수행함으로써 그 충격을 회피하는 법을 배운다. 비에 젖고 싶지 않기 때문에 당신은 밖으로 나가기 전에 우산을 펼치는 것이다.

개념 5-22

도피 학습에서 생물체는 불쾌한 자극이나 고통스러운 자극으로부터 도피하도록 하는 반응을 학습한다. 회피 학습에서는 생물체가 불쾌하고 고통스러운 자극을 회피하도록 하는 반응을 학습한다.

다른 종류의 학습처럼 도피 학습과 회피 학습은 어떤 환경에서는 적합한 것이지만 다른 환경에서는 그렇지 않을 수 있다. 피부가 타게 하지 않으려고, 그 상황에서 적응하기 위해 태양열 차단막을 사용하는 법을 배우게 된다. 그러나 치과 치료 시 경험하는 고통이 싫어서 치과 가는 것을 회피하면 치아가 썩고 많은 치아를 잃어버릴 수 있는 등 치료 시 겪는 고통보다 훨씬 그 고통을 겪게 될 수 있다. 어려운 문제나 힘든 감정을 주체하지 못해서 술이나 마약을 하는 경우도 그렇다. 그런 식으로 도피하는 삶의 방식은 오래 유지되지 못하며 술이나 마약 남용으로 인한 문제는 재빠르게 그 사람의 기존 문제와 섞여서 더 큰 문제가 된다.

여기서 조작적 조건 형성 이론의 주요 개념에 대해 〈개념 차트 5-2〉를 바탕으로 복습해 보자.

〈개념 차트 5-2〉 조작적 조건 형성의 주요 개념

개념	설명	예시
조작적 조건 형성 원리	그 환경에서 발생하는 효과에 의해 반응이 강해지는 학습 형태	학생이 질문하기 전에 손을 들어야만 선생님이 대답을 해 준다면 손을 드는 행동이 강화된다.
변별 자극	올바른 반응을 해야만 강화가 이루어진다는 것을 알려 주는 자극	어린이는 전화기가 울릴 때 전화를 받아야 하며, 누군가에게 전화를 할 때는 '뚜우' 하는 소리가 들린 뒤에 전화번호를 눌러야 하는 것을 학습한다. 
정적 강화	반응이 나중에 더 많이 발생할 수 있도록 만드는 자극이나 사건	어린이가 스스로 옷을 입을 때 그 행동을 칭찬하면 나중에도 그 행동을 할 확률이 높아진다.
부적 강화	불쾌한 자극으로서 이 자극을 제거하면 그 반응 행동이 강화되어 그 행동을 되풀이할 확률이 높아진다.	잠을 깨우는 알람소리가 듣기 싫어서 침대에서 일어나 시계 알람을 끄게 된다.
일차 강화물	그 행동의 생물학적 요구나 본능을 만족시키면서 행동을 강화시키는 자극 	음식, 물, 성적 자극
이차 강화물	강화 값과 일차 강화물이 연관되어 그 행동을 강화시키는 자극	돈이 있으면 그 돈으로 음식이나 옷을 살 수 있으므로 이차 강화물이 된다.
조성	원하는 반응에 더욱 근접한 근사치를 만들어 갈 수 있도록 강화를 활용하는 학습 과정	부모가 소년에게 옷 입는 법을 가르칠 때 제대로 입을 수 있도록 전 과정을 작은 단계로 나누어 한 단계씩 이루어 나갈 수 있도록 한다.
소거	강화가 되지 않을 때 그 조작적 반응이 차츰 약해지다가 없어지는 것	질문이 있을 때 어느 학생이 손을 들지 않은 채로 선생님을 계속 불러도 선생님이 대꾸하지 않으면 그 학생은 질문이 있어도 선생님을 부르지 않게 된다.
연속 강화 계획	올바른 반응이 나타날 때마다 강화가 이루어지는 계획	어린아이가 옷을 벗어서 정리할 때마다 칭찬을 받게 된다.
부분 강화 계획(고정 비율 강화 계획, 변동 비율 강화 계획, 고정 간격 강화 계획, 변동 간격 강화 계획)	반응의 일부분만이 강화되도록 하는 강화 계획	어린아이가 옷을 벗어서 정리해도 매번 칭찬받는 것이 아니라 매 3회째에만 칭찬을 받아서 행동이 강화되는 것이다.
도피 학습	학습을 통해서 어떤 불쾌한 자극으로부터 도피하도록 하는 것	운전자는 교통 체증이 발생한 것을 보고 우회해서 가게 된다.
회피 학습	학습을 통해서 어떤 불쾌한 자극을 회피하게 하는 것	퇴근 시 교통 체증을 우려해서 한 시간 일찍 퇴근하는 직장인
처벌	바람직하지 못한 행동에 대해서 불쾌하거나 혐오스러운 결과(긍정적 처벌)를 부과하거나 바람직한 자극(부정적 처벌)을 없애는 것	마감일 이내로 소득 신고서를 제출하지 않으면 정부에서는 연체금을 부과한다. 10대 학생이 통행금지 시간을 넘어서 집에 귀가하면 부모가 그들이 더 이상 운전을 하지 못하도록 한다.

5. 처벌

처벌: 어떤 반응을 보였는데 그 결과 혐오스러운 자극이 가해지거나 강화하는 자극이 제거되면 그 반응은 점차 약해지거나 억눌리는 것을 말함

개념 5-23

비록 처벌은 그 행동을 약하게 만들거나 억누를 수는 있지만 심리학자들은 부모가 아이를 양육하는 방법으로 처벌에 의존하지 말라고 충고한다.

처벌(punishment)은 강화의 반대 의미로 볼 수 있다. 강화를 하면 그 행동이 재발할 확률이 높아지는 반면, 처벌을 하면 그 행동이 재발하지 않는다. 강화에도 정적(positive)인 형태의 강화와 부적(negative)인 형태의 강화가 있듯이, 처벌에도 정적 처벌과 부적 처벌이 있다. 정적 처벌이란 바람직하지 못한 행동에 대해서 불쾌하거나 혐오스러운 자극을 부과하는 것을 의미하는데, 정적 처벌을 하면 시간이 지나면서 그 행동의 발생 빈도가 줄어든다. 예를 들어, 말대꾸를 하는 어린아이를 야단치거나 회초리로 때리는 부모나 불법 주차를 하거나 과속으로 달리는 차량 운전자에 대해서 범칙금을 물리는 경우가 이에 해당한다.

부적 처벌이란 바람직하지 못한 행동에 대해서 강화 자극이 제거되어서 시간이 지나면서 그 행동의 발생 빈도가 줄어들게 하는 것이다. 아이가 말을 듣지 않을 때 TV를 끈다든지, 사춘기 아이들의 특권을 제한한다든지, 친구들을 괴롭히며 말을 듣지 않는 아이만 잠시 놀이터에서 멀리 떼어 놓는다든지 하는 것이 이에 해당한다. 정적 형태이든지 부적 형태이든지, 처벌은 특정 행동의 발생 빈도를 줄여 준다.

© Tony Freeman/Photo Edit

심리학자들은 아이들을 교육할 때 처벌보다는 정적 강화를 활용하라고 권고한다. 처벌의 한 형태인 소리 질러 야단치는 것은 잠시 아이의 특정 행동이 재발되지 않도록 해 주지만, 그 행동 대신에 어떤 행동을 해야 할지는 배우지 못하게 한다는 단점이 있다.

여기서 잠시 우리가 쉽게 혼동할 수 있는 부적 강화(negative reinforcement)와 처벌(punishment)의 차이를 명확히 이해해 보자. 불쾌하거나 혐오스러운 자극을 줄이는 행동은 부정적으로 강화되고 강해진다. 예를 들어, 경고음이 듣기 싫어서 안전벨트를 하는 경우가 이에 해당한다. 불쾌하거나 혐오스러운 자극을 부과(또는 즐거운 자극을 제거하는 것)하도록 만드는 행동은 처벌을 받고 약해진다. 예를 들어, 속도위반 통지서를 받은 이후에는 도로에서 과속을 하지 않게 된다([그림 5-11] 참조). 심리학자와 소아과 의사들은 부모가 아이 교육을 위해서 처벌을 사용하지 않도록 제안한다. 그들은 부모들이 처벌 대신 아이들의 바람직한 행동을 강화하는 방법을 추천한다(American Academy of Pediatrics, 1998; Gershoff, 2002a, 2002b). 육체적인 처벌은 말할 것도 없고, 처벌은 일반적으로 다음과 같은 문제점을 동반한다.

- 처벌은 바람직하지 못한 행동을 못하도록 억누를 수 있지만, 그 행동을 완전히 제거하지는 못한다. 처벌받은 행동은 처벌 자극이 없어지면 다시 나타날 수 있다. 예를 들어서, 어떤 행동 때문에 부모에게 처벌받은 아이는 부모가 자신을 보지 않을 때는 다시 그 행동을 할 수 있다.
- 처벌은 그 아이가 바람직하지 못한 행동을 대체할 만한 새로운 행동을 가르쳐 주지는 못한다. 처벌은 바람직하지 못한 행동을 억누르지만, 그 행동 대신 해야 할 적절한 행동이 무엇인지 깨닫도록 해 주지는 않는다.
- 처벌은 바람직하지 못한 결과로 이어질 수 있다. 육체적인 처벌을 비롯해서 처벌은 아이가 분노, 적대감, 그리고 공포심 같은 부정적 감정을 처벌을 하는 주체를 향

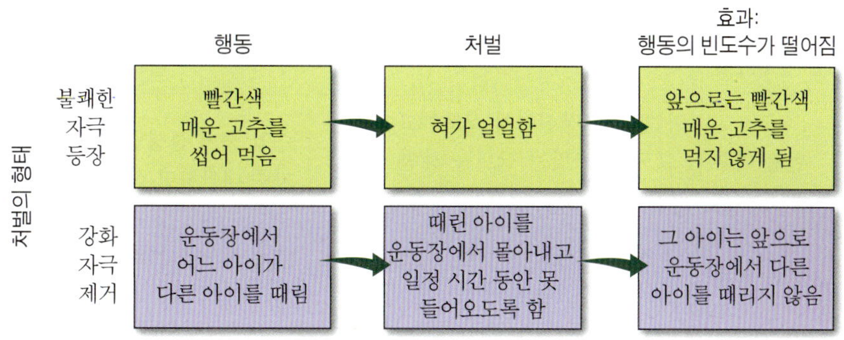

[그림 5-11] 처벌의 형태
처벌을 통해서 혐오스러운 자극을 주거나 강화 자극을 없애서 그 행동이 약해지거나 억눌리도록 할 수 있다.

해 갖도록 만들 수 있다. 공포심은 일반화될 수 있다. 가령 학교에서 좋은 성적을 내지 못한 이유로 처벌을 받은 아이는 자신감을 잃어버리거나 앞으로도 좋은 학업 성적을 낼 수 없을 것이라는 공포심을 갖게 될 수 있다. 그렇게 되면 아이들은 결석을 하거나 어려운 수업을 철회하거나 학교에서 낙제할 수도 있다.

- 처벌은 학대 행위가 될 수 있다. 아이가 잘못된 행동을 못하도록 하는 것은 일시적으로나마 부모가 회초리를 사용하거나 다른 육체적인 처벌을 사용하는 행동을 강화시킨다. 이런 강화는 자칫 규율 교육에서 벗어나 아동 학대에 해당하는 잦은 육체적 처벌이 될 수도 있다(Gershoff, 2002a, 2002b). 적당한 처벌이 효과를 내지 않게 되면 부모는 더 강한 처벌을 사용하게 되는데, 이것이 아동학대로 이어질 수 있다. 학대받은 아이들은 자신을 처벌한 사람을 향해 강한 분노나 적대감을 갖게 되어, 나중에 그 당사자나 자신의 형제 또는 학교 급우들에게 화풀이를 하게 되는 경우가 있다.
- 처벌은 부적절한 교육 모델이 될 수 있다. 아이가 자신의 부모가 목적 달성을 위해 육체적인 처벌 방법을 자주 쓰는 것을 목격하면 자칫 사람 간에 생겨나는 마찰이나 문제를 해결하는 수단으로서 육체적 폭력을 써도 정당할 수 있다고 믿게 된다.

처벌에는 문제점이 있으므로 처벌을 사용하면 안 되는 것일까? 처벌을 사용하는 것이 적절한 경우도 물론 있다. 아이가 자기 자신이나 다른 아이들에게 해를 가하는 경우(길거리에서 마구 뛰어다니거나 운동장에서 다른 아이를 때리는 경우) 그 행동을 멈추게 하려면 처벌이 효과적일 수 있다. 그러나 지나친 육체적 처벌은 삼가야 한다. 적절한 수준의 처벌은 다음과 같다. 첫째, 구두 질책("안 돼, 조니. 그러지 마. 그러다가 다칠 수 있어."), 둘째, 강화물 제거(장난감과 바꿀 수 있는 토큰이나 포인트를 주지 않는 것), 셋째, 중간 휴식(잘못된 행동을 했을 때 아이가 강화 환경에 잠시 못 들어오게 하는 것)

〈표 5-1〉 강화와 처벌 비교

기술	경과	시기	예시	결과
정적 강화	긍정적 자극이나 사건이 도입됨	반응 이후	선생님이 당신에게 질문하고 당신이 그 질문에 맞는 답변을 하면 선생님이 당신을 보고 웃음(긍정적 자극)	수업 중에 선생님의 질문에 더 자주 대답하고 싶어짐
부적 강화	혐오스러운 자극이 사라짐	반응 이후	안전벨트 경고음이 날 때 안전벨트를 매면 경고음이 꺼짐	엔진 시동을 켜기 전에 안전벨트를 매게 됨
정적 처벌	혐오스러운 자극이 적용됨	반응 이후	문을 너무 세게 닫는 아이를 혼냄	아이가 문을 살살 닫게 됨
부적 처벌	강화 자극이 제거됨	반응 이후	동생을 때렸기 때문에 아이에게 텔레비전을 보지 못하게 함	아이가 동생을 때리지 않게 됨

아이에게 처벌을 가하는 부모는 그 아이가 본인이 왜 처벌을 받는지 이해할 수 있도록 설명해야 한다. 어린이들은 단지 자신들이 '나쁜 애'이기 때문에 혼나는 것이라고 생각할 수도 있다. 그들은 자신 자신에 대해서 부정적으로 생각할 수도 있고 자신을 처벌한 아버지나 어머니가 자신을 더 이상 사랑하지 않는다고 생각할 수도 있다. 부모는 정확히 아이의 어떤 행동 때문에 아이를 처벌한 것인지 그리고 앞으로는 어떻게 행동을 해야 하는지를 설명해 주어야 한다. 이런 식으로 부모는 아이들이 올바른 행동을 배울 수 있도록 도와줄 수 있다. 처벌은 올바른 행동을 위한 정적 강화와 조합되어 행해질 때 더욱 효과적일 수 있다. 잠시 〈표 5-1〉을 보고 강화와 처벌이 어떻게 비교되어 있는지 살펴보자.

6. 중요한 이유: 조작적 조건 형성의 응용

이 세상은 스키너 상자와 다양한 측면에서 닮아 있다. 우리가 어린이였을 때부터 우리의 행동 방식은 강화와 처벌을 통해서 형성되어 왔다. 우리는 어떤 행동이 칭찬과 허락을 받고 어떤 행동이 그렇지 못할 것이라는 것을 빨리 학습한다. 1년 동안 얼마나 많은 강화가 당신의 행동 방식에 영향을 주는가?

만일 당신이 수업에 집중하거나, 숙제를 제대로 하거나, 시험 준비를 잘해서 좋은 성적을 거둔 경험을 통한 정적 강화가 없다면 오늘 학교에서 수업을 듣고 있을까? 당신의 삶에서 당신의 행동방식에 가장 많은 강화를 미친 사람은 누구인가? 어머니인가, 아버지인가? 아니면 당신이 좋아하는 삼촌인가, 아니면 이모인가? 혹시 선생님이나 코치는 아닌가? 그것도 아니라면 바로 당신 자신인가?

심리학자들은 조작적 조건 형성 이론을 응용해서 바이오피드백 훈련이나 행동 수정, 또는 프로그램 학습 같은 요법을 개발했다.

1) 바이오피드백 훈련: 신체 신호를 강화물로 활용하는 법

제3장에서 바이오피드백 훈련(biofeedback training)을 다루었다. 바이오피드백은 뇌파 규칙과 심장 박동 속도 같은 신체의 반응을 바꾸는 법을 배우는 기술이다. 바이오피드백은 조작적 조건 형성 원리에 의존한다. 신체 상황을 측정하는 장치가 신체 반응이 변하는 것을 기록하고 특히 긍정적인 변화가 이루어지는 순간에는 특정 음을 내어 사용자에게 그 정보를 전달한다. 이런 피드백을 통해서 바람직한 변화를 일으키는 행동(예: 평온한 생각을 하는 것)이 강화된다.

개념 5-24

조작적 조건 형성 원리는 바이오피드백 훈련, 행동 수정, 그리고 프로그램 학습에 활용된다.

2) 행동 수정: 학습 원리 실습

행동 수정(behavior modification: B-mod)은 학습 원리를 체계적으로 응용해서 적합한 행동을 강화하고 부적합한 행동을 약화시키는 방법이다. 예를 들어, 스키너와 동료들은 정신병원에서 토큰 경제 프로그램(token economy program)을 실시함으로써 현실 세계에 조작적 조건 형성을 적용시켰다. 토큰 경제 프로그램이 실행되면 환자들이 스스로 옷을 갈아입는다든지, 침대를 깨끗이 정리한다든지 또는 다른 사람들과 즐겁게 어울리면서 올바른 행동을 했을 때 플라스틱 조각으로 된 토큰을 몇 개 받는다. 그 토큰은 어떤 특권과 같은 정적 강화물과 교환할 수 있다.

행동 수정: 적합한 행동을 강화하고 부적합한 행동을 약화시키기 위해 학습 원리를 체계적으로 활용하는 방법

토큰 경제 프로그램: 바람직한 행동을 하면 토큰을 주고 그 토큰을 정적 강화물로 교환할 수 있게 하는 프로그램

행동 수정 프로그램은 교실에서도 적용될 수 있다. 이 경우 학습 성취도, 학생 교류, 그리고 비모범적 행동 감소 효과 등에서 측정할 만큼의 실효를 거둘 수 있다. 학생이 바람직한 행동을 할 때마다 선생님이 그 학생에게 토큰이나 금색 별을 주고, 나중에 학생들은 이 토큰이나 별로 작은 상품이나 특권을 사거나 누릴 수 있게 된다. 부모의 훈련 프로그램도 이런 행동 수정 요법을 그대로 집에서 적용하는 것이다. 행동 수정 기법을 활용하는 방법을 배운 뒤에 부모는 아이들이 바람직한 행동을 할 때마다 보상을 하고, 반대로 바람직하지 않은 행동을 하면 강제로 휴식을 시키거나 특권이나 보상물을 빼앗으면서 아이들을 교육할 수 있다.

3) 프로그램 학습

스키너는 조작적 조건 형성을 프로그램 학습(programmed instruction)이 하는 형태로 교육에 적용했다. 프로그램 학습에서는 복잡한 것을 배우는 것을 일련의 세분화된 단계로 잘게 나눈다. 학습자는 그 각 단계를 하나씩 자신의 속도대로 배운다. 스키너는 점점 어려워지는 연속 질문을 통해 학생들을 지도하는 '교육 기계(teaching machine)'를 만들었다. 학생이 각각의 질문에 응답한 직후마다 정답이 즉시 나타난다. 이런 과정을 통해서 정답을 위한 강화가 단계별로 이루어져서 학생은

프로그램 학습: 복잡한 것을 세부화된 작은 단계로 나누어 학습자가 본인의 속도대로 한 단계씩 배워 가는 방법

컴퓨터 지원 교육: 프로그램 학습의 일종으로 컴퓨터가 학생에게 점점 어려운 질문을 하게 하고 정답을 알려 주며 학습자를 강화시켜서 점차 어려운 문제도 틀리지 않고 풀 수 있도록 도와주는 교육

자신이 실수를 하는 경우 바로 수정을 할 수 있게 된다. 질문들은 작은 단계에서 서로 연관되도록 만들어져서 학생들은 차츰 정답을 맞힐 확률이 높아지고, 그 뒤에는 정답을 계속 맞춤으로써 안정적으로 꾸준히 강화되게 된다. 교육 기계는 컴퓨터 지원 교육(Computer-assisted instruction)이라는 컴퓨터화된 프로그램 학습의 길을 열어 주었다. 컴퓨터 지원 교육을 통해서 학생은 점차 더 어려운 질문에도 정답을 제시할 수 있게 된다.

2단원 복습 조작적 조건 형성: 결과를 통한 학습

되새겨 봅시다

Thorndike의 효과의 법칙이란?

- Edward Thorndike의 효과의 법칙은 만족스러운 효과를 보여 주는 반응은 강화되고 그렇지 못한 효과를 보여 주는 반응은 약화된다는 것이다.

조작적 조건 형성이란?

- 조작적 조건 형성은 행동의 결과가 그 행동이 다시 발생할 수 있는 확률이나 강도에 영향을 주게 되는 형태의 학습이다.

강화물의 종류에는 어떤 것들이 있는가?

- 정적 강화물은 반응 전 주어지는 자극이나 사건이 그 반응을 강화하는 강화물이다.
- 부적 강화물은 그 반응 전에 어떤 자극이나 사건을 차단하거나 제거함으로써 그 반응이 강화되도록 하는 강화물이다.
- 일차 강화물은 생물학적 요구를 충족시켜 주는 강화 자극으로서 음식이나 물이 이에 해당한다.
- 이차 강화물은 일차 강화물과 연합되어 강화되는 가치를 얻게 하는 것으로서 돈이나 사회적 인정이 이에 해당한다.

강화 계획 종류에는 무엇이 있으며, 그들이 학습과 어떻게 관련되어 있는가?

- 강화 계획은 강화가 이루어지는 시기가 이미 결정된 것이다. 연속 강화 계획에서 올바른 반응이 이루어질 때마다 강화가 이루어진다. 부분 강화 계획에서는 올바른 반응의 일부분에 대해서만 강화가 이루어진다.
- 부분 강화는 비율 계획이나 간격 계획에 따라 진행된다.
- 고정 비율 강화 계획에서 강화는 일정한 횟수의 올바른 반응이 나타난 뒤에 진행된다.
- 변동 비율 계획에서는 강화가 일어나기 위해 필요한 올바른 반응 횟수가 평균치를 중심으로 조금씩 변한다.
- 고정 간격 계획에서는 올바른 반응이 강화되기 전에 특정 양의 시간이 지나야 한다.
- 변동 간격 계획에서는 강화가 일어나기 전에 필요한 시간 양이 평균치를 중심으로 변한다.
- 지속적 강화 계획은 학습을 가장 빨리 진행시키지만 억제되는 경우에는 가장 빨리 소거시키기도 한다.
- 부분 강화 계획에서의 반응률은 변하며, 마찬가지로 반응이 소거되지 않으려고 저항하는 성향도 변한다.

도피 학습과 회피 학습이란?

- 도피 학습을 통해서 생물체는 고통 같은 불쾌한 자극으로부터 도피하는 반응을 배우며 회피 학습을 통해서 생물체는 그런 자극을 회피하는 반응을 배운다. 도피 학습과 회피 학습이 어떤 경우에는 도움을 주지만, 어떤 경우에는 도움이 되지 않을 수도 있다.

처벌이란 무엇이며 심리학자들이 처벌을 사용하는 것을 우려하는 이유는?

- 처벌은 어떤 반응에 대해서 고통스럽거나 불쾌한 자극을 가하거나 이와 반대로 그 반응에 대해서 보상을 주는 자극을 제거하는 것인데, 그렇게 함으로써 그 반응을 약화시키거나 억제할 수 있다. 심리학자들이 처벌 사용에 대해 우려하는 이유는 처벌을 해도 단지 그 행동이 억제될 뿐 완전히 제거되지는 않기 때문이다. 또한 처벌에 지나치게 의존할 경우 당사자가 그 행동을 대체할 새로운 적합한 행동을 배우지 못하게 할 수 있다. 부정적인 감정을 나타내거

나 행동 문제를 보이는 사람들의 문제를 해결하는 방법으로서 처벌은 부적절한 모델일 수 있다.

조작적 조건 형성이 적용되는 예

➤ 조작적 조건 형성 원리를 이용해서 바이오피드백 훈련, 행동 수정 그리고 프로그램 학습을 실행할 수 있다.

점검해 봅시다

1. 조작적 조건 형성에서 학습은 행동과 다른 무엇과의 연관을 통해 진행된다. 여기서 '무엇'은 무엇을 뜻하는가?
   ① 그 결과
   ② 조건화 자극
   ③ 인지
   ④ 무조건 자극
2. Skinner는 모든 행동이 환경과 유전자에 의해 영향을 받아서 결정되며 자유의지는 환상이나 미신일 뿐이라고 주장했는데 Skinner의 이런 이론을 ______이라고 한다.
3. Skinner는 미신 행위가 우연히 ______과 ______가 연관지어짐으로써 얻어진다고 주장했다.
4. 부적 강화에서는 행동이 다음 중 무엇에 의해 강화되는가?
   ① 부적 강화
   ② 긍정적 자극의 제거
   ③ 정적 강화
   ④ 불쾌한 자극의 제거
5. 조작적 반응은 ______ 강화 계획하에서 가장 빨리 학습되며 반응은 ______ 강화 계획하에서 소거되지 않으려고 가장 저항적인 상태가 된다.
   ① 지속, 지속　　② 부분, 부분
   ③ 지속, 부분　　④ 부분, 지속

생각해 봅시다

➤ Skinner는 자유의지가 환상이라고 믿었다. 이에 동의하는가? 설명해 보자.

➤ 13세 소년의 부모는 소년이 설거지를 비롯해서 가정 일의 일정 부분을 도와주기를 바란다. 어느 날 그 소년이 설거지를 할 차례였는데 자신은 해야 할 일이 있다면서 설거지를 하지 않았다. 그 모습을 보고 절망감을 느껴서 부모는 그 아이가 부모의 말에 동조하여 설거지를 하기로 행동을 바꿀 때까지 소리를 지르며 화를 냈다. 그러나 그 소년은 설거지를 하는 둥 마는 둥하며 억지로 설거지를 했다. 그래서 소년의 엄마는 소년의 설거지를 중단시키고 남은 설거지를 본인이 마무리 지었다. 이때 소년의 행동 반응에 영향을 주기 위해 사용한 강화 방법은 무엇인가? 그 소년이 부모의 말에 동조함으로써 부모의 어떤 행동이 강화되었는가? 엄마가 그 소년의 일을 도와줌으로써 그 소년의 어떤 행동을 우연히 강화시켰는가? 이 가족의 강화 패턴에 대해 생각해 본 뒤, 이 가족이 만일 당신에게 조언을 구한다면 어떤 것을 제안하겠는가?

인지 학습

3 단원

- 인지 학습이란?
- 잠재 학습이란?
- 통찰 학습이란?
- 관찰 학습이란?

친구가 새로 이사 간 집으로 찾아가는 상황을 상상해 보자. 손다이크의 실험 속 동물처럼 당신은 실수도 하며 다른 집을 찾아가기도 하다가 결국 친구 집으로 향하는 올바른 동선을 발견하게 될 것이다. 그리고 다시 방향을 세심하게 찾아보고 그 집으로 가는 길을 머릿속에 그려 보며 심상(mental image)을 만들 것이다. 예를 들어, "어디 보자, 저기 코너에 있는 파란색 집 앞에서 좌회전을 하고서 다시 정지 표지판 앞에서 우회전을 하고, 그리고 다시…….”라고 중얼거리며 가는 길을 상상할 것이다. 정신적인 지도를 머릿속에 그림으로써, 당신은 새로운 행동(친구 네로 찾아가는 것)을 그런 행동이 강화되기도 훨씬 전에 수행할 수 있다. 많은 심리학자들이 이런 행동 원리는 기존의 고전적 조건 형성이나 조건적 조건 형성 원리로는 설명할 수 없다고 주장하는데, 이런 행동 원리를 인지 학습(cognitive learning)이라고 한다. 인지 학습은 직접 관찰할 수 없는 사고 능력, 정보 처리, 문제해결, 그리고 심상 같은 과정과 관련된 학습이다. 인지 학습을 연구하는 심리학자들은 인간과 동물은 기존에 어떤 행동을 수행하도록 기회를 갖거나 그런 행동을 하도록 강화되지 않았어도 새로운 행동을 할 수 있는 능력이 모두에게 어느 정도는 있다고 주장한다.

인지 학습(Cognitive learning): 기존에 실행해 보거나 어떤 반응이 강화된 적이 없는데 그 행동을 할 수 있도록 유도되는 학습 과정

제7장에서 정보처리, 문제해결, 그리고 창의력에 관련된 인지 과정을 더 자세히 다룰 것이다. 여기서는 일단 인지 학습의 세 가지 형태인 통찰 학습, 잠재 학습, 그리고 관찰 학습에 대해 집중해 보겠다.

1. 통찰 학습

독일 심리학자 볼프강 쾰러(Wolfgang Köhler, 1927)는 술탄이란 이름을 가진 침팬지를 다룬 실험에서 술탄의 손에 닿지 않게 바나나를 술탄이 있는 케이지 밖에 놓아두었다. 배가 굉장히 고팠던 술탄은 그에게 가까이 있던 물건인 막대기를 도구로 사용해서 바나나를 먹어야 했다. 오래 지나지 않아 술탄은 마침내 도구를 사용해서 바나나를 획득하는 데 성공했다. 쾰러는 그 이후에 바나나를 더 먼 곳에 두고, 술탄 곁에는 더 긴 막대도 추가로 놓아두었다. 술탄은 두 개의 막대기를 보고 모두 손에 쥐어 보았다. 그리고 막대를 하나씩 사용해 보면서 바나나를 당겨 오려는 시도를 했는데 바나나를 옮겨 올 수 없었다. 그 바나나가 너무 멀리 있었기 때문이다. 술탄은 두 개의 막대를 만지작거리며 손보더니 두 막대를 연결해서 결국 더욱 긴 하나의 막대를 만들어 냈다. 그리고 마침내 문제를 해결했다. 술탄은 그 긴 막대로 바나나를 케이지 안으로 가져올 수 있었다. 손다이크의 실험 속 동물이나 스키너의 조작적 조건 형성 연구에 등장한 동물과는 달리 술탄은 시행착오 과정을 통해서 서서히 강화 반응을 한 것은 아니다. 쾰러는 술탄이 문제해결을 도와주는 영감이 순간적으로 섬광처럼 나타나게 하는 통찰에 의지해서 문제를 해결했다고 보았다.

통찰 학습: 어떤 문제에 대한 해결책이 갑자기 떠오를 때까지 문제에 대해 정신적으로 작업하는 과정

통찰 학습(insight learning)은 문제해결 방법이 갑자기 떠오를 때까지 문제를 끝까지 해결하려는 과정이다. 이런 문제해결의 순간을 ‘아하!’ 현상이라고 부른다(Topolinski & Reber, 2010). 그러나 사실 통찰 학습은 영감이 번개처럼 떠오르거나 난데없이 해결책이 생기는 현상에 의존하지는 않는다. 통찰은 문제해결을 위한 다양한 부분을 어떻게 맞추어 가기 위해 각 요소를 재구성하고 재정리함으로써 이루어진다(Kounios & Jung-Beeman, 2009). 19세기 과학자 루이 파스퇴르(Louis Pasteur)는 “준비된 자에게만 기회가 온다.”라는 유명한 말을 남겼다.

통찰 학습을 할 때 다양한 각도에서 종합적으로 그 문제에 대해 숙고하는, 이른바 준비된 마음은 우리가 "아하!"라고 소리칠 수 있는 영감을 경험할 수 있는 순간에 더 빨리 도달하게 할 수도 있다. 행동주의 심리학자들에게 '통찰'이란 갑작스러운 현상도 아니고 기존 강화가 이루어지지 않은 행동도 아니다. 그들은 우리가 통찰을 순간적으로 경험하도록 이끄는 그 강화 인력을 단지 못 볼 뿐이라고 주장한다. 이런 시각으로 본다면 통찰 학습은 단지 기존에 강화된 반응을 연결하면서 나타나는 현상이다. 따라서 입장이 이렇게 다른 심리학자들의 의견 사이에는 절충이 필요하다. 통찰 학습은 과거에 강화되었던 반응에 기초해서 문제에 대한 해답을 찾으려는 일종의 시행착오 과정에서부터 나타날 수 있다.

개념 5-25
어떤 문제에 대해 다시 접근하여 생각함으로써 우리는 문제의 다양한 측면을 종합적으로 구성하게 되고 해결책을 마련할 수 있다.

2. 잠재 학습

에드워드 톨먼(Edward Tolman)과 혼직(C. H. Honzik)은 학습 시 나타나는 인지 과정의 역할에 대해 알아보고자(1930) 쥐들을 훈련시켜서 미로를 탈출시키는 실험을 했다. 미로를 통과하는 데 성공한 쥐들을 위해서 미로 끝부분에 있는 음식을 놔두어 상으로 먹을 수 있게 해 두었고 몇몇 다른 쥐에게는 미로를 통과해서 성공해도 상으로 음식을 주지 않았다. 열흘 동안 매일 쥐들은 동일한 미로 속에 놓였고, 쥐들이 잘못된 방향으로 가는 횟수는 모두 기록되었다. 미로를 통과해서 음식을 맛본 쥐들은 미로를 빨리 배웠지만, 미로 통과해도 음식으로 보상받지 못한 쥐들은 미로를 빨리 배우지 못했다. 보상을 받지 못한 쥐들은 목적 없이 미로를 헤매면서 잘못된 방향으로 가는 것처럼 보였다.

개념 5-26
잠재 학습은 분명한 강화 없이도 나타나며, 강화가 생기기 전까지 발휘되지는 않는다.

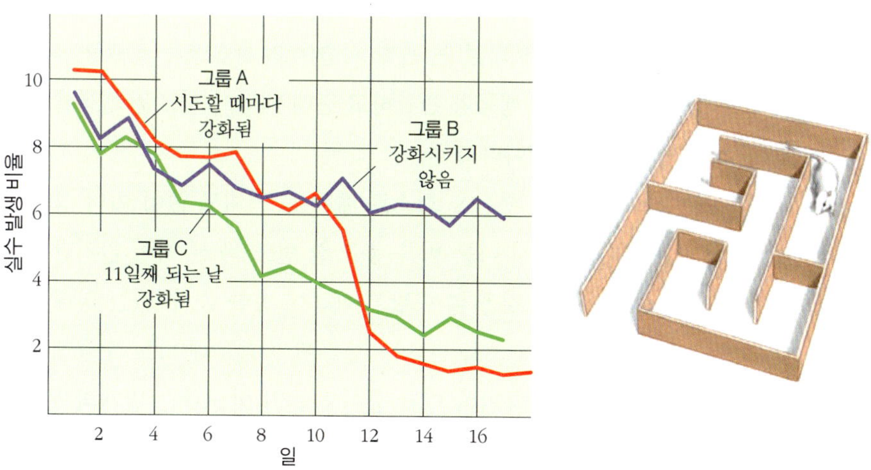

[그림 5-12] 톨먼과 혼직의 잠재 학습 실험
보상을 통한 강화가 이루어지지 않던 쥐들이 11일 차에 음식을 통해서 행동에 대해 강화가 이루어지자 실수 발생 비율이 급격히 감소하는 부분을 착안할 필요가 있다. 톨먼은 이 쥐들이 11일 차 이전에 이미 시행착오를 통해서 미로 지도를 학습했지만 발휘되지는 않았는데 이 숨겨졌던 학습이 11일 차에 주어진 음식으로 보상받으면서 발휘된 것이라고 주장했다.

실험 11일째가 되던 날, 음식을 못 먹었던 쥐들을 위해서 목표 지점에 음식을 놓아두었다. 그다음 날 보니 실험 11일째에 음식으로 보상을 받은 쥐들은 그 전에 음식으로 보상을 받은 쥐들보다 실수를 적게 하는 것을 관찰할 수 있었다([그림 5-12] 참조). 연구자들은 강화된 시도가 단순하게 이런 극적인 행동 개선을 설명하기는 어렵다고 보았다. 그 쥐들은 아마 강화 없이도 그 미로를 더 일찍 배웠을 것이며, 그 미로를 통과하는 행동이 강화되었을 때 그들이 그 전에 배웠던 것을 보여 준 것일 것이다. 이런 종류의 학습을 잠재 학습(latent learning)이라고 한다. 잠재 학습은 곧 분명한 강화 없이도 발생하는 숨겨진 학습으로서 그 행동을 보여 주기 전까지는 나타나지 않는 특징이 있다. 학습된 행동은 그 행동이 강화될 때만 표현된다. 그러나 쥐들은 예전에 무엇을 배웠던 것일까? 연구팀 리더인 톨먼은 본인이 답을 알고 있다고 믿었다. 그는 쥐들이 미로 속에서 목표지점까지 탈출하게 도와주는 심적 표상 같은 인지 지도(cognitive map)를 개발했다고 주장했다.

잠재 학습: 명확한 강화물이 없는데도 발생하는 학습이며 강화물이 제공된 후에 학습효과가 나타나는 것을 말함

인지 지도: 그 지역에 대한 심적 표상으로 대상자가 길을 찾으며 이곳에서 저곳으로 다니는 것을 도와주는 것을 말함

톨먼의 실험은 인간과 동물이 자신들의 주변 세상에 대한 심적 표상을 만든다는 주장을 뒷받침했다. 잠재 학습의 일반적인 예로서, 당신이 라디오에서 흘러나오는 노래를 반복해서 들으면서 그 가사를 외우려고 하지 않았는데도 결국 그 가사를 외우게 되는 현상을 들 수 있다. 그 가사를 알고 있어도 그것이 표현되지 않고 잠재해 있다가 누군가가 갑자기 파티에서 당신에게 그 노래를 불러 보도록 시키면 그때 그 노래를 자연스럽게 부르면서 그 가사를 읊으면서 노래를 하게 되는 것이다.

3. 관찰 학습

유치원에서 제니는 선생님이 벽돌을 가지고 놀았던 티나가 그 벽돌을 주워서 제자리에 두는 것을 보고 칭찬하는 것을 보았다. 티나의 행동은 제니가 그녀의 행동을 조절할 수 있는 일종의 신호가 되었다. 관찰 학습(대리 학습 또는 모델링이라고도 함)을 통해서 우리는 다른 사람의 행동을 관찰하고 흉내 내면서 새로운 행동을 배운다. 행동이 관찰되는 사람을 모델이라고 한다.

관찰 학습: 다른 사람의 행동을 보고 그 행동을 흉내 내면서 학습하는 것. 대리 학습 또는 모델링이라고 함

개념 5-27

관찰 학습에서는 다른 사람의 행동을 관찰하고 흉내 냄으로써 행동을 배운다.

관찰 학습을 하면서 우리는 그 행동을 스스로 배워 볼 기회도 없이 이미 그 행동을 할 수 있는 상태가 된다. 그래서 나는 비록 총을 한 번도 쏴 본 적이 없지만 영화나 드라마에서 사람들이 총 쏘는 것을 많이 봤기 때문에 총을 쏠 수 있는 상태가 된 것이다. 마찬가지로 요리사가 수플레를 만드는 것을 봤기 때문에 나도 수플레를 만들 수 있는 것이다. 그 수플레를 타인이 먹고 싶어 하는가 아닌가는 별개의 문제이며, 이런 특징이 관찰을 통한 학습의 한계를 드러내기도 한다. 연습과 적성은 그 기술 부분에서 노력한 행동을 만들어 가는 데 중요한 요소다.

사회 인지 이론가이자 심리학자인 앨버트 밴듀라(Albert Bandura, 1986, 2008a, 2009)는 어린이들이 가정, 학교 또는 텔레비전에서 보이는 난폭한 행동을 보고 흉내 내며 배운다고 믿었다. 그의 고전적인 연구에서 밴듀라와 동료들은 어린이들이 텔

레비전이나 만화 주인공들의 난폭한 행동을 보고 배운다는 것을 증명했다(Bandura, Ross, & Ross, 1963). 그와 관련된 연구에서 어린이들이 장난감 인형인 보보 인형([그림 5-13] 참조)을 때리는 어른을 보고 그 행동을 따라 하는 것도 증명되었다. 다른 실험들도 동일한 일반적 결론을 보여 주었다. 아동이나 청소년이 텔레비전이나 다른 대중매체에서 등장하는 폭력에 노출되면 그들도 그런 행동을 흉내 내게 된다는 것이다(Uhlmann & Swanson, 2004). 어린이들이 대중매체에 등장하는 폭력적 장면에 노출되면 그들이 나중에 어른이 되어 더 큰 폭력을 행사할 수도 있다고 밝혀졌다(Huesmann et al., 2003). 모방 효과는 그 모델이 그 학습자와 비슷하고 그 행동을 수행하는 데 대한 정적 강화가 분명할 때 더 강하게 나타난다. 즉, 우리는 우리와 비슷한 모델을 더 흉내 내게 되고, 그 행동을 해서 보상을 받으면 그 행동을 더 흉내 내고 싶어 하게 된다는 것이다. 모델링은 어떤 옷을 입어야 하는지부터, 어떤 타이어를 자동차에 장착해야 하는지, 그리고 수플레를 어떻게 요리해야 하는지에 이르기까지 다양한 영역의 행동에 영향을 준다. 사람들은 누군가가 음악에 대해서 좋은 부분을 부각해서 의견을 말하면 그들도 음악에 대해서 좋은 부분에 대해 긍정적으로 의견을 제시하게 된다(Hilmert, Kulik, & Christenfeld, 2006).

© Getty Images/Creatas/Jupiter Images

우리는 다른 사람의 행동을 유심히 관찰하고 흉내 내면서 다양한 기술을 배운다. 그러나 연습과 적성 또한 기술적인 행동을 개발함에 있어서는 중요한 요소이다.

아이들은 어렸을 때 자신의 아버지와 어머니가 어떻게 부부싸움을 하고 의견을 조율했는지를 보고 배운 뒤에 그런 경험에 기초해서 나중에 가까운 사람과의 관계를 조율하고 갈등을 해결하는 방법을 만들어 간다(Reese-Weber & Marchand, 2002). 예를 들어, 어린 시절에 부모가 공격적으로 싸우는 방법을 보고 기억하거나 부모와 본인 간에 심하게 다투었던 경험을 토대로 해서 젊은이들은 다른 이들과 어떤 논쟁이나 갈등이 있을 때 쉽게 공격적인 경향이 되기 쉽다(Reese-Weber, 2000).

쥐를 들고 있다고 생각하면 괴롭게 느껴지는가? 해안가에서 게를 보면 게를 피해서 다른 곳으로 가고 싶어지는가? 곤충을 만지는 것은 어떤가? 대다수의 사람은 어

© Albert Bandura/Stanford University

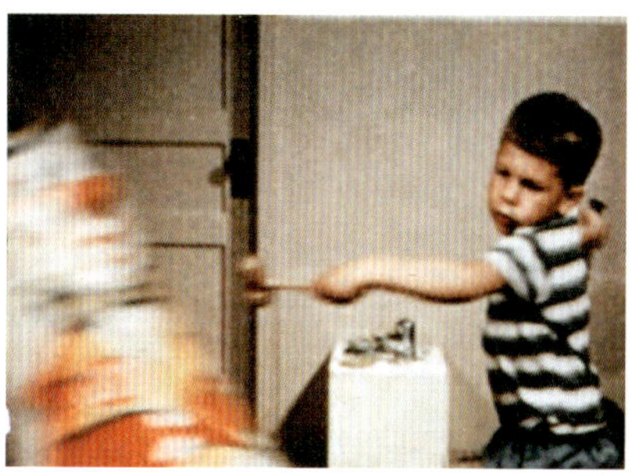
© Albert Bandura/Stanford University

© Albert Bandura/Stanford University

[그림 5-13] 폭력적 모형 모방

심리학자 밴듀라와 동료들은 실험을 통해서 폭력적인 모형을 본 아이들이 그런 폭력적인 행동을 보이는 현상을 증명했다. 사진 속에서 소년과 소녀는 어른이 먼저 보보 인형을 때리는 것을 본 뒤에 그 행동을 따라 하면서 보보 인형을 때리고 있다.

해 보기 타인을 관찰하는 예술

사회적 기술을 키우기 위해서 모델링을 어떻게 활용할 수 있을까? 여기 예시가 있다. 파티에서 만난 사람과 무슨 말을 해야 할지 몰라서 당황스러운 순간에 당신이 사교적이라고 생각하는 사람들이 파티에서 다른 사람과 어떻게 어울리는지를 관찰해 보자. 그들의 몸짓 언어, 표정, 그리고 어떤 주제로 대화를 이어 나가는지를 보면 도움이 될 것이다. 그런 행동을 따라 하며 혼자 연습해 보자. 그리고 나중에 당신의 그런 행동에 다른 사람이 어떻게 반응하는지 살펴보자. 다른 사람들이 더 좋은 반응을 보일 수 있도록 계속 당신의 사교 기술을 연마하자. 연습과 미세한 조정을 통해서 점점 그런 기술들이 당신의 일상적인 사교 습관이자 평범한 행동이 될 것이다.

떤 생물체에 대해서 부정적인 경험을 한 적이 전혀 없는데도 그 생물체를 두려워하기도 한다. 이 공포심은 모델링으로부터 얻을 수 있다. 즉, 다른 사람이 그 생물체를 마주치고 나서 두려워하거나 어쩔 줄 몰라 하는 모습을 관찰하게 됨으로써 자기 자신도 그 생물체를 두려워하게 되는 것이다(Merckellbach et al., 1996). 거미공포증에 걸린 42명의 사람을 대상으로 한 실험을 통해서 이들이 거미공포증에 걸리게 된 가장 큰 이유가 본인이 스스로 거미와 관련된 어떤 안 좋은 경험이 있어서가 아니라 바로 모델링 효과 때문인 것으로 드러났다(Merckelbach, Arntz, & de Jong, 1991). 〈개념 차트 5-3〉은 인지 학습의 세 가지 종류에 대해서 개괄적으로 설명하고 있다.

〈개념 차트 5-3〉 인지 학습의 종류

학습 종류	설명	예시
통찰 학습  © Michael D Brown/ Shutterstock.com	문제를 잘게 자르고 분석하고 문제를 다양한 측면에서 고찰하다 보면 분석되던 문제의 면면들이 갑자기 합쳐지면서 해결책이 떠오르게 되는데, 이 과정을 통찰 학습이라고 함	어떤 문제에 대해서 다양한 각도에서 분석하고 연구하던 사람이 갑자기 문제의 해결 방법을 찾게 되는 경우
잠재 학습  © Sebastian Crocker/ Shutterstock.com	학습된 것이 숨겨져 있다가 그 행동을 통한 보상이 있으면 그 행동이 발휘되는 종류의 학습을 일컬음	어떤 사람이 라디오에서 흘러나오는 노래를 들었지만 그 이후로 그 노래를 부르지는 않았으나, 파티에서 친구들이 그 노래를 부르자 함께 그 노래를 부르게 되는 경우
관찰 학습  © Monkey Business Images/Shutterstock.com	다른 사람의 행동을 관찰하고 흉내 내면서 학습하는 것을 일컬음	어린이들은 관찰을 통해서 자신들의 형이나 누나의 행동 또는 텔레비전에 등장하는 배우들의 행동을 보고 배우는 경우

3단원 복습 인지 학습

되새겨 봅시다

인지 학습이란?

➤ 인지 학습을 통해서 생물체는 어떤 행동을 할 수 있는 능력을 갖게 되거나 그 행동이 강화되기 전에 그 행동을 배운다. 인지 학습 과정은 사고, 문제해결, 그리고 심상 등의 요인에 따라 영향을 받는다.

통찰 학습이란?

➤ 통찰 학습을 하면 어떤 문제를 작은 부분으로 잘게 잘라서 연구하고 분석하게 되는데 어떤 순간 그 부분들이 모여서 문제해결책을 떠올리도록 만든다.

잠재 학습이란?

➤ 잠재 학습을 하면 평소에 그 학습한 내용이 숨겨진 채로 있지만, 어떤 강화가 주어지는 상황이 되면 그 학습 내용이나 결과가 표출된다.

관찰 학습이란?

➤ 관찰 학습을 통해서 다른 사람들의 행동을 관찰하고 흉내 내면서 그 행동을 배우게 된다.

점검해 봅시다

1. 사고, 정보 처리, 심상, 그리고 문제해결과 연관된 학습을 ________ 이라고 한다.
2. 술탄이란 이름의 침팬지는 두 개의 막대를 연결해서 바나나를 가져오는 법을 배웠다. 이런 종류의 학습을 무엇이라고 하는가?
   ① 통찰 학습
   ② 잠재 학습
   ③ 관찰 학습
   ④ 고전적 조건 형성
3. 어떤 강화 없이 발생하는 학습으로써 그 학습이 이루어진 순간에는 그 행동이 발현되지 않는 학습을 ________이라고 한다.
4. 관찰 학습에 대한 것으로 옳은 것은 무엇인가?
   ① 잠재 학습이라고도 알려져 있다.
   ② 다른 사람의 행동을 흉내 내는 것과도 연관이 있다.
   ③ 유용한 새 기술을 습득하게 되지만 공포 반응을 갖게 되는 경우는 없다.
   ④ 조작적 조건 형성 원리에 기초한 것이다.

생각해 봅시다

➤ 당신은 학습이 통찰만으로 이루어질 수 있다고 생각하는가? 당신의 의견과 그 의견을 제시한 이유를 설명해 보자.

➤ 당신의 인생에서 당신에게 가장 큰 영향을 준 모델은 누구였는가? 그 사람의 어떤 행동, 어떤 장점과 단점을 관찰함으로써 그 사람의 그런 점을 배우게 되었는가?

강화를 실습해 보기 4단원

당신을 칭찬하는 사람을 보고 웃거나 당신에게 호의를 베푼 사람에게 고마워할 때, 당신은 긍정 강화를 적용하고 있는 것이다. 바람직한 행동에 대해서 고마움을 표시하면 나중에 그 행동이 반복될 확률이 높아진다.

강화를 통해서 행동을 수정하려면 그 바람직한 행동과 그 강화 사이에 분명한 조건부나 연관을 정해 두어야 한다. 예를 들어, 부모는 숙제를 마친 아이의 행동에 대해서 바람직한 활동을 강화물(예를 들면, 비디오 게임을 가지고 노는 시간)로 활용할 수 있다. 원하는 강화물과 교환하는 방법을 사용하는 조건부 계약이 조건을 만드는 형식적인 방법이다.

조건부 계약을 하면서 가령 친구 사이인 두 사람이 각자 자신이 바꾸고자 하는 행동 목록을 만들 수 있다. 그리고 다음 예에서 나온 룸메이트 학생들의 경우처럼 각자 바라는 행동 변화를 일으키면 상대방이 그 사람에게 일종의 보상을 해 주면서 그 행동 변화를 강화시키게 하는 계획에 동의한다.

> 카먼: 만일 네가 친구들이 아파트 안에서 담배 피는 것을 금지하는 것에 동의한다면 나도 평일에는 저녁 8시 이후로는 스테레오 오디오를 꺼 두겠어.
>
> 루키샤: 나도 네가 화장실 싱크대에 있는 너의 머리카락을 치우고 깨끗하게 정리하면 매번 화장실 휴지를 다 쓰게 될 때마다 내가 새것으로 교환할게.

1. 강화 적용하기

개념 5-28

강화를 통해서 행동을 수정하려면 바람직한 행동과 그 강화 사이에 명확한 연결이나 조건을 설정해야 한다.

행동 수정 프로그램에 대해 이전에 토의한 내용에서 볼 수 있듯이, 교사와 부모는 아이들이 더욱 적합한 행동을 할 수 있도록 하기 위해서 강화를 적용하는 방법을 활용한다. 강화를 더욱 효과적으로 사용할 수 있는 방법을 소개해 본다(Eberlein, 1997; Samalin & Whitney, 1997 참조).

첫 번째, 구체적이어야 한다. 당신이 증가시키고 싶어 하는 행동이 무엇인지 구체적으로 밝혀라. 가령, 다섯 살 된 조니가 블록을 가지고 논 뒤에는 블록을 선반 위에 정리해서 두도록 하는 것이 예가 될 수 있다.

두 번째, 구체적인 언어를 사용하라. "조니야, 방에서 놀고 난 뒤에는 방을 청소했으면 좋겠다."라고 말하는 것보다는 "조니야, 블록을 다 가지고 놀았으면, 그것들을 다시 선반 위에 올려놔야 한다."라고 말하는 것이 효과적이다.

세 번째, 강화물을 선택하라. 그 아이가 소중히 여기는 가치를 파악해야 한다. 텔레비전을 볼 수 있게 하는 것이라든지 모았다가 나중에 작은 선물로 교환할 수 있는 금색 별 스티커가 좋은 예가 될 수 있다. 그 강화물은 쉽게 구할 수 있고 반복적으로 사용할 수 있는 성격의 것이어야 한다.

네 번째, 조건을 설명하라. "조니야, 네가 가지고 논 블록을 선반 위에 가져다 놓으면 내가 너에게 금색 별 스티커를 하나 줄게."

다섯 번째, 강화물을 활용하라. 아이가 바람직한 행동을 할 때마다 곧바로 아이의 그 행동을 강화해야 한다. 만일 아이가 바람직한 행동을 하지 못하면 아이에게 직접 그 행동을 어떻게 해야 하는지 시범을 보이면서 가르치고 아이가 그 행동을 만족스럽게 할 수 있는 기회를 제공하라. 강화를 칭찬과 함께 사용하라. "조니야, 블록을 정말 잘 치우고 정리했구나."

여섯 번째, 바람직한 행동을 하는 빈도를 세어 보면서 그 횟수에 주목하라. 매일 아이가 그 행동을 얼마나 자주 하는지 기록하라.

일곱 번째, 강화물로부터 아이가 점차 멀어지도록 하라. 부모나 교사가 바랐던 행동을 아이가 터득해서 자연스럽게 하기 시작했다면 점차 그 강화물을 사용하지 말아야 한다. 그러나 아이가 계속 그 행동을 하도록 유지시키기 위해서 사회적 강화물(예를 들어, 칭찬)은 계속 사용해야 한다. "조니야, 가지고 논 블록들을 다시 그 블록들이 있었던 곳에 두다니, 참 잘했구나."

© Steve Skjold/Photo Edit

안아 주는 것은 어린이들이 바람직한 행동을 했을 경우 정적 강화의 형태가 된다.

2. 칭찬하기

칭찬은 그 자체로서 굉장히 효과적인 강화물이다. 아이의 행동을 강화하는 데 칭찬을 효과적으로 사용할 수 있는 방법은 다음과 같다.

- 연결하라. 아이와 눈을 마주치고 웃으면서 칭찬한다.
- 안아 주라. 말로 칭찬하는 것과 신체적인 접촉을 함께 사용한다.
- 구체적이어야 한다. 바람직한 행동과 칭찬을 연결지어야 한다(Belluck, 2000). 애매한 칭찬을 하기보다는("너 참 좋은 형이구나."), 주목할 만한 노력이나 성과를 언급하면서 칭찬해야 한다. 예를 들어, "내가 전화하는 동안 네 동생을 돌보아 주어서 고맙다. 큰 도움이 되었단다."
- 빈말로 칭찬하는 것은 금물이다. 어린이도 빈말로 칭찬하는 것을 알아차린다. 빈말로 칭찬을 하면 아이들이 순간적으로 '왜 사람들은 나를 위해 무언가 억지로 하려고 하지? 내가 도대체 뭘 잘못했길래 사람들은 본심을 숨기려고 하지?' 하는 생각을 하게 된다(Henderlong & Lepper, 2002). 무차별적인 칭찬은 또한 아이가 자칫 지나친 자부심을 갖도록 만들 수도 있다(Baumeister et al., 2003).
- 결과에 대해서가 아닌, 그 노력에 대해 보상하라. "그 수업에서 A학점을 받아서 참 자랑스럽구나."라고 말하는 대신 "너가 그 시험을 위해 많이 공부하며 준비한 것을 알고 있다. 참 자랑스럽구나."라고 말하라. 노력이 아닌 성과를 칭찬하면 아이들은 좋은 성과를 내야만 칭찬을 받게 될 것이라는 암시를 받게 된다.
- 동일한 표현을 반복적으로 사용하지 말라. 아이에게 동일한 단어를 사용해서 반복적으로 칭찬하지 마라. 가령 티미라는 아이를 칭찬할 때마다 매번 '멋지다'라는 단어를 사용해서 칭찬한다면, 그 칭찬의 효능은 저하될 수 있다.
- 불쾌한 말로 대화를 마무리 짓지 말라. "이번에는 방청소를 참 잘했지만, 다음에는 조금 더 빨리 청소를 끝내야 할 거다."라고 말하면 효과가 저하된다.

심리학에 대해 비판적으로 생각하기

이 장의 내용을 바탕으로 다음 문제들에 대해 답해 보자. 그리고 비판적 사고 기술이 얼마나 늘었는지도 검토해 보자. 당신이 부록 A를 보며 답했던 부분과 현재의 답을 비교해 보자.

심리학자 John Garcia와 동료들이 죽은 양의 시체들을 독과 함께 놓아두고, 그 독을 먹은 코요테가 구역질이 나도록 유도한 실험을 했다. 이 실험은 253페이지에 설명되어 있다. 당신의 비판적 사고 능력을 발휘해서 이 실험을 고전적 조건 형성 관련 인자들로 나누어서 생각해 보자.

1. 이 실험에서 무조건 자극(US)에 해당하는 것은 무엇인가?
2. 이 실험에서 조건 자극(CS)에 해당하는 것은 무엇인가?
3. 이 실험에서 무조건 반응(UR)에 해당하는 것은 무엇인가?
4. 이 실험에서 조건 반응(CR)에 해당하는 것은 무엇인가?

눈으로 복습하기 제5장 학습

1단원 고전적 조건 형성

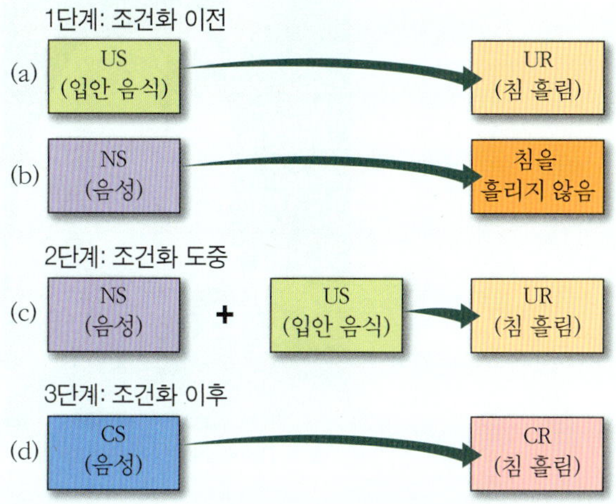

핵심 개념

- 원리: 무조건 자극(US)과 중성 자극(NS)을 연합하면 중성 자극에 대해서 조건 반응(CR)이 발생한다. 이후로는 그 중성 자극은 조건 자극(CS)이라고 불린다.
- 소거: 조건 자극(CS)이 반복적으로 주어질 때 생겨나는 반응이 점차 약해지는 것
- 자발적 회복: 소거가 이루어진 후 일정 시간이 지난 뒤에 조건 반응(CR)이 다시 생기는 현상
- 자극 일반화: 조건 자극(CS)과 비슷한 자극에 대해서도 조건 반응(CR)이 일어나는 현상
- 자극 변별: 조건 자극(CS)과 다른 자극에 대해서는 조건 반응(CR)이 일어나지 않는 현상
- 고차 조건 형성: 중성 자극(NS)이 이미 형성된 조건 자극(CS)와 연합되고 난 뒤에 조건 자극(CS)가 되는 현상

고전적 조건 형성의 예

- 조건 감정 반응: 특정 물체에 대해서 공포심을 느끼는 조건 정서 반응
- 약물 갈망: 환경에서 목격되는 조건 자극에 의해 약물을 갈망하게 되는 현상
- 음식 혐오: 어떤 음식이나 음료수에 대해 혐오감을 느끼게 되는 현상
- 면역 체계 반응: 면역 체계 반응도 조건화에 의해 영향을 받을 수 있다.

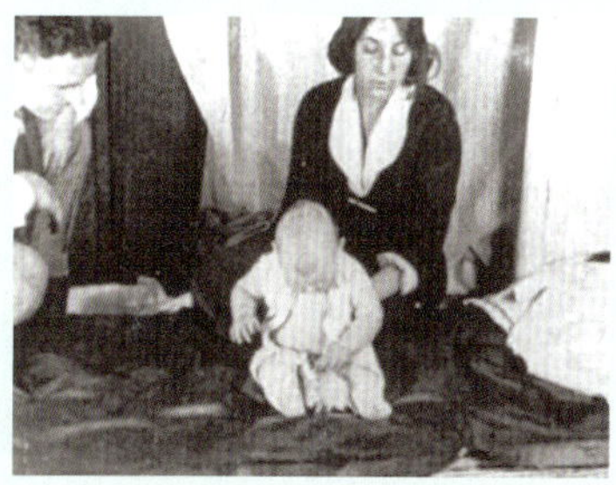

John Watson과 Rosalie Rayner 그리고 리틀 Albert

2단원 조작적 조건 형성

핵심 개념

- 정적 강화: 반응이 발생한 뒤에 보상 자극을 보여 주어 반응을 강화시키는 것
- 부적 강화: 반응이 발생한 뒤에 불쾌한 자극을 제거해서 반응을 강화시키는 것
- 일차 강화물: 자연적으로 강화시키는 자극
- 이차 강화물: 경험을 통해 강화 값을 얻도록 하는 자극
- 변별 자극: 강화시켜 주는 특정 기회를 알려 주는 자극
- 조성: 바람직한 행동에 서서히 근접할수록 보상해 주는 방법
- 소거: 강화를 없앰으로써 반응을 약화시키는 것
- 강화 계획: 고정 비율 계획, 변동 비율 계획, 고정 간격 계획, 변동 간격 계획처럼 강화를 시키는 체계

- 처벌: 반응이 나타난 뒤에 불쾌한 자극을 주거나 강화 자극을 제거함으로써 그 반응이 약해지거나 없어지게 하는 방법

조작적 조건 형성의 적용

- 바이오피드백 훈련
- 행동 수정
- 프로그램 학습

B. F. Skinner와 스키너 상자 속 쥐

3단원 인지 학습

인지 학습의 형태

- 통찰 학습: '아하' 현상 또는 문제에 대한 갑작스러운 해법을 얻는 것을 의미한다.
- 잠재 학습: 반응이 강화되기 전까지는 학습되었던 것이 밖으로 표현되지 않는 것을 의미한다.
- 관찰 학습: 다른 사람의 행동을 관찰하고 흉내 내면서 학습하는 것으로, 대리 학습이나 모델링이라고 부르기도 한다.

제6장 기억

이것부터 한번 해 보자

알고 있겠지만 "3.141592653589793238462643383279502……"는 π의 값이다. 이 값을 암기하려는 노력에 2분만 투자해 보자. 그런 후, 책을 덮고 기억한 숫자가 모두 몇 개인지를 평가해 보자. 몇 개까지 기억해 낼 수 있었는가? 여섯? 열? 스물? 서른? 세계 기록을 가진 일본인 남성은 4만 개까지 기억해 낼 수 있었다(Takahashi et al., 2006). 이처럼 놀라운 기억술을 부릴 수 있는 사람이 이 사람뿐인 건 아니다.

생활의 한 단면 기억력에 관한 지금까지의 연구에서 가장 놀라운 것은 S로 알려진 러시아 남자에 관한 연구일 것이다. 그는 무작위 순으로 금방 들려준 숫자를 70개까지 들었던 그대로 기억해 낼 수 있었다(Luria, 1968). 그리고 수백 개의 무의미 음절을 암기한 후에는 공부한 직후뿐 아니라 15년 후에도 다시 말할 수 있었다. 또한 그는 엄청나게 긴 숫자와 기호로 나열되었다는 점 이외에는 자기에게는 아무런 의미도 없는 아주 긴 수학 공식도 암기할 수 있었다. 심지어 그는 배운 적이 없는 이탈리아어로 적힌 단테의 『신곡(Divine Comedy)』을 단 한 번 읽고도 한 절 한 절씩 읊을 수 있었다(Rupp, 1998).

한 번 들은 말은 토씨 하나 틀리지 않고 그대로 기억해 내고 수년 전에 공부한 많은 사실을 그대로 기억해 내는 실로 엄청난 기억력을 가졌던, S의 삶은 어떠했을까? S의 삶을 기준으로 판단하면, 기억력이 뛰어나지 않은 게 오히려 다행이라고 여겨진다. 그의 마음은 의미 없는 수많은 세밀한 사항이 뒤죽박죽 쌓여 있어 사소한 것과 중요한 것을 구분하기조차 힘들었다(Turkington, 1996). 그는 대화하는 것도 어려웠다. 대화 속 단어와 결합된 수

다음 사실을 알고 있었나요!

- 무의미 음절(예: 뷸) 수백 개를 암기한 15년 후에 다시 기억해 낸 사람도 있다. (p. 285)
- 아이들이 영어 알파벳을 암송할 때 l, m, n, o, p를 한 덩어리로 묶어서 말하는 것은 일련의 문자나 숫자를 기억하는 능력을 향상시킬 수 있는 기억술의 일종이다. (p. 292)
- 최근 학습한 정보를 파지하는 좋은 방법 중 하나는 그것을 신중하게 생각해 보는 것이다. (p. 306)
- 머릿속 해마가 제거되면 우리가 겪었던 어떤 사건도 기억속에 그 흔적을 남기지 않는다. (p. 316)
- 학자들은 머릿속에서 동시에 반응한 신경세포끼리는 연결이 된다고 믿는다. (p. 317)
- 벼락치기하는 사람보다 일정한 간격을 두고 공부하는 사람이 높은 점수를 받을 가능성이 더 높다. (p. 321)

© Yi Lu/Corbis

학습 목표

이 장을 제대로 공부한 학생은

1. 기억의 기본 과정과 단계를 알고 기술할 수 있다.
2. 장기기억의 유형을 알고 기술할 수 있다.
3. 기억에서 의미망 모형과 처리수준 이론의 역할을 설명할 수 있다.
4. 유지 시연과 정교화 시연의 차이를 설명할 수 있다.
5. 구성주의 이론을 기억 왜곡 설명에 적용할 수 있다.
6. 목격자 증언의 신뢰도를 평가할 수 있다.
7. 억압된 기억을 둘러싼 논쟁이 많은 이유를 설명할 수 있다.
8. 망각의 이론과 요인이 무엇인지를 알고 기술할 수 있다.
9. 기억을 측정하는 방법을 알고 기술할 수 있다.
10. 대표적인 기억상실증 두 가지를 기술할 수 있다.
11. 기억에 관여하는 뇌의 핵심 구조물을 알고 신경망과 장기강화의 역할을 설명할 수 있다.
12. 기억의 유전적 기반을 기술할 수 있다.
13. 기억의 작동 방식에 관한 지식을 자신의 기억력 향상에 적용할 수 있다.

미리 보기

많은 일이 두서없이 떠올라 상대방이 하는 말에 집중할 수 없었기 때문이다. 운전 중에 수집된 새로운 정보가 마음속 이미지와 부합되지 않을 때는 기어조차 바꿀 수 없었다. 예컨대, 머리를 자르거나 새 옷을 입는 것 같은 외모의 작은 변화에도 사람을 알아보지 못했다. 생의 마지막도 순조롭지 못했다. 마지막 몇 해를 정신병원에 갇힌 채 보냈다. 대부분의 사람은 S와 같은 기억력을 가지지 못할 것이고, 또 그런 기억력을 갖고 싶어 하지도 않을 것이다. 하지만 기억이 작동하는 방식과 무엇을 해야 기억력이 향상되는지를 알고 나면, 학교 성적을 올리는 일은 물론 집을 나설 때 화분에 물을 주는 일 등 일상적인 일도 더 잘할 수 있게 될 것이다.

생각해 내기

1 단원

- 기억의 기본 과정 및 단계는 어떻게 구성되는가?
- 장기기억의 주요 유형에는 어떤 것이 있는가?
- 기억의 구성주의 이론은 어떤 이론인가?
- 섬광기억이란?
- 목격자 증언의 정확성에 영향을 미치는 요인은?
- 어린 시절 성적 학대에 대해 되찾은 기억의 신빙성은?

이 장은 기억의 기저 작용에 대한 논의에서 시작한다. 그런 다음 망각이라고 하는 정보 상실을 고려해 보고, 우리 뇌가 기억을 창출하여 기억 창고에 저장하는 방식을 논의한다. 그런 후, 무엇을 어떻게 해야 기억력이 향상되는지에 대한 실용적인 이야기로 이 장을 마감하기로 한다.

기억: 우리로 하여금 정보를 간직하며, 간직한 정보를 마음속에 불러들일 수 있게 해 주는 시스템

1. 정보처리 시스템으로서의 인간 기억

많은 심리학자가 인간의 기억을 부호화, 저장, 인출이라는 세 가지 과정으로 구성된 정보처리 시스템으로 간주한다. 이 기본 과정을 통해 우리는 세상사에 관한 정보를 수집하여, 기억 속에 저장될 수 있는 모양으로 부호화/전환해 두었다가 나중에 필요할 때 그 정보를 인출한다([그림 6-1] 참조). 이 기저 과정이 일련의 단계를 거쳐 작동함으로써 세상과 관련된 정보에 관한 장기적인 기억이 형성된다는 것이 심리학자들의 믿음이다.

개념 6-1

기억을 가능하게 하는 기본 작업/과정 세 가지는 부호화, 저장, 인출이다.

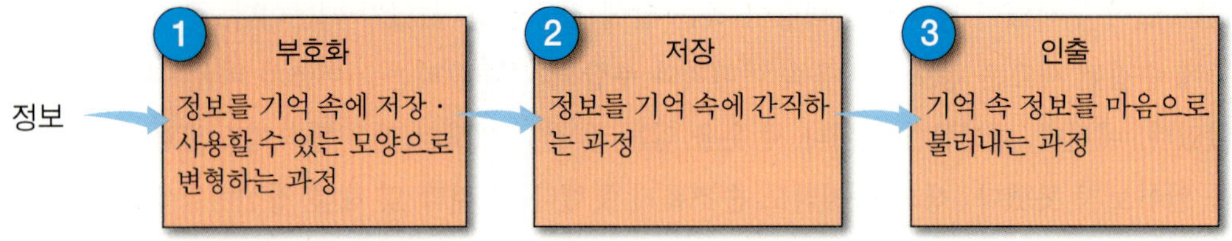

[그림 6-1] 기억의 기본 과정 세 가지
인간의 기억은 세 가지 기본 과정—부호화, 저장, 인출—으로 구성된 정보처리 시스템으로 간주되고는 한다.

부호화: 정보를 기억 속에 저장할 수 있는 모양으로 전환하는 작업/과정

1) 부호화: 정보 받아들이기

바깥세상에 관한 정보는 감각기관을 통해 들어온다. 그러나 이 정보가 기억 속에 들어가려면, 기억 속에 저장될 수 있는 모양으로 바뀌어야 하는데, 이 과정을 부호화(encoding)라 한다. 컴퓨터 자판을 통해 입력된 기호가 기억장치에 저장될 때는 이진수(binary digit)로 변환되는데, 이 변환 과정이 바로 부호화 과정인 셈이다.

우리가 정보를 부호화하는 방식은 여러 가지이다. 청각적(소리로) 부호화도, 또 시각적(심상으로) 부호화도 가능하며, 의미(의미로) 부호화도 가능하다. 청각 신호를 일련의 재인 가능한 소리로 바꾸는 작업이 청각적 부호화 작업이다. 예컨대, 전화번호를 암기하기 위해 속으로 되뇌는 경우가 청각적 부호화에 해당한다. 전화번호를 암기할 때 각 숫자의 모습을 심상으로 그려 보는 작업은 시각적 부호화에 해당한다. 그러나 시각 부호는 청각 부호보다 더 빨리 흐려지기 때문에 여러 개의 숫자를 암기하는 데는 시각적 부호화가 덜 효과적인 방법으로 간주된다. 사람의 얼굴을 기억할 때는 시각적 부호화를 이용하고 멜로디나 운율을 기억할 때는 청각적 부호화를 이용하는 것이 더 효과적인 방법일 것이다.

정보를 의미로 부호화하는 일, 즉 의미 부호화는 소리와 시각 이미지를 단어, 즉 의미를 나타내는 단어로 변형하는 작업에 해당한다. 대화를 할 때는 일반적으로 상대방이 하는 말의 의미를 기억하려 하지 그 사람의 말소리를 기억하려 하지는 않는다. 의미 부호화는 정보를 기억 속에 보존하는 데 도움이 된다. 수업 시간에 교수가 한 말을 들은 그대로 기억하려 하는 것보다 교수가 한 말의 의미를 이해하려고 노력하는 것이 훨씬 더 효과적인 기억 방법이라는 뜻이다.

저장: 정보를 기억 속에 간직하는 작업/과정

2) 저장: 기억 창고에 정보 보관하기

저장이란 정보를 기억 속에 보관하는 과정이다. 태어나서 맨 처음 경험하는 첫 번째 키스에 대한 기억은 평생 간직되기도 한다. 그러나 모든 정보가 그렇게 오랫동안 보존되는 것은 아니다. 즉, 모든 기억이 장기기억으로 남는 건 아니다. 기억의 단계에 대한 논의에서 소개되겠지만, 1초도 간직하기 어려운 정보도 많다.

3) 인출: 저장된 정보 이용하기

© Timothy Boomer, 2009/ Shutterstock.com

인출이란 기억이라는 창고에 저장되어 있는 정보를 마음속에 불러내는 작업이다. 오래된 정보를 인출해 내는 능력은 우리 인간의 뇌가 지닌 경이로운 재주 중 하나이다. 우리는 한글날과 세종대왕을 마음속에 떠올릴 수도 있고 임진왜란과 이순신 장군을 마음속에 떠올릴 수도 있다. 그런데 한글이 반포된 연도와 임진왜란이 발발한 연도는 기억나지 않을 수도 있다. 기억 속 정보를 완벽하게 인출해 낼 수 있는 게 아니라는 뜻이다. 어떤 것은 노력하지 않아도 기억해 낼 수 있는데 어떤 것은 단서가 있어야 마음속에 떠올릴 수 있다. 이런 단서를 인출단서라 하는데, 인출단서(retrieval cue)란 특정 정보에 대한 기억이 머릿속에 형성될 당시 그 상황과 결합된 자극을 일컫는다. 예를 들어, 어제 심리학개론 수업 시간에 다루었던 내용을 기억해 내기 위해, 누구와 어디에 앉았고 어떤 옷을 입었었는지 등을 생각해 볼 수 있다. 경찰이 피해자나 목격자의 기억을 되살리기 위해 그 사람들을 사건 현장에 데려가는 일은 인출단서를 적극적으로 활용하는 전략에 속한다.

인출: 기억 속에 저장되어 있는 정보를 의식 상태로 끄집어내는 작업/과정

인출단서: 최초 학습과 결합된 단서로 기억 속 정보의 인출을 촉진하는 단서

기억 속 정보는 그 정보를 처음 학습한 맥락에서 더 잘 인출된다. 이 경향성을 기억의 맥락의존 효과(context-dependent effect)라 한다. 수업을 했던 교실에서 치른 시험 점수가 다른 교실에서 치른 시험 점수보다 더 높을 때가 많은 것도 일종의 맥락의존 효과에 해당한다. 기억 속 정보가 그 정보를 습득한 맥락과 연결되는 것은 학습 장면 속에 있던 다른 자극도 학습 재료와 함께 부호화되었기 때문일 것이다. 이렇게 부호화된 자극이 인출단서로 작용하여 그때 습득된 정보를 머릿속에 더 쉽게 떠오르도록 돕는 것이다. 기억의 맥락의존 효과를 설명하는 데는 부호화 구체성 원리(encoding specificity principle)라는 개념이 이용되기도 한다. 부호화 구체성 원리에 따르면, 정보 재생에 이용할 수 있는 단서가 그 정보를 처음 부호화할 때 가용했던 단서와 비슷할수록 그 정보가 재생될 가능성은 높아진다.

맥락의존 효과: 정보 재생/인출이 다른 장면에서보다 그 정보를 처음 학습한 장면과 동일한 장면에서 더 잘 이루어지는 경향

부호화 구체성 원리: 정보를 재생하려할 때 가용한 단서가 그 정보를 처음 학습/기억할 당시의 단서와 비슷할수록 인출이 더 잘되는 경향성

기억의 맥락의존 효과를 입증하기 위해 실제로 물속에서 실시된 실험을 하나 고려해 보자. 고든과 배들리(Godden & Baddeley, 1975)는 대학 내 수영 동아리 두 팀에게 일련의 단어를 암기하게 했다. 한 팀은 물가에서 단어를 암기했고 다른 팀은 물속에서 암기했다. 물가에서 암기한 학생들은 물속보다 물가에서 받은 재생검사 점수가 더 높았다. 그러나 물속에서 공부한 학생들은 물가보다 물속에서 받은 재생검사 점수가 더 높았다([그림 6-2] 참조).

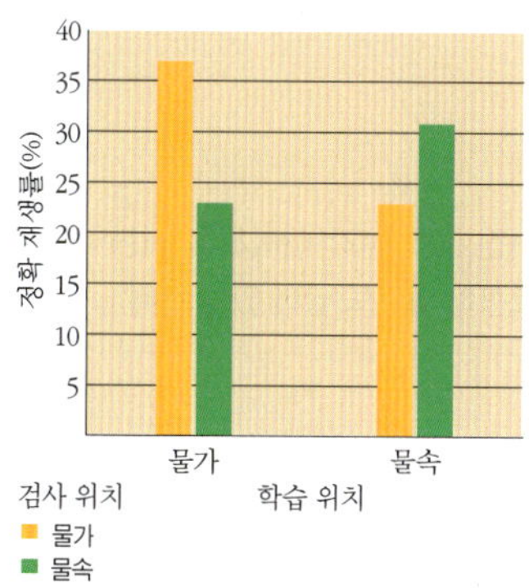

[그림 6-2] 기억의 맥락의존 효과

물가에서 자료를 학습한 학생들은 물가에서 받은 검사의 점수가 더 높았고, 공부를 물속에서 한 학생들은 물속에서 받은 검사의 점수가 더 높았다.

출처: Godden & Baddeley (1975)에서 수정.

몸 상태나 마음 상태 역시 인출단서로 작용할 수 있다. 사람들의 몸 상태나 마음 상태가 어떤 정보를 처음 습득할 때와 같은 상태일 때에 그 정보를 더 잘 기억해 내는 경향이 있다. 심리학자들은 이런 경향성을 상태의존 기억 효과(state dependent memory effect)라 한다. 슈람케와 바우어(Schramke & Bauer, 1997)는 실험 참여자들에게 단어 20개로 구성된 자극 목록을 암기하는 과제를 제시하고 과제 수행 직전에 휴식을 취하게 하거나 운동을 하게 했다. 그 후 실시된 재생검사는 과제 수행 직전

상태의존 기억 효과: 우리가 정보를 처음 학습할 때와 동일한 심리적 · 생리적 상태에서 정보가 더 잘 인출되는 현상

과 같은 상태 또는 다른 상태에서 실시되었다. 그 결과, 같은 상태에서 실시된 검사의 점수가 더 높다는 사실을 발견했다. 이와 비슷한 결과는 학습할 때의 기분(행복/슬픔)과 검사받을 때의 기분을 조작한 실험에서도 나타났다(Bower, 1992). 그러나 앞에서 소개한 맥락의존 기억 효과나 상태의존 기억 효과도 모든 상태, 모든 맥락에서 일어나는 효과는 아니다. 그리고 일어난다 해도 그 정도는 별로 크지 않다.

2. 기억의 단계

개념 6-2

기억의 3단계 모형에서 주장하는 세 가지 기억인 감각기억, 단기기억, 장기기억은 정보가 그 속에 보관되는 시간 간격을 기준으로 나뉜 것이다.

어떤 기억은 2~3초 만에 사라져 버리는데 어떤 기억은 평생 간다. 기억의 3단계 모형에서는 정보가 기억 속에 유지되는 기간을 기준으로 기억을 감각기억, 단기기억, 장기기억으로 나누어 설명한다(Atkinson & Shiffrin, 1971).

1) 감각기억

기억의 3단계 모형: 기억 모형 중 하나로 우리의 기억 시스템이 감각기억, 단기기억, 장기기억이라고 하는 세 가지 기억으로 구성된다고 보는 모형

감각기억: 감각 이미지를 아주 잠시 동안 간직하는 저장 시스템

감각 등록기: 감각 기억을 보관하고 있는 임시 저장고

시각감각기억: 시각 이미지에 대한 마음속 표상을 수 분의 1초 동안 붙잡고 있는 감각 저장고

감각기억(sensory memory)은 감각 정보를 잠시 잠깐만 보관하는 기억 시스템이다. 여기서 말하는 잠시 잠깐이란 수 분의 1초에서 3~4초 동안을 일컫는다. 우리의 감각 수용기는 시각, 청각 등의 감각 자극을 끊임없이 받아들인다. 그 자극을 바탕으로 형성된 이미지는 감각기억(감각 등록기라고 하는 일종의 잠정적 보관 장치)에 잠시 잠깐 보존된다. 앞서 등록된 감각 이미지는 곧 사라지고 그다음 이미지로 대체되는 일이 끊임없이 반복된다. 시각 자극에 의해 감각 등록기에 형성된 이미지는 시각감각기억(iconic memory)이라 불린다. 일종의 사진 기억에 해당하는 시각감각기억은 특정 물체나 장면에 대한 시각 이미지를 잠시 잠깐 간직한다. 이 시각 이미지는 매우 선명하여, 그 내용을 보고할 때 사진을 보고 보고하는 것처럼 상세하게 보고할 수도 있다.

사진기억: 시각 이미지에 대한 마음속 표상이 아직도 남아 있는 상태

사람들 중에는 감각기억에 앞서 형성됐던 시각 이미지를 아직도 보고 있는 것처럼 정확하게 기억해 내는 사람도 있다. 심리학에서는 이런 기억을 사진기억(eidetic/photographic memory)이라 한다. 사진기억이 선명한 것은 사실이지만, 실제 사진만큼 선명한 것은 아니다(Jahnke & Nowaczyk, 1998). 성인이 사진기억력을 가진 경우는 드물지만, 사진기억력을 가진 어린아이들은 약 5% 정도 된다(Haber, 1979). 이상하게도 그 능력은 대개 10세 이전에 사라진다.

청각감각기억/울림기억: 소리가 귀에 등록된 후 그 소리에 대한 마음속 표상을 3~4초 동안 보관하는 감각기억

청각감각기억(echoic memory)으로 알려진 감각 등록기에는 청각 자극이 마음속 표상으로 부호화된다. 구급차의 사이렌 소리 같은 청각 자극은 그 소리를 들은 사람의 마음속에 잠시 동안 지속되는 메아리 같은 이미지를 창출한다. 청각감각기억 속 소리는 시각감각기억보다 긴 2~3초 동안 유지된다. 대부분의 감각 이미지는 순식간에 사라지지만 그중 일부는 좀 더 오래 보관되는 단기기억이라는 저장고로 넘어간다.

2) 단기/작업기억: 마음속 칠판

감각 이미지 중 일부는 단기기억으로 넘어와 보다 더 처리된다. 단기기억(short-term memory)은 정보를 보관하고 처리하는 데 이용되는 기억 시스템이다. 단기기억에서 처리되지 않는 정보는 약 30초가 지나면 소멸되어 버린다. 단기기억 속 정보는 시각 부호로도 보관되지만 주로 청각 부호로 보관된다. 예컨대, 우리는 가야 할 길을 기억하기 위해 종이에 적는 동안 마음속으로 갈 길(우회전 후 좌회전, 그런 후 또 우회전 후 좌회전)을 되뇌곤 한다.

단기기억: 우리의 기억 시스템을 구성하는 하위 시스템 중 하나로 새롭게 습득한 정보를 최대 30초 동안 보관하며 처리할 수 있게 해 주는 시스템. 작업기억이라고도 함

단기기억을 작업기억(working memory)이라고 칭하는 심리학자도 많다. 얼마 안 되는 짧은 기간 동안 마음속에 가용한 정보를 이용해 작업을 하는 기억 시스템이라는 뜻에서이다(Jonides, Lacey, & Nee, 2005; Unsworth, Spillers, & Brewer, 2010; Zhang & Luck, 2009). 작업기억은 마음속에 있는 칠판 또는 메모장으로 생각해 볼 수도 있다. 어머니의 얼굴을 마음속에 그려 볼 때 이용되는 것도 작업기억이고, 암산에 이용되는 것도 작업기억이며, 대화 내용을 마음속에 담아 둘 때 이용되는 것도 작업기억이다(Berg, 2008). 대화 시에는 상대방의 발언(음향 자극)에서 형성된 청각 부호가 뜻이 있는 단어로 바뀌어야 하는데, 그런 작업이 벌어지는 곳도 작업기억이다.

사람들은 단기기억에 얼마나 많은 정보를 간직할 수 있을까? 1950년대에 이 질문과 그 답을 만들어 낸 심리학자는 조지 밀러(George Miller)였다. 사람들이 단기기억에 간직할 수 있는 정보의 양은 7 +/-2 항목(item)이라는 게 그의 답이었다(Cowan, Chen, & Rouder, 2004). 밀러는 이 한계를 일컬어 '마법의 수(Magic number) 7'이라고 불렀다.

개념 6-3

사람들이 단기기억에 동시에 간직할 수 있는 정보는 대개 약 일곱 토막/항목에 불과하다.

그가 말하는 마법의 수 7은 여러 모습으로 인간 생활에 출몰한다. '백설공주와 일곱 난쟁이'도 그렇고 북두칠성도 또 음계가 일곱인 것도 그렇다. 사람들이 한 번 듣고 틀리지 않고 따라 말할 수 있는 음절의 개수도 6~7개 정도이다. 전화번호도 7~8개로 구성된다. 그 정도는 어렵지 않게 단기기억에 간직한 채 전화번호를 누를 수 있다고 생각했기 때문일 것이다.

작업기억의 최대 용량은 사람에 따라 약간씩 다르다(Redick et al., 2011; Unsworth, Spillers, & Brewer, 2010). 책을 더 읽어 나가기 전에 '해 보기: '마법의 수 7'이라는 장

해 보기 '마법의 수 7'이라는 장벽을 무너뜨려 보자

옆의 각 줄에는 일련의 숫자가 나열되어 있다. 첫 줄의 숫자를 소리 내어 읽어 본 후, 눈을 감고 읽었던 숫자를 읽은 순서 그대로 다시 말해 보자. 그런 후, 정확하게 기억해 냈는지를 점검하여 주어진 칸에 표시해 둔다. 각 줄을 따라가며 이 작업을 반복해 보자.

얼마나 잘했는가? 첫 네 줄까지, 즉 숫자 4개에서 7개까지는 별 문제 없었을 것이다. 그러나 '마법의 수 7'이라는 장벽을 넘어서는 숫자 8개부터 10개에서는 실수를 범했을 가능성이 짙다. 하지만 마지막 줄에서는 지금까지보다 훨씬 쉽다는 생각이 들었을 수도 있다. 그 줄의 숫자는 24개였는데도 말이다. 어떻게 숫자 24개를 암기하는 것이 8개나 10개를 기억하는 일보다 더 쉬울 수 있단 말인가?

줄번호	숫자 열	다 맞았다?
1번:	6293	Yes_____ No_____
2번:	73932	Yes_____ No_____
3번:	835405	Yes_____ No_____
4번:	3820961	Yes_____ No_____
5번:	18294624	Yes_____ No_____
6번:	9284619384	Yes_____ No_____
7번:	202020252030203520402045	Yes_____ No_____

벽을 무너뜨려 보자'를 통해 자신의 단기기억 용량을 추정해 볼 수 있을 것이다. 대개 단기기억은 일곱 조각의 정보(예: 전화번호를 이루는 일곱 개의 숫자)밖에 간직하지 못한다. 그러나 간단한 기억술을 이용하면 그보다 훨씬 많은 숫자 또는 문자도 기억할 수 있다. 그러므로 더 읽기 전에 '해 보기'를 꼭 해 보기 바란다.

여러분도 7번 줄의 숫자 24개를 기억하는 일이 5번 줄의 숫자 여덟 개 또는 6번 줄의 숫자 열 개를 기억하는 일보다 쉬웠는가? 7번 줄의 숫자를 기억하기가 더 쉬웠다면, 24개를 각각 네 개로 구성된 여섯 개의 묶음(2020, 2025, 2030……)으로 나눌 수 있다는 사실을 인식했기 때문일 것이다. 여러 개의 정보 조각을 기억하기 쉬운 다발로 묶는 활동을 결집(chunking)이라 한다(Chen & Cowan, 2005). 아이들도 영어 알파벳을 배울 때 결집을 이용한다. 그 때문에 낱자 lmnop를 마치 하나의 단어처럼 말하게 된다.

결집: 많은 양의 정보를 쉽게 재생될 수 있는 조각조각으로 나눔으로써 파지를 향상시키려는 작업

유지 시연: 단기기억에 있는 정보를 의식적으로 되뇜으로써 파지를 확장시키려는 작업

단기기억으로 이송된 정보의 대부분은 대략 30초 후에 사라지거나 장기기억으로 이전된다. 그러나 단기기억에 일정한 정보를 30초 이상 간직하고 싶으면, 유지 시연(maintenance rehearsal), 즉 그 정보를 되풀이해 암송을 하면 된다. 전화번호를 되뇌는 것처럼 말이다. 그러나 방해 때문에 그 시연 활동을 3~4초 동안만 못하게 되어도 단기기억 속 정보는 금방 사라져 버린다. 다른 사람과 대화를 하면서 또 다른 사람에 대한 생각을 마음속에 간직하기 어려운 것도 바로 이 때문이다.

작업기억이 작용하는 방식을 묘사하기 위한 모형도 여러 개가 개발되어 있다. 그 중 하나에서는 작업기억을 음운 루프, 시공 메모지, 일화 공방, 중앙 관리기라는 네 개의 요소로 구성된 시스템으로 간주한다([그림 6-3] 참조). (Baddeley, 2000, 2001). 이들 각 요소를 하나씩 살펴보자.

음운 루프: 작업기억에서 청각 정보처리에 관여하는 부분으로 말소리나 단어를 되뇔 수 있게 해 주는 시스템

① 음운 루프(phonological loop)는 작업기억에서 어문 기반 정보처리를 담당하는 하위 시스템이다. 청각 정보 보관이 주된 기능이다. 전화번호나 계좌번호 또

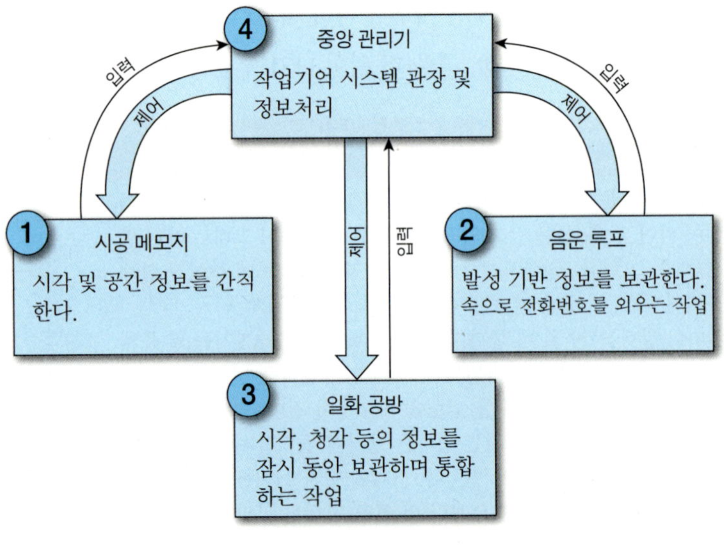

[그림 6-3] 작업기억 모형

작업기억을 구성하는 것으로 보이는 네 개의 하위 시스템(또는 요소).

1. 시공 메모지는 특정 교실의 심상 같은 시각/공간적 정보를 보관한다.
2. 음운 루프는 어문적 정보(전화번호를 속으로 되뇌는 것 같은)를 보관한다.
3. 일화 공방은 상이한 정보가 통합되는 곳이다.
4. 하위 시스템에서 입력되는 정보를 처리하여 작업기억 시스템 전체를 통제하고 조정한다.

는 사람 이름을 속으로 되뇔 때처럼 숫자나 단어를 마음속에 일시적으로 보관하는 데 이용되는 장치에 해당한다.

② 시공 메모지(visuospatial sketchpad)는 시각 정보를 보관하기 위해 그림을 그려 놓는 데 이용되는 장치에 해당한다(Willingham, 2007). 어떤 물체나 모습(예: 연인의 얼굴, 친구 집에 가는 길, 도서관의 실내 배치 등)을 마음속에 그려 볼 때 이용되는 게 바로 이 시공 메모지이다.

시공 메모지: 작업기억에서 시각 및 공간 관련 정보 처리에 관여하는 부분

③ 일화 공방(episodic buffer)은 이 모형에서 가장 늦게 첨가된 요소로, 작업기억의 작업장, 즉 시각, 청각 등 여러 가지 감각 정보를 한데 불러들여 보관하며 일화를 만들어 내는 곳으로 간주된다(Willingham, 2007). 일화 공방 덕분에 우리는 시각 정보와 청각 정보를 동시에 활용할 수 있다. 예컨대, 우리는 대화를 나눌 때 상대방의 생각을 파악하기 위해 그 사람이 하는 말의 의미와 그 사람이 짓는 얼굴 표정의 의미를 동시에 고려한다.

일화 공방: 작업기억 내 작업공간으로 시각, 청각 등 다양한 감각 정보가 한데 모이는 곳

④ 중앙 관리기(central executive)는 작업기억을 통제하는 장치를 일컫는다. 정보를 보관하는 일보다는 하위 시스템에서 입력되는 정보를 수합하여 작업기억 자체를 관리하는 일을 한다. 장기기억에서 인출된 정보도 받아들이고 처리하며, 잡생각을 걸러 내어 당면 과제에 주의를 집중할 수 있게 해 주는 일도 중앙 관리기의 기능이다. 음운 루프, 시공 메모지, 일화 공방 등 다른 요소가 중앙 관리기의 명령을 따른다는 뜻에서 '노예 시스템'으로 간주되기도 한다(Willingham, 2007).

중앙 관리기: 작업기억의 하위 시스템을 조정하고 저장된 정보를 받아들여 처리하고 쓸데없는 잡생각을 추려 내는 작업을 하는 부분

이들 '노예'는 개별적으로 작동한다. 다른 노예의 간섭을 받지 않고 동시에 작동할 수 있다는 뜻이다. 차를 운전하는 경우를 고려해 보자. 도로 전후방의 시각 정보는 운전수의 시공 메모지를 통해 처리되고, 이와 동시에 승객과의 대화 내용이나 라디오를 통해 방송되는 교통 정보는 음운 루프에서 처리된다. 그리고 이들 두 가지 정보가 함께 모이는 곳이 일화 공방이다. 운전을 하면서 복잡한 대화를 나누는 일은 매우 위험하다고 했던 제4장의 경고를 명심하기 바란다.

제4장에서 지적했듯이, 개별적으로 작동하는 이들 하위 시스템 각각이 두 가지 이상의 과제를 동시에 처리해야 할 때는 충돌이 발생할 수 있다. 휴대전화의 문자나 내비게이션의 지도를 읽으면서 운전을 하는 일은 어려울 뿐 아니라 극히 위험한 일이 된다는 뜻이다. 이는 두 대의 전화를 동시에 이용할 수 없는 것과 같다.

두뇌는 퍼즐을 좋아합니다

책을 읽어 나가면서 책 속에서 얻은 정보를 사용하여 다음 문제를 풀어 보자.

젊은 물리학자 한 명이 세계의 모든 컴퓨터를 연결시키려 하고 있었다. 몇 번의 실패를 겪은 후 뇌의 기억 방식을 기초로 컴퓨터 연결망 모형을 만들어 냈다. 세상을 바꿔 놓은 이 방법은 무엇인가? 어떻게 뇌의 작동 방식이 이 발명의 기초로 작용했는가?

3) 장기기억: 과거 보존하기

장기기억(long-term memory)이라는 저장 시스템 덕분에 우리는 오랜 기간 정보를 간직할 수 있다. 장기기억에 보관되는 기간은 정보에 따라 다르다. 며칠 또는 몇 주 동안만 보관되는 정보가 있는가 하면, 평생 보관되는 정보도 있다. 단기기억에 보관될 수 있는 정보의 양은 한정되어 있지만 장기기억에 저장될 수 있는 정보의 양

장기기억: 우리 기억 시스템의 하위 시스템으로 정보를 오랜 기간 보관하는 시스템

은 거의 무한대로 알려져 있다. 어떤 일이 있어도 장기기억의 용량이 모자라 공부를 할 수 없다는 말은 하지 못할 것이라는 뜻이다.

견고화: 단기기억 속 정보를 장기기억 속 정보로 전환시켜 쉽게 망각되지 않게 하는 작업

견고화(consolidation)란 확고하지 못한 새로운 기억이 확고한 장기기억으로 변해 가는 과정을 일컫는다. 견고화 과정에는 정보를 습득한 후 첫 24시간이 결정적으로 작용한다. 일상 경험에서 형성된 기억이 머릿속에서 견고화되는 데는 수면이 중요한 작용을 하는 것으로 알려져 있다(Ellenbogen, 2008; Fenn et al., 2009; Payne & Kensinger, 2010). 이러한 발견의 교훈은 '시험공부를 한 다음에는 충분히 수면을 취해야 그다음 날 시험에서 전날 공부했던 내용을 기억해 낼 확률이 높아진다'일 것이다. 수면이 새로 학습한 내용에 대한 기억을 견고하게 하는 일은 다른 동물(예: 새)에서도 발견된다(Brawn, Nusbaum, & Margoliash, 2010).

단기기억 속 정보는 주로 음향부호로 보관되지만, 장기기억 속 정보는 주로 의미부호로 보관된다. 단기기억 속 정보를 장기기억 속 정보로 옮기는 데 이용되는 전략 중 하나는 유지 시연이다. 앞서도 언급했듯이, 유지 시연이란 단어나 소리를 반복해서 되뇌이는 작업이다. 이보다 더 나은 전략으로는 정교화 시연(elaborate rehearsal)이 꼽힌다. 정교화 시연에서는 오래 간직하고 싶은 내용의 의미가 강조된다. 필자의 친구 중에는 1991로 끝나는 전화번호를 가진 친구가 있는데, 필자가 이 친구의 전화번호를 쉽게 기억하는 이유는 필자의 둘째 아이가 1991년에 태어났기 때문이다. 여기서 필자는 친구의 전화번호를 필자에게 중요한 의미를 가진 숫자와 결합시키는 정교화 시연을 이용하고 있음을 주목하자.

정교화 시연: 정보의 의미를 확장시켜 봄으로써 단기기억 속 정보를 장기기억으로 전달하려는 작업

장기기억 속 정보를 어떻게 조직해 두어야 필요한 정보를 효율적으로 인출할 수 있을까? 수많은 뼈와 문화적 유물과 잡동사니가 아무렇게 널려 있는 박물관 안에서 있는 자신을 상상해 보자. 보고 싶던 전시물을 찾을 수 있을까? 거의 불가능할 것이다. 이제 장기기억 속에 보관된 정보가 아무렇게나 쌓여 있다면 어떠할 것 같은가? 필요한 정보를 어렵지 않게 인출해 낼 수 있을까? 다행히도 우리의 장기기억 속에는 정보가 아무렇게나 쌓여 있는 것 같지 않다. 정리정돈이 비교적 잘되어 있는 것 같다는 뜻이다.

의미망 모형: 장기기억 속 정보가 조직된 양상을 개념이 서로 연결된 망으로 간주하는 견해

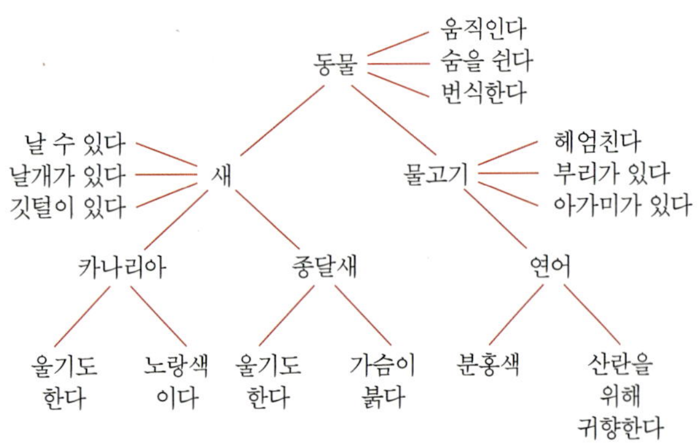

[그림 6-4] 의미망

의미망 모형에서는 장기기억 속 정보가 많은 개념이 연결되어 구성된 의미망으로 조직되어 있다고 가정한다.
출처: A. M. Collins & Quillian (1969)에서 수정.

장기기억이 조직된 방식을 보여 주는 대표적인 개념적 모형 중 하나는 의미망 모형(semantic network model)이다. 이 모형에서는 여러 개의 개념으로 구성된 망 속에 정보가 존재한다고 가정한다(Collins & Loftus, 1975). 어떤 것에 대한 우리의 이해는 그것을 관련된 정보에 결부시킴으로써 이루어진다. 예컨대, '동물'이라는 개념은 '물고기' 및 '새'라는 개념에 연결되어 있고, 이들 각각은 다시 '붕어'와 '참새'라는 개념과 연결되어 있을 수 있다([그림 6-4] 참조). 특정 개념에 대한 생각은 의미망 전역으로 퍼져 나가는 물결 효과를 유발한다. 활성화

확산(spreading activation)이라고도 하는 이 물결 효과는 그 개념과 관련된 개념의 재생을 촉발한다(Willingham, 2007). 다시 말해, '물고기'라는 단어를 생각하고 있으면, '꽁치'나 '복어' 같은 물고기와 관련된 개념이 갑자기 머릿속에 떠오른다. 그러면 이들 개념은 다시 '구이'나 '시원한 복탕' 같은 관련 개념을 떠올리게 만든다.

월드 와이드 웹(World Wide Web)을 발명한 물리학자 팀 버너스-리(Timothy John Berners-Lee)는 자신이 이루어 낸 발명의 기반을 사람의 뇌가 작용하는 방식에서 찾았다. 자신의 회고록에서 그는 이렇게 말하고 있다. "이 세상에 있는 모든 컴퓨터에 저장된 모든 정보가 서로 연결되어 있다고 가정해 보자. 내 컴퓨터를 프로그램하여 무엇이든 서로를 연결시킬 수 있는 공간을 창출할 수 있다고 해 보자. 지구상에 있는 모든 컴퓨터 속 모든 정보가 나에게는 물론 다른 모든 사람의 컴퓨터에 가용해질 것이다"(Berners-Lee, 1999). 오늘날 우리가 인터넷에 접속하고 마우스를 클릭하여 하이퍼링크를 하나씩 하나씩 따라가며 웹을 검색할 때, 실제로 우리가 하는 일은 우리 뇌가 하는 일, 즉 수많은 개념으로 구성된 의미망 속 정보를 하나씩 연관시키는 일을 모방하고 있는 셈이다.

© Andrew Brusso/Corbis

팀 버너스-리. 인간의 머릿속에 관련 개념들이 서로 연결된 것을 기반으로 월드 와이드 웹을 만들어 낸 사람

개념 6-4

의미망 모형에 의하면, 우리가 특정 개념을 마음속에 생각하면, 그 일이 개념의 망(즉, 의미망)에 물결 효과를 일으켜 앞서 마음속에 떠올린 개념과 연결된 개념까지 마음속에 떠오르게 된다.

그럼 단기기억에서 장기기억으로의 정보 전달이 유지 시연(반복 위주 시연)보다 정교화 시연(의미 기반 시연)을 통해 더 잘되는 이유는 무엇일까? 이에 대한 한 가지 대답으로 처리수준 이론(levels-of-processing theory)을 생각해 볼 수 있다. 처리수준 이론에서는 어떤 정보가 기억 속에 얼마나 잘 또는 얼마나 오래 보관될 것인지는 그 정보가 처리되는 또는 부호화 되는 수준에 의해 결정된다고 가정한다(Craik & Lockhart, 1972). 이 견해에 따르면, 정보는 더 '깊이' 처리될 때 또는 그 의미를 기반으로 부호화될 때 더 잘 보관된다. 깊은 처리에 대조되는 얕은 처리란 단어가 각운 같은 표면적 특징을 기반으로 부호화되는 일을 일컫는다(Willingham, 2007).

처리수준 이론: 정보가 얼마나 오래 그리고 얼마나 잘 기억될지는 부호화 또는 처리의 깊이에 의해 결정된다는 믿음

처리수준 이론의 가정, 즉 정보는 의미를 기반으로 더 깊이 처리될수록 더 잘 보관된다는 생각은 옳다. 예컨대, '고전적 조건 형성'이라는 개념이 더 잘 이해되고 더 오래 머릿속에 보존될 가능성은 그 용어의 정의를 단순히 기억하려 할 때보다 그 개념이 일상생활에 적용되는 실례를 생각해 보거나 그 개념이 의미하는 바를 설명해 볼 때 더 높아진다. 그러나 이 이론은 기계적 암기 같은 얕은 수준의 처리를 요하는 기억 과제를 설명하는 데는 적합하지 않다. 예컨대, 아동용 동요를 암기하는 데는 그 가사의 의미보다는 운율이나 각운에 집중하는 것이 더 효과적일 수 있다. 전화번호와 같이 그와 결부된 의미를 찾기 어려운 숫자 열이나 처음 만난 사람의 이름을 기억하는 데도 단순 반복이나 기계적 암송이 더 효과적일 수 있다.

기억의 작동 방식에 대한 우리의 논의는 기억이 일련의 단계(감각기억, 단기기억, 장기기억)를 거치며 전개되는 기본 과정에 의해 결정된다는 가정에서 시작되었다. 〈개념 차트 6-1〉은 이들 단계와 과정을 요약하고 있다. 그리고 [그림 6-5]는 그 세 가지 단계를 모형으로 보여 준다. 이들 과정을 통해 우리는 필요할 때 언제나 마음대로 또는 약간의 도움(인출단서)을 통해 재생할 수 있는 장기기억을 형성한다. 다

개념 6-5

처리수준 이론에 따르면, 더 '깊게' 부호화 또는 처리되는 정보일수록 기억 속에 더 잘 유지된다.

〈개념 차트 6-1〉 **기억의 단계와 과정**

기억의 과정				
	기억의 단계	부호화	보관	인출
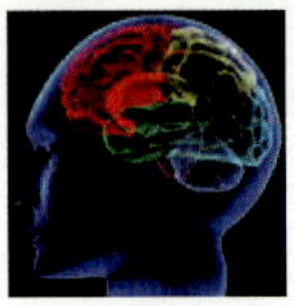 © Yakobchuk Vasyl, 2009/Shutterstock.com	감각기억	시각, 청각	잠시 잠깐 수 분의 1초에서 3~4초까지	인출 없음, 정보 상실 또는 단기기억으로 이송
 © Aleander Kalina, 2009/Shutterstock.com	단기기억	음향 및 시각 주로 음향	최장 약 30초 유지/정교화 시연으로 파지 연장 또는 장기기억으로 전송	인출 없음, 정보 상실 또는 장기기억으로 전송
 © Andreja Donko, 2009/Shutterstock.com	장기기억	음향, 시각, 의미 하지만 주로 의미	오랜 시간, 평생 동안	인출단서 또는 의미망 활성화로 인출 확장

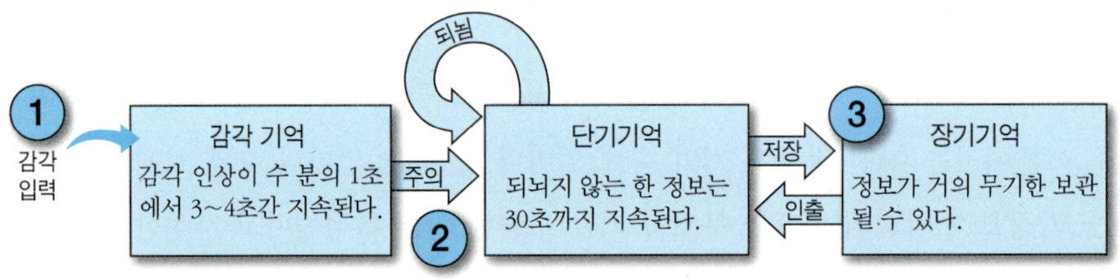

[그림 6-5] 3단계 기억 모형

기억의 3단계 모형은 기억 시스템 세 개의 서로 간 관계를 이해하는 데 유용한 틀이다.

❶ 감각 입력(시각 이미지, 소리 등)에 의해 생성된 인상이 감각기억에 잠시 잠깐 보관된다.

❷ 감각 정보에 주의를 기울여 그중 일부를 단기기억으로 옮겨 놓고 잠시 동안이나마 마음속에 간직할 수 있다. 두 가지 시연 전략(유지 시연과 정교화 시연)을 이용해서 단기기억에 보관된 정보를 장기기억으로 옮겨 놓을 수 있다.

❸ 일단 정보가 장기기억에 저장되고 나면, 나중에 그 정보를 활용하고자 할 때는 단기기억으로 다시 옮겨 놓아야 한다. 이 작업을 인출이라 한다.

음 절에서는 우리의 생활을 풍부하게 해 주는 장기기억의 내용을 다룰 것이다.

4) 우리가 기억하고 있는 것: 장기기억의 내용

장기기억에 보관되어 있는 정보는 어떤 유형일까? 크게 보면, 장기기억의 내용은 크게 두 가지로 나뉜다. 서술기억 (또는 사실 지식) 대 절차기억 (또는 방법 지식)이 그것이다([그림 6-6] 참조). (Eichenbaum, 1997; Rupp, 1998; E. R. Smith, 1998).

개념 6-6

장기기억은 크게 두 가지, 서술기억과 절차기억으로 나뉜다.

개념 6-7

서술기억은 의미기억(사실기억)과 일화 또는 자서전적 기억(각자의 생활사와 경험에 대한 기억)으로 구성된다.

5) 서술기억: '사실 지식'

서술기억[declarative memory, 또는 명시적 기억 (explicit memory)]은 사실적 정보(또는 지식)에 대한 기억으로, 작업기억으로 인출하기 위해서는 의식적인 노력을 해야 한다는 게 특징이다. 한국에서 제일 큰 섬은 제주도라는 사실, 우리 집이 대구의 남서쪽에 있다는 사실, 물과 기름은 섞이지 않는다는 사실 그리고 한국 국기에는 파란색과 빨간색이 있다는 사실 등이 서술기억의 내용이다. 서술기억은 두 가지 일반적 범주로 나뉜다. ① 기억의 유형(의미 또는 일화기억)과 ② 시간의 틀(회고성 또는 예기성 기억)이 그것이다([그림 6-7] 참조).

의미기억(semantic memory)은 사실에 대한 기억을 일컫는다. 의미기억은 우리의 머릿속에 있는 백과사전 또는 정보 창고에 해당한다. 『삼국유사』의 지은이가 누구인지, 한국인으로 노벨상을 수상한 사람은 누구인지, 대한민국이 강제로 일본에 합병된 해는 몇 년인지 등에 관한 정보가 의미기억의 내용이다. 의미기억은 우리의 머릿속에 지울 수 없게 각인된 게 아니다. 그렇기 때문에 이명박 정부의 국무총리가 누구였는지 또는 『삼국유사』를 지은 사람이 누구인지를 기억해 내지 못할 수도 있는 것이다. 의미기억 속 정보는 가끔씩 인출되기도 하고 또 암송되기도 할 때 더 잘 회상된다. 그러니까 『삼국유사』의 저자를 기억해 내야 하는데 기억이 나지 않을 경우, 오늘 그 이름을 되살려 놓으면 내일은 그 이름을 어렵지 않게 기억해 낼 수 있을 것이다.

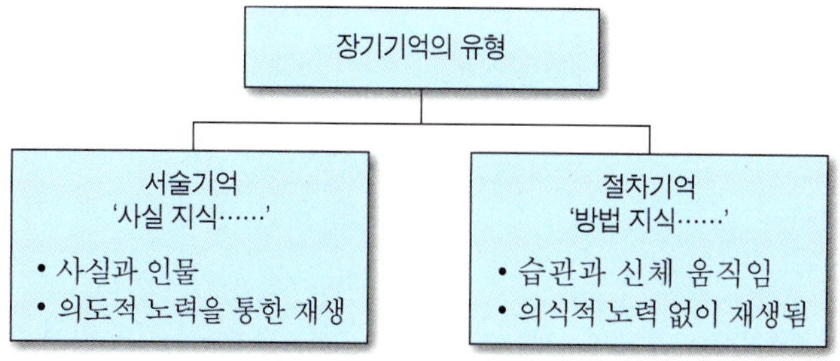

[그림 6-6] 장기기억의 유형

이 조직도는 장기기억의 내용을 서술기억과 절차기억이라는 두 가지 유형으로 나눌 수 있음을 보여 준다.

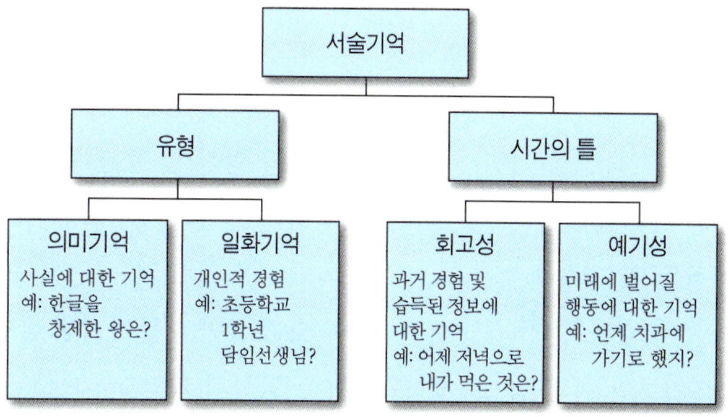

[그림 6-7] 서술기억

이 그림은 상이한 유형의 서술기억에 대해 소개하고 있다.

일화기억(episodic memory, 자서전적 기억이라고도 함)은 사적 경험에 대한 기억을 일컫는다. 사적 경험은 각자의 삶에 관한 이야기—어젯밤에 저녁식사로 먹은 것이 무엇인지부터 열 살 때 뒷마당에 있던 감나무에서 떨어져 15바늘을 꿰맸던 일에 이르기까지의 모든 일—로 구성된다. 즉, 각각의 개인에게 일어났던 과거사를 기록한 개인적 일기는 일화기억에, 세상사에 관한 일반적인 지식은 의미기억에 해당한다(Willingham, 2007). 예컨대, 지난 여름방학 때 어디서 무얼 하며 보냈는지를 기억해 내는 것이 일화기억에 해당한다. 이와는 달리, 중국의 수도는 베이징이고 Google은 인터넷 검색 엔진이라는 사실에 대한 기억은 의미기억 또는 세상사에 관한 일반적인 사실에 해당한다.

회고성 기억(retrospective memory)이란 그전에 학습해 둔 정보는 물론 학교는 어디에서 다녔는지 같은 각자의 과거 경험에 대한 기억이다. 심리학 교과서를 읽고 알게 된 심리의 원리에 관한 지식도 회고성 기억에 포함된다. 예기성 기억(prospective memory)이란 미래에 해야만 할 일에 대한 기억을 일컫는다. 의도에 관한 기억으로 생각할 수도 있다(Kliegel, Mackinlay, & Jäger, 2008). 약을 먹어야 하는 일, 엄마 생신에 엄마에게 전화해야 하는 일, 도서관에서 빌려온 책을 제때에 반납해야 하는 일 등은 모두 예기성 기억에 달려 있다. 해야 할 일을 잊어 버리는 것은 우리를 가장 당혹스럽게 만드는 기억의 착오일 것이다("미안해, 약속 시간보다 2시간 늦게 도착할 것이라고 전화한다는 걸 깜박했네!").

서술기억: 사실 및 개인적 정보에 대한 기억으로 맘속에 불러들이기 위해 의식적인 노력이 필요한 기억(명시적 기억이라고도 함)

의미기억: 세상사에 관한 사실 및 일반적 정보에 대한 기억

일화기억: 개인적인 경험에 대한 기억

개념 6-8

예기성 기억 또는 기억해야 할 것에 대한 기억은 일상생활에서 약속에 관한 기억에서부터 생일날 사람들에게 전화해야 하는 일에 이르기까지 아주 중요하게 적용된다.

회고성 기억: 과거의 경험 및 과거사 그리고 이전에 습득한 정보에 대한 기억

예기성 기억: 나중에 하려고 계획한 것에 대한 지식

6) 절차기억: '방법 지식'

절차기억: 몸놀림이나 기술을 요구하는 일을 어떻게 실행할 것인지에 대한 기억

절차기억(procedural memory)은 자전거 타는 방법, 신발 끈을 매는 방법, 수학 연산을 하는 방법, 특정 언어를 구사하는 방법, 또는 악기를 타는 방법과 같이 어떤 일을 하는 방법에 대한 기억이다. 서술기억을 마음속에 떠올리기 위해서는 의식적인 노력을 해야 하지만, 절차기억을 인출해 내는 데는 그러한 노력이 필요 없다. 일단 신발 끈을 매는 방법을 습득한 다음에는 손가락을 어떻게 움직여야 하고 매듭은 언제 매야 하는지를 생각할 필요가 없다.

개념 6-9

암묵적 기억과 명시적 기억은 정보를 마음속에 불러들일 때 의식적으로 노력을 해야 하는가를 기준으로 구분된다.

서술기억은 말로 표현될 수 있는 정보의 재생("어디 보자, '위기'란 단어의 정의는……이다")을 필요로 한다. 그러나 절차기억은 생각을 하지 않고도 수행할 수 있는 운동 또는 수행 기술에 대한 기억이다. 때문에 절차기억은 말로 표현하기가 불가능하거나 가능하다고 해도 극히 어렵다. 예컨대, 자전거 타는 방법을 말로 설명한 후, 그 설명을 들은 몇 명의 사람이 자전거를 탈 수 있는지 살펴보자. 서술기억과 절차기억 형성 및 보관에 이용되는 뇌의 부위는 다르다. 서술기억은 비교적 쉽게 망각되는 편이다(예: "고등학교 미술 선생님의 성함이 뭐였지?"). 이에 비해, 절차기억은 쉽게 잊혀지지 않는 편이다. 일단 자전거 타는 법을 배운 후에는 오랫동안 타지 않아도 조금만 뒤뚱거리면 금방 다시 예전처럼 탈 수 있다.

암묵적 기억: 의식적인 노력 없이도 인출되는 기억

명시적 기억: 의식적인 노력을 해야 인출되는 기억

암묵적 기억(implicit memory)—회상하려는 의도적 노력을 하지 않아도 되살아나는 기억—은 일종의 절차기억으로 간주된다. 라디오에서 오래전에 자주 불렀던 노래를 들으면, 그 노래와 관련된 즐거웠던 지난 경험이 머릿속에 떠오를 수 있다. 물론 그런 경험을 떠올리려는 의도는 전혀 없었는데도 말이다. 이에 반해 명시적 기억(explicit memory)은 의식적인 노력을 해야 마음속에 불러들일 수 있다("음, 뉴질랜드의 수도가 어디더라?").

암묵적 기억을 연구하는 한 가지 방법은 점화 과제를 이용하는 방법이다. 이 과제에서는 실험 참여자를 특정 단어나 개념에 노출시켜 민감하게 만들어('점화하여') 그 후에 제시되는 그 자극에 대한 특정 방식의 반응 가능성을 높여 놓는다. 이러한 조작의 효과를 점화 효과라 하는데, 점화 효과(priming effects)는 참여자가 점화 자극에 노출되었다는 사실을 알지 못하고 또 그 자극을 회상하려는 의식적인 노력을 하지 않아도 발생한다.

예를 들어 분석해 보자. 최근에 수행된 한 연구에서 냄새에 노출되었다는 사실을 알지 못했는데도 냄새에 노출되었던 그 사실 때문에 행동이 바뀔 수 있다는 결과가 관찰되었다(Holland, Hendriks, & Aarts, 2005). 실험 참여자들은 자신이 레몬 냄새가 풍기는 다목적용 세제에 노출되었다는 사실을 알지 못했다. 그런데 나중에 같은 냄새에 다시 노출되었을 때, 세탁 관련 단어를 지각하는 데 걸리는 시간이 그 냄새에 노출된 적이 없는 집단(즉, 통제집단)이 같은 단어를 지각하는 데 걸리는 시간보다 짧았다. 섭식 과제가 진행되는 동안에는 이 실험집단이 통제집단보다 주변 환경을 더 깨끗하게 유지했다. 다시 말해, 정작 사람들은 냄새에 노출되었다는 사실을 알

아차리지 못하는데도 냄새에 노출되었던 일이 나중에 그 사람들의 행동에 영향을 미쳤다는 뜻이다.

우리는 의식적인 존재이다. 그러나 우리가 하는 모든 일을 의식하지는 못한다(Bargh & Williams, 2006). 때에 따라 우리는 의식적인 생각을 요구하지 않는 암묵적 학습이 기억에 따라 자동적으로 반응하기도 한다. 예를 들어, 셔츠에 단추를 잠그거나 신발 끈을 맬 때 우리는 그런 일을 하는 데 필요한 손가락 움직임에 관한 생각을 하지 않는다.

심리학자들은 암묵적 기억 과정에 대한 연구를 소비자 연구에까지 확장시켰다. 최근의 한 연구에서는 직관에 따른 상품 선택이 심사숙고의 결과에 따른 선택보다 우수할 때가 있다고 밝혀냈다(Dijksterhuis et al., 2006). 문제는 직관에 따른 선택이 더 좋을 때는 언제이고 심사숙고를 한 후에 선택하는 것이 더 좋을 때는 언제인지를 모른다는 데 있다.

3. 장기기억의 신뢰도: 우리의 기억을 믿어도 될까

사람들은 우리의 기억이 우리가 목격했거나 경험했던 사건을 정확하게 반영한다고 생각할지도 모른다. 그러나 우리의 기억은 우리가 생각하는 것만큼 신뢰할 만한 게 못된다. 기억을 연구하는 심리학자들은 기억이 비디오카메라처럼 우리가 경험한 것을 정확하게 기록하는 장치라는 생각을 버린 지 오래됐다. 구성주의 이론에 따르면, 우리 각자의 기억은 과거 경험을 복사한 것이 아니라 재구성한 것이다(Aamodt & Wang, 2008). 과거 경험에 대한 기억을 재구성할 때 우리의 뇌는 수많은 작은 조각의 정보를 꿰매어 합치는 과정을 거친다. 기억이 재구성된다는 말에는 과거사에 대한 우리의 기억이 왜곡될 수 있다는 뜻이 숨어 있다. 즉, 과거 경험을 보다 일관성이 있는 이야기로 다듬기 위해 우리의 뇌는 자세한 사항을 꾸며 낼 수도 있다는 뜻이다.

구성주의 이론: 기억이 과거사의 복사본이 아니라 과거사에 대한 표상 또는 과거사를 재구성한 것이라는 믿음

다시 말하지만, 구성주의 이론에 의하면 기억은 실재를 복사한 것이 아니다. 이러한 관점에서 보면, 동일한 사건을 목격하거나 똑같은 글을 읽었는데도 그 사건이나 글에 대한 기억이 사람에 따라 판이하게 나타나는 현상도 이해가 된다. 어린 시절을 회상한 것도 실제로 일어났던 일 그대로 기억해 낸 것이 아니다. 그보다 어릴 적에 찍었던 사진이나 일곱 살 때 감나무에서 떨어졌던 사건에 관해 수없이 반복해 들었던 어머니의 이야기 등 다양한 정보를 기초로 재구성한 이야기로 보는 게 더 정확하다.

개념 6-10

구성주의 이론에서는 기억을 과거사나 과거 경험을 그대로 녹화/녹음해 둔 것이 아니라 재구성하는 과정/작업이라고 주장한다.

1) 그것이 중요한 이유

기억이 경험을 찍은 마음속 사진을 재생하는 일이 아니라 과거 경험을 재구성하는 작용이라는 것이 왜 중요할까? 한 가지 이유는 만약 이것이 사실이라면 우리는

기억이 과거 경험을 그대로 반영한다는 생각을 버려야 한다는 것이다. 우리의 기억 중 일부는 왜곡되고 다른 부분은 완전히 잘못된 것이기 때문이다(Bernstein & Lotfus, 2009). 기억의 왜곡은 단순화하는 일에서 세부 사항을 생략하는 일을 거쳐 완전히 꾸며 내는 일까지 다양할 수 있다. 그렇다고 해도 모든 기억이 왜곡되었다고 가정해서는 안 된다. 일부는 사건을 다소 정확하게 반영한다고 볼 수 있고, 아마 대부분은 마음속 사진이라기보다는 인상주의 그림에 가깝다고 할 것이다.

구성주의 기억 이론을 이용하면, 부정적 고정관념이 고정관념 관련 대상에 대한 사람들의 지각 및 태도에 미치는 영향도 설명이 가능해진다. 초등학생 또래의 아프리카계 미국인을 대상으로 실시한 에버하트와 비글러(Averhart & Bigler, 1997)의 연구는 인종에 대한 고정관념이 기억에 미치는 영향을 검토했다. 연구에는 이야기 속에 들어 있는 정보를 재생해야 하는 기억검사가 이용되었다. 연구자들은 이야기 속 등장인물(아프리카계 미국인)의 얼굴색과 성격 특질을 조작하였다. 약간 검은 얼굴과 많이 검은 얼굴을 가진 아이가 각각 긍정적('착한') 또는 부정적('비열한') 인물로 소개되었다. 실험 결과는 분명했다. 얼굴색이 덜 검은 아이가 착한 인물로 등장한 이야기와 얼굴색이 많이 검은 아이가 비열한 인물로 등장한 이야기에 대한 기억검사 점수가 더 높았다. 기억에서 나는 이러한 편파는 자신의 얼굴색을 덜 검다고 판단한 아이들 중에서 더 크게 기록되었다. 이 결과는 구성주의 견해를 지지한다. 즉, 우리는 우리가 지니고 있는 개념(또는 스키마)과 일치하는 정보를 더 잘 기억한다. 그리고 이런 현상은 그 스키마의 기초가 편견인 경우에도 변하지 않는다는 견해를 지지한다.

해 보기 사진 속 물건

[그림 6-8]은 모 교수의 연구실을 찍은 사진이다. 그 사진을 잠깐만 들여다본 후, 읽기를 계속하자. '섬광기억'에 관한 내용을 다 읽은 후, 여기로 되돌아와 사진은 보지 말고 사진 속 연구실에서 보았던 물건을 다음 빈칸에 모두 나열해 보자.

____

____

____

____

이제 사진을 다시 보며, 적힌 물건 중에 사진 속에 없었던 물건은 없는지를 점검해 보자. 이 사진을 이용한 실제 실험에서는 많은 학생이 책꽂이와 캐비닛 같은 물건을 적은 것으로 드러났다. 이 둘은 연구실에서 자주 발견되는 물건이다. 때문에 연구실에 대한 학생들의 스키마에는 책꽂이와 캐비닛 같은 물건이 들어 있었고, 이런 스키마 덕분에 학생들은 보지 못했던 이들 물건을 보았다고 기억하게 되었다는 것이 연구자들의 설명이었다(W. F. Brewer & Treyens, 1981).

[그림 6-8] 모 교수의 연구실

스키마(schema)란 세상사에 관해 구조화된 지식 또는 일련의 신념을 일컫는다. 앞에 소개한 연구에서 소개된 개념들 간 관계, 즉 '검은/어두운'은 부정적인 특징과 결합되고 '흰/밝은'은 긍정적인 특징과 결합된 개념들 간의 관계도 스키마에 속한다. 조금만 생각해 보면, 우리가 머릿속에 형성해 놓은 스키마는 우리의 경험을 바탕으로 구축된 것임을 알 수 있다. 자신이 지닌 스키마가 왜곡된 기억을 유도하는지를 검증해 보고 싶으면, 해 보기 '사진 속 물건'을 따라 해 보자.

다음 절에서는 장기기억의 신뢰도를 의심하게 하는 두 가지 쟁점(목격자 증언과 억압된 기억)을 살펴볼 것이다. 그러나 우선 또 다른 유형의 장기기억인 섬광기억부터 검토하기로 한다. 섬광기억은 정확성에 관계없이 뇌 속에 깊이 각인되어 지우기 힘들다는 특징이 있다.

2) 섬광기억: 그때 무엇을 하고 있었나

개인적 사건이나 역사적 사건 중 심한 스트레스를 유발하거나 강력한 정서적 반응을 유발했던 사건에 대한 기억은 생생하고 오래가며 세밀할 수 있는데, 이런 기억을 섬광기억(flashbulb memory)이라 한다(Hirst et al., 2009).

섬광기억: 감정이 깊이 배어 우리 머릿속에 영원히 각인된 것 같은 영속적인 기억

아마 2014년 4월 16일 오전 단원고등학교 학생과 학부모들은 세월호 침몰 사건에 관한 소식을 접한 그 순간 어디서 무엇을 하고 있었는지를 아직도 생생하게 기억할 것이다. 그러나 이러한 섬광기억도 일부는 정확하지만, 다른 일부는 다른 장기기억처럼 왜곡되었을 가능성도 큰 것으로 드러나고 있다(Berntsen & Thomsen, 2005). 예를 들어, 2001년 9월 11일 테러범이 세계무역센터를 공격한 사건에 대한 섬광기억을 분석한 연구에서는 그 사건에 대한 사람들의 기억이 보통 기억보다 더 정확하다는 증거를 확보하지 못했다(Talarico & Rubin, 2003).

개념 6-11

강한 정서/감정이 개입된 사건은 오랫동안 지워지지 않는 생생한 기억(섬광기억)을 남기기 때문에 우리의 머릿속에 영구적으로 각인된 것처럼 보인다.

➔ 개념 링크 정서적으로 충격이 컸던 사건 후에 충격 후 스트레스 장애(PTSD)로 고생하는 사람들은 그 충격적인 사건을 충격의 이미지나 충격에 대한 침습성 기억으로 그 충격적인 사건을 다시 경험하기도 한다.

3) 목격자 증언: '문제의 그날 당신은 무엇을 보았나?'

배심원들이 판결을 내리는 일에는 목격자의 증언이 상당히 중요하게 작용한다. 하지만 연구 결과는 목격자 증언도 다른 모양의 기억과 마찬가지로 오류로 얼룩질 수 있다고 말한다. 목격자 증언에서 선도적인 연구를 수행해 온 심리학자 엘리자베스 로프터스(Elizabeth Loftus, 2004)는 엉터리 목격자 증언 때문에 매년 잘못된 유죄 판결을 받는 사람이 놀라울 정도로 많다고 지적하였다.

개념 6-12

목격자들이 기억을 바탕으로 내놓은 보고는 자신들은 그 기억의 정확성에 의심의 여지가 없다고 확신할 때에도 흠이 있을 가능성이 농후하다.

어린 시절 그네에서 떨어졌던 사건에 관한 이야기를 형이나 누나한테 들었다고 해 보자. 누나나 형이 그런 일이 실제로 발생했다고 집요하게 말한다면 누군들 그 이야기를 믿지 않겠는가? 마찬가지로 우리는 다른 사람을 속여 실제로는 일어나지 않았는데도 마치 그런 일이 그 사람에게 벌어졌던 것처럼 믿게 할 수 있다. 실제로는 벌어지지 않았던 사건에 대한 엉터리 기억을 다른 사람들의 기억 속에 형성시킬 수 있다는 말이다(Brainerd, Reyna, & Ceci, 2008; Pezdek & Lam, 2007).

© Jeff Siner/The Charlotte Observer

기억을 연구하는 심리학자 엘리자베스 로프터스

오보 효과: 목격자 증언에 영향을 미치는 기억 왜곡의 일종으로 파지 기간 동안 겪은 오보에서 초래된 기억 왜곡

사건에 대한 우리의 기억은 그 사건에 관해 나중에 제시되는 오도 정보에 의해 변질될 수 있다(Chan, Thomas, & Bulevich, 2009; Frenda, Nichols, & Loftus, 2011). 로프터스는 이 현상을 오보 효과(misinformation effect)로 소개했다. 이 분야의 고전적 연구에서 로프터스와 동료들은 실험 참여자들에게 자동차 사고를 담은 짧은 영화를 보여 주었다. 영화 속 교통사고는 '정지' 표지판이 있는 교차로에서 벌어졌다(Loftus, Miller, & Burns, 1978). 그 영화를 관람한 참여자들 중 일부에게는 그 교차로에 있었던 교통 표지판이 '천천히' 표지판이었다는 오보를 전해 주었다. 나중에 가서 참여자들에게 영화 속 교차로에서 본 교통 표지판이 어떤 표지판이었냐는 질문을 던졌을 때, 앞서 오보를 접했던 참여자들은 '천천히' 표지판을 보았다고 말하는 경향을 보였다([그림 6-9] 참조). 그 오보를 접하지 못했던 참여자들이 교통표지판을 정확하게 기억해 낼 확률이 더 높았다. 이 발견은 목격자 증언의 신뢰성을 의심케 한다. 특히, 목격자들이 유도심문이나 암시성 질문에 노출되어 엉뚱한 정보가 그들의 기억 속에 이식될 가능성이 높은 때는 그들의 증언이 더욱 의심스럽게 된다.

발생하지 않았던 사건에 대한 거짓 기억은 실험을 통해서도 유발된다(Loftus, 2003). 상상 역시 우리의 기억을 속일 수 있다. 과거 경험을 상상해 보는 일만으로도 사건에 대한 거짓 기억이 형성될 수 있다는 뜻이다(Mazzoni & Memom, 2003).

목격자 증언이 오염될 수 있다는 이유를 들어 법정에서는 목격자 증언을 증거로 채택해서는 안 된다고 주장해야 하는 것은 아닐까? 목격자 증언을 없애 버리면, 많은 범인이 자유롭게 활보할 것이라는 게 로프터스(1993)의 주장이었다. 한 가지 대안으로 목격자 증언의 정확성을 높이는 방법을 강구해 볼 수 있다. 그러한 방법 중 하나는 서로의 증언을 지지하는 별개의 목격자를 찾아보거나 목격자의 증언을 확인해 주는 다른 증거를 확보하는 방법이다. 목격자 증언의 정확성은 다음과 같은 요인에 의해서도 달라진다.

- 재생 용이성. 증언 도중 주어진 질문에 우물쭈물 대답하는 사람보다 거침없이 대답하는 사람이 정확할 가능성이 높다(Sauerland & Sporer, 2009). 마찬가지로, 라인업에서 혐의자를 지적하는 데 빠른 목격자가 느린 목격자보다 정확할 가능성

[그림 6-9] 오보 효과
여러분이 이 실험의 참여자였다고 하면, 여러분의 기억은 실제로 보았던 것('정지' 신호)을 기초로 형성되었을 것 같은가, 아니면 나중에 들었던 것('양보' 신호)을 기초로 형성되었을 것 같은가?

이 더 높다(Dunning & Perretta, 2002; G. L. Wells & Olson, 2003).

- 확신 정도. 자신의 기억에 대한 확신이 약한("맞아요, 저 사람인 것 같아요!") 사람보다 강한("예: 저 사람 맞아요. 확실해요!") 사람이 일반적으로 더 정확한 편이다(Brewer & Wells, 2011). 그러나 확신이 강해도 잘못일 때가 적지 않다.
- 주제에 관한 일반 지식. 특정 주제에 관해 아는 것이 많은 사람일수록 아는 것이 적은 사람보다 신뢰할 수 있는 목격자일 가능성이 높다. 예컨대, 경찰관으로부터 범행에 이용되었던 택시에 관한 질문을 받았을 때, 택시에 대해 아는 것이 없는 사람보다 아는 것이 많은 사람이 더 신뢰할 수 있는 반응을 할 수 있을 것이라는 뜻이다.
- 인종 동이 여부. 일반적으로 사람들은 다른 인종보다 같은 인종의 얼굴을 더 정확하게 인식한다(Hehman, Mania, & Gaertner, 2010). 따라서 목격자도 인종이 같은 사람이 피의자일 때보다 인종이 다른 사람이 피의자일 때 오류를 범할 가능성이 높다.
- 질문의 종류. 조사자가 던지는 유도질문이나 암시질문도 혐의자 파악에 오류를 유도할 수 있다. 이에 반해 "직접 목격한 게 무엇입니까?"와 같은 개방형 질문은 목격자 증언의 정확성을 높이는 경향이 있다(Fruzzetti et al., 1992; Loftus, 1997). 하지만 개방형 질문으로는 자세한 정보를 확보하기 어렵다.
- 얼굴 특징. 독특한 특징을 가진 얼굴이 특징이 없는 얼굴보다 정확하게 재인될 가능성이 높다(G. L. Wells & Olson, 2003). 또한 아주 매력적이거나 아주 혐오스러운 얼굴 역시 평범한 얼굴보다 정확하게 지각될 가능성이 더 높다.

디즈니랜드를 배경으로 위 사진을 담은 가짜 광고에 노출된 사람들 중 약 세 명 중 한 명은 디즈니랜드에서 사진 속 캐릭터를 만났다고 믿거나 기억하고 있었다(Loftus, 2004). 그러나 그런 일은 있을 수 없는 일이다. 사진 속 캐릭터는 디즈니와 경쟁사인 타임 워너 것이기 때문이다. 이러한 발견은 사람들의 마음속에 거짓 기억이 얼마나 쉽게 창출되는지를 보여 준다.

요약하면, 우리는 인간의 기억장치를 사건이 벌어진 그대로를 사진에 담아 보관하는 녹음/녹화장치로 생각해서는 안 된다. 기억이란 조각조각의 정보를 한데 모으는 재구성적 작업에 가까워서 때로는 사건에 대한 회상을 왜곡시킬 수도 있다. 이런 왜곡은 당사자가 자신의 기억이 정확하다고 확신하는 경우에도 벌어진다.

개념 6-13

허위기억도 실제 사건만큼 사실적일 수 있다는 연구 결과는 어릴 적에 받은 학대에 대해 되찾은 기억의 신뢰성을 의심스럽게 한다.

➔ 개념 링크 어릴 적에 받은 학대에 대한 되찾은 기억의 타당성을 의심하지 않을 수 없지만, 어린 시절에 받은 성적 또는 신체적 학대는 해리성 정체성 장애를 포함한 많은 심리장애에 중요하게 작용한다. 제15장 3단원을 참고하라.

개념 6-14

어릴 적에 받은 학대에 대한 되찾은 기억이 진실을 반영할 수도 있다. 하지만 우리는 그런 되찾은 기억의 진위를 판단하는 데 필요한 도구가 없다.

4) 억압된 기억의 회복

우리의 기억 중에는 성인이 된 후에 갑자기 부각된 기억도 있다. 최근에는 이런 기억의 신뢰도를 둘러싼 논쟁이 소용돌이치고 있다. 대개 그런 기억은 최면 중이나 심리치료를 받는 중에 머릿속에 떠오른다. 당국에서는 어릴 적에 겪은 성적 충격에 대한 되살아난 기억을 바탕으로 수백 명의 사람에게 성적 학대라는 혐의를 씌웠다. 이들 중 많은 사람은 보강 증거가 없는데도 유죄 판결을 받아 오랜 기간 옥살이를 해야 했다. 그러면 되찾은 기억을 액면 그대로 받아들여도 되는 것일까?

어린 시절에 겪었던 충격적인 사건을 완전히 망각하는 일은 극히 드문 일이다(Goodman et al., 2003; McNally & Geraerts, 2009). 성적 학대에 대한 경험을 되살리기 위한 치료법에서 이용되는 최면이나 꿈 해석 같은 기법은 이들 사건에 대한 허위기억을 조장할 수도 있다(Geraerts et al., 2009). 일어난 적이 없는 사건도 사람들의 기억을 파고들어, 나중에는 실제 일어났던 사건에 대한 기억만큼 생생해 보일 수 있다. 되찾은 기억 중 일부는 진짜일 수 있다. 하지만 다른 일부가 거짓임은 의심의 여지가 없다(Erdleyi, 2010). 문제는 우리 손에는 진짜 기억과 가짜 기억을 구분할 도구가 없다는 것이다(McNally & Geraerts, 2009). 구성주의 관점에서 봤을 때, 당사자는 자신의 기억이 진짜라고 확신할지라도 그 기억이 왜곡되었을 가능성은 다분하다고 할 것이다.

1 단원 복습 기억해 내기

되새겨 봅시다

기억의 기본 과정과 단계는 무엇무엇으로 구성되는가?

➤ 부호화(자극을 기억에 보관될 수 있는 모양으로 변형시키는 과정), 저장(정보를 기억에 간직하는 과정), 인출(기억 속 정보를 작업기억으로 불러내는 과정)을 기억의 기본 과정이라 한다.

➤ 우리가 정보를 기억 속에 부호화할 때는 청각 부호(소리를 이용한 부호화), 시각 부호(심상을 이용한 부호화), 의미 부호(의미를 이용한 부호화)가 이용된다.

➤ 기억의 세 단계는 (감각 이미지를 잠시 잠깐 보관하는) 감각기억, 단기기억(정보를 의식 속에 약 30초 동안 간직하는 작업기억), (정보를 긴 시간 또는 평생 동안 보관하는) 장기 기억으로 구성된다.

➤ 기억의 의미망 모형에서는 장기기억 속에 보관된 정보가 서로서로 연결된 개념들의 망으로 유지된다고 주장한다. 그리고 하나의 개념을 작업기억에 떠올리면 활성화 확산이라는 과정을 통해 머릿속에 있는 의미망 내에서 그 개념과 관련된 다른 개념도 마음(작업기억)속에 떠오르게 된다고 주장한다.

장기기억의 주요 유형은 무엇인가?

➤ 장기기억은 크게 서술기억(사실에 대한 기억)과 절차기억(과제 수행의 방법에 관한 기억)으로 나뉜다.

➤ 서술기억을 머릿속에 떠올릴 때는 의식적인 노력이 필요하지만, 절차기억은 의식적인 노력 없이도 전개된다.

구성주의 기억 이론이란 어떤 이론인가?

➤ 구성주의 기억 이론은 기억을 지난 사건이나 경험에 대한 표상 또는 재구성물이라고 주장한다.

섬광기억이란?

➤ 섬광기억이란 생생하고 자세하며 오래 유지되는 것을 그 특징으로 하는 정서가 배어 있는 개인적 또는 역사적 사건에 대한 기억을 일컫는다.

목격자 증언의 정확성에 영향을 미치는 요인은?

➤ 목격자 증언의 정확성에 영향을 미치는 요인으로는 재생 용이성, 기억에 대한 확신 정도, 주제에 관한 일반적 지식, 동종 지각 능력, 유도심문 등이 꼽힌다.

어린 시절의 성적 학대에 대한 억압된 기억을 신뢰해도 되는가?

➤ 억압된 기억 중 일부는 믿어도 될지 몰라도, 믿을 수 없는 것이 많다. 현재로서는 믿어도 되는 것과 믿어서는 안 될 것을 명확하게 구분할 수 없다는 게 문제이다.

점검해 봅시다

1. '방법 지식'에 상응하는 기억 유형을 ________기억이라 한다.
2. 다음 중 구성주의 기억 이론의 주장과 같지 않은 것은?
   ① 재생기억은 정확하지 않을 수 있다.
   ② 기억 속 스키마와 일치하는 정보가 가장 잘 재생된다.
   ③ 목격자 증언도 오보의 영향을 받을 수 있다.
   ④ 섬광기억은 왜곡되지 않는다.
3. 왼쪽의 개념과 오른쪽의 진술을 짝지어 보자.

① 감각기억	가. 단기기억을 장기기억으로 변형시키는 과정
② 단기기억	나. '작업기억'이라고도 한다.
③ 견고화	다. 의미 부호화를 통해 단기기억을 장기기억으로 바꾸는 과정
④ 정교화 시연	라. 순간적인 시각기억과 청각기억을 보관하는 장치

생각해 봅시다

➤ 기억은 마음속 카메라처럼 작동한다는 말이 옳지 않은 이유는 무엇인가?

➤ 목격자 증언의 정확성에 영향을 미치는 요인은 무엇인가?

망각

2 단원

- 소멸 이론이란?
- 간섭 이론이란?
- 인출 이론이란?
- 유발된 망각이란?
- 재생과 재생 측정 방법은?
- 기억상실증이란 무엇이며 그 원인은?

망각은 누구도 피할 수 없다. 그 정도에서 차이가 날 뿐이다. 문제는 왜 망각이 일어나느냐는 것이다. 그냥 시간과 함께 소멸되는 것일까? 아니면 다른 이유가 있는 것일까? 망각의 다른 원인 중 하나는 알츠하이머병 같은 퇴행성 뇌 질환이고, 또 다른 하나는 기억상실증이라는 기억장애이다. 기억장애에 관한 이야기는 이 단원의 끝에서 소개될 것이다. 여기서는 망각의 정상적인 과정에 관심을 쏟을 것이다. 먼저 대표적인 망각 이론 몇 가지를 살펴본 후, 정보 재생을 쉽게 또는 어렵게 만드는 요인에 대해 주의 깊게 살펴볼 것이다. 먼저, 소멸 이론부터 살펴보기로 한다.

개념 6-15

가장 오래된 망각 이론인 소멸 이론은 시간과 함께 소실되는 기억을 설명할 수 있지만 기억에 따라 파지 기간이 달라지는 이유는 설명할 수가 없다.

1. 소멸 이론: 흐려지는 인상

시간이 지나면서 차츰 희미해져 결국에는 소멸되어 버리는 머릿속 흔적이 기억이라는 생각은 약 2,500년 전 그리스 철학자 플라톤의 저술에서도 발견된다(Willingham, 2007). 기억 흔적이 시간과 함께 사라진다는 이 망각 이론을 오늘날에는 소멸 이론(decay theory)이라 한다. 흔적 이론(trace theory)이라고도 하는 이 이론은 실험심리학의 창시자 중 한 명인 헤르만 에빙하우스(Hermann Ebbinghaus, 1850~1909)의 실험연구에 의해 지지되었다.

소멸 이론: 망각 이론 중 하나로 기억은 우리 머릿속에 남아 있는 흔적으로 구성되고 그 흔적은 시간과 함께 차츰차츰 지워진다고 주장하는 이론(흔적이론이라고도 함)

절약법: 기억 검사 방법 중 하나로 일정한 학습 재료를 처음으로 완전 학습하는 데 필요한 시행 횟수와 일정한 파지 기간이 지난 후 그 학습 재료를 다시 완전 학습하는 데 필요한 시행 횟수를 비교하는 방법

집중 대 분산 훈련 효과: 학습에 필요한 연습을 한꺼번에 모아서 하는 것보다 일정한 간격을 두고 여러 차례 나누어 하는 것이 파지를 촉진시키는 현상

생활의 한 단면 지도받을 교사도 없이, 소속된 대학도 없이, 실험실도 없이, 직함도 없이, 에빙하우스는 기억과정에 대한 과학적 연구를 자신을 대상으로 오로지 자신만의 힘으로 힘겹게 해 냈다(Erdelyi, 2010). 기억과 망각을 연구하기 위해서는 암기해야 할 재료와 결합된 어떤 경험도 배제되어야 한다. 에빙하우스는 이 사실을 잘 알고 있었다. 그는 자신의 기억을 검사하기 위해 스스로 개발한 방법으로 'nuz'와 'lef' 같은 무의미 음절을 사용했다(Ebbinghaus, 1885). 그는 이런 무의미 음절로 구성된 자극 목록을 자신에게 제시하였다. 그리고 그 목록 속 모든 음절을 완벽하게 재생할 수 있을 때까지 몇 회의 시행(trial)이 필요한지를 기록하였다. 그런 후에는 일정한 시간이 지난 후 스스로를 검사하여 그 기간에 망각된 음절의 수를 기록하였다. 이 결과를 요약한 그림이 유명한 에빙하우스 망각곡선이다([그림 6-10] 참조). 망각은 학습 후 몇 시간 동안 급격하게 나타나고 그 후부터는 서서히 진행되었다. 시간이 가면서 기억도 그냥 지워지는 것 같았다. 학습 후 하루가 지나자 약 66%의 정보가 사라지고 한 달 후에는 80% 가까이 없어졌다(Rupp, 1998).

© Archives of the History of American, Psychology, The Center for the History of Psychology—The University of Akron

헤르만 에빙하우스

에빙하우스는 기억력을 검사하는 방법으로 절약법(savings method)을 이용하기도 했다. 먼저, 일련의 무의미 음절에 대한 암송을 반복하면서 모든 음절을 완전히 암송할 수 있을 때까지 반복했던 암송 횟수를 기록했다. 그런 다음 일정한 시간이 지나기를 기다렸다가 그 목록을 다시 완전하게 암송할 때까지 다시 반복해야 했던 암송 횟수를 기록했다. 첫 번째 완전 암송까지 반복 횟수는 10회였고 두 번째 완전 암송까지의 반복 횟수가 5회였다면, 절약은 50%가 된다.

일반적으로 정보를 암기하려 할 때는 공부 시간을 한꺼번에 몰아서 하는 것보다 며칠을 두고 나누어 암기하는 것이 파지에 유리하다(Cepeda et al., 2006). 집중 대 분산 훈련 효과(massed vs. spaced practice effect)로 알려진 이 효과의 원인은 훈련이 정신적 피로를 유발하여 학습 및 기억을 간섭한다는 데 있다. 이 효과의 실용적 함의는 분명한 것 같다. 시험공부는 공부 시간을 한데 몰아 한꺼번에 하는 것보다 여러 번 나누어 하라. 그래야 학습하는 양도 그리고 학습한 것을 기억하는 양도 늘어난다. 분산 훈련의 효과는 동물의 학습에서도 득이 되는 것으로 나타났다. 개를 훈련시키고 싶은 사람들이 명심해야 할 사항이다(Aamodt & Wang, 2008).

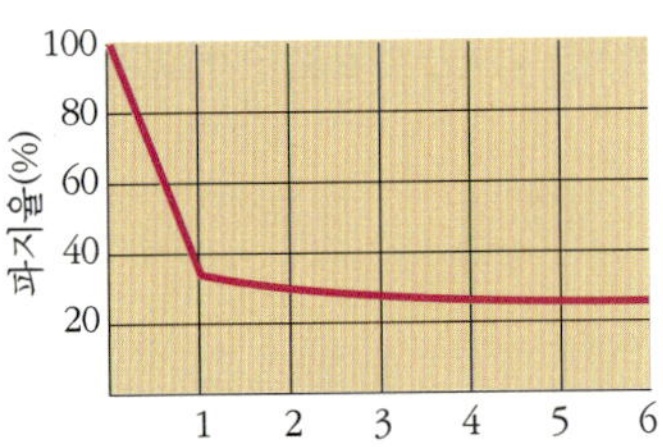

[그림 6-10] 에빙하우스 망각곡선
망각은 학습 직후에 가장 신속하게 나타나고, 그 후부터는 서서히 진행되는 것을 볼 수 있다.

소멸 이론은 시간의 경과 때문에 생기는 기억 상실을 설명하는 데 도움이 된다. 그러나 소멸 이론의 주된 단점은 망각의 속도가 시간대에 따라 다른 점을 설명할 수 없다는 점이다. 어떤 정보에 대한 기억은 금방 사라지는데 어떤 정보에 대한 기억은 오래오래 보존된다. 망각 속도에서 이런 차이가 발생하는 이유 중 하나는 독

특한 또는 비상한 정보일수록 기억이 오래 남는다는 데 있다(Hunt & Worthen, 2006; Unsworth, Heitz, & Parks, 2008). 누구나 열두 번째 데이트보다는 첫 번째 데이트를 더 잘 기억할 확률이 높다. 모임에서 처음 만난 사람의 이름이 정욱이나 상욱이보다는 욱호가 나중에 기억날 확률이 더 높다.

에빙하우스는 무의미 음절에 대한 기억을 연구했다. 그러나 시나 산문 같은 의미 있는 정보에 대한 기억을 조사해 보면, 시간과 함께 일어나는 망각의 속도가 더욱 느리다. 또한 중요한 인생사나 직업 또는 생애 관련 정보에 대한 기억은 망각이 아예 일어나지 않거나 아주 더딜 수 있다. 망각을 설명하는 데 도움이 되는 또 하나의 요인은 간섭이다(Wixted, 2005).

간섭 이론: 망각을 두고 기억 속 정보가 서로서로 간섭을 일으킨 결과라고 보는 믿음

2. 간섭 이론: 배운 건 많은데 회상할 수 있는 건 줄어들 때

일주일 전 수요일에 저녁식사로 무엇을 먹었는지를 기억할 사람은 많지 않다. 왜일까? 간섭 이론에서는 그날 전후에 저녁식사로 먹었던 음식에 대한 기억이 간섭을 일으키기 때문이라고 설명한다. 그러나 그날 저녁으로 아주 특별한 음식(예: 상어 지느러미나 산삼 삼계탕)을 먹었더라면, 그 전후에 그와 비슷한 음식을 먹지 않았을 것이기 때문에 간섭이 크게 일어나지 않았을 것이고, 그 사실을 망각했을 가능성이 매우 낮다. 이처럼 간섭 이론을 이용하면, 어떤 경험은 쉽게 망각되는데 어떤 경험은 평생을 생생하게 기억하는 재미나는 현상을 아주 쉽게 설명할 수 있다. 경험 간 유사성이 클수록 간섭의 위험은 커진다. 간섭은 크게 역행간섭과 순행간섭으로 나눌 수 있다.

개념 6-16

간섭 이론은 단기기억이나 장기기억 속 정보는 다른 정보에 의해 밀려날 수 있다고 주장한다.

역행간섭: 새로 학습한 정보가 기존 정보의 파지를 어렵게 만드는 간섭

순행간섭: 앞서 배운 정보가 새로 배운 정보의 파지를 어렵게 하는 간섭

앞선 학습에서 형성된 기억을 인출하는 일이 뒤따르는 학습에서 형성된 기억에 의해 방해를 받는 경우를 역행간섭(retroactive interference)이라 한다. 여러분도 오전 9시 수업에서 학습했던 내용을 수업이 끝날 때까지 분명히 기억했는데도, 그다음 수업시간에 다룬 새로운 내용에 빠져들면서 금방 흐려지기 시작하는 경험을 했을 수도 있다. 새로 형성되는 기억이 학습한 지 오래되지 않아 아직도 견고화가 진행되고 있는 선행기억을 소급하여 간섭하는 일이 벌어진 것이다(Wixted, 2004).

순행간섭(proactive interference)은 앞서 학습했던 재료의 영향으로 유발되는 간섭을 일컫는다. 순행간섭의 가장 흔한 경우는 매년 초에 자주 발견된다. 한참 동안은 해가 바뀌었는데도 그전 연도(2019년이 아닌 2018년)를 적은 적이 더러 있을 것이다. [그림 6-11]은 역행간섭과 순행간섭의 예를 보여 주고 있다.

약간의 간섭은 피할 수 없다고 하더라도 다음 조치를 통해 간섭의 부작용을 줄여 볼 수는 있다.

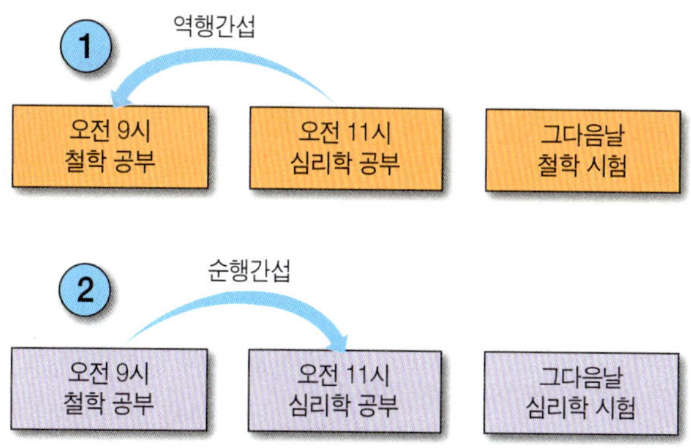

[그림 6-11] 역행간섭과 순행간섭

❶의 역행간섭에서는 새로 학습한 것(첫 번째 보기에서 심리학)이 앞서 학습한 것(철학)의 재생을 방해한다.
❷의 순행간섭에서는 앞서 학습했던 것이(두 번째 보기에서 철학) 새로 학습한 것(심리학)의 재생을 방해한다.

- 시간을 두고 생각해 보기. 새로 학습한 내용에 대한 재생력을 높이고 싶다면, 시간을 두고 그 내용을 생각해 보라. 수면이 학습과 기억을 향상시키는 것은 확고하지 않은 새로운 기억이 수면을 통해 견고해지기 때문이다(Gómez, Bootzin, & Nadel, 2006).
- 연습해 보기. 새로이 형성된 장기기억은 확고하지 않다. 새로 형성된 기억을 소리 내어 또는 속으로 되풀이하여 강화시켜 보면 간섭 효과에 대한 저항력도 강해진다. 실수 없이 재생할 수 있을 때까지 되풀이하는 연습을 과잉학습이라 한다. 이 책의 내용을 재고/복습하는 데에 과잉학습의 원리를 적용해 보라. 각 장에서 소개된 핵심 개념을 정확하게 파악했음이 입증된 후에도 그들 개념에 대한 자신의 지식을 다시 한 번씩 되새겨 보라는 말이다.

과잉학습: 학습한 것을 오류 없이 재생할 수 있는데도 계속해서 이루어지는 연습/학습

- 휴식 시간 갖기. 시간표를 짤 때 연이어 수업에 참여하는 일이 없도록 하라. 금방 형성된 기억이 머릿속에서 굳는 시간을 제공하라는 뜻이다.
- 비슷한 내용을 연달아 학습하지 않기. 내용이 비슷한 주제를 연달아 공부하는 일을 피한다. 예를 들어, 영어 수업 직후에 불어 수업을 수강하는 일은 벌이지 말라는 말이다.

계열위치 효과: 학습 목록의 중간에 있는 항목보다 첨이나 마지막에 있는 항목에 대한 기억이 우월한 현상

© Hill Street Studios/Blend Images/Getty Images

이 양반, 부인이 사오라고 했던 양파는 기억하지 못하고 당근은 기억하고 있었다. 계열위치 효과에 대한 지식을 기초로 왜 이런 일이 벌어졌을 것 같은지를 설명해 보라.

간섭이라는 개념을 이용하면 계열위치 효과라는 재미있는 현상도 설명할 수 있다. 계열위치 효과(serial position effect)란 구매품 목록 같은 목록의 시작 부분 항목과 끝 부분 항목이 중간 부분 항목보다 더 잘 재생되는 현상을 일컫는다. 중간 부분에 있는 항목이 더 자주 망각된다. 계열위치 효과는 단기기억은 물론 장기기억에서도 나타난다.

© John Kwan, 2009/Shutterstock.com

계열위치 효과의 원인도 간섭일 가능성이 크다. 기억 속에서 항목들이 서로 경쟁을 벌이기 때문에 특정 목록의 앞뒤 끝에 위치한 항목보다는 중간에 위치한 항목에서 간섭이 더 심하게 일어난다. 예를 들어, 일곱 개 항목으로 구성된 목록에서 네 번째 항목은 그 앞에 있는 항목과도 간섭을 일으키고 그 뒤에 있는 항목과도 간섭을 일으킨다. 이에 반해 첫 번째 항목과 마지막 항목에서는 간섭이 적게 일어나는데, 첫 번째 항목은 그에 앞선 항목이 없고, 마지막 항목은 뒤따르는 항목이 없기 때문이다. 맨 처음 학습한 항목에 대한 재생이 더 우수한 경향성을 초두 효과(primacy effect), 마지막에 학습한 항목에 대한 재생이 더 우수한 경향성을 최신 효과(recency effect)라 한다. 학습 시기와 검사 시기 간 지연 시간이 길어지면, 초두 효과는 강해지는데 최신 효과는 약해진다(Knoedler, Hellwig, & Neath, 1999). 이러한 현상은 특정 목록을 암기한 후 시간이 경과할수록 일찍 만난 항목은 기억해 내기가 쉬워지는데 나중에 만난 항목은 재생하기가 어려워짐을 반영한다.

초두 효과: 처음에 학습한 항목에 대한 재생능력이 뛰어난 현상

최신 효과: 마지막에 학습한 항목에 대한 재생능력이 빼어난 현상

개념 6-17

계열위치 효과는 우리가 처음이나 마지막에 학습한 내용보다 중간에 학습한 내용을 망각할 가능성이 더 높다고 말한다.

요약하면, 망각은 시간 경과와 간섭이라는 두 가지 요인에 의해 유발된다. 그러

나 소멸 이론으로도 또 간섭 이론으로도 기억해 내지 못한 정보가 사라져 버린 것인지, 아니면 인출이 어려운 것인지를 판단할 수가 없다. 망각되었다고 판단되었던 정보 중에서도 인출단서(예: 정보에 대한 기억이 처음 형성된 원래 상황과 결합된 자극)가 제시되면 재생되는 것도 있다. 이제 망각의 세 번째 이론인 인출 이론(retrieval theory)을 소개할 때가 된 것 같다.

3. 인출 이론: 인출 불가로서의 망각

인출 이론에서는 망각이 머릿속에 보관되어 있는 기억에 접근을 못했기 때문에 일어난다고 주장한다. 인출 과정이 잘못될 수 있는 두 가지 조건(부호화 실패와 인출단서 결여)을 고려해 보자.

인출 이론: 망각이 기억 속 정보에 접근할 수 없기 때문에 생기는 현상이라고 보는 믿음

1) 부호화 실패

애초에 부호화되지 않은 기억을 인출할 수는 없는 일이다. 매일 사용하는 평범한 물건에 관한 자세한 사항을 재생할 수 없는 이유는 그에 관한 정보가 아예 부호화되지 않았기 때문일 수 있다. 예컨대, 우리는 500원짜리 동전 뒷면에 학이 있다는 사실을 대부분 알고 있을 것이다. 그러나 그 학의 날개는 어떤 모습일까? 우리는 대부분 그 학의 모습을 얼핏이나마 여러 번 보았을 것이다. 그런데도 그 학의 날개가 어떤 모습인지는 기억하지 못한다. 그 모습이 부호화되지 않았기 때문이다. 우리는 필요한 만큼만 부호화하는 경향이 있다(Rupp, 1998). 500원짜리 동전을 정확하게 인식하고 실수 없이 사용하는 데는 그 속에 있는 학의 날개 모습까지 기억할 필요가 없었기 때문에 날개의 모습은 부호화되지 않았고, 따라서 인출될 수 없었던 것이다.

두드러지는 사건은 회상이 잘되는 편이다. 또한 규칙적으로 일어나는 사건(예: 수업 때문에 특정 강의실을 드나드는 일)보다 불규칙적으로 일어나는 사건(예: 친구를 만나기 위해 특정 강의실을 드나드는 일)을 기억하게 될 확률이 더 높다. 비슷한 사건은 일반적으로 각각의 독특한 특징보다는 공통되는 속성으로 부호화된다(Conrad & Brown, 1996). 유사 사건은 비슷한 방식으로 부호화되기 때문에 각각의 사건에 대한 기억을 인출하기가 더 어려워진다.

개념 6-18

학습했던 것을 인출해 내지 못하는 것은 학습한 정보가 기억 속에 부호화되지 않았기 때문일 수도 있고, 또 그 정보에 접근하는 데 필요한 단서가 없기 때문일 수도 있다.

2) 인출단서의 결여: 그 사람 이름이 뭐라고?

기억 속에 부호화된 정보도 적절한 인출단서가 없다면 접근 불가 상태로 남아 있을 수 있다. 인출이 어려워 많은 사람을 당황하게 하는 것이 고유명사(즉, 이름) 재생이다. 이름에는 그와 결합되어 있는 연상어도 없고 간편한 인출단서, 즉 주변에 있는 수많은 수진이, 현경이, 동호, 정수 중에서 어제 만났던 수진이나 동호를 구분하는 데 이용될 수 있는 '손잡이'도 없다. 인출단서의 부재라는 개념을 이용하면, 설단 현상(tip-of-the-tongue phenomenon)이라는 매우 흔한 경험을 설명할 수도 있다.

설단 현상: 기억하고 있어 혀끝에 맴도는데도 정작 그것을 말로 내뱉을 수 없는 상태

설단 현상이란 정보가 혀끝을 맴도는 것 같은데도 정작 내뱉을 수 없는 이상한 경험을 일컫는 말이다. 특정 이름을 알고 있는 것이 분명한데도 마음속에 불러낼 수 없어 스스로에게 짜증을 내 본 적이 있다면, 여러분도 설단 현상을 경험했다고 할 수 있다. 설단 현상을 경험하는 사람들(대부분의 우리도 포함된다)은 자기가 인출해 내고 싶은 정보의 특정 부분만 기억해 내는 경우도 있다. 예컨대, 기억해 내려는 단어나 이름의 초성만 기억날 수도 있고("그 이름이 'ㅅ'으로 시작하는데!") 또는 그 단어와 발음이 비슷한 단어를 생각해 낼 수도 있다. 바로 이런 점 때문에 사람들은 그 정보가 자신의 기억 속에 보관되어 있다고 확신한다(Farrell & Abrams, 2011). 이런 설단 현상은 적절한 인출단서가 없기 때문에 발생하는 효과일 수도 있지만, 단어 재인과 관련된 보다 일반적인 어려움 때문에 발생할 수도 있다. 설단 현상은 생의 후기, 즉 특히 단어 인출이 어려워지기 시작하는 시기에 자주 일어나는 경향이 있다(Branan, 2008).

개념 6-19

기억 속 정보를 인출하려 할 때 흔히 생기는 문제 중 하나는 설단 현상—분명히 기억하고 있음을 알고 있는데도 불구하고 그 정보를 마음속/작업기억으로 불러낼 수 없는 상태—이다.

4. 유발된 망각: 의식에서 지워 버린 기억

프로이트는 유발된 망각도 있다고 믿었다. 즉, 기억 중에는 망각되지 않고 억압 때문에 의식되지 않은 곳에 숨겨진 기억도 있다고 믿었다. 프로이트의 관점에서 본 억압(repression)은 용인할 수 없는 성적 충동이나 공격 욕구 같은 심리적 위협으로부터 자신을 보호해 주는 심리적 방어기제였다. 억압이 없었더라면, 그런 위협적인 마음 상태가 의식의 세계로 고개를 내밀 때마다 우리는 저항할 수 없는 불안에 떨어야 했을 것이라는 게 프로이트의 믿음이었다. 억압은 단순한 망각의 상태가 아니다. 억압된 것은 사라지지 않는다. 우리가 알아차리지 못하는 의식 밖의 마음속에 숨겨 놓는 것이 억압이다.

억압: 프로이트의 이론에서 말하는 방어기제 중 하나로 불안-유발 정보/재료에 대한 기억을 잊어버리려는 유발된 망각

개념 6-20

프로이트의 이론에서 유발된 망각 같은 억압이라는 심리적 기제는 위협적인 재료/정보를 기억 속에서 지워 버리는 쪽으로 작용한다.

억압이라는 프로이트의 개념으로는 일반적인 망각—이 책에서 읽은 정보를 간직하려고 노력할 때 일어나는 망각—이 설명되지 않는다. 이 개념과 관련된 또 다른 문제는 강간이나 전투 또는 지진 혹은 홍수 같은 재해 때문에 마음에 충격을 받은 사람들은 이런 경험을 완전하게는 아니지만 생생하게 기억하는 경향이 있다는 것이다. 이 사람들은 그러한 불안 유발 사건에 대한 기억을 마음속에서 지우기가 어렵다고 말하곤 하는데, 이런 경험은 프로이트의 억압이라는 개념에서 예상되는 경험과 반대되는 일이다. 그리고 억압은 의식 밖에서 작동하기 때문에 억압을 과학적으로 검증할 방법이 없다는 것도 또 다른 문제점이다. 그럼에도 불구하고 미국 심리학회에서 임명한 전문 조사위원을 포함한 많은 기억 연구자들은 억압이 일어날 수 있다고 믿는다(Alpert, Brown, & Courtois, 1998; Willingham, 2007).

5. 기억력 측정: 측정 방법에 따라 변하는 재생량

학생들에게 선다형 문제와 서술형 문제 중에서 선택하라고 하면 대부분은 선다형 문제를 선택한다. 그 이유는 기억력이 측정되는 방식에서 발견된다.

기억력을 측정하는 방식과 기억 속에 보관된 정보를 인출해 낼 가능성과는 밀접한 관계에 있다. 서술형 문제와 같은 재생 과제는 기억해 두었던 정보를 재생하라고 요구한다. 재생 과제는 세 가지로 나뉜다. 자유 재생 과제(free recall task)는 순서에 관계없이 최대한 많은 정보를 재생해 보라고 한다. 순차 재생 과제에서는 일련의 항목 또는 숫자를 정해진 순서에 맞게 기억해 내야 한다(예: 전화번호 회상하기). 쌍-결합 재생 과제(paired-associates recall task)에서는 먼저 쌍으로 구성된 항목(예: 신발-물감, 고양이-모래)을 암기하게 한다. 그런 후 각 쌍에서 항목 하나(예: 신발)만 제시하고는 그와 결합되었던 항목(예: 물감)을 재생해 보라고 한다. 영어 시험 문제 중에서 영어 단어(예: shoes)를 제시하고 그 단어와 뜻이 같은 우리말 단어(예: 구두)를 적어 보라는 문제가 바로 쌍-결합 재생 과제에 속한다.

재인 과제(recognition task)에서는 제시된 여러 가지 선지 중에서 바른 것을 골라내라고 주문한다. 사지선다형 검사 같은 재인검사에서는 인출이 일반적으로 재생검사에서의 인출보다 훨씬 낫다. 재인검사에서는 인출단서가 제공되기 때문이라는 것이 일반적인 생각이다. 『발가락이 닮았다』의 지은이가 누군지를 회상해 내야 할 경우, 네 개의 이름 중에 있는 이름을 정확하게 회상해 낼 가능성이 '『발가락이 닮았다』라는 소설의 지은이는 ________ 이다.'라는 문항의 빈칸을 채우기 위해 지은이의 이름을 완전히 기억해 내야 하는 경우보다 훨씬 높다.

> **개념 6-21**
> 재생검사, 재인검사 같은 기억 측정 방법은 우리가 재생해 낼 수 있는 정도에 영향을 미친다.

> 자유 재생: 피검자에게 학습한 항목을 순서에 관계없이 최대한 많이 기억해 내보라고 요구하는 기억검사/과제

> 재인 과제: 기억력을 측정하는 방법 중 하나로 선다형 문제처럼 여러 가지 대안 중에서 정답을 골라내는 능력을 사정하는 방법

6. 기억 상실: 잃은 것일까, 득하지 못한 것일까

생활의 한 단면 타고 가던 오토바이에서 떨어져 머리에 타격을 입은 의과대학생 한 명이 구급차로 병원에 이송되었다. 부모가 달려와 그의 의식이 돌아올 때까지 곁을 지켰다. 다행히 그는 오래지 않아 의식을 회복했다. 부모가 그에게 어떤 일이 있었는지를 설명하는 동안 그의 아내가 갑자기 병실로 달려 들어와 그를 부둥켜안으며 부상이 그다지 크지 않아 그래도 다행이라고 말했다. 2~3주 전에 결혼식을 올렸던 부인이 병실을 나간 후, 환자는 어머니에게 그 여자가 누구냐고 물었다(Freemon, 1981 재인용).

이 의과대학생은 일종의 기억상실증(amnesia)을 겪고 있었다. 이러한 엄청난 기억 상실을 어떻게 설명할 수 있을까?

> **개념 6-22**
> 기억상실증에는 새로운 기억을 생성할 수 없는 전진형 기억상실증과 과거지사에 대한 기억을 잃어버린 후진형 기억상실증이 있다.

> 기억상실증: 기억력에서 나타나는 결함

1) 기억상실증의 종류

후진형 기억상실증: 증상/사건이 시작되기 이전의 사건에 대한 기억 상실

앞에서 소개한 의과대학생은 과거사에 대한 기억을 상실한 경우인 후진형 기억상실증(retrograde amnesia)을 겪고 있었다(Riccio, Millin, & Gisquet-Verrier, 2003). 경기 중 머리에 입은 타격으로 의식을 잃은 축구선수는 라커룸에서 유니폼을 갈아입은 일 말고는 아무것도 기억하지 못할 수 있다. 링에서 의식을 잃고 넘어진 권투선수는 그날 밤의 일을 아무것도 기억하지 못할 수 있다. 머리에 입은 타격은 기억의 견고화를 방해할 수 있다. 견고화란 이 장의 1단원에서 소개했듯이 불안정한 단기기억을 안정적이고 내구성이 강한 장기기억으로 전환시키는 과정이다. 이런 견고화 과정이 방해를 받으면 방해받은 그 시점 전후에 벌어졌던 사건에 대한 기억은 영원히 망각되기도 한다. 경우에 따라서는 견고화의 문제보다 더 심각한 일이 벌어지기도 한다. 앞서 소개한 의과대학생이 이런 경우에 속한다. 머리에 부상을 입었을 때보다 훨씬 전에 만났던 아내에 대한 기억까지 상실한 경우이다. 이런 경우에는 큰 덩이의 기억이 통째로 사라져 버린다. 일반적으로 후진형 기억상실증은 오래된 사건보다는 최근에 벌어진 사건에 대한 기억에 더 큰 영향을 준다(James & MacKay, 2001). 이와는 다른 기억상실증인 전진형 기억상실증(anterograde amnesia)은 새로운 사건에 대한 기억을 생성할 수 없거나 생성하기 어려운 상태를 일컫는다.

전진형 기억상실증: 새로운 기억을 만들어 내는 능력이 상실 또는 손상된 상태

유아 기억상실증: 유아기 및 아동 초기에 벌여졌던 사건에 대한 기억을 못하는 정상적 조건

일반적으로 기억상실증은 일화기억, 즉 각자의 사적 경험에 대한 기억에서 발생한다. 기억상실증 환자도 대개는 절차기억, 즉 휴대전화기에 문자를 입력하는 것 같은 기계적인 과제를 수행할 때처럼 자동적으로 작동되는 기억은 잃지 않는다. 기억상실증 환자들은 일화기억은 잃어버리는데 절차기억은 보유한다는 사실을 기초로 우리는 머릿속에서 이들 두 가지 기억을 담당하는 기억 시스템 자체가 다르다는 생각을 품게 된다.

보다 개인적인 질문을 제기해 보자. 자신의 두 번째 생일파티를 기억하는가? 더러는 기억한다고 대답하는 사람도 있을 것이다. 그러나 십중팔구 그 기억은 잘못된 기억일 것이다. 세 살 반 이전에 있었던 일을 기억하는 성인은 거의 없다(Bauer, 2007; Bauer et al., 2007; Tustin & Hayne, 2010). 유아 기억상실증(childhood amnesia)으로 알려진 이 기억상실증은 정상적인 발달 과정이다. 유아 기억상실증을 설명하기 위해 제안된 이론은 수도 없이 많다. 최근의 한 견해에서는 언어를 구사할 수 있기 전에 형성된 기억은 머릿속에 제대로 조직되지 않는다고 주장한다. 그렇기 때문에 두 살에서 세 살 사이에 주로 발달하는 언어 기반 기억 시스템으로는 그전에 벌어졌던 사건에 대한 기억을 인출해 내기 어렵다는 주장이다. 또 하나의 가능성은 영구적인 기억 형성에 필요한 뇌의 구조가 생후 2~3년이 지날 때까지 완성되지 않기 때문이라는 주장이다.

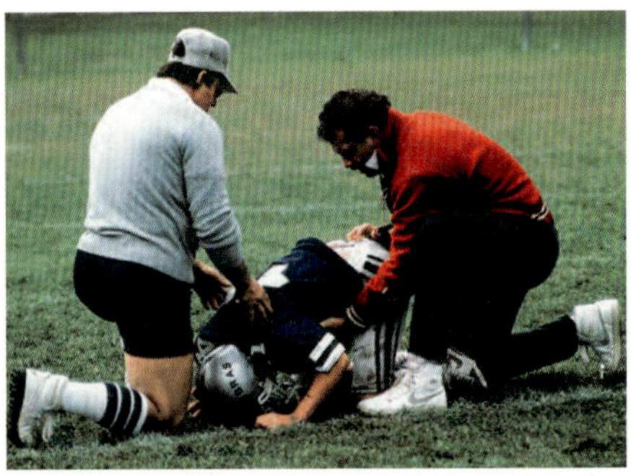

© Jeff Persons/Stock Boston

기억상실증은 타격 같은 뇌에 가해진 외상 때문에 발생하는 경우가 잦다. 타격으로 의식을 잃은 이 선수는 그 경기에 관해 또는 그 경기 이전의 사건에 관해 아무것도 회상하지 못할 수도 있다.

2) 기억상실증의 원인

기억상실증은 신체적 요인 또는 심리적 요인으로 유발될 수 있다. 신체적 요인으로는 머리가 받은 타격, 퇴행성 뇌 질환(예: 알츠하이머 질환), 뇌로 가는 혈관 막힘, 전염병, 만성 알코올 중독 등이 꼽힌다. 기억상실증 환자 중 일부는 신체적 문제가 완치되면 기억력이 회복되기도 한다.

전문가들은 심리적 요인 때문에 발생한 기억상실증을 해리성 기억상실증(dissociative amnesia)이라 한다. 충격적인 경험에 대한 기억은 의식으로부터 해리(분리)되어 특정 시간대에 벌어진 사건에 대한 기억상실증으로 나타날 수 있다. 이들 사건에 대한 기억이 의식의 세계로 돌아오면, 지나친 불안이나 죄책감을 느끼는 등 정서적인 문제를 일으킬 수 있다. 군인들의 경우 전장에서 경험한 공포에 대해서는 희미한 기억밖에 못하고 또 전사한 전우들에 대해서는 아무것도 기억하지 못하면서 다른 과거사에 관한 기억은 온전한 경우도 있다. 그러나 영화나 연속극에 소개되듯, 자신이 누군지도 어디에 사는지도 모르는 등 자신의 모든 삶을 잃어버리는 그런 부류의 해리 기억상실증은 거의 없다. 〈개념 차트 6-2〉는 망각과 관련된 주요 개념을 개관하고 있다.

해리성 기억상실증: 심리적으로 유발된 기억상실증으로 충격적인 경험이나 문제되는 경험을 의식으로부터 분리시켜 버려 생기는 기억 상실

〈개념 차트 6-2〉 **망각: 핵심 개념**

	개념	설명	보기
망각 이론	소멸 이론	시간과 함께 기억 흔적이 점점 희미해진다.	학교에서 학습한 사실이 시간이 지나면서 점점 기억에서 멀어진다.
	간섭 이론	이전에 학습한 정보나 새로 학습한 정보의 간섭으로 기억이 와해된다.	생물학 수업시간에 배운 내용을 한 시간 전 화학 수업에서 배운 내용 때문에 망각하는 일
	인출 이론	부호화 실패나 인출단서 부재로 학습한 정보에 접근할 수 없다.	학습은 했는데도 기억 해내는 데 어려움을 겪는다.
	유발된 망각	불안을 유발하는 정보가 억압되었다.	어린 시절의 충격적인 경험을 회상할 수 없다.
측정 방법	재생검사	기억 속에 보관된 정보를 재생하는 능력 검사	친구의 전화번호, 2018년 동계올림픽이 개최되는 도시를 말할 수 있다.
	재인검사	기억 속에 보관된 정보를 재인하는 능력 검사	선다형 문제의 정답을 골라낼 수 있다.
기억상실증 유형	후진형	과거지사에 대한 기억 상실	자동차 사고로 뇌에 타격을 받은 후 그 사건이 벌어진 상황을 회상할 수 없다.
	전진형	새로운 기억 형성 불가	뇌 부상 후 새로운 내용 암기 불가

2단원 복습 망각

되새겨 봅시다

소멸 이론이란?

➤ 소멸 이론은 망각의 이유를 머릿속 기억 흔적이 시간이 지나면서 차츰차츰 퇴화되기 때문이라고 설명한다.

간섭 이론이란?

➤ 간섭 이론은 기억 속 정보가 서로를 간섭하기 때문에 망각이 벌어진다고 설명한다.

인출 이론이란?

➤ 인출 이론은 망각을 기억 속에 보관되어 있는 정보에 접근하지 못하기 때문에 벌어지는 현상이라고 설명한다.

유발된 망각이란?

➤ 유발된 망각 또는 억압은 프로이트의 생각으로 사람들은 불안 유발 정보가 의식의 세계로 들어오는 것을 억압한다는 주장이다.

기억력과 기억력 측정 방법 간에는 어떤 관계가 존재하는가?

➤ 일반적으로 재생검사(서술식 문제로 구성된 검사) 점수보다 재인검사(선다형 문제로 구성된 검사) 점수가 더 높다.

기억상실증이란 무엇이고 그것은 어떻게 발생하는가?

➤ 기억상실증이란 예전에 학습해 둔 정보를 기억해 내지 못하는 조건(후진형 기억상실증) 또는 새로운 기억을 형성할 수 없는 조건(전진형 기억상상실증)을 일컫는다. 기억상실증을 유발하는 요인으로는 억압 같은 심리적 요인도 있고 뇌에 입은 외상이나 퇴행성 뇌질환 같은 신체적 요인도 있다.

점검해 봅시다

1. 간섭의 유형 중에서 새해 초에 날짜를 적을 때 지난해의 연도를 적는 실수를 쉽게 설명하는 간섭의 유형은?
2. 다음 중 기억에서 일어나는 간섭 효과를 줄이는 효과적인 방법이 못되는 것은?
   a. 과잉학습을 피한다.
   b. 잠자리에 들기 직전에 공부한다.
   c. 되뇜과 연습을 반복한다.
   d. 비슷한 내용을 동시에 공부하는 일을 피한다.
3. 학습한 것을 회상해야 할 때는 ______ 학습이 ______ 학습보다 낫다.
4. 사건 이전에 있었던 사건을 기억해 내지 못하는 일을 ______(이)라 한다.
   ① 해리성 기억상실증
   ② 후진형 기억상실증
   ③ 퇴행성 기억상실증
   ④ 전진형 기억상실증

생각해 봅시다

➤ 설단 현상을 경험해 본 적이 있는가? 검색하던 정보를 끝내 인출해 내지 못했는가? 기억해 낼 수 있었다면 어떻게 그 정보를 인출할 수 있었는가?

➤ 시험공부를 할 때 '집중 훈련'의 원리를 적용하는 것이 효과적이 못되는 이유는 무엇일까? 보다 나은 공부 방법은 어떤 방법일까?

기억의 생물학

3 단원

- 기억은 머릿속 어디에 저장되어 있을까?
- 기억에서 해마의 역할은?
- 장기 강화(LTP)란 무엇이며, 그것이 기억 형성에 수행하는 역할은?
- 기억의 유전적 기초에 관해 학자들이 밝혀낸 것은?

기억은 우리의 머릿속에 어떻게 형성될까? 머릿속 어디에 저장되어 있는 것일까? 기억의 생물적 기반을 탐사하는 학자들에 의해 이들 질문에 대한 답이 만들어지기 시작했다. 이 단원에서는 이러한 토대에 관해 지금까지 밝혀진 것을 검토하기로 한다.

1. 기억에서 뇌의 구조: 기억 흔적은 어디에?

칼 래슐리(Karl Lashley, 1890~1958)는 자신의 거의 모든 생애를 '잉그램(engram)'이라는 기억 흔적을 찾아내는 데 바쳤다. 그는 뇌 속에 남아 있는 물리적 흔적에 기억이 저장되어 있다고 믿었고 그 흔적을 잉그램이라 했다. 예를 들어, 미로를 학습한 쥐의 머릿속 어딘가에는 미로의 출구(또는 목적지)로 인도하는 바른 길에 관한 잉그램이 있어야만 한다.

잉그램: 뇌에 남아 있는 기억의 물리적 흔적을 일컫기 위해 래슐리가 고안해 낸 말

래슐리는 몇 년에 걸쳐 쥐에게 미로를 학습시킨 후, 그 쥐의 대뇌피질의 작은 일부를 떼어내고 미로를 달리는 능력을 검사하였다. 그 쥐의 잉그램이 온전한 것으로 드러나면, 즉 그 수술 후에도 미로를 달리는 시간이 길어지지 않으면, 다른 부분을 조금 제거한 후 다시 미로 검사를 통해 잉그램이 온전한지를 검토하는 일을 반복했다. 수술을 받은 후 실시된 미로 검사에서 쥐의 수행능력이 급격히 떨어지면, 수술로 도려낸 바로 그 부분이 잉그램, 즉 기억이 저장되어 있는 곳일 것이라는 게 그의 논리였다. 수년에 걸쳐 진행된 힘든 연구였음에도 그의 예상은 빗나가고 말았다. 쥐의 대뇌피질에서 어떤 부분을 제거해도 미로를 달리는 그 쥐의 능력에는 변함이 없었다. 미로를 학습한 쥐한테서는 망각이 일어나지 않았다. 미로를 학습한 결과는 뇌의 특정 구조에 보관되어 있는 것이 아니라 뇌의 전 영역에 분산 저장되어 있음이 틀림없다는 게 그의 결론이었다.

개념 6-23
우리의 기억은 뇌 세포가 복잡하게 얽히고설켜서 만들어진 연결망인 신경망 속에 저장되어 있다.

1) 신경망: 기억의 회로

기억은 특정 뇌 세포에 각인된 것이 아니고 신경세포의 무리가 모여 구성된 복잡한 회로[이를 신경망(neural network)이라 함] 속에 저장되어 있다는 것이 기억을 연구하는 사람들의 일반적인 믿음이다(K. Matsumoto, Suzuki, & Tanaka, 2003; Ojemann,

신경망/신경연결망: 머릿속에 있는 기억회로로 신경세포가 복잡하게 연결되어 형성된 망

Schoenfield-McNeill, & Corina, 2002). 기억 회로는 뇌 특히, 대뇌피질의 곳곳에 존재한다. 기억 연구자들은 정보가 신경회로 속에 부호화되고, 저장되고, 인출되는 모양(form)을 기억이라고 생각한다. 간단히 말해, 정보를 처음 습득했을 때 활성화되었던 회로가 기억으로 남고, 그 후부터는 그 기억이 재생될 때마다 그 회로가 발화/재연된다는 생각이다(R. R. Thompson, 2005).

2) 해마: 기억 보관함

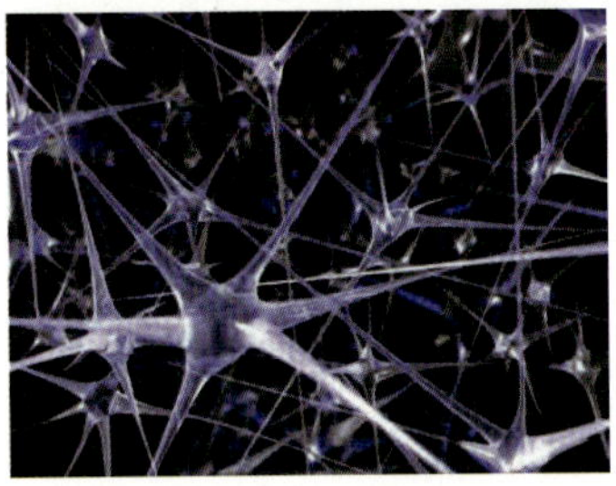

기억을 연구하는 과학자들은 우리의 기억이 머릿속 신경망 속에 묻혀 있다고 생각한다.

해마는 사실 및 일반적 정보(의미기억)와 삶의 경험(일화기억)에 대한 새로운 기억을 형성하는 데 결정적인 역할을 한다(Dragoi & Tonegawa, 2011; Grove, 2008). 그러나 절차기억(예: 자전거를 탈 때 이용하는 기억)에는 별다른 역할을 수행하지 않는 것 같다. 또한 해마는 새로운 기억의 최종 목적지로 간주되지도 않는다(Stickgold & Wehrwein, 2009). 그러니까 해마는 새롭게 형성된 기억이 뇌의 대뇌피질 및 다른 곳으로 이송되어 영구 기록되기 전에 일시적으로 보관하는 임시 저장고인 것이다(Wang & Aarnodt, 2008).

해마가 심하게 손상되면 전진형 기억상실증이 발생하여 새로운 기억을 형성할 수 없게 될 수도 있다(Thompson, 2005). 손상 정도에 따라 그전에 형성되었던 기억은 보존될 수도 있지만, 새로운 경험은 한 조각도 기억 흔적을 남기지 못한다(Dingfelder, 2004). 시상이나 편도체 같은 뇌의 다른 구조물도 기억에 개입한다. 예컨대, 시상이 손상되어도 기억상실증이 유발되는 것으로 알려져 있다.

개념 6-24

해마가 손상되면 새로운 기억을 형성할 수 없게 되어, 방금 만났던 사람도 기억하지 못하는 일이 벌어질 수 있다.

➔ 개념 링크 해마는 우리가 두려움을 경험한 상황을 기억하는 데 중요한 역할을 한다. 제8장 3단원을 참고하라.

편도체는 두려움이나 분노 등 강렬한 정서가 개입된 경험을 부호화하는 데 중요하게 작용한다. 편도체와 해마는 감정이 섞인 경험을 겪는 동안 특히 활발하게 반응하고 그 때문에 사적으로 중요한 의미를 갖는 이들 사건에 대한 기억이 강해지고 오래 보존된다는 게 학자들의 믿음이다(Adelson, 2004; Hassert, Miyashita, & Williams, 2004).

2. 신경세포 간 연결의 강화: 기억 형성의 열쇠

특정 기억에 상응하는 신경망의 위치를 찾아내는 일을 생각하면 건초더미에서 바늘을 찾아내는 일은 소꿉장난에 불과한 사소한 일이 되고 만다. 인간의 머릿속에는 1,000억 개에 이르는 신경세포가 있고, 그들 서로서로를 연결하고 있는 시냅스는 수천억 개에 이른다. 머릿속에 있는 하나의 신경세포가 다른 신경세포들과 신호를 주고받는 시냅스는 수천 개에 이를 수 있다. 기억이 형성되어 있을 특정 신경망을 찾아내기 위해 학자들은 비교적 단순한 동물(예: 신경세포를 2만 개밖에 가지고 있지 않은 군소라고 하는 커다란 바다 달팽이)로 눈을 돌리기 시작했다.

노벨상을 수상한 분자생물학자 에릭 캔들(Eric Kandel)의 획기적인 연구에도 군소가 이용되었고, 이 연구는 기억의 생물적 기반을 밝혀내는 데 장족의 발전을 일구어

낸 대표적 연구에 해당한다(Kandel, 1995; Kandel & Hawkins, 1993). 학습은 새로운 기억의 형성을 초래하기 때문에 캔들은 이들 동물도 새로운 반응을 학습할 수 있다는 사실을 입증해야만 했다. 이를 위해 그와 동료들은 먼저 달팽이를 훈련시켜 자기에게 소량의 물을 뿜어 대는 자극에 둔감하게 만들었다. 소량을 물을 뿜어 대는 일을 여러 번 반복한 후에는 이들도 그 자극에 습관화되어 같은 자극을 가해도 더 이상 몸을 움츠리는 반응을 보이지 않았다. 그 실험의 두 번째 단계에서는 물을 뿜어 대는 자극을 약한 전기 충격과 결합시켜 제시했다. 이들 달팽이는 자신들도 학습을 할 수 있다는 점을 보여 주었다. 즉, 물을 뿜어 대는 자극만 제시해도 지느러미는 반사적으로 움츠러들었다. 이 반응은 달팽이의 방어 행동으로 갑자기 다가오는 충격에 대비하는 행동에 해당한다(Rupp, 1998).

노벨상 수상자 에릭 캔들이 바다 달팽이를 손에 들고 있다. 그는 기억의 생물적 기반을 탐구할 때 이 달팽이를 이용했다.

캔들은 위에서 소개한 조건 형성 과정에서 달팽이의 움츠림 반사(withdrawal reflex)에 개입된 시냅스에 분비되는 신경전달물질의 양이 증가한다는 사실을 밝혀냈다. 움츠림 반사 행동은 늘어난 신경전달물질 덕분에 더 강해졌다. 즉, 반응할 확률을 높여 놓았다. 결과적으로 이들 시냅스가 더욱 강해진 것이다. 다시 말해, 신경신호를 전달할 능력이 더 강해졌다. 시냅스에서 벌어지는 생화학적 변화가 기억 형성에 개입된다는 사실이 캔들에 의해 밝혀진 것이다.

'동시에 반응하는 세포끼리 연결된다'

시냅스를 통한 신경세포 간 연결은 반복되는 전기적 자극에 의해 강화된다. 그 결과 동시에 반응하는 세포는 서로 연결된다(Begley, 2011). 시냅스를 통한 연결에서 벌어지는 이러한 강화 효과는 오랫동안 지속되는 효과이기 때문에 장기 강화(long-term potentiation)라고도 한다. 시냅스 연결이 강해지고 나면, 그 시냅스를 통한 신호전달이 더 용이해져 정보전달이 더욱 효과적으로 이루어진다(Griffiths et al., 2008; Murakoshi, Wang, & Yasuda, 2011).

장기적 강화(LTP): 반복적인 자극을 받은 결과 신경세포 간 연결 상태가 장기적으로 튼튼해지는 일

장기 강화는 단기기억이 장기기억으로 변하는 데 핵심 역할을 담당하는 것으로 나타났다(Griffiths et al., 2008; Hutchison, Chidiac, & Leung, 2009). 장기기억이 형성되는 과정은 머릿속에 기억을 부호화하는 신경망 내 신경세포들 간 시냅스 연결의 강화에 의해 결정된다. 그러면 이들 시냅스의 연결은 어떻게 강화되는 것일까? 한 가지 방법은 기억하고 싶은 정보를 반복적으로 연습 또는 암송하는 것이다. 그러나 이 장에 소개된 기억의 원리 같은 복잡한 내용은 연습의 단순 반복이나 기계적 암송만으로는 충분히 학습할 수 없다. 그보다는 학습 재료의 의미를 정교화하여 새롭게 형성되는 기억을 강화해야 한다. 다시 말해, 이 장에서 논의된 개념의 예시를 생각해 보거나 자기 자신의 경험과 관련지어 보아야 한다는 뜻이다.

개념 6-25

기억 형성의 핵심은 머릿속에서 신경망을 형성하는 신경세포들 간 연결 상태를 강화하는 데 있을 수 있다.

개념 6-26

장기기억이 형성되기 위해서는 장기 강화가 필요하다는 것이 과학자들의 믿음이다.

3. 기억의 유전적 기반

개념 6-27

과학자들은 기억의 유전적 기반을 밝혀내기 시작했고, 그 결과는 기억력을 보전 또는 복원하는 데 필요한 안전한 약물 개발로 이어질 수 있다.

유전공학을 이용한 연구를 통해서도 기억의 작동 방식에 관한 새로운 통찰력을 얻고 있다. 단기기억에서 장기기억으로의 탈바꿈은 특정 단백질의 생성에 의해 결정된다. 단백질 생성 과정은 특정 유전자에 의해 조절된다. 과실파리의 특정 유전자를 조작한 결과, 학습과 기억 능력이 향상되어 '똑똑한 파리'가 만들어지는 것으로 드러났다(S. S. Hall, 1998). 인간에서도 언젠가 비슷한 유전자가 발견될지도 모른다.

학자들의 바람은 단백질이 기억 형성에서 맡은 역할과 그 단백질 생산을 조절하는 유전자에 관한 지식을 이용하여 알츠하이머병 같은 기억장애를 치료하는 약물을 개발하는 일이다. 결국에는 보통 사람의 기억력을 향상시키는 약물까지 개발될 수도 있을 것이다. 그러나 아직까지는 기억력 강화용 약품에 관한 광고를 마주치면 비판적으로 생각해 보아야 할 것이다. 오늘날 가용한 약품이나 식품 중에는 보통 사람의 기억력을 향상시킨다는 과학적 증거를 갖춘 것이 아직까지 없다(Begley, 2011).

기억의 생물학과 관련된 핵심 개념은 〈개념 차트 6-3〉에 요약되어 있다.

〈개념 차트 6-3〉 기억의 생물학

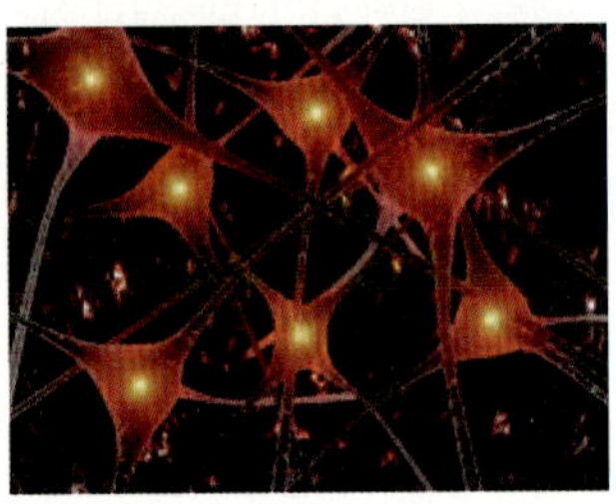
© Jurgen Ziewe/Shutterstock.com

개념	설명
래슐리의 잉그램	래슐리는 기억이 담겨 있는 머릿속 물리적 흔적을 일컫기 위해 잉그램이라는 용어를 이용했지만 정작 그는 잉그램의 증거를 발견하지 못했다.
신경망	기억을 연구하는 학자들은 기억이 머릿속 곳곳에 분산되어 있는 신경망 속에 존재한다고 믿는다.
기억의 생물적 기반	해마는 의미기억 및 일화기억 형성에 핵심적 역할을 수행한다. 단기기억이 장기기억으로 탈바꿈하는 일은 장기 강화 작용에 달려 있는데 장기 강화는 세포들 간 시냅스 연결이 점점 강해지는 과정을 일컫는다.
기억의 유전적 요인	장기기억은 특정 단백질 생산을 제어하는 유전자의 작용에 의해 결정된다. 유전공학의 발달로 과실파리의 유전자 조작을 통해 과실파리의 학습 및 기억력을 향상시킬 수 있음이 입증되었다.

3 단원 복습 기억의 생물학

되새겨 봅시다

머릿속 어디에 기억이 저장되어 있는가?

➤ 기억은 머릿속 신경세포가 모여서 형성된 회로, 즉 신경망 속에 저장된다.

해마가 기억에서 맡은 역할은?

➤ 해마는 사건 및 일상 경험에 대한 기억 같은 서술기억의 형성 및 임시 보관에 핵심 역할을 맡고 있다.

장기 강화란 무엇이며, 기억 형성에서 그것이 수행하는 역할은 무엇이라고 생각되는가?

➤ 장기 강화란 생화학적 과정으로, 반복되는 자극을 통해 신경세포 간 시냅스 연결의 강도가 강해지는 과정이다.

➤ 단기기억에서 장기기억으로 변하는 일이 장기 강화에 의해 이루어지는 것 같다.

기억의 유전적 기반에 관해 밝혀지고 있는 것은 무엇인가?

➤ 단기기억이 장기기억으로 변형되는 과정에 개입하는 단백질 생산이 유전자에 의해 제어된다.

점검해 봅시다

1. 오늘날 과학자들은 기억이 ________(이)라고 하는 머릿속에 있는 신경세포의 무리 속에 저장되어 있다고 믿는다.
2. 다음 중 해마의 기능으로 보이지 않는 것은?
   ① 삶의 경험에 대한 새로운 기억 형성
   ② 절차기억 형성
   ③ 사실에 대한 장기기억 및 사적 경험에 대한 장기기억 창출
   ④ 새로 형성된 기억이 일시적으로 보관되는 곳
3. 단기기억을 장기기억으로 전환시키는 일의 기저작용으로 간주되는 시냅스 연결이 강화되는 일을 ________(이)라 한다.
4. 유전자가 기억에 미치는 영향이 밝혀지고 있다. 유전자는 기억에 어떤 영향을 미치는 것 같은가?
   ① 장기기억에 결정적인 영향을 미치는 특정 단백질 생산을 유전자가 조절한다.
   ② 기억 담당 유전자가 학습 및 기억에 개입하는 특별한 신경전달물질이 생산되게 한다.
   ③ 새로운 기억 형성을 가능하게 하는 기억 분자의 생산이 유전자에 의해 결정된다.
   ④ 기억이 유전자에 직접 부호화되어 한 세대에서 다음 세대로 전달된다.

생각해 봅시다

➤ 잉그램을 찾아내려 한 Lashley의 연구는 왜 그렇게 어려웠을까?

➤ 우리가 경험한 모든 것을 완벽하게 기억할 수 있게 해 주는 기억력 강장제가 개발되었다고 해 보자. 시험 기간에는 도움이 될 수도 있을 것이다. 그러나 실망했던 일, 사적인 비극, 충격적인 경험 등 사적인 경험을 하나도 빼놓지 않고 모두 선명하게 기억하고 싶은 사람이 얼마나 있을까?

4 단원 기억력 향상법

개념 6-28
우리의 기억력을 향상시킬 수 있는 방법에는 기억술, 주의집중, 반복 연습, 건강보전, 효과적인 공부방법 활용 등 여러 가지가 있다.

기억력 시합이 있는 것은 아니지만 기억력을 향상시키기 위한 노력은 해 볼 수 있다. 기억력 향상을 위해 특별히 고안된 기법을 기억술(mnemonic)이라 한다. 기억술 중에는 고대 그리스 시대부터 이용되고 있는 것도 있다. 하지만 자신의 기억력을 향상시키는 가장 좋은 방법은 자신의 건강을 지키며 SQ3R+ 시스템(이 책의 서문에 소개되어 있음) 같은 효과적인 공부 방법을 터득하는 것이다.

1. 기억술 활용하기

기억술: 기억력을 향상시키는 장치

기억술은 기억력을 강화시키기 위해 고안된 장치이다. 다음에 소개된 몇 가지 기억술은 가장 널리 알려진 것들이다.

1) 첫 글자 기법

첫 글자 기법: 일련의 단어에서 첫 글자를 따서 만든 말

첫 글자 기법은 가장 쉬우면서도 가장 널리 이용되는 기억술이다. 일련의 단어 각각의 초성을 따서 단어 또는 말을 만드는 기법이다. 그 대표적인 예로 '태정태세문단세……'를 꼽을 수 있다.

2) 시각적 단서 및 시각적 심상 이용법

시각적 단서도 기억에 이용될 수 있다. 해야 할 일을 기억해야 할 때는 회상 메모를 신발이나 출입문 또는 자동차의 운전대 같은 보지 않을 수 없는 곳에 붙여 둔다. 새로운 단어나 이름 및 단어 조합을 기억하는 데는 심상을 이용할 수도 있다. 예컨대, 손기준이라는 이름을 기억하기 위해 손을 들어 기준을 알리는 사람의 모습을 마음속에 그려 볼 수 있을 것이다. 유명한 기억 전문가 해리 로레인(Harry Lorayne, 2002)은 심상과 해야 할 일을 연결시키는 방법을 추천한다. 예를 들어, 내일 부쳐야 할 편지가 있을 때 그 편지가 출입문의 손잡이에 매달려 있는 모습을 그려 보고 나면, 나중에 문을 열기 위해 손잡이를 볼 때, 그게 단서로 작용하여 편지의 모습이 함께 떠오르게 될 것이다.

3) 결집

제6장 1단원에서 논의되었던 결집은 일련의 숫자를 암기하는 가장 쉬운 방법 중 하나이다. 이 방법에서는 숫자 열을 쉽게 기억할 수 있는 조각으로 쪼갠다. 예를 들어, 7362928739를 하나의 숫자로 기억하기에는 단위 숫자가 너무 많다. 이런 경우,

전화번호처럼 세 개 내지 네 개씩의 단위수로 묶어 736-292-8739로 암기하면 기억하기가 더 쉬워진다. 우편번호 42979를 6979로 묶어 보는 것도 이런 기법에 속한다.

2. 일반적 제언

기억술을 이용하면 조각조각의 정보를 기억하는 데는 도움이 되지만, 이 책의 내용 같은 보다 복잡한 정보를 기억하는 데는 전혀 도움이 되지 않는다. 그러나 다음에 소개하는 지침에 따라 효과적인 공부 방법을 익히면, 학습과 기억의 효과를 최대한 향상시킬 수 있을 것이다(Herrmann & Palmisano, 1992; Turkington, 1996).

1) 주의집중

학습 및 기억 능력을 끌어올리는 가장 좋은 방법 중 하나는 주의를 집중하는 방법이다. 당면 과제에 주의의 초점을 맞추는 것 이외에 공부하기 좋은 조용한 곳에 자리를 잡는 것도 주의집중의 또 다른 방법이다.

2) 연습, 연습, 연습

정보를 오래 간직하는 가장 좋은 방법 중 또 하나는 그것을 암송하고/되뇌고 나서는 좀 더 암송하는/되뇌는 방법이다. 정보를 소리 내어 또는 속으로 되뇌는 일도 단기기억을 장기기억으로 바꾸는 방법 중 하나이다. 최소한 유창하게 기억해 낼 수 있을 때까지 반복해서 암송한 후에 두어 번 더 암송하여 '과잉 학습'하는 습관을 길러 보라.

기억하고 싶은 정보의 보관을 확고하게 하기 위한 정교화 시연을 사용해 볼 수도 있다. 정교화 시연을 실행하는 한 가지 방법은 기억하고자 하는 정보를 개인의 사적 경험과 관련지어 보는 방법이다. 이 장에서 소개한 서술기억, 절차기억, 암묵적 기억, 설단 현상 같은 개념의 예시를 자신의 삶에서 찾아보라.

연습이나 시연은 한 번에 집중적으로 하는 것보다 여러 차례에 나누어 반복하는 것이 파지 향상에 더 효과적이다. 시험공부도 시험 직전에 몰아서 단번에 끝내는 것보다 전 학기를 두고 나누어 하는 것이 더 효과적이다. 또한 한 장의 모든 내용을 단번에 기억하려 하지 말자. 절이나 소절로 나누어 각각에 대해 자신이 아는 것을 암송해 본다. 그런 후 전체를 두고 각 부분이 서로 어떤 관계에 있는지를 암송한다.

3) 외적 기억 보조장치 활용

우리의 일상생활은 기억해야 할 여러 조각의 정보로 꾸려져 있기 때문에 우리가 사용할 수 있는 자원은 모두 사용할 필요가 있다. 룸메이트의 어머니한테서 전화가 왔다는 사실을 친구에게 잊지 않고 전해 주기 위해 기억술을 사용할 수도 있다. 그러나 비망록을 이용하면, 각자의 정신적 자원을 보다 유익하게 이용할 수 있다. 포스트잇 같은 다른 메모 도구도 이용할 수 있다. 전자 달력이나 휴대전화를 이용한 할 일 목록 같은 외적 기억 보조장치도 도움이 될 것이다. 열쇠고리를 눈에 띄는 곳에 걸어 놓는 일도 해 볼 만한 가치가 있다.

4) 시간 기반 과제와 외적 단서 연결

시간 기반 과제를 외적 단서 또는 활동과 결부시키는 일도 예기성 기억(prospective memory) 증진에 도움이 된다(R. L. Marsh, Hicks, & Cook, 2005). 예컨대, 초저녁에 약을 먹어야 하는 일이 생기면, 그 일을 저녁식사와 결부시켜 본다.

5) 계획한 것을 속으로 연습하기

계획한 일을 마음속으로 시연해 보면 그 활동을 수행할 확률이 높아진다(Chasteen, Park, & Schwarz, 2001). 아침에 집을 나서기 전에 해야 할 일을 스스로에게 말하는 연습을 해 보자. 예컨대, "오늘은 집에 오는 길에 문구점에 들러 꼭 가위를 사 와야 한다." 또는 하굣길에 문방구에 들러 가위를 사는 모습을 마음속에 그려 볼 수도 있다.

6) 스트레스 통제

활동적이고 초롱초롱한 상태를 유지하기 위해서는 어느 정도의 스트레스가 필요한 건 사실이다. 그러나 지속적인 스트레스나 극심한 스트레스는 새로 학습한 것을 장기기억으로 이송하는 일을 방해할 수 있다. 제12장에 소개된 스트레스 관리 기법을 이용하면 자신의 스트레스를 적절한 수준으로 고정시킬 수 있을 것이다.

7) 건전한 습관 형성

건강한 식단 활용, 규칙적인 수면 및 운동 같은 건전한 생활방식을 도입하는 것도 기억력 향상에 도움이 된다. 공부를 시작하기 직전에는 음식도 많이 먹지 말아야 한다. 음식을 배불리 먹고 나면 몸 자체가 소화를 촉진시키는 느슨한 상태에 빠지기 때문이다. 그렇다고 위가 빈 상태에서 공부하는 것도 좋지 않다. 배고픔 때문에 주의를 집중하기도 어렵고 새로운 정보를 보존하기도 어려워지기 때문이다. 알코올이나 기타 약물을 사용하는 것도 새로운 정보를 습득하고 기억하는 데 필요한 정신적 각성 상태 유지에는 도움이 되지 않는다.

심리학에 대해 비판적으로 생각하기

이 장에서 학습한 내용을 기초로 다음 질문에 답을 만들어 보자. 그런 후 자신의 비판적 사고력이 향상되고 있는지를 평가하고 싶으면, 그 답을 부록 A에 있는 모범 답안과 비교해 보자.

1. 어떤 차가 지나가던 사람을 들이박고는 잽싸게 뺑소니치는 사건을 두 사람이 목격했다. 두 사람 모두 정신이 멀쩡했기 때문에 그 차가 멀어지기 전에 번호판을 봐 두었다. 나중에 경찰과의 면담에서 한 사람은 이렇게 말했다. "나는 번호판을 얼핏 봤을 뿐이기에 그것을 마음속에 그려 보려고 노력했어요. 그 차번호는 QW로 시작하는 것 같습니다." 두 번째 사람도 비슷하게 말했다. "맞아요. 그 차의 번호는 QW37XT이었어요." 왜 첫 번째 사람보다 두 번째 사람이 번호판의 내용을 더 자세하게 기억하고 있는 것일까?
2. 영어를 모국어로 사용하는 가수가 이탈리아에서 콘서트를 가졌다. 그때 이탈리아에서 유명한 민요도 한 곡 불렀다. 그 연주가 너무나 감동적이어서 청중 속에 있던 한 이탈리아 여인이 나중에 그 가수에게 축하의 말을 전하기 위해 무대 뒤로 찾아와서는 이렇게 말했다. "그 노래는 내가 어릴 적부터 가장 좋아하는 노래 중 하나였어요. 그 노래를 그렇게 아름답게 부르는 사람은 본 적이 없었어요. 그건 그렇고, 언제 이탈리아 말을 배워서 그렇게 잘해요?" 그 가수는 그 여인이 보낸 칭찬에 감사를 표하고 나서 자기는 이탈리아 말을 한 마디도 못한다고 말했다. 기억 과정에 관한 지식을 총동원하여 어떻게 그 가수가 자기도 모르는 말로 된 노래를 배울 수 있었는지를 설명해 보자.

눈으로 복습하기 제6장 기억

1 단원 생각해 내기

기억의 과정

- 부호화: 정보를 기억 속으로 가져가기
- 저장: 정보를 기억 속에 보존하기
- 인출: 저장된 정보에 접근하기

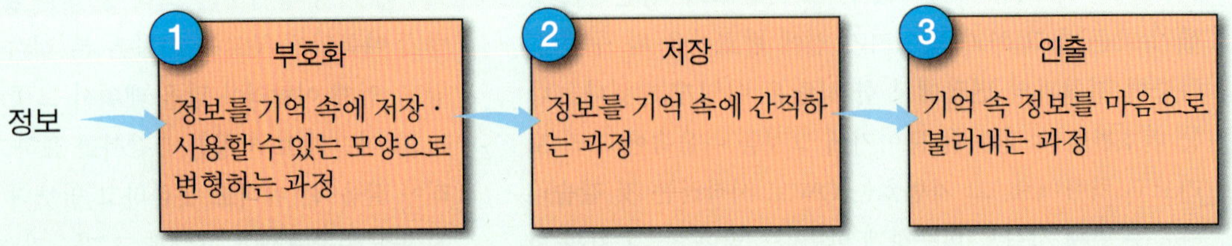

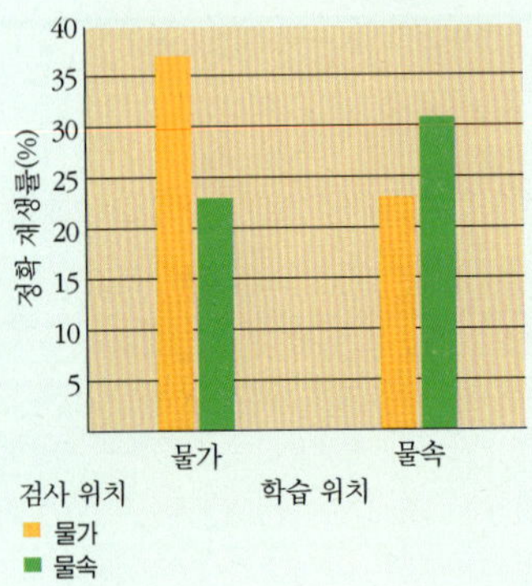

기억의 단계

- 감각기억: 순간적으로 사라지는 감각 정보를 보관하는 곳
- 단기기억: 약 30초까지 정보를 마음속에 파지하며 처리한다.
- 장기기억: 새로운 기억을 오래 보관할 수 있도록 견고하게 만든다.

장기기억의 유형

- 서술기억: '사실 지식'
- 유형: 의미기억 대 일화기억
- 시간의 틀: 과거 지향적 대 미래 지향적
- 절차기억: '방법 지식'

새로운 기억을 강화하는 기법

- 유지 시연: 반복적인 되뇜 또는 기계적 암기
- 정교화 시연: 의미 있는 연결을 다양하게 만들기

기억 연구의 쟁점

- 장기기억의 신뢰도: 경험을 복사한 것이 아닌 재구성한 것으로서의 기억
- 억압된 기억: 갑자기 되찾은 기억, 그러나 정확하지 않을 수도 있다.
- 섬광기억: 시간 속에 고정된 사건, 그러나 편파 경향은 여전하다.
- 목격자 증언: 많은 요인이 신뢰도에 영향을 미친다.
- 오보 효과: 잘못된 기억이 창출된다.

2단원 망각

망각 이론

- 소멸 이론: 기억은 시간이 지나면서 서서히 없어진다.
- 간섭 이론: 역행간섭과 순행간섭
- 인출 이론: 기억 속 정보에 접근이 어렵다; 인출단서가 없다.
- 유발된 망각: 의식 밖의 기억

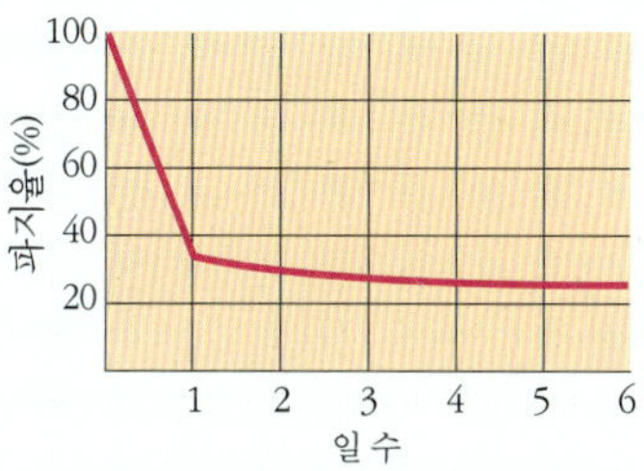

에빙하우스 망각곡선

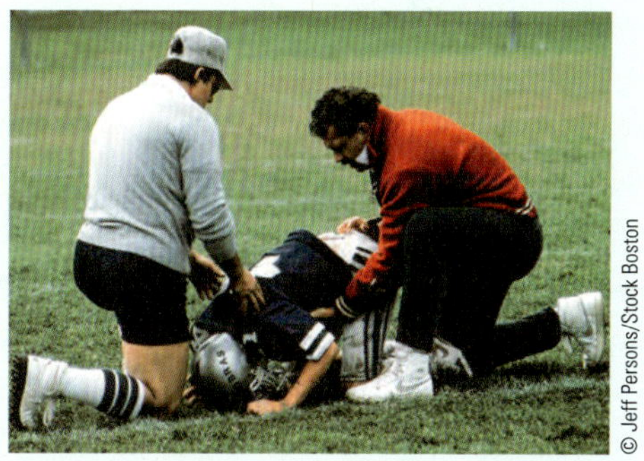

기억력 측정 방법

- 재생검사: 세 가지(자유 재생, 순차 재생, 쌍-결합 재생) 검사
- 재인검사: 사지선다형 문제에서처럼 정답을 재인해야 하는 검사

기억상실증의 유형

- 후진형 기억상실증: 과거사에 대한 기억 상실
- 전진형 기억상실증: 새로운 기억 형성의 어려움

3단원 기억의 생물학

주요 개념

- Lashley의 잉그램: 머릿속에 남아 있다고 생각되는 경험의 흔적
- 신경망: 그 속에 기억이 저장된 복잡한 신경세포의 덩이
- 장기 강화: 기억은 반복적 자극에 의해 시냅스 차원에서 강화된다.
- 뇌의 구조: 해마와 대뇌피질 등 기억에 개입하는 뇌 속 여러 구조물
- 유전적 요인: 단기기억을 장기기억으로 전환하는 데 필요한, 유전자에 기록된 특정 단백질

제7장 사고와 언어와 지능

끈끈한 발명품 두 가지

생활의 한 단면 3M 사에서 근무하던 화학자 아서 프라이(Arthur Fry)는 접착제를 개발하던 중 어정쩡한 접착제를 만드는 실수(?)를 하고 말았다. 이 새로운 접착제의 접착력은 그 당시 널리 사용되던 다른 접착제(예: 스카치테이프)만큼 강하지 못했다(Bellis, 2001). 때문에 3M에서는 상품으로서의 가치를 발견하지 못했다. 만약 프라이가 교회에서 자신의 찬송가가 있던 위치를 찾는 데 어려움을 겪지 않았더라면, 이 새로운 접착제는 아무짝에도 쓸모없는 것이 되고 말았을 것이다. 그가 표시물로 사용했던 종이쪽지는 떨어져 마룻바닥에 뒹구는 일이 허다했다. 그때마다 그는 찬송가를 찾아 헤매야 했다. 이런 일이 반복되자 그의 머릿속에 자기가 개발했던 그 이상한 접착제가 표시물로 이용될 수도 있을 것 같다는 생각이 떠올랐다. 오늘날 수많은 사람의 일상생활에서 널리 사용되고 있는 물건 중 프라이가 개발한 접착제를 바탕으로 생산된 이 상품이 무엇인지는 아마 여러분도 알고 있을 것이다.

발명품에 관한 이야기를 하나 더 해 보자(Bellis, 2001). 스위스에서 있었던 일이다. 조르주 드 메스트랄(George de Mestral)이라는 남자가 개를 데리고 야외로 산책을 나갔다. 집에 돌아와 보니 개의 털에는 물론 자신의 옷에까지 수많은 가시가 붙어 있었다. 그 가시는 천이나 털에 달라붙는 식물 씨앗 주머니였다. 그는 가시가 떨어지지 않는 이유를 알아내기 위해 현미경을 통해 그 가시를 살펴보았다. 가시 끝에는 작은 갈고리가 달려 있고 이것이 옷감의 작은 고리에 걸려 있는 것을 발견하였다. 현미경에서 눈을 뗀 그의 얼굴에는 미소가 돌기 시작했다. 해야 할 일을 발견했던 것이다. 이

다음 사실을 알고 있었나요!

- Albert Einstein은 상대성 이론을 개발하는 데 심상을 활용했다. (p. 330)
- 주먹구구식 결정은 영화 선택은 물론 신입사원 선별까지 망쳐 놓을 수 있다. (p. 339)
- Alexander Graham Bell은 최초의 전화기를 고안할 때 인간의 귀를 바탕으로 유추 전략을 이용했다. (p. 337)
- 아이들은 학교에서 문법을 배우기 훨씬 전부터 문법에 맞게 말하는 법을 배운다. (p. 346)
- 우리 인간은 입으로 말하는 법을 배우기 전에 손으로 말하는 법을 배웠을 수도 있다. (p. 350)
- 지능에 대한 심리학적 이론 중에는 지능이 한 가지가 아니고 여러 가지라고 주장하는 이론도 있다. (p. 358)

© iStockphoto.com/WillSelarep

학습 목표

이 장을 제대로 공부한 학생은

1. 생각/사고를 정의할 수 있다.
2. 심상의 역할, 개념 형성, 문제해결, 생각에서의 창의성을 설명할 수 있다.
3. 논리적 개념과 자연적 개념 간의 차이를 설명할 수 있다.
4. 문제를 효과적으로 해결하는 데 유용한 정신적 전략을 묘사할 수 있다.
5. 정신적 장애물과 인지적 편향에 관한 지식을 습득하고 이것을 문제해결 및 의사결정에 미치는 영향에 적용할 수 있다.
6. 창의적 사고의 기본 과정을 묘사하고 확산적 사고와 수렴적 사고 간의 차이를 설명할 수 있다.
7. 언어를 구성하는 기본 요소와 언어 발달의 단계를 찾아낼 수 있다.
8. 언어 발달에 관여하는 요인을 설명할 수 있다.
9. 언어가 인간의 전유물인지를 평가할 수 있다.
10. 언어 상대성 가설을 평가할 수 있다.
11. 지능을 정의하고 지능검사 개발에 기여한 주요 인물을 찾아낼 수 있다.
12. 상이한 지능검사를 묘사하고 훌륭한 지능검사의 특징을 평가할 수 있다.
13. 지능이 극단적인 경우 두 가지의 특징을 묘사할 수 있다.
14. 주요 지능 이론을 묘사하고 주요 이론가를 찾아낼 수 있다.
15. 지능 발달에서 유전과 환경의 역할을 평가할 수 있다.
16. 창의적 문제해결자가 되기 위한 문제해결 기능을 적용할 수 있다.

미리 보기

1단원 생각
2단원 언어
3단원 지능
4단원 창의적인 문제해결자

발견의 결과로 역시 오늘날 널리 이용되는 상품이 개발되었다. 그 상품이 무엇인지는 아마 여러분도 알고 있을 것이다.

여러분은 프라이 또는 드 메스트랄 등의 이름을 들어 본 적도 없을 것이다. 하지만 그들의 발견에 근거한 상품은 여러분도 사용하고 있을 것이다. 프라이가 발견한 끈적끈적한 화학물질은 포스트잇의 접착제로 사용되고 있으며, 드 메스트랄은 자신의 발견을 바탕으로 벨크로라는 상품을 개발하였다.

수백만 명이 사용하는 고정 장치의 발명이 평범한 야외 산책에서 시작된 건 조르주 드 메스트랄의 통찰력 덕분이다.

이 두 가지 사례에서 우리는 인간의 창의성을 엿보게 된다. 창의성 또는 창의적 사고력은 천재들의 전유물이 아니다. 우리 모두가 개발할 수 있는 사고력이다. 이 장의 초점은 창의성과 개념 형성, 문제해결, 의사결정 등 사고의 또 다른 면모에 맞추어져 있다.

먼저 다양한 모양의 사고를 살피는 일에서 시작하기로 하자. 이때 정보가 우리의 마음속에 표상되는 방식도 고려될 것이다. 그 후, 언어의 발달 및 언어가 사고에 영향을 미치는 방식을 검토할 것이다. 그런 다음 지능의 본질과 측정에 대해 탐구할 것이다. 여기서 말하는 지능은 문제를 해결하고 학습을 하며 환경의 변화에 적응하는 정신적 능력을 일컫는다. 마지막에는 우리 자신의 창의적 문제해결력을 향상시키는 데 이용될 수 있는 기술을 다룰 것이다.

생각

1 단원

- 생각이란?
- 심상이란?
- 사람들이 사용하는 주요 개념은? 개념이 적용되는 방식은?
- 무엇을 어떻게 하면 문제를 보다 효율적으로 해결할 수 있을까?
- 인지적 편향이 의사결정에 영향을 미치는 방식은?
- 창의적인 생각의 기저에서 작용하는 인지적 과정은?

생각 또는 인지는 인지심리학 연구의 핵심에 속한다. 심리학의 한 분야인 인지심리학(cognitive psychology)은 사람들이 세상사에 관한 지식을 습득하여 활용하는 방식을 탐구한다. 인지 심리학자들은 사람들이 생각하는 방식, 정보를 처리하는 방식, 언어를 구사하고 문제를 해결하는 방식을 연구한다.

인지심리학: 생각, 문제해결, 의사결정, 언어 사용과 같은 정신 과정에 초점을 둔 심리학의 한 분야

사고: 마음속 표상 및 정보의 조작 과정

심상: 물체나 사건에 대한 마음속 그림

일반적으로 심리학자들은 사고/생각하기(thinking)를 마음속 표상 및 정보를 조작하는 일이라고 정의한다. 정보를 마음속에 표상할 때는 심상(이미지), 단어, 개념

(예: 진, 선, 미) 등이 이용된다. 문제를 해결하고 결정을 내리고 창의적인 작업을 할 때 우리의 마음속에서 벌어지는 일을 우리는 정보가 조작되는 일이라고 생각한다. 먼저, 우리가 마음속에 정보를 표상하는 방식 그리고 표상된 정보를 조작하는 방식을 검토하기로 하자.

1. 심상

개념 7-1

생각을 할 때 우리는 정보를 이미지, 단어, 개념 등의 모양으로 마음속에 표상하고 그렇게 표상된 정보를 조작하여 문제를 풀고, 결정을 내리고, 창의적인 작품을 만들어 낸다.

개념 7-2

심상은 지시사항을 기억해 내는 일이나 문제에 대한 창의적인 해결책을 만들어 내는 일 같은 인지 활동에 많은 도움을 준다.

➔ 개념 링크 행동치료사들은 공포증을 치료할 때 내담자로 하여금 여러 가지 공포유발 자극에 맞서는 상상을 갖게 한다는 점에서 심상을 이용하는 셈이다. 제16장 2단원을 참고하라.

생각을 할 때 우리는 마음속에 정보를 표상한다. 마음속에 정보가 표상되는 형태는 심상일 수도 있고 단어일 수도 있으며 개념일 수도 있다. 심상(mental image)이란 사건이나 물체를 표상하는 마음속 그림을 일컫는다. 우리는 가까운 사람의 얼굴, 거실에 가구가 배치된 상태, 졸업식이나 종교적 의식 등 다양한 대상에 대한 심상을 형성한다. 심상은 실제의 표상도 아니고 사진식 표상도 아니다. 물체나 사건에 대한 기억을 재구성한 것이다.

심상을 형성하고 조작할 수 있는 능력 덕분에 우리는 여러 가지 인지 과제를 더 쉽게 수행할 수 있게 되었다. 방향에 대한 회상을 예로 들어 보자. "좌회전을 두 번 한 다음에 우회전을 한 번 하면 되는 거, 맞지?"라는 식으로 언어적 묘사를 사용할 수도 있다. 그러나 '교회당 앞에서 좌회전 그리고 주유소를 지나면서 두 번째 좌회전 그리고 학교 교문 앞에서 우회전' 하는 것을 마음속에 그려 보는 것이 더 쉬울 수도 있다.

심상은 어려운 문제에 대한 해결책을 창의적으로 만들어 내는 데도 이용될 수 있다. 아인슈타인(Einstein)의 창의적 아이디어 중 많은 것이 사고 실험(thought experiment)에서 움텄다. 그의 대표적 이론인 상대성 이론의 개발은 그가 16세 때 시작되었다. 그때 그는 광선을 타고 빛의 속도로 달려 보면 어떤 일이 벌어질 것 같은지를 마음속에 그려 보았다(Isaacson, 2007). 나중에 그는 자신의 그 생각에 있어서 말은 아무런 역할을 하지 못했다고 말했다. 사고 실험에서 공식화된 새로운 아이디어에 대한 심상을 생성할 수 있게 된 후에야 말이 필요하게 되었다고 피력했다.

우리가 심상을 생성할 때 이용되는 시각피질의 특정 영역과 우리가 눈앞의 대상을 관찰할 때 이용되는 특정 영역은 거의 같은 영역인 것으로 밝혀졌다. 그러나 마음속에서 생성된 이미지(심상)와 눈으로 물체를 보고 있을 때 생성된 이미지 사이에는 중요한 차이가 있다. 전자는 조작될 수 있지만 후자는 조작되지 않는다. 예를 들어, 마음속에 그려 낸 이미지는 회전시켜 볼 수 있다. [그림 7-1]을 이용하여 자신의 심상/이미지 조작 능력을 검사해 보자.

연구 결과, 심상 능력에도 성차가 있는 것으로 드러났다. 예컨대, 물체의 공간 내 위치를 회상하는 일은 여성이 남성보다 더 잘하는 경향이 있는 것으로 발견되었다(Aamodt & Wang, 2008). 남편이 자신의 열쇠나 안경을 두고 어디에 있는지를 아내에게 묻는 경우가 많은 이유도 거기에 있을 수 있다. 물건의 위치를 기억해 내는 일

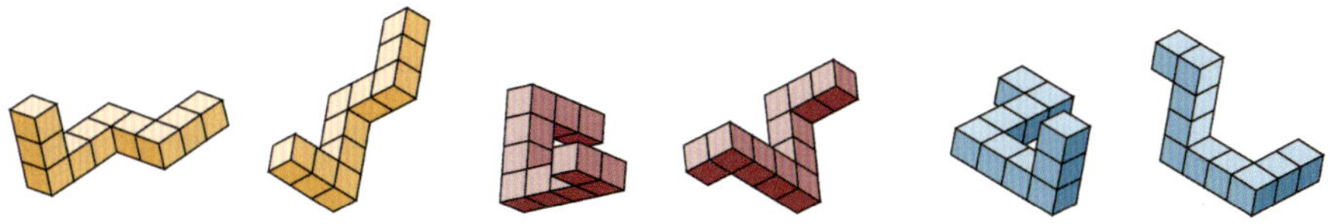

(a) (b) (c)

[그림 7-1] 마음속 회전

각 쌍의 물체는 같은 것인가? 다른 것인가? 이 문제에 답하는 능력은 이들 물체를 마음의 눈으로 회전시켜 보는(즉, 조작해 보는) 당신의 능력에 달려 있다.

에서 여성이 남성보다 나은 이유는 특정 위치에 대한 심상을 스캔하는 기술이 남성보다 여성이 더 뛰어나기 때문일지도 모른다.

심상에는 시각적 심상만 있는 것이 아니다. 대부분의 사람은 다른 감각 경험에 대한 심상도 경험한다. 예를 들어, 사람들은 어머니가 자신의 이름을 부르는 소리를 마음속에서 들을 수 있고, 된장국 냄새 또는 찬바람이 얼굴을 스쳤을 때의 느낌을 회상할 수 있다. 하지만 대개의 경우 이들 다른 감각 경험에 대한 심상보다는 시각 경험에 대한 심상 형성이 더 쉬워 보인다.

정보에 따라 심상보다는 단어나 개념으로 표상되는 것이 편리한 경우도 있다. 정의, 명예, 자유, 존경 같은 추상적 개념이 이런 경우에 속한다. '정의'라는 용어의 의미를 단어로는 묘사할 수 있을 것 같은데, 어떤 심상을 이용해야 그 의미를 표상할 수 있을지는 감조차 잡기 어렵다.

두뇌는 퍼즐을 좋아합니다

책을 읽어 나가면서 책 속에서 얻은 정보를 사용하여 다음 문제를 풀어 보자.

우리는 일상 속 많은 개념을 이용하면서도 그 정확한 의미를 모르는 경우가 많다. 다음 문제를 다시 생각해 보자. 과일을 과일로 만드는 것이 무엇일까?

개념 7-3

물체나 사건이나 생각을 다발로 묶으려 할 때 개념이라는 마음속 범주를 형성해 보면, 세상사에서 질서를 찾아내고 예상되는 가능성을 추정하는 데 도움이 된다.

1) 개념: 새를 새로 만드는 것은?

우리는 도로를 따라 움직이는 물체를 보고 본 것을 마음속에 표상할 때 '트럭'이니 '승용차'니 하는 용어를 이용한다. 여기서 트럭과 승용차는 개념에 해당한다. 개념(concept)이란 마음속 범주를 일컫는 말이다. 우리는 주변의 물체, 사건, 생각 등을 분류할 때 개념이라고 하는 이 마음속 범주를 이용한다. 물론 이 분류는 그들 각각이 소유한 공통 속성을 기초로 이루어진다. 개념을 형성하게 되면 세상을 이해하는 일이 쉬워지고 미래에 벌어질 사건을 예상하고 예측하는 일이 더 정확해진다. 예를 들어, 숲속에서 스르륵 지나가는 생물체를 뱀으로 분류하고 나면 우리는 그 곳으로부터 일정한 거리를 유지할 수 있게 되어 살아남을 확률이 높아진다. 야밤의 뒷골목에서 다가오는 사람을 두고 아는 사람으로 분류했을 때와 모르는 사람으로 분류했을 때 자신의 반응이 어떻게 다를 것 같은지를 상상해 보자. 독이 되는 것과 영양분을 제공하는 것을 구분하지 못하거나 해가 되는 것과 득이 되는 것을 구분하지 못한다면 그 어떤 생물이든 오래지 않아 사라지고 말 것이다(Ashby & Maddox, 2005).

개념: 사건이나 물체나 생각을 그들이 지닌 공통 속성을 기초로 분류를 할 수 있게 해 주는 마음속 범주

개념 형성이 불가할 경우에 벌어질 일도 한번 상상해 보자. 털이 수북한 네 발 달린 짐승이 나지막이 으르렁거리는 것을 볼 때마다 우리는 피해야 좋을지, 아니면 접

© Tom Brakefield/The Image Works

펭귄을 새로 인정하기 어려운 것은 그 모습이 새의 대표 격인 참새의 모습과 많이 다르기 때문이다.

개념 7-4

인지 심리학자들은 개념을 두 가지 일반적인 범주, 논리 개념과 자연 개념으로 대분한다.

근해도 좋을지를 두고 고민해야 할 것이다. 수업 시간에도 농담을 잘하는 교수의 한마디 한마디가 농담인지 아닌지를 두고 고민하다 수업을 망치고 말 것이다.

일단 개념을 형성하고 나면 자주 만나는 사건에 대한 학습을 새롭게 할 필요가 없어진다. 그 사건에 대한 반응을 재빨리 할 수 있게 된다는 뜻이다. '구급차'라는 개념을 형성하고 난 다음에는 운전 중에 구급차를 만나게 되면 어떻게 대처해야 할지를 금방 알아차리게 된다.

논리적 개념: 그 구성원이 규칙으로 명시되는 개념

자연적 개념: 그 구성원을 명백하게 규정하기 어려운 개념

우리는 개념을 두 가지, 즉 '논리적 개념'과 '자연적 개념'으로 분류하곤 한다. 논리적 개념(logical concept)은 그 구성원 결정에 이용되는 규칙이 명백하게 정의되어 있다. 예컨대, 우리는 삼각형이란 개념은 변이 세 개로 구성된 도형 모두에 적용된다고 배웠다. 그러니까 어떤 도형의 변이 세 개이면 그 도형은 삼각형임에 틀림이 없다는 말이다. 하지만 우리가 일상에서 사용하는 대부분의 개념은 자연적 개념(natural concept)이다. 자연적 개념은 그 개념이 어떤 조건에만 적용되는지가 분명하지 않다.

자유, 명예, 정의 같은 추상적인 개념이 자연적 개념으로 분류된다. 이들 개념이 적용되어야 하는 조건을 규정하는 엄격한 규칙을 만들기가 어렵고, 그렇다 보니 그런 규칙을 적용하지 않고 이용되는 경우가 일반적이기 때문이다. 포유동물이나 과일 같은 물체는 논리적 개념으로도 또 자연적 개념으로도 이용될 수 있다. 예컨대, 대부분의 사람은 '과일'을 자연적 개념으로 사용한다. 보통 사람들은 과일을 '과일'로 만드는 것이 무엇인지를 정확하게 모르기 때문이다. 보통 사람들은 사과를 과일로 인정하는 데는 주저하지 않는다. 하지만 호박이나 올리브를 과일이라고 해야 할 것인지를 두고는 주저한다. 이에 반해 생물학자들은 일정한 생물학적 준거(예: 종자식물 중 그 열매가 익어서 번식을 하는 식물)를 충족시키는 물체에만 과일이라는 개념을 적용함으로써 과일을 논리적 개념으로 사용할 수도 있다. 그러면 대다수 사람이 과일이라는 개념을 사용할 때 그 개념이 말하는 과일은 무엇일까? 보통 사람들은 생물학적 준거보다는 맛(일반적으로 과일은 맛이 단 데 반해 야채는 맛이 짪다.)을 기초로 판단을 내린다.

© Myotis/shutterstock.com

사람들은 무엇을 기준으로 타조나 펭귄 같은 특별한 동물을 새로 분류하는 것일까? 이러한 범주화의 기초로 자주 이용되는 준거 중 하나는 주관적 확률, 즉 특정 대상이 특정 범주에 속할 가능성에 대한 판단이다(Willingham, 2007). 이러한 판단을 내릴 때 사람들은 마음속으로 다음과 같은 계산, 즉 특정 대상의 특징과 특정 범주를 대표하는 구성원의 특징을 비교함으로써 그 대상이 그 범주에 얼마나 잘 어울리는지를 따져 본다. 예를 들어, 한국 사람들은 참새를 새의 '가장 좋은 본보기', 즉 새라는 범주를 대표하는 구성원으로 생각할 것이다. 때문에 참새와 달리 날지도 못하는 펭

개념 7-5

우리는 어떤 물체가 특정 범주에 속하는지를 결정하려 할 때, 그 물체를 그 범주 구성원들이나 구성원들의 모형과 비교해 본 후 결정을 내린다.

권이나 타조를 새로 분류하는 일보다는 참새처럼 사람들 가까이서 날아다니는 비둘기를 새로 간주하는 일이 더 쉬울 것이다.

개념 7-6

우리는 개념을 조직할 때 그 적용 범위를 기준으로 가장 넓은 것부터 가장 좁은 것 순으로 위계를 만든다.

2) 개념의 위계

우리는 우리가 사용하는 개념을 위계로 조직하고는 한다. 그 위계의 위층에는 적용 범위가 상대적으로 넓은 개념이 놓이고 그 범위가 상대적으로 좁은 개념은 아래층에 놓인다. 널리 이용되는 위계 모형 중 하나에서는 위계의 층을 세 개의 수준, 즉 상위 수준, 기초 수준, 하위 수준으로 설정하고 있다(Rosch et al., 1976). 위계의 상위 수준에 위치한 상위 개념(superordinate concept)은 운송수단, 동물, 가구 등 광범위한 범주를 표상한다. 이들 범주 내에서 그 적용 범위가 더 좁은 차, 개, 의자 등은 기초 개념(basic-level concept)으로 분류되어 기초 수준에 놓인다. 기초 개념으로 표상되는 이들 범주 내에서 적용 범위가 더욱 좁은 지프차, 진돗개, 흔들의자 등은 하위 개념(subordinate concept)으로 분류되어 맨 아래층에 놓인다.

상위 개념: 세 수준으로 구성된 위계상 개념에서 가장 높은 층의 개념

기초 개념: 세 수준으로 구성된 위계 상 개념에서 중간층의 개념으로 우리가 물체나 사건을 분류할 때 가장 자주 쓰인다.

하위 개념: 세 수준으로 구성된 위계 상 개념에서 가장 낮은 층의 개념

우리는 보통 어떤 물체를 소개할 때 상위 개념이나 하위 개념보다는 기초 개념을 이용한다(Rosch et al., 1976). 주택가에서 자주 만나는 동물을 보고 '동물'이나 '진돗개'라고 하지 않고 그냥 '개'라고 말한다는 뜻이다. 아이들이 말을 배울 때도 상위 개념이나 하위 개념을 표상하는 단어보다는 이들 기초 개념을 표상하는 단어를 더 일찍 배우는 것으로 드러났다.

왜 사람들은 기초 개념을 더 쉽게 배우고 더 자주 이용하는 것일까? 한 가지 이유는 우리가 자주 마주치는 물체에 관해 가장 유용한 정보를 제공하는 것이 기초 개념이기 때문일 수 있다. 어떤 물건을 '가구'(상위 개념)의 일종으로 분류했을 때 그 물건에 대해 우리가 알게 되는 것은 거의 없다. 앉는 데 이용되는 것인지, 눕는 데 이용되는 것인지, 먹을 때 이용되는 것인지도 알 수 없다는 말이다. '의자'와 같은 기초 개념과 결합된 속성은 우리에게 유용한 정보를 제공한다. 그러나 '흔들의자'와 같은 하위 개념은 보다 구체적이고 그 적용 범위가 제한되어 있다. 구체적이고 제한된 정보도 상황에 따라 유용할 수는 있지만 필요 이상의 정보를 제공하기도 한다.

어린아이들은 개념의 정적 실례(positive instance) 및 부적 실례(negative instance)와의 반복되는 조우를 통해 자기들이 알고 있는 개념을 다듬어 간다. 정적 실례란 개념과 일치하는 경우를 말하며, 부적 실례란 개념과 맞지 않는 경우를 일컫는다. 아이를 가진 부모는 길거리에서 만난 개를 '멍멍이'라고 칭하며 멍멍이(개)의 정적 실례로 간주한다. 처음에는 아이들도 '개' 또는 '멍멍이'라는 개념을 지나치게 확대하여 모든 동물, 심지어는 고양이까지도 '멍멍이'라고 부른다. 그러나 정적 실례에 해당하는 '개' 그리고 부적 실례에 해당하는 '고양이' 등을 반복적으로 만나게 되면서 아이들의 그들의 개념을 다듬어 간다. 아이들이 상이한 개념을 구분시켜 주는 속성을 찾아낼 수 있게 되면서부터는 고양이는 '고양이'라 부르고 개는 '개'라고 부르기 시작한다. 이와는 달리, 논리적 개념 형성은 보통 직접 경험을 통해서가 아니

정적 실례: 특정 개념에 딱 맞는 물체(예: 삽살개는 개의 정적 실례에 해당한다.)

부적 실례: 특정 개념에 맞지 않는 물체(예: 네로는 개의 부적 실례지만 고양이의 경우 정적 실례에 해당한다.)

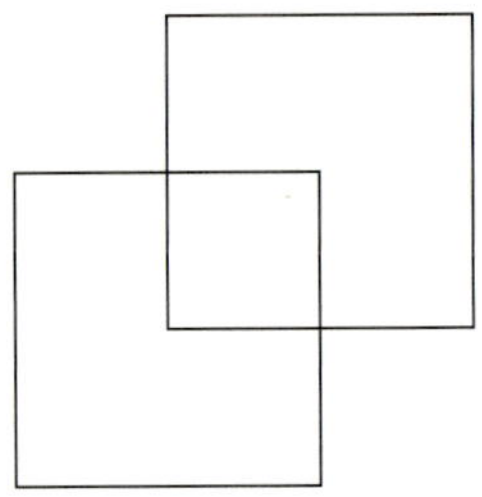

[그림 7-2] 맞물려 있는 정사각형 두 개

출처: de Bono (1970)에서 수정.

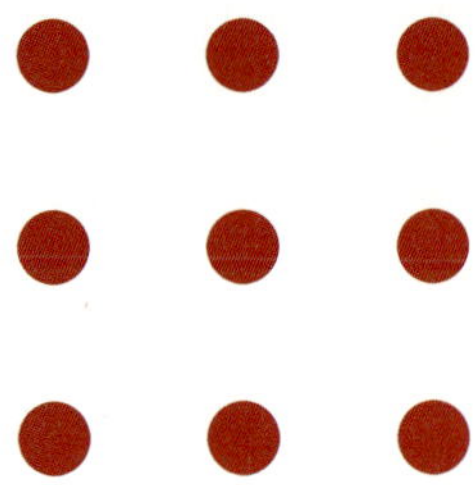

[그림 7-3] 점 아홉 문제

라 공식적 정의를 학습함으로써 이루어진다. 정사각형을 볼 때마다 우리는 아이들에게 "여기를 봐 봐, 정사각형이 하나 있네!" 그리고는 "어! 저기 봐, 저기도 정사각형이 있네!"라는 식의 말을 할 수도 있다. 그러나 아이들이 정사각형이라는 개념을 마음속에 형성할 때는 이런 방법보다 '길이가 동일한 네 개의 변을 가진 도형은 모두 정사각형이다.'라는 규칙을 배우는 것이 훨씬 효과적일 것이다.

이제 우리의 마음속에 표상해 둔 이런 정보가 어떻게 조작되는지를 고려해 보자. 문제를 해결하는 작업에서 시작하기로 하자. 먼저, 다음 질문에 답부터 만들어 보자. 이 과제는 여러분이 문제를 해결하고자 할 때 어떤 방식으로 생각하는지를 살펴보기 위한 과제이다. 정답은 이 장의 이곳저곳에 제공되어 있다.

① [그림 7-2]는 정사각형 두 개가 맞물려 있는 것으로 보이는가? 아니면 다른 어떤 것을 나타내는 것으로 보이는가?

② 정호와 수호는 장기를 여섯 판 뒀는데, 이 두 사람 다 네 판을 이겼다. 비긴 판은 없었다. 어떻게 이런 일이 벌어질 수 있었을까?(Willingham, 2007에서 수정)

③ 북경에서 출발한 중국 여객기 한 대가 백령도 부근의 대한민국 영해에서 추락했다. 승객과 승무원은 모두 중국인이었는데도 생존자 중에는 그 누구도 중국으로 송환되어 매장되지 않았다. 왜였을까?

④ 어떤 자물쇠를 여는 데도 사용할 수 없었던 열쇠 하나를 이용해 안으로 들어온 사람이 있다. 그 열쇠는 어떤 열쇠였을까?

⑤ [그림 7-3]은 점 아홉 문제로 널리 알려진 문제를 보여 준다. 여러분의 과제는 펜을 종이에서 떼지 않고 최대 네 개까지의 직선을 그어 점 아홉 개 모두를 연결시키는 것이다.

2. 문제해결: 문제를 해결하는 데 정신적 전략 적용하기

문제해결: 특정 문제의 해결책을 찾아내는 작업에 집중된 사고 및 추리

문제해결(problem solving)이란 문제를 해결하기 위해 정신적 전략을 이용하는 인지 활동을 일컫는다. 제5장에서 소개했던 것처럼 심리학자 에드워드 손다이크(Edward Thorndike)는 문제상자에 넣어 놓은 동물이 그 상자에서 빠져나와야 하는 문제를 시행착오를 통해 해결하는 것을 발견했다. 그가 관찰한 동물은 상자의 문을 열리게 하는 우연한 반응을 하게 될 때까지 이 반응을 해 보고, 안 되면 다른 반응을 해 보고, 그래도 안 되면 또 다른 반응을 해 보는 일을 끊임없이 반복하고 있었던 것이다. 이들 동물처럼 바른 해결책이 발견될 때까지 한 번에 한 가지 해결책을 시험해 보는 문제해결 방식을 시행착오(trial and error) 전략이라 한다.

사람들이 문제를 해결하려 할 때 시행착오 전략만 이용하는 건 아니다. 어떤 사람들은 '유레카(Eureka)!'를 보고하기도 한다. '유레카!'란 풀리지 않을 것 같던 문제의 해결책이 갑자기 머릿속에 떠올랐을 때 생겨나는 느낌이다. 게슈탈트 심리학자 볼프강 쾰러(Wolfgang Köhler)는 문제의 해결책이 이처럼 순식간에 떠오르는 현상을 통찰(insight)이라 칭했다(제5장 참조). 인지 심리학자들은 문제를 재구성한 결과, 그 문제를 구성하는 요소가 새롭게 배열되었고, 그 바람에 해결책이 생성되는 일을 통찰이라고 생각한다. 문제의 재구성은 그 문제를 새로운 관점에서 바라보았을 때, 새로운 정보를 알아차렸을 때, 문제를 구성하는 요소들 간 관계 중 그전에는 간과했던 관계를 새롭게 발견했을 때 일어날 수 있는 일이다. '정호와 수호는 장기를 여섯 판 두었고, 비긴 판이 없는데도 각자가 네 판씩을 이기는 일이 어떻게 가능했을까?'라는 문제를 기억할 것이다. 그 문제의 답은 '그 여섯 판의 시합은 정호와 수호 간에 벌어진 시합이 아니었다.'이다. 이 해결책은 문제를 재구성하여 장기시합을 두 사람의 맞대결로 조직하지 않았기 때문에 떠오른 해결책이다. [그림 7-4]는 또 다른 유형의 통찰 문제를 보여 준다.

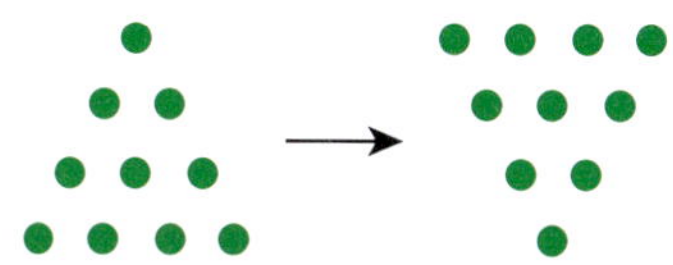

[그림 7-4] 통찰 문제

문제는 점 세 개만 옮겨서 좌측의 삼각형을 우측의 삼각형으로 만드는 것이다. 해도 해도 안 되면, 338쪽의 [그림 7-5]를 살펴보자.

오랫동안 풀리지 않는 문제로 고생을 하고 있는 사람이라면, 통찰의 세계를 경험해 보고 싶을 수도 있다. 뇌에 충격을 한번 가해 보는 건 어떨까? 최근 신경과학자들의 연구에서 어려운 문제와 씨름하던 사람들의 머릿속 특정 부위에 약한 전류를 흘려보냈더니 통제집단의 사람들에 비해 참신하고 적용 가능한 해결책을 생성해 낼 가능성이 커지는 일이 벌어졌다(Chi & Snyder, 2011). 이 신경 충격이 한 일은 친숙하지만 사용할 수 없는 해결책 생성과 관련된 신경망의 활동을 방해하고 다른 신경망을 자극하여 보다 창의적 해결책을 생성케 하는 일이었을 수도 있다. 신경과학자들은 사람들이 어려운 문제에 직면했을 때 신선한 해결책을 생성할 수 있게 해 주는 '전자 사고 모자(electric thinking cap)'가 시판되는 미래를 내다보기도 한다('Electric Thinking Cap?', 2011).

우리는 시행착오를 통해서든 통찰을 통해서든 바른 해결책을 찾아내고는 한다. 그러나 이러한 문제해결 방법에는 단점이 있다. 시행착오는 지나치게 많은 시간을 요구한다. 해결책을 한 번에 한 가지씩 적용해 보는 일을 바른 해결책을 만날 때까지 반복해야만 한다. 한 문제를 두고 신선한 아이디어가 난데 없이 떠오르기를 기다리며 궁리하는 일 역시 긴 시간이 필요할 수 있다. 문제를 보다 효율적으로 해결하는 방법은 없는 것일까? 다음에서는 두 가지 전략만 고려해 보기로 한다. 아울러 우리의 문제해결 작업을 방해하는 흔한 함정도 살펴보기로 하자.

1) 알고리즘

알고리즘(algorithm)이란 문제를 해결하기 위해 따라야 할 절차를 일컫는 말이다. 대부분의 학생은 초등학교 시절 덧셈과 뺄셈을 배울 때 알고리즘을 처음 만난다. 1자리 숫자를 더한 값이 9를 넘으면, 10을 그다음 칸으로 올리는 규칙이나 1자리에

알고리즘: 단계별로 나열된 일련의 규칙으로 이들 규칙을 정해진 대로만 따라가면 문제해결이 보장된다는 특징을 지님

있는 7에서 9를 빼야 할 때는 10자리에서 10을 빌려와 7과 더해서 얻은 17에서 9를 빼고 남는 8을 적어야 한다는 규칙 등으로 구성된 절차가 바로 알고리즘이다. 알고리즘을 제대로 따라 하기만 하면 문제의 정답이 보장된다는 장점이 있다. 하지만 복잡한 문제의 경우 알고리즘을 적용하는 데 생각보다 더 많은 노력과 시간이 걸리기도 한다. 그 밖에도 실생활에서 만나는 삶의 문제에는 적용할 알고리즘이 없는 경우가 더 많다는 것이 이 전략의 가장 큰 단점이다.

개념 7-7

알고리즘, 휴리스틱, 유추법, 부화기 등은 모두 문제를 보다 효과적으로 해결할 수 있게 도와주는 문제해결 전략이다.

이처럼 알고리즘에는 장점도 있고 단점도 있지만 그 장점과 단점이 분명하다. 이러한 경우, 우리는 장점을 살리면서 단점을 보완할 수 있는 대안을 고려해 볼 수 있을 것이다. 특정 문제에 어렵지 않게 적용할 수 있는 대략적인 알고리즘을 만들어 볼 수도 있을 것이라는 말이다. 예를 들어, 심리학 개론 강좌에서 A학점을 따겠다는 목표를 세운다. 그러고는 주당 몇 시간씩을 무슨 요일, 무슨 요일에 어디에서 공부할 것인지를 정해서 교과서를 읽고, 수업과 조모임에는 무조건 참석하고, 숙제에는 최선을 다하며, 수업 후에는 반드시 30분씩 복습을 잊지 않는다는 규칙을 정한다. 그런 후 그 규칙(작업용 알고리즘)을 지키면 A학점이 보장되는 건 아니지만 A학점을 딸 가능성이 커지는 것은 확실할 것이다.

2) 휴리스틱

휴리스틱: 문제해결이나 의사결정 등에 이용되는 주먹구구식 방법. 어림법이라고도 함

휴리스틱(heuristic)이란 문제해결이나 판단 또는 의사결정에 이용되는 주먹구구식 어림법 또는 정신적 지름길을 일컫는다(Wray, 2010). 휴리스틱은 바른 해결책을 보장하지는 않지만, 그럴듯한 해결책을 신속하게 제공하기도 한다(Schwab, 2009). 휴리스틱의 대표적인 보기로는 수단–목적 분석법(means-end analysis)을 꼽을 수 있다. 달성하고자 하는 목표 상태와 현재 상태를 비교한 후, 그 괴리를 좁혀 갈 단계적 계획을 궁리하는 사람은 수단–목적 휴리스틱을 이용하는 사람에 속한다. 또 하나의 보기에 해당하는 역진 작업(backward working)은 현재 상태에서 목표 상태로 전진하는 방법이 아니라 목표 상태에서 현재 상태로 거꾸로 작업해 보는 휴리스틱이다. 예를 들어, 조현병의 원인을 찾기 위해 특정 가설(예: 조현병의 원인은 유전인자에 있다)부터 설정한 후, 가용한 자료를 수집하여 이 가설을 지지하는지를 검토해 보는 심리학자는 역진 작업 휴리스틱을 쓰고 있는 것이다.

또 다른 휴리스틱인 하위 목표 설정법(creating subgoal)은 한 번에 해결하기 힘든 큰 문제를 해결이 가능한 작은 문제로 쪼개는 일부터 시작한다. 특정 문제를 여러 개의 부분으로 나누어 각각을 서로 다른 팀에게 맡기는 전략이 하위 목표 설정 휴리스틱에 해당한다. 예를 들어, AIDS 연구진에서 한 팀은 HIV가 세포를 침투하는 방식을 연구하고 또 한 팀은 HIV의 번식 방식을 연구하는 등의 분업을 하위 목표 설정 휴리스틱으로 꼽을 수 있다. HIV라는 수수께끼의 해결책은 이들 하위 목표 달성 과정에서 누적된 지식에 있는지도 모르기 때문이다.

3) 유추법

문제해결에 유추법(analogy)을 쓴다는 것은 과거에 비슷한 문제를 해결해 본 경험을 활용한다는 뜻이다. 그러나 우리는 한 문제의 해결책을 새로운 다른 문제를 해결하기 위해 어떻게 수정해야 하는지 또는 어떻게 적용해야 하는지를 알아차리지 못할 수도 있다. 유추법의 유용성은 과거에 해결해 보았던 문제와 지금부터 해결해야 할 문제가 비슷할수록 커진다. 그레이엄 벨(Graham Bell)이 전화기 발명에 이용한 유추법을 고려해 보자. 벨은 사람의 귀를 연구하면서 고막이 진동할 때 소리가 전달되는 방식을 관찰했다. 벨은 이 고막이라고 하는 엷은 막이 진동하는 원리를 전화기 고안에 적용했다(M. Levine, 1994).

유추법: 문제해결 전략 중 하나로 두 사물이 지닌 속성의 유사성 활용을 기반으로 하는 전략 또는 과거 문제의 해결책을 당면 문제해결에 적용해 보는 전략

4) 부화기

문제를 해결하던 중 이러지도 저러지도 못하는 난국에 처했을 때는 그 문제를 얼마 동안 묻어 두는 게 도움이 될 때도 있다. 이러한 유형의 휴식을 부화기(incubation period)라고 한다. 그냥 시간이 흘러가게 두면서 그 문제를 그전과는 다른 새로운 관점에서 바라볼 수 있게 되고 그 결과 순식간에 신선한 해결책이 떠오를 수 있다는 뜻에서 붙여진 이름이다. 부화기를 거치면서 우리는 당면 문제를 해결하는 데 도움이 될 정보와 도움이 되지 못할 정보를 분명하게 분간하는 안목을 갖게 될 수도 있을 것이다.

부화기: 적극적인 문제해결 작업을 잠시 미루어 두는 기간으로 해결책 발견을 촉진시키기도 함

5) 문제해결을 방해하는 정신적 장애물

생활의 한 단면 경호가 타고 있던 자동차가 갑자기 후진하며 언덕 아래로 굴러 내리기 시작했다. 그때 경호는 조수석에 앉아 운전수가 돌아오길 기다리고 있던 참이었다. 깜짝 놀란 경호는 기어변속 장치를 건너 운전석으로 자리를 옮기며 엉거주춤하게 브레이크 페달을 밟으려고 애를 썼다. 그러나 엉거주춤한 자세 때문에 페달을 제대로 밟지 못했다. 결국 경호가 탄 자동차는 전봇대를 들이박고 말았다. 이런 상황에서 경호가 취할 수 있는 다른 행동은 무엇이었을까? 경호는 왜 위에 소개된 방식으로 행동했을까?(M. Levine, 1994에서 수정)

경호는 왜 보다 쉬운 다른 방법을 생각해 내지 못했던 것일까? 응급 제동장치를 이용할 수도 있었을 텐데 말이다. 경호는 '움직이는 차를 세우기기 위해서는 브레이크 페달을 밟아야 한다.'라는 선입견(또는 전략)에 사로잡혀 있었기 때문이라는 것이 심리학자들의 설명이다. 물론 이 전략은 평상시에는 매우 효과적이다. 그러나 운전석에 앉지 못한 상태에서는 효과적일 수 없다. 위에서 예로 든 경호의 행동처럼 문제를 해결할 때 과거에 비슷한 상황에서 효과적이었던 전략에 의존하려는 사람들의 경향을 마음 갖춤새(mental set)라고 한다.

마음 갖춤새: 과거에 비슷한 상황에서 효과적이었던 전략이 있으면, 그 전략이 현재 상황에는 적절하지 않을 수도 있는데도 불구하고 그 전략을 이용하는 경향성

당면 문제가 옛날에 자신이 만났던 문제와 비슷할 경우, 마음 갖춤새가 도움이 되기도 한다. 즉, 마음 갖춤새 덕분에 적절한 해결책이 어렵지 않게 생각나기도 한

다. 그러나 경호의 사례에서처럼 문제는 비슷한데도 동일한 해결책을 적용할 수 없을 경우에는 마음 갖춤새가 문제해결을 방해하기도 한다.

문제해결을 어렵게 하는 또 다른 장애물로 기능적 고착(functional fixedness)을 꼽을 수 있다. 기능적 고착이란 친숙한 물체가 색다른 방식으로 이용될 수 있음을 알아차리지 못하는 현상을 일컫는다(German & Barrett, 2005). [그림 7-6]과 [그림 7-7]에 소개된 끈 문제와 촛불 문제는 기능적 고착을 예시하는 데 이용되는 고전적 수수께끼이다.

문제해결의 장애물로 작용하는 또 하나는 문제해결에 필요한 정보에 쏠려야 할 주의가 부적절한 정보 때문에 산만해지는 경향이다. 334쪽에 소개했던 문제 중 3번 문제에서는 '생존자 중에는 그 누구도 중국으로 송환되어 매장되지 않았다.'라는 진술이 들어 있었다. 이 문제의 경우, 혹시 지리적 정보(백령도 인근의 대한민국 영해)가 세밀했기 때문에 그 진술문 속에 '생존자'라는 단어가 들어 있었다는 사실을 간과했던 건 아닌지 한번 생각해 보기 바란다.

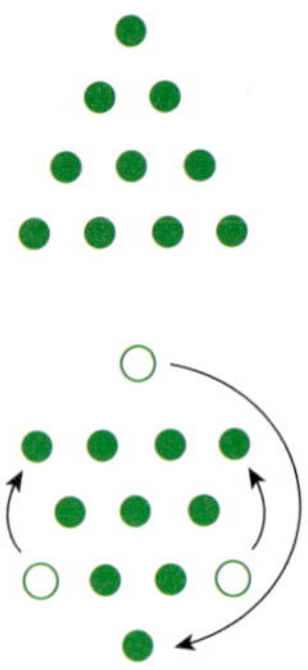

[그림 7-5] [그림 7-4]의 통찰 문제에 대한 해결책

문제를 해결했다 치고, 시행착오를 겪었는가? 즉, 점을 이리저리 옮기다가 우연히 해결책을 찾았는가? 아니면 정답 또는 통찰에 이르기까지 머릿속으로 해결책을 궁리했는가? 후자였다면, 이런 갑작스러운 깨달음이 어떻게 이루어졌다고 생각되는가?

기능적 고착: 어떤 물건을 바라볼 때, 그 물건의 통상적인 기능만 지각하는 경향성

[그림 7-6] 끈 문제

천장에 달려 있는 두 개의 끈은 한 번에 잡기에는 너무 먼 간격을 두고 있다. 어떻게 해야 이 두 끈을 하나로 묶을 수 있을까? 실내에는 탁자와 그 위에 펜치/집게 외에는 아무것도 없다. 해결책은 340쪽의 [그림 7-8]에 있다.

[그림 7-7] 촛불 문제

탁자 위에 있는 물건만 이용해서 초를 벽 옆에다 세운 후, 촛불을 켰을 때 촛농이 방바닥에 흘러내리지 않게 하려면 어떻게 해야 할까? 해결책은 340쪽의 [그림 7-9]에 있다.
출처: Duncker (1945)에서 수정.

개념 7-8

마음 갖춤새와 기능적 고착은 문제해결을 어렵게 만드는 인지적 경향성의 보기로 꼽힌다.

의사결정: 문제해결의 일종으로 여러 가지 중에서 한 가지 절차를 선택해야만 하는 작업

6) 의사결정에서 정신적 장애물이 중요한 이유

우리의 삶은 끊임없는 결정의 순간으로 차 있다. 그 결정에는 일상적인 것('뭘 입고 나가지?', '점심은 뭘 먹지?')도 있고 중요한 것('전공은 무엇으로 하지?', '결혼을 해야 해 말아야 해?', '취직도 안 되는데 대학 졸업장을 꼭 따야 해?')도 있다. 의사결정(decision making)이란 일종의 문제해결 작업으로, 이 경우에는 가용한 여러 가지 대안 중 한 가지를 선별해야만 한다.

대부분의 사람은 우리가 이러한 의사결정을 내릴 때는 논리적으로 생각하고 행동할 것이라고 생각한다. 그러나 심리학자들의 연구 결과에 따르면, 사람들은 너

나 할 것 없이 합리적 또는 건전한 선택을 방해하는 인지적 편향(cognitive bias)에 빠지는 경향이 강하다(Kahneman & Frederick, 2005). 그러한 경향 중 하나가 확증편파이다. 확증편파(confirmation bias)란 자기의 믿음/가설이 옳지 않다는 증거가 충분한데도 그 믿음을 버리려 하지 않는 경향성을 일컫는다(Cook & Smallman, 2008). 이 편파 때문에 우리는 우리의 믿음과 기대가 잘못되었다고 말하는 증거보다 그 믿음과 기대를 지지하는 증거를 더 중요하게 생각하는 우를 범하게 된다. 예를 들어, 피고인이 유죄/무죄를 결정해야 하는 판사가 검사가 제시한 증거를 기초로 유죄라는 믿음을 굳힌 후에는 유죄가 아니라는 강력한 증거를 변호사가 제시해도 그 판사의 믿음을 바꾸기가 쉽지 않을 것이라는 뜻이다.

이상에서 살펴본 바와 같이, 휴리스틱은 문제해결에 도움이 될 때도 있지만, 때로는 정신적 올무로 작용하여 의사결정을 망쳐 놓기도 한다(Wray, 2010). 예컨대, 대표성 휴리스틱(representativeness heuristic)은 과장을 유도하기도 한다(Kahneman & Frederick, 2005). 이 휴리스틱은 사람들이 손에 쥔 표본이 훨씬 큰 모집단을 대표한다고 가정할 때 적용된다. 따라서 우리는 어떤 영화를 보기로 작정할 때 그 영화에 대한 다른 사람들의 생각을 우연히 엿들은 것을 기초로 결정하기도 한다. 그리하여 형편없는 영화를 보게 되는 불운을 겪기도 한다. 이 정도 불운은 실소와 함께 가볍게 날려 버릴 수 있다. 하지만 대표성 휴리스틱은 중대한 결정에 영향을 미치기도 한다. 고등학교 시절 우연히 놀러 갔던 대학의 캠퍼스에서 멋진 학생을 두어 명 만나는 바람에 형편없는 대학에 진학하게 될 수도 있다. 실제로 미국에서는 입학에 필요한 정보를 구하기 위해 특정 대학의 교무처로 향하던 중 우연히 만난 그 학교 학생의 신발이 유행에 뒤떨어진 신발임을 알고는 그 즉시 발길을 돌려 집으로 돌아간 학생도 있었던 것으로 알려지고 있다(R. Gardner, 2006).

대표성 휴리스틱은 첫인상을 형성하는 데도 개입하는 것으로 드러났다. 어떤 사람과의 긍정적/부정적 상호작용은 그 사람의 일반적인 행동을 조금도 대표하지 못하는 사소한 행동일 수도 있다. 그런데도 그 만남은 오랫동안 기억에 남는 경우가 많다. 예컨대, 우리는 간단한 대화를 기초로 또는 특정한 장소에서 입고 있는 그 사람의 옷을 기초로 그 사람과의 추후 접촉은 하지 않겠다는 결정을 내리기도 한다. 다음에 제시된 두 번의 '해 보기'에는 대표성 휴리스틱 때문에 여러분의 생각이 한쪽으로 기울어질 가능성이 소개되어 있다.

가용성 휴리스틱(availability heuristic)은 마음속에 쉽게 떠오르는 보기를 기초로 결정을 내리는 경향성을 일컫는다. 예를 들어, 특정 상품을 구입하겠다는 결정이 TV 광고에서 그 상품을 봤던 기억에 기반을 두고 있을 수 있다. 가용성 휴리스틱은 일상생활에서 사람들이 겪는 위험성에 대한 판단을 내릴 때도 끼어든다(Paulos, 2009). 삶에서 마주치는 여러 가지 불확실성을 고려해 보자. 출근길의 운전, 비행기를 타는 일, 지방질이 많은 후식을 먹는 일 등 많은 일이 어느 정도의 위험을 감수해야 하는 일이다. 아침에 침대에서 일어나는 일에도 어느 정도의 위험은 들어 있다.

확증편파: 상치되는 강력한 증거가 다분한데도 처음 세웠던 가설을 못 버리고 고집하는 경향

개념 7-9

우리는 의사를 결정할 때 논리적인 절차를 준수한다고 생각할지 몰라도 우리 사고 과정의 배후에서 작용하는 편파 때문에 합리적인 결정을 내리지 못할 때도 많다.

개념 7-10

확증편파, 대표성 휴리스틱, 가용성 휴리스틱, 틀 짜기 등은 합리적인 의사결정을 방해하는 인지적 편향의 보기에 해당한다.

대표성 휴리스틱: 주먹구구식 판단 절차 중 하나로 이 절차에서는 손에 쥔 표본이 그 표본을 제공한 모집단을 대표한다고 가정함

가용성 휴리스틱: 특정 사건과 관련된 정보를 머릿속에 쉽게 떠올릴 수 있을수록 그 사건이 벌어질 확률도 높다고 판단하는 경향성

해 보기
농부인가, 세무사인가?

아래 사진 속 남자가 농부로 보이는가, 세무사로 보이는가? 대부분의 사람은 세무사로 보인다고 말한다. 여러분도 같은 생각이었다면 그 판단은 대표성 휴리스틱의 영향을 받았을 가능성이 크다. 즉, 그 사람의 외모가 농부보다는 세무사 모습과 더 닮았다고 가정했다는 말이다.

© David Cordner/Photodisc/Jupiter Images

[그림 7-8] 끈 문제의 해결책
한쪽 끈의 끝에 집게를 달아 추로 이용한다. 그 추를 한쪽으로 당겼다 놓고는 다른 끈을 잡고 추가 그쪽으로 오길 기다렸다가 그 끈을 잡아서 두 끈을 하나로 묶는다.
출처: Maier (1931)에서 수정.

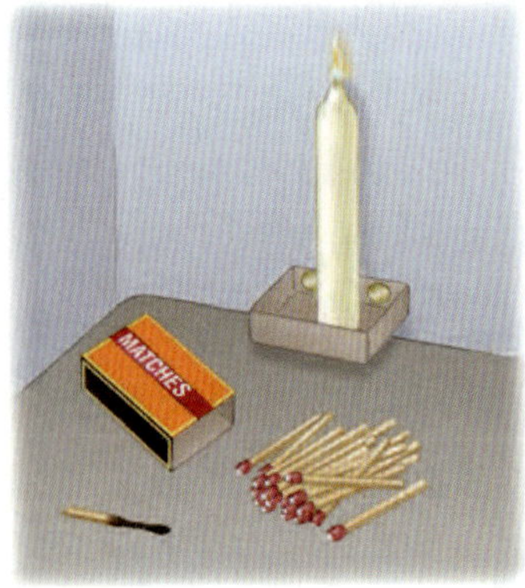

[그림 7-9] 촛불 문제의 해결책

가용성 휴리스틱은 상대적 위험성 판단에 오류를 유도하기도 한다. 예컨대, TV 뉴스에서 비행기가 추락하는 모습을 본 사람들은 그 사고에 대한 생생한 기억 때문에 비행기 사고의 위험성을 과대평가하는 경향이 강해진다.

문제가 소개되는 방식에 따라서도 그 문제를 읽는 사람들의 결정이 달라질 수 있다. 어떤 만성 질환의 치료제로 두 가지 약품이 개발되어 있다고 하자. 약품 A로 이 질환이 완치될 확률은 35%인데 약품 B로 이 질환이 완치될 확률은 25%라는 말이 있다면, 이 질환을 겪는 사람은 누구나 약품 A를 선택하려 할 것이다. 그런데 이 두 약품 모두 부작용—고혈압 유발—의 위험이 있고, 그 위험률이 약품 A는 3%이고 약품 B는 2%라고 한다. 당신이 이 질환을 앓고 있다면 어느 약을 선택하겠는가? '어~! 고혈압으로 고생하게 될 확률은 1%밖에 높지 않잖아! 그러니까 완치 확률이 높은 약품 A를 선택하는 게 옳겠지?'라는 생각을 할 수도 있다.

그럼 이제 그 문제를 다르게 묘사해 보자. 약품의 위험성(부작용)에 관한 이야기가 다음과 같이 소개되었다고 하자. "두 가지 약품 모두 고혈압을 유발할 가능성은 매우 낮기는 하지만, 약물 A가 고혈압을 초래할 확률이 약물 B가 고혈압을 초래할 확률보다 50% 더 높다." 이번에도 약품 B보다는 약품 A를 선택하겠다는 결정을 그렇게 쉽게 내릴 수 있을까? 그 이유는?

어떤 사실을 표현하는 방식에 따라 그 사실을 바탕으로 만들어지는 결정이 달라지는 경향성을 틀 효과(frame effect)라고 한다. 앞의 예에서 두 가지 시나리오에 소개된 약물의 위험성은 동일하다. 그런데도 그 위험성(부작용 유발 확률)을 두고 차이가 1%라고 표현되었을 때보다 훨씬 크다(앞 예의 경우, 50% 이상)고 표현되었을 때 위험성이 큰 약물(그 약물의 완치 확률이 높은데도)을 선택할 가능성은 줄어든다. 표현이 바뀐다고 사실까지 바뀌는 것은 아니기 때문에 결정이 합리적으로 만들어진다면 선택도 바뀌지 않아야 한다. 그러나 사실을 어떻게 소개하느냐에 따라 동일한 사실을 바탕으로 구축되는 사람들의 결정은 달라진다.

해 보기
동전 던지기

5백 원짜리 동전을 여섯 번 던졌다. 앞면과 뒷면이 각각 세 번씩 하늘을 보고 있었다. 아래에서 이 여섯 번의 사건이 발생했을 차례로 가장 그럴듯한 것은?

1. 앞앞앞뒤뒤뒤
2. 앞뒤앞뒤앞뒤
3. 뒤뒤뒤앞앞앞
4. 앞뒤뒤앞앞뒤

틀 효과: 의사결정이 그 결정의 잠재적 결과를 어떻게 표현하느냐에 따라 달라지는 경향성

3. 창의성: 소수의 천재만 가진 능력이 아니다

문제를 만났을 때 독창적이고 실용적이면서도 유용한 해결책을 이끌어 내는 사고력 또는 새로운 생각(아이디어)이나 예술작품을 생성하는 능력을 창의성(creativity)이라 한다. 새로운 작품을 만들어 내거나 어떤 과제를 완수하는 현명한 방법을 생각해 낸 것이 실제로 적용되었을 경우를 우리는 창의적 사고가 구현된 실례로 간주한다.

창의성: 새롭고 독창적이며 사용 가능한 문제해결책이나 작품/상품을 개발케 한 사고력

창의성은 예술이나 과학에서 자주 거론되는 소수의 천재에게서만 발견되는 능력이 아니다. 일상생활에서의 창의성은 사실상 모든 사람에게서 발견된다는 것이 심리학자들의 생각이다. 부모가 네 살 난 아이를 위해 새로운 놀이를 만들어 내는 일도, 요리사가 여러 재료를 혁신적인 방법으로 조합하는 일도, 또 노동자가 생산 방법을 개선하여 효율성을 높이는 일도 모두 창의성의 작용 결과에 해당한다.

창의성은 일반적으로 말하는 지능과 구분된다(K. H. Kim, 2005; Nettelbeck & Wilson, 2005). 창의적인 사람들은 대부분 평균 이상의 지능지수를 가지고 있지만, 지능지수가 평균보다 더 높아진다고 해서 창의력도 함께 높아지는 것은 아니다. 심리학자 로버트 스턴버그(Robert Sternberg, 2001)가 지적했듯이 지능이 높을수록 작업의 효율성과 생산성도 높아지는 경향이 강하지만, 창의성은 그렇지 않다.

창의성을 측정하는 방법은 다양하다. 그러나 확산적 사고력을 알아보는 검사가 가장 흔히 이용된다. 확산적 사고(divergent thinking)는 발명의 원천이다. 상황을 새로운 각도에서 바라볼 수 있게 해 주는 것도 또 친숙한 물체를 새로운 방식으로 사용할 수 있게 해 주는 것도 확산적 사고라는 뜻이다. 이에 반해 수렴적 사고(convergent thinking)는 문제의 한 가지 바른 답을 찾아내려는 정신적 노력을 일컫는다. 334쪽의 [그림 7-2]를 다시 보자. 두 개의 정사각형이 서로 맞물려 있는 모습이 너무 명백하기 때문에 다른 가능성을 생각하지 못하는 경우가 많다. 하지만 확산적 사고를 통해 우리는 다른 가능성(답)을 발견하게 된다. 예컨대, 세 개의 정사각형을 볼 수도 있고 'ㄴ'자 모양의 도형 두 개와 정사각형 하나를 볼 수도 있으며([그림 7-10] 참조), 모양이 뒤틀어진 직사각형 두 개로 쪼개진 정사각형 하나로 볼 수도 있다.

확산적 사고: 상황을 새로운 관점에서 바라보는 능력 및 친숙한 물체의 새로운 용도를 고안해 내는 능력

수렴적 사고: 특정 문제에 대한 다양한 해결책을 모아 그 문제에 대한 최선의 해결책 하나를 만들어 내려는 시도

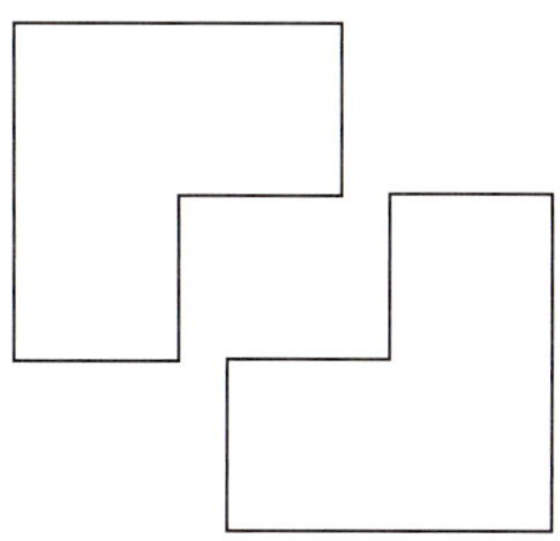

[그림 7-10] 확산적 사고

334쪽의 [그림 7-2]를 이곳 도형 두 개와 비교해 보자. 이 두 개의 ㄴ자 모형 도형을 밀어붙여 그 중앙에 정방형을 만들어 놓았다고 상상해 보자.

확산적 사고력 검사는 J. P. 길퍼드(J. P. Guilford)와 동료들에 의해 맨 처음 제작되었다. 다용도 검사(Alternate Use Test)로 알려진 검사에서는 검사받는 사람에게 주어진 물체(예: 신문지)의 다양한 용도를 최대한 많이 나열해 보라고 지시한

개념 7-11

창의성은 그 정도는 다르지만 거의 모든 사람에게서 발견되는 인지 능력이다.

개념 7-12

창의성은 머릿속 지식을 조작하고 활용하는 인지 활동을 필요로 한다.

다(Guilford, 1987). 점수는 그가 열거한 것 중 그럴듯한 용도의 가짓수를 기초로 결정된다. [그림 7-11]은 창의적 사고력을 측정하는 또 다른 검사를 보여 준다. 이 검사에서는 그림 속에서 발견되는 창의력(창의적 사고력)을 기초로 검사받은 사람의 점수가 결정된다.

사람들은 생각을 창의적으로 할 때 기억 속 지식을 조작하거나 인지적 활동을 이용한다. 인지심리학자들의 연구에 의해 창의적 사고의 기저에서 작용하는 여러 가지 인지적 활동이 밝혀지기 시작했다. 은유(metaphor) 및 유추(analogy), 개념 조합(conceptual combination) 그리고 개념 확장(conceptual expansion)이 대표적인 예로 꼽힌다(Ward, 2004, 2007; Ward, Smith, & Vaid, 1997/2001).

"상자 밖은 꿈도 꾸지 마라."

① 은유 및 유추. 은유와 유추는 그 자체가 창의의 산물이다. 이 두 가지 장치는 사람들이 수수께끼의 답을 만들어 낼 때도 이용된다. 은유는 한 가지 물체나 개념을 다른 물체 또는 개념과 관련시키는 작업을 비유적으로 표현한 용어이다. 은유는 한 가지 일을 마치 다른 일처럼 생각할 수 있는 창의적 절차를 거쳐야만 가능한 일이다. 예컨대, 우리는 두 사람 간의 사랑을 한여름에 이글거리는 태양으로 표현할 수 있다.

유추는 물체나 개념 간의 속성이나 특징의 유사성을 기초로 두 가지를 비교하는 인지 작업을 일컫는다. 심장의 활동을 펌프의 활동과 관련시키는 작업을 예로 들 수 있다. 앞서 언급했던 알렉산더 그레이엄 벨의 전화기 발명도 유추라는 창의적 작업으로 간주된다.

개념 조합: 두 개 이상의 개념을 모아 하나의 개념을 만들어 새로운 아이디어나 적용 가능성을 창출해 내는 작업

② 개념 조합. 두 가지 이상의 개념을 조합하여 하나로 만들어도, 각각의 단순한 병합에서는 발견되지 않는, 신선한 아이디어가 생성되기도 한다(Costello & Keane, 2001). 개념 조합의 보기로는 '휴대전화', '고구마 피자', '홈페이지' 등이 꼽힌다. 개념을 창의적으로 조합할 수 있는 또 다른 방법도 생각해 보기 바란다.

개념 확장: 친숙한 개념을 새롭고 독창적이고 유용한 의미로 또는 용도에 적용하는 작업

③ 개념 확장. 참신한 아이디어를 개발하는 또 한 가지 방법은 친숙한 개념을 확대시켜 보는 일이다. 주변에서 흔히 볼 수 있는 개념 확장의 보기로는 오래된 건물을 새로운 용도로 바꾸는 건축가의 작업, 유명한 인물(예: 홍길동)의 이야기

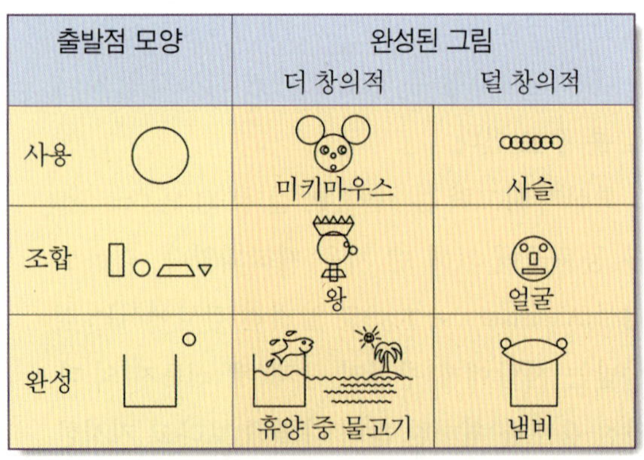

[그림 7-11] Torrance 창의력 검사

피검자는 '검사지의 맨 왼쪽 열에 제시된 시작하는 도형을 가지고 새로운 도형을 만들어 보라(윗줄). 또는 새롭게 조합해 보라(중간 줄) 또는 완성시켜 보라(아랫줄)'는 지시를 받는다. 점수는 완성된 그림을 기초로 평가된다.

출처: Courtesy of Gehirn & Geist/Siganim (2004).

를 새로운 작품(예: '역적')으로 탄생시키는 작가의 작업, 전통 음식을 젊은이 입에 맞는 새로운 요리로 만들어 내는 요리사의 작업 등을 꼽을 수 있다.

창의력은 친숙한 개념이나 범주를 확장, 축소, 수정하는 일에서 솟아나는 경우가 대부분이다. 우리가 알고 있는 것을 수정하고 확대할 수 있는 능력이 창의적으로 생각하는 인지 작업의 기본이라는 뜻이다. 〈개념 차트 7-1〉은 생각하는 일에 관여하는 인지 활동을 정리하고 있다. 이 단원을 끝내기 전에 반드시 다시 한번 살펴보기 바란다.

개념 7-13

사람들이 창의적 과제에 접근할 때는 자기들에게 친숙한 과제를 확장시키는 경향이 있다.

〈개념 차트 7-1〉 사고를 구성하는 인지 활동

인지 작업	정의	설명
심상 생성	물체나 사건에 상응하는 심상(마음속 표상)을 그려 보는 일	심상은 다양한 감각 경험(시각, 청각, 촉각, 미각, 후각 등)을 기초로 형성될 수 있다. 어떤 문제에 대해서 이들 심상을 조작하여 해결책을 더 쉽게 찾아낼 수도 있다.
개념 형성	물체, 사건, 생각 등을 그들의 공통 속성을 기초로 함께 묶는 일	대부분의 개념은 자연적 개념으로 그 구성원을 정의하는 규칙이 분명하지 않다. 논리적 개념은 그 구성원을 정의하는 규칙이 명확하다. 사람들은 보다 일반적인 상위 수준이나 보다 구체적인 하위 수준 개념보다 주로 기초 수준 개념을 이용한다.
문제해결	주어진 문제의 해결책을 만들어 내는 작업 과정	전략에는 알고리즘, 휴리스틱, 유추, 부화 등이 포함된다. 마음 갖춤새, 기능적 고착 등이 함정으로 작용한다.
의사결정	두 가지 이상의 행동방침 중 지켜야 할 행동방침을 선택하는 작업 과정	의사결정은 확증편파, 대표성 휴리스틱, 가용성 휴리스틱, 틀 효과 등 부정확한 사고 경향성의 영향을 받기도 한다.
창의성	참신하고 이용 가능한 작품이나 아이디어를 생성하는 능력	창의성은 기억 속 지식을 조작하거나 활용하는 인지작업으로 구현된다. 이 작업에는 은유 및 유추, 개념 조합, 개념 확장 등의 인지 작용이 포함된다.

1 단원 복습 생각

되새겨 봅시다

사고란?

▶ 사고, 즉 생각을 한다는 것은 심상이나 개념 또는 단어를 이용해 외부 세계에 상응하는 마음속 표상을 만들어 내고 그렇게 생성된 표상에 조작을 가하는 것이다.

심상이란?

▶ 심상이란 우리의 마음속 정보에 상응하는 시각 또는 기타 감각 표상을 일컫는 용어이다.

우리가 사용하는 개념의 주요 유형에는 어떤 것이 있으며, 어떻게 적용되는가?

▶ 사람들이 이용하는 개념에는 논리적 개념과 자연적 개념이 있다. 전자에 속하는 개념은 구성원 여부를 결정하는 규칙이 명백한데, 후자에 속하는 개념은 구성원을 정의하는 개념이 명백하지 않아 개념 적용 방식이 엉성하다.

문제를 보다 효율적으로 해결하기 위해 우리가 할 수 있는 일은 무엇인가?

- 시행착오나 통찰을 좇는 것보다는 알고리즘, 휴리스틱, 유추, 부화 휴식 같은 문제해결 전략을 이용해 볼 수 있다.
- 마음 갖춤새나 기능적 고착 같은 문제해결의 방해 요인을 제거하는 노력을 해 볼 수도 있다.

인지 편향은 의사결정에 어떤 영향을 미치는가?

- 확증편파는 사람들을 부추겨 자신의 믿음 및 기대와 상치되는 증거를 무시하게 한다.
- 대표성 휴리스틱은 특정 표본의 발생 빈도를 과대 추정하도록 부추긴다.
- 가용성 휴리스틱은 기억 속에 쉽게 떠오른다는 이유만으로 그 정보를 이용하도록 해 비합리적인 결정을 내리게 만든다.
- 틀 효과는 손에 쥔 사실/증거보다는 문제가 진술되는 방식에 따라서 사람들의 의사결정 방식이 변하는 현상을 일컫는다.

창의적 사고의 기저에서 작용하는 인지 활동에는 어떤 것이 있는가?

- 창의적 사고에 개입하는 인지 활동에는 은유 및 유추, 개념 조합, 개념 확장 등이 있다.

점검해 봅시다

1. 무언가를 생각할 때 우리는 그것에 관한 정보에 상응하는 마음속 표상을 심상, 단어, ______ 등의 모양으로 생성한다.
2. 그 구성원의 자격이 명백한 규칙으로 정의된 범주를 ______ 개념이라 하는 데 반해, 그 자격이 분명하지 않은 규칙으로 정의된 범주를 ______ 개념이라 한다.
3. 문제해결을 어렵게 만드는 마음속 장애물 중 하나는 친숙한 물체를 새로운 용도로 사용하는 방법을 생각해 내기가 무척 어렵다는 점이다. 이러한 장애물을 ______(이)라 한다.
   ① 마음 갖춤새 ② 부화기
   ③ 기능적 고착 ④ 확증편파
4. 두 개 이상의 개념을 조합하여 참신한 아이디어나 적용 가능성을 생성하는 인지 작업을 ______(이)라 한다.
   ① 개념 확장 ② 확산적 사고
   ③ 창의적 조합 ④ 개념 조합

생각해 봅시다

- 어떤 문제를 창의적으로 해결하기 위해 심상을 이용해 본 적이 있는가? 앞으로 심상을 활용해 볼 생각은 있는가? 그리고 왜 그렇게 생각하는가?
- 어떻게 하면 유추나 개념 조합이나 개념 확장 등의 개념을 참신한 아이디어나 적용 가능성 또는 서비스 개발에 이용할 수 있을까?

2 단원 언어

- 언어를 구성하는 주요 요소는?
- 언어가 발달하는 방식은?
- 언어 상대성 가설이란?
- 인간 이외의 종도 언어를 사용할까?

언어: 기호(단어, 수신호 등)로 구성된 의사소통 시스템으로, 이 시스템 속 기호는 문법이라고 하는 일군의 규칙에 맞추어 배열해야만 의미를 전달할 수 있는 표현이 됨

문법: 특정 언어 속 기호를 어떻게 사용해야 의미 있는 표현이 되는지를 결정하는 규칙의 집합

언어(language)란 기호—단어나 신호—를 문법(grammar)이라고 하는 규칙에 맞게 배열함으로써 의미를 표현하는 의사소통 시스템을 일컫는다(Gertner, Fisher, & Eisengart, 2006). 언어 구사력이라는 놀라운 인지 능력과 인간으로서의 경험 간의 관계를 두고 언어학자 스티븐 핑커(Steven Pinker, 1994)는 이렇게 적고 있다. "언어 없는 삶을 상상한다는 건 거의 불가능한 일이다. 지구상 어느 곳에서든 두 사람 이상이 모이면 오래지 않아 말을 주고받게 된다. 말을 나눌 사람이 없을 때는 혼잣말을

하거나 자기가 키우는 개, 심지어는 자기가 가꾸는 식물한테까지 말을 건다."

이 단원에서는 언어를 이용해 서로 마음을 주고받는 인간의 이 엄청난 역량을 검토한다. 언어의 기본 요소와 언어 습득의 주요 단계 그리고 언어 습득 이론을 살펴볼 것이다. 언어를 이용하는 능력을 가진 존재가 인간뿐인지도 생각해 볼 것이다.

1. 언어를 구성하는 요소

말소리의 기본 단위를 음소(phoneme)라 한다. 영어에서는 약 40개의 음소를 이용하여 약 50만 개(확장형 영어사전에 기입된 개수)의 단어를 발음한다. 영어 단어 'dog'는 /d/, /au/, /g/라는 세 개의 음소로 구성되어 있고, 한국어 단어 '개'는 /ㄱ/과 /ㅐ/라는 두 개의 음소로 구성되어 있다. 영어와 한국어의 경우, 알파벳/낱자 각각(a, b, c; ㄱ, ㄴ, ㅏ, ㅑ) 그리고 낱자를 조합하여 하나로 취급하는 것(예: sh, th; ㄲ, ㄸ, ㅙ)까지 각각에 상응하는 음소가 존재한다. 영어는 동일한 낱자가 단어에 따라 다른 음소로 작용하기도 한다. 단어 'two'와 'one'에 들어 있는 'o'는 서로 다른 음소로 작용한다. 특정 단어 속의 음소가 바뀌면 그 단어의 의미까지 바뀐다(예: 마루–마부). 한국어와 영어에서 본 것처럼 언어에 따라 음소도 달라진다.

음소: 특정 언어에 이용되는 말소리의 기본 단위. 한글의 기역, 니은은 한국말의 음소를 시각적으로 나타낸 것을 말함

개념 7-14

언어는 음소, 형태소(의미소), 문법/구문규칙, 의미규칙이라고 하는 네 가지 기본 요소로 구성된다.

음소를 조합하여 만들어지는 그다음 단위를 형태소(morpheme)라고 한다. 형태소란 특정 언어에서 의미의 가장 작은 단위를 일컫는다. '산' '물' '달' 같은 간단한 단어도 형태소이며, 접두어나 접미어 같은 의미를 가진 언어적 단위도 형태소에 해당한다. '불확실'에서 '불'이라는 접두어는 '부정'을 뜻하며, '사람들'에서 접미어 '들'은 '다수'를 의미한다. 물론 세 개 이상의 형태소로 구성된 복합적인 단어도 있다.

형태소: 특정 언어에서 가장 작은 의미의 단위

구문규칙: 의미 있는 표현이 되기 위해서는 문장이나 구를 구성하는 단어가 어떤 순서로 배열되어야 하는지를 결정하는 규칙. 이 규칙의 총체를 문법이라고도 함

의미규칙: 단어의 의미를 지배하는 규칙의 집합

음소와 형태소만으로는 언어가 되지 않는다. 언어에는 구문규칙(syntax)도 있고 의미규칙(semantics)도 있다. 전자는 문장 속 단어가 어떤 순서로 배열되어야 의미 있는 표현이 되는지를 규정하는 규칙이고, 후자는 단어의 의미를 지배하는 규칙이다. '샀다 나는 신발을'이라는 표현이 이상하게 들리는 이유는 이 표현이 우리말의 구문규칙을 위배하고 있기 때문이다. 일상생활에서 우리가 말하는 문장 속 단어는 우리도 모르는 사이에 이런 구문규칙에 따라 배열된다. 사실 우리는 이런 규칙을 공식적으로 학습한 적이 없기 때문에 우리가 지키는 규칙인데도 말로는 표현하지 못할 수도 있다. 그러나 단어가 구문규칙에 맞게 배열된다고 해서 무조건 의미를 가지지는 못한다. 유명한 언어학자 놈 촘스키(Noam Chomsky)가 만들어 낸 "Colorless green ideas sleep furiously."라는 영어 문장을 고려해 보자. 이 문장은 얼핏 보기에는 전혀 문제가 없어 보인다. 이 문장을 구성하는 단어가 구문규칙에 맞게 배열되어 있기 때문일 것이다. 그러나 이 문장에는 의미가 없다. 같은 단어일지라도 그것이 사용되는 맥락에 따라 전혀 다른 의미를 전달하게 된다는 뜻이다. "잘한다, 잘해!"가 전혀 다른 의미로 사용되는 상황(맥락)을 생각해 보라.

2. 언어 발달

개념 7-15

아이들의 언어 습득은 일련의 단계, 즉 울기/발성 단계에서 옹알이 단계를 거쳐 재잘거림 단계, 한 단어 단계, 두 단어 단계를 차례로 지나 보다 복잡한 말을 구사하게 되는 단계를 거치면서 이루어진다.

언어습득장치: 촘스키가 고안한 개념으로, 아이들이 자연스럽게 언어 구사력을 터득할 수 있게 해 주는 머릿속 장치를 일컬음. 아이들은 이 장치가 장착된 상태에서 태어난다는 게 촘스키의 믿음이었음

지구상 어느 곳에서 태어났든 아이들의 언어 구사 능력은 근본적으로 같은 연령대에 같은 단계를 거치며 발달한다. 생후 약 6개월까지 유아의 의사소통은 울음이나 옹알이(cooing)라는 비언어적 수단으로만 이루어진다. 이때쯤 와서야 언어와 비슷한 첫 번째 소리가 재잘거림(babbling)으로 나타난다. 그런 다음 한두 단어로 의사를 전달하는 단계를 거쳐 두세 살경에는 말의 양상이 보다 복잡해지기 시작한다(〈개념 차트 7-2〉 참조). 약 30개월쯤 되면 아이들도 완전한 문장을 구사하며, 구사할 수 있는 어휘도 약 550단어 정도 된다(Golinkoff & Hirsh-Pasek, 2006).

문화가 달라도 언어 발달의 과정이 비슷하다는 사실과 어린아이들은 특별한 노력 없이도 언어를 쉽게 습득한다는 사실은 언어 발달이 인간의 뇌에 장착되어 있는 타고난 기제에 의해 결정되었음을 암시한다. 놈 촘스키(Noam Chomsky, 1965)는 이 기제를 언어습득장치(language acquisition device)라고 했다. 우리가 말을 할 수 있는 것은 우리가 걷거나 뛸 수 있는 것과 같이 가지고 태어난 성향 덕분이다. 이를 두고 스티븐 핑커(Steven Pinker, 1994)는 "아이들에게 앉거나 서거나 걷는 법을 가르치지 않아도 어차피 아이들은 그런 활동을 하게 된다."고 표현했다. 아이들은 공교육을 받지 않고도 문법에 맞는 말을 하게 된다. 영어권의 경우, 주어니 동사니 하는 말이 무슨 뜻인지를 알기 훨씬 전부터 아이들은 동사 앞에 주어를 놓기 시작한다. 촘스키와 핑커에 따르면, 아이들이 문장의 문법적 구조를 쉽고 빠르게 배울 수 있는 것은 인간의 머릿속에 문법 사용을 가능하게 하는 '청사진' 또는 신경회로가 들어 있기 때문이다.

© Paolo Aguilar/EFE/Corbis

놈 촘스키

촘스키가 말하는 언어습득장치는 실제로 머릿속에 존재하는 물리적 구조물이 아닌 가설—뇌 속에 있는 언어중추가 작동하는 방식

〈개념 차트 7-2〉 언어 습득의 중요 시점

나이(대략)	발성 활동	특징
출생	울기	울음으로 괴로움 표현
1개월	옹알이	'아아~', '오오오~' 같은 소리를 내기 시작
6~12개월	재잘거림	말소리의 기본 단위인 음소가 나타나기 시작
12개월	한 단어 구	소리를 모방하고 몇몇 단어 이해 가능, 단어 하나씩 말하기 시작
18~24개월	두 단어 구나 문장	어휘가 약 50단어로 증가, 두 단어 구나 문장 발성
24~36개월	복잡한 말	복수 명사, 과거 시제가 들어 있는 길고 복잡한 문장 사용, 말 속에 적절한 문법적 요소가 보임

© iStockphoto.com/Kevin Visel

해 보기 아이들의 입에서

상당한 기간 갓난아이를 관찰할 기회가 생기면, 그 아이가 말하는 행동을 기록해 보기 바란다. 아이가 자라면서 보이는 발성의 변화를 기록하면 된다. 그런 후, 그 기록을 〈개념 차트 7-2〉에 소개된 특징과 비교해 보자. 신생아의 울음이 약 2개월 후에는 옹알이로 바뀌고 약 6개월 후에는 옹알이가 재잘거림으로 바뀌며, 약 12개월 후부터는 한 단어 말, 18개월경에는 두 단어 말, 그리고 24~36개월 사이에는 보다 복잡한 말로 바뀐다. 유아의 어휘를 추적해 보면, 약 18개월 경부터 빠르게 증가한다는 사실을 알게 될 것이다.

을 일컫는 추상적인 개념—일 뿐이고 또 언어습득장치로는 말을 만들어 내는 과정을 설명하지 못한다는 비판도 만만치 않다. 사실, 언어를 담당하는 뇌 기제는 뇌 속 이곳저곳에 산재한 여러 가지 회로로 구성되어 있고 지극히 복잡하다. 그리고 이들 회로의 역동적 상호작용으로 말이 생성되는데, 우리는 그 상호작용 방식을 아직도 모르고 있다. 그러나 그 수수께끼도 풀리기 시작하는 것 같다. 머릿속에 있는 언어 담당 기제의 발달에 관여하는 유전인자의 위치가 포착되기 시작했기 때문이다(Lichtenbelt et al., 2005; Vargha-Khadem et al., 2005).

말하기에 관여하는 정확한 기제가 무엇이든, 언어 발달에는 타고난 능력과 경험 둘 다가 필요하다. 우리의 언어 구사 능력은 말하는 데 필요한 생물학적 역량 그리고 말소리와 의미 및 말의 구조에 대한 경험을 기초로 발달한다는 뜻이다(Berko Greason & Ratner, 2009). 아이들은 학교에서 문법을 배우기 훨씬 전부터 다른 사람들이 하는 말만 듣고도 말을 배운다(Pancsofar & Vernon-Feagans, 2006; Sakai, 2005). 또한 아이들은 다른 사람들의 단어 사용 행동을 모방함으로써 어휘를 확장한다. 부모는 아이들에게 자주 말을 걸고 책을 읽어 줌으로써, 그리고 조작적 조건 형성 및 관찰 학습의 원리를 이용하여 적절한 언어 사용법을 보여 준 후 아이들이 그 시범을 모방할 때 보상을 함으로써 아이들의 언어 기능 발달을 촉진시킬 수 있다.

언어가 어떤 방식으로 발달하든 언어와 사고는 서로 밀접한 관계임이 분명하다. 다음 절에서 논의하겠지만, 우리의 생각이 언어에 의해 결정된다는 주장도 있다.

개념 7-16

언어 발달은 언어 표현에 필요한 생물적 역량과 사람들이 사용하는 말의 소리와 의미와 구조에 대한 경험에 의해 결정된다.

개념 7-17

우리가 사용하는 언어가 세상사에 대한 우리의 사고방식과 지각 방식을 결정한다는 믿음은 경험적 증거의 지지를 받지 못하는 논쟁의 여지가 많은 견해이다.

3. 문화와 언어: 사용하는 언어에 따라 생각하는 방식이 바뀔까

우리가 하는 말이 우리가 생각하는 방식에 영향을 미칠까? 한국 사람과 프랑스 사람과 중국 사람이 사용하는 모국어의 어휘와 문법이 서로 다르다는 이유로 그들이 보는 세상도 서로 다를까? 언어 상대성 가설(linguistic relativity hypothesis)에 따르면, 이들 질문에 대한 답은 '그렇다'가 된다. 이 가설을 내놓은 벤저민 워프(Benjamin Whorf)의 이름을 따 워프의 가설(Whorfian hypothesis)로 알려지기도 한 언어 상대성 가설은 우리가 사용하는 언어에 따라 우리가 생각하는 방식 및 세상을 지각하는 방식이 결정된다고 주장한다. 워프

엘리노어 로시의 연구 결과는 워프의 가설과 맞지 않다. 뉴기니 원시부족은 색상을 명명하는 단어가 두 개밖에 없는데도 영어를 말하는 사람들만큼 다양한 색상을 구별할 수 있었다.

언어 상대성 가설: 세상에 대한 우리의 생각과 지각이 우리가 사용하는 언어에 의해 결정된다는 주장(워프의 가설이라고도 함)

개념 7-18

언어 상대성 가설의 원형은 연구 결과의 지지를 받지 못하고 있지만, 문화와 언어도 사고에 영향을 미친다는 약화된 가설에는 장점도 있다.

➔ 개념 링크 동양 문화권 내 사람들과 서양 문화권 내 사람들은, 제3장에서 검토되었던 것처럼, 동일한 장면을 두고도 서로 다르게 지각한다. 제3장 5단원을 참고하라.

(1956)는 문화에 따라 색상을 지칭하는 단어 개수가 크게 다르다는 사실을 강조하였다. 영어에는 기본 색상 명칭이 11개 있다. black, white, red, green, yellow, blue, brown, purple, pink, orange, gray(Adelson, 2005)가 그것이다. 이에 반해 Navajo어에서는 청색과 녹색이 구분되지 않는다.

우리가 사용하는 언어에 색상을 지칭하는 단어가 많지 않은데도 많은 다양한 색깔을 지각/인식할 수 있을까? 엘리너 로시(Eleanor Rosch; Rosch, 1975; Rosch-Heider & Olivier, 1972)의 연구 결과는 할 수 있다고 말한다. 로시의 연구진은 뉴기니에서 문자를 모르고 살고 있는 사람들의 경우, 그들이 사용하는 언어에는 색상 단어가 두 개밖에 없는데도 영어를 사용하는 사람만큼 여러 가지 색깔을 지각할 수 있다는 사실을 밝혀냈다. 이 발견은 사람들이 색상을 지칭하기 위해 사용하는 단어의 개수가 달라도 색상 지각 능력에는 차이가 없다고 암시한다.

연구의 전반적 증거는 우리가 사용하는 언어에 의해 우리가 생각하는 방식 및 세상을 지각하는 방식이 결정된다는 워프의 가설을 지지하지 않는 편이다(Pinker, 2003). 그러나 이 가설을 다소 약화시켜 '우리가 사용하는 언어와 문화가 우리가 생각하고 세상을 지각하는 방식에 영향을 미치기도 한다.'(Fiedler, 2008; Boroditsky, 2011)로 진술하면 문제는 달라진다. 이 주장은 수많은 이중 또는 다중 언어 구사자의 경험, 즉 자기들이 사용하는 언어에 따라 생각이 달라진다는 경험과 일치하기 때문이다(Tohidian & Tabatabaie, 2010).

언어는 다른 방식으로도 사고에 영향을 미친다. "A person should always be respectful of his parents."라는 문장을 고려해 보자. 여기서 'person'의 개념이 남성(he)으로 구현되면, 여성은 person이 아닌 것인가? 영어의 경우, 전문직 종사자인 의사, 기술자, 과학자 등을 지칭할 때는 'she'가 아닌 'he'가 주로 이용된다는 사실을 알게 된 여자아이는 그런 직업은 자기보다는 자기의 오빠나 남동생에게 더 어울린다는 생각을 하게 되지 않을까?

4. 언어는 인간에게만 있는 것일까

인간 이외의 동물도 언어를 사용할까? 미국 수화 사용법을 훈련받은 고릴라 코코를 고려해 보자. 유인원의 성대는 인간의 성대와 달라 인간이 내는 소리를 낼 수가 없다. 따라서 코코와 의사소통할 때 연구자들은 비언어적 표현 방법(예: 수화)을 이용해야만 했다. 하루는 코코가 통증을 나타내는 수화를 보내며 입을 가리켰다('Koko the Gorilla', 2004). 치과 의사를 불러 검진한 결과 코코의 이빨 중 하나가 썩어 있는 것으로 드러났다. 의사는 그 이빨을 제거하여 코코의 고통을 덜어 주었다.

코코는 사람들과 의사소통할 수 있었다. 그렇다면 코코는 언어를 사용하는 것일까? 1960년대 가드너 부부(Beatrice & Allen Gardner)는 와슈라는 이름을 가진 침팬지를 훈련시켜 160개 정도의 기호를 사용할 수 있게 하였다. 그중에는 '사과', '간지

[그림 7-12] 프리맥의 연구에 이용됐던 재료

럼', '꽃', '더 많은'을 나타내는 기호도 들어 있었다(R. A. Gardner & Gardner, 1969, 1978). 와슈는 이들 기호를 조합하여 '더 많은 과일', '꽃을 내게 줘'와 같은 간단한 어구를 만드는 법도 배웠다. 와슈는 기호를 사용할 때 주어와 목적어의 위치를 바꾸기도 했다. 주어와 목적어의 위치가 바뀌면 의미가 변한다는 사실을 감안하면, 와슈는 기본적인 문법을 준수하는 것 같았다. 예컨대, 훈련사가 자기를 간지럽게 해 주기를 바랄 때는 'You tickle Washoe'라는 신호를 보냈는데, 자기가 훈련사를 간지럽히고 싶을 때는 'Washoe tickle you'라는 신호를 보냈다(Gardner & Gardner, 1978).

개념 7-19

언어를 이용한 의사소통 능력이 인간의 전유물인가라는 질문에 대한 확고한 답은 아직도 정해지지 못한 상태이다.

데이비드 프리맥(David Premack)은 인공언어를 개발하였다. 크기와 색깔과 모양이 다른 플라스틱 칩을 만들어 각각 다른 단어를 나타내도록 했다([그림 7-12] 참조). 도구적 조건 형성에 이용된 조형과 강화 기법을 이용해 세라라는 침팬지에게 의사소통 방법을 훈련시켰다. 이 훈련에서는 칩을 자석판 위에 배치하는 방법은 가르쳤다. 세라는 간단한 문장을 만들 수 있게 되었다. 예를 들어, 여러 개의 칩을 적절하게 배열하여 'Mary give apple Sarah'라는 문장을 만들어 내기도 했다(Premack, 1971).

© Courtesy of Sue Rumbaugh

이 그림에서 캔지가 보여 주는 것처럼 영장류가 자판 위의 기호를 조작하는 능력이 인간의 언어능력과 같은지는 아직도 미해결 문제로 남아 있다.

유인원의 의사소통을 보여 주는 가장 놀라운 사례는 캔지라는 작은 침팬지일 것이다(Savage-Rumbaugh, Shanker, & Taylor, 1998; Shanker & Savage-Rumbaugh, 1999). 캔지의 어미에게는 자판 위의 기하학적 기호를 눌러서 의사를 전달하도록 훈련시켰다. 그러나 캔지 자신은 아무런 훈련을 받지 않았다. 캔지는 어미가 받은 훈련을 관찰하여 자판을 이용한 의사소통 시스템을 배운 게 분명했다. 두 살이 되자 캔지는 사육사를 놀라게 했다. 갑자기 자판의 기호를 조작하여 특정 과일을 자기에게 가져다 달라는 신호를 보냈던 것이다. 여섯 살이 되어서는 캔지는 의사소통에 약 200개의 기호를 이용할 수 있었다.

© namatae/Shutterstock.com

과학자들은 영장류에서 흔히 이용되는 의사소통 도구인 제츠처가 초기 인간의 언어 발달의 출발점일 수 있다고 생각한다.

그렇다면 유인원도 언어를 학습하여 사용할 수 있다고 해야 하지 않을까? 그러나 위에서 소개된 와슈와 세라 등 여러 유인원이 배운 것은 인간의 언어를 구성하는 복잡한 문법과 형태소가 아니라 보상받은 제스처와 반응뿐이라는 것이 비판자들의 주장이다(Pinker, 1994; Terrace, 2005). 'me cookie'라는 신호를 보내는 유인원은 먹이를 얻기 위해 일련의 반응을 이행하는 비둘기와 다르지 않다는 생각이다. 아마 유인원도 언어를 사용할 수 있느냐라는 문제의 답은 언어를 어떻게 정의하느냐에 따라 달라질 것이다. 언어를 정의할 때 기호를 사용한 의사소통을 포함시킨다면 유인원은 물론 다른 동물도 언어를 사용할 수 있다고 할 것이다. 그러나 언어에 대한 정의에서 복잡한 구문 및 문법적 구조를 강조한다면 언어를 사용할 수 있는 존재는 인간뿐일 것이다. 캔지와 다른 유인원의 언어에는 아이들이 성장하며 자연적으로 터득하게 되는 복잡한 형태가 아니라 영아나 유아가 사용하는 것과 유사한 원시적 형태의 문법이 포함되어 있다고 말할 수도 있다(Seyfarth & Cheney, 2003).

그렇다 하더라도 인간 언어의 근원을 찾아내는 단서가 유인원의 의사소통에 있을 것이라는 게 과학자들의 생각이다(Pollick & de Waal, 2007). 유인원은 손을 이용한 제스처를 자주 사용하는데, 과학자들은 바로 이것이 인간 언어 발달의 시발점으로 작용했을 것이라고 믿는다(Tierney, 2007; Wade, 2007). 인간도 입으로 말하는 법을 배우기 전에 손으로 말하는 법을 배웠을 수 있다(Wargo, 2008). 아직도 사람들은 자기가 한 말을 강조하고 싶을 때 손을 사용한다.

2 단원 복습 언어

되새겨 봅시다

언어의 주요 구성 요소는?

➤ 언어를 구성하는 주된 요소에는 음소(소리의 기본 단위), 형태소(의미의 기본 단위), 구문규칙(문법을 구성하는 규칙으로 문장이나 구가 의미를 갖기 위해서는 그 구성 요소인 단어가 어떻게 배열되어야 하는지를 규정한다.) 그리고 의미규칙(단어의 의미를 지배하는 일군의 규칙)이 있다.

언어는 어떻게 발달하는가?

➤ 언어학자 Noam Chomsky에 따르면, 언어의 발달은 인간의 뇌에 장착된 선천적 기제에 의해 결정된다.

➤ 언어 발달에는 다른 사람들이 하는 말을 듣는 것도 필요하다. 때문에 언어의 발달은 선천적 요인과 후천적 요인 둘 모두에 의해 결정된다.

언어 상대성 가설이란?

➤ Whorf의 가설로 알려지기도 한 이 가설의 원본에서는 우리가 생각을 하고 세상을 지각하는 방식은 우리가 사용하는 언어에 의해 결정된다고 주장한다. 그런데 연구 결과는 이 주장을 지지하지 못했다. 하지만 이 가설을 다소 약화시킨 '문화와 언어가 사고에 영향을 미치기도 한다.'라는 주장은 여러 가지 증거와 일치한다.

인간이 아닌 동물도 언어를 사용할 수 있을까?

➤ 침팬지와 고릴라 등을 대상으로 실시한 연구 결과, 이들 영장류는 아주 초보적인 형태의 의사소통 방법(예: 기호를 조작하여 먹을 것을 요구하는 방법)은 배울 수 있었다. 그러나 이러한 의사소통 기능이 인간의 언어구사 능력과 대등한지는 분명하지가 않다.

점검해 봅시다

1. 단어와 구와 문장의 적절한 사용을 규정하는 일군의 규칙을 ________(이)라 한다.

① 언어 ② 문법
③ 문화적 결정주의 ④ 구문규칙

2. 특정 언어에서 사용되는 소리의 기본 단위를 ________(이)라 한다.

① 음소 ② 의미
③ 형태소 ④ 문법

3. 우리가 사용하는 언어에 의해 우리가 생각하고 세상을 지각하는 방식이 결정된다는 믿음을 __________ 가설이라 한다.
4. 유인원에게 미국 수화를 가르친 이유는
   ① 연구자들이 이 보편적 언어를 사용하기로 동의했기 때문이다.
   ② 수화 학습이 입으로 하는 말을 학습하는 것보다 쉽기 때문이다.
   ③ 유인원한테는 사람 말소리를 내는 데 필요한 발성장치가 없기 때문이다.
   ④ 기본적 욕구를 주고받는 데는 말보다 수화가 더 효과적이기 때문이다.

생각해 봅시다

➤ 우리가 일상적으로 사용하는 언어에서는 성 차별이 어떤 식으로 나타나고 있나?
➤ 기호 사용법을 배운 침팬지는 언어를 통한 의사소통을 할 수 있는 것일까? 그렇게 생각하는 이유는 무엇인가?

지능

3 단원

- 지능이란 무엇이며, 어떻게 측정될까?
- 좋은 지능검사란 어떤 검사일까?
- 지능검사가 오용되는 보기를 몇 가지만 든다면?
- 주요 지능 이론을 몇 가지만 소개하면?
- 지능을 결정하는 건 유전일까? 환경일까?

심리학에서 다루는 주제 중 지능만큼 많은 논쟁을 유발한 주제는 없다. 지능을 어떻게 정의하고 측정할 것인지, 지능을 결정하는 요인이 무엇인지, 지능이 인종에 따라 차이가 나는지, 차이가 난다면 그 원인은 무엇인지 등을 두고 심리학자들은 오랜 논쟁을 벌여 왔고, 아직도 그 논쟁은 계속되고 있다.

1. 지능이란?

지능이란 무엇을 일컫는 용어일까? 책이나 학교에서 지식을 습득하는 능력일까? 아니면 삶의 역경을 효과적으로 극복하는 능력일까? 그것도 아니면 문제해결 능력일까? 환경의 요구에 적응하는 능력일까? 지능에는 이들 모두와 다른 능력까지 포함된다는 것이 심리학자들의 생각이다. 지능에 대한 정의는 다양하지만 환경의 요구에 적응하는 능력은 모든 정의에 핵심으로 등장한다. 아마도 가장 널리 이용되는 정의는 심리학자 데이비드 웩슬러(David Wechsler, 1975)가 내린 정의일 것이다. "지능이란 목표 지향적으로 활동하고 합리적으로 생각하며 환경을 효과적으로 다루는 각자의 총체적 역량이다."

일부 학자는 지능에도 여러 가지가 있다고 믿는다. 여러 학자가 내놓은 지능 이

지능: 명료하게 생각하고 추리하며 목적 지향적으로 행동하고 주변 환경에 적응하고 자신의 목적을 추구하는 일을 효과적으로 해 낼 수 있는 역량

개념 7-20

지능에 대한 정의는 이론가에 따라 다르지만, 널리 이용되는 정의에서는 지능을 목표 지향적으로 행동하고 합리적으로 생각하며 환경을 효과적으로 다룰 수 있는 재능으로 간주한다.

➔ 개념 링크 어떤 이론가들은 정서를 인식하고 관리하는 능력도 이른바 정서지능이라는 지적 능력의 일종이라고 생각한다.

론을 탐구하기 전에 현대판 지능검사의 본질과 지능의 극단적인 사례부터 고려해 보기로 하자.

© Bettmann/CORBIS

알프레드 비네

2. 지능은 어떻게 측정될까

알프레드 비네(Alfred Binet)는 1904년 프랑스 파리의 교육당국으로부터 정규 교육과정의 요구를 충족시킬 수 없어 특수교육을 필요로 하는 아동을 선별할 방법을 개발해 달라는 요청을 받았다. 오늘날에는 이런 아동을 학습장애 아동 또는 경도 지적 장애아동으로 소개한다.

아이들의 정신능력을 측정하기 위해 비네가 동료 테어도르 시몽(Théodore Simon)과 함께 개발한 지능검사는 기억 과제와 기타 간단한 과제로 구성되어 있었다. 이 간단한 과제는 아이들이 일상에서 만나게 되는 동전 세기 같은 과제였다. 1908년 비네와 시몽은 과제의 난이도를 나이에 따라 조절하여 등급을 매기기로 했다. 다시 말해, 특정 나이의 아동이라면 모두가 성공적으로 수행할 수 있어야 하는 과제를 만들었다. 나이에 따라 성공적으로 수행할 수 있는 과제를 달리했다는 뜻이다. 특정 아동에 대한 검사는 가장 어린 나이에 맞추어 제작된 과제부터 시작되었다. 과제의 난이도를 차츰차츰 높여 가다 그 아이가 주어진 과제를 수행할 수 없는 지점에서 멈추었다. 그러고는 그 아이가 완수하지 못한 과제의 바로 아래 과제를 완수할 수 있는 아이들의 나이를 찾아 그 아이의 정신연령(metal age)으로 간주했다.

정신연령: 특정인의 지적 능력을 나타내는 나이로, 이 나이는 동년배의 지적 능력 평균을 기준으로 산정됨

비네와 시몽은 검사받은 아이의 정신연령에서 역연령(chronological age, 실제 나이)을 제함으로써 그 아이의 지능을 계산했다. 실제 나이에 비해 정신연령이 많이 낮은 아이가 특수교육을 받아야 할 아이로 간주되었다. 1912년에는 독일 심리학자 빌리암 슈테른(William Stern)이 지능을 계산하는 새로운 방식을 제안했다. 슈테른은 정신연령을 역연령으로 나누어 '정신지수'를 산출하였다. 그 후, 정신지수에다 100을 곱해 소수점을 없앤 값을 지능지수(intelligence quotient: IQ)라 했다. 지능지수를 정신연령(MA)과 역연령(CA)을 이용해 계산하는 공식은 다음과 같다.

개념 7-21

비네와 시몽은 오늘날에도 사용되고 있는 방식의 지능검사를 개발하였다. 이들의 연구는 지능지수(IQ)라는 개념으로 이어졌다.

지능지수(IQ): 지적 능력을 나타내는 값으로 정신능력 검사 점수로 산정된 정신능력을 피검자의 역연령으로 나누어 계산하거나 동년배 집단의 규준에서 피검자의 편차점수를 산출하여 계산함

$$IQ = \frac{MA}{CA} \times 100$$

이 공식에 따르면, 정신연령이 10세이고 역연령이 8세인 아동의 IQ는 125(10÷8=1.25×100=125)가 된다. 그리고 정신연령이 10세이고 역연령이 12세인 아동의 IQ는 83(10÷12=.8333×100=83)이 된다.

비네의 뒤를 이은 연구자들은 프랑스 학생들 이외의 집단에 사용될 수 있는 지능검사를 개발하기 시작했다. 지적 장애아동이 다니는 학교의 연구 책임자였던 헨리 고다드(Henry Goddard, 1865~1957)는 비네-시몽 검사를 미국으로 가져와 영어로

번역하여 미국 아동용 검사로 이용하였다.

제1차 세계 대전 동안 미국 육군에서는 수백만 명의 지원자를 선별하기 위해 집단 지능검사를 개발하였다. 거의 같은 시기에 스탠퍼드 대학교 심리학자 루이스 터먼(Lewis Terman, 1877~1956)은 비네-시몽 검사를 받아들여 미국인용으로 개발하였다. 자신이 만든 여러 개의 문항을 첨가하고 준거를 설정하여 각 개인의 점수를 모집단의 점수와 비교할 수 있게 만들었다. 이렇게 개정된 검사가 스탠퍼드-비네 지능검사라는 이름으로 1916년 처음 발행되었다.

준거: 특정인의 점수를 그 검사를 받은 다른 사람들의 점수와 비교할 때 이용되는 기준

스탠퍼드-비네 지능검사는 아직도 아이들과 어린 성인들의 지능 측정용으로 흔히 쓰이고 있다. 그러나 오늘날 미국과 캐나다에서는 데이비드 웩슬러(1896~1981)가 개발한 지능검사가 가장 널리 이용되고 있다. 웩슬러는 학령 전 아동용, 학령기 아동용, 성인용 지능검사를 개발하였다(웩슬러 성인용 지능검사는 이제 제4판 WAIS-IV이 보급되고 있다.). ([그림 7-13] 참조). 웩슬러는 편차 IQ 점수라는 개념을 소개하였다. 편차 IQ는 정신연령과 역연령을 이용해 계산된 점수가 아니다. 검사받은 사람의 점수가 동년배 집단의 평균 점수로부터 떨어진 정도(이를 편차점수라 함)를 기초로 계산된 점수이다. 웩슬러 지능검사는 평균 점수 100을 기초로 표준화되어 있다. 지금은 스탠퍼드-비네 지능검사도 편차점수를 이용하여 IQ를 계산한다.

개념 7-22

스탠퍼드 지능검사와 웩슬러 지능검사는 오늘날 이용되는 주요 지능검사에 해당한다.

하위 검사별 표본 문항

이해

왜 사람들은 교통법규를 지켜야 하는가?

'일찍 일어나는 새가 벌레를 잡는다.'는 말의 의미는?

어휘

'앙증맞다'의 의미는 무엇인가?

산수

종호가 사고 싶은 셔츠의 가격은 31,500원인데 가진 돈은 17,000원뿐이다. 얼마가 더 있어야 종호는 자기가 원하는 셔츠를 살 수 있는가?

유사성

집게와 풀의 닮은 점은 무엇인가?

숫자 폭

다음 숫자를 잘 듣고 들었던 순서대로 말해 보라.

6 4 5 2 7 3

다음 숫자를 잘 듣고 들었던 것과 반대 순으로 말해 보라.

9 4 2 5 8 7

문자-숫자 배열 과제

다음 숫자와 문자를 잘 듣고 다음과 같이 말해 보라. 먼저 숫자를 작은 것부터 큰 것 순으로 말한 후, 문자는 알파벳 순서대로 말해 보라.

S-2-C-1

그림 완성 과제

왼쪽 카드를 조합하여 오른쪽 도형을 만들어 보라.

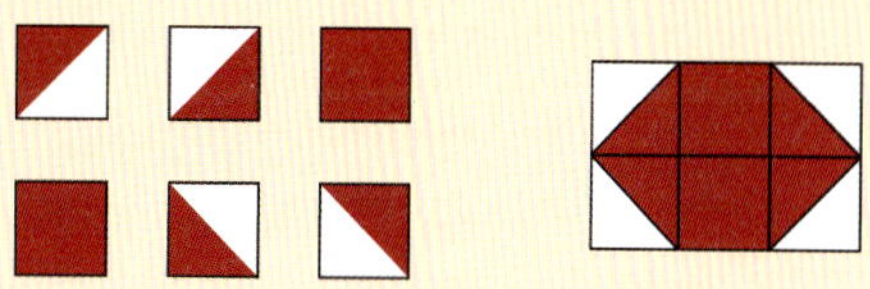

[그림 7-13] 성인용 지능검사에 있는 것과 비슷한 검사 문항

3. 좋은 지능검사의 특징

개념 7-23

다른 모든 심리검사와 마찬가지로, 지능검사도 그 결과가 우리에게 확신을 주기 위해서는 표준화되고 신뢰롭고 타당해야 한다.

다른 모든 심리검사처럼 지능검사 역시 표준화되어야 하고 타당하고 신뢰할 수 있어야 한다. 이들 준거를 충족시키지 못하는 검사는 그 결과를 확신할 수 없다.

1) 표준화

표준화: 검사의 규준을 설정하는 과정으로, 이는 표준화 표본이라고 하는 많은 사람들을 대상으로 그 검사를 실시하는 과정을 거쳐야 함

표준화(standardization)란 특정 검사의 규준을 설정하는 과정을 일컫는다. 이 과정에는 표준화 표본 집단에 속하는 수많은 사람을 대상으로 검사를 실시하는 작업이 포함된다. 표준화 표본은 잠재적 검사 대상 모두를 대표할 수 있어야 한다. 앞서 언급했듯이 규준이란 특정인의 수행 수준을 다른 사람들의 수행 수준과 비교할 때 이용되는 기준 또는 준거에 해당한다. 갑이라는 사람이 특정 지능검사에서 얼마나 잘했는지는 갑의 검사 점수를 표준화 표본 속 동년배 집단의 규준과 비교함으로써 결정된다.

앞서도 언급했듯이, IQ 점수는 검사받은 사람의 점수가 동년배의 모든 사람을 위해 설정된 규준(즉, 평균점수 100)에서 떨어진 정도, 즉 편차점수를 기초로 계산된다. IQ 점수는 평균점수 100점을 중심으로 모든 IQ 점수의 약 2/3가 85점과 115점 사이에 떨어지도록 분포되어 있다. [그림 7-14]를 보면, IQ 점수가 흩어져 있는 모습이 종 모양의 곡선을 그리고 있다. 점수가 아주 높은 사람도 또 아주 낮은 사람도 많지 않고, 대다수 사람의 점수가 분포의 중앙에 모여 있다.

표준화에는 검사 점수를 정확하게 이용하려면 검사를 실시할 때 정해진 절차를 그대로 따라야 한다는 의미도 들어 있다.

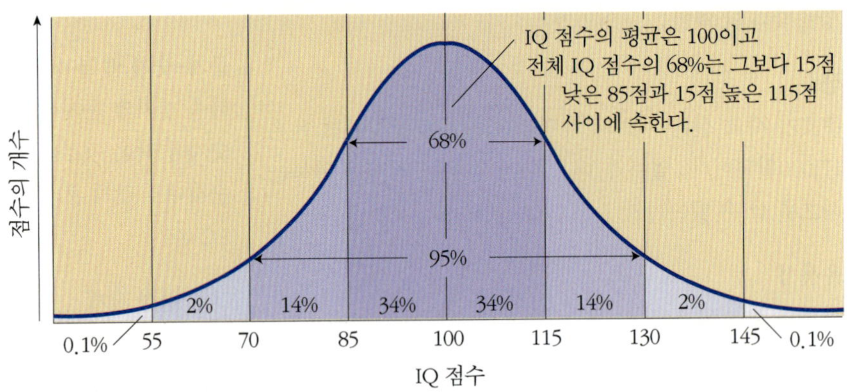

[그림 7-14] IQ 점수의 정규분포

IQ점수의 평균은 100이고, 그보다 15점 낮은 85점과 15점 높은 115점 사이에는 전체 IQ 점수의 약 68%가 분포되어 있다. 백분율(%)은 반올림된 값이다.

2) 신뢰도

신뢰도(reliability)란 검사 점수의 일관성을 일컫는다. 체중계에 올라설 때마다 동일인의 몸무게가 달라진다면 아무도 그 체중계를 믿으려 하지 않을 것이다. IQ 검사도 마찬가지이다. 같은 사람이 동일 검사를 치렀는데 한 번은 135점, 그다음 날에는 75점, 셋째 날에는 105점이 나왔다면, 누가 그 검사를 믿겠는가? 신뢰도가 높은 검사는 시간이 지나도 비슷한 결과를 내놓는 검사이다. 검사의 신뢰도를 평가하는 방법 중 하나는 검사-재검사법이다. 동일인이 길지 않은 간격을 두고 동일한 검사를 두 번 받아 보는 방법이다. 검사 문항에 대한 친숙성 때문에 검사 점수가 달라질 수 있기 때문에 하나의 검사를 둘(예: 홀수 문항을 검사 1로, 짝수 문항을 검사 2로)로 나누거나 두 개의 비슷한 검사를 만들어 실시하기도 한다.

신뢰도: 사람들의 검사 점수가 시간이 지나도 크게 달라지지 않는 정도 또는 안정성

3) 타당도

타당도(validity)란 검사가 원래 측정하고자 했던 것을 측정하는 정도를 일컫는다. 신뢰도가 높다고 타당도도 높은 건 아니다. 신뢰도는 높아도 타당도는 낮을 수 있다. 머리의 크기를 측정하는 검사는 신뢰할 수 있다. 측정할 때마다 같은 결과를 산출할 것이기 때문이다. 하지만 이 검사가 타당한 지능검사는 될 수 없다. 타당도에도 여러 가지가 있다. 그중 하나인 예측 타당도는 검사 점수가 미래의 행동 또는 수행 수준을 정확하게 예측하는 정도를 일컫는다. IQ 검사는 학업성취도와 SAT나 GRE 같은 학업적성검사에 대한 예측 타당도가 매우 높다(Neisser et al., 1996; Wadsworth et al., 1995). 뿐만 아니라 IQ로 장기적 건강 및 수명까지도 예측할 수 있는 것으로 드러났다. 아마 IQ가 높을수록 건강한 행동을 배우고 실행하는 데 필요한 문제해결 및 학습 기술을 갖추는 경향이 강하기 때문일 것이다(Gottfredson & Deary, 2004).

타당성(도): 검사가 그것이 원래 측정하고자 했던 것을 측정하는 정도

4) 지능검사의 오용

근대판 지능검사의 창시자인 비네조차도 지능검사가 오용될 가능성을 걱정했다. 지능검사 점수가 낮다는 이유로 교사나 학부모들이 아이들에 대한 희망이나 관심을 버리고 기대를 낮게 설정할 수 있다. 그렇게 되면 그 낮은 기대감은 자기충족적 예언(self-fulfilling prophecies)을 불러일으킬 것이다. 마치 '바보'라는 딱지가 붙은 아이들이 스스로를 포기하는 바람에 낙제생이 되듯 말이다.

IQ 점수를 지나치게 강조할 때도 오용은 발생한다. 지능검사 점수로 장래 학업성취도를 예측할 수는 있다. 하지만 그 예측은 완벽하지 않다. 따라서 IQ 점수가 아이들을 특수교육 프로그램을 받게 해야 한다는 결정의 유일한 근거가 되어서는 안 된다. IQ가 낮아도 정규 수업에서 더 많은 혜택을 받는 아이도 있기 때문이다. 그러므로 배치 결정은 아이들의 지능검사 점수뿐 아니라 그들의 언어적 배경과 학교 환경에 적응하는 능력까지 고려하는 포괄적인 평가를 기초로 이루어져야만 한다.

개념 7-24

지능검사는 다음과 같은 조건에서 오용된다. ① 점수가 낮은 아이들에게 선천적으로 무능하다 또는 열등하다는 딱지를 붙일 때, ② IQ 점수를 지나치게 중요하게 생각할 때, ③ 검사의 문화적 편파 때문에 아이들이 불이익을 받을 때

문화-공평 검사: 문화에 따른 편파에서 자유로울 수 있도록 고안된 검사

지능검사는 소수 문화권 아동에게 불리한 검사일 수 있다. 문화적 배경에 따라 표준 IQ 검사에서 평가하는 정보(예: 유명 인사에 대한 지식)를 접해 본 적이 없는 아동들이 있을 수 있다. 이러한 문화적 편파를 제거하기 위해 제작된 문화-공평 검사도 더러 있다. 이들 검사는 시각-공간 능력과 추리 기능 등을 측정하는 비언어적 과제로 구성되어 있다. 그런데도 이것은 널리 이용되지 않고 있는데, 그 주된 이유는 이들 검사의 학업성취도 예측능력이 표준 IQ 검사보다 떨어지기 때문이다. 이런 일이 벌어질 수밖에 없는 이유는 미국 등 서구 국가에서는 학업 성적의 대부분이 언어 기능과 지식 습득 기능에 의해 결정되는데, 이들 기능이 표준 IQ 검사에 제대로 반영되어 있기 때문이다. 또한 문화의 영향을 받지 않는 순수한 IQ 검사 개발이 실질적으로 불가능할 수도 있다. 왜냐하면 지능을 정의하는 기능(skills)이 검사가 개발되는 곳의 문화적 가치에 따라 달라지기 때문이다(Benson, 2003). 뿐만 아니라 같은 문화권 내 모든 사람의 시험 치는 기술이 같거나 검사에 이용된 재료에 대한 친숙성이 동일하다고 가정해서도 안 된다. 따라서 우리는 기껏해야 문화에 따를 편파를 줄인 검사를 개발할 수밖에 없고 문화적으로 완전히 공정한 검사를 개발할 수는 없다(Sternberg & Grigorenko, 2008).

4. 지능의 극단: 지적 장애와 영재

지적 장애: 지적 및 사회 기술에서 발견되는 일반적인 결함 또는 장애

IQ 점수가 낮다는 사실만으로 지적 장애(지적 및 사회적 기술 발달이 전반적으로 더딘 것을 주 특징으로 하는 심리적 장애)라는 판단을 내리는 것은 옳지 않다. IQ 점수가 약 70점 이하인 점 이외에도 자기 연령대의 실생활 과제도 성공적으로 처리할 수 없어야 지적 장애로 간주된다. 그리고 지적 장애 아동이 필요로 하는 교육 및 도움은 지체의 심각성에 따라 결정된다.

개념 7-25

지적 장애로 분류된 사람들 중 대부분은 기본적인 읽기와 산술을 배울 수 있고, 독립적인 생활을 할 수 있는 기능을 학습할 수 있으며 생산적인 일을 수행할 수도 있다.

〈표 7-1〉은 지적 장애의 정도에 따른 학령기 아동의 능력 차이를 보여 준다. 지적 장애아의 대부분(85%)은 지적 장애의 정도가 별로 심하지 않으며 읽기와 산수 문제 풀기 같은 기본적인 교육 문제는 소화해 낼 수 있다. 지체가 심하지 않은 아이들 중에는 정규반에 배치되는 아이도 많다. 장애아동의 차별교육 철폐론을 따르고 있는 것이다. 지적 결함이 심한 아이들은 보다 지지적인 프로그램을 필요로 하는데, 이런 프로그램에는 특별 시설에 배치하여 적어도 지역사회 내에서 제약이 심하지 않은 조건에서 생활할 수 있을 때까지 그곳에서 생활하게 한다.

차별교육 철폐: 특별한 관심을 필요로 하는 아이들을 일반 학생들과 같은 교실에 배치하는 일

지적 장애는 생물적 요인에 의해서도, 또 환경적 요인에 의해서도 유발된다(Canfield et al., 2003). 생물적 요인에는 유전병이나 염색체 장애, 뇌손상, 납 노출 등이 꼽히고, 가장 흔한 환경 요인으로는 부모와 자식 간 언어적 상호작용 결핍 그리고 지적 활동을 자극하는 놀이 결핍 같은 가족적 환경의 박탈이 꼽힌다.

지능이 높은 쪽(대개는 130 이상) 사람은 영재로 분류된다. 이런 부류의 아이들은 표준 교육 프로그램보다 진도를 빨리 나가기 위해 많은 자극을 제공하는 교육 프로

〈표 7-1〉 지적 장애의 정도와 학령기 아동의 능력

지적 장애의 정도(IQ 범위)	사례의 비율	아동의 능력
가벼움(50~70)	85%	6학년 수준의 읽기와 셈하기 학습 가능, 나중에는 비교적 독립적 생활도 가능하여 생산적 일에 종사할 수 있음
중간(35~49)	10%	단순한 의사소통 기술 및 수작업 기술 학습 가능, 그러나 읽기와 셈하기 기술 습득은 어려움
심각(20~34)	3~4%	기본적 말하기 가능, 감독하에서 반복적인 과제 학습은 가능할 수도 있음
극심(20 이하)	1~2%	발달의 모든 영역에서 극도의 지연. 그러나 일부는 감독하에서 단순 과제를 학습할 수도 있음

출처: American Psychiatric Association (2000)에서 수정.

그램에서 더 큰 혜택을 받을 수 있다. 오늘날에는 IQ 점수가 높은 아이들뿐 아니라 음악이나 미술 같은 분야에 특별한 재능을 가진 아이도 영재로 간주된다. 영재 아동 중에는 훈련을 많이 받은 성인만큼 악기를 잘 연주하는 아이들도 있고 또 대수 문제를 푸는 아이도 있다.

지적으로 특출한 아이에 대한 체계적인 연구를 시작한 사람은 스탠퍼드-비네 지능검사를 개발한 루이스 터먼이었다. 그가 연구한 지적 영재 아동—원래는 이들을 '어린 천재들'이라 불렀다—중 많은 아이가 성공적인 중역 및 전문가로 성장했고 90권의 책을 저술하고 100개 이상의 특허를 보유한 것으로 기록되었다(Feldhusen, 2004). 그러나 그 집단 내 다른 아이들은 그들의 지적 잠재력에 미치지 못하는 일을 하고 있는 것으로 드러났다. 성취 수준이 낮은 사람들에 비해 성취 수준이 높은 사람들은 목적 달성에 필요한 끈기와 탁월성을 추구하는 욕망이 더 강했던 것으로 밝혀졌다. 우리는 여기서 성공에는 지능의 기여도가 클 수는 있어도 지능만으로는 성공이 보장되지 않는다는 교훈을 배운다.

5. 지능 이론

지능은 하나의 일반적 능력으로 구성된 것일까, 아니면 여러 가지 상이한 능력으로 구성된 것일까? 지능에도 여러 가지 유형이 있거나, 아예 다른 지능이 여럿 있는 것은 아닐까? 학자들은 현대 심리학 발달의 전 과정을 통해 이러한 질문에 답을 내기 위해 노력해 왔다. 아마 그러한 노력을 경주한 학자들의 수만큼 그 답(즉, 지능 이론)도 많을 것이다. 다음에서는 그들 중 몇 가지만 살펴보기로 한다.

개념 7-26
심리학자들은 지능검사가 처음 소개된 이후 줄곧 지능의 본질에 대한 논쟁을 계속하고 있다.

1) 스피어먼의 'g': 일반적 인지 능력을 찾아

영국 심리학자 찰스 스피어먼(Charles Spearman, 1863~1945)은 정신 능력을 측정하는 검사 중 한 가지 검사의 점수가 높은 사람은 다른 검사에서도 점수가 높게 나타는 경향을 발견했다(Spearman, 1927). 이 발견을 기초로 그는 정신 과제를 잘 수행하게 하는 지능이라는 일반적 요인이 있다는 확신을 가지게 되었고, 그 일반적 요인(지능)에다 'g'라는 명칭을 붙였다. 그러나 그는 지능이 'g'만으로 구성된 게 아니라고 생각했다. 각각의 검사 수행에 기여하는 구체적인 능력도 있다고 믿었던 것이다. 예를 들어, 산술검사 점수는 일반적 지능과 구체적인 수리능력의 두 가지에 의해 결정된다고 생각했다. 스탠퍼드-비네 검사나 웩슬러 검사 같은 지능검사는 스피어먼이 말하는 일반적 지능 'g'를 측정하기 위해 개발되었다.

일차적 정신 능력: 서스톤이 생각했던 일곱 가지 기본적인 정신 능력으로 그는 우리의 지능이 이들 능력으로 구성된다고 믿었음

2) 서스톤의 일차적 정신 능력: 둘이 아닌 일곱 개의 요인

서스톤(Louis L. Thurstone, 1887~1955)은 'g' 같은 하나의 지배적인 요인으로는 지능을 설명할 수 없다고 믿었다. 그는 인간의 지능을 구성하는 것은 일곱 가지 기본 능력—언어 이해력, 산술 능력, 기억력, 귀납적 추리력, 지각 속도, 언어 유창성, 공간관계 파악 능력—이라고 생각했다(Thurstone & Thurstone, 1941). 서스톤도 'g'의 존재를 부정하지는 않았지만, IQ 점수 하나로는 지능을 제대로 평가할 수 없다고 믿었다. 서스톤 부부는 지능을 구성하는 것으로 생각되는 일곱 가지 기본 능력을 측정하기 위해 일차 정신 능력검사(Primary Mental Abilities Test)를 개발하기도 했다.

개념 7-27

IQ 검사는 스피어먼이 제안한 일반지능 또는 'g'라는 개념을 측정하기 위해 개발되었지만, 서스톤 같은 이론가는 지능이 일반적인 IQ 검사로는 측정할 수 없는 다양한 지적 능력으로 구성된다고 믿었다.

3) 가드너의 다중지능 모형

다중지능: 상이한 지적 행동의 배후에는 별개의 지능이 관여하고 있다고 주장하는 가드너의 지능 이론

심리학자 하워드 가드너(Howard Gardner, 1943~)는 '지능'이라는 하나의 실체가 존재한다는 견해를 수용하지 않았다. 그보다 다중지능(multiple intelligence)이라고 하는 상이한 유형의 지능이 존재한다고 믿었다. 그런 유형으로 가드너는 여덟 가지 지능(언어, 논리-수학, 음악, 공간, 신체운동, 대인관계, 자기이해, 자연탐구 지능)을 꼽았

〈표 7-2〉 가드너의 다중지능

지능의 유형	특징	지능이 높은 집단
언어	언어구사 능력	작가, 시인, 대중연설가
논리-수학	수리, 계산, 논리적 사고력	과학자, 공학자, 컴퓨터 프로그래머
음악	음악 분석, 작곡, 연주 능력	음악가, 가수, 작곡가
공간	공간관계 지각 및 공간 내 물체 배치 능력	화가, 건축가, 조각가
신체운동	신체운동 통제 능력과 손재주	댄서, 운동선수, 경주용 자동차 운전자, 정비/수리공
대인관계	타인과 잘 어울리고 타인의 기분과 동기를 이해하는 능력	산업 경영자, 정치 지도자, 유능한 감독
자기이해	자기 자신의 느낌 및 행동을 이해하는(자기지각) 능력	심리적 적응력이 뛰어난 사람
자연탐구	동식물 등 자연 상태의 물체 및 형태 지각 능력	식물학자, 생물학자, 동식물 연구원

다(H. Gardner, 1993, 1998). (〈표 7-2〉와 [그림 7-15] 참조). 이들 각각은 상호 독립적 지능이라는 것이 그의 믿음이었다. 이들 중 일부 능력은 뛰어나도 다른 능력은 보잘것없을 수 있다는 뜻이다. 다시 말해, 언어적 지능은 높아도 수리나 음악 또는 공간 능력은 낮은 사람도 있다. 그리고 어떤 사람은 대인관계 기술(대인관계 지능)이 뛰어나지만 수리-논리적 과제를 다루는 기술은 보통 이하일 수 있다.

개념 7-28

가드너의 다중 지능 모형에 따르면, 지능에는 여러 가지가 있고 각각의 지능은 상이한 유형의 과제를 수행할 때 운용된다.

가드너의 모형은 특히 교육 현장에 막대한 영향을 미쳤다. 오늘날 많은 학교에서는 언어 및 수리 능력 개발을 넘어 구체적인 지능 함양을 위해 노력하고 있다. 그러나 그 모형에 대한 비판도 많다. 그 모형으로는 이들 갖가지 지능이 서로 상호작용하는 방식을 설명하지 못한다는 비판이다. 대부분의 인지 활동은 특정 유형의 지능 하나가 아니라 여러 지능의 상호작용으로 전개된다. 예컨대, 다른 사람들과 잘 어울리는 능력(즉, 자기이해 지능)은 자신을 효과적으로 표현할 수 있는 언어 구사력(언어 지능)이 있어야 제대로 발휘된다.

또한 지능을 왜 여덟 가지로 나누어야 하는지 그 이유도 분명하지 않다. 여덟 가지 이상 또는 그 이하이면 안 되는 것일까? 음악 지능은 있는데 왜 요리 지능 또는 실용적 지능은 없는 것일까? 현재까지의 증거를 종합하면, 지능 중 일부 유형(예: 신체운동 지능)은 독특한 능력으로 간주된다. 하지만 나머지의 서로 간 관계는 다중지능 모형이 주장하는 것보다 훨씬 밀접한 것 같다(Visser, Ashton, & Vernon, 2006). 또한 한 영역(예: 언어 지능)에서 뛰어난 사람 중에는 수리 및 논리 기능에도 뛰어난 사람도 많다는 사실도 기억해야 할 것이다.

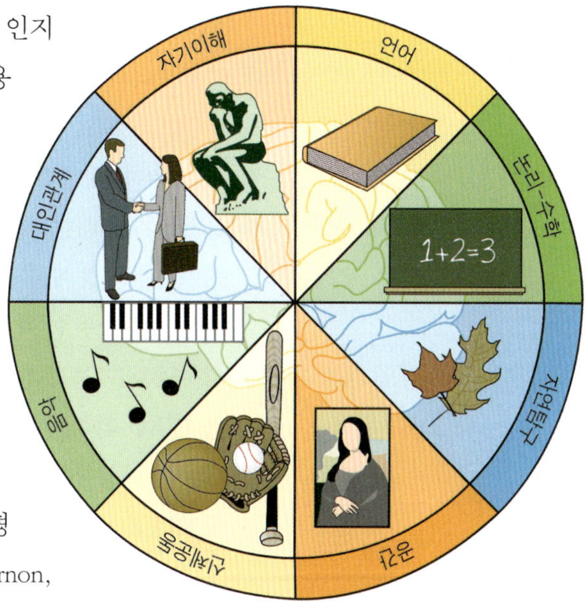

[그림 7-15] 가드너의 다중지능 모형

4) 스턴버그의 3원 이론

가드너가 상이한 유형의 지능에 집중하고 있을 때, 로버트 스턴버그(Robert Sternberg, 1949~)는 일상생활 속 문제해결에 우리가 가진 지능의 다양한 측면이 어떻게 이용되는지에 집중했다. 스턴버그(1997b)는 지능에는 분석적 · 창의적 · 실용적 측면이라고 하는 세 가지 측면이 있다고 주장하는 지능의 3원 이론(triarchic theory of intelligence)을 제안했다([그림 7-16] 참조).

개념 7-29

지능에 대한 스턴버그의 3원 이론은 우리가 일상생활에서 마주치는 다양한 문제를 해결할 때 우리 지능의 분석적 · 창의적 · 실용적 측면이 운용되는 방식을 강조한다.

지능의 3원 이론: 지능은 분석적, 창의적, 실용적이라고 하는 세 가지 측면으로 구성된다고 주장하는 스턴버그의 지능 이론

지능이 높은 사람은 지능의 이들 세 가지 측면을 일상생활의 요구에 맞추어 더욱 효과적으로 통합 또는 조직한다는 게 스턴버그의 믿음이다. 그가 말하는 분석적 지능은 전통적 지능검사에서 측정하는 지능에 해당한다. 친숙한 문제를 분석하고 평가할 때, 문제를 구성 요소로 분해할 때, 그리고 문제해결에 필요한 전략을 개발할 때 주로 작용하는 지능이 분석적 지능이다. 창의적 지능은 친숙하지 않은 문제를 해결하는 데 필요한 새로운 방법을 개발할 때 필요한 지능이다. 그리고 실용적 지능은 우리가 알고 있는 것—상식과 살아남는 방법—을 일상생활에 적용할 수 있는

능력으로, 전통적 지능검사에서는 측정되지 않는다. 스턴버그는 삶을 성공적으로 영위하기 위해서는 이들 세 가지 유형의 지능이 모두 필요하다고 주장한다.

5) 지능 이론 개관

인간의 정신적 능력을 설명하는 데 지능의 일반적 요인 'g'가 얼마나 중요한지를 둘러싼 학자들 간 논쟁은 아직도 계속되고 있다(Gottfredson, 2004; W. Johnson et al., 2007; W. Johnson, Nijenhuis, & Bouchard, 2008 참조). 증거에 의하면, 'g'는 학생들의 학업 수행 예측력만 강한 게 아니라 어른의 직업 수행 예측력도 강하다(Greer, 2004a; Kuncel, Hezlett, & Ones, 2004).

가드너의 지능 모형과 스턴버그의 지능 모형은 일반적 지능 'g'에서 서로 다른 방향을 강조하고 있다. 이 두 모형은 전통적 지능검사로는 측정할 수 없는 지능의 중요한 측면, 예컨대 일상생활의 문제해결에 사람들이 자신의 지적 능력을 어떻게 활용하는지에 대한 사람들의 의식 수준을 높여 놓았다. 현재로서는 가드너가 말하는 대인관계 지능이나 스턴버그가 말하는 실용적 지능 같은 개별적 유형의 지능이 존재하는지를 두고 학자들의 의견이 일치하지는 않는다. 가드너의 이론과 스턴버그의 이론이 지능의 본질에 새로운 관심을 촉발하고 있는 것은 사실이지만, 이들에 대한 엄격한 과학적 검증 및 평가는 아직도 끝나지 않았다(Gottfredson, 2003a, 2003b).

이들 다양한 지능 이론을 두고 우리는 어떤 결론을 내릴 수 있을까? 첫째, 인간의 지능은 여러 가지 능력으로 구성되었다는 점은 분명하다. 아마 여러 가지 지능으로 구성되어 있을 수도 있다. 둘째, 지적 활동이 벌어지는 문화적 맥락이 고려되어야 한다. 특정 사회에서 중요하게 생각하는 능력에 따라 지능에 대한 정의와 측정 방식이 달라지기 때문이다. 현재 우리 사회에서는 언어, 수리, 공간 능력이 높이 평가된다. 때문에 전통적인 IQ 검사에서는 주로 이들 능력만 측정되고 있는 것이다. 스턴버그의 주장처럼 지능을 보다 광범하게 측정하여 인간의 지능을 구성하는 보다 많은 능력을 평가하는 일도 생각해 볼 수 있다. 〈개념 차트 7-3〉은 주요 지능 이론에 대한 개관이 정리되어 있다.

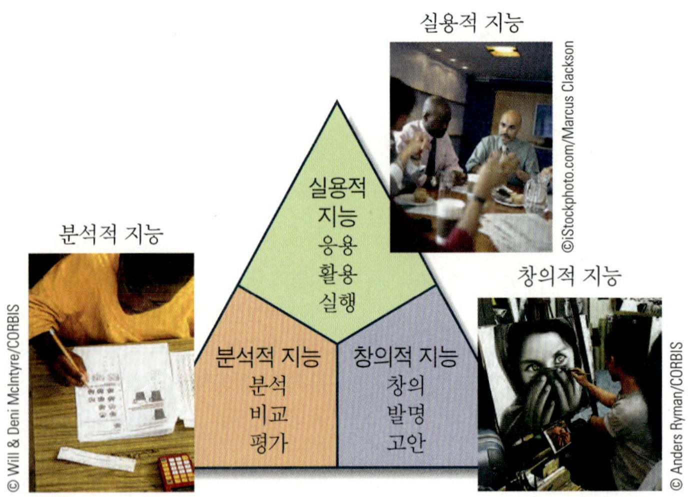

[그림 7-16] 스턴버그의 3원 이론

6. 지능과 선천성-후천성 문제

지능은 근본적으로 선천(유전)의 산물일까, 아니면 양육(환경)의 산물일까? 선천-양육을 두고 오랫동안 학자들 사이에서 벌어진 논쟁의 초점은 IQ 점수의 인종 간

〈개념 차트 7-3〉 지능 이론

이론가	주요 개념	해설
스피어먼	지능은 일반적 정신 능력 또는 'g'를 포함한다.	전통적 지능검사는 IQ 점수의 모양으로 'g'를 측정하도록 고안되었다.
서스톤	지능은 일차적 지적 능력 일곱 가지로 구성되어 있다.	서스톤은 단일 IQ 점수로는 지능을 구성하는 광범한 정신 능력을 포착할 수 없다고 주장한다.
가드너	폭넓은 정신 능력을 설명할 수 있는 여러 개의 지능이 필요하다.	가드너의 이론은 강한 호소력을 가졌으나 서로 다른 지능 간 관계를 설명할 수 없고 또 모든 정신 능력을 설명하는 필요한 개별 지능이 몇 개인지도 명시하지 못하고 있다.
스턴버그	스턴버그의 이론은 지능에 분석적 · 창의적 · 실용적 측면이 있다고 주장한다.	이 3원 이론이 중요한 이유는 이 이론이 일상생활에서 사람들이 자신의 지적 능력을 어떻게 활용하는지에 초점을 맞추고 있기 때문이다.

© iStockphoto.com/jpa1999

차이가 유전적 요인에서 비롯된 것인가, 아니면 환경적 요인에서 비롯된 것인가에 있었다.

1) 선천의 효과와 양육의 효과를 분리하기

많은 증거가 지지하는 견해는 유전이 지능 발달의 중요한 요인이라는 견해이다(예: Deary, Johnson, & Houlihan, 2009; Haworth et al., 2009; Plomin & Haworth, 2009). 두 사람 간 유전적 관계가 밀접할수록 그 두 사람의 IQ 점수도 비슷해지는 경향이 있다.

[그림 7-17]은 친족 10만 쌍 이상을 대상으로 실시된 100편 이상의 유사성(친족) 연구 결과를 기초로 작성된 것이다(Plomin & Petrill, 1997). 함께 자란 쌍둥이의 IQ 점수 상관관계가 이란성 쌍둥이(DZ)일 때보다 일란성 쌍둥이(MZ)일 때 더 높다는 사실을 주목하자. 일란성 쌍둥이의 유전인자는 100% 동일하고 이란성 쌍둥이의 유전인자는 보통 형제자매와 같이 50%만 동일하다. 때문에 이 사실에는 유전이 지능 발달에 중요한 요인이라는 뜻이 숨어 있다.

유전의 역할을 지지하는 또 다른 근거는

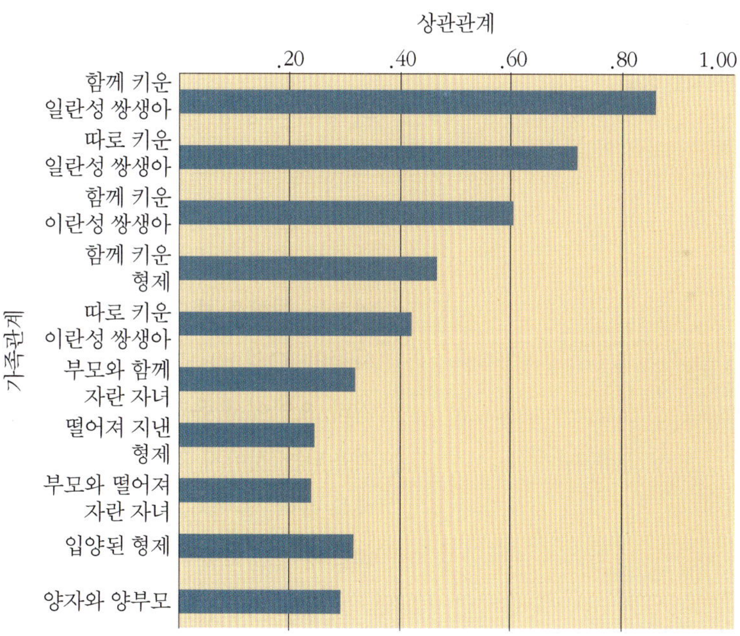

[그림 7-17] 유사성과 지능

여기서 우리는 가족관계가 상이한 사람들 간 IQ 점수의 상관관계를 볼 수 있다. 가족 구성원들 간 유전적 관계 및 환경적 관계가 밀접할수록 그 사람들의 IQ 점수도 밀접해지는 경향이 발견된다.

출처: Plomin & Petrill (1997)에서 수정.

다른 가정에서 자란 일란성 쌍둥이의 IQ 점수가 같은 가정에서 자란 이란성 쌍둥이의 IQ 점수보다 더 비슷하다는 사실이다. 이 역시 [그림 7-17]에서 볼 수 있다.

IQ를 결정하는 요인이 유전이라는 또 다른 근거는 입양아를 대상으로 한 연구에서 확보되었다. 입양아의 IQ 점수가 양부모보다 생부모의 IQ 점수와 더 비슷하다는 결과가 일관성 있게 관찰된 것이다(Bishop et al., 2003).

그러나 유전만으로 모든 이야기가 끝나는 건 아니다. 환경의 영향 역시 지능 발달에 중요하게 작용하는 것으로 드러났다. 언어적 상호작용과 독서와 탐구 활동을 강조하는 가정환경은 아이들의 지적 발달에 큰 도움을 준다. [그림 7-17]을 보면, 헤어져 자란 일란성 쌍둥이보다 함께 자란 일란성 쌍둥이의 IQ 점수 간 상관관계가 더 밀접하다. 일란성 쌍둥이의 유전인자는 동일하기 때문에 상관관계에서 나는 이 두 집단 간 차이는 환경도 IQ를 결정하는 데 중요한 역할을 한다는 근거가 된다.

개념 7-30

연구 결과에 따르면, 지능은 유전적 요인과 환경적 요인의 복합적인 상호작용으로 조형된다.

이렇게 누적된 연구 결과들을 종합해 보면, 지능 발달은 유전적 요인과 환경적 요인의 복잡한 상호작용에 의해 결정되는 것이 거의 확실하다(Posthuma & de Geus, 2006; Sternberg & Grigorenko, 2008). 최근 연구 결과도 유전과 환경의 상호작용을 강조한다. 두 살 난 아동의 정신 능력을 설명하는 데 작용한 유전의 역할이 아동이 성장한 가정환경에 따라 다른 것으로 드러났다. 유전의 역할은 경제적으로 가난한 가정에서 자란 아동에 비해 부유한 가정(지적 능력을 자극하는 활동이 더 많았을 가정)에서 자란 아동에게서 훨씬 더 컸다(Tucker-Drob et al., 2011).

유전 가능성: 특정 모집단에서 발견되는 어떤 특질의 변산성이 유전에 의해 설명되는 정도

지능 중 어느 정도가 유전에 의해 결정되고 어느 정도는 환경에 의해 결정된다고 할 수 있을까? 어떤 특질의 유전 가능성(heritability)은 그 특질에서 발견되는 사람들 간 차이(변산도)를 유전적 요인으로 설명할 수 있는 정도를 일컫는다. 예컨대, 지능의 유전 가능성 추정치가 50%라는 말은 사람들의 IQ 점수에서 나는 차이(변량) 중 절반(50%)을 유전 때문에 발생한 차이로 생각할 수 있다는 뜻이다. 나머지 50%는 환경의 영향 같은 비유전적 요인에 의해 초래된 차이라는 것이다.

유전 가능성이 약 50%에서 75%까지로 추정되기 때문에 유전적 요인이 지능에 미치는 영향은 대단하다고 할 것이다(Begley, 2001; Gottesman, 1997). 그러나 어떤 사람의 IQ의 50~75%가 유전적 요인에서 기인된 것이고 나머지는 환경을 비롯한 기타 요인에서 유래된 것인지는 단정할 수 없다. 유전 가능성 추정치는 모집단에 적용되는 것이지 그 모집단을 구성하는 개인에게 적용되는 것이 아니기 때문이다. 예를 들어, 흡연자가 폐암에 걸릴 확률이 50%라고 해서 담배를 즐기는 사람 각자가 폐암에 걸릴 확률이 50%라고 말할 수 없는 것과 같다.

가정환경의 경우 일반적으로 첫째 아이의 IQ 점수가 더 높다는 최근 보고는 오래된 논쟁에 불을 지펴 놓았다. 노르웨이에서 25만 명의 남성을 대상으로 실시한 연구 결과, 평균적으로 첫째의 IQ 점수가 동생들의 IQ 점수보다 높은 것으로 드러난 것이다(Kristensen & Bjerkedal, 2007; Sulloway, 2007). 연구자들은 IQ 점수에 영향을 미칠 수 있는 요인(예: 출생 시 엄마의 나이, 부모의 교육 수준 등)을 통제했다. 장남의

지능지수가 높게 나타나는 이 현상에 대한 한 가지 설명은 첫째는 부모의 모든 관심을 독차지하고 있었고, 그 덕분에 부모와의 언어적 상호작용을 더 많이 할 수 있었기 때문이라는 것이다. 남녀에 따라 IQ 점수가 달라지는 게 아니기 때문에 여성을 대상으로 한 연구에서도 위에서와 같은 결과가 관찰될 것이라고 생각하고 있다(Carey, 2007). 첫째의 지능 우세는 별로 크지 않아 평균 3~4점 차이에 불과하다. 하지만 이 작은 차이도 학업성취에 미치는 영향은 클 수 있다.

2) IQ의 인종 간 차이

유럽에 뿌리를 둔 미국인(백인)이 아프리카에 뿌리를 둔 미국인(흑인)에 비해 IQ 점수가 평균 15점 이상 높다(Fagan & Holland, 2002). 이러한 인종 간 차이는 소득 수준의 차이를 감안해도 사라지지 않는다. IQ에서 나는 인종 간 차이의 근원은 유전일까 환경일까? 이 질문을 둘러싼 논쟁은 계속되고 있지만, 지능의 인종 간 차이를 설명하는 데 중요한 요인은 환경이라는 증거가 증가하고 있다. 첫째, 불리한 배경으로 인해 소수민족 아이들은 전통적 IQ 검사에서 요구하는 정보 및 추리 기술에 대한 경험이 부족할 수 있다(Fagan & Holland, 2007). 둘째, 저소득층에 속하는 소수민족 아동 중 학령 전 아동에게 제공되는 교육역량 강화 프로그램(예: Head Start 프로그램)에 참여한 아이들의 IQ 점수가 무시할 수 없을 만큼 높아지기도 한다(Zigler & Styfco, 1994).

지능에서 나타나는 인종 간 차이를 유전적 차이로 설명할 수 없는 또 다른 이유는 최근 들어 그 차이가 줄어든다는 데 있다(Dickens & Flynn, 2006a, 2006b). 미국을 비롯한 세계의 많은 나라에서 IQ 점수가 수 세대에 걸쳐 꾸준히 증가하는 것으로 집계되었다. 물론 이 경향은 유전적 요인으로 설명하기 어려운 현상이다(C. Blair et al., 2005; J. R. Flynn, 2006; Pietschnig, Voraceka, & Formann, 2011). 일부 국가에서는 IQ가 높아지는 경향이 사라지거나 또 최근 들어서는 그 반대 경향이 관찰되기도 한다(Lynn & Harvey, 2008; Teasdale & Owen, 2008). 하지만 짧은 기간에 IQ 점수가 올라가거나 내려가는 현상 및 인종 간 차이가 줄어드는 현상이 유전적 요인 때문에 발생했을 가능성은 매우 낮다. 이러한 변화에 대해서는 환경 요인을 이용한 설명, 즉 교육 기회의 균등화 때문에 IQ에서 나는 인종 간 차이가 줄었다는 식의 설명이 훨씬 더 그럴듯해 보인다(C. Blair et al., 2005).

개념 7-31

아프리카계 미국인과 유럽계 미국인 사이에서 발견된 IQ 점수의 차이는 그 근원에 대한 격렬한 논쟁을 불러일으켰다.

아마 환경적 영향을 지지하는 가장 명확한 증거는 상류층 백인 가정에 입양된 아프리카계 미국인 및 혼혈아를 대상으로 실시한 연구 결과일 것이다. 이들 입양아의 IQ 점수는 사회적으로 불리한 가정에서 자란 일반적인 아프리카계 미국인 아동의 예상 점수보다 평균 15점가량 높았다(Waldman, Weinberg, & Scarr, 1994). 연구자들은 입양된 아프리카계 미국인 아이들의 향상된 수행 수준의 원인을 그들이 처했던 사회문화적 환경 탓으로 돌렸다. 즉, 교육적 성취를 강

교육에 대한 부모의 강조가 아이들의 지능 발달에 중요하게 작용한다.

조하는 환경에서 자랐기 때문에 이들 집단 간 차이로 거론되어 오던 15점이 사라졌다는 설명이다.

아직도 우리는 지능에서 유전의 역할에 관해 배워야 할 것이 많다. 로버트 스턴버그의 연구진이 주장하듯, 현재까지의 증거로는 지능에서 나타나는 인종 간 차이를 설명하는 작업에서 유전적 요인의 역할을 결정할 수 없다(Sternberg, Grigorenko, & Kidd, 2005). 환경의 역할이 무엇이든 IQ에서 나타나는 인종 간 차이에는 분명히 환경적 요인이 개입되어 있다. 아이들의 지능은 "환경이 바뀌면 상당히 달라질 수 있다."라는 것이 이 분야의 전문가 마이클 러터(Michael Rutter)의 말이다(Kirp, 2006에서 재인용). 부유한 가정은 "유전이 지능 발달에 필요한 신경회로 구축에 필요한 정신적 자극을 제공할 수 있다."라는 것은 또 다른 전문가 에릭 터크하이머(Erik Turkheimer)의 말이다(Kirp, 2006에서 재인용). 안타까운 점은 빈곤하고 혼란스러운 가정환경에서 자라는 아이들은 가지고 태어난 잠재력마저 발휘하지 못할 수 있다는 데 있다.

IQ에서의 집단 간 차이로는 개인의 잠재력에 대해 아무런 설명도 할 수 없다는 점을 주목하자. 특정 집단의 평균 IQ 점수가 무엇이든, 모든 집단은 그 집단이 가진 몫에 해당하는 지적 영재를 내놓을 수 있다. 잊지 말아야 할 또 하나는 창의적인 표현을 아주 높이 평가하는 아프리카계 미국인 가정의 아이들은 IQ 검사 문항에 대해 쉬운 답을 하지 않았을 수도 있다는 점이다. 검사받는 전략이나 답을 만들 때 이용하는 추리 방식이 다른 것은 지능이 낮다는 증거가 되지 않는다(Helms, 1992).

3 단원 복습 지능

되새겨 봅시다

지능이란 무엇이며 어떻게 측정되는가?

➤ 널리 이용되는 정의 중 하나에서는 목표 지향적으로 행동하고 합리적으로 생각하며 환경을 효과적으로 다루는 능력이 지능이라고 진술한다.

➤ 일반적으로 지능은 스탠퍼드-비네 지능검사와 웩슬러 지능검사 같은 표준화된 지능검사로 측정된다.

좋은 지능검사의 조건은?

➤ 좋은 지능검사가 충족해야 할 기본 조건은 표준화(모집단을 대표하는 표본을 기초로 규준을 생성하는 작업)와 높은 신뢰도(검사 점수의 안정성) 그리고 높은 타당도(검사가 원래 측정하고자 했던 것을 측정하는 정도)이다.

지능검사가 오용되는 경우의 예를 들어 보라.

➤ 점수가 낮은 아이들을 선천적인 무능아 또는 열등아로 분류할 때, IQ 점수를 지나치게 강조할 때, 그리고 검사 속 문화적 편파 때문에 문화적 배경에 따라 점수가 달라질 때를 꼽을 수 있다

주요 지능 이론을 몇 가지 소개해 보라.

➤ 주요 지능 이론으로는 Spearman의 일반 지능 또는 'g'라는 개념, Thurstone의 기본 정신 능력 이론, Gardner의 다중지능 이론 그리고 Sternberg의 3원 이론이 꼽힌다. 일부 학자는 지능이 일반적 인지 능력으로 구성된다는 견해를 선호하는 반면, 다른 학자들은 여러 가지 능력 또는 여러 개의 지능이 있다는 생각에 기초한 이론을 선호한다.

지능을 결정하는 요인은 유전일까? 환경일까?

➤ 대다수 전문가는 지능은 선천(유전적 영향)과 양육(환경의 영향)의 복잡한 상호작용에 의해 결정된다고 믿는다.

점검해 봅시다

1. 왼쪽의 용어와 그 정의를 짝지어 보라.

① 표준화	가. 특정 검사가 측정하기 위해 제작된 것을 측정하는 능력
② 타당도	나. 경증 지적 장애아동을 정규 학급에 배치하는 일
③ 통합교육	다. 지능의 바탕에 깔린 일반적 요인
④ Spearman의 'g'	라. 모집단을 대표하는 표본을 기초로 검사의 규준을 생성하는 일

2. 지능검사의 문제 중에는 검사 내용이 ________(으)로 편파됐을 가능성도 포함된다.

3. 일상생활의 문제를 해결하는 데 지능의 다양한 측면이 통합되는 방식을 강조하는 Sternberg의 지능 이론을 ______이론이라 한다.

4. IQ 점수에 관한 최근의 진술 중 옳은 것은?
   ① 많은 나라에서 낮아지는데, 미국에서만 높아지고 있다.
   ② 많은 나라에서 높아지는데, 미국에서만 낮아지고 있다.
   ③ 미국뿐 아니라 많은 나라에서 낮아지고 있다.
   ④ 미국뿐 아니라 많은 나라에서 높아지고 있다.

생각해 봅시다

➤ 당신의 생각에 전통적 지능검사가 문화적으로 편파된 것 같은가? 그 이유는?

➤ 지능검사가 유용한 경우는 언제이고 오용되는 경우는 언제인가?

창의적인 문제해결자 4 단원

우리가 일상생활에서 만나게 되는 문제의 종류는 지각하지 않는 문제, 친구의 어려움을 돕는 문제, 친구와의 갈등을 해소하는 문제, 학교와 알바에다 집안일까지 도와야 하는 문제 등 끝없이 많다. 창의적인 문제해결자는 선입견에 의문을 제기하고 주어진 문제에 대한 다양한 해결책을 최대한 많이 고려한다. 혹시 334쪽에 소개되었던 문제 가운데 자물쇠를 하나도 따지 못하는 열쇠(key) 문제로 고생하진 않았는가? 그랬다면 그 문제를 한 가지 관점에서만 접근했기(예: 그 열쇠를 문을 따는 열쇠로만 간주했기) 때문이었을 수 있다. 그 문제를 해결하기 위해서는 쉽게 떠오르지 않는 대안(예: 키보드의 '엔터' 키)도 고려해야만 했다. 다음은 창의적인 문제해결자가 되기 위해 거쳐야 할 주요 단계 몇 가지가 소개되어 있다.

개념 7-32
창의적 문제해결자는 선입견을 의심하며 주어진 문제에 대학 해결책으로 가능한 한 다양한 가능성을 고려한다.

1. 질문하는 태도 형성

문제에 대한 창의적인 해결책을 찾는 일은 질문하는 태도를 택하는 데서 시작된다. 창의적 문제해결자는 "가용한 대안은 무엇인가? 과거에 이용된 해결책은 무엇인가? 과거에 사용할 수 없었던 해결책은 무엇인가? 무엇을 어떻게 하면 달라질까?"라고 묻는다.

2. 정보 수집

창의적 문제해결자는 해결책 탐구에 필요한 정보와 자원을 확보한다. 옛날보다 요즘 사람들은 접근할 수 있는 정보원(예: 신문, 잡지, 대학 강의, 인터넷 등)의 범위가 훨씬 넓다. 불면증 같은 흔한 문제를 해결하는 데 필요한 더 많은 것을 알고 싶을 때는 인터넷을 검색하면 가용한 정보를 금방 찾을 수 있을 것이다. 따라서 이제 중요한 것은 발견한 정보를 두고 비판적으로 생각해 볼 수 있는 능력이다.

3. 마음 갖춤새에서 벗어나기

이 질문에 답해 보자. '사과 세 개가 있는데 동생이 두 개를 가져갔다. 손에 있는 사과는 몇 개인가?' 여기서 '한 개'라고 답했다면, 당신 마음속에 자리 잡은 고집 경향 때문일 것이다. 즉, 이 문제를 뺄셈 문제로 간주하고 건성으로 반응했다는 뜻이다. 보다시피 이 문제는 뺄셈 문제가 아니다. 남은 사과가 몇 개냐고 묻지 않았다.

사람들의 문제해결 노력을 훼방하는 이러한 고집 경향에서 벗어나기 위해서는 문제를 조심스럽게 살펴보아야 한다. 스스로에게 이런 질문을 던져 보자. 내가 해야 할 일이 무엇인가? 이 문제는 어떤 유형의 문제인가? 이런 유형의 문제를 해결할 때는 어떤 전략이 가장 효과적일까?

다음 몇 가지 문제를 풀어 보며 이 기술을 연습해 보자('Brainteaser Quizzes', 2001).

① 한 다스에는 20원짜리 우표가 몇 장 들어가 있을까?
② 내 손에는 동전 두 개가 있고 그 금액은 55원이다. 둘 중 하나는 5원짜리가 아니다. 내 손에 든 동전은 얼마짜리일까?
③ 박 씨네 농장에는 한우가 열아홉 마리 있었는데, 열한 마리 빼고 다 도둑맞았다. 박 씨네 농장에는 몇 마리가 남았을까?

4. 대안 생성

창의적 문제해결자는 한 문제를 두고 최대한 많은 해결책을 생성해 본다. 그들은 금방 떠오르는 육감을 신뢰하지 않는다. 다음 수수께끼를 고려해 보자. 야구 배트 하나와 야구공 하나를 합한 가격이 1만 1,000원인데, 배트의 가격이 공의 가격보다 1만 원 더 비싸다. 공의 가격은 얼마일까?

대부분의 사람은 맨 먼저 떠오르는 생각을 기초로 금방 1,000원이라는 그릇된 답을 내놓는다(바른 답은 500원이다.). 틀린 답을 말했다고 부끄러워할 필요는 없다. MIT, 프린스턴, 하버드 같은 미국 최고 대학의 학생들도 약 절반은 잘못된 반응을 한다(Kahneman & Klein, 2009). 육감을 따르는 건 인간의 정상적 경향성으로, 수수께끼뿐만 아니라 사람들이 내려야 하는 수많은 결정에서도 이런 경향성은 작동한다. 이런 보통 사람들과는 달리 창의적 문제해결자는 문제를 두고 주의 깊게 생각하며 가능한 해결책을 최대한 많이 생성해 본다. 그런 후 맨 먼저 생성된 해결책을 선택하기도 하고 최선의 해결책을 선택하기도 한다. 다음은 대안 생성에 도움이 되는 몇 가지 전략이다.

브레인스토밍: 확산적 사고를 조장하는 기법 중 하나로, 주어진 문제에 대한 해결책을 아무리 엉뚱한 아이디어라도 부정적 판단을 두려워하지 말고 최대한 많이 생성해 보라고 권장하는 것을 말함

① 브레인스토밍. 브레인스토밍은 알렉스 오스본(Alex Osborne, 1963)이 기업체 중역과 공학자들의 창의적 문제해결 능력을 향상시키기 위해 고안해 낸 개념이다. 기본 생각은 확산적 사고를 조장하자는 데 있었다. 브레인스토밍은 주어진 문제에 대한 해결책을 될 수 있는 한 많이 만들어 내게 한다. 이때 제안된 아이디어가 아무리 엉뚱한 것 같아도 그에 대한 누구의 부정적 평가도 두려워하지 않는다. 브레인스토밍을 할 때는 다음 세 가지 규칙을 고수해야 한다.

- 규칙 1: 주어진 문제에 대해 생각해 낼 수 있는 해결책을 최대한 많이 적는다. 질보다 양이 중요하다.
- 규칙 2: 판단을 유보한다. 평가할 시간이 될 때까지는 떠오르는 해결책을 어떤 것도 평가하거나 지우지 않는다.
- 규칙 3: 평범하지 않고, 무관한 것 같고, 심지어는 엉뚱해 보이는 아이디어(해결책)를 찾으려 노력한다. 당장은 이상해도 나중에는 효과적인 해결책이 될 수도 있다.

② 해결책을 나열한 목록이 작성된 후에는 몇 일 동안 접어 두기. 나중에 그 목록을 펼쳐들었을 때는 그중 어느 것에 대한 추가 고려가 필요할 것 같은지를 따져 본다. 평가를 할 때는 이들 해결책을 실행할 때 필요하게 될 추가 자원이나 정보를 고려한다.

③ 유추 전략 활용. 당면 문제와 유사한 상황을 찾아내는 것도 창의적 해결책 생성에 도움이 된다. 과거에 만났던 문제와 당면 문제가 어떤 면에서 비슷한지를

자문해 보라. 과거에는 어떤 전략이 효과적이었는가? 어떻게 하면 그 전략을 당면 문제에 맞게 수정할 수 있을까? 이러한 작업은 문제해결에 장애물이 될 수 있는 마음 갖춤새를 건설적으로 활용하는 전략이다.

④ 상자의 밖을 생각하기. [그림 7-3]의 점 아홉 문제를 상기해 보라. 사람들이 이 문제에서 어려움을 겪었던 이유는 그 문제에 관해 생각하는 방식을 제한하려는 경향성 때문이다. 점 아홉 문제를 해결하지 못했다고 해서 낙담할 필요는 없다. 연구에 참여한 사람들 중 수 분 내에 그 문제를 해결한 사람은 아무도 없다(MacGregor, Ormerod, & Chronicle, 2001). 이 문제를 해결할 수 있는 유일한 방법은 말 그대로 '상자의 바깥'을 생각해 보는 방법뿐이다. 창의적 문제해결자들은 문제를 다양한 관점에서 개념화하려고(생각해 보려고) 애쓴다. 문제를 해결하려는 자신의 노력을 새로운 해결책을 모색하는 쪽으로 투자한다는 뜻이다(Ormerod, MacGregor, & Chronicle, 2002).

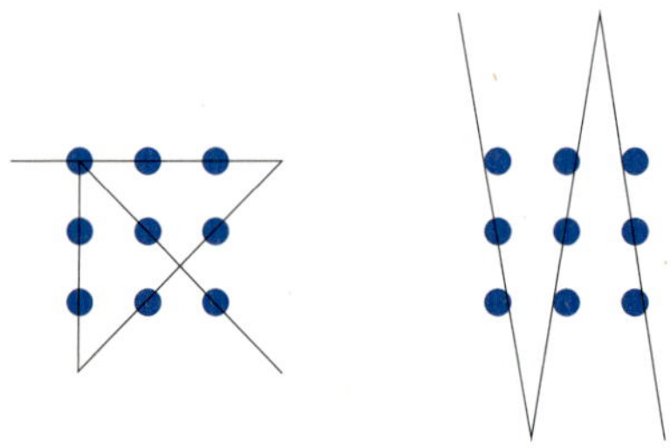

5. 판단 지연

어려운 문제에 봉착했을 때는 오래된 지혜인 '판단 지연'이 도움이 될 수 있다. 새로운 정보를 학습한 후 그 정보를 마음에 품고 잠을 자고 나면 배운 것보다 더 많은 것을 기억해 내게 될 수도 있다. 어려운 수학 문제를 풀어야 하는 연구 참여자들에게 잠을 자게 했더니 그들의 통찰력과 창의적 사고력이 향상되었다(Wagner et al., 2004). 사실, 숙면의 인지적 혜택을 이용하면 많은 과학자와 예술가를 자극한 영감이 깊은 잠에서 깬 잠시 후에 발생했다는 경험을 설명할 수도 있다(Komarof, 2004).

6. 시험해 보기

가능한 해결책을 실행에 옮겨 어떤 일이 벌어지는지를 살핀다. 보다 나은 해결책을 만들어 내기 위해서는 무엇을 어떻게 달리해야 하는지를 평가하는 일에 필요한 정보를 수집한다. 막다른 골목에 다다르면 얼마 동안 문제를 묻어 둔다. 문제에 대한 해결책이 마음속에서 '부화'되기를 기다려 보라는 뜻이다. 나중에 다시 돌아왔을 때는 그 문제를 새로운 관점에서 바라보게 되어 실행 가능한 해결책을 어렵지 않게 만들어 낼 수도 있을 것이다.

심리학에 대해 비판적으로 생각하기

이 장에서 얻은 배움을 기초로 다음 질문에 답을 해 보자. 그런 후, 자신의 답을 부록 A에 소개된 모범 답과 비교하여 자신의 비판적 사고력이 향상되는지를 평가해 보자.

1. 급하게 수술을 받아야 하는 부상자를 태운 구급차가 시골길을 따라 병원으로 질주하고 있었다. 굽은 길의 모퉁이를 돌아서자 길을 막고 있는 커다란 양떼가 운전사의 눈에 들어왔다. 운전사가 사이렌을 울리고 경적을 빵빵거려서 양떼를 갈라놓으려 했지만 아무 소용이 없었다. 구급대원이 구급차에서 뛰어내려 다른 양이 그 뒤를 따를 것이라 기대하며, 맨 뒤에 있는 양을 길가로 밀어내려고 애를 썼다. 운전사는 양치기에게 고함을 지르며 길을 내어 달라고 애원하기 시작했다. 양치기도 소리를 지르기 시작했지만 양들은 매~애 거리고만 있었다. 갑자기 양치기가 손을 들어 구급차를 세우라는 신호를 보냈다. 그러고는 구급차가 지나갈 수 있는 통로를 열어 주는 데 성공했다. 그러나 양떼를 갈라 세운 것도 아니고 구급차를 인도하여 양떼를 지나가도록 안내한 것도 아니었다(M. Levine, 1994에서 수정).
   a. 양치기는 어떻게 구급차가 지나갈 길을 내어 주었을까?
   b. 구급대원의 행동은 문제해결의 어떤 장애를 나타내는가?
2. 종호는 물려받은 유산으로 증권시장에 투자하기로 결정했다. 다른 많은 투자자처럼 종호도 온라인 거래가 가능한 계좌를 개설했다. 처음에는 잘하는 듯 보였지만, 오래지 않아 보다 적극적인 거래를 시작했다. 거의 매일 증권을 사고 팔았다. 곧 손실이 쌓이기 시작했다. 걱정이 되자 금융전문가의 조언을 받았다. 그 사람은 종호의 거래 전략에 관해 물었다. 종호는 긍정적인 소문이 들리는 회사의 증권은 사고 부정적인 뉴스가 들릴 때마다 그 회사의 증권은 판다고 설명했다.
   a. 의사결정에서 발생하는 인지적 오류 중 어떤 것을 이용하면 종호가 증권시장에서 겪은 손해를 설명할 수 있을까?
   b. 앞으로 그런 오류를 피하려면 어떻게 해야 한다는 충고가 적합할까?

366쪽의 문제의 정답

① 20원짜리 우표가 열두 개 들어 있다. 어떤 것이든 한 다스에는 열두 개가 들어 있기 때문이다.

② 당신은 50원짜리 동전과 5원짜리 동전을 들고 있다. 두 동전 중 하나(50원짜리 동전)는 5원짜리가 아니다.

③ 열한 마리가 남아 있다. 열한 마리 빼고 다 도둑맞았다.

눈으로 복습하기 제7장 사고와 언어와 지능

1단원 생각

"상자 밖은 꿈도 꾸지 마라."

생각이란 무엇인가?

- 생각이란 정보를 마음속에 표상하고 표상된 정보를 조작하는 정신 활동이다.
- 우리는 정보를 이미지, 단어, 그리고 물체와 사건을 범주화할 때 이용되는 개념으로 표상할 수 있다.
- 생각은 문제해결, 의사결정, 창의 활동을 포함해 다양한 모양으로 전개된다.

문제해결 전략의 보기

- 휴리스틱: 문제해결이나 의사결정에 이용되는 개략적인 주먹구구식 방법(어림법)
- 알고리즘: 정해진 절차에 따라 문제를 해결하는 방법
- 부화기: 휴식을 취하며 아이디어가 굳어지기를 기다려 보는 방법
- 유추법: 당면 문제와 비슷한 문제를 해결해 본 경험을 기억해 내 보는 방법

문제해결이나 의사결정을 방해하는 정신적 장애물

- 마음 갖춤새: 도움이 되지 않는 것을 전에는 됐다는 이유로 고집하는 경향성
- 기능적 고착: 친숙한 물체의 새로운 용도를 간과하는 경향성
- 확증편파: 기존의 신념과 일치하는 증거만 추려내는 경향성
- 대표성 휴리스틱: 제한된 표본을 기초로 결정을 내리는 경향성
- 가용성 휴리스틱: 결정이 가장 쉽게 기억나는 쪽으로 기우는 경향성
- 틀 효과: 문제가 소개되는 방식에 따라 결정이 바뀌는 경향성

점 아홉 문제

창의적 사고의 과정

- 확산적 사고: 친숙한 물체를 두고 새로운 생각이나 용도를 생각해 내는 작업
- 은유와 유추: 창의적 표현이 문제해결을 위해 은유와 유추를 이용하는 일
- 개념 조합: 두 가지 이상의 개념을 하나로 묶어 새로운 생각이나 적용법을 창출하는 일
- 개념 확장: 기존의 개념을 새로운 용도로 확장하는 작업

2단원 언어

언어를 구성하는 요소

- 음소: 특정 언어에서 가장 작은 소리의 단위
- 형태소: 특정 언어에서 가장 작은 의미의 단위
- 의미규칙: 말의 의미를 지배하는 규칙
- 구문규칙: 어순을 관장하는 문법 규칙

언어 발달에 개입하는 요인

- 생물적 언어 역량: 인간의 뇌에는 언어처리에 필요한 장치가 장착되어 있다.
- 언어적 경험: 언어 구사력은 다른 사람들이 사용하는 말을 들으며 발달한다.

3단원 지능

지능 정의하기

- 합리적으로 생각하기
- 목표 지향적으로 활동하기
- 환경의 요구 조건에 효과적으로 대처하기

표준화된 지능검사

- 널리 이용되는 검사: 스탠퍼드-비네 지능검사, 웩슬러 지능검사
- 좋은 지능검사의 기준: 신뢰도, 타당도, 정규화(표준화)

지능 이론

- Spearman의 'g': 일반적 인지 능력
- Thurstone의 일차적 정신 능력: 일곱 가지 기본 능력
- Gardner의 다중지능: 여러 가지 모양의 지능
- Sternberg의 3원 이론: 분석적 지능, 창의적 지능, 실용적 지능

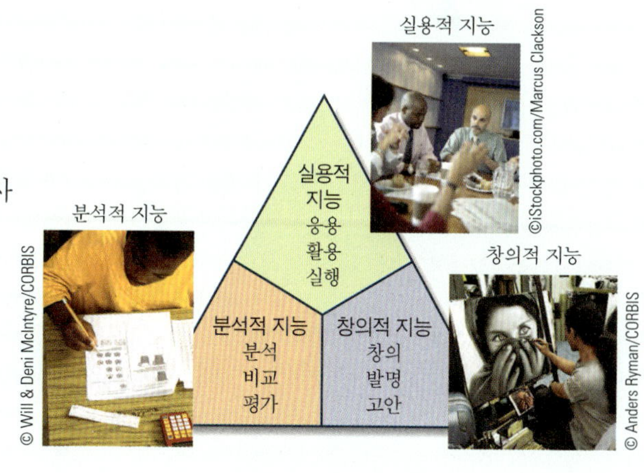

Sternberg의 3원 이론

지능의 극단

- 지적 장애: IQ가 낮고 지적 기능과 사회적 기능의 발달이 일반적으로 느림
- 영재: IQ가 높거나 IQ 검사로는 측정되지 않는 특별한 재능 보유

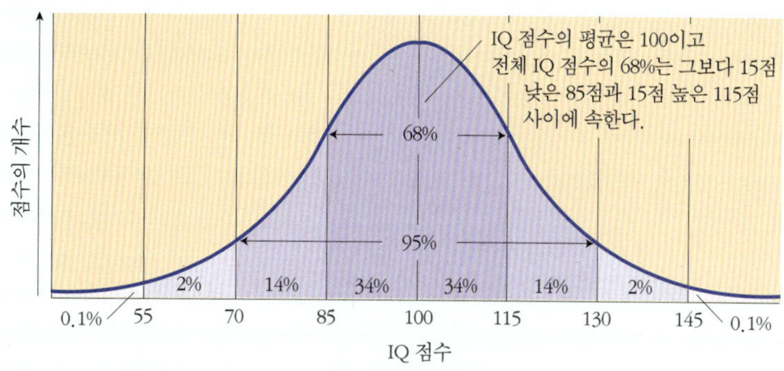

IQ 점수의 정규분포

제8장 동기와 감정

아무런 두려움을 느끼지 않는 여성

생활의 한 단면 3D 공포 영화를 볼때 다른 사람들이 깜짝 놀라는 모습을 경쾌하게 즐기거나 생명의 위협을 느끼는 순간에도 평온을 유지하는 것이 어떤 기분일지 상상해 보자. 44세의 한 여성이 의학 저널에서 두려움을 느끼지 않는 사람(S.M.)으로 언급되었다(Feinstein et al., 2010; 'The Fearless SM', 2010).

연구팀은 그녀를 놀라게 하기 위해 대부분의 사람들이라면 겁을 낼 상황에 처하게 만들었다. 연구팀은 그녀에게 뱀과 거미를 보여 주고 심지어는 세계에서 가장 무서운 유령의 집 중 한 곳으로 데리고 갔다. 또한 그들은 그녀에게 공포 영화 시리즈를 보여 주었다. 하지만 모든 실험과 시도에도 불구하고 그녀는 아무런 두려움도 보이지 않았다. 그녀는 어두운 공원에서 칼로 위협받으며 붙들려 있었지만 두려움을 느끼지는 못했다. 그러나 그녀는 행복과 슬픔을 포함한 또 다른 감정은 경험했다.

S.M.의 사례 연구는 뇌와 행동 사이의 밀접한 관계를 보여 준다. S.M.을 연구한 연구자는 그녀의 겁 없는 모습은 편도체(amygdala)의 결핍으로 인한 것이라고 생각한다. 편도체는 두려움을 유발하는 중추적인 역할을 하는 변연계의 일부 구조이다. S.M.의 사례에서 편도체(amygdala)는 매우 희박한 유전적 조건으로 인해 발전하지 못했다.

감정은 행동의 강한 동기이다. 감정이라는 단어는 동기라는 단어와 함께 공통된 라틴어 어원인 movere('움직이는'의 의미)를 공유한다. 동기와 감정은 우리가 행동하거나 행동을 위한 준비를 하게

다음 사실을 알고 있었나요!

- 미국 심리학의 창시자는 인간 본능이 선하다고 믿었는가? (p. 376)
- 사람들은 더 많은 양이 주어질 때와 더 큰 접시에 음식이 주어질 때 중 어느 때 더 많은 음식을 섭취하는 경향이 있는가? (p. 389)
- 아이들에겐 맥도널드 햄버거의 Ronald가 산타클로스 다음으로 가장 유명한 인물이라는 것을 알고 있는가? (p. 390)
- 여대생 일곱 명 중 한 명은 상점에서 초콜릿 바를 살 때 죄책감을 느낀다는 사실을 알고 있는가? (p. 393)
- 다른 문화권 사람들은 다른 의미로 미소 짓는가? (p. 398)
- 결혼한 사람들은 독신인 사람보다 행복해하는 경향이 있는가? (p. 401)
- 돈이 행복을 가져다주는가? (p. 401)
- 웃는 것을 연습하면 기분이 나아질 수 있는가? (p. 402)
- 생각 없이 반응하면 어떤 상황에서 생명의 은인이 될 수 있는가? (p. 408)

© iStockphoto.com/Bob Thomas

학습 목표

이 장을 제대로 공부한 학생은

1. 동기의 생물학적, 심리적 원인을 식별하고 설명할 수 있다.
2. 인지 부조화를 정의하고 그것이 감소될 수 있는 방법을 설명할 수 있다.
3. Maslow의 욕구 위계를 식별하고 설명한다.
4. 배고픔과 식욕이 어떻게 조절되는지 설명할 수 있다.
5. 비만에 기여하는 요인을 확인할 수 있다.
6. 섭식 장애의 유형을 밝히고 설명하고 이런 장애에 관련된 인과관계 요인을 설명할 수 있다.
7. 감정의 기본 요소와 여섯 가지 기본 감정 표현을 확인할 수 있다.
8. 감정에서 성별 및 문화적 요인의 역할을 설명할 수 있다.
9. 인간의 행복에 관여하는 요소를 설명할 수 있다.
10. 사랑의 삼각형 모델의 세 가지 구성 요소를 설명하고 이들 구성 요소를 기반으로 다양한 유형의 사랑의 관계에 이 구성 요소를 적용할 수 있다.
11. 뇌가 감정을 어떻게 처리하는지 설명할 수 있다.
12. 감정에 대한 주요 이론을 설명할 수 있다.
13. 감정 지능을 정의하고 그 특징을 설명할 수 있다.
14. 분노 조절에 대한 분노 관리 기술을 적용할 수 있다.

미리 보기

1단원 동기: 행동의 '이유'
2단원 배고픔과 식사
3단원 감정
4단원 분노 조절하기

움직인다. 예를 들어, 굶주림은 우리가 음식을 찾고 소비하는 방향으로 움직이게 하는 강력한 동기이다. 아마도 우리의 가장 기본적인 감정인 두려움은 우리가 위협적인 대상이나 상황을 피하도록 동기를 부여한다. 반면에, '세상을 움직이게 하는' 감정인 사랑은 우리의 욕구에 접근하는 방향으로 우리를 움직인다. 분노는 우리가 도발에 적극적으로 반응하도록 촉구한다. 이 장에서 우리는 우리의 삶에 동기를 부여하는 요인, 즉 동기와 감정을 탐구한다.

우리는 먼저, 행동을 촉구하고 계속해서 행동하게 하는 동기의 원천을 다루고자 한다. 또한 가장 기본적인 동기인 굶주림에 중점을 두고 비만과 섭식 장애의 문제를 조사할 것이다. 마지막으로, 우리는 인간의 감정, 우리의 삶에 활기를 불어넣어 주는 경험을 탐구할 것이다.

동기: 행동의 '이유'

1 단원

- 동기란?
- 본능 이론이란?
- 추동 이론이란?
- 각성 이론은 동기 상태의 차이를 어떻게 설명하는가?
- 추동 이론과 유인화 이론은 어떻게 다른가?
- 심리사회적 욕구란?
- 인지 부조화 이론이란?
- Maslow의 욕구 위계 이론이란?

동기부여(motivation)란 목표 지향적 행동을 활성화, 지시하고 유지하는 요인을 말한다. 식사를 하지 않은 채 몇 시간이 지난 후, 의자에서 일어나서 간식을 먹기 위해 주방에 간다면, 우리는 자신의 행동에 대한 동기가 배고픔이라는 것을 유추할 수 있다. 배고픔의 동기는 행동을 활성화시켜(당신을 일어서게 유도함), 지시하고(당신을 부엌으로 움직이게 함), 당신이 목표를 달성할 때까지(당신의 배고픔을 만족시키는 것) 행동을 유지한다(당신이 간식을 먹고 소비하게 하는 것).

동기부여(motivation): 목표 지향 행동을 활성화하고, 지시하고, 유지하는 요인

개념 8-1

동기 부여는 행동의 '이유'–목표 지향적 행동을 활성화, 지시 및 유지하는 요인을 나타낸다.

동기(motives)란 행동의 '이유'이다. 동기는 행동을 촉진하거나 우리가 왜, 무엇을 하는지에 대한 설명을 하는 필요나 욕구이다. 우리는 실제로 동기를 관찰하지 않고, 오히려 동기는 우리가 관찰하는 행동을 기반으로 존재한다고 추론한다.

동기(motives): 목표 지향적 행동을 유도하는 욕구나 필요

이 단원에서는 동기의 생물학적 및 심리적 원인과 동기화된 행동을 설명하기 위해 심리학자가 구축한 다양한 이론에 중점을 둔다. 이 이론들 중 어느 것도 동기화된 행동에 대한 완전한 설명을 제공하지는 않지만 각각의 행동의 '이유'에 대한 우리의 이해에 기여한다.

1. 동기의 생물학적 원인

호흡하기 위해서는 산소가 필요하고, 에너지를 얻기 위해서는 먹고, 물을 마셔야 한다. 기본적인 생물학적 욕구는 우리의 많은 행동에 동기를 부여한다. 생리적 욕구는 선천적으로 타고난다. 우리는 숨을 쉬거나 배고프거나 목이 마르도록 배우지 않는다. 그럼에도 불구하고 학습과 경험은 우리의 생물학적 욕구, 특히 음식에 대한 욕구를 어떻게 충족시켜야 하는지에 대해 영향을 미친다. 타말레(tamales) 또는 양고기 요리를 먹는 것은 우리의 배고픔을 만족시킬 것이다. 하지만 우리의 문화적 배경과 학습 경험은 우리의 음식 선택과 우리가 준비하고 소비하는 방식에 영향을 미친다.

1) 본능: 자연에 의해 프로그램화된 행동

새들은 둥지를 짓고 연어는 산란하기 위해 출생지인 상류로 돌아간다. 그들은 경험을 통하여 둥지를 짓거나 산란 학교에 참여함으로써 이러한 행동을 취하지 않는다. 이것들은 본능적인 행동—특정 종의 구성원에게 유전적으로 타고난 반응 방식—이다. 본능 이론(instinct theory)은 행동이 본능에 의해 동기 부여된다고 주장한다.

본능 이론이 인간 행동의 동기를 설명하는가? 그렇게 생각한 이론가는 지크문트 프로이트(Sigmund Freud)였는데, 인간의 행동은 주로 성적이고 공격적인 본능으로부터 동기화된다고 믿었다(제13장 참조). 또한 미국 심리학의 아버지인 윌리엄 제임스(William James, 1890/1970)는 대부분의 인간의 행동을 설명할 수 있다고 여겨지는 37개의 본능 목록을 작성하였다. 그의 목록에는 빠는 것과 같은 육체적 본능과 함께 호기심, 시기심 및 순수함 같은 정신적 본능이 포함되었다. 다른 초기 심리학자들, 특히 윌리엄 맥두걸(William McDougall, 1908)은 제임스의 목록을 확장했다. 그 목록은 계속해서 확장되어 왔는데, 1920년대에는 광범위한 인간 행동을 다루는 약 10,000개의 본능까지 포함하였다(Bernard, 1924).

본능적 행동: 특정 종의 구성원에게 유전적으로 타고난 반응 방식

본능 이론: 행동은 본능에 의해 동기 부여된다는 믿음

인간의 동기에 대한 본능 이론은 오랫동안 선호되지 않았다. 그 이론이 쇠퇴한 이유 중 하나는 본능 목록이 너무 확장되었기 때문이다. 또 다른 이유는 본능에 기초한 행동을 설명하는 것이 단순히 기술하는 방법일 뿐이며 자세히 설명하는 것은 아니다(Gaulin & McBurney, 2001). 예를 들어, 게으른 본능 때문에 게으른 사람이라고 말하거나 인색한 본능 때문에 인색한 사람이라고 말하는 것은 실제로 사람의 행동을 설명하지 않는다. 단지 그 행동에 이름을 붙이기만 하는 것이다. 아마도 가장 중요한 이유는, 심리학자들이 인간의 행동은 본능에 의해 결정되는 경우보다 훨씬 더 많은 변수와 유연성이 있음을 인정하였다는 사실일 것이다. 더욱이, 본능 이론은 인간 행동을 결정함에 있어 문화와 학습의 중요한 역할을 설명하지 못한다. 비록 본능이 다른 동물의 정형화된 행동을 설명할지라도, 대부분의 심리학자는 본능

이 복잡한 인간 행동에 동기를 부여한다는 견해를 거부한다.

개념 8-2

본능 이론가들은 인간과 다른 동물들이 각각 특이하고 유전적인 본능에 의해 동기 부여된다고 믿는다.

2) 욕구와 추동: 안정적인 내적 상태 유지

1950년 대 초반, 추동 이론(drive theory)은 본능 이론을 제치고 인간의 동기에 대한 주요 모델이 되었다. 가장 먼저 심리학자 클라크 헐(Clark Hull, 1943, 1952)은 음식, 물 및 수면에 대한 욕구와 같이 만족되어야 하는 생물학적 욕구가 있다고 믿었다. 욕구는 부족하거나 결핍된 상태이다. 추동은 충족되지 않는 욕구로 인해 생기는 배고픔이나 갈증과 같은 신체적 긴장 상태이다. 추동이 만족된 상태를 추동 감소라고 한다.

추동 이론: 행동은 만족을 요구하는 생물학적 욕구에서 발생하는 추동에 의해 동기 부여된다는 믿음

욕구: 결핍이나 부족한 상태

추동: 충족되지 않은 욕구로 인해 생기는 배고픔이나 갈증과 같은 신체적 긴장 상태

추동 감소: 추동이 만족된 상태

추동 이론은 항상성(homeostasis)의 원리, 즉 몸이 안정적인 내적 상태를 유지하는 경향을 기반으로 한다(제2장 참조). 체내의 항상성 기제는 온도, 산소 및 혈당을 감시하고 일정 수준으로 유지한다. 추동 이론에 따르면, 항상성이 방해될 때마다 추동은 일정한 균형을 복원하는 데 필요한 행동을 활성화한다. 예를 들어, 우리가 잠시 동안 먹지 않았을 때 혈당치가 떨어지면 우리는 배고프게 된다. 배고픔은 우리가 영양 상태를 되찾도록 동기를 부여하며, 항상성을 회복시킨다. 추동 이론은 생물학적 욕구에 초점을 두지만, 편안함과 안전성에 대한 욕구와 같은 일부 욕구는 심리적 기반을 가지고 있다.

개념 8-3

추동 이론가들은 만족을 요구하는 생물학적 욕구에서 발생하는 추동에 의해 동기 부여가 유지되고 있다고 주장한다.

욕구와 추동은 관련되어 있지만 서로 구별된다. 우리는 특정 비타민에 대한 육체적 욕구가 있을 수 있지만, 비타민 결핍 장애가 발생할 때까지는 알지 못한다. 즉, 해당 추동이 없어도 욕구가 있을 수 있다. 더욱이, 욕구의 힘과 그것을 충족시키기 위한 추동은 다를 수 있다. 종교적 이유로 또는 다른 이유로 금식을 하는 사람은 금식의 두 번째 또는 세 번째 날에 음식에 대한 욕구가 더 많아도 첫 번째 날보다는 덜 배고프다는 것을 알 수 있다.

본능 이론과 달리, 추동 이론은 학습, 특히 조작적 조건 형성이 중요한 역할을 한다고 가정한다. 우리는 추동 감소로 강화된 반응(예: 배고플 때 피자 주문하기)을 배운다. 추동 감소를 초래하는 행동은 욕구에 따라 반복될 가능성이 크다. 추동은 경험을 통해 얻을 수 있다. 배고픔, 갈증 및 성생활과 같은 생물학적 욕구는 선천적으로 간주되기 때문에 기본적인 추동이라고 부른다. 경험의 결과인 욕구는 부차적인 추동이라고 한다. 예를 들어, 금전적인 부를 달성하기 위한 추동은 우리가 가지고 태어난 것이 아니다. 우리는 돈이 다른 기본적이고 부차적인 추동을 만족시키는 데 사용될 수 있다는 것을 알기 때문에 금전적인 부를 부차적인 추동으로 얻는다.

© Jacek Chabraszewski, 2009/Shutterstock.com

기본적인 추동: 기본적인 생물학적 욕구에서 비롯된 배고픔, 갈증 및 성적 욕구와 같은 선천적인 추동

부차적인 추동: 금전적인 부를 달성하기 위한 충동과 같은 경험을 통해 습득되거나 배우게 되는 추동

개념 8-4

자극 동기는 유기체가 환경을 탐색하고 조작할 수 있도록 한다.

개념 8-5

각성 이론(arousal theory)은 최적의 수준에서 자극을 유지하기 위한 생물학적 기반의 욕구를 가정한다.

➔ 개념 링크 반사회적 인격을 가진 사람들은 자신의 최적 수준의 각성을 유지하기 위해 더 높은 자극 수준을 갈망하여 일상적인 활동을 지루해할 수 있다. 제15장 6단원을 참고하라.

자극 동기: 호기심 자극, 자극 추구, 탐험 행동을 자극하는 내적 상태

각성 이론: 자극 수준이 유기체의 최적 수준 아래로 내려갈 때마다 유기체는 그것을 증가시키는 방법을 찾는다.

3) 최적의 각성 수준: 당신에게 최적의 조건은 무엇입니까?

추동 이론은 음식과 물에 대한 욕구와 같은 생존 욕구를 충족시키는 추동에 중점을 둔다. 그러나 심리학자 해리 할로(Harry Harlow)와 동료에 의한 고전적 실험은 모든 추동이 기본적인 생존 욕구를 충족시킨다는 개념에 도전했다. 그들이 원숭이의 우리에 기계적인 퍼즐을 넣었을 때, 노력에 대한 어떤 음식이나 강화를 받지 못하더라도 원숭이가 퍼즐을 조작하고 떼어내는 것을 발견했다(Harlow, Harlow, & Meyer, 1950). 사람의 경우 아기도 그들 앞에 놓인 물건을 조작한다. 이 행동들 중 어느 것도 기본적인 생존 욕구를 만족시키는 것과 관련이 없더라도, 그들은 딸랑이를 흔들고, 손잡이를 돌리고, 장난감의 버튼을 누르고, 새로운 물건을 입에 물 수 있다.

할로와 다른 연구자들은 인간과 다른 많은 동물들이 탐험과 활동을 위한 타고난 생물학적 기반의 욕구를 가지고 있음을 제시한다. 환경을 탐색하고 대상(특히, 특이하거나 새로운 대상)을 조작할 수 있는 유기체를 자극하는 이러한 욕구를 자극 동기라고 한다. 자극 동기는 우리가 나이가 들어도 사라지지 않는다. 성인들은 상점에 진열된 최신 제품을 시도해 보는 등 흥미로운 물건을 만지거나 조작하려고 한다.

배고픔과 같은 다른 기본적인 추동은 신체적 각성 상태를 감소시키는 행동을 유도한다. 예를 들어, 우리가 배가 고플 때, 뇌는 배고픔을 만족시킬 때까지 지속되는 격렬한 각성 상태를 만든다. 먹고 난 후, 우리는 평온하거나 졸린 상태를 느낄지도 모른다. 그러나 자극 동기는 각성을 감소하지 않고 증가하도록 행동을 유도한다. 즉, 음식과 물에 대한 기본적인 욕구가 충족될 때에도 우리는 우리의 각성 수준을 높여 주는 자극을 찾으려는 동기가 있다.

자극 동기는 일부 이론가들에 따르면 최적의 각성 수준을 유지하기 위한 생물학적 기본 욕구를 나타낸다(Hebb, 1955; Zuckerman, 1980). 각성 이론에 따르면 자극 수준이 유기체의 최적 수준 아래로 내려갈 때마다 유기체는 자극 수준을 높이는 방법을 찾는다. 자극이 최적 수준을 초과하면 유기체는 그것을 감소시키는 방법을 찾는다.

각성의 최적 수준은 사람마다 다르다. 어떤 사람들은 산악 등반, 스노보드, 번지 점프, 패러세일링과 같이 자극적인 활동을 꾸준히 해야 한다. 다른 사람들은 집에서 조용한 저녁을 보내고, 좋은 책을 읽으면서 몸을 웅크리거나 TV를 보면서 긴장을 푸는 것으로 만족한다.

© Germanskydiver/Shutterstock.com

당신은 모험과 흥분을 추구하는 데 동기를 부여받는가? 그렇다면 당신은 감각 추구자일 수도 있고 스릴을 즐기는 취향을 타고난 것일 수 있다.

각성에 대한 높은 욕구가 있는 사람들은 인생을 모험으로 생각한다. 최적의 자극 수준을 유지하기 위해 그들은 흥미로운 경험과 스릴을 찾는다. 심리학자 마빈 주커만(Marvin Zuckerman, 2004)은 그러한 사람들을 감각 추구자라고 부른다.

감각 추구자들은 지루해지기 쉽고 충동을 억제하는 데 어려움을 겪을 수 있다. 그들은 합리적으로 안전한 활동을 추구하는 성향이 적을 수 있으며, 위험한 행동을 하거나, 술이나 약물에 대한 문제를

해 보기 당신은 감각 추구자인가?

스릴과 모험을 추구하는가? 아니면 집에서 조용한 저녁을 선호하는가? 당신이 감각 추구자의 특성에 적합한지 평가하려면, 당신을 가장 잘 묘사하는 각 줄의 숫자에 동그라미로 표시해 보자.
당신의 응답을 해석해 보자. 5점 이상의 응답은 높은 수준의 감각 추구를 나타낸다. 5점 이하는 낮은 수준을 나타낸다. 줄의 어느 쪽에 당신의 응답이 있는가? 당신의 응답들을 연결하는 선을 그려 보자. 선이 오른쪽으로 갈수록, 당신의 성격이 감각 추구자의 특성에 맞다는 것이다.

고정된 한 장소에서의 직업을 선호한다.	1	2	3	4	5	6	7	8	9	10	여행을 많이 하는 직업을 선호한다.
춥지 않은 곳에서 머무르기를 선호한다.	1	2	3	4	5	6	7	8	9	10	추운 날 활발한 산책을 즐긴다.
익숙한 사람들과 함께하는 것을 선호한다.	1	2	3	4	5	6	7	8	9	10	새로운 사람을 만나는 것을 선호한다.
안전하게 노는 것을 좋아한다.	1	2	3	4	5	6	7	8	9	10	위험하게 사는 것을 좋아한다.
최면을 시도하지 않을 것이다.	1	2	3	4	5	6	7	8	9	10	최면을 시도할 것이다.
낙하산 점프를 시도하고 싶지 않다.	1	2	3	4	5	6	7	8	9	10	낙하산 점프를 시도하고 싶다.
집에서 조용한 저녁을 선호한다.	1	2	3	4	5	6	7	8	9	10	밤에 춤을 추기 위해 외출하는 것을 선호한다.
안전과 안전한 삶을 선호한다.	1	2	3	4	5	6	7	8	9	10	가능한 많이 경험하는 것을 선호한다.
차분한 사람들을 선호한다.	1	2	3	4	5	6	7	8	9	10	조금 거친 사람들을 선호한다.
좋은 침대가 있는 편안한 방에서 자는 것을 좋아한다.	1	2	3	4	5	6	7	8	9	10	캠핑을 즐긴다.
위험한 활동을 피하는 것을 선호한다.	1	2	3	4	5	6	7	8	9	10	약간 위험할 수 있는 활동을 좋아한다.

출처: Zuckerman (1980)에서 수정.

일으키거나 불법적인 활동에 종사할 수 있다(Day-Cameron et al., 2009; Joseph et al., 2009; McAdam & Donnellan, 2008). 최근 연구에서 파도 타는 사람(surfer)이 골퍼보다 평균적으로 감각 추구에 더 높은 점수를 얻은 것은 놀라운 일이 아니다(Diehm & Armatas, 2004). 감각 추구는 강한 유전적 요소를 가지고 있는 것으로 보이는데, 스릴을 추구하는 성향은 타고난 것일 수 있다(Derringer et al., 2010).

2. 동기의 심리적 원인

동기가 단순히 우리 몸의 항상성을 유지하는 문제라면, 우리는 배고픔, 갈증 또는 다른 생물학적 욕구에 의해 다시 자극받을 때까지 조용히 휴식을 취할 것이다. 그러나 우리는 우리의 배가 부르고 다른 생물학적 욕구가 충족될 때 멍하니 앉아 있지 않는다. 우리는 우정, 성취의 욕구와 같은 심리적 욕구에 의해 또다시 동기를 부여받는다. 우리는 특정 목표를 달성하는 것이 생물학적 욕구를 충족시키지 못하더라도 바람직하거나 보람이 있는 것으로 여긴다. 이러한 동기화된 행동은 유인, 인지 부조화 및 심리적 욕구와 같은 심리적 요인의 역할로 가장 잘 설명된다.

유인화 이론: 특정 목표나 대상에 대한 우리의 관심이 우리 행동의 많은 부분을 동기화한다는 믿음

유인: 우리에게 행동하도록 동기화하는 보상이나 기타 자극

1) 유인: 동기를 끌어내는 측면

유인화 이론에 따르면, 특정 목표 또는 대상에 대한 우리의 관심은 행동의 많은

개념 8-6

유인은 우리의 행동을 이끌어 냄으로써 우리를 동기화한다. 그들의 힘은 우리가 그들에게 부여한 가치와 관련하여 다양하다.

부분을 동기화한다. 유인은 우리가 행동을 하도록 동기화하는 보상이나 기타 자극이다. 유인에 의해 관심이 생기거나 동기가 끓어 오르는 것은 그것이 우리의 욕구를 만족시킬 수 있거나 유인 자체만으로 바람직하다고 여겨지기 때문이다.

충족되지 않는 생물학적 욕구가 그들을 만족시키는 방향으로 우리를 동기화한다고 설명하는 추동 이론과는 달리 유인화 이론은 우리가 유인을 추구하도록 동기화한다고 주장한다. 따라서 유인화 이론은 내적 욕구 상태나 추동의 '밀어내기'보다 행동의 동기화에 대한 유인의 유혹이나 '당기기'에 초점을 맞춘다. 풍족한 식사를 했고, 더 이상 배고픔에 시달리는 느낌이 들지 않아도 맛있는 후식을 갈구할 수 있다. 최신 유행 장치나 기술장치를 갖는 것은 어떤 생물학적 욕구를 충족시키지 못할지라도 그것에 이끌린 느낌을 가질 수 있다.

유인 가치: 목표 또는 보상의 '끌어당기기'의 강도

목표 또는 보상이 우리의 행동에 미치는 '당기는 힘'의 강도는 유인 가치이다. 유인 가치는 개인의 학습 경험과 기대치를 비롯한 여러 요인의 영향을 받는다. 우리는 과거의 경험을 통해 그것을 즐거움과 연결시키고 그것을 얻을 때 보람이 있을 것이라고 기대한다면 더 많은 가치가 있는 것에 목표를 둔다. 많은 고용주들은 보너스, 상금 인상, 주식 옵션 및 상금과 같은 유인들을 제공함으로써 직원 생산성을 향상시키기 위해 노력한다. 마케팅 담당자는 우리가 구매하기를 원하는 제품의 유인 가치를 조작한다. 우리는 그들의 제품을 사용하면 멋있고, 건강하며, 섹시하고, 성공할 수 있다고 설득당할 것이다.

문화적 영향은 유인 가치를 결정하는 데 더 큰 역할을 한다. 일부 문화는 개인의 성취와 부의 축적에 큰 가치를 둔다. 다른 사람들은 가족, 종교 단체, 고용주 또는 공동체에 대한 의무 이행을 높이 평가한다. 어떤 유인이 당신의 행동에 가장 강한 '끌어당기기'가 되는가?

2) 인지 부조화 : 태도와 행동 사이의 일관성 유지

인지 부조화: 상충되는 태도와 행동으로 인해 발생하는 내적 긴장 상태

인지 부조화 이론: 사람들이 자신의 행동과 태도 또는 신념 사이의 불일치를 해결하고자 동기화된다는 믿음

심리학자들은 사람들이 자신의 태도와 행동 사이의 일관성을 유지하도록 동기 부여를 받는다는 사실을 알고 있다. 고전적인 연구에서 리언 페스팅거(Leon Festinger)와 메릴 칼스미스(J. Merrill Carlsmith, 1959)는 두 집단의 대학생들이 극도로 지루한 과제를 완료하도록 했다. 그런 다음 다른 학생들을 설득하도록 한 집단에는 1달러를, 다른 집단에는 20달러를 지불했다. 그 후, 피실험자들은 그들이 과제를 얼마나 좋아하는지 또는 싫어했는지 표현하도록 요청받았다. 흥미롭게도, 저임금을 받은 사람들은 고임금 집단보다 열정을 더 많이 나타냈다. 왜 그럴까?

두 집단 모두 태도(지루하기 때문에 과제를 싫어하는 것)와 양립할 수 없는 행동(다른 사람들에게는 과제가 흥미로웠다고 말하는 것)을 하도록 요구받았다. 페스팅거와 칼스미스는 태도가 행동과 일치하지 않을 때 사람들은 인지 부조화라는 불쾌감을 느낄 수 있다고 이론화했다. 그들은 이 불편한 상태가 태도와 행동을 서로 일치시키는 노력을 하도록 동기를 부여한다고 추론했다. 고임금 집단의 피험자들은 명백히

개념 8-7

인지 부조화 이론은 사람들이 자신의 행동과 인지 사이의 불일치를 조화시키도록 동기를 부여받는다고 주장한다.

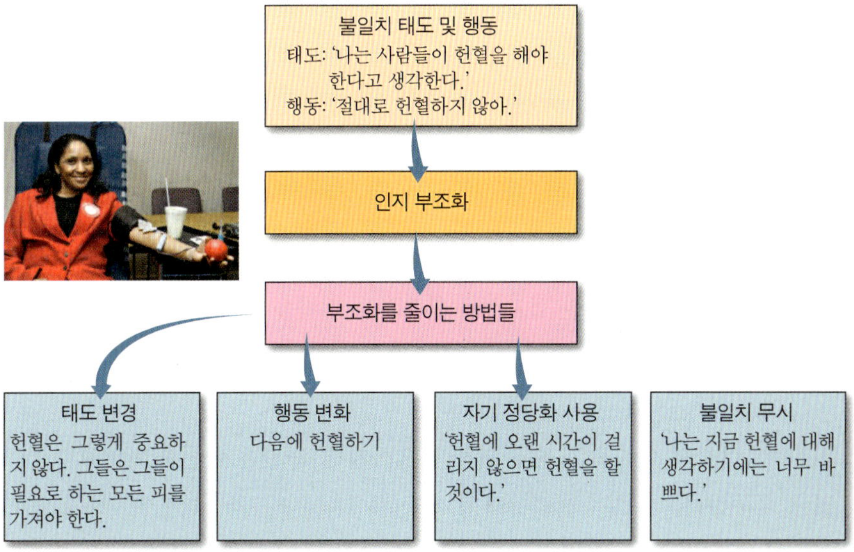

© iStockphoto.com/David H. Lewis

[그림 8-1] 인지 부조화를 줄이는 방법

허위 사실을 말하는 것에 대해 돈을 후하게 받았다고 스스로 말하면서 불일치를 해결할 수 있었다. 저임금 집단에 속한 사람들은 이러한 정당화를 할 수 없었기 때문에 자신이 과제에 대해 어떻게 생각하는지를 변경하여 자신의 부조화를 해결했을 것이다.

인지 부조화 이론에 따르면 사람들은 자신의 행동과 태도 또는 신념이 서로 양립되도록 함으로써 불일치를 해결하도록 동기를 부여받는다. 인지 부조화를 줄이는 몇 가지 방법이 있다(Matz & Wood, 2005). 사람들은 자신의 행동 방식이나 신념에 맞게 행동을 바꿀 수 있으며, 자신의 행동에 맞게 태도나 신념을 바꾸거나, 자신의 행동과 태도 또는 신념 사이의 불일치를 설명하려고 하거나, 불일치를 무시할 수 있다. 예를 들어, 흡연으로 인해 암은 발생하지만 계속 흡연을 하는 흡연자는 행동을 바꾸고(흡연을 중단함), 자신의 믿음을 바꾸거나(흡연은 실제로 그다지 유해하지 않다는 신념을 채택함), 불일치를 설명하기 위한 합리화(암은 우리 가족에서 생기지 않는다.)를 함으로써 인지 부조화를 감소시킬 수 있다. 그러나 불협화음을 줄이는 가장 일반적인 방법은 당분간 행동과 태도 사이의 불일치를 무시하거나 간과하는 것이다(나는 나이가 들면 흡연하는 것에 대해 걱정할 것이다.). 또는 불일치에서 벗어난 산만하게 하는 일에 종사하는 것이다(Gosling, Denizeau, & Oberlé, 2006). [그림 8-1]은 인지 부조화를 감소시키는 몇 가지 방법을 보여 준다.

© Spencer Grant/Photo Edit

당신의 행동이 당신의 깊은 믿음이나 태도와 모순되는 사례를 생각해 볼 수 있는가? 불일치를 알게 되었을 때, 인지 부조화를 경험했는가? 이러한 차이점을 해결하기 위해 동기를 부여받았는가? 아니면 단순히 무시했는가?

인지 부조화를 줄이는 또 다른 방법은 노력의 정당화와 어려운 목표를 달성하는 데 소요된 노력을 정당화하는 경향이다(Zentall, 2010). 따라서 우리는 얻을 수 있는 보상에 더 큰 가치를 부여하는 경향이 있다. 특정 목표 또는 객체에 대해 작업하는 것이 어려워질수록, 우리는 우리의 노력을 정당화하는 방법으로 특정 목표를 높이 평가하는 경향이 있다. 다른 말로 하면, 우리가 어려운 과정에서 A를 받기 위해 더

노력의 정당화: 달성하기 어려운 목표에 소요된 노력을 정당화하기 위해 목표에 더 큰 가치를 부여하려는 경향

많은 것을 해야만 한다면, 우리는 힘들게 받는 A에 더 많은 가치를 부여함으로써 큰 노력을 정당화하려는 경향이 있다.

대체로 연구 결과는 인지 부조화 이론을 뒷받침한다. 태도와 행동 사이의 불일치는 정서적 고통을 야기하는 경향이 있는 한편, 신념이나 태도를 변화시킴으로써 불편함을 줄이거나 없애 준다(Aronson, Wilson, & Akert, 2004; Jones, 1998). 제14장에서 볼 수 있듯이, 영업 사원, 광고주, 기금 모금인 및 우리에게 영향을 미치는 사람들은 행동과 신념의 일관성에 대한 필요성을 활용하는 전략을 종종 사용한다.

3) 심리사회적인 욕구

심리사회적 욕구: 우정 또는 성취의 욕구와 같은 동기의 대인관계 측면을 반영하는 욕구

성취의 욕구: 자신의 노력에서 뛰어난 욕구

기본적인 욕구의 충족은 생존을 위해 필요하지만, 인간은 단순한 생존보다 더 많은 삶을 추구한다. 우리는 심리사회적 욕구(대인관계 욕구라고도 함)를 충족시키기 위해 동기 부여를 받는 사회적 생물이다. 한 가지 예는 다른 사람들(소속의 필요성이라고도 함)과 함께할 필요가 있다는 것이다. 이 필요성은 우리가 다른 사람들과의 사회적 접촉을 추구하고, 사회적 관계를 형성하며, 집단에 속하도록 동기를 부여한다. 여기서 우리는 심리사회적 욕구 중 가장 널리 연구된 것에 초점을 맞춘다. 즉, 우리가 하는 일을 능가할 욕구를 성취의 욕구라고 한다.

개념 8-8

많은 심리학자들은 우리가 생물학적 욕구뿐만 아니라 성취의 욕구와 같은 심리사회적 욕구를 충족시킬 동기가 있다고 믿는다.

어떤 사람들은 앞서 나가기 위해, 엄청난 돈을 벌고, 발명하고, 즉 성취하기 위해 끊임없이 노력한다. 성취에 대한 욕구가 높은 사람들은 비즈니스 및 전문 스포츠에서 학계 및 예술에 이르기까지 다양한 생활상에서 발견된다. 그들은 자신이 하는 일에서 탁월한 욕구를 가지고 있다. 그들은 주도적이며, 야심 차고, 목표 달성에 자부심을 가진다.

하버드의 심리학자인 데이비드 매클레랜드(David McClelland, 1958, 1985)에 따르면 성취 욕구가 높은 사람들은 도전적이지만 그들 스스로 현실적인 목표를 설정했다. 너무 쉽게 성취된 목표는 그들에게 관심이 없으며 순수하게 얻을 수 없는 목표도 아니다. 그러한 사람들은 항상 성공하지 못할 수도 있지만, 큰 걸음을 내딛지 못하고 앞으로 계속 나아간다. 대조적으로 성취 욕구가 낮은 사람들은 실패를 피하려는 욕구에 동기 부여된다. 그들은 목표를 너무 낮게 설정하여 누구나 달성할 수 있거나 너무 비현실적으로 높여 아무도 달성할 수 없게 만든다. 목표가 너무 높게 설정된 경우 실패하면 누가 그들을 비난할 수 있는가? 실패했을 때, 그들은 인내하기보다는 그만두기 쉽다.

외재적 동기 부여: 부 또는 다른 사람들의 존중과 같은 외부 보상에 대한 욕구를 반영하는 동기 부여

내재적 동기 부여: 특정한 목표 달성에서 얻는 자기 만족과 같은 내부 만족에 대한 욕구를 반영한 동기 부여

성취 동기: 성공을 달성하려는 동기 또는 욕구

회피 동기: 실패를 회피하는 동기 또는 욕구

성취의 욕구는 외재적 동기, 내재적 동기 또는 둘 다에 의해 유발된다(Ryan & Deci, 2000; Story et al., 2009). 외재적 동기는 돈이나 동료 또는 가족의 존중과 같은 외부 보상에 대한 욕망을 반영한다. 내재적 동기란 내적 만족에 대한 욕구, 즉 특정한 목표를 달성하거나 특정 목표를 달성함으로써 얻어지는 자기 만족이나 쾌락과 같은 욕구을 반영한다. 다른 말로 하면, 외재적 동기는 '목적을 위한 수단'이며, 근본적인 동기는 '그 자체로 중요한 것'이다(Pittman, 1998).

성취 상황에서는 성취 동기(성공 달성에 대한 욕구)와 회피 동기(실패 회피에 대한 욕구)의 두 가지 동기에 의해 반대 방향으로 이끌어 낼 수 있다. 성취 동기는 우리로 하여금 실패의 위험을 감수하는 도전을 수행하게 하지만 성공으로 이어질 수도 있다. 회피 동기는 실패로 이어질 수 있는 기회를 피하도록 유도한다. 그것은 확실하고 안전한 길을 계속 유지하도록 한다. 회피 동기 부여가 실패의 가능성을 줄일 수는 있지만, 성공의 가능성은 감소시킨다. 한 연구에서, 회피 동기가 낮은 학생들은 회피 과정에서 더 뛰어났고 회피 동기가 높은 학생들보다 감정적인 행복 수준이 높았다(Elliot & Sheldon, 1997).

성취 동기는 일찍 발달하여 부모의 영향을 강하게 받는다. 성취에 대한 욕구가 높은 아동은 전형적으로 부모로부터 독립심을 기르고 어려운 과제를 수행하도록 독려받는다. 부모는 칭찬과 다른 강화를 통해 어려운 과제에 대한 끈기에 대한 보상을 하고 도전적인 과제 시도를 권장한다(Dweck, 1997).

© Jeff Greenberg/Photo Edit

성공에 대한 욕구를 넘어 뛰어나고자 하는 욕구까지 포함하여 당신의 성취에 대한 욕구는 얼마나 강한가?

3. 욕구 위계 이론: 최하위층에서 최상위층까지의 욕구 순서

우리는 생물학적 및 심리적 욕구가 인간의 동기에 중요한 역할을 한다는 것을 보았다. 그러나 이러한 욕구는 서로 어떻게 관련되어 있는가? 우리는 이제 인본주의 심리학자인 에이브러햄 매슬로(Abraham Maslow, 1943, 1970)가 개발한 욕구 위계 이론으로 동기 부여의 원인을 모두 연결하는 모델을 보고자 한다([그림 8-2] 참조).

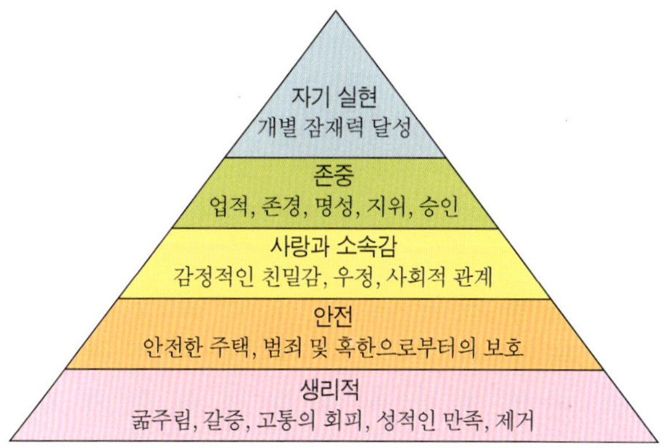

[그림 8-2] 매슬로의 욕구 위계

매슬로의 욕구 위계는 5단계로 구성된다. ① 배고픔과 갈증과 같은 생리적 욕구, ② 안전한 주택의 욕구와 같은 안전 욕구, ③ 친밀한 관계의 욕구와 같은 사랑과 소속감의 욕구, ④ 동료의 존경의 욕구와 같은 존중 욕구, ⑤ 자기 실현의 욕구 등 이는 사람들로 하여금 자신의 고유한 잠재력을 성취하고 그들이 할 수 있는 모든 것이 되도록 동기를 부여한다. 매슬로의 관점에서, 우리의 욕구는 위계 구조에서 상위 단계로 이동하기 전에 기본 욕구 사항을 충족시키도록 동기 부여되는 방식으로 정렬된다. 즉, 우리가 배고픔을 채우면 안전, 사랑, 성취 및 자기 실현과 같은 욕구와 같은 고차원적인 욕구를 충족시키기 위해 노력한다.

욕구 위계 이론: 인간의 욕구에 대한 순서가 있다는 기본적인 개념. 즉 기본적인 생물학적 욕구로 시작하여 자기 실현으로 나아가는 개념

자기 실현(Self-actualization): 개인이 고유한 능력을 발휘하고 잠재력을 발휘하도록 동기 부여하는 것을 말함

어떤 두 사람도 완벽하게 똑같을 수는 없기 때문에 자기 실현을 위한 욕구는 사람들을 각기 다른 방향으로 인도한다(Kenrick et al., 2010). 어떤 이에게 자기 실현은 예술 작품을 창조하는 것을 의미할 수도 있다. 또 다른 사람에게는 경기장에서, 교실에서, 또는 기업 환경에서 노력하는 것이 자기 실현일 것이다. 우리 모두가 위계 구조의 맨 상위 단계로 올라가지 않는다. 모두가 자기 실현을 달성하는 것은 아니다.

개념 8-9

매슬로는 인간의 욕구를 기초의 생물학적 욕구에서부터 자기 실현의 욕구에 이르는 위계 구조의 형태로 개념화했다.

➔ 개념 링크 매슬로는 인간 중심 이론가로서 자기 실현을 향한 뚜렷한 인간의 동력이 우리의 행동뿐만 아니라 우리의 성격을 형성한다고 믿었다. 제13장 4단원을 참고하라.

매슬로의 욕구 위계 이론은 직관적인 매력을 가지고 있다. 우리는 일반적으로 소속감과 같은 심리학적 욕구를 충족시키기 전에 음식, 음료 및 주거지에 대한 기본적인 욕구를 충족시키기 위해 노력한다. 그러나 우리의 욕구는 매슬로의 위계 구조가 제안한 것처럼 고정된 방식의 순서를 따르지는 않는다. 예술가는 새로운 작업을 완료하기 위해 영양분이 거의 없는 상태에서 며칠 동안 지낼 수 있다. 사람들은 친밀한 관계에 대한 욕구를 포기하고 자신의 직업에서 지위나 명예를 찾는 데 자신의 힘을 집중할 수도 있다. 매슬로는 결국 정서적인 삶의 공허함을 채우도록 동기가 부여될 것이라고 반박할지도 모른다.

© Bettman/CORBIS © Marvin Koner/CORBIS

이 두 사람의 공통점은 무엇인가? 매슬로는 알베르트 아인슈타인과 엘리너 루스벨트를 비롯한 많은 역사적 인물을 확인했으며, 그는 자기 실현의 특성을 보여 주었다고 믿었다. 그러나 자기 실현가가 되기 위해 주목할 만한 역사적 인물이 될 필요는 없다. 매슬로는 우리 모두가 자기 실현을 향한 우리의 고유한 길을 따라갈 수 있다고 믿었다.

매슬로 모델에 대한 또 다른 문제점은 동일한 행동이 여러 욕구를 반영할 수 있다는 것이다. 어쩌면 당신은 생리적 및 안전 욕구(직장 생활을 편안하고 안전하게 생활할 수 있도록 준비하는 것), 사랑과 소속감 욕구(우정과 사회적 유대 관계 형성), 존중 욕구(성취 업적 및 인정) 및 자기 실현 욕구(지적 또는 창조적 잠재력을 충족시키는 것)를 만족시키기 위해 대학에 다닐 것이다. 이러한 한계점에도 불구하고, 매슬로의 모델은 인간의 행동이 기본적인 욕구의 만족은 물론 더 높은 추구에 의해 동기 부여된다는 것을 인식하게 하였다.

매슬로는 욕구 위계 구조가 인간의 모든 노력을 담아낸다고 생각하지 않는다. 나중에 그는 자신의 업적에서 인지 욕구(알고, 이해하고, 탐구하는 욕구), 미적 욕구(아름다움, 대칭 및 질서에 대한 욕구), 자기 초월(자신을 초월한 무언가와 연결하고 다른 사람들이 자신의 잠재력을 깨닫도록 돕는 욕구) 등 인간 행동에 동기를 부여하는 다른 욕구들을 제안했다(Maslow, 1969, 1971, 1987). 자기 실현은 자신의 잠재력을 성취하기 위한 것이지만, 자기 초월은 자신을 초월한 이상, 목적 또는 원인에 대한 헌신을 통해 표현된 높은 수준의 욕구를 나타낸다(Koltko-Rivera, 2006). 매슬로는 원래의 욕구와 이러한 추가적인 욕구 사이에 상호 관계가 있다고 믿었지만, 두 가지 욕구가 어떻게 결합되어야 하는지를 명시하지 않았다(Maslow, 1969, Ward & Lasen, 2009).

앞으로 나아가기 전에 〈개념 차트 8-1〉에 요약된 동기 부여의 근원을 다시 살펴볼 수 있다.

〈개념 차트 8-1〉 동기의 근원

© Dainis/Shutterstock.com

© photogl, 2009/Shutterstock.com

	근원	묘사
생물학적 근원	본능	본능은 특정 종의 구성원에게 한정된 고정된, 선천적인 반응 패턴이다.
	욕구와 추동	충족되지 않은 욕구는 내적 추동 상태를 만들어서 추동 감소로 이어지는 행동을 유도한다.
	자극 동기와 각성의 최적 수준	자극 동기는 호기심이 많고 활동적이어야 하며 환경을 탐구하는 데 필요한 생물학적 욕구에서 비롯된다. 각성 이론은 우리에게 최적인 자극 수준을 유지하도록 동기 부여한다고 주장한다.
심리적 근원	유인	우리가 목표나 사물에 부과하는 가치는 그것을 얻기 위한 유인책을 만든다.
	인지 부조화	태도와 행동의 불일치는 불일치를 조장하려는 동기를 유발하는 불쾌한 감정 상태인 인지 부조화를 유발한다.
	심리사회적 욕구	이러한 심리학적으로 기반된 욕구는 성취와 사회적 관계에 대한 요구가 포함된다.

* 주: 매슬로에 따르면, 인간의 욕구는 기초에서의 기본적인 생물학적 욕구에서부터 최고조의 자기 실현의 욕구에 이르는 위계 구조로 조직되어 있다.

1 단원 복습 동기: 행동의 '이유'

되새겨 봅시다

동기란?

➤ 동기 부여는 욕구를 충족시키거나 목표를 달성하기 위해 행동을 활성화, 지시 및 유지하는 요소 및 내부 과정으로 구성된다.

본능 이론이란?

➤ 본능 이론은 행동이 종마다 유전적으로 타고난 본능에 의해 동기 부여된다는 것을 제안한다. 이 모델은 어떤 형태의 동물 행동을 설명하는 데 가치가 있을 수 있지만, 인간의 행동은 너무 복잡하여 본능에 의해 설명될 수 없다.

추동 이론이란?

➤ 굶주림과 갈증과 같은 충족되지 않은 생물학적 욕구를 만족시키기 위해 동물이 추동된다는 주장이 추동 이론에 제기되었다. 이 이론은 부분적으로 각성 상태를 증가시키려는 동기를 설명하지 못하기 때문에 제한적이다.

각성 이론은 동기 부여 상태의 차이를 어떻게 설명하는가?

➤ 각성 이론에 따르면, 각성의 최적 수준은 사람마다 다르다. 각성을 최적의 수준으로 유지하기 위해 일부 사람들은 흥미롭고 잠재적으로 위험한 활동을 찾고 다른 일부는 더 조용한 활동을 찾는다.

유인화 이론은 추동 이론과 어떻게 다른가?

➤ 유인화 이론은 우리가 매력적인 것으로 인식하는 목표 또는 대상의 '끌어당기기' 또는 유혹에 초점을 맞추고 반면 추동 이론은 충족되지 않은 생물학적 욕구의 '밀어내기'에 초점을 맞춘다.

인지 부조화 이론이란?

➤ 인지 부조화 이론은 우리의 행동과 태도, 신념 또는 인식의 불일치가 이러한 불일치를 조정하려는 동기를 유발하는 심리적 긴장(부조화)을 유발한다고 주장한다.

심리사회적 욕구란?

➤ 심리사회적 욕구는 생물학적 요인보다는 심리적 요인에 기초한 뚜렷한 인간 욕구이다. 여기에는 사회적 관계의 욕구와 성취의 욕구가 포함된다.

➤ 성취에 대한 높은 욕구가 있는 사람들은 열심히 추진하고 야망이 있다. 그들은 도전적이지만 현실적인 목표를 설정했다. 비슷한 능력과 기회를 가지고 있지만 성취의 욕구가 적은 사람들보다 더 많은 것을 성취한다.

Maslow의 욕구 위계란?

➤ Maslow는 우리의 심리적 욕구를 충족시키기 전에 굶주림과 갈증과 같은 기본적인 생물학적 욕구를 충족시키려는 동기가 있다고 생각했다. 그의 위계 구조는 기저에 있는 생리적 욕구에서 맨 위의 자기 실현에 이르기까지 5단계로 이루어져 있다.

점검해 봅시다

1. 목표 지향적 행동을 활성화, 지시 및 유지하는 요인을 ______________

2. 왼쪽의 용어를 오른쪽의 정의와 일치시켜 보자.

① 기본적인 욕구	가. 욕구는 경험을 통해 얻은 것
② 부차적인 욕구	나. 일정한 내적 상태를 유지하려는 경향
③ 욕구	다. 결핍 또는 부족 상태
④ 항상성	라. 선천적인 생물학적 욕구

3. 환경을 탐색하고 대상, 특히 정상적 또는 비정상적인 대상을 조작하도록 유도하는 동기의 원천은 ______________

4. 목표 또는 보상이 우리의 행동에 미치는 '당기는 힘'의 강도는 ______________

5. 행동과 태도의 불일치는 ______________ 불리는 긴장의 불쾌한 상태를 유발할 수 있다.

6. Maslow의 욕구 위계 구조의 맨 위에는 사람들이 고유한 잠재력을 수행하고 자신이 할 수 있는 모든 것이 될 수 있도록 동기를 부여하는 욕구가 있다. 이것은 __________ 에 대한 욕구로 알려져 있다.
   ① 존경
   ② 성취
   ③ 사랑과 소속감
   ④ 자기 실현

생각해 봅시다

➤ 당신은 인간의 행동이 본능에 의해 동기 부여된다고 믿는가? 그 이유는 무엇인가?

➤ 당신은 자기 실현가인가? 당신의 판단 근거는 무엇인가? 자기 실현가가 되기 위해 어떤 단계들을 취할 수 있는가?

2 단원 배고픔과 식사

- 무엇이 우리를 배고프게 하는가?
- 비만의 원인은?
- 신경성 무식욕증이란?
- 신경성 식욕 항진증이란?
- 섭식 장애의 원인은?

두뇌는 퍼즐을 좋아합니다

미리 읽으면서 다음 정보를 사용하여 다음의 문제를 풀어 보자. 최근의 증거에 따르면 비만에 걸리기 쉽다. 어떻게 가능한가?

배고픔은 가장 기본적인 욕구 중 하나이고 무시하기 가장 힘들며 우리가 먹도록 동기 부여하는 것 중 하나이다. 그러나 무엇이 배고프게 하는가? 당신의 배가 꼬르륵거리는 경우, 당신은 독서에 집중할 수 없을 것이다. 그러나 배고픔에는 꼬르륵 소리를 넘어서는 더 많은 것들이 포함된다.

1. 무엇이 우리를 배고프게 하는가

배고픔은 공복의 아픔에서 생기는 것처럼 보일지도 모르지만, 배가 아니라 두뇌가 배고픔을 조절한다. 그것은 다음과 같이 작동한다. 우리가 잠시 동안 음식을 먹지 않았을 때 혈당 수치가 떨어진다. 이런 일이 발생하면 지방세포인 체지방에서 지방이 방출되어 우리가 다시 먹을 때까지 세포가 사용하는 연료를 공급한다. 시상하부는 배고픔과 다른 많은 신체적 과정(제2장에서 논의됨)을 조절하는 데 도움이 되는 전뇌의 작은 구조로, 이러한 변화를 감지하고 계속되는 일련의 사건을 유발하여 식습관을 자극하는 배고픔의 느낌을 갖게 한다.

식사는 혈당 수준을 균형 있게 유지하고 지방세포를 보충함으로써 내부 균형 상태 또는 항상성을 회복시킨다.

시상하부의 각 부분들은 배고픔과 식습관 조절에 있어 서로 다른 역할을 한다([그림 8-3] 참조). 외측 시상하부를 자극하면 실험동물은 배부른 식사를 했을지라도 먹기 시작한다. 외측 시상하부가 외과적으로 파괴되면 동물은 먹는 것을 멈추고 결국 굶어 죽을 것이다. 따라서 우리는 외측 시상하부가 음식을 섭취하도록 하는 것과 관련되어 있음을 알 수 있다.

시상하부의 또 다른 부분인 복내측 시상하부는 먹는 것을 멈출 때 신호를 끄는 역할을 한다. 이 부위가 파괴되면 동물들은 과식해 결국 심하게 비만 상태가 될 것이다.

신경전달물질과 호르몬을 포함한 뇌 화학물질의 혼합물은 배고픔과 식욕 조절에 관여한다(Perello et al., 2009). 이 화학물질 중 하나인 신경전달물질인 신경펩티드

개념 8-10

시상하부는 혈당 수준의 감소와 지방세포로 인한 지방의 고갈을 감지하여 먹는 것에 동기 부여하는 배고픔에 대한 감정을 유도한다.

외측 시상하부(Lateral hypothalamus): 음식을 섭취하도록 하는 시상하부의 일부

복내측 시상하부(Ventromedial hypothalamus): 포만감 조절에 관여하는 시상하부의 일부

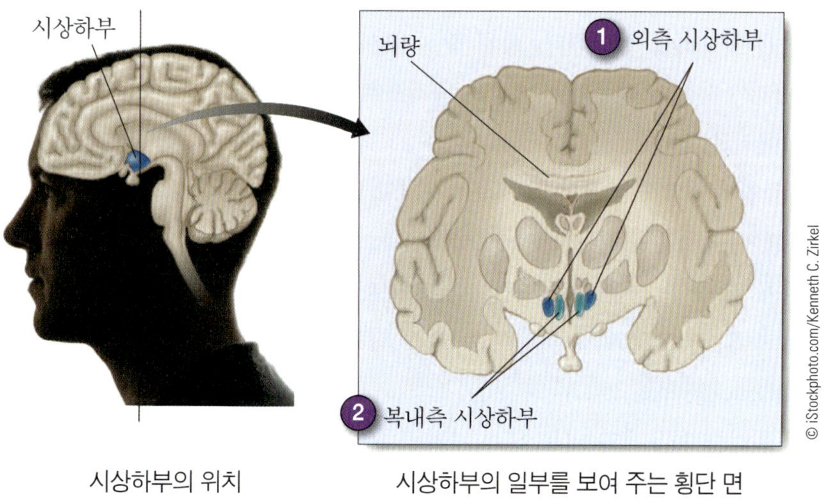

[그림 8-3] 배고픔과 먹는 것과 관련된 시상하부

시상하부는 배고픔과 먹는 행동을 조절하는 데 중요한 역할을 한다. ❶ 외측 시상하부는 식욕과 먹는 행동을 자극한다. ❷ 복내측 시상하부는 포만감을 나타내며 먹는 것에 대한 스위치를 끄는 것처럼 작동한다.

Y(neuropeptide Y: NPY)는 시상하부에서 식욕과 음식 섭취를 자극한다. 우리가 잠시 동안 음식을 먹지 않았을 때, 뇌는 NPY를 더 많이 방출한다. 또한 위가 비어 있을 때, 위는 배고픔을 유도하는 호르몬인 글레린(ghrelin)을 방출하고, 배고픔 신호를 뇌로 보낸다(Engel et al., 2008). 또 다른 호르몬인 렙틴(leptin, 그리스어 leptos에서 '얇은'이라는 뜻)은 체내의 지방 세포에서 방출되어 우리가 충분히 먹었을 때, 배고픔을 억제하는 역할을 한다(Baicy et al., 2007). 렙틴이 작용하는 한 가지 방법은 두뇌의 NPY 생성을 줄이는 것이다. 다른 뇌의 화학물질도 우리가 먹을 만큼 충분히 먹었을 때 식욕을 억제하고 행동을 조절하는 데 관여한다(Blüher & Mantzoros, 2009).

만족스러운 식사를 함으로써 우리가 경험하는 즐거움의 느낌은 신경전달물질인 도파민(dopamine)과 엔도르핀(endorphins)에 의해 조절되며 뇌의 보상이나 즐거움을 자극한다. 또 다른 신경전달물질인 세로토닌은 우리가 충분히 먹었을 때 포만감을 조절하는 데 관여한다.

1) 왜 중요한가

개념 8-11

신경전달물질과 호르몬은 식욕 조절에 중요한 역할을 한다.

배고픔과 식욕의 생물학적 토대에 대한 이야기는 여전히 인용되고 있다. 배고픔과 식욕에 관련된 두뇌 화학물질과 뇌 구조에 대해 더 많이 알수록 과체중과 비만 문제를 가진 사람들을 돕는 더 나은 방법을 개발할 수 있을 것이다. 예를 들어, 이러한 연구를 통해 배고픔과 식욕을 조절하는 뇌 구조에 직접적으로 작용하는 효과적인 약물이 개발될 수 있다.

2. 비만: 국가적인 전염병

많은 사람들이 신진대사를 유지하고 신체 활동을 하면서 소비하는 칼로리보다 더 많은 칼로리를 섭취한다. 섭취 칼로리('에너지 들어옴')와 소비된 칼로리('에너지 나가는 것') 사이의 불균형은 체중의 축적으로 이어지고 시간이 지남에 따라 비만으로 이어질 수 있다.

미국인의 과체중 비율이 갈수록 높아지고 있다. 현재 미국 성인의 3분의 2는 과체중이고 3분의 1은 비만이다(CDC, 2010b; Flegal et al., 2010). ([그림 8-4] 참조). 미국 성인 일곱 명 중 한 명은 심한 비만이다(Ryan & Kushner, 2010). 비만 전염병은 1980년 이후 전 세계적으로 비만 비율이 두 배가 되었다(Danaei et al., 2011; Farzadfar et al., 2011; Finucane et al., 2011).

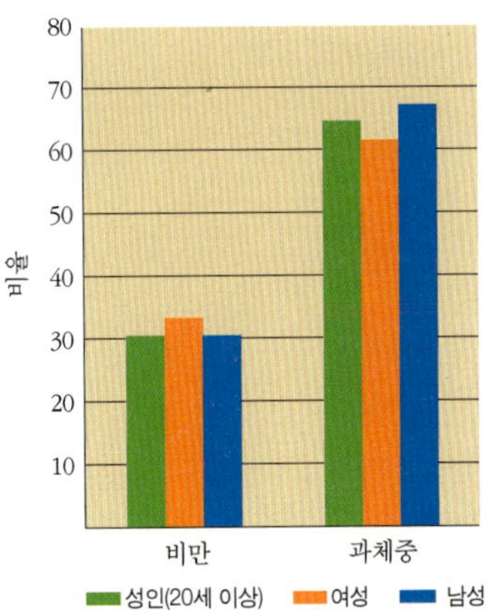

[그림 8-4] 미국의 방대한 Walstland(월스트랜드)

미국인의 거의 2/3이 과체중이고, 세 명 중 한 명이 비만이다. 과체중과 관련된 건강 위험은 무엇인가?

출처: WIN 체중 조절 정보 네트워크, 당뇨병 및 소화기 및 신장 질환 국립 연구소, 국립 보건원.

왜 우리는 몸무게가 너무 많이 나가면 문제가 되는 것인가? 비만은 심장혈관계 질병(심장 및 동맥 질환), 호흡기 질환, 당뇨병, 담낭 질환 및 일부 유형의 암을 포함한 건강 문제에 주요 위험 요소이다(예: CDC, 2009; Snowden, 2009; Yan et al., 2006). 당연히 과체중 또는 비만이 조기 사망의 위험 증가와 관련되어 있다(Berrington de Gonzalez et al., 2010). 미국에서는 비만으로 매년 10만 명 이상의 사망자가 발생하며 평균 수명이 6~7년 단축된다(Flegal et al., 2005; Fontaine et al., 2003).

건강 전문가들은 비만으로 인해 부모의 세대에 비해 오늘날의 아동들의 기대 수명이 2~5년 정도 단축될 수 있다고 우려하고 있다(Olshansky et al., 2005). 과체중이지만 비만까지는 아닌 사람들은 조기 사망의 위험이 증가한다(Jee et al., 2006; NCI, 2006).

과체중과 비만 문제는 왜 증가하고 있는가? 건강 전문가들은 두 가지 주요 요인을 언급했다. 너무 많은 칼로리를 섭취하지만 운동량은 적다. 우리 중 많은 사람들이 너무 오래 앉아 있지만 운동은 거의 하지 않고 너무 많은 고지방, 고열량 음식을 먹는 'couch potato(오랫동안 가만히 앉아 텔레비전만 보는 사람)'와 'cyberslugs(사이버 상에서 개발된 가상 생물)'가 되었다.

대중 음식점의 음식 제공량 또한 증가되고 있다. 1회 음식 제공량이 말해 준다. 최근 한 연구에서 조사자들은 음식이 더 큰 접시에 제공되었을 때, 사람들이 더 많은 음식을 섭취하는 경향이 있다는 것을 발견했다(Geier, Rozin, & Doros, 2006). 벌지 전투(the battle of the bulge)에서 이기기 위한 또 다른 요인은 특히 교외 지역에 살 경우, 다른 지역으로 이동하기 위해 걷기보다는 자동차에 대한 높은 의존도이다.

당신은 비만인가? 과학자들은 체질량 지수(BMI)라는 척도를 사용한다('해 보기' 참조). BMI는 체중이 건강 또는 비만 범위에 속하는지 여부를 결정할 때 고려된다. 국립 보건원(National Institutes of Health)의 기준에 따르면 BMI가 30 이상인 사람들은 비만으로 분류된다. BMI가 25~29.9인 사람은 과체중으로 분류된다.

체질량 지수(BMI): 신장에 맞게 조정된 체중을 기준으로 한 비만 표준 측정법

1) 비만의 원인

비만은 신체의 욕구를 충족시키는 데 소비된 에너지('에너지 방출')보다 소비된 칼로리('에너지 유입')의 형태로 더 많은 음식 에너지를 섭취한 결과이다(Levine et al., 2005). ([그림 8-5] 참조). 과도한 칼로리는 체지방으로 전환되어 체중과 허리둘레를 더 늘린다. 그러나 무엇 때문에 소비된 칼로리 사이에 불균형이 생기는가?

유전학은 비만에 기여하는 많은 요소 중 하나이다(Loos et al., 2008). 어떤 '비만 유전자'는 없지만, 사람들이 쉽게 체중을 늘릴 수 있도록 해 주는 많은 유전자가 있다(Freedman, 2011). 체중은 사람의 기초 신진 대사 속도(basal metabolism)라고도 하며, 휴식하는 동안 신체가 칼로리를 태우는 속도이다. 신체의 신진 대사 속도가 느릴수록 쉽게 체중이 늘어날 수 있다. 유전학은 일부 사람들이 다른 사람들보다 신진 대사 속도가 느린 이유를 설명할 수 있다.

세트 포인트 이론(set point theory)에 따르면, 뇌는 유전적으로 미리 결정된 수준 또는 '세트 포인트(set point)' 주위에서 체중을 조절한다. 이 이론은 우리가 체중을 늘리거나 줄였을 때 뇌가 기초 대사량을 조절하여 체중을 설정 지점 부근에서 유지하도록 제안한다(Major et al., 2007). 우리가 체중을 줄이면 뇌가 신체의 신진 대사 속도를 늦추고 이 속도가 느려짐에 따라 신체는 지방 저장소를 보존한다. 이것은

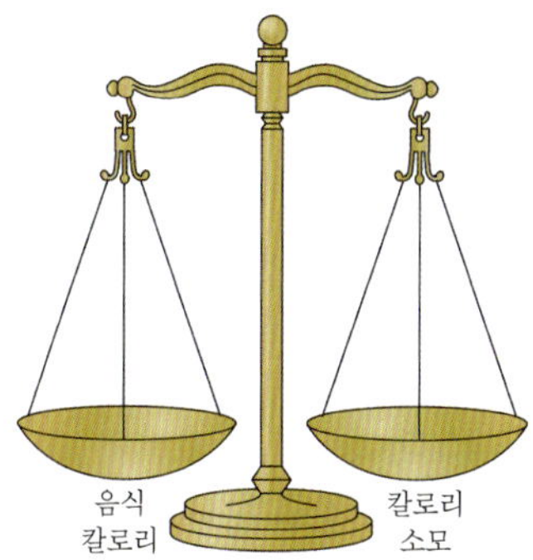

[그림 8-5] 체중은 균형 잡힌 행동이다

체중은 음식에서 소비되는 칼로리와 신체의 에너지 요구를 충족시키는 데 소비되는 칼로리 사이의 균형에 의해 결정된다. 과잉 열량은 체지방으로 변환된다.

출처: 신체 활동 및 체중 조절, 당뇨병 및 소화기 질환에 대한 국가 기관(NIDDK).

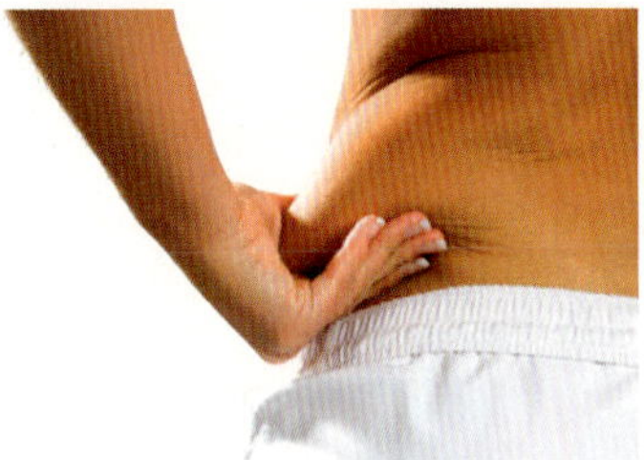
© iStockphoto.com/Steven Frame

세트 포인트 이론(Set point theory): 뇌 구조가 유전적으로 미리 결정된 '세트 포인트'를 중심으로 체중을 조절한다는 신념

다이어트하는 사람들이 종종 체중 감량을 계속하거나 체중 감량을 유지하기가 어려워하는 이유를 설명해 준다. 칼로리 섭취가 줄어들 때, 신체의 신진 대사율을 낮추는 능력은 오늘날 많은 다이어트를 하는 사람들에게 큰 타격이 될 수 있지만, 선조들이 기근을 견딜 수 있게 도와주었다.

신체의 지방세포 수는 비만의 또 다른 요소이다. 비만인 사람들은 일반적으로 정상 체중인 사람들보다 지방세포가 훨씬 많다. 심한 비만인 사람들은 정상 체중인 사람들의 250억 개 또는 300억 개의 지방세포와 비교하여 2천억 개 이상의 지방세포를 가질 수 있다. 우리가 잠시 동안 음식을 먹지 않았을 때, 몸은 축적된 에너지를 지방세포의 지방 형태로 끌어들인다. 지방세포의 고갈은 배고픔에 대한 중요한 방아쇠로 작용하여 저장된 지방의 균형을 회복시키도록 자극한다. 비만인 사람은 일반적으로 정상 체중인 사람보다 훨씬 많은 지방세포를 가지고 있기 때문에 정상 체중인 사람보다 먹고 난 후에 더 빨리 배고파질 수 있다. 따라서 과도한 양의 음식을 섭취하는 것이 더 강하게 동기 부여될 수 있다. 불행히도, 우리는 체중 감량을 할 때 지방세포를 배출하지 않는다(Hopkin, 2008).

너무 빠르게 먹고, 더 많은 양을 먹고, 배가 터질 때까지 먹는 것과 같은 먹는 식습관은 행동 요인으로서 비만에서 중요한 역할을 한다(Maruyama et al., 2008). 환경 요인 또한 비만에 기여한다. 우리는 끊임없이 음식을 떠오르게 하는 것들이 쏟아지는 환경에서 살고 있다. TV 광고는 우리가 제과점 근처를 걷는 동안 공기에 스며드는 음식 냄새 같이 유혹적으로 음식을 보여 준다. 어린이 중 로널드 맥도널드(Ronald McDonald)가 산타클로스(Santa Claus)에 이어 두 번째로 널리 알려진 인물인 것을 생각해 보자(Parloff, 2003). 실험 연구에 따르면 음식 광고에 노출되면 아동과 성인 모두 음식 섭취가 증가한다(J. L. Harris, Bargh, & Brownell, 2009).

해 보기
당신의 BMI는 어떻게 되는가?

BMI(체질량 지수)는 과체중 및 비만 측정에 가장 널리 사용되는 척도이다. 당신의 BMI는 BMI=kg/m^2 공식에 의해 주어진다. BMI를 계산하려면 체중(킬로그램)을 곱한 다음 신장(미터) 제곱으로 나눈다. 당신은 http://www.nhlbisupport.com/bmi/. 이 사이트에 있는 것과 같이 당신 BMI를 계산해 줄 많은 BMI 계산기를 인터넷에서 찾을 수 있다. 당신이 알아야 할 것은 신장(inches)과 체중(pound)뿐이다.

분노, 공포, 우울증과 같은 감정적인 상태는 과도한 식사를 유발할 수 있다. 우리 중 많은 사람들이 화가 나거나 외롭고, 지루하거나 우울하다고 느낄 때 과식한다. 아이스크림 한 통을 다 먹으면서 다가오는 시험에 대한 불안감을 진정시키려고 노력한 적이 있는가? 우리는 음식을 먹음으로써 일시적으로 부정적인 감정을 진정시킬 수 있음을 알 수 있다.

개념 8-12

비만은 행동 방식, 유전, 환경 및 감정적 요인이 모두 중요한 역할을 하는 복잡한 건강 문제이다.

➔ 개념 링크 비만은 미국인의 주요 살인자인 관상 동맥 심장질환의 주요 위험 요소이다. 제12장 2단원을 참고하라.

비만도 옮길 수 있는가? 최근 증거에 따르면 비만은 친구, 이웃, 배우자 및 가족 구성원으로 구성된 사회 연결망의 사람들 간에 공유되는 경향이 있다(Christakis & Fowler, 2007). 이 연구 결과는 우리가 사교하는 사람들이 우리가 먹는 것, 먹는 양, 비만의 수용 가능성에 대한 판단에 영향을 미친다는 것을 보여 준다. 사회 연결망의 효과는 유전학보다 비만의 더 강력한 결정 요인일 수 있다(Barabási, 2007). 그러나 사회 연결망이 건강에 좋지 않은 식사를 권장하는 것처럼 건강한 식습관을 선택하는 친구도 긍정적인 역할 모델이 될 수 있다.

비만의 원인에 대한 핵심 또는 기저는 무엇인가? 행동 방식, 유전, 환경 요인 및 감정적 단서가 모두 중요한 역할을 한다. 그러나 유전자가 문제를 일으키는 경향이 있는 사람조차도 현명하게 먹고 규칙적으로 운동함으로써 건강한 체중을 유지하고 성취할 수 있다. 규칙적인 신체 활동은 칼로리를 소모할 뿐만 아니라 근육을 형성하기 때문에 대사율을 증가시키고 근육 조직은 지방 조직보다 더 많은 칼로리를 소모한다. 따라서 정기적인 운동과 점진적인 체중 감량을 병행하면 우리가 체중 감량을 시작할 때 발생할 수 있는 신체의 대사율 감소를 상쇄할 수 있다.

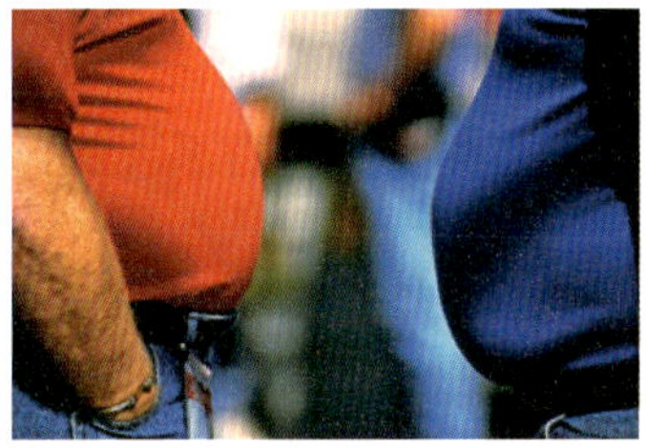

© Tom Raymond Stone/Getty Images

비만은 우리 사회의 전염병이며 심각한 건강 위험을 초래하여 평균 수명이 평균 6~7년 단축된다.

건강 전문가들은 '빠른' 다이어트가 장기적인 체중 관리에 대한 해답은 아니라는 것을 알고 있다. 대부분의 사람들은 식이요법을 통해 줄인 체중을 다시 회복한다. 식이요법이나 체중 감량 약품은 기껏해야 일시적인 혜택만을 제공하며 심각한 부작용의 위험이 있다. 초과 체중 감량과 장기간의 유지에 장기간의 성공을 위해서는 규칙적인 운동과 더불어 현명한 건강한 식단을 따르기 위한 평생의 헌신이 필요하다(Lamberg, 2006; Wadden et al., 2005).

개념 8-13

효과적인 체중 관리는 칼로리 섭취량과 에너지 산출량의 균형을 잡는 식습관과 운동 습관을 위해 평생의 노력이 필요하다.

우리는 또한 칼로리를 의식할 필요가 있다. 예를 들어, '저지방'이 꼭 '저칼로리'를 의미하지는 않는다는 것을 인식해야 한다(영양 표시를 확인해라.). 비만이 현재 삶의 문제가 아니더라도, 건강한 식생활과 운동 습관을 가지면 장래에 체중 문제를 피할 수 있다. 〈표 8-1〉은 건강한 체중 유지를 위한 제안을 제공한다.

〈표 8-1〉 건강한 체중 유지를 위한 제안

당신의 지방 섭취를 조심해라.	하루 지방 섭취량을 섭취 칼로리의 30% 미만으로 제한하고 포화 지방 섭취량을 10% 미만으로 유지해야 한다. 즉, 하루에 평균 2,000 칼로리를 섭취하면 지방 섭취를 66g, 포화 지방을 22g으로 제한해야 한다. (지방 1g에는 9칼로리가 포함된다.)
먹는 양을 제한해라.	건강한 체중을 유지하려면 소비된 칼로리와 소모된 칼로리 사이의 균형을 유지해야 한다. 먹는 양을 조절하면 칼로리 균형을 유지하는 데 도움이 된다.
식사를 천천히 해라.	뇌가 배가 부르다고 느끼려면 약 15분이 걸린다. 위장이 따라잡을 기회를 주어라. 먹는 속도를 줄이기 위해 한 입 먹을 때마다 포크를 내려놓는 것이다.
숨겨진 칼로리를 인지해라.	칼로리에 대한 상품 표시를 확인해야 한다. 예를 들어, 과일 음료에는 숨겨진 칼로리가 있다. 물로 과일 음료를 희석하거나 실제 과일 자체로 대체해야 한다. 또한 많은 가공식품, 특히 굽는 식품에는 설탕과 지방 함량이 높기 때문에 칼로리가 적재된다.
신체 활동을 당신의 생활방식의 일부로 만들어라.	건강 전문가들은 하루 평균 30분의 적당한 신체 활동을 권장한다. 시간당 4.8~6.4km를걷는 것과 같은 활동이다. 그렇다고 해서 매일 체육관에서 운동하거나 공원 주변을 조깅할 필요는 없다. 자동차에서 사무실이나 학교까지 활발하게 걸어가거나 계단을 오르거나 집 주변에서 격렬한 운동을 하면 일상적인 운동량을 충족시킬 수 있다. 달리기, 수영, 에어로빅 운동을 위해 특별히 고안된 장비 사용과 같은 추가 에어로빅 운동은 훨씬 더 도움이 될 수 있다. 운동 프로그램을 시작하기 전에 건강 관리 제공자에게 건강상의 필요 사항과 우려 사항을 상의해야 한다.

© Monkey Business Images/Shutterstock.com

3. 섭식 장애

개념 8-14

신경성 무식욕증 및 신경성 식욕 항진증과 같은 섭식 장애는 젊은 여성의 불균형 상태에 영향을 미친다. 그 이유는 비현실적으로 마른 기준을 달성하려는 문화적 집착 때문이다.

유명한 영국인 교수의 22세 딸 캐런은 그녀의 체중이 '딱 알맞다'고 느꼈다(Boskind-White & White, 1983). 그러나 그녀는 152cm에 35kg로 성인이라기보다는 사춘기 전 11세의 모습이었다. 그녀의 부모는 그녀에게 식사를 제대로 하도록 간청했으나, 그녀는 계속해서 문제가 있다는 것을 부인했다.

그러나 그녀가 또다시 체중이 감소한 후 그녀의 부모는 그녀가 먹는 것을 면밀히 관찰할 수 있는 주거 치료 프로그램에 들어가도록 설득했다. 니콜(19세)은 매일 아침 정상적인 생활을 시작하기를 희망하며 잔뜩 먹고 토해 내지 않으려 노력하였다. 그러나 그녀는 먹고 토하는 행동을 통제할 수 있을지에 대하여 확신이 없었다. 캐런과 니콜의 섭식 장애 행동은 두 가지 주요 섭식 장애(신경성 무식욕증과 신경성 식욕 항진증)의 특징이다.

1) 신경성 무식욕증(거식증)

신경성 무식욕증(거식증)은 자기 기아(self-starvation)를 수반하여 건강에 좋지 않고 잠재력으로 위험한 낮은 체중을 초래한다. 그것은 뚱뚱하게 되는 것에 대한 강렬한 두려움과 왜곡된 신체 이미지를 특징으로 한다. 식욕 부진은 주로 젊은 여성에게서 나타난다. 이러한 여성은 다른 사람들이 그녀를 '피부와 뼈' 밖에 없다고 느낄지라도 스스로는 너무 뚱뚱하다고 생각한다.

무식욕증은 위험한 의학적 상태이며 불규칙한 심장 박동 및 저혈압과 같은 심혈관 질환을 비롯한 심각한 위험을 초래한다. 만성 변비 및 복통과 같은 위장 문제, 생리 부재, 심지어 자살 또는 심각한 체중 감소와 관련된 의학적 합병증으로 인한 사망까지도 포함한다.

© AP Photo/Eugenio Savio

브라질의 패션 모델 아나 카롤리나 레스턴은 식욕 부진으로 인한 의학적 합병증으로 2006년 사망했을 때, 겨우 21세에 불과했다. 그녀는 죽음 당시 171cm의 젊은 여자이지만 40kg밖에 안 됐다. 불행히도, 무식욕증과 다른 섭식 장애의 문제는 비현실적인 마른 기준을 달성하도록 압력을 가하는 다른 상황에서와 같이 패션모델들 사이에 널리 퍼져 있다.

전형적인 경우 젊은 여성은 청소년기에 약간의 체중 증가를 느끼기 시작한다. 이 때, 뚱뚱해지는 것을 지나치게 염려하여 극심한 식이요법과 지나친 운동으로 자신의 체중을 사춘기 이전의 수준으로 줄인다. 그녀는 다른 사람들의 걱정에도 불구하고 자신이 너무 마르거나 너무 많은 체중을 잃어 가고 있다는 사실을 부인한다. 그녀 마음의 눈에는 그녀가 실제 자신보다 뚱뚱하게 보인다.

2) 신경성 식욕 항진증

신경성 식욕 항진증은 과도한 폭식에 따른 반복적인 구토가 특징이다. 구토는 대개 자가 유발 구토를 포함하지만 완화제의 과도한 사용과 같은 다른 형태를 취할 수 있다. 신경성 식욕 항진증을 가진 사람들은 단순히 폭식을 하는 것이 아니라 식사 후에 정기적으로 구토를 한다. 일부 사람들은 과도하고 심지어는 강박적인 운동 요법을 통해 체중 조절을 시도한다. 식욕 부진을 앓고 있는 사람들과 마찬가지로, 신경성 식욕 항진증 환자는 체중에 집착하고 신체에 불만이 있다. 그러나 무식욕증을 가진 사람들과 달리, 그들은 일반적으로 상대적으로 정상적인 체중을 유지한다.

무식욕증은 보통 체중 감량을 위해 엄격한 식이요법을 하는 청소년기 말부터 시작된다. 폭식은 엄격한 다이어트와 번갈아 나타날 수 있다. 폭식을 하는 동안 사람은 달고 고지방의 많고 엄청난 양의 음식을 먹는다. 식욕 부진은 잠재적으로 위험한 칼륨 결핍 및 잦은 구토로 인한 치아의 부식 및 완화제의 과다 사용으로 인한 심각한 변비를 비롯한 많은 의학적 합병증을 유발한다.

3) 문제적 섭식 행동을 유도하는 요인은 무엇인가?

신경성 무식욕증과 신경성 식욕 항진증과 관련된 건강에 해로운 식생활 습관의 근본은 무엇인가? 주요 요인은 많은 젊은 여성이 비현실적으로 마른 기준을 성취하려고 하는 압력이다(Chernyak & Lowe, 2010). 진짜 마른 모델의 미디어 이미지의 끊임없는 맹공격은 소녀와 젊은 여성에게 강력한 메시지를 전달하여 자신의 몸을 보는 방식에 영향을 주며 신체에 대한 불만족스러운 느낌과 안정적이지 않은 식습관을 유발한다(Hamilton et al., 2010; Rodgers, Sales, & Chabrol, 2010; Tiggemann & Miller, 2010). 3세의 어린 소녀조차도 마름의 이상을 내면화하기 시작했다(Harriger et al., 2010).

날씬한 체형을 유지하고 얻기 위한 사회적 압박은 우리 사회의 여성, 특히 젊은 여성에게 가장 많이 발생한다. 체중에 대한 염려는 음식을 먹거나 구매하는 것과 관련된 죄책감이나 수치심과 같이 여러 가지 방법으로 표현될 수 있다. 연구자 집단이 조사한 일곱 명의 대학생 중 약 한 명은 상점에서 초콜릿 바를 구입할 때 죄책감을 느낀다고 말했다(Rozin, Bauer, & Catanese, 2003). 설문 조사에 따르면 남성 대학생보다 여성이 과체중이라고 믿는 경우가 많고, 반면에 더 많은 남성 대학생은 스스로 저체중으로 생각한다고 한다([그림 8-6] 참조). (American College Health Association, 2005).

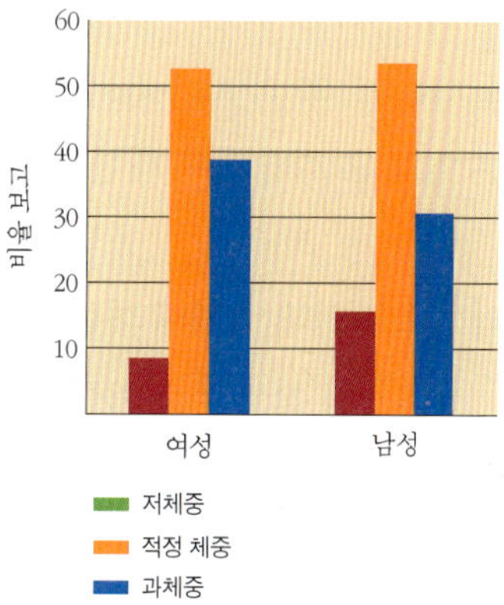

[그림 8-6] 학생들 스스로 보고한 체중에 대한 설명

과체중에 대한 자각은 여자 대학생들 사이에서 더 일반적이며, 저체중에 대한 지각은 남자 대학생들 사이에서 더 일반적이다.

출처: American College Health Association (2005).

가장 최근의 인구 조사에 따르면, 무식욕증은 우리 사회에서 여성의 약 0.9%(1,000명 중 9명)에 영향을 미친다(Hudson et al., 2006). 여성의 약 1~3%가 삶의 어느 시점에서 신경성 식욕 항진증의 영향을 받는 것으로 추산된다(American Psychiatric Association, 2000). 섭식 장애는 젊은 여성에게 불균형적으로 영향을 미치며 남성의 유병률은 무식욕증이 0.3%, 신경성 식욕 항진증이 0.3%로 추정된다(American Psychiatric Association, 2000; Hudson et al., 2006).

섭식 장애가 있는 남성들은 레슬링이나 다른 스포츠에 종사하는 사람들이 많다. 이러한 남성들은 몸무게를 일정하게 유지해야 한다는 압박을 느끼게 된다. 남성의

© Jill Greenberg

왼쪽처럼 마른 여자가 바비 인형처럼 똑같은 비율을 가졌다면, 그녀는 오른쪽 여자처럼 보일 것이다. 이렇게 되기 위해서 키는 거의 30cm 증가해야 하고, 가슴의 크기는 4인치 증가하고, 허리는 5인치 줄어들어야 한다. 바비 인형이 보통의 젊은 여성에게 보내는 의미는 무엇이라고 생각하는가?

몸에 대한 불만족은 여윈 상태 또는 근육의 이상화된 표준을 이루고자 하는 욕구와 관련이 있다(Jung et al., 2010; Ricciardelli et al., 2007). 연구자들은 또한 과도한 근육질의 남성에 대한 대중매체의 이미지 노출은 소년과 남성의 신체 지각을 손상시킬 수 있음을 발견했다(Hargreaves & Tiggermann, 2009; Hobza & Rochlen, 2009).

우울증이나 불안 같은 부정적인 감정은 신경성 식욕 항진증을 유발할 수 있다(Reas & Grilo, 2007). 섭식 장애를 가진 많은 젊은 여성들은 완벽주의와 절제와 관련된 문제를 가지고 있다. 그들은 '완벽한 몸'을 얻기 위해 비합리적인 압력을 스스로에게 가할 수도 있고, 자신이 통제할 수 있는 삶의 유일한 부분이 다이어트라고 느낄 수도 있다. 섭식 장애는 또한 어린 시절의 성적 또는 신체적 학대의 과거 내력이 있거나 갈등으로 분열된 가족이 있는 젊은 여성에게 나타나는 경우도 많다(Jacobi et al., 2004). 어떤 학자들은 무식욕증이 어린 소녀를 유지하려는 여성 청소년들의 무의식적인 소망으로부터 생길 수 있다고 추측한다.

© Ruel Tafalla/Shutterstock.com

이게 정상이라 여겨지는가? 신체의 불만족은 젊은 여성에게만 국한되지 않는다. 젊은 남성의 신체상은 언론 매체에 지나치게 근육질인 이미지에 노출되면 악영향을 받을 수 있다.

섭식 장애는 마름을 별로 강조하지 않는 다른 문화권에서는 흔하지 않다. 또한 유럽-미국 여성들 사이에서 많이 보이는 호리호리한 몸매와 밀접하게 연관되어 있지 않은 다른 인종 여성들 사이에서는 덜 일반적으로 나타난다(Overstreet, Quinn, & Agocha, 2010; A. Roberts et al., 2006). 아프리카계 미국인 문화와 동일시하는 것은 잘못된 식습관에 대한 보호 요인으로 작용할 수 있다(Henrickson, Crowther, & Harrington, 2010). 즉, 유색 인종의 여성도 마른 몸매를 이상적으로 여기는 문화적 압박으로 인해 신체에 대한 불만족을 느낄 수 있다(Grabe & Hyde, 2006).

배고픔과 포만감을 조절하는 유전 요인 및 뇌의 메커니즘과 같은 생물학적 요인 또한 섭식 장애와 관련이 있다(Kaye, 2009). 식사 후 포만감을 조절하는 데 핵심적인 역할을 하는 신경전달물질인 세로토닌의 활동이 비정상적으로 나타나는 것은 폭식하는 경향이 있다는 것이다(Hildebrandt et al., 2010). 뇌에서 세로토닌의 이용 가능성을 높이는 항우울제는 폭식을 줄이는 데 도움을 줄 수 있다(Walsh et al., 2004).

심리적 및 약물 치료로 섭식 장애를 치료하는 데 희망적인 결과가 있음에도 불구하고 회복은 전형적으로 재발 및 지속적인 증상으로 인해 종종 중단되는 장기적인 과정이다(Agency for Healthcare Research and Quality, 2006; Kaye, 2009). 〈개념 차트 8-2〉는 배고픔, 비만 및 섭식 장애에 대한 논의에 대한 개요를 제시한다.

〈개념 차트 8-2〉 주요 개념: 배고픔, 비만 및 섭식 장애

배고픔과 식욕	비만	섭식 장애
시상하부는 낮은 혈당 수준과 지방세포에서 지방의 고갈을 감지하여 먹는 것을 자극하는 배고픔의 감정을 유도한다. 호르몬과 신경전달물질은 식욕과 먹는 행동에 영향을 주기 위해 시상하부에 작용한다. 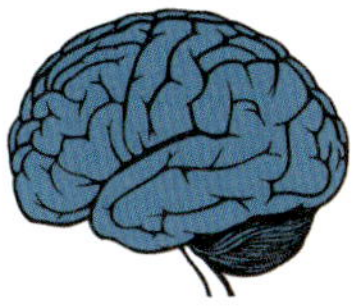 © takito, 2009/ Shutterstock.com	비만의 원인은 대사율의 차이, 신체의 지방세포 수, 행동 양식(건강에 해로운 음식과 운동 부족), 과식을 촉진하는 정서적 · 환경적 단서를 비롯한 유전적, 심리적 요인 및 환경적 요인을 유발한다.  © Shira Raz, 2009/ Shutterstock.com	비현실적인 마름의 표준을 달성하기 위해 젊은 여성에게 부과된 문화적 압력은 신경성 무식욕증(자기 기아)과 신경성 식욕 항진증(폭식 후 제거)에 있어 주요한 요인이다. 섭식 장애를 일으키는 심리적 요인에는 통제 및 완벽주의의 문제, 아동기의 성적 · 신체적 학대, 가족 갈등, 성인기와 성적 성숙에 대한 근본적인 두려움 등이 있다. 섭식 장애와 관련된 생물학적 요인으로는 유전, 배고픔과 포만감을 조절하는 뇌 구조의 이상, 세로토닌 활동의 불규칙성이 있다. 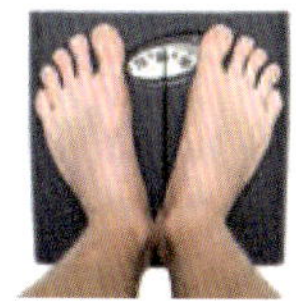 © saiko3p, 2009/ Shutterstock.com

2 단원 복습 배고픔과 식사

되새겨 봅시다

무엇이 우리를 배고프게 하는가?

➤ 뇌에서 항상성 과정은 배고픔과 식욕을 조절한다. 시상하부는 중추적인 역할을 한다. 그것은 혈당 수치의 변화와 지방세포의 지방 고갈을 감지하여 먹는 것을 자극하는 배고픔의 느낌을 갖게 한다. 신경전달물질과 호르몬은 또한 배고픔과 식욕을 조절하는 데 중요한 역할을 한다.

비만의 원인은?

➤ 비만은 행동 방식, 유전, 대사 요인, 환경적 및 감정적 요인을 비롯한 여러 가지 원인이 있는 복잡한 문제이다. 유전은 신체의 기초 신진 대사율과 지방세포의 수에 영향을 줄 수 있다.

신경성 무식욕증이란?

➤ 신경성 무식욕증은 체중 증가에 대한 과장된 걱정 때문에 사람들이 굶어 죽는 섭식 장애이다.

신경성 식욕 항진증이란?

➤ 신경성 식욕 항진증은 폭식의 증상 후에 제거(정화)로 특징지어지는 섭식 장애이다. 제거(정화)는 자가 유발 구토나 완화제의 과다 사용과 같은 다른 수단을 통해 이루어진다.

섭식 장애의 원인은?

➤ 많은 요인이 섭식 장애와 관련되어 있다. 여기에는 비현실적인 마름의 기준, 통제 및 완벽주의의 문제, 아동 학대, 가족 갈등 및 배고픔과 포만감을 제어하는 뇌 구조의 가능한 교란에 대한 비현실적인 문화적 압박이 포함된다.

점검해 봅시다

1. 다음 중 잠시 동안 사람이 먹지 않으면 생리학적으로 어떤 일이 발생하는지 설명하지 않는 것은 무엇인가?
   ① 혈당 수준이 떨어진다.
   ② 지방세포에서 지방이 방출된다.
   ③ 복내측 시상하부는 먹기 시작할 때라고 신호를 보낸다.
   ④ 뇌는 신경펩타이드 Y를 더 많이 방출한다.
2. 실험동물의 시상하부가 자극되면 동물은 _____
   ① 그만 먹는다.
   ② 굶어 죽는다.
   ③ 방금 배부르게 먹었더라도 먹기 시작한다.
   ④ 비만이 된다.

3. 왼쪽의 용어를 오른쪽의 정의와 일치시켜 보자.

① 외측 시상하부	1. 휴식 상태의 몸이 칼로리를 태우는 속도
② 복내측 시상하부	2. 식사를 위한 스위치가 켜지는 것처럼 작동한다.
③ 기초 신진 대사율	3. 체중을 위해 유전적으로 미리 정해진 범위
④ 세트 포인트(set point)	4. 먹는 것을 멈출 때를 알려주는 스위치가 꺼지는 것처럼 작동한다.

4. 신경전달물질 규칙의 불규칙성은 ________ 폭식 행위를 유발하는 것과 관련이 있을 수 있다.

생각해 봅시다

➤ 사람들이 의지력이 부족해서 비만이 된다고 주장하는 사람들에게 당신은 어떻게 말할 것인가?

➤ 당신은 얼마나 체중이 나가야 하는가? 비만에 대한 토론의 결과로 이 질문에 대한 당신의 답변이 변경되었는가? 당신의 일일 칼로리 섭취량을 알고 있는가? 그렇지 않다면, 당신은 알아야 하는가? 건강에 좋지 않은 식습관을 바꾸고 싶은가? 그렇다면 어떻게 바꿀 수 있는가?

3 단원 감정

- 감정의 세 가지 구성 요소는?
- 감정에 대한 얼굴 표정은 보편적인가?
- 개인 행복과 관련된 요소는?
- Sternberg의 사랑 모델에서 사랑의 3요소는?
- 뇌 구조가 감정에서 어떤 역할을 하는가?
- 감정에 대한 주요 이론은?
- 감정 지능이란?
- 거짓말 탐지기란? 어떻게 작동하는가?

우리가 대학을 졸업하거나 바람직한 직업을 얻는 기쁨에서부터, 우리가 사랑하는 사람을 잃어버렸을 때 느낀 슬픔, 일상생활 속에서 경험하는 감정 기복에 이르기까지, 우리의 삶은 감정으로 가득 차 있다. 감정은 우리의 삶에 색을 주입시키는 복잡한 느낌의 상태이다. 우리는 일반적으로 우리가 분노의 '빨간색', 질투의 '녹색', 슬픔의 '파란색'이라고 말한다. 무색의 삶이 감정 없이는 어떻게 될지 상상해 보자. 그러나 감정은 무엇인가? 특정 감정 표현이 보편적으로 또는 동일한 문화의 구성원에서 인정되는가? 감정의 생리학적 기초는 무엇인가?

1. 감정이란 무엇인가

감정: 심리학자들의 관점에 따르면 생리, 인지 및 행동 요소의 상태를 느끼는 것

대부분의 사람들은 감정을 단순히 기쁨이나 분노와 같은 느낌으로 생각한다. 그러나 심리학자들은 감정을 신체적 각성(신경계 활성화), 인지(주관적 또는 의식적, 감정의 경험, 감정을 일으키는 우리가 생각하는 사람이나 상황에 대한 판단이나 생각) 및 행

동 표현(사랑받는 대상에 접근하거나 두려워하는 대상을 회피하는 것 같은 감정의 외적 표현)의 세 가지 기본 요소인 복잡한 감정 상태로 본다.

개념 8-15
심리학자들에게 감정은 느낌 이상이다. 감정은 생리적 · 인지적 · 행동적 요소로 구성된다.

두려움의 생리적 요소는 육체적인 각성이다. 우리가 마음으로 느끼는 믿음에는 어느 정도 진리가 있다. 두려움과 분노와 같은 강한 감정은 자율신경계(ANS)의 교감신경의 활성화를 동반한다. 제2장에서 언급했듯이, 교감신경계의 활성화는 에피네프린과 노르에피네프린을 방출하도록 부신 땀샘을 자극하여 신체의 각성 수준을 높인다.

두려움의 인지적 구성 요소에는 상황이 위협적이라는 판단뿐만 아니라 두려움에 대한 주관적인 경험이 포함된다. (누군가가 당신의 발에 고무 뱀을 던지면 놀라게 될지 모르지만, 당신이 그것을 가짜로 평가할 때 두려움을 불러일으키지는 않을 것이다.) 분노의 인지 구성 요소는 사건이나 다른 사람들의 행동에 대한 판단(인지적 평가)이 부당하다는 것을 포함한다.

감정의 행동 표현은 일반적으로 두 가지 형태를 취한다. 기쁨이나 사랑 같은 즐거운 감정과 관련된 사물이나 상황에는 접근하고 두려움, 혐오와 관련된 상황을 피하는 경향이 있다. 두려워할 때, 우리는 두려운 물건을 싸우려는 희망으로 접근하고 그렇지 않으면 그 물건에서 도망간다. 마찬가지로 분노할 때 우리는 분노의 대상을 공격(접근)하거나 그로부터 철수하는 경향이 있다(즉, 거리를 둔다). 감정의 행동 구성 요소는 또한 얼굴의 특징과 몸짓, 목소리의 어조 및 신체 자세와 같은 기타 외향적인 동작을 통해 감정을 표현하는 방식을 포함한다.

2. 감정적인 표현: 최근 좋은 얼굴을 보았는가

찰스 다윈(Charles Darwin, 1872)은 감정이 종의 생존과 번식을 돕는 적응력이 있는 목적을 가지고 있기 때문에 진화했다고 믿었다. 공포는 위협적인 육식동물 앞에서 자신을 방어하기 위해 동물들을 동원한다. 분노는 안전한 영토, 자원 또는 짝짓기 파트너를 얻는 데 도움이 되는 공격성을 자극하는 데 적응할 수 있다. 다윈은 또한 감정의 표현에 의사소통의 가치가 있다는 것을 인식했다. 예를 들어, 신체적 자세 또는 표정을 통해 공포를 나타내는 동물은 다른 사람들에게 위험이 근처에 숨어 있음을 알릴 수 있다. 다윈은 특정 표정을 특정 감정과 연결시킨 최초의 인물이다.

개념 8-16
미국은 '자신의 감정을 드러내다'를 표현하기 위한 관용적 표현으로 '자신의 심장을 자신의 소매에 달다'라고 표현하지만, '자신의 감정을 자신의 얼굴에 입는다'라고 표현하는 것이 더 정확할 것이다.

우리는 인간과 고릴라와 같은 비인간의 영장류의 표정의 유사성에서 감정적 표현의 진화론적 근원을 볼 수 있다. [그림 8-7]에 나온 원숭이와 인간의 치아에 의해 표현되는 감정을 해석하는 지침이 필요하지 않다. 인간의 감정 표현 방식이 비인간적인 영장류 조상으로부터 진화했다는 다윈의 견해를 뒷받침한다(Chevalier-Skolnikoff, 1973).

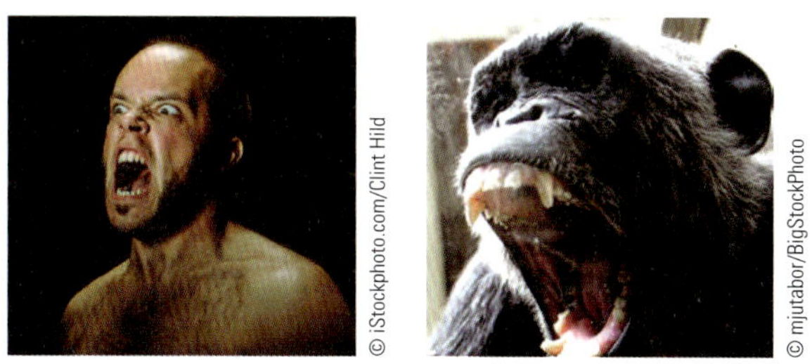

[그림 8-7] 얼굴 표정의 종간의 유사성
원숭이와 사람이 치아를 노출하는 것은 방어하거나 공격하기 위한 신호로 읽는다.

1) 감정의 얼굴 표정: 보편적인가?

증거는 여섯 가지 기본 감정(분노, 공포, 혐오, 슬픔, 행복 및 놀라움)이 얼굴 표정을 기반으로 보편적으로 인식된다는 견해를 지지한다(Ekman, 2003; Matsumoto, 2004). ('해 보기' 참조) 감정의 얼굴 표정에 대한 선도적인 권위자인 폴 에크먼(Paul Ekman)이 개발한 얼굴 분석 도구는 이제 공항 검사원에게 테러범을 찾기 위해 사람들의 얼굴에 감정의 표시 징후를 감지하는 데 사용되고 있다(Lipton, 2006).

최근 연구에 따르면 감정에 대한 얼굴 표정은 시각적 경험의 결과로 배운 것이 아니라 뇌에 내장되어 있다(Matsumoto & Willingham, 2009). 연구자들은 올림픽 및 장애인 올림픽 경기에서 찍은 사진을 바탕으로 시력이 정상인 선수들과 시각 장애인 유도 선수들의 얼굴 표정을 분석했다. 시각 장애인 운동 선수가 관찰을 통해 이러한 반응을 얻을 수 없었음에도 불구하고 두 집단의 운동 선수들은 감정 표현에 대해 동일한 얼굴 근육을 사용했다.

2) 감정의 문화 및 성별 차이

개념 8-17

증거는 최소한 여섯 가지 기본 감정의 표정이 보편적으로 인식된다는 견해를 지지한다.

전 세계의 사람들이 동일한 기본 얼굴 표정의 감정을 인식할 수 있지만 문화적으로 이러한 표현의 발생에 미묘한 차이가 존재한다(Marsh, Elfenbein, & Ambaby, 2003). 우리는 얼굴 표정의 문화적 차이를 비언어적 어조와 비슷하다고 생각할 수 있다.

© Frank Trapper/Corbis

© Photo by POOL/Tim Graham Picture Library/ Getty Images

다른 문화권 또는 국가의 사람들이 다르게 미소 지을 수 있는가? 미국 배우 톰 크루즈와 영국 왕자 찰스의 웃음에 차이가 있는지 확인할 수 있는가?

버클리에 있는 캘리포니아 대학교 심리학자 대처 켈트너(Dacher Keltner)는 비언어적 표현 방식인 미소의 국가별 방식에 관심을 기울인다. 그는 미국인들은 그들의 입술의 끝을 끌어올려서 윗니를 보여 주는 경향이 있는 반면 영국인은 입술을 뒤로 젖히는 경향이 있으며, 아래쪽 치아를 드러내는 경향이 있다고 말했다(Max, 2005). 영국인의 미소는 일종의 억압처럼 느껴질 수도 있다. 옆의 사진에서 미국 배우 톰 크루즈와 영국 왕실의 왕자인 찰스 왕세자의 독특한 미소를 구분할 수 있는지 확인해 보자.

연구는 또한 감정을 얼마나 정확하게 인식하고 어떻게 경험하고 표시하는지에 대한 문화적 차이를 밝혀냈다. 예를 들어, 사람들은 자신의 민족 및 지역 집단의 사람들에게서 감정의 표정을 인식할 때 일반적으로 더 정확하다(Elfenbein & Ambaby, 2002a, 2002b). 또한 특정 감정은 일부 문화권에서 더 흔하거나 심지어는 특정 문화권에서만 독특하다(Niiya, Ellsworth, & Yanmaguchi, 2006).

개념 8-18

각 문화권에는 감정을 표현하는 방법과 감정을 표현하는 것이 적절한지를 결정하는 표현 규칙이 있다.

예를 들어, 일본인은 흔히 fureai(다른 사람들과 밀접하게 연결된 느낌)와 oime(다른 사람에게 부채를 느낀다는 불쾌한 느낌, 즉 '신세지고 있는 것'에 대한 느낌)과 같은 감정을 일반적으로 보고한다. 미국에는 알려지지 않았지만 이러한 감정은 공동의 가치와 상호 의무를 강조하는 문화가 있는 일본인들에게 흔히 느껴진다.

문화는 또한 감정이 어떻게 나타나는지, 심지어는 감정이 다른지에 따라 다르다.

표현 규칙: 정서적 표현의 표현을 지배하는 문화적 관습 및 규범

표현 규칙(display rules)이라는 용어는 주어진 문화에서 감정의 표현이나 표현을 조절하는 데 사용되는 관습과 사회적 규범을 가리킨다(Fok et al., 2008 Matsumoto et al., 2005; Matsumoto et al., 2008). 표현 규칙은 사회화 과정의 일부로 습득되며 동일한 문화권의 구성원 간에 자동으로 발생하도록 깊이 몸에 밴다. 중국과 다른 동아시아 문화는 대중문화의 감성 표현에 눈살을 찌푸리는 반면, 감정은 멕시코 문화를 포함한 다른 많은 문화에서보다 공개적으로 표현된다(Soto, Levenson, & Ebling, 2005). 동양의 아시아 문화에서 대중은 자신의 감정을 억누를 것으로 예상된다. 자신의 감정을 지키지 못하는 것은 그들이 잘못 양육 받았다는 것을 반영한다. 일본인은 미소 짓기를 통해 부정적인 감정을 숨기는 경향이 있는데, 이는 얼굴 표정보다는 자신의 목소리에 따라 다른 사람의 감정을 판단하는 한 가지 이유이다(Tanaka et al., 2010). 그들은 얼굴을 읽는 것보다 감정적인 신호를 듣는 경향이 있다.

문화에는 남성과 여성이 감정을 적절하게 표현하는 데 필요한 표현 규칙이 있다. 많은 문화권에서 여성은 기쁨, 사랑, 공포, 슬픔과 같은 특정 감정을 표현하는 데 남성보다 더 자유가 많지만 남성에게는 더 분노의 직접적인 표시가 허용된다(Dittman, 2003a). 여성은 남성보다 특정 감정 상태(기쁨, 사랑, 공포, 슬픔)를 경험하는 경향이 있다는 증거가 있다(Brebner, 2003; Fischer et al., 2004). 그러나 과학적 배심원은 여전히 분노의 경험에 성별 차이가 있는지 여부에 관해 아직 연구 중이다(Evers et al., 2005).

여성은 일반적으로 단어와 표정을 통해 자신의 감정을 표현하고 다른 사람들의 감정을 인식하는 것에 능하다(DePaulo & Friedman, 1998, Ripley, 2005). 연구자들은 여성의 두뇌가 감정적인 신호를 더 잘 감지하고 회상할 수 있도록 다르게 연결되어 있을 수도 있다고 의심한다(Canli et al., 2002). 그러나 감정 표현의 성별 차이는 처음

해 보기 표정에서 감정을 읽는다

시카고 거리에서 발견된 것과 같은 감정적인 표현이 세계의 저 편에서도 발견된다. 이 사진들은 뉴기니의 먼 지역 출신의 남자를 보여 준다. 그가 묘사하는 감정을 인식하는 데 거의 어려움이 없을 것이다. 더 읽기 전에, 다음과 같은 감정을 사진의 숫자와 일치시켜 보라. (a) 혐오감 (b) 슬픔 (c) 행복감 및 (d) 분노.

이 남자는 다음의 이야기를 듣고 표정을 지어 보라는 요청을 받았다. "당신의 친구가 왔고 당신은 행복합니다.", "당신의 자녀가 사망했습니다.", "당신은 화가 났고 싸울 겁니다.", "당신은 오랫동안 거기에 누워 있는 죽은 돼지를 보았습니다." 정답은 1 (c), 2 (b), 3 (d) 및 4 (a)이다.

© Paul Ekman, Ph.D./Paul Ekman Group, LLC

1. ____________________

© Paul Ekman, Ph.D./Paul Ekman Group, LLC

2. ____________________

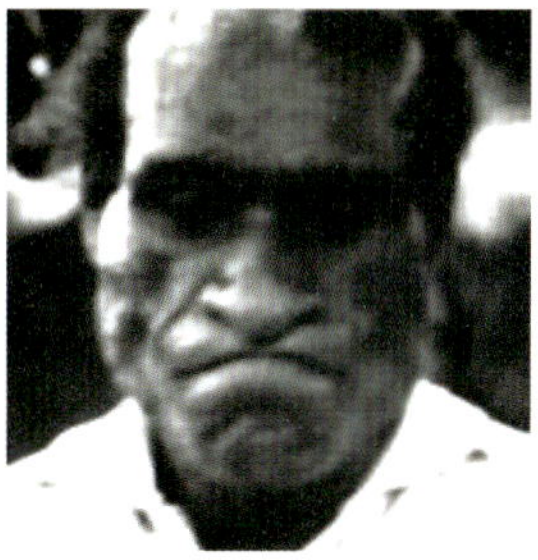

© Paul Ekman, Ph.D./Paul Ekman Group, LLC

3. ____________________

© Paul Ekman, Ph.D./Paul Ekman Group, LLC

4. ____________________

그녀는 그에게 전화번호를 알려 줄 것인가? 대답은 어떤 노래가 배경에서 연주되고 있는지에 달려 있다.

생각한 것보다 더 복잡할 수 있다. 최근의 증거에 따르면 여성은 행복하거나 슬픈 얼굴을 인식하는 것이 더 낫고 남성은 분별력 있는 성난 얼굴을 인식하는 데 유리하다(Bakalar, 2006b, M. A. Williams & Mattingley, 2006).

서구 문화에서 남성은 울지 않거나 감정을 나타내지 않거나 웃지 않아야 한다. 당연히 여성이 남성보다 더 미소 짓는 경향이 있다는 증거가 있다(LaFrance, Hecht, & Paluck, 2003). 그러나 할리우드 액션 영웅들에 의해 전형화된 금욕적이며 감정을 드러내지 않는 남성의 이상은 감수성이 예민한 남성 인물로의 새로운 이상에 접근할 수 있다.

음악을 듣는 것은 우리의 감정 상태에 영향을 줄 수 있다. 특정 곡이나 선율은 당신의 기분을 나아지게 하지만 반면 다른 음악은 슬프거나 슬프다는 것을 느끼게 한다. 낭만적인 음악에 노출되면 사람들은 데이트 제안을 더욱 잘 받아 줄 수 있다. 최근 프랑스 연구자들은 젊은 여성 참가자들이 마케팅 연구에 참여하기를 기다리는 동안 낭만적인 가사와 함께 노래를 연주했다(Guéguen, Jacob, & Lamy, 2010). 여성 참가자들은 연구 중 휴식 시간에 데이트 신청을 위해 전화번호를 물어보는 실험자의 남자 집단과 대화를 나눴다. 어떤 일이 일어났을 것 같은가? 중립 곡(28 %)에 노출되었던 사람들보다 거의 두 배에 가까운 낭만적인 노래에 노출되었던 여성(52%)이 자신의 전화번호에 대한 요청을 받아들였다('Love Ballad', 2010).

3. 행복: 무엇이 당신을 행복하게 하는가

행복은 인간의 일차적인 감정일지도 모른다. 그러나 오랫동안 두려움, 분노, 슬픔 같은 부정적인 감정을 이해하는 데 집중해 온 심리학자들에 의해 무시당해 왔다. 그러나 인간의 행복을 증진하는 것은 긍정심리학의 핵심 목표이며, 심리학 내에서 점점 커지고 있는 운동이다(제1장 참조). 긍정 심리의 구축가들은 심리학이 불안과 우울증과 같은 부정적인 감정을 고치는 것보다 인간의 행복을 증진하고 인간의 힘과 자산을 구축하는 데 더 중점을 두어야 한다고 믿는다(예: Seligman et al., 2005; Snyder & Lopez, 2007).

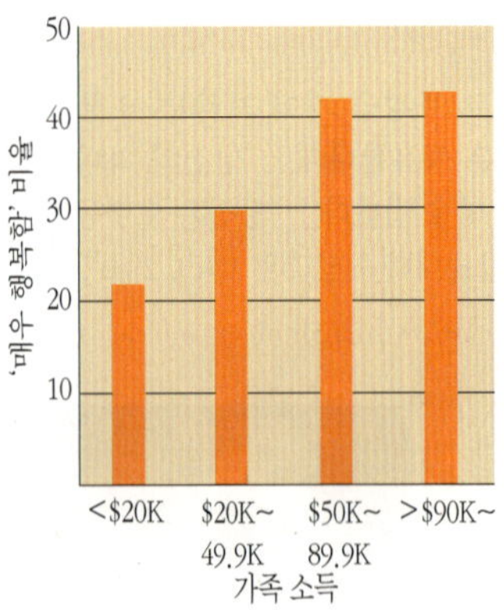

[그림 8-8] 가족 소득과 관련된 행복
개인의 행복은 저소득층에서는 가족 소득과 관련하여 증가하지만 가계 소득이 증가하면 단계적으로 감소한다.
출처: Kahneman et al. (2006).

사람들을 행복하게 만드는 것은 무엇인가? 부가 비결인가? 사람들은 부유층이라면 더 행복하게 될 것이라고 생각할 수도 있지만, 돈과 행복 사이의 연관성은 대체로 환상이다(Kahneman et al., 2006). 부와 심지어 건강까지는 행복과 삶의 만족도에 약간의 기여를 한다(Boyce, Brown, & Moore, 2010, Diener, 2005, Hsee, Hastie, & Chen, 2008). 소득 수준이 낮을 때는 더 높은 소득이 더 큰 행복과 연결되지만 한 가정의 기본 필요(연간 소득으로 약 7만 5천 달러)를 충족시키는 데 필요한 소득을 초과하는 더 큰 소득은 개인 행복을 작은 수준으로밖에 증가시키지 않는다고 해석된다(Kahneman & Deaton, 2010, Munsey, 2010). 하버드 대학교의 심리학자 대니얼 길버트(Daniel Gilbert)는 "인간의 기본적인 욕구가 충족되면 더 많은 돈을 벌어도 더 많은 행복을 얻지는 못할 것"이라고 지적했다(Futrelle, 2006). 행복은 고소득층에서 평준화되는 경향이 있다([그림 8-8] 참조). 미국에서 가장 부유한 사람들의 명단인 Forbes 400의 자랑스러운 회원조차도 다른 사람들보다 조금 더 행복할 뿐이다(Kesebir & Diener, 2008). 복권 당첨자가 종종 상금으로 인해 감정적인 향상을 얻기는 하지만 보고된 행복은 약 1년 이내에 초기 수준으로 되돌아간다(Corliss, 2003).

돈이 아니면 결혼이 행복의 열쇠가 될 수 있을까? 일반적으로 결혼한 사람은 혼자인 사람보다 행복하다(Gallup Organization, 2005; Munsey, 2010). 그러나 더 행복한 사람들이 결혼하거나 결혼을 유지할 가능성이 있기 때문에 원인과 결과가 혼란스러울 수 있다(J. Stein, 2005; Wallis, 2005). 이 후자의 견해는 24,000명 이상의 새로 결혼한 사람들에 대한 조사 결과로 인해 뒷받침된다(Lucas et al., 2003). 그 결과, 많은 신혼 부부가 느낀 행복의 힘은 오래가지 못하는 것으로 나타났다.

그래서 행복을 결정 짓는 것은 무엇인가? 우리는 최종 답이 부족하지만, 친구(큰 좋은 점)와 종교라는 두 가지 중요한 요소를 제시한다(Kesebir & Diener, 2008; Paul, 2005). 친밀한 우정을 갖는 것은 행복한 행복에 중요한 요소이다. 최근 조사에서 연구자들은 친구나 가족 구성원의 사회 연결망에서 행복하고 불행한 사람들의 집단을 발견하여 사람들의 행복이나 불행이 사회적 전염과 같이 친구 및 기타 사회적 접촉의 연결망을 통해 확산된다는 견해를 지지한다(J. H. Fowler & Christakis, 2008; Roy-Byrne, 2009 Steptoe & Diez Roux, 2008). 실제로, 한 사람의 행복은 친한 친구와 가족의 행복에 부분적으로 의존할 수 있다. 종교와 관련하여 우리는 종교적 신념과 관련된 의미와 목적, 종교의 공동체적 측면에서의 사회적 참여, 또는 행복에 기여하는 종교적 헌신과 관련된 요소의 조합인지 여부를 알지 못한다. 그러나 아마도 행복에 가장 큰 공헌은 우리의 타고난 유전적 잠재력이다.

유전적 요인들이 행복을 결정하는 데 중요한 역할을 하는 것으로 보인다(Weiss, Bates, & Luciano, 2008). 사람들은 일상생활의 좋고 나쁨에도 불구하고 행복의 수준이 일정하게 유지되는 유전적인 '고정점'을 가지고 있을 수 있다(Wallis, 2005). 그럼에도 연구자들은 사람들이 유전적 고정점보다 더 행복하거나 덜 행복할 수 있다고 믿는다(Inglehart et al, 2008). 평생 행복이나 복지의 수준은 변할 수 있으며 종종 변화한다(Fujita & Diener, 2005). 여기서의 교훈은 행복이 유전적으로 고정되어 있지 않다는 것이다. 우리가 다음에 보게 될 것처럼 우리의 삶을 풍요롭게 하여 개인의 행복을 증진시킬 수 있다.

개념 8-19

사람들은 행복을 위한 특별한 '설정점(set point)'을 가지고 있는 것처럼 보이는데, 이는 삶의 흥망성쇠에도 불구하고 상당히 일정한 수준이다.

1) 긍정심리학이 중요한 이유: 긍정심리학을 적용하여 더 행복해진다

긍정심리학의 설립자 마틴 셀리그먼(Martin Seligman, 2003)은 심리학자들이 사람들을 행복하고 의미 있는 삶으로 인도하는 데 도움이 되어야 한다고 제안했다. 그는 인간 행복의 세 가지 종류 ① 일을 하는 즐거움, ② 만족(생활 활동에 흡수되고 참여함), ③ 의미(인생 활동에서 개인적 성취감을 찾는 것)에 대해 말한다. 셀리그먼은 개인의 행복을 향상시키기 위해 사람들이 일상생활에서 사용할 수 있는 조언을 제공한다. 여기에 몇 가지 제안이 있다(Seligman, 2003; Seligman et al., 2005).

- 감사의 방문. 셀리그먼은 감사의 표현이 개인 행복의 핵심 구성 요소라고 믿는다. 눈을 감고 인생에 긍정적인 영향을 미친 사람을 떠올려 보자. 다음 주에 이 사람에게 감사의 고백을 전하자. 그 사람과 만나도록 약속을 잡자. 당신이 도착할 때, 감사문을 읽고 그 또는 그녀가 당신에게 의미한 것을 그 사람과 나누어라. 감사의 방문은 긍정적인 방식으로 퍼질 수 있다. 방문을 받는 사람들은 감사하지 않았던 사람들에 대해 생각하기 시작한다. 그런 다음 자신들이 직접 감사의 순례를 나눈다. 감사의 마음을 사로잡는 일종의 데이지 체인으로 이어진다(Pink, 2003).
- 세 가지 축복. 매일 밤 잠자리에 들기 전에 하루 동안 잘 진행된 세 가지를 생각해 보자. 그것들을 적고 생각해 보자.
- 한 문이 닫히면, 다른 문이 열린다. 죽음이나 상실로 문이 닫혔던 인생의 시간을 생각해 보자. 그런 다음 나중에 문이 열렸던 경험을 생각해 보자. 당신의 경험의 변화를 감사하게 생각하자.
- 향유하기. 완벽한 하루를 계획하자. 그러나 다른 사람과 공유해야 한다.

대체로 행복은 당신이 가진 것의 기능만큼이나 다르다. 행복은 의미 있는 일, 가족 및 공동체 생활에 대한 투자, 강한 영적 또는 개인적 가치의 개발에서 찾을 수 있다.

2) 안면 환류 가설: 행복한 얼굴을 입다

안면 환류 가설(얼굴의 반응에 대한 가설): 특정 감정과 관련된 얼굴 운동을 모방하는 것은 그에 상응하는 감정 상태를 생성한다는 신념

웃는 연습을 하면 기분이 좋아지는가? 안면 환류 가설(얼굴의 반응에 따른 가설)에 따르면, 감정과 관련된 얼굴 움직임을 모방하여 해당 감정을 유도한다. 연구 결과는 미소 짓는 연습은 긍정적인 감정을 유발할 수 있지만 찡그린 표정은 기분을 안 좋게 할 수 있음을 보여 준다(J. I. Davis, Senghas, & Ochsner, 2009; Soussignan, 2002).

생활의 한 단면 하루에 몇 번 웃는 것을 연습하면 적어도 일시적으로 기분을 향상시킬 수 있다. 왜냐하면 즐거운 경험을 상기시켜 주기 때문이다('해 보기' 참조). 맨해튼 대학교의 다이앤 어번(Diane Urban) 교수의 어머니는 안면 환류 가설에 대하여 전혀 알지 못했지만 항상 웃는 얼굴의 중요성을 강조하였다. 어번 교수는 "명백한 이유 없이 미소를 지을 때, 어리석은 기분을 느끼기 시작한다. 이때, 웃는 이유를 찾기 위해서 행복한 경험을 떠올리고 다음 단계는 기분이 나아질 것이다. 또한 당신이 미소를 지으면, 사람들은 긍정적인 반응을 보인다. 이는 긍정적인 강화의 한 형태로 당신이 다시 미소 지을 가능성을 높여 준다."

개념 8-20

특정 감정과 관련된 안면 운동을 연습하거나 모방하면 그에 상응하는 감정 상태가 생성될 수 있다.

해 보기 안면 환류 효과(얼굴의 반응에 대한 효과)

약 1분 동안 치아 사이에 연필을 댄다. 기분이 바뀌었는지 확인해 보자. 이제 연필을 입술 사이로 잡아 보자. 당신의 기분에 변화가 있음을 주목하자. 치아 사이에 연필을 쥐고 웃으면서 얼굴 근육을 사용한다.

당신의 입술 사이에 연필을 들고 있으면 찡그리기에 사용되는 근육이 활성화된다. 안면 환류 효과에 따르면, 연필을 입술 사이에 얹은 채로 잡고 있을 때보다 연필을 들고 나서 기분이 더 밝아진다.

© Eduard Titov/Shutterstock.com

안면 환류 효과의 가설에는 한계가 있다. '입는 것 같은' 미소는 실제 것과 같다. 미소를 짓는 것은 긍정적인 감정을 더 많이 유도할 수 있지만, 진정한 미소를 만들어 주는 즐거움을 동반하지는 않다. 또한 두 종류의 미소는 서로 다른 안면 근육을 사용한다(Waller et al., 2006). 진정한 미소는 Duchenne 미소라고 불리며, 기욤 뒤셴 드불로뉴(Guillaume Duchenne de Boulogne, 1806~1875)는 진정한 미소를 만들어 내는 데 사용되는 안면 근육을 발견한 프랑스 의사이다. [그림 8-9]의 감정 연구원 폴 에크먼의 사진에서 진정한 미소와 거짓 미소의 차이를 볼 수 있다. 미소 짓는 것이 더 긍정적인 감정을 유도할 수 있는 반면, 안면 환류 효과를 적용하여 슬픔 등 다른 감정을 유발할 수 있다('해 보기' 참조).

Duchenne smile: 특정 안면 근육의 수축을 수반하는 진정한 미소

© Paul Ekman, Ph.D./Paul Ekman Group, LLC

© Paul Ekman, Ph.D./Paul Ekman Group, LLC

[그림 8-9] 사진에서 정말 폴은 웃고 있는가

예상했던 대로 오른쪽 사진은 진정한 미소를 보여 준다. 왼쪽 사진은 미소 짓기를 흉내 낸 것이다. 차이를 알 수 있는 한 가지 방법은 눈가의 잔주름을 보는 것인데, 이는 진짜 미소와 관련된 특징이다.

그렇다면 모든 것이 가장 수수께끼 같은 미소, 모나리자 미소가 있다. 최근 컴퓨터 프로그래머들은 감정의 징후를 나타내는 얼굴 특징을 분석할 수 있는 감정 인식 소프트웨어를 개발했다(Bohrn, Carbon, & Hutzler, 2010). 연구자들은 입술의 곡률과 눈 주위의 주름살 같은 얼굴 특징을 분석함으로써 모나리자 초상화에서 표현된 감정을 83%의 행복, 9%의 혐오, 6%의 공포, 2%의 분노로 구성했다. 다빈치의 모나리자(Mona Lisa)는 수수께끼 같은 미소를 짓고 있다.

© Gianni Dagli Orti/CORBIS

아, 그녀의 수수께끼 같은 미소. 그녀는 정말로 무엇을 느끼고 있는가? 연구자들은 대답을 할 수 있다고 생각한다.

3) 사랑: 가장 깊은 감정

사랑에 대한 개념은 오랫동안 흥미롭고 시인과 철학자들을 당황스럽게 했다. 그러나 최근에 심리학자들이 사랑에 관하여 연구하기 시작하면서 과학적 방법을 적용하였다(Sternberg & Weis, 2006). 심리학자들은 사랑이 동기(욕구가 있거나 우리를 움직이는 원동력)이자 감정(또는 감정 상태)이라고 생각한다.

고대 그리스인은 부모와 자녀 사이의 사랑과 절친한 친구 사이의 사랑을 포함하여 여러 종류의 사랑이 있다고 가르쳤다. 그러나 주간 드라마는 말할 것도 없고 수많은 노래, 시 및 서적에서 이상화된 것은 낭만적인 사랑이다. 낭만적인 사랑을 숭배하는 것은 서양 문화에만 국한되지 않는다. 인류학자들이 연구한 문화의 대다수, 심지어 사회를 선전하는 것은 낭만적인 사랑의 개념을 가지고 있다(Jankowiak & Fischer, 1992).

낭만적인 사랑: 강한 에로틱한 끌림과 친밀감에 대한 욕구로 특징지어지는 사랑의 한 형태

심리학자 로버트 스턴버그(Robert Sternberg, 1988)는 사랑의 삼각형 모델에서 사

해 보기 슬픈 얼굴 가장하기

이 운동은 슬픔과 같은 특정 감정을 청중에게 연기하고 행동해야 할 필요가 있을 때 유용할 수 있다(Ekman, 2003). 다음에 설명된 슬픔의 표정을 모방해 보자. 그런 다음 어떻게 느꼈는지 조사해 보자. 거울을 사용하여 얼굴 움직임을 올바르게 연습하는지 확인하는 것이 도움이 될 수 있다.

- 입을 벌려 보자.
- 입술의 끝부분을 아래로 내려 보자.
- 입술의 끝부분을 아래로 내리는 동안, 눈을 사팔뜨기처럼 뜨고, 뺨을 들어 보자. 이럴 때 입술의 끝부분을 잡아당긴다.
- 올려진 뺨과 입술 끝부분 사이의 긴장을 유지해 보자.
- 눈은 아래를 향하게 하고 눈꺼풀이 처지도록 해 보자.

랑을 세 가지 기본 구성 요소로 개념화한다([그림 8-10] 참조).

- 친밀감. 내면의 생각과 느낌을 나누려는 욕구 포함한 두 사람 사이의 애착과 긴밀한 유대
- 열정. 다른 사람에 대한 강렬한 성적 욕망
- 의사결정/헌신. 다른 사람을 사랑하는 것(의사결정 구성 요소)과 좋은 시간과 나쁜 시간(헌신 구성 요소)을 통해 관계를 유지하기 위해 노력한다는 인식. 의사결정과 헌신은 함께 가야 할 필요가 없다. 한 사람은 사랑에 빠졌지만 영원한 헌신을 할 의지 또는 기꺼이 하지는 않을 것을 인정할 수 있다.

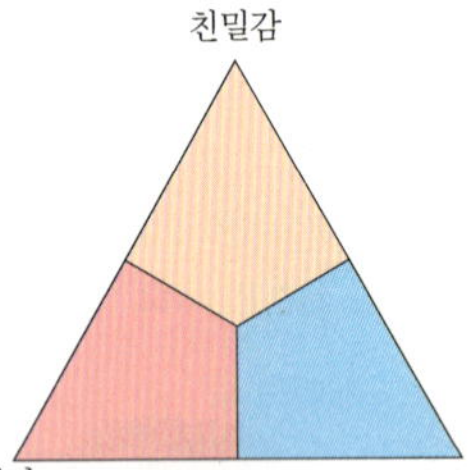

[그림 8-10] 스턴버그의 사랑의 삼각형 모델
스턴버그는 친밀감, 열정, 의사결정/헌신의 세 가지 요소, 즉 삼각형으로 사랑을 개념화한다.

스턴버그는 이 세 가지 기본 구성 요소의 다양한 조합이 서로 다른 유형의 사랑의 관계를 특징으로 한다고 생각한다(〈표 8-2〉 참조). 그의 견해로는 낭만적인 사랑

〈표 8-2〉 스턴버그의 삼각형 모델에 따른 사랑의 유형

유형	설명
사랑 없음(non love)	사랑의 세 가지 구성 요소가 모두 없는 관계. 우리의 개인적인 관계의 대부분은 사랑의 요소를 포함하지 않는 우연한 친구 관계이다.
좋아함(liking)	친밀감은 있지만 열정과 결단/헌신은 존재하지 않는 우정
열병(Infatuation)	다른 사람에 대한 열정적인 욕구를 경험하지만 친밀감이나 결정/헌신이 없는 '첫눈에 반하는 사랑'의 일종
어리석은 사랑 (fatuous/foolish love)	정신없이 벌어진 장애와 관련된 사랑의 유형과 열정과 헌신은 있지만 친밀감이 없는 '빠른 결혼'
빈 사랑(empty love)	사랑은 관계를 유지하겠지만 열정과 친밀함을 가볍게 한다. 한 번 특성화된 친밀감이나 육체적 매력을 더 이상 갖지 않는 정체된 관계가 이러한 유형이다.
낭만주의 사랑 (romantic love)	사랑은 열정과 친밀감의 결합으로 특성화되지만 결정/헌신은 결여되어 있다.
유능한 사랑 (consummate love)	열정, 친밀감, 결정/헌신을 결합한 완벽한 사랑의 척도. 우리 중 많은 사람이 우리의 낭만적인 관계에서 이러한 유형의 사랑을 얻기 위해 노력한다. 그것을 유지하는 것은 종종 그것을 성취하는 것보다 어렵다.
동반자의 사랑 (companionate love)	친밀감과 의사결정/헌신을 결합한 사랑의 일종. 이런 종류의 사랑은 종종 파트너들 사이의 열정적인 매력이 사라지고 일종의 헌신적인 우정으로 대체된 결혼생활에서 발생한다.

출처: Sternberg (1988)에서 수정.

은 친밀감과 열정을 결합하지만 의사결정/헌신에는 부족하다. 낭만주의 사랑은 한동안 밝게 빛나는 경향이 있지만 곧 희미해진다. 반면에, 그것은 친밀감, 열정, 그리고 결단/헌신의 세 가지 구성 요소를 모두 결합하는 유능한 사랑이라고 불리는, 더 순응적인 형태의 사랑으로 발전할 수 있다. 유능한 사랑은 영원한 현실보다는 많은 커플에게 이상적일 수 있다. 많은 장기간의 결혼생활에서 발견된 사랑의 유형인 동반자적 사랑에서, 친밀감 및 헌신은 열정을 통해서조차도 강하게 남아 있다. 동반자의 사랑은 형제자매와 친한 친구 사이의 다른 유형의 관계에서도 발생한다(Reis & Aron, 2008).

스턴버그는 두 연인의 사랑 삼각형이 잘 일치되거나 밀접하게 겹칠 때 관계가 균형을 이룬다고 제안한다. 그러나 파트너가 이러한 구성 요소에서 다른 경우 관계가 더 힘들어질 수 있다. 예를 들어, 연인의 한쪽은 관계에 대한 지속적인 헌신을 원할 수 있으며, 다른 쪽 연인에게 헌신은 밤을 함께 머무는 것을 결정하는 것이다.

사랑의 삼각형 모델: 친밀감, 열정, 의사결정/헌신의 세 가지 구성 요소를 가진 삼각형의 사랑에 대한 스턴버그의 개념

개념 8-21

우리가 일반적으로 낭만적인 사랑의 관점에서 사랑을 생각하지만, 고대 그리스 시대부터 사랑의 종류는 다양하다고 인식되었다.

개념 8-22

스턴버그의 삼각형 모델의 사랑은 친밀감, 열정, 의사결정/헌신 등 서로 다른 유형의 사랑의 관계를 사랑의 세 가지 기본 구성 요소의 다양한 조합으로 특징지을 수 있다고 제안한다.

4. 어떻게 당신의 두뇌는 감정을 인지하는가

뇌에는 정서적인 센터가 없다. 오히려 감정적인 반응은 변연계와 대뇌피질에 주로 위치한 복잡한 뇌 연결망에 의해 조절된다(Etkin et al., 2006). 제2장에서 다루었던 변연계에는 편도체와 해마가 포함되어 있다는 것을 기억해 보자. 아몬드 모양의 편도체는 위협하는 대상이나 자극에 대한 공포 반응을 유발하는 일종의 정서적 컴퓨터이다(Coelho & Purkis, 2009; Forgas, 2008; Herry et al., 2008). 편도의 초소형 회로(microcircuit)는 두려움에 대한 반응을 통제하거나 '차단(gate)'함으로써 두려움과 관련된 행동을 유도한다('Delicate Balance', 2010; Haubensak et al., 2010). [그림 8-11]은 두려운 얼굴을 보는 것에 대한 편도의 활성화의 예를 보여 준다.

해마는 공포 반응이 경험된 상황과 관련된 정보를 처리한다. 해마는 우리가 운전

© iStockphoto.com/mocker_bat

스턴버그의 모델에서 유능한 사랑은 친밀감, 열정, 의사결정/헌신을 결합한다. 온전한 사랑은 친밀감과 의사결정/헌신을 결합하지만 열정이 부족한 동반자의 사랑만큼은 지속되지 않을 수도 있다. 그러나 열정의 불길에 휩싸인 커플조차도 때때로 불씨를 휘젓기도 한다.

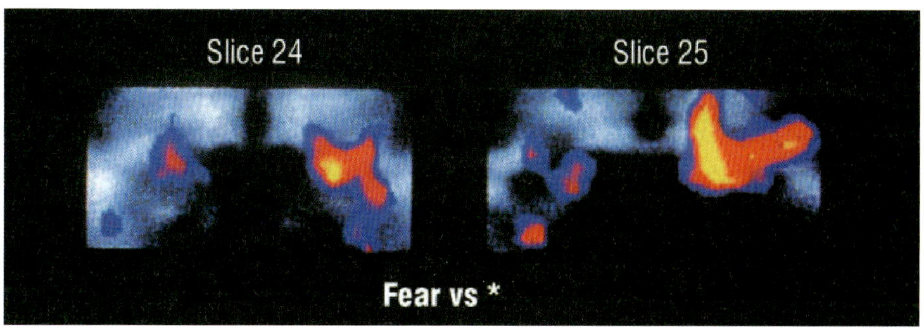

© National Institute of Mental Health

[그림 8-11] 무서운 얼굴에 반응한 편도체의 활성화

여기서 우리는 두려운 얼굴을 보는 것에 대한 편도의 기능적 MRI 이미지를 볼 수 있다. 색이 점점 강렬할수록 시각고정점(대조군)과 관련하여 더 큰 활성화를 나타내는 것이다. 활성화된 부분에서 슬라이스 24는 편도의 앞쪽 부분을 보여 주지만, 슬라이스 25는 뒤쪽 부분을 보여 준다. 사진은 그 사람이 한 화면을 보고 있는 것처럼 나타낸다.

출처: 국립 정신건강 연구소(NIMH) (2001).

개념 8-23

변연계에서 대뇌피질과 뇌 구조는 우리의 감정적 반응을 조절하는 데 중요한 역할을 한다.

하고 있던 차를 갑자기 제어할 수 없는 굴곡진 도로와 같은 두려움이 발생하는 장소 정보나 상황을 기억하도록 도와준다(Aamodt & Wang, 2008). 편도선은 또한 슬픔과 절망을 포함하여 다른 감정 상태를 이끌어 내는 자극을 처리하는 데 중요한 역할을 한다(L. Wang et al., 2005).

뇌의 '사고 센터'인 대뇌피질(cerebral cortex)은 변연계와 연결되어 감정을 처리하는 데 중요한 역할을 한다. 감정적으로 자극을 일으키는 자극 및 계획의 의미를 평가하고 그에 대응하는 방법을 안내한다. 우리가 자극에 접근해야 하는지(사랑의 관심이나 즐거운 상황의 경우) 또는 피할 수 있는지(위협의 경우)를 결정한다. 대뇌피질은 또한 감정의 표정을 제어할 뿐만 아니라 감정의 주관적이거나 느낀 경험을 처리한다.

우리는 좌우 대뇌 반구가 감정을 처리하는 방법에 차이가 있다는 것을 배우고 있다. 행복과 같은 긍정적인 감정은 좌뇌 대뇌피질의 전두엽 피질에서 증가된 활동과 관련이 있는 반면, 혐오감과 같은 부정적 감정은 오른쪽 전두엽 피질의 활동 증가와 관련이 있는 것으로 밝혀졌다(Davidson et al., 2002; Herrington et al., 2005). 제2장에서 언급했듯이, 전두엽 피질은 전두엽의 일부로서 운동 피질 앞쪽에 있다. 우리는 뇌의 반구들이 이런 식으로 왜 다른지 잘 모르겠지만 이러한 차이를 연구하면 우울증과 같은 정서 장애의 생물학적 기초에 대한 중요한 단서를 얻을 수 있을 것이다.

5. 감정 이론: 첫 감정이나 신체적 반응을 가져 오는 이론

생활의 한 단면 어느 날 밤 집으로 운전할 때 내 차가 도로에서 얼음 조각을 치고 통제 불능 상태가 되었다. 차는 두 바퀴를 돌았고, 다가오는 차에 부딪힐 상황에 처했다. 그 순간, 나는 사슴이 차의 전조등에 받혔을 때 무서워하고 무력감을 가져야만 하는 기분을 느꼈다. 다행히도, 나에게 오는 자동차는 제시간에 멈췄으며, 나는 내 차를 다시 통제할 수 있었다. 나는 안전하게 집에 도착했지만 여전히 두려움에 떨고 있었다. 그 당시 나는 많은 심리학자들에 의해 만들어진 질문을 고려하지 않았다. 내 두려움에 대한 내 인식이 나의 신체적 반응(떨림, 발한, 심장마비)을 선행하거나 따르는가? 감정에 대한 상식적인 견해는 우리가 처음에는 자극(자동차가 통제에서 벗어남)을 감지하고 감정(공포)을 느끼고 생리적으로 흥분되고(심장이 두근거림) 행동 반응을 수행한다는 것이다(핸들을 단단히 잡고 있음). 감정 상태(분노, 공포 등) 또는 우리의 생리학적 또는 행동적 반응에 우선적으로 오는 심리학 문제에 대한 더 지속적인 논쟁 중 하나이다.

1) 제임스-랑게 정서 이론

윌리엄 제임스(William James, 1890/1970)는 신체적 반응이나 감각이 감정보다 우선한다고 주장했다. 덴마크의 생리학자인 카를 게오르크 랑게(Carl Georg Lange)가 독립적으로 유사한 아이디어를 제안했기 때문에 이 견해를 제임스-랑게 정서 이론(James-Lange Theory)이라고 한다. 제임스는 숲에서 곰과 마주하는 고전적인 예를 사용했다. 제임스는 "우리가 두려워서 곰에게서 도망치는 것인가, 아니면 도망가기 때문에 두려워하는가?"라는 질문을 던졌다. 그는 달리기 반응이 먼저 온다고 주장함으로써 이 질문에 대답했다. 우리는 곰을 본다. 우리는 달린다. 그러면 우리는 두려워진다. 우리는 뛰는 심장, 빠른 호흡 및 근육 수축과 같은 달리기와 관련된 신체적 각성의 특정 패턴을 감지하기 때문에 두려워진다(B. H. Friedman, 2010). 따라서 감정은 신체 반응을 따른다. 이 견해에서 우리는 신체의 떨림 때문에 두려움을 경험한다. 우리는 울기 때문에 슬픔의 감정을 경험한다. 이 이론이 옳다면 내 차가 제멋대로 움직였을 때 내 몸이 먼저 반응했을 것이다. 내 몸의 반응을 감지했을 때만 나는 두려움을 의식적으로 인식하게 된다.

제임스-랑게 이론: 감정은 사람들이 유발 자극에 대한 생리적 반응을 알게 된 후에 발생한다는 믿음

개념 8-24

제임스-랑게 이론(James-Lange Theory)은 감정이 자극을 유발하는 것에 대한 신체 반응을 따른다고 제안한다.

제임스는 각기 다른 신체적 변화가 개별적인 감정과 관련이 있다고 주장했다. 이것이 두려움이 분노나 사랑 같은 다른 감정과 다른 느낌을 주는 이유이다.

2) 캐넌-바드 이론

1920년대에, 생리학자 월터 캐넌(Walter Cannon, 1927)은 감정의 두 번째 주요 이론을 제안했다. 그는 실험실 조교인 필립 바드(Phillip Bard)가 실행한 연구에서 그의 이론을 기반으로 했다. 캐넌-바드 이론(Cannon-Bard Theory)이라고 불리는 이 이론은 제임스-랑게 이론(James-Lange Theory)에 도전했다. 이 이론은 교감신경계의 활성화로부터 오는 동일한 신체적 변화가 서로 다른 감정을 수반한다고 주장한다. 우리가 분노, 두려움 또는 성적 흥분을 겪고 있는지 여부에 관계없이 공감적인 활성화는 우리의 심장을 빨리 뛰게 하고 호흡을 빠르게 하며 근육을 수축시킨다. 제임스-랑게 이론(James-Lange Theory)이 시사하는 것처럼 신체에서의 이러한 공통적인 반응이 어떻게 서로 다른 감정을 불러일으킬 수 있는가? 캐넌-바드 이론은 감정의 주관적인 경험과 그것에 관련된 신체 반응이 사실상 동시에 일어난다고 주장한다. 즉, 우리의 감정은 우리의 신체적인 반응을 동반하지만 그로 인해 야기된 것은 아니다. 캐넌-바드 이론은 우리가 곰을 보고, 두려움과 두근거리는 마음을 경험하고 달린다고 가정한다.

캐넌-바드 이론(Cannon-Bard: Theory) 자극을 유발하는 것에 대한 정서적 및 생리적 반응이 거의 동시에 일어난다는 믿음

개념 8-25

캐넌-바드 이론은 감정의 주관적인 경험과 그것에 관련된 신체 반응이 사실상 동시에 일어난다고 주장한다.

3) 2요소 모델

1960년대에 개발된 2요소 모델(Two-Factor Model)은 감정이 ① 일반적인 각성 상태와 ② 인지 해석 또는 명명(Schachter, 1971 Schachter & Singer, 1962)의 두 가지 요소에 의존하다고 말한다. 이 모델에 따르면, 우리가 육체적으로 각성를 경험할 때, 환경에서 자극이나 흥분을 느끼는 이유를 설명하기 위해 신호를 찾는다. 최신 공포 영화에서 영화 스크린에 괴물이 뛰어드는 것을 볼 때 심장이 빨리 뛸 수 있다. 그것은 또한 당신의 차가 통제 불능 상태에서 회전할 때 심장이 빨리 뛰는 것과 같다. 영

화관의 안전한 경계에서의 각성은 '즐거운 흥분'으로 표시되고 경험될 것이다. 그러나 회전하는 자동차에서 경험한 동일한 각성 패턴은 아마도 '극심한 공포'로 분류되고 경험될 것이다.

2요소 모델: 감정은 두 가지 요인을 포함한다는 이론. 일반적인 각성 상태와 각성의 원인에 대한 인지적 해석(또는 명명)

2요소 모델은 계속 관심을 불러일으키지만 다른 감정과 관련된 독특한 생리학적 특징을 설명하지 못한다. 분노는 두려움과 다른 느낌을 줄 수 있다. 단지 우리가 각성을 명명하는 방법 때문만이 아니라 다른 신체 반응과 관련되기 때문이다.

또한 실험적 증거는 감정을 경험하기 위해 각성 상태를 명명해야 하는지 여부에 의문을 제기한다. 심리학자 로버트 자욘스(Robert Zajonc, 1980, 1984)는 피실험자를 일본의 표의 문자(기록된 문자)의 짧은 발표에 노출시켰다. 나중에 그는 피실험자가 이러한 자극을 본 적이 없더라도 자신이 본 특정 인물을 선호한다는 사실을 알게 되었다. 자욘스는 좋아하거나 싫어하는 것과 같은 감정적인 반응은 단순한 자극에 노출되어 발생할 수 있는 인지적 평가를 포함하지 않을 수도 있다고 생각했다.

개념 8-26

이 2요소 모델은 각성의 근원에 대한 생리적 각성과 인지적 평가(명명)의 결합이 특정한 감정 상태를 만들어 낸다고 주장한다.

4) 공포의 이중 경로 모델

공포의 이중 경로 모델: 르두의 이론은 두뇌가 공포 메시지를 처리하기 위해 두 개의 통로('고차원적'과 '저차원적')를 사용함

심리학자 조지프 르두(Joseph LeDoux, 2000, 2003, 2008)에 의해 공식화된 공포의 이중 경로 모델에 따르면 두뇌는 공포를 처리하는 통로를 사용한다. 환경 자극(예를 들어, 자동차를 타고 내려오는 모습)은 우선 시상에 의해 처리된다. 거기에서부터 하나의 경로 ('고차원적')가 대뇌피질로 연결되어 정보가 더 신중하게 처리될 수 있는 정보가 나뉜다. 또 다른 경로 ('저차원적')는 수천 분의 1초 만에 편도에 직접이 연결되어 신호가 처음 피질을 통과하는 것보다 위험 신호에 더 즉각적인 반응을 허용한다(Winerman, 2005). ([그림 8-12] 참조).

개념 8-27

이중 경로 모델은 두뇌에서 두려움 자극을 처리하기 위한 두 가지 경로, 즉 대뇌피질을 향한 '고차원적' 접근과 편도을 유도하는 '저차원적' 접근을 제시한다.

당신이 숲속을 걷고 있고 수풀 속의 구부러진 물체를 보았다고 가정해 보자. 이 시각적인 이미지는 시상에 의해 먼저 처리되어 잠재적으로 위험한 것(아마도 뱀)으로서 대상을 대략적으로 평가한다. 시상은 직접적인 신체 반응을 촉구하는 '저차원적' 통로를 통해 편도에 직접 이 정보를 전송한다. 심장 박동수와 혈압이 뛰고 신체가 위협을 받고 신속하게 대응할 준비를 할 때 신체의 근육이 수축한다. 반응이 느린 피질은 정보를 더 처리한다("아니, 그것은 뱀이 아니다. 단지 막대기에 불과하다."). 생존의 관점에서 볼 때, 의심스러운 개체가 뱀이라는 가정하에 신속하게 행동하고 나중에 질문하는 것이 좋다. 사고 없이 반응하는 것이 생명의 은인이 될 수 있다. 르두가 말했듯이, "편도가 대뇌피질의 입력을 기다리는 것이 아니라 시상 정보에 작용하는 시간은 삶과 죽음의 차이가 날 수 있다. 뱀일 가능성이 있는 것에 반응하지 않는 것보다 막대기를 뱀으로 취급하는 것이 낫다"(1994). 피질이 그 대상을 뱀이나 막대기로 해석하는지 여부에 따라 공포 반응이 지속되는지 또는 빠르게 사라지는지 여부가 결정된다. 또한 피질은 주관적이거나 공포의 경험을 느끼도록 할 책임이 있다.

© Oshchepkov Dmitry/Shutterstock.com

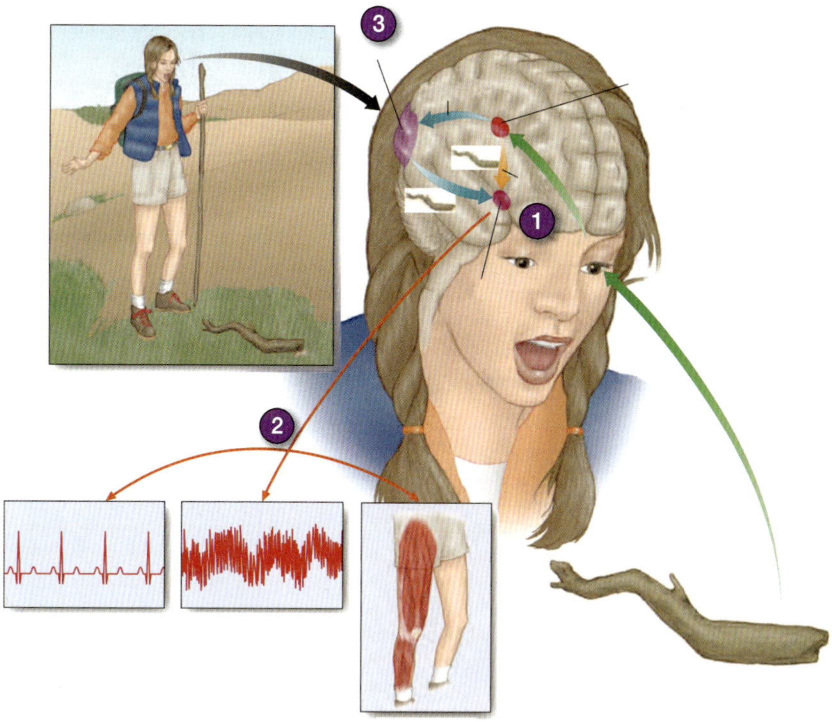

[그림 8-12] 르두의 공포의 이중 경로 모델

르두는 공포 메시지가 처음 시상에서 처리된 다음 두 가지 다른 경로를 따라 나뉜다는 것을 가정한다. ❶ 하나의 통로, '고차원적' 접근은 뇌의 고차원적 사고 센터를 우회하여 편도에 직접 간다. ❷ 편도체는 여러 요소를 가진 공포에 대한 반응을 유발한다. ❸ '고차원적' 접근은 대뇌 피질로 이어지고, 대뇌피질에서 메시지가 더 조심스럽게 해석된다. ("진정해, 그것은 단지 막대기이지, 뱀이 아니야.")
출처: LeDoux (1996)에서 수정.

5) 이 모든 것이 무엇을 의미하는가

[그림 8-13]에서 나타나는 것처럼 감정의 이러한 다양한 이론이 우리에게 의미하는 것은 무엇인가? 제임스-랑게 이론은 독특한 신체 반응이 각 감정과 연관되어 있음을 의미하는 반면, 캐넌-바드 이론은 유사한 반응 패턴이 다른 감정을 동반한다고 가정한다. 두 가지 견해는 적어도 모두 부분적으로 정확할 수 있다. 캐넌-바드(Cannon-Bard) 이론이 제시하는 것처럼 공포, 분노, 사랑 같은 감정과 관련된 일반적인 생리적 반응은 분명히 있다. 우리는 새로운 사랑을 느낄 때와 밤에 침입자를 만날 때 심장이 빨리 뛰는 것을 느낀다. 그러나 제임스-랑게 이론이 제안한 것처럼 다른 감정과 관련된 독특한 신체 반응이 있음을 보여 주는 증거 또한 있다(B. H. Friedman, 2010). 예를 들어, 우리는 두려워할 때는 '차가운 발'의 감각을 느끼지만, 화났을 때는 그렇지 않다. 왜냐하면 두려움 반응에서는 우리의 말단으로 가는 혈류가 감소하지만 분노 반응에서는 그렇지 않기 때문이다. 분노는 피부 온도가 급격히 상승하는 것과 관련이 있는데, 이는 우리가 화내는 사람들에게 '열을 받았다'고 묘사하는지를 설명할 수 있다.

서로 다른 감정은 다른 표정과도 연결된다. 예를 들어, 얼굴이 빨개지는 것은 당황의 주요 특징이다. 제임스는 얼굴 표정을 한 감정과 다른 감정을 구별하는 신체

해 보기
감정을 생각해 보자

감정을 경험하는 상황을 기록하는 노트를 사용하여 하루 이틀 동안 당신의 감정을 생각한다. 감정 상태(기쁨, 공포, 분노 등), 신체 반응(예: 빠른 심장 박동, 빠른 호흡, 발한, 따끔거림, 떨림, 흔들림) 및 마음속의 생각을 간략한 묘사를 포함해 보자. 그 후에 감정, 신체 반응 및 사고방식 간의 관계를 조사해 보자. 다른 감정적인 상태의 신체 반응을 비교해 보자. 또한 감정적인 상태에서 생각했던 것을 비교해 보자. 이 운동은 감정적인 상태와 신체 반응 및 사고방식 사이의 연결에 대해 무엇을 가르쳐 주는가?

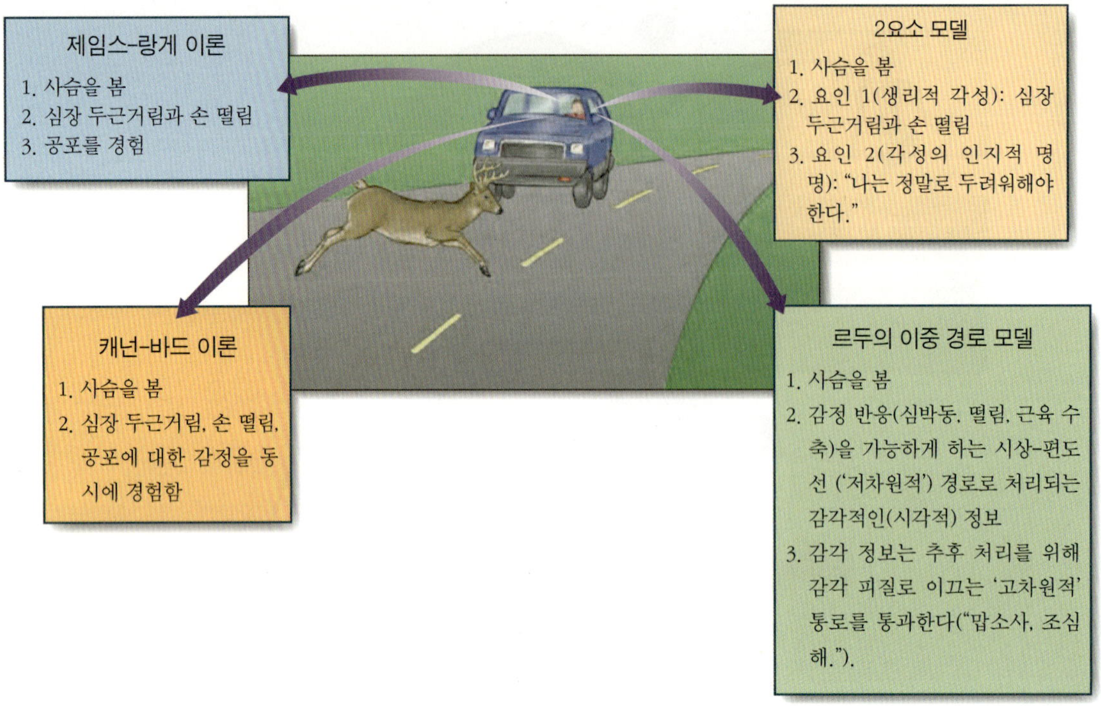

[그림 8-13] 공포의 이론적 모델

적 반응으로 간주했다. 안면 환류 가설(facial feedback hypothesis)을 지지하는 증거는 특정 안면 근육의 수축(예를 들어, 미소 짓거나 찡그림)이 대응하는 감정 상태에 영향을 미칠 수 있음을 보여 주는 제임스-랑게 이론을 일부 지지한다(J. I. Davis, Senghas, & Ochsner, 2009).

감정은 자욘스의 연구와 르두가 제안한 이중 경로 모델에서 제시한 바와 같이 일부 조건에서 인지를 앞설 수 있다. 그 감정은 인지가 감정에서 중요한 역할을 해치지 않기 전에 발생할 수 있다. 교육자가 예기치 못한 과제를 주거나 의사가 X-ray의 한 지점을 가리킬 때 두려워하는 것에 분노를 느낀다 할지라도 뇌 하부 구조에 의한 자극의 자동 처리가 아닌 대뇌피질의 상황 평가에 달려 있다.

우리가 사건을 평가하는 방법 또한 사건이 우리에게 개인적으로 의미하는 바에 달려 있다(Lazarus, 1995, 2000). 임신이나 직업 변화와 같은 동일한 사건은 사건이 개인에게 갖는 의미와 인식된 중요성에 따라 기쁨, 두려움 또는 심지어 분노의 느낌으로 이어질 수 있다. '해 보기'의 기능은 감정을 생각해 보는 연습을 제공한다.

감정이 뇌에서 어떻게 처리되는지에 대한 논쟁의 마지막 장이 아직 작성되어야 한다. 그러나 독특한 신체적 변화가 서로 다른 감정과 관련되어 있다는 믿음은 최소한 하나의 실질적인 함의를 가지고 있다. 이것은 거짓말 탐지 방법의 기초이며 이 단원의 후반부에서 다루게 된다.

6. 감정 지능: 감정을 얼마나 잘 관리하는가

© Zsolt Nyulaszi, 2009/Shutterstock.com

감정 IQ는 무엇인가? 감정적으로 단서가 있는가, 없는가? 감정 지능은 긍정적인 결과와 어떻게 연결되어 있는가?

일부 이론가들은 감정을 인식하고 관리하는 능력이 정서적 지능 또는 EI라고 하는 지능형 행동의 한 형태라고 생각한다(Mayer, Salovey, & Caruso, 2008). 감정 지능은 정확하게 정의하기 어렵지만 일반적으로 다섯 가지 주요 특성으로 설명할 수 있다.

첫 번째, 감정을 아는 것. 자기 인식, 또는 당신의 진정한 감정을 아는 것은 감성 지능의 핵심 특징이다.

두 번째, 감정 관리. 감정적으로 지적인 사람들은 적절한 방법으로 자신의 감정을 다룰 수 있다. 그들은 어려운 시기에 자신을 진정시킬 수 있으며, 실망과 좌절에서 빨리 회복할 수 있다.

감정 지능(emotional intelligence): 자신과 타인의 감정을 인식하고 자신의 감정을 효과적으로 관리할 수 있는 능력

세 번째, 동기 부여. 감정 지능이 높은 사람들은 감정을 쌓아 목표를 추구할 수 있다. 열정, 열의, 자신감으로 어려움에 접근하며, 높은 성취도와 생산성을 달성할 수 있게 한다. 또한 장기적인 목표를 추구하면서 충동을 억제하고 만족을 지연시킬 수 있다.

개념 8-28

자신과 타인의 감정을 인식하고 감정을 효과적으로 조절하는 능력은 감정 지능이라 불리는 지능적인 행동의 한 형태일 수 있다.

네 번째, 다른 사람들의 감정을 인식. 감정 이입은 다른 사람들의 감정을 감지할 수 있는 중요한 '인간의 기술'이다. 그것은 강한 관계를 구축하는 데 도움이 될 뿐만 아니라 교육, 판매, 관리 및 도움을 주는 직업의 성공에 기여한다.

다섯 번째, 다른 사람들이 그들의 감정을 다룰 수 있도록 돕는 것. 다른 사람들이 자신의 감정을 다루는 것을 도울 수 있는 능력은 의미 있는 관계를 유지하는 중요한 요소이다.

감정 지능은 IQ보다 삶의 성공에 더 중요한 공헌자가 될 수 있다. 아마도 당신은 지적으로 뛰어나지만 자신이나 다른 사람들의 감정에 대한 단서가 없는 사람들을 알고 있을 것이다. 정서적 지능과 정서적 안녕감, 삶의 만족, 건강, 행복한 결혼생활, 높은 GPA 점수, 직무수행 능력 간의 긍정적인 관련성을 보여 주는 증거들이 있다(예: Gannon & Ranzijn, 2005; Gignac, 2006; Martins, Ramalho, & Morin, 2010; O'Boyle et al., 2010; Parker et al., 2005). 그러나 우리는 EI가 일반 정보 및 성격 측정을 사용하여 예측할 수 있는 것 이상의 성공적인 결과를 예측하는지 여부를 결정하기 위한 추가 연구를 기다리고 있다. '해 보기'의 기능은 자신의 감정 지능 수준을 평가할 수 있는 기회를 제공한다.

7. 거짓말 탐지: 피노키오의 코를 찾아서

© iStockphoto.com/evaserrabassa

우리는 피노키오의 코와 같이 사람들이 거짓말을 하고 있을 때 탐지할 수 있는 것을 아직 찾지 못했다.

거짓말 탐지 장치의 사용에 대한 의견을 제시함으로써 이 단원을 마무리하자. 이 장치는 통제(중립)에 대한 응답과 테스트 질문을 비교해 거짓말을 탐지하는 데 사용된다. 그것은 사람들이 거짓말을 할 때 호흡 패턴, 심장 박동수 및 발한의 결과로 피부의 전기적 반응을 감지한다. 거짓말 탐지기는 거짓말 그 자체가 아니라 신체적 흥분의 패턴을 측정한다. 국립 과학 아카데미(National Academy of Sciences)와 같은 저명한 과학자들과 함께 많은 주요 과학자들은 거짓말 탐지기가 압력 상황에 놓인 정직한 사람들의 정서적 반응과 거짓말을 정확하게 구분할 수 없다고 말한다(예: Kluger & Masters, 2006). 또 다른 문제는 많은 노련한 거짓말쟁이들이 어떤 생생한 반응 없이 거짓말을 한다는 것이다. 불행히도, 거짓말 탐지기의 잘못된 발견은 많은 무고한 사람의 삶을 망쳤다. 거짓말 탐지기는 가끔 거짓말하는 사람을 붙잡을 수 있지만, 과학적 검열을 충분히 신뢰할 수는 없다.

개념 8-29

거짓말 탐지 능력에 회의적인 과학자들도 있지만, 거짓말 탐지기는 널리 사용된다.

속임수를 드러내는 미묘한 얼굴 움직임의 측정과 같은 거짓말을 탐지하는 보다 정교한 방법은 아직 실험 단계에서 볼 수 있다(Warren, Schertler, & Bull, 2009). 일부 회사는 거짓말과 관련된 뇌 활성화 패턴을 찾기 위해 fMRI를 사용하고 있다. 이 기술이 입증되면 법 집행 기관, 정보 기관 및 교통 보안 담당자에게 특히 유용할 수 있다. 정부 또는 업계에서 민감한 직위를 신청할 때 뇌를 정밀하게 살펴보아야 할 날이 올 수 있다. 그러나 거짓말을 할 때마다 길어지는 피노키오의 코처럼 거짓말에 대한 확실한 지표가 부족하기 때문에 아직까지는 존재하지 않는다(Vrij, Granhag, & Porter, 2010).

〈개념 차트 8-3〉은 이번 단원에서 다룬 감정에 대한 주요 개념의 개관을 보여준다.

〈개념 차트 8-3〉 감정에 대한 주요 개념

© AVAVA, 2009/ Shutterstock.com

© ARENA Creative, 2009/ Shutterstock.com

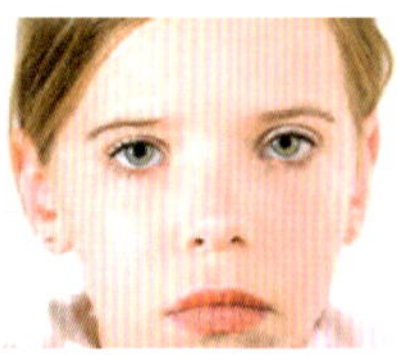
© Sergei Chumakov, 2009/ Shutterstock.com

© CREATISTA, 2009/ Shutterstock.com

개념	설명
감정의 얼굴 표정(표현)	비교 문화 연구에서 얻은 증거는 분노, 공포, 혐오, 슬픔, 행복 및 놀라움의 여섯 가지 기본 감정 표정에 대한 보편적인 인식을 뒷받침한다.
안면 환류 가설 (Facial-feedback hypothesis)	감정과 관련된 얼굴 움직임을 모방하면 해당 감정 상태가 생길 수 있다.
행복을 결정하는 요소	우정과 종교적 헌신은 행복과 관련이 있다. 유전적 요소는 개인의 행복을 위한 안정된 수준 또는 고정점을 만들 수 있다.
사랑의 삼각형 모델	스턴버그의 사랑 개념은 친밀감, 열정, 의사결정/헌신의 세 가지 요소로 구성된다.
감정의 생리적 기반	감정은 자율신경계의 교감신경계의 활성화를 동반한다. 감정은 변연계의 구조(편도 및 해마)와 대뇌피질에 의해 처리된다.
제임스-랑게의 정서 이론 (James-Lange theory of emotions)	감정은 자극을 유발하는 우리의 육체적 반응을 따른다. 우리가 뛰기 때문에 공포를 느낀다. 우리는 울기 때문에 슬프다.
캐넌-바드의 정서 이론 (Cannon-Bard theory of emotions)	감정은 유발 자극에 대한 신체 반응을 수반하지만 자극에 기인하지 않는다.
정서의 2요소 모델	각성의 원인에 대한 생리적 각성과 인지적 평가(명명)의 조합은 감정적인 상태를 만들어 낸다.
르두의 공포의 이중 경로 모델	한 경로는 시상에서 편도체로 이어지고 두 번째 경로는 피질로 이어지며 두 번째 경로는 공포 자극을 더 처리하고 공포에 대한 인식을 유발한다.
감정 지능	이 개념에 따르면 감정을 효과적으로 관리할 수 있는 능력은 지능적인 행동의 한 형태이다.
거짓말 탐지기	질문에 대한 심리적 반응 분석을 바탕으로 거짓말을 탐지하는 데 사용되는 장치이다.

3단원 복습 감정

되새겨 봅시다

감정의 세 가지 구성 요소는?

➤ 심리학자는 감정을 생리적 구성 요소(육체적 각성), 인지 구성 요소(감정 상태, 감정 상태와 관련된 경험에 대한 생각과 판단) 및 행동 구성 요소(접근 또는 회피 행동)로 개념화한다.

감정의 표정은 보편적인가?

➤ 비교 문화 연구 결과는 분노, 공포, 혐오, 슬픔, 행복 및 놀라움이라는 여섯 가지 기본 감정의 표정이 보편적이라는 견해를 지지한다.

➤ 감정을 경험하는 방법에는 문화적 차이와 유사점이 있다. 각 문화권에는 감정 표현 방식과 감정 표현 방식이 결정되는 표현 규칙이 있다. 감정 표현의 성별 차이는 문화적 기대를 반영할 수 있다.

개인 행복과 관련된 요소는?

➤ 개인 행복과 관련된 요소에는 우정과 종교적 헌신이 있다. 반면에, 재산은 개인의 행복과 삶의 만족과 신중한 관계를 가지고 있다. 행복은 또한 유전적으로 영향을 받는 기준점(set point)에서 다를 수 있다.

Sternberg의 사랑 모델에서 사랑의 세 요소는?

➤ Sternberg의 삼각형 모델에 따르면 사랑의 구성 요소는 친밀감(감정적인 친밀감과 공유), 열정(낭만적인 관심과 성적인 각성) 및 결정/헌신(관계에서의 약속의 정도)이다.

뇌 구조가 감정에서 어떤 역할을 하는가?

➤ 편도선과 해마를 포함하는 변연계의 일부는 감정적인 처리에서 중요한 역할을 한다.

➤ 대뇌피질은 자극을 해석하고 그들이 '친구' 또는 '적'으로 인식되는지에 따라 자극에 접근하거나 피하는 전략을 계획한다. 피질은 또한 감정의 얼굴 표정을 제어하고 감정의 경험을 처리하는 책임이 있다.

감정에 대한 주요 이론은?

➤ 감정의 주요 이론은 제임스-랑게 이론(감정은 유발 자극에 대한 신체의 반응을 인식한 후에 발생한다), 캐넌-바드 이론(유발 자극에 대한 정서적 및 생리적 반응은 거의 동시에 발생한다.), 2요소 모델(감정은 각성 상태와 각성의 원인에 대한 명명에 달려 있다.), LeDoux의 이중 경로 공포 모델(편도는 대뇌피질이 관련되기 전에 공포 자극에 반응한다).

감정 지능이란?

➤ 감정 지능은 자신과 타인의 감정을 인식하고 감정을 효과적으로 관리할 수 있는 능력을 말한다. 감정 지능은 삶의 성공과 친밀한 관계를 유지하는 능력에 중요한 영향을 미칠 수 있다.

거짓말 탐지기란? 잘 작동하는가?

➤ 거짓말 탐지기는 사람이 거짓말을 하고 있을 때 나타나는 생리적 반응 패턴을 탐지하는 데 사용되는 장치이다. 그러나 거짓말 탐지기가 거짓말을 확실히 감지할 수 있다는 과학적 증거가 부족하다.

점검해 봅시다

1. 다음은 ___을 제외하고 모두 감정의 기본 요소이다.
   ① 신체적 각성 ② 신경펩타이드 Y의 생산
   ③ 인지 ④ 행동의 표현
2. 여섯 가지 기본 감정의 표정은 보편적으로 인식된다. 이 여섯 가지 감정은 무엇인가?
3. 감정의 주관적인 경험과 그것에 수반되는 신체 반응이 거의 동시에 발생한다는 믿음은 ___
   ① 제임스-랑게 이론 ② 2요소 모델
   ③ 캐넌-바드 이론 ④ 공포의 이중 경로 모델
4. 다음 중 올바르지 않은 것은 무엇인가?
   ① 여성은 일반적으로 남성보다 감정을 표현할 수 있다.
   ② 여성은 일반적으로 남성보다 얼굴 표정을 통해 감정을 표현할 수 있다.
   ③ 많은 문화권에서 남성은 분노를 드러내는 데 더 큰 자유를 부여받는다.
   ④ 남성이 여성보다 더 자주 웃는 경향이 있다는 증거가 있다.

생각해 봅시다

➤ 감정 지능은 일반 지능과 어떻게 다른가? 어떤 면에서 인생의 성공이 일반 지능보다 더 중요해질 수 있는가?

분노 조절하기

4 단원

분노를 제어하는 데 어려움을 겪는 사람을 알고 있는가? 당신은 나중에 분노한 일을 스스로 후회하는가? 분노는 육체적 또는 언어적 공격의 촉매제가 될 수 있다. 당신은 공격을 통해 분노를 표출하지 않더라도, 분노와 적개심은 관상 동맥 심장 질환을 일으킬 위험이 증가할 수 있다(Chida & Steptoe, 2009). (제12장 참조). 분노는 결국 당신의 심장과 동맥에 손상을 줄 수 있는 스트레스 호르몬의 형태로 몸에 흐르게 된다.

인지 이론가들은 분노가 상황 자체가 아니라 좌절하거나 도발적인 상황에 대한 사람의 반응에 의해 촉발된다고 인식한다. 사람들은 종종 '다른 사람'이 그들을 화나게 했다고 비난하지만, 사람들은 화가 나는 생각을 생각하거나 분노를 유발하는 말을 함으로써 자신을 분노하게 만든다. 분노를 더 잘 제어하려면 사람들은 그러한 생각과 진술을 확인하고 수정해야 한다. 그렇게 함으로써 적대적인 대결을 피하고 심장 혈관계에 손상을 줄이는 법을 배울 수 있다. 분노를 식별하고 제어하기 위해 심리학자가 제공하는 몇 가지 제안 사항은 다음과 같다.

개념 8-30

분노를 유발하는 생각을 확인하고 수정함으로써 사람들은 분노를 효과적으로 제어하고 갈등을 효과적으로 처리할 수 있다.

➔ 개념 링크 만성적인 분노는 성질을 조절할 때뿐만 문제가 있는 것이 아니라 관상 동맥성 심장 질환 발병 위험도 증가시킬 수 있다. 제12장 2단원을 참고하라.

- 분노를 유발하는 상황에서 감정적인 반응을 인식하라. 자신이 '화가 났다.'는 것을 알게 되면 이것을 단서로 자신을 진정시키고 상황에 대해서 생각해야 한다. 화가 나는 생각을 진정시킬 수 있는 대안으로 바꾸는 법을 배워 보자.
- 증거를 검토하라. 너무 개인적으로 받아들이면 과민 반응을 보이는가? 다른 사람이 당신을 아프게 했다는 것에 길길이 날뛸 것인가? 그 사람의 행동을 보는 다른 방법이 있는가?
- 보다 적응력 있는 사고를 연습하라. 예를 들어, "나는 화가 나지 않고 이러한 상황을 처리할 수 있다. 나는 진정하고 내가 하고 싶은 말을 생각할 것이다."라고 스스로에게 말한다.
- 경쟁 반응을 연습하라. 진정이 되는 정신적인 이미지를 생각하거나, 산책을 하거나, 스스로 휴식을 취함으로써 분노한 반응에 지장을 줄 수 있다. 또한 당신이 분노를 느끼기 시작할 때 10까지 세는 오래전부터 내려온 연습은 감정적인 반응을 완화시키는 데 도움이 될 수 있다. 그렇지 않으면 마크 트웨인(Mark Twain)의 조언을 따르고 대신 100을 셀 수 있다. 세는 동안 고요한 생각을 생각해 보자.
- 화내지 말라. 다른 사람들은 멍청하거나 상처 주는 일을 할 수도 있지만, 그 상황을 곱씹으면서 자신을 화나게 만든다. 자신이 화내는 것을 허용하지 않음으로

써 감정적인 반응에 책임을 져야 한다.

- 공감과 분노를 반대하라. 다른 사람이 느끼는 것을 이해하려고 노력해 보자. "그는 처벌받을 자격이 있는 비참한 처지."라고 말하면서 "이 사람은 이런 식으로 똑같이 집에서 어려움을 겪을 것이다. 하지만 그건 그의 문제다. 나는 그것을 개인적으로 받아들이지 않을 것이다."
- 공격적이기보다는 단호히 대응하는 것에 대해 칭찬하라. 분노가 아닌 평온함으로 스트레스가 많은 상황을 다룰 때 정신적으로 칭찬해 주자.
- 다른 사람들에 대한 너의 기대치를 줄이라. 불공평에 대한 인식은 다른 사람들이 당신의 요구나 기대를 이행해야 한다고 기대했기 때문에 생길 수 있다. 기대를 줄이면 실망할 때 다른 사람들에게 화를 낼 확률이 줄어든다.
- 언어적 반응을 조절하라. 목소리를 높이거나 욕설을 피해야 한다. 다른 사람들이 하지 않을 때에도 진정해야 한다.
- 긍정적인 감정을 표현하는 법을 배우라. 긍정적인 감정을 표현하면 부정적인 감정

〈표 8-3〉 분노 조절하기: 분노를 유도하는 생각을 차분한 대안으로 대체하기

상황	분노를 유도하는 생각들	차분한 대안
도발적인 사람이 말한다. "그래서 당신은 그것에 대해 어떻게 할 건데?"	"그 얼간이, 그가 누구라고 생각하니? 나는 그에게 잊지 않을 교훈을 가르쳐 줄 거야."	"그는 행동 방식에 문제가 있다. 하지만 그건 그의 문제다. 나는 그의 수준에서 반응할 필요가 없다."
당신은 거대한 교통 체증에 놓여 있다.	"왜 이런 일이 항상 내게 일어날까? 나는 이 상황을 참을 수 없어."	"이것은 불편할 수 있지만 세계의 종말은 아니다. 모두가 교통 체증에 휩싸이고 있다. 그냥 음악을 듣고 편안하게 있자."
당신은 슈퍼마켓의 계산대에 있는데 당신 앞의 여자가 수표를 현금으로 바꾸고 있다. 마치 몇 시간이 걸리는 것 같다.	"줄이 계속 밀리고 있잖아. 다른 사람을 기다리게 하는 것은 너무 불공평해. 그녀에게 말하고 싶다."	"이건 고작 몇 분밖에 걸리지 않아. 사람들은 슈퍼마켓에서 수표를 현금으로 바꿀 권리가 있으며 기다리는 동안 잡지를 읽고 그냥 휴식을 취하자."
갑자기 다른 차가 당신을 막고 빈 공간을 차지해서 당신은 다른 주차 공간을 찾고 있다.	"아무도 이런 식으로 나를 대우해서는 안 된다. 나는 그를 한 대 치고 싶어."	"사람들이 항상 당신의 이익을 배려할 것이라고 기대하지 말자." 또는 "진정해, 이걸 두고 싸울 이유는 없어."
당신의 배우자가 예상보다 몇 시간 늦게 집에 오지만, 늦는다는 사실을 알려 주지 않았다.	"너무 불만스럽다. 나는 그(그녀)가 나를 이렇게 대우하도록 내버려 둘 수 없다."	배우자를 깎아내리지 말고 당신의 기분을 설명해라.
당신은 극장에서 영화를 보고 있는데 옆에 앉아 있는 사람들이 말하고 시끄러운 소리를 많이 낸다.	"저 사람들은 다른 사람들에 대한 존중이 없나? 나는 저 사람들의 머리를 찢고 싶을 정도로 화가 난다."	비록 그들이 배려심이 없다고 해도 화가 나 영화에 대한 즐거움을 망칠 필요가 없다. 내가 그들에게 요청했어도 조용히 하지 않으면, 나는 자리를 바꾸거나 매니저에게 부를 것이다.

출처 : Nevid & Rathus (2010)에서 수정.

을 분산시키는 데 도움이 된다. 다른 사람들에게 당신이 그들을 사랑하고 그들에 관심을 가지고 있다고 말해야 한다. 그들은 당신의 친절에 보답할 가능성이 높다.

화가 나거나 분노를 느낀 상황을 생각해 보자. 앞으로 어떻게 다른 상황을 다룰 수 있는가? 당신이 진정하는 데 도움이 되는 대처 반응은 무엇인가? 〈표 8-3〉은 분노를 유발하는 사고에 대한 진정할 수 있는 대안을 제시한다.

심리학에 대해 비판적으로 생각하기

이 장을 읽으면서 다음 질문에 답해 보자. 비판적 사고 능력 발달의 진전을 평가하려면 부록 A에 나와 있는 모범 답안과 비교해 보자.

사람들은 생각하고 느끼는 것을 종종 반대의 정신 상태로 생각한다. 그들을 반대자라고 생각하는 것이 맞는가? 그 이유는 무엇인가?

눈으로 복습하기 제8장 동기와 감정

1단원 동기: 행동의 '이유'

동기의 생물학적 원인

- 본능: 동기에 대한 선천적, 종과 종의 반응들
- 욕구와 추동: 추동 감소의 결과로 행동이 동기화되는 추동을 생성하는 결핍(욕구)의 상태들
- 자극 동기: 탐험에 대한 욕구와 최적 자극

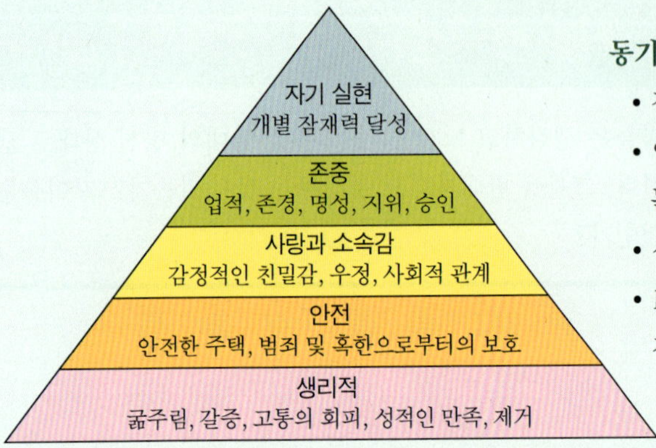

동기의 심리적 원인

- 장려책: '당기는' 행동에 대한 보상이나 목표
- 인지 부조화: 신념이나 태도와 행동 사이에 불일치로부터 생성되는 불편함
- 심리사회적 욕구: 우정과 성취에 대한 욕구
- Maslow의 욕구 위계: 위계로 질서화된 생물학적과 심리사회학적 욕구

2단원 배고픔과 식사

- 배고픔과 식욕에 대한 통제: 시상하부(뇌의 식욕 조절제), 두뇌 화학물질은 식욕을 자극하거나 억제하기 위해 시상하부에 작용한다.
- 비만: 유전, 식이 방식, 환경적 영향 및 감정을 포함한 많은 요소가 관련된다.
- 섭식 장애의 유형: 신경성 무식욕증(자기 기아와 왜곡된 신체 이미지) 및 신경성 식욕 항진증(폭식 및 배출의 주기)
- 섭식 장애의 원인: 극도의 이상에 부합하는 사회적 압박, 완벽주의 및 제어, 유전적 요인, 신경전달물질의 불규칙성을 포함한다.

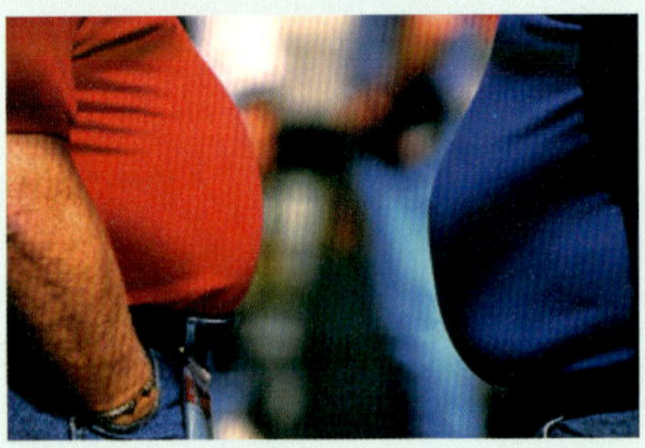

© Tom Raymond Stone/Getty Images

3단원 감정

- 감정의 구성 요소: 신체적 각성, 인지, 접근이나 회피 행동
- 보편적으로 인정되는 감정: 분노, 공포, 혐오, 슬픔, 행복, 놀람

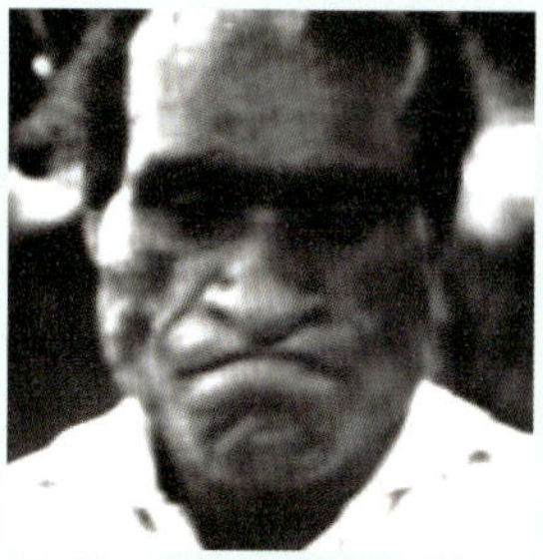

이 사람은 어떤 기분일까요?

정서의 주요 이론

- 정서의 주요 이론들: 제임스-랑게 이론(곰을 본다 → 도망간다 → 두려움을 느낀다), 캐넌-바드 이론(곰을 본다 → 도망가면서 두려움을 느낀다), 두 요소 모델(신체적 각성 → 각성에 대한 원인의 명명 → 감정적 상태), 이중 경로 모델(편도체로 가는 '저차원적' 접근, 대뇌피질로 가는 '고차원적' 접근)

정서를 통제하는 뇌의 주요 구조들

- 편도체: 공포를 유발하는 곳
- 해마: 정서에 대한 상황을 기억
- 시상: 공포와 관련된 메시지에 대한 최초로 처리하는 곳
- 대뇌피질: 위협에 대한 평가

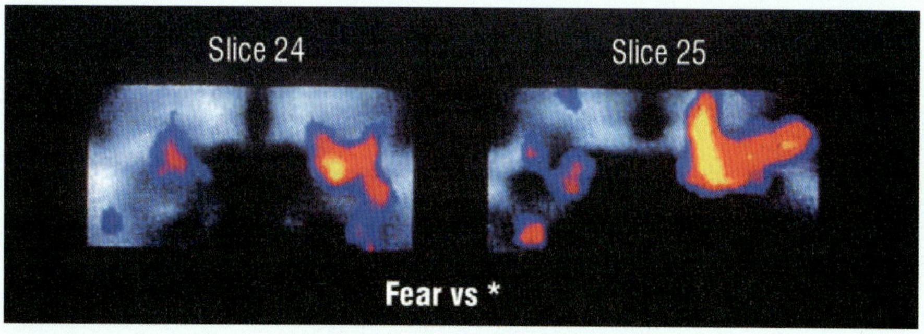

공포 얼굴에 대한 반응에서 해마의 활성화

제9장 아동 발달

식사 자리에서 평온함을 유지하기

생활의 한 단면 부모가 둘째 아이를 갖게 되면 매일의 일상에서 평등이란 개념의 의미에 대해 배우게 된다. 부모는 두 아이 중 한 명에게 무엇인가를 주면 다른 아이에게도 그와 대등한 것을 주어야 한다는 것을 배운다. 이 현상은 내가 일전에 식사를 하려고 피자를 아이들과 함께 먹을 때도 여지없이 나타났다. 마지막 남은 두 조각의 피자를 다섯 살인 다니엘라와 열한 살인 마이클에게 나누어 주기 전까지만 해도 별 탈이 없었다. 그런데 갑자기 다니엘라의 눈에 눈물이 고였다. 나는 그녀에게 무엇이 문제냐고 물었다. 그녀는 마이클의 피자를 가리키면서 그 조각 피자가 자기가 가지고 있는 조각 피자보다 크다고 말했다. 마이클은 이미 피자를 먹고 있었기 때문에 도중에 피자를 서로 바꾸게 할 수도 없었고, 설령 바꿀 수 있다고 해도 그것은 역시 마이클에게 평등한 일은 아니었다. 그때부터 평등에 대한 중압감을 머릿속에서 떨쳐버리기 어렵게 되었다.

이런 상황을 개선하기 위해서 나는 제9장에서 이러한 개념에 대해 다룰 예정이다. 그것은 바로 보존의 법칙이다. 이 원리는 같은 양이나 부피의 물질은 비록 그 물질의 외형이 변해도 총량은 변하지 않는다는 것을 주장한다. 당신이 찰흙을 평평하게 만들거나 길게 늘려도 그 찰흙의 총량은 여전히 동일하다. 마찬가지로 당신이 액체로 된 물질을 넓은 그릇에서 긴 그릇에 옮겨서 담아도, 비록 그 높이는 올라가겠지만 결국 그 총량은 동일한 것이다. 비록 이 보존의 법칙이 성인이나 조금 큰 아이에게는 너무도 자명한 것이겠지만 어린 아이들에게는 아직 낯선 내용이다. 이것을 알아챈

ⓘ 다음 사실을 알고 있었나요!

- 수정 후에 수태된 난자 세포는 1주 정도가 지난 상태에서도 아직 어머니의 자궁에서 착상된 상태가 아니다. (p. 431)
- 태어난 지 1년이 된 아기는 이미 그들이 일생을 살면서 맞닥뜨리게 될 균형의 문제를 어떻게 다루고 해결해야 할지를 배운 상태이다. (p. 440)
- 새끼 거위들은 어떤 과학자를 자신들의 어미 거위로 여기고 그를 따라갔다. (p. 446)
- Erik Erikson에 의하면, 신뢰감의 발달은 아이가 첫 단어를 말하기 이전에 시작된다. (p. 455)
- 네 살 된 아이가 달도 감정을 느낀다고 믿는 것은 정상적인 것이다. (p. 462)
- 3학년 학생들이 시험을 봤는데 자신의 방에 개인 텔레비전이 있는 학생들의 점수가 자신의 방에 개인 텔레비전이 없는 학생들의 점수보다 낮았다. (p. 470)

학습 목표

이 장을 제대로 공부한 학생은

1. 인간 발달 연구에 관련된 주요한 질문을 명확히 밝힐 수 있다.
2. 심리학자들이 인간이 겪는 발달 과정에서의 변화를 밝히고 설명하기 위해서 주로 사용하는 두 가지 방법을 알고 그 방법들의 장점과 단점을 이해할 수 있다.
3. 태아기의 발달 과정을 이해하고 설명할 수 있다.
4. 기형 유발 물질에 대한 지식을 활용해서 태아기의 발달기 동안 태아가 어떤 위험을 겪을 수 있는지 이해할 수 있다.
5. 아기가 태어났을 때 보이는 주요 반사작용에 대해 설명할 수 있다.
6. 아기가 태어난 뒤 1년 동안 어떻게 움직임의 변화가 생기는지 이해할 수 있다.
7. 아기의 촉각 능력, 인지 능력, 그리고 학습 능력을 배우게 된다.
8. 주요 기질과 애착 유형에 대해 이해하고 설명할 수 있다.
9. 주된 부모 육아 방식을 이해하고 그 지식을 그 결과와 관련지어 제대로 활용할 수 있다.
10. 어린 시절의 Erikson의 심리사회적 발달 단계를 이해하고 각각의 단계에서 겪게 되는 어려운 점이 무엇인지 이해하게 된다.
11. Piaget의 인지 발달 이론에서 등장하는 각 단계의 특징을 설명하고 그 이론에 대해 평가할 수 있다.
12. Vygotsky의 심리사회적 인지 발달 이론을 설명할 수 있다.
13. 텔레비전 시청이 아이의 행동과 인지 발달에 어떤 영향을 주는지 설명할 수 있다.
14. 부모들이 책임감 있는 텔레비전 시청이 주는 효과를 자녀의 행동 교육에 어떻게 활용할 수 있는지 설명할 수 있다.

미리 보기

뒤 나는 다니엘라의 피자를 피자 슬라이서를 이용해서 두 조각으로 잘라 주었다. 나는 다니엘라에게 "여기 있어."라고 말하며 "이제 마이클보다 두 배나 많은 피자가 있구나."라고 말했다. 마이클은 마치 누가 그런 거짓말에 속아 넘어가겠느냐는 미심쩍은 표정으로 나를 바라보았다. 그러나 다니엘라는 두 조각의 피자를 흡족하게 바라보며 흘리던 눈물을 멈추고 즐겁게 피자를 먹기 시작했다. 잠시나마 우리 가족의 식사 자리에 다시 평화가 찾아왔다.

이 피자 일화는 우리가 공부하려는 인간 발달이란 주제를 관통하는 개념을 잘 보여 준다. 식사자리에서 평화를 유지하기 위해서 아동 심리의 원리를 활용한 것은 아니다. 오히려 아이의 세계는 어른이나 청소년들의 세계와 다르다는 것을 이해하는 것이 중요했다. 아동이 주변 세상을 바라보고 이해하는 인지 능력은 그들이 성장함에 따라 빠르게 변한다. 청소년들도 자신과 주변 세상을 부모나 다른 어른들과는 다른 방식으로 바라보고 이해한다. 20대와 30대 성인은 그들보다 나이가 많은 성인에 비해서 다른 방식으로 세상을 보고 이해한다. 이번 장에서 우리는 인간 발달에서 중요한 그 발자취를 여행해 보고자 한다. 일단 그러려면 아이가 태어나기 전 어머니 배 속에 있을 때의 상황부터 점검해 볼 필요가 있다.

1 단원 인간 발달 연구: 핵심 질문과 연구 방법들

- 인간 발달 연구에 관련된 가장 중요한 주제는?
- 발달 심리학자들은 나이가 들면서 발생하는 변화를 어떻게 연구하는가?

우리는 [그림 9-1]에 나타나는 것처럼 인간의 발달 과정을 연대기적으로 생각해 볼 수 있다. 사람의 일생에 걸쳐서 나타나는 조직적인 변화에 대해 연구하는 분야를 발달심리학이라고 칭한다. 발달 심리학자들은 발달이 이루어지는 동안 발생하는 변화에 대한 자료를 수집한다. 그러나 그들은 이렇게 수집한 자료를 더 큰 규모의 연구 주제를 위해 사용한다. 이 단원에서는 우리가 네 가지 중요한 연구 주제에 대해 살펴볼 것이다. 선천과 양육에 대한 것, 지속성과 단절에 대한 주제, 보편성에 관한 것, 그리고 안정성에 대한 것이다. 그리고 우리는 발달 심리학자들이 그들의 연구에서 사용하는 주된 연구 방법을 살펴볼 것이다.

개념 9-1

인간 발달 연구는 네 가지 주제에 의해 다듬어졌다. 선천과 양육, 지속성과 단절, 보편성, 그리고 안정성에 관련된 주제이다.

발달심리학: 육체적, 감정적, 인지적, 그리고 사회적 측면에서 인간의 발달 상태에 대해 관찰하고 분석하는 심리학의 한 분야

1. 선천과 양육의 주제

심리학에서 가장 오래된 논란 중 하나는 선천과 양육에 관한 논란이다. 우리의 행동은 선천(유전)에 의해 지배받는가, 아니면 양육(환경과 문화)에 의해 지배받는가를 묻는 것이다. 20세기 초반에는 양측을 지지하는 학자들의 주장이 서로 팽팽하게 맞섰다. 존 왓슨(John Watson) 같은 행동주의자들은 이건(Egan)의 행동이 학습과 경험에 의해서 결정된다고 보았다. 제1장에서 설명한 것처럼, 왓슨은 건강하게 태어난 유아들을 데려가 그들의 환경을 조작함으로써 그들이 나중에 의사, 변호사, 그리고 반대로 거지나 도둑으로 성숙하게 만들 수 있다고 주장했다. 또 다른 이론가인 아널드 게젤(Arnold Gesell, 1880~1961)은 인간의 생물학적 측면을 강조했다. 게젤은 다윈(Darwin)의 진화론에 크게 영향을 받았고, 유아는 결국 시간이 지나면서 본인이 부여받은 유전자의 계획대로 발달된다고 믿었다.

선천과 양육 논란: 인간의 행동을 결정하는 데 있어서 유전(선천)과 환경(양육) 중 무엇이 상대적으로 더 많은 영향을 미치는지를 밝히고자 하는 논란

선천-양육의 논란은 계속되고 있지만, 심리학자들은 인간의 행동이 유전자와 환경의 조합에 의해 영향을 받는다고 받아들이고 있다. 최근에 선천과 양육에 관련된 논란은 이분법적으로 선천과 양육 둘 중 무엇이 중요한가를 따지려고 하기보다는

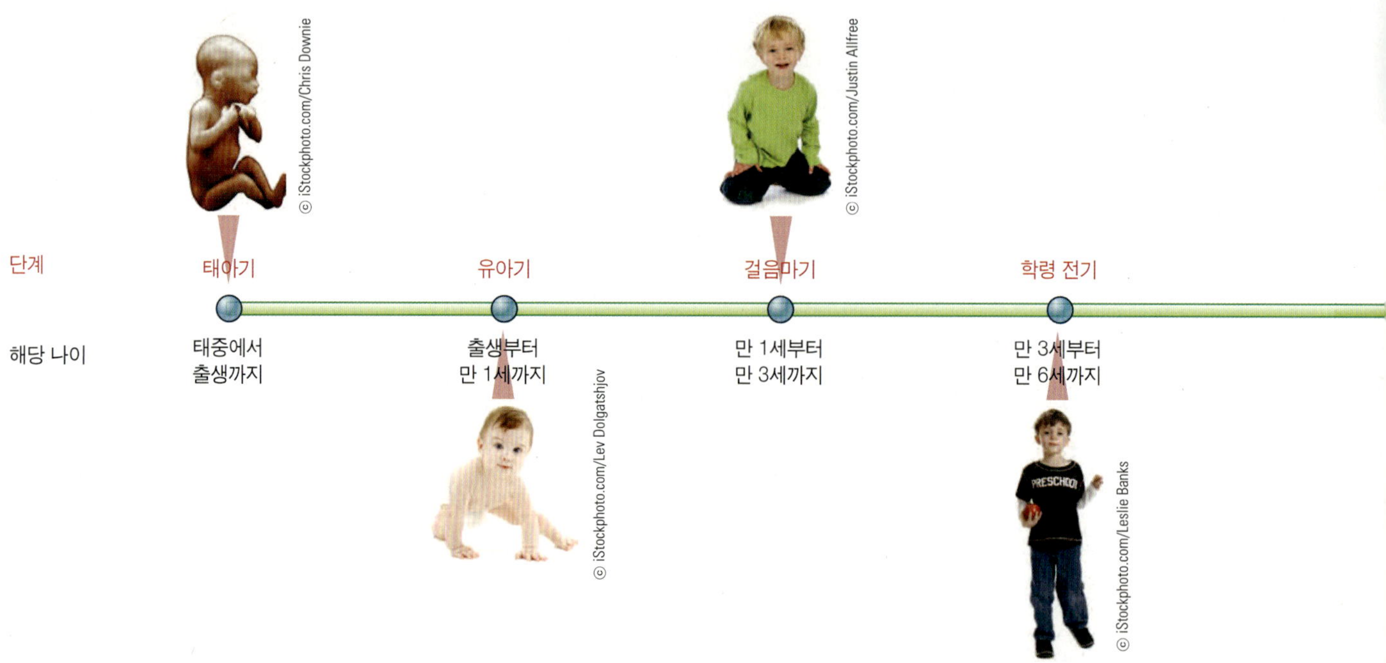

[그림 9-1] 일생 동안의 발달 단계

인간의 특정 행동에 대해서 선천과 양육 중 무엇이 상대적으로 더 많은 영향을 미치는가에 초점을 두고 있다(Bouchard, 2004). 다시 말해서, 과학자들은 생물학적 측면과 경험이 그 생명체가 환경에 올바르게 적응하는 데 필요한 능력을 부양하는 데 함께 활용된다고 믿고 있다(Gottesman & Hanson, 2005).

발달 심리학자들은 인간의 발달에 선천, 유전자, 그리고 양육이 얼마나 많은 영향을 미치며 관여하는지 알고자 한다. 예를 들어, 우리는 유전자들이 사람 간에 나타나는 성격적 기질의 다양성을 좌우하는 데 50% 정도의 책임이 있다고 배웠다(Bouchard, 2004). 이렇게 유전적으로 영향을 받아서 형성되는 기질은 그 아이가 자라는 지역의 문화와 가정환경에 따라 또 다른 영향을 받는다(Li, 2003). 머리카락 색깔 같은 육체적인 특징은 한 개의 유전자에 의해서 결정되지만 복잡한 행동 기질은 다수의 유전자와 해당 환경의 요소의 상호작용에 의해 영향을 받는다(Plomin & McGuffin, 2003). 인간 발달은 생물학적 측면과 그 사람이 경험한 것의 지속적 상호작용에 의한 것이라고 이해하는 것이 가장 적합하다(Leve et al., 2010; Meaney, 2010). 제2장에서 논의한 것처럼 연구자들은 친족 연구(가족 연관성 연구, 쌍둥이 연구, 그리고 입양아 연구)를 하면서 특정 기질에 대해 선천과 양육 중 무엇이 더 많은 영향을 주는지를 알아내고자 한다.

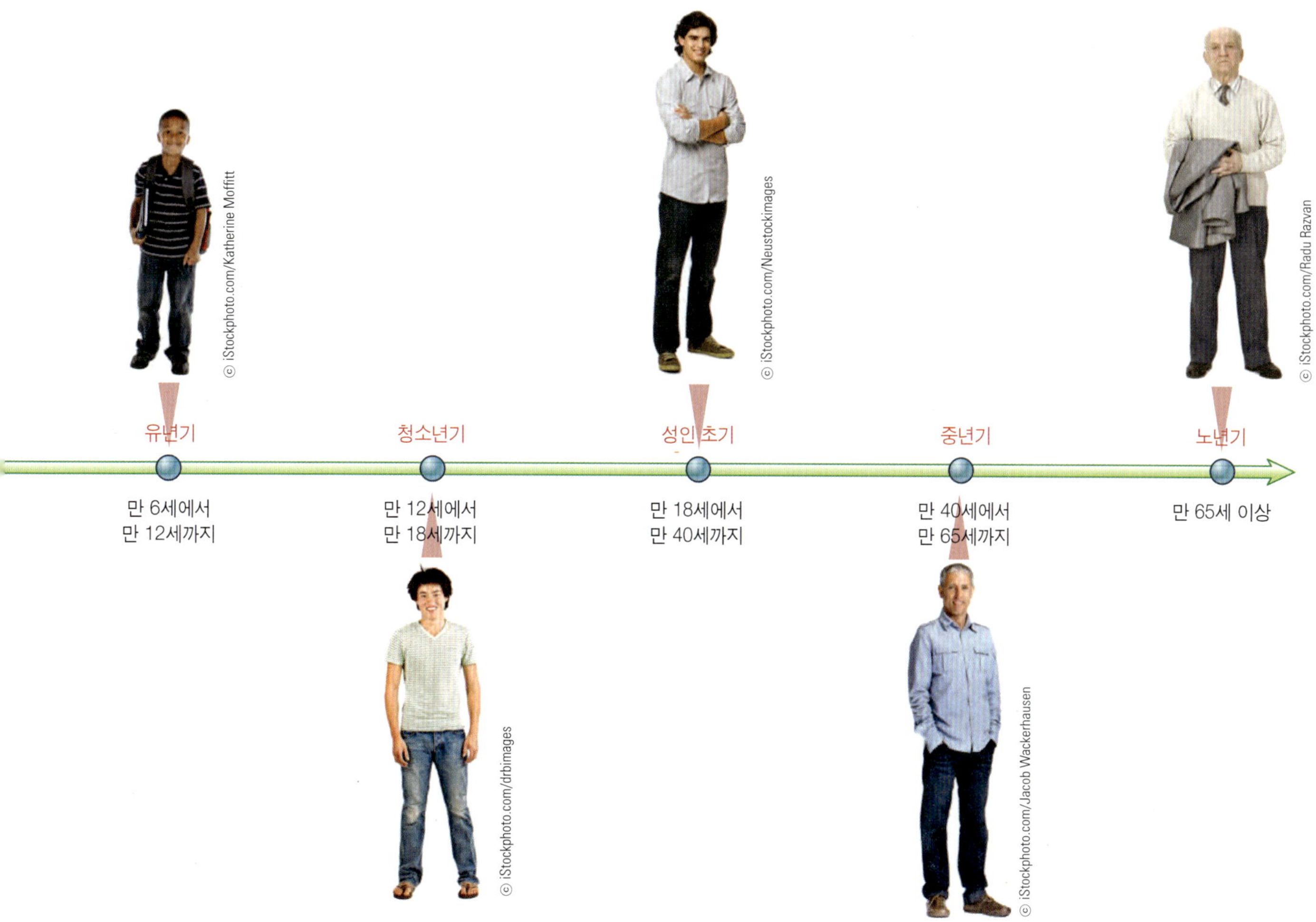

2. 지속성과 단절성에 관한 주제

지속설: 인간의 발달이 시간이 지나면서 작은 단계로서 양적인 변화를 일으키며 이루어진다고 주장하는 것

단절설: 인간의 발달이 불연속적으로 드문드문 발생하며 갑작스럽게 질적인 변화를 일으키면서 인지 능력이나 세상과 교류하는 방식에 변화를 주며 진행된다고 주장하는 것

발달 심리학자들 간에 대립되고 있는 또 하나의 주제는 인간의 발달이 작은 변화가 지속적으로 이루어지면서 발생하는 것인지 아니면 변화가 단절되기도 하다가 순식간에 갑자기 변화가 생기는 것인가에 관한 질문이다. 지속설에 따르면, 아동이 다양한 나이대에 겪는 변화는 그 성격상 양적 변화이다. 큰 변화가 일어나기보다는 작은 단계로서의 변화가 일어나는 것이다. 스위스의 발달 심리학자인 장 피아제(Jean Piaget) 같은 단계 이론가들은 단절설을 따른다. 단절설은 인간의 각 단계에서의 발달 과정이 그 성격상 질적이라고 보는 입장이다. 발달은 아동이 세상과 교류하는 방식과 그 아동의 능력에 따라 급작스러운 변화를 일으킨다는 것이다. 이런 이론가들은 발달 과정이 각 단계에서는 상대적으로 안정적으로 유지되지만 다음 단계로 갑자기 변화되며 진행된다고 본다.

대부분의 발달 심리학자는 절충된 입장을 취한다. 그들은 인간의 발달이 양적인 변화와 질적인 변화를 모두 동반한다고 본다. 아동이 일정한 단계에 이르러서야 기거나 걷는 연습이 그 아동이 실제로 기고 걷는 데 도움을 준다. 그리고 아동이 일정한 단계에 도달하기 전에 아무리 아동이 말을 하도록 구슬려도 단어를 인지하고 이해할 수 없다. 반면, 어휘력과 산수 능력 같은 많은 기술은 연습과 경험을 통해서 서서히 발달하기도 한다. 이런 기술에 대해서도 우리는 아동이 그런 연습을 하려면 일정한 단계에 도달해야 한다고 생각한다.

3. 보편성의 문제

인간의 발달은 전 세계적으로 보편적인 과정을 따라서 진행되는 것인가, 아니면 그 아동이 속한 사회의 문화와 아동의 경험에 따라 달라지는 것인가? 발달 심리학자들은 일반적으로 절충된 입장을 취한다. 곧 알게 되겠지만, 아동들은 인지 발달을 위해 연속적인 단계를 겪는다는 것을 보여 주는 강한 증거가 존재한다. 그러나 인지 발달에 대해 나중에 다시 다루겠지만, 아동들이 일정한 단계에 도달하는 연령대에서 아동들은 각자 다른 문화도 경험한다. 발달 심리학자들은 발달에 있어서 민족성, 사회경제적 위치, 삶의 방식, 그리고 식이요법을 비롯해서 많은 사회적인 요소와 문화적인 영향을 고려한다.

4. 안정성의 문제

발달 심리학자들은 인간의 일생 동안 그 사람의 기질과 성격이 얼마나 안정적으로 유지되는지에도 관심이 있다. 어린 시절에 관찰된 그 사람의 기질과 성격이 일

생 동안 유지될 것인지 아니면 사람의 성격은 시간이 지나면서 변하는 것인지 알아볼 필요가 있다. 지크문트 프로이트(Sigmund Freud) 같은 이론가들은 우리의 성격은 일반적으로 어린 시절 여섯 살 무렵에 형성된 뒤에 고정된다고 보았다. 그러나 오늘날 프로이트의 주장은 한계가 있다고 여겨진다. 그의 지지자였던 에릭 에릭슨(Erik Erikson)조차도 우리의 성격은 나이가 들고 인생의 새로운 어려움을 직면하면서 계속 발달한다고 주장한다. 그렇다 하더라도, 우리는 연구자들이 시간에 따른 행동, 특히 기질에 있어서 특정한 일관성을 가지고 있다는 것을 알게 될 것이다.

5. 인간 발달 연구 방법들

발달 심리학자들은 인간이 발달하며 일으키는 변화를 연구하기 위해서 다양한 연구 전략을 사용한다. 그중에서 가장 자주 사용되는 방법은 종단 연구와 횡단 연구이다.

개념 9-2

발달 심리학자들은 연령과 관련된 차이점을 연구하기 위해서 다른 연구 전략을 사용한다. 가장 흔한 방법으로는 종단 연구와 횡단 연구가 있다.

➔ 개념 링크 종단 연구의 유명한 사례는 터먼이 지능적으로 우수한 아이들을 대상으로 했던 실험이다. 제7장 3단원을 참고하라.

1) 종단 연구 방법

종단 연구는 동일 인물을 오랫동안 반복적으로 관찰하는 것이다. 종단 연구는 수년 혹은 수십 년이 소요되기도 한다. 연구자들은 인간의 성격과 행동이 시간이 지나면서 어떻게 변하는지 파악하고자 종단 연구를 수행한다(Warner et al., 2004). 이런 종단 연구들은 "수줍음이 많은 아동이 어른이 되어서도 여전히 수줍음이 많을까?" 또는 "사람의 기질이 안정적으로 유지되는가 아니면 시간이 지나면서 변하는가?"와 같은 주제의 연구를 수행할 때 사용할 수 있다. 제7장에서 우리는 최초의 그리고 가장 길게 수행되었던 종단 연구인 터먼의 '어린 천재들'이라는 실험의 결과에 대해 토론했다. 1921년에 루이스 터먼(Louis Terman)에 의해 시작된 그 실험은 지능적으로 우수한 아동들이 어른이 될 때까지 추적하며 관찰했다.

종단 연구: 동일 인물의 발달 상황을 오랜 시간 동안 정기적으로 비교하고 관찰하는 연구 방법

종단 연구의 가장 큰 장점은 그 방법이 연구자들로 하여금 동일 인물이 오랜 시간 동안 어떻게 변하는지 그 과정을 관찰할 수 있도록 해 준다는 것이다. 그러나 이 방법은 어느 정도 한계가 있다. 이 방법은 시간이 오래 걸리며 오랜 시간 동안의 실험을 지원해 줄 후원자가 필요하다는 제약도 있다. 게다가 연구 참여자들 중 일부는 오랜 시간이 소요되는 실험 도중에 사망, 장애, 또는 이주와 같은 개인적인 이유로 실험을 그만두는 경우도 생긴다. 게다가 실험 표본이 더 큰 인구집단을 대표하지 못할 수도 있는데, 이런 점들은 실험 그룹에 대한 실험 결과를 일반화할 수 없도록 한다.

2) 횡단 연구 방법

종단 연구 방법의 한계 때문에 발달 심리학자들은 인간의 발달을 연구할 때 종종 그 대안으로서 횡단 연구 방법을 사용한다. 횡단 연구는 각기 다른 연령대의 사람

횡단 연구: 각기 다른 연령대 혹은 다른 발달 수준에 있는 사람들을 한꺼번에 비교하는 방법

들을 한꺼번에 관찰하는 방법이다. 이렇게 해서 연구자들은 배경(수입, 민족성 등)이 비슷하지만 연령이 다른 사람들의 무리를 비교할 수 있다. 수줍음이나 기질과 같은 관심 변수에 대한 그룹 간의 차이는 아마도 연령과 관련된 발달 과정을 반영할 것이다.

횡단 연구는 몇 가지 장점이 있다. 테스트 참여자들이 한꺼번에 관찰되고 검사되기 때문에 종단 연구에 비해서 비용이 적게 들고 시간도 절약된다는 점이다. 그러나 문제점도 있다. 우선 연구자들은 실험 참여자들의 연령을 제외한 다른 중요한 부분에 대해서도 비교를 해야 하는 것인지 제대로 확신할 수 없다. 또 다른 점은, 연령 이외의 다른 요소 때문에 각 구성원 간에 차이가 발생하는 것인지 파악하기 어렵다는 것이다.

코호트 효과: 연령이 다른 그룹들 간의 차이점이 단순한 연령 차이 때문이 아니라 동일 세대가 경험한 각기 다른 역사적 사건이나 사회적 영향 때문에 생겨나는 효과

횡단 연구를 함에 있어서 직면하게 되는 또 다른 문제점은 코호트 효과(Cohort Effect)인데, 이 효과는 역사에 있어서 특정 기간에 태어나서 자란 동년배 세대에게서 목격되는 일종의 한계점이다. 코호트라는 말은 동일한 시대에 태어나서 많은 역사적 사건이나 사회적 배경이 되는 특징을 공유하는 동년배들을 의미한다. 따라서 단지 연령이라는 변수 때문이 아니라 동년배이기 때문에 그 세대가 시대적으로나 역사적으로 공유하는 고유한 특징이 있을 수 있다. 오늘 태어난 아동은 이전 세대에 태어난 아동과는 다른 경험을 할 것이기 때문에 나중에 이들은 세상을 다른 눈으로 보게 될 것이다. 오늘날의 아동들은 이전 세대의 아동들이 겪었던 컴퓨터가 없고, 전자레인지나 휴대전화, 그리고 텔레비전이 없던 세상의 특징을 모른다. 비디오 게임과 컴퓨터게임을 할 수 있는 환경에서 자라는 아동들에게는 그런 게임이 아동들의 시공간 관련 기술들이 발달하는 데 도움을 줄 수도 있다. 동일 인물들을 오랜 시간 동안 추적하는 종적 연구들은 실험 결과가 나이와 관련된 효과에서 오는 것인지 아니면 세대 특징에서 오는 것인지를 구별해 준다. 〈개념 차트 9-1〉은 종단 연구와 횡단 연구를 비교하고 있다.

〈개념 차트 9-1〉 인간 발달에 관련된 주요 연구 방법들

	종단 연구	횡단 연구
방법	발달 변화를 추적하기 위해서 오랜 시간 동안 동일 인물들을 연구함	각기 다른 연령대와 다른 발달 단계에 있는 사람들을 모아서 한꺼번에 비교 관찰함
연구 계획	동일 인물들이 20세, 40세, 그리고 60세 때 연구됨	한꺼번에 세 그룹의 참여자들을 비교 연구함: 20세의 참여자들, 40세의 참여자들, 그리고 60세의 참여자들을 비교 연구함
장점과 단점	• 오랜 시간 동안 동일 인물을 연구할 수 있도록 해 줌 • 비용과 시간이 많이 들고, 실험결과를 가지고 일반화된 결론을 내는 데는 한계가 있음	종단 연구에 비해서 비용도 적게 들고 효율적이지만 집단 간의 비교 연구를 함에 있어서 결과에 영향을 주는 변수로 나이 이외의 숨겨진 변수가 있을 수 있음

1 단원 복습 핵심 질문과 연구 방법들

되새겨 봅시다

인간 발달 연구와 관련된 주요 질문들은 무엇이 있는가?

- 유전자와 환경 중 무엇이 인간 발달에 더 많은 영향을 미치는지에 대해 묻는 선천과 양육의 질문
- 인간의 발달이 불연속적으로 급작스럽게 이루어지는지, 아니면 작은 단계로 지속적으로 이루어지는지에 대해 묻는 지속성과 단절성의 문제
- 인간의 발달이 보편적인 성격을 갖고 있는지 아니면 문화권에 따라 달라지는지 묻는 보편성의 문제
- 사람의 기질과 행동이 시간이 지나도 일관성 있게 유지되는지 아니면 시간이 지나면서 일생에 걸쳐서 변화하는지에 대해 묻는 안정성의 문제

발달 심리학자들은 나이와 관련된 변화에 대해 어떻게 연구하는가?

- 종단 연구 방법을 통해서 동일 개인의 변화를 오랜 시간 동안 추적하며 연구함
- 횡단 연구 방법을 통해서 한꺼번에 다양한 연령대의 사람들을 비교 분석함

점검해 봅시다

1. 만일 인간의 발달이 갑작스럽게 이루어지고, 질적으로 다른 변화를 이끈다고 생각한다면, 우리는 ______ 발달 이론을 믿고 있는 것이다.
   ① 지속성
   ② 단절성
   ③ 차이성
   ④ 다양성
2. 보편성의 문제가 언급하는 것은?
3. 횡단 연구에 대한 옳은 설명은?
   ① 동일 개인이 오랜 시간, 심지어 수십 년 동안 연구된다.
   ② 동일 연령의 사람들이 오랜 시간 동안 반복해서 연구된다.
   ③ 코호트 효과는 문제가 있을 수 있다.
   ④ 종단 연구보다 비용이나 시간이 많이 소요된다.

생각해 봅시다

- 최근의 연구자들은 '선천-양육' 논란에 대해 어떤 입장을 취하고 있는가?
- 실험자는 어른과 아동이 섞여 있는 그룹 구성원들을 비교하기 위해서 나이에 따라 기억 기능에 변화가 있는지 살펴보려고 일종의 기억력 테스트를 했다. 여기서 실험자는 종단 연구와 횡단 연구 중 무슨 방법을 사용하고 있는가?
- 인간 발달을 연구하는 방법에는 종단 연구와 횡단 연구가 있는데, 각각의 연구 방법이 지니는 장점과 단점은 무엇인가?

2 단원 태내 발달: 선천과 양육의 경우

- 태내 발달이 이루어지는 주된 단계는?
- 태내 발달에 위협이 되는 요소는?
- 염색체와 유전자에 결함이 있는 것을 알아내기 위해서 사용되는 검사에는 무엇이 있는가?

성숙: 생명체가 지닌 유전자 코드에 따라서 생물학적으로 변화하는 것

태내 발달은 인간의 발달에 선천(유전자)과 양육(환경)이 각각 얼마나 많은 영향을 미치는지에 대한 오래된 논란에 대해 우리의 의견을 묻게 만든다. 오늘날 대다수의 심리학자는 유전과 환경은 밀접하게 연관되어 있다고 인지하고 있다. 머리카락 색깔과 같은 육체적인 특징은 하나의 유전자에 의해서 결정되며, 지능과 성격과 같은 복잡한 행동적 기질은 환경적 요소(예: Diamond, 2009; Gottesman & Hanson, 2005; W. Johnson et al., 2009)와 상호작용하는 다수의 유전자에 의해서 영향을 받아 결정된다. 숨겨진 유전자의 청사진에 따라 생물학적으로 전개되는 성숙(maturation)은 대체로 우리를 포함한 생물체들이 육체적으로 어떻게 성숙하고 발달하는지를 결정한다.

그래서 키가 큰 부모를 둔 아동들은 키가 크게 자라는 경향이 있고, 곱슬머리 부모를 둔 아동들도 곱슬머리를 갖게 되는 것이다. 그렇지만 인간 발달은 영양소 공급 같은 환경적 요소에도 의지한다. 선천과 양육은 엄마의 자궁에서부터 태아의 발달에 영향을 미치기 시작한다.

1. 태내 발달의 단계들

정자: 남성의 생식 세포

난자: 난자 세포

종의 수컷은 X와 Y로 된 염색체의 조합을 지니는 반면, 암컷은 두 개의 X염색체들을 지닌다. 수컷의 정자와 암컷의 난세포(난자)와 같은 생식 세포와 미생물 세포들은 각각 단 한 개의 성염색체를 가지고 있다. 정자 세포는 X염색체와 Y염색체 둘 중에 하나를 지니고 있는 반면에 난자 세포는 X세포만 가지고 있다(모든 육체 세포들은 두 가지 염색체들을 지니고 있음). 정자 세포가 난자 세포와 수정될 때, 그 결과로 만들어진 조합(XX는 여자 또는 XY는 남자)이 태아의 성별을 결정한다.

배란기 동안에는 난소에서 난자가 배출되고, 배출된 난자는 나팔관을 통해 천천히 돌아다닌다([그림 9-2] 참조). 정자와 난소가 결합하는 수정이 발생하면, 그 과정에서 수정 결과로 이루어진 수정된 난자 속의 성염색체의 조합(XX 또는 XY)이 태아의 성별을 결정한다. 접합체라고 불리는 단일 세포는 정자와 난자의 결합으로 형성되는데, 형성된 이후 곧바로 세포분열이 된다. 처음에는 두 개의 세포로 나뉜다. 그리고 각각의 나뉜 세포는 또다시 나뉘면서 네 개의 세포가 만들어진다. 그리고 네

개의 세포가 또 분열되어 여덟 개의 세포가 되고 이러한 식으로 계속 분열이 이루어진다. 이후 몇 달간 기관 조직체들은 점차 인간의 형태와 인간이 가진 기관들의 본모습을 갖추어 간다.

9개월에 이르는 임신 기간은 일반적으로 세 개의 기간, 또는 3개월 단위로 나뉜다. 태내 발달의 관점에서 보면, 세 개의 주요 태아기 단계와 기간에 대해 설명할 수 있다. 수정 이후 첫 2주에 해당하는 배란기, 수정 이후 2주에서 8주에 걸치는 기간에 해당하는 배아기, 그리고 그 이후의 기간에 해당하는 태아기가 있다([그림 9-3] 참조).

배란기는 수정된 이후부터 자궁벽에 착상될 때까지의 시간에 해당한다. 수정이 된 이후 3~4일이 흐르는 동안 분열되는 세포 덩어리가 착상이 될 때까지 자궁 근처를 돌아다닌다. 자궁벽에 착상이 되려면 그 이후로 일주일 정도가 더 지나야 한다.

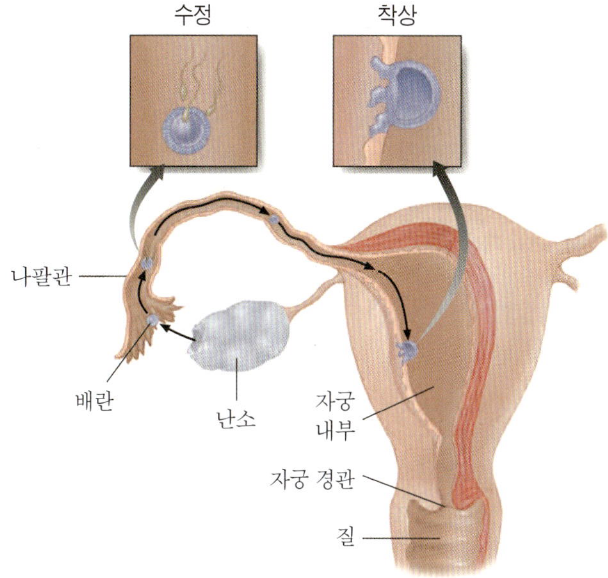

[그림 9-2] 여행의 시작

성숙한 난자 세포가 배란기에 왼쪽 난소 또는 오른쪽 난소에서 배출된다. 난자는 열려 있는 자궁관을 따라서 이동하고 자궁관 아래로 조금씩 이동한다. 정자와 난자의 결합인 수정은 자궁관에서 발생한다. 접합체라고도 불리는 수정된 난자는 자궁쪽으로 가다가 자궁벽에 착상된다.

배아기는 자궁벽에 착상이 된 후 8주 정도가 흐를 때까지의 시간에 해당한다. 주요 기관들이 제 모양을 찾아가기 시작하는데, 그 주요 기관을 배아라고 부른다. 3주간의 임신 기간에 걸쳐서 두 개의 산마루 모양의 세포가 접혀 신경관을 만드는데, 신경관에서 신경계가 형성된다. 머리와 혈관도 이 무렵에 형성되기 시작한다. 4주 차에 접어들면, 초기 형태의 심장이 형성되며 심장박동이 시작된다. 그때 형성된 심장은 앞으로 80년에서 90년에 걸쳐서 멈추지 않고 계속 정상적으로 박동을 하게 되는 것이다.

배아는 임산부의 자궁 안에 있는 양막낭([그림 9-4] 참조)이라고 불리는 안전한 환경에 매달리게 된다. 배아를 둘러싸고 있는 것은 양수인데, 양수는 배아에게 가해지는 충격을 흡수하며 나중에 임신이 진행되어 태아가 자궁 안에서 성숙하면 산모가 이동 중 태아에게 가해질 수 있는 충격으로부터 태아를 보호해 주기도 한다. 영양분과 노폐물은 산모와 배아(태아) 사이에 태반을 통해 상호 교환된다. 나중에 태아가 되는 배아는 탯줄을 통해서 태반과 연결되어 있다. 태반은 산모로부터 영양분과 산소가 태아에게 전달될 수 있도록 해 준다. 태아

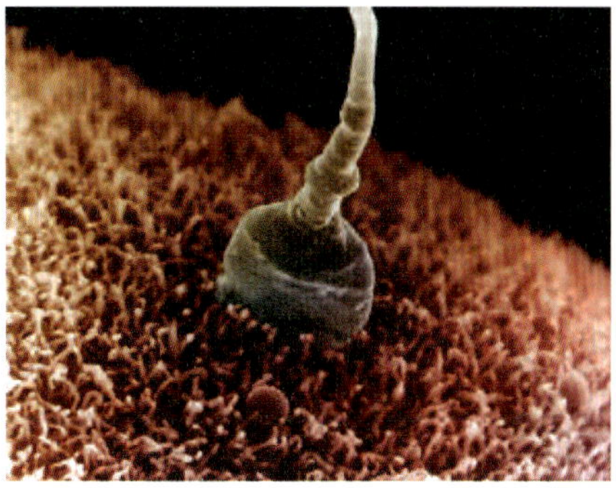

춤추는 생명체. 이 주목할 만한 사진에는 정자 한 마리가 난세포를 관통하려고 시도하는 모습이 담겨져 있다. 만일 성공한다면 양쪽 부모에게서 전해진 유전 물질이 하나의 세포로 통합되며 이로써 새로운 한 생명이 시작되게 된다.

배란: 난소에서 난자가 배출되는 것

난소: 여성의 생식샘으로서 여성의 성 호르몬인 에스트로겐과 프로게스테론을 배출하며 성숙된 난소를 만듦

나팔관: 난소와 자궁 사이에 있는 밀짚 같은 튜브로서 그 튜브를 통해서 배란 후에 난자가 지나다니는 기관

수정: 생식을 통해서 정자가 난자와 결합되는 것

접합체: 수정된 난세포

배란기: 수정된 이후 자궁벽에 착상될 때까지의 기간

자궁: 여성의 생식 기관으로서 자궁에서 수정된 난소는 착상된 후 성숙

배아기: 자궁벽에 착상된 이후부터 임신 8주 차까지에 이르는 기간

배아: 태아기 초반에 성숙하는 기관

신경관: 배아에 있는 구역으로서 그곳에서 신경계가 발달됨

양막낭: 태아를 담고 있는 자궁 주머니

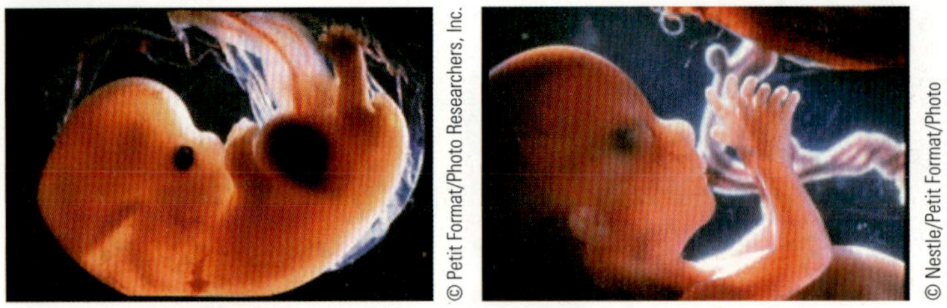

[그림 9-3] 태내 발달
태내 발달 기간 동안 태아의 모양과 형태가 굉장히 많이 변한다. 임신 6주에서 7주에 형성된 배아와 임신 16주 무렵의 태아를 비교해 보라. 태아는 이미 상당 부분에 걸쳐 이미 인간의 형태를 갖고 있다.

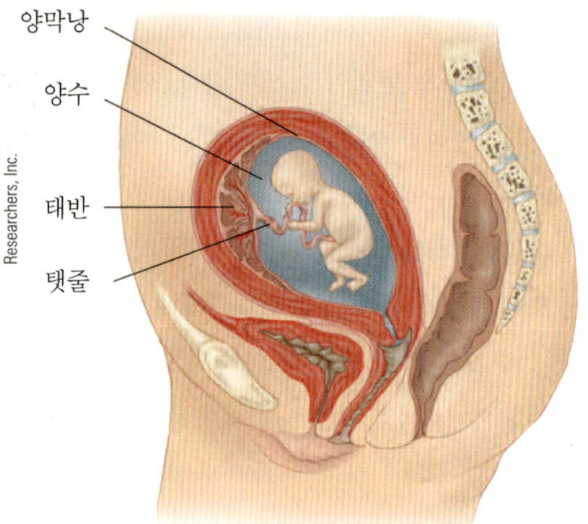

[그림 9-4] 자궁 속 구조
태내 발달 기간 동안 배아는 양막낭이라고 불리는 자궁 안에 있는 보호된 울타리 안에 위치한다. 임산부와 태아 간에는 태반을 통해서 영양소와 노폐물이 교환된다. 탯줄을 통해 배아와 태아는 태반에 연결된다.

태반: 임산부와 태아 사이에 영양분과 노폐물을 교환하도록 도와주는 기관

태아기: 태내 발달 단계로서 이 단계에 태아가 자란다. 임신 9주에서 출산까지 이르는 기간을 일컬음

태아: 태내 발달 후반기에 성숙되어 나타나는 생명체

개념 9-3

성숙하는 태아는 임산부의 영양 결핍이나 기형 유발 물질 같은 위협 요소에 직면한다.

와 산모의 혈액은 서로 섞이지 않는다.

태아 단계라고도 불리는 태아기는 임신 9주 차 무렵 시작되어 아기가 태어날 때까지 지속된다. 주요 신체 기관 체계와 손가락, 그리고 발가락들이 임신 12주 차 무렵에 형성되는데 그 기간은 임신 3개월 차가 되는 기간과도 대략 일치한다. 태아의 신체 주요 부분은 임신 기간 동안 계속 성숙한다. 태아는 임신 4개월부터 6개월까지에 해당하는 기간 동안 몸무게가 28g에서 906g으로 30배 이상 증가한다. 그 기간 동안 태아는 4인치였던 몸길이가 14인치로 늘어난다. 임신 4개월 때 산모는 처음으로 태동을 느낄 수 있다. 임신 6개월 무렵에는 태아가 생존기(Age of viability)에 접근하는데, 이때부터 아기는 스스로 생명을 유지할 수 있게 된다. 그러나 임신 6개월 차가 되기 전에 태어난 몸무게가 906g이 되지 않는 아기의 절반 이하는 강력한 의학 치료를 받으면서 스스로 살아남기도 한다.

2. 태내 발달 시기에 나타나는 위협 요소

임산부는 태아의 건강과 본인의 건강을 지키기 위해서 적절한 영양소가 필요하다. 산모의 영양 결핍은 미성숙아(임신 후 37주가 되기 전에 출산하는 것) 출산이나 저체중아(2.3kg 미만 혹은 2,500g 미만의 체중) 출산의 확률을 높인다. 조기 출산된 아기나 저체중아는 유아 사망으로 죽거나 나중에 커서 인지 결함(cognitive deficit)이나 주의력 장애(attention difficulties) 등으로 문제를 겪을 확률이 높다(예: Lemons et al., 2001).

최적화된 태내 발달 환경을 조성하기 위해서 여성은 산부인과에서 멀티비타민 처방을 받을 수 있다. 연방정부는 모든 가임기 여성이 매일 비타민 B 엽산 400μg을 복용해야 하며, 현재 임신한 여성은 비타민 B 엽산을 800μg 매일 복용할 것을 권

〈개념 차트 9-2〉 태내 발달 시 중요한 시기들

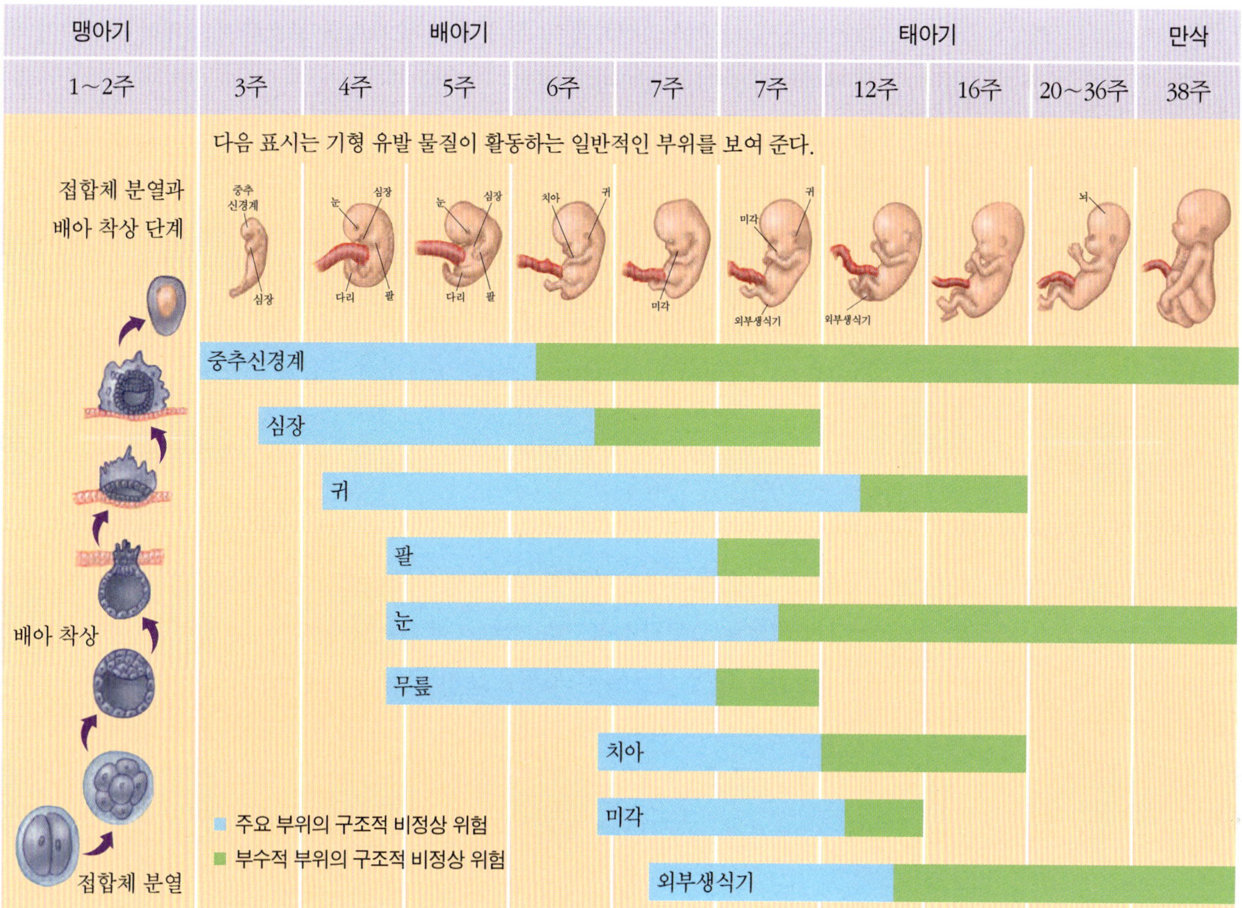

출처: Berger & Thompson (1995)에서 수정.

하고 있다. 임산부가 임신 초기에 엽산을 섭취하면, 척추갈림증(spina bifida)과 같은 신경관 결함의 발생 위험 확률을 낮추어 준다(U.S. Preventive Services Task Force, 2009; Wolff et al., 2009).

기형 유발 물질(Teratogen)은 '괴물'을 뜻하는 그리스어의 어원 teras에서 유래되었다. 산모가 먹었던 특정한 약물, X-선, 납과 수은 같은 환경 오염물, 그리고 태반에서 배아나 태아에게 전달될 수 있는 감염체 모두가 기형 유발 물질이 될 수 있다. 기형 유발 물질은 특정 임신 기간에 가장 위험하게 작용할 수 있다. 예를 들어, 팔과 다리에 손상을 줄 수 있는 기형 유발 물질은 임신 4주 차에서 8주 차 사이에 그 효과를 발휘한다(〈개념 차트 9-2〉 참조).

가장 위험한 기형 유발 물질에 대해 알아보자.

척추갈림증(spina bifida): 아기들이 태어날 때 척수를 둘러싼 관에 구멍이 생겨서 일종의 신경관 결함을 가진 채로 태어나는 증세

기형 유발 물질(teratogen): 성숙하는 배아나 태아에게 해를 입힐 수 있는 환경적 영향이나 중개물

개념 9-4

기형 유발 물질이라고 불리는 특정한 환경적 영향과 중개물은 성숙하는 배아나 태아에게 해를 입힐 수 있다.

1) 감염증

풍진(독일 홍역이라고도 불림)은 흔한 유아 질환으로서 임신 중 태내에서 감염되면 심장 질환, 청각장애, 지적 장애와 같은 아기의 선천적 결함을 일으킬 수도 있다. 여

풍진: 임신 기간 중 임산부에 의해 감염되면 아기가 출생 시 심각한 결함을 가지게 될 수 있는 유아 질환

성이 어린 시절에 풍진에 노출되면 그 병에 대해서 면역력을 갖게 된다. 면역력이 없는 여성은 나중에 임신하게 될 경우 갖게 될 태아를 보호하기 위해서 임신하기 전에 예방주사를 미리 맞아야 한다.

HIV/AIDS 그리고 매독과 같은 성관계를 통해 전염되는 병은 임신 기간에 임산부를 통해 태아에게 전염될 수도 있다. 다행히도, HIV에 감염된 임산부들이 항생제 AZT를 적극적으로 활용하면서 본인의 병이 태아에게 감염되지 않도록 위험 확률을 감소시킬 수 있다. 선천적인 매독 증세를 갖고 태어난 아동들은 간 손상 질환, 불균형한 청각이나 시력장애, 치아와 골격의 기형 문제를 겪게 될 수 있다. 임산부가 임신한 지 4개월이 되기 전에 항생제로 효과적인 치료를 받으면 감염 확률이 줄어든다.

2) 흡연

임산부의 흡연은 유산(자발적 낙태), 미성숙아 출산, 저체중아 출산, 그리고 유아 사망의 확률을 높인다(I. M. Bernstein et al., 2005; Heilbronner & Berlin, 2005). 임산부가 흡연을 많이 할수록 그 위험은 높아진다. 임산부의 흡연은 유아 돌연사 증후군(Sudden infant death syndrome: SIDS)과 소아 천식 같은 폐 질환, 그리고 주의 집중 감소, 학습 문제, 그리고 행동 문제와 같은 발달 문제가 발생할 확률을 증가시킨다(Goodwin et al., 2009; Oncken & Kranzler, 2003; Sasaki et al., 2008).

3) 술과 약물

임산부가 술을 마시면 아기가 태아 알코올 증후군(Fetal Alcohol syndrome: FAS)에 걸리게 될 수 있는데, 이는 지적 장애에 이르게 하는 주요 원인이다(Floyd et al., 2005). 태아 알코올 증후군에 걸린 아동은 얼굴에 납작한 코와, 발달하지 않은 윗 턱, 양 눈 사이의 넓은 공간을 갖게 된다. 비록 태아 알코올 증후군은 임산부가 술을 많이 마실 경우 발생하지만, 사실상 임신 중에 안전을 보장하는 최소한의 음주량은 없다. 임산부가 임신을 하고 초반 3개월간 매일 56g의 술을 적다고 생각하고 마셔도 태아는 태아 알코올 증후군에 걸릴 수 있다. 그것이 합법적이든 불법적이든, 또는 처방받은 의약품이든지 길거리에서 거래해서 산 약품이든지, 임신 중 먹는 약도 태아에게 해로울 수 있다.

© David H. Wells

지적 장애의 주요 원인인 태아 알코올 증후군에 걸린 아이는 발달되지 않은 윗 턱, 납작한 코, 그리고 양 눈 사이의 큰 공간을 지닌 안면 특징을 갖게 된다.

유아 돌연사 증후군: 유아 침대에서 자던 아기가 갑자기 설명될 수 없는 이유로 사망하는 현상

태아 알코올 증후군: 임산부가 임신 중 술을 마셔서 태어난 아기가 발달 지연과 안면 기형 문제를 갖게 되는 현상

3. 태아기 검사

태내 발달 기간 동안 태아의 비정상성을 감지하기 위해서 다양한 방법이 동원된다. 임신 16주 차에서 18주 차 사이에 시행되는 양수천자를 하면, 양막낭 안으로 주

사기가 들어가서 태아 세포를 함유한 액체를 추출하게 된다. 태아 세포는 배양되고, 이어서 생화학적 비정상성과 염색체의 비정상성이 분석된다. 융모막 체취법(chorionic villus sampling: CVS)은 양수천자를 시행하는 것보다 몇 주 더 빨리 시행된다. 양막낭과 태아를 싸고 있는 세포막을 검사하기 위해서 융모막으로부터 소량의 조직이 분석된다. 양수천자와 융모막 체취법은 모두 지적 장애와 육체적 비정상성을 유발하는 염색체 장애인 다운증후군을 비롯한 태아의 광범위한 비정상성을 밝혀내기 위해 사용될 수 있다. 700명의 태아 중 1명 꼴로 발생하는 다운증후군은 21번째 염색체 쌍에 정상적인 두 개의 염색체 대신 세 개의 염색체가 있을 때 발생한다(Nelson & Gibbs, 2004). 임산부의 나이가 많을수록 다운증후군의 발생 확률도 높아진다(〈표 9-1〉 참조).

양수천자: 태아의 비정상성을 감별하기 위해서 태아의 세포를 추출해서 검사하는 방법

융모막 체취법: 융모막에서 체취한 태아의 물질을 검사해서 태아의 비정상성 여부를 검사하는 방법

융모막: 양막낭과 태아를 둘러싸고 있는 세포막

다운증후군: 염색체 장애의 일종으로 지적 장애와 안면의 비정상성을 동반함

〈표 9-1〉 다운증후군을 가진 아기를 출산할 위험률

산모의 나이	다운증후군 발생 확률
30	885명 중 1명
35	365명 중 1명
40	109명 중 1명
45	32명 중 1명
49	11명 중 1명

태아의 비정상성 유무를 발견하는 데는 초음파 화상 진단(Ultrasound imaging)도 사용된다. 무해한 초음파가 태아의 상황을 살피면서 모니터상에 태아의 이미지와 양막낭의 모습을 나타낸다. 이런 테스트 기법을 사용하는 것 이외에도 태아의 부모는 자신들이 겸상 적혈구성 빈혈이나 테이삭스병 같은 유전병을 옮길 수 있는지 알아보기 위해서 혈액 검사를 할 수 있다. 이 외에도 다른 방법을 사용해서 태아의 DNA 안에 유전 질환이 있는지 알아낼 수 있다.

초음파 화상 진단: 초음파를 이용해서 자궁 속의 태아의 이미지를 재현하는 기술

미래에는 부모 세대에서 자식 세대로 유전되는 유전적 결함을 치료하는 방법을 개발하게 될 것이다. 현재로서는 태아가 유전질환을 가질 확률을 가진 부모의 경우 유전상담사, 심리학자, 그리고 다른 건강 전문가와 상의하여 관련 정보와 도움을 구할 수 있다.

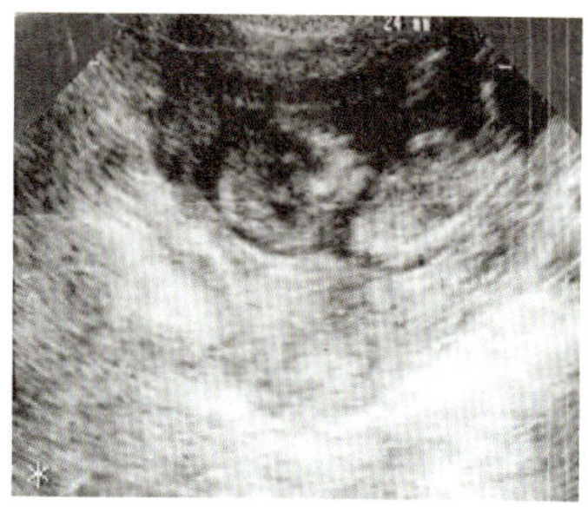

© Jeffrey Nevid

저자의 아들인 마이클이 임신된 지 12주 차 되었을 때 초음파 화상 진단을 통해 그려진 이미지를 알아볼 수 있을 것이다. 마이클의 아버지는 마이클이 배 속에 있었을 때가 오히려 더 잘생겼었다고 강조한다.

2단원 복습 태내 발달: 선천과 양육의 경우

점검해 봅시다

어떤 주요 단계를 거쳐서 태내 발달이 진행되는가?

➤ 배란기는 수정에서 착상에 이르는 기간을 일컫는다.

➤ 배아기는 착상 이후 임신 8주 차에 접어드는 단계까지를 일컫는다. 주요 기관 체계가 분화되는 특징이 있다.

➤ 태아기는 9주 차부터 출생할 때까지를 일컫는다. 태아의 기관 체계가 지속적으로 성숙하고 태아의 크기가 급격히 커지는 특징이 있다.

태아기에 발생하는 위협 요소는 어떤 것들이 있는가?

➤ 위협 요소로는 산모의 식이요법, 산모의 질병과 질환, 그리고 특정한 의약품과 약물 복용 등이 있다.

➤ 특정한 기형 유발 물질에 노출되면 예민한 주요 시기에 태아에게 큰 해를 입힐 수 있다.

염색체 결함과 유전 결함을 찾아내기 위해서 어떤 검사가 사용되는가?

➤ 양수천자, 융모막 체취법, 초음파 화상 진단, 그리고 부모의 혈액 검사 등이 있다.

되새겨 봅시다

1. 태내 발달의 첫 번째 단계로서 자궁벽에 착상되면서 끝나는 이 단계는 _______ 라고 한다.
2. 성숙하는 배아나 태아에 위험할 수 있는 두 가지 위험 요소를 적어 보자.
3. 다음 용어를 해당하는 사항과 짝을 지어 보자.

① 임신의 첫 단계	가. 신경관
② 보호 환경	나. 양막낭
③ 자궁 내에서 영양분과 노폐물이 상호 교환되는 기관	다. 태반
④ 신경계가 성숙하는 성숙 기관에 있는 구조물	라. 배란기

생각해 봅시다

➤ 이 단원에서 배운 내용에 기초해 볼 때, 임신 상태에서 임산부가 술을 마시고 흡연하는 것이 일으킬 수 있는 위협 요소에 대해 어떤 말을 해 줄 수 있는가?

➤ 당신은 당신이나 배우자가 유전적 비정상성을 자식에게 물려줄 수 있는 위험한 확률이 있는지 알고 싶은가? 만일 그렇다면 왜 그렇고, 만일 아니라면 왜 그러한가? 그런 확률을 지녔는지 여부가 당신이 자식을 가지고자 결정하는 데 어떤 영향을 줄 수 있는가?

3단원 영유아 발달

- 신생아들은 어떤 반사작용을 보이는가?
- 영유아들은 출생 후 1년 동안 육체적으로 어떻게 성숙하는가?
- 영유아들은 어떤 감각 능력, 지각 능력, 그리고 학습 능력을 가지고 있는가?
- 영유아들은 출생 후 1년 동안 운동 능력이 어떻게 발달하는가?

신생아들은 단지 잠자고 먹기만 하는 것처럼 보이지만, 사실 신생아들은 당신이 생각하는 것보다 처음 접하는 세상에 대해서 다양한 반응을 보인다. 신생아들이 태어나서 겪는 첫 2년 동안 그들에게 발생하는 변화는 정말 엄청나다. 신생아들의 세계로 들어가서 그들이 겪는 놀라운 변화들은 어떤 것들이 있는지 알아보자.

젖 찾기 반사: 신생아가 자신의 볼을 만진 자극이 있는 방향으로 고개를 돌리는 반사작용

눈 깜박 반사: 신생아가 눈을 깜박이면서 밝은 빛이나 외부 물체로부터 자신의 눈을 보호하는 반사작용

빨기 반사: 자극에 대해 혀와 입으로 규칙적으로 흡입하는 행동을 보이는 반사작용

1. 반사작용

반사작용은 특정 자극에 대해서 자동적으로 나타나는 반응으로서 학습되지 않은 반응이다. 아기들은 많은 종류의 기본 반사작용을 보일 수 있다([그림 9-5] 참조). 예를 들어, 신생아들의 볼을 만지면, 볼이 만져진 자극이 있는 방향으로 고개를 돌릴 것이다. 이것은 젖 찾기 반사로서 다른 반사작용처럼 중요한 생존 가치를 지닌다. 이 반사작용 덕분에 아기는 젖이나 병을 향해 고개를 돌려서 영양분을 섭취하게 된다. 생존 가치를 가진 다른 반사작용은 눈 깜박 반사인데, 이 반사작용 덕분에 아기들은 밝은 빛이나 외부 물체로부터 눈을 보호할 수 있다. 또한 빨기 반사는 규칙적으로 흡입하는 행동으로서 아기가 젖이나 병으로부터 영양분을 취할 수 있도록 해준다. 아기의 입안에 손가락이나 젖꼭지 같은 물체를 대면 빨기 반사가 발생한다.

개념 9-5

영유아는 옛날에 살던 사람들에게 생존 가치를 지녔던 운동 반사작용을 보이며 새로 경험하는 세계에 적응한다.

다른 반사작용은 진화하는 과정에서 남겨진 잔여 유산인 것처럼 보이는데, 우리가 환경에 적응하는 데 별 도움이 안 되는 것처럼 여겨진다. 예를 들어, 영유아가 큰 소음에 노출되거나, 영유아의 머리가 뒤로 젖혀지면, 모로 반사를 보인다. 그 영유아는 팔을 벌리고, 등을 굽히고, 마치 누군가를 잡으려고 시도하는 것처럼 팔을 앞으로 벌린다. 손바닥을 건드리는 물체를 손가락으로 동그랗게 둘러싸는 쥐기 반사는 무척 강해서 영유아는 자신의 손에 의해서 몸이 들어 올려지기도 한다. 옛날에는 이런 반사작용 덕분에 영유아가 어머니가 하루 종일 그들을 돌볼 때 안고 있다가 실수로 땅에 떨어뜨리는 일이 예방되었을 것이다. 바빈스키 반사는 발바닥을 때렸을 때 영유아가 발가락을 펼치고 동그랗게 오므리고 안쪽으로 발을 꼬는 반사작용이다.

모로 반사: 갑작스러운 소음이나 도움이 사라진 경우 발생하는 반사작용으로서 이 경우 영유아는 팔을 뻗고, 등을 구부리고, 양손을 뻗어 마치 누군가를 안으려고 하는듯한 모습을 취함

쥐기 반사: 자신의 손바닥에 닿는 물체를 영유아가 자신의 손가락들로 둥글게 감싸는 반사

바빈스키 반사: 영유아가 자신의 발이 맞았을 때 자신의 발가락을 펴고 다시 동그랗게 감싸서 감는 동작을 하면서 발을 안쪽으로 꼬는 행동을 하는 반사

대개 신생아의 반사작용은 출생 후 6개월 이내에 대부분 없어진다. 특정 반사작용이 존재하고 그중 몇몇이 예상되는 시기에 사라지는 현상은 정상적인 신경 발달의 신호이다.

태어난 지 1년 만에 영유아는 평균적으로 3.2kg에서 9.5kg 또는 10kg까지 약 세 배 정도 몸무게가 증가한다. 영유아는 또한 같은 기간 동안 신장도 50cm에서 76cm까지 성숙한다. 태어난 뒤 약 2년 동안 영유아의 뇌 안에 있는 뉴런 사이의 시냅스들 간의 상호 연결

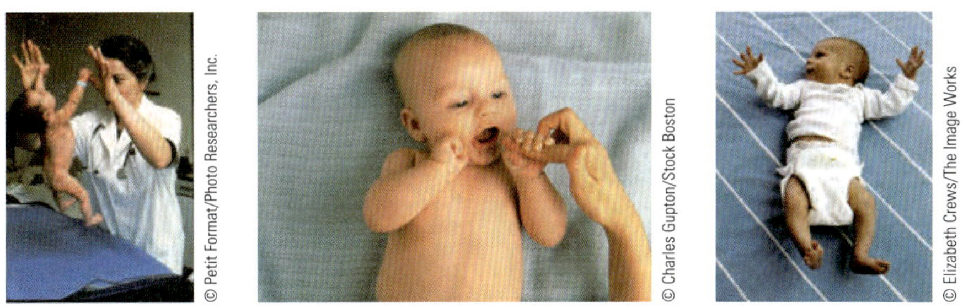

(a) 쥐기 반사 (b) 젖 찾기 반사 (c) 모로 반사

[그림 9-5] 영유아의 반사작용들

쥐기 반사(a)는 무척 강해서 영유아가 말 그대로 그 손 때문에 들어 올려질 수 있다. 젖 찾기 반사(b)에서는 영유아가 자신의 볼을 만지는 자극이 있는 방향을 향해 고개를 돌린다. 모로 반사(c)에서는 영유아가 소음을 느끼거나 도움이 없어지는 경우에 등을 구부리고, 두 팔을 밖으로 벌리고, 다시 두 팔을 앞을 향해 벌린다. 이런 반사 반응이 생존을 위해 어떤 기능을 할 수 있을까?

개념 9-6

출생 직후, 영유아는 엄마의 냄새, 얼굴, 그리고 목소리, 그리고 다른 미각들을 비롯한 다양한 자극을 분별할 수 있다.

성은 더욱 긴밀해지며, 이로 인해 영유아는 움직임이 더욱 정교해지게 되어 물체를 다룰 줄 알게 되고, 주변 환경에 대한 지식을 얻게 되어 현실 세계에 더욱 깊이 관여하기 시작한다. 출생 이후 어른이 되기까지의 기간 동안 뇌는 그 부피가 약 네 배 증가한다. 그러나 가장 눈여겨볼 부분은 영유아의 촉감 감지 능력, 지각 능력, 학습 능력, 그리고 운동 조절 능력이 신속하게 발달하는 것이다.

2. 영유아기의 감각 능력, 지각 능력 그리고 학습 능력

영유아는 광범위한 감각 자극을 느낄 수 있고 간단한 반응을 배울 수 있으며 그런 것을 기억 속에 저장할 수 있다.

1) 감각 능력과 지각 능력

[그림 9-6] 신생아의 시각과 안면 인식

신생아에게 엄마의 얼굴은 왼쪽 사진처럼 흐릿하게 보일 수 있다. 그러나 신생아는 여전히 엄마의 얼굴을 알아볼 수 있고 다른 사람의 얼굴보다 엄마의 얼굴을 더 선호한다.

시각은 가장 천천히 발달하는 감각이다. 신생아의 시각은 선명하지 않지만, 신생아의 시야에 보이는 세상이 완전하게 흐릿하기만 한 것은 아니다([그림 9-6] 참조). 예를 들어 신생아는 특히 엄마의 얼굴을 비롯해서, 얼굴 형태가 아닌 것보다 얼굴같이 보이는 형태를 선호한다(Gauthier & Curby, 2005; Turati, 2004). 신생아는 엄마의 얼굴을 알아볼 수 있을 뿐만 아니라, 다른 사람의 얼굴보다 엄마의 얼굴을 보는 것을 선호하는 모습을 보인다.

생후 1개월 무렵에 영유아는 움직이는 물체를 따라다닐 수 있다. 생후 2개월에는 영유아가 기본적인 천연색 시각을 형성한다. 생후 6개월에는 깊이 지각이 발달된다. 낭떠러지를 덮고 있는 유리판으로 구성된 시각 절벽 도구를 사용해서 엘리너 깁슨과 리처드 워크(Eleanor Gibson & Richard Walk, 1960)는 대부분의 생후 6개월 이상 된 영유아들이 깊은 부분을 가로질러 기어가기를 망설이거나 거부하는 것을 밝혔는데, 이 실험은 이들에게 이미 깊이 지각이 발달되어 있음을 증명했다([그림 9-7] 참조).

신생아들은 다양한 종류의 소리를 들을 수 있다. 그들은 특히 사람의 음성 주파수 영역에 해당하는 소리에 민감하다. 실제로 그들은 다른 사람의 목소리와 자신의 엄마의 목소리를 구별할 수 있다.

태아조차도 다른 여성들의 목소리보다는 자신의 엄마의 목소리에 더 강하게(심장 박동수가 올라간다.) 반응한다(Kisilevsky et al., 2003). 출생 후 수개월이 될 무렵 영유아들은 다양한 음성 간의 차이, 예를 들면 '바'와 '마'의 차이점을 구별한다. 음성 간의 차이점을 구별하는 능력은 영유아들이 언어 능력을 발달시키는 것을 준비할 수 있도록 도와준다.

생후 5일에서 6일이 될 무렵에는 영유아가 엄마의 냄새를 알아챌 수 있다. 이때 영유아들은 썩은 계란 냄새를 맡으면 얼굴을 찌푸리며 반응하지만, 초콜릿이나 바나나 냄새를 맡으면 미소를 띤다. 신생아들은 다양한 맛을 구별할 수 있으며, 특히 단맛을 선호하는 모습을 보인다(놀랍지도 않다!)(Raymond, 2000). 그들에게 달콤한

[그림 9-7] 시각 절벽
시각 절벽 도구는 급격한 절벽으로 보이는 부분을 덮고 있는 유리판으로 구성되어 있다. 깊이 지각이 발달된 영유아가 자신을 구슬리는 부모가 있는 곳으로 기어 오다가 깊은 부분으로 지나가는 것을 주저하거나 거부하는 모습을 보인다.

액체를 주면 그들에게 쓰거나, 짜거나, 또는 아무 맛이 나지 않는 물을 주었을 때보다 훨씬 빠르고 오랫동안 그것을 빨아댄다.

영유아의 지각 세계는 사람들이 예전에 생각했던 것처럼 그렇게 의미 없는 자극들이 뒤죽박죽 뒤섞인 것이 아니다. 오히려 영유아들은 출생 직후부터 자극 간의 의미 있는 분별을 하기 시작한다. 예를 들어, 신생아들은 자신들을 달래는 목소리나 자신들이 안겨 있는 방식 등에 대해 민감하다. 그들은 또한 엄마의 얼굴이 반듯이 나온 사진뿐만 아니라 그 사진이 구겨져 있어도 여전히 엄마의 얼굴을 알아볼 수 있다(Wingert & Brant, 2005).

생후 4개월에서 6개월 무렵의 아기들은 행복한 표정, 화난 표정, 그리고 평범한 얼굴 표정을 분간할 수 있게 되며, 그중에서 자신들의 인종적 특징을 잘 반영하는 얼굴에 호감을 나타낸다(Bar-Haim et al., 2006; Saxe, Carey, & Kanwisher, 2004). 각자 다른 얼굴 표정이 영유아에게 어떤 의미로 다가갈지는 아직 알 수 없다. 우리가 '화난 엄마 얼굴'이라고 생각하는 얼굴도 영유아에게 어떤 표정으로 이해될지는 아직 알 수 없다.

2) 학습 능력

영유아들은 간단한 반응을 배울 수 있는데, 한 번 배우면 여러 날 혹은 수 주간 기억할 수 있다. 생후 2개월에서 6개월에 이르는 시간이 지나면 영유아들은 크립 모빌 장난감을 움직이게 할 수 있는 발차기 동작을 배우고 기억하게 된다([그림 9-8] 참

개념 9-7

영유아들은 먹고 자는 것 이외에는 하는 것이 거의 없어 보이지만, 그들을 자세히 보면 영유아들은 적극적인 학습자들이며 환경을 능동적으로 인지하고 있는 것을 알게 된다.

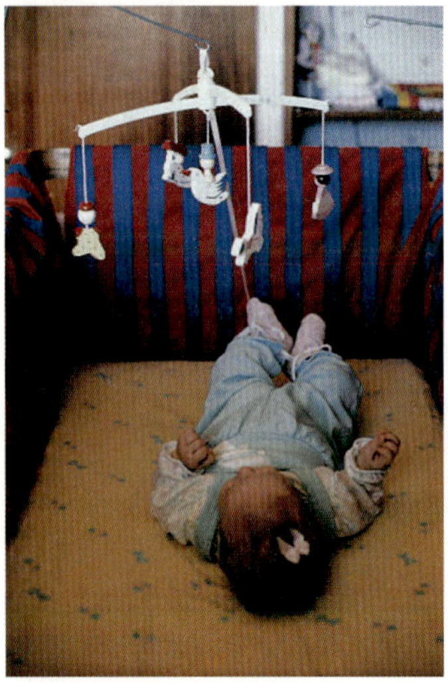

© Courtesy of Carolyn Rovee-Collier

[그림 9-8] 영유아 학습

생후 2개월 된 영유아들은 크립 모빌을 움직이게 할 수 있는 발차기를 하는 것과 같은 간단한 반응을 배우고 기억할 수 있다.

조). 생후 6개월에서 7개월이 된 영유아는 사람들의 얼굴을 기억할 수 있고(Pascalis et al., 1998) 어떤 특정한 단어를 듣고 하루가 지나도 그 단어를 기억할 수 있다(Houston & Jusczyk, 2003). 학습은 출생 전에도 일어나는데, 이것은 신생아가 엄마의 목소리나 그들의 모국어를 나타내는 소리를 더 선호하는 현상이 그 증거가 된다(Moon, Cooper, & Fifer, 1993).

3. 운동 발달

신생아의 운동 기술은 단지 간단한 반사작용에만 국한된 것은 아니다. 신생아들은 엄지손가락을 빨기 위해 손을 입에 대는 행동처럼, 일종의 목표를 위한 행동도 할 수 있다. 이런 행동은 임신 6개월에서 임신 9개월 사이 기간에 최초로 목격된다. 태어난 지 몇 분도 되지 않아서 신생아들은 부모의 얼굴 표정을 따라 한다(Gopnik, 2000). 모방 행동은 영유아와 다른 사람 간의 기본적인 공통 의사소통의 기초가 된다. 영유아와 영유아를 돌보는 사람은 서로의 얼굴 표정을 마치 비음악적 이중주처럼 흉내 낸다(Trevarthen, 1995). ([그림 9-9] 참조).

생후 3개월간 영유아들은 반사적인 움직임을 서서히 자발적이고 의도성을 지닌 행동으로 대체해 간다. 생후 2개월째 또는 생후 3개월째에 접어들면, 그들은 물건들을 입에 가져다 대기도 한다. 생후 6개월 무렵에는 영유아들은 제대로 정지되어 있는 물건을 잡기도 하고 움직이는 물체를 잡기 시작한다.

생후 2개월 무렵에는 영유아들이 스스로 턱을 들어 올리기도 한다. 생후 5개월에는 몸을 뒤척이며 몸을 뒤집기도 한다. 생후 9개월 무렵에는 도움 없이 앉아 있을 수 있다. 생후 1년이 될 무렵 영유아들은 평생 동안 마주하게 될 균형 문제를 완벽하게 해결하게 될 것이다. 즉, 도움 없이도 서 있을 수 있게 된 것이다. 왜 혼자 서 있는 것이 어려울까? 몸이 작기 때문에 어른이 서 있는 경우에 비해서 40% 많이 좌

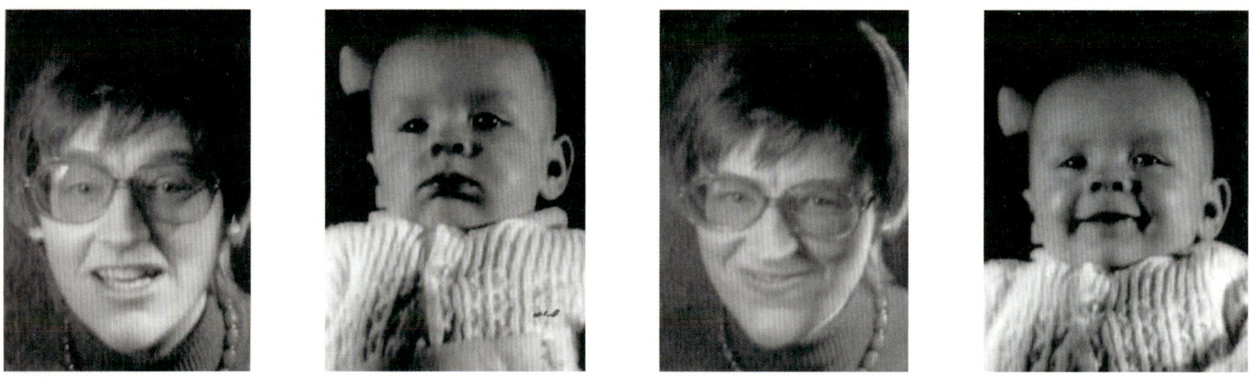

[그림 9-9] 영유아 모방 행동

두 대의 카메라를 이용해서 영유아를 돌보는 자와 영유아를 사진 찍었다. 영유아를 돌보는 자와 영유아의 얼굴 표정이 서로 얼마나 닮아 있는지 비교해 보라.

출처: Murray, L., & Trevarthen, C. (1985). Emotional regulation of interactions between two month olds and their mothers. In, Field, T. & Fox, N. (Eds.). *Social Perception in infants*. Norwood, N.J.: Ablex, 177 19.

우로 흔들거리며, 바로 이런 이유 때문에 균형을 잃어버리는 순간에 대응할 수 있는 시간을 상대적으로 어른보다 적게 가지게 된다. 한 살 된 영유아가 서 있기 위해서 노력하는 과정에서 맞닥뜨리게 되는 어려움을 이해하려면, 끊임없이 흔들리는 다리 위에 서서 균형을 잡으려고 노력하고 있는 당신의 모습을 상상하면 된다. 〈개념 차트 9-3〉에 명시된 것처럼 운동 기술의 발달은 문화권에 상관없이 같은 나이대의 영유아에게는 같은 순서로 진행된다.

개념 9-8

영유아기의 운동 발달은 신생아 때 거의 움직일 수 없는 상황에서 생후 18개월 무렵에는 제대로 뛰어다닐 수 있을 정도로 연속된 과정을 통해서 빠르게 진행된다.

〈개념 차트 9-3〉 영유아 발달의 이정표

대략적 나이	감각 기술과 학습 능력	운동 기술
출생 후 1개월까지  © iStockphoto.com/ Cindy Singleton	• 흐릿한 시각을 가짐 • 움직이는 물체를 시각적으로 추적함 • 사람의 목소리 범위 안에 해당하는 소리에 민감함 • 엄마의 목소리와 모국어를 더 선호하는 모습을 보임 (출생 전에 이미 이런 경향이 발달) • 엄마의 냄새를 알아챔 • 향기로운 냄새와 맡기 고약한 냄새를 구별해 냄 • 단것을 좋아하는 모습을 보임 • 달래는 목소리에 반응함 • 상대방에게 안겨 있는 자세의 차이점을 분간함 • 얼굴 형상의 자극을 선호하며 특정한 얼굴 모양에 대해 반응함	• 기본 반사작용을 보임 • 엄지손가락을 빨 수 있음 • 얼굴의 움직임과 표정 변화를 흉내 냄
생후 2~3개월  © saiko3p/Shutterstock.com	• 움직이는 물체가 이동하는 방향을 분별함 • 천연색 시각인지 능력을 가짐 • 소리가 가진 박자 차이를 알아차림 • 다른 사람들이 가진 각각 다른 얼굴을 분간함 • 간단한 반응을 배우고 며칠(2개월)에서 몇 주(6개월)까지 그것을 기억할 수 있음	• 턱을 올림 • 어떤 물체를 입에다 갖다 댐
생후 4~6개월  © iStockphoto.com/ lostinbids	• 깊이 지각이 발달함 • 특정한 얼굴 표정들의 차이점을 분간함 • 특정한 얼굴들을 기억함	• 정지된 물체를 잡을 수 있음 • 움직이는 물체를 잡을 수 있음 • 물체를 시야 범위에 가져다 놓음 • 몸을 뒤집을 수 있음
생후 7~9개월  © iStockphoto.com/ by_nicholas	깊이 지각과 시력이 더 발달함	• 도움 없이 앉아 있기 시작함 • 뭔가를 잡고 서 있을 수 있음
생후 10~12개월  © Gelpi/Shutterstock.com	20/20의 시력을 갖춤	• 뭔가를 붙잡은 채로 다른 사람의 도움 없이 걸을 수 있음

3단원 복습 영유아 발달

점검해 봅시다

신생아는 어떤 반사작용을 보이는가?

➤ 젖 찾기 반사, 눈 깜박 반사, 빨기 반사, 모로 반사, 쥐기 반사, 그리고 바빈스키 반사 등을 보인다.

신생아는 태어난 뒤 1년간 육체적으로 어떻게 성숙하는가?

➤ 영유아의 몸무게는 평균적으로 1년 동안 3.2kg에서 9.5kg 또는 10kg로 세 배 증가한다. 영유아의 신장은 50cm에서 76cm까지 약 50% 증가한다. 성인기에 이르기까지 영유아의 뇌는 부피가 네 배나 커진다.

영유아는 어떤 감각 능력, 지각 능력, 그리고 학습 능력을 가지고 있는가?

➤ 신생아는 물체를 시각적으로 감지하며(완벽한 시력은 아직 없지만), 다른 소리, 냄새, 그리고 맛을 구별할 수 있다.

➤ 깊이 신호에 반응하는 능력과 얼굴 표정을 구별하는 능력은 생후 6개월 내에 발달한다.

➤ 영유아는 간단한 반응을 배울 수 있고 그런 반응을 기억한다.

영유아의 운동 능력은 생후 1년간 어떻게 발달하는가?

➤ 생후 첫해 동안 영유아는 자신의 몸을 움직이고, 도움 없이 앉고, 몸을 뒤집고, 기어가고, 스스로 서서 걷기 시작한다.

되새겨 봅시다

1. 다음 반사작용을 적절하게 설명된 것과 연결해 보자.

① 젖 찾기 반사	가. 리듬이 있는 행동으로서 영유아는 이 행동을 하면서 영양분을 얻는다.
② 눈 깜박 반사	나. 밝은 빛과 외부 물체로부터 보호하는 반사작용이다.
③ 빨기 반사	다. 움켜잡는 움직임으로서 큰 소리가 날 때 보이는 반응이다.
④ 모로 반사	라. 볼에 가해지는 자극에 대한 반응으로 고개를 돌리는 것이다. 아기가 젖가슴이나 병을 찾는 것을 도와준다.

2. 청각에 기초했을 때, 태아도 학습을 할 수 있다는 것을 믿을 수 있게 해 주는 증거로는 무엇이 있는가?

3. 영유아의 운동 능력은 굉장히 빨리 발달한다. 다음 중 영유아가 생후 1년이 되는 동안 보여 주는 운동 능력이 아닌 것은 무엇인가?
   ① 부모의 얼굴 표정을 흉내 내는 것
   ② 자발적이고 목표를 위한 의도적 움직임의 발달
   ③ 앉아 있는 동안 도움 없이 균형을 유지하는 것
   ④ 완벽한 문장을 구사하며 말하는 것

생각해 봅시다

➤ 영유아의 특정한 기본 반사작용이 영유아가 삶에 적응하도록 도와주는 데 어떤 가치를 갖고 있는가?

➤ 영유아의 세계가 단지 독립적인 자극들이 뒤죽박죽 뒤섞인 것이라는 주장이 틀린 이유는 무엇인가?

정서 발달과 사회성 발달

4 단원

- 뉴욕에서 수행된 종단 연구에서 나타난 영유아의 세 가지 기질은 무엇이며 그 기질 간의 차이점은 무엇인가?
- Ainsworth에 의해 밝혀진 세 가지 애착 유형은?
- Boumrind의 모델에서 나타난 부모의 세 가지 육아법은 무엇이며 그 육아법은 서로 어떤 차이점이 있는가?
- 또래 관계가 아동들의 정서 발달과 사회성 발달에 어떤 역할을 하는가?
- Erikson에 의하면 어린 시절에 심리사회적인 발달은 어떤 단계를 거쳐서 이루어지는가?

어린 시절은 경이로움, 발견, 그리고 무엇보다 변화를 경험하는 시기이다. 여기서 우리는 아동들의 정서 발달과 사회성 발달의 관점에서 아동들의 성숙을 관찰하려고 한다. 이전에 우리는 전 세계적으로 같은 나이대의 아동들이 같은 순서로 운동 기술을 발달시키는 것을 주목했다. 그러나 정서 발달과 사회성 발달 측면에서, 우리는 영유아의 여러 가지 행동이 어떻게 표현되고, 영유아들이 서로 어떻게 다른 아동들과 관계 맺으며, 영유아 시절과 아동 시절에 어떻게 성격이 형성되는지를 보려고 한다. 선천(유전자)과 양육(육아, 또래와의 관계, 그리고 대중매체를 망라한 환경적 영향)은 어린이들의 정서 발달과 사회성 발달에 어떤 영향을 준다.

이 단원에서는, 영유아들 사이의 기질적 차이, 안전한 애착 형성, 육아 방식, 그리고 또래 관계에 대해서 살펴보고자 한다. 또한 심리사회적 발달을 이해하는 단계를 보여 주는 정신분석가인 에릭 에릭슨(Erik Erikson)의 핵심 이론을 소개할 것이다. 이 장의 마지막 단계에 나오는 응용 단계에서는 많은 부모들이 우려하는 부분인 텔레비전 시청이 아동들의 발달에 미치는 영향에 대해서 살펴볼 것이다.

1. 기질: 행동을 어떻게 하는가

생활의 한 단면 재닛은 자신의 두 딸 타비타(7세)와 알리시아(2.5세)에 대해서 이야기하고 있었다. "그들은 낮과 밤 같아요. 타비타는 예민한 스타일입니다. 그 애는 기회를 포착하거나 다른 아동이 노는 데 끼는 것에 있어서 머뭇거리는 편이에요. 그녀는 몇 시간 동안 혼자 놀 수 있어요. 그 애에게 책을 읽으라고 주면 마치 천국에 있는 것처럼 즐거워할 거예요. 알리시아는 어떤 줄 아세요? 타비타가 올라가서 좀처럼 내려오려고 하지 않는 미끄럼틀이 있으면, 알리시아는 머리를 먼저 대고 거꾸로 내려오려고 해요. 걸음마를 막 배우기 시작하는 단계의 아동들은 놀이터에 머물며 노는 것을 좋아하는데, 알리시아는 올라가기에는 다소 큰 기구에 달려들어

개념 9-9

많은 심리학자들은 아동들이 각자 다른 기질을 갖고 있으며 이런 기질이 부분적으로나마 유전자에 의해 결정된다고 믿는다.

기질: 고유한 행동 방식 또는 성향

올라가는 것을 좋아해요. 알리시아는 다른 아동들보다 자신이 조금 더 성숙했다고 믿고 있고, 아동들이 게임을 하고 있으면 그곳에 끼어들려고 해요. 상상해 볼 수 있나요? 알리시아는 6세나 7세나 되는 아동들이 야구를 하고 있으면 그곳에 끼어들어서 함께 뛰어놀려고 해요." 아동이 두 명 이상 있는 부모에게 물어보면 아마 그들은 이와 비슷한 답변을 들려줄 것이다. "걔네들은 서로 너무 달라요. 왜 다른지는 모르겠는데, 그냥 그래요."

우리는 이것을 기질이 다르게 형성되었다고 설명할 수 있다(Robert, 2007). 기질은 행동과 감정 표현을 다르게 보여 주는 특성인데, 성향이라고도 부를 수 있다. 기질은 아동이 어떤 상황에서 그 아동만의 방식으로 어떻게 반응하고 행동하는지를 보여 주는 방식이라고 이해할 수 있다(Chess & Thomas, 1996). 어떤 아동은 겁이 많고 관심 갖는 것들이 많지 않을 수 있는 반면에, 다른 아동은 활기찬 성향을 가지고 있거나 흥미로운 활동을 적극적으로 찾을 수 있다.

현재 보편적으로 사용되는 기질 분류는 뉴욕시의 중산층과 중상계층을 상대로 진행한 실험에 의해 밝혀진 결과를 토대로 한다. 뉴욕 종단 연구(the New York Longitudinal Study: NYLS)(Chess & Thomas, 1996)를 수행한 연구자들은 실험 그룹에 참여한 아동들의 2/3에 해당하는 아동들을 일반적으로 세 가지 형태의 기질로 분류했다.

첫 번째, 순한 아동들. 이런 아동들은 놀기 좋아하고 새로운 자극에 적극적으로 반응한다. 이런 아동들은 변화에 쉽게 적응하고, 행복하고 매력적인 분위기를 만들며, 규칙적인 수면 및 식사를 빠르게 배운다. NYLS의 40%에 해당하는 아동들이 '순한 아동'으로 분류되었다.

두 번째, 까다로운 아동들. 이런 아동들은 새로운 상황과 처음 만나는 사람들에게 소극적으로 반응하며, 신경질적인 성향을 가지고 있고, 규칙적인 수면시간과 식사시간을 정하는 데 어려움이 있다. 실험 그룹의 약 10%의 아동들이 '까다로운 아동들'에 해당되었다.

세 번째, 반응이 느린 아동들. 이 아동들(내성적인 아동들이라고도 불림)은 활동력이 낮다. 적절한 자극을 회피하며, 다른 아동들에 비해서 새로운 환경에 적응하는 데 더 많은 시간을 필요로 한다. 그리고 친숙하지 않은 상황에 대해서 내성적으로, 가라앉은 기분으로 그리고 약간 우울한 기분으로 반응한다. 실험 그룹의 15%의 아동들이 '반응이 느린 아동들'로 분류되었다.

나머지 35%의 아동들은 이 세 가지 기질 중 하나로 쉽게 분류되지 않고 이 세 가지 중 몇 가지가 혼합된 형태로 분류되었다.

영유아기에 관찰된 영유아의 기질을 알게 되면 영유아가 나중에 삶에 어떻게 적응하며 살지 예상할 수 있다(Lahey et al., 2008; Rotbart, 2007; Volbrecht & Goldsmith,

2010). 예를 들어, 일반적으로 순한 아동들은 어른이 되어서도 다른 기질을 가진 아동들보다 삶의 다양한 상황에 보다 쉽게 적응한다. 신경질적인 아동은, 특히 소년은 어린 시절에 다른 기질의 아동들보다 행동 문제를 많이 갖는 경향이 있다. 반응이 느린 아동이나 내성적인 아동들은 어린 시절에도 다른 유형의 아동들보다 상대적으로 근심, 걱정이 많고, 수줍어하며, 우울해한다. 까다로운 아동들은 말썽을 피우거나 다른 문제되는 행동을 할 위험이 더 높다. 그러나 그들은 또한 원기왕성한 사람이 되거나 호락호락한 사람이 되지 않는 것과 같은 긍정적인 특징도 가지고 있다.

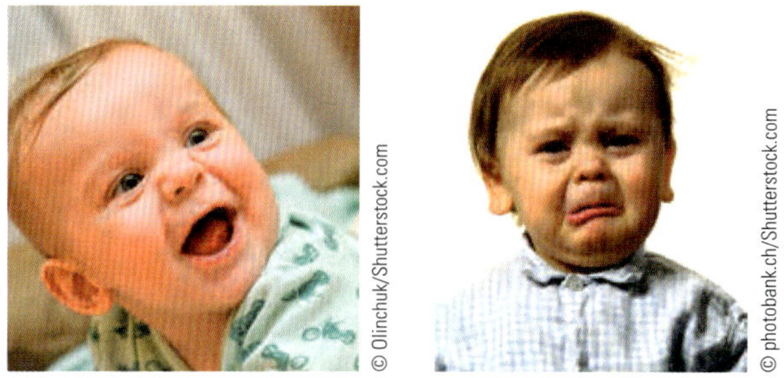

심리학자들은 영유아들이 서로 명확히 다른 기질을 가지고 있는 것을 발견했다. 어떤 아동들은 보다 쉽고 알맞은 행동을 하며, 어떤 아동들은 대하기 어려운 행동을 하고 신경질 내면서 행동한다. 기질의 차이점을 통해서 영유아가 어른이 되었을 때 어떻게 삶에 적응해 갈 수 있고 사회성이 어떻게 발달될 수 있는지 예측할 수 있다.

1) 왜 그것이 중요한가

발달 심리학자들은 기질이 선천과 양육에 의해 다듬어진다고 믿는다. 즉, 유전적 요인과 환경적 영향에 의해 다듬어진다고 보는 것이다(Roisman & Fraley, 2008; van den Akker et al., 2010). 그러나 기본적인 기질을 바꿀 수 있는지에 대한 해답은 아직 정해지지 않았다. 비록 기본 기질이 변할 수 없다고 할지라도, 부모와 교사, 그리고 다른 돌보는 이들이 아동들의 잠재된 기질을 고려하면 아동들은 그들의 환경에 성공적으로 적응할 수 있다. 예를 들어, 까다로운 아동이나 반응이 느린 아동들은 학교 생활을 시작하고, 친구를 사귀고, 다른 아동들과 어울리며 노는 데 더 많은 시간과 따뜻한 격려가 필요할지도 모른다. 케이건(Kagan, 1997)은 내성적인 성향을 보이는 아동을 둔 엄마들이 그 아동들을 교육함에 있어서 지나치게 과잉보호하지 않고 새로운 경험을 두려워하지 않고 극복하도록 도와주는 것을 보았다.

더 적응을 잘하고 유연한 기질을 가진 아동들이 상대적으로 적응을 잘 못하고 유연하지 못한 기질을 가진 아동들에 비해서 또래 친구들과 협력도 잘하고 효과적으로 교류한다(Mendez Fantuzzo, & Cicchetti, 2002). 반면에, 더 까다로운 기질을 가진 걸음마기에 있는 아동들은 유치원생으로서 더욱 공격적이고 바람직하지 못한 행동을 보이는 경향이 있다(Rubin, Burgess, & Dwyer, 2003). 육아 행동의 중요성을 강조하는 차원에서 보면, 그들에게 반응하지 않든지 그들을 처벌하든지 하는 엄마들의 걸음마기 아동들에게는 이런 차이가 특별히 두드러지게 나타난다. 까다로운 기질을 가진 걸음마기 아동들의 엄마들이 그들에게 잘 반응하고 그들의 필요한 것을 잘 파악하는 모습을 보이면 그 아동들은 다른 아동들보다 더 공격적인 모습을 보이지는 않았다. 까다로운 기질을 가진 아동들은 부모가 더욱 가혹한 육아 방식을 갖도록 영향을 주는 경우가 많은데, 이것이 난해한 문제이다(Leve et al., 2010). 따라서 아동과 부모는 서로 영향을 주기 때문에 아동과 부모 사이의 상호 교류에 대해서 고민해 보아야 한다.

2. 애착: 관계 결합

개념 9-10

애착 행동은 오리에서 인간에 이르기까지 다양한 종에서 관찰된다.

인간 발달에서 애착은 영유아와 아동과 이들을 보살펴 주는 사람 사이에 형성되어 계속 지속되는 감정적 결합이다. 이것은 출생 후 몇 시간 안에 부모와 아동이 결합되는 유대감과는 다른 개념이다. 오히려 애착은 어린 시절 동안 오랜 시간에 걸쳐서 형성된다. 애착이 형성되면 영유아들은 그들을 보살펴 주는 사람이 있는 곳으로 기어가고, 계속 접촉을 유지하려고 그들을 당기고 손으로 붙잡으려 하며, 일시적으로 그들과 떨어지는 경우에는 울면서 감정적인 고충을 표현한다.

1) 다른 동물 종에서 나타나는 애착 행동

애착 행동은 영유아와 그들을 돌보는 사람들을 묶어 주는 끈이 된다.

많은 종의 동물은 애착 행동을 보인다. 아기 침팬지, 호랑이, 그리고 사자는 모두 자신들의 소중한 삶을 위해 엄마의 털에 애착을 보인다. 유명한 과학자인 콘라트 로렌츠(Konrad Lorenz, 1903~1989)는 거위와 다른 종들을 통해서 각인에 대해 연구했다. 각인은 출생 후 최초로 본 움직이는 물체에 대해 강한 애착이 형성되는 것을 의미한다. 거위 새끼는 본능적으로 어미가 어디를 가든지 어미를 따라다닌다. 그러나 인큐베이터에서 부화된 거위 새끼는 태어났을 때 옆에 있었던 개체가 설령 인간이거나 기계로 된 장난감이어도 이 개체를 각인한다(실험 중 로렌츠를 각인하기도 했었다.). 로렌츠를 각인한 거위 새끼는 로렌츠가 가는 곳마다 그를 따라다녔는데, 심지어 로렌츠를 따라 다니는 도중에 어미 거위를 무시하기도 했다.

심리학자인 해리 할로(Harry Harlow)와 마거리트 할로(Marguerite Harrow)는 역사적인 연구를 통해서 아기 원숭이가 우리 안에 있는 움직이지 않는 물체에 대해서 애착 행동을 발달시키는 것을 증명했

거위 새끼들은 거위 박사로 불리는 과학자 콘라트 로렌츠를 각인했고, 그를 어디든지 따라다녔다.

해리 할로는 아기 원숭이가 자신에게 먹이를 주는 '철사 엄마'보다는 '털옷 엄마'와 접촉하는 것을 선호하는 것을 보여 주었다.

다(Harlow & Harlow, 1966). 새로 태어난 붉은 원숭이들이 태어난 지 몇 시간도 되지 않아서 대리모 역할을 해 줄 수 있는 다양한 물체들이 있는 실험 케이지에서 길러졌다. 어떤 실험에서는 아기 원숭이들이 두 가지 형태의 대리모가 있는 케이지에서 길러졌다. 하나는 철사로 만들어진 원통이고, 다른 하나는 부드러운 천으로 덮여 있는 원통이다(Harlow & Zimmermann, 1959). 철사로 된 원통에 달려 있는 기구를 통해 음식을 먹었음에도, 그들은 천으로 된 원통 엄마를 확실히 선호했다. 음식보다는 편안한 접촉이 애착 형성에 더 강한 결정요인이 되는 것이다.

애착: 영유아나 아동과 그들을 돌보아 주는 사람 사이에 형성된 지속적인 감정적인 유대

유대감: 부모가 그들의 신생아와 강한 결합 관계를 형성하는 과정으로서 아동의 출생 직후 수 시간 내에 형성됨

각인: 갓 태어난 동물이 처음 본 움직이는 물체에 대해 강한 유대감을 형성하는 것

2) 인간 영유아의 애착 형성

정신과 의사인 존 볼비(John Bowlby, 1908~1990)는 인간 영유아의 애착에 대해 집중했던 최초의 이론 연구가 중 하나였다(Bowlby, 1980). Bowlby는 사람이 자신을 돌보아 주는 사람에게 애착을 형성하는 내재적 본성이 있다고 보았다. 그러나 그는 아기의 생후 1년 동안 부모가 제공하는 보살핌의 질과 섬세함에 따라 아기가 부모에 대해 형성하는 애착의 질이 달라진다고 믿었다.

심리학자 메리 에인스워스(Mary Ainsworth, 1913~1999)는 볼비와 함께 부모와 아기의 관계가 안정 애착을 형성하는 데 중요한 역할을 한다고 믿었다. 그녀는 제2차 세계 대전 직전에 토론토 대학교에서 졸업 연구를 하면서 처음으로 애착 이론에 대해 소개받았다. 그녀의 졸업 논문을 통해서, 그녀는 애착 이론의 핵심 이론을 표현했다. 영유아와 아동들은 낯선 상황을 모험하려면 부모를 정신적인 '안전 기지'로 활용해야 한다(Bretherton, 1992).

© Courtesy of Robin Marvin

메리 에인스워스

에인스워스는 애착 행동을 측정하기 위해 실험 방법을 개발했는데, 이것을 낯선 상황이라고 불렀다. 낯선 상황 연구에서 12개월 된 아기와 엄마는 재미있는 장난감으로 가득 찬 놀이방에 들어간다. 엄마는 방에서 규칙적으로 나왔다가 잠시 후 다시 방에 들어가기를 반복한다. 아기는 때때로 엄마가 보였다가 없어졌다가 하는 방에서 낯선 어른과 함께 있게 된다. 능숙한 연구 관찰자는 아동이 방을 어떻게 탐험하는지, 낯선 어른을 어떻게 경계하는지, 그리고 엄마와 결별하고 다시 엄마와 만나게 될 때 어떻게 반응하는지를 관찰하고 평가한다. 이런 반응을 통해 영유아가 엄마와 어떤 식의 애착을 형성했는지 결정할 수 있다. 영유아가 엄마와 떨어져 있을 때의 행동보다는 영유아가 엄마와 재회했을 때의 반응의 질이 그 영유아의 애착 유형에 대해 더 많은 것을 알게 해 준다. 이 방법을 사용해서 에인스워스와 동료들은(Ainsworth, 1979; Ainsworth et al., 1978) 안정 애착 유형으로 특징지어지는 유형 하나와 불안정 애착 유형 두 가지의, 총 세 가지 애착 유형에 대해 주목하게 되었다.

개념 9-11

영유아의 애착 행동을 관측하는 실험 방법을 사용해서, 연구자들은 영유아들을 기본적으로 세 가지 애착 유형으로 분류할 수 있다.

낯선 상황: 에인스워스가 영유아들이 엄마에게 애착된 유형을 평가하기 위해 고안한 방법으로, 놀이방에서 엄마가 나갔다가 돌아오기를 반복하면서 영유아와 결별과 재회를 반복하는 원리에 기반을 둔 방법

첫 번째, 안정 애착 유형(Type B). 이런 유형의 영유아들은 주변 환경을 탐험할 때 엄마가 어디 있는지 자주 확인하고 엄마가 안 보이면 탐험을 제한하면서 엄마를 정신적인 안전 기지로 삼는다. 이런 영유아들은 엄마가 떠나면 울지만 다시 엄마가

돌아오면 엄마를 뜨겁게 환영하며 엄마에게 쉽게 위로를 받는다. 그리고 그들은 다시 탐험을 시작한다. 중산층의 65~70%에 해당하는 영유아들이 안정 애착 유형을 가진 것으로 나타났다(Seifert & Hoffnung, 2000; Thompson, 1997). 다문화권에서 행해진 실험 결과는 가장 많은 아동들이 갖고 있는 유형이 안정 애착 유형임을 보여준다(Main, 1996).

두 번째, 불안정 회피 애착 유형(Type A). 불안정 회피 애착 유형의 영유아들은 엄마가 방에 있어도 엄마에게 관심을 두지 않으며 엄마와 헤어져도 힘들어하지 않고 계속 환경을 탐험한다. 그들은 엄마가 떠나도 스트레스를 받지 않으며 엄마가 다시 돌아와도 엄마에게 신경 쓰지 않는다. 일반적인 표본의 20%에 해당하는 아동들이 이런 유형을 가지고 있다(Thompson, 1997).

세 번째, 불안정 저항 애착 유형(Type C). 이런 유형의 영유아들은 엄마에게 달라붙어 있으면서 옆에 재미있어 보이는 장난감이 있어도 환경을 탐험하려고 하지 않는다. 엄마가 떠나면 무척 고통스러워하며 엄마가 돌아와서 달래 주려고 해도 좀처럼 마음이 쉽게 진정되지 않는다. 이 영유아들은 엄마에게 잠시 안기려고 하다가 다시 엄마를 밀거나 자신의 몸을 뒤틀어서 엄마 품에서 나오면서 엄마를 피하려고 하면서 엄마에게 애매한 태도나 저항감을 보이기도 한다. 영유아 중 약 10%가 이런 유형에 해당한다.

이후 다른 연구들을 통해서, 연구자들은 네 번째 유형으로써 Type D로 이름 붙인 혼돈 애착 유형(Cassidy, 2003; Fish & Condon, 2005)을 발견했다. 이 유형에 속하는 영유아는 엄마와의 결별과 재회에 대해 반응하는 방법이 일정하거나 안정되어 있지 않다. 이들은 매우 힘든 상황에서도 혼란스러워 보이며 엄마에게 가서 도움을 요청하지 못한다.

영유아의 안정적인 애착은 엄마의 보살핌의 질에 영향을 받아서 형성된다. 예를 들어, 영유아들은 엄마가 높은 수준의 엄마의 민감성, 또는 자신의 요구나 신호에 적절하게 반응하는 능력을 보일 때 안정적인 애착을 형성할 확률이 높아진다(Cummings et al., 2003; Thompson, Easterbooks, & Padilla-Walker, 2003). 엄마들은 종종 영유아들과는 엄마 본인의 엄마와 어린 시절 형성했던 종류의 애착 관계와는 또 다른 종류의 애착 관계를 재창조한다(Kretchmar & Jacobvitz, 2002).

에인스워스의 방법은 영유아를 기르는 방법이 다른 문화권에서 사용하기에는 적절하지 못한 점이 있다. 예를 들어, 일본 문화는 엄마와 영유아 간의 친밀함과 상호의존을 중요시 여기는데, 이런 점 때문에 아동들이 엄마와 잠시라도 떨어지는 것을 더 어려워할 수 있다(Takahashi, 1990). 더 광범위하게 보자면, 다문화권에 걸쳐서 애착 행동에는 상당히 많은 변수가 있는 것을 알아야 한다.

3) 애착과 후기 형성

애착 행동은 단지 영유아기에만 이루어지고 끝나는 것이 아니다. 애착 행동은 사춘기에 겪는 첫사랑과의 관계, 성인기에 경험하는 결혼생활과 애정관계, 그리고 은퇴기에 친구들 사이에서 느끼는 유대감 등을 통해서도 지속적으로 일어난다(Holland & Roisman, 2010). 성인기에 건실한 애착이 부족하면 이는 곧바로 빈약한 신체 건강과 빈곤한 정신건강으로 이어진다(Goodwin, 2003). 종단 연구들은 일반적으로 어린 시절에 나타난 애착 유형과 인생 후반부에 나타나는 애착 유형 간의 동일성을 발견한다(Main, 1996).

볼비는 영유아 시절에 형성된 애착 유형이 아동기와 성인기에도 이어져서 가까운 관계에 있는 타인들이 어떻게 자신에게 반응하게 되는지를 일반화된 형태로 기대하게 된다고 주장한다. 내적 작동 모델이라고 불리는 이런 기대는 영유아가 장차 아동기, 청소년기, 그리고 성인기에 어떻게 사람들과 관계를 효과적으로 맺을 수 있는지를 알게 해 주는 일종의 안내서가 된다. 영유아 시절에 안정 애착이 형성된 아동은 내적 작동 모델을 통해 타인들은 의지할 만하고 믿을 만하다고 여기게 될 것이고, 자신은 사랑받을 자격이 있고 서로 돌보는 관계를 만들 수 있는 사람이라고 여길 것이다. 불안정 애착을 형성한 사람들은 다른 사람을 신뢰하기 어려워하거나 다

개념 9-12

영유아기에 형성된 애착 유형은 청소년기와 성인기의 애착 유형 형성에도 영향을 미친다.

내적 작동 모델: 다른 사람들이 나와 가까운 관계에 있을 때 나에게 어떻게 반응할 것인지에 대해서 이미 어린 시절에 일반화되어 형성된 기대

개념 9-13

더 안정적으로 애착 형성이 된 영유아가 덜 안정적으로 애착 형성이 된 영유아보다 아동기나 청소년기에 다른 아동들보다 삶에 더 잘 적응한다.

〈개념 차트 9-4〉 기질과 애착 유형의 차이점

	주요 유형	일반적 특징
	순한 아동	장난기가 많음; 새로운 상황이나 신기한 자극에 관심을 보임; 비교적 빨리 규칙적으로 수면과 식사를 하기 시작함
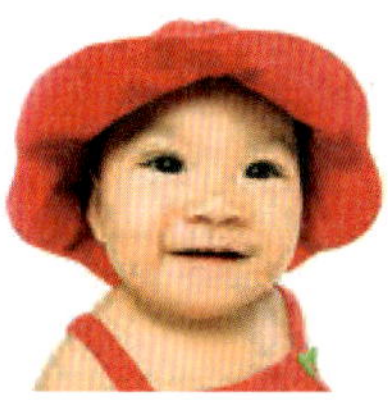 © Roman Rybaleov/ Shutterstock.com	까다로운 아동	짜증을 잘 냄; 새로운 상황과 새로 만나는 사람들에게 적응하기 어려워 함. 규칙적으로 수면과 식사하기를 어려워함
	반응이 느린 아동	활동력이 낮음; 새로운 상황에 대해서 어색해하고, 내성적으로 반응하고, 조마조마해하는 경향이 있음
	안정 애착 유형(Type B)	엄마를 정신적인 안전 기지로 삼고 엄마가 어디 있는지 계속 확인하면서 주변 환경을 탐색함; 엄마가 떠나면 울지만 엄마가 다시 돌아오면 재빨리 안정되고 엄마를 좋아하며 주변을 다시 탐험하기 시작함
 © niderlander/ Shutterstock.com	불안정 회피 애착 유형(Type A)	엄마가 있어도 엄마에게 관심을 기울이지 않으며 엄마가 떠나도 별로 괴로워하지 않음
	불안정 저항 애착 유형(Type C)	엄마에게 매달려서 낯선 환경을 탐험하는 것을 회피함; 엄마가 떠나면 무척 화를 내며, 엄마가 다시 돌아오면 완전히 편한 상태가 됨; 엄마에게 애매한 태도나 저항감을 보임
	혼돈 애착 유형(Type D)	엄마와 결별하고 다시 만나는 데 대해서 어떻게 해서 일정하고 집중된 방법으로 반응해야 할지를 잘 모름; 굉장히 힘든 상황에서 엄마의 도움을 직접 구하기 위해서 엄마에게 다가가지도 못하고 혼란스러운 모습을 보임

른 사람이 자신의 필요를 채워 줄 것이라고 기대하기 어려울 것이다.

영유아 시절에 형성된 애착 유형은 인생에 걸쳐서 지속적으로 영향을 미친다. 안정적으로 애착이 형성된 영유아일수록, 그렇지 않은 영유아들보다 아동기나 청소년기에 더 잘 적응할 것이며, 선생님과 또래 친구들과도 더 좋은 관계를 맺게 되며 더 높은 자존감을 가질 뿐만 아니라 문제 행동을 덜 일으킨다(예: Cassidy & Shaver, 2008; Fearon et al., 2010; Johnson, Dweck, & Chen, 2007; Kerns & Richardson, 2005). 그 전에 〈개념 차트 9-4〉에 나온 기질과 애착 유형의 차이점을 살펴보기 바란다.

4) 주간 탁아소는 애착 형성에 영향을 미치는가?

개념 9-14

연구 결과로 나타난 증거들은 아동들을 탁아소에 맡겨도 아동과 엄마 간의 안전한 애착 형성에 악영향이 없는 것을 보여 준다.

오늘날 직업을 가진 부모 중 많은 사람은 아동들을 훌륭한 시설을 갖춘 탁아소에 맡기고 출근한다. 오늘날 엄마들은 열 명 중 여섯 명 꼴로 출근해서 일하고 있는데, 이 수치는 1960년대의 두 배에 이른다(Pew Social Trend Staff, 2010). 그렇다면 탁아소에 다니는 아동들은 탁아소를 다니지 않는 아동들이 엄마와 애착 형성하는 것에 비해서 자신의 엄마와 애착 형성을 덜 하게 되는 것일까? 연구자들이 우리에게 알려 준 바에 따르면 그 답은 '아니다'이다. 연구에 따르면 탁아소에 아동을 맡긴다고 해서 그 아동과 엄마 사이에 형성되는 애착의 강도나 안전함이 좋지 않은 영향을 주는 것은 아니라고 한다(예: Sandlin-Sniffen, 2000).

〈표 9-2〉 탁아소 고르는 방법: 올바른 질문하기

탁아소에 아동을 맡기는 것은 부모의 중요한 결정사항이다. 적합한 탁아소를 고르기 위해서 부모가 고려해야 할 질문사항은 다음과 같다.

© kaarsten/Shutterstock.com

- 일반적인 질문들 탁아소는 사업허가증이 있는가? 누가 그 사업을 허가했는가? 탁아소의 역사는 얼마나 오래 되었는가? 책임 보험을 적용하는가? 응급 상황에 어떻게 대처하는가? 직원과 아동들의 비율은? 탁아소는 참고 목록을 제공할 수 있는가? 탁아소가 아동들의 질병에 대한 규정을 가지고 있는가? 탁아소의 비용은 그 지역과 그 탁아소가 제공하는 서비스에 준해서 타당한 수준인가? 탁아소 운영시간은 당신의 일과와 맞아떨어지는가? 탁아소는 부모가 언제든지 방문할 수 있도록 허용하는가?
- 탁아소에 대한 질문들 탁아소는 깨끗하고 발랄한 분위기인가? 탁아소는 아동들에게 안전한 환경을 제공하는가?(출구는 막혀 있고, 아동의 손에 닿는 거리에 위험한 물체가 없고, 계단 위쪽과 아래쪽에 모두 출구가 있고, 뾰족한 모서리를 가진 가구가 없고, 모든 창문은 막혀 있고, 실외 활동을 안전하게 할 수 있는 시설이 있는가? 등) 놀이터는 충분히 넓은가? 장난감과 도구들은 너무 낡거나 고장 나지는 않았는가? 음식은 영양분이 풍부하고 맛있는가? 아동 개인용 침대와 시트가 있는가? 기저귀를 비롯해서 어린이에게 필요한 물품이 충분히 구비되어 있는가? 당신의 아동이 흥미를 갖고 참여할 수 있는 활동 프로그램, 장난감, 게임, 그리고 책들이 있는가? 아동들이 도구를 가지고 놀거나 계단을 오르내릴 때 그 아동들을 옆에서 지켜보는 사람들이 있는가? 일정은 활발한 활동과 조용한 활동을 골고루 포함하고 있는가? 아동들이 낮잠을 잘 수 있는 조용한 공간이 있는가?
- 직원들에 대한 질문들 그들은 아동들이 필요로 하는 것에 대해 따뜻하고 즉각적으로 반응하는가? 혹시 그들은 아동에게 가혹한 명령을 한다든가 질책하지는 않는가? 그들은 아동들과 대화하면서 교감하는가? 직원들은 아동들이 모험심, 창의력, 그리고 언어 능력을 신장시킬 수 있도록 격려하는가? 직원들은 아동들의 발달 수준에 적합한 방법으로 아동들을 활동에 참여시키는가? 직원들의 훈련 경력과 경험은? 직원들이 본인의 직업을 좋아하고 즐기고 있는가?

실제로, 실험에 따르면 훌륭하게 조직된 탁아소에서 영유아가 받는 양질의 보육 서비스는 그 아동의 인지 능력과 사회성 발달에 좋은 영향을 미쳐서 영유아가 독립심, 언어 능력을 비롯한 인지 능력 발달, 그리고 협동 능력을 키우게 된다는 점을 증명한다(예: McCartney et al., 2007; Stein, 2010; Vandell et al., 2010). 탁아소 직원들이 영유아에게 제대로 반응하고 그들이 필요한 것을 기민하게 파악하면 아동들은 탁아소에서 인지 능력이 굉장히 많이 발달할 수 있다(Loeb et al., 2004).

전문가들은 탁아소의 서비스 질에 따라서 영유아의 감정과 인지 발달도 다르게 진행될 수 있다고 본다. 서비스 질이 낮은 탁아소에 맡겨진 아동들은 다른 아동들에 비해서 문제가 되는 행동을 더 많이 보인다(McCartney et al., 2010; Vandell et al., 2010). 탁아소를 선택하는 것은 쉬운 일이 아니다. 자격증에 대한 규정과 기준이 광범위하게 다르기 때문에, 부모들은 대안에 대해서도 고려해 보아야 하며 탁아소를 정하기 전에 질문을 많이 해야 한다(〈표 9-2〉 참조).

3. 자녀 양육의 영향

개념 9-15

부모가 행하는 자녀 양육의 질은 그 아이의 지적, 감성적, 그리고 사회성 발달에 중요한 영향을 미친다.

아동들의 지적, 감성적, 그리고 사회적 발달에 영향을 미치는 요인은 유전적 요인, 또래 집단의 영향력, 그리고 부모의 훈육을 포함해서 다양하다.

좋은 자녀 양육은 아동들과 함께 시간 보내기(많은 시간), 올바른 행동의 모범되기, 또래 집단과 좋은 관계를 형성할 수 있도록 아동에게 기술을 터득하는 것을 도와주기, 법칙에 대해서 명확하게 알려 주기, 한계 설정하기, 아동의 부적합한 행동을 일관되게 지적하고 아동이 잘한 행동은 칭찬하기, 따뜻하고 안전한 환경 제공하기 등 많은 행동을 아우른다. 아동에게 그들의 행동이 다른 사람에게 어떻게 영향을 주게 되는지 설명해 주는 것 또한 아동들의 사회성 발달에 도움을 준다. 부모가 아동들에게 일관되지 않게 교육하거나, 가혹한 처벌을 내리거나, 매우 비판적인 태도를 취하면, 그 아동들은 다른 아동들보다 집이나 학교에서 문제 행동을 일으키게 될 확률이 크고 또래 집단과 건강한 관계를 형성하기 어렵게 된다(Baumrind, Larzelere, & Cowan, 2002; Kilgore, Snyder, & Lentz, 2000).

1) 아빠의 영향

비록 부모와 아동의 관계에 대한 많은 연구가 아동과 엄마에 대해 집중하고 있지만, 우리는 아빠가 아동의 발달에 미치는 중요성을 간과하지 않고자 한다. 아빠가 자녀와 함께 식사하고, 여가시간을 보내고, 자녀의 학교 숙제를 도와주면, 그 아동은 그렇게 하지 않는 아빠를 둔 아동보다 학업 성적이 더 좋은 모습을 보이는 경향이 있다(Cooksey & Fondell, 1996).

양쪽 부모 모두와 함께 사는 아동이 엄마와 엄마의 연인, 혹은 편모와 함께 사는 아동에 비해서 학업적으로나 사회적으로나 우월한 모습을 나타낸다. 이 현상은 가정의 경제 수입 수준을 고려한 뒤에도 여전히 유효하다(Thomson, Hanson, & McLanahan, 1994). 그러나 동성애자 부모를 둔 아동은 이성의 부모를 가진 아동과 마찬가지로 학교에서 양호한 학업 능력을 보였고, 친구들과도 좋은 관계를 형성했다(Patterson, 2009; Rosenfeld, 2010).

엄마와 아빠는 육아 방식에 차이가 있다. 엄마에 비해서 아빠는 일반적으로 아동의 기본적인 육아나 돌봄(기저귀 바꾸기, 밥 주기, 목욕 시키기 등)에 소홀한 편이지만 아동들과 함께 노는 데는 더 적극적으로 관여한다(Parke, 2004; Parke & Buriel, 1998). 예를 들어, 아빠는 아기를 공중에 띄우며 '비행기 놀이'를 하는 반면에 엄마는 얼굴을 보여 주는 일종의 '까꿍 놀이(Peek-a-boo)'나 케이크 놀이, 그리고 아기에게 말을 걸거나 노래를 불러 주면서 육체 활동이 덜 연관되는 방식으로 아동들과 논다(Berger, 2009a). 그러나 아동이 아버지와 더 많은 육체 활동을 하면서 노는 방식이 모든 문화권에서 그렇다고 증명된 것은 아니다. 예를 들어, 중국, 말레이시아, 그리고 인도 문화권에서는 아빠나 엄마가 아동과 육체 활동을 하면서 노는 경우는 드물다(Parke & Buriel, 1998).

© Tony Freeman/Photo Edit

연구 결과의 증거는 아빠가 아동의 발달에 미치는 영향에 대해 어떤 점을 시사하는가? 엄마와 아빠는 육아 방식에 있어서 어떻게 다른 편인가?

2) 문화에 따른 육아 방식

© Strauss/Curtis/CORBIS

어떤 문화권에서는 아동에게도 가족과 사회의 생존을 위해서 필요한 역할을 수행할 책임이 요구된다.

문화는 아동 육아 방식과도 깊은 관계가 있기 때문에 문화에 따라서 아동이 양육되는 방식도 다양하게 변한다. 예를 들어서, 미국의 흑인 가족은 다른 인종의 가족들에 비해서 연대감이 강하고 할머니가 아동들을 돌보는 일에 더 직접적인 책임을 지는 경향이 있다(Nevid, Rathus, & Greene, 2008). 전통적인 히스패닉 가정에서는 일반적으로 아버지가 가족의 여성들을 위해 경제적으로 부양하고 다방면에서 그들을 보호하며, 어머니는 아동 양육의 전적인 책임을 진다(Javier, 2010). 그러나 히스패닉 여성이 점차 사회 인력으로 진출하고 더 많은 교육을 받게 되면서 이런 전통적인 성별에 따른 역할은 차츰 변하고 있다. 아시아 문화권에서는 부모의 권위, 특히 아버지의 권위를 존중하는 것이 강조되며 어머니와는 따뜻한 관계를 맺는 것이 중요하다(Berk, 2009; Nevid & Sta. Maria, 1999). 모든 문화권에서는 일반적으로 아동이 영유아기에 보여 주는 일방적인 의존 상태에서 벗어나 다음 단계로 나가서 자신의 행동에 스스로 책임지도록 하는 것을 목표로 한다. 그러나 각 문화권별로 아이가 얼마나 어릴 때부터 독립성을 기르고 가정과 사회 안에서 책임감을 가지고 행동을 하도록 권면하는지는 다소 차이가 있다.

3) 육아 방식

부모의 육아가 아동의 발달에 어떤 영향을 끼치는지 알아보기 위해 실시한 연구는 육아 방식에 초점을 맞추었다. 이 분야의 저명한 연구자인 다이애나 바움린드(Diana Baumrind)는 세 가지 기본적인 육아 방식을 밝혀냈다. 권위적 방식(Authoritative), 독재적(권위주의적)인 방식(Authoritarian), 그리고 허용적 방식(Permissive)이 그것이다(Baumrind, 1971, 1991).

개념 9-16

다이애나 바움린드는 세 가지 기본 육아 방식을 밝혀냈다. 권위적 방식, 독재적(권위주의적) 방식, 그리고 허용적 방식이 그 세 가지다.

첫 번째, 권위적 방식. 권위적인 부모는 아동들에게 합당한 기준과 제한선을 제시하지만 그렇다고 지나치게 아동들을 통제하지는 않는다. 그 부모는 권위의 인물이 되고 엄격하지만 이해심이 있고, 조언을 하기도 하며, 아동들의 고충을 들으려고도 한다. 부모는 단지 법을 정하기만 하기보다는 왜 그런 결정을 내렸는지 그 이유를 설명한다.

두 번째, 독재적(권위주의적) 방식. 권위주의적인 부모는 엄격하고 지나치게 아동들을 통제한다. 그들은 아동들이 자신들에게 무조건적으로 복종하기를 기대한다. 만약 아동들이 왜 어떤 것을 해야 하냐고 묻는다면, 그들은 "왜냐하면 내가 그렇게 말하잖아."라고 대답할 것이다. 권위주의적인 부모는 아동들이 필요로 하는 것에 반응하지 않으며 아동들을 대할 때 가혹한 방식을 사용하는 편이다. 그리고 아동들이 자신들의 삶을 스스로 통제하고 조정할 수 있도록 잘 허락하지 않는다.

세 번째, 허용적 방식. 허용적인 부모들은 아동들을 기르는 데 있어서 '아무렴 어때'라는 태도를 취한다. 그들은 아동들에게 애정 어린 태도로 반응하며 아동들을 훈육함에 있어서 지나치게 느슨한 제한선을 설정한다.

4) 그것이 왜 중요한가

바움린드는 권위적 육아 방식이 가장 우수한 육아 방식임을 주장하며 권위적 육아 방식을 사용하는 부모의 아동들이 아동기와 청소년기에 가장 긍정적인 발달 결과를 보여 주는 증거를 제시했다(Baumrind, 1971, 1991). 그 아동들은 높은 자존감과 자신감을 보였으며, 그들이 맡은 임무를 수행함에 유능함을 보였다. 또한 그들은 또래 무리들 사이에서 인기가 많았다(Parke & Buriel, 1998). 권위적 부모의 유연하면서도 엄격한 육아 방식은 아동들이 독립심을 기르고 자주성을 높이도록 할 뿐만 아니라 다른 사람들을 존중하며 배려하며 자라도록 해 준다. 〈표 9-3〉은 권위적 부모가 되는 주요 단계를 개괄적으로 보여 준다.

반면에, 독재적인 부모의 아동들은 기가 눌려 있거나, 기분 변화가 심하고, 내성적이고, 두려워하며, 타인을 믿지 않는 경향도 있다. 10대 청소년들 중에 가장 문제가 많은 아동들이 바로 독재적인 부모를 둔 소년이다. 이 소년들은 학교 성적도 낮은 편이다. 진취성과 자신감 부족, 갈등을 겪게 되고, 불행하고, 또래 친구들에게 친근하게 하지 못하는 편이다. 관대한 부모의 아동들은 충동적인 행동과 통제력을 잃는 문제를 가진다. 허용적인 부모의 아동들은 다른 사람들의 요구에 맞게 행동하는 경험이 부족하기 때문에 대인관계 기술을 개발하는 데 어려움을 겪기도 한다(Parke & Buriel, 1998).

〈표 9-3〉 권위적 부모가 되는 주요 원리

권위적 부모는 엄격한 제한선을 제시하지만 왜 그런 기준을 두었는지 시간을 두고 설명하며 아동의 입장도 듣는다. 그들은 또한 아동이 성숙한 행동을 할 수 있도록 합당한 요구를 하면서 아동이 경쟁력을 갖출 수 있도록 도와준다. 권위적 부모가 되는 방법은 다음과 같다.

강압이 아닌 이유에 의존한다.	지켜야 하는 규칙을 설명하지만 간단하게 설명한다. 아동이 벽에 음식을 던지면, 부모는 "그렇게 하면 안 된다. 그렇게 하면 벽과 음식이 엉망이 되고, 내가 청소를 해야 한다."라고 설명하며 아동을 타이른다.
따스함을 보여 준다.	칭찬이나 포옹, 키스, 그리고 손을 잡거나 함께 걸으면서 말로 표현한다. 작은 일이라도 아동이 임무를 잘 수행했다면 칭찬한다.
아동의 의견을 듣는다.	아동이 아동 본인의 의견이나 감정을 표현할 수 있도록 격려하지만, 왜 규칙을 지키는 것이 중요한지 설명한다. 아동이 도움을 필요로 할 때는, 그 행동을 어떻게 하는 것인지 시범으로 보여 주며 아동이 독립적으로 시도하려고 할 때는 격려하며 피드백을 제공한다.

〈표 9-4〉는 이 세 가지 육아 방식을 요약해 놓았다. 그렇지만 우리는 바움린드의 육아 방식을 적용할 때 사회문화적 현실도 고려해야 한다.

다른 육아 전통을 가지고 있는 문화권에서 육아 방식을 분류함에 있어서 동일한 항목을 적용하다가 자칫 잘못되거나 공평하지 않은 결과를 초래할 수도 있다. 예를 들어, 어떤 문화권에서는 다른 문화권에서보다 독재적 육아 방식이 강조될 수 있다. 미국 사회에서는 하위의 사회경제계층에 속한 가정에서 보이는 독재적 육아 방식은 위험하고 가난한 상황에 처해 있는 가정이 폭력의 위험이나 약물 남용 같은 위험성을 마주하며 느끼는 스트레스에 대처하기 위해 채택한 방식일 수 있다. 이런 상황에서는 부모가 아동에게 보다 엄격한 복종을 강요하고 다소 가혹한 기준을 제시함으로써 외부의 위협으로부터 아동들이 보호받을 수 있도록 하기 위해 이런 육아 방식을 채택하는 것도 하나의 전략이다(Parke, 2004). 가난한 가족의 부모들은 아동들에게 따뜻하게 다가가기도 하지만 부모 스스로가 심리적으로나 경제적으로 어려워서 그들을 위협하는 요소들을 헤쳐 나갈 여력이 부족한 상황이기 때문에 본인의 부모 역할에 좌절하기도 한다(Weis, 2002).

〈표 9-4〉 바움린드의 육아 방식들

	권위적 방식	독재적(권위주의적) 방식	허용적 방식
제한 설정	높음	높음	낮음
훈육 방식	합리적임	강압적임	낮음
기대되는 성숙함	높음	높음	낮음
아동과의 소통	높음	낮음	적당함
따뜻함과 지지	높음	낮음	높음

부모의 육아 방식이 아동들의 적응에 영향을 주지만, 아동들의 행동도 그 부모가 아동들과 관계 맺는 방식에 영향을 준다는 점도 인식해야 한다. 즉, 부모와 아동, 그리고 아동과 부모 간의 효과를 고려해야 한다(Kerr et al., 2003).

4. 또래와의 관계

아동이 성숙해 가고 세상을 경험하면서 또래 친구들과 형성하는 관계는 그 아동의 발달에 다양한 측면에서 영향을 준다. 또래와의 관계는 그 아동에게 가정 밖인 사회에서 그룹의 일원으로 유능하게 발달할 수 있는 기회를 준다. 또래 그룹 참여자들의 수용과 찬성은 그 아동이 자존감과 효능감을 발달시킬 수 있게 해 준다.

개념 9-17

또래 간 관계는 아동들이 사회성을 발달하고 추후 맺게 될 관계의 밑거름이 되는 친밀함과 충성심을 개발할 수 있는 기회를 제공한다.

친구들과의 우정은 아동이 나눔, 협력, 그리고 분쟁 해소와 같은 친사회적 행동을 배울 기회를 제공한다. 친구가 있는 아동은 더 높은 자존감을 갖게 되며 더욱 분별력 있고 남을 보살피는 사람으로 비춰진다(Vaughn et al., 2000). 반면에, 또래 친구들에게 거절을 경험한 유치원생들은 더 외로워하고, 등교를 거부하며, 또래에게 수용된 친구들에 비해서 낮은 성취를 하게 된다(Buhs & Ladd, 2001). 또래에게 수용받지 못한 유치원생 이상 연령에 해당하는 아동은 공격성이나 사회적 위축 같은 반사회적 행동을 하게 된다(Rodkin et al., 2000). 친구를 사귀면 아동이 다른 또래 아동으로부터 신체적으로나 언어로 공격받는 것이 예방될 수 있고, 다른 아동으로부터 따돌림받는 것도 방지된다.

또래와의 관계는 부정적인 결과를 초래할 수도 있다(Monahan, Steinberg, & Cauffman, 2009). 아동과 10대 청소년들은 또래 친구들에게 수용되어야 하는데, 이런 과정에서 그들이 혼자 전혀 시도해 보지 않았던 일탈 행동에 참여하게 될 수도 있다(Rubin, Bukowski, & Laursen, 2009).

5. 에릭슨의 심리사회적 발달 단계

유명한 정신분석 이론가인 에릭 에릭슨(Erik Erikson, 1902~1994)은 인간 발달에서 인간의 사회적 관계의 중요성을 강조했다(Erikson, 1963). 그는 인간의 심리사회적 발달이 어린 시절 시작되는 단계부터 성인기에 이르기까지 연속적인 단계를 거치며 진행된다고 했다. 그는 우리가 이 단계들에서 경험하는 연속적인 심리사회적인 위기나 도전을 어떻게 다루고 대처하는지에 따라서 우리의 성격이 형성된다고 믿었다. 이 단원에서 우리는 아동기에 발생하는 네 가지 심리사회적 단계에 집중해 보고자 한다.

개념 9-18

에릭 에릭슨은 아동기에 형성되는 네 단계의 심리사회적 발달 단계를 기술했는데, 각 단계는 특정한 삶의 위기나 도전으로 특징지어진다. 신뢰와 불신, 자율성과 수치심 및 의심, 주도성과 죄의식, 그리고 근면성과 열등감이 그것이다.

➔ 개념 링크 에릭슨의 심리사회 발달 단계는 청소년기와 성인기에 이르기까지 적용된다. 제10장 1, 2, 3단원을 참고하라.

1) 신뢰 대 불신

영유아가 가장 처음으로 겪는 심리사회적 도전은 사회 환경에 대한 신뢰감이다.

부모가 영유아를 따뜻하게 대하고 영유아가 필요로 하는 것에 민감하게 반응하면, 신뢰감이 발달한다. 그러나 만약 아동이 부모를 필요로 할 때, 부모가 있지 않거나, 아동과 유착되어 있지 않거나 아동에게 차갑게 반응하면, 그 아동은 타인에 대해 불신감을 발달시킨다. 그 아동에게 세상은 차갑고 위협적인 장소가 된다.

2) 자율성 대 수치심과 의심

에릭슨은 아동이 두 번째와 세 번째 해에 겪는 주요 심리사회적 도전은 자율성이라고 믿었다. 아동은 이제 집안에서 걸어 다닐 수 있고 거의 모든 것에 친숙하다. 부모는 그 아동이 더 독립적이 될 수 있도록 격려할 수 있고 이렇게 형성된 아동의 자율성을 더 성숙시킨다. 그러나 부모가 아동이 감당하기 어려운 것을 너무 많이 너무 빠른 시기에 아동에게 요구하면(화장실에서의 대소변 가리기 훈련 같은), 그 아동은 자신의 능력을 의심하게 되고 후기 발달기까지 이어질 수 있는 수치심을 갖게 될 수 있으며, 이런 부정적인 감정은 성인기까지 이어질 수 있다.

3) 주도성 대 죄의식

만 3세에서 6세에 해당되는 이 단계는 아동이 오르기 놀이도 하고 부모끼리 아동과 만나 함께 놀기도 하는 시기인데, 이 시기에 아동은 어떤 행동을 진취적으로 하고 그 행동을 제대로 수행하도록 도전받는다. 자신들이 노력한 대로 어떤 행동을 성공적으로 하고 성취에 대해 칭찬을 받은 아동은 자율성과 효능감이 고취된다. 그 반대로, 번번이 어떤 임무를 제대로 성취하지 못하고 어떤 것을 '제대로 못하는' 상황을 경험하는 아동은 죄책감과 무력감이 형성되는데, 타인에게 자신의 실패가 조롱거리가 되거나 어설픈 행동이 강하게 비판되면 아동의 마음속에는 더 큰 죄책감과 무력감이 생긴다.

4) 근면성 대 열등감

에릭슨은 만 6세에서 만 12세에 해당되는 아동이 근면성과 자신감을 기르는 부분에서 도전받는다고 보았다. 교실과 운동장에서 능력을 발휘하며 성취하는 것은 자기 자신에게 바로 적용할 수 있는 자신감과 의지를 길러 준다.

만 6세에서 12세에 해당되는 이 시기에는 아동이 근면함과 자신감을 발달하는 데 있어서 중요한 도전에 맞서게 된다. 만일 아동이 교실이나 운동장에서 자신 있게 어떤 일을 수행할 수 있다고 스스로 믿게 되면, 그들은 학교나 과외 활동을 하는 곳에서 근면한 아동으로 성숙할 수 있다. 그러나 만약 아동이 실패를 더 많이 하게 되면 아동은 열등감을 갖게 될 수 있는데, 이런 감정은 그 아동이 위축되게 만들고 의욕을 잃게 만든다.

〈표 9-5〉는 어린 시절의 에릭슨의 심리사회학적 발달 단계에 대한 개요를 보여준다. 비록 에릭슨은 어린 시절의 경험이 그 개인의 심리적 발달에 있어서 영원히 지속되는 효과를 갖는다고 믿었지만, 그는 또한 개인이 나중에 겪게 되는 경험이 이런 인생 초반기의 영향 요인들의 효과를 상쇄시킬 수 있고 삶의 도전에 더 성공적으로 대처하게 될 수 있다고도 보았다.

〈표 9-5〉 아동기에 일어나는 에릭 에릭슨의 심리사회학적 발달 단계

대략적 나이	인생의 위기	심리사회적 발달에서의 주요 위협 요인
영유아기(출생부터 만 1세)	신뢰 대 불신	돌보아 주는 사람과 환경에 대한 기본적 신뢰감 발달
걸음마기(만 1세부터 만 3세)	자율성 대 수치심과 의심	독립심과 자기통제력 형성
유치원기(만 3세부터 만 6세)	주도성 대 죄의식	행동 개시 및 수행을 배움
초등학생기(만 6세부터 만 12세)	근면성 대 열등감	생산 및 관여

출처: Erikson (1963)에서 수정.

4 단원 복습 정서 발달과 사회성 발달

되새겨 봅시다

뉴욕의 종단 연구에서 밝혀진 세 가지 영유아 기질은 무엇이며 이 기질 간의 주요 차이점은 무엇인가?

- 세 가지 기질은 순한 아동, 까다로운 아동, 그리고 반응이 느린 아동이다.
- 순한 아동들은 일반적으로 긍정적인 기분을 가지고 있고, 변화에 잘 반응하며, 식사와 수면계획을 재빨리 설정한다.
- 까다로운 아동들은 부정적인 감정을 가지고 있고 새로운 상황과 새로운 인물들에게 반응하는 데 어려움을 겪는다. 이들은 또한 규칙적인 식사와 수면 계획에 적응하는 데도 어려워한다.
- 반응이 느린 아동들은 새로운 상황에 마주하거나 약간의 고통을 겪게 될 때 소극적인 모습을 보인다.

Ainsworth에 의해 밝혀진 세 가지 애착 유형은?

- 안정 애착 유형의 영유아는 그 엄마와 애착이 형성되어 있고 영유아는 엄마를 정신적 안전 기지로 삼아서 환경을 탐험한다.
- 불안정 회피 애착 유형의 영유아는 환경을 자유롭게 탐험하며 엄마를 무시하는 경향이 있다.
- 불안정 저항 애착 유형의 영유아는 엄마에게 지나치게 매달리지만 엄마에게 애매함이나 저항하는 모습도 보인다.
- 안정적으로 애착 형성이 된 영유아는 나중에 성숙해서 불안정적으로 애착 형성이 된 영유아보다 더 양호한 사회성과 감정 조절 능력을 보여 준다.

Baumrind의 세 가지 육아 형식은 무엇이며, 그 형식은 어떻게 다른가?

- 권위적인 부모는 아동에게 성숙한 행동을 기대하며, 그 이유를 설명하며, 엄격한 기준을 제시한다.
- 독재적(권위주의적)인 부모는 엄격한 기준을 제시하지만 아동들을 지나치게 통제하며 가혹한 방식으로 아동들을 훈육한다.
- 허용적인 부모들은 '아무렴 어때'라는 스타일을 가지고 있으며 다소 느슨한 기준을 제시한다.
- 권위적인 육아 방식이 상대적으로 양호한 감정과 사회성 조절 능력을 가진 아동으로 자랄 수 있게 하는 방식이라고 밝혀졌다.

또래와의 관계가 아동의 감정과 사회성 발달에 어떤 역할을 하는가?

- 또래들은 아동의 심리사회적 발달, 특히 자존감과 사회적 효능감 발달에 중요한 영향을 미친다.
- 또래와의 관계는 일탈 행동을 하게 만들 수도 있다.

Erikson에 의하면, 아동기에 발생하는 심리사회적 발달 단계에는 무엇이 있는가?

- Erikson의 단계는 ① 신뢰 대 불신(출생부터 만 1세), ② 자율성 대 수치심과 의심(만 1세부터 만 3세), ③ 주도성 대 죄의식(만 3세부터 만 6세) 그리고 ④ 근면성 대 열등감(만 6세부터 만 12세)이 있음

점검해 봅시다

1. 연구자들은 영유아의 세 가지 기질 유형을 밝혀냈다. 순한 아동들, 까다로운 아동들, 그리고 ________ .

2. Ainsworth와 다른 연구자들에 의해 밝혀진 다음의 애착 유형을 다음 중 적합한 것과 짝지어 보자.

① 안정 애착 유형	a. 아기가 엄마에게 매달리지만 애매함이나 부정적인 감정은 보이지 않는다.
② 불안정 회피 애착 유형	b. 엄마는 탐험을 위한 중요한 '기지'가 된다. 아기는 엄마가 있을 때 행복하다.
③ 불안정 저항 애착 유형	c. 아기는 혼란스러워 보인다. 엄마가 자신을 지지하도록 하지 못하는 것처럼 보인다.
④ 혼돈 애착 유형	d. 아기는 엄마가 있어도 엄마를 무시하며 엄마가 떠나든지 다시 돌아오든지 별로 신경 쓰지도 않고 그런 것에 영향 받지도 않는다.

3. 육아 방식은 아동 발달에 중요한 영향을 미친다. 다음 중 어떤 것이 따뜻하고, 지지적이며, 일정하며, 아동의 입장을 이해하며, 아동과 소통하는 부모를 묘사하고 있는가?
   ① 허용적인 ② 독재적인(권위주의적인)
   ③ 권위적인 ④ 자유방임주의

4. 다음에 제시된 Erikson의 심리사회적 발달 이론의 단계 중 아동들이 본인의 능력을 다른 친구의 능력과 비교하는 단계는 어떤 단계인가?
   ① 신뢰 대 불신 ② 자율성 대 수치심과 의심
   ③ 주도성 대 죄의식 ④ 근면성 대 열등감

생각해 봅시다

➤ Baumrind의 부모와 아동에 대한 연구 결과에 기초했을 때, 당신이 현재 또는 미래에 어떻게 하면 더 훌륭한 부모가 되려면 어떻게 해야 하는가?

➤ 당신이 잘 알고 있는 아동이나 청년을 생각해 보자. Erikson의 심리사회적 발달 단계 이론을 그 사람의 어린 시절의 발달 경험에 어떻게 연관시켜서 설명할 수 있는가? 그 사람의 사회심리학적 발달을 가장 정확히 설명할 수 있는 결과(신뢰 대 불신, 자율성 대 수치심과 의심, 주도성 대 죄의식, 그리고 근면성 대 열등감)는 무엇인가?

5 단원 인지 발달

- 동화와 조절은 어떻게 다른가?
- Piaget의 인지 발달 단계와 관련된 주요 특징은?
- Vygotsky의 인지 발달 이론의 기본 테마는?

© cappi thompson/shutterstock.com

생활의 한 단면 일곱 살 소년인 제이슨은 그의 세 살 된 동생 스콧 때문에 화가 나 있다. 스콧은 숨바꼭질 놀이를 제대로 이해하지 못하고 있는 것 같다. 스콧은 숨으러 방으로 갈 때마다 제이슨이 보는 앞에서 방구석에서 누운 채로 몸을 웅크리고 있을 뿐이다. 제이슨은 "너는 내가 볼 수 없도록 숨어야 해."라고 불평하며 말한다. 그래서 스콧이 같은 장소에서 다시 숨지만, 이번에는 스콧이 자신의 두 눈을 손으로 덮어 가리며 "이제 나 안 보이지?"라며 제이슨에게 말했다. 두 형제는 같은 집에서 살면서 가족 야유회도 자주 함께 하지만, 세 살 된 스콧의 세상은 일곱 살 된 제이슨의 세상과 많이 다르다. 아동들이 어린 시절을 보내면서 어떻게 생각하는 방식과 추론하는 방식을 변화시키는지 주목하면서 그 차이가 왜 생겼는지 생각해 보자. 일단 가장 영향력 있는 인지 발달 학자인 장 피아제의 연구를 살펴보자.

두뇌는 퍼즐을 좋아합니다

앞으로 내용을 읽으면서, 그 내용을 바탕으로 다음에 나오는 문제를 풀어 보자.

아버지와 함께 아쿠아리움을 여행하는 다섯 살 소년 카마우는 처음으로 고래를 보고 말했다.

"와, 정말 큰 물고기다!" 그의 아빠는 고래는 물고기가 아니라고 했지만, 카마우는 당황한 채 계속 고래를 물고기라고 불렀다. 당신이라면 고래를 물고기라고 부르는 카마우에게 어떻게 설명해 주겠는가?

1. 피아제의 인지 발달 이론

장 피아제(Jean Piaget, 1896~1980)는 시대를 막론하고 논란과 함께 가장 중요한 발달학자로 손꼽힌다. 피아제는 지능검사를 실행하면서 아동 연구를 시작했다(Hogan, 2007). 늘 예리하게 관찰했던 그는 아동이 생각할 때 혼란스러운 부분과 전체의 관계에 대해 실수하는 부분과 물체를 정확히 분류하기 어려워하는 모습을 파악했다. 그리고 그는 아동의 이런 실수가 단순한 실수가 아니고 아동이 그 시기에 나타내는 고유의 사고방식이라고 믿었다.

피아제는 아동이 주어진 질문에 답할 때 올바르게 답하는지 여부보다는 아동이 그 답을 찾는 과정에서 발휘하는 추론 능력에 더 많은 관심을 보였다(Feldman, 2003). 피아제는 아동의 사고방식을 이해하는 가장 좋은 방법은 아동이 물체와 상호작용하면서 문제를 풀어 가는 그들을 주의 깊이 관찰하는 것이라고 했다. 그의 대부분의 연구는 그의 세 자녀를 그가 직접 관찰한 결과를 토대로 한 것이다.

© Bettmann/CORBIS

장 피아제

피아제의 인지 발달 이론을 이해하려면 그가 말한 도식(Schema)이라는 용어를 이해해야 한다. 피아제는 사람의 행동 또는 심적 표상으로 이루어진 유기적 조직이 도식인데 사람들이 이 도식을 이용해서 주변 세상을 이해하고 세상과 교류한다고 보았다(Piaget, 1952). 아동은 태어날 때 빨기와 같은 기본 반사작용 능력으로 이루어진 단순한 도식을 가지고 태어난다. 이 빨기 도식을 통해서 영유아가 엄마의 젖이나 분유통으로부터 영양분을 얻기 때문에 이 도식은 분명히 적응 가치가 있다.

도식: 피아제의 이론에서 이해의 틀이 되고 환경 내에서 행동을 이끌어 주는 정신적 틀을 일컬음

생활의 한 단면 마침내 영유아는 그 빨기 도식이 다른 것보다는 특정한 물체에 더 효율적으로 사용될 수 있는 것을 깨닫게 된다. 내 딸 다니엘라는 우리가 그녀에게 영유아용 컵을 소개해 주던 날 빨기 도식이 실패하는 경험을 하게 되었다. 그녀의 아빠는 컵에 들어 있는 음료를 제대로 먹기 위해서 컵을 어떤 각도로 들어야 하는지 보여 주었다. 그러나 다니엘라는 그 모습을 달가워하지 않았고 계속 컵을 수직으로 들어올려서 그 끝을 빨았고, 아쉽게도 그녀는 컵의 내용물을 제대로 마실 수 없었다.

생활의 한 단면 아동이 새로운 도전과 요구사항에 적응하면서 그 아동이 가지고 있던 도식도 변한다. 피아제는 적응(adaptation)이라는 과정을 통해서 사람은 새로운 환경에 효율적으로 적응하고 변화한다고 보았다. 사람은 적응을 통해 변화하는 환경이 우리에게 부과하는 요구사항에 맞도록 기존의 도식을 바꾸게 된다. 적응은 두 개의 상호 보완적 과정으로 구성된다. 동화(assimilation)와 조절(accommodation)이 그것이다.

개념 9-19

피아제는 도식은 사람들이 세상을 이해하고 세상과 교류하게 돕는 사람들이 가진 행동 전략 또는 심적 표상이라고 보았다.

➔ 개념 링크 사람들은 사회적 도식이라고 불리는 심적 표상이나 정신적 틀을 형성해서 그들의 사회적 환경을 이해한다. 처음 만난 사람에 대해서 첫인상을 형성시키는 것이 그 예가 된다. 제14장 1단원을 참고하라.

개념 9-20

피아제는 환경에 적응하는 과정은 두 가지 상보적인 과정인 동화와 조절로 이루어진다고 보았다.

생활의 한 단면 동화는 새로운 물체나 상황을 기존의 도식에 포함시키는 과정이다. 예를 들어, 신생아는 옷이나 손가락 같은 것을 반사적으로 빨게 된다. 다니엘라는 빨기 도식을 영유아용 컵에도 적용해서 컵의 가장자리도 빨려고 했었다. 나이가 조금 더 많은 아동들은 물체들의 특정한 종류를 분별할 수 있는 심적 표상으로 구성된 분류 도식이 발달되어 있다. 다니엘라가 걸음마 연습을 하던 무렵, 그녀는 그녀의 '개 도식'을 고양이, 말, 양, 그리고 물고기들에게조차 적용시켰다. 그녀에게 모든 것은 '멍멍이'였다.

영유아가 엄마의 가슴이 아닌 영유아용 병의 꼭지를 빠는 경우처럼 새로운 물체가 기존의 도식과 맞아떨어지면 동화는 적응력이 있다. 그러나 말과 물고기는 개가 아니며, 영유아용 컵은 아무리 빨아도 입속으로 그 내용물이 넘어오지 않는다. 조절은 기존의 도식을 바꾸거나 새로운 도식을 만들어서 기존 도식에 맞지 않는 물체나 경험을 대처할 수 있게 되는 과정이다. 다니엘라는 결국 영유아용 컵을 사용하기 위해서 새로운 '물체의 끝부분 도식'을 개발했다. 그녀는 입술을 컵의 모서리 끝에 대고 그 컵의 내용물을 마시게 되었다.

적응: 피아제의 이론에서 볼 때 사람들이 환경에서 요구되는 것들을 효과적으로 대할 수 있도록 해 주는 조정 과정

동화: 피아제의 이론에서 볼 때 새로운 물체와 상황을 기존의 도식에 포함시키는 과정

조절: 피아제의 이론에서 볼 때 새로운 물체와 경험에 대처하기 위해 새로운 도식을 만들고 기존 도식을 수정하는 과정

1) 인지 발달 단계들

피아제 입장에서 볼 때, 동화와 조절은 사람의 일생 동안 계속 진행되는 과정이다. 그러나 그는 모든 아동이 비슷한 나이 대에 발생하는 일련의 단계를 거쳐서 인지가 발달한다고 주장했다. 각기 다른 인지 발달 단계에 있는 아동은 세상을 보는 방식과 세상과 교류하는 방식에서 차이를 보인다. 피아제의 네 가지 인지 발달 단계는 다음과 같다. 감각운동기, 전조작기, 구체적 조작기, 그리고 형식적 조작기이다.

2) 감각운동기(출생부터 만 2세까지)

개념 9-21

피아제는 아동이 비슷한 나이에 연속되는 네 가지 인지 발달 단계를 거치면서 성숙한다고 주장했다. 그 인지 발달 단계는 감각운동기, 전조작기, 구체적 조작기, 그리고 형식적 조작기이다.

감각운동기는 영유아의 인지 발달에서 중요한 성숙기에 해당한다. 여섯 개의 하위 단계로 이루어지는 이 단계에는 영유아가 점차 더 복잡한 행동과 기술을 익히고 행할 수 있게 된다. 영유아들은 세상을 자신들의 감각을 사용하면서 자신의 발달하는 운동 기술을 적용하여(몸의 움직임과 손동작) 세상을 탐구하기 때문에 피아제는 감각운동이라는 용어를 사용했다. 영유아의 지능은 행동과 물체를 목표에 맞게 다루는 능력에 따라 표현된다.

출생부터 생후 1개월이 되는 기간에는 영유아의 행동은 움켜쥐기와 빨기와 같은 타고난 반사작용에 국한된다. 생후 1개월부터 생후 8개월에 이르는 기간에 영유아는 침대 위에 올려져 있는 물체를 쥐는 행동을 하면서 스스로 행동을 조절하는 능력을 발달시킨다. 영유아는 이제 주변의 상황에 따라 행동하기 시작했으며 반복적으로 고무 오리를 눌러서 꽥꽥 소리를 내도록 하면서 재미있는 효과를 내는 행동도 반복할 수 있다. 만 8개월에서 만 12개월에 이르는 기간에 그 영유아는 특정한 목표 달성을 위한 의도적인 행동을 하기 시작한다. 아동은 방의 다른 쪽으로 의도적으로

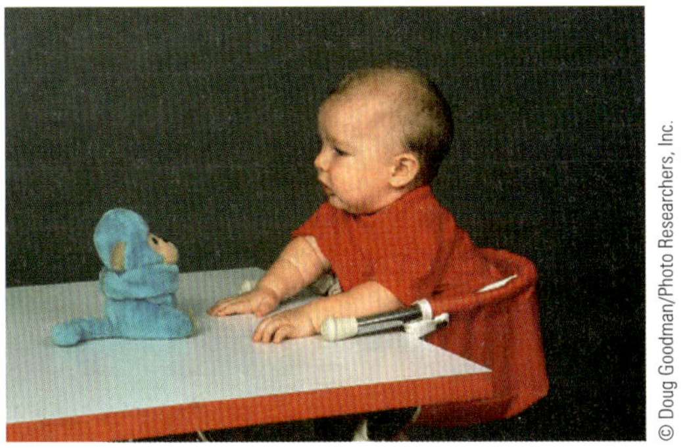

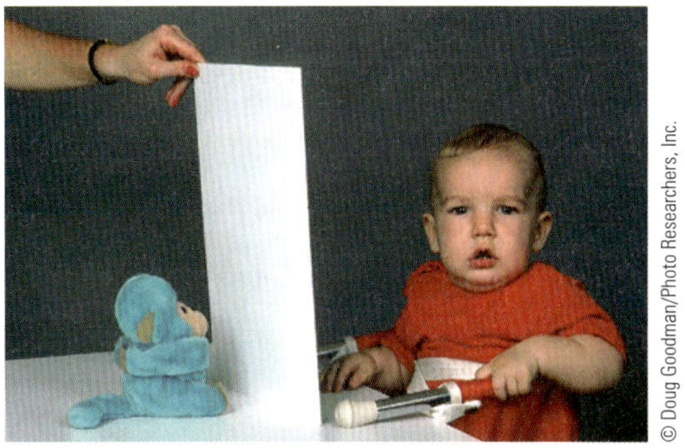

대상 영속성 개념을 익히지 못한 영유아는 자신의 시야에서 없어진 물체는 이제 더 이상 존재하지 않는다고 여긴다.

기어가기도 하고 장난감이 들어 있는 캐비닛의 바닥 쪽 서랍을 열어보기도 한다.

감각운동기 초반에는 영유아들이 주변에 물체가 실제로 있어야만 물체가 있다는 것을 알 수 있다. 만약 있었던 물체가 보이지 않으면 영유아도 더 이상 그 물체를 신경 쓰지 않는다. 영유아가 어떤 물체를 바라보도록 하고 그 영유아의 시야를 가려서 더 이상 그 물체를 못 보게 하면, 그 영유아는 그 물체에 흥미를 잃고 다른 물체에 관심을 갖기 시작한다. 만 8개월 무렵에 접어들면 그 아동은 숨겨져 있는 물체를 찾기 시작한다. 만일 당신이 테디베어 앞에 베개를 놓으면, 아동은 그 베개를 치우고 테디베어를 다시 갖게 될 것이다. 이 무렵에는 영유아가 대상 영속성 개념을 배우거나 시야에서 안 보이는 물건도 여전히 존재한다는 것을 깨닫게 된다. 피아제는 영유아가 이 무렵에 대상 영속성 개념을 완벽히 깨닫지는 못한다고 보았다. 영유아가 감각운동기 말미에 이르면 더욱 성숙해져 눈에 보이지 않는 물체의 존재에 대해서도 심적 표상을 형성시킬 수 있는 능력이 생긴다. 다니엘라가 일어나자마자 오빠인 마이클에게 뭔가를 부탁하는 행동은 22개월 된 다니엘라가 대상 영속성 개념을 터득한 신호가 되었다. 그녀는 분명히 마이클에 대한 심적 표상을 얻을 수 있었다. 그녀의 부모는 다니엘라가 마이클에게 우선 부탁하는 모습을 사적으로 받아들이며 섭섭해하지 않으려고 했다.

대상 영속성: 물체가 시야에서 사라지더라도 그 물체는 계속 존재한다는 것을 아는 것

3) 전조작기: 만 2세에서 만 7세

만 2세에서 만 7세에 이르는 아동의 인지 능력이 논리적 원리를 그들의 경험에 적용하기에는 그들의 기본 논리력이 부족해서 피아제는 그들의 이런 특징을 묘사하기 위해서 전조작기라는 용어를 사용했다. 그러나 이 기간에는 세상에 대한 정신적 심상이나 상징적 표상을 형성하는 능력이, 특히 언어 사용과 더불어 급격히 성숙한다. 특히, 아동은 물체에 이름을 붙이거나 용어로 그들을 표현하면서 상징적 표상을 형성한다. 전조작기의 언어 사용은 언어 사용을 못하던 감각운동기에 비해서 아동의 사고 과정을 더 넓고 효율적으로 만들어 준다.

심상적 사고를 형성하는 또 다른 형태는 가장 또는 가상 놀이이다. 가상 놀이를

어떤 컵에 더 많은 물이 들어 있는가? 전조작기 아동은 물을 다른 크기의 컵에 옮겨도 물 양에는 변함이 없다는 것을 깨닫지 못한다.

상징적 표상: 이름이나 경험을 상징하는 상징물들; 언어로 된 단어인 경우가 많음

자기중심성: 피아제의 이론에서는 세상을 오직 자신만의 입장에서 보는 것을 의미함

통해서 어린이들은 심적 표상을 형성하는데, 그 표상이 그들로 하여금 실제로 존재하지 않는 인물이 마치 존재하는 것처럼 믿도록 만들어 준다. 아동이 전조작기를 경험하면서 가상 놀이는 굉장히 복잡한 놀이가 된다. 아동이 만 5세나 만 6세 무렵이 되면 TV에서 봤던 장면을 만들어 내기도 하고 상상 속 캐릭터들이 있는 장면을 창조할 수 있다.

피아제는 전조작기 동안 아동의 인지 능력은 급격히 신장되지만, 그들의 사고 과정은 여전히 제한적인 점을 주목했다. 예를 들어, 전조작기 아동은 자기중심성을 나타내며, 세상을 오직 자신의 관점에서만 바라보는 경향을 내보였다.

자기중심적 사고를 가졌다는 것이 그 아동이 이기적이라든가 또는 타인을 신경 쓰지 않는다는 것을 의미하는 것은 아니다. 단지 이 시기의 아동은 다른 사람의 입장이나 관점을 헤아리는 인지 능력이 부족하다는 것을 말한다. 아동은 마음속으로 자신이 세상의 중심이라고 느낀다. 예를 들어, 다섯 살 된 미셸은 엄마와 놀고 싶은 생각에 엄마가 피곤해서 쉬고 싶어 한다는 것을 이해하지 못한다. 미셸이 놀고 싶어 할 때는 엄마도 역시 놀고 싶어 해야 한다고 생각한다. 조금 전 소개한 예시에 등장했던 세 살 된 스콧도 형과 숨바꼭질 놀이를 할 때는 형의 입장을 이해할 수 없었다. 스콧은 그가 숨었다고 생각하는 상황이 형의 눈에는 훤히 보이는 상황임을 이해할 수 없었다. 스콧은 자기가 눈을 가려서 형을 볼 수 없으면 형도 자신을 볼 수 없을 것이라고 가정했다.

생활의 한 단면 이스턴 일리노이 대학교에 재직 중인 제프 스토웰(Jeff Stowell) 교수는 네 살 된 아들 스펜서가 보여 준 자기중심적 사고를 예로 들었다. "나와 전화로 이야기하는 동안 스펜서는 '제 숨결에서 M&M 초콜릿 냄새가 나요?'라고 물어서 아빠가 전화하는 지금은 냄새를 맡을 수 없다고 했습니다. 제 대답에 스펜서는 '다시 맡아 봐요. 지금은 냄새를 맡을 수 있죠?'라고 되물었습니다."

물활론적 사고: 피아제의 이론에 의하면, 아동이 비생명체를 생명체로 믿는 것을 의미함

비가역성: 피아제의 이론에 의하면, 진행된 일련의 사건들이 반대로 역순으로 다시 시작점으로 되돌아 가면서 진행될 수 없는 것을 의미함

집중성: 피아제의 이론에 의하면, 어떤 시점에 발생한 상황에 대해 일면에만 초점을 맞추어 바라보는 경향을 의미함

보존: 피아제의 이론에 의하면, 물체의 양이나 수량이 외부 모양이 표면적으로 변화한 뒤에도 일정하게 유지되는 것을 깨닫는 능력을 의미함

자기중심적 사고는 전조작기 아동이 보여 줄 수 있는 하나의 사고방식 유형으로 발전할 수 있다. 물활론적 사고(Animistic thinking)가 그것이다. 아동은 생명이 없는 달이나 태양, 그리고 구름 같은 물체가 자기 자신이 그러는 것처럼 바라고, 생각하고, 느낄 수 있다고 믿는다. 예를 들어, 네 살 된 아동은 달이 자신의 친구이며 자기가 부모와 함께 집으로 걸어갈 때 자기를 따라온다고 생각합니다. 스토웰 교수는 세 살 아들 스펜서가 보여 준 행동을 또 하나의 예로 들었다. "스펜서는 세탁기를 사용하는 엄마에게 '세탁기 안에 있는 옷들이 물에 빠져 죽어!'라고 말하며 엄마에게 울면서 세탁기를 끄라고 애원했죠." (어린이의 사고방식에 대한 직접 경험을 해 보고 싶다면 이 방법을 써 보라.).

전조작기 아동이 가진 다른 두 가지 한계는 비가역성(Irreversibility)과 집중성(centration)이다. 비가역성은 진행된 일련의 사건들을 다시 시작점으로 되돌릴 수 없는 것을 의미한다. 집중성은 어떤 것의 다른 측면은 모두 배제하고 오직 한 측면에만 초점을 맞추는 경향을 의미한다.

보존 형태	❶ 초기 형태	❷ 변형	질문	❸ 전조작기 아동의 대답
액체	동일한 두 개의 물컵 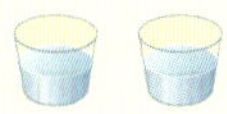	한 컵에 담긴 물을 길고 좁은 모양의 컵에 옮김 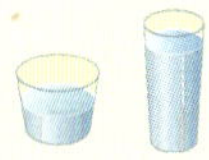	어느 컵에 물이 더 많을까?	기다란 컵 
수량	동일한 일련의 체커 	한 라인을 택해 체커 간의 간격을 늘려서 배열함 	어느 라인에 더 많은 체커가 있는가?	더 긴 라인 
무게	두 개의 동일한 찰흙덩어리 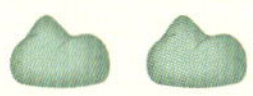	한 덩어리를 잡아 늘려서 얇고 길게 만듦 	어느 덩어리에 더 많은 찰흙이 있는가?	기다란 덩어리 
길이	두 개의 동일한 길이를 가진 막대 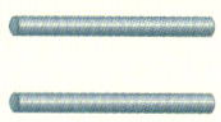	막대 하나를 오른쪽으로 옮김 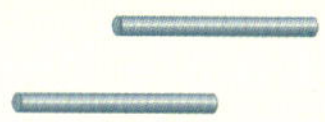	어느 막대가 더 긴가?	오른쪽으로 이동된 막대 

[그림 9-10] 피아제의 보존 수행 실험

❶ 아동에게 특정한 양의 어떤 물질을 주었음
❷ 표면적인 차원에서 그 물질을 변형시킴
❸ 아직 보존의 원칙을 깨닫지 못한 아동은 모양이 변한 물질들의 양이 변치 않고 동일한 것을 알아채지 못함
출처: Berger & Thompson (1995)에서 수정.

피아제는 보존 수행 실험을 통해 이러한 원리를 설명했다([그림 9-10] 참조). (구체적 조작기의 전형적 특징인 보존은 다음 단원에서 논의된다.) 부피 보존 수행 실험에서 실험자는 아동에게 두 개의 동일한 물컵을 보여 주었다.

아동에게 두 컵에 각각 동일한 양의 물이 들어 있는 것을 확인시킨 뒤, 그중 한 컵에 담긴 물을 길이가 짧고 넓은 유리컵에 옮겨 담아 물이 긴 컵에 담긴 물보다 낮은 수위를 갖도록 만들었다. 전조작기 아동은 긴 컵에 더 많은 물이 담겨 있다고 주장한다. 집중성 때문에 아동은 단지 한 가지에만 집중한다. 물 수면의 높이만 보는 것이다. 비가역성 때문에 그 아동은 컵을 다시 처음 사용하던 컵으로 옮기면 두 컵에 담긴 물의 수면 높이가 똑같아지게 된다는 것을 깨닫지 못한다.

해 보기
관찰을 통한 학습

영유아 탁아시설이나 유치원에서 자원봉사를 하면 아동들과 직접 대면하면서 더 많은 지식을 얻을 수 있다. 유치원생의 인지 발달이 피아제의 이론에 등장하는 자기중심성, 물활론적 사고, 집중성 그리고 비가역성 개념과 얼마나 많이 일치하는지 알아볼 수 있는 경험이 될 것이다.

4) 구체적 조작기: 만 7세에서 만 11세

구체적 조작기의 특징은 보존을 이해하는 능력이 발달한다는 것이다. 피아제는 외부 형태가 변해도 추가로 기존 물질에 다른 것이 더해지지 않는 이상 물질의 양이 변하지 않는 것을 깨닫는 것이 보존 이해 능력으로 여겼다. 여섯 살 된 아동들을 헷갈리게 만드는 보존 수행 실험은 평균적으로 일곱 살 혹은 여덟 살 된 아동에게는 단지 유치한 아동들 장난으로 보일 뿐이다. 구체적 조작기의 아동은 보존 수행 실

험의 과정을 거꾸로 되돌려 이해할 수 있어서 물을 다른 모양의 컵으로 옮겨 담아도 물의 양은 변하지 않는다는 것을 대번에 알아낼 수 있다. 이 시기의 아동들은 또한 탈중심성 사고를 할 수 있게 되어서 어떤 상황에 대해 한 번에 여러 측면을 살필 수 있게 된다. 이제는 아동이 긴 컵에 담긴 물은 길이는 늘어나지만 폭은 줄어들어 길이와 폭이 서로 상쇄된다는 것도 알게 된다.

이 시기의 아동은 자기중심적 사고에서도 차츰 벗어난다. 아동은 서서히 다른 사람들의 생각과 감정이 자신들의 생각이나 감정과 다를 수 있다는 것을 알게 된다. 아동은 또한 비록 구체적인 예시와 연관된 것들에 한해서이긴 하지만 간단한 논리적 문제도 해결할 수 있게 된다. 일곱 살 된 티미는 자기가 샐리보다 야구 카드가 많고, 샐리는 샘보다 야구 카드가 많으면 자기가 샘보다 야구 카드가 많이 있다는 것도 알게 된다. 그러나 티미는 '만일 A가 B보다 크고, B가 C보다 크면, A는 C보다 큰가?'라는 식의 추상적으로 던져지는 질문에 대답할 때는 어려움을 겪을 것이다.

형식적 조작기: 피아제의 이론에 따르면, 완전한 인지적 발달 수준에 도달하여 추상적 개념의 용어에 대해서도 생각할 수 있는 능력을 갖게 된다는 것

5) 형식적 조작기(사춘기에서 성인기에 이르기까지)

형식적 조작기는 피아제의 이론에 나오는 마지막 단계로서 인지적으로 완전히 성숙하는 시기이다. 서구 사회에서는 형식적 조작기에 해당하는 사고방식이 사춘기에 해당하는 만 11세나 만 12세에 형성되기 시작한다. 그러나 모든 아동이 이 나이에 형식적 조작기에 진입하는 것은 아니며, 심지어 어른이 되어서도 형식적 조작기에 들어서지 않는 경우도 있다. 형식적 조작기의 사고가 갖는 특징은 추상적 주제에 대해서 논리적으로 사고할 수 있게 되고, 가설을 세울 수 있게 되며, 연역적인 사고도 가능하게 된다. 형식적 조작기에 있는 사람은 'A가 B보다 크다.'라는 앞에서 나온 예를 비롯한 가설적인 상황을 통해서 생각할 수 있다. 이들은 전제에서 결론에 이르면서 자신들의 의견을 주장하며 때로는 결론을 확인하기 위해 전제로 돌아가 다시 전제를 살펴보기도 한다. 우리가 청소년들의 사고 과정을 알아보려면 이 인지 발달 시기에 대해서 또다시 공부해야 할 것이다.

2. 피아제의 그림자: 그의 유산을 평가하며

개념 9-22

피아제는 발달심리학 분야에 엄청난 족적을 남겼지만, 그의 이론에 대해 반론도 표면화되고 있다.

심리학 연대기에서 환하게 빛나는 인물인 피아제는 풍성한 연구 업적을 유산으로 남겼다. 그중에서도 특히 도식, 동화와 조절, 자기중심성, 보존, 그리고 비가역성 개념은 아동기의 인지 발달 과정과 아동의 인지력이 아동의 성숙과 함께 어떻게 변할 수 있는지를 이해할 수 있게 해 주는 강한 기초가 되었다. 피아제는 아동을 자극에 대해서 소극적으로만 반응하는 존재보다는 세상을 이해하고 세상을 조작해 보려고 노력하는 자연과학자 같은 존재로 이해하도록 권면했다. 그러나 피아제의 인지 발달 이론이 아동의 정신 능력에 대해 많은 직관을 갖도록 해 주었지만, 그의 이론에 대한 비판도 많이 생겨났다.

1) 단계 이론에 대한 비판

어떤 연구자들은 인지 발달이 단계별로 전개되어 나간다는 피아제의 기본 전제에 반대한다. 그들은 아동의 인지 발달은 시간이 흐르면서 서서히 변화하는 과정을 지속적으로 거치면서 이루어진다고 믿는다(예: Bjorklund, 1995).

2) 아동 능력 평가절하

비판가들은 피아제가 어린 아동의 능력을 평가절하했다고 주장한다(예: Meltzoff & Gopnik, 1997). 영유아들은 피아제가 생각했던 것보다 더 세상을 명확히 알고 있으며 그런 세상의 상황에 따라 더 의미 있는 방식으로 행동한다고 주장한다. 예를 들어, 신생아조차도 얼굴 표정을 흉내 낸다. 피아제는 얼굴 표정을 흉내 내는 능력이 생기려면 생후 1년 정도가 흘러야 한다고 주장했었다. 대상 영속성과 다른 사람의 입장에서 상황을 볼 수 있는 능력도 실제로 피아제가 제시한 시기보다 더 빠른 시기에 형성된다는 것을 입증하는 증거도 있다(Aguiara & Bailargeon, 2002; Munakata et al., 1997).

3) 문화 영향력에 대한 이해 부족

피아제는 아동이 외부 세계의 물체들과 교류할 수 있는 기회가 있는 한 아동의 인지 발달은 성숙 과정으로서 자연스럽게 진행된다고 믿었다. 그러나 비평가들은 그가 이런 단계가 진행되는 시기에 아동이 겪는 문화 차이에 대해서 설명하지 못했다고 주장한다. 어떤 면에서 피아제는 옳았다. 비교문화연구 결과는 아동의 인지 발달이 피아제가 설명한 순서를 따라서 진행된다는 것을 증명한다(Dasen, 1994). 그러나 비교문화연구 결과는 또한 아동이 각 단계를 거치는 나이는 문화권에 따라 다르다는 것을 증명했다.

인류학자인 피에르 다센(Pierre Dasen)은 피아제와 함께 연구했고 나중에는 피아제의 이론을 다른 문화권에서 테스트해 보았다. 그는 호주에서 원주민 아동을 상대로 낮고 넓은 컵에 있는 물을 길고 좁은 유리컵으로 옮기는 액체 보존 실험을 진행했다. 그는 호주 원주민 아동은 보존 개념을 만 10세에서 만 13세 사이에 형성하는 것을 밝혔는데 이 결과는 피아제가 스위스에서 실험군으로 사용한 스위스 아동이 나타낸 결과보다 3년 이상 늦어지는 결과였다. 게다가 호주 원주민의 경우 일부 청소년과 성인은 아직도 다양한 보존 수행 실험에서 보존 개념을 통한 분별력을 발휘하지 못했다.

반면에, 호주 원주민 아동은 보존 수행 실험보다 공간 개념 실험에서 더 우수한 능력을 보여 주었는데, 이 결과는 스위스 아동이 보여 준 실험 결과와는 반대되는 결과였다. 어떤 공간 개념 과제에서는 풍경을 나타내는 모형을 180도 회전시켰다. 아이는 한 모형에서 물체(장난감 양 등)를 찾아 회전된 모델의 같은 지점에 놓도록 요청 받는다. 호주 원주민 아동이 이런 공간 개념 실험에서 좋은 결과를 보인 것은 놀라운 일도 아니다. 호주 원주민들이 실제로 사는 바위투성이의 풍경 속에 적당한 위치에 필요한 물건을 두고 신선한 물을 찾는 것은 생존에 매우 중요한 일이다. 사냥으로 잡은 고기를 정확히 나누는 것은 무게를 재서 한 것이 아니고 유대관계를 바탕으로 한 공동체에서 특정 고기 부위를 지정된 인물에게 주는 방식에 따라서 진행되었다. 보존 수행 실험에서 요구되는 기술인 숫자 세기나 수량 비교는 이곳에서 최소한의 가치였던 것이다. 실제로, 호주 원주민의 언어에서 쓰이는 수량 관련 언어로는 5까지만 셀 수 있었다. 5 이상의 수치에 해당하는 것은 단지 '많다'로 표현되었다. 이 연구를 통해서 아동이 경험하는 문화권 내에서의 경험은 인지 발달 속도와 인지 발달의 최종 수준에 모두 영향을 줄 수 있다는 것을 알 수 있다.

이렇게 도전을 받기도 하지만, 피아제가 아동의 발달 과정을 관찰하고 우리에게 남긴 가르침은 오늘날 연구자들의 연구와 탐험에 귀한 밑거름이 되고 있으며 앞으로도 발달 심리학 분야의 연구에 중요한 기초가 될 것이다.

3. 비고츠키의 인지 발달에 관한 사회문화 이론

러시아 심리학자인 레프 비고츠키(Lev Vygotsky)는 피아제와 같은 해(1896년)에 태어났지만, 1934년 38세의 나이에 결핵으로 사망했다. 피아제는 아동이 주변의 물체와 물건들을 어떻게 이해하는지에 대해서 관심을 가진 데 반해 비고츠키(1978, 1986)는 아동이 자신들이 사는 사회를 어떻게 이해하게 되는지에 더 많은 관심을 가졌다. 그는 아동이 부모, 선생님, 그리고 그 문화권의 다른 이들과 교류하는 과정에서 문화적 학습이 서서히 진행된다고 믿었다. 이런 교류를 통해서 어린이는 일상 속에서 겪게 되는 도전을 해결하기 위해 필요한 기본 지식을 얻게 되고 그 문화권이 그 아동에게 부과하는 요구사항을 대처할 수 있게 된다. 그의 입장에서는 어른이 전문가이고, 아동은 초보자와 같아서 그들의 관계는 마치 선생과 학생 사이의 관계 같은 것이다.

개념 9-23
비고츠키의 인지 발달 이론은 사회와 문화적 요소들의 역할을 강조한다.

비고츠키는 인지 발달 이론을 개발했는데 그의 이론은 아동이 세상의 형성을 이해하는 데 이해의 틀이 되는 문화의 역할을 강조한다. 비고츠키는 아동이 문화적으로 볼 때 깨끗한 천연 돌판 같은 상태로 태어난다고 보았다(Zukow-Goldring, 1997). 아동은 그 문화권에서 가치 있는 것으로 여겨지는 기술, 가치, 그리고 행동을 배워야 한다(Feldman, 2003). 미국 문화에서 보면, 식사 때 적절한 도구를 사용하고, 자기 전에 양치질을 하고 재채기를 하고 "실례합니다."라고 말하고, 기다릴 때 줄을 서서 인내심 있는 모습을 보이는 것들이 그런 일상의 예가 된다.

근접 발달 영역(zone of proximal development: ZPD): 비고츠키의 이론에 의하면, 아동의 현재 지식 수준과 적절한 안내와 교육을 통해 발전시킬 수 있는 잠재적 지식 수준 사이의 영역을 나타내는 것을 말함

비계(scaffolding): 비고츠키의 이론에 의하면, 아동의 현재 능력과 지식에 맞추어 적절하게 교육 방식이나 정도를 수정하는 것을 의미함

비고츠키는 이런 사회적 학습이 근접 발달 영역(zone of proximal development: ZPD) 안에서 이루어진다고 강조했는데, 근접 발달 영역은 잠재적 발달 영역(Zone of potential development)이라고도 불린다. 근접 발달 영역은 아동이 현재 수행할 수 있는 기술과 아동이 안내와 지도를 적절히 받으면 수행할 수 있게 되는 기술 사이

에 위치한 영역을 의미한다. '영역 내에서' 노력한다는 것은 곧 훈련과 연습이 부족한 초보자나 개인에게 그들이 현재 스스로 할 수 있는 수준에서 더 나아갈 수 있도록 새로운 훈련을 제공한다는 것을 의미한다(Holzman, 2009; Kleinspehn-Ammerlahn et al., 2011).

비고츠키의 모델을 사용하는 부모와 교육자들은 건축 현장에서 사용되는 비계의 기술을 사용해서 아동이 새로운 기술을 습득할 수 있도록 도와준다. 비계 개념을 사용해서 부모와 교육자는 아동의 현재 능력과 지식 수준에 맞는 교육 방식과 그 정도를 정한다('해 보기' 참조). 예를 들어, 아동이 그림책을 읽기 시작한 경우, 만 1세 된 아동의 부모는 그 책 속에 나온 그림들을 가리키며 책을 크게 읽어 줄 것이다. 만 15개월에서 만 18개월 된 아동의 부모는 책 속에 나온 그림을 가르키며 "이게 호랑이 맞아?"라고 말하거나 "저게 뭐지?"라고 물어볼 것이다. 만 2세에서 만 3세 된 아동의 부모는 "벌이 무엇을 만들 수 있지?"라고 물어보면서 그림책을 통해 아동이 다른 것을 추가로 배울 수 있도록 할 것이다(Zukow-Goldring, 1997). 비계를 사용하는 사람(부모 혹은 교육자)은 초심자(아동)가 이제 다음 단계로 발전할 수 있음을 나타내며 보여 주는 신호를 민감하게 파악할 수 있어야 한다. 비계 사용자가 그런 신호를 읽고 적절히 이용하면 단계적인 교육을 할 수 있게 되고 상황에 맞춰서 아동을 위해 굳이 도움을 주지 않아도 되게 된다. 아동의 능력이 발달하면, 보호자의 직접적인 도움과 교육은 덜 필요해진다. 비고츠키는 발달 심리학뿐만 아니라 교육학에도 큰 영향을 끼쳤다. 〈개념 차트 9-5〉는 이 단원에서 배우게 될 주요 인지 발달 이론들을 개괄적으로 요약하고 있다.

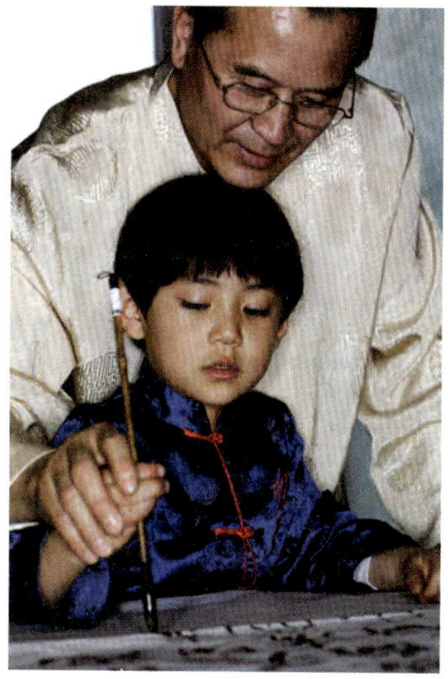
© Floresco Productions/Corbis

비고츠키는 사회적 교류를 아동이 세상에 대한 지식을 얻기 위한 기초 요소로 여기고 이것을 중시했다.

〈개념 차트 9-5〉 인지 발달 이론들

이론	개요	
피아제의 인지 발달 이론	피아제는 인지 발달에서 적응의 역할을 강조했는데, 적응은 동화와 조절로 이루어진 것이다. 동화는 낯선 물체와 상황이 기존 도식에 병합되는 과정이며 조절은 새로운 물체와 상황을 고려하여 기존의 도식을 수정하거나 새로운 도식을 만들어 내는 것이다.	
피아제의 인지 발달 단계들	아동은 일정한 연속적 단계를 거치면서 세상을 이해하고 세상과 교류하는 능력과 방법을 질적 차원에서 한 단계씩 성숙시킨다.	
 © Flashon Studio/Shutterstock.com	감각운동기 (출생부터 만 2세까지)	아동은 감각과 발달하는 운동 기술을 사용하여 세상을 탐험한다. 아동은 대상 영속성의 개념을 이해하기 시작하는데, 대상 영속성은 물체가 시야에서 사라져도 여전히 존재한다는 것을 인지하는 것이다.
 © maska/Shutterstock.com	전조작기 (만 2세에서 만 7세까지)	아동은 언어 능력을 발휘할 수 있게 되어 물체와 행동을 말로 표현할 수 있게 된다. 그러나 아동의 사고는 자기중심성, 물활론적 사고, 집중성, 그리고 비가역성에 의해 제한된다.

 © StockLite/ shutterstock.com	구체적 조작기 (만 7세에서 만 11세까지)	아동은 구체적 문제와 연관되어 있는 동안에는 간단한 논리적 연산을 수행할 수 있다. 이 단계의 주요 특징은 보존의 원리를 이해하게 되어 물질의 모양이나 크기를 변화시키거나 물질을 재배열해도 총량은 변하지 않는 것을 알게 된다는 것이다.
 © Yuri Arcurs/ Shutterstock.com	형식적 조작기 (만 11세나 만 12세의 사춘기 무렵 시작됨)	아동은 추상적 사고를 할 수 있게 된다. 그러나 모든 아동이 그렇게 되는 것은 아니며 심지어 일부는 성인기가 되어서도 이 단계에 이르지 못한다.
피아제의 이론에 대한 비판	피아제의 관찰과 가르침은 인지 발달을 이해할 수 있는 기초 틀이 되고 있지만, 그의 이론은 그가 아동이 몇 살이 되면 어떤 특정한 능력을 갖게 된다고 주장한 내용과 아동의 발달 과정에서 문화의 영향력을 주시하지 못한 점 등에서 비판받기도 한다.	
비고츠키의 사회문화 이론	비고츠키는 아동과 어른 간의 사회적 교류가 아동이 그 문화권에서 중요하게 여겨지는 기술, 가치, 그리고 행동을 배우는 데 기본적인 요소가 된다고 강조했다.	

해 보기 기술을 가르치기 위해서 비계 사용하기

비계의 원리를 적용해서 아동이 특정한 기술을 익힐 수 있게 해 보자. 약간의 지도와 연습을 통해 아동이 익힐 수 있을 만한 기술을 하나 골라 보자. 우선 아동에게 직접 가르치고 교육을 시키고 점차 아동이 기술을 익힐 때까지 직접 지도하는 빈도를 줄여 나가자. 나중에 어떻게 되는지 살펴보자. 아동이 이해할 수 있는 수준에서 명료하게 지도했는가? 아동이 스스로 기술을 익힐 수 있도록 점차 지도하고 도와주는 빈도를 줄였는가? 나중에는 이런 전략을 어떻게 활용해 보겠는가?

5단원 복습 인지 발달

되새겨 봅시다

동화와 조절의 차이점은?

- 동화는 새로운 자극을 기존의 도식에 병합하여 포함시키는 과정이다.
- 조절은 기존의 도식으로는 대처하기 어려운 새로운 자극을 대하기 위해서 새로운 도식을 만들거나 기존의 도식을 수정하는 것이다.

Piaget의 인지 발달 과정과 관련된 주요 특징은?

- 출생부터 만 2세에 해당하는 감각운동기에 아동은 감각과 운동 반응, 그리고 물체를 의도적으로 다루는 능력을 통해서 세상을 탐험한다.
- 만 2세에서 만 7세에 이르는 전조작기에는 아동의 사고는 더욱 표상적이지만 그 사고 능력은 집중성, 자기중심성, 물활론적 사고, 그리고 비가역성에 의해 제한된다.
- 서구 사회에서는 대략 만 7세부터 시작되는 구체적 조작기에 아동들이 보존의 법칙을 이해하고 가역성을 적용할 수 있게 되며, 구체적인 사물이나 사건 간의 논리적 관계를 유도할 수 있다.
- Piaget에 의하면 가장 발달한 단계에 해당하는 형식적 조작기에는 아동들이 연역적 사고를 하며, 가설을 만들고, 추상적 사고도 할 수 있게 되는 특징이 있다.

Vygotsky의 인지 발달 이론의 기본 테마는?

- Vygotsky는 아이들이 그 사회에 대한 지식을 어떻게 얻는지에 관심을 두었다. 그는 아동들(초보자)이 어른(전문가)과 교류하면서 아동의 현재 지식 수준과 잠재적으로 배울 수 있는 지식 수준을 고려한 근접 발달 영역 내에서 아이들이 그 지식을 얻게 된다고 주장했다.

점검해 봅시다

1. Piaget는 다음 중 어떤 단계에서 아동들이 자신들의 감각과 발달하는 운동 기술을 통해서 환경과 교류하면서 배운다고 주장했는가?
   ① 감각운동기
   ② 전조작기
   ③ 구체적 조작기
   ④ 형식적 조작기
2. Piaget는 적응이 두 가지 상보적인 인지 과정인 ________과 ________으로 이루어진다고 주장했다.
3. 인류학자인 Pierre Dasen은 호주 원주민 아동들이 스위스 아동들과는 다르게 보존 기술보다는 공간적인 기술을 더 잘 배운다는 것을 알게 되었다. 이런 결과가 초래되는 이유를 설명해 보자.
4. 러시아 심리학자인 Lev Vygotsky는 아동의 인지 발달 과정에서 ________교류와 문화적 학습의 역할을 강조했다.

생각해 봅시다

➤ Piaget의 인지 발달 이론에 의하면, 아동의 세상은 어른의 세상과 어떻게 다를 것인가?

➤ 동화와 조절의 예시를 만들어서 머릿속에서 생각해 보자. 어떤 상황에서 당신은 새 정보를 기존의 도식에 동화시킬 수 있었는가? 어떤 상황에서 당신은 당신의 도식을 변경시키거나 새로운 도식을 만들었는가?

TV와 아이들 6 단원

개념 9-24

TV나 다른 미디어매체에 등장하는 폭력적 장면이 아이의 폭력성을 키우는 문제도 있지만, TV의 어린이용 프로그램을 시청하면 그 결과 유치원에 다니는 아이들의 선행학습 능력이 개선될 수 있다는 증거도 있다.

그것은 상자로, 튜브로, 그리고 심지어 얼간이 튜브로도 불렸다. 그것은 세상을 향한 창이었을까, 아니면 어떤 비평가의 말대로 '광대한 황무지'였을까? 그것이 좋든 싫든 그것은 당신의 거실이나 침실에 머물고 있다. 그것은 바로 텔레비전이다.

오늘날 미국에 살고 있는 만 2세에서 만 5세 사이의 아동은 평균적으로 일주일에 25시간 동안 TV를 보는데, 이 수치는 가장 높은 수치의 기록이다(Mindlin, 2009). 이 수치는 미국 소아과학회에서 추천한 최장 TV 시청 시간의 두 배를 넘어서는데, 미국 소아과학회에서는 또한 아이들에게 맞는 고급 프로그램에 한해서만 한 시간 또는 두 시간 정도만 보여 주고 TV는 아동 방에서 치울 것을 권고했다(Rosenberg et al., 2010).

우리는 TV를 보면 아이들이 집중력이 저하되고 지나치게 폭력적이 될 수 있는 등 여러 문제가 생길 수 있다고 생각하는 경향이 있다. 그러나 놀랍게도 연구자들은 유치원에 다니는 시기의 아이들이 〈Sesame Street〉, 〈Dinosaur Train〉 같은 몇몇 프로그램을 TV로 시청하면 인지 능력이 좋아지고 어린 나이부터 과학과 기술에 흥미를 갖기도 하는 장점을 누릴 수 있다고 주장한다(Baydar et al., 2008; Rubenzahl, 2011). 그러나 대부분의 어린이용 프로그램이 그렇게 지능 계발이 될 수 있게 풍성한 경험을 주는 것은 아니다.

TV를 보는 것이, 특히 TV를 많이 보는 것이 어린이의 심리 발달이나 육체 발달에 해를 끼칠 수 있을까? 많은 사람들이 그렇다고 생각한다. TV 시청이 초래하는 부정

© Franco Vogt/CORBIS

빌리는 무엇을 배우고 있을까? TV와 다른 미디어에 등장하는 폭력적 장면에 노출된 아이들은 폭력성을 보일 수 있다는 증거가 제시되었다.

적인 결과에 대해서 오랫동안 제기되어 온 주장을 증거를 바탕으로 평가해 보자.

TV를 시청하면 여가활동이나 중요한 지적 활동을 할 시간을 빼앗긴다. 미국 소아과학의 헨리 셔피로(Henry Shapiro)는 이 문제에 대해 분명히 이야기한다. "TV 시청보다는 아이들이 장난감을 갖고 놀고, 누군가가 아이를 위해 책을 읽어 주거나, 아이들이 어른과 함께 놀거나 부모와 함께 이야기하는 것이 훨씬 좋은 교육이다"('Kids' TV', 2003). 셔피로의 의견에 이의를 제기하며 논쟁하려고 드는 전문가는 별로 없을 것이다. 그러나 TV를 보지 않는 시간에 아이들이 꼭 상상하는 놀이를 하고 의미 있는 활동을 하게 된다고 생각하는 것도 이치에 맞지 않는다. 아이들에게 특별히 준비된 활동이 없을 때 TV 시청으로 그런 시간을 꾸준히 채워 나갈 수도 있다. 이런 상황에서 부모는 아이들의 일정을 읽기, 체육 활동, 상상 놀이, 그리고 모험 여행 등으로 더 의미 있게 채워야지 TV를 전자 유모로 활용해서는 안 된다는 점을 깨닫게 된다.

아이들이 TV 시청을 하면 인지 능력이 저하될 수 있다. 어린 시절에 더 많은 TV 시청을 한 아이일수록 성적이 낮고 집중력 문제가 생기며 이것은 그들이 청소년이 되어서도 낮은 성적을 받도록 만들기도 한다(Christakis, 2009; Levine & Waite, 2000; Landhuis et al., 2007; Pagani et al., 2010). 방에 TV 세트가 있는 3학년 아이들은 방에 TV가 없는 아이들보다 수학, 독해, 그리고 언어 능력을 테스트하는 정규 시험에서 더 낮은 점수를 기록하기도 했다(Borzekowski & Robinson, 2005). 그러나 이 시험에서 방에 컴퓨터를 가지고 있는 아이들이 방에 컴퓨터가 없는 아이들보다 좋은 점수를 기록했다. 즉, 학업 능력 면에서는 TV 시청보다는 컴퓨터 사용이 더 좋은 영향을 미치는 것이다.

TV 시청은 아이들의 폭력성과 공격적 행동을 유발한다. TV에는 폭력적인 장면이 많이 등장하지만, 사람들의 시청률이 가장 높은 시간대에는 그렇지 않다. 소년을 대상으로 방영되는 프로그램에서 영웅 역할을 하는 캐릭터는 많은 폭력을 행사한다. TV 속 영웅은 폭력을 행사하면서 적과 싸우지만 다치지 않는다. 이런 장면은 정의를 행사하는 사람들이 사용하는 폭력은 허용될 수 있고 영웅적 행동이 될 수 있으며 영웅은 피해도 별로 입지 않는다는 메시지를 전달한다.

미디어의 폭력 장면에 노출된 아동과 청소년의 폭력적 행동도 증가하게 된다는 것을 증명하는 증거도 많아지고 있다(Feshbach & Tangney, 2008; Huesmann, 2010; Rosenkoetter, Rosenkoetter, & Acock, 2009). 폭력적 장면에 노출된 아이들이 모두 폭력적인 행동을 하는 것은 아니지만, 많은 심리학자들은 아이들이 폭력물에 노출되는 것을 최대한 제한해야 한다고 주장한다. 게다가 아이들이 폭력적인 내용의 비디오 게임을 하게 되면 폭력성도 증가하며 이것은 성격상 다소 폭력성이 있는 아이에게 더 치명적일 수 있다는 것도 이미 알려져 있다(Anderson et al., 2010; Fischer, Kastenmüller, & Greitemeyer, 2009; Ferguson, 2010; Huesmann, 2010; Markey & Markey, 2010).

폭력적 내용의 미디어에 노출되면 다음과 같은 다양한 형태의 폭력적 행동이 유발될 수 있다.

- 폭력적 내용에서는 갈등을 폭력적 방법으로 해결하는 장면이 있어서 아이들이 이 방법을 보고 따라 할 수 있다.
- 폭력적 장면은 폭력적 사고를 급격히 키워 줄 수 있다.
- 폭력적 장면에서는 등장인물이 폭력을 사용하고 난 뒤에도 무죄가 되고 그 폭력을 사용한 결과에 대하여 보상을 받게 되는 장면이 나와서 아이들이 폭력을 덜 사용하도록 억제하기 어렵게 만든다.

아이들이 TV의 폭력물에 자주 노출되면, 그들은 문제를 해결하는 데 폭력이 효과적인 방법이라고 믿게 된다. TV 폭력물에 반복적으로 노출되면 아이들은 현실 세계에서 발생하는 폭력이 얼마나 치명적인지에 대해서 둔감해져 실제로 폭력 피해자의 곤경에 대해서 공감하지 못하게 된다(Strenziok et al., 2010). 즉, TV의 폭력물에 노출되는 것이 실제 가정이나 학교 또는 사회에서 목격되는 폭력만큼 아이들을 폭력적으로 만들지는 않는다(Gunter & McAleer, 1990).

TV 시청을 많이 하면 아이가 비만한 상태가 된다. TV 시청은 또한 아이의 신체 발달에도 영향을 줄 수 있다. TV 시청을 많이 하는 것과 아이의 안 좋은 식습관 사이에는 깊은 상관관계가 있어서 아이가 과일이나 야채를 덜 먹고 간식을 더 많이 먹게 만든다(Coon et al., 2001; Etheridge, 2001). TV를 많이 보고 자신의 방에 TV가 있는 아이들이 비만이 될 확률이 큰 것은 놀라운 것이 아니다(Dennison, Erb, & Jenkins, 2002). TV 앞에 앉아 TV를 시청하면 아이가 과잉 공급된 칼로리를 운동을 통해 소모시킬 기회가 제한된다. 게다가 TV만 찾는 아이는 TV에서 광고하는 고칼로리 과자를 먹게 되어 불필요한 칼로리를 섭취하게 된다.

1. 책임감 있는 TV 시청: 부모가 할 수 있는 것은 무엇인가

TV 전원을 꺼버리는 것 외에도 부모는 아이들이 보다 책임감 있게 TV 시청을 할 수 있도록 할 수 있는 전략이 있다(Huston & Wright, 1996; Rosenkoetter, Rosenkoetter, & Acock, 2009).

첫 번째, 폭력적이고 선정적인 프로그램을 차단한다. TV 프로그램들은 내용의 폭력성이나 선정성이 TV 방송 관련 업체에 의해 등급이 매겨진다. 부모는 프로그램 등급을 확인하여 아이들에게 부적절한 프로그램은 사전에 차단할 수 있다. 원치 않는 종류의 프로그램은 자동으로 차단하는 V칩이 내장된 TV 세트도 있다. 부모는 미디어에 등장하는 폭력과 실제 현실 세계에서 발생하는 폭력이 어떻게 다른지 설명해도 된다. 부모는 미디어에 나오는 주인공은 가짜 피를 닦고서 아무렇지 않게 집으로 가는데, 현실 세계에서 폭력의 피해자는 이렇게 할 수 없다고 설명해야 한다.

두 번째, 부모가 아이와 TV를 함께 보는 것도 좋은 방법이다. TV에서 본 프로그램에 대해 함께 이야기하고 TV를 아예 함께 보는 것도 아이가 프로그램 내용을 더 정확히 이해하게 만들 수 있다. 부모는 아이와 함께 〈Sesame Street〉를 보면서 그것을 움직이는 사진 책 삼아서 화면 속에 등장하는 캐릭터들을 가리키며 누가 누구인지 알려 줄 수 있다. 조금 나이가 많은 아이에게 있어서, 부모가 아이들과 TV를 함께 보면 아이들이 평범치 않은 장면을 볼 때 공포나 불안을 덜 느낄 수 있다. 부모는 또한 아이들에게 TV 속 환상과 현실의 차이점을 설명함으로써 아이가 TV 속 영웅과 같이 될 수 없다는 것을 알려 주어야 한다.

세 번째, TV를 유모로 사용하지 말아야 한다. TV 앞에 아이를 계속 앉혀 놓는 것은 절대 아이가 유익한 놀이에 참여하는 것의 대체 교육이 될 수 없다.

네 번째, 제한선을 설정하라. TV 시청에 대해서 분명한 제한 기준을 설정해야 한다. 예를 들어, 하루 두 번 또는 하루 단 한 시간, 이런 식으로 기준을 설정하고 부모가 일단 그 기준을 지켜서 모범이 되어야 한다. 부모는 또한 아이들에게 어떤 프로그램이 시청 가능한지도 제한하여 아이들을 폭력적이거나 선정적인 장면이 나오는 프로그램에 노출되지 않도록 해야 하며, 아이들이 보다 교육적으로 유익한 프로그램을 볼 수 있게 해야 한다.

다섯 번째, 아이들이 스스로 자신들의 TV 시청을 조절할 수 있도록 격려하라. 부모는 아이들에게 스스로 TV 시청을 조절할 수 있도록 가르칠 수 있다. 그들은 스스로 자신들이 보아도 될 만한 적절한 프로그램을 찾고 선택하는 법을 배울 수 있다. 아동의 경우 무서운 장면이 나오면 눈을 감고 귀를 가리거나, 재빨리 채널을 바꾸거나, TV를 아예 끄면서 그런 상황에 대응할 수 있다는 것을 배울 수 있다. 만 8세 이상의 아동에게는 허구와 실제 사이의 차이점을 가르쳐서 그들이 TV에서 보는 모든 것이 현실적인 것은 아니라는 것을 알게 할 수 있다.

여섯 번째, 뉴스에 관심을 두라. 오늘 보는 TV에 나오는 장면 중 가장 보기 힘든 장면은 주로 저녁 뉴스에 나오는데, 특히 저녁에 방영되는 지역 뉴스는 '유혈 장면을 내보내야 시청률이 오른다.'는 방송사 좌우명을 그대로 따르는 것 같다. 어린아이를 둔 부모는 아이들이 새로운 프로그램과 경찰관들의 활약을 그린 프로그램을 시청하지 못하도록 해야 한다. 나이가 많은 아이들을 둔 부모들은 TV 뉴스는 가장 자극적인 범죄를 강조해서 방영함으로써 사회에 대해 왜곡된 이해를 부추길 수 있다는 것을 알려 주어야 한다.

일곱 번째, TV 시청 중 간식을 조금 먹게 하라. 더 좋은 것은 아이들이 TV 시청 중 식사를 하거나 아예 간식을 먹는 것을 하지 못하게 하는 것이다.

여덟 번째, 아이들이 TV 시청 이외에 다른 흥미거리를 갖도록 해야 한다. 아이들이 TV 시청 이외에 독서, 스포츠, 친구와 함께 만나 놀거나 야외에서 노는 것과 같이 다른 활동을 하도록 해야 한다.

TV와 다른 미디어들이 아이들에게 영향을 미친다는 것에는 의심할 여지가 없다. 그 영향이란 것이 전적으로 좋기만 한 것도 아니며 전적으로 나쁘기만 한 것도 아니다. 아이들의 TV 시청에 더 적극적으로 관여함으로써 부모는 아이들의 TV 시청이 유익한 교육이 되도록 할 수 있다.

심리학에 대해 비판적으로 생각하기

이 단원의 내용을 바탕으로 다음 질문에 대해 답해 보자. 그리고 비판적 사고 능력이 얼마나 발전했는지 알아보기 위해 당신의 답을 부록 A의 모범 답안과 비교해 보자.

생활의 한 단면 일몰 시간이 지난 어느 날 저녁, Nick은 세 살 된 아들 Trevor에게 물었다. "해가 어디로 간 거지?" Trevor는 대답했다. "잠자러 갔어요." Nick이 다시 물었다. "왜 잠자러 갔을까?" Trevor가 말했다. "졸렸으니까요."

1. 당신이 이해한 Piaget의 인지 발달 이론을 바탕으로 왜 Trevor는 해가 졸려서 잠을 자러 간 것이라고 믿는지 설명해 보자.

눈으로 복습하기 제9장 아동 발달

1단원 핵심 질문과 연구 방법들

핵심 질문

- 선천 대 양육: 유전자가 중요한가, 아니면 환경이 더 중요한가?
- 지속성 대 단절성: 작은 단계들을 거치는가, 아니면 한 번에 많이 발전하는가?
- 보편성: 여기, 저기, 그리고 모든 곳에서 볼 수 있는가?
- 안정성: 한 번인가, 아니면 항상인가?

연구 방법들

- 종단 연구: 동일 인물에게 일어나는 변화를 오랜 시간동안 추적하여 기록하며 연구함
- 횡단 연구: 동일 시점에 다른 나이대의 사람들을 비교하며 연구함

2단원 태내 발달

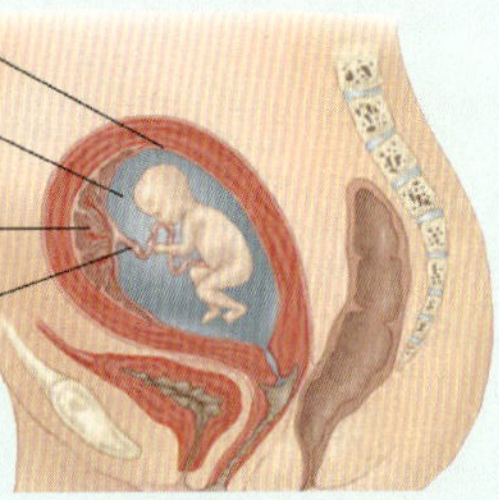

태내 발달의 단계들

- 배란기(germinal stage): 수정이 된 후 첫 2주
- 배아기(embryonic stage): 수정이 된 후 2주에서 8주 사이
- 태아기(fetal stage): 출생하기 8주 전부터 출생까지

태내 발달에 대한 위협 요소들

- 기형 유발 물질(teratogens): 치명적인 건강 문제를 유발할 수 있는 환경 요소
- 임산부의 영양 결핍(maternal malnutrition): 미성숙아 혹은 저체중아를 출산할 위험이 있음

3단원 영유아 발달

- 반사: 젖 찾기 반사, 눈 깜박 반사, 빨기 반사, 모로 반사, 쥐기 반사, 바빈스키 반사; 몇 개는 생존을 위해 필요한 것들임
- 감각과 지각 능력: 영유아들은 다양한 종류의 감각 자극의 차이점을 분별할 수 있음
- 학습 능력: 간단한 반응을 배우고 기억할 수 있음
- 운동 발달: 모든 문화권에서 같은 나이 대에 같은 순서로 진행됨

4단원 정서 발달과 사회성 발달

- 기질상의 개인 차이: 세 가지 주요 타입(순한 아동, 까다로운 아동, 반응이 느린 아동들)
- 애착 유형: 네 가지 유형(안정 애착 유형 혹은 Type B; 불안정 회피 애착 유형 혹은 Type A; 불안정 저항 애착 유형 혹은 Type C; 혼돈 애착 유형 혹은 Type D)
- 아이 교육 영향 요소: 유전자, 또래 집단 영향력, 부모의 행동, 부모의 육아 방식(권위적 방식, 독재적 방식, 허용적 방식)
- Erikson의 심리사회적 발달 단계: 신뢰 대 불신, 자율성 대 수치심과 의심, 주도성 대 죄의식, 근면성 대 열등감

© Jonathan Nourok/Photo Edit

5단원 인지 발달

Piaget의 인지 발달 단계

- 감각운동기(출생에서 만 2세까지): 감각과 운동 과정을 통해 세상에 참여함
- 전조작기(만 2세에서 만 7세까지): 단어로 상징적인 표현을 구사하기 시작함
- 구체적 조작기(만 7세에서 만 11세까지): 구체적인 사물들이 연관되어 있을 때 논리적 연산을 수행함
- 형식적 조작기(사춘기에서 성인기까지): 추상적 사고를 하게 됨

© Tony Freeman/Photo Edit

Vygotsky의 사회문화 이론

- 근접 발달 영역(zone of proximal development: ZPD)과 비계(scaffolding): 문화적 학습과 사회 교류의 역할을 강조함

제 10 장 청소년기와 성인기의 발달

왜 2센트인가?

생활의 한 단면 엔지니어로 일하다가 은퇴한 뒤 코네티컷주에 있는 작은 변두리 마을에서 살고 있던 사람의 이야기가 있다(Kanin, 1981). 어느 날 그 마을이 정전되면서 전등을 비롯한 모든 장치가 동력을 잃었다. 마을의 공무원이나 엔지니어들은 아무도 그 상황을 복구할 방법을 찾지 못하고 있다. 점차 절망감이 더해지는 가운데, 공무원들은 그 은퇴한 엔지니어가 한때 그 마을의 전기장치를 설치했던 경력에 착안해서 그의 집을 방문하기로 결정했다. 은퇴한 늙은 엔지니어도 기꺼이 돕고 싶어 했다. 그는 공구 상자를 집어 들고 곧바로 마을의 주요 도로에서 떨어진 전기 접합 박스로 향했다. 잠시 동안 상황을 분석한 그는 나무망치로 그 박스를 두드린 뒤에 스위치를 켰고 그것은 현역 시절에 자주 사용하던 방식이었다. 그러자 마을에 전력이 다시 돌아왔다. 마을 공무원들은 기뻐했지만 며칠 뒤 그가 보내온 청구서를 보고 놀랐다. 그가 청구한 서비스 비용은 1,000.02달러였다. 공무원들은 그가 왜 2센트를 덧붙였는지 의아했다. 그가 설명하길, 그 2센트는 자신이 나무망치로 박스를 두드린 것에 대한 대가라고 했다. 나머지 천 달러는 망치로 어디를 어떻게 두드려야 하는지에 대한 대가라고 했다. 지혜에 대한 비용은 결코 싸지 않았던 것이다.

이 장에서 살펴보겠지만, 인간의 발달은 결코 어린 시절에 끝나지 않는다. 신체적 · 인지적 · 감정적 그리고 사회적 변화는 인간의 평생에 걸쳐 일어나는 인간 발달의 특징들이다. 이 장에서 우리는 청소년기와 성인기 동안 각각의 단계별로 발

다음 사실을 알고 있었나요!

- 우리는 모두 사춘기 시절을 지나는데, 각자에게 찾아오는 사춘기의 시기에 따라 소년과 소녀가 받는 심리적 영향이 다른가? (p. 481)
- 대부분의 청소년들은 자신들의 존재가 지속적으로 발전하고 있다고 여기는가? (p. 482)
- 미국인들은 과거에 비해서 결혼을 늦게 하는 편인가? (p. 501)
- 일반적으로 비슷한 사람들끼리 결혼하는 경우가 많다는 것을 비추어 볼 때 신데렐라 이야기는 동화일 뿐인가? (p. 501)
- 치매는 나이 들어가는 것의 정상적인 결과가 아닌 것인가? (p. 510)
- 노인은 활동량을 줄이기보다 적극적으로 다양한 활동을 더 많이 함으로써 예전보다 더 좋은 삶을 영위할 수 있는가? (p. 514)
- 청춘의 샘(청춘을 되살려 줄 수 있다는 전설의 샘)에 이르는 차선책은 근처에 있는 체육관에 가는 것인가? (p. 518)

© Corbis Bridge / Alamy

학습 목표

이 장을 제대로 공부한 학생은

1. 사춘기 기간 동안 인간에게 발생하는 육체적 변화와 심리적 변화를 설명하고, 사춘기 기간이 소년과 소녀에게 미치는 효과를 평가할 수 있다.
2. 청소년기에 인간에게 발생하는 인지적인 변화와 육체적인 변화를 설명할 수 있다.
3. Kohlberg의 도덕 발달 단계를 이해하고 설명할 수 있고, 그의 이론적 모형을 평가할 수 있다.
4. 초기 성인기부터 후기 성인기에 이르기까지 발생하는 인간의 육체적, 인지적, 심리적, 그리고 감정적인 변화를 설명할 수 있다.
5. 청소년기와 성인기에 해당하는 Erikson의 심리성적 발달기를 이해하고 설명할 수 있고, 이 이론을 적용해서 인생 전반에 걸쳐 우리가 마주하는 주된 심리사회적 도전을 이해할 수 있다.
6. 오늘날 성인의 삶의 방식에서 발생하는 주된 변화를 묘사할 수 있다.
7. 유동 지능과 결정 지능의 차이점에 대해 설명할 수 있다.
8. 성공적으로 나이가 드는 법에 대해 설명할 수 있다.
9. Kübler-Ross의 사망 단계를 이해하고 설명할 수 있다.
10. 오래도록 건강하게 사는 방법에 대해 연구한 결과를 우리 삶에 적용할 수 있다.

미리 보기

생하는 변화에 주목하면서 인간의 발달에 대해 살펴볼 것이다. 우선 인생에서 신체적으로나 심리적으로 중대한 발달과 변화가 일어나는 청소년기에 대해 살펴볼 것이다. 이 장에서 나이를 먹으면서 경험하게 될 변화를 다루는 동안에도 방금 소개된 은퇴한 엔지니어의 이야기를 염두에 두기를 바란다. 우리는 나이가 들면서 젊었을 때 했던 것처럼 재빨리 문제를 해결하거나 빨리 달릴 수는 없지만, 축적되어 있는 지식이나 지혜를 활용하는 것은 세월이 흘러도 변치 않는다.

1 단원

청소년기

- 사춘기란?
- 청소년기에는 인지 발달에 있어서 어떤 변화가 발생하는가?
- Kohlberg의 도덕 발달 이론에 나타나는 단계는?
- Gilligan은 왜 Kohlberg의 이론을 비판했는가?
- Erikson은 청소년기에 무엇이 주된 발달적 도전이 된다고 믿었는가?

청소년기는 일생에서 어린 시절과 성인기를 이어 주는 연결고리이다(Richter, 2006). 청소년의 신체는 모든 방면에서 한꺼번에 괄목한 성숙을 하는 것처럼 보인다. 청소년은 내년 혹은 당장 다음 달에 어떤 모습의 자신이 될지, 자신의 성격이나 하는 일이 어떻게 변하게 될지 궁금해한다. 청소년들은 지적인 측면에서 자신이 갑자기 성인과 별반 차이가 없다고 느낄 수도 있다. 청소년들을 향한 기대도 높다. 학교 수업은 더 어려워지며 어른들은 그들이 고등학교 졸업 후의 진로에 대해 진지하게 생각하기를 기대한다. 그러나 부모와 교사들은 그들을 여전히 어린아이처럼 대우한다. 어른의 옷으로 가장한 어린이로서 이들에게는 자제력이 강요된다. 청소년들은 이성과의 데이트, 자동차 이용, 돈 지출, 그리고 ____________(빈칸에 당신의 경험을 써 보라.) 등의 문제로 부모와 지속적인 마찰을 빚으면서 자신의 정체성을 파악하게 된다. 청소년들이 자신의 날개를 펼치고 스스로 날아오를 준비를 할 무렵에 그들은 여전히 재정적으로나 감성적으로 부모에게 의지하는 상황이다. 심리학자이자 미국 심리학회의 설립자인 그랜빌 스탠리 홀(G. Stanley Hall)이 청소년기를 질풍노도의 시기 또는 '폭풍과 스트레스'로 점철된 시기로 묘사한 것은 당연한 것이다. 동시대의 연구 결과는 모든 청소년이 그런 것은 아니지만 많은 청소년들이 청소년기를 격동과 압박감이 심한 시기로서 경험한다는 결론들을 내포하고 있다. 이제부터 더 이상 어린아이도 아니지만 그렇다고 완전한 어른도 아닌 중간 시기에 있다고 느끼는 청소년들에게 발생하는 신체적, 인지적, 사회적, 그리고 감정적 변화에는 어

청소년기: 사춘기에 시작되어 초기 성인기에 끝나는 인생의 단계

떤 것들이 있는지 살펴보자.

1. 신체적 발달

개념 10-1

청소년기의 육체적 발달 부분에서 주요 특징은 사춘기를 경험하는 것인데, 이 무렵에 육체적 성숙이 일어나고 성적 성숙을 통해서 완전한 성적 성숙을 달성하게 된다.

청소년들의 성숙 급등은 2년에서 3년에 걸쳐 진행되는데, 이 무렵 청소년들의 키는 약 20~30cm 정도나 자란다. 이런 성숙 급등을 유년기를 지난 아이들이 일반적으로 5~7cm 정도 자라면서 몸무게도 2.7kg 정도 증가하게 되는 성숙과 비교해 볼 필요가 있다. 일반적으로 여자 청소년들이 남자 청소년들보다 더 일찍 성숙 급등을 경험하게 되기 때문에 일시적으로 여자 청소년들이 또래 남자들보다 키가 더 큰 시기가 있다. 그러나 남자 청소년은 일반적으로 키와 몸무게에서 여자 청소년들을 추월한다. 남자 청소년들은 또한 상체 근육이 많이 발달하게 된다.

사춘기: 개인이 신체적으로 생식기능을 가지게 되는 발달 단계

제2차 성징: 남자와 여자를 육체적으로 구별하는 육체적 특징. 그러나 생식기능에 직접적으로 연관된 특징은 아님

제1차 성징: 생식샘과 같이 남자와 여자를 육체적으로 구별해 주는 특징이며, 이런 특징들은 생식에 있어서 직접적인 역할과 관계됨

청소년기에 발생하는 주된 신체적 발달의 특징은 사춘기인데, 사춘기 때는 그 사람의 성적 성숙도가 최대치에 이르게 되는 시기이다([그림 10-1] 참조). 사춘기는 단순한 시기가 아니며, 오랜 시간 동안 진행되며 전개되는 시기이다(Jay, 2006). 사춘기는 제2차 성징의 등장과 함께 시작된다. 제2차 성징은 남자와 여자의 신체적 특징을 구분하게 만들어 주는데 생식과 직접적으로 연관된 것들에 관여된 특징이 아니고 음모 생성, 가슴 발달, 그리고 음성 변화와 같은 것들이다. 제1차 성징도 나타난다. 이 성징은 생식과 직접적으로 연계된 생식기관의 변화로서 남자 청소년들은 고환과 음경이 커지며 여자 청소년들은 자궁이 확대된다. 사춘기는 3년에서 4년에 걸쳐 지속되는데, 사춘기가 끝날 무렵에는 청소년들이 생식기능을 할 수 있게 된다.

초경: 최초의 월경

여자 청소년들은 일반적으로 10세에서 18세 사이에, 또는 평균적으로 12세에서 13세 초경을 경험하고 월경을 시작한다(Irwin, 2005; Sun et al., 2002). 오늘날 여자 청소년들은 이전 세대보다 훨씬 빨리 사춘기에 접어들어 초경을 경험한다. 오늘날 평균적인 유럽계 미국인 여자 청소년들은 가슴 발달을 비롯한 그 외의 사춘기의 특징들을 만 10세 무렵에 보이고 있는데, 이것은 20세기가 시작될 무렵에 여자 청소년들이 평균적으로 만 15세에 사춘기의 특징을 보여 주었던 것과 비교되는 것이다(Kantrowitz & Wingert, 1999). 오늘날 아프리카계 미국 여자 청소년들은 사춘기의 특징과 초경을 조금 더 이른 나이에 보이고 있다(S. E. Anderson, Dallal, & Must, 2003).

사춘기가 시작되는 시기는 남자와 여자에게 다른 결과를 초래한다. 사춘기가 상대적으로 빨리 시작되는 남자 청소년들은 신체가 커지고 힘이 세져서 운동 분야에서 강점을 가질 수 있게 해 주며 이런 특징은 그들이 더욱 긍정적인 자아상을 가질 수 있는 데 기여한다. 발달이 늦은 남자 청소년들은 발달이 빠른 남자 청소년들보다 인기가 적고 놀림의(ridicule) 대상이 될 수도 있거나 사회적으로 외면받을 수도 있다(Berger, 2009b). 성숙이 빠른 남자 청소년들은 음주, 흡연, 불법 행위 등의 탈선 행동에 연루될 확률도 있지만, 대체로 그들은 성숙이 늦은 남자 청소년들보다 긍정적인 결과를 얻는다.

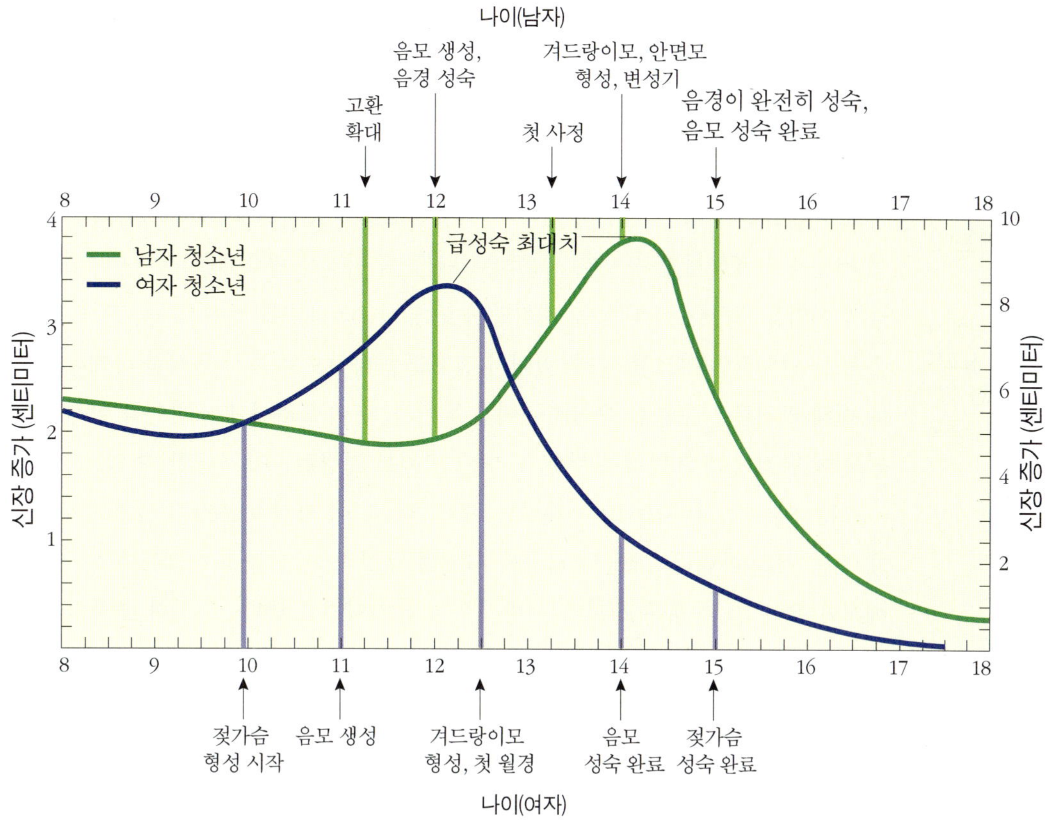

[그림 10-1] 사춘기에 일어나는 신체적 변화

이 그래프는 남자와 여자의 사춘기 때 발생하는 다양한 변화를 보여 준다. 여자가 남자보다 급성숙이 빨리 시작되는 것에 주목하라. 다양한 변화와 성숙이 일어나는 평균연령에 주목하고 개인의 실제 성숙과 변화는 이런 평균치와는 달라질 수 있다.
출처: Seifert, Hoffnung, & Hoffnung (2000)에서 수정.

여자 청소년들에게 가장 확실한 성숙의 징후는 가슴의 발달이다. 조숙한 여자 청소년들은 불편한 방식으로 성적인 주목을 받을 수도 있고, 스스로가 자신들은 더 이상 또래 친구들과 잘 어울릴 수 없다고 믿을 수도 있다. 그들은 낮은 자존감을 갖게 되는 경향이 있고, 자신의 몸에 대해 부정적인 이미지를 갖게 되기도 하며, 불안과 우울함을 더 많이 느낄 수 있고, 성경험을 더 일찍 하게 되기도 하며, 다른 여자들에 비해서 약물중독에 빠질 확률도 높다(예: Copeland et al., 2010; Ge & Natsuaki, 2009; Reardon, Leen-Feldner, & Hayward, 2009). 여자 청소년의 몸에서 일어나는 변화 자체가 아니라 그 변화에 다른 사람들이 어떻게 반응하는지가 그들의 사춘기 시절에 발생하는 사회적 영향과 감성적 효과를 결정짓는다.

청소년기에 나타나는 신체적 변화는 가장 확실한 청소년기 발달의 징후이다. 그러나 인지적 능력과 사회적 행동에 있어서의 주된 변화도 이 시기에 발생한다. 이런 변화와 발달에 대해서도 살펴보자.

2. 인지 발달

개념 10-2

형식적 조작기 사고를 발달시키는 청소년은 추상적인 문제를 풀 수 있게 된다.

개념 10-3

청소년들은 종종 일종의 자기중심적 사고를 보이는데 청소년들은 그런 사고를 하면서 자신의 관심거리나 필요한 것이 자신에게 중요한 만큼 다른 사람들도 중요하게 여겨야 한다고 믿는다.

피아제의 이론에서 나오는 마지막 인지 발달 단계인 형식적 조작기에 해당하는 사고가 발달한 사람은 가상적 상황과 시나리오를 창조하고 그들의 마음속에서 이런 것들을 구체화시킬 수 있다. 그들은 자신들의 입장에 반대되는 것일지라도 자신들의 이익을 위하여 그 내용을 지지할 수도 있다(Flavell, Miller, & Miller, 2003). 그들은 또한 연역적인 사고를 할 수 있어서 전제들을 바탕으로 해서 특정한 사례나 개인에 대해서 결론을 도출할 수 있다. 예를 들어서, 추리 드라마에서 범인을 밝히기 훨씬 전에 범죄에 대한 단서를 통해 누가 그 범죄를 저질렀는지 추론할 수 있다.

모든 어른이 그렇지는 않는 것처럼, 모든 청소년이 형식적 조작기 사고에 도달하게 되는 것은 아니다. 그들의 사고는 사고와 추상적 개념 간의 관계보다는 구체적 예시와 물체 간 관계를 신뢰하는 방식으로 유지되기도 한다. 형식적 조작기 사고가 발달하든지 그렇지 않든지 간에, 많은 청소년들은 특정한 형태의 자기중심적 사고를 보인다. 피아제가 주목한 것처럼 유치원생들은 다른 사람의 입장에서 사물을 보는 것을 어려워하면서 자기중심성을 보였다. 심리학자인 데이비드 엘킨드(David Elkind, 1985)는 청소년기의 자기중심성이 두 가지 방식으로 나타난다고 믿었다. 상상적 청중들을 통해서 나타나거나 개인적 우화를 통해서이다.

상상적 청중: 청소년들이 자신이 다른 사람들에게서 주목받는 중심 대상이 되고 있다고 믿는 것으로서 이런 믿음은 청소년들 사이의 공통되게 나타나는 믿음

개인적 우화: 청소년들이 자신의 감정과 경험은 타인이 이해할 수 없는 것이며 그들은 결코 다치지 않는 불사조와 같은 존재라고 믿는 공통된 성향

상상적 청중은 다른 사람들도 자신만큼 자신의 관심거리나 필요한 것에 관심을 가지고 있을 것이라는 청소년들의 믿음을 나타낸다. 청소년들은 자신들이 항상 무대 위에 서 있고 모든 사람들은 그들이 어떻게 생겼고, 그들이 무엇을 입었으며, 그들이 어떻게 행동하는지 끊임없이 유심히 살피는 것처럼 느낄 수 있다. 청소년들은 자신들이 주목의 중심 대상이라고 여겨서 극심하게 남을 의식하고 자신의 외모에 조그만 흠집만 있어도 지나치게 우려한다("그들이 어떻게 이 흠을 못 볼 수 있지? 모두 알아챌 거라고!").

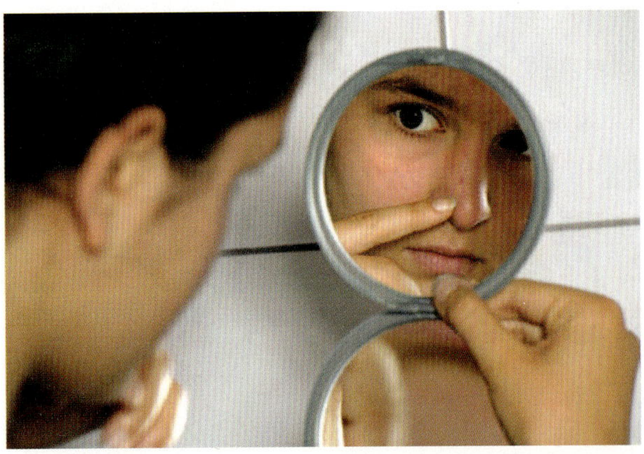

"어떻게 그들이 이걸 못 알아보겠어?" 청소년들은 끊임없이 자신들의 외모를 살피며 자신들의 외모에서 발견되는 아주 작은 흠집에 대해서도 신경을 쓴다.

개인적 우화는 자신의 고유성과 강한 불사신적 능력을 과장되게 느끼는 것이다. 청소년들은 자신들의 삶의 경험이나 개인적인 느낌이 매우 고유해서 아무도 자신을 이해할 수 없고, 그런 동일한 경험은 아무도 하지 못할 것이라고 생각한다. 부모가 그들이 경험하고 있는 것에 연관된 것을 끄집어내려고 시도하면, 그들은 즉시 그 시도를 묵살해 버릴 것이다. "부모님은 내가 겪고 있는 것을 결코 이해할 수 없다고요!"

개인적 우화의 또 다른 특징은 '나쁜 일은 내게 일어나지 않아.'라는 믿음을 갖는 것이다. 이런 불사신적 신념 때문에 그들은 청소년으로서 하기에 위험한 행동인 난폭 운

전, 불안전한 성관계, 그리고 음주활동을 보다 쉽게 할 수 있다(Curry & Youngblade, 2006).

비록 청소년들은 자신들의 행동이 초래할 바람직하지 못한 결과를 감당할 자신이 없더라도, 특정하게 계산된 위험을 감수하는 모험이 "할 만하다."라고 느낀다(Reyna & Farley, 2006). 청소년들의 위험을 감수하는 모험적 행동과 관련된 요소에는 낮은 학교 성적, 가족 문제, 모험을 일삼는 친한 친구가 있는 것, 충동성, 그리고 모험 행동의 기회가 있다(Boyer & Byrnes, 2008; Cooper et al., 2003).

우리는 청소년들의 뇌의 각 부분들이 아직도 성숙 중이며 그중에서 특히 판단, 추론, 그리고 충동적 행동을 통제하는 역할을 하는 전전두엽 피질도 포함되어 있음을 주목해야 한다(Bell & McBride, 2010; Steinberg, 2007). 청소년들은 논리적으로나, 이성적으로나 생각할 수 있는 능력이 있지만, 신경정신과 의사인 데이비드 파슬러(David Fassler)는 그들은 "그 행동이 불러일으킬 결과를 이해하거나 분석하지 않고, 단지 충동적 · 본능적으로 행동할 위험이 크다."라고 주장한다('Teens' Brains', 2007). 청소년들의 인지 능력이 발달함에 따라서, 그들이 세계를 바라보는 눈도 변하는데, 그 대상에는 자기 자신, 가족과 친구, 그리고 더 나아가 사회와 도덕적 문제도 포함된다. 다음에 살펴보겠지만, 이런 변화는 사람이 무엇이 옳고 잘못된 것인지에 대해서 판단을 내리는 방법에도 영향을 준다.

1) 콜버그의 도덕 발달 이론

심리학자 로런스 콜버그(Lawrence Kohlberg, 1927~1987)는 논란거리에 대해서 개인이 어떻게 도덕적 판단을 하는지 연구했다. 그는 사람이 특정한 도덕적 선택을 하는 것보다는 도덕적 선택(뭔가를 옳게 만들거나 틀리게 만드는 것)을 하게 되는 과정에 관심을 가졌다. 그는 연구 참여자를 도덕적 가치가 상충되거나 도덕적 딜레마에 빠지게 되는 가설적 상황에 노출시키는 방법을 개발했다. 그의 가장 유명한 실험의 예를 살펴보자(Kohlberg, 1969에서 인용).

> 유럽에서 어떤 여성이 암 때문에 죽음을 앞두고 있다. 그 병을 치료할 수 있는 약은 단 한 가지인데, 그 동네의 약제사는 그 약을 만드는 데 필요한 비용의 열 배가 되는 가격으로 그 약을 팔겠다고 한다. 그 여성의 남편인 하인츠는 돈이 모자라서 그가 아는 모든 사람에게 돈을 빌려 봤지만, 결국 그 약값의 절반밖에 모으지 못했다. 하인츠는 약제사에게 아내가 죽을 지경이니 조금 더 싸게 팔거나, 일단 자신에게 팔고 나머지 약값은 나중에 주면 어떻겠냐고 부탁했다. 그 약제사는 그 제안을 거절했다. 하인츠는 결국 그 약국에 침입해서 아내에게 줄 그 약을 훔치고 말았다.

이제 콜버그는 질문을 던진다. "하인츠는 그 약을 훔쳐야만 했을까? 그렇다면 왜 그렇고 그렇지 않다면 왜 그렇지 않은 것일까?" 여기서 우리는 서로 상충하는 상황인 도덕적 딜레마에 빠지게 되는데, 이 경우에는 상충하는 도덕적 가치는 도둑질을 하지 말아야 하는 것과 사랑하는 사람의 생명을 살리기 위한 것이 된다. 콜버그는 사람의 도덕적 발달 수준이 문제 속에서 그 사람의 그 행동이 옳은지 혹은 틀린지 믿는 것이 아니고, 그가 도덕적 딜레마에 대해서 생각하는 방법에 투영된다고 보았다.

콜버그는 이런 가설적 상황에서 나온 사람들의 반응에 대한 그의 연구 결과에 기초해서 도덕적 발달이 연속된 여섯 단계를 거쳐서 이루어진다고 결론지었고, 그 여섯 단계는 세 가지 수준의 도덕 발달 단계로 구성된다고 믿었다. 전인습적 수준, 인습적 수준, 그리고 후인습적 수준이 그것이다.

(1) 전인습적 수준

전인습적 수준에 있는 아동은 그 행동이 초래할 결과를 인지하고 그것을 참조해서 도덕적 판단을 내린다. 콜버그는 전인습적 수준의 도덕적 추론능력을 두 단계로 나누었다. 1단계는 처벌 지향의 단계이다. 좋은 행동이란 외부 권력에 의해 처벌받지 않는 행동을 뜻한다. 앞서 소개한 이야기에서, 우리는 하인츠가 아내가 죽으면 그가 비난 받을 수도 있기 때문에 그가 약을 훔쳐야 한다고 생각할 수 있다. 혹은 그가 잡혀서 감옥에 갈 수도 있기 때문에 그 약을 훔쳐서는 안 되는 것이었다고도 생각할 수 있다. 2단계는 보상 지향의 단계이다. 어떤 행동은 그것이 그 사람의 필요성이나 관심을 만족시켜 주면 좋은 행동이라고 판단되는 것이다. 그래서 하인츠는 약을 훔쳐서 그의 아내를 살렸다면, 그의 아내가 살게 되어 결국 그와 부부애를 유지하게 되고, 사랑하고, 서로 지지하게 되어 그가 필요로 하는 것을 채울 수 있었기 때문에 약을 훔친 것도 좋은 행동이 되는 것이며, 혹은 하인츠는 약을 훔친 뒤에 잡혀서 감옥에 가게 된다면, 그는 결국 그 자신과 자신의 아내 모두에게 유익한 행동을 한 것이 아니므로 좋은 행동이 되지 않는 것이다.

(2) 인습적 수준

개념 10-4

심리학자 로런스 콜버그는 개인들이 어떻게 도덕적 판단을 내리게 되는지 연구했다. 그의 도덕 발달 이론은 연속적인 6단계로 이루어져 있는데 이 단계들은 도덕적 사고에 대해서는 세 가지 수준으로 구성된다.

인습적 수준에서는, 도덕적 추론은 옳고 그름에 대한 전통적 기준을 따르게 된다. 이 수준의 개인은 사회적 법률의 목적은 사회 질서를 유지하고 구성원 간의 조화로운 관계를 확립하는 것이라는 것을 이해한다.

3단계는 착한 아이 지향의 단계로서 그 특징을 갖는다. 개인은 법률과 규칙을 따라 살면서 타인에 의해 '착한 소년' 혹은 '착한 소녀'로 인지되어야 한다고 믿어서 법률과 규칙을 지키는 것을 중요하게 여긴다. 그들은 다른 사람들 앞에서 '올바른 일'을 하는 것을 중요하게 여긴다. 따라서 하인츠가 다른 사람들이 그가 그의 아내를 살리지 못한 것에 대해 실망한다고 생각한다면 약을 훔쳐야 한다. 혹은 하인츠는 만일 그가 약을 훔쳐서 잡히면 그의 가족과 그 자신에게 불명예를 가져다줄 수 있다고 생각하면 약을 훔치지 말아야 한다.

4단계는 법과 질서 지향의 단계이다. 이제 도덕적 판단은 다른 사람의 승인을 얻는 것을 넘어서게 된다. 법률을 지켜야만 사회 질서가 유지되기 때문에 법을 지켜야 하며 법은 모두에게 공평해야 한다. 법은 법이므로 우리 모두는 법을 준수해야 할 의무가 있다. 하인츠는 그의 아내를 보호해야 할 의무가 있으므로 그 약을 훔쳐야 하기도 하지만, 그는 법을 지키려면 최대한 빨리 약값을 갚고 법을 위반한 데 대해서 처벌을 받고 책임을 지어야 한다. 또는 하인츠는 비록 우리가 그의 아내를 위한 마음을 동감할 수 있더라도, 우리는 극심한 상황에서도 법을 지켜야 하므로 그는 그 약을 훔치면 안 된다.

(3) 후인습적 수준

개인은 일반적으로 후인습적 수준에 도달할 경우 주로 청소년기에 후인습적 수준의 도덕적 추론 능력을 갖추게 된다. 후인습적 수준의 추론 능력을 갖는 것은 그 사람이 권위자에게 의지하거나 사회적 규칙이나 관습에 맹목적으로 의지하기보다는 자신만의 도덕 기준이나 추상적인 원리를 적용하는 것을 말한다(Haidt, 2008). 후인습적 수준의 사고를 하는 사람들은 법률이 정의롭지 않으면 도덕적인 사람들이 그 법률을 지키지 않게 된다고 믿는다. 콜버그(1969)의 연구에서는 네 명 중 한 명 꼴로 16세 무렵에 후인습적 수준의 사고를 갖게 되는 것이 증명되었다. 성인기에서도 많은 사람들은 인습적 수준의 사고에 머물러 있는 것이다.

콜버그는 후인습적 사고의 두 단계를 정의했다. 사회적 접촉 지향의 5단계는 법률이 사회 구성원 간 상호 동의에 기초한 것이지만, 법률이 완전한 것은 아니라고 믿는 단계이다. 법률은 권위에 호소하여 맹목적으로 강요되는 것이 아니고 언제든지 질문 대상이 될 수 있는 것이다. 5단계의 사고를 하는 사람들은 사회의 권리보다 개인의 권리에 무게를 둔다. 그들은 비록 법이 지켜야 하는 것이지만, 생명 보호가 재산 보호보다 더 중요한 것이므로 하인츠의 건에 대해서는 예외적인 처리가 이루어져야 한다고 주장할 것이다. 또는 그들은 공동의 선이 개인의 선보다 중요하며, 목적이 아무리 숭고해도 그것이 수단을 정당화할 수는 없기 때문에 개인이 법을 지켜야 한다고 주장할 수도 있다.

6단계는 보편적 윤리 원칙 지향의 단계와 연관되어 있는데, 이 원리는 개인 자신이 선택한 추상적인 원리로서 도덕적 판단을 도와주는 일종의 체계가 된다. 인간의 존엄성이나 '황금률'에 대한 신뢰가 그런 원리의 예가 된다. 이 단계에 있는 사람들은 사회의 법률이나 타인의 의견에 상관없이 자신들 스스로 세워 둔 도덕적 기준을 따르며 산다. 그들은 만일 법이 인간 생명의 존엄성을 해치면, 그 법은 비윤리적 법이 되어 버려서 더 이상 그 법을 지키기 어렵다고 믿는다. 마찬가지로 하인츠가 아내의 생명의 존엄성을 해치는 법을 지키는 것이 오히려 비윤리적인 것이 되어 버린다. 콜버그는 후인습적 수준에 있더라도 매우 소수의 사람만이 6단계의 과정에 도달하게 된다고 보았다.

〈개념 차트 10-1〉 콜버그의 도덕 발달 이론에서의 수준과 단계

	도덕적 판단의 단계	하인츠는 그 약을 훔쳐야 한다. 왜냐하면	하인츠는 그 약을 훔치지 말아야 한다. 왜냐하면
수준 1 전인습적 수준	1단계: 처벌 지향; 처벌을 피할 수 있는 행동은 착한 행동이다.	그의 아내가 죽는다면 그는 비난을 받을 것이다.	그가 절도범으로 잡히면 처벌을 받을 것이다.
	2단계: 보상 지향; 개인의 필요성과 관심을 충족시켰다면 그 행동은 좋은 것으로 판단된다.	그는 그의 아내가 필요하고 그녀는 약을 먹어야 살 수 있다.	그는 아마 감옥에 가게 될 것이며, 그의 아내는 그가 출소되기 전에 죽을 것이다.
수준 2 인습적 수준	3단계: 착한 아이 지향; 다른 사람들에게 좋은 인상을 주기 위해서 규칙을 지킨다.	약을 훔쳐서라도 그의 아내를 살리지 않는다면 그는 사람들에게서 존중받지 못할 것이다.	타인들은 그를 범죄자로 볼 것이며, 그렇게 되면 그것은 그의 가족에게 수치심과 불명예를 가져다줄 것이다.
	4단계: 법과 질서 지향; 사회 질서를 지켜야 하므로 규칙과 법을 지킨다.	비록 절도죄로 처벌 받을지라도 그는 그의 아내를 보호해야 할 의무가 있다.	사람은 어떤 환경에서도 법을 지켜야만 한다. 그리고 그 법은 존중되어야 한다.
수준 3 후인습적 수준	5단계: 사회적 접촉 지향; 법률과 규칙은 공동의 선을 위한 것이고 사회 구성원 상호 간의 계약이 되어 있다.	사회에서 질서를 지키기 위해서 법을 지켜야 하지만, 법이 인간의 생명보다 중요한 것은 아니다.	그는 그 어떤 경우에도 법을 존중하는 것이 개인이 필요로 하는 것보다 중요하다고 생각할 것이다.
	6단계: 보편적 윤리 원칙 지향; 사회 법규보다 중요하다고 판단되는 보편 윤리적 가치를 바탕으로 개인의 윤리 원칙을 세워서 이것을 적용한다.	이 경우 약을 훔치는 것은 인간의 생명이라는 절대적인 가치에 대한 그의 믿음을 지키기 위한 것이다.	우리가 옳다고 믿는 것을 실행하는 데는 개인의 희생이 요구된다. 만일 그가 그의 아내가 죽는 것보다 약을 훔치는 것이 더 나쁜 것이라고 생각한다면, 그는 약을 훔치면 안 된다.

출처: Kohlberg (1981)에서 수정.

〈개념 차트 10-1〉은 콜버그의 도덕 발달 이론의 6단계를 요약해 놓은 것이다.

콜버그의 도덕 발달 이론 덕분에 사람들은 자신들이 어떻게 옳고 그름에 대한 판단감각을 발달시키게 되는지를 보다 쉽게 이해할 수 있게 되었다. 그러나 도덕적 판단 능력이 우리가 도덕적 문제나 윤리적 문제와 관련된 특정한 상황에서 어떤 행동을 해야 한다는 것을 뜻하는 것일까? 사람들은 자신이 설교하는 것을 실제로 행하는 것일까? 그 질문들에 대해 답하기는 간단하지 않다. 우선 한 편에 있는 우리의 도덕적 신념과 다른 한편에 있는 도덕적 문제나 윤리적 문제와 연관된 특정 상황에서의 우리의 행동방식 사이에는 어느 정도 공통 부분이 있다고 보인다. 반면에, 우리가 우리의 도덕적 신념에 일치되게 행동하는지 여부를 더 잘 이해하려면 특정한 상황에서 그 환경이 우리에게 무엇을 요구하는지 설명할 필요도 있다(Hill & Robert, 2010).

2) 콜버그 이론 비평

콜버그가 아동과 청소년들은 도덕 발달 단계들을 거치며 성숙한다고 주장한 이론은 이후 다른 연구들에 의해서 지지되었다(예: Boom, Wouters, & Keller, 2007). 그러나 비평가들은 콜버그의 발달학적 관점이 사람들이 일상에서 윤리적인 판단을 내릴 때 실제로 적용되는 성향을 포착하고 있는지 의문을 갖고 있다(Krebs & Denton, 2005). 콜버그의 이론 같은 단계별로 설명되는 발달 이론이 다른 이론으로 대체되거나 더 가다듬어질 필요가 있는지는 아직도 학계에서 논란거리이다. 비평가들은 또한 콜버그의 후인습적 사고 개념이 일반적인 도덕 발달의 단계라기보다는 그의 개인적인 이상향을 담아내고 있는 개념이 아닌지 의심하고 있다(Helwig, 2006). 어쨌든 콜버그의 예전 연구 결과는 오늘날까지 이어지는 도덕적 판단에 대한 연구에 대한 발판을 마련했다(Hill & Robert, 2010).

개념 10-5

콜버그의 도덕 발달의 단계적 모형을 지지하는 증거가 있지만, 비평가들은 그의 이론이 문화적으로나 성별적으로 편향되어 있을 것이라고 주장한다.

콜버그의 이론이 문화적으로나 성별에 대해서 편향된 것인지에 대한 것은 또 다른 논란거리이다. 콜버그의 모델은 주로 서구 문화권에서 이상적이라고 여겨지는 것들을 강조하는데, 그 예로 개인의 권리와 사회 정의가 있다. 미국과 인도에서 진행된 사람에 대한 연구는 각각 문화 차이를 보여 주었는데, 정의와 사람 간 교류의 중요성에 대한 순위에 있어서 그 차이가 나타났다(J. G. Miller & Bersoff, 1992). 미국인들은 도덕적으로 올바른 행동을 결정할 때 정의에 대해서 더 많이 고민하고 결정을 내렸는데, 이것은 그들이 정의롭고 공평한 것이 결국 올바른 것이라고 믿는 성향을 보여 준다. 인도인은 사람 간의 책임감에 더 많은 비중을 두었는데, 책임감의 예로는 개인의 타인에 대한 의무와 다른 사람의 필요성에 대해 응답하는 것이 있다.

하버드 대학교의 심리학자인 캐럴 길리건(Carol Gilligan)은 콜버그의 이론에서 성별에 대한 편견이 나타난다고 주장했다. 그녀는 콜버그의 연구가 남자들을 대상으로 한 연구에 전적으로 기초한다고 지적했다. 그녀가 주장하기를, 그 연구에서는 소녀와 여성들의 목소리는 들리지 않는다고 했다.

그녀의 연구 이전에도, 콜버그의 이론을 사용하던 연구자들은 남성이 여성보다 더 자주 더 높은 수준의 도덕적 판단 수준에 이른다는 것을 발견했다. 길리건은 여성이 도덕적 판단 능력을 발달시키는 데 있어서 남성보다 열등하다는 주장에 반대했다. 여성들의 입장을 듣고 나서, 그녀는 여성은 남성과는 다른 도덕 기준을 적용하는 경향이 있다고 주장했는데, 길리건은 이 다른 기준은 남성이 선택한 공정성 지향이라기보다는 배려 지향이라고 정의했다(Gillian, 1982). 남성은 정의와 평등의 추상적인 원리에 기초해서 사람의 생명이 약제사의 재산보다 소중하므로 하인츠가 그 약을 훔쳐야 한다고 주장할 것이다. 그러나 젊은 여성들은 약제사가 그의 재산을 지킬 수 있고 동시에 하인츠의 아내도 살릴 수 있는 방법을 찾으려고 할 텐데, 그 방법은 여성의 보살피는 태도와 양자 간의 관계를 유지할 필요를 나타내고 있다. 길리건은 남자와 여자의 도덕적 기준이 두 가지 다른 도덕적 행동에 대해 생각할 수 있는 방법이 되지만 결코 둘 중 하나가 다른 하나보다 우수한 것은 아니라고 주장했다.

두뇌는 퍼즐을 좋아합니다

지금까지 읽은 내용을 참조해서 다음 내용을 보고 이어지는 문제를 풀어 보자.

'위기'라고 불리는 모든 것이 좋은 것이 될 수도 있다는 것은 황당한 것이지만, 심리학자들은 정체성의 위기는 청소년기 발달과정에서 좋은 것일 뿐만 아니라, 일반적인 과정이기도 하다고 주장한다. 이것이 어떻게 가능한가?

그러나 젊은 여성들은 하인츠의 사례 같은 상황을 마주할 때 추상적인 윤리 원칙을 덜 적용하려고 하기 때문에 콜버그의 시스템에서는 더 낮은 수준으로 분류된다.

연구 증거는 남성은 공정성 지향을 더 많이 강조하는 반면에 여성은 배려 지향을 더 강조하는 경향이 있다는 믿음을 보여 주고 있다(예: Jaffee & Hyde, 2000; Jorgensen, 2006). 그러나 도덕적 판단 성향은 길리건이 원래 주장한 대로 엄격하게 성별에 따라서 차이를 보이는 것은 아니다. 남자와 여자는 도덕적 판단을 할 때 공정성 지향과 배려 지향을 둘 다 사용한다. 그럼에도 길리건의 연구는 여전히 영향력이 있는데, 이것은 부분적으로나마 연구자들이 여성들의 입장을 듣게 하고 젊은 여성들이 자신들의 주장할 내용을 발견하고 그것을 주장하도록 권면하기 때문이다.

3. 심리사회적 발달

나는 누구인가? 내 인생에서 나는 어디로 가고 있는 것인가? 에릭 에릭슨은 개인의 정체성에 대해서 궁금해하게 되는 과정을 청소년들이 마주하는 주요 심리사회적 도전이라고 강조했다.

이번 단원에서는 청소년들이 아동기에서 성인기로 넘어가는 과정을 대하면서 경험하게 되는 청소년들의 심리사회적 발달에 대해 살펴보겠다. 우리가 청소년들이 자신들만의 분명한 사회심리적 정체성을 세워 가는 과정에서 그들이 마주하는 부모, 친구, 그리고 그들이 겪게 되는 도전과 어떻게 관계 맺는지를 집중적으로 살펴보면서 이 부분을 알아보고자 한다. 우리는 또한 청소년기에 중심적인 단계가 되는 사회심리학적 발달의 한 측면인 성생활에 대해서도 알아보고자 한다.

1) 청소년–부모 간의 관계

청소년들은 독립을 원하는데 이것은 종종 그들이 가족에게서 떨어져 나오게 되거나 자립성이나 의사결정의 문제에 대해서 부모와 마찰을 빚게 하는 결과를 초래한다. 젊은 사람들은 가족 밖에서 의미 있는 관계를 형성하고 독립심과 사회적 유능감을 형성하므로 청소년들이 부모에게서 어느 정도 멀어지는 것은 건강한 현상이라고 할 수도 있다. 그 반대되는 일반적인 믿음에도 불구하고, 대부분의 청소년과 그들의 부모는 자신들이 서로 사랑하고 존중하며 삶의 많은 주요 문제에 대해서 같은 입장을 보이고 있다고 말한다(Arnett, 2004; Collins & Laursen, 2006). 물론 부모와 의견이 일치되지 않는 경우도 흔하지만, 청소년들이 부모와 심각하게 마찰을 빚는 것은 일반적인 것도 아니며 그들에게 도움이 되지도 않는다(Smetana, Campione-Barr, & Metzger, 2006). 부모는 또한 더욱 미묘한 방식으로 그들의 아이들인 청소년들에게 영향을 주지만, 그것이 반드시 더 좋은 것만은 아니다. 예를 들어서, 청소년들은 그들의 부모의 건강과 관련된 행동을 모방하는 경향이 있는데, 그런 행동에는 흡연과 같은 부정적인 행동도 포함될 수 있다(Kodl & Mermelstein, 2004).

개념 10-6

독립성과 관련된 문제들은 청소년들의 사회적 발달과 성격 발달에 주된 화두로 떠오르지만, 이런 문제들 때문에 청소년들은 부모와 마찰을 빚게 되는 경우가 흔하다.

부모에게서 심리적으로 분리됨으로써, 청소년들은 그들이 마주하게 될 주된 심리사회적 도전을 감당하기 시작할 것이다. 자기 자신과 인생의 미래의 방향에 대해서 명확한 분별력을 갖추기 시작하는 것이다. 다음에 살펴보겠지만, 에릭 에릭슨

(Erik Erikson)은 '나는 누구인가?'라는 질문에 대해 궁금해하게 되는 과정은 청소년기에 생기는 중요한 삶의 도전이라고 믿었다.

2) 자아정체성 대 역할 혼돈: 나는 누구인가?

앞서 우리는 에릭슨은 어린이가 네 단계의 연속된 심리사회적 발달 단계를 거친다고 믿었다는 것을 살펴본 적이 있다. 에릭슨의 다섯 번째 심리사회적 발달은 청소년기에 일어난다. 자아정체성에 대한 질문이다.

개념 10-7

에릭슨에게 있어서 청소년들이 마주하는 인생의 주요 도전 문제는 자아정체성 형성이었는데, 이것을 고려하다 보면 청소년들은 그 근본적인 질문인 '나는 누구인가?'에 대해 고민하게 된다.

© David Burden/shutterstock.com

젊은 사람들이 '나는 누구인가?', '나는 무엇이 강점인가?' 그리고 '나는 어디로 가고 있는가?'와 같은 문제에 대해 생각하게 되면서 청소년기에 정체성에 대한 문제는 표면화된다(Kuhn, 2006). 민족 구성원과 문화적 유산과의 연결성을 통해 나타나는 민족적 정체성의 형성은 청소년기에 형성되는 중요한 정체성 형성의 한 과정인데, 미국 내 유색 인종에게 더욱 중요하다(French et al., 2006; Fuligni, Witkow, & Garcia, 2005).

자아정체성은 자신에 대한 감각을 확고하게 느낄 수 있게 되는 것이다. 내가 누구이며, 내가 인생에서 어디로 향하며, 내가 무엇을 믿는가에 대한 것이 그런 예들이다. 자아정체성을 갖춘 사람은 자신이 무엇을 필요로 하며, 무엇을 소중히 여기며, 자신의 인생 목표가 무엇인지를 분명히 알고 있다. 에릭슨은 정체성 위기라는 말을 사용해서 많은 청소년들이 개인 가치와 인생의 방향을 설정하면서 심각하게 자신을 탐구하고 영혼과 관련된 것을 탐미하는 이런 스트레스가 심한 기간을 묘사했다. 에릭슨은 정체성 위기가 건강한 인성을 형성하는 과정에서 찾아오는 정상적인 과정이라고 믿었지만, 동시대의 몇몇 학자들은 자신이 몰랐던 인생의 가능성을 찾는 과정이 괴로움과 투쟁을 통해 오는 것이라는 암시를 하지 못하도록 하기 위해서 위기라는 단어보다는 탐구라는 단어를 사용했다(Arnett, 2004).

자아정체성: 에릭슨의 이론에서, 자기 자신과 인생에서의 자신의 방향을 알고 있는 심리적인 감각을 달성하는 것을 뜻함

정체성 위기: 에릭슨의 이론에서, 개인의 가치와 삶에서 자신의 방향과 관련된 문제들을 스스로 점검하고 영혼과 관련된 것을 탐미하는 스트레스가 심한 시기를 의미함

정체성의 위기 시기를 성공적으로 벗어난 청소년들은 그들 고유의 인격체로서, 자아정체성의 상태를 달성한 사람으로서 성숙하게 된다. 그러나 자아정체성은 인생 전반에 걸쳐서 계속 발달하며 변한다. 우리의 직업적 목표와 정치적 신념, 윤리적 신념, 그리고 종교적인 신념도 시간에 따라 변한다. 따라서 우리는 인생에서 많은 정체성 혼란을 겪게 될 것이다.

많은 청소년들과 성인은 정체성의 위기를 전혀 겪지 않기도 한다. 그들은 정체성의 위기를 겪지 않은 채로 부모와 같은 다른 사람을 모델 삼아서 자신의 확고한 자아정체성을 확립할 수도 있다. 또는 그들은 아직 확실한 자아정체성이 형성되지 않은 상태에서도 그저 목적 없이 하루하루를 지내는 경우도 있다. 이런 개인들은 역할 혼돈 상태에 남아 있게 되는데, 역할 혼돈 상태는 혼란스럽게 방황하는 상태로 그 사람이 확실한 인생의 방향이나 가치를 발견하지 못한 상황을 뜻한다. 그들은

역할 혼돈: 에릭슨의 모델에 의하면, 자신이 삶이나 사회적인 정체성 측면에서 어느 방향으로 가야 하는지 모르거나 목적이 없는 상태를 뜻함

특히 약물 사용과 같은 부정적인 또래 친구들의 영향력에 취약할 수 있다.

© Goodshoot/Jupiter Images

청소년과 부모 간의 대립은 흔한 일이지만, 대부분의 청소년들은 그들이 부모와 좋은 관계를 유지하고 있다고 이야기한다.

3) 또래 관계

청소년들의 독립심이 커지면서 또래 관계는 그들의 심리사회적 발달에 점차 중요한 영향을 미친다. 친구들과 어울리거나 또래 집단에 소속되는 것은 그들의 자존감과 감정 조절 능력을 결정짓는 굉장히 큰 역할을 하게 된다.

부모는 종종 그들의 자녀가 '잘못된 친구와 어울릴까 봐' 걱정한다. 그들은 또한 그들의 10대 자녀들이 바람직하지 못한 또래 그룹의 압력에 시달려서 절도, 음주, 또는 약물 남용을 하게 될까 봐 자녀 본인보다도 더 걱정한다(〈표 10-1〉 참조). 적지 않은 부모가 또래 간의 압력이 10대를 성경험이나 흡연, 음주, 그리고 마리화나를 하게끔 유도하는 가장 큰 요소라고 생각한다(Curran, Stice, & Chassin, 1997; S. Thompson, 1995; Wills & Cleary, 1999). 부모와 10대 청소년 간의 강한 유대감과 친밀한 대화는 10대들이 감정적인 문제나 행동 문제, 그리고 음주나 다른 약물 남용 같은 부정적인 결과를 초래하지 못하도록 예방해 주는 효과가 있다(Brody et al., 2010; Taylor, 2010; Wagner et al., 2010).

4) 청소년기의 성생활

개념 10-8

또래 집단이 주는 압력은 청소년들의 사회적 발달과 감정적 발달에 중요한 영향을 미치는 요소가 된다.

청소년들은 단지 누군가가 표현한 것처럼 '호르몬이 넘쳐나는 존재' 그 이상일지도 모르지만, 그들의 성적 사고와 호기심은 종종 그 시기에 그들에게 중심 화제이다. 20세기 후반기부터는 첫 성경험을 한 평균 나이가 감소했고, 10대 청소년들의 혼전 성경험에 대한 태도도 더욱 개방적이 되었다(B. E. Wells & Twenge, 2005). 오늘날, 15~19세의 나이대의 약 50%에 해당하는 청소년은 이미 성경험이 있다고 보고했고, 미국에서는 매년 약 500,000명의 10대 청소년이 아기를 낳고 있다(Centers for Disease Control and Prevention, 2009e).

개념 10-9

사춘기에 일어나는 성적 성숙을 통해서 청소년들은 심리적으로 그런 부분에 대비가 되었는지 여부와 상관없이 생식 능력을 갖추게 된다.

10대 청소년들의 출산율은 1990년대를 최고점으로 기록한 뒤에 감소해 왔다. 하지만 그 출산율은 사실 그 이후에 거의 수평을 유지하고 있고 10대 청소년들의 출산율을 감소시키기 위한 본격적인 대책 마련의 필요성이 시급하게 느껴지지 않게 만들고 있다(Brownstein, 2010; E. Hamilton, Martin, & Ventura, 2009). 미국 내 10대 청소년들의 임신율은 다른 개발도상국들의 그 수치보다 더 높은 상태가 이어지고 있다(D. E. Judge, 2007). 게다가 수백만 명의 10대 청소년이 매년 성교를 통해 전염되는 병이나 감염에 노출되고 있다. 구강성교나 항문 성교로 질 내 삽입을 대체하면서 오늘날 10대들의 성생활 방식이 변하고 있다는 점도 주목할 대목이다.

일부 10대 청소년들은 감정적인 허전함을 채우거나 가족에게 저항하려고 생활하다가 임신하는 경우가 있지만, 대부분의 10대 임신은 피임도구를 사용하지 않은 결과인 경우가 많다. 많은 10대 청소년들은 자신들에게 임신은 발생하지 않을 일이라고 믿기도 한다.

〈표 10-1〉 10대 청소년과 또래 압력

"당신은(혹은 당신이 10대였을 때) 다음의 행동들을 오늘날 하기까지 친구들로부터 또래 압력을 얼마나 받았나요?"

'많이'라고 답한 사람들	10대 청소년	부모
성경험	10%	20%
너무 빨리 세상을 알았다	16%	34%
절도 또는 상점 내 절도	4%	18%
약물 사용 또는 알코올 남용	10%	10%
부모나 교사에게 반항	9%	16%
나와 다른 조건이나 배경을 가진 아이에게 못되게 굴기	11%	12%

출처: *Newsweek* poll, based on a national sample of teens 13 to 19 years of age and 509 parents of these teens. Results reported in Newsweek, May 8, 2000, p. 56.

10대 미혼모는 교육 발달과 사회성 발달 측면에서 심각한 방해를 받게 된다. 그들은 다른 소녀들보다 극심하게 빈곤한 수준에서 살게 되거나, 학교를 그만두거나, 정부 보조 혜택에 의지하게 될 확률이 높다(Arnett, 2004). 비록 그 미혼모 아이의 아버지(아버지도 10대인 경우가 많지만)도 임신에 대해서 똑같은 책임을 져야 하지만, 그들은 일반적으로 아이와 아이 엄마를 떠나 버리거나 아이의 생계 보조를 책임질 수 없는 경우가 많다. 어떤 10대 청소년들은 성 욕구를 절제하고 참는 데 반해서 다른 청소년들은 성생활을 일찍 시작하게 되는 이유는 무엇인가? 일단, 실제로 그럴 수도 있고 우리의 상상일 수도 있지만, 또래 압력이 그들로 하여금 성생활을 하도록 부추길 수도 있고 이와 반대로 성경험을 억제하도록 할 수도 있다. 반면에 도덕적인 이유로 어떤 청소년들은 성생활을 삼가하고 절제하기도 한다. 10대 청소년들이 자신들의 성생활이 발각되거나, 성경험 때문에 임신하거나, 또는 성병에 감염될 것을 걱정하는 경우에는 성욕을 참고 성생활을 삼가게 된다. 10대 청소년들의 성생활을 절제시키는 것과 관련된 다른 요소에는 다음과 같은 것들이 있다(Aspy et al., 2008; J. D. Brown et al., 2006; Hardy & Raffaelli, 2003; McBride, Paikoff, & Holmbeck, 2003).

- 온전한 가정에서 성장
- 많이 다투지 않는 가정에서 성장
- 대학 교육을 받은 부모가 최소한 한 명 있는 가정에서 성장
- 종교를 중요하게 여기고 종교 행사에 자주 참석함
- 음악, 영화, TV, 잡지 등에 등장하는 성적인 내용에 적게 노출되었음

우리는 네 인생에 대해 우리가 무엇을 하면 좋을지 많이 생각해 왔단다.

많은 게이 청소년들은 그들의 성적 정체성에 대한 많은 문화 내의 사회적 비난과 차별의 배경으로부터 오는 도전에 직면하고 있다(I. H. Meyer, 2003). 그들은 스스로 자아 수용을 하기 위해서 자신들의 성적 정체성을 부정하는 느낌이나 감정 등의 모든 것을 벗겨낸다. 몇몇 동성연애자들은 자기 자신의 성적 정체성을 수용하는 커밍아웃을 성인 초기나 중년기까지 계속 실패하고 못하기도 한다. 자아 수용을 이루어내는 과정은 무척이나 어려워서 많은 게이 청소년들은 자살에 대해 생각하고 실제로 자살을 시도하기도 한다. 비록 어떤 가정은 게이인 가족원을 인정하고 받아들이기도 하지만, 많은 게이 청소년들은 그들의 성적 정체성을 그들의 가족이나 친구들에게 솔직히 말하기를 주저하기도 한다.

청소년에 대한 토의를 끝내기 전에, 많은 청소년들은 일반적으로 행복하고 그들의 미래에 대해 긍정적이라는 것을 주목해야 한다(Arnett, 2004). 비록 청소년들은 어른에 비해서 더 크게 그리고 더 자주 기분이 변하지만, 그들의 기분은 대개 온화한 수준에 유지되어 있다.

1 단원 복습 청소년기

되새겨 봅시다

사춘기란?

➤ 사춘기는 제2차 성징으로 육체적 발달이 이루어지는 시기에 시작되어 완벽한 성적 성숙이 이루어질 때 종료된다.

청소년기에 인지 발달 측면에서 무엇이 변화하는가?

➤ Piaget에 따르면 청소년들은 추상적 사고와 추론 능력이 가능한 시기로 알려진 형식적 조작기의 단계로 발전할 수 있다.

➤ 청소년기의 자기중심성은 상상적 청중(모두가 나에게 관심을 가지고 있다고 믿는 것)과 개인적 우화(지나치게 자신의 고유성과 개인적인 안전함을 믿는 것)와 관련이 있다.

Kohlberg의 도덕 발달 이론의 수준들은 무엇이 있는가?

➤ 전인습적 단계에서는, 도덕적 판단은 행동의 결과를 인지하여 이루어진다. 처벌을 피할 수 있으면 착한 행동이다. 외부 권력으로부터 처벌을 불러일으키는 행동은 나쁜 행동이다.

➤ 인습적 단계에서는, 옳고 그름에 대한 전통적 법률에 동조하는 행동을 통해서 타인들의 기대에 부응할 수 있고, 개인도 그 법을 준수해야 할 의무가 있으므로 그 행동은 가치 있는 것이다.

➤ 후인습적 단계에서 도덕적 판단은 개인이 사람의 생명의 중요성을 가치 있게 여기고 법보다 중요한 정의의 개념처럼 그 개인이 고찰을 통해 발달시킨 가치 시스템에 기반하여 이루어진다. 후인습적 사고는 청소년기 이후에 발달할 수 있다.

Gilligan은 왜 Kohlberg의 이론을 비판했는가?

➤ Gilligan은 Kohlberg의 이론이 남성들의 반응에 기초한 것에 대한 결과물이며, 그 이론은 여성들의 입장을 고려한 것이 아니라고 주장했다.

➤ 그녀의 실험을 통해서, Gilligan은 여성은 주로 배려 지향을 선택하는 반면에, 남성은 공정성 지향을 선택하는 경향이 있다고 주장했다. 다른 연구자들은 남성과 여성 사이의 도덕적 판단에서의 차이점은 비록 여성이 배려 지향을 더 사용하는 경향이 있기는 하지만, 그다지 분명하게 나뉘지 않는다고 주장했다.

Erikson은 청소년들에게 무엇이 주된 발달적 도전이 된다고 보았는가?

➤ Erikson은 자기가 누구이며, 자기가 무엇을 상징하는지(자아정체성)에 대해 고민하는 것이 청소년들의 주된 발달적 도전이라고 보았다.

➤ Erikson은 정체성 위기라는 단어를 써서 청소년들이 그들의 내재된 신념과 인생에서의 미래의 방향에 대해 심각하게 영적인 탐구 활동을 하는 기간을 묘사했다.

점검해 봅시다

1. 어린 사람들이 성적으로 성숙해져서 그들의 완전한 생식 능력을 갖게 되는 육체 발달 시기는 ________ 로 알려져 있다.
   ① 청소년기 ② 초경
   ③ 형식적 조작기 ④ 사춘기
2. 월경의 시작은 ________ 이라고 불린다.
3. 청소년기의 자기중심적 사고는 두 가지 방식으로 표현되는데 그 두 가지는 무엇인가?
4. Lawrence Kohlberg는 어린이들의 도덕적 딜레마를 착안하여 그들의 반응을 분류했다. 도덕적 판단을 인지된 행동의 결과에 기초해서 하는 아이들은 ________ 의 도덕적 발달 수준을 가지고 있다고 분류되었다.
   ① 전인습적 ② 인습적
   ③ 구체적 조작기 ④ 후인습적
5. Kohlberg이 이론에서 편향되어 있다고 비난 받는 두 가지 편향에 대해서 논해 보자.
6. Erikson에 의하면, 청소년들이 직면하고 있는 주된 심리사회적인 도전은 무엇인가?
   ① 신뢰 대 불신 ② 주도성 대 죄의식
   ③ 자아정체성 대 역할 혼돈 ④ 친근감 대 열등감

생각해 봅시다

➤ 당신의 청소년기는 질풍노도(폭풍과 스트레스)의 시기였는가, 아니면 상대적으로 평온했는가?

➤ 왜 어떤 10대 청소년들은 비교적 쉽게 그 시기를 지나가는데, 다른 10대 청소년들은 그 시기를 지나는 게 쉽지 않은 것일까? 당신에게는 무엇이 그 시절을 쉽게 또는 어렵게 만들었는가?

성인 초기와 중년기

2 단원

- 나이가 들면서 어떤 육체적 변화와 인지적 변화가 생기는가?
- 학자들은 초기 성인기와 중간 성인기 동안 생기는 사회적인 발달과 성격적 발달을 어떻게 개념화하는가?
- 오늘날 성인들의 삶의 방식이 갖는 주된 변화는?

사춘기가 끝났다고 해서 발달이 멈추는 것은 아니다. 신체적 발달과 심리적인 발달은 인생 전반에 걸쳐 지속되는 과정이다. 청소년기는 언제 끝나고 성인기—법적인 의미가 아닌 심리적인 측면에서의—가 시작되는가? 이번 단원에서 살펴보겠지만, 우리는 청소년기에서 성인기로 옮겨 가는 과정을 10대 후반에서 20대 중반에 이르는 수년 동안에 걸쳐 발생하는 과정이라고 볼 수 있다. 그것은 마치 당신이 달력에 당신의 18번째 생일을 기록해 두는 것처럼 특정한 날짜라고 지정할 수 있는 것이 아니다. 중간 성인기 또는 중년은 언제 시작되는가? 그리고 중년은 언제 끝이 나는가? 중년에 관한 가장 보편적인 개념은 중년이 40세에 시작되어 60세나 65세에 노년기나 노년이 시작되면서 끝난다는 것이다. 그러나 많은 사람들에게 나이는 연도와 관련된 것이라기보다는 마음의 상태와 관련된 경우가 많다. 당신은 어떻게

누가 늙었는가? 롤링 스톤스나 마돈나처럼 오래 활동한 록 스타들은 세대 간의 구분선을 불분명하게 만들었다.

보는가? 사람은 언제 젊은이에서 중년의 인물이 되는가? 이제 60대에 들어선 베이비붐 세대는 그들의 부모가 60대였을 때에 비해서 젊게 행동하고 있거나 최소한 자신들은 젊게 살고 있다고 믿는다. 중년의 시기에 우리는 그동안 이루거나 이루지 못한 것을 돌아볼 수 있고, 앞으로 무엇을 해야 할지 결정할 수 있다. 이 단원에서, 우리는 인간 발달에 대해서 초기 성인기와 중간 성인기에 걸쳐 발생하는 신체적 변화와 심리적 변화를 연구하면서 지속적으로 고찰해 볼 것이다.

1. 신체적 발달과 인지적 발달

개념 10-10

초기 성인기에 많은 인지 능력이 최고조에 달하지만, 나이가 들면서 기억 기능이 감퇴하는 현상은 그 사람의 직업적 기능이나 사회적 기능에 방해가 될 정도는 아닐 수도 있다.

많은 측면에서 볼 때, 신체적 발달과 인지적 발달은 초기 성인기에 최고조에 달한다. 사람이 20대에 들어서면, 많은 사람들은 기억 기능, 새로운 기술 학습, 감각 기능, 근력의 강도, 순발력, 그리고 심장 기능 등에서 가장 좋은 능력을 보유하게 된다.

사람은 또한 초기 성인기에 정규화된 지능검사에서도 가장 좋은 결과를 내게 된다. 이후 중년기나 노년기에 접어들면서 사람의 정신 기능은 다소 감퇴되기도 한다. 가장 큰 감퇴는 문제를 신속하게 풀거나, 추상적 사고를 하거나, 형태와 관계를 규정하거나, 퍼즐을 풀거나, 방금 듣거나 읽은 내용이나 이름을 기억할 때 필요한 지능인 유동 지능 부분이나 정신적 유동성에서 발생한다(Bopp & Verhaeghen, 2009; Jacoby & Rhode, 2006; Sweatt, 2010). 유동 지능은 우리가 동시에 여러 가지 생각을 조직하거나 정신적 연산 능력을 수행하면서 마음속의 정보를 유지하고 조절할 수 있도록 해 주는 기억 기능에 의지한다(National Science Foundation, 2008, 제6장 참조).

유동 지능: 추상적으로 사고하고 유동적으로 문제를 해결할 수 있는 능력과 연관된 종류의 지능

다른 종류의 지능으로는 인생에 걸쳐 단어, 노하우, 그리고 수치상 능력처럼 점차 축적되어 얻어지는 기술과 지식을 사용하게 되는 능력과 관련된 결정 지능이 있다. 결정 지능은 나이가 들면서도 감퇴되지 않으며 종종 나이가 들어도 오히려 단어를 더 많이 구사하게 되는 경우처럼 어떤 특정한 면에서는 더욱 좋아지는 경우도 있을 수 있다(Carstensen & Mikels, 2005; Verhaeghen, 2003). ([그림 10-2] 참조).

결정 지능: 축적된 지식을 사용하는 능력과 관련된 지능

사람들의 이름을 기억하려고 말을 더듬고 종종 당황하는 것 이외에도 중년기의 인지력 감퇴는 서서히 진행되며 그 감퇴현상을 알아차리기 어려우며 그 사람의 사회생활에 지장을 주지 않을 수도 있다. 이런 감퇴는 나이가 들면서 증가하는 지식과 경험에 의해 상쇄되기도 한다.

개념 10-11

폐경기는 대부분의 여성에게 중요한 인생의 단계이며 폐경기는 외모 변화, 건강 문제, 그리고 성생활 같은 중년기에 그들이 직면하는 다른 문제들을 상징하게 되기도 한다.

20대 후반 무렵부터 사람들의 몸에서는 근육을 비롯해서 체조직이 감소하기 시작한다. 매 10년 주기로 사람은 체조직의 약 3.2kg을 잃어버리며 점차 많은 체조직이 지방으로 변한다. 20세에서 70세까지 사람은 근육 세포의 30%를 잃어버린다. 그렇지만 중년기에 발생하는 신체적인 변화는 서서히 발생하며, 개인 간의 신체 변

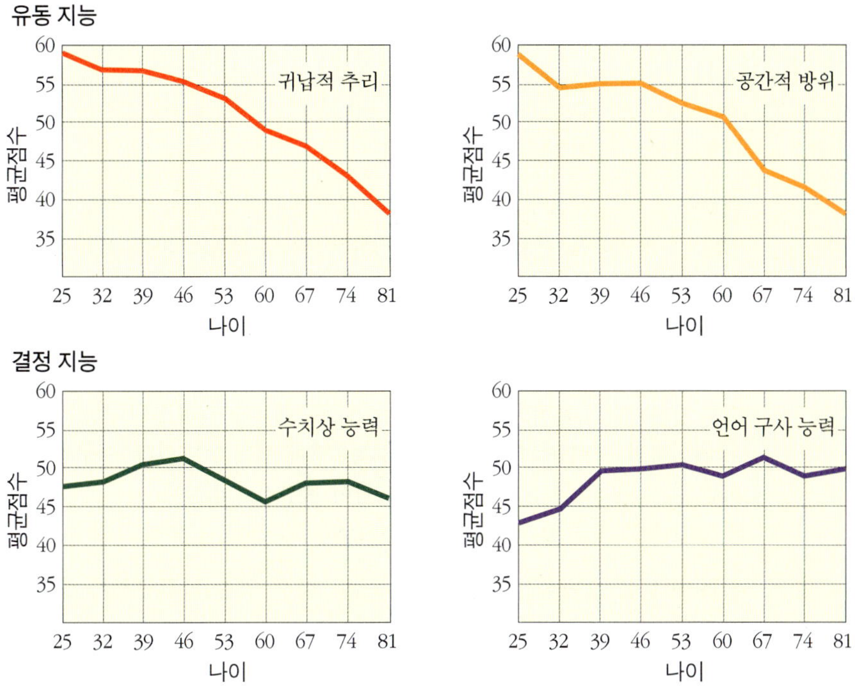

[그림 10-2] 지적 능력에서의 나이에 따른 변화

언어 구사 능력(어휘, 이해)과 수치상 능력 같은 능력을 포함한 결정 지능은 나이가 들어도 큰 변화 없이 안정적으로 유지되거나 오히려 개선되기도 한다. 가장 큰 감퇴는 유동 지능에서 발생하는데, 유동 지능은 귀납적 추리 능력과 공간적 방위 능력과 같은 추상적 사고 기술에 필요한 지능이다.

화 속도는 각각 다르다. 근육 세포가 줄어들면 근력도 서서히 감퇴된다. 근력 감퇴는 규칙적 웨이트 트레이닝 프로그램 참여를 통해서 상쇄시킬 수 있다. 적절한 식이요법과 조합된 규칙적인 운동은 비만을 예방하는 데 도움을 준다. 체중이 증가하는 것은 나이가 들면서 생기는 정상적인 현상도 아니며 노화에 따른 불가피한 결과도 아니다.

중년에 발생하는 여성의 가장 큰 신체적인 변화는 월경이 중단되며 생식 능력이 없어진다는 것이다. 폐경기라고 불리는 이런 생물학적 단계는 여성의 40대 후반에서 50대 초반 나이에 발생한다. 폐경기에 이르면, 난소는 더 이상 난자를 숙성시키지 않으며 에스트로겐이나 프로게스테론 같은 성호르몬도 생산하지 않는다.

폐경기에 대해 지속적으로 유지되는 사회적인 편견은 여성이 폐경기를 경험한 뒤로는 성적 욕구도 없어져 버린다는 것이다(폐경기에 대한 미신적 이야기를 참조하려면 〈표 10-2〉를 참조). 실제로, 여성의 성적 욕구는 에스트로겐이 아닌 부신에서 생겨나는 남성 호르몬인 소량의 안드로겐에 의해서 높아질 수 있다. 개인의 한 여성이 폐경기에 대해 부여하는 의미는 그녀의 선택에 의해서 조절될 수 있다. 폐경기가 여성성의 상실이라는 의미를 보고 듣고 자란 여성은 폐경기 이후에 성적 관심을 잃어버리거나 성적인 욕구를 덜 갖게 될 수 있다. 다른 여성들은 폐경기 이후에 성과 생식 간의 관련이 없어져 버리기 때문에 자유로움을 느낄 수도 있다.

폐경기: 월경이 끝나는 시기

개념 10-12

남성은 점차 남성 호르몬인 테스토스테론이 나이가 들면서 서서히 감소하는 것을 경험하지만, 여성과는 다르게 그들은 노년기에도 여전히 생식 능력을 유지할 수 있다.

〈표 10-2〉 폐경기와 관련된 미신 대 사실

미신	사실
여성은 폐경기 이후로는 더 이상 에스트로겐을 생산하지 못한다.	에스트로겐의 생산량은 감소하지만, 어느 정도 양의 에스트로겐은 부신과 지방 조직에 의해 여전히 생산된다.
여성은 폐경기에 호르몬 변화로 인해서 우울해지거나 불안해진다.	대부분의 여성은 폐경기 동안 혹은 폐경기를 전후로 해서 심각한 우울증이나 심경 변화를 경험하지는 않는다(Bromberg et al., 2007; Wingert & Kantrowitz, 2007a, 2007b).
폐경기는 심리적인 일이 아니고 육체적인 일이다.	폐경기 동안에 여성의 몸에서는 육체적인 변화가 일어나지만, 여성이 이런 변화에 대해서 어떻게 의미를 부여하느냐에 따라서 그 여성의 감정적인 반응도 달라지는 효과가 있다. 만일 그녀가 폐경기를 인생이 끝나버린 것이라고 해석하면, 그녀는 절망감이 커져서 우울증에 걸릴 수도 있다. 연구자들은 또한 결혼 불만족과 같은 심리적 요인들이 폐경기로 생겨나는 더 많은 증상과 연관이 있을 수 있다고 보고 있다(Kurpius, Nicpon, & Maresh, 2001).
여성은 폐경기 동안에 일과성 열감을 경험할 수 있다.	많은 여성은 경미한 열감을 경험하거나 아예 열감을 경험하지 않는다(Wingert & Kantrowitz, 2007a, 2007b).
여성은 폐경기 이후에 성생활에 대한 욕구를 모두 잃어버린다.	사실이 아니다. 성적 관심과 반응은 여성의 일생 동안 유지될 수 있다. 어떤 여성들은 폐경기 무렵에 오히려 성생활이 더 개선되었다고 말하기도 하는데 이것은 부분적으로 아이들이 성숙해서 독립해서 집을 나가서 따로 살아서 여성들이 더 친밀한 관계를 북돋울 수 있는 데 필요한 시간이 허락되기 때문이다(Wingert & Kantrowitz, 2007a, 2007b).

출처: Nevid & Rathus (2007a) 및 다른 자료에서 수정.

여성과는 다르게 남성은 노년기까지도 생식 능력을 유지하게 된다. 폐경기 동안 에스트로겐이 급격히 감소하는 여성과는 다르게 남성은 나이가 들면서 테스토스테론이 점차 감쇠하는 것을 경험한다. 비록 나이가 더 많은 사람일수록 성적 반응에 있어서 나이에 맞게끔 성적 흥분을 위해서 더 많은 시간을 할애해야 한다든지 하면서 자신의 상황을 조절해 나가야 하지만, 대부분의 사람은 여전히 성적 관심과 만족스러운 성적 관계를 유지하고 있다고 보고하고 있다(Hillman, 2008; Laumann et al., 2006).

2. 심리사회적 발달

신생 성인기: 18세에서 25세에 해당하는 이 심리사회적 발달 기간에는 사람이 청소년기에서 성인기로 전이됨

성인의 역할과 관계에 대해서 따로 정리해 보는 것은 젊은 성인기 사람이 겪는 주된 변화이다. 심리학자 제프리 아넷(Jeffrey Arnett)은 10대 후반에서 20대 중반에 이르는 동안 청소년기에서 성인기로 서서히 넘어가는 과정을 묘사하려고 신생 성인기(Emerging adulthood)라는 용어를 만들었다(Arnett, 2004, 2010). 신생 성인기의 개념은 오늘날 많은 젊은이들이 성인기의 자격을 제대로 갖추기 위한 전형적인 그

기간의 역할로서 결혼, 안정적인 직업 갖기, 그리고 예전 세대보다 조금 늦게 부모가 되는 것으로 여기고 있는 것을 착안한 결과 만들어진 것이다. 그러나 오늘날 여전히 많은 젊은이에게 20대는 성인기의 연장선상에 있으며, 나이 30은 본격적인 성인기의 자격을 갖추게 되는 기점이다(Grigoriadis, 2003).

우리는 다섯 가지 핵심 특징을 바탕으로 신생 성인기를 다른 시기와 구별할 수 있다(Arnett, 2004).

첫 번째, 정체성 탐구의 시기(The age of identity exploration). 신생 성인기는 나의 신념을 검사하고 인생에서 내가 어디에 서 있는지 결정하는 시간이다. 이 시기에는 또한 연애 대상과 앞으로 유지할 수 있는 직업을 위해 준비할 수 있는 것을 위해 노력하는 시기이다.

두 번째, 불안정의 시기(The age of instability). 연애와 일에서 다른 가능성을 찾는 노력은 많은 불안정성을 동반한다. 어린 사람은 전공을 바꿀 수도 있고 직업의 목표를 바꾸거나 연애 상대를 바꾸기도 하고 다른 곳으로 이사 가기도 한다.

세 번째, 자신에게 집중하는 시기(The self-focused age). 신생 성인기의 청년은 성인기의 해야 할 것을 책임지기 위한 준비로서 기술, 지식, 그리고 이해를 습득하기 위해서 자신에게 집중하는 시기이다.

네 번째, 무소속감을 느끼는 나이(The age of feeling in between). 청소년들이 아동기와 성인기 사이에서 어떤 느낌을 갖는지 이전에 살펴보았다. 그러나 신생 성인기의 청년도 양 기간 사이에 서서 완전한 청소년도 아니며, 아직 독립된 성인도 아니라고 생각하며 일종의 무소속된 느낌을 갖는다.

다섯 번째, 가능성의 시기(The age of possibilities). 신생 성인기는 무엇인가에 특정하게 묶여 있기보다는 가능성이 열린 시기로서 우리가 아직 실현되지 않은 미래에 대한 큰 희망과 기대를 갖게 되는 시기이다.

신생 성인기가 모든 문화권에서 발견되는 것은 아니다. 아넷는 신생 성인기가 개인이 청소년기에서 성인기로 서서히 전이되는 것을 허용하는 문화권에서만 발생한다고 믿었다(Arnett, 2004). 많은 문화권에서, 젊은이들은 서양 문화권에서의 결혼과 부모가 되는 평균 나이대보다 이른 시기에 결혼과 부모가 되는 것 같은 역할을 해야만 진정한 성인이 된다고 믿고 있다. 문화적인 요소도 어린 성인들이 언제 독립적인 성취를 해 나가야 하는지 결정하는 데 있어서 중요한 역할을 하고 있다. 예를 들어, 필리핀 아동이나 라티노들은 가족에 대한 강한 의무감을 가지고 있는데, 이것은 그들이 계속 그들의 가족과 살면서 그 가족들을 재정적으로 부양하고자 하는 경향을 보여 준다(Fuligini & Pedersen, 2002).

개념 10-13

아넷의 신생 성인기에 대한 개념은 어떤 문화권에서는 청소년기에서 성인기로의 전이 과정에서 10대 후반에서 20대 중반 사이의 특정한 시기와 맞물린다는 점을 착안하여 만들어진 것이다.

아넷은 유명한 학자인 에릭 에릭슨(1963)의 전통적 이론을 따랐는데, 특히 인간발달에서 정체성 형성의 중요성을 강조한 점에 동의했다. 에릭슨은 젊은이의 주요 정체성 도전(위기)을 친밀감 대 고립감, 즉 친밀한 관계 형성과 외롭고 고립된 관계로서 특징지었다.

개념 10-14
초기 성인기의 심리사회적 발달은 주로 친밀한 관계를 만들고 자신의 영역을 마련하는 것에 중점을 둔다.

에릭슨의 주장에 의하면, 인생의 도전과제를 일찍 찾아내는 데 어려움을 겪으면 나중에 인생에서 발생하는 도전과제를 해결하는 데 영향을 받게 된다. 예를 들어, 강한 자아정체성을 형성했거나 안정적인 삶의 역할을 찾은 사춘기의 젊은 청년은 이른 성인기에 자신의 정체성을 타인과 결혼하거나 오래 이어지는 우정을 지킬 수 있을 만큼 친근한 애착을 형성하게 될 수 있다. 이런 친근한 관계를 맺는 데 실패한 사람들은 고립되거나 외로운 상황에 빠질 수 있다. 인생 초반에 기본적인 신뢰감을 터득하지 못한 사람은 성인기에 누군가와 친밀해지는 데 큰 두려움을 갖게 될 수 있기 때문에 그들은 더 큰 외로움을 느끼거나 친밀한 관계를 형성하는 데 어려움을 겪을 수 있다.

개념 10-15
에릭슨은 중년기의 사람들이 직면하는 발달 도전을 생산성 대 침체로 특징지었다.

에릭슨의 주장에 의하면, 성인이 중년기에 직면하는 가장 큰 심리적 도전과제는 생산성 대 침체로 볼 수 있다. 그에게 생산성이란 그가 새로운 세대나 다가올 세대를 준비시키기 위해 하는 노력을 뜻한다. 여기서 세대를 준비시킨다는 것은 자신의 아이들을 기르거나 그 아이들이 다른 아이들과 어울려 미래 세대의 아이들과 살아갈 세상을 더욱 좋은 곳으로 만들려는 일환의 노력을 의미한다. 이런 생산성을 이루어 내지 못하면 그 결과 침체로 이어지는데, 침체는 그들 자신이 '자신만의 존재나 유일한 아이'인 것처럼 자신의 삶을 탐닉하며 자신에게만 몰두하는 것을 의미한다(Erikson, 1980). 생산성은 주로 중년기의 도전 과제이며 그것을 잘 극복하면 만족된 삶을 향유할 수 있게 된다는 에릭슨의 주장을 뒷받침하는 증거도 있다(Peterson & Duncan, 2007; Zucker, Ostrove, & Stewart, 2002).

에릭슨은 성인기의 삶의 각 단계에서는 고유의 도전과제를 경험하게 되는데, 그 도전과제는 우리를 더 강하게 만들거나 풍요롭게 만들기도 하며, 반대로 우리를 더 약하게 하거나 파괴시키기도 한다. 다른 학자들은 성인기의 발달 단계에 대해 이렇게 집중해서 연구하지는 않았고, 그들은 사람들이 그들의 삶에서 그들에게 주어진 임무와 변동 과정에 어떻게 대처하는지에 대해서 더 많은 연구를 했다. 예를 들어, 로버트 해비거스트(Robert Havighurst, 1972)는 사람이 인생의 후반기에 직면하는 수많은 임무에 대해서 이론적 개요를 마련했는데, 여기에는 그들이 신체적 변화와 은퇴에 어떻게 적응하며, 친구와 배우자를 잃는 상황에 대처하는 방법, 그리고 함께 나이를 먹어가는 또래 친구들과 어떻게 새로운 관계를 맺는지에 대한 것들이 포함되어 있다. 대니얼 레빈슨과 동료들(Daniel Levinson et al., 1978)은 40세 무렵에 발생하는 중년의 전환점 같은 인생의 전환점에 대해 집중적으로 연구했다. 레빈슨은 중년기의 전환점은 우리가 어렸을 때부터 꿈꾸던 목표에 이르렀는지를 평가하는 시기라고 보았다. 우리는 삶이 없어지기 시작한다고 느끼며 다른 성인기의 사람들보다 나이가 많은 세대라는 것을 깨닫게 될 수 있다. 우리는 점차 미래를 바라보기보다는 지난날을 되돌아보는 경우가 많은 것은 아닌지 생각하기 시작하기도 한다. 많은 중년기의 사람들은 자신들의 업적을 어렸을 때 꿈꾸었던 것과 견주어 보고 만일 자신들이 꿈꾸었던 것보다 덜 이루었다면 절망할 수도 있다.

이런 중년의 전환점에 중년의 위기가 초래되기도 한다. 중년의 위기란 미래에 대해 더 이상 선택의 여지가 없거나 삶이 더 이상 변화되기 어렵거나 삶의 목표를 상실하거나 어린 시절의 꿈을 이루지 못한 데 대해서 막다른 골목에 갇힌 느낌을 느끼는 것을 일컫는다. 어떤 사람들은 잃어버린 젊은 시절을 되찾으려고 노력하면서 중년의 위기를 극복하고자 노력하기도 한다. 이런 사람들은 혼외 정사를 통해서 자신이 여전히 다른 이에게 성적으로 매력이 있다고 느끼려고 하고, 위험한 행동을 더 많이 하며, 두 명이 앉을 수 있는 스포츠카(당연히 빨간색으로)를 사기도 한다.

중년의 위기: 주로 중년기에 발생하는 심리적 위기 상태인데, 이때 사람들은 자신들의 잃어버린 젊은 시절이 주는 상실감을 해결하려고 노력하는 것을 말함

그러나 중년의 위기는 불가피한 것은 아니며 실제 예외적으로 중년의 위기를 경험하지 않는 경우가 더 많을 수도 있다(Lachman, 2004). 대부분의 사람들은 주요한 중년의 위기 없이 중년기를 보낸다. 실제로, 오늘날 중년기의 많은 사람들은 향후 30년 내지 40년의 미래가 하향세라기보다는 오히려 전망이 밝은 미래라고 믿는 데 초점을 둔다. 이런 가정하에, 그들은 직업을 바꾸고 새로운 꿈과 목표를 열망한다. 그들은 이제 자신들이 다음 세대를 위해 엄청난 공헌을 할 수 있을 것이라고 느낀다. 이 개념은 에릭슨의 생산성 개념과도 상응한다.

개념 10-16

어떤 사람들은 중년의 위기를 겪지만, 대부분의 사람들은 개인적인 격변이나 위기 없이 중년기의 변화를 서서히 겪는 것처럼 보인다.

또 다른 일반적 믿음은 40대나 50대에 이른 사람들, 특히 여성은 자녀들이 독립해서 집을 떠나면 우울증을 경험하고 삶의 목표와 방향을 잃어버린다는 것이다. 빈 둥지 증후군(Empty nest syndrome), 또는 부모가, 특히 어머니들이, 자녀들이 독립해서 떠난 후에 우울해지고 삶의 목표를 잃어버리는 경향을 갖게 되는 것은 어머니가 자신의 정체성을 아이 양육에 집중했을 경우 일반적으로 갖게 되는 현상이다. 그러나 오늘날 대부분의 남성과 여성은 빈 둥지 증후군으로의 전환점을 경험하는 시기를 서로 다시 친밀하게 연결되고 자신들만의 관심거리를 즐기는 시기로서 활용하고 있다(Clay, 2003; Gorchoff, John, & Helson, 2008). 또한 요즘의 많은 빈 둥지는 많은 성인 자녀들이 취직 문제와 높은 집세 문제로 다시 집으로 복귀하면서(또는 초반에 아예 집을 떠나지 않기도 하면서) 다시 채워지고 있다. 〈개념 차트 10-2〉는 청소년기와 중년기 동안의 발달에 대한 전반적인 개요를 요약하고 있다.

빈 둥지 증후군: 아이들이 성숙해서 집에서 떠났을 때 부모가 삶의 목표와 방향을 잃는 것과 관련해서 겪게 되는 일련의 부정적인 감정들

〈개념 차트 10-2〉 성인 초기와 중년기의 발달

신체적 발달	• 일반적으로 신체적 발달과 정신적 발달은 성인 초기에 최고조에 달한다. • 20대부터 체성분 조직과 근육량이 감소하기 시작한다. • 여성은 중년기에 월경이 중단되는 폐경기를 경험하고 에스트로겐이 급격히 감소한다. • 남성은 나이가 들면서 테스토스테론이 보다 서서히 감소한다.
인지적 발달	• 유동 지능은 중년과 노년기 동안 감퇴하지만 결정 지능은 감퇴하더라도 거의 감퇴하지 않으며, 오히려 어떤 측면에서는 나이가 들면서 실제로 개선될 수도 있다. • 기억 기술은 나이와 연관되어 감퇴되지만 사회적 기능과 직업적 기능은 그다지 영향을 받지 않는다.
심리사회적 발달	• 신생 성인기 초기(18세에서 25세)에는 서서히 완전한 성인기와 연관된 독립적인 역할을 더욱 공고히 하게 되는 기간이다. • 에릭슨은 성인 초기와 중년기의 두 가지의 심리사회적 단계를 제시했는데 그것은 각각 친밀감 대 고립감 그리고 생산성 대 침체이다. • 레빈슨과 동료들은 성인기에 발생하는 중요한 전환점에 집중했다. 이 중 하나는 중년의 위기이고, 이것은 많은 사람이 예상하는 것만큼 일반적으로 발생하지는 않는다.

3. 결혼, 그리고 미국 스타일

결혼은 산업화된 사회인 북미와 유럽부터 문자가 발달되지 않은 지역인 미크로네시아 지역에 이르기까지 모든 문화권에서 발견되는 인류의 보편적인 사회적 풍습이다. 모든 사회에 거주하는 대부분의 사람은 최소한 한 번은 결혼한다. 95% 이상의 미국인은 60세 이전에 결혼을 한다. 그러나 오늘날 미국 성인의 절반 정도가 혼인관계를 유지하고 있는데, 이것은 50년 전에 미국 성인의 70%가 혼인관계를 유지하고 있는 것과 비교되는 조사 결과이다(Luscombe, 2010; Pew Social TrendsStaff, 2010). 첫 번째로 머릿속에 떠오르는 것은 51%에 달하는 미국 여성이 배우자 없이 살고 있다는 것이다(Robert, 2007). 성인 미국 남자들도 55%가 결혼한 상태에서 그들의 배우자와 살고 있다(Zernike, 2007).

© Cartoon by Steve Kelley, published January 17, 2007, in the Times Picayune.

왜 혼인관계로 살고 있는 성인의 숫자가 줄어들고 있는 것인가? 이 질문에 대해서 이혼율(그리고 용인성)이 증가하는 것, 결혼을 늦게 하는 경향, 직업을 갖기 위해 결혼을 연기하는 여성이 증가하는 것, 결혼하지 않고 성관계를 하는 것을 용인하는 경향이 강해지는 것, 그리고 수명 연장을 통해 배우자보다 오래 사는 현상 등을 포함한 많은 요소들을 인용해 볼 수 있다. 배우자와 함께 사는 남자와 여자 간의 불공평한 차이는 여자가 남자보다 더 오래 사는 경향이 있어서 그들이 미망인이 되는 경우가 많다는 점으로 설명된다.

1) 사람들은 왜 결혼하는가?

결혼은 많은 사람들의 개인적 필요와 사회적 요구를 채워 주기 때문에 전 세계적으로 인기가 있다. 결혼을 통해서 사람들은 정상적인 성관계를 할 수 있는 기회를 합법적으로 제공받고 안정적인 가정환경에서 아이를 양육할 수 있는 구조를 갖게 된다. 결혼이라는 제도를 통해서 가정 내에서 아이들이 지지받고 가족과 문화권의 가치관을 배우면서 사회화할 수 있다. 결혼은 또한 부가 질서정연하게 다른 가정으로 또는 다른 세대로 전이될 수 있게 해 준다.

개념 10-17
오늘날 많은 성인에게 적용되는 다양한 라이프스타일의 범위에도 불구하고, 결혼은 미국에서 가장 일반적인 라이프스타일로 유지되고 있다.

오늘날 대부분의 사람들은 성생활을 오래 경험한 뒤에 결혼식을 올린다. 대부분의 부부에게는 결혼이 성관계를 시작할 수 있게 하는 제도가 더 이상 아니기 때문에, 오늘날의 결혼은 그 이외에 안정감 제공, 가족 단위에서 아이를 양육하는 것, 우정과 친밀감 제공, 그리고 배우자와 인생을 함께할 수 있다는 점 등이 결혼이 갖는 장점이 되고 있다.

2) 우리는 누구와 결혼하는가?

오늘날 사람들은 일반적으로 사랑을 위해 결혼한다고 말하지만, 늘 그런 것은 아니다. 유럽에서는 17세기에서 18세기에 이르는 동안 부모에 의해 결혼 상대자가 결정되었는데 그 결혼의 목적은 가족의 재정적 안정성을 확보하려는 것이었다. 이제 서구 사회의 부모들은 더 이상 결혼 배우자를 정해 주지 않지만, 그들은 여전히 자녀가 교회를 꾸준히 다니는 부유한 부부의 자녀와 결혼하도록 장려하고 있다. 동질혼의 원리나 또는 '비슷한 사람끼리의 결혼'은 여전히 유효한 원리이다. 우리 사회의 사람들은 같은 지역, 같은 인종, 같은 교육 수준, 같은 종교, 그리고 같은 사회적 지위를 가진 사람과 결혼하는 경향이 있다. 가난한 소녀가 부자인 왕자와 결혼하는 신데렐라 이야기는 대체로 동화 속 이야기일 뿐이다. 그렇지만 미국에서는 타 인종 간의 결혼 비율이 꾸준히 상승하고 있으며 지금은 일곱 쌍의 부부 중 한 쌍의 부부가 비동일인종이다(Saulny, 2011). 연구자들은 유럽계 미국인 부부와 비교했을 때 멕시코계 미국인과 유럽계 미국인 부부의 결혼생활 만족도에 별 차이가 없다고 보고했다(Negy & Snyder, 2000).

동질혼: 사람이 자신과 비슷한 사람과 결혼하는 경향

일반적으로, 사람은 자신과 신체적 · 심리적으로 비슷한 특징—키, 몸무게, 성격적 특징, 지성, 흡연과 음주 여부 등—을 가진 사람들과 결혼한다(Lamanna & Riedmann, 2005; Reynolds, Barlow, & Pedersen, 2006).

3) 독신

결혼은 천국에서 이루어지는 것일 수도 있지만, 많은 사람들은 천국은 더 기다려 줄 수 있다고 말한다. 많은 사람들은 커리어를 쌓고 자신의 관심거리를 즐기는 데는 바쁘지만 올바른 배우자를 기다리는 데 시간을 쓰지는 않는다.

개념 10-18
결혼은 우리에게 가장 보편적인 라이프스타일로 유지되고 있지만, 독신은 20대 초반 나이대의 젊은이들에게 가장 보편적인 라이프스타일이다.

초혼 평균나이는 남녀 각각 역사상 가장 많은 28세와 26세로 집계되었다(U.S.

Census Bureau, 2010). 오늘날 20세에서 24세 사이에 해당하는 젊은이 중에서 남자는 다섯 명 중에 네 명 이상이, 여자는 네 명 중 세 명 이상이 미혼 상태인데, 이 수치는 1970년 이후로 두 배 이상 높아진 수치다. 곧 살펴보겠지만, 예전보다 많은 커플이 결혼하지 않고 동거를 선택하고 있다.

어떤 특정한 형태가 모든 미혼 젊은이들의 삶을 나타내지는 못한다. 많은 미혼 젊은이들은 자신의 선택이든지 기회 부족 탓이든지 성생활을 하지 않고 있다. 어떤 사람들은 자신들의 직업이나 관심사에 더 많은 에너지를 집중시키려고 독신으로 살기도 한다. 많은 사람들은 연속 단혼을 실행하면서 동시에 여러 관계를 맺지 않고 단독 관계를 연속적으로 맺기도 한다. 많이는 아니지만, 어떤 사람들은 자연스러운 성관계 대상과의 만남을 추구하거나 소위 말하는 '하룻밤 성관계 상대'를 기대하면서 지내기도 한다. 이런 다양한 형태의 라이프스타일은 게이 부부나 일반 이성 부부나 이성 커플 간에 큰 차이 없이 나타나고 있다.

미혼으로 지내는 사람은 무의식적으로 나타나는 부정적 편견이나 차별에 노출되기도 한다. 결혼한 사람과 미혼인 사람에 대해서 생각해 보라고 대학생들이 질문을 받았을 때, 그들은 미혼인 사람들이 상대적으로 더 미성숙하고, 불안정하며, 자기중심적이라고 묘사했다(Morris, Sinclair, & DePaulo, 2006). 다른 연구에서는, 입주 예정인 임차인에 대한 정보를 읽은 임대인 대리인은 친구관계이거나 동거 중인 미혼 커플보다는 결혼한 부부를 임차인으로 선호한다는 결과가 나왔다(Morris, Sinclair, & DePaulo, 2006). 미혼으로 지내는 사람이 많아지는 사회적 현실을 사회적인 인식과 태도가 아직 따라가지 못하고 있는 것으로 보인다(Byrne & Carr, 2005).

우리는 독신이 젊은이에게만 적용되는 것이 아니라는 것을 알아야 한다. 나이가 많은 사람 중에도 미망인이나 이혼한 사람이 많다. 여성은 남성보다 더 오래 사는 경향이 있기 때문에, 여성은 남자에 비해서 미망인이 될 확률이 다섯 배나 높다. 미망인이나 홀아비의 심리적 적응 문제는 신체 건강과 감정적 건강, 재정적 안정성, 그리고 사회의 지원 같은 요인에 따라 달라질 수 있다.

4) 동거: 계약 결혼인가 대안 결혼인가?

개념 10-19

많은 연인에게 동거는 혼자 사는 것과 결혼에 대한 대안이다.

생활의 한 단면 마크와 낸시는 일곱 살 된 딸인 재닛과 함께 살고 있다. 그들은 왜 결혼하지 않고 있을까? 마크는 "우리는 기본적으로 연인이라고 느끼지는 않고, 우연히 만나서 연인 상태에 있는 개인들이라고 느끼고 있습니다. 그래서 저는 어느 정도 거리를 두고 있는 것입니다. 남자는 약속하기를 좋아하지 않습니다, 그래서 이런 삶도 일종의 핑곗거리가 될 수 있습니다."라고 말했다(Steinhauer, 1995에서 인용).

한 세대나 두 세대 전에는, 혼인관계가 아닌데 같이 사는 사람들은 '섹스 파트너' 혹은 '죄에 빠져 사는 사람들'로 여겨졌다. 오늘날 우리는 사회적인 수치심이 포함되지 않은 더욱 묘사적인 용어, 즉 '함께 사는 것' 또는 더욱 공식적으로 들리는 '동거'라는 용어를 사용한다. 오늘날, 미국 성인의 절반도 안 되는 사람들만이 동거가 나쁜 것이라고 생각한다(Luscombe, 2010). 이런 태도상의 변화를 반영하듯 동거하는 남녀 간 연인 수는 급증해 1960년 이후로 12배가 되었고, 1990년 이후로는 두 배로 증가했다(Gregoire, 2010; Pew Social Trends Staff, 2010; Wilcox, 2010). 오늘날 30세에서 49세 사이의 미국 여성은 네 명 중 한 명 꼴로 남자친구와 동거하고 있는 것이다. 또 다른 놀라운 통계는 30세에서 49세 사이의 미국인 중 절반 이상이 동거했던 경험이 있다고 보고한 것이다(Pew Social Trends Staff, 2010). 그런 동거 가정에는 아이도 포함되어 있는데, 오늘날 약 40%의 동거 연인은 그 가정에 아이들과 함께 살고 있다.

마크에게 동거는 다른 성인들과 마찬가지로 혼자 사는 것과 결혼하는 것에 대한 대안이 되고 있다. 몇몇 파트너는 서로 깊은 감정을 느끼지만 아직 결혼할 준비가 되어 있지 않다. 몇몇의 연인은 법적 강제력이나 경제적 결속이 없는 것을 동거의 장점으로 여겼다. 어떤 사람들은 동거를 진짜 결혼을 결정하기 전에 같이 살아 보며 선택의 기회를 제공하는 일종의 계약 결혼의 한 형태로 보았다. 많은 연인에게 동거는 결혼으로 가는 전환점이 된다. 가장 최근의 정부 통계는 동거 연인의 약 절반이 3년 내에 결혼하며, 세 쌍의 동거 연인 중 두 쌍은 5년 내에 결혼한다고 보고하고 있다(Lewin, 2010).

이성 커플만이 동거를 하는 것은 아니다. 최근 연구 샘플에서, 성인 게이 남성과 레즈비언은 결혼하지 않고 동거하는 이성 커플과 비슷한 수준의 만족도를 보여 주었다(Means-Christensen, Snyder, & Negy, 2003).

많은 동거 연인은 동거가 그들이 결혼하게 되면 경험하게 될 실제 결혼생활의 기틀을 강화해 주는 계약 결혼이라고 믿는다. 그들은 함께 살면 관계의 뒤틀린 부분이 해결된다고 했다. 그러나 다른 부분의 결과를 제시하는 증거도 있다. 동거를 하다가 나중에 결혼한 부부가 이혼할 확률이 더 높고, 결혼생활 만족도도 동거 없이 결혼한 부부의 만족도보다 더 낮았다(Cohan & Kleinbaum, 2002; Rhoades, Stanley, & Markman, 2009). 그러나 대충 추론하는 것에 대해서는 주의할 필요가 있다. 결혼 전에 동거한 사람들은 결혼이라는 제도와 연관된 '검은 머리 파뿌리가 될 때까지'와 같은 전통적인 가치에 덜 집중하는 사람이다. 동거보다는 태도와 가치관의 차이 때문에 결혼 전에 동거한 사람이 더 많이 이혼하는 것일 수도 있다.

5) 이혼

오늘날 미국에서 열 쌍의 부부 중 약 네 쌍(그리고 두 번째 결혼한 사람 중에서도 약 65%가)이 이혼하고 있다. 이혼율은 1960~1990년에 이르기까지 두 배가 되었지만 그 이후로는 변동이 별로 없다. 힘든 결혼생활에 대한 대안으로서 이혼 수용 현상의 고조화, 이혼 법률의 간소화, 그리고 여성의 경제적 독립 능력 향상 등이 오늘날 높아진 이혼율의 원인이다.

© Gladskikh Tatiana/Shutterstock.com

이혼은 재정 문제와 감정적인 문제와 연관되며 심지어 수명 단축 위험과도 연관되어 있다(Donald et al., 2006; Lorenz et al., 2006; Sbarra & Nietert, 2008). 가정의 재산을 나누게 된 결과, 남자와 여자는 생활수준이 낮아진다. 그러나 재정 부담은 공평하게 나눠지 않는다. 남자보다 여자가 더 낮은 수입 수준을 갖게 된다.

이혼에 대처하는 부부는 종종 우울증, 외로움, 그리고 미래에 대한 연계된 공포와 같은 감정적인 어려움을 경험하기도 한다. 그들은 배우자와 부모로서 개인적인 실패를 했다는 느낌을 갖게 될 수도 있다. 그러나 실패한 결혼을 뒤로 하고 떠나는 사람들에게 이혼은 새롭고 더욱 보상이 이루어지는 삶의 기회를 줄 수도 있다.

개념 10-20

최근에 늘어나는 이혼율의 원인 중에는 이혼에 대해 수용하는 사회적 태도 변화, 이혼 법률의 간소화, 그리고 여성의 경제적 독립 등이 있다.

부모의 이혼을 경험한 아이는 감정적으로 괴로워하는 경향이 있다(Lansford, 2009). 부모의 이혼을 경험하고 이러한 상황에 대처하는 아이들은 가족 환경, 나이, 그리고 성별 등의 많은 요소에 따라 대처 결과가 달라진다. 비록 부모의 이혼을 경험한 아이들 중 대다수가 잘 살아가지만, 그 아이들은 평균적으로 약물 남용 문제를 포함해서 더 많은 감정적 문제와 행동 문제를 갖는 경향이 있다(Amato, 2006; Lansford, 2009). 이혼한 가정의 어떤 자녀는 어린 시절에는 별 문제없어 보이지만, 나중에 성장한 후에 문제점을 보이기도 한다. 예를 들어, 어른으로서 그들은 연인이나 배우자가 자신의 주변에 헌신적인 파트너로 남을지에 대해 신뢰하기 어렵다고 생각할 수도 있다.

부모의 이혼은 자녀에게 환경적으로 어려운 상황을 만들고 부모의 결혼 문제나 다툼이 부모와 자녀 간 관계에까지 안 좋은 영향을 미치면 더욱 안 좋은 결과를 초래한다(Hetherington, 2006; Lansford, 2009). 전 배우자와의 다툼은 자녀를 돌보는 데 지장을 준다. 이혼한 부부의 자녀는 부모가 다음을 실행할 경우 문제없이 잘 지낼 수 있다.

- 어려움은 있겠지만 자녀를 어떻게 보살필지에 대해서 합의한다.
- 자녀의 삶에서 자신들의 중요한 역할을 유지하기 위해서 서로 돕는다.
- 자녀 앞에서 서로 험담하거나 비난하는 것을 삼간다.

이혼한 사람들은 대부분 재혼한다. 이혼 경험이 있는 사람들은 재혼을 통해 예전 경험을 기초로 이번에는 결혼생활을 '제대로 해 보려'고 하지만, 재혼은 초혼에 비해서 이혼할 확률이 더 높다. 그 이유 중 하나는 한 번 이혼한 사람은 결혼생활 중에 문제에 맞닥뜨렸을 때 이혼하지 않은 사람에 비해서 인내하고자 하는 의지가 상대적으로 약하다. 또 다른 문제는 의붓자식에 대한 다툼으로 초래되는 결혼 관계에 대한 대가 문제이다. 예를 들어, 자신이 낳은 아이만을 좋아한다든가, 두 번 이상의 결혼으로 인해 많은 아이를 부양해야 하면서 생기는 재정적인 어려움이 그런 문제이다.

2 단원 복습 성인 초기와 중년기

되새겨 봅시다

사람들에게 나이가 들면서 발생하는 신체적 변화와 인지적 변화는 어떤 것이 있는가?

- 20대부터 점차 지방제외체중과 근육 조직량이 감소한다.
- 신속한 문제해결 능력과 단어 목록, 이름들, 그리고 문자를 등을 기억하는 능력이 포함된 유동 지능은 중년기와 노년기에 걸쳐서 감퇴한다.
- 결정 지능은 상대적으로 안정적으로 유지되고 실제로 어떤 면에서는 개선될 수도 있다.
- 월경이 중단되는 폐경기는 중년기 여성에게 생기는 중요한 신체적 특징이다. 폐경기는 에스트로겐 생산량의 급격한 감소와도 관련이 있다.
- 나이가 들면서 남성의 테스토스테론 생산량은 감소하지만 이것은 보다 서서히 진행된다.

학자들은 성인 초기와 중년기 동안의 사회적 발달과 성격 발달을 어떻게 개념화했는가?

- Arnett은 신생 성인기(18세에서 25세)라고 부르는 단계를 몇몇 문화권에서는 사춘기와 성인기 사이의 과도기에 해당하는 단계라고 정의했다.
- Erikson은 심리사회적 발달의 단계들에 집중했다. 성인 초기의 친밀감 대 고립감(친밀하고 안정적인 관계를 형성할지, 감정적으로 동떨어져 있을지를 결정)과 중년기의 생산성 대 침체(미래 세대에게 의미 있는 기여를 할 것인지 침체되고 자신에게만 몰두할 것인지를 결정)가 그것이다.
- Havighurst와 Levinson 같은 다른 학자들은 발달 과정에서 어른이 직면하게 될 그들이 그 단계에서 해야 할 임무와 과도기에 대해 연구했다.

오늘날 성인의 라이프스타일에 일어난 가장 큰 변화는?

- 비록 결혼은 여전히 가장 흔한 라이프스타일이지만, 지난 20여 년간 독신율이 가파르게 상승했다.
- 1960년부터 1990년까지 가파르게 상승한 이혼율은 큰 변동 없이 유지되는 상태이며, 이혼한 사람은 대부분 재혼을 한다.

점검해 봅시다

1. 일반적으로, 사람들은 정규화된 지능검사에서 언제 가장 좋은 성적을 내는가?
   ① 중기 유년기
   ② 사춘기
   ③ 성인 초기
   ④ 중년기
2. 폐경기와 우울증 간의 관련이 있다는 증거가 있다. 이 명제는 참인가 거짓인가?
3. 사춘기에서 성인 초기로의 전이 과정은 ________ 성인 초기라고 표현될 수 있다.
4. Erikson에 의하면, 성인 초기의 주요 심리사회적 도전과제는 다음 중 무엇인가?
   ① 역할 정체성 대 혼란
   ② 친밀감 대 고립감
   ③ 생산성 대 침체
   ④ 자아통합감 대 절망
5. 30대 남성인 Tao-ran은 각각 다른 여성들과 결혼생활을 연이어서 해 왔다. 이런 관계 유형을 무엇이라고 하는가?
   ① 동질혼
   ② 동거
   ③ 연속 단혼
   ④ 신생 성인기

생각해 봅시다

- 당신은 현재 어떤 심리사회적 발달 단계에 서 있는가? 당신의 삶은 Erikson, Havighurst와 Levinson에 의해 규정된 논점이나 도전과제들을 보여 주고 있는가? 만일 그렇다면 어떤 면에서 그런 것인가?
- 동질혼의 원리는 '끼리끼리' 결혼한다는 점을 제시한다. 당신이 알고 있는 사람들에게(결혼이나 약혼을 했다면 당신을 포함해서) 이 원리는 얼마나 부합되어 적용되는가?
- 당신은 동거가 받아들일 수 있는 라이프스타일의 일종이라고 보는가? 당신의 입장은 부모와 친구들의 입장과 차이가 있는가? 만일 그렇다면 왜 서로 다른 입장을 보이고 있는 것이라고 생각하는가?

3 단원

노년기

- 노년기에 발생하는 신체적 변화와 인지적 변화는 무엇인가?
- 알츠하이머병이란?
- 학자들은 노년기의 심리사회적 변화의 특징을 무엇이라고 규정하는가?
- 나이가 들면서 우리의 감정은 어떻게 변화하는가?
- 성공적인 노후를 보내려면 어떻게 해야 하는가?
- Kübler-Ross는 죽음의 단계를 어떻게 규정했는가?

"여보 좋은 소식이야. 이제 70세는 50세나 다름 없다는군.

운이 좋다면, 당신은 언젠가 인구분포에서 가장 빨리 커지고 있는 한 부분에 속하게 될지도 모른다. 65세 이상의 나이에 해당하는 인구 집단이다. 우리는 '고령화되는 미국'을 향해 가고 있는데 인구의 평균 나이가 올라가는 현상은 이미 우리 사회에 심대한 영향을 주고 있다([그림 10-3] 참조). 미국인 여덟 명 중 한 명(12.5%)은 65세 이상인데, 이 비율은 2030년에 20%까지 증가할 전망이다(Vitiello, 2009). 기대수명은 계속 높아져 왔으며 적어도 21세기 중반까지는 계속 올라갈 것으로 예상된다('In the Year', 2009). 오늘날 태어나는 신생아는 평균적으로 80년(여자의 경우) 또는 75년(남자의 경우)을 살 것으로 예상된다(Arias, 2010; Centers for Disease Control, 2009b). 오늘날 평균 65세의 건강한 남성 또는 여성은 50%의 확률로 85세까지(남자의 경우) 또는 88세까지(여성의 경우) 살 수 있다(〈표 10-3〉 참조).

개념 10-21

평균적으로, 미국인은 예전보다 더 긴 기대수명을 갖고 살고 있다.

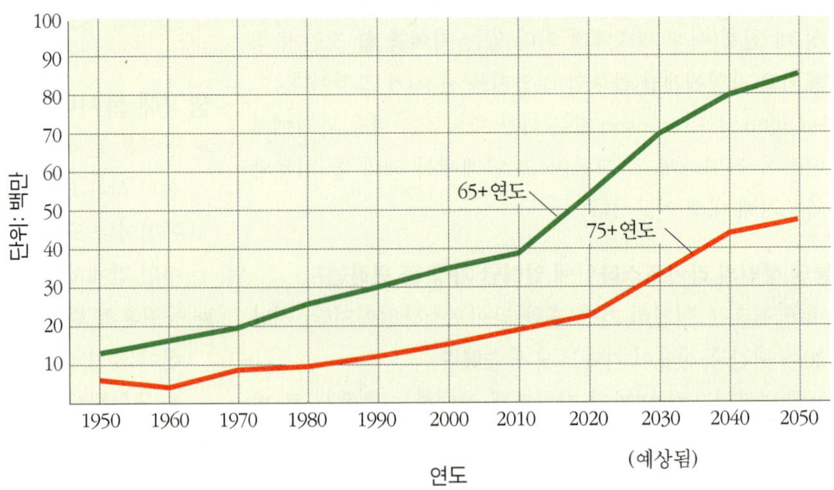

[그림 10-3] 미국의 고령화

65세 이상의 미국인 인구 수는 꾸준히 증가해 왔으며, 적어도 21세기 중반까지는 더 증가할 것으로 예상된다.

출처: Centers for Disease Control and Prevention, National Center for Health Statistics, Health, United States (2007), [그림 1] the U.S. Census Bureau.

기대 수명이 늘어나게 된 주된 이유 중 하나는 20세기 초반에 수백만 명의 목숨을(특히, 아이들의) 앗아갔던 전염병이 백신 개발, 항생제 개발, 그리고 수질 개선을 위한 공중보건의 노력을 통해서 조절되거나 아예 없어져 버렸다는 사실이다. 사람들의 수명이 연장된 또 다른 이유로는 건강 관리법의 발달과 흡연자들의 감소를 들 수 있다(제12장 참조).

〈표 10-3〉 건강과 장수

	장차 이 나이까지 살 수 있는 확률이 50%	장차 이 나이까지 살 수 있는 확률이 25%
건강한 65세 남성	85세	92세
건강한 65세 여성	88세	94세

출처: Carnahan (2005).

1. 신체적 발달과 인지적 발달

나이가 들면서 우리는 감각과 운동 능력의 일반적인 감퇴를 경험한다. 나이가 들면서 뼈는 밀도가 낮아지고 근육 양도 감소하며 감각기관도 민첩함을 잃게 되는데, 후각의 퇴화가 특히 두드러진다(Rawson, 2006). 피부는 탄력을 잃어버리고 주름이 생기고 살이 접힌다. 야간 시력도 나빠지고 관절은 뻣뻣해진다. 반응시간은 느려지기 때문에 노인들은 운전할 때 교통 신호나 교통 상황의 변화에 대응하려면 보다 많은 시간이 소요된다(Der & Deary, 2006; Tun & Lachman, 2008). 몸이 질병을 유발하는 인지와 싸우는 면역 체계의 기능이 감소해 노인들은 삶을 위협하는 암과 같은 병을 비롯해서 다양한 질병에 보다 쉽게 걸릴 수 있다.

나이가 들면 두뇌도 서서히 부피와 무게가 감소한다(von Hippel, 2007). 뇌 조직의 감소는 특히 두뇌의 실행 센터로서 부적절하거나 충동적인 행동을 삼가도록 제어하는 기능을 가진 전두엽에서 두드러지게 나타난다. 전두엽의 수축을 고려하면 왜 노인들이 부적절한 말이나 상대를 무안하게 하는 말을 하고, 때로는 편견을 가진 생각을 스스럼없이 표현하는지 이해할 수 있다(von Hippel, 2007).

제10장 2단원에서 배운 것처럼 유동 지능을 필요로 하는 임무를 수행하는 능력은 사람이 나이를 먹어 가면서 점차 감퇴한다. 예를 들어서, 노인들은 특히 계산을 하면서 문제를 풀 때 더 많은 시간이 필요하며, 조각 그림 맞추기 퍼즐처럼 모양 인식과 관련된 임무를 담당할 때는 더욱 힘겨워한다(Jenkins et al., 2000; Peters et al., 2007). 반면, 어휘력 시험처럼 결정 지능을 요구하는 임무를 수행하는 것은 노인들에게 상대적으로 쉽다. 게다가 우리가 세상에 대해서 가지고 있는 일반적인 지식은 삶 전반에 걸쳐서 증가하다가 나이 90세가 넘어서야 감퇴한다(Park et al., 2002; Singer et al., 2003).

새로운 경험과 도전에 열려 있는 자세는 노년기에도 마음이 영민해진 채로 유지될 수 있도록 도와준다.

기억력도 나이가 들면서 감퇴하는 경향이 있는데, 특히 처음 만난 사람의 이름처럼 새롭게 주어지는 정보를 기억하는 부분에서 감퇴 현상이 두드러진다. 일을 할 때 정보를 간단하게 기억하는 작업 기억력도 나이가 들면서 감소한다(Bopp & Verhaeghen, 2009; Peters et al., 2007). 다행히도, 기억 기능의 감퇴는 대부분의 나이가 들고 있는 사람들의 일상생활에 지장을 주지는 않는다. 또한 안경을 어디에 두었는지 자주 잊어버린다든지 하면서 기억하던 변화 상황에 사소한 실수를 하는 것을 치매나 알츠하이머병으로 착각해서도 안 된다.

노인들은 나이와 관련해서 생기는 기억 감퇴 현상은 누구나 경험하는 일이기 때문에 자신의 기억 퇴화 때문에 놀랄 필요는 없다. 그러나 노인들은 어떤 새로운 정보에 노출되어 그것을 기억하고 회상하려면 더 많은 시간과 정보에 대한 반복된 노출이 필요하다. 자극을 주는 정신 활동이나 새로운 경험을 좋아하는 노인들은 그들의 지적 능력을 오랫동안 유지할 수 있다(Schaie, 1996).

창의력도 시간에 제한을 받는다. 훌륭한 건축가인 프랭크 로이드 라이트(Frank Lloyd Wright)는 91세의 나이로 죽을 때까지 유명한 구겐하임 박물관에서 일했다(Springen & Seibert, 2005). 벤저민 프랭클린(Benjamin Franklin)은 자신의 저하된 시력을 위해서 이중초점렌즈를 78세에 발명했고, 미켈란젤로도 70대의 나이에도 여전히 프레스코화를 그렸다. 다음의 '해 보기' 테스트를 통해 당신은 스스로가 노화에 대해 어떤 태도를 가졌는지 가늠해 볼 수 있다.

해 보기 노화에 대한 당신의 태도 검사

나이가 드는 것을 어떻게 생각하고 있습니까? 당신은 노인들이 젊은 사람들에 비해서 행동이나 외모, 또는 성숙함에 있어서 근본적으로 다른 사람들이라고 보십니까?

나이 드는 것에 대한 당신 태도를 정확하게 측정하기 위해서, 다음 항목에 대해서 사실(T) 또는 거짓(F)으로 표기하십시오. 그리고 이 장의 끝부분에서 그 답을 찾아보십시오.

참(T)	거짓(F)	
____	____	1. 나이 60이 되면, 대부분의 부부는 만족스러운 성관계를 가질 수 있는 능력을 잃어버린다.
____	____	2. 노인들은 빨리 은퇴하고 싶어 한다.
____	____	3. 나이가 들면서, 노인들은 변화하는 환경에 만족스럽게 적응하기 어려워진다.
____	____	4. 나이가 들면 인생에 대한 일반적인 만족도가 감소하는 경향이 있다.
____	____	5. 대부분의 노인들은 많은 시간을 우울한 상태로 보낸다.
____	____	6. 나이가 들면서 교회에 나가는 사람들이 많다.
____	____	7. 나이가 많은 직원들의 업무 효율은 젊은 직원의 업무 효율보다 낮다.
____	____	8. 대부분의 노인들은 새로운 기술을 배울 수 없다.
____	____	9. 청년들에 비해서 노인들은 현재나 미래보다는 과거에 대해 더 자주 생각한다.
____	____	10. 대부분의 노인들은 독립적으로 살 수 없고 병원 같은 기관에서 산다.

출처: Nevid & Rathus (2007a)에서 수정.

2. 알츠하이머병: 긴 이별

대부분의 사람은 평생 동안 정신 능력의 대부분을 유지할 수 있고 비록 기억 기능이나 정신 기능 속도가 서서히 저하되어도 그런 퇴화를 축적된 지식이나 인생에 필요한 기술을 적용해서 보충한다(Freund & Riediger, 2003). 그러나 어떤 사람들은 노년기에 치매(일반적으로는 노망이라고 불림)에 걸리기도 한다. 치매의 특징은 기억 기능이나 추론 능력을 중심으로 정신 능력이 급격히 감퇴하는 것이다. 치매는 나이가 들었기 때문에 생기는 결과가 아니다(Gatz, 2007). 치매는 고급 정신 기능에 영향을 주는 병든 뇌의 상태와 관련되어 있는데, 일반적인 망각수준을 뛰어넘는 심각한 기억 상실 증상과 일상적인 활동 수행의 어려움을 초래한다. 나이가 들면서 누군가의 이름을 기억하려고 애쓰거나 안경을 어디에 두었는지 정확히 잊어버리는 것은 정상적이다. 그러나 본인이 안경을 쓰고 있는 것조차 잊어버린다면 그것은 치매가 생겼다는 것을 나타낸다(Aamodt & Wang, 2008).

개념 10-22

노인들에게 인지 능력과 기억 기능의 감퇴는 일상생활에 지장을 줄 정도로 심각한 것은 아니며 이러한 감퇴는 이들의 늘어난 지식과 기술로 상쇄된다.

치매: 기억, 추론, 판단, 그리고 의도된 행동을 수행하는 데 필요한 정신 기능의 많은 악화 및 손실과 관련된 상태

치매를 일으키는 원인으로는 뇌 감염, 종양, 파킨슨 질병, 뇌 부상, 뇌졸중, 그리고 만성 알코올중독 등을 포함한 다양한 원인이 있다. 그러나 가장 흔한 원인은 알츠하이머 질환이다(Coyle, 2003).

개념 10-23

알츠하이머 질병은 퇴행성 뇌 질환이며 노화에 의한 결과는 아니다.

알츠하이머병: 비가역적 뇌 질환으로서 정신 기능이 계속 악화됨

AD라고도 불리는 알츠하이머 질환은 5백만 명 이상의 미국인에게 영향을 주고 있는데, 이유가 불분명한 비가역적 뇌 질환으로서 환자의 정신 기능을 서서히 그러나 꾸준히 감퇴시킨다(Querfurth & LaFerla, 2010). 이 병은 뇌 안의 다양한 부분에서 뇌 조직이 죽는 것과 관련되어 있으며, 사람의 마음에서 기억과 추론하고 분명하게 사고할 수 있는 능력을 빼앗는다. 이 병이 진행되면서, 환자는 누군가가 옷을 입혀 주고, 운전을 해 주고, 이름과 주소를 다시 알려 주고, 개인 샤워까지 도와주기를 요구하게 된다. 증세가 시작될 때 그들은 길에서 방황하면서 가족이나 친구를 알아보지 못하며 일관되게 말하지 못한다.

비록 최근에 뇌 스캔이나 척수액 분석으로 조기에 치매를 발견할 수 있는 검사기술이 개발되었지만, 여전히 알츠하이머 질환을 진단하기 위한 확실한 테스트 기술은 부족한 상황이다(De Meyer et al., 2010). 아직은 알츠하이머 질환을 치료하거나 효과적으로 다룰 수 있는 방법이 부족하지만, 현재 환자의 기억 기능을 도와주는 데 효과가 있는 약물이 있다(Kolata, 2010). 널리 이용되고 있는 약은 도네페질(브랜드 이름은 Aricept)인데, 이 약은 환자의 뇌 속에 있는 신경전달물질인 아세틸콜린의 양을 높여 준다. 알츠하이머 환자의 경우 뇌 속 아세틸콜린의 양이 낮은데, 이는 뇌 속에서 아세틸콜린을 생산하는 어떤 부위에 속해 있는 세포들이 죽어 있기 때문이다. 다음 페이지에 나오는 '해 보기'는 사람을 쇠약하게 만드는 이런 질병으로 인해 고통받는 사람들을 돕는 것과 관련된 내용에 중점을 둘 것이다.

2009년 NFL에 의해 행해진 조사 결과에 의하면 프로 미식축구 선수들이 다른 사람들에 비해서 알츠하이머 질환이나 다른 기억 상실과 관련된 질환에 걸릴 확률이 높다. 경기 중 머리에 충격을 받은 경험이 이들이 노인이 되었을 때 치매나 다른 형태의 인지력 손상을 일으킬 수 있다.

알츠하이머 질환은 뇌 내에 많은 부분에서 뇌 세포가 꾸준히 죽는 것과 연관되어

'제 이름을 기억하세요?' 이 사진 속에 나온 남성이 옛날 사진들을 보다 보면 아내의 이름을 기억할 수 있게 되는 경우가 있다.

있다. 알츠하이머 질환에 걸리게 될 위험은 나이가 들면서 급격히 높아진다. 알츠하이머 질환은 65세 이상의 경우 여덟 명 중 한 명 꼴로 발병하며, 85세 이상의 경우 세 명 중 한 명 꼴로 발병하고 있다(Gross, 2007; Querfurth & LaFerla, 2010). 약 5백만 명의 미국인이 알츠하이머 질환으로 고생하고 있는데 이 숫자는 2050년경에는 1천 5백만 명으로 증가할 것으로 예상된다(Belluck, 2010; Wang, 2011). 이 질환은 노인이 아닌 젊은 사람에게도 발병할 수 있지만 65세 이하인 경우 그 발병 확률은 굉장히 낮다. 알츠하이머 질환의 원인은 아직 밝혀지지 않았지만, 연구 결과는 유전적 요인과 불분명한 환경 인자들에 주목하고 있다(Bookheimer & Burggren, 2009; Lane et al., 2010; Potkin et al., 2009; Seshadri et al., 2010). 다른 유전자들은 다른 형태의 질환과 관련되어 있을 수 있다. 과학자들은 금속 수세미처럼 생긴 퇴행성 뇌 조직 덩어리인 플라크(Plaque)가 알츠하이머 질환와 관련하여 중요한 원인이 될지 모르기 때문에 알츠하이머 질환 환자들의 두뇌에서 발견된 이 물질을 이해하고자 노력하고 있다(Lambracht-Washington et al., 2009). 우리는 베타 아밀로이드라는 섬유질로 구성된 이 플라크가 알츠하이머 질환을 일으키는 데 특정한 역할을 하는지 아니면 단순히 그 질환의 증상에만 관여된 것인지는 알지 못한다('Alzheimer's Disease', 2011; Herrup, 2010). 최근에 분자 수준에서 깊이 연구하고 있는 과학자들은 알츠하이머 질환이 뇌 안의 시냅스(신경 접합부)가 파괴된 결과 발생하는 것이라고 믿고 있다(Hongpaisan, Sun, & Alkon, 2011; 'New Therapies', 2011). 희망적인 사실은, 이런 실험이 진행될수록 알츠하이머 질환 같이 치명적인 질환의 새로운 치료법이 개발될 수 있다는 것이다.

3. 성별과 민족성에 따른 기대 수명

인간의 수명은 전반적으로 높아져 왔지만, 모든 그룹의 사람들이 동등하게 그 혜택을 받는 것은 아니다. 미국 내에서의 성별에 따른 수명 차이는 지난 몇 년간 좁혀져 왔지만, 현재 평균적으로 남성은 75.1년을 살고 여성은 80.2년을 살기 때문에 여전히 여성은 남성보다 약 5년을 더 살고 있다(Arias, 2010). 이처럼 성별에 따라 수명이 다른 이유 중 하나는 여성이 지닌 에스트로겐 때문이다. 여성은 어느 정도 심장 질환으로부터 보호받아서 폐경기로 인해 에스트로겐 생산량이 급격히 떨어질 때까지는 남성에 비해 심장 질환 발병률이 낮은 상태를 유지한다. 남성은 여성에 비해 폭력 범죄, 사고, 알코올과 관련된 간경변, 에이즈, 자살, 그리고 다양한 암에 의해 죽

해 보기
참여하기

당신은 자원봉사에 직접 참여하여 기억 상실로 인한 결과가 어떤지 알 수 있으며, 알츠하이머 질환으로 고생하는 사람들을 도울 수 있다. 많은 지역에 알츠하이머 환자들을 돕는 모임이 있고 당신은 그 모임에 연락해서 그들을 도울 수 있다. 지역사회의 모임을 찾기 어려운 경우에는 가족 내과의사나 대학 건강보건 사무실로 연락하기 바란다.

을 확률이 더 크다.

여성은 남성보다 더 오래 살지만, 늙은 남성이 늙은 여성보다 더 잘 사는 경향이 있다. 늙은 여성은 늙은 남성에 비해서 미망인이 되어 혼자 사는 경우가 많다. 늙은 여성은 상대적으로 빈곤한 경우가 많고 만성 질환을 갖고 있는 경우도 많다.

백인 미국인(히스패닉이 아닌)은 아프리카계 미국인, 아시아계 미국인, 히스패닉계 미국인, 그리고 원주민 미국인에 비해서 더 오래 사는 경향이 있다. [그림 10-4]는 1950년 이후의 미국 내 흑인과 백인의 기대 수명이 어떻게 변화해 왔는지를 보여 준다. 기대 수명이 인종에 따라 다른 이유 중 하나는 사회경제적 수준이 다르기 때문이다(Sieger, Bosworth, & Poon, 2003). 소수자 집단의 구성원들은 평균 이하의 경제 수준을 유지한 채 살 확률이 크고, 가난한 사람은 풍요로운 사람에 비해서 오래 살지 못할 확률이 높다(Nevid & Rathus, 2010). 낮은 사회경제적 수준과 연관된 몇 가지 라이프스타일과 관련된 요소들도 부자와 가난한 사람들 사이에 기대 수명이 왜 다른지에 대하여 설명될 수 있다. 가난한 사람들은 흡연율이 높고 고지방 식단을 먹고 규칙적으로 운동을 덜 하며, 정기적인 건강검진을 덜 받는다. 유전적인 차이도 기대 수명이 다른 이유가 될 수 있다.

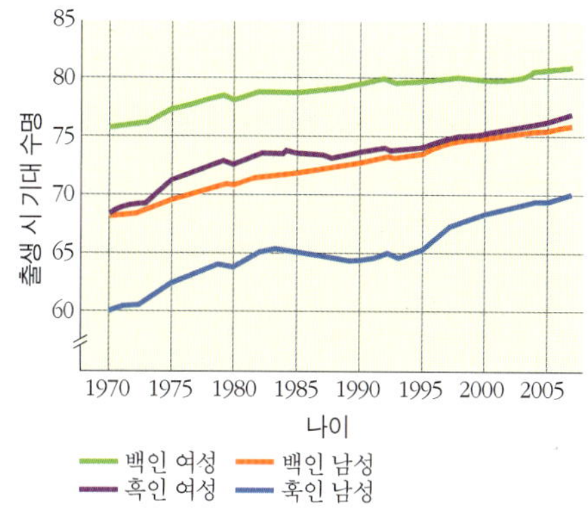

[그림 10-4] 기대 수명

기대 수명은 아프리카계 미국인과 백인 두 그룹에서 모두 증가해 왔지만, 같은 성별에서 비교해 보면 백인은 여전히 흑인에 비해서 오래 살고 있다.

출처: Center for Disease Control and Prevention, National Center for Health Statistics, National Vital Statistics Reports, Vol. 58, No. 19, May 20, 2010.

4. 심리사회적 발달

노인기의 심리사회적 적응을 돕는 주된 결정요소는 신체적 건강 상태이다. 건강한 노인들의 경우, 그들이 계속 일을 하는 경우에는 65세가 되는 것은 노인기로 들어선다기보다는 중년기의 연장으로 경험되는 경우가 많다. 이번 단원에서는 학자들이 사람들이 노인기에 직면하게 되는 사회적 도전 요소와 개인적 도전 요소를 어떻게 개념화했는지를 연대순으로 살펴보겠다. 또한 많은 노인들이 겪는 감정적인 문제인 우울증도 살펴볼 것이다.

1) 노인기의 심리사회적 적응 이론들

에릭슨은 노인기의 심리사회적 발달의 주요한 도전과제를 자아통합감과 절망으로 특징지었다. 그는 노인기의 기본적인 심리적 도전과제가 절망과 고통의 상태에서 표류하기보다는 의미와 만족감을 유지하기 위해 싸우는 것이라고 보았다. 자아통합감의 상태를 경험한 사람들은 자신들의 경험의 전체를 이루는 기쁨과 슬픔, 그리고 성공과 실패를 받아들이면서 삶과 화합을 이룰 수 있게 된다.

에릭슨은 90세가 넘어서도 열심히 일했고 절망에 빠지는 것을 피하기 위해서 우리는 모두 임무를 완수했으며 어떤 단계에서도 목표감을 유지할 수 있다고 믿는 낙천주의자였다. 에릭슨은 비록 인생 전반에 걸친 발달 모델을 개발한 최초의 학자로

개념 10-24

성별과 인종 요소는 어떤 미국인들이 가장 오래 살고 그들이 얼마나 잘 사는지를 결정하는 데 중요한 역할을 하는 요소들이다.

개념 10-25

에릭슨은 노인기에 직면하는 주된 심리사회적 도전과제는 비록 그 사람이 죽음을 향해 가고 있는 시기이지만 자아통합감이나 삶의 의미를 유지하는 것과 관련된 것이라고 믿었다.

〈표 10-4〉 에릭슨의 사춘기와 노년기 기간 동안의 심리사회적 발달 단계 이론

인생의 시기	인생의 위기	심리사회적 발달 측면에서의 주요 도전과제
사춘기	자아정체성 대 역할 혼돈	직업 선택과 공공의 역할 및 다양한 요소에 대한 자신의 굳건한 믿음을 구축하는 것
성인 초기	친밀감 대 고립감	친밀한 관계를 구축하고 우정을 유지하는 것
중년기	생산성 대 침체	미래 세대의 발전과 풍요로운 삶을 위해 헌신하는 것
노년기	자아통합감 대 절망	자신의 위엄과 심리적 통합감을 유지하는 것

출처: Erikson (1963)에서 수정.

여겨지지만, 그의 이론은 고등 교육을 받은 남성들의 인생 경험에 지나치게 많이 의존하며 여성들과 비서구 문화권에서 지내는 사람들의 발달 추이가 어떻게 다를 수 있는지는 염두에 두지 않았다고 비판받았다(Bertrand & Lachman, 2003). 〈표 10-4〉는 에릭슨의 인간의 사춘기에서 노년기까지의 심리사회적 발달 단계에 대한 개요를 제공한다.

대니얼 레빈슨(Daniel Levinson) 같은 다른 학자도 또한 노인기는 나이가 들면서 발생하는 심리적 변화와 신체적 변화를 더 인지하게 되는 것과 죽음과 합의하게 되는 단계라는 특징이 있다고 주장했다. 그는 노인들이 직면하는 중요한 인생의 과제가 자신을 재발견하여 자신이 누구인지 이해하고 자신의 인생을 의미와 목적으로 가득 채우는 행위를 지속할 수 있는 행위를 찾아야 하고 가족과 친구들과의 유대감을 유지해야 한다고 지적했다. 다른 이들과의 유대감과 인생에 목적의식을 불어넣어 줄 수 있는 의미 있는 활동에의 참여가 부족하면 노인기에 흔히 발생할 수 있는 우울증을 경험하게 된다(Hinrichsen, 2008). 또한 노인기에는 자살률이 매우 높은데, 노인 백인 남성의 자살률이 두드러지게 높은 점도 주목해야 한다(Fiske, Wetherell, & Gatz, 2009). 비록 노인들의 우울증을 위한 효과적인 심리적 치료와 약물치료법은 가능하지만, 노인들의 경우 치료사들이 노인들의 감정적인 문제보다는 신체적 문제에 더욱 치중하기 때문에 노인들의 우울증은 치료되지 않고 지속되는 경우가 많다.

5. 노화와 성(性)

연령차별주의: 노인들에 대해 가지고 있는 편견과 차별

성에 대한 관심을 가지고 있는 노인이 비정상('추잡한 늙은이')이라고 보는 편견은 일종의 연령차별주의(Ageism)이거나 노인들에 대한 편견이다. 많은 노인들은 스스로 그 신화를 믿고 그들이 중년에서 노년으로 넘어감에 따라 성 활동을 점차 삼가야 한다고 믿는다. 그러나 나이가 들면서 성관계의 빈도는 줄어들기는 하더라도, 많은 노인들은 계속 성생활을 하고 있다(Hyde et al., 2010; Reese et al., 2010; Schick et al., 2010). 당연하게도, 배우자가 있고 건강을 유지하고 있는 경우일수록 노년기에 성생활을 유지하는 확률은 높아진다. 물론 나이가 들면서 변하는 신체적 상황에 맞게 생활을 변경하게 되는 경우도 있다. 남성의 경우 나이가 들면 발기하는 데 더 많은 시간이 걸리고, 발기한 성기도 그들이 젊었을 때만큼 단단하지 않다. 여성의 경우는 나이가 들면 폐경기 이후 에스트로겐 분비가 줄어들어서 성기의 윤활성이 떨어지고 건조해진다. 남성과 여성 모두에게 오르가슴 시 느끼게 되는 근육의 수축도 덜 강렬해지게 되어 서로 성적인 관심을 어느 정도 덜 갖게 될 수 있다. 이런 노화에 따른 변화에도 불구하고, 성적 친밀감은 나이에 상관없이 만족스럽고 중요한 것으로 유지될 수 있다. 성적 반응감도가 떨어지는 변화는 노인들이 친밀한 관계 속에서 성생활을 하는 기간에 의해 상쇄될 수 있다.

개념 10-26

성생활에 있어서 노화에 따른 변화는 있지만, 나이가 들어서도 활발한 성생활을 하는 노인들은 비정상적이거나 이상하다는 사회적 편견이 존재한다.

© iStockphoto.com/Kai Chiang

육체의 건강을 유지하는 사람은 평생에 걸쳐서 성생활을 지속할 수 있다.

6. 노년기의 감정 발달

나이가 들면서 많은 사람들이 경험하는 통증이나 고통을 포함한 노년기의 다양한 도전 요소들에도 불구하고, 삶에 대한 만족감과 풍성함을 느끼는 그런 심리적 적응의 측면은 노인과 젊은이들의 뚜렷한 차이가 없다(Rettner, 2010; Soto et al., 2010; Stone et al., 2010; Urry & Gross, 2010). 심리적 적응에 중요한 또 다른 요소인 자존감은 삶의 종점을 향하기 시작하면서 감소하기 전의 성인기에 걸쳐서는 전반적으로 상승하는 경향이 있다(Orth et al., 2010; Shaw, Liang, & Krause, 2010). 불안이나 우울 같은 부정적인 감정도 적어도 사람이 충분히 나이가 들어 죽음을 얼마 남겨두지 않을 때까지는 서서히 감소한다(Byers et al., 2010; Teachman, 2006). 노인들은 젊은이보다 걱정을 덜한다는 것을 지지하는 증거도 있다(Gould & Edelstein, 2010). 개인의 행복감과 긍정적인 감정은 심리적 적응에도 좋게 작용할 뿐만 아니라, 보다 건강하게 더 오래 살 수 있는 확률을 높여 준다는 것도 배웠다(Diener & Chan, 2011; Frey, 2011; Ong, 2010).

확실한 것은 모든 노인이 자신들의 삶에 만족하고 있는 것은 아니라는 것이다. 사회적 지지 부족과 재정적인 어려움에 의한 스트레스는 개인의 행복감을 결정하는 중요한 요소이다. 약 20%에 달하는 많은 노인이 우울증의 부분적인 증상을 경험하고 있으며, 약 1%에서 5% 사이에 달하는 노인은 우울증으로 진단받을 만큼의 우울증 증상을 겪고 있다(Fiske, Wetherell, & Gatz, 2009; Luijendijk et al., 2008).

개념 10-27

비록 보건 관계자들이 노인의 우울증을 소홀히 여기거나 무시하는 경우가 자주 있지만, 우울증은 많은 노인에게 영향을 미친다.

➔ 개념 링크 우울증은 인생에서 언제든지 발생할 수 있고 기분장애의 한 형태로 분류된다. 제15장 4단원을 참고하라.

불행하게도, 노인의 우울증은 치료되지 않은 채로 방치된다. 의사들은 노인의 신체적 문제에만 지나치게 몰두해서 노인이 가진 감정적인 어려움을 무시하게 되기 때문에 노인의 우울증 증상이 주목받지 못하는 경우가 있다. 노인은, 특히 백인 남성 노인, 자살할 확률이 높은 인구집단인 점을 돌이켜 볼 때, 노인의 우울증을 경시하면 위험한 결과를 초래할 수도 있다.

노인은 평생지기나 배우자의 사망이나 자신들의 장애나 지병, 보건기관으로의 입원, 건강이 악화되는 배우자를 보살펴야 하는 부담감 등으로 인한 스트레스 때문에 우울증에 걸리기 쉽다. 자발적이든 반자발적이든지 은퇴는 인생의 의미를 잃게 만드는데 이것은 우울증을 일으키는 역할 정체성의 상실로 이어질 수 있다. 혼자 살면서 사회 지지가 부족한 노인은 우울증에 더욱 쉽게 걸린다. 타인들로부터의 지원받는 노인은 스트레스를 이겨 낼 수 있는 힘을 얻게 되고, 이런 경우 노인은 우울증이나 건강 문제가 발생할 위험이 줄어들게 된다.

친한 친구와 친척들의 죽음은 그 노인의 중요한 사회적 지지와 자산이 없어진 것이나 다름없고 그 노인에게 나이가 들면 죽게 되는 현상을 다시 상기시켜 주기 때문에 더욱 타격이 클 수 있다. 노인은 새로운 친구를 사귀거나 인생의 의미를 느낄 수 있도록 해 주는 새로운 목표를 찾는 데 어려움을 겪는다. 그렇지만 우리는 우울증이 노인 중 소수의 노인에게만 영향을 준다는 점도 명심해야 한다. 다행히도, 우울증에 걸린 노인은 젊은 사람들로부터 항우울증이나 심리치료 같은 치료서비스를 이용할 수 있다(C. F. Reynolds et al., 2006; Unützer, 2007; Serfaty et al., 2009).

© Mark Richards / PhotoEdit

우울증은 노년기의 흔한 감정 문제이다. 노인이 우울증에 걸리게 되는 원인은 무엇인가?

7. 성공적으로 늙어가기: 당신은 멋있는 노인이 될 것인가

나이가 들면서 의미 있는 활동에 참여하고, 규칙적으로 운동하고, 친구들과 연락하고 새로운 친구를 만나 사회적 교류를 하고 이미 죽은 친구들 때문에 느낀 상실감을 대처한다든지 하면서 감정적 행복을 유지할 수 있는 방법이 많다. 코넬 대학교의 심리학자인 앤서니 옹(Anthony Ong)은 "우리는 모두 늙는다. 그러나 우리가 어떻게 늙는다는 것은 우리의 삶의 질을 결정한다는 것이다"(Medical News Today, 2011). 발달 심리학자들은 성공적인 노화를 위한 몇 가지 중요한 특징을 강조한다.

개념 10-28

발달 심리학자들은 성공적인 노화와 관련되어 있는 보상을 수반한 선택적 적정화와, 낙관주의, 그리고 자기 도전과 같은 몇 가지 특정한 행동 형태들을 밝혔다.

첫 번째, 보상을 수반한 선택적인 적정화. 성공적인 노화는 자신의 시간을 최적화하고 자신의 부족한 신체적 에너지, 기억력, 또는 유동 지능을 보상하는 능력과 관련되어 있다(Freund, 2006). 노인이 젊은 사람에게 유리할 수 있는 체육 관련 분야나 사업 분야에서 그들과 경쟁하기보다는 가족이나 친구들을 자주 만나면서 만족감이라는 감정적 목표를 달성하게 해 주는 것들처럼 의미 있고 중요한 일들에 집중해서 자신들의 일정을 최적화할 수 있다. 노인은 감퇴하는 기능에 대해 자신들이 기억하고 있는 것을 메모하고, 배우는 데 더 많은 시간을 할애하고, 보청기와 지팡이와 같은 도구 사용법을 배우며 감각기관과 운동기관 퇴화를 상쇄하면서 대응할 수 있다.

두 번째, 낙관주의. 낙관적인 마음의 태도를 유지하는 것은 노년기에 삶의 높은 만족감과 우울증 증상을 낮추는 데 도움을 준다(Chang & Sanna, 2001). 게다가 노화에 대해 더 긍정적인 태도를 가지고 있는 사람들이 노화에 대해 부정적인 태도를 가진 사람들보다 평균적으로 7.5년 더 오래 사는 경향이 있다(Levy et al., 2002).

〈개념 차트 10-3〉 노년기의 발달

© bikeriderlondon/shutterstock.com

신체적 발달	감각기관의 민첩성이 둔화됨; 근육과 뼈가 적어짐; 피부는 탄력을 잃고, 주름이 생김; 반응 시간이 길어짐; 면역 기능 감퇴; 성적 만족도에 영향을 주지는 않지만 성적 반응도도 감퇴
인지적 발달	학습력을 비롯해서 기억력이 감퇴하는데, 특히 단어 목록이나 이름을 외우는 부분에서 감퇴 현상 두드러지며 유동 지능도 감퇴함. 일반적 언어 구사 능력과 축적된 지식과 관련된 결정 지능은 나이가 들어도 안정적으로 유지되거나 오히려 어떤 면에서는 발전함. 알츠하이머 질환 같은 치매는 나이가 드는 현상의 자연스러운 결과는 아니지만 뇌 질환이나 뇌의 비정상성에서 기인함
심리사회적 발달	에릭슨은 노년기의 노인들이 자아통합감 대 절망의 심리사회적 위기를 겪는다고 보았다. 해비거스트와 레빈슨은 나이가 들면서 가족과 의미 있는 연대를 유지하고 인생을 의미로 가득 채우는 활동을 추구하는 것같이 노년기에 해야 하는 임무가 무엇인지 집중해서 연구했다. 우울증은 많은 노인들에게 문제가 되고 있다.

세 번째, 자기 도전. 새로운 도전 거리를 찾는 것은 어떤 나이에서도 성공적인 적응을 하고 있는 것을 보여 주는 주요한 특징이다. 젊은이와 마찬가지로 노인에게도 중요한 도전 요소로 여겨지는 것은 무엇인가를 적게 하는 것이 아니라 중요한 것을 더 많이 하는 것이다.

〈개념 차트 10-3〉은 노년기의 발달 사항을 요약하고 있다.

8. 죽음과 죽어 가는 것: 마지막 장

© Ken Ross Photography

엘리자베스 퀴블러 로스

이제 별로 생각하고 싶지 않은 주제로 화제를 돌려 보자. 인생의 마지막 전이 단계인 죽음으로의 전이다. 젊은 시절에는 우리가 불멸할 것으로 느낄 수도 있다. 우리의 몸은 강하고 유연하고, 우리의 감각과 마음은 예민하다. 우리는 사망과 죽어 가는 것을 은퇴, 사회 보장, 그리고 하지정맥류와 같은 단어와 함께 마음속의 캐비닛에 넣어 두고 노년기에 이를 때까지 열어 보지 않기로 한다. 그러나 죽음은 사고나, 범죄, 또는 질병에 의해서 어떤 나이 때에도 발생할 수 있다. 죽음은 사랑하는 사람을 잃어버린다는 것을 의미하기에 인생의 어떤 단계에서도 그것을 경험하는 순간 우리에게 많은 영향을 미친다. 죽음에 대한 것은 어떤 나이에 있든지 깊이 생각할 가치가 있는 질문을 던져준다. 예를 들어, 내가 장기 기증자가 되어야 하는가? 내가 돌보는 사람들을 위해서 내 자산을 어떻게 물려주어야 가장 좋은 방법이 될 것인가? 나는 땅에 묻힐 것인가 아니면 화장될 것인가? 내 몸을 과학 발전을 위해 기증해도 될 것인가? 생명유언서를 준비해서 내게 희망이 없을 때 의사가 불필요하게 내 생명을 연장하려고 하지 않도록 해야 할까? 이러한 것들이 그런 질문들이다.

개념 10-29

퀴블러 로스는 죽음을 경험하는 심리적 경험을 5단계로 나누어 설명했다. 부인, 분노, 협상, 우울, 그리고 최후 수용이다.

신경정신과 의사인 엘리자베스 퀴블러 로스(Elisabeth Kübler-Ross, 1969)는 사람들이 임박한 죽음을 어떻게 받아들이는지에 대해 연구했다. 그녀가 말기 단계의 병을 앓고 있는 환자들과의 인터뷰에서 그녀는 많은 사람들이 그 단계에서 경험하는 공통된 테마와 다섯 가지의 단계를 밝혀냈다.

첫 번째, 부인. 처음에 환자는 생각한다, "내가 죽을 리가 없어. 나는 정말 죽지 않아. 의사들이 실수한 거야."

두 번째, 분노. 죽음이 임박하고 있다는 현실을 깨닫게 되면, 분노와 분개가 마음의 중심을 차지한다. 그 분노가 젊고 건강한 사람들을 향하게 되기도 하고 자신을 고칠 수 없는 의사를 향하기도 한다.

세 번째, 협상. 다음 단계로, 환자는 몇 달 또는 몇 년간 더 살 수만 있다면 착하게 살겠다고 약속하면서 신과 협상하려고 한다.

네 번째, 우울. 우울은 사랑하는 사람들을 떠나고 자신의 생명을 잃는 것에 대해 상실감이 늘어나는 것을 반영한다. 곧이어 희망이 없다는 것도 느끼게 된다.

다섯 번째, 최후 수용. 환자가 이전 단계들을 경험하면서, 환자는 마침내 어느 정도의 내적 평안과 수용감을 느낀다. 이 환자는 여전히 죽음이 두렵지만, 평온한 위엄을 느끼며 죽음을 수용한다.

퀴블러 로스는 가족이나 건강 관련 전문가들이 환자가 이 단계들을 거치는 것을 이해하고 마지막 단계인 최후 수용 단계를 달성할 수 있도록 하면서 죽음을 앞둔 환자를 도와줄 수 있다고 믿고 있다. 죽어 가는 사람들도 퀴블러 로스가 경험한 것과 비슷한 것을 경험했지만, 모든 사람이 모든 경우에 퀴블러 로스가 제시한 단계를 따르는 것은 아니다. 죽는 사람 중에 어떤 사람들은 불가피함을 부정하지는 않지만 죽음을 고통스럽게 수용하는 단계에 빨리 이른다. 어떤 사람들은 절망적으로 우울해진다. 다른 사람들은 주로 두려워하기도 하며, 또 어떤 사람들은 빨리 변하는 감정들을 경험한다.

친한 친구나 가족원의 죽음은 종종 트라우마적 경험이 되어 슬픔과 상실감을 느끼는 것을 특징으로 하는 사별의 상태를 경험하도록 만들기도 한다. 애도는 슬픔을 문화권에서 표현하는 문화권에서의 공통된 결정된 방식을 표현하는 용어이다. 문화권에 따라서 다양한 기간 동안 애도하며 슬픔을 표현하는 의식을 진행한다. 종교적 전통이나 문화적 전통은 사람들이 슬픔을 표현할 수 있는 방법을 고안하며 그들이 사회적인 지지를 받을 수 있도록 도와준다. 예를 들어, 유대인 가족들은 장례식 후 7일 동안 복상을 치르는 것이 관례이다. 유대인의 복상을 행하면서, 애도가들은 관례에 따라 집에 남아서 방문객들을 받아들인다. 의식들은 방이나 나무 상자에 앉고, 거울들을 덮고, 죽은 사람의 옷으로부터 한 조각을 떼어내서 입는 것을 포함한다.

사별: 사랑하는 사람이나 친한 친구의 죽음으로 인해서 슬픔과 상실감을 느끼는 심리적 박탈 상태

애도: 관습에 따라서 슬픔이나 애통함을 표현하는 것으로 검은 옷을 입는 것이 그 예가 될 수 있음

사람들은 다양한 방식으로 슬퍼한다. 어떤 사람은 퀴블러 로스에 의해 제시된 죽

음에 이르는 단계를 그대로 따른다. 그들은 퀴블러 로스가 제시한 단계에 꼭 포함된 것은 아니더라도 부인, 분노, 우울 등의 단계를 경험한다. 사별을 경험한 사람들은 무감각함과 충격을 느끼며 상실의 현실을 받아들이기 어려워하며 환경으로부터 동떨어져 있거나 멍하게 있는 경우가 있다. 그들을 위해서는 다른 사람들이 발인 과정을 담당해 주고 그 외 다른 일을 도와줄 수 있는지 알아봐 줄 필요가 있다. 사별을 경험한 사람은 죽은 가족에 대한 생각으로 머릿속이 가득 차 있고 가슴은 슬픔으로 가득하다. 다행스러운 것은 대부분의 사람에게 이런 슬픔은 시간이 가면서 점차 수그러들고 그들은 다시 정상적으로 일상생활을 할 수 있다는 것이다.

3 단원 복습 노년기

되새겨 봅시다

노년기에 발생하는 신체적 변화와 인지적 변화는?

➤ 노년기에는 피부에 주름이 지고, 머리는 세고, 감각은 둔화된다. 반응시간은 느려지고, 지방제외체중, 골밀도, 그리고 강도가 감소한다. 면역 체계 기능을 비롯한 다른 신체 활동성도 감퇴한다.

➤ 사람은 서서히 학습력과 기억력의 감퇴를 경험하는데, 특히 배우는 능력과 낱말이나 이름을 적은 목록을 기억하는 부분에서의 감퇴가 두드러지며 유동 지능에서의 감퇴가 진행된다.

➤ 결정 지능은 상대적으로 안정적으로 유지되며 나이가 들어도 어떤 면에서는 오히려 개선되기도 한다.

알츠하이머 질환이란?

➤ 알츠하이머 질환은 점진적이고 비가역적인 치매(정신 기능 상실)의 일종이다. 정신 기능을 점차 상실하게 되는 특징이 있다. 알츠하이머 질환의 원인이 무엇인지는 밝혀지지 않았지만, 유전적 요소와 관련이 있을 것으로 여겨지고 있다.

학자들은 노인기의 심리사회적 도전과제의 특징을 어떻게 규정했는가?

➤ Erikson은 노인기를 자아통합감 대 절망(자신의 인생과 협의하면서 의미 있게 인생에 참여할지 인생의 마지막 종점을 향해 절망을 느낄지)의 특징을 갖는다고 보았다.

➤ Havighurst와 Levinson 같은 다른 학자들은 노인들이 직면하게 될 발달적 임무와 도전 요소들에 집중해서 연구했다.

나이가 들면서 감정은 어떻게 변하는가?

➤ 긍정적인 감정은 꾸준하게 유지되는 반면에 부정적인 감정은 감소한다. 그러나 많은 노인들이 우울증 같은 감정 문제로 고생한다.

성공적으로 나이가 드는 것과 연관된 요소는?

➤ 성공적으로 나이가 드는 것은 긍정적인 인생관을 유지하고 지속적으로 자기 도전을 해 나가기 위해서 중요하고 의미 있는 것에 집중할 수 있는 능력과 연관되어 있다.

Kübler-Ross에 의해 제시된 죽음의 단계들은?

➤ Kübler-Ross는 말기 단계의 환자들이 죽음을 향한 다섯 단계를 경험한다고 했다. 부인, 분노, 협상, 우울, 그리고 최후 수용이다. 그러나 죽음을 앞둔 모든 사람들이 이런 단계를 경험하는 것은 아니며 이 단계들을 다른 순서로 경험하는 사람들도 있다.

점검해 봅시다

1. 다음의 인지적 기술 중 나이가 들면서 감퇴하지 않는 것은 무엇인가?
   ① 빠른 문제해결
   ② 새 정보를 기억하는 것
   ③ 패턴을 인지하는 속도
   ④ 축적된 지식을 적용하는 기술
2. 78세 여성인 Esperanza는 치매의 주요한 원인 때문에 고통을 겪고 있다. 그녀가 치매에 걸린 이유는 무엇인가?
   ① 만성알코올중독 ② 파킨슨병

③ 여러 번의 뇌졸중 ④ 알츠하이머 질환

3. 다음 중 Erikson의 자아통합감과 가장 가까운 내용은 무엇인가?
   ① 자신에게 집중하는 것
   ② 자신의 삶에서 의미와 만족감을 느끼는 것
   ③ 생산성을 발달시켜서 자신을 다음 세대를 위해 헌신하도록 하는 것
   ④ 정직한 삶을 사는 것
4. Kübler-Ross의 모형에 의하면, 죽음을 맞이하는 단계 중 최후 수용 단계 바로 전 단계에 해당하는 것은 무엇인가?
   ① 우울 ② 협상
   ③ 분노 ④ 부인

생각해 봅시다

- 본문에서 성공적인 노화를 위한 주요 특징으로서 강조된 것은 무엇인가? 이 정보를 당신의 미래를 위해 어떻게 활용하겠는가?
- 당신이 더 오래 건강하게 살기 위해서 현재 당신의 행동 유형 중에서 바꿀 수 있는 것은 무엇인가?
- 당신이 노화를 어떻게 보고 있는지 살펴보자. 당신이 노인들에 대해 지닌 태도는 사회적 편견에 의해 영향을 받은 것인가?

4 단원 더 오래, 더 건강하게 살기

개념 10-31

수명은 부분적으로 유전 요소와 부분적으로 건강한 식습관, 규칙적인 운동, 유해한 약물 사용 금지, 적극적인 참여 활동 같이 우리가 조절할 수 있는 요소들에 의해 결정된다.

➔ 개념 링크 제대로 된 식습관을 통해 당신의 몸을 관리하고, 적절한 수면을 취하고, 규칙적으로 운동하는 생활 습관은 당신이 스트레스에 효과적으로 대처할 수 있도록 도와준다. 제12장 3단원을 참고하라.

우리의 기대수명은 부분적으로는 우리가 조절할 수 없는 우리의 유전자들에 의해 결정된다. 언젠가 우리의 유전자를 조작해서 수명을 50년 이상 늘리는 것이 가능할 수도 있겠지만, 현재 우리는 우리가 조절할 수 있는 것이 무엇인지에 초점을 맞추어야 한다. 그것은 바로 어떻게 살 것인가 하는 것이다. 알게 되겠지만, 우리의 행동 유형과 라이프스타일은 우리가 더 오래 살고 더 건강하게 살 수 있는 것을 결정해 주는 요인들이다.

운동과 식이요법 습관 같은 라이프스타일 요인들은 수명에 영향을 줄 뿐만 아니라 우리가 나이가 들었을 때의 삶의 질(에너지를 개선시켜 주는 것을 비롯한)에도 영향을 준다. 노화가 노인들만의 문제라고 믿는 청년들은 더 일찍 더 건강한 습관을 만들수록, 그들이 더 오래, 더 건강하게 살 확률이 커진다는 점을 주목해야 한다. 이번 단원에서는 더 건강한 행동을 하기 위한 안내 지침에 대해 살펴볼 것이다.

1. 건강한 운동과 영양 관리를 습관화하기

신비의 '불로천(청춘의 샘)'을 발견한 스페인의 탐험가인 후안 폰세 데 레온(Ponce de León)이 집에 머물면서 집 안에 체육관을 지었다면 더욱 성공적인 삶을 살았을 것이다. 운동은 어떤 나이에 하든지 우리를 건강하게 하지만, 나이가 들면 그 효과는 더 커진다. 운동을 하면 노화에 따른 지방제외체중과 뼈, 그리고 근육량

의 감소를 늦춘다는 것을 지지하는 증거도 있다(O'Neil, 2003). 규칙적인 운동은 대장암 같은 특정한 암의 발병 확률을 낮추어 주며 심장병, 뇌졸중, 당뇨병뿐만 아니라 뼈질환인 골다공증도 예방하는 데 도움을 준다고 밝혀졌다. 중력을 거슬러 반대 방향으로 일하는 웨이트트레이닝도 골밀도를 유지해 주고 뼈와 근육을 강하게 하는 데 도움을 준다.

골다공증: 골밀도가 낮아지는 특징을 가진 뼈 질환으로서 뼈가 다공성으로 되고, 잘 부러지고, 골절될 확률이 높아지는 증상이 생김

규칙적으로 운동하고 신체 활동을 하는 사람들이 건강하지 않고 집 안에 머물며 잘 움직이지 않는 사람들보다 더 건강하고 더 오래 산다(S. N. Blair & Haskell, 2006; Manini et al., 2006). 규칙적인 신체 활동과 활발한 운동을 하면 몸을 지속적으로 강하게 하고 마음가짐을 영민하게 유지할 수 있어 인생 후반기에 경험할 수 있는 우울증이나 알츠하이머 질환도 예방할 수 있다(Begley, 2011; Harris, Cronkite, & Moos, 2006; Scarmeas et al., 2009; van Pragg, 2008). 어떤 나이대 사람이든지 운동을 하면 도움을 받는데, 특히 웨이트 트레이닝 같은 근육강화 운동과 스트레칭, 활발한 보행, 수영, 자전거 타기, 그리고 조깅 같은 운동이 건강에 크게 도움이 된다. 불행히도, 사람들은 나이가 들면서 움직이지 않고 집에 머물기를 좋아하게 되는 성향이 있다.

규칙적인 운동은 또한 체중을 건강한 수준으로 유지할 수 있도록 해 준다. 제8장에서 비만이 우리의 인생을 위험하게 하고 관상동맥 심장병, 비만, 그리고 몇 가지 암과 더불어 수명을 단축시키는 위험인자 중 하나라고 배웠다. 나이가 들면 신진대사가 느려지기 때문에 우리는 적정 체중을 유지하기 위해서 꾸준히 운동하면서 체내 칼로리를 소모할 필요가 있다. 특히, 중년기나 노년기에 있는 사람들이 운동 프로그램을 시작하려고 할 때는, 그들이 하려고 하는 운동 종류가 그들에게 도움이 되는 것인지 확인하기 위해서 의사와 상의하고 운동을 시작해야 한다. 운동 프로그램은 서서히 그 강도가 높아지는 식으로 진행되어야 한다.

건강하고 균형 잡힌 식이요법을 지키는 것도 건강하게 장수하는 삶을 위한 중요한 요소이다(Anderson et al., 2011). 과일, 채소, 그리고 전곡을 이용한 저지방 식이요법을 실행하면 삶의 수명을 단축시키는 관상동맥 심장병 같이 위험한 질병의 발병 확률을 낮추어 준다.

해로운 물질을 사용하지 않는 것도 건강한 습관에 포함된다. 흡연, 각성제 사용, 지나친 음주는 신체 건강 문제를 일으킬 수 있고, 그 문제들은 수명을 많이 단축시킬 수 있다. 약물 과용 때문에 젊은 사람이나 노인들이 많이 죽었다.

© iStockphoto.com/james steidl

운동은 젊은 사람들만을 위한 것이 아니다. 노년기에 규칙적으로 운동하면 수명 연장과 건강 유지에 도움이 되며, 정신적인 영민함도 유지할 수 있다.

2. 꾸준히 사회에 참여하며 다른 사람을 도와주기

의미 있는 활동이나 개인 프로젝트에 꾸준히 참여하면 정신적인 영민함뿐만 아니라 감정적 행복감을 유지하는 데 도움이 된다. 받는 것보다 주는 것이 더 좋다는 유명한 격언이 실제로 그렇다는 것도 연구 결과로 증명되었다. 노인들을 대상으로 한 연구를 통해서 타인을 돕는 사람이 도움을 받는 사람에 비해서 더 오래 산다는

것이 증명되었다(Brown et al., 2003).

3. 노화를 긍정적으로 받아들이기

긍정적으로 살면 더 오래 살 수 있다. 이미 언급한 것처럼 연구자들은 긍정적인 마음을 가진 사람이 덜 긍정적인 마음을 가진 사람보다 평균적으로 7.5년 더 오래 산다는 것을 알아냈다(Levy et al., 2002).

그 연구의 리더였던 예일 대학교의 베카 레비(Beca Levy)에 의하면, 노년에 대해 어떤 태도를 갖고 있는지가 저혈압이나 낮은 콜레스테롤 수치를 가진 것보다 기대 수명을 결정하는 데 더 강력한 예상 요소가 된다고 한다('Think Positive', 2002). 비슷한 맥락에서, 네덜란드 노인들의 집단 샘플 연구에서는 일반적으로 보다 긍정적인 생각을 하고 지내는 사람의 경우 연구 진행 시점에서 9년 내에 사망하는 결과를 나타냈다(Giltay et al., 2006).

4. 관리 스트레스

제12장에서, 우리는 스트레스가 얼마나 신체 건강과 감정적 행복감을 저하시키는지 알아볼 것이다. 지속되거나 강력한 스트레스는 질병을 유발하는 물질과 죽은 세포에 대항하는 몸의 방어 체계가 되는 면역력을 저하시킨다. 약해진 면역 체계를 가진 사람은 전염병에 걸리게 될 확률이 커지고 고혈압, 암, 그리고 심장병과 같은 노화와 연관된 만성 질환에 걸릴 위험도 높아진다. 제12장에 설명한 스트레스 관리 기법은 고통스러운 스트레스로부터 벗어나서 스트레스와 관련된 질환의 발병률을 낮추는 데 도움이 될 것이다.

5. 신체뿐만 아니라 마음도 운동이 필요하다

© David Young-Wolff/Photo Edit

몸뿐만 아니라 마음도 영민함을 유지하기 위해서는 지속적으로 자극받아야 한다.

연구에서 나타난 증거가 결정적인 결론과는 거리가 멀지만, 연구들은 중년기와 노년기에 지적으로 자극을 주는 활동에 참여하면 인지 기능과 기억력을 유지하는 데 도움을 준다는 것을 보여 준다(예: Kramer & Willis, 2002; Schooler, 2007). 정신적 영민함을 유지하는 데 도움이 되는 지적 활동에는 정신적인 변화를 경험시키는 게임(체스 같은), 십자말풀이 또는 조각 그림 맞추기, 독서, 쓰기, 그림 그리기, 조각 같은 것의 몇 가지 예를 들 수 있다. 또한 흥미롭지만 완전하지 않은 증거도 있는데, 이 증거는 높은 수준의 도전을 요구하는 정신 활동을 하면 알츠하이머 질환 예방에 도움이 된다는 것을 보여 준다(예: Rabin, 2008; Wilson & Bennett, 2003).

6. 건강한 습관은 꼭 도움이 되는가

건강한 습관(금연, 신체적으로나 사회적으로 활동적, 건강한 식이요법을 따르고, 비만이 되지 않도록 조절하고, 지나친 음주를 절제)을 가진 사람과 적절한 콜레스테롤 수치와 혈압을 유지하는 사람은 건강하지 못한 습관을 가진 사람보다 더 오래, 그리고 더 건강히 살 확률이 높다(Hu et al., 2000; B. J. Wilcox et al., 2006). 영국에서 행해진 대규모의 실험 결과에서 사람이 네 가지 건강한 행동 유형을 갖게 되면(금연, 규칙적 운동, 적절한 음주, 매일 5인분의 과일과 채소를 섭취) 그 사람은 이런 행동을 전혀 하지 않는 사람보다 평균적으로 14년을 더 사는 것을 나타낸다(Khaw et al., 2008).

비판적 사고를 하는 사람들은 단순히 통계학적 관계를 바탕으로 해서 건강한 습관과 장수의 관계를 인과관계로 해석할 수 없다고 주장한다. 수명 연구자들은 사람들이 건강한 습관을 갖도록 조절할 수 없을 수도 있기 때문에, 그들은 건강한 습관을 가진 사람들과 그렇지 않은 사람들 사이에서 나타나는 차이점을 연구하는 데는 한계가 있다. 그렇지만 연관된 관계는 여전히 우연한 관계로 나타낼 수 있으며, 이것은 보다 건강한 습관을 갖는 것이 수명 연장에 도움이 되는 원인을 보여 준다.

결국 조만간 당신의 건강 습관을 찬찬히 들여다보며 검사해 보는 것이 현명하다. 그것이 당신의 미래를 위해 돈을 아낄 수 있는 길이다. 지금 건강한 습관을 들이고 그 습관을 평생 유지하면 더 오래, 더 건강하게 살 수 있는 확률은 높아질 것이다.

심리학에 대해 비판적으로 생각하기

이 장의 내용을 바탕으로, 다음 질문에 답해 보자. 그리고 당신의 답변을 부록 A의 모범 답안과 비교해서 당신의 비판적 사고 능력이 얼마나 발전했는지 평가해 보자.

Erikson은 정체성의 위기가 건강한 성격 발달의 정상적인 과정이라고 믿었다. Erikson은 정체성의 위기의 시기는 내가 누구인지, 나는 무엇을 믿는지, 그리고 어디로 가는지를 생각하면서 진지하게 내 자신을 탐구하는 시간이라고 했다. 많은 대학생들이 자신들의 자아정체성을 형성하는 과정에 있다. 그러나 그것을 창조하는 데는 시간이 소요되며, 그 과정은 졸업할 때까지 마무리되지 않는다. 심리학자 James Marcia(Marcia, 1980; Marcia et al., 1993)는 어느 순간에 사람이 어떤 자아정체성 상태에 처해 있는지를 설명하기 위해서 네 가지 정체성 상태들을 제시했다.

정체감 성취는 자아정체성의 위기(자기 탐색의 기간)를 겪는 사람에게서 목격되는데, 이 사람은 비교적 안정적인 자기 신념을 가지고 있어서 특정한 직업을 가지기 위해서 어떤 전공 수업을 듣는다든지 하면서 일련의 행동을 한다.

유실은 어떤 자아정체성의 위기나 진지한 자기 탐색을 경험하지 않은 채로 어떤 신념이나 일련의 행동 유형을 채택한 사람을 묘사한다.

이들은 일련의 신념과 직업에 대한 계획을 다른 사람들, 특히 부모님, 이 자신들에게 영향을 준 바에 기초해서 채택한다.

유예는 현재 그 사람이 어떤 직업을 가져야 할지 고민하는 것처럼 그 사람이 자아정체성에 대한 고민을 적극적으로 하면서 경험하고 있는 정체성의 위기 상태를 의미한다.

정체감 혼미는 아직 자신의 신념 체계를 형성하지 못하거나 직업을 선택하지 못하고 현재 이런 문제들에 대해서 별다른 고민을 심각하게 하지 않는 사람들을 묘사한다.

1. 당신의 직업 선택과 일련의 정치적, 종교적, 그리고 윤리적 신념을 채택하는 것과 관련된 당신의 정체성을 결정할 때 어떤 것을 증거로 사용하겠습니까? 이 각각의 분야에서 당신은 각기 다른 정체성의 상태를 가질 수 있다는 것을 명심하십시오.
2. 이제 앞의 기준을 적용해서 당신의 직업 선택과 개인적 신념(윤리, 종교, 그리고 정치적)의 영역에서 당신의 자아정체성을 결정해 보십시오.

해 보기 정답(p. 508)

1. 거짓(F). 대부분의 건강한 부부는 만족스러운 성생활을 70대나 80대의 나이까지 지속한다.
2. 거짓(F). 이 문장은 무척 일반적이다. 자신의 일이 만족스럽다고 생각하는 사람은 은퇴하려고 하지 않는다.
3. 거짓(F). 적응성은 노년기에도 굉장히 안정적으로 유지된다.
4. 거짓(F). 나이 자체는 삶의 만족도가 감퇴하는 것과 연관되어 있지 않다. 물론 배우자의 죽음 같은 질병이나 상실에 대해서는 부정적으로 반응할 수도 있다.
5. 거짓(F). 소수의 사람들만 우울하다.
6. 거짓(F). 실제로, 교회 출석률은 떨어지지만, 종교적 신념을 말로 표현하지는 않았다.
7. 거짓(F). 비록 반응 시간은 감소하고 일반적인 학습 능력은 살짝 떨어지지만, 노인들은 대개 친숙한 일을 하는 데는 지장이 없다. 대부분의 일에서, 경험과 동기가 나이보다 더 중요하다.
8. 거짓(F). 학습이 조금 더 오래 걸릴 수 있다.
9. 거짓(F). 노인들은 젊은 사람보다 과거에 대해 더 많이 생각하지 않는다. 나이에 상관없이, 우리는 시간이 있는 경우 꿈꾸는 데 더 많은 시간을 쓴다.
10. 거짓(F). 성인의 10% 미만이 양로원이나 병원 같은 시설에 들어가기를 요구한다.

눈으로 복습하기 제10장 청소년기와 성인기의 발달

1단원 청소년기

신체적 발달

- 사춘기 동안의 신체적 변화: 완전한 성적 성숙을 이룬다.
- 사춘기: 초기 사춘기는 소년과 소녀들의 다양한 상황과 연관되어 있다.

인지 발달

- 형식적 조작기: Piaget의 인지 발달 이론에 소개되는 마지막 단계로서 추상적 추론 능력이 발달한다.
- 사춘기의 자기중심성:
  상상적 청중: 세상이 자신을 주시하고 있다고 느낀다.
  개인적 우화: 개인의 불사신적 강인함을 맹목적으로 신뢰하게 되어 위험할 수 있다.

심리사회적 발달

- 사춘기의 아이와 부모와의 관계: 혼란스러울 수 있지만, 일반적으로는 건강하다.
- 자아정체성의 발달: Erikson은 사춘기에 사람들이 겪는 가장 중요한 심리사회적 도전으로 보았다.
- 또래와의 관계: 긍정적인 영향력과 부정적인 영향력을 모두 받는다.
- 성관념의 형성: 사춘기 동안 중심적인 단계가 되는 경우가 많다.

Kohlberg의 도덕 발달 이론

- 전인습적 수준: 행동이 불러일으킬 결과에 기초해서 도덕적 판단을 내리는 것
- 인습적 수준: 인습적으로 옳고 그름을 따져서 도덕적 판단을 내리는 것
- 후인습적 수준: 개인의 가치 체계를 바탕으로 해서 도덕적 판단을 내리는 것

"우리는 우리의 인생을 어떻게 살고 싶은지에 대해서 굉장히 많이 생각해 왔단다."

2단원 성인 초기와 중년기

신체적 발달과 인지적 발달

- 신체적 성숙이 이루어짐: 20대 초반에 최고조에 달함
- Erikson's 심리사회적 발달 이론: 친밀감 대 고립감(성인 초기), 생산성 대 침체(중년기)
- 인생 이행: 중년기의 위기는 불가피한 것은 아니다.
- 성인 라이프스타일: 오늘날의 성인은 더욱 다양한 라이프스타일을 가지고 있지만, 결혼은 여전히 주된 라이프스타일이다.

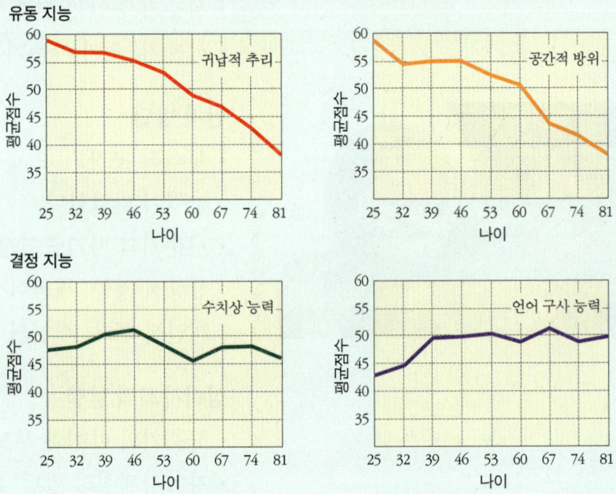

3단원 노년기

신체적 발달과 인지적 발달

- 감각과 운동 기능 발달상의 변화: 많은 요소가 감각 기능, 운동 기능, 그리고 인지 기능에 영향을 준다.
- 인지적 기능의 변화: 노화에 의해 유동 지능과 기억 기능이 가장 많은 영향을 받는다.
- 기대 수명의 차이: 미국인은 오래 사는 편이지만, 여성이 일반적으로 남성보다 오래 산다.
- 알츠하이머 질환: 뇌 질환으로서 정신 기능이 점차 퇴화한다.

심리사회적 발달

- Eriskson의 심리사회적 발달 단계 이론: 자아통합감 대 절망의 도전
- 노화와 연관된 육체적 변화 및 정신적 변화에 대처하는 법: 성공적으로 나이가 들기 위해서는 보상을 수반한 선택적 적정화, 낙관주의, 그리고 자기 도전의 자세가 필요하다. 즉, 목표 의식과 타인과의 유대감을 유지하는 것이다.
- 죽음과 죽어 가는 것: Kübler-Ross 이론의 다섯 단계(부인, 분노, 협상, 우울, 그리고 최후 수용)

제 11 장 성별과 성

우리의 성

생활의 한 단면 19세 소녀 소냐는 고민에 빠졌다. 전통적인 가정에서 자란 그녀는 결혼할 때까지 순결을 지키라고 가르침을 받아 왔지만 대학생이 되어 만난 친구들 대부분은 성관계를 가지고 있었기 때문이다. 그녀는 자신이 너무 고리타분한 사고방식을 가진 것은 아닌지 고민하기 시작했다.

차냐와 재닛은 6년 동안 단순히 '룸메이트'인 척하며 비밀스러운 삶을 살아왔다. 그들은 그저 대도시에서 집세를 나누어 내는 두 30세의 커리어우먼인 것처럼 보였다. 그들은 각자의 부모님이 방문할 때마다 트윈침대를 따로 떨어뜨려 놓긴 했지만, 서로 연인이 아니라는 환상을 유지하기가 더욱 어려워지고 있었다.

"이건 웃기는 일이에요." 스튜어트는 말했다. '하하' 하고 웃을 수 있는 일은 아니지만 아이러니해요. 정말로요. 제 나이 27세에 제가 절대 원하지 않았던 일은 발기에 어려움을 겪은 일이었어요." 스튜어트는 2년 전 이혼한 후로, 성 역할을 제대로 할 수 없었다. 그에게는 발기할 수 없다는 사실이 너무 굴욕적이었고, 결국 애쓰기를 포기했다. 그는 새로운 관계 속에서 이런저런 핑계를 대며 성관계를 거부하였지만, 그의 설명은 공허하게 들릴 뿐이었다.

앞의 세 젊은이의 고민은 성 가치관, 성적 지향, 성 반응 등 이 장에서 다루는 많은 인간의 성 문제를 다룬다. 성은 생물학적으로, 심리학적으로, 사회적으로 중요하다. 이는 종족보존을 위한 자연스러운 방법이고, 우리의 행동과 동기를 형성하며, 우리의 성격에도 영향을 미친다. 이는 우리를 유

다음 사실을 알고 있었나요!

- 어떤 사람은 자연의 실수로 인해 반대의 성의 몸에 갇혀 있다고 느낀다. (p. 528)
- 수학 능력에서의 남녀 간 차이는 사실상 없는 것으로 드러났다. (p. 534)
- 여성들이 물건들이 놓여 있던 위치를 더 잘 기억하는 경향이 있다. ('차 열쇠는 어디에 있는가?') (p. 535)
- 게이와 레즈비언은 이성애자와 같은 수준의 성 호르몬을 가지고 있다. (p. 548)
- 자궁경부암의 주요 원인은 성적으로 전염된 바이러스이다. (p. 552)
- 남성 성호르몬인 테스토스테론은 여성과 남성 둘 다에게 성적 충동을 일으킨다. (p. 558)
- 비만은 발기부전과 연관되어 있다. (p. 559)
- 여자 대학생이 강간당할 확률은 낯선 사람보다 지인에게서 더 높다. (p. 565)

학습 목표

이 장을 제대로 공부한 학생은

1. '성 정체성'과 '성 역할'을 정의하고, 이것들이 어떻게 다른지 설명할 수 있다.
2. '성전환증'을 정의하고 성전환증의 발달에 대한 현대의 이해를 평가할 수 있다.
3. 인지 능력, 성격 특질, 리더십 유형에서의 성별 차이를 이해할 수 있다.
4. 심리적, 생물학적, 사회문화적 이론의 관점에서 성 역할 행동의 발전을 설명할 수 있다.
5. 성적 흥분 상태 동안 신체 내부에서 일어나는 변화를 설명할 수 있다.
6. 성적 지향의 근원에 대한 증거를 평가할 수 있다.
7. 동성애에 대한 문화적 태도 차이를 설명할 수 있다.
8. 성도착의 여러 유형을 확인하고 각 유형의 특징을 설명할 수 있다.
9. 성기능장애의 유형을 알고, 이에 대한 지식을 다양한 성적 문제를 겪고 있는 사람들에게 적용할 수 있다.
10. 성기능장애의 원인을 평가할 수 있다.
11. 성기능장애의 현대 치료법에 대해 설명할 수 있다.
12. 강간과 성희롱을 각각 정의하고, 강간의 여러 유형에 대해 알 수 있다.
13. 강간 및 성희롱을 초래하는 요인들을 평가할 수 있다.
14. 강간 및 성희롱을 초래하는 요인에 대한 지식을 활용하여 이를 막기 위한 노력에 적용할 수 있다.

미리 보기

1단원 성 정체성, 성 역할, 남녀 간 차이
2단원 성적 반응 및 성적 행동
3단원 성기능장애
4단원 강간 및 성희롱과 싸우기

일한 존재로 만들어 주는 특질이다. 성은 우리의 성적 반응과 행동뿐만 아니라 우리 스스로를 성적인 존재로 경험하는 많은 방법들을 아우른다. 예를 들어, 우리의 성 정체성(남성다움 혹은 여성다움의 느낌)과 성적 지향(성적 끌림의 방향)은 자아정체성의 필수적인 부분이다. 우리의 성적 행동은 가족의 영향과 우리가 살고 있는 사회에 의해 형성된다. 우리가 학습하는 사회적 규범과 관습이 우리의 성을 표현하는 방식의 허용 여부를 결정한다. 각 사회는 저마다 성적 행동에 대한 규칙을 부과할 뿐 아니라 남성과 여성 각자에게 적절하게 여겨지는 행동을 지정하는 문화적 기대, 즉 성 역할(gender roles)을 부여한다. 이 장에서 우리는 성 정체성에서 시작하여 이러한 성의 다양한 측면을 다루어 볼 것이다.

성 정체성, 성 역할, 남녀 간 차이

1 단원

- 성 정체성은 무엇이며, 성 역할과 어떻게 다른가?
- 성 정체성을 설명하는 것은?
- 성 역할 행동에 대한 주요 이론은?
- 인지 능력에서 남녀 간 차이가 있는가?
- 성격 특질과 리더십 유형에 남녀 간 차이가 있는가?

이 단원에서는 성 정체성과 성 역할에 대해 알아보고, 그것들이 어떻게 발전하는지 알아볼 것이다. 또한 우리가 스스로를 남성 혹은 여성이라 느끼고, 또한 사회 내에서의 역할에 영향을 미치는 생물학적 및 심리사회적 요인을 살펴볼 것이다.

1. 성 정체성: 남성성 혹은 여성성에 대한 우리의 감각

시작하기 전에, 몇 가지 용어를 먼저 정의해 보자. 이 책에서는 '성(sex)'을 남성과 여성의 생물학적 구분이라는 의미로 사용할 것이다. 따라서 남성과 여성의 해부학적 차이를 다룰 때에는 '생식기'라는 용어를 사용할 것이다. 성별(gender)은 남성성과 여성성을 구분 짓는 심리사회적 개념이다. 따라서 우리는 특정 문화에서 남성 혹은 여성에게 적절한 것으로 여겨지는 행동들을 성 역할(gender roles)이라 부를 것이다. 남성 혹은 여성이 되는 심리적 경험은 성 정체성(gender identity)이라 부른다.

대부분의 아동은 3세가 될 때쯤 자신의 성 정체성에 대한 확고한 감각을 습득한다. 그렇다면 성 정체성을 결정하는 것은 무엇인가? 정답은 아직 분명하지 않다. 어떤 연구에서는 생물학적 영향을 지적한다. 연구자들은 태아기의 호르몬이 뇌를

개념 11-1

아동들은 초기에 확고한 성 정체성, 즉 남성 혹은 여성이 되는 것에 대한 심리적 감각을 발달시킨다.

➔ **개념 링크** 성 정체성의 발달은 초기 아동기에 일어나지만, 자아정체성(삶에서 개인이 가지는 기본적인 신념과 방향성에 대한 확고한 감각)은 청소년기 이후에 형성된다. 제10장 1단원을 참고하라.

개념 11-2

성 정체성의 근원을 탐색할 때, 연구자들은 생물학적(태아기) 영향과 환경적(양육) 영향을 모두 고려한다.

성별(gender): 남성성 혹은 여성성의 상태

성 역할(gender roles): 각 성별에 적절하다고 여겨지는 행동들에 대한 문화적 기대

성 정체성(gender identity): 남성성 혹은 여성성에 대한 심리적 감각

자극하여 이후의 성 정체성 발달에 영향을 미친다고 추정한다(Reiner & Gearhart, 2004). 하지만 동시에 연구자들은 성 정체성이 태어날 때 완전히 드러나는 것은 아니라고 추정한다. 이 연구에서 선천적인 장애로 인해 남녀의 생식기를 모두 가지고 태어난 아동은 그들의 염색체 성(XY 혹은 XX)과는 무관하게 그들에게 부여되고 양육되는 성과 일치하는 성 정체성을 발달시켰다(Slijper, Drop, & Molenaar, 1998). 대체로, 대부분의 과학자들은 성 정체성이 선천적인 것(생물학)과 후천적인 것(양육의 영향)의 복잡한 상호작용으로 결정된다고 믿는다(Berenbaum & Bailey, 2003).

성 정체성의 결정요소가 무엇이든 간에, 이는 그 사람의 염색체 성과 거의 항상 일치한다. 하지만 소수의 사람들은 성 정체성과 염색체 성이 일치하지 않는데(Heath, 2006), 이 사람들은 한 성별의 성 정체성을 가지고 있지만, 염색체 성과 생식기는 다른 성별의 것을 가지고 있다.

1) 성전환증: 정체성과 생물학의 불일치

성전환증(transsexualism): 자신의 성 정체성과 자신의 염색체 및 해부학적 성의 불일치

성전환증(transsexualism)을 가진 사람들은 자연의 실수로 인해 반대의 성의 신체에 갇혀 있다고 느낀다. 성전환증을 가진 남자는 해부학적으로는 남성이지만 여성의 성 정체성을 가지고 있다. 성전환증을 가진 여성은 해부학적으로는 여성이지만 남성의 성 정체성을 가지고 있다. 성전환증을 가진 사람들(이들은 '트렌스젠더'라고도 불림)은 주로 그들이 기억하는 한, 자신이 다른 성별에 속해 있음을 느낀다고 보고한다(Zucker, 2005a, 2005b). 성전환증 혹은 트렌스젠더 정체성에 대한 오해가 많은데, 몇 가지가 〈표 11-1〉에 나와 있다.

개념 11-3

트렌스젠더 정체성을 가진 사람들은 자신의 해부학적 성과 맞지 않다고 느끼며, 자신이 자연의 실수라 여기는 것을 바로잡기 위해 성전환 수술을 하기도 한다.

트렌스젠더인 사람들은 자신의 성기를 보고 혐오감을 느낄 수 있다. 자신의 눈에 보이는 것을 자연의 실수라 여겨 이를 바로잡기 위해 많은 사람들이 성전환 수술을 통해 자신의 생식기를 바꾼다(Bockting & Fung, 2006). 그들은 성전환 수술을 통해 자신의 생식기를 반대 성의 생식기와 유사하게 변형시킨다. 하지만 외과의사가 생식세포를 생성하는 신체 내부의 생식기관(남성의 고환과 여성의 난소)을 이식할 수는 없기 때문에, 임신과 출산은 불가능하다. 따라서 만약 여성 혹은 남성을 결정하는 것이 각 성의 내부 생식기관을 가졌느냐에 달려 있다면 성전환 수술은 여성을 남성으로 바꾸거나 남성을 여성으로 바꾸어 준다고 말할 수 없다. 하지만 성전환 수술은 일반적으로 성관계를 가능하게 해 준다. 호르몬 대체 치료법은 여성에서 남성으로 전환하는 사람들의 경우에 턱수염과 체모를, 남성에서 여성으로 전환하는 사람들의 경우에 유방의 발달을 촉진시키는 데 사용된다.

개념 11-4

각 사회는 행동과 성격에 대한 성별에 기반한 기대를 부과함으로써 남성성과 여성성을 정의한다.

트렌스젠더 정체성의 원인은 아직 불분명하다. 과학자들은 성 호르몬과 더불어 유전적 영향, 태아기 때 뇌에 가해지는 영향과 같은 다른 요인들의 결합이라고 추정하고 있다(Dennis, 2004; Heath, 2006). 그 결과, 태아기 때 성기는 한 성으로 발달되고 있음에도 뇌는 성적으로 다른 방향을 지향하게 되는 몸과 마음의 불일치가 일어나게 될 수 있다.

〈표 11-1〉 성전환증(트렌스젠더 정체성)에 대한 오해와 사실

오해	사실
성전환 수술을 받은 사람만이 성전환증을 가진 사람이다.	성전환증을 가진 많은 사람들이 수술 후 통증 및 합병증 혹은 비싼 비용으로 인해 성전환 수술을 받지 않는다.
여자의 옷을 입는 남자들은 성전환증을 가진 사람들이다.	어떤 사람들은 그럴 수 있다. 그러나 어떤 사람들은 성전환증을 갖지 않아도 성적으로 흥분되기 위해 이성의 옷을 착용할 수 있다. 또한, '드래그 퀸(drag queens)'으로 알려진 어떤 게이 남성은 성전환증을 갖고 있지 않아도 여성의 옷을 입기도 한다.
성전환증은 동성애의 한 형태일 뿐이다.	게이 혹은 레즈비언 성적 지향을 가진 사람은 자신의 해부학적 성과 일치하는 성 정체성을 가지고 있다. 그들은 자신과 같은 성적 지향을 가진 사람 혹은 같은 성을 가진 사람에게 성적으로 끌리며, 자신이 반대 성의 몸에 갇혀 있다고 느끼지 않는다.

2. 성 역할과 고정관념: 사회는 어떻게 남성성과 여성성을 정의하는가

각 성별에 적절하다고 여겨지는 행동에 대한 문화적 기대를 성 역할(gender roles)이라 부른다. '남성스러운' 혹은 '여성스러운' 행동에 대한 고정되어 있고 관습적인 관점을 성 역할 고정관념(gender-role stereotypes)이라고 부른다. 우리 문화에서 전형적인 여성은 양육적이고, 온화하며, 의존적이고, 따뜻하고, 정서적이며, 친절하고, 도움이 되며, 참을성 있고, 순종적인 모습으로 인식된다. 전형적인 남성은 수많은 영화 속의 거친 남자 주인공을 통해 보이듯이 거칠고, 독립적이며, 동시에 지배적이고 보호하는 모습으로 인식된다.

© Frank Edwards/Fotos International/Getty Images

© Gary Salter/Corbis

꼬마 Chastity Bono는 자신의 유명한 부모 Cher Bono와 Sonny Bono가 주최하는 텔레비전 쇼에 출연했다. 이제는 Chaz라 불리는 Chastity는 항상 자신이 남성이라고 느꼈다. Chaz(오른쪽)는 최근 여성에서 남성으로 성전환 수술을 받았고, 지금 그는 자신의 삶에 대해 다음과 같이 말한다. "저는 처음으로 제 몸에 맞게 살고 있다고 느껴요. 기분이 정말 좋아요."

하지만 성 역할은 계속해서 바뀐다. 오늘날 대부분의 여성은 집 밖에서 일을 하며, 많은 여성이 이전에는 남성의 영역으로 여겨졌던 법, 의학, 공학과 같은 영역에서 경력을 쌓아간다. 어떤 사람들은 해군 군함을 지휘하기도 하고 군용 헬기를 조종하기도 한다. 하지만 집 밖에서 풀타임으로 일하는 여성일지라도 집안일과 자녀양육의 책임은 여전히 상당 부분 여성에게 부과되어 있다.

그러나 무엇이 성 역할의 습득을 설명하는가? 즉, 왜 남자아이들은 남자아이처럼, 여자아이들은 여자아이처럼 행동하는가? 이것은 단순히 여성 혹은 남성에게 기대되는 행동과 역할을 부과하는 문화적 학습의 문제인가? 혹은 이러한 행동에는 생물학적 이유가 있는 것인가? 이제 우리는 성별 행동의 습득을 설명하는 몇 가지 주요 이론을 살펴볼 것이다.

개념 11-5

우리 사회의 성 역할은 바뀌어 왔고 지금도 바뀌고 있지만, 여전히 집안일과 자녀 양육에서 여성의 역할이 크다.

개념 11-6

사회인지 이론가들은 성 역할 행동의 발달에서 관찰학습과 강화의 역할을 강조한다.

➔ 개념 링크 제5장에서 다루었던 관찰학습은 인지 학습의 한 유형이다. 제5장 3단원을 참고하라.

1) 사회인지 이론: 타인이 나에게 기대하는 바를 학습하기

앨버트 밴듀라(Albert Bandura, 1986)와 월터 미셸(Walter Mischel, 1970)과 같은 사회인지 이론가들은 성 역할 행동의 발달에서 관찰 학습과 강화의 역할을 강조했다. 아동은 자연관찰가들이며, 그들은 다른 사람들의 행동이나 텔레비전 혹은 영화에서 보는 것들을 받아들인다. 부모와 그들보다 나이가 많은 형제들은 모델링에 중요하게 영향을 미치는 사람들이다(Bronstein, 2006). 만약 아동이 아빠, 엄마, 누나, 형이 다르게 옷차림을 하고 가족 내에서 서로 다른 역할을 수행하는 것을 본다면 그들은 남성과 여성에게 기대되는 바를 배우기 시작할 것이고, 그에 따라 행동할 것이다.

부모는 아동의 성 역할 행동을 형성하기 위해 보상과 처벌(칭찬과 비판)을 사용한다. 유아기 때 부모는 여자아이와는 대화를 더 많이 하고, 남자아이와는 조금 더 육체적이고 시끌벅적한 놀이를 하기도 한다. 이후 부모는 아들에게 운동장에서 거칠게 놀고 다쳤을 때나 화가 날 때 눈물을 참도록 독려할 수 있다. 반면 딸에게는 협력적인 놀이를 하거나 부엌일을 도울 때 칭찬하며, 성별에 적절하지 않은 행동을 하면 처벌하거나 무시하기도 한다.

부모가 자녀에게 주는 장난감 또한 그들이 사는 사회의 성 역할 기대를 반영한다. 여자아이들은 인형을 받고 가상놀이에서 돌보는 행동을 연습하여 전통적인 여성의 역할을 준비한다. 남자아이들은 액션 피겨(남성 인형의 완곡 표현)를 받아 전통적인 남성 역할의 특징에 해당하는 공격적인 연기를 하는 데 사용한다.

텔레비전, 영화, 책, 잡지, 비디오게임, 인터넷과 같은 대중매체는 관습적인 성 역할을 강화할 수 있는데, 이러한 대중매체에서 남성은 주로 더 공격적이고 리더 역할로, 여성은 종속적인 역할로 그려진다. 대중매체에서 성 역할은 점점 더 균형을 맞추어 가고 있지만, 텔레비전이나 영화에서는 계속해서 남성과 여성을 그들의 관습적인 역할로 묘사하고 있다.

© Gary Salter/Corbis

모델링은 성 역할 행동의 발달에 중요한 영향을 끼친다.

© Lisa F. Young/Shutterstock.com

우리 사회에서 관습적인 성 역할은 어떻게 바뀌었는가?

성 역할 기대는 사회가 변함에 따라 함께 변한다. 오늘날 딸들은 아마 집 밖에서 일하는 엄마를 더 많이 볼 것이다. 오늘날 어린 소녀들은 스포츠 경기에 대한 흥미를 키우고, 자신이 원하는 분야의 진로를 따르도록 장려된다. 하지만 이러한 변화는 느리다(예를 들어, 여성 증권 중개인이나 컴퓨터 프로그래머의 수는 비교적 적다.).

2) 성 도식 이론: 여자(혹은 남자)가 된다는 것은 어떤 의미인가?

성 도식 이론(gender-schema theory)은 성 역할 행동의 발달에 있어서 인지적 요인의 중요성을 강조한다. 이 이론은 아동이 남성성과 여성성에 관하여 정신적 범주 혹은 도식(schema)을 형성한다고 주장한다(Bem, 1993; Martin & Ruble, 2004). 도식은 지식을 체계화하는 방법으로, 한 사람이 세계를 보는 렌즈이다. 성 도식은 남자아이 혹은 성인 남성, 그리고 여자아이 혹은 성인 여성에게 적절하다고 여겨지는 옷차림, 장난감, 행동, 사회적 역할을 포함한다. 3세가 될 때까지 아이들은 대부분 장난감에 대한 성 도식을 발달시켜서 트럭은 남자아이의 장난감으로, 인형은 여자아이의 장난감으로 인식한다. 성 도식은 성별과 관련된 물체나 활동을 기억해 내는 것과 같이 아동들이 기억해 낼 확률이 높은 것에도 영향을 미친다. 중요한 초기 연구에 따르면 남자아이들은 이전에 보았던 차와 트럭을 더 잘 기억해 낸 반면, 여자아이들은 인형을 더 잘 기억해 냈다(Bradbard & Endsley, 1983).

성 도식 이론(gender-schema theory): 아동이 남성성과 여성성에 대한 심적 표상 혹은 도식을 형성한다는 신념으로, 아동은 이를 자신의 행동을 체계화하고 자기가치를 평가하는 근거로 사용함

아동이 성 역할 도식을 습득하면, 그들은 그것을 자신의 행동을 체계화하는 방법으로 사용하며, 자기가치를 평가하는 참조 틀로 사용한다. 그들은 남자아이 혹은 여자아이에게 기대되는 행동에 대한 자신의 개념을 반영하는 방식으로 행동하기 시작한다. 또한 그들은 자신의 성별에 중요하다고 여겨지는 특징에 맞다고 느낄 때 스스로를 긍정적으로 판단하기 시작한다. 남자아이들은 체력, 공격성과 같은 남성적인 특징에서 다른 남자아이들과 비교하여 얼마나 좋은지에 따라 자존감을 높게 느끼기도 하며, 여자아이들은 자신의 아름다움과 신체기술의 우아함에 따라 자신을 판단하기도 한다. 그 증거로는 청소년기 이전의 아동은 자신의 성별에 전형적이라고 스스로를 인지하는 것과 더 높은 심리적 적응 수준이 연관되어 있다는 것이다(Yunger, Carver, & Perry, 2004).

개념 11-7

성 도식 이론은 아동이 남성성 및 여성성과 연관된 특징과 행동에 대한 심적 표상 혹은 도식을 형성하고, 그러한 도식과 일치하는 방식으로 행동한다고 주장한다.

3) 진화론: 그것은 자연의 방식이다

진화론의 문맥에서 전형적인 성 역할의 존재(가장으로서의 남성, 주부로서의 여성)는 그저 자연계의 질서를 반영할 뿐이다. 진화 심리학자들은 현대의 성 역할을 사냥꾼과 전사로서의 남성의 전통적인 역할과 과일과 야채를 수집하고 자녀를 양육하던 여성 역할의 현대적 적응이라고 주장한다(Buss & Kenrick, 1998). 이 관점에서 여성에 비해 남성의 상반신의 힘이 센 것은 사냥꾼과 전사로서 성공할 확률을 높인다. 남성의 신체적 특징은 도망가는 표적을 잡고, 상대방을 제압할 수 있게 한다. 평균적으로 남성은 지적 회전이나 3차원 공간에서 이동을 추적하는 것과 같은 시공간 능력이 여성보다 뛰어나다(Cook & Saucier, 2010; Halpern et al., 2007). 이러한 능력은 화살을 정확하게 쏘거나 사냥을 마친 후 집으로 돌아오는 길을 찾는 데 도움을 주는 등 사냥과 전투에 이득을 준다. 이와는 대조적으로 여성은 유아들이 말을 할 수 있게 되기 전까지 그들에게 필요한 것을 감지할 수 있는 공감적이고 돌보는 특징을 발달시키도록 하는 유전적인 성향을 가진다. 이러한 특징은 자녀들의 생존 가능성을 높여 그들의 유전적 유산을 남길 수 있도록 해 주었을 것이다. 진화 심리학자들은 조상들의 생존 문제에서 적응적이라고 입증된 성별과 연관된 특징들이 오늘날 인간에게까지 세대를 거쳐 유전적으로 전해져 왔을 것이라고 추측한다.

개념 11-8

진화 심리학자들에 따르면, 남성의 경우 공격성, 여성의 경우 양육과 같은 성별에 따른 특징을 개발하도록 유전적으로 미리 결정된다고 한다.

© Ellen Senisi/ImageWorks

공격성의 모든 형태가 여자아이보다 남자아이에게서 더 흔하게 나타나는가?

진화 심리학자들은 남자아이와 성인 남성이 거의 모든 기준에서 여자아이와 성인 여성에 비해 신체적으로 더 공격적이라는 증거를 가지고 그들의 주장을 더욱 지지한다(Archer, 2006; Feder, Levant, & Dean, 2007; Kimura, 2002). 남자아이들은 더 거친 놀이와 싸움놀이를 즐긴다. 최근 우리는 17개월이 된 남자아이조차도 여자아이에 비해 더 신체적인 공격성을 보이는 경향이 있다는 사실을 알게 되었다(Baillargeon et al., 2007). 교도소에는 폭력적인 범죄를 저지르고 온 남성이 대부분이다.

하지만 지나치게 일반화하지 않도록 주의해야 한다. 증거에 따르면 남성과 여성 모두 공격적인 행동을 하지만, 성별에 따라 취하는 형태가 다를 수 있다. 남자아이들은 여자아이들에 비해 더 육체적으로 공격적인 경향이 있지만, 여자아이들은 더 높은 수준의 관계 공격성(relational aggression)을 보이는 경향이 있다(Godleski & Ostrov, 2010; Shoulberg, Sijtsema, & Murray-Close, 2011; Tackett, Waldman, & Lahey, 2009). 관계 공격성이란 다른 사람들을 공격하는 도구로 관계를 이용하는 것을 의미한다. 관계 공격성은 또래 집단에서 배제시키거나 다른 사람의 사회적 지위에 손상을 입힐 수 있는 루머를 퍼트리는 것을 포함한다.

하지만 여전히 의문이 남아 있다. 선천적으로 남성들은 육체적으로 더 공격적이고, 여성들은 더 온화하고 협력적인가? 아마 테스토스테론이 한몫할 것이다. 여성에 비해 남성에게 더 높은 수준의 남성 호르몬이 생성되지만, 높은 테스토스테론 수준은 남성과 여성 모두에게서 더 많은 공격적 행동과의 연관성을 보여 준다(Ellis, Das, & Buker, 2007; Giotakos et al., 2005). 그렇긴 하지만 테스토스테론과 공격적 행동의 관계는 복잡하다. 테스토스테론은 공격성에 대한 점멸 스위치가 아니다.

또한 문화적 영향은 공격성에 있어서 남성과 여성의 차이를 설명하는 데 중요한 역할을 한다. 예를 들어, 남자아이들은 주먹이나 무기를 사용하여 적을 죽이고, 사지를 자르고, 제압하는 남성 액션 히어로들에 노출된다. 또한 스포츠 경기에서 코치들은 남자아이들과 성인 남성에게 공격적으로 참여할 것을 권장하며, 프로 경기에서 호화로운 보상을 얻는다.

4) 사회문화 이론: 성 역할과 문화적 적응

개념 11-9

사회문화 이론가들에 따르면, 성 역할은 사회가 환경적 요구에 적응하도록 돕는 문화적 적응이다.

저명한 인류학자 마거릿 미드(Margaret Mead, 1935)는 성 역할 행동에 있어서 문화적 영향의 중요성을 강조했다. 그녀가 연구했던 뉴기니 문화에서, 남성과 여성은 자녀 양육에 대한 책임을 분담하고 있었다. 다른 문화에서는 전형적인 성 역할과는 반대되는 모습을 보였다. 여성이 사냥 및 과일 채집을 하며 자라고, 남성이 집 가까이 머물면서 자녀를 돌보았다. 미드의 증거는 성 역할이 생물학보다는 어떻게 사회가 그들이 마주하는 환경적 요구에 적응하는지와 더 관련이 있다는 것을 암시한다.

성별 행동의 결정 요소에 대해 어떻게 결론 내릴 수 있겠는가? 많은 연구자들은 아동의 성별 특정 행동을 결정하는 데 생물학적 요소와 사회환경적 요소가 상호작용한다고 믿는다(Bryant & Check, 2000; Wood & Eagly, 2002). 생물학적 영향은 전형적인 성 역할 행동에 대한 행동적 성향을 형성할 수 있는데, 남자아이들이 난투극이나 공격적 행동을 더 선호하는 것이 그 예이다. 하지만 생물학은 운명이 아니다. 성 역할 행동은 보편적인 것도 아니고 선천적으로 고정된 것도 아니다. 아동들이 어떻게 특정 성 역할로 사회화되는지가 그 자체로 중요한 영향이다(Bryant & Check, 2000).

5) 남성성과 여성성: 양극단인가, 다른 차원인가?

관습적으로 우리는 남성성과 여성성을 일직선상의 양극단으로 생각하는 경향이 있다. 남성적 특징을 더 많이 가질수록 여성적 특징을 가질 확률이 더 적다고 생각한다. 하지만 남성성과 여성성이 상호 배타적인 범주를 나타낸다고 보아야만 하는가? 왜 독립성, 자기주장과 같은 남성적인 특징과 돌봄, 공감과 같은 여성적인 특징을 동시에 가질 수 없는가? 심리학자 샌드라 벰(Sandra Bem)은 남성적인 특징과 여성적인 특징을 동시에 가질 수 있다고 믿는다(Bem, 1993). 그녀는 남성성과 여성성을 분리하여 측정하는 성 역할 목록을 개발하였고, 남성과 여성은 남성적 특징과 여성적 특징에서 높거나 낮을 수 있다는 사실을 발견했다. 심리적 양성성(androgyny)은 남성적 특징과 여성적 특징을 모두 높은 수준으로 가진 사람들의 유형을 나타내기 위해 사용되었다([그림 11-1] 참조). 양쪽 차원에서 모두 낮은 수준을 보인 사람들은 '구분되지 않는(undifferentiated)'으로 분류되었다. 양성의 특징을 가진 사람들은 양쪽 세계를 가장 잘 이용할 수 있을 것이다. 예를 들어, 사업 거래 시에는 '남성적인' 자기주장과 독립성을 이용하고, 아동 혹은 동물의 새끼와 상호작용 시에는 '여성적인' 돌봄과 민감성을 이용할 수 있다.

개념 11-10

심리학자 샌드라 벰에 따르면, 사람들은 심리적으로 양성의 특징을 가질 수 있는데, 이는 높은 수준의 남성적인 특징과 여성적인 특징을 동시에 가질 수 있다는 의미이다.

양성성(androgyny): 성 역할 동일시의 한 가지 유형으로, 높은 수준의 남성적 특징과 여성적 특징을 동시에 가진 사람을 묘사하는 특징을 말함

양성성의 개념은 특히 페미니스트들에 의해 비판을 받아 오고 있다. 그들은 이 개념이 남성성과 여성성이 남성과 여성에 대한 사회의 차별화된 대우의 반영이라기보다는 사람들의 특징이라는 신념을 영속화시킨다고 주장한다. 사람은 성별 고정관념의 전형이 아닌 개인으로 대우받아야 하지 않는가? 벰(1993)조차도 양성성의 개념이 사회 내의 성 불평등에서 관심을 다른 데로 돌리게 만든다는 사실을 인정한다. 하지만 벰을 포함한 많은 학자들은 양성성이 성격과 행동에서 '남성적인' 특징과 '여성적인' 특징을 동시에 가지고 있고, 전통적인 성 역할에 근거하여 쉽게 분류되지 않는 사람을 설명하는 유용한 개념이라고 믿는다(Arnett, 2004).

연구자들은 양성성이 행동의 범위를 예측하는 데 유용하다는 사실을 발견했다. 예를 들어, 양성의 특징을 가진 사람은 남성적 혹은 여성적인 성 역할 지향을 가진 사람보다 더 창의적인 경향이 있다(Norlander, Erixon, & Archer, 2000). 또 다른 연구자들은 남성과 여성이 자신의 연인 혹은 배우자로 양성의 특징을 가진 사람들을 선호한다는 사실을 발견하였다(Green & Kenrick, 1994). 기본적으로, 그들

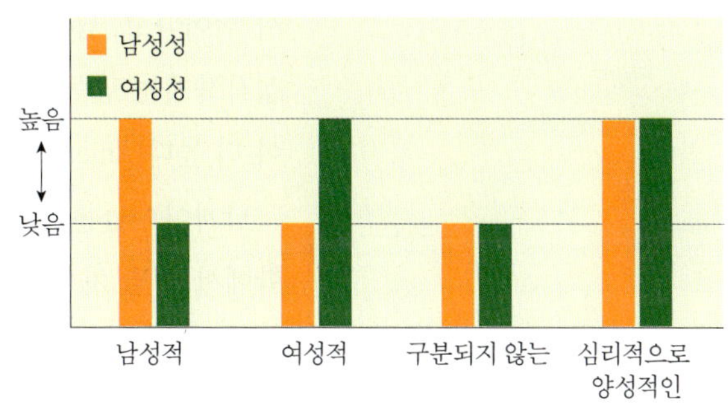

[그림 11-1] 성 역할 동일시

당신은 성 역할 동일시의 관점—남성적, 여성적, 구분되지 않는, 심리적으로 양성적인—에서 스스로를 어떻게 분류하겠는가?

〈개념 차트 11-1〉 성 정체성과 성 역할

© Maxx-Studio/Shutterstock.com

개념	설명	추가 의견
성 정체성	남성 혹은 여성이 되는 심리적 감각	생물학적 영향(태아기 때 특정 성별에 따라 뇌가 형성되는 것)과 환경적 영향(남자아이 혹은 여자아이로 양육되는 것)이 개입되어 있을 수 있다.
성 역할	남성과 여성에 적절하다고 여겨지는 행동 및 사회 내에서의 역할에 대한 문화적 기대	성 역할 습득에 대한 이론적 견해는 사회인지 이론(관찰학습과 강화), 성 도식 이론(행동을 체계화하고 자기평가의 틀로 성 도식을 사용), 진화론(성 역할은 유전적 소인을 나타냄), 사회문화 이론(성 역할은 문화적 적응)을 포함한다.

은 표현력이 있으며(여성적 특징) 동시에 도움이 되는(세상에서 효과적으로 행동할 수 있는, 남성적 특징) 상대를 선호한다. 더 나아가기 전에, 〈개념 차트 11-1〉을 다시 본다면 성 정체성과 성 역할에 대한 개관을 알 수 있을 것이다.

3. 남녀 간 차이: 우리는 얼마나 다른가

우리는 이미 공격성에 있어서 성별 간 차이를 살펴보았다. 이제는 다른 영역—인지 능력, 성격, 리더십 유형—에서 성별 간 차이를 살펴보자.

4. 인지 능력에서 남녀 간 차이

난독증(dyslexia): 읽기 능력의 손상으로 특징지어지는 학습장애

남성과 여성 중 누가 더 똑똑한가? 당신의 성별을 방어하려 들기 전에, 연구 증거를 통해 남성과 여성이 일반적인 지능(IQ)과 문제해결 능력 검사에서 비슷한 성적을 보였다는 사실을 주목하자. 과거 APA 회장이었던 다이앤 할펀(Diane Halpern)은 다음과 같이 언급했다. "한 성이 다른 성보다 더 똑똑하다는 증거는 없습니다"(Halpern, 2004). 하지만 여자아이들은 남자아이들보다 읽기, 쓰기, 맞춤법 면에서 뛰어나고, 남자아이들은 여자아이들에 비해 읽기 실력이 수준에 못 미치거나 더 심각하게는 난독증(dyslexia)과 같은 장애를 갖는 등 읽기에서 문제가 있을 가능성이 더 높다(American Psychiatric Association, 2000).

남자아이들은 전통적으로 수학적 능력에서 우위를 보였다. 그러나 최근 들어 수학에서 성별 차이는 훨씬 줄어드는 추세이며, 오늘날 남자아이와 여자아이의 수학 능력에는 근본적으로 차이가 없다(Hyde et al., 2008; Lindberg et al., 2010). 그러나 전 세계 69개국에서 진행된 연구 결과는 여자아이들의 수학 능력이 부족하지 않음에도 여자아이들이 수학 실력에 있어 자신감이 덜한 경향이 있다는 사실을 입증했다(Else-Quest, Hyde, & Linn, 2010). 심리학자이자 이 연구의 팀장이었던 니콜 엘스-퀘

스트(Nicole Else-Quest)가 언급한 중요한 교훈은 다음과 같다. "여자아이들이 성공할 수 있다고 격려 받는다면 남자아이들만큼이나 잘 수행할 수 있어요"('Few Gender Differences'에서 인용, 2010).

평균적으로, 남성들은 [그림 11-2]에 나와 있듯이 지도 읽기, 3차원 물체의 심적 회전 등 일부 시공간 능력에서 여성보다 뛰어나다(Halpern & LaMay, 2000; Valla & Ceci, 2011). 심적 회전에서 남성의 우세함은 유아에게서도 관찰된다(Moore & Johnson, 2008; Quinn & Liben, 2008). 3차원 물체의 관계를 인지하는 능력은 남자아이 혹은 성인 남성이 체스 게임, 기하학 문제 풀이, 기하학적 도형에 들어가 있는 형태를 찾아내기와 같은 특정 능력에서 뛰어난 경향이 있는지를 설명해 준다.

개념 11-11
연구자들은 평균적으로 여자아이들이 일부 언어 능력에서 남자아이들보다 뛰어나며, 남자아이들이 일부 시공간 과제에서 뛰어나다는 사실을 발견했다.

평균적으로 여성은 물체가 어디 위치해 있는지 기억해 내는 능력이 남성에 비해 뛰어나다. 이것은 종종 여성이 잃어버린 열쇠를 더 잘 찾는지를 설명해 준다. 하지만 '평균적으로'라는 수식 어구를 주목하라. 사람들은 반대 성이 더 잘하는 경향이 있는 능력을 드러낸다. 많은 여성은 수학과 과학에서 뛰어나며, 많은 남성은 쓰기와 언어 능력에서 빛을 발한다. 사실상 인지 능력의 다양한 수준 차이는 성별 간 보다는 성별 내에 존재한다. 따라서 전통적인 고정관념을 사용하여 남자아이 혹은 여자아이가 추구해야 할 흥미나 직업을 제한하지 않도록 주의하는 것이 중요하다.

남녀의 인지 능력 차이는 어떻게 설명할 수 있는가? 한 가지 가능한 설명은 남성의 뇌가 시공간 능력과 같은 특정 종류에 전문화되어 있다는 것이다. 태아 때 남성은 높은 수준의 테스토스테론에 노출되며, 이는 특정 유형의 공간 과제를 수행하는 데 관여되는 뇌의 회로의 발달을 촉진한다(Cohen-Bendahan et al., 2005). 또한 심리

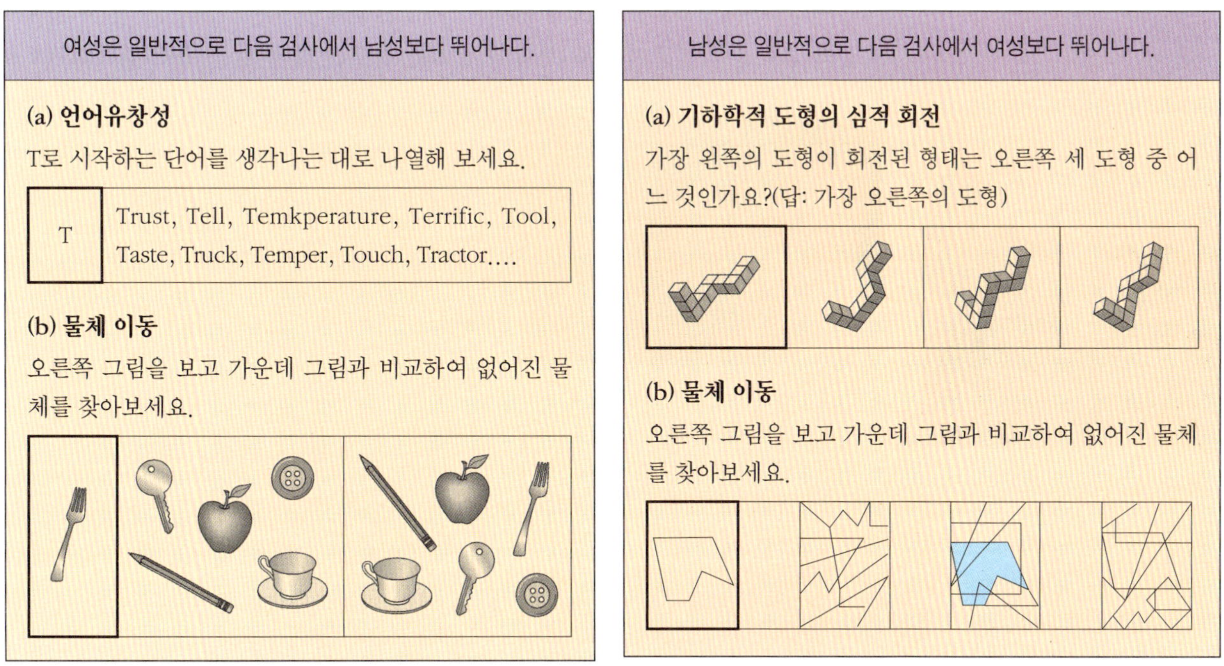

[그림 11-2] 여러 가지 능력에서 남녀 간 차이

적 및 사회적 요인이 있을 수 있는데, 예를 들어 수학과 과학 기술에 관하여 부모는 자신의 아들과 딸에게 기대하는 바가 다를 수 있다. 이러한 부모의 기대는 자녀가 그러한 기술을 발달시키는 데 전념할지에 영향을 미친다.

더 나아가기 전에, 남녀 간 인지 능력 차이를 해석함에 있어 한계점을 살펴볼 필요가 있다.

- 남녀 간에 일반적으로 차이가 작다. 일반적으로 언어 및 수학 능력에서 남녀 간 차이는 작으며, 남성 내에서의 차이, 혹은 여성 내에서의 차이가 남녀 간 차이보다 더 크다(Hyde, 2007). 따라서 전통적인 고정관념으로 남자아이 혹은 여자아이의 흥미나 직업을 제한해서는 안 될 것이다.
- 남녀 간 차이는 집단 간 차이이다. 남녀 간 차이는 남성과 여성 집단의 평균 차이와 관련이 있다. 남녀 간 차이는 어떤 특정한 철수 혹은 영희의 능력에 대해 말해 주지 않는다. 앞서 언급한 바와 같이, 많은 여성들이 수학과 과학에서 뛰어난 성적을 보이며 많은 남성들이 쓰기와 언어 능력에서 빛을 발한다.
- 수학에서 남녀 간 차이는 좁혀지고 있다. 최근 몇 년간 수학 능력에서 남녀 간 차이는 상당히 줄어들고 있으며, SAT와 같은 수학 표준화 시험에서 남학생과 여학생의 평균 점수는 큰 차이가 나지 않는다(Halpern et al., 2007; Ripley, 2005).

1) 왜 그것이 문제가 되는가?

'여자아이들은 수학과 과학을 잘 못한다.'라는 고정관념을 가진 부모들은 자신의 딸이 수학 능력을 키우거나 과학 수업을 듣기를 권장하지 않을 수도 있다. 그렇게 되면 여자아이들은 이러한 부정적인 고정관념을 내면화하여 수학과 과학에서 자신의 능력을 의심하며 관련 분야에 흥미를 찾으려 하지 않을 수도 있다(Kiefer & Sekaquaptewa, 2007). 우리 문화에서는 수학이 '남성적'이라는 잘못된 전제를 가지고 여성에게 간단한 뺄셈만 하게 하는 경향이 있다(Nosek, Banaji, & Greenwald, 2003).

남성과 여성, 누가 더 똑똑한가? 이 오래된 싸움은 무승부로 끝내도록 하자. 연구 결과에 따르면 일반 지능검사와 문제해결 능력에서 남성과 여성은 비슷한 수준을 보였다. 그러나 특정한 인지 능력에서는 남녀 간 차이가 나타나기도 한다.

우리는 여성들에게 수학과 과학에 대한 그들의 능력에 대해 어떤 메시지를 보내는가? 문화적 기대는 어떻게 여성들이 이러한 분야에 관심을 가지지 못하게 할 수 있을까?

수학 = 남성의 것

나 = 여성

따라서 수학 ≠ 내 것

여자아이가 수학을 잘 못한다는 고정관념은 널리 퍼져 있지만, 증거들은 이를 뒷받침해 주지 않는다. 평균적으로, 오늘날 남자아이와 여자아이들은 수학 표준화 시험에서 비슷한 점수를 획득한다.

트레이닝과 경험 또한 중요하다. 최근 한 연구에서 특정 공간 능력에서 남성이 우세함을 보였으나 여성이 10시간 동안 액션 비디오 게임을 하고 난 후에는 차이가 줄었다는 사실을 보였다(Feng, Spence, & Pratt, 2007). 수학, 공학, 과학과 같은 분야에서 공간 능력은 매우 중요하기 때문에, 이러한 능력과 관련한 트레이닝을 제공한다면 이러한 분야에서 남녀 성비의 불균형을 바로잡을 수 있을 것이다.

2) 성격과 리더십 유형에서 남녀 간 차이

남녀 간 성격 특질에서 차이가 존재한다는 증거가 있다. 일반적으로, 남성은 더 높은 자존감과 공격성을 보이고, 여성은 더 외향적이고, 따뜻하며, 감정에 열려 있고, 정서 표현을 더 잘하는 경향이 있다(Costa, Terracciano, & McCrae, 2002; Feingold, 1994; Ripley, 2005).

개념 11-12
증거에 의하면 성격 특징에서 남녀 간 차이가 나타났다. 남성은 일반적으로 더 공격적이며, 더 높은 자존감을 가지고 있는 반면, 여성은 더 양육적이며, 감정적인 표현을 많이 하는 경향이 있다.

여성이 남성보다 더 말하기를 좋아한다는 고정관념은 사실인가? 이 질문에 대해 한 가지 과학적인 연구를 통해 답을 내릴 수는 없겠지만, 연구자들은 작은 마이크를 사용하여 며칠간 수백 명의 남자 및 여자 대학생의 대화를 녹음한 적이 있다(Mehl et al., 2007). 이후 연구자들은 남성과 여성이 말한 단어의 개수를 추정하였다. 그 결과는 어땠을까? 남성과 여성 둘 다 약 16,000개의 단어를 말하여 무승부로 끝났다. 이 연구뿐만 아니라 다른 연관된 연구들을 통해서도 여성이 남성보다 더 수다스럽다는 고정관념은 과학적 증거와 일치하지 않는 것으로 나타났다(Leaper & Ayres, 2007).

수다쟁이 Gabe와 수다쟁이 Gabriella 중 하루에 말을 더 많이 하는 사람은 누구일까? 사람들이 흔히 생각하는 바와는 달리, 최근 연구에서 연구자들은 남성과 여성이 발화한 단어의 개수에 유의미한 차이가 없음을 발견했다.

또한 실험 연구를 통해 또 다른 고정관념인 '남성이 리더 역할을 더 잘한다'와 관련하여 여성이 적어도 남성과 같은 정도의 관리 능력 및 리더십 능력을 가지고 있음이 입증되었다(Eagly, Karau, & Makhijani, 1995). 하지만 여전히 만연한 성차별적인 태도로 인해 효과적인 리더십 행동을 평가할 때 남성보다 여성이 더 부정적인 평가를 받는다(Eagly & Karau, 2002). 리더십 유형에서 남녀 간 차이도 존재한다. 여성 지도자들은 남성 지도자들에 비해 더욱 민주적인 경향이 있는데, 그들은 결정을 내릴 때 부하 직원의 의견을 들으려 한다. 반면 남성 지도자들은 더욱 지배적이고 독재적인 성향을 보이는데, 이들은 합의 창출을 위해 애쓰기보다는 명령으로 부하 직원을 이끈다(Eagly & Johnson, 1990). 〈표 11-2〉는 인지 능력, 성격, 리더십 능력에서 남녀 간 차이에 대한 요약을 제시한다.

〈표 11-2〉 남녀 간 차이

능력 혹은 특징	연구 결과	추가 의견
인지 능력	여자아이들은 특정 언어 능력에서 남자아이들보다 뛰어나며, 남자아이들은 일반적으로 특정 시공간 기술과 수학 기술에서 더 뛰어나다.	각 성별 내에서의 차이는 남녀 간 차이보다 크다. 남녀 간 능력 차이는 생물학적 및 심리사회적 요소를 반영한 것일 수 있다.
성격	남성들은 일반적으로 여성에 비해 더 높은 공격성과 자존감을 보인다. 여성들은 외향성, 신뢰, 양육, 감정 표현에서 더 뛰어난 경향이 있다.	성격 특징, 인지 능력, 놀이 행동은 성 역할 기대와 밀접하게 연관되어 있다. 따라서 문화적 영향과 생물학적 차이를 분리하는 것은 불가능하다.
리더십 능력	리더로서 남성과 여성은 동일하게 효과적이다. 그러나 리더십 유형은 성별에 따라 다르다.	여성 지도자는 협력을 더 추구하는 경향이 있는 반면, 남성 지도자는 명령을 통해 집단을 이끄는 경향이 있다.

1 단원 복습 성 정체성, 성 역할, 남녀 간 차이

되새겨 봅시다

성 정체성은 무엇이며, 그것은 성 역할과 어떻게 다른가?

➤ 성 정체성은 우리가 우리 자신의 남성성 혹은 여성성에 대해 가지고 있는 심리적 감각이다. 반면, 성 역할은 각 성별에 적합하다고 여겨지는 역할과 행동에 대한 문화적 기대이다.

성 정체성을 설명해 주는 것은?

➤ 성 정체성은 생물학적(유전학적) 및 환경적(양육) 영향의 복잡한 상호작용에서 발생한다. 뇌는 출생 전에 성이 구분되지만, 우리의 성 정체성은 초기 아동기의 경험을 통해 지속적으로 형성된다.

➤ 성전환증을 가진 사람들의 성 정체성은 자신의 염색체 성 및 생식기와 불일치한다.

성 역할 행동에 관한 주요 이론은?

➤ 진화론에 입각한 생물학적 모델이 설명하는 바에 따르면, 성 역할 행동의 습득은 유전적 유산의 산물이다. 반면, 심리사회적 및 문화적 모델은(사회인지 이론, 성 도식 이론, 사회문화 이론) 사회화, 성 도식, 문화적 적응과 같은 요소에 초점을 맞춘다.

인지 능력에 남녀 간 차이가 존재하는가?

➤ 여자아이들은 남자아이들보다 읽기, 쓰기, 철자법과 같은 특정 언어 능력에서 뛰어난 경향이 있다. 남자아이들은 특정한 시공간 작업과 수학 기술에서 뛰어난 경향이 있다. 그러나 남자아이와 여자아이들은 일반적 지능과 문제해결 능력 검사에서는 비슷한 수행을 보였다.

성격 특징과 리더십 유형에 남녀 간 차이가 존재하는가?

➤ 남성들은 더 공격적이고, 높은 자존감을 갖는 경향이 있으며 여성은 일반적으로 외향성, 신뢰, 양육에서 뛰어나다.

➤ 여성 지도자들은 남성 지도자들에 비해 더 민주적이며 남성 지도자들은 더욱 지배적이고 독재적인 성향을 보인다.

점검해 봅시다

1. 남성성 혹은 여성성에 대한 우리의 감각은?
   ① 성적 지향
   ② 성 정체성
   ③ 성 역할
   ④ 양성성
2. 자신이 남성의 몸에 갇힌 여성이라고 느끼는 '헥터'는 다음과 같이 설명될 수 있다.
   ① 동성애적 성적 지향을 가지고 있다.
   ② 성전환증을 가진 사람이다.
   ③ 복장 도착자이다.
   ④ 양성애자이다.
3. 남성과 여성의 공격성과 관련 있는 호르몬은 무엇인가?
4. 사회인지 이론에 따르면, 성별에 따른 행동은 다음 중 한

가지를 제외하고 습득된다.
① 관찰학습과 강화
② 텔레비전과 잡지 내용 및 어른들의 행동의 모델링
③ 성별에 적절한 행동에 주어지는 칭찬
④ 유전적으로 전해진 성별 특징

5. 남자아이들은 3차원 공간에서 물체의 심적 ___________ 과 같은 특정 ___________공간 능력에서 우세함을 보인다.

생각해 봅시다

- 당신은 성별 행동이 진화 역사의 산물이라고 믿는가? 왜 그렇게 생각하는가?
- 누가 혹은 무엇이 당신의 성별 행동의 발달에 주요하게 영향을 미쳤는가? 남성 혹은 여성이 되는 것의 의미에 대한 당신의 개념은 무엇인가?

성적 반응 및 성적 행동

2 단원

- 성적 반응 주기의 단계는?
- 성적 지향의 근원은?
- 동성애에 대한 태도는 문화마다 어떻게 다른가?
- 성도착증이란?

우리의 성은 자연적 혹은 생물학적 기능이다. 실제로, 이는 종을 지속시키기 위해 필수적인 기능이다. 하지만 우리의 성적 행동은 단순히 생물학적 추동이 아닌 많은 요소에 의해 영향을 받는다. 여기에는 문화적 학습, 개인적 경험, 그리고 가장 중요하게는 개인적인 가치가 포함된다.

왜 사람들은 성관계를 하는가? 물론 여기에는 출산, 즐거움, 사랑의 표현 등 분명한 이유들이 있다(Peres, 2007). 하지만 어떤 연구자들에 따르면 좀 덜 분명한 이유도 있다. 이들은 오스틴의 텍사스 대학교에 재학 중인 1,500명 이상의 대학생에게 성관계를 하는 이유에 대해 질문했다(Meston & Buss, 2007; Tierney, 2007). 학생들의 응답에는 '특별한 날을 기념하기 위해', '호의에 보답하기 위해', '칼로리 소모를 위해', '상대가 잠에 드는 것을 돕기 위해', '신과 더 가까워지는 것을 느끼기 위해' 그리고 심지어는 '두통을 제거하기 위해'와 같은 이유가 있었다. 누가 알았겠는가? 〈표 11-3〉은 텍사스 표본의 학생들이 성관계를 하는 이유에 대해 제시한 상위 열 가지 답변이 나열되어 있다.

성은 자연스러운 기능이지만, 사람들이 자신을 성적으로 표현하는 방식은 매우 다양하다. 각 사회는 저마다 성적 행동에 대한 규칙 혹은 윤리를 가지고 있다. 우리가 배운 대로 항상 따르지 않을 수는 있지만, 우리는 어릴 때부터 무엇이 적절한 행동이고 무엇이 아닌지를 배운다. 우리의 가치는 부모, 선생님, 종교 지도자, 또한 좋든 나쁘든 친구들에 의해서 형성된다.

〈표 11-3〉 사람들이 성관계를 하는 이유

대학생에게 성관계를 하는 200개의 이유가 적혀 있는 목록을 보여 준 후, 이런 이유들이 얼마나 성관계를 하게 했는지 물었다. 다음은 여성과 남성 표본 각각에게서 가장 많이 얻어진 상위 열 가지 이유이다.

여성들이 응답한 성관계의 이유	남성들이 응답한 성관계의 이유
1. 그 사람에게 끌려서	그 사람에게 끌려서
2. 육체적인 즐거움을 경험하기 위해서	기분이 좋기 때문에
3. 기분이 좋기 때문에	육체적인 즐거움을 경험하기 위해서
4. 그 사람에 대한 애정을 보여 주기 위해서	재미있어서
5. 그 사람에 대한 사랑을 표현하기 위해서	그 사람에 대한 애정을 보여 주기 위해서
6. 성적으로 흥분된 것을 해소하기 위해	성적으로 흥분된 것을 해소하기 위해
7. 흥분되었기 때문에	흥분되었기 때문에
8. 재밌어서	오르가슴에 도달하기 위해
9. 내가 사랑에 빠져 있다는 걸 느껴서	그 사람에 대한 사랑을 표현하기 위해
10. 이성을 잃어서	상대를 기쁘게 해 주기 위해

출처: Meston & Buss (2007)에서 수정.

최근 성적 행동에 대한 전국 규모의 표본 조사에서 미국 성인들은 이전 세대에 비해 성행위에서 더 많은 다양성을 보였다(Healy, 2010; Herbenick et al., 2010; Reece et al., 2010). 질을 통한 성교가 가장 흔한 성적 활동이지만, 자신 혹은 타인에 의한 자위, 같은 성을 가진 상대와의 실험, 구강성교 등은 미국에서 성에 관한 대규모의 설문을 실시했던 20년 전보다 오늘날 더 흔하다. 오늘날, 18~49세 사이의 성인의 대다수는 구강성교를 하고 있다고 보고한다. 작년 조사 결과에 따르면 25~49세 성인 남성, 20~39세 성인 여성의 20% 이상이 항문 성교를 하고 있다고 응답했다. 20~39세의 남성 중 63~69%, 여성은 39~44%가 지난달 적어도 한 번은 자위를 했다고 보고했다(NSSHB, 2010). 침실에서 오해의 소지가 있음을 지적하는 미국의 흥미로운 연구 결과에 따르면 마지막 성행위를 하는 동안 여성의 2/3(64%)만이 오르가슴에 도달했다고 보고했으나 남성의 85%는 자신의 파트너가 오르가슴에 도달했다고 보고했다(Gardner, 2010).

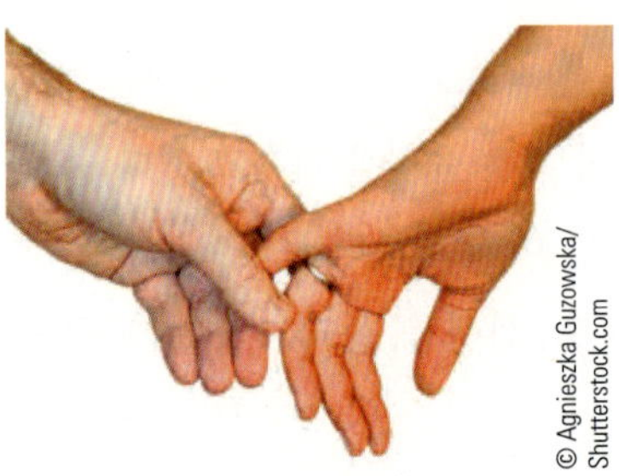
© Agnieszka Guzowska/Shutterstock.com

성행위가 다양하게 나타나는 것은 정상적이라는 사실을 기억하는 것이 중요하다. 커플들마다 어떤 성행위를 하는지, 그리고 얼마나 성관계를 자주 가지는지에 대해 매우 다양한 모습을 보인다. 평균적으로, 결혼한 부부는 일주일에 한 번 조금 넘게 성관계를 가진다고 보고한다(Deveny, 2003).

이 단원에서 우리는 우리의 몸이 어떻게 성적 자극에 반응하는지 알아보고, 성적 지향과 성적 흥분의 이례적인 형태의 관점에서 성행위의 다양성을 탐색할 것이다. 그러나 먼저 성에 있어서 문화 및 성별 차이를 알아보자.

1. 문화와 성별의 차이

문화마다 성적 가치와 성행위가 다르다. 어떤 문화에서는 구강성교, 항문 성교, 자위에 대해 더 허용적인 반면, 어떤 문화에서는 더 제한적이다. 우리는 문화와 성별의 차이를 고려한다면 다양한 성적 가치와 성행위가 존재함을 분명하게 이해할 수 있다. 예를 들어, 라틴 아메리카계 미국인은 보수적인 성적 가치를 가지고 있는 경향이 있다. 하지만 최근 텍사스 서던 대학교의 히스패닉 대학생을 대상으로 실시한 연구에 따르면, 남성이 여성에 비해 구강성교나 자위와 같은 특정 성행위에 더 허용적인 태도를 보이는 반면 동성애에 대해서는 더 반대하는 태도를 보였다(Dantzker & Eisenman, 2003).

개념 11-13

인간의 몸은 다양한 형태의 성적 자극에 민감하다. 하지만 우리가 우리 자신을 성적으로 표현하는 방법은 자신의 성감보다는 성 문화적 학습과 개인적인 가치와 더 관련이 있다.

진화심리학의 관점에서, 남성의 바람기와 여성이 상대적으로 성적 대상을 다양하게 갖는 것에 관심이 적은 경향성은 진화론적 근거가 있다. 여성들은 생물학적으로 일생 동안 낳을 수 있는 아이의 수가 제한되어 있는 반면, 남성들은 많은 아이의 아버지가 될 수 있고, 일부 족장의 경우 수천 명의 자녀를 둘 수도 있다. 따라서 여성은 자신들의 제한된 생식 기회를 보호하는 데 주의를 기울여야 하며, 이는 자녀를 지원해 주고 그들의 생존을 책임져 줄 가능성이 높은 파트너를 찾는 것을 통해 가능하다. 여성들은 자신의 소중한 생식 기회를 지나가는 아무 파트너에게 낭비할 수 없는 것이다. 한편 남성들은 생산적인 면에서 더 성공적일 수 있다. 즉, 그들은 많은 파트너를 찾는 만큼 자손을 널리 퍼뜨릴 수 있다. 이러한 차이가 우리의 유전자에 의한 것인지, 혹은 남성과 여성 각각에게 수용되는 성행위에 대해 젊은이들에게 새겨져 있는 메시지 때문인지는 논쟁점으로 남아 있다.

심리학자 러티샤 페플로우(Letitia Peplau, 2003)는 성행위에 있어서 남녀 간 차이에 대한 과학적 증거를 검토했다. 다음은 몇가지 주요 결론이다.

- 남성은 여성보다 성욕이 더 많다. 여러 증거가 남성이 여성에 비해 성에 대해 더 큰 관심을 보인다는 사실을 지지했다(Lippa, 2009 참조). 남성은 여성에 비해 더 자주 성관계하기를 원하는 경향이 있으며, 자위를 할 확률이 더 높다. 또한 남성들은 성관계에 대한 환상을 가지며, 더 자주 성욕을 느끼는 경향이 있다.
- 여성은 성관계를 갖기 이전에 헌신(약속)을 더 강조한다. 여성은 서로 약속된 관계에서만 성관계를 갖는 경향이 있다. 남성은 가벼운 성관계와 혼외정사에 대해 여성보다 더 허용적인 태도를 가지며(Bradshaw, Kahn, & Saville, 2010 참

친밀함은 피상적인 것 이상이다. 성행위는 단순히 육체적인 친밀감뿐만 아니라 정서적인 친밀감을 나누는 방법이다.

조), 여성에 비해 섹스 파트너가 더 많은 경향이 있다. 30~44세의 남성은 평균적으로 자신의 일생 동안 여섯 명에서 여덟 명의 여성과 성관계를 했다고 보고한 반면, 같은 나이 대의 여성은 평균적으로 네 명의 남성과 성관계를 했다고 보고했다(Mosher, Chandra, & Jones, 2005).

- 성폭행은 남성의 성과 더 강한 관련이 있다. 남성은 타인이 성행위를 하도록 강요하기 위해 육체적인 힘을 사용할 확률이 더 높다.

성행위에 있어서 남녀 간 차이에 집중할 때 지나치게 일반화하지 않도록 주의해야 한다. 예를 들어, 모든 남성이 혼외정사에 대해 허용적인 태도를 가지고 있는 것은 아니며, 모든 여성이 서로 약속된 관계에서만 성행위를 하는 것은 아니다. 성적 관심, 성욕, 성행위는 성별 간, 그리고 각 성별 내에서 다양하게 나타난다.

2. 성적 반응 주기: 우리 몸은 어떻게 흥분되는가

개념 11-14

매스터스와 존슨은 그들의 선구적인 연구에서 성적 자극에 대한 신체 반응이 흥분, 유지, 오르가슴, 안정의 네 단계의 성적 반응 주기 관점에서 특징지어질 수 있다는 것을 보였다.

당신이 성적으로 흥분되었을 때 몸에서는 무슨 일이 일어나는가? 남성의 음경 발기, 여성의 질액 분비처럼 어떤 변화는 분명하게 나타난다. 하지만 남성과 여성의 신체 반응이 보이는 것처럼 그렇게 다른가? 아니면 우리 몸이 성적으로 반응하는 방법에 비슷한 점이 있을까?

성적 자극에 대한 신체적 반응에 대해 우리가 아는 것은 윌리엄 매스터스(William Masters)와 버지니아 존슨(Virginia Johnson)의 선구적인 연구에서 온 것이 대부분이다. 그들은 성적 자극에 대해 몸이 특징적인 패턴을 따라 변화한다는 것을 입증했고, 이를 성적 반응 주기(sexual response cycle)라고 불렀다. 그들은 성적 반응 주기를 흥분(excitement), 유지(plateau), 오르가슴(orgasm), 안정(resolution)의 네 단계로 나누었다(Masters & Johnson, 1966). [그림 11-3]은 성적 반응 주기 단계를 거치는 동안 남성과 여성 각각에게서 변하는 성적 흥분의 수준을 보여 주고 있다. 다음에서 우리는 매스터스와 존슨의 연구에 따라 4단계 동안 일어나는 몸의 변화를 살펴볼 것이다. 이러한 변화는 〈표 11-4〉에 요약되어 있다.

성적 반응 주기(sexual response cycle): 매스터스와 존슨에 의해 사용된 용어로, 성적 자극에 대한 생리적 반응의 특징적인 단계를 일컬음

1) 흥분 단계

남녀 간 성적 자극에 몸이 반응하는 방식에는 분명한 차이가 있다. 남성의 경우 음경이 발기하고, 여성의 경우 질액 분비라는 과정을 통해 질이 촉촉해진다. 하지만 이 두 성적 흥분의 표시는 모두 같은 기본적인 생물학적 과정을 반영하는 것이다. 이는 혈관충혈(vasocongestion)이라 불리는 과정으로, 신체 조직 내의 혈액이 모이는 현상을 가리킨다. 성적으로 자극되면, 혈액은 빠르게 성기로 이동한다. 남성

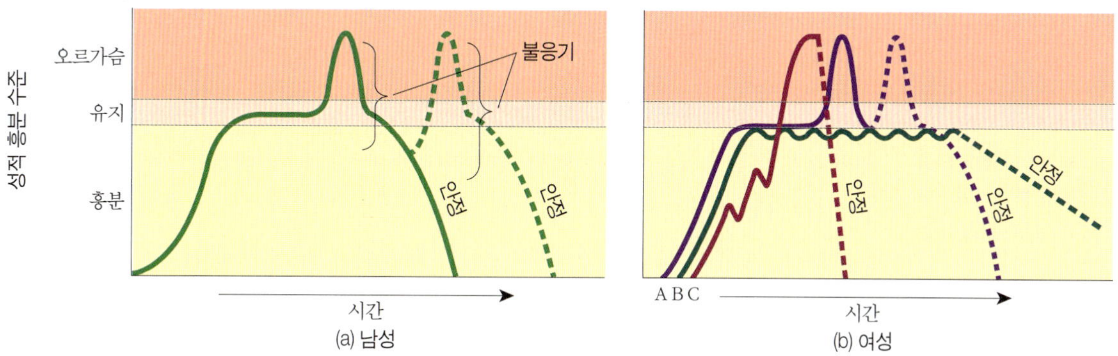

[그림 11-3] 성적 반응 주기

앞의 그림은 주기의 네 단계에 걸친 성적 흥분의 단계가 나타나 있다.

① 남성은 오르가슴 후에 불응기에 들어가는데, 이때 그들은 성적 자극에 대한 반응이 없다. 하지만 점선에서 볼 수 있듯이, 남성은 일단 불응기가 지나면 다시 오르가슴의 지점까지 흥분될 수 있다.

② 여성에게는 불응기가 없다. 패턴 A에서 여성은 점선에서 나타나듯 여러 번의 오르가슴을 느낀다. 패턴 B에서 여성은 유지 단계에 도달하지만 오르가슴을 느끼지 않는다. 패턴 C에서 여성은 유지 단계를 빠르게 통과한 후 오르가슴에 도달한다.

〈표 11-4〉 성적 반응 주기: 성적 자극에 대해 몸은 어떻게 반응하는가

성적 반응의 단계	남성	여성	남성과 여성
흥분 단계	• 혈관충혈로 인해 발기한다. • 고환이 올라간다. • 음낭의 피부가 팽팽하고 두꺼워진다.	• 혈관충혈은 질 조직, 클리토리스, 질 입구 주변의 영역을 부풀어 오르게 한다. • 질액이 분비된다. • 질 내부의 2/3가 확장되고, 질벽은 두꺼워지고 더 진한 색으로 바뀐다.	• 성기 조직의 혈관충혈이 발생한다. • 심박수, 근육긴장, 혈압이 상승한다. • 젖꼭지가 설 수 있다.
유지 단계	• 음경의 끝부분이 짙은 자주색으로 바뀐다. • 고환이 완전히 상승한다. • 사정 전 정액 방울이 음경 입구에서 방출될 수 있다.	• 질 내부의 2/3가 완전히 확장된다. • 질의 바깥쪽 1/3이 두꺼워진다. • 클리토리스가 음핵 덮개 뒤로 들어가며, 자궁이 상승하고 크기가 커진다.	• 혈관충혈이 상승한다. • 근육긴장, 심박수, 혈압이 계속해서 증가한다.
오르가슴 단계	• 사정 반사 전에 2~3초간 곧 있을 사정의 느낌이 든다. • 오르가슴 수축으로 인해 정액이 음경을 통해 몸 밖으로 배출된다.	• 질 주변 골반 근육의 수축이 일어난다.	• 성적 긴장의 오르가슴적 방출이 일어나며, 극도의 쾌감이 느껴진다. • 몸 전체에 근육 경련이 일어난다. 혈압, 심박수, 호흡률이 최고조에 달한다.
안정 단계	• 불응기라 불리는 시간 동안 남성은 생리학적으로 다시 오르가슴에 도달하거나 사정하지 못한다.	• 여성이 원하거나 성적 자극이 계속된다면 여러 번 오르가슴에 도달할 수 있다.	• 더 이상 성적 자극이 없어지고, 근육긴장과 혈관충혈이 줄며 몸은 점차 흥분 이전의 상태로 돌아간다.

의 경우, 음경에 혈액이 모이면 음경이 부풀어 오르고 발기한다. 음경은 뼈가 아닌 스펀지와 같은 해면 조직으로 이루어져 있다. 이러한 스펀지 덩어리는 남성이 성적으로 흥분되었을 때 혈액을 빨아들이고 따라서 남성의 음경은 커지고 뻣뻣해진다.

혈관충혈(vasocongestion): 혈액으로 인해 조직이 부풀어 오르는 것으로, 성적 흥분 상태 동안 음경 발기와 질액 분비를 설명해 주는 과정임

여성의 혈관충혈은 질 내 벽이 부풀어 올라 수분이 공급되어 질액 분비가 되는 형태로 나타난다. 남성과 여성 모두 귓불이 팽창하고 여성의 가슴이 부풀어 오르듯, 남성의 고환이 부풀어 오른다. 고환과 음낭이 올라가기 시작하고, 음낭을 덮고 있는 피부는 팽팽하고 두꺼워진다.

혈관충혈은 질 내 벽을 두껍게 하고 질 내부의 2/3가 팽창하게 하며, 자궁은 올라간다. 남성과 여성 모두 젖꼭지가 서는데, 특히 젖꼭지가 직접적으로 자극되었을 때 그렇다. 남성과 여성은 모두 심박수와 혈압이 높아지는 것뿐만 아니라 몸 전체 근육의 긴장을 느낀다.

클리토리스(clitoris): 여성의 성기로, 성적 자극에 매우 민감함

여성의 클리토리스(clitoris)는 남성의 음경과 비슷한 조직으로 이루어져 있으며, 혈관충혈 시 크기가 커지고 선다. 클리토리스는 남성과 여성에게 오로지 성적 쾌감만을 위해 존재하는 유일한 기관이다. (음경은 여러 가지 기능을 한다. 이는 성적 쾌감뿐 아니라 소변과 정액의 통로이기도 하다.) 클리토리스는 신경종말로 꽉 차 있고, 접촉에 매우 민감하다. 이는 여성의 몸 중 가장 성적으로 민감한 기관으로, 여성들이 주로 질 내 삽입보다 클리토리스 자극을 통해 자위하는 이유이다. 질 내부에도 성적 자극에 민감한 신경종말이 있지만, 여성의 오르가슴을 일으키는 감각적 자극은 대부분 클리토리스 자극에서 오며, 심지어 성관계 중에도 그렇다(Mah & Binik, 2001). 성관계 시 음경의 삽입이 클리토리스를 당기며, 이는 간접적인 쾌감 자극의 원천이 된다.

2) 유지 단계

오르가슴 전에 유지 단계가 선행한다. 성적 흥분은 꽤 높은 수준으로 안정되게 '유지된다'([그림 11-3]). 음경의 끝부분이 자줏빛으로 바뀌는데, 이는 혈관충혈이 되었다는 신호이다. 고환은 사정을 준비하며 더욱 올라간다. 정자를 담고 있는 정액 방울이 분비되고 음경의 끝부분에 모인다. 이것이 남성이 완전히 사정하지 않더라도 여성이 임신할 수 있는 이유이다.

여성의 혈관충혈은 질 외부와 질 입구 주변 조직이 부풀게 한다. 질 내부는 완전히 확장되며, 자궁은 완전히 올라가고 크기가 커진다. 클리토리스는 음핵 덮개(clitoral hood)라고 불리는 조직 덮개 밑으로 철수한다.

근긴장증(myotonia): 근육 긴장 혹은 경직의 상태

근긴장증(myotonia, 근육 긴장)이 상승하면 얼굴이 찡그려지고 손과 발의 근육은 쥐가 난 듯 수축한다. 심박수와 호흡률, 혈압은 여성과 남성 모두 증가한다.

3) 오르가슴 단계

발기 및 질액 분비와 같이 오르가슴은 반사 작용이다. 오르가슴 반사 시 골반 근육의 리드미컬한 수축이 일어나고, 이로 인해 성적 긴장이 해소되며 강렬한 쾌감

이 느껴진다. 오르가슴 시 남성과 여성 모두에게 몸 전체의 근경력이 동반된다. 혈압과 심박수는 최고조에 이른다. 심박수는 1분에 180번 정도까지 증가한다. 여성의 경우, 질 주변의 골반 근육이 리드미컬하게 수축한다. 여성은 주로 총 3분에서 15분간의 수축을 경험한다.

남성의 경우, 근 수축의 두 단계에서 오르가슴이 발생한다. 첫 번째 단계에서 골반 수축으로 정액이 음경 아래쪽의 작은 관에 모인다. 근육은 소변과 정액이 섞이지 않도록 방광을 막는다. 정액이 모이면 그 어느 것도 사정이 '오는 것'을 막을 수 없다는 느낌을 만들어 내며, 이 사정 불가피성(ejaculatory inevitability)이라고 불리는 감각은 2초에서 3초간 지속된다. 두 번째 단계, 골반 근육의 수축은 성기를 통한 사정을 촉진하고 정액을 몸 밖으로 배출한다. 쾌감은 주로 수축의 강도와 정액의 양과 연관되어 있다. 처음 얼마간의 수축이 가장 강렬하다.

4) 안정 단계

오르가슴 후 안정 단계가 따라온다. 이제 몸은 흥분 이전의 상태로 돌아간다. 사정 후 남성들은 발기가 끝나고, 고환과 음낭은 평소 크기로 돌아온다. 음낭은 주름진 모습을 되찾는다.

선구적인 성 연구자 윌리엄 매스터스와 버지니아 존슨이 『타임』지에 실렸다.

여성의 경우 충혈된 영역에서 혈액이 방출된다. 젖꼭지는 평소 크기로 돌아오며 클리토리스, 질, 질 주변의 조직은 흥분 전 크기로 수축한다. 남성과 여성 모두 오르가슴 후 5분 이내에 대부분의 근 경련이 끝난다. 혈압, 심박수, 호흡은 몇 분 안에 정상으로 돌아온다. 남성과 여성은 모두 편안함과 만족감을 느낀다.

공통점에도 불구하고, 안정 단계에서 남녀 간의 중요한 차이가 두드러진다. 여성과는 달리 남성은 불응기(refractory period)에 들어간다. 이 기간 동안 남성은 오르가슴이나 사정을 경험할 수 없는데, 50세 이상의 남성은 이 기간이 몇 분에서 하루 동안 지속될 수 있다. 여성은 불응기를 경험하지 않는다. 계속되는 자극으로 여성은 빠르게 다시 흥분되어 (여러 번의) 오르가슴에 반복적으로 도달할 수 있다.

지금까지 어떻게 몸이 성적 자극에 반응하는지 알아보았다. 이제 성적 끌림의 다양한 방향성에 대해 알아보자.

3. 성적 지향

성적 지향(sexual orientation)은 성적 끌림과 이성적 호감의 방향을 의미하며, 자신과 같은 성에 끌리는지, 혹은 반대의 성에 끌리는지, 양쪽 성 모두에게 끌리는지를 의미한다. 이성애자는 반대 성을 가진 사람에게 성적으로 끌린다. 게이와 레즈비언은 자신과 같은 성의 사람에게 끌린다. 양성애자는 양쪽 성 모두에게 끌린다. 하지만 서로 다른 성적 지향 간 경계는 당신이 생각하는 것만큼 명확하지 않을 수 있다.

개념 11-15

성적 지향은 한 사람의 성적 및 이성적 끌림의 방향을 의미한다. 자신과 같은 성별, 자신과 반대의 성별 혹은 양쪽 성별

성적 지향(sexual orientation): 성적 관심의 방향

개념 11-16

성적 지향은 일반적으로 한쪽 끝은 완전한 이성애자로, 다른 한쪽 끝은 완전한 동성애자가 있는 연속체로 개념화된다.

1930~1940년대에, 유명한 성 연구자 앨프리드 킨제이(Alfred Kinsey, 1894~1956)와 동료들은 동성애와 이성애가 상호 배타적으로 분류된다는 널리 퍼져 있는 가정, 즉 사람은 동성애자 아니면 양성애자 둘 중 하나이며 그 가운데에 존재하지는 않는다는 가정을 반박했다. 킨제이와 동료들은 처음으로 성행위에 관한 대규모의 설문조사를 실시하였다. 그들은 미국에서 동성애자를 포함한 약 12,000명의 사람을 인터뷰하였다.

킨제이는 논란이 되는 인물이었다. 그는 논란의 폭풍에 불을 붙인 조용한 남자였다. 킨제이는 동물학자로 훈련을 받았지만, 인간의 성행위에 대해 연구하기로 결정하였다. 그와 동료들은 미국에서 처음으로 인간의 성행위에 대한 대규모 연구를 실시했다. 당시 미국은 성에 대해 쉬쉬하는 분위기였고, 심지어 많은 과학자들은 성을 과학적 연구에 적합한 주제라고 여기지도 않았다. 하지만 킨제이는 인간의 성과 같이 중요한 주제를 포함하여 어떤 주제라도 과학적 탐구의 대상이 될 수 있다고 보았다. 킨제이와 연구팀은 결혼 전에 얼마나 많은 성관계를 가졌는지, 자위 여부, 혼외정사 여부 등 이제껏 아무도 질문한 적 없는 내용에 대해 물으며 자세한 인터뷰를 실시하였다.

킨제이의 연구에서 대부분의 사람은 이성애자 혹은 동성애자 둘 중 하나라고 응답했지만, 많은 사람이 양쪽 성에 성적 끌림을 느끼거나 주로 이성 혹은 동성에게 성적 끌림을 느끼지만 꼭 그런 것은 아니라고 응답했다. 킨제이와 동료들은 "세상을 양과 염소로 나누어서는 안 된다…… 오직 인간의 마음에서 분류하고 사실을 분리된 칸에 집어넣으려고 한다. 현실 세계는 여러 가지 각각의 측면들의 연속체다."라고 말했다(Kinsey, Pomeroy, & Martin, 1948). 킨제이는 성적 지향을 나타낼 때 한쪽 끝에는 완전한 이성애, 다른 한쪽 끝에는 완전한 동성애가 있는 연속체로 표현한다. 킨제이와 같이 오늘날의 많은 연구자들은 마치 무지개 스펙트럼상의 색깔과 같이 성적 지향 또한 다양한 단계를 가진 연속체로 개념화한다.

얼마나 많은 사람이 스스로를 동성애자라고 하는가? 이에 대한 설문조사 결과는 다양하지만, 최근 전국 조사 결과 18세에서 44세 사이의 성인 남성 가운데 2.3%가 자신을 동성애자라고 응답했고, 1.8%가 자신을 양성애자라고 응답했다(Mosher, Chandra, & Jones, 2005). 같은 나이대의 성인 여성 가운데 1.3%가 자신을 동성애자라고 응답했고, 2.8%가 양성애자라고 응답했다. 같은 성과의 성관계는 더 흔하게 보고되었다. 미국에서 실시된 성행위에 대한 전국적인 설문조사에서 지난 1년간 보고된 남성의 수용적인 항문 성교(음경 삽입) 비율은 약 4~5%에 달했다(NSSHB, 2010). 20~24세 여성 가운데 약 9%가 지난 1년간 다른 여성에게 구강성교를 했다는 결과가 나왔는

© Michael Haegele/Corbis

© Anton Gvozdikov/Shutterstock.com

킨제이는 성적 지향이 완전한 이성애와 완전한 동성애 사이의 연속체상에서 다양하다고 제안한다.

데, 더 높은 연령층에서 비율은 4% 이하로 감소했다. 60세 이하 남성의 5~8%는 지난 1년간 다른 남성에게 구강성교를 했다고 보고했다.

1) 성적 지향에 대한 심리 이론들

성적 지향의 기원은 어디인가? 당신은 당신의 성적 지향을 어떻게 설명할 것인가? 성적 지향의 원인에 대한 연구는 여전히 진행되고 있는 주제이지만, 한 가지 사실은 분명하다. 사람들은 의식적으로 자신이 동성애자 혹은 이성애자가 되기를 선택하지 않는다. 우리는 대학에서 전공을 선택하거나 배우자를 정할 때처럼 자신의 성적 지향을 의식적으로 선택하지 않는다. 성적 지향의 기원에 대한 이론들은 많지만, 어느 것도 완벽한 그림을 제공해 주지는 못하고 있다.

성적 지향을 설명하려는 초기 시도 중 프로이트(1922, 1959)는 이성애가 자신과 동일한 성의 부모와의 동일시라는 '정상적인' 과정을 통해 발달된다고 주장했다. 반대로 동성애는 자신과 다른 성의 부모와의 지나친 동일시(overidentification)의 결과라고 믿었다. 즉, 남자아이는 자신의 어머니와, 여자아이는 자신의 아버지와 동일시하는 것이다. 하지만 증거들은 이 관점에 이의를 제기한다. 연구자들은 다양한 게이, 레즈비언, 이성애자 가정에서 모든 경우에 적용되는 한 가지 패턴은 존재하지 않는다는 사실을 발견했다(Isay, 1990). 많은 게이 남성은 자신의 아버지와 가까운 관계를 맺고 있었고, 많은 이성애자 남성은 어머니와 가까운 관계를 맺고 있었다.

이성애적 성적 지향을 가진 사람과는 달리, 게이와 레즈비언은 일반적으로 어렸을 적 자신과 반대 성의 옷, 게임, 장난감 등의 반대 성의 행동을 더 좋아했다고 기억한다. 이는 프로이트의 성 역할 반전에 대한 견해와 일치하는 결과이다(Lippa, 2008; Rieger, Linsenmeier, & Bailey, 2009). 하지만 이러한 증거가 프로이트의 견해를 지지하는가? 꼭 그렇지만은 않다. 유전적 영향과 같은 근본적인 생물학적 요인이 어린 시절 성별과 일치하지 않는 행동을 하게 할 수도 있다(Knafo, Iervolino, & Plomin, 2005). 우리는 또한 이러한 결과의 한계를 인식하고 있어야 한다. 많은 게이와 레즈비언은 어린 시절 자신의 성과 일치하는 흥미 패턴을 보였다. 또한 가장 '남성스러운(마초)' 축구 선수와 하키 선수들 중에서 게이 남성들이 발견된다는 점도 기억하자.

© Irina Rogova/Shutterstock.com

이 아기는 게이로 태어났는가, 아니면 이성애자로 태어났는가? 증거들이 유전적 요소의 역할을 지적하지만, 우리는 여전히 성적 지향의 기원에 대해 연구할 것이 많다.

많은 게이 남성들이 아주 어렸을 적(주로 3, 4세 때) 자신의 동료와는 '다르게' 느끼고 행동했던 기억을 보고한다(Isay, 1990). 게이 남성들은 이성애자 비교집단에 비해 어렸을 때 자신이 또래 남자아이들보다 더 세심했던 점과 남자 친구들이 적었다는 사실을 기억할 확률이 높다(Bailey & Zucker, 1995). 아마도 이런 남자아이들이 자라면서 '다르다는 느낌'이 성적 끌림으로 변했을 것이다. 심리학자 대릴 벰(Darryl Bem, 1996)이 이야기한 것과 같이 이전에는 달랐던 것이 지금은 성적인 것이 된 것이다. 비슷한 과정이 레즈비언 성적 지향을 발전시킨 여자아이에게서도 일어날 수 있다.

2) 성적 지향에 관한 생물학적 이론

개념 11-17

성적 지향의 근본 원인에 대한 논쟁은 계속되고 있는 반면, 현대 이론가들은 생물학 및 환경적 요인의 상호작용에 초점을 맞춘다.

일란성 쌍둥이는 이란성 쌍둥이에 비해 같은 성적 지향을 가질 가능성이 더 높다는 연구 결과는 유전적 요소가 성적 지향에 영향을 미친다는 가설을 지지한다(Bailey, 2003; Hyde, 2005). 이러한 패턴은 태어난 지 얼마 되지 않아 분리되어 서로 다른 가정에서 자란 쌍둥이에게서도 발견된다. 하지만 일란성 쌍둥이 중 한 명이 게이 혹은 이성애자라고 해서 다른 한 명이 반드시 그와 동일하다는 것을 의미하지는 않는다. 삶의 경험과 환경적 요소 또한 성적 지향의 발달에 영향을 미친다(Kendler et al., 2000; Långström et al., 2008, 2010). 게다가 동성애를 결정하는 데 있어서 유전적 요소는 여성보다 남성에게 더 큰 역할을 하는 것으로 나타났다(LeVay, 2003).

성호르몬의 역할은 어떠한가? 성인 게이 남성과 레즈비언을 이성애자와 비교한 연구에서 특정한 성호르몬의 차이를 발견하는 데 실패했다(LeVay, 2003). 하지만 과학자들은 남성 호르몬인 테스토스테론이 태아기 때 뇌 발달에 특정한 역할을 하여 나중에 성적 지향에 영향을 미칠 수 있다고 추측한다(LeVay, 2003).

요약하면, 성적 지향의 기원에 관한 연구는 아직 결론이 나지 않은 상태로 남아있다. 대부분의 전문가는 성적 지향이 한 가지 단일 요소로 설명되기보다는 유전자, 호르몬, 환경적 요소들이 일생 동안 상호작용하여 영향을 미칠 것이라고 믿는다(Bailey, Dunne, & Martin, 2000; Långström et al., 2010). 여러 가지 경로를 통하여 한 목적지에 도달할 수 있듯이, 우리는 성적 지향의 발달을 설명할 수 있는 다양한 경로가 있음을 기억해야 한다(Garnets, 2002). 〈표 11-5〉에서는 성적 지향에 대한 흔한 오해가 일부 제시되어 있다.

3) 동성애에 대한 태도에 있어서 문화적 차이

개념 11-18

어떤 문화에서는 여성적 · 사회적 · 성적 역할을 채택하는 남성들에게 허용되는 사회적 역할이 부여된다.

동성애에 대한 태도는 문화마다 큰 차이가 있다. 어떤 문화에서는 동성애를 비난하는 반면, 어떤 문화에서는 그것을 수용한다. 어떤 부족사회에서는 남성들이 성인이 되는 과정의 의식으로 동성애를 행한다. 또한 어떤 문화에서 동성애자인 남성은 여성처럼 옷을 입을 수 있고, 여성의 업무를 수행하며, 다른 남성과 성관계 시 수용적(여성적) 성 역할을 하도록 허락되는 사회적 역할을 부여받는다(Ford & Beach, 1951).

우리는 비서구권 문화에서 일어나는 여성 동성애에 대해서는 아는 것이 거의 없다. 몇 가지 증거를 통해 알 수 있는 사실은 남성 동성애에 비해 여성 동성애가 덜 흔하거나, 혹은 덜 보고된다는 것이다(Ford & Beach, 1951). 이러한 증거들은 우리 문화에서 발견된 증거와 일치하는데, 즉 동성애적 흥미와 활동은 일반적으로 여성에게서 덜 흔하게 나타난다는 것이다.

이는 아마도 인구를 제한하거나 확장하려는 필요와 관련이 있을 것이다. 인류학자들은 인구를 확장해야 할 필요가 있는 문화에서는 동성애에 대해 관용적이지 못

〈표 11-5〉 성적 지향에 대한 오해와 진실

오해	진실
성적 지향은 선택의 문제이다.	성적 지향은 타고나는 것도 아니지만 의식적인 선택의 문제도 아니다. 사람들은 자신이 이성애자가 되기로 선택하지 않듯이 동성애자가 되기로 의식적으로 선택하지 않는다.
게이 혹은 레즈비언 부모에게 자란 아동들은 부적응적으로 자라거나 게이가 된다.	게이 혹은 레즈비언 부모에게 자란 아동은 다른 아동들만큼 잘 적응하는 것으로 나타났다(Allen & Burrell, 1996; Victor & Fish, 1995). 마찬가지로 게이 부모에게서 자란 아동이 다른 아동에 비해 게이가 될 확률이 높다는 증거는 아직까지 없다.
사람들은 완전한 이성애자 혹은 완전한 동성애자 중 하나이다.	킨제이 시대 이후로 연구자들은 성적 지향을 완전한 동성애와 완전한 이성애 사이의 연속선상에서 분류한다.
동성애의 비율은 최근 몇 년 동안 급속도로 증가했다.	동성애가 오늘날 과거에 비해 더 공개적으로 논의되기는 하지만, 실제 동성애의 비율이 유의하게 변했다는 증거는 없다.
게이 남성들은 대부분의 남자아이들을 대상으로 한 성폭행 사건에 책임이 있다.	남자아이와 여자아이를 대상으로 성폭행을 저지르는 사람의 대부분은 이성애자이다.
게이와 레즈비언은 실제로 다른 성이 되기를 원한다.	게이와 레즈비언은 자신의 해부학적 성과 일치하는 성 정체성을 가지고 있다.
동성에는 대부분 성관계와 관련된 것이다.	이성애와 같이 동성애는 성적 끌림의 패턴에 관한 것이지, 얼마나 자주 성관계를 가지는지와 관련된 것이 아니다.

하다는 사실을 발견했다(Ember, Ember, & Peregrine, 2007). 반면, 주기적인 기근을 경험하는 문화에서는 동성애에 더 관용적이었는데, 이는 인구 증가를 제한하는 데 도움이 되기 때문이다.

개념 11-19

어떤 종류의 성도착증은 불법인데, 여기에는 그럴 만한 충분한 이유가 있다. 그것들은 다른 사람에게 해를 끼치는 행동과 관련이 있기 때문이다.

4. 이례적인 성적 변이: 성도착증 사례

성도착증(paraphilia)이라는 단어는 그리스어 para('벗어난')와 Philia('사랑')가 합쳐진 말이다. 성도착증을 가진 사람들은 정상적인 성적 변이에서 '벗어난' 자극 혹은 상황에 성적으로 끌린다(〈표 11-6〉 참조). 페티시즘(fetishism)의 경우 여성의 신발과 같은 물체를 만지며 성적으로 흥분되며, 복장도착증(transvestism)의 경우 반대 성의 옷을 입음으로써 흥분한다. 또한 관음증(voyeurism)의 경우 자신이 관찰되고 있다는 사실을 알지 못하는 사람이 옷을 벗거나 성행위하는 것을 봄으로써 흥분되며, 노출증(exhibitionism)의 경우 예상치 못한 타인에게 자신의 성기를 보여 주어 놀라게 함으로써 성적으로 흥분한다.

어떤 성도착적 행동은 불법인데, 여기에는 그럴 만한 충분한 이유가 있다. 다른 사람들에게 피해를 끼치기 때문이다. 예를 들어, 노출증과 관음증의 경우 다른 사람의

성도착증(paraphilia): 이례적이고 일탈적인 패턴의 성적 끌림을 포함하는 심리장애

페티시즘(fetishism): 물체를 성적 흥분을 일으키는 용도로 사용하는 성도착증의 한 유형

복장도착증(transvestism): 성적 흥분의 목적으로 다른 성의 옷을 입는 성도착증의 한 유형

관음증(voyeurism): 자신이 관찰되고 있다는 사실을 알지 못하는 사람이 옷을 벗거나 성행위하는 것을 봄으로써 성적으로 흥분하는 성도착증의 한 유형

〈표 11-6〉 성도착증: 성적 끌림의 비이례적인 패턴의 예

성도착증	연관된 행동	연관된 특징
페티시즘	성적 만족감을 얻기 위해 물건을 조작하거나 애무하는 것	물체를 문지르거나 애무하거나 냄새를 맡으며 자위를 한다. 여성의 속옷, 가죽 부츠, 하이힐 구두와 다른 고무, 가죽, 실크, 모피로 된 물체가 이용된다.
복장도착증	성적 흥분과 만족감을 위해 다른 성의 옷을 입는 것	복장도착증은 페티시즘의 한 유형으로서, 페티시즘 물체를 다루기보다는 입는다. 복장도착증을 가진 사람은 거의 항상 이성애자 남성이다. 그들은 사람이 없는 곳에서 여성의 옷을 입은 채 자위를 하며 자신을 자신이 만지고 있는 대상이라고 상상한다. 그들은 자주 복장도착자 클럽에 가거나 복장도착자 하위 문화에 속한다.
노출증	성적 만족감을 위해 예상치 못한 타인에게 자신의 성기를 노출하는 것	노출증이 있는 사람들은 자신의 피해자로부터 놀란 반응을 찾는데, 이러한 반응을 통해 자신의 남성성을 느낀다.
관음증	자신이 관찰되고 있다는 사실을 알지 못한 채 옷을 벗고 있거나, 벗은 상태로 있는 사람 혹은 성관계를 하는 사람들을 엿보는 것	관음증이 있는 사람들은 엿보면서 자위를 하는데, 주로 피해자와 직접적인 접촉을 추구하지는 않는다.
성적 가학증과 성적 피학증	성적 만족감을 얻기 위해 고통, 굴욕을 당하거나(성적 피학증) 주는(성적 가학증) 행위를 하는 사람	성적 가학증을 가진 사람들과 성적 피학증을 가진 사람들은 가학피학증(sadomasochism: S & M)이라 불리는 서로 만족시키는 합의된 관계를 통해 서로의 성적 욕구를 채울 수 있다. 수반된 고통은 약하거나 가장된 것이고(채찍이 사용되었을 때 느껴지는 것처럼) 정교한 성적 의식에 포함되어 있다. 소수의 경우에서 성적 가학증을 가진 사람들은 동의하지 않은 피해자에게 성적 학대를 가한다.
소아성애	아동과의 성적 접촉	소아성애를 가진 대부분의 사람들은 흔히 생각하듯 트렌치코트를 입고 운동장이나 놀이터 근처에 숨어 있는 전형적인 남성의 모습을 하고 있지 않다. 그보다는 대부분 법을 잘 준수하는 남성의 모습을 하고 있고, 결혼하여 자녀가 있는 남성인 경우도 많다. 대부분의 경우 피해자 혹은 피해자 가족의 친구나 친척이다.

노출증(exhibitionism): 예상치 못한 타인에게 자신의 성기를 노출함으로써 성적 흥분을 느끼는 성도착증의 한 유형

소아성애(pedophilia): 아동에게 성적으로 끌림을 느끼는 성도착증의 한 유형

성적 가학증(sexual sadism): 다른 사람에게 육체적 고통이나 굴욕을 느끼게 함으로써 성적 만족감을 얻는 성도착증의 한 유형

성적 피학증(sexual masochism): 성행위의 일부로 고통이나 굴욕을 느끼는 성도착증의 한 유형

권리를 침해하며 피해자에게 심리적인 손상을 입힐 수 있다. 성인이 아동에게 성적으로 끌림을 뜻하는 소아성애(pedophilia)의 경우 이 충동이 아동 성희롱으로 표현되면 심각한 심리적·신체적 손상을 입힐 수 있다. 성적 가학증(sexual sadism)을 가진 사람은 성적 만족감을 위해 다른 사람에게 고통이나 굴욕을 주길 원한다. 한편, 페티시즘 혹은 복장도착증과 같은 성도착증은 다른 사람의 권리를 침해하지는 않는다.

성도착증은 한 가지 예외인 성적 피학증(sexual masochism)을 제외하고는 대부분 남성에게만 일어난다고 믿는다. 성적 피학증을 가진 사람은 성 접촉이 일어나는 동안 고통과 굴욕을 경험하기를 원한다. 하지만 성적 피학증조차 남성들이 대부분이다. 모든 종류의 성도착증이 분명한 행동으로 드러나지는 않는다. 성도착증적 충동이 있지만 그에 따라 행동하지 않는 경우도 있다.

사람들이 성도착증을 가지고 있는 데에는 여러 이유가 있다. 어떤 노출증 환자는 수줍음이 많은 탓에 여성과 관계하거나 성관계를 갖는 데 어려움을 겪기 때문에 자신의 성기를 보여 줌으로써 자신들이 두려워하는 관계를 대신하려 하는 것일 수 있다(Leue et al., 2004). 피해자들의 충격이나 놀라는 반응은 그들의 시들해진 남성으로서의 느낌을 강화시켜 준다. 소아성애를 가진 남성은 그들이 쉽게 제어할 수 있는 아동을 대상으로 성관계를 맺을 때에만 안전함을 느낄 수 있다. 혹은 그들 자신이 어렸을 적 성폭행을 당했기 때문에 자신이 폭행자 역할을 하여 상황을 역전시키려 하는 시도일 수 있다.

© Jutta Klee/CORBIS

노출증 환자들은 상황을 예상치 못한 피해자들의 놀라고 당황하는 표현을 통해 성적 만족감을 얻는다.

학습 이론가들은 조건화가 성도착적 행동을 설명한다고 믿는다. 예를 들어, 고무 페티시를 가진 사람(고무 옷을 만지거나 애무하는 사람)은 어릴 적 아기 때 고무 바지나 고무로 된 기저귀와 접촉하며 발기했던 경험이 있을 수 있다(Reinisch, 1990). 그러한 경험이 후에 그 물체를 만지는 것과 연관된 조건화된 반응(성적 흥분)으로 이어졌을 수 있다.

생물학적 요인 또한 한 역할을 할 수 있다. 예를 들어, 연구자들은 성도착증을 가진 남성과 다른 남성들이 이례적인 이미지(페티시즘적 및 가학피학적 장면)와 통제 이미지(나체의 여성, 성관계 장면)를 본 후 뇌파활동 패턴이 다르다는 사실을 발견했다(Waismann et al., 2003). 이러한 차이의 의미는 아직 분명하진 않지만, 이는 성도착증을 가진 남성의 뇌가 다른 남성에 비해 성적 자극에 대해 다르게 반응할 수 있음을 의미한다.

〈개념 차트 11-2〉를 통해 관련된 주요 개념을 복습할 수 있다.

〈개념 차트 11-2〉 성적 반응과 행동

© macka/Shutterstock.com

개념	설명	추가 설명
성적 반응 주기 (sexual response cycle)	성적 자극에 대한 신체 반응의 특징적인 패턴	매스터스와 존슨에 의하면, 성적 반응 주기는 흥분, 유지, 오르가슴, 안정이라는 네 단계로 이루어져 있다.
성적 지향 (sexual orientation)	자신과 같은 성 혹은 반대의 성, 혹은 양쪽 성을 향한 성적 끌림의 방향	성적 지향의 근원은 불분명한 채로 남아 있지만 연구자와 이론가들은 생물학적 요인(유전, 태아기 때의 성 호르몬), 심리사회적 요인(차이에 대한 어린 시절 자기 인식, 부모와의 관계 양상)에 주목하고 있다.
성적 행동 (sexual behavior)	자위행위, 성관계, 구강 성교, 항문 성교를 포함한다.	인간의 신체는 다양한 성적 자극에 반응할 수 있지만, 성적 행동은 단순히 생물학적 추동이나 개인의 성적 반응 역량에 의해서가 아닌 문화적 학습, 개인적 가치, 과거 경험에 의해 강력한 영향을 받을 수 있다.
성도착증(paraphilias)	성적 끌림의 이례적인 양상	어떤 성도착증은 다른 사람에게 피해를 줄 수 있으므로 불법이다.

5. 에이즈 및 기타 성병: 당신의 행동이 당신을 위험에 처하게 하는가

에이즈(후천성 면역 결핍증, AIDS)는 역사상 최악의 전염병 중 하나이다. 세계적으로 4천만 명이 넘는 사람들이 AIDS를 발생시키는 바이러스인 HIV(인간 면역 결핍 바이러스)를 가지고 살고 있다. HIV/AIDS는 미국에서 43만 명 이상의 목숨을 앗아갔고, 전염병이 돌기 시작한 이래로 전 세계적으로 약 2,400만 명의 목숨을 앗아갔다(Bongaarts, Pelletier, & Gerland, 2010a, 2010b; H. I. Hall et al., 2008). 미국에서는 매년 약 5만 6천 명의 사람이 HIV에 감염된다(CDC, 2011).

HIV는 감염된 체액과의 접촉, 주로 성관계 혹은 주사바늘 공유를 통해 전달된다. HIV는 몸의 면역 체계를 손상시켜 본래는 막아낼 수 있는 다른 감염에 취약하게 만든다.

성 전염성 질환(sexually transmitted disease: STD): 성적 접촉에 의해 퍼지는 감염원에 의한 질환

HIV/AIDS는 가장 위협적인 성 전염성 질환(Sexually Transmitted Disease: STD)으로 성 매개 감염 질환(Sexually Transmitted Infection: STI)이라고도 불리지만 가장 흔한 질환은 아니다. 미국에서 약 100만 명의 사람들이 HIV 혹은 AIDS로 고통을 받고 있지만, 성기 포진은 12세 이상 미국인의 최소한 4천 5백만 명에게 영향을 미치고 있다(National Women's Health Information Center, 2009). 가장 흔한 세균성 성 전염 질환인 클라미디아의 경우 미국에서 매년 100만 명 이상의 새로운 환자가 보고되고 있다(CDC, 2010c). 약 2천만 명의 미국인이 곤지름을 발생시키는 인유두종 바이러스(Human Papilloma Viruses: HPVs)에 감염되어 있다. 가장 성적으로 활동적인 사람들은 자신의 삶의 어느 때나 HPV에 감염될 수 있다(CDC, 2010d).

개념 11-20

HIV/AIDS뿐만 아니라 많은 성 전염성 질환이 우리의 건강에 심각한 위협을 가한다.

HIV/ADIS뿐만 아니라 많은 성 전염성 질환들은 우리의 건강에 심각한 위협을 가할 수 있다. 예를 들어, HPV는 자궁경부암의 주요 원인이다(최소 70%). 다행히도, 이제 효과적인 백신은 여성들을 HPV로부터 지켜줄 수 있게 되었다(Barnack, Reddy, & Swain, 2010; CDC, 2010e). 그러나 그 백신은 이미 바이러스에 감염된 여성에게나 아직 백신이 다룰 수 없는 흔치 않은 HPV에는 효과가 없다.

치료되지 않은 임균감염증(gonorrhea)과 클라미디아(chlamydia)는 여성의 불임으로 이어질 수 있고, 치료되지 않은 임균감염증은 남성의 내부 생식계를 심각하게 감염시켜 생식기관에 문제를 일으킬 수 있다. 또 다른 세균성 질환인 매독(syphiliis)의 경우 치료되지 않으면 심장과 뇌에 심각한 손상을 입힐 수 있다. 성기 포진(genital herpes)은 특히 여성에게 유산과 자궁경부암을 포함하여 심각한 합병증을 일으킬 수 있다.

개념 11-21

HIV/AIDS뿐만 아니라 많은 STD가 우리의 건강에 심각한 위협을 가한다.

1) 예방과 치료

항생제를 통해 세균성의 STD는 치료할 수 있지만, 바이러스성 STD에는 소용이

없다. 항바이러스성 약물은 HIV/AIDS, 성기 포진과 같은 바이러스성 STD를 통제하는 것을 도울 수는 있지만, 그것들은 인체에서 감염되는 유기체를 제거하지 못한다. 항바이러스성 약물은 AIDS 환자의 수명을 크게 연장시킬 수 있고 HIV/AIDS가 만성적이지만 다룰 수 있는 질병이 될 수 있다는 희망을 갖게 한다. 치료되지 않은 세균성 STD의 위험성에 대한 인식과 HIV/AIDS와 같은 바이러스성 STD에 대한 치료가 없다는 사실은 예방과 조기 치료의 중요성을 강조한다.

이러한 질병들이 어떻게 전염되고, 감염 초기 신호는 무엇이며, 가능한 치료는 무엇인지에 대한 정보(〈표 11-7〉 참조)를 가지고 있는 것은 스스로를 STD로부터 지키는 중요한 걸음이다. 하지만 정보만으로는 STD의 전염 위험이 줄어들지 않는다. 행동의 변화를 통해 실천으로 옮겨야만 한다. 다음 절에서는 더 안전한 성행위와 의학적 검사에 관한 권장 사항을 제시하고 있다.

2) STD로부터 당신과 파트너 지키기

STD의 성적 전염을 막는 한 가지 확실한 방법은 평생 성관계를 하지 않거나, 감염되지 않은 일부일처인 상대와 일부일처의 관계를 유지하는 것이다. 그 외에, 당신은 성관계를 아예 하지 않는 방법이 아닌 다른 방법을 통해 성관계의 위험을 줄일 수 있다. 즉, 완전히 안전한 성관계 대신 더 안전한 성관계를 할 수 있다는 의미이다. 여기에 STD의 감염 위험성과 치료되지 않은 STD의 결과로 오는 고통을 줄일 수 있는 몇 가지 지침을 제시하였다(Nevid, Rathus, & Greene, 2008에서 인용).

개념 11-22

보호 장치가 없는 성관계, 주사바늘 돌려쓰기와 같은 개선 가능한 행동이 HIV/AIDS를 포함한 성 전염성 질환 전염의 주요 위험 요인이다.

첫 번째, 성관계 파트너를 정하는 데 신중하라. 성관계를 하기 이전에 상대의 성적 배경을 이해해야 한다(하지만 상대를 안다고 하여 그 사람이 HIV 혹은 다른 감염원을 보유하고 있을지 보장할 수 없다.).

두 번째, 여러 명의 파트너와 성관계하는 것을 피하라. 특히 다양한 사람과 성관계를 가진 파트너를 피해야 한다.

세 번째, 당신의 걱정을 이야기하라. 당신은 파트너에게 주장할 수 있어야 한다. AIDS와 다른 STD에 대한 염려를 털어놓고, 더 안전한 성관계를 할 필요가 있다.

네 번째, 성기 주변에 상처나 물집이 있는 사람과는 성관계를 피하라. 성관계를 갖기 전에 파트너의 성기를 관찰하자. 발진, 물집, 하감, 분비물, 사마귀, 불쾌한 냄새 등은 감염될 가능성이 있다는 주의 표시이다. 하지만 HIV 감염과 같은 STD에는 분명한 표시가 없다는 점에 주의하자.

다섯 번째, 보호장치가 없는 성관계를 피하라. 라텍스 콘돔(더 투과적인 천연재질의 콘돔이 아니다.)은 성관계 시 HIV의 전염을 더 안전하게 막아 준다. 살정제는 라텍스 콘돔의 대체품이 아닌 라텍스 콘돔과 함께 사용하자. 라텍스 콘돔이 감염자와 비감염자 간에 성기포진이 전염되는 것을 막을 수는 없지만 전염의 위험성을 줄일 수는 있다(Gupta, Warren, & Wald, 2007).

여섯 번째, 성 전염성 질환에 노출되었다고 생각이 들면 병원 검사를 받으라.

일곱 번째, 당신이 모르고 있을 수 있는 질병을 발견하고 치료하기 위해 정기적으로 검사를 받으라.

여덟 번째, 의심이 될 때는 하지 말라. 잠재적으로 위험할 수 있다고 의심이 될 때에는 성관계를 하지 말아야 한다. 당신의 안전과 파트너의 안전이 최고 우선순위가 되어야 한다.

〈표 11-7〉 STD의 주요 유형

	전염 방법	증상	치료
세균성 STD			
임균감염증 (Gonorrhea)	성적 접촉(질, 구강, 항문 성교); 출생 시 엄마가 신생아에게 옮김	남성의 경우 걸쭉하고 노르스름한 요도 분비물과 배뇨 작열감; 대부분의 여성에게서는 초기 증상이 나타나지 않지만, 일부 여성들은 질 분비물 증가, 배뇨 작열감, 불규칙적인 월경을 보일 수 있음	항생제
매독(Syphilis)	성적 접촉; 전염성 있는 경성하감(상처)을 만짐	2~4주 내에 통증은 없지만 단단한 경성하감이 감염 부위에 생김; 방치되면 이후 단계를 거치며 증상이 발전할 수 있음	항생제
여성: 클라미디아(Chlamydia), 남성: 비임균성 요도염(nongonococcal urethritis: NGU)	성적 접촉; 감염된 파트너의 성기와 접촉한 이후 눈을 만짐; 출생 시 감염된 엄마가 신생아에게 옮김	대부분의 여성에게는 증상이 나타나지 않지만, 일부 여성들은 빈뇨와 배뇨통, 하복부 통증, 염증, 질 분비물을 보일 수 있음. 남성 또한 일반적으로 증상이 나타나지 않으나 임균감염증과 비슷한 증상이 나타날 수 있음	항생제
바이러스성 STD			
HIV/AIDS	성적 접촉; 주사바늘 공유; 오염된 혈액을 수혈받을 경우; 임신 중 혹은 출산이나 모유 수유 중 엄마로부터 아이에게 옮길 수 있음	감염된 사람은 처음에는 증상이 나타나지 않거나 가벼운 감기와 같은 증상을 보일 수 있음. 그러나 완전히 진행되면 에이즈로 이어질 수 있음	항바이러스성 약물이 바이러스를 통제하는 데 도움이 될 수 있으나 이 질병을 치료하지는 못함
성기 포진 (genital herpes)	성적 접촉	성기, 허벅지, 엉덩이, 질 내부, 자궁에 불그스름하고 고통스러운 혹이 생김. 혹은 고름으로 채워진 물집이나 상처가 되어 다시 회복되기 전에 터짐	항바이러스성 약물이 물집이나 상처가 터지는 것을 통제할 수 있지만 몸에서 바이러스를 제거할 수는 없음
바이러스 간염 (viral hepatitis)	성적 접촉, 특히 A형 간염의 경우 항문 접촉; 감염된 대변과의 접촉; 오염된 혈액의 투입(특히, B형 간염과 C형 간염의 경우)	증상이 없을 수도 있고, 가벼운 감기와 같은 증상이 있을 수도 있으며, 열, 복부 통증, 구토, 피부와 눈에 황달과 같은 심각한 증상을 보일 수도 있음	C형 간염의 경우 장기 요양과 약물 인터페론 알파 사용
곤지름 (genital warts)	성적 접촉; 감염된 수건 혹은 옷과의 접촉	꽃양배추를 닮은 고통 없는 곤지름이 성기, 내부 생식기, 항문 주위, 직장 내에 생길 수 있음	곤지름은 제거될 수 있지만, 바이러스(HPV)는 몸속에 남아 있음

2단원 복습 성적 반응 및 성적 행동

되새겨 봅시다

성적 반응 주기의 단계는?

- 흥분 단계에서 남성은 발기하며, 여성의 경우 질액이 분비된다.
- 유지 단계는 오르가슴에 앞서 흥분이 고조되는 상태이다.
- 오르가슴 단계는 골반 근조직의 오르가슴적 수축으로 특징지어진다.
- 안정 단계에서 몸은 흥분 이전의 상태로 돌아간다.

성적 지향의 근원은?

- 근원은 아직 알려지지 않았다. 심리적 이론들은 자녀 양육과 초기 아동기 경험으로 성적 지향을 설명하고자 한다. 생물학적 이론들은 유전자의 역할과 태아기 때 성 호르몬의 역할을 강조한다.

문화마다 동성애에 대한 태도가 어떻게 다른가?

- 어떤 문화에서는 동성애를 비난하며, 어떤 문화에서는 동성애의 사회적 역할을 합법화한다.

성도착증이란?

- 성도착증은 성적 끌림 혹은 성적 흥분의 이례적인 패턴이다. 여기에는 페티시즘(신발과 같은 무생물과 연관된 성적 흥분), 노출증(자신의 성기를 낯선 사람들에게 보여 줌으로써 성적으로 흥분하는 것)이 포함된다.

점검해 봅시다

1. 인간의 성적 반응 주기와 관련하여, 각 용어를 그에 맞는 설명과 연결시켜 보자.

① 방출되는 강렬한 성적 쾌감	가. 흥분 단계
② 몸이 흥분 이전의 상태로 돌아감	나. 유지 단계
③ 근긴장 상태가 고조되며 혈관충혈이 상승함	다. 오르가슴 단계
④ 성적 자극에의 초기 반응	라. 안정 단계

2. 다음 중 성적 지향이 아닌 것은?
   ① 성전환증
   ② 양성애
   ③ 동성애
   ④ 이성애
3. 클리프는 여성의 옷을 입음으로써 성적 만족감을 얻는다. 그는 ___________라 불리는 성도착증을 가지고 있다.
   ① 성전환증
   ② 페티시즘
   ③ 복장도착증
   ④ 노출증
4. 다음 중 세균성 STD에 포함되는 것은?
   ① HIV/AIDS
   ② HPV
   ③ 성기 포진
   ④ 클라미디아

생각해 봅시다

- 당신의 성행위는 어떻게 당신의 개인적 가치를 반영하는가?
- 당신의 성적 지향과 관련된 문제로 어려움을 겪고 있는가? 혹은 주위에 그러한 사람이 있는가? 당신의 캠퍼스와 지역사회에 이러한 질문을 가진 사람들에게 도움이 될 만한 상담 서비스가 있는가? 이러한 서비스에 대한 정보는 어떻게 더 얻을 수 있는가?
- 당신은 스스로를 STD로부터 보호하기 위해 어떻게 하고 있는가? 어떻게 다르게 행동할 수 있는가?

3 단원

성기능장애

- 성기능장애란?
- 성 치료의 목적은?
- 성기능장애의 원인은?

우리 몸은 다양한 성적 자극에 반응에 자극할 수 있지만, 때때로 문제가 발생한다. 어떤 사람들은 성욕 혹은 성적 관심을 잃는다. 어떤 사람들은 성적으로 흥분되거나 오르가슴에 도달하는 데 어려움을 겪는다. 성적 흥분 혹은 반응과 관련된 문제는 꽤 흔하고, 실제로 모든 사람이 한 번쯤은 겪을 수 있는 문제이다. 남성은 때로 발기하는 데 어려움을 겪을 수 있고, 자신이 원하는 때보다 더 빨리 사정할 수 있다. 여성은 때로 성적으로 흥분되거나 오르가슴에 도달하는 데 어려움을 겪는다. 이러한 종류의 문제가 지속되고 고통이 발생한다면 그것은 성기능장애(sexual dysfunctions)라 불리는 심리장애로 분류된다.

성기능장애(sexual dysfunctions): 성적 흥미, 흥분, 반응에 대한 지속적이고 반복적인 문제

〈개념 차트 11-3〉에서 볼 수 있듯이 성기능장애는 꽤 흔하다. 여성은 낮은 성욕과 연관된 문제 혹은 오르가슴에 도달하는 데 어려움을 겪거나 오르가슴에 도달할 수 없는 문제를 경험한다. 남성은 발기하거나 발기를 유지하는 데 어려움을 겪거나 조기 사정으로 인해 고통을 겪는다.

성기능장애는 흔한 문제이지만 성적 문제를 가진 사람 중 상대적으로 적은 수의 사람이 전문적인 도움을 찾는다(Nicolosi et al., 2006). 그들은 어디서 도움을 얻어야 할지 모르거나, 성적 어려움을 인정하는 것과 연관된 불행하고 지속적인 낙인 때문에 도움 찾기를 거부한다. 이번 단원에서는 성기능장애의 주요 유형과 이를 극복하도록 돕는 치료방법에 대해 논의할 것이다.

두뇌는 퍼즐을 좋아합니다

앞서 읽은 바와 같이, 책의 내용을 읽고 다음 문제를 풀어 보자.

한 의사가 발기부전을 겪고 있는 환자에게 다른 치료와 더불어 체중을 감량해야 한다고 말했다. 체중이 남성의 성적 반응과 어떤 관련이 있다고 생각하는가?

1. 성기능장애의 유형

성과 관련된 많은 성 문제들이 성기능장애로 분류된다. 그중에서도 우리는 세 가지 주요한 성기능장애 종류에 대해 알아볼 것이다. 성욕장애, 성적 흥분장애, 극치감장애가 그것이다.

1) 성욕장애

이 장애를 가진 사람은 성욕의 결핍을 경험하거나 성기가 이용되는 성적 접촉에 대한 혐오감을 경험한다. 저활동성 성욕장애(hypoactive sexual desire disorder)는 가장 흔한 성기능장애로, 이를 가진 사람들은 성적 흥미 혹은 성욕이 매우 적거나 없다(I. Goldstein et al., 2006; Leiblum et al., 2006). 이 장애는 남성보다 여성에게서 더

저활동성 성욕장애(hypoactive sexual desire disorder): 성욕장애의 한 유형으로, 성적 흥미 혹은 성욕이 없거나 부족하다는 특징이 있음

〈개념 차트 11-3〉 성기능장애의 주요 유형

장애		설명/유병률(%)	연관된 특징/치료
성욕 장애	저활동성 성욕장애	비정상적으로 낮은 수준의 성적 흥미 혹은 성욕; 여성 32%, 남성 15%	호르몬 부족, 관계 문제, 우울증 및 다른 원인으로 발생할 수 있다.
	성적 혐오장애	성기 접촉에 대한 혐오감; 유병률은 알려져 있지 않음	주로 성적 접촉에 대한 두려움을 나타내며, 이는 성적 트라우마의 영향으로 인한 것일 수 있다.
성적 흥분 장애	남성 발기장애	발기 하거나 유지하는 데 지속적인 어려움; 10~22%	심리적 원인(예: 자기 의심, 수행 관련 불안), 신체적 원인(예: 당뇨, 신경학적 문제) 혹은 여러 원인이 합해진 것일 수 있다.
	여성 성적 흥분장애	성적 자극에 대하여 적절하게 성적으로 흥분되지 못함; 21%*	근본적인 건강 문제, 성적으로 억압적인 문화 혹은 가정환경, 관계 문제로 인해 발생할 수 있다.
극치감 장애	여성 극치감장애	적절한 수준의 성적 자극에 대한 반응으로 오르가슴에 도달하는 데 어려움을 겪음; 26%	치료 기술은 여성들이 자신의 성적 반응성(직접 자위를 통해)에 대해 알도록 돕고, 여기서 배운 것을 자신의 파트너와의 관계에 적용하도록 돕는다.
	남성 극치감장애	사정이 연기되거나 사정할 수 없음; 8%	비교적 흔하진 않지만 과도한 불안, 신경적 문제, 성적 죄책감, 파트너에 대한 적개심에서 기인한 것일 수 있다.
	조루증	남성이 원하기 전에 최소한의 성적 자극으로 사정하는 것; 30%**	남성이 자극 수준을 사정반사가 일어나는 점까지 상승하는 데 어려움을 겪게 한다.

출처: Laumann, Paik & Rosen (1999); Rosen & Laumann (2003); Rosen et al. (2004).

주: 유병률이 문제가 있다고 보고했으나 성기능장애 진단에 맞지 않는 사람의 비율이 포함되어 있다. 성적 극치감에 너무 일찍 도달한다는 보고의 내용은 지난 12개월 동안 성행위를 한 사람들을 대상으로 한다. 또한, 성문제의 발생률은 나이가 듦에 따라 증가한다는 사실을 주목하라.

*질액 분비에 문제가 있음.

**너무 일찍 극치감에 도달함.

흔히 나타나는데, 그렇지만 모든 남성이 성관계를 하고 싶어 한다는 신념은 잘못된 생각이다. 성적 혐오장애(sexual aversion disorder)를 가진 사람들은 성기가 사용되는 성적 접촉에 대한 강력한 혐오감을 가지고 있다. 그들은 성기가 사용되지 않는 선에서 다른 종류의 애정 어린 접촉은 즐길 수도 있다. 성적 혐오장애는 종종 어린 시절의 성적 학대 혹은 강간과 같이 성적인 트라우마를 겪었던 사람에게서 발생하는 성적 접촉으로 인한 두려움을 포함하기도 한다.

성적 혐오장애(sexual aversion disorder): 성욕장애의 한 유형으로 성기가 수반된 성관계에 강한 거부감 혹은 혐오감을 수반함

2) 성적 흥분장애

여기에는 남성 발기장애[또한 발기부전(erectile dysfunction: ED)]와 여성 성적 흥분장애(female sexual arousal disorder)가 포함된다. 발기장애를 가진 남성은 성관계를 할 만큼 충분하게 발기를 하거나 유지할 수 없는 지속적인 문제를 가지고 있다. 성적 흥분장애를 가진 여성은 성적으로 흥분되거나 적절하게 질액이 분비되는 데 지속적인 어려움을 겪는다.

개념 11-23

이따금씩 발생하는 성적 흥미와 반응과 연관된 문제는 모든 사람에게 영향을 미칠 수 있지만, 성기능장애를 가진 사람은 성적 흥미, 흥분, 반응과 관련하여 지속적인 어려움을 겪는다.

남성 발기장애(male erectile disorder): 남성에게서 발견되는 성적 흥분장애의 한 유형으로 성관계를 하기 위해 충분히 발기하거나 발기를 유지하는 데 어려움을 특징으로 함

여성 성적 흥분장애(female sexual arousal disorder): 여성에게서 발견되는 성적 흥분장애의 한 유형으로 성적으로 흥분되는 데 어려움을 수반함

여성 극치감장애(female orgasmic disorder): 여성에게서 발견되는 극치감장애의 한 유형으로 정상적인 성적 흥분 단계에 따른 오르가슴이 느껴지지 않거나 오르가슴에 도달하는 데 지속적인 어려움을 겪는 것을 특징으로 함

남성 극치감장애(male orgasmic disorder): 남성에게서 발견되는 극치감장애의 한 유형으로 정상적인 성적 흥분 단계에 따른 오르가슴이 느껴지지 않거나 오르가슴에 도달하는 데 지속적인 어려움을 겪는 것을 특징으로 함

조기 사정(premature ejaculation: PE): 남성에게서 발견되는 극치감장애의 한 유형으로 성적 자극에 의한 빠른 사정을 특징으로 함

3) 극치감장애

여성 극치감장애(female orgasmic disorder)를 가진 여성과 남성 극치감장애(male orgasmic disorder)를 가진 남성은 오르가슴에 도달하는 데 문제가 있거나 혹은 전혀 오르가슴에 도달하지 못한다. 자위행위를 통해서는 오르가슴에 도달할 수 있지만 상대와의 성관계를 통하여서는 도달할 수 없는 사람의 경우, 성관계 시 오르가슴이 발생할 만큼 적절한 자극이 있는지 임상가의 판단이 필요하다. 그러나 전문가들은 특히 여성의 경우 성적 장애를 어떻게 정의할지에 대해서 계속 논쟁 중에 있다(McCarthy et al., 2006). 예를 들어, 여성이 자위행위를 통해서는 확실하게 오르가슴에 도달할 수 있지만 상대와 함께 도달할 수 없다면 그 여성은 성기능장애를 가지고 있는 것인가? 그들의 어려움은 극치감장애가 아니라 파트너와의 효과적인 자극의 부족(특히, 클리토리스 자극)에서 기인한 것인가?

조기 사정(premature ejaculation: PE)은 남성에게서 가장 흔히 나타나는 성기능장애로, 적은 자극에도 빠르게 사정되는 것이 그 특징이다. 남성의 1/3 이상이 자신의 삶의 한 지점에서 PE를 경험한다(Laumann et al., 1994).

2. 성기능장애의 원인

생물학적, 심리사회적 요인 등을 포함하여 많은 원인이 성기능장애를 일으킨다.

1) 생물학적 원인

많은 생물학적 요인이 성적 흥미, 성적 흥분, 성적 반응에 영향을 미쳐 성기능장애로 이어질 수 있다(Rees, Fowler, & Maas, 2007). 이러한 조건에는 당뇨병, 다발성 경화증, 척수 손상, 간질, 수술 후 합병증(예: 남성의 전립선 수술), 특정 약물의 부작용, 호르몬 문제 등이 포함된다. 코카인, 알코올, 마취제와 같은 향정신성 약물은 성적 흥미를 약화시키거나 성적 반응을 손상시킬 수 있다.

테스토스테론은 남성과 여성에게서 성욕을 활성화시키는 역할을 하며, 남성과 여성 모두 이 호르몬이 부족하면 성욕이 약화된다(S. R. Davis, Davison et al., 2005; S. R. Davis, Moreau et al., 2008). 테스토스테론은 남성의 고환에서 생성되는 남성 호르몬이지만, 여성의 난소에서도 조금 더 적은 양이 생산되며 남성과 여성의 부신에서도 생성된다. 성기능장애를 가진 남성과 여성은 보통의 성호르몬 수치를 보이는데, 질병으로 인해 부신과 난소를 떼어낸 여성의 경우 더 이상 테스토스테론이 생성되지 않으므로 이들은 종종 성욕이 감소했다고 보고하기도 한다(Nappi, Wawra, & Schmitt, 2006; Traish et al., 2006).

발기장애의 원인으로는 생물학적 요인이 대부분을 차지하며, 그중에서도 순환계 문제가 가장 흔하다(McVary, 2007; Thompson et al., 2005). 예를 들어, 당뇨병은 음경으로 이어지는 혈관과 신경에 손상을 입혀 발기 문제를 일으킬 수 있다. 많은 사람

이 비만이 심장병, 당뇨병 등 많은 심각하고 만성적인 질병의 주요한 위험 요인이 된다는 사실은 알고 있다. 그러나 비만이 발기부전의 위험을 높일 수 있다는 사실을 알고 있었는가?(Bajos et al., 2010) 좋은 소식은 비만한 남성들이 체중을 감량하고 활동 수준을 높이도록 돕는 개입이 발기 기능 향상으로 이어질 수 있다는 사실이다(Esposito et al., 2004).

성기능에 문제가 있는 커플은 종종 자신의 성적인 욕구와 홍미에 대해 소통하는 데 어려움을 겪는다.

2) 심리적 원인

성기능장애는 종종 관계 문제, 수행 관련 불안, 가족 내에서 성에 관한 억압적 태도와 같은 심리적 혹은 문화적 요인에 뿌리를 두고 있기도 하다. 성에 관하여 부정적인 태도를 가지고 있는 성적으로 억압적인 문화 혹은 가정에서 자란 아동들은 자신들의 왕성한 성욕에 대해 성적 흥분 혹은 쾌감을 느끼기보다는 불안, 죄책감, 수치심을 느낄 수 있다. 이는 특히 성적으로 억압적인 문화적 태도나 여성보다 남성에게 성적인 표현을 더 많이 허용하는 성적인 이중 잣대에 노출되어 온 젊은 여성들이 그렇다. 이러한 여성들은 성관계는 생식이나 남편의 성적 갈망을 충족시켜 주기 위한 목적으로 수행되는 부부의 의무라고 생각할 수 있으며, 이는 그들로 하여금 자신의 성적인 반응에 대해 알아가거나 남편에게 자신의 성적인 욕구를 주장하는 것을 꺼리게 만든다.

개념 11-24

성기능장애의 근본 원인에는 신경계 및 순환계 문제와 같은 생물학적 요인도 있고, 수행 불안과 같은 심리적 요인도 있다.

➔ 개념 링크 불안의 부적응적 형태가 불안장애(anxiety disorders)라 불리는 심리장애의 핵심 특징이다. 제15장 2단원을 참고하라.

어떤 부부는 상투적인 관례로 성관계를 하기도 한다. 그러나 각자의 성적 선호도에 대해 서로 소통하지 않거나 성관계를 북돋으려는 노력을 하지 않으면 흥미를 잃게 된다. 관계 문제 또한 성적 반응에 영향을 미칠 수 있는데, 특히 갈등과 오랫동안 해결되지 않은 분노가 침실에까지 옮겨질 때는 더욱 그러하다(Moore & Heiman, 2006).

강간, 아동 성폭행 등 성적인 트라우마의 생존자들은 성에 대한 혐오감, 역겨움을 보일 수 있으며 이는 성적 혐오장애로 이어질 수 있다(Firestone, Firestone, & Catlett, 2006). 그들이 자신이 사랑하는 파트너에게조차 성적으로 반응하는 데 어려움을 겪는 것은 놀라운 일이 아니다. 불안, 우울, 분노 등 다른 정서적 요인 또한 성적 흥미와 흥분을 감소시킬 수 있다.

불안 중에서도 특히 수행 불안(performance anxiety)은 남성이 발기를 하거나 유지하는 데 어려움을 겪게 하거나 여성의 질액 분비 혹은 오르가슴을 방해할 수 있다(Bancroft et al., 2005; McCabe, 2005). 수행에 실패하게 되면 자기 의심과 반복된 실패에 대한 공포를 가속화시키며, 이는 결과적으로 차후의 사건에 대한 불안을 고조시키며 더 많은 실패 경험을 낳게 되고 이 과정이 악순환의 형태로 반복된다.

수행 불안(performance anxiety): 수행 상황(성관계를 포함하여)에서 경험되는 불안으로, 자신의 수행 능력과 관련하여 부정적인 평가를 받을 것에 대한 두려움에서 기인함

조기 사정은 남성의 사정 역치 혹은 '돌이킬 수 없는 지점' 아래로 자극 수준을 유지하는 데 실패함으로써 발생한다. 사정은 반사작용이지만, 남성은 자신의 자극 수준을 판단하여 사정 역치를 넘지 않게 하는 방법을 (보통은 시행착오를 통하여) 학습

해야 할 필요가 있다. 그들은 파트너에게 이 지점에 이르기 전에 자극을 그만하도록 신호를 보내어 다시 시작하기 전에 자신의 감각을 진정시킬 필요가 있다.

생활의 한 단면 수행 불안은 사람들로 하여금 자신의 수행에 대한 관중이 되게 한다. 자신이 직접 성행위에 뛰어들기보다 그들은 자신의 몸이 어떻게 반응하는지 정신적으로 분석한다. 이러한 사람들이 성적으로 반응하는 데 어려움을 겪는 것은 이상한 일이 아니다. 발기부전을 가진 남성은 여자 친구와 성관계를 할 때 계속해서 상대 여성의 얼굴을 상상하며 자신이 발기에 실패했을 때 얼마나 그녀가 실망할지를 생각한다고 말했다. 또한 그는 "잠들기 전까지 저는 불안으로 마비되어 있었어요."라고 덧붙였다(Nevid, Rathus, & Greene, 2011에서 인용). 우리 문화에는 남성의 성적 수행 능력과 자신의 남성성에 대한 감각이 서로 깊게 연관되어 있기 때문에 반복되는 실패 경험은 남성으로 하여금 자신이 더 이상 남자가 아니라고 느끼게 할 수 있다. 그는 결과적으로 자존감을 상실하거나 우울하게 될 수 있다. 수행 불안은 또한 남성 극치감장애로 이어질 수 있는데, 특히 남성이 파트너와 오르가슴에 도달하는 데 어려움을 겪을 때 그러하다. 남성 극치감장애는 또한 근본적인 신경학적 문제, 성적 죄책감, 파트너에 대한 적개심에서 기인할 수 있다. 수행 불안은 주로 남성에게 영향을 미치지만, 여성도 마찬가지로 오르가슴에 도달하는 것에 관한 수행 불안을 겪을 수 있다.

3. 성치료

개념 11-25

성치료는 수행 불안을 줄이고 성적 기술과 유능감을 증진하는 증진하는 것을 목표로 하는 문제 중심 치료의 한 형태이다.

좋은 소식은 대부분의 성기능장애가 생물학적 접근을 사용하든, 심리적 접근을 사용하든, 혹은 둘을 결합하여서라도 성공적으로 치료될 수 있다는 것이다. 성치료는 비교적 간단한 심리치료 형태로 1970년에 윌리엄 매스터스(William Masters)와 버지니아 존슨(Virginia Johnson)에 의해 시작되었다. 성치료에서는 개인이나 커플(더 흔함)을 대상으로 치료자 한 명 혹은 남성과 여성 치료자 한 쌍이 행동적 기술을 사용하여 내담자가 성적인 어려움을 극복하도록 돕는다. 성치료는 수행에 대한 압박감을 제거하여 수행 불안을 없애는 것을 목적으로 한다.

매스터스와 존슨은 2주간의 집중 프로그램을 통해 커플들을 치료했는데, 여기에는 매일의 치료 회기와 매일 밤의 과제가 포함되어 있다. 이 치료의 중요한 부분은 감각 집중 훈련(sensate-focus exercises)으로, 이 훈련에서 파트너들은 옷을 벗은 채 편안한 상태로 성기가 아닌 다른 부분을 서로 마사지해 준다. 이 훈련은 성관계와 관련된 수행 요구 없이 기분 좋은 자극의 원천을 제공해 준다. 실제로 커플들은 자신의 자신감 수준이 회복될 때까지 성관계를 갖지 말라고 교육받는다. 그들은 또한 자신을 흥분시키는 자극에 대해 소통하고, 서로에게 효과적인 자극을 제공할 수 있도록 도움받는다.

감각 집중 훈련(sensate-focusexercises): 성치료에서 사용되는 기술로, 성기가 아닌 부분을 마사지하는 것을 통해 성관계와 관련된 불안을 줄이는 것을 말함

성치료에서는 많은 구체적인 기술이 사용된다. 예를 들어, 치료자들은 스스로 혹

은 파트너와의 성관계에서 한 번도 오르가슴에 도달한 적 없는 여성을 돕기 위해 유도된 자위 훈련을 실시한다. 보고된 바에 따르면 이 프로그램의 성공률은 70~90%에 달한다. 유도된 자위 훈련에서는 치료자가 여성들에게 집에서 혼자 있을 때 자위행위를 해 보라고 지시한다. 이 치료의 목적은 여성으로 하여금 자신의 성적 반응을 탐색하게 하고, 오르가슴을 일으키기 위해 필요한 기술을 습득하도록 돕는 것이다. 이후 여성들은 배운 바를 파트너와의 관계에 적용하도록 지시받는다. 또 다른 예는 정지-시작법(stop-start method)으로, 이는 조기 사정에 가장 흔하게 사용되는 치료법이다. 여기에서 커플은 남성이 사정 반사가 유발되는 수준에 이르기 전에 성적 자극을 중단하는 연습을 한다. 이후 커플은 남성의 감각이 가라앉으면 자극을 다시 시작하여 남성이 통제력을 얻게 될 때까지 이 정지-시작 주기를 계속해서 실시한다. 전체적으로 성기능장애를 가진 사람들의 대부분은 성치료를 통해 도움을 받고 있다.

생물학적 치료 또한 성기능장애를 가진 사람들을 돕는 데 사용될 수 있다(Montorsi et al., 2010). 테스토스테론은 성적 흥미와 성욕을 증진시킬 수 있다. 그러나 호르몬을 사용하는 데 있어 발생할 수 있는 건강과 관련된 안전 문제가 반드시 고려되어야 한다(Basaria et al., 2010; Davis et al., 2008). 비아그라 및 이와 비슷한 약물은 발기부전을 가진 남성이 더 안정적으로 발기할 수 있도록 돕는다(Qaseem et al., 2009). 이러한 종류의 약물은 음경의 혈관을 완화·확장시킴으로써 더 많은 혈액을 운반하고 이는 발기를 일으키고 유지하는 것을 돕는다. 연구는 계속되고 있지만, 여전히 여성 성기능장애를 치료하는 효과적이고 안전한 약물은 부족하다.

항우울제인 졸로프트(Zoloft)와 팍실(Paxil)을 포함하여 주로 우울증을 치료하는 데 사용되는 어떤 약물들은 조기 사정을 치료하는 데에도 쓰일 수 있다. 지연 사정이 이러한 약물의 흔한 부작용인데, 이는 조기 사정으로 고통을 겪는 남성에게는 이로울 수 있다.

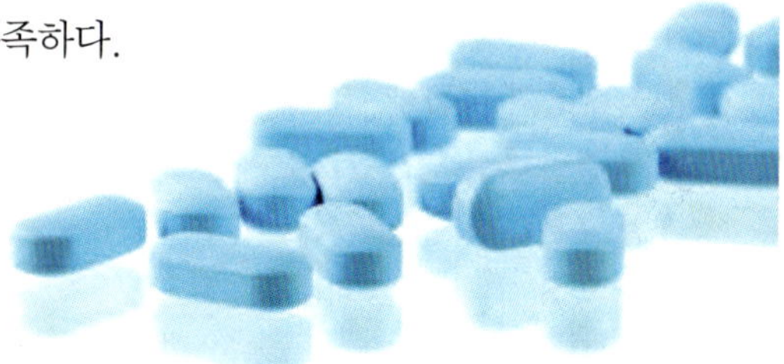
© Sean Prior/Shutterstock.com

3 단원 복습 성기능장애

되새겨 봅시다

성기능장애란?

➤ 성기능장애는 성적 흥미, 성적 흥분, 성적 반응에서 지속적이고 고통을 주는 문제이다. 여기에는 성욕장애, 성적 흥분장애, 극치감장애가 포함된다.

성기능장애의 원인은?

➤ 성기능장애에는 호르몬 수치 감소, 건강 문제 등과 같은 생물학적 원인이 있을 수 있고, 부정적인 성적 태도, 의사소통 문제, 성적으로 트라우마적인 경험, 수행 불안 등과 같은 심리적 원인이 있을 수도 있다.

성치료의 목적은?

➤ 성치료의 일반적인 목표는 수행 불안을 감소시키고, 성적 기술 및 유능감을 증진시키며 파트너와의 의사소통을 향상시키는 것이다.

점검해 봅시다

1. 성기능장애(sexual dysfunction)라는 용어는 다음에서의 문제를 가리킨다.
   ① 성적 반응만의 문제
   ② 성적 흥미 혹은 반응만의 문제
   ③ 성적 흥분 혹은 반응만의 문제
   ④ 성적 흥미, 흥분, 반응의 문제
2. 다음의 성기능장애 유형을 그것의 적절한 설명과 연결시켜 보자.

① 성기가 수반된 성관계에 대한 혐오를 포함한다.	가. 성욕장애
② 최소한의 자극에도 반응하여 발생한다.	나. 성적 흥분장애
③ 성적 극치감을 경험하는 데 어려움을 겪는다.	다. 극치감장애
④ 발기 부전(남성)과 불충분한 질액 분비(여성)를 포함한다.	라. 조기 사정

3. 티모시는 사실상 성행위에 대한 관심이 없다. 아주 가끔씩만 그는 성적 판타지 혹은 성욕을 경험한다. 그는 자신이 발기하는 데 아무런 문제가 없음에도 불구하고, 왜 많은 사람들이 성에 그렇게 관심이 많은지 이해할 수 없다. 티모시의 경우에 가장 어울리는 성기능장애의 유형은 무엇인가?
   ① 성적 혐오장애
   ② 남성 성적 흥미장애
   ③ 남성 극치감장애
   ④ 저활동성 성욕장애
4. 성기능장애의 심리사회적 원인 몇 가지를 나열해 보자.

생각해 봅시다

➤ 남성과 여성의 성기능장애의 공통점과 차이점은 무엇인가?

➤ 성적 흥분 혹은 성적 수행과 관련된 문제를 경험해 보았는가? 그것이 당신에게 어떻게 영향을 미쳤는가? 그것에 대해 당신은 어떻게 하였는가? 이 장의 정보가 당신의 문제 혹은 그것을 다루는 방법에 도움을 줄 요인에 대한 자각을 높였는가?

강간 및 성희롱과 싸우기 4 단원

우리는 '성적 강요'라는 용어를 성적 조롱과 모욕부터 노골적인 성폭행의 연속선상의 모든 행동을 가리키는 데 사용한다. 강간과 성희롱은 성적 강요의 주요한 두 형태이다. 강간(rape)은 힘을 사용하거나 위협을 주어 성관계를 갖는 것이다. 법정 강간(statutory rape)은 합법적으로 성관계를 승낙할 수 있는 연령 이하에 있는 사람을 대상으로(설령 그 사람이 자진해서 성관계를 가졌을지라도) 하는 성관계이다. 성희롱(sexual harassment)은 좋은 대우 혹은 취업 및 승진의 조건으로 상대가 원치 않는 성적 발언, 몸짓, 접촉, 접근, 요구를 받게 하는 모든 행위를 뜻한다(〈표 11-8〉 참조).

강간(rape): 상대에게 힘을 사용하거나 위협을 주어 성관계를 갖는 것

법정 강간(statutory rape): 합법적으로 성관계를 승낙할 수 있는 연령 이하에 있는 사람을 대상으로 하는 (설령 그 사람이 자진했다 할지라도) 성관계

〈표 11-8〉 성희롱의 유형

성희롱 유형	설명	예
희롱	다른 사람들 앞에서 여성을 모욕하거나 비하하는 말 혹은 행동을 하는 것	성적 모욕, 외설적인 농담 혹은 유머, 모욕적인 낙서
유혹적 행동	반갑지 않고, 부적절하고, 모욕적인 성적 접근을 하는 것	상대가 원하지 않는 반복적인 성적 접근 혹은 데이트 신청을 하는 것; 반복적으로 편지 혹은 전화를 통해 성적 제안을 하는 것
성적 뇌물	보상을 약속하며 성행위를 요청하는 것	성적 호의의 대가로 승진을 제공하는 것
성적 강요	위협 혹은 처벌을 통해 성행위를 하도록 강요하는 것	부정적인 직무 평가, 해고로 위협하거나, 성적인 요청에 응하지 않았다고 하여 승진을 미루는 것
성적 부담	반갑지 않은 성적 접촉	모든 형태의 반갑지 않은 접촉(붙잡기, 애무, 노골적인 성적 학대)을 의미

* 주: 성희롱의 주요한 특징은 상대가 원치 않는다는 것이다. 희롱이 가장 흔한 형태이고, 두 번째로 흔한 행동은 유혹적 행동이다. 성적 뇌물과 성적 강요는 상대적으로 흔하진 않지만, 성적 부담은 보통 사람들이 생각하는 것보다 자주 일어난다.

출처: *Sexual Harassment: Myths and Realities*에서 수정, 미국 심리학회, Office of Public Affairs, 1996.

1. 강간과 성희롱은 얼마나 흔하게 일어나는가

불행하게도, 우리 사회에서 강간과 성희롱은 너무나도 흔하다. 연방정부가 조사한 바에 따르면 매년 미국에서 90,000건 정도의 강간 사례가 보고된다고 추정한다(U.S. Department of Justice, 2009). 강간 혹은 강간미수 사건의 대부분은 보고되지 않기 때문에 실제 수치는 훨씬 더 높다(Fisher et al., 2003).

성희롱(sexual harassment): 반갑지 않은 성적 언급, 농담, 접근, 성적 호의의 요구, 노골적인 신체 접촉 등을 포함하는 성적 강요

일생 동안 강간을 당할 위험성은 충격적으로 높다. 가장 유용한 추정치에 따르면 여성 네 명 중 한 명이 일생 동안 어느 한 순간에 강간을 당한다고 한다(Campbell & Wasco, 2005). 약 3%의 여대생이 매년 강간 혹은 강간미수로 고통을 겪는다(Fisher et al., 2003). 10~14%에 이르는 많은 기혼 여성이 자신의 남편에 의해 강간을 당한다(Martin, Taft, & Resick, 2007).

대부분의 강간은 16~24세의 젊은 여성을 대상으로 일어나지만, 모든 연령의 모든 인종 및 경제 계층의 여성들이 강간당할 위험에 처해 있다(Burgess & Morgenbesser, 2005). 캐나다, 영국, 일본과 같이 산업화된 사회에서보다 미국에서 강간 발생률이 훨씬 더 높다.

남성 또한 강간당할 수 있는데, 법적으로 그 행위는 성적 학대로 분류된다. 왜냐하면 여기에는 질을 통한 성교가 아닌 강요된 항문 성교 혹은 항문에 물체 삽입이 수반되기 때문이다. 이러한 폭행은 교도소에서 대부분 일어나지만, 모든 경우가 그렇지는 않다. 강간 생존자 열 명 중 한 명은 남성이다(U.S. Department of Justice, 2006). 다른 남성을 강간하는 남성은 게이라는 사람들의 흔한 신념과 달리 대부분의 성폭행범은 이성애자이며, 이들은 보복, 굴욕, 지배와 통제의 형태로 강간을 한다.

성희롱을 경험한 여성들의 대부분이 강간과 마찬가지로 법적으로 고소하지 않기 때문에 성희롱 발생률을 정확히 말하기 어렵다. 하지만 분명한 것은 고등학교에서 대학 캠퍼스, 직장에서 군대까지 심지어는 인터넷을 포함하여 성희롱은 어디서든 일어난다는 것이다(Barak, 2005; Chaiyavej & Morash, 2009; Sullivan, 2006). 설문조사 결과, 여대생의 25~30%는 대학생 시절 적어도 한 번의 성희롱을 경험했다는 사실을 보여 준다(Menard et al., 2003). 직장인 여성을 대상으로 한 또 다른 설문조사에서는 41%의 직장인 여성이 직장 내에서 성희롱을 경험했다고 보고했다(Das, 2009).

© iStockphoto.com/Sean Locke

그들은 서로 추파를 던지고 있는가? 아니면 그저 서로에게 친절하게 대하는 것인가? 누가 비언어적 사회적 단서를 더 자주 잘못 해석하는가? 남성인가, 여성인가? 증거가 제시하는 결과는 무엇인가?

남성과 여성 모두 성희롱을 겪을 수 있지만, 여성이 피해자가 되고 남성이 가해자가 될 확률이 훨씬 높다(Mansnerus & Kocieniewski, 2004; Stockdale et al., 2004; Street et al., 2007). 예로부터 건설현장, 소방서 등 남성적 성격 특징(적극적, 지배적, 독립적)을 가진 사람들이 더 많은 직업 등 전통적으로 남성이 우세한 근무 환경 속 여성들은 다른 여성들에 비해 직장에서 성희롱을 당할 위험이 더 높다(Berdahl, 2007). 또한 유색인종의 여성들이 백인 여성에 비해 직장에서 성희롱을 당할 확률이 더 높다(Berdahl & Moore, 2006).

여성은 특히 경멸적인 말, 데이트 압력, 키스나 애무와 같은 직접적인 성적 접촉 등을 포함하는 행동에서 남성에 비해 더 넓은 범위의 행동을 성희롱이라고 판단하는 경향이 있다(Rotundo, Nguyen, & Sackett, 2001). 강간, 고용 혹은 승진의 대가로 성관계를 요구하는 것, 원치 않는 성관계에 대한 압력 등 더 극단적인 행동에 대해서는 남성과 여성 모두 성희롱에 속한다고 동의했다.

남성과 여성은 또한 사회적 신호를 서로 다르게 읽는 경향이 있다. 대학생을 대상으로 한 최근의 연구 결과에 따르면 남성들은 옅은 미소와 몸짓 등 여성의 친절한 접근을 성적 관심의 신호로 잘못 해석하는 경향이 더 많았다(Farris et al., 2008). 흥미롭게도, 연구자들에 따르면 남성은 또한 여성에 비해 명백한 성적 단서를 친밀감의 신호로 잘못 해석하는 경우가 더 많았다. 비언어적 단서를 읽는 것에 관하여서, 그것이 다정하든지 도발적이든지 남성들이 일반적으로 여성에 비해 더 희미한 사회적 인지를 가진 것으로 나타났다. 인디애나 대학교의 수석연구원 코린 페리스(Coreen Farris)는 다음과 같이 말했다. "젊은 남성들은 여성들의 다정한 모습과 관심을 가지고 다가오는 모습을 잘 구분하지 못한다"(Bryner, 2008에서 인용).

2. 아는 사람에 의한 강간: 가장 흔한 유형

여성은 낯선 사람보다는 자신이 아는 남성에게 강간 혹은 성적으로 폭행당할 가능성이 더 높다. 미국 법무부에 따르면(2006), 전체 강간 사건 중 4/5 이상(83%)이 아는 사람에 의해 일어난다. 최근 미국인 여성 전체를 대상으로 한 설문조사에서, 14.3%의 여성이 애인, 배우자, 가족 구성원, 혹은 가족의 친구 등 자신이 아는 남성에게 강간이나 성폭행을 당한 적이 있다고 응답했고, 5.6%의 여성이 모르는 사람에게 성폭행 혹은 강간을 당했다고 보고했다(Moracco et al., 2007).

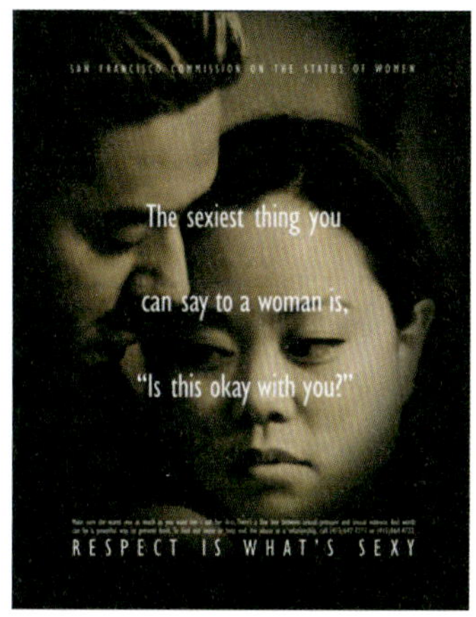

"존중이야말로 섹시한 것이다." 이 메시지는 데이트 강간에 맞서 싸우는 데 있어서 존중과 의사소통의 중요성을 강조한다.

남성 중에서도 특히 성적으로 공격적인 남성은 여성에 비해 상대의 행동에서 성적인 관심을 더 크게 인지함으로써 여성의 성적 의도를 잘못 판단하는 경향이 있다(Farris et al., 2008). 데이트 강간범들은 여성의 다정한 관심을 성관계를 가지려는 의도로 잘못 해석하며, 그녀가 '아니'라고 말해도 그것을 그저 내숭을 떤다고 믿는다.

성적으로 공격적인 남성은 여성이 자신의 집으로 데려가거나 싱글 바에 자주 가거나 파티에 참석하는 것은 성관계를 요청하는 것이라고 잘못 판단하는 경향이 있다(Bletzer & Koss, 2006). 성적으로 공격적인 남성들은 종종 여성들이 속으로는 강간당하거나 제압당하기를 원하고 있었다는 등의 강간에 대한 오해를 지지한다. 이러한 오해를 바로잡기 위해, 여성이 동의하기를 거절하거나 "아니요."라고 말한다면 그것은 실제로 "아니요."라는 의미이다.

3. 강간과 성희롱을 일으키는 것은 무엇인가

강간은 성적 행위이지만, 오해는 금물이다. 이는 근본적으로 성폭행의 범죄이다. 강간을 일으키는 데에는 복잡한 동기들이 작용하는데, 여기에는 성욕과 섞인 힘, 분노, 복수, 의도된 학대가 포함된다. 어떤 강간범들은 여성을 통제하고 지배하려는 수단으로 강간하며, 어떤 이들은 과거에 여성들에 의한 인지된 학대와 굴욕으로 인해 복수를 행하려는 수단이기도 하다. 이와 비슷하게, 성희롱은 희롱하는 사람이 자신보다 하위의 위치에 있는 사람을 지배하고 통제하려는 수단이다(Huerta et al., 2006). 전통적인 남성주의 입장에서 이는 여성을 성적 대상으로 여기거나 불편하고

개념 11-26

강간에는 성적인 동기도 포함되어 있지만, 힘, 분노, 복수, 의도적 잔인성의 문제 또한 주요한 동기에 포함된다.

반갑지 않게 느끼게 함으로써 사회적 통제력을 행사하며 '여성을 제 위치에 두려는' 전술이다. 성희롱으로 고소당한 많은 사람들이 때로는 자신은 그저 '놀리려' 했던 것뿐이라고 주장하며 자신의 행동을 평범한 것으로 만들려고 한다. 그것을 받는 사람에게는 성희롱으로 느껴질 수 있는 행동에 대한 사람들의 자각을 높이려는 노력이 반드시 필요하다.

4. 우리는 자녀에게 무엇을 가르치고 있는가

어떤 강간범은 반사회성 성격장애를 가지고 있지만, 다른 많은 강간범은 성적 폭력성을 제외하고는 완벽하게 평범해 보인다(Lalumière et al., 2005). 강간범은 옆집에 사는 남자아이와 비슷할 수 있다. 실제로 옆집의 그 남자아이가 강간범일 수 있다. 모든 젊은 남성이 강간범이 되는 것은 아니지만, 많은 수의 남자 대학생이 성폭행을 한다. 대규모의 남자 대학생을 대상으로 설문조사한 결과, 13명 중 한 명의 학생이 성폭행을 했거나 시도했다고 보고했다(Koss et al., 1987). 대부분의 강간범 속의 완전히 평범한 마음은 다음의 질문을 던지게 한다. "우리는 우리 자녀에게 무엇을 가르치고 있는가?"

그 답은 젊은 남성들이 성적으로 공격적인 역할을 하도록 사회화하는 데 영향을 준 미디어와 사회에 의해 전달된 고정관념적인 메시지에 있을 것이다(Malamuth, Huppin, & Paul, 2005). 젊은 남성들은 성적으로 공격적인 자신의 행동이 데이트 관계에서는 적절한 행동이라고 여기게 될 수 있다(Loh et al., 2007). 게다가 어렸을 때부터 경기장에서 공격적이고 경쟁적인 행동에 대해 강화 받아 온 남성들은 성적으로 자기주장을 할 수 있어야 하며, 여성의 저항은 압도될 수 있는 것이라는 문화적 고정관념을 가지게 되었을 수도 있다. 위와 같은 복잡한 이유에 알코올이 더해지면 데이트 성폭행을 포함한 성적으로 폭력적인 행동을 할 가능성이 더 높아진다(Cole, 2006; Scribner et al., 2010). 영화나 비디오게임과 같은 미디어에서 여성을 성적 대상으로 여기는 것 또한 남성들이 여성을 대상화하도록 부추긴다.

어떤 남성에게 데이트 상황은 상대를 알아가는 기회가 아니라, 상대 여성의 저항을 무슨 수를 써서라도 이기는 성적인 정복의 기회이다. 술을 마시는 것은 이러한 마음속의 태도가 공격적인 성적 행동으로 표현되는 가능성을 높여 줄 뿐이다. 제4장에서 기술된 바와 같이, 알코올은 그것을 마시는 사람의 판단력을 흐리게 하여 자신의 행동에 대한 결과를 판단하기 어렵게 할 뿐만 아니라 충동적인 행동의 탈억제(disinhibiting) 효과를 가지고 있다. 게다가 알코올을 섭취하는 것은 여성이 보내는 애매한 신호를 단순한 친밀감이 아닌 성적인 신호라고 착각하게 할 가능성을 높인다(Farris, Treat, & Viken, 2010).

5. 강간과 성희롱 예방하기

젊은 남성을 페미니즘과 다문화적 관점에 노출시키는 교육 프로그램은 여성을 존중하는 태도를 더 키울 수 있다. 강간 방지 워크숍 또한 도움이 될 수 있는데, 이는 최근 대학 캠퍼스에서 많이 이루어지고 있으며 대학 오리엔테이션 과정에 포함되기도 한다. 일반적으로 말해서 이러한 프로그램들이 강간에 대한 학생들의 태도를 바꾸는 데에는 도움이 되었지만, 이것들이 실제로 성폭행 발생률을 감소시켰는지에 대해서는 여전히 의문이 남아 있다(Breitenbecher, 2000). 더 넓은 범위에서 우리는 어떤 종류의 성적 강제도 용인될 수 없다는 분명하고 지속적인 메시지를 전달하는 공공 정책을 채택할 필요가 있다.

이것은 성희롱인가? 남성과 여성은 성희롱에 속하는 행동을 같은 방식으로 인지하고 있는가? 연구 결과는 어떠한가?

여성들이 강간을 예방하는 데 책임이 있는 것이 아니다. 강간은 폭력적인 성적 범죄이며, 폭행범은 자신의 행위에 대한 책임을 져야 한다. 그러나 우리는 다음에 제시된 단계를 통해 성적 피해자가 될 위험을 낮출 수 있다(Boston Women's Health Book Collective, 1992; Powell, 1991; Rathus, Nevid, & Fichner-Rathus, 2011). 다음 지침이 강간을 예방하지는 않지만, 성적 피해자가 발생할 가능성을 낮추는 데 도움이 될 수 있다. 중요한 것은 스스로를 보호하는 방법에 집중하는 것이 강간과 다른 성적 강제의 책임이 피해자에게 있다는 것을 의미하지는 않는다는 사실이다.

- 차를 열 때 열쇠를 가까운 곳에 두고, 가능하다면 차를 열쇠 없이 들어가는 시스템으로 장착해야 한다.
- 현관문을 데드볼트 열쇠로 잠그고 모든 창문을 잠가야 한다. 1층 창문은 철문으로 잠가야 한다.
- 우편함과 전화번호부에 이니셜로 이름을 표기해야 한다.
- 출입구 주변의 복도와 입구는 충분히 밝게 유지하고, 사람이 없는 구역에서 밤에 혼자 걷는 것을 피해야 한다.
- 첫 데이트는 공적인 장소에서 만나야 한다. 처음 만난 상대와 차에 들어가는 것을 피해야 한다.
- 술에 취하지 않도록 주의하고 데이트 상대도 그와 같이 하도록 해야 한다. 많은 데이트 강간이 알코올이나 약물이 사용되었을 때 발생한다.
- 당신의 집에 들어오려는 서비스센터 직원의 증명서를 확인해야 한다. 그 사람을 보낸 담당자나 관리자와 통화하여 그들이 합법적인지 확인해야 한다.
- 문은 잠그고 창문은 올린 채로 운전해야 한다. 차에 타자마자 뒷자리에 누군가 숨어 있지는 않은지 확인해야 한다. 히치하이커를 태우지 말아야 한다.
- 호신용 경보기를 소지하여 공격을 당했을 경우 큰 소리의 경보음이 울리게 해야 한다.
- 대학이나 지역 기관에서 제공하는 강간 예방 강의 혹은 워크숍에 참가하도록 한다.

- 데이트 상황에서 분명한 한계를 설정해야 한다. 당신의 데이트 상대에게 당신이 할 수 있는 것과 하지 않을 것에 대해 이야기해야 한다.
- 경계를 설정하는 데에 확고한 태도를 가지라. 성적 경계가 어디까지인지 분명하게 말할수록, 데이트 상대가 당신이 원하는 것을 오해할 가능성은 낮아진다. 만약 당신의 데이트 상태가 "아니요."를 답으로 받아들일 것 같지 않는다면 이를 관계를 끝낼 신호로 여겨야 한다.
- 당신의 감정을 신뢰해야 한다. 아는 사람에 의한 강간은 지금까지 가장 흔한 강간의 형태이며, 이때 공격하는 남성들은 공격당하는 여성들이 알고 있는 사람들이다. 만약 당신이 당신의 데이트 상대나 지인에게 이상한 감정이 든다면, 그 감정에 주의를 기울여야 한다. 당신이 그저 혼자 이상한 상상을 하고 있다고 치부해 버리지 말아야 한다.

성희롱에 대응하는 한 가지 옳은 방법은 없다는 사실을 기억하자. 사람들은 각자 다른 방식으로 반응한다. 하지만 다음의 지침은 자신 혹은 주변의 가까운 사람이 성희롱을 당했을 때 유용할 수 있다.

- 전문적인 태도를 지녀야 한다. 사무적이지만 공손한 태도는 성희롱을 예방할 수 있다.
- 닫힌 공간에서 성희롱하는 사람을 만나는 것을 피하도록 한다. 만약 그 사람과 대화해야 한다면, 다른 사람들이 있는 곳에서 하고 공적인 장소에서 만나야 한다. 또한 다른 사람이 당신을 볼 수 있도록 사무실 문을 열어두어야 한다.
- 기록을 남겨야 한다. 만약 성희롱 당하고 있다면 각 사건마다 어떤 일이, 어디서, 언제 일어났는지 기록하고, 그 자리에 있었던 목격자의 이름을 기록하도록 한다.
- 성희롱 하는 사람에게 주의를 주어야 한다. 성희롱 하는 사람이 당신이 그의 행동을 달가워하지 않으며 당신이 이를 그냥 넘어가지 않을 것이라는 사실을 알려야 한다. 당신이 기록한 것을 복사하여 그 사람에게 보여 주어야 한다. 만약 그 사람에게 직접 다가가는 것이 불편하다면 친구에게 함께 해 달라고 요청하거나 당신의 불편을 상세히 적은 글을 성희롱하는 사람에게 전해 주어야 한다.
- 슈퍼바이저 혹은 성희롱을 다루는 회사나 학교 관리자에게 말해야 한다. 사내 고충처리 절차 및 비밀 보장에 대해 질문해야 한다. 대부분의 대학교 캠퍼스에는 성희롱 문제를 다루는 사람을 지정해 놓고 있다. 상담원 혹은 학장에게 그들의 이름을 물어보도록 하자.
- 법적 절차를 고려해야 한다. 성희롱은 법적 조치가 가능하다. 그 지역의 법을 잘 알고 있는 변호사와 상의하거나 고용기회균등 위원회(the Equal Employment Opportunity Commission) (전화번호부의 정부 섹션에 나와 있다.)에 문의하도록 하자.

심리학에 대해 비판적으로 생각하기

이 장의 내용을 바탕으로, 다음의 질문에 대답해 보자. 그런 다음, 당신의 비판적 사고 능력이 얼마나 진전되었는지 평가하기 위해 부록 A의 모범 답안과 당신의 답안을 비교해 보자.

1. 동성애와 성전환증은 어떻게 다른가?
2. 29세의 정보기술 관리자인 John은 지난 몇 달 동안 25세의 생물학 박사 학생인 Jessica와 만나고 있다. 그들은 최근 성관계를 가지기 시작했지만, John은 매번 발기할 수 없었다. 그때마다 존은 다른 걱정을 하지 않고 발기하는 데 집중을 해 보려 시도했지만 소용이 없었다. 그가 무엇을 잘못하고 있다고 생각하는가?

눈으로 복습하기 제11장 성별과 성

1단원 성 정체성, 성 역할, 남녀 간 차이

성 정체성과 성 역할

© Gary Salter/Corbis

- 성 정체성: 남성성 혹은 여성성에 대한 심리적 감각
- 성 역할: 성별에 따른 적절한 역할 및 행동에 대한 문화적인 기대
- 성 역할 행동 이론: 사회인지 이론, 성 도식 이론, 진화론, 사회문화 이론

남녀 간 차이

- 인지 능력에서 남녀 간 차이: 남성은 어떤 시공간 기술 및 수학 혹은 양적인 능력에서 우세를 보이나 수학 실력에서 남녀 간 차이는 줄어들고 있다. 여성은 언어 능력에서 우세를 보이는데, 특히 쓰기 능력과 물체가 어디에 위치하는지 기억하는 능력에서 그러하다.
- 성격에서 남녀 간 차이: 여성은 외향성, 따뜻함, 개방성, 감정 표현에서 높은 수준을 보이며 남성은 자존감과 공격성에서 높은 수준을 보이는 경향이 있다.
- 리더십 유형에서 남녀 간 차이: 여성은 더 민주적이며, 합의를 도출하는 스타일이며 남성은 더 독재적이고 명령적인 스타일이다.

2단원 성적 반응 및 성적 행동

- **성적 반응 주기: 4단계로 이루어짐**
  1. 흥분: 흥분의 초기 단계
  2. 유지: 유지 수준까지 흥분이 상승함
  3. 오르가슴: 근육 수축이 성적 긴장감을 해소; 남성의 경우 사정이 동반됨
  4. 안정: 흥분 전 단계로 돌아감
- **성적 지향**

  완전한 이성애와 완전한 동성애 사이의 연속선상에서의 성적 끌림의 방향성

  성적 지향의 근원에 대해서는 여전히 연구 중이지만 생물학적 및 심리사회적 영향이 있을 것으로 보임

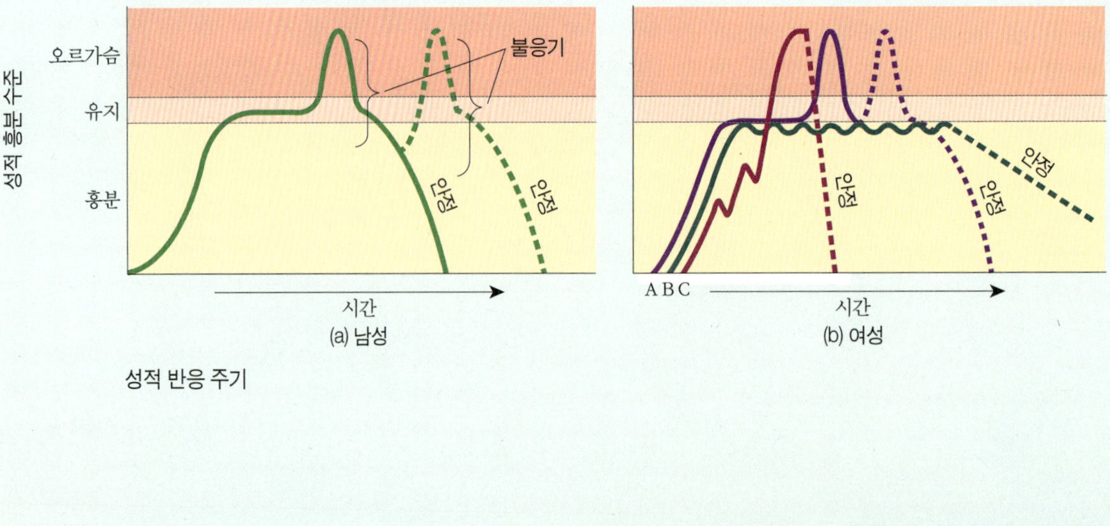

성적 반응 주기

- **성도착증의 유형:** 대표적인 성적 변이들
- **자신과 파트너를 STD(성 전염성 질환)로부터 보호하기:** 더 안전한 성행위를 하고, 정기적으로 의료 검진 받기

3단원 성기능장애

성기능장애의 유형

- 성욕장애(성적 흥미와 성욕에 문제): 저활동성 성욕장애, 성적 혐오장애
- 성적 흥분장애(성적 흥분에 문제): 남성 발기장애, 여성 성적 흥분장애
- 극치감장애(오르가슴 반응에 문제): 여성 극치감장애, 남성 극치감장애, 조기 사정

성기능장애의 원인

- 생물학적 원인: 당뇨, 골다공증과 같은 신체적 질병, 약물 복용, 호르몬 문제
- 심리적 원인: 관계 문제, 수행 불안, 문화적으로 억압된 성적 태도

성기능장애의 치료

- 성치료: 행동주의 단기 치료
- 생물학적 치료: 발기부전 약물, 테스토스테론 치료, 항우울제

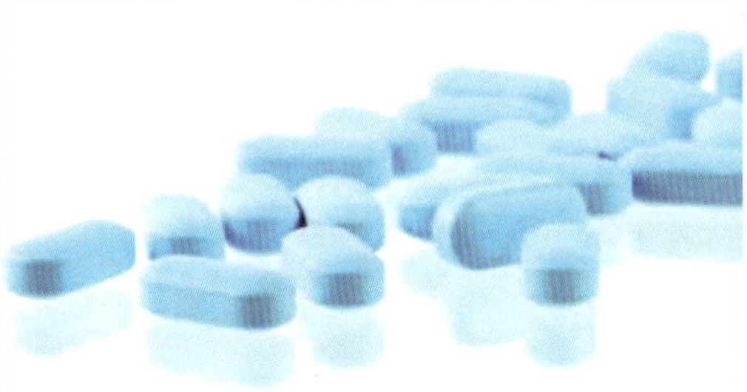

제 12 장 심리와 건강

모르그의 철학자

생활의 한 단면 파리의 모르그(morgue)는 한 유명한 철학자가 뒤지고 다니기에는 이상한 장소이다. 17세기 파리의 주검들 사이에 철학자 르네 데카르트(René Descartes, 1596~1650)가 있었다. 데카르트는 그의 명언 "나는 생각한다, 고로 나는 존재한다."로 유명하다. 그는 사람의 몸과 마음이 완전히 다른 영역이지만, 분명 그 두 영역을 연결하는 부분이 있을 것이라 믿었다. 예를 들어, 우리가 한쪽 팔을 먼저 들고 있다가 다른 팔을 들어야겠다고 생각하는 순간, 그 생각은 몸의 움직임에 완전히 다른 영향을 준다. 데카르트는 주검을 뒤적거리며 몸과 마음을 연결하는 뇌의 부분을 찾을 수 있을 것이라 기대했다. 그러나 현대 과학은 인간의 몸과 마음이 데카르트가 생각했던 것보다 훨씬 복잡하게 연결되어 있음을 말해 준다. 이 장에서는 심리 건강과 신체 건강이 얼마나 가까이 연결되어 있는지 살펴볼 것이다. 데카르트에겐 미안하지만, 몸과 마음은 어떤 신체의 한 부위에서 연결되어 있는 것이 아니라 훨씬 정밀하고 복잡한 방식으로 연결되어 있다.

이전 장에서는 몸의 활동, 특히 뇌의 활동이 어떻게 감각, 지각, 감정 및 생각에 영향을 끼치는지 살펴보았다. 이 장에서는 반대로 정신이 어떻게 몸에 영향을 미치는지, 즉 심리적인 요소(특히, 스트레스)가 신체 건강에 어떤 영향을 주는지 살펴볼 것이다.

먼저, 스트레스가 우리의 신체 건강과 정신건강에 어떤 영향을 주는지와 스트레스의 영향을 조절하는 심리적 요소들을 살펴보자. 또한 이러한 심리적인 요소들이 미국인 사망 원인 1, 2위를 차지하는 심장질환과 암에 어떤 관련이 있는지 살펴

다음 사실을 알고 있었나요!

- 행복하고 기쁜 순간도 스트레스의 원인이 될 수 있다. (p. 576)
- 이혼 또는 대학 시험에서 오는 감정적 스트레스가 건강을 해친다. (p. 587)
- 잠을 줄이면 감기에 걸리기 쉽다. (p. 587)
- 외상 경험들에 대해 적어 보는 것이 몸의 면역 체계를 향상시킨다. (p. 587)
- 만성적인 화는 심장에 좋지 않다. (p. 594)
- 미국에서 암으로 인한 사망률의 2/3가 흡연과 식습관 때문이다. (p. 596)
- 꾸준한 운동이 스트레스에 대한 회복성을 증가시킬 수 있다. (p. 601)

학습 목표

이 장을 제대로 공부한 학생은

1. 스트레스를 심리학적 용어로 정의할 수 있다.
2. 스트레스가 신체에 미치는 영향을 설명할 수 있다.
3. 스트레스의 주요 요인들을 이해하고 설명할 수 있다.
4. 심리적 갈등의 유형들을 알고 그에 해당하는 예에 적용할 수 있다.
5. 일반적응 증후군의 단계를 이해하고 각 단계에서 어떤 몸의 변화가 일어나는지 알 수 있다.
6. 스트레스의 영향을 줄이는 심리적 요소를 이해하고 설명할 수 있다.
7. 관상동맥 심장질환과 관련된 심리적 요인을 확인하고 그것을 심장의 위험을 줄이기 위해 취할 수 있는 조치에 적용할 수 있다.
8. 감정과 심장 건강의 관계를 평가할 수 있다.
9. 암과 관련 있는 심리적인 요인을 이해하고, 암을 예방할 수 있는 방법을 실천할 수 있다.
10. 천식, 두통, 위궤양 등의 신체적 질병과 관련 있는 심리적 요소를 이해할 수 있다.
11. 스트레스에 대처하는 기술을 실제 삶에 적용할 수 있다.

미리 보기

보자. 마지막으로, 건강하지 못한 행동 및 생활 습관(흡연, 고칼로리 음식 섭취)이 어떻게 생명을 해치는 질환으로 연결되는지 살펴보자. 이런 내용을 바탕으로, 심리학자는 행동과 생활 습관에 변화를 주는 프로그램들을 더욱 잘 개발하고, 우리도 각자에게 맞는 심리적인 전략과 원칙을 세워 스트레스에 더욱 효과적으로 대처할 수 있다.

스트레스란 무엇이며 신체에 어떤 영향을 끼치는가

1 단원

- 스트레스란?
- 스트레스의 주요 요인들은 무엇인가?
- 몸은 스트레스에 어떻게 반응하는가?
- 스트레스는 몸의 면역 체계에 어떠한 영향을 끼치는가?
- 스트레스의 영향을 줄이는 심리적 요인들은 무엇인가?

심리적 건강과 신체적 건강의 상호 관계를 연구하는 분야를 건강심리학(health psychology)이라고 부른다. 건강 심리학자는 대학, 병원, 정부기관에서 연구를 시행하고 그 연구 결과를 바탕으로 건강 증진 및 질병 예방 프로그램을 개발한다.

건강 심리학자는 특별히 스트레스가 신체 건강에 끼치는 영향에 관심을 가진다. 그렇다면 스트레스가 무엇이며, 우리의 건강에 어떤 영향을 끼치는가?

건강 심리학자들은 스트레스(stress)를 유기체가 환경에 적응해야 할 때 겪게 되는 압박과 요구로 정의한다. 스트레스는 삶의 일부이다. 어느 정도의 스트레스는 우리를 활동적으로 만들기도 하고, 기민한 정신 상태를 유지하는 데 필요한 요소이므로, 건강한 형태는 우리에게 좋은 스트레스가 된다. 그러나 스트레스 수준이 우리가 대처할 수 있는 능력을 넘어설 때, 우리는 이를 디스트레스(distress), 즉 정신적 · 신체적 고통이나 괴로움의 상태라고 부른다.

건강심리학(health psychology): 심리적인 요인과 신체 건강의 관계를 연구하는 심리학의 세부 분야

개념 12-1

스트레스의 수준이 우리가 대처할 수 있는 능력을 넘어설 때, 우리는 심리적 · 신체적 건강에 문제를 경험한다.

스트레스(stress): 유기체가 적응해야 할 때 겪게 되는 압박과 요구

디스트레스(distress): 정신적 또는 신체적 고통, 괴로움의 상태

디스트레스는 불안, 우울, 화, 짜증들의 정서적 문제나 두통, 만성 피로, 복통, 심장병과 같은 신체적 문제를 유발할 수 있다.

많은 미국인은 스트레스 지수가 지속적으로 증가한다고 보고한다. 최근 미국 심리학회에서 실시한 연구에 따르면, 미국인의 약 1/3이 극심한 스트레스를 경험하

© Digital Vision/Jupiter Images

© Digital Vision.

당신은 어떤 스트레스를 받고 있는가?

고 있고 거의 절반(43%)의 사람이 스트레스로 인해 건강상의 문제가 있다(American Psychological Association, 2006, 2007). 48%의 미국인은 스트레스 수준이 지난 5년 동안 지속적으로 증가했다고 보고했다.

스트레스는 대학생의 정서적 건강 또한 해치고 있다. 2010년 전국적으로 실시한 대학 신입생 설문조사에 따르면 학생들의 정서적 건강 상태가 상당히 낮은 수준으로 내려간 것으로 나타났다(Higher Education Research Institute, 2011; Lewin, 2011). 이는 대학생들이 학업이나 학교 적응에서 오는 스트레스뿐만 아니라 재정적인 압박에서 오는 스트레스를 겪고 있기 때문이다.

1. 스트레스 요인

당신은 어떤 스트레스를 받고 있는가? 학교, 직장에서의 일들, 관계 문제, 교통체증이 스트레스인가? 아니면 식사 준비를 하는 과정, 쇼핑, 또는 매일 해야 하는 집안일이 스트레스인가? 미국 심리학회가 2010년 미국인의 주요 스트레스의 원인을 조사한 결과, 개인의 재정, 일, 전반적인 경제 상황이 가장 큰 스트레스라고 보고했다.

스트레스의 근원을 스트레스 요인(stressors)이라고 한다. 이 장에서는 많은 사람이 경험하는 다양한 스트레스 요인, 즉 일상 스트레스, 분노, 갈등, 외상, A유형 행동패턴, 다른 나라의 새로운 삶의 방식에 적응하는 단계에서 이민자 집단의 스트레스를 다룰 것이다.

나쁜 경험 또는 좋은 경험 모두 스트레스의 요인이 될 수 있다. 임신, 결혼, 졸업 등의 행복하고 즐거운 순간도 새로운 단계의 적응을 요구하므로 스트레스가 될 수 있다. 아이를 낳은 부모들은 이해할 수 있는 것으로, 삶의 긍정적인 변화도 부정적인 변화와 마찬가지로 우리의 대처능력의 한계를 넘어갈 수 있다. 이러한 스트레스에 대처하는 방법이 우리의 심체적 · 심리적 건강을 결정한다.

1) 일상 스트레스

일상 스트레스(hassles)는 우리가 매일 흔하게 경험하는 짜증을 유발하는 요소를 말한다. 그 예로는 교통체증, 집안일, 날씨 변화, 일과 사회생활을 균형적으로 해야 하는 부담 등이 있다. 이런 일상 스트레스에서 예외인 사람은 거의 없다.

번잡한 주차장에서 자리를 찾는 것과 같이 매일 경험하는 스트레스가 있을 수도 있고, 우산을 미처 준비해 가지 못한 날에 폭우를 맞는 등 가끔 경험하는 스트레스가 있다. 어떤 하나의 스트레스가 큰 영향을 주지 않아도, 매일 경험하는 스트레스가 계속 쌓이게 되면 만성 스트레스(chronic stress)로 발전하게 된다.

만성 스트레스는 지속되는 긴장과 부담이 피로, 화, 우울 등을 계속적으로 경험하는 상태를 의미한다. 일상의 스트레스를 비롯하여, 재정 문제, 일 관련 문제, 결혼

개념 12-2

일상에서 오는 스트레스, 삶의 변화, 좌절, 갈등이 스트레스 요인이 될 수 있다.

개념 12-3

일상 스트레스는 물론 , 재정, 일, 관계, 신체 질병 관련 문제들이 만성 스트레스의 요인이 될 수 있다.

➔ 개념 링크 심리적 요인들은 만성 통증의 강도와 만성 통증을 대처하는 방법에 영향을 끼칠 수 있다. 제3장 6단원을 참고하라.

및 관계의 불화, 만성 질환 등이 만성 스트레스의 원인이 될 수 있다.

만성 스트레스(chronic stress): 오랜 기간 지속되는 스트레스

2) 삶의 사건

삶에서 일어나는 주요한 변화가 스트레스를 유발하기도 하는데, 심리학자는 이를 삶의 사건(life events) 또는 삶의 변화라고 부른다. 삶의 사건은 사랑하는 사람을 잃거나 직장을 잃는 등의 부정적인 사건일 수도 있고, 결혼을 하거나 승진, 아이를 가지는 것과 같은 긍정적인 사건일 수도 있다. 긍정적인 변화이든 부정적인 변화이든 모두 적응을 요구하기 때문에 스트레스의 요인이 될 수 있다. 매일 경험하는 스트레스와는 다르게 삶의 사건은 때로는 예상치 못하게 갑작스럽게 일어날 수 있다. '해 보기' 섹션을 보고 스스로 얼마나 스트레스를 느끼는지 확인해 보자.

© woraput/Shutterstock.com

이전 연구에 따르면 삶에 많은 변화가 있을수록 심리적 · 신체적 건강이 악화될 가능성이 높다(Dohrewend, 2006). 이 결과는 조심스럽게 해석할 필요가 있는데, 삶의 변화와 심리적 · 신체적 건강의 관계의 크기가 작았고 단순 상호 관계이기 때문이다. 제1장에서 언급되었던 것처럼 상호 관계는 삶의 변화와 심리 및 신체 건강 악화 중 무엇이 원인이고 결과인지 정확히 알 수 없다는 것을 의미한다. 삶의 사건들이 정신적 또는 신체적 문제를 유발하거나 악화시킬 수도 있고, 원래 존재했던 정신적 · 신체적 문제(예를 들면, 이직이나 가족 갈등 등) 때문에 삶의 사건을 더 많이 경험할 수도 있다.

같은 종류의 스트레스를 경험하더라도 다른 사람들보다 스트레스를 덜 받는 사람이 있다. 이런 사람들은 짜증을 유발하는 매일의 사소한 사건에 크게 신경 쓰지 않는 타입일 수 있다. 새로 이사 간 지역에서 새로운 친구들을 쉽게 사귀는 등 삶의 변화에 유연하게 반응할 수 있는 능력이 있을 수도 있다. 또는 다른 사람들보다 긍정적인 태도로 인해 앞으로의 자신의 삶은 스스로 통제할 수 있다는 자신감이 높거나 어려움을 극복하는 능력이 탁월할 수도 있다.

개념 12-4

삶의 변화가 많은 사람이 심리적 · 신체적 건강 문제를 가질 가능성이 높은데, 무엇이 원인이고 무엇이 결과인지에 대해서는 아직 논의 중이다.

같은 사건도 우리가 그 사건을 어떻게 평가하는가에 따라 다른 의미를 가질 수 있고, 그에 따라 스트레스 수준이 결정된다. 임신 같은 사건도 임신을 반갑게 생각하고 아이가 태어났을 때의 변화에 충분히 대처할 수 있다고 믿는 사람에게는 큰 스트레스가 아니다. 직장에서도, 자신이 하는 일을 얼마나 좋아하는지, 업무를 감당할 수 있다고 생각하는지에 따라 일이 스트레스가 될 수도 있고 아닐 수도 있다.

3) 좌절

또 다른 스트레스의 요인은 좌절(frustration)인데, 이는 추구하던 목표가 좌절되었을 때 느끼는 부정적인 감정의 상태를 의미한다. 청소년이 운전, 데이트를 하거나 술을 마시고 싶은데 너무 어려서 못하게 되었을 때 느끼는 감정도 좌절이다. 더 좋

좌절(frustration): 추구하던 목표가 좌절되었을 때 느끼는 부정적인 감정의 상태

개념 12-5

심리적 갈등 상황에서는 두 개의 상반된 목표를 놓고 방황할 수 있다.

➔ 개념 링크 유인화 이론은 목표 대상의 '끌어당기는 힘'이 동기의 주요한 원천이라고 본다. 제8장 1단원을 참고하라.

갈등(conflict): 상반된 동기를 동시에 느낄 때의 긴장감

은 학교에 가고 싶은데 재정 상황 때문에 원하는 대학에 못 가게 되었을 때 좌절감을 느낄 수도 있다. 비현실적인 목표를 세워 놓고 성취하지 못할 때 좌절감을 느끼기도 한다.

4) 갈등

갈등(conflict)은 두 개의 해결을 요구하는 목표가 상충되는 상태에서 느끼는 긴장을 의미한다. 갈등을 느낄 때, 우리는 방황하기도 하고 결정을 번복하기도 한다. 갈등의 상태가 지속될수록 느끼는 스트레스와 좌절감이 증가한다. 갈등에는 네 가지 유형이 있다. 차례대로 한번 살펴보자.

(1) 접근-접근 갈등

개념 12-6

심리 갈등의 네 가지 주요 유형에는 접근-접근 갈등, 회피-회피 갈등, 접근-회피 갈등, 다중 접근-회피 갈등이 있다.

접근-접근 갈등(approach-approach conflict)은 두 개의 상반된 매력적인 목표에 동시에 끌리는 것을 말한다. 예를 들면, 산과 바다 중 어디로 휴가를 떠날지, 이번 주말에 두 사람 중 어떤 사람과 데이트를 할지, 두 개의 좋은 직장 중 어떤 것을 선택할지 갈등하는 것이다. 접근-접근 상황에서 처음에는 두 개의 목표 사이에서 방황할지 모르지만, 대부분은 두 개 중 한 가지를 선택해 자연스럽게 해결된다. 접근-접근 갈등은 가장 스트레스를 덜 받는 갈등이다.

(2) 회피-회피 갈등

회피-회피 갈등(avoidance-avoidance conflict)은 두 개의 불쾌한 목표를 맞닥뜨린 경우를 말한다. 하나를 피하려고 하다 보면 다른 피하고 싶은 목표를 맞닥뜨려야 한다. 예를 들면, 치료가 아플 것 같아서 치과에 가기가 싫지만, 치아가 나빠지는 것도 피하고 싶은 경우이다. 또는 실패하는 것이 싫어서 좀 더 부담이 덜한 전공을 선택하고 싶지만 수입이 낮은 직장은 피하고 싶은 경우도 될 수 있다. 명백한 해결책이 없다면 이러한 갈등의 상황을 마주하고 싶지 않아서 결정을 미루게 된다. 회피-회피 갈등이 심한 경우에는 일상생활을 못하게 될 정도로 스트레스를 받을 수 있다.

(3) 접근-회피 갈등

접근-회피 갈등(approach-avoidance conflict)은 매력적인 목표와 불쾌한 목표를 동시에 경험하는 경우를 말한다. 예를 들면, 누군가에게 데이트 신청을 하고 싶지만, 거절에 대한 두려움이 엄습해 오는 경우이다. 대학원에 가고 싶지만, 비싼 등록금이 걱정인 경우도 포함된다. 접근-회피 갈등은 두 가지 선택의 장단점을 따진 후 하나를 선택하고 다른 하나를 포기함으로써 해결된다. 그러나 자석의 양극처럼 때로는 매력적인 목표에 끌려가다가 그로 인해 잃어야 하는 것에 의해 튕겨 나갈 수도 있다.

(4) 다중 접근-회피 갈등

다중 접근-회피 갈등(multiple approach-avoidance conflict)은 장단점이 명확한 대상이 다수 존재할 때 경험하는 가장 복잡한 형태의 갈등이다. 예를 들면, 졸업 후에 직업 선택의 폭을 넓힐 수 있도록 훈련을 더 받고 싶지만, 시간과 비용 때문에 미루게 되는 경우이다. 반면에, 지금 당장 직업 전선에 뛰어들 수도 있지만 나중에 공부를 더 하지 않은 것에 대해 후회하지 않을까 고민이 되는 경우가 있을 수 있다. 이러한 갈등은 두 가지 목표를 함께 달성하는 방법을 고안함으로써 해결되기도 하고(저녁 수업을 들으면서 직장생활을 하는 경우), 때로는 가보지 않은 길에 대한 후회가 있을지라도 하나를 선택하고 집중함으로써 해결되기도 한다.

갈등은 하나의 선택이 훨씬 더 매력적이거나 장점이 단점보다 훨씬 많을 때는 스트레스가 적고 해결하기 쉽다. 그러나 두 개의 목표가 정반대의 방향으로 당신을 끌어당길 때, 또는 하나의 목표가 강하게 끌어당기기도 하고 튕기기도 하는 경우에는 결정을 내리는 데 있어 큰 혼란과 스트레스를 느낀다.

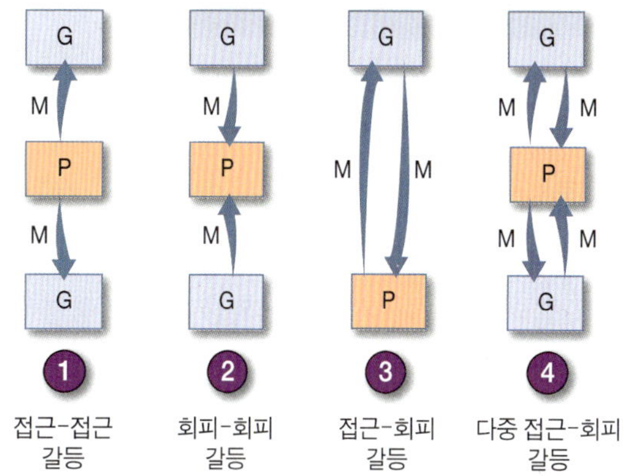

[그림 12-1] 갈등의 유형

❶ 접근-접근 갈등: 개인(P)이 두 개의 목표(G)를 동시에 추구하고 싶은 동기(M)가 있는 상태에서 두 개 모두를 추구할 수 없을 때의 갈등

❷ 회피-회피 갈등: 개인이 두 개의 상반되는 불쾌한 목표를 동시에 피하고 싶은데 그럴 수 없을 때의 갈등

❸ 접근-회피 갈등: 하나의 목표가 장단점이 동시에 존재할 때의 갈등

❹ 다중 접근-회피 갈등: 장단점이 명확한 대상들이 다수 존재할 때 느끼는 갈등

5) 외상 스트레스 요인

외상 스트레스 요인(traumatic stressors)은 삶을 위협하는 것 같은 사건을 일컫는다. 자연재해와 인재(태풍, 홍수, 핵과 관련된 사고 등), 전쟁 경험, 교통사고, 신체 또는 성폭력 경험, 암, 에이즈, 또는 치명적인 질병을 진단받는 것, 9 · 11 같은 테러 공격을 받는 것 등이 포함된다.

개념 12-7

외상적 사건은 극심한 스트레스를 유발하는 요인이 되고, 정서적 적응에 지속적으로 큰 영향을 줄 수 있다.

외상 스트레스를 경험하는 사람은 정신질환의 하나인 외상후 스트레스 장애(posttraumatic stress disorder)를 겪을 수 있다. 외상후 스트레스 장애를 진단받은 사람은 보통 외상적 사건이 일어난 후 몇 년 동안 다음 증상을 경험하기 때문에 현실 적응이 힘들다.

외상후 스트레스 장애(posttraumatic stress disorder: PTSD): 외상 스트레스에 부적응적인 반응을 보이는 심리적 장애

- 외상 관련 단서 또는 상황 회피. 외상후 스트레스 장애를 겪는 사람은 외상을 떠오르게 하는 어떤 단서나 상황을 회피하고 싶어 한다. 강간 피해자는 자신이 강간을 당한 동네에 가는 것을 피하고 싶어 한다. 참전 군인은 전쟁 영화를 보는 것이나 동기 군인들과 만나는 것을 피하고 싶어 한다.
- 외상의 재경험. 외상에 관련된 사건 이미지나 기억이 갑자기 생각나거나 악몽의 형태로 외상을 재경험할 수 있다. 참전 군인은 갑자기 순간적으로 전장으로 다

자연재해나 폭력적인 범죄 등과 같은 외상 사건 경험은 외상후 스트레스 장애로 발전할 수 있고, 적응과 심리적 기능에 지속적인 문제를 일으킬 수 있다.

시 돌아간 것 같은 외상 관련 플래시백을 경험할 수 있다.

- 일상 기능의 손상. 직장인으로, 학생, 부모, 가족으로서 해야 하는 일상생활의 의무를 하는 데 방해가 될 정도로 심한 우울이나 불안을 경험할 수 있다.
- 과각성. 과경계나 과한 각성 상태 때문에 휴식이나 수면이 힘들 수 있고, 가슴이 계속해서 뛰는 증상이 있을 수 있다. 과민한 반응을 보이고 작은 소리에도 화들짝 놀라는 과장된 반응을 보일 수 있다.
- 정서적 마비 증상. 감정 반응이 마비된 것처럼 사랑과 같은 강한 감정을 느끼는 것을 힘들어할 수 있다.

외상 사건을 경험한 후 몇 달 혹은 몇 년 이후에야 이런 증상이 나타날 수 있으나, 외상 사건을 경험한 사람 중 많은 수가 실제로 외상후 스트레스 장애를 겪는 것으로 보고되고 있다. 그러나 외상 사건을 경험한 많은 사람이 외상후 스트레스 장애를 겪지 않고 스스로 외상을 극복한다고 보고한 최근 연구도 있다(Bonnano et al., 2010).

6) A유형 행동 패턴

A유형 행동 패턴(type A behavior pattern: TABP): 참을성이 없고, 급하고, 경쟁적이며, 공격적인 행동 패턴

당신은 공격적이고, 경쟁적이고, 참을성이 없고, 야망이 많은가? 다른 사람들보다 성격이 급한 편인가? 줄을 서서 기다리거나 교통체증으로 움직일 수 없는 상황에서 쉽게 참을성이 바닥나고 화가 나는가? 여기에 해당된다면, 당신은 A유형 행동 패턴(type A behavior pattern: TABP)을 가진 사람일 가능성이 높다.

A유형 행동 패턴의 사람은 잘 참지를 못하고, 경쟁적이며, 공격적이다. 계속 분주하고 뭔가를 항상 급하게 진행한다. 가능한 단기간에 최대한 많은 일을 하고 싶어 한다.

이런 유형의 사람은 무엇이든 급하게 하는데, 말하는 것도, 걷는 것도, 먹는 것도 빠르다. 자신보다 일의 처리 속도나 움직임이 느린 사람을 보면 참을성을 잃기도 한다. 다른 사람들이 자신의 기대에 부응하지 않을 때는 적의를 띠거나 쉽게 화를 낸다. 테니스 코트에서 공을 치는 것만으로 만족하는 사람들이 있는가 하면, A유형의 사람들은 어떤 희생을 감수하고서라도 게임에서 이겨야만 하는 사람들이다. 반대로 느리고 천천히 삶을 영유하는 행동 방식을 B유형 행동 패턴이라고 부른다.

7) A유형 행동 패턴은 왜 문제가 되는가

개념 12-8

A유형 행동 패턴의 특징 중 하나인 계속되는 적대감은 심장병의 위험과 관련이 있다.

행동 패턴과 관상동맥 질환 위험성 사이에 관련이 있을까? 초기 연구들은 A유형 행동 패턴이 관상동맥 질환(coronary heart disease: CHD)의 위험과 관련이 있다고 보고했으나, 최근 연구들은 이 관계가 확실하지 않다고 보고하고 있다(Geipert, 2007). 그러나 관상동맥 질환과 A유형 행동 패턴 특징 중 하나인 '적대감'의 관련성을 보여

Frank and Ernest

주는 증거는 많다(Chida & Steptoe, 2009; Denollet & Pedersen, 2009). 적대적인 사람들은 쉽게 그리고 자주 화를 내는 경향이 있다. 화나 적대감 등의 강한 부정적인 감정을 자주 느끼는 사람은 관상동맥 질환이나 다른 건강 문제를 경험할 가능성이 높다(Kiecolt-Glaser et al., 2002; Steptoe, Wardle, & Marmot, 2005). 신체는 스트레스에 강하게 반응하는데, 이러한 반응은 시간이 지날수록 건강에 부담을 준다. 멕시코계 미국 노인들을 대상으로 한 연구에서 긍정적인 감정을 자주 경험하는 사람일수록 정상적인 혈압 수치를 유지한다고 발표했다(Ostir et al., 2006). 긍정적인 감정이 장수와 건강으로 이어진다는 연구 결과는 많다(Ostir et al., 2006; J. Xu & Roberts, 2010). 즉, 우리의 감정이 심리적 건강뿐만 아니라 신체적 건강 및 장수에도 영향을 끼친다는 것이다.

다음 절로 넘어가기 전에, A유형 행동 패턴이 실제로 건강에 문제를 일으키는지에 대해서는 아직 연구가 더 필요하다. 하지만 이러한 행동 패턴이 스트레스와 관련 있는 것은 틀림없다. 스트레스의 수준을 낮추고 싶다면, A유형 행동 패턴을 조절하는 것부터 시작하자. 이 장의 3단원에서는 A유형 행동 패턴을 줄이기 위한 방법들을 제안해 놓았다.

8) 문화적응 스트레스

이민자는 새로운 문화에 적응해야 하기 때문에 스트레스를 많이 느낄 수 있다(Ayers et al., 2009; Schwartz et al., 2010). 특별히 언어와 문화가 다르고 일을 찾을 수 있는 기회가 적을 때, 새로운 나라에서 적응해서 사는 것은 매우 힘들다. 주류 집단의 가치, 언어, 관습 등에 적응해야 하는 압력은 큰 스트레스이다. 이런 압력에서 비롯된 문화적응 스트레스(acculturative stress)는 심리적 건강과 적응에 어떤 영향을 끼치는가?

새로운 사회에 적응하는 것은 다양한 요소에 의해 결정된다. 주류 집단에서도 마찬가지이지만, 이민자에게는 특히 생활고와 관련된 스트레스가 새로운 문화에 적응하는 데 큰 어려움이 될 수 있다. 문화에 적응하기 힘든 이민자들은 종종 경제적 기반을 잘 다지지 못해서 불안과 우울 같은 정서 문제를 보이고, 인종차별로 인해

개념 12-9

문화적응 스트레스는 새로운 문화에 적응하기 힘든 이민자들이 느끼는 스트레스이다.

➔ 개념 링크 문화적응 스트레스로 마약을 사용하거나 남용하는 경우들이 많다. 제4장 4단원을 참고하라.

문화적응 스트레스(acculturative stress): 주류 문화에 적응하는 과정에서 이민자들이 느끼는 부담감

문화적응 스트레스는 새로운 문화에 적응해야 하는 요구에 힘들어하는 이민자들이 느끼는 스트레스이다.

민족 정체성이 강한 사람일수록 문화적응 스트레스를 적게 느낀다.

정신적 또는 신체적 피해를 경험하기도 한다(Delgado et al., 2010; Smart Richman et al., 2010; Woods-Giscombé & Lobel, 2008). 문화적응으로 인해 전통적인 가족 관계와 가치가 손상되면, 스트레스에 더 취약해지고 이로 인해 마약 사용과 같은 부적응적인 행동을 보일 수 있다(Ortega et al., 2000). 문화적응이 빠른 라틴계 10대 청소년들이 결혼 전 성관계를 더 많이 가진다는 보고도 있다(Adam et al., 2005).

문화적응과 정신건강의 관계를 이해하기 위해서는, 이민자들이 경제적 기회들을 쉽게 얻을 수 있는지, 주류 사회의 언어를 유창하게 구사할 수 있는지, 쉽게 지지 집단을 찾을 수 있는지, 민족 정체성이 얼마나 강한지 등 여러 요소를 살펴야 한다(Ayers et al., 2009; B. S. K. Kim et al., 2003; Tran & Lee, 2010). 주류 문화에서 고립되어 사는 것은 다문화 사회에서 효율적으로 기능하는 것을 해친다. 미국의 삶에 성공적으로 적응하여 살기 위해서는 주류 문화에 적극적으로 참여하되 자신의 민족 정체성과 유산을 적절히 유지하며 살아가는 균형이 필요하다. 여러 연구들이 문화적응과 민족 정체성의 균형이 이민자가 효율적으로 적응하는 데 중요하다고 보고하고 있다(LaFromboise, Albright, & Harris, 2010; Oyserman, 2008; Rodriguez et al., 2009; C. O. Smith et al., 2009). 다음 절을 읽기 전에 〈개념 차트 12-1〉에 있는 스트레스 요인들을 다시 한번 읽어 보기를 권한다.

〈개념 차트 12-1〉 스트레스 요인들

요인	특징	중요점
일상 스트레스	매일 흔하게 경험하는 짜증을 유발하는 요소들	일상 스트레스가 계속 쌓이면 만성 스트레스로 발전하고 이는 심리적 · 신체적 안정을 해치게 된다.
삶의 사건	삶의 변화를 요구하는 긍정적 또는 부정적 변화들	삶의 변화가 클수록 심리적 · 신체적 건강을 해친다.
좌절	추구하던 목표가 좌절되었을 때 느끼는 부정적인 감정의 상태	목표를 달성하는 데 방해물이 있을 때 발생한다.
갈등	상반된 동기를 동시에 느낄 때의 긴장감	두 개의 상반된 목표가 똑같이 중요한 의미를 가지고 있고 해결책이 명확하지 않을 때 가장 스트레스를 받는다.
외상 스트레스 요인	삶을 위협하는 것 같은 갑작스러운 사건들	외상적 사건들은 대처능력을 무능하게 만들 수 있다. 외상을 경험한 사람들은 외상후 스트레스 장애를 일으킬 수도 있다.
A유형 행동 패턴	공격적이고, 경쟁적이고, 참을성이 없고, 항상 시간에 쫓기는 특징을 가진 행동 패턴	A유형 행동 패턴의 한 요소인 공격성은 관상동맥 질환의 위험과 관련 있다.
문화적응 스트레스	새로운 문화와 언어에 적응하는 과정에서 생기는 이민자가 경험하는 부담감	이민자들의 적응은 경제적 기회, 언어의 유창성, 민족 정체성, 지지집단 등 여러 요소에 달려 있다.

2. 스트레스에 대한 신체반응

스트레스 신체반응에 대해 우리가 알고 있는 많은 지식은 유명한 스트레스 연구자 한스 셀리에(Hans Selye, 1907~1982, 애칭 '스트레스 박사님')의 연구 결과에서 비롯된 것이다.

1) 일반적응 증후군

셀리에는 바이러스 침입 같은 구체적인 스트레스에는 신체가 그에 해당하는 특정한 반응을 보인다고 믿었다. 그러나 그런 특정한 반응을 넘어서 스트레스에 대한 보편적인 생물학적 반응 양상이 있는데, 이를 일반적응 증후군(General Adaptation Sydrome)이라고 한다. 우리 신체는 감기, 소음, 병원균, 일의 압박, 우울이나 불안과 같은 정신적 스트레스 등 다양한 스트레스에 유사하게 반응한다. 배터리가 다하기 전에는 꺼지지 않는 차 안의 시계와 같이 우리 몸은 스트레스에 에너지가 다할 때까지 지속적으로 반응한다. 일반적응 증후군은 다음과 같은 세 가지 단계로 이루어져 있다.

(1) 경고 반응 단계

경고 반응 단계(alarm stage)는 당면 과제나 스트레스에 대비하는 신체의 일차 방어 단계이다. 당신 앞에 달리던 차가 갑자기 통제 불능이 되었다고 가정해 보자. 이 때 가슴이 빨리 뛰면서 혈액이 순환하여 근육에 산소가 빠르게 공급되는데, 이 때문에 우리는 그 차와의 충돌을 피할 수 있는 방법을 생각할 수 있게 된다. 이러한 경고 반응 단계에서 신체의 반응을 투쟁-도피 반응(fight-or-flight response)이라고 한다. 이는 신체가 위협적인 상황에 대항하여 싸우거나 도망가기 위해 준비하기 때문이다. 경고 반응 단계는 강한 심리적·신체적 자각의 상태가 동반되는데, 가슴이 빠르게 뛰거나, 숨을 가쁘게 쉬고, 땀이 나고, 공포, 불안, 화, 격노와 같은 강한 감정을 경험하게 된다.

여러 가지 스트레스 사건이 이러한 일반적응 증후군의 경고 단계를 유발할 수 있다. 위협 요인은 폭행범에 공격을 당한 것 같은 신체적인 것일 수도 있고, 교수가 시험지를 나누어 주는 상황에서 실패에 대한 두려움이 엄습하는 심리적인 것일 수도 있다. 모임에서 낯선 사람을 만날 때 땀을 흘리고 긴장해서 아무 말도 못하는 신체 경고 반응이 작동하는 사람이 있고, 치과 의사를 만날 때마다 신체 경고 반응이 작동하는 사람도 있다. 심리적인 위협이든 신체적 위협이든 신체의 반응은 비슷하다.

이러한 경고 단계는 신경계의 활성화와 관련 있다. 이런 신경계의 활성화는 많은 위협에 노출되어 있었던 인류 초기 조상들에게 물려받은 것이다. 인류 초기 조상들은 의심스럽게 보이는 물체나 덤불 속 바스락거리는 소리를 내는 포식자를 감지하

두뇌는 퍼즐을 좋아합니다

앞으로 읽을 내용을 바탕으로 다음의 문제를 풀어 보자.

어떤 상황에서는 스트레스에 대한 신체의 반응이 생명을 구하는 역할을 하기도 하지만 어떤 상황에서는 신체 건강을 해칠 수 있다. 왜 그럴까?

Courtesy of Philatelia Hungarica LLC.

한스 셀리에가 의학계에 기여한 바를 기리기 위해 발행한 헝가리 우표.

일반적응 증후군(general adaptation syndrome: GAS): 셀리에가 정의한 지속적이거나 극심한 스트레스에 대한 신체의 3단계의 반응

경고 반응 단계(alarm stage): 일반 적응 증후군의 첫 단계로 즉각적인 스트레스에 대처하기 위해 신체적으로 준비하는 단계

투쟁-도피 반응(fight-or-flight response): 신체가 위협적인 상황에 대항하여 싸우거나 도망가기 위해 준비하는 과정

저항 단계(resistance stage): 일반적응 증후군의 두 번째 단계로, 신체가 지속적인 스트레스에 적응하고자 시도하는 단계

고, 투쟁-도피 반응을 준비해서 위협을 피하고 스스로를 보호했다. 즉각적인 위협을 피하고 나면 신체는 낮은 수준의 각성 상태로 회귀하는데, 이런 방식으로 위협을 피하지 못했던 사람들은 생존에 실패했다.

(2) 저항 단계

개념 12-10
일반적응 증후군은 신체가 스트레스에 반응하는 3단계의 반응을 말한다.

개념 12-11
일반적응 증후군은 경고 단계, 저항 단계, 소진 단계로 이루어져 있다.

개념 12-12
일반적응 증후군의 경고 단계에서 신체는 위협에 대비하기 위해 맞서거나 피하는 식으로 준비한다.

개념 12-13
일반적응 증후군의 저항 단계에서 지속되는 스트레스로 인한 결과에 적응하기 위해 신체는 지속적으로 에너지를 공급한다.

스트레스가 치명적이면 생존하기 어렵지만, 생존이 가능하고 스트레스가 지속되면 신체는 그 상태에 적응하기 위해 최선을 다한다. 셀리에는 이러한 일반적응 증후군의 단계를 저항 단계(resistance stage, 적응 단계라고도 불림)라고 불렀다. 이 단계에서는 신체가 정상적인 상태로 돌아가기 위해 소진한 에너지를 회복하고 신체에 가해진 손상의 복구를 시도한다. 자각 상태가 경고 반응만큼 높지는 않지만 어느 정도 높은 수준에서 유지된다. 이러한 신체 자각 상태가 지속되면 화, 피곤, 짜증의 감정적인 반응이 나타날 수 있다.

(3) 소진 단계

소진 단계(exhaustion stage): 일반적응 증후군의 세 번째 단계로, 신체가 스트레스에 대처하는 자원이 고갈되어 스트레스로 인한 장애에 대항하는 저항 수준이 낮아져 취약한 상태

스트레스가 지속되면 신체는 일반적응 증후군의 마지막 단계인 소진 단계(exhaustion stage)로 접어든다. 신체의 에너지를 아끼기 위해 심박수와 호흡 속도가 감소한다. 스트레스에 지속적으로 노출되면, 몸의 자원이 심각하게 고갈되어 신장, 심장 질환, 알레르기 반응, 소화장애, 우울 등 '적응 질환(diseases of adaptation)'이 나타난다. 스트레스에 강한 사람도 있지만, 극심한 스트레스가 지속되면 어느 누구든지 결국에는 소진된다. [그림 12-2]는 일반적응 증후군의 3단계를 거치면서 나타나는 신체의 저항 수준의 변화를 보여 준다.

개념 12-14
일반적응 증후군의 소진 단계는 신체의 자원을 심각하게 고갈시키며 스트레스와 관련된 질병을 발병시킨다.

몸의 스트레스 반응은 초기 인류가 신체적 위협에도 생존할 수 있었던 중요한 도구였다. 그러나 초기 인류에게는 위협적인 스트레스에 대한 경고 반응 기간이 짧았다. 몇 초 또는 몇 분 안에 포식자와 싸우거나 피하면 위협은 끝나고, 신체는 정상 상태로 돌아왔다. 그에 비해 현대 사회의 스트레스는 훨씬 지속적이다. 초기 인류는 학교나 직장, 교통 체증, 야근 등 지속되는 스트레스와 싸울 필요가 없었다. 지금은 일상의 스트레스가 매일 반복해서 우리 몸의 경보 체계를 활성화시킬 수 있다는 것이다. 시간이 지날수록 신체에 부담이 되는 스트레스가 늘어나 점점 더 스트레스와 관련된 장애에 취약해진다(Kemeny, 2003).

싸울까, 도망갈까? 친구처럼 우호적으로 대처해야 할까? 여성은 스트레스에 대처할 때도 생식 호르몬의 영향으로 육아를 하듯이 우호적인 방식을 택하는 경향이 있다.

심리학자들은 스트레스에 반응하는 데 성별 차이가 있다고 보고했다. 여성은 스트레스를 받을 때 아이를 보살피듯 스스로를 보호하고 보살피려는 경향을 보인다. UCLA의 심리학자 셸리 테일러(Shelley Taylor)는 여성의 이러한 우호적인 스트레스

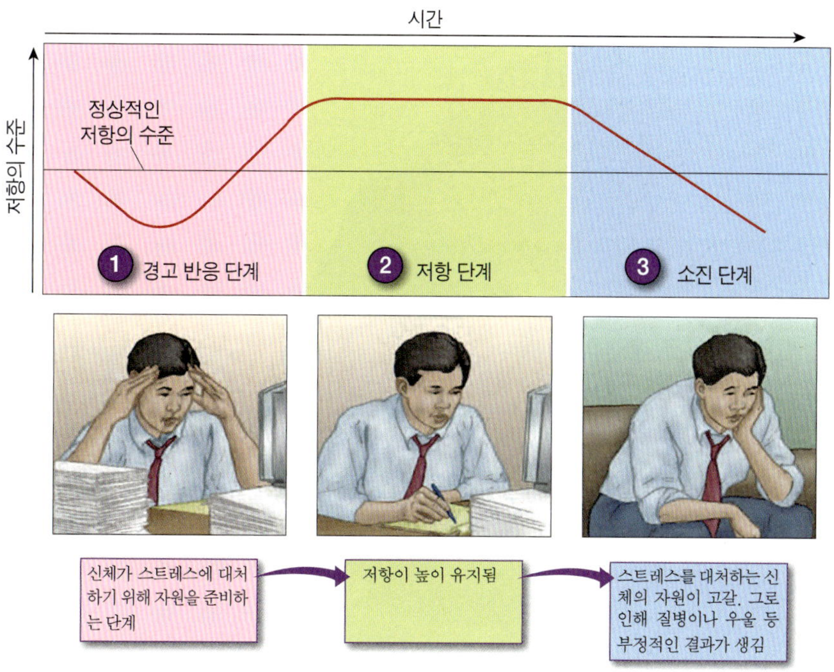

[그림 12-2] 일반적응 증후군의 각 단계에서 저항의 수준

❶ 경고 반응 단계에서 스트레스가 점점 커질수록 초기에 스트레스에 저항하는 수준이 낮아지다가 시간이 지날수록 에너지를 회복해 저항 수준이 높아진다. ❷ 저항 단계에서는 신체가 스트레스에 대처할 준비가 되어 저항의 수준이 계속 높은 상태에서 유지된다. ❸ 그러나 스트레스가 지속되면, 신체가 가지고 있는 자원이 고갈되어 스트레스에 저항할 힘을 잃는 소진 단계로 접어든다.

대처 행동 방식을 '배려와 친교' 패턴이라고 명명했다(S. E. Taylor, 2007; S. E. Taylor et al., 2000). 대조적으로 남성은 스트레스에 공격적으로 반응하는 경향이 있는데, 이는 남성 호르몬의 테스토스테론의 영향이 크다. 여성의 친밀감과 보살피는 행동은 여성 생식 호르몬의 영향을 받는다.

2) 스트레스와 내분비계

내분비계는 호르몬(hormones)이라고 불리는 분비물을 직접 혈류로 방출하는 분비선들로 구성된 신체 시스템을 말한다(제2장 참조). 중간 뇌에 위치한 작은 내분비선 중 하나인 시상하부는 내분비계의 스트레스에 대한 반응을 조절한다. 도미노 효과처럼 호르몬의 분비를 자극하는 기관들이 연쇄 반응을 일으킨다(Ellis, Jackson, & Boyce, 2006).

이러한 도미노 효과를 좀 더 자세히 살펴보자. 몸에서 스트레스를 조절하는 과정은 시상하부-뇌하수체-부신 축(hypothalamus pituitary adrenal axis: HPA axis)이라 불리는 내분비 기관에서 이루어진다(G. E. Miller, Chen, & Zhou, 2007). 스트레스를 받게 되면 시상하부는 부신피질 자극 방출 호르몬(corticotrophin-releasing hormone: CRH)을 분비하고, 이는 뇌하수체를 자극시켜 부신피질 자극 호르몬(adrenocorticotrophic horme: ACTH)을 분비한다. 부신피질 자극 호르몬은 혈액을 타고 신장 위에 위치한 부신에 다다른다. ACTH는 부신의 외층인 부신피질(adrenal cortex)을 자극하고 부신피질 스테로이드(corticosteroids)라는 스트레스 호르몬을 방출한다. 이러한 호르몬은 스트레스에 대처할 때 필요한 에너지를 축적하기 위해 염증을 줄이고 몸의 저항력을 높인다(Ditzen et al., 2008). [부신피질 호르몬을 의약화시

개념 12-15

내분비계는 몸의 스트레스 반응에 중요한 역할을 한다.

시상하부-뇌하수체-부신 축(hypothalamus pituitary adrenal axis: HPA): 몸의 스트레스 반응에 관여하는 내분비선들의 시스템

부신피질 자극 방출 호르몬(corticotrophin-releasing hormone: CRH): 시상하부에서 분비되는 호르몬으로 뇌하수체가 부신피질 자극 호르몬 방출을 도움

부신피질 자극 호르몬(adrenocorticotrophic horme: ACTH): 뇌하수체 호르몬으로 부신피질이 스테로이드(cortical steroids)를 방출하도록 함

부신(adrenal glands): 신장 위에 위치한 다양한 스트레스 호르몬들을 생산하는 내분비선들의 조합

부신피질(adrenal cortex): 부신피질 스테로이드를 방출하는 부신의 외층

부신피질 스테로이드(cortical steroids): 스트레스에 대처하기 위해 축적된 에너지를 발산하고 저항력을 높일 수 있도록 돕는 부신 호르몬

부신수질(adrenal medulla): 스트레스 호르몬인 에피네프린과 노르에피네프린을 방출하는 부신의 내층

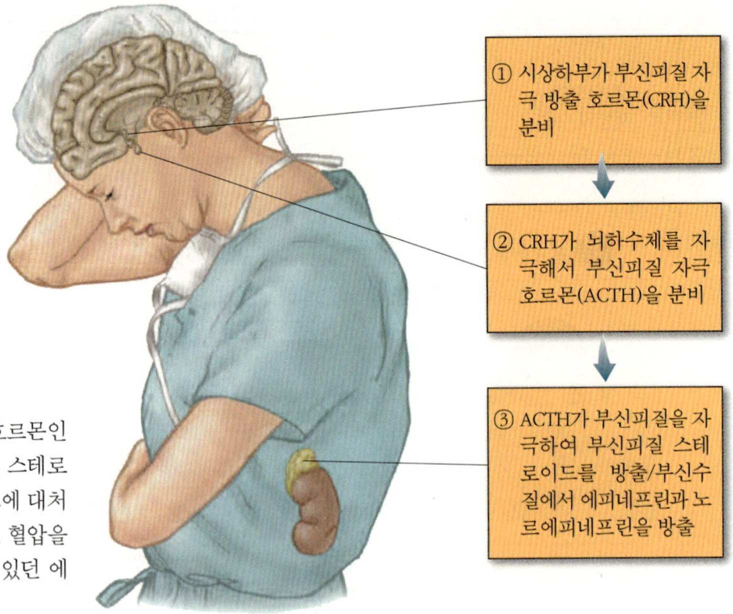

[그림 12-3] 스트레스를 겪을 때 몸의 반응
스트레스 상황에서 우리 몸은 부신수질에서 스트레스 호르몬인 에피네프린과 노르에피네프린을, 부신피질에서 부신피질 스테로이드를 방출한다. 이런 분비물은 몸이 즉각적인 스트레스에 대처할 수 있도록 돕는다. 스트레스 호르몬들은 심박수, 호흡, 혈압을 증가시키는 반면, 부신피질 스테로이드 분비는 축적되어 있던 에너지를 발산할 수 있도록 돕는다.

킨 것이 알레르기와 염증 약인 하이드로 코르티손(hydrocortisone)이다].

자율신경계의 교감신경계는 부신수질(adrenal medulla)이라 불리는 부신의 내층을 자극해서 에프네프린(epinephrine)과 노르에피네프린(norepinephrine) 스트레스 호르몬을 방출한다. 이러한 호르몬은 스트레스에 대항하거나 피할 수 있도록 심박을 증가시키고 근육에 영양소가 충분한 혈액과 산소를 공급한다. 이런 호르몬의 영향 때문에 스트레스를 겪을 때 가슴이 빨리 뛰는 것이다. [그림 12-3]은 스트레스를 겪을 때 신체의 반응을 보여 준다.

3. 스트레스와 면역 체계

면역 체계(immune system)는 질병에 대항하는 신체의 방어 체계이다. 면역 체계는 다양한 방식으로 질병과 싸우는데(Jiang & Chess, 2006) 림프구(lymphocytes)라고 불리는 백혈구들을 보내기도 한다. 림프구들은 혈액을 통해 몸의 여러 곳을 돌다가 항원(antigens, 문자 그대로 항체 생성기)이나 병원균의 침입을 감지한다. 항원은 박테리아, 바이러스, 외부 단백질, 장차 암으로 진행될 수 있는 세포 등 몸에서 이물질로 감지되는 모든 것을 일컫는다. 항원은 열쇠구에 딱 맞는 열쇠처럼, 침입하는 병원균에 맞는 특수한 단백질인 항체(antibodies)를 생성하는 면역 체계를 활성화시킨다. 항체가 병원균에 딱 들어맞으면, 수색-섬멸 작전을 수행하는 특공대처럼 '킬러' 림프구를 통해 병원균을 파괴한다(Greenwood, 2006; Kay, 2006).

림프구(lymphocytes): 질병을 야기하는 유기체들에 대항하여 몸을 보호하는 백혈구들

항원(antigens): 면역 체계에 의해 박테리아나 바이러스 등과 같이 신체의 이물질로 인식되는 것. 항원에 대항하여 몸을 보호하는 항체를 생산하도록 유도하는 것

항체(antibodies): 특별한 림프구에 의해 항원을 파괴하도록 생성된 단백질 분자

어떤 림프구는 몸이 노출된 특정 종류의 병원균을 기억하는데, 이후에 같은 병원균의 침입이 있을 때 빨리 전투 태세를 갖출 수 있다. 이렇게 함으로써 우리의 몸은

질병을 유발하는 병원균에 대항하는 면역성과 저항성을 키운다. 이런 이유로 수두 같은 질병에 한 번 걸리면 다시 걸리지 않는 것이다. 백신(vaccination)-예방접종을 통해 면역을 키울 수 있다. 예방접종은 우리가 병에 걸리지 않을 정도의 약하거나 죽은 병원균을 투입해 우리 몸이 특정 종류의 항원에 대비하는 항체를 미리 생산해 낼 수 있도록 만든다.

백신(vaccination)-예방접종: 죽거나 약한 병원균을 투입해서 병에 걸리진 않고도 특정 종류의 항원에 대비하는 항체를 미리 생산해 낼 수 있도록 만드는 방식

1) 왜 중요한가

스트레스가 당신을 병들게 할 수 있는가? 지속적이고 극심한 스트레스는 몸이 질병을 일으키는 유기체로부터 스스로를 보호하는 능력을 약화시킨다. 가끔씩 스트레스를 느끼는 것은 정상이지만, 지속적인 스트레스는 우리 몸의 면역 체계를 약화시키고 질병에 취약하게 만든다(Fan et al., 2009; Gorman, 2007). 면역 체계를 약화시키는 스트레스 요인은 이혼, 만성적 질병, 장기간 실직, 지속적 수면 부족, 사랑하는 사람의 죽음, 태풍, 자연재해, 인재, 폭력 같은 외상적 사건, 시험 기간 등이 될 수 있다. 기말고사 기간 스트레스를 받을 때 감기에 더 잘 걸리는 경험을 해 본 적이 있을 것이다.

스트레스는 또한 코르티코스테로이드(corticosteroid)라고 불리는 스트레스 호르몬을 통해 신체의 질병으로 연결될 수 있다. 이 부신 호르몬은 스트레스에 반응하면서 분비된다. 처음에는 스트레스에 대처하는 것을 돕지만, 지속적인 분비는 우리 몸에 침투된 세균에 대항하여 면역 체계가 반응하는 것을 막는다(E. M. Sternberg, 2000). (보디빌더나 레슬링 선수들도 스테로이드 제품을 계속 먹으면 면역 기능이 떨어질 수 있다.)

개념 12-16

스트레스가 몸의 면역 체계 기능을 해치므로 질병에 걸릴 가능성이 높다는 연구 결과가 있다.

스트레스 호르몬은 우리가 사람들과 맺는 관계에도 영향을 미칠 수 있다. 결혼 후 1년 동안 스트레스 호르몬의 분비가 많은 신혼부부들이 스트레스 호르몬의 분비가 많지 않았던 신혼부부들보다 10년 후 이혼할 가능성이 높았다(Kiecolt-Glaser, Bane et al., 2003).

심리적 기술은 스트레스와 싸우고 면역 기능을 증진시키는 데 도움이 될 수 있다. 예를 들면, 외상적 사건이나 스트레스 경험으로 인한 감정을 글쓰기를 통해 표현하는 것이 심리적·신체적 스트레스 증상을 완화시키는 데 도움이 된다는 연구 결과들이 있다(Low, Stanton, & Danoff-Burg, 2006; Sloan & Marx, 2004; Smyth & Pennebaker, 2001).

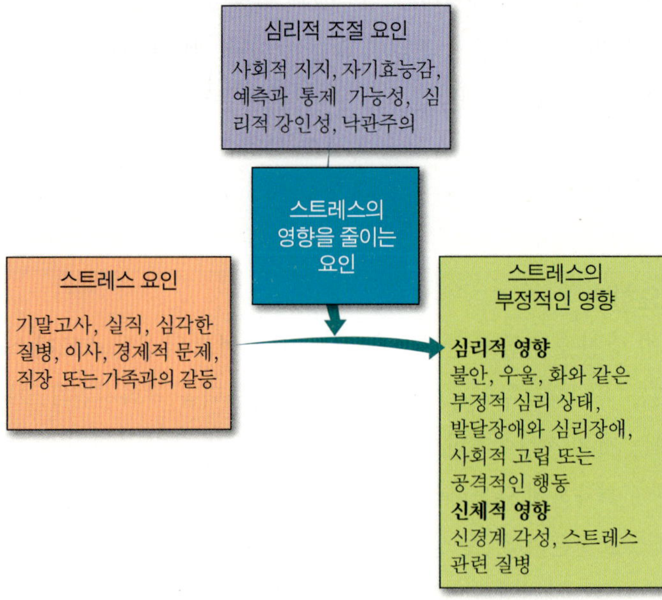

[그림 12-4] 스트레스 영향을 조절하는 심리적 요인
사회적 지지, 자기효능감, 예측과 통제 가능성, 심리적 강인성, 낙관주의는 스트레스의 영향을 줄일 수 있는 심리적 조절 요인이다.

4. 스트레스 영향을 조절하는 심리적 요인들

여기서는 스트레스의 영향을 줄일 수 있는 사회적 지지, 자기효능감, 예측과 통제 가능성, 심리적 강인성, 낙관주의와 같은 심리적 요인들을 점검해 볼 것이다([그림 12-4] 참조).

1) 사회적 지지

> **개념 12-17**
> 사회적 지지, 자기효능감, 예측과 통제 가능성, 심리적 강인성, 낙관주의는 스트레스의 영향을 조절할 수 있는 심리적 요인들이다.

사회적 지지는 우리가 스트레스에 어떻게 대처하는지를 결정하는 중요한 요인이다. 사회적 고립과 심혈관 질병 및 면역 관련 건강 문제의 관계를 증명하는 연구 결과는 많다(Miller, 2011). 친한 친구가 있으면 스트레스에 더 잘 대처받을 수 있도록 도움을 받을 수 있고, 결국 스트레스와 관련된 질병으로부터 보호할 수 있다. 이와 관련하여 (자발적 의사에 의해) 연구 참여자들에게 감기 바이러스를 주입하여 사회적 관계망이 넓은 사람이 그렇지 않은 사람보다 감기 바이러스에 대한 저항력이 더 높다는 것을 밝힌 연구가 있다(S. Cohen et al., 1997, 2003). 이 연구는 고독과 사회적 지지의 부족은 심리적 건강뿐만 아니라 신체적 건강 또한 위협할 수 있다는 것을 말해 준다.

2) 자기효능감

자기효능감(self-efficacy)은 자신이 목표한 것을 이룰 수 있다는 믿음이다. 높은 수준의 자기효능감은 스트레스 대처능력을 높인다(Montpetit & Bergeman, 2007). 자기효능감이 높은 사람은 스트레스를 받는 상황을 방해물이라기보다 도전해 볼 만한 것이라고 생각한다. 이런 사람은 자신감이 높은데, 스트레스에 대처할 때 주눅이 들지 않고 정면으로 어려움을 돌파한다.

© Tyler Olson/shutterstock.com

3) 예측과 통제 가능성

우리가 스트레스 요인을 얼마나 예측 및 통제 가능한지에 따라 스트레스의 영향이 달라진다(Koolhaas, de Boer, & Buwalda, 2006). 학교 숙제 등과 같은 스트레스는 예측이 가능하고 통제 또한 가능해 보일 수 있지만, 태풍이나 주식이 폭락하는 것 같은 스트레스는 우리의 예측, 통제 범위를 벗어난다.

자신이 얼마만큼의 사건을 통제할 수 있다고 믿는 것은 사람마다 다르다. 내적 통제 소재(internal locus of control)가 강한 사람은 보상이 자신의 행동의 결과라고 믿는다(Wallston, 2001; 제13장 참조). 반면에, 외적 통제 소재(external locus of control)가 강한 사람은 자신의 운명이 자신의 노력이 아닌 외부의 요인에 의해 좌지우지된다고 믿는다. 내적 통제가 강한 사람은 스트레스 사건을 통제할 수 있다고 믿기 때문에 이에 대처하기 위해 최선을 다해 노력하는 경향을 보인다. 외적 통제가 강한 사람은 스트레스를 받는 상황에서 무기력하고 당황하는 경우가 많다.

4) 심리적 강인성

내적 통제 소재도 스트레스에 내성이 높은 성격적 특질을 의미하는 심리적 강인성(psychological hardiness)의 한 특징이다. 이 용어는 심리학자 수잰 코바사(Suzanne Kobasa)가 스트레스를 많이 받는 기업 경영진 중 건강 상태가 좋은 사람들을 연구한 결과를 바탕으로 소개되었다(Kobasa, 1979; Kobasa, Maddi, & Kahn, 1982). 연구진들은 심리적 강인성에는 세 가지 특징이 있다고 보고했다.

심리적 강인성(psychological hardi-ness): 스트레스를 덜 받을 수 있도록 해 주는 전념, 도전에 대한 개방성, 내적 통제 등과 같은 특질

- 전념(commitment). 심리적으로 강인한 사람은 자신의 일에 전념하며 자신이 중요한 일을 하고 있다고 믿는다.
- 도전에 대한 개방성(openness to challenge). 심리적으로 강인한 사람은 스트레스 사건들을 방해물이라기보다는 도전이라고 생각한다. 변화를 삶의 일부분이라고 믿고 두려워하지 않는다.
- 내적 통제 소재(internal locus of control). 심리적으로 강인한 사람은 자신의 삶이

© iStockphoto.com/Ben Blakenburg

스스로의 선택에 따라 변할 수 있다고 믿는다.

심리적으로 강인한 사람은 스트레스를 당연히 삶에 일어나는 도전으로 받아들이고, 도전을 마주하고 통제함으로써 자신의 삶이 더 흥미로워질 것이라 생각한다. 문제를 피하지 않고 인내심을 가지고 해결점을 찾아간다. 연구자들은 심리적 강인성이 높은 사람은 스트레스 대처능력이 뛰어나고 대학에서 높은 성적을 받는 등 긍정적인 결과를 경험한다고 보고했다(Quellette & DiPlacido, 2001; Pengilly & Dowd, 2000; Sherd & Golby, 2007).

5) 낙관주의

낙관적인 태도는 스트레스에 더 잘 대처할 수 있도록 하고 어려움을 피하기보다 해결할 수 있도록 돕는다(Carver, Scheier, & Segerstrom, 2010). 연구자들은 낙관주의는 다음과 같은 신체적 건강과 연결된다고 발표했다(Bjerklie, 2005; Carver, Scheier, & Segerstrom, 2010; Tindle et al., 2009; Trunzao & Pinto, 2003).

- 낙관적인 여성일수록 심장질환에 걸릴 위험이 낮고 장수할 가능성이 높다.
- 낙관적인 심장병 환자는 심리적인 문제를 덜 겪는다.
- 암 환자 중에서도 낙관적인 환자는 심리적인 문제를 덜 겪을 뿐 아니라 적응이 빠르고 고통을 덜 느낀다.
- 낙관적인 태도를 가진 임산부는 더 건강한 아이를 낳는 등(아기의 몸무게가 더 나감) 긍정적인 결과를 경험하였다.

낙관주의와 신체적 건강을 연결하는 이런 연구들은 상관관계 연구이므로 원인과 결과를 해석하기에는 무리가 있다. 그럼에도 스트레스를 경험할 때 낙관적인 태도로 문제를 풀어 가는 것, 물컵의 반이 비어 있는 것보다 차 있는 것을 보는 것이 스트레스를 줄이는 것은 당연한 것이다.

지금까지 배운 것을 스스로에게 적용해서 생각해 보자. 당신의 현재 삶의 태도는 어떤가? 당신은 낙관적인 태도를 가지는가, 비관적인 태도를 가지는가?

1 단원 복습 스트레스란 무엇이며 신체에 어떤 영향을 끼치는가

되새겨 봅시다

스트레스란?

➤ 스트레스는 적응하는 과정에서 느끼는 압박을 의미한다.

스트레스의 주요 원인은?

➤ 스트레스의 주요 원인은 일상 스트레스, 삶의 변화, 좌절, 갈등, A유형 행동 패턴, 외상적 사건, 이민자들이 경험하는 문화적응에서 오는 압력 등이 있다.

스트레스에 몸은 어떻게 반응하는가?

➤ 스트레스는 일반적응 증후군(general adaptation syndrome)이라고 불리는 신체적 반응을 야기한다. 일반적응 증후군은 경고 반응, 저항, 소진 단계로 이루어져 있다.

스트레스는 면역 체계에 어떤 영향을 끼치는가?

➤ 지속적이고 심한 스트레스는 면역 체계의 기능을 해치므로 감기를 포함한 질병에 취약해진다.

스트레스의 영향을 줄이는 심리적인 요인은?

➤ 사회적 지지, 자기효능감, 예측과 통제 가능성, 심리적 강인성, 낙관주의 등이 스트레스의 영향을 줄일 수 있다.

점검해 봅시다

1. ① 스트레스의 정의를 기술해 보자. ② 어떤 시점에서 스트레스(stress)가 디스트레스(distress)가 되는가?
2. 다음의 각 스트레스 유형을 그에 맞는 정의에 연결시켜 보자.

① 일상 스트레스	가. 두 가지 이상의 상반된 목표 중 하나를 선택해야 할 때 느끼는 스트레스
② 삶의 사건	나. 교통체증, 일과 관계의 균형 등 흔하게 짜증을 유발하는 요소들
③ 갈등	다. 삶의 중요한 변화들
④ 외상적 사건	라. 생명을 위협하는 것 같은 사건들

3. 투쟁-도피(fight-or-flight) 반응은 일반적응 증후군의 __________ 단계에서 일어난다.
4. 스트레스를 조절하는 심리적 요인들을 나열해 보자.
5. 다음 중 어떤 것이 A유형 행동 패턴에 맞는 설명인가?
   ① 참을성이 없고, 경쟁적이고, 급하게 일을 처리하는 것
   ② 플래시백, 자각, 감정의 마취 상태를 경험하는 것
   ③ 접근-회피 갈등 또는 다중 접근-회피 갈등
   ④ 지속적인 스트레스 및 분노 경험
6. 여러 다양한 스트레스 요인에 대한 몸의 일반적인 반응을 __________ 증후군이라 부른다.

생각해 봅시다

➤ 일반적응 증후군에서 신경계의 역할은 무엇인가? 내분비계의 역할은 무엇인가?

➤ 스트레스가 당신을 건강하게 만들 수도 있고 건강을 해칠 수도 있다는 것에 동의하는가?

2 단원 신체적 질병에 영향을 끼치는 심리적 요인

- 심리적 요인이 심장 및 순환기관의 건강과 어떻게 연결되는가?
- 심리적인 요인이 암으로 발전되는 데 어떤 영향을 끼치는가?

충격적인 사실은, 결국 우리는 모두 죽는다는 것이다. 과연 우리의 건강과 수명이 습관이나 삶의 방식에 따라 얼마나 달라질 수 있을까? 어떤 행동이 건강하게 사는 데 기여하는가? 반대로 어떤 행동이 우리의 건강을 해치는가?

어떤 음식을 먹느냐, 흡연 또는 음주를 하느냐, 얼마나 자주 운동을 하느냐는 우리의 건강과 수명에 큰 영향을 끼친다. 사망의 주된 요인은 박테리아와 바이러스 같은 세균에 의한 것이 아니라, 암과 심장병에 영향을 끼치는 흡연, 비만과 심장병에 영향을 끼치는 잘못된 식습관과 운동 부족, 암과 간질병에 영향을 끼치는 과음이다. 미국 조기 사망률의 40%가 이러한 건강하지 못한 습관 때문이라는 연구 결과가 있다(Schroeder, 2007). 구체적으로, 우리의 습관과 삶의 방식이 사망의 두 가지 주요인인 심장병과 암에 어떤 영향을 끼치는지 살펴보자.

동맥(arteries): 순환 시스템을 통해 심장으로부터 산소가 있는 혈액을 실어 나르는 혈관

관상동맥 질환(coronary heart disease: CHD): 심장에 혈액을 운반하는 관상동맥이 막혀 일어나는 가장 흔한 심장질환

플라그(plaque): 동맥 내면을 따라 지방 침전물이 쌓이는 것

죽상동맥경화(atherosclerosis): 플라그나 지방 침전물이 쌓여 동맥 내면이 좁아지는 동맥경화의 하나의 형태

동맥경화(arteriosclerosis): 동맥 내면이 두꺼워지고 탄력성을 잃거나 동맥이 딱딱해지는 것

심장마비(heart attack): 심장으로 흘러가는 혈류량이 부족해 심장 조직이 죽는 생명을 위협하는 사건. 심근경색(myocardial infarction)이라고도 불림

1. 관상동맥 질환

심장은 신체의 다른 조직처럼 근육 조직으로 이루어져 있고 동맥(arteries)을 통해 산소와 영양소를 공급받아야 한다. 관상동맥 질환(coronary heart disease)은 심장에 필요한 혈액보다 혈액이 적게 공급될 때 나타나는 질병이다. 이 질환의 대부분은 혈관 내면에 지방 침전물(플라그, plaque)이 쌓여서 혈관을 좁게 만드는 죽상동맥경화(atherosclerosis)에서 비롯된다. 이는 동맥 내면이 두꺼워지면서 딱딱해지고 탄력이 떨어지는 동맥경화(arteriosclerosis)의 한 종류이다.

혈액이 응고된 혈병은 죽상 동맥경화로 좁아진 동맥에 더 많이 쌓인다. 심장에 산소와 영양소를 공급해 주는 관상동맥에 이러한 혈병이 계속 자리를 잡으면 심장으로 가는 혈액의 흐름을 막아 심장마비(heart attack)나 심근경색(myocardial infarction: MI) 같은 질병을 유발할 수 있다. 심장마비가 오면, 산소를 실어 나르는 혈액이 부족해 심장 조직이 죽는다. 심장마비가 왔을 때 살 수 있느냐 아니냐는 심장 조직 그리고 심장박동을 조절하는 신체의 시스템에 얼마만큼의 충격이 주어지느냐에 달려 있다.

관상동맥 질환은 여성, 남성 사망의 주 원인이다. 다섯 명 중 한 명이 관상동맥 질환으로 사망하는데, 이는 총 50만 명에 달하고, 대부분이 심장마비로 사망한다(American Heart Association, 2009). 여성은 관상동맥 질환으로 사망하는 비율이 유방암보다 높다. 이 장에서는 이러한 치명적인 질병의 위험을 줄일 수 있는 방법을 살

펴볼 것이다.

1) 관상동맥 질환의 위험 요소

관상동맥 질환의 위험 요소는 다양한데, 40세 이상이면 나이가 많을수록 위험성이 증가한다. 대략 65세까지는 남자가 걸릴 가능성이 높고, 가족력이 있거나 고혈압이 있는 경우, 흡연, 비만, 운동 부족이나 콜레스테롤 수치가 높은 경우 관상동맥 질환에 걸릴 위험성이 높다.

개념 12-18

식습관, 운동, 흡연 등의 건강과 관련된 행동은 관상동맥 질환과 같은 여러 신체 질환에 영향을 끼친다.

➔ 개념 링크 흡연은 미국을 포함 전 세계 조기 사망의 주요 원인이다. 제4장 4단원을 참고하라.

개념 12-19

관상동맥 질환은 유전력 같은 우리가 제어할 수 없는 원인도 있지만, 운동과 흡연 등과 같은 우리가 제어할 수 있는 원인도 있다.

➔ 개념 링크 건강한 행동양식은 더 오래 건강히 사는 것에 도움을 준다. 제12장 4단원을 참고하라.

2) 왜 중요한가

부모님, 성, 나이 드는 것은 우리가 고르거나 바꿀 수 없지만 관상동맥 질환의 위험 요소들은 낮출 수 있다. 고혈압, 흡연, 비만, 당뇨, 콜레스테롤 수치 등은 식습관 변화나 운동, 약물치료를 통해 조절할 수 있다. 고혈압이나 심장질환도 꾸준한 운동, 흡연이나 과음을 피하기, 건강한 식습관과 체중 조절 등을 통해 위험성을 낮출 수 있다(Djoussé, Driver, & Gaziano, 2009; Forman, Stampfer, & Curhan, 2009; Roger, 2009).

움직임이 적은 생활 습관을 가진 사람들이 관상동맥 질환의 위험성이 두 배 높다(Manson et al., 2004). 희망적인 소식은 TV 앞에서 꼼짝하지 않고 누워 있는 것이 익숙한 사람도 점점 몸을 움직이기 시작하면 심혈관계 질환의 위험성이 낮아질 수 있다는 것이다(Alford, 2010; Borjesson & Dalhof, 2005).

흡연을 하는 사람은 심장마비 위험이 비흡연자보다 두 배나 높은데, 관상동맥 질환으로 사망하는 사람들의 1/3, 그리고 암으로 사망하는 사람들의 1/3이 흡연 때문이다. 흡연이 건강에 미치는 이러한 위험 때문에 금연을 하거나 처음부터 흡연을 시작하지 않는 추세이다. 지난 50년 동안 미국의 흡연자 수는 50% 이상 감소했지

〈표 12-1〉 금연이 건강상 주는 이점

금연 후	
20분 후	심장박동수 감소
12시간 후	혈액 중 일산화탄소가 정상적 수치로 감소
2일 후	후각, 음식을 맛보는 미각 개선
2~3주 후	심장마비 위험이 낮아지고 폐 기능 개선, 걷는 것이 편해짐
1개월 후	기침 또는 숨이 잘 쉬어지지 않는 것이 개선
1년 후	심장병의 위험이 반으로 절감
5년 후	발작의 위험이 비흡연자만큼 떨어짐
10년 후	폐암으로 사망할 위험이 흡연할 때의 약 절반가량으로 감소
15년 후	관상동맥 질환의 위험이 흡연을 해 본 적이 없는 사람들의 수준으로 감소

출처: NYC Department of Health and Mental Hygienen (2010).

해 보기 금연을 위한 제안점

금연을 결심하는 것이 금연의 첫걸음이다. 많은 흡연자가 스스로 금연을 하기도 하고 무료나 낮은 가격에 제공되는 금연 프로그램의 도움을 받아 금연을 한다. 당신이 스스로든 다른 사람의 도움을 받든 금연을 결심한다면 다음에 몇 가지 제안점이 있다.

- **담배를 끊을 날짜 정하기.** 친구나 가족에게 금연계획을 말하면서 날짜를 정하자. 금연계획을 나누는 것은 당신이 실제로 행동을 할 수 있는 가능성을 높여 준다.
- **서서히 흡연 날짜 또는 담배 수를 줄이기.** 완전히 금연을 할 날을 목표로 매일 흡연하는 담배 수를 줄여 가자. 앞으로 한 달 안에 완전 금연을 계획할 경우, 매주 하루 흡연량의 25% 정도를 줄여 가자. 흡연량을 줄이기 위해서는 담배를 피는 사이의 시간들을 늘리는 것이 도움이 된다.
- **흡연 환경에 노출되는 것을 줄이기.** 특정 장소나 집 밖에서만 흡연하는 것으로 제한하고 TV를 보거나 전화를 하면서 흡연하지 말자.
- **금연 환경에 점점 더 많이 노출되도록 하기.** 도서관처럼 금연 구역에서 더 많은 시간을 보내자. 비흡연자와 가까이 지내고 가능하다면 흡연자와의 접촉을 피하자.
- **담배를 많이 소지하지 않기.** 매일 흡연량에 해당하는 담배 수만큼만 가지고 다니고 한 번에 1갑 이상을 사지 말자.
- **흡연 욕구가 생길 때 할 수 있는 행동 연습하기.** 완전히 금연을 하기로 결정한 날 이전, 이후에 흡연 충동이 생길 때마다 흡연을 대체할 수 있는 활동을 준비해야 한다. 담배 한 개피를 피는 시간을 늦추거나, 근육이완 운동을 하거나, 그 욕구가 지나갈 때까지 운동을 하자. 목욕을 하거나, 담배를 피지 않고 동네 한 바퀴를 돌자. 흡연충동이 있을때 설탕이 들어가지 않은 민트나 껌을 씹는 것도 도움이 된다.
- **금연의 이점을 되새기기.** 더 오래, 건강하게 살 수 있는 금연의 이점을 되새기자.
- **흡연하지 않고 감정에 대처할 수 있는 방법을 배우기.** 불안, 우울, 화 등의 부정적인 감정이 들때 흡연이 아닌 다른 건강한 방법으로 그 감정들을 대처할 수 있는 방법을 배우자.

완전히 금연에 성공하는 즉시 재떨이나 라이터 등 흡연 관련 용품을 모두 집에서 제거하자. 집에 금연 원칙을 정해 놓고 친구나 가족에게 그 금연 원칙을 지켜 달라고 이야기하자. 다른 사람들에게도 당신이 최근에 금연을 했으므로 당신 앞에서는 흡연을 하지 않으면 고맙겠다고 말하자. 만약 다시 담배를 피우게 된다고 해도 너무 절망하지 말고, 다시 담배를 피지 않겠다는 결심을 그 자리에서 하자. 많은 사람이 몇 번 실패를 하고 나서 완전히 금연에 성공한다.

만, 여전히 4,500만, 즉 성인 인구의 20%에 달하는 사람들이 계속해서 흡연을 하고 있다(Benowitz, 2010; CDC, 2009a). 메시지는 명확하다. 담배를 피지 않는다면 시작하지 말자. 만약 흡연자라면 담배를 끊자. 담배를 끊은 몇 시간 이후부터 금연으로 인한 이점을 경험할 수 있고 금연을 지속하는 날이 길어질수록 금연의 이점은 더 많아진다(〈표 12-1〉 참조). (금연을 위한 권고사항은 '해 보기' 섹션에 정리해 놓았다.)

심장병의 위험성은 사람마다 다르다. 히스패닉 계열이 아닌 흑인은 관상동맥으로 사망할 확률이 백인이나 미국의 다른 인종보다 훨씬 높다(Freeman & Payne, 2000). 이러한 인종의 차이가 일어나는 이유 중 하나는 흑인들 사이에 심장병의 두 가지 주요 요인인 비만과 고혈압이 많고, 발작과 당뇨병도 많기 때문이다(M. J. Brown, 2006; Ferdinand & Ferdinand, 2009). 흑인 환자들이 백인보다 양질의 치료를 받을 기회가 적기 때문이기도 하다(J. Chen et al., 2001; Stolberg, 2001b). 이는 양질의 치료를 제공하는 병원 접근성이 인종 간 공평하지 않고 의료 제공자의 차별이 존재함을 말해 준다.

3) 감정과 심장

이전에 언급했듯이 A유형 행동 패턴의 한 부분인 적대감은 관상동맥 질환의 위험과 관련이 있다. 적대적인 사람은 많은 시간 화가 나 있고, 이러한 만성적 화는 고혈압과 관상동맥 질환의 위험을 높인다(Chida & Steptoe, 2009; Denollet & Pedersen,

2009; Pressman & Cohen, 2005).

지속적으로 감정이 격양되어 있으면 스트레스 호르몬인 에피네프린과 노르에피네프린 분비로 심혈관계에 무리를 줄 수 있다. 이러한 호르몬은 화나 불안의 감정 상태에서 방출되는데, 심장박동률과 혈압을 높이고 심장을 수축시켜 심장과 순환 시스템에 무리를 준다. 이렇게 무리를 주게 되면 특히 몸이 허약한 사람은 심혈관계 시스템이 망가질 수 있다. 또한 스트레스 호르몬(주로 에피네프린)이 피를 뭉치고 딱딱하게 만들 수 있어서 혈병 등 심장마비나 발작을 일으키는 위험을 높일 수 있다.

화, 우울, 불안 등 감정 스트레스가 지속되는 상태는 심혈관계에 상당한 무리를 줄 수 있다(Chida & Steptoe, 2009; Denollet & Pedersen, 2009; Glassman, Bigger & Gaffinery, 2009). 심리학자들은 만성적으로 화가 나거나 불안한 사람들이 자신의 감정을 조절할 수 있도록 도움으로써 관상동맥 질환이나 기타 심각한 질병의 위험을 줄이도록 돕는다.

개념 12-20

화, 불안, 우울 등 부정적인 감정은 심혈관에게 부정적인 영향을 줄 수 있다.

2. 암

암이라는 단어는 다른 어떤 용어보다 사람들에게 공포감을 준다. 미국인의 다섯 명 중 한 명 꼴로 암 때문에 사망한다는 통계에 비추어 보면 그 공포감이 이해된다. 매년 150만 명의 미국인이 암 진단을 받고 50만 명 이상의 사람이 암 때문에 사망한다(Heron, 2010; National Cancer Institute, 2010a). 다행인 것은 암으로 인한 사망률이 1990년대 초부터 2000년대 초까지 지속적으로 감소했다는 것이다.

암은 신체의 세포가 제어 불능의 상태로 성장해서 나타나는 질병이다. 몸이 정상일 때는 신체에서 필요한 만큼만 새로운 세포를 만들어 낸다.

세포에 있는 유전자들이 원래는 세포들이 정돈된 방식으로 재생되는 것을 지시한다. 암에 걸리면 세포들은 자기의 성장을 조절할 수 있는 능력을 상실하게 된다. 새로운 세포가 필요가 없을 때도 계속 커져서 악성 종양(malignant tumor)이라는 비대한 세포의 군집을 형성한다. 악성 또는 암성 종양은 신체의 다른 부분으로 전이되어 건강한 세포로 침입을 할 수 있다. 암성 종양은 신체의 주요 장기나 시스템을 해치고 많은 경우 사망에 이른다. 암은 신체의 어느 조직과 장기에서도 발생할 수 있다.

악성 종양(malignant tumors): 세포가 조절이 안 될 정도로 커져서 신체의 다른 조직이나 기관에 침투하는 상태

암 발생에는 유전력, 암을 유발하는 화학물질, 특정 바이러스 노출 등 여러 요인이 있을 수 있다(Chen, Odenike, & Rowley, 2010; Samuels et al., 2004; T. Walsh et al., 2006). 그중 암으로 인한 사망의 거의 2/3 정도가 흡연이나 건강하지 못한 식단 등 조절 가능한 습관에 의한 것이다. 음주나 과도하게 햇빛에 노출되는 것도 암의 원인이 될 수 있다(Snowden, 2009). 이런 습관이나 행동은 고칠 수 있다.

개념 12-21

암으로 인한 사망의 2/3가 흡연과 식습관 등의 조절이 가능한 행동에서 비롯된다.

© David Harry Stewart/Stone/Getty Images

심리적 지지를 받는 모임은 암 환자들이 질병을 이겨 나가는 데 도움을 준다.

1) 암의 위험 요소

가족력과 나이(나이가 많은 사람이 위험성이 높음) 등의 위험 요소들은 피할 수가 없다. 지금 살펴볼 것은 생활방식의 변화로 충분히 조절이 가능한 암의 요소이다. 암을 방지하는 행동을 연습한다면, 매년 수십만의 생명을 구할 수 있다(〈표 12-2〉 참조).

(1) 흡연

흡연이 폐암의 원인이라는 것은 잘 알려져 있는데, 남성과 여성의 사망의 주요 원인이다. 폐암의 거의 90%는 흡연에서 비롯된다. 흡연은 대장암(큰창자 또는 직장암) 등 다른 암과도 관련이 있다. 이전에도 언급했듯이 미국의 모든 암으로 인한 사망의 1/3은 흡연과 관련이 있다.

(2) 식습관과 음주

개념 12-22

암을 예방하는 행동을 연습한다면, 매년 수십만의 생명을 구할 수 있다.

지속적으로 육류나 유지방 제품 등 포화지방이 높은 음식을 섭취하는 경우 남자는 전립선암, 여자는 대장암 발병 확률이 높아진다. 암으로 인한 사망의 30%는 식습관 때문이다. 지방이 많은 음식을 먹어서 생기는 비만도 암의 발병과 밀접한 관련이 있다(D. Li et al., 2009; Stolzenberg-Solomon et al., 2008).

흡연과 식습관만이 암의 발병과 관련 있는 것이 아니다. 과음 또한 구강암, 인두암, 식도암 등 여러 암의 위험을 높인다.

〈표 12-2〉 암을 방지하는 데 도움이 되는 행동

• 담배를 피지 말라.
• 술을 마실 경우, 여자는 하루에 한 잔, 남자는 하루에 두 잔으로 제한하라.
• 신체를 많이 움직이는 습관을 들여라.
• 건강한 식습관을 가지고 포화지방의 섭취를 제한하라.
• 체중을 적정 수준으로 관리하라.
• 햇빛에 과도하게 노출되는 것을 피하라.
• 정기검진을 받고 암 진단에 요구되는 사항들을 지켜라.

© ragsac/BigStockPhoto.com

(3) 햇빛에 노출

기저세포암(basal cell carcinoma): 일찍 감지하고 제거하면 쉽게 치료될 수 있는 피부암의 한 종류

지속적으로 햇빛에 노출되면 피부암의 가장 흔한 종류이면서 가장 위험성이 낮은 기저세포암(basal cell carcinoma)의 발병률이 높아진다. 피부암 발병의 75%가 기저세포암인데, 보통 머리, 목, 손 등 햇빛에 자주 노출되는 부위에 발생한다. 이 암

은 초기에 감지해서 수술로 제거할 경우 쉽게 치료될 수 있다. 어릴 때의 심각한 일광화상은 가장 치명적인 피부암인 흑색종(melanoma)의 위험을 높인다. 피부암 발병의 10%가 흑색종이며, 매년 8,700명의 생명을 앗아간다(NCI, 2010b, 2010c). 피부암 발병을 막기 위해서는 햇빛에 노출되는 시간을 제한하고 몇 분 이상 햇빛에 노출될 경우 선크림을 발라야 한다.

흑색종(melanoma): 가장 치명적인 피부암

(4) 스트레스

암 발병은 스트레스와 관련이 있는가? 아직까지 정확한 답은 없다(S. Cohen, Janicki-Deverts, & Miller, 2007). 최근 여성의 건강을 연구한 대규모 연구에서는 스트레스 환경과 유방암의 위험은 관련이 없다고 밝혔다(Michael et al., 2009). 투지 같은 심리 대처 기술이 암 환자의 생존율을 높인다는 뚜렷한 증거도 없다(Coyne et al., 2009; Kissane et al., 2007). 그럼에도 많은 암 환자들이 심리 상담을 통해 암으로 인한 우울, 불안, 절망 같은 감정을 대처하는 데 도움을 받는다(Foley et al., 2010; Hopko et al., 2007; Manne et al., 2010).

2) 스트레스와 다른 신체 질환

스트레스는 천식, 두통, 위궤양 등의 많은 신체 질병과 연관이 있다.

개념 12-23

스트레스는 천식, 두통, 위궤양 등의 신체 질병에 영향을 끼친다.

(1) 천식

천식(asthma)은 숨을 쉬는 데 필요한 폐의 기관지(brochi)에 방해물이 있거나 막혀서 발생하는 만성적인 폐 질환이다. 폐의 기관지가 막히면 갑자기 호흡이 막히고 생명에 위협을 받는다. 미국 성인 열 명 중 한 명, 청소년 일곱 명의 거의 한 명이 천식으로 고통받고 있다(Akinbami, 2010). 천식의 원인은 알레르기 반응, 기관지염이나 폐렴 등의 호흡기 감염, 환경오염으로 인한 매연 또는 담배 연기 노출, 유전적 또는 면역의 문제 등이 있다. 스트레스, 우울, 불안 등의 심리적 문제가 천식에 직접적으로 영향을 끼치는 것은 아니지만 천식 발작의 취약성을 높일 수는 있다(Lehrer et al., 2002).

천식(asthma): 호흡기관이 일시적으로 막히는 만성적 폐질환으로 천명이나 호흡곤란으로 이어질 수 있음

(2) 두통

스트레스를 받으면 머리가 아프거나 욱신거리는가? 백만 명에 달하는 사람이 스트레스로 인한 두통에 시달리고 있다. 스트레스를 받을 때, 두피에 있는 근육, 얼굴, 목, 어깨 등이 긴장되고 이로 인해 생기는 두통이 가장 흔하게 나타난다. 근육의 긴장으로 인한 두통은 머리가 무겁고 만성적 통증이 머리 양쪽에서 나타나 머리에 압력을 주고 당기는 느낌이 든다.

스트레스는 미국인 열 명 중 한 명 꼴로 겪고 있는 편두통(migraine headache)에 영향을 끼친다. 편두통은 몇 시간 또는 며칠씩 지속되기도 하는데, 보통 머리의 한 쪽이 깨질듯이 아프거나 욱신거리는 느낌을 동반하는 견디기 힘든 두통이다. 편두

편두통(migraine headache): 머리의 혈관에서 혈액의 흐름에 변화가 생겨 강하게 지속되는 두통의 한 종류

〈개념 차트 12-2〉 **신체 질병에 영향을 미치는 심리적 위험 요인**

건강 문제	심리적 · 행동적 위험 요인	건강한 습관
관상동맥 질환 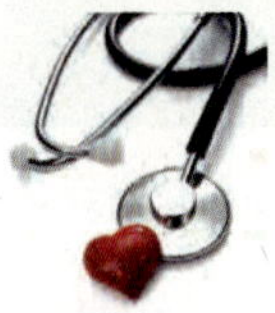 © Picsfive/shuterstock.com	흡연, 건강하지 못한 식습관, 운동 부족, 지속적인 부정적 감정 경험	흡연을 피하기, 꾸준한 운동, 부정적인 감정 조절하기, 음식의 지방량을 제한해서 먹기, 적절한 체중 조절, 스트레스 대처 기술 습득하기
암  © iStockphoto.com/Braden Gunem	흡연, 고지방 식습관, 과음, 과도한 햇빛 노출, 운동 부족, 스트레스	흡연을 피하기, 과음하지 않기, 꾸준한 운동, 선크림 바르기, 적절한 체중 조절, 스트레스 대처 기술 습득하기
천식  © keeweeboy/BigStockPhoto.com	스트레스는 신체가 허약한 사람에게 천식을 유발할 수 있다.	스트레스에 대처하는 방법, 근육을 이완하면서 휴식하는 법 연습하기
두통  © PaulMaguire/BigStockPhoto.com	스트레스는 근육의 긴장으로 인한 두통과 편두통을 유발할 수 있다.	근육을 이완하는 방법을 습득하거나 바이오피드백을 통해 문제해결하기
위궤양 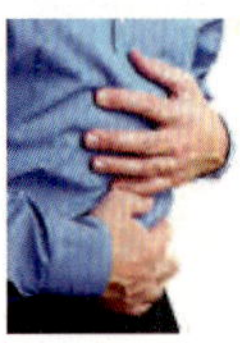 © iStockphoto.com/Robert Kneschke	스트레스는 파일로리균에 취약하게 만들고 위궤양의 상태를 악화시킨다.	스트레스를 견딜 수 있는 수준으로 낮추기

통은 뇌에 전달되는 혈류량의 변화 때문에 생기는데, 이는 신경전달물질인 세로토닌(serotonin)의 불균형에서 비롯될 확률이 높다. 세로토닌은 뇌의 혈관의 크기를 조절하여 혈류량을 조절하는 등 중요한 역할을 한다. 머리의 각 부분에 유입되는 혈액의 차이 때문에 욱신거리거나 머리가 깨질듯이 아픈 증상이 일어날 수 있다.

유전적인 요인도 편두통의 취약성을 높인다(Estevez & Gardnr, 2004). 편두통은 호르몬 수치 변화, 피곤, 특정 마약이나 화학물질, 치즈나 초콜릿 같은 음식, 눈이 부신 빛, 기압 변화 등 여러 요인에 의해 야기될 수 있다.

아스피린이나 이부프로펜(상표 이름은 Advil, Nuprin, Motrin)과 같은 진통제들이 두통 치료에 많이 쓰인다. 머리에서 세로토닌의 수치를 조절하는 약들도 편두통에 도움이 될 수 있다. 스트레스를 줄이는 근육이완 훈련이나 바이오피드백 같은 스트레스를 줄이는 치료도 근육의 긴장와 편두통으로 인한 진통을 줄이는 데 도움이 된다.

(3) 위궤양

미국에 거주하는 열 명 중 한 명은 위나 소장의 벽면이 쓰리고 아픈 위궤양(peptic ulcers)을 앓고 있다. 대부분은 파이로리(H. pylori)라고 불리는 박테리아가 원인이다. 이 박테리아는 위나 창자를 보호하고 있는 벽면에 상처를 주어 궤양을 일으키는데, 많은 경우 파이로리를 직접 공격하는 항생제로 치료한다. 그러나 왜 파이로리를 가지고 있는 사람들 중 오직 10~20%만이 궤양을 일으키는지는 밝혀지지 않았다. 스트레스와 흡연, 과음 같은 심리적인 요인이 취약성을 높였을 가능성도 있는데, 스트레스로 위산의 수치가 높아지고, 높은 위산과 파이로리가 만날 때 위과 소장의 벽에 궤양이 생기는 것이 아닌가 하는 가설이 있다.

위궤양(peptic ulcers): 위나 소장의 벽면이 쓰리고 아픈 증상

다음 단원에서는 스트레스를 잘 조절하여 디스트레스로 가지 않도록 하는 방법에 대해 알아볼 것이다. 그에 앞서 〈개념 차트 12-2〉를 통해 신체 질병에 영향을 끼치는 심리적 위험 요인들에 대한 중요 포인트를 다시 한번 짚고 넘어가자.

2 단원 복습 신체적 질병에 영향을 끼치는 심리적 요인

되새겨 봅시다

심리적 요인들은 심장과 순환 시스템의 건강과 어떤 관련이 있는가?

➤ 흡연, 운동 부족, 건강하지 않은 식습관 그리고 적대심과 같은 심리적 특성은 심장병의 위험과 관련이 있다.

심리적 요인들은 암의 발병에 어떠한 역할을 하는가?

➤ 흡연, 고지방식 식단과 같은 건강하지 않은 행동은 여러 종류의 암 발생 위험을 높인다.

점검해 봅시다

1. 다음의 용어에 적합한 설명을 골라 보자.

① 동맥경화	가. 심장에 혈액을 전달하는 혈관이 좁아지는 것
② 심근경색	나. 동맥 내면의 지방 침전물
③ 플라그	다. 관상동맥에 혈액이 흐르는 것이 막혀서 일어나는 심장마비 증상
④ 죽상동맥경화	라. 동맥 내면이 두꺼워지고, 딱딱해지고, 탄력이 없어지는 것

2. ① 관상동맥 질환의 주요 위험 요인들을 나열해 보자. ② 어떤 것들을 우리가 제어할 수 있는가?
3. 흡연은 심장마비의 위험성을 __________ 증가시킨다.
   ① 2배
   ② 3배
   ③ 4배
   ④ 증가시키지 않음
4. 암으로 인한 사망의 __________ 정도가 두 가지 습관 및 __________(와)과 관련이 있다.

생각해 봅시다

➤ 심혈관 질병의 위험 요인 중 당신이 조절할 수 있는 것은 무엇인가? 그런 요인들을 줄이기 위해 지금 해야 할 일은 무엇인가?

➤ 암 발병의 위험에서 스스로를 지키기 위해 무엇을 해야 하는가? 암 발병을 조기에 감지하기 위해 무엇을 해야 하는가?

3 단원 스트레스에서 디스트레스를 제거하기

우리 삶에서 스트레스를 완전히 제거하는 것은 불가능하다. 어느 정도의 스트레스는 도움이 될 수 있다. 대신 스트레스가 디스트레스가 되지 않도록 대처하는 방법을 습득해야 한다. 이 단원에서는 스트레스를 좀 더 효율적으로 조절하는 방법을 정리해 놓았다(Nevid & Rathus, 2010에서 수정).

개념 12-24

스트레스를 피할 수는 없지만 스트레스에 대처하는 방법은 배울 수 있다.

1. 스트레스를 견딜 수 있는 수준으로 유지하기

당신의 매일의 삶을 한번 생각해 보자. 시간 내에 해야 할 일 때문에 계속 이리저리 분주히 다니는가? 쉴 수 있는 시간을 찾기가 힘든가? 여기에 스트레스를 견딜 수 있는 수준으로 유지하기 위한 방법을 제안해 놓았다.

① 일상의 스트레스를 줄이라. 일상 속 스트레스를 유발하는 것을 줄이기 위해 무엇을 할 수 있을까? 아침 교통 체증을 피하기 위해 학교나 직장 스케줄을 조절할 수 있는가? 카풀을 신청하는 것은 어떨까? 교통 체증으로 움직일 수 없을 때, 스트레스를 받는 대신 그 시간에 밀린 자료를 읽는 식으로 시간을 잘 사용해 보는 것은 어떤가?

② 당신의 한계치를 알라. 씹을 수 있는 것보다 많은 것을 먹지 말자. 당신이 현실적으로 성취할 수 있는 이상의 일을 맡지 말자. 가능하면 다른 사람에게 당신이 책임지려고 하는 일을 나누어 주자.

③ 현실적인 스케줄을 세우고 따르라. 일을 나누어 스케줄을 짜서 일이 쌓이지 않도록 하는 방법을 배우자. 스트레스를 유발하는 일을 감당할 수 있는 수준의 일로 나누어 하자. 스트레스를 주는 일이 너무 많아지면 마감 시간을 연장하여 일을 마무리할 수 있는 시간을 좀 더 갖도록 하자.

④ 자주 쉬어 주라. 일을 할 때 마음과 몸에 생기를 불어넣어 줄 수 있도록 자주 쉬는 시간을 갖도록 하자.

⑤ 좀 더 효율적인 스트레스 관리 방법을 개발하라. 매달 달력을 사용하여 활동과 일을 정리하자. 최대한 많은 활동의 스케줄을 미리 설정하여 목표를 달성할 때까지 충분한 시간을 가질 수 있도록 하자. 그러나 감당할 수 없을 정도로 너무 많은 스케줄을 잡아서는 안 된다. 때때로 아무것도 하지 않는 자유의 시간을 갖도록 하자.

⑥ 우선순위를 정하는 법을 배우라. 매달 달력을 사용하여 매일 달성하고자 하는 일

들을 나열해 보고 오늘 하루 가장 중요한 목표가 무엇인지 우선순위를 정하자. 꼭 달성해야 하는 것을 1순위로 설정하고, 그보다 덜 중요한 것은 2순위, 시간이 되면 하고 싶은 일은 3순위로 설정하자. 그 우선순위에 해당하는 일들을 진행할 수 있도록 오늘 하루의 시간을 잘 배정하자.

2. 쉬는 방법을 배우기

쉬는 방법을 배워 스트레스에 대한 신체반응을 조절하라. 어떤 사람들은 음악 감상으로 하루 일과를 마친 후 마음의 쉼을 얻는다. 어떤 사람들은 책에 둘러싸여 있는 것을 좋아하기도 한다. 어떤 사람들은 몸을 이완시켜 주는 바이오피드백 훈련(제3장 참조)이나 명상(제4장 참조), 깊은 심호흡 연습을 한다. 심호흡을 연습하기 위해서는 코로만 숨을 쉬어야 한다. 숨을 들이마시는 시간과 내쉬는 시간을 동일하게 하고 숨을 쉴 때마다 '편하다'라는 말을 조용히 반복해서 안정을 찾도록 하자. '쉬'라는 소리를 길게 내면 숨을 깊고 안정적으로 길게 쉬는 데 도움이 된다. 많은 대학이 스트레스 조절 기술에 대한 워크숍이나 세미나를 여는데, 그런 곳에서 스스로에게 맞는 휴식 방법을 찾을 수 있다. 한번 찾아보면 어떨까?

유머는 일상생활의 스트레스를 줄이는 데 도움이 된다. 코미디를 보거나 하는 것은 스트레스에서 잠시나마 벗어날 수 있는 데 도움이 된다.

3. 신체를 잘 관리하기

충분히 잠을 자고, 영양 균형이 맞는 음식을 섭취하고, 꾸준히 운동을 하고, 정기 검진을 하며, 마약과 같은 해로운 물질 사용을 피해 스트레스에 효율적으로 대처할 수 있도록 신체를 잘 관리해야 한다. 꾸준한 운동은 스트레스에 대한 내성을 증진시키고 스트레스로 인한 우울이나 불안 등의 감정을 줄일 수 있다는 연구 결과가 있다(Harris, Cronkite, & Moos, 2006; Salmon, 2001). 최근 통계에 따르면 미국 전체 성인의 절반에 조금 못 미치는 43%가 일주일에 세 번 이상 운동을 한다고 한다(D. E. King et al., 2009).

4. 정보를 수집하기

자신의 상태에 대해 잘 알수록 스트레스를 줄일 수 있다. 당신이 질병으로 인한 스트레스를 경험하는지, 새로운 도시에서 적응하는 스트레스를 경험하는지 현재 상황에서 더 효율적으로 적응할 수 있는 정보를 수집해야 한다.

5. 사회적 그물망을 넓히기

사회적 지지는 스트레스를 이겨 내는 데 도움이 된다. 대학에서 지원하는 동아리나 기관을 통해 다른 사람들과 관계를 맺어 사회적 지지를 늘려 가라. 학생생활연구소나 대학상담센터에서도 사회적 지지를 넓혀 가는 데 필요한 조언 및 정보를 얻을 수 있다.

6. 웃긴 코미디를 시청하기

웃는 것 자체가 스트레스를 견디는 항체가 될 수 있다. 코미디를 보는 것은 매일의 삶에서 갖게 되는 스트레스에서 잠시나마 탈출하는 데 도움이 된다. 웃는 것이 제일 좋은 약이라는 오래된 성경 구절이 있다. "즐거운 마음은 좋은 약과 같다"(잠언 17장 22절).

© Rubberball/ Jupiter Images

당신은 번아웃의 위험에 처해 있는가? 과도한 업무 스트레스나 해야 하는 일을 줄일 수 있도록 무엇을 할 수 있을까?

7. 번아웃을 막기

번아웃(burnout)은 신체적 · 감정적으로 소진된 상태로, 너무 많은 업무량, 육아, 다른 스트레스를 유발하는 일 때문에 효과성이 극도로 감소하는 것을 의미한다(Maslach & Leiter, 2008). 번아웃은 심혈관계 질병과 다른 주요한 건강 문제들과 연결된다(Melamed et al., 2006). 번아웃을 막기 위해서는 현실적인 목표를 세우고 일을 제한해야 한다. 실현 가능성이 있는 목표를 세우고 당신의 한계를 넘어가는 일을 하지 말자. 다른 사람들이 당신에게 너무 많은 일을 맡길 때 '아니요'라고 말하는 방법을 배우자. 일을 다른 사람들에게 나누어 주는 방법을 배우고 해야 할 일이 너무 많을 때는 우선순위가 아닌 일들을 하지 말자.

8. 스트레스를 유발하는 생각을 스트레스를 줄이는 생각으로 바꾸기

좋지 않은 일이 발생했을 때 어떤 생각을 가지는가에 따라 스트레스 반응이 결정된다. 실망스러운 일이 생겼을 때 과도하게 반응하여 작은 실수가 아닌 재앙이 발생한 것처럼 행동하는가? 모든 사건을 양자택일이나 완전한 성공 또는 완전한 실패로 생각하는가? 스스로에게 비현실적인 기대를 부과해서 실패할 수밖에 없도록 설정해 놓는가? 만약 이런 비현실적이고 비합리적인 생각의 패턴을 가지고 있다면, 현실적이고 합리적인 생각으로 바꾸는 연습을 하자. 예를 들면, '이것은 작은 실수이지 재앙이 아니야. 나는 문제를 잘 해결해. 이 문제는 잘 해결할 수 있을 거야.'

할 수 있다고 믿을 때 스트레스를 유발 상황에서도 잘 견딜 수 있다. 자신감이 흔들리면 스스로에게 맞는 실현 가능한 목표를 세우고 작은 목표들을 성취해 가면서 자신감을 상승시키자. 실망감이 느껴질 때, 이것은 실패가 아니라 실수를 통해 배울 수 있는 기회라는 것을 기억하자.

9. 감정을 묵혀 두지 말기

불편한 생각이나 감정을 쌓아 두면 자율신경계에 큰 부담을 주고, 면역 체계를 약하게 만들어 질병에 취약하게 된다. 스트레스나 외상적 사건들에 대해 감정을 표현하는 것은 심리적 또는 신체적 건강에 긍정적인 영향을 줄 수 있다. 일기장에 당신의 감정을 쓰고 믿을 수 있는 사람이나 상담 전문가와 그 내용을 나누어 보자.

10. A유형 행동을 조절하기

A유형 행동 패턴을 가진 사람은 짧은 시간에 최대한 많은 일을 하려다 보니 스트레스를 받는 일이 많아진다. 토끼를 거북이로 바꾸는 것은 불가능할지 모르지만, 연구자들은 긴급한 시간 감각을 변형시켜 A유형 행동 패턴을 조절할 수 있다고 한다(M. Friedman & Ulmer, 1984). 다음의 행동 수칙은 타고난 A유형의 사람에게도 도움이 된다.

© Getty Images/jupiter images

A유형 행동을 줄이기 위해 무엇을 할 수 있을까?

- 무엇이든 천천히 하라. 천천히 걷자. 빨리 지나가지 말고 주위 환경을 보면서 즐기자. 속도 제한의 최대 속도가 최소 속도가 아님을 명심하자.
- 흥미 있는 책을 읽으라. 일에 도움이 되는 책이 아닌 로맨스 소설, 스릴러 등 재밌는 책을 읽으면서 시간을 보내자.
- 컴퓨터는 집에 놓아두라. 휴가를 떠날 때나 친구들을 방문할 때 노트북이나 일과 관련된 도구들을 가지고 가지 말자.
- 밥을 급하게 먹지 말라. 음식을 먹어 치우지 말고 밥을 같이 먹는 사람들과 함께 이야기를 하면서 천천히 먹자.
- 재미있는 활동들을 하라. 영화를 보거나 갤러리, 박물관을 방문하고, 연극이나 콘서트를 관람하자. 스스로에게 일상의 스트레스에서 벗어나 휴식을 주자.
- 흥미를 개발하라. 매일 흥미로운 활동을 할 때 스트레스에 더 잘 대처할 수 있다. 다른 사람들의 기준이 아니라 당신이 진심으로 즐기는 활동을 선택하라. 긴장을 풀 수 있는 취미를 가져 보자.
- 현실적인 목표를 세우라. 너무 많은 활동을 계획하거나 비현실적으로 스스로를 압박하지 말자.

A유형 행동 프로파일 중 한 요소인 적대감은 쉽게 화를 내는 것과 관련이 있다. 화를 조절하는 방법은 제8장에 언급되어 있다.

스트레스는 우리 삶의 피할 수 없는 부분이지만, 스트레스에 효과적으로 대처하는 것은 스트레스를 대처 가능한 수준에서 유지할 수 있도록 돕고 몸의 경고 반응을 낮출 수 있다. 스트레스는 삶의 일부분인 것은 사실이나, 스트레스와 함께 살아갈 수 있는 방법을 배울 수 있는 것도 사실이다.

심리학에 대해 비판적으로 생각하기

이 장에서 배운 것을 바탕으로 다음 질문들에 답해 보자. 부록 A에 있는 모범 답안과 당신의 답안을 비교해 보면, 비판적인 사고를 할 수 있는 역량이 개선되었는지 평가해 볼 수 있다.

여기저기서 건강과 생명을 증진시키고, 병을 치료하고 방지할 수 있고, 노화를 방지할 수 있는 기적의 약, 비타민, 호르몬, 대체치료에 대해 광고하는 것을 들어 본 적이 있을 것이다. 이러한 주장 중 일부는 너무나 명백한 거짓말이고, 일부는 소수 근거를 바탕으로 과장하는 경우이다. 이 중에는 개인적 경험으로 심리치료가 신체 질병의 치료책인 것처럼 선전하는 사람들도 있다. 연방 감시 기관인 미국 식품의약처(FDA)가 약물과 약에 대한 이러한 주장을 통제하는데도, 아직도 건강 관련 상점이나 슈퍼마켓에서는 질병 발병을 막고 노화를 막는 효과가 있다고 선전하는 약이 많은데, 이것들은 사실 약이 아닌 음식이다.

비판적으로 사고하는 사람들은 이러한 주장을 있는 그대로 믿지 않는다. 대체치료나 건강 상품들이 선전하는 만큼 효과가 없을 수 있고 오히려 해가 될 수도 있다는 것을 알고 있다. 특정 치료법을 주장하는 사람들은 자신의 서비스나 상품을 소비자에게 팔기 위해 사실을 왜곡하여 선전할 가능성도 있다는 것도 알고 있다.

비판적으로 사고하여 건강 상품과 관련된 과대 주장에 숨겨진 사실을 잘 파악해야 한다. 건강 상품 상점에 있는 상품에 적힌 다음의 광고문을 본다면 어떤 생각이 들까?

- 생명이나 건강을 증진시킴
- 근육 성장을 촉진시킴
- 유명한 의사의 추천을 받음
- 최근의 연구에 의해 증명됨
- 완벽히 대사를 촉진시킴

눈으로 복습하기

제12장 심리와 건강

1단원 스트레스란 무엇이며 신체에 어떤 영향을 끼치는가

스트레스란?

- 환경의 요구와 어려움을 적응하고 대처할 때 느끼는 압박감

스트레스의 요인

- 일상 스트레스
- 삶의 사건
- 좌절
- 갈등
- 외상 스트레스 요인
- A유형 행동 패턴
- 문화적응 스트레스

갈등의 유형

- 접근-접근 갈등
- 회피-회피 갈등
- 접근-회피 갈등
- 다중 접근-회피 갈등

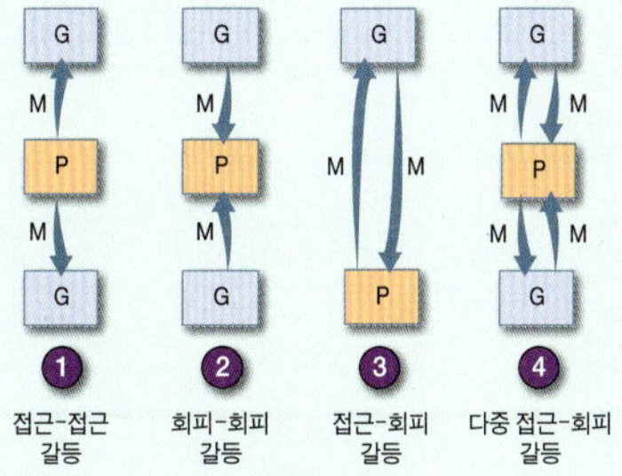

갈등의 유형

스트레스에 대한 신체의 반응

- 일반적응 증후군: 경고 반응, 저항, 소진의 3단계로 이루어진다.
- 스트레스와 내분비계: 뇌하수체 부신축에서 조절되는 내분비 반응
- 스트레스와 면역 체계: 지속적인 스트레스는 몸의 면역 체계를 약화시킨다.

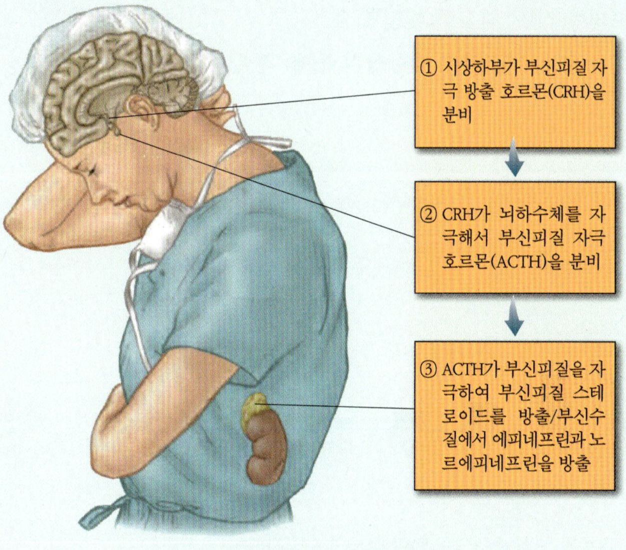

스트레스를 겪을 때 몸의 반응

© Ghislain & Marie David De Lossy

스트레스를 조절하는 심리적 요인

- 사회적 지지: 스트레스를 받을 때 도와줄 수 있는 사람들
- 자기효능감: 스트레스를 유발하는 어려운 일들을 처리할 수 있다는 자신감
- 예측과 통제 가능성: 예측과 통제가 가능할 때 스트레스가 덜하다.
- 심리적 강인성: 전념, 도전, 내적 통제
- 낙관주의: 컵에 물이 반이나 차 있다고 생각하는 방식

스트레스 조절하기

- 스트레스를 견딜 수 있는 수준으로 유지하기
- 쉬는 방법을 배우기
- 신체를 잘 관리하기
- 정보를 수집하기
- 사회적 그물망을 넓히기
- 웃긴 코미디를 시청하기
- 번아웃을 막기
- 스트레스를 유발하는 생각을 스트레스를 줄이는 생각으로 바꾸기
- 감정을 묵혀 두지 말기
- A유형 행동을 조절하기

2단원 신체적 질병에 영향을 끼치는 심리적 요인

행동 및 습관의 위험 요인

- 관상동맥 질환: 흡연, 건강하지 못한 식습관, 운동 부족, 적대감, 지속적으로 느끼는 부정적인 감정
- 암: 흡연, 고지방 식단, 과도한 햇빛 노출
- 스트레스가 영향을 주는 다른 건강상의 문제: 천식, 위궤양, 두통

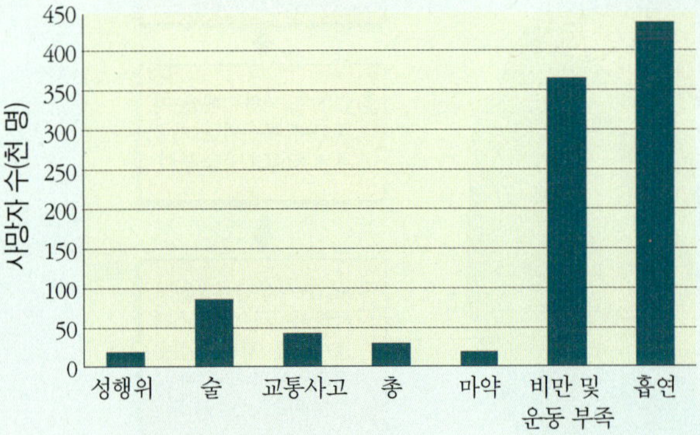

잘못된 생활 습관으로 인한 미국의 사망자 수

제 13 장 성격

시각장애인 3명과 코끼리

처음으로 코끼리를 만난 시각장애인 세 명에 대한 오래된 우화가 있다. 모두 코끼리의 각 부분만을 만지고 어떤 동물인지 알아맞히려고 했는데, 각각 자신이 알아낸 것만이 진실인 것처럼 주장한 것이다. 한 사람은 코끼리의 다리를 만지고는 코끼리가 나무처럼 크고 곧게 뻗은 동물이라고 말했다. 다른 사람은 코끼리의 코를 만지고는 코끼리가 길고 가늘고 꿈틀거리는 뱀과 비슷한 동물이라고 말했다. 마지막 사람은 코끼리의 꼬리를 만지고는 코끼리가 밧줄처럼 생긴 동물이라고 주장했다. 각 사람은 자신이 느끼는 것만이 맞다고 믿었고 자신의 관점에 한계가 있다는 것을 알지 못했다. 한 대상에 대해서도 여러 가지 관점으로 볼 수 있으며, 오히려 다른 시각에서 볼 때 좀 더 완벽한 이해를 할 수 있다는 것을 알지 못했던 것이다.

이 장에서는 행동의 일관성을 보여 주는 심리 특질과 행동양식을 의미하는 성격을 다룰 것이다. 개인의 성격은 우리가 다른 사람들과 관계를 맺는 방식과 환경의 요구에 적응하는 방식을 포함하고 있다. 코끼리와 시각장애인의 비유처럼 성격의 본질을 보는 다양한 관점이 있는데, 각 관점은 성격을 좀 더 잘 이해할 수 있도록 돕는다.

이 장에서는 여러 유명한 성격 이론가의 관점을 살펴볼 것인데, 각 관점은 성격을 연구하는 데 기여하는 바가 다르다. 프로이트나 정신역동 이론가들은 성격에 영향을 끼치는 무의식을 강조하는데, 성격이 무의식에서 일어나는 상반된 힘의 역동과 갈등에서 빚어진다고 믿는다.

특질 이론가들은 성격을 상황이 달라져도 일관성 있게 나타나는 내면의 특질로 설명한다. 사회

다음 사실을 알고 있었나요!

- 정신역동 이론의 창시자인 Freud에 따르면, 말실수는 우리가 인지하지 못하는 숨은 동기와 바람을 보여 준다. (p. 611)
- 정신역동 이론가인 Jung에 따르면, 우리는 조상의 시대로 거슬러 올라가, '원형'의 이미지라는 공유된 무의식적 상태를 물려받는다. (p. 616)
- '5요인(Big Five)'은 미국 대학 농구대회(NCAA)의 이름이 아니라 성격의 특질 이론을 설명하는 이름이다. (p. 622)
- 대학에서 학점을 잘 받는 것도 성격 특질에 달려 있다. (p. 623)
- 인본주의 이론가 Rogers는 어떤 순간에도 아이들은 부모로부터 무조건적인 사랑과 인정을 받아야 한다고 믿었다. (p. 632)
- 19세기의 많은 사람이 머리에 있는 돌출부를 관찰하면 개인의 성격을 알 수 있다고 믿었다. (p. 637)

© Noel Hendrickson/Jupiter Images

학습 목표

이 장을 제대로 공부한 학생은

1. 성격의 개념을 정의할 수 있다.
2. Freud의 정신분석 이론에서 의식의 세 수준과 성격 구조의 세 부분을 이해할 수 있다.
3. 방어기제의 유형을 이해하고 실제의 예에 적용할 수 있다.
4. Freud의 심리성적 발달 단계를 이해하고 각각의 특징을 나열할 수 있다.
5. Jung, Adler, Horney의 성격 이론들을 이해할 수 있다.
6. Allport, Cattell, Eysenck의 특질 이론과 5요인 모델을 이해하고 다양한 예에 적용할 수 있다.
7. 성격 특질의 유전적 배경을 알 수 있다.
8. Rotter, Bandura, Mischel의 사회인지 이론들을 이해할 수 있다.
9. Carl Rogers와 Abraham Maslow의 인본주의 성격 이론들을 이해할 수 있다.
10. 자기정체성에 있어서 집단주의와 개인주의 영향의 차이를 설명할 수 있다.
11. 다양한 성격검사의 특징을 이해할 수 있다.
12. 자기보고식 성격검사(MMPI)와 투사검사(로르샤흐, TAT)들을 평가할 수 있다.
13. 자존감을 키울 수 있는 행동 원칙들을 따를 수 있다.

미리 보기

1단원 정신역동적 관점
2단원 특질 이론
3단원 사회인지적 관점
4단원 인본주의적 관점
5단원 성격검사
6단원 자존감 향상시키기

인지 이론가들은 성격을 개인이 학습한 행동 및 사고방식으로 정의한다. 인본주의 이론가인 로저스나 매슬로는 자신의 가능성을 실현하고자 하는 노력이 성격이라고 주장한다. 프로이트와 그의 추종자들의 관점부터 시작해서 성격에 관한 각각의 다른 관점들을 살펴보자.

정신역동적 관점

1 단원

- Freud의 이론에서 의식의 세 가지 수준은 무엇을 말하는가?
- Freud 이론에서 성격의 세 가지 구조는 무엇을 말하는가?
- 심리 방어기제에는 어떤 것들이 있는가?
- Freud 이론의 심리성적 발달 단계란?
- 다른 정신역동 이론가들이 성격 연구에 기여한 바는?

지크문트 프로이트(Sigmund Freud)는 가장 초기의 성격 이론인 정신분석 이론(psychoanalytic theory)의 창시자이다. 그의 성격 이론에 깔려 있는 핵심은 마음 안에 여러 무의식적인 힘이 역동적으로 싸우고 있다는 것이다. 이러한 이유로 프로이트와 그의 추종자들의 관점을 정신역동 이론이라고 부른다. 이 장에서는 프로이트의 생각과 프로이트를 추종했던 다른 정신역동 이론가들의 주장을 알아보자.

성격(personality): 개인의 특성과 일관성을 설명해 주는 심리적 특징과 행동 패턴

정신분석 이론(psychoanalytic theory): 성격과 행동이 무의식적인 힘의 갈등에 의해 형성된다는 프로이트의 이론

1. 지크문트 프로이트: 정신분석 이론

프로이트는 다윈의 이론을 바탕으로 인간도 동물처럼 생존이 목표라고 생각했다. 인간도 숨 쉬고, 먹고, 배출하고, 하나의 종으로 살아남기 위해 재생산을 해야 한다. 프로이트는 종족 보존을 목적으로 인간이 성적 본능을 타고났다고 믿었다. 이후, 인간의 공격성을 설명하기 위해 성적 본능에 공격적 본능도 추가하였다. 프로이트는 이러한 본능을 너무 자유롭게 풀어 줄 경우 사회와 가족의 질서에 해를 끼칠 수 있기 때문에 질서 있는 사회에 살기 위해서는 원시적 형태의 성적 본능과 공격적 본능을 잘 제어해야 한다고 생각했다. 즉, 자신의 성적·공격적 본능을 잘 다스려서 다른 사람과 조화롭게 살 수 있도록 해야 한다는 것이다. 예를 들면, 공격적 본능이 드러나도 괜찮은 축구장이나, 성적 본능이 드러나도 괜찮은 결혼 후 잠자리 같은 환경 외에는 그 본능들을 제어해야 한다는 것이다.

프로이트는 인간의 본능과 사회적 용인 사이의 균형을 어떻게 찾아가야 하는지를 설명하기 위해 정신분석 이론을 개발했다. 프로이트의 성격 이론은 의식의 수

개념 13-1

성격에 대한 연구는 개인의 독특함과 행동의 일관성을 설명하고자 노력한다.

개념 13-2

프로이트는 성격이 상반된 힘의 갈등에 의해 형성된다고 믿는 정신역동 이론의 창시자이다.

© Time & Life Pictures/Getty Images

지크문트 프로이트

의식(conscious): 인식이 가능한 상태에 있는 정신의 한 부분

전의식(preconscious): 의식으로 나올 수 있는 내용들이 저장되어 있는 정신의 한 부분

무의식(unconscious): 사회적으로 용납되지 않는 충동, 욕구, 기억, 생각들이 존재하는 인식 가능의 범위를 벗어나는 정신의 한 부분

원초아(id): 본능적 충동이 존재하는 무의식의 정신 구조

자아(ego): 사회적 현실과 원초아가 요구하는 것의 균형을 맞추려고 노력하는 정신 구조

초자아(superego): 도덕과 양심에 반응하는 정신 구조

준, 성격 구조, 방어기제, 심리성적 발달 단계의 네 가지 개념으로 설명된다.

2. 의식의 수준: 의식, 전의식, 그리고 무의식

프로이트가 주장한 인간의 정신세계는 빙산 모델에 비유할 수 있다. 인간의 정신세계의 대부분은 수면 아래 있는 큰 빙산처럼 의식 표면 아래에 존재한다([그림 13-1] 참조). 정신세계는 의식(conscious), 전의식(preconscious), 무의식(unconscious)의 세 단계로 이루어져 있다. 의식은 빙산의 수면 위 보이는 부분으로 우리가 인지할 수 있는 생각과 느낌을 말한다. 전의식은 이전에 경험했던 것과 배웠던 것을 저장하는 공간인데, 저장해 놓은 정보는 기억을 통해 의식으로 올라올 수 있다. 예를 들어, 전화번호 같은 정보는 필요할 때 전의식에서 의식으로 올라올 수 있다.

무의식은 수면 아래 깊이 숨겨져 있는 빙산의 가장 큰 부분이다. 여기에는 원시적인 성욕과 공격욕이 존재하는데, 이전의 기억하고 싶지 않은 외상적 사건이나 사회적으로 용인될 수 없는 충동적인 생각이 존재한다. 무의식에 존재하는 정보는 쉽게 의식으로 올라오지 않기 때문에, 우리는 대부분 깊은 내면의 바람, 생각, 충동을 인식하지 못한다.

1) 성격 구조: 원초아, 자아, 초자아

프로이트는 성격이 원초아, 자아, 초자아로 이루어져 있다고 주장했다. 이 성격의 세 구조가 어떻게 균형을 이루고 상호작용을 하느냐에 따라 위기가 있을 때 얼마만큼 효율적으로 대응하는지 결정된다. 이 세 구조는 구분된 신체 구조를 말하는 것이 아니라, 성격 안에 일어나는 상반된 힘들을 나타내는 개념이다.

[그림 13-1]에 나타나 있듯이, 원초아는 오직 무의식 수준에서만 작동한다. 우리로 하여금 생물학적 본능, 즉 식욕, 배설 욕구, 갈증, 성욕, 공격성에 충실하도록 지시한다. 원초아는 성격 구조 중 유일하게 태어날 때부터 가지고 있다. 사회적 원칙과 관습을 고려하지 않고 즉각적인 만족을 추구하는 쾌락 원칙(pleasure principle)을 따른다. 막 태어난 신생아를 생각해 보자. 식욕이나 배설 욕구가 있으면, 기다릴 틈도 없이 즉시 그 욕구를 만족시켜야 한다. 프로이트에 따르면, 원초아는 원하는 것(예: 엄마의 젖꼭지)이 존재하지 않을 때, 원하는 대상의 이미지를 마음속에 그려서 부분적으로나마 만족을 추구한다.

© iStockphoto.com/paul kline

[그림 13-1] 프로이트 이론에 따른 의식의 단계

프로이트 이론에 따르면 의식은 수면 위에 있는 빙산의 일각과 같다. 전의식에서 형성되는 정보들이 언제든 의식으로 올라올 수 있지만, 마음속 깊은 바람, 생각, 충동 등 대부분은 무의식의 단계에 숨겨져 있다.

출처: Nevid et al. (2006)에서 수정.

시간이 지나면, 신생아는 모든 욕구가 그 즉시 만족될 수 없다는 것을 알게 되고, 마음속에 원하는 대상의 이미지를 그리는 것이 실제의 것을 대체할 수 없다는 것도 깨닫게 된다. 생후 1년부터 인간은 좌절을 이기는 법과 만족을 지연시키는 법을 배우는데, 이런 방법을 배우는 정신의 부분이 자아이다. 자아는 '이성과 상식'을 발달시킨다(Freud, 1964).

자아는 현실 원칙(reality principle)에 따라 작동하는데, 이는 사회적으로 용납되는 범위 안에서 행동하고자 하는 원칙이다. 자아는 원초아가 요구하는 것을 사회적으로 적합한 범위 안에서 현실화하고자 노력한다. 즉, 원초아는 배가 고프면 의자에서 일어나 먹을 것을 찾게 하고, 자아는 먹을 것을 스스로 만들어 다른 사람의 음식을 훔쳐 먹지 않게 한다.

초자아는 도덕적이고 양심적인 지침을 제시한다. 부모와 중요한 사람들의 도덕적인 가르침을 바탕으로 자아로부터 분리되어 3세에서 5세 사이에 형성된다. 초자아의 일부는 스스로 인지하는 개인의 도덕적 신념을 따르기도 한다. 그러나 초자아의 많은 부분은 무의식에서 작동하면서 자아가 결정하는 행동들의 옳고 그름을 판단한다. 자아의 행동이 초자아의 기준에 맞지 않을 때, 초자아는 죄책감이나 수치심으로 스스로를 처벌한다.

우리의 행동은 원초아, 자아, 초자아의 역동적 갈등의 산물이다. 이러한 갈등은 의식의 밖, 무의식의 상태에서 일어난다. 자아는 초자아와 원초아 사이의 좋은 중재자이다. 자아는 초자아의 도덕적인 기준을 위배하지 않는 선에서 원초아의 요구를 만족시키고자 한다. 자아의 일부는 극심한 배고픔의 상태에서도 다른 사람의 음식을 훔쳐 먹지 않고 샌드위치를 만들어 먹는 것처럼 의식적인 행동을 하게 만든다. 그러나 자아의 많은 부분이 의식의 수면 아래에서 작동하고, 이때 성욕과 공격욕 등 용납되지 않는 욕구를 스스로가 의식하지 못하게 하기 위해 방어기제를 작동시킨다.

개념 13-3

프로이트는 정신이 의식, 전의식, 무의식의 세 단계로 이루어져 있다고 주장했다.

개념 13-4

프로이트는 성격이 원초아, 자아, 초자아의 세 구조로 구성되어 있다고 주장했다.

쾌락 원칙(pleasure principle): 사회의 통념이나 관습이 아닌 즉각적인 만족감을 추구하는 원초아의 원칙

현실 원칙(reality principle): 현실적인 한계 안에서 본능적인 욕구를 만족시키려고 하는 자아의 원칙

2) 방어기제

프로이트의 관점에 의하면, 자아는 무의식 세계에서 존재하는 욕구들이 의식으로 올라올 때 느끼는 불안감을 막기 위해 방어기제(defense mechanism)를 작동시킨다(Murray, Kilgour, & Wayslkiw, 2000). 중요한 방어기제인 억압(repression)은 용납되지 않는 기대, 공상, 충동, 욕구들을 무의식의 상태로 밀어 넣어 의도적으로 잊어버리려고 하는 것이다. 다른 방어기제들에는 부인(denial), 반동형성(reaction formation), 합리화(rationalization), 투사(projection), 승화(sublimation), 퇴행(regression), 전치(displacement)가 있다(〈표 13-1〉 참조).

억압은 용납될 수 없는 악질의 충동이 의식의 수면 아래 있을 때에도 겉으로 침착을 유지할 수 있도록 도와준다. 그러나 이런 욕구는 꿈의 상징이나 말실수[프로이트의 말실수(Freudian slips)라고 불림] 등의 형태로 드러나기도 한다(Freud, 1938). 프로이트의 관점에 따르면, 친구에게 "네가 무슨 말을 하는지 안다."라고 말하려고 했는데 "네가 말하는 게 싫다."라고 말실수를 하는 것은 원래 그 친구가 마음에 들지

개념 13-5

프로이트는 무의식 세계에서 존재하는 욕구들이 의식으로 올라올 때 느끼는 불안감을 막기 위해 자아가 방어기제(defense mechanism)를 작동시킨다고 생각했다.

방어기제(defense mechanism): 자아가 충동이나 문제가 되는 생각들 때문에 생겨나는 불안을 막기 위해 현실을 왜곡시키는 전략

억압(repression): 불안을 야기하는 것들을 일부러 잊어버리는 방어기제

부인(denial): 충동이나 본능들을 인정하기 거부하는 방어기제

〈표 13-1〉 정신역동 이론의 주요 방어기제

방어기제 유형	정의	예
억압	용납되지 않는 생각과 욕구들을 의식으로부터 몰아내는 것	다른 사람을 미워하고 해치고 싶어 하는 욕구들을 인지하지 못한 상태로 지내는 것
퇴행	현재보다 미성숙한 발달 단계의 행동을 하는 것	스트레스를 받은 대학생이 손톱을 깨물거나 다른 사람에게 완전히 의존하는 것
전치	충동을 원래의 대상이 아닌 덜 위험한 대상에게 발산하는것	상사에게 혼나고 나서 문을 쾅 닫는 것
부인	치명적인 충동이나 본능을 인정하기 거부하는 것	사람을 죽기 직전까지 목을 조르고 나서, 별일 아니었다는 듯 행동하는 것
반동형성	충동에 반대되는 행동으로 그 충동을 억제시키는 것	성 경험에서 큰 좌절감을 느낀 후 포르노 근절에 앞장서는 것
합리화	용납될 수 없는 행동, 충동, 사고를 합리화시켜 변명하는 것	왜 담배를 계속 피냐고 물을때, "우리 집에는 암 가족력이 없어요."라고 대답하는 것
투사	다른 사람에게 용납할 수 없는 감정, 충동, 바람을 전가시키는 것	성적으로 억압된 사람이 다른 사람들이 친절하게 행동하는 것을 성적으로 유혹한다고 해석하는 것
승화	용납되지 않는 충동을 사회적으로 용납되는 행동으로 전환시키는 것	공격성을 경쟁적인 운동으로 푸는 것

반동형성(reaction formation): 용납할 수 없는 충동에 반대되는 태도를 보이는 방어기제

합리화(rationalization): 용납될 수 없는 행동, 충동, 사고를 합리화시켜 변명하는 방어기제

투사(projection): 용납할 수 없는 감정, 충동, 바람을 다른 사람에게 전가시키는 방어기제

승화(sublimation): 용납되지 않는 충동들을 사회적으로 용납되는 행동으로 전환시키는 방어기제

퇴행(repression): 극도의 스트레스 상태에서 현재보다 미성숙한 발달 단계의 행동으로 후퇴하는 방어기제

전치(displacement): 성욕이나 공격욕 등 용납되지 않는 충동을 원래의 대상이 아닌 덜 위험한 대상에게 발산하는 방어기제

않았던 것이 충동적으로 나오게 되는 것이라고 설명한다.

생활의 한 단면 말실수에 대한 해석은 다양하다. 어떤 사람들은 단순히 비슷한 단어 때문에 이전의 기억이 살아나는 것이라고 말한다. 프레드 네즈빗(Fred Nesbit)이라는 소크 밸리 커뮤니티 대학 교수는 어느 날, 심리학자들이 정신병리학에 대해 '강도 높은(extensive)' 교육을 받는다고 말하려고 했으나 대신 '비싼(expensive)' 교육을 받는다고 말했다. 이것은 그가 비싸게 받았던 교육이 기억에 남아서 무의식의 충동과는 상관없이 우연히 나온 것이라고도 볼 수 있다.

방어기제는 자아가 원초아의 비합리적인 요구에 적응하기 위한 정상적인 과정이기도 하지만, 때로는 비정상적이고 부적응적인 방식으로 드러나기도 한다. 예를 들면, 한 남성이 여성을 성희롱한 후 자신의 공격욕을 인정하지 않고, "그 여자도 좋아했다."라고 합리화하는 것이다. 극도로 스트레스를 받을 때 성격이 아기와 같이 의존적인 상태로 퇴행하는 사람들은 스트레스를 직면할 때 생기는 불안은 피할 수 있을지 모르나 효과적으로 기능하지는 못하게 된다.

3) 성격 발달 단계

프로이트의 관점에 의하면, 성격은 심리성적 발달의 5단계를 거친다. 각 단계들에서 아이들은 성적인 쾌감을 느끼는 부위인 성감대(erogenous zones)가 단계별로 변해 간다. 프로이트는 먹고, 배설하고, 번식하는 기본적인 삶의 기능과 관련된 신체적인 활동들이 기본적으로 쾌락에 기초하고 있는 '성적'인 행동이라고 생각했다. 아기들이 엄마의 젖을 빨고 배설하는 활동들도 프로이트에게는 성적인 행동으로 보였다. 그러면 프로이트는 왜 이런 활동들을 성적인 행동이라고 생각했을까? 답은 '생존하기 위해서'이다. 아기는 생존을 위해 엄마의 젖을 빨아서 영양분을 공급받아야 한다. 만약 젖을 빠는 행동이 쾌락적이지 않다면, 아기는 그런 행동을 하지 않을 것이고, 결국 굶어 죽게 될 것이다. 아동이 심리성적 단계를 거쳐 갈수록 주요 성감대 역할을 하는 부위가 바뀐다.

성감대(erogenous zones): 성적인 쾌감에 민감한 신체의 부위

각 발달 단계에서 심리적 갈등이 생겨날 수 있다. 이러한 갈등은 본능적인 욕구가 과도하게 충족되거나 좌절될 경우가 생기는데 이때 고착(fixation)이 일어난다. 고착은 다음 성격 발달 단계로 발전하지 않고 이 전 단계에 갇혀 버린 것을 말한다. 성격의 다섯 발달 단계와 각 단계에서 일어나는 갈등을 간단히 살펴보자.

© Dmitry Naumov/shutterstock.com

고착(fixations): 특정 심리성적 단계에서 본능적인 욕구가 과도하게 충족되거나 좌절될 경우 생기는 성격 특질들

구강기(oral stage): 빨기, 입으로 가져오기, 물기 등의 구강 행동을 통해 성적인 쾌락을 느끼는 심리성적 발달의 첫 단계

항문기(anal stage): 변을 배설하거나 보유하는 배변 활동을 통해 성적인 쾌락을 느끼는 심리성적 발달의 두 번째 단계

항문 보유적 성격(anal-retentive personality): 완벽주의나 과도한 자기 조절 욕구가 청결이나 꼼꼼함으로 나타나는 성격 유형

(1) 구강기

구강기(oral stage)는 생후 12개월에서 18개월 사이에 형성된다. 이 단계의 주요 성감대는 구강이다. 신생아는 엄마의 젖을 물거나 물건들을 입으로 가져가고, 부모의 손을 비롯해 주위에 있는 것들을 깨물면서 성적인 쾌락을 추구한다. 구강기에서 과도한 만족을 느끼면 어른이 되어서도 흡연, 손톱 깨물기, 알코올 남용, 과식 등 구강 고착 현상이 일어나게 된다. 이때 만족감이 너무 적으면 다른 사람에게 심하게 의존하거나 비관적인 태도를 가질 수 있다.

© Oliver Eltinger/Corbis

구강 고착인가? 프로이트는 구강기에 만족감이 지나치게 과도하거나 부족하면 구강 고착이 성격으로 자리 잡는다고 주장했다.

(2) 항문기

생후 18개월부터 항문기(anal stage)가 시작된다. 아이가 괄약근 조절을 통해 배변을 하게 되면서 항문이 주요 성감대가 된다. 생후 3세까지 부모와 아이는 배변 활동을 두고 갈등하는데, 아이는 부모의 인정을 받기 위해 즉시로 배변 욕구를 만족시키는 것을 미루고 적절한 시점에 배설하는 것을 배워야 한다.

배변 훈련을 지나치게 엄격하게 하거나 지나치게 관대하게 할 경우 항문 고착이 생길 수 있다. 배변 훈련이 지나치게 엄격할 경우, 완벽성, 지나친 통제, 정리정돈, 청결의 특징을 가진 항문 보유적 성격(anal-retentive personality)이 발달한다. 반대로 배변 훈련이 지나치게 관대할 경우, 무질서하고, 자기 통제가 부족하고, 부주의한 항문 공격적 성격(anal-expulsive personality)이 발달한다.

항문 공격적 성격(anal-expulsive personality): 단정하지 못하고, 무질서하고, 부주의한 성격 유형

남근기(phallic stage): 생식기에 성감대가 발달하는 심리성적 발달의 세 번째 단계이며 오이디푸스 콤플렉스가 발달함

오이디푸스 콤플렉스(Oedipus complex): 반대의 성의 부모에게 성적인 욕망을 가지면서 같은 성의 부모에게는 라이벌 의식을 느끼는 것

엘렉트라 콤플렉스(Electra complex): 어린 여자 아동에게 나타나는 오이디푸스 콤플렉스

(3) 남근기

남근기(phallic stage)는 대략 3세에서 6세까지 지속되는데, 이때 성감대는 생식기이다. 이 시기에 자위를 하는 것을 두고 부모와 갈등을 겪을 수도 있는데, 이 시기에 중요한 갈등은 오이디푸스 콤플렉스(Oedipus complex)이다. 오이디푸스 콤플렉스는 남자아이가 이성의 부모에게 성적인 욕망을 가지면서 동성의 부모에게는 라이벌 의식을 느끼는 것을 말한다. 프로이트는 그리스 신화의 오이디푸스 왕(자기도 모르게 자신의 아버지를 살해하고 어머니와 결혼한 왕)의 이야기에 기반을 둔 이 이름을 붙였다. 프로이트는 고대 우화들이 인간의 심리성적 발달에 대해 많은 것을 시사한다고 생각했다. 프로이트의 추종자들은 오이디푸스 콤플렉스의 여자 버전을 그리스 신화에서 또 다른 비극의 주인공(아버지의 죽음을 복수하기 위해 어머니와 어머니의 애인을 죽인 주인공)의 이름을 따서 엘렉트라 콤플렉스(Elecra complex)라 불렀다.

프로이트는 남자 아동의 경우 어머니에 대한 근친상간의 욕구를 버리고 자신의 라이벌인 아버지와 스스로를 동일시함으로써 이 갈등을 해결한다고 보았다. 여자 아동은 보통 아버지에 대한 욕구를 버리고 어머니와 자신을 동일시한다. 동성 부모와 동일시하는 것은 성역할을 배워 나가는 데 큰 역할을 한다. 남자 아동은 남성성을 대표하는 공격성과 독립적인 기질을 발달시키고, 여자 아동은 여성성을 대표하는 보살피고 정숙하게 행동하는 기질을 발달시킨다. 부모와 동일시하는 과정에서 아이들은 부모의 태도와 가치관으로부터 도덕성을 배워 초자아도 발달하게 된다.

개념 13-6

프로이트는 성격이 구강기, 항문기, 남근기, 잠복기, 성기기의 5단계를 거쳐 발달한다고 생각했다.

➔ 개념 링크 프로이트와 반대로 정신역동 이론가 에릭 에릭슨은 심리사회적 발달을 주장했는데, 이는 아동기에서 시작하여 성인기까지 지속된다(제9장, 제10장에서 논의됨).

프로이트는 남자 아동이 오이디푸스 갈등을 잘 해결하지 못하면 강하고 남자다운 인물(특히 권위적인 인물)에 대한 분노를 품게 된다고 생각했다. 또한, 남자, 여자 아동 모두 동성의 부모와 동일시하는 과정에서 실패하면 반대 성의 특질이 발달하고 동성애자가 될 가능성도 높다고 보았다.

거세 불안(castration anxiety): 부적절한 성적 충동에 대한 벌로 남근이 제거되는 무의식적인 공포심

남근 선망(penis envy): 여자 아동이 남자 아동의 남근을 부러워하는 것

프로이트는 또한 어린 남자 아동이 거세 불안(catration anxiety)을 경험하는데, 이는 어머니에 대한 성적 욕망에 대한 벌로 아버지가 자신의 성기를 제거하려고 한다고 느끼는 무의식적 공포심이다. 거세에 대한 이런 무의식적 공포는 남자 아동으로 하여금 어머니에 대한 성적 욕구를 버리고 아버지와 자신을 동일시하는 데 집중하도록 만든다. 프로이트는 여자 아동에게는 남자 아동처럼 남근을 가지고 싶어 하는 남근 선망(penis envy)이 있다고 생각했다. 남근 선망은 여자 아동으로 하여금 자신이 남자 아동보다 부족하다고 느끼게 만들며, 부족한 존재로 낳아 준 어머니를 원망하게 만든다. 여자 아동이 아버지에 대한 성적 욕망보다 어머니의 사랑과 보호를 잃고 싶지 않는 마음이 크기 때문에 결국에는 아버지에 대한 욕망을 버리고 어머니와 동일시하는 것에 집중한다. 여자 아동들이 성적으로 성숙해지면 출산에 대한 바람으로 남근을 가지고 싶은 바람을 버리게 되는데, 즉 남근 대체를 하는 것이다. 프로이트는 오이디푸스 콤플렉스, 이성 부모에 대한 욕망, 동성 부모에 대한 라이벌 의식, 거세 불안, 남근 선망 모두가 무의식에서 일어난다고 생각했다. 무의식에서는 폭풍과 같은 갈등이 일어나지만 표면은 평온하기만 하다.

(4) 잠복기

6세부터 12세 사이에는 남근기의 갈등이 잠잠해지는데 이를 잠복기(latency stage)라고 부른다. 잠복기에는 성적인 충동이 거의 일어나지 않는다.

잠복기(latency stage): 성적인 충동이 활발히 일어나지 않는 심리성적 발달의 네 번째 단계

성기기(genital stage): 사춘기부터 시작하여, 성숙한 성적 관계를 가지고 생식하는 심리성적 발달의 마지막 5단계

(5) 성기기

사춘기 즈음에 성기기(genital stage)에 들어가는데, 이 시기에는 이성 부모에 대한 성적인 욕구가 적절한 대상, 또래 이성으로 옮겨 간다. 여성은 아버지와 닮은 남성에 매력을 느끼는 반면, 남성은 어머니와 닮은 이성에 매력을 느낀다. 성적 에너지가 결혼 후 성관계 및 임신 등 성숙한 방식으로 표현된다.

3. 다른 정신역동 접근

프로이트를 따르던 추종자들 중 많은 수는 자신의 독립된 이론으로도 유명하다. 프로이트와 다른 개념을 주장하기도 했지만, 무의식의 갈등이 개인의 행동과 신념에 영향을 끼친다는 정신역동의 기본 원리는 유지했다. 프로이트를 따랐던 이론가들(신 프로이트 학파로 불림)은 성욕과 공격욕을 덜 강조하고 자아의 활동과 사회적 관계를 더 강조했다. 신 프로이트 학파 이론 중 에릭 에릭슨의 이론은 제9장에서 살펴보았으므로, 이 장에서는 카를 융, 알프레트 아들러, 카렌 호나이의 이론을 살펴보자.

개념 13-7

신 프로이트 학파는 프로이트보다 성을 덜 강조하고 의식적 선택, 자기주도, 창조성, 다른 사람들과 관계를 맺는 방식들을 더 강조했다.

〈표 13-2〉 프로이트의 심리성적 발달 단계

단계	나이	성감대	성적 쾌감의 요소	갈등의 요소	이 시기에 갈등이 해결되지 않았을 때 성인기에 나타나는 행동
구강기	출생~ 생후 18개월	구강	빨기, 물기, 씹기	모유의 공급을 끊는 것	흡연, 음주, 손톱 깨물기, 의존, 소극성, 부정적 태도
항문기	18개월~3세	항문	배변, 용변 참기와 보기	배변 훈련	항문 보유 특질, 항문 공격 특질
남근기	3~6세	생식기	자위	자위, 오이디푸스 콤플렉스	동성애, 남자 아동들은 권위자에게 분노, 여자는 남근 선망을 가짐
잠복기	6세~사춘기	없음	없음(놀이와 학교활동에 집중)	없음	없음
성기기	사춘기~ 성인기	생식기	성숙한 성적 관계를 통해 성적 욕구를 표현	없음	없음

© NEW LINE CINEMA / THE KOBAL COLLECTION

지혜로운 노인, 어머니 형상, 젊은 영웅은 융이 주장한 원형의 예들이다. 융은 이런 일반적 인간의 경험을 대표하는 상징들이 집단 무의식에 새겨져 있다고 믿었다.

개인 무의식(personal unconscious): 융이 주장한 것으로 개인의 억압된 기억이나 충동이 저장되어 있는 무의식의 공간

집단 무의식(collective unconscious): 융이 주장한 것으로 인류가 공유하고 세대를 통해 전해지는 원형적 생각과 상들

원형(archetypes): 융이 주장한 것으로 인류의 공통적인 경험을 대표하는 무의식에 존재하는 원시적 상들의 집합

개인심리학(individual psychology): 각 개인의 가능성을 강조하는 아들러의 성격 이론

창조적인 자아(creative self): 아들러가 주장한 것으로 목적 지향적인 노력을 기울이는 자신이 인지하는 성격의 일부

열등 콤플렉스(inferiority complex): 아동기에 부족함과 열등감을 느끼고 극복하려 한다는 아들러의 이론에서 나온 용어

우월성 추구(drive for superiority): 열등감을 극복하기 위해 노력하는 것을 일컫는 아들러의 용어. 권력 의지라고도 불림

1) 카를 융: 분석심리학

카를 구스타프 융(Carl Gustav Jung, 1875~1961)은 한때 프로이트의 제자였으나 자신만의 성격 이론을 개발한 후 프로이트와 헤어졌다. 융은 무의식의 갈등이 인간의 행동에 영향을 끼치고, 방어기제가 원래의 동기를 위장한다는 프로이트의 이론에 동의했다. 그러나 융은 신생아나 아동기의 경험보다는 현재의 경험을 더 중요한 것으로 여겼으며 자의식이나 스스로 계획한 목표를 추구하는 것 등의 의식적인 과정을 더 강조했다(Boyton, 2004; I. Kirsch, 1996).

융은 개인은 억압된 기억이나 충동을 보유한 개인 무의식(personal unconscious)과 인류가 공유하고 세대를 통해 전해지는 생각과 상의 창고인 집단 무의식(collective unconscious)을 모두 가지고 있다고 믿었다. 융은 집단 무의식이 인류가 보편적으로 경험하는 신, 영웅, 어머니 같은 원시적인 상, 즉 원형(archetypes)을 가지고 있다고 믿었다. 이런 원형들이 무의식에 존재하지만, 꿈이나 깨어 있을 때의 생각과 감정에도 영향을 끼친다. 융은 집단 무의식 때문에 다른 문화에서도 비슷한 꿈의 상, 종교적 상징, 예술적인 표현들이 존재한다고 주장했다.

2) 알프레트 아들러: 개인심리학

알프레트 아들러(Alfred Adler, 1870~1937)도 프로이트의 제자였으나 자신만의 성격 이론을 구축하고 프로이트와 헤어졌다. 아들러는 자신의 이론을 개인심리학(individual psychology)이라고 불렀는데, 이는 그가 특별히 개인의 가능성에 주목했기 때문이다. 아들러는 의식이 성격에 미치는 영향은 프로이트가 생각했던 것보다 크다고 믿었는데, 스스로의 성격을 파악하고 목표 지향적인 행동을 조직하는 창조적인 자아(creative self)가 성격의 일부라고 주장했다. 창조적인 자아는 방해물을 극복해 나가면서 가능성 실현을 지향하는 사람으로 성장할 수 있도록 해 준다.

아들러는 열등 콤플렉스(inferioritiy complex) 개념으로 유명하다. 그는 대부분의 아이가 아동기에 체구가 작고 제한된 능력을 가지고 있기 때문에 어느 정도의 열등감을 느낀다고 생각했다. 그는 열등감을 어떻게 극복해 나가느냐에 따라 성격이 달라진다고 주장했는데, 모두에게 열등감을 극복하고자 열망, 우월성 추구(drive for superiority) 또는 권력 의지(will-to-power)가 있다고 믿었다. 우월성 추구는 직업적 성취나 중요한 위치에 올라가는 등의 가치 있는 목표를 성취해 나갈 수 있도록 동기를 부여해 준다. 그러나 동시에 직업적 · 사회적 상위 계층으로 올라가 다른 사람을 지배하고 싶어 하게 만들 수도 있다.

3) 카렌 호나이: 여성심리학의 시초

프로이트 추종자의 한 사람이었던 카렌 호나이(Karen Horney, 1885~1952)는 프로

이트의 여성 성격 발달 관점을 강력히 비판했다. 호나이는 독일 의사이면서 여성의 권리를 강조한 초기 정신역동 이론가이다. 호나이는 무의식의 갈등이 성격을 형성한다는 관점에는 동의했지만, 성욕 및 공격욕보다 사회와 문화의 역할을 강조했고 부모와 아이의 관계의 중요성도 강조했다. 부모가 지나치게 엄격하면, 아이는 기본적 불안(basic anxiety)을 경험하는데, 이는 '적대적인 세상에서 외로움과 무력감을 느끼는 상태'이다(S. Quinn, 1987 재인용). 아이들은 또한 부모에 대해 깊은 적대감을 경험할 수도 있는데, 이를 기본적 적대감(basic hostility)이라고 부른다. 호나이는 프로이트의 주장과 비슷하게, 아이들이 부모를 잃거나 부모에게서 보복을 당할 것에 대한 두려움 때문에 부모에 대한 적대감을 억압한다고 생각했다. 그러나 억압된 적대감은 더 많은 불안과 불안정감을 줄 수 있다.

호나이는 여자 아동의 남근 선망의 일반적 의미는 받아들였지만, 젊은 여성의 발달은 사회적인 배경 안에서 이해되어야 한다고 주장했다. 호나이는 여성이 남근 선망 때문에 열등감을 느낀다는 프로이트의 믿음을 받아들이지 않았다. 여성이 열등감을 느낀다면, 그것은 남성이 가지고 있는 사회적 힘과 권위를 선망하기 때문이지 남근 때문은 아니라고 주장했다(Stewart & McBermott, 2004). 호나이는 남성이 오히려 여성의 재생산성과 관련하여 여성의 심리적 우월성을 선망하는 '자궁 선망(womb envy)'을 경험할 수도 있다고 주장했다.

기본적 불안(basic anxiety): 호나이의 이론에서 나온 용어로, 아동들이 적대적인 세상에서 고독과 무기력을 경험하는 상태를 일컬음

기본적 적대감(basic hostility): 호나이의 이론에서 나온 용어로, 아동이 자신의 부모를 향해 깊은 분노를 느끼는 것을 의미함

© Bettmann/CORBIS

카렌 호나이

4. 정신역동 관점 평가하기

정신역동 이론은 이때까지 발달한 성격 이론 중 가장 자세하면서도 광범위한 이론이다. 프로이트가 소개한 용어들(자아, 초자아, 억압, 고착, 방어기제 등)은 지금도 (정확히 그가 정의한 방식은 아니더라도) 자주 쓰이고 있다.

프로이트와 다른 정신역동 이론가들이 가장 크게 기여한 점은 무의식이라는 개념을 발견한 것이다(Lothane, 2006). 프로이트는 스스로를 이해하기 위해서는 자신의 행동 기저에 있는 무의식적인 동기를 이해해야 한다고 믿었다. 이를 바탕으로, 프로이트는 심리치료의 하나의 방법인 정신분석치료(psychoanalysis)를 고안했다(제16장 참조). 이는 내담자로 하여금 자신의 문제의 뿌리가 되는 무의적인 동기와 갈등들을 이해할 수 있도록 도와주는 방법이다.

정신역동 이론에 대한 비판도 많다. 프로이트를 추종하던 사람들을 비롯해서 많은 사람들은 프로이트가 성격 발달에 있어 성욕과 공격욕을 지나치게 강조하고 사회적 관계의 역할을 간과한 점을 비판한다. 호나이를 비롯한 다른 정신역동 이론가들은 성격 발달에 있어 사회적 영향을 훨씬 더 많이 강조하였다. 또한 거세 불안, 남근 선망, 오이디푸스 콤플렉스 등 프로이트가 주장했던 개념은 검증할 수 있는 근거가 부족하다. 오이디푸스 콤플렉스가 과연 존재하긴 하는 것인가에 대한 의문도 여전히 존재한다(Kupfersmid, 1995).

개념 13-8

정신역동적 관점이 심리학 발전에 중요한 영향을 미쳐 왔지만 많은 주요 개념을 뒷받침하는 과학적 근거가 부족하다는 비판이 있다.

프로이트의 정신역동 발달 단계의 진행과 시점의 정확성에 대한 비판도 있다. 정신역동 이론이 몇몇 소수의 임상 사례로부터 나왔는데, 임상 사례들은 다양한 해석이 가능하고 소수의 환자의 경험을 일반화시키기에는 무리가 있을 수 있다.

정신역동 관점의 가장 큰 한계점은 무의식의 주요 개념을 과학적으로 검증하기가 어렵다는 것이다. 검증할 수 있는 가설을 가지고 있어야 과학적 방법을 쓸 수 있는데, 무의식의 과정은 그 특성상 직접적인 관찰이 불가능하므로 검증이 불가능하다. 그럼에도 많은 연구자가 프로이트의 가설이나 정신역동 관점의 특정 요소(예: 억압)들을 검증하고자 노력하고 있다. 또한 여러 심리학 분야에서 방어기제 같은 의식 밖에 있는 심리적 기능의 존재를 입증하는 연구가 진행되고 있다(Cramer, 2000; Western & Gabbard, 2002).

〈개념 차트 13-1〉은 성격에 대한 정신역동 관점을 정리해 놓았다. 다음 단원들에서는 성격에 대한 특질 이론, 사회인지적, 인본주의적 관점을 살펴보도록 하자.

〈개념 차트 13-1〉 정신역동 이론의 중요 개념

	개념	내용	중요점
프로이트의 정신분석 이론	의식의 수준	인간의 정신세계는 의식, 전의식, 무의식의 세 수준으로 이루어져 있다.	우리는 정신세계의 극히 일부만 의식할 수 있다. 정신세계의 대부분은 무의식에 존재하고 무의식에는 본능적 욕구나 충동들이 존재한다.
	성격의 구조	원초아, 자아, 초자아	무의식에 존재하는 원초아는 본능적 충동들의 저장고 같은 곳이다. 자아는 원초아의 요구와 도덕적 지침을 제시하는 초자아 사이에서 균형을 잡고자 노력한다.
	지배 원칙	쾌락 원칙, 현실 원칙	원초아는 사회적 요구와 상관없이 즉각적 만족을 추구하는 쾌락 원칙을 따른다. 자아는 사회적인 용인과 현실성을 고려하여 만족을 추구하는 현실 원칙을 따른다.
	방어기제	자아는 방어기제를 통해 용납되지 않는 충동을 숨기거나 왜곡시키고, 의식으로 올라오지 않도록 막는다.	방어기제에는 억압, 퇴행, 합리화, 부인, 반동형성, 승화, 전치가 있다.
	심리성적 발달의 단계	성장함에 따라 성감대의 위치가 달라지고, 달라진 성감대를 통해 성적 욕구가 나타난다.	심리성적 발달의 5단계는 구강기, 항문기, 남근기, 잠복기, 성기기이다. 각 단계에서 지나치게 만족하거나 만족감이 떨어지는 경우 고착적 성격이 형성될 수 있다.
다른 이론	주요 개념	프로이트보다 자아와 사회적 관계를 강조하고 성욕이나 공격욕을 덜 강조한다.	• 융의 분석심리학은 개인 무의식, 원형, 집단 무의식을 소개했다. • 아들러의 개인심리학은 자아인식, 목표 지향성을 강조하고 열등감을 극복하기 위해 개인이 강구하는 방법들을 강조했다. • 호나이는 특별히 부모와 아이의 관계를 포함한 인간관계를 강조했다.

1 단원 복습 정신역동적 관점

되새겨 봅시다

Freud의 이론에 의하면 의식의 세 가지 수준은 무엇을 말하는가?

➤ 의식, 전의식, 무의식을 일컫는다.

➤ 의식은 인식이 가능한 정신세계를 의미하며, 전의식은 기억으로부터 쉽게 떠올릴 수 있는 정보를 보유하고, 무의식은 의식으로 바로 소환될 수 없는 원초적 충동, 바람, 문제가 되는 기억들이 존재하는 곳이다.

Freud가 주장한 성격의 세 가지 구조란?

➤ Freud는 성격이 원초아, 자아, 초자아의 세 구조로 이루어져 있다고 생각했다.

➤ 자아는 원초아가 요구하는 성욕과 공격욕을 도덕적 지침을 제시하는 초자아의 기준을 고려하여 적절히 만족시키고자 노력한다.

심리적 방어기제란?

➤ 억압, 전치, 투사 등 문제가 되는 욕구와 기억을 의식하지 못하게 하는 자아의 기제

Freud가 주장한 심리성적 발달의 5단계란?

➤ Freud는 심리적 발달이 초기 아동기의 성감대의 변화에 영향을 받는다고 믿었다.

➤ 성감대의 변화에 의해 심리성적 발달은 구강기, 항문기, 남근기, 잠복기, 성기기로 진행된다.

다른 정신역동 이론가들이 주요하게 기여한 바는?

➤ Jung은 개인 무의식과 집단 무의식이 존재한다고 주장했다.

➤ Adler는 열등 콤플렉스라는 개념을 만들어 인간은 열등감을 우월감의 추구로 극복하고자 하는 경향이 있다고 주장했다.

➤ Horney는 여성에 대한 Freud의 관점을 반박하면서 부모와의 부정적인 관계가 아동에게 끼치는 심리적 영향에 주목했다.

점검해 봅시다

1. 정신역동 이론은 인간이 ____________의 균형을 어떻게 이루어 가는지를 설명하고 있다.
   ① 성적 본능과 사회적 기준
   ② 생산성의 요구와 쉼의 요구
   ③ 부에 대한 욕구와 성적인 재생산의 욕구
   ④ 기본적인 생리적 요구와 자아실현의 욕구
2. Freud는 다음의 정신 구조가 사회적 처벌을 피하면서 본능적 충동을 만족시키고자 노력한다고 주장했다.
   ① 원초아
   ② 초자아
   ③ 자아
   ④ 전의식
3. 어떤 심리성적 발달 단계에서 어린 남자 아동이 오이디푸스 콤플렉스를 경험하는가?
   ① 구강기
   ② 항문기
   ③ 남근기
   ④ 성기기
4. 다음의 용어와 올바른 설명을 연결해 보자.

① 방어기제	가. 의도적으로 잊어 버리는 것
② 억압	나. 우연히 숨기고 있던 생각을 드러내는 것
③ 프로이트의 말실수	다. 불안감으로부터 스스로를 보호하기 위한 목적
④ 투사	라. 자신의 충동, 바람을 다른 사람에게 전가시키는 것

5. 다음의 정신역동 이론가 중 집단 무의식을 주장했던 사람은 누구인가?
   ① Carl Jung
   ② Karen Horney
   ③ Erik Erikson
   ④ Alfred Adler

생각해 봅시다

➤ 정신역동 이론의 바탕에는 인간은 자신의 행동을 지시하는 깊은 동기와 충동을 인식하지 못한다는 믿음이 깔려 있다. 당신은 여기에 동의하는가? 왜 동의하는가, 왜 동의하지 않는가?

➤ 당신이 가지고 있는 방어기제는 무엇인가? 어떻게 알 수 있는가?

2 단원

특질 이론

- Allport의 특질 모델의 세 가지 유형은?
- 특질의 구성에 대한 커텔의 관점은?
- Eysenck의 성격 모델의 세 가지 특질은?
- 성격의 5요인 모델은?
- 유전자가 성격에 어떠한 영향을 끼치는가?

두뇌는 퍼즐을 좋아합니다

앞으로 읽을 내용을 바탕으로 다음의 문제를 풀어 보자.

성격 특질은 건강하게 오래 사는 것에 어떻게 영향을 끼치는가?

정신역동 이론가들과 마찬가지로 특질 이론가들도 행동을 설명하는 요소들이 성격에 있다고 생각했다. 하지만 성격의 구조가 대립되는 힘의 갈등으로 이루어진 것이 아니라 비교적 변함없이 지속되는 개인의 특성, 특질(traits)에 있다고 주장했다. 성격 특질은 다양한 상황에서 사람이 어떻게 행동할지 예측할 수 있게 해 준다. 예를 들어, 로사가 경쾌하고 사교적인 성격 특질을 가지고 있다고 가정해 보자. 사람들은 로사가 사회적 활동을 활발히 할 것이고 항상 웃고 다닐 것이라 예측할 것이다. 반면, 데릭은 의심이 많고 내성적인 특질을 가지고 있다. 그러면 사람들은 데릭이 사회활동을 피하고 피해의식을 느낄 것이라 예측할 것이다.

특질 이론가들은 개인 간 기본적 특질의 차이를 이해하고자 했다. 또한 특질을 측정하는 방법, 특질들이 어떻게 성격 안에서 만들어지는가에도 관심이 있었다. 어떤 특질 이론가들은 특질은 대부분 타고난다고 생각했고 어떤 이론가들은 특질은 경험에 의해 습득되는 것이라 생각했다. 이 장에서는 초기 고든 올포트부터 시작해서 여러 유명한 특질 이론가들의 주장을 살펴볼 것이다.

특질(traits): 비교적 지속적인 성격의 특성들

기본 특질(cardinal traits): 올포트가 개인의 성격을 결정하는 가장 광범위한 특질을 일컬은 용어

중심 특질(central traits): 올포트가 다양한 상황에서 개인의 행동에 영향을 끼치는 성격 특성을 일컬은 용어

이차 특질(secondary traits): 올포트가 비교적 흔하지 않은 상황에서 행동에 영향을 끼치는 구체적인 특질들을 일컬은 용어

1. 고든 올포트: 특질의 위계 체계

고든 올포트(Gordon Allport, 1897~1967)는 성격 특질은 경험의 영향을 받을 수 있지만, 본질은 타고난 특성이라고 생각했다. 올포트는 특질이 행동에 얼마나 영향을 끼치느냐에 따라 위계 체계를 설립할 수 있다고 믿었다. 기본 특질(cardinal traits)은 대부분의 상황에서 인간의 행동에 광범위하게 영향을 끼치므로 가장 높은 수준에 있다. 예를 들어, 마틴 루서 킹(Martin Luther King)의 성격의 기본 특질은 사회 정의에 대한 헌신이다. 그러나 올포트는 그런 기본 특질을 가지고 있는 사람은 소수라고 주장했다. 기본 특질보다 미치는 영향은 적지만 더 흔한 특질이 중심 특질(central traits)이다. 중심 특질은 경쟁심, 관대함, 독립성, 거만함, 겁이 많은 성격 등 다른 사람의 특성을 이야기할 때 흔히 언급하는 특성들이다. 가장 낮은 수준에는 이차 특질(secondary traits)이 있는데 옷이나 음악 등의 선호 등 앞의 두 특질보다 구체적인 상황에서만 행동에 영향을 끼치는 특질이다.

개념 13-9

올포트는 성격 특질이 가장 높은 수준의 기본 특질부터, 중심 특질, 가장 낮은 수준의 이차 특질까지 위계질서가 있다고 생각했다.

해 보기 성격을 평가해 보자

커텔의 성격 특질을 바탕으로 [그림 13-2]에 나타난 각 직업군의 성격과 당신의 성격을 비교해 보자. 각각의 특질 영역마다 당신의 성격을 가장 잘 나타내는 위치에 점을 찍고, 그 점들을 연결시켜 보자. 다른 그룹들과 비교해 보았을 때 당신의 성격은 어떤가? 어떤 직업군의 성격이 당신 성격과 가장 비슷한가? 결과가 놀라운가? 스스로에 대해 무엇을 배웠는가?

2. 레이먼드 커텔: 성격의 지도

개념 13-10

레이먼드 커텔은 성격은 두 개 수준의 특질로 이루어져 있다고 믿었는데, 하나는 일반적으로 우리가 성격을 설명할 때 쓰는 표면 특질(surface traits)이고, 다른 하나는 표면 특질을 생성하는 근원 특질(source traits)이다.

이론가 레이먼드 커텔(Raymond Cattell)은 사람에게는 두 가지 수준의 특질이 있다고 믿었다. 표면 특질(surface traits)은 성격의 표면에 드러나므로 행동을 관찰해 보면 알 수 있다. 표면 특질은 흔히 성격을 묘사하는 형용사들과 관련이 있는데, 친절한, 완고한, 감정적인, 부주의한 등이 그 예이다. 여러 표면 특질이 함께 나타나는 경우도 흔하다. 완고한 사람이 엄격하고 성질이 고약할 수도 있다. 이런 표면 특질이 한 사람 안에서 연결되어 있다는 것은 이런 연결성을 만드는 좀 더 근본적인 특질이 있음을 암시한다. 이런 근본적 특질을 파악하기 위해 커텔은 표면 특질들의 관계를 통계적으로 분석해서 성격의 지도를 만들었다(Horn, 2001). 그렇게 해서 커텔은 근원 특질(source traits)이라는 좀 더 일반적인 성격의 요인들을 정리했다. 커텔은 열여섯 가지 근원 특질을 측정하는 질문지를 고안하였는데, 이것이 열여섯 가지 성격요인 질문지(Sixteen Peronality Factor Questionnaire: 16PF)이다. 열여섯 가지의 근원 특질을 두 개의 정반대의 두 축(예: 내향성과 외향성) 사이에 표시해야 한다. [그림 13-2]는 작가, 비행조종사, 예술가들의 성격 프로파일을 비교하였다. 이들의 성격과 당신의 성격을 비교해 보기 위해 '해 보기'를 읽어 보자.

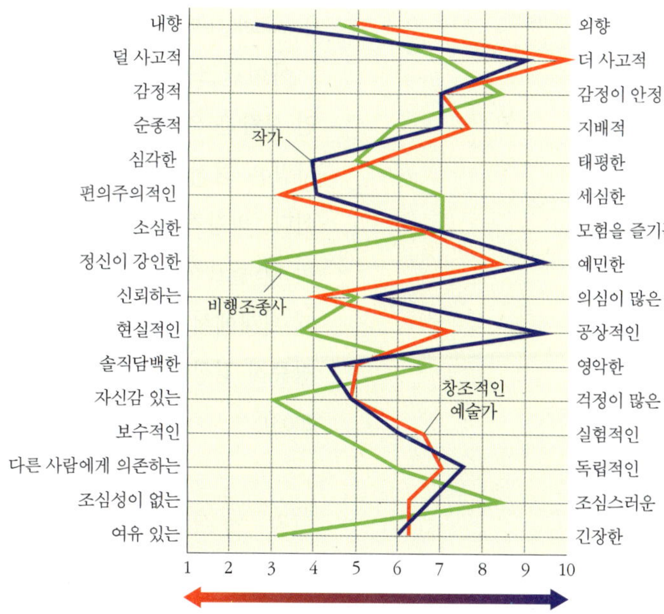

[그림 13-2] 커텔의 16PF

16PF는 열여섯 가지의 근원 특질에 근거해서 성격을 파악하는데, 각 특질은 두 개의 정반대의 특징을 축으로 두고 그 사이에서 당신의 성격을 반영하는 점을 찾도록 한다. 여기에 예술가 집단, 비행조종사, 작가의 예가 있다. 세 집단의 성격의 차이를 살펴보자. 예를 들어, 조종사들은 다른 집단에 비해 좀 더 세심하고, 자신감이 있고, 긴장을 하지 않는 경향이 있는데, 이러한 특질은 비행 승객들을 편안하게 운송하는 데 도움이 된다.

출처: Cattell, Eber, & Tatsuoka (1970)에서 수정.

1) 한스 아이젠크: 간단한 특질 모델

한스 아이젠크(Han Eysenck, 1916~1997)의 성격 모델은 커텔의 성격 모델보다 훨씬 간단하다. 이 모델에 의하면 성격을 세 가지 주요 특질로 설명할 수 있다.

표면 특질(surface traits): 행동 관찰로 알 수 있는 특질들을 일컫는 커텔의 용어

근원 특질(source traits): 행동 관찰로 알 수 없는 표면 특질의 아래에 있는 근본적 특질을 일컫는 커텔의 용어

• 내성-외향(introversion-extraversion). 사람은 혼자 있는 것을 좋아하고, 사교 모임

내성-외향(introversion-extraversion): 혼자 있는 것을 좋아하는 성향-사교적인 것을 즐기는 성향

신경증적 경향(neuroticism): 감정적으로 불안정적이고, 불안하고, 걱정이 많음

정신증적 경향(psychoticisim): 차갑고 비사회적으로 보이는 성격 경향

을 선호하지 않는 내성적 유형과 사람들을 좋아하고 우호적인 외향적 유형으로 나뉜다.

- 신경증적 경향(neuroticism). 신경증적 성향이 높고 감정적으로 불안정한 사람들은 긴장하고, 불안해하고, 걱정이 많으며, 잘 쉬지 못하고, 감정의 기복이 심한 경향을 보인다. 신경증적 성향이 낮은 사람은 침착하고 안정적이며 성격이 온화하다.
- 정신증적 경향(psychoticism). 정신증적 경향이 높은 사람은 반사회적 성향을 가지고 있고, 적대적이며, 둔감하다. 정신증적 경향이 낮은 사람은 마음이 따뜻하고, 민감하여, 다른 사람들을 생각하는 경향이 있다.

아이젠크는 이러한 특질들을 조합해서 외향적이고 신경증적인, 외향적이고 안정적인, 내성적이고 안정적인, 내성적이고 신경증적인 네 가지 기본 성격을 나누었다(Eysenck, 1982).

아이젠크는 생물학적인 차이가 성격의 차이를 설명해 준다고 믿었다. 내성적인 사람은 외향적인 사람보다 각성 수준이 높은 뇌를 가진 반면, 반대로 내성적인 사람은 최적 수준의 각성을 유지하기 위해 그만큼의 자극이 필요하지 않다는 것이다. 외향적인 사람은 뇌의 각성 수준을 최적 수준으로 높이기 위해서 외부 자극이 더 필요하기 때문에 흥미로운 활동에 매력을 느낀다고 보았다. 그런 면에서 볼 때 세계에서 가장 높은 산인 에베레스트산을 정복하는 사람들이 외향성이 높고 신경증적 경향(감정의 불안정성)이 낮은 것은 당연한 일일지 모른다(Egan & Stelamck, 2003).

3. 성격의 5요인 모델: 'Big Five'

5요인 모델(five-factor model: FFM, big five라고 불림)은 오늘날 가장 널리 알려진 성격 특질 모델이다(McCrae, 2004). 5요인 모델은 새로운 특질을 다룬 것이 아니라 이전 연구를 바탕으로 다양한 문화에서 가장 일관성 있게 나타나는 성격 특질만을 수렴한 것이다(Hofstee, 2003; McCrae & Terracciano, 2005; Widiger, 2005). 실제로 5요인 중 두 가지 요인은 아이젠크 모델의 신경증(neuroticism)과 외향성(extraversion)과 같다. 나머지 세 요인은 개방성(openness), 우호성(agreeableness), 성실성(conscientiousness)이다(〈표 13-3〉 참조). 5요인 모델은 유전적 영향이 크다고 보고되고 있다(Jang et al., 2006).

개념 13-11

아이젠크는 내성-외향, 신경증적 경향, 정신증적 경향의 세 가지 일반적 특성이 있다고 믿었다.

1) 중요한 이유

사람들을 이러한 특정 성격 특질로 분류하는 것은 왜 중요한가? 이러한 특질들을 바탕으로 다양한 행동을 예측할 수 있기 때문이다(Chamorro-Premuzic &

〈표 13-3〉 5요인 특질 모델

성격요인	높은 점수	낮은 점수
신경증	불안, 걱정, 죄책감, 정서적 불안정	평온, 침착, 안정적임, 정서적 안정
외향성	사교적임, 우호적임, 열정적임, 재밌는 것을 추구함	혼자 있기를 좋아함, 부끄러움이 많음, 진지함, 내성적임
개방성	상상력이 풍부함, 호기심이 많음, 지적임, 비관습적 가치에 열려 있음	규칙을 잘 따름, 현실적임, 보수적임
우호성	예민함, 따뜻함, 참을성이 많음, 어울리기 쉬움, 다름 사람의 감정과 요구를 고려함	차가움, 의심이 많음, 적의적임, 냉담함
성실성	신뢰할 수 있음, 책임감 있음, 체계적임, 윤리적임, 일을 열심히 함, 야망이 있음	정리가 안 되어 있음, 신뢰할 수 없음, 부주의함, 늘어짐, 충동적임

출처: Costa & McCrae (1992a), (1992b); Goldberg (1993); McCrae & Costa (1986), (1996)에서 수정.

5요인 모델(five-factor model: FFM): 가장 유명한 성격 특질 모델로 신경증, 외향성, 개방성, 우호성, 성실성의 다섯 가지 유형이 있음

Ahmetoglou, 2008; Kaufman, Agars, & Lopez-Wagner, 2008; Noftle & Robins, 2007). 이전 연구 결과에 따르면, 신경증적 성향을 가진 사람은 학점이 낮고, 성실성이 높은 사람은 학업 동기 및 성적이 높은 경향이 있다(Cheng & Ickes, 2009; Judge & Illies, 2002; Kappe & vander Flier, 2010; Poropat, 2009). 신경증적 성향이 높은 사람은 대학 생활에 적응하는 것과 스트레스를 대처하는 것이 힘들어 신입생 때 우울증을 경험할 가능성이 높다(Hutchison & Williams, 2007). 외향적인 사람은 내성적인 사람보다 행복감이 높고, 우호적인 사람은 다른 사람과의 협력하고, 관계에서 만족감도 높으며, 안전하게 운전을 하는 경향이 있다(Cellar, Nelson, & Yorke, 2000; Fleeson, Malanos, & Achille, 2008; Graziano & Tobin, 2009; J. K. White, Hendrick, & Hendrick, 2004). 성인 초기와 중기에, 특히 직업을 가지고 가족을 부양할 때 성실성이 높아지는 경향이 있다(Caspi, Robers, & Shiner, 2005; Donnellan & Lucas, 2008).

5요인 특질은 온라인상에서 보이는 행동과도 관련이 있다. 이스라엘 대학 캠퍼스의 페이스북 사용자 중에 외향적인 학생은 페이스북 친구들이 더 많았고, 개방성이 높은 학생은 페이스북 개인 정보란에 더 많은 정보를 공개했다(Amichai-Hamburger & Vinitzky, 2010).

성실성은 또한 장수와 관련 있다고 보고되고 있는데, 이는 성실성이 높은 사람이 안전하게 운전하고, 건강한 식습관을 가지면서 적절한 체중을 유지하며, 술과 마약을 적게 사용하는 경향이 있기 때문이다(Brummett et al., 2006; Deary et al., 2008; Kern & Friedman, 2008; B. W. Roberts et al., 2009).

© iStockphoto.com/ SamBurt

5요인이 성격의 구조를 설명하는 가장 정확한 이론일까? 아마 아닐 것이다. 5요인이 서로 다른 특성을 가진 독립적인 요인이 아니라는 연구(Blackburn et al., 2004), 7요인처럼 더 많은 요인이 있다는 연구도 있다(Simms, 2007). 많은 심리학자들이 소수의 특질 요인이 과연 성격의 복잡함

개념 13-12

5요인 성격 모델(Big Five)은 이전 연구에서 가장 일관성 있게 나타난 성격 요인들을 종합한 것이다.

과 독특함을 잘 설명할 수 있는지 계속 연구 중이다.

〈개념 차트 13-2〉에서 성격 특질 이론의 주요 개념들을 다시 살펴보자.

〈개념 차트 13-2〉 성격 특질 이론

특질 이론가/ 모델	특질	설명
고든 올포트	기본 특질, 중심 특질, 이차 특질	행동에 끼치는 영향에 따라 특질들의 위계가 정해진다. 대부분의 상황에서 나타나는 행동을 설명하는 기본 특질을 가지고 있는 사람은 소수이다.
레이먼드 커텔	표면 특질과 근원 특질	표면 특질은 행동 관찰로 알 수 있다. 근원 특질은 표면 특질들의 연결성을 설명해 주는 특질이다.
한스 아이젠크	세 가지 주요 특질: 내성-외향, 신경증적 경향, 정신증적 성향	생물학적 요소가 이 특질들의 발달에 영향을 끼친다.
5요인 모델	개방성, 성실성, 외향성, 우호성, 신경증	이전 연구에서 가장 일관성 있게 나타난 다섯 가지 일반 특질을 종합한 것이다. 이런 일반 특질들이 과연 성격의 복잡함과 독특함을 설명할 수 있는가에 대한 비판이 있다.

© iStockphoto.com/Jacob Wackerhausen

성실성은 5요인 성격 모델의 주요 특질 중 하나이다. 성실한 사람들은 믿음직스럽고, 열심히 일하고, 스스로를 잘 관리하는 특징이 있다. 당신의 성격은 5요인으로 어떻게 설명되는가?

4. 특질의 유전적 요인: 선천성인지 후천성인지에 대한 논란을 넘어서

유전적 요인은 성격에 얼마나 영향을 끼칠까? 진화 심리학자(제1장 참조)들은 유전적 요인이 성격에 미치는 역할이 크다는 것을 보여 주었다(Bouchard, 2004). 5요인 특질, 수줍음, 공격성, 새로운 경험을 갈구하는 경향 등 여러 성격 특질에 대한 유전적 근거가 보고되고 있다(예: DeYoung, Quilty, & Peterson, 2007; Derringer et al., 2010; Harro et al., 2009; Lahey, 2009; Wray et al., 2008).

오늘날의 연구자들은 선청성과 후천성 논란을 넘어서 유전자와 환경, 사회적 영향, 학습의 상호작용을 바탕으로 특질이 발달한다고 본다. 어린 시절 경험이 뇌의 발달에 영향을 끼치고, 이후 성격 발달에 영향을 줄 수 있다. 유전자와 환경의 독립적인 영향 및 상호작용의 영향을 밝히는 것 모두 연구자에게 맡겨진 숙제이다(예: Loehlin, 2010).

개념 13-13

심리학자들은 성격의 선천성과 후천성의 논란을 넘어서, 이제는 유전자와 환경이 어떻게 상호작용하는가에 주목하고 있다.

➔ 개념 링크 유전과 환경의 상호작용은 조현병 같은 많은 정신병의 발달을 설명한다. 제15장 5단원을 참고하라.

5. 성격 특질 평가하기

특질 이론 관점은 직관적으로 끌리는 면이 있다. 사람들은 흔히 자신이나 다른 사람의 성격을 설명할 때 특질을 표현하는 용어를 쓴다. 예를 들면, 서맨사의 성격을 차갑고 냉담하다고 설명하고, 리밍을 따뜻하고 동정심이 많다고 설명한다. 특질 이론은 성격을 편리하게 분류해서 설명할 수 있게 해 준다는 장점이 있다. 특질 이론은 또한 커텔의 16요인 성격검사나 아이젠크의 성격검사를 포함한 많은 성격검사 발달에 기여했다. 심리학자들은 내담자가 어떤 특질을 가지고 있는지 비교할 때 이런 검사를 사용한다.

성격 특질은 시간이 지나도 일관성이 유지되는 경향이 있다(예: Costa & McCrae, 2006; B. W. Roberts, Walton, & Viechtbauer, 2006a, 2006b; Trzeniewski, Donnellan, & Robins, 2003). 그러나 성격이 고정되어 있는 것은 아니다. 시간이 지나면 느리지만 조금씩 변한다(L. A. Clark, 2009). 예를 들면, 대부분의 사람이 나이가 들수록 우호성과 성실성이 증가한다는 연구가 있다(Lucas & Donnellan, 2009). 이 결과는 사람은 환경에 적응하기 위해 바뀌어 간다는 것을 말해 준다.

그러나 특질 이론이 행동을 설명하기보다 이름 붙이기에서 끝난다는 비판이 있다. 다음의 예를 살펴보자.

개념 13-14

특질 이론이 성격의 특성을 기술하는 편리한 방법이지만, 순환 논리라는 비판을 받고 있고, 상황에 따라 변하는 행동을 설명하는 데 한계가 있다. 5요인 같은 일반적으로 정의된 특질이 개인의 독특한 특성을 완전히 설명하지 못한다는 비판이 있다.

① 메리는 믿어도 돼. 메리는 굉장히 믿을 만한 아이야.
② 메리가 왜 믿을 만한데? 왜냐하면 성실한 사람이라서.
③ 메리가 성실한 사람인지 어떻게 알아? 왜냐하면 믿을 만하니깐.

이것은 메리의 행동 관찰을 통해 '성실성'이라는 특질 요소 이름을 붙이고, 그 특질 요소로 다시 행동을 설명하는 순환 논리(circular reasoning)이다. 특질은 명백한 행동에 약식으로 이름을 붙인 것일 뿐 왜 그런 행동을 보이는지에 대해서는 설명하지 못한다. 또한 5요인 같은 일반적으로 정의된 특질이 개인의 독특한 특성을 완전히 설명하지 못할 수 있다.

특질 이론에 대한 또 다른 비판은 행동이 특질 이론가들이 주장하는 것처럼 시간이나 상황에 상관없이 일관성 있게 나타나지 않을 수 있다는 것이다. 상사를 대하는 행동과 집에서 하는 행동은 다를 수 있다. 현재 사람들과 관계를 맺는 방식은 이전에 사람들과 관계를 맺던 방식과 다를 수 있다. 학습 심리학자들은 행동을 좀 더 정확히 예측하기 위해서는 자극제와 강화 등의 환경적 · 상황적 요소를 고려할 필요가 있다고 주장한다(Sherman, Nave, & Funder, 2010).

요즘 성격 연구자들은 행동이 특질과 상황적 요인의 상호작용이라는 것을 강조한다(Fleeson & Noftle, 2009; Griffo & Colvin, 2009; Pincus et al., 2009; Webster, 2009). 상황적 요구가 다르면 상황마다 사람들의 행동은 달라질 수 있다(Fleeson, 2009). 그러나 상황을 아울러 나타나는 전형적인 행동 방식이 존재하는 것도 사실이다(Fleeson, 2004).

© Renee Lynn/CORBIS

개나 고양이를 키우는 많은 사람들이 자신의 반려동물이 뚜렷한 성격을 가지고 있다고 믿는다. 최근 연구는 개의 성격을 평가하는 것이 사람의 성격을 평가하는 만큼 정확하다고 보고했다. 과연 동물들도 성격이 있을까? 어떻게 생각하는가?

인간의 성격 특질을 측정하는 방식으로, 과연 개와 같은 동물의 성격 특질도 측정할 수 있을까? 개의 성격을 평가하는 것이 사람의 성격을 평가하는 만큼 정확하다고 보고한 연구가 있다(Gosling, Kwan, & John, 2003). 5요인 모델을 오랑우탄에게 적용한 사례도 있다(Stambor, 2006b; Weiss, King, & Perkins, 2006). 침팬지와 인간의 연구 결과와 비슷하게 외향성, 신경성, 우호성이 높은 동물들이 일반적으로 더 잘지낸다고 한다. 정말 동물들이 성격 특질을 가지고 있는 것일까? 어떻게 생각하는가?

2 단원 복습 특질 이론

되새겨 봅시다

Allport의 성격의 세 가지 특질은?

➤ 세 가지 유형의 특질은 기본 특질(개인의 행동을 결정하는 가장 광범위한 특징), 중심 특질(좀 더 흔하게 발견되는 행동이 어떻게 조직되는지를 설명해 주는 특징), 이차 특질(흥미나 선호처럼 구체적인 상황에서만 행동에 영향을 끼치는 특징)을 의미한다.

Cattell은 특질이 어떻게 구성되어 있다고 생각했는가?

➤ Cattell은 특질이 표면 특질(행동을 관찰했을때 드러나는 일관성)과 근원 특질(표면 특질의 관계를 설명하는 일반적이고 근본적인 특질)로 구성되어 있다고 생각했다.

Eysenck의 성격 모델을 대표하는 세 가지 특질은?

➤ Eysenck는 성격의 다양성이 내성-외향, 신경증적 성향, 정신증적 경향으로 설명된다고 생각했다.

5요인 특질 모델은?

➤ 5요인(신경증, 외향성, 개방성, 우호성, 성실성)은 이전 성격 연구에서 가장 일관되게 나타난 일반적 성격 특질이다.

유전자는 성격 특질에 어떤 영향을 끼치는가?

➤ 유전자는 신경증, 수줍음, 공격성, 끊임없이 새로운 것을 찾는 성향 등 여러 성격 특질에 영향을 끼친다. 오늘날의 연구자들은 유전자와 환경의 상호작용이 성격 발달에 어떤 영향을 끼치는지 연구하고 있다.

점검해 봅시다

1. 성격 연구에서 상대적으로 지속적이면 변하지 않는 개인의 특성을 ________________라고 부른다.
2. Gordon Allport가 주장한 것으로 성격의 핵심을 구성하는 가장 흔한 특성은?
   ① 기본 특질
   ② 중심 특질
   ③ 이차 특질
   ④ 보편 특질
3. Raymond Cattell이 개발한 16가지 성격요인 질문지는 다음을 측정하기 위해 고안되었다.
   ① 근원 특질
   ② 표면 특질
   ③ 내성-외향
   ④ 정신증적 특질
4. 이 장에서 언급된 성격 심리학자 중 누가 성격은 세 가지 특질로 설명된다고 주장했는가?
5. 성격이 신경증, 외향성, 개방성, 우호성, 성실성으로 구성되어 있다고 하는 주장은 어디서 나왔는가?
   ① Eysenck의 성격 목록
   ② 16가지 성격 요인
   ③ 성격의 5요인 모델
   ④ 미네소타 다면적 인성검사(MMPI)
6. 유전적인 근거가 있는 성격 특성을 나열하라.

생각해 봅시다

➤ 어떤 심리적 성격 특질로 당신의 성격을 설명할 수 있는가? 다른 사람은 어떤 특질로 당신의 성격을 설명하는가? 서로 다르다면 왜 다르다고 생각하는가?

➤ 당신은 성격이 바뀌지 않는다고 생각하는가, 아니면 상황에 따라 환경에 적응하기 위해 바뀐다고 생각하는가? 당신 자신에 대해 또는 다른 사람들과 관계 맺는 방식에 있어 바꾸고 싶은 것이 있는가?

사회인지적 관점

3 단원

- 기대감과 주관적 가치란?
- 상황변인과 개인변인이란?
- 상호결정론이란?

프로이트나 특질 이론가들과 굉장히 다른 성격 모델을 발달시킨 심리학자들이 있다. 행동주의자 존 왓슨(John Watson)과 B. F. 스키너(B. F. Skinner)는 성격이 프로이트 이론의 무의식이나 특질 이론의 기본적 특질이 아닌 보상과 처벌을 포함한 환경의 영향에 의해 형성된다고 생각했다. 행동주의자들은 성격이 학습된 행동의 집합체라고 보았다. 당신이 사교적이고 친절하다고 가정해 보자. 행동주의자들에게 '사교적', '친절' 같은 단어는 단순히 (다른 사람들에게 관심을 가진다든지 사회적 활동에 참여하길 좋아한다든지 하는) 당신이 하는 행동을 일컫는 말일 뿐이다.

개념 13-15
행동주의자에게 성격은 개인이 배운 행동의 총합을 의미한다.

행동주의자들은 행동이 고전적 또는 조작적 조건 형성에 의해 학습된 것이라 믿는다. 행동의 근원을 이해하기 위해서는 무의식의 깊은 세계를 연구하는 것이 아니라 친절하고 사교적인 행동이 어떤 식으로 강화되었는지를 보아야 한다. 과거에 어떤 보상과 처벌을 받았느냐에 따라 행동이 달라지기 때문이다. 마이샤가 공손하고 일을 열심히 한다면, 그것은 과거에 그런 행동에 대한 보상을 받아 왔기 때문이다. 타일러가 공부하는 것보다 사람들과 어울리는 것을 더 좋아한다면, 그것은 학업적 성취보다 사회적 상호작용에 대한 보상을 더 많이 받았기 때문이다.

개념 13-16
사회인지 이론가들은 행동의 인지적인 면과 사회 학습의 측면을 강조함으로써 전통적 학습 이론을 확장시켰다.

오늘날 왓슨과 스키너 같은 학습 이론가들은 고전 행동주의자들이 주장한 것보다 학습의 범위가 크다고 본다. 사회인지 이론(social-cognitive theory)이라고 불리는 현대 이론은 인간 행동 이해를 위해 보상과 처벌을 넘어 행동의 인지적 · 사회적 측면을 고려한다. 인지적 · 사회적 측면은 자신의 행동에 대한 기대감, 보상에 부여하는 가치, 그리고 상호작용하는 사람들의 행동을 학습하는 것을 포함한다. 사회인지 이론가들에게 성격은 단순히 학습된 행동뿐만 아니라 스스로와 세상에 대해 생각하는 방식으로 결정되는 것이다. 인간은 단순히 환경에 반응할 뿐 아니라 자신의 목표를 추구해 가는 환경을 만든다는 것이다(Bandura, 2006). 사회인지 이론에 가장 크게 기여한 심리학자는 줄리언 로터, 앨버트 밴듀라, 월터 미셸이다.

사회인지 이론(social-cognitive theory): 학습이 바탕이 된 성격 모델로 행동에 영향을 끼치는 인지적 · 환경적 요소 모두를 강조함

개념 13-17
사회인지 이론가들은 성격이 행동과 사고방식의 집합체라고 생각했다.

1. 줄리언 로터: 통제소재

줄리언 로터(Julian Rotter, 1990)는 행동을 설명하고 예측하려면, 개인의 강화 경험도 알아야 하지만 기대감과 주관적 가치도 알아야 한다고 주장했다. 기대감(expectancies)은 스스로 자신의 행동에 의한 결과를 예측하는 것이다. 예를 들면,

기대감(expectancies): 사회인지 이론에서 개인이 자신이 행동의 결과에 거는 기대를 일컫는 말

주관적 가치(subjective value): 원하는 결과에 어느 정도의 중요성을 부여하는지를 의미하는 사회인지 이론 용어

내적 통제 소재(internal locus of control): 로터의 이론에서 자신의 노력이 원하는 결과를 가져올 수 있는지에 대한 개인의 믿음을 일컬음

학교 공부에 대해 긍정적인 기대감을 가진 사람은 공부를 더 할수록 더 좋은 학점을 받을 것이라 생각한다. 주관적 가치(subjective value)는 기대되는 결과에 부여하는 가치를 의미한다. 좋은 성적을 받는 것에 더 높은 주관적 가치를 부여하기 때문에 열심히 공부하는 것이다. 공부한다고 학점이 높아지지 않는다고 생각하거나 학점에 대한 주관적 가치가 높지 않은 사람에 비해 시험을 열심히 준비할 가능성이 높다.

개념 13-18

로터는 행동을 설명하고 예측하려면 개인의 강화 학습된 경험과 기대감, 주관적 가치, 통제에 대한 생각을 이해해야 한다고 주장했다.

➔ 개념 링크 통제나 예측 가능성에 대한 관점은 스트레스 대처능력을 결정하는 중요한 요소들이다. 제12장 1단원을 참고하라.

로터는 사람마다 자신에게 일어나는 일을 얼마나 통제할 수 있는가에 대한 믿음이 다르다고 주장했다. 내적 통제 소재(internal locus of control, '소재'는 위치를 의미)를 가지고 있는 사람은 일의 결과가 자신의 노력에 달려 있다고 믿고 이를 강화한다. 외적 통제 소재(external locus of control)를 가지고 있는 사람은 대부분의 일이 자신의 통제를 벗어나 운이나 운명 같은 외부의 힘에 의해 결정된다고 믿는다. 내적 통제 소재를 가진 사람은 자신의 인생에 더 만족하고, 성공적으로 학교생활을 하며, 건강한 식습관이나 운동을 유지한다는 연구 결과가 있다(Hot, Clark, & Kreuter, 2001; Kalescstein & Nowicki, 1997; Wang, Bowling, & Eschleman, 2010).

2. 앨버트 밴듀라: 상호결정론과 기대감의 역할

상호결정론(reciprocal determinism): 밴듀라는 인지, 행동, 환경 요소들이 서로 영향을 주고받는다고 믿었다.

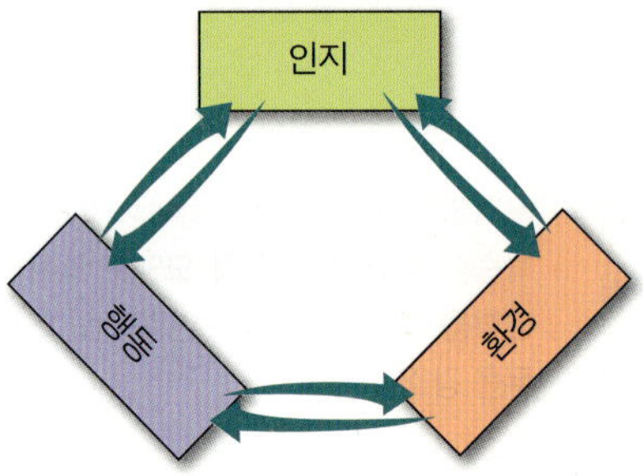

[그림 13-3] 밴듀라의 상호결정론 모델

밴듀라는 인지, 행동, 환경 요소들이 서로 영향을 끼치면서 상호적으로 결정된다고 생각했다.

출처: Bandura (1986)에서 수정.

앨버트 밴듀라(Allport Bandura, 2006, 2008b, 2010)는 인간을 자신의 삶을 지휘해 가는 적극적인 존재로 간주했다. 밴듀라는 최근에 자신의 책에서 "사람들은 자신의 행동의 방관자가 아니다. 환경의 영향을 받기만 하는 것이 아니라 환경에 기여한다."라고 언급했다(Bandrua, 2006, p. 164). 상호결정론(reciprocal determinism) 모델은 인지적·행동적·환경적 요소들이 서로 영향을 주고받는다는 것을 강조했다([그림 13-3] 참조). 운전하는 중에 다른 운전자가 끼어들기를 한다고 가정해 보자. 화가 나서 '너 좀 당해 봐라.' 하는 생각은 과격하게 그 차를 추월하는 행동으로 이어질 수 있다. 이런 과격한 행동은 상대방 운전자로 하여금 더 과격하게 운전하게 만드는 환경을 만들어 낼 수 있다. 이런 경우 또다시 '나 오늘 너 가만두지 않겠다.'라는 생각을 하게 되고, 이는 더 과격한 행동으로 나타난다. 이런 행동과 분노에 의한 생각 사이의 악순환은 운전자들의 난폭 행동(road rage)으로 이어져 비극적인 결과를 낳을 수 있다.

개념 13-19

밴듀라의 상호결정론 모델은 인지, 행동, 환경 요소들이 상호 영향을 주고받고 있음을 말해 준다.

밴듀라(1986, 1997)는 사회적 상황에서 다른 사람들의 행동을 관찰하고 따라 하면서 배우는 관찰 학습의 역할을 강조했다. 밴듀라는 또한 두 가지 인지 변인인 결과기대와 효능기대의 중요성을 강조했다.

결과기대(outcome expectations): 밴듀라가 주장한 것으로 행동의 결과에 대한 개인의 기대감을 일컫는 용어

결과기대(outcome expectations)는 특정 행동의 결과에 대한 믿음을 의미한다. 음주가 몸을 해치고 어리석은 행동을 하게 할 것이라는 생각보다 즐거운 경험이며 자신감을 상승시켜 줄 것이라는 생각을 더 많이 한다면 술을 더 많이 마시게 될 것이다.

효능기대(efficacy expectations)는 당신이 성취하고 싶은 일을 할 수 있는 능력에 대한 기대이다. 높은 효능기대를 가지고 있는 사람은 일을 성취하는 과정에서 일어나는 문제는 극복할 수 있다고 믿기 때문에 도전적인 일을 피하지 않는다. 반대로 효능기대가 낮은 사람은 문제가 생길 경우 쉽게 포기하는 경향이 있다(Bandura, 2006). 성공을 경험하는 것이 효능기대를 높일 수 있기 때문에 성공 경험은 아이와 성인 모두에게 중요하다.

효능기대(efficacy exepectation): 밴듀라가 주장한 것으로 목표를 수행할 수 있는 스스로의 능력에 대한 기대감을 일컫는 용어

"할 수 있다." 밴듀라의 성격의 사회인지 이론은 자기효능감(성취능력에 대한 믿음)과 같은 인지적인 요소의 중요성을 강조한다.

1) 왜 중요한가

효능기대는 여러 방면에서 성공과 연결되어 있다. 높은 효능기대를 가지고 있는 사람은 금연 후 재발할 가능성이 낮고 운동을 꾸준히 할 가능성이 높다(Gwaltney et al., 2009; Motl et al., 2002). 자연재해나 테러 공격 등의 재앙을 경험한 후에도 회복 속도가 빠르며(Benight & Bandura, 2004), 높은 수준의 학업성취와 연결된다(S. M. Harris & Halpin, 2002).

3. 월터 미셸: 상황변인과 개인변인

월터 미셸(Walter Mischel, 1973)의 이론은 많은 부분에서 로터와 밴듀라의 이론과 비슷하다. 미셸은 행동이 보상과 처벌 같은 상황변인(situation variables)과 개인 내적 요소인 개인변인(person variables) 모두의 영향을 받는다고 주장했다. 개인변인의 두 요인인 기대감(expectancies)과 주관적 가치(subjective values)는 로터의 모델에서 나왔던 개념과 같지만, 미셸은 몇몇 개인 변인을 추가했다. 첫째, 유능감(competencies)은 우리가 가지고 있는 지식과 기술을 의미하는데, 악기 연주나 외국어를 습득하는 능력도 포함된다. 둘째, 부호화 전략(encoding strategies)은 사건을 해석하는 개인의 방식을 의미한다. 예를 들어, 갑자기 꽃 한 다발을 선물로 받은 경우, 개인의 부호화 전략에 따라 사랑의 표현이라 해석하기도 하고 화해의 표시로 해석할 수도 있다. 셋째, 자기조절 체계 및 계획(self-regularatory systems and plans)은 목표 달성을 위해 스스로에게 어떤 보상을 줄 것인지 계획하는 능력을 말한다. 미셸은 밴듀라와 마찬가지로 행동은 환경과 개인의 상호작용의 결과로, 행동을 예측하기 위해서는 개인과 상황에 대해 우리가 아는 것을 모두 고려할 필요가 있다고 주장했다.

상황변인(situation variables): 미셸이 주장한 것으로 보상과 처벌처럼 행동에 영향을 끼치는 환경의 영향을 일컫는 용어

개인변인(person variables): 미셸이 주장한 것으로 유능감, 기대감, 주관적 가치처럼 행동에 영향을 끼치는 개인적 요인을 일컫는 용어

최근 연구에서 미셸은 감정과 인지의 상호작용에 주목하고 있다(예: Mischel, 2009). 예를 들면, 어떻게 우울과 같은 부정적인 감정의 상태가 사람들의 경험을 부호화하고 앞으로의 결과에 대한 기대감을 조성하는가 하는 것이다. 미셸은 또한 우리의 감정 반응이 우리가 경험을 해석하는 방식에 달려 있다고 생각하는데, 이것은 제15장에서 우울증의 인지 이론을 다룰 때 다시 보기로 하자.

개념 13-20

미셸은 행동이 상황변인이라 불리는 환경적 요인과 개인변인이라 불리는 개인의 내적 요인 모두의 영향을 받는다고 주장했다.

4. 사회인지 관점 평가하기

학습 이론가들은 보상과 처벌 경험이 행동에 어떤 영향을 주는지를 설명해 준다. 강화 원칙은 부모가 육아 기술을 잘 습득하고, 아이들로 하여금 수업 시간에 더 효율적으로 배울 수 있도록 돕는 등 여러 방식으로 사용되고 있다. 감정과 행동의 문제를 잘 대처할 수 있도록 학습 원칙을 적용한 행동치료(behavior therapy) 같은 현대 심리치료 모델의 발달에도 기여했다(제16장 참조).

개념 13-21

사회인지 이론은 고전적 학습 이론 영역을 넓혔으나, 성격을 형성하는 무의식의 과정과 유전적 요인을 설명하지 못한다는 비판을 받는다.

사회인지 이론가들은 고전적 학습 이론에 인지적 요소들이 학습에 끼치는 영향을 더하고, 사회적 상황에서 다른 사람들을 관찰함으로써 배우는 것을 학습에 포함시켜 학습 이론의 영역을 넓혔다. 현재 많은 행동 치료자가 인지행동치료(cogntive-behaivoral therapy: CBT)라고 불리는 치료 모델을 사용하고 있는데, 이는 사회인지 이론가들의 주장을 반영한 것이다. 사회인지 이론가들이 가장 크게 기여한 점은 사람은 환경의 영향만을 받는 수동적인 존재가 아니라 정보를 찾고 해석하는 적극적인 존재라는 점을 보여 준 것이다. 현재 많은 심리학자가 사람의 행동이 개인과 환경의 상호작용으로 설명된다는 관점을 믿고 있다.

사회인지 이론은 무의식의 영향과 유전적 영향을 설명하지 못한다는 비판을 받는다. 또한 일관성 있는 행동을 설명할 때 특질의 개념을 고려하지 않는 것에 대해 특질 이론가에게 비판을 받는다. 반대로 사회인지 이론가들은 특질은 행동 원인에 대한 설명 없이 행동에 이름을 붙이는 것일 뿐이라고 반박하면서, 인간의 행동이 특질 이론가들이 생각하는 것만큼 일관성 있게 나타나지 않는다고 비판한다. 마지막으로, 자의식이나 의식의 흐름 같은 개인의 경험을 충분히 고려하지 않는다는 비판을 받기도 하는데, 사회인지 이론가들은 기대감이나 주관적 가치 같은 인지적 요소를 충분히 강조하고 있기 때문에 문제될 것이 없다고 반박한다. 주관적 경험이 핵심이 된 성격 이론이 앞으로 살펴볼 인본주의 접근이다. 그에 앞서, 〈개념 차트 13-3〉을 보면서 성격에 대한 행동주의와 사회인지 관점의 중요 개념들을 정리해 보자.

〈개념 차트 13-3〉 성격에 대한 행동주의적 · 사회인지적 관점

고전 행동주의	사회인지 이론
성격은 학습된 행동의 집합이다. 행동 패턴들이 다른 것은 학습 경험의 차이 때문이다.	성격은 학습된 행동과 사고방식으로 형성된다. 행동을 설명하고 예측하기 위해서는 인지적 요인, 관찰에 의한 학습, 보상과 처벌 등의 환경의 역할 모두를 이해해야 한다.

3 단원 복습 사회인지적 관점

되새겨 봅시다

기대감과 주관적 가치란?

➤ Rotter는 행동을 설명하고 예측하기 위해서는 개인의 기대감(사건의 결과에 대한 개인의 예측)과 주관적 가치(특정한 목표에 부여하는 가치)를 고려해야 한다고 주장했다.

상호결정론이란?

➤ 상호결정론은 Bandura의 이론으로 인지, 행동, 환경 요소들이 상호적으로 영향을 끼친다는 것을 의미한다.

상황변인과 개인변인이란?

➤ Mischel은 행동을 설명하고 예측하기 위해서는 상황변인(보상과 처벌 같은 환경적 영향), 개인변인(유능감, 기대감, 부호화 전략, 주관적 가치, 자기조절 체계 및 계획) 모두 고려해야 한다고 주장했다.

점검해 봅시다

1. 행동주의자들은 Freud와 특질 이론가들의 주장과 다르게, 성격의 차이는 다음의 차이 때문이라고 주장했다.
   ① 내재되어 있는 무의식적인 갈등
   ② 강화와 처벌을 경험했던 것
   ③ 스스로와 세상을 보는 시각
   ④ 다른 사람들을 보는 관점
2. Julian Rotter에 따르면, 열심히 일하고 노력하면 좋은 결과를 얻을 수 있다고 생각하는 사람은 ______ 통제 소재를 가지고 있다.
   ① 내적 ② 긍정적
   ③ 외적 ④ 부정적
3. Albert Bandura의 상호결정론이 무엇인지 기술해 보자.
4. 다음의 용어의 맞는 정의를 골라 보자.
   ① 자기효능감 가. 개인이 사건을 보는 관점
   ② 상황변인 나. 스스로의 효율성에 대한 믿음
   ③ 유능감 다. 개인의 지식과 기술
   ④ 부호화 전략 라. 환경적 영향

생각해 봅시다

➤ 사회인지 이론은 학습 기반 성격 이론에서 어떻게 변형되었는가?

➤ 당신은 성격의 기초가 환경에 있다고 믿는가, 개인에게 있다고 믿는가?

➤ 당신의 행동은 결과와 효능기대에 영향을 받는가? 주관적 가치는 어떤가?

인본주의적 관점 4 단원

■ 자아 이론이란?

■ 집단주의 문화와 개인주의 문화는 자아 개념을 어떻게 다르게 보는가?

인본주의 심리학은 인간의 핵심 특징을 의식적인 선택과 자유라고 보는데, 이 점에서 정신역동과 행동주의 관점과는 큰 차이를 보인다(Bargh & Chartrand, 1999). 인본주의 심리학자에게, 인간은 무의식적인 정신세계나 환경에 의해 조종되는 존재가 아니라 스스로의 삶의 의미와 방향성을 자유롭게 선택하는 존재이다. 대표적 인본주의 이론가에는 미국 심리학자 칼 로저스(Carl Rogers, 1902~1987)와 에이브러햄 매슬로(Abraham Maslow, 1908~1970)가 있다.

1. 칼 로저스: 자아의 중요성

개념 13-22

로저스의 성격 이론은 사회와 관계 맺는 방식을 결정하는 자아의 중요성을 강조한다.

➔ 개념 링크 로저스의 내담자중심치료 모델에서는 자아의 중요성을 강조한다. 제16장 2단원을 참고하라.

로저스(1961, 1980)는 인간은 자아실현(self-actulaization)을 추구하는 내적 동기를 가지고 있다고 믿었다. 자아실현을 이루기 위해서는 자신의 진실된 감정과 욕구를 인식하고 반영하는 자아발견 및 자아인식의 과정을 거쳐야 한다고 주장했다.

로저스는 자아가 인간 경험의 중심에 존재한다고 믿었기 때문에, 그의 이론을 자아 이론(self-theroy)이라고 부른다. 그는 자아를 세상과 관계 맺는 방식을 결정하는 성격의 집행부로 보았다. 자아는 거울에 비친 자신의 모습을 볼 때 느끼는 '나'라는 느낌인 동시에 선호, 욕구, 가치를 가진 독립된 존재를 의미한다. 자아는 또한 스스로에게 가지고 있는 이미지, 자아개념(self-concept)을 구성한다. 로저스의 성격 이론은 스스로를 잘 알고, 스스로에게 진실한 것이 중요하다고 보았다.

자아 이론(self-therapy): 자아의 중요성을 강조한 로저스의 성격 모델

자아의 주요 기능 중 하나는 자아존중감, 즉 스스로를 사랑하는 법을 개발하는 것이다. 자아존중감은 다른 사람들이 자신을 가치 있게 여겼는지를 반영한다. 이런 이유로 로저스는 부모가 자녀에게 개인의 기본 가치를 인정하는 태도, 즉 무조건적 긍정적 존중(unconditional positive regard)을 보여 주어야 한다고 믿었다. 로저스는 부모가 아이에게 아이의 행동이 자신의 기대에 부응하는가를 떠나서 항상 존중해 주어야 한다고 주장했다. 이렇게 할 때, 아이는 다른 사람의 기대나 요구에 따라 자신을 판단하지 않고 본능적으로 스스로를 가치롭게 여기는 법을 배운다고 믿었다. 그는 아이들이 부적절한 행동을 할때, 부모는 아이들의 자아존중감을 해치지 않고 충분히 잘못된 행동을 고칠 수 있다고 믿었다. 부모는 부적절한 행동을 지적해야 하는 것이지, 아이 자신이 부적절한 존재라는 느낌을 주어서는 안 된다는 것이다.

무조건적 긍정적 존중(unconditional positive regard): 어떤 행동을 하느냐에 상관없이 상대방의 원래의 가치를 존중해 주는 것

조건적 긍정적 존중(conditional positive regard): 상대방이 나의 기대를 만족시키는 행동을 할 때만 존중하는 것

자아이상(self-ideals): 우리가 어떤 사람이 되어야 한다는 이상적인 생각

아쉽게도 많은 부모는 아이들이 '적절한' 행동을 할 때만 인정해 주는 조건적 긍정적 존중(conditional positive regeard)을 보여 준다. 조건적인 존중을 받은 아이들은 사회적으로 인정받는 방식으로 행동할 때만 스스로 가치롭다고 생각하게 된다. 아이들의 자아존중감은 특정한 순간에 다른 사람이 자신을 어떻게 생각하느냐에 따라 흔들릴 수 있다. 아이들은 자아존중감을 유지하기 위해 자기 원래의 감정, 흥미, 욕구를 숨기고, 사회적인 가면을 쓰고 다른 사람을 즐겁게 하는 것을 배운다. 이렇게 되면 자신에 대한 감정과 자아개념들이 심각하게 왜곡되어 낯설게 느껴질 수도 있고 심각한 경우 자신이 누군지에 대한 혼란을 느낄 수도 있다.

© Bruce Laurance/Getty Images

무조건적 긍정적 존중하기?

자아존중감은 궁극적으로 우리가 자아이상(self-ideals)을 어떻게 형성하고 다루느냐에 따라 결정된다. 다른 사람들의 기대에 따라 자아이상을 형성하면, 우리는 그 자아이상을 만족시키기 위해 힘든 시간을 보내게 되고 자아존중감은 곤두박질 칠 수 있다. 로저스가 개발한 치료 모델인 내담자중심치료(client-centered therapy,

제16장에서 논의됨)는 사람들로 하여금 자신 스스로의 감정과 가치를 찾을 수 있도록 돕는다.

로저스는 인간의 기본적 가치와 선의를 믿었던 낙관주의자였다. 그는 부모는 자녀가 자신과 다른 흥미와 가치를 추구할 때에도, 무조건적 긍정적 존중을 보여 줌으로써 자아발견의 여정을 도울 수 있다고 믿었다.

민족 정체성은 비유럽계(백인계) 미국인의 자아존중감과 밀접한 관련이 있다는 연구가 있다(Pierre & Mahalik, 2005; Umaña-Tayler, 2004). 아프리카계 미국인이 아동, 청소년, 성년 초기에 백인계 미국인보다 오히려 더 높은 자아존중감을 보이는데, 이는 젊은 백인들보다 민족 정체성이 높기 때문이라는 것이다(Gray-Little & Hafdahl, 2000; Gray-Little, 2002). 이 장의 6단원에서는 자아존중감을 높이는 방법을 살펴보겠다.

해 보기 자아개념 검증하기

당신은 자신을 어떻게 생각하는가? 거울을 볼 때 당신의 모습에 만족하는가? 아니면 당신은 매번 스스로에게 실망하는가?

당신의 자아개념을 검증해 보기 위해 다음에 언급되어 있는 각 영역에서 자신이 어떤지 평가해 보자. 당신에게 중요한 다른 영역도 추가할 수 있다. 각각의 영역에서 스스로에게 해당하는 숫자를 동그라미 쳐 보자.

이제 스스로 평가한 점수를 보자. 각 영역에서 스스로를 부정적인 쪽으로 평가했는가? 긍정적인 쪽으로 평가했는가? 자아존중감이 높은 사람은 자아존중감이 낮은 사람에 비해 스스로를 긍정적인 쪽으로 평가하는 경향이 있다. '똑똑한-멍청한' 같은 영역은 다른 영역보다 자아존중감에 더 많은 영향을 끼친다. 영역 전체 패턴 또한 당신의 자아개념이 어떤지 보여 준다.

그다음, 다른 색 펜으로 이번에는 스스로가 각 영역에서 '나는 이렇게 되어야 해.' 하고 느끼는 정도의 숫자를 동그라미 쳐 보자. 이전에 동그라미 쳤던 것은 무시하라. 어떤 영역에서는 이전의 답변과 같을 수 있는데, 이는 자아개념과 이상적인 자아가 조화를 이룸을 의미한다.

이제 각 영역에서 현재의 자아와 이상적 자아의 차이에 대해 생각해 보자. 당신에게 가장 중요한 영역에 주목해 보라. 실제 자아와 이상적 자아의 차이가 클수록, 자아존중감이 낮을 가능성이 크다. 반대로 실제 자아와 이상적 자아의 차이가 작을수록, 자아존중감이 높을 가능성이 크다.

어떤 영역에서 가장 큰 차이를 보이는가? 자신의 성격 특징 중 바꾸고 싶은 것이 있는가? 이상적인 자아를 만족시키는 것이 가능할까? 그것을 어떻게 알 수 있을까? 자신에 대해 그리고 다른 사람과 관계 맺는 방식에 있어 바꿀 필요가 있는 것은 무엇인가?

	매우 그러함	대체로 그러함	조금 그런 편임	중간	조금 그런 편임	대체로 그러함	매우 그러함	
공정	1	2	3	4	5	6	7	불공정
독립적	1	2	3	4	5	6	7	의존적
창의적	1	2	3	4	5	6	7	비창의적
이기적이지 않음	1	2	3	4	5	6	7	이기적임
자신감 있는	1	2	3	4	5	6	7	자신감 없는
유능한	1	2	3	4	5	6	7	무능한
중요한	1	2	3	4	5	6	7	중요하지 않은
매력적인	1	2	3	4	5	6	7	매력적이지 않은
많이 배운	1	2	3	4	5	6	7	많이 배우지 못한
사교적인	1	2	3	4	5	6	7	비사교적인
친절한	1	2	3	4	5	6	7	냉정한
똑똑한	1	2	3	4	5	6	7	멍청한
우아한	1	2	3	4	5	6	7	어색한
지적인	1	2	3	4	5	6	7	무식한
예술적인	1	2	3	4	5	6	7	예술적이지 않은
당신에게 중요한 다른 특질들도 첨가하라.								
	1	2	3	4	5	6	7	
	1	2	3	4	5	6	7	
	1	2	3	4	5	6	7	

출처: Nevid & Rathus (2010)에서 수정.

'해 보기'에서 당신의 자아개념이 이상적 자아와 조화를 이루는지 평가해 보자. 자아존중감이 낮다 해도 희망을 버리지 말자.

2. 에이브러햄 매슬로: 자아실현의 정상에 오르다

© B2M Productions

당신은 자신을 사랑하는가? 왜 사랑하는가? 왜 사랑하지 않는가?

로저스와 마찬가지로 매슬로(1970, 1971)는 인간에게는 가능한 최고의 모습이 되고자 하는 자아실현의 본능적 욕구가 존재한다고 생각했다. 자아실현의 욕구가 자신의 가능성을 개발하도록 동기를 부여함으로써 성격을 형성한다고 믿었다. 모든 사람이 기회가 주어지면 자아실현을 위해 고군분투하지만, 완벽히 자아실현을 달성하는 사람은 소수일 뿐 성격은 자아실현 달성이 아니라 달성을 위한 과정으로 가장 잘 이해될 수 있다.

매슬로와 로저스가 구축한 이론을 따르는 인본주의 심리학자들은 인간은 각자의 독톡한 감정, 욕구, 필요가 있다고 믿는다. 각자의 욕구가 다르므로, 다른 사람의 바람을 완벽히 충족시켜 주면서 스스로의 욕구를 만족시키는 것은 불가능하다. 그러므로 심리적으로 건강해지는 길은 우리 스스로의 욕구를 인지하고 수용하는 것이다.

개념 13-23

프로이트가 주로 인간의 본능을 다룬 반면, 매슬로는 인간의 노력으로 이룰 수 있는 가장 높은 수준의 것, 자신의 가능성을 실현하는 과정에 초점을 맞추었다.

3. 문화와 자아정체성

당신이 스스로를 어떻게 정의하는가는 어떤 문화에서 자랐느냐와 관련이 깊다. 집단주의 문화(collectivistic culture)에서 자랐다면, 사회적 역할로 자신을 정의할 가능성이 높다(Markus & Kitayama, 1991; Triandis & Suh, 2002). "나는 한국계 미국인이야." 또는 "나는 조너선의 아빠야."라고 말하는 것이 그 예이다. 개인주의 문화(individualistic culture)에서 자랐다면, 다른 사람과 구별된 개인의 특성이나 개인의 성취로 자신을 정의할 가능성이 높다. "나는 시스템 분석자야." 또는 "나는 보살피는 것을 좋아하는 사람이야." 하고 말하는 것이 그 예이다. 즉, 자신이 속한 문화에서 자아정체성을 어떻게 정의하느냐에 따라 스스로를 정의하는 방법이 달라진다.

집단주의 문화(collectivistic culture): 사람들의 사회적 역할과 책임을 강조하는 문화

개인주의 문화(individualistic culture): 개인의 정체성과 성취를 강조하는 문화

아시아, 아프리카, 중남미에 있는 많은 문화가 집단주의적인 반면, 미국, 캐나다 그리고 다른 서구 유럽 나라들은 개인주의 문화를 가지고 있다. 집단주의 문화는 개인의 목표보다 집단의 목표를 중요시하는데, 조화를 이루는 것, 권위자나 나이 든 사람을 존중하는 것, 순응하는 것, 협력, 상호 의지, 갈등 회피 등의 공동의 가치를 강조한다. 예를 들어, 전통적 필리핀 문화에서는 자신보다 나이 많은 사람을 공경하는 것을 매우 강조하기 때문에, 나이 차이에 상관없이 자기보다 한 살이라도 많은 형제나 자매도 절대적으로 존중하도록 교육을 받는다(Nevid & Sta. Maria, 1999).

개념 13-24

우리가 자신을 개인주의 용어로 정의하느냐, 사회적 역할로 정의하느냐는 우리가 자란 문화의 영향을 받는다.

개념 13-25

인본주의적 관점은 의식적 경험과 자의식을 이해해야 한다고 강조한다. 그러나 자신의 주관적 경험을 이해하고 자아실현의 정도를 측정하는 것은 어려운 일이다.

개인주의 문화에서는 반대로 개인의 독립성 및 자급자족 가치를 강조한다. 19세기 미국 서부의 우화에서도 나타나는 것처럼 때로는 극렬한 개인주의를 우상화하

기도 한다. 하지만 우리는 상황에 따라 집단주의 가치에 기초해서 생각하기도 하고 개인주의 가치에 기초해서 생각하기도 한다(Oyserman, Coon, & Kemmelmeier, 2002).

문화 차이는 또한 사람들이 사회적 신분을 추구하는 방식의 차이와 관련이 있다. 개인주의 문화에서 사회적 신분은 개인의 성취나 부의 축척(얼마나 돈을 많이 버는가, 어떤 집에 사는가, 어떤 차를 모는가, 어떤 상을 받았는가, 개인의 목표를 성취했는가)과 관련이 있다. 반면, 집단적인 문화에서 사회적 신분은 집단의 필요에 우선순위를 두고 사회나 집단의 안녕을 위해 얼마나 희생하는가와 관련이 있다.

생활의 한 단면 집단주의는 사회적인 의무를 충실히 실행하는 것을 가치 있게 여긴다. 여기에는 길을 가다 잃어버린 돈을 발견하면 주인에게 돌려주는 것도 포함된다(Onishi, 2004). 실제로 일본에서는 길을 가다가 잃어버린 돈을 발견하면 원래의 주인에게 돌려주는 문화가 있다. 예를 들면, 24세 여성인 히토미 사사키는 일하던 음식점 화단에서 250달러를 발견했고 즉시 주인을 찾아 돌려주었다. 뉴욕에 사는 사람들은 땅에 떨어진 돈을 보고 사사키가 했던 것처럼 하지는 못할 것 같다. 당신은 어떤가?

개인주의 문화와 집단주의 문화 모두 극단성을 띠면 바람직하지 못한 결과를 낳는다. 극단적인 집단주의는 창의성, 참신성, 개인이 주도하는 것을 억누를 수 있고, 극단적 개인주의는 탐욕과 착취로 이어질 수 있다.

4. 인본주의적 관점 평가하기

인본주의적 관점은 삶의 방향과 의미를 중시했던 1960년과 1970년도 사회운동의 시초를 제공하였다. 자유의지와 결정론의 오래된 논란을 부활시키고 의식적인 개인 경험의 중요성을 강조한 것이다. 로저스의 치료 방법인 내담자중심치료(client-centered therapy)는 여전히 영향력 있는 치료법이다. 인본주의 이론가들이 가장 크게 기여한 점은 의식적인 경험의 핵심인 자아의 개념을 회복한 것이다.

그러나 개인의 의식적 경험은 과학적으로 접근하기가 어렵다. 당신의 의식적 경험은 유일한 청중인 당신만이 알 수 있다. 과연 개인적이고 주관적인 다른 사람의 경험을 정확히 측정할 수 있을까? 인본주의 심리학자들은 인간의 의식적 경험을 최대한 과학적으로 이해하기 위해 최선을 다한다고 말할 것이다. 인본주의 심리학자들은 인지주의 심리학자들과 함께 개인적인 생각, 감정, 태도 등을 평가하는 척도를 개발하고, 생각을 기록해서 체계적으로 분석하는 등 의식적인 경험을 객관적으로 연구하는 방법을 개발하고 있다.

© Alex Kosev/shutterstock.com

인본주의를 비판하는 사람들은 인본주의 관점이 다른 사람을 고려하지 않고 제멋대로 자신이 원하는 대로 행동하도록 만든다고 주장한다. 자아실현의 개념도 난관이 있다. 인본주의 심리학자들은 자아실현이 목표를 향한 동기를 부여한다고 주장하는데, 그런 동기가 실제로 존재하는지 어떻게 알 수 있을까? 자아실현이 개인마다 다르다면, 어떤 사람에게는 식물학에 관심을 두는 것만으로도 자아실현이 될 수 있고, 또 다른 사람에게는 숙련된 장인이 되는 것이 자아실현이 될 수 있다. 자아실현을 측정할 수 있는 표준화된 방식이 있는 것일까? 이 질문에 인본주의적 심리학자들은 사람들은 모두 다르기 때문에 같은 기준을 적용해서는 안 된다고 반박할 것이다.

〈개념 차트 13-4〉에 성격에 대한 인본주의 관점의 주요 개념이 정리되어 있다.

〈개념 차트 13-4〉 인본주의 관점: 핵심 내용

개념		요약	핵심 내용
 © iofoto/ shutterstock.com	로저스의 자아 이론	자아가 성격의 핵심이다. 자아는 세상과 관계 맺는 방식과 목표를 추구하는 방식을 결정한다.	어린 시절 자신의 가치를 인정받지 못한 사람은 다른 사람의 기대에 부응할 때 스스로가 가치롭다고 생각한다. 이것은 자아개념 발달이 왜곡된 것이다.
 © Carlos Neto/ shutterstock.com	매슬로의 자아실현 개념	자아실현의 욕구가 자신의 가능성을 개발하도록 동기를 부여함으로써 성격을 형성한다.	성격은 자아실현의 달성이 아니라 달성을 위한 과정을 반영한다.
 © Christopher Futcher/ shutterstock.com	문화와 자아정체성	자아정체성은 집단주의 또는 개인주의 문화의 영향을 받는다.	집단주의 문화는 공동의 상호 의존적인 자아개념을 발달시키고, 개인주의 문화는 개성과 유일성을 독려한다.

4 단원 복습 인본주의적 관점

되새겨 봅시다

자아 이론이란?

➤ Rogers의 관점에 의하면, 자아는 인간 경험의 핵심이다. 자아는 자신의 가능성을 발전시키는 자아실현을 추구한다.

➤ 자아실현 추구는 무조건적 긍정적 존중(조건적이지 않은 인정)을 받을 때 탄력을 받는다. 반대로, 적절한 행동만 조건적으로 인정받을 때, 사람은 왜곡된 자아개념을 발전시키고 자신의 진실된 감정과 욕구를 인식하지 못하게 된다.

집단주의 문화와 개인주의 문화는 자아의 개념을 어떻게 다르게 보는가?

➤ 집단주의적 문화는 사회에서의 역할이나 위치로 자아를 정의한다.

➤ 개인주의적 문화는 자아의 개성과 유일성을 강조한다.

점검해 봅시다

1. 다음의 어떤 것이 인간의 선택의 자유에 대한 인본주의적

믿음을 가장 잘 설명하는가?

① 의식적인 선택을 할 수 있는 능력은 자유롭게 생각할 수 있도록 권고하는 문화에서만 가질 수 있다.

② 자유의지는 환상에 불구하다.

③ 선택은 대부분 우리가 속한 사회의 영향을 받아 결정된다.

④ 자유의지는 인간의 근본적 특성이다.

2. 자아실현은 다음의 어떤 것을 포함하는가?

① 자의식과 자아의 발견

② 자신의 진실된 감정과 욕구를 알아 가는 것

③ 자신의 개인적 특징을 인정하고 그에 따라 행동하는 것

④ 위에 언급한 모두

3. Rogers가 인간 경험의 중심에 있다고 한 것은 무엇인가?

4. 사회나 집단에서의 역할로 스스로를 정의하는 것은 다음의 문화에서 가장 흔히 나타난다.

① 집단주의 문화

② 개인주의 문화

③ 서구 유럽 문화

④ 전통적 미국 문화

생각해 봅시다

➤ 당신의 문화 배경은 당신의 목표와 야망에 어떤 영향을 끼치는가? 자아정체성과 다른 사람들과의 관계에는 어떤 영향을 미치는가? 만약 다른 문화에서 성장했다면 당신의 성격은 어땠을까?

➤ 스스로를 개인주의자라고 생각하는가, 집단주의자라고 생각하는가? 그 관점은 당신의 문화적 배경과 관련이 있는가?

성격검사

5 단원

■ 자기보고식 성격검사에는 어떤 것들이 있는가?

■ 성격 투사검사에는 어떤 것들이 있는가?

지금까지는 성격을 설명하는 이론을 다루었는데, 이 단원에서는 성격을 측정하는 방법을 살펴보자. 성격을 측정하고자 하는 시도는 역사가 길다. 18, 19세기의 많은 존경받는 과학자들은 머리의 돌출부나 코의 생김새로 개인의 성격이나 지적 능력을 측정할 수 있다고 믿었다. 머리의 돌출 부위의 패턴에 따라 성격과 지적 능력을 측정할 수 있는 방법이 담긴 골상학(phrenology)이 유행했다. 시간이 지남에 따라 그런 방식이 잘못되었음이 밝혀졌고, 더 이상 성격을 피상적인 생물학적 특징으로 평가하지 않게 되었다.

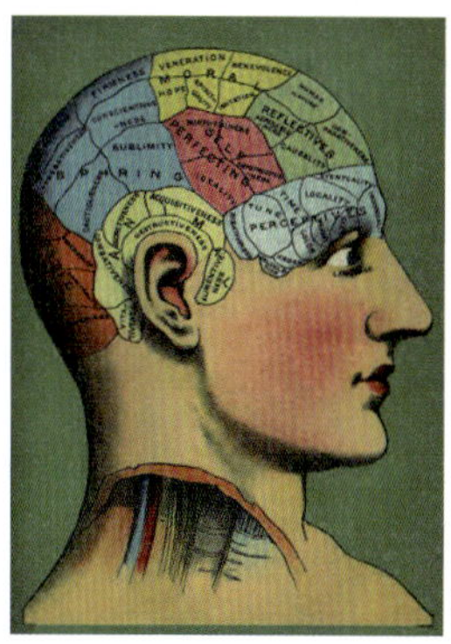
© The Image Works Archive

골상학은 머리의 돌출 또는 함몰 부위를 살펴 지적 능력이나 성격을 파악할 수 있다는 잘못된 생각이다.

골상학(phrenology): 머리의 돌출 부위로 성격과 지적 능력을 파악할 수 있다고 믿었던 고대의 관점

성격 평가를 위해 현대 심리학자들은 인터뷰, 관찰, 실험 방식을 사용한다(제1장 참조). 그러나 가장 널리 쓰이고 있는 방법은 성격검사(personality tests)이다. 성격검사에는 두 가지 주요 형태인 자기보고식 검사와 투사검사가 있다.

성격검사(personality tests): 성격을 공식적으로 측정하는 구조적인 심리검사

1. 자기보고식 성격검사

자기보고식 성격검사(self-report personality inventories): 제한된 선택지를 통해 일련의 질문에 답하는 구조화된 심리검사

객관적 검사(objective tests): 이전 연구에 기초하여 객관적으로 채점이 가능한 성격검사

개념 13-26

자기보고식 성격검사는 성격 측정에 널리 이용되는 방식으로, 제한된 선택지를 제공하여 객관적으로 채점이 가능하다.

자기보고식 성격검사(self-report personality inventories)는 정해진 질문에 '예-아니요', '맞음-틀림' 또는 '동의-동의하지 않음' 등으로 답변해야 하는 구조화된 성격검사이다. 자기보고식 성격검사는 객관적 검사(objective tests)로 불리기도 한다. 여기서 객관적이라는 것은 화장실 저울이 당신의 몸무게를 수치로 측정해 주는 것과 같은 것을 의미하지 않는다. 몸무게 저울과는 다르게, 자기보고식 성격검사는 질문에 답하는 사람의 의견과 평가에 의존해야 한다. 하지만 각 자기보고식 질문에 '예-아니요' 같이 제한적으로만 답을 선택할 수 있기 때문에 검사 점수가 객관적으로 채점될 수 있다. 또한 이전 연구의 결과에 기초하여 자기보고식 성격검사가 만들어진다는 면에서 객관성을 띤다. 어떤 자기보고식 성격검사는 자기주장 또는 공격성 같은 하나의 영역을 측정하고, 어떤 검사들은 성격의 다양한 측면을 측정한다. 가장 널리 쓰이는 다면 성격검사는 미네소타 다면적 인성검사(Minnesota Multiphasic Persoanlity Inventory: MMPI)이다(Camara, Nathan, & Puente, 2000).

1) 미네소타 다면적 인성검사(MMPI)

패션 잡지를 좋아하는가? 자주 우울하고 불안한가? 다른 사람들이 모두 당신을 해치려고 한다는 생각이 드는가? 당신은 성격과 정신건강을 측정하는 이런 질문들에 어떻게 답할 것인가?

MMPI에 위와 같은 질문들이 포함되어 있는데, 최신 수정판은 두 번째 수정본인 MMPI-2이다. MMPI-2는 567개의 '옳음-틀림' 문항으로 이루어져 있고, 열 개의 임상척도(〈표 13-4〉 참조)와 다양한 성격 영역과 답변 경향성을 측정하는 척도들을 가지고 있다.

MMPI는 임상가의 진단을 돕는 목적으로 만들어졌다. 각 특정 척도는 그 특정 진단을 받은 사람들이 정상 준거집단과 답변의 차이가 있는 항목들을 종합한 것이다. 예를 들면, '나는 가끔 우울하다.'라는 항목은 우울증 진단을 받은 사람들이 정상 준거집단보다 더 많이 '예'라고 답변하므로 우울척도에 배치되었다. 특정 진단을 받은 집단과 같은 방향의 항목들을 '예'라고 답변할수록 그 척도에서의 점수가 높아진다.

MMPI를 채점할 때, 원래의 점수를 표준점수(standard scores)로 변환하는데, 이렇게 변환된 점수들로 [그림 13-4]에 나와 있는 것처럼 프로파일을 만들 수 있다. 65점 이상이면 임상적으로 유의하게 상승되어 있거나 비상적으로 높다고 간주된다. 검사자들은 유의하게 상승한 척도들과 전체 척도 간의 관계 패턴을 고려해서 성격의 특징과 정신 문

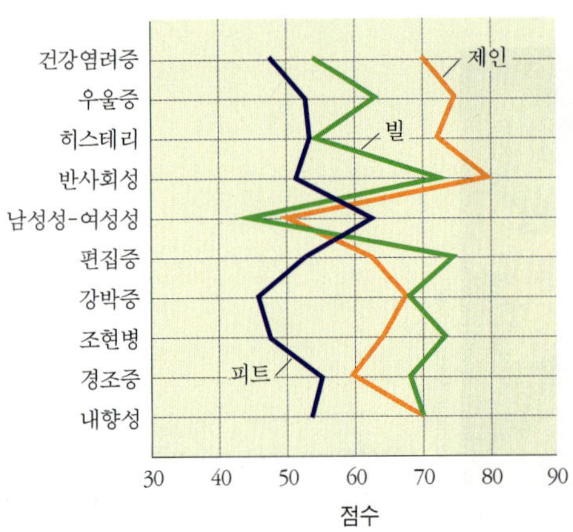

[그림 13-4] MMPI-2 프로파일의 예

(a) 제인은 자살시도로 정신병원에 입원했던 21세 여성이다.

(b) 빌은 34세 조현병 환자이다.

(c) 피트는 적응이 탁월한 25세 편집자이다.

주: 50점이 평균임. 여기 남성성-여성성 항목은 여성에게는 남성성의 경향을, 남성에겐 여성성의 경향을 측정했다.

〈표 13-4〉 미네소타 다면적 인성검사 임상척도

척도 번호와 이름	척도 항목의 예	높은 점수를 가지고 있는 사람의 특징
1. 건강염려증	자주 배가 아프다. 가끔은 온몸이 다 아프다.	여러 신체적 장애 호소, 비관적이고 패배주의적 태도, 불만이 많아 보임, 요구하는 것이 많음
2. 우울증	어떤 것에도 더 이상 관심이 없다. 걱정 때문에 잠을 설친다.	우울한 기분, 비관적, 걱정이 많음, 의존적인, 무기력함
3. 히스테리	가끔 아무 이유 없이 얼굴이 빨개진다. 누군가 나한테 친절하면 그 사람의 말을 그대로 믿어 버린다.	자기중심적임, 문제에 대한 통찰력이 부족함, 쉽게 낙담함, 미성숙함, 스트레스를 받으면 신체적 증상을 호소함
4. 반사회성	우리 부모님은 내 친구들을 싫어하신다. 학교에서 자주 문제를 일으킨다.	사회적 자기를 내면화하는 데 어려움이 있음, 반항적, 충동적, 반사회적 경향, 가족과 갈등이 많음, 일이나 학업성취가 떨어짐
5. 남성성-여성성	전자기기에 대해 읽는 것을 좋아한다(남성성). 인테리어 디자인 쪽의 일을 하고 싶다(여성성).	여성성이 높은 남성: 문화, 예술에 흥미가 높음, 여성적이고 민감함, 수동적 남성성이 높은 여성: 공격적, 남성적, 자신감이 높음, 활동적, 적극적, 자기주장이 강함
6. 편집증	성공할 수 있었는데 사람들이 나에게 공평한 기회를 주지 않았다. 이제 아무도 믿을 수 없다.	경계심과 의심이 많음, 타인을 탓함, 분노에 차 있음, 냉담함, 편집망상을 보일 수 있음
7. 강박증	무언가를 매일 걱정한다. 보통 사람보다 겁이 많다.	불안, 긴장, 초조, 걱정이 많음, 겁이 많음, 집중력이 떨어짐, 강박적인 행동을 함, 스스로를 의심함
8. 조현병	주위의 것들이 현실에서 일어나는 일이 아닌 것처럼 느껴질 때가 있다. 가끔 다른 사람이 못 듣는 것을 듣는다.	혼란스럽고 비논리적인 생각을 함, 소외감을 느끼고 사람들로부터 오해를 받는다고 느낌, 고립됨, 환상이나 망상적 믿음 같은 명백한 정신병적 증상을 가질 수 있음, 타인과의 접촉을 회피
9. 경조증	가끔 나는 내가 할 수 있는 것보다 많은 일을 맡는다. 사람들이 내 말이 가끔 너무 빠르다고 말한다.	에너지가 넘치고, 비정상적으로 들뜸, 사람들과 자주 싸움, 충동적임, 낙관적, 활동적, 사교적, 쉽게 화를 냄, 자신을 과대평가하거나 비현실적인 계획을 세움
10. 내향성	시끄러운 파티를 좋아하지 않는다. 학교활동에 그렇게 적극적이지 않다.	부끄러움이 많음, 자기억제, 내성적, 자신감 부족, 남의 눈에 잘 띄려 하지 않음, 사회적 상황에서 긴장함

*이 척도의 내용은 비임상 대조군을 바탕으로 설계되었다.
출처: Nevid, Rathus, & Greene (2011)에서 수정.

제의 가능성을 판단한다. '해 보기' 섹션에 MMPI가 어떤 식으로 사용되는지 설명되어 있다.

표준점수(standard scores): 표준이 되는 집단의 평균과 상대적으로 얼마나 차이가 있는지 보여 주는 점수

2) 자기보고식 성격검사 평가

MMPI와 같은 자기보고식 성격검사들의 타당도를 뒷받침하는 연구들이 많이 있다(예: Graham, 2006; Selbom, Graham, & Schenk, 2006; Veltriet et al., 2009). MMPI는

해 보기 나는 무엇이 되어야 할까?

많은 대학상담소에서 성격검사를 이용하여 학생들이 직업을 결정하는 데 도움을 준다. 성격검사를 통해 자신과 다른 사람의 성격 프로파일을 비교할 수 있고, 다른 직업군에 있는 사람들의 특성과 자신의 특성을 분석할 수 있다. 직업을 결정하는 데 도움을 받고 싶다면, 당신의 대학의 상담센터가 그런 서비스를 제공하는지 알아보자.

개인의 흥미, 걱정, 욕구, 다른 사람들과 관계 맺는 방식에 대해 많은 정보를 제공해 줄 수 있어, 치료사가 정신장애를 진단하는 데 도움을 준다. 그러나 MMPI 결과를 그대로 진단에 이용해서는 안 된다. 예를 들면, 우울척도에서 높은 점수를 보이는 것이 반드시 우울증을 의미하는 것은 아니다. 피검자가 그 진단을 받은 사람의 특성과 문제과 비슷하게 겪고 있고 있다는 것을 의미하며 이것은 치료자에게 중요한 정보가 될 수 있다.

자기보고식 성격검사는 여러 장점을 가지고 있다. 검사가 상대적으로 싼 편인데 이는 컴퓨터로 채점되고 해석될 수 있기 때문이다. 피검자가 인터뷰식 검사보다 자기보고식 검사에서 더 솔직하게 답을 할 수도 있다. 더 중요한 것은 이 검사 결과가 다양한 행동을 예측하는 데 쓰일 수 있다는 것이다. 예를 들면, 다른 사람과 관계를 맺는 능력, 리더십 자리에 올라가거나 직장에서 중요한 역할을 맡을 수 있는 능력도 MMPI의 결과를 통해 예측 가능하다('해 보기' 참조).

자기보고식 성격검사는 단점도 있다. 명백히 거짓으로 답할 수도 있고 자신을 좋은 쪽으로 보이게 하고 싶어 긍정적인 쪽으로 답할 수도 있다. 그러나 자기보고식 검사인 MMPI는 타당도 척도를 가지고 있어 피검자의 반응 편파성도 파악할 수 있다.

2. 투사검사

개념 13-27

투사검사는 사람들이 모호한 대상에 반응할 때 무의식적 욕구와 성격이 드러난다는 가정에서 발달했다.

투사검사(projective tests): 모호한 사물을 이용하여 개인의 무의식적인 욕구, 동기, 갈망 등을 드러내기 위한 검사

투사검사(projective tests)는 잉크 반점같이 구조가 잡혀 있지 않고 애매모호한 그림, 즉 여러 방식으로 해석될 수 있는 그림을 피검자에게 보여 준다. 투사검사는 자신의 무의식적인 욕구, 동기, 갈망을 모호한 물질에 '투사'한다는 정신역동 이론에서 나왔다. 객관적 검사와는 다르게 답변이 '예-아니요'나 다선지 형으로 제한되어 있지 않고 검사자가 피검자의 대답을 해석해야 하므로 주관적 검사이다. 투사검사에서 가장 널리 쓰이는 로르샤흐 검사와 주제통각검사를 알아보자(Camara, Nathan, & Puente, 2000).

1) 로르샤흐 검사

어린 시절 스위스에서 자란 헤르만 로르샤흐(Herman Rorschach, 1888~1922)는 잉크반점을 떨어뜨리고 종이를 접어서 대칭이 되는 그림을 만드는 것을 좋아했다. 그는 사람마다 같은 잉크반점을 다르게 본다는 것을 깨달았고, 이런 다른 반응들이 각

사람의 성격에 대해 무엇인가를 말해 준다고 생각했다. 그는 잉크반점에 대한 특별한 애정 때문에 독일어로 '잉크반점'을 뜻하는 클렉스(Klex)라는 별명을 얻었다. 정신과 의사가 된 로르샤흐는 어린 시절 취미를 그의 이름을 딴 심리검사로 발전시켰다. 아쉽게도 잉크반점 검사가 유명해지기 전에, 검사를 출판하고 몇 개월 되지 않았을 때, 37세의 나이에 맹장파열 합병증으로 사망했다(Exner, 2002).

로르샤흐 검사는 [그림 13-5]에 보이는 것과 비슷한 열 장의 카드로 이루어져 있다. 다섯 장은 색감이 있는 카드이고, 다섯 장은 검은색, 하얀색, 어두운 회색으로 된 카드이다. 피검자는 각 잉크반점이 무엇처럼 보이는지에 대해 답을 하고 왜 그렇게 보이는지에 대해서도 설명해야 한다.

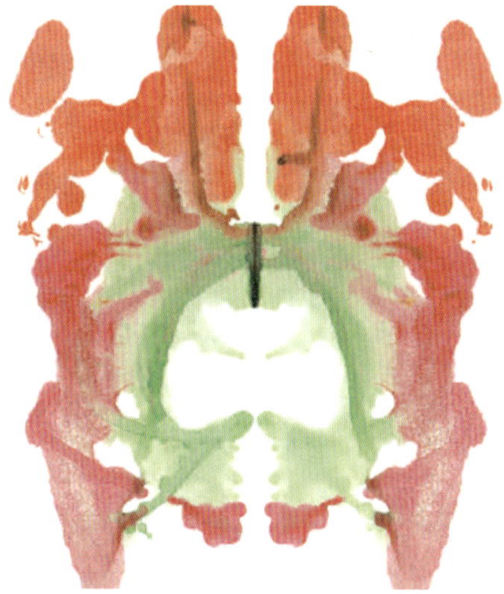

[그림 13-5] 이것이 무엇처럼 보이는가?
로르샤흐 검사는 사람들이 자신의 성격의 측면을 잉크반점 같은 모호한 대상에 투사해서 드러낸다는 가정에 기초한다.

로르샤흐의 답변 채점은 복잡하다. 채점은 내용(잉크반점이 무엇처럼 보이는지, 예를 들면 '박쥐' 같은 것)과 형태질의 수준(피검자의 답변이 실제 잉크반점의 형태와 일치하는지)을 바탕으로 이루어진다. 낮은 형태질 수준은 현실을 명확하게 인식하는 데 문제가 있거나 상상력이 과도하게 풍부한 것으로 해석된다. 예를 들어, 붉은 영역을 '피'라고 대답하는 것처럼 형태에 대한 설명 없이 색깔로만 인식할 경우 피검자가 감정을 조절하는 데 문제가 있는 것으로 해석한다. 대답하는 내용으로 다른 사람들과의 갈등도 파악할 수 있다. 예를 들어, 답변에 사람은 등장하지 않고 동물만 등장하면 다른 사람들과 관계를 맺는 것을 어려워한다고 해석한다.

2) 주제통각검사

하버드 심리학자인 헨리 머리(Henry Murray)는 1930년대에 주제통각검사(Thematic Appreciation Test: TAT)를 개발했다(H. A. Murray, 1938). 이 검사는 다양하게 해석될 수 있는 모호한 장면들로 구성되어 있는데, 피검자는 각 장면을 보고 연상되는 이야기를 만들어, 이전에 어떤 일이 있었는지, 앞으로 어떻게 진행될 것인지에 대해 이야기해야 한다. 머리는 사람은 심리적인 욕구와 갈등을 자신이 묘사하는 사건에 투사하기 때문에, 만들어 낸 이야기가 각 개인의 성격의 측면을 드러낸다고 믿었다. 예를 들어, 피검자가 지속적으로 부모로부터의 거절감과 관련 있는 이야기를 만들 경우, 피검자의 근본적인 심리적 문제는 부모와의 관계에 있다고 본다.

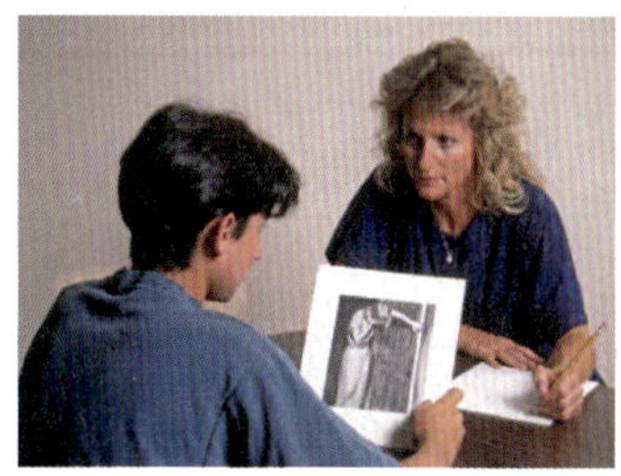

주제통각검사는 피검자로 하여금 여러 모호한 장면이 그려진 카드를 보여 주고 연상되는 이야기를 만들도록 요구한다. 무슨 일이 일어나고 있는가? 이전에 어떤 일이 있었으며 앞으로 어떤 일이 일어날까? 이런 질문에 대한 답변이 자신의 어떤 성격을 드러나게 하는 것일까?

3) 투사검사 평가하기

투사검사의 단점은 검사 해석의 많은 부분이 검사자의 주관적 판단에 달려 있다는 것이다. 두 로르샤흐 검사자가 같은 답변을 두고도 형태질의 수준을 다르게 평가할 수 있다. 좀 더 체계적인 로르샤흐 해석 시스템을 개발하고자 하는 시도가 있었지만(예: Exner, 1993), 해석의 타당성과 의미에 대한 의구심은 여전히 남아 있다.

개념 13-28
투사검사가 심리학자들에 의해 널리 쓰이고 있지만, 검사의 타당성과 임상적 유용성에 대한 논란은 여전히 계속되고 있다.

투사검사의 또 다른 문제는 자극 유인(stimulus pull)이다. 자극을 모호하게 만들려는 노력에도 불구하고, 주제통각검사의 슬픈 표정을 한 얼굴 장면처럼 어떤 그림은 특정 타입의 반응을 이끌어 내는 단서를 내포하는 경우가 있다. 이런 경우, 피검자의 답변은 근본적 성격의 투사가 아니라 그림이 내포하는 단서에 대한 반응일 뿐이다(Murstein & Mathes, 1996).

로르샤흐 검사에 대한 의견은 아직도 분분하지만, 적어도 부분적으로 타당한 결과를 보여 준다는 최근 연구 결과가 있다(Meyer et al., 2001; Perry, 2003). 연구자들은 로르샤흐 검사 결과로 심리치료의 효율성을 예측할 수 있고(G. J. Meyer, 2000), 정신질환의 특정 유형을 분별할 수 있으며(Dao & Prevatt, 2005), 의존에 대한 근본적인 욕구를 감지할 수 있다고 보고했다(Garb et al., 2005). 그러나 로르샤흐 검사를 비판하는 사람들은 전반적으로 타당도가 부족하고 성격검사나 임상검사로서의 활용성이 떨어진다고 반박한다(예: Garb, Klein, & Grove, 2002; Hamel, Shafer, & Erdberg, 2003; Wood et al., 2010). 투사검사를 옹호하는 사람들은 능숙한 사람이 검사를 진행할 경우 인터뷰나 자기보고식 검사에서 볼 수 없었던 성격에 대한 가치 있는 정보를 발견할 수 있다고 주장한다(Stricker & Gold, 1999). 〈개념 차트 13-5〉에서 이 장에서 다루었던 각 성격의 주요 이론과 관련 있는 측정 방법과 치료 방법을 비교하였다.

〈개념 차트 13-5〉 성격 이론적 관점 개관

이론 모델	주요 이론가	주요 개념	평가 기술	관련 치료
정신분석	프로이트	원초아, 자아, 초자아 사이의 무의식적인 갈등이 성격 발달에 영향을 끼친다.	인터뷰, 투사기술	정신분석(제16장에서 논의됨)
정신역동 (신 프로이트 학파)	아들러, 융, 호나이, 에릭슨	성적 욕구보다 사회적 요소와 자아의 발달이 성격 형성에 더 큰 영향을 끼친다.	인터뷰, 투사기술	정신역동치료(제16장에서 논의됨)
특질	올포트, 커텔, 아이젠크	성격은 행동의 일관성을 설명하는 특질로 이루어져 있다.	커텔의 16PF 같은 자기보고식 성격검사	없음
행동주의	왓슨, 스키너	성격은 학습된 행동의 집합이다.	행동 관찰	행동치료(제16장에서 논의됨)
사회인지	로터, 밴듀라, 미셸	성격은 학습된 행동과 사고방식으로 이루어져 있다.	행동 관찰, 인터뷰, 자기보고식 측정, 생각 체크리스트	인지행동치료(제16장에서 논의됨)
인본주의	로저스, 매슬로	성격은 자아개념을 중심으로 구성된 경험을 반영한다.	인터뷰, 자기개념 측정도구	로저스의 내담자중심 치료(제16장에서 논의됨)

5 단원 복습 성격검사

되새겨 봅시다

자기보고식 성격검사란?

➤ 자기보고식 성격검사는 일련의 질문에 제한적 선택지를 사용하여 사람들이 스스로에 대해 대답할 수 있도록 하는 검사이다. 일관된 채점 방식을 사용하고 이전 연구 결과에 기초하고 있기 때문에 객관적 검사로 분류된다.

성격 투사검사란?

➤ 투사검사는 다양한 방식으로 답변할 수 있는 모호한 그림들을 사용하여 개인의 무의식적 요구, 충동, 동기들을 투사하여 드러낼 수 있도록 고안되었다.

점검해 봅시다

1. 성격검사의 두 가지 주요한 유형은 무엇인가?
2. 다음 중 MMPI에 대해 잘못 설명하고 있는 것은?
   ① 정신질환을 감지하도록 고안되었다.
   ② 각 척도는 특정 진단 집단이 정상 기준집단과 다르게 나타나는 항목들로 이루어져 있다.
   ③ 가장 널리 쓰이는 성격검사이다.
   ④ 자기보고식 성격검사는 반응 편향성(response bias)의 영향을 전혀 받지 않는다.
3. 개인의 점수가 표준이 되는 집단의 평균과 상대적으로 얼마나 차이가 있는지 보여 주는 점수를 ________ 점수라고 부른다.
4. 다음의 설명 중 투사검사를 바르게 설명하고 있는 것은?
   ① 투사검사는 '예-아니요' 같은 제한된 선택지에 의존한다.
   ② 투사검사는 프로이트의 회귀 방어기제에 바탕을 둔다.
   ③ 투사검사는 행동주의자의 관점과 밀접한 관련이 있다.
   ④ 투사검사는 무의식적인 동기와 욕구를 드러내는 것을 돕도록 고안되었다.

생각해 봅시다

➤ 성격검사를 받아 본 적이 있는가? 있다면 스스로의 성격에 대해 무엇을 배웠는가?

➤ 투사검사의 타당성 논란에 대해 생각해 보자. 잉크반점 같은 구조화되어 있지 않은 자극에 대한 반응이 사람들의 근본적 성격을 밝힐 수 있다고 생각하는가? 그렇다면 왜 그런가? 아니라면 왜 아닌가?

자존감 향상시키기 6 단원

인본주의 심리학자 칼 로저스와 에이브러햄 매슬로는 건강한 성격 발달에 있어 자아존중감이 중요하다고 생각했다. 자존감이 높은 청소년들은 정신적 · 신체적으로 건강하고, 범죄율이 낮으며, 성인기에 재정적으로 성공할 가능성이 높다는 연구 결과가 있다(Tresniewski et al., 2006). 자존감이 낮을 때 우리는 스스로를 이상적인 상태에 못 미치는 존재로 본다. 그러나 자존감은 고정된 특성이 아니므로 시간이 지남에 따라 변할 수 있다. 예를 들어, 자기가치를 향상시켜 주는 기술과 능력(유능감)을 키움으로써 자존감을 증진시킬 수 있다. 또한 완벽주의적 기대를 조정하고,

이상적인 모습에 미치지 못할 때도 스스로를 수용하는 법을 배움으로써 자존감을 증진시킬 수 있다.

1. 유능감 키우기: 무엇인가에 탁월해지기

개념 13-29

자아존중감은 고정된 특성이 아니므로 유능감 개발 및 현실적인 목표와 기대를 성립함으로써 증진시킬 수 있다.

사회인지 이론가들은 자존감이 도전을 극복하는 기술 또는 유능감과 관련이 있다고 생각했다. 유능감은 읽기, 쓰기, 수학 등의 학업적 역량도 포함하고 그림 그리기, 피아노 연주, 평균대에 서는 것, 축구 등의 운동 기술도 포함한다. 각자에게 중요한 영역에서 유능감을 느낄수록 스스로에 대해 좋은 감정을 가지게 된다.

유능감은 훈련과 연습으로 얻을 수 있다. 팔의 힘과 균형 감각을 타고나지 않은 이상 야구공을 한 시간에 90마일의 속도로 던지지 못한다. 그러나 대부분의 기술은 일반적인 유전자를 가진 사람도 개발할 수 있다. 피아니스트가 되는 사람은 소수라 할지라도, 훈련과 연습으로 피아노 연주를 훌륭하게 하는 사람은 많이 있다. 실제로 우리 사회에서 가치 있게 여겨지는 많은 기술은 대부분이 습득된 것이다.

2. 현실적이고 성취 가능한 목표 세우기

자존감을 향상시키는 또 다른 방법은 현실적인 목표를 세우는 것이다. 최선을 다하지 말라는 이야기가 아니다. 실제 필요와 능력을 고려한 현실적인 목표는 자신의 목표 달성을 합리적으로 평가하는 데 도움을 준다.

3. 자기효능감 기대 증진시키기

성공은 성공을 낳는다. 당신의 흥미와 능력에 일치하는 일을 선택하는 것은 자기효능감 기대 증진으로 연결된다. 작고 성취할 수 있는 목표부터 시작하자. 작은 도전을 성공적으로 극복하는 것은 자신감을 증진시키고, 더욱 도전적인 목표를 향해 움직일 수 있도록 돕는다. 어쩔 수 없이 실망감을 느낄 때에도, 궁극적인 실패로 여기기보다 실수로부터 배우는 기회로 생각하라.

4. 인생의 의미 찾기

정신적으로 건강한 사람에게 인생은 힘겹게 생존하는 것 이상이다. 인생을 좀 더 나은 목표를 위한 기회라고 생각한다. 삶의 의미는 다양하고 목적도 다양하다. 어떤 사람은 종교와는 별개로 자신을 영적으로 더 큰 존재와 연결시켜 삶의 의미를 찾는다. 어떤 사람은 정체성과 문화적 유산을 공유하는 사람들과 교류함으로써 인생의 의미를 찾기도 한다. 사랑과 가족 또는 일에서 인생의 의미를 찾는 사람도 있다.

5. 완벽주의 기대 조정하기

모든 것에서 완벽하기 위해 스스로에게 너무 많은 책임을 부여한 결과 어려움을 겪는 경우가 많다. 스스로에게 완벽주의적 기대를 가지고 있다면 그러한 태도를 조정해 볼 것을 권고한다. 스스로를 좀 더 응원해 주고 자신의 장점과 단점을 잘 평가해서 좀 더 현실적인 기대로 조정하라. 완벽하게 이상적인 모습을 만족시킬 수 없을지 모르지만, 당신은 개발할 수 있는 능력과 재능을 충분히 가지고 있다.

6. 지속적으로 인정받고자 하는 욕구 버리기

심리학자 앨버트 엘리스(Albert Ellis)는 지나치게 사람들의 인정을 받고 싶어 하는 욕구가 낮은 자존감의 원인이라고 했다(Ellis, 1977; Ellis & Dryden, 1987). 다른 사람들에게 인정을 받지 못하는 일이 발생하는 것은 당연한 삶의 일부분이다. 과연 인정받지 못하는 것이 우리가 생각하는 것만큼 정말로 그렇게 끔찍한 일인지 생각해 보자. 우리의 비합리적인 인정 욕구를 자존감을 증진시킬 수 있는 좀 더 합리적인 기대로 바꿀 필요가 있다.

심리학에 대해 비판적으로 생각하기

이 장에서 배운 것을 바탕으로 다음 질문들에 답해 보자. 부록 A에 있는 모범 답안과 당신의 답안을 비교해 보면, 비판적인 사고를 할 수 있는 역량이 개선되었는지 평가해 볼 수 있다.

성격과 점성술: 별자리로 우리 성격을 알 수 있을까? 앞으로 일어날 일을 알 수 있을까? 쌍둥이자리와 전갈자리에 대해 별이 말해 주는 것을 들어 보자.

> 쌍둥이자리(5월 21일~6월 20일): 자신의 필요에 집중할 때이다. 당신은 에너지가 넘치기 때문에 성공할 가능성이 충분하다. 많은 기회가 다가올 것인데, 그 기회를 잘 잡아야 한다. 다른 사람이 기대하는 것보다 더 잘해 낼 것이다. 경제적으로 중요한 결정을 해야 할 시기가 다가올 것이다. 다른 사람들과 최선의 결정이 무엇일지 적극적으로 의논하는 것이 좋다. 지금은 당신의 삶의 많은 축복을 충분히 누려야 할 때이다.
>
> 전갈자리(10월 23일~11월 21일): 예상치 못한 일이 발생하여 세웠던 계획을 변경해야 할 수 있다. 그로 인한 스트레스가 다른 사람들과의 관계에도 영향을 끼칠 수 있지만, 유머 감각을 이용해서 그 상황을 잘 모면할 것이다. 당신은 다른 사람을 위하는 사람인데, 그것이 당신을 빛나게 한다. 앞으로 한두 달이 힘들 수 있겠지만, 침착한 것이 최선이다. 당신에게 중요한 것을 잘 선택하고, 연예할 기회가 있을 때마다 그 기회를 누리라. 힘들 때에도 유머 감각을 잃지 말고, 할 수 있는 이상의 일을 맡지 않는 것이 좋다.

점성학을 믿는 사람은 우리의 성격과 운명이 태어났을 때 황도십이궁(zodiac)에서 해와 달과 행성의 위치에 의해 결정된다고 믿는다. 당신의 성격이 태어났을 때 하늘의 위치로 결정된다고 믿는가? 신문의 점성술 면을 읽는가? 그것을 믿는가? 점성술의 역사는 몇천 년 전으로 거슬러 올라가는데, 고등교육을 받은 사람들 사이에서도 여전히 점성술을 믿는 사람이 많다. 한 조사에 의하면 30% 이상의 대학생이 점성술을 믿는다고 한다(Duncan, Donnaly, & Nicholson, 1992).

한 연구에서 아이젠크 성격검사의 점수와 출생 때 해와 달의 위치가 관련이 있는지 조사했는데, 외향성과 내향성 같은 성격 요인과 점성술이 말해 주는 성격이 일치하지 않는다고 보고했다(Clarke, Gabriels, & Barnes, 1996). 점성술의 과학적인 근거가 없다고 밝힌 다른 연구도 있다(Crowe, 1990; Dean, Mather, & Kelly, 1996). 과학적인 근거가 없는데도 점성술은 왜 아직도 인기가 많을까?

그 이유 중 하나는 성격에 대한 보편적인 묘사들이 자신과 정확히 일치한다고 생각하는 경향을 의미하는 바넘 효과(Barnum effect) 때문이다. '바넘'은 19세기 유명한 서커스 공연자인 P. T. 바넘의 이름을 따서 만든 것이다. 그는 "지금 이 순간에도 속기 위해 태어나는 사람들이 있다."라고 말한 것으로 유명하다. 다음에 점성술에 기초한 오늘의 운세를 보면, 얼마나 어느 누구에도 해당되는 일반적인 말을 하고 있는지 살펴보자. 예를 들면 "자신의 필요에 집중할 때이다.", "앞으로 한두 달이 힘들 수 있겠지만." 같은 것 말이다. 쌍둥이자리와 전갈자리에 대한 내용을 다시 한번 살펴보자. 두 가지 설명 모두 당신에게 해당된다고 느낄 확률이 높다.

바넘 효과는 점 보는 것을 포함해 왜 다른 사이비 과학이 지속적인 인기를 얻는지를 설명해 준다. 우리의 미래에 대한 이러한 특별한 '통찰력'은 모두에게 해당되는 일반적인 이야기(예: '당신은 경제적인 어려움을 겪을 것이며')를 바탕으로 한다. 그들은 고객의 의상, 몸짓, 질문에 대한 반응들을 유심히 살펴 그런 예측을 좀 더 개인화시킬 뿐이다.

또한 정보를 선택적으로 스스로에게 적용하려는 인간의 경향성이 점성술과 다른 사이비 과학에 대한 믿음을 설명할 수 있다. 우리는 우리를 부정적인 이미지로 설명한 것보다 긍정적인 이미지로 설명한 정보를 더 신뢰하는 경향이 있다. 앞서 언급된 예에도 '다른 사람을 위하는 사람', '유머 감각' 등 긍정적인 자질을 포함하고 있다. 이런 경향성은 긍정적인 자기 이미지를 강화할 수 있는 정보에 더욱 중점을 두는 자기 위주 편향(self-serving bias) 때문이기도 한다. 자기 위주 편향은 성공을 자신의 공으로 생각하고 실패는 다른 사람의 탓으로 돌리는 경향을 의미한다(제14장 참조).

이제, 당신이 비판적으로 생각해 볼 차례이다. 또 다른 인지 편향인 확증편파(confirmation bias, 제7장 참조)가 점성술에 대한 믿음을 어떻게 설명하는지 생각해 보자.

눈으로 복습하기 제13장 성격

1단원 정신역동적 관점

© Time & Life Pictures/Getty Images

Sigmund Freud

Freud의 정신분석 이론

- 세 가지 의식 수준: 의식, 전의식, 무의식
- 성격의 세 구조: 원초아(원초적 욕구), 자아('합리와 상식'), 초자아(도덕적 양심)
- 방어기제: 스스로 충동이나 문제가 되는 기억을 의식하지 못하도록 보호하는 것; 억압, 전치, 투사를 포함한다.
- 심리성적 발달 단계: 구강기(생후 직후~2세), 항문기(생후 18개월~3세), 남근기(3~6세), 잠복기(6세~청소년기), 성기기(청소년기~성인기)

다른 정신역동 이론가

- Carl Jung의 분석심리학: 개인 무의식, 집단 무의식, 원형
- Alfred Adler의 개인심리학: 창조적인 자아, 열등 콤플렉스, 우월성 추구
- Karen Horney: 기본적 불안과 기본적 적대감, 여성의 발달에 대한 Freud의 이론을 비판한다.

2단원 특질 이론

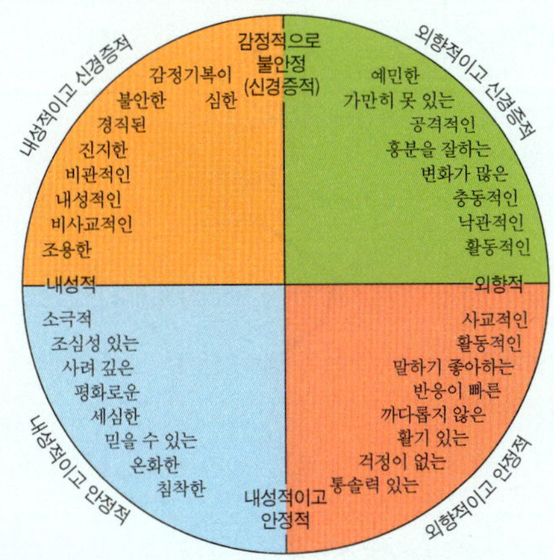

주요 특질 이론가

- Gordon Allport: 특질의 세 가지 수준(기본 특질, 중심 특질, 이차 특질)
- Raymond Cattell: 특질의 두 가지 수준(표면 특질은 행동에서 명백히 드러남, 근원 특질은 표면 특질의 아래에 있는 근본적 특질)
- Hans Eysenck: 세 특질 모델(내성-외향, 신경증적 경향, 정신증적 경향)

현대 특질 이론

- 5요인 모델: 이전 특질 모델들을 통합하여, 다섯 개의 일반적 특질을 구성한다(외향성, 신경증, 개방성, 우호성, 성실성).
- 특질-상황의 상호작용: 행동은 특질과 상황적인 요소의 상호작용을 반영한다.
- 특질의 유전적 원인: 성격 특질은 유전적 요인과 경험의 조합에서 비롯된다.

3단원 사회인지적 관점

사회인지 이론가

- Julian Rotter: 기대감, 주관적 가치, 통제 소재
- Albert Bandura: 상호결정론, 결과기대, 효능기대
- Walter Mischel: 상황변인과 개인변인

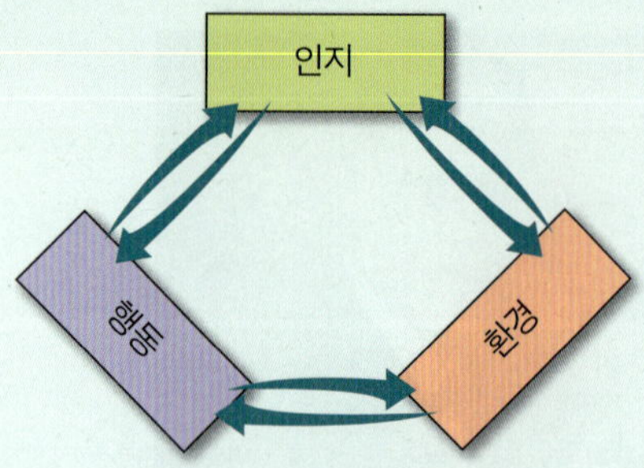

Bandura의 상호결정 모델

4단원 인본주의적 관점

- Carl Rogers: 자아를 강조, 스스로를 이해하고 인정하는 것이 중요하다.
- Abraham Maslow: 자아실현 강조
- 문화와 자아정체성: 집단주의 문화, 개인주의 문화

5단원 성격검사

- 자기보고식 성격검사: 선호, 감정의 문제, 태도를 검사함. 피검자의 답을 정상집단과 임상집단의 답과 비교함(예: MMPI-2)
- 투사검사: 근본적인 욕구와 갈등을 애매모호한 자극에 투사하는 것(예: 로르샤흐 잉크반점 검사와 주제통각검사)

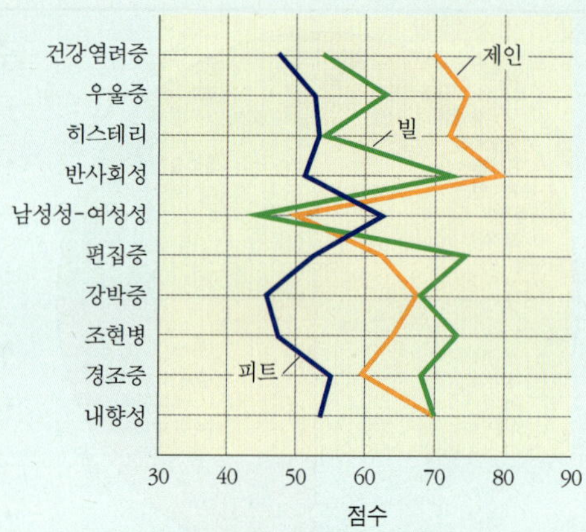

MMPI-2 프로파일의 예

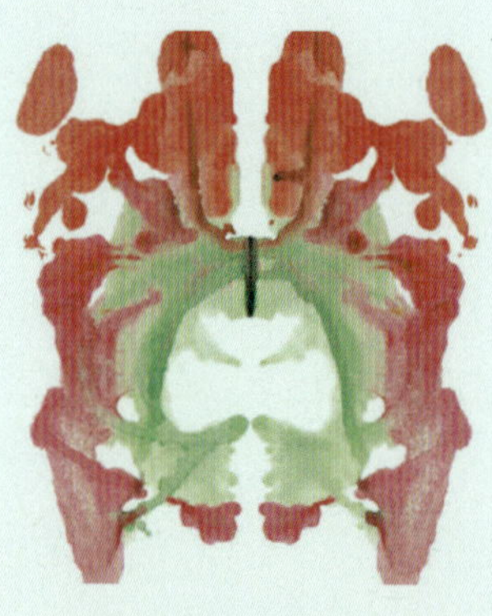

© Cengage Learning

이것이 무엇으로 보이는가

제 14 장 사회심리학

우리들의 심리학

당신이 길을 지나갈 때 누군가가 군중 속에서 기절했다고 하자. 몇 명의 사람은 그 쓰러진 사람을 둘러쌀 것이다. 당신은 그 사람을 도울 것인가, 아니면 가던 길을 계속 갈 것인가?

당신은 다른 사람들과 함께 두 가지 선 중에 어떤 선이 더 긴가를 결정하는 심리 실험에 참가했다. 다른 사람들은 당신이 볼 때 더 짧아 보이는 선을 선택했다. 이제 당신의 차례이다. 당신은 다른 사람들의 선택을 따르겠는가, 아니면 당신이 보기에 더 길다고 생각하는 선을 선택하겠는가?

길거리에 남자와 여자가 서서 이탈리아어로 사적인 이야기를 하고 있다. 그 남자는 여자에게 봉투를 건네주었는데, 그녀는 그것을 자신의 핸드백 안에 넣었다. 이런 교류가 어떤 성격의 교류라고 보는가? 그것은 연인 사이에 주고받는 메모였을까? 아니면 마피아 간의 비즈니스였을까?

당신이 전기 충격의 효과에 대해 학습하는 것과 관련된 심리 실험에 자원하여 참여했다고 가정해 보자. 당신은 당신이 명령받은 대로 다른 참여자가 질문에 틀린 답을 말할 때마다 그에게 전기 충격을 주어야 한다. 처음에 당신은 그렇게 하기를 거절한다. 그러나 실험 담당자는 당신에게 실험을 계속 해야 하며 당신이 가하는 전기 충격이 그 사람들에게 별다른 해를 입히지 않을 것이라고 설득한다. 당신은 그래도 그런 비이성적인 요구를 거절할 것이다.

다음 사실을 알고 있었나요!

- 일본인은 미국인에 비해서 대체로 자신의 성공이 스스로의 노력 덕분이라기보다는 운이나 운명 탓이라고 생각한다는 사실을 알고 있는가? (p. 655)
- 일반적인 성관계에 있어서 남자와 여자는 모두 파트너의 육체적 매력에 중점을 둔다는 사실을 알고 있는가? (p. 664)
- 우리 사회에서 키가 큰 것이 도움이 된다는 것을 알고 있는가? (p. 664)
- '여자는 수학을 못한다.'는 일반적인 편견은 젊은 여성이 엔지니어 등 과학 분야로 진출하지 못하도록 낙담시킨다는 사실을 알고 있는가? (p. 673)
- 유명한 실험에서 실험에 참여한 대부분의 사람은 실험 담당자가 타인에게 고통스럽고 위험한 전기 충격을 가하라고 했을 때 그렇게 행한 사실을 알고 있는가? (p. 687)
- 벼락치기 공부를 하는 사람과 함께 공부하면 공부하는 것이 어렵게 느껴지게 된다는 사실을 알고 있는가? (p. 690)
- 버락 오바마가 대통령으로 취임하기 한 달 전에 집단 사고 현상이 일으키는 위험성에 대해 이야기한 것을 알고 있는가? (p. 694)

학습 목표

이 장을 제대로 공부한 학생은

1. 첫인상에 가장 많은 영향을 미치는 요소가 무엇인지 밝혀내고 왜 첫인상이 계속 지속되는지 설명할 수 있다.
2. 두 가지 중요한 원인적 귀인을 밝혀내고 실제 사례에 적용할 수 있다.
3. 원인적 귀인이 인지적 편견에 의해서 어떻게 영향을 받게 되는지 설명할 수 있다.
4. 태도를 구성하는 요소와 근원이 무엇인지 설명할 수 있다.
5. 설득이 이루어지게 되는 경로와 요인들을 측정할 수 있다.
6. 매력에 영향을 주는 요소들이 무엇인지 밝히고 설명할 수 있다.
7. 돕는 행동과 연관된 요소들이 무엇인지 밝히고 설명할 수 있으며, 이 지식을 실제 사례에 적용할 수 있다.
8. 편견이 생기는 과정과 편견이 없어지는 과정을 설명할 수 있다.
9. 인간의 공격성을 만들어 내는 요소들을 밝히고 설명할 수 있다.
10. 사회적 정체성과 개체 정체성의 차이를 설명할 수 있다.
11. 고전적인 Asch의 실험 결과를 설명하고 동조에 영향을 미친 요소를 밝힐 수 있다.
12. 설득적인 영업 기술에 저항할 수 있게 하는 요인들을 이해하고 그 지식을 적용할 수 있다.
13. Milgram의 실험에서 나타난 결과와 중요성이 무엇인지 분석할 수 있다.
14. 사회적 촉진과 사회적 태만을 정의하고 그것들이 우리들의 성과에 어떤 영향을 주는지 설명할 수 있다.
15. 집단 사고를 정의하고 어떻게 그것이 잘못된 결정을 유도하도록 할 수 있는지 설명할 수 있다.
16. 직업만족도와 연관된 요인들이 무엇인지 설명하고 일터에서의 경험이 변할 수 있는 방법을 설명할 수 있다.

미리 보기

1단원 타인을 지각하기
2단원 타인과 관계 맺기
3단원 개인 행동에 미치는 집단의 영향
4단원 일과 관련된 심리학

앞에 언급된 질문들은 우리가 타인과의 교류에 의해 그리고 우리가 사는 곳의 문화에 따라서 우리의 생각, 감정, 그리고 행동이 어떻게 영향을 받는지를 다루는 사회심리학의 영역에 해당되는 것이다. 이 장에서는 이런 질문들을 다룰 것이고 사회환경에서 우리가 다른 이들을 어떻게 인지하는지, 우리가 그들과 어떻게 연관되는지, 그리고 우리가 그들에게 어떻게 영향을 받는지를 탐구할 것이다. 우리는 우리가 다른 이들을 어떻게 인지하고 그 방식이 우리의 행동에 어떤 영향을 끼치는지에 대한 질문을 시작으로 하여 사회 심리학자들이 이런 사회 과정들로부터 무엇을 배우는지 알게 될 것이다.

타인을 지각하기

1 단원

- 첫인상을 결정하는 주요 요소는 무엇이며, 첫인상이 오래 지속되는 이유는 무엇인가?
- 태도란 무엇이며, 태도는 어떻게 만들어지는가?
- 인지적 편견의 어떤 역할을 통해서 우리는 어떤 행동의 원인을 판단하게 되는가?
- 설득적 호소는 어떻게 태도 변화를 일으키는가?

제3장에서 우리는 주변의 물체들과 그 모양을 인식하는 방법에 대해 알아보았다. 사회심리학으로 주제를 전환하면서, 이제 사람들이 일상생활에서 보고 교류하는 사람들로 구성된, 이 사회를 지각하는 방법에 대해 집중해 보겠다. 사회 지각이란 타인들, 개인적 경험들, 그리고 우리가 얻는 정보에 기초해서 사회 환경을 이해하는 과정을 뜻한다. 이번 단원에서 우리는 사회 지각의 세 가지 측면을 고찰할 것이다. 다른 사람의 인상을 형성하기, 우리 자신과 다른 사람들의 행동을 유발하는 원인 이해하기, 그리고 우리가 사람들, 이슈들, 그리고 물체들에 대해서 긍정적 혹은 부정적으로 반응하게 하는 태도 형성하기가 그 세 가지 측면이다.

© AP Photo/Chiaki Tsukumo

동아시아 문화권에서 온 사람들은 일반적으로 처음 만난 사람들에게 개인 정보를 노출하는 것을 더욱 주의하는 경향이 있다.

1. 인상 형성: 왜 첫인상이 중요한가

인상 형성은 우리가 다른 사람에 대해서 생각이나 느낌을 형성하게 되는 과정이다. 우리는 첫인상을 빨리 형성한다. 얼마나 빠른지 궁금한가? 연구자들은 다른 사람에 대한 첫인상이, 우리가 그 사람을 처음 보았을 때 1초도 되지 않는 순간 또는 눈 깜박할 사이에 형성된다는 것을 발견했다(Willis & Todorov, 2006).

이것이 우리에게 의미하는 것은 무엇인가? 당신이 소개팅 상대를 만나거나 취업을 위해 면접관을 만났을 때 당신이 무언가 말을 하기도 전에 그 사람들은 당신이 어떤 사람인지 파악한다는 사실을 생각해 보자(Wargo, 2006). 사람들이 당신을 더 많이 알아가다 보면 당신에 대한 인상도 바뀌겠지만, 첫인상을 만들 수 있는 기회는 두 번 다시 오지 않는다. 당신의 첫인상이 좋은 역할을 하도록 만드는 것이 최선이다.

첫인상은 비록 본인이 첫인상이 바뀔 만한 정보나 행동을 제공해도, 상대방 입장에서는 무척 오래 지속되고 바뀌기 어렵기 때문에 매우 중요하다(Garronski et al., 2010). 타인에 대하여 개인 신상, 사회 도식, 사회적 편견, 그리고 스스로 행하는 예견을 통해서 그들에 대한 첫인상을 형성하는 데 영향을 주는 요소들을 검사해 보자.

사회심리학: 심리학의 한 분야로서 우리의 생각, 감정, 그리고 행동이 사회에서 타인과의 교류에 의해 어떻게 영향받게 되는지를 다루는 학문

사회 지각: 우리가 사회에서 만난 상대방과 사건에 대해서 인상을 느끼고 판단하며, 그 상대방과 사건에 대한 태도를 형성하는 과정

인상 형성: 다른 사람에 대한 생각이나 인상을 형성하는 과정

1) 개인 신상: 이름, 계급, 그리고 주민등록번호 이외의 것들

우리는 일반적으로 자신에 대해 개인 정보를 더 많이 알려 주려고 하는 사람에게 더 좋은 인상을 형성한다. 그러나 너무 빠른 시간에 너무 많은 것을 알려 주면 오히려 안 좋은 인상을 줄 수 있다. 첫 만남에 자신에 대한 것을 너무 많이 공개하는 사람은 불안정하고, 미성숙하고, 자신의 정보를 남에게 알려 주는 것에 대해 보다 더 주의하는 사람에 비해 사회적으로 덜 적응된 사람으로 여겨진다. 자신에 대해 얼마나 많이 공개하는 것이 합당한지에 대해 결정하는 데는 문화적인 차이도 한몫한다. 중국이나 일본 같은 동아시아 국가에 사는 사람은 서양인에 비해 자신에 대한 정보를 덜 공개하는 경향이 있다(H. S. Kim & Sherman, 2007; Nevid & Sta. Maria, 1999).

2) 사회 도식으로서의 인상: 왜 첫인상은 조금도 바뀌기 어려운 것인가?

인상은 일종의 사회 도식 또는 사회 환경이 사람에 대해 형성하는 심적 표상이다. 첫인상이 오래가는 이유 중 하나는, 우리가 그 사람에 대해서 이후에 얻은 정보들이 미리 형성한 인상이나 사회 도식을 통해서 걸러지기 때문이다(Hamilton & Sherman, 1994). 최근에 만난 누군가에 대해서 좋은 인상(도식)을 형성했다고 가정해 보자. 만일 그 사람이 우리를 화나게 하는 행동을 한다면, 우리는 그 사람에 대해

가지고 있는 좋은 인상을 변경하기보다는 그 사람의 행동을 설명하는 일종의 정상 참작을 가능하게 하는 요소들을 찾게 될 것이다("그는 오늘 기분이 안 좋은 게 틀림없어."). 반면에, 우리가 누군가에 대해서 부정적인 인상을 형성하면, 우리는 그 사람에 대해서 나중에 얻게 되는 긍정적인 정보도 무시하거나 제대로 설명하지 않을 것이다.

3) 고정관념 갖기: 개인이 아닌, 집단을 판단하는 것

우리는 모두 어떤 사람들로 이루어진 집단에 대해서 미리 확신하고 있는 생각을 가지고 있는데, 이것을 고정관념이라고 하며 이는 우리의 첫인상에 영향을 준다(Aronson, Wilson, & Akert, 2004). 고정관념은 특정 집단에 속한 사람들에 대한 특징, 속성, 그리고 행동에 대한 일련의 믿음들이다. 예를 들어, 우리는 특정 집단에 속한 회원들은 술을 많이 먹거나 지적인 사람이기에 안경을 쓰고 있을 것이라는 고정관념을 가질 수 있다.

고정관념은 첫인상에 영향을 준다. 앞서 언급한 길거리에서 이탈리아어로 이야기를 나누던 연인들의 예를 떠올려(기억해) 보라. 당신은 그들이 낭만적인 만남을 갖고 있다고 보는가, 아니면 마피아와 연관된 활동을 하고 있다고 보는가? 이 두 가지 해석은 모두 이탈리아인이 낭만적이거나 사기꾼이라는 고정관념에 기초한다(Lepore & Brown, 1997). 이 예시가 보여 주는 것처럼 고정관념들은 긍정적인 속성(이 경우 낭만적이라는 것) 또는 부정적인 속성(범죄)을 포함할 수 있다. 그러나 일반적으로 사회적 집단이나 민족 집단에 소속된 사람들에 대해 갖는 고정관념은 부정적인 경우가 긍정적인 경우보다 많다.

사회 심리학자들은 고정관념을 갖는 것은 사회적 판단 과정을 단순하게 하는 일종의 인지적 속기 과정으로서 정상적인 인지 활동이며, 사람들은 이런 고정관념을 갖는 경향이 있다고 믿는다(T. D. Nelson, 2002). 누군가를 처음 만나자마자, 우리는 자동적으로 그 사람이 어떤 특정 집단이나 범주에 속하는 것으로 분류한다. 고정관념은 우리가 만나는 어떤 집단에 소속된 일원에 대해서 기존에 가지고 있던 인지적인 경험을 확장하기보다는, 기존에 그 집단에 대해서 가지고 있던 정보를 더 효율적으로 사용하도록 한다(Hilton & von Hippel, 1996). 그것은 효율적인 판단일지는 몰라도 정확한 판단은 아니다.

4) 그것이 왜 중요한가

인종, 민족성, 성별, 나이, 장애, 몸무게, 그리고 성적 기호에 따라서 고정관념을 갖게 되면 우리가 만나는 아직 잘 모르는 어떤 개인에 대해서 추론을 하게 된다. 비록 어떤 고정관념은 '핵심적인 사실'을 제공할지도 모르지만(예를 들어, 멕시코인은 매운 음식을 좋아한다는 것처럼)(McCrae & Terracciano, 2006), 그럼에도 불구하고 고정관념들은 과장되어 있고 지나치게 일반화된 개념이기 때문에 개인들의 차이를 염

개념 14-1

우리의 미리 확신하는 생각도 우리가 어떤 사람들을 만나기도 전에 그 사람들에 대해 어떤 인상을 형성하도록 영향을 준다.

개념 14-2

우리가 공개하는 개인 정보의 양은 타인이 우리에게 느끼는 첫인상 형성에 영향을 준다.

개념 14-3

현재의 사회 도식을 통해 정보를 걸러 냄으로써 첫인상은 계속 지속되게 된다.

사회 도식: 사회 환경을 이해하는 데 사용하는 정신 이미지 또는 심적 표상

고정관념: 특정 집단에 속한 모든 사람들이 어떤 특징들을 공통적으로 가지고 있다고 특징화하는 것

두에 두지 못한다. 게다가 일단 고정관념이 형성되면, 그것에 반하는 정보가 유입되어도 그 고정관념은 고착되어 쉽게 변하지 않는다.

고정관념을 갖는 것은 집단 관계에 좋지 않은 영향을 미칠 수 있고 사회적 불평등을 정당화하는 데 사용될 수 있다. 예를 들어, 아프리카에서는 유럽계 지배계층에 의해서 흑인은 자립할 능력이 부족하다는 믿음이 식민지 법을 정당화하는 데 오랫동안 사용되었다. 비만인 사람은 게으르고 규율이 잡히지 못한 사람들이라는 고정관념은 고용주들이 그들에게 취업이나 진급기회를 부당하게 박탈하게 만들기도 한다.

5) 자기충족적 예언: 경험하는 것이 다시 돌아온다

자기충족적 예언: 예상된 결과를 불러일으키게 하는 기대

누군가에 대한 첫인상을 형성하면, 당신은 그 사람에 대해 인지된 인상에 맞추어서 그를 대하게 될 수 있다. 예를 들어, 당신이 어떤 사람을 친근하지 않은 사람이라고 느꼈다고 하자. 이 믿음은 일종의 자기충족적 예언이 되어 당신이 그 사람과 어울릴 때 그 사람에게 쌀쌀맞게 대하도록 하고, 상대방도 당신에게 그런 식으로 반응하도록 만들 수 있다. 자기충족적 예언은 학교에서 성적도 떨어지게 만들 수 있다. 학생들이 공부를 못할 것이라고 예상하는 교사들은 그들의 낮은 기대감을 그대로 학생들에게 전달한다. 교사가 자신에게 기대를 많이 하지 않는 것을 아는 학생들은 최선의 노력을 하지는 않을 것이며, 이런 상황은 학생들이 더 낮은 성적을 거두도록 만든다(Jussim & Eccles, 1992).

2. 귀인: 왜 피자 배달부는 늦는가

개념 14-4

우리는 어떤 사건의 원인을 기질적 원인이나 상황적 원인으로 설명하는 경향이 있다. 즉, 개인적 원인 또는 환경적 원인으로 설명하려고 하는 것이다.

어떤 피자 배달부가 예정보다 30분이나 늦게 피자를 배달했다. 당신은 그 배달부가 빈둥거리다가 늦은 것이라고 보는가, 아니면 다른 외부 요인(예를 들어, 교통 문제, 주문이 밀린 문제 등) 때문에 배달이 늦어진 것이라고 보는가? 혹시 당신은 어떤 약속에 늦은 적이 있는가? 당신은 다른 사람의 행동을 설명할 때 당신의 행동에 대해 판단하는 것과 동일한 판단을 내리는가?

귀인: 행동이나 사건의 원인에 대해 가정하는 것

기질적 원인: 개인의 내부적 성격이나 기질과 관련된 원인들

상황적 원인: 외부적 또는 환경적 사건과 관련된 원인들

귀인은 우리가 관찰하는 행동이나 사건의 원인에 대한 개인적인 설명을 뜻한다. 우리의 사회를 해석할 때, 우리는 근본적인 원인을 이해하려고 노력하는 과학자처럼 행동한다. 우리는 주변의 사건들이 벌어진 원인을 기질적 원인이나 상황적 원인 탓으로 돌리는 경향이 있다. 기질적 원인은 내부 성향, 필요성, 그리고 개인이 관여된 사람(행위자)을 선택하는 것 같은 내부적 요인들이다. 상황적 원인은 행위자에게 주어진 압력이나 요구사항 같은 환경적 외부 요인이다. 그 피자 배달부가 빈둥거리다가 늦었다고 말하는 것은 기질적 원인을 언급하는 것이다. 그 배달부가 오븐에서 구워지는 다른 피자를 기다리느라 늦었다고 말한다면 그것은 상황적 원인을 언급하는 것이다. 사회 심리학자들은 귀인이 기본적 귀인 오류(fundamental attribution error), 행위자–관찰자 효과(actor–observer effect), 그리고 자기 위주 편향(self–serving bias) 같은 특정한 인지적 편견에 의해 영향을 받을 수 있는 것을 발견했다.

1) 기본적 귀인 오류

사회 심리학자인 프리츠 하이더(Fritz Heider, 1958)는 사람은 그 행동이 일어나는 환경보다는 다른 사람들이 그 행동을 하는 것 자체에 더 많이 집중하는 경향이 있다고 제안했다. 따라서 사람들은 타인의 행동을 설명할 때 상황적 영향력을 간과하는 경향이 있다. 기본적 귀인 오류는 행동의 원인을 사람에게 가해지는 상황적 영향력을 고려하지 않고, 지성이나 게으름 같은 내부적 원인에서 찾으려는 경향을 묘사하기 위해 사회 심리학자들이 사용하는 용어이다.

기본적 귀인 오류(Fundamental attribution error): 어떤 행동을 상황적 요인에 대한 고려 없이 내부적 원인의 탓으로 돌려서 생각하는 것

문화 간의 차이점에 주목하자. 미국이나 캐나다같이 개인주의적 문화권에 사는 사람들은 중국이나 일본처럼 집단주의적 문화권에 사는 사람들에 비해서 기본적 귀인 오류를 범할 확률이 더 크다(Kitayama et al., 2003). 집단주의 문화는 사람에게 주어지는 임무 등과 같이 사회적 환경에서 기인하는 행동을 유발하는 외부적 요소를 강조하는 경향이 있다(Choi et al., 2003). 반대로, 개인주의적 문화는 자아의 개인성과 자율성을 강조한다. 이런 문화권에 사는 사람들은 어떤 행동이 개인 속성, 태도, 또는 동기 같은 내부적 요소에서 발생된 행동이라고 보다 빨리 단정한다.

개념 14-5

사람들은 다른 사람들의 행동을 설명할 때 내부적 원인을 지나치게 강조하고 상황적 영향력을 무시하는 경향이 있다.

2) 행위자–관찰자 효과

사람들이 기본적 귀인 오류를 범할 때, 그들은 다른 사람들의 행동에 영향을 미치는 외부적 환경의 요소를 무시한다. 그러나 우리는 우리 자신의 행동을 설명할 때도 동일한 실수를 저지르는가? 물론 그렇지는 않다. 사회 심리학자들은 타인의 행동을 일으키는 원인을 그들의 내부 원인이나 기질 탓으로 돌리고 자신의 행동의 원인은 상황적 요인으로 돌리는 성향을 나타내는 행위자–관찰자 효과(Actor–observer effect)라고 하는 또 다른 종류의 인지적 편향을 발견했다. 만일 당신이 시험을 못 봤을 때, 당신은 그 시험이 공정치 않았다든지, 당신이 공부할 시간이 없었다든지, 당신이 공부한 내용이 시험에 나오지 않았다든지 하는 식의 외부적 요인에서 그 원인을 찾으려고 할 것이다. 그러나 다른 사람이 시험을 보지 못하면, 당신은 그 사람이 실력이 없거나 공부를 게을리해서 시험을 못 본 것이라고 생각할 확률이 크다.

행위자–관찰자 효과(Actor–observer effect): 자신의 행동의 원인은 상황적 요소에서 찾고 다른 사람의 행동의 원인은 그들의 내부적 원인이나 기질적 원인에서 찾으려는 경향

하이더(1958)는 행위자–관찰자 효과가 일어나는 이유가 관점의 차이에서 기인한다고 보았다. 행위자로서 당신은 환경을 바라보기 때문에 그 환경은 당신의 시야를 둘러싼다. 그러나 관찰자로서의 당신의 관점은 그 상황 속에서 그 행위자에 의해 휩싸이게 된다. 최근의 연구는 행위자–관찰자 효과가 많은 사람들이 믿어 왔던 것보다는 약할 수 있다는 것을 지적하고 있다(Malle, 2006; Malle, Knobe, & Nelson, 2007).

개념 14-6

행위자–관찰자 효과는 다른 사람의 행동의 원인을 내부의 기질적인 원인에서 찾게 하고 나 자신의 행동의 원인은 내가 직면하는 환경의 상황적 원인에서 찾아 설명하게 만든다.

3) 자기 위주 편향

자기 위주 편향: 성공적 성취에 대해서는 인정받고 싶어 하지만 실패나 실망스러운 행동에 대해서는 자신의 책임을 회피하려는 성향

성과를 내는 상황에서 나타나는 귀인적 편향의 한 형태에는 자신이 성공한 이유를 내부적 원인이나 기질적 원인에서 찾고 실패의 이유를 외부적 원인이나 상황적 원인에서 찾으려는 경향인 자기 위주 편향(self-serving bias)이 있다. 즉, 사람들은 자신의 성공에 대해서는 인정을 받으려고 하지만 자신의 실패에 대해서는 자신에게서 원인을 찾으려고 하지 않는다. 당신이 시험에서 좋은 성적을 거두면, 당신은 그 결과를 당신의 능력이나 재능–내부적 귀인("내가 A학점을 받았다.")에서 찾으려고 할 것이다. 그러나 당신은 낮은 성적의 원인은 당신이 조절할 수 없는 외부적 귀인('나는 공부할 시간이 없었어.' 또는 '문제가 어렵더군.')에서 찾으려고 할 것이다. 성공을 가슴에 품고 실패를 흘려 보내는 이런 자기 위주 편향 현상은 자존감을 강화시키는 데 도움을 준다. 스포츠 팀의 멤버들도 자기 위주 편향과 비슷한 현상을 나타낸다. 그들은 팀이 졌을 때보다는('저 팀은 운이 좋았어.') 팀이 이기고 난 뒤 그 성공에 대해 보다 내부적인 귀인에서 원인을 찾으려고 한다('우리는 팀으로서 경기를 잘 마쳤어.') (Sherman, Kim, & Heejung, 2005).

개념 14-7

또 다른 종류의 인지적 편향인 자기 위주 편향은 사람들이 성공에 대해서는 인정받고 싶어 하지만 그들의 실패에 대해서는 책임지고 싶어 하지 않으려는 경향을 설명한다.

➔ 개념 링크 제7장에서 논의된 것처럼 인지적 편향은 우리가 이성적 결정이나 올바른 결정을 내릴 수 있는 능력에 안 좋은 영향을 미친다. 제7장 1단원을 참고하라.

개념 14-8

자기 위주 편향은 서구 문화권에 전반적으로 퍼져 있지만 동양 문화권의 어떤 지역에서는 나타나지 않는다.

자기 위주 편향은 미국과 캐나다같은 서구 문화권에는 널리 퍼져 있지만, 일본, 중국, 그리고 대만 같은 동아시아 문화권에서는 비교적 덜 일반적이다(DeAngelis, 2003; Heine et al., 2001). 미국인과는 달리 일본인은 그들의 성공의 원인을 운이 좋았다는 점으로 돌리고, 그들의 실패의 원인은 자신의 능력이나 재능 부족 탓을 한다. 자기 위주 편향은 자존감을 중시하는 미국의 문화적 윤리와 다른 개인주의적 서양 문화권에 밀접하게 연관되어 있을 수 있다(Markus & Kitayama, 1991). 그와 상반되는 성향(자기 비판과 겸손)은 중국이나 일본 같은 집단주의적 문화권에서 자주 나타난다(Oyserman, Coon, & Kemmelmeier, 2002). 이런 문화권에서 사람들은 자신의 개인 성향을 표현하고, 자신의 자존감을 높이려 하기보다는 소속 그룹 내에서의 책임을 더 많이 의식한다. 그들이 개인적인 실망이나 실패를 경험하면 그들은 그것에 대한 책임감을 느끼고, 다른 이가 자신을 비판하지 않게 하기 위해서 미래에 더 좋은 성과를 내도록 더욱 열심히 노력할 것이다.

새로운 분야인 사회 신경과학 분야의 연구 결과는 사회적 신호들을 분석하는 방식에서 동양 문화권의 사람과 서양 문화권의 사람 간에 차이점이 있는 것을 발견하고 있다. 어떤 fMRI 연구에서, 일본인 참가자들과 미국인 참가자들은 팔과 머리가 늘어진 채 쓰러져 있는 사람들의 실루엣을 보았는데, 그것은 복종을 의미하는 형태이기도 하고 또는 머리가 높이 세워지고 팔짱을 끼고 있을 때는 지배적인 자세가 되기도 하는 것이었다(Freeman et al., 2009). 뇌를 스캔해 본 결과 일본인의 뇌의 대뇌변연계에 있는 보상 회로소자는 '지배적' 실루엣보다는 '복종적' 실루엣에 더 크게 활성화되는 결과를 보였다. 미국인 참가자의 경우에는 보상 회로소자가 '복종적' 실루엣보다는 '지배적' 실루엣에 대해 더 많이 활성화되어 일본인과는 반대되는 결과를 보였다. 동양 문화권에서는 복종에 더 가치를 두고 서양 문화권에서는 지배에

더 많은 가치를 두는 것이, 두뇌가 지배와 복종에 대한 신호에 대해 반응하는 데 있어서 차이가 나도록 유도한 것일 수 있다.

3. 태도: 어떻게 느끼는가

당신은 총기 사용 규제 법규, SUV 차량, 그리고 채식주의자의 식이요법에 대해 어떤 태도를 가지고 있는가? 태도란 어떤 사람, 물체, 그리고 사회적 이슈에 대해서 좋아하거나 싫어하면서 판단하고 평가하는 것을 뜻한다. 사회 심리학자들은 태도가 세 가지로 구성되어 있다고 개념화한다. ① 인지(일련의 믿음들), ② 감정(좋아하거나 싫어하는 느낌들), ③ 행동들(긍정적으로 행동하거나 부정적으로 행동하는 경향)이 그것이다(Olson & Maio, 2003). 예를 들어, 당신은 SUV에 대해서 호감을 가지거나 비호감을 가질 수 있고, 그 차량들에 대해서 긍정적으로 느끼거나 부정적으로 느낄 수 있고, 자동차를 구매할 때 SUV를 구매하거나 구매하지 않을 수도 있다([그림 14-1] 참조). 태도의 중요성을 논하는 이유는 개인적으로 살아가는 데 있어서 삶의 기능과 관련되어 있기 때문이다. 우리가 SUV를 어떻게 보는지는(그것을 좋아하든 싫어하든) 우리가 SUV를 사려고 할 때는 더욱 중요한 문제가 된다. 그러나 우리가 특정한 태도를 더 자주 표현할수록 그것은 우리에게 더욱 중요한 것처럼 느껴진다.

태도: 사람, 물체, 그리고 이슈에 대해 갖는 긍정적 또는 부정적 평가

개념 14-9

사회 심리학자들에게 태도는 인지, 감정, 행동의 세 가지 구성 요소로 개념화될 수 있는, 좋아함 또는 싫어함에 대한 판단이다.

➔ 개념 링크 제8장에서 감정은 육체적 자극, 인지, 그리고 표현된 행동의 세 가지 요소를 포함하고 있다고 했던 것을 기억해 보라.

1) 태도의 근원

우리의 태도는 우리의 사회적 환경—부모, 선생님, 또래 친구들, 개인적 경험들, 신문, TV, 그리고 영화와 같은 미디어—을 통해 형성된다. 당연하게도, 비슷한 배경

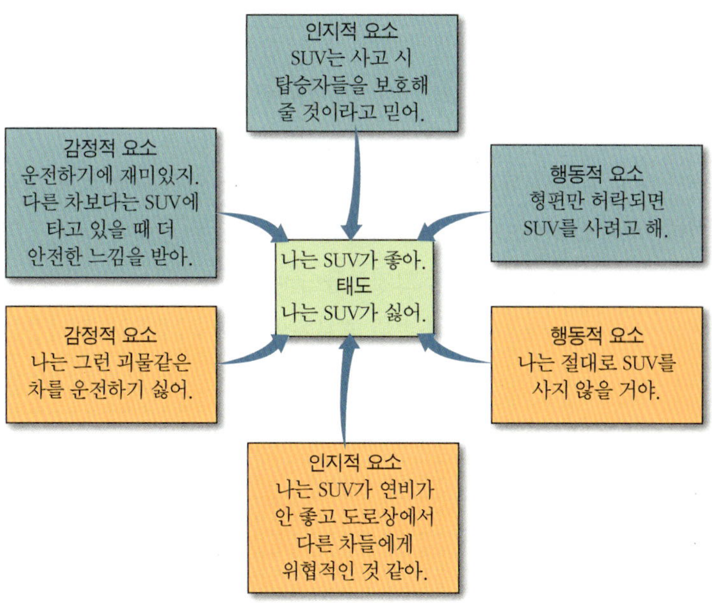

[그림 14-1] 태도
우리가 지니는 태도는 인지적, 감정적, 그리고 행동적 요소들로 구성되어 있다.

개념 14-10

사회 환경은 우리가 형성하는 우리의 태도에 영향을 주지만, 우리의 유전적 요소도 태도 형성에 영향을 준다는 연구 결과가 있다.

을 가진 사람들은 비슷한 태도를 가지는 경향이 있다. 그러나 유전적인 요소가 태도에 영향을 준다는 증거도 있다(Kruglanski & Stroebe, 2005). 서로 다른 곳에서 길러진 쌍둥이가 다양한 이슈에 대해서 비슷한 태도를 보이는 연구 결과도 일반적인 환경적 영향에 의한 결과라고 설명할 수 없는 결과이다. 사람들은 특정한 이슈에 대한(예를 들어, SUV를 좋아하는지 싫어하는지) 유전자를 물려받는 것은 아니다. 오히려 그렇게 물려받은 유전자는 지능, 기질, 그리고 사람의 특정 태도를 더 또는 덜 형성시키게 하는 개인 특징 등에 영향을 주면서 간접적으로 작용한다(Petty, Wegener, & Fabrigar, 1997). 그러나 유전적 요인들은 태도 형성에 있어 환경적 영향보다 덜 중요한 결정인자로 보인다(DeAngelis, 2004).

2) 태도와 행동: 당신이 생각하는 것만큼 강한 상호 관계는 없다

개념 14-11

태도는 우리가 어떤 방식으로 행동하도록 결정하지만, 태도가 행동을 결정하는 강한 인자는 아니다.

태도는 행동으로 이어지지 않을 수도 있다(Polinki & Popovich, 2001; Wallace et al., 2005). 태도와 행동 간 부족한 일관성은 상황적인 제약을 비롯하여 다양한 요인에서 기인한다. 우리는 어떤 특정한 방식으로 행동하는 경향이 있지만 특정한 상황에서 직면하는 어떤 요소들 때문에 그 행동을 수행하기 어려울 때도 있다. 예를 들어, 당신은 어떤 특정한 자선행사에 대해 긍정적인 태도를 가지고 있지만 현금이 당장 없거나 더 중요한 다른 곳에 돈을 써야 하기 때문에 그 자선행사에 기여를 못하게 될 수도 있다. 그러나 다른 조건에서는 태도가 행동과 더욱 강하게 연관되어 있다. 태도가 더욱 안정적이고, 사람들이 행동과 즉시 연결할 수 있을 만큼 태도가 자신감 또는 확실성과 함께 동반되며, 사람들이 그 행동을 하든지 안 하든지 강요되지 않고, 그 태도가 보다 쉽게 기억되어 상기될 때가 그런 조건 중 일부이다(예: Glasman & Albarracín, 2006; Olson & Mario, 2003).

4. 설득: 사람의 마음을 바꾸는 예술

개념 14-12

정교화 가능성 모델에 의하면, 태도 변화는 중심 경로나 주변 경로를 통해 일어난다.

우리는 우리의 믿음과 태도를 바꾸도록 설득하려는 메시지에 의해 끊임없이 질문받고 있다. 라디오나 TV, 신문과 잡지의 광고는 광고된 상품에 대해 우리가 더욱 좋은 태도를 갖도록 설득해서 결국 그것들을 구매하도록 만들려고 한다. 정치 후보자들과 정치 집단들은 그들에게 소속된 후보자와 정치적 제안을 우리가 지지하도록 설득하고자 노력한다. 의사, 종교 지도자, 교사, 친구 그리고 가족도 그들 자신의 행동, 믿음, 그리고 태도를 그들에게 유리한 방향으로 바꾸도록 우리를 꾸준히 설득한다.

숲속의 고립된 오두막집에 숨어 있지 않는 한 설득적인 간청을 회피하기는 어려울 것이다. 그러나 그런 간청이 어떻게 사람의 태도를 변화하게 만드는 것일까? 그리고 어떤 요소가 그런 설득의 효율을 높이는 것일까?

1) 정교화 가능성 모델: 설득을 위한 두 가지 방법

태도 변화에 대한 주요 모델은 정교화 가능성 모델(elaboration likelihood model: ELM)(Petty & Briñol, 2008)이다. 이 모델에 의하면, 사람들은 그들의 자극 상태가 높을 때(예를 들어, 그 메시지를 평가할 때 필요한 정신적 노력을 하고자 하는 의지가 강할 때)와 그 정보를 평가하기 위해 필요한 기술이나 지식을 가지고 있을 때, 설득적인 메시지를 더 주의 깊게 평가할('정교화할') 가능성이 있다([그림 14-2] 참조).

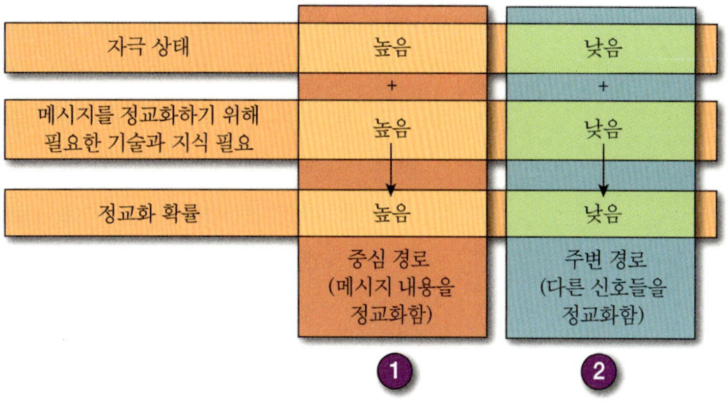

[그림 14-2] 정교화 가능성 모델

정교화 가능성 모델에 의하면, 태도 변화는 인지 처리의 두 가지 경로 중 하나를 통해서 이루어진다. ❶ 중심 경로 또는 ❷ 주변 경로. 정교화 확률이 높아지면, 우리는 메시지 자체의 내용에 주의를 기울인다. 우리가 산만하거나 흥미가 없는 상황에서 정교화 확률이 낮아지면, 우리는 메시지의 내용과 관련이 없는 주변 신호들에 주의를 기울인다.

정교화 확률이 높을 때, 사람들은 그 메시지의 내용을 유심히 평가하면서 정보처리의 중심 경로를 통해 태도 변화가 일어난다. 정교화 확률이 낮으면, 사람들은 그 메시지에 연관되지 않은 신호에 집중하면서 인지 처리가 주변 경로를 통해 진행되면서 태도 변화가 발생한다. TV에 방송되는 정치 토론의 예를 사용해 보자. 시험자들은 주의를 기울이고 있고 그 이슈에 대해서 많이 알고 있으며, 후보자들의 입장 차이에 흥미를 가지고 있다고 가정하자.

정교화 가능성 모델(elaboration likelihood model: ELM): 설득적 간청이 태도 변화로 이어지는 두 가지 경로(중심 경로 또는 주변 경로)를 보여 주는 이론 모델

이런 조건에서는 정교화 확률은 높아지고 시청자가 각각의 후보자들이 하는 주장을 주의 깊게 평가하게 되어, 중심 경로를 통한 태도 변화가 일어나게 될 확률이 높다. 반대로 만일 시청자들이 산만하거나 피곤하고 그 이슈에 관심이 없으면, 그들은 후보자들의 의견을 주의 깊게 평가하지 않게 된다. 이런 조건에서 일어나는 태도 변화는 후보자의 신체적 매력 등과 같이, 후보자의 메시지의 내용과 직접적으로 관계된 것이 아닌 주변 경로를 통해서 발생한다. 다시 말해서, 시청자들은 어떤 후보자를 볼 때 특정한 이슈에 대한 그의 주장 때문이라기보다는, 토론에서 그가 어떻게 보였는지에 기초해서 그 후보자를 지지하도록 설득될 수 있다.

광고주들은 종종 유명한 스포츠 스타를 자신의 상업적 대변인으로 내세워서 소비자의 태도를 변화시키고자 할 때 이런 식으로 주변 경로를 활용하기도 한다. 유명 인사 광고 모델들은 그 제품의 특정한 품질에 대해서 굳이 말할 필요가 없다. 광고 속에서 단지 그 제품을 사용하거나 입어 보는 것만으로도 광고주가 원하는 메시지는 소비자에게 충분히 전달된다.

2) 설득에 영향을 주는 변수들

어떤 설득적 간청은 다른 설득보다 더욱 효과적이다. 설득은 [그림 14-3]에 나온 것처럼 자료, 메시지, 그리고 수령자들과 관련되는 요소들을 포함한 다양한 변수에 영향을 받는다(Littlejohn, 2002; J. Park & Banaji, 2000; Visser & Cooper, 2003).

개념 14-13

설득적 간청의 효율성은 자료, 그 메시지 자체, 그리고 수령자와 관련된 변수들에 의해서 영향을 받는다.

- 자료 변수. 자료 변수는 그 메시지를 전달하는 사람의 특징이다. 전달자들은 일반적으로 자신들이 신뢰성(많이 알고 믿을 만한), 관계성(매력적이고 사적으로 알고 지낼 만한), 가장 중요한 부분에서 듣는 사람들과 유사성(예를 들어, 예전에 약물을 남용했던 경험이 있는 사람은 약물 남용 경험이 전혀 없는 사람보다 현재 약물을 남용하는 사람에게 치료를 받아들이라고 더욱 효율적으로 설득할 수 있다.)이 크다고 느껴질 때 가장 설득력이 강해진다.
- 메시지 변수. 감성적 간청이 포함된 메시지가 더욱 설득력이 높다. 예를 들어, 정치 후보자들은 종종 다른 후보자들이 국가 안보 이슈에 대해 미온적으로 대처할 때, 투표자들이 가진 공포감을 염두에 두고 이야기한다. 전달자가 상대방의 논리를 적절히 반박할 수 있다면, 전달자가 어떤 주장의 양면에 대해 모두 이야기하는 것이 한쪽 입장에 대해서만 언급하는 것보다 효율적인 경우가 많다. 전달자에게 인지된, 이익적 측면을 반박하는 메시지는 더욱 신뢰할 만한 것으로 여겨진다. 이런 이유로 수년 전에 담배 재배 사업을 하는 R. J. 레이놀즈 가족은 흡연의 위험성에 대해 공개적으로 이야기해서 많은 사람들의 주목을 받았다. 우리가 더 자주 어떤 메시지에 대해 노출될수록 우리는 그 메시지를 더 호의적으로 평가하게 되지만, 그것은 어느 정도까지만이다. 메시지가 자주 반복되면, 그것이 진실이든 아니든 사람들은 그것을 믿게 된다. 그러나 그 이후에도 메시지가 계속 반복되면, 짜증과 지루함이 생겨나고 점차 그 메시지를 받아들이는 반응률도 감소한다.
- 수령자 변수. 비록 아무도 설득적 간청에 면역력을 갖춘 것은 아니지만, 어떤 사람들은 다른 사람들에 비해서 더 쉽게 설득될 수 있다. 지능이 낮거나 자신감이 낮은 사람은 일반적으로 설득적 간청에 쉽게 영향을 받는다. 사람들은 또한 자신들이 부정적인 기분보다는 긍정적인 기분의 상태에 있을 때 보다 쉽게 설득자의 메시지를 받아들이는 경향이 있다. 좋은 기분은 어떤 것들을 보다 긍정적으로 볼 수 있게 해 줄 수 있기 때문이다.

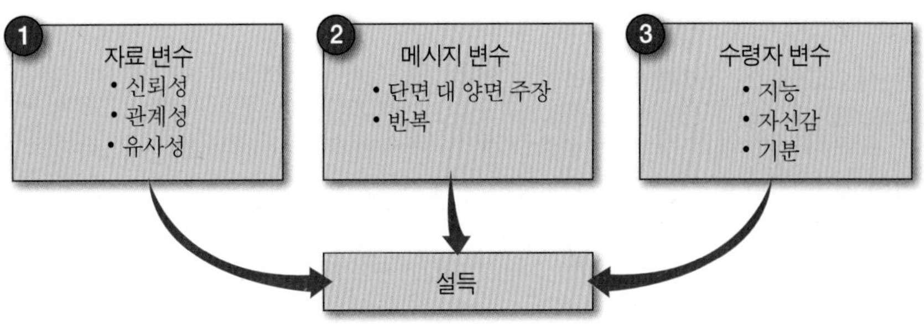

[그림 14-3] 메시지 전달하기: 설득적 간청의 요인

설득적 간청의 효과는 다음에 달려 있다. ❶ 메시지의 자료의 특성, ❷ 메시지 그 자체, ❸ 메시지 수령자.

사회적 인지에 영향을 주는 주요 영향 요소는 〈개념 차트 14-1〉에 요약되어 있다.

〈개념 차트 14-1〉 타인을 인지하기

화제	정의	사회적 인지에 미치는 영향
첫인상	타인에 대한 첫 평가 (좋아하거나 싫어하거나)	신체적 특징, 복장, 사회적 편견, 그리고 개인 신상에 대한 노출 정도가 첫인상에 영향을 준다. 우리에게 그 사람에 대한 새로운 정보가 생겨도 그 정보를 걸러내고 첫인상을 통해서 자기충족적 예언을 하게 되기 때문에 한번 생긴 첫인상은 바꾸기 어렵다.
귀인	행동을 한 이유에 대한 개인적 설명	사회적 인지에 영향을 주는 귀인 편향에는 기본적 귀인 오류, 행위자–관찰자 효과, 그리고 자기 위주 편향이 포함된다.
태도	사람, 물체, 그리고 이슈를 좋아하거나 싫어할지 판단하는 것	사회 환경과 가능한 유전적 요소가 태도에 영향을 준다. 정교화 가능성 모델에 의하면, 태도는 그 메시지가 정교화되는 정도에 따라서 중심 경로나 주변 경로의 처리 방식에 따라서 태도 변화가 발생한다. 설득적 간청의 효율성은 자료 변수, 수령자 변수, 그리고 메시지 변수에 의해 달라진다.

1 단원 복습 타인을 지각하기

되새겨 봅시다

첫인상에 영향을 주는 주요 변수는 무엇이며, 왜 첫인상은 계속 유지되는 경우가 많은가?

- 첫인상 형성은 표면적 특징인 신체 특징, 옷차림, 그리고 사회적 편견이나 개인적 정보 노출에 의해 영향을 받는다.
- 적당한 신상 정보 노출을 하면 좋은 인상을 줄 수 있다. 그러나 자기 고백은 동양 문화권보다는 서양 문화권에서 보다 자연스럽게 여겨진다.
- 첫인상은 현재의 인상이나 사회 도식에 불일치하는 정보를 합치면서 계속 지속되는 인상이 될 수 있다. 인상은 또한 자기충족적 예언이 될 수 있다.

우리가 행동의 원인에 대해서 판단할 때 인지적 편향은 어떤 역할을 하는가?

- 기본적 귀인 오류는 행동의 원인을 외부적 원인이나 상황적 요소를 배제하고 지나치게 내부적 원인이나 기질적 원인에서 찾는 것이다.
- 행위자–관찰자 효과는 우리의 행동을 상황의 요구적 측면에서 설명하고 타인의 행동은 그들의 내부적 또는 기질적 원인에서 그 원인을 찾아 설명하려는 경향이다.
- 자기 위주 편향은 개인의 성공을 개인의 재능이나 능력에서 그 원인을 찾게 하고 실패는 외부적 부분에서 원인을 찾게 하기 때문에 자존감을 강화시키는 데 도움을 준다.

태도란 무엇이며, 그것은 어떻게 얻어지는가?

- 태도는 어떤 사람, 물체, 또는 이슈를 좋아할지 싫어할지 판단하거나 평가하는 것을 의미한다. 심리학자들은 태도가 인지, 감정, 행동의 세 가지 요소로 구성되어 있다고 개념화했다.
- 타인들과의 관계와 경험뿐만 아니라 미디어에의 노출까지 포괄하는 사회 환경은, 인간이 태도를 배우는 학습의 장이다. 유전적 요인도 태도 형성에 영향을 미칠 수 있다.

태도는 행동과 어떻게 연관되는가?

- 태도는 기껏 해야 행동과 적당히 연관되어 있을 뿐이다. 우리의 행동은 단지 태도뿐만이 아니라, 다양한 요소에 의해 영향을 받는다.

설득적 간청이 어떻게 태도 변화를 일으키는가?

- 정교화 가능성 모델에 의하면, 태도는 중심 경로(메시지의 내용을 주의 깊게 평가)나 주변 경로(메시지의 내용보다 지엽적인 신호에 집중하는)를 통해서 진행되는 설득적 간청에 의해 변경될 수 있다.

점검해 봅시다

1. 우리가 사회 환경을 이해하기 위해서 사용하는 심상이나 심적 표상은 사회 ________라고 불린다.
2. 우리가 어떤 행동이나 사건을 해석할 때, 우리는 일반적으로 그것의 원인을 ________ 원인이나 ________ 원인에서 찾는다.
3. 기본적 귀인 오류는 내부 요인들을 (저평가/고평가)하는 것을 의미한다.
4. 태도라는 용어의 사회심리학적 정의를 내려 보자.
5. 다음의 용어들을 적절한 설명과 짝지어 보자.

① 주변 과정 경로	가. 반복을 통해서 더욱 호감 가는 평가로 이어지는 경향
② 자료 변수	나. 사람들이 메시지 내용을 주의 깊이 평가하지 않는 경우
③ 메시지 변수	다. 낮은 자신감과 높은 설득력과의 관계
④ 수령자 변수	라. 신뢰성, 관계성, 유사성

생각해 봅시다

➤ 첫인상이 오래가는 경향이 있는 이유는 무엇인가?

➤ 당신은 당신의 성공을 당신의 내부적 원인 탓으로 돌리고 실패에 대해서는 책임을 느끼지 않으려는 경향이 있는가? 자기 위주 편향이 어떻게 해서 당신에게 실수를 통해 배우게 하고 향후 그런 실수를 줄여 나갈 수 있는 적절한 단계를 허락하는지 설명해 보자.

2 단원 타인과 관계 맺기

- 매력의 주된 결정 요인은?
- 편견을 줄이기 위해서 무엇을 할 수 있는가?
- 돕는 행동과 연관된 요소는?
- 사람의 공격성에 기여하는 요소에는 무엇이 있는가?
- 편견은 무엇이며, 편견은 어떻게 형성되는가?

두뇌는 퍼즐을 좋아합니다

앞으로의 교과서 내용을 읽으면서, 그 정보를 활용해서 다음 문제를 풀어 보자.

당신이 도시의 길거리에서 의식을 잃고 쓰러져서 즉각적인 도움이 필요한 경우 길거리에 사람이 많을 때보다 사람이 적을 때 도움을 받을 가능성이 높은 이유는 무엇일까?

사회 심리학자들은 그들이 속한 사회 환경에서 서로 어떻게 관계 맺는지에 관심을 가지고 있다. 타인과 관계 맺는 방식은 긍정적인 교류와 부정적인 교류로 나누어 볼 수 있다. 매력, 사랑, 그리고 돕는 것은 긍정적인 교류이다. 부정적인 방식의 관계 맺음은 편견을 바탕으로 한 행동과 공격성이 포함된다. 이번 단원에서는 타인과 관계 맺는 긍정적인 방식과 부정적인 방식에 대해서 심리학자들이 밝혀낸 것들에 대해서 다룰 것이다.

1. 매력: 당신을 좋아하게(또는 사랑하게) 되는 것

원래 매력은 마치 양극의 자석이 서로를 당기는 것처럼 두 물체나 몸이 서로를 향해 이끌리는 경향을 말한다. 심리학에서의 매력은, 다른 사람들을 좋아하는 느낌뿐만 아니라 그들에게 긍정적인 생각을 가지고 있고 그들에게 긍정적인 행동을 하게 되는 경향을 의미한다. 매력은 단지 낭만적이고 성적인 매력만을 의미하는 것이 아니다. 사회 심리학자들은 이 용어를 더욱 광범위하게 사용해서 친구들을 향한 호감까지도 매력의 일종으로 포함시키고 있다. 이제 매력을 결정짓는 요소들과 특별한 종류의 매력에 대해서 살펴보자.

매력: 다른 사람들에게 긍정적인 생각을 가지고 있고, 그들을 향해서 긍정적으로 행동하려고 하는 경향과 더불어 다른 사람들을 좋아하는 느낌을 의미함

1) 매력의 결정요인

심리학자들은 유사성(similarity), 신체적 매력(physical attractiveness), 근접성(proximity), 그리고 호혜성(reciprocity)을 포함해서 매력을 결정하는 몇 가지 결정요인을 밝혀냈다.

(1) 유사성

유유상종이란 말이 있듯이, 우리는 자신과 비슷한 가치관과 태도를 가진 사람들에게 이끌린다(Buston & Emlen, 2003; Rushton & Bons, 2005). 우리는 또한 우리 자신과 신체적 모습, 사회적 계층, 인종, 신장, 음악적 취향, 그리고 지능 같은 부분에서 유사한 모습을 가진 사람을 좋아하는 경향이 있다. 우리는 태도, 종교적 관점, 그리고 가치관에서 우리와 비슷한 성향을 가진 사람들을 선택하기 쉽다(Luo & Klohnen, 2005). 우리는 심지어 우리의 이름과 닮은 이름을 가진 사람과 결혼하게 될 확률도 높다(J. T. Jones et al., 2004).

왜 사람들은 자신과 비슷한 타인에게 매력을 느끼는 것일까? 가장 널리 주장되는 입장은 유사성을 가지면 관계를 맺고 있는 각각의 사람이 서로를 인정하고, 강화해 주며, 상대방의 자아개념을 상승시켜 줄 수 있기 때문에 서로를 기쁘게 만든다는 것이다. 만일 당신이 어떤 영화나, 정치적 입장, 그리고 내가 좋아하는 것을 똑같이 좋아하면 나는 내 자신에 대해서 더 좋은 느낌을 갖게 될 것이다.

개념 14-14

매력은 유사성, 신체적 매력, 근접성, 그리고 호혜성에 의해 영향을 받는다.

그렇다면 두 사람(룸메이트, 친구, 또는 연인)이 태도, 흥미, 그리고 취향에서 차이가 나면 그 관계가 실패하게 되는 것일까? 꼭 그런 것은 아니다. 우선, 어떤 두 사람이 모든 부분에서 동일한 모습을 보일 수는 없다(정말 다행이다). 물론 관계를 구축하는 데는 어느 정도 공통된 부분이 필요하지만, 성공적인 관계를 유지하기 위해서는 상호 타협과 협상이 필요하다. 그래서 연인들은 점차 시간이 지나면서 상대방과 비슷하게 태도를 맞추게 된다(J. L. Davis & Rusbult, 2001).

(2) 신체적 매력

우리는 다른 사람의 내적 요소 때문에 그 사람에게 매력을 느낀다고 생각할지도 모른다. 그러나 초반에 매력을 느끼게 하는 주된 요소는 내적 영혼이 아닌 외적 요소라는 증거가 있다(Berscheid & Reis, 1998; Berscheid & Regan, 2005). 하지만 이는 성별에 따라 조금 달라질 수 있다. 일반적으로 여성보다는 남성들이 친구가 될 만한 사람의 신체적 매력을 더 중요하게 여긴다(Buss, 1994; Furnham, 2009). 그러나 일반적인 성관계에 있어서는 남자와 여자는 모두 상대방의 육체적 매력을 중요하게 여긴다(N. P. Li & Kenrick, 2006; Nevid, 1984; Stambor, 2006a).

우리의 신체적 특징은 다른 사람들이 우리를 인지하는 방식에 영향을 준다. 사람들은 예쁜 외모를 가진 사람들에게 끌릴 뿐만 아니라, '아름다운 것이 좋은 것'이라는 사회적 편견을 받아들이기 쉽다. 즉, 사람들은 매력적인 사람을 매력적이지 않은 사람보다 더 매력적으로 여길 뿐 아니라 심리적으로도 안정되었고, 더 지성적이며, 유능하고, 사회적으로도 인정받는다고 판단한다(예: Little, Burt, & Perret, 2006; Lorenzo, Biesanz, & Human, 2010). 그러나 '아름다운 것이 좋은 것'이라는 편견에 대한 예외 상황이 있다. 매력적인 사람은 일반적으로 덜 매력적인 사람보다 자만심이 많고, 겸손하지 않다고 여겨진다(Feingold, 1992).

사람들은 자신과 비슷한 매력적 수준을 가진 사람들과 데이트하고 결혼하는 경향이 있다(Lee et al., 2008). 그렇지 않은 경우에는 둘 중 덜 매력적인 파트너는 더 매력적인 파트너에 비해서 더 부자이거나 더 높은 사회적 지위를 가짐으로써 그 격차를 보충한다(Berscheid & Reis, 1998).

우리 사회에서 말 그대로 키가 큰 것은 유리하다. 신장이 클수록 수입이 더 높은 것으로 드러났다(Dittmann, 2004). 연구자들은 그 이유가 키가 큰 직원이 영업부나 기획부에 채용되기 더 쉽기 때문이라고 보고 있다(T. A. Judge & Cable, 2004). 심지어 당당한 자세로 커 보이게 서 있는 것은 자신을 더 강하게 느끼고, 더 강력하게 생각하고 행동하며, 더 많은 위험을 무릅쓰게 하고, 그리고 남성과 여성 모두에게 테스토스테론이 왕성하게 분비되도록 해 주는 효과가 있다(Carney et al., 2010; Huang et al., 2011; 'Standing Tall', 2011).

© Panorama Productions Inc./Alamy

키가 크면 말 그대로 유리하다는 증거가 있다. 연구자들은 키가 큰 직원이 키가 작은 직원보다 돈을 더 버는 것을 발견했다. 당신은 이런 발견에 대해 어떻게 설명할 수 있는가?

어쩌면 아름다움은 바라보는 사람의 눈에 달린 것일지도 모르지만, 바라보는 사람은 아름다움을 매우 유사한 방식으로 바라보기 쉽다. 우리는 어떤 사람을 매력적으로 느끼고 어떤 사람을 덜 매력적으로 느끼는지에 대해서 일치되는 경우가 많다. 대칭적인 특징을 가진 얼굴과 밝은 안색을 가진 얼굴은 어디에서나 더 매력적인 얼굴로 인식된다(Fink & Penton-Voak, 2002; Fink et al., 2006).

아름다운 얼굴은 어떤 특징을 가지고 있는가? 연구자들은 유럽계 미국인 백인 학생과 최근에 이민 온 아시아계 학생들과 히스패닉계 학생들에게 아시안, 히스패닉, 흑인, 그리고 백인 여성들의 사진을 보여 주고 그 사진 속 여성들의 매력을 판단해 보라고 했다(Cunningham et al., 1995). 아름다움에 대한 기준은 다른 집단에 속한 여성들의 사진에 대해서도 일관되게 나타났다. 더 매력적이라고 평가된 얼굴은 높은 광대뼈와 눈썹, 큰 눈, 작은 코, 날씬한 볼, 환한 웃음, 두툼한 아랫 입술, 작은 턱, 그리고 풍성한 헤어스타일이라는 특징을 가지고 있었다. 남자와 여자 평가자들은 모두 같은 얼굴에 대해 동일하게 매력적이라는 평가를 내렸다. 그들은 또한 여성스러운 특징을 가진 여성의 얼굴이 남자다운 특징을 가진 여성의 얼굴보다 매력이 있다고 동의하는 경향을 보였다(Angier, 1998). 그러나 놀랍게도 남자와 여자는 일반적으로 남자의 얼굴을 평가할 때도 남성다운 특징을 가진 얼굴보다는 여성스러운 특징을 가진 남자의 얼굴을 보다 매력적이라고 평가했다. 이 결과는 다른 실험 결과들과도 일맥상통한다(예: DeBruine et al., 2010). 젊은 시절 리어나도 디캐프리오의 더 정교하고 섬세한 특징을 가진 외모가 사각턱의 남자다운 특징을 가진 젊은 시절의 아널드 슈워제네거의 외모보다 선호되는 경향이 있다.

비록 신체적 아름다움의 몇 가지 특징은 공통적인 것처럼 보이지만, 문화적인 차이점도 물론 존재한다(Swami & Furnham, 2008). 예를 들어, 어떤 아프리카 문화권에서는 긴 목과 둥글고 디스크처럼 생긴 입술을 가진 여성들이 아름답다고 여겨진다. 미국 사회를 비롯한 다른 사회에서는 여성들의 지나치게 마른 체형이 이상화되는 데 반해서, 어떤 사회에서는 여성의 풍만한 체형이 가치 있게 여겨지기도 한다(제8장 참조). 여성들 자신들은 곡선미가 있는 체형을 매력적으로 여기지만, 그것도 그 체형이 날씬하고 큰 엉덩이를 가지고 있지 않은 경우에 한해서이다(Forestell, Humphrey, & Stewart, 2004). 서구 사회에서는 남성들의 날씬함도 가치 있게 여겨지지만, 날씬해야 한다는 압박감은 여성들에게 편중되어 가해지고 있다.

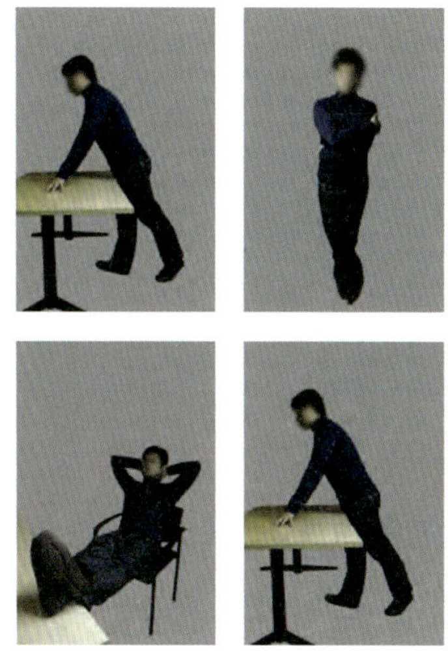

Source: Carney, D. R., Cuddy, A. J. C., & Yap, A. J. Psychological Science, 21, pp. 1363-1368, © 2010 by SAGE Publications. Reprinted by Permission of SAGE Publications.

심리학자들은 우리의 신체적 행동이 우리의 사회적 행동과 정신적 기능에 어떻게 영향을 주는지 연구하고 있다. 예를 들어, 아래쪽 사진들에서 나온 것처럼 더 개방되어 있고 힘찬 자세를 취하면, 그 사람은 더 힘차게 느끼고, 생각하며, 행동할 수 있고, 그런 자세를 취하는 남성과 여성 모두에게는 테스토스테론의 분비량이 늘어나게 된다. 그리고 이 결과는 윗부분의 사진에서 나온 것 같은 닫혀 있고 제한된 자세를 취한 사람들에게 나타나는 현상과 비교가 된다.

대응 가설: 사람들이 육체적 매력도와 다른 부분에서 자신들과 비슷한 특징을 갖는 사람과 짝을 이루게 되는 경향이 있다고 믿는 것

© Frank Trapper

© Vince Bucci/Stringer/Getty Images

아널드 미안합니다. 남성들의 얼굴을 평가할 때, 남성과 여성은 모두 세련되고 섬세한 여성적인 특징을 가진 조니 뎁이나 리어나도 디캐프리오의 얼굴이 젊은 시절 아널드 슈워제네거처럼 남성적인 특징을 가진 얼굴보다 더 매력적이라고 평가했다.

사람이 자신과 비슷한 신체적 매력을 가진 사람을 찾는다는 것을 예견하는 대응 가설은 신체적 매력이 부족한 사람이 일생 동안 혼자 식사하는 것에서 벗어날 수도 있게 되는 현상을 설명한다. 자신과 안 어울리는 사람을 만나면, 둘 중에 매력이 덜한 사람이 그 부분을 부(富)나 사회적 지위를 가짐으로써 보충한다. 대응 가설은 다른 특징에도 잘 적용된다. 우리는 우리와 성격, 태도, 그리고 심지어 몸무게가 비슷한 친구들에게 이끌리는 경향이 있다(Angier, 2003; Schafer & Keith, 1990).

(3) 근접성

근접성(proximity): 가까움 또는 밀접함

친구를 만들어 나가는 방식은 물리적 근접성에 영향을 많이 받는다. 만일 당신이 대학교 기숙사에 살고 있다면, 대학교 건너편에 살고 있는 사람보다는 바로 기숙사 복도 끝에 살고 있는 사람과 친구가 될 확률이 높다. 당신이 가장 처음 사귄 친구는 바로 옆집에 살거나 한 블록 떨어진 곳에 살던 친구였을 것이다.

근접성은 타인들과 교류하고 그들을 더 잘 알 수 있는 확률을 높여 주어서 그 사람들에게 매력을 느낄 수 있는 기반을 마련한다. 매력을 높여 주는 근접성의 긍정적인 효과는, 사람들이 가까이 사는 사람이나 같은 수업을 듣는 사람들과 더 많은 것을 공통적으로 공유하기 쉽게 만드는 현상을 설명하기도 한다. 태도와 배경에서 유사성을 가지고 있으면 서로 호감을 느낄 확률도 높아진다. 근접성은 또한 부정적인 매력 또는 싫어지게 하는 효과를 높여 줄 수도 있다. 당신이 싫어하는 사람과 반복적으로 만나면 부정적인 감정이 더 강해질 수 있다.

(4) 호혜성

호혜성(reciprocity): 사람들은 자신을 좋아하는 사람을 좋아하게 된다는 원리

호혜성은 내가 어떤 사람을 좋아하고 그 사람도 역시 나를 좋아하는 경향을 의미한다. 우리는 일반적으로 우리를 칭찬하고, 우리에게 호의를 베풀고, 우리를 얼마나 좋아하는지 이야기하는 사람들에게 같은 방식으로 반응하게 된다(Baron, Branscombe, & Byrne, 2009). 호혜적인 상호 교류는 그 교류 자체를 바탕으로 하여 증폭되어, 점차 상대를 좋아하는 감정을 가지게 된다. 그러나 우리는 우리를 너무 빨리 칭찬하거나 우리를 너무 많이 좋아하는 사람들을 조심하게 될 수도 있다. 우리는 그들이 우리에게서 무엇인가를 얻으려고 하거나 우리를 차별하는 것이 아닌지 의심할 수 있다.

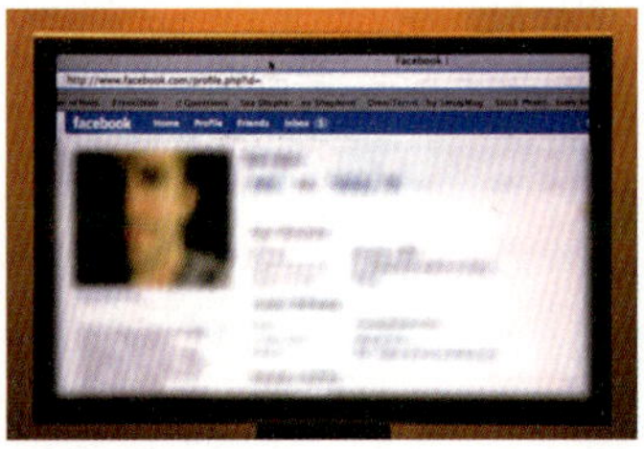

© Eric Carr / Alamy

그가 좋은가, 아니면 싫은가? 그 대답은 그가 당신에 대해서 품고 있는 감정이 비공개 상태에 있는지에 달려 있다.

호혜의 원리는 연구자 모집이나 팁을 주는 행동을 포함한 사회적 행동의 다양한 측면에서 그 역할을 한다(Cialdini & Goldstein, 2004). 연구자들은 식당 종업원이 계산서 뒷면에 도움이 되는 메시지를 적거나, 손님에게 계산서와 함께 작은 초콜릿을 주면, 손님들이 더 많은 팁을 주면서 호혜를 베푸는 경향이 있는 것을 발견했다(Rind & Strohmetz, 1999; Strohmetz et al., 2002).

이성관계에서의 매력 부분에 있어서는 당신이 어떤 사람에게 매력을 느끼고 있는지를 숨기면서 까다롭게 굴면 상대방은 당신을 쉽게 잊지 못하게 될 수도 있다.

최근에 연구자들이 여자 대학생들에게 남자 대학생들이 그 여자 대학생들을 평가했고 많은 여자 대학생이 그들의 페이스북 프로필에 기초해서 좋은 평가를 받았다고 말했다(Whitchurch, Wilson, & Gilbert, 2011). 연구자들은 일부 여성들에게 그들이 남성에게서 가장 좋은 평가를 받았다고 말했고, 어떤 여성들에게는 단지 평균적인 평가를 받았을 뿐이라고 이야기했다. 나머지 여성들에게는 남성들이 그들에게 최고의 평가를 내렸거나 평균적인 평가를 내렸거나 둘 중 하나인데, 그 결과는 말해 줄 수 없다고 하여 아리송하게 했다. 이제 반대로 여성이 남성을 그들의 페이스북 프로필을 바탕으로 해서 평가했다. 여성들은 몰랐지만 실제로는 그 남성들이 진짜로 여성들을 평가하기 위해 선발된 사람들이 아니고 가짜였는데, 여성들을 좋아하는 것처럼 위장하기 위해 여러 사람을 혼합해서 만든 집단이었다. 당신은 어떤 여성들이 이 남성들에게 가장 좋은 평가를 했다고 보는가? 남성들로부터 가장 좋은 점수를 받았다고 보고를 받은 여성들은 평균적인 평가를 받은 여성들보다 그 남성들로부터 더 좋은 평가를 받았기 때문에 그들에게 받은 호의에 보답함으로써 호혜성의 원리가 지켜지는 것을 보여 주었다. 그러나 불확실한 상황에 있던 여성들은(그들이 나를 가장 좋아하는 것인가 아닌가?) 그들에게 가장 좋은 평가를 주었는데, 이는 상대방으로 하여금 당신이 상대방을 얼마나 좋아하는지 계속 생각하게 하면 상대방이 당신에 대해 더 알고 싶어지게 된다는 관점을 지지하는 것이었다.

이제 타인이 필요로 할 때 그들을 도와줌으로써 타인과 관계 맺는, 또 다른 긍정적인 방법에 대해 알아보자. 이제 한 여성이 야만적인 방법으로 공격을 받는 상황에서 괴로워하며 소리 지르는데도, 많은 사람이 그녀를 돕기 위해 아무것도 하지 않는 비극적인 이야기를 들어 보자.

2. 돕는 행동: 도움을 필요로 하는 타인에게 손을 내미는 것

개념 14-15

돕는 행동은 이타적인 동기나 자기중심적인 동기에 의해서 동기 부여될 수 있다.

생활의 한 단면 28세의 키티 제노바스가 뉴욕의 조용한 퀸스 거리에서 살해당한 사건이 발생한 1964년으로부터 50년이 지난 지금도 그 충격은 여전하다. 키티는 가해자에게 칼로 찔리고 난폭하고 지속적인 공격을 받고 쓰러져 죽을 때까지 도와달라고 소리쳤다. 그 주변에 있던 아파트 유리창을 통해서, 수많은 목격자(정확한 숫자는 불명)가 키티의 비명소리를 듣거나 그 공격 현장을 보았다. 첫 공격 이후에야 누군가가 경찰에 전화했지만, 아무도 그녀를 도우려고 나가지 않았다(Manning, Levine, & Collins, 2007). 이 비극적인 사건은 돕는 행동을 결정하는 요소가 무엇인지 진지하고 과학적으로 연구하도록 이끌었다. 왜 누군가는 그냥 스쳐 지나 가는데 어떤 사람은 처음 보는 사람을 돕는 것일까?

인간의 본성에는 누군가가 절박하게 도움을 요청할 때 등을 돌리도록 만드는 냉담한 무엇인가가 있는 것일까? 만일 그렇다면, 위기의 순간에 자신의 목숨을 걸고 다른 사람을 구하는 사람들의 영웅적인 행동은 아니더라도, 도움을 필요로 하는 사

친사회적 행동(prosocial behavior): 다른 사람들에게 혜택을 주는 행동

방관자 개입(bystander intervention): 고통스러워하는 낯선 사람을 돕는 것

개념 14-16

의사결정 모델에 의하면, 방관자 개입은 개입으로 이끌어 주는 연속된 결정에 따라 결과가 달라진다.

람을 단순한 친절함으로 도와주는 수많은 사람의 행동은 어떻게 설명할 수 있을까? 테러리스트들이 세계무역센터를 공격했을 때 그에 대응하면서 다른 사람들을 돕다가 용감하게 목숨까지 잃으면서 보여 주었던, 소방관과 경찰관의 영웅적인 노력을 생각해 보자. 많은 사람이 걷잡을 수 없는 큰 불에서 사람들이 탈출할 수 있도록 목숨을 걸고 그들을 돕다가 죽었다. 즉, 중요한 질문은 사람들은 도움이 필요한 사람을 도울 것인가가 아니라, 어떤 상황에서 타인을 돕는가이다.

돕는 것은 일종의 친사회적 행동(prosocial behavior)이거나 또는 다른 사람에게 베푸는 행동이다. 돕는 것에 대해서는 권위자인 심리학자 대니얼 베이트슨(C. Daniel Batson)은 돕는 행동 밑에 깔려 있는 두 가지 동기를 구별했다(Batson et al., 2002; Batson & Powell, 2003). 남을 돕는 행동은 일단 어떤 보상도 바라지 않고 남을 돕고자 하는 바람이 순수하고 이타적인 동기에서 일어난다. 반면 돕는 행동의 다른 형태는, 남들에게 나 자신을 좋은 사람으로 보이게 하거나 남을 돕지 않아서 생기는 죄책감을 느끼지 않으려고 돕게 되는, 자기중심적인 동기를 바탕으로 해서 나타난다. 베이트슨은 돕는 사람이 피해자의 곤경에 동감하면 이타적인 도움을 주게 된다고 보았다. 말하자면 우리 자신을 피해자의 입장에서 생각하게 함으로써 우리 스스로가 어떤 행동을 취하도록 만듦으로써 그 사람의 고통에 동감하게 된다. 어떤 사회 심리학자들은 모든 종류의 도움이 돕는 자에게 어느 정도는 혜택을 준다고 믿기 때문에, 베이트슨의 순수한 이타주의에 대한 믿음은 모든 지역에서 공통적으로 받아들여지지는 않는다.

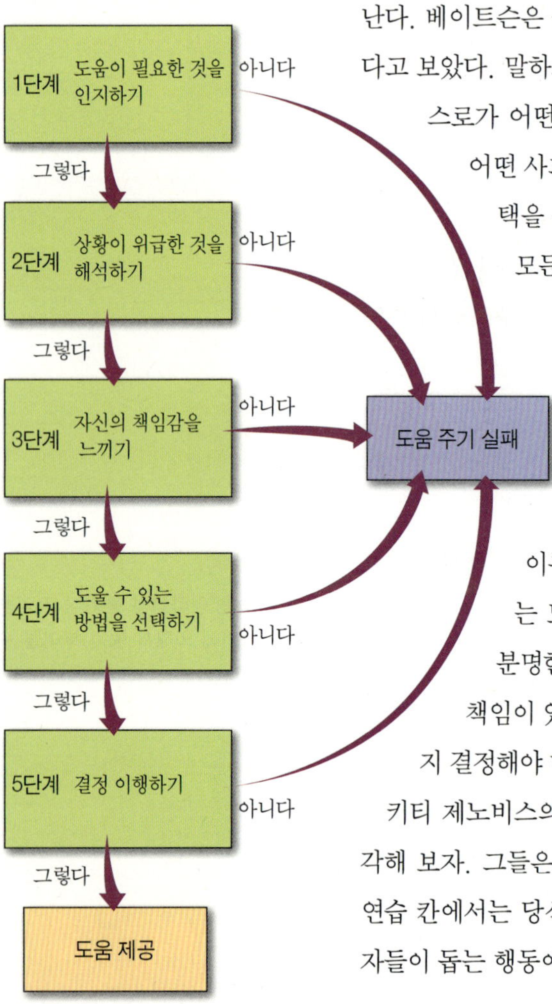

[그림 14-4] 방관자 개입의 의사결정 모델

방관적 개입의 의사결정 모델은 다섯 가지 의사결정 단계를 거쳐서 돕거나 도와주기 않게 되는 과정을 보여 준다.

1) 방관자 개입: 개입할 것인가 말 것인가

비브 라타네(Bibb Latané)와 존 달리(John Darley, 1970)에 의해 고안된 돕는 행동의 의사결정 모델은 방관자 개입(bystander intervention) 현상을 연속되는 다섯 가지 과정으로 이루어진 의사결정 과정으로 설명한다([그림 14-4] 참조). 첫째, 우리는 도움을 줄 필요가 있는지 결정해야 한다. 둘째, 우리는 그 상황이 분명한 위기 상황인지 결정해야 한다. 셋째, 우리는 도움을 줄 개인적 책임이 있는지 결정해야 한다. 넷째, 우리는 어떤 종류의 도움을 주어야 할지 결정해야 한다. 다섯째, 우리는 이런 행동 방침을 이행할지 결정해야 한다.

키티 제노비스의 살인사건을 목격했지만 아무것도 하지 않은 사람들을 다시 생각해 보자. 그들은 왜 돕지 않았을까? 이번 장의 마지막 부분에 있는 비판적 사고 연습 칸에서는 당신이 이 질문에 답하도록 할 것이다. 그러나 지금은 사회 심리학자들이 돕는 행동에 영향을 미치는 요소에 대해서 알게 된 것이 무엇인지 알아볼 것이다. 이런 요소 중에 몇 개는 그 사건의 목격자들이 아무 조치도 하지 않은 것에 대한 단서를 제공할지도 모른다.

2) 도움에 영향을 미치는 것

상황의 모호성, 예상되는 희생의 대가, 책임감의 불명확함, 유사성, 동감, 얼굴의 특징, 기분과 성별, 도움이 필요한 이유의 속성, 그리고 사회 규범을 포함해서 우리가 남을 도우려고 마음을 먹는 데 영향을 주는 요소는 많다.

개념 14-17

돕는 행동은 상황적 요소와 개인적 요소 그리고 사회 규범에 의해 영향을 받는다.

- 상황의 모호성. 라타네와 달리가 예측한 대로, 애매한 상황에서는 사람들이 명확하게 구별되는 위급 상황에 있을 때보다 도움을 줄 확률이 낮아진다(Baron, Branscombe, & Byrne, 2009). 또한 사람들은 친숙한 장소보다 낯선 장소에 있을 때 도움을 줄 확률이 낮아진다(예: 고향에 있을 때보다 낯선 장소에 있을 때).
- 예상되는 희생의 대가. 내가 감수해야 하는 희생이 낮을수록 더 돕기 쉬워진다(Simmons, 1991). 나는 믿을 수 없어 보이는 사람에게보다는 내게 다시 내 노트를 돌려줄 것이라고 믿을 수 있는 친구에게 수업 노트를 빌려주게 될 것이다.
- 책임감의 불명확함. 주변에 다른 사람이 있으면 내가 책임감을 덜 느끼게 된다. 당신이 갑자기 어지러워서 길에서 쓰러지게 되었을 경우, 거리 주변이 많은 사람으로 붐비는 경우보다 소수의 사람이 지나가는 경우에 당신이 도움받을 확률이 높아진다. 주변에 사람이 적으면, '다른 사람'이 도움을 줄 것이라고 생각하며 책임을 전가하기 어려워진다. 만일 모두가 자신이 아닌 다른 사람이 행동할 것이라고 믿게 된다면, 결국 아무도 행동을 하지 않게 된다.
- 유사성. 사람은 자신과 배경과 신념이 비슷하다고 느껴지는 사람을 도우려는 경향이 있다. 심지어 사람들은 또한 자신과 옷차림이 다른 사람보다는 비슷한 옷차림을 한 사람을 돕는다(Cialdini, 2007). 사람들은 또한 관계없는 사람보다는 자신의 친척을 돕는 경향이 있다(Gaulin & McBurney, 2001).
- 동감. 이타적인 도움을 주는 데 영향을 미치는 다른 요소는, 도움을 주려는 사람이 어려운 상황에 처한 사람에게 느끼는 동질감 또는 동감이다(Batson et al., 2009; Penner et al., 2005).
- 얼굴의 특징. 성숙한 얼굴 특징을 가진 사람보다는 동안의 얼굴 표정을 가진 사람들이 도움을 주려는 경향이 더 강하다(Keating et al., 2003).
- 기분과 성별. 일반적으로 사람은 기분이 좋을 때 다른 사람을 더 쉽게 도와준다(Baron, Branscombe, & Byrne, 2009). 비록 전통적인 성별에 따른 역할은 변했지만, 도움을 필요로 하는 여성이 도움을 필요로 하는 남성보다 도움을 더 쉽게 받는다.
- 도움이 필요한 이유의 속성. 사람들은 스스로 잘못해서 문제를 일으킨 사람보다는 순수한 피해자라고 판단되는 사람을 더 잘 도와주는 경향이 있다(Batson, 1998). 그래서 사람들은 '그럴 만도 하지.'라고 느껴지는 노숙자와 약물중독자에게는 도움을 잘 주지 않는다.
- 사회 규범. 사회 규범은 사회적 상황에서 사람들에게 기대되는 행동을 규정

누가 이 남자를 도울 것인가? 도움을 필요로 하는 이 남자를 돕기로 결정을 내리는 데 무엇이 영향을 주는가?

사회 규범(social norms): 주어진 상황에서 사회적으로 어떻게 행동하는 것이 받아들여지고 허용되는지를 정의하는 기준들을 말함

> 한다. 도와줄 만한 상황에서 '네 역할을 해.'라는 사회 규범은 그 사람에게 도와주어야 한다는 의무감을 주며, 만일 타인들이 이 상황을 관찰하고 있는 상황이라면 그런 경향이 더 커진다(Gaulin & McBurney, 2001). 예를 들어, 다른 사람들이 보고 있을 때 동료가 후원금을 내라고 하면 집에서 혼자 후원금 요청 편지를 읽고 난 뒤의 상황에서보다 후원금을 낼 확률이 더 높아진다.

이제 편견과 차별뿐만 아니라 인간의 공격성을 포함한, 타인과 부정적으로 관계 맺는 것에 대해 살펴보자.

3. 선입견: 피해를 주는 태도

선입견: 어떤 이슈, 사람, 그리고 집단에 대해서 미리 확신하며 갖게 되는 의견 또는 태도

선입견은 미리 확신을 갖는 태도로, 일반적으로 비호의적인데 그런 사실에 대해 평가하거나 비판적으로 생각하지 않은 채로 형성된다. 어떤 선입견은 다른 인종 혹은 종교 집단에 속한 사람보다 내가 속한 집단에 있는 사람에게 보다 호의적으로 다가가게 하여 긍정적으로 작용하기도 한다. 그러나 대부분의 선입견은 다른 사람이나 집단에 대해서 그 사람이나 집단에 해당하는 인종, 민족성, 사회 계급, 성별, 나이, 그리고 직업, 장애, 또는 사회적 지위에 따라 부정적인 편향을 갖게 만든다.

개념 14-18

사회 심리학자들은 다른 종류의 태도들을 개념화하면서, 선입견이 인지적 요소, 감정적 요소, 그리고 행동적 요소로 이루어진 것으로 개념화했다.

다른 태도와 마찬가지로, 편견은 인지적, 감정적, 그리고 행동적 요소로 구성되어 있다. 인지적 요소는 다른 집단에 대해서 갖는 편향된 믿음과 사회적 편견의 체계이다. 감정적 요소는 다른 집단의 사람들에 대해서 갖는 싫어하는 감정이다. 그리고 행동적 요소는 다른 집단을 적대적으로 차별화하는 경향을 의미한다. 차별은 그 사람의 해당 집단에 따라서 그 사람을 공정하지 못하게 또는 편향되게 대하는 것이다. 해당 지역에 거주하지 못하게 거절하거나 취업의 기회를 주지 않고, 사회적 모임에서 배제시키거나 경찰관이나 경비원에 의해서 보다 정밀하게 검사받는 것들이 차별에 포함된다. 인종차별주의와 차별에 노출되면 그런 것을 경험한 집단은 심리적인 측면과 육체적인 측면에서 타격을 받을 수 있다(Mays, Cochran, & Barnes, 2007).

차별: 사람의 소속 집단이나 범주에 따라서 그 사람을 불공평하게 또는 편향된 방법으로 대하는 것

인종차별주의: 사람의 민족성이나 인종적 정체성을 바탕으로 해서 그 사람에게 갖는 편향

사람들이 특정한 인종에 대해서 어떻게 말하는지와 그들이 실제로 그 인종의 인물들을 어떻게 대하는지 그 불일치점을 주목해 보라. 예를 들어, 자신은 어떤 집단에 대해서 편견을 가지고 있지 않다고 생각하는 사람도 해당 그룹의 인물이 같은 엘리베이터에 타거나 전철이나 버스에서 옆자리에 앉으면, 들고 있던 지갑이나 서류가방을 세게 움켜잡는 경우가 있을 수 있다.

편견과 선입견은 일반적으로 쉽게 변하지 않는다. 사회 심리학자들은 흑인은 '게으르다'는 사회적 편견을 가진 백인은, 설령 흑인이 백인과 똑같이, 정확하게 일을 처리해도 여전히 흑인에 대해 그런 편견을 유지하는 현상을 보았다(Hilton & von Hippel, 1996).

사회 과학자들은 선입견과 차별이 사회적 격동의 시기에 특히 증가하며, 이로 인한 집단 사이의 경쟁도 심해지는 것을 오랫동안 관찰했다. 취업 경쟁과 부족한 경제적 기회는 집단 간의 관계에 압박감을 준다. 따라서 실업률이 높은 경기 하강 시기에 타인종 혐오현상이 심해지는 경향이 있는 것은 당연하다. 다수자 집단의 경제적 안정성이 위협받게 되면 민족적 소수집단 혹은 인종적 소수집단이 손쉽게 희생양이 될 수 있다.

1) 선입견은 어떻게 형성될까?

선입견은 다른 집단을 게으르고, 정직하지 않고, 폭력적이고, 우둔하다고 여기면서 생긴 부정적인 사회적 편견에서 형성된다. 이런 사회적 편견들은 학습되거나 터득된다. 어린이들은 부모, 교사, 그리고 또래들이 보여 주는 선입견적 태도를 모방하면서 다른 집단에 대해서 부정적인 태도를 형성하기 시작할 수 있다. 선입견은 또한 미디어를 통해 전달되는 다른 집단, 특히 소수 인종집단에 대한 부정적이고 사회 편견적 묘사에 반복적으로 노출되면서 생겨나기도 한다. 우리는 TV와 영화에서 소수 인종집단이 범죄, 폭력조직원, 학대자, 마약 밀매자 등의 부정적인 역할에 연관되는 모습에 반복적으로 노출된다.

개념 14-19

선입견은 부정적인 사회적 편견으로부터 생겨나며 다른 태도가 학습되는 것과 같은 방식으로 얻어진다.

선입견은 또한 직접적인 경험을 통해서 얻어질 수도 있다. 만일 우리가 어떤 특정 집단에 속한 사람과 교류했는데 그 사람이 냉정하거나 못된 사람이라면, 우리는 지나치게 일반화하여 해당 집단에 소속된 모든 사람이 그 사람과 비슷한 유형의 사람일 것이라는 선입견이 바탕이 된 믿음을 갖게 될 수 있다.

비록 각자 다른 선입견이지만, 우리는 모두 어떤 선입견을 품고 있다. 선입견의 보편성은 우리가 사회적 환경을 두 가지 일반적 범주로 나누어서 분석하는 기본적 인지 경향을 보인다. 우리가 속한 동일한 집단에 속한 사람들과 그렇지 않은 사람들에 대해서이다. 사회 심리학자들은 이런 사회적 범주들을 내집단(In-group: 자신과 같은 사회적, 종교적, 민족적, 인종적, 그리고 국가적 집단에 해당하는 집단)과 외집단(Out-group: 그 외 다른 집단들)으로 묘사했다(Hewstone, Rubin, & Willis, 2002).

우리가 외집단에 소속된 사람에게 부정적인 특징을 더 많이 부과하고 긍정적인 특징을 내집단에 소속된 사람에게 보다 많이 부과하면서 우리 사고방식은 편향되면서 선입견이 생긴다. 이런 두 가지 편향된 방식의 사고방식을 외집단 부정(외집단 선입견이라고도 부름)과 내집단 편애(내집단 편향이라고도 함)라고 각각 칭한다(Gaertner et al., 2006; M. A. Olson, Crawford, & Devlin, 2009). 외집단에 대한 부정적인 편견—'우리'가 '그들'보다 더 훌륭하다는 믿음—은 내집단 소속 인원들의 자존감을 강화시킨다. 다른 집단을 우둔하고, 게으르고, 정직하지 못하다고 낙인찍으면 나를 비롯한 내집단 인원들에 대해 비교적 더 좋은 느낌을 가진다.

내집단: 자신과 동일한 사회적, 종교적, 민족적, 인종적, 또는 국가적 범주에 속하는 사람들이 모인 집단

외집단: 내집단이 아닌 다른 사람들로 이루어진 집단

외집단 부정: 부정적인 특징을 내집단 인원보다는 외집단 인원에게 부과하는 성향을 나타내는 인지적 편향

내집단 편애: 긍정적인 특징을 외집단 인원보다는 내집단 인원에게 더 많이 부과하는 성향과 관련된 인지적 편향

외집단 동질성: 내집단 인원보다 외집단의 인원이 더 비슷하다고 인지하는 경향을 설명하는 인지적 편향

선입견과 관련된 또 다른 종류의 편향적 사고는 외집단 동질성이다. 이것은 자신이 속한 그룹에 속한 사람들은 '눈송이처럼' 다양한 존재로 보는 반면에 다른 인

개념 14-20

선입견의 인지적 기저는 사람들을 두 가지 기본적 범주인 내집단과 외집단으로 나누고 더 많은 부정적인 특징을 외집단 인원들에게 그리고 더 많은 긍정적인 특징을 내집단 인원들에게 부과하려는 경향을 반영한다.

➜ 개념 링크 우리는 정신적 범주나 개념들을 집단 목표, 행사, 그리고 그들의 공통된 상황에 맞는 의견을 위해 사용한다. 제7장 1단원을 참고하라.

종이나 민족 집단에 속한 사람을 모두 동일하거나 동질적인 사람들로 여기는 경향이다(Nelson, 2002). 이런 편향이 확장되면 다른 집단에 속한 사람들이 '똑같이 생겼다.'라고 생각하는 경향을 갖게 된다(Ackerman et al., 2006). 외집단 동질성에 대한 두드러진 설명은 본보기 모형에서 나타난다(Linville & Fischer, 1993). 그 모형은 사람들은 외집단 소속 인원보다는 내집단 소속 인원과 더 친해지려는 경향이 있어서 자신이 속한 집단 내에서 사람들 사이의 차이점을 보다 쉽게 기억할 수 있다.

선입견에 깔린 인지적 기저는 세대를 거쳐서 수천 년간 발달되어 온 것이다. 사회 심리학자인 마틴 피시바인(Martin Fishbein, 1996)이 주장하듯, 인류의 조상은 언어와 문화를 공유하는 부족 집단 안에서 자신들을 조화시켰고, 또 그들은 자신들에게 해를 끼치거나 그들을 죽일 수도 있는 다른 집단의 사람들에게서 발생하는 위협에 대항하고자 방어 자세를 취해야 했다. 다른 집단에 대해 '위험하다' 또는 '악하다'라고 선입견을 갖는 것은 다른 집단 사람들을 무서워해야 할 이유가 많았던 옛날 사람들에게 순기능으로 활용되었다. 그러나 다문화적 사회가 된 오늘날에는 삶에 순기능으로 작용하는 매우 다른 기법들이 요구된다. 우리는 다양한 배경을 가진 사람들과 잘 어울리는 방법과 우리와 다른 사람들을 부당한 선입견 때문에 함부로 낙인찍지 않도록 하는 방법을 배워야 한다.

개념 14-21

선입견에 있어서 개인 간의 차이는 학습 경험, 성격 특징, 그리고 사람 사이의 유사성이나 차이점을 강조하는 성향에 의해 설명된다.

2) 왜 어떤 사람들은 다른 사람보다 더 많은 선입견을 가지고 있는가?

학습 경험은 개인이 가진 선입견이 왜 차이가 나는지 설명하는 데 핵심적인 역할을 한다. 선입견이 상대적으로 적은 부모의 가르침에 노출된 아이들은 선입견이 많은 부모를 둔 아이들보다 선입견이 상대적으로 적은 태도를 가지게 된다. 선입견이 적은 사람들은 또한 인지적 태도 면에서도 다른 사람과 차이를 보인다. 그들은 사람들 사이에서 차이보다는 유사성을 더 바라보는 경향이 있는데, 심리학자들은 이런 인지적 체계를 보편주의자적 지향이라고 불렀다(Phillips & Ziller, 1997). 그와 대조적으로, 더욱 선입견적 태도가 많은 사람들은 사람들 사이의 차이점을 강조하며 민족성을 통해서 그 사람을 판단하기도 한다.

권위주의적 성격: 엄격함, 선입견, 그리고 권위에 대한 복종과 존중에 대해 지나치게 관심을 갖는 특징의 성격

권위주의적 성격이라고 불리는 근본적인 성격을 가지고 있으면 매우 선입견이 많은 태도를 갖게 될 수 있다(Johnson et al., 2011; Mavor et al., 2009). 테오도르 아도르노(Theodore Adorno)와 동료들(1950)은 엄격함과 권위에 대한 복종과 존중에 대해서 지나치게 관심을 갖는 성격 특징을 설명하기 위해서 이 용어를 만들었다. 권위주의적 성격을 가진 사람은 자신들과 다르고 자신들의 눈에 약해 보이거나 탄압받은 것으로 보이는 사람을 싫어하기 쉽다.

3) 왜 중요한가: 인종주의와 선입견이 다른 집단에 미치는 영향

인종주의는 불행하게도 우리 사회에서 선입견의 목표물이 되는 소수집단 소속 인원들이 겪는 일상의 한 부분이다. 제13장에서 밝힌 것처럼, 인종주의와 차별에

노출되면 그 선입견을 경험한 피해자들은 심리적 건강과 육체적 건강에 해를 입을 수 있다.

편견을 가지면 보다 더 미묘한 효과가 생긴다. 사회적인 편견과 수치심으로 피해를 받는 집단에 속한 인원들은 사회적 편견에서 발생하는 신호와 암시에 대해 경계하는데, 그런 신호의 예로 '여학생들은 수학을 못해.'라든지 '흑인들은 IQ 테스트 점수가 낮아.'를 들 수 있다(Kaiser, Vick, & Major, 2006; Steele & Ambady, 2006). 고정관념 위협이라고 불리는 이런 '경계' 현상은 '공기 중에 안 보이는 위협'처럼 떠다니는 것이다. 고정관념 위협은 편견의 피해자 집단 소속 인원이 부정적인 예상을 하도록 유도해서 결국 그들이 편견을 느끼면서 시험을 보는 경우에는 실력보다 좋지 못한 성적을 내게 만든다(Grimm et al., 2009; Muzzatti & Agnoli, 2007; Nguyen & Ryan, 2008). 예를 들어, '여학생은 수학을 못해.' 같은 편견적 믿음은 젊은 여성들을 낙담시켜서 그들이 엔지니어링이나 과학 분야에서 유망한 직종을 구해서 경력을 이어가는 계획을 세우지 못하도록 만들 수도 있다. 시험을 보는 상황에서 이런 편견에 집중하면(아니면 단순하게 시험보는 상황에서 성별에 대해 이야기하는 것만으로도) 여성은 자신들의 능력에 대해 걱정하게 되어 신경이 분산되고 결국 제대로 된 실력을 발휘하기 어려울 수 있다(Kiefer & Sekaquaptewa, 2007; Krendl et al., 2008; Rydell, Rydell, & Boucher, 2010). 편견의 피해자 집단 인원들은 또한 개인적으로 부정적인 편견을 마음에 새기면서 내면화할 수도 있는데, 이렇게 되면 그들은 자신들이 사회적으로 부적절하거나 열등한 부분을 지닌 사람이라고 느낄 수 있다. 사회적인 부정적인 편견을 알게 되면 편견의 피해자 집단의 아이들은 학교에서 좋지 못한 성적을 내게 되고, 성공을 위한 동기 부여가 점차 사라지고, 자존감도 낮아지게 할 수 있다(McKown & Strambler, 2009). 실제로, 부정적인 사회적 편견은 일종의 자기 실행 예언이 되어 낮은 성과를 내면서 그 예언을 확인하게 되기도 한다.

그러나 고정관념 위협은 어떻게 성취에 영향을 주는 것일까? 어느 실험에서, 스탠퍼드 대학교의 심리학자인 클로드 스틸(Claude Steele)과 동료 조슈아 에런슨(Joshua Aronson)은 재학 중인 흑인 학생들과 백인 학생이 SAT 시험 언어 영역에서 가장 어려운 문제로 만들어진 시험을 보도록 했다(Steel & Aronson, 1995). 몇몇 학생들에게는 시험 전에 이 시험을 통해 지적 능력을 측정할 것이라고 통보했다. 다른 학생들에게는 그 시험이 지적 능력과는 관련 없는 실험적 문제해결 임무라고 통보했다. 시험이 지적 능력을 측정하는 것이라는 이야기를 듣고 시험을 본 학생들 중 흑인 학생은 백인 학생보다 좋지 않은 성적을 냈다. 그러나 시험이 실험적 문제해결 임무라는 이야기를 듣고 시험을 본 흑인 학생들은 백인 학생들과 동일한 성적을 냈다. 스틸은 그 시험을 지적 능력 시험이라고 밝히는 것이 그 흑인 학생들에게 고정관념 위협이 되었고, 그 결과 그들의 성취 능력이 저하되었다고 믿었다. 다른 실험에서는 골프가 그들의 '선천적 운동 능력'을 보려는 시험이라는 이야기를 들은 백인 학생들은 흑인보다 저조한 성과를 보였고, 그 골프가 '스포츠 지능'을 측정하기

개념 14-22

선입견과 편견을 가지게 되면, 그 선입견의 피해를 받은 집단들은 부정적인 편견을 내재화하게 되고 자신들에 대해 더 낮은 기대를 하게 된다.

고정관념 위협: 편견 피해자 집단에 속한 사람이 사회적으로 타인들에게 편견을 바탕으로 쉽게 판단되고 대우받는다고 믿을 때 그들이 느끼게 되는 위협감

개념 14-23

사회적인 편견과 선입견은 해당 집단에게 다양한 방식으로 영향을 줄 수 있는데, 기대감을 낮추고 부정적인 편견들을 내면화하도록 만드는 것을 예로 들 수 있다.

위한 시험이라고 믿고 골프를 친 흑인 학생들은 백인 학생들보다 저조한 결과를 보였다(Stone et al., 1999). 스틸은 고정관념 위협이 지닌 부정적 효과는 편견 피해자 집단의 소속 인원들에게 더 큰 영향을 미친다고 믿었고, 더 높은 교육 목표를 달성하고자 하는 동기가 차츰 사라지는 현상을 예로 들었다. 한 예로, 미디어에서 민족적 소수집단의 여성에 대한 편견적인 묘사에 노출되면, 실제로 좋은 수학 실력을 가진 젊은 여성이 과학이나 수학 수업을 듣지 않게 만들 수 있고, 또는 흑인이 대학을 그만두도록 만들 수도 있다.

이런 고정관념 위협 효과에 맞서려면 무엇을 해야 할까? 스틸은 교사들이 모든 학생이 가진 잠재력에 대해서 진정성을 갖고 긍정적인 믿음을 계속 유지하면 그런 고정관념 위협이 약해질 수 있다고 제시한다. 소수집단의 학생들이 그들의 유능함과 능력을 긍정적으로 단언할 수 있도록 격려하면 부정적인 편견의 효과가 약화될 수 있다(Cohen et al., 2006).

사회적 편견과 선입견에 맞서려면 무엇을 해야 할까? 사회 심리학자들은 몇 가지 가능한 치료법을 제시한다('해 보기' 참조).

> **해 보기**
> **선입견을 검사하기**
> 민족적 배경이나 종교적 배경이 서로 다른 친구들을 두 명 또는 세 명 만나서 인터뷰를 해 보자. 그들에게 다른 사람들에게 선입견이나 차별을 받은 경험이 있는지 물어보라. 그들은 이런 경험이 그들에게 어떤 영향을 미쳤다고 말하는가? 그들은 이런 경험을 한 뒤에 그들의 사회적 환경 또는 자기 자신들을 인식하는 데 어떤 영향을 받았다고 말하는가? 그들은 어떻게 이런 경험에 대처했는가? 이 장에서 읽은 내용을 토대로 한다면, 당신은 당신이 가진 선입견이나 편견에 어떻게 대응하겠는가?

4) 선입견을 줄이기 위해 무엇을 할 수 있을까?

알베르트 아인슈타인(Albert Einstein)은 '원자보다 선입견을 부수는 것이 더 어렵다.'라고 말했다. 그런 어려움에도 불구하고, 심리학자들은 선입견을 줄이는 방법을 개발했다. 가장 잘 알려진 방법은 1954년에 심리학자 고든 올포트(Gordon Allport)에 의해 고안된 접촉가설이다. 그는 선입견과 집단 간 긴장도를 줄일 수 있는 가장 좋은 방법은 집단 간에 더 긴밀하게 접촉할 수 있도록 만드는 것이라고 제안했다. 그러나 그는 집단 간 접촉만으로는 충분하지 않다고 보았다. 어떤 상황에서는, 집단 간의 접촉을 통해서 집단 사이의 차이점이 더욱 명확해지기만 할 수도 있다. 올포트는 네 가지 조건을 다음과 같이 제시했는데, 이는 집단 간의 선입견과 긴장감을 해소하는 데 있어서 바람직한 효과를 얻기 위해 모두 지켜져야 하는 것들이다. 이 조건을 설명하기 전에, 그런 조건들이 이루어질 만한 현실이 아니고 이상적이기만 한 조건들인지에 대해서도 중요한 질문을 해 보아야 한다(Dixon et al., 2005, 2010).

> 접촉가설: 어떤 경우에는, 집단 간 접촉을 활발히 하면 집단 간의 선입견이나 긴장도를 없애는 데 도움이 될 수 있다고 하는 올포트의 믿음

- 사회적 지지와 기관적 차원의 후원. 직위를 가진 사람은 각 집단이 서로 가까워질 수 있도록 분명한 도움을 주어야 한다.
- 면식 잠재성. 서로 다른 집단의 인원들이 서로를 더 잘 알 기회가 존재해야 한다. 서로 얼굴을 마주하고 교류하는 기회를 가지면, 서로 다른 집단에 소속된 사람들은 서로의 공통점을 발견할 수 있다. 그들은 상대 집단에 대해 가져왔던 선입견이 잘못된 것이라는 것을 밝혀 줄 증거를 찾을 수도 있다. 게다가 자신이 속한 집단 소속 인원이 다른 집단에 속한 사람과 친하게 지내는 것을 아는 것은 상대방 집단에 대해서 보다 긍정적인 태도를 가질 수 있도록 도와준다(S. C.

Wright et al., 1997).

- 동등한 지위. 다른 집단에 소속된 사람으로서 부차적 역할을 맡고 있는 사람들과 접촉할 기회가 많아지면 기존의 선입견과 편견을 실제로 더 강화하게 될 수 있다. 동등한 위치에서 상호 집단의 소속 인원들이 만나면, 기존에 서로를 향해 가지고 있던 선입견적 믿음을 유지하기가 더욱 어렵게 된다.
- 집단 간 협동. 공동의 목표를 달성하기 위해서 협력해서 일하면 다른 집단에 소속된 사람들이 서로 가까이 접촉하게 되어서 집단 간 편향을 줄일 수 있다 (Pettigrew & Tropp, 2006). 야구팀으로 비유해서 설명하면, 사무실의 프로젝트 팀이나 서로 화합하는 시민들은 공동의 목표를 위해 함께 싸울 수 있고, 협동은 친근함과 상호 이해를 증진시킬 수 있다.

개념 14-24

올포트에 의하면, 집단 간 접촉은 선입견을 줄이는 데 도움이 되지만, 사회적 지원과 기관적 차원의 후원, 면식 잠재성, 동등한 지위, 그리고 집단 간 협동이 반드시 확보되어야 가능하다.

선입견과 차별에 맞서 싸우는 것은 우리가 집이나 학교에서 아이들에게 가르치는 교훈에서 시작된다(Sleek, 1997). 공감을 가르치는 것은 선입견을 줄일 수 있는 한 방법이 될 것이다. 공감은 다른 사람의 관점에서 바라볼 수 있고 그들의 느낌을 이해하는 능력이다. 〈레인 맨〉, 〈쉰들러 리스트〉와 〈컬러 퍼플〉처럼 수치심을 느끼고 있는 집단에 속한 사람들의 감정적 경험을 공유할 수 있게 해 주는 유명한 영화들은 우리에게 더욱 수긍하고 용인할 수 있는 태도를 길러 준다. 차별을 금지하는 법을 실행하고 서로 용인할 수 있게 격려하는 것은 선입견과 차별에 맞서 싸우도록 도와주는 사회적 조치이다.

개인으로서의 우리도 선입견으로 영향받은 사고방식에 맞서는 단계를 밟아 나갈 수 있다. 우리 자신에게 단순히 사회편견적인 용어를 생각하지 말자고 말하면 그런 생각들이 마음속에 더욱 쉽게 떠오를 수 있어서 오히려 그런 생각들이 강화될 수 있다(J. W. Sherman et al., 1997). 비록 사회편견적이고 편향된 태도는 자동적으로나 무의식적으로 생길 수 있지만, 연구자들은 이런 태도를 바꾸는 것이 가능하다는 것을 발견했다(Ashburn-Nardo, Voils, & Monteith, 2001; Dasgupta & Greenwald, 2001). 사회심리학자들은 선입견적 생각이 일어날 때 이런 생각을 반복적으로 거부하는 연습을 하고, 다른 집단 사람들에 대해서 더욱 긍정적인 심상을 떠올려 보고, 다른 배경을 가진 사람들과 교류해야 하는 협력 프로젝트에서 각자 역할을 가지며, 선입견과 집단 간 충돌에 대한 워크숍이나 세미나 같은 다양성 교육에 참여하는 것을 비롯해서 선입견과 편견을 바탕으로 한 사고방식을 줄일 수 있는 수많은 방법을 제시했다 (예: I. V. Blair, Ma, & Lenton, 2001; Nelson, 2002; Rudman, Ashmore, & Gary, 2001).

4. 인간의 공격성: 피해를 주는 행동

인간의 역사에서 다른 집단에 대한 부정적인 태도는 살인이나 전쟁으로 이어지는 경우가 다반사였다. 그러나 인간은 원래 선천적으로 공격적일까? 아니면 공격성은 학습된 행동의 한 형태로서 경험에 의해 수정될 수 있는 것일까? 심리학자와 다른 학자들의 인간의 본성에 대해서는 많은 의견이 있다. 심리학에서의 주된 관점은 우리에게 우리가 서로 해를 끼칠 수 있는 능력에 대해서 무엇을 알려 주고 있는지 생각해 보자.

1) 인간의 공격성은 본능에 의한 것인가?

어떤 연구자들은 인간과 다른 종족들 안에 있는 공격성은 본능을 바탕으로 한 것이라고 믿는다. 예를 들어, 유명한 생태학자인 콘라트 로렌츠(Konrad Lorenz, 1966)는 싸우는 본능이 많은 종류의 동물에게서 발견되는 기본적인 생존 장치라고 보았다. 포식동물은 본능적으로 먹이를 공격함으로써 생존한다. 포식자들의 먹잇감이 될 동물 중에 더 운이 좋은 동물은 본능적으로 포식자로부터 도망치거나 그들과 싸움으로써 생존해 나간다. 로렌츠가 볼 때, 포식자와 먹잇감은 모두 삶에 적응하는 데 공격성을 활용하면서 생존확률을 높인다. 그러나 인간의 공격성은 어떤가? 인간의 공격성도 본능으로 설명될 수 있을까?

© Getty Images

미국에서 총에 맞아 죽은 사람들이 생전에 신었던 이 신발들은 공격적 행동의 결과가 어떤지 상기시켜 주는 가슴 아픈 매개물이다.

동시대의 이론가들은 인간의 공격성이 본능에 기초한다고 보기에는 너무 복잡하다고 믿는다. 인간의 공격성은 조직된 전쟁과 테러리즘 활동부터 강도, 배우자 폭행, 그리고 성폭행 같은 개인 간의 폭력 형태에 이르기까지 다양하다. 이렇게 다른 종류의 공격성은 다양한 정치적 · 문화적 · 심리적 이유를 반영한다. 게다가 본능 이론들은 학습과 문화가 그 사람의 행동을 변화시키는 현상을 설명하지 못하며, 인간의 공격성이 갖는 다양성도 설명하지 못한다. 폭력은 어떤 문화에서는 일반적이지 않지만 다른 문화에서는 매우 일반적이다. 불행하게도 미국 문화도 여기에 포함된다.

오늘날의 이론가들은 인간의 공격성이 어떤 단 한 가지 이유만으로 설명될 수는 없다고 믿는다. 그래서 우리는 동시대 이론가들이 인간의 공격성에 기여한다고 믿는 다양한 요인을 생각하게 되었는데, 이런 요인들에는 생물학적 영향력, 학습된 영향력, 사회문화적 영향력, 알코올 사용, 감정 상태, 그리고 환경적 영향 요소가 포함된다(Anderson & Bushman, 2003).

2) 생물학적 영향력

개념 14-25

인간의 다른 형태의 행동처럼, 공격성도 너무 복잡해서 본능의 수준으로 환원해서는 이해할 수 없다.

그동안의 연구들을 통해 우리는 공격성의 생물학적 기초를 더 잘 이해하게 되었다. 예를 들어, 최근 연구자들은 폭력적이고 충동적인 행동과 연관된 유전자들을 규명했다(Meyer-Linderberg et al., 2006). 또한 연구를 통해 공격적인 사람들의 뇌 안에 있는, 분노를 조절하는 신경회로가 가진 비정상성도 발견했다(Davidson, Putnam, & Larson, 2000). 또 다른 연구의 관심사는 충동적인 행동을 억제하는 신경전달물질인 세로토닌이다(Carver, Johnson, & Joormann, 2008). 세로토닌은 '행동 안전벨트' 또는 '응급 상황 브레이크'로서 공격적인 충동성을 자제시키기 위한 역할을 한다(Raine, 2008). 그 연구에 따르면, 우리는 세로토닌 부족과 또는 뇌 안에서 세로토닌이 사용되는 방식의 불규칙성이 공격적인 행동으로 어떻게 연관되는지를 직접적으로 밝혀 줄 증거를 더 찾아야 한다.

개념 14-26

공격성의 생물학적 기초는 유전적 영향, 호르몬적 영향, 그리고 신경전달물질의 영향을 반영한다.

남성 호르몬인 테스토스테론은 공격적인 행동과 연관되어 있다(Bennett, Farrington, & Huesmann, 2005; Klinesmith, Kasser, & McAndrew, 2006). 남성은 여성보다 더 많은 양의 테스토스테론을 분비하고 있고, 여러 문화권에서 실행된 연구에 의한 결론은 여성보다는 남성이 더 난폭하고 폭력적인 행동을 하게 될 확률이 있다는 증거를 보이고 있다. 남성도 테스토스테론이 더 많이 분비되는 남성이 상대적으로 적은 테스토스테론을 분비하는 남성보다 더 폭력적이다. 그러나 폭력적이고 난폭한 모든 남성이 높은 테스토스테론 분비량을 가진 것은 아니며, 높은 테스토스테론 분비량을 가진 모든 남성이 폭력적인 행동을 보이는 것도 아니다. 물론 폭력성에 연관된 요소들은 더욱 복잡하다.

© William Haefeli

"당신은 테스토스테론에 의해 영향 받는 상태에서 운전을 했군요."

진화 심리학자들은 옛날 사람들 사이에서는 폭력성이 사냥꾼으로서의 그들의 역할에 도움을 주었을 것이라고 생각한다. 우리가 아는 한, 옛날 여성은 음식을 마련하고 아이들을 기르는 일에 주로 종사했는데, 그들에게 공격성은 오히려 역효과를 낳을 수 있었을 것이다. 아마도 오늘날 남성에게서 우리가 찾을 수 있는 더 큰 공격성은 부분적으로나마 옛날부터 세대 간에 이어져 내려오면서 물려받은 경향이라고 할 수 있다.

3) 학습 영향

사회인지학자인 앨버트 밴듀라(Albert Bandura, 2008a)는 폭력적 행동이 형성되는 데 있어서 관찰 학습의 역할에 대해서 주목했다. 그는 아이들이 집, 학교, 그리고 TV를(제5장 3단원 참조) 비롯한 대중매체에서 등장하는 폭력적 행동을 보고 모방한다는 점에 주목했다. 예를 들어, 그들의 또래 친구나 TV에 등장하는 남성들의 행동을 관찰하면서, 어린 소년들은 말이 아닌 주먹이나 무기로 갈등이 해결된다고 배울 수 있다.

개념 14-27

사회 인지학자들은 공격성이 관찰 학습과 강화에 의해서 후천적으로 얻어지는 학습 행동으로 본다.

가정에서 부모나 다른 가족 구성원의 폭력적인 행동을 보고 성장한 아이들의 경우 종종 공격적이거나 난폭한 어린이로 성장할 수 있다. 강화 현상도 아이들이 난폭한 행동을 배우도록 만든다. 만일 어린이들의 난폭한 행동이 부모에 의해 수용되거나 또래 친구들에 의해 존중되거나, 자기 멋대로 구는 상황이 지속되면, 그들은 동일한 공격적 행동을 되풀이할 확률이 높다. 실제로, 일반적인 경우 사람들은 갈등을 해결할 수 있는 별다른 대안을 배우지 못하면 공격적인 행동에 의지하게 될 확률이 높아진다. 집에서 난폭한 행동에 노출된 어린이들은 갈등을 해결하는 데 난폭한 행동이 받아들여진다는 것을 배우게 되기 때문에, 난폭한 행동은 세대를 거쳐서 이어질 수 있다.

4) 사회문화적 영향

개념 14-28

사회 문화학자들은 빈곤, 아동학대와 아동 방치, 가정 결손, 그리고 폭력에의 노출같이 공격적 행동을 일으키는 사회적 긴장 요소들을 탐구한다.

사회문화 이론가들은 우리가 폭력이 발생할 수 있는 더 넓은 사회적 맥락에 대해서 생각해 보도록 한다. 사람 간의 폭력은 종종 빈곤, 오래 지속되는 무직 상태, 기회 부족, 아동 학대나 방치, 가정 결손, 그리고 가정과 사회에서 발생하는 폭력에 대한 노출과 같은, 사회적 긴장 요소를 배경으로 해서 발생한다. 부모에 의해서 학대받고 방치된 경험을 한 아이들은 타인에 대해서 공감하고 걱정하는 능력의 기반을 제공했어야 하는 부모에게서 안정적인 애착을 형성하지 못했을 수 있다. 당연히, 학대받거나 방치되었던 아이들은 아동기나 성인기에 종종 공격적인 행동을 보인다(Dofge, Petit, & Bates, 1997; Kotch et al., 2008).

사회 심리학자들은 폭력이 자신들의 바람대로 행동하게 하기 위해 타인들을 협박하는 데 사용하는 강제적 도구로서, 사회에 영향을 주는 일종의 전략으로도 이용될 수 있다는 것을 알고 있다. 우리는 사람들을 동조시키기 위해서 강압 전술을 사용하는 '공무 집행자'나, 자신의 말을 따르게 하기 위해서 육체적 힘을 사용하거나 힘으로 위협하며 아내를 학대하는 남편과 같은 예만 생각해 보아도 그것을 알 수 있다.

5) 음주 행위

개념 14-29

음주는 억제력을 느슨하게 하고, 행동이 초래할 결과를 예상하는 능력과 사회적 신호를 파악하는 능력, 그리고 처벌과 관련된 신호를 예민하게 파악하는 능력에 영향을 주기 때문에 폭력적 행동과 연관되어 있다.

➔ 개념 링크 제4장에서 논의된 것처럼, 음주 행위는 많은 폭력 범죄와 연관되어 있다. 제4장 4단원을 참고하라.

연구자들은 음주 행위와 가정 폭력, 살인, 강간 등의 폭력적 행동 사이에 깊은 연관이 있다는 것을 발견했다(Boles & Miottoa, 2003; Fals-Stewart, 2003). 음주를 하면 충동적 폭력 행동 등의 충동 행동을 삼가고, 제어하는 능력이 느슨해진다. 게다가 우리가 하는 행동이 초래할 결과를 가늠해 보는 능력도 훼손되고, 어떤 처벌을 받게 될지에 대해 느낄 수 있는 신호도 예민하게 느끼지 못하게 되며, 다른 사람의 의도가 악의적이라고 오해하게 만든다. 물론 음주를 하는 모든 사람이 공격적이 되는 것은 아니다. 음주 행위와 공격성 사이의 관계는 술을 마시는 사람이 술에 대해 갖고 있는 생물학적 예민성뿐만 아니라 술을 마시는 공간이 술집인지 집인지에 따라서 상황에 따라 달라지는 사회적 요구에 의해서도 영향을 받을 수 있다.

6) 감정 상태

개념 14-30

좌절감과 분노는 공격성을 유발하는 부정적 감정이다.

심리학자들은 좌절감과 분노를 비롯한 특정한 부정적 감정은 공격성을 불러일으킬 수 있다고 생각해 왔다. 제12장에서 배운 것처럼 좌절감은 목표를 향한 우리의 노력이 좌절되거나 막힐 때 우리가 느끼게 되는 부정적 감정 상태이다. 좌절감은 공격성 외에 다른 결과로 이어지기도 한다. 영화관에서 영화를 보는 동안 계속 뒤에 앉은 사람이 떠들면 당신은 좌절감을 느끼고 그 사람에게 말이나 육체적으로 공격하고 싶은 마음을 느끼게 된다. 그러나 다른 요소들보다는 당신의 그런 공격적 행동이 좋은 결과를 일으킬 수 있는지와 당신의 공격적 행동이 과거에 불러일으킨 결과에 따라서, 실제로 그런 공격적 행동을 할 수 있는지 여부가 결정된다. 좌절이 반드시 공격성으로 이어지는지에 대한 질문도 여전히 남아 있다. '이 사람을 때리자.'와 같은 냉정하고, 사전에 계획된 군중의 공격성은 이런 좌절이 불러일으키는 공격성의 관계에는 어울리지 않는다.

분노는 어떤 사람에게 공격적 반응을 불러일으킬 수 있는 또 다른 부정적 감정이다. 우리는 자신에게 화나게 하는 말을 한 아내에게 난폭하게 주먹을 휘두르는 남편이나 말을 듣지 않는 아이들을 격렬하게 몰아세우는 아동 학대자들을 생각해 볼 수 있다. 화나는 생각들('나는 그 사람을 그냥 이대로 둘 수는 없어…….')을 하는 사람 또는 작은 일로도 쉽게 폭발하는 사람은 보다 차분한 생각을 하는 사람에 비해 대립 상황에서 더욱 공격적으로 반응한다.

7) 환경적 영향

외부 온도가 오르면 체온의 상승과 더불어 공격적이 되는 것일까? 실제로 그렇다. 환경 심리학자들은 너무 더운 날씨에는 공격성이 다시 내려가는 것을 발견하고 있지만, 사람들의 난폭하고 공격적인 행동이 발생할 확률이 온도 상승에 따라 올라가는 것을 발견했다(Bushman, Wang, & Anderson, 2005; Cohn & Rotton, 2005).

개념 14-31
높은 온도는 분노, 공격적 행동으로 표현되는 적대적 생각과 느낌 등과 연관되어 있을 수 있다.

사회-인지적 이론의 관점에서 보면, 더운 온도는 사람들이 더 화나고, 적대적인 생각이나 느낌을 품게 만들면서 사람들의 공격성을 부추기는데, 이런 상황에서는 사회적 자극에 대해서 사람들이 공격적으로 반응할 준비를 더 많이 하게 된다. 상승하는 온도와 공격성 사이의 연관 관계는 조금 더 형식적인 연구를 통해서 답할 수

〈개념 차트 14-2〉 타인과 관계하기

개념		설명	기타
타인과 긍정적으로 관계 맺기	의사결정 과정들	Latané and Darley 모델: ① 도움이 필요한지 살펴보기, ② 상황을 응급 상황으로 해석하기, ③ 도와야 한다는 개인적 책임감 느끼기, ④ 어떤 도움이 필요한지 결정하기, ⑤ 행동 결정	도움은 즉시 상황을 판단하고 자신의 개인적 책임과 그것을 위해 필요한 것들이 무엇인지 파악하는 것과 관련된 의사결정 과정에 기초한다.
	도움에 영향을 주는 것들	상황의 모호성, 예상되는 희생의 대가, 책임감의 불명확함, 유사성, 동감, 얼굴의 특징, 기분과 성별, 도움이 필요한 이유의 속성, 그리고 사회 규범이 포함된다.	도움은 개인적 요소와 상황적 요소의 조합에 따라 달라진다.
타인과 부정적으로 관계 맺기	선입견	부정적 믿음, 느낌, 그리고 다른 집단의 소속 인원에 대한 행동적 경향들	선입견을 줄이려는 노력은 사회적 지지와 기관적 차원의 후원, 면식 잠재성, 동등한 지위, 그리고 집단 간 협동, 선입견 없는 사고; 용인의 예를 만들면서 어린 시절 편견 없는 태도를 주입하는 것 등의 조건이 충족된 상황에서 집단 간 접촉을 늘리면서 이루어질 수 있다.
	공격성	전쟁에서 폭행, 강간, 그리고 배우자 학대와 같은 개인 간의 폭력에 이르기까지 다양한 형태가 있다.	생물학적, 학습적, 사회문화적, 감정적, 그리고 환경적 영향 요소, 그리고 음주가 공격성과 연관되어 있다.

있는 질문을 던져준다. 감옥에서 에어컨을 사용하면 재소자들 간의 폭력 문제가 감소될 것인가? 그런 에어컨이 주는 유사한 효과가 직장이나 학교에서도 유효할까?

교과서를 더 읽기 전에, 〈개념 차트 14-2〉에 나온 대로 타인과 긍정적으로(도우면서) 관계 맺는 방법과 부정적으로 관계 맺는 법을 복습하면 도움이 될 것이다.

2단원 복습 타인과 관계 맺기

되새겨 봅시다

매력을 결정하는 주된 요소는?

➤ 주된 매력 결정요인에는 유사성, 신체적 매력, 근접성, 그리고 호혜성이 포함된다.

도움을 주는 행동과 관련된 요소는?

➤ 의사결정 모델은 방관자 개입 이론이 우리가 남을 돕기 전에 연속된 결정을 내린 것을 토대로 한다고 주장한다.

➤ 남을 돕는 행동 결정에 영향을 주는 요소에는 상황의 모호성, 예상된 희생의 대가, 책임감의 불명확함, 유사성, 동감, 얼굴의 특징, 기분과 성별, 도움이 필요한 이유의 속성, 그리고 사회 규범 등이 있다.

선입견은 무엇이며, 그것은 어떻게 생겨나는가?

➤ 선입견은 미리 인지된 태도나 편향으로서, 일반적으로 호의적이지는 않으며, 비판적 사고나 분별력이 없을 때 형성된다.

➤ 선입견은 어떤 집단에 대한 부정적인 사회적 편견에서부터 사회 환경에서 사람들이 노출된 것들에 이르기까지 다양한 부분에서 생겨난다. 선입견의 형성은 수천 년 동안 이어져 내려온 인간의 인지 과정의 특징을 반영할 수도 있다.

➤ 선입견에 있어서의 개인 간 차이는 학습 경험의 차이, 권위주의적 성격의 여부, 그리고 보편주의자적 성향의 여부 등에 의해서 발생한다.

선입견을 줄이려면 무엇을 해야 하는가?

➤ 선입견은 강한 사회적 지지와 기관적 차원의 후원, 집단 간의 동등한 지위 관계, 면식 잠재성, 그리고 경쟁보다는 협동을 강조하는 분위기를 바탕으로, 집단 간 접촉을 늘림으로써 감소시킬 수 있다.

인간의 공격성을 일으키는 것은?

➤ 동시대의 학자들은 인간의 공격성이 생물학적 영향, 학습 영향, 사회문화적 영향, 음주, 감정 상태, 그리고 환경적 영향에 기초해서 형성된다고 주장한다.

점검해 봅시다

1. 매력을 결정하는 몇 가지 주된 요인을 나열해 보자.
2. 육체적 매력에 관해서, 다음 중 틀린 내용은 무엇인가?
   ① 남성은 여성이 육체적 매력에 대해 신경 쓰는 것보다 더 육체적 매력에 대해서 중요하게 생각한다.
   ② 육체적 매력에 대한 기준은 문화에 따라 다르다.
   ③ 매력적인 사람은 성격적인 특징에서 호감 받는 평가를 받는다.
   ④ 사람들은 남자와 여자가 근육이 많은 특징의 신체를 가질 때 그들에게 더 좋은 평가를 내리는 경향이 있다.
3. 방관자가 도움이 필요한 누군가를 도울 때 어떤 순서로 세부 결정을 내리는가? 순서대로 설명해 보자.
   ① 도움에 대한 책임감을 갖는다.
   ② 그 상황이 정말 응급한 상황이라고 단정 짓는다.
   ③ 결정된 행동을 실행한다.
   ④ 정말 도와줄 필요가 있다는 것을 결정한다.
   ⑤ 어떤 종류의 도움을 줄지 선택한다.
4. 다른 태도와 마찬가지로, 선입견은 ① 인지적, ② 감정적, 그리고 ③ 행동적 요소로 구성되어 있다. 각 구성 요소의 주된 특징을 선입견과 연관 지어서 설명해 보자.
5. Allport가 집단 간의 선입견을 줄이기 위해서 집단 간 접촉을 하기 전에 갖추어야 할, 네 가지 조건으로 제안한 것은 무엇인가?

생각해 봅시다

➤ 당신의 경우 태도와 배경의 유사성, 신체적 매력, 근접성, 그리고 호혜성이 당신이 당신의 친구와 연인에게 매력적으로 인식되는 데 있어서 얼마나 많은 영향을 주었는가?

➤ 사람이 완전히 이타주의적이거나 이기적일 수 있다고 보는가? 혹은 친절한 행동을 하거나 자기희생을 하는 순간에도 자기 자신을 위한 동기는 있을 수 있다고 보는가?
➤ 당신이 학교 내의 각자 다른 배경을 가진 학생 집단 간의 관계를 발전시킬 수 있는 방안을 연구해 오라는 지시를 받았다고 가정하자. 그런 목적을 위해 실시할 수 있는 노력을 성공적으로 만들기 위해서 선행되어야 할 조건은 무엇이 있는가?

개인 행동에 미치는 집단의 영향

3 단원

- 사회적 정체성이란?
- 다른 사람의 존재는 개인의 성과에 어떤 영향을 미치는가?
- Asch의 동조 실험은 어떤 중요성을 갖는가?
- 몰개성화란?
- Milgram의 실험은 왜 그렇게 불편하며 그의 실험 방법은 왜 그렇게 논란이 되었는가?
- 집단 극단화 현상과 집단사고란?

인간이 사회적 존재라는 개념은 14세기의 영국 시인인 존 던(John Donne)에 의해서 가장 분명하게 표현되었다. 그는 "아무도 고립된 섬이 아니며, 아무도 홀로 독립적으로 살 수 없다."라고 썼다. 우리는 다른 사람에게 영향을 주며 마찬가지로 다른 사람들에 의해서 영향을 받는다. 이번 단원에서는 다른 사람들이 어떻게 우리 행동과 우리의 자아개념에까지 영향을 미치는지 살펴보겠다. 우리가 심지어 그런 사회적 요구가 이성적이지 않거나 부도덕적이라고 느끼는 상황에서조차 사회적 압력에 우리 행동을 동조시키는 경향을 분석해 볼 것이다. 다른 사람들의 존재가 우리의 성과를 높여 주거나 반대로 낮아지게 만드는 상황에 대해서도 살펴볼 것이다. 마지막으로, 우리는 집단 사고 현상을 살펴보고 집단의 영향력이 어떻게 나쁜 선택을 하게 만드는지 살펴볼 것이다.

1. 우리의 사회적 자아: '우리는 누구인가'

많은 사회 심리학자들은 심리적 정체성 또는 자아개념을 두 가지 부분으로 나눈다. 개체 정체성(개인 정체성)과 사회적 정체성(집단 정체성)이다(Ellemers, Spears, & Doosje, 2002; Verkuyten, 2005). 당신의 개체 정체성('나는 누구인가?')은 당신을 고유한 개인으로서 구별해 주는 당신의 심리적 구조의 일부분이다. 당신은 당신 자신을 페퍼로니 피자, 재즈, 그리고 과학공상 영화를 좋아하며 남을 보살피기 좋아하고 창의적인 사람이라고 여길 수도 있다. 당신의 사회적 정체성('우리는 누구인가?')은 당신이 자신을 가족, 친척 집단, 종교 집단, 국가 집단, 그리고 당신이 속한 사회

개체 정체성: 우리가 우리 자신을 고유한 개인으로 느끼는 것과 관련된 우리의 심리적 정체성의 일부분

사회적 정체성: 우리가 우리 자신을 특정 그룹의 일원으로서 느끼는 것과 연관된 심리적 정체성의 일부분

해 보기 점선 위에 서명하기

아래 선 위에 당신의 이름을 서명하시오.

____

당신의 이름을 다시 서명하는데, 이번에는 당신이 대통령이라고 생각하고 서명하시오.

____

당신의 서명은 모두 같은 크기였습니까? 심리학자 리처드 츠바이겐하프트(Richard Zweigenhaft, 1970)는 학생들이 자신을 대통령이라고 생각하고 서명한 경우의 서명이 보다 크다는 사실을 발견했다. 츠바이겐하프트는 또한 대학 교수들의 서명이 대학 내에서 육체 노동에 종사하는 사람들의 서명보다 크다는 사실도 발견했다. 우리가 학생, 직원, 남편 또는 아내, 또는 대통령으로서 갖는 사회적 역할은 우리의 사회적 정체성의 일부분이다. 높은 지위를 유지하는 것은 우리의 자아상을 강화시켜 주는데, 그것은 우리의 서명 크기로도 나타난다.

개념 14-32

우리의 사회적 또는 집단 정체성은 심리적 정체성 또는 장개념의 중요한 부분이다.

적 집단의 일원으로서 느끼는 것이다. 당신은 당신의 이런 정체성의 일부분을 "나는 가톨릭 신자이며…… 나는 소프트웨어 개발자이고…… 나는 멕시코계 미국인이며…… 나는 조너선의 아버지다."라고 말함으로써 당신의 이런 정체성을 설명할 수도 있다. 우리의 사회적 정체성은 '나'를 '우리'로 전환한다. 사회적 정체성 또는 민족적 정체성은 많은 사람들에게 그들의 핵심 측면으로서의 의미를 갖는다.

사회 심리학자들은 우리가 어떤 집단들의 일원이 될 필요가 있다고, 즉 어느 집단에 속해야 한다고 믿는다. 우리의 사회적 정체성은 우리의 자존감에 영향을 준다('해 보기' 참조). 우리는 우리가 속한 민족적 집단, 종교적 집단, 또는 지역 집단에 속한 누군가가 무엇인가 특별한 것을 성취했을 때 더 기쁘게 느끼는 경향이 있다.

사회적 정체성은 일반적으로 서양의 개인주의 문화권 지역에서보다는 극동 지역 같은 곳의 집단주의 문화가 퍼진 지역에서 그 사람의 심리적 정체성의 일부분으로서 더욱 중요하게 작용한다. 서구 사회에서는 상대적으로 개인적 자아감이나 자율적인 자아감이 중시되는 반면, 집단주의 문화권에서는 개인이 그 집단에 대해서 사회적 의무를 실행하려는 더 큰 바람을 갖는다. 서구 문화권에 사는 사람은 자신들을 다른 사람들과 공통으로 가지고 있는 특징보다는 자신들의 고유한 능력과 관심사, 속성으로 설명하려는 경향이 있다. 그들은 군중에서부터 구별되기를 희망한다. 자신이 된다는 것은 고유한 개인이 된다는 것을 의미한다. 그러나 서구 문화권 내에서도 변수들이 있다. 여성은 사람 간의 교류하는 자아감을 더욱 중시한다. 남성이 더욱 독립적인 자아감을 가지는 경향이 있는 반면 여성을 엄마, 아내, 딸 등으로 정의한다(Cross & Madson, 1997).

2. 동조: '나'를 '우리'에 끼워 맞추는 것

당신은 파자마를 입고 직장에 갔다는 이유로 체포되지는 않지만, 누군가가 비웃는 것을 듣게 될 수도 있고 또는 집에 가서 옷을 갈아입고 오라는 권유를 받을 수도 있을 것이다. 반면, 파자마를 입는 것이 새로운 패션이 될 수도 있다. 당신은 유행을 이끌어 가는 사람으로 간주될 수도 있다. 아마 그럴 일이 있을 것 같지는 않지만, 어떤 경우에도 우리는 주된 사회 기준 또는 사회 규범에 동조하게 되어 있다. 사회 규범이 비록 강제적 법을 실행하지는 않더라도, 이런 기준을 어기는 것은 사회적인 거부를 경험하게 할 수 있다. 만일 우리가 사회 기준에서 동떨어지게 행동하면, 우리는 친구를 잃거나 일자리를 잃거나 가족에게서도 멀어질 수 있다.

동조(conformity)는 우리의 일상 행동에서 특정한 상황에 입는 옷은 물론 재채기를 할 때 "실례합니다."라고 말하며 입을 손으로 가리는 관습, 그리고 다닐 대학을 결정하는 것 등에서 나타난다["형처럼 주(State) 내에 있는 대학으로 가거라, 알았지?"]. 동조에 대한 압박감은 우리가 다른 사람들이 받아들일 만한 데이트 상대와 만나고 심지어 그런 사람들과 결혼까지 하도록 유도할 수도 있다.

동조: 자신의 행동을 실제적 또는 예상되는 사회적 압력에 맞게 조절하는 경향

개념 14-33

우리가 동조할 때, 우리는 사회 규범에 일치하는 방법으로 행동한다.

우리는 일반적인 사회 규범에만 동조하는 것이 아니라 집단 또는 또래의 기준에도 동조한다. 머리를 보라색으로 염색하는 젊은 사람들은 어쩌면 사회 주류의 기준에는 동조하지 못하는 것일지도 모르지만, 그들의 또래 집단의 기준에는 동조하는 것이다. 그들의 부모들이 그들의 또래 집단의 기준에 동조하는 것과 마찬가지다.

우리는 다른 사람들과 견해가 일치하지 않을 때는 우리가 그런 압력에 저항할 수도 있는 자유로운 사고를 가진 사람이라고 여길 수도 있다. 그러나 심리학자 솔로몬 아시(Solomon Asch, 1956)의 오래된 연구의 결과는 우리가 우리의 생각보다 사회 규범에 더욱 동조할 수 있다는 것을 보여 준다. 아시는 동조가 아니라 독립성에 관심이 있었다. 그는 만일 연구 참여자들이 집단 전원으로부터 분명히 잘못된 판단을 받았을 때, 그들이 마음을 바꾸려 하지 않고, 동조를 요구하는 압력에 저항하고, 그리고 올바른 정보를 보고할 것이라고 믿었다. 그러나 그의 예상은 틀렸다. 아시는 실험자와 같은 집단에 소속된 사람들로 구성된 집단에 실험 참여자들을 투입했다. 그 집단은 테스트용 선과 동일한 길이를 가진 세 개의 선 중에서 하나를 고르라는 임무를 부여 받았다([그림 14-5] 참조). 그러나 함정은 다른 멤버들이—모두 실험자로 선출된 사람이었다—모두 잘못된 선택을 하는 것이었다. 이제는 그 실험 참여자

개념 14-34

사람들은 그들이 생각하는 것보다 더 많이 동조하는데, 자신이 볼 때 그것이 틀린 것이라고 생각하는데도 그것에 동의할 정도까지 동조하기도 한다.

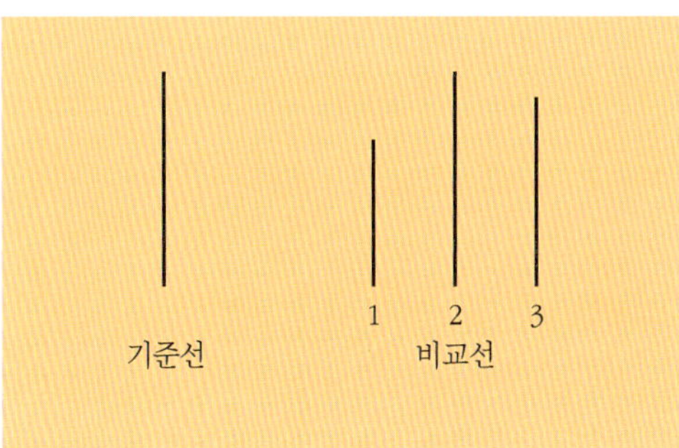

[그림 14-5] 아시의 동조 실험에서 사용된 것과 비슷한 자극들

사람들은 그들이 생각하는 것보다 더 많이 동조하는데, 자신이 볼 때 틀린 것이라고 생각해도 그것에 동의할 정도로 동조하기도 한다.

의 순서였다. 그 사람도 다른 멤버들을 따라서 그들처럼 잘못된 선택을 할 것인가? 아시는 실험 결과에 놀랐다. 동조해야 한다는 압력에 굴해서 실험에 참여한 대학생 참가자 중 네 명 중 세 명 꼴로 연속된 실험에서 최소한 한 번은 잘못된 답을 내놓았다.

아시의 실험에서 사람들은 왜 그렇게 동조하려 했고, 분명히 잘못된 것을 알았음에도 불구하고 올바른 것을 결정하지 못했을까? 이후의 연구는 세 가지 이유로 그 결과를 설명했다. ① 사람들은 다수의 결정이 옳다고 믿는다. ② 사람들은 집단에 받아들여지는 것을 매우 중요하게 생각하는 나머지 자신들의 판단이 옳은 것에 대해서는 상관하지 않는다. ③ 그들은 집단에 동의하지 않는 것보다 집단과 함께 어울려 가는 것을 더 편안하게 느낀다(Cialdini & Trost, 1998; E. E. Jones, 1998). 게다가 어떤 집단은 다른 집단보다 집단 일원들의 동조에 대한 압박이 더 크고 예민하다(Baron, Vandello, & Brunsman, 1996; Cialdini & Trost, 1998). 여성은 남성보다 조금 더 동조하는 경향이 있다. 중국같이 집단주의 문화를 가진 곳에서 사는 사람은 미국, 캐나다, 그리고 영국같이 개인주의적 문화를 가진 지역에서 사는 사람보다 더 동조하는 경향이 있다. 그리고 동조는 상대적으로 보다 낮은 자존감, 사회적 수줍음, 그리고 집단에서 좋은 평가를 받기를 바라는 마음을 가진 사람에게서 더 강하게 나타난다. 보다 일반적으로, 어린 시절부터 노년기에 이르기까지 나이가 들면서 동조하는 경향은 줄어든다(Pasupathi, 1999).

동조는 상황적 요소에 의해 영향을 받기도 한다. 아시의 패러다임에서 보면, 사람들은 자신들의 반응을 사적이 아닌 공적으로 표현해야 하는 상황이나 집단의 크기가 네 명 또는 다섯 명으로 증가할 때(집단 인원수가 이 숫자를 넘어서면, 집단 크기가 더 이상 커져도 동조도는 별로 증가하지 않는다.), 그리고 보다 애매한 자극이 주어질 때 더 동조하는 경향을 보인다(Cialdini & Trost, 1998). 그러나 집단 내 단 한 사람의 반대하는 의견은—문제를 파악하고 있는 사람—집단 크기에 상관없이 집단 영향력을 뒤집을 수 있다(Morris, Miller, & Spangenberg, 1977).

개념 14-35
개인적 성격과 상황적 특징을 비롯해서 많은 요소가 동조에 영향을 미친다.

아시는 동조가 개인성과 독립성을 억누를 수 있다고 믿었다. 그러나 어느 정도의 동조는 집단이 보다 원활하게 운영될 수 있도록 도움이 될 수 있다. 누군가에게 재채기를 하는 것은 사회적 모욕으로 간주될 수 있다. 코와 입을 가리고 "실례합니다."라고 나중에 말하는 것은 다른 사람을 배려하는 것이다.

3. 응종: 다른 사람이 원하는 것을 하는 것

응종(compliance): 다른 사람들의 요청이나 요구에 응하는 과정

응종(compliance)은 다른 사람들의 요청이나 요구에 응하는 과정이다(Cialdini & Goldstein, 2004). 응종에 영향을 주는 요소 중 하나는 권위이다. 인지된 권위적 인물에게서 우러나오는 간청은 종종, 무척이나 큰 영향을 끼친다. 당신의 이웃이 권고할 때보다 의사가 조언할 때 당신은 식습관을 바꿀 확률이 더 크다. 응종을 유도하

는 또 다른 요소는 사회적 증거 제시 전략이다. 우리는 다른 사람들의 행동을 기준 삼거나 사회 규범으로 삼아서 우리 행동을 판단한다(Cialdini & Goldstein, 2004). 따라서 우리의 사무실에서 동료들이 자선단체에 후원하지 않을 때보다 그들이 후원에 동참하는 경우 우리가 후원에 참여할 확률이 높아진다. 판매자들은 본격적인 판매 권유 전에 부드러운 질문("안녕하세요, 잘 지내시죠?")을 통해 우리의 긴장을 풀고서 판매 권유에 응종하도록 종종 유도한다(Fennis, Janssen, & Vohs, 2009).

일관성을 유지하려는 바람도 응종하기로 결정하는 또 다른 주요 결정인자이다(Cialdini & Goldstein, 2004; Petrova, Cialdini, & Sills, 2006). 영업사원, 광고업자, 후원금 모집자, 그리고 다른 사람들은 그들의 장점의 일관성을 이용해서 우리가 그들의 간청에 응종하도록 유도한다. 판매자는 구매자가 뒤이어 요구되는 행동과 일치되는 일련의 특정한 행동을 하도록 유도하기 때문에 그들의 영업판매 전략은 종종 성공한다. 다음 세 가지 예를 살펴보자.

- 낮은 공 기법(low-ball technique). 자동차 영업사원이 당신에게 좋은 가격을 제시하고, 몇 분 뒤에 그 가격을 없애고, 영업사원의 매니저가 그것을 허락하지 않거나 당신을 위한 영업 혜택 조건이 예상보다 낮아졌다고 주장한다고 해 보자. 이렇게 되면 당신은 결국 처음보다 높은 가격을 제안받게 되는 것인데, 영업사원은 그 가격이 자신이 제안할 수 있는 최저가 가격이라고 주장한다. 이것이 낮은 공 기법이다.
- 유인 상술 기법(bait-and-switch technique). 유인 상술 기법을 통해서 판매자는 통상적으로 제품을 낮은 가격에 광고한다. 막상 손님이 그 제품을 사려고 했을 때는, 그 제품이 실제로는 질이 낮거나 이미 다 팔렸거나 주문이 밀려 있는 것을 알아차리게 된다. 그 후 판매자들은 손님들에게 보다 비싼 상품을 보여 준다. 판매자는 손님들의 일관성을 유지하려는 바람을 활용하려는 것이다. 처음에 낮은 가격의 제품에 관심을 가지고 들어왔던 손님들은 결국 더 비싼 상품을 사게 되기 쉽다.
- 문간에 발 들여놓기 기법(Foot-in-the-door technique). 문간에 발 들여놓기 기법에서는, 간청하려는 영업사원이 쉽게 받아들여질 만한 작은 부탁을 한다. 그 부탁이 받아들여진 뒤에는 영업사원은 그 제품과 관련된 보다 큰 부탁을 하면서 금액을 높인다. 작은 부탁을 들어준 사람은 일관성에 대한 바람 때문에 더 큰 부탁도 잘 들어주게 된다는 증거가 있다(Cialdini & Trost, 1998). 이전의 예에서 퍼트리샤 플리너(Patricia Pliner)와 동료들(1974)은 지역 자선단체 후원을 위해서 라펠 핀을 차기로 동의한 사람들은 그 자선단체 후원을 위해서 후원금을 내려고 하는 경향도 크다는 것을 보여 주었다. 그러나 연구자들은 일관성에 대한 강한 선호를 보이는 사람만 문간에 발 들여놓기 기법이 적용된다는 것을 보여 주었다(Cialdini, Trost, & Newsom, 1995).

개념 14-36

일관성 필요, 사회적 증거 제시 전략, 호혜, 그리고 권위 인지는 응종하기로 결정하는 데 중요한 영향을 미친다.

© Bob Daemmrich/The Image Works

낮은 공기법을 경험하고 있습니까? 교묘한 영업 전략에는 어떤 것이 있습니까? 이런 전략에 깔려 있는 심리적인 원리는 무엇입니까? 당신이 이런 낮은 공기법을 경험하면 어떻게 하시겠습니까?

낮은 공 기법: 처음에 낮은 가격을 제시해서 손님을 유도한 뒤에 결국 더 높은 가격으로 제품을 판매하는 응종에 활용한 판매 기법

유인 상술 기법: 비현실적으로 낮은 가격을 제시해서 손님을 유인한 뒤에 더 비싼 가격의 제품을 판매하는 응종을 활용한 판매 기법

문간에 발 들여놓기 기법: 작은 부탁을 시작으로 나중에 더 큰 부탁을 하는, 사람들의 응종하는 경향을 활용한 기법

해 보기 왜 중요한가: 교묘한 영업 전략을 피하기

당신은 새로운 차를 사려고 한다. 영업사원은 당신에게 당신이 원하는 차를 보여 준다. 가격 흥정을 한 뒤, 당신은 적정하다고 생각하는 가격을 제시한다. 그 뒤에 자동차 영업사원이 "매니저에게 이 가격이 가능하도록 허락 받고 다시 돌아오겠습니다."라고 말한다. 이 문장에서 나타난 전략적인 영향력으로부터 당신을 보호하기 위해서 어떻게 답하시겠습니까? 다음 각각의 예시에 대해서 당신의 답변을 써 보자. 그리고 당신의 답변을 몇몇의 표본 답변과 비교해 보자.

전략 방식	영업 사원의 말	당신의 대답
낮은 공 기법	"죄송합니다. 매니저가 이 가격에는 안 된다고 합니다. 당신 때문에 그러는 것은 아니고, 매니저도 상부에서 압박을 받고 있습니다. 만일 매니저에게 가서 200달러나 300달러 정도 가격을 올린다고 하면 그는 받아들일 것입니다."	______
유인 상술 기법	"매니저가 현재 그 모델은 주문이 안 된다고 합니다. 오사카에서 벌어지는 파업 때문입니다. 그렇지만 손님이 원하시면 LX 버전을 준비할 수 있습니다. 굉장히 좋은 모델입니다."	______
문간에 발 들여놓기 기법	"네, 차를 가져다 드리겠습니다." 몇 가지 서류를 작성한 뒤에, 영업사원은 다음과 같이 말한다. "저기, 실은 이 차에는 공장에서 설치하는 보안장치를 함께 구입하는 것이 좋을 것입니다. 요즘에는 안전한 것이 가장 좋죠."	______

면전의 문 기법: 처음에 큰 부탁을 해서 거절 의사를 받은 뒤에 보다 작고 더욱 합당한 부탁을 하는 응종 원리를 기반으로 한 기법

다른 판매 전략인 면전의 문 기법(door-in-the-face technique)은 호혜의 원리라는 심리적 원리를 이용한다(Cialdini & Trost, 1998). 처음부터 비합리적인 큰 부탁을 하면 즉시 거절되지만, 그 뒤에 보다 작은 부탁을 하면 처음부터 작은 부탁을 한 경우에 비해 이 작은 부탁이 받아들여질 확률은 높아진다. 왜인지를 알고 싶다면 호혜의 개념을 떠올리면 된다. 부탁하는 사람이 처음에 제안한 큰 거절을 철회함으로써 타협하려는 의지를 보이면, 부탁을 받는 사람은 그런 부탁을 들어 줌으로써 서로 호혜를 지켜 나가야 한다는 느낌을 받는다. 이제 토의 주제를 당신에게 돌려 보려고 한다. '해 보기'는 영업 전략에 대응할 수 있는 당신의 기술을 연습해 볼 기회를 줄 것이다.

4. 권위에 대한 복종: 언제 지나친 행동을 하게 되는가

복종: 권위를 가진 사람들을 비롯한 다른 사람들의 명령에 응종하는 것

권위에 대한 복종(obedience)에 대한 연구는 심리학을 벗어나는 의미를 가진다. 제2차 세계 대전 당시 독일 나치정권의 잔혹한 행위는 군인과 평범한 시민들조차 무서운 행동을 하도록 명령하는 권위적 인물들에게 복종하는 것에 대해서 거북한 호기심을 갖게 만든다. 시민을 비롯한 많은 사람들이 홀로코스트(유럽의 유대인에 대해 가해진 조직적 집단 학살)에 참여했다. 왜 그렇게 해야 했었는지 설명해야 했을 때, 많은 나치당원은 "나는 단지 명령을 따랐을 뿐이다."라고 주장했다(Elms, 1995). 수년이 지난 뒤, 베트남전쟁 동안 밀라이 마을에서 발생한 대량 학살에 참여했던 미군도 나치 당원들과 비슷하게 대답했다.

예일 대학교의 심리학자 스탠리 밀그램(Stanley Milgram)은 독특하고, 논란을 불

러일으키는 연구 계획을 세웠는데, 일반적인 미국인이 명확하게 비도덕적인 명령을 받았을 경우 그 행동을 수행하게 되는지 관찰했다. 밀그램이 부도덕적인 권위에의 복종에 대한 실험을 하기로 결정한 것은, 그가 유대인 집안 출신이고 그 스스로 홀로코스트 기간 동안 일반적인 독일인에 의해 가해진 잔혹한 행위를 더 깊이 이해하고 싶어 했기 때문이다(Blass, 2009).

그의 연구에 참여한 사람들은 뉴헤이븐주, 코네티컷주, 그리고 그 주변 지역에 살던 사람들 중에서 학습과 기억에 대한 연구에 참여할 사람을 뽑는다는 광고를 보고 온 사람들이었다. 참여자들의 나이는 20세에서 50세 사이였는데, 이들의 직업에는 교사, 엔지니어, 영업사원, 그리고 노동자들이 포함되어 있었다. 그들 중 몇몇은 대학원생이었고, 초등학교 졸업조차 못한 사람들도 있었다. 그들이 연구실에 들어섰을 때, 그들은 학습에 대한 처벌의 효과를 실험하는 프로그램에 참여할 것이라는 이야기를 들었다. 그들은 '교사'의 역할을 할 것이라고 들었다. 그들에게는 '학습자' 역할을 할 다른 사람도 소개되었다.

학습자는 한 방에 앉아 있었고, 교사는 그 옆방에 앉았다. 교사는 학습자에게 전기 충격을 가할 수 있는 장치라고 설명된 제어판 앞에 앉았다. 그 제어판에는 레버들이 있었는데, '약한 충격'이라고 써 있는 레버에서부터 '위험: 심각한 충격'이라고 써 있는 레버까지 각각의 충격 정도가 다양했다. 학습자에게는 암기해야 할 단어 조합 목록이 주어졌다. 그리고 실험자가 단어 조합 중 한 단어를 읽으면 '학습자'는 그 단어와 조합되어야 할, 목록에 나와 있는 다른 한 단어를 기억해서 말해야 하는 임무를 가지고 있었다. 교사는 학습자가 잘못된 답을 할 때마다 학습자에게 전기 충격을 주어야 한다는 지시를 받았다. 학습자의 실수가 추가될 때마다 전기 충격은 15볼트씩 증가했다.

교사들에게 알리지는 않았지만, 학습자들은 실험자가 고용한 사람들이었다. 이는 실험을 위해 고안된 속임수의 일부였다. 사실 그 실험은 학습에 대한 연구가 아니었다. 명령을 받은 교사가 과연 학습자에게 고통을 줄 의지가 있는지를 알아보려는 것이었다. 사실 제어판을 사용해도 실제로 전기 충격이 가해지지는 않았다. 학습자의 아파 하는 반응은 모두 꾸민 행위였다. 그러나 교사는 그것이 사실인 줄로 알았다.

각각의 교사들은 아무리 전기 충격을 강하게 해서 학습자에게 가해도, 그 충격이 학습자의 신체 조직에 영구적인 손상을 주지는 않을 것이라고 통보받았다. 교사들에게 적당한 전기 충격을 알려 주기 위해서 그들은 45볼트에 해당하는 전기 충격을 가해 보기도 했다. 학습자의 잘못된 대답이 누적되면서, 교사는 충격 볼트를 '위험' 수준까지 높이라는 지시를 받았다. 대부분의 교사는 위험해 보이는 수

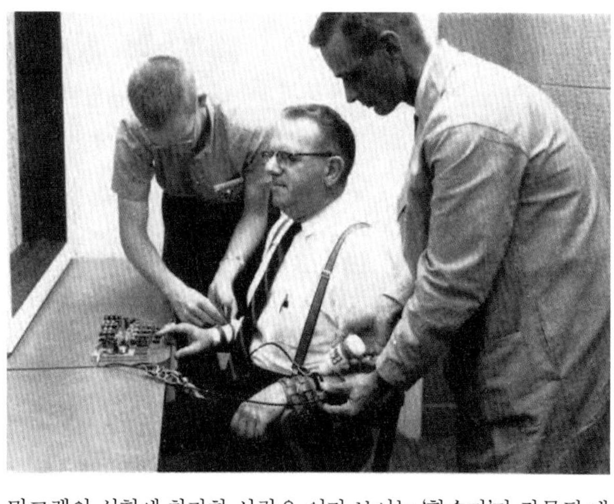

밀그램의 실험에 참가한 사람은 여기 보이는 '학습자'가 잘못된 대답을 할 때마다 전기 충격을 받게 될 것이라고 믿었다. 만일 당신이 참가자였다면, 학습자가 도움을 원하면서 울부짖어도 실험자의 말에 복종했을까?

준까지 전기 충격 정도를 올리라는 명령을 받고 언짢아했다. 그들이 망설이자 실험자는 그들에게 간단하게 명령했다. "이 실험에서는 당신이 지속해서 전기 충격을 주어야 합니다." 그들이 계속 망설이면, 실험자는 교사들에게 더욱 압박을 가했고 그들에게 "계속해야만 합니다…… 그래야만 해요…… 계속하세요."라고 말했다. 과연 교사들은 동조하고 스위치를 켰을까? 당신이라면 어떻게 했을지 궁금하다.

결과는 충격적이었다(Milgram, 1963, 1974). 어떤 참가자들은 학습자에게 위험할 수 있는 전기 충격을 주는 명령에 불복했다(Packer, 2008). 참여자 대부분은 초기에는 저항했지만 결국은 실험자의 지속적인 압력에 굴복했다. 40명의 참여자 중에서 26명(65%)은 가장 높은 볼트의 전기 충격을 가하라는 명령을 비롯한 실험자의 모든 명령에 복종했다. 다른 실험 조건에서는 학습자들이 자신들을 나가게 해 달라며 소리치고 벽을 두드리는 소리를 교사들이 들었다. 그런 상황에서도 40명의 참여자 중 25명은 가장 강한 강도의 전기 충격을 학습자에게 가했다(Elms, 1995). 약간 다르게 해서, 실험자 본인은 전기 충격 스위치를 켜지 않고 다른 사람들(실제로는 실험 협력자)에게 대신 스위치를 켜라고 시키는 방식으로 실험했을 경우, 복종한 사람들의 비율은 전체의 92.5%에 달했다(Meeus & Raaijmakers, 1995). 학습자들을 참여자들과 같은 방에 넣었을 경우 복종률은 낮아졌지만, 여전히 40%가 복종했다. 밀그램은 나중에 여성 참여자들과 대학생 참여자들로 실험을 해 봤는데 여전히 비슷한 결과를 얻었다(Milgram, 1974).

개념 14-37

오래된 밀그램의 복종에 대한 실험에서, 일반인은 자신들과 함께 참가한 다른 사람들에게 외부 권위의 지시에 복종해 자신들이 생각하기에 위험하다고 생각되는 수준의 고통을 가했다.

밀그램 실험의 충격적인 결과는 홀로코스트에서의 독일인이 보여 주었던 것과 광신적 종교지도자들의 지령에 의한 대량 자살 같은 사건에서 나타난 평범한 사람이 보여 준 행동을 더 깊이 이해하는 데 도움을 주었다. 밀그램의 연구는 착한 사람이 권위를 맹목적으로 따를 때 어떻게 나쁜 행동을 하게 되는지를 보여 준다. 그러나 많은 비평가들은 연구실 기반의 실험적 주장이 나치 독일이나 다른 실제 잔학 행위들에서 발견되는 파괴적인 복종에 일반화되어서는 안 된다고 주장했다. 즉, 실험자들은 학습자에게 어떤 무서운 일도 일어나지 않을 것이라고 믿었을 수도 있다. 이 실험은 유명한 대학에서 진행되었고 만일 상황이 진짜로 위험했다면 누군가가 실험을 정지시켰을 것이라고 생각했을 수 있다. 그렇지 않을까? 실제로, 밀그램 실험 참여자의 대다수는 학습자가 굉장한 수준의 고통을 느낀다고 믿었다(Meeus & Raajimakers, 1995). 하지만 밀그램이 나중에 실험 장소를 대학 내의 텅 빈 홀에서 상업 지역에 위치한 어두운 상점 지역으로 옮겨서 실험을 진행했을 때도, 참여자의 절반 정도(48%)가 실험자에게 동조했다(Milgram, 1974).

오늘날의 사람들은 밀그램의 실험에 나온 사람들처럼 비합리적이고 부도덕적인 요구에 복종할까? 밀그램의 시대 이후로, 그의 실험은 요즘 연구자들이 볼 때 연구자에게 부여된 윤리적 제한에서 허용되는 정도를 벗어났다고 보게 만들기 때문에 우리는 명확한 답을 내릴 수 없다(Burger, 2009; Elms, 2009). 그러나 최근에 진행된 실험에서는 밀그램과 유사한 실험 설계를 했지만 참여자들이 최고치의 전치 충격을 주는 것은 실행하지 않았는데(참여자에게 가해지는 스트레스를 피해기 위해서), 이 실험 결과도 밀그램의 실험 결과와 동조율에서 비슷한 수치를 보인다(Burger, 2009). 한편 우리는 몇몇 심리학자가 부분적으로 유사한 실험을 진행해 왔다는 것을 알아야 한다(예: Elms, 2009; A. G. Miller, 2009; Twenge, 2009).

밀그램의 연구는 해당 분야에서 논란도 일으켰는데, 그 논란은 대부분 연구 실험에 참가하는 참가자를 속였다는 것에 대한 윤리성에 대한 것과, 참가자들 스스로가 그런 행동을 할 수 있었다는 것을 깨닫고 난 뒤에 느낄 수 있는 감정 효과에 대한 우려였다. 밀그램의 실험에 의해서 생겨난 윤리적 이슈로 미국 심리학회는 이후 연구에서 심리학 실험 참가자들의 안전을 지키기 위한 목적으로 윤리적 방침을 만들었다(Benjamin & Simpson, 2009). (심리학의 윤리적 원리에 대한 토의를 하려면 제1장을 참조)

1) 왜 사람들은 비도덕적인 명령에 복종하는가?

권위의 정당성(legitimization of authority)은 밀그램 실험에 참가한 사람들의 행동을 설명해 준다. 우리는 어렸을 때부터 부모나 교사 같은 권위의 인물들에 대해서 질문하거나 비판하지 말고 무조건 복종하라고 배운다. 이런 조기 사회화는 우리가 합법적인 권위의 인물인 경찰관, 정부 인사나 군대 장교, 또는 과학자에게 지시를 받았을 때 그것에 순종하도록 준비시킨다. 복종을 하게 되는 또 다른 이유는 사회적 증거(social validation) 제시(사회적 비교라고도 함) 때문이다. 밀그램의 실험에 참여한 사람들은 다른 참여자들이 그런 상황에서 무엇을 할지 잘 몰랐을 수 있다. 사회적 비교를 할 수 있는 유일한 근거는 실험자가 만든 예시 상황뿐이었다. 독일 나치 시대의 독일인이 다른 존경받는 사람들이 잔혹 행위를 하는 것을 보게 되면서 자신도 그런 행동을 정당하게 할 수 있게 되었고, 심지어 더 충격적이게도 그런 행동을 하는 타인을 존경스럽게 보았을 수도 있다. 일반적으로 사람들은 상대적으로 작은 요청을 응종할 의지를 보이면 그 이후로는 지나친 부탁도 들어 주고 싶어 하게 된다. 일단 참여자들이 전기 충격을 학습자에게 주기 시작하면, 그들은 그런 행위를 멈추기 어렵게 된다. 마치 명령에 무조건 반응하도록 훈련 받은 군인은 부도덕한 명령일지라도 그것에 주저 없이 따르게 되는 것처럼 말이다.

권위의 정당성: 권위를 가진 사람의 명령과 지식에 대해서 정당성을 부여하는 경향

사회적 증거 제시: 전략 다른 사람의 행동을 기준 삼아서 자신의 행동의 타당성을 판단하는 경향

개념 14-38

부도덕적인 명령에 복종하는 의지는 권위의 정당성에서 생겨날 수 있다.

2) 밀그램의 연구에 대한 평가

밀그램의 실험 결과의 최종적인 중요성에 대한 과학적 판결은 아직 나오지 않고 있다. 아마도 밀그램 실험의 궁극적인 중요성은 우리가 맹목적이고 파괴적인 복종을 할 수 있는 속성에 대해 고찰하도록 한다는 점일 것이다. 이미 몇몇 사람이 관찰한 것처럼 밀그램 실험은, 이 사회가 젊은 사람들이 권위에 복종하도록 만들었다는 것을 보여 주는 것일 수 있다(Vecchio, 1997). 따라서 자신의 행동에 대한 개인적인 책임이 강조되어야 할 것인데, 파괴적인 복종을 예방할 수 있는 교육이 필요하다.

이제 집단의 존재가 개인의 성과에—좋게 혹은 나쁘게—미치는 영향에 대해 살펴보자.

5. 사회적 촉진과 사회적 태만: 당신은 언제 최선을 다하게 되는가

사회적 촉진: 혼자 있을 때보다 다른 사람과 함께 있을 때 더 잘 혹은 더 열심히 일하게 되는 경향

당신은 다른 사람 앞에서 더 좋은 성과를 내게 되는가? 사회적 촉진(social facilitation)은 사람들이 혼자 있을 때보다는 다른 사람들 앞에서 더 잘 혹은 더 열심히 일하게 되는 경향을 설명하기 위해 사회 심리학자들이 사용하는 용어이다(Mendes, 2007).

사회적 촉진은 당신이 왜 혼자 있을 때보다 집단에 속해 있을 때나 도서관에 있을 때 더 공부를 잘하게 될 수 있는지를 설명한다. 주변에 다른 사람이 있으면 도전을 받거나 심지어 위협감을 느끼게 되는데, 그런 이유로 당신은 성취를 위해 에너지가 생겨나고 당신 안에 있는 최선을 다하게 된다. 혼자 공부하게 되면, 당신 주변에 당신의 행동과 비교할 수 있는 비교 대상이 없어지므로 당신은 주변에서 손쉽게 사회적 비교를 하지 못한다. 도서관에서 당신은 주변에서 책 속에 머리를 파묻고 공부하면서 당신과 성취 비교를 하는 사람들의 신호를 받을 수 있다. 사회적 촉진의 첫 연구 예제는 1898년에 시작되었는데, 그때 연구자들은 "다른 사람과 함께 사이클을 타는 사람들이 더 빨리 달린다."라고 보고했다(Joyce & Baker, 2008).

개념 14-39

타인의 존재가 단순한 임무 수행 시 성취감을 높여 줄 수 있지만 더 복잡한 일을 할 때는 성취 수준을 저하시킨다.

반면, 다른 사람의 존재가 항상 성과 향상에 도움을 주는 것은 아니다. 유명한 사회 심리학자 로버트 자욘스(Robert Zajonc, 965)에 의하면, 타인의 존재는 지배적 반응 행동을 증가시켜 준다. 간단하거나 잘 익혀진 임무 수행의 경우, 지배적 반응은 일반적으로 옳은 반응이다. 그러나 복잡한 임무를 수행할 때는 지배적 반응이 틀릴 수 있어서 타인의 존재가 성취를 방해할 확률이 커진다. 그래서 당신이 훌륭한 타자기 사용자라면, 당신이 혼자일 때보다는 다른 사람과 함께 있을 때 더 빨리 타이핑할 수 있다. 그러나 당신이 어려운 수학 문제를 풀어야 할 때는 주변 사람들이 당신의 성취를 느려지게 할 수 있다.

사회적 태만: 혼자 있을 때보다 집단의 일원으로서 일할 때 덜 열심히 일하게 되는 경향

사회적 태만(social loafing)은 사람들이 혼자 있을 때보다는 집단의 일원으로서 일할 때 덜 노력하게 되는 경향을 일컫는다. 아마 당신은 당신이 팀의 한 일원으로서 일할 때 사회적 태만을 관찰했을 수도 있다. 그 팀의 어떤 한 명 또는 여러 명의 인원들은 최선을 다하지 않았는가?

사회적 태만은 팀의 다른 인원들이 공백을 메꾸어 줄 것이라고 사람들이 기대할 때 자신은 별로 노력하지 않게 되는 경향을 나타낸다. 그러나 사회적 태만은 불가피한 현상은 아니다. 사회적 태만은 개인의 성과가 평가되지 않을 때 발생하기 쉽다. 사회적 태만은 개인의 성과를 더욱 두드러지게 만들거나, 수행 임무를 보다 흥미롭고 매력 있게 만들거나, 각각의 인원들이 자신의 헌신에 더욱 책임감을 갖도록

하는 등의 다양한 방법을 활용함으로써 줄일 수 있다.

6. 군중 행동: 군중 속에서 내 자신을 잃어버리게 되는 위험

혹시 당신은 군중의 행동 속에 빨려 들어가서 마치 순간적으로나마 개인의 자아감을 잃어버린 느낌을 받은 적이 있는가? 이런 자기의식 상실감은 ('군중 속에서 상실된') 몰개성화(deindividuation)라고 불린다. 아마도 당신은 미식축구장이나 야구장에서 관람객이 만들어 내는 '인간 파도' 속에서나, 또는 미식축구 선수가 엔드존에서 다이빙 캐치를 해 냈을 때 일제히 일어나는 군중 속에서 몰개성화를 경험했을 것이다.

몰개성화는 사람들이 일탈적이거나, 위험한 행동이 군중 행동으로 이어지는 것을 제대로 막아 줄 수 있는 제어기제를 느슨하게 만드는 경우에는 파괴적일 수 있다. 도시의 폭동이 발생했을 경우 군중 행동이 인종과 관련된 폭력에 연루되는 비극적 결과를 보게 된다. 혐오감으로 가득 찬 집단은 몰개성화를 활용하는데, 이때 집단 인원들은 모두 같은 옷이나 유니폼을 입기도 한다. 큐클럭스클랜(Ku Klux Klan)의 회원들이 입는 하얀 천은 개인의 정체성 상실을 촉진하고 책임감 분산(diffusion of responsibility)을 활성화시켜서 절제되지 않는 군중의 행동이 나타나도록 한다. 몰개성화는 익명성(크고 제대로 조직되지 않은 집단의 일원이 됨), 자신의 생각과 기준에서 집단의 행동으로 옮겨 가는 주의 전환(shifting attention), 그리고 자신의 행동을 집단이나 군중의 사회 규범에 동조하는 행동 등의 다양한 요소에 의해서 나타난다(Cialdini & Goldstein, 2004; Nowak, Vallacher, & Miller, 2003).

역할 연기는 몰개성화의 중요한 특징이다. 심리학자 필립스 짐바르도(Phillip Zimbardo)에 의해 진행된 고전적인 실험에서는 대학생들이 2주간의 감옥 환경에 참여하도록 했는데, 이 실험은 역할 연기가 가진 힘을 극적으로 보여 준다(Zimbardo, 1975; Zimbardo et al., 1973). 학생들은 임의로 안전요원 또는 재소자 역할을 배정받았다. 안전요원은 유니폼, 호루라기, 그리고 야간용 막대를 받고 일련의 규칙을 시행할 것을 지시받았다. 재소자들은 감옥에서 재소자 복장을 유지하기 위해서 형태가 없는 긴 셔츠를 받고 감옥 안전요원들이 감시하는 작고 허름한 방으로 들어갔다. 며칠이 지난 후 벌어진 일들은 매우 심각해서 짐바르도는 실험 시작 후 6일 만에 실험을 중단해야 했다. 학생들은 실험자들이 예상한 것보다 훨씬 더 자신들의 역할에 빠져들어 있었다. 어떤 안전요원은 학대를 하고 있었고 감옥 재소자들을 다룰 때 매우 가학적인 모습이 되어서, 그들에게 모욕적인 말을 하고 자신들의 말에 조금이라도 불복할 경우 화장실을 맨손으로 청소하라고 시키는 등 재소자에게 모멸감이나 굴욕감을 느낄 만한 일을 하게 했다. 재소자들은 흐느껴 울거나 극심한 분노를 느끼거나 그 외 다른 스트레스성 증상을 보였다.

재소자 모의실험은 평범한 사람이(연구 전 참여를 준비하는 모든 학생은 감정적으

© Bob Krist

다른 사람의 존재는 당신이 최고의 성과를 낼 수 있도록 도와주는가, 아니면 오히려 성과에 방해가 되는가? 타인의 존재는 복잡한 업무를 수행할 경우 방해가 되지만 간단하고 익숙한 임무를 수행할 경우에는 도움이 된다.

몰개성화: 개인이 군중의 행동에 맞추어서 행동할 때 자기의식을 상실하게 되는 것

개념 14-40

사회적 태만 때문에 사람들은 다른 사람이 공백을 메꿀 것이라고 생각해서 노력을 제대로 안 하게 된다.

개념 14-41

군중 속에 들어가면 사람들은 평소 하지 않던 행동을 할 수도 있다.

© Image Source / Alamy

군중 행동에 참여하게 되면 인간 파도와 같은 행동을 통해서 유쾌한 기분 전환도 경험할 수 있지만, 군중이 폭도가 되어 버리면 파괴적인 군중 행동을 하게 될 수도 있다.

로 안정적인 것으로 판명되었다.) 자신들에게 부여된 역할에 너무 깊이 빠져들어 자신들의 윤리기준이나 심지어 개성조차 상실하기 시작하게 되는 성향에 대한 중대한 관심을 불러일으켰다. 학자들은 재소자 모의실험과 2004년 이라크에 있던 Abu Ghraib 군사 교도소에서 젊은 미군들이 재소자들을 학대하고 굴욕적으로 대한 것처럼 실제 일상생활에서 나타나는 잔혹성에 대한 관련성을 토의하고 있다. 당신은 어떻게 생각하는가?

더 크게 보고 질문하면, 우리는 파괴적인 형태의 몰개성화에 어떻게 저항할 수 있을까? 사회 심리학자들은 우리가 군중에 속하게 될 때 우리 자신의 기준에 집중하거나 우리가 해야 할 역할에 집중하거나, 그리고 모자나 유니폼을 입고 개인 정체성을 숨기지 않고 개성을 유지하는 방법 등을 통해 우리가 취할 수 있는 몇 가지 단계를 제시하고 있다.

7. 집단 의사결정: 도움인가, 방해인가

개념 14-42
집단 의사결정 과정에서 발생하는 집단 극화와 집단 사고와 같은 집단 편향은 집단 인원들 사이에서 더욱 극단적인 관점이 생기도록 만든다.

위원회나 의회, 이사회에서 결정된 것은 개인에 의해 결정된 것보다 더 공정한 것일까? 집단의 인원들은 서로 다른 상대방의 의견을 수렴함으로써 아이디어를 새롭게 창출해 갈 수 있다. 이런 브레인스토밍 과정은 창의적 사고를 불러일으키고 문제해결, 특히 복잡한 문제해결에 도움을 줄 수 있다(Kohn, Paulus, & Choi, 2011; Laughlin et al., 2006). 집단 의사결정은 또한 어떤 특정한 개인의 판단에 의존할 수 있는 위험에 빠지는 것을 방지할 수 있다. 그러나 집단은 두 가지 집단 편향 효과인 집단 극화와 집단 사고 때문에 잘못된 의사결정을 내릴 수도 있다.

1) 집단 극화: 극단에 치우침

집단 극화: 의사결정 집단의 인원들이 처음에 생각했던 자신들의 의견의 연장선에서 더욱 극단적인 관점을 가진 의견으로 치우치게 되는 경향

모험 이행 현상: 집단 극화 현상의 일종으로서 집단 인원들이 처음에 지지했던 것보다 더욱 위험한 행동을 채택하게 되는 현상

집단 극화(group polarization)는 집단 인원들이 자신의 의견과 같은 성격의 주장 중에서 극단적인 내용의 주장을 채택하는 경향을 일컫는다. 어떤 특정 관점에 대해서 찬성하는 인원들은 그 관점에 대해서 원론적인 의견에 보다 강하게 찬성하게 된다. 어떤 특정한 의견에 원론적으로 반대하는 사람은 그 의견에 동조하는 사람에 의해서 강한 지지를 받는다. 집단의 원론적인 성향에 따라 보다 극단적인 의견을 채택하게 되면 보다 위험한 행동을 하게 될 수도 있는데, 이런 경향을 모험 이행 현상(risky-shift phenomenon)이라고 한다.

집단은 이런 과정을 통해서 극단적으로 보수적인 행동을 하게 될 수도 있다. 어떤 경우든지 초기의 의견은 보다 강화되고 대안이나 반론은 장려되지 않는다.

왜 집단 극화가 일어나는 것일까? 한 가지 일반적인 이유는 사회적 증거 제시 전략 때문이다. 집단들은 보통 비슷한 관점을 가진 사람들로 구성되므로, 비슷한 생각을 가진 사람들 간의 교류를 통해서 개인은 자신이 가진 소신이나 주장을 표현할 수 있고, 이런 과정을 통해 자신의 태도에도 자신감이 더 강해진다. 집단 극화가 일

어나게 되는 다른 이유는 규범적 영향 때문이다. 집단은 적정 수준의 태도에 대한 강도를 규정한다. 개인들이 자신들의 태도가 집단 기준보다 낮은 것을 알게 되면, 그들은 자신들의 태도를 집단 기준에 맞추면서 동조한다.

2) 집단 사고: 왜 영리한 사람도 멍청한 결정을 내릴 수 있을까?

집단 사고: 집단 인원들이 이슈에 대해서 비판적으로 검사하기보다는 집단 인원들이 전체 합의에 이르게 되는 것에 더 중점을 두는 경향을 표현하기 위해 재니스가 만든 용어

생활의 한 단면 이것은 카스트로가 이끄는 쿠바 군대가 미국이 보호하는 반(反) 카스트로 난민들의 여단 부대를 쉽게 무너뜨렸을 때, 1961년 쿠바가 피그스만을 처참하게 침략한 사건에 대한 여파에 대해서 존 케네디 대통령이 참모들에게 물어본 질문이다. 예일의 심리학자인 어빙 재니스(Irving Janis)는 이것은 멍청함 때문이 아니라고 믿었다. 재니스는 집단 의사결정을 잘못된 길로 이끄는 집단 사고(group think)라는 현상이 있다고 보았다(Janis, 1997).

개념 14-43

집단이 문제를 다룰 때, 집단 인원들이 합의에 도달하는 것에 너무 치중하면 그들은 그들에게 주어진 이슈를 비판적으로 검사하지 못하게 된다.

집단 사고는 집단의 인원들이 합의에 도달해야 하는 것을 너무 의식해서, 그들 앞에 놓인 문제를 비판적으로 평가하는 능력을 상실하게 되는 경향을 의미한다. 집단 사고는 집단의 관점이 한 가지 관점에 국한되는 일종의 '터널시(視)'와 동일할 수 있다(Nowak, Vallacher, & Miller, 2003).

집단 사고 과정에서 다수의 의견에 동조해야 한다는 압박감은 진지한 토론을 차단한다. 재니스는 ① 집단 인원들이 그 집단에 강하게 속해 있을 때, ② 외부 위협이 존재할 때, 그리고 ③ 강한 리더십을 가진 사람이 집단을 리드할 때 집단 사고 현상이 발생할 확률이 높아진다. 집단 인원들은 반대 의견을 내서 평지풍파를 일으키고 싶어 하지 않을 수도 있거나, 그 리더와 다른 집단 인원들이 무조건 옳을 것이라고 믿는 부적절한 확신도 가지고 있을 수 있다. 그러나 비평가들은 집단 사고 모델을 지지하는 연구 증거가 섞여 있다고 지적한다(Kerr & Tindale, 2004).

재니스가 집단 사고의 부정적인 효과를 피하기 위한 방법으로 추천한 내용은 의사결정 과정 전반에 걸쳐서 계속 고려해 볼 가치가 있다.

- 집단 인원들은 모든 대안을 고려해 보고 이슈의 모든 방면에 걸쳐서 관련된 증거들을 주의 깊게 비교해 보아야 한다.
- 집단의 리더는 집단 회의가 시작될 때 자신이 좋아하는 것이 무엇인지 말하지 말아야 한다.
- 외부인들이 회의에 참여해서 그들의 의견과 분석 결과를 내놓아야 한다.
- 집단 인원들 또는 외부인들은 '악마의 변호인(열띤 토의가 이루어지도록 일부러 반대 입장을 취하는 사람)' 역할을 할 수 있도록 격려해야 한다.
- 집단은 보다 작은 집단으로 나뉘어서 각각 독립적으로 큰 집단 앞에 놓여진 해당 이슈를 검토해야 한다.

"백악관에 있는 위험 요소 중 하나는⋯⋯ 당신이 집단 사고에 몰두하고, 모두가 모든 것에 동의한다는 것이다."

• 최종 결정이 내려지기 전에 상황을 재평가하고 새로운 정보를 평가하기 위해서 몇 번의 집단 회의가 열려야 한다.

대통령으로서 취임하기 한 달 전에 버락 오바마는 집단 사고에 의해 발생할 수 있는 위험에 대해 숙고했다.

> "내가 역사를 공부한 내용에 기초해 볼 때, 백악관에 존재하는 위험 요소 중 하나는 당신들이 집단 사고에 몰두하고, 모든 사람들이 모든 것에 동의하며, 토의도 없고, 반대하는 의견도 없다는 것이다. 그래서 나는 백악관에서 활발한 토론이 펼쳐진다면 환영할 것이다. 그러나 나는 해리 트루먼이 말한 것처럼, 모든 것이 내 책임이라는 것을 알고 있다."
>
> (Barack Obama, 2018년 12월)

〈개념 차트 14-3〉은 이번 단원에서 살펴본 내용인 집단이 정체성과 행동에 영향을 어떻게 미치는지에 대해서 요약하고 있다.

〈개념 차트 14-3〉 정체성과 행동에 집단이 미치는 영향

집단 영향의 요소	설명
동조	사회 기준 또는 사회 규범에 따름
복종	외부 권위의 명령에 따름
사회적 촉진	타인이 보는 곳에서 더 뛰어난 성취를 할 수 있게 됨
사회적 태만	집단의 노력에 의해서 개인의 노력이 잘 나타나지 않을 때 성취가 떨어짐
몰개성화	군중 또는 폭도의 인원이 되어 있을 때 일시적으로 자아 의식을 상실한 상태가 되는 것
집단 극화	집단 인원이 그들의 의견과 같은 방향의 의견 중에 가장 극단적인 의견을 채택하는 경향
집단 사고	집단이 이슈에 대해 깊이 생각하기보다는 합의 도출에 너무 신경 쓰는 경향

3단원 복습 개인 행동에 미치는 집단 영향

되새겨 봅시다

사회적 정체성이란?

➤ 사회적 정체성(또는 집단 정체성)이란 우리들의 사회적 자아로서 우리의 가족과 사회적 역할, 우리가 속한 종교집단, 민족집단, 우애집단, 또는 국가집단에서 소속 인원들과 공유하는 집합적 정체성과 관련된 우리의 자아개념의 일부이다.

➤ 사회적 정체성은 개인주의적 문화보다는 집단주의적 문화에서 더 큰 역할을 한다.

동조에 대한 Asch의 실험이 갖는 중요성은?

➤ Asch는 집단의 판단이 명백하게 잘못된 것이어도 사람들이 종종 집단의 판단에 동조한다는 것을 밝혔다.

➤ 동조에 영향을 주는 요소에는 성별, 문화적 배경, 자존감, 사회적 수줍음, 집단에서 좋은 평가를 받기를 바라는 마음, 나이, 그리고 공개적 반응, 집단 크기, 그리고 자극의 애매함 같은 상황적 특징이 포함된다.

Milgram의 실험 결과는 왜 그렇게 충격적이며, 왜 그의 실험 방법은 논란거리가 되었는가?

➤ Milgram은 다양한 계층의 사람들이 권위에 의해 가해지는 불합리하거나 혹은 심지어 비도덕적인 명령에 순종하도록 유도될 수 있는 것을 발견했다.

참여자들에게 연구의 목적을 속였다는 것과, 자신들이 다른 사람들을 해칠 수 있었다는 것을 알게 되었을 때 발생할 수 있는 잠재적인 감정적 타격을 고려하였을 때 Milgram의 연구 방법에 대한 적절성 논란이 있었다.

다른 사람의 존재는 어떻게 개인의 성과에 영향을 주는가?

➤ 타인의 존재는 내가 단순하고 익숙한 일을 하고 있을 때는 성과가 개선될 수 있도록 해 줄 수 있지만 내가 복잡한 일을 하고 있을 때는 성과가 저조해지게 만들 수 있다.

➤ 사람들이 팀에서 일할 때는 다른 사람이 공백을 메꾸게 될 것이고, 자신의 성과는 개인적으로 평가되지 않는다고 생각하면 최선의 노력을 하지 않을 수 있다.

몰개성화란?

➤ 사람들이 군중에 섞여서 자기 의식을 잃어버리는 것을 몰개성화라고 하는데, 몰개성화는 책임의 분산과 개성 상실을 일으키게 되며, 이런 상황에서는 위험하거나 탈선적인 행동을 할 가능성이 높아진다.

집단 극화와 집단 사고란?

➤ 집단 극화와 집단 사고는 편향을 일으키는 기제로서 집단 의사결정에 영향을 미친다. 집단 극화 효과 때문에, 집단 인원들은 자신들과 비슷한 의견 중에서 가장 극단적인 의견을 채택하게 된다. 집단 사고는 나쁜 결정을 내리도록 유도하는 일종의 집단 의사결정이다. 집단 사고 효과 때문에, 집단의 결정은 이슈를 비판적으로 평가한 결과에서 비롯되기보다는 합의를 위한 바람에서 파생된다.

점검해 봅시다

1. 우리의 __________ 정체성은 집단의 일부분이 되고 싶은 기본적인 필요성을 반영한다.
2. 다음 중 더 큰 수준의 동조와 관련된 특징에 대한 설명 중 옳지 않은 것은?
   ① 동조하는 사람은 다수가 분명히 옳을 것이라고 가정한다.
   ② 동조하는 사람은 독립심과 자존감이 다른 사람보다 높다.
   ③ 동조하는 사람들은 집단의 의견에 반대하는 것이 어렵다는 것을 안다.
   ④ 개인적으로 반응을 보이는 경우보다 공개적으로 반응을 보이는 경우 더 동조하게 된다.
3. Milgram의 오래된 연구에서, 참여자 중 몇 명이 전기 충격기를 가장 높은 수준까지 올려서 학습자에게 가했는가?
4. 다른 사람의 존재는 상대적으로 단순하고 익숙한 일을 할 때는 성과를 ________ 하지만, 다소 낯설고 더 어려운 일을 할 때는 성과를 ________한다.
   ① 개선되도록, 악화되도록
   ② 악화되도록, 개선되도록
   ③ 개선되도록, 개선되도록
   ④ 악화되도록, 악화되도록
5. 집단 사고 현상은 다음 중 무엇을 설명하는가?
   ① 집단이 개인보다 더 정보가 잘 취합된 결정을 내리는 것
   ② 집단 내에서의 화합을 유지하려는 바람 때문에 집단은 종종 나쁜 결정을 내리는 것
   ③ 집단 인원들은 서로 비슷한 배경을 가지고 있어서 비슷하게 생각하는 경향이 있음
   ④ 집단은 합의에 도달하려는 바람 때문에 종종 좋은 결정을 내림

생각해 봅시다

➤ 다음의 문구에 동의를 하거나 동의하지 않거나, 둘 중에 하나를 선택하고 왜 그런 선택을 했는지 설명해 보자.
"내가 Milgram의 실험에 참여했었다면, 나는 실험자의 요구에 동조하기를 거절했을 거야."

4 단원 일과 관련된 심리학

개념 14-44

산업/조직(I/O) 심리학자는 직장 내의 사람들과 그들이 일하는 조직의 구조에 대해서 연구하는 심리학의 한 분야이다.

많은 경우 사람들은 가족 혹은 친구들과 보내는 시간보다 직장에서의 누군가와 교류하는 데 더 많은 시간을 사용하기도 한다. 최근 정부에서 나온 통계에 의하면, 약 70%의 남성과 60%의 여성이 비교적 돈벌이가 되는 직장에서 일하는 것으로 나타났다(노동국 통계, 2019a). 심리학 중에서 일터나 조직에서 일하는 사람들을 연구하는 분야를 산업/조직(I/O) 심리학이라고 한다.

I/O 심리학자들은 회사나 조직에서 많은 다양한 일을 한다. 그들은 특정한 일을 위해 그것에 가장 적합한 사람들을 찾아내는 시험을 개발하고, 최대 효율과 안전을 위한 장비를 디자인하고, 장애가 있는 사람들이 장애를 딛고 성공적으로 일할 수 있게 하며, 회사가 생산성과 근로자의 만족도를 최대화할 수 있는 구조를 개발하는 데 도움을 주기도 한다. I/O 심리학자들은 또한 근로자들이 생산성의 목표를 이루게 할 수 있는 모티브를 주는 장려 프로그램(보너스)을 개발하기도 한다. 이 단원에서는 I/O 심리학자들이 오늘날 관심을 가지고 있는 두 개의 중요한 분야에 대해서 알아보겠다. 직업 만족도와 직업 환경의 변화에 적응이 그것이다.

1. 직업만족도의 이해: 직업 자체만의 문제는 아니다

직업만족도—근로자들이 자신들의 직업에 대해 가지는 긍정적인 감정의 척도—는 직업 자체뿐만 아니라 근로자 자신들의 특징과 성격에 달려 있다(Gerhart, 2005; Staw & Cohen-Charash, 2005). 직업만족도를 예측하는 몇 개의 사항은 직업의 특성과 관련 있는데, 이는 높은 지위, 좋은 월급과 부가 급부, 동료와의 상호작용 기회, 육아 시설의 이용 가능성, 그리고 흥미 있고 개인적으로 만족스러운 일의 기회이다(예: Morgeson & Humphrey, 2006). 그러나 사람마다 다른 특징이 있다는 사항을 더 많이 고려해야 한다. 자존감이 높은 사람, 그들 스스로에 대해 강한 믿음이 있거나 자기효능감이 강한 사람, 그리고 심리적으로 더 많이 안정되어 있는 사람은 이와 같은 특성이 낮은 사람에 비해서 직업에 대한 만족도가 더 높은 것으로 나타난다(Judge, Heller, & Mount, 2002; Zalewska, 2010). 우리는 또한 밝은 성격의 사람은, 우울한 사람보다 그들의 직업을 더 만족해하는 경향이 있는 것을 배웠다(Thoresen et al., 2003). 이와 같이 사람들의 개인적 특성과 성격을 토대로, 어떤 직업을 가진 사람이 이에 대해 불만족스럽다면 다른 어떤 직업을 가져도 불만족스러워한다는 점은 그리 놀랄 만한 일이 아니다(Bowling et al., 2005). 또한 근거는 유전적인 영향을 직업만족도 및 자영업을 하는 가능성과 연관시킨다(Olson, Vernon, & Harris, 2001;

Shane et al., 2010).

직업만족도는 또한 귀인 양식(인지적 요인)과 직장에서 갖는 통제 권한이 얼마나 부합하는가와 관련 있다. 많은 근로자에게 주어진 직장에서의 업무에 대한 통제권은 일과 관련된 스트레스를 줄여 주고, 좀 더 긍정적인 방향으로 일을 경험하게 한다. 일에 대한 통제권은 전반적인 건강 및 행복과도 연관이 있다(Spector, 2005).

그러나 비판적인 사고와 지나치게 일반화하는 것을 자제하는 것은 중요하다. 우리가 전에 논의했던 자기 위주 편향을 다시 생각해 보자. 자기 위주 편향이란 사람들이 자신의 성공을 생색내고 실망이나 실패에 관해서는 발뺌하는 경향이다. 자기 위주 편향은 자존감을 보호하는데, 왜냐하면 실망은 자기 자신에 의한 것이 아니라 외부 요인에 의한 것이라고 여기기 때문이다. 하지만 직업만족도에 관한 연구를 보면 자기 위주 편향은 모든 사람에게 적용되지 않는다는 것을 보여 준다. 어떤 사람은 반대의 경향이 있는데, 그들의 공을 최소화하고 부정적인 결과에 대해서 스스로를 비난하는 부정적 귀인 양식이다. 제15장에서 우리는 어떻게 부정적 귀인 양식이 실패적인 삶의 경험으로 개인을 우울하게 만드는 결과를 가져오는지를 보게 될 것이다. 직업에서 부정적 귀인 양식을 가진 사람은 판매 대상을 놓치거나 고객을 잃어버리는 등의 실수를 저지르는 경향이 있는데, 특히 그들이 하는 그 일을 통제한다고 느껴질 때 그러하다. 연구원들은 이렇게 그들의 일을 통제하는 사람은 실제로 건강하지 않은 단계의 스트레스를 만들어 낸다고 생각한다(Schaubroeck, Jones, & Xie, 2001).

이러한 연구는 실제로 적용할 수 있다. 예를 들면, 회사들은 직원들의 속성을 바탕으로 특정한 일을 위해서 교육을 시킬 때 이것이 유용하다는 것을 찾을지 모른다. 좀 더 넓은 시각에서, 직업만족도에 관한 연구는 심리학에서 서로 다른 연구 영역을 연결시키는데, 이것은 개인의 인성, 정서적 행복 추구, 행동에 영향을 주는 유전적 요인, 귀인 양식이 있다.

2. 미국 직업 환경의 변화

이제 막 대학을 졸업한 젊은이들이 일하는 업무 공간은 그들의 부모나 조부모들의 것과는 매우 다르다. 경제의 흐름은 높은 굴뚝을 기반으로 하는 산업 경제에서 기술과 서비스를 기반으로 하는 경제로 바뀌고 있다. 한 예로, 젊은 세대의 업무 공간은 전 세대의 업무 공간보다 덜 안전하다. 요즘 근로자들은 같은 회사에서 평생을 일하는 것에 의존하는 정도가 부모나 조부모 세대보다 적다. 기술의 빠른 변화가 기존의 직업군도 변화시키고 새로운 직업군도 빠르게 만들어 낸다. 기술의 발전은 근로자들이 집에서 이메일이나 화상 회의, 그리고 무선 네트워크를 통해서 전자식으로 상호작용하는 것을 가능하게 한다.

일과 관련된 많은 변화는 일하는 방식도 포함한다. 전통적으로 9~5시로 일하는

재택근무: 집에서 하는 일의 형태로, 이 사람들은 그들의 본사와 고객을 컴퓨터나 통신을 이용하여 소통한다.

조직 문화: 조직 내에서 공유되는 가치나 표준의 구조

컴퓨터 시스템과 통신의 발달은 미국 내의 수백만의 직장인들이 일주일에 하루 혹은 며칠 동안(의무적인 것은 아님) 집에서 일할 수 있도록 한다.

스케줄이 사람들에게 가장 잘 일할 수 있는 시간이라고 어디에 쓰여 있는가? 회사들은 좀 더 근무일을 유동성 있게(유동성 있는 근무시간 조정) 하기 위해 시간 재구성을 늘리고 있고 재택근무(근무 주간 중 모든 날수 또는 부분적으로 집에서 일하는 것)와 같이 근무 장소를 회사 밖으로 허용하는 것을 증가시키고 있다. 많은 회사가 재택근무자들이 집에서 할 수 없는 일을 하게끔 하는 위성 오피스 혹은 재택근무 센터를 제공한다. 한 가지 모델을 보자면 중앙 오피스 안에 임시 오피스를 만들어서 근로자가 필요할 때만 사용하도록 제공하는데, 이는 마치 여행 중에 호텔에 체크인을 하는 것과 같다.

재택근무자 숫자가 점점 증가하고 앞으로 수년 이내에 더 증가할 것으로 예상된다. 최근 조사에 따르면, 대략 미국 내의 4,500만 명의 근로자가 재택근무를 하는 것으로 알려졌다('Telecommuting', 2007). 재택근무는 근로자가 일하는 환경을 잘 조절할 수 있고, 이는 직업만족도와 매우 연관이 있으며, 일에 대한 결과도 더 좋고, 더 낮은 이직률을 보인다(Gajendran & Harrison, 2007).

I/O 심리학자들은 회사들이 조직 문화를 공유함으로써 그들의 직업 환경을 바꾸는 부분에서 잘 적응할 수 있도록 지원하는 역할을 한다. 조직 문화는 조직 안에서 존재하는 공통 가치관과(그 조직이 중요하게 여기는 것들) 기준(용납할 만한 행동에 관한 규칙과 법규)에 관한 시스템이다. 조직 문화와 회사의 성과 사이의 관계는 복잡하고, I/O 심리학자들은 어떤 특정 문화가 모든 조직의 필요를 충족시킬 수 없음을 알고 있다. 또한 회사들이 세계화의 트렌드에 적응해야 하고 다양한 문화에 속해 있는 공급자, 생산자, 그리고 고객과의 접촉이 필요하다는 것을 인지하고, I/O 심리학자들은 회사들이 문화의 다양성에 좀 더 민감하게 반응하고 지금 시대의 국제 비즈니스 환경에 효과적으로 잘 적응하도록 돕는다.

3. 미국 근로자들의 변화

뉴욕 타임스 컬럼니스트인 토머스 프리드먼(Thomas Friedman)이 쓴 베스트셀러, 『세계는 평평하다(The World Is Flat)』(2006)에서는 증가하는 국제화가 도입된 근무 환경의 변화에 중점을 두고 있다. 외부에서 조달된 일과, 인터넷과 같은 곳에서 만들어진 정보의 빠른 흐름과 같은 사실은 현대의 기업들에게 평평한 세계 무대를 선사한다. 프리드먼은 경쟁력을 갖추기 위해서 미국 근로자들은 기술을 꾸준히 갱신하고 자기동기 부여를 개발하여 세계화된 상업 시장에서 경쟁할 수 있어야 한다고 주장한다.

많은 근로자들은 이직을 하기도 하고 근로 인생 동안 직업군을 여러 번 바꾸기도 한다. 젊은 베이비부머 세대인 1957년에서 1964년에 태어난 사람들은 18세에서 44세 동안 평균적으로 11번의 다른 직업군을 가졌다(Bureau of Labor Statistics, 2010b). 오늘날 노동 인구에 처음 들어가기 시작하는 젊은 사람들은 앞으로 수년 동안 더 넓은 직업군의 이동에 대비하고 있어야 한다.

성공적인 근로자들은 변화하는 사회의 요구에 맞게 스스로를 개편하는 책임을 가지고 직업의 방향을 새로 맞추는 것을 잘한다. 회사 간부들과 생산라인의 움직임을 좋게 만드는 근로자조차도 기술 변화와 일에 대한 책임감을 유지하도록 하는 훈련이 지속적으로 필요하다. 게다가 21세기의 근로 환경은 좀 더 기업가적인 환경이고, 근로자와 경제를 전반적으로 경쟁력 있게 유지하기 위해서는 자기 결정력과 기업가로서의 가치를 증진시키려는 노력이 필요하다. 또한 회사들은 좀 더 유동적인 근무 일정을 위해서 일을 새롭게 만드는 것이 필요하다. I/O 심리학자들은 이러한 유동적 근무 환경에서 회사들이 가장 적합하게 일할 수 있는 사람을 결정하는 것을 도와줄 수 있다. 그들은 또한 21세기 근로자와 고용자의 필요에 가장 적합한 환경을 재정립할 수 있다.

미국 노동부는 사람들이 자신의 일을 관리하는 것을 돕기 위해서 다음과 같은 조언을 제공한다(Bureau of Labor Statistics, 2010c). 당신이 직장을 준비 중이거나 새로운 직업을 위해서 다시 학교로 돌아가든지 간에, 이 제안은 당신이 변화하는 미국의 근무 환경을 준비할 수 있도록 도와준다.

- 당신의 삶을 통해 배우라. 일생을 통해 배운다는 것은 당신이 학교에 다니거나 형식적인 배움의 프로그램에 참여하는 것을 필요로 하지 않는다. 이것은 당신이 새로운 기술, 과학기술 그리고 비즈니스를 하는 방법을 배우는 데 마음이 열려 있다는 것을 의미한다. 직업과 회사에 관한 새로운 것을 배우기를 원하는 사람은 그렇지 않은 사람에 비해 직업 안정성 및 성공적인 직업을 유지할 가능성이 좀 더 크다.
- 당신의 직업에서 새로운 것에 깨어 있도록 당신을 돕기 위한, 조직이나 단체를 찾으라.
- 단기 훈련이나 커뮤니티 교육과정을 통해서 직업의 발전을 위한 기회를 찾으라.
- 당신이 어떻게 직업을 유지할 수 있는지 알지 못한다면 올바른 직업을 찾는 것은 의미가 없다. 고용주가 새로운 근로자에게 기대하는 것이 무엇인지 아는 것은 직업 유지에 도움이 될 것이다.

마지막으로, 심리학자 나샤 런던-바르가스(Nasha London-Vargas, 2001)는 직업 선택은 우리의 기본적 가치와 삶의 목표를 이행하는 것을 돕는 잠재력이 있다고 제안한다. 직업을 우리의 흥미, 열정, 개인적 만족도, 그리고 도전의 필요성과 연결시키는 것은 우리와 다른 사람들의 삶에 의미와 가치를 더하는 것에 도움을 줄 수 있다(〈표 14-1〉 참조).

〈표 14-1〉 꿈의 직업을 찾는 것

당신의 일이 개인적으로 만족스러운가? 이 일이 당신의 꿈을 추구할 수 있게 하는가? 산업심리학자인 나샤 런던-바르가스(2001)는 몇 개의 자가 연구 질문을 제공했는데, 이는 당신의 현재 직업(혹은 미래 직업)이 경제적 의무뿐만 아니라 당신의 개인적인 필요를 만족시키는가를 결정하는 데 도움을 준다.

- 당신의 일은 당신의 관심도 및 삶의 열정과 연관이 있는가?
- 이것은 당신의 꿈을 추구하기 위한 매개체인가?
- 당신은 당신의 일에 열정이 있는가?
- 당신은 어떻게 당신의 삶 가운데 지금 시점에 이 직업을 가지게 되었는가? 당신이 원했는가, 아니면 이것이 당신을 찾았는가?
- 당신은 매일 직업으로부터 만족을 얻는가, 아니면 이 직업이 당신을 만족스럽지 못하고 우울한 상태로 만드는가?

심리학에 대해 비판적으로 생각하기

당신이 읽은 이 장을 바탕으로, 다음 질문에 대답해 보자. 그 다음, 비판적으로 생각하는 기술을 개발시키는 데 있어서 당신의 발전을 평가하기 위해서, 당신의 답과 부록 A의 모범 답안을 비교해 보자.

왜 그들은 돕지 않았을까? 많은 사람들은 Kitty Genovese가 부도덕하게 공격당한 것을 들었으나 아무것도 하지 않았다. 당신이 읽은 도움의 행동에 영향을 주는 요인을 바탕으로 왜 이 방관자들이 도움을 주는 데에 실패를 했는지 추론해 보자.

해 보기 '당신의 대답'(p. 686)에 대한 예시 답변

- 낮은 공 기법: "미안합니다. 이게 내가 할 수 있는 최선이에요. 우리는 그 가치에 동의했고 나는 당신이 이것에 붙어 있기를 기대해요."
- 유인 상술 기법: "만약에 내가 LX 버전을 원했다면, 나는 이것을 당신에게 물어 보았을 거예요. 만약 당신이 내가 원하는 차를 갖는 데 어려움을 겪는다면, 이건 당신의 문제예요. 자, 당신은 나를 위해서 무엇을 할 건가요?"
- 문간에 발 들여놓기 기법: "만약에 당신이 그 차의 가격을 낮추기를 원한다면, 우리는 이것에 대해서 이야기해 보아야 해요. 하지만 내가 당신에게 준 가격은 내가 제안할 수 있는 최대 가격이에요."

눈으로 복습하기 제14장 사회심리학

1단원 타인을 지각하기

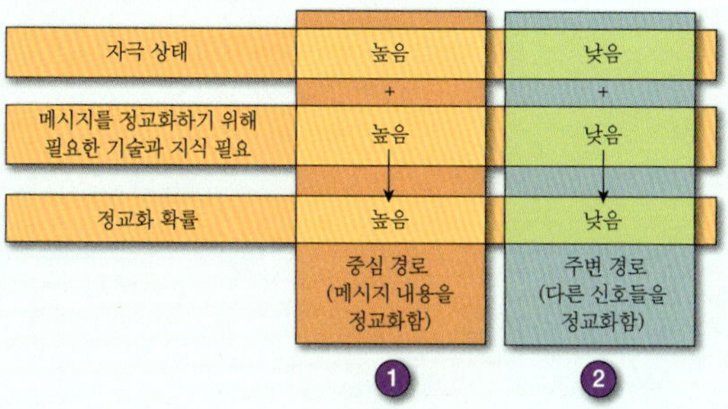

정교화 가능성 모델

인상 형성과 속성의 요인

• 개인 신상 노출
• 사회 도식
• 고정관념
• 자기충족적 예언
• 귀인
• 기본적 귀인 오류
• 행위자–관찰자 효과
• 자기 위주 편향

태도

• 구성 요소: 인지, 감정, 행동
• 공급자: 부모, 선생님, 또래 친구들, 개인적 경험들, 미디어, 그리고 가능한 유전적 영향
• 정교화 가능성 모델: 설득은 중심 경로(메시지 내용의 정교함) 혹은 주변 경로(우연한 자극에 중점을 둠)를 통해서 행해진다.

2단원 타인과 관계 맺기

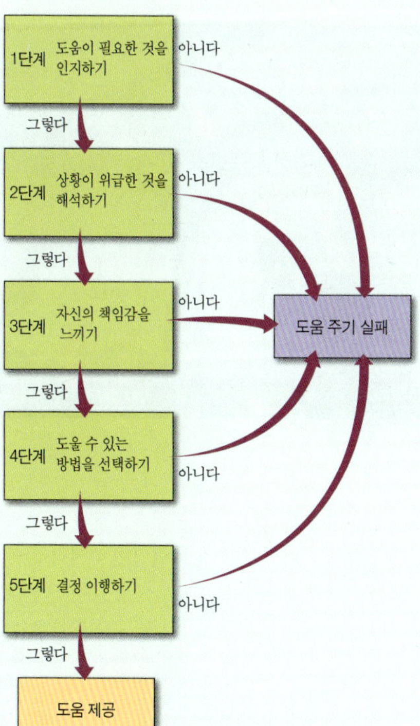

방관자 개입의 의사결정 모델

관계를 맺는 긍정적인 방법

• 매력에 영향을 주는 요인: 유사성, 신체적 매력, 근접성, 호혜성
• 방관자 개입의 의사결정 모델: 필요한 사람을 도와주는 방관자의 가능성 예견
• 도움에 영향을 주는 요인: 상황의 모호성, 예상되는 희생의 대가, 책임감의 불명확함, 유사성, 동감, 얼굴의 특징, 기분과 성별, 도움이 필요한 이유의 속성, 사회 규범

관계를 맺는 부정적 방법

• 편견 및 차별과 관련된 요인: 부정적 편견, 내집단 편애, 외집단 부정, 외집단 동질성, 권위주의적 성격, 그리고 고정관념 위협
• 공격성에 영향을 주는 요소: 생물학적, 학습, 사회문화적, 그리고 환경적 요인, 음주 행위, 감정 상태

3단원 개인 행동에 미치는 집단의 영향

사회적 대 개체 정체성
- 사회적 정체성: 인종, 단체, 그리고 역할 정체성
- 개체 정체성: 개인적 정체성

동조
- Asch 실험: 단체 판단의 일치함
- 동조에 영향을 주는 요인: 개인의 차이와 단체 규모 혹은 자극의 양면성과 같은 상황적 요인

응종
다른 사람의 요청이나 요구를 받아들임

- 영향을 받는 곳: 권위와 사회적 타당성
- 일관성에 기초한 영업 전략: 문간에 발 들여놓기 기법, 유인 상술 기법, 낮은 공 기법
- 상호 의존에 기초하는 영업 전략: 면전의 문 기법

권위에 대한 복종
- Milgram의 연구: 불합리하고 부도덕한 명령에의 충성
- 논란: 도덕적 문제, 연구 결과의 실생활 적용에 대한 적절성
- 권위에 복종하는 것에 영향을 미치는 요인: 권위의 정당성, 사회적 증거 제시 전략

© Bob Krist

그 밖의 다른 사회 영향
- 사회적 촉진: 주변에 다른 사람들이 있을 때 더 좋은 성과를 냄
- 사회적 태만: 단체로 일할 때 책임감을 덜 느끼고 노력을 제대로 안 함
- 군중 행동: 군중 속에서 자신의 개인 개성을 잃어버림
- 집단 의사결정 요인: 집단 편향, 집단 극화, 집단 사고

제 15 장 심리적 장애

'마늘 아가씨'

생활의 한 단면 경찰이 클레어를 응급실로 데려온 것은 새벽 2시쯤이었을 것이다. 클레어는 대략 45세쯤 되어 보였고, 옷과 머리가 모두 헝클어져 있었으며, 멍하게 빈 공간을 주시하고 있었다. 오른손에 마늘 한쪽을 움켜쥐고 있었다. "어디가 어딘 줄 알겠어요?", "이름이 뭐예요?", "뭐가 불편한지 말씀해 주실래요?"라고 묻는데도 그녀는 전혀 반응하지 않았다.

경찰은 기차가 빠른 속도로 달리는 차도에서 클레어가 계속 정처 없이 걷다가 발견되었다고 보고했다. 그녀는 마늘을 계속 흔들고 있었고, 경찰이 도착했을 때 아무 말도 하지 않았으며 저항도 하지 않았다고 그는 말했다.

클레어는 입원 정신병동으로 옮겨졌다. 다음 날 아침, 그녀는 여전히 마늘을 손에 꼭 쥐고 있었고 묻는 질문에 거의 대답하지 않았다. 중얼거리듯 말하는 것을 보면 뭔가 자신을 '훔치려고' 하는 '악마'에 대해 이야기하는 것 같았다. 마늘이 그 악마로부터 자신을 보호해 주기 때문에, 악마를 마을에서 쫓기 위해서 길을 걸으면서 마늘을 흔드는 것이라고 말하는 것 같았다. 클레어는 이내 병원에서 유명해졌다.

'소름끼치는 것들'

필은 42세 경찰 사진작가로 범죄 현장을 찍는 것이 그의 직업이다. 그는 범죄 현장에 있는 시체 및 모든 것들을 '소름끼치는 것들'이라고 말했다. 필은 기혼이며 두 명의 10대 아들을 둔 가장이다. 그가 심리상담소를 찾게 된 것은 폐소공포증 때문이었다. 필은 엘리베이터에 갇히는 것이 두려워 매번 계단으로 다녔고, 차의 뒷좌석에 앉는 것도

다음 사실을 알고 있었나요!

- 심리적 장애는 거의 모든 사람에게 어떤 식으로든 영향을 끼친다. (p. 711)
- 어떤 사람은 집을 나가는 것이 두려워서 우유를 사러 나가지도 못한다. (p. 715)
- 어떤 사람은 팔과 다리에 감각을 모두 잃고도 이상하게도 자기 모습을 걱정하지 않는다. (p. 721)
- 여성이 남성보다 두 배 정도 많이 주요우울증을 앓는다. (p. 725)
- 조현병 환자의 일부는 몇 시간 동안 미동도 없이 마치 조각상처럼 앉아 있기도 한다. (p. 734)
- 사이코패스라고 불리는 사람은 '미친 것'이 아니다. (p. 739)

© Sami Sarkis/Getty Images

학습 목표

이 장을 제대로 공부한 학생은

1. 정상적인 행동과 비정상적인 행동을 구분하는 기준을 배우고 실제 예에 적용할 수 있다.
2. 이상행동에 대한 여러 개념 모델에 대해 알 수 있다.
3. 『정신질환의 진단 및 통계 편람(DSM)』에서 심리적 장애를 어떻게 분류하는지 설명할 수 있다.
4. 불안장애, 해리장애, 신체증상 관련 장애, 기분장애의 유형을 알고 실제 예에 적용할 수 있다.
5. 이러한 장애의 원인이 되는 요인을 평가할 수 있다.
6. 자살 행동 위험과 관련된 요소을 알 수 있다.
7. 조현병의 주요 특징과 증상을 설명할 수 있다.
8. 조현병의 취약성-스트레스 모델을 설명할 수 있다.
9. 반사회성 성격장애와 경계성 성격장애의 특징을 기술할 수 있다.
10. 반사회성 성격장애와 경계성 성격장애의 원인을 평가할 수 있다.
11. 자살 생각을 하는 친구를 어떻게 도울 수 있을지 알 수 있다.

미리 보기

불편했다. 이전에 뉴스 촬영기사로 일하면서 헬리콥터로 사건 현장에도 자주 갔었는데, 최근 비행기를 타는 것에 대한 두려움이 생겼다.

필은 "제 생각에는 그때는 젊었고 겁도 없었던 것 같아요."라고 말했다. "헬리콥터를 탈 때도 전혀 무서운 것도 모르고 사진을 찍었어요. 그런데 지금은 비행기를 타는 것만 생각해도 가슴이 벌렁거려요. 비행기가 추락할 것이 무서워서 그런 건 아니에요. 그냥 비행기 문이 닫히고 그 안에 갇히는 것만 생각하면 몸이 떨려요. 왜 그런지 모르겠어요."

이 장에서는 클레어와 필 같은 사람의 행동, 즉 심리학자가 비정상이라고 간주하는 행동을 살펴볼 것이다. 심리학자들이 정해 놓은 정상과 비정상의 기준부터 살펴보자. 그리고 심리학자와 전문가가 정신장애라고 분류해 놓은 이상행동 패턴의 여러 유형도 알아보자.

이 장에서 언급하는 내용은 당신이 알고 있는 사람의 심리적 문제 또는 당신 스스로 겪고 있는 문제를 생각나게 할 수 있다. 이 장의 목적은 당신으로 하여금 심리장애를 진단할 수 있게 만드는 것이 아니다. 이 장에서 언급된 내용이 굉장히 개인적으로 다가온다면 전문가와 상담해 보기를 권한다.

이상행동의 정의

1 단원

- 이상행동의 판단 기준은?
- 이상행동에 대한 주요 모델은?
- 심리적 장애에는 어떤 것이 있는가?

행동의 비정상성을 판단하는 것은 생각하는 것보다 훨씬 더 복잡한 문제이다. 우리 중 대부분이 때때로 불안하거나 우울하기도 하지만 그런 것을 두고 비정상이라 부르지 않는다. 같은 행동도 상황에 따라 정상으로 간주되기도 하고 비정상으로 간주되기도 한다. 예를 들면, 취직 면접에서 느끼는 불안은 정상이지만 엘리베이터를 탈 때마다 느끼는 불안은 정상이 아니다. 사랑하는 사람을 잃었을 때 느끼는 깊은 슬픔은 정상으로 간주되지만, 일이 잘 풀리거나 다른 사람이 당연하게 받아들이는 사소한 문제가 생길 때 느끼는 깊은 슬픔은 정상이 아니다.

1. 정상행동과 이상행동의 경계선 그려 보기

개념 15-1

심리학자는 이상행동을 판단하기 위해 이례성, 사회적 규범 일탈, 감정적인 고통, 부적응적인 행동, 위험성, 현실에 대한 왜곡된 인식 및 해석 등 여러 기준을 사용한다.

그렇다면 정상행동과 이상행동 사이의 경계선은 어디에 있는 것일까? 심리학자들에 따르면, 보통 다음 기준을 종합해서 이상행동을 판단할 수 있다고 한다(Nevid, Rathus, & Greene, 2011).

① 이례성(unusualness). 행동이 이례적이거나 오직 소수에 의해 경험되면 비정상일 가능성이 높다. 그러나 모든 경우가 그런 것은 아니다. '다른 사람들에게 들리지 않는 목소리를 듣고' 아니면 '클레어처럼 악마를 좇기 위해 거리를 배회하는 것'은 흔하지 않다. 그러나 이례성만으로 비정상을 판단할 수 없다. 지속적으로 3점 점프슛을 넣는 능력이나 졸업생 대표가 되는 것 등은 흔하게 일어나지 않지만 비정상으로 간주하지는 않는다.

② 사회적 규범 일탈(social deviance). 모든 사회는 용납되는 행동을 정의해 놓은 사회적 기준과 규범이 있다. 그러한 규범에서 벗어나는 행동은 이상행동으로 간주된다. 하지만 한 문화에서 비정상으로 여겨지는 행동도 다른 문화에서는 정상으로 여길 수 있다. 예를 들어, 길거리에서 지나가는 사람에게 욕하며 소리치는 사람은 비정상으로 간주할 수 있다. 그러나 야구 경기에서 판단을 잘못한 심판에게 욕하며 소리치는 것은 공격적이고 불쾌한 행동일 수는 있지만 정상적인 사회 범주 안의 행동으로 볼 수 있다.

③ 감정적인 고통(emotional distress). 불안이나 우울 같은, 감정적으로 고통스러운 상태가 부적절할 때 나타나거나, 과도하거나, 상황을 감안했을 때 너무 오랫동안 지속되는 경우 비정상으로 간주한다.

④ 부적응적인 행동(maladaptive behavior). 자신의 행동이 개인에게 고통을 주고, 스스로 상태를 악화시키며, 신체적 · 사회적 · 직업적 문제를 일으킬 때 이를 부적응적인 행동으로 간주한다. 예를 들어, 알코올이나 마약을 남용하는 것은 건강뿐만 아니라 일상생활 기능을 해치므로 이상행동으로 간주한다.

⑤ 위험성(dangerousness). 폭력적 행동도 사회적 배경을 고려해서 판단해야 한다. 전시 중에 적에게 위협적인 행동을 하는 것은 용감한 행동으로 간주한다. 마찬가지로, 하키나 축구 선수가 상대방 선수에게 신체적으로 위협적인 행동을 하는 것은 위험한 행동이지만, 경쟁에서 이길 경우 그런 행동조차 보상을 받는다. 전쟁이나 스포츠를 제외한 다른 분야에서의 위협적인 행동은 비정상으로 간주될 가능성이 크다.

© IMAGENFX/Shutterstock.com

⑥ 현실에 대한 왜곡된 인식 및 해석(faulty perception or interpretations of reality). 실제로 존재하지 않는 것을 보거나 다른 사람이 듣지 못하는 목소리를 듣는, 환각(hallucinations) 증세는 현실에 대한 지각이 왜곡되어 있음을 말해 준다. 또한 FBI가 자신이 전화로 이야기하는 내용을 엿듣는다거나 하는 근거가 없는 믿음에 집착하는 망상(delusion)도 현실에 대한 해석이 왜곡되어 있음을 말해 준다(FBI가 실제로 당신을 쫓지 않는 이상).

환각(hallucinations): 외부의 자극이 없는 상태에서 목소리를 듣거나 실제 존재하는 않는 것을 보는 것

망상(delusions): 귀신에 쫓긴다고 믿는 것처럼 명백하게 잘못된 믿음에 집착하는 것

이어서 살펴볼 사항은, 이상행동을 판별할 때 반드시 고려해야 할 문화적 배경이다.

1) 이상행동에 대한 문화적 배경

심리학자는 이상행동을 판별할 때 문화적 배경을 고려한다고 말한다. 문화에 따라 정상으로 간주되는 행위가 다르기 때문이다. 대부분의 미국 문화에서 다른 사람이 듣지 못하는 목소리를 듣는 것은 이상행동으로 간주한다. 그러나 미국 원주민 사이에서는 최근 죽은 친척의 목소리를 듣는 것이 정상이다. 그들은 죽은 사람의 영혼이 사후세계로 올라가기 전에 사람들을 부른다고 믿는다(Kleinman, 1987). 이러한 행동은 다른 문화의 사람에게는 비정상으로 보일지 몰라도 그 문화 안에서는 정상적인 행동이다.

개념 15-2

어떤 문화에서는 정상으로 간주되는 행동이 다른 문화에서는 비정상으로 간주할 수 있다.

이상행동의 패턴이 다른 문화에서 다른 방식으로 나타날 수 있다. 서구 문화권의 사람은 돈, 건강, 직업에 대한 과도한 걱정 때문에 불안을 경험할 수 있다. 반면, 아프리카나 호주 원주민은 종종 마법에 걸릴 것에 대한 공포 때문에 불안을 경험한다(Kleinman, 1987). 중국 사람이 경험하는 우울증은 두통, 피곤, 몸이 약해지는 것 같은 신체적인 증상으로 먼저 나타나고, 그 이후 슬픔이나 죄책감 같은 감정으로 드러난다(Draguns & Tanaka-Matsumi, 2003; Parker, Gladstone, & Chee, 2001).

같은 행동이 시기에 따라 다르게, 비정상으로 간주되기도 한다. 미국 정신의학회는 한때 동성애를 정신질환의 한 종류로 분류했지만, 지금은 동성애를 성적 행동의 한 종류로 생각할 뿐 이상행동으로 생각하지 않는다.

2) 이상행동 기준 적용하기

이 장의 초반부에 소개했던 클레어와 필의 사례를 다시 살펴보자. 그들의 행동은 비정상인가? 클레어의 행동은 여러 기준에 비추어 볼 때 이상행동으로 판단된다. 명백히 이례적이고, 사회적 규범을 일탈하는 행동이며, 악마로부터 마을을 보호한다는 망상을 가지고 있었다. 그녀의 행동은 또한 명백하게 부적응적이며 위험한데, 단순히 클레어 자신에게만 위험한 게 아니라 차도에서 그녀를 피해서 달리던 다른 사람에게도 위험하다.

그는 정상인가? 비정상은 문화의 기준에 기초하여 평가된다. 몸에 문신과 피어싱을 많이 하는 것은 과연 비정상의 신호일까, 아니면 또 다른 패션일까?

반면에 필은 현실감각이 있는데, 실제 위험보다 스스로 느끼는 공포감이 더 크다

는 것을 알고 있었다. 그러나 공포증 때문에 상당한 감정적 고통을 겪었고, 직업적인 면이나 가족관계에서도 부적응적인 행동을 보였다. 폐소공포증 때문에 엘리베이터나 비행기를 타지 못하는 사람은 소수이므로 이례성 기준도 적용된다. 그러나 우리가 살펴보았듯이, 이례성 하나만으로는 이상행동을 판단할 수 없다.

이 두 사람의 행동에 이상행동의 다른 기준이 적용되지만, 두 행동 모두 이상행동으로 간주할 수 있다. 결론적으로, 전문가는 여러 기준을 바탕으로 이상행동을 판단한다.

2. 이상행동 모델

문화마다 이상행동에 대한 관점이 다르지만 이상행동은 모든 사회에 존재한다. 이러한 이상행동을 보이는 사람이 인간적인 치료를 받을 때도 있었지만, 대부분은 이상행동을 보이는 사람을 '미친' 사람이라 여기고 가혹하게 취급했다.

1) 초기의 믿음

고대부터 중세까지 서구 문화의 역사를 통틀어 이상행동을 보이는 사람은 초자연적인 힘이나 악령에 의해 지배를 받는다는 생각이 지배적이었다. 과학적 사고가 생겨나기 전인 17, 18세기까지, 이상행동이 초자연적인 원인, 특히 귀신 들림으로 인한 것이라고 보는 관점이 팽배했다. 귀신 들림을 치료하는 방법(exorcism)은 고통받는 사람으로부터 사탄의 힘이나 악마를 몰아내는 데 쓰였다. 그 방법이 효과가 없으면, 고문처럼 좀 더 강한 '치료 방법'이 쓰이기도 했다. 이런 '치료'를 받은 사람은 사회적 기대를 만족시키고자 스스로의 행동을 바꾸려고 노력했다.

2) 의료 모델

개념 15-3

서구 역사를 통틀어 가장 오랫동안 이상행동을 설명했던 이론은 귀신론이다.

의료 모델(medical model): 이상행동 패턴을 신체적 이상이나 질병의 증상과 동일하게 이해하는 관점

18, 19세기는 의료과학이 빠르게 발전하던 시기였다. 천연두 백신 개발, 탄저병과 나병의 원인 발견, 수술할 때 감염을 방지하기 위해 소독제를 사용하기 시작하는 등 주목할 만한 발전이 일어났던 시기였다. 이러한 의학 발전이 일어나는 동안, 처음으로 이상행동에 대한 현대적 모델이 개발되었는데, 바로 의료 모델(medical model)이다. 의료 모델은 이상행동이 귀신에 들린 것이 아닌, 생물학적인 배경에 의한 정신질환이라고 보고 그 특성과 증상을 분류했다.

3) 심리적 모델

개념 15-4

과학적인 사고가 발전함에 따라 신앙적인 교리에서 인간 행동의 과학적 설명으로 관심이 옮겨 가기 시작했다.

의료 모델이 설립되어 갈 때에, 이론가는 이상행동의 심리학적 모델을 적극적으로 개발하고 있었다. 첫 이상행동 심리 모델은 어린 시절 무의식적으로 해결되지 않은 갈등을 이상행동의 근원으로 보는 프로이트의 정신역동 모델이다. 무의식에서 생기는 본능적인 성욕과 공격적 충동을 조절하려고 하거나 사회적으로 용납할

수 있는 방법으로 배출하려고 할 때 갈등이 생기는데, 공포증 같은 증상이 바로 이러한 내적 갈등의 산물이라는 것이다. 인간은 자신에게 보이는 증상은 인지할 수 있어도, 그 증상을 일으키는 무의식의 갈등을 인식하지는 못한다. 현대 정신역동 이론가 또한 프로이트의 이론과 다른 면은 있지만 이상행동의 근원이 무의식의 갈등에 있다는 것에 동의한다.

개념 15-5

정신역동적, 행동주의적, 인본주의적, 인지 모델들은 이상행동의 심리적 원인에 주목한다.

➔ 개념 링크 이러한 심리적 모델은 다양한 형태의 심리치료법을 발달시켰다. 제16장 2단원을 참고하라.

프로이트가 무의식의 깊이를 연구하고 있을 때, 행동주의자는 이상행동 발달에 있어 학습의 역할을 연구했다. 파블로프의 조건 반사의 발견은, 초기 행동주의자에게 공포증 같은 부적응적인 행동이 어떻게 경험을 통해 학습되는지에 대한 근거를 제공했다. 행동주의 모델은 대부분의 이상행동이, 정상행동이 학습되는 것과 비슷한 방법으로 학습된다고 말한다. '리틀 앨버트' 실험은 이상행동이 어떻게 학습되는가를 보여 준다(제5장에서 논의됨). 이 실험에서 존 왓슨(John B. Watson)과 그의 동료 로살리에 레이너(Rosalie Rayner, 1920)는 한 어린 남자 아동에게 흰쥐를 가까이 가져갈 때마다 그가 공포스러운 소리를 내는 것을 통해 그 아동이 흰쥐에 대한 공포를 가지도록 만들었다. 이렇게 조건 자극(흰쥐)과 무조건 자극(공포스러운 소리)이 반복해서 같이 주어지면 조건 반응(쥐 자체를 무서워하는 공포)이 형성되는 것이다.

© irin-k/Shutterstock.com

인본주의적 모델은 이상행동의 또 다른 심리적 관점을 제공한다. 칼 로저스(Carl Rogers)와 에이브러햄 매슬로(Abraham Maslow) 같은 인본주의 이론가는 인간 행동이 무의식의 갈등이나 조건화의 산물이라는 관점에 반대한다. 그들에게는 인간은 의식적인 선택을 할 수 있는 능력을 가진, 자아실현을 위해 노력하는 존재라는 믿음이 있었다. 인본주의 이론가는 사람들이 개인의 성장이나 자아실현의 과정에서 어려움을 겪을 때 이상행동을 보인다고 생각했다. 다른 사람의 요구를 만족시키기 위해 자신의 진실된 모습에서 멀어질 때, 불안과 우울 같은 감정적 문제를 겪고 왜곡된 자아 이미지를 가지게 된다는 것이다. 인본주의 이론가는 심리적 문제가 있는 사람은 자신의 진실된 감정을 인식하고, 있는 그대로의 자신을 받아들여야 한다고 생각했다.

앨버트 엘리스(Albert Ellis)와 에런 벡(Aron Beck) 같은 인지주의 이론가는 비이성적이고 왜곡된 사고가 감정적 문제와 부적응적인 행동을 일으킨다고 믿었다. 왜곡된 사고는 부정적인 사건의 결과를 과장하는 것과 사건을 과도하게 부정적인 방식으로만 해석하는 것을 포함한다.

4) 사회문화적 모델

사회문화적 모델은 이상행동의 원인을 그 행동이 나타난 사회적·문화적 배경에서 찾는다. 사회문화 이론가는 이상행동이 개인의 문제보다 사회의 문제와 관련이 깊다고 본다. 사회계급, 빈곤, 인종, 문화적 배경, 인종차별 등 인간의 행동에 영향을 끼치는 다양한 사회적 영향을 연구한다. 사회문화 이론가는 빈곤과 사회불평 같은 스트레스가 정신건강을 해친다고 주장한다. 이와 관련해서 가난하고 사회적으

개념 15-6

사회문화적 모델은 이상행동의 원인은 사회적·문화적 배경에 있다고 보았다.

로 불이익을 받는 집단에서 조현병과 우울증이 더 많이 발견된다는 연구 결과가 있다(Ostler et al., 2001). 소수인종은 문화 적응, 빈곤, 차별 등의 스트레스에 자주 노출되기 때문에 우울증과 불안의 비율이 높다(Anderson & Mayers, 2010).

사회문화 이론가는 정신병이 있다고 낙인찍는 것의 문제점을 지적한다. 사회적인 편견 때문에 정신병이 있다고 낙인찍힌 사람은 구직이나 주거의 기회가 줄어들고 자연스럽게 사회에서 소외될 가능성이 높다. 따라서 그들은 정신건강의 문제를 가진 사람을 더 잘 이해하고 사회적으로 더 많은 지지를 보여 주어야 한다고 주장한다.

5) 생물심리사회적 모델

개념 15-7
이상행동을 생물학적·심리사회적 영향의 상호작용이라고 보는 생물심리사회적 모델에 전문가의 의견이 점점 모아지고 있다.

이상행동을 설명하는 다양한 모델이 있는데, 같은 현상을 보는 방식이 서로 다르기 때문에 어떤 한 모델이 옳고 다른 모델은 틀리다고 할 수 없다. 어떤 한 모델이 완벽한 관점을 제공하지 못하는 것이다. 의학적·심리적·사회문화적 모델은 이상행동을 이해하는 데 각각 중요한 관점을 제공한다.

이상행동은 우리가 그 원인을 분석하려고 할수록 더 많은 퍼즐을 던져 준다. 어떻게 심리적 기능이 유전자, 뇌 구조, 신경전달물질 체계의 영향을 받는 것일까? 심리적 요소인 무의식의 갈등, 성격 특질, 인지, 학습된 행동 중 어떤 요소가 이상행동과 관련이 있을까? 행동은 어떻게 사회와 문화의 영향을 받는가?

생물심리사회적 모델(biopsychological model): 이상행동을 생물적·심리적·사회문화적 요소의 상호작용으로 설명하는 통합적 모델

취약성-스트레스 모델(diathesis-stress model): 질병의 발달을 유전적 병적 소질과 스트레스 환경의 상호작용으로 설명하는 생물심리사회적 모델의 한 종류

취약성(diathesis): 질병에 대한 취약성, 병적 소인

현재 많은 심리학자가 이상행동은 생물적·심리적·사회적 요소의 복잡한 상호작용에서 나온다는 생물심리사회 모델(biopsychosocial model)을 지지한다(Levine & Schmelkn, 2006; Moffitt, Caspi, & Rutter, 2006). 우리는 각 조각을 가지고 미묘하고 복잡한 이상행동의 근원에 대한 퍼즐을 맞추고 있는 것이다.

유명한 생물심리사회 모델의 예는 취약성-스트레스 모델(diathesis-stress model)이다. 이 모델에 따르면, 취약성(diathesis)이라고 불리는 병적 소질을 가지고 있는 사람은 특정 질병을 발전시킬 위험이 크다. 병적 소질은 보통 유전적 성향으로 인한 것이나 부적응적 성격 특질 또는 왜곡된 생각의 패턴 때문일 수 있다. 그러한 병적 소질을 가진 사람이 실제로 특정 질병을 발전시키느냐는, 그 사람이 겪는 스트레스 수준에 달려 있다([그림 15-1] 참조). (Pruessner et al., 2011).

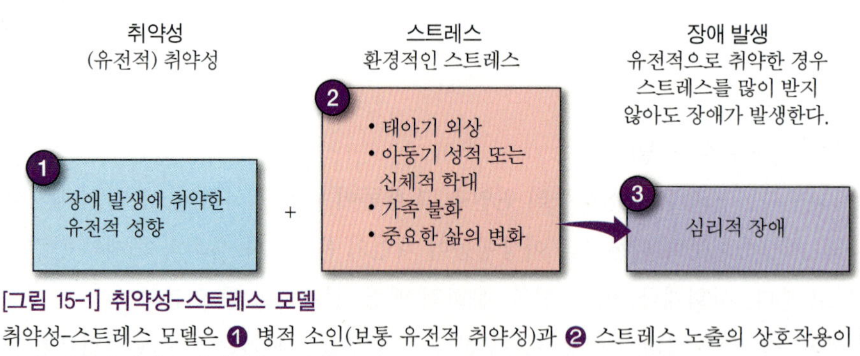

[그림 15-1] 취약성-스트레스 모델
취약성-스트레스 모델은 ❶ 병적 소인(보통 유전적 취약성)과 ❷ 스트레스 노출의 상호작용이 결국 ❸ 심리적 장애로 이어진다고 본다.
출처: Nerid, Rathus, & Greene (2008).

3. 심리적 장애란 무엇인가

이상행동의 패턴은 의료 모델에 의해 심리적 장애(psychological disorders), 또는 정신장애, 정신질환으로 분류된다. 심리적 장애는 개인에게 고통을 주거나 삶의 기능을 방해하는 기분, 행동, 생각, 관점의 문제점을 포함한다. 그 예에는 조현증, 공포증와 공황장애를 포함하는 불안장애, 주요우울증 같은 기분장애가 있다.

개념 15-8

심리적 장애는 개인에게 고통을 주거나 삶의 기능을 방해하는 기분, 행동, 생각, 관점의 패턴을 말한다.

심리적 장애(psychological disorders): 개인에게 고통을 주거나 삶의 기능을 방해하는 기분, 행동, 생각, 관점의 문제로 정의되는 이상행동 패턴. 정신장애, 정신병으로도 불림

1) 얼마나 많은 사람이 겪고 있는가

당신 자신이나 당신이 알고 있는 사람 중 누군가는 언제가 한 번쯤 심리적 장애를 겪었을 것이다. 성인 미국인의 거의 절반에 해당되는 수가 평생 한 번 이상 심리장애 진단을 받은 적이 있다고 보고되었다(Kessler, Berglund, et al., 2005; USDHHS, 2010). ([그림 15-2] 참조). 또한 미국 성인의 1/4이 작년에 심리장애 진단을 받은 적이 있다고 한다. 심리장애를 진단하고 치료하는 데 드는 비용과 생산성의 저하 및 급여의 감소 등을 생각해 본다면, 거의 모든 사람이 심리장애로 인한 영향을 받고 있다 말해도 과언이 아니다.

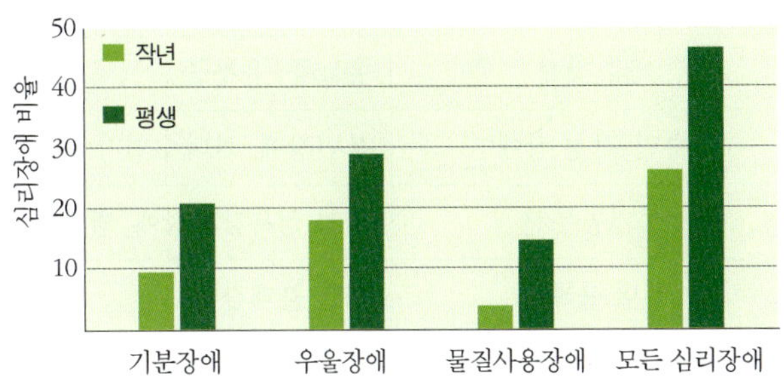

[그림 15-2] 심리적 장애 발병률

성인 미국인의 거의 절반에 해당되는 수가 평생 한 번 이상 심리장애 진단을 받은 적이 있다고 한다. 또한 미국 성인의 1/4이 작년에 심리장애 진단을 받은 적이 있다고 보고했다.

출처: Kessler, Berglund, et al. (2005); Kessler, Chiu, et al. (2005); National Comorbidity Survey Replication (NCS-R) 데이터

2) 심리적 장애는 어떻게 분류되는가

건강분야 전문가는 거의 모두가 『정신질환의 진단 및 통계 편람(Diagnostic and Statistical Manual of Mental Disorder: DSM)』을 가지고 있다(American Psychiatric Association, 2013). 이 편람에 거의 모든 정신장애의 진단 기준이 기술되어 있기 때문이다(편람에서는 정신질환이라 부름).

DSM은 정신질환을 독특한 특징 및 증상에 기초해서 분류한다. 〈표 15-1〉은 DSM-5(DSM의 다섯 번째 개정판)에 제시되어 있는 20개의 진단 범주 및 장애 목록을 소개하였다. DSM-5가 이전 판(DSM-IV)과 달라진 점은 다축 체계의 틀을 더 이상 사용하지 않는다는 것이다. DSM-IV에서는 단순한 진단을 넘어 임상가가 환자의 심리적 기능을 종합적으로 평가할 수 있도록 다섯 개의 축(임상증후군, 성격장애, 신체질병, 심리사회적/환경적 문제, 전반적인 기능 수준)을 포함하고 있었다. 그러나 이런 다축 체계가 사용하는 데 부담이 된다는 지적 때문에 DSM-5 개발자는 진단적 판단만을 남긴 단일 체계 형태로 단순화시켰다.

DSM이 가장 널리 쓰이는 진단 시스템이긴 하지만, 여전히 특정 진단 분류와 기준에 대한 신뢰도 및 타당도에 관한 논란은 존재한다(예: L. A. Clark, 2008; D. Watson & Clark, 2006). 어떤 정신건강 전문가는 DSM의 이상행동이 의료 모델에 너

개념 15-9

심리장애를 분류하는 데 가장 널리 쓰이는 진단 시스템인 DSM-5는 DSM-IV의 다섯 개 평가 축을 단일 체계 형태로 단순화시켰다.

〈표 15-1〉 DSM-5 정신장애 목록

진단범주	하위 장애의 예
신경발달장애	자폐스펙트럼장애, 특정학습장애, 의사소통장애
조현병 스팩트럼 및 기타 정신병적 장애	조현병, 조현양상장애, 조현정동장애, 망상장애, 조현형 성격장애
양극성 및 관련 장애	양극성장애, 순환성장애
우울장애	주요우울장애, 지속성 우울장애(기분저하증), 월경전불쾌감장애
불안장애	공황장애, 공포증, 범불안장애
강박 및 관련 장애	강박장애, 신체이형장애, 수집광, 발모광(털뽑기장애)
외상 및 스트레스 관련 장애	적응장애, 급성 스트레스 장애, 외상후 스트레스 장애
해리장애	해리성 기억상실, 이인성/비현실감장애, 해리성 정체성 장애
신체증상 및 관련 장애	신체증상장애, 질병불안장애, 인위성장애
급식 및 섭식 장애	신경성 식욕부진증, 신경성 폭식증, 폭식장애
배설장애	유뇨증, 유분증
수면-각성 장애	불면장애, 과다수면장애, 기면증, 호흡관련 수면장애, 일주기 리듬 수면-각성장애, 악몽장애
성기능부전	남성 성욕감퇴장애, 발기장애, 여성 성적 관심/흥분장애, 여성 극치감장애, 사정지연, 조기사정
성별 불쾌감	성별 불쾌감
파괴적, 충동조절 및 품행 장애	품행장애, 적대적 반항장애, 간헐적 폭발장애
물질관련 및 중독 장애	알코올사용장애, 자극제관련장애, 도박장애
신경인지장애	섬망, 경도 신경인지장애, 주요 신경인지장애
성격장애	편집성 성격장애, 조현성 성격장애, 연극성 성격장애, 반사회성 성격장애, 경계성 성격장애, 의존성 성격장애, 회피성 성격장애, 강박성 성격장애
변태성욕장애	노출장애, 물품음란장애, 복장도착장애, 관음장애, 소아성애장애, 성적피학장애, 성적가학장애
기타 정신질환	기타 특정 정신장애

출처: DSM-5 (American Psychiatric Association, 2013)에서 수정.

무 큰 비중을 두고 있다고 비판한다. 그러나 DSM은 진단을 통해 구체적인 기준을 제공함으로써 많은 임상가에게 유용하게 쓰이고 있다. DSM은 완성된 결과물이 아니므로 계속 수정되고 있다.

다음 단원에서는 주요 심리장애의 증상과 특징을 알아보고 원인에 대해서도 살펴보자.

〈개념 차트 15-1〉에서 이상행동에 대한 현대 주요 모델을 다시 정리해 보자.

〈개념 차트 15-1〉 이상행동의 현대 모델

모델	핵심	주요 질문
의료 모델	이상행동의 생물학적 기반	신경전달물질, 유전, 뇌의 이상이 어떻게 이상행동에 영향을 끼치는가?
심리역동적 모델	이상행동 기저의 무의식적 갈등과 동기	무의식적 갈등이 어떻게 특정 증상으로 나타나는가? 어린 시절 문제의 근원이 무엇인가?
행동 모델	학습 경험이 이상행동을 발전시킴	이상행동 패턴은 어떻게 학습되는가? 환경이 이상행동에 어떤 영향을 끼치는가?
인본주의 모델	이상행동은 자의식과, 스스로를 수용하는 것이 되지 않아 나타남	왜곡된 자기 이미지는 어떻게 감정적인 고통으로 이어지는가? 자기실현의 방해물은 무엇인가?
인지 모델	이상행동의 근원은 잘못된 사고방식	어떤 식의 사고가 심리적 장애에 영향을 끼치는가? 개인의 믿음, 생각, 사건 해석 방식이 이상행동 패턴 발달에 어떤 역할을 하는가?
사회문화적 모델	인종주의, 빈곤, 실직 등의 사회문제가 이상행동을 발전시킴 이상행동과 인종, 성, 문화, 사회경제적 수준과의 관계 주목	사회적 위치와 심리장애 위험성의 관계는? 성별, 인종별로 심리장애 발병에 차이가 있는가? 이를 어떻게 설명할 것인가? 정신질병 낙인은 개인에게 어떤 영향을 끼치는가?
생물심리사회적 모델	이상행동은 생물학적 · 심리적 · 사회문화적 요소의 상호작용에 의한 것	스트레스와 유전적인 취약성이 심리장애 발달에 어떤 영향을 끼치는가? 생물학적 · 심리적 · 사회문화적 요소의 상호작용이 복잡한 이상행동의 발달에 어떤 영향을 끼치는가?

1 단원 복습 이상행동의 정의

되새겨 봅시다

어떤 기준으로 이상행동을 판단할 수 있는가?

➤ 이례성, 사회적 규범 일탈, 감정적인 고통, 부적응적인 행동, 위험성, 현실에 대한 왜곡된 인식 및 해석 등 여러 기준이 있다.

이상행동의 주요 모델에는 어떤 것이 있는가?

➤ 현대 주요 모델에는 의료 모델, 심리적 모델, 사회문화적 모델, 생물심리사회적 모델이 있다.

심리적 장애란?

➤ 심리적 장애(정신장애라고도 불림)는 증상과 심각성 수준에 의해 다양하게 분류될 수 있는데, 심리적으로 고통을 주고 삶의 기능을 저하시키는 행동, 사고, 감정의 문제를 포함한다. 미국 성인 두 사람 중 한 사람은 적어도 평생에 한 번 심리장애 진단을 받는다.

➤ 『정신질환의 진단 및 통계 편람(DSM)』은 미국 정신의학회의 정신질병 분류를 위한 편람이다.

점검해 봅시다

1. 이상행동을 정의하는 여섯 가지 기준을 나열해 보자.

2. ____________(은)는 현실을 왜곡되게 지각하는 것이고 ____________(은)는 근거 없는 믿음에 집착하는 것이다.
   ① 망상, 환각　　② 꿈, 환상
   ③ 환상, 꿈　　④ 환각, 망상

3. 서구 문화 역사에서 이상행동은 오랫동안 다음에 의한 것으로 이해되어 왔다.
   ① 뇌의 기능 이상, 몸의 화학물질 이상
   ② 가까운 가족으로부터의 학대

③ 귀신 들림
④ 적의 복수

4. 다음의 각 모델이 이상행동에 대해 설명한 것을 골라 보자.

① 심리적 모델	가. 왜곡된 자기 이미지, 진실된 자아정체성을 잃음
② 행동 모델	나. 왜곡된 사고, 사건의 부정적인 면이 과장됨
③ 인본주의 모델	다. 학습된 행동
④ 인지 모델	라. 해결되지 않은 어린 시절부터의 무의식적인 갈등

생각해 봅시다

➤ 이상행동을 판단할 때 왜 문화적 배경을 고려하는 것이 중요한가? 어떤 문화에서는 용납되는 행동이 다른 문화에서는 용납되지 않는 예를 들어 보자.

2 단원 불안장애

■ 불안장애의 주요 유형에는 어떤 것이 있는가?
■ 불안장애의 원인은?

불안은 불확실한 미래에 대한 걱정이나 근심으로 인해 스트레스를 받는 상태를 말한다. 건강, 직업, 가족, 기후 변화, 국가와 세계에 대해 걱정스러운 일이 존재하고, 시험공부를 하게 만들며 정기 건강검진도 하게 되는 것처럼, 불안이 이익이 되는 상황도 있다. 그러나 불안이 지나쳐 일상 기능을 제대로 할 수 없는 상태를 경험한다면 그것은 장애로 간주한다. 공포(fear)는 비행기를 탈 때나 기말고사를 볼 때와 같이 구체적인 상황에서 경험하는 불안을 일컫는 용어이다.

1. 불안장애의 유형

개념 15-10
불안장애는 과도하거나 부적절한 불안 반응을 보이는 심리장애의 한 종류이다.

불안장애는 가장 흔한 심리장애 중 하나로, 미국 전체 성인 인구의 1/5인 4천만 명 이상이 겪고 있다(Torpy, Burke, & Golub, 20011). 원래 신경증(neuroses)으로 불리던 불안장애는 개인의 행동과 기능을 해치는 과도한 불안을 일컫는다. 불안장애의 주요 유형에는 공포증, 공황장애, 범불안장애가 있다.

1) 공포증

공포증(phobias): 물체나 상황을 비합리적으로 과도하게 두려워하는 것

공포증(phobias)은 특정 물질이나 상황에 대해 비합리적으로 과도하게 두려워하

는 것을 말한다. 공포증은 사회불안장애, 특정공포증, 광장공포증을 포함한다. 사회불안장애(social phobia)가 있는 사람은 다른 사람과 만나는 것, 데이트를 하는 것, 수업 시간에 사람들 앞에서 말하거나 발표하는 것과 같은 활동에 대해 극심한 공포를 가지고 있다. 사회불안장애가 있는 사람은 정상적으로 사회생활을 유지하는 것이 힘들 수 있다. 특정공포증(specific phobia)이 있는 사람은 동물, 건물 높이(고소공포증, acrophobia), 밀폐된 공간(폐소공포증, claustrophobia) 등 특정 상황이나 물질에 대해 과도한 두려움을 가지고 있다. 폐소공포증이 있는 사람은 하루에 몇 번이고 계단을 오르는 불편에도 불구하고 엘리베이터를 타는 것을 거부할 수도 있다. 광장공포증(agoraphobia)이 있는 사람은 열린 공간에 가거나 공공장소에 가는 것을 두려워한다. 집에서 나가는 것도 두려워, 가까운 상점에 가서 우유를 사는 것조차 불가능할 수도 있다. 이런 공포증이 있는 사람은 자신의 불안이 비합리적이고 상황에 비해 과도하다는 것을 인식하지만, 여전히 그 공포와 관련된 물체나 상황을 피한다.

당신이 무서워하는 것은 무엇인가? 정상적인 공포와 공포증의 차이는 무엇일까?

사회불안장애(social phobia): 사회적 상황을 과도하게 두려워하는 불안장애의 한 종류

특정공포증(specific phobia): 특정 물체나 상황에 대한 과도한 두려움

고소공포증(acrophobia): 높은 위치에 있는 것을 과도하게 두려하는 것

폐소공포증(claustrophobia): 밀폐된 공간에 있는 것을 과도하게 두려워하는 것

광장공포증(agoraphobia): 공공장소에 있는 것을 과도하게 두려워하는 것

공황장애(panic disorder): 공황발작 같은 급작스러운 두려움을 반복해서 경험하는 불안장애의 한 종류

2) 공황장애

공황장애(panic disorder)가 있는 사람은 공황발작(panic attacks) 같은 극심한 공포를 갑자기 경험한다. 공황발작은 땀이 심하게 나는 것, 구역질, 감각이 없거나 아린 감각, 얼굴이 붉어짐, 오한, 몸의 떨림, 가슴 통증, 숨가쁨, 가슴이 빨리 뛰는 것 등의 증상을 보인다. 이러한 증상은 사람들로 하여금 심장발작 또는 통제를 잃어버리는 것 같은 '미칠 것 같은 느낌'을 줄 수 있다. 공황발작은 몇 분에서 한 시간 이상 지속될 수 있다. 이러한 공황발작을 연속적으로 경험한 한 젊은 남성은 "갑자기 아무런 이유도 없이 공포감의 큰 물결이 엄습해 오는 것을 느꼈어요. 가슴이 아프고, 맥박도 빨리 뛰고, 점점 더 숨쉬기가 힘들어졌어요. 이러다 죽겠구나 하는 생각이 들었어요."라고 회상했다.

공황발작은 처음에는 아무 이유 없이 갑자기 다가오는 것처럼 보인다. 그러나 이후 공황발작을 경험한 장소에 가게 될 경우, 또다시 공황발작을 경험할 것에 대한 강한 두려움을 느끼게 된다.

개념 15-11

불안장애의 주요 유형에는 공포증, 공황장애, 범불안장애가 있다.

3) 범불안장애

범불안장애(generalized anxiety disorder: GAD)가 있는 사람은 어떤 특정 물체나 상황에 상관없이 지속적으로 불안을 경험한다. 이런 경우 불안은 '걷잡을 수' 없는 특성을 띠게 되는데, 마치 불안이라는 사람과 모든 곳을 동행하는 것과 같은 느낌을 준다. 범불안장애의 특징은 과도하게 걱정하는 것이다(Newman & Llera, 2011). 최근 뇌과학의 발전은 범불안장애를 가진 사람이 보통 사람에 비해 뇌에서 인지를 담당하는 부분인 전두엽과 공포를 일으키는 부분인 편도체가 더 밀접하게 연결되어 있을 가능성을 보여 주고 있다(Etkin et al., 2009). 이는 범불안장애가 있는 사람은 편도

범불안장애(GAD): 불안장애의 한 종류로, 어느 한 대상이나 상황에 국한되지 않지 않고 나타나는 과도한 불안과 걱정이 특징임

체에서 나오는 공포 신호에 취약하기 때문에 걱정이라는 인지적인 형태로 반응한다는 것이다.

범불안장애가 있는 사람은 모든 것에 대해 걱정하고, 걱정이 없는 날이 거의 없다. 몸이 떨리고, 휴식을 취할 수 없으며, 초조하고, 무섭고 안 좋은 일이 있어날 것 같은 예감도 동반한다.

2. 불안장애의 원인

거의 모든 사람이 때때로 불안을 경험하지만 불안장애를 가지게 되는 사람은 소수이다. 불안장애의 원인이 아직 정확히 밝혀진 것은 아니지만, 불안장애 발생에 영향을 끼치는 생물학적 · 심리적 요인과 그 상호작용에 대한 연구가 진행되고 있다.

1) 생물학적 요인

불안의 생물학적 근원을 이해하기 위한 연구가 계속 진행되고 있다. 쌍생아 연구와 입양아 연구가 불안장애에는 유전적 요인이 크다는 것을 보여 주고 있다(Kendler, 2005b; Leckman & Kim, 2006; Smoller et al., 2008; Taylor, Jang, & Asumndson, 2010).

유전적 소인은 신체에 위협적인 자극에 반응하는 뇌 회로의 기능에 영향을 줄 수 있다. 최근 연구는 불안장애를 가진 사람은 대뇌 변연계에서 공포를 유발하는 편도체가, 두려움의 대상과 관련된 것만 보아도 과도하게 반응한다는 것을 보여 주고 있다(Beesdo et al., 2009; Nitschke et al., 2009; Stein & Stein, 2008). 공황장애는 뇌의 화학물질 변화가 공황발작을 유발하는 신체 내부 경계 시스템을 자극하기 때문일 수 있다(Katon, 2006).

2) 심리학적 요인

개념 15-12

불안장애의 주요한 요인에는 신경전달물질 기능 문제와 같은 생물학적 요인과, 불안이 학습에 의한 결과라고 주장하는 심리학적 요인이 있다.

어떤 공포증은 이전의 중립적이거나 긍정적이었던 자극이 부정적인 자극과 연결되는 고전적 조건 형성을 통해 학습된다(Field, 2006; J. J. Kim & Jung, 2006). 어릴 때 개에 물린 적이 있는 사람은 개나 다른 동물에 대한 공포를 가질 수 있고, 엘리베이터 안에서 몇 시간 갇혔던 적이 있는 사람이 다른 폐쇄된 공간에 있는 것에 대한 공포를 가질 수 있다. 이전의 중립적이었던 자극은 조건 자극(conditioned stimus: CS), 부정적인 자극은 무조건 자극(unconditioned stimulus: US), 그리고 학습된 공포 반응은 조건 반응(conditioned response: CR)이 된다.

조작적 조건 형성은 회피 행동을 설명할 수 있다. 엘리베이터를 타는 것을 두려워하는 사람이 계단을 사용하는 것과 같이, 공포를 일으키는 물체나 행동을 회피하는 것은 잠시나마 불안에서 벗어나고자 하는 동기로 인한 부적 강화 행동이다. 공포를 유발하는 상황을 피하는 것은 단기적으로 불안을 경감시키지만 공포를 극복하도록 돕지는 못한다(부적 강화의 원칙은 제5장에서 논의됨).

공황장애의 인지 모델은 생물학적 요소와 심리학적 요소의 순환 과정에 초점을 맞춘다. 공황장애는 신체 감각의 작은 변화들(예: 갑자기 머리가 핑 돈다거나 어지러움을 느끼는 것 등)을 심장발작이나 통제를 잃는 것처럼 과대 해석함으로써 일어난다고 본다(Teachman, Market, & Clerkin, 2010). 신체 감각을 과대 해석한 결과, 불안을 느끼고 도미노 효과처럼 더 많은 불안을 야기하는 생각을 가지게 되어 결국 공황발작이 일어난다([그림 15-3] 참조). 이전의 공황발작과 관련 있는 내적인 신호(어지러움, 심장이 빨리 뜀)와 외적인 신호(사람이 많은 엘리베이터를 타는 것)는 그런 상황에 처하게 될 때 불안 증상을 유발하는 조건 자극(CS)이 되는 것이다.

인지적인 요소는 사회불안장애 같은 다른 불안장애에도 영향을 끼치는데, 사회불안장애는 사람들 앞에서 창피를 당하거나 부정적으로 평가받을 것에 대한 과도한 걱정 때문에 발생한다(Schmidt et al., 2009). 종합해 볼 때, 불안장애는 생물학적인 요소와 심리적인 요소가 복잡하게 상호작용하여 발생한다는 것을 알 수 있다.

다음 단원으로 넘어가기 전에, 〈개념 차트 15-2〉에서 불안장애를 정리한 것을 다시 읽어 보자.

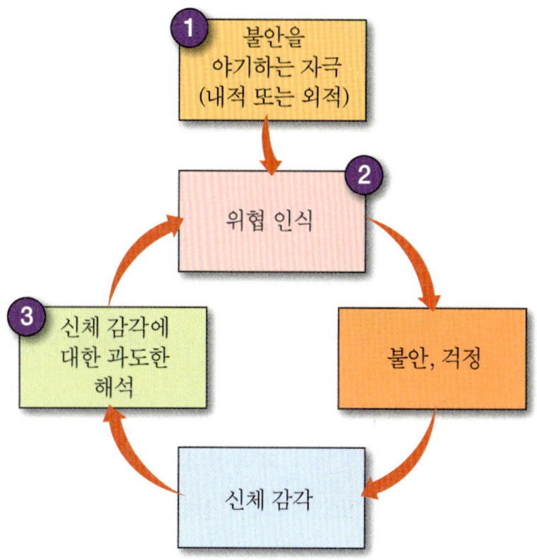

[그림 15-3] 공황장애 인지 모델

인지이론가는 공황장애를 심리적 · 신체적 요소가 순환하는 과정으로 설명한다. ❶ 갑자기 어지러움을 느끼거나(내적 자극) 붐비는 열차를 타는 것 등과 같은 자극(외적 자극)을 경험한다고 가정해 보자. ❷ 이 자극은 위협으로 인식되어 불안이나 걱정의 감정을 유발하고 가슴이 조여 오는 것과 같은 신체 감각을 형성한다. ❸ 이런 신체 감각은 마치 심장발작을 경험하는 것처럼 과도하게 해석된다. 이런 과도한 해석은 위협 인식을 강화하고 불안과 부정적 해석을 더욱 강화시켜 공황발작을 일으키는 부정적 순환 구조를 가지게 된다.

출처: D. M. Clark (1986)에서 수정.

〈개념 차트 15-2〉 불안장애

장애 종류	평생 유병률(대략적 %)	증상	관련 특징
공황장애	5.1%	공황발작에 대한 걱정이 수반되는 불안장애	공황발작은 강렬한 신체적 증상을 보임, 초기 발작은 경고 없이 일어남
범불안장애	9%	지속적이고 과도한 불안과 걱정	불안이 특정 물체나 상황에 한정되지 않음
특정공포증	12.5%	특정 물체나 상황을 두려워하고 회피	불안에서 잠시 벗어나기 위해 공포 대상이나 상황을 피하는 행동이 부적 강화됨
사회불안장애	12.1%	사회적 상황이나 사람들 앞에서의 행동을 두려워하고 회피	사회적 상황에서 거절, 수치, 창피당할 것 같은 두려움
광장공포증	1.4~2%	공공장소에 대한 공포, 회피	열린 공간에 가거나 공공장소에 가는 것을 두려워함

출처: American Psychiatric Association (2013); Conway et al. (2006); Grant et al. (2005a); Grant et al. (2006b, 2006c); Kessler et al. (2005a); Weiss, 2003; Xie et al. (2009).

2 단원 복습 불안장애

되새겨 봅시다

불안장애의 주요 유형은?

➤ 불안장애는 과도하고 부적절한 불안 반응을 보인다. 주요 유형에는 공포증, 공황장애, 범불안장애가 있다.

불안장애의 원인은?

➤ 잘못된 학습 경험과 왜곡된 사고 유형을 포함하는 심리적 원인과, 유전 또는 뇌의 이상을 포함하는 생물학적 원인이 있다.

점검해 봅시다

1. 불안장애는 이전에 ____________(으)로 불렸다.
   A. 광분 B. 공포증 c. 신경증 d. 정신병
2. 고소공포증과 폐소공포증은 ____________공포증의 예들이다.
3. 다음의 불안장애에 맞는 설명을 골라 보자.

① 공포증	가. 갑작스럽게 시작됨, 극심한 공포와 두려움을 느낌
② 공황장애	나. 특정 물체나 상황에 제한되지 않고 과도하게 걱정이 지속됨
③ 범불안장애	다. 특정 사물이나 상황에 대한 비합리적이고 과도한 공포를 느낌

생각해 봅시다

➤ 학습 원리를 특정공포증 발달에 적용하여 설명해 보자.

➤ 불안은 정상인가? 진화 심리학자는 불안의 생존적 가치에 대해 무엇이라 말하는가? 정상적 불안 반응은 언제 비정상이 되는 것일까?

➤ 공황 상태를 느껴 본 적이 있는가? 그것이 공황발작이었는가? 왜 공황발작이라 생각하는가? 혹은 왜 아니라고 생각하는가?

3 단원 해리장애와 신체증상 관련 장애

- 해리장애의 주요 유형에는 어떤 것이 있는가?
- 해리장애의 원인은?
- 신체증상 관련 장애의 주요 유형에는 어떤 것이 있는가?
- 신체증상 관련 장애의 원인은?

해리장애(dissociative disorders): 의식, 기억, 자아정체성의 변화를 보이는, 심리장애의 한 종류

신체증상 및 관련 장애(somatic symptom and related disorders): 생물학적 원인으로 설명되지 않는 신체적 증상을 호소하는, 심리장애의 한 종류

해리장애(dissociative disorders)와 신체증상 및 관련 장애(somatic symptom and related disorders)는 이유를 알 수 없는 심리장애의 예이다. 해리장애에는 다중인격, 신체적 이유로 설명될 수 없는 기억 상실, 또는 완전히 새로운 자아를 가지게 되는 것까지 포함된다. 해리장애는 TV 드라마의 소재로 자주 쓰이지만 실제에서는 아주 드물게 나타난다. 전문가 사이에서는 과연 다중인격(이제는 해리성 정체성 장애로 불림)이 존재하는지 자체에 대한 논란도 있다.

해리장애와 신체증상 관련 장애는 증상과 성격이 다르지만 두 장애 모두 불안에 대한 심리적 방어를 반영한다는 관점을 공유하고 있다.

1. 해리장애

해리장애는 기억을 잃거나, 의식 또는 일관되었던 개인의 성격이 완전히 바뀌는 자아정체성의 변화를 포함한다. 지난 주말을 어떻게 보냈는지 기억하지 못할 수는 있으나, 보통 인생 전체에 대한 기억을 잃어버리거나 갑자기 완전히 다른 성격으로 변했다가 다시 돌아오지는 않는다. 해리장애는, 전체 자아정체성을 유지하는 능력이나 의식에 영향을 끼치므로, 이상행동으로 간주된다.

1) 해리성 정체성 장애

해리성 정체성 장애(dissociative identity disorder: DID)는 흔히 다중인격(multiple personality) 또는 이중인격(split personality)이라 불리는데, 뚜렷이 구별되는 두 개 이상의 인격이 한 개인에게 동시에 존재하는 것을 의미한다. 서로 다른 인격[교대 인격(alter personalities)이라고도 불림]은 각 인격만의 고유한 특징, 화법, 기억을 가진다. 어떤 경우에는 외부에 잘 알려진 중심 인격이 있고 특정 시간에 특정 장소에서만 나타나는 교대 인격이 있다. 다른 교대 인격이 경험한 사건을 전혀 기억하지 못하기도 하고 다른 인격의 존재 자체를 인지하지 못하는 경우도 있다(Huntjens et al., 2005). 교대 인격들은 성, 나이, 성 정체성이 다르거나 상반되는 성 욕구를 가질 수도 있다. 한 인격은 도덕적인데 다른 인격은 음란할 수 있고, 한 인격은 이성애를 추구하는데 다른 인격은 동성애를 추구할 수도 있다. 무엇인가 좀 이상하다고 느끼지만, 주요 인격이 다른 교대 인격의 존재를 인식하지 못할 수도 있다.

개념 15-13

해리성 정체성 장애는 한 사람 안에 두 개 이상의 교대 인격이 나타나는 것을 말한다.

해리성 정체성 장애(dissociative identity disorder: DID): 한 사람 안에 다중인격이 존재하는 해리장애의 한 유형

2) 해리성 기억상실

해리성 기억상실(dissociative amnesia, 제6장에서 처음 논의됨)을 가진 사람은 자신 스스로에 대한 정보나 이전 경험에 대해 기억하지 못한다. 해리성 기억상실은 머리 충격, 신경 문제, 술이나 마약 남용 등의 신체적 또는 물질적인 원인이 없으므로 본질적으로 심리적인 질병이다. 보통 외상적 사건 또는 스트레스를 받았던 경험에 대한 기억을 잃는데, 전장에서 돌아온 군인이나 심각한 사고 생존자가 전쟁이나 사고에 대한 기억이 없는 경우이다. 흔하지 않지만 삶의 기억 전체를 잃어버리는 일반화된 기억상실증(generalized amnesia)을 겪을 수도 있다. 자신이 누군지, 직업이 무엇인지, 누구와 결혼했는지 등을 잊어버리는 것이다. 특정 사건 또한 외상적 사건과 관련된 기억을 잃는 경우가 더 흔하다.

개념 15-14

해리성 기억상실에 걸린 사람은 머리 충격이나 다른 신체적인 이유로 설명되지 않는 기억상실을 경험한다.

© Denver Police Department/MCT/Newscom

"저를 아시나요? 극심한 스트레스로 인해 기억상실증을 진단받은 40세 제프리 잉그럼(Jeffrey Ingram)은 한 달 이상 자신이 누군지 찾아 헤맸고, 결국 덴버 지역의 사람들에게 도움을 청하게 되었다. 그 덕분에, 워싱턴주에 살고 있었던 가족은 TV에 나온 그를 알아보고 찾을 수 있었다. 잉그럼이 집으로 돌아왔을 때 집에 대한 기억은 여전히 없었지만 기분이 편안했다고 말했다. 그의 어머니는 그가 이전에도 기억을 잃고 헤맨 적이 있었으며, 그 이후에 기억을 완벽히 되찾지 못했다고 말했다.

2. 해리장애의 원인

해리성 기억상실은 외상적 사건이나 다른 종류의 심리적 고통과 갈등을 의식에서 지워 버리고자 하는 노력의 결과일 수 있다. 기억상실은 그러한 고통스러운 기억과 경험을 인식할 때 느끼는 불안으로부터 자신을 보호하기 위한 것일 수 있다. 마찬가지로 해리성 정체성 장애도 이러한 불안으로부터 자신을 보호하기 위한 것일 수 있다. 보통 5세부터 7세까지 신체 학대나 성적 학대를 심각하게 반복적으로 당했던 사람이 주로 해리성 정체성 장애를 겪는다는 보고가 있다(Dale et al., 2009; Foote et al., 2005; Spiegel, 2006).

아동기에 상상력이 풍부했던 사람이 해리성 정체성 장애를 앓는다는 보고도 있다. 상상력을 활용해 어린 시절 자신이 겪었던 학대 상황으로부터 스스로를 분리했는데, 이렇게 분리된 부분이 시간이 지나면서 독특한 인격으로 굳어졌을 수 있다. 성인기에도 계속해서 교대 인격을 이용해서 어린 시절 외상 기억을 차단하고 그로 인한 심리적 고통을 피했을 수 있다. 이런 경우, 교대 인격은 주요 인격이 감당할 수 없는 마음속의 깊은 증오를 표현하기 위한 심리적 도구가 되는 것이다.

이와 같이 해리성 정체성 장애가 드물긴 하지만 어린 시절 신체 학대와 성적 학대로 인해 실제로 일어날 수 있는 장애라고 믿는 심리학자도 있다. 그러나 해리성 정체성 장애의 존재를 의심하는 사람은, 이런 행동이 주의를 끌기 위한 역할극이라고 주장한다(Lilienfeld et al., 1999; Spanos, 1994). 학대를 당한 사람은 치료자에게 자신이 느끼는 혼란과 갈등을 설명하기 위해서 자신이 가진 성격의 다른 측면에 대해 이야기를 하게 된다. 그 과정에서 종종 각기 다른 성격의 역할로 스스로를 정의하는 경우도 있는데, 이때 교대 인격이 마치 현실처럼 느껴질 수 있다는 것이다. 이런 주장은 해리성 정체성 장애를 가진 사람이 교대 인격을 거짓으로 지어낸다는 것을 의미하는 것은 아니며, 마치 우리가 학생, 배우자, 직원의 역할을 할 때 각각의 역할에 맞는 행동을 하는 것과 같다는 것이다. 해리성 정체성 장애의 이유가 무엇이든, 전문가들은 부정적 경험으로 인한 갈등과 충동을 직면하는 것을 통해 외상을 치료할 것을 권유한다.

개념 15-15

해리성 정체성 장애의 교대 인격은 외상이나 끔찍한 학대에 대한 심리적 방어를 위해 형성되었을 수 있다.

3. 신체증상 및 관련 장애

1) 신체증상장애

신체증상장애(somatic symptom disorder: SSD)가 있는 사람은 신체 증상을 호소할 뿐 아니라, 증상에 대한 지나친 걱정으로 인한 부적응적 사고, 기분, 행동으로 이어져 일상에 중대한 지장을 받는다. 신체증상장애 환자는 증상의 의미에 대해 계속적으로 불안해할 수도 있고, 치료를 받거나 자신의 걱정이 타당하는 것을 확인하기 위해 의사들을 찾아다니는 데 많은 시간을 소비할 수도 있다. 이들의 걱정은 수년간 지속될 수 있어서, 그들 자신뿐만 아니라 가족과 의사의 불만 원인이 되기도 한다(Holder-Perkins, & Wise, 2002). DSM-IV로 건강염려증을 진단받았던 사람의 3/4은 현재 DSM-5의 신체증상장애로 진단될 수 있다(American Psychiatric Association, 2013).

2) 전환장애

신체증상 관련 장애의 한 유형인 전환장애(conversion disorder)는 프로이트 시절에 히스테리(hysteria) 또는 히스테리성 신경증(hysterical neurosis)이라고 불렸다. 전환장애 환자는 팔과 다리를 못 움직이거나(히스테리성 마비), 시력을 잃거나(히스테리성 시력장애), 손이나 팔의 감각이 없어지는 증상(무감각증) 등을 겪는다. 그러나 이런 증상을 설명할 신체적인 원인이 없다. 전환장애나 히스테리는 지금은 흔하지 않지만 프로이트 시대에는 훨씬 더 빈번히 일어났다. 프로이트는 히스테리를 여성의 문제로 간주했는데, 전장에서 남성 군인이 의학적으로 설명되지 않는 기능의 손실(시력장애나 마비)이 나타나는 것이 보고되면서부터 이 장애가 남녀 모두에게 영향을 끼친다는 사실이 새롭게 알려졌다.

당신 손의 감각이 사라진다면 당신은 아마 굉장히 두려울 것이다. 흥미롭게도, 전환장애 증상을 겪는 어떤 사람은 자신의 증상에 무관심한 태도를 보이는데, 이러한 현상을 증상 무관심(la belle indifference, '아름다운 무관심')이라고 부른다(Stone et al., 2006). 이런 무관심은 증상이 스트레스나 갈등으로 인해서 생긴 불안을 표현하기 위한 단순한 심리적인 도구임을 암시하기도 한다. 그러나 히스테리나 전환장애는 때때로 실제 의학 질병이 있는 사람에게 잘못 진단되기도 한다(Stone et al., 2006).

전환장애(conversion disorder): 의학적으로 설명되지 않는 신체 기능의 변화와 손실을 보이는, 신체증상 관련 장애의 한 유형

개념 15-16

전환장애를 경험하는 사람들은 의학적 설명이 불가능한 신체 기능 손실을 경험한다.

3) 질병불안장애

DSM-5에는 신체증상장애를 가지고 있는 사람 중 비교적 가벼운 증상을 호소하면서 심각한 미확정 질병에 걸렸다고 믿는 질병불안장애(illness anxiety disorder) 진단이 추가되었다. 이 장애에는 진료추구형과 진료회피형의 두 가지 하위 유형이 있다. 진료를 추구하는 유형은 자신의 불안을 확인해 줄 수 있는 의사를 찾기 위해, 이 의사 저 의사를 찾아다니는 유형을 말한다. 진료를 회피하는 유형은 어떤 질병이 발견될지 모른다는 불안 때문에, 병원 방문 또는 검사를 미루거나 회피하는 유형을 말한다.

질병불안장애(illness anxiety disorder): 진단되지 않는 의학적 질병에 걸려 있거나 걸리는 것에 몰두하는, 신체증상 관련 장애의 한 유형

개념 15-17

신체증상장애가 있는 사람은 사소한 신체 증상을 심각한 질병에 걸린 표시라고 믿는다.

4. 신체증상 및 관련 장애의 원인

프로이트는 히스테리성 증상(팔다리가 움직이지 않는 것)을 '상반된 동기 간의 무의식의 갈등이 밖으로 나타나는 것'이라고 주장했다. 한쪽에는 원초아가 표현하고

싶은 성욕과 공격욕이 있고, 다른 한쪽에는 자아에 의한 절제가 있다. 자아는 보통 용납되지 않는 충동이 의식적인 상태로 올라올 때 생기는 불안으로부터 스스로를 보호하고자 한다. 자아는 방어기제 중 특별히 억압을 사용하여 그러한 충동이 무의식에 남아 있도록 한다. 그러나 무의식의 충동에서 나온 에너지의 일부가 마비나 시력 손실 같은 신체적 증상으로 전환될 수 있다. 이러한 프로이트 관점의 문제는 어떻게 이런 전환이 일어나는가를 설명하지 못한다는 것이다. 성욕와 공격욕에서 나온 에너지가 어떻게 특정 신체 증상으로 변하는지는 알 수 없다.

프로이트는 또한 증상 그 자체가 갈등을 상징화하고 목적도 성취한다고 주장했다. 예를 들어, 히스테리성 팔 마비는 용납되지 않는 성욕(예: 자위)이나 공격욕(예: 살인) 같은 갈등을 상징한다는 것이다. 또한 팔 마비는 이런 성욕과 공격력을 회피할 수 있는 이차적 이득(secondary gain)을 준다. 프로이트가 생각하는 것처럼 전환장애가 이차적 이득을 얻기 위한 것이라면, 왜 어떤 전환장애 환자는 자신의 증상에 대해 걱정하지 않는지 설명이 된다.

이차적 이득(secondary gains): 일상의 의무에서 벗어나는 등의, 심리적 · 신체적 증상으로 인해 얻는 이익

학습 이론가 또한 전환장애가 고통스럽거나 불안한 상황을 피하도록 돕는 이차적 이득을 위한 것이라는 의견에 동의한다(예: 폭파기 조종사가 밤에 폭파물을 날라야 하는 위험을 피하기 위해 야맹증을 발전시킴).

전환장애는 '환자 역할'을 하면서 사람들로부터 동정과 지지를 받고 직장에서나 집에서의 의무를 피하는 결과에 의해 강화되었을 수도 있다. 이것은 전환장애 환자가 자신의 증상을 거짓으로 지어낸다는 말이 아니다. 일반적으로 그들이 다른 사람을 일부러 속이려는 것처럼 보이지는 않는다.

〈개념 차트 15-3〉 **해리장애와 신체증상 관련 장애**

	장애의 유형	평생 유병률(대략적 %)	특징	관련 정보
해리장애	해리성 정체성 장애	알려져 있지 않음	한 개인이 다양한 인격을 소유	어린 시절의 외상이나 끔찍한 학대에 대한 심리 방어로 나타나는 것일 수 있음
해리장애	해리성 기억상실	알려져 있지 않음	머리 충격이나 다른 신체적 원인으로 설명되지 않는 기억상실	특정 외상적 사건과 연관된 기억을 상실하는 것이 대부분임
신체증상 및 관련 장애	신체증상장애	알려져 있지 않으나 대략 5~7%로 추정	신체증상과 관련된 비정상적인 행동, 사고 또는 감정 패턴을 보임	병원을 자주 찾고 일상 기능이 현저히 저하됨
신체증상 및 관련 장애	전환장애	알려져 있지 않으나 신경학 진료와 관련된 환자의 5% 이내로 추정	의학적으로 설명되지 않는 신체 기능의 변화나 상실	지금보다 프로이트 시대에 더 흔한 장애였음
신체증상 및 관련 장애	질병불안장애	알려져 있지 않음	심각한 질병에 대한 신념에 사로잡히는 것	불안장애와 비슷한 특징을 가질 수 있음

출처: American Psychiatric Association (2013).

인지 이론가는 신체증상장애와 관련된 인지적 요인에 주목하는데(예: Abrmowitz & Braddock, 2008; Cororve & Gleaves, 2001), 신체 자극을 과장해서 신체 질병(암, 심장병 등)으로 잘못 해석하는 경향을 가질 수 있다. 어떤 면에서는 신체증상장애 환자는 공황장애 환자와 비슷한데, 이는 두 환자 모두 자신의 신체 감각을 과도하게 해석하는 경향이 있기 때문이다.

해리장애와 신체증상 관련 장애를 〈개념 차트 15-3〉에 정리해 놓았다.

개념 15-18

프로이트의 관점과 학습 이론이 해리장애와 신체증상 관련 장애를 설명하는 방식은 다르지만, 두 관점 모두 증상이 불안을 감소시키는 역할을 한다고 믿는다.

3 단원 복습 해리장애와 신체증상 관련 장애

되새겨 봅시다

해리장애의 주요 유형은?

➤ 해리장애는 개인의 기억, 의식, 정체성에 혼란을 준다. 해리성 정체성 장애와 해리성 기억상실이 대표적인 유형이다.

해리장애의 원인은?

➤ 어린 시절 학대를 당한 사람이 특히 해리성 정체성 장애를 가지는 경우가 많은데, 이는 해리 증상이 괴로운 기억이나 감정으로부터 스스로를 보호하기 위한 심리적 방어로 나타날 수 있기 때문이다. 고통스럽거나 문제가 되는 기억으로부터 회피하려고 하는 것은 해리성 기억상실의 원인이 될 수도 있다.

신체증상 및 관련 장애의 주요 유형은?

➤ 신체증상 및 관련 장애를 겪는 사람은 신체적 불편감의 의미를 과장하거나 의학적으로 설명되지 않는 신체 통증을 호소한다. 신체증상장애, 전환장애, 질병불안장애가 신체증상 및 관련 장애의 주요한 유형이다.

신체증상 및 관련 장애의 원인은?

➤ 프로이트는 전환장애를 심리적인 갈등이 신체적 증상으로 전환된 것이라고 믿었다. 학습 이론가는 신체증상이 불안을 감소하는 역할에 주목하고, 인지 이론가는 인지적 편향성에 주목한다.

점검해 봅시다

1. ___________ 정체성 장애 환자는 다중인격을 보여 준다.
2. 해리성 기억상실에 대한 옳은 설명은 무엇인가?
   ① 명백한 신체적 이유가 있다.
   ② 특정 외상 사건과 관계가 없어 보인다.
   ③ 평생 동안 기억을 찾지 못한다.
   ④ 명백한 신경학적 원인이 없다.
3. 해리성 정체성 장애 환자에게 흔하게 발견되는 특징은 무엇인가?
   ① 어린 시절 극심하고 지속된 학대를 경험한다.
   ② 어렸을 때 상상력이 풍부한 경향이 있다.
   ③ 교대 인격이 아주 다르고 독특한 특징을 가지고 있다.
   ④ 모두 옳음
4. 전환장애는 신체적 문제로 인해 발생하는 장애인가?

생각해 봅시다

➤ 해리성 정체성 장애를 실제 존재하는 장애라고 믿는가? 아니면 과장된 역할극 형태일 뿐이라고 생각하는가? 당신의 답을 설명해 보자.

4 단원

기분장애

- 기분장애의 주요 유형에는 어떤 것이 있는가?
- 기분장애의 원인은?
- 자살 위험성이 높은 사람은 누구인가?
- 왜 자살을 하는가?

기분장애(mood disorders): 주요우울장애와 양극성장애 같이 기분 상태에 문제가 있는, 심리적 장애의 한 종류

대부분의 사람은 가끔씩 기분이 좋았다가 나빴다가 하는 변화를 느끼지만, 기분장애(mood disorders)를 가진 사람은 훨씬 극심한 기분의 변화를 지속적으로 경험한다. 이러한 기분장애는 정상적인 기능을 해치고 삶의 의지를 상실하게 만들 수도 있다. 안 좋은 일이 생겼을때 슬픈 기분을 느끼는 것, 좋은 일이 생겼을 때 기분이 좋은 것은 정상적인 반응이다. 반면, 기분장애 환자는 일이 생각대로 잘되어 갈 때도 우울한 기분을 느낀다. 실망스러운 사건이 일어났을 때 다른 사람은 일정 시간이 지나면 다시 기분이 회복되는 반면, 기분장애 환자는 계속해서 기분이 우울할 수 있다. 어떤 기분장애 환자는 극심한 기분의 변화를 느끼기도 하는데, 극도의 고양과 극도의 우울 간의 감정 기복을 경험한다.

1. 기분장애의 유형

개념 15-19
기분장애의 두 가지 주요 유형에는 주요우울장애와 양극성장애가 있다.

우리는 이 장에서 두 가지 기분장애, 주요우울장애와 양극성장애를 중점적으로 살펴볼 것이다.

1) 우울장애

주요우울장애(major depressive disorder): 우울한 기분, 무가치감, 흥미 상실 등이 나타나는 가장 흔한 우울장애

주요우울장애(major depressive disorder) 환자는 보통 슬프거나 우울한 기분 및 무가치함을 느끼고, 체중이나 식욕의 변화, 무기력함, 이전에 즐기던 활동들에 대한 흥미를 잃는 증상을 보인다. 주요우울장애는 치료를 받지 않을 경우 몇 달에서 몇 년 이상 지속될 수 있고 재발의 위험이 크다(Reifler, 2006). 효과적인 치료가 가능한데도 불구하고, 안타깝게도 주요우울증을 겪는 미국인의 절반은 전문가의 도움을 받지 않고 있다(Gozález et al., 2010). 그중에서도 라틴 계열과 아프리카 계열의 미국인이 다른 인종보다 치료를 받는 비율이 낮다.

개념 15-20
주요우울증에 걸리면, 동기를 상실하고, 우울한 기분과 무가치감을 느끼며, 이전에 즐겼던 활동에 흥미를 잃고, 심각하면 자살을 시도를 하는 경우도 있다.

어떤 주요우울장애 환자는 일상생활이 불가능하고 침대를 벗어나지 못한다. 저녁 먹을 장소를 결정하는 것조차 힘들게 느껴질 수 있고 집중력이 저하되어 있다. 무력감을 느끼고 "난 더 이상 아무것도 신경 안 써."라는 말을 하는 경우도 있다. 반복해서 자살에 대한 생각을 하거나 자살 시도를 하기도 한다.

미국 성인 여섯 명 중 한 사람(약 16.5%)이 평생에 한 번은 주요우울장애로 고통

받는다고 보고되었다(Conway et al., 2006). 발병률은 성별로 차이가 있는데, 여성의 주요우울 유병률이 남성보다 두 배가량 높다(남성 발병률 12%, 여성 발병률 21%; Hyde, Mezulis, & Abramson, 2008). 이런 유병률 차이는 여성의 호르몬 또는 생물학적 차이 때문일 수도 있지만, 여성이 경험하는 스트레스가 많기 때문일 수도 있다. 여성은 신체 학대, 성적 학대, 가난, 한부모가정, 성차별 등 남성보다 더 많은 스트레스를 경험한다. 부부가 모두 직장을 가진 경우에도 보통 여성이 남성보다 집안일과 아이를 키우는 일의 부담을 더 많이 감당하는 경향이 있다. 또한 여성이 나이 든 가족 구성원이나 질병으로 거동이 불편한 가족을 돌보는 역할을 감당하는 경우가 많다.

많은 심리학자는 여성들이 겪고 있는 스트레스가 우울증의 위험을 높인다고 믿는다.

남성과 여성이 심리적 고통을 대처하는 방식의 차이도 주요우울장애 유병률의 차이를 설명한다. 심리학자인 재닛 놀런-혹시마(Janet Nolen-Hoeksema)는 남성은 힘든 감정을 어떤 곳에 가서 털어내는 등 자신의 감정적 문제에서 주의를 다른 데로 돌리는 경향이 있는 반면, 여성은 감정의 고통을 되새김질하여 생각하는 경향이 있다고 보고했다(Nolen-Hoeksema, 2008; Nolen-Hoeksema, Morrow, & Frederickson, 1993; Nolen-Hoeksema, Wilsco, & Lyubomirsky, 2008). 주의를 다른 곳으로 돌리는 것은 단기적이나마 감정 반응을 무디게 만드나, 자신의 문제를 계속 되씹어 생각하는 것은 우울증을 유발할 가능성이 높다(Koster et al., 2011; Loa, Ho, & Hollon, 2008). 그러나 주의를 다른 곳으로 돌리는 것은 알코올 의존 또는 약물 남용 같은 다른 문제를 야기하기도 한다. 우울증의 징후에 대해 알기 위해 '해 보기' 섹션을 보자.

계절성 기분(정서)장애(seasonal affective disorder: SAD, DSM-5에서는 '재발성 주요우울장애, 계절성 동반' 명시자로 분류됨)는 봄과 여름에는 상승된 기분을 느꼈다가 가을과 겨울에 극심한 우울을 경험하는 패턴이 반복되는, 주요우울장애의 한 유형이다. 치료자들은 이들을 자연광을 부분적으로 대체할 수 있는 밝은 인공 불빛에 노출시켜서 성공적으로 치료해 왔다.

계절성 기분(정서)장애(seasonal affective disorder: SAD): 봄과 여름에 상승된 기분을 느낀 후 겨울에 우울증을 경험하는 패턴이 반복되는, 주요우울증의 한 유형

지속적 우울장애(dsythymic disorder) 또는 기분저하증(dysthymia)은 주요우울장애에 비해 상대적으로 우울증의 수준이 높지 않지만 지속적으로 나타나는 경우를 말한다. 지속적 우울장애의 증상이 주요우울장애보다 강도가 약하기는 하지만 이 증상을 가진 사람들은 오랫동안 지속적으로 의기소침한 경향을 보인다. 미국 일반 사람의 4.3%가 평생에 한 번은 지속적 우울장애를 겪는다(Conway et al., 2006). 주요우울장애처럼 지속적 우울장애도 여성에서 더 많이 발견된다.

지속적 우울장애(dysthymic disorder): 강도가 약한 우울증이 지속되는, 우울장애의 한 유형

3) 양극성 및 관련 장애

양극성장애(biplora disorder)는 이전에 조울증(mainc-depression)이라고 불렸는데, 극도의 고양(조증 삽화, manic episodes)과 극도의 우울 간 감정 기복을 겪는 것을 말한다. 그 사이에 정상적인 기분이 유지되는 기간이 있을 수도 있다. 조증 삽화 단계

양극성장애(bipolar disorder): 극도의 고양과 극도의 우울 간 감정 기복이 특징인, 기분장애의 한 유형

조증 삽화(manic episodes): 극도의 기분 고양 및 에너지 고양이 일어나는 시기

에서는 비정상적으로 기분이 좋고, 지치지 않으며, 흥분하고, 말이 많으며, 시비를 거는 일이 일어난다. 사치스러운 것을 소비하고, 부주의하게 운전하고, 물건을 부수거나, 성적인 장난을 걸기도 해서 주위 사람조차 '너무 심하다'고 느낄 수 있다. 아주 빨리 말하는 경향(언어 압박, pressured speech), 주제를 빠르게 전환하는 사고 비약(flight of ideas), 또는 과대 망상적인 자신감을 갖기도 한다. 조증 삽화 단계에서는 망상적인 믿음을 가지거나 자신의 능력을 뛰어넘는 일(예: 교향곡을 쓴다거나 세계 빈곤 퇴치 계획를 세우는 것)을 시도할 수도 있다. 평생 모은 돈을 나누어 주는 등의 미숙한 판단을 보일 수도 있고, 넘치는 에너지 때문에 잠을 잘 필요성을 느끼지 못하기도 한다. 이런 시기가 지나면 기분이 우울해지면서 다시 절망감을 느끼는 시기가 오는데, 어떤 양극성장애 환자는 조증 단계에서 우울로 내려가는 시점에서 앞으로 겪을 우울증에 대한 두려움 때문에 자살을 시도하기도 한다. 미국인의 1%가 평생 한 번은 양극성장애를 경험해 본 적이 있다고 보고한다(Frye, 2011; Merikangas & Pato, 2009).

순환성장애(cyclothymic disorder): 상대적으로 약한 수준의 기분 변화가 반복적으로 일어나는, 기분장애의 한 유형

순환성장애(cyclothymic disorder)는 '순환(cycle)'을 의미하는 그리스어 kyklos와 '정신(spirit)'을 의미하는 thymos에서 유래되었다. 순환성장애는 양극성 및 관련 장애의 한 유형이지만 양극성장애보다 기분 변화가 덜 심하다. 일반 성인 1,000명 중 4~10명 정도가 평생 한 번 이상 순환성장애를 경험한다. 여성에게 더 많이 발병하는 단극성 우울증(unipolar depression)과는 다르게 양극성장애와 순환성장애는 여성만큼이나 남성에게서도 많이 발견된다.

개념 15-21

양극성장애 환자은 극도의 고양과 극도의 우울 간 감정 기복을 겪는다.

2. 기분장애의 원인

개념 15-22

기분장애의 심리적 요인에는 강화 수준의 변화, 왜곡된 사고방식, 우울 귀인 양식, 스트레스가 있다.

➔ 개념 링크 인지치료는 환자가 왜곡된 사고방식을 인지하도록 돕는 심리치료의 한 방식이다.

불안장애와 마찬가지로 기분장애 또한 심리적 원인과 생물학적 원인 모두 존재한다.

1) 심리적 요인

우울증을 설명하기 위한 여러 심리학 모델이 있다. 고전적 정신역동 관점은 우울을 자신에 대한 분노로 해석한다. 행동주의 관점은 우울이 다른 사람에게서 주목받고, 인정받으며 감정적인 지지를 받는, 강화 수준이 부족해서 나타난다고 본다. 강화 수준의 부족은 다양한 이유로 생길 수 있다. 예를 들어, 배우자나 친한 친구의 사망은 강화의 기회를 잃게 되고, 집에서 멀리 떨어진 대학을 가게 된 사람은, 강화의 기회를 제공해 주었던 고등학교 친구와 멀어지고 새로운 친구를 사귀는 데 어려움을 겪을 수 있다. 우울증이 심하면 새로운 강화의 기회를 만들 노력조차 할 수 없다. 강화 수준을 높일 기회가 있어도 관계를 유지하는 사회적 기술이 부족한 경우도 있다.

인지 심리학자는 개인이 사건을 해석하는 방식이 기분장애 발달에 영향을 끼친

다고 본다. 그중 가장 영향력 있는 인지 이론가인 에런 벡은 인지치료(제16장에서 논의됨)를 개발한 정신과 의사이다. 에런 벡과 동료들(A. T. Beck, Freeman, et al., 2003; A. T. Beck, Rush, et al., 1979)은 왜곡된 사고방식을 가진 사람이 우울증에 취약하다고 말한다. 왜곡된 사고방식은 직장을 잃거나 나쁜 성적을 받는 등의 실망스러운 사건을 과장하고 확대해서 생각하는 정신적인 틀을 의미한다. 에런 벡과 동료들은 이러한 왜곡된 사고방식을 인지 왜곡(cognitive distortions)이라 불렀다. 〈표 15-2〉에는 우울증과 밀접한 관련 있는 인지 왜곡이 정리되어 있다.

우울증의 또 다른 심리적 모델인 학습된 무기력 모델(learned helplessness model)에서는 인간은 강화에 대한 조절능력을 모두 잃었다고 느낄 때 우울증을 경험한다고 본다. 이는 심리학자 마틴 셀리그먼(Martin Seligman, 1973, 1975)이 개발한 개념으로 초기 동물 실험 연구 결과에 기반을 두고 있다. 우리에서 탈출할 수 없도록 전

학습된 무기력 모델(learned helplessness model): 우울증은 조절할 수 없는 부정적 사건에 노출된 이후 강화에 대한 조절능력을 모두 잃었다고 보는 관점과 관련 있음

〈표 15-2〉 우울증과 관련 있는 인지 왜곡

인지 왜곡의 종류	정의	예
양자택일적 사고	사건에 대해 전부 좋게 보거나 나쁘게 보는 것	이별을 완전한 실패로 보는가? 완벽하지 않은 행동은 완전한 실패로 간주하는가?
잘못된 낙인	외부적 원인을 무시한 채 실패의 원인이 자신이라고 생각하는 것	일이 생각대로 진행되지 않을 때 자동적으로 자신을 탓하는가?
점쟁이 오류	하나의 실망스러운 사건이 또 다른 실망스러운 사건으로 이어질 것이라 생각하는 경향	지원했던 직장에서 떨어졌을 때, 다른 모든 직장에서 떨어질 것이라 생각하는가?
부정적 초점화	경험의 부정적인 측면에만 집중하는 것	성과를 평가받을 때, 칭찬은 무시하고 비판에만 집중하는가?
긍정성 격하	승리의 문턱에서 개인의 성취를 극소화하고 부정함으로써 패배만 받아들이는 것, 자신의 강점과 자원을 격하시킴	칭찬을 받을 때, "그것 별거 아닌데." 아니면 "누구나 다 할 수 있는 거야."라는 식으로 칭찬을 격하시키는가?
억측하기	근거 없이 성급히 부정적으로 결론짓는 것	항상 최악의 상황이 생길 것이라 예측하는가?
부정적 극대화	부정적인 사건을 과장해서 해석하는 것	실망스러운 성적을 받았을 때 인생 전체가 실패한 것처럼 반응하는가?
정서 기반 추론	사실적 근거에 의거해 추론하는 것이 아니라 감정을 기반으로 추론하는 것	희망이 없다고 느끼는 자신의 감정에 근거하여 실제로 모든 일이 희망이 없다고 믿는가?
해야만 한다는 사고	특정한 일을 꼭 해야 한다거나 어떤 목표를 꼭 성취해야 한다고 스스로에게 비현실적인 부담을 주는 것	항상 좀 더 잘해야 한다고 느끼는가? 이 수업에서 탁월하게 잘해야만 한다고 생각하는가?
부정적 이름 붙이기	자신이나 다른 사람의 행동에 부정적인 이름을 붙이는 것	목표를 성취하지 못할 때 자신을 게으르고 멍청한 사람이라고 부르는가?
잘못된 책임성 전가	자신이 다른 사람의 문제의 원인이라고 생각하는 것	남자/여자 친구가 기분이 안 좋은 것이 항상 자신이 말한 것(또는 하지 않은 것) 때문이라고 추측하는가?

출처: Burns (1980); Nevid & Rathus (2008); Nevid, Rathus, & Greene (2011)에서 수정.

기 충격을 받은 개는, 이후에 전기 충격이 가해지지 않는 상황에서도 탈출에 실패했다. 개는 탈출하려는 노력을 포기하고 무기력하고 동기가 결여되어 있었는데, 셀리그먼은 이런 행동이 우울증을 겪는 사람의 행동과 닮아 있다고 주장했다. 셀리그먼은 통제할 수 없는 상황에 노출되는 것이 학습된 무기력을 만들고, 이로 인해 우울증에 취약해진다고 주장했다. 이 모델의 핵심은 자신의 노력이 계속 실패하면 인간은 결국 시도조차 하지 않게 되고 우울 상태로 접어든다는 것이다.

셀리그먼과 동료들은 이후에 무기력 모델에 인지적 요소를 추가했다(Abramson, Seligman, & Teasdale, 1978). 개인이 자신에게 일어난 사건을 어떻게 설명하는지를 의미하는 사회심리학의 개념인, 귀인 양식(attributional style)을 빌려 왔다. 수정된 무기력 모델은 귀인에는 내적 귀인과 외적 귀인, 전체 귀인과 부분 귀인, 안정 귀인과 불안정 귀인의 세 가지 유형이 있다고 보았다.

귀인 양식(attributional style): 사건의 원인을 설명하는 개인의 방식

수학 시험에서 낮은 성적을 받았다고 가정해 보자. 내적 귀인은 스스로를 탓한다('내가 다 망쳤어.'). 반면에, 외적 귀인은 외부적 요소에 책임을 돌린다('시험이 너무 어려웠어.'). 전체 귀인은 낮은 성적의 원인을 전반적으로 자신의 능력이 부족하기 때문이라고 생각하는('나는 수학을 정말 못해.') 반면 부분 귀인은 그 원인을 구체화해 문제를 축소한다('나는 저 방정식에 대한 이해가 부족했어.'). 안정 귀인은 사건을 영구적인 것으로 생각하는('나는 앞으로 수학은 정말 못할 거야.') 반면 불안정 귀인은 바뀌는 것으로 생각한다('다음에 더 준비를 잘해야겠다.'). 셀리그먼과 동료들은 실패를 내

해 보기 우울증 자기검사

많은 사람이 무관심 또는 수치심 때문에 조용히 우울증을 앓는다. 엑스레이나 CT 스캔에 나타나지 않기 때문에 우울증은 질병이 아니라고 생각하고, 전문적인 도움을 받기보다 스스로 참기로 결정하는 사람도 있다. 다음 검사는 우울증의 징조를 자각하는 것을 돕는 검사이다. 우울장애 진단을 제공하지는 않지만 전문가의 도움을 받을 필요가 있는 증상에 대해 자각할 수 있을 것이다.

	예	아니요
1. 낙담하고, 우울하고, 슬픈 감정이 든다.	□	□
2. 예전에 즐겼던 일들도 더 이상 즐겁지 않다.	□	□
3. 내가 죽는 것이 다른 사람에게 이득이라는 생각이 든다.	□	□
4. '나는 쓸모가 없다' 또는 '나를 필요로 하는 곳이 없다'는 생각이 든다.	□	□
5. 몸무게가 급격히 줄어들고 있다.	□	□
6. 잠을 제대로 자지 못한다.	□	□
7. 제대로 쉬지를 못하고 가만히 있기가 힘들다.	□	□
8. 이전처럼 정신이 맑지 않다.	□	□
9. 아무 이유 없이 피곤하다.	□	□
10. 미래에 대해 절망적이다.	□	□

채점 방식: 처음 두 문항 중 한 개를 포함해서 다섯 개 이상 '예'라고 대답했고, 이러한 증상들이 적어도 2주 이상 지속되었다면 전문가의 도움이 반드시 필요하다. 세 번째 문항에 '예'라고 대답했다면 즉시 건강 전문가와 상담을 받기 권한다. 이 경우 대학 상담소나 건강센터에 연락하거나 또는 교수에게 이야기하는 것을 권한다.

출처: J. E. Brody (1992)에서 수정.

적 · 전체 · 안정 귀인으로 해석하는 사람이 우울 귀인 양식(depressive attributional style)을 가졌으므로 우울증에 취약하다고 보았다.

인지 심리학자가 주장한 것과 같이 우울한 사람은 왜곡된 사고방식 때문에 고통받는다(예: Koster et al., 2011; Riso et al., 2003). 그러나 부정적이고 왜곡된 생각이 우울증을 유발하는 것인지 아니면 우울증이 이러한 왜곡된 생각을 발생시키는 것인지에 대한 의문은 여전히 남아 있다. 아직 밝혀지지 않았지만, 사고가 기분에 또한 기분이 사고에 영향을 끼치는 상호 영향일 것으로 추정된다.

스트레스 또한 우울증에 기여한다(Kendelr & Gardner, 2010; Liu & Alloy, 2010). 사랑하는 사람을 잃거나, 실직이 계속되거나, 심각한 신체 질병을 앓거나, 부부 관계 문제나 별거, 이혼, 일의 압박, 재정적 어려움 등의 스트레스는 주요우울증의 위험성을 높이는 원인이다(예: Kõlves, Ide, & De Leo, 2010; Monroe & Reid, 2009; Muscatell et al., 2009).

우울 귀인 양식(depressive attributional style): 부정적인 사건을 내적 귀인, 안정 귀인, 전체 귀인으로 설명하는 방식

© Con Tanasiuk/Design Pics/Corbis

'왜 나는 항상 실패하는 것일까?' 인지 이론가는 부정적인 사건을 해석하는 방식에 따라, 우울증의 취약성이 달라진다고 믿는다.

2) 생물학적 요인

우울증은 뇌의 신경전달물질 활동의 이상과 관련이 있다(Carver, Johnson, & Joorman, 2008). 우울증을 완화시키는 약인 항우울제(antidepressants)는 신경전달물질인 세로토닌(serotonine)과 노르에피네프린(norepinephrine)의 수준을 증가시킨다(Richardson-Jones et al., 2010). 예를 들어, 항울제인 프로작(Prozac)과 졸로프트(Zoloft)는 뇌에 있는 신경세포를 통과하여 기분을 조절하는, 화학물질의 재흡수를 막아서 세로토닌의 수준을 증가시킨다.

우울증은 신경전달물질의 부족만으로 설명되지 않는다. 신경물질이 도착하는 수용성 신경세포에 수용기가 너무 민감하거나 수용기의 수가 불균형해서라는 견해도 있다(Cipriani et al., 2009; Oquendo et al., 2007). 항우울제는 수용기의 민감성 또는 수용기의 수를 변형시켜 우울증을 경감시킬 수 있는데, 이런 과정은 시간이 걸리므로 약의 효과가 즉시 나타나지 않고 보통 몇 주의 시간이 걸린다. 또한 기분 상태를 조절하는 뇌의 부분이 비정상적이면 우울증이 발전할 수 있다(예: Ellison-Wright & Bullmore, 2010; Kieseppä et al., 2010; Lorenzetti, Allen, Whittle, & Yücel, 2010).

쌍생아 연구는 유전적 요인이 기분장애에 중요한 영향을 끼친다는 것을 보여주었다(예: Edvardsen et al., 2009; Hyman, 2011). 신경전달물질의 기능을 조절하는 유전자가 어떻게 기분장애 취약성을 높이는지는 계속 연구되고 있다(Barnett & Smoller, 2009; Duric et al., 2010; Karg et al., 2011). 그러나 생물학적 원인만으로 기분장애를 설명할 수는 없다. 기분장애는 복잡한 장애이므로, 다양한 요소가 복잡한 방식으로 상호작용한다(〈개념 차트 15-4〉 참조).

개념 15-23

기분장애의 생물학적 원인에는 신경전달물질의 문제와 유전적 요인이 있다.

➔ 개념 링크 정신과 의학품은 뇌의 신경전달물질의 기능을 정상화하기 위한 것이다. 제16장 3단원을 참고하라.

〈개념 차트 15-4〉 기분장애

© Atalanta07/BigStockPhoto.com

장애의 유형	평생 유병률 (대략적 %)	증상	관련 특징
주요 우울장애	남성 12% 여성 21% 전체 16.5%	우울한 기분, 무가치한 느낌, 절망, 체중이나 식욕의 변화, 수면의 변화, 동기 잃음, 무기력함, 흥미가 있었던 활동에 흥미를 잃음	우울 삽화 이후에, 원래 기능을 되찾지만 재발하는 경우가 흔하다.
양극성장애	약 1%	조증과 우울 간 감정 기복이 있음, 그 감정 기복 사이 정상적인 기분의 기간이 있을 때도 있음	조증 삽화는 언어 압박, 사고의 비약, 잘못된 판단, 활동 과잉, 기분과 자신감이 극도로 고양되는 특징이 있다.

출처: American Psychiatric Association (2013); Conway et al. (2006); Frye (2011).

3. 자살

© Burstein Collection/Corbis

'별들이 찬란하게 빛나는 밤에' 예술가 빈센트 고흐는 심각한 우울증을 겪었고 37세에 권총 자살을 했다. 이 우울한 초상화에 그려진 그의 눈과 얼굴 표정은 그가 얼마나 많은 고통과 절망을 느꼈는지 보여 준다.

자동차 사고 다음으로 높은 대학생 사망 원인이 무엇일까? 에이즈? 마약? 정답은 자살이다(Rawe & Kingsbury, 2006). 미국에서는 매년 1,000명의 대학생이 자살을 한다. 사실, 자살률이 가장 높은 집단은 노인, 특히 백인 노인이다(Bruce et al., 2004; Joe et al., 2006). 지난해에 대략 100만 명의 미국 성인이 자살 시도를 했고 3만 6,000명 이상이 실제 자살로 인해 사망했다고 보고되었다(Centers for Disease Conrol and Prevention, 2011; USDHSS, 2010).

1) 자살 위험이 높은 사람은 누구인가

자살은 우리 사회의 모든 계층에서 일어난다. 그러나 특정 요인은 자살 위험과 특별한 관련이 있다.

- 나이. 청소년 자살에 많은 관심이 모아지는 것이 사실이지만, 실제 자살률은 75세 이상 백인 남성 노인에서 가장 높다(Joe et al., 2006; Szanto et al., 2003). ([그림 15-4] 참조).
- 성별. 여성이 자살 시도를 더 많이 하지만, 자살로 목숨을 잃는 경우는 남성이 네 배 더 많다(Houry, 2004; M. Miller, Azrael, & Hemenway, 2004). 이는 남성이 권총처럼 좀 더 치명적인 도구를 사용하는 반면, 여성은 약이나 독 같은 좀 덜 치명적인 수단을 사용하기 때문이다.
- 인종. 유럽계 백인 미국인과 미국 원주민이 아프리카계 미국인이나 아시아계 미국인보다 자살 비율이 높다(Centers for Disease Control and Prevention, 2009e; Joe et al., 2006). 특히, 미국 원주민 청소년 및 청년의 자살률이 가장 높다(Meyers, 2007). 미국 주류 사회에서 분리되어 기회가 부족한 미국 원주민 사이에 널리

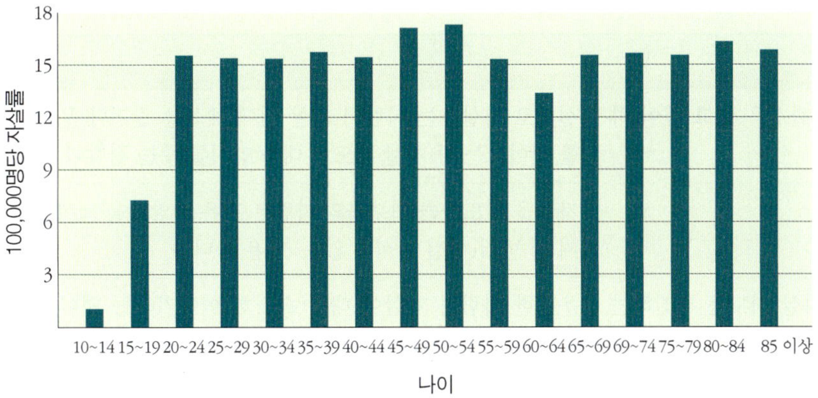

[그림 15-4] 연령대별 자살률

자살률은 성인 중반기와 후반기에 증가한다.

출처: Centers for Disease Control and Prevention (2009d).

퍼져 있는 절망감 때문에, 이들은 알코올 또는 마약 남용에 빠지고 우울과 자살 확률이 높아지는 것이다.

2) 자살의 원인

자살은 주요우울증과 양극성장애와 밀접한 관련이 있다. 특히, 기분장애와 동반되는 깊은 절망감 및 무력감과 관련이 깊다(Holma et al., 2010; Johnson et al., 2011; Witte et al., 2009). 자살 또한 우울증처럼 세로토닌 조절에 영향을 미치는 유전자 영향과 세로토닌 신경전달물질의 불균형과 연관되기도 한다(Crowell et al., 2008; Must et al., 2009). 세로토닌은 과도한 신경계 활동을 억제하는 것을 돕는데, 뇌에서 세로토닌의 활동이 비정상적이면 탈억제 효과(disinhibition effect), 즉 자살 같은 충동적인 행동을 억제하지 못하는 결과를 가져올 수 있다.

탈억제 효과(disinhibition effect): 충동적인 행동을 억제하는 정상적인 기능을 잃는 것

마약과 술에 의존하는 것은 자살의 중요한 위험 요인이다. 술을 마시게 되면 충동적으로 행동하게 되는데, 이때 자살 생각이 행동으로 옮겨지기 쉽다. 조현병, 심각한 불안장애, 오랜 기간의 실직, 심각한 질병 또한 자살 위험성을 높인다(예: Ben-Ya'acov & Amir, 2004; McGirr et al., 2006; Oquendo et al., 2003).

자살 전문가 에드윈 슈나이드먼(Edwin Schneidman, 1996)은 자살을 시도하는 사람은 문제 대처능력이 결여되어 있다고 지적한다. 자살 외에 자신의 문제를 해결할 다른 방법을 보지 못한다는 것이다. 자살은 사랑하는 사람의 죽음, 이혼, 결별, 가족과 헤어짐 등의 사건과 관련이 있다. 이런 사건은 사람들로 하여금 중요한 사회적 지지의 원천을 잃는 듯한 느낌을 주기 때문이다. 〈표 15-3〉에서는 자살에 관한 미신에 대해 정리해 놓았다.

개념 15-24

자살은 우울증과 밀접한 관련이 있는데, 특별히 깊은 절망감과 관련이 있다.

〈표 15-3〉 자살에 관한 미신

미신	사실
자살을 하겠다고 위협하는 사람은 단지 관심을 받고 싶어 하는 것이다.	실제로 자살하는 사람이 자살 전에 재산을 팔거나 무덤 자리를 알아보는 등 자살 의도에 대한 암시를 주는 경향이 있다.
자살을 하는 사람은 미쳤다.	자살을 시도하는 대부분의 사람은 깊은 절망감을 느끼는 것이지 미친 것(현실 인식이 없는 것)은 아니다.
우울한 사람의 자살 생각을 듣는 것은 자살 시도를 촉진하는 행동이다.	우울한 사람과 자살에 대해 솔직히 이야기하는 것이 자살을 실행하도록 만들지는 않는다.
자살 시도에 실패하는 것은 자살하고자 하는 것이 진심이 아니기 때문이다.	실제 자살하는 대부분의 사람이 자살 시도에 실패한 경험을 가지고 있다.
누군가가 자살을 하겠다고 위협한다면 무시하는 것이 자살 위협을 독려하지 않는 최선의 방법이다.	말뿐인 위협을 통해 다른 사람을 조종하려는 사람도 있지만, 모든 자살 위협을 실제 위협으로 인식해 심각하게 다루고 적절한 행동을 취하는 것이 현명하다.

4단원 복습 기분장애

되새겨 봅시다

기분장애의 주요 유형은?

➤ 기분장애는 기분의 이상 상태가 평소와 달리 심각하고 지속적인 경우를 일컫는다. 기분장애의 두 주요 유형에는 주요우울증과 양극성장애가 있다.

기분장애의 원인은?

➤ 유전적 요인, 뇌의 신경전달물질의 불균형, 자신을 향한 분노, 강화 수준의 변화, 왜곡된 사고방식 등이다.

자살 위험성이 높은 사람은 누구인가?

➤ 백인 남성 노인과 미국 원주민의 자살률이 가장 높다. 남성은 자살을 시도할 경우 여성보다 '성공할' 확률이 높은데, 이는 남성이 더 치명적인 도구를 사용하기 때문이다.

왜 자살을 하는가?

➤ 많은 자살이 깊은 절망감에서 비롯된다.

점검해 봅시다

1. 심각한 기분의 변화가 특징인 기분장애의 유형을 ______________(이)라고 부른다.
2. 여성이 남성보다 우울증 유병률이 높은 것은 어떤 요인 때문인가?(적어도 한 요인을 설명해 보자.)
3. 널리 쓰이는 항우울제인 프로작은 뇌에 있는 신경세포를 통과하여 기분을 조절하는 화학물질의 ____________를 막아서 신경전달물질인 ____________의 수준을 높인다.
4. 학습된 ____________에 대한 셀리그먼의 초기 연구에서, 탈출할 수 없도록 전기 충격을 받은 개는 이후에 전기 충격을 가하지 않은 상황에서도 탈출에 실패했다.

생각해 봅시다

➤ 이 책에 적힌 왜곡된 사고와 부정적인 귀인 양식 중 당신을 설명하는 것이 있는가? 그러한 사고 패턴이 기분, 동기, 자신에 대한 감정에 어떠한 영향을 끼치는가? 부정적인 일에 대한 사고방식을 어떻게 바꿀 수 있을까?

➤ 양극성장애는 일반적으로 느끼는 기분의 '상승 및 하강'과 어떻게 다른가?

조현병

- 조현병의 증상에는 어떤 것이 있는가?
- 조현병 스펙트럼 장애에 속하는 유형에는 어떤 것이 있는가?
- 조현병의 원인은?
- 조현병의 취약성-스트레스 모델은?

5 단원

조현병(schizophrenia)은 정신착란 또는 정신이상의 개념과 가장 가까운 장애이다. 조현병이라는 용어는 '분리된 뇌'를 의미하는 그리스 원어에서 비롯되었다. 조현병은 사고, 지각, 감정 사이의 연결 고리에서 정신이 분리되었다고 본다. 조현병 환자는 재난의 상황에서 키득거리기도 하고, 실제로 존재하지 않는 것을 보거나 듣기도 하며, 명백하게 틀린 것을 확실히 믿기도 한다.

성인 약 100명 중 한 명이 조현병 진단을 받는데, 이는 미국에서만 200만이 넘는 수이다(Centers for Disease Control and Prevention, 2009d). 거의 100만 명이 매년 조현병 치료를 받고 있으며, 그중 1/3은 입원치료를 받고 있다.

귀신으로부터 마을을 지킨다고 믿는 클레어 같은 사례에서 알 수 있듯이 조현병에 걸린 사람은 기이하고 비합리적인 행동을 보인다. 유발률은 남성이 여성보다 조금 더 높고(Tandon, Keshavan, & Nasrallah, 2008), 남성에서 조현병이 좀 더 일찍 발병하며 증상도 더 심각한 경향이 있다. 보통 청소년기 후기 또는 청년기 초기에 발병한다(Tandon, Nasrallah, & Kashavan, 2009; Walker et al., 2010). 문화마다 특정 증상이 달라지기도 하지만, 조현병은 다른 문화에서도 흔하게 나타난다.

다음에서 조현병과 싸우는 젊은 여성이 자신의 머리에 들어왔던, 초대하지 않은 목소리에 대해 이야기한다. 그녀는 고등학교 마지막 학년에 들어가기 전 여름 캠프를 참가하고 있었다.

생활의 한 단면 "너는 죽어야 해!" 다른 목소리도 함께 말했다. "너는 죽어야 해! 너는 죽어야 해!"

처음에는 내가 어디 있는지 몰랐다. 호수인가? 잠들었나? 깨어 있는 건가? 그때 갑자기 현재로 돌아왔다. 나는 이곳 캠프에 혼자 있었다. 내 룸메이트는 여전히 평화롭게 자고 있었다. 나는 즉시 도망쳐야 했다. 이 끔찍한 악마의 목소리로부터 벗어나야 했다.

그때 이후로 그 목소리로부터 자유로웠던 적은 한 번도 없다. 그해 캠프를 가기 전 나는 행복하고 건강한 소녀였고, 나에게 무슨 일이 일어날지 전혀 알지 못했다. 그 목소리가 들리기 시작한 이후에 조현병 때문이라는 것을 알게 되었는데, 조현병은 내 인생을 통째로 앗아갔다.

두뇌는 퍼즐을 좋아합니다

이 단원의 내용을 바탕으로 다음 문제를 풀어 보자.

조현병 발병에 유전이 중요한 요소인데, 왜 아직도 조현병을 야기하는 특정 유전자를 찾지 못한 것일까? 과연 앞으로도 찾지 못할까?

조현병(schizophrenia): 사고, 인지, 감정, 행동에 장애를 일으키는 심각하고 만성적인 심리적 장애

개념 15-25

조현병은 왜곡된 지각 및 사고, 서로 연결되지 않는 생각들로 사람을 무능하게 만드는 장애이다.

……친구들이 결혼하고, 아이를 낳고, 내가 꿈꾸었던 곳에 집을 장만할 때도 나는 닫힌 문 뒤에서 허락도 없이 내 인생을 앗아가 버린 그 목소리와 싸우고 있었다.

(Schiller & Bennett, 1994)

1. 조현병의 증상

정신병적 장애(psychotic disorder): 현실과 단절된 특징을 가진 조현병과 같은 심리장애

조현병은 현실과 공상의 혼란을 경험하고, 존재하지 않는 것을 보거나 들으며(환각), 명백히 잘못된 사실을 확고히 믿는(망상) 정신병적 장애(psychotic disorder)이다. 환각(hallucinations)은 실제로 존재하지 않는 감각 자극을 인식하는 것이다. 목소리를 듣는 환청이 가장 많이 일어나고, 존재하지 않는 것을 보는 환시, 존재하지 않는 것의 맛을 느끼는 환미, 실재하지 않는 것의 냄새를 맡는 환후는 상대적으로 드물다. 망상(delusions)에는 여러 형태가 있는데, 가장 흔한 형태가 귀신이 자신을 해치려고 한다고 믿는 것 같은 피해망상이다.

조현병 환자는 기괴한 행동, 와해된 언어 사용(연결이 느슨하고 앞뒤가 맞지 않는 언어 사용), 비논리적인 사고를 보인다. 지금이 몇 시인지, 오늘이 무슨 요일인지, 몇 년도인지, 여기가 어디인지, 자신이 누구인지조차 인식하지 못할 수 있다. 어떤 환자의 경우에는 인지 및 운동 기능이 심각하게 손상되는 긴장성 행동(catanoia)을 보인다. 긴장성 행동을 보이는 환자는 환경을 인식하지 못하고 고정된 경직 자세를 유지한다. 기이하면서도 어려운 자세를 유지하여 사지가 뻣뻣해지거나 부풀어 오르기도 한다(Daniels, 2009). 이상한 자세나 기이한 얼굴 표정을 짓기도 하고, 특정한 반응을 보이지 않기도 한다. 그러나 조현병 진단에 이 모든 증상이 다 존재해야 하는 것은 아니다.

사고장애(thought disorder): 말과 생각의 논리적 구조가 깨어져 와해된 형태

많은 조현병 환자가 사고장애(thought disorder)를 보이는데, 이는 생각의 연결성이 느슨(loose association)해지면서 생각과 말의 논리 구조가 깨지는 것을 의미한다. 일반적으로는 하나의 생각 뒤에 다른 생각이 논리적으로 진행되도록 생각이 밀접하게 연결된다. 그러나 조현병 환자의 말은 혼란스럽게 뒤죽박죽 섞여 있어 생각의 흐름을 따라가기 어렵다. 심각한 경우에는 언어가 완전히 와해되어 그의 말을 상대방이 이해하는 것이 불가능하고, 의미 없는 단어를 지어내거나 이상한 운율을 만들어 내기도 한다.

양성 증상(positive symptoms): 환각, 망상 같은 행동 과잉이 나타나는 조현병의 증상

음성 증상(negative symptoms): 고립, 무관심 같은 행동 결여로 나타나는 조현병의 증상

환각, 망상, 기괴한 행동, 사고 장애 등의 조현병 징조가 명백하면 이를 양성 증상(positive symptoms)으로 분류한다. 조현병 환자는 완전히 사회적으로 고립되거나, 무관심하고, 감정 표현이 결여되는 증상을 겪을 수 있는데, 이러한 행동의 결여를 음성 증상(negative symptoms)으로 분류한다. 조현병 환자는 자신이 강한 감정을 느끼는데도 감정이 표정으로 드러나지 않는 경우가 많다(King & Caponigro, 2010). 양성 증상이 나타나는 급성기 삽화(acute episode) 이후에도, 음상 증상은 보통 더 오

랫동안 지속되기 때문에 일상생활에서 정상적으로 기능하기가 어렵다.

조현병 환자는 대부분 서서히 증상이 악화되는 전구기(prodrome phase), 양성 증상이 빈번히 나타나는 급성기(acute phase), 심각한 정신병적 행동은 사라지지만 기능의 손상이 남아 있는 잔류기(residual phase)의 단계를 거친다. 전구기에는 특이한 사고, 비정상적인 지각(아직 망상이나 환각이 아님), 사회 활동에 대한 관심 감소, 일상생활에서 기능이 저하되는 미세한 증상이 나타난다. 급성기가 시작되면 행동은 보다 기괴해져서 음식을 모으거나 쓰레기를 수집한다거나 길거리에서 혼잣말을 하는 것과 같은 행동이 나타난다. 이 시기에는 정신병적 증상이 발전하면서 환각 및 망상을 빈번히 경험한다. 잔류기에는 환자의 행동이 전구기 수준으로 돌아가지만, 인지 기능과 사회적 기능 및 정서적인 면의 결함 등이 남아 있어 환자가 사회적 · 직업적 역할을 효율적으로 수행하기 어렵다.

2. 조현병 스펙트럼 장애

1) 단기 정신병적 장애

단기 정신병적 장애(brief psychotic disorder)는 망상, 환각, 와해된 언어, 기괴한 행동, 긴장성 행동 중 한 개 이상이 하루에서 한 달간 지속된다. 그러나 증상이 사라지면 환자의 기능은 완전히 회복된다. 단기 정신병적 장애는 사랑하는 사람의 죽음이나 전쟁에 노출되는 것과 같은 심각한 스트레스와 관련되는 경우가 많다.

개념 15-26

조현병 스펙트럼 장애에는 단기 정신병적 장애와 망상장애 등이 있다.

긴장성 행동을 보이는 환자는 고정되거나 경직된 자세를 유지한다. 기이한 얼굴 표정을 짓기도 하고 어려운 자세를 몇 시간 동안 유지하기도 한다.

2) 망상장애

망상장애(delusional disorder)는 지속적으로 망상적 믿음을 보이는 사람에서 나타나는 증상이다. 망상은 조현병에도 자주 나타나지만, 망상장애 환자는 조현병 환자와는 다르게 혼란스럽고 와해된 사고를 보이지 않고 환각 또한 현저하지 않다. 망상장애의 경우 망상이 비정상성을 보여 주는 유일한 징후이다.

3. 조현병의 원인

조현병은 아직까지도 미스터리한 장애이다. 조현병의 퍼즐을 아직 다 풀지는 못했지만, 여러 퍼즐 조각을 맞추는 데 상당한 발전을 이루었다.

1) 유전적 요인

많은 연구가 조현병의 발병에 있어 유전적 요인이 중요하다고 보고했다(예: Basett et al., 2010; Hyman, 2011; Moreno-De-Luca et al., 2010). 가족 내 조현병 환자와 생물학적 관계가 가까울수록 조현병의 발병 가능성이 높다. 일란성 쌍생아의 경우 조현병을 공유할 확률이 약 45~50%인데, 이는 이란성 쌍생아의 17%보다 두 배 이상 높은 수치이다.

친부모가 조현병을 앓고 있는 입양 아동이 그렇지 않은 입양 아동에 비해 조현병의 발병 가능성이 높다(Tienari et al., 2003). 여러 다양한 유전자가 조현병에 취약한 유전적 특성에 기여하지만(International Schizophrenia Consortium et al., 2009; Walker et al., 2010), 아직도 조현병과 관련 있는 구체적인 유전자가 확실히 밝혀지지 않았다(Ohi et al., 2010; Wratten et al., 2009; Vacie et al., 2011).

개념 15-27

조현병의 원인은 아직 명확히 밝혀지지 않았지만, 유전, 신경전달물질의 불균형, 뇌의 구조적 문제를 포함하는 생물학적 요인과 스트레스의 조합이 조현병 발병을 야기한다는 연구가 있다.

유전이 조현병 발병에 중요한 역할을 하는 것은 명백하지만 유전자가 조현병을 모두 설명하지 못한다. 부모가 조현병을 앓고 있는 경우, 자녀가 조현병을 물려받을 확률이 13%이고, 앞에서 살펴보았듯이 일란성 쌍생아는 유전자가 완전히 동일한데도 발병 일치율이 50%를 넘지 않는다. 유전이 모든 것을 설명한다면, 일란성 쌍생아의 발병 일치율이 100%가 되어야 할 것이기 때문이다. 한마디로 유전적 취약성을 가지고 있다고 해서 필연적으로 조현병에 걸리지는 않는다는 것이다. 심각한 스트레스가 취약한 유전적 요인을 가지고 있는 사람의 조현병 발병 가능성을 높인다는 연구가 있다(Tienari et al., 2004). 이런 스트레스에는 뇌 외상 같은 생물학적인 스트레스 및 어린 시절 학대, 방치, 지속적이고 심각한 가족 불화 등 환경적이거나 심리적인 특성을 가진 스트레스가 포함된다.

2) 신경전달물질의 불균형

뇌의 신경전달물질인 도파민의 과다 분비가 조현병 발병에 중요한 역할을 하는 것으로 보고되었다(Grace et al., 2010). 이는 환각과 망상 증상을 경감하는 향정신병 의약품이 도파민 수용기를 차단해 도파민의 활동을 낮추는 것과 관련이 있다(Abbott, 2010; Nasrallah et al., 2009). 조현병의 복잡한 생물학적 원인을 이해하기 위해서는 밝혀져야 할 요소가 아직도 많다. 도파민 분비가 조현병과 관련이 있다고 보고되고 있지만, 조현병 환자의 뇌에서 도파민이 많이 분비되는 것은 아니라는 연구도 있다. 오히려 도파민 수용기의 수가 과다하게 많거나 또는 도파민 수용기가 지나치게 도파민에 예민하게 반응하는 것일 수도 있다. 앞으로 이러한 원인에 대한 더 많은 연구가 필요하다.

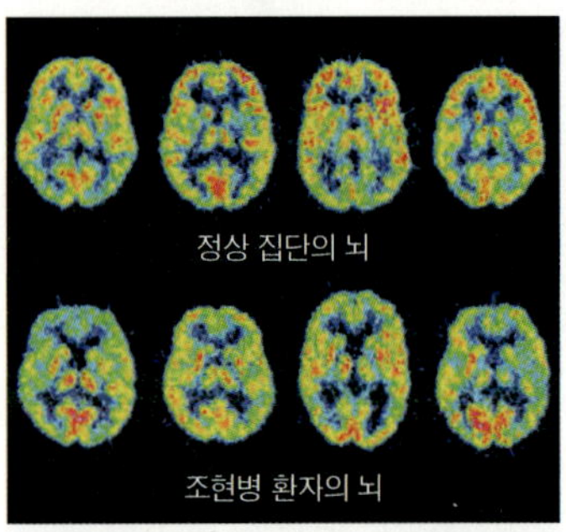

Courtesy of Monte S. Buchsbaum, M.D./Mount Sinai School of Medicine, New York, NY

[그림 15-5] 조현병 환자와 정상집단의 뇌 사진

조현병 환자의 뇌와 정상집단의 뇌의 대사 활동을 단층 촬영한 사진이다. 아래 줄 사진(조현병 환자의 뇌)의 뇌 앞부분에서 노란색 부분과 빨간색 부분이 위 줄 사진(정상 집단의 뇌)보다 적은데, 이는 조현병 환자의 뇌 전두엽 활동이 활발하지 않음을 보여 준다. 이러한 증거는 조현병이 전두엽의 이상(구체적으로 전전두 피질)과 관련된 것이라는 가설을 지지한다.

3) 뇌의 이상

뇌 영상 연구에 의하면 조현병 환자는 뇌 구조의 이상을 보인다(예: Karlsgodt, Sun, & Cannon, 2010; Moriya et al., 2010; Schultz et al., 2010). ([그림 15-5] 참조). 조현병 환자에게서 종종 뇌실(뇌에서 비어 있는 공간)이 확장되어 있는 것이 보이는데, 이는 뇌 조직의 감퇴와 관련이 있다(Kempton et al., 2010). 뇌 조직 감퇴의 원인을 정확히 알 수는 없지만, 뇌 구조가 처음 만들어지는 태아기 또는 뇌가 성장하는 유아기일 때 시작되었을 가능성이 높다(King, St-Hilaire, & Heidkamp, 2010; Walker et al., 2010).

해 보기 이상행동의 인간적인 면 발견하기

생활의 한 단면 내가 대학을 다닐 때 주립 정신병원에서 자원봉사를 한 적이 있다. 나는 당시 심리학에 관심이 많았기 때문에 교과서로 배운 심리장애에 대해 직접 경험해 보고 싶었다. 나는 자원봉사를 하면서 하루에 몇 시간씩 병원에 입원해 있는 환자와 이야기를 나누었다. 가끔씩 카드 놀이를 하고 TV도 봤지만 대부분 그냥 이야기를 나누었다. 그중 한 30대 초반의 남성은 조현병을 진단받고 입원 병동에서 3년 동안 감금되어 살았다고 말했다. 내가 환자들과 지내면서 가장 크게 배운 것은 그들이 '임상 사례'가 아닌 독특한 성격, 경험, 흥미, 욕구를 가진 인간이라는 것이었다. 이상행동의 인간적인 면을 보고 싶다면 정신병원에서 자원봉사를 해 보는 것을 권한다. 당신의 편견과 실제 경험을 비교해 보고 깨달을 수 있는 기회가 될 것이다.

뇌에서 조현병에 가장 영향을 많이 받는 것으로 보이는 기관은 전전두 피질(prefrontal cortex)과 대뇌 변연계(limbic system)이다(예: Dobbs, 2010; Ellison-Wright & Bullmore, 2010; Minzenberg et al., 2009). 전전두 피질은 정보를 저장하고(즉, 작업 기억), 사고와 행동을 조직화하며, 목표를 세우고 계획을 실행하는 역할을 하는데, 조현병 환자는 이러한 기능의 손상을 보인다. 대뇌 변연계는 새로운 기억을 만들고 감정을 처리하는 역할을 담당하는데, 조현병 환자는 이런 기능에도 손상을 보인다.

4) 심리사회적 영향

스트레스 같은 심리사회적 영향이 유적전 취약성과 상호작용하여 조현병을 발전시킬 수 있다(Byrne et al., 2003). 조현병이 유전적 요인으로 인한 취약성(diathesis)과 스트레스 경험의 상호작용에서 나온다는 것이 취약성-스트레스 모델(diathesis-stress model)의 주장이다(Zubin & Spring, 1977). ([그림 15-1] 참조). 스트레스는 태아기 또는 어린 시절 뇌 외상 같은 생물학적인 요인, 어린 시절 학대를 당했거나 대화가 항상 부정적인 가정에서 자란 심리사회적 요인, 사랑하는 사람의 죽음이나 학업 실패 같은 부정적인 사건 모두를 포함한다. 아직 이런 요소가 어떻게 상호작용하는지에 대한 명확한 이해가 부족하지만, 유전적인 요소와 스트레스 환경적 요소가 결합되면 생각, 기억, 지각 과정을 방해하는 뇌의 이상이 생기고, 결국 조현병 환자를 고통스럽게 하는 혼란스러운 생각과 인식을 발생시킨다는 의견이 있다.

개념 15-28

취약성-스트레스 모델은 조현병이 유전적 취약성과 스트레스/외상의 상호작용으로 발생하는 것으로 본다.

조현병의 증상과 원인은 〈개념 차트 15-5〉에 정리되어 있다.

〈개념 차트 15-5〉 조현병

정의		증상	가능성 있는 원인
 © Tramper/Shutterstock.com	만성적 정신병적 장애(미국 인구의 약 1%, 전 세계 인구의 약 0.3~0.7%가 경험)	망상, 환각, 기이한 행동, 와해된 언어 사용, 부적절한 감정 또는 감정 표현의 결여, 사회로부터의 고립, 무관심	유전적 취약성과 스트레스의 상호작용, 뇌의 이상

출처: American Psychiatric Association (2013).

5 단원 복습 조현병

되새겨 봅시다

조현병의 증상에는 어떤 것이 있는가?

➤ 조현병은 현실과 단절된 특징을 가진 정신병적 장애이다. 조현병 환자에게 많이 나타나는 증상으로는 혼란, 망상, 환각이 있다.

조현병 스펙트럼 장애에 속하는 유형에는 어떤 것이 있는가?

➤ 조현병 스펙트럼 장애에는 단기 정신병적 장애와 망상장애 등이 있다.

조현병의 원인은?

➤ 조현병의 원인은 아직 명확히 밝혀지지 않았으나, 유전적 취약성, 신경전달물질의 불균형, 뇌 구조적 문제를 포함하는 생물학적 요인과 스트레스가 거론되고 있다.

조현병의 취약성-스트레스 모델은?

➤ 조현병이 유전적 취약성과 스트레스의 상호작용에서 비롯된다는 믿음을 일컫는다.

점검해 봅시다

1. 남성와 여성 중 누가 조현병의 영향을 더 많이 받는가?
2. 조현병의 양성 증상이 사라진 후에 환자의 기능이 완전히 회복되는 조현병 스펙트럼 장애는 ______________이다.
3. 일란성 쌍생아 중 한 명이 조현병을 앓을 때 다른 한 명에게 조현병이 발병할 확률은?
   ① 10～15%
   ② 20～25%
   ③ 45～50%
   ④ 50% 넘음
4. 신경전달물질인 ______________의 이상이 조현병의 발달과 밀접한 관련이 있다고 알려져 있다.
   ① 세로토닌
   ② 도파민
   ③ 에피네프린
   ④ 아세틸콜린

생각해 봅시다

➤ 어떤 의미에서 조현병이라는 용어가 그리스 원어와 연결되는가?

➤ 조현병 진단을 받은 사람을 알고 있는가? 조현병은 그 사람의 행동에 어떤 영향을 끼치는가? 일상생활의 기능은 어떤가?

6 단원 성격장애

- 성격장애란?
- 반사회성 성격장애의 특징은?
- 반사회성 성격장애의 원인은?
- 경계성 성격장애의 특징은?
- 경계성 성격장애의 원인은?

성격장애(personality disorders): 일상의 의무를 완수하는 것이나 다른 사람과의 원만한 관계를 방해하는, 완고한 성격 특질을 가진 심리장애의 한 유형

성격장애(personality disorders)를 가진 사람은 과도하게 완고하고, 부적응적인 행동 패턴 때문에 일상의 의무를 완수하기 어려우며, 오랫동안 만족스러운 관계를 가지기가 힘들다. 이런 부적응적 행동은 성격 특질이 극단적으로 변형되어 나타나는 것으로, 지나치게 감정적이거나 과도하게 의심하거나 의존하는 것도 이에 포함된

〈개념 차트 15-6〉 성격장애의 두 주요 유형

장애	평생 유병률 (대략적 %)	증상	관련 특징
반사회성 성격장애	남성에게 6% 이상 여성에게 1%	반사회적이고 무책임한 행동 패턴, 다른 사람에게 냉담함, 잘못에 대한 죄책감 결여	공감 능력이 부족하고, 다른 사람을 이용하며, 자신의 책임을 완수하지 못함
경계성 성격장애	1.6~5.9%	기분이 불안정함, 격렬한 관계를 맺음, 자아 이미지가 불안정, 충동 통제 능력이 결여	자해 같은 자기파괴적 행동을 할 수 있음

출처: American Psychiatric Association (2013); Cale & Lilienfeld (2002); Kessler et al. (1994).

다. 성격장애는 개인의 내면에 깊이 뿌리 박혀 있어서 쉽게 바뀌지 않는다.

성격장애에는 여러 유형이 있는데, 이 단원에서는 가장 많이 연구되고 있는 반사회성 성격장애와 경계성 성격장애에 대해 알아보도록 하자(〈개념 차트 15-6〉 참조).

반사회성 성격장애(APD, ASPD): 다른 사람에게 무관심한 태도나 무책임한 행동을 보이는, 성격장애의 한 유형

1. 반사회성 성격장애

반사회성 성격장애(antisocial personality disorder, APD 또는 ASPD)는 명백히 사회 규범을 무시하고 다른 사람의 권리를 침해하는 특징을 보인다. 반사회성 성격장애를 가진 사람들(사이코패스, 소시오패스로 불림)은 자신이 원하는 것을 충동적으로 실행하는 경향이 있다(Swann et al., 2009). 대부분 무책임하며, 다른 사람에게 무관심하고, 자신의 이익과 필요에 의해 다른 사람을 이용하며, 범죄 등의 반사회적 행동을 일으키기도 한다. 자신의 잘못된 행동에 대해 후회하거나 수치심을 느끼지 않기 때문에 처벌을 받아도 반사회적 행동을 멈추지 않는다(R. B. Goldstein et al., 2006; Kiehl et al., 2006). 반면, 많은 반사회성 성격장애를 가진 사람이 법을 준수하면서 살아가는데, 이럴 경우 피상적으로는 지적 수준이 높아 보이고 매력적으로 보일 수도 있다. 반사회성 성격장애는 여성보다 남성에게서 더 많이 발견된다(〈개념 차트 15-6〉 참조).

© AP Photo/David J. Phillip

연쇄살인자 헨리 리 루카스(Henry Lee Lucas)는 전형적인 사이코패스의 예이다. 모든 사이코패스가 법을 어기는 것은 아니며, 또한 정신병을 겪지도 않는다. 사이코패스는 보통 무책임하고, 다른 사람에게 무관심하며, 자신의 잘못에 대해 죄책감을 느끼지 않는 특징을 가진다.

1) 반사회성 성격장애의 원인

반사회성 성격장애 발달에 있어 유전이나 뇌 이상 등 생물학적 요인이 중요한 역할을 한다(Gabbard, 2005; Raine, 2008). 뇌 영상 연구(기분을 조절하고, 충동적이고 공격적인 행동을 통제하며, 개인의 행동 결과를 평가하는)는 전전두 피질의 이상과 반사회성 성격장애의 관련성을 보여 주었다(Kiehl et al., 2006; Raine, 2008). 그러나 반사회적 성격장애를 가진 사람 중 얼마나 많은 사람이 뇌에 이상을 보이는지에 대해서는 정확히 밝혀진 바가 없다.

개념 15-29

성격장애를 가지고 있는 사람은 부적응적인 행동 패턴 때문에 일상의 의무를 완수하거나 오랫동안 만족스러운 관계를 유지하기 어렵다.

개념 15-30

반사회적 성격장애는 명백한 사회 규범 무시, 반사회적 행동, 충동성, 무책임, 죄책감 결여, 다른 사람을 이용하는 특징이 있다.

반사회성 성격장애를 가진 사람은 최적의 각성 상태를 유지하기 위해 필요한 자극 수준이 일반적인 사람보다 높다. 그러므로 일상적 활동에 쉽게 지루함을 느끼고 술, 마약 사용, 차나 오토바이 경주, 위험성이 큰 도박, 자극적인 성적 경험 등 즉각적인 흥분을 줄 수 있는 위험한 활동을 선호한다.

그렇다면 이들에게 환경은 어떤 역할을 할까? 반사회성 성격장애를 가진 사람은 부모의 관심과 보호가 부족한 가정에서 자랐거나, 방임, 학대, 거절, 가혹한 처벌을 받은 경우가 많다(J. G. Johnson et al., 2006; Lobbestael & Arntz, 2009). 아동기에 감정적 또는 신체적 학대를 경험한 경우 공감능력이나 도덕적 양심을 발달시키는 데 어려움을 겪을 수 있다. 반사회성 성격장애를 가진 사람의 공감능력 결여는 이들이 왜 다른 사람에게 냉담하게 행동하는지를 설명해 준다. 다른 이상행동의 경우와 마찬가지로 유전적 · 환경적 요인 모두 반사회성 성격장애 발달에 영향을 끼친다.

2. 경계성 성격장애

경계성 성격장애(BPD): 감정이 불안하고 자기 이미지가 불안정한 특징을 가진 성격장애의 한 유형

경계성 성격장애(borderline personality disorder: BPD)를 가진 사람은 다른 사람과 불안정한 관계를 맺으며, 극단적인 기분 변화를 경험하고, 감정 조절에 약하며, 불안정한 자기 이미지를 가진다(Ferraz et al., 2009; Gratz et al., 2010; Gunderson, 2011; Kernberg & Michels, 2009; Selby & Joiner, 2009). 극단적인 기분 변화는 분노와 짜증에서 우울과 불안까지 그 범위가 넓다. 자신의 정체성에 혼란을 느끼고 삶의 목적이 불확실한 것에 대해 깊은 공허함을 느낄 수 있다. 버려질 것에 대한 두려움과 혼자 있는 것에 대한 어려움 때문에 과도하게 다른 사람에게 의존하는 경향이 있다. 그러나 이런 행동이 상대방으로 하여금 오히려 거리를 두고 싶게 만들기도 한다. 충동을 절제하는 것이 어렵고 또한 분노 같은 감정을 조절하는 것이 힘들기 때문에 자해처럼 스스로를 해치는 행동을 하기 쉽다. 충동적인 행동은 걷잡을 수 없는 과소비, 도박, 마약 과다 사용, 안전하지 않은 성행위, 부주의한 운전, 폭식, 절도 등으로 나타날 수 있다.

경계성 성격장애를 가진 사람은 다른 사람에 대해 교차하는 감정을 가진다. 상대방이 자신의 욕구를 충족시켜 주면 상대방을 극찬하고 자신을 피한다고 느끼면 상대방을 경멸한다. 정신분석학자는 경계성 성격장애의 이런 특성을 '분류'라고 부른다. 이는 사람을 아주 좋거나 싫은 사람으로 나누거나 한 극단에서 다른 극단으로 급격히 변경하는 것을 말한다. 즉, 사랑하고 의존했던 대상도 더 이상 자신의 욕구를 충족시켜 주지 못하면 극단적인 경멸의 대상으로 바뀌는 것이다. 이런 점이 왜 경계성 성격장애를 가진 사람이 불안정적인 관계를 가지는지를 설명해 준다.

개념 15-31

경계성 성격장애가 있는 사람은 기분이 급격히 변하고 불안정한 자기정체성을 가지며, 충동적으로 행동하는가 하면 불안정한 관계를 맺는다.

여성에게서 경계성 성격장애가 더 많이 발견되기는 하지만, 실제로 여성이 경계성 성격장애의 영향을 더 많이 받는 것인지 아니면 단순히 진단을 더 많이 받는 것인지는 명확하지 않다. 마릴린 먼로, 아돌프 히틀러, 철학자 쇠렌 키르케고르 등 많

은 역사적 인물 등이 경계성 성격장애의 특징을 가지고 있었던 것으로 알려지고 있다.

경계성 성격장애의 원인

경계성 성격장애의 원인은 아직 연구하는 중이나, 아동기 신체 학대, 성적 학대, 방관 등이 가능성 있는 원인으로 거론되고 있다. 오토 컨버그(Otto Kernberg, 1975) 같은 정신분석 이론가는 경계성 성격장애는 아동기에 자신과 타인에 대해 통합적인 이해를 발달시키는 데 실패했기 때문에 발생한다고 본다. 즉, 자신과 타인에게 있는 긍적적인 요소와 부정적인 요소를 통합해서 이해하는 데 어려움을 겪는 것이다. 이런 이유 때문에 예를 들어 대부분의 경우 친절하지만 가끔 거절하기도 하는 사람을, 완벽히 이상적인 사람으로 칭송하다가 극도로 증오하는 모습을 보이기도 한다.

뇌 영상 연구 결과는 감정 조절과 충동 통제(특별히 공격적인 행동을 통제하는)를 담당하는 뇌의 영역에 이상이 있을 수 있음을 암시해 준다(Schmahl & Bremner, 2006; Seigle, 2008). 경계성 성격장애의 경우처럼 극단적으로 부정적인 감정을 느낄 경우 전전두 피질이 충동적인 행동을 통제하는 능력을 잃는다는 흥미로운 연구 결과도 있는데 이에 대해서 앞으로 더 많은 연구가 필요하다(Silbersweig et al., 2008). 또한 유전적 요인이 경계성 성격장애 발달에 중요한 역할을 한다고 보고되었다(Distel et al., 2008; Ni et al., 2006). 다른 이상행동과 마찬가지로 경계성 성격장애도 유전과 환경의 상호작용의 영향을 받는다는 연구가 있다(Gabbard, 2005; Gunderson, 2011).

개념 15-32
성격장애의 발달이 유전과 환경의 상호작용에서 비롯된다는 연구들이 있다.

6 단원 복습 성격장애

되새겨 봅시다

성격장애란?

➤ 성격장애는 개인에게 고통을 주거나 다른 사람과의 관계를 해치는, 부적응적인 행동 패턴이 성격으로 확고하게 굳어진 것을 말한다.

반사회성 성격장애의 특징은?

➤ 반사회성 성격장애는 충동성, 무책임감, 다른 사람의 감정 및 권리에 대한 냉담, 반사회적 행동 등의 특징이 있다.

반사회성 성격장애의 원인은?

➤ 부모의 방임, 거절, 가혹한 처벌 등의 환경적 요인과 유전적 취약성, 충동 행동을 담당하는 뇌 영역의 이상, 뇌에서 더 강한 자극이 요구되는 것 등의 생물학적 요인이 거론되고 있다.

경계성 성격장애의 특징은?

➤ 경계성 성격장애에는 불안정한 자기 이미지, 극도의 기분 변화, 불안정한 관계 맺기, 충동 통제 어려움 등의 특징이 있다.

경계성 성격장애의 원인은?

➤ 아동기의 학대, 방임, 유전적 요인, 충동 행동을 조절하는 뇌 영역의 이상 등이 가능한 원인으로 연구되고 있다.

점검해 봅시다

1. 성격장애란?
2. 반사회성 성격장애와 뇌의 어떤 영역의 이상이 관련 있다고 보고되고 있는가?
3. 다음의 특징들을 (a) 반사회성 성격장애 또는 (b) 경계성 성격장애와 연결해 보자.
   ① 다른 사람과 불안정한 관계를 맺음
   ② 공감능력의 부족
   ③ 더 높은 수준의 자극이 필요
   ④ 불안정한 자기 이미지

생각해 봅시다

➤ 범죄성과 반사회성 성격의 차이점은 무엇인가? 두 대상이 같은 것을 의미하는가?

➤ 성격장애를 가진 사람을 알고 있는가? 어떤 요인이 그 사람의 그런 성격 특질을 발달시켰다고 생각하는가? 그런 특질이 다른 사람들과의 관계에 어떤 영향을 끼치는가? 당신과의 관계에는 어떤 영향을 미치는가?

7 단원 자살 방지

"믿을 수가 없어. 그를 지난주에 봤는데…… 그때 괜찮아 보였는데……."

"저번에 봤을 때 우리랑 웃고 떠들고 했는데. 어떻게 그가 무슨 생각을 하고 있는지 전혀 몰랐을까?

"그가 우울증을 앓고 있는 것을 알았지만 그 정도로 심각한지는 정말 몰랐어."

"그런 상황에서 왜 나한테 전화하지 않았을까?"

(Nevid, Rathus, & Greene, 2011)

친구나 친척의 자살 소식에 많은 사람이 아무런 위험을 감지하지 못한 것에 대해 자책감을 느낀다. 그러나 사실 전문가조차도 자살에 대해 예상하는 것은 어려운 일이다. 그러나 그런 위험 신호가 보인다면 즉시 행동을 취하는 것이 중요하다. 전문가의 도움을 받도록 권유하거나, 전문기관에 함께 동행하거나, 연락을 해서 첫 약속을 잡아 주는 것도 하나의 방법이다.

1. 위협과 마주하기

개념 15-33
자살 위협은 항상 진지하게 받아들여져야 하고 즉각적으로 그 위험성을 판단해야 한다. 무엇보다도 가능하면 빨리 전문가의 도움을 받도록 해야 한다.

친구가 당신에게 자살을 생각하고 있다고 말했다고 가정해 보자. 그 친구가 힘든 시간을 겪었고 우울증을 앓고 있다는 것은 알고 있었지만 자살을 생각할 것이라고는 전혀 예상하지 못했다고 가정해 보자. 이런 상황에서 겁이 나는 것은 정상이다. 여기에 몇몇 제안사항이 있다. 즉각적인 행동을 필요로 하는 상황이 있을 수 있기 때문에 다음에 나오는 내용을 일반적인 지침으로만 생각하는 것이 좋다.

① 상황의 심각성을 인정하라. 자살을 이야기하는 사람은 진심으로 자살할 생각이 아니라는 미신에 속지 말아야 한다. 자살에 대한 이야기는 항상 진지한 위험 신호로 받아들여야 한다.

② 자살 위협을 암시하는 말을 감지하라. 대부분 자살하는 사람은 자살을 계획하고 있다고 드러내 놓고 말하지 않는다. "더 이상은 못할 것 같다."와 같은 자살을 암시하는 말을 한다.

③ 상대방의 어려움을 이해하고 있음을 표현하라. 상대방이 느끼는 감정을 표현할 수 있도록 대화를 이끌어 나가야 한다. 얼마나 힘들지 이해한다는 것을 표현하라. "모두 다 가끔씩 그렇게 느껴. 곧 지나갈 거야." 등과 같이 상대방이 힘든 점을 토로하는 것을 폄하하는 말을 하지 말아야 한다.

④ 대체 방법에 집중하라. 그 문제를 다른 식으로 풀어 가는 방법에 대해 대화해야 한다.

⑤ 즉각적인 위험 수준을 평가하라. 구체적으로 자살을 계획한 적이 있는지 물어보아야 한다. 혹시 권총이나 약을 집에 보관하고 있다면 집에 혼자 돌아가지 못하게 해야 한다.

⑥ 전문가의 도움을 받을 것을 권고하라. 전문가의 도움을 받거나 급할 경우 주위의 응급실에 가도록 강하게 권고해야 한다. 즉시 그렇게 할 수 없다면 자살방지 센터에 전화하는 방법도 있다.

⑦ 도움을 받을 수 있는 곳으로 동행하라. 당신이 지금 떠나야 한다거나 상대방이 도움을 거부하면, 정신건강 전문가, 자살방지센터, 또는 경찰서에 전화를 하는 방법도 있다.

심리학에 대해 비판적으로 생각하기

이 장에서의 내용을 바탕으로 다음의 질문에 답을 해 보자. 그리고 자신의 비판적 사고 능력이 향상되었는지 평가하기 위해, 부록 A의 모범 답안과 당신의 답을 비교해 보자.

1. 론은 22세이고 차 부품을 파는 상점의 창고 담당자이다. 그는 '너무 우울한 기분'이 든다며 상담가와의 상담을 신청했다. 케이티와 3년째 연애 중인데 자주 힘들게 헤어졌다가 짧게 만났다가를 반복하고 있다고 설명했다. 론은 케이티가 자신으로부터 거리를 두고 있다고 느낄 때 화가 난다고 했다. 한번은 그가 케이티와 함께 차 안에 있을 때 그녀가 자신이 앉은 자리에서 먼 자리에 앉았는데, 그것이 그녀가 자신을 더 이상 원하지 않는 것처럼 느껴졌다고 말했다. 론에게 그녀와의 관계는 모든 것을 의미했기 때문에, 상담자에게 "그녀가 나를 떠나면 난 어떻게 될지 몰라요. 이 관계를 반드시 지속시켜야 해요."라고 말했다.
   〈표 15-2〉에 있는 우울증과 관련 있는 왜곡된 사고의 예를 다시 읽어 보고 론의 생각에 어떤 인지 왜곡이 있는지 말해 보자.

2. 로니는 38세로 큰 제약회사에서 일하는 화학공학 기술자이다. 아내인 마리아의 권유로 상담소를 찾았다. 그는 상담가에게 자신의 사소한 행동에 부인이 과민 반응을 일으킨다고 말했다. 로니는 지속적으로 확인하는 습관을 가지고 있었는데, 집을 나설 때 가스관이 잠겼는지, 창문은 닫혔는지, 문은 안전하게 잠겼는지, 냉장고 문은 정확히 닫혔는지 계속 확인한다고 했다. 가끔씩은 집을 나와 차고까지 갔다가도 아내에게 사과하고 다시 확인하러 집으로 돌아간다고 했다. 밤에 자기 전에도 모든 것이 안전한지 계속 확인하는데, 종종 그런 행동이 아내가 잠을 청하는 데 방해가 된다고 말했다. 휴가 중에는 특히나 더 집에 있는 모든 것이 안전한지 걱정이 된다고 말했다. 로니는 자신의 강박적인 행동이 결혼생활에도 부정적인 영향을 끼치고 있으며 스스로도 괴롭다고 말했다. 그러나 그런 행동을 그만두는 것은 더 두려운 일인데, 그렇게 확인하는 행동이 불안감을 감소시키기 위해 자기가 할 수 있는 최선이기 때문이라고 말했다(Nevid, Rathus, & Greene, 2003).
   이상행동을 정의하는 여섯 가지 기준을 다시 읽어 보자. 로니의 사례에 어떤 기준을 적용할 수 있을까? 어떤 기준이 적용되지 않을까?

눈으로 복습하기 제15장 심리장애

1단원 이상행동의 정의

이상행동을 판단하는 기준

- 이례성
- 사회적 규범 일탈
- 감정적인 고통
- 부적응적인 행동
- 위험성
- 현실에 대한 왜곡된 인식 및 해석

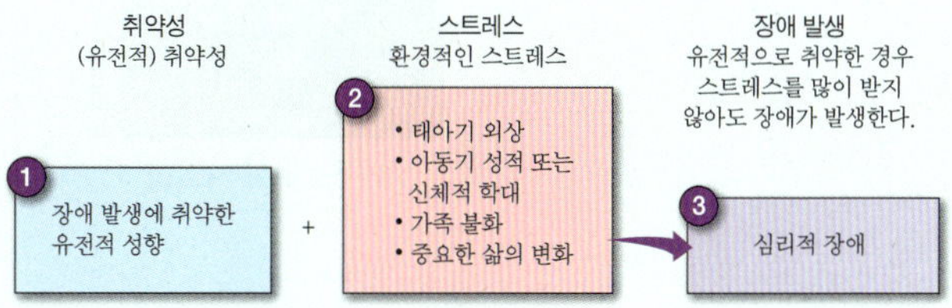

취약성-스트레스 모델

이상행동의 모델

- 초기의 믿음: 이상행동은 초자연적인 힘이나 악령에 의해 지배를 받기 때문
- 의료 모델: 이상행동 패턴을 신체적 이상이나 신체 질병의 증상과 동일하게 이해
- 심리적 모델: 정신역동, 행동주의, 인본주의, 인지 모델
- 사회문화적 모델: 이상행동은 사회적 문제로부터 비롯됨
- 생물심리사회적 모델: 취약성-스트레스 모델처럼 여러 요인의 상호작용을 강조

심리적 장애

- 심리적 장애 유병률: 성인 미국인의 거의 절반에 해당되는 수가 평생 한 번은 심리장애 진단을 받은 적이 있다.
- 심리적 장애 분류: 『정신질환의 진단 및 통계 편람』에서 정신장애의 진단 기준을 제시

2단원 불안장애

© Zurijeta/Shuttestock.com

- 공포증: 특정공포증, 사회불안장애, 광장공포증처럼 비합리적이거나 과도한 두려움을 경험
- 공황장애: 공황발작 같은 극심한 불안을 경험
- 범불안장애: 어떤 특정 물체나 상황에 상관없이 불안을 지속적으로 경험

3단원 해리장애와 신체증상 관련 장애

해리장애

- 해리성 정체성 장애: 이전에 다중인격이라 불림. 뚜렷이 구별되는 두 개 이상의 인격이 한 개인에게 동시에 존재하는 것
- 해리성 기억상실: 심리적인 이유로 기억을 잃는 것
- 원인: 아동기의 심한 학대에 대한 심리적 방어(해리성 정체성 장애) 또는 고통스럽거나 문제가 되는 기억에 대한 심리적 방어(해리성 기억상실)

신체증상 및 관련 장애

- 신체증상장애: 자신의 신체의 불편함이 심각한 질병으로 인한 것이라고 과도하게 걱정
- 전환장애: 의학적으로 설명되지 않는 신체 기능의 변화와 손실

4단원 기분장애

- 주요우울장애: 심각하게 우울한 기분이 들고 흥미와 즐거움을 상실함
- 지속적 우울장애: 강도가 약한 우울증이 지속됨
- 양극성장애: 극도의 기분 고양과 극도의 우울 간 감정 기복이 특징
- 순환성장애: 양극성장애보다 덜 심각한 기분 변화 경험

© Burstein Collection/Corbis

Van Gogh의 자화상

5단원 조현병

- 주요 특징: 현실과 단절되고 의식 및 사회적 기능이 심하게 손상됨
- 대표적 조현병 스펙트럼 장애: 단기 정신병적 장애, 망상장애

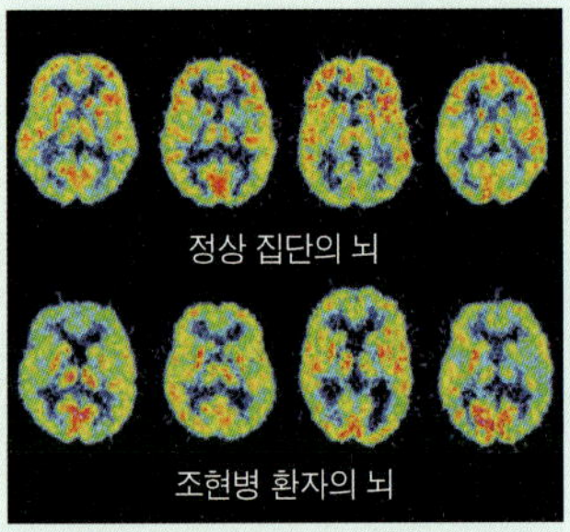

Courtesy of Monte S. Buchsbaum, M.D./Mount SinaiSchool of Medicine, New York, NY

조현병 환자와 정상 집단의 뇌 사진

6단원 성격장애

- 주요 특징: 일상의 의무를 완수하거나 다른 사람과의 관계를 방해하는, 완고하고 부적응적인 행동 패턴

두 가지 주요 유형

- 반사회성 성격장애: 반사회적이고 무책임한 행동, 다른 사람에게 냉담함, 잘못에 대한 죄책감 결여
- 경계성 성격장애: 불안정한 기분, 불안정한 관계를 맺음, 자기 이미지가 불안정, 충동 통제 능력이 결여

제 16 장 심리치료

'악몽이 다시 돌아왔다'

생활의 한 단면 나는 말라리아에 걸린 것처럼 자주 아프다. 식욕도 없고 극도로 피곤하다. 어젯밤 데이비드가 잠자리로 왔을 때 침대에 축 늘어져서 아무것도 하지 않았다. 그와 성관계를 한다는 것은 이미 다른 나라 이야기가 되어 버린 것이다. 직장에서는 해야 할 일을 계속 잊어버리고 말을 하는 것조차 힘들다. 말을 하는 도중에도 무슨 말을 하고 있었는지 잊어버리고 이상한 말을 하고 있다. 해야 할 것이 너무나도 많은데 제대로 끝내는 것은 거의 없다. 무슨 일을 하든 우울한 기분이다. ……마치 머리의 작은 회로 중 일부분이 끊어진 것만 같다. 신경회로의 일부가 불에 타고 망가진 것 같다.

이런 기분이 언제부터 시작되었는지 정확히 모르겠다. 일주일 전인가? 한 달 전인가? 서서히 시작되어서 그런지 언제부터인지 정확히 이야기하기가 어렵다. 확실한 것은 이 악몽이 내게 다시 돌아왔다는 것이다.

내가 겪고 있는 것을 사람들은 우울증이라 부른다. 우울증으로 나의 성격, 관계, 직장 모든 것이 바뀌었다.

(출처: T. Thompson, 1995)

앞의 사례처럼 이 장에서는 정신장애로 고통받고 있는 사람들을 돕는 방법에 대해 살펴볼 것이다. 이를 위해 먼저 심리치료 및 약물치료와 전기충격치료 같은 생물의학 치료를 소개할 것이다. 또한 심리치료를 받고자 할 때 환자의 입장에서 알아야 할 점에 대해 살펴볼 것이다.

다음 사실을 알고 있었나요!

- Freud는 내담자가 상담자와 맺는 관계를 통해 다른 사람과의 갈등을 알 수 있다고 믿었다. (p. 755)
- 게슈탈트 치료자는 내담자가 빈 의자를 이용하여 이야기하도록 했다. (p. 759)
- 행동치료자는 고소공포증을 극복하기 위해 가상현실 치료기법을 사용했다. (p. 761)
- 인지치료자는 심리장애가 경험 자체가 아닌 개인이 경험을 해석하는 방식에서 비롯된다고 믿는다. (p. 762)
- 우울증 치료 약은 우울증만이 아니라 여러 종류의 심리장애를 치료하는 데 쓰인다. (p. 774)
- 각성제는 과잉행동 아동을 치료하는 데 쓰인다(p. 775)
- 뇌에 전기신호를 보내는 것은 심각한 우울증 증상을 완화시키는 데 도움이 된다. (p. 777)

학습 목표

이 장을 제대로 공부한 학생은

1. 도덕적 치료의 발전과 쇠퇴를 설명할 수 있다.
2. 지역사회 정신건강 운동을 설명하고 탈시설화 정책이 성공적이었는지 평가할 수 있다.
3. 다양한 정신건강 전문가의 역할을 이해하고 교육 배경을 설명할 수 있다.
4. 심리치료가 무엇인지, 어떤 종류가 있는지와 각 심리치료의 창시자를 알 수 있다.
5. 다양한 종류의 심리치료에 사용되는 기술에 대해 알 수 있다.
6. 심리치료의 효과성에 대한 근거를 평가할 수 있다.
7. 문화적 요소가 심리치료에 어떤 영향을 끼치는지 평가할 수 있다.
8. 정신과 약의 종류를 알고 장단점을 판단할 수 있다.
9. 의학적 치료의 방법을 알고 논란이 되는 점을 설명할 수 있다.
10. 심리 문제에 대한 도움을 받을 때 절차를 따를 수 있다.

미리 보기

1단원 심리치료적 역사의 간단한 개관
2단원 심리치료의 종류
3단원 생물의학적 치료
4단원 도움 구하기

심리치료 역사의 간단한 개관

1 단원

- 이상행동을 보이는 사람을 치료하는 방법은 어떻게 변해 왔는가?
- 지역사회 정신건강센터란?
- 탈시설화 정책은 성공적이었는가?

서구 역사를 통틀어 심각한 정신 또는 행동 문제를 가진 사람에 대한 치료는 인본적인 동정과 관심이 아닌 엄격한 방법으로 이루어져 왔다. 오늘날에도 조현병 같이 심각한 심리적인 어려움을 갖고 있는 사람은 여전히 극심한 차별을 경험하고 있다. 이 장에서 우리는 인본적인 정신치료가 시작되었던 시점부터 오늘날의 지역사회 건강운동에 이르기까지 심리치료의 역사를 간단히 살펴볼 것이다.

개념 16-1

18세기 말 도덕적 치료가 시작되었고 19세기 초에는 정신장애인의 인본적인 치료가 발전했다.

1. 도덕적 치료의 시작

도덕적 치료(moral therapy): 정신질환을 앓고 있는 사람을 수갑으로 묶는 대신 동정과 이해로 치료하는 것을 강조하는 치료 철학

도덕적 치료(moral therapy)라고 불리는 치료 철학은 19세기 프랑스인 장 바티스트 푸생(Jean-Baptiste Pussin, 1746~1811)과 필리프 피넬(Philippe Pinel, 1745~1826)의 노력에서 비롯되었다. 그들은 정신장애를 가진 사람들은 질병에 걸린 것이므로 동정과 인본적인 방식으로 치료해야 한다고 주장했다. 그 당시에 정신장애를 가진 사람은 사회의 위협으로 간주되었기 때문에 그들의 관점은 인정받지 못했다. 많은 정신장애인은 다른 사람을 해치지 못하도록 수갑에 묶여 있었다.

1784년에 푸생은 파리의 큰 정신병원인 라 비세트르(La Bicêtre)에서 '치료할 수 없는 심각한 정신문제를 가진' 환자를 수용하는 시설을 담당하게 되었다(많은 사람이 피넬이라고 생각하지만). 사실 입원 환자를 수갑에서 처음으로 풀어 준 사람은 푸생이다. 그는 환자가 인격적으로 치료받으면 수갑에 묶여 있을 필요가 없다고 생각했다. 병원 직원에게도 환자를 존경과 동정심을 가지고 대할 수 있도록 교육했다.

라 비세트르 병원에 수용된 정신장애인의 수갑을 푸는 피넬

이후 1793년에 피넬이 라 비세트르 병동의 의과 책임자가 되었고 푸생의 인본적인 치료 원칙을 고수했다. 그는 가혹한 방식의 처벌을 없애고 환자를 지하에서 빛이 잘 들어오고 통풍이 잘되는 병동으로 옮겼다. 인간적인 치료가 정신장애를 가진 사람이 다시

정상적인 기능을 찾을 수 있는 데 도움이 된다는 믿음에서 비롯한 도덕적 치료는 영국과 미국의 정신건강치료에도 비슷한 개혁을 일으켰다.

19세기 도덕적 치료로 유명한 도로시아 딕스(Dorothea Dix, 1802~1887)는 보스턴의 교사로 미국에서 행해지는 입원 환자의 가혹한 치료 방식에 문제가 있음을 지적했다. 그때 당시 형용할 수 없을 만큼 가혹한 상태로 행해지던 치료를 인간적인 치료로 바꿀 것을 주장했다. 매사추세츠주에서 감옥에 갇혀 '수갑에 묶이고, 벌거벗겨지고, 복종하도록 채찍을 맞은' 입원 환자를 찾아서 풀어 주었다(Winerip, 1999에서 재인용). 그녀의 노력으로 미국 전역에 32개의 정신병동이 세워지게 되었다.

도덕적 치료는 19세기 말 심각한 정신장애인이 정상적인 기능을 되찾는 것에 실패하면서 인지도를 잃게 되었다. 대체할 만한 효과적인 치료가 없는 상태에서 이후에는 큰 주립병원의 뒷마당에 입원 환자를 '창고에 모아 두는' 행태가 지속되었다(Grob, 1996). 환자가 다시 사회로 복귀하는 것에 대한 희망은 전혀 없었다. 오랜 시간 정신장애를 갖고 있는 환자에게 제공되는 치료도 거의 없었지만 치료가 행해지는 대부분의 병원 환경도 열악했다.

인간적인 치료에 대한 기대가 존재했음에도 불구하고 20세기 중반까지 정신병원의 상황은 암울했다. 많은 환자는 갇힌 병동에 함께 생활했고 기본적인 위생 상태도 지켜지지 않았다. 사회운동가는 그때 당시 운영되던 주립 정신병원을 '인간 뱀 구덩이'라고 불렀다.

2. 지역사회 기반 돌봄으로의 움직임

© y_ntousiopoulos/Big stock.com

대중은 1950년대 암울한 정신병원의 상황을 인식하고 개혁을 요구했다. 그 결과, 1960년대부터 지역사회 정신건강 시스템이 생겨나기 시작했다. 조현병이나 다른 심각한 정신 문제를 겪는 사람을 장기적으로 병원에 입원시키는 대신, 지역사회 기반 시설이 다른 형태의 장기적인 치료를 제공해 줄 것으로 기대했다. 조현병의 증상 완화를 돕는 향정신성 약물의 발전으로 이 운동은 더 탄력을 받았다.

탈시설화(deinstitutionalization): 입원병원치료 시설에서 지역사회 기반의 외래 시설로 변경함으로써 정신병원 환자의 수를 줄이는 정책

심각한 정신질환을 가진 사람의 치료가 정신병원에서 지역사회 중심의 치료 세팅으로 옮기게 되는 사회정책을 탈시설화(deinstitutionalization)라고 부른다. 이 정책의 결과, 병원 뒷마당에 있던 정신병동이 사라지고 지역사회 기반의 정신건강센터와 거주치료 시설로 대체되었다. 미국 각 주에서 운영하던 정신병원의 수는 1955년 55만 개에서 1980년 후반에는 13만 개 이하로 줄어들었다.

개념 16-2

지역사회 정신건강 운동은 입원 환자가 사회에 다시 합류하는 것을 목표로 하지만 그것이 실현되지 못하고 희망으로 남아 있다.

오늘날 지역사회 기반 정신건강센터는 외래 진료, 낮 진료, 위급 상담 등 여러 서비스를 제공하고 있다. 거주치료 시설은 입원했던 환자가 퇴원 후 사회에 재적응하는 단계를 돕고 있다. 현재 정신병원은 극도로 위험한 시기에 있는 사람이나 사회에 적응할 수 없는 환자를 보호하는 곳의 역할을 하고 있다.

해 보기 "안녕, 내가 어떻게 도울 수 있을까?"

많은 대학교와 지역사회에 자살의 위험이 있는 사람이 원하면 즉시 전화 상담을 할 수 있는 핫라인이 개발되어 있다. 핫라인의 자원봉사자는 위급상담 서비스에 특화된 훈련을 받는다. 자원봉사자는 위험에 처한 사람을 감정적으로 지지해 주며 그 지역의 정신건강센터나 상담소를 추천해 주는 일을 한다. 핫라인에서 자원봉사를 하는 것은 앞으로 심리학, 상담, 사회복지 등 정신분야 전문가로 일하고자 하는 사람에게 귀중한 경험이 될 것이다. 이런 일은 보람이 있지만 또한 굉장히 어려울 수 있으므로, 핫라인이 자원봉사자를 잘 관리하고 필요한 도움을 제공하는지도 확인해야 한다. 이러한 경험이 당신이 심리학을 보는 관점 및 더 나아가 자살을 보는 관점에 중요한 영향을 끼칠 것이다.

1) 왜 중요한가

탈시설화의 의도는 당연히 칭찬할 만하다. 그러나 과연 입원 환자를 사회로 재흡수한다는 목표를 성공적으로 이루었는지에 대한 의문이 남아 있다. 아쉽게도, 탈시설화는 여러 상반된 평가를 받고 있다. 오늘날 정신병원은 마치 회전문처럼 환자를 입원시켰다가 다시 빠르게 퇴원시키는 것을 반복하고 있다는 비판이 있다. 너무 많은 정신장애인이 사회 적응에 필요한 다양하고 종합적인 심리적 지원 및 서비스를 받지 못하고 있다(Frank & Glied, 2006). 현 정신건강 시스템의 빈틈 때문에 사회적 도움 없이 스스로 문제를 해결해야 하는 사람도 많아졌다(Folsom et al., 2005). 버스 터미널에 있는 많은 노숙자가 심각한 정신질환과 마약 남용의 문제를 가지고 있지만 필요한 도움을 받지 못하고 있다.

미국 정부는 노숙자 세 명 중 한 명이 심각한 정신질환을 앓고 있다고 보고했다(National Institute of Health, 2003). 심각한 정신 문제를 가진 사람의 필요에 비해 지역사회의 정신건강센터는 일하는 사람도 적고 재정적 지원이 부족해 어려움을 겪고 있다.

정신건강 시스템과 사회의 가장 큰 어려움 중의 하나는 정신질환을 가진 노숙자에게 필요한 도움을 제공하는 것이다.

대신에 심각한 정신질환을 가진 사람의 필요에 의해 만들어진 적극적인 아웃리치 프로그램이 좋은 결과를 보여 주고 있다(예: Coldwell & Bender, 2007). 이런 아웃리치는 특별히 정신건강 서비스를 스스로 찾지 못하는 정신장애인 노숙자에게 필요하다(Price, 2009c). 그러므로 탈시설화를 실패한 정책이라고 평가하기보다 효과적인 방향으로 발전하고 있는 정책이라고 생각하는 것이 옳다.

〈개념 차트 16-1〉은 이 장에서 소개한 심리치료의 역사를 개관하고 있다. '해 보기'를 보고 도움이 필요한 사람을 어떻게 도울 수 있을지 살펴보자.

〈개념 차트 16-1〉 병원치료에서 지역사회 건강센터 치료로

시설의 종류	시기	관련 내용
주립병원 시스템	19세기에서 20세기 중반	관찰보호 정도의 역할을 담당하는 큰 주립시설. 몇몇 시설의 상황은 매우 암담하여 '인간 뱀 구덩이'라고 불렀다.
근대 및 현대 주립병원	1955년에서 현재까지	이전 기관보다 인간적인 치료를 제공하는 작은 크기의 시설. 그러나 자동 회전문처럼 환자를 입원시켰다가 다시 빠르게 퇴원시키는 것을 반복하고 있다는 비판이 있다.
지역사회 정신건강센터	1960년에서 현재까지	외래 진료, 낮 진료, 위급 상담 등 여러 서비스를 제공하고 있는 지역사회 정신센터. 그러나 심각한 정신질환을 가지고 있는 환자들이 거주지나 다른 필요한 지원 없이 사회로 내몰리고 있다. 적극적인 아웃리치 프로그램이 환자들이 사회에 성공적으로 적응하는 데 필요한 도움을 준다는 결과가 발표되고 있다.

1 단원 복습 심리치료 역사의 간단한 개관

되새겨 봅시다

정신질환이 있는 사람들의 치료는 어떻게 변해 왔는가?

- 18세기 말 입원 환자 치료에 대한 인본주의 운동이 시작되었고 '도덕적 치료'의 인지도가 높아졌다.
- 도덕적 치료 운동이 쇠퇴해 감에 따라, 정신병원은 치료에서 관찰 보호를 담당하는 기관으로 다시 변질되었다.
- 1960년대 정신건강 시스템을 개별하자는 목소리가 커짐에 따라 지역사회 정신건강센터가 생겨나기 시작했다. 정신질환자 치료가 큰 입원 병원 치료에서 지역사회 기반 시설 치료로 옮겨 가기 시작했다.

지역사회 기반 정신건강센터란?

- 지역사회 기반 정신건강센터는 자신이 거주하는 지역사회에서 다양한 정신건강 서비스와 도움을 제공하는 시설을 말한다.

탈시설화 정책은 얼마나 성공적이었는가?

- 사회에 적응하는 데 필요한 서비스를 제대로 제공받지 못하는 정신장애인이 늘어나면서 목적을 달성하지 못했다는 비판을 받고 있다.

점검해 봅시다

1. 18세기 프랑스인 Jean-Baptiste Pussin과 Philippe Pinel은 정신병 환자에게 좀 더 인간적인 치료인 ___________ 치료를 제공할 것을 주장했다.
2. 19세기 미국에서 정신장애인에게 좀 더 인간적인 치료를 제공할 것을 주장했던 개혁가는 ___________ 이다.
3. 도덕적 치료의 인지도는 왜 떨어졌는가?
4. ___________ 정책은 심각한 정신장애인의 치료를 주립 정신병원에서 지역 기반 프로그램으로 옮겨 가는 것을 말한다.

생각해 봅시다

- 정신건강 문제를 가진 사람들의 치료가 어떻게 변해 왔는가? 당신은 현재 인간적인 치료가 제공되고 있다고 생각하는가?
- 정신질환이 있는 노숙자 문제를 어떻게 해결해야 한다고 생각하는가?
- 당신이나 당신이 알고 있는 사람이 정신건강 서비스가 필요하다면 어디로 가야 할까? 학교나 지역사회에서 어떤 정신건강 서비스를 제공하는지 어떻게 알 수 있을까?

심리치료의 종류

2 단원

- 심리치료란?
- 정신건강 전문가에는 어떤 사람이 포함되는가?
- 심리치료의 주요 유형에는 어떤 것이 있는가?
- 전기치료란?
- 집단, 가족, 커플 치료란?
- 심리치료는 효과가 있는가?
- 심리치료자가 고려해야 할 문화적 요소는?

심리치료(psychotherapy)는 감정 또는 행동의 문제를 더 잘 이해하고 해결하기 위해 쓰이는 치료를 말한다. 심리치료는 치료자와 환자의 대화가 중요하기 때문에 '대화치료(talk therapy)'라고 불리기도 한다. 어떤 심리치료에서는 치료자와 환자가 상호적으로 대화를 이끌어 가기도 하고, 전형적인 정신분석치료에서는 환자가 대부분 이야기를 주도하기도 한다. 대부분 널리 쓰이는 심리치료 유형은 제15장에서 언급했던 정신역동, 행동, 인본주의적, 인지 모델 등 이상행동의 심리 모델에 기초해서 발전했다. 대부분의 심리치료는 개인치료에 초점을 맞추고 있지만 커플, 가족, 집단 상담치료까지 그 영역이 확대되어 가고 있다.

주요 심리치료에 대해 알아보기 이전에 〈표 16-1〉을 보자. 〈표 16-1〉은 정신건강 서비스를 제공해 주는 전문가들의 주요 유형에 대한 목록이다. 그들이 훈련받은 배경과 전문 분야의 차이점에 대해 논해 보자.

심리치료(psychotherapy): 심리적 이해를 기반으로 하는 대화 형식의 치료로 치료자와 한 번 이상의 상담 회기를 가짐

개념 16-3

심리치료는 치료자와의 한 번 이상의 상담 회기를 가지며, 심리적인 문제를 이해하고 해결하는 것을 목적으로 한다.

개념 16-4

정신건강 서비스는 다양한 배경과 영역에서 훈련받은 전문가에 의해 제공된다.

1. 정신역동치료

심리치료라고 하면 어떤 생각이 드는가? 머릿속에 소파에 앉아서 어린 시절에 대해 말하는 사람의 이미지가 떠오른다면, 정신역동치료 중 가장 먼저 발전되었던 정신분석(psychoanalysis)을 생각하는 것이다. 정신역동 치료자는 심리 문제가 어린 시절부터 시작된 무의식적인 갈등에서 비롯된다고 믿는다. 이런 갈등에 대한 통찰력을 키우고 이런 갈등이 개인의 성격에 어떤 영향을 끼쳐 왔는지 이해하는 것이 정신건강을 회복하는 중요한 단계라고 주장한다.

개념 16-5

정신역동치료는 어린 시절부터 시작된 해결되지 않는 갈등에 대한 통찰력을 키우는 것이 심리적 문제를 극복하는 데 도움이 된다는 믿음에 바탕을 두고 있다.

1) 정신분석: 원초아는 어디 있었고, 자아는 어디로 가야 하는가

정신분석은 프로이트에 의해 발전된 심리치료로, 어린 시절부터의 무의식적인 갈등이 심리적 문제를 일으킨다는 생각에서 시작되었다. 정신분석치료를 하는 사람을 정신분석가(psychoanalysts), 짧게는 분석가라고 부른다. 원초적인 성욕 또는 공격욕을 무의식 밖의 영역에 유지하도록 하기 위해 방어기제(특히, 억압)를 발전시

정신분석(psychoanalysis): 프로이트가 발전시킨 심리치료로 무의식적인 갈등을 밝힘으로써 심리적인 문제의 근원을 해결하고자 하는 것

정신분석가(psychoanalysts): 프로이트의 정신분석 교육을 받은 심리분석 전문가

〈표 16-1〉 정신건강 전문가의 유형

유형	설명
임상 심리학자	임상 심리학자는 임상심리학 관련 박사 학위(철학 박사, 심리학 박사, 또는 교육학 박사)를 획득하고 임상 심리학자 자격증 시험을 통과한 사람이다. 임상 심리학자는 심리검사, 심리장애 진단, 심리치료 실시를 전문적으로 훈련받는다. 몇 년 전까지만 해도 임상 심리학자가 정신과 의학품을 처방하는 것이 허락되지 않았다. 그러나 최근에 뉴멕시코와 루이지애나 두 주에서 의학품에 대한 특별 훈련을 마친 심리학자에게 정신과 의학품을 처방할 수 있도록 하는 법이 통과되었다(Bradshaw, 2010). 다른 주에서도 이런 법이 통과될지는 아직 알 수 없다. 심리학자에게 의료약품을 처방할 수 있는 특권을 줄 것인지에 대한 논란은 계속되고 있다(Brehm, 2008).
상담 심리학자	상담 심리학자는 심리학 박사 학위를 획득하고 자격증 시험을 통과한 사람이다. 대부분 대학 생활 적응이나 진로 선택에 대한 고민 등 임상 심리학자보다 심각도가 낮은 환자의 문제를 상담한다. 대학교에 있는 상담 심리학자 또한 「미국장애인복지법(ADA)」에 의해 도움이 필요한 학생에게 상담 서비스를 제공한다.
정신과 의사	정신과 의사는 의과 학위를 받고 보통 3년 정도의 정신과 레지던트 훈련을 마친다. 정신과 의사는 심리장애 진단 및 치료에 특화된 교육을 받은 사람이다. 자격증을 획득한 의사는 정신과 의학품을 처방할 수 있으며, 전기충격 요법 등 다른 의학적 방법을 실시할 수 있다. 많은 정신과 의사가 레지던트 프로그램 또는 특화된 훈련 기관에서 받은 훈련을 바탕으로 심리치료를 실시한다.
임상, 정신건강 사회복지사	임상 또는 정신건강 사회복지사는 사회복지 석사 학위를 획득하고 심각한 정신문제를 가진 사람들이 필요한 서비스를 받을 수 있도록 돕는 기관에서 일한다. 임상 사회복지사는 심리치료, 부부 또는 커플 치료 같은 특화된 치료를 실시하기도 한다.
정신분석가	정신분석가는 정신분석치료 심화 수준의 추가적인 훈련을 마친 정신과 의사나 심리학자이다. 훈련의 일부로 스스로가 정신분석치료를 받도록 요구받는다.
상담가	상담가들은 대부분 석사 학위를 받고 학교, 대학 상담소, 병원, 건강 클리닉 등에서 일한다. 많은 상담가가 적성 평가, 부부나 커플 상담, 물질남용 상담 등을 전공한다. 상담가는 위험성이 낮은 이상행동을 가진 사람, 만성질환을 앓고 있는 사람, 외상 경험에서 회복하는 사람에게 심리적인 도움을 제공한다.
정신과 간호사	정신과 간호사는 정신과 간호학 석사 과정을 마친 주정부에 의한 공인된 사람이다. 정신과 간호사는 심각한 정신장애를 겪는 사람을 치료하는 정신과 병원에서 일한다.

킨다는 프로이트의 이론을 기억해 보자. 무의식적인 충동이 의식으로 나오고자 할 때, 아무런 이유 없이 불안을 경험하거나 끔찍한 일이 생길 것만 같은 느낌이 들 수 있다. 히스테리성 시각 손실 또는 마비 등 신체적 증상으로 나타날 수도 있다. 이런 증상에는 다른 사람을 해치거나 자위 등의 충동을 표현할 수 없도록 팔을 마비시키는 목적이 있을 수 있다.

© Phase4Photography/Shutterstock.com

고소공포증이 있는 사람은 높은 곳에서 뛰어내리고 싶은 자기파괴적 충동을 피하고자 높은 곳을 피할 수도 있다. 프로이트가 믿었던 심리치료의 역할은 무의식적인 갈등에 대한 통찰력을 키우고 자아의 의식적인 빛을 원초아의 어두운 영역을 비추도록 하는 것이었다. 그럴 경우, 통찰력을 가진 자아는 더 이상 방어적인 행동 및 내면의 갈등을 숨기기 위한 심리적 증상을 유지할 필요가 없어지고 좀 더 건설적인 일 또는 관계를 추구할 수 있게 되는 것이다.

프로이트는 정신분석을 사용하여 무의식의 갈등을 밝혔는데 이러한 과정은 보통 몇 년이 걸린다. 무의식적인 갈등은 쉽게 의식으로 드러나지 않기 때문에 자유연상, 꿈 분석, 또는 해석 등 여러 기술을 사용해야 한다.

"자아가 드러날 때까지 벗어요.
그럼 의사가 곧 올 거예요."

(1) 자유연상

자유연상(free association)은 환자가 마음속에 떠오르는 어떤 생각이든, 그것이 얼마나 작든지 얼마나 주제와 관련 있든지 상관없이 이야기하도록 지시받는다. 프로이트는 이러한 자유로운 연상이 결국에는 심연 깊은 곳에 자리 잡은 갈등 및 바람의 단서를 제공한다고 믿었다. 전통적 정신분석에서 환자가 소파에 누워 있고 치료자는 그 옆에 앉아서 거의 말을 하지 않는다. 환자가 자기 자신의 생각에 계속 초점을 맞출 수 있는 환경을 제공하는 것이다.

(2) 꿈 분석

꿈 분석(dream analysis)은 정신분석가가 꿈의 상징이나 내재적 의미에 대해 통찰력을 키울 수 있도록 돕는 것이다(제4장 참조). 프로이트는 꿈을 "무의식으로 들어가는 가장 좋은 길"이라고 했다. 꿈의 의미와 관련된 내용을 자유롭게 연상하면 꿈의 숨은 의미를 찾을 수 있다고 생각했다.

(3) 해석

해석(interpretation)은 정신분석가가 환자의 행동과 언어 표현, 무의식적 동기와 갈등 간의 관계를 설명하는 것이다. 이러한 해석은 문제의 무의식적인 원천에 대한 통찰을 제공한다.

정신분석에서는 환자의 저항(resistance)에 대해 해석하는 것이 매우 중요하다. 저항은 치료에서 내면의 갈등과 문제를 다루면서 환자가 불안한 생각 및 감정을 느낄 때 나타난다. 내담자는 특별히 민감한 부분에서 자유연상을 하고자 할 때 갑자기 아무것도 생각나지 않는다고 하거나 다음 회기 약속 시간을 잊어버리기도 한다. 정신분석가는 저항이 나타나는 부분을 특별히 심리치료가 필요한 부분으로 해석한다.

프로이트는 해석에서 가장 중요한 것은 바로 전이 관계(transference relationship)에 대한 분석이라고 생각했다. 프로이트는 환자들이 정신분석가와 맺는 관계에서 다른 사람과 맺는 관계가 드러난다고 믿었다. 여성 환자는 정신분석가를 '아버지상'으로 대하면서 자신의 아버지에 대한 사랑과 미움의 양가감정을 치료자에게 전

개념 16-6

프로이트는 자유연상, 꿈 분석, 해석 등의 기술을 사용하여 무의식적인 갈등을 인식하도록 도왔다.

➔ 개념 링크 프로이트는 꿈은 외면적인 내용과 내재적이고 상징적인 내용 모두를 포함한다고 생각했다. 제4장 2단원을 참고하라.

자유연상(free association): 자신의 마음속에 생각나는 어떤 것이든 말하도록 하는 정신분석의 한 기술

꿈 분석(dream analysis): 치료자가 환자의 꿈의 내재적이고 상징적인 의미를 분석하는 정신분석의 한 기술

해석(interpretation): 정신분석에서 치료자가 환자가 언급하는 내용과 무의식적 갈등을 연결해서 설명하는 것

통찰(insight): 프로이트 이론에서 무의식적 바람과 갈등을 인식하는 것을 일컫는 말

저항(resistance): 치료 과정 중 불안한 생각과 감정이 들 때 치료를 거부하고자 하는 현상

전이 관계(transference relationship): 치료자와 맺는 관계에서 내담자가 다른 사람과 맺는 관계의 패턴이 드러나는 것

이할 수 있다. 젊은 남성은 정신분석가를 경쟁하는 사람으로 생각하고 오이디푸스 콤플렉스로 해결되지 않는 갈등을 치료자에게 전이할 수 있다. 정신분석가가 환자의 전이 관계를 해석해 줌으로써 환자는 이전 관계의 갈등을 현재의 관계에 어떻게 투영하는지에 대한 인식을 형성할 수 있다. 전이 관계를 이해하는 능력이 성공적인 분석치료의 중요한 요소라고 믿었다.

개념 16-7

프로이트는 전이 관계를 이해하는 능력이 정신분석치료의 성공을 결정하는 중요한 요소라고 생각했다.

전이는 양방향으로 일어난다. 프로이트는 때때로 자신이 다른 사람과의 관계에서 반응하는 대로 환자에게 반응한다는 것을 깨달았다. 이는 역전이(countertransference)라고 불렸는데 치료 관계에 부정적인 영향을 줄 수 있다. 예를 들어, 남성 치료자는 남성 환자를 경쟁자로 볼 수 있고 여성 환자를 자신의 애정을 거절한 대상으로 투영하여 볼 수 있다.

역전이(countertransference): 치료자가 자신의 삶에서 중요한 인물과의 관계를 맺는 방식으로 환자와 관계를 맺는 것

2) 현대 정신역동적 접근

전통적인 정신분석치료는 몇 년 동안 일주일에 3~5회기를 실시할 정도의 고강도 치료 과정이다. 현대 정신분석가 중 일부는 아직도 프로이트의 정신분석치료를 그대로 제공한다. 그러나 오늘날 많은 정신역동 치료자들은 성적인 문제나 먼 과거보다 현재의 관계에 집중한다(Knoblauch, 2009). 그들은 전통적인 정신분석가보다 좀 더 짧은 치료 모델을 채택하고, 방어나 전이가 현재 다른 사람과의 관계에 어떤 영향을 끼치는지(양파의 껍질을 하나씩 벗기는 과정과 비슷함)에 대해 주목한다(Gothold, 2009).

다음은 현대 정신분석가와 젊은 성인 남성 환자 사이의 대화 예시이다. 정신분석가는 내담자의 경쟁심에 주목하면서, 정신분석의 틀 안에서 경쟁심을 아버지와의 오이디푸스적 경쟁심이 해결되지 않아서 나타나는 것으로 해석하고자 한다.

© Zigy Kaluzny/Stone/Getty Images

많은 현대 정신분석가는 좀 더 직접적이고 환자와의 대화를 중시하는 방법으로 정신분석을 실시한다.

내담자: 계속 성공을 해 왔지만 정작 마음은 피곤하고 힘들어요. 그래서 어제 진료를 받았는데 신체적으로 아무런 이상이 없다고 해요.

정신분석가: 피곤하고 힘든 감정과 관련해서 어떤 것이든 드는 생각이 있나요?

내담자: 작년에 당신이 퇴원한 이후 모습이 생각나네요. [작년에 내가 입원을 하게 되어서 상담을 잠시 중단한 적이 있는데 그것을 말하는 것이다.]

정신분석가: 나를 보았을 때 어떤 느낌이 들었는지 기억나요?

내담자: 화가 났어요. 죄책감이 느껴졌고요.

정신분석가: 왜 죄책감이 들었나요?

내담자: 글쎄요. 내가 왜 그런 말을 했는지 모르겠네요. 죄책감 느낄 이유가 없는데.

정신분석가: 다른 감정과 함께 들었나 보네요.

내담자: 글쎄요. 나는 젊고 에너지가 넘치는데 당신은 늙어 간다고 느낄 때가 있었던 것은 사실이에요.

정신분석가: 당신의 상태와 저의 상태를 비교할 때 마음이 편하지 않군요.

내담자: 글쎄요. 당신보다 내가 우월하다고 생각할 때 마음이 편한 적은 없었어요.

정신분석가: 당신의 피곤하고 힘든 감정은 당신이 나보다 우월하다고 생각하는 것에 대한 죄책감 때문일 수 있겠군요. 나보다 우월하다는 생각이 불편한 감정을 일으키고 그 감정이 현재 문제와 연결되어 있는 거군요.

(출처: Silverman, 1984)

개념 16-8

현대 정신역동치료는 전통적인 정신분석치료와 비교해 보았을 때 간단하고 환자와 치료자 사이의 대화를 중시하며 현재의 관계에 더 집중하는 경향이 있다.

2. 인본주의적 치료

인본주의 치료자는 인간이 자유의지를 가지고 자신의 삶을 풍요롭게 만들 수 있는 의식적인 결정을 할 수 있다고 믿는다. 이 치료 방법은 환자의 주관적이고 의식적인 경험을 강조하는 인본주의 전통에서 발전했다. 인본주의 치료는 먼 과거에 집중하기보다 현재 특정한 순간에 경험한 것에 주목한다. 과거를 중요하지 않다고 보는 것은 아니다. 과거의 경험이 현재의 행동과 감정을 형성하는 데 영향을 끼치지만 변화는 현재, 지금-여기 일어난다는 것을 강조한다. 인본주의 치료의 두 가지 주요 유형에는 칼 로저스가 개발한 내담자중심치료와 프리츠 펄스(Fritz Perls)가 개발한 게슈탈트치료가 있다.

개념 16-9

인본주의 치료는 주관적이고 의식적인 경험 및 개인의 가능성을 발현시키는 것을 강조한다.

➔ 개념 링크 매슬로는 인간의 동기의 가장 높은 단계에는 자신만의 독특한 가능성을 실현하는 자아실현이 있다고 생각했다. 제8장 1단원을 참고하라.

1) 내담자중심치료

로저스(Rogers, 1951)는 다른 사람을 기쁘게 하는 방식으로 행동할 때만 가치 있다고 인정받는 아동들은, 비판받을 수 있는 여지가 있는 실제 자신의 모습에서 심리적으로 거리를 두게 될 수 있다고 생각했다. 즉, '착한 아이'로 행동하는 것에 익숙해지고 그로 인해 자신의 진짜 모습과 진실된 감정을 외면하는 왜곡된 자기개념을 발전시킨다고 생각했다. 적응에 성공한 사람은 자신의 독특한 모습, 욕구, 가치와 일치하는 선택을 한다. 그러나 왜곡된 자기개념을 가진 사람은 스스로에게 낯선 사람이 되어 버리고 만다.

로저스가 개발한 내담자중심치료는 자기를 탐색하는 데 초점을 맞춘다(Raskin, Rogers, & Witty, 2008). 내담자중심 치료자는 환자가 자신의 진실된 감정을 탐색하고 자신의 진실된 모습을 용납할 수 있도록 따뜻하고 수용적인 치료 환경을 제공한다. 치료자는 비지시적인 태도를 취하면서 내담자로 하여금 자신이 원하는 대로 상담을 이끌어 가도록 돕는다. 치료자의 역할은 지지하는 분위기에서 내담자의 감정을 반영해 다시 이야기해 주면서 자기탐색 및 수용을 돕는 것이다. 다음은 로저스가 환자로 하여금 자신의 감정을 명확히 탐색할 수 있도록 어떻게 돕는지에 대한 예이다.

내담자: 기숙사에서 사는 것이 걱정돼요. 흥미가 맞지 않는 집단에 속해 있는 것이 힘들어요. 이제 그 집단에서 벗어나서 나와 관심사가 맞는 사람을 만나고 싶

어요.

상담가: 그냥 우연히 선택된 사람들로부터 벗어나서 이제는 어울리고 싶은 사람을 내가 선택하고 싶다는 거죠. 그런가요?

내담자: 그렇죠. 지금 속해 있는 집단의 친구들은 제 룸메이트가 소개시켜 준 친구라서 제가 선택한 친구는 아니죠. 그런 친구와 시간을 낭비할 것이 아니라 제가 진짜 좋아하는 친구와 같이 있고 싶어서 최근에 그런 사람을 찾기 시작했어요.

상담가: 그렇게 하면 사람들과의 관계에서 자신의 진짜 모습을 보여 주는 것이 좀 더 가능해지겠네요.

내담자: 그런데 지금까지 어울렸던 친구와 단순히 멀어지고 싶은 것인지, 아니면 저의 진짜 관심을 찾고자 하는 것인지 잘 모르겠어요.

상담가: 그렇군요. 다른 말로 하면, 현 상황에서 단순히 도망가고 싶은 것인지, 아니면 실제로 내가 원하는 것을 찾아가는 과정인지 살피고 있는 중이군요.

내담자: 네, 그런 것 같아요.

(출처: Rogers, 1951)

개념 16-10

칼 로저스는 효율적인 치료자는 내담자에 대한 공감, 무조건적 긍정적 존중, 그리고 감정 표현의 진실성을 갖추어야 한다고 주장했다.

로저스는 내담자에게 필요한 정서적 지지를 제공하려면 치료자가 다음의 세 가지 자질을 갖추어야 한다고 생각했다.

- 무조건적 긍정적 존중. 치료자는 내담자의 선택과 행동을 좋아하느냐와 상관없이 무조건적으로 내담자를 존중해야 한다.
- 공감. 치료자는 내담자의 경험과 감정을 정확하게 반영할 수 있는 능력, 즉 공감 능력이 있어야 한다. 치료자는 내담자의 세계에 함께 들어감으로써 내담자가 깊은 내면의 감정을 다룰 수 있도록 도와야 한다.
- 진실성. 치료자는 진실된 감정을 보여 주어야 하고 감정과 행동이 일치해야 한다. 치료자가 피곤하고 따분하게 느낄 때조차도 그런 느낌을 솔직히 표현함으로서, 내담자로 하여금 자신의 감정이나 느낌을 솔직히 드러낼 수 있도록 해야 한다.

2) 게슈탈트치료

개념 16-11

게슈탈트치료의 창시자인 프리츠 펄스는 치료자는 내담자의 상반된 성격의 부분들을 통합하는 것을 도와야 한다고 주장했다.

프리츠 펄스(Fritz Perls, 1893~1970)는 게슈탈트치료의 창시자로 정신분석가로 훈련받으면서 내담자의 현재 주관적 경험을 중요하게 여기지 않는 태도에 불만을 느끼게 되었다. 펄스는 게슈탈트 심리학의 영향을 받아서 내담자로 하여금 성격의 갈등을 통합(이것이 '게슈탈트'를 의미)할 수 있도록 도와야 한다고 생각했다. 따뜻하고 수용적인 분위기를 조성하는 내담자중심치료와는 다르게, 게슈탈트치료는 내담자가 자신의 감정을 정확히 볼 수 있도록 좀 더 직접적이고 직면하는 태도를 취한다. 게슈탈트 치료자는 내담자가 지금 여기 이 순간에 느끼는 감정을 세밀히 표현하도록 지속적으로 도전한다. 과거에 대해 이야기하면서 초점을 흐리거나 모호한 언어로 감정 표현하는 것을 허락하지 않는다.

© Cheryl Casey/Shutterstock.com

게슈탈트 치료자는 내담자가 자신의 내면 감정을 의식의 경험으로 통합할 수 있도록 역할극을 사용한다. 빈 의자 기법은 치료자가 빈 의자를 내담자 앞에 두고 그 의자에 내담자와의 관계에서 문제가 있는 대상이 앉아 있다고 상상하고 그 사람에게 자신의 감정을 표현하도록 하는 것을 말한다. 이런 방식으로 내담자는 자신의 심연에 있는 감정 및 다른 사람의 비판이 두려워서 표현하지 못했던 생각을 안전하게 표현할 수 있다.

펄스는 내담자가 자기 성격의 상반된 부분을 역할극으로 표현할 수 있도록 도왔다. 자신의 적극적 성격의 일부는 '지금이 기회야. 이 기회를 잡자.'라고 말할 수 있다. 소극적인 성격의 일부는 '안전하게 해. 너무 큰 위험을 감수하려 하지 마.'라고 되받아칠 수 있다. 게슈탈트 치료자는 개인이 자신의 상반된 성격을 인식할수록 성격을 통합할 수 있는 기회가 많아진다고 믿는다.

3. 행동치료

행동치료(behavior therapy, 행동수정이라고도 불림)는 학습 원리를 이용해 체계적으로 내담자가 행동을 고칠 수 있도록 돕는다. 행동치료자는 심리적인 문제는 대부분 학습되는 것이기에 그런 학습 과정을 반대로 번복할 수도 있다고 믿는다. 인간중심적 치료 및 인지치료와 비슷하게, 행동치료 또한 내담자의 과거가 아닌 현재의 상황에 주목한다. 행동치료는 내담자의 감정을 이해하기보다 문제 행동을 변화시키는 데 초점을 맞춘다. 행동치료는 상대적으로 기간이 짧아서 보통 몇 주나 몇 달이 소요된다.

개념 16-12

행동치료는 학습 원리를 체계적으로 적용하여 바람직하지 않은 행동을 약화시키고 적응적인 행동을 강화하는 것을 목표로 한다.

행동치료(behavior therapy): 학습 원리를 체계적으로 적용하여 감정의 상태나 행동에 바람직한 변화를 일으키는 심리치료의 한 형태

1) 공포 감소의 방법

행동치료자는 공포증을 치료하기 위해 체계적 둔감화, 점진적 노출, 모델링 등의 기술을 사용한다. 체계적 둔감화(systematic desensitization)는 내담자에게 먼저 근육조직의 긴장을 푸는 깊은 이완을 훈련시킨다. 그다음, 내담자와 치료자는 가장 덜 공포스러운 것에서 가장 공포스러운 것까지 공포 위계(fear hierarchy)를 설정한다. 예를 들어, 거미공포증이 있는 사람의 경우 책에서 거미 사진을 보는 약한 공포부터 시작해 손에 직접 거미를 쥐고 있는 것 같은 가장 공포스러운 것까지의 단계를 설정할 수 있다. 그다음 치료자는 다시 내담자가 깊은 이완을 경험하도록 돕는다. 깊은 이완 상태에 다다르면, 내담자에게 공포 단계에서 가장 낮은 단계에 있는 자극부터

개념 16-13

행동치료사는 체계적 둔감화, 점진적 노출, 모델링 등 학습 기반 기술을 사용하여 공포 반응을 극복하도록 돕는다.

체계적 둔감화(systematic desensitization): 공포를 유발하는 자극을 상상하는 것과 깊은 이완의 상태를 접목시킴으로써 공포증을 치료하는 행동치료의 기술

공포 위계(fear hierarchy): 점진적으로 공포의 대상 및 상황의 수위가 높아져 가는 단계

점진적 노출(gradual exposure): 공포를 유발하는 자극에 직접적으로 노출시켜 공포증을 치료하는 행동치료의 한 기술. 실제 상황 노출이라고도 불림

차례로 직면하는 것을 상상하도록 지시한다. 내담자가 극도의 공포를 느낄 경우, 공포스러운 자극을 상상하는 것을 멈추고 깊은 이완 상태를 회복할 수 있도록 돕는다. 내담자가 낮은 공포 위계에 있는 자극을 직면하는 상상을 하면서도 깊은 이완을 경험할 수 있다고 판단될 경우 공포 위계의 상위 자극으로 올라간다. 이러한 활동의 목표는 공포 반응과 어울리지 않는 근육 이완 경험을 접목시킴으로써 자극과 그 자극이 일으키는 공포 사이의 상관관계를 약화시키려는 것이다.

행동치료자들은 또한 점진적 노출(gradual exposure, 실제 상황 노출이라고도 불림)을 사용하여 공포증을 극복하도록 돕는다. 내담자는 실제로 공포를 일으키는 자극을 가장 낮은 공포 단계에서 높은 단계로 차례로 직면해야 한다. 이런 방식으로 내담자는 이전에 피했던 상황을 직면하는 법을 배운다. 노출치료는 공포를 일으켰던 자극을 부정적 결과 없이 반복적으로 경험하게 되면 공포가 사라지게 된다는 학습 모델에 기초하고 있다.

© Jim Whitmer Photography

공포증이 있는 사람은 점진적 노출을 통해 공포를 유발하는 상황에 좀 더 효과적으로 대처할 수 있는 방법을 배운다.

엘리베이터를 타는 것에 대한 공포증을 가진 사람의 공포 단계의 예는 다음과 같다.

① 엘리베이터 밖에 서 있기
② 문이 열려 있는 엘리베이터 안에 서 있기
③ 문이 닫혀 있는 엘리베이터 안에 서 있기
④ 엘리베이터를 타고 한 층 내려가기
⑤ 엘리베이터를 타고 한 층 올라가기
⑥ 엘리베이터를 타고 두 층 내려가기
⑦ 엘리베이터를 타고 두 층 올라가기
⑧ 엘리베이터를 타고 두 층 내려갔다가 두 층 올라가기
⑨ 엘리베이터를 타고 지하에 내려가기
⑩ 엘리베이터를 타고 가장 높은 층까지 올라가기
⑪ 엘리베이터를 타고 가장 낮은 층까지 내려갔다가 가장 높은 층까지 올라가기

점진적 노출은 기차 또는 엘리베이터를 타는 것 같은 특정공포증과 낯선 사람을 만나고 대중 앞에서 이야기하는 것에 대한 사회공포증을 극복하도록 돕는다(Choy, Fyer, & Lipsitz, 2007; Hofmann, 2008; McEvoy, 2008). 사회공포증이 있는 사람은 공포를 유발하는 사회적 상황에 대한 단계를 설정할 수 있다. 이완 기술을 배우고 점차적으로 가장 스트레스를 덜 받는 사회적 상황부터 가장 스트레스를 많이 받는 사회적 상황까지 점진적으로 노출을 시도한다. 점진적 노출은 또한 외상후 스트레스 장애(PTSD)를 앓고 있는 사람들이 외상 관련 단서나 사건을 직면함으로써 불안을 극복하도록 돕는다(J. G. Beck et al., 2009; Ehlers et al., 2010; Henslee & Coffey, 2010; 외상후 스트레스 장애에 대한 내용은 제12장 참조).

모델링(modeling)이라고 불리는 관찰 기반의 학습은 공포감을 극복하고 좀 더 적응적인 행동을 배우는 데 쓰인다. 모델링은 다른 사람의 바람직한 행동을 관찰하고 따라 하는 것을 말한다. 사회적 기술이 부족한 사람들은 다른 사람들과 관계를 잘 맺는 사람들을 관찰하도록 권유받는다. 심리학자인 앨버트 밴듀라는 모방 학습을 뱀, 개, 또는 다른 동물 등을 두려워하는 사람의 공포증을 극복하도록 돕는 데 처음 사용하였다(Bandura, Blanchard, & Ritter, 1969).

모델링(modeling): 모델을 관찰하고 따라 함으로써 공포증을 극복하거나 좀 더 적응적인 행동을 하도록 돕는 행동치료의 한 기술

행동치료자는 가상현실의 기술을 사용하여 공포증이 있는 사람에게 가상으로 공포를 일으키는 자극에 노출될 수 있도록 한다. 고소공포증이 있는 사람은 컴퓨터와 연결된 특화된 헬멧과 장갑을 착용하고 유리로 된 가상의 엘리베이터를 타거나 33층에 있는 가상의 발코니에 가기도 한다. 이런 형식의 노출치료를 가상현실치료(virtual reality therapy)라고 부르는데, 치료자는 실제 현실의 환경을 모방하여 실제로 노출되기 어려운 자극(예: 이륙하는 비행기를 타는 것)을 경험하는 것을 가능하게 한다. 가상치료는 고소공포증, 비행기 타는 것, 거미공포 등 다양한 공포증을 치료하는 데 효과를 보이고 있다(Coelho et al., 2009; T. D. Parsons & Rizzo, 2008; Powers & Emmelkamp, 2008).

© AP Photo/Bebeto Matthews

가상치료는 가상현실에서 높은 곳에 올라가는 경험을 함으로써 고소공포증을 극복하도록 돕는다.

행동치료자들은 대중 앞에서 이야기하는 것과 광장공포증 같은 다른 공포증에도 가상현실치료를 적용할 수 있도록 그 범위를 넓히고 있다. 이라크 전쟁에 참전하여 외상후 스트레스 장애로 고통받는 사람에게 '가상의 이라크'라고 불리는 가상현실 세계 속 전쟁과 관련된 이미지를 반복해서 직면하게 함으로써 전쟁으로 인해 생긴 외상의 기억들에 무뎌질 수 있도록 돕기도 한다(Schaffer, 2007).

가상현실치료(virtual reality therapy): 실제 환경의 공포 자극을 가상적으로 경험할 수 있도록 돕는 노출치료의 한 형식

다른 기술 장비도 사용하기 시작했는데(예: Carlbring et al., 2011; Ljótsson et al., 2001), 환자가 매일 자신의 증상을 기억하고 약은 먹었는지, 어떤 물질을 사용했는지 기록할 수 있도록 하는 기계 장비를 제공해 주기도 한다(Swendsen, Ben-Zeev, & Graholm, 2010). 현재 심장 기능을 측정하는 데 쓰이는 홀터 모니터(holter monitor)처럼 스마트폰 앱을 사용하여 환자의 심리적 증상을 기록할 수 있도록 하는 것도 개발되고 있다(Yager, 2011).

© iQoncept/Shutterstock.com

스마트폰 앱을 통해 환자가 자신의 증상을 기록하고 치료자에게 무선으로 정보를 보내어 평가를 받기도 한다.

2) 혐오 조건 형성

혐오 조건 형성(aversive conditioning)은 고전적 조건 형성의 한 방식으로 바람직하지 않은 행동과 전기 충격이나 구토를 유발하는 약물 등 혐오 자극을 연결시키는 것을 말한다. 공포나 구토 등 부정적인 반응을 일으킨다는 생각은 내담자로 하여금 바람직하지 않는 행동을 줄일 수 있도록 한다. 예를 들면, 아동에게 성적인 욕구를 느끼는 성인에게 아동의 사진을 보고 성적인 반응을 느낄 때 약하지만 고통스러운

혐오 조건 형성(aversive conditioning): 바람직하지 않는 행동과 관련된 자극을 부정적인 자극과 연결시키는 행동치료의 한 형식

개념 16-14

혐오 조건 형성은 고전적 조건 형성의 원리를 이용하여 불쾌한 반응과 바람직하지 않은 행동을 연결시킨다.

➔ 개념 링크 고전 조건 형성의 원칙은 공포 반응부터 마약 충동까지 다양한 행동을 설명한다. 제5장 1단원을 참고하라.

전기 충격을 가할 수 있다. 알코올 치료에서도 술을 먹으면 구토를 일으키는 약을 사용하고 있다. 조건 형성 용어로 설명하자면, 구토를 유발하는 약은 무조건적 자극이고 구토는 무조건적 반응이다. 술이 지속적으로 무조건적 자극과 연결될 때 술은 조건적 반응인 구토를 유발하는 조건적 자극이 되는 것이다. 혐오 조건 형성의 효과는 대부분 단기적이다. 치료를 받는 곳을 벗어나서는 혐오 자극이 바람직하지 않는 행동과 연결되지 않는 경우도 많다. 이런 이유로 혐오 조건 형성은 치료 프로그램의 유용한 요소로는 알려져 있지만 널리 사용되지 않고 있다.

3) 조작적 조건 형성 방법

개념 16-15

행동치료자들은 조작적 조건 형성의 원칙을 적용하여 바람직한 행동을 강화하고 바람직하지 않은 행동을 약화시킨다.

행동치료자들은 조작적 강화 및 처벌 원칙을 바람직한 행동을 강화시키고 바람직하지 않은 행동을 약화시키는 데 적용한다. 예를 들어, 치료자는 아동이 적절한 행동을 보일 경우 보상을 주고 문제 행동을 보인 이후에는 관심을 덜 줄 수 있도록 부모를 훈련한다. 아동이 문제 행동을 했을 때 정해진 시간 동안 혼자 동떨어져 앉아 있도록 하는 타임아웃 같은 약한 강도의 처벌을 사용할 수 있도록 부모를 훈련한다.

앞서 제5장에서는 정신병원과 학교에 쓰이는 행동수정 프로그램인 토큰 경제를 살펴보았다. 예를 들어, 정신병원에 상주하는 사람이 깨끗이 몸을 씻거나 방을 정돈할 때 또는 다른 사람에게 적절한 행동을 할 때 토큰이나 플라스틱으로 된 칩을 줄 수 있다. 토큰이나 칩을 이용하여 물건을 사거나 다른 활동을 할 수 있다. 이런 토큰 경제 프로그램은 정신병원이나 지적 장애인이 있는 센터, 비행 청소년의 거주 치료 시설 등에서 성공적으로 사용되고 있다.

4) 인지행동치료

인지행동치료(cognitive-behavioral therapy: CBT): 행동치료과 인지치료의 기법을 결합한 심리치료의 한 형식

인지행동치료(cognitive-behavioral therapy: CBT)는 점진적 노출 같은 행동치료 기법과 자신의 왜곡된 믿음과 사고방식을 인지하도록 도와주는 인지 기법을 종합한 치료이다. 심리학자인 앨버트 엘리스(Albert Ellis)와 정신과 의사 에런 벡(Aaron Beck)은 인지치료 모델의 원칙과 기술을 설립하였다.

4. 인지치료

인지치료자는 내담자가 사고하는 방식을 바꿀 수 있도록 돕는다. 왜곡된 사고방식이 불안장애나 우울 같은 감정의 문제 및 자기파괴적-비적응적인 행동에 기여한다는 생각에 바탕을 두고 있다. 감정적인 문제가 부정적인 사건이나 경험에 의한 것이 아니라 오히려 그 경험을 해석하는 방식 때문에 일어난다고 본다. 셰익스피어가 『햄릿(Hamlet)』에서 말한 것처럼 "좋고 나쁜 것은 없다. 어떻게 생각하느냐가 좋고 나쁨을 만든다."와 연결된다.

셰익스피어가 불행한 사건이 고통스럽지 않다거나 쉽게 대처할 수 있다고 말한 것은 아니다. 오히려 그는 우리가 불쾌한 사건을 해석하는 방식이 그 불쾌함을 증가시키거나 감소시키는 데 기여하며, 그 사건을 대처하는 방식에 영향을 끼친다고 본 것이다. 몇백 년 후, 인지치료자는 셰익스피어의 단순하지만 훌륭한 이 표현을 그들의 치료 접근의 모토로 삼았다.

인지치료는 상대적으로 기간이 짧다(몇 년이 아닌 몇 달 동안 지속). 인본주의 상담가와 마찬가지로, 인지치료자는 먼 과거에 있었던 일보다 지금 현재 일어나고 있는 일에 초점을 맞춘다. 내담자는 자신의 왜곡된 사고를 찾고, 평가하고, 도전하는 데 도움이 되는 숙제를 하면서 합리적인 생각과 행동을 발전시킨다. 인지심리의 두 가지 주요한 치료 유형에는 엘리스가 개발한 합리적 정서행동치료와 벡이 개발한 인지치료가 있다.

개념 16-16

많은 행동치료자는 부적응적인 생각과 믿음을 교정하고 문제 행동을 바꾸는 인지행동치료를 시행하고 있다.

개념 16-17

인지치료자들은 환자들이 부적응적인 사고와 믿음을 좀 더 적응적인 사고방식으로 대체할 수 있도록 돕는다.

1) 합리적 정서행동치료: 합리적으로 생각하는 것의 중요성

앨버트 엘리스(1913~2007)는 감정 문제의 근원에 있는 비합리적인 사고 패턴에 기초하여 합리적 정서행동치료(REBT)를 개발했다(Ellis, 1977, 2001). 치료자가 내담자에게 비합리적인 믿음을 인식하는 방법과, 그런 비합리적인 신념을 합리적이면서 자아 발전에 기여하는 믿음으로 대체하는 법을 가르쳐야 한다고 보았다. 엘리스는 이 과정을 내담자가 설득될 때까지 비합리적인 믿음을 흔드는 것이라고 보았다.

엘리스는 비합리적인 믿음은 '항상 인정받아야 한다'와 같이 '해야 한다'는 당위적인 명제로 나타난다고 주장했다. 엘리스는 인정에 대한 욕구는 이해할 수 있지만 항상 인정을 받아야 한다거나 인정받지 않고는 살 수 없다는 식으로 생각하는 것은 비합리적이라고 생각했다. 합리적 정서행동치료는 내담자로 하여금 비합리적인 믿음(〈표 16-2〉 참조)을 합리적인 생각으로 대체하고 삶의 어려움을 대처하는 적응적인 방법을 배우도록 도와야 한다고 주장했다. 엘리스에게 불안과 우울 같은 부정적인 감정 반응은 삶의 경험의 직접적인 결과가 아니라 우리가 그런 경험에 대해 가진 생각에서 비롯된다고 믿었다. 감정의 문제는 그 상황 자체가 아니라 상황에 대한 왜곡되고 과장된 평가에서 비롯된다는 것이다. 엘리스는 'ABC' 접근을 사용하여 감정적인 스트레스의 원인을 설명했다. 그 모델은 다음과 같다.

© Dr. Debbie Joffe Ellis

앨버트 엘리스

합리적 정서행동치료(rational-emotive behavior therapy: REBT): 앨버트 엘리스가 개발한 것으로 감정적 · 행동적 문제의 원인이 되는 비합리적인 믿음을 찾아내고 교정하는 치료의 방법

유발 사건 (Activating event) → 믿음 (Beliefs) → 결과 (Consequences)

대학 시험에서 낮은 성적을 받아 우울함과 무가치함을 느끼는 사람을 상상해 보자(〈표 16-2〉 참조). 낮은 성적은 유발 사건(A)이다. 결과(C)는 우울한 감정이다. 그러나 유발 사건(A)은 직접적으로 감정적인 결과(C)를 낳지 않는다. 사건은 개인의 믿음(B, '나는 완전 멍청이야. 절대 성공하지 못할 거야.')을 통해 걸러진다. 사람들은 종

개념 16-18

합리적 정서행동치료는 비합리적인 믿음이 실망스러운 사건을 직면했을 때 감정적인 고통을 배가시킨다는 생각에 기초하고 있다.

〈표 16-2〉 엘리스의 비합리적인 사고의 예

- 모든 사람으로부터 사랑과 인정을 받아야 한다.
- 스스로 가치 있게 느끼기 위해서는 하는 일에서 완벽해야 한다.
- 내가 원하는 대로 일이 진행되지 않는 것을 용납할 수 없다. 원래 원했던 것을 이루지 못하는 것은 실패한 것이다.
- 사람들은 서로 정확히 공평하게 대해야 한다.
- 삶의 문제를 언제나 반드시 명백하고 빠르게 해결해야 한다.
- 나의 과거는 나에게 지속적으로 영향을 미치고 나의 모든 행동을 결정한다.

출처: Ellis (1991)에서 수정.

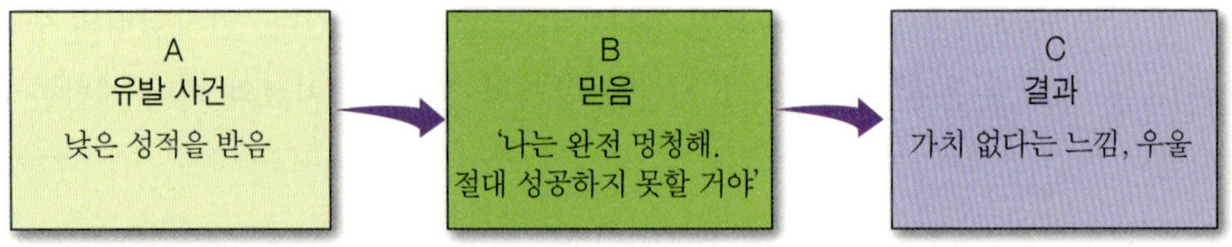

[그림 16-1] 엘리스의 'ABC' 모델

종 자신의 믿음(B)을 밝히는 것을 어려워한다. 이는 부분적으로 사건(A)이 일어날 때 느끼는 감정에 초점을 맞추기 때문이기도 하고, 사건(A)과 감정적 결과(C) 사이의 관계가 너무 가깝기 때문이기도 하다. 자신의 생각이 감정을 어떻게 설명하는지 이해하기 어렵기 때문이기도 하다. 엘리스는 힘든 사건 이후 실망감을 느낄 수 있지만, 그 부정적인 사건에 대해 과장해서 해석하는 경우 그 실망감이 우울이나 절망으로 바뀐다고 설명했다.

엘리스는 이후, ABC 모델에 'D(논쟁, dispute)'를 덧붙여서 내담자가 자신의 비합리적인 믿음에 도전하고 논쟁할 수 있도록 했다. 'ABC 모델로 불안에 대처하는 마리아' 만화는 대중 앞에서 말하는 것에 대한 불안이 야기되고 대처하는 방식을 ABCD 모델로 설명하고 있다. 합리적 정서행동치료는 사람으로 하여금 효과적인 대인관계 활동에 참여함으로써 부적응적인 행동을 바꿀 수 있도록 돕는다. 예를 들어, 사람들의 말에 동의하지 않거나 데이트 신청하기 같은 구체적인 임무나 숙제를 제공하여 적응적인 행동을 연습할 수 있도록 돕는다.

2) 인지치료: 사고의 오류 교정하기

인지치료(cognitive therapy)는 사고의 왜곡을 교정하고 합리적인 생각으로 대체할 수 있도록 돕는 방법이다

해 보기 왜곡된 사고를 합리적인 생각으로 대체하기

다음의 각 자동적 사고에 대한 합리적 대체 반응을 기입해 보자. 필요하다면 왜곡된 사고의 유형에 대해 정리해 놓은 〈표 15-2〉를 참조하자. 합리적 생각의 예는 이 장의 마지막 부분에서 볼 수 있다.

	자동적 생각	왜곡된 사고의 종류	합리적인 생각
1.	이 관계는 최악이다. 나는 엄청나게 불행하다.	전부 아니면 전무라는 생각	______
2.	나는 뒤처지고 있다. 이 문제를 해결할 수 없을 것이다.	재앙화	______
3.	이렇게 느끼다니 지금 상황이 끔찍한 것이 틀림없다.	감정적 추론	______
4.	나는 이 수업에서 분명 실패할 것이다.	비약적 결론	______
5.	______의 문제는 모두 나의 잘못이다.	지나친 책임 부여	______
6.	나는 실패자이다.	명명하기	______
7.	내 나이의 사람들은 나보다 더 많은 것을 이루었다.	당위적 진술	______
8.	이 직장에 취업하지 못하면 내 삶은 끝난 것이다.	재앙화	______
9.	______(이)가 나를 더 알게 되면 나를 싫어하게 될 것이다.	비약적 결론	______
10.	내 생각은 온통 부정적이다.	부정적 초점	______

(Beck, 2006; Beck & Alford, 2009; Beck et al., 1979). 인지치료 개발자인 정신과 의사 에런 벡(Aaron Beck, 1921)은 우울증 같은 부정적 감정 상태의 근원이 삶의 경험에 대해 왜곡된 생각이라고 믿었다. 왜곡된 사고는 색이 들어간 안경을 쓰고 세상을 보는 것과 같다(Smith, 2009).

벡은 이러한 사고의 오류를 '인지 왜곡'이라고 불렀다. 우울한 사람은 부정적인 사건의 결과를 과장하는 경향이 있고 외부적인 상황의 역할을 무시하면서 자신을 탓하는 경향이 있다고 믿었다. 인지치료자는 내담자에게 자신의 부정적이고 왜곡된 생각을 기록하고 그 자리를 합리적인 생각으로 대체하는 숙제를 내준다('해 보기' 참조).

사실 검증이라는 또 다른 숙제는 내담자가 자신의 부정적인 믿음의 사실성을 검증해 보도록 하는 것이다. 예를 들어, 사람들에게서 거절감을 느끼는 우울한 내담자는 2~3명 친구에게 전화를 건 다음 그 친구들이 자신의 전화에 어떻게 반응하는지 데이터를 모아 볼 수 있다. 치료자는 그 후 내담자에게 숙제가 어떻게 진행되었는지 물어본다. "친구들이 전화를 받자마자 끊었나요?", "전화했을 때 반가워하는 것처럼 느껴졌나요?", "다시 또 통화하고 싶다거나 언제 한번 만나자고 하던가요?", "아무도 당신에게 관심이 없다는 결론에 증거가 되던가요?"

합리적 정서행동치료와 인지치료는 여러 면에서 비슷하다. 두 기법 모두 사람들의 기능을 방해하는 생각을 적응적이고 합리적인 생각으로 대체하는 데 핵심이 있다. 주요 차이점은 치료 스타일이다. 합리적 정서행동치료자는 내담자의 비합리적인 생각에 대해 좀 더 직접적이고 도전적인 자세를 취하지만, 인지치료자는 좀 더 부드럽고 협력적인 태도를 가지고 내담자가 자신의 생각의 왜곡을 파악하고 교정할 수 있도록 돕는다.

인지치료(cognitive therapy): 내담자가 부정적인 감정과 관련 있는 왜곡된 생각을 밝히고 그 패턴을 교정하는 에런 벡에 의해 개발된 치료

에런 벡

개념 16-19

인지치료는 내담자로 하여금 근거 없는 왜곡된 생각과 믿음을 밝히고 교정하도록 돕는다.

각각 심리치료의 차이점은 생각보다 그렇게 명확하지 않다. 예를 들어, 인지치료와 행동치료 사이에 구별이 불분명한 부분이 있으므로, 엘리스와 벡의 인지치료를 인지행동치료로 분류하는 사람도 있다. 두 기법 모두 내담자로 하여금 적응적인 행동을 개발하고 왜곡된 생각을 바꿀 수 있도록 행동적인 기술과 인지적인 기술을 개발하는 것에 초점을 맞춘다. 다른 치료자는 좀 더 통합적인 접근을 취하기도 한다.

절충적 치료(eclectic therapy): 임상 사례에 따라 다른 치료의 방법을 통합하여 사용하는 것

5. 절충적 치료

개념 16-20

많은 치료자가 임상 사례에 따라 다른 원리와 치료기법을 채택하는 절충적 치료법을 사용하고 있다.

절충적 치료(eclectic therapy)를 실시하는 치료자는 다른 심리치료와 구분 짓는 이론적 장벽을 뛰어넘어서 본다. 내담자에게 가장 이익이 되는 치료를 구성하기 위해 다양한 원리와 기술을 통합한다(Prochaska & Norcross, 2010). 어떤 상황에서는 행동치료로 내담자의 행동 문제를 바꾸기도 하고 정신역동적 치료를 통해 내면의 갈등에 대한 통찰력을 가질 수 있도록 돕기도 한다.

절충적 치료는 임상심리학자 사이에서 가장 많이 쓰이는 방법이다([그림 16-2] 참조). 절충적 치료자는 각 다른 관점의 이점을 경험을 통해 배운다.

모든 치료자가 통합적인 접근을 지지하는 것은 아니다. 각각의 치료 방법의 차이점이 명확하므로 통합적 접근은 이상적이지 않고 가능하지도 않다고 믿는 전문가도 많이 있다. 그들은 절충적 치료는 통합적인 이론적 틀이 부족한 상태에서 기술을 뒤죽박죽으로 섞는 것밖에 되지 않는다고 주장하기도 한다. 그럼에도 불구하고 절충적 치료 방법은 치료자에게 점점 더 인지도를 얻고 있다.

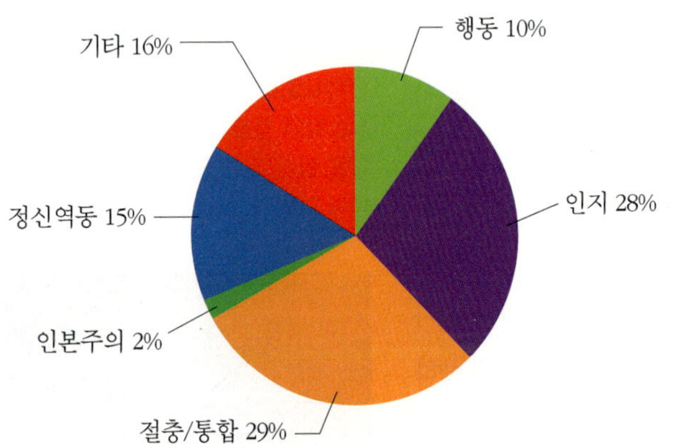

[그림 16-2] 각 치료기법을 사용하는 임상 심리학자
최근 조사에서 절충적 치료가 임상 심리학자 사이에서 가장 많이 쓰이는 치료 방식으로 나타났다.
출처: Norcross, Karpiak, & Santoro (2005)에서 수정.

6. 집단, 가족, 그리고 커플(부부) 치료

개념 16-21

치료자들은 집단의 형태로 치료를 제공하는데, 이때 집단은 서로 상관없는 사람들, 가족, 커플 모두를 포함한다.

집단치료(group therapy)는 내담자를 소그룹의 형태로 구성하고 함께 문제를 탐색하고 해결할 수 있도록 돕는 방법이다(Donigian & Malnati, 2005). 집단치료는 개인치료와 비교했을 때 여러 장점이 있다. 치료자는 여러 명을 한 번에 치료할 수 있으므로 개인치료보다 비용이 적게 든다. 집단 프로그램에서는 서로를 지지하면서 상호작용하기 때문에 특별히 외로움이나 낮은 자존감 등 관계 문제를 겪는 환자에게 도움이 될 수 있다. 집단치료의 활동이 개인의 사회적 기술을 발전시키는 데 도움이 될 수 있고, 개인은 자신과 비슷한 문제를 겪고 있는 다른 사람들의 성장을 보면서 배울 수 있다.

그러나 집단치료가 모두에게 도움이 되는 것은 아니다. 개인치료를 선호하는 내

담자는 일대일 관계를 통해 자신의 감정 문제와 상황을 더 깊이 탐색할 수 있다고 믿는다. 어떤 사람은 다른 사람과 자신의 문제를 나누는 것에 대한 거부감이 있을 수 있다. 다른 사람과 관계를 맺는 것이 도움이 될 수도 있지만 어떤 내담자에겐 집단에서 다른 사람과 상호작용하는 것에 대한 어려움이 더 큰 문제가 될 수도 있다.

집단치료자는 신뢰와 자기탐색을 권장하는 분위기를 만듦으로써 이런 단점을 극복할 수 있다. 집단 구성원이 나누는 것에 대해 비밀을 지킬 것에 대한 원칙을 세우고, 서로 지지적인 관계를 맺도록 격려하며, 한 사람이 대화를 독점하지 못하게 할수록 집단치료의 효과가 높아진다. 효과적인 치료자는 집단 구성원이 자신에게 필요한 관심을 공평하게 받을 수 있도록 고려해야 한다.

집단치료는 내담자를 소집해 배정함으로써 구성원들이 함께 문제를 탐색하고 해결해 가는 것을 돕는다.

가족치료(family therapy)는 문제성이 있는 가족 구성원이 서로 다른 점을 대화로 해결할 수 있도록 돕는다. 개인이 아닌 가족이 치료의 대상이 되는 것이다. 대부분의 가족치료자는 가족을 구성원 개개인이 특정 역할을 맡고 있는 사회 구조의 한 형태로 본다(Gehar, 2009). 많은 경우에 가족 구성원 중 한 사람이 가족의 문제로 드러나는데, 유능한 치료자는 그 가족 구성원 개인의 문제로 돌리기보다 이 가족 시스템 안에서 어떻게 그 문제적 증상이 발전하였는지를 보게 도와준다. 치료자는 비기능적인 가족으로 하여금 가족 구성원이 상호작용하는 법을 배우고 서로의 욕구와 차이를 지지할 수 있는 방법을 찾을 수 있도록 돕는다.

가족치료 (family therapy): 가족 간의 대화 방식을 수정하고 관계 맺는 방식을 발전시키는 치료

커플(부부) 치료(couple therapy, marital therapy)는 커플(부부)을 치료의 대상으로 본다. 커플 치료는 효율적인 대화 방식 및 문제해결 방법을 학습하여 건강한 관계를 유지할 수 있도록 돕는다(Christensen et al., 2010). 커플 치료자는 커플이 흔하게 호소하는 힘의 갈등과 대화의 부족을 정의한다. 배우자나 연인 사이의 열린 대화 방법을 도우며 서로를 실망시키지 않는 방식으로 감정과 욕구를 나누는 것이 목표이다.

커플(부부) 치료(couple therapy): 커플(부부)치료는 커플(부부)이 갈등을 해결하고 더 효과적인 대화 기술을 개발할 수 있도록 돕는 것을 말함

7. 심리치료는 효과적인가

그렇다. 심리치료는 효과가 있다. 많은 연구 결과가 심리치료의 효과를 보여 주고 있다. 그러나 어떤 치료가 효과성이 높은지에 대한 논의는 계속되고 있다.

개념 16-22
많은 연구 결과가 심리치료의 효과를 보여 주고 있지만, 구체적으로 어떤 치료가 더 효과적인지에 대한 논의는 계속되고 있다.

1) 효과성 측정하기

심리치료의 효과성을 지지하는 가장 적절한 근거는 치료집단과 통제집단을 비교하는 치료실험 연구에서 나온다. 연구자들은 메타분석(meta-analysis)이라고 불리는 통계적 방법을 사용하여 그러한 실험연구의 많은 수를 통합하여 평균적인 결과를 도출한다.

메타분석(meta-analysis): 많은 연구 결과를 종합하여 분석하는 통계 기술

스미스와 동료들(Smith, Glass, & Miller)은 영향력 있는 메타분석(1980)을 실시하였다. 400개 이상의 치료효과 실험연구(정신역동, 행동, 인본주의적 치료)를 분석하여

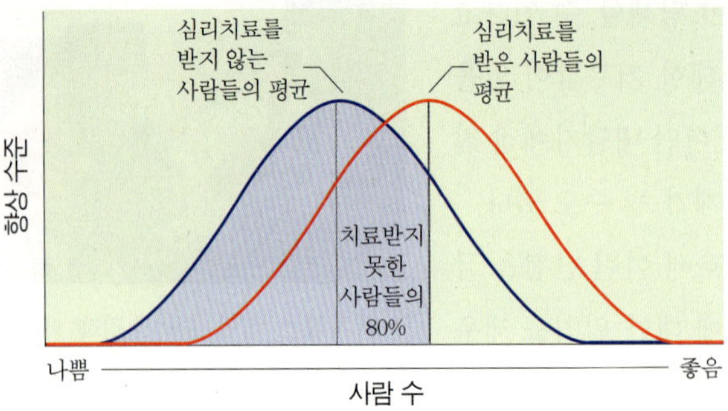

[그림 16-3] 심리치료의 효과

400개 이상의 치료효과 실험연구를 분석한 결과, 심리치료를 받은 사람들이 치료를 받지 않은 사람의 80%보다 더 많은 향상을 달성했다.

출처: M. L. Smith, Glass, & Miller (1980)에서 수정.

심리치료를 받은 사람이 치료를 받지 않은 사람의 80%보다 더 많은 향상을 달성했다([그림 16-3] 참조). 최근의 메타분석 연구 또한 통제집단보다 심리치료를 받은 사람이 긍정적인 결과를 경험한다고 보고하고 있다(예: Lambert & Ogles, 2004; Shadish et al., 2000).

심리치료의 효과는 보통 치료 초기 몇 달 안에 나타난다. 심리치료에 참여한 50%의 사람이 초기 21회기 안에 증상이 호전되는 것으로 보고되었다(E. M. Anderson & Lambert, 2001; Lambert, Hansen, & Finch, 2001). 추가적 회기에서 계속해서 증상이 호전되는 경우도 있다. 그러나 모두가 심리치료의 효과를 경험하는 것은 아니다. 증상이 더 악화되는 사람도 있다. 그런 부정적인 결과는 약물치료를 받는 환자에게도 나타난다.

2) 어떤 치료가 가장 효과가 있는가

전반적으로 심리치료가 효과가 있다고 해서 모든 치료가 효과적인 것은 아니다. 우리는 어떤 치료가 어떤 문제 유형에 가장 효과적인지를 질문할 필요가 있다. 특정 장애나 문제에 효과적인 치료기법을 증명하는 연구 결과는 많이 있다. 인지행동치료는 공황장애, 우울증, 신경성 식욕 항진증 등 다양한 종류의 장애 치료에 효과가 있다고 보고되었다(예: Crow et al., 2009; Ehlers et al., 2010; Gunter & Whiittal, 2010; Rapee, Gaston, & Abbott, 2009; Roy-Byrne et al., 2010; Shafran et al., 2009; Tolin, 2010). 연구 결과는 정신역동치료의 현대화된 형식이 우울증, 경계성 성격장애, 신경성 식욕 항진증을 치료하는 데 효과가 있음을 보여 주고 있다(예: Bateman & Fonagy, 2009; DeRubeis et al., 2005; Driessen et al., 2010; Leichsenring & Rabung, 2008; Paris, 2008; Rieger et al., 2010; Shedler, 2010). 인본주의적 치료는 개인이 좀 더 통합적인 자아를 발전시키며 자신의 진실된 감정을 이해하고 자아실현을 이루는 데 가장 큰 효과가 있다.

3) 근거기반치료로의 움직임

최근 몇 년 동안의 가장 큰 발전은 근거기반치료에 대한 중요성이 강조되고 있는 것이다. 근거기반치료는 특정 장애를 치료하는 데 효과가 입증된 치료를 실시하는 것을 말한다(APA Presidential Task Force on Evidence-Based Practice, 2006; McHugh & Barlow, 2010; Weisz, Jensen-Doss, & Hawley, 2006). 경험적으로 지지되는 치료라고도 불리는 근거기반치료의 일부가 〈표 16-3〉에 제시되어 있다. 치료성을 입증하는 근거가 더 많이 발표되면 다른 치료도 추가될 수 있다. 근거기반치료는 치료 효과의 이유를 이해할 필요가 있는 임상가의 고민을 반영한 것이다.

〈표 16-3〉 근거기반치료의 예

치료	효과가 입증된 심리장애
인지치료	우울증
행동치료	우울증 발달장애 야뇨증 두통 광장공포증과 특정공포증 강박장애
인지행동치료	공황장애 범불안장애 신경성 식욕 항진증 금연
대인관계 심리치료(정신역동치료의 체계화된 형식)	우울증

4) 심리치료의 이점을 어떻게 설명할 수 있는가

심리치료가 효과가 있는 것은 각 심리치료의 구체적 특성 때문만이 아니라 심리치료의 공통된 요소 때문은 아닐까? 이러한 공통된 특징을 비특이적 요소(nonspecific factors)라고 부르는데, 이러한 요소는 어떤 하나의 치료에 국한되지 않는다. 치료에 대한 긍정적인 기대, 치료 동맹(내담자가 치료자에 대해 어떻게 느끼는가)이라고 불리는 치료자와 내담자의 관계 등이 이에 포함된다(Prochaska & Norcross, 2010; A. E. M. Smith, Msetfi, & Golding, 2010). 치료 동맹의 수준은 치료 결과와 상당히 관련이 높다(예: Strauss et al., 2006; Zuroff & Blatt, 2006). 자신의 문제가 해결될 것이라고 믿는 긍정적인 기대감이나 희망은 자기충족적 예언이 되어 내담자가 더욱 적극적으로 치료에 참여할 수 있도록 돕는다. 긍정적인 기대감이 주는 효과를 플라세보 효과(placebo effect) 또는 기대 효과라고 부른다. 심리치료의 효과는 각 치료 방식의 구체적 요소와 비특이성 요소가 통합되어 나타난다.

개념 16-23

심리치료의 효과를 설명하기 위해서는 구체적 요소와 비특이적 요소 모두를 고려해야 한다.

비특이적 요소(nonspecific factor): 치료자로부터의 관심이나 긍정적인 기대나 희망 같은 심리치료의 일반적인 특성

플라세보 효과(placebo effects): 치료 자체보다 심리치료에 대한 긍정적인 기대감으로 인해 치료 효과를 경험하는 것을 말함. 기대 효과라고도 불림

8. 심리치료의 다문화적 문제

치료자들은 다양한 인종 및 문화 배경을 가진 내담자를 만난다. 소수인종의 내담자는 대다수가 속한 인종의 문화와는 다른 관습, 믿음, 철학을 가질 수 있다. 성공적인 치료를 위해서는 치료자가 내담자의 이러한 차이점을 잘 이해해야 한다. 예를 들어, 아프리카계 미국인 내담자는 인종차별 및 억압의 긴 역사적 배경을 가지고 있다. 부당한 억압은 그들에게 백인에 대한 적대감 및 의심을 가질 수 있게 하는데, 백인 치료자를 대상으로 이런 적대감이 드러날 수 있다. 특별히 치료 초기 단계에서

개념 16-24

치료자는 다른 문화를 가진 환자의 다양성에 민감할 수 있도록 훈련받는다.

는 자신의 개인 정보를 알려 주는 것을 꺼릴 수도 있는데, 이때 내담자에게 강요하거나 그러한 거부 반응을 편집증적 생각으로 해석해서는 안 된다.

동양인은 전통적으로 자신의 감정을 조절하는 것에 중요한 가치를 부여하는데, 특히 부정적인 감정을 억제하는 경향이 있다. 이러한 태도는 치료 과정에서 감정 표현을 강조하는 서구적 심리치료의 가치와 충돌할 수 있다. 문화적으로 유능한 치료자는 수동적으로 보이거나 감정적으로 억제하는 동양인 내담자를 대할 때, 서구 문화의 기준을 기반으로 하여 그 내담자를 비협조적이고 회피하는 사람으로 평가하지 않는다(Hwang, 2006). 또한 개인 문화보다 집단 문화를 강조하는 동양 문화는 개인의 독립성과 자기결정성을 강조하는 서구 문화의 가치와 맞지 않을 수 있다.

전통적인 히스패닉 계열의 남미인 또한 심리치료 현장에서 문화적 가치의 충돌이 일어날 수 있다. 전통적으로 히스패닉 문화는 가족 구성원의 의존에 중요한 가치를 부여하는데, 이는 미국의 독립성과 자기의존성 가치와 충돌한다. 치료 제공자는 이러한 차이점을 존중하고 남미인 내담자에게 자신의 가치를 강요해서는 안 된다. 다른 환자도 마찬가지이지만 남미 환자를 볼 때도 치료자는 그들의 언어 선호도를 고려해야 한다.

문화적으로 민감한 치료자는 또한 환자의 관습, 문화, 가치를 존중하고 이해해야 한다(Stuart, 2004). 미국 원주민 내담자에게는 문화적 · 종교적 전통의 일부인 치료 의식을 포함한 부족 문화의 요소를 활용하는 것이 도움될 수 있다(Rabasca, 2000). 미국 원주민 내담자는 자신의 문화에서 전통적인 치료를 담당하는 사람이 하는 것처럼 치료자가 대화를 거의 다 이끌어 나가길 기대할 수 있다.

치료자는 또한 내담자의 문화를 고려하여 치료 방법을 선택해야 한다(Horrell, 2008; Soa, Leung, & Hung, 2008). 간단히 말해, 치료자는 내담자의 문화적 배경에 맞게 치료 태도를 변형시켜 적용할 줄 알아야 한다(Hwang, 2006). 치료자는 자신이 다른 문화를 가진 환자에 대해 편견을 가진 것은 없는지 탐색해 볼 필요가 있다. 치료자 자신의 문화적 편견이 탐색되지 않은 상태로 있으면, 치료적 관계에 해를 끼칠 수 있다.

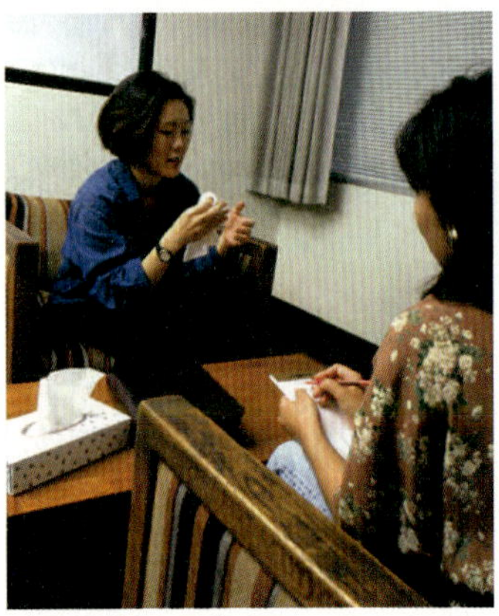

문화적으로 민감한 치료자는 다양한 문화적 배경을 가진 내담자가 수용될 수 있는 치료 환경을 조성한다.

정신건강 시스템은 또한 모든 인종에게 질 높은 치료를 공평하게 제공할 수 있도록 노력해야 한다. 2001년도 미연방의무감 보고서에 따르면 소수인종은 다른 미국인보다 질 낮은 수준의 치료를 공급받고 치료에 대한 접근성도 현저히 떨어진다(U.S. Departmet of Health and Human Services, 2001). (〈표 16-4〉 참조). 따라서 소수인종은 심리장애에 대한 진단 및 치료가 부족하여 더 많은 심리적 문제를 겪고 있다(P. S. Wang et al., 2005; U.S. Department of Health and Human Services, 2001).

〈개념 차트 16-2〉는 이 장에서 언급된 심리치료 유형의 차이점에 대해 정리하고 있다.

〈표 16-4〉 정신건강 관리에서의 불평등: 문화, 인종, 민족성

불평등
• 다른 인종에 비해 소수인종은 정신건강 서비스에의 접근성이 떨어지고 낮은 수준의 서비스를 받는다.
원인
• 소수인종은 건강보험이 없는 경우가 많다. • 소수인종은 비슷한 문화를 가지고 있거나 같은 언어를 쓰는 치료자를 만나기가 어렵다. • 정신질환에 대한 낙인이 팽배해서 전문가의 도움을 받는 것을 꺼린다. • 소수인종(특별히 미국 원주민)이 거주하는 시골이나 고립된 지역에서 서비스를 제공하는 치료자를 찾기 어렵다.
미래에 대한 비전
• 정신건강과 문화 차이, 낙인, 인종차별 같은 사회문화적 요소의 관계를 이해하는 과학적 근거를 확장시키기 • 치료에 대한 접근성 강화하기: 예를 들어, 언어 접근 및 정신건강 서비스의 지역적 접근 강화하기 • 정신건강 서비스 비용 및 사회 낙인 같은 장벽 낮추기 • 치료의 질 향상: 예를 들어, 치료를 내담자의 나이, 성, 인종, 문화에 따라 다르게 분류해서 제공하기 • 소수인종 치료자를 더 많이 배출하기 • 지지적인 가족을 더 강화시키고 빈곤, 폭력, 인종 차별 등 정신건강 문제를 야기하는 요소 근절하기

출처: U.S. Department of Health and Human Services (2001).

〈개념 차트 16-2〉 심리치료의 주요 유형의 차이점

심리치료 유형	초점	길이	치료자의 역할	기술
전통적 정신분석	행동의 무의식적 원인에 대한 통찰	적어도 몇 년 소요	수동적 · 해석적	자유연상, 꿈 분석, 해석
현대 정신역동적 접근	통찰 중심이나 프로이트 정신분석보다 현재 관계에 집중	전통적 정신분석보다 짧음	질문하기(상호 방향적 대화)	내담자의 방어와 전이 관계 대한 직접적 분석(자유연상은 적음)
인본주의적, 내담자중심치료	내면의 감정, 욕구, 관심사의 이해를 도움으로써 자기성장 촉진	상황에 따라 다름	지시적이지 않음; 내담자가 치료를 주도하도록 함; 공감하는 청자로서의 역할	따뜻하고 수용적인 치료적 분위기를 형성하는 공감, 무조건적인 긍정적 존중, 진실성
인본주의적, 게슈탈트치료	자신의 진실된 감정과 다른 사람들과의 갈등을 인식하면서 통합된 자아감 성장	짧음. 몇 회기가 안 될 때도 있음	지시적 · 적극적으로 직면, 도전함	빈 의자 기법, 역할극
행동치료	구체적 문제에 적절한 학습기술을 사용하여 행동 문제를 변화시킴	짧음, 10~20회기 정도	지시적 · 적극적 문제 해결 관여	체계적 둔감화, 노출치료, 혐오치료, 조작적 조건 형성 기술

인지행동치료	부적응적인 사고와 행동을 바꾸는 것에 초점	짧음, 보통 10~20회기 정도	지시적 · 적극적 문제 해결 관여	인지기술과 행동기술 종합
합리적 정서행동 치료	비합리적인 믿음을 합리적인 믿음으로 대체	짧음, 보통 10~20회기 정도	지시적 · 적극적으로 직면, 도전함	행동 과제를 통해 비합리적 믿음을 찾고 논쟁
인지치료	왜곡된 사고 형태를 찾고 교정	짧음, 보통 10~20회기 정도	내담자가 합리적으로 믿음을 검증하고 실제 근거를 찾아갈 수 있도록 협력적 관계 유지	인지 왜곡 사고 교정, 생각 기록과 사실 검증 등의 숙제

2단원 복습 심리치료의 종류

되새겨 봅시다

심리치료란?

➤ 심리적 또는 개인의 문제를 극복하도록 돕는 이야기를 통한 치료이다.

정신건강 전문가에는 어떤 사람이 있는가?

➤ 정신건강 서비스를 제공하는 주요 전문가에는 임상 및 상담 심리학자, 정신과 의사, 임상 또는 정신건강 사회복지사, 정신분석가, 상담가, 정신과 간호사가 있다. 훈련 배경 및 제공하는 서비스가 다르다.

심리치료의 주요 유형은?

➤ 정신역동치료는 프로이트 모델을 기초로 한 통찰력 중심의 치료이다. 정신역동 치료자는 내담자로 하여금 문제의 궁극적 원인이 되는 어린 시절부터의 무의식적 갈등을 밝히고 해결할 수 있도록 돕는다.

➤ 인본주의적 치료는 내담자의 주관적인 지금-여기의 의식적인 경험에 초점을 맞춘다.

➤ 행동치료는 학습 원리를 체계적으로 적용하여 비적응적인 행동을 버리고 적응적인 행동을 배울 수 있도록 돕는다. 행동치료의 기술에는 체계적 둔감화, 점진적 노출, 모델링, 혐오 조건 형성, 조작적 조건 형성이 있다.

➤ 인지행동치료는 행동치료가 확장된 치료법으로 행동적 치료 요소와 인지적 치료 요소가 통합된 것이다. 합리적 정서행동치료와 인지치료는 개인의 부적응적인 생각과 믿음을 교정함으로써 우울, 불안 등의 감정 문제와 자기파괴적 및 부적응적 행동을 해결하고자 한다.

절충적 치료란?

➤ 절충적 치료는 치료자가 다른 치료 방법의 원리와 기술을 선택적으로 통합하여 쓰는 방식이다.

집단, 가족, 커플 치료란?

➤ 집단치료는 소집단에서 환자들이 함께 심리치료를 받는 형식이다.

➤ 가족치료는 갈등을 가진 가족들이 각자의 차이점을 이해하고, 대화 방식을 개선하며, 역할의 갈등을 해결하고, 다른 가족 구성원들을 탓하는 행동을 줄이는 것을 목표로 하는 치료이다.

➤ 커플 치료는 커플의 대화 방식을 향상시키고 차이점을 해결해 가는 것을 돕는 데 쓰인다.

심리치료는 효과가 있는가?

➤ 그렇다. 메타분석 결과는 심리치료를 받는 내담자가 치료받지 않은 환자보다 긍정적인 결과를 경험한다고 보고하고 있다.

➤ 어떤 심리치료가 더 효과적인지 대한 논의는 계속되고 있다.

➤ 구체적인 장애에 효과 있는 특정 치료 형식이 밝혀지고 있다.

심리치료자가 다른 문화적 배경을 가진 내담자를 치료할 때 고려해야 할 문화적 요소에는 어떤 것이 있는가?

➤ 문화적 믿음, 관습, 가치, 언어 선호를 고려하고 치료자 자신의 편견을 인식할 필요가 있다.

점검해 봅시다

1. 다음의 정신역동치료 개념에 적합한 정의를 골라 보자.

① 자유연상	가. 문제의 무의식적인 원인을 이해하는 것
② 통찰력	나. 분석가를 '아버지'처럼 대하는 것
③ 저항	다. 감정적으로 예민한 주제를 다룰 때 심리치료 참여가 느려지거나 중단하고자 하는 것
④ 전이 관계	라. 마음속에 떠오르는 어떤 것이든 이야기하는 것

2. 효과적인 내담자중심 치료자의 중요한 세 가지 자질을 나열하라.
3. 조너선의 심리치료자는 그에게 근육을 어떻게 이완시키는지 훈련하고 공포 체계를 설립하도록 도왔다. 그 치료자는 어떤 행동치료 기술을 사용하고 있는가?
4. 심리적 문제의 근원이 되는 비합리적인 생각을 교정하는 치료를 ____________(이)라고 한다.
5. 집단치료의 두 가지 장점과 두 가지 단점을 말해 보자.

생각해 봅시다

➤ 당신이 심리적 문제로 도움이 필요하다면 어떤 심리치료를 선호하겠는가? 왜 그 방식을 선호하는가?

➤ 심리치료자는 다양한 문화적 · 인종적 배경을 가진 내담자들을 치료할 때 어떤 요소를 고려해야 하는가?

생물의학적 치료

3 단원

- 향정신성 약물 또는 정신과 약물의 주요 유형에는 어떤 것들이 있는가?
- 정신과 약물의 장단점은?
- 전기충격 요법이란 무엇이며 어떻게 실행되는가?
- 정신 외과술이란?

다양한 심리장애 치료에 생물의학적 치료법이 사용되고 있는데, 주로 향정신성 약물(psychotropic drugs, 정신과 약물, 정신치료 약물이라고도 불림)이 사용된다. 향정신성 약물 사용의 이점도 있지만 부작용과 약물 남용과 같은 단점도 있다. 다른 의학치료의 종류인 전기충격 요법과 정신 외과술에 대해서는 논쟁이 많다.

1. 약물치료

신경전달물질은 하나의 뉴런에서 다른 뉴런으로 신경 자극을 전달한다. 불안장애, 우울장애, 섭식장애, 조현병 같은 다양한 심리장애를 가진 환자에게서 신경전달 물질이 제대로 작용하지 않는 것이 발견되었다. 과학자들은 신경전달물질에 영향을 끼치는 약물을 개발하여 뇌가 감정과 사고를 제대로 작동할 수 있도록 돕고 있다. 이런 약물을 향정신성 약물 또는 정신과 약물이라고 부르며, 공황장애, 우울증, 조현병에 이르기까지 다양한 심리장애의 증상을 완화시키는 것을 돕는다. 그러나 이런 약물이 심리장애의 완전한 치료를 돕지는 못한다. 세 가지 주요 약물인 항불안제, 항우울제, 항정신제에 대해 알아보자.

두뇌는 퍼즐을 좋아합니다

앞으로 읽을 내용을 바탕으로 다음의 문제를 풀어 보자.

공황 발작으로 고통받는 한 남성이 정신과 의사를 찾아왔다. 여러 평가 끝에, 정신과 의사는 그 환자에게 항우울제를 처방했다. 그 남성은 혼란스러워하며 "뭔가 혼동이 있으신 것 같은데, 저는 우울하지 않아요."라고 말했다. 정신과 의사는 과연 실수를 한 것일까?

개념 16-25

향정신성 약물은 뇌의 신경전달물질의 시스템에 작용하여 기분과 사고의 과정을 조절한다.

➜ 개념 링크 신경전달물질은 뉴런과 뉴런 사이의 신경 메시지를 전달하는 화학물질이다. 제2장의 1단원을 참고하라.

향정신성 약물(psychotropic drugs): 심리장애 치료에 사용되는 정신과 약물

항불안제(antianxiety drugs): 불안증을 치료하는 약물

1) 항불안제

항불안제(antianxiety drugs, 약정신안정제라고도 불림)는 불안 증세를 완화시키고 안정감을 주며, 근육을 이완하는 것을 돕는다. 가장 널리 쓰이는 항불안제에는 디아제팜[diazepam, 상표명 발륨(Valium)], 클로르디아제폭시드[chlordiazepoxide, 상표명 리브륨(Librium)], 알프라졸람[alprazolam, 상표명 재낵스(Xanax)] 같은 약정신안정제가 있다. 이런 약물은 신경전달물질인 감마 아미노뷰트르산(gamma-aminobutryic acid, 짧게 GABA라고 부름)에 작용한다(제2장에서 처음 논의됨). GABA는 억제 신경전달물질로 신경 자극의 흐름을 억제하고 과도하게 흥분되어 있는 주위의 환경으로부터 뉴런을 보호한다. 가장 많이 쓰이는 항불안제인 발륨, 리브륨, 재낵스는 가바 수용체를 좀 더 예민하게 만들어 억제 효과를 증가시킨다.

2. 항우울제

개념 16-26

세 가지 주요 정신과 약물에는 항불안제, 항우울제, 항정신제가 있다.

➔ 개념 링크 향정신성 약물은 특정 신경전달물질의 활동에 작용제 또는 길항제로 작용한다. 제2장 1단원을 참고하라.

항우울제(antidepressants)는 뇌의 시냅스에 있는 신경전달물질인 노르에피네프린과 세로토닌의 수준을 높인다. 항우울제에는 삼환성 항우울제(tricyclics), 모노아민 산화효소 억제제[monoamine oxidase (MAO) inhibitors], 선택적 세로토닌 재흡수 억제제(selective serotoninc-reuptake inhibitors: SSRIs)의 세 가지 주요 타입이 있다.

이미프라민[imipramine, 상표명 토프라닐(Tofrnil)]과 아미트리프틸린[amitriptyline, 상표명 엘라빌(Elavil)]을 포함하는 삼환성 항우울제는 노르에피네프린과 세로토린을 전달하는 세포에서 신경전달물질은 재흡수하는 과정을 방해하여 노르에피네프린과 세로토린의 수준을 높인다. 페넬진[phenelzine, 상표명 나딜(Nardil)]과 트라닐시프로민[tranylcypromine, 상표명 파네이트(Parnate)]을 포함하는 모노아민산화효소 억제제는 노르에피네프린과 세로토린의 분해를 담당하는 모노아민 산화효소의 활동을 억제한다. 플루옥세틴[fluoxetine, 상표명 프로작(Prozac)]과 설트랄린[sertraline, 상표명 졸로프트(Zoloft)]을 포함하는 선택적 세로토닌 재흡수 억제제(SSRIs)는 세로토린의 재흡수를 방해함으로써 뇌에서 세로토닌의 수준을 높인다. 삼환성 항우울제와 선택적 세로토닌 재흡수 억제제는 시냅스에서 주요한 신경전달물질이 감소하는 것을 억제하는 면에서 비슷한 작용을 한다. 비슷한 효과성이 입증되었지만, 삼환성 항우울제보다 선택적 세로토닌 재흡수 억제제가 부작용이 덜 심각하고 남용을 할 경우에도 위험성이 적어서 더 널리 쓰이고 있다(Gartlehner et al., 2008; Ksir, Hart, & Ray, 2008). 아리피프라졸[apripiprazole, 상표명 아빌리파이(Abilify)] 같은 약물은 항우울제 하나만으로 효과가 없을 때 치료 효과를 증가시키기 위해 추가적으로 처방하기도 한다(Blier & Blondeau, 2011).

항우울제(antidepressants): 신경전달물질의 수준이나 활동에 영향을 끼침으로써 우울증을 치료하는 약물

삼환성 항우울제(tricyclics): 신경전달물질의 재흡수를 막아서 신경전달물질의 수준을 증가시키는 항우울제의 한 종류

모노아민 산화효소 억제제(moamine oxidase inhibitors): 노르에피네프린과 세로토닌의 분해를 담당하는 모노아민 산화효소의 활동을 억제하여 신경전달물질의 수준을 높이는 항우울제의 한 종류

선택적 세로토닌 재흡수 억제제(selective serotonin-reuptake inhibitors: SSRIs): 세로토닌의 재흡수를 방해함으로써 뇌에서 세로토닌의 수준을 높이는 항우울제의 한 종류

항우울제가 우울증 이외에도 다른 심리장애 치료에 쓰인다는 것을 알고 있는가? 신경성 식욕 항진증, 공황장애, 사회공포증, 외상후 스트레스 장애, 범불안장애, 강박증 치료에도 항우울제가 쓰인다(예: Davidson, 2009; Huson et al., 2003; Katon,

2006; Pampaloni et al., 2009). 항우울제의 효과 범위가 왜 이렇게 넓은 것일까? 그 이유 중 하나는 세로토닌 신경전달물질이 불안과 우울 같은 감정 상태를 조절하는 데 관여하기 때문이다. 제8장에서 언급한 대로 세로토닌은 식욕 조절에도 관여한다. 졸로프트같이 세로토닌의 수준에 관여하는 항우울제는 폭식 증상을 줄이는 데에도 도움이 될 수 있다.

1) 항정신제

항정신제(antipsychotics, 강력신경안정제라고도 불림)는 조현병과 다른 정신병적 장애를 치료하는 데 쓰이는 강력한 약물이다. 향정신병 약인 페노티아진(phenothiazines)은 토라진(Thorazine)과 멜라릴(Mellaril) 약물을 포함하고 있다. 1950년대에 처음으로 소개된 이 약물은 조현병 치료에 획기적인 변화를 가져왔고, 환각과 망상 같은 명백한 증상의 통제를 가능하게 만들었다(Abbott, 2010). 이 약으로 인해 많은 조현병 환자가 주립 정신병원 수용소에서 떠나 가족이나 사회로 돌아갈 수 있었다.

항정신제(antipsychotics): 환각과 망상적 생각 등의 증상을 완화시키는 정신병적 증상 치료에 쓰이는 약물

© iStockphoto.com/Alex_Smith

페노티아진과 새로운 항정신제는 뇌의 수용체에서 신경전달물질인 도파민의 활동을 막는다. 조현병의 원인은 명확히 밝혀지지 않았지만 도파민을 조절하는 뇌의 경로에 문제가 일어나는 것을 보고한 연구들이 있다(제15장 참조).

새로운 항정신제[예: 클로자핀(clozapine), 리스페리돈(risperidone), 올란자핀(olanzapine)]는 이전의 페노티아진과 비슷한 수준의 효과성을 가지고 있으나 신경계 부작용이 덜하기 때문에 현재 더욱 널리 쓰인다(Alexander et al., 2011; Crespo-Facorro et al., 2011; Leucht et al., 2009). 그러나 연구자는 갑작스러운 몸무게 증가와 심각한 신진대사 문제를 포함한 새로운 항정신제의 부작용의 위험성에 대해 우려하고 있다(Foley & Morley, 2011; Morrato et al., 2010; The Lancet, 2011).

2) 다른 정신과 약물

가루 형태의 리튬(Lithium)은 양극성장애를 가진 사람의 기분 변화를 안정시켜 주고 조증 삽화의 위험을 감소시켜 준다(The BALANCE investigators, 2010; Lichta, 2010). 조증을 치료하는 데 간질 치료에 쓰이는 경련안정제가 쓰이기도 한다(Frye, 2011; Yatham, 2011).

각성제인 메틸페니데이트[methyphenidate, 상표명 리탈린(Ritaline)]와 페몰린[pemoline, 상표명 싸이러트(Cylert)]는 활동 과잉 아동의 주의력을 향상시키고 와해적인 행동을 감소시키는 데 효과가 있다(Van der Oord et al., 2008). 이러한 약물은 주의력을 조절하고 충동적인 행동을 통제하는 대뇌피질의 전두엽에서 신경전달물질인 도파민의 활동을 증가시킨다(Devilbiss & Berridge, 2008).

3) 정신과 약물 평가

치료 약물이 문제가 되는 증상을 어느 정도 완화시키기는 하지만 만병통치약은 아니다. 어떤 약물도 장애를 완전히 치료하지 못하고 모든 환자가 약물치료에 이로운 것은 아니다. 예를 들면, 항우울제를 복용하는 우울증 환자의 40% 정도가 12주 안에 약의 효과를 보지 못한다고 보고되고 있다(Qaseem et al., 2008). 정신과 약물의 복용을 중단하면 재발이 일어나는 경우가 꽤 많다(Donovan et al., 2010). 재발은 정신과 약을 복용하는 중간에 일어나기도 한다(Mulder et al., 2009). 이렇게 흔하게 재발되는 이유 중 하나는 약물 복용치료는 환자에게 자신의 문제를 해결하고 스트레스를 대처하며 실망감을 조절하는 것을 가르치지 않기 때문이다(Dobson et al., 2008).

개념 16-27

항정신성 약물은 정신장애의 증상을 완화하는 데 도움이 되지만 정신장애가 완전히 치료되지는 않는다.

정신과 약물은 졸음(항불안제), 입이 마르고 성적 기능 문제(항우울제), 근육 경련, 경직, 신체 활동 문제(항정신제) 등의 부작용을 동반한다. 약물은 때때로 심각한 부작용을 일으킬 수도 있다. 예를 들면, 항우울제의 사용은 아동 및 청소년의 자살 행동 위험성을 높인다는 연구 결과가 있다(Roy-Byrne, 2010). 리튬은 중독성이 있기 때문에 복용에 특별한 주의를 기울어야 하며 기억력 악화를 야기할 수 있다.

새로운 항정신적 약물의 하나인 클로자핀[clozapine, 상표명 클로자릴(Clozaril)]은 조현병 증상을 통제하는 이전의 항정신제만큼의 효과가 있고 이전 약물보다 뇌에 끼치는 부작용이 적다(Correll & Shenk, 2009). 그러나 이 약물이 몸무게를 급격히 증가시키고 신진대사 문제 및 심장 질병과 뇌졸중의 위험과 관련 있는 다른 합병증을 야기한다는 연구 결과가 있다(Kuehn, 2009; Parsons et al., 2009).

항불안제인 발륨 같은 정신과 약물을 지속적으로 복용할 경우 정신적 · 신체적 의존 증상(중독)이 있을 수 있다. 발륨을 남용할 경우나 발륨을 술이나 다른 약물과 함께 복용할 경우 위험성은 심각해진다. 자신의 불안과 관계 문제의 원인을 직면하기보다 항우울제에 의존하는 경우도 있다.

항우울제가 우울증의 증상을 완화시키지만 그 효과가 많은 TV 광고에서 나오는 것처럼 극적이지는 않다(J. C. Nelson et al., 2010; Rief et al., 2009). 항우울제 치료를 받는 환자의 30% 이하의 사람만이 완전한 증상의 완화를 경험한다(Menza, 2006). 항우울제는 최근 연구 결과에 의하면 매우 심각한 우울증 치료에 상당한 효과가 있지만 우울증의 수준이 낮을 경우 그 효과가 미약하다(DeRubeis, Fournier, & Fawcett, 2010; Fournier et al., 2010).

리탈린과 항우울제 등의 정신과 약물을 처방받는 아동의 수가 급속도로 늘어나는 것은 정신건강 전문가가 복잡한 문제를 '빨리 해결'하고자 하기 때문이라는 비판의 목소리가 있다. 리탈린과 다른 각성제가 발달하고 있는 뇌에 장기적으로 어떤 영향을 주는지에 대해서 거의 알려진 바가 없다(Geller, 2006). 반면, 약물치료를 옹호하는 사람은 정신과 약물이 심각한 정신장애를 가진 아동의 증상을 통제하는 데 도움이 되고, 그런 아동은 약물치료를 받지 못할 경우의 위험성이 더 크다고 지적한다(Kluger, 2003).

정신과 약물이 심리치료보다 우울증을 치료하는 데 더 효과적인가? 연구자들은 경험이 많은 치료자가 실행하는 인지치료는 심각한 우울증 치료에 적어도 항우울제만큼의 효과가 있다고 보고했다(DeRubeis et al., 2005). 우울한 환자에게 보상적인 활동의 빈도를 높이고 목표 지향적 행동을 추구하는 것 역시 항우울제 치료 효과와 비견할 만하다고 보고되었다(Dimidjian et al., 2006; Mazzucchelli, Kane, & Rees, 2009). 우울과 불안장애를 가지고 있는 환자들에게 심리치료와 약물치료가 동시에 진행되면 한 가지 치료만 받는 것보다 효과가 더 클 수 있다(예: Blanco et al., 2010; Cuijpers, Muñoz et al., 2009; Cuijpers, van Straten et al., 2010).

3. 전기충격 요법

전기충격 요법(electroconvulsive therapy: ECT)은 다소 비윤리적으로 들릴 수 있다. 환자의 머리에 전기 충격이 전달되어 대발작 간질의 증상과 비슷한 경련을 일으킨다. 이 방법은 심각한 우울증의 증상을 극적으로 완화시키고 자살 충동을 가진 우울증 환자의 생명을 구하는 방법이 될 수도 있다. 환자가 고통이나 불쾌감을 느끼지 않도록 마취를 실시하고 경련으로 인해 다치지 않도록 근육 완화제도 쓴다. 환자는 그 과정에 대한 기억 없이 몇 분 후에 일어나게 된다. 전기충격 요법은 보통 몇 주 동안에 걸쳐 6번에서 12번 실시한다.

전기충격 요법은 대부분 다른 치료에서 효과를 보지 못한 심각한 우울증 환자의 치료에만 쓰인다(Faedda et al., 2010; Kennedy et al., 2009). 미국에서만 매년 10만 명 이상의 사람이 전기충격 요법을 받고 있다(Wilson, 2011). 아직 이 전기 요법이 정확히 어떻게 우울증 증상을 완화시키는지 알려진 바가 없다. 기분을 조절하는 뇌 회로의 신경전달물질의 수준을 바꾸는 것과 관련이 있다는 것만 예측되고 있다. 치료 후 몇 주 혹은 몇 달 이후 우울증 재발률이 높다(Prudic et al., 2004). 전기충격 요법은 기억 상실을 일으킬 수 있기 때문에 정신건강 전문가들은 이 치료법을 가장 마지막에 선택한다.

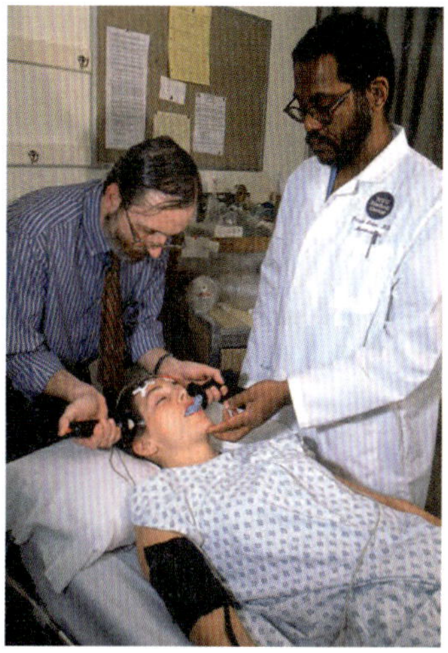
© Najiah Fenney/Stock Boston

전기충격 요법은 환자가 마취된 상태에서 전기 충격이 뇌를 통과하도록 하는 치료 방법이다. 심각한 우울증 증상을 극적으로 완화시키기는 하지만 우울증 재발의 위험이 크다.

전기충격 요법(electroconvulsive therapy): 머리에 전기 충격을 가함으로써 심각한 우울증을 치료하는 방법

개념 16-28

정신과 전문가는 다른 치료에서 효과를 보지 못한 심각한 우울증 환자 치료에만 전기충격 요법을 사용한다.

4. 정신외과술

정신외과술(psychosurgery)은 폭력적 행동을 통제하기 위해 뇌를 수술을 통해 변형시키는 절차이다. 과거 가장 널리 쓰이던 정신외과의 형태는 전두엽 백질 절제술(prefrontal lobotomy)로 1930년대 포르투갈 신경과 전문의 안토니우 에가스 모니스(António Egas Moniz)에 의해 개발되었다. 폭력적인 환자의 행동을 통제하기 위해 뇌의 전두엽 백질에서 전두엽과 아래 뇌의 중앙 부분을 연결하는 뇌 회로를 절단하는 시술이다. 과거 1,000명 이상의 환자가 더 심각한 결과(예: 죽음)를 피하기 위해 이 시술을 받았다. 그 사이에 폭력적인 행동을 통제하는 데 도움이 되는 정신과 약

정신외과술(psychosurgery): 폭력적 행동을 통제하기 위해 실행하는 뇌 수술

전두엽 백질 절제술(prefrontal lobotomy): 폭력적 행동을 통제하기 위해 뇌 회로를 전달하는 정신 외과술의 한 예

물이 개발되었다. 비극적이게도, 모니스의 환자 중 한 사람(치료에 실패한 사람)이 모니스를 총으로 쏘았고 그의 다리는 불구가 되었다.

최근 뇌의 작은 영역을 변형시키는 등 좀 더 정교한 정신외과 기술이 소개되고 있다. 이런 시술은 아직 시험 단계에 있으며 널리 쓰이는 방법은 아니기 때문에 심각한 강박증, 양극성장애, 주요 우울증 치료에 가장 마지막으로 시도하는 방법이다(Carey, 2009; Kopell, Machado, & Rezai, 2005). 이러한 시험적인 시술의 안정성과 효과성에 대한 우려가 있다(Carey, 2011; Lipsman, Neimat, & Lozano, 2007).

© Tetra Images/Tetra Images/Corbis

[그림 16-4] 뇌 페이스메이커
우리는 심부 뇌 자극을 위한 자극 삽입 위치를 본다. 이것은 심각한 강박장애(OCD)를 가진 사람에게 유용하지만, 여전히 실험적인 절차에 있다.

심부뇌자극술(deep brain stimulation): 심각한 강박증 또는 우울증 등의 정신 질환을 가진 환자의 뇌에 전극을 이식하는 것

덜 혐오적이지만 시험 단계에 있는 외과 수술에는 심부뇌자극술(deep brain stimulation: DBS)이 있다([그림 16-4] 참조). 심각한 강박증을 가진 환자의 뇌에 전극을 이식하는 것이다. 조율기라고 불리는 이 장치는 주위 뇌 세포에 전기 자극을 전달하는 전극을 자극하여 심각한 강박증에서 과잉 활동을 하는 뇌의 회로를 차단시킨다(Carey et al., 2009; Denys et al., 2010). 심부뇌자극술은 다른 치료에 실패한 심각한 우울증 환자에게도 쓰인다(예: Blomsted et al., 2011). 우울증을 치료하는 다른 뇌 자극 기술 또한 아직 연구 중이다(Bewernick et al., 2010; Raya et al., 2011).

〈개념 차트 16-3〉은 이 장에서 언급된 향정신성 약물의 종류와 사용에 대해 정리해 놓았다.

© iStockphoto.com/Alex_Smith

〈개념 차트 16-3〉 향정신성 약물의 종류와 사용

	일반명	상표명	임상적 사용	있을 수 있는 부작용 또는 합병증
항불안제	디아제팜(Diazepam) 클로르디아제폭시드(Chlordiazepoxide) 로라제팜(Lorazepam) 알프라졸람(Alprazolam)	발륨(Valium) 리브륨(Librium) 아티반(Ativan) 재낵스(Xanax)	불안과 불면증 치료	졸음, 피로함, 신체조절 능력 저하, 메스꺼움

항우울제	삼환성 항우울제(Tricyclics) 이미프라민(Imipramine) 아미트리프틸린(Amitriptyline) 독세핀(Doxepin)	토프라닐(Tofranil) 엘라빌(Elavil) 시니콴(Sinequan)	우울증, 폭식, 공황장애	혈압 변화, 심장 이상, 입이 마름, 혼란, 피부 발진
	모노아민산화효소 억제제[Monoamine oxidase(MAO) inhibitors] 페넬진(Phenelzine)	나딜(Nardil)	우울증	어지러움, 두통, 수면 방해, 불안, 피곤
	선택적 세로토닌 재흡수 억제제(selective serotoninc-reuptake inhibitors: SSRIs) 플루옥세틴(Fluoxetine) 설트랄린(Sertraline) 파록세틴(Paroxetine) 시탈로프람(Citalopram)	프로작(Prozac) 졸로프트(Zoloft) 팍실(Paxil) 셀렉사(Celexa)	우울증, 폭식, 공황장애, 강박증, 외상후 스트레스 장애(Zoloft)	구토, 변비, 설사, 불안, 불면증, 입이 마름, 땀이 남, 성적인 부작용, 어지러움, 졸음
	다른 종류의 항우울제 부프로피온(Bupropion)	웰부트린(Wellbutrin) 자이반(Zyban)	우울증, 금연	입이 마름, 불면증, 두통, 메스꺼움, 변비, 수전증
	벤라팍신(Venlafaxine) 듀록세틴(Duloxetine)	이팩사(Effexor) 심발타(Cymbalta)	우울증	메스꺼움, 변비, 입이 마름, 어지러움, 불면증, 졸음, 불안
항정신제	페노티아진(Phenothiazines) 클로르프로마진(Chlorpromazine) 티오리다진(Thioridazine)	토라진(Thorazine) 멜라릴(Mellaril)	조현병 및 다른 정신병적 장애	움직임 이상, 졸음, 불안, 입이 마름, 시력이 흐려짐, 근육경직
	비정형 항정신병 약 리스페리돈(Risperidone)	리스페달(Risperdal)	조현병 및 다른 정신병적 장애	가만히 앉아 있기 힘듦, 변비, 졸림, 몸무게 증가
	클로자핀(Clozapine)	클로자릴(Clozaril)		혈액질환장애 가능성 있음, 발작, 심박수 증가, 졸음, 어지러움, 메스꺼움
	올란자핀(Olanzapine)	자이프렉사(Zyprexa)		어지러움, 저혈압, 심박수 증가, 피곤, 변비, 몸무게 증가
항조증약물	탄산리튬(Lithium carbonate) 발프로산세미나트륨(Divalproex sodium)	에스칼리스(Eskalith) 데파코트(Depakote)	조증 삽화와 양극성장애 관련 기분 변화 안정제	수전증, 목마름, 설사, 졸음, 피곤, 신체조절 능력 저하 메스꺼움, 구토, 어지러움, 복통, 불면
각성약물	메틸페니데이트(Methyphenidate)	리탈린(Ritalin)	주의력결핍 과잉 행동장애	긴장, 불면증, 메스꺼움, 심박수 증가, 두통, 일시적으로 성장이 저하될 수 있음

3단원 복습 생물의학적 치료

되새겨 봅시다

향정신성 약물 또는 정신과 약물의 주요 유형에는 어떤 것이 있는가?

➤ 항불안제(예: Valium, Xanax), 항우울제(예: Elavil, Prozac), 항정신제(예: Thorazine, Clozaril)가 있다.

➤ 리튬이나 리탈린 같은 다른 약물도 특정 장애 치료에 쓰인다.

정신과 약물의 장점과 단점은?

➤ 정신과 약물은 불안장애, 우울장애, 조현병 등 많은 정신장애의 증상을 완화하고 통제하는 데 도움을 준다.

➤ 이러한 약물의 주요한 단점에는 부작용, 재발률, 약물 남용이 있다.

전기충격 요법이 무엇이며 어떻게 쓰이는가?

➤ 전기충격 요법은 뇌에 전기 자극을 가하는 것이다. 다른 치료를 통해 증상이 완화되지 않은 심각한 우울증 환자에게 쓰인다.

정신외과술이란?

➤ 정신외과술은 폭력적인 행동을 통제하기 위해 뇌에 외과적 시술을 하는 것이다. 안전과 효과에 대한 우려 때문에 거의 쓰이지 않는다.

점검해 봅시다

1. 정신과 약물은 뇌에서 ______(를)을 조절하는 데 쓰인다.
2. 발륨(Valium)과 재낵스(Xanax) 약물은 정신과 약물 중 어떤 종류의 예인가?
3. 다음 중 아동기 활동 과잉 치료에 널리 쓰이는 것은?
   ① 광범위한 심리치료
   ② 각성제
   ③ 리튬
   ④ 유도 아미노산
4. 정신과 약물이 널리 사용되고 있는 이유는 무엇인가?
   ① 자신의 문제를 해결할 수 있는 방법을 배우기 때문이다.
   ② 정신장애의 원인이 되는 영양소 부족을 해결하기 때문이다.
   ③ 정신장애의 증상을 통제하고 완화하기 때문이다.
   ④ 정신장애를 완전히 치료하기 때문이다.
5. 전기충격 요법은 어떠한 경우에 쓰이는가?
   ① 항우울제가 효과가 있는 경우
   ② 심각한 조현병이나 우울증을 치료할 경우
   ③ 심각하지 않은 우울증을 치료할 경우
   ④ 다른 치료로 효과를 보지 못한 심각한 우울증 환자를 치료할 경우

생각해 봅시다

➤ 주위에서 아동이 과잉행동이나 주의집중 문제 때문에 각성제를 복용하는 사례를 본 적이 있는가? 결과는 어땠는가? 각성제 처방이 너무 흔하게 이루어진다고 생각하는가, 아니면 아직 충분하지 않다고 생각하는가?

➤ 향정신성 약물의 장단점은 무엇인가? 만약 당신이 우울장애나 기분장애를 겪고 있다면 향정신성 약물 복용을 고려하겠는가? 왜 그런가?

도움 구하기

4 단원

미국과 캐나다의 대부분 지역에는 전화번호부나 인터넷에서 정신건강센터와 병원에 대한 정보를 쉽게 찾을 수 있다. 그러나 많은 사람이 정작 누구에게 전화를 해서 도움을 구해야 할지 모른다. 누구에게 먼저 가야 할지 모르겠다면 다음의 단계를 따르는 것도 좋은 방법이다.

개념 16-29

다양한 정신건강 전문가가 있기 때문에 자신에게 적절한 치료를 받기 위해서는 여러 측면을 고려해야 한다.

① 주치의, 담당 교수, 성직자, 대학 건강센터 의사와 같이 믿을 수 있는 사람에게 조언을 구하라.

② 지역 병원이나 지역사회 건강센터에서 적절한 곳을 추천해 줄 것을 요구하라. 그 지역에 자격 있는 치료 기관에 추천해 줄 수 있는지에 대해 물어보자.

③ 대학 상담소와 건강센터에 상의하라. 대부분의 대학에서는 학생에게 비용 없이 상담 서비스를 제공한다.

④ 전문가 기관에 연락해서 추천을 받으라. 많은 지역 기관 및 국가 기관은 지역마다 인증받은 치료자의 명단을 보유하고 있다. 심리학자에게 상담을 받고 싶다면 워싱턴에 있는 미국 심리학회에 연락해서 당신의 지역에 있는 심리학자들의 명단을 받을 수 있다.

⑤ 정신건강 서비스의 광고에 주의하라. 온라인이나 전화 광고는 과장되거나 잘못된 정보를 보유하는 경우가 많다. 너무 다양한 종류의 문제를 치료할 수 있다고 주장하는 사람을 특히 주의해야 한다.

⑥ 심리학, 의학, 상담, 사회복지같이 알려진 정신건강 직업의 자격증이 있는지 확인하라. 많은 주에서 아직까지도 자격증 없이 자신을 치료사 또는 심리치료사라고 말하는 경우가 많다. 자격증이 있는 전문가는 대부분 자신의 사무실에 자격증을 걸어 놓는다. 자신의 치료자의 자격증 여부가 궁금할 경우, 그 주의 자격위원회에 전화를 해서 물어볼 것을 권한다.

⑦ 어떤 치료가 제공되는지에 대해 질문하라(예: 정신분석, 가족치료, 행동치료). 치료 제공자에게 겪고 있는 장애를 치료하기 위해 어떤 치료기법이 적절한지 질문해야 한다.

⑧ 치료 제공자의 전문적 배경에 대해 질문하라. 교육 배경, 슈퍼비전을 받은 경험, 자격증에 대해 질문하자. 윤리적인 상담가는 그런 정보를 제공하는 데 거리낌이 없을 것이다.

⑨ 치료 제공자가 당신과 비슷한 문제를 가진 사람을 치료한 경험이 있는지 질문하라. 그들의 치료 결과가 어땠으며 어떤식으로 효과성이 검증되었는지 물어보자.

⑩ 정식적인 심리평가를 진행했다면, 치료를 시작하기 전에 진단명과 치료 계획에 대해 이야기하라.

⑪ 비용과 보험에 대해 물어보라. 어떤 보험이 적용되며 얼마나 돈을 내야 하는지 물어보자. 당신의 수입과 경제 사정을 감안해서 가격이 조정 가능한지 물어보자. 대학생은 부모의 건강보험이나 대학의 건강보험이 적용될 수 있다.

⑫ 심리치료 회기를 빠지거나 취소할 경우 원칙이 어떤지 물어보라.

⑬ 정신과 약이 처방될 경우, 약의 효과를 경험하기 위해서는 어느 정도의 시간이 소요되는지 물어보라.

⑭ 추천하는 치료가 당신에게 적절하지 않다고 생각되는 경우, 당신의 우려를 솔직히 표현하라. 윤리적인 전문가는 당신의 우려를 기꺼이 이야기하고자 할 것이다.

⑮ 여전히 의심이 가는 부분이 있다면, 다른 사람의 의견을 구하라. 윤리적인 전문가는 당신이 다른 사람의 의견을 구하는 것을 격려할 것이다. 치료 제공자에게 다른 전문가를 추천해 달라고 요구할 수도 있다.

⑯ 온라인상의 치료 서비스를 조심하라. 온라인 상담과 치료 서비스가 굉장히 활발히 성장하고 있지만 많은 정신건강 전문가는 그런 서비스를 조심할 필요가 있다고 말한다.

온라인상에서는 치료자의 자격에 대해 확인할 방법이 없기 때문에 자격이 없는 상담가가 환자를 속일 수 있는 가능성이 있다. 온라인 서비스가 직접 만나서 상담하는 것만큼 효과가 있는지를 증명한 연구 결과 또한 아직 없다. 이러한 우려에도 불구하고, 많은 심리학자는 안전장치가 구비된다면 온라인 치료 서비스를 시도해 볼 만한 가치가 있다고 주장하기도 한다(예: Amstadter et al., 2009; Hustad et al., 2010; Ljótsson et al., 2010; Marks & Cavanagh, 2009).

심리학에 대해 비판적으로 생각하기

이 장에서 배운 것을 바탕으로 다음 질문에 답해 보자. 부록 A에 있는 모범 답안과 당신의 답안을 비교해 보면, 비판적인 사고를 할 수 있는 역량이 개선되었는지 평가해 볼 수 있다.

로런은 몇 달 전 남자 친구와 헤어진 이후로 우울증을 겪고 있다. 자주 울고 아침에 일어나는 것이 힘들고 몸무게도 줄었다. 입맛도 없다. 심리학자에게 자기 자신을 해치고 싶다고 느낀 적은 없다고 했지만 죽고 싶다는 생각을 해 보았냐는 물음에 눈빛이 흔들렸다. 실패자처럼 느끼고 아무도 자신을 원하지 않을 것이라는 생각이 든다. 로런은 바닥을 쳐다보며 심리학자에게 "나는 항상 모든 사람에게 거절당했어요. 왜 달라지지 않는 거죠?"라고 말했다.

심리치료의 주요 유형(정신역동, 인본주의, 행동, 인지)과 생물의학적 치료를 다시 읽어 보자. 각각의 방식으로 로런을 어떻게 도울 수 있을지 간단히 설명해 보자.

해 보기 합리적 사고의 예(p. 765)

1. 문제가 생겼지만 완전 재앙 수준은 아니야. 최악을 생각하는 것보다 어떻게 하면 더 잘 해결해 나갈 수 있을지 생각해 보는 게 좋을 것 같아.
2. 압도감을 느끼지만, 이런 문제를 이전에 해결해 본 적이 있어. 한 단계씩 문제를 해결해 보자.
3. 내가 그렇게 느낀다고 꼭 그게 사실은 아니야.
4. 이 수업을 끝까지 듣는 것에 집중하자. 성급히 결론짓지 말자.
5. 다른 사람의 문제에 대해 스스로를 탓하는 것을 그만하자. ____________의 문제는 나와 상관없을 수도 있어.
6. 너 자신을 해치는 생각을 하지 마. 해야 할 것에 집중하자.
7. 나를 다른 사람과 비교하는 것은 도움이 안 돼. 지금 있는 곳에서 최선을 다하는 것이 내가 할 수 있는 일이야.
8. 화가 나지만, 세상 끝날 일은 아니야. 내가 그렇게 생각하기 시작하면 끔찍한 일이 되는 거야.
9. 그렇게 믿을 만한 근거가 어디 있지? 나를 알아 가는 사람들 중에 나를 싫어하는 사람보다 좋아하는 사람들이 더 많았어.
10. 맥락을 고려해서 생각해 보면, 그렇게 나쁜 상황은 아니야.

눈으로 복습하기 제16장 심리치료

1단원 심리치료 역사의 간단한 개관

- 도덕적 치료: 동정심이 가혹한 치료를 대체함
- 주립병원 시스템: 방치가 특징이었던 시설화된 치료
- 지역사회 기반 치료: 탈시설화 시기의 지역사회 치료

© Bettmann/CORBIS

리 비세트르 병원의 정신질환자들의 수갑을 푸는 Pinel

2단원 심리치료의 종류

정신역동치료

- 전통적인 정신분석치료: "원초아가 있는 곳에 자아도 있다."
- 주요 기술: 자유연상, 꿈 분석, 해석, 전이 관계 분석
- 현대 정신역동적 접근: 치료자와 내담자 간의 주고받는 대화에 초점. 현재 관계 문제에 초점

© Jim Whitmer Photography

인본주의적 치료

- Carl Rogers의 내담자중심치료: 자기이해와 자기수용 증진에 초점, 비지시적 태도, 치료 관계에서 무조건적 긍정적 존중, 공감, 진실성 강조
- Fritz Perls의 게슈탈트치료: 성격의 부분을 종합적인 전체, 게슈탈트로 통합하는 것. 역할극이나 빈 의자 기법 사용

행동치료

- 공포 감소의 방법: 점진적 노출, 체계적 둔감화, 모델링
- 혐오 조건 형성: 바람직하지 않은 자극에 부적정인 반응을 유도하는 것
- 조작적 조건 형성 방법: 강화 원칙을 적용하여 적응적인 행동을 강화시키는 것
- 인지행동치료: 인지치료와 행동치료 기법을 통합한 것

인지치료

- Beck의 인지치료: 왜곡된 사고와 믿음을 합리적인 사고로 대체하는 것
- Ellis의 합리적 정서행동치료: ABC 모델을 이용하여 환자가 비합리적인 믿음을 교정하도록 도움

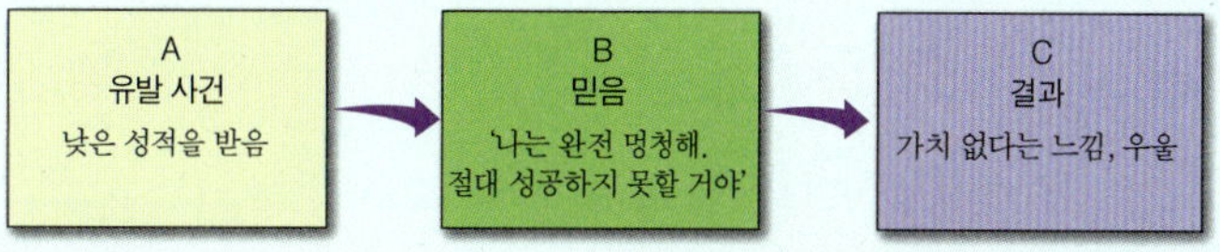

다른 치료들

- 절충적 치료: 특정 사례에 맞추어 다른 적절한 치료 방법 사용
- 집단, 가족, 그리고 커플(부부) 치료: 개인치료를 넘어서는 치료 방법
- 심리치료의 효과
- 메타분석: 심리치료를 받은 사람들의 80%가 치료를 받지 않은 사람들보다 더 좋은 결과를 보였음
- 근거기반치료: 통제된 연구에서 심리치료의 효과성이 검증된 치료 방법

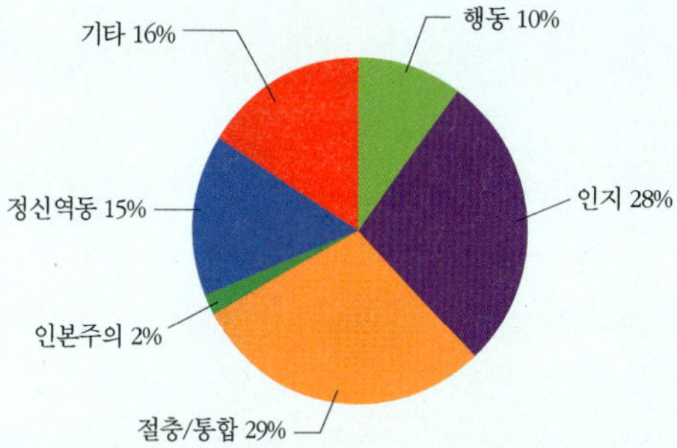

각 치료기법을 사용하는 임상 심리학자

3단원 생물의학적 치료

약물치료

- 항불안제: 발륨, 리브륨, 재낵스
- 항우울제: 삼환성 항우울제, 모노아민산화효소 억제제, 선택적 세로토닌 재흡수 억제제
- 항정신제: 조현병 및 다른 정신병적 장애에 이용
- 다른 정신과 약물: 양극성장애를 치료에 쓰이는 기분안정제, 아동기 과잉행동 치료에 쓰이는 리탈린

다른 생물의학치료

- 전기충격 요법: 심각한 우울증에 사용, 그러나 최근 기억을 상실할 수 있음
- 정신외과술: 심각한 합병증 때문에 거의 실행되지 않음

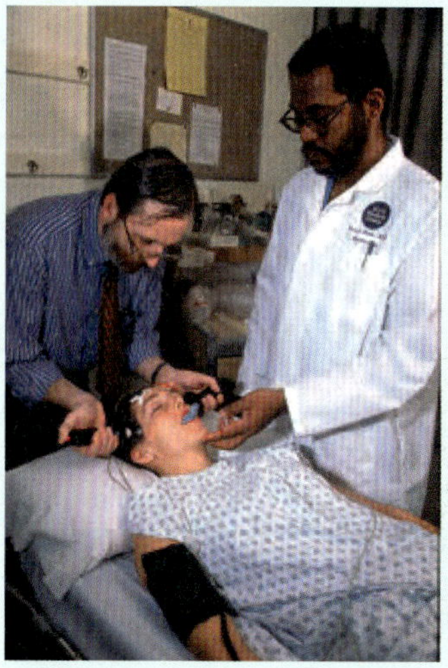
© Najiah Fenney/Stock Boston

부록 A

심리학 질문에 대해 비판적으로 사고할 수 있는 예시 답변

제1장 심리학이라는 과학

1. 불행하게도, 연구 설계의 기본적인 결함은 실험자의 결론에 심각한 의문을 던진다. 실험자는 실험(수면학습) 또는 대조군(예상하지 않은) 그룹에 피실험자를 할당하기 위한 방법으로 무작위 할당을 사용하지 않았다. 오히려, 참가 초청에 응한 학생들은 실험 집단을 구성했고, 같은 반의 참여하지 않은 학생 중에서 대조군을 선택했다. 무작위 배정이 아닌 상태에서, 우리는 두 집단 사이의 차이가 독립적인 변수(수면 학습) 때문인지 아니면 이들 집단을 구성하는 주체의 특성 때문인지 알 방법이 없다.
2. 무작위 할당이 아닐 때, 더 많이 의욕적이고 활발한 학생들이 참여하기로 선택했고, 그들이 수면 학습에 참여했든 아니든, 참여하지 않은 학생들보다 더 높은 검사 결과를 받았을 것이라고 생각할 수 있다.
3. 수면 학습 방법에 대한 보다 공정한 검사를 제공하기 위해, 실험자는 실험 및 통제 집단에 무작위로 학생들을 할당했어야 한다. 실험자들은 능력 수준이나 다른 주제 특성에서 개인들 사이에 존재할 수 있는 차이에 대해 집단을 동일시하기 위한 목적으로 무작위 배정을 사용한다.

제2장 행동의 생물적 기반

1. 게이지에게 다행스럽게도, 그의 두개골을 관통한 막대는 호흡과 심박수와 같은 기본적인 신체적인 과정을 조절하는 뇌의 구조를 손상시키지 않았다. 그러나 그 막대기는 성격과 다른 높은 정신적 기능을 담당하는 뇌의 부분인 전두엽 피질을 손상시켰다.
2. 전두엽 피질은 우리 행동의 결과를 측정하고, 공격적인 행동을 포함한 충동적인 행동을 억제하는 데 도움을 준다.

제3장 감각과 지각

1. 그 여자는 실종된 남자를 찾을 수 있는 지역의 정확한 위치를 찾아냈다. 그러나 실종된 남자를 찾는 데 있어 그녀의 성공은 ESP 이외의 여러 가지 방법으로 설명될 수 있다. 그것은 단지 운이 좋았던 추측이었을 수도 있다. 아니면 그 여자는 경찰들이 찾아본 지역을 배제함으로써 검색 지역을 체계적으로 좁히기 위해 제거 절차 과정을 이용했을지도 모른다. 또는 그녀는 그가 방황했을 만한 지역을 찾아봄으로써 가능한 위치에 도달했을 수도 있다. 당신은 ESP의 존재를 상정하지 않고 이와 같은 현상을 설명할 수 있는 또 다른 설명을 제시할 수 있는가?
2. 이 여성의 예측이 단순한 우연한 사건일 가능성이 있는지 평가하기 위해, 우리는 그녀의 예측을 얼마나 자주 맞추는지 알 필요가 있을 것이다. 다른 말로 하자면, 우리는 그녀의 성공률이 우연한 확률을 훨씬 상회하는지 알 필요가 있을 것이다. 그러나 비록 그녀가 우연히도 생각했던 것보다 더 자주 맞추었다 하더라도, 우리는 여전히 그녀의 성공이 좀 더 전통적인 설명보다는 ESP에 기인한 것이라고는 결론지을 수 없었다.

제4장 의식

1. 인종 또는 인종 집단이 불법 약물 사용률에서 차이를 보인다는 것이 민족성 때문이라는 것을 입증하기에는

충분하지 않다. 또한 우리는 인종이나 인종 집단이 교육이나 소득 수준의 집단들 간의 차이와 같이 마약 사용과 관련될 수 있는 다른 요인들에서 다르지 않다는 것을 보여 줄 필요가 있다.

2. B집단보다 A집단의 불법 약물 사용률이 높은 것이 A집단에서의 더 높은 실업률을 나타낼 수 있다. 아니면, 더 가난하고 사회적으로 고통받는 동네가 불법 약물 사용이 더 만연해서 그것이 A집단의 사용률이 높은 것을 나타내는 것일 수도 있다. 당신은 또 어떤 예측을 해 볼 수 있겠는가?

제5장 학습

1. 독약
2. 양고기
3. 구역질
4. 양고기에 대한 혐오감

제6장 기억

1. 두 번째 남자가 번호판 번호를 여러 번 반복하여 연습했을 가능성이 있다. 청각을 사용한 연습은 일반적으로 정보를 단기 기억으로 유지하고 그것을 장기 기억으로 옮기는 더 효율적인 방법이다.
2. 그 여인은 의미보다는 음으로 그 노래를 암기한 것으로 보인다.

제7장 사고와 언어와 지능

1a. 양치기는 양들이 방향을 바꾸도록 이끌었고 구급차 뒤로 다시 움직여서 구급차가 방해 없이 앞으로 나아갈 수 있게 했다.

1b. 그 구급대원은 군중을 헤치고 나아갔다.

2a. 가용성 휴리스틱과 대표성 휴리스틱은 존의 불충분한 투자 결정을 설명하는 데 도움이 될 수 있다. 가용성 휴리스틱은 종호의 경우, 그날의 뉴스 보도나 그가 다른 사람들로부터 듣는 논평 등, 가장 쉽게 떠오르는 모든 것에 근거하여 결정을 내릴 때 적용된다. 대표성 휴리스틱을 사용할 때, 우리는 발생의 작은 표본을 마치 일반적인 발생을 대표하는 것처럼 취급한다. 한 회사에 대한 개별 뉴스 보도는 그 회사의 전반적인 재무 건전성이나 미래의 전망을 잘 나타내지 못할 수도 있다. 다른 사람들의 의견은 건전한 투자 결정을 내리기 위한 기준으로 신뢰도가 떨어질 수 있다.

2b. 투자 고문으로서, 당신은 아마도 그가 투자 결정을 일간 뉴스 보도나 다른 사람의 지나가는 말보다는 건전한 투자 전략을 채택하고 그것을 고수할 것을 권고해야 할 것이다.

제8장 동기와 감정

사람들은 대개 생각과 감정을 상반된 개념으로 생각한다. 당신은 사람들이 가슴으로 생각해서 어떤 느낌이 들었다고 말하는 것을 들었을지도 모르지만, 사실은 머리로 생각한 것이다. 시인들은 인간의 가슴이 '느낄' 수 있다는 견해를 내비치지만, 비판적 사고를 하는 사람들은 생각과 감정이 서로 독립적이라는 가정에 의문을 제기한다(한번 가슴이 느낄 수 있다는 가정을 해 보자.). 심리학자들은 감정을 중요한 인지적(생각) 요소들을 가진 복잡한 감정 상태로 개념화한다. 그들은 우리의 감정이 경험에 대한 우리의 인식(믿음, 판단, 평가 등)을 반영한다고 믿는다. 예를 들어, 분노는 우리가 부당하게 대우받았다는 판단을 반영하는 반면, 두려움은 상황이나 목적에 대한 평가를 위협으로 반영한다. 이런 관점에서, 생각은 우리의 감정과 연결된다. 감정을 더 잘 이해하기 위해서, 우리는 생각과 감정 사이의 상호 관계를 이해할 필요가 있다.

제9장 아동 발달

1. Trevor와 같은 세 살짜리 아이들은 Piaget가 '애니메이션적 사고'—인간의 자질을 태양이나 구름과 같은 무생물적인 물체에 귀속시키는 경향—라 부르는 사고 패턴을 보여 준다. Trevor에게 태양은 ('졸리게 하는') 감정을 불러일으키고 행동('자러 가게 하는')에 관여한다.

제10장 청소년기와 성인기의 발달

1. 당신의 정체성을 결정하기 위해서, 당신은 먼저 각 분야(즉, 직업 선택, 도덕, 종교, 정치적 신념)에서 헌신을 다 했는지를 판단해 볼 필요가 있다. 헌신은 상대적으로 확고한 신념의 채택이나 시간이 지남에 따라 일관된 행동방침으로 나타난다. 비판적 사고를 하는 사람들은 당면한 증거에 따라 청구서의 타당성을 평가한다—이 경우, 헌신을 이행해야 한다고 주장한다. 이러한 주장을 뒷받침하기 위해 어떤 증거를 찾을 수 있는가? 다음은 적용하고자 하는 기준의 유형에 대한 몇 가지 예이다.
   - 직업 선택, 종교적 신념, 정치적 철학 또는 도덕적 가치관에 대한 비교적 영구적이거나 변함없는 헌신을 가진 사람들에게 언행으로 보여 주는 것
   - 자신의 신념이나 행동을 체계적이고 의미 있는 방식으로 설명할 수 있는 능력
   - 직업 선택과 종교적 · 정치적 · 도덕적 신념 또는 가치와 일치하는 행동 과정 추구
2. 이제 여러분은 여러분이 성취한 어떤 약속에도 도달하기 위해 정체성 위기를 겪었는지 신중하게 평가할 필요가 있다. 다시 한번, 비판적 사고를 하는 사람들이 가까이에 있는 증거를 평가한다는 것을 명심하라. 정체성 위기의 증거는 다음 기준을 충족하는 것에 기초할 수 있다.
   - 헌신 단계에 도달하기 전에 대안을 진지하게 고민하였는가(또는 현재 진지하게 고민하고 있는 중인가)
   - 헌신 단계에 도달하기 위해 많은 노력을 기울였는가(또는 현재 많은 노력을 하고 있는 중인가)
   - 다양한 관점 또는 행동 방침을 평가하기 위해 정보를 수집하라(또는 현재 정보 수집 중).

   만약 당신이 일련의 믿음이나 행동 과정에 대한 헌신을 발전시켜 이러한 약속에 도달하기 위해 정체성 위기를 겪는다면, 주어진 영역(직업 선택, 도덕적, 종교적, 정치적 신념)에서 자신을 정체성 성취 상태(identity achievement status)로 분류하라. 만약 여러분이 현재 정체성 위기 상태에 있고, 헌신에 도달하기 위해 적극적인 노력을 하고 있다면, 여러분 자신을 잠시 멈춤 상태로 만들 필요가 있다. 정체성 위기를 경험하지 않고 헌신에 도달한 경우 자신을 '배제(foreclosure)' 범주로 분류하라. 만약 여러분이 헌신을 성취하지 못했거나(즉, 현재 명확한 직업 과정이나 신념 또는 가치관이 결여된) 현재 한 가지에 도달하기 위해 애쓰고 있다면, '정체성 혼돈(Identity diffusion)' 범주에 여러분 자신을 분류하라.

제11장 성별과 성

1. 동성애는 한 사람의 성적 매력과 배우자의 선택이 그 사람과 동일한 성을 향하는 성적인 지향이다. 이것은 한 사람의 성 정체성, 혹은 남성스러움이나 여성스러움에 관한 것이 아니다. 대조적으로 성전환에서는 성 정체성과 해부학적 성 사이에 불일치가 있다. 게이 남성과 레즈비언은 자신과 동일한 성별의 파트너를 선호하지만, 그들의 성별 정체성은 그들의 해부학적 성별과 일치한다.
2. 발기는 무의식적인 반사작용이기 때문에 강요하거나 자발적일 수 없다. 그래서 존은 그의 배우자보다 자신의 성기에 집중함으로써 발기되는 것을 더 어렵게 만들고 있는지도 모른다. 결과적으로, 그는 덜 흥분하고 더 불안해질 가능성이 있다.

제12장 심리와 건강

주장들은 다음을 의미한다.

- 우리는 활력과 웰빙을 증진시키기 위해 제품을 설계했을 수도 있지만, 그것이 실제로 이러한 목적을 달성했다고 주장할 수는 없다.
- 우리 제품은 몸이 근육을 만드는 데 사용하는 아미노산을 포함하지만 육류와 유제품을 포함한 다른 많은 단백질 공급원들도 포함하고 있다.
- 존경받는 의사 몇 명을 고용하여 우리 제품을 추천하겠다고 말하게 하고, 우리는 그들의 보증에 대해

지불했다.

- 배후에서 우리는 제품에 대한 연구를 수행했다는 것을 의미한다. 우리는 우리의 연구가 실제로 무엇을 발견했는지 또는 그 연구가 공정한 조사자들에 의해 잘 설계 또는 수행되었는지를 말하는 것이 아니다. 또한 우리가 진보했다고 말하는 것은 단순히 사람들에게 우리 제품을 좋아하는지 물어보는 것 이상의 연구 방법을 말하는 것이다.
- 과급이 무슨 뜻인지 잘 모르겠지만 광고 카피에서는 잘 들렸다.

제13장 성격

확증편파는 우리가 기존의 신념을 확인하는 정보에 신뢰를 주고 반대되는 증거를 무시하도록 이끈다. 따라서 예를 들어 우리는 점성술이 우리가 이미 가지고 있는 믿음에 부합할 때, 그들이 반대되는 정보를 제공할 때보다 점성술의 판독을 더 믿을 가능성이 높다. 점성술의 판독에는 일반적으로 다양한 사람들에게 적용될 만한 일반적인 성격 묘사가 포함되어 있다. 그래서 많은 사람들이 이 묘사가 자신에게 사실이라고 믿는 것은 놀라운 일이 아니다.

제14장 사회심리학

그들은 왜 도움을 받지 못했을까? 비록 우리가 확실하지 않더라도, 방관자의 행동에 영향을 미치는 것으로 알려진 요인에 기초하여 몇 가지 가설을 제시할 수 있다.

- **상황의 모호성.** 어두웠으므로 관찰자들은 그 상황을 직접 보지 못했을 수도 있다. 아마도 그들은 무슨 일이 일어나고 있는지, 그것이 진짜 긴급 상황인지에 대해 혼란스러웠거나 불확실했을 것이다.
- **책임감의 불명확함.** 그들이 그 상황을 비상사태로 인식했더라도, 아마도 그들은 개입에 대한 개인적인 책임을 지고 싶어 하지 않았을 것이다. 아니면 그들은 다른 사람들이 행동할 것이라고 생각했기 때문에 그럴 필요가 없었다. 아니면 아마도 그들은 그것이 '자신들의 일'이 아니라고 생각했을 것이다.
- **예상되는 희생의 대가.** 아마도 그들은 도움의 비용이 너무 클 것이라고 믿었을 것이다—부상이나 그들 자신의 생명을 잃는 것을 포함해서. 하지만 경찰을 부르는 데 드는 최소한의 비용은 어떨까? 아마도 그들은 그 사건에서 개인적인 역할을 받아들이고 싶지 않았고 긴 법정 소송에 휘말리고 싶지 않았을 것이다.
- **도움이 필요한 이유의 속성.** 아마도 그들은 그 희생자가 그럴 자격이 있다고 추론했을 것이다. 아마도 그들은 가해자가 그녀의 남자친구 또는 남편이고 그녀가 그런 파트너를 선택하지 말았어야 했다고 생각할 것이다.

어떤 설명이 가능한가? 비슷한 상황에서 당신은 어떻게 할 것 같은가?

제15장 심리적 장애

1. 론의 사고 패턴은 잘못된 책임(여자친구의 나쁜 기분이 그에게 드러난 것이라고 가정), 급격한 악화(관계 단절의 결과라고 과장), 결론을 성급히 내리는(그의 여자 친구가 차에서 그에게서 멀리 떨어졌을 때 감정적으로 자신을 멀리하기 위해 노력한다고 가정) 등 여러 가지 인지적 왜곡이나 사고 오류를 보여 준다.
2. 로니의 행동은 다음과 같은 여섯 가지 기준 중 네 가지를 충족시키는 것으로 보인다. ① 특이성(상대적으로 소수만이 그러한 강박적 관심이나 강박적 의식에 시달리고 있다.), ② 사회적 이탈(반복적인 확인은 사회적으로 용납될 수 없는 행동으로 간주될 수 있다.), ③ 정서적 고통(그의 강박적 행동은 정서적 고통의 원천이었다.), ④ 부적응적 행동(그의 확인 의식은 그의 결혼 관계를 해를 끼쳤다.). 그의 행동은 자신이나 다른 사람들에게 어떠한 위험도 끼치지 않는 것으로 보이기 때문에 위험성의 기준을 충족시키지 못한다. 환각을 경험하거나 망상을 품는 것과 같은 현실에 대한 잘못된 인식이

나 해석을 보여 주지 않는다.

제16장 심리치료

정신역동 심리치료사는 로런이 현재 자신의 관계와 거절의 감정이 부모님과의 초기 관계를 포함한 다른 관계에서 경험했을 수도 있는 실망감과 어떻게 연관되어 있는지 탐구하는 데 도움을 줄 수 있다. 인본주의적인 치료사는 로런이 다른 사람들에게 어떻게 반응하든지 상관없이 자신을 있는 그대로 받아들이고 가치를 평가하는 법을 배우도록 도울 수 있고, 다른 사람들의 기대에 의해 자신을 판단하지 않도록 도울 수 있다. 행동 치료사는 로런이 그녀의 삶에서 강화되거나 즐거운 활동을 증가시키는 것을 도울 수 있는 반면, 인지 치료사는 그녀의 왜곡된 사고 패턴을 확인하고 수정하는 것을 도울 수 있다("모든 사람들은 나를 항상 거절했다. 왜 이것이 다른 것인가?"). 생체 의학 치료는 항우울제를 포함할 수도 있고, 우울증이 심해지고 다른 치료 방법에 반응하지 않는다면 전기충격 요법을 포함할 수도 있다.

부록 B

'점검해 봅시다(Recall It)' 질문에 대한 답

제1장

1단원-1. 분트, 2. ③, 3. 행동주의, 4. ②, 5. ①, 6. 정신역동적 관점

2단원-1. 기본, 적용, 2. ① 라; ② 가; ③ 나; ④ 다; 3. ③, 4. ②

3단원-1. ③, 2. ④, 3. 실험, 4. ④, 5. ②

제2장

1단원-1. ②, 2. 세포체(soma), 3. 감각신경, 운동신경, 간신경, 4. ②

2단원-1. 중추 말초, 2. 중추, 3. 교감신경계, 4. ①

3단원-1. ④, 2. ① 라; ② 가; ③ 다; ④ 나; 3. ④, 4. 측두엽

4단원-1. ③, 2. ②, 3. ①, 4 ①

5단원-1. ③, 2. 왼쪽, 오른쪽, 3. ③, 4. ④, 5. ②

6단원-1. 내분비, 2. ②, 3. 항상성, 4. 뇌하수체

7단원-1. ③, 2. ③, 3. ①, 4. 가족관계 연구, 쌍둥이 연구, 입양아 연구, 5. ②

제3장

1단원-1. ③, 2. ②, 3. 감각 적응

2단원-1. ④, 2. 막대, 원뿔, 3. 후두, 4. ① 라; ② 바; ③ 가; ④ 나; ⑤ 마; ⑥ 다

3단원-1. 진폭 및 주파수, 2. 기저, 3. ① 가; ② 마; ③ 바; ④ 라; ⑤ 다; ⑥ 나

4단원-1. ②, 2. 10,000, 3. 페로몬, 4. 촉감, 압감, 온감, 냉감, 통증, 5. ①, 6. 근동감각

5단원-1. 인식, 2. ②, 3. 지각 집합, 4. 연결성, 5. 교차점, 6. ①, 7. ②

제4장

1단원-1. ①, 2. 선택성, 3. ④

2단원-1. 생물학적 주기, 2. ③, 3. 회복성, 4. ① 다; ② 나; ③ 라; ④ 가

3단원-1. 초월 명상법, 2. 최면 진통제, 3. 신 해리 이론

4단원-1. 향정신성 약물, 2. ④, 3. 억제제, 4. ②, 5. 트랭퀼라이저, 6. 도파민

제5장

1단원-1. 자극 일반화, 2. ④, 3. ③, 4. ②, 5. ②

2단원-1. ①, 2. 급진적 행동주의, 3. 반응, 강화, 4. ④, 5. ③

3단원-1. 인지 학습, 2. ①, 3. 잠복 학습, 4. ②

제6장

1단원-1. 절차; 2. ④, 3. ① 라; ② 나; ③ 가; ④ 다

2단원-1. 사전 예방, 2. ①, 3. 간격, 질량, 4. ②

3단원-1. 뉴런 네트워크, 2. ②, 3. 장기 강화(LTP), 4. ①

제7장

1단원-1. 개념, 2. 논리적, 자연적, 3. ②, 4. ④

2단원-1. ②, 2. ①, 3. 상대성, 4. ③

3단원-1. ① 라; ② 가; ③ 나; ④ 다, 2. 문화, 3. 삼위일체, 4. ④

제8장

1단원-1. 동기 부여, 2. ① 라; ② 가; ③ 다; ④ 나, 3. 자극 동기, 4. 유인 가치, 5. 인지 부조화, 6. ④

2단원-1. ③, 2. ③, 3. ① 나; ② 라; ③ 가; ④ 다, 4. 세로토닌

3단원-1. ②, 2. 분노, 공포, 혐오, 슬픔, 행복, 놀라움, 3. ③, 4. ④

제9장

1단원-1. ②, 2. 문화 전반에 걸쳐 발달 변화가 일어나는 정도, 3. ③

2단원-1. 배란기, 2. 임산부의 영양 결핍, 기형 유발 물질, 3. ① 라; ② 나; ③ 다; ④ 가

3단원-1. ① 다; ② 나; ③ 라; ④ 가; 2. 신생아는 엄마의 목소리와 소리에 대한 선호도를 나타낸다, 3. ④

4단원-1. 느림, 2. ① 나; ② 라; ③ 가; ④ 다, 3. ④, 4. ④

5단원-1. ①, 2. 동화, 조절; 3. 원주민 아이들의 문화적 경험은 수량화 기술보다는 공간적 기술의 중요성을 강조한다. 4. 사회

제10장

1단원-1. ④, 2. 초경, 3. 상상적 청중, 개인 우화, 4. ①, 5. 문화, 성별, 6. ③

2단원-1. ③, 2. 거짓, 3. 신생, 4. ②, 5. ③

3단원-1. ④, 2. ②, 3. ②, 4. ①

제11장

1단원-1. ③, 2. ③, 3. 테스토스테론, 4. ④, 5. 시각, 회전

2단원-1. ① 라; ② 다; ③ 가; ④ 라, 2. ①, 3. ③, 4. ④

3단원-1. ①, 2. ① 가; ② 라; ③ 다; ④ 나, 3. ④, 4. 수행 불안, 죄책감, 성 억압적 문화적 태도에 노출

제12장

1단원-1. ① 유기체가 환경에 적응하거나 적응하도록 하는 압력 또는 요구, ② 스트레스가 효과적으로 대처하는 능력에 부담을 주는 수준에 도달할 때, 2. ① 나; ② 다; ③ 가; ④ 라, 3. 경고 반응 단계, 4. 사회적 지지, 자기효능감, 예측과 통제 가능성, 심리적 강인성, 낙관주의, 5. ①, 6. 일반 적응

2단원-1. ①, 라; ② 다; ③ 나; ④ 가, 2. ① 나이, 성별, 유전, 신체적 활동 부족, 비만, 높은 콜레스테롤, 당뇨병, 고혈압, ② 처음 세 가지를 제외한 모든 것을 잠재적으로 제어할 수 있다, 3. ①, 4. 2/3, 흡연과 다이어트

제13장

1단원-1. ①, 2. ③, 3. ③, 4. ① 다; ② 가; ③ 나; ④ 라, 5. ①

2단원-1. 특성, 2. ②, 3. ①, 4. 한스 아이젠크, 5. ③, 6. 수줍음, 공격성, 끊임없이 새로운 것을 찾는 성향

3단원-1. ②, 2. ①, 3. 생각, 행동 및 환경 요소는 상호 간에 영향을 미친다. 4. ① 나; ② 라; ③ 다; ④ 가

4단원-1. ④, 2. ④, 3. 자아, 4. ①

5단원-1. 자기보고식 성격검사와 투사검사(self-report personality inventories and projective tests); 2. ④, 3. 규준, 4. ④

제14장

1단원-1. 도식, 2. 기질, 상황, 3. 과대평가, 4. 사람, 물체 또는 사회적 문제를 선호하거나 싫어하는 평가 또는 판단, 5. ① 나; ② 라; ③ 가; ④ 다

2단원-1. 유사성, 신체적 매력, 근접성, 호혜성, 2. ④, 3. 올바른 순서는 ④, ②, ①, ⑤, ③, 4. ① 편향된 믿음과 고정관념, ② 목표에 대한 반감, ③ 차별, 5. 사회적 지지와 기관적 차원의 후원, 면식 잠재성, 동등한 지위, 집단 간 협동이다.

3단원-1. 사회적인, 2. ②, 3. 65%, 4. ①, 5. ②

第15장

1단원-1. 이례성, 사회적 규범 일탈, 감정적인 고통, 부적응적인 행동, 위험성, 현실에 대한 왜곡된 인식 및 해석, 2. ④, 3. ③, 4. ① 라; ② 다; ③ 나

2단원-1. ③, 2. 특정, 3. ① 다; ② 가; ③ 나; ④ 라

3단원-1. 해리성, 2. ④, 3. ④, 4. 아니다

4단원-1. 양극성장애, 2. 여성들은 더 큰 스트레스에 노출되는 것처럼 보이고 그들의 문제에 대해 더 깊이 생각해 보거나 생각할 가능성이 더 많다, 3. 세로토닌, 재흡수 또는 재섭취, 4. 무기력

5단원-1. 남성, 2. 체계적이지 않음, 3. ③, 4. ②

6단원-1. 외부의 요구에 적응하거나 다른 사람들과 효과적으로 관계 맺기 어렵게 만드는 극도로 엄격한 행동 패턴, 2. 전두엽, 3. ① (b), ② (a), ③ (a), ④ (b)

第16장

1단원-1. 도덕, 2. 도로시아 딕스(Dorothea Dix), 3. 심하게 장애가 있는 사람들을 돌보는 것은 그들을 정상으로 회복시키기에 충분하지 않았다, 4. 탈시설화

2단원-1. ① 라; ② 나; ③ 다; ④ 나, 2. 무조건적 긍정적 존중, 공감, 진실성, 3. 체계적 둔감화, 4. 합리적 정서행동치료, 5. 집단치료의 장점은 저렴한 비용과 고객들이 다른 사람들과 관련된 경험을 얻을 수 있고 문제 상황에 대처하는 방법을 배울 수 있다는 사실이다; 단점은 본인에게 주어지는 집중이 적다는 것과 집단 내 다른 구성원들에게 개인적인 문제를 드러내는 것에 대한 잠재적인 두려움을 포함한다.

3단원-1. 신경전달물질, 2. 항불안제, 3. ②, 4. ③, 5. ④

부록 C

심리학에서의 통계학

데니스 힝클(Dennis Hinkle), 토슨 대학교(Towson University)
레핑 류(Leping Liu), 토슨 대학교(Towson University)

통계라는 단어는 사람에 따라 다른 의미를 지닌다. 일기예보와 관련된 사람들은 고온과 저온, 강우량, 역사적으로 기록된 그날의 평균기온과 같은 일기의 통계를 전한다. 스포츠 캐스터들은 선수들의 타율, 수비율, 홈런율과 같은 통계를 전해 준다. 또한, TV의 미식축구 해설자는 하프타임이 되면 전반전의 전체 러싱야드와 전체 패싱야드와 같은 하프타임 통계를 제공한다.

심리학자들도 통계를 사용한다. 하지만 그들에게 통계는 연구를 통해 얻어진 결과를 분석하고 이해하는 과정이다. 예를 들면, 연구 결과는 주요 직위에서 밤에 일하는 노동자들이 낮에 일하는 사람보다 더 졸려 하고 덜 민첩하다는 것을 보여 준다. 이 분야에서 일하는 연구원들은 두 집단의 노동자들이—밤과 낮에 일하는 노동자들—평균적으로 어떻게 다른 것인지를 결정하기 위해 많은 변수 중에서 졸음과 민첩성을 측정하여 통계 기술을 사용했다. 또한 심리학자들은 심리학자 같은 특정 집단의 특성을 설명하기 위해서 통계를 사용했다. 예를 들면, 제1장에서 우리는 심리학자들의 민족성과 일하는 환경과 관련해서 그들의 특성에 대해서 공부했다.

현대 심리학의 기본적인 이론들은 심리학 연구를 위한 통계의 활용 없이는 존재하지 않는다. 심리학자들은 어떠한 이론이나 믿음을 반박하거나 지지하기 위한 실증적인 증거를 제시하고, 그들이 하는 연구의 결과를 설명하기 위해서 통계에 의존한다. 예를 들면, 연구원들은 언어가 우리의 사고방식을 결정짓는다는 이론에(제7장 참조) 기초한 언어 상대성 이론의 원래 버전을 반박하기 위해서 통계학 기술을 사용했다. 이러한 경우 연구 결과의 통계학적 분석은 대안적인 이론을 지지했는데, 이는 문화적 요소가 우리의 사고방식에 영향을 준다는 점이다. 우리는 좀 더 심리학적 연구에 대해 판단 능력을 지닌 소비자가 되기 위해서 통계학을 이해할 필요가 있다. 예를 들면, 우리는 특정한 IQ 지수의 상대적인 위치를 결정하기 위해서 일반적인 사람들의 IQ 지수가 어떻게 분포되는지를 이해해야 한다(제7장 참조). 또한 심리학적 지원을 필요로 할 때, 우리는 어떤 종류의 심리학적 문제에 어떤 치료요법 형태가 효과적인지를 알아야 한다(제16장에 나와 있는 경험적으로 지원되는 치료에 관한 논의 참조). 통계학을 사용하는 이유가 무엇이든지, 연구자와 소비자는 모두 통계학이 주는 정보와 이로부터 얻어지는 결과를 이해해야 한다.

집단과 표본

집단과 표본이라는 용어는 통계 분석과 같은 심리학 연구에서 빈번하게 사용된다. 정의를 살펴보면, 집단 표본은 '워싱턴 DC에 사는 모든 사람들', '정신병원에서 특정한 시간에 다양한 심리학적 장애를 치료받고 있는 모든 환자' 혹은 '특정 학교에서 가을 학기 동안 심리학개론 수업을 등록한 모든 학생'과 같이 특정한 집단의 모든 사람을 포함한다. 그러나 많은 연구 환경에서는 주어진 집단의 모든 사람이 연구에 참여하는 것은 실현 가능하지 않다. 이러한 경우, 표본 샘플이라고 불리는 집단의 부분집합이나 한 부분을 선택하여 오직 이 표본의 구성원들만 그 연구에 포함시킨다.

기술 통계와 추리 통계

통계 공부는 기술 통계와 추리 통계의 두 개의 넓은 영역으로 나눌 수 있다. 연구원은 데이터를 설명하기 위해서(예: 수치로 표현된 정보를 분류하고 요약하기 위해서) 기술 통계를 사용하고, 집단으로부터 나온 표본에 기초한 연구를 그 집단에 일반화시키기 위해서 추리 통계를 사용한다.

기술 통계: 어떤 수리적 정보에 대해서 관찰하거나 측정한 결과의 특성을 전체적으로 파악할 수 있도록 요약 · 기술해 주는 통계적 방법

추리 통계: 표본에서 얻은 어떤 특성의 통계치를 기초로 표집에 따른 오차를 고려하면서 모집단의 모수치를 확률적으로 추정하는 통계적 방법

기술 통계와 추리 통계는 과학적으로 세 가지 목적을 갖는다.

① 설명하기 위해서
② 연관시키기 위해서
③ 비교하기 위해서

이러한 접근은 통계학적 절차를 위한 일반적인 틀을 형성한다. 이는 연구가들이 연구의 결과를 해석하고, 결론을 도출하고, 일반화하며 표본을 통해 집단을 추론하고, 앞으로의 연구 목표를 제시할 수 있게 해 준다. 이 부록의 나머지 부분에서는 통계학의 이러한 세 가지 접근 방식에 대해서 다루도록 하겠다.

설명하기 위한 통계의 사용

통계의 가장 간단한 적용은 집단의 각 개인으로부터 모인 점수의 분포를 설명하는 것이다. 예를 들면, 〈표 1〉에 나와 있는 것과 같이 180명의 대학 1학년 심리학과 학생들의 기말고사 점수가 있다고 가정하자.

〈표 1〉 심리학과 신입생들의 기말고사 점수

68	52	69	51	43	36	44	35	54	57	55	56
55	54	54	53	33	48	32	47	47	57	48	56
65	57	64	49	51	56	50	48	53	56	52	55
42	49	41	48	50	24	49	25	53	55	52	56
64	63	63	64	54	45	53	46	50	40	49	41
45	54	44	55	63	55	62	56	50	46	49	47
56	38	55	37	68	46	67	45	65	48	64	49
59	46	58	47	57	58	56	59	60	62	59	63
56	49	55	50	43	45	42	46	53	40	52	41
42	33	41	34	56	32	55	33	40	45	39	46
38	43	37	44	54	56	53	57	57	46	56	45
50	40	49	39	47	55	46	54	39	56	38	55
37	29	36	30	37	49	36	50	36	44	35	45
42	43	41	42	52	47	51	46	63	48	62	49
53	60	52	61	49	55	48	56	38	48	37	47

점수들의 분포를 설명하기 위해서, 우리는 ① 분포의 형태를 확인해야 하고, ② 평균 점수를 계산해야 하며, ③ 점수들의 변동성을 결정해야 한다.

도수분포: 주어진 점수 또는 점수 집단이 발생한 횟수를 나타내는 표

〈표 2〉 클래스 구간을 사용한 기말고사 점수의 도수분포

클래스 구간	f
65~69	6
60~64	15
55~59	37
50~54	30
45~49	42
40~44	22
35~39	18
30~34	7
25~29	2
20~24	1

도수분포

점수의 분포를 설명하기 위한 첫 번째 단계는 각 개인의 점수들 혹은 점수의 범주에 대한 도수분포를 만드는 것이다.

〈표 2〉에서는 우리의 180개의 점수를 20~24점의 범주를 시작으로 65~69점까지의 계급 구간(class intervals)으로 분류함으로써 만들어진 도수분포를 보여 준다.

가장 많은 점수가 있는 범주는 45~49구간으로 42개의 점수가 있으며, 55~59범주 구간에는 37개의 점수가 분포한다. 우리는 히스토그램이라고 불리는 막대 형태의 그래프를 사용하여 도수분포를 나타낼 수 있다. [그림 1]에서 보이는 것과 같이, 히스토그램은 다른 길이의 막대를 사용하여 계급 구간들의 빈도를 나타낸다. 그러므로 예를 들면 45~49범주는 42의 값을 나타내는 막대기로 표현된다.

도수분포를 그래프로 나타내는 또 다른 방법은 [그림 2]에서 보이는 것과 같이 분포 다각형(frequency polygon)을 이용하는 것이다. 여기에서 계급 구간의 분포는 구간의 중간 값에 표시되고 표시된 것들은 직선으로 연결된다.

중심 집중경향성 점수들의 분포를 설명하기 위한 두 번째 단계는 점수들의 중심 집중경향성을 계산하는 것이다. 중심 집중경향성은 점수들의 분포에서 평균값을

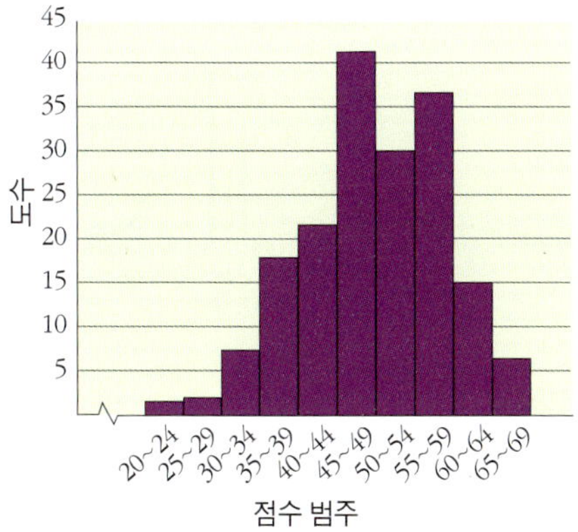

[그림 1] 기말고사 점수의 히스토그램

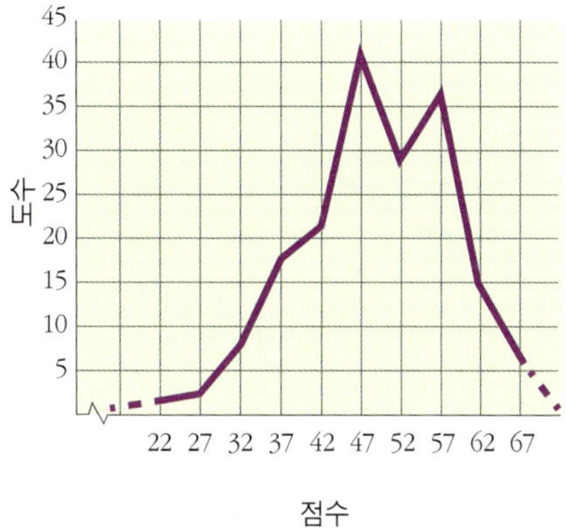

[그림 2] 기말고사 점수의 분포 모형

히스토그램: 서로 다른 길이의 막대를 사용하여 각 개인의 점수들 또는 점수들의 범주를 빈도를 나타낸 그래프

분포 다각형: 계급 구간의 중간 지점 직선으로 이어 그 구간의 빈도를 나타낸 표

중심 집중경향성: 점수가 어떻게 분포되는지 측정하는 중간 포인트

나타내는 지표이다. 중심 집중경향성을 위해서는 세 개의 다른 통계학적 방법이 있다. 연구자들은 최빈값(가장 빈번하게 사용되는 값), 중앙값(가운데 있는 값), 혹은 평균값(산술 평균)을 사용할 수 있다.

최빈값: 점수의 분포에서 가장 많이 쓰이는 점수

중앙값: 분포에서 가장 가운데 값으로 점수의 반이 그 점수 위에 그리고 나머지가 아래에 분포함

평균값: 점수분포의 산술적 평균

예를 들면, 다음과 같은 분포를 생각해 보자. 2, 5, 9, 10, 12, 13, 13. 최빈수는 가장 많이 보이는 값으로 13이다. 중앙값은 값들 분포를 반으로 나누었을 때의 값이다. 중앙값은 점수들의 분포를 반으로 나누는 값이다(점수의 반은 중앙값 위에, 나머지 반은 중앙값 아래에 존재한다.). 여기서 중앙값은 10인데, 세 개의 값은 10 아래에, 나머지 세 개의 값은 10 위에 존재한다.

평균값은 중심 집중경향성을 나타내는 데 가장 많이 사용되는 방법이다. 평균값(X바)을 찾기 위해서는, 모든 점수들(X)을 더하고 점수들의 개수만큼으로 나누어야 한다. 기호로는 다음과 같이 나타낼 수 있다.

$$\overline{X}=\Sigma X/n$$

여기서 ΣX는 모든 점수의 합을 의미하고 n은 모든 점수의 개수를 나타낸다. 위의 점수분포에서 평균값은 다음과 같이 계산된다.

$$\overline{X}=64/7=9.14$$

여기서 볼 수 있는 것처럼 최빈값, 중앙값, 그리고 평균값은 때로는 다른 값을 보인다.

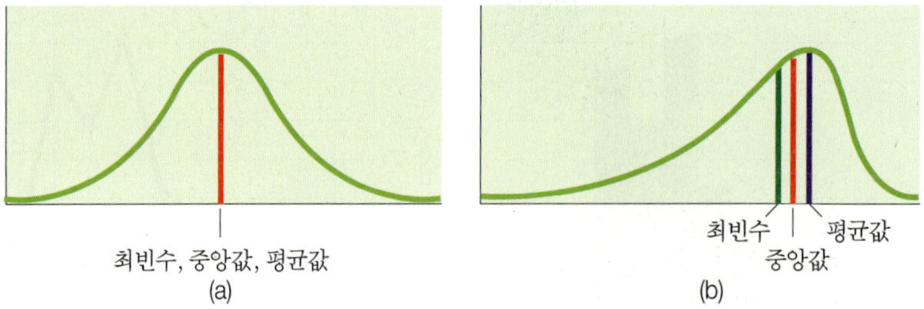

[그림 3] 두 개의 분포에서의 최빈수, 중앙값, 평균값의 비교

유사하게, 180명의 심리학과 신입생 학생들의 기말고사에서 평균값은 다음과 같이 계산된다.

$$\overline{X}=8860/180=49.22$$

[그림 3(a)]에서와 같이 다른 경우에는, 최빈수, 중앙값, 그리고 평균값은 모두 같은 것을 볼 수 있다. 그러나 점수분포가 뒤틀리면(오른쪽 혹은 왼쪽으로 기울어지게 되면), [그림 3(b)]와 같이 세 값은 모두 다른 값을 갖게 된다.

어떤 값이 가장 중심 집중경향성을 잘 측정하는가? 이에 대한 답은 우리가 무엇을 알기를 원하는가에 따라 결정된다. 만약 시험 결과 가장 많이 나온 점수를 알기를 원한다면 우리는 최빈값을 사용해야 한다. 하지만 최빈값은 학생들이 평균적으로 어떠한 결과를 보였는가를 보기 위해서는 좋은 선택이 아니다. 이를 위해서는 우리는 모든 분포의 가운데를 나타내는 중앙값을 사용할 수 있다(점수의 반이 각각 중앙값 위아래에 존재한다.). 중앙값을 알게 되면 우리는 어떠한 값이 상위 50%와 하위 50%를 나누는지 구체화할 수 있다.

또한 우리는 또한 전체 학급의 산술 평균을 나타내는 평균값을 사용할 수 있다. 그러나 평균을 사용하는 데 한 가지 제한이 있다면 이는 평균값이 극한값에 영향을 많이 받는다는 것이다. 다음과 같이 작은 제조회사의 고용자들의 월급 분포에 대해서 생각해 보자.

〈표 3〉 제조회사 고용자들의 월급 분포

직급	고용자 수	월급	중심 경향 측정
회장/CEO	1	350,000달러	
부회장	1	120,000	
부사장	2	95,000	
부장	1	60,000	
선임 판매원	3	58,000	평균값
판매원	4	40,000	
현장감독	1	36000	중앙값
기계제작공	12	30,000	최빈수

이 예시에서, 평균값은 매우 높은 값의 영향을 많이 받는다(회장/CEO의 월급). 만약에 여러분이 지역 상권 조합의 의장으로 중심 집중경향성을 측정한다면, 여러분은 새로운 임금 협정에 중심 집중경향성의 어떤 값을 사용할 것인가? 아니면, 만약 여러분이 협상을 하는 관리자의 위치에 있다면 어떠한 값을 사용할 것인가?

가장 적합한 측정 방법을 선택하는 또 다른 고려사항은 어떻게 이것이 사용되는지이다. 만약 우리가 표본을 이용해서 집단을 일반화시키기를 원한다면, 평균값은 뚜렷한 이점을 갖는다. 평균값은 중앙값이나 최빈값과 다르게 부적절한 값(이상치)에 의해 수학적으로 조작될 수 있다. 그러나 목적이 기술하는 것이라면 자료의 특성을 가장 잘 나타내는 측정도구를 사용해야 한다. 일반적으로, 중앙 집중경향성의 세 가지 측정치를 모두 보고하는 것은 주어진 분포를 가장 정확하게 볼 수 있는 방법이다.

분산의 측정 점수의 분포를 설명하는 마지막 단계는 그 점수들의 분산(variability)을 계산하는 것이다. 분산은 점수들의 분포를 따라 확산되는 정도를 말한다. 분산을 측정하는 한 가지 방법은 점수의 범위 혹은 점수분포의 최댓값과 최솟값의 차를 보는 것이다. 180명의 심리학과 신입생들 기말고사 점수는 낮게는 24부터 높게는 69까지 분포되어 있고, 그 범위는 69–24=45이다.

또 다른, 더 일반적으로 사용되는 분산의 측정값은 표준편차(*SD*)이다. 이는 각각의 점수와 데이터에 있는 모든 점수의 평균값과의 차이의 평균으로 정의된다. 큰 표준편차는 점수들이 평균값을 중심으로 넓게 펴져 있다는 것, 즉 분산이 큰 것을 나타내고, 작은 표준편차는 작은 분산을 나타낸다. 〈표 4〉는 가설상의 데이터를 기반으로 계산된 표준 편차를 보여 준다(180명의 기말고사에 관한 표준편차는 8.98이다.).

분산성: 통계학에서, 분포를 따라서 점수가 분산되거나 퍼지는 것

범위: 점수의 분포에서 최댓값과 최솟값의 차로, 분산을 측정하는 것

표준편차(*SD*): 각각 개별적인 점수와 데이터 셋의 모든 점수의 평균값과의 차이로 정의된다. 좀 더 구체적으로, 평균값과 각 점수의 제곱 편차들의 평균의 제곱근

〈표 4〉 표준편차 계산

점수	평균으로부터의 분산(D)	분산의 제곱(D^2)
3	3–9=–6	36
5	5–9=–4	16
6	6–9=–3	9
9	9–9=0	0
12	12–9=3	9
1	13–9=4	16
15	15–9=6	36
$\overline{X}$-63/7=9		$\sum D^2$=122
표준편차=$\sqrt{\sum D^2/n}$=$\sqrt{122/7}$=$\sqrt{17.43}$=4.17		

정규분포 [그림 1]에서 보이는 180명의 기말고사 점수의 히스토그램은 심리학 데이터에서 보이는 일반적인 현상을 보인다. 즉, 점수의 대다수는 분포의 가운데 부분에 존재하고, 아주 소수만이 매우 바깥쪽에 존재한다. 심리학 연구에서 사용되는 많은 측정에서 점수의 분포는 '종 모양의 곡선'과 유사한 일반적인 모양을 띠고 이는 '정규곡선' 혹은 '정규분포'로 알려져 있다. 통계학에서의 정규분포는 수학적인 모델이다. 그러나 특정한 점수분포의 모양이 정규분포와 비슷한 형태를 띤다면, 우리는 실제적인 점수분포를 설명하기 위해서 정규분포의 특성을 이용할 수 있다. 정규분포는 지식과 성취에 관한 측정과 같은 많은 데이터 세트의 특성을 잘 설명해 주고 있다. 게다가 정규분포에서는 최빈값과 중앙값, 평균값이 모두 같고, 그래서 전반적인 점수분포와 비교해서 특정한 점수의 분포를 설명하기 위해서 표준편차를 이용할 수 있다.

정규분포에서는, [그림 4]에서 볼 수 있는 것과 같이 모든 경우의 절반이 평균 위에 그 나머지 절반이 평균 아래 존재한다. 정규분포의 특성을 기초로, 우리는 사례가 분포의 각 부분에서 몇 퍼센트인지 알 수 있다. 예를 들면, 대략 68%의 케이스가 평균에서 1 표준편차 위와 아래 사이(-1.0과 +1.0 사이)에 존재하고, 대략 95%의 케이스가 2표준편차 위와 아래 사이(-2.0과 +2.0 사이)에 존재한다.

또한 정규분포의 특성은 개별 점수와 평균값 사이의 거리를 표현할 때 사용되기도 한다. 예를 들어, 대부분 IQ 검사 점수들은 평균이 100점이고 15의 표준편차로 분포한다. 그러므로 IQ 점수가 115인 경우는 평균으로부터 1표준편차 위에 존재한다. 우리는 평균의 위아래에 분포하는 원점수가 평균과 얼마나 많은 표준편차 차이를 나타내는지를 표준 점수(standard score)라는 용어를 (또한 z-점수라고도 불린다.) 사용하여 나타낸다. 예를 들면, 앞 예시의 경우(평균이 100이고 표준편차가 15)

표준 점수: 평균으로부터 원 득점이 얼마나 많은 표준편차 위, 아래에 분포하는지를 나타내는 변환된 득점. Z-점수라고도 함

원점수 115에 해당되는 표준 점수는 +1이다. 마찬가지로 원점수가 70인 경우는 표준편차 두 배 아래에 해당되므로, 표준 점수는 -2이다. 정상분포에서 이 표준 점수의 특성은 심리학적 연구에서 추정에 의한 통계 과정을 적용하는 데 매우 중요하다.

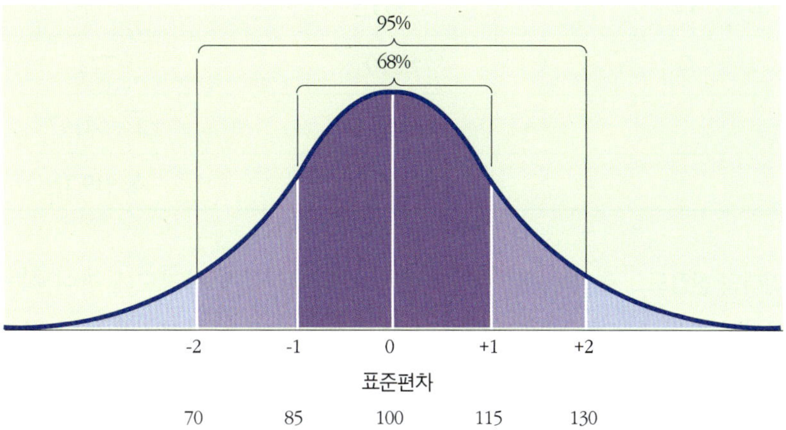

[그림 4] 평균에서 표준편차가 1과 2에 해당하는 경우의 대략적인 비율을 보여 주는 정규분포

연관시키기 위해 사용되는 통계

통계학의 두 번째 적용은 두 개의 변수의 관계를 알아보는 것을 포함한다. 예를 들면, 〈표 5〉에 나와 있는 것처럼 우리가 15명의 심리학에 입문한 학생들의 SAT와 기말고사 점수의 관계를 알아보는 일을 한다고 생각해 보자.

〈표 5〉 15명의 심리학 입문 학생들에 대한 SAT 점수와 기말고사 점수

학생	SAT 점수(X)	기말고사 점수(Y)
1	595	68
2	520	55
3	715	65
4	405	42
5	680	64
6	490	45
7	565	56
8	580	59
9	615	56
10	435	42

11	440	38
12	515	50
13	380	37
14	510	42
15	565	53
Σ	8010	772
	$\overline{X}=534.00$	$\overline{Y}=51.47$
	$S_x=96.53$	$S_y=10.11$

산점도: 두 변수에 대한 각 참가자의 점수 쌍을 표시하는 그래프

데이터의 산점도 우리의 첫 번째 단계는 이 데이터들을 산점도에 집어넣는 것이다. 여기서 산점도란 두 개의 변수에 대한 각각 점수들을 그래프에 나타내는 것으로서, 이와 같은 그래프는 점수들이 어떻게 흩어져 있는지를 보여 준다. 여기서 두 개의 변수를 각각 *X*와 *Y*라고 나타냈다.

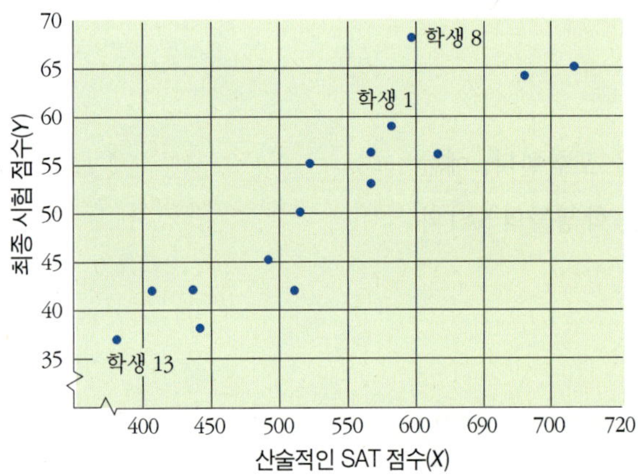

[그림 5] 최종 시험(Y)과 산술적인 SAT 점수(X)와의 관계를 나타내는 산점도

[그림 5]에서 각각 점들은 15명 각자의 점수를 동시에 보여 준 것으로, 학생들 중 1, 8, 13번 학생들은 특별히 표시를 해 두었다. (예를 들면, 학생 1의 점은 'SAT=595'와 '기말고사 점수=68'점을 나타낸다.) 이러한 점수들은 산점도 상에서 왼쪽 아래를 시작으로 오른쪽 위에서 끝나는 양상을 띤다. 이러한 유형은 두 변수 사이에 양의 관계 혹은 양의 상관관계가 있을 때 나타난다. 두 변수 사이의 양의 상관관계는 한 변수의 높은 점수가 다른 변수의 높은 점수와 연관이 있다는 것을 의미한다. 그러므로 [그림 5]에서 보이는 양상은 높은 SAT 점수를 얻은 학생이 높은 기말고사 점수를 얻는 경향이 있고, 반대로도 마찬가지라는 점을 나타낸다.

다른 형태의 산점도는 두 개의 변수가 다른 형태로 관계한다는 점을 보여 준다. 세 개의 다른 산점도 양상은 [그림 6]에서 설명된다. 패턴 A는 두 개의 두 변수 사이에 양의 상관관계가 있음을 보여 준다. 패턴 B는 음의 상관관계를 보여 주는데, 이는 한 변수의 높은 점수와 다른 변수의 낮은 점수의 관계이다. 패턴 C는 점들이 위로 혹은 아래로 향하는 패턴을 보이지 않는 산점도이다. 이 마지막 패턴은 두 변수 사이에 상관관계가 없을 경우 나타난다.

상관계수: 두 변수의 상관관계를 계산 산점도는 우리에게 두 변수의 관계를 시각적으로 보여 준다. 그러나 학자들은 상관관계의 크기(길이)와 방향(양 혹은 음) 모두를

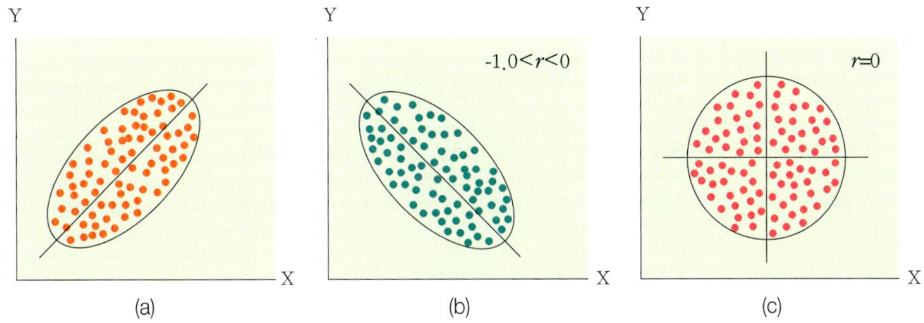

[그림 6] *X*와 *Y* 변수 사이의 다른 상관관계를 보여 주는 산점도

좀 더 정확하게 나타내기 위해서 통계학적 측정을 사용한다. 두 변수의 상관관계를 통계학적으로 측정하는 것을 상관계수라 부른다(문자 *r*로 표현한다). 양의 상관관계의 범위 값은 0(최소)부터 +1.0(최대)까지이다. 음의 상관관계의 범위는 0(최소)부터 -1.0(최대)까지이다.

〈표 6〉은 〈표 5〉의 데이터를 바탕으로 계산한 상관계수의 계산 과정을 보여 주는 예시이다. 상관계수는 +0.9로 나왔고, 이는 SAT와 기말고사 사이에 매우 높은 양의 상관관계를 나타낸다. 다시 말하면, 우리가 앞에서 본 것처럼, 높은 SAT 점수를 가진 신입생들이 심리학과 기말고사 시험에서 높은 점수를 받는 경향이 있다는 것이다.

〈표 6〉 SAT 점수와 기말고사 점수 사이의 상관관계의 계산

산술적인 SAT 점수		기말고사 점수		
X	X^2	Y	Y^2	XY
595	354,025	68	4,624	40,460
520	270,400	55	3,025	28,600
715	511,225	65	4,225	46,475
405	164,025	42	1,764	17,010
680	462,400	64	4,096	43,520
490	240,100	45	2,025	22,050
565	319,225	56	3,136	31,640
580	336,400	59	3,481	34,220
615	378,225	56	3,136	34,440
435	189,225	42	1,764	18,270
440	193,600	38	1,444	16,720
515	265,225	50	2,500	25,750

380	144,400	37	1,369	14,060
510	260,100	42	1,764	21,420
565	319,225	53	2,809	29,945
8010	4,407,800	772	41,162	424,580

$$원점수 = \frac{n\sum X\sum Y}{\sqrt{n\sum X^2-(\sum X)^2-(\sum Y)}\ \sqrt{n\sum Y^2-(\sum Y)^2}}$$

$$= \frac{15(424,580)-(8,010)772}{\sqrt{12(4,407,800)-(8,010)^2}\ \sqrt{15(41,162)-(772)^2}}$$

$$= 0.90$$

〈표 7〉은 상관계수의 크기를 나타내는 경험에 의한 법칙을 보여 준다.

〈표 7〉 상관계수의 크기를 표현하기 위한 방법

산술적인 SAT 점수	
상관관계의 크기	해석
.90에서 1.00(-.90에서 -1.00)	매우 높은 양(음)적 상관관계
.70에서 .90(-.70에서 -.90)	높은 양(음)적 상관관계
.50에서 .70(-.50에서 -.70)	보통의 양(음)적 상관관계
.30에서 .50(-.30에서 -.50)	낮은 양(음)적 상관관계
.00에서 .30(.00에서 -.30)	만약 상관관계가 있다면 매우 적음

한 변수를 예측하기 위한 다른 변수의 사용 통계학에서의 상관관계를 이용하는 데 중요하게 다루어지는 부분이 예측에 관한 것이다. 만약 두 변수가 상관관계에 있다면, 우리는 한 변수의 점수를 바탕으로 다른 변수의 점수로 예측할 수 있다. 예를 들면, 심리학과 개론 학생들 15명의 SAT 점수와 기말고사 점수 사이의 관계를 정립한 후, 비슷한 학생들의 SAT 점수를 바탕으로 기말고사 점수를 예측한다고 가정해 보자. 이러한 예측을 위한 과정은 연구에서 얻은 두 변수들의 점수 세트를 연결시키는 수학 공식을 정립시키는 것을 포함하고 있다. 이 공식은 비슷한 집단의 학생들의 SAT 점수를 바탕으로 기말고사 점수를 예측하는 데 사용될 수 있다. 예측의 정확성은 두 변수 사이의 상관관계의 크기를 반영한다. 상관관계가 더 커질수록 예측이 더 용이해진다. 만약에 두 변수 사이에 강한 상관관계가 있다면, 학생들이 SAT 점수를 통해서 그들의 심리학과 수업의 성취도를 꽤 정확히 예측할 수 있다.

비교하기 위해 사용되는 통계

통계의 세 번째 적용 방법은 두 개 이상의 집단을 비교하는 것이다. 예를 들면, 한 교육 심리학자가 4학년 학생들의 수학 성취도에 대해 컴퓨터화된 수업의 효과를 실험하는 것에 흥미를 가지고 있다고 해 보자. 이 심리학자의 첫 번째 단계는 참가자들을 무작위 배정(random assignment; 제1장에서 논의한)을 기반으로 실험 집단 혹은 제어 집단에 배정하는 것이다. 이 실험 집단은 컴퓨터 스크린상의 상호적인 예시들을 통해서 수학적 기초를 다지게 하는 컴퓨터 프로그램을 이용하고, 제어 집단은 교실에서 표준화된 일반 수업을 받는다. 그런 다음, 연구의 결론에서는 두 집단 모두 수학 성취도 시험을 치르면 된다.

초기의 기술적 자료 분석의 결과가 다음과 같다고 가정하자.

	통제집단	실험집단
평균($\overline{X}$)	62.4	77.6
표준편차(*SD*)	15.8	16.3

이 데이터를 이용하여 교육 심리학자들은 두 집단의 평균과 표준편차 값을 이용하여 성취도를 평가할 수 있다. 그러나 이러한 데이터를 이용하여 결론을 도출하고 일반화하기 위해서는 추론적 통계 과정이 또한 필요하다.

설명 가능한 범위 이외: 추론적 통계의 사용 기술 통계는 우리가 데이터를 요약할 수 있게 하지만, 추론적 통계만 이용해서는 통계를 이용한 측정의 의미를 다 이해하지 못한다. 심리학 연구에 있어서 상관계수의 크기나, 두개의 집단의 평균값의 차이가 통계학적으로 유의미한지 결정하는 것은 중요하다. 제1장의 본문에서 논의한 것처럼, 통계적 유의성은 연구에서 얻은 결과가 우연 또는 일반 모집단의 점수에서 발생할 것으로 예상되는 무작위 변동 때문일 가능성이 낮다는 것을 나타낸다.

통계적 유의성은 추론적 통계라고 불리는 통계학 기술만을 통해서 결정될 수 있고, 이는 우리가 가지고 있는 데이터에서 결론을 도출할 수 있게 하며, 표본을 통해서 표본이 추출된 집단 군에 대해서 추론하고 일반화할 수 있게 한다.

귀무 가설에 대한 설명 추론적 통계를 사용하는 데 있어서 첫 번째 단계는 하고자 하는 연구에서 오는 질문을 위해서 귀무 가설을 명확하게 하는 것이다. 문자상의 정의에서 귀무라는 말은 아무것도 없는 상태 혹은 유의미하지 않는 상태를 일컫는다. 같은 맥락에서 귀무 가설은 주어진 연구 결과가 아무 값이 없거나 유의미하지 않다는 것을 예측하는 것이다. SAT 점수와 기말고사 점수와의 관계를 연구하는 데 있어서 우리는 다음과 같은 귀무 가설을 설명할 수 있다. "두 변수 사이에 아무런

귀무 가설: 두 집단 간 차이 혹은 변수들 간 관계가 없음을 예측

연관관계가 없다." 컴퓨터화된 수업 형태와 일반적 수업 형태를 비교하는 연구처럼 실험 집단과 제어 집단과의 차이를 연구할 경우, 우리는 다음과 같은 귀무 가설을 사용할 수 있다. "두 집단은 차이가 없다."

귀무 가설을 실험 추론적 통계의 가장 주된 목적은 귀무 가설을 테스트하는 것이다. 이 기술을 사용해서 과학적 연구가들은 변수들의 관계 혹은 집단 간의 차이가 우연으로 인해 발생할 가능성이 없을 만큼 큰지 여부를 결정하기 위해 확률의 원칙을 적용할 수 있다. 이 과정에서, 그들은 일반적으로 우연에서 발생할 가능성이 5% 미만이면 결과가 유의적이라고 판단하는 기준을 적용한다. 다시 말하면, 결과가 우연에 의해서만 발생할 확률이 5% 미만이라면, 그들은 그 결과가 통계적으로 유의하다고 말할 것이다. 연구의 특성에 따라, 연구자들은 주어진 결과를 통계학적으로 중요하다고 나타내는 상한선을 정하기 위해서 좀 더 엄격하거나 좀 더 자유로운 기준을 마련할 것이다.

다시 15명의 심리학과 학생들 예로 돌아가 보자. 먼저, 만약에 SAT 점수와 기말고사 점수 사이의 상관계수가 통계적 유의성의 단계에 이를 만큼 충분히 높다면, 우리는 "연관성이 없다."는 귀무 가설을 기각하게 된다. 다시 말해서, 우리는 이 상관 관계가 '0'(즉, "아무런 연관이 없다.")으로부터 매우 다르다는 결론을 짓는다. 둘째, 한 변수의 점수에서 다른 변수의 점수를 예측하는 데 추론적 통계를 적용할 때, 귀무 가설을 "SAT 점수는 기말고사 점수를 예측하지 않는다."라고 할 수 있다. 하지만 두 개의 변수 사이에 통계적 유의성이 있으므로 우리는 SAT 점수가 기말고사 점수를 예측하는 데 유의미한 예측변수가 된다고 결론(확률 이론에 의해서) 내릴 수 있다.

추론적 통계는 두 개 혹은 그 이상의 집단의 차이를 조사할 때도 비슷한 방법으로 사용된다. 이러한 통계 기술은 확률 이론에 근거한 수학적 구조를 포함하는데, 이는 표본 평균들이 "다르지 않다."라고 하는 귀무 가설을 거절할 만큼 큰지를 결정하기 위함이다. 만약에 컴퓨터를 기반으로 배우는 집단과 학급에서 일반적으로 공부하는 집단의 평균값의 차이가 통계학적 유의성의 기준점에 도달할 만큼 매우 크다면, 우리는 귀무 가설을 기각하고 두 집단의 차가 통계학적으로 유의미하다는 결론을 내릴 수 있다. 이것의 근본적인 이유는 연구 참가자들을 대상으로 연구 관심사를 측정한 표본 사이의 다른 집단들이 통계적 유의성에 대한 기준점을 충족할 경우, 일반적인 모집단의 측정에서 발생할 것으로 예상되는 우연한 변동성을 일으킬 가능성이 낮다는 것이다.

결론

통계학을 대략적으로 소개하는 데 있어서 우리는 기본적인 전문용어, 통계학을 심리학 연구에 사용하는 몇 개의 알려진 접근 방법, 연구에 적용되는 일반적인 방법뿐만 아니라 기술적 통계와 추론적 통계를 언급했다. 우리는 또한 통계학의 주요 목적을 분류하는 편리한 방법도 제공하였다. 이러한 통계학의 모든 관점을 이해하는 것은 심리학 연구자들뿐만 아니라 연구 결과를 이용하는 사람들에게도 필요하다.

참고문헌

Aamodt, S., & Wang, S. (2008). *Welcome to your brain: Why you lose your car keys but never forget how to drive and other puzzles of everyday life*. New York: Bloomsbury.

Abbott, A. (2010). Schizophrenia: The drug deadlock. *Nature, 468*, 158–159. doi:10.1038/468158a

Abraham, W. C. (2006). Memory maintenance: The changing nature of neural mechanisms. *Current Directions in Psychological Science, 15*, 5–8.

Abramowitz, J. S., & Braddock, A., E. (2008). *Psychological treatment of health anxiety and hypochondriasis: A biopsychosocial approach*. Toronto, CA: Hogrefe & Huber.

Abramowitz, J. S., Olatunji, B. O., & Deacon, B. J. (2008). Health anxiety, hypochondriasis, and the anxiety disorders. *Behavior Therapy, 38*, 86–94. doi: 10.1016/j.beth.2006.05.001

Abramson, L. T., Seligman, M. E. P., & Teasdale, J. D. (1978). Learned helplessness in humans: Critique and reformulation. *Journal of Abnormal Psychology, 87*, 49–74.

Ackerman, J. M., Shapiro, J. R., Neuberg, S. L., Kenrick, D. T., Becker, D. V., Griskevicius, V., et al. (2006). They all look the same to me (unless they're angry): From out-group homogeneity to out-group heterogeneity. *Psychological Science, 17*, 836–840. doi: 10.1111/j.1467-9280

Adam, M. B., McGuire, J. K., Walsh, M., Basta, J., & LeCroy, C. (2005). Acculturation as a predictor of the onset of sexual intercourse among Hispanic and white teens. *Archives of Pediatrics and Adolescent Medicine, 159*, 261–265.

Adelson, R. (2004, April). Stimulating the vagus nerve: Memories are made of this. *Monitor on Psychology, 35*(4), 36–38.

Adelson, R. (2005, February). Hues and views. *Monitor on Psychology, 36*(2), 26–29.

Ader, R., & Cohen, N. (1982). Behaviorally conditioned immunosuppression and murine systemic lupus erythematosus. *Science, 215*, 1534–1536.

Adolescent cigarette smoking at lowest recorded levels. (2010). *NIDA Notes, 23*(1), 14.

Adorno, T. W., Frenkel-Brunswik, E., Levinson, D., & Sanford, R. N. (1950). *The authoritarian personality*. New York: Harper.

Afraz, A., Pashkam, M. V., & Cavanagh, P. (2010). Spatial heterogeneity in the perception of face and form attributes. *Current Biology, 20*, 2112–2116. doi: 10.1016/j.cub.2010.11.017

Agency for Healthcare Research and Quality. (2006). New report finds no effective medications for anorexia nervosa, but behavioral therapy may have a limited benefit. *DHHS Press Release*. Retrieved from http://www.ahrq.gov/news/press/pr2006/eatdispr.htm

Aguiara, A., & Baillargeon, R. (2002). Developments in young infants' reasoning about occluded objects. *Cognitive Psychology, 45*, 267–336.

Ainsworth, M. D. S. (1979). Infant-mother attachment. *American Psychologist, 34*, 932–937. doi: 10.1016/S0010-0285(02)00005-1

Ainsworth, M. D. S., Blehar, M. C., Waters, E., & Wall, S. (1978). *Patterns of attachment: A psychological study of the Strange Situation*. Hillsdale, NJ: Erlbaum.

Akinbami, L. (2010, April). *Asthma prevalence, health care use and mortality: United States, 2003–05*. Centers for Disease Control and Prevention. Retrieved from http://www.cdc.gov/nchs/data/hestat/asthma03-05/asthma03-05.htm.

Alexander, G. C., Gallagher, S. A., Mascola, A., Moloney, R. M., & Stafford, R. S. (2011). Increasing off-label use of antipsychotic medications in the United States, 1995–2008. *Pharmacoepidemiology and Drug Safety, 20*, 177–184. doi: 10.1002/pds.2082

Alford, L. (2010). What men should know about the impact of physical activity on their health. *International Journal of Clinical Practice, 64*(13), 1731–1734.

Allen, M., & Burrell, N. (1996). Comparing the impact of homosexual and heterosexual parents on children: Meta-analysis of existing research. *Journal of Homosexuality, 32*(2), 19–35.

Allport, G. W. (1954). *The nature of prejudice*. Reading, MA:

Addison-Wesley.

Allport, G. W. (1961). *Pattern and growth in personality.* New York: Holt, Rinehart & Winston.

Alterman, A. I., Cacciola, J. S., Mulvaney, F. D., Rutherford, M. J., & Langenbucher, J. (2002). Alcohol dependence and abuse in three groups at varying familial alcoholism risk. *Journal of Consulting and Clinical Psychology, 70,* 336–343.

Alzheimer's Disease: Are plaques and tangles a symptom, not the cause? (2011, January 11). *ScienceDaily.* Retrieved from http://www.sciencedaily.com/releases/2010/12/101214181932.htm.

Amato, P. R. (2006). Marital discord, divorce, and children's well-being: Results from a 20-year longitudinal study of two generations. In A. Clarke-Stewart & J. Dunn (Eds.), *Families count: Effects on child and adolescent development. The Jacobs Foundation series on adolescence* (pp. 179–202). Cambridge, UK: Cambridge University Press.

American Academy of Pediatrics, Committee on Psychosocial Aspects of Child and Family Health. (1998). Guidance for effective discipline. *Pediatrics, 101*, 723.

American College Health Association. (2005). National College Health Assessment (ACHA-NCHA), Spring 2003 Reference Group Report. *Journal of American College Health, 53*, 199–210.

American Heart Association (2009). Heart disease and stroke statistics, 2009 update. *Circulation, 119*, e21–e181. doi: 10.1161/CIRCULATIONAHA.108.191261

American Psychiatric Association. (2000). *DSM-IV-TR: Diagnostic and statistical manual of mental disorders* (4th ed., Text Revision). Washington, DC: Author.

American Psychiatric Association. (2013). *DSM-5: Diagnostic and statistical manual of mental disorders* (5th ed.). Washington, DC: Author.

American Psychological Association (2010). *Stress in America findings*. Retrieved from http://www.apa.org/news/press/releases/stress/national-report.pdf

American Psychological Association (APA) (2007, October 25). *Stress, a major health problem in the U.S., warns APA*. Retrieved from http://www.apa.org/releases/stressproblem.html.

American Psychological Association (APA). (2002). Ethical principles of psychologists and code of conduct. *American Psychologist, 57,* 1060–1073.

American Psychological Association. (2003, July). *Employment settings for PhD: 2001.* Washington, DC: APA Research Office.

American Psychological Association. (2004, April). *Current major fields of APA membership by membership status, 2002.* Washington, DC: APA Research Office.

American Psychological Association. (2006, March 4). *Americans engage in unhealthy behaviors to manage stress*. Retrieved from http://apahelpcenter.mediaroom.com/index.php?spress_releases&item23.

Amichai-Hamburger, Y., & Vinitzky, G. (2010). Social network use and personality. *Computers in Human Behavior, 26*, 1289–1295.

Amstadter, A. B., Broman-Fulks, J., Zinzowa, H., Ruggiero, K. J., & Cercone, J. (2009). Internet-based interventions for traumatic stress-related mental health problems: A review and suggestion for future research. *Clinical Psychology Review, 29*, 410–420. doi: 10.1016/j.cpr.2009.04.001

Anderson, A. L., Harris, T. B., Tylavsky, F. A., Perry, S. E., Houston, D. K., Hue, T. F., et al. (2011). Dietary patterns and survival of older adults. *Journal of the American Dietetic Association, 111*, 84–91. doi:10.1016/j.jada.2010.10.012

Anderson, C. A., & Bushman, B. J. (2003). Human aggression. *Annual Review of Psychology*, *53*, 27–51. doi: 10.1146/annurev.psych.53.100901.135231

Anderson, C. A., Shibuya, A., Ihori, N., Swing, E. L., Bushman, B. J., Sakamoto, A., et al. (2010). Violent video game effects on aggression, empathy, and prosocial behavior in Eastern and Western countries: A meta-analytic review. *Psychological Bulletin, 136*, 151–173.

Anderson, E. M., & Lambert, M. J. (2001). A survival analysis of clincially significant change in outpatient psychotherapy. *Professional Psychology: Research and Practice*, *57*, 875–888.

Anderson, E. R., & Mayes, L. C. (2010). Race/ethnicity and internalizing disorders in youth: A review. *Clinical Psychology Review*, *30*, 338–348. doi: 10.1016/j.cpr.2009.12.008

Anderson, J. W., Liu, C., & Kryscio, R. J. (2008). Blood pressure response to transcendental meditation: A meta-analysis. *American Journal of Hypertension* (online edition). Retrieved from http://www.nature.com/ajh/journal/v21/n3/abs/ajh200765a.html

Anderson, S. E., Dallal, G. E., & Must, A. (2003). Relative weight and race influence average age at menarche: Results from two nationally representative surveys of US girls studied 25 years apart. *Pediatrics, 111,* 844-850.

Andrews, J. A., Hampson, S. E., Barckley, M., Gerrard, M., & Gibbons, F. X. (2008). The effect of early cognitions on cigarette and alcohol use during adolescence. *Psychology of Addictive Behaviors, 22*, 96-106. doi: 2008-01797-010

Angier, N. (1998, September 1). Nothing becomes a man more than a woman's face. *The New York Times,* p. F3.

Angier, N. (2003, July 8). Opposites attract? Not in real life. *The New York Times,* pp. F1, F6.

Angier, N. (2009, October 27). A molecule of motivation, dopamine excels at its tasks. *The New York Times*, pp. D1, D3.

Anton, R. F. (2008). Naltrexone for the management of alcohol dependence. *New England Journal of Medicine, 359*, 715-721.

APA Presidential Task Force on Evidence-Based Practice. (2006). Evidence-based practice in psychology. *American Psychologist, 61*, 271-285.

Archer, J. (2006). Testosterone and human aggression: An evaluation of the challenge hypothesis. *Neuroscience & Biobehavioral Reviews, 30*, 319-345.

Arias, E. (2010). *United States Life Tables.* Centers for Disease Control and Prevention, National Center for Health Statistics, National Vital Statistics System, *National Vital Statistics Reports, 58,* No. 21.

Arnett, J. J. (2000). Emerging adulthood: A theory of development from the late teens through the twenties. *American Psychologist, 55,* 469-480.

Arnett, J. J. (2004). *Adolescence and emerging adulthood: A cultural approach* (2nd ed.). Upper Saddle River, NJ: Pearson/Prentice Hall.

Arnett, J. J. (2010). Oh, grow up! Generational grumbling and the new life stage of emerging adulthood—commentary on Trzesniewski & Donnellan (2010). *Perspectives on Psychological Science, 5*, 89-92. doi: 10.1177/1745691609357016

Arnett, J. J. (2010). Oh, grow up! *Perspectives on Psychological Science, 5*, 89-92. doi: 10.1177/1745691609357016

Arnold, Carrie. (2011). Why sleep is good for you. *Scientific American, 304*(1), 26.

Aronson, E., Wilson, T. D., & Akert, R. M. (2004). *Social psychology: Media and research update* (5th ed.). Upper Saddle River, NJ: Prentice Hall.

Asch, S. E. (1956). Studies of independence and conformity: I. A minority of one against a unanimous majority. *Psychological Monographs, 70*, 70.

Ashburn-Nardo, L., Voils, C. I., & Monteith, M. J. (2001). Implicit associations as the seeds of intergroup bias: How easily do they take root? *Journal of Personality and Social Psychology, 81*, 789-799.

Ashby, F. G., & Maddox, W. T. (2005). Human category learning. *Annual Review of Psychology, 56*, 149-178.

Aspy, C. B., Vesely, S. K., Oman, R. F., Rodine, S., Marshall, L., & McLeroy, K. (2008). Parental communication and youth sexual behavior. *Journal of Adolescence, 30*, 449-466. doi: 10.1016/j.adolescence.2006.04.007

Atkinson, R. C., & Shiffrin, R. M. (1971). The control of shortterm memory. *Scientific American, 225*, 82-90.

Averhart, C. J., & Bigler, R. S. (1997). Shades of meaning: Skin tone, racial attitudes, and constructive memory in African American children. *Journal of Experimental Child Psychology, 67,* 363-388.

Ayers, J. W., Hofstetter, C. R., Usita, P., Irvin, V. L., Kang, S., & Hovell, M. F. (2009). Sorting out the competing effects of acculturation, immigrant stress, and social support on depression: A report on Korean Women in California. *The Journal of Nervous and Mental Disease, 197*, 742-747. doi: 10.1097/NMD.0b013e3181b96e9e

Azañón, E., Longo, M. R., Soto-Faraco, S., & Haggard, P. (2010). The posterior parietal cortex remaps touch into external space. *Current Biology*, *20*, 1304-1309. doi: 10.1016/j.cub.2010.05.063

Azar, B. (1996, April). Musical studies provide clues to brain functions. *APA Monitor, 27*(4), 1, 4.

Azar, B. (2006, January). Wild findings on animal sleep. *Monitor on Psychology, 37*(1), 54-55.

Bäckström T., Andreen, L., Birzniece, V., Björn, I., Johansson, I-M., Nordenstam-Haghjo, M., et al. (2003). The role of hormones and hormonal treatments in premenstrual syndrome. *CNS Drugs, 17*, 325-342.

Baddeley, A. D. (2000). The episodic buffer: A new component of working memory? *Trends in Cognitive Sciences, 4,* 417-423.

Baddeley, A. D. (2001). Levels of working memory. In M. Naveh-Benjamin, M. Moscovitch, & H. L. Roediger (Eds.), *Perspectives on human memory and cognitive aging: Essays in honor of Fergus Craik*. Hove, England: Psychology Press.

Bahrami, B., Lavie, N., & Rees, G. (2007). Attentional load modulates responses of human primary visual cortex to invisible stimuli. *Current Biology, 17*, 509–513.

Baicy, K., London, E. D., Monterosso, J., Wong, M.-L., Delibasi, T., Sharma, A., et al. (2007). Leptin replacement alters brain response to food cues in genetically leptin-deficient adults. *Proceedings of the National Academy of Sciences*. Retrieved from http://www.pnas.org/cgi/content/abstract/0706481104v1.

Bailar, J. C., III. (2001). The powerful placebo and the wizard of Oz. *New England Journal of Medicine, 344*, 1630–1632.

Bailey, J. M. (2003). *The man who would be queen: The science of gender-bending and stranssexualism*. Washington, D.C.: Joseph Henry Press.

Bailey, J. M., Dunne, M. P., & Martin, N. G. (2000). Genetic and environmental influences on sexual orientation and its correlates in an Australian twin sample. *Journal of Personality and Social Psychology, 78*, 524–536.

Bailey, J. M., & Zucker, K. J. (1995). Childhood sex-typed behavior and sexual orientation: A conceptual analysis and quantitative review. *Developmental Psychology, 31*, 43–55.

Baillargeon, R. H., Zoccolillo, M., Keenan, K., Cote, S., Perusse, D., Wu, H. Z., et al. (2007). Gender differences in physical aggression: A prospective population-based survey of children before and after 2 years of age. *Developmental Psychology, 43*, 13–26.

Baird, J. D., Wagner, M., & Fuld, K. (1990). A simple but powerful theory of the moon illusion. *Journal of Experimental Psychology: Human Perception and Performance, 16*, 675–677.

Bajos, N., Wellings, K., Laborde, C., & Moreau, C. (2010). Sexuality and obesity, a gender perspective: Results from French national random probability survey of sexual behaviours. *British Medical Journal, 340*, c2573. doi: 10.1136/bmj.c2573

Bakalar, N. (2006a, April 18). Research ties lack of sleep to risk for hypertension. *The New York Times*, p. F7.

Bakalar, N. (2006b, June 13). Men are better than women at ferreting out that angry face in a crowd. *The New York Times*, p. F5.

Bancroft, J., Carnes, L. Janssen, E., Goodrich, D., & Long, J. S. (2005). Erectile and ejaculatory problems in gay and heterosexual men. *Archives of Sexual Behavior, 34*, 285–297.

Bandler, R., Jr. (2006). Predatory aggression: Midbrain-pontine junction rather than hypothalamus as the critical structure? *Aggressive Behavior, 1*, 261–266.

Bandura, A. (1997). *Self-efficacy: The exercise of control*. New York: Freeman.

Bandura, A. (1986). *Social foundations of thought and action: A social-cognitive theory*. Englewood Cliffs, NJ: Prentice-Hall.

Bandura, A. (2006). Toward a psychology of human agency. *Perspectives on Psychological Science, 1*, 164–180.

Bandura, A. (2008a). Observational learning. In W. Donsbach (Ed.), *International encyclopedia of communication* (Vol. 7, pp. 3359–3361). Oxford, UK: Blackwell.

Bandura, A. (2008b). An agentic perspective on positive psychology. In S. J. Lopez (Ed.), *Positive psychology: Exploring the best in people* (Vol. 1, pp. 167–196). Westport, CT: Greenwood Publishing Company.

Bandura, A. (2009). Vicarious learning. In D. Matsumoto (Ed.), *Cambridge dictionary of psychology*. Cambridge: Cambridge University Press.

Bandura, A. (2010). Agency. In D. Carr (Ed.), *Encyclopedia of life course and human development*. New York: Macmillan.

Bandura, A., Blanchard, E. B., & Ritter, B. (1969). The relative efficacy of desensitization and modeling approaches for inducing behavioral, affective, and cognitive changes. *Journal of Personality and Social Psychology, 13*, 173–199.

Bandura, A., Ross, S. A., & Ross, D. (1963). Imitation of film-mediated aggressive models. *Journal of Abnormal Psychology, 66*, 3–11.

Barabási, A.-L. (2007). Network medicine—from obesity to the "diseasome." *New England Journal of Medicine, 357*, 404–407.

Barak, A. (2005). Sexual harassment on the internet. *Social Science Computer Review, 23*, 77–92.

Baranzini, S. E., Mudge, J., van Velkinburgh, J. C., Khankhanian, P., Khrebtukova, I., Miller, N. A., et al (2010). Genome, epigenome and RNA sequences of monozygotic twins discordant for multiple sclerosis. *Nature, 464*, 1351. doi: 10.1038/nature08990

Barber, T. X. (1999). A comprehensive three-dimensional theory of hypnosis. In I. Kirsch et al. (Eds.), *Clinical hypnosis and self-regulation: Cognitive-behavioral perspectives* (pp. 21–48). Washington, DC: American Psychological Association.

Bargh, J. A., & Chartrand, T. L. (1999). The unbearable automaticity of being. *American Psychologist, 54,* 462–479.

Bargh, J. A., & Morsella, E. (2008). The unconscious mind. *Perspectives on Psychological Science, 3*, 73–79. doi: 10.1111/j.1745-6916.2008.00064.x

Bargh, J. A., & Williams, E. L. (2006). The automaticity of social life current. *Directions in Psychological Science, 15*, 1–48.

Bar-Haim, Y., Ziv, T., Lamy, D., & Hodes, R. M. (2006). Nature and nurture in own-race face processing. *Psychological Science, 17,* 159–163.

Barnack, J. L., Reddy, D. M., & Swain, C. (2010). Predictors of parents' willingness to vaccinate for human papillomavirus and physicians' intentions to recommend the vaccine. *Women's Health Issues, 20*, 28–34. doi: 10.1016/j.whi.2009.08.007

Barnett, J. H., & Smoller, J. W. (2009). The genetics of bipolar disorder. *Neuroscience, 24, 164*, 331–343.

Baron, R. A., Branscombe, N. R., & Byrne, D. (2009). *Social psychology* (12th ed.). Boston: Allyn and Bacon.

Baron, R. S., Vandello, J. A., & Brunsman, B. (1996). The forgotten variable in conformity research: Impact of task importance on social influence. *Journal of Personality and Social Psychology, 71,* 915–927.

Barrett, M. B. (1990). *Invisible lives: The truth about millions of women-loving women.* New York: Harper & Row.

Barsky, A. J., & Ahern, D. K. (2004). Cognitive behavior therapy for hypochondriasis: A randomized controlled trial. *Journal of the American Medical Association, 291,* 1464–1470.

Bartho, P., Hirase, H., Monconduit, L., Zugaro, M., Harris, K. D., & Buzsaki, G. (2004). Characterization of neocortical principal cells and interneurons by network interactions and extracellular features. *Journal of Neurophysiology, 92*, 600–608.

Bartholow, B. D., & Heinz, A. (2006). Alcohol and aggression without consumption: Alcohol cues, aggressive thoughts, and hostile perception bias. *Psychological Science, 17,* 30–37.

Bartoshuk, L. (2007, January). *Do you taste what I taste? Using genetic variation in taste to teach about taste, diet and health.* Paper presented at the National Institute for the Teaching of Psychology, St. Petersburg, FL.

Basaria, S., Coviello, A. D., Travison, T. G., Storer, T. W., Wildon, R., Farwell, A., et al. (2010). Adverse events associated with testosterone administration *New England Journal of Medicine, 363*, 109–122.

Bassett, A. S., Scherer, S. W., & Brzustowicz, L. M. (2010). Copy number variations in schizophrenia: Critical review and new perspectives on concepts of genetics and disease. *American Journal of Psychiatry, 167,* 899–914. doi: 10.1176/appi.ajp.2009

Bateman, A., & Fonagy, P. (2009). Randomized controlled trial of outpatient mentalization-based treatment versus structured clinical management for borderline personality disorder. *American Journal of Psychiatry.* Retrieved from http://dx.doi.org/10.1176/appi.ajp.2009.09040539.

Batson, C. D. (1998). Altruism and prosocial behavior. In D. T. Gilbert, S. T. Fiske, & G. Lindzey (Eds.), *The handbook of social psychology* (4th ed., Vol. 2, pp. 282–316). Boston: McGraw-Hill.

Batson, C. D., Ahmad, N., Lishner, D. A., & Tsang, J. (2002). Empathy and altruism. In C. R. Snyder & S. J. Lopez (Eds.), *Handbook of positive psychology* (pp. 485–498). New York: Oxford University Press.

Batson, C., D, & Powell, A. A. (2003). Altruism and prosocial behavior. In T. Millon & M. J. Lerner (Eds.), *Handbook of psychology: Personality and social psychology* (Vol. 5, pp. 463–484). New York: Wiley.

Bauer, P. J., Burch, M. M., Scholin, S. E., & Güler, O. E. (2007). Using cue words to investigate the distribution of autobiographical memories in childhood. *Psychological Science, 18*, 910–916.

Bauer, P. J. (2007). *Remembering the times of our lives: Memory in infancy and beyond.* Mahwah, NJ: Erlbaum.

Baumeister, R. F., Campbell, J. D., Krueger, J. I., & Vohs, K. D. (2003). Does high self-esteem cause bett er performance, interpersonal success, happiness, or healthier lifestyle? *Psychological Science in the Public Interest, 4*, 1–44.

Baumrind, D. (1971). Current patterns of parental authority. *Developmental Psychology, 4*(1), Part 2, 1–103.

Baumrind, D. (1991). Parenting styles and adolescent development. In J. Brooks-Gunn, R. Lerner & A. C. Petersen (Eds.), *Encyclopedia of adolescence, II*. New York: Garland.

Baumrind, D., Larzelere, R. E., & Cowan, P. A. (2002). Ordinary physical punishment: Is it harmful? Comment on Gershoff (2002). *Psychological Bulletin, 128,* 580–589.

Baydar, N., Kağitçibaşi, C., Küntay, A. C., & Gökşen, F. (2008). Effects of an educational television program on preschoolers: Variability in benefits. *Journal of Applied Developmental Psychology, 29*, 349–360.

Beck, A. T. (2006). How an anomalous finding led to a new system of psychotherapy. *Nature Medicine, 12,* 1139–1141.

Beck, A. T., & Alford, B. A. (2009). *Depression: Causes and treatment* (2nd ed.). Baltimore, MD: University of Pennsylvania Press.

Beck, A. T., & Young, J. E. (1985). Depression. In D. H. Barlow (Ed.), *Clinical handbook of psychological disorders* (pp. 206–244). New York: Guilford Press.

Beck, A. T., Freeman, A., Davis, D. D., & Associates. (2003). *Cognitive therapy of personality disorders* (2nd ed.). New York: Guilford.

Beck, A. T., Rush, A. J., Shaw, B. F., & Emery, G. (1979). *Cognitive therapy of depression.* New York: Guilford Press.

Beck, H. P., Levinson, S., & Irons, G. (2009). Finding Little Albert: A journey to John B. Watson's infant laboratory. *American Psychologist, 64,* 605–614. doi: 10.1037/a0071234

Beck, J. G., Coffey, S. F., Foy, D. W., Keane, T. M., & Blanchard, E. B. (2009). Group cognitive behavior therapy for chronic posttraumatic stress disorder: An initial randomized pilot study. *Behavior Therapy, 40*, 82–92. doi: 10.1016/j.beth.2008.01.003

Beck, M. (1992, December 7). The new middle age. *Newsweek*, pp. 50–56.

Beesdo, K., Lau, J. Y. F., Guyer, A. E., McClure-Tone, E. B., Monk, C. S., Nelson, E. E., et al. (2009). Common and distinct amygdala-function perturbations in depressed vs anxious adolescents. *Archives of General Psychiatry, 66,* 275–285.

Begley, S. (2001, April 23). Are we getting smarter? *Newsweek*, pp. 50–51.

Begley, S. (2011, January 10/17). Can you build a better brain? *Newsweek*, pp. 40–45.

Bell, C. C., & McBride, D. F. (2010). Affect regulation and prevention of risky behaviors. *Journal of the American Medical Association, 304*, 565–566. doi: 10.1001/jama.2010.1058

Bellis, M. (2001, April 14). *Your about.com guide to inventors.* Retrieved from http://inventors.about.com/science/inventors/library/bl/bl12_2a_u.htm.

Belluck, P. (2000, October 18). New advice for parents: Saying "That's great!" may not be. *The New York Times,* p. A18.

Belluck, P. (2010, December 15). With Alzheimer's patients growing in number, Congress endorses a national plan. *The New York Times*, p. A2

Bem, D. J. (1996). Exotic becomes erotic: A developmental theory of sexual orientation. *Psychological Review, 103,* 320–335.

Bem, S. L. (1993). *The lenses of gender.* New Haven: Yale University Press.

Benjamin, L. T. (1988). *A history of psychology: Original source and contemporary research.* New York: McGraw-Hill.

Benjamin, L. T. (1997). The origin of psychological species: History of the beginnings of American Psychological Association Divisions. *American Psychologist, 51,* 725–732.

Benjamin, L. T. (2000). The psychology laboratory at the turn of the 20th century. *American Psychologist, 55,* 318–321.

Benjamin, L. T. Jr., & Simpson, J. A. (2009). The power of the situation: The impact of Milgram's obedience studies on personality and social psychology. *American Psychologist, 64*, 12–19.

Benjamin, L. T., Jr. (2009, January). The birth of American intelligence testing. *Monitor on Psychology, 40*(1), 20–21.

Bennett, J. (2009). Gene therapy for color blindness. *New England Journal of Medicine, 361*, 2483–2484.

Bennett, S., Farrington, D. P., & Huesmann, L. R. (2005). Explaining gender differences in crime and violence: The importance of social cognitive skills. *Aggression and Violent Behavior, 10*, 263–288.

Benowitz, N. L. Nicotine addiction. (2010). *New England Journal of Medicine, 362,* 2295–2303.

Benson, E. (2003, February). Intelligence across cultures. *Monitor on Psychology, 34*(2), 56–58.

Benson, E. S. (2006, January). Psychology by design. *APS Observer, 19*(1), 20–25.

Ben-Ya'acov, Y., & Amir, M. (2004). Posttraumatic symptoms and suicide risk. *Personality and Individual Differences, 36,* 1257–1264.

Berdahl, J. L., & Moore, C. (2006). Workplace harassment: Double jeopardy for minority women. *Journal of Applied Psychology, 91*, 426–436.

Berdahl, J. L. (2007). The sexual harassment of uppity women. *Journal of Applied Psychology, 92,* 425–437.

Berenbaum, S. A., & Bailey, J. M. (2003). Effects on gender identity of prenatal androgens and genital appearance:

Evidence from girls with congenital adrenal hyperplasia. *Journal of Clinical Endocrinology and Metabolism, 88*, 1102–1106.

Berg, D. H. (2008). Working memory and arithmetic calculation in children: The contributory roles of processing speed, short-term memory, and reading. *Journal of Experimental Child Psychology, 89*, 140–158. doi: 10.1016/j.jecp.2004.07.001

Berger, K. S. (2009a). *The developing person through childhood* (5th ed.). New York: Worth Publishers.

Berger, K. S., & Thompson, R. A. (1995). *The developing person through childhood and adolescence* (4th ed.). New York: Worth Publishers.

Berger, R. A. (2009b). *The developing person through childhood and adolescence* (8th ed.). New York: Worth Publishers.

Berk, L. E. (2009). *Child development* (8th ed.). Needham Heights, MA: Pearson Education.

Berko Gleason, J., & Ratner, N. (Eds.). (2009). *The development of language* (7th ed.). Boston: Allyn & Bacon.

Berland, G. K., Elliott, M. N., Morales, L. S., Algazy, J. I., Kravitz, R. L., Broder, M. S., et al. (2001). Information on the Internet: Accessibility, quality, and readability in English and Spanish. *Journal of the American Medical Association, 285*, 2612–2621.

Bernard, L. L. (1924). *Instinct*. New York: Holt, Rinehart & Winston.

Berners-Lee, R. (with Fischetti, M.). (1999, October 24). Weaving the Web: The original design and ultimate destiny of the World Wide Web by its inventor. In K. Hafner (Ed.), Putting the W's in www. *The New York Times Book Review*, 20.

Bernstein, D. M., & Loftus, E. F. (2009). The consequences of false memories for food preferences and choices. *Perspectives on Psychological Science, 4*, 135–139. doi: 10.1111/j.1745-6924.2009.01113.x

Bernstein, I. M., Mongeon, J. A., Badger, G. J., Solomon, L., Heil, S. H., & Higgins, S. T. (2005). Maternal smoking and its association with birth weight. *Obstetrics and Gynecology, 106*, 986–991.

Berntsen, D., & Thomsen, D. K. (2005). Personal memories for remote historical events: Accuracy and clarity of flashbulb memories related to World War II. *Journal of Experimental Psychology: General, 134*, 242–257.

Berrington de Gonzalez, B., Hartge, P., Cerhan, J. R., Flint, A. J., Hannan, L., MacInnis, R. J., et al. (2010). Body-mass index and mortality—prospective analysis of 1.46 million white adults. *New England Journal of Medicine, 363*, 2211–2219. doi: 10.1056/NEJMoa1000367

Berrocal, C., Moreno, M. A. R., Rando, M. A., Benvenuti, A., & Cassano, G. B. (2008). Borderline personality disorder and mood spectrum. *Psychiatry Research, 159*, 300–307.

Berscheid, E., & Regan, P. (2005). *The psychology of interpersonal relationships*. New York: Prentice-Hall.

Berscheid, E., & Reis, H. T. (1998). Attraction and close relationships. In D. T. Gilbert, S. T. Fiske, & G. Lindzey (Eds.), *The handbook of social psychology* (4th ed., Vol. 2, pp. 193–281). Boston: McGraw-Hill.

Bertrand, R. M., & Lachman, M. E. (2003). Personality development in adulthood and old age. In R. M. Lerner, M. A. Easterbrooks, & J. Mistry (Eds.), *Handbook of psychology: Developmental psychology* (Vol. 6, pp. 463–486). New York: John Wiley & Sons.

Bewernick, B. H., Hurlemanna, R., Matuscha, A., Kaysera, A., Gruberta, C., Hadrysiewicza, B., et al. (2010). Nucleus accumbens deep brain stimulation decreases ratings of depression and anxiety in treatment-resistant depression. *Biological Psychiatry, 67*, 110–116. doi: 10.1016/j.biopsych.2009.09.013

Bishop, E. G., Cherny, S. S., Corleya, R., Plomin, R., DeFriesa, J. C., & Hewitt, J. K. (2003). Developmental genetic analysis of general cognitive ability from 1 to 12 years in a sample of adoptees, biological siblings, and twins. *Intelligence, 31*, 31–49.

Bjerklie, D. (2005, January 17). Can sunny thoughts halt cancer? *Time Magazine*, p. A14.

Bjorklund, D. F. (1995). *Children's thinking* (2nd ed.). Pacific Grove, CA: Brooks/ Cole.

Blackburn, R., Renwick, S. J. D., Donnelly, J. P., & Logana, C. (2004). Big five or big two? Superordinate factors in the NEO Five Factor Inventory and the Antisocial Personality Questionnaire. *Personality and Individual Differences, 37*, 957–970.

Blair, C., Gamson, D., Thorne, S., & Baker, D. (2005). Rising mean IQ: Cognitive demand of mathematics education for young children, population exposure to formal schooling, and the neurobiology of the prefrontal cortex. *Intelligence, 33*, 93–106.

Blair, I. V., Ma, J. E., & Lenton, A. P. (2001). Imagining stereotypes away: The moderation of implicit stereotypes through mental imagery. *Journal of Personality and Social*

Psychology, 81, 828-841.

Blair, S. N., & Haskell, W. L. (2006). Objectively measured physical activity and mortality in older adults. *Journal of the American Medical Association, 296*, 216-218.

Blakeslee, S. (2005, November 22). This is your brain under hypnosis. *The New York Times*, pp. F1, F4.

Blanco, C., Heimberg, R. G., Schneier, F. R., Fresco, D. M., Chen, H., Turk, C. L., ... Liebowitz, M. R. (2010). A placebocontrolled trial of phenelzine, cognitive behavioral group therapy, and their combination for social anxiety disorder. *Archives of General Psychiatry, 67*, 286-295.

Blascovich, J., Spencer, S. J., Quinn, D., & Steele, C. (2002). African Americans and high blood pressure: The role of stereotype threat. *Psychological Science, 12*, 225-229.

Blass, T. (2009). From New Haven to Santa Clara: A historical perspective on the Milgram obedience experiments. *American Psychologist, 64*, 37-45.

Bletzer, K. V., & Koss, M. P. (2006). After-rape among three populations in the Southwest: a time of mourning, a time for recovery. *Violence Against Women, 12*, 5-29.

Blier, P., & Blondeau, C. (2011). Neurobiological bases and clinical aspects of the use of aripiprazole in treatment-resistant major depressive disorder. Aripiprazole in the treatment of anxiety, major depressive disorder, and bipolar depression/disorder. *Journal of Affective Disorders, 128*, S3-S10. doi: 10.1016/S0165-0327(11)70003-9

Blomeyer, D., Treutlein, J., Esser, G., Schmidt, M. H., Schumann, G., & Laucht, M. (2008). Interaction between *CRHR1* gene and stressful life events predicts adolescent heavy alcohol use. *Biological Psychiatry, 63*, 146.

Blomsted, P., Sjöberg, R. L., Hansson, M., Bodlund, O., & Hariz, M. I. (2011). Deep brain stimulation in the treatment of depression. *Acta Psychiatrica Scandinavica, 123*, 4-11. doi 10.1111/j.1600-0447.2010.01625.x

Blühler, S., & Mantzoros, C. S. (2009). Lepton in humans: Lessons from translational research. *American Journal of Clinical Nutrition, 89*, 991s-997s.

Blum, R. W., Beuhring, T., Shew, M. L., Bearinger, L. H., Sieving, R. E., & Resnick, M. D. (2000). The effects of race/ethnicity, income, and family structure on adolescent risk behaviors. *American Journal of Public Health, 90*, 1879-1884.

Boag, S. (2006). Freudian repression, the common view, and pathological science. *Review of General Psychology, 10*, 74-86.

Bockting, C. L. H., Schene, A. H., Spinhoven, P., Koeter, M. W. J., Wouters, L. F., Huyser, J., et al. (2005). Preventing relapse/recurrence in recurrent depression with cognitive therapy: A randomized controlled trial. *Journal of Consulting and Clinical Psychology, 73*, 647-657.

Boecker, H., Sprenger, T., Spilker, M. E., Henriksen, G., Koppenhoefer, M., Wagner, K. J., et al. (2008). The runner's high: opioidergic mechanisms in the human brain. *Cerebral Cortex, 18*, 2523-2531.

Bohrn, I., Carbon, C.-C., & Hutzler, F. (2010). Mona Lisa's smile—perception or deception? *Psychological Science, 21*, 378-380. doi: 10.1177/0956797610362192

Boles, S. M., & Miottoa, K. (2003). Substance abuse and violence: A review of the literature. *Aggression and Violent Behavior, 8*, 155-174.

Bolhuis, J. J., & Wynne, C. D. L. (2009). Can evolution explain how minds work? *Nature, 458*, 832-833.

Bonanno, G. A., Brewin, C. R., Kaniasty, K., & La Greca, A. M. (2010). Weighing the costs of disaster: Consequences, risks, and resilience in individuals, families, and communities. *Psychological Science in the Public Interest, 11*, 1-49.

Bongaarts, J., Pelletier, F., & Gerland, P. (2010a). How many more AIDS deaths? *The Lancet, 375*, 103-104.

Bongaarts, J., Pelletier, F., & Gerland, P. (2010b). Global trends in AIDS mortality. In R. G. Rogers, & E. M. Crimmins (Eds.), *International handbook of adult mortality*. New York: Springer.

Bookheimer, S., & Burggren, A. (2009). APOE-4 genotype and neurophysiological vulnerability to alzheimer's and cognitive aging. *Annual Review of Clinical Psychology, 5*, 343-362.

Boom, J., Wouters, H., & Keller, M. A. (2007). A cross-cultural validation of stage development: A Rasch re-analysis of longitudinal socio-moral reasoning. *Cognitive Development, 22*, 213-229.

Bopp, K. L., & Verhaeghen, P. (2010). Working memory and aging: Separating the effects of content and context. *Psychology and Aging, 24*, 968-980. doi: 10.1037/a0017731.

Borgland, S. L., Taha, S. A., Sarti, F., Fields, H. L., & Boncil, A. (2006). Orexin A in the VTA is critical for the induction of synaptic plasticity and behavioral sensitization to cocaine. *Neuron, 49*, 589-601.

Borgs, L., Beukelaers, P., Vandenbosch, R., Belachew, S.,

Nguyen, L., & Malgrange, B. (2009). Cell "circadian" cycle: new role for mammalian core clock genes. *Cell Cycle, 8*, 832–837.

Borjesson, M., & Dahlof, B. (2005). Physical activity has a key role in hypertension therapy. *Lakartidningen, 102*, 123–124, 126, 128–129.

Boroditsky, L. (2011, February). How language shapes thought: the languages we speak affect our perceptions of the world. *Scientific American*. Retrieved from http://www.scientificamerican.com/sciammag/

Borzekowski, D. L., G., & Robinson, T. N. (2005). The remote, the mouse, and the No. 2 pencil. The household media environment and academic achievement among third-grade students. *Archives of Pediatrics & Adolescent Medicine, 159*, 607–613.

Boskind-White, M., & White, W. C. (1983). *Bulimarexia: The binge-purge cycle*. New York: W. W. Norton.

Bouchard, T. J., Jr. (2004). Genetic influence on human psychological traits. *Current Directions in Psychological Science, 13*, 148–151.

Boutron, I., Kaptchuk, T. J., Friedlander, E., Kelley, J. M., Sanchez, M. N., Kokkotou, E., ... Lembo, A. J. (2010). Placebos without deception: a randomized controlled trial in irritable bowel syndrome. *PLoS ONE, 5*(12):, e15591. doi: 10.1371/journal.pone.0015591

Bower, G. H. (1992). How might emotions affect learning? In S. A. Christianson (Ed.), *Handbook of emotions and memory* (pp. 3–31). Hillsdale, NJ: Erlbaum.

Bowlby, J. (1980). *Attachment and loss* (3rd ed.). New York: Basic Books.

Bowling, N. A., Beehr, T. A., Wagner, S. H., & Libkuman, T. M. (2005). Adaptation-level theory, opponent process theory, and dispositions: An integrated approach to the stability of job satisfaction. *Journal of Applied Psychology, 90,* 1044–1053.

Boyce, C. J., Brown, G. D. A., & Moore, S. C. (2010). Money and happiness: Rank of income, not income, affects life satisfaction. *Psychological Science, 21,* 471–475. doi: 10.1177/0956797610362671

Boyer, T. W., & Byrnes, J. P. (2008). Adolescent risk-taking: Integrating personal, cognitive, and social aspects of judgment. *Journal of Applied Developmental Psychology, 30*, 23–33. doi: 10.1016/j.appdev.2008.10.009

Boynton, R. S. (2004, January 11). In the Jung archives. *The New York Times Book Review,* p. 8.

Bradbard, M. R., & Endsley, R. C. (1983). The effects of sextyped labeling on preschool children's information-seeking and retention. *Sex Roles, 9*, 247–261.

Bradshaw, C., Kahn, A. S., & Saville, B. K. (2010). To hook up or date: Which gender benefits? *Sex Roles, 62*, 661–669. 10.1007/s11199-010-9765-7

Bradshaw, J. (2008, July/August). Consulting authority expanding for RxP psychologist. *The National Psychologist*, p. 7.

Bradshaw, J. (2010, May/June). Oregon governor vetoes RxP. *The National Psychologist,* p. 6.

Brainerd, C. J., Reyna, V. F., & Ceci, S. J. (2008). Developmental reversals in false memory: A review of data and theory. *Psychological Bulletin, 134*, 343–382.

Brainteaser quizzes. (2001). *National Institute of Environment Health Sciences, National Institutes of Health*. Retrieved from http://www.niehs.nih.gov/kids/questionstx.htm.

Branan, N. (2008, May). The brain region responsible for that word on the tip of your tongue: Wait, don't tell me ... *Scientific American*. Retrieved from http://www.sciam.com/article.cfm?id=wait-dont-tell-me

Brawn, T. P., Nusbaum, H. C., & Margoliash, D. (2010). Sleepdependent consolidation of auditory discrimination learning in adult starlings. *Journal of Neuroscience, 30*, 609–613.

Brebner, J. (2003). Gender and emotions. *Personality and Individual differences, 34*, 387–394.

Brehm, S. S. (2008). Looking ahead: The future of psychology and APA. *American Psychologist, 63*, 337–344.

Breitenbecher, K. H. (2000). Sexual assault on college campuses: Is an ounce of prevention enough? *Applied and Preventive Psychology, 9*, 23–52.

Bretherton, I. (1992). The origins of attachment theory: John Bowlby and Mary Ainsworth. *Developmental Psychology, 28,* 759–775.

Brewer, N., & Wells, G. L. (2011). Eyewitness identification. *Current Directions in Psychological Science, 20,* 24–27. doi: 10.1177/0963721410389169

Brewer, W. F., & Treyens, J. C. (1981). Role of schemata in memory for places. *Cognitive Psychology, 13,* 207–230.

Brien, S. E., Ronksley, P. E., Turner, B. J., Mukamal, K. J., & Ghali, W. A. (2011). Effect of alcohol consumption on biological markers associated with risk of coronary heart disease: systematic review and meta-analysis of interventional studies. *British Medical Journal, 342*, d636. doi: 10.1136/bmj.d636

Brinkhaus, B., Witt, C. M., Jena, S., Linde, K., Streng, A., Wagenpfeil, S., et al. (2006). Acupuncture in patients with chronic low back pain: A randomized controlled trial. *Archives of Internal Medicine, 166*, 450–457.

Brody, G. H., Beach, S. R. H., Philibert, R. A., Chen, Y.-F., Lei, M.-K., McBride, M. V., & Brown, A. C. (2009). Parenting moderates a genetic vulnerability factor in longitudinal increases in youths' substance use. *Journal of Consulting and Clinical Psychology, 77*, 1–11. doi: 10.1037/a0012996

Brody, G. H., Chen, Y.-F., Kogan, S. M., Murry, V. M., & Brown, A. C. (2010). Long-term effects of the strong African American families program on youths' alcohol use. *Journal of Consulting and Clinical Psychology, 78*, 281–285. doi: 10.1037/a0018552

Brody, J. E. (1992, September 30). Myriad masks hide an epidemic of depression. *The New York Times*, p. C12.

Brody, J. E. (2006, April 18). A slight change in habits could lull you to sleep. *The New York Times*, p. F7.

Bromberger, J. T., Matthews, K. A., Schott, L. L., Brockwell, S., Avis, N. E., & Kravitz, H. M. (2007). Depressive symptoms during the menopausal transition: The Study of Women's Health Across the Nation (SWAN). *Journal of affective Disorders, 103*, 267–272.

Bronstein, P. (2006). The family environment: Where gender role socialization begins. In J. Worrell, & C. D. Goodheart (Eds.), *Handbook of girls' and women's psychology health: gender and well-being across the lifespan* (pp. 262–271). New York: Oxford University Press.

Brown, J. D., L'Engle, K. L., Pardun, C. J., Guo, G., Kenneavy, K., & Jackson, C. (2006). Sexy media matter: Exposure to sexual content in music, movies, television, and magazines predicts Black and White adolescents' sexual behavior. *Pediatrics, 117*, 1018–1027.

Brown, M. J. (2006). Hypertension and ethnic group. *British Medical Journal, 332*, 833–836.

Brown, P. L., & Jenkins, H. M. (2009). On the law of effect. In D. Shanks (Ed.), *Psychology of learning*. Thousand Oaks, CA: Sage.

Brown, S. L., Nesse, R. M., Vinokur, A. D., & Smith, D. M. (2003). Providing social support may be more beneficial than receiving it: Results from a prospective study of mortality. *Psychological Science, 14*, 320–327.

Brownstein, J. (2010, October 20). Teen pregnancy rates dip, but vary widely by state. Retrieved from http://www.msnbc.msn.com/id/39761335/ns/health-kids_and_parenting/.

Bruce, M. L., Ten Have, T. R., Reynolds, C. F., III, Katz, I. I., Schulberg, H. C., Mulsant, B., et al. (2004). Reducing suicidal ideation and depressive symptoms in depressed older primary care patients: a randomized controlled trial. *Journal of the American Medical Association, 291*, 1081–1091.

Brummett, B. H., Babyak, M. A., Williams, R. B., Barefoot, J. C., Costa, P. T., & Siegler, I. C. (2006). NEO personality domains and gender predict levels and trends in body mass index over 14 years during midlife. *Journal of Research in Personality, 40*, 222–236.

Bruner, J. S., & Minturn, A. L. (1955). Perceptual identification and perceptual organization. *Journal of General Psychology, 53*, 21–28.

Bryant, A., & Check, E. (2000, Fall/Winter). How parents raise boys and girls: A sense of self. *Newsweek Special Issue*, pp. 64–65.

Bryant, R. A., & Mallard, D. (2002). Hypnotically induced emotional numbing: A real simulating analysis. *Journal of Abnormal Psychology, 111*, 203–207.

Bryner, J. (2008). *Clueless guys can't read women, study confirms*. Retrieved March 23, 2008 from http://www.msnbc.msn.com/id/23726891/

Bucheryt, R., Thomasius, R., Wilke, F., Petersen, K., Nebeling, B., Obrocki, J., et al. (2004). A voxel-based pet investigation of the long-term effects of "ecstasy" consumption on brain serotonin transporters. *American Journal of Psychiatry, 161*, 1181–1189.

Buddie, A. M., & Testa, M. (2005). Rates and predictors of sexual aggression among students and nonstudents. *Journal of Interpersonal Violence, 20*, 713–724.

Budney, A. J., Hughes, J. R., Moore, B. A., & Vandrey, R. (2004). Review of the validity and significance of cannabis withdrawal syndrome. *American Journal of Psychiatry, 161*, 1967–1977.

Bureau of Labor Statistics, U.S. Department of Labor (2010b, September 23). *National longitudinal surveys*. Retrieved from http://www.bls.gov/nls/nlsfaqs.htm#anch41.

Bureau of Labor Statistics, U.S. Department of Labor (2010c). *Career exploration*. Retrieved from http://www.acinet.org/explore/View.aspx?pageID=31.

Bureau of Labor Statistics, U.S. Department of Labor. (2010a, December 8). *Work experience of the population-2009*. Retrieved from http://www.bls.gov/news.release/work.nr0.htm.

Burgdorf, J., & Panksepp, J. (2006). The neurobiology of positive emotions. *Neuroscience and Biobehavioral Reviews, 30*, 173–187.

Burger, J. M. (2009). Replicating Milgram: Would people still obey today? *American Psychologist, 64*, 1–11.

Burgess, A. W., & Morgenbesser, L. I. (2005). Sexual violence and seniors. *Brief Treatment and Crisis Intervention, 5*, 193–202.

Burns, D. D. (1980). *Feeling good: The new mood therapy*. New York: Morris.

Buscemi, N., Vandermeer, B., Hooton, N., Pandya, R., Tjosvold, L., Vroha, S., et al. (2006). Efficacy and safety of exogenous melatonin for secondary sleep disorders and sleep disorders accompanying sleep restriction: Meta-analysis. *British Medical Journal, 332*, 385–393.

Bushman, B., Wang, M., & Anderson, C. (2005). Is the curve relating temperature to aggression linear or curvilinear? Assaults and temperature in Minneapolis reexamined. *Journal of Personality and Social Psychology, 89*, 62–66. doi: 10.1037/0022-3514.89.1.62.

Buss, D. M. (1994). *The evolution of desire*. New York: Basic Books.

Buss, D. M. (2008). *Evolutionary psychology* (3rd ed.). Boston: Allyn & Bacon.

Buss, D. M., & Kenrick, D. T. (1998). Evolutionary social psychology. In D. T. Gilbert, S. T. Fiske, & G. Lindzey (Eds.), *The handbook of social psychology* (4th ed., Vol. 2, pp. 982–1026). Boston: McGraw-Hill.

Buston, P. M., & Emlen, S. T. (2003). Cognitive processes underlying human mate choice: The relationship between self-perception and mate preference in Western society. *Proceedings of the National Academy of Sciences, 100*, 8805–8810.

Buysse, D. J., Germain, A., Moul, D. E., Franzen, P. L., Brar, L. K., Fletcher, M. E., Monk, T. H. (2011). Efficacy of brief behavioral treatment for chronic insomnia in older adults. *Archives of Internal Medicine*. Retrieved from http://dx.doi.org/10.1001/archinternmed.2010.535

Byers, A. L., Yaffe, K., Covinsky, K. E., Friedman, M. B., & Bruce, M. L. (2010). High occurrence of mood and anxiety disorders among older adults: The National Comorbidity Survey Replication. *Archives of General Psychiatry, 67*, 489–496.

Byers, E. S., & Grenier, G. (2003). Premature or rapid ejaculation: Heterosexual couples' perceptions of men's ejaculatory behavior. *Archives of Sexual Behavior, 32*(3), 261–270.

Byrne, A., & Carr, D. (2005). Caught in the cultural lag: The stigma of singlehood. *Psychological Inquiry, 16*, 84–91.

Byrne, M., Clafferty, B. A., Cosway, R., Grant, E., Hodges, A., Whalley, H. C., et al. (2003). Neuropsychology, genetic liability, and psychotic symptoms in those at high risk of schizophrenia. *Journal of Abnormal Psychology, 112*, 38–48.

Caetano, R. (1987). Acculturation and drinking patt erns among U.S. Hispanics. *British Journal of Addiction, 82*, 789–799.

Calderon de Anda, F., Pollarolo, G., Santos Da Silva, J., Camoletto, P. G., Feiguin, F., & Dott i, C. G. (2005). Centrosome localization determines neuronal polarity. *Nature, 436*, 704–708.

Cale, E. M., & Lilienfeld, S. O. (2002). Sex differences in psychopathy and antisocial personality disorder. A review and integration. *Clinical Psychology Review, 22*, 1179–1207.

Camara, W. J., Nathan, J. S., & Puente, A. E. (2000). Psychological test usage: Implications in professional psychology. *Professional Psychology: Research and Practice, 31*, 141–154.

Campbell, R., & Wasco, S. M. (2005). Understanding rape and sexual assault: 20 years of progress and future directions. *Journal of Interpersonal Violence, 20*, 127–131.

Canfield, R. L., Henderson, C. R., Cory-Slechta, A. A., Cox, C., Jusko, T. A., & Lanphea, B. P. (2003). Intellectual impairment in children with blood lead concentrations below 10 μg per deciliter. *New England Journal of Medicine, 348*, 1517–1526.

Canli, T., Desmond, J. E., Zhao, Z., & Gabrieli, J. D. E. (2002). Sex differences in the neural basis of emotional memories. *Proceedings of the National Academy of Sciences, 99*(16), 10789–94.

Cannon, W. (1927). The James-Lange theory of emotions: A critical examination as an alternative theory. *American Journal of Psychology, 39*, 106–112.

Canter, D. V. (2011). Resolving the off ender "profiling equations" and the emergence of an investigative psychology. *Current Directions in Psychological Science, 20*, 5–10. doi: 10.1177/0963721410396825

Carey, B. (2007, June 22). Research finds firstborns gain the higher I.Q. *The New York Times*, p. A1, A16.

Carey, B. (2009, November 26). Surgery for mental ills offers both hope and risk. *The New York Times Online*. Retrieved from http://www.nytimes.com.

Carey, B. (2009, November 26). Surgery for mental ills offers both hope and risk. *The New York Times Online.* Retrieved from http://www.nytimes.com/2009/11/27/health/research/27brain.html?_r=1&scp=1&sq=psychosurgery&st=cse

Carey, B. (2011). Wariness on surgery of the mind. *The New York Times, Science Times,* pp. D5, D6.

Carlbring, P., Maurin, L, Torngren, C., Linna, E., Eriksson, T., Sparthan, E., et al. (2011). Individually tailored, Internet-based treatment for anxiety disorders: A randomized controlled trial. *Behaviour Research and Therapy, 49,* 18-24. doi: 10.1016/j.brat.2010.10.002

Carmichael, M. (2004, March 8). How a brain heals. *Newsweek,* p. 49.

Carmody, T. P., Duncan, C., Simon, J., Solkowitz, S., Huggins, J., Lee, S., et al. (2008). Hypnosis for smoking cessation: A randomized trial. *Nicotine and Tobacco Research, 10,* 811-818.

Carnahan, I. (2005, June 6). Do-it-yourself retirement. *Forbes,* p. 93.

Carney, D. R., Cuddy, A. J. C., & Yap, A. J. (2010). Power posing: Brief nonverbal displays affect neuroendocrine levels and risk tolerance. *Psychological Science, 21,* 1363-1368. doi: 10.1177/0956797610383437

Carpenter, S. (2000, October). Biology and social environments jointly influence gender development. *Monitor on Psychology, 31*(9), 35.

Carroll, L. (2004, February 10). Parkinson's research focuses on links to genes and toxins. *New York Times,* p. F5.

Carroll, S. B. (2009, October 19). For fish in coral reefs, it's useful to be smart. *The New York Times.* Retrieved from www.nytimes.com

Carstensen, L. L., & Mikels, J. A. (2005). At the intersection of emotion and cognition aging and the positivity effect. *Current Directions in Psychological Science, 14,* 117-121.

Carver, C. S., Johnson, S. L., & Joormann, J. (2008). Serotonergic function, two-mode models of self-regulation, and vulnerability to depression: What depression has in common with impulsive aggression. *Psychological Bulletin, 134,* 912-943. doi: 10.1111/j.1467-8721.2009.01635

Carver, C. S., Johnson, S. L., & Joormann, J. (2009). Two-mode models of self-regulation as a tool for conceptualizing effects of the serotonin system in normal behavior and diverse disorders. *Current Directions in Psychological Science, 18,* 195-199.

Carver, C. S., Scheier, M. F., & Segerstrom, S. C. (2010). Optimism. *Clinical Psychology Review, 30,* 879-889. doi: 10.1016/j.cpr.2010.01.006

Caspi A., Hariri, A. R., Holmes, A., Uher R., Moffitt, T. E. (2010). Genetic sensitivity to the environment: The case of the serotonin transporter gene and its implications for studying complex diseases and traits. *American Journal of Psychiatry, 167,* 509-527. doi: 10.1176/appi.ajp.2010.09101452

Caspi, A., Roberts, B. W., & Shiner, R. L. (2005). Personality development: Stability and change. *Annual Review of Psychology, 56,* 453-484.

Cassidy, J. (2003). Continuity and change in the measurement of infant attachment: Comment on Fraley and Spieker (2003). *Developmental Psychology, 39,* 409-412.

Cassidy, J., & Shaver, P. R. (Eds.) (2008). *Handbook of attachment* (2nd ed.). New York: Guilford.

Cattell, R. B. (1950). *Personality: A systematic, theoretical, and factual study.* New York: McGraw-Hill.

Cattell, R. B. (1965). *The scientific analysis of personality.* Baltimore: Penguin.

Cattell, R. B., Eber, H. W., & Tatsuoka, M. M. (1970). *Handbook for the Sixteen Personality Factor Questionnaire (16PF).* Champaign, IL: Institute for Personality and Ability Testing.

Cellar, D. F., Nelson, Z. C., & Yorke, C. M. (2000). The fivefactor model and driving behavior: Personality and involvement in vehicular accidents. *Psychological Reports, 86,* 454-456.

Centers for Disease Control and Prevention (CDC). (2007). *Suicide: Facts at a glance.* National Center for Injury Prevention and Control. Retrieved from www.cdc.gov/injury/wisqars/index.html

Centers for Disease Control and Prevention, National Center for Health Statistics (2008). *Sleep duration as a correlate of smoking, alcohol use, leisure-time physical inactivity, and obesity among adults: United States, 2004-2006.* Retrieved August 14, 2008, from http://www.cdc.gov/nchs/products/pubs/pubd/hestats/sleep04-06/sleep04-06.htm.

Centers for Disease Control and Prevention (CDC). (2009a). Cigarette smoking among adults and trends in smoking cessation: United States, 2008. *Morbidity and Mortality Weekly Report, 58*(44), 1227-1232.

Centers for Disease Control and Prevention (CDC). (2009b).

FastStats: How healthy are we? Retrieved from http://www.cdc.gov/nchs/fastats/healthy.htm.

Centers for Disease Control and Prevention (CDC). (2009c). *Overweight and obesity: Health consequences*. Retrieved from http://www.cdc.gov/obesity/causes/health.html

Centers for Disease Control and Prevention (CDC). (2009d). Suicide rates among persons ages 10 years and older, by race/ethnicity and sex, United States, 2002-2006. Retrieved from http://www.cdc.gov/violenceprevention/suicide/statistics/rates02.html.

Centers for Disease Control and Prevention (CDC). (2009e). *Genital HPV Infection—Fact Sheet*. Retrieved from http://www.cdc.gov/std/HPV/STDFact-HPV.htm#common

Centers for Disease Control and Prevention (CDC). (2010a). *Fast stats: illegal drug use*. Retrieved from http://www.cdc.gov/nchs/fastats.

Centers for Disease Control and Prevention (2010b, June). *Obesity and overweight*. Retrieved from http://www.cdc.gov/nchs/fastats/overwt.htm.

Centers for Disease Control and Prevention (CDC). (2010c, December 17). Sexually transmitted diseases treatment guidelines, 2010. *Morbidity and Mortality Weekly Report*, *Vol. 5*, No. RR-12.

Centers for Disease Control and Prevention (CDC). (2010d). Sexually transmitted diseases treatment guidelines, 2010. *Morbidity and Mortality Weekly Report*, *Vol. 5*, No. RR-12

Centers for Disease Control and Prevention (CDC). (2010e). FDA licensure of bivalent human papillomavirus vaccine (HPV2, Cervarix) for use in females and updated HPV vaccination recommendations from the Advisory Committee on Immunization Practices (ACIP). *Morbidity and Mortality Weekly Report, 59*, 626.

Centers for Disease Control and Prevention (CDC). (2011). Vital signs: HIV testing and diagnosis among adults—United States, 2001-2009. *Morbidity and Mortality Weekly Report. Journal of the American Medical Association, 305,* 244-246.

Centers for Disease Control and Prevention (CDC). (2011, March 11.). *National Vital Statistics Report. Deaths: Preliminary Data 2009*, Vol. 59, No. 4. Retrieved from www.cdc.gov.

Cepeda, N. J., Pashler, H., Vul, E., Wixted, J. T., & Rohrer, D. (2006). Distributed practice in verbal recall tasks: A review and quantitative synthesis. *Psychological Bulletin, 132*, 354-380.

Chaiyavej, S., & Morash, M. (2009). Reasons for policewomen's assertive and passive reactions to sexual harassment. *Police Quarterly, 12*, 63-85.

Chaiyavej, S., & Morash, M. (2009). Reasons for policewomen's assertive and passive reactions to sexual harassment. *Police Quarterly, 12*(2009), 63-85.

Chamorro-Premuzic, T., & Ahmetoglou, G. (2008). Little more than personality: Dispositional determinants of test anxiety (the Big Five, core self-evaluations, and self-assessed intelligence). *Learning and Individual Differences, 18*, 258-263.

Champagne, F. A., & Mashoodh, R. (2009). Genes in context: Gene-environment interplay and the origins of individual differences in behavior. *Current Directions in Psychological Science, 18*, 127-131. doi: 10.1111/j.1467-8721.2009.01622.x

Chan, D. (2005). Current directions in personnel selection research. *Current Directions in Psychological Science, 14,* 220-223.

Chance, P. (2009). *Learning and behavior* (6th ed.). Belmont, CA: Cengage.

Chang, E. C., & Sanna, L. J. (2001). Optimism, pessimism, and positive and negative affectivity in middle-aged adults: A test of a cognitive-affective model of psychological adjustment. *Psychology and Aging, 16*, 524-531.

Chen, J., Odenike, O., & Rowley, J. D. (2010). Leukaemogenesis: More than mutant genes. *Nature Reviews: Cancer, 10*, 23-36.

Chen, J., Rathore, S. S., Radford, M. J., Wang, Y., & Krumholz, H. M. (2001). Racial differences in the use of cardiac catheterization after acute myocardial infarction. *New England Journal of Medicine, 344*, 1443-1449.

Chen, X., Williamson, V. S., An, S.-S., Hettema, J. M., Aggen, S. H., Neale, M. C., et al. (2008). Cannabinoid receptor 1 gene association with nicotine dependence. *Archives of General Psychiatry, 65*, 743.

Chen, Z., & Cowan, N. (2005). Chunk limits and length limits in immediate recall: A reconciliation. *Journal of Experimental Psychology: Learning, Memory, and Cognition, 31*, 1235-1249.

Cheng, W., & Ickes, W. (2009). Conscientiousness and self-motivation as mutually compensatory predictors of university-level GPA. *Personality and Individual Differences, 47*, 817-822. doi: 10.1016/j.paid.2009.06.029

Chernyak, Y., & Lowe, M. R. (2010). Motivations for dieting: Drive for thinness is different from drive for objective thinness. *Journal of Abnormal Psychology, 119*, 276–281. doi: 10.1037/a0018398

Chess, S., & Thomas, A. (1996). *Temperament: Theory and practice*. New York: Brunner/Mazel.

Chetrit, J., Ballion, B., Laquitaine, S., Belujon, P., Morin, S., et al. (2009) Involvement of basal ganglia network in motor disabilities induced by typical antipsychotics. *PLoS ONE 4*, e6208. doi: 10.1371/journal.pone.0006208

Chevalier-Skolnikoff, S. (1973). Facial expression of emotion in nonhuman primates. In P. Ekman (Ed.), *Darwin and facial expression: A century of research in review* (pp. 11–82). New York: Academic Press.

Chi, R. P., & Snyder, A. W. (2011). Facilitate insight by non-invasive brain stimulation. *PLoS, 6*, e16655. doi: 10.1371/journal.pone.0016655

Chida, Y., & Steptoe, A. (2009). The association of anger and hostility with future coronary heart disease: A meta-analytic review of prospective evidence. *Journal of the American College of Cardiology, 53*, 936–946. doi: 10.1016/ j.jacc.2008.11.044

Choi, I., Dalal, R., Kim-Prieto, C., & Park, H. (2003). Culture and judgment of causal relevance *Journal of Personality and Social Psychology, 84*, 46–59.

Chomsky, N. (1965). *Aspects of the theory of syntax*. Cambridge, MA: MIT Press.

Choy, Y., Fyer, A. J., & Lipsitz, J. D. (2007). Treatment of specific phobia in adults. *Clinical Psychology Review, 27*, 266–286.

Christakis, D. A. (2009). The effects of infant media usage: what do we know and what should we learn? *Acta Paediatrica, 98*, 8–16. doi: 10.1111/j.1651-2227.2008.01027.x

Christakis, N. A., & Fowler, J. H. (2007). The spread of obesity in a large social network over 32 years. *New England Journal of Medicine, 357*, 370–379.

Christensen, A., Atkins, D. C., & Baucom, B., & Yi, J. (2010). Marital status and satisfaction fi ve years following a randomized clinical trial comparing traditional versus integrative behavioral couple therapy. *Journal of Consulting and Clinical Psychology, 78*, 225–235. doi: 10.1037/a0018132

Christensen, A., Atkins, D. C., & Baucom, B., & Yi, J. (2010). Marital status and satisfaction five years following a randomized clinical trial comparing traditional versus integrative behavioral couple therapy. *Journal of Consulting and Clinical Psychology, 78*, 225–235. doi: 10.1037/a0018132

Chua, H. F., Boland, J. E., & Nisbett, R. E. (2005). Cultural variation in eye movements during scene perception. *Proceedings of the National Academy of Sciences, 102*, 12629–12633.

Cialdini, R. B. (2007). *Influence: The psychology of persuasion*. New York: HarperCollins.

Cialdini, R. B., & Goldstein, N. J. (2004). Social influence: Compliance and conformity. *Annual Review of Psychology, 55*, 591–621.

Cialdini, R. B., & Trost, M. R. (1998). Social influence: Social norms, conformity, and compliance. In D. T. Gilbert, S. T. Fiske, & G. Lindzey (Eds.), *The handbook of social psychology* (4th ed., Vol. 2, pp. 151–192). Boston: McGraw-Hill.

Cialdini, R. B., Trost, M. R., & Newsom, J. T. (1995). Preference for consistency: The development of a valid measure and the discovery of surprising behavioral implications. *Journal of Personality and Social Psychology, 69*, 318–328.

Cipriani, A., La Ferla, T., Furukawa, T. A., Signoretti, A., Nakagawa, A., Churchill, R., et al. (2009). Sertraline versus other antidepressive agents for depression. *Cochrane Database of Systematic Reviews, 2*. doi: 10.1002/14651858. CD006117.pub2

Clark, D. M. (1986). A cognitive approach to panic. *Behaviour Research and Therapy, 24*, 461–470.

Clark, K. B., & Clark, M. P. (1939). The development of self and the emergence of racial identification in Negro preschool children. *Journal of Social Psychology, 10*, 591–599.

Clark, L. A. (2007). Assessment and diagnosis of personality disorder: Perennial issues and an emerging reconceptualization. *Annual Review of Psychology, 58*, 227–257.

Clark, L. A. (2009). Stability and change in personality disorder. *Current Directions in Psychological Science, 18*, 27–31. doi: 10.1111/j.1467-8721.2009.01600.x

Clarke, D., Gabriels, T., & Barnes, J. (1996). Astrological signs as determinants of extroversion and emotionality: an empirical study. *Journal of Psychology, 130*, 131–140.

Clay, R. A. (2003, April). An empty nest can promote freedom, improved relationships. *Monitor on Psychology, 34*(4), 40–41.

Cloud, J. (2011, March 7). Beyond drugs: How alternative treatments can ease pain. *Time*, pp. 80–88.

Coelho, C. M., & Purkis, H. (2009). The origins of specific

phobias: Influential theories and current perspectives. *Review of General Psychology, 13*, 335–348. doi: 10.1037/a0017759

Coelho, C. M., Waters, A. M., Hine, T. J., & Wallis, G. (2009). The use of virtual reality in acrophobia research and treatment. *Journal of Anxiety Disorders, 23*, 563–574. doi: 10.1016/j.janxdis.2009.01.014

Cohan, C. L., & Kleinbaum, S. (2002). Toward a greater understanding of the cohabitation effect: Premarital cohabitation and marital communication. *Journal of Marriage and the Family, 64*, 180–192.

Cohen, G. L., Garcia, J., Apfel, N., & Master, A. (2006). Reducing the racial achievement gap: A social-psychological intervention. *Science, 313*, 1307–1310.

Cohen, L. B., & Cashon, C. H. (2003). Infant perception and cognition. In R. M. Lerner, M.A. Easterbrooks, & J. Mistry (Eds.), *Handbook of psychology: Vol. 6. Developmental psychology* (pp. 65–90). New York: John Wiley & Sons.

Cohen, S., Doyle, W. J., Alper, C. M., Janicki-Deverts, D., & Turner, R. B. (2009). Sleep habits and susceptibility to the common cold. *Archives of Internal Medicine, 169*, 62–66.

Cohen, S., Doyle, W. J., Skoner, D. P., Rabin, B. S., Gwaltney, J. M., Jr., et al. (1997). Social ties and susceptibility to the common cold. *Journal of the American Medical Association, 277*, 1940–1944.

Cohen, S., Doyle, W. J., Turner, R., Alper, C. M., & Skoner, D. P. (2003). Sociability and susceptibility to the common cold. *Psychological Science, 14*, 389–395.

Cohen, S., Frank, E., Doyle, W. J., Skoner, D. P., Rabin, B. S., & Gwaltney, J. M., Jr. (1998). Types of stressors that increase susceptibility to the common cold in healthy adults. *Health Psychology, 17*, 214–223.

Cohen-Bendahan, C. C. C., van de Beek, C., & Berenbaum, S. A. (2005). Prenatal sex hormone effects on child and adult sex-typed behavior: Methods and findings. *Neuroscience & Biobehavioral Reviews, 29*, 353–384.

Cohn, E. G., & Rotton, J. (2005). The curve is still out there: a reply to Bushman, Wang, and Anderson's (2005) "Is the curve relating temperature to aggression linear or curvilinear?" *Journal of Personality and Social Psychology, 89*, 67–70.

Coldwell, C. M., & Bender, W. S. (2007). The effectiveness of assertive community treatment for homeless populations with severe mental illness: a meta-analysis. *American Journal of Psychiatry, 164*, 393–399.

Cole, S. W. (2009). Social regulation of human gene expression. *Current Directions in Psychological Science, 18*, 132–137. doi: 10.1111/j.1467-8721.2009.01623.x

Cole, T. B. (2006). Rape at US colleges oft en fueled by alcohol. *Journal of the American Medical Association, 296*, 504–505.

Collins, A. M., & Loftus, E. F. (1975). A spreading-activation theory of semantic processing. *Psychological Review, 82*, 407–428.

Collins, W. A., & Laursen, B. (2006). Parent-adolescent relationships. In P. Noller & J. A. Feeney (Eds.), *Close relationships: Functions, forms and processes* (pp. 111–125). Hove, England: Psychology Press/Taylor & Francis.

Combe, E., & Wexler, M. (2010). Observer movement and size constancy. *Psychological Science, 21*, 667–675. doi: 10.1177/0956797610367753

Confer, J. C., Easton, J. A., Fleischman, D. S., Goetz, C. D., Lewis, D. M. G., Perilloux, C., & Buss, D. M. (2010). Evolutionary psychology: Controversies, questions, prospects, and limitations. *American Psychologist, 65*, 110–126. doi: 10.1037/a0018413

Conkle, A., & West, C. (2008, June/July). *APS Observer, 21*(6), pp. 18–23.

Conner, B. T. (2010). Genetic, personality, and environmental predictors of drug use in adolescents. *Journal of Substance Abuse Treatment, 38*, 178–190. doi: 10.1016/j.jsat.2010.03.009

Connor, C. E. (2010). A new viewpoint on faces. *Science, 330*, pp. 764–765. doi: 10.1126/science.1198348

Conrad, F. G., & Brown, N. R. (1996). Estimating frequency: A multiple-strategy perspective. In D. Herrmann, C. McEvoy, C. Hertzog, P. Hertel, & M. K. Johnson (Eds.), *Basic and applied memory research: Practical applications* (Vol. 2., pp. 166–178). Mahwah, NJ: Lawrence Erlbaum Associates.

Conway, K. P., Compton, W., Stinson, F. S., & Grant, B. F. (2006). Lifetime comorbidity of DSM-IV mood and anxiety disorders and specific drug use disorders: Results from the National Epidemiologic Survey on Alcohol and Related Conditions. *Journal of Clinical Psychiatry, 67*, 247–257.

Cook, C. M., & Saucier, D. M. (2010). Mental rotation, targeting ability and Baron-Cohen's empathizing-systemizing theory of sex differences. *Personality and Individual Differences, 49*, 712–716. doi: 10.1016/j.paid.2010.06.010

Cook, M. B., & Smallman, H. S. (2008). Human factors of the

confirmation bias in intelligence analysis: Decision support from graphical evidence landscapes. *Human Factors: The Journal of the Human Factors and Ergonomics Society, 50*, 745–754. doi: 10.1518/001872008X354183

Cooksey, E. C., & Fondell, M. M. (1996). Spending time with his kids: Effects of family structure on fathers' and children's lives. *Journal of Marriage and the Family, 58*, 693–707.

Coon, K. A., Goldberg, J., Rogers, B. L., & Tucker, K. L. (2001). Relationships between use of television during meals and children's food consumption patterns. *Pediatrics, 107*, 7.

Cooper, M. L., Wood, P. K., Orcutt, H. K., & Albino, A. (2003). Personality and the predisposition to engage in risky or problem behaviors during adolescence. *Journal of Personality and Social Psychology, 84*, 390–410.

Copeland, W., Shanahan, L., Miller, S., Costello, E. J., Angold, A., & Maughan, B. (2010). Outcomes of early pubertal timing in young women: a prospective population-based study. *American Journal of Psychiatry, 167*, 1218–1225.

Corbett J., Saccone, N. L., Foroud, T., Goate, A., Edenberg, H., Nurnberger, J., et al. (2005). Sex adjusted and age adjusted genome screen for nested alcohol dependence diagnoses. *Psychiatric Genetics, 15*, 25–30.

Corliss, R. (2003, January 20). Is there a formula for joy? *Time Magazine*, pp. 44–46.

Cornelis, M. C., El-Sohemy, A., Kabagambe, E. K., & Campos, H. (2006). Coffee, CYP1A2 genotype, and risk of myocardial infarction. *Journal of the American Medical Association, 295*, 1135–1141.

Cororve, M. B., & Gleaves, D. H. (2001). Body dysmorphic disorder: A review of conceptualizations, assessment, and treatment strategies. *Clinical Psychology Review, 21*, 949–970.

Correll, C., & Shenk, E. (2009). Tardive dyskinesia and new antipsychotics. *Current Opinion in Psychiatry, 21*, 151–156. doi: 10.1097/YCO.0b013e3282f53132

Costa, P. T., & McCrae, R. R. (1992a). Four ways five factors are basic. *Personality and Individual Differences, 13*, 653–665.

Costa, P. T., & McCrae, R. R. (1992b). Normal personality assessment in clinical practice: The NEO Personality Inventory. *Psychological Assessment, 4*, 5–13.

Costa, P. T., & McCrae, R. R. (2006). Changes in personality and their origins: Comment on Roberts, Walton, and Viechtbauer (2006). *Psychological Bulletin, 132*, 26–28.

Costa, P., Jr., Terracciano, A., & McCrae, R. R. (2002). Gender differences in personality traits across cultures: Robust and surprising findings. *Journal of Personality and Social Psychology, 81*, 322–331.

Costello, F. J., & Keane, M. T. (2001). Testing two theories of conceptual combination: Alignment versus diagnosticity in the comprehension and production of combined concepts. *Journal of Experimental Psychology: Learning, Memory, and Cognition, 27*, 255–271.

Cowan, N., Chen, Z., & Rouder, J. N. (2004). Constant capacity in an immediate serial-recall task: A logical sequel to Miller (1956). *Psychological Science, 15*, 634–640.

Coyle, J. T. (2003). Use it or lose it—do effortful mental activities protect against dementia? *New England Journal of Medicine, 348*, 2489–2490.

Coyne, J. C., Thombs, B. D., Stefanek, M., & Palmer, S. C. (2009). Time to let go of the illusion that psychotherapy extends the survival of cancer patients: Reply to Kraemer, Kuchler, and Spiegel (2009). *Psychological Bulletin, 135*, 179–182.

Craik, F. I. M., & Lockhart, R. S. (1972). Levels of processing: A framework for memory research. *Journal of Verbal Learning and Verbal Behavior, 11*, 671–684.

Crain, C. (2004, October 3). Doctor Strangelove. *New York Times*, Section 2, pp. 1, 20.

Cramer, P. (2000). Defense mechanisms in psychology today: Further processes for adaptation. *American Psychologist, 55*, 637–646.

Crespo-Facorro, B., Pérez-Iglesias, R-O., Mata, I., Ramirez-Bonilla, M., Martínez-Garcia, O., Pardo-Garcia, G., et al. (2011). Effectiveness of haloperidol, risperidone and olanzapine in the treatment of first-episode non-affective psychosis: results of a randomized, flexible-dose, open-label 1-year follow-up comparison. *Journal of Psychopharmacology*, in press. doi: 10.1177/0269881110388332

Crick, N. R., Ostrov, J. M., & Werner, N. E. (2006). A longitudinal study of relational aggression, physical aggression and children's social-psychological adjustment. *Journal of Abnormal Child Psychology, 34*, 131–142.

Crockett, M. J. (2009). The neurochemistry of fairness: clarifying the link between serotonin and prosocial behavior. *Annals of the New York Academy of Sciences, 1167*, 76–86.

Cross, S. E., & Madson, L. (1997). Models of the self: Self-construals and gender. *Psychological Bulletin, 122*, 89–103.

Crow, S. J., Mitchell, J. E., Crosby, R. D., Swanson, S. A., Wonderlich, S., & Lancaster, K. (2009). The cost effectiveness of cognitive behavioral therapy for bulimia nervosa delivered via telemedicine versus face-to-face. *Behaviour Research and Therapy, 47*, 451-453. doi: 10.1016/j.brat.2009.02.006

Crowe, R. A. (1990). Astrology and the scientific method. *Psychological Reports, 67*, 163-191.

Crowell, S. E., Beauchaine, T. P., McCauley, E., Smith, C. V., Vasilev, C. A., & Stevens, A. (2008). Parent-child interactions, peripheral serotonin, and self-infl icted injury in adolescents. *Journal of Consulting and Clinical Psychology, 76*, 15-21. 10.1037/0022-006X.76.1.15

Csernansky, J. G., & Cronenwett, W. J. (2008). Neural networks in schizophrenia. *American Journal of Psychiatry, 165*, 937-939. doi: 10.1176/appi.ajp.2008.08050700

Csicsvari, J., Henze, D. A., Jamieson, B., Harris, K. D., Sirota, A., Bartho, P., et al. (2003). Massively parallel recording of unit and local fi eld potentials with silicon-based electrodes. *Journal of Neurophysiology, 90,* 1314-1323.

Cuijpers, P., Muñoz, R. F., Clarke, G. N., & Lewinsohn, P. M. (2009). Psychoeducational treatment and prevention of depression: The "Coping with Depression" course thirty years later. *Clinical Psychology Review, 29*, 449-458. doi: 10.1016/j.cpr.2009.04.005

Cuijpers, P., van Straten, A., Schuurmans, J., van Oppen, P., Hollon, S. D., & Andersson, G. (2010). Psychotherapy for chronic major depression and dysthymia: A meta-analysis. *Clinical Psychology Review, 30*, 51-62. doi: 10.1016/j.cpr.2009.09.003

Cunningham, M. R., Roberts, A. R., Barbee, A. P., Druen, P. B., et al. (1995). "Their ideas of beauty are, on the whole, the same as ours." *Journal of Personality and Social Psychology, 68,* 261-279.

Curran, P. J., Stice, E., & Chassin, L. (1997). The relation between adolescent alcohol use and peer alcohol use: A longitudinal random coefficients model. *Journal of Consulting and Clinical Psychology, 65,* 130-140.

Curry, L. A., & Youngblade, L. M. (2006). Negative affect, risk perception, and adolescent risk behavior. *Journal of Applied Developmental Psychology, 27*, 468-485.

Cynkar, A. (2007, June). The changing gender composition of psychology. *Monitor on Psychology, 38*(6), 46-47.

Cyranoski, D. (2011). Neuroscience: Thought experiment. *Nature, 469*, 148-149. doi: 10.1038/469148a

Dagher, A., & Robbins, T. W. (2009). Personality, addiction, dopamine: Insights from parkinson's disease. *Neuron, 61*, 502-510.

Dale, K. Y., Berg, R., Elden, A., Ødegård, A., & Holte, A. (2009). Testing the diagnosis of dissociative identity disorder through measures of dissociation, absorption, hypnotizability and PTSD: A Norwegian pilot study. *Journal of Trauma and Dissociation, 10*, 102-112. doi: 10.1080/15299730802488478

Dalen, K., Ellertsen, B., Espelid, I., & Grønningsaeter, A. G. (2009). EMG feedback in the treatment of myofascial pain dysfunction syndrome. *Acta Odontologica Scandinavica, 44*, 279-284.

Danaei, G., Finucane, M. M., Lin, J. K., Singh, G. M., Paciorek, C. J., Cowan, M. J., Ezzati, M. (2011). National, regional, and global trends in systolic blood pressure since 1980. *The Lancet, 377*, 568-577. doi: 10.1016/S0140-6736(10)62036-3

Dantzker, M. L., & Eisenman, R. (2003). Sexual attitudes among Hispanic college students: Differences between males and females. *International Journal of Adolescence and Youth, 11,* 79-89.

Dao, T. K., & Prevatt, F. (2006). A psychometric evaluation of the Rorschach Comprehensive System's Perceptual Thinking Index. *Journal of Personality Assessment, 86,* 180-189.

Darwin, C. A. (1872). *The expression of the emotions in man and animals.* London: J. Murray.

Das, A. (2009). Sexual harassment at work in the United States. *Archives of Sexual Behavior, 38*, 909-921. doi: 10.1007/s10508-008-9354-9

Dasen, P. R. (1994). Culture and cognitive development from a Piagetian perspective. In W. J. Lonner & R. Malpass (Eds.), *Psychology and culture*. Boston: Allyn & Bacon.

Dasgupta, N., & Greenwald, A. G. (2001). On the malleability of automatic attitudes: Combating automatic prejudice with images of admired and disliked individuals. *Journal of Personality and Social Psychology, 81,* 800-814.

Dauvilliers, Y., Arnulf, I., & Mignot, E. (2007). Narcolepsy with cataplexy. *Lancet, 369,* 499-511.

Davidson, J. R. (2009). First-line pharmacotherapy approaches for generalized anxiety disorder. *Journal of Clinical Psychiatry, 70*, Suppl. 2, S25-S31.

Davidson, R. J., Pizzagalli, D., Nitschke, J. B., & Putnam, K. (2002). Depression: Perspectives from affective neuroscience. *Annual Review of Psychology, 53,* 545-574.

Davidson, R. J., Putnam, K. M., & Larson, C. L. (2000). Dysfunction in the neural circuitry of emotion regulation—

A possible prelude to violence. *Science, 289*, 591–594.

Davis, J. I., Senghas, A., & Ochsner, K. N. (2009). How does facial feedback modulate emotional experience? *Journal of Research in Personality, 43*, 822–829. doi: 10.1016/j.jrp.2009.06.005

Davis, J. L., & Rusbult, C. E. (2001). Attitude alignment in close relationships. *Journal of Personality and Social Psychology, 81,* 65–84.

Davis, J. M., Chen, N, & Glick, I. D. (2003). A meta-analysis of the efficacy of second-generation antipsychotics. *Archives of General Psychiatry, 60,* 553–564.

Davis, S., Papalia, M.-A., Norman, R. J., O'Neill, S., Redelman, M., Williamson, M., et al. (2008). Safety and efficacy of a testosterone metered-dose transdermal spray for treating decreased sexual satisfaction in premenopausal women: A randomized trial. *Annals of Internal Medicine, 148*, 569–577.

Davis, S. R., Davison, S. L., Donath, S., & Bell, R. J. (2005). Circulating androgen levels and self-reported sexual function in women. *Journal of the American Medical Association, 294*, 91–96.

Davis, S. R., Moreau, M., M. D., Kroll, R., Bouchard, C., Panay, N., Gass, M., et al. (2008). Testosterone for low libido in postmenopausal women not taking estrogen. *New England Journal of Medicine, 359*, 2005–2017.

Day, B. L., & Fitzpatrick, R. C. (2005). The vestibular system. *Current Biology, 15*, R583–R586.

Day-Cameron, J. M., Muse, L., Hauenstein, J., Simmons, L., & Correia, C. J. (2009). Alcohol use by undergraduate students on their 21st birthday: Predictors of actual consumption, anticipated consumption, and normative beliefs. *Psychology of Addictive Behaviors, 23*, 695–701.

de Bono, E. (1970). *Lateral thinking: Creativity step by step*. New York: Harper & Row.

De Gucht, V., & Maes, S. (2006). Explaining medically unexplained symptoms: Toward a multidimensional, theory-based approach to somatization. *Journal of Psychosomatic Research, 60,* 349–352.

De Meyer, G., Shapiro, F., Vanderstichele, H., Vanmechelen, E., Engelborghs, S., De Deyn, P. P., et al. (2010). Diagnosis-independent Alzheimer disease biomarker signature in cognitively normal elderly people. *Archives of Neurology, 67*, 949–956.

De Silva, P. (1993). Post-traumatic stress disorder: Crosscultural aspects. *International Review of Psychiatry,* 5, 217–229.

Dean, G., Mather, A., & Kelly, I. W. (1996). Astrology. In G. Stein (Ed.), *The encyclopedia of the paranormal*. Buffalo, NY: Prometheus.

DeAngelis, T. (2003, February). Why we overestimate our competence. *Monitor on Psychology, 34,* 60–62.

DeAngelis, T. (2004, April). Are beliefs inherited? *Monitor on Psychology, 35,* pp. 50–51.

Deary, I. J., Batty, G. D., Pattie, A., & Gale, C. R. (2008). More intelligent, more dependable children live longer: A 55-year longitudinal study of a representative sample of the Scottish nation. *Psychological Science, 19*, 874–880. doi: 10.1111/j.1467-9280.2008.02171.x

Deary, I. J., Johnson, W., & Houlihan, L. M. (2009). Genetic foundations of human intelligence. *Human Genetics, 126*, 215–232. doi: 10.1007/s00439-009-0655-4

DeBruine, L. M., Jones, B. C., Smith, F. G., & Little, A. C. (2010). Are attractive men's faces masculine or feminine? The importance of controlling confounds in face stimuli. *Journal of Experimental Psychology: Human Perception and Performance, 36*, 751–758. doi: 10.1037/a0016457

Decety, J., & Cacioppo, J. (2010). Frontiers in human neuroscience: The golden triangle and beyond. *Perspectives on Psychological Science, 5*, 767–771. doi: 10.1177/1745691610388780

Delaney, P. F., Sahakyan, L., Kelley, C. M., & Zimmerman, C. A. (2010). Remembering to forget: The amnesic effect of daydreaming. *Psychological Science*, *21*, 1036–1042. doi: 10.1177/0956797610374739

Delgado, M. Y., Updegraff, K. A., Roosa, M. W., & Umañ a-Taylor, A. J. (2010). Discrimination and Mexican-origin adolescents' adjustment: The moderating roles of adolescents', mothers', and fathers' cultural orientations and values. *Journal of Youth and Adolescence, 40*, 125–139. doi: 10.1007/s10964-009-9467-z

Delicate balance in the brain controls fear. (2010, November 10). *ScienceDaily*. Retrieved from http://www.sciencedaily.com/releases/2010/11/101110131210.htm.

Democrats smell a rat. (2000, September 13). Retrieved from http://abcnews.go.com/sections/politics/DailyNews/gopad0000912.html.

Dennis, C. (2004, January 29). Brain development: The most important sexual organ. *Nature, 427*, 390–392.

Dennison, B. A., Erb, T. A., & Jenkins, P. L. (2002). Television viewing and television in bedroom associated with overweight risk among low-income preschool children.

Pediatrics, 109, 1028–1035.

Denollet, J., & Pedersen, S. S. (2009). Anger, depression, and anxiety in cardiac patients: the complexity of individual differences in psychological risk. *Journal of the American College of Cardiology, 53*, 947–949.

Denys, D., Mantione, M., Figee, M., van den Munckhof, P., Koerselman, F., Westenberg, H., et al. (2010). Deep brain stimulation of the nucleus accumbens for treatmentrefractory obsessive-compulsive disorder. *Archives of General Psychiatry, 67,* 1061-1068. doi: 10.1001/archgenpsychiatry.2010.122

DePaulo, B. M., & Friedman, H. S. (1998). Nonverbal communication. In D. T. Gilbert, S. T. Fiske, & G. Lindzey (Eds.), *The handbook of social psychology* (4th ed., Vol. 2, pp. 3–40). Boston: McGraw-Hill.

Der, G., & Deary, I. J. (2009). Age and sex differences in reaction time in adulthood: Results from the United Kingdom Health and Lifestyle Survey: Correction. *Psychology and Aging, 24*, 229.

Der, G., & Deary, I. J. (2006). Age and sex differences in reaction time in adulthood: results from the United Kingdom Health and Lifestyle Survey. *Psychology and Aging, 21*, 62–73.

Dermitzakis, E. T. (2011). Genome literacy. *Science, 331*, 689–690. doi: 10.1126/science.1203237

Derringer, J., Krueger, R. F., Dick, D. M., Saccone, S., Grucza, R. A., Agrawal, A., et al. Gene Environment Association Studies (GENEVA) Consortium. (2010). Predicting sensation seeking from dopamine genes: A candidate-system approach. *Psychological Science, 9*, 1282–1290. doi: 10.1177/0956797610380699

Derrington, A. M. (2004). Visual mechanisms of motion analysis and motion perception. *Annual Review of Psychology, 55*, 181–205.

DeRubeis, R. J., Fournier, J. C., & Fawcett, J. (2010). Depression severity and effect of antidepressant medications—reply. *Journal of the American Medical Association, 303,* 1599. [Letter] doi: 10.1001/jama.2010.510

DeRubeis, R. J., Hollon, S. D., Amsterdam, J. D., Shelton, R. C., Young, P. R., Salomon, R. M., et al. (2005). Cognitive therapy vs medications in the treatment of moderate to severe depression. *Archives of General Psychiatry, 62*, 409–416.

Deveny, K. (2003, June 30). We're not in the mood. *Newsweek*, pp. 41–46.

Devilbiss, D. M., & Berridge, C. W. (2008). Cognition-enhancing doses of methylphenidate preferentially increase prefrontal cortical neuronal responsiveness. *Biological Psychiatry, 64*, 626–635. doi: 10.1016/j.biopsych.2008.04.037

DeWeese, M., R., & Zador, A. (2006). Neurobiology: Efficiency measures. *Nature, 439*, 920–921.

Dewsbury, D. A. (2000). Issues in comparative psychology at the dawn of the 20th century. *American Psychologist, 55,* 750–753.

Di Castelnuovo, A., Costanzo, S., Bagnardi, V., Donati, M. B., Iacoviello, L., & De Gaetano, G. (2006). Alcohol dosing and total mortality in men and women: An updated meta-analysis of 34 prospective studies. *Archives of Internal Medicine, 166*, 2437–2445.

Diamond, A. (2009). The interplay of biology and the environment broadly defined. *Developmental Psychology, 45*, 1–8. doi: 10.1037/a0014601

Dickens, W. T., & Flynn, J. R. (2006a). Black Americans reduce the racial IQ gap: Evidence from standardization samples. *Psychological Science, 17,* 913–920.

Dickens, W. T., & Flynn, J. R. (2006b). Common ground and differences. *Psychological Science, 17,* 923–924.

Diehm, R., & Armatas, C. (2004). Surfing: An avenue for socially acceptable risk-taking, satisfying needs for sensation seeking and experience seeking. *Personality and Individual Differences, 36,* 663–677.

Diener, E. (2005, April). Income and happiness. *APS Observer, 18,* p. 35.

Diener, E., & Chan, M. Y. (2011). Happy people live longer: Subjective well-being contributes to health and longevity. Retrieved from http://papers.ssrn.com/sol3/papers.cfm?abstract_id=1701957.

Dijksterhuis, A., Bos, M. W., Nordgren, L. F., & Van Baaren, R. B. (2006). On making the right choice: The deliberation-without-attention effect. *Science, 311*, 1005–1007.

Dimidjian, S., Hollon, S. D., Dobson, K. S., Schmaling, K. B., Kohlenberg, R. J., Addis, M. E., et al. (2006). Randomized trial of behavioral activation, cognitive therapy, and antidepressant medication in the acute treatment of adults with major depression. *Journal of Consulting and Clinical Psychology, 74*, 658–670.

Dingfelder, S. F. (2005, July/August). A two-front war on alcoholism. *Monitor on Psychology, 36*(7), 38–39.

Distein, I., Thomas, C., Behrmann M., & Heeger, D. J. (2008). A mirror up to nature. *Current Biology, 18*, R13–R18.

Distel, M. A., Hottenga, J. J., Trull, T. J., & Boomsma, D. I. (2008). Chromosome 9: Linkage for borderline personality disorder features. *Psychiatric Genetics, 18*, 302–307.

Dittmann, M. (2003a, March). Anger across the gender divide. *Monitor on Psychology, 34*(3), 52–53.

Dittmann, M. (2004, July/August). Standing tall pays off, study finds. *Monitor on Psychology, 35*(7), 14.

Ditzen, B., Schmidt, S., Strauss, B., Nater, U. M., Ehlert, U., & Heinrichs, M. (2008). Adult attachment and social support interact to reduce psychological but not cortisol responses to stress. Cortisol response to stress use for mention. *Journal of Psychosomatic Research, 64*, 479–486.

Dixon, J., Durrheim, K., & Tredoux, C. (2005). Beyond the optimal contact strategy: A reality check for the contact hypothesis. *American Psychologist, 60*, 697–711.

Dixon, J., Tropp, L. R., Durrheim, K., & Tredoux, C. (2010). "Let them eat harmony": Prejudice-reduction strategies and attitudes of historically disadvantaged groups. *Current Directions in Psychological Science, 19,* 76–80. doi: 10.1177/0963721410363366

Djoussé, L., Driver, J. A., & Gaziano, J. M. (2009). MPH relation between modifiable lifestyle factors and lifetime risk of heart failure. *Journal of the American Medical Association, 302*, 394–400.

Dobbs, D. (2010). Schizophrenia appears during adolescence. But where does one begin and the other end? *Nature, 468*, 154–156. doi: 10.1038/468154a

Dobson, K. S., & Dozois, D. J. A. (2001). Historical and philosophical bases of the cognitive-behavioral therapies. In K. S. Dobson (Ed.), *Handbook of cognitive-behavioral therapies* (2nd ed., pp. 3–40). New York: Guilford Press.

Dobson, K. S., Hollon, S. D., Dimidjian, S., Schmaling, K. B., Kohlenberg, R. J., Gallop, R. J., et al. (2008). Randomized trial of behavioral activation, cognitive therapy, and antidepressant medication in the prevention of relapse and recurrence in major depression. *Journal of Consulting and Clinical Psychology, 76*, 468–477. doi: 10.1037/0022-006X.76.3.468

Dodge, K. A., Pettit, G. S., & Bates, J. E. (1997). How the experience of early physical abuse leads children to become chronically aggressive. In D. Cicchetti & S. L. Toth (Eds.), *Developmental perspectives on trauma: Theory, research, and intervention*. Rochester, NY: Boydel.

Dohrenwend, B. P. (2006). Inventorying stressful life events as risk factors for psychopathology: Toward resolution of the problem of intracategory variability. *Psychological Bulletin, 132*, 477–495.

Dolan, D. C., Taylor, D. J., Bramoweth, A. D., & Rosenthal, L. D. (2010). Cognitive behavioral therapy of insomnia: A clinical case series study of patients with comorbid disorders and using hypnotic medications. *Behavior Research and Therapy, 48*, 321–327. doi: 10.1016/j.brat.2009.12.004

Doll, R., Peto, R., Boreham, J., & Sutherland, I. (2004). Mortality in relation to smoking: 50 years' observations on male British doctors. *British Medical Journal, 328*, 1519–1529.

Domjan, M. (2005). Pavlovian conditioning: A functional perspective. *Annual Review of Psychology, 56,* 179–206.

Donald, M., Dower, J., Correa-Velez, I., & Jones, M. (2006). Risk and protective factors for medically serious suicide attempts: A comparison of hospital-based with populationbased samples of young adults. *Australian and New Zealand Journal of Psychiatry, 40*, 87–96.

Donigian, J., & Malnati, R. (2005). *Systematic group therapy: A triadic model*. Belmont, CA: Cengage.

Donnellan, M. B., & Lucas, R. E. (2008). Age differences in the big five across the life span: Evidence from two national samples. *Psychology and Aging, 23*, 558–566. doi: 10.1037/a0012897

Donovan, M. R., Glue, P., Kolluri, S., & Emir, B. (2010). Comparative efficacy of antidepressants in preventing relapse in anxiety disorders—A meta-analysis. *Journal of Affective Disorders, 123*, 9–16. doi: 10.1016/j.jad.2009.06.021

Dougherty, D. M., Mathias, C. W., Marsh, D. M., Moeller, F. G., & Swann, A. C. (2004). Suicidal behaviors and drug abuse: Impulsivity and its assessment. *Drug and Alcohol Dependence, 76,* S93–S105.

Dragoi, G., & Susumu Tonegawa, S. (2010). Preplay of future place cell sequences by hippocampal cellular assemblies. *Nature,* Published online December 22, 2010. doi: 10.1038/nature09633

Dragoi, G., & Tonegawa, S. (2011). Preplay of future place cell sequences by hippocampal cellular assemblies. *Nature, 469*, 397–401. doi: 10.1038/nature09633

Draguns, J. G., & Tanaka-Matsumi, J. (2003). Assessment of psychopathology across and within cultures: Issues and findings. *Behaviour Research and Therapy, 41,* 755–776.

Drews, F. A., Pasupathi, M., & Strayer, D. L. (2008). Passenger and cell phone conversations in simulated driving. *Journal of Experimental Psychology: Applied, 14*, 392–400. doi: 10.1037/a0013119

Drews, F. A., Yazdani, H., Godfrey, C. N., Cooper, J. M., & Strayer, D. L. (2009). Text messaging during simulated driving. *Human Factors: The Journal of the Human Factors and Ergonomics Society*, *51*, 762–770. doi: 10.1177/0018720809353319

Driessen, E., Cuijpers, P., de Maat, S. C. M., Abbass, A. A., de Jonghe, F., & Dekker, J. J. M. (2010). The efficacy of shortterm psychodynamic psychotherapy for depression: A meta-analysis. *Clinical Psychology Review, 30*, 25–36. doi: 10.1016/j.cpr.2009.08.010

Drucker, R. (2010, June 23). Human papillomavirus vaccine updates. *Journal Watch Pediatrics and Adolescent Medicine*. Retrieved from http://pediatrics.jwatch.org/cgi/content/full/2010/623/2.

Duncan, D. F., Donnelly, J. W., & Nicholson, T. (1992). Belief in the paranormal and religious belief among American college students. *Psychological Reports, 70*, 15–18.

Duncker, K. (1945). On problem-solving. *Psychological Monographs, 58* (Whole No. 270).

Dunning, D., & Perretta, S. (2002). Automaticity and eyewitness accuracy: A 10-to 12-second rule for distinguishing accurate from inaccurate positive identifications. *Journal of Applied Psychology, 87*, 951–962.

Durham, P. L. (2004). CGRP-receptor antagonists—a fresh approach to migraine therapy? *New England Journal of Medicine, 350,* 1073–1075.

Duric, V., Banasr, M., Licznerski, P., Schmidt, H. D., Stockmeier, C. A., Simen, A. S., Newton, S. S., & Duman, R. S. (2010). A negative regulator of MAP kinase causes depressive behavior. *Nature Medicine*, *16,* 1328–1332. doi: 10.1038/nm.2219

Durrant, R. (2011). Evolutionary explanations in the social and behavioral sciences: Introduction and overview. *Aggression and Violent Behavior*, in press. doi: 10.1016/j.avb.2011.02.

Dweck, C. (1997, June). Cited in B. Murray, Verbal praise may be the best motivator of all. *APA Monitor, 28*(6), 26.

Dying to eat: A graphical view of U.S. obesity. (2010, September 24). *Scientific American*. Retrieved from http://www.scientifi-camerican.com/article.cfm?id=dying-to-eat.

Eagly, A. H., & Karau, S. J. (2002). Role congruity theory of prejudice toward female leaders. *Psychological Review, 109,* 573–598.

Ebben, M. R., & Spielman, A. J. (2009). Non-pharmacological treatments for insomnia. *Journal of Behavioral Medicine, 32*, 244–254. doi: 10.1007/s10865-008-9198-8

Ebbinghaus, H. (1885). *Uber das Gedachtnis*. Leipzig: Duncker & Humblot.

Eberlein, T. (1997). *Child magazine's guide to whining*. New York: Pocket Books.

Edenberg, H. J., Strother, W. N., McClintick, J. N., Tian, H., Stephens, M., Jerome, R. E., et al. (2005). Gene expression in the hippocampus of inbred alcohol-preferring and nonpreferring rats. *Genes, Brain and Behavior, 4,* 20–30.

Edvardsen, J., Torgersen, S., Røysamb, E., Lygren, S., Skre, I., Onstad, S., & Øien, P. A. (2009). Unipolar depressive disorders have a common genotype. *Journal of Affective Disorders, 117*, 30–41. doi: 10.1016/j.jad.2008.12.004

Edwards, R., R., Campbell, C., Jamison, R. N., & Wiech, K. (2009). The neurobiological underpinnings of coping with pain. *Current Directions in Psychological Science, 18*, 237–241. doi: 10.1111/j.1467-8721.2009.01643.x

Egan, B. M. (2006). Sleep and hypertension: burning the candle at both ends really is hazardous to your health. *Hypertension, 47*, 816–817.

Egan, S., & Stelmack, R. M. (2003). A personality profile of Mount Everest climbers. *Personality and Individual Differences, 34,* 1491–1494.

Ehlers, A., Bisson, J., Clark, D. M., Creamer, M., Pilling, S., Richards, D., et al.(2010). Do all psychological treatments really work the same in posttraumatic stress disorder? *Clinical Psychology Review*, *30*, 269–276. doi: 10.1016/j.cpr.2009.12.001

Ehlers, C. L., & Wilhelmsen, K. C. (2005). Genomic scan for alcohol craving in mission Indians. *Psychiatric Genetics, 15*, 71–75.

Eichenbaum, H. (1997). How does the brain organize memories? *Science, 277*, 330–332.

Eisner, R. (2005, January). Study suggests cognitive deficits in MDMA-only drug abusers. *NIDA Notes, 19*(5). Retrieved from http://www.nida.nih.gov/NIDA_notes/NNvol19N5/Study.html.

Ekman, P. (2003). *Emotions revealed: Recognizing faces and feeling to improve communication and emotional life*. New York: Times Books.

Electric thinking cap? Flash of fresh insight by electrical

brain stimulation. (2011, February 3). *ScienceDaily*. Retrieved from http://www.sciencedaily.com/releases/2011/02/110202172300.htm

Elfenbein, H. A., & Ambady, N. (2002a). Is there an in-group advantage in emotion recognition? *Psychological Bulletin, 128*, 243–249.

Elfenbein, H. A., & Ambady, N. (2002b). On the universality and cultural specificity of emotion recognition: A metaanalysis. *Psychological Bulletin, 128,* 203–235.

Elkind, D. (1985). Egocentrism redux. *Developmental Review, 5,* 218–226.

Ellemers, N., Spears, R., & Doosje, B. (2002). Self and social identity. *Annual Review of Psychology, 53,* 161–186.

Ellenbogen, J. M. (2008). The sleeping brain's influence on memory. *Sleep, 31*, 163–1644.

Ellenbogen, J. M., Hulbert, J. C., Stickgold, R., Dinges, D. F., & Thompson-Schill, S. L. (2006). Interfering with theories of sleep and memory: sleep, declarative memory, and associative interference. *Current Biology, 16*, 1290–1294. doi: 10.1016/j. cub.2006.05.024

Elliot, A. J., & Sheldon, K. M. (1997). Avoidance achievement motivation: A personal goals analysis. *Journal of Personality and Social Psychology, 73,* 171–185.

Elliot, A. J., Niesta Kayser, D., Greitemeyer, T., Lichtenfeld, S., Gramzow, R. H., Maier, M. A., et al. (2010). Red, rank, and romance in women viewing men. *Journal of Experimental Psychology: General, 139*, 399–417. doi: 10.1037/a0019689

Ellis, A. (1977). The basic clinical theory of rational-emotive therapy. In A. Ellis & R. Grieger (Eds.), *Handbook of rational-emotive therapy*. New York: Springer.

Ellis, A. (1991). *Reason and emotion in psychotherapy*. New York: Carol Publishing.

Ellis, A. (2001, January). "Intellectual" and "emotional" insight revisited. *NYS Psychologist, 13*, 2–6.

Ellis, A., & Dryden, W. (1987). *The practice of rational emotional therapy*. New York: Springer Publishing Company.

Ellis, B. J., Jackson, J. J., & Boyce, W. T. (2006). The stress response systems: Universality and adaptive individual differences. *Developmental Review, 26*, 175–212.

Ellis, L., & Bonin, S. L. (2003). Genetics and occupation-related preferences. Evidence from adoptive and non-adoptive families. *Personality and Individual Differences, 35,* 929–937.

Ellis, L., Das, S., & Buker, H. (2008). Androgen-promoted physiological traits and criminality: A test of the evolutionary neuroandrogenic theory. *Personality and Individual Differences, 44*, 701–711.

Ellison-Wright, I., & Bullmore, E. (2010). Anatomy of bipolar disorder and schizophrenia: A meta-analysis. *Schizophrenia Research, 117*, 1-12. doi: 10.1016/j.schres.2009.12.022

Elms, A. C. (1995). Obedience in retrospect. *Journal of Social Issues, 51*, 21–31.

Elms, A. C. (2009). Obedience lite. *American Psychologist, 64*, 32–36.

Else-Quest, N. M., Hyde, J. S., & Linn, M. C. (2010). Cross-national patterns of gender differences in mathematics: A meta-analysis. *Psychological Bulletin, 136*, 103–127. doi: 10.1037/a0018053

Ember, C. R., Ember, M., & Peregrine, P. N. (2007). *Anthropology* (12ed.). Upper Saddle River, NJ: Prentice Hall.

Emotional signals are chemically encoded in tears, researchers find. (2011, January 6). *ScienceDaily*. http://www.sciencedaily.com/releases/2011/01/110106144741.htm

Engel, J., Landgren, S., Jerlhag, E., Zetterberg, H., Blennow, K., Gonzalez-Quintela, A., & Campos, J. (2008). Association of pro-ghrelin and GHS-R1A gene polymorphisms and haplotypes with heavy alcohol-use and body mass. *Alcoholism: Clinical & Experimental Research*. Retrieved from http://www.sciencedaily.com/releases/2008/09/080923164535.htm

Eny, K. M., Wolever, T. M. S., Fontaine-Bisson, B., & El-Sohemy, A. (2008). Genetic variant in the glucose transporter type 2 (GLUT 2) is associated with higher intakes of sugars in two distinct populations. *Physiological Genomics, 33*, 355–360. doi: 10.1152/physiolgenomics.00148.2007

Erdelyi, M. H. (2010). The ups and downs of memory. *American Psychologist, 65,* 623–633. doi: 10.1037/a0020440 Erikson, E. H. (1963). *Childhood and society* (2nd ed.). New York: Norton.

Erikson, E. H. (1980). *Identity and the life cycle*. New York: Norton.

Erlacher, D., & Schredl, M. (2008). Cardiovascular responses to dreamed physical exercise during REM lucid dreaming. *Dreaming, 18*, 112–121. Doi: 10.1037/1053-0797.18.2.112

Espenshade, T. (1993, April 25). Cited in F. Barringer, "Polling on sexual issues has its drawbacks." *The New York Times,* p. A23.

Esposito, K., Giugliano, F., Di Palo, C., Giugliano, G., Marfella, R., D'Andrea, F., et al. (2004). Effect of lifestyle changes on erectile dysfunction in obese men: A randomized controlled trial. *Journal of the American Medical Association, 291*, 2978–2984.

Estevez, M., & Gardner, K. L. (2004). Update on the genetics of migraine. *Human Genetics, 114*, 225–235.

Etheridge, P. (2001, January 8). Kids' TV watching linked to unhealthy eating habits. Retrieved from http://www.cnn.com/2001/HEALTH/children/01/08/tv.eating/index.html.

Etkin, A., Egner, T., Peraza, D. M., Kandel, E. R., & Hirsch, J. (2006). Resolving emotional conflict: A role for the rostral anterior cingulate cortex in modulating activity in the amygdala. *Neuron, 51*, 871–882.

Etkin, A., Prater, K. E., Schatzberg, A. F., Menon, V., & Greicius, M. D. (2009). Disrupted amygdalar subregion functional connectivity and evidence of a compensatory network in generalized anxiety disorder. *Archives of General Psychiatry, 66*, 1361–1372.

Evers, C., Fischer, A. H., Mosquera, P. M. R., & Manstead, A. S. R. (2005). Anger and social appraisal: A "spicy" sex difference? *Emotion, 5*, 258–266.

Exner, J. E. (1993). *The Rorschach: A comprehensive system: Vol. 1. Basic foundations* (3rd ed.). New York: Wiley.

Exner, J. E., Jr. (2002). Early development of the Rorschach test. *Academy of Clinical Psychology Bulletin, 8*, 9–24.

Eysenck, H. J. (1982). *Personality, genetics, and behavior*. New York: Praeger.

Eysenck, H. J. (Ed.). (1981). *A model for personality*. New York: Springer.

Faedda, G. L., Becker, I., Baroni, A., Tondo, L., Aspland, E., & Koukopoulos, A. (2010). The origins of electroconvulsive therapy: Prof. Bini's first report on ECT. *Journal of Affective Disorders, 120*, 12–15. doi: 10.1016/j.jad.2009.01.023

Fagan, J. F., & Holland, C. R. (2002). Equal opportunity and racial differences in IQ. *Intelligence, 30*, 361–387.

Fagan, J. F., & Holland, C. R. (2007). Racial equality in intelligence: Predictions from a theory of intelligence as processing. *Intelligence, 35*, 319–334.

Falk, E. B., Berkman, E. T., Mann, T., Harrison, B., & Lieberman, M. D. (2010). Predicting persuasion-induced behavior change from the brain. *Journal of Neuroscience, 30*, 8421–8424. doi: 10.1523/JNEUROSCI.0063-10.2010

Fals-Stewart, W. (2003). The occurrence of partner physical aggression on days of alcohol consumption: A longitudinal diary study. *Journal of Consulting and Clinical Psychology, 71*, 41–52.

Fan, Y., Tang, Y., Lu, Q., Feng, S., Yu, Q., Sui, D., et al. (2009). Dynamic changes in salivary cortisol and secretory immunoglobulin A response to acute stress. *Stress and Health, 25*, 189–194. doi: 10.1002/smi.1239 10.1002/smi.1239

Farell, B. (2006). Orientation-specific computation in stereoscopic vision. *Journal of Neuroscience, 26*, 9098–9106.

Farrell, M. T., & Abrams, L. (2011). Tip-of-the-tongue states reveal age differences in the syllable frequency effect. *Journal of Experimental Psychology: Learning, Memory, and Cognition, 37*, 277–285. doi: 10.1037/a0021328

Farris, C., Treat, T. A., & Viken, R. J. (2010). Alcohol alters men's perceptual and decisional processing of women's sexual interest. *Journal of Abnormal Psychology, 119*, 427–432. doi: 10.1037/a0019343

Farris, C., Treat, T. A., Viken, R. J., & McFall, R. M. (2008). Perceptual mechanisms that characterize gender differences in decoding women's sexual intent. *Psychological Science, 19*, 348–354.

Farzadfar, F., Finucane, M., Danaei, G., Pelizzari, P. M., Cowan, M. J., Paciorek, C. J., Ezzati, M. (2011). National, regional, and global trends in serum total cholesterol since 1980. *The Lancet, 16*, 377 578–586. doi: 10.1016/S0140-6736(10)62038-7

Fearon, R. P., Bakermans-Kranenburg, M. J., van IJzendoorn, M. H., Lapsley, A.-M., & Roisman, G. I. (2010). The significance of insecure attachment and disorganization in the development of children's externalizing behavior: A meta-analytic study. *Child Development, 81*, 435–345.

Feder, J., Levant, R. F., & Dean, J. (2007). Boys and violence: A gender-informed analysis. Professional *Psychology: Research and Practice, 38*, 385–391.

Federal Bureau of Investigation (FBI) (2009). *Uniform Crime Reports: Crimes in the United States, 2009*. Retrieved from http://www2.fb i.gov/ucr/cius2009/index.html

Feingold, A. (1992). Good-looking people are not what we think. *Psychological Bulletin, 111*, 304–341.

Feingold, A. (1994). Gender differences in personality: A metaanalysis. *Psychological Bulletin, 116*, 429–456.

Feinstein, J. S., Adolphs, R., Damasio, A., & Trane, D. (2010). The human amygdala and the induction and experience of fear. *Current Biology, 21*, 34–38, 16 doi: 10.1016/

j.cub.2010.11.04

Feldhusen, J. F. (2004). Can we be intelligent and creative simultaneously? *Contemporary Psychology: APA Review of Books, 49,* 616–617.

Feldman, D. H. (2003). Cognitive development in childhood. In R. M. Lerner, M.A. Easterbrooks, & J. Mistry (Eds.), *Handbook of psychology: Vol. 6. Developmental psychology* (pp. 195–210). New York: John Wiley & Sons.

Feng, J., Spence, I., & Pratt, J. (2007). Playing an action video game reduces gender differences in spatial cognition. *Psychological Science, 18*(10), 850–855.

Fenn, K. M., Gallo, D. A., Margoliash, D., Roediger, H. L, & Nusbaum, H. C. (2009). Reduced false memory after sleep. *Learning & Memory*. Retrieved from http://learnmem.cshlp.org/content/current. doi: 10.1101/lm.1500808

Fennis, B. M., Janssen, L., & Vohs, K. D. (2009). Acts of benevolence: A limited resource account of compliance with charitable requests. *Journal of Consumer Research, 35*, 906–924. doi: 10.1086/593291

Ferdinand, K. C., & Ferdinand, D. P. (2009). Cardiovascular disease disparities: Racial/ethnic factors and potential solutions. *Current Cardiovascular Risk Reports*, *3*, 187–193. doi: 10.1007/s12170-009-0030-y

Ferguson, C. J. (2010). Blazing angels or resident evil? Can violent video games be a force for good? *Review of General Psychology, 14*, 68–81. doi: 10.1037/a0018941

Ferguson, M. J., & Zayas, V. (2009). Automatic evaluation. *Current Directions in Psychological Science, 18*, 362–366. doi: 10.1111/j.1467-8721.2009.01668.x

Fernandez-Ballesterosa, R. (2006). Geropsychology: An applied field for the 21st century. *European Psychologist, 11,* 312–323.

Ferraz, L., Vállez, M., Navarro, B., Gelabert, E., Martín-Santos, R., & Subirá, S. (2009). Dimensional Martín of personality and impulsiveness in borderline personality disorder. *Personality and Individual Differences, 46*, 140–146. doi: 10.1016/j.paid.2008.09.017

Ferreira, G., Ferry, B., Meurisse, M., & Lévy, F. (2006). Forebrain structures specifically activated by conditioned taste aversion. *Behavioral Neuroscience, 120*, 952–962.

Ferri, M., Amato, L., & Davoli, M. (2006). Alcoholics Anonymous and other 12-step programmes for alcohol dependence. *The Cochrane Database of Systematic Reviews*, No. 3. Retrieved from http://dx.doi. org/10.1002/14651858. CD005032.pub2

Feshbach, S., & Tangney, J. (2008). Television viewing and aggression. *Perspectives on Psychological Science, 3*, 387–389. doi: 10.1111/j.1745-6924.2008.00086.x

Festinger, L., & Carlsmith, J. M. (1959). Cognitive consequences of forced compliance. *Journal of Abnormal and Social Psychology, 58,* 203–210.

Few gender differences in math abilities, worldwide study finds. (2010, January 10). *ScienceDaily*. Retrieved from http://www.sciencedaily.com/releases/2010/01/100105112303.htm.

Fiedler, K. (2008). Language: A toolbox for sharing and influencing social reality. *Perspectives on Psychological Science, 3*, 38–47. doi: 10.1111/j.1745-6916.2008.00060.x

Field, A. (2006). I don't like it because it eats sprouts: Conditioning preferences in children. *Behaviour Research and Therapy, 44*, 439–455.

Figueredo, A. J., Sefcek, J. A., & Jones, D. N. (2006). The ideal romantic partner: Absolute or relative preferences in personality? *Personality and Individual Differences, 41*, 431–441.

Fink, B., & Penton-Voak, I. (2002). Evolutionary psychology of facial attractiveness. *Current Directions in Psychological Science, 11,* 154–158.

Fink, B., Neave, N., Manning, J. T., & Grammer, K. (2006). Facial symmetry and judgements of attractiveness, health and personality. *Personality and Individual Differences*, *41*, 491–499.

Finucane, M. M., Stevens, G. A., Cowan, M. J., Danaei, G., Lin, J. K., Paciorek, C. J., Singh, G. M., Ezzati, M. (2011). National, regional, and global trends in body-mass index since 1980. *The Lancet*, *377*, 557–567 doi: 10.1016/S0140-6736(10)62037-5

Firestone, R. W., Firestone, L. A., & Catlett, J. (2006). *Sex and love in intimate relationships*. Washington, DC: American Psychological Association.

Fischer, A. H., Mosquera, P. M. R., van Vianen, A. E. M., & Manstead, A. S. R. (2004). Gender and culture differences in emotion. *Emotion, 4,* 87–94.

Fischer, P., Kastenmuller, A., & Greitemeyer, T. (2009). Media violence and the self: The impact of personalized gaming characters in aggressive video games on aggressive behavior. *Journal of Experimental Social Psychology, 46*, 192–195. doi: 10.1016/j.jesp.2009.06.010

Fish, B., & Condon, S. (2005). A discussion of current attachment research and its clinical applications. *Child and Adolescent Social Work Journal, 11*, 93–105.

Fishbein, M. D. (1996). *Peer prejudice and discrimination: Evolutionary, cultural, and developmental dynamics*. Boulder, CO: Westview Press.

Fisher, B. S., Daigle, L. E., Cullen, F. T., & Turner, M. G. (2003). Reporting sexual victimization to the police and others: Results from a national-level study of college women. *Criminal Justice and Behavior, 30*, 6–38.

Fisher, M. A. (2008). Protecting confidentiality rights: The need for an ethical practice model. *American Psychologist, 63*, 1–13. doi: 10.1037/0003-066X.63.7.624

Fiske, A. P., Kitayama, S., Markus, H. R., & Nisbett, R. E. (1998). The cultural matrix of social psychology. In D. T. Gilbert, S. T. Fiske, & G. Lindzey (Eds.), *The handbook of social psychology* (4th ed., Vol. 2, pp. 915–981). Boston: McGraw-Hill.

Fiske, A., Wetherell, J. L., & Gatz, M. (2009). Depression in older adults. *Annual Review of Clinical Psychology, 5*, 363–389. doi: 10.1146/annurev.clinpsy.032408.153621

Fiske, A., Wetherell, J. L., & Gatz, M. (2009). Depression in older adults. *Annual Review of Clinical Psychology, 5*, 363–389. doi: 10.1146/annurev.clinpsy.032408.153621

Fitzsimons, G., M., Chartrand, T. L., & Fitzsimons, G. J. (2008). Automatic effects of brand exposure on motivated behavior: How Apple makes you "think different." *Journal of Consumer Research, 35*, 21–35. Retrieved from http://www.journals.uchicago.edu/doi/pdf/10.1086/527269

Flagel, S. B., Clark, J. J., Robinson, T. E., Mayo, L., Czuj, A., Willuhn, I., et al. (2011). A selective role for dopamine in stimulus-reward learning. *Nature, 469*, 53–57. doi: 10.1038/nature09588

Flavell, J. H., Miller, P. H., & Miller, S. A. (2002). *Cognitive development* (4th ed.). Upper Saddle River, NJ: Prentice Hall.

Fleeson, W. (2004). Moving personality beyond the personsituation debate: The challenge and the opportunity of within-person variability. *Current Directions in Psychological Science, 13*, 83–87.

Fleeson, W., & Noftle, E. E. (2009). In favor of the synthetic resolution to the person-situation debate. *Journal of Research in Personality, 43*, 150-154. doi: 10.1016/j.jrp.2009.02.008

Fleeson, W., Malanos, A. B., & Achille, N. M. (2008). An intraindividual process approach to the relationship between extraversion and positive affect: is acting extraverted as "good" as being extraverted? *Journal of Personality and Social Psychology, 83*, 1409–1422.

Flegal, K. M., Carroll, M. D., Ogden, C. L., & Curtin, L. R. (2010). Prevalence and trends in obesity among US Adults, 1999–2008. *Journal of the American Medical Association, 303*, 235–241. doi: 10.1001/jama.2009.2014

Flegal, K. M., Graubard, B. L., Williamson, D. F., & Gail, M. H. (2005). Excess deaths associated with underweight, overweight, and obesity. *Journal of the American Medical Association, 293*, 1861–1867.

Floyd, R. L., O'Connor, M. J., Sokol, R. J., Bertrand, J., & Cordero, F. F. (2005). Recognition and prevention of fetal alcohol syndrome. *Obstetrics & Gynecology, 106*, 1059–1064.

Flynn, J. R. (2006). The history of the American mind in the 20th century: A scenario to explain IQ gains over time and a case for the irrelevance of g. In P. C. Kyllonon, R. D. Roberts, & L. Stankov (Eds.), *Extending intelligence: Enhancement and new constructs*. Hillsdale, NJ: Erlbaum.

Fok, H. K., Hui, C. M., Bond, M. H., Matsumoto, D., & Yoo, S. H. (2008). Integrating personality, context, relationship, and emotion type into a model of display. *Journal of Research in Personality, 42*, 133–150. doi: 10.1016/j.jrp.2007.04.005

Foley, D. L., & Morley, K. J. (2011). Systematic review of early cardiometabolic outcomes of the first treated episode of psychosis. *Archives of General Psychiatry*, Published online February 7, 2011. doi: 10.1001/archgenpsychiatry.2011.2

Foley, E., Baillie, A., Huxter, M., Price, M., & Sinclair, E. (2010). Mindfulness-based cognitive therapy for individuals whose lives have been affected by cancer: A randomized controlled trial. *Journal of Consulting and Clinical Psychology, 78*, 72–79. doi: 10.1007/s10826-009-9272-z.

Folsom, D. P., Hawthorne, W., Lindamer, L., Gilmer, T., Bailey, A., Golshan, S., et al. (2005). Prevalence and risk factors for homelessness and utilization of mental health services among 10,340 patients with serious mental illness in a large public mental health system. *American Journal of Psychiatry, 162*, 370–376.

Fontaine, K. R., Redden, D. T., Wang, C., Westfall, A. O., & Allison, D. B. (2003). Years of life lost due to obesity. *Journal of the American Medical Association, 289*, 187–193.

Foote, B., Smolin, Y., Kaplan, M., Legatt, M. E., & Lipschitz, D.

(2005). Prevalence of dissociative disorders in psychiatric outpatients. *American Journal of Psychiatry, 163*, 623–629.

Ford, C. S., & Beach, F. A. (1951). *Patterns of sexual behavior.* New York: Harper & Row.

Forestell, C. A., Humphrey, T. M., & Stewart, S. H. (2004). Involvement of body weight and shape factors in ratings of attractiveness by women: A replication and extension of Tassinary and Hansen (1998). *Personality and Individual Differences, 36,* 295–305.

Forgas, J. P. (2008). Affect and cognition. *Perspectives on Psychological Science, 3*, 94–101. doi: 10.1111/j.1745-6916.2008.00067.x

Forman, J. P., Stampfer, M. J., & Curhan, G. C. (2009). Diet and lifestyle risk factors associated with incident hypertension in women. *Journal of the American Medical Association, 302*, 401–411.

Fountain, H. (2007, June 19). Cockroaches conditioned to salivate at a scent, not Pavlov's dinner bell. *The New York Times Science Section*. Retrieved from www.nytimes.com

Fournier, J. C., DeRubeis, R. J., Hollon, S. D., Dimidjian, S., Amsterdam, J. D., Shelton, R. C., et al. (2010). Antidepressant drug effects and depression severity: A patient-level meta-analysis. *Journal of the American Medical Association, 303*, 47–53.

Fournier, J. C., DeRubeis, R. J., Shelton, R. C., Hollon, S. D., Amsterdam, J. D., & Gallop, R. (2009). Prediction of response to medication and cognitive therapy in the treatment of moderate to severe depression. *Journal of Consulting and Clinical Psychology, 77*, 775–787. doi: 10.1037/a0015401

Fowler, J. H., & Christakis, N. A. (2008). Dynamic spread of happiness in a large social network: Longitudinal analysis over 20 years in the Framingham Heart Study. *British Medical Journal, 337*, 2338. doi: 10.1136/bmj.a2338

Frank, R. G., & Glied, S. A. (2006). *Better but not well: Mental health policy in the United States since 1950.* Baltimore, MD: Johns Hopkins University Press.

Freedman, D. H. (2011). How to fix the obesity crisis. *Scientific American* Retrieved from http://www.scientificamerican.com/article.cfm?id=how-to-fix-the-obesity-crisis

Freeman, H. P., & Payne, R. (2000). Racial injustice in health care. *New England Journal of Medicine, 342,* 1045–1047.

Freeman, J. B., Rule, N. O., Adams, R. B., & Ambady, N. (2009). Culture shapes a mesolimbic response to signals of dominance and subordination that associates with behavior. *NeuroImage, 47*, 353–359.

Freeman, M. S., Spence, M. J., & Oliphant, C. M. (1993, June). *Newborns prefer their mothers' low-pass fi ltered voices over other female filtered voices.* Paper presented at the annual meeting of the American Psychological Society, Chicago.

French, S. E., Seidman, E., Allen, L., & Aber, J. L. (2006). The development of ethnic identity during adolescence. *Developmental Psychology, 42*, 1–10.

Frenda, S. J., Nichols, R. M., & Loftus, E. F. (2011). Current issues and advances in misinformation research. *Current Directions in Psychological Science, 20*, 20–23. doi: 10.1177/0963721410396620

Freud, S. (1900). The interpretation of dreams. In J. Strachey (Ed.), *The standard edition of the complete psychological works of Sigmund Freud: Vol. 8.* London: Hogarth Press.

Freud, S. (1917/1957). Mourning and melancholia. In J. Rickman (Ed.), *A general selection from the works of Sigmund Freud*. Garden City, NY: Doubleday.

Freud, S. (1922/1959). Analysis of a phobia in a 5-year-old boy. In A. J. Strachey (Ed. & Trans.), *Collected papers* (Vol. 3). New York: Basic Books. (Original work published 1909.)

Freud, S. (1938). *The psychopathology of everyday life.* Hammondsworth: Pelican Books.

Freud, S. (1964). New introductory lectures. In *Standard edition of the complete psychological works of Sigmund Freud* (Vol. 22). London: Hogarth. (Original work published 1933.)

Freund, A. A. (2006). Age-differential motivational consequences of optimization versus compensation focus in younger and older adults. *Psychology and Aging, 21*, 40–52.

Freund, A. M., & Riediger, M. (2003). Successful aging. In R. M. Lerner, M. A. Easterbrooks, & J. Mistry (Eds.), *Handbook of psychology: Vol. 6. Developmental psychology* (pp. 601–628). New York: John Wiley & Sons.

Frey, B. S. (2011). Happy people live longer. *Science, 331*, 542–543. doi: 10.1126/science.1201060

Friedman, B. H. (2010). Feelings and the body: The Jamesian perspective on autonomic specificity of emotion. *Biological Psychology, 84*, 383–393. doi: 10.1016/j.biopsycho.2009.10.006

Friedman, M. (2008). *Sleep apnea and snoring: Surgical and nonsurgical therapy*. Philadelphia: Saunders/Elsevier.

Friedman, M., & Ulmer, D. (1984). *Treating Type A behavior and your heart*. New York: Fawcett Crest.

Friedman, T. L. (2006). *The world is flat: Updated and expanded* (2nd ed.). New York: Farrar, Straus and Giroux.

Fruzzetti, A. E., Toland, K., Teller, S. A., & Loftus, E. F. (1992). Memory and eyewitness testimony. In M. M. Gruneberg & P. E. Morris (Eds.), *Aspects of memory: Vol. 1. The practical aspects* (2nd ed., pp. 18-50). Florence, KY: Taylor & Francis/Routledge.

Frye, M. A. (2011). Bipolar disorder—a focus on depression. *New England Journal of Medicine, 364*, 51-59.

Fujita, F., & Diener, E. (2005). Life satisfaction set point: Stability and change. *Journal of Personality and Social Psychology, 88*, 158-164.

Fuligni, A. J., Witkow, M., & Garcia, C. (2005). Ethnic identity and the academic adjustment of adolescents from Mexican, Chinese, and European backgrounds. *Developmental Psychology, 41,* 799-811.

Funder, D. C. (2009). Persons, behaviors and situations: An agenda for personality psychology in the postwar era. *Journal of Research in Personality, 43*, 120-126. doi: 10.1016/j.jrp.2008.12.041

Furnham, A. (2009). Sex differences in mate selection preferences. *Personality and Individual Differences, 47*, 262-267.

Futrelle, D. (2006, August). Can money buy happiness? *Money*, pp. 127-131.

Gabbard, G. O. (2005). Mind, brain, and personality disorders. *American Journal of Psychiatry, 162*, 648-655.

Gaertner, L., Iuzzini, J., Witt, J. G., & Oriña, J. M. (2006). Us without them: Evidence for an intragroup origin of positive in-group regard. *Journal of Personality and Social Psychology, 90,* 426-439.

Gajendran, R. S., & Harrison, D. A. (2007). The good, the bad, and the unknown about telecommuting: Meta-analysis of psychological mediators and individual consequences. *Journal of Applied Psychology, 92*(6), 1524-1541.

Galanter, E. (1962). Contemporary psychophysics. In R. Brown, E. Galanter, H. Hess, & G. Mandler (Eds.), *New directions in psychology*. New York: Holt, Rinehart & Winston.

Gallego, M., Eide, E. J., Woolf, M. F., Virshup, D. M., & Forger, D. B. (2006). An opposite role for tau in circadian rhythms revealed by mathematical modeling. *Proceedings of the National Academy of Sciences,* published online July 3, 2006. Retrieved from http://www.pnas.org/cgi/content/abstract/0604511103v1.

Gallistel, C. R. (2006). Dopamine and reward: Comment on Hernandez et al. (2006). *Behavioral Neuroscience, 120*, 992-994.

Gallup Organization. (2005). *Americans' Personal Satisfaction, 2005*. Retrieved from http://www.gallup.com/poll/content/default.aspx?

Gallup, G. G, Jr., & Frederick, D. A. (2010). The science of sex appeal: An evolutionary perspective. *Review of General Psychology, 14*, 240-250. doi: 10.1037/a0020451

Gandevia, S. C., Smith, J. L., Crawford, M., Proske, U., & Taylor, J. L. (2006). Motor commands contribute to human position sense. *Journal of Physiology, 571*, 703-710.

Gannon, N., & Ranzijn, R. (2005). Does emotional intelligence predict unique variance in life satisfaction beyond IQ and personality? *Personality and Individual Differences, 38*, 1353-1364.

Garb, H. N., Wood, J. M., Lilienfeld, S. O., & Nezworski, M. T. (2005). Roots of the Rorschach controversy. *Clinical Psychology Review, 25,* 97-118.

Garcia, J., & Koelling, R. A. (1966). Relation of cue to consequence in avoidance learning. *Psychonomic Science, 4*, 123-124.

Garcia, J., & Koelling, R. A. (1971). The use of ionizing rays as a mammalian olfactory stimulus. In H. Autrum et al. (Eds.), *Handbook of sensory physiology: Vol. 4. Chemical senses* (Part 1). New York: Springer-Verlag.

Garcia, J., & Koelling, R. A. (2009). Specific hungers and poison avoidance as adaptive specialization of learning. In D. Shanks (Ed.), *Psychology of learning*. Thousand Oaks, CA: Sage.

Gardner, A. (2010, October 4). *Variety spices up Americans' sex lives, survey says*. Retrieved from http://www.businessweek.com/lifestyle/content/healthday/643856.html.

Gardner, H. (1993). Intelligence in seven phases. In H. Gardner (Ed.), *Multiple intelligences: The theory in practice* (pp. 213-230). New York: Basic Books.

Gardner, H. (1998). Are there additional intelligences? The case for naturalist, spiritual, and existential intelligences. In J. Kane (Ed.), *Education information, and transformation*. Upper Saddle River, NJ: Prentice-Hall.

Gardner, R. A., & Gardner, B. T. (1969). Teaching sign language to a chimpanzee. *Science, 165*, 664-672.

Gardner, R. A., & Gardner, B. T. (1978). Comparative psychology and language acquisition. *Annals of the New York Academy of Science, 309*, 37-76.

Gardner, R., Jr. (2006, October 8). The farewell tour. *The New York Times,* Section 9, pp. 1, 14.

Garnets, L. D. (2002). Sexual orientations in perspective. *Cultural Diversity and Ethnic Minority Psychology, 8,* 115–129.

Gartlehner, G., Gaynes, B. N., Hansen, R. A., Thieda, P., DeVeaugh-Geiss, A., Krebs, E. E., et al. (2008). Comparative benefits and harms of second-generation antidepressants: Background paper for the American College of Physicians. *Annals of Internal Medicine, 149,* 734–750. Retrieved from http://www.ncbi.nlm.nih.gov/pubmed/19017592.

Garwood, S. G., Cox, L., Kaplan, V., Wasserman, N., & Sulzer, J. (1980). Beauty is only "name deep": The effect of first name in ratings of physical attraction. *Journal of Applied Social Psychology, 10,* 431–435.

Gatchel, R. J. (2001). Biofeedback and self-regulation of physiological activity: A major adjunctive treatment modality in health psychology. In A. Baum, T. A. Revenson, & J. E. Singer (Eds.), *Handbook of health psychology* (pp. 95–104). Mahwah, NJ: Lawrence Erlbaum Associates.

Gatz, M. (2007). Genetics, dementia, and the elderly. *Current Directions in Psychological Science, 16,* 123–127.

Gaulin, S. J. C., & McBurney, D. H. (2001). *Psychology: An evolutionary approach.* Upper Saddle River, NJ: Prentice-Hall.

Gauthier, I., & Curby, K. M. (2005). A perceptual traffic jam on highway N170 interference between face and car expertise. *Current Directions in Psychological Science, 14,* 30–33.

Gawronski, B., Rydell, R. J., Vervliet, B., & De Houwer, J. (2010). Generalization versus contextualization in automatic evaluation. *Journal of Experimental Psychology: General, 139,* 683–701. doi: 10.1037/a0020315

Gazzaniga, M. (1999). The interpreter within: The glue of conscious experience. *Cerebrum, 1*(1), 68–78.

Gazzaniga, M. S. (1992). *Nature's mind.* New York: Basic Books.

Gazzaniga, M. S. (1995). Consciousness and the cerebral hemispheres. In M. S. Gazzaniga (Ed.), *The cognitive neurosciences* (pp. 1391–1400). Cambridge, MA: MIT Press.

Ge, X., & Natsuaki, M. N. (2009). In search of explanations for early pubertal timing effects on developmental psychopathology. *Current Directions in Psychological Science, 18,* 327–331. doi: 10.1111/j.1467-8721.2009.01661.x

Gehar, D. R. (2009). *Mastering competencies in family therapy.* Belmont, CA: Brooks/Cole, Cengage Learning.

Geier, A. B., Rozin, P., & Doros, G. (2006). Unit bias: A new heuristic that helps explain the effect of portion size on food intake. *Psychological Science, 17,* 521–525.

Geipert, N. (2007, January). Don't be mad: More research links hostility to coronary risk. *Monitor on Psychology, 38*(1), 50–51.

Gel, S., Gohl, E. L. K., Sailor, K. A., Kitabatake, Y., Ming, G., & Song, H. (2006). GABA regulates synaptic integration of newly generated neurons in the adult brain. *Nature, 439,* 589–593.

Geller, B. (2006, October 16). Early use of methylphenidate: The jury on neuronal effects is still out. *Journal Watch Psychiatry.* Retrieved from http://psychiatry.jwatch.org/cgi/content/full/2006/1016/2.

Gelstein, S., Yeshurun, Y., Rozenkrantz, L., Shushan, S., Frumin, I., Roth, Y., Sobel, N. (2011). Human tears contain achemosignal. *Science, 331,* 226–230. doi: 10.1126/science.1198331

Geraerts, E., Lindsay, D. S., Merckelbach, H., Jelicic, M., Raymaekers, L., Arnold, M. M., ... & Schooler, J. W. (2009). Cognitive mechanisms underlying recovered-memory experiences of childhood sexual abuse. *Psychological Science, 20,* 92–98. doi: 10.1111/j.1467-9280.2008.02247.x

Gerhart, B. (2005). The (affective) dispositional approach to job satisfaction: Sorting out the policy implications. *Journal of Organizational Behavior, 26,* 79–97.

German, T. P., & Barrett, H. C. (2005). Functional fixedness in a technologically sparse culture. *Psychological Science, 16,* 1–5.

Gershoff, E. T. (2002b). Corporal punishment, physical abuse, and the burden of proof: Reply to Baumrind, Larzelere, and Cowan (2002), Holden (2002), and Parke (2002). *Psychological Bulletin, 128,* 602–611.

Gershoff, E. T. (2002a). Corporal punishment by parents and associated child behaviors and experiences: A metaanalytic and theoretical review. *Psychological Bulletin, 128,* 539–579.

Gertner, Y., Fisher, C., & Eisengart, J. (2006). Learning words and rules: Abstract knowledge of word order in early sentence comprehension. *Psychological Science, 17,* 684–691.

Gibson, E. J., & Walk, R. D. (1960, April). The visual cliff. *Scientific American*, pp. 64-71.

Gignac, G. E. (2006). Self-reported emotional intelligence and life satisfaction: Testing incremental predictive validity hypotheses via structural equation modeling (SEM) in a small sample. *Personality and Individual Differences, 40,* 1569-1577.

Gilestro, G. F., Tononi, G., & Cirelli, C. (2009). Widespread changes in synaptic markers as a function of sleep and wakefulness in drosophila. *Science, 324*, 5923 109-112.

Gill, R. E. (2006, January/February). *The National Psychologist, 15*, 1-2.

Gilligan, C. (1982). *In a different voice: Psychological theory and women's development*. Cambridge, MA: Harvard University Press.

Gilligan, C., Lyons, P., & Hanmer, T. J. (Eds.). (1990). *Making connections*. Cambridge, MA: Harvard University Press.

Giltay, E. J., Kamphuis, M. H., Kalmijin, S., Zitman, F. G., & Kromhout, D. (2006). Dispositional optimism and the risk of cardiovascular death: The Zutphen Elderly Study. *Archives of Internal Medicine, 166*, 431-436.

Giotakos, O., Markianos, M., & Vaidakis, N. (2005). Aggression, impulsivity, and plasma sex hormone levels in a group of rapists, in relation to their history of childhood attention-deficit/hyperactivity disorder symptoms. *Journal of Forensic Psychiatry & Psychology, 16*, 423-433.

Glasman, L. R., & Albarracín, D. (2006). Forming attitudes that predict future behavior: A meta-analysis of the attitude-behavior relation. *Psychological Bulletin, 132*, 778-822.

Glassman, A. H., Bigger, T., Jr., & Gaffney, M. (2009). Psychiatric characteristics associated with long-term mortality among 361 patients having an acute coronary syndrome and major depression: Seven-year follow-up of SADHART participants. *Archives of General Psychiatry, 66*, 1029.

Glickstein, M., Strata, P., & Voogd, J. (2009). Cerebellum: history. *Neuroscience, 162*, 549-559. doi: 10.1016/j.neuroscience.2009.02.054

Godden, D. R., & Baddeley, A. D. (1975). Context-dependent memory in two natural environments: On land and underwater. *British Journal of Psychology, 66*, 325-331.

Godleski, S. A., & Ostrov, J. M. (2010). Relational aggression and hostile attribution biases: Testing multiple statistical methods and models. *Journal of Abnormal Child Psychology, 38*, 447-458. doi: 10.1007/s10802-010-9391-4

Goebel, M. U., Trebst, A. E., Steiner, J., Xie, Y. F., Exton, M. S., Frede, S., et al. (2002). Behavioral conditioning of immunosuppression is possible in humans. *FASEB Journal, 16*, 1869-1873.

Goel, N., Banks, S., Mignot, E., & Dinges, D. R. (2010). DQB1*0602 predicts interindividual differences in physiologic sleep, sleepiness, and fatigue. *Neurology, 75*, 1509-1519.

Goldberg, L. R. (1993). The structure of phenotypic personality traits. *American Psychologist, 48,* 26-34.

Goldstein, I., Meston, C., Davis, S., & Traish, A. (Eds.). (2006). *Female sexual dysfunction.* New York: Parthenon.

Goldstein, R. B., Grant, B. F., Huang, B., Smith, S. M., Stinson, F. S., Dawson, D. A., et al. (2006). Lack of remorse in antisocial personality disorder: Sociodemographic correlates, symptomatic presentation, and comorbidity with Axis I and Axis II disorders in the National Epidemiologic Survey on Alcohol and Related Conditions. *Comprehensive Psychiatry, 47*, 289-297.

Golier, J. A., Yehuda, R., Bierer, L. M., Mitropoulou, V., New, A. S., Schmeidler, J., et al. (2003). The relationship of borderline personality disorder to posttraumatic stress disorder and traumatic events. *American Journal of Psychiatry, 160*, 2018-2024.

Golinkoff, R. M., & Hirsh-Pasek, K. (2006). Baby wordsmith: From associationist to social sophisticate. *Current Directions in Psychological Science, 15,* 30-33.

Gómez, R. L., Bootzin, R. R., & Nadel, L. (2006). Naps promote abstraction in language-learning infants. *Psychological Science, 17,* 670-674.

Gonsalves, B. D., & Cohen, N. J. (2010). Brain imaging, cognitive processes, and brain networks. *Perspectives on Psychological Science, 5*, 744-752. doi: 10.1177/1745691610388776

González, H. J., Vega, W. A., Williams, D. R., Tarraf, W., West, B. T., & Neighbors, H. W. (2010). Depression care in the United States: Too little for too few. *Archives of General Psychiatry, 67*, 37-46.

Goodwin, I. (2003). The relevance of attachment theory to the philosophy, organization, and practice of adult mental health care. *Clinical Psychology Review, 23,* 35-56.

Goodwin, R. D., Canino, G., Ortega, A. N., & Bird, H. R. (2009). Maternal mental health and childhood asthma among Puerto Rican youth: The role of prenatal smoking. *Journal of Asthma, 46*, 726-730.

Gopnik, A. (2000, December 24). Children need childhood,

not vocational training. *The New York Times Week in Review*, p. 6.

Gorchoff, S. M., John, O. P., & Helson, R. (2008). Contextualizing change in marital satisfaction during middle age: An 18-year longitudinal study. *Psychological Science, 19,* 1194-1200.

Gorman, C. (2007, January 29). 6 lessons for handling stress. *Newsweek,* pp. 80-85.

Gosling, P., Denizeau, M., & Oberlé, D. (2006). Denial of responsibility: A new mode of dissonance reduction. *Journal of Personality and Social Psychology, 90*, 722-733.

Gosling, S. D., Kwan, V. S. Y., & John, O. P. (2003). A dog's got personality: A cross-species comparative approach to personality judgments in dogs and humans. *Journal of Personality and Social Psychology, 85,* 1161-1169.

Gothold, J. J. (2009). Peeling the onion: Understanding layers of treatment. *Annals of the New York Academy of Sciences, 1159*, 301-312.

Gottesman, I. I. (1997). Twins: En route to QTLs for cognition. *Science, 276*, 1522-1523.

Gottesman, I. I., & Hanson, D. R. (2005). Human development: Biological and genetic processes. *Annual Review of Psychology, 56*, 263-286.

Gottfredson, L. S. (2003a). Discussion on Sternberg's "Reply to Gottfredson." *Intelligence, 31*, 415-424.

Gottfredson, L. S. (2003b). Dissecting practical intelligence theory: Its claims and evidence. *Intelligence, 31,* 343-397.

Gottfredson, L. S. (2004). Intelligence: Is it the epidemiologists' elusive "fundamental cause" of social class inequalities in health? *Journal of Personality and Social Psychology, 86,* 174-199.

Gottfredson, L. S., & Deary, I. J. (2004). Intelligence predicts health and longevity, but why? *Current Directions in Psychological Science, 13*, 1-4.

Gould, C. E., & Edelstein, B. A. (2010). Worry, emotion control, and anxiety control in older and younger adults. *Journal of Anxiety Disorders, 24*, 759-766.

Goymer, P. (2007). Genes know their left from their right. *Nature Reviews Genetics, 8*, 652. doi: 10.1038/nrg2194

Grabe, S., & Hyde, J. S. (2006). Ethnicity and body dissatisfaction among women in the United States: A meta-analysis. *Psychological Bulletin, 132,* 622-640.

Grace, A. A. (2010). Ventral hippocampus, interneurons, and schizophrenia: A new understanding of the pathophysiology of schizophrenia and its implications for treatment and prevention. *Current Directions in Psychological Science, 19*, 232-237. doi: 10.1177/0963721410378032s

Graham, J. R. (2006). *MMPI-2: Assessing personality and psychopathology* (4th ed.). New York: Oxford University Press.

Grant, B. F., Hasin, D. S., Blanco, C., Stinson, F. S., Chou, S. P., Goldstein, R. B., et al. (2006). The epidemiology of social anxiety disorder in the United States: Results from the National Epidemiologic Survey on Alcohol and Related Conditions. *Journal of Clinical Psychiatry, 66*, 1351-1361.

Grant, B. F., Hasin, D. S., Stinson, F. S., Dawson, D. A., Goldstein, R. B., Smith, S., et al. (2006). The epidemiology of DSM-IV panic disorder and agoraphobia in the United States: Results from the National Epidemiologic Survey on Alcohol and Related Conditions. *Journal of Clinical Psychiatry, 67*, 363-374.

Grant, B. F., Stinson, F. S., Dawson, D. A., Chou, P., Dufour, M. C., Compton, W., et al. (2004). Prevalence and co-occurrence of substance use disorders and independent mood and anxiety disorders: Results from the National Epidemiologic Survey on Alcohol and Related Conditions. *Archives of General Psychiatry, 61,* 807-816.

Gratz, K. L., Rosenthal, M. Z., Tull, M. T., Lejuez, C. W., & Gunderson, J. G. (2010). An experimental investigation of emotional reactivity and delayed emotional recovery in borderline personality disorder: The role of shame. *Comprehensive Psychiatry*, *51*, 275-285. doi: 10.1016/j.comppsych.2009.08.005

Gray-Little, B., & Hafdahl, A. R. (2000). Factors influencing racial comparisons of self-esteem: A quantitative review. *Psychological Bulletin, 126*, 26-54.

Grayson, M. (2010). Parkinson's disease. *Nature, 466*, 7310 suppl. pp. S3-S22. doi: 10.1038/466S2a

Graziano, W., G., & Tobin, R. M. (2009). Agreeableness. In M. R. Leary & R. H. Hoyle (Eds.), *Handbook of individual differences in social behavior* (pp. 46-61). New York: Guilford.

Green, B. L., & Kenrick, D. T. (1994). The attractiveness of gender-typed traits at different relationship levels: Androgynous characteristics may be desirable aft er all. *Personality and Social Psychology Bulletin, 20*(3), 244-253.

Greenberg, S. H., & Springen, K. (2001, Fall/Winter). Keeping hope alive. *Newsweek Special Issue,* pp. 60-63.

Greenwood, A. (2006, April 25). Natural killer cells power immune system response to cancer. *NCI Cancer Bulletin, 3*(17). Retrieved from http://www.cancer.gov/ncicancerbulletin/NCI_Cancer_Bulletin_042506 /page4.

Greer, M. (2004a, April). General cognition also makes the difference on the job, study finds. *Monitor on Psychology, 35*(4), 12.

Greer, M. (2004b, July). Strengthen your brain by resting it. *Monitor on Psychology, 35*(7), 60–61.

Gregoire, C. (2010, January 25). Cohabitation and marriage in America—study: The state of our unions 2009—living together vs getting married. Retrieved from http://divorce.suite101.com/article.cfm/cohabitation_and_marriage_in_america_2009#ixzz0hySvsOSG.

Griffiths, S., Scott, H., Glover, C., Bienemann, A., Ghorbel, M. T., Uney, J., Bashir, Z. I. (2008). Expression of long-term depression underlies visual recognition memory. *Neuron*, *58*, 186–194. doi: 10.1016/j.neuron.2008.02.022

Griffo, R., & Colvin, C. R. (2009). A brief look at interactionism: Past and present. *Journal of Research in Personality, 43*, 243–244. doi: 10.1016/j.jrp.2008.12.038

Grigoriadis, V. (2003, July 20). Smiling through the 30th, a birthday once apocalyptic. *The New York Times,* Section 9, pp. 1, 8.

Grimm, L. R., Markman, A. B., Maddox, W. T., & Baldwin, G. C. (2009). Stereotype threat reinterpreted as a regulatory mismatch. *Journal of Personality and Social Psychology, 96*, 288–304. doi: 10.1037/a0013463

Grob, G. N. (1996). *The mad among us: A history of the care of America's mentally ill.* Cambridge, MA: Harvard University Press.

Gross, J. (2007, March 21). Prevalence of Alzheimer's rises 10% in 5 years. *The New York Times,* p. A14.

Grossman, L. (2003, January 20). Can Freud get his job back? *Time*, pp. 48–51.

Grossman, P. (2008). On measuring mindfulness in psychosomatic and psychological research. *Journal of Psychosomatic Research, 64*, 405–408.

Gubbels, S. P., Woessner, D. W., Mitchell, J. C., Ricci, A. J., & Brigande, A. J. (2008). Functional auditory hair cells produced in the mammalian cochlea by in utero gene transfer. *Nature Online*. Retrieved from http://www.nature.com/nature/journal/vaop/ncurrent/abs/nature07265.html

Gueguen, N., Jacob, C., & Lamy, L. (2010). 'Love is in the air': Effects of songs with romantic lyrics on compliance with a courtship request. *Psychology of Music, 38*, 303–307. doi: 10.1177/0305735609360428

Guenther, R. K. (1998). *Human cognition*. Englewood Cliffs, NJ: Prentice-Hall.

Guilford, J. P., Christensen, P. R., Merrifield, P. R., & Wilson, R. C. (1978). *Alternate uses: Form B, Form C.* Orange, CA: Sheridan Psychological Services.

Guisinger, S., & Blatt, S. J. (1994). Individuality and relatedness: Evolution of a fundamental dialectic. *American Psychologist, 49*, 104–111.

Gunderson, J. G. (2007). Disturbed relationships as a phenotype for borderline personality disorder. *American Journal of Psychiatry, 164*, 1637–1640.

Gunderson, J. G. (2011). Borderline personality disorder. *New England Journal of Medicine, 364,* 2037–204.

Gunn, R. L., & Smith, G. T. (2010). Risk factors for elementary school drinking: Pubertal status, personality, and alcohol expectancies concurrently predict fifth grade alcohol consumption. *Psychology of Addictive Behaviors, 24*, 617–627. doi: 10.1037/a0020334

Gunter, B., & McAleer, J. (1990). *Children and television: The one-eyed monster?* London: Routledge.

Gunter, R. W., & Whittal, M. L. (2010). Dissemination of cognitive-behavioral treatments for anxiety disorders: Overcoming barriers and improving patient access. *Clinical Psychology Review, 30,* 194–202. doi: 10.1016/j.cpr.2009.11.001

Gupta, R., Warren, T., & Wald, A. (2007). Genital herpes. *The Lancet, 370*, 2127–2137.

Gustavson, C. R., & Garcia, J. (1974). Aversive conditioning: Pulling a gag on the wily coyote. *Psychology Today, 8,* 68–72.

Gustavson, C. R., Garcia, J., Hawkins, W. G., & Rusiniak, K. W. (1974). Coyote predation control by aversive conditioning. *Science, 184,* 581–583.

Gwaltney, C. J., Metrik, J., Kahler, C. W., & Shiffman, S. (2009). Self-efficacy and smoking cessation: A meta-analysis. *Psychology of Addictive Behaviors, 23*, 56–66. doi: 10.1037/a0013529

Gyatso, T. (2003, April 26). The monk in the lab. *The New York Times,* p. A29.

Haber, R. N. (1979). Twenty years of haunting eidetic imagery: Where's the ghost? *Behavioral and Brain Sciences 2*, 583–629.

Hafdahl, A. R., & Gray-Little, B. (2002). Explicating methods in reviews of race and self-esteem: Reply to Twenge and Crocker (2002). *Psychological Bulletin, 128*, 409–416.

Haider, B., Duque, A., Hasenstaub, A. R., & McCormick, D. A. (2006). Neocortical network activity in vivo is generated through a dynamic balance of excitation and inhibition. *The Journal of Neuroscience, 26*, 4535–4545.

Haidt, J. (2008). Morality. *Perspectives on Psychological Science, 3*, 65–72. Doi: 10.1111/j.1745-6916.2008. 00063.x

Halbreich, U., O'Brien, S., Eriksson, E., Bäckstrom, T., Yonkers, K. A., & Freeman, E. W. (2006). Are there differential symptom profiles that improve in response to different pharmacological treatments of premenstrual syndrome/premenstrual dysphoric disorder? *CNS Drugs, 20*, 523–547.

Hall, H. I., Song, R., Rhodes, P., Prejean, J., An, Q., Lee, L. M., et al. (2008). Estimation of HIV incidence in the United States. *Journal of the American Medical Association, 300*, 520–529. Retrieved from http://jama.ama-assn.org/cgi/content/abstract/300/5/520.

Halpern, D. F. (2004). A cognitive-process taxonomy for sex differences in cognitive abilities. *Current Directions in Psychological Science, 13*, 135–139.

Halpern, D. F., & LaMay, M. L. (2000). The smarter sex: A critical review of sex differences in intelligence. *Educational Psychology Review, 12*, 229–246.

Halpern, D. F., Benbow, C. P., Geary, D. C., Gur, R. C., Shibley Hyde, J., & Gernsbacher, M. A. (2007). The science of sex differences in science and mathematics. *Psychological Science in the Public Interest, 8*(1), 1–51.

Ham, L. S., & Hope, D. A. (2003). College students and problematic drinking: A review of the literature. *Clinical Psychology Review, 23*, 719–759.

Hamel, M., Shafer, T. W., & Erdberg, P. (2003). A study of nonpatient preadolescent Rorschach protocols. *Journal of Personality Assessment, 75*, 280–294.

Hamilton, B. E., Martin, J. A., & Ventura, S. J. (2009). Births: Preliminary data for 2007. *National vital statistics reports, 57*(12). Hyattsville, MD: National Center for Health Statistics. Retrieved from http://www.cdc.gov/nchs/FASTATS/.

Hamilton, E. A., Mintz, L., & Kashubeck-West, S. (2010). Predictors of media effects on body dissatisfaction in European American women. *Sex Roles, 56*, 397–402, doi: 10.1007/s11199-006-9178-9

Hamilton, S. P. (2008). Schizophrenia candidate genes: Are we really coming up blank? *American Journal of Psychiatry, 165*, 420–423. doi: 10.1176/appi.ajp.2008.08020218

Hammond, D. C. (2007). Review of the efficacy of clinical hypnosis with headaches and migraines. *International Journal of Clinical and Experimental Hypnosis, 55*, 207–219.

Hampton, T. (2008). Sleep deprivation. *Journal of the American Medical Association, 299*, 513. Doi: 10.1001/jama.299.5.513-c

Hampton, T. (2010). Parkinson disease insights. *Journal of the American Medical Association, 303*, 2129.

Hardy, S. A., & Raffaelli, M. (2003). Adolescent religiosity and sexuality: An investigation of reciprocal influences. *Journal of Adolescence, 26*, 731–739.

Hargreaves, D. A., & Tiggemann, M. (2009). Muscular ideal media images and men's body image: Social comparison processing and individual vulnerability. *Psychology of Men & Masculinity, 10*, 109–119. doi: 10.1016/j.bodyim.2004.10.002

Harlow, H. F., & Harlow, M. K. (1966). Learning to love. *American Scientist, 54*, 244–272.

Harlow, H. F., & Zimmermann, R. R. (1959). Affectional responses in the infant monkey. *Science, 130*, 421–432.

Harlow, H. F., Harlow, M. K., & Meyer, D. R. (1950). Learning motivated by a manipulation drive. *Journal of Experimental Psychology, 40*, 228–234.

Harmison, R. J. (2006). Peak performance in sport: identifying ideal performance states and developing athletes' psychological skills. *Professional Psychology: Research and Practice, 37*, 233–243.

Harriger, J. A., Calogero, R. M., Witherington, D. C., & Smith, J. E. (2010). Body size stereotyping and internalization of the thin ideal in preschool girls. *Sex Roles, 63*, 609–620. doi: 10.1007/s11199-010-9868-1

Harris, A. H. S., Cronkite, R., & Moos, R. (2006). Physical activity, exercise coping, and depression in a 10-year cohort study of depressed patients. *Journal of Affective Disorders, 93*, 79–85.

Harris, J. L., Bargh, J. A., & Brownell, K. D. (2009). Priming effects of television food advertising on eating behavior. *Health Psychology, 28*, 404–413. doi: 10.1037/a0014399

Harrison, B. J., Soriano-Mas, C., Pujol, J., Ortiz, H., Lopez-Sola, M., Hernandez-Ribas, Deus, J., et al. (2009). Altered corticostriatal functional connectivity in obsessive-compulsive disorder. *Archives of General Psychiatry, 66*, 1189–1200.

Harro, J. Merenäkk, L., Nordquist, N., Konstabel, K., Comascoe, E., & Oreland, L. (2009). Personality and the serotonin transporter gene: Associations in a longitudinal population-based study. *Biological Psychology, 81*, 9–13. doi: 10.1016/j.biopsycho.2009.01.001

Harshman, R. A., & Paivio, A. (1987). Paradoxical sex differences in self-reported imagery. *Canadian Journal of Psychology, 41*, 287–302.

Hartmann, E. (1998). *Dreams and nightmares*. New York: Plenum.

Hassert, D. L., Miyashita, T., Williams, C. L. (2004). The effects of peripheral vagal nerve stimulation at a memory-modulating intensity on norepinephrine output in the basolateral amygdala. *Behavioral Neuroscience, 118*, 79–88.

Haubensak, W., Kunwar, P. S., Cai, H., Ciocchi, S., Wall, N. R., Ponnusamy, R., et al. (2010). Genetic dissection of an amygdala microcircuit that gates conditioned fear. *Nature, 468*, 270. doi: 10.1038/nature09553

Havighurst, R. J. (1972). *Developmental tasks and education* (3rd ed.). New York: McKay.

Hawkins, D. I., Mothersbaugh, B. L., & Best, R. J. (2007). *Consumer behavior: Building marketing strategy* (10th ed.). Boston: McGraw-Hill/Irwin.

Haworth, C. M., Kovas, Y., Harlaar, N., Hayiou-Thomas, M. E., Petrill, S. A., Dale, P. S., et al. (2009). Generalist genes and learning disabilities: A multivariate genetic analysis of low performance in reading, mathematics, language and general cognitive ability in a sample of 8000 12-year-old twins. *Journal of Child Psychology and Psychiatry, and Allied Disciplines, 50*, 1318–1325.

Haynes, J.-D., & Rees, G. (2006). Decoding mental states from brain activity in humans. *Nature Neuroscience Review, 7*, 524–534.

Healy, M. (2010, October 5). *Americans are branching out sexually, survey finds.* Retrieved from http://www.latimes.com/health/la-sci-sex-survey-20101005,0,587370.story.

Heath, R. A. (2006). *The Praeger handbook of transsexuality: Changing gender to match mindset*. Westport, CT: Praeger Publishers.

Hebb, D. O. (1955). Drive and the CNS (central nervous system). *Psychological Review, 62*, 243–254.

Heffernan, V. (2011, January 9). Against headphones. *The New York Times Magazine,* pp. 16–17.

Hehman, E., Mania, E. W., & Gaertner, S. L. (2010). Where the division lies: Common ingroup identity moderates the cross-race facial-recognition effect. *Journal of Experimental Social Psychology*, 46, 445–448. doi: 10.1016/j.jesp.2009.11.008

Heider, E. (1958). *The psychology of interpersonal relations.* New York: Wiley.

Heilbronner, C., & Berlin, I. (2005). Maternal smoking during pregnancy induces obstetrical and fetal complications but also has an impact on newborns, infants, children and adults. *European Journal of Obstetrics and Gynecology and Reproductive Biology, 34*(7 Pt 1), 679–686.

Heine, S. J., Kitayama, S., Lehman, D. R., Takata, T., Ide, E., Leung, C., et al. (2001). Divergent consequences of success and failure in Japan and North America: An investigation of self-improving motivations and malleable selves. *Journal of Personality and Social Psychology, 81,* 599–615.

Heinemann, L. A. J., Minh, T. D., Filonenko, A., & Uhl-Hochgraber, K. (2010). Explorative evaluation of the impact of severe premenstrual disorders on work absenteeism and productivity. *Women's Health Issues, 20*, 58–65. doi: 10.1016/j.whi.2009.09.005

Helms, J. E. (1992). Why is there no study of culture equivalence in standardized cognitive ability testing? *American Psychologist, 47*, 1083–1101.

Helwig, C. C. (2006). Rights, civil liberties, and democracy across cultures. In M. Killen & J. G. Smetana (Eds.), *Handbook of moral development* (pp. 185–210). Mahwah, NJ: Erlbaum.

Henderlong, J., & Lepper, M. R. (2002). The effects of praise on children's intrinsic motivation: A review and synthesis. *Psychological Bulletin, 128,* 774–795.

Henrickson, H. C., Crowther, J. H., & Harrington, E. F. (2010). Ethnic identity and maladaptive eating: Expectancies about eating and thinness in African American women. *Cultural Diversity and Ethnic Minority Psychology, 16*, 87–93.

Henslee, A. M., & Coffey, S. F. (2010). Exposure therapy for posttraumatic stress disorder in a residential substance use treatment facility. *Professional Psychology: Research and Practice, 41,* 34–40. doi: 10.1016/j.brat.2010.02.002

Hepper, P. G., Shahidullah, S., & White, R. (1990). Origins of fetal handedness. *Nature*, 347, 431.

Herbenick, D., Reece, M., Schick, V., Sanders, S., Dodge, B.,

Fortenberry, J. D. (2010). Sexual behavior in the United States: Results from a national probability sample of males and females ages 14-94. *Journal of Sexual Medicine, 7* (suppl 5), 255-265. doi: 10.1111/j.1743-6109.2010.02012.x

Hergenhahn, B. R. (1997). *An introduction to the history of psychology* (3rd ed.). Pacific Grover, CA: Brooks/Cole Publishing Co.

Heron, M. (2010). Deaths: Leading Causes for 2006 National Vital Statistics Reports, Volume 58, No. 14, March 31, 2010.

Herrington, J. D., Mohanty, A., Koven, N. S., Fisher, J. E., Stewart, J. L., Banich, M., et al. (2005). Emotion-modulated performance and activity in left dorsolateral prefrontal cortex. *Emotion, 5,* 200-207.

Herrup, K. (2010). Reimagining Alzheimer's disease—an age-based hypothesis. Journal *of Neuroscience, 30*, 16755-16762. doi: 10.1523/jneurosci.4521-10.2010

Herry, C., Ciocchi, S., Senn, V., Demmou, L., Müller, C., & Lüthi, A. (2008). Switching on and off fear by distinct neuronal circuits. *Nature* (online edition). Retrieved from http://www.nature.com/nature/journal/vaop/ncurrent/full/nature07166.html.

Hertz Pannier, L., Chiron, C., Jambaqué, I., Renaux Kieffer, V., Van de Moortele, P. F., Delalande, O., et al. (2002). Late plasticity for language in a child's non dominant hemisphere: A pre and post surgery fMRI study. *Brain, 125*, 361-372.

Hetherington, E. M. (2006). The influence of conflict, marital problem solving and parenting on children's adjustment in nondivorced, divorced and remarried families. In A. Clarke-Stewart & J. Dunn (Eds.), *Families count: Effects on child and adolescent development* (pp. 203-237). Cambridge, UK: Cambridge University Press.

Hewstone, M., Rubin, M., & Willis, H. (2002). Intergroup bias. *Annual Review of Psychology, 53,* 575-604.

Higher Education Research Institute, UCLA Graduate School of Education & Information Studies (2011, January 26). *Incoming college students rate emotional health at record low, annual survey finds.* Retrieved from http://www.heri.ucla.edu/pr-display.php?prQry=55.

Hildebrandt, T., Alfano, L., Tricamo, M., & Pfaff, D. W. (2010). Conceptualizing the role of estrogens and serotonin in the development and maintenance of bulimia nervosa. *Clinical Psychology Review, 30*, 655-668. doi: 0.1016/j.cpr.2010.04.011

Hilgard, E. R. (1977). *Divided consciousness: Multiple controls in human thought and action.* New York: Wiley.

Hilgard, E. R. (1994). Neodissociation theory. In S. Lynn & J. W. Rhue (Eds.), *Dissociation: Clinical and theoretical perspectives.* New York: Guilford Press.

Hill, P. L., & Roberts, B. W. (2010). Propositions for the study of moral personality development. *Current Directions in Psychological Science, 19*, 380-383. doi: 10.1177/0963721410389168

Hillman, J. (2008). Sexual issues and aging within the context of work with older adult patients. *Professional Psychology: Research and Practice, 39,* 290-297. doi: 10.1037/0735-7028.39.3.290

Hilmert, C. J., Kulik, J. A., & Christenfeld, N. J. S. (2006). Positive and negative opinion modeling: The influence of another's similarity and dissimilarity. *Journal of Personality and Social Psychology, 90*, 440-452.

Hilton, J. L., & von Hippel, W. (1996). Stereotypes. In J. T. Spence, J. M. Darley, & D. J. Foss (Eds.), *Annual Review of Psychology* (Vol. 47, pp. 237-271). Palo Alto, CA: Annual Reviews.

Hingson, R. W., Heeren, T., Jamanka, A., & Howland, J. (2000). Age of drinking onset and unintentional injury involvement after drinking. *Journal of the American Medical Association*, *284*, 1527-1533.

Hingson, R. W., Zha, W., & Weitzmanet, E. R. (2009). Magnitude of and trends in alcohol-related mortality and morbidity among U.S. college students ages 18 to 24, 1998-2005. *Journal of Studies on Alcohol and Drugs, 16*, 12-20. doi: 10.1146/annurev.publhealth.26.021304.144652

Hinrichsen, G. A. (2008). Interpersonal psychotherapy as a treatment for depression in later life. *Professional Psychology: Research and Practice, 39*, 306-312. doi: 10.1037/0735-7028.39.3.306

Hirst, W., Phelps, E. A., Buckner, R. L., Budson, A. C., Cuc, A., Gabrieli, J. D. E., ... Vaidya, C. J. (2009). Long-term memory for the terrorist attack of September 11: Flashbulb memories, event memories, and the factors that influence their retention. *Journal of Experimental Psychology: General, 138*, 161-176. doi: 2009-05547-001

Hobson, J. Allan. (1999). *Consciousness.* New York: Scientific American Library.

Hobza, D. L., & Rochlen, A. B. (2009). Gender role conflict, drive for muscularity, and the impact of ideal media portrayals on men. *Psychology of Men & Masculinity, 10,*

120–130. Doi: 10.1037/a0015040

Hoeksema van Orden, C. Y. D., Gaillard, A. W. K., & Buunk, B. P. (1998). Social loafing under fatigue. *Journal of Personality and Social Psychology, 75*, 1179–1190.

Hoelscher, C. (Ed.). (2001). *Neuronal mechanisms of memory formation: Concepts of long-term potentiation and beyond*. New York: Cambridge University Press.

Hoffman, D. D. (1999). *Visual intelligence*. New York: Norton.

Hoffman, R. R., Sherrick, M. F., & Warm, J. S. (Eds.). (1998). *Viewing psychology as a whole: The integrative science of William N. Dember*. Washington, DC: American Psychological Association.

Hoffman, S. G. (2000a). Self-focused attention before and after treatment of social phobia. *Behavior Research and Therapy, 38*, 717–725.

Hoffman, S. G. (2000b). Treatment of social phobia: Potential mediators and moderators. *Clinical Psychology: Science and Practice, 7*, 3–16.

Hofmann, S. G. (2008). Cognitive processes during fear acquisition and extinction in animals and humans: Implications for exposure therapy of anxiety disorders. *Clinical Psychology Review, 28*, 200–211.

Hofstee, W. K. B. (2003). Structures of personality traits. In T. Millon & M. J. Lerner (Eds.), *Handbook of psychology: Vol. 5. Personality and social psychology* (pp. 231–256). New York: John Wiley & Sons.

Hogan, J. (2007). A pattern of errors. In J. S. Nevid, *Psychology: Concepts and applications* (2nd ed.) (p. 368). Boston: Houghton Mifflin.

Holden, C. (2009, July). A face for Phineas Gage. *Science, 325*, p. 521.

Holden, C. (2010, February 26). Experts map the terrain of mood disorders. *Science, 327*, 1068. doi: 10.1126/science.327.5969.1068-a

Holland, A. S., & Roisman, G. (2010). Adult attachment security and young adults' dating relationships over time: Self-reported, observational, and physiological evidence. *Developmental Psychology, 46*, 552–557. doi: 10.1037/a0018542

Holland, R. W., Hendriks, M., & Aarts, H. (2005). Smells like clean spirit: Nonconscious effects of scent on cognition and behavior. *Psychological Science, 16*, 689–693.

Holma, K. M., Melartin, T. K., Haukka, J., Holma, I. A. K., Sokero, T. P., & Isometsa, E. T. (2010). Incidence and predictors of suicide attempts in DSM-IV major depressive disorder: A five-year prospective study. *American Journal of Psychiatry, 167*, 801–808.

Holroyd, K. A. (2002). Assessment and psychological management of recurrent headache disorders. *Journal of Consulting and Clinical Psychology, 70*, 656–677.

Holt, N. L., & Tamminen, K A. (2010). Moving forward with grounded theory in sport and exercise psychology. *Psychology of Sport and Exercise, 11*, 419–422. doi: 10.1016/j.psychsport.2010.07.009. |

Holt, C. L., Clark, E. M., & Kreuter, M. W. (2001). Weight locus of control and weight-related attitudes and behaviors in an overweight population. *Addictive Behaviors, 26*, 329–340.

Hölzela, B. K., Carmody, J., Vangel, M., Congleton, C., Yerramsetti, S. M., Garda, T., et al. (2011). Mindfulness practice leads to increases in regional brain gray matter density. *Psychiatry Research, 191*, 36–43. doi: 10.1016/j.pscychresns.2010.08.006

Holzinger, B., LaBerge, S., & Levitan, L. (2006). Psychophysiological correlates of lucid dreaming. *Dreaming, 16*, 88–95.

Holzman, L. (2009). *Vygotsky at work and play*. New York: Routledge/Taylor & Francis Group.

Hongpaisan, J., Sun, M.-K., & Alkon, D. L. (2011). PKC ε activation prevents synaptic loss, Aβ elevation, and cognitive deficits in Alzheimer's Disease transgenic mice. *Journal of Neuroscience, 31*, 630–643. doi: 10.1523/JNEUROSCI. 5209-10.2011

Hopkin, M. (2008, May 5). Fat cell numbers stay constant through adult life. *Nature News*. Retrieved from http://www.nature.com/news/2008/080505/full/news.2008.800.html doi: 10.1038/news.2008.800

Hopkins, W. D., & Cantalupo, C. (2008). Theoretical speculations on the evolutionary origins of hemispheric specialization. *Current Directions in Psychological Science, 17*, 233–237. 10.1111/j.1467-8721.2008.00581.x

Hopko, D. R., Bell, J. L., Armento, M., Robertson, S., Mullane, C., Wolf, N., et al. (2007). Cognitive-behavior therapy for depressed cancer patients in a medical care sett ing. *Behavior Therapy, 39*, 126–136.

Horn, J. (2001). Raymond Bernard Cattell (1905–1998). *American Psychologist, 56*, 71–72.

Horn, J. L., & Noll, J. (1997). Human cognitive capabilities: Gf-Gc theory. In D. P. Flanagan, J. L. Genshaft, & P. L. Harrison (Eds.), *Contemporary intellectual assessment:*

Theories, tests, and issues (pp. 53-91). New York: Guilford Press.

Horrell, S. C. V. (2008). Effectiveness of cognitive-behavioral therapy with adult ethnic minority clients: A review. *Professional Psychology: Research and Practice, 39*, 160-168.

Hossain, P., Kawar, B., & El Nahas, M. (2007). Obesity and diabetes in the developing world—a growing challenge. *New England Journal of Medicine, 356,* 213-215.

Hothersall, D. (1995). *History of psychology* (3rd ed.). New York: McGraw-Hill.

Houry, D. (2004). Suicidal patients in the emergency department: Who is at greatest risk? *Annals of Emergency Medicine, 43*, 731-732.

Houston, D. M., & Jusczyk, P. W. (2003). Infants' long-term memory for the sound patterns of words and voices. *Journal of Experimental Psychology: Human Perception and Performance, 29,* 1143-1154.

Hsee, C. K., Hastie, R, & Chen, J. (2008). Hedonomics: Bridging decision research with happiness research. *Perspectives on Psychological Science, 3*, 224-243. doi: 10.1111/j.1745-6924.2008.00076.x

Hu, F. B., Stampfer, M. J., Manson, J. E., Grodstein, F., Colditz, G. A., Speizer, F. E., et al. (2000). Trends in the incidence of coronary heart disease and changes in diet and lifestyle in women. *New England Journal of Medicine, 343*, 530-537.

Hu, M.-C., Davies, M., & Kandel, D. B. (2006). Epidemiology and correlates of daily smoking and nicotine dependence among young adults in the United States. *American Journal of Public Health, 96*, 299-308.

Huang, l., Galinsky, A. D., Gruenfeld, D. H., & Guillory, L. E (2011). Powerful postures versus powerful roles: which is the proximate correlate of thought and behavior? *Psychological Science*, *Psychological Science, 22*, 95-102. doi: 10.1177/0956797610391912

Hubel, D. H. (1988). *Eye, brain, and vision*. New York: Scientific American Library.

Hubel, D. H., & Wiesel, T. N. (1979). Brain mechanisms of vision. *Scientific American, 241*, 130-144.

Huber, R., Ghilardi, M. F., Massimini, M., & Tononi, G. (2004). Local sleep and learning. *Nature, 430,* 78-81.

Hudson, J. I., Hiripi, E., Pope, H. G., Jr., & Kessler, R. C. (2006). Prevalence and correlates of eating disorders in the National Comorbidity Survey Replication. *Biological Psychiatry, 61*, 348-358.

Hudson, J. I., Mangweth, B., Pope, H. G., Jr., De Col, C., Hausmann, A., Gutweniger, S., et al. (2003). Family study of affective spectrum disorder. *Archives of General Psychiatry, 60*, 170-177.

Huerta, M., Cortina, L. M., Pang, J. S., Torges, C. M., & Magley, V. J. (2006). Sex and power in the academy: Modeling sexual harassment in the lives of college women. *Personality and Social Psychology Bulletin, 32*, 616-628.

Huesmann, L. R. (2010). Nailing the coffin shut on doubts that violent video games stimulate aggression: Comment on Anderson et al. (2010). *Psychological Bulletin, 136*, 179-181.

Huesmann, L. R., Moise-Titus, J., Podolski, C.-L., & Eron, L. D. (2003). Longitudinal relations between children's exposure to TV violence and their aggressive and violent behavior in young adulthood: 1977-1992. *Developmental Psychology, 39,* 201-221.

Huey, E. D., Krueger, F., & Grafman, J. (2006). Representations in the human prefrontal cortex. *Current Directions in Psychological Science, 15,* 167-171.

Huff, N. C., Frank, M., Wright-Hardesty, K., Sprunger, D., Matus-Amat, P., Higgins, E., et al. (2006). Amygdala regulation of immediate-early gene expression in the hippocampus induced by contextual fear conditioning. *Journal of Neuroscience, 26,* 1616-1623.

Hull, C. L. (1943). *Principles of behavior*. New York: Appleton-Century-Crofts.

Hull, C. L. (1952). *A behavior system*. New Haven: Yale University Press.

Hunt, M. (1993). *The story of psychology*. New York: Anchor Books.

Huntjens, R. J. C., Peters, M. L., Postma, A., Woertman, L., Effting, M., & van der Hart, O. (2005). Transfer of newly acquired stimulus valence between identities in dissociative identity disorder (DID). *Behaviour Research and Therapy, 43*, 243-255.

Hustad, J. T. P., Barnett, N. P., Borsari, B., & Jackson, K. (2010). Web-based interventions for college student drinkers: A randomized controlled trial. *Addictive Behaviors, 35*, 183-189.

Huston, A. C., &. Wright, J. C. (1996). Television and socialization of young children. In T. M. MacBeth (Ed.), *Tuning in to young viewers: Social science perspectives on television* (pp. 37-60). Thousand Oaks, CA: Sage.

Hutchinson, J. G., & Williams, P. G. (2007). Neuroticism, daily hassles, and depressive symptoms: An examination of moderating and mediating effects. *Personality and Individual Differences*, *42*(7), 1367–1378.

Hutchison, R. M., Chidiac, P., Leung, L. S. (2009). Hippocampal long-term potentiation is enhanced in urethane-anesthetized RGS2 knockoyut mice. *Hippocampus, 19*, 687–691.

Hwang, W.-C. (2006). The psychotherapy adaptation and modification framework: Application to Asian Americans. *American Psychologist, 61*, 702–715.

Hyde, J. S, Mezulis, A. H., & Abramson, L. Y. (2008). The ABCs of depression: Integrating affective, biological, and cognitive models to explain the emergence of the gender difference in depression. *Psychological Review, 115*, 291–313.

Hyde, J. S. (2005). The genetics of sexual orientation. In J. S. Hyde (Ed.), *Biological substrates of human sexuality* (pp. 9–20). Washington, DC: American Psychological Association.

Hyde, J. S., Lindberg, S. M., Linn, M. C., Ellis, A. B., & Williams, C. C. (2008). Gender similarities characterize math performance. *Science, 321*, 494–495. doi: 10.1126/science.1160364

Hyde, J. S. (2007). New directions in the study of gender similarities and differences. *Current Directions in Psychological Science*, *16*, 259–263.

Hyde, Z., Flicker, L., Hankey, G. J., Almeida, O. P., McCaul, K. A., Chubb, S. A. P., et al. (2010). Prevalence of sexual activity and associated factors in men aged 75 to 95 years: A cohort study. *Annals of Internal Medicine, 153*, 693–702.

Hyman, R. (2010). Meta-analysis that conceals more than it reveals: Comment on Storm et al. (2010). *Psychological Bulletin, 136*, 486–490. doi: 10.1037/a0019676

Hyman, S. E. (2011). The meaning of the Human Genome Project for neuropsychiatric disorders. *Science, 331*, 1026. doi: 10.1126/science.1203544 In the year 2040—1.3 billion senior citizens. (2009, July 20). Retrieved from http://www.msnbc.msn.com/id/32007564/ns/health-aging/.

Inglehart, R., Foa, F., Peterson, C., & Welzel, C. (2008). Development, freedom, and rising happiness: A global perspective (1981-2007). *Perspectives on Psychological Science, 3*, 264–285. doi: 10.1111/j.1745-6924.2008.00078.x

Instant recall. (2000, February 14). *Newsweek,* p. 8.

International Schizophrenia Consortium, Purcell, S. M., Wray, N. R., Stone, J. L, Visscher, P. M., O'Donovan, M. C., et al. (2009). Common polygenic variation contributes to risk of schizophrenia and bipolar disorder. *Nature, 460*, 748–752. doi: 10.1038/nature08185

Irwin, C. E., Jr. (2005). Pubertal timing: Is there any new news? *Journal of Adolescent Health, 37*, 343–344.

Isaacson, W. (2007). *Einstein: His life and universe.* New York: Simon & Schuster.

Isay, R. A. (1990). Psychoanalytic theory and the therapy of gay men. In D. P. McWhirter, S. A. Saers, & J. M. Reinisch (Eds.), *Homosexuality/heterosexuality: Concepts of sexual orientation* (pp. 283–303). New York: Oxford University Press.

Izard, C. E. (2007). Basic emotions, natural kinds, emotion schemas, and a new paradigm. *Perspectives on Psychological Science, 2*, 260–280.

Jacob, G. H., & Nathans, J. (2009, March). Color vision: how our eyes reflect primate evolution. *Scientific American*. Retrieved from http://www.sciam.com/article.cfm?id=evolution-of-primate-color-vision

Jacobi, C., Hayward, C., de Zwaan, M., Kraemer, H. C., & Agras, W. S. (2004). Coming to terms with risk factors for eating disorders: Application of risk terminology and suggestions for a general taxonomy. *Psychological Bulletin, 130,* 19–65.

Jacoby, L. L., & Rhode, M. G. (2006). False remembering in the aged. *Current Directions in Psychological Science, 15,* 49–53.

Jaffe, E. (2007, May). Mirror neurons: How we reflect on behavior. *APS Observer, 20*(5), 20–23.

Jaffee, S., & Hyde, J. S. (2000). Gender differences in moral orientation: A meta-analysis. *Psychological Bulletin, 126*, 703–726.

Jahnke, C. J., & Nowaczyk, R. H. (1998). *Cognition.* Upper Saddle River, NJ: Prentice-Hall.

James, W. (1890/1970). *The principles of psychology* (Vol. 1). New York: Holt.

Jan, J. E., Reiter, R., J., Wasdell, M. B., & Bax, M. (2009). The role of the thalamus in sleep, pineal melatonin production, and circadian rhythm sleep disorders. *Journal of Pineal Research, 46*, 1–7. doi: 10.1111/j.1600-079X.2008.00628.x

Jang, K. L., Livesley, W. J., Ando, J., Yamagata, S., Suzuki, A., Angleitner, A., et al. (2006). Behavioral genetics of the higher-order factors of the Big Five. *Personality and Individual Differences, 41,* 261–272.

Janis, I. L. (1997). Groupthink. In R. P. Vecchio (Ed.), *Leadership: Understanding the dynamics of power and influence in organizations* (pp. 163–176). Notre Dame: University of Notre Dame Press.

Jankowiak, W. R., & Fischer, E. F. (1992). A cross-cultural perspective on romantic love. *Ethnology, 31*, 149–155.

Javier, R. (2010). Acculturation and changing roles. In J. S. Nevid & S. A. Rathus, *Psychology and the challenges of life: Adjustment and growth* (p. 336). Hoboken, NJ: John Wiley & Sons.

Jay, M. S. (2006). The tempo of puberty. *The Journal of Pediatrics, 148*, 732–733.

Jee, S. H., Sull, J. W., Park, J., Lee, S.-Y., Ohrr, H., Guallar, E., et al. (2006). Body-mass index and mortality in Korean men and women. *New England Journal of Medicine, 355*, 779–787.

Jefferson, D. J. (2005, August 8). America's most dangerous drug. *Newsweek*, pp. 41–48.

Jenkins, L., Myerson, J., Joerding, J. A., & Hale, S. (2000). Converging evidence that visuospatial cognition is more age-sensitive than verbal cognition. *Psychology and Aging, 15*, 157–175.

Jensen, M. P. (2008). The neurophysiology of pain perception and hypnotic analgesia: implications for clinical practice. *The American Journal of Clinical Hypnosis, 25*, 123–148.

Ji, D., & Wilson, M. A. (2007). Coordinated memory replay in the visual cortex and hippocampus during sleep. *Nature Neuroscience, 10*, 100–107.

Jiang, H., & Chess, L. (2006). Regulation of immune responses by T Cells. *New England Journal of Medicine, 354*, 1166–1176.

Joe, S., Baser, E., Breeden, G., Neighbors, H. W., & Jackson, J. S. (2006). Prevalence of and risk factors for lifetime suicide attempts among blacks in the United States. *Journal of the American Medical Association, 296*, 2112–2123.

Johansson, P., Høglend, P., Ulberg, R., Amlo, S., Marble, A., Bøgwald, K.-P., et al. (2010). The mediating role of insight for long-term improvements in psychodynamic therapy. *Journal of Consulting and Clinical Psychology, 78*, 438–448. doi: 10.1037/a0019245

Johnson, C. K. (2010). *1 in 5 U.S. teens has hearing loss, new study says*. Retrieved from http://www.msnbc.msn.com/id/38742752/ns/health-kids_and_parenting/.

Johnson, D. F. (2000). Cultivating the field of psychology: Psychological journals at the turn of the century and beyond. *American Psychologist, 55*, 1144–1147.

Johnson, J. G., Cohen, P., Chen, H., Kasen, S., & Brook, J. S. (2006). Parenting behaviors associated with risk for off spring personality disorder during adulthood. *Archives of General Psychiatry, 63*, 579–587.

Johnson, J., Wood, A. M., Gooding, P., Taylor, P., & Tarrier, N. (2011). Resilience to suicidality: The buffering hypothesis. *Clinical Psychology Review, 31*, 563–591. doi: 10.1016/j.cpr.2010.12.007

Johnson, M. K., Rowatt, W. C., Barnard-Brak, L. M., Patock-Peckham, J. A., LaBouff, J. P., & Carlisle, R. D. (2011). A mediational analysis of the role of right-wing authoritarianism and religious fundamentalism in the religiosity-prejudice link. *Personality and Individual Differences, 50*, 851–856. doi: 10.1016/j.paid.2011.01.010

Johnson, S. C., Dweck, C. S., & Chen, F. S. (2007). Evidence for infants' internal working models of attachment. *Psychological Science, 18*, 501–502.

Johnson, W., Bouchard, T. J., McGue, M., Segal, N. L., Tellegen, A., Keyes, M., et al. (2007). Genetic and environmental influences on the Verbal-Perceptual-Image Rotation (VPR) model of the structure of mental abilities in the Minnesota study of twins reared apart. *Intelligence, 35*, 542–562. doi: 10.1016/j.intell.2006.10.003

Johnson, W., Nijenhuis, J. T., & Bouchard, T. J. (2008). Still just 1 g: Consistent results from fi ve test batteries. *Intelligence, 36*, 81–95. doi: 10.1016/j.intell.2007.06.001

Johnson, W., Turkheimer, E., Gottesman, I. I., & Bouchard, T. J., Jr. (2009). Beyond heritability: Twin studies in behavioral research. *Current Directions in Psychological Science, 18*, 217–220.

Johnston, L. D., et al. (2010b). Monitoring the Future, National Survey Results on Drug Use: Overview of key findings, 2009 (NIH Publication No. 10-7583). Bethesda, MD: National Institute on Drug Abuse, May 2010.

Johnston, L. D., et al. (2010a). Marijuana use is rising; Ecstasy use is beginning to rise; and alcohol use is declining among U.S. teens. University of Michigan News Service: Ann Arbor, MI, December 14, 2010, http://www.monitoringthefuture.org.

Johnston, L. D., O'Malley, P. M., & Bachman, J. G. (2001). *Monitoring the future: National survey results on drug use, 1975–2000. Vol. II: College student and adults ages 19–40*. (NIH Publication No. 01-4925). Bethesda, MD: National Institute on Drug Abuse.

Johnston, L. D., O'Malley, P. M., Bachman, J. G., & Schulenberg, J. E. (2004). Monitoring the future: National survey results on drug use, 1975B2003. Volume II: College Students and Adults Ages 19B45 (NIH Publication No. 04_5508). Bethesda, MD: National Institute on Drug Abuse.

Jones, E. E. (1998). Major developments in five decades of social psychology. In D. T. Gilbert, S. T. Fiske, & G. Lindzey (Eds.), *The handbook of social psychology* (4th ed., Vol. 1, pp. 1-57). Boston: McGraw-Hill.

Jones, J. T., Pelham, B. W., Carvallo, M., & Mirenberg, M. C. (2004). How do I love thee? Let me count the Js: Implicit egotism and interpersonal attraction. *Journal of Personality and Social Psychology, 87*, 665-683.

Jonides, J., Lacey, S. C., & Nee, D. E. (2005). Processes of working memory in mind and brain. *Current Directions in Psychological Science, 14*, 2-5.

Jorgensen, G. (2006). Kohlberg and Gilligan: Duet or duel? *Journal of Moral Education, 35*, 179-196.

Joseph, J. E., Liu, X., Jiang, Y., Lynam, D., & Kelly, T. H. (2009). Neural correlates of emotional reactivity in sensation seeking. *Psychological Science, 20*, 215-223. doi: 10.1111/j.1467-9280.2009.02283.x

Joyce, N., & Baker, D. B. (2008, July/August). The early days of sport psychology. *Monitor on Psychology, 39*(7), 28-29.

Judge, D. E. (2007, February 1). Explaining the decline in teen pregnancy. *Journal Watch Women's Health.* Retrieved from http:// womens-health.jwatch.org/cgi/content/full/2007/201/4?qetocAPN/.

Judge, T A., & Cable, D. M. (2004). Income: Preliminary test of a theoretical model. *Journal of Applied Psychology, 89*, 428-441.

Judge, T. A., & Ilies, R. (2002). Relationship of personality to performance motivation: A meta-analytic review. *Journal of Applied Psychology, 87*, 797-807.

Judge, T. A., Heller, D., & Mount, M. K. (2002). Five-Factor Model of personality and job satisfaction: A meta-analysis. *Journal of Applied Psychology, 87*, 530-541.

Jung, J., Forbes, G. B., & Chan, P. (2010). Global body and muscle satisfaction among college men in the United States and Hong Kong-China. *Sex Roles, 63*, 104-117. doi: 10.1007/s11199-010-9760

Jussim, L., & Eccles, J. S. (1992). Teacher expectations II: Construction and reflection of student achievement. *Journal of Personality and Social Psychology, 63*, 947-961.

Just, N., Abramson, L. Y., & Alloy, L. B. (2001). Remitted depression studies as tests of the cognitive vulnerability hypotheses of depression onset. A critique and conceptual analysis. *Clinical Psychology Review, 21*, 63-83.

Kabat-Zinn, J. (2003). Mindfulness-based interventions in context: Past, present, and future. *Clinical Psychology: Science and Practice, 10,* 144-156.

Kagan, J. (1997). Biology and the child. In W. Damon (Editorin-Chief) & N. Eisenberg (Vol. Ed.), *Handbook of child psychology: 5th ed., Vol. 3. Social, emotional, and personality development* (pp. 177-236). New York: John Wiley & Sons.

Kahneman, D., & Klein, G. (2009). Conditions for intuitive expertise: A failure to disagree. *American Psychologist, 64*, 515-526.

Kahneman, D., & Deaton, A. (2010). High income improves evaluation of life but not emotional well-being. *Proceedings of the National Academy of Sciences,* 107, 16489-16493.

Kahneman, D., & Frederick, S. (2005). A model of heuristic judgment. In K. J. Holyoak & R. G. Morrison (Eds.), *The Cambridge handbook of thinking and reasoning* (pp. 267-293). Cambridge, UK: Cambridge University Press.

Kahneman, D., Krueger, A. B., Schkade, D., Schwarz, N., & Stone, A. A. (2006). Would you be happier if you were richer? A focusing illusion. *Science, 312*, 1908-1910.

Kaiser, C. R., Vick, S. B., & Major, B. (2006). Prejudice expectations moderate preconscious att ention to cues that are threatening to social identity. *Psychological Science, 17,* 332-338.

Kalechstein, A. D., & Nowicki, S., Jr. (1997). A meta-analytic examination of the relationship between control expectancies and academic achievement: An 11-year follow-up. *Genetic, Social, and General Psychology Monographs, 123,* 27-56.

Kandel, D. B. (2003). Does marijuana use cause the use of other drugs? *Journal of the American Medical Association, 289*, 482-483.

Kanin, G. (1981). *It takes a long time to become young.* New York: Berkley.

Kantrowitz, B., & Springen, K. (2003, September 22). Why sleep matters. *Newsweek*, pp. 75-77.

Kantrowitz, B., & Wingert, P. (1999, October 18). The truth about teens. *Newsweek*, pp. 62-72.

Kaplan, P. S. (2000). *A child's odyssey: Child and adolescent development* (3rd ed.). Belmont, CA: Wadsworth.

Kappe, R., & van der Flier, H. (2010). Using multiple and specific criteria to assess the predictive validity of the Big Five personality factors on academic performance. *Journal of Research in Personality, 44*, 142-145. doi: 10.1016/j.jrp.2009.11.002

Karlsgodt, K. H., Sun, D., & Cannon, T. D. (2010). Structural and functional brain abnormalities in schizophrenia. *Current Directions in Psychological Science, 19,* 226-231.

Karremans, J. C., Stroebe, W., & Claus, J. (2005). Beyond Vicary's fantasies: The impact of subliminal priming and brand choice. *Journal of Experimental Social Psychology*, Retrieved from http://www.science direct.com.

Katon, W. J. (2006). Panic disorder. *New England Journal of Medicine, 354,* 2360-2367.

Kaufman, J. C., Agars, M. D., & Lopez-Wagner, M. C. (2008). The role of personality and motivation in predicting early college academic success in non-traditional students at a Hispanic-serving institution. *Learning and Individual Differences*, *18*, 492-496.

Kay, A. B. (2006). Natural killer T cells and asthma. *New England Journal of Medicine, 354,* 1186-1188.

Kaye, W., (2009). Eating disorders: Hope despite mortal risk. *American Journal of Psychiatry, 166*, 139-1311. doi: 10.1176/appi.ajp.2009.09101424

Keating, C. F., Randall, D., Kendrick, T., & Gutshall, K. (2003). Do babyfaced adults receive more help? The (cross-cultural) case of the lost resume. *Journal of Nonverbal Behavior, 27*, 89-109.

Keller, M. C., Fredrickson, B. L., Ybarra, O., Cote, S., Johnson, K., Mikels, J., et al. (2005). A warm heart and a clear head: the contingent effects of weather on mood and cognition. *Psychological Science, 16*, 724-731.

Kelsoe, J. R. (2010). A gene for impulsivity. *Nature 468*, 1049-1050. doi:10.1038/4681049a

Kemeny, M. E. (2003). The psychobiology of stress. *Current Directions in Psychological Science, 12*, 124-129.

Kempton, M. J., Stahl, D., Williams, S. C. R., & DeLisi, L. E. (2010). Progressive lateral ventricular enlargement in schizophrenia: A meta-analysis of longitudinal MRI studies. *Schizophrenia Research, 120*, 54-62.

Kendler, K. S. (2005a). "A gene for ...": The nature of gene action in psychiatric disorders. *American Journal of Psychiatry, 162,* 1243-1252.

Kendler, K. S. (2005a). Psychiatric genetics: A methodologic critique. *American Journal of Psychiatry, 162,* 3-11.

Kendler, K. S. (2005b). "A gene for ...": The nature of gene action in psychiatric disorders. *American Journal of Psychiatry, 162,* 1243-1252.

Kendler, K. S. (2005b). Psychiatric genetics: A methodologic critique. *American Journal of Psychiatry, 162,* 3-11.

Kendler, K. S., & Gardner, C. O. (2010). Dependent stressful life events and prior depressive episodes in the prediction of major depression: The problem of causal inference in psychiatric epidemiology. *Archives of General Psychiatry, 67*, 1120-1127.

Kendler, K. S., Myers, J. M., & Neale, M. C. (2000). A multidimensional twin study of mental health in women. *American Journal of Psychiatry, 157,* 506-513.

Kendler, K. S., Schmitt, E., Aggen, S. H., & Prescott, C. A. (2008). Genetic and environmental influences on alcohol, caff eine, cannabis, and nicotine use from early adolescence to middle adulthood. *Archives of General Psychiatry, 65*, 674-682.

Kennedy, S. H., Milev, R., Giacobbe, P., Ramasubbu, R., Lam, R. W., Parikh, S. V., et al. (2009). Canadian Network for Mood and Anxiety Treatments (CANMAT) clinical guidelines for the management of major depressive disorder in adults. *Journal of Affective Disorders, 117*, S44-S53. doi: 10.1111/j.1399-5618.2006.00432.x

Kenrick, D. T., Griskevicius, V., Neuberg, S. L., & Schaller, M. (2010). Renovating the pyramid of needs: contemporary extensions built upon ancient foundations. *Perspectives on Psychological Science, 5*, 292-314. doi: 10.1177/1745691610369469

Kern, M. L., & Friedman, H. S. (2008). Do conscientious individuals live longer? A quantitative review. *Health Psychology, 27*, 505-512. doi: 10.1037/0278-6133.27.5.505

Kernberg, O. F. (1975). *Borderline conditions and pathological narcissism.* New York: Jason Aronson.

Kernberg, O. F., & Michels, R. (2009). Borderline personality disorder. *American Journal of Psychiatry, 166*, 505-508.

Kerns, K. A., & Richardson, R. A. (2005). *Attachment in middle childhood*. New York: Guilford.

Kerr, N. H., & Homhoff, G. W. (2004). Do the blind literally "see" in their dreams? A critique of a recent claim that they do. *Dreaming, 14,* 230-233.

Kerr, N. L., & Tindale, R. S. (2004). Group performance and decision making. *Annual Review of Psychology, 55*, 623-655.

Kesebir, P., & Diener, E. (2008). In pursuit of happiness: Empirical answers to philosophical questions. *Perspectives on Psychological Science, 3*, 117-125. Doi: 10.1111/j.1745-6916.2008.00069.x

Kessler, R. C., Berglund, P. A., Demler, O., Jin, R., & Walters, E. E. (2005). Lifetime prevalence and age-of-onset distributions of DSM-IV disorders in the National Comorbidity Survey Replication (NCS-R). *Archives of General Psychiatry, 62*, 593-602.

Kessler, R. C., Chiu, W. T., Demler, O., & Walters, E. E. (2005). Prevalence, severity, and comorbidity of 12-month DSM-IV disorders in the National Comorbidity Survey Replication. *Archives of General Psychiatry, 62*, 617-627.

Kessler, R. C., McGonagle, K. A., Zhao, S., & Nelson, C. B. (1994). Lifetime and 12-month prevalence of DSM-III-R psychiatric disorders in the United States: Results from the National Comorbidity Survey. *Archives of General Psychiatry, 51*, 8-19.

Keysers, C., Wicker, B., Gazzola, V., Anton, J.-L., Fogassi, L., & Gallese, V. (2004). A touching sight: SII/PV Activation during the observation and experience of touch. *Neuron, 42*, 335-346.

Khaw, K. T., Wareham, N., Bingham, S., Welch, A., Luben, R., & Day, N. (2008). Combined impact of health behaviours and mortality in men and women: the EPIC-Norfolk Prospective Population study. *PLoS Med, 5*(1), e12. http://medicine.plosjournals.org/perlserv/?request=get-document&doi=10.1371/journal.pmed.0050012.

Kiecolt-Glaser, J. K., Bane, C., Glaser, R., & Malarkey, W. B. (2003). Love, marriage, and divorce: Newlyweds' stress hormones foreshadow relationship changes. *Journal of Consulting and Clinical Psychology, 71*, 176-188.

Kiecolt-Glaser, J. K., Marucha, P. T., Atkinson, C., & Glaser, R. (2001). Hypnosis as a modulator of cellular immune dysregulation during acute stress. *Journal of Consulting and Clinical Psychology, 69*, 674-682.

Kiecolt-Glaser, J. K., McGuire, L., Robles, T. F., & Glaser, R. (2002). Emotions, morbidity, and mortality: New perspectives from psychoneuroimmunology. *Annual Review of Psychology, 53*, 83-107.

Kiecolt-Glaser, J. K., Preacher, K. J., MacCallum, R. C., Atkinson, C., Malarkey, W. B., & Glaser, R. (2003). Chronic stress and age-related increases in the proinflammatory cytokine IL-6. *Proceedings of the National Academy of Sciences, 100*, 9090-9095.

Kiefer, A. K., & Sekaquaptewa, D. (2007). Implicit stereotypes and women's math performance: How implicit gender-math stereotypes influence women's susceptibility to stereotype threat. *Psychological Science, 18*, 13-18.

Kiehl, K. A., Bates, A. T., Laurens, K. R., Hare, R. D., & Liddle, P. F. (2006). Brain potentials implicate temporal lobe abnormalities in criminal psychopaths. *Journal of Abnormal Psychology, 115*, 443-453.

Kieseppä, T., Eerola, M., Mäntylä, R., Neuvonen, T., Poutanen, V.-P., Luoma, K., Tuulio-Henrikssona, A., Isometsä, E. (2010). Major depressive disorder and white matter abnormalities. *Journal of Affective Disorders, 120*, 240-244. http://www.sciencedirect.com/science/journal/01650327http://dx.doi.org/10.1016/j.jad.2009.04.023

Kiesner, J. (2009). Physical characteristics of the menstrual cycle and premenstrual depressive symptoms. *Psychological Science, 20*, 763-770.

Kihlstrom, J. F. (2005). Is hypnosis an altered state of consciousness or what? *Contemporary Hypnosis, 22*, 34-38.

Kilgore, K., Snyder, J., & Lentz, C. (2000). The contribution of parental discipline, parental monitoring, and school risk to early-onset conduct problems in African American boys and girls. *Developmental Psychology, 36*, 835-845.

Killingsworth, M., A., & Gilbert, D. T. (2010). A wandering mind is an unhappy mind. *Science, 330*, 932. doi: 10.1126/science.1192439

Kim, B. S. K., Brenner, B. R., Liang, C. T. H., & Asay, P. A. (2003). A qualitative study of adaptation experiences of 1.5-generation Asian Americans. *Cultural Diversity and Ethnic Minority Psychology, 9*, 156-170.

Kim, H. S., & Sherman, D. K. (2007). "Express yourself": Culture and the effect of self expression on choice. *Journal of Personality and Social Psychology, 92*, 1-11.

Kim, J. J., & Jung, M. W. (2006). Neural circuits and mechanisms involved in Pavlovian fear conditioning: A critical review. *Neuroscience and Biobehavioral Reviews, 30*, 188-202.

Kim, K. H. (2005). Can only intelligent people be creative? A meta-analysis. *Journal of Secondary Gifted Education, 16*, 57-66.

Kimchi, R., & Peterson, M. A. (2008). Figure-ground segmentation can occur without attention. *Psychological Science, 19*, 660-668. doi: 10.1111/j.1467-9280.2008.02140.x

Kim-Cohen, J., & Gold, A. L. (2009). Measured gene-environment interactions and mechanisms promoting resilient development. *Current Directions in Psychological Science, 18*, 138-142. doi: 10.1111/j.1467-8721.2009.01624.x

Kimura, D. (1992). Sex differences in the brain. *Scientific American, 267*(3), 118-125.

King, D. E., Mainous, III, A. G., & Geesey, M. E. (2008). Adopting moderate alcohol consumption in middle age: Subsequent cardiovascular events. *American Journal of Medicine, 121*, 201-206.

King, D. E., Mainous, A. G., Carnemolla, M., & Everett, C. J. (2009). Adherence to healthy lifestyle habits in US adults, 1988-2006. *American Journal of Medicine, 122*, 528-534.

King, J. W., & Suzman, R. (2008). Prospects for improving cognition throughout the life course. *Psychological Science in the Public Interest*, 9, i-iii. doi: 10.1111/j.1539-6053.2009.01033.x

King, S., St-Hilaire, A., & Heidkamp, D. (2010). Prenatal factors in schizophrenia. *Current Directions in Psychological Science, 19*, 209-213. doi: 10.1177/0963721410378360

Kinsey, A. C., Pomeroy, W. B., & Martin, C. E. (1948). *Sexual behavior in the human male.* Philadelphia: W. B. Saunders.

Kinsey, A. C., Pomeroy, W. B., Martin, C. E., & Gebhard, P. H. (1953). *Sexual behavior in the human female.* Philadelphia: W. B. Saunders.

Kirp, D. L. (2006, July 23). After the Bell curve. *The New York Times Magazine*, pp. 5-16.

Kirsch, I. (1996). Hypnotic enhancement of cognitive-behavioral weight loss treatments: Another metareanalysis. *Journal of Consulting and Clinical Psychology, 64*, 517-519.

Kirsch, I. (2004). Conditioning, expectancy, and the placebo effect: Comment on Stewart-Williams and Podd (2004). *Psychological Bulletin, 130*, 341-343.

Kirsch, I., & Lynn, S. J. (1995). Altered state of hypnosis: Changes in the theoretical landscape. *American Psychologist, 50*, 846-858.

Kisilevsky, B. S., Hains, S. M. J., Lee, K., Xie, X., Huang, H., Ye, H-H., et al. (2003). Effects of experience on fetal voice recognition. *Psychological Science, 14*, 220-224.

Kissane, D. W., Grabasch, B., Clarke, D. M., Smith, G. C., Love, A. W., Bloch, S., et al. (2007). Supportive-expressive group therapy for women with metastatic breast cancer: Survival and psychosocial outcome from a randomized controlled trial. *Psycho-Oncology, 16*, 277-286.

Kitayama, S., Duffy, S., Kawamura, T., & Larsen, J. T. (2003). Perceiving an object and its context in different cultures: A cultural look at new look. *Psychological Science, 14*, 201-206.

Klar, A. J. S. (2003). Human handedness and scalp hair whorl direction develop from a common genetic mechanism. *Genetics, 165*, 269-276.

Klass, P. (2011, March 8). On the left hand, answers aren't easy. *The New York Times*, pp. D1, D6.

Kleinman, A. (1987). Anthropology and psychiatry: The role of culture in cross-cultural research on illness. *British Journal of Psychiatry, 151*, 447-454.

Kleinspehn-Ammerlahn, A., Riediger, M., Schmiedek, F., von Oertzen, Timo, T., Li, S.-C., et al. (2011). Dyadic drumming across the lifespan reveals a zone of proximal development in children. *Developmental Psychology, 47*, 632-644. doi: 10.1037/a0021818

Kliegel, M., Mackinlay, R., & Jäger, T. (2008). Complex prospective memory: Development across the lifespan and the role of task interruption. *Developmental Psychology, 44*, 612-617.

Klinesmith, J., Kasser, T., & McAndrew, F. T. (2006). Guns, testosterone, and aggression: An experimental test of a meditational hypothesis. *Psychological Science, 17*, 568-571.

Kluger, J. (2003, October 26). Medicating young minds. *Time Magazine Online*, Retrieved from http://www.time.com/time/magazine/ article/0,9171,1101031103-526331,00.html.

Kluger, J., & Masters, C. (2006, August 28). How to spot a liar. *Time Magazine*, pp. 46-48.

Knafo, A., Iervolino, A. C., & Plomin, R. (2005). Masculine girls and feminine boys: Genetic and environmental contributions to atypical gender development in early childhood. *Journal of Personality & Social Psychology, 88*, 400-412.

Knoblauch, S. (2009). From self-psychology to selves in relationship: A radical process of micro and macro expansion in conceptual experience. In W. Coburn & N. Vanderhide (Eds.), *Self and systems*, *Annals of the New York Academy of Sciences, 1159*, 262-278.

Knoedler, A. J., Hellwig, K. A., & Neath, I. (1999). The shift from recency to primacy with increasing delay. *Journal of Experimental Psychology: Learning, Memory, and*

Cognition, 25, 474–487.

Knutson, B., Rick, S., Wimmer, G. E., Prelec, D., & Loewenstein, G. (2007). Neural predictors of purchases. *Neuron, 53,* 147–156.

Kobasa, S. C. (1979). Stressful life events, personality, and health: An inquiry into hardiness. *Journal of Personality and Social Psychology, 37,* 1–11.

Kobasa, S. C., Maddi, S. R., & Kahn, S. (1982). Hardiness and health: A prospective study. *Journal of Personality and Social Psychology, 42,* 168–177.

Kodl, M. M., & Mermelstein, R. (2004). Beyond modeling: Parenting practices, parental smoking history, and adolescent cigarette smoking. *Addictive Behaviors, 29*, 17–32.

Koenigs, M., Young, L., Adolphs, R., Tranel, D., Cushman, F., Hauser, M., et al. (2007). Damage to the prefrontal cortex increases utilitarian moral judgments. *Nature, 446,* 908–911.

Kohlberg, L. (1969). *Stages in the development of moral thought and action*. New York: Holt, Rinehart and Winston.

Kohlberg, L. (1981). *The philosophy of moral development*. San Francisco: Harper & Row.

Köhler, W. (1927). *The mentality of apes.* New York: Harcourt Brace.

Kohn, N. W., Paulus, P. B., & Choi, Y. (2011). Building on the ideas of others: An examination of the idea combination process. *Journal of Experimental Social Psychology, 47*, 554–561. doi: 10.1016/j.jesp.2011.01.004

Koko the gorilla calls for the dentist. (2004, August 8). *Cable News Network*. Retrieved from http://www.cnn.com/2004/US/West/08/ 08/koko.health.ap/index.html.

Kolata, G. (2010, August 28). Years later, no magic bullet against Alzheimer's disease. *The New York Times.* Retrieved from nytimes.com

Koltko-Rivera, M. E. (2006). Rediscovering the later version of Maslow's hierarchy of needs: Self-transcendence and opportunities for theory, research, and unification. *Review of General Psychology, 10*, 302–317.

Kolves, K., Ide, N., & De Leo, D. (2010). Suicidal ideation and behaviour in the aftermath of marital separation: Gender differences. *Journal of affective Disorders, 120*, 48–53. http://dx.doi.org/10.1016/j.jad.2009.04.019

Komaroff, A. L. (2004, March 25). Sleep improves insight. *Journal Watch Psychiatry*, Retrieved from http://psychiatry.jwatch.org/cgi/ content/full/2004/325/10?qetoc.

Komaroff, A., & Lieberman, J. (2005, Summer). Silencing bad genes. *Newsweek Special Issue,* pp. 51–52.

Koolhaas, J. M., de Boer, S. F., & Buwalda, B. (2006). Stress and adaptation: Toward ecologically relevant animal models. *Current Directions in Psychological Science, 15*, 109–112.

Kopell, B. H., Machado, A. G., & Rezai, A. R. (2005). Not your father's lobotomy: Psychiatric surgery revisited. *Clinical Neurosurgery, 52*, 315–330.

Kosslyn, S. M., Thompson, W. L., Costantini-Ferrando, M. F., Alpert, N. M., & Spiegel, D. (2000). Hypnotic visual illusion alters color processing in the brain. *American Journal of Psychiatry, 157*, 1279–1284.

Koster, E. H. W., De Lissnyder, E., Derakshan, N., & De Raedt, R. (2011). Understanding depressive rumination from a cognitive science perspective: The impaired disengagement hypothesis. *Clinical Psychology Review, 31*, 138–145. doi: 10.1016/j.cpr.2010.08.005

Kotch, J. B., Lewis, T., Hussey, J. M., English, D., Thompson, R., Litrownik, A. J., ... et al. (2008). Importance of early neglect for childhood aggression. *Pediatrics, 121*, 725–731. doi: 10.1542/peds.2006-3622

Kounios, J., & Jung-Beeman, M. (2009). The Aha! moment: The cognitive neuroscience of insight. *Current Directions in Psychological Science, 18*, 210–216. doi: 10.1111/j.1467-8721.2009.01638.x

Kramer, A. F., & Willis, S. L. (2002). Enhancing the cognitive vitality of older adults. *Current Directions in Psychological Science, 11*, 173–177.

Krantz, M. J., & Mehler, P. S. (2004). Treating opioid dependence: Growing implications for primary care. *Archives of Internal Medicine, 164*, 277–288.

Kranzler, H. R. (2006). Evidence-based treatments for alcohol dependence: New results and new questions. *Journal of the American Medical Association, 295*, 2075–2076.

Krauss, R. M., Curran, N. M., & Ferleger, N. (1983). Expressive conventions and the cross-cultural perception of emotion. *Basic and Applied Social Psychology, 4,* 295–305.

Krebs, D. L., & Denton, K. (2005). Toward a more pragmatic approach to morality: A critical evaluation of Kohlberg's model. *Psychological Review, 112*, 629–649.

Krendl, A. C., Richeson, J. A., Kelley, W. M., & Heatherton, T. F. (2008). The negative consequences of threat: A functional magnetic resonance imaging investigation of the neural mechanisms underlying women's underperformance in math. *Psychological Science, 19*, 168–175.

Kretchmar, M. D., & Jacobvitz, D. B. (2002). Observing mother-child relationships across generations: Boundary patterns, attachment, and the transmission of caregiving. *Family Process, 41,* 351–374.

Kreuger, K. A., & Dayan, P. (2009). Flexible shaping: How learning in small steps helps. *Cognition, 10*, 380–394.

Kriegstein, A., & Alvarez-Buylla, A. (2009). The glial nature of embryonic and adult neural stem cells. *Annual Review of Neuroscience, 32*, 149–184. doi: 10.1146/annurev.neuro.051508.135600

Kring, A. M., & Caponigro, J. M. (2010). Emotion in schizophrenia: Where feeling meets thinking. *Current Directions in Psychological Science, 19*, 255–259. doi:10.1177/0963721410377599

Kristensen, P., & Bjerkedal, T. (2007). Explaining the relation between birth order and intelligence. *Science, 316*, 1717.

Kros, C. (2005). Hearing: Aid from hair force. *Nature, 433*, 810–811.

Kruglanski, A. W., & Stroebe, W. (2005). Attitudes, goals and beliefs: Issues of structure, function and dynamics. In. D. Albarracin, B. Johnson, & M. P. Zanna (Eds.), *Handbook of attitude research*. New York: Guilford.

Ksir, C. J., Hart, C. L., & Ray, O. S. (2008). *Drugs, society, and human behavior* (12th ed.). New York: McGraw-Hill.

Kubler-Ross, E. (1969). *On death and dying*. New York: Macmillan.

Kuehn, B. M. (2009). Antipsychotic risks. *Journal of the American Medical Association, 301*, 817.

Kuehn, B. M. (2011). Teen marijuana use on the rise. *Journal of the American Medical Association, 305*, 242. doi: 10.1001/jama.2010.1927

Kuehn, B. M. (2011). Treatment is lacking for many us adults with mental illness or substance abuse. *Journal of the American Medical Association, 305*, 27. doi: 10.1001/jama.2010.1898

Kuhn, D. (2006). Do cognitive changes accompany developments in the adolescent brain? *Perspectives on Psychological Science, 1*, 59–67.

Kujawal, S. G., & Liberman, M. C. (2006). Acceleration of age-related hearing loss by early noise exposure: evidence of a misspent youth. *Journal of Neuroscience, 26*, 2115–2123.

Kumar, R., Birrer, B. V., Macey, P. M., Woo, M. A., Gupta, R. K., Yan-Go, F. L., et al. (2008). Reduced mammillary body volume in patients with obstructive sleep apnea. *Neuroscience Letters, 438*, 330–334. doi: 10.1016/j.neulet.2008.04.071

Kuncel, N. R., Hezlett, A. A., & Ones, D. S. (2004). Academic performance, career potential, creativity, and job performance: Can one construct predict them all? *Journal of Personality and Social Psychology, 86,* 148–161.

Kupfersmid, J. (1995). Does the Oedipus complex exist? *Psychotherapy, 32,* 535–547.

Kurpius, S. E. R., Nicpon, M. F., & Maresh, S. E. (2001). Mood, marriage, and menopause. *Journal of Counseling Psychology, 48*, 77–84.

Kusnecov, A. W. (2001). Behavioral conditioning of the immune system. In A. Baum, T. A. Revenson, & J. E. Singer (Eds.), *Handbook of health psychology* (pp. 105–116). Mahwah, NJ: Lawrence Erlbaum Associates.

Kuyken, W., Watkins, E., Holden, E., White, K., Taylor, R. S., Byford, S., et al. (2010). How does mindfulness-based cognitive therapy work? *Behaviour Research and Therapy, 48*, 1105–1112.

LaFrance, M., Hecht, M. A., & Paluck, E. L. (2003). The contingent smile: A meta-analysis of sex differences in smiling. *Psychological Bulletin, 129,* 325–334.

LaFromboise, T. D., Albright, K., & Harris, A. (2010). Patterns of hopelessness among American Indian adolescents: Relationships by levels of acculturation and residence. *Cultural Diversity and Ethnic Minority Psychology, 16*, 68–76. doi: 10.1037/a0016181

Lahey, B. B. (2009). Public health significance of neuroticism. *American Psychologist, 64*, 241–256. doi: 10.1037/a0015309

Lahey, B. B., Van Hulle, C. A., Keenan, K., Rathouz, P. J., D'Onofrio, B. M., Rodgers, J. L., et al. (2008). Temperament and parenting during the first year of life predict future child conduct problems. *Journal of Abnormal Child Psychology, 36*, 1139–1158. doi: 10.1007/s10802-008-9247-3

Lalumière, M. L., Harris, G. T., Quinsey, V. L., & Rice, M. E. (2005). Sexual interest in rape. In M. L. Lalumiere, G. T. Harris, V. L. Quinsey, & M. E. Rice (Eds.), *The causes of rape: Understanding individual differences in male propensity for sexual aggression* (pp. 105–128). Washington, DC: American Psychological Association.

Lamanna, M. A., & Riedmann, A. (2005). *Marriages and families* (8th ed.). Belmont, CA: Wadsworth.

Lamberg, L. (2006). Rx for obesity: Eat less, exercise more, and—maybe—get more sleep. *Journal of the American Medical*

Association, 295, 2341–2344.

Lambert, M. J., & Ogles, B. M. (2004). The efficacy and effectiveness of psychotherapy. In M. Lambert (Ed.), *Bergin and Garfield's handbook of psychotherapy and behavior change* (5th ed., pp. 139–193). New York, NY: Wiley.

Lambert, M. J., Hansen, N. B., & Finch, A. E. (2001). Patient-focused research: Using patient outcome data to enhance treatment effects. *Journal of Consulting and Clinical Psychology, 69,* 159–172.

Lambracht-Washington, D., Qu, B-X., Fu, M., Eagar, T. N., Stuve, O., & Rosenberg, R. N. (2009). DNA β-amyloid1-42 trimer immunization for Alzheimer disease in a wild-type mouse model. *Journal of the American Medical Association, 302,* 1796–1802.

Landhuis, C. E., Poulton, R., Welch, D., & Hancox, R. J. (2007). Does childhood television viewing lead to attention problems in adolescence? Results from a prospective longitudinal study. *Pediatrics, 120,* 532–537.

Lane, R. F., Raines, S. M., Steele, J. W., Ehrlich, M. E., Lah, J. A., Small, S. A., et al. (2010). Diabetes-associated SorCS1 regulates Alzheimer's amyloid-*β* metabolism: evidence for involvement of SorL1 and the Retromer Complex. *Journal of Neuroscience, 30,* 39. doi: 10.1523/JNEUROSCI.3872-10.2010

Langström, N., Rahman, Q., Carlström, E., & Lichtenstein, P. (2010). Genetic and environmental effects on same-sex sexual behavior: A population study of twins in Sweden. *Archives of Sexual Behavior, 39,* 75–80. doi: 10.1007/s10508-008-9386-1

Langström, N., Rahman, Q., Carlström, E., & Lichtenstein, P. (2008). Genetic and environmental effects on same-sex sexual behavior: A population study of twins in Sweden. *Archives of Sexual Behavior.* Published online, June 7, 2008. doi: 10.1007/s10508-008-9386-1

Lansford, J. E. (2009). Parental divorce and children's adjustment. *Perspectives on Psychological Science, 4,* 140–152.

Larsen, H., van der Zwaluw, C. S., Overbeek, G., Granic, I., Franke, B., & Engels, R. C. (2010). A variable-number-of-tandemrepeats polymorphism in the dopamine D4 receptor gene affects social adaptation of alcohol use: investigation of a gene-environment interaction. *Psychological Science, 21,* 1064–1068.

Latane, B., & Darley, J. M. (1970). *The unresponsive bystander: Why doesn't he help?* New York: Appleton-Century-Crofts.

Laughlin, P., Hatch, E., Silver, J., & Boh, L. (2006). Groups perform better than the best individuals on letters-to-numbers problems: Effects of group size. *Journal of Personality and Social Psychology, 90,* 644–651.

Laumann, E. O., Gagnon, J. H., Michael, R. T., & Michaels, S. (1994). *The social organization of sexuality: Sexual practices in the United States.* Chicago: University of Chicago Press.

Laumann, E. O., Paik, A., & Rosen, R. C. (1999). Sexual dysfunction in the United States. Prevalence and predictors. *Journal of the American Medical Association, 281*(6), 537–544.

Laumann, E. O., Paik, A., Glasser, D. B., Kang, J.-H., Wang, T., Moreira, E. M., et al. (2006). *A cross-national study of subjective sexual well-being among older women and men: Findings from the Global Study of Sexual Attitudes and Behaviors.* Retrieved from http://www.npr.org/documents/2006/apr/sex_ study/sex_study.pdf.

Lazarus, R. S. (1995). Toward better research on stress and coping. *American Psychologist, 55,* 665–673.

Lazarus, R. S. (1995). Vexing research problems inherent in cognitive-mediational theories of emotion and some solutions. *Psychological Inquiry, 6,* 183–197.

Lazarus, R. S. (2000). Toward better research on stress and coping. *American Psychologist, 55,* 665–673.

Leaper, C., & Ayres, M. M. (2007). A meta-analytic review of gender variations in adults' language use: Talkativeness, affiliative speech, and assertive speech. *Personality and Social Psychology Review, 11(4),* 328–363.

Leckman, J. F., & Kim, Y. S. (2006). A primary candidate gene for obsessive-compulsive disorder. *Archives of General Psychiatry, 63,* 717–720.

LeDoux, J. (2003). The emotional brain, fear, and the amygdala. *Cellular and Molecular Neurobiology, 23,* 727–738.

LeDoux, J. E. (1994, June). Emotion, memory, and the brain. *Scientific American, 270,* 32–39.

LeDoux, J. E. (1996). *The emotional brain.* New York: Touchstone.

LeDoux, J. E. (2000). Emotion circuits in the brain. *Annual Review of Neuroscience, 23,* 155–184.

LeDoux, J. E. (2008). Amygdala. *Scholarpedia, 3*(4), 2698. Retrieved from http://www.scholarpedia.org/article/Amygdala.

Lee, L., Loewenstein, G., Ariely, D., Hong, J., Young, J. (2008).

If I'm not hot, are you hot or not? Physical-attractiveness evaluations and dating preferences as a function of one's own attractiveness. *Psychological Science, 19*, 669–677. doi: 10.1111/j.1467-9280.2008.02141

Lees, A. J., Hardy, J., & Revesz, T. (2009). Parkinson's disease. *The Lancet, 373*, 2055–2066. doi: 10.1016/S0140-6736(09)61557-9

Lehrer, P., Feldman, J., Giardino, N., Song, H.-S., & Schmaling, K. (2002). Psychological aspects of asthma. *Journal of Consulting and Clinical Psychology, 70*, 691–711.

Leiblum, S. R., Koochaki, P. E., Rodenberg, C. A., Barton, I. P., & Rosen, R. C. (2006). Hypoactive sexual desire disorder in postmenopausal women: US results from the Women's International Study of Health and Sexuality (WISHeS). *Menopause, 13*, 46–56.

Leibowitz, H. W. (1971). Sensory, learned, and cognitive mechanisms of size perception. *Annals of the New York Academy of Sciences, 1988*, 47–62.

Leichsenring, F., & Rabung, S. (2008). Effectiveness of longterm psychodynamic psychotherapy. *Journal of the American Medical Association, 300*, 1551.

Lemons, J. A., Baur, C. R., Oh, W., Korones, S. B., Stoll, B. J., Verter, J., et al. (2001). Very low birth weight outcomes of the National Institute of Child Health and Human Development neonatal research network, January 1995 through December 1996. *Pediatrics, 107*, 1.

Lepore, L., & Brown, R. (1997). Category and stereotype activation: Is prejudice inevitable? *Journal of Personality and Social Psychology, 72*, 275–287.

Leucht, S., Komossa, K., Rummel-Kluge, C., Corves, C., Hunger, H., Schmid, F., et al. (2009). A meta-analysis of head-to-head comparisons of second-generation antipsychotics in the treatment of schizophrenia. *American Journal of Psychiatry, 166*, 152–163. doi: 10.1176/appi.ajp.2008.0803036

Leue, A., Borchard, B., & Hoyer, J. (2004). Mental disorders in a forensic sample of sexual off enders. *European Psychiatry, 19*(3), 123–130.

Leutgeb, S. (2008, March 21). Detailed differences. *Science, 319*, 1623–1624. doi: 10.1126/science.1156724

LeVay, S. (2003). *The biology of sexual orientation.* Retrieved from http://members.aol.com/slevay/page22.html.

Leve, L. D., Harold, G. T., Ge, X., Neiderhiser, J. M., & Patterson, G. (2010). Refining intervention targets in family-based research: lessons from quantitative behavioral genetics. *Perspectives on Psychological Science, 5*, 516–526. doi: 10.1177/1745691610383506

Leve, L. D., Kerr, D. C. R., Shaw, D., Ge, Z., Neiderhiser, J. M., Scaramella, L. V., et al. (2010). Infant pathways to externalizing behavior: Evidence of genotype × environment interaction. *Child Development, 81*, 340–356. doi: 10.1111/j.1467-8624.2009.01398.x

Levine, E. S., & Schmelkin, L. P. (2006). The move to prescribe: a change in paradigm? *Professional Psychology: Research and Practice, 37*, 205–209.

Levine, H. (2005, January 17). Another culprit to watch. *Newsweek*, p. 48.

Levine, L. E., & Waite, B. M. (2000). Television viewing and attentional abilities in fourth and fifth grade children. *Journal of Applied Developmental Psychology, 21*, 667–679.

Levine, M. (1994). *Effective problem solving* (2nd ed.). Englewood Cliffs, NJ: Prentice-Hall.

Levinson, D. J., Darrow, C. N., Klein, E. R., Levinson, M. H., & McKee, B. (1978). *The seasons of a man's life.* New York: Knopf.

Levy, B. R., Slade, M. D., Kunkel, S. R., & Kasl, S. V. (2002). Longevity increased by positive self-perceptions of aging. *Journal of Personality and Social Psychology, 83*, 261–270.

Lewin, T. (2010, November 6). Many single mothers have a live-in partner, Census Bureau finds. *The New York Times*, p. A17.

Lewin, T. (2011). Record level of stress found in college freshmen. *The New York Times*, A1, A18.

Li, D., Morris, J. S., Liu, J., Hassan, M. M., Day, R. S., Bondy, M. L., et al. (2009). Body mass index and risk, age of onset, and survival in patients with pancreatic cancer. *Journal of the American Medical Association, 301*, 2553–2562.

Li, N. P., & Kenrick, D. T. (2006). Sex similarities and differences in preferences for short-term mates: What, whether, and why. *Journal of Personality and Social Psychology, 90*, 468–489.

Li, S. C. (2003). Biocultural orchestration of developmental plasticity across levels: The interplay of biology and culture in shaping the mind and behavior across the life span. *Psychological Bulletin, 129*, 171–194.

Li, W., Moallem, I., Paller, K. A., & Gottfried, J. A. (2007). Subliminal smells can guide social preferences. *Psychological Science, 18*, 1044–1049.

Liben, L. S., Susman, E. J., Finkelstein, J. W., Chinchilli, V.,

Kunselman, S., Schwab, J., et al. (2002). The effects of sex steroids on spatial performance: A review and an experimental clinical investigation. *Developmental Psychology, 38,* 236–253.

Liberles, S. D., & Buck, L. B. (2006). A second class of chemosensory receptors in the olfactory epithelium. *Nature, 442*, 645–650.

Lichta, R. W. (2010). A new BALANCE in bipolar I disorder. *The Lancet, 375*, 350–352. doi: 10.1016/S0140-6736(09)61970-X

Lichtenbelt, K. D., Hochstenbach, R., van Dam, W. M., Eleveld, M. J., Poot, M., & Beemer, F. A. (2005). Supernumerary ring chromosome & mosaicism: Case report, investigation of the gene content, and delineation of the phenotype. *American Journal of Medical Genetics, 132*, 93–100.

Lien, M.-C., Ruthruff, E., & Johnston, J. C. (2006). Attentional limitations in doing two tasks at once: The search for exceptions. *Current Directions in Psychological Science, 15,* 89–93.

Lilienfeld, S. O., Kirsch, I., Sarbin, T. R., Lynn, S. J., Chaves, J. F., Ganaway, G. K., et al. (1999). Dissociative identity disorder and the sociocognitive model: Recalling the lessons of the past. *Psychological Bulletin, 125*, 507–523.

Lim, J., & Dinges, D. F. (2010). A meta-analysis of the impact of short-term sleep deprivation on cognitive variables. *Psychological Bulletin, 136*, 375–389. doi: 10.1037/a0018883

Limebeer, C. L., & Parker, L. A. (2006). Effect of conditioning method and testing method on strength of lithium-induced taste aversion learning. *Behavioral Neuroscience, 120,* 963–969.

Lindberg, S. M., Hyde, J. S., Petersen, J. L., & Linn, M. C. (2010). New trends in gender and mathematics performance: A meta-analysis. *Psychological Bulletin, 136*, 1123–1135. doi: 10.1037/a0021276

Linde, K., Allais, G., Brinkhaus, B., Manheimer, E., Vickers, A., & White, A. R. (2009a). Acupuncture for tension-type headache. *Cochrane Database of Systematic Reviews*, Issue 1. doi: 10.1002/14651858.CD007587

Linde, K., Allais, G., Brinkhaus, B., Manheimer, E., Vickers, A., & White, A. R. (2009b). Acupuncture for migraine prophylaxis. *Cochrane Database of Systematic Reviews*, Issue 1. doi: 10.1002/14651858.CD001218.pub2

Linville, P. W., & Fischer, G. W. (1993). Exemplar and abstraction models of perceived group variability and stereotypicality. *Social Cognition, 11,* 92–125.

Lippa, R. A. (2008). The relation between childhood gender nonconformity and adult masculinity-femininity and anxiety in heterosexual and homosexual men and women. *Sex Roles, 59*, 684–693. doi: 10.1007/s11199-008-9476-5

Lippa, R. A. (2009). Sex differences in sex drive, sociosexuality, and height across 53 nations: testing evolutionary and social structural theories. *Archives of Sexual Behavior, 38*, 631–651. doi: 10.1007/s10508-007-9242

Lipsman, N., Neimat, J. S., & Lozano, A. M. (2007). Deep brain stimulation for treatment-refractory obsessive-compulsive disorder: The search for a valid target. *Neurosurgery, 61*, 1-13.

Lipton, E. (2006, August 16). Faces, too, are searched as U.S. airports try to spot terrorists. *The New York Times,* pp. A1, A10.

Litt, M. D., Kadden, R. M., Cooney, N. L., & Kabela, E. (2003). Coping skills and treatment outcomes in cognitive-behavioral and interactional group therapy for alcoholism. *Journal of Consulting and Clinical Psychology*, 71, 118-128.

Little, A. C., Burt, D. M., & Perrett, D. I. (2006). What is good is beautiful: Face preference reflects desired personality. *Personality and Individual Differences, 41*, 1107–1118.

Littlejohn, S. W. (2002). *Th eories of human communication* (7th ed.). Belmont, CA: Wadsworth.

Liu, I. C., Blacker, D. L., Xu, R., Fitzmaurice, G., Lyons, M. J., & Tsuang, M. T. (2004). Genetic and environmental contributions to the development of alcohol dependence in male twins. *Archives of General Psychiatry, 61,* 897-903.

Liu, R. T., & Alloy, L B. (2010). Stress generation in depression: A systematic review of the empirical literature and recommendations for future study. *Clinical Psychology Review, 30*, 582–593.

Ljótsson, B., Falk, L., Vesterlund, A. W., Hedman, E., Lindfors, P., Rück, C., et al. (2010). Internet-delivered exposure and mindfulness based therapy for irritable bowel syndrome —A randomized controlled trial. *Behaviour Research and Therapy, 48*, 531–539. doi: 10.1016/j.brat.2010.03.003

Loa, C. S. L., Ho, S. M. Y., & Hollon, S. D. (2008). The effects of rumination and negative cognitive styles on depression: A mediation analysis. *Behaviour Research and Therapy, 46,* 487–495. doi: 10.1016/j.brat.2008.01.013

Lobbestael, J., & Arntz, A. (2009). Emotional, cognitive and physiological correlates of abuse-related stress in borderline and antisocial personality disorder. *Behaviour Research and Therapy, 34*, 571-586. doi: 10.1016/j.brat.2009.09.015

Lockley, S. W., Cronin, J. W., Evans, E. E., Cade, B. E., Lee, C. J., Landrigan, C. P., et al. (2004). Effect of reducing interns' weekly work hours on sleep and attentional failures. *New England Journal of Medicine, 351,* 1829-1837.

Loeb, S., Fuller, B., Kagan, S. L., & Carrol, B. (2004). Child care in poor communities: Early learning effects of type, quality, and stability. *Child Development, 75*, 4765.

Loftus, E. F. (1997, September). Creating false memories. *Scientific American*, pp. 71-75.

Loftus, E. F. (2003). Make-believe memories. *American Psychologist, 58,* 867-873.

Loftus, E. F. (2004). Memories of things unseen. *Current Directions in Psychological Science, 13*, 145-147.

Loftus, E. F., Miller, D. G., & Burns, H. J. (1978). Semantic integration of verbal information into a visual memory. *Journal of Experimental Psychology: Human Learning and Memory, 4*, 19-31.

London-Vargas, N. (2001, July). Organizing a life's work: Finding your dream job. *TIP: The Industrial-Organizational Psychologist, Vol. 39*(1). Retrieved from http://www.siop.org/TIP/backissues/TipJul01/Jul01TOC.htm.

Loos, R. J. F., Lindgren, C. M., Li, S., Wheeler, E., Zhao, J. H., Prokopenko, I., et al. (2008). Association studies involving over 90,000 people demonstrate that common variants near to MC4R infl uence fat mass, weight and risk of obesity. *Nature Genetics online*. Retrieved from http://www.eurekalert.org/pub_releases/2008-05/wtsi-sgl050108.php.

López-León, S., Janssens, A. C., J. W., Ladd, A. M. G.-Z., Del-Favero, J., Claes, S. J., Oostra, B. A., & van Duijn, C. M. (2008). Meta-analysis of genetic studies on major depressive disorder. *Molecular Psychiatry, 13*, 7772. doi: 10.1038/sj.mp.4002088

Lorenz, F. O., Wickrama, K. A. S., Conger, R. D., & Elder, G. H., Jr. (2006). The short-term and decade-long effects of divorce on women's midlife health. *Journal of Health and Social Behavior, 47*, 111-125.

Lorenz, K. (1966). *On aggression*. New York: Harcourt Brace Jovanovich.

Lorenzetti, V., Allen, N. B., Whittle, S., & Yücel, M. (2010). Amygdala volumes in a sample of current depressed and remitted depressed patients and healthy controls. *Journal of Affective Disorders, 120*, 112-119. doi: 10.1016/j.jad.2009.04.021

Lorenzo, G. L., Biesanz, J. C., & Human, L. J. (2010). What is beautiful is good and more accurately understood: Physical attractiveness and accuracy in first impressions of personality. *Psychological Science, 21*, 1777-1782. doi: 10.1177/095679761038804

Lothane, Z. (2006). Freud's legacy—is it still with us? *Psychoanalytic Psychology, 23*, 285-301.

Love ballad leaves women more open to a date. (2010, June 18). *ScienceDaily*. Retrieved from http://www.sciencedaily.com/releases/2010/06/100618112139.htm.

Low, C. A., Stanton, A. L., & Danoff-Burg, S. (2006). Expressive disclosure and benefit finding among breast cancer patients: Mechanisms for positive health effects. *Health Psychology, 25*, 181-189.

Luborsky, L., Rosenthal, R., Digue, L., Andrusyna, T. P., Berman, J. S., Levitt, J. T., et al. (2002). The Dodo bird verdict is alive and well—mostly. *Clinical Psychology: Science and Practice, 9,* 2-12.

Lucas, R. E., & Donnellan, M. B. (2009). Age differences in personality: Evidence from a nationally representative Australian sample. *Developmental Psychology, 45*, 1353-1363.

Lucas, R. E., Clark, A. E., Georgellis, Y., & Diener, E. (2003). Reexamining adaptation and the set point model of happiness: Reactions to changes in marital status. *Journal of Personality and Social Psychology, 84,* 527-539.

Luczak, S. E., Glatt, S. J., & Wall, T. J. (2006). Meta-analyses of ALDH2 and ADH1B with alcohol dependence in Asians. *Psychological Bulletin, 132*, 607-621.

Ludwig, D. S., & Kabat-Zinn, J. (2008). Mindfulness in medicine. *Journal of the American Medical Association, 300*, 1350-1352.

Luijendijk, H. J., van den Berg, J. F., Marieke, J. H. J., Dekker, M. D., van Tuijl, H. R., Otte, W., et al. (2008). Incidence and recurrence of late-life depression. *Archives of General Psychiatry, 65*, 1394-1401.

Luo, S., & Klohnen, E. C. (2005). Assortative mating and marital quality in newlyweds: A couple-centered approach. *Journal of Personality and Social Psychology, 88,* 304-326.

Lupski, J. R. (2007). Structural variation in the human genome. *New England Journal of Medicine, 356*, 1169-1171.

Luria, A. R. (1968). *The mind of a mnemonist*. New York: Basic

Books.

Luscombe, B. (2010, November 29). Marriage: What it's good for? *Newsweek*, pp. 46–56.

Lynn, R., & Harvey, J. (2008). The decline of the world's IQ. *Intelligence, 36*, 112–120. doi: 10.1016/j.intell.2007.03.004

Lynn, S. J., Boycheva, E., Barnes, S., Barretta, N., Barretta, P., Geary, B. B., et al. (2008). To assess or not assess hypnotic suggestibility? that is the question. *American Journal of Clinical Hypnosis, 51*, 161–165.

MacGregor, J. N., Ormerod, T. C., & Chronicle, E. P. (2001). Information processing and insight: A process model of performance on the nine-dot and related problems. *Journal of Experimental Psychology: Learning, Memory, and Cognition, 27*, 176–201.

Maggiolini, A., Cagnin, C., Crippa, F., Persico, A., & Rizzi, P. (2010). Content analysis of dreams and waking narratives. *Dreaming, 20,* 60–76. doi: 10.1037/a0018824

Mah, K., & Binik, Y. M. (2001). The nature of human orgasm: A critical review of major trends. *Clinical Psychology Review, 21*, 823–856.

Maier, N. R. F. (1931). Reasoning in humans: II. The solution of a problem and its appearance in consciousness. *Journal of Comparative Psychology, 12,* 181–194.

Main, M. (1996). Introduction to the special section on attachment and psychopathology: 2. Overview of the field of attachment. *Journal of Consulting and Clinical Psychology, 64,* 237–243.

Maisto, S. A., Galizio, M., & Connors, G. J. (2008). *Drug use and abuse* (5th ed.). Belmont, CA: Wadsworth Publishing.

Major, G. C., Doucet, E., Trayhurn, P., Astrup, A., & Tremblay, A. (2007). Clinical signifi cance of adaptive thermogenesis. *International Journal of Obesity, 31*, 204–212.

Malamuth, N. M., Huppin, M., & Paul, B. (2005). Sexual coercion. In Buss, D. M. (Ed.). *The handbook of evolutionary psychology* (pp. 394–418). Hoboken, NJ: John Wiley & Sons, Inc.

Malle, B. A. (2006). The actor-observer asymmetry in attribution: A (surprising) meta-analysis. *Psychological Bulletin, 132*, 895–891.

Malouff, J., Rooke, S., & Schutte, N. (2008). The heritability of human behavior: Results of aggregating meta-analyses. *Current Psychology, 27*, 153–161. doi: 10.1007/s12144-008-9032-z

Manicavasgar, V., Parker, G., & Perich, T. (2011). Mindfulness-based cognitive therapy vs cognitive behaviour therapy as a treatment for non-melancholic depression. *Journal of Affective Disorders, 130*, 138-144 doi: 10.1016/j.jad.2010.09.027

Manini, T. M., Everhart, J. E., Patel, K. V., Schoeller, D. A., Colbert, L. H., Visser, M., et al. (2006). Daily activity energy expenditure and mortality among older adults. *Journal of the American Medical Association, 296,* 171–179.

Manne, S., Winkel, G., Zaider, T., Rubin, S., Hernandez, E., & Bergman, C. (2010). Therapy processes and outcomes of psychological interventions for women diagnosed with gynecological cancers: A test of the generic process model of psychotherapy. *Journal of Consulting and Clinical Psychology, 78,* 236–248. doi: 10.1037/a0018223

Manning, R., Levine, M., & Collins, A. (2007). The Kitty Genovese murder and the social psychology of helping: The parable of the 38 witnesses. *American Psychologist, 62*, 555–562.

Mansnerus, L., & Kocieniewski, D. (2004, August 14). Ex-aide says he was victim of McGreevey. *New York Times Online*. Retrieved from www.nytimes.com/2004/08/14/nyregion/14jersy.html.

Manson, J. E., Skerrett, P. J., Greenland, P., & VanItallie, T. B. (2004). The escalating pandemics of obesity and sedentary lifestyle a call to action for clinicians. *Archives of Internal Medicine, 164*, 249–258.

Marcia, J. E. (1980). Identity in adolescence. In J. Adelson (Ed.), *Handbook of adolescent psychology* (pp. 159–187). New York: Wiley.

Marcia, J. E., Waterman, A. S., Matteson, D. R., Archer, S. L., & Orlofsky, J. L. (Eds.). (1993). *Ego identity: A handbook for psychosocial research*. New York: Springer-Verlag.

Marion, I. J. (2005, December). The neurobiology of cocaine addiction. *Science Practice Perspectives, National Institute on Drug Abuse, 3*(1), 25–31.

Markel, H. (2003, September 3). Lack of sleep takes its toll on student psyches. *The New York Times, Science Times,* p. F6.

Markey, P., M., & Markey, C. N. (2010). Vulnerability to violent video games: A review and integration of personality research. *Review of General Psychology, 14*, 82–91. doi: 10.1037/a0019000

Marks, I., & Cavanagh, K. (2009). Computer-aided psychological treatments: Evolving issues. *Annual Review of Clinical Psychology, 5*, 121-141. doi: 10.1146/annurev.

clinpsy.032408.153538

Markus, H. R., & Kitayama, S. (1991). Culture and the self: Implications for cognition, emotion, and motivation. *Psychological Review, 98*, 224–253.

Marsh, A. A., Elfenbein, H. A., & Ambady, N. A. (2003). Nonverbal "accents": Cultural differences in facial expressions of emotion. *Psychological Science, 14,* 373–376.

Martin, C. L., & Ruble, D. (2004). Children's search for gender cues: Cognitive perspectives on gender development. *Psychological Science, 13*, 67–70.

Martin, E. K., Taft, C. T., & Resick, P. A. (2007). A review of marital rape. *Aggression and Violent Behavior*, *12*(3), 329–347.

Martins, A., Ramalho, N., & Morin, E. (2010). A comprehensive meta-analysis of the relationship between emotional intelligence and health. *Personality and Individual Differences*, *49*, 554–564. doi: 10.1016/j.paid.2010.05.029

Maruyama, K., Sato, S., Ohira, T., Maeda, K., Noda, H., Kubota, Y., et al. (2008). The joint impact on being overweight of self-reported behaviours of eating quickly and eating until full: Cross sectional survey. *British Medical Journal, 337*, 2002. doi: 10.1136/bmj.a2002

Maslach, C., & Leiter, M. P. (2008). Early predictors of job burnout and engagement. *Journal of Applied Psychology, 93*, 498–512. doi: 10.1037/0021-9010.93.3.498

Maslow, A. H. (1943). A theory of human motivation. *Psychological Review, 50*, 370–396

Maslow, A. H. (1969). The farther reaches of human nature. *Journal of Transpersonal Psychology, 1*, 1–9.

Maslow, A. H. (1970). *Motivation and personality* (2nd ed.). New York: Harper & Row.

Maslow, A. H. (1971). *Farther reaches of human nature.* New York: Viking Penguin.

Maslow, A. H. (1987). *Motivation and personality* (3rd ed.; R. Frager, J. Fadiman, C. McReynolds, & R. Cox, Eds.). Boston: Addison Wesley.

Mason, M. F., Norton, M. I., Van Horn, J. D., Wegner, D. M., & Grafton, S. T., & Macrae, C. N. (2007). Wandering minds: The default network and stimulus-independent thought. *Science, 315,* 393–395.

Mason, P. T., & Kreger, R. (1998). *Stop walking on eggshells.* Oakland, CA: New Harbinger Publications.

Masters, W. H., & Johnson, V. E. (1966). *Human sexual response.* Boston: Little, Brown.

Masters, W. H., & Johnson, V. E. (1970). *Human sexual inadequacy.* Boston: Little, Brown.

Masuda, T., & Nisbett, R. E. (2001). Attending holistically versus analytically: Comparing the context sensitivity of Japanese and Americans. *Journal of Personality and Social Psychology, 81*, 922–934.

Matsumoto, D. (2004). Paul Ekman and the legacy of universals. *Journal of Research in Personality, 38,* 45–51.

Matsumoto, D., & Willingham, B. (2009). Spontaneous facial expressions of emotion in congenitally and non-congenitally blind individuals. *Journal of Personality and Social Psychology, 96*, 1–10. doi: 10.1037/a0014037

Matsumoto, D., Yoo, S. H., Hirayama, S., & Petrova, G. (2005). Development and validation of a measure of display rule knowledge: The Display Rule Assessment Inventory. *Emotion, 5,* 23–40.

Matsumoto, D., Yoo, S. H., Nakagawa, S., & Multinational Study of Cultural Display Rules. (2008). Culture, emotion regulation, and adjustment. *Journal of Personality and Social Psychology, 94*, 925–937. doi: 10.1037/0022-3514.94.6.925

Matsumoto, K., Suzuki, W., & Tanaka, K. (2003). Neuronal correlates of goal-based motor selection in the prefrontal cortex. *Science, 301*, 229–232.

Matz, D. C., & Wood, W. (2005). Cognitive dissonance in groups: The consequences of disagreement. *Journal of Personality and Social Psychology, 88,* 22–37.

Mavor, K. I., Macleod, C. J., Boal, M. J., & Louis, W. R. (2009). Right-wing authoritarianism, fundamentalism, and prejudice revisited: Removing suppression and statistical artifact. *Personality and Individual Differences, 46*, 592–597.

Max, D. T. (2005, December 11). National smiles. *The New York Times Magazine,* p. 82.

Maxwell, J. S., & Davidson, R. J. (2007). Emotion as motion: Asymmetries in approach and avoidant actions. *Psychological Science, 18*, 1113–1119.

Mayer, J. D., Salovey, P., & Caruso, D. R. (2008). Emotional intelligence: New ability or eclectic traits. *American Psychologist, 63*, 503–517. doi: 10.1037/0003-066X.63.6.503

Mays, V. M., Cochran, S. D., & Barnes, N. W. (2007). Race, race-based discrimination, and health outcomes among African Americans. *Annual Review of Psychology, 58,* 201–225.

Mazzoni, G., & Memom, A. (2003). Imagination can create false autobiographical memories. *Psychological Science, 14,* 186–188.

Mazzucchelli, T., Kane, R., & Rees, C. (2009). Behavioral activation treatments for depression in adults: A meta-analysis and review. *Clinical Psychology: Science and Practice, 16*, 383–411. doi: 10.1111/j.1468-2850.2009.01178.x

McAdams, K. K., & Donnellan, M. B. (2008). Facets of personality and drinking in first-year college students. *Personality and Individual differences, 46*, 207–212. doi: 10.1016/j.paid.2008.09.028

McBride, C. K., Paikoff, R. L., & Holmbeck, G. N. (2003). Individual and familial influences on the onset of sexual intercourse among urban African American adolescents. *Journal of Consulting and Clinical Psychology, 71*, 159–167.

McCabe, M. P. (2005). The role of performance anxiety in the development and maintenance of sexual dysfunction in men and women. *International Journal of Stress Management, 12*, 379–388.

McCarthy, B. W., Ginsberg, R. L., & Fucito, L. M. (2006). Resilient sexual desire in heterosexual couples. *Family Journal: Counseling and Therapy for Couples and Families, 14*, 59–64.

McCartney, K., Burchinal, M., Clarke-Stewart, A., Bub, K. L., Owen, M. T., Belsky, J., et al. (2010). Testing a series of causal propositions relating time in child care to children's externalizing behavior. *Developmental Psychology, 46*, 1–17. doi: 10.1037/a0017886

McClelland, D. C. (1958). Risk-taking in children with high and low need for achievement. In J. W. Atkinson (Ed.), *Motives in fantasy, action, and society*. Princeton, NJ: Van Nostrand.

McClelland, D. C. (1985). *Human motivation*. Glenview, IL: Scott, Foresman.

McCrae, R. R. (2004). Human nature and culture: A trait perspective. *Journal of Research in Personality, 38*, 3–14.

McCrae, R. R., & Costa, P. T., Jr. (1986). Clinical assessment can benefit from recent advances in personality psychology. *American Psychologist, 41,* 1001–1003.

McCrae, R. R., & Costa, P. T., Jr. (1996). Toward a new generation of personality theories: Theoretical contexts for the five-factor model. In J. S. Wiggins (Ed.), *The five-factor model of personality: Theoretical perspectives*. New York: Guilford Press.

McCrae, R. R., & Terracciano, A. (2005). Personality profiles of cultures: Aggregate personality traits. *Journal of Personality and Social Psychology, 89,* 407–425.

McCrae, R. R., & Terracciano, A. (2006). National character and personality. *Current Directions in Psychological Science, 15,* 156–161.

McDougall, W. (1908). *An introduction to social psychology*. New York: Methuen.

McEvoy, P. M. (2008). Effectiveness of cognitive behavioural group therapy for social phobia in a community clinic: A benchmarking study. *Behaviour Research and Therapy, 45*, 3030–3040.

McGirra, A., Tousignant, M., Routhier, D., Pouliot, L., Chawky, N., Margolese, H. C., et al. (2006). Risk factors for completed suicide in schizophrenia and other chronic psychotic disorders: A case-control study. *Schizophrenia Research, 84*, 132–143.

McGovern, F. J., & Nevid, J. S. (1986). Evaluation apprehension on psychological inventories in a prison-based sett ing. *Journal of Consulting and Clinical Psychology, 54,* 576–578.

McHugh, R. K., & Barlow, D. H. (2010). The dissemination and implementation of evidence-based psychological treatments: A review of current efforts. *American Psychologist, 65,* 73–84. doi: 10.1037/a0018121

McKown, C., & Strambler, M. (2009). Developmental antecedents and social and academic consequences of stereotype-consciousness in middle childhood. *Child Development, 80*, 000–000. doi: 10.1111/j.1467-8624.2009.01359.x

McLean, L. M., & Gallop, R. (2003). Implications of childhood sexual abuse for adult borderline personality disorder and complex posttraumatic stress disorder. *American Journal of Psychiatry, 160*, 369–371.

McNally, R. J., & Geraerts, E. (2009). A new solution to the recovered memory debate. *Perspectives on Psychological Science, 4*, 126–134. doi: 10.1111/j.1745-6924.2009.01112.x

McVary, K. T. (2007). Erectile dysfunction. *New England Journal of Medicine, 357*, 2472–2481.

Mead, M. (1935). *Sex and temperament in three primitive societies.* New York: Dell.

Meaney, M. J. (2010). Epigenetics and the biological definition of gene × environment interactions. *Child Development, 81*, 41–79. doi 10.1111/j.1467-8624.2009.01381.x

Means-Christensen, A. J., Snyder, D. K., & Negy, C. (2003).

Assessing nontraditional couples: Validity of the Marital Satisfaction Inventory—Revised with gay, lesbian, and cohabiting heterosexual couples. *Journal of Marital and Family Therapy, 29*, 69–83.

Medical News Today. (2011). *Are positive emotions good for your health in old age?* Retrieved from http://www.medicalnewstoday.com/articles/214442.php.

Mednick, S., Makovski, T., Cai, D., & Jiang, Y. (2009). Sleep and rest facilitate implicit memory in a visual search task. *Vision Research, 49*, 2557–2565. doi: 10.1016/j.visres.2009.04.011

Meeus, W. H. J., & Raaijmakers, Q. A. W. (1995). Obedience in modern society: The Utrecht studies. *Journal of Social Issues, 51*, 155–175.

Mehl, M. R., Vazire, S., Ramirez-Esparza, N., Slatcher, R. B., & Pennebaker, J. W. (2007). Are women really more talkative than men? *Science, 317*, 82.

Melamed, S., Shirom, A., Toker, S., Berliner, S., & Shapira, I. (2006). Burnout and risk of cardiovascular disease: Evidence, possible causal paths, and promising research directions. *Psychological Bulletin, 132*, 327–353.

Meltzoff, A. N., & Gopnik, A. (1997). *Words, thoughts, and theories*. Cambridge, MA: MIT Press.

Melzack, R., & Wall, P. D. (1965). Pain mechanisms: A new theory. *Science, 150*, 971–979.

Melzack, R., & Wall, P. D. (1983). *The challenge of pain*. New York: Basic Books.

Menard, K. S., Hall, G. C. N., Phung, A. H., Ghebrial, M. F. E., & Martin, L. (2003). Gender differences in sexual harassment and coercion in college students: Developmental, individual, and situational determinants. *Journal of Interpersonal Violence, 18*, 1222–1239.

Mendes W. B. (2007). Social facilitation. In R. Baumeister & K. Vohs (Eds.). *Encylopedia of social psychology*. Thousand Oaks, CA: Sage.

Mendez, J. L., Fantuzzo, J., & Cicchetti, D. (2002). Profiles of social competence among low-income African American preschool children. *Child Development, 73*, 1085–1100.

Menza, M. (2006). STAR*D: The results begin to roll in. *American Journal of Psychiatry, 163*, 1123.

Merckelbach, H., Arntz, A., & de Jong, P. (1991). Conditioning experiences in spider phobics. *Behaviour Research and Therapy, 29*, 301–304.

Merckelbach, H., de Jong, P. J., Muris, P., & van den Hout, M. A. (1996). The etiology of specific phobias: A review. *Clinical Psychology Review, 16*, 337–361.

Merikangas, K. R., & Pato, M. (2009). Recent developments in the epidemiology of bipolar disorder in adults and children: Magnitude, correlates, and future directions. *Clinical Psychology: Science and Practice, 16*, 121–133.

Messinis, L., Kyprianidou, A., Malefaki, S., & Papathanasopoulos, P. (2006). Neuropsychological deficits in long-term frequent cannabis users. *Neurology, 66*, 737–739.

Meston, C., M., & Buss, D. M. (2007). Why humans have sex. *Archives of Sexual Behavior, 36*, 477–507.

Metcalfe, J. (1986). Feelings of knowing in memory and problem solving. *Journal of Experimental Psychology: Learning, Memory, and Cognition, 12*, 288–294.

Meyer, G. J. (2000). Incremental validity of the Rorschach Prognostic Rating Scale over the MMPI Ego Strength Scale and IQ. *Journal of Personality Assessment, 74*, 365–370.

Meyer, G. J., Finn, S. E., Eyde, L. D., Kay, G. G., Moreland, K. L., Dies, R. R., ... & Reed, G. M. (2001). Psychological testing and psychological assessment: A review of evidence and issues. *American Psychologist, 56*, 128–165.

Meyer, I. H. (2003). Prejudice, social stress, and mental health in lesbian, gay, and bisexual populations: Conceptual issues and research evidence. *Psychological Bulletin, 129*, 674–697.

Meyer, P., Saez, L., & Young, M. W. (2006). PER-TIM interactions in living drosophila cells: An interval timer for the circadian clock. *Science, 311*, 226–229.

Meyer-Lindenberg, A., Buckholtz, J. W., Kolachana, B., Hariri, A. R., Pezawas, L., Blas, G., et al. (2006). Neural mechanisms of genetic risk for impulsivity and violence in humans. *Proceedings of the National Academy of Sciences, 103*, 6269–6274.

Meyers, L. (2005, November). Psychologists back increased parity, prescriptive authority and professional access. *Monitor on Psychology, 36*(10), 42–43.

Meyers, L. (2007, February). "A struggle for hope." *Monitor on Psychology, 38*(2), 30–31.

Michael, Y. L., Carlson, N. E., Chlebowski, R. T., Aickin, M., Weihs, K. L., Ockene, J. K., al. (2009). Influence of stressors on breast cancer incidence in the Women's Health Initiative. *Health Psychology, 28*, 137–146. doi: 10.1037/a0012982

Mikolajczak, M., Gross, J. J., Lane, A., Corneille, O., de Timary, P., & Luminet, O. (2010). Oxytocin makes people trusting, not gullible. *Psychological Science, 14*, 1072–1074.

Milgram, S. (1963). Behavioral study of obedience. *Journal of Abnormal and Social Psychology, 67,* 371-378.

Milgram, S. (1974). *Obedience to authority.* New York: Harper & Row.

Miller, A. G. (2009). Reflections on "Replicating Milgram" (Burger, 2009). *American Psychologist, 64*, 20-27.

Miller, G. (2007). Hunting for meaning aft er midnight. *Science, 315,* 1360.

Miller, G. (2009). Sleeping to reset overstimulated synapses. *Science, 324*, 22.

Miller, G. (2011). Why loneliness is hazardous to your health. *Science, 331*, 138-140.

Miller, G. E., Chen, E., & Zhou, E. S. (2007). If it goes up, must it come down? Chronic stress and the hypothalamic-pituitary-adrenocortical axis in humans. *Psychological Bulletin, 133,* 25-45.

Miller, J. G., & Bersoff, D. M. (1992). Culture and moral judgment: How are conflicts between justice and interpersonal responsibilities resolved? *Journal of Personality and Social Psychology, 62,* 541-554.

Miller, M., Azrael, D., & Hemenway, D. (2004). The epidemiology of case fatality rates for suicide in the northeast. *Annals of Emergency Medicine, 43*, 723-730.

Miller, S. L., & Maner, J. K. (2010). Scent of a woman: Men's testosterone responses to olfactory ovulation cues. *Psychological Science, 21,* 276-283.

Mindlin, A. (2009, November 2). Children watch more TV than ever. *The New York Times,* p. B3.

Minerd, J., & Jasmer, R. (2006, April). Forty winks or more to make a healthier America. *MedPage Today*. Retrieved from http://www. medpagetoday.com/PrimaryCare/SleepDisorders/tb/3009.

Minzenberg, M. J., Laird, A. R., Thelen, S., Carter, C. S., & Glahn, D. C. (2009). Meta-analysis of 41 functional neuroimaging studies of executive function in schizophrenia. *Archives of General Psychiatry, 66*, 811-822.

Mischel, W. (1970). Sex-typing and socialization. In P. H. Mussen (Ed.), *Carmichael's manual of child psychology* (3rd ed.). New York: Wiley.

Mischel, W. (1973). Toward a cognitive social learning reconceptualization of personality. *Psychological Review, 80*, 252-283.

Mischel, W. (2009). From personality and assessment (1968) to personality science, 2009. *Journal of Research in Personality, 43*, 282-290.

Mitka, M. (2000). Psychiatrists help survivors in the Balkans. *Journal of the American Medical Association, 283,* 1277-1228.

Mitka, M. (2009). College binge drinking still on the rise. *Journal of the American Medical Association, 302,* 836-837.

Miyamichi, K., Amat, F., Moussavi, G., Wang, C., Wickersham, I., Wall, N. R., ... Luo, L. (2010). Cortical representations of olfactory input by trans-synaptic tracing. *Nature*, Published online. Retrieved from http://www.hfsp.org/frontier-science/awardees-articles/cortical-representationsolfactory-inputs

Moffitt, T. E., Caspi, A., & Rutter, M. (2006). Measured gene-environment interactions in psychopathology concepts, research strategies, and implications for research, intervention, and public understanding of genetics. *Perspectives on Psychological Science, 1*, 5-27.

Mollica, R. F., Henderson, D. C., & Tor, S. (2002). Psychiatric effects of traumatic brain injury events in Cambodian survivors of mass violence. *British Journal of Psychiatry, 181,* 339-347.

Monahan, K. C., Steinberg, L., & Cauffman, E. (2009). Affiliation with antisocial peers, susceptibility to peer influence, and antisocial behavior during the transition to adulthood. *Developmental Psychology, 45*, 1520-1530.

Monk, C. S., Telzer, E. H., Mogg, K., Bradley, B. P., Mai, X., Louro, H. M. C., ... & Pine, D. S. (2008). Amygdala and ventrolateral prefrontal cortex activation to masked angry faces in children and adolescents with generalized anxiety disorder. *Archives of General Psychiatry, 65*, 568-576.

Monroe, S. M., & Reid, M. W. (2009). Life stress and major depression. *Current Directions in Psychological Science, 18*, 68-72.

Monti, P. M., Binkoff, J. A., Abrams, D. B., & Zwick, W. R. (1987). Reactivity of alcoholics and nonalcoholics to drinking cues. *Journal of Abnormal Psychology, 96*, 122-126.

Montorsi, F., Adaikan, G., Becher, E., Giuliano, F., Khoury, S., Lue, T. F., ... Wasserman, M. (2010). Summary of the recommendations on sexual dysfunctions in men. *Journal of Sexual Medicine, 7,* 3572-3588.

Montpetit, M. A., & Bergeman, C. S. (2007). Dimensions of control: Mediational analyses of the stress-health relationship. *Personality and Individual Differences, 43*, 2237-2248.

Moon, C., Cooper, R. P., & Fifer, W. P. (1993). Two-dayolds prefer their native language. *Infant Behavior and Development, 16,* 495–500.

Moore, D. R., & Heiman, J. R. (2006). Women's sexuality in context: Relationship factors and female sexual functioning. In I. Goldstein, C. Meston, S. Davis, & A. Traish (Eds.), *Female sexual dysfunction.* New York: Parthenon.

Moore, D. S., & Johnson, S. P. (2008). Mental rotation in human infants: A sex difference. *Psychological Science, 19,* 1063–1066.

Moracco, K. E., Runyan, C. W., Bowling, J. M., & Earp, J. L. (2007). Women's experiences with violence: A National study. *Women and Health, 17,* 3–12.

Moreno-De-Luca, D., Mulle, J. G., Kaminsky, E. B., Sanders, S. J., Myers, S. M., Adam, M. P., ... Ledbetter, D. H. (2010). Deletion 17q12 is a recurrent copy number variant that confers high risk of autism and schizophrenia. *American Journal of Human Genetics, 87,* 618–630.

Morgeson, F. P., & Humphrey, S. E. (2006). The Work Design Questionnaire (WDQ): Developing and validating a comprehensive measure for assessing job design and the nature of work. *Journal of Applied Psychology, 91,* 1321–1339.

Morin, C. M. (2010). Chronic insomnia: Recent advances and innovations in treatment developments and dissemination. *Canadian Psychology, 51,* 31–39.

Moriya, J., Kakeda, S., Abe, O., Goto, N., Yoshimura, R., Hori, H., ... & Nakamura, J. (2010). Gray and white matter volumetric and diffusion tensor imaging (DTI) analyses in the early stage of first-episode schizophrenia. *Schizophrenia Research, 116,* 196–203.

Morley, S., Williams, A., & Hussain, S. (2008). Estimating the clinical effectiveness of cognitive behavioural therapy in the clinic: Evaluation of a CBT informed pain management programme. *Pain, 137,* 467–468.

Morrato, E. H., Druss, B., Hartung, D. M., Valuck, R. J., Allen, R., Campagna, E., ... & Nencomer, D. W. (2010). Metabolic testing rates in 3 state medicaid programs after FDA Warnings and ADA/APA recommendations for second-generation antipsychotic drugs. *Archives of General Psychiatry, 67,* 17–24.

Morris, W. L., Sinclair, S., & DePaulo, B. M. (2006). The perceived legitimacy of civil status discrimination. Manuscript submitted for publication.

Morris, W. N., Miller, R. S., & Spangenberg, S. (1977). The effects of dissenter position and task difficulty on conformity and response conflict. *Journal of Personality, 45,* 251–256.

Moser, M., Franklin, S. F., & Handler, J. (2007). The nonpharmacologic treatment of hypertension: How effective is it? An update. *The Journal of Clinical Hypertension, 9,* 209–216.

Mosher, W. D., Chandra, A., & Jones, J. (2005). *Sexual behavior and selected health measures: Men and women 15–44 years of age, United States, 2002. Advance data from vital and health statistics, No. 362.* Hyattsville, MD: National Center for Health Statistics.

Motivala, S. J., & Irwin, M. R. (2007). Sleep and immunity: Cytokine pathways linking sleep and health outcomes. *Current Directions in Psychological Science, 16,* 21–25.

Motl, R. W., Dishman, R. K., Saunders, R. P., Dowda, M., Felton, G., Ward, D. S., & Pate, R. R. (2002). Examining social-cognitive determinants of intention and physical activity among black and white adolescent girls using structural equation modeling. *Health Psychology, 21,* 459–467.

Mulder, R. T., Frampton, C. M. A., Luty, S. E., & Joyce, P. R. (2009). Eighteen months of drug treatment for depression: Predicting relapse and recovery. *Journal of Affective Disorders, 114,* 263–270.

Multiracial America is fastest growing group. (2009, May 28). Retrieved from http://www.msnbc.msn.com/id/30986649/.

Munakata, Y., McClelland, J. L., Johnson, M. H., & Siegler, R. S. (1997). Rethinking infant knowledge: Toward an adaptive process account of successes and failures in object permanence tasks. *Psychological Review, 104,* 686–713.

Munsey, C. (2008, October). The dangers of turning 21. *Monitor on Psychology,* p. 10.

Munsey, C. (2010, October). Does marriage make us happy? *Monitor on Psychology,* pp. 20–21.

Murakoshi, H., Wang, H., & Yasuda, R. (2011). Local, persistent activation of Rho GTPases during plasticity of single dendritic spines. *Nature, 472,* 100–104.

Murray, D. J., Kilgour, A. R., & Wasylkiw, L. (2000). Conflicts and missed signals in psychoanalysis, behaviorism, and Gestalt psychology. *American Psychologist, 55,* 422–426.

Murray, H. A. (1938). *Explorations in personality.* New York: Oxford University Press.

Murstein, B. I., & Mathes, S. (1996). Projection on projective techniques pathology: The problem that is not being addressed. *Journal of Personality Assessment, 66,* 337–

349.

Muscatell, K. A., Slavich, G. M., Monroe, S. M., Gotlib, I. H. (2009). Stressful life events, chronic difficulties, and the symptoms of clinical depression. *The Journal of Nervous and Mental Disease, 197*, 154–160.

Must, A., Koks, S., Vasar, E., Tasa, G., Lang, A., Maron, E., & Väli, M. (2009). Common variations in 4p locus are related to male completed suicide. *NeuroMolecular Medicine, 11*, 13–19.

Muzzatti, B., & Agnoli, F. (2007). Gender and mathematics: Attitudes and stereotype threat: Susceptibility in Italian children. *Developmental Psychology, 43*, 747–759.

Nahas, Z., Anderson, B. S., Borckardt, J., Arana, A. B., George, M. S., Reeves, S. T., & Takacs, I. (2010). Bilateral epidural prefrontal cortical stimulation for treatment-resistant depression. *Biological Psychiatry, 67*, 101–109.

Nakagawa, T., Sakurai, T., Nishioka, T., & Touhara, K. (2005). Insect sex-pheromone signals mediated by specific combinations of olfactory receptors. *Science, 307*, 1638–1642.

Nappi, R. E., Wawra, K., & Schmitt, S. (2006). Hypoactive sexual desire disorder in postmenopausal women. *Gynecological Endocrinology, 22*, 318–323.

Nasrallah, H. A., Keshavan, M. S., Benes F. M., Braff, D. L., Green A. I., Gur, R., ... & Correll, C. U. (2009). Proceedings and data from The Schizophrenia Summit: A critical appraisal to improve the management of schizophrenia. *The Journal of Clinical Psychiatry, 70*, Suppl 1, 4–46.

National Cancer Institute (NCI), National Institutes of Health (2009). *SEER stat fact sheets*. Retrieved from http://seer.cancer.gov/statfacts/html/all.html

National Cancer Institute (NCI), National Institutes of Health (2010c). *Melanoma*. Retrieved from http://www.cancer.gov/cancertopics/types/melanoma.

National Cancer Institute (NCI), National Institutes of Health (2009b, October 22). *Human papillomavirus (HPV) vaccines*. Retrieved from http://www.cancer.gov/cancertopics/factsheet/Prevention/HPV-vaccine.

National Cancer Institute (NCI), National Institutes of Health (2006, August 22). *New study shows that being overweight at middle age can be harmful*. Retrieved from http://www.cancer.gov/newscenter/pressreleases/BMImortality.

National Cancer Institute (NCI), National Institutes of Health (2010b). *Skin Cancer*. Retrieved from http://www.cancer.gov/cancertopics/types/skin.

National Cancer Institute, National Institutes of Health, U.S. Department of Health and Human Services. (2010a). *2008-2009 annual report: President's Cancer Panel: Reducing environmental cancer risk: What we can do now*. Bethesda, MD: Author.

National Institute of Mental Health (NIMH), National Institutes of Health (2001). *Seeing our feelings: Imaging emotion in the brain* (NIH Publication No. 01-460). Bethesda, MD: Author.

National Institute on Drug Abuse, U.S. Department of Health and Human Services, National Institutes of Health. (2004, November). *Research Report Series: Cocaine abuse and addiction*. NIH Publication No. 99-4342.

National Institutes of Health (NIH). (2003). *HIV/AIDS, severe mental illness and homelessness*. Retrieved from http://grants.nih.gov/ grants/guide/pa-fi les/PA-04-024.html.

National Science Foundation (2008, June 6). Plastic brain outsmarts experts: Training can increase fluid intelligence, once thought to be fixed at birth. *ScienceDaily*. Retrieved from http://www.sciencedaily.com/releases/2008/06/080605163804.htm.

National Science Foundation. (2004, April). *Science and engineering degrees, by race/ethnicity of recipients: 1992-2001* (NSF 04-318, Division of Science Resources Statistics). Arlington, VA: Author.

National Survey of Sexual Health and Behavior (NSSHB) (2010). *Findings fr om the National Survey of Sexual Health and Behavior*. *Journal of Sexual Medicine, 7,* Supplement 5.

National Women's Health Information Center, U.S. Department of Health and Human Services, Office on Women's Health (2009, August 10). *Genital herpes*. Retrieved from http://www.womenshealth.gov/faq/genital-herpes.cfm#b.

Nawrot, M., Nordenstrom, B., & Olson, A. (2004). Disruption of eye movements by ethanol intoxication affects perception of depth from motion parallax. *Psychological Science, 15*, 858–865.

Negy, C., & Snyder, D. K. (2000). Relationship satisfaction of Mexican American and non-Hispanic white American inter-ethnic couples: Issues of acculturation and clinical intervention. *Journal of Marital and Family Therapy, 26*, 293–304.

Neisser, U., Boodoo, G., Bouchard, T. J., Jr., Boykin, A. W., Brody, N., Ceci, S. J., et al. (1996). Intelligence: Knowns and unknowns. *American Psychologist, 51*, 77–101.

Nelson, D. L., & Gibbs, R. A. (2004). The critical region in trisomy 21. *Science, 306*, 619–621.

Nelson, J. C., Mankoski, R., Baker, R. A., Carlson, B. X., Eudicone, J., Pikalov, M., et al. (2010). Effects of aripiprazole adjunctive to standard antidepressant treatment on the core symptoms of depression: A post-hoc, pooled analysis of two large, placebo-controlled studies. *Journal of affective Disorders, 120*, 133–140.

Nelson, T. D. (2002). *The psychology of prejudice*. Boston: Allyn and Bacon.

Nemiah, J. C. (1988). Psychoneurotic disorders. In A. M. Nicholi, Jr. (Ed.), *The new Harvard guide to psychiatry* (pp. 234–258). Cambridge, MA: Belknap Press.

Nestoriuc, Y., & Martin, A. (2007). Efficacy of biofeedback for migraine: A meta-analysis. *Radiology Source, 128*, 111–127.

Nestoriuc, Y., Rief, W., & Martin, A. (2008). Meta-analysis of biofeedback for tension-type headache: Efficacy, specificity, and treatment moderators. *Journal of Consulting and Clinical Psychology, 76*, 379–396.

Nettelbeck, T., & Wilson, C. (2005). Intelligence and IQ: What teachers should know. *Educational Psychology, 25*, 609–630.

Nevid, J. S. (1984). Sex differences in factors of romantic attraction. *Sex Roles, 11*, 401–411.

Nevid, J. S. (2010). Implicit measures of consumer response: The search for the Holy Grail of marketing research. Introduction to Special Issue. *Psychology and Marketing, 27*, 913–910.

Nevid, J. S., & Rathus, S. A. (2007a). *Psychology and the challenges of life: Adjustment in the new millennium*. (10th ed.). New York: Wiley.

Nevid, J. S., & Rathus, S. A. (2007b). *Your health*. Mason, OH: Thomson Custom Publishing.

Nevid, J. S., & Rathus, S. A. (2010). *Psychology and the challenges of life: Adjustment and modern life* (11th ed.). New York: Wiley.

Nevid, J. S., & Sta. Maria, N. (1999). Multicultural issues in qualitative research. *Psychology and Marketing, 16*, 305–325.

Nevid, J. S., Rathus, S. A., & Greene, B. (2006). *Abnormal psychology in a changing world* (6th ed.). Upper Saddle River, NJ: Prentice-Hall.

Nevid, J. S., Rathus, S. A., & Greene, B. (2008). *Abnormal psychology in a changing world* (7th ed.). Upper Saddle River, NJ: Prentice-Hall.

Nevid, J. S., Rathus, S. A., & Greene, B. (2011). *Abnormal psychology in a changing world* (8th ed.) Upper Saddle River, NJ: Prentice-Hall.

New therapies for prevention and treatment of Alzheimer's Disease identified. (2011, January 11). *ScienceDaily*. Retrieved from http://www.sciencedaily.com/releases/2011/01/110112110739.htm.

Newbern, J. M., Li, X., Shoemaker, S. E., Zhou, J., Zhong, J., Wu, Y., et al. (2011). Specific functions for ERK/MAPK signaling during PNS development. *Neuron, 69*, 91.

Newman, M. G., & Llera, S. J. (2011). A novel theory of experiential avoidance in generalized anxiety disorder: A review and synthesis of research supporting a contrast avoidance model of worry. *Clinical Psychology Review, 31*, 371–382.

Nguyen, H.-H. D., & Ryan, A. M. (2008). Does stereotype threat affect test performance of minorities and women? A meta-analysis of experimental evidence. *Journal of Applied Psychology, 93*, 1314–1334.

Ni, X., Chan, K., Bulgin, N., Sicard, T., Bismil, R., McMain, S., & Kennedy, J. L. (2006). Association between serotonin transporter gene and borderline personality disorder. *Journal of Psychiatric Research, 40*, 448–453.

NICHD Early Child Care Research Network. (1997). The effects of infant child care on infant-mother attachment security: Results of the NICHD study of early child care. *Child Development, 68*, 860–879.

Nicholson, R. A., Mouton, G. J., Bagby, R. M., Buis, T., Peterson, S. A., & Buigas, R. A. (1997). Utility of MMPI-2 indicators of response distortion: Receiver operating characteristic analysis. *Psychological Assessment, 9*, 471–479.

Nicolosi, A., Laumann, E. O., Glasser, D. B., Brock, G., King, R., & Gingell, C. (2006). Sexual activity, sexual disorders and associated help-seeking behavior among mature adults in five anglophone countries from the Global Survey of Sexual Attitudes and Behaviors (GSSAB). *Journal of Sex & Marital Therapy, 32*, 331–342.

NIDA Notes (2004, December). 2003 survey reveals increase in prescription drug abuse, sharp drop in abuse of hallucinogens. *NIDA Notes, 19*(4), 14.

Niiya, Y., Ellsworth, P. C., & Yamaguchi, S. (2006). Amae in Japan and the United States: An exploration of a "culturally unique." *Emotion, 6*, 279–295.

Nisbett, R. (2003). *Geography of thought*. New York: Free Press.

Nitschke, J. B., Sarinopoulos, I., Oathes, D. J., Johnstone, T., Whalen, P. J., Davidson, R. J., et al. (2009). Anticipatory activation in the amygdala and anterior cingulate in generalized anxiety disorder and prediction of treatment response. *American Journal of Psychiatry*. Retrieved from http://ajp.psychiatryonline.

Noftle, E. E., & Robins, R. W. (2007). Personality predictors of academic outcomes: Big Five correlates of GPA and SAT scores. *Journal of Personality and Social Psychology, 93*, 116–130.

Nolen-Hoeksema, S. (2008). It is not what you have; it is what you do with it: Support for Addis's gendered responding framework. *Clinical Psychology: Science and Practice, 15*, 178–181.

Nolen-Hoeksema, S., Morrow, J., & Fredrickson, B. L. (1993). Response styles and the duration of episodes of depressed mood. *Journal of Abnormal Psychology, 102*, 20–28.

Nolen-Hoeksema, S., Wisco, B. E., & Lyubomirsky, S. (2008). Rethinking rumination. *Perspectives on Psychological Science, 3*, 400–424.

Noonan, D. (2006, June 6). A litt le bit louder, please. *Newsweek*, pp. 42–45.

Norcross, J. C., Karpiak, C. P., & Santoro, S. O. (2005). Clinical psychologists across the years: The division of clinical psychology from 1960 to 2003. *Journal of Clinical Psychology, 61*, 1467–1483.

Norlander, T., Erixon, A., & Archer, T. (2000). Psychological androgyny and creativity: Dynamics of gender-role and personality trait. *Social Behavior and Personality, 28*(5), 423–435.

Nosek, B. A., Banaji, M. R., & Greenwald, A. G. (2003). Math male, me female, therefore math ≠ me. *Journal of Personality and Social Psychology, 83,* 44–59.

Novak, S., Nemeth, W. C., & Lawson, K. A. (2004). Trends in medical use and abuse of sustained-release opioid analgesics: A revisit. *Pain Medicine, 5*, 59–65.

Novotney, A. (2009, February). Dangerous distraction. *Monitor on Psychology*, *40*(2), 3236.

Novotny, A. (2008, July/August). A competitive, slowly growing field. *Monitor on Psychology*, *39*(7), 66.

Nowak, A., Vallacher, R. R., & Miller, M. E. (2003). Social influence and group dynamics. In T. Millon & M. J. Lerner (Eds.), *Handbook of psychology: Vol. 5. Personality and social psychology* (pp. 383–418). New York: John Wiley & Sons.

NYC Department of Health and Mental Hygiene. (2010). *Tobacco control*. Retrieved from http://www.nyc.gov/html/doh/html/smoke/smoke.shtml.

O'Connor, A. (2004b, March 23). Dreams ride on Freud's royal road, study finds. *New York Times,* p. F5.

O'Neil, J. (2003, February 4). Jog your memory? At the gym? *The New York Times,* p. F6.

O'Boyle, E. H., Humphrey, R. H., Pollack, J. M., Hawver, T. H., & Story, P. A. (2010). The relation between emotional intelligence and job performance: A meta-analysis. *Journal of Organizational Behavior*. Retrieved from http://crossroadscalifornia.com/wp-content/uploads/2010/09/Study-EQ-and-Job-Performance.pdf

Ohi, K., Hashimoto, R., Yasuda, Y., Yoshida, T., Takahashi, H., Iike, N., et al. (2010). The chitinase 3-like 1 gene and schizophrenia: Evidence from a multi-center case-control study and meta-analysis. *Schizophrenia Research, 116*, 126–132.

Ojemann, G. A., Schoenfield-McNeill, J., & Corina, D. P. (2002). Anatomic subdivisions in human temporal cortical neuronal activity related to recent verbal memory. *NatureNeuroscience, 5,* 64–71.

Olshansky, S. J., Passaro, D. J., Hershow, R. C., Layden, J., Carnes, B. A., Brody, J., ... & Ludwig, D. S. (2005). A potential decline in life expectancy in the United States in the 21st century. *New England Journal of Medicine, 352*, 1138–1145.

Olson, J. M., & Maio, G. R. (2003). Attitudes in social behavior. In T. Millon & M. J. Lerner (Eds.), *Handbook of psychology: Vol. 5. Personality and social psychology* (pp. 299–326). New York: John Wiley & Sons.

Olson, J. M., Vernon, P. A., & Harris, J. A. (2001). The heritability of attitudes: A study of twins. *Journal of Personality and Social Psychology, 80,* 845–860.

Olson, M. A., Crawford, M. T., & Devlin, W. (2009). Evidence for the underestimation of implicit in-group favoritism among low status groups. *Journal of Experimental Social Psychology, 45*, 1111–1116. doi: 10.1016/j.jesp.2009.06.021

Oncken, C. A., & Kranzler, H. R. (2003). Pharmacotherapies to enhance smoking cessation during pregnancy. *Drug Alcohol Review, 22*, 191–202.

Ong, A. D. (2010). Pathways linking positive emotion and health in later life. *Current Directions in Psychological Science,*

19, 358-362.

Ong, J. C., Shapiro, S. L., & Manber, R. (2008). Combining mindfulness meditation with cognitive-behavior therapy for insomnia: A treatment-development study. *Behavior Therapy, 39*, 171-182.

Onion, A. (2000, September 12). *Mind games: Subliminal ads mostly ineffective, but Americans think otherwise*. Retrieved from http://abcnews.go.com/sections/science/Daily News/subliminal000912.html.

Oquendo, M. A., Friend, J. M., Halberstam, B., Brodsky, B. S., Burke, A. K., Grunebaum, M. F., Malone, K. M., & Mann, J. J. (2003). Association of comorbid posttraumatic stress disorder and major depression with greater risk for suicidal behavior. *American Journal of Psychiatry, 160*, 580-582.

Oquendo, M. A., Hastings, R. S., Huang, Y., Simpson, N., Ogden, R. T., Hu, X. Z., ... & Parsey, R. V. (2007). Brain serotonin transporter binding in depressed patients with bipolar disorder using positron emission tomography. *Archives of General Psychiatry, 64,* 201-208.

Ormerod, T. C., MacGregor, J. N., & Chronicle, E. P. (2002). Dynamics and constraints in insight problem solving. *Journal of Experimental Psychology-Learning, Memory, and Cognition, 28*, 791-799.

Ornstein, R. E. (1973). *The psychology of consciousness*. New York: Penguin Books.

Ortega, A. N., Rosenheck, R., Alegria, M., & Desai, R. A. (2000). Acculturation and the lifetime risk of psychiatric and substance use disorders among Hispanics. *Journal of Nervous and Mental Disease, 188,* 728-735.

Orth, U., Trzesniewski, K. H., & Robins, R. W. (2010). Self-esteem development from young adulthood to old age: A cohort-sequential longitudinal study. *Journal of Personality and Social Psychology, 98*, 645.

Ortigue, S., Bianchi-Demicheli, F., Patel, N., Frum, C., & Lewis, J. W. (2010). Neuroimaging of love: fMRI meta-analysis evidence toward new perspectives in sexual medicine. *The Journal of Sexual Medicine*, *7*, 3451-3552.

Osborne, A. F. (1963). *Applied imagination: Principles and procedures of creative problem solving*. New York: Scribners.

Ostir, G. V., Berges, I. M., Markides, K. S., & Ottenbacher, K. J. (2006). Hypertension in older adults and the role of positive emotions. *Psychosomatic Medicine, 68,* 727-733.

Ostler, K., Thompson, C., Kinmonth, A. L. K., Peveler, R. C., Stevens, L., & Stevens, A. (2001). Influence of socioeconomic deprivation on the prevalence and outcome of depression in primary care: The Hampshire Depression Project. *British Journal of Psychiatry*, *178*, 12-17.

Ottersen, O. P. (2005). Neurobiology: Sculpted by competition. *Nature, 434*, 969.

Ouellette, S. C., & DiPlacido, J. (2001). Personality's role in the protection and enhancements of health: Where the research has been, where it is stuck, how it might move. In A. Baum, T. A. Revenson, & J. E. Singer (Eds.), *Handbook of health psychology* (pp. 175-194). Mahwah, NJ: Lawrence Erlbaum Associates.

Overstreet, N. M., Quinn, D. M., & Agocha, V. B. (2010). Beyond thinness: The influence of a curvaceous body ideal on body dissatisfaction in Black and White Women. *Sex Roles, 63*, 91-103.

Overton, W. F. (1997). *Developmental psychology: Philosophy, concepts, and methodology*. New York: Oxford University Press.

Oyserman, D. (2008). Racial-ethnic self-schemas: Multidimensional identity-based motivation. *Journal of Research in Personality, 42*, 1186-1198.

Oyserman, D., Coon, H. M., & Kemmelmeier, M. (2002). Rethinking individualism and collectivism: Evaluation of theoretical assumptions and meta-analyses. *Psychological Bulletin, 128,* 3-72.

Oz, M. (2003, January 20). Say "om" before surgery. *Time,* p. 43. *Pacemaker for brain may ease mental illness.* (2008, November 12). Retrieved from http://www.msnbc.msn.com/id/27684083/.

Pacheco-Lopez, G., Niemi, M. B., Kou, W., Harting, M., Fandrey, J., & Schedlowski, M. (2005). Neural substrates for behaviorally conditioned immunosuppression in the rat. *Journal of Neuroscience, 25*, 2330-2337.

Packer, D. J. (2008). Identifying systematic disobedience in Milgram's Obedience experiments: A meta-analytic review. *Perspectives on Psychological Science, 3*, 301-304.

Pagani, L. S., Fitzpatrick, C., Barnett, T. A., & Dubow, E. (2010). Prospective associations between early childhood television exposure and academic, psychosocial, and physical well-being by middle childhood. *Archives of Pediatrics & Adolescent Medicine, 164*, 425-431.

Palfai, T. P., & Weafer, J. (2006). College student drinking and meaning in the pursuit of life goals. *Psychology of Addictive Behaviors, 20*, 131-134.

Pallier, C., Kouider, S., & De Gardelle, V. (2008). An fMRI study of subliminal priming of spoken words. *The Journal of the Acoustical Society of America, 123*, 3580.

Pampaloni, I., Sivakumaran, T., Hawley, C. J., Al Allaq, A., Farrow, J., Nelson, S., et al. (2009). High-dose selective serotonin reuptake inhibitors in OCD: A systematic retrospective case notes survey. *Journal of Psychopharmacology*. Retrieved from http://jop.sagepub.com/cgi/content/abstract/0269881109104850v1.

Pancsofar, N., & Vernon-Feagans, L. (2006). Mother and father language input to young children: Contributions to later language development. *Journal of Applied Developmental Psychology, 27*, 571-587.

Papadatou-Pastou, M., Martin, M., Munafo, M. R., & Jones, G. V. (2008). Sex differences in left-handedness: A meta-analysis of 144 studies. *Psychological Bulletin, 134*, 677-699.

Paris, J. (2008). *Treatment of borderline personality disorder: A guide to evidence-based practice*. New York: Guilford Press.

Park, A. (2011, March 7). Healing the hurt. *Time*, pp. 64-71.

Park, A., Sher, K. J., & Krull, J. L. (2008). Risky drinking in college changes as fraternity/sorority affiliation changes: A person-environment perspective. *Psychology of Addictive Behaviors, 22*, 219-229.

Park, A., Sher, K. J., Wood, P. K., & Krull, J. L. (2009). Dual mechanisms underlying accentuation of risky drinking via fraternity/sorority affiliation: The role of personality, peer norms, and alcohol availability. *Journal of Abnormal Psychology, 118*, 241-255.

Park, D. C., Lautenschlager, G., Hedden, T., Davidson, N. S., Smith, A. D., & Smith, P. K. (2002). Models of visuospatial and verbal memory across the adult life span. *Psychology and Aging, 17*, 299-320.

Park, J., & Banaji, M. R. (2000). Mood and heuristics: The influence of happy and sad states on sensitivity and bias in stereotyping. *Journal of Personality and Social Psychology, 78*, 1005-1023.

Parke, R. D. (2004). Development in the family. *Annual Review of Psychology, 55*, 365-399.

Parke, R. D. (2004). Fathers, families, and the future: a plethora of plausible predictions. *Merrill-Palmer Quarterly, 50*, 456-470.

Parke, R. D., & Buriel, R. (1998). Socialization in the family: Ethnic and ecological perspectives. In W. Damon (Editorin-Chief) & N. Eisenberg (Vol. Ed.), *Handbook of child psychology: 5th ed., Vol. 3. Social, emotional, and personality development* (pp. 463-552). New York: John Wiley & Sons.

Parker, G., Gladstone, G., & Chee, K. T. (2001). Depression in the planet's largest ethnic group: the Chinese. *American Journal of Psychiatry, 158*, 857-864.

Parker, J. D. A., Duffy, L. M., Wood, L. M., Bond, B. J., & Hogan, M. J. (2005). Academic achievement and emotional intelligence: Predicting the successful transition from high school to university. *Journal of First-Year Experience and Students in Transition, 17*, 67-78.

Parker-Pope, T. (2009, January 13). A problem of the brain, not the hands: Group urges phone ban for drivers. *The New York Times*, p. D5.

Parloff, R. (2003, February 3). Is fat the next tobacco? *Fortune*, pp. 51-54.

Parsons, B., Allison, D. B., Loebel, A., Williams, K., Giller, E., Romano, S., & Siu, C. (2009). Weight effects associated with antipsychotics: A comprehensive database analysis. *Schizophrenia Research, 110*, 103-111.

Parsons, T. D., & Rizzo, A. A. (2008). Affective outcomes of virtual reality exposure therapy for anxiety and specific phobias: A meta-analysis. *Journal of Behavior Therapy and Experimental Psychiatry, 39*, 250-261.

Part of the brain that tracks limbs in space discovered. *Science-Daily* (July 19, 2010). Retrieved from http://www.sciencedaily.com/releases/2010/07/100715123406.htm.

Pascalis, O., deHaan, M., Nelson, C. A., & de Schonen, S. (1998). Long-term recognition memory for faces assessed by visual paired comparison in 3-and 6-month-old infants. *Journal of Experimental Psychology: Learning, Memory, and Cognition, 24*, 249-260.

Pasupathi, M. (1999). Age differences in response to conformity pressure for emotional and nonemotional material. *Psychology and Aging, 14*, 170-174.

Pate, J. L. (2000). Psychological organizations in the United States. *American Psychologist, 55*, 1139-1143.

Patterson, C. J. (2009). *Lesbian & gay parents & their children: Summary of research findings*. Retrieved from http://www.apa.org/pi/lgbc/publications/lgpsummary.html.

Patterson, D. R., & Jensen, M. P. (2003) Hypnosis and clinical pain. *Psychological Bulletin, 129*, 495-521.

Patton, G. C., et al. (2002). Cannabis use and mental health in young people: Cohort study. *British Medical Journal, 325*, 1195–1198.

Paul, P. (2005, January 17). The power to uplift. *Time Magazine,* pp. A46–A48.

Paulos, J. A. (2009, December 12). Mammogram math. *The New York Times Magazine,* pp. 19–20.

Payne, J. D., & Kensinger, E. A. (2010). Sleep's role in the consolidation of emotional episodic memories. *Current Directions in Psychological Science, 19*, 290–295.

Pearson, H. (2006, September 18). Distaste for sprouts in the genes. *News@ Nature.com*. Retrieved from http://www.nature.com/ news/2006/060918/full/060918-1.html.

Pedersen, D. M., & Wheeler, J. (1983). The Mueller–Lyer illusion among Navajos. *Journal of Social Psychology, 121,* 3–6.

Pengilly, J. W., & Dowd, E. T. (2000). Hardiness and social support as moderators of stress. *Journal of Clinical Psychology, 56*, 813–820.

Penner, L. A., Dovidio, J. F., Piliavin, J. A., & Schroeder, D. A. (2005). Prosocial behavior: Multilevel perspectives. *Annual Review of Psychology, 56*, 365–392.

Peplau, L. A. (2003). Human sexuality: How do men and women differ? *Current Directions in Psychological Science, 12,* 37–40.

Pepper, T. (2005, February 21). Inside the head of an applicant. *Newsweek,* pp. E24–E26.

Perello, M., Sakata, I., Birnbaum, S., Chuang, J.-C., Osborne-Lawrence, S., Rovinsky, S. A., Zigman, J. M. (2009). Ghrelin increases the rewarding value of high-fat diet in an orexindependent manner. *Biological Psychiatry*, *67*, 880–888.

Peres, J. (2007, July 31). The 237 reasons to have sex. *Chicago Tribune*. Retrieved from http://tinyurl.com/2mg5k5.

Peretz, I., & Zatorre, R. J. (2005). Brain organization for music processing. *Annual Review of Psychology, 56*, 89–114.

Perlis, M. L., Jungquist, C., Smith, M. T., & Posner, D. (2008). *Cognitive behavioral treatment of insomnia: A session by session guide.* New York, NY: Springer.

Perry, W. (2003). Let's call the whole thing off : A response to Dawes (2001). *Psychological Assessment, 15*, 582–585.

Pesant, N., & Zadra, A. (2004). Working with dreams in therapy: What do we know and what should we do? *Clinical Psychology Review, 24*, 489–512.

Peters, E., Hess, T. M., Västfjäll, D., & Auman, C. (2007). Adult age differences in dual information processes: Implications for the role of affective and deliberative processes in older adults' decision making. *Perspectives on Psychological Science, 2*, 1–23.

Petersen, J. L., & Hyde, J. S. (2010). A meta-analytic review of research on gender differences in sexuality, 1993–2007. *Psychological Bulletin, 136*, 21–38.

Peterson, B. E., & Duncan, L. E. (2007). Midlife women's generativity and authoritarianism: Marriage, motherhood, and 10 years of aging. *Psychology and Aging, 22*, 411–419.

Peterson, M. A., & Skow, E. (2008). Inhibitory competition between shape properties in figure-ground perception. *Journal of Experimental Psychology: Human Perception and Performance, 34*, 251–267.

Petrova, P. K., Cialdini, R. B., & Sills, S. J. (2006). Consistency-based compliance across cultures. *Journal of Experimental Social Psychology*, *43*, 104–111.

Pettigrew, T. F., & Tropp, L. R. A. (2006). A meta-analytic test of intergroup contact theory. *Journal of Personality and Social Psychology, 90*, 751–783.

Petty, R. E., & Briñol, P. (2008). Persuasion: From single to multiple to metacognitive processes. *Perspectives on Psychological Science, 3*, 137–147.

Petty, R. E., Wegener, D. T., & Fabrigar, L. R. (1997). Attitudes and attitude change. *Annual Review of Psychology*, *48*, 609–647.

Pew Social Trends. (2010, November 18). *The decline of marriage and rise of new families.* Retrieved from http://pewsocialtrends.org/2010/11/18/the-decline-of-marriage-and-rise-ofnew-families.

Pezdek, K., & Lam, S. (2007). What research paradigms have cognitive psychologists used to study "false memory," and what are the implications of these choices? *Consciousness and Cognition, 16*, 2–17.

Phelps, E. A., Ling, S., & Carrasco, M. (2006). Emotion facilitates perception and potentiates the perceptual benefits of attention. *Psychological Science, 17,* 292–299.

Phillips, S. T., & Ziller, R. C. (1997). Toward a theory and measure of the nature of nonprejudice. *Journal of Personality and Social Psychology, 72*, 420–434.

Piaget, J. (1952). *The origins of intelligence in children.* New York: International Universities Press.

Pierce, R. C., & Kumaresan, V. (2006). The mesolimbic dopamine system: The final common pathway for the reinforcing effect of drugs of abuse? *Neuroscience and Biobehavioral*

Reviews, 30, 215–238.

Pierre, M. R., & Mahalik, J. R. (2005). Examining African self-consciousness and black racial identity as predictors of black men's psychological well-being. *Cultural Diversity and Ethnic Minority Psychology, 11,* 28–40.

Pietschnig, J., Voraceka, M., & Formann, A. K. (2011). Female Flynn effects: No sex differences in generational IQ gains. *Personality and Individual Differences*, *50*, 759–762.

Pincus, A. L., Lukowitsky, M. R., Wright, A. G. C., & Eichler, W. C. (2009). The interpersonal nexus of persons, situations, and psychopathology. *Journal of Research in Personality, 43*, 264–265.

Pink, D. (2003, December 14). Gratitude visits. *The New York Times Magazine,* p. 73.

Pinker, S. (1994). *The language instinct.* New York: William Morrow.

Pinker, S. (2003). Language as an adaptation to the cognitive niche. In M. H. Christiansen and S. Kirby (Eds.), *Language evolution* (pp. 16–37). New York: Oxford University Press.

Pittman, T. S. (1998). Motivation. In D. T. Gilbert, S. T. Fiske, & G. Lindzey (Eds.), *The handbook of social psychology* (4th ed., Vol. 1, pp. 549–590). Boston: McGraw-Hill.

Plaks, J. E., & Higgins, E. T. (2000). Pragmatic use of stereotyping in teamwork: Social loafing and compensation as a function of inferred partner-situation fit. *Journal of Personality and Social Psychology, 79*, 962–974.

Plaza, M., Gatignol, P., Leroy, M., & Duffau, H. (2009). Speaking without Broca's area after tumor resection. *Neurocase, 9*, 1–17.

Pliner, P. H., Hart, H., Kohl, J., & Saari, D. (1974). Compliance without pressure: Some further data on the foot-in-the-door technique. *Journal of Experimental Social Psychology, 10,* 17–22.

Plomin, R., & Haworth, C. M. A. (2009). Genetics of high cognitive abilities. *Journal of Behavior Genetics, 39*, 347–349.

Plomin, R., & McGuffin, P. (2003). Psychopathology in the postgenomic era. *Annual Review of Psychology, 54,* 205–228.

Plomin, R., & Petrill, S. A. (1997). Genetics and intelligence: What's new. *Intelligence, 24*, 53–57.

Plomin, R., DeFries, J. C., Craig, I. W., & McGuffin, P. (Eds.). (2003). *Behavioral genetics in the postgenomic era.* Washington, DC: APA Books.

Plous, S. (1996). Attitudes toward the use of animals in psychological research and education. *American Psychologist, 51*, 1167–1180.

Poldrack, R. A. (2010). Mapping mental function to brain structure: How can cognitive neuroimaging succeed? *Perspectives on Psychological Science, 5*, 753–761.

Polinko, N. K., & Popovich, P. M (2001). Evil thoughts but angelic actions: Responses to overweight job applicants. *Journal of Applied Social Psychology, 31,* 905–924.

Pollack, A. (2004a, January 13). Putting a price on a good night's sleep. *The New York Times,* pp. CF1, F8.

Pollick, A. S., & de Waal, F. B. M. (2007). Ape gestures and language evolution. *Proceedings of the National Academy of Sciences, Online Edition.*

Poropat, A. E. (2009). A meta-analysis of the five-factor model of personality and academic performance. *Psychological Bulletin, 135*, 322–338.

Posthuma, D., & de Geus, E. J. C. (2006). Progress in the molecular-genetic study of intelligence. *Current Directions in Psychological Science, 15,* 151–155.

Potkin, S. G., Guffanti, G., Lakatos, A., Turner, J. A., Kruggel, F., & Fallon, J. H. (2009, August 7). Hippocampal atrophy as a quantitative trait in a genome-wide association study identifying novel susceptibility genes for Alzheimer's disease. *PLos One*. Retrieved from http://www.plosone.org/article/info: doi/10.1371/journal.pone.0006501;jsessionid=8C9F392B696757818A7FF8EC8D7016EE

Powers, M., & Emmelkamp, P. M. G. (2008). Virtual reality exposure therapy for anxiety disorders: A meta-analysis. *Journal of Anxiety Disorders, 22*, 561–569.

Powers, M. B., Halpern, J. M., Ferenschak, M. P., Gillihan, S. J., & Foa, E. B. (2010). A meta-analytic review of prolonged exposure for posttraumatic stress disorder. *Clinical Psychology Review*, *30*, 635–641.

Premack, D. (1971). Language in chimpanzees. *Science, 172*, 808–822.

Pressman, S. D., & Cohen, S. (2005). Does positive affect influence health? *Psychological Bulletin, 131,* 925–971.

Price, M. (2009a, January). The left brain knows what the right hand is doing. *Monitor on Psychology, 40*(1), 60–63.

Price, M. (2009b, January). Lateral of the sexes. *Monitor on Psychology*, *40*(1), 62.

Price, M. (2009c, December). More than shelter. *Monitor on Psychology, 40*(11), 59–62.

Price, T. S., & Jaffee, S. R. (2008). Effects of the family

environment: Gene-environment interaction and passive gene-environment correlation. *Developmental Psychology, 44*, 305–315.

Priebe, N. J., & Ferster, D. (2010). Neuroscience: Each synapse to its own. *Nature, 464*, 1290–1291.

Prochaska, J. O., & Norcross, J. C. (2010). *Systems of psychotherapy* (7th ed.). Brooks/Cole, Cengage Learning.

Proffitt, D. R. (2006). Distance perception. *Current Directions in Psychological Science, 15*, 131–135.

Provine, R. R. (2004). Laughing, tickling and the evolution of speech and self. *Current Directions in Psychological Science, 13*, 215–218.

Prudic, J., Olfson, M., Marcus, S. C., Fuller, R. B., & Sackeim, H. A. (2004). Effectiveness of electroconvulsive therapy in community settings. *Biological Psychiatry, 55*, 301–312.

Pruessner, M., Iyer, S. N., Faridi, K., Joober, R., & Malla, A. K. (2011). Stress and protective factors in individuals at ultrahigh risk for psychosis, first episode psychosis and healthy controls. *Schizophrenia Research, 129*, 29–35.

Puighermanal, E., Marsicano, G., Busquets-Garcia, A., Lutz, B., Maldonado, R., & Ozaita, A. (2009). Cannabinoid modulation of hippocampal long-term memory is mediated by mTOR signaling. *Nature Neuroscience, 12*, 1152–1158.

Qaseem, A., Snow, V., Denberg, T. D., Casey, D. E., Jr., Forciea, M. A., Owens, D. K., et al. (2009). Testing and pharmacologic treatment of erectile dysfunction: A clinical practice guideline from the American College of Physicians. *Annals of Internal Medicine, 151*, 639–649.

Qaseem, A., Snow, V., Denberg, T. D., Forciea, M. A., Owens, D, K., & the Clinical Efficacy Assessment Subcommittee of the American College of Physicians (2008). Using second-generation antidepressants to treat depressive disorders: A clinical practice guideline from the American College of Physicians. *Annals of Internal Medicine, 149*, 725–733.

Querfurth, H. W., & LaFerla, F. M. (2010). Alzheimer's Disease. *New England Journal of Medicine, 362*, 329–344.

Quinn, P. C., & Liben, L. S. (2008). A sex difference in mental rotation in young infant. *Psychological Science, 19*, 1067–1070.

Quinn, S. (1987). *A mind of her own: The life of Karen Horney.* New York: Summit Books.

Rabasca, L. (2000, March). Listening instead of preaching. *Monitor on Psychology, 31*(3), pp. 50–51.

Rabin, R. C. (2008, May 13). For a sharp brain, stimulation. *The New York Times*, p. H4.

Radel, M., Vallejo, R. L., Iwata, N., Aragon, R., Long, J. C., Virkkunen, M., et al. (2005). Haplotype based localization of an alcohol dependence gene to the 5q34? aminobutyric acid Type A gene cluster. *Archives of General Psychiatry, 62*, 47–55.

Raeburn, P. (2005, February 20). The therapeutic mind scan. *New York Times Magazine,* pp. 20–21.

Rahman, A. A., Lophatananon, A., Brown, S. S., Harriss, D., Anderson, J., Parker, T., et al. (2010). Hand pattern indicates prostate cancer risk. *British Journal of Cancer, 104*, 175–177.

Raine, A. (2008). From genes to brain to antisocial behavior. *Current Directions in Psychological Science, 17*, 323–328.

Ransohoff, R. M. (2007). Natalizumab for multiple sclerosis. *New England Journal of Medicine, 356*, 2622–2629.

Rapee, R. M., Gaston, J. E., & Abbott, M. J. (2009). Testing the efficacy of theoretically derived improvements in the treatment of social phobia. *Journal of Consulting and Clinical Psychology, 77*, 317–327.

Raskin, N. J., Rogers, C. R., & Witty, M. C. (2008). Personcentered therapy. In R. J. Corsini & D. Wedding (Eds.) (8th ed.), *Current psychotherapies* (pp. 141–186). Belmont, CA: Thomson Higher Education.

Ratiu, P., & Talos, I. F. (2004). The tale of Phineas Gage, digitally remastered. *New England Journal of Medicine, 351*, e21.

Rawe, J., & Kingsbury, K. (2006, May 22). When colleges go on suicide watch. *Time*, pp. 62–63.

Rawson, N. E. (2006). Olfactory loss in aging. *Science of Aging Knowledge Environment*, *5*, p. 6.

Ray, O., & Ksir, C. (1990). *Drugs, society, and human behavior* (5th ed.). St. Louis: Times Mirror/Mosby.

Raya, S., Nizamie, S. H., Akhtar, S., Praharaj, S. K., Mishra, B. R., & Zia-ul-Haq, M. (2011). Efficacy of adjunctive high frequency repetitive transcranial magnetic stimulation of left prefrontal cortex in depression: A randomized sham controlled study. *Journal of Affective Disorders, 128*, 153–159.

Raymond, J. (2000, Fall/Winter). The world of the senses. *Newsweek Special Issue*, pp. 16–18.

Raz, A., Zigman, P., & de Jong, V. (2009). Placebo effects and placebo responses: Filling the interstices with meaning. *PsycCRITIQUES*, 54(33). Retrieved from http://psycnet.apa.org/index.cfm?fa=search.displayRecord&uid=2009-10507-001

Read, J. P., Wood, M. D., Kahlera, C. W., Maddock, J. E., & Palfaid, T. P. (2003). Examining the role of drinking motives in college student alcohol use and problems. *Psychology of Addictive Behaviors, 17,* 13–23.

Reardon, L. E., Leen-Feldner, E. W., & Hayward, C. (2009). A critical review of the empirical literature on the relation between anxiety and puberty. *Clinical Psychology Review, 29*, 1–23.

Reas, D. L., & Grilo, C. M. (2007). Timing and sequence of the onset of overweight, dieting, and binge eating in overweight patients with binge eating disorder. *International Journal of Eating Disorders, 40*, 165–170.

Redick, T. S., Calvo, A., Gay, C. E., & Engle, R. W. (2011). Working memory capacity and go/no-go task performance: Selective effects of updating, maintenance, and inhibition. *Journal of Experimental Psychology: Learning, Memory, and Cognition, 37*, 308–324.

Reece, M., Herbenick, D., Schick, V., Sanders, S. A., Dodge, B., & Fortenberry, D. (2010). Sexual behaviors, relationships, and perceived health among adult men in the United States: Results from a national probability sample. *Journal of Sexual Medicine, 7* (suppl 5), 291–304.

Reece, M., Herbenick, D., Schick, V., Sanders, S. A., Dodge, B., & Fortenberry, J. D. (2010). Sexual behaviors, relationships, and perceived health among adult men in the United States: Results from a national probability sample. *Journal of Sexual Medicine, 7* (suppl 5), 291–304.

Reed, G. (2008). Birth of a new breed of supertaster. *Chemical Senses, 33*, 489–491.

Rees, P. M., Fowler, C. J., & Maas, C. P. (2007). Sexual function in men and women with neurological disorders. *The Lancet, 369*, 512–525.

Reese-Weber, M. (2000). Middle and late adolescents' conflict resolution skills with siblings: Associations with interparental and parent-adolescent conflict resolution. *Journal of Youth and Adolescence, 29,* 697–711.

Reese-Weber, M., & Marchand, J. E. (2002). Family and individual predictors of late adolescents' romantic relationships. *Journal of Youth and Adolescence, 31,* 197–206.

Reifler, B. V. (2006). Play it again, Sam—depression is recurring. *New England Journal of Medicine, 354,* 1189–1190.

Reinberg, S. (2009, January 12). Lack of sleep linked to common cold. *WashingtonPost.com*. Retrieved from http://www.washingtonpost.com/wp-dyn/content/article/2009/01/12/AR2009011202090.html.

Reiner, W. G., & Gearhart, J. P. (2004). Discordant sexual identity in some genetic males with cloacal exstrophy assigned to female sex at birth. *New England Journal of Medicine, 350,* 333–341.

Reinisch, J. M. (1990). *The Kinsey Institute new report on sex: What you must know to be sexually literate.* New York: St. Martin's Press.

Reis, H. T., & Aron, A. (2008). Love: What is it, why does it matter, and how does it operate? *Perspectives on Psychological Science, 3*, 80–86. doi: 10.1111/j.1745-6916.2008.00065.x

Reiss, D. (2010). Genetic thinking in the study of social relationships: Five points of entry. *Perspectives on Psychological Science, 5*, 502–515.

Reiss, D., Neiderhiser, J. M., Hetherington, E. M., & Plomin, R. (2000). *The relationship code: Deciphering genetic and social influences on adolescent development.* Cambridge, MA: Harvard University Press.

Reitz, C., Honig, L., Vonsattel, J. P., Tang, M.-X., & Mayeux, R. (2009). Memory performance is related to amyloid and tau pathology in the hippocampus. *Journal of Neurology, Neurosurgery, and Psychiatry, 80*, 715–721.

Renner, M. J., & Mackin, R. S. (1998). A life stress instrument for classroom use. *Teaching of Psychology, 25,* 46–48.

Renoux, C., Vukusic, S., Mikaeloff, Y., Edan, G., Clanet, M., & Dubois, B. (2007). Natural history of multiple sclerosis with childhood onset. *New England Journal of Medicine, 356,* 2603–2613.

Rescorla, R. A. (1967). Pavlovian conditioning and its proper control procedures. *Psychological Review, 74,* 71–80.

Rescorla, R. A. (1988). Pavlovian conditioning: It's not what you think it is. *American Psychologist, 43*, 151–160.

Rescorla, R. A. (2009). A theory of Pavlovian conditioning: Variations in the effectiveness of reinforcement and nonreinforcement. In D. Shanks (Ed.), *Psychology of learning.* Thousand Oaks, CA: Sage.

Rettner, R. (2010, May 17). *People are happier, less stressed after age 50*. Retrieved from http://www.msnbc.msn.com/id/37195913/ns/health-aging/.

Reuter, M., Frenzel, C., Walter, N. T., Markett, S., & Montag, C. (2010). Investigating the genetic basis of altruism: The role of the COMT Val158Met polymorphism. *Social Cognitive and Affective Neuroscience*. Retrieved from http://scan.oxfordjournals.org/content/early/2010/10/28/scan.

nsq083.full.pdf, doi: 10.1093/scan/nsq083

Rey, J. M., & Tennant, C. C. (2002). Cannabis and mental health: More evidence establishes clear link between use of cannabis and psychiatric illness. *British Medical Journal, 325,* 1183–1184.

Reyna, V. F., & Farley, F. (2006). Risk and rationality in adolescent decision making implications for theory, practice, and public policy. *Psychological Science in the Public Interest, 7*, 2–44.

Reynolds, C. A., Barlow, T., & Pedersen, N. L. (2006). Alcohol, tobacco and caff eine use: Spouse similarity processes. *Behavior Genetics, 36*, 201–215.

Reynolds, C. F., Dew, M. A., Pollock, B. J., Mulsant, B. H., Frank, E., & Miller, M. D. (2006). Maintenance treatment of major depression in old age. *New England Journal of Medicine, 354,* 1130–1138.

Rhoades, G. K., Stanley, S. M., & Markman, H. J. (2009). The pre-engagement cohabitation effect: A replication and extension of previous findings. *Journal of Family Psychology, 23*, 107–111.

Ribeiro, S., & Nicolelis, M. (2004). Reverberation, storage, and postsynaptic propagation of memories during sleep. *Learning and Memory, 11*, 686–696.

Ricciardelli, L. A., McCabe, M. P., Williams, R. J., & Thompson, J. K. (2007). The role of ethnicity and culture in body image and disordered eating among males. *Clinical Psychology Review, 27*, 582–606.

Richardson-Jones, J. W., Craige, C., Guiard, A., Stephen, A., Metzger, K., & Kung, H. (2010). 5-HT1A autoreceptor levels determine vulnerability to stress and response to antidepressants. *Neuron, 65*, 40–52.

Richtel, M. (2009, December 7). Promoting the car phone, despite risks. *The New York Times,* pp. A 1, A20.

Richter, L. M. (2006). Studying adolescence. *Science, 312*, 1902–1905.

Rief, W., Nestoriuc, Y., Weiss, S., Welzel, E., Barsky, A. J., & Hofmann, S. G. (2009). Meta-analysis of the placebo response in antidepressant trials. *Journal of Affective Disorders, 118*, 1–8.

Rieger, E., Van Buren, D. J., Bishop, M., Tanofsky-Kraff, M., Welch, R., & Wilfley, D. E. (2010). An eating disorder-specific model of interpersonal psychotherapy (IPT-ED): Causal pathways and treatment implications. *Clinical Psychology Review*, *30*, 400–410.

Rieger, G., Linsenmeier, J. A. W., & Bailey, J. M. (2009). Childhood gender nonconformity remains a robust and neutral correlate of sexual orientation: Reply to Hegarty (2009). *Developmental Psychology, 45*, 901–903.

Rimmele, U., Hediger, K., Heinrichs, M., & Klaver, P. (2009). Oxytocin improves social recognition in humans. *The Journal of Neuroscience, 29*, 38–42.

Rind, B., & Strohmetz, D. (1999). Effect on restaurant tipping of a helpful message written on the back of customers' checks. *Journal of Applied Social Psychology, 29,* 139–144.

Ripley, A. (2005, March 7). Who says a woman can't be Einstein? *Time*, pp. 51–60.

Riso, L. P., duToit, P. L., Blandino, J. A., Penna, S., Dacey, S., Duin, J. S., et al. (2003). Cognitive aspects of chronic depression. *Journal of Abnormal Psychology, 112*, 72–80.

Roberts, A., Cash, T. F., Feingold, A., & Johnson, B. T. (2006). Are black-white differences in females' body dissatisfaction decreasing? A meta-analytic review. *Journal of Consulting and Clinical Psychology, 74,* 1121–1131.

Roberts, B. W., Walton, K. E., & Viechtbauer, W. (2006a). Patterns of mean-level change in personality traits across the life course: A meta-analysis of longitudinal studies. *Psychological Bulletin, 132*, 1–25.

Roberts, B. W., Walton, K. E., & Viechtbauer, W. (2006b). Personality traits change in adulthood: Reply to Costa and McCrae (2006). *Psychological Bulletin, 132,* 29–32.

Roberts, B., W., Smith, J., Jackson, J. J., & Edmonds, G. (2009). Compensatory conscientiousness and health in older couples. *Psychological Science, 20*, 553–559.

Roberts, S. (2007, January 16). 51% of women are now living without spouse. *The New York Times,* pp. A1, A18.

Rodgers, R. F., Sales, P., & Chabrol, H. (2010). Psychological functioning, media pressure and body dissatisfaction among college women. *European Review of Applied Psychology*, *60*, 89–95.

Rodriguez, J., Umaña-Taylor, A., Smith, E. P., & Johnson, D. J. (2009). Cultural processes in parenting and youth outcomes: Examining a model of racial-ethnic socialization and identity in diverse populations. *Cultural Diversity and Ethnic Minority Psychology, 15*, 106–111.

Roemer, L., & Orsillo, S. M. (2003). Mindfulness: A promising intervention strategy in need of further study. *Clinical Psychology: Science and Practice, 10,* 172–178.

Roger, V. L. (2009). Lifestyle and cardiovascular health: Individual and societal choices. *Journal of the American Medical Association, 302*, 437–439.

Rogers, C. R. (1951). *Client-centered therapy: Its current practice, implications, and theory.* Boston: Houghton Mifflin.

Rogers, C. R. (1961). *On becoming a person.* Boston: Houghton Mifflin.

Rogers, C. R. (1980). *A way of being.* Boston: Houghton Mifflin.

Roisman, G. I., & Fraley, R. C. (2008). A behavior-genetic study of parenting quality, infant attachment security, and their covariation in a nationally representative sample. *Developmental Psychology, 44*, 831-839.

Ronksley, P. E., Brien, S. E., Turner, B. J., Mukamal, K. J., & Ghali, W. A. (2011). Association of alcohol consumption with selected cardiovascular disease outcomes: a systematic review and meta-analysis. *British Medical Journal, 342*, 671.

Rosch, E. (1975). Cognitive representation of semantic categories. *Journal of Experimental Psychology: General, 105,* 192-223.

Rosch-Heider, E., & Olivier, D. C. (1972). The structure of the color space in naming and memory for two languages. *Cognitive Psychology, 3,* 337-354.

Rosen, R. C., & Laumann, E. O. (2003). The prevalence of sexual problems in women: How valid are comparisons across studies? Commentary on Bancroft, Loftus, and Long's (2003) "Distress about sex: A national survey of women in heterosexual relationships." *Archives of Sexual Behavior, 32*(3), 209-211.

Rosen, R. C., Fisher, W. A., Eardley, I., Niederberger, C., Nadel, A., & Sand, M. (2004). Men's Attitudes to Life Events and Sexuality (MALES) Study. *Current Medical Research Opinion, 20*, 607-617.

Rosenberg, K. D., Sandoval, A. P., Hedberg, K., & Hedberg, K. (2010). Television and video viewing time among children aged 2 Years—Oregon, 2006-2007. *Journal of the American Medical Association, 304*, 1662-1667.

Rosenfeld, M. J. (2010). Nontraditional families and childhood progress through school. *Demography, 47*, 755. doi: 10.1353/dem.0.0112

Rosenkoetter, L. I., Rosenkoetter, S. E., & Acock, A. C. (2009). Television violence: An intervention to reduce its impact on children. *Journal of Applied Developmental Psychology, 30*, 381-397.

Rothbart, M. K. (2007). Temperament, development, and personality. *Current Directions in Psychological Science, 16,* 207-212.

Rotter, J. B. (1990). Internal versus external control of reinforcement: A case history of a variable. *American Psychologist, 45,* 489-493.

Roy, A. K., Shehzad, Z., Margulies, D. S., Kelly, A. M., Uddin, L. Q., Gotimer, K., ... & Milham, M. P. (2009). Functional connectivity of the human amygdala using resting state fmri. *NeuroImage, 45*, 614-626.

Roy-Byrne, P. (2010, August 2). How do antidepressants increase suicide risk in the young? *Journal Watch Psychiatry*. Retrieved from http://psychiatry.jwatch.org/cgi/content/full/2010/802/2

Roy-Byrne, P. (2007, January 2). *Behavioral treatment for chronic insomnia*. Retrieved from Works http://psychiatry.jwatch.org/cgi/content/ full/2006/1229/3?qetoc.

Roy-Byrne, P. (2009, January 12). With a little help from my friends: The happiness effect. *Journal Watch Psychiatry*. Retrieved from http://psychiatry.jwatch.org/cgi/content/full/2009/112/1.

Roy-Byrne, P., Craske, M. G., Sullivan, G., Rose, R. D., Edlund, M. J., Lang, A. J., et al. (2010). Delivery of evidence-based treatment for multiple anxiety disorders in primary care: A randomized controlled trial. *Journal of the American Medical Association, 303*, 1921-1928.

Rozin, P., Bauer, R., & Catanese, D. (2003). Food and life, pleasure and worry, among American college students: Gender differences and regional similarities. *Journal of Personality and Social Psychology, 85,* 132-141.

Rubenzahl, L. (2011). The bright spots of kids' TV. *Scientific American, 304*, 28-28.

Rubin, K. H., Bukowski, W. M., & Laursen, B. (Eds.) (2009). *Handbook of peer interactions, relationships, and groups*. New York: Guilford.

Rubin, K. H., Burgess, K. B., & Dwyer, K. M. (2003). Predicting preschoolers' externalizing behaviors from toddler temperament, conflict, and maternal negativity. *Developmental Psychology, 39*, 164-176.

Rudman, L. A., Ashmore, R. D., & Gary, M. L. (2001). "Unlearning" automatic biases: The malleability of implicit prejudice and stereotypes. *Journal of Personality and Social Psychology, 81,* 856-868.

Rupp, R. (1998). *Committed to memory: How we remember and why we forget*. New York: Crown.

Rusanen, M., Kivipelto, M., Quesenberry, Jr., C. P., Zhou, J., & Whitmer, R. A. (2010). Heavy smoking in midlife and long-term risk of Alzheimer disease and vascular dementia. *Archives of Internal Medicine, 171,* 333-339.

Rushton, J. P., & Bons, T. A. (2005). Mate choice and friendship in twins: Evidence for genetic similarity. *Psychological Science, 16,* 555–559.

Rutledge, P. C., Park, A., & Sher, K. J. (2008). 21st birthday drinking: Extremely extreme. *Journal of Consulting and Clinical Psychology, 76,* 511–516.

Ryan, D. H., & Kushner, R. (2010). The state of obesity and obesity research. *Journal of the American Medical Association, 304,* 1835–1836.

Ryan, R. M., & Deci, E. L. (2000). Self-determination theory and the facilitation of intrinsic motivation, social development, and well-being. *American Psychologist, 55,* 68–78.

Rydell, R. J., Rydell, M. T., & Boucher, K. L. (2010). The effect of negative performance stereotypes on learning. *Journal of Personality and Social Psychology, 99,* 883–896.

Sadeghniiat-Haghighi, K., Aminian, O., Pouryaghoub G., & Yazdi, Z. (2008). Efficacy and hypnotic effects of melatonin in shift-work nurses: Double-blind, placebocontrolled crossover trial. *Journal of Circadian Rhythms, 6,* 10.

Sahin, N. T., Pinker, S., Cash, S. S., Schomer, D., & Halgren, E. (2009). Sequential processing of lexical, grammatical, and phonological information within Broca's area. *Science, 326,* 445–449.

Sakai, K. L. (2005). Language acquisition and brain development. *Science, 310,* 815–819.

Salmon, P. (2001). Effects of physical exercise on anxiety, depression, and sensitivity to stress. A unifying theory. *Clinical Psychology Review, 21,* 33–61.

Samalin, N., & Whitney, C. (1997, December). When to praise. *Parents Magazine,* pp. 51–55.

Samuels, Y., Wang, Z., Bardelli, A., Silliman, N., Ptak, J., Szabo, S., et al. (2004). High frequency of mutations of the PIK3CA gene in human cancers. *Science, 23,* 554.

Sánchez-Ortuño, M. M., & Edinger, J. D. (2010). A penny for your thoughts: Patterns of sleep-related beliefs, insomnia symptoms and treatment outcome. *Behavior Research and Therapy, 48,* 125–133.

Sandell, M. A., & Breslin, P. A. S. (2006). Variability in a taste-receptor gene determines whether we taste toxins in food. *Current Biology, 16,* R792–R794.

Sandlin-Sniffen, C. (2000, November 2). How are we raising our children? *St. Petersburg Times.* Retrieved from http://www.psycport. com/news/2000/11/02/eng-sptimes_floridian/eng-sptimes_floridian_071015_110_905256867409.html.

Sasaki, S., Sata, F., Katoh, S., Saijo, Y., Nakajima, S., Washino, N., et al. (2008). Adverse birth outcomes associated with maternal smoking and polymorphisms in the N-nitrosamine-metabolizing enzyme genes NQO1 and CYP2E1. *American Journal of Epidemiology, 167,* 6.

Sauerland, M., & Sporer, S. L. (2009). Fast and confident: Postdicting eyewitness identification accuracy in a field study. *Journal of Experimental Psychology: Applied, 15,* 46–62. Retrieved from http://www.allacademic.com/meta/p228794_index.html⟩

Saulny, S. (2011, February 10). In a multiracial nation, many ways to tally. *The New York Times,* pp. A1, A17.

Savage-Rumbaugh, S., Shanker, S. G., & Taylor, T. J. (1998). *Apes, language, and the human mind.* New York: Oxford University Press.

Saxe, R., Carey, S., & Kanwisher, N. (2004). Understanding other minds: Linking developmental psychology and functional neuroimaging. *Annual Review of Psychology, 55,* 87–124.

Sayim, B., Westheimer, G., & Herzog, M. H. (2010). Gestalt factors modulate basic spatial vision. *Psychological Science, 21,* 641–6444.

Sbarra, D. A., & Nietert, P. J. (2008). Divorce and death: Forty years of the Charleston Heart Study. *Psychological Science, 20,* 107–113.

Scarmeas, N., Luchsinger, J. A., Schupf, N., Brickman, A. M., Cosentino, S., & Tang, M. X. (2009). Physical activity, diet, and risk of Alzheimer disease. *Journal of the American Medical Association, 302,* 627–637.

Scerri, T. S., Brandler, W. M., Paracchini, S., Morris, A. P., Ring, S. M., Talcott, J. B., Monaco, A. P. (2010). PCSK6 is associated with handedness in individuals with dyslexia. *Human Molecular Genetics, 20,* 608–614.

Schachter, S. (1971). *Emotion, obesity, and crime.* New York: Academic Press.

Schachter, S., & Singer, J. E. (1962). Cognitive, social, and physiological determinants of emotional state. *Psychological Review, 69,* 377–399.

Schafer, R. B., & Keith, P. M. (1990). Matching by weight in married couples: A life cycle perspective. *Journal of Social Psychology, 130,* 657–664.

Schaffer, A. (2007, August 28). Not a game: Simulation to lessen war trauma. *The New York Times Science Section,* pp. 5, 8.

Schaubroeck, J., Jones, J. R., & Xie, J. L. (2001). Individual differences in utilizing control to cope with job demands: Effects on susceptibility to infectious disease. *Journal of Applied Psychology, 86,* 265–278.

Scheier, M. F., Carver, C. S., & Bridges, M. W. (1994). Distinguishing optimism from neuroticism (and trait anxiety, self-mastery, and self-esteem): A re-evaluation of the Life Orientation Test. *Journal of Personality and Social Psychology, 67*, 1063–1078.

Schenkman, L. (2010, November 11). Daydreaming is a downer. *Science*. Retrieved from www.news.sciencemag.org.

Schick, V., Herbenick, D., Reece, M., Sanders, S. A., Dodge, B., Middlestadt, S. E., et al. (2010). Sexual behaviors, condom use, and sexual health of Americans over 50: Implications for sexual health promotion for older adults. *Journal of Sexual Medicine, 7* (suppl 5), 315–329. doi: 10.1111/j.1743-6109.2010.02013.x

Schmahl, C., & Bremner, J. D. (2006). Neuroimaging in borderline personality disorder. *Journal of Psychiatric Research, 40*, 419–427.

Schmidt, N. B., Richey, J. A., Buckner, J. D., & Timpano, K. R. (2009). Attention training for generalized social anxiety disorder. *Journal of Abnormal Psychology, 118*, 5–14.

Schmitt, B., Gilovich, T., Goore, H., & Joseph, L. (1986). Mere presence and social facilitation: One more time. *Journal of Experimental Psychology, 22*, 242–248.

Schmitt, D. P. (2003). Universal sex differences in the desire for sexual variety: Tests from 52 nations, 6 continents, and 13 islands. *Journal of Personality and Social Psychology, 85,* 85–104.

Schneiderman, N., Antoni, M. H., Saab, P. G., & Ironson, G. (2001). Health psychology: Psychosocial and biobehavioral aspects of chronic disease management. *Annual Review of Psychology, 52*, 555–580.

Schooler, C. (2007). Use it—and keep it, longer, probably: A reply to Salthouse (2006). *Perspectives on Psychological Science, 2,* 24–29.

Schramke, C. J., & Bauer, R. M. (1997). State-dependent learning in older and younger adults. *Psychology and Aging, 12,* 255–262.

Schredl, M., Fuchedzhieva, A., Hamig, H., & Schindele, V. (2008). Do we think dreams are in black and white due to memory problems? *Dreaming, 18*, 175–180.

Schroeder, S. A. (2007). We can do better—improving the health of the American people. *New England Journal of Medicine, 357*, 1221–1228.

Schultz, C. C., Koch, K., Wagner, G., Roebel, M., Schachtzabel, C., Gaser, C., et al. (2010). Reduced cortical thickness in first episode schizophrenia. *Schizophrenia Research, 116*, 204–209.

Schulz, K. F., Altman, D. G., Moher, D., & Fergusson, D. (2010). CONSORT 2010 changes and testing blindness in RCTs. *The Lancet, 375*, 1144–1146.

Schwab, A. P. (2009). Putting cognitive psychology to work: Improving decision-making in the medical encounter. *Social Science & Medicine, 67*, 1861–1869.

Scientists answer ticklish question. (2000, September 11). Retrieved from http://www.cnn.com/2000/HEALTH/09/11/tickle.mechanism.reut/index.html.

Scribner, R. A., Mason, K. E., Simonsen, N. R., Theall, K., Chotalia, J., Johnson, S., et al. (2010). An ecological analysis of alcohol-outlet density and campus-reported violence at 32 U.S. colleges. *Journal of Studies on Alcohol and Drugs, 71*, 184.

Searle, J. R. (1996). *Dualism: Descartes' legacy. The philosophy of mind: The Superstar Teachers Series* [Audiotape]. Springfield, VA: The Teaching Company.

Segal, Z. V., Bieling, P., Young, T., MacQueen, G., Cooke, R., Martin, L., et al., (2010). Antidepressant monotherapy vs sequential pharmacotherapy and mindfulness-based cognitive therapy, or placebo, for relapse prophylaxis in recurrent depression. *Archives of General Psychiatry, 67*, 1256–1264.

Segall, M. H. (1994). A cross-cultural research contribution to unraveling the nativist/empiricist controversy. In J. Lonner & R. Malpass (Eds.), *Psychology and culture* (pp. 135–138). Boston: Allyn & Bacon.

Segall, M. H., Campbell, D. T., & Herskovits, M. J. (1963). Culture differences in the perception of geometric illusions. *Science, 139*, 769–771.

Segall, M. H., Campbell, D. T., & Herskovits, M. J. (1966). *The influence of culture on visual perception*. Indianapolis: Bobbs-Merrill.

Seifert, K. L., & Hoffnung, R. J. (2000). *Child and adolescent development*. Boston: Houghton Mifflin.

Seifert, K. L., Hoffnung, R. J., & Hoffnung, M. (2000). *Lifespan development* (2nd ed.). Boston: Houghton Mifflin.

Selby, E. A., & Joiner, T. E., Jr. (2009). Cascades of emotion: The emergence of borderline personality disorder from emotional and behavioral dysregulation. *Review of General Psychology, 13*, 219–229.

Seligman, M. E. P. (1973). Fall into helplessness. *Psychology Today, 7*, 43–48.

Seligman, M. E. P. (1975). *Helplessness: On depression, development, and death*. San Francisco: Freeman.

Seligman, M. E. P. (2003, August). *Positive psychology: Applications to work, love, and sports.* Paper presented at the meeting of the American Psychological Association, Toronto, CA.

Seligman, M. E. P., Steen, T. A., Park, N., & Peterson, C. (2005). Positive psychology progress: Empirical validation of interventions. *American Psychologist, 60*, 410–421.

Sellbom, M., Graham, J. R., & Schenk, P. W. (2006). Incremental validity of the MMPI-2 Restructured Clinical (RC) Scales in a private practice sample. *Journal of Personality Assessment, 86*(2), 196–205.

Seltzer, L. J., Ziegler, T. E., & Pollak, S. D. (2010). Social vocalizations can release oxytocin in humans. *Proceedings of the Royal Society B: Biological Sciences*, published online.

Seo, D., Patrick, C. J., & Kennealy, P. J. (2008). Role of serotonin and dopamine system interactions in the neurobiology of impulsive aggression and its comorbidity with other clinical disorders. *Aggression and Violent Behavior, 13*, 383–395.

Serfaty, M. A., Haworth, D., Blanchard, M., Buszewicz, M., Murad, S., & King, M. (2009). Clinical effectiveness of individual cognitive behavioral therapy for depressed older people in primary care: A randomized controlled trial. *Archives of General Psychiatry, 66*, 1332–1340.

Seshadri, S., Fitzpatrick, A. L., Ikram, A., DeStefano, A. L., Gudnason, V., Boada, M., et al. (2010). Genome-wide analysis of genetic loci associated with Alzheimer disease. *Journal of the American Medical Association, 303,* 1832–1840.

Seyfarth, R. M., & Cheney, D. L. (2003). Signalers and receivers in animal communication *Annual Review of Psychology, 54*, 145–173.

Shadish, W. R., Matt, G. E., Navarro, A. M., & Phillips, G. (2000). The effects of psychological therapies under clinically representative conditions: A meta-analysis. *Psychological Bulletin, 126,* 512–529.

Shafran, R., Clark, D., M., Fairburn, C. G., Arntz, A., Barlow, D. H., Ehlers, A. M., & Williams, J. M. G. (2009). Mind the gap: Improving the dissemination of CBT. *Behaviour Research and Therapy, 47*, 902–909.

Shane, S., Nicolaou, N., Cherkas, L., & Spector, T. D. (2010). Genetics, the Big Five, and the tendency to be self-employed. *Journal of Applied Psychology, 95*, 1154–1162.

Shanker, S. G., & Savage-Rumbaugh, E. S. (1999). Kanzi: A new beginning. *Animal Learning and Behavior, 27*, 24–25.

Sharpee, T. O., Hiroki, S. Kurgansky, A. V., Rebrik, S. P., Stryker, M. P., & Milleet, K. D. (2006). Adaptive filtering enhances information transmission in visual cortex. *Nature, 439*, 936–942.

Shaw, B. A., Liang, J., & Krause, N. (2010). Age and race differences in the trajectories of self-esteem. *Psychology and Aging, 25*, 84–94.

Sheard, M., & Golby, J. (2007). Hardiness and undergraduate academic study: The moderating role of commitment. *Personality and Individual differences, 43,* 579–588.

Shedler, J. (2010). The efficacy of psychodynamic psychotherapy. *American Psychologist, 65*, 98–109.

Shepherd, G. M. (2006). Behaviour: Smells, brains and hormones. *Nature, 439*, 149–151.

Sher, L. (2005). Suicide and alcoholism. *Nordic Journal of Psychiatry, 59*, 152.

Sherman, D. K., Kim, H. S., & Heejung, S. (2005). Is there an "I" in "team"? The role of the self in group-serving judgments. *Journal of Personality & Social Psychology, 88,* 108–120.

Sherman, J. W., Stroessner, S. J., Loftus, S. T., & Deguzman, G. (1997). Stereotype suppression and recognition memory for stereotypical and nonstereotypical information. *Social Cognition, 15*, 205–215.

Sherman, R. A., Nave, C. S., & Funder, D. C. (2010). Situational similarity and personality predict behavioral consistency. *Journal of Personality and Social Psychology, 99*, 330–343.

Shneidman, E. S. (1996). *The suicidal mind*. New York: Oxford University Press.

Shoulberg, E. K., Sijtsema, J. J., & Murray-Close, D. (2011). The association between valuing popularity and relational aggression: The moderating effects of actual popularity and physiological reactivity to exclusion. *Journal of Experimental Child Psychology, 110*(1), 20–37.

Siegle, G. J. (2008). Brain mechanisms of borderline personality disorder at the intersection of cognition, emotion, and the clinic. *American Journal of Psychiatry, 164*, 1776–1779.

Siegler, I., Bosworth, H. B., & Poon, L. W. (2003). Disease, health, and aging. In R. M. Lerner, M. A. Easterbrooks, & J. Mistry (Eds.), *Handbook of psychology: Vol. 6. Developmental psychology* (pp. 423–442). New York:

John Wiley & Sons.

Silbersweig, D., Clarkin, J. F., Goldstein, M., Kernberg, O. F., Tuescher, O., Levy, K. N., et al. (2008). Failure of frontolimbic inhibitory function in the context of negative emotion in borderline personality disorder. *American Journal of Psychiatry, 164*, 1832.

Silverman, L. H. (1984). Beyond insight: An additional necessary step in redressing intrapsychic conflict. *Psychoanalytic Psychology, 1,* 215–234.

Simmons, R. G. (1991). Presidential address on altruism and sociology. *Sociological Quarterly, 46,* 36–46.

Simms, L. J. (2007). The Big Seven model of personality and its relevance to personality pathology. *Journal of Personality, 75*, 65–94.

Singer, N. (2010, November 14). Making ads that whisper to the brain. *The New York Times,* p. BU4.

Singer, T., Verhaeghen, P., Ghislett a, P., Lindenberger, U., & Baltes, P. B. (2003). The fate of cognition in very old age: Sixyear longitudinal findings in the Berlin Aging Study (BASE). *Psychology and Aging, 18*, 318–331.

Singleton, R. A. Jr., & Wolfson, A. R. (2009). Alcohol consumption, sleep, and academic performance among college students. *Journal of Studies on Alcohol and Drugs, 70*, 355–363.

Sink, M. (2004, November 9). Drinking deaths draw attention to old campus problem. *The New York Times*, p. A16.

Sleek, S. (1997, October). People's racist attitudes can be unlearned. *APA Monitor, 28*(9), 38.

Slijper, F. M., Drop, S. L. S., Molenaar, J. C., & de Muinck Keizer Schrama, S. M. P. F. (1998). Long-term psychological evaluation of intersex children. *Archives of Sexual Behavior, 27,* 125–144.

Sloan, D. M., & Marx, B. P. (2004). A closer examination of the structured written disclosure procedure. *Journal of Consulting and Clinical Psychology, 72*, 165–175.

Slutske, W. S. (2005). Alcohol use disorders among US College Students and their non-college-att ending peers. *Archives of General Psychiatry, 62*, 321–327.

Smart Richman, L., Pek, J., Pascoe, E., & Bauer, D. J. (2010). The effects of perceived discrimination on ambulatory blood pressure and affective responses to interpersonal stress modeled over 24 hours. *Health Psychology, 29*, 403–411.

Smetana, J. G., Campione-Barr, N., & Metzger, A. (2006). Adolescent development in interpersonal and societal contexts. *Annual Review of Psychology, 57*, 255–284.

Smith, A. E. M., Msetfi, R. M., & Golding, L. (2010). Client self rated adult attachment patterns and the therapeutic alliance: A systematic review. *Clinical Psychology Review, 30*, 326–337.

Smith, C. O, Levine, D. W., Smith, E. P., Dumas, J., & Prinz, R. J. (2009). A developmental perspective of the relationship of racial-ethnic identity to self-construct, achievement, and behavior in African American children. *Cultural Diversity and Ethnic Minority Psychology, 15*, 145–157.

Smith, D. B. (2009, Autumn). The doctor is in. *The American Scholar*. Retrieved from http://www.theamericanscholar.org/the-doctor-is-in/.

Smith, E. R. (1998). Mental representation and memory. In D. T. Gilbert, S. T. Fiske, & G. Lindzey (Eds.), *The handbook of social psychology* (4th ed., Vol. 1, pp. 391–445). Boston: McGraw-Hill.

Smith, K. (2010). Settling the great glia debate. *Nature, 468*, 160–162.

Smith, M. L., Glass, G. V., & Miller, T. I. (1980). *The benefits of psychotherapy*. Baltimore: Johns Hopkins University Press.

Smith, M. T., & Perlis, M. L. (2006). Who is a candidate for cognitive-behavioral therapy for insomnia? *Health Psychology, 25,* 15–19.

Smoller, J. W., Paulus, M. P., Fagerness, J. A., Purcell, S., Yamaki, L. H., Hirshfeld-Becker, D., et al. (2008). Influence of RGS2 on anxiety-related temperament, personality, and brain function. *Archives of General Psychiatry, 65*, 298–308.

Smyth, J. M., & Pennebaker, J. W. (2001). What are the health effects of disclosure? In A. Baum, T. A. Revenson, & J. E. Singer (Eds.), *Handbook of health psychology* (pp. 339–348). Mahwah, NJ: Lawrence Erlbaum Associates.

Snowden, R. V. (2009, February 25). Even moderate alcohol use increases risk of certain cancers in women. *ACS News, Press Release*.

Snyder, C. R., & Lopez, S. J. (2007*). Positive psychology: The science and practical explorations of human strength.* Thousand Oaks, CA: Sage Publications.

Soa, C. Y. C., Leung, P. W. L., & Hung, S.-F. (2008). Treatment effectiveness of combined medication/behavioural treatment with Chinese ADHD children in routine practice. *Behaviour Research and Therapy, 46*, 983–992.

Society for Neuroscience. (2005). *Pain: Making a difference today*. Retrieved from http://web.sfn.org/content/

Publications/BrainResearchSuccessStories/BRSS_Pain.pdf.

Soto, C. J., John, O. P., Gosling, S. D., & Potter, J. (2011). Age differences in personality traits from 10 to 65: Big Five domains and facets in a large cross-sectional sample. *Journal of Personality and Social Psychology, 100*, 330-348.

Soto, J. A., Levenson, R. W., & Ebling, R. (2005). Cultures of moderation and expression: emotional experience, behavior, and physiology in Chinese Americans and Mexican Americans. *Emotion, 5*, 154-165.

Soussignan, R. (2002). Duchenne smile, emotional experience, and autonomic reactivity: A test of the facial feedback hypothesis. *Emotion 2,* 52-74.

Spanos, N. P. (1994). Multiple identity enactments and multiple personality disorder: A sociocognitive perspective. *Psychological Bulletin, 116,* 143-165.

Spearman, C. (1927). *The abilities of man*. New York: Macmillan.

Spector, P. E. (2005). *Industrial and organizational psychology: Research and practice* (5th ed.). New York: John Wiley & Sons.

Spence, I., Yu, J. J., Feng, J., & Marshman, J. (2009). Women match men when learning a spatial skill. *Journal of Experimental Psychology: Learning, Memory, and Cognition, 35*, 1097-1103.

Sperry, R. W. (1982). Some effects of disconnecting the cerebral hemispheres. *Science, 217*, 1223-1226.

Spiegel, D. (2006). Recognizing traumatic dissociation. *American Journal of Psychiatry, 163*, 566-568.

Springen, K., & Kantrowitz, B. (2004, May 10). Alcohol's deadly triple threat. *Newsweek*, pp. 90-92.

Springen, K., & Seibert, S. (2005, January 17). Artful aging. *Newsweek*, pp. 56-65.

Springer, S. P., & Deutsch, G. (1993). *Left brain, right brain* (4th ed.). New York: Freeman.

Staddon, J. E. R., & Cerutti, D. T. (2003). Operant conditioning *Annual Review of Psychology 54*, 115-144.

Stambor, Z. (2006a, April). Both sexes seek attractiveness in one-night stand partners. *Monitor on Psychology, 37*(4), 12.

Stambor, Z. (2006b, April). Extraversion, agreeableness linked to happiness in orangutans. *Monitor on Psychology, 37*(4), p. 10.

Standing tall is key for success: "Powerful postures" may trump title and rank. (2001, January 6). *ScienceDaily*. Retrieved from http://www.sciencedaily.com/releases/2011/01/110106145257.htm.

Stansfeld, S. A., Clark, C., Cameron, R. M., Alfreda, T., Head, J., Haines, M. M., et al (2009). Aircraft and road traffic noise exposure and children's mental health. *Journal of Environmental Psychology, 29*, 203-207.

Staw, B. M., & Cohen-Charash, Y. (2005). The dispositional approach to job satisfaction: More than a mirage, but not yet an oasis. *Journal of Organizational Behavior, 26,* 59-78.

Steele, J. R., & Ambady, N. (2006). "Math is hard!" The effect of gender priming on women's attitudes. *Journal of Experimental Social Psychology, 42,* 428-436.

Steenhuysen, J. S. (2010, November 18). *Nearly 1 in 5 Americans had mental illness in 2009*. Retrieved from http://www.msnbc.msn.com/id/40263028/ns/health-mental_health.

Stein, J. (2005, January 17). Is there a hitch? *Time Magazine,* pp. A37-A40.

Stein, M. B., & Stein, D. J. (2008). Social anxiety disorder. *The Lancet, 371*, 1115-1125.

Stein, R. (2010, May 14). Low-quality child care can have lasting impact. (2010, May 14). Retrieved from http://www.msnbc.msn.com/id/37147870/ns/health-more_health_news/

Steinberg, L. (2007). Risk taking in adolescence: New perspectives from brain and behavioral science. *Current Directions in Psychological Science, 16,* 55-59.

Steinhauer, J. (1995, July 6). No marriage, no apologies. *The New York Times*, pp. C1, C7.

Steptoe, A., & Diez Roux, A. V. (2008). Happiness, social networks, and health. *British Medical Journal, 337*, 2781.

Steptoe, A., Wardle, J., & Marmot, M. (2005). Positive affect and health-related neuroendocrine, cardiovascular, and inflammatory processes. *Proceedings of the National Academy of Sciences, 102*, 6508-6512.

Sternberg, E. M. (2000). *The balance within: The science connecting health and emotions*. New York: W. H. Freeman & Co.

Sternberg, R. J. (1988). Triangulating love. In R. J. Sternberg & M. J. Barnes (Eds.), *The psychology of love*. New Haven: Yale University Press.

Sternberg, R. J. (1997b). The triarchic theory of intelligence. In D. P. Flanagan, J. L. Genshaft, P., L., & Harrison (Eds.), *Contemporary intellectual assessment: Theories, tests, and issues* (pp. 92-104). New York: Guilford Press.

Sternberg, R. J. (2001). What is the common thread of creativity? Its dialectical relation to intelligence and wisdom.

American Psychologist, 56, 360–362.

Sternberg, R. J., & Grigorenko, E. L. (2008). Ability testing across cultures. In L. A. Suzuki & J. G. Ponterotto (Eds.), *Handbook of multicultural assessment* (3rd ed., pp. 449–470). San Francisco: Jossey-Bass.

Sternberg, R. J., Grigorenko, E. L., & Kidd, K. K. (2005). Intelligence, race, and genetics. *American Psychologist, 60*, 46–59.

Sternberg, R., J., & Weis, K. (Eds.). (2006). *The new psychology of love*. New Haven, CT: Yale University Press.

Stewart, A. J., & McDermott, C. (2004). Gender in psychology. *Annual Review of Psychology, 55,* 519–544.

Stickgold, R., & Wehrwein, P. (2009, April 27). Sleep now, remember later.

Stockdale, M. S., Gandolfo Berry, C., Schneider, R. W., & Cao, F. (2004). Perceptions of the sexual harassment of men. *Psychology of Men and Masculinity, 5,* 158–167.

Stolberg, S. G. (2001b, May 10). Blacks found on short end of heart attack procedure. *The New York Times*, p. A20.

Stolzenberg-Solomon, R. Z., Adams, K., Leitzmann, M., Schairer, C., Michaud, D. S., Hollenbeck, A., et al. (2008). Physical activity, and pancreatic cancer in the National Institutes of Health-AARP Diet and Health Cohort. *American Journal of Epidemiology, 167*, 586–597.

Stone, A. A., Schwartz, J. E., Broderick, J. E., & Deaton, A. (2010). A snapshot of the age distribution of psychological well-being in the United States. *Proceedings of the National Academy of Sciences, 107*(22), 9985–9990.

Stone, J., Lynch, C. I., Sjomeling, M., & Darley, J. M. (1999). Stereotype threat effects on black and white athletic performance. *Journal of Personality and Social Psychology, 77,* 1213–1227.

Stone, J., Smyth, R., Carson, A., Lewis, S., Prescott, R., Warlow, C., & Sharpe, M. (2006). La belle indifference in conversion symptoms and hysteria: Systematic review. *British Journal of Psychiatry, 188*, 204–209.

Storandt, M., Kaskie, B., & Von Dras, D. D. (1998). Temporal memory for remote events in healthy aging and dementia. *Psychology and Aging, 13,* 4–7.

Story, P. A., Hart, J. W., Stasson, M. F., & Mahoney, J. M. (2009). Using a two-factor theory of achievement motivation to examine performance-based outcomes and self-regulatory processes. *Personality and Individual differences, 46*, 391–395.

Stout, D. (2008). A history of modern experimental psychology: From James and Wundt to cognitive science. *Canadian Psychology, 49*, 179–180.

Strata, P., Thach, W. T., & Ottersen, O. P. (2009). New insights in cerebellar function. *Neuroscience, 162*, 545–548.

Strauss, J. L., Hayes, A. M., Johnson, S. L., Newman, C. F., Browne, G. K., Barber, J. P., et al. (2006). Early alliance, alliance ruptures, and symptom change in a nonrandomized trial of cognitive therapy for avoidant and obsessive-compulsive personality disorders. *Journal of Consulting and Clinical Psychology, 74*, 337–345.

Strayer, D. L., & Drews, F. A. (2007). Cell-phone-induced driver distraction. *Current Directions. in Psychological Science, 16*, 128–131.

Strenziok, M., Krueger, F., Deshpande, G., Lenroot, R. K., van der Meer, E., & Grafman, J. (2010). Fronto-parietal regulation of media violence exposure in adolescents: a multi-method study. *Social Cognitive and affective Neuroscience*, published online.

Stricker, G., & Gold, J. R. (1999). The Rorschach: Toward a nomothetically based, idiographically applicable configurational model. *Psychological Assessment, 11*, 240–250.

Strohmetz, D. B., Rind, B., Fisher, R., & Lynn, M. (2002). Sweetening the till: The use of candy to increase restaurant tipping. *Journal of Applied Social Psychology, 32,* 300–309.

Stuart, R. B. (2004). Twelve practical suggestions for achieving multicultural competence. *Professional Psychology: Research and Practice, 35,* 3–9.

Suarez-Almazor, M. E., Looney, C, Liu, Y. F., Cox, V., Pietz, K., Marcus, D. M., Street, R. L. (2010). A randomized controlled trial of acupuncture for osteoarthritis of the knee: Effects of patient-provider communication. *Arthritis Care & Research, 62*, 1229–1236.

Substance Abuse and Mental Health Services Administration (SAMHSA). (2005). *Overview of findings from the 2002 National Survey on Drug Use and Health* (Office of Applied Studies, NHSDA Series H-21 DHHS Publication No. SMA 03-3774). Rockville, MD: Author. Retrieved from http:// www.nida.nih.gov/NIDA_notes/NNvol19N5/Study.html.

Substance Abuse and Mental Health Services Administration (SAMHSA). (2006). *2004 National Survey on Drug Use & Health: Detailed tables.* Retrieved from http://www.drugabusestatistics.samhsa.gov/

NSDUH/2k4nsduh/2k4tabs/Sect1peTabs1to66.htm#tab1.1b.

Substance Abuse and Mental Health Services Administration (SAMSHA). (2010a). *Results from the 2008 National Survey on Drug Use and Health: National Findings*, Updated 2010. Retrieved from http://oas.samhsa.gov/NSDUH/2K8NSDUH/tabs/toc.htm

Substance Abuse and Mental Health Services Administration (SAMHSA). (2010b). *Results from the 2009 National Survey On Drug Use And Health: National Findings*. Office of Applied Studies, NSDUH Series H-38A, HHS Publication No. SMA 10-4586. Rockville, MD: Author.

Sugita, M., & Shiba, Y. (2005). Genetic tracing shows segregation of taste neuronal circuitries for bitter and sweet. *Science, 309*, 781-785.

Sullivan, C. (2006). Women and men in management. *Gender, Work & Organization, 13*, 96-98.

Sullivan, M. J. L., Martela, M. O., Tripp, D. A., Savard, A., & Crombez, G. (2006). Catastrophic thinking and heightened perception of pain in others. *Pain, 123*, 37-44.

Sulloway, F. J. (2007). Birth order and intelligence. *Science, 316*, 1711-1712.

Sun, S. S., Shume, S., & Schubert, C. M. (2002). National estimates of the timing of sexual aturation and racial differences among US children. *Pediatrics, 110*, 911-919.

Suzuki, K. (1991). Moon illusion simulated in complete darkness: Planetarium experiment reexamined. *Perception and Psychophysics, 49*, 349-354.

Swami, V., & Furnham, A. (2008). *The psychology of physical attraction*. New York: Routledge.

Swann, A. C., Lijffijt, M., Lane, S. D., Steinberg, J. L., & Moeller, F. G. (2009). Trait impulsivity and response inhibition in antisocial personality disorder. *Journal of Psychiatric Research, 43*, 1057-1063.

Sweatt, J. D. (2010). Epigenetics and cognitive aging. *Science, 328*, 701-702.

Sweeney, C. (2009, July 29). Banking on a chemical reaction. *The New York Times*, p. E3.

Swendsen, J., Ben-Zeev, D., & Granholm, E. (2010). Real-time electronic ambulatory monitoring of substance use and symptom expression in schizophrenia. *American Journal of Psychiatry, 168*, 202-209.

Szanto, K., Mulsant, B. H., Houck, P., Dew, M. A., & Reynolds, C. F. (2003). Occurrence and course of suicidality during short-term treatment of late-life depression. *Archives of General Psychiatry, 60*, 610-617.

Tackett, J. L., Waldman, I. D., & Lahey, B. B. (2009). Etiology and measurement of relational aggression: A multi-informant behavior genetic investigation. *Journal of Abnormal Psychology, 118*, 722-733.

Takahashi, M., Shimizu, H., Saito, S., & Tomoyori, H. (2006). One percent ability and ninety-nine percent perspiration: a study of a Japanese memorist. *Journal of Experimental Psychology: Learning, Memory, and Cognition, 32*, 1195-1200.

Takahashi, Y. (1990). Separation distress of Japanese infants in the strange situation. *Research and Clinical Center for Child Development, 12*, 141-150.

Talarico, J. M., & Rubin, D. C. (2003). Confidence, not consistency, characterizes flashbulb memories. *Psychological Science, 14*, 455-461.

Tanaka, A., Koizumi, A., Imai, H., Hiramatsu, S., Hiramoto, E., & de Gelder, G. (2010). I feel your voice: Cultural differences in the multisensory perception of emotion. *Psychological Science, 19*, 1259-1262.

Tandon, R., Keshavan, M. S., & Nasrallah, H. A. (2008). Schizophrenia, "just the facts" what we know in 2008. 2. Epidemiology and etiology. *Schizophrenia Research, 102*, 1-18.

Tandon, R., Nasrallah, H. A., & Keshavan, M. S. (2009). Schizophrenia, "just the facts" 4. Clinical features and conceptualization. *Schizophrenia Research, 110*, 1-23.

Taylor, R. D. (2010). Risk and resilience in low-income African American families: Moderating effects of kinship social support. *Cultural Diversity and Ethnic Minority Psychology, 16*, 344-351.

Taylor, S. E. (2007). Social support. In H. S. Friedman & R. C. Silver (Eds.), *Foundations of health psychology*. New York: Oxford University Press.

Taylor, S. E., Klein, L. C., Lewis, B. P., Gruenewald, T. L., Gurung, R. A., & Updegraff, J. A. (2000). Biobehavioral responses to stress in females: Tend-and-befriend, not fight-or-flight. *Psychological Review, 7*, 411-429.

Taylor, S., Jang, K. L., & Asmundson, G. J. G. (2010). Etiology of obsessions and compulsions: A behavioral-genetic analysis. *Journal of Abnormal Psychology, 119*, 672-682.

Teachman, B. A. (2006). Aging and negative affect: The rise and fall and rise of anxiety and depression symptoms. *Psychology and Aging, 21*, 201-207.

Teachman, B. A., Marker, C. D., & Clerkin, E. M. (2010).

Catastrophic misinterpretations as a predictor of symptom change during treatment for panic disorder. *Journal of Consulting and Clinical Psychology, 78,* 964–973.

Teasdale, T. W., & Owen, D. R. (2008). Secular declines in cognitive test scores: A reversal of the Flynn Effect. *Intelligence, 36,* 121–126. doi: 10.1016/j.intell.2007.01.007

Teens' brains hold key to their impulsiveness. (2007, December 3). Retrieved from http://www.msnbc.msn.com/id/21997683/.

Telecommuting has mostly positive consequences for employees and employers, say researchers. (2007, November 19). American Psychological Association Press Release. Retrieved from http://www.apa.org/releases/telecommuting.html.

Tellegen, A., Lykken, D. T., Bouchard, T. J., & Wilcox, K., J. (1988). Personality similarity in twins reared apart and together. *Journal of Personality and Social Psychology, 54,* 1031–1039.

Terrace, H. S. (2005). Metacognition and the evolution of language. In H. S. Terrace & J. Metcalfe (Eds.), *The missing link in cognition: Origins of self-reflective consciousness* (pp. 84–115). New York: Oxford University Press.

Tervaniemi, M., Kruck, S., De Baene, W., Schroger, E., Alter, K., & Friederici, A. D. (2009). *European Journal of Neuroscience, 30*, 1636–1642.

The BALANCE Investigators and Collaborators. (2010). Lithium plus valproate combination therapy versus monotherapy for relapse prevention in bipolar I disorder (BALANCE): A randomised open-label trial. *The Lancet, 375*, 385–395.

The fearless SM: Woman missing amygdala. (2010, December 17). *NeuroscienceNews.com*. Retrieved from http://neurosciencenews.com/sm-fearless-woman-missing-amygdala/

The Lancet. (2011). No mental health without physical health. *The Lancet, 377*, 611. doi: 10.1016/S0140-6736(11)60211-0

Think positive, live longer (2002, July 28). *MSNBC.com.* Retrieved from http://www.msnbc.com/news/786749.asp.

Thompson, I. M., Tangen, C. M., Goodman, P. J., Probstfield, J. L., Moinpour, C. M., & Coltman, C. A. (2005). Erectile dysfunction and subsequent cardiovascular disease. *Journal of the American Medical Association, 294*, 2996–3002.

Thompson, P. M., Hayashi, K. M., Simon, S. L., Geaga, J. A., Hong, M. S., Sui, Y., ... & London, E. D. (2004). Structural abnormalities in the brains of human subjects who use methamphetamine. *Journal of Neuroscience, 30*, 6028–6036.

Thompson, R. A. (1997). Early sociopersonality development. In W. Damon (Editor-in-Chief) & N. Eisenberg (Vol. Ed.), *Handbook of child psychology: 5th ed. Vol. 3: Social, emotional, and personality development* (pp. 25–104). New York: John Wiley & Sons.

Thompson, R. A., Easterbrooks, M. A., & Padilla-Walker, L. M. (2003). Social and emotional development in infancy. In R. M. Lerner, M. A. Easterbrooks, & J. Mistry (Eds.), *Handbook of psychology: Vol. 6. Developmental psychology* (pp. 91–112). New York: John Wiley & Sons.

Thompson, R. R. (2005). In search of memory traces. *Annual Review of Psychology, 56*, 1–23.

Thompson, S. (1995). *Going all the way*. New York: Hill and Wang.

Thompson, T. (1995). *The beast: A journey through depression.* New York: Putnam.

Thomson, E., Hanson, T. L., & McLanahan, S. S. (1994). Family structure and child well-being: Economic resources vs. parental behaviors. *Social Forces, 73,* 221–242.

Thoresen, C. J., Kaplan, S. A., Barsky, A. P., Warren, C. R., & de Chermont, K. (2003). The affective underpinnings of job perceptions and attitudes: A meta-analytic review and integration. *Psychological Bulletin, 129,* 914–945.

Thorndike, E. L. (1905). *The elements of psychology*. New York: Seiler.

Thurstone, L. L., & Thurstone, T. G. (1941). Factorial studies of intelligence. *Psychometric Monographs, 94*(2).

Tienari, P, Wynne, L. C., Laksy, K., Moring, J., Nieminen, P., Sorri, A., et al. (2003). Genetic boundaries of the schizophrenia spectrum: Evidence from the Finnish adoptive family study of schizophrenia. *American Journal of Psychiatry, 160,* 1587–1594.

Tienari, P., Wynne, L. C., Sorri, A., Lahti, I., Laksy, K., Moring, J., et al. (2004). Genotype-environment interaction in schizophrenia spectrum disorder. *British Journal of Psychiatry, 184*, 216–222.

Tierney, J. (2007, August 28). A world of eloquence in an upturned palm. *The New York Times Science Section*, pp. 1, 4.

Tiggemann, M., & Miller, J. (2010). The Internet and adolescent girls' weight satisfaction and drive for thinness. *Sex Roles, 63*, 79–90.

Tindle, H. A., Chang, Y.-F., Kuller, L. H., Manson, J. E., Robinson, J. G., Rosal, M. C., et al. (2009). Optimism, cynical hostility, and incident coronary heart disease and mortality in the women's health initiative. *Circulation, 120*, 656–662. doi: 10.1161/CIRCULATIONAHA.108.82y

Tobacco use in the USA. (2010, September 18). *The Lancet, 376*, 930.

Tohidian, I., & Tabatabaie, S. M. M. (2010). Considering the relationship between language, culture and cognition to scrutinize the lexical influences on cognition. *Current Psychology, 29*, 52–70.

Tolin, D. F. (2010). Is cognitive-behavioral therapy more effective than other therapies? A meta-analytic review. *Clinical Psychology Review, 30*(6), 710–720.

Tolman, E. C., & Honzik, C. H. (1930). Introduction and removal of reward, and maze performance in rats. *University of California Publications in Psychology, 4*, 257–275.

Tomlinson, K. L., Tate, S. R., Anderson, K. G., McCarthy, D. M., & Brown, S. A. (2006). An examination of self-medication and rebound effects: Psychiatric symptomatology before and after alcohol or drug relapse. *Addictive Behaviors, 31*, 461–474.

Toomey, R., Lyons, M. J., Eisen, S. A., Xian, H., Chantarujikapong, S., Seidman, L. J., et al. (2003). A twin study of the neuropsychological consequences of stimulant abuse. *Archives of General Psychiatry, 60*, 303–310.

Topolinski, S., & Reber, R. (2010). Gaining insight into the "Aha" experience. *Current Directions in Psychological Science, 19*, 402–405.

Torpy, J. M., Burke, A., E., & Golub, R. M. (2011). Generalized anxiety disorder. *Journal of the American Medical Association, 305*, 522.

Traish, A. M., Goldtein, I., Munarriz, R., & Guay, A. (2006). Roles of androgens in women's sexual function & dysfunction: What have we learned in sex decades? *Current Women's Health Reviews, 2*(1), 75–86.

Tran, A. G. T. T., & Lee, R. M. (2010). Perceived ethnic-racial socialization, ethnic identity, and social competence among Asian American late adolescents. *Cultural Diversity and Ethnic Minority Psychology, 16*, 169–178.

Treanor, M. (2011). The potential impact of mindfulness on exposure and extinction learning in anxiety disorders. *Clinical Psychology Review, 31*, 617–625.

Treutlein, J., Cichon, S., Ridinger, M., Wodarz, N., Soyka, M., Zill, P., ... & Fehr, C. (2009). Genome-wide association study of alcohol dependence. *Archives of General Psychiatry, 66*, 773–784.

Trevarthen, C. (1995). Mother and baby—Seeing artfully eye to eye. In R. L. Gregory et al. (Eds.), *The artful eye* (pp. 157–200). New York: Oxford University Press.

Triandis, H. C., & Suh, E. M. (2002). Cultural influences on personality. *Annual Review of Psychology, 53*, 133–160.

Troxel, W. M., Matthews, K. A., Bromberger, J. T., & Sutton-Tyrrell, K. (2003). Chronic stress burden, discrimination, and subclinical carotid artery disease in African American and Caucasian women. *Health Psychology, 22*, 300–309.

Trunzo, J. J., & Pinto, B. M. (2003). Social support as a mediator of optimism and distress in breast cancer survivors. *Journal of Consulting and Clinical Psychology, 71*, 805–811.

Trzesniewski, K. H., Donnellan, M. B., & Robins, R. W. (2003). Stability of self-esteem across the life span. *Journal of Personality and Social Psychology, 84*, 205–220.

Trzesniewski, K. H., Donnellan, M. B., Moffitt, T. E., Robins, R. W., Poulton, R., & Caspi, A. (2006). Low self-esteem during adolescence predicts poor health, criminal behavior, and limited economic prospects during adulthood. *Developmental Psychology, 42*, 381–390.

Tucker-Drob, E. M., Rhemtulla, M., Harden, K. P., Turkheimer, E., & Fask, D. (2011). Emergence of a gene × socioeconomic status interaction on infant mental ability between 10 months and 2 years. *Psychological Science, 22*, 125–133.

Tun, P. A., & Lachman, M. (2008). Age differences in reaction time and attention in a national telephone sample of adults: Education, sex, and task complexity matter. *Developmental Psychology, 44*, 1421–1429.

Turati, C. (2004). Why faces are not special to newborns: an alternative account of the face preference. *Current Directions in Psychological Science, 13*, 5–8.

Turkington, C. (1996). *12 steps to a better memory*. New York: MacMillan.

Turnbull, C. (1961). *The forest people*. New York: Simon & Schuster.

Turner, J. A., Mancl, L., & Aaron, L. A. (2006). Short-and long-term efficacy of brief cognitive-behavioral therapy for patients with chronic temporomandibular disorder pain: A randomized, controlled trial. *Pain, 121*, 181–194.

Tustin, K., & Hayne, H. (2010). Defining the boundary: Agerelated changes in childhood amnesia. *Developmental Psychology, 46*, 1049–1061.

Tweney, R. D., & Budzynski, C. A. (2000). The scientific status of American psychology in 1900. *American Psychologist, 55*, 1014–1017.

Twenge, J. M. (2009). Change over time in obedience: The jury's still out, but it might be decreasing. *American Psychologist, 64*, 28–31.

U.S. Census Bureau. (2010, November 10). *U.S. Census Bureau reports men and women wait longer to marry.* Retrieved from http://www.census.gov/newsroom/releases/archives/families_households/cb10-174.html.

U.S. Department of Health and Human Services (USDHHS). (2001). *National Household Survey on Drug Abuse: Highlights 2000*. Retrieved from www.samhsa.gov.

U.S. Department of Health and Human Services (USDHHS). (2010, December). *Results from the 2009 National Survey on Drug Use and Health*. Retrieved from http://oas.samhsa.gov/NSDUH/2k9NSDUH/MH/2K9MHResults.pdf.

U.S. Department of Justice (2006). *Criminal victimization in the United States. Statistical Tables, 2003*. Office of Justice Programs. Bureau of Justice Statistics. Retrieved from http://www.ojp.usdoj.gov/bjs/abstract/cvus/rape_sexual_assault.htm.

U.S. Department of Justice. (2006). *Criminal victimization in the United States. Statistical Tables, 2003*. Office of Justice Programs. Bureau of Justice Statistics. http://www.ojp.usdoj.gov/bjs/abstract/cvus/rape_sexual_assault.htm.

U.S. Preventive Services Task Force. (2009). Folic acid for the prevention of neural tube defects: U.S. Preventive Services Task Force recommendation statement. *Annals of Internal Medicine, 150*, 626–631. Retrieved from http://www.ahrq.gov/clinic/uspstf09/folicacid/folicart.htm.

U.S. Surgeon General, U.S. Department of Health & Human Services (USDHHS). (2010). *How tobacco causes disease: The biology and behavioral basis for smoking-attributable disease: A report of the Surgeon General*. Washington, D.C. USDHHS.

Uhl, G. R., Drgon, T., Liu, Q. R., Johnson, C., Walther, D., Komiyama, T., ... & Lyo, M. (2008). Genome-wide association for methamphetamine dependence: Convergent results from 2 samples. *Archives of General Psychiatry, 65*, 345–355.

Uhlmann, E., & Swanson, J. (2004). Exposure to violent video games increases automatic aggressiveness. *Journal of Adolescence, 27,* 41–52.

Umaña-Taylor, A. J. (2004). Ethnic identity and self-esteem: examining the role of social context. *Journal of Adolescence, 27,* 139–146.

Unsworth, N., & Engle, R. W. (2007). The nature of individual differences in working memory capacity: Active maintenance in primary memory and controlled search from secondary memory. *Psychological Review, 114*, 104–132.

Unsworth, N., Heitz, R. P., & Parks, N. A. (2008). The importance of temporal distinctiveness for forgetting over the short term. *Psychological Science, 19*, 1078–1081.

Unsworth, N., Spillers, G. J., & Brewer, G. A. (2010). The contributions of primary and secondary memory to working memory capacity: an individual differences analysis of immediate free recall. *Journal of Experimental Psychology: Learning, Memory, and Cognition, 36*, 240–247. doi: 10.1037/a0017739

Unützer, J. (2007). Late-life depression. *New England Journal of Medicine, 357*, 2269–2276.

Urry, H. L., & Gross, J. J. (2010). Emotion regulation in older age. *Current Directions in Psychological Science, 19*, 352–357.

Vacic, V., McCarthy, S., Malhotra, D., Murray, F., Chou, H.-H., Peoples, A., & Sebat, J. (2011). Duplications of the neuropeptide receptor gene VIPR2 confer signifi cant risk for schizophrenia. *Nature, 471*, 499–503.

Vaitl, D., Birbaumer, N., Gruzelier, J., Jamieson, G. A., Kotchoubey, B., Kubler, A., et al. (2005). Psychobiology of altered states of consciousness. *Psychological Bulletin, 131*, 98–127.

Valla, J. M., & Ceci, S. J. (2011). Can sex differences in science be tied to the long reach of prenatal hormones?: Brain organization theory, digit ratio (2D/4D), and sex differences in preferences and cognition. *Perspectives on Psychological Science, 6*, 134–146.

Vallea, M. F., Huebner, E. S., & Suldo, S. M. (2006). An analysis of hope as a psychological strength. *Journal of School Psychology, 44*, 393–406.

van den Akker, A. L., Deković, M., Prinzie, P., & Asscher, J. J. (2010). Toddlers' temperament profi les: stability and relations to negative and positive parenting. *Journal of Abnormal Child Psychology, 38*, 485–495.

Van der Heijden, K. B. (2007). Effect of melatonin on sleep, behavior, and cognition in ADHD and chronic sleep-onset insomnia. *Journal of the American Academy of Child and Adolescent Psychiatry, 46*, 233–241.

Van der Oord, S., Prins, P. J. M., Oosterlaan, J., & Emmelkamp, P. M. G. (2008). Efficacy of methylphenidate, psychosocial treatments and their combination in school-aged children with ADHD: A meta-analysis. *Clinical Psychology Review, 28*, 783–800.

van Praag, H. (2008). Neurogenesis and exercise: past and future directions. *NeuroMolecular Medicine, 10*, 1535–1084.

Vandell, D. L., Belsky, J., Burchinal, M., Steinberg, L., Vandergrift, N., & NICHD Early Child Care Research Network (2010). Do effects of early child care extend to age 15 years? Results from the NICHD Study of Early Child Care and Youth Development. *Child Development, 81*, 737–756.

Vandell, D. L., Belsky, J., Burchinal, M., Steinberg, L., Vandergrift, N., & NICHD Early Child Care Research Network (2010). Do effects of early child care extend to age 15 years? Results from the NICHD Study of Early Child Care and Youth Development. *Child Development, 81*, 737–756.

Vargha-Khadem, F., Gadian, D. G., Copp, A., & Mishkin, M. (2005). FOXP2 and the neuroanatomy of speech and language. *Nature Reviews Neuroscience, 6*, 131–138.

Vasquez, M. J. T., & Jones, J. (2006). Increasing the number of psychologists of color: Public policy issues for affirmative diversity. *American Psychologist, 61*, 132–142.

Vecchio, R. P. (1997). *Leadership: Understanding the dynamics of power and influence in organizations.* Notre Dame: University of Notre Dame Press.

Veilleux, J. C., Colvin, P. J., Anderson, J., York, C., & Heinz, A. J. (2010). A review of opioid dependence treatment: Pharmacological and psychosocial interventions to treat opioid addiction. *Clinical Psychology Review, 30*, 155–166155–166.

Veltri, C. O., Graham, J. R., Sellbom, M., Ben-Porath, Y. S., Forbey, J. D., O'Connell, C., et al. (2009). Correlates of MMPI-A scales in acute psychiatric and forensic samples. *Journal of Personality Assessment, 91*, 288–300.

Verhaeghen, P. (2003). Aging and vocabulary scores: A metaanalysis. *Psychology and Aging, 18,* 332–339.

Verkuyten, M. (2005). Ethnic group identification and group evaluation among minority and majority groups: Testing the multiculturalism hypothesis. *Journal of Personality and Social Psychology, 88*, 121–138.

Vetter, I., Kapitzke, D., Hermanussen, S., Monteith, G. R., & Cabot, P. J. (2006). The effects of pH on beta-endorphin and morphine inhibition of calcium transients in dorsal root ganglion neurons. *The Journal of Pain, 7*, 488–499.

Victor, S. B., & Fish, M. C. (1995). Lesbian mothers and the children: A review for school psychologists. *School Psychology Review, 24*(3), 456–479.

Visser, B. A., Ashton, M. C., & Vernon, P. A. (2006). Beyond g: Putting multiple intelligences theory to the test. *Intelligence, 34*, 487–502.

Visser, P. S., & Cooper, J. (2003). Attitude change. In M. Hogg & J. Cooper (Eds.), *Sage handbook of social psychology.* London: Sage Publications.

Vitiello, M. V. (2009). Recent advances in understanding sleep and sleep disturbances in older adults: growing older does not mean sleeping poorly. *Current Directions in Psychological Science, 18,* 316–320.

Volbrecht, M. M., & Goldsmith, H. H. (2010). Early temperamental and family predictors of shyness and anxiety. *Developmental Psychology, 46*, 1192–1205.

Von Békésy, G. (1957, August). The ear. *Scientific American*, pp. 66–78.

von Hippel, W. (2007). Aging, executive functioning, and social control. *Current Directions in Psychological Science, 16*, 240–244.

Vrij, A., Granhag, P. A., & Porter, S. (2010). Pitfalls and opportunities in nonverbal and verbal lie detection. *Psychological Science in the Public Interest, 11*, 89–121.

Vuilleumier, P., & Huang, Y.-M. (2009). Emotional attention: Uncovering the mechanisms of affective biases in perception. *Current Directions in Psychological Science, 18*, 148–152.

Vygotsky, L. S. (1978). *Mind in society: The development of higher psychological processes.* Cambridge, MA: Harvard University Press.

Vygotsky, L. S. (1986). *Th ought and language*. Cambridge, MA: MIT Press. (Original work published 1934.)

Wadden, T. A., Berkowitz, R. I., Womble, L. G., Sarwer, D. B., Phelan, S., Cato, R. K., et al. (2005). Randomized trial of lifestyle modification and pharmacotherapy for obesity. *New England Journal of Medicine, 353,* 2111–2120.

Wade, N. (2007, May 1). Among chimps and bonobos, the hand oft en does the talking. *The New York Times,* p. F3.

Wade, N. (2011, January 11). Depth of the kindness hormone appears to know some bounds. *The New York Science Times*, p. D1, D2.

Wadsworth, S. J., DeFries, J. C., Fulker, D. W., & Plomin, R. (1995). Cognitive ability and academic achievement in the Colorado Adoption Project: A multivariate genetic analysis of parent/off spring and sibling data. *Behavior Genetics, 25,* 1-15.

Wager, T. D. (2005). The neural bases of placebo effects in pain. *Current Directions in Psychological Science, 14*, 175-179.

Wagner, K. D., Ritt-Olson, A., Chou, C.-P., Pokhrel, P., Duan, L., Baezconde-Garbanati, L., et al. (2010). Associations between family structure, family functioning, and substance use among Hispanic/Latino adolescents. *Psychology of Addictive Behaviors, 24*, 98-108.

Wagner, U., Gais, S., Haider, H., Verleger, R., & Born, J. (2004). Sleep inspires insight. *Nature, 427*, 352-355.

Wagstaff, G. F., & Frost, R. (1996). Reversing and breaching posthypnotic amnesia and hypnotically created pseudomemories. *Contemporary Hypnosis, 13*, 191-197.

Wagstaff, J. (2006, September 29). Facial non-recognition: At least there's one thing humans are better at than computers. *Wall Street Journal Online*. Retrieved from http://online.wsj.com/article/SB115948110655577171.html?modtechnology_featured_stories_hs.

Waismann, R., Fenwick, P. B. C., Wilson, G. D., Hewett, T. D., & Lumsden, J. (2003). EEG responses to visual erotic stimuli in men with normal and paraphilic interests. *Archives of Sexual Behavior, 32*(2), 135-144.

Waldman, I. D., Weinberg, R. A., & Scarr, S. (1994). Racial-group differences in IQ in the Minnesota Transracial Adoption Study: A reply to Levin and Lynn. *Intelligence, 19*, 29-44.

Walker, E., Shapiro, D., Esterberg, M., & Trotman, H. (2010). Neurodevelopment and schizophrenia: Broadening the focus. *Psychological Science, 19,* 204-208.

Walker, M. P., & Stickgold, R. (2006). Sleep, memory, and plasticity. *Annual Review of Psychology, 57*, 139-166.

Walker, R. (2008, October 5). Team Speedo USA parka. *The New York Times Magazine*, p. 22.

Wallace, D. S., Paulson, R. M., Lord, C. G., & Bond, C. F. (2005). Which behaviors do attitudes predict? Meta-analyzing the effects of social pressure and perceived difficulty. *Review of General Psychology, 9*, 214-227.

Waller, B. M., Vick, S.-J., Parr, L. A., Bard, K. A., Pasqualini, M. C. S., Gothard, K. M. (2006). Intramuscular electrical stimulation of facial muscles in humans and chimpanzees: Duchenne revisited and extended. *Emotion, 6*, 367-382.

Wallis, C. (2005). The new science of happiness. *Time Magazine*, pp. A3-A9.

Wallston, K. A. (2001). Conceptualization and operationalization of perceived control. In A. Baum, T. A. Revenson, & J. E. Singer (Eds.), *Handbook of health psychology* (pp. 49-58). Mahwah, NJ: Lawrence Erlbaum Associates.

Walsh, B. T., Fairburn, C. G., Mickley, D., Sysko, R., & Parides, M. K. (2004). Treatment of bulimia nervosa in a primary care setting. *American Journal of Psychiatry, 161,* 556-561.

Walsh, T., Casadei, S., Coats, K. H., Swisher, E., Stray, S. M., & Higgins, J. (2006). Spectrum of mutations in BRCA1, BRCA2, CHEK2, and TP53 in families at high risk of breast cancer. *Journal of the American Medical Association,* 295, 1379-1388.

Wamsley, E. J., Tucker, M., Payne, J. D., Benavides, J. A., & Stickgold, R. (2010). Dreaming of a learning task is associated with enhanced sleep-dependent memory consolidation. *Current Biology*, *20*, 850-855.

Wang, L., McCarthy, G., Song, A., W., & LaBar, K. S. (2005). Amygdala activation to sad pictures during high-field (4 tesla) functional magnetic resonance imaging. *Emotion, 5,* 12-22.

Wang, P. S., Lane, M., Olfson, M., Pincus, H. A., Wells, K. B., & Kessler, R. C. (2005). Twelve-month use of mental health services in the United States: Results from the National Co-morbidity Survey Replication. *Archives of General Psychiatry, 62,* 590-592.

Wang, Q., Bowling, N. A., & Eschleman, K. J. (2010). A meta-analytic examination of work and general locus of control. *Journal of Applied Psychology, 95*, 761-768.

Wang, S. S. (2011, April 19). New guidelines for spotting Alzheimer's. *The Wall Street Journal*, p. D4.

Ward, D., & Lasen, M. (2009, January 31). An overview of needs theories behind consumerism. Retreived from htt ://mpra.ub.uni-muenchen.de/13090/

Ward, T. B. (2004). Cognition, creativity, and entrepreneurship. *Journal of Business Venturing 19,* 173-188.

Ward, T. B. (2007). Creative cognition as a window on creativity. *Methods, 42*, 28-37.

Ward, T., Smith, S., & Vaid, J. (Eds.). (1997/2001). *Creative thought: an investigation of conceptual structures and processes*. Washington, DC: American Psychological

Association.

Wargo, E. (2006, July). How many seconds to a first impression? *APS Observer, 19*(7), 11.

Wargo, E. (2008, May). Talk to the hand: New insights into the evolution of language and gesture. *APS Observer, 21*(5), 16–22.

Warner, M. B., Morey, L. C., Finch, J. F., Gunderson, J. G., Skodol, A. E., Sanislow, C. A., et al. (2004). The longitudinal relationship of personality traits and disorders. *Journal of Abnormal Psychology, 113,* 217–227.

Warren, G., Schertler, E., & Bull, P. (2009). Detecting deception from emotional and unemotional cues. *Journal of Nonverbal Behavior, 33*, 59–69.

Watanabe, H., & Mizunami, M. (2007). Pavlov's cockroach: Classical conditioning of salivation in an insect. *PLoSOne, 2*(6), e529.

Watson, D., & Clark, L. A. (2006). Clinical diagnosis at the crossroads. *Clinical Psychology: Science and Practice, 13,* 210–215.

Watson, J. B. (1924). *Behaviorism*. New York: W. W. Norton.

Watson, J. B., & Rayner, R. (1920). Conditioned emotional reactions. *Journal of Experimental Psychology, 3*, 1–14.

Webster, G. D. (2009). The person-situation interaction is increasingly outpacing the person-situation debate in the scientific literature: A 30-year analysis of publication trends, 1978-2007. *Journal of Research in Personality, 43*, 278–279.

Wechsler, D. (1975). Intelligence defined and undefined: A relativistic appraisal. *American Psychologist, 34*, 135–139.

Wechsler, H., & Nelson, T. F. (2008). What we have learned from the Harvard School of Public Health College Alcohol Study: Focusing attention on college student alcohol consumption and the environmental conditions that promote it. *Journal of Studies on Alcohol and Drugs, 69*, 481–490.

Wegner, D. M., Wenzlaff, R. M., & Kozak, M. (2004). Dream rebound: The return of suppressed thoughts in dreams. *Psychological Science, 15*, 232–236.

Weis, R. (2002). A parenting dimensionality and typology in a disadvantaged, African American sample: A cultural variance perspective. *Journal of Black Psychology, 28,* 142–173.

Weiss, A., Bates, T. C., & Luciano, M. (2008). Happiness is a personal(ity) thing. *Psychological Science, 19*, 205–210.

Weiss, A., King, J. E., & Perkins, L. (2006). Personality and subjective well-being in orangutans (Pongo pygmaeus and Pongo abelii). *Journal of Personality and Social Psychology, 90*, 501–511.

Weisz, J. R., Jensen-Doss, A., & Hawley, K. M. (2006). Evidence-based youth psychotherapies versus usual clinical care: A meta-analysis of direct comparisons. *American Psychologist, 61,* 671–689.

Wells, B. E., & Twenge, J. M. (2005). Changes in young people's sexual behavior and attitudes, 1943-1999: A cross-temporal meta-analysis. *Review of General Psychology, 9,* 249–261.

Westen, D., & Gabbard, G. O. (2002). Developments in cognitive neuroscience: 1. Conflict, compromise, and connectionism. *Journal of the American Psychoanalytic Association, 50*, 53–98.

Whitchurch, E. R., Wilson, T. D., & Gilbert, D. T. (2011). "He loves me, he loves me not ..." Uncertainty can increase romantic attraction. *Psychological Science, 22*, 172–175.

White, H. R., Fleming, C. B., Kim, M. J., Catalano, R. F., & Mc-Morris, B. J. (2008). Identifying two potential mechanisms for changes in alcohol use among college-attending and noncollege-attending emerging adults. *Developmental Psychology, 44*, 1625–1639.

White, J. K., Hendrick, S. S., & Hendrick, C. (2004). Big five personality variables and relationship constructs. *Personality and Individual Differences, 37,* 1519–1530.

White, K. S., Brown, T. W., Somers, T. J., & Barlow, D. H. (2006). Avoidance behavior in panic disorder: The moderating influence of perceived control. *Behaviour Research and Therapy, 44*, 147–157.

Whorf, B. L. (1956). Science and linguistics. In J. B. Carrroll (Ed.), *Language, thought, and reality: Selected writings of Benjamin Lee Whorf*. Cambridge, MA: MIT Press.

Widiger, T. A. (2005). Five factor model of personality disorder: Integrating science and practice. *Journal of Research in Personality, 39,* 67–83.

Wilcox, L. M., & Duke, P. A. (2003). Stereoscopic surface interpolation supports lightness constancy. *Psychological Science, 14,* 525–530.

Wilcox, W. B. (2010). *The state of our unions. The National Marriage Project*. University of Virginia. Retrieved from http://www.virginia.edu/marriageproject/pdfs/Union_11_25_09.pdf.

Willcox, B. J., He, Q., Chen, R., Yano, K. Masaki, K. H., Grove, J. S., et al. (2006). Midlife risk factors and healthy survival in men. *Journal of the American Medical Association, 296,* 2343–2350.

Williams, L. E., & Bargh, J. A. (2008). Experiencing physical warmth promotes interpersonal warmth. *Science, 322*, 606–607.

Williams, M. A., & Mattingley, J. B. (2006). Do angry men get noticed? *Current Biology, 16*, R402–R404.

Willingham, D. T. (2007). *Cognition: The thinking animal* (3rd ed.). Upper Saddle River, NJ: Pearson/Prentice Hall.

Willis, J., & Todorov, A. (2006). First impressions: Making up your mind after a 100-ms exposure to a face. *Psychological Science, 17*, 592–598.

Wills, T. A., & Cleary, S. D. (1999). Peer and adolescent substance use among 6th–9th graders: Latent growth analyses of influence versus selection mechanisms. *Health Psychology, 18,* 453–463.

Wilson, R. S., & Bennett, D. A. (2003). Cognitive activity and risk of Alzheimer's disease. *Current Directions in Psychological Science, 12,* 87–91.

Winerip, M. (1999, May 23). Bedlam on the streets. *New York Times Magazine*, pp. 42–49.

Winerman, L. (2005, July/August). Figuring out phobia. *Monitor on Psychology, 36,* 96–98.

Winerman. L. (2006, January). Brain, heal thyself. *Monitor on Psychology, 37*(1), 56–57.

Wingert, P., & Brant, M. (2005, August 15). Reading your baby's mind. *Newsweek,* pp. 33–39.

Wingert, P., & Kantrowitz, B. (2007a). *The complete guide to menopause*. New York: Workman Publishing Company.

Wingert, P., & Kantrowitz, B. (2007b, January 15). The new prime time. *Newsweek*, pp. 38–50, 53–54.

Wiseman, R., & Watt, C. (2006). Belief in psychic ability and the misattribution hypothesis: A qualitative review. *British Journal of Psychology, 97*, 343–338.

Witte, T. K., Timmons, K. A., Fink, E., Smith, A. R., & Joiner, T. E. (2009). Do major depressive disorder and dysthymic disorder confer differential risk for suicide? *Journal of Affective Disorders, 115*, 69–78.

Wixted, J. T. (2004). The psychology and neuroscience of forgetting. *Annual Review of Psychology, 55,* 235–269.

Wixted, J. T. (2005). A theory about why we forget what we once knew. *Current Directions in Psychological Science, 14*, 6–9.

Wolff, T., Witkop, C., T., Miller, T., & Syed, S. B. (2009). Folic acid supplementation for the prevention of neural tube defects: An update of the evidence for the U.S. Preventive Services Task Force. *Annals of Internal Medicine, 150,* 632–639.

Wood, J., M., Lilienfeld, S. O, Nezworski, M. T, Garb, H. N., Allen, K. H., & Wildermuth, J. L. (2010). Validity of Rorschach Inkblot scores for discriminating psychopaths from nonpsychopaths in forensic populations: A meta-analysis. *Psychological Assessment, 22*, 336–349.

Wood, W., & Eagly, A. H. (2002). A cross-cultural analysis of the behavior of women and men: Implications for the origins of sex differences. *Psychological Bulletin, 128,* 699–727.

Woods-Giscombé, C. L., & Lobel, M. (2008). Race and gender matter: A multidimensional approach to conceptualizing and measuring stress in African American women. *Cultural Diversity and Ethnic Minority Psychology, 14*, 173–182.

Wratten, N. S., Memoli, H.,, Huang, Y., Dulencin, A. M., Matteson, P. G., Cornacchia, M. A., et al. (2009). Identification of a schizophrenia-associated functional noncoding variant in NOS1AP. *American Journal of Psychiatry, 166*, 434–441.

Wray, H. (2010). *On second thought.* New York: Crown.

Wray, N. R., Middeldorp, C. M., Birley, A. J., Gordon, S. D., Sullivan, P. F., Visscher, P. M., et al. (2008). Genome-wide linkage analysis of multiple measures of neuroticism of 2 large cohorts from Australia and the Netherlands. *Archives of General Psychiatry, 65*, 649–658.

Wright, S. C., Aron, A., McLaughlin-Volpe, R., & Ropp, S. A. (1997). The extended contact effect: Knowledge of crossgroup friendships and prejudice. *Journal of Personality and Social Psychology, 73,* 73–90.

Xu, J., & Roberts, R. E. (2010). The power of positive emotions: It's a matter of life or death—Subjective well-being and longevity over 28 years in a general population. *Health Psychology, 29*, 9–19.

Yager, J. (2011, January 10). Real-time study of substance use and psychotic symptoms. *Journal Watch Psychiatry*. Retrieved from http://psychiatry.jwatch.org/.

Yaggi, H. K., Concato, J., Kernan, W. N., Lichtman, J., H., Brass, L. M., & Mohsenin, V. (2005). Obstructive sleep apnea as a risk factor for stroke and death. (2005). *New England Journal of Medicine, 353,* 2034–2041.

Yan, L. L, Daviglus, M. L., Liu, K., Stamler, J., Wang, R., Pirzada, A., et al. (2006). Midlife body mass index and hospitalization and mortality in older age. *Journal of the American Medical Association, 295*, 190–198.

Yang, Q., She, H., Gearing, M., Colla, E., Lee, M., Shacka, J. J., & Mao, Z. (2009). Regulation of neuronal survival factor MEF2D by chaperone-mediated autophagy. *Science, 323* (5910), 124-127.

Yatham, L. N. (2011) A clinical review of aripiprazole in bipolar depression and maintenance therapy of bipolar disorder. *Journal of Affective Disorders, 128*, S21-S28.

Yonkers, K. A., O'Brien, P. M. S., & Eriksson, E. (2008). Premenstrual syndrome. The *Lancet, 371*, 1200-1210.

Yucel, M., Solowij, N., Respondek, C., Whittle, S., Fornito, A., Pantelis, C., et al. (2008). Regional brain abnormalities associated with long-term heavy cannabis use. *Archives of General Psychiatry, 65*, 694-701.

Yunger, J. L., Carver, P. R., & Perry, D. G. (2004). Does gender identity infl uence children's psychological well-being? *Developmental Psychology, 40*, 572-582.

Zajonc, R. (1965). Social facilitation. *Science, 149,* 269-274.

Zajonc, R. B. (1980). Feeling and thinking: Preferences need no inferences. *American Psychologist, 35,* 151-175.

Zajonc, R. B. (1984). On the primacy of affect. *American Psychologist, 39,* 117-123.

Zalewska, A. M. (2010). Relationships between anxiety and job satisfaction-three approaches: 'Bottom-up', 'top-down' and 'transactional.' *Personality and Individual Differences, 50*, 977-986. doi: 10.1016/j.paid.2010.10.013

Zautra, A. J., Davis, M. C., Reich, J. W., Nicassario, P., Tennen, H., Finan, P., et al. (2008). Comparison of cognitive behavioral and mindfulness meditation interventions on adaptation to rheumatoid arthritis for patients with and without history of recurrent depression. *Journal of Consulting and Clinical Psychology, 76*, 408-421.

Zeelenberg, R., Wagenmakers, E.-J., & Rotteveel, M. (2006). The impact of emotion on perception: bias or enhanced processing? *Psychological Science, 17,* 287-291.

Zeidan, F., Martucci, K. T., Kraft, R. A., Gordon, N. S., McHaffie, J. G., & Coghill, R. C. (2011). Brain mechanisms supporting the modulation of pain by mindfulness meditation. *Journal of Neuroscience, 31*, 14. doi: 10.1523/JNEUROSCI.5791-10.2011

Zentall, T. R. (2010). Justification of effort by humans and pigeons: Cognitive dissonance or contrast? *Current Directions in Psychological Science, 19*, 296-300.

Zernike, K. (2007, January 21). Why are there so many single Americans? *The New York Times*, Section 4, pp. 1, 4

Zhang, W., & Luck, S. J. (2009). Sudden death and gradual decay in visual working memory. *Psychological Science, 20*, 423-428.

Zhong, C. B. (2010). You are how you eat: Fast food and impatience. *Psychological Science, 2,* 619-622.

Zickler, P. (2006, October). Marijuana smoking is associated with a spectrum of respiratory disorders. *NIDA Notes, 21*(1), 12-13.

Zigler, E., & Styfco, S. J. (1994). Head Start: Criticisms in a constructive context. *American Psychologist, 49*, 127-132.

Zimbardo, P. G. (1975). On transforming experimental research into advocacy for social change. In M. Deutsch & H. Hornstein (Eds.), *Applying social psychology: Implicaitions for research, practice and training*. Hillsdale, NJ: Erlbaum.

Zimbardo, P. G., Haney, C., Banks, W. C., & Jaffe, D. (1973, April 8). The mind is a formidable jailer: A Pirandellian prison. *The New York Times Magazine*, Section 6, pp. 38 ff.

Zubin, J., & Spring, B. (1977). Vulnerability—A new view of schizophrenia. *Journal of Abnormal Psychology, 86*, 103-126.

Zucker, A. N., Ostrove, J. M., & Stewart, A. J. (2002). Collegeeducated women's personality development in adulthood: Perceptions and age differences. *Psychology and Aging, 2*, 236-244.

Zucker, K. J. (2005a). Gender identity disorder in children and adolescents. *Annual Review of Clinical Psychology, 1*, 467-492.

Zucker, K. J. (2005b). Gender identity disorder in girls. In Bell, D. J., Foster, S. L., & Mash, E. J. (Eds.), *Handbook of behavioral and emotional problems in girls: Issues in clinical child psychology* (pp. 285-319). Kluwer Academic/Plenum Publishers.

Zuckerman, M. (1980). Sensation seeking. In H. London & J. Exner (Eds.), *Dimensions of personality*. New York: John Wiley & Sons.

Zuckerman, M. (2004). The shaping of personality: Genes, environments, and chance encounters. *Journal of Personality Assessment, 82,* 11-22.

Zukow-Goldring, P. (1997). A social ecological realist approach to the emergence of the lexicon: Educating attention to amodal invariants in gesture and speech. In C. Dent-Read & P. Zukow-Goldring (Eds.), *Evolving explanations of development: Ecological approaches to organism-environment systems* (pp. 199-250). Washington, DC:

American Psychological Association.

Zuroff, D. C., & Blatt, S. (2006). Therapeutic relationship in the brief treatment of depression: Contributions to clinical improvement and enhanced adaptive capacities. *Journal of Consulting and Clinical Psychology, 74*, 130–140.

Zvolensky, M. J., Kotov, R., Antipova, A. V., & Schmidt, N. B. (2005). Diathesis stress model for panic-related distress: A test in a Russian epidemiological sample. *Behaviour Research and Therapy, 43,* 521–532.

Zweigenhaft, R. L. (1970). Signature size: A key to status awareness. *Journal of Social Psychology, 81,* 49–54.

찾아보기

〈인명〉

〈내용〉

ㅅ

저자 소개

Jeffrey S. Nevid

제프리 네비드 박사는 뉴욕 세인트존스 대학교의 심리학 교수이다. 그는 올버니 뉴욕 주립대학교에서 박사학위를 받고 노스웨스턴 대학교에서 박사 후 특별 연구원을 지냈다.

네비드 박사는 건강심리학, 임상 및 지역사회 심리학, 사회심리학, 성별과 인간의 성, 사춘기 발달, 심리학 교수 등 많은 심리학 분야에서 연구를 수행해 왔다. 그의 연구 간행물은 건강심리학지, 상담 및 임상심리학지, 지역사회심리학지, 아동 및 청소년, 행동치료, 심리학 및 마케팅, 전문심리학, 심리학 교육, 성역할, 사회심리학지 등과 같은 학술지에 실렸다. 또한 네비드 박사는 건강심리학과 심리학 및 마케팅 학술지의 편집위원과 상담 및 임상심리학지의 부편집장을 역임했다. 그는 세인트존스 대학교에서 진행 중인 교육학 연구 프로그램을 통해 학생들이 배울 수 있는 새로운 방법들을 계속 탐구하고 있다.

네비드 박사는 센게이지 러닝(Cengage Learning)에서 출판된 『HLTH』, 피어슨 에듀케이션(Pearson Education)에서 출판된 『변화하는 세계에서의 이상심리학과 다양성의 세계에서의 인간의 성(Abnormal Psychology in a Changing World and Human Sexuality in a World of Diversity)』, 그리고 존 와일리 앤드 선즈(John Wiley & Sons)에서 출판된 『심리학과 삶의 도전들: 조절과 성장(Psychology and the Challenges of Life: Adjustment and Growth)』을 포함한 여러 대학 교과서를 공동 집필했다. 또한 그는 『에이즈 및 다른 성 매개 질환에 대한 학생 가이드와 선택: 에이즈 시대의 섹스(A student's Guide to AIDS and Other Sexually Transmitted Diseases and Choices: Sex in the Age of AIDS)』를 포함한, 엘린 앤드 베이컨(Allyn & Bacon)에서 출판된 여러 권의 에이즈 및 다른 성 매개 질환 관련 책을 저술했다. 그는 그의 아내인 주디와 그의 아이들 마이클, 다니엘라와 함께 뉴욕에서 살고 있다.

역자 소개

신성만

현재 한동대학교 상담심리학과 교수 및 상담대학원장으로 재직 중이다. 미국 위스콘신 대학교에서 심리학 석사학위를, 보스턴 대학교에서 재활상담학 박사학위를 받고 심리치료 전문가로 일했으며, 하버드 의과대학 케임브리지병원 정신과에서 연구원으로 일했다. 미국심리학회, 미국상담학회, 한국심리학회, 한국상담학회, 한국기독교상담심리학회, 한국가족협회 등에서 활동하고 있고, 현재는 한국중독심리학회 학회장을 맡고 있다. (공)역서로 『동기강화상담』(2, 3판), 『행동중독』, 『정신재활』, 『실존치료』 등이 있다.

박권생

미국 위스콘신 대학교에서 Kinetic Depth Effect 관련 연구로 석사학위를, 텍사스 A&M 대학교에서 방향지각에 관한 연구로 박사학위를 취득한 후, 계명대학교 심리학과에서 교수로 2018년 2월까지 근무하였다. 캐나다 요크 대학교의 The Center for Vision Research, 그리고 미시간 대학교 심리학과에서 각각 1년씩 Visiting Scholar로 공부하기도 했다. 현재는 계명대학교 심리학과 명예교수로 있으면서 '설명문, 어떻게 읽어야 하나?'라는 문제의 답을 만들고 있다.

김주은

현재 충남대학교 심리학과 교수로 재직 중이다. 미국 뉴욕 컬럼비아 대학교에서 임상심리학 석사학위를, 시러큐스 대학교에서 임상심리학 박사학위를 받았으며, 캐나다 토론토 중독병원에서 심리치료사 및 연구원으로 일했다. 미국심리학회, 미국 알코올 중독 연구회, 한국심리학회, 한국상담학회에서 활동하고 있다. (공)저서는 『중독상담학 개론』이 있다.

김병일

현재 미국 클레어몬트 신학대학원에서 Spiritual Care and Counseling 전공으로 Ph.D. 과정에 재학 중이다. 로체스터 대학교에서 Mental Health Counseling 전공으로 석사학위를 받았으며, Agape Counseling Associate, Newman Community, 그리고 로체스터 의과대학(URMC)에서 상담사 인턴과정을 마쳤다. 현재 LA 지역의 The Clinebell Institute에서 심리치료 상담사 레지던트 과정 중에 있으며, 이와 동시에 미국 전문심리치료사 자격증인 LPCC(Licensed Professional Clinical Counselor) Track에 있다. 우울증과 불안장애, 공황장애, 그리고 강박증으로 고생하는 사람들을 위해 웹 사이트(https://brunch.co.kr/@byungilkim)에 글을 올리고 있다.

네비드의 심리학개론

Psychology: Concepts and Applications (4th Edition)

2019년 8월 30일 1판 1쇄 발행
2024년 3월 25일 1판 2쇄 발행

지은이 • Jeffrey S. Nevid
옮긴이 • 신성만 · 박권생 · 김주은 · 김병일
펴낸이 • 김진환
펴낸곳 • (주) 학지사
04031 서울특별시 마포구 양화로 15길 20 마인드월드빌딩
대표전화 • 02)330-5114 팩스 • 02)324-2345
등록번호 • 제313-2006-000265호

홈페이지 • http://www.hakjisa.co.kr
인스타그램 • https://www.instagram.com/hakjisabook

ISBN 978-89-997-1744-4 93180

정가 35,000원